U0901925

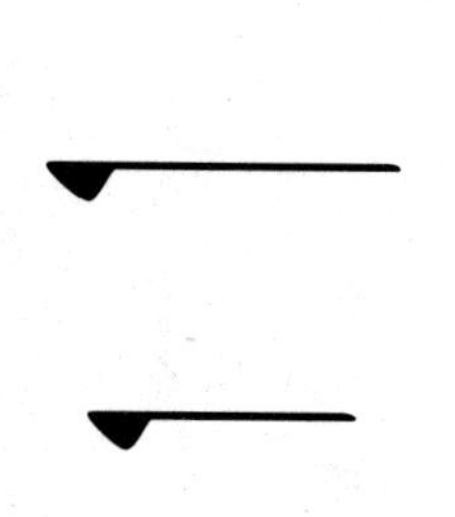

# 陶瓷玻璃工藝化學部

## 題解

**漢・許慎《説文解字・穴部》** 竈 [seal] 炊竈也。炊者，爨也。竈者，炊爨之處也。《周禮》曰竈祠祝融。各本無此七字，今據《史記・孝武本紀》索隱補。賈逵注《左傳》云：句芒禮於户，祝融祀於竈，蓐收祀於門，玄冥祀於井，「《吕氏春秋》注曰行或作井，《淮南・時則訓》注曰井或作行。」后土祀於中霤。《淮南・時則訓》：孟夏之月，其祀竈。高注云：祝融吴回爲高辛氏火正，死爲火神，託祀於竈，是月火旺，故祀竈。此皆用古《周禮》説也。《五經異義》：竈神，今禮戴説引禮器燔柴盆瓶之事。古《周禮》説顓頊氏有子曰黎爲祝融，祀以爲竈神。許君謹案同《周禮》説。鄭駁之云：祝融乃古火官之長，猶后稷爲堯司馬，其尊如是，王者祭之，但就竈陘，一何陋也。祝融乃是五帝之神，祀於四郊，而祭火神於竈陘，於禮乖也。按：許君《説文》有此七字，是與《五經異義》不殊。《風俗通義》亦從異義，用古《周禮》説。从穴，鼀省聲。《周禮》故書以鼀爲造。[seal] 竈 或不省作。今人皆作「竈」。

窯 [seal] 燒瓦窯竈也。窯似竈，故曰窯竈。《韵會》本作燒瓦窯也，無竈字。大徐本作燒瓦竈也，非是。《緜》詩鄭箋云：復穴皆如陶然。是謂經之陶即窯字之假借也。《緜》正義引《説文》：陶，瓦器竈也。蓋其所據乃缶部匋下語。匋窯蓋古今字。从穴羔聲。余招切。

**又《瓦部》** 瓦 [seal] 土器已燒之總名。《土部》「坏」下曰：一曰瓦未燒。瓦謂已燒者也。凡土器未燒之素皆謂之坏。已燒皆謂之瓦。《毛詩・斯干傳》曰：瓦，紡專也。此瓦中之一也。古史攷曰：夏時昆吾氏作瓦。按：有虞氏上陶。瓦之不起於夏時可知也。許書缶部曰：古者昆吾作匋。壺系之昆吾圜器，韋昭云。昆吾祝融之孫。陸終第二子。名黎。爲己姓。封於昆吾衛是也。然則昆吾作匋，謂始封之昆吾。非夏桀之昆吾也。《廣韵》引《周書》神農作瓦器。當得其實。説詳缶部。凡燒瓦器之竈曰窯。象形也。象卷曲之狀。五寡切。讀如阿。凡瓦之屬皆从瓦。

瓬 [seal] 周家摶埴之工也。摶作搏者誤。今正。《考工記》曰：摶埴之工陶旊。鄭曰：摶之言拍也。埴，黏土也。按：《手部》摶，索持也。拍，拊也。是摶之本義不訓拍。故鄭以之言通之。从瓦方聲，分兩切。讀若抵破之抵。抵不成字。轉寫譌舛。《考工記》注。大鄭讀爲「甫始」之「甫」。後鄭讀如「放於此乎」之「放」。許云方聲，則讀同後鄭放於此乎。今《公羊》「放」作「昉」。

甄 [seal] 匋也。匋者，作瓦器也。董仲舒曰：如泥之在鈞。惟甄者之所爲。陳留風俗傳曰：舜陶甄河濱。其引申之義爲察也，勉也。《考工記》假借爲震掉字。从瓦垔聲。居延切。

**明・謝肇淛《五雜俎》卷一二《物部四》** 今俗語，窑器謂之磁器者，蓋河南磁州窑最多，故相沿名之。如銀稱朱提，墨稱隃麋之類也。

**明・宋應星《天工開物》卷中《陶埏》** 宋子曰：水火既濟而土合。萬室之國，日勤千有而不足，民用亦繁矣哉。上棟下室以避風雨，而瓴建焉。王公設險以守其國，而城垣雉堞，寇來不可上矣。泥甕堅而醴酒欲清，瓦登潔而醯醢以薦。商周之際俎豆以木爲之，毋亦質重之思耶。後世方土效靈，人工表異，陶成雅器，有素肌玉骨之象焉。掩映幾筵，文明可掬，豈終固哉？

## 論説

**清・孫廷銓《顔山雜記》卷四《物産》** 按，《通鑑》：唐代宗初誅元載，召江西判官李泌入見。語及載事，曰：「朕面屬卿於路嗣恭，而嗣恭取載意奏卿爲虔州别駕。嗣恭初平嶺南，獻琉璃盤，徑九寸。朕以爲至寶，及破載家，得嗣恭所遺載琉璃盤，徑尺。俟其至，當與卿議之。」

胡三省注曰：程大昌曰：「《漢・西域傳》，罽賓國有琥珀、流離。」師古注曰：「《魏略》云，大秦國出赤、白、黄、黑、青、绿、縹、紺、紅、紫十種流離。此蓋自然之物採澤光潤，逾於衆玉。今俗所用，皆消冶石汁，加以衆藥，灌而爲之，虚脆不耐，實非真物。」按，流離，今書附「玉」旁，爲「琉璃」字，師古之記是矣，亦未得其詳也。《穆天子傳》：「天子東征，有采石之山，凡好石之器於是出，升山取采石，鑄以成器。」注云：采石，文采之石也。則鑄石爲器，古有之矣。顔氏謂爲自然之物，恐不詳也。《北史・大月氏傳》：「魏太武時，月氏人商販京師，自云能鑄石爲五色琉璃。於是採礦石於山中，即京師鑄之。既成，光澤乃美於西方來者，自是琉璃遂賤。」用此言推之，則雖西域琉璃亦用石鑄，無自然生成者。兼外國奇産，中國未始無之，獨不聞有所謂真琉璃。然中國所鑄，有與西域異者。鑄之中國，色甚光鮮而質則輕脆，沃以熱酒，隨手破裂；其來自海舶者，製差鈍樸，而色亦微暗，其可異者，雖百沸湯注之，與磁銀無異，了不復動，是名「番琉璃」

也。番琉璃之異於中國，其別蓋如此，而未嘗聞以石琢之也。余謂路嗣恭所獻者，蓋師古所謂大秦琉璃，自然之物。否則，代宗何以謂之至寶哉？程大昌考之不詳耳。

**清・唐英《陶務敘略》**《[光緒]江西通志・陶政》　事有至微且末而儲爲國用，利於民生者，陶之爲器是也。上陳俎豆之列，下供飲食之需，由來非一日矣。稽其制始於漢而傳於歷代，异其地而成於昌南。自前朝設廠珠山之麓，命官督造，旋至奉行不善，費國帑荼工匠，役於是者幾不聊生。孰謂陶爲細務而董其事者可不審慎乎哉！英，關東之瀋陽人也，世受國恩，從龍日下，隸籍内務府，幼即供役於養心殿二十餘載。我皇上御極之元年，仰蒙高厚殊恩，拔置郎署。方恐報稱無由，乃復於雍正二(六)年秋八月，怡賢親王口宣天語，命英督監江西窑務，且有「工匠疾苦宜恤，商户交易宜平」之諭，大哉皇言，何其恩之周而慮之深也！英只承出都，於本年十月間抵廠，一應工匠商户造辦交易之事，靡不仰遵聖諭，惕厲戰兢。凡出納毫厘，器皿數目，俱係造册報銷於内務府總管處按核，迄今乙卯，七載於兹矣。雖勉竭駑駘，不敢苟忽，然不識鄙淺，舛誤實多，荷蒙聖慈不加罪斥，且賜薪水之費五百金，舉家佩德飽恩，功難抵罪。自揣微陋小臣，平生過分悻事，實爲未有。因念陶固細務，自一身以及工役，皆邀皇上周恤，敢不具述始末以宣揚德意。且圬尊土簋，國家之儉德悠關，則陶器爲世所必需，而製造亦爲後所難免；得其道則事半功倍，失其道則公費人勞。苟茫無稽，於後何如？略志述於今。英雖不敢謂陶之微奥确信深知，然既習且久，其於製造之器皿條目，款釉尺寸，工匠錢糧，即夫賞勤勸惰之大略，不無一得之愚。爰舉而條例於後，鐫石珠山之陽，俾後之繼英董理者知所考稽審慎，共體我皇上恤民勸工之至意，庶無靡費擾衆之弊。用述梗概，以自志感惕，並示後之君子，倘所謂耕問僕、織問婢者，其感不失此意乎！

**清・徐珂《清稗類鈔・工藝類》**　瓷器不宜專尚美術

西人之重華瓷，良以質堅而潔，久益潤澤而有寶光。非若洋瓷之硬度既低，用久則毛糙垢黑，色雖白，其中實含毒質，遇酸尤易侵蝕。常人不加深察，但取其適觀趨時，價值低廉，以致利權外溢。洋瓷所通行者，以杯盤茶具爲大宗，下至溺器，亦年增一年。而吾國各瓷業公司則惟注意於美術品，至普通品，仍窳敗如故，價值且昂，欲保利權，難矣！

# 綜述

**《逸周書》佚文**　神農之時天雨粟，神農耕而種之。作陶冶斤斧，破木爲耜，鉏耨以墾草莽，然後五穀興，以助菓蓏之實。《藝文類聚》八十五、《御覽》八四〇、《通鑑外紀》引《周書》。

**晉・葛洪《抱朴子内篇》卷二《論仙》**　外國作水精椀，實是合五種灰以作之。

**北魏・賈思勰《齊民要術》卷七**　塗甕

凡甕，七月坯爲上，八月爲次，餘月爲下。

凡甕，無問大小，皆須塗治；甕津則造百物皆惡，悉不成。所以特宜留意。新出窑及熱脂塗者，大良。若市買者，先宜塗治，勿便盛水。未塗遇雨，亦惡。

塗法：掘地爲小圓坑，旁開兩道，以引風火。生炭火於坑中，合甕口於坑上而熏之。火盛喜破，微則難熱，務令調適乃佳。數數以手摸之，熱灼人手，便下。瀉熱脂於甕中，迴轉濁流，極令周匝；脂不復滲乃止。牛羊脂爲第一好，豬脂亦得。俗人用麻子脂者，誤人耳。若脂不濁流，直一遍拭之，亦不免津。俗人釜上蒸甕者，水氣，亦不佳。以熱湯數斗著甕中，滌盪疏洗之，瀉却；滿盛冷水。數日，便中用。用時更洗净，日曝令乾。

**《隋書・何稠傳》**　開皇初，授都督，累遷御府監，歷太府丞。稠博覽古圖，多識舊物。波斯嘗獻金綿錦袍，組織殊麗，上命稠爲之。稠錦既成，踰所獻者，上甚悦。時中國久絶瑠璃之作，匠人無敢厝意，稠以綠瓷爲之，與真不異。尋加員外散騎侍郎。

**宋・寇宗奭《本草衍義》卷六**　青琅玕

《書》曰：三危既宅。三危，西裔之山也，厥貢惟球琳琅玕。孔穎達以謂琅玕石似玉。《新書》亦謂三苗、西戎。《西域記》云：天竺國正出此物。陶隱居謂爲木，名大丹名。既是大丹名，則《本經》豈可更言煑煉服之。又曰：可化爲丹。陶不合遠，引非此琅玕也。《唐本》注云：是瑠璃之類。且瑠璃火成之物，琅玕又非火成。《經》曰：生蜀郡平澤，安得同類言之，其説愈遠。且佛經所謂瑠璃者，正如鬼谷珠之類，乃火成之物也，今人絶不見用。

**宋・蔡絛《鐵圍山叢談》卷五**　奉宸庫者，祖宗之珍藏也。政和四年，太上始自攬權綱，不欲付諸臣下，因踵藝祖故事，檢察内諸司。於是乘輿御馬，而從以杖直手焉，別本「杖直手」竝作「校直」，無「手」字，未知孰是。大内中諸司局大駭懼，凡數日而止。因是，併奉宸俱入内藏庫。時於奉宸中得龍涎香二，琉璃缶、玻瓈母二大篚。玻瓈母者，若今之鐵滓，然塊大小猶兒拳，人莫知其方。吴本「方」作「用」，張本云「莫知其何用」。又歲久無籍，且不知其所從來。或云柴世宗顯德間大食所貢，又謂真廟朝物也。玻瓈母，諸璫以意用火煅而模寫之，但能作珂子狀，青紅黄白隨其色，而不克自必也。香則多分賜大臣近侍，其模製甚大而質古，外視不大佳。每以一豆火爇之，輒作異花氣，芬郁滿座，終日略不歇。於是太上大奇之，命籍被賜者，隨數多寡，復收取以歸中禁，因號曰「古龍涎」。爲貴也，諸大璫爭取一餅，可直百緡，吴本作「千緡」。金玉穴，而以青絲貫之，佩於頸，時於衣領間摩挲以相示，坐此遂作佩香焉。今佩香因古龍涎始也。

**宋・葉廷珪《海録碎事》卷一五《商賈貨財部・珍寶門》**　流離《魏略》云：大秦國。

出赤、白、黑、黄、青、緑、縹、紺、紅、紫十種流離。《漢書》：出罽賓國。顔師古云：此蓋自然之物，採澤光潤，異於衆玉。今俗所用皆銷冶石汁，加以衆藥灌而爲之，尤虚脆不貞實，非真物。

**宋・周密《癸辛雜識》續集上**　治物各有法

金花定碗用大蒜汁調金描畫，然後再入窑燒之，永不復脱。凡玉工描玉用石榴皮汁描之，則見水不去。壘珠相思子磨汁綴之，白芨亦可。則見火不脱。凡事皆有法。

**元・孔齊《至正直記》卷二**　饒州御土

饒州御土，其色白如粉堊，每歲差官監造器皿以貢，謂之御土窑，燒罷即封土不敢私也。或有貢餘土，作盤盂、碗碟、壺注、杯盞之類，白而瑩，色可愛。底色未着油藥處，猶如白粉。甚雅薄，難愛護，世亦難得佳者。今貨者皆別土也，雖白而堊□耳。

**又　卷四**　窑器不足珍

嘗議舊定器官窑等物皆不足爲珍玩，蓋予真有所見也。在家時，表兄沈子成自餘干州歸，携至舊御土窑器徑尺肉碟二個，云是三十年前所造者，其質與色絶類定器之中等者，博古者往往不能辨。乙未冬，在杭州時，市哥哥洞窑器者一香鼎，質細雖新，其色瑩潤如舊造，識者猶疑之。會荆溪王德翁亦云：「近日哥哥窑絶類古官窑，不可不細辨也。」今在慶元見一尋常青器菜盆，質雖粗，其色亦如舊窑，不過街市所貨下等低物，使其質更加以細膩，兼以歲久則亂真矣。予然後知定器官窑之不足爲珍玩也。所可珍者真是美玉爲然。記此爲後人玩物之戒。至正癸卯冬記。

**元・蔣祈《陶記》《[康熙]浮梁縣志》卷四**　景德陶，昔三百餘座，埏埴之器潔白不疵，故鬻于他所皆有饒玉之稱。其視真定紅磁、龍泉青秘相競奇矣。窑之長短率有棍數，官籍丈尺以第其税。而火堂、火棧、火尾、火眼之屬，則不入于籍。陶毗食工，不受藝傭，埽賃窑家，以相附合，謂之棍。土坯既匣，垛而別之，審厥窑位，以謹布置，謂之障窑。

**元・陶宗儀《南村輟耕録》卷二九**　窑器

宋葉寘《坦齋筆衡》云：陶器自舜時便有，三代迄于秦漢，所謂甓器是也。今土中得者，其質渾厚，不務色澤。末俗尚靡，不貴金玉而貴銅、磁，遂有祕色窑器。世言錢氏有國日，越州燒進，不得臣庶用，故云祕色。陸龜蒙詩：九秋風露越窑開，奪得千峯翠色來。如向中霄盛沆瀣，共嵇中散鬥遺杯。乃知唐世已有，非始於錢氏。本朝以定州白磁器有芒，不堪用，遂命汝州造青窑器，故河北唐鄧耀州悉有之，汝窑爲魁。江南則處州龍泉縣，窑質頗麄厚。政和間，京師自置窑燒造，名曰官窑。中興渡江，有邵成章提舉後苑，號邵局，襲故京遺製，置窑于修内司，造青器，名内窑。澄泥爲範，極其精緻，油色瑩徹，爲世所珍。後郊壇下別立新窑，比舊窑大不侔矣。餘如烏泥窑、餘杭窑、續窑，皆非官窑比。若謂舊越窑，不復見矣。

**明・王佐《新增格古要論》卷六《珍寶論》**

罐子玉

雪白罐子玉，係北方用藥於罐子内燒成者，若無氣眼者，與真玉相似，但比真玉則微有蠅脚，久遠不潤，且脆甚。

玻瓈

玻瓈出南蕃，有酒色、紫色。白色與水晶相似。器皿背多碾兩點花兒是真。其藥燒者入手輕，有氣眼如琉璃相似。

硝子

假水晶用藥燒成者，色暗青，有氣眼，或有黄青色者，亦有白者，但不潔白明瑩，謂之硝子。又有大如指面者，亦有小者，多儘大儘貴，古人云：「蠟重一錢，價值一萬。一作貫。」可鑲嵌釧鐲、盌盞、戒指，用自然生成者好，碾琢者不佳。假造者用藥燒成，內有氣眼。

**又　卷七《古硯論》**

漢未央宮瓦硯記金華王子充。

漢未央宮諸殿瓦，其身如半筒，而覆檐際者則其頭有面外向，其面徑五寸，圍一尺六寸强。有四篆字，字凡六等，曰漢并天下，曰長樂未央，曰儲胥未央，曰長生無極，曰萬壽無疆，曰永壽無疆。面至背厚一寸弱，其背平可研墨，唐宋以來人得之，即去其身以爲硯，故俗呼瓦頭硯也。或謂其質稍粗，又入土歲久，頗渴水，比銅雀瓦爲少劣，抑豈知銅雀瓦雖精，然曹瞞所製，無足貴者，孰與未央諸瓦，出於漢初，爲可重乎。洪武辛亥夏，余留長安，校官馬懿、張祐，以此瓦相遺，其字曰長樂未央，於是爲千六百年物矣，乃貯以梓匣，寶而用之。嗚呼，物之用固繫其逢也哉。

按，未央宮在長安，漢高帝七年，丞相蕭何建，近因録王忠文公禕此記。同寅員外王鉉，長安人也，云有太極未央一等，而此未之及，蓋子充或未之見歟。因并識之，以俟參考。時天順元年丁丑夏四月朔日，王佐記。

江西新造漢未央宮瓦硯

宣德中，江西寧府老殿下，新造漢未央宮瓦硯，改作今布瓦樣，極精緻，恒以賜往來官員，人多寶爲清玩。研墨頗不渴水，其瓦高八寸强，闊六寸，面至背厚一寸弱，面上有銘曰：「伊□古龍，飲渭達樊，□以龍首，西皇高原，卯金方昌，大興天□，雕楹玉碣，華榱璧瑠，以壯天下，誰何不尊，世遠人邈，獨遺斯存，可歎可戒，且磨且揩，茅茨土階，孰爲其仁。」凡十一行，一行六字，末有「臞仙書」三字，字皆古隸，下有一小圖書「寧國」二字。面中間刳，其四圍作小絲環樣硯，硯上有水池，左有「炎漢古甓，維天所錫」，右有「子子孫孫，永寶□襲」，皆八篆字。下有「爲愛甄陶之質，宜加即墨之封」十二小篆字，凡四行。其背中間大書「未央宮東閣瓦」六字，結方一寸，左有「大漢十年」四字，右有「酇侯蕭何監造」六字，俱隸字，差小於中。姑記於此，以俟知者，吉水王佐記。

**又《古窯器論》**

紫窯

紫窯器，出北地河南鄭州。世傳周世宗姓柴氏時所燒者，故謂之柴窯。天青色，滋潤細膩有細紋，多是粗黄土足，近世少見。

汝窯

汝窯器，出汝州。宋時燒者，淡青色，有蟹爪紋者真，無紋者尤好，土脈滋潤，薄亦甚難得。

官窯

官窯器，宋修內司燒者，土脈細潤，色青帶粉紅，濃淡不一，蟹爪紋，紫口鐵足，色好者與汝窯相類。有黑土者謂之烏泥窯。僞者皆龍泉，所燒者無紋路。

董窯

董窯，出原闕。淡青色，細紋，多有紫口鐵足，比官窯無紅色，質粗而不細潤，不逮官窯多矣，今亦少見。

哥哥窯

舊哥哥窯，出原闕。色青，濃淡不一，亦有鐵足紫口，色好者類董窯，今亦少。有成羣隊者，是元末新燒，土脈粗燥，色亦不好。

象窯

象窯器皿，出原闕。有蟹爪紋，色白而滋潤者高，色黄而質粗者低，俱不甚值錢。

高麗窯

古高麗窯器皿。色粉青，與龍泉窯相類，上有白花朵兒者，不甚值錢。

大食窯後增。

大食窯器，出原闕。以銅作身，用藥燒成五色花者，與佛郎嵌相似。嘗見香爐、花瓶、合兒、盞子之類，但可婦人閨閣之中用，非士大夫文房清玩也。又謂之鬼國窯，今雲南人在京，多作酒盞，俗呼曰鬼國嵌。內府作者，細潤可愛。

古定窯

古定器，俱出北直隸定州。土脈細，色白而滋潤者貴，質粗而色黄者價低。外有淚痕者是真。劃花者最佳，素者亦好，繡花者次之。宋宣和、政和間窯最好，但難得成隊者。有紫定，色紫，有墨定，色黑如漆。土俱白，其價高於白定。東坡詩云：「定州花瓷琢紅玉。」凡窯器有茅篾骨出者，價輕。蓋損曰茅，路曰篾，無油水曰骨，此乃賣骨董市語也。

吉州窯後增。

吉州窯，出今吉安府廬陵縣永和鎮。其色與紫定器相類，體厚而質粗，不甚值錢。

宋時有五窯，書公燒者最佳，有白色，有紫色，花瓶大者值數兩，小者有花。又有碎器最佳。相傳云，宋文丞相過此窯，變成玉，遂不燒焉。今其窯尚有遺跡在人家，永樂中，或掘有玉杯盞之類，理或然也。自元至今猶然。

古磁器

古磁器，出河南彰德府磁州。好者與定器相似，但無淚痕，亦有劃花、繡花。素者價高於定器，新者不足論也。

古建窯

建窯器，出福建。其盌盞多是撆口，色黑而滋潤，有黄兔斑滴珠大者真。但體極厚，俗甚少見薄者。

古龍泉窯

古龍泉窯，在今浙江處州府龍泉縣，今曰處器、青器、古青器。土脈細且薄，翠青色者貴。有粉青色者。有一等盆底有雙魚，盆外有銅掇環。體厚者不甚佳。

古饒器後增。

古饒器，出今江西饒州府浮梁縣。御土窯者，體薄而潤，最好。有素折腰樣。毛口者，體雖薄，一作厚。色白且潤，尤佳。其價低於定器。

元朝燒小足印花者，内有樞府字者高。新燒大足素者欠潤，有青色及五色花者，且俗甚。今燒此器，好者色白而瑩，最高。又有青黑色戧金者，多是酒壺、酒盞，甚可愛。

霍窯

霍器，出山西平陽府霍州。

彭窯

元朝戧金匠彭均寶，效古定器製折腰樣者，甚整齊，故名曰彭窯。土脈細，白者與定器相似，比青口欠滋潤，極脆，不甚值錢。賣骨董者稱爲新定器，好事者以重價收之，尤爲可笑。

**明・陸容《菽園雜記》卷一四**　青瓷初出於劉田，去縣六十里。次則有金村窑，與劉田相去五里餘。外則白鴈、梧桐、安仁、安福、绿遶等處皆有之。然泥油精細，模範端巧，俱不若劉田。泥則取於窑之近地，其他處皆不及。油則取諸山中，蓄木葉燒煉成灰，并白石末澄取細者，合而爲油。大率取泥貴細，合油貴精。匠作先以鈞運成器，或模範成形。候泥乾，則蘸油塗飾，用泥筒盛之。寘諸窑内，端正排定，以柴篠日夜燒變。候火色紅焰無煙，即以泥封閉火門，火氣絶而後啓。凡绿荳色瑩淨無瑕者爲上，生菜色者次之。然上等價高，皆轉貨他處，縣官未嘗見也。

**明・李東陽等《明會典》卷一九〇《工部一〇・物料》**

琉璃窯

每一窯裝二樣板，瓦坯二百八十箇，計匠七工，用五尺圍蘆柴四十束。

每一窯妝色二百八十箇，計匠六工，用五尺圍蘆柴三十束，四分，用色三十二斤八兩九錢三分二釐。

黑窯

每中窯一座，裝到大小不等甎瓦二千二百箇，計匠八十八工，用五尺圍蘆柴八十八束。

永樂以後各處窯座：

臨清窯，燒造城甎、副甎、券甎、斧刃甎、線甎、平身甎、望板甎、方甎，二尺、尺七、尺五、尺二，四樣凡八號。近年止派造黑白城甎、斧刃甎。

蘇州窯，燒造二尺、尺七細料方甎，凡遇營建宫殿内官監開數，工部題行應天蘇松撫按官均派應天池太蘇松常鎮各委佐貳官，于蘇州府地方立窯募夫，選撥長洲縣諳練匠作團造，完日即委管造官解部。嘉靖三十七年題準，將先年備選副甎窯户家藏者，首驗合式，照例給價取用。蔡村窯，宣德二年差指揮一員，管領夫匠採柴造坯，後停止。正統九年復行燒造，後又停止。武清縣窯，萬曆二年奏准，自立窯座，分造城甎，每年三十萬箇，暫行通州管河郎中督造。每箇給價銀二分二釐，于臨清料價内扣給。

**又　卷一九四《工部一四・陶器》**

洪武二十六年定，凡燒造供用器皿等物，須要定奪樣制，計筭人工物料，如果數多，起取人匠赴京置窯興工。或數少，行移饒、處等府燒造。

凡在京燒造，天順三年題准，琉璃窯瓷缸，十年一次燒造。舊例，缸土、䃴土派行真定府，白䃴城土派行開封府，絹布白麻派行順天府各辦解，木柴召買。嘉靖三十一年，各宫殿膳房及御酒房花園等處料造瓷缸。隆慶五年，内官監傳造琉璃間色雲龍花樣盒盤缸罈，皆工部辦料，送該監官匠自行燒造。

**明・王宗沐　陸萬垓《江西省大志》卷七《陶書》**

廨宇

按《陶政録》載，御器廠中爲堂，正廳三。後爲軒，穿堂一。爲寢，後堂三。寢後高阜爲亭。扁曰兀然，今改爲紀績。堂之旁爲東西序，各廂房三。東南有門。三。堂之左爲官署，大門三，廳堂三，東西廊房六。堂之前爲儀門，三。爲皷樓，三。爲東西大庫房，各六，内外庫八。爲作：二十三。曰大碗作，房七間，小泥房七間。曰酒鍾作，房三間。曰碟作，房八間，小泥房四間。曰盤作，房七間，小泥房四間。曰鍾作，房七間，小泥房四間。曰印作，房十間，小泥房四間。曰錐龍作，房一間。曰畫作，房一間。曰寫字作，房一間。曰色作，房七間。曰匣作，房三十三間。曰泥水作，房一間。曰大木作，房五間。曰小木作，房五間。曰舡木作，房二間。曰鐵作，房四間。曰竹作，房二間。曰漆作，房三間。曰索作，房一間。曰桶作，房一間。曰染作，房一間。曰東碓作，四十六乘。曰西碓作，一十六乘。爲督工亭，三改爲椽舍。爲獄房。一。廠之西爲公館，東爲九江道爲窑：六。曰風火窑，曰色窑，曰大小爐熿窑，連色窑共二十座。曰大龍缸窑，十六座。曰匣窑，曰青窑。四十四座。廠内神祠三，曰玄帝，曰仙陶，曰五顯。廠外神祠一，曰師主。甃井二。一在南門内，一在錐龍作。爲廠二，曰船柴廠，屋十間。曰水柴廠。屋九間。放柴房，八十七間。燒窑人役歇房。八間。

砂土

陶土出浮梁新正都麻倉山，曰千户坑，曰龍坑塢，曰高路坡，曰低路坡，四處爲上土。土埴壚勻，有青黑縫糖點、白玉金星色。他如寺前綿花土，東步石、牛石、南李塢，墩口、鄱陽縣儀城，土相類，無諸色樣，係假土，不堪用。麻倉官土每百斤值銀七分，淘净泥五十斤，曝得乾土四十斤。至鎮若干里而近。艇運，冬秋水涸四日，春水一日半。餘干不土八十斤值二錢，婺源不土九十斤值八分，淘過净泥四十二斤，至鎮若干里而遥。石末出湖田一二圖，和官土造龍缸，取其堅也。里長交納，每十斤給米二升。凡上砂土百斤，篩净土八十斤。黄土百斤，篩净土九十斤。煉灰百斤，淘五十斤，值八分。釉土百斤值四分八厘，坯屑百斤值八分。俱造瓷器用。釉石，即釉土，出新正都，曰長嶺，作青黄釉。曰義坑，作澆白器釉。二處爲上，有栢葉斑。他如石牛山、李家塢，有黑縫者，不堪。艇運至鎮，與官白土同。

按，本廠燒造瓷器，舊用浮梁縣新正都麻倉等處白土，每百斤價銀七分。萬曆十一年間，該管廠同知張化美見得麻倉老坑土膏已竭，掘乞甚難，每百斤加銀三分。近用該縣地名吴門托新土，有糖點者尤佳，但離鎮百六十餘里，價仍照給一錢。造龍缸參用餘干、婺源不土及石末、坯屑。相兼勻和，取其泥質堅勁，以便成造。釉土，俱桃樹塢(澆)[燒]青花、白器通併用之。止白器釉稍加煉灰相合爲美，價銀照原定則給發。造匣用砂土、黄土相兼，砂土募夫挑擔，每百斤給工食銀二分。黄土係本廠原額上工夫内量數撥，赴月山取用。

坯土實用數

大樣魚缸，每隻約用官土百八十斤，餘干不土百三十斤，坯屑五十斤，石末一升，石斛紙五十張，釉土五十斤，煉灰三十斤。造成缸坯約重二百斤。二樣魚缸，每隻約用官土百四十斤，餘干不土百斤，坯屑三十五斤，釉土三十五斤，石斛紙四十張，石末一升，煉灰二十斤。造成缸坯約重一百五十斤。大樣瓷缸，每隻約用官土百三十斤，餘干不土八十斤，坯屑三十斤，石斛紙三十張，石末一升，釉土三十斤，煉灰二十斤。造成缸坯約重一百二十斤。二樣瓷缸，每隻約用官土百斤，餘干不土七十斤，坯屑二十五斤，石斛紙二十五張，石末八合，釉土二十五斤，煉灰一十五斤，造成缸坯約重百斤。三樣瓷缸，每隻約用官土六十五斤，餘干不土四十斤，坯屑一十五斤，石斛紙一十五張，石末五合，釉土一十五斤，煉灰十斤。造成缸坯約重六十斤。碗、碟、盤、鍾、盞、盂、罇、爵各項器皿大小高下不等，大約各項已成坯器約重一百斤，該用官土百五十斤，淘得净土六十斤。又婺源不土五十斤，淘得净土四十斤。共百斤，外加釉土五十斤，煉灰二十斤，剩土作底餅。

查得各作造坯原出工匠億度，致令厚薄不等，輕重頓殊。近該饒州府通判方叔猷管廠，設造木天平，分與各匠。作類稱，由是器皿大小輕重適勻，無有厚薄輕重之不同矣。

回青

陶用回青，本外國貢也，嘉靖中遇燒御器，奏發工部，行江西布政司貯庫時給之。每楨重百斤。舊陂塘青産于本府樂平一方，嘉靖中樂平格殺遂塞。石子青産于瑞州諸處，回青行，石子遂廢。屬者官按職閉匿爲市，收開廂喜錢、散青常例。至于敲青，首用鎚碎内硃砂斑者爲上青，有銀星者爲中青，每斤可得青三兩。淘青，敲青後取其奇零瑣碎碾碎，入注水中，用瓷石引雜石，真青澄定，每斤可得五六錢。畫青，每日辰午二次集工役分青染漬。懈嫚容隱，止令匠師巡視。匠師巽奸熟惡衆夥竊取，每斤報青多不過一兩二錢，卮漏鼠穴，頒給回青，衹資盜囊耳。後議敲青時各置小桌，加以尺高紗罩，當面一方用布爲之，開鑿二孔，縫綴袖襱二個，逮匠人手入，即以袖綴帶繫肘後，不得伸縮竊取。及稱定回青若干，鎚敲揀取純青，置盞底，什手淘青。於各桌揀出渣滓，入碾淘汰。二項陸續量數，傾入乳鉢，當堂研乳。仍作鉢匣似天平架樣，以乳槌木柄貫於横木之中，使無傾散狼戾之患。匣邊釘置小門二扇，鍵鑰不時啓閉，使無闗防收拾之煩。研乳三日，每兩加石子青十分之四同研，是謂中青。十分之一，是謂混水。候極細，傾入各罐。緘篋畫青之日，預懸圖軸，分立天地玄黄席號序坐，各坯匠類置各樣土坯桌上，次早照號點名入席，行若魚貫，列若鴈序坐定。匠師闗櫃出罐，當衆用匙序次分青。先中青，次混水。分列皂快升桌瞭望，周遭巡邏。食時散工，出入搜察，防帶入石青，偷出回青之弊。畫完坯，用在官回青當堂各畫樣器一件，書名。待後裝窑，雜置前後。及其燒出，查比青色異同，在畫役用辯有無侵換之姦，在窑役用辯看火勤怠之實。樣器既完，置號簿一扇記數，照原定坐席序次，出號堂上逐一唱名，畫坯者交坯與各作坯匠，照前數收檢，報有無污損，即時登記。混水者交青與畫作，檢報有無餘剩，即時傾入各罐，仍加封號入櫃，事畢方退。前項舉行，敲青一斤可得三兩，畫青舊用一兩，僅用六錢。

按驗青法，回青淳則色散而不收。石青加多，則色沉而不亮。每兩加石青一錢，謂之上青。四六分加，謂之中青。羙青者止記回青數，而不及石青也。中青用以設色，則筆路分明。上青用以混水，則顔身清亮。真青混在坯上如灰色，然石青多則黑。真青澄底，匠憒不得匿，則堆畫。堆混，則器亮而不青，如黴墨色。

窑制

陶窑，官五十八座，除缸窑三十餘座燒魚缸外，内有青窑，係燒小器。有色窑，造顔色，制員而狹，每座止容燒小器三百餘件，用柴八九十擔。民間青窑約二十餘座，制長闊大，每座容燒小器千餘件，用柴八九十擔。多者不過百擔。官民二窑槀柴一之，埴器倍之。民窑燒器，自入窑門。始，九行前一行皆粗器障火，三行間有好器，雜火中間。前四、中五、後四皆好器，後三、後二皆粗器晾前行。官窑燒造者，重器一色前以空匣障火。官窑之器純，民窑之器雜，制繇異也。官窑砌欲固，塗欲密，使火氣全而陶氣易熟，不至鬆泄。其爨料多寡，亦晾民窑廣狹差等耳。官民業已不同，官作趣辦塞責，私家竭作保傭，成毁之勢異也。今遇燒造官窑户輙布置民窑，而民窑且不克事也。斯官匠獨習慣其制懸高賈以市之，而民窑益困匱矣。

按窑五十八座，每座前寬六尺，後如前，饒五寸，入身六尺，頂圓。魚缸大様、二様者，止燒一口瓷缸。三様者，窑結砌二臺，則燒二口。溜火七日夜，溜（火者，小火也，如水滴溜，小小起火，使水氣漸乾漸熟云。）然後起緊火二日夜，見缸匣既紅而復白色，前後皆明亮，方可止火封門。又十日，窑冷方開。每窑約用柴百二十擔，遇陰雨或加十擔。　龍缸大窑，原係三十二座，近因青窑數少，龍缸空閒，將龍缸大窑改砌青窑十六座，仍存龍缸大窑十六座，以備燒造龍缸之用。青窑比紅窑畧小，前寬五尺，後五尺五寸，入身四尺五寸。每座燒盤碟中様器，止燒一百多件。稍大者一百五十六件，大碗二十四件，尺碗三十件，大罈止燒十六七件，小酒盃五六百件。溜火對日，緊火一日一夜。其看火色亦如龍缸窑法。火住封門則去頂，故窑易冷。首尾五日可出器。每窑用柴六十擔，若係大碗、大罈、拜磚等大器，湏量加柴十擔。或遇久雨窑濕，又宜加十擔。秋陽烈日，六十擔裕如矣。　匣窑大小不一，所費柴火與青窑相等。每窑除龍缸大匣外，其餘大小匣可燒七八十件，用柴五十五擔。各燒成匣有一用即損者，有再用方壞者，參差不一。惟龍缸匣，則匣既大，用柴亦多。每窑燒缸匣六層，大様、二様或蓋或圈，皆燒香一炷，旁以小匣培之。三様缸匣小，則燒二炷，培亦如之。湏用柴六十擔，溜火三日夜，緊火一日一夜，住火三日，方可出窑。大都窑乾、坯乾、柴乾，則少拆裂沉暗之患。土細、料細、工夫精細，則無粗糙污滓之虞。又必火候均匀，無太過、不及，且釉行光瑩，器自完美。釉土不特宜真，亦宜舂淘精熟。此燒造之大端也。

按，累年欽降方圓大盤竭力燒造難成，蓋圓盤大者尚可車鏇，方盤大者安能鏇成，坯曬日中，必至碎烈。晾之屋内，待其自乾，則時日難計。况燒造多裂，累經解送驗明，蒙題准將大圓盤准展限，大方盤改圓盤，進用盤底字様着在盤邊書寫，永爲定式。舊規，本廠凡遇部限瓷器，照常燒造，不預散窑。惟欽限瓷器數多，限逼一時，湊辦不及則分派散窑，擇其堪用者，湊解，固一時之權法也。但分派燒造宜於本廠附近里仁鎮市及長鄉三都，其餘遠鄉窑户，惟召集高手匠作赴廠幇工，與召募人役一體計工償價，方爲得體。但民窑狡詐，人百其心，乘限期緊，併多以歪斜淺淡瓷器塞責，廠官事逼，姑收湊解，欽限器皿屢至悮期。職此之故，不若多設窑座，雇倩高手，廠内自造自燒，尤爲速便。

造坯工程

大龍缸，每一名造坯五口，每日加泥一次，計十八日可成。缸坯候乾，又利坯二日，洗補二日，上泥漿二日，共計一月可成坯五口。大約計工如此。至於缸有大小，則工有遲速，要不可一律齊也。　大様小器，每日一人造坯十件，一日利坯，一日洗補，一日上泥漿，計三日可成坯十件。　二様小器，每人一日造坯五十件，一日利坯，一日洗補，一日上泥漿，計三日可成坯五十件。　三様小器，每人一日造坯一百件，一日利坯，一日洗補，一日上泥漿，計三日可成坯一百件。大様印器，每人一日印坯十件，一日利坯，一日洗補，一日上泥漿，計三日可成坯十件。　二様印器，每人一日印坯三十件，一日利坯，一日洗補，一日上泥漿，計三日可成坯三十件。　三様印器，每人一日印坯六十件，一日利坯，一日洗補，一日上泥漿，計三日可成坯六十件。　按各作工匠倘技藝精熟，則燒造之功亦易告成。查得錘、碟、盤、匣各作猶有堪用之匠，至大碗、酒鍾工匠類多頹罷不堪，以故燒造後期，合無於起工之日多雇堪用民匠分補。而畫匠錐龍二作，工製尤少，亦須召募高手，庶器不苦窳矣。　至于六作之中，惟風火窑匠最爲勞苦。方其溜火一日之前，固未甚勞，惟第二日緊火之後，則晝夜省視添柴，時刻不可停歇。或倦睡失於添柴，或神昏悮觀火色，則器有苦窳拆裂陰黄之患。蓋造坯彩畫，始條理之事也。入窑火候，終條理之事也。火弱則窳，火猛則僨。今查每窑作頭僅四人，燒火一人，人力既少，精神有限，欲其無倦悮也難矣。合無用看火作頭四、五名，燒火匠二名，每夜廠官親臨窑邊巡督，編立更夫并民快各五名，分定更籌，遞相巡警，以察勤(隋)[惰]。至開窑時，器皿完美，厚賞旌勞。儻有不堪，量其輕重懲戒。他如工匠揁撻大器坯胎，須令謹慎，若加怒責，則畏懼相欺，雖知撞搕亦蒙蔽不言。故自洗補至入窑，必看坯胎堪否，然後蓋匣封固，起火燒造。如繪畫中小器，亦須細看上下四週有無疵繆，必體質完美，方可入窑。不然則徒費罔功矣。

柴料

陶廠薪柴爲用最多，其弊亦夥有。船柴船載松柴。每百斤值四分。有水柴，大松木鋸劈二片四片，成排曳木至鎮。每百斤值四分。窑用船柴六、水柴四。船柴傳熖則易，水柴擁燎則久。有交收之弊，承委吏胥稱兑亡數，兼濕木、雜木，皆足壞陶。有支領之弊，或給值三分揁一，中多濕薪，暴乾搬移，虛費值亦不㲄。秋冬水涸船慳，賈舶騰踴，柴價亦貴。給值四分，或不能揁一。且交柴領價，柴户畏責，貰貸得不償費。後議柴價發浮梁縣隨宜交收，柴有定數，價有預支。至柴料烘堪之用，往窑一座用柴一百八十揁。莞廠官親驗一窑，止用一百六揁。乃諭竈役，日給柴一百七揁。有能數内減省，即以賞給。仍于官巷晝夜巡警，以防盜取。密塗窑孔，以全火氣。大抵一窑取燒柴料，約計一百二十揁數。

按每次燒造，柴費居三分之一，少亦不下數千餘兩。故本廠原設有船柴、水柴二行。船柴當六，水柴當四，自行運赴柴廠堆積。但遇燒窑，廠官親自查驗。乾者，照窑秤發，每百斤爲一揁，不論貴賤，定給官價四分。後因船柴行人盛，水柴行人乏，告鳴覆議，二八均當。今各輪服解納價銀，俱於布政司發下料銀當堂支給，待器皿起運完日，將銷筭文册通行申報，查考所給柴價，并燒柴數，悉照成規，並無增減。交收支領，亦無別項情弊。并查發柴到窑之際，自有燒窑人匠同看火作頭，不分晝夜巡直看守，難容竊盜。

顔色

陶設色料，鉛粉，一斤價銀四分。熖硝，一斤價銀二分。青礬，一斤價銀三厘。黛赭石，每斤價銀二分二厘。黑鉛，一斤價銀二分八厘。松香，一斤價銀五厘。白炭，百斤價銀一錢。金箔，一百帖價銀二錢五分。古銅，一斤價銀六分。成色之種。油色，用豆青油水、煉灰、黄土合成。紫金，用礶水、煉灰、紫金石水合成。翠色，用煉成古銅水、硝石合成。金黄，用黑鉛末一斤，碾成赭石一兩二錢。金緑，用煉過黑鉛末一斤、古銅末一兩四錢，石末六兩合成。金青，用煉成翠一斤，石子青一兩合成。礬紅，用青礬煉紅，每一兩用鉛粉五兩，用廣膠合成。紫色，用黑鉛末一斤，石子青一兩，石末六兩合成。澆青，用釉水、煉灰、石子青合成。純白，用釉水、煉灰合成。描金，用燒成白胎上金黄，過色窑，如礬紅過爐火，貼金二道，過爐火二次，餘色不上金黄。堆器，用白泥加坯上，以筆堆成各樣龍鳳花草，加釉水煉灰燒成。錐器，各樣坯上，用鐵錐錐成龍鳳花草，加釉水煉灰燒成。五彩。用燒過純白瓷器繢彩過爐火燒。

色料實用數

大碗，闊一尺每十個澆色料二斤。中碗，闊六寸，每十個澆色料一斤二兩。小碗，闊五寸，每十個澆色料一斤。案碟，闊七寸，每十個澆色料一斤。果碟，闊六寸，每十個澆色料十兩。小碟，闊四寸，每十個澆色料八兩。罇，每十件，澆石子青一斤。爵盞。每十個，澆石子青六兩。

貼金實用數估價附焉。

爵盞，每隻并附燒估銀四分。金龍二條，或金獸面，用金箔二張。大罇，每隻并附燒估銀八錢。青瓷貼金腰線，口、底，用金箔二十張，雙耳肚貼金牛。著罇，每隻并附燒估銀八錢。青瓷貼金腰線，口、底、雙耳、肚貼金牛，用金箔二十二張。山罍，每隻并附燒估銀八錢。青瓷貼金腰線，口、底、雙耳、肚貼金山，用金箔二十二張。犧罇，每隻并附燒估銀八錢。青瓷貼金腰線，口、底、雙耳、肚貼金牛，用金箔二十二張。牡丹花罈，每隻并附燒估銀一兩二錢。天青貼金，孔雀牡丹花用金箔七十張。

彩畫需用數舊載者不當。

畫描填色、水掃打抹等筆，每百枝價銀五分。　竹紙，每百張價銀一分。　筆，每十枚價銀一分五厘。　墨，每塊銀五厘。　金箔，每百帖銀二錢五分。　水硝，每斤銀一分。　夏布，每丈價銀二分，漆匠用。　青瓦，每百斤銀二分。　潤車香油，每斤價銀一分四厘。　兜柴，每百斤價銀二分五厘，各作烘坯用。　石斛紙，每百張價銀一分五厘。　鐵線。每斤價銀三分。

御供

陶專供御，嘉靖七年以前案燬不可考。　八年，燒造瓷器二千五百七十件。　九年，青色瓷磚四百五塊。　十年，瓷碟鍾一萬一千，盤一千，爵三百。　十三年，青花白地甌碗三千，紫色碟一千，紫色碗五百。　十五年，青花白地趕珠龍外一秤金娃娃花碗三千二十，青花白地福壽康寧花鍾一千八百，青花白地裏昇降戲龍外鳳穿花碟一千三百四十。　十五年，降發瓷器樣一十件。　十六年，白瓷盤六百七十八，爵盞二百七十。　十八年，降發瓷器式樣四十三件。　二十年，白地青花裏外滿池嬌花樣碗一千三百，白地青花裏外雲鶴花碟六千七百，白地青花裏外萬歲藤外搶珠龍花茶鍾一萬九千三百。　二十一年，青花白地靈芝捧八寶罐二百，碎器罐三百，青花白地八仙過海罐一百，青花白地孔雀牡丹罐三百，青花白地獅子滚繡毬罐三百，青花白地轉枝寶相花托八寶罐三百，青花白地滿池嬌鯖鮊鯉鱖水藻魚罐二百，青花白地江下八俊罐一百，青花白地巴山出水飛獅罐一百，青花白地水火捧八卦罐一百，青花白地竹葉靈芝團雲鶴穿花花樣龍鳳碗五百九十，青花白地轉枝蓮托八寶八吉祥一秤金娃娃花罈二百四十。　二十二年，青碗二千，青盤一千，青碟二千，青靶鍾一千，青瓷茶鍾二千，青酒盞一萬，祭器毛血盤一十，碟一百四十，大羹碗四，酒鍾一白，和羹盌十，爵二十，三籩豆盤八十，大尊六，犧尊六，著尊二，山罍四，又五罇。　二十三年，青花白地外海水蒼龍捧八卦壽比南山久福如東海深裏三仙煉丹花碗二千六百，青花白地外耍戲娃娃裏雲龍等花鍾九千六百，外四季花裏三陽開泰花盤一千七百，外天花捧壽山福海字裏二仙花盞三千五百，外四季花耍娃娃裏出水雲龍花草甌二千四百，外龍穿西番蓮裏穿花鳳花碟四千六百。又燒成桌器一千三百四十桌，每桌計二十七件，內案、酒碟、五果碟、五菜碟、五碗、五蓋碟、三茶鍾、酒盞、楂斗、醋注各一，裏青雙雲龍等花樣三百八十桌，暗龍紫金等花樣一百六十桌，金黃色一百六十桌，天青色一百六十桌，翠青色一百六十桌，鮮紅改作礬紅一百六十桌，翠綠一百六十桌。　外青雙雲龍寶相花缸一百二十口，青雙雲龍穿花樣罈二百五十，青雙雲龍鸞鳳樣罐一萬。　二十四年，青花白地轉枝蓮托百壽字花樣罈四百九十，青花白地八瓣海水飛龍花樣罐一千四百三十。　二十五年，青花白瓷青雙雲龍等花缸三百口，青纏枝寶相花回回花罐有蓋一千，裏外青穿花龍花碗二萬二千，裏青如意團鸞鳳、外穿花鸞鳳花膳碗一萬一千五百，青花白瓷裏雲龍海水、外九龍花盤三萬一千，青花白瓷裏外青雙雲龍花碟一萬六千，青花白瓷裏青雲龍、外團龍菱花茶鍾三千，青花白瓷裏青雲龍、外雙雲龍花酒盞一萬八千四百。　二十六年，青花白地海水飛獅龍捧福壽字花盤一萬一千二百五十，白地暗鸞鶴花酒盞九千五百一十，白色暗薑芽海水花碗二千九百二十，青色暗鸞鶴花碟七千七百八十，白色暗龍花茶鍾三千，黃色暗龍鳳花盒二千四百四十，青色暗龍花罐一千四十，白色暗薑芽海水花罈一千三百五十，青雙雲龍缸五百口，青花白瓷花瓶一千對，青花白瓷青蒼獅龍盒三千五百五十，裏青雲、外穿花鸞鳳花甌二萬一千，裏白外青雙雲龍雀盞一千五百，裏白外青雙雲龍花各樣碗二萬一千五百，純青素酒盞三千，純青碟一萬四千，青花白瓷拜磚二十副，素穰花鉢四千，青花白瓷葫蘆一萬。　二十七年，青花白地海水蒼龍等罐四千二百，青花白地龍鳳羣僊捧壽字花盒五千。　二十九年，青花白地罈一千。　三十年，青花白地外四畫神仙、裏雲鶴花盤一百，青花白地外結子蓮、裏花團花碟四千八百，青花白地獅龍花瓶三十，青花白地耍戲鮑老花罐七百，青花白地外雲龍、裏昇鳳花盞一千三百，青花白地外鯖鮊鯉鱖、裏雲鶴花碗二千三百，青花白地出水龍裏獅子花甌一千五百。　三十一年，純青裏海水龍、外擁祥雲地貼金三獅龍等花盤一百，爵一百八十，白地青花裏八仙捧壽、外雲龍花盤二百五千，裏龍鳳、外結子蓮碟三千，裏雲龍、外龍鳳鸞鶴碗三千四百，裏昇龍、外乾坤六合花各樣甌二千二百，裏花團、外雲龍花鍾三千七百，裏雲鶴、外博古龍花酒盞一千七百，裏雙鳳、外雙龍花盞二百五十，甜白色酒鍾三萬。　三十三年，青雙雲龍花碗二萬六千三百五十，青花雙雲龍碟三萬五百，裏白外青四季花盞六千九百，青花魚缸六百八十，磬口青白瓷甌九千，裏青穿花龍邊穿花龍鳳、外荷花魚水藻碗一萬二百，裏青穿花龍邊穿花龍鳳、外荷花魚水藻甌一萬九千八百，歇爵山盤青雙雲龍海水六百，白瓷壺六千。　三十四年，白瓷罐一千四百一十。　三十五年，燒瓷磚七千二十一，青花白瓷缸五百四十，豆青瓷素缸三十，青花白瓷膳碗一萬，磬口白瓷茶甌一千八百，青花白酒盞一萬五千，青花壺瓶連瓣蓋五百。　三十六年，各樣祭器籩豆、罍、爵、罇、匾壺、大羹碗六千三百六十，拜磚六副，各樣桌器一百桌，每桌五十三件，各樣膳碗五千二百三十，青花白瓷茶碗四百五十，酒碟、果碟一千一百，看瓶、牡丹瓶、壺瓶七百八十，罐四千七百，蓋全方罐一千九百，盒二千四百，盤三千三百，酒海青花白瓷五十四，大缸青雙雲龍連瓣十。　三十八年，青地閃黄鸞鳳穿寶相等花碗共五千八百，青花白地松竹梅酒罇一百八十，紫金地閃黄雙雲龍花盤碟六千，黄地閃青雲龍花甌一千四百六十，青地黄鸞鳳穿寶相花盞，爵一萬三千五百二十，青花白地靈芝四季花罐瓶共一千五百，青花白地雲鶴龍果盒共八百。

查得嘉靖四十三年被燼以前卷案無存，隆慶五年燒造。

青花白地雙雲龍鳳霞穿花喜相逢翟鷄朵朵菊花纏枝寶相花靈芝葡萄桌器，共五百桌，内百三十桌，桌計六十一件；百八十桌，桌計三十六件；百九十桌，桌計二十七件。青花白地外穿花龍鳳五彩滿池嬌朵朵花、裏團龍鸞鳳松竹梅玉簪花碗三萬一千八百五十，青花白地外雙雲龍鳳九龍海水纏枝寶相花、裏人物靈芝四季花盤一萬六千五百，青花白地外雙雲龍鳳竹葉靈芝朵朵雲龍松竹梅、裏團龍四季花碟三萬三千三百，青花白地外雙雲龍芙蓉花喜相逢貫套海石榴回回花、裏穿花翟鷄青鷚鶒荷花人物獅子故事一秤金黄暗龍鍾九千七百，青花白地外穿花龍鳳八吉祥五龍淡海水四季花捧乾坤清泰字八仙慶壽西番蓮、裏飛魚紅九龍青海水魚松竹梅穿花龍鳳甌三千九百五十，青花白地雙穿雲龍花鳳獅子滚繡毬纏枝牡丹花青花果翎毛五彩雲龍香草寶相花草蟲礶一千四百六十，青花白地穿花龍鳳扳枝娃娃長春花回回寶相花瓶三百七十，青花白地外梭龍靈芝五彩曲水梅花、裏雲龍葵花松竹梅白暗雲龍盞六千五十，青花白地外雲龍五彩滿地嬌人物故事荷花龍、裏雲龍曲水梅花盆七百一十，青花白地雙雲龍回回花果翎毛九龍淡海水荷花紅雙雲龍纏枝寶相花香爐一百八十，青花白地雙雲梭龍松竹梅朵菊花香盒三百三十，青花白地雙雲龍花鳳海水獸獅子滚繡毬穿花喜相逢翟鷄相斗二百七十，青花白地雙雲龍花鳳海水獸穿花翟鷄獅子滚繡毬朵朵四季花醋滴二百七十，青花白地雙雲龍鳳草獸飛魚四季花八吉祥貼金孔雀牡丹花罇蓋獅子樣三百三十。　萬曆五年，青花白地雙雲龍朵朵雲團龍菱花寶相穿花喜相逢翟鷄松竹梅人物故事器皿共五百五十桌，内一百五十桌，桌計六十一件；又二百桌，桌計三十六件；又二百桌，桌計二十七件。青花白地外雙雲荷花龍鳳纏枝西番蓮寶相花、裏雲團龍貫套八吉祥龍邊薑芽海水如意雲邊香草曲水梅花碗四萬五十，青花白地外穿花雲龍鸞鳳纏枝寶相松竹梅、裏朵朵四季花回回樣結帶如意松竹梅邊竹葉靈芝盤二萬三千一百，青花白地外穿花鸞鳳花果翎毛壽帶花滿池嬌草獸荷葉龍、裏八寶蒼龍寶相花捧真言字龍鳳人物故事碟四萬二千三百，青花白地外雙雲龍貫套海石榴獅子滚繡毬、裏穿花雲龍如意雲邊香草紅九龍青海水五彩鷚鶒荷花遍地真言字鍾一萬二千五百五十，青花白地外穿花龍鳳八仙慶壽回回纏枝寶相花、裏團雲龍荷花魚江芩子花捧真言字甌二萬七百，青花白地外雲龍長春花翎毛士女娃娃靈芝捧八吉祥、裏葡萄朵朵四季花真言字壽帶花盞九千，青花白地雙雲龍穿花喜相逢相斗二百，青花白地雙雲龍纏枝寶相花醋滴二百。　十一年，降發瓷器式樣四百四十三件，青白瓷暗花雲龍羹碗、籩盤、酒罇、爵盞、山罍、壺瓶各様祭器共四千二百九十，青花白地外雲龍荷花魚耍娃娃篆福壽康寧字回回花海獸獅子滚繡毬、裏雲鶴一把蓮萱草花如意雲大明萬曆年製字碗二萬八千七百五十，青花白地外荷花龍穿花鸞鳳松竹梅詩意人物故事耍娃娃、裏朵朵雲邊香竹葉靈芝暗雲龍寶相花盤四千九百，青花白地外纏枝牡丹花托八寶萱芽海水西番蓮五彩異獸滿池嬌、裏雙雲龍暗龍鳳寶相花獅子滚繡毬八吉祥如意雲靈芝花果碟一萬五千六百五十，青花白地外蟠桃結篆壽字纏枝四季花真言字、裏雲鶴火熖寶珠暗雙雲龍荷花魚青海水鍾三千三百四十，裏白外青貫套海石榴甌二百，青花白地外穿花雙雲龍人物故事青九獸紅海水、裏如意香草曲水梅花穿花翟鷄海獸白薑芽紅海水盞五千九百，青花白地如意雲龍穿花龍鳳風調雨順天下太平四鬅頭捧永保長春字混元八卦神仙捧乾坤清泰字盒二萬，青花白地纏枝金蓮花托篆壽字酒海二百，青花白地乾坤八卦靈芝山水雲龍香爐八百，青花白地穿花龍鳳草獸啣靈芝錦鷄牡丹雲鶴八卦麻葉西番蓮瓶四千一百六十，青花白地山水飛獅雲龍孔雀牡丹八仙過海四陽捧壽陸鶴乾坤五彩人物故事罐五千八百九十，青花白地五彩雲龍棋盤一百六十，青花白地正面龍葵花梅花棋子二十四，青花白地海水雲龍四季花金菊芙蓉檠臺一百八十，青花白地白陸鶴乾坤靈芝八寶相花如意雲龍燭臺一百八十，青花白地錦地花果翎毛邊雙龍捧珠心屏一百八十，青花白地龍穿四季花五彩海水雲龍錦地雲穿寶相花靈芝河圖洛書五彩昇降海水雲龍筆管三百六十，青花白地八寶團龍五彩海水龍盒子心四季花青地白花白龍穿四季花筆冲六十，裏白外青對雲龍獅子滚繡毬纏枝金蓮寶相花五彩穿花山水昇降龍青雲鸞鳳缸六百二十，青雙雲龍捧篆壽字飛絲龍穿靈芝草獸人物故事百子圖罇五百，青花白瓷玲瓏雙龍捧珠飛龍獅子海馬五彩荷花雲龍黄地紫荷花涼墩二百八十。　十七年，青花白地龍穿四季花五彩海水雲龍錦地龍穿寶相花靈芝河圖洛書五彩昇降海水雲龍筆管一百八十，搊筆管一百八十，青花白地八寶團龍五彩海水龍盒子心四季花青地白花龍穿四季花筆冲六十。　十九年，降發瓷器式様四百六十一件，青花白地外團雲龍鸞鳳錦地八寶海水福禄壽靈芝、裏雙龍捧壽長春花五彩鳳穿四季花碗二萬八千一百，青花白地外團螭虎靈芝如意寶相花海石榴香草、裏底龍捧永保萬壽邊鸞鳳寶相花永保洪福齊天娃娃花盤二萬四千三百五十，青花白地外長春轉枝寶相花螭虎靈芝、裏五彩龍鳳邊福如東海八吉祥錦盆堆邊寶相花結帶八寶碟五萬六千二百五十，青花白地外團龍如意雲竹葉靈芝五彩水藻魚、裏篆壽字如意牡丹花五彩如意甌三萬一千一百，暗花雲龍寶相花全黄茶鍾一千二百，青花白地外海水飛獅纏枝四季花長春螭虎靈芝石榴、裏葵花牡丹海水寶相花盃四千六百，青花白地外牡丹金菊芙蓉龍鳳四季花五彩八寶葡萄蜂趕梅花、裏葵花牡丹篆壽字五彩蓮花古老錢盃盤一千八百，黄瓷地五彩裏白外螭虎靈芝四季花香草迴文香爐八百，青花白地麒麟盒子心纏枝寶相花迴文花果八吉祥靈芝海水梅花五彩香草玲瓏松紋錦四季花香奩四百四十，青花白地慶雲百龍百鶴五彩百鹿永保乾坤罈五百，青花白地異獸朝蒼龍如意雲錦滿池嬌錦地葵花方勝花果翎毛草蟲盒一千二百四十，暗花鸞鳳寶相花白瓷瓶五百，青花白地海水雲龍長春八寶龍鳳如意五彩龍鳳耍娃娃蓮托八吉祥海水蒼龍滿池嬌結子石榴罐三千九百七十，青花白地慶雲蒼龍回回花錦地盒子心福禄朝天邊錦地蘆鴈曲水梅盆一千二百四十，青花白地團龍四季花西番蓮托真言字鳳穿四季花葡萄西瓜瓣雲龍捧聖壽字杏葉五彩水藻金魚壺瓶共三千四十青花白地雲龍蘆鴈松竹梅半邊葫蘆花瓶四百。　二十年，降發瓷器式様一十五件，青花白地外壽意年燈端陽節荷花水藻魚、裏底青正面雲龍邊松竹梅碗一萬六千一百，青花白地外纏枝蓮托八寶龍鳳花果松竹梅真言字折枝四季花、裏底穿花龍邊朵朵四季花人物故事竹葉靈芝壽意牡丹花盤一萬三千一百四十。　青花白地外纏竹葉靈芝花果八寶雙雲龍鳳、裏龍穿四季花五彩壽意人物仙桃邊葡萄碟二萬三千八百六十，青花白地外壽意年節、裏正面雲龍水蓮一萬六千，青花白地外雙雲龍鳳、裏黄葵花轉枝靈芝五彩菊花盞八百，青花白地花果翎毛香草草蟲人物故事花瓶二百五，彩錦地盒子心四季花果翎毛八寶祥四季花罐四百六十，青花白地萬古長春四海來朝面龍四季花人物故事盒三千七百八十，青花白地外雲龍海水、裏頂粧雲龍筯盤一百六十，青花白地外蓮花香草如意頂粧雲龍回紋香草雲龍靈芝寶相玲瓏靈芝古老錢爐二百四十，青花白地寶山海水雲龍圓座攀桂娃娃芘菰荷葉花草五彩寶山海水雲龍人物故事香草蓮瓣燭臺二百，青花白地五彩人物故事香草蓮瓣檳榔盞一百，青花白地五彩雲龍回紋扇匣六十，青花白地海水頂粧玲瓏三龍山水五彩玲瓏山水筆架五百，青花白地蹲龍寶象人物五彩硯水滴二百，青花白地雲龍回紋香草龍雲人物故事花果靈芝五彩雲龍回紋四季花相斗三百，青花白地錦地盒子心龍穿四季花冠盞一十，又裏白外紅緑黄紫雲龍膳碗一千八百，青花白地外盒子心錦地雙龍捧永保長春四海來朝人物故事四季花裏靈芝松竹梅蘭五彩四季花巾盞二百，以上膳碗、巾盞原非年例取解之數。　二十一年，青花白地天下太平四方香草如意面回紋人物五彩方勝盒三百，青花白地貫套如意靈芝香草海水龍穿四季花五彩貫套如意山水靈芝花罇一千二十，青花白地外雙雲龍八仙過海盒子心四季花、裏正面龍篆壽字如意葵花邊竹葉靈芝碗一千二百，青花白地水藻魚八寶香草荷花滿池嬌海水梅花五彩昇轉雲龍回紋香草缸二百七十。　二十二年，青花白地人物故事面雲龍娃娃面四季花五彩雲龍花果翎毛靈芝捧篆壽字盒五千六百二十，青花白地鳳穿四季花滿池嬌五彩龍穿四季花靈芝托八寶瓔珞香草花瓶二百五十，青花白地雲龍鳳穿四季花五彩雲龍鳳穿四季花剪燭罐八十。

**明・田藝蘅《留青日札》卷六**　陶器

舜爲陶器，迄于秦漢，今河南土中有羽觴無色澤者是也。陸龜蒙詩：「九秋風露越窑開，奪得千峯翠色來。」最爲諸窑之冠。至吴越王時愈精，臣庶不得通用，謂之祕色，即所謂柴窑也。有云：「若要看柴窑，雨過青天色。」或云：「柴世宗時始進御也。」

汝窑　宋以定州白磁器有芒不堪，遂命汝州造青窑器。河北唐、鄧、耀州悉有之，而汝爲冠。今河南汝州色如哥而深，微帶黄。

龍泉窑　處州龍泉窑豆青色，建安烏泥窑品最下，蘇州翠窑又下。

定窑　定州，今真定府，似象窑色，有竹絲刷紋者曰北定窑。南定窑有花者出南渡後。

鈞州窑　鈞州稍具諸色，光彩太露，器極大。今河南新改禹州，其器兔絲紋，火焰青者。

官窑　政和間，京師自置窑燒造曰官窑，文色上白而薄如紙者，亞於汝，其價亦然。

內窑　南渡有邵成章提舉號邵局，於修內司造青磁器，名內窑，模範極精，油色瑩徹，爲世所珍。

哥窑　宋時處州章氏兄弟皆造窑，兄所作者，視弟色稍白而斷紋多，號白圾碎，故曰哥窑。有火碎紋鐵足胎，土極堅細如鐵者。次，象窑，色如象牙。又次，彭窑。

宣窑　大明永樂窑、宣德窑、成化窑，皆純白，或回青石，青盡之，或加彩色。宣德之貴，今與汝敵，而永樂、成化亦以次重矣。祕色在當時已不可得，而內窑亦未見有售者。嘉靖亦可觀，窑有柴、汝、官、哥、定。又，彭、建、龍、鈞之類。柴不可得矣。今宣窑興而與汝爭價，亦足觀也。

**又**　卷二三　琉璃　《魏畧》：「秦國出赤、白、黑、黄、青、緑、縹、紺、紅、紫十種流離。」此蓋自然之物，采澤光潤，踰于衆玉，其色不恒。今俗所用，皆銷冶石汁，加以衆藥，灌而爲之，尤虚脆不貞實，非真物也。《漢書》：「罽賓國出流離。」

**明・王世懋《閩部疏》**　泉、漳間燒山土爲瓦，皆黄色。郡人以海風能飛瓦，奏請用筒瓦。民居皆儼似黄屋，鴟吻異狀，官廨縉紳之居尤不可辨。

**明・顧起元《説略》卷二六**　琉璃，《魏略》：本質是石，乃大秦國出赤、白、黑、黄、青、緑、縹、紺、紅、紫十種流離。此蓋自然之物，采澤光潤，踰於衆玉，其色不恒。今俗所用，皆銷冶石汁，加以衆藥灌而爲之，尤虚脆不貞，實非真物也。魏太祖爲琉璃行殿，容百人。晉滿奮坐琉璃牕內，有寒色。元載家有琉璃盤，一尺面。小説丐者媚兒有琉璃缾，唐末尚琉璃釵釧。唐宰相名投於琉璃缾中。

玻璃，一作頗黎，一作玻瓈，西國寶，千年冰化，故曰冰玉。今有外國所市玻璃杯、鏡，乃燒成者。又有五色小缾，值極高，其質俱自銷冶所成，非所謂冰玉也，恐別是一種耳。

**明・謝肇淛《五雜組》卷一二《物部四》**　陶器，柴窑最古。今人得其碎片，亦與金翠同價矣。蓋色既鮮碧，而質復瑩薄。可以妝飾玩具而成器者，杳不可復見矣。世傳柴世宗時燒造，所司請其色，御批云：「雨過青天雲破處，這般顔色做將來。」然唐時已有祕色。陸龜蒙詩：「九天風露越窑開，奪得千峯祕色來。」惜今人無見之耳。余謂洛中人有掘得漢、唐時墓者，其中多有陶器，色但凈白，而形質甚粗，蓋至宋而後，其製始精也。

柴窑之外，有定、汝、官、哥四種，皆宋器也。流傳至今者，惟哥窑稍易得，蓋其質厚，頗耐藏耳。定、汝白如玉，難於完璧。而宋時宫中所用，率銅鈐其口，以是損價。

今龍泉窑，世不復重，惟饒州景德鎮所造，偏行天下。每歲內府頒一式度，紀年號於下。然惟宣德款製最精，距迄百五十年，其價幾與宋器埒矣。嘉靖次之。成化又次之。世宗末年所造金籙，大醮壇用者，又其次也。

宣窑不獨款式端正，色澤細潤，即其字畫亦皆精絶。余見御用一茶盞，乃畫「輕羅小扇撲流螢」者，其人物毫髮具備，儼然一幅李思訓畫也。外一皮函，亦作盞樣盛之。小銅屈戌，小鎖尤精，蓋人間所藏宣窑又不及也。

**又**　今俗語，窑器謂之磁器者，蓋河南磁州窑最多，故相沿名之。如銀稱朱提，墨稱隃糜之類也。

景德鎮所造，常有窑變云，不依造式，忽爲變成，或現魚形，或浮果影。傳聞初開窑時，必用童男女各一人，活取其血祭之，故精氣所結，凝爲怪耳。近來禁不用人祭，故無復窑變。一云：恐禁中得知，不時宣索，人多碎之。

**明・文震亨《長物志》卷七**　器具

海論銅玉雕刻窑器【略】窑器：柴窑最貴，世不一見，聞其製青如天，明如鏡，薄如紙，聲如磬，未知然否？官、哥、汝窑，以粉青色爲上，淡白次之，油灰最下。紋取冰裂、鱔血、鐵足爲上，梅花片、墨紋次之，細碎紋最下。官窑隱紋如蟹爪，哥窑隱紋如魚子，定窑以白色而加以泑水如淚痕者佳，紫色、黑色俱不貴。均州窑色如胭脂者爲上，青若葱翠、紫若墨色者次之，雜色者不貴。龍泉窑甚厚，不易茅蔑，第工匠稍拙，不甚古雅。宣窑冰裂、鱔血紋者，與官、哥同，隱紋如橘皮、紅花、青花者，俱鮮彩奪目，堆垛可愛。又有元燒樞府字號，亦有可取。至於永樂細款青花杯，成化五彩葡萄杯，及純白薄如玻璃者，今皆極貴，實不甚雅。雕刻精妙者，以宋爲貴，俗子輒論金銀胎，最爲可笑。蓋其妙處在刀法圓熟，藏鋒不露，用朱極鮮，漆堅厚而無敲裂，所刻山水、樓閣、人物、鳥獸，皆儼若圖畫，爲佳絶耳。元時張成、楊茂二家，亦以此技擅名一時。國朝果園廠所製，刀法視宋尚隔一籌，然亦精細。至於雕刻器皿，宋以詹成爲首，國朝則夏白眼擅名，宣廟絶賞之。吴中如賀四、李文甫、陸子岡，皆後來繼出高手，第所刻必以白玉、琥珀、水晶、瑪瑙等爲佳器，若一涉竹木，便非所貴。至於雕刻果核，雖極人工之巧，終是惡道。

凡瓷器經畫過釉之後，裝入匣鉢。裝時手拿微重，後日燒出即成坳口，不復周正。鉢以粗泥造，其中一泥餅托一器，底空處以沙實之。大器一匣裝一個，小器十餘共一匣鉢。鉢佳者裝燒十餘度，劣者一二次即壞。凡匣鉢裝器入窯，然後舉火。其窯上空十二圓眼，名曰天窗。火以十二時辰爲足。先發門火十個時，火力從下攻上，然後天窗擲柴燒兩時，火力從上透下。器在火中其軟如棉絮，以鐵叉取一以驗火候之足。辨認真足，然後絶薪止火。共計一坯工力，過手七十二方克成器，其中微細節目尚不能盡也。

附　窯變　回青

正德中，內使監造御器。時宣紅失傳不成，身家俱喪。一人躍入自焚。托夢他人造出，競傳窯變，好異者遂妄傳燒出鹿、象諸異物也。又回青乃西域大青，美者亦名佛頭青。上料無名異出火似之，非大青能入洪爐存本色也。

## 明·宋應星《天工開物》卷中《陶埏》

### 瓦

凡埏泥造瓦，堀掘地二尺餘，擇取無沙粘土而爲之。百里之内必産合用土色，供人居室之用。凡民居瓦形皆四合分片，先以圓桶爲模骨，外畫四條界。調踐熟泥，疊成高長方條。然後用鐵線弦弓，線上空三分，以尺限定，向泥不平戛一片，似揭紙而起，周包圓桶之上。待其稍乾，脱模而出，自然裂爲四片。凡瓦大小(苦)[古]無定式，大者縱横八九寸，小者縮十之三。室宇合溝中，則必需其最大者，名曰溝瓦，能承受淫雨不溢漏也。

凡坯既成，乾燥之後，則堆積窖中燃薪舉火，或一晝夜或二晝夜，視窯中多少爲熄火久暫。澆水轉釉音右。與造磚同法。其垂於簷端者有滴水，不於脊沿者有雲瓦，瓦掩覆脊者有抱同，鎮脊兩頭者有鳥獸諸形象，皆人工逐一做成，載於窯內受水火而成器則一也。

若皇家宫殿所用，大異於是。其制爲琉璃瓦者，或爲板片，或爲宛筒。以圓竹與斲木爲模逐片成造，其土必取于太平府舟運三千里方達京師，參沙之僞，雇役擄舡之擾，害不可極。即承天皇陵亦取於此，無人議正。造成。先裝入琉璃窯內，每柴五千斤澆瓦百片。取出，成色以無名異、椶櫚毛等煎汁塗染成緑，黛赭石、松香、蒲草等塗染成黄。再入别窯，減殺薪火，逼成琉璃寶色。外省親王殿與仙佛宫觀間亦爲之，但色料各有譬合，采取不必盡同，民居則有禁也。

### 磚

凡埏泥造磚，亦堀地驗辨土色，或藍或白，或紅或黄，閩、廣多紅泥，藍者名善泥，江、浙居多。皆以粘而不散、粉而不沙者爲上。汲水滋土，人逐數牛錯趾，踏成稠泥，然後填滿木匡之中，鐵線弓戛平其面，而成坯形。

凡郡邑城雉民居垣牆所用者，有眠磚、側磚兩色。眠磚方長條，砌城郭與民人饒富家，不惜工費直疊而上。民居算計者則一眠之上施側磚一路，填土礫其中以實之，蓋省嗇之義也。凡牆磚而外甃地者名曰方墁磚。榱桷上用以承瓦者曰楻板磚。圓鞠小橋梁與圭門與窀穸墓穴者曰刀磚，又曰鞠磚。

凡刀磚削狹一偏面，相靠擠緊，上砌成圓，車馬踐壓不能損陷。

造方墁磚，泥入方匡中，平板蓋面，兩人足立其上，研轉而堅固之，燒成效用。石工磨斲四沿，然後甃地。刀磚之直視牆磚稍溢一分，楻板磚則積十以當牆磚之一，方墁磚則一以敵牆磚之十也。

凡磚成坯之後，裝入窯中，所裝百鈞則火力一晝夜，二百鈞則倍時而足。凡燒磚有柴薪窯，有煤炭窯。用薪者出火成青黑色，用煤者出火成白色。凡柴薪窯巔上偏側鑿三孔以出煙，火足止薪之候，泥固塞其孔，然後使水轉釉。凡火候少一兩則釉色不光，少三兩則名嫩火磚。本色雜現，他日經霜冒雪，則立成解散，仍還土質。火候多一兩則磚面有裂紋，多三兩則磚形縮小拆裂，屈曲不伸，擊之如碎鐵然，不適于用。巧用者以之埋藏土內爲牆脚，則亦有磚之用也。凡觀火候，從窯門透視内壁，土受火精，形神摇蕩，若金銀熔化之極然，陶長辨之。

凡轉釉之法，窯巔作一平田樣，四圍稍弦起，灌水其上。磚瓦百鈞用水四十石。水神透入土膜之下，與火意相感而成。水火既濟，其質千秋矣。若煤炭窯視柴窯深欲倍之，其上圓鞠漸小，併不封頂。其内以煤造成尺五徑濶餅，每煤一層隔磚一層，葦薪墊地發火。

若皇居所用磚，其大者廠在臨清，工部分司主之。初名色有副磚、券磚、平身磚、望板磚、斧刃磚、方磚之類，後革去半。運至京師，每漕舫搭四十塊，民舟半之。又細料方磚以甃正殿者，則由蘇州造解。其琉璃磚色料已載《瓦》款。取薪臺基廠，燒由黑窯云。

### 罌甕

凡陶家爲缶屬，其類百千。大者缸甕，中者鉢盂，小者瓶罐，款制各從方土，悉數之不能。造此者必爲圓而不方之器。試土尋泥之後，仍制陶車旋盤。工夫精熟者視器大小掐泥，不甚增多少，兩人扶泥旋轉，一捏而就。其朝遷所用龍鳳缸窯在真定曲陽與揚州儀真。與南直花缸，則厚積其泥，以俟雕鏤，作法全不相同，故其直或百倍或五十倍也。

凡罌缶有耳嘴者皆另爲合，上以釉水塗粘。陶器皆有底，無底者則陝以西炊甑用瓦不用木也。凡諸陶器精者中外皆過釉，粗者或釉其半體。惟沙盆齒鉢之類其中不釉，存其粗澀，以受研擂之功。沙鍋沙罐不釉，利于透火性以熟烹也。

凡釉質料隨地而生，江、浙、閩、廣用者蕨藍草一味。其草乃居民供竈之薪，長不過三尺，枝葉似杉木，勒而不棘人。其名數十，各地不同。陶家取來燃灰，布袋灌水澄濾，去其粗者，取其絶細。每灰二碗參以紅土泥水一碗，攪令極勻，蘸塗坯上，燒出自成光色。北方未詳用何物。蘇州黄罐釉亦别有料。惟上用龍鳳器則仍用松香與無名異也。

凡瓶窰燒小器，缸窰燒大器。山西、浙江省分缸窰、瓶窰，餘省則合一處爲之。凡造敞口缸，旋成兩截，接合處以木椎内外打緊，匝口、壜甕亦兩截，接合不便用椎，預于别窰燒成瓦圈如金剛圈形，托印其内，外以木椎打緊，土性自合。

凡缸、瓶窰不于平地，必于斜阜山岡之上，延長者或二三十丈，短者亦十餘丈，連接爲數十窰，皆一窰高一級。蓋依傍山勢，所以驅流水濕滋之患，而火氣又循級透上。其數十方成窰者，其中苦無重值物，合併衆力衆資而爲之也。其窰鞠成之後，上鋪覆以絶細土，厚三寸許。窰隔五尺許則透煙窓，窰門兩邊相向而開。裝物以至小器，裝載頭一低窰，絶大缸甕裝在最末尾高窰。發火先從頭一低窰起，兩人對面交看火色。大抵陶器一百三十斤費薪百斤。火候足時，掩閉其門，然後次發第二火。以次結竟至尾云。

白瓷附青瓷

凡白土曰堊土，爲陶家精美器用。中國出惟五六處，北則真定定州、平凉華亭、太原平定、開封禹州，南則泉郡德化、土出永定，窰在德化。徽郡婺源、祁門。他處白土陶範不粘，或以掃壁爲墁。德化窰惟以燒造瓷仙、精巧人物、玩器，不適實用；真、開等郡瓷窰所出，色或黄滯無寶光，合併數郡不敵江西饒郡産。浙省處州麗水、龍泉兩邑，燒造過釉杯碗，青黑如漆，名曰處窰，宋、元時龍泉琉山下，有章氏造窰出款貴重，古董行所謂哥窰器者即此。

若夫中華四裔馳名獵取者，皆饒郡浮梁景德鎮之産也。此鎮從古及今爲燒器地，然不産白土。土出婺源、祁門兩山：一名高梁山，出粳米土，其性堅硬；一名開化山，出糯米土，其性粢軟。兩土和合，瓷器方成。其土作成方塊，小舟運至鎮。造器者將兩土等分入臼舂一日，然後入缸水澄，其上浮者爲細料，傾跌過一缸，其下沉底者爲粗料。細料缸中再取上浮者，傾過爲最細料，沉底者爲中料。既澄之後，以磚砌方長塘，逼靠火窰以借火力。傾所澄之泥于中，吸乾然後重用清水調和造坯。

凡造瓷坯有兩種，一曰印器，如方圓不等瓶甕爐合之類，御器則有瓷屏風、燭臺之類。先以黄泥塑成模印，或兩破或兩截，亦或囫圇。然後埏白泥印成，以釉水塗合其縫，澆出時自圓成無隙。一曰圓器，凡大小億萬杯盤之類乃生人日用必需，造者居十九，而印器則十一。造此器坯先制陶車。車豎直木一根，埋三尺入土内使之安穩，上高二尺許，上下列圓盤，盤沿以短竹棍撥運旋轉，盤頂正中用檀木刻成盔頭冒其上。

凡造杯盤無有定形模式，以兩手捧泥盔冒之上，旋盤使轉，拇指剪去甲，按定泥底，就大指薄旋而上，即成一杯碗之形。初學者任從作廢，破坯取泥再造。功多業熟，即千萬如出一範。凡盔冒上造小坯者不必加泥，造中盤、大碗則增泥大其冒，使乾燥而後受功。凡手指旋成坯後，覆轉用盔冒一印，微曬留滋潤，又一印，曬成極白乾，入水一汶，漉上盔冒，過利刀二次，過刀時手脈微振，燒出即成雀口。然後補整碎缺，就車上旋轉打圈。圈後或畫或書字，畫後噴水數口，然後過釉。

凡爲碎器與千鐘粟與褐色杯等，不用青料。欲爲碎器，利刀過後，日曬極熱。入清水一蘸而起，燒出自成裂文。千鐘粟則釉漿捷點，褐色則老茶葉煎水一抹也。古碎器日本國極珍重，真者不惜千金。古香爐碎器不知何代造，底有鐵釘，其釘掩光色不鏽。

凡饒鎮白瓷釉用小港嘴泥漿和桃竹葉灰調成，似清泔汁，泉郡瓷仙用松毛水調泥漿，處郡青瓷釉未詳所出。盛於缸内。凡諸器過釉，先蕩其内，外邊用指一蘸塗弦，自然流遍。凡畫碗青料總一味無名異。漆匠煎油，亦用以收火色。此物不生深土，浮生地面，深者掘下三尺即止，各省直皆有之。亦辨認上料、中料、下料，用時先將炭火叢紅煆過。上者出火成翠毛色，中者微青，下者近土褐。上者每斤煆出只得七兩，中下者以次縮減。如上品細料器及御器龍鳳等，皆以上料畫成，故其價每石值銀貳拾肆兩，中者半之，下者則十之三而已。

凡饒鎮所用，以衢、信兩郡山中者爲上料，名曰浙料，上高諸邑者爲中，豐城諸處者爲下也。凡使料煆過之後，以乳鉢極研，其鉢底留粗，不轉釉。然後調畫水。調研時色如皂，入火則成青碧色。凡將碎器爲紫霞色杯者，用胭脂打濕，將鐵線紐一兜絡，盛碎器其中，炭火炙熱，然後以濕胭脂一抹即成。凡宣紅器乃燒成之後出火，另施工巧微炙而成者，非世上硃砂能留紅質於火内也。宣紅元末已失傳，正德中曆試復造出。

**又** 卷下《珠玉》 凡琉璃石，與中國水精、占城火齊其類相同，同一精光明透之義。然不產中國，產于西域。其石五色皆具，中華人豔之，遂竭人巧以肖之。于是燒瓴甋轉釉成黄緑色者曰琉璃瓦。煎化羊角爲盛油與籠燭者爲琉璃碗。合化硝、鉛寫珠銅線穿合者爲琉璃燈。捏片爲琉璃瓶袋。硝用煎煉上結馬牙者。各色顔料汁任從點染。凡爲燈、珠皆淮北齊地人，以其地產硝之故。

凡硝見火還空，其質本無，而黑鉛爲重質之物。兩物假火爲媒，硝欲引鉛還空，鉛欲留硝住世，和同一釜之中，透出光明形象。此乾坤造化隱現于容易地面。《天工》卷末，著而出之。

**明・方以智《通雅》卷四八《金石》** 玻璃，本作頗黎。 頗黎，國也。《玄中記》云：「大秦有五色頗黎。」《梁四公子記》：「扶南人來買頗黎鏡。」蔡絛曰：「御庫有波黎母。」《集註》曰：「流璃，火齊珠也。」《魏略》：「大秦國出火齊、玫瑰。」《唐書》：「羅剎國有火齊。」《續漢書》云：「哀牢地出火精、琉璃。」《演繁露》謂：「天竺有火齊如雲母，」則同名者也。《説文》：「鏞銻，火齊也。」近三保太監出西洋，攜燒玻瓈人來，故中國玻黎頓賤。《唐書》：「元載誅，得路嗣恭所遺琉璃盤徑尺。」《北史》言：「月氏人在京師，鑄石爲五色琉璃，煮不動曰蓄琉璃。」又自有如師古所言自然琉璃石，大昌勿竟駁也。陳藏器曰：「自然灰生南海畔，如黄土灰，可澣衣；玉石瑪瑙之類，以此灰埋之即軟，易雕刻。」今益都用磁煮石爲琉璃。詳《小識》。

**又方以智《物理小識・金石類》** 玻瓈琉璃 顔師古云，有自然琉璃石。《北史》言月氏在京師鑄石爲五色琉璃。《玄中記》：秦有五色頗黎。三保太監曾攜西洋燒玻瓈人來。外紀曰，勿搦祭亞國玻瓈極佳。今山東益都顔神鎮燒琉璃採諸石，以礁化之，即臭煤也。慢礁三日不熄，緊礁五日不熄，煑石爲漿，重濾而凝，即玻璃也。西玻璃鏡近亦取此。中通曰，訊薛儀甫果然，往日所燒有泡星，以不知重濾也。

**又** 金粟火燒石法 製土器，或爐，或鉒，以糠堆封而燒之，即類窑，成，入水不爛。土坯半乾而燒之，亦一甎也。築土牆而燒之，其堅不壞。

**又《器用類》** 窑器本末 柴汝官哥定，宋窑之名也。元美曰，柴窑，柴世宗進御，葉寘言錢鏐燒，陸龜蒙《咏越窑》：奪得千峰翠色來，則唐有矣。定州白磁有芒，遂命汝州造青窑，器均州五色，皆汝之類也。江南處州龍泉有窑，政和間京師自置官窑。南宋邵成章提舉內窑，號邵局，最佳。餘則有烏泥餘杭續窑，樞府窑之類。陸文裕曰，宋處州章生一生二兄弟，至龍泉之琉田窑，而生一陶者，百圾碎而色淡，故名哥窑，以鐵足有聲爲驗。倣定者曰象窑，亦苦無聲。《格古録》曰，霍州器，元剩金匠彭君寶所制高麗窑，似龍泉大食窑，則佛菻樂燒五色者也。麟洲《窺天外乘》曰，我朝專設于浮梁景德鎮，永樂宣德內府燒造，以騌眼甜白爲常，以蘇麻離青爲飾，以鮮紅爲寶。成化尚五色炫爛，而回青未有也。回青出外國，正德間大璫鎮雲南得之。煉石爲寶者也。嘉靖間，回青雖盛，鮮紅土斷絶，而上忽命燒大缸，圍至六七尺。穆宗登極，詔發宣德鮮紅式造，撫臣徐栻言，此土已絶，止可採礬紅。今上時且添造棋局矣。林爲九江分守，曾督運二缸云。吉州永和窑，宋時開，至今有舒翁、舒嬌之器。土人傳文山時窑變遂廢，建窑今在德化縣，土產程寺後山中，穴而取之，乃大塊白石，舂碎爲粉，澄傾石井，始埴爲器。白土性急，加泑不得滿，滿則璺。惟佛像滿泑者，以下空也。于司直曰，永樂壓手杯，宣德祭紅杯盤，發古未有，以西紅寶石末之入泑凸起者也。茶䏓鹵壺，匾礶爐瓶盤碟，敞口花尊，暗花坐墩，皆精。成窑草蟲可口，子母雞勸盃曰雞缸。神廟、光宗皆尚前窑，故價最貴。嘉窑泡盃壇琖甚佳，蓋永尚厚，成尚薄，宣青尚淡，嘉青尚濃，成青未若宣青，蘇渤泥青也。宣彩未若成彩，淺深入畫也。其同者，汁水瑩厚如堆脂，汁紋雞橘也。質料膩實，不易茅蔑也。磨弄歲深，火色退净也。四番有乾提窑，無泑，作飲水器。中履曰，鮮紅止燒二碙十二盤，今盤片一塊值百金，紅光四射。

磁器之泑草木汁也 愚者訊饒人，皆從袁州市麻，燒而淋其灰汁，即泑也。其餘瓦窑，亦取蘆萁柴燒之，而淋取其汁，但有精粗耳。瓦礶等泑，或取草灰汁，其黄色瓦泑，則常土壞而取赤土汁上之者也。中通曰，燒芝麻稭而淋其汁，以染色，則成紫。淋灰以浣，亦取其滑也。楫曰，景德鎮燒器土皆自婺源來，細埴而灰色，燒成乃白。吳彊曰，麻倉窑有土可作泑，在婺源界。

窑器之青乃石土所畫也 廬陵安福新建出黑赭石，磨水以畫磁坯，初畫無色，入窑燒之，則成天藍。景德窑嘗取諸婺源，名曰畫燒青，一曰無名子。蘇渤泥青，則外國來者。

**又** 琉璃窑 北京燒琉璃磚瓦在陽德門登豐門，用坩子土、馬牙石，入黑鉛燒成。劉晴川魁當嘉靖建雷殿時，曾以此事費用入諫。南京報恩寺琉璃塔，中具五色，則方山岡琉璃門昵土所作也。

瓦色 泉漳間以海風能飛瓦，奏請用筒瓦，然皆淡黄白色。凡閉窑而水蔭其頂，即成青色。廣東瓦色亦其上也，北琉璃窑，坯皆黃色。

甄屑重燒至堅　淘泥細磚，屑之，與麵沙合器，則火燒不壞。山中大火爐宜作此，而以金粟火成之。蠔蚌至堅，海南以砌牆，粉之築沙土尤堅。

**又**　畫磁　周密曰，金花定椀，用大蒜汁調金描畫，再入窑燒，永不脫。凡碾工描玉，用石榴皮汁，則見水不脫。

薑磁止爆　薑汁塗磁杯，乾之又塗，極厚而止。火之可使盡赤，而磁不爆碎。

**明·周高起《陽羨茗壺系》**　壺於茶具，用處一耳，而瑞草名泉，性情攸寄，實仙子之洞天福地，梵王之香海蓮邦，審厥尚焉，非曰好事已也。故茶至明代，不復碾屑和香藥製團餅，此已遠過古人。近百年中壺黜銀錫及閩豫甆，而尚宜興陶，又近人遠過前人處也。陶曷取諸？取諸其製。以本山土砂，能發真茶之色、香、味，不但杜工部云，傾金注玉驚人眼，高流務以免俗也。至名手所作，一壺重不數兩，價重每一二十金，能使土與黃金争價，世日趨華，抑足感矣！因攷陶工、陶土而爲之系。

創始

金沙寺僧，久而逸其名矣。聞之陶家云，僧閒静有致，習與陶缸、甕者處，摶其細土，加以澄練，捏築爲胎，規而圓之，刳使中空，踵傳口柄蓋的，附陶穴燒成，人遂傳用。【略】

相傳壺土初出時，先有異僧經行村落，日呼曰賣富貴。人羣嗤之，僧曰，貴不要買，買富何如？因引村叟指山中産土之穴，去及發之，果備五色，爛若披錦。

嫩泥，出趙莊山，以和一切色土，乃黏脂可築，蓋陶壺之丞弼也。

石黃泥，出趙莊山，即未觸風日之石骨也。陶之，乃變硃砂色。

天青泥，出蠡墅，陶之變黯肝色。又其夾支有梨皮泥，陶現梨凍色。淡紅泥，陶現松花色。淺黃泥，陶現豆碧色。蜜□泥，陶現輕赭色。梨皮和白沙，陶現淡墨色。山靈腠絡，陶冶變化，尚露種種光怪云。

老泥，出團山，陶則白沙星星。按，若珠琲，以天青石黃和之，成淺深古色。

白泥，出大潮山，陶缾盎缸缶用之。此山未經發用，載自吾鄉白石山。江陰秦望之東北支峯。

出土諸山，其穴往往善徙，有素産於此，忽又他穴得之者。實山靈有以司之，然皆深入數十丈乃得。

造壺之家，各穴門外一方地，取色土篩擣部署訖，弇窖其中，名曰養土。取用配合，各有心法，秘不相授。壺成幽之，以候極燥，乃以陶甕庋五六器，封閉不隙，始鮮欠裂射油之患。過火則老，老不美觀。欠火則稺，稺沙土氣。若窑有變相，匪夷所思，傾湯貯茶，雲霞綺閃，直是神之所爲，億千或一見耳。

陶穴環蜀山，山原名獨。東坡先生乞居陽羨時，以似蜀中風景，改名此山也。祠祀先生於山椒，陶煙飛染，祠宇盡墨。按《爾雅·釋山》云，獨者，蜀。則先生之鋭改厥名，不徒桑梓殷懷，抑亦攷古自喜云爾。

壺供真茶，正在新泉活火，旋瀹旋啜，以盡色、聲、香、味之藴。故壺宜小，不宜大；宜淺，不宜深。壺蓋宜盎，不宜砥，湯力茗香，俾得團結氤氳。宜傾(渴)[濁]，即滌去厥渟滓。乃俗夫强作解事，謂時壺質地堅潔，注茶越宿，暑月不餿，不知越數刻而茶敗矣，安俟越宿哉？況真茶如蓴脂，采即宜羹，如筍味觸風隨劣，悠悠之論，俗不可醫。

壺經用久，滌拭日加，自發闇然之光，入手可鑒，此爲書房雅供。若膩滓爛斑，油光爍爍，是曰和尚光，最爲賤相。每見好事家藏列頗多名製，而愛護垢染，舒袖摩挲惟恐拭去，曰吾以寶其舊色爾。不知西子蒙不潔，堪充下陳否耶？以注真茶，是藐姑射山之神人安置烟瘴地面矣！豈不舛哉？

壺之土色，自供春而下，及時大初年，皆細土，淡墨色，上有銀沙閃點。迨碙砂和製，縠縐周身，珠粒隱隱，更自奪目。

或問予，以聲論茶，是有説乎？予曰，竹罏幽討，松火怒飛，蟹眼徐窺，鯨波乍起，耳根圓通，爲不遠矣。然罏頭風雨聲，銅缾易作，不免湯腥。砂銚亦嫌土氣，惟純錫爲五金之母，以製茶銚，能益水德，沸亦聲清。白金尤妙，第非山林所辦爾。

壺宿雜氣，滿貯沸湯，傾即没冷水中，亦急出水寫之，元氣復矣。

品茶用甌，白瓷爲良。所謂素瓷傳静夜，芳氣滿閒軒也。製宜弇口邃腸，色浮浮而香味不散。

茶洗，式如扁壺，中加一盎鬲，而細竅其底，便過水漉沙、茶藏。以閉洗過茶者，仲美、君用各有奇製，皆壺史之從事也。水杓湯銚，亦有製之盡美者，要以椰匏錫器爲用之恒。

**清·谷應泰《博物要覽》卷二**

汝官哥窑

昔人論窑器者，必曰柴、汝、官、哥，柴則余未之見。且論製不一，有云，青如天，明如鏡，薄如紙，聲如磬，是薄磁。而《格古要論》云，柴窑足多黄土，何相懸也。汝窑余常見之，其色卵白，汁水瑩厚，如堆脂然。汁中棕眼隱若蟹爪，底有脂麻花細小掙釘。余見一蒲盧大壺，圓底光若僧首，圓處密排細小掙釘數十，上如吹填收起，嘴若筆帽，僅二寸，直槊向天，壺口徑四寸許，上加罩蓋，腹大僅尺，製亦奇矣。又見碟子大小數枚，圓淺巵腹磬口，泑足，底有細釘，以官窑較之，質製瑩勝。

官哥窑器皿

官窑品格，大率與哥窑相似，色取粉青爲上，淡白次之。油灰色，色之下也。紋取冰製，蟮血爲上，梅紋、片墨紋次之，細碎紋，紋之下也。論製之器，如

商庚鼎　純素鼎　葱管空足乳爐
冲耳乳爐　商貫耳弓壺　周貫耳壺
漢耳環壺　父已尊　祖丁尊
葱管脚鼎爐　環耳汝爐　小竹節雲脚桶爐
冲耳牛奶足小爐　戟耳彝爐　盤口束腰桶肚大鉼
一戈立戈觚　周小圜觚　素觚
紙槌鉼　膽鉼　雙耳匙筯鉼
筆筒　筆格　元葵筆洗
桶樣大洗　瓮肚、鉢盂二洗　水中丞
雙桃水注　扁淺磬口槃　方印色池
四八角印池　委角印池　有文圖書
戟耳彝爐　小方蓍草鉼　竹節假壁鉼

已上諸器，皆官、哥窑之上乘品也。

橘爐　六稜鉼　盤口紙槌鉼
大蓍草鉼　鼓爐　菱花壁鉼
多嘴花罐　肥腹漢壺　大椀
中椀　茶盞茶托　提包茶壺
六稜酒壺　瓜壺　蓮子壺
方員八角酒甏　各製酒杯　大小員碟
河西碟　荷葉盤　桶子箍碟
綠環水池　大酒海　方員花盆
菖蒲盆　龜背縧環六角花盆　觀音像
彌勒洞賓像　雞頭罐　楂斗
員硯　筯搠　篆隸圖書
象棋子　齊筯小碟　螭虎鎮紙

已上諸器，皆官、哥窑之中乘品也。

大雙耳高鉼　徑尺大盤　夾底骰盆
大撞梅花瓣春勝合子　棋子罐　大扁獸耳彝敦
鳥食罐　編籠小花鉼　大小平口藥罎
各製小罐　肥皂罐　中菓合子
蟋蟀盆事件　供水碗　束腰六角小架

已上諸器，皆官、哥窑之下乘品也。

官窑者，燒於宋修内司中，爲官家造也。窑在杭州鳳皇山下，其土紫，故足色若鐵時，云紫口鐵足。紫口乃器口上仰，泑水流下，比周身較淺，故口露紫痕。此何足貴？惟尚鐵足，以它處之土，咸不及此地。

哥窑者，燒於私家，取土亦在鳳皇山。官窑質之隱紋如蟹爪，哥窑質之隱紋如魚子，恆汁泑不如官窑料佳乎？二窑燒出器皿時，有窑變狀類蝴蝶、禽鳥、麐、豹等像，本于本色泑外變色，或黄或紫紅，肖形可愛，皆文明，乃火之幻化，否則理不可曉，似更難得。後有薰窑、烏泥窑官窑，質粗不潤，而泑水燥暴，溷入官、哥窑，今亦傳世。後元末新燒，宛不及此。近年諸窑，美者亦有可取，惟紫骨與粉青色不相似耳。若今新燒，去諸窑遠甚。亦有粉青色，乾燥無華。即光潤者，變爲綠色，且索大價愚人。更有一種後燒者，取舊官哥磁器，如爐欠耳足，鉼損口稜者，以舊補舊，加以泑藥，一火燒成，如舊製無二。但補處色渾，而本質乾燥不甚精，得此更勝新者。

定窑

定器，乃宋時北定州造也。其色白間有紫色黑色者，然俱白骨，加以泑水，有如淚痕者爲最。其紋有畫花、綉花、印花三種，多用牡丹、萱草、飛鳳三種。時造甚有佳器，式多工巧，開列如後。

獸面彝爐　子父鼎爐　獸頭雲板脚桶爐
膽鉼　花尊　花觚
合子内有三四寸者　孩兒持蓮葉枕　長樣兩角碟

四角蓮瓣碟　洞賓觀音像　水中丞
各種餅罐　燈檠　大小椀甃
酒壺　茶注　蟾蜍注
瓜注　茄注　菖蒲盆底
坐墩　花囊

已上諸器，皆定器上品。

定窑器皿，以宣和、政和年造者佳。時爲御府燒造，色白質薄，土色如玉，物價甚高。其紫黑者，亦少有。余僅見一二種，其器色黄質厚者，下品也。又若骨色青溷如油灰者，彼地俗名後土窑，又其下也。近如新仿定器，如文王鼎爐、獸面戟耳彝爐，不減定人製法，可用亂真。若周丹泉初燒爲佳，亦須磨去滿面火氣可玩。若玉蘭花杯，雖巧，似入惡道，且輪迴甚速。又若繼周而燒者，合爐、桶爐，以鎖子甲毬門錦龜紋穿挽爲花地者，製作極工，不入清賞，且質較丹泉之造遠甚。元時，彭君寶仿定窑燒于霍州者，名曰彭窑，又曰霍窑，效古定折腰製者甚工，土骨細白，凡口皆滑，惟欠潤澤，且質極脆，不堪真賞。

古龍泉窑

定窑而下，古龍泉窑次之。古龍泉窑土細質薄，色甚葱翠，妙者與官、哥窑争豔，但少紋片紫骨耳。其製器款，如：

花餅　花觚　蓍草方餅　鬲爐
桶爐　有耳束腰小爐　菖蒲盆底　酒甃
冰盤　深腹盥槃　大乳缽　葫蘆餅
酒海　大小藥有花紋，精甚　坐鼓　高墩
大獸蓋香爐　燭臺　立地插梅大餅

已上皆古龍泉窑器之精款者。但工匠甚拙，製不甚佳，僅可通用，而器質厚實，極耐摩弄，不易茆蔑。行家以窑器損露曰蔑，剥落稍曰茆。

古建窑

古建窑器多甃口碗盞，色黑而滋潤，黄兔毫斑滴珠大者爲真，但體極厚，薄者少見。

均窑

均州窑有硃砂紅，葱翠青俗名鸚哥緑者，茄皮紫紅如胭脂，青若葱翠，紫若墨黑，三者色純無少變露者爲上。品底有一二數目字號爲記，豬肝色，火裏紅，青緑錯雜，若垂涎色，皆上三色之燒不足者，非别有此色樣，俗即取名鼻涕、豬肝等名，是可笑耳。此窑惟種菖蒲盆底佳甚。其他如坐墩、爐合、方餅、罐子，俱是黄沙泥坯，故器質粗厚不佳，雜物人多不尚。近來新燒此窑，皆宜興砂土爲骨，泑水微似，製有佳者，但不耐用耳。

大食窑

大食窑者，以銅爲器皿，用藥料燒成五色，有香爐、花餅、合子之類，窑之最下者也。

玻璃窑

玻璃窑出自島夷，惟閩中有之。其製不一，奈無雅品。惟餅之小者有佳趣，它如酒鍾、高罐盤盂、高脚勸杯等物，無一可取。色有白纏絲、天青、黄鎖口三種，俱可觀，但不耐用耳。

新舊饒窑即江西景德鎮燒造者。

古之燒造饒器進御者，體薄而潤，色白花青，較定少次。元燒小足印花内有樞府字號者，價重且不易得。若我明永樂年造壓手杯，坦口折腰，沙足滑底，中心畫有雙獅滚毬，毬内篆書大明永樂年製六字，或白字細若粒米，此爲上品。鴛鴦心者次之，花心者又其次也。杯外青花深翠，式樣精妙，傳世可久，價亦甚高。若近時仿傚，規製蠢厚，火底火足，略得形似，殊無可觀。宣德年造紅魚靶杯，以西紅寶石爲末，圖畫魚形，自骨内燒出，凸起寶光，鮮紅奪目。若紫黑色者，火候失手，似稍次矣。青花者，如龍松梅花靶杯，人物蓮子酒靶杯、硃砂小壺、大椀、色紅。如日用白鎖口，又如竹節靶罩蓋滷壺、小壺，此等物古未有。它如妙用種種，惟小巧之物最佳，描畫不苟，而爐、餅、槃、碟最多，製如常品。若罩蓋扁罐、敞口花尊、蜜食桶罐，甚美，多五彩燒色。它如盞心有壇字白甌，所謂壇盞是也。質細料厚，式美足用，真文房佳器。又有等白茶盞，較壇盞少低，而瓮肚釜底線足，光瑩如玉，内有絶細龍鳳暗花，底有大明宣德年製暗款，隱隱橘皮紋起，雖定磁何能比方！真一代絶品，惜乎外不多見。又若坐墩之美，如漏空花紋，填以五彩，華若雲錦，又以五彩實填花紋，花紋絢豔恍目，二種皆深青地子。有藍地填畫五彩，如石青剔花，有青花白地，有冰製紋者，種種式樣，似非前代曾有。

成窑上品，無過五彩葡萄撇口扁肚靶杯，式較宣杯妙甚。次若草蟲可口子母雞勸杯，人物蓮子酒盞、五供養淺盞、草蟲小盞、青花紙薄酒盞、五彩齊筋小碟、香合各製小罐，皆精妙可人。余評青花成窑不及宣窑，五彩宣廟不如憲廟，蓋宣窑之青，乃蘇泥勃青也，後俱用盡，至成化時，皆平等青矣。宣窑五彩深厚堆垛，故不甚佳。而成窑五色用色淺淡，頗有畫意，此余評似确然矣。

嘉窑青花、五彩二窑，製器悉備，奈何饒土入地漸惡，較之二窑往時，代不相侔。有小白甌，内燒茶字、酒字、棗湯、姜湯字者，乃世宗經籙醮壇用器，亦曰壇琖，製度質料，迥不及宣德矣。嘉窑如磬口饅心員足，外燒三色魚扁琖、紅鉛小花合子，其大如錢，二品亦爲世珍，小合子花青畫美，向後恐官窑不能有此物矣。得者珍之。

**又　卷六**　寶石有僞者，用料藥燒成，好者與真無異，但紅色者歲久則淡，中有冰裂紋，所以可辨也。

**又　卷七**　北方有罐子玉，雪白而有氣眼，乃藥燒成者，不可不辨，然皆無温潤之色。

**又　卷九**　志玻璃

玻璃出産地

玻璃，本作頗黎，頗黎國名也。其瑩如水，其堅如玉，故名水玉，與水晶同名。

玻璃，西國之寶也，玉石之類，生土中，或云千歲冰所化，亦未必然。

玻璃出南番，有酒色、紫色、白色，瑩徹與水晶相似，碾開有雨點花者爲真。列丹家亦用之，用藥料燒成者，有氣眼而輕。

梁武帝時，扶南人來賣碧玻璃鏡，廣一尺半，重四十斤，内外皎潔，向明視之，不見其質。

玻璃味辛寒無毒，治驚悸心熱，能安心明目，赤眼熨熱腫，能摩脹翳。

琉璃出産地

琉璃，火齊也。

琉璃本質是石，以自然灰治之，可爲器。石不得此，則不可釋。佛經所謂七寶者，琉璃、車渠、瑪瑙、玻璃、真珠、金、寶七種是也。

大秦國出琉璃，有赤、白、黄、黑、青、緑、縹、紺、紅、紫十種。此乃自然之物，潤澤光采，踰於衆玉。今所用皆銷冶石汁，以衆藥灌而爲之，虚脆不真。

琉璃石質真者，出高麗國。刀刮不動，色白，厚半寸許，點燈明于牛角者。

琉璃亦名火齊，出南天竺國，狀如雲母，色如紫金，重沓可開，拆之則薄如蟬翼，積之則如砂穀，即玻璃之類也。

**清・葉先登《顔神鎮志》卷二**　雜産則鉛、鐵、炭煤、黑、白礬，黄丹、紅土、五色琉璃，大小黑磁及砂窯磚瓦之屬。【略】黑磁粗重，可行數百里，然獲利亦其微。至於琉璃珠、燈、棋子、簪扣等物，費多功料始得成，小人藉以謀衣食亦云艱矣，不足侈也，伊可念也。

**清・孫廷銓《顔山雜記》卷四《物産》**　瓷器

孝鄉之瓷，出於山頭、務店者，碗、鉢爲多；出於邀光者，罐爲多；出於八陡者，缾罍爲多；出於西河者，魚缸、醠甕爲多。然皆疏土也。夫物無美惡，乘時爲貴；器無雕樸，適用爲宜。故雲靁之鼎以之適野，不若瓦缶之便也；犧象之尊以之餉師，不若陶匏之給也。且物之美好者，生民之大累也。孝鄉之瓷，疏土也，其用農氓也，而不爲貴也，廢者亦幸不爲賤者累也。今夫天之生物，其爲奇麗者一，其爲樸野者常百，則不以一廢百也；先民制器，其爲淫巧者一，其爲拙簌者且萬，則不以一廢萬也。何也？生人之道，始於飲食。飲食，天下之大欲也，則飲食之器，天下之大用也。今夫農氓之爲食，脱粟麥飯也，乃其歡然一飽，則脱粟麥飯，固無以異於脯脩擅薌也；農氓之食之爲器，瓦缶陶匏也，而及其屬饜，則瓦缶陶匏，固無以異於犧尊靁鼎也。且農氓之食，有其脱粟麥飯焉，則間有其酒漿醢醬焉。夫酒漿醢醬，則非獨農氓之食也，既富之家共此矣。農氓之器，有其瓦缶陶匏焉，則又有其壺尊甕瓿焉。夫壺尊甕瓿，則非獨農氓之器也，大貴之家又共此矣。今舉富貴之家而進之以農氓之食，如所謂脱粟麥飯者，不屑也。而至於酒漿醢醬不能絶也，此固嚮者農氓之食也。今舉富貴之家而奉之以農氓之器，如所謂瓦缶陶匏者不屑也，而至於壺尊甕瓿不能舍也，此固嚮者農氓之器也。孝鄉之瓷，疏土也，貧且賤者用之，而富且貴者不能違，聖人「不貴異物賤用物」以此也。

琉璃

琉璃者，石以爲質，硝以和之，礁以鍛之，銅鐵丹鉛以變之。非石不成，非硝不行，非銅鐵丹鉛則不精，三合然後生。白如霜，廉削而四方，馬牙石也；紫如英，札札星星，紫石也；稜而多角，其形似璞，凌子石也。白者以爲幹也，紫者以爲軟也，凌子者以爲瑩也。是故白以爲幹，則剛；紫以爲輭，則斥之爲薄而易張；凌子以爲瑩，則鏡物有光。硝，柔火也，以和内；礁，猛火也，以攻外。其始也，石氣濁，硝氣未澄，必剥而争，故其火煙漲而黑。徐惡盡矣，性未和也，火得紅；徐性和矣，精未融也，火得青；徐精融矣，合同而化矣，火得白。故相火齊者，以白爲候。其辨色也，白五之，紫一之，凌子倍紫，得水晶；進其紫，退其白，去其凌子，得正白；白三之，紫一之，凌子如紫，加少銅及鐵屑焉，得梅萼紅；白三之，紫一之，去其凌，進其銅，去其鐵，得藍；法如白焉，鈎以銅磧，得秋黄；法如水晶，鈎以畫碗石，得映青；法如白，加鉛焉，多多益善，得牙白；法如牙白，加鐵焉，得正黑；法如水晶，加銅焉，得緑；法如緑，退其銅，加少磧焉，得鵝黄，凡皆以焰硝之數爲之程。

琉璃之貴者爲青簾。取彼水晶，和以回青，如箸斯條，若水斯冰，緯爲幌薄，傳於朱檽，瑞煙徐起，旭日始升，影動幾筵，光浮御屏。棲神象玄，以合窈冥。用之郊壇焉，用之清廟焉。隸於司空，以稱國工。

其次爲珮玉丁當。連珠綴纓，絳紗作盛，弁冕盈廷，乃球鏘鳴，古者百僚朝祭之法服也。

其次爲華燈、屏風、礶合、果山，皆穿珠之屬。錯採雕龍，口則無功。

其次爲棋子、風鈴、念珠、壺頂、簪珥、料方，皆實之屬。圍棋滴之，風鈴範之，料方亦如之，條珠纏之，細珠寫之，大珠纏之，戛之，簪珥惟錯。車磲者，雜二色藥而糅之；瑪瑙者，琺瑯點之；纏絲者，以藥夾絲，待其融也，引而旋之。

其次爲泡燈、魚缾、葫蘆、硯滴、佛眼、軒轅鏡、火珠、響器、鼓璫，皆空之屬。凡製琉璃，必先以琉璃爲管焉，必有鐵杖、剪刀焉，非是弗工。石之在冶，涣然流離，猶金之在鎔，引而出之者，杖之力也。受之者管也，授之以隙，納氣而中空，使口得爲功，管之力也。乍出於火，涣然流離，就管矣，未就口也。急則流，緩則凝，旋而轉之，授以風輪，使不流不凝，手之力也。施氣焉，壯則裂，弱則偏，調其氣而消息之。氣行而喉舌皆不知，則大不裂、小不偏，口之力也。吹圓毬者抗之，吹膽缾者墜之，一俯一仰，滿氣爲圓，微氣爲長，身如朽株，首如蝵鼓，項之力也。引之使長，裁之使短，拗之使屈，突之使高，抑之使凹，剪刀之力也。凡爲葫蘆，先得提，後得腹，接處爲腰；爲含子葫蘆，先得子，次得提，納子焉後得腹；凡爲魚缾，先得口，次得腔，次得山，後得果枝；凡爲花簪，先得莖，後得頂，斷而殊之，易手而燎之，後得蜂末；凡爲響器，先得下口，後得上口；凡爲硯滴，先得頂口，次得腹，次得提，後得吐水；凡爲燈碗，先得圓毬，吸其下，按其上，斷其臍而坐之，上反爲底，下反爲面；凡爲鼓璫，先得葫蘆，旋燒其底而四流之，以均其薄，欲平而不平，使微杠焉，以隨氣之動，乃得鳴。鼓璫者，響葫蘆也，言微氣鼓之，而璫鳴也。辟之爲鼓也，聲者其面也，響之應者其腔也，實則其空也。故大空則大鳴，小空則小鳴，此老氏之説也，「當其無，有有之用也」。凡爲空者，先養其氣，氣圓而體圓，此學書之説也，「心正則筆正也」。

**清·周容《宜興瓷壺記》《陽羨名陶録》卷下《文翰》** 今吴中較茶者，壺必言宜興瓷。云始萬曆間，大朝山寺僧當作金沙寺僧。傳供春。供春者，吴氏小史也。至時大彬。以寺僧始，止削竹如刃，山上爲之。供春更斲木爲模。時悟其法，則又棄模。而所謂削竹如刃者，器類增至今日，不啻數十事，用木重首作椎，椎唯鍊土作掌，厚一薄一，分聽土力。土稺不耐指，用木作。月阜其背，虚緣易運，代土左右，是意與終始。用鏞，長視筆，闊視薙。次減者二：廉首、齊尾。廉用割，用薙，用剔。齊用抑，用趁，用撫，用推。凡接文深淺、位置高下，齊、廉並用。壺事此獨勤用角，闊寸，長倍五，或圭或笏，俱前薄後勁，可以服我屈伸，爲輕重。用竹木，如貝竅，其中納枘。凡轉而藏暗者藉是，至于中豐兩殺者，則有木如腎，補規萬所困。外用竹，若釵之股，用石如碓，爲荔核形，用金作蝎尾，意至器生，因窮得變，不能爲名。土色五，膩密，不招客土，招則火知之。時乃故人，以砂鍊土克諧，審其燥濕展之，名曰土氈，割而登諸月。有序，先腹，兩端相見。廉用媒土，土濕曰媒。次面與足，足、面先後，以制之豐約定。足約則先面，足豐則先足。初渾然虚含爲壺，先天，次開頸，次冒，次耳，次觜。觜後著，戒也。體成于是，侵者薙之，驕者抑之，順者撫之，限者趁之，避者剔之，闇者推之，肥者割之，内外等。時後起數家，有徐友泉、李茂林，有沈君用。甲午春，余寓陽羨，主人致工于園，見且悉工，曰僧草創，供春得華于土，發聲光尚已，時爲人敦雅古穆。壺如之，波瀾安閒，令人喜敬。其下俱因瑕就瑜矣。今器用日煩，巧不自恥，嗟乎！似亦感運升降焉。二旬成壺，凡十聚，就窑火。予搆文祝窑，文略曰：器爲水而成火，先明德，功繇土，以立木，亦見材。又曰，氣必足。夫陰陽，候乃持。夫晝夜，欲全體，以致用。庶含光，以守時。云云。是日，主人出時壺二，一提梁卣，一漢觶，俱不失工所言。衛嬾仙云，良工雖巧，不能徒手而就。必先器具脩，而後制度。精瓷壺以大彬傳，幾使旗人擺指。此則詳言本末，曲盡物情，文更峭健，可補考工之逸篇。

**清·顧祖禹《讀史方輿紀要》卷二六《南直八》** 小隘嶺，縣西北八十里，與湖廣黄梅縣分界。志云：縣西百三十里有寨子鎮，即黄梅境内矣。又窑嶺，在縣西二里，以地多陶冶而名。

**又 卷三五《山東六》** 顔神鎮，府西南百八十里，接萊蕪、淄川二縣界，【略】地宜陶。

**又　卷八五《江西三》**　景德鎮，縣西南三十里。水土宜陶，宋景德中置鎮於此，因以景德爲名。明初因元舊，置税課局。正德初始置御器廠，於是有官窑、民窑之分。志云：瓷器出景德者最佳，鎮東南湖田市次之，麻倉洞又次之。

興安縣，府西北八十五里。北至饒州府德興縣百二十里，西至弋陽縣三十五里。本弋陽縣之横峰鎮，明初置殤巖寨巡司戍守其地。正德十三年窑民弗靖，巡撫孫燧請銓除通判一員，名曰「鎮寧公署」。嘉靖三十九年始置縣，割弋陽十三都、上饒十都共成之。其地兩山環匝，周圍十餘里，居民以陶冶爲業。編户五十里。

横峰山，縣治北。居民取土爲陶冶。舊有横鎮，因山以名。又有香山，亦陡險，舊設香山砦於此。正德中撫臣孫燧以横峰、香山諸寨地險人悍，欲設通判駐其地，兼督六縣是也。

**又　卷九四《浙江六》**　九姑山，在縣治西北。【略】川流環其下，曰豫章川。又九漈山，在縣南三十里。巖高百仞，有九龍井，飛瀑九道，自巖頂而下，或分或合，形若垂簾。縣南七十里又有琉華山。山頂寬平，有長湖，深不可測。山下即琉田，居民以陶爲業。

**又　卷九八《福建四》**　望君樓山，縣西四十里。峰巒秀麗，層疊如樓閣，若人凝立而跂望。一名聖峰山。又巖峰山，在縣西六十里，脈接江西廣昌縣，兩峰雙立，南北對峙。相近者曰雲蓋山，山勢高聳，時有雲氣覆之。石巖懸絶，瀉瀑如練。亦接廣昌縣。寶山，在縣東二十五里。厥土白壤，宜陶。

**《[雍正]江西通志》卷二七《饒州府》**　饒之爲郡，以彭蠡、鄱陽之漁，浮梁之陶，餘干之沃，故曰饒也。若夫德興，東偏之縣也，去彭蠡二百里，與其境隔絶。羅玘序。

浮梁之俗，潔而居，鮮而食，山川林木望之鬱鬱疎秀，泉甘而土肥亦美壤矣。人生其間，穎秀者爲士，狡猾者爲游手，富則爲商，巧則爲工。蓋以山甚稠，田甚狹，以故食多不足，士與工商皆出四方以就利。其富家巨室不至於鉅萬，而貧者亦不至於餒死。雖游手之徒，皆亦能自售。其貨之大者，摘葉爲茗，伐楮爲紙，坯土爲器，行於中外，資國家利。其餘紡布帛負販往來，蓋其小者耳。汪肩吾記。

浮梁山川秀麗，風俗淳雅。小民東北務耕織，西南樹木植，至沿河一帶，倚舟楫、柴土之利自給。《浮梁志論》。

**又**　陶用回青，本外國貢也。陂塘青産于本府樂平，石子青産于瑞州諸處。回青行，石子遂廢。至于敲青，首用鎚碎，内硃砂斑者爲上青，有銀星者爲中青，每斤可得青三兩。敲青後，取其奇零瑣碎，碾碎入注水中，用瓷石引雜石，真青澄定，每斤可得五六錢畫青。每日辰、午二次，集工役分青染漬。驗青法，回青淳則色散而不收，石青加多則色沉而不亮。每兩加石青一錢，謂之上青。四、六分，謂之中青。中青用以設色，則筆路分明。上青用以混水，則顔身清亮。真青混在坯上如灰色，然石青多則黑。真(清)[青]澄底，匠憒不得匿則堆畫。堆混則器亮而不青，如黴墨色。知縣朱賢議除回青之弊，每于打青之際，三人各付一觔，下令有能多出一錢者，賞銀若干。當官揹揀外，又行研淘，隨令三人各淘，計各若干，較三人之常，取多寡之中而爲之劑量，以登其數。則揀淘之人，雖欲爲奸，不可得矣。若夫畫青之際，照依估約之數，隨其器之大小，給以青之多寡，令其繪畫。擇純朴者二人，一以繪大，一以繪小，嚴爲之防，明爲之察，畫完本器有無同異，如是而三試之，則畫工之真僞、顔色之濃淡，有不知者，否也。即將畫成之器，附窑帶燒，即爲樣器，分畫工以繪器也。視此以爲顔料之多寡，責畫工以成器也。視此以驗顔色之濃淡，如此而程能，如此而課功，則雖不必人爲之防，官爲之稽，而欲顔色之淺淡，不可得矣。

**清・阮葵生《茶餘客話》卷二〇**　磁器

磁器始於柴世宗，迄今千年，徒傳柴窑之名。周時官吏請磁器式，世宗批其狀曰，雨過天青雲破處，者般顔色做將來。舊稱青如天，明如鏡，薄如紙，響如磬。又曹仲明云，柴窑足，帶黄土，官窑品格與哥窑相同，以粉青色爲上。紋取冰裂，鱔血紫口鐵足者佳，皆不及汝窑凝厚滋潤也。定窑有素光、凸花二種，以白色爲上。均州窑紅若胭脂者爲最，色純而底有一二數目字號者佳。古宋龍泉窑器，温州土細質厚，色若葱翠，妙者與官窑争豔，但少紋片、紫骨、鐵足耳。章窑乃宋人章生兄弟所燒，兄名生一，弟名生二，其製更加細密。兄陶者爲哥窑，弟陶者仿古龍泉窑，足皆鐵色。哥窑多斷紋，名百圾坡，更見重於世。明成窑五彩雞缸一對，價值百金。宣廟窑器，質料細而厚，隱隱有橘皮紋，起冰裂鱔血紋者，幾與官汝敵。有暗花者，底有大明宣德年製字樣。有紅花者，用西紅寶石爲末，圖畫花鳥凸起，寶光奪目。有青花者，用蘇浡泥，圖畫花鳥形，深厚堆垛，皆發古未有，爲一代絶品。又有元燒樞輔字號器，永東細款青花杯，成化五彩蒲萄杯，皆今世甚寶貴者。然亦在龍泉章窑之下。我朝御窑，越超前代。規模款識，多出秋官主政劉伴阮監製。伴阮名源，亦異人也。又有郎窑，紫垣中丞開府西江時所造。倣古酷肖，萬不能辨。今之所謂成、宣者，皆郎窑也。又熊窑亦不多讓，近則年窑、唐窑，皆入賞鑒。今假哥窑碎紋者，不能鐵足，鐵足不能聲。

祕色磁器

宋人言祕色磁器，是錢氏有國日，越州燒進爲供奉物，臣庶不敢用，故云祕色。陸龜蒙詩云，九秋風露越窑開，奪得千峯翠色來。好向中宵盛沆瀣，共嵇中散鬥遺杯。是唐時已有祕色矣。

成窑酒杯

成窑酒杯，有名高燒銀燭照紅粧者，一美人持燈看海棠也。錦灰堆者，折枝花果堆四面也。雞缸者，上畫牡丹，下畫子母雞也。鞦韆杯者，士女鞦韆也。龍舟杯者，鬥龍舟也。高士杯者，一面畫茂叔愛蓮，一面畫淵明對酒也。娃娃杯者，五嬰相戲也。其餘滿架蒲萄及香草魚藻瓜茄八吉祥優鉢羅花西蕃蓮梵書，名式不一，皆描畫精工，點色深淺，磁色瑩潔而極堅。雞缸寶燒碗、硃砂盤最貴，價在宋磁之上。朱竹垞稱芳草雞缸，當亦牡丹之類。余舊藏數酒器，皆雞冠花下子母雞，凡五。其式必多，當不止此數種也。

## 清·朱琰《陶説》卷一《説今》

饒州窑

皇朝順治十一年，造龍缸、欄板等器，未成輒止，恐累民也。康熙十九年，始遣内務府官駐廠監督，向有上工夫派饒州屬邑者，悉罷之。每開窯鳩工庀材，動支内府，按時給直，與市賈適均，運器亦不預地方，一切不妨吏政事，官民稱便，所造益精。邇年以來，古禮器尊、罍、彝、鼎、卣、爵之款製，文房硯屏、墨牀、書滴，畫軸、祕閣、鎮紙、司直，各適其用。而於中山毛穎，先爲之管，既爲之洗，卧則有牀，架則有格，立則有筒。仿漢人雙鉤碾玉之印章，其紐法爲駝，爲龜，爲龍，爲虎，爲連環，爲瓦。印色之池，或方，或圓，或稜，可助翰藻養花之室。二寸，三寸，至五、六尺，圜如壺，圜而下垂如膽，圜而侈口庳下，如尊廉之成。角如觚，直如筩，方如斗，而口或弇形，或扁截方圜稜之半而平，其背可掛壁，爲式不一。書畫清防之版，有枕屏，有牀屏。爪杖、鉢塞、黑白子，閒適之具。百摺分襠、鯀耳、索耳、戟耳、六稜、四方直脚、石榴足、橘囊諸款，蠟茶、鎏金、藏經諸色，燒香之鑪，可備燕賞。飯匕、茶匙、齊筯之器，蠟斗、醋滴、澡盤、鐙錠、方圓之枕，盆、盎、甕、鉢、柈、案，可充日用。搔頭、簪導、合歡之璫。大小合子，香澤粉黛之所儲藏，可供閨幨。至于門茶、曹飲、饋食之所需，壺、尊、盌、楪，爲類更繁，難以枚舉。其規範，則定、汝、官、哥、宣德、成化、嘉靖、佛郎之好樣，萃於一窯。其彩色，則霽紅、礬紅、霽青、粉青、冬青、紫緑、金銀、漆黑、雜彩，隨宜而施。其器品，則規之萬之，廉之挫之，或崇或卑，或侈或弇，或素或采，或堆或錐。又有瓜瓠花果象生之作。其畫染，則山水、人物、花鳥，寫意之筆，青緑渲染之製，四時遠近之景，規橅名家，各有元本。于是乎戧金、鏤銀、琢石、髹漆、螺甸、竹木、匏蠡諸作，無不以陶爲之，倣傚而肖。近代一技之工，如陸子剛治玉，吕愛山治金，朱碧山治銀，鮑天成治犀，趙良璧治錫，王小溪治瑪瑙，蔣抱雲治銅，濮仲謙雕竹，姜千里螺甸，楊塤倭漆，今皆聚於陶之一工。以之洩造化之祕，以之佐文明之瑞，有陶以來，于茲極盛。此無他，人心優裕，人力寬閒，地産物華，應運而起，有必然矣。

陶冶圖説

乾隆八年五月，内務府員外郎管理九江關務唐英，遵旨由内廷交出陶冶圖二十張，次第編明，爲作《圖説》，進呈御覽。謹就所編，録其大略，附以管見，用誌一時陶器之所由盛云。

其一曰石采製泥。

石産江南徽州祁門縣坪里谷口二山，距窯廠二百里。開窨采取剖之，中有黑花如鹿角菜者。土人藉溪流設輪作碓，舂細淘凈，製如土磚，名曰白不。敦上聲。凡造瓷泥土，皆從此名。蓋景德土音也。色純質細，用製脱胎、填白、青花、圓琢等器。别有高嶺、玉紅、箭灘數種，皆出饒州府屬境内，采製法同白不，止可參和製造，於巖器爲宜。

按，饒窯陶土，初採於浮梁新正都麻倉山。萬曆時，麻倉土竭，復採於縣境内吴門，托至祁門，而三易其地矣。《考工記》言五材之飭曰，凝土以爲器。凝訓堅，堅其土而後可爲器。故治土曰摶埴之工。黏土爲埴，摶之言拍，則夫白不之製，是摶埴之始。

其二曰淘鍊泥土。

淘鍊之法，以水缸浸泥，木鈀翻攪，漂起渣滓，過以馬尾細籮，再入雙層絹袋，始分注過泥匣鉢，俾水滲漿稠，用無底木匣，下鋪新磚數層，覆以細布大單，將稠漿傾入緊包，磚壓吸水，水去成泥。移置大石片上，用鐵鍬翻撲令實，以便成器。凡各種胚胎，不外乎此，惟分類按方，加配材料，以别其用。

按，陶字从阜，从匋。匋，即窯字。淘，亦从匋。窯之初事始乎淘，土得水而柔也。宋瓷，修内司所造，澄泥爲範，極其精緻。淘，所以澄之也。故《格古要論》於定器曰，土脈細白滋潤；於汝器曰，土脈滋潤。《蓉槎蠡説》言陶器土骨紫白爲料，法在水法、火法、畫法之上。淘鍊之功重矣。

其三曰鍊灰配釉。

釉無灰不成，釉灰出樂平縣，在景德鎮南百四十里，以青白石與鳳尾草製鍊，用水淘細而成，配以白不細泥，調和成漿，按器種類，以爲加減。盛之缸内，用曲木横貫鐵鍋之耳，以爲滲注之具。其名曰盆。泥十盆，灰一盆，爲上釉。泥七八，灰二、三，爲中釉。若平對，或灰多，爲下。

按，昔稱陶器，曰油色瑩澈，油水純粹。無油水曰骨，油即今之釉也。油，讀去聲，通用。後之製字者，主於分別。俗書刊誤曰，瓷漆光曰⿰米光，或作釉字。初起不脱油字，加光爲異，嫌其筆畫之繁，省从由，偏旁从采，采即光義，六書之例合矣。《正字通》又出泑字，曰窯器色光滑者，俗曰泑。泑，本崐崙澤名，亦假借爲用。志書作⿰石由，古無此字，想亦俗之所改。一字而轉輾變易，迄無所定。從古則油爲是，通俗則釉爲近。釉之利用在於光，油含光義，采言光采，泑⿰石由皆失此旨，⿰米光字累重，今从圖説作釉，後卷引書有从泑、从⿰石由者，悉改从釉，以歸畫一。

其四曰製造匣鉢。

瓷坏宜净。一沾泥滓，即成斑駁。且窯風火氣衝突傷坏，此所以必用匣鉢也。匣鉢之泥，出景德鎮東北里淳村，有黑、白、紅三種。又寶石山有黑黄沙一種，配合成泥，入火燒鍊。造法用輪車，與拉坏之車相似。不必過細，微乾略加鏇削，入窯空燒一次，方可應用，名曰鍍匣。而造匣鉢之匠，亦嘗用此泥造砂盌，爲本地鄉村坯房人匠家常使用。

按，舊制窯有六，匣窯居一。作有二十三，匣作居一。火烈土柔，匣所以護坏者，故必專事而後可應用。鑄銅者先用蠟作模，加以款識，再入桶中。桶外以澄泥和水，日澆之，旋乾旋澆，令厚足以遮護。於是去桶板，留竅以入銅汁。其具不同，其理則一。土未入火則柔，非護不受冶。銅初出火則流，非護不受鎔。曲成萬物，造化之心也。

其五曰圓器修模。

圓器之造，每一款式動經千百，不有模範，斷難畫一。其模子必須與原樣相似，但尺寸不能計算。生坏，泥鬆性浮，經火則鬆者緊，浮者實，一尺之坏，止七八寸，伸縮之理然也。欲求立坏之準，必先模子。故模匠不曰造，而曰定。一器非修數次，尺寸款式出器時定不能脗合。必熟諳火候泥性，方能計算加減，以定模範。此匠一鎮推名手者，不過三兩人。

按《考工記》，搏埴之工，器中膊，豆中縣。鄭氏注云，膊，讀如車輇之輇。既拊泥而轉其均，尌膊其側，以擬度端，其器縣繩，正豆之柄。今之模子，其亦中膊中縣之遺意與。《記》之篇首云，國有六職，百工居其一焉。而審曲面勢，以飭五材。敍於王公坐論士大夫作行之下。鄭司農云，審察五材，曲直方面形勢之宜以治之，此工良不易矣。

其六曰圓器拉坏。

器之制不一，方瓣稜角者，則有鑲雕印削之作。圓器就輪車拉坏，盤、盌、鍾、楪等器，大小分二作，大者主一尺至二、三尺，小者主一尺以下。車如木盤，下設機軸，俾旋轉無滯，則所拉之坏無厚薄偏側之患。故用木作，隨時整治。又有泥作，搏泥融結置車盤，拉坏者坐車架，用一竹杖（潑）［撥］車走輪，雙手按泥，隨其手法之屈伸收放，以定圓器款式。

按《通雅》云，古于宋于，四羅六羅，景德鎮盌楪式也。即此以推，器不一式。而式之同者，必貴畫一，有模子以定其規制，有輪車以使之整齊。條理之始，精密如此。王充《論衡》云，陶者用土爲簋廉，器形已成，不可小大。夫欲其小大之不可，所以營度於未成之時者當何如。簋廉者，漢時成土器之具也。凡器之成，各有依準。《通俗文》云，以土曰型，以金曰鎔，以木曰模，以竹曰笵。

其七曰琢器做坏。

缾、罍、尊、彝，皆名琢器。其圓者，如造圓器之法，用輪車拉坏，候乾，仍就輪車刀鏇定樣，後以大羊毫筆蘸水洗磨，俾極光潔，然後吹釉入窯，即成白器。如畫料罩釉，即爲青花。其鑲方稜角之坏，用布包泥，以平板壓之成片，以刀裁之成段，用原泥調和黏合。又有印坏一種，從模中印出，製法與鑲方同。鑲、印二種，洗補磨擦，與圓琢器同。凡有應錐拱雕鏤者，候乾定，付樣與專門工匠爲之。

按《事物紺珠》云，窯器方爲難。方，何以難也，出火後，多傾欹坼裂之患，無疵者尠。造坏之始，當角者廉之，當折者挫之，當合者彌縫之，隱曲之處，慮其不和，上下、前後、左右，慮其不均，故曰方爲難。若圓器渾成，固由手法之準，而車已當人力之大半，不如方稜之全資乎人巧也。印坏有模，唐盌脱見高宗時民謡，爲造盌之模，土室爲甌脱，謂土室如甌之脱。甌脱，亦造甌之模也。其外有堆器，有錐器。堆者，用白泥堆坏上，以筆堆成花樣。錐者，坏上用錐，錐成花樣。印作、錐作，各有專工。

其八曰采取青料。

瓷器，青花霽青大釉，悉藉青料，出浙江紹興、金華二府所屬諸山。採者入山得料，於溪流漂去浮土，其色黑黄大而圓者爲上青，名頂圓子。攜至鎮埋窯地三日取出，重淘洗之，始出售。其江西、廣東諸山産者，色薄不耐火，止可畫麤器。

按，晉曰縹瓷，唐曰千峯翠色，柴周曰雨過天青，吳越曰祕色，其後宋瓷雖具諸色，而汝器宋燒者淡青色，官窯以粉青爲上，哥窯、龍泉窯色皆青。陶器，青爲貴也。白地青花，亦資青料。明宣德用蘇泥勃青，嘉靖用回青，青非不佳，然産地太遠，可得而不可繼。工匠之弊，又不勝防也。

其九曰揀選青料。

青料揀選，有料户專司其事。黑綠潤澤、光色全者爲上選，仿古霽青青花細器用之。雖黑綠，而欠潤澤，祇供麤瓷。至光色全無者，一切選棄。用青之法，畫坏上罩以釉水，入窯燒成，俱變青翠。若不罩釉，其色仍黑。火候稍過，所畫青花亦多散漫。青中有韭菜邊一種，獨爲清楚，入火不散，細器必用之。

按，明用回青法，先敲青用槌碎之，揀有硃砂斑者爲上，有銀星者爲次，約可得十分之二。其奇零瑣碎，碾之入水澄定，約可得二十分之一，所得亦甚少。選料不精，出器減色，故必屬之料户專司。

其十曰印坏乳料。

拉成之坏，候乾定，用修過模子套上，以手按拍，使周正匀結，然後退下陰乾，以備鏇削。至畫瓷所需之料，宜極細，麤則起刺不鮮。每料十兩爲一鉢，專工乳研經月，始堪應用。乳法，用研鉢貯矮凳，凳裝直木，上横一板，鏤空以受乳鉢之柄。人坐凳，握槌乳之。每月工直三錢。亦有乳兩鉢夜至二更者，倍之。老幼殘疾，藉此資生焉。

按畫器調色，與畫家不同。器上諸色，必出火而後定。配合調劑，前人有經驗之方，毫釐不得差。又須極細極匀，則色透骨而露彩。古瓷五彩，成窯爲最。其點染生動，有出於丹青家之上者。畫手固高，畫料亦精。今增洋彩一種，絢豔奪目。而於象生及倣古銅器、紫檀、雕竹、螺甸各種，惟妙惟肖。畫料得法之明效，可驗也。

其十一曰圓器青花。

青花圓器，一號動累百千，若非畫款相同，必致參差難以識別。故畫者學畫不學染，染者學染不學畫，所以一其手，不分其心也。畫者、染者，分類聚一室，以成畫一之功。至如邊綫青箍，出鏇坏之手。識銘書記，歸落款之工。寫生以肖物爲上，仿古以多見能精。此青花之異於五彩也。

按《考工記》，設色之工五：畫、繢、鍾、筐、㡛，鍾染羽，㡛湅絲，筐人闕，畫、繢則合稱之曰畫繢之事。賈公彦疏云，二者別官同職，共其事者，畫、繢相須也。畫，即畫也。繢，爲染採之事，即染也。分爲二作，聚處一室，其即古別官同職之義與。

其十二曰製畫琢器。

琢器有方圓稜角之殊，製畫有綵繪、雕鏤之異，仿舊須宗雅則，肇新亦有淵源，或相物而賦形，亦範質而施采。

按，古器仰曰山文，俯曰葉文，而以云回爲之盤旋，有款有識，三代已然。《漢貢禹傳》云，杯案畫文畫金銀飾，則凡日用之具，爛然也。陶器彩畫盛於明，其大半取樣於錦段。寫生仿古，十之三、四。今瓷畫樣十分之，則洋彩得四，寫生得三，仿古二，錦段一也。愚竊謂《三禮圖》、《博古圖》、《古玉圖》畫法略備，鍾鼎款識具載於薛尚功之書，能仿古爲之，當軼定轢汝，馳官驟哥，而與尊彝並重矣。

其十三曰蘸釉吹釉。

圓琢青花與仿古官哥定汝等器，均須上釉入窯。上釉舊法，將琢器之方長稜角者，用羊毛筆蘸釉上器，失之不匀。至大小圓器、渾圓琢器，俱在缸内蘸釉，有輕重，且多破，故全釉難得。今於圓器之小者，仍於缸内蘸釉。其琢器與圓器大者，用吹釉法。截徑寸竹筒，長七寸，口蒙細紗，蘸釉以吹。吹之徧數，視坏大小與釉之等類，爲多寡之差。多至十七、八徧，少亦三、四。

按《蓉槎蠡説》以堊澤爲水法。堊澤，即釉也。定窯滋潤，汝窯厚如堆脂，官窯瑩澈。舊器釉重，大抵蘸釉不急能匀，重復蘸之，故瑩厚者多也。昔人論椶眼蟹爪，以別舊器，則云爾，其實亦堊中心小疵，正坐此耳。吹釉之法，補從前所未有，用之良便。又《博物要覽》云，有一種復燒者，取舊官哥瓷器，如鑪欠耳足，缾損口稜，以舊補舊，加以釉藥，一火燒成，與舊製無二。但補處色渾然，得此更勝新者。愚謂用今吹釉之法補舊，補處可使無迹。

其十四曰鏇坯乞足。

圓器尺寸定於模，而光平必資於鏇，故有鏇坯之作。鏇車與拉坯車相等，中心多一木樁，視坯爲麤細，其頂渾圓，包以絲綿，恐損坯裏也。鏇時坯合樁上，撥輪轉旋，用刀旋之，則内外光平。其麤細，分於鏇手高下，故鏇作爲重。乞足者，拉坯時足下留一泥靶，長二三寸，畫坯吹釉，便於執持。工竣去靶，乞足書款。

按，鏇坯爲摶埴之終，至此而坯成矣。舊製以足載器，多取沉重。柴窯，足多麤黄土。官、哥、龍泉，皆鐵足。至明永樂窯壓手杯，沙足滑底。宣德窯壇琖，釜底綫足。嘉靖窯魚扁琖，饅心圓足。踵事而精矣。陶器出窯，底足可驗火法。

其十五曰成坯入窯。

窯制，長圓如覆甕，崇廣並丈許，深倍之。上覆瓦如屋，曰窯棚。烟突立其後，崇二丈餘，在窯棚外。坯成裝匣，付窯户入窯，分行列之，中間稍疏，以通火路。火有前中後之分，前火烈，中火緩，後火微，量器之宜稱，配合窯位。器滿發火，鏄塗塞窯門，留一方孔，投松片不得停。候匣鉢作銀紅色，止火。又一晝夜開窯。

按，陶器入窯，初曰溜火，欲習於火而無贏。既曰緊火，欲孰於火而無縮。風火之窯，審候爲難。《通志》云，造坯彩畫，始條理也。入窯火候，終條理也。

其十六曰燒坯開窯。

入窯至出窯，以三日爲率。第四日晨開窯，器匣尚帶紫紅色，不能近。開窯匠用布十數層，製手套，蘸冷水護手，復用溼布包裹頭面肩背，然後入窯取器。器盡，乘熱安頓新坯，因新坯帶潮，就熱窯烘炙，可免火後坼裂穿漏之患。

按，火候得失，開窯而知。故《志》稱瓷器入窯，必詳視胚胎堪否，然後蓋匣。封固起火，如繪畫小器，亦細看上下四周，有無疵謬。必體質完美，方可入窯，如是而開窯，可專驗火候矣。火弱則窳，火猛則僨。

其十七曰圓琢洋彩。

圓琢白器五綵繪畫，仿西洋曰洋彩，選畫作高手，調合各種顏色，先畫白瓷片燒試，以驗色性火候，然後由麤入細，熟中取巧，以眼明心細手準爲佳。所用顏色與佛郎色同調，法有三，一用芸香油，一用膠水，一用清水。油便渲染，膠便搨刷，清水便堆填也。畫時或倚桌，或手持，或側眠低處就器，各隨其宜，以取運筆之便。

按，大食窯與佛郎嵌相似，《通雅》云，佛菻能爲之。廣語讀菻爲郎，故曰佛郎，亦曰拂郎，今發藍也。然所謂佛郎嵌者，以銅作身，用藥燒成五色花，其鮮潤不及瓷也。洋彩祇仿其彩法，器品實出其上。《宣和畫譜》載日本畫山川小景，設色甚重，多用金碧。宋鄧椿記高麗扇畫所染，青緑奇甚，與中國不同，專以空青、海緑爲之，近年尤精。明楊塤工倭漆，得縹霞彩漆法，山水人物，神氣飛動，描寫不如海外往往有此。昔黄山谷題高麗畫有曰，海外人烟來眼界，全勝博物注魚蟲。吾於此亦云。

其十八曰明鑪暗鑪。

白器燒成，始施彩畫，畫後復燒，使顏色入器，因有明鑪、暗鑪之别。器之小者，用明鑪。口門向外，周圍炭火，器置鐵輪，上下托以鐵叉，送入鑪旁，用鐵鉤旋轉其輪，以匀火氣，采色光亮爲度。器之大者，用暗鑪。鑪高三尺，徑二尺六、七寸，周圍夾層貯炭火，下留風眼，器貯鑪膛，人執圓板以禦火氣，鑪頂蓋板，黄泥固封，燒一晝夜爲度。凡燒黄、紫、緑等器，燒法相同。

按宣鑪造法，蠟茶色以水銀浸擦薰洗爲之，鎏金以金爍爲泥，數四塗抹，火炙成赤，亦於出鎔之後加色，而復用火成之，同一法也。

其十九曰束草裝桶。

瓷器出窯，分類揀選，有上色、二色、三色、脚貨之名，定直高下。三色脚貨，即在本地出售。其土色圓器與上色、二色琢器，用紙包裝桶，有裝桶匠專司其事。二色圓器，每十件爲一筒，用草包紮裝桶，各省通行。麤器用茭草包紮，或三、四十件爲一仔，或五、六十件爲一仔。一仔猶云一馱，茭草直縛於内，竹篾横纏於外，水陸轉搬，便於運送。其匠衆多，以茭草爲名目。

按《稗史類編》云，官窯開窯之日，反復比量而美惡辨，蓋以器品有定，而火候必開窯始見也。志稱窯乾、坯乾、柴乾，則少拍裂沉暗之患。土細、料細、工夫細，則無麤糙汙滓之患。又必火候均匀，釉色光熒，器自完好，上色必能備此。以次而降，釉澤不具曰骨，罅折曰茈，邊毀剥曰茅，當在脚貨中矣。

其二十曰祀神酬願。

景德鎮袤延僅十餘里，山環水繞，僻處一隅。以陶，來四方商販，民窯二三百區，工匠人夫不下數十萬，藉此食者甚衆。候火如候晴雨，望陶如望黍稌，故重報賽。有神童姓者，窯户也。前明燒龍缸連歲不成，中使督責甚峻，窯民苦累，神爲衆蹈生躍入窯突中以死，而龍缸即成。司事者憐而奇之，建祠廠署祀焉，稱風火仙。屢著靈異，窯民歲祀惟謹，擬之社方也。

按明初中官督造，其後議裁，用同省府佐輪值。又遠近不均，移饒州府佐駐鎮專理，而中官借上供之名，分外苛索。隆慶五年，都御史徐栻疏稱，內承運庫太監題奏缺少各樣瓷器，要造裏外鮮紅盌、鍾、甌，并大小龍缸、方盒，共十萬五千七百七十。其龍缸體式，底闊肚凸，多致墜裂。五彩缸樣重過大色多係驚碎。萬曆十一年，工科都給事中王敬民題稱，今據該監所開，盌、楪、鍾、琖之類，皆上用必需，而祭器尤不可缺。中間如圍碁、碁盤、碁罐，無益之具。屏風、筆管、缾、罐、盒、罏，不急之物。總九萬六千有奇。苛索如此，風火仙之事，不知何時。大率類此，當兹惠民通商利工便俗之世，其效靈，宜也。

## 又 卷二《説古》

《史記·五帝本紀》：舜陶河濱，河濱器皆不苦窳作什器於壽邱。

按，陶始於炊器，大抵如今黄沙之質。至虞而泰尊甒大，詳及禮器，其制略備，當有精麤之别，故曰上陶。其後虞閼父入周爲陶正，陳敬仲奔齊爲工正，亦或以上陶之裔故也。

《禮記·曲禮》：天子之六工，典制六材，陶旊之工曰土工。

按《曲禮》，天子建官先六大，以下數條，鄭注，皆謂殷時制。

《考工記》：摶埴之工陶旊。旊，鄭司農讀若甫，鄭康成讀若放。

又，陶人爲甗，盆，甑，鬲，庾，旊人爲簋、豆。甗，魚輦反，一音彦。鬲音歷。

又，凡陶旊之事，髺墾薜暴不入市。鄭司農：髺，讀刮。薜讀藥，暴，讀剥。鄭康成髺讀(刖)[跀]。

又，器中膞，豆中縣。膞，市專反。

按周制，陶、旊分職，陶人所掌，皆炊器。惟庾，是量名。旊人所掌，皆禮器。其制度必有精麤不同。後世分窯、分作，因之。注云，摶之，言拍埴黏土。又與采石鍊泥造坏相似。注又云，墾，頓傷。薜，破裂。暴，僨起不堅致。髺，先鄭讀刮，後鄭讀刖，亦傷意。是忌骨、忌蔑、忌茅之説也。注又云，封膞其側，以擬度端。其器縣繩，正豆之柄，是模子拉車鏇車之事也。椎輪之始，規模已具。愚謂陶之由來，詳於虞而備於周。

古窯考

唐越州窯　夏少康封少子無餘于會稽，號曰於越。秦於此立會稽郡，隋改爲越州，唐復爲會稽郡，後又爲越州，今浙江紹興府。

陸羽《茶經》：盌，越州上，鼎州次，婺州次，岳州次，壽州次，洪州次。或以邢州處越州上，殊爲不然。邢瓷類銀，越瓷類玉，邢不如越一也。邢瓷類雪，越瓷類冰，邢不如越二也。邢瓷白，而茶色丹。越瓷青，而茶色緑。邢不如越三也。

《樂府雜録》：唐大中初，有調音律官大興縣丞郭道源善擊甌，用越甌邢甌一十有二，以筯擊之。

陸龜蒙詩：九秋風露越窯開，奪得千峯翠色來。如向中宵承沆瀣，共嵇中散鬥遺桮。

按，唐越窯，實爲錢氏祕色窯之所自始，後人因祕色爲當時燒進之名，忘所由來。《負暄雜録》據陸龜蒙詩，謂越陶唐世已有四六。法海得柳宗元代人進瓷器狀，謂欲補《負暄雜録》之遺，然亦存其説而已，未得越窯明據。晉杜毓《荈賦》云，器擇陶揀，出自東甌。甌，亦越也。今《茶經》曰越州，已有其地。證之當時，顧況《茶賦》云，越泥似玉之甌。孟郊詩云，越甌荷葉空。鄭谷詩云，茶新换越甌。韓偓詩云，越甌犀液發茶香。言越瓷者，不一而足，遂特表而出之，曰唐越州窯，爲之一快。又《唐國史補》云，内邱白瓷甌，端溪紫石硯。天下無貴賤，通之。考《唐地理志》，邢州鉅鹿郡縣内邱，是邢瓷亦爲時所重，故郭道源擊甌，邢、越並用。《杜工部集》有《於韋處乞大邑瓷盌詩》云，大邑燒瓷輕且堅，扣如哀玉錦城傳。大邑在唐屬邛州，又出《茶經》所數諸州之外，陶至唐而盛矣。《瓶花譜》亦云，古無瓷瓶，皆以銅爲之，至唐始尚窯器。

吴越祕色窯　錢氏有國時，越州燒進。

《高齋漫録》：越州燒進，爲供奉之物，臣庶不得用，故云祕色。

按，王蜀報朱梁信物，有金稜椀。致語云，金稜含寶椀之光，祕色抱青瓷之響。則祕色是當時瓷器之名，不然，吴越專以此燒進，而王蜀亦取以報梁耶？

後周柴窯　柴世宗時燒者，故曰柴窯。相傳當日請瓷器式，世宗批其狀曰，雨過天青雲破處，者般顔色作將來。作，讀做。

《夷門廣牘》：柴窯出北地，天青色，滋潤細媚，有細紋，足多麤黄土，近世少見。

《博物要覽》：昔人論柴窯曰，青如天，明如鏡，薄如紙，聲如磬。

《事物紺珠》：柴窯製精，色異，爲諸窯之冠。

《清祕藏·論窯器》：必曰柴、汝、官、哥、定，柴不可得矣。余向見殘器一片，製爲絛環者，色光則同，但差厚耳。

按，後周都汴，唐屬河南道。考《唐書·地理志》，河南道貢瓷石之器，是其地本宜於陶也。宋政和官窯亦起於汴汝，亦唐河南道所轄之州。柴窯，當即在其都內。高澹人《宋均窯瓶歌注》云，近人得柴窯碎片，皆以裝飾玩具。蓋難得而可貴也。王漁洋《香祖筆記》謂貴人得盌一枚，其色正碧，流光四照，何其幸與！

宋定窯　出定州，今直隸真定府。

《格古要論》：古定器，土脈細，色白而滋潤者貴，質麤而色黄者價低。外有淚痕者，是真。劃花者，最佳。素者亦好，繡花者次之。宋宣和、政和間，窯最好，但難得成隊者。有紫定，色紫。有黑定，色黑如漆。

《留青日札》：似象，窯色有竹絲刷紋者，曰北定窯。南定窯有花者，出南渡後。

《博物要覽》：定器有劃花、繡花、印花三種，多因牡丹、萱草、飛鳳三種，時造，式多工巧。

《清秘藏》：定窯，有光素、凸花二種，以白色爲正，白骨而加以泑水，有如淚痕者佳。間有紫色、黑色者，不甚珍也。

按，定器以北定爲貴，北定以政和、宣和間窯爲最好。然如東坡《試院煎茶詩》所云，定州花瓷琢紅玉，不在宣和政和前與？且云花瓷，亦非必有花者，出南渡後也。又有元朝戧金匠彭均寶者，效定器作折腰樣甚整齊，曰彭窯，時稱之爲新定。《格古要論》云，土脈細白者，與定器相似，比青口欠滋潤，極脆。又《博物要覽》謂新倣定器，如文王鼎鑪、獸面戟耳彝鑪，不減定人製法，可以亂真。若周丹泉初燒爲佳，愛古者能分别南、北定，而又不爲後來仿傚者所惑，庶幾不媿鑒賞家矣。

宋汝窯　時以定州白瓷器有芒，命汝州建青器窯，屑瑪瑙爲油。

《留青日札》：唐鄧、耀悉有之，而汝爲冠。色如哥而深，微帶黄。

《格古要論》：宋時燒者，淡青色，有蟹爪紋者真。無紋者尤好。土脈滋潤，薄，亦甚難得。

《博物要覽》：汝窯色卵白，汁水瑩厚如堆脂，然汁中棱眼，隱若蟹爪，底有芝麻花細小掙釘。

《清秘藏》：汝窯，較官窯質製尤滋潤。

按，汝，本青器窯。《留青日札》云色微帶黄，《博物要覽》云色卵白，似立異論，然合之可得淡青色也。辨蟹爪紋，如端溪石子辨鸜鵒眼，眼本石病，得此可驗真水坑，故曰無紋者尤好。

宋官窯　宋政和間，京師自置窯燒造，曰官窯。

《留青日札》：文色上白而薄如紙者，亞於汝，其價亦然。《博物要覽》：官窯品格，大率與哥窯相同。色取粉青爲上，淡白次之。油灰色，色之下也。紋取冰裂、鱔血爲上，梅花片墨紋次之。細碎紋，紋之下也。

宋修内司官窯　宋南渡，有邵成章提舉，號邵局，襲舊京遺製，置窯於修内司，造青器，曰内窯，亦曰官窯。

《留青日札》：模範極精，油色瑩澈，爲世所珍。

《格古要論》：官窯器，宋修内司燒者，土脈細潤，色青帶粉紅，濃淡不一，有蟹爪紋、紫口、鐵足，好者與汝窯相類。

《博物要覽》：官窯在杭鳳凰山下，其上紫，故足色若鐵。時云，紫口鐵足。紫口乃器口上仰，釉水流下，比周身較淺，故口露紫痕。此何足貴？惟尚鐵足，以他處之土，咸不及此也。

《稗史類編》：後郊壇下别立新窯，亦曰官窯，比之舊窯，大不侔矣。

按，古窯柴、汝最重，次及官、定。柴、汝之器，傳世絶少。而官、定，猶有存者，非官、定易得也。定有北定、南定，而彭窯亦曰新定。官有舊京、修内司之别，而郊壇下新窯，亦曰官窯。新定不如南定，南定不如北定。舊京官窯，爲時未久，當以修内司所造爲最，新窯爲下，其時已有差等。而《博物要覽》謂新仿定器，有不減定人製法者，有製作極工，不入清賞者。《格古要論》謂官窯器有黑色，謂之烏泥窯。僞者皆龍泉所燒，無紋路。《六研齋筆記》謂南宋餘姚祕色瓷，今人率以官窯目之，不能别白，間見疊出，以亂其真又如此。好事者指某器曰定，某器曰官，安知不爲贋鼎所惑也！

又按，内窯器，葉寘《筆衡》云，沉泥爲範，極其精緻，其妙處當在體質。而世之論者曰，紫口鐵足，皮毛之見也。《博物要覽》辨之，是矣。《五雜俎》云，定，汝難於完璧，宋時宮中所有，率銅鈐其口，以是損價。而今之求定、汝者，即以銅鈐口爲真。骨董家之論古，往往如此。

宋哥窯　本龍泉琉田窯，處州人章生一、生二兄弟，於龍泉之窯各主其一，生一以兄故，其所陶者曰哥窯。

《格古要論》：舊哥窯色青，濃淡不一，亦有鐵足紫口色，好者類董窯，今亦少有。

《稗史類編》：土脈細薄，油水純粹者，最貴。哥窯則多斷紋，號百圾碎。

《春風堂隨筆》：哥窯，淺白，斷紋。

《博物要覽》：官窯質之隱紋，如蟹爪。哥窯質之隱紋，如魚子，但汁釉不如官窯。

《五雜俎》：柴窯之外，定、汝、官、哥，皆宋器也，流傳至今，惟哥窑稍易得，蓋質重耐藏，定、汝難於完璧。

宋龍泉窯　即章生二所陶者，時以哥名兄窯，弟仍龍泉之舊，曰龍泉窯。

《稗史類編》：龍泉窯，至今温處人稱爲章窯。

《格古要論》：古龍泉窯，今曰處器、青器、古青器，土脈細且薄，翠青色者貴。有粉青色者，有一等盆底有雙魚，盆外有銅掇環，體厚者不甚佳。

《博物要覽》：龍泉窯，妙者與官、哥争艷，但少紋片。紫骨耳器，質厚實，極耐摩弄，不易茅篾。

《清祕藏》：古宋龍泉窯器，土細質厚，色甚葱翠，妙者與官窯争艷，但少紋片、紫骨、鐵足耳。且極耐摩弄，不易茅篾。第工匠稍拙，製法不甚古雅。有等用白土造器，外塗泑水，翠淺，影露白痕，乃宋人章生所燒，號曰章窯，較龍泉製度更覺細巧精緻。《春風堂隨筆》：弟所陶青器，純粹如美玉，爲世所貴，即官窯之類。兄所陶色淡。

按《稗史類編》論章生一、生二窯云，其色皆青，濃淡不一，其足皆鐵色，亦濃淡不一。舊聞紫足，今少見。而《格古要論》亦云，舊哥窯色青，濃淡不一，亦有鐵足、紫口。古龍泉青器，土脈細且薄，翠青色者貴。曰舊，曰古，蓋指生一、生二之所製，原不甚殊也。惟有紋、無紋，爲兄弟之别。必曰兄所陶色淡，弟所陶質厚，皆非章氏之初也。哥窯在元末新燒，土脈麤燥，色亦不好。龍泉窯在明初移處州府，青色土墨，火候漸不及前矣。方密之《通雅》云，假哥窯碎紋不能鐵足，鐵足則不能聲，龍泉不能得其淡，色淡則無聲，此亦鑑古之精者也。

又按《博物要覽》云，官、哥二窯，出器時有窯變，狀類蝴蝶、禽魚、麟豹，於本色釉外變色，或黄，或紅、紫，肖形可愛。火之幻化，理不可解，然窯變時有，尚不足異。《蘇東坡集》載《瓶笙詩》有引云，庚辰八月二十八日，劉幾仲餞飲中觴，聞笙簫聲，杳杳若在雲霄間，抑揚往返，麤中音節。徐而察之，則出於雙瓶，食頃乃已。《春渚紀聞》載萬延之瓦缶畫冰云，赴銓都下，銅禁嚴甚，以十錢市之，代沃盥之用。時當凝寒，注湯頮面，既覆有餘，水留缶成冰，視之桃花一枝也。明日成雙頭牡丹一枝，次日又成寒林滿缶，水村竹屋，斷鴻翹鷺，宛如圖畫。後以白金爲護，什襲而藏，遇寒則約客張宴以賞之，未嘗一同。此二事幻之又幻矣。

吉州窯　在今吉安府廬陵縣永和鎮。

《格古要論》：色與紫定器相類，體厚而質麤，不甚直錢。宋時有五窯，書公燒者最佳，有白色，有紫色。花缾大者直數金，小者有花，又有碎器最佳。相傳宋文丞相過此，窯變爲玉，遂不燒。《矩齋雜記》：宋時江西窯器，古廬陵之永和市，有舒翁工爲玩具，翁之女尤善，號曰舒嬌。其爐、瓮諸色，幾與哥窯等價。余嘗得一盤一盎，質蒼白而光黝，然以注水，經月不變，望之知爲古物。相傳陶工作器，入窯變成玉，工懼事聞于上，封穴逃之饒。今景德鎮陶工，故多永和人。見吉安太守吴炳遊記。

象窯　在今寧波府象山縣。

《格古要論》：有蟹爪紋，色白而滋潤者，高。色黄而質麤者，低。俱不甚直錢。

董窯

《格古要論》：淡青色細紋，多有紫口、鐵足，比官窯無紅色，質麤而不細潤。

按，吉窯、象窯似定，董窯似官。其不同者，質麤欠滋潤耳。《留青日札》云，象窯又次彭窯。

均州窯　今河南禹州。

《留青日札》：稍具諸色，光彩太露，有兔絲紋，火燄青。

《博物要覽》：有硃砂紅、葱翠青，俗名鸚哥緑，茄皮紫者，紅如燕支，青若葱翠，紫若墨黑，三者色純無少變露者，爲上品。底有一、二數目字號爲記。豬肝色、火裏紅、青緑錯雜若垂涎，皆上。三色之燒不足者，非别有此樣，俗取鼻涕、豬肝等名，是可笑耳。此窯惟種菖蒲盆底佳甚，他如坐墩、罏、合、方缾、罐子，俱黄沙泥坯，故器質不佳。近年新燒，皆宜興砂土爲骨，釉水微似，製有佳者，但不耐用。

《清祕藏》：均州窯，紅若臙脂者爲最。青若葱翠、紫若墨色者，次之。色純，而底有一、二數目字號者佳。其雜色者，無足取。

《通雅》：均州有五色，窯變則時有之。報國寺觀音，窯變也。

磁州窯　在河南彰德府磁州。

《格古要論》：好者與定器相似，但無淚痕。亦有劃花、繡花素者，價高於定，新者不足論。

建窯　在福建泉州府德化縣。

《格古要論》：盌、琖多是謷口，色黑而滋潤，有黄兔斑，滴珠大者真。但體極厚，少見薄者。舊建瓷有薄者，絶類宋器，佛像最佳。

按，宋時茶尚謷盌，以建安兔毫琖爲上品，價亦甚高。《留青日札》云，建安烏泥窯品最下。豈今昔不同耶？然《缾花譜》以烏泥與龍泉、均州章生諸窯並重，《博物要覽》謂烏泥質麤不潤，而釉水燥暴，溷入官、哥，今亦傳世，則當差肩象、董。《留青日札》最下之品曰，未可傳信也。因論建窯及此。

山西窯　在太原府榆次縣。平定州平陽府、霍州霍州所出，曰霍器。

高麗窯　在高麗國。

《格古要論》：色粉青似龍泉，上有白花朵兒者，不甚直錢。

按，高麗窯器與饒相似，有細花，髣髴北定者，故附雜窯之後。島夷之玻瓈窯，大食國之佛郎嵌，皆非瓷石所成，不概録。

## 又　卷三《説明》

饒州窯

饒州府浮梁縣西興鄉景德鎮，水土宜陶。鎮設自宋景德中，因名。置監鎮，奉御董造，饒州窯自此始。《容齋隨筆》云，彭器資尚書文集，有《送許屯田詩》曰，浮梁巧燒瓷，顏色比瓊玖，謂此也。元更監鎮爲提領本路總管監陶。宋元皆有命則供，否則止。《格古要論》云，御土窯體薄而潤，色白花青，較定器少次。此言宋窯也。又云，元朝燒小足印花，内有樞府字號者最高。此言元窯也。又云，新燒大足，素者欠潤，有青色及五色花且俗。又有青黑色戧金者，多是酒壺、酒琖，甚可愛。此言明初窯也。江西窯，唐在洪州，今南昌。見《茶經》。弋陽縣太平鄉處州民瞿志高等來創造，亦有窯。其後民飢爲亂，嘉靖間即横峯窯鎮地，改立興安縣，遂廢。弋陽之湖西馬坑，以陶爲業，所造缾、罐、缸、甕、盤、盌之器甚麤，給工匠之用。

洪武窯　明洪武三十五年，始開窯燒造，解京供用。有御器廠，廠東爲九江道，有官窯。窯之名六：曰風火窯，色窯，大小爁熿窯，大龍缸窯，匣窯，青窯。

按，《志》稱官窯除龍缸外，青窯燒小器，色窯燒顏色，圓而狹，每座祇容小器三百餘件。民間青窯長而闊，每座容小器千餘件。民窯燒器窯九行，前一行，麤器障火，三行間有好器，雜火中間，前四中五後四皆好器，後三後二皆麤器。視前行官窯重器一色，前以空匣障火。官窯器純，民窯器雜，官窯塗欲密，砌欲固，使火氣全，而陶器易熟，不至鬆泄。官窯之異於民窯如此。

永樂窯

《事物紺珠》：永樂、宣德二窯，皆内府燒造，以椶眼、甜白爲常，以蘇麻離青爲飾，以鮮紅爲寶。

《博物要覽》：永樂年造壓手杯，中心畫雙獅滚毬，爲上品。鴛鴦心者次之，花心者又次。杯外青花深翠，式樣精妙。若近時仿傚，殊無可觀。

《南村隨筆》：明景德鎮所造，永樂尚厚，成化尚薄，宣德青尚淡，嘉靖青尚濃，成青未若宣青，宣彩未若成彩。《通雅》：永樂窯貴厚，成化窯貴薄，前後規制殊異。

按，古窯重青器，至明而祕色已絶，皆純白，或畫青花，或加五彩。永窯亦足貴重，在宣、成之下，嘉之上。

宣德窯　宣德中，以營造所丞，專督工匠。

《博物要覽》：宣德年造紅魚靶杯，以西紅寶石爲末，魚形自骨内燒出，凸起寶光。又如竹節靶罩蓋，鹵壺、小壺，此等發古未有。他如妙用種種小巧之物，尤佳，描畫不苟。又有白茶琖，光瑩如玉，内有絶細暗花，花底有暗款，隱隱橘皮紋起。雖定瓷何能比方，真一代絶品。

《南村隨筆》：宣德祭紅，以西紅寶石末入泑，凸起者，總以汁水瑩厚，如堆脂，汁紋雞橘，質料膩實，不易茅蔑。正、宏、隆、萬間，亦有佳者。

《清祕藏》：宣廟窯器，質料細厚，隱隱橘皮紋起冰裂鱔血紋者，幾與官汝窯敵。即暗花者，内燒絶細。龍鳳暗花，底有大明宣德年製。

《妮古録》：宣廟時，蟋蟀澄泥盆，最爲精絶。

按，此明窯極盛時也。選料、製樣、畫器、題款，無一不精。青花用蘇泥勃青，至成化其青已盡，只用平等青料。故論青花，宣窯爲最。

成化窯

《博物要覽》：成窯上品，無過五彩。葡萄謷口扁壯靶杯式，較宣杯妙甚。次若草蟲子母雞勸杯，人物蓮子酒琖，五供養淺琖，草蟲小琖，青花紙薄酒琖，五彩齊箸小楪香合，各製小罐，皆精妙可人。

高澹人《成窯雞缸歌注》：成窯酒杯，名式不一，皆描畫精工，點色深淺瑩潔，而質堅雞缸。上畫牡丹，下畫子母雞，躍躍欲動。

按，成窯以五彩爲最，酒杯以雞缸爲最。神宗時，尚食御前成杯一雙，直錢十萬。當時已貴重如此。前人評宣、成高下，《留青日札》謂宣與汝敵，永樂、成化亦以次重。《蓉槎蠡説》謂勝朝官窯，首成，次宣，次永，次嘉。《博物要覽》則謂青花成不及宣，若宣窯五彩，深厚堆垛，成窯用色淺深，頗有畫意。三家之論不同。總之，明器無能過宣成者。而一時有一時聚精之物，則《博物要覽》之言是也。

正德窯　正德初，置御器廠，專管御器。

《事物紺珠》：正德間，大璫鎮雲南，得外國回青，以鍊石爲僞寶，價倍黄金。已知其可燒窯器，用之色愈古。

《通雅》：回青，以重色貴。

按，宣德中，以營膳所丞專督工匠，即專督御器廠之工匠。正統初罷之者，《志》所稱以兵興議寢陶，息民之事也。《豫章大事記》云，景泰五年，減饒州歲造瓷器三之一，是既罷督造之官，又減歲造之數也。故宣宗後幾二十年，窯事不著。天順復辟，丁丑仍委中官燒造，則御器之監造如故矣。《大事記》又云，成化二十二年，裁饒州燒造官。此憲宗末年，必孝宗初政，故終孝宗十八年，不言窯事。正德初置御器廠，專管御器者，復用中官也。故至嘉靖，又裁之云。

又按，當日用回青，工匠恣爲奸利。浮梁朱令，爲劑量之法，其弊稍息。用青，亦回青與石青相兼，十雜一爲上，四六爲中。嘉窯，惟御器給之。《志》云，回青行，而石子遂廢者，非也。

嘉靖窯　嘉靖初，裁革中官，于各府佐輪選一員管理。四十四年，添設饒州府通判，駐廠督造，尋止。

《事物紺珠》：嘉靖窯，回青盛作，鮮紅土斷絶，燒法亦不如前，惟可燒礬紅色。

《博物要覽》：嘉靖青花、五彩二窯，製器悉備，奈饒土漸惡，較之往日，大不相侔。有小白甌，世宗經籙醮壇用器，亦曰壇琖，製度質料迴不及宣德。如魚扁琖，紅鉛小花合子，亦爲世玩。

按，青器，宣青尚淡，嘉青尚濃。回青之色，幽菁可愛。鮮紅土絶，而回青效靈，亦一時之會也。然當麻倉土將次告竭之時，體質不及宣器遠甚。壇琖色，以正白如玉爲最，堊嫩則近青，堊不净則近黄，皆無足取。《通雅》謂嘉靖時有填白壇琖，指此。

隆慶萬曆窯　隆慶六年，復起燒造，仍於各府佐輪選管理。萬曆初，以饒州督捕通判改駐景德鎮，兼理窯廠。

《江西大志》：舊用浮梁縣麻倉等處白土，每百觔給直七分。萬曆十一年，同知張化美見麻倉土膏已竭，掘窋甚難，每百觔加三分。近用縣境吴門托新土有糖點者，尤佳。

《豫章大事記》：窯變極佳，非人力所可致，人亦多毁之，不令傳。萬曆十五、六年間，詔燒方筋屏風，不成，變而爲牀，長六尺，高一尺，可卧。又變爲船，長三尺。其中什器，無一不具。聞主者於饒州郡縣官皆見之後，搥碎，不敢以進。

按，明瓷至隆、萬，製作日巧，無物不有。然隆窯之祕戲，殊非雅裁。他物汁水瑩厚如堆脂，有粟起若雞皮者，有發椶眼若橘皮者，亦可玩也。《通雅》云，官窯土骨，坏乾經年，重用車碾薄上釉，候乾數次出大釉，漏者碾去，上釉更燒之，故汁水瑩厚如堆脂，不易茅蔑。此亦民窯之不得同者。

又按，明時江南常州府宜興縣歐姓者，造瓷器曰歐窯。有倣哥窯紋片者，有倣官均窯色者，采色甚多。皆花盤、奩架諸器，舊者頗佳。附記於此。饒窯倣定器，用青田石粉爲骨，曰粉定，質麤理鬆，不甚佳。

造法

雜採諸書，爲之條理，不復更詳原出書名。

陶土出浮梁新正都麻倉山，曰千户坑，曰龍坑塢，曰高路坡，曰低路坡。土埴壚均有青黑界道，灑灑若糖點，瑩若白玉，閃爍若金星者，爲上土，每百觔給直七分。萬曆間，坑深膏竭，鏤空穿穴，民力維艱。管廠同知張化美，議百觔加直三分。其後，因縣境内吴門托新土有糖點如麻倉者，尤佳。取土於彼，路倍於前，給直如故，不能多運。造龍缸用餘干婺源土，及石末、坯屑參和爲之。以下採料。

石末，出湖田一二圖，以和官土造缸，取其堅也。

釉土，出新正都，曰長嶺，作青黄釉；曰義坑，作澆白器釉。二處皆有柏葉斑。又出桃樹塢，青花白器通用之。

砂土、黄土，用造匣鉢。砂土募夫挑取，每百觔給直二分。黄土，撥本廠上工夫挑取。

鮮紅土未詳出何地，燒煉作紅器。正、嘉間斷絶，燒法亦不如前，僅可作礬紅色。

西紅寶石宣窯，造紅魚靶杯，粉寶石塗堊，紅鮮奪目。

硃砂宣窯，作小壺、大盌，色紅如日。

青，用陂塘青，產樂平一方。嘉靖中，樂平格殺遂塞，用石子青，產瑞州諸處。

蘇泥勃青，宣窯青花器用此，至成化時已絶。

回青，正德時大璫鎮雲南，得此於外國嘉窯。御器用此，其後亦不能繼。

黑赭石，出廬陵新建，一曰無名子，用以繪畫瓷器。

御器廠，分二十三作：曰大盌作，酒鍾作，楪作，盤作，鍾作，印作，錐龍作，畫作，寫字作，色作，匣作，泥水作，大木作，小木作，船木作，鐵作，竹作，漆作，索作，桶作，染作，東碓作，西碓作。以下工役。

正、嘉之際，宮匠凡三百餘，畫工另募，蓋繪事難也。

陶夫、砂土夫，僱用。上工夫，派饒州千户。所編派七縣，解徵工食。回青搥碎，有硃砂斑者，曰上青。有銀星者，曰中青。每觔可得青三兩，敲青後，取奇零瑣碎，入注水中，用磁石引雜石，澄定，每觔可得真青五六錢。以下製料。

【略】

堆器，以筆蘸白泥堆坏上，成各樣龍鳳、花草，加釉水鍊灰燒成。以下堆琢五彩。

錐器，各樣坏上，用鐵錐錐成龍鳳、花草，加釉水鍊灰燒成。

描金，用燒成白坏上貼金，過色窯，如礬紅過鑪火二次，餘色不上全黄。

金花定盌，用大蒜調金描畫，再入窯燒，永不復脱。

五彩，用燒過純白瓷器，績彩過鑪火燒成。

造匣，用黄土、砂土參和爲之，大小不一。以下製匣。

匣窯，除龍缸大匣外，其餘大小匣，可燒七、八十件，燒成計薪五十五損。有一用即損者，有再用方壞者。每窯燒缸匣六層，大樣二樣，或蓋或圈，皆燒香一炷，旁以小匣培之。三樣缸匣，小則燒香二炷，培亦如之。薪，視前加十之一贏，溜火三日夜，緊火一日夜，止火三日，出窯。

坏入窯，上下四角周詳審視有無疵謬，必體質完美，然後蓋匣，封固起火。以下裝窯。

窯座前寬六尺，後如前，饒五寸，入身六尺。頂圓龍缸大樣二樣者，容一口。三樣者，一窯結砌二臺，容二口。

青窯比缸窯略小，前寬五尺，後五尺五寸，入身四尺五寸。每座燒盤、楪中樣器二百有奇。稍大者一百五十有六，大盌二十有四，尺盌三十，大罈十六、七，小酒杯五、六百。

缸窯，溜火七日夜。溜火如水滴溜，續續然徐徐然不絶而已，使水氣收土氣和，然後可以揚其華也。起緊火二日夜，視缸匣色變紅，轉而白，前後洞然矣，可止火封門，又十日，開窯。每窯約薪百二十損，遇陰雨加十之一。以下火候。

青窯溜火對口，緊火一日夜，候火色如缸窯，火止封門，則窯易冷。首尾五日可出器。每窯用薪六十損，器大加十之二。遇久雨窯溼，又加十之二。秋陽烈日，即大器，薪可不加。

六窯之中，風火窯匠最勞。溜火一日之前，細心而已，無所用力。第二日緊火之後，晝夜添薪，不使忽燼忽燄炎涼不均，倦睡不能應機，神昏不能辨色。火有破壘走煙之失，器即有折裂陰黄之患。

**清・于敏中　英廉《日下舊聞考》卷一五〇《物産》**　凡修建宮殿所需物材，攻石煉灰皆於京西山麓，琉璃瓴甓取備於京窑。同上。

凡陶甓之制，設琉璃窑於正陽門之西，以陶琉璃器具。質用澄泥，色有青、黄、翡翠、紫、緑、黑，瓴甓異名，各按模式。吻有大小垂脊之飾，各有等差，以供大工之用。同上。

琉璃廠原爲燒殿瓦之用。瓦有黄、碧二種，明代，各廠俱有内官司之。如殿瓦之外，所製一曰魚瓶，貯紅魚雜翠藻於中。一曰琉璃片，以五色渲染人物花草煉成，嵌入窗户。一曰葫蘆，小者寸計，大或至徑尺，其色紫者居多。一曰響葫蘆，小兒口銜，嘘吸成聲，俗名倒掖氣。一曰鐵馬，懸之簷以受風戛者也。按《漢書・西域傳》，罽賓國有琥珀流離。師古注引《魏略》云：大秦國出赤、白、黄、黑、青、緑、縹、紺、紅、紫十種流離。此蓋自然之物。考北史，魏太武時月氏人商販京師，自云能鑄石，有五色琉璃，於是采石礦中鑄之，光澤美於西來者。則是西域琉璃亦用石鑄，非自然生成者矣。今廠中所煉，大約本月氏人遺法也。《倚晴閣雜鈔》

臣等謹按：琉璃廠，前明以内官司事，乃秕政之尤。本朝定制，琉璃、亮瓦二廠皆隸於工部，差滿漢官二人，筆帖式二人，三年更代。

凡製琉璃，先以琉璃爲管焉，必有鐵杖、剪刀焉，非是弗工。石之在冶，涣然流離，猶金之在鎔。引而出之者，杖之力也。受之者，管也。授之以隙，納氣而中空，使口得爲功，管之力也。引之使長，裁之使短，拗之使屈，突之使高，抑之使凹，剪刀之力也。凡爲葫蘆，先得提，後得腹，接處爲腰。凡爲魚瓶，先得口，次得腔。凡爲響器，先得下口，後得上口。凡爲燈碗，先得圓毬，吸其下，按其上，斷其臍而坐之，上反爲底，下反爲面。凡爲鼓璫，先得葫蘆，旋燒其底而凹之以均其薄，欲平而不平，使微槓焉，以隨氣之動乃得鳴。鼓璫者，響葫蘆也。

《顔山雜記》。

**佚名《南窑筆記》**　新平之景德鎮，在昌江之南。其治陶始於季漢，埏埴朴素，即古之土脱碗也。陳至德元年，相傳有貢陶礎者，不堪用。而至隋大業中，始作獅象大獸二座，奉於顯仁宫，令太原陶工製造，入火而裂。迨李唐繼起，陶日以工，始有素瓷上釉之法。而景德陶之著名，則在于宋。蓋因陶工製景德年號于器底，故天下咸知有景德之窑。至景德之上，相去二十餘里，舊有湘湖、瑩田、湖田等窑，由五代及宋元明出映花素瓷，其邊口無釉者爲是，蓋覆口而燒也。今之舊瓷有澀胎口鑲以銅邊者，即湘湖、瑩田、湖田三窑所出之器。繼以三窑處於山僻，挽運維艱，故不久傳。惟景德舟車物力通便，爲兩江都會，而業陶者多於是居焉。有明以來，始命官監督立廠珠山，興作供御諸器，歷成、宣、嘉、萬，製作漸佳。大概宣窑始有青花，成窑加以彩色，碗、碟、尊、罍之外，復有龍缸、欄板、帶盒等項巨器，興作費繁，而成官民受累，遂使童姓火師殉窑死焉。迨我朝定鼎之後，即於鎮廠倣作，諸窑畢備，更得洋色一種，誠一代巨觀。陶製之精，於斯爲盛，云其離鎮五里有官莊作窑者，但出粗瓷而已。

柴窑

周武德年間寶庫火，玻璃、瑪瑙、諸金石燒結一處，因令作釉。其釉色青如天，明如鏡，薄如紙，響如磬，其妙四如。造於汝州，瓷值千金。

汝窑

北宋出汝州，有深、淡月白色二種，有有紋片者，有無紋片者，紫泥骨子，釉水肥厚瑩潤，骨肉泛紅色，間有橘皮棕孔。今景德倣倣，用里樂釉，入青料少許，以不泥爲骨，多魚子紋者，略得遺意矣。不泥者，不子素泥也。

觀窑

出杭州鳳凰山下。宋大觀年間，命閹官耑督，故名修内司。紫骨、青釉，出於汝窑，有月白色、粉青色，紋片有名金絲、鐵線、蟹爪諸紋者。多瓶、尊玩器，獨少碗、碟之屬。釉澤肥厚，内泛紅色爲佳。今倣觀窑，咸用碪子、瑪瑙等料配之。里樂釉爲之，亦可混真，但紋片久則零斷碎爛不堪，氣味與古遠甚。骨子則用白石紅土爲上。

哥窑

即名章窑，出杭州大觀之後。章姓兄弟，處州人也，業陶竊倣於修内司，故釉色彷彿觀窑。紋片粗硬，隱以墨漆，獨成一宗。釉色亦肥厚，有粉青、月白色、淡牙色數種。又有深米色者，爲弟窑，不堪珍貴。間有溪南窑、商山窑，䰖鬆花邊，俱露本骨亦好。今之做哥窑者，用女兒嶺釉，加椹子石末，間有可觀。鐵骨則加以粗料，配其黑色。

定窑

出北宋定州造者，白泥素釉，有涕淚痕者佳。有印花、拱花、堆花三種，名定州花磁是也。尊、爵、盤、碟、佛象，及各種玩器，雕琢精巧，靡不全具。間有花紋，内填采緑色者。又有土定一種，藋窑一種。建窑似乎定製，又有歐窑，多碎紋者，不堪賞鑒。今南昌倣者，滑石合泥作骨子，純用碪子釉，不減古釉花樣，精緻過之。

龍泉窑

出宋處州，即名處州青。傳錢王時造者，名越窑秘色，王甚寶之，用以爲貢。其土質堅白，釉色葱翠，所謂粉骨龍泉是也。蓋龍泉由來久矣。唐陸龜蒙詩有九秋風露越窑開，奪得千峰翠色來，此詠龍泉窑詩也。龍泉釉色有梅子青、冬青色者，可與觀窑争艷。間有紋片者，俱堪珍賞。又有吉州窑一種。今南昌倣龍泉，深得其法。用麻油，釉入紫金。釉用樂平緑石少許，肥潤翠艷，亞于古窑。

均窑

北宋均州所造，多盆匳水底花盆器皿，顔色大紅、玫瑰紫、驢肝、馬肺、月白、紅霞等色，骨子粗黄泥色，底釉如淡牙色，有一二數目字樣于底足之間，蓋配合一副之記號也。釉水葱蒨肥厚，光彩奪目。明有寧青窑倣均一種，顔色薄暗，五色雜沓。廣窑亦有一種青白相間麻點紋者，皆瓶缽之類，胎骨輕脆，不堪賞鑒。宜興掛釉一種，與廣窑相似。今所造法，用白釉爲底，外加釉裏紅元子少許，罩以玻璃紅寶石晶料爲釉，塗于胎外，入火，藉其流淌，顔色變幻聽其自然，而非有意預定爲某色也。其覆火數次成者，其色愈佳，較之古窑何多讓焉。

### 永樂窑

有永樂甜白脱胎撇碗，此最輕者。有最厚者，有青花厭手杯，底内俱有篆書永樂年製四字，多澀足，今倣造者多，青花爲上。脱胎脆薄，造作維艱，且不適用。

### 宣窑

青窑雖出于永樂，而宣德爲盛。故青花有三種。龍鳳、人物、詩句，俱成宣窑一種，極其精雅古朴，用料有濃淡，墨勢渾然而莊重。青花有滲青鐵皮繡者，盤足内澀胎無釉。又有霽紅、霽青、甜白三種，尤爲上品。今倣宣間亦有可觀。霽紅釉用白釉、麻倉釉爲主，入紅銅末、紫英石配合，加樂平緑石火青少許，宜燒于秋。冬風霜，窑百不得一。故一切釉水，以霽紅爲難。舊紅，名鮮紅，又名宣燒，蓋珍重之也。霽青用元子料配釉，甜白以麻倉爲主，俱爲難得者。

### 成宏窑

宏治多素白，素花者少。成窑淡描五采，精雅絶倫，有雞缸盃、高士盃、錦卉堆各種。其内用澹青鑲方欵，今倣造者增入洋色，尤爲鮮艷。

### 正德窑

多黄地緑龍青花龍鳳，不如宣成遠矣。今倣造有黄緑數種。

### 嘉萬窑

嘉窑料用回青，故濃翠紅艷，多龍鳳、梵書、魚鳥花樣，但畫工精重不能比於宣成窑、萬曆窑，又次於嘉窑。今倣造祗能依其欵範花樣，雖有青料，不逮於回青遠矣。

### 廠官窑

其色有鱔魚黄、油緑、紫金諸色，出直隸廠窑所燒，故名廠官。多缸鉢之類，釉澤蒼古，配合諸窑，另成一家。今倣造者用紫金雜釉，白土配合，勝於舊窑。

### 釉爐

其製用桶匣爲爐，腹間匣五六寸許，環砌窑磚以衛，匣磚之内爲納炭藏火之路。大概形如太極，足開八門，即八卦爐也。有中小數種，入彩瓷匣中，泥封其頂，開一火眼，視瓷色之生熟，周圍燃炭炙之。火遍於匣，而内瓷漸紅，則彩色變動，斯爲爐熟之候。燒法，必須遛火緩燒，漸次上頂，更無驚裂泛紅之病。爐忌潮氣，冲著色即剥落矣。計燒一日乃成。有滿爐工、燒爐工。近有明爐一種，出自西洋，其製用匣横卧，團磚炙炭，先燒匣紅，而後用車盤置瓷盤上，旋轉漸次進入匣中，俟瓷色變，即出爐，用他匣覆之。俟瓷冷透，揭匣出焉。此法止可用燒脱胎小件，且資人力，費事，尤多坼裂之患。

### 彩色

成、正、嘉、萬俱有鬬彩、五彩、填采三種，先於坯上用青料畫花鳥半體，復入彩料湊其全體，名曰鬬彩。填者，青料雙鈎花鳥人物之類，於胚胎成後，復入彩爐，填入五色，名曰填彩。其五采，則素瓷純用彩料畫填出者是也。彩色有礬紅，用皂礬煉者，以陳爲佳。黄色用石末、鉛粉，入礬紅少許配成。用鉛粉、石末，入銅花爲緑色。鉛粉、石末入青料，則成紫色。翠色則以京翠爲上，廣翠次之。以上顔色，皆諸朝名。今之洋色，則有胭脂紅、羌水紅，皆用赤金與水晶料配成，價甚貴。其洋緑、洋黄、洋白、翡翠等色，俱人言硝粉、石末、硼砂各項煉就，其鮮明嬌艷迥異常色，使名手倣繪古人，可供洗染點綴之妙。又有水墨一種，尤爲逸品也。匠工有描紅工、填色工、吹色工、燒爐工、滿爐工、乳料工。

### 黄緑

宣德有青花填黄地者，正德則純用黄、緑二色。如堆花雲龍等様，多緑龍黄地者，名曰淺黄緑。今倣者多虎皮粗瓷。匠有澆工、燒黄緑爐工、填掃工。

### 金銀

描金始於宋湖田窑，有素瓷描金一種，世不多見。成窑有炙金一種，隨用即落，每於五彩洒器上見之。今描金最爲得法。復有掀金一種，又有抹金一種。抹銀諸器，其配金銀法，每金一錢，鉛粉一分。

### 法藍

法藍、法翠二色，舊惟成窑有，翡翠最佳。本朝有陶司馬駐昌南傳此二色，云出自山東琉璃窑也。其製用澀胎上色，復入窑燒成者，用石末、銅花、牙硝爲法翠，加入青料爲法藍，今倣者甚夥。

### 官窑

柴、汝、觀、哥、定、龍泉、宣、成、嘉、萬，爲宋明十大窑。蓋以諸器畢製命官耑督者，俱名官窑。其均窑、廠官不在大窑之内。

大觀窑，紫骨粉青釉，紋有金絲、銀絲、鐵線、蟹爪紋。

定窑，滑石骨白釉，有映花、拱花、堆花，素者以鼻涕釉爲工。

龍泉窑，以骨紋龍泉宫爲上，冬青、梅子爲次，香色最下者。暗花與定同。

永樂窑，甜白脱胎、青花二種。

宣窑，青花滲青爲上。

霽紅，霽青，甜白，俱宣窑。

寶窑，宣窑内有霽紅龍魚一種，白釉紅魚、紅龍者。

成窑五彩，圓、琢俱多。

吹青，吹紅，二種本朝所出。

月白釉，藍色釉，淡米色釉，米色釉，淡龍泉釉，紫金釉六種，宣、成以下俱有。

以上各種，俱係窑内所出。釉之正色，仍有淺深變色，種類甚多。

吹洋紅，吹礬紅，吹月白，吹松色，吹黄，吹緑，吹青，吹翡翠，吹粉青，吹紫，吹宫粉，吹洋青，吹油緑，吹古銅等色，皆係爐内顔色，非窑内釉比也。

其均窑及法藍、法翠，乃先於窑中燒成無釉澀胎，然後上釉，再入窑中復燒乃成。惟藍、翠一火即就，均釉則數火，乃得流淌各種天然顔色。

爐均一種，乃爐中所燒顔色流淌，中有紅點者爲佳，青點次之。

不子

取山中深坑石骨舂碎，淘澄爲素泥，做成方塊曬乾，即名不子，上中下三品。諸凡瓷器胚胎，用不子泥骨，其性軟。其石出祁門縣，有祁山容口高沙東埠不里爲佳，次則郭口婺源之開化，浮梁縣之茶塘、牛坑皆出名作不子。此時鎮中所用者，多平里。平里有柏葉紋青色者爲佳，在石者擇焉。又有箭灘不子一種，用作粗瓷品之最下者。

高嶺

出浮梁縣東鄉之高嶺山，挖取深坑之土，質如蚌粉，其色素白有銀星，入水帶青色者佳。淘澄做方塊，曬乾，即名高嶺。其性硬，以輕鬆不壓手者爲上。近有新坑，色白堅重，如不子狀。

合泥

不子性軟，高嶺性硬，用二種配合成泥，或不子七分，高嶺三分；或四、六分，各種配搭不同。入水淘澄極細，其粗渣取漂賦者和勻，如濕麵相似。凡一切瓷器坯胎骨子，俱用合泥做造。又有踹泥一種，用做頂大器皿，如缸盆之類。不用澄淘，存其粗渣，以造大器，取其有骨也。造觀、哥骨子，另有紅泥一種，出鎮之鷄脚嶺白石林者佳。以滑石代高嶺配合，名鐵骨泥。

釉

選平里石舂者佳，鎮之小港水舂者爲上，色澤光潤如明鏡，易顯料色，宜描青花。祁邑之昌水舂者爲次，惟甜白宜之。因其肥而耐火，做古釉色多用之。取其無浮滑之色，殊有舊意。蓋釉之本質，取之於石，色澤則發以水也。如溶口祁山開化里樂女嶺銀坑東埠郭口各種石，俱可舂釉，在配者取合不同，各有耑秘之妙。別有紫金釉一種，色黄紫，性耐火，堅實，出景鎮山，土舂成。宋明碗碟用以鎮口，適用不茆邊。深則爲紫金，淡則成米色。凡配龍泉冬青宋釉廠宫，及觀，哥等釉，俱入紫金少許。蓋他釉純白，以紫金稍變其色耳。有麻倉釉一種，多用於做古。釉，宣釉爲最，甜白亦用。此種釉肥潤，有橘皮紋，出浮梁麻倉窑。凡釉多陳，貯久愈妙。

灰

出浮梁之長山，取山之堅石，火鍊成灰。復用蕨煉之三晝夜，舂至細，以水澄之，用入釉内，以發瓷之光氣。蓋釉無灰則枯槁無色澤矣。凡一切釉，俱入灰爲本，如銷銀，不離於硝也。

配釉

其法，將釉與灰淘洗極細，各注一缸，或合甜白釉，用釉十五盆，入灰一盆。如合成窑釉，用釉八盆，入灰一盆。灰多則釉色青，灰少則釉白。青者入火易熟，白者入火難熟。蓋釉之青白不同者，在灰之添減多寡。凡配各種釉，約數十餘種，俱以灰爲主，如調百味必須鹽也。夫釉水配法，非有書傳，亦無定則。法多配試，自有獨得之妙。五金八石皆可配，入色之詭怪奇異，不一而足。千變萬化，俱成文章。神而明之，存乎其人。

坯胎

坯有圓，琢、雕、削、鑲、印五種，在精選土料，掄擇匠工，宜於夏秋，勤於購製，此陶業之本也。至於雀口、窑攔、拆底、裂足、欹斜、驚破諸病，出於坯胎不齊之故，第不能枚舉耳。若調度得人，能匠充斥，斯爲佳器之基矣。土型泥範，未經入火者，皆名曰坯胎。

圓器

一切碗盤酒盃碟，俱名圓器。工匠則有拉坯工、印坯工、鏇坯工、剮坯工、煞合坯工、淘泥工、擦坯工、吹坯工、打雜工、吹青工、寫欵工、削坯工。

琢器

一切大小花瓶、缸盆，圓式者俱名琢器。工匠有拉坯工、煞合坯工、吹釉工、淘泥工、打雜工、寫欵工、鏇坯工。

雕削

凡人物鳥獸各種玲瓏之類，俱名雕削。工匠有淘泥、雕削、上釉等工。

印器

凡腰匾式樣，及小件瓶爵之類，俱名印器。工匠有淘泥工、印坯工、補洗上釉工。

鑲器

凡六方八方花瓶之類，爲鑲器。工有淘泥、打餅、鑲方、吹釉等工。

畫作

匠工有人物工、花鳥工、印板工、宣花工、揵花工、濕水工、錐花工、拱花工、堆花工。瓷器成釉者，工計七十二道，粗者六十四道。

匣鉢

用以裝護坯胎入火之具。匣土出景鎮左右十里之内，有白土、黑土、沙土數種，配合作匣。凡匣極宜選土做造，務令堅厚爲上。瓷内渣滓、硫黄點等疵，皆匣不選土做之，故最忌油土太多，以致鬆脆不能耐火，多有脱底漏籠之害。每一廠土摻入鑪坯泥百餘斤，其匣自然堅固，亦一法也。匣廠開於景德鎮之裏村、官莊二處，有鋼匣、鎮墖匣、皮墖匣、桶匣、碗盤匣、皷兒匣二十餘種。做匣有配土工、拉匣工、踹底工。

窑

窑形似卧地葫蘆，前大後小，如育嬰兒鼎器也。其製用磚，周圍結砌轉篷如橋洞，其頂有火門、火窗、庫口、對口，引火處牛角抄平風起未牆火眼過橋處鷹嘴餘堂靠背。以至煙冲，深一丈五尺，腹闊一丈五尺，架屋以蔽風雨，煙冲居屋之外，以騰火焰。凡坯入窑，俱盛以匣，上下四圍俱滿粗瓷，衛火中央十路位次俱滿細瓷。火用文武，經一晝夜，瓷將熟時，凡有火眼處，極力益柴助火之猛烈十餘刻，名曰上熯。用鐵鍬從火眼出坯片，驗其生熟，然後歇火，緩去門磚，俟冷透，開之，便無風裂驚破之患矣。每窑計柴三百餘担，蓋坯胎精巧，成於各工物料，人力可致。而釉水色澤，全資窑火。或風雨、陰霾、地氣蒸濕，則釉色黯黄驚裂種種諸疵，皆窑病也。必使火候釉水恰好，則完美之器十有七八矣。又有窑變一種，蓋因窑火精華凝結，偶然獨鍾，天然奇色，光怪可愛，是爲窑寶，邈不可得。抑窑有位次，釉有盆口，試凖得宜，方得全器。其責在滿窑工人，再窑之傾倒爽毒踈密失宜其任乃把椿之匠，故窑以把椿火候位次爲主。次則裝坯工、駝坯工、掇坯工、進火工，俱能妥協器皿，必有可觀者矣。景鎮結窑，係魏姓世代祟業，他姓不傳。窑經數火，必須重結再窑。變，乃白釉變色者，次。顔色釉變者，爲希有。

料

料有數種，産於浙江、江西、兩廣，以出於白土者爲上品，紅土次之，沙土最下。其製法，選擇好者，洗净入窑，燥一晝夜，乳極細，去其土繡，即今畫碗之青花料也。其浙料，有元子、紫料、天青各種。而江西有筠州豐城，至本朝則廣東廣西俱出，料亦屬可用，但不耐火，繪彩入爐則黑矣。故總以浙料爲上，重則濃紅，輕則淡翠，入爐不辨老少，頭出者稀少難滿，新山出者次之。若江西料差次於浙料，而廣料又次於江西矣。配料之法，浙料爲主，佐以紫料，然不若元子獨用爲全耳。嘉窑有回青料石胭脂胎、鐵胎二種，俱出西洋，今不能得。

**清・吴騫《陽羡名陶録》卷上**　原始

相傳壺土所出，有異僧經行村落，日呼曰賣。富貴土人羣嗤之。僧曰，貴不欲買，買富何如？因引村叟，指山中産土之穴。及去發之，果備五色，爛若披錦。

陶穴環蜀山，山原名獨。東坡先生乞居陽羡時，以似蜀中風景，改名此山也。祠祀先生于山椒，陶煙飛染，祠宇盡墨。按《爾雅・釋山》云，獨者，蜀。則先生之鋭改厥名，不徒桑梓殷懷，抑亦攷古自喜云爾。

吴騫曰，明王升《宜興縣志》引陸希聲《頤山録》云，頤山東連洞靈，諸峰屬于蜀山。蜀山之麓，有東坡書院。然則蜀山蓋頤山之支脈也。今東坡書院前有石坊，宋牧仲中丞題曰，東坡先生買田處。

選材

嫩黄泥出趙莊山，以和一切色土，乃黏脯可築，蓋陶壺之丞弼也。

石黄泥出趙莊山，即未觸風日之石骨也。陶之，乃變硃砂色。

天青泥出蠡墅，陶之，變黯肝色。又其夾支有梨皮泥陶，現凍梨色；淡紅泥陶，現松花色；淺黄泥陶，現豆碧色；密口泥陶，現輕赭色；梨皮和白砂陶，現淡墨色。山靈腠絡，陶冶變化，尚露種種光怪云。

老泥出團山，陶則白砂星星，宛若珠琲，以天青、石黄和之，成淺深古色。

白泥出大潮山，陶瓶、盎、缸、缶用之。此山未經發用，載自江陰白石山。即江陰秦望山東北支峰。

吴騫曰，按大潮山一名南山，在宜興縣南，距丁、蜀二山甚近，故陶家取土便之。山有洞，可容數十人。又張公，善權二洞，石乳下垂，五色陸離，陶家作釉，悉于是採之。

出土諸山，其穴往往善徙，有素産于此，忽又他穴得之者。實山靈有以司之，然皆深入數十丈乃得。

本藝

造壺之家，各穴門外一方地，取色土，篩擣部署訖，食窖其中，名曰養土。取用配合，各有心法，秘不相授。壺成幽之，以候極燥，乃以陶甕俗謂之缸掇。庋五六器，封閉不隙，始鮮欠裂、射油之患。過火則老，老不美觀。欠火則稚，稚沙土氣。若窯有變相，匪夸所思。傾湯貯茶，雲霞綺閃，直是神之所爲，億千或一見耳。規仿名壺曰臨，比于書畫家入門時。

**又　卷下**　談叢

蜀山黄、黑二土皆可陶。陶者穴火負山而居，纍纍如兔窟，以黄土爲肧，黑土傅之，作沽瓴、藥罏、釜、鬲、盤、盂、敦、缶之屬，粥于四方，利最博。近復出一種，似均州者，獲直稍高。故土價踴貴，畮踰三十千。高原峻坂，半鑿爲陂，可種魚山木，皆童然矣。陶者，甬東人，非土著也。王穉登《荆溪疏》。

往時龔春茶壺，近日時大彬所製，大爲時人寶惜。蓋皆以粗砂製之，正取砂無土氣耳。許次紓《茶疏》。

茶壺，陶器爲上，錫次之。馮可賓《茶箋》。

茶壺以小爲貴，每一客壺一把，任其自斟自飲，方爲得趣。何也？壺小則香不渙散，味不耽閣。同上。

茶壺以砂者爲上，蓋既不奪香，又無熟湯氣。供春最貴，第形不雅，亦無差。小者時大彬所製，又太小。若得受水半升，而形製古潔者，取以注茶，更爲適用。其提梁卧爪、雙桃扇面、八稜細花、夾錫茶替、青花白地諸俗式者，俱不可用。文震亨《長物志》。

宜興罐，以龔春爲上，時大彬次之，陳用卿又次之。錫注以黄元吉爲上，歸懋德次之。夫砂罐，砂也。錫注，錫也。器方脱手，而一罐一注價五六金，則是砂與錫之價，其輕重正相等焉，豈非怪焉！然一砂罐、一錫注，直躋之商彝周鼎之列，而毫無慚色，則是其品地也。張岱《夢憶》。

茗注，莫妙于砂壺之精者，又莫過于陽羨，是人而知之矣。然寶之過情，使與金玉比值，毋乃仲尼不爲已甚乎！置物但取其適，何必幽渺其説，必至殫精竭慮而後止哉！凡製砂壺，其嘴務直，購者亦然。一曲便可憂，再曲則稱棄物矣。蓋貯茶之物，與貯酒不同，酒無渣滓，一斟即出，其嘴之曲直，可以不論。茶，則有體之物也，星星之葉，入水即成大片，斟瀉時，纖毫入嘴，則塞而不流。啜茗快事，斟之不出，大覺悶人，直則保無是患矣。李漁《雜説》。

時壺名遠甚，即遐陬絶域猶知之。其製始于供春，壺式古朴風雅。茗具中得幽野之趣者，後則如陳壺、徐壺，皆不能髣髴大彬萬一矣。一云供春之後四家：董翰、趙良、袁錫疑即元暢。其一即大彬父時鵬也。彬弟子李仲芳，芳父小圓壺，李四老官，號養心，在大彬之上，爲供春勁敵，今罕有見者。或淪鼠菌，或重雞彝壺，亦有幸不幸哉。陳貞慧《秋園雜佩》。

宜興時大彬，製砂壺名手也。嘗挾其術，以游公卿之門。其子後補諸生，或爲四書文以獻嘲，破題云，時子之入學，以一貫得之。蓋俗稱壺爲罐也。《先進録》。

均州窯器，凡猪肝色、火裏紅、青緑錯雜若垂涎，皆上三色之燒不足者，非別有此樣。此窯惟種菖蒲盆底佳，其他坐墩、墩罏、合、方缾、罐子，俱黄砂泥坯，故器質不足。近年新燒，皆宜興砂土爲骨，釉水微似，製有佳者，但不耐用。《博物要覽》。

宜興砂壺，刱于吴氏之僕，曰供春。及久，而有名人稱龔春。其弟子所製更工，聲聞益廣，京口談長益爲之作傳。《五石瓠》。

近日一技之長，如雕竹則濮仲謙，螺甸則姜千里，嘉興銅器則張鳴岐，宜興茶壺則時大彬，浮梁流霞琖則昊十九，皆知名海内。王士正《池北偶談》。

供春製茶壺，款式不一，雖屬瓷器，海内珍之。用以盛茶，不失元味，故名公巨卿。高人墨士，恆不惜重價購之。繼如時大彬，益加精巧，價愈騰。若徐友泉、陳用卿、沈君用、徐令音，皆製壺之名手也。徐喈鳳《宜興縣志》。

陳遠工製壺，杯、瓶、盒手法在徐、沈之間，而所製款識，書法雅健，勝于徐、沈。故其年雖未老，而特爲表之。同上。

毘陵器用之屬，如筆、箋、扇、箸、梳、枕，及竹木器皿之類，皆與他郡無異，惟燈則武進有料絲燈，壺則宜興有茶壺，澄泥爲之，始于供春，而時大彬、陳仲美、陳用卿、徐友泉輩，踵事增華，并製爲花罇、菊合、香盤、十錦杯之等物。精美絶倫，四方皆爭購之。于琨《重修常州府志》。

明時宜興有歐姓者，造瓷器曰歐窯，有仿哥窯紋片者，有仿官均窯色者，采色甚多，皆花盆、奩架諸器者，頗佳。朱炎《陶説》。

供春壺式，茗具中逸品。其後復有四家：董翰、趙良、袁錫，其一則時鵬，大彬父也。大彬益擅長，其後有彭君實、龔春、陳用卿。徐氏壺皆不及大彬，彬弟子李仲芳，小圓壺製精絶，又在大彬之右，今不可得。近時宜興沙壺，復加饒州之鎏，光彩射人，卻失本來面目。陳其年詩云：宜興作者稱供春，同時高手時大彬。碧山銀槎濮謙竹，世間一藝皆通神。高江村詩云：規製古朴復細膩，輕便可入筠籠攜。山家雅供稱第一，清泉好瀹三春荑。昔杜茶村稱澄江，周伯高著茶茗二系表，淵源支派甚悉。阮葵生《茶餘客話》。

臺灣郡人，茗皆自煮，必先以手嗅其香，最重供春小壺。供春者，吴頤山婢名，製宜興茶壺者，或作龔春者誤。具用之數十年，則值金一笏。周澍《臺陽百詠注》。

昔在松陵王汋山楠。話雨樓，出示宜興蔣伯荂手製壺，相傳項墨林所定式，呼爲天籟閣壺。墨林以貴介公子，不樂仕進，肆其力于法書、名畫，及一切文房雅玩，所見流傳器具，無不精美。如張鳴岐之交梅手爐，闔望雲之香几，及小盒等制，皆有墨林字。則一名物之賴，天籟以傳，莫非子京精意所萃也。張燕昌《陽羨陶説》。

先府君性嗜茶，所購茶具皆極精。嘗得時大彬小壺，如菱花八角，側有款字。府君云，壺製之妙，即一蓋可驗試。隨手合上，舉之能吸起全壺。所見黄元吉、沈鷺雝錫壺，亦如是。陳鳴遠便不能到。此既以贈一方外，事在小子未生以前，迄今五十餘年，猶珍藏無恙也。余以先人手澤所存，每欲繪圖勒石紀其事，未果也。同上。

往晤桐鄉汪次遷，安。曾贈余陳鳴遠作製研屏一，高六寸弱，闊四寸一分强，一面臨米元章垂虹亭詩，一面柯庭雙鈎蘭。惜乎久作碎玉聲矣。柯庭，名文柏，次遷之曾大父，鳴遠曾主其家。同上。

汪小海淮。藏宜興甆花尊，一若蓮子，而平底上作數孔，周束以銅，如提梁卣。質樸渾氣，尤静雅。余每見必詢及。無款，不知爲誰氏作，然非供春、少山後作者所能措手也。同上。

余于禾中骨董肆得一瓷印，盤螭鈕。文曰，太平之世，多長壽人。白文，切玉法。側有款，曰葭軒製。葭軒，不知何許人，此必百年來精于刻印。昔時少山陳共之，工鐫款，字特真書耳。若刻印，則有篆法、刀法、摹印之學，非有數十年功者不能到也。吴兔牀著《陽羨名陶録》，鑒別精審，遂以爲贈。時丙午夏日。同上。

陳鳴遠手製茶具雅玩，余所見不下數十種。如梅根筆架之類，亦不免纖巧，然余獨賞其款字，有晉唐風格。蓋鳴遠游踪所至，多主名公巨族，在吾鄉與楊晚研太史最契。嘗于吾師樊桐山房見一壺，款題丁卯上元爲耑木先生製，書法似晚研，殆太史爲之捉刀耳。又于王芍山家見一壺，底有銘，曰汲甘泉，瀹芳茗，孔顔之樂在瓢飲。閲此，則鳴遠吐屬亦不俗，豈隱于壺者與！同上。

吾友沙上九人龍。藏時大彬一壺，款題甲辰秋八月，時大彬手製。近于王芍山季子齋頭見一壺，冷金紫，製朴而小，所謂游婁東見弇州諸公後作也。底有楷書款，云時大彬製。内有紋一綫，殆未曾陶鑄以前所裂，然不足爲此壺病。同上。

余少年得一壺，失其蓋，色紫而形扁，底有貞書友泉二字，殆徐友泉也。筆法類大彬，雖小道，洵有師承矣。同上。

客耕武原，見茗壺一于倪氏六十四研齋，底有銘，曰「一杯清茗，可沁詩脾，大彬」。凡十字。其製朴而雅，砂質温潤，色如豬肝。其蓋雖不能翕起全壺，然以手撥之，則不能動，始知名下無虚士也。既手摹其圖，復系以詩云。陳鱣《松研齋隨筆》。

**清・藍浦　鄭廷桂《景德鎮陶録》卷三**　鎮瓷花式

官古式，上古式，
中古式，泑古式，
小古式，常古式，
子式，法式，
梨式，爐式，
撇式，宮式，
冒式，鍋式，
白器式，盅式，
宋式，蘭竹式，
蓋式，湖窯式，
古式，三級式，
摺邊式，花桶式，
大琢式，宣德民式，

匙托式，　　正德民器式，

套器式，　　雕鑲小器式。

以上各器式又分多式，其爲某式，則有某式之花樣，未另列。

倣古各泑色

鐵骨大觀泑，有粉青、月白、大緑三種。

銅骨無紋汝泑，有人面洗色澤。

鋏骨哥泑，有米色、粉青二種。

銅骨魚子紋汝泑，

白定釉，有粉定、土定廠，止仿具粉定一種。

均泑，有玫瑰紫、海棠紅、茄花紫、梅子青、騾肝、馬肺、新紫、米色、天藍、窯變十種。

宣窯霽紅泑，有鮮紅、寶石紅二種。

宣窯霽青泑濃紅泑，有橘皮、棕眼。

廠官窯泑，有鱔魚黄、蛇皮緑、黄斑點三種。

龍泉泑，有淺、深三種。

東青泑，有淺、深二種。

湘窯宋泑，有米色、粉青二種。

油緑泑，色如窯變，如碧玉，光彩中斑駁古雅。

爐均泑，色如東窯宜興掛釉之間，而花紋流淌變化過之。

歐窯泑，有紅紋、藍紋二種。

廣窯泑，青點一種。

月白無紋泑，有淺、深二種，微類大觀泑，係白泥胎器。

宣窯寶燒泑，有三魚、三果、三芝、五福四樣。

龍泉泑寶燒，新製有三魚、三果、三芝、五福四種。

翡翠泑，有素翠、青點、金點三種。

吹紅泑吹青泑，

永窯脱胎素白錐拱等器皿，

萬正窯五彩器皿，

成窯五彩器皿，

宣花黄地器皿，

法青泑，係新試得，較霽青、濃紅、深翠等泑，無橘皮、棕眼。

西洋雕鑄像生器皿，畫法渲染，悉倣西洋筆意。

澆黄澆緑錐花器皿，

澆紫器皿，有素花、錐花二種。

錐花器皿，有各種泑色。

抹紅彩紅等器皿，

西洋黄色器皿紫色器皿，

抹銀抹金器皿，

彩水墨器係新製。

新製山水人物花卉翎毛仿筆墨濃淡意，

宣窯填白器，有厚薄大小不等。

嘉窯青花成窯淡描青花，

米色泑，有淺深二種，與宋米色不同。

泑裏紅器皿，有通用紅泑繪畫者，有青葉紅花者。

紫金泑，有紅黄二種。

澆黄五彩器皿，係新試得。

澆緑器皿，有素地、錐花二種。

洋彩器皿，新仿西洋法瑯畫法，山水人物花卉翎毛，無不精細入神。

拱花器皿，各種泑色俱有。

西洋紅色緑色器皿，

烏金泑，有黑地白花、黑地描金二種，係新製。

西洋烏金器皿，係新製。

東洋抹金抹銀器皿。

配合釉料

紫金釉，用罐水、煉灰、紫金石水合成。

翠色釉，用煉成古銅水、硝石合成。

金黄釉，用黑鉛末礶赭石合成。

礬紅釉，用青礬煉紅，加鉛粉、廣膠合成。

紫色釉，黑鉛末加石子青、石末合成。

澆青釉，用釉水、煉灰、石子青合成。

澆緑釉，用煉過黑鉛末，加古銅末、石末合成。

豆油釉，用豆青油水、煉灰、黄土合成。

純白釉，用釉水、煉灰合成，即純白器。

澆黄釉，用牙硝、赭石合成。

霽紅釉，用紅銅條、紫英石合成，兼配碎器不寶石瑪瑙。

霽青釉，用青料配泑合成。

東青釉，用紫金釉水合成。

龍泉釉，用紫金釉，微摻青料合成。

爐均釉，用牙硝晶料配釉合成。

碎器釉。用碎器不出三寶棚者，細陶則成碎器，粗淘則成大紋片。

陶彩需用色料

鉛粉，　焰硝，

青礬，　黑鉛，

松香，　黛，

白炭，　金箔，

古銅，　赭石，

乳金銀，　石子青，

紫金石，　五色石英。

## 又 卷四 陶務方略

景德鎮陶業，俗呼貨料操土音，登寫器物花式，字多俗省，其不見於字書字，如砷，音又，俗當泑字。埕音篤，俗指坯足。之類。其見於字書，而俗借用者，如靶、字典音霸，轡革也。俗借爲柄靶用。琢、字典音捉，治玉也。俗借爲瓶、罍器名。不字典崖，入聲。《説文》檿同檗，木曲頭不出也。俗借釉不，音近敦字，上聲。之類。他如飯作反，撇作丿，同作冂，盜作才，壺作乎，圾作件之類。雖土音，猶參問乃得也。

鎮陶字樣，又有通用者。如缸，或作堈、鋼等字。窯，或作窑、㽁等字。泑，或作釉、砷、油等字。羣書雜記，亦多互見。

在鎮陶作器，質粗細不一，有用官古不者，有用上古不者，有用中古不者，有用滑石者，有用釉果配高嶺者，有用滑石配白石者，有用餘干不配高嶺者，有用黄泥不者，有用撿渣者，各視所造器采用。

瓷土，自來以麻倉爲著，俗呼麻村窯裏，又呼洞裏，屬邑東鄉。明末土竭，後復出。造成砷果，則大隖嶺爲上，性硬白，而微汗，造瓷不挫，古器中多用作骨胎。他處亦有硬白土，或不免有油，又或白而性軟耳。

釉果，凡佳器全用作質，次品亦半用之，粗器則止和水合灰以當水泑。嘉慶三年，鄱邑樂平亦出此，爲婺人起廠舂造，塊式大於窯裏所造。陶户試用頗不低。先是造户裝至南港口，賄邑東人，駕東港船接裝入鎮埠貨，充窯里釉果，今則明貨於陶家矣。

高嶺，本邑東山名。其處取土作不，初止土著汪、何、馮、方四姓業此。今則婺邑多充户，然必假四姓名號刻印高嶺塊上。如曰何山玉，曰汪某、方某者。近邑西李家田大州上，亦出土可用，不大下於東土。但造佳瓷者，必求東埠出者耳。

高嶺上者麻布口，次者糖口，最下磁器口。何謂磁器口？試照擘驗土，塊口如破磁片，滑平無紋，雨不糙若刀切然，此土必無健性，造坯經燒必軟挫。舊有紅高嶺，出邑東方家山，塊色粉紅，經燒則仍白色。後其姓以土竭近祖塋，遂請禁絶。

高嶺，不用碓舂。取土起棚，不過淘練成泥印塊而已。若砷不土，雖亦名土，實則取石。必先洗去石上浮土，再用錐碎成小塊，然後杵臼一晝夜成土，始淘練印造。大約上春水大，每棚碓可全舂。下年水小力微，必減。幾支碓舂，水急力匀，舂土稠細。水緩力輕，舂土稍粗。故所出不砷，上春者佳，作坯亦比下年者勝。

同一不也，而有紅、黄、白之分。紅白不，皆器之細者。用黄不，則惟粗器用之。然有一種淡黄帶白色者，頗佳，又不止粗器用也。

黄不土塊大而堅，舂之杵、舂亦必堅大。白不土稍鬆細，碓式亦次於舂。黄不者，邑東王港以上，有二十八灘，每灘皆有水(堆)[碓]舂土作不。昔舂黄不户半於白不，今則舂造黄不者，只五六處，餘俱改舂白不。

不之絶佳者，惟壽溪塢所産。他處載來鎮市，必曰我壽溪不，亦多可用。

瓷土，洪家坳舊出者，與金家山所産同妙，後因與祁邑連界，屬一勢宦祖塋來脈，興訟永禁。

坪里土、葛口土，皆祁門縣所産，自餘干土出，而坪里、葛口之土用者少矣。近邑南有小里土亦可用，舂户多合用之，然不及餘干土也。

不之名類不一，而玉紅、提紅二種爲上。然二種不性軟，必多合高嶺方可用。餘干不性頗健，少以高嶺配合便可用。近日高嶺所出已不如前，陶户遂多用餘干不。

水渤號爲百家貨，陶户用罩坏外，惟蘭宋、白飯、砂宫等坏不用，惟研合釉果和水罩外，大抵槎窯粗器多以釉果當水渤。

滑石作器胎，惟質佳耳，所襯出釉色，反不如不泥上釉，尤瑩澤耐看。故官古不多用，洋器半用，惟雕鑲小琢器肯用。然滑石瓷器畫作，亦不及好官古。

撿渣作質，頂粗之器如冒宫、冒飯、冒盂、冒令、蓮子大碗、大草撇砂古大砂爐二及小雕削禽魚人物之類。撿渣者何？蓋大窯户所淘泥不，傾去粗沉之土渣也。凡用撿渣，户僱工收撿於外，復加淘汰練成泥，方可用。

青料，以黑緑而潤澤有光色者爲上品。仿霽青器必用之，若青花淡描用青之法，先定花樣，畫坏上，然後罩上釉水，乾，入窯燒陶成，遂現青翠色。若不用釉罩，其色仍黑。或先上釉，再畫釉外，則料多燒飛。

鎮有彩器，昔不大尚。自乾隆初官民競市，由是日漸著盛，俗呼紅店。其自稱曰爐户，皆不用古法明暗爐之制，但以磚就地圍砌，如井樣高三尺餘，徑圍三兩尺，下留穴，中置彩器，上封火而已。謂之燒爐，亦有期候。若問以明爐、暗爐，多不知爲何。

凡器之高大件，最難燒造。如二尺四大盤、頂皮大碗、千圾五百圾大地瓶、五百圾大缸、三百圾花桶等，器口面既大，圾數又高，造時必倍其坏。式較劣，取優者，送窯經燒，難保不有蹻扁損挫之患。

脱胎器薄，起於永窯。永窯尚厚，今俗呼半脱胎。另有如竹紙薄者一式，俗以真脱胎别之。此種真脱胎起自成窯暨隆、萬時之民窯，但隆、萬尚蛋皮式，止一色純白者，不似今多畫青花。其净白尤澆美過之也。

上古、中古器，昔無琢類，不造小圓器，止有大碗、宫碗七寸、五寸四大器之稱。今則小圓式亦造矣。

洋器有滑洋器、泥洋器之分，一用滑石製作器骨，工值重，是爲滑洋器。一用不泥作器質，工值稍次，是爲粗洋器。

小琢器户，亦呼雕削，如造湯匙、掛瓶、茶托等具，畫青花淡描等花，或兼倣東青器。近聞倣造東青新試得一法，用釉果作質，陶成則渤色益襯出，而美過於前倣東青器。

滿窯一行另有店居。凡窯户值滿窯日，則召之至，滿畢歸店。主顧有定，不得亂召。俗傳先是樂平人業此，後挈鄱陽人爲徒。此康熙初事。其後鄱邑人又挈都昌人爲徒，而都邑工漸盛，鄱邑工所滿者反遜之。今則鎮分二幫，共計滿窯店三十二間，各有首領，俗呼爲滿窯頭。凡都、鄱二幫，滿柴、槎窯，皆分地界。

窯内各有把莊頭，亦爲燒夫。燒夫中又分緊火工、溜火工、溝火工。火不緊洪，則不能一氣成熟。火不小溜，則水氣不由漸乾成熟，色不漂亮。火不溝疏，則中後左右不能燒透，而生熟所不免矣。燒夫有潑水一法，要火路周通，使燒不到處能回燄向彼，全恃潑火手段。凡窯皆有火眼，照來燄潑去，頗爲工巧。

柴窯多燒細器，槎窯多燒粗器。前代廠制，一窯兼用柴、槎，四六配燒。今悉搭民窯，分柴、槎爲二幫，故有柴窯、槎窯之稱。其中又分大器窯、小器窯、包青窯諸號。

五曹，滿器五行之名，都邑人呼爲五乎。幾曹幾乎，皆行路之數。又傳五乎實四担坏匣，共計三十二拿，亦有論柱數燒者。

燒窯户搭燒坏瓷，其滿燒之規，當窯門前一二行，皆以粗器障搪怒火，三行後始有細器。其左右火眼處，則用填白器擁燎搪燄，正中幾行則滿官古、東青等器。尾後三四行，又用粗器擁燄。若窯冲，惟排磚靠砌而已。

自燒自造者，謂之燒圇窯，或不搭他户燒，或亦搭一二户燒。窯門前用空匣滿排以障火，如昔廠官窯滿法者，三行後始用坏器，尾後亦滿粗器以搪火燄。

廠昔有大匣窯，專滿空匣，今悉入民窯先燒，惟包青窯乃可搭燒。何謂包青？蓋凡搭坏入其窯，必陶成皆青品，有苦窳不青器，則另償包燒者。不獨廠官器搭如此，即諸户搭燒亦然也。

瓷器固須精造，陶成則全賴火候。大都窯乾、坏乾、柴乾，則少坼裂色晦之患。土細、料細工夫，細則無麄糙滓斑之虞。

結砌窯巢，昔不可攷。自元明來，鎮土著魏姓世其業。若窯小損壞，只需補修。今都邑人得其法，遂分業補窯一行。然魏族實有師法薪傳。余嘗見其排砌磚也，一手挨排粘砌，每粘一磚，只試三下，即緊粘不動。其排泥也，雙手合舀一拱泥，向排砌一層磚中間兩分之，則泥自靠結磚兩路。流至脚砌磚者，又一一執磚排粘。其製泥稠如糖漿，亦不同泥水工所用者。

渣餅有平正細白者，是白不造成。有粗樣者，是泥土打成，大小視坏足爲度。凡坏裝匣内，必用渣餅墊足，經燒後，其坏乃不粘匣底。又有用黄砂渣墊坭，亦不粘匣者。五代周燒柴窯器，所謂足多粗黄土，蓋此。

陶户收買釉不，先於船中提少許揑成塊，上劃各土客字號，燒窯日置之火眼潘家疃，在鎮之中秀渡對岸。疃内多潘姓，自國初已陶，然只坯坊陶窯。多處陶户仍居鎮中，時至疃内省視燒造。其窯則皆燒槎，其坯亦有由鎮載入疃窯燒者，亦有疃坏載送鎮窯燒者。故中渡口一帶河中，多有陶户裝坯船、裝瓷器船。

鎮又有小本旅伴，手提大籃，採販陶户諸瓷器，走黄家洲上及覓趁各瓷行零賣。其器稍有茅疵，亦或時得佳器，俗呼爲提洲籃者。

## 又 卷五 景德鎮歷代窯攷

唐

陳至德元年，詔鎮以埆礎貢建康。

陶窯

唐初器也。土惟白壤，體稍薄，色素潤。鎮鍾秀里人陶氏所燒造。《邑誌》云，唐武德中，鎮民陶玉者載瓷入關中，稱爲假玉器，且貢於朝。於是昌南鎮瓷名天下。

霍窯

窯瓷色亦素，土墡膩，質薄。佳者瑩縝如玉，爲東山里人霍仲初所作，當時呼爲霍器。《邑志》載，唐武德四年，詔新平民霍仲初等制器進御。

宋

景德窯

宋景德年間燒造，土白壤，而埴質薄膩，色滋潤。真宗命進御瓷器，底書景德年製四字。其器尤光緻茂美，當時則效，著行海内。於是天下咸稱景德鎮瓷器，而昌南之名遂微。

湘湖窯附

鎮東南二十里外，有湘湖市，宋時亦陶土埸埴。其體亦薄，有米色、粉青二色。蔣《記》云，器雅而澤在，當時不足珍。然唐公《陶成紀事》則曰，廠倣米色、粉青宋釉二種，得於湘湖故窑款色。蓋其地村市尚寥落，有存窯址，自明已圮。

元

改宋監鎮官爲提領，至泰定後，又以本路總管監陶，皆有命則供，否則止，税課而已。故惟民窯著盛，然亦無多傳名者。蔣《記》云，景德鎮埏埴之器，潔白不疵。據此，則元瓷尚白可知。又云，江、湖、川、廣器用青白，出於鎮之窯者也。據此，則元瓷俱有青白色。又云，印花、畫花、雕花之有其技。據此，則元瓷已工巧畫鏤矣。又云，窯有尺籍私之者，刑。據此，又非税課之一証乎？蔣公名祈，

内，待燒熟，用鐵鉤探出，驗辨貨色，謂之試照。

本燒户亦有自試火照之法。蓋坏器入窯，火候生熟究不可定，因取破坏一大片中，空一圓孔，置窯眼内，用鈎探驗生熟。若坏片孔内皆熟，則窯漸陶成，然後可歇火。

陶户坏作，人衆必用首領轄之，謂之坏房頭，以便稽查口類，出入僱人。其有衆坏工多事，則令坏房頭處平。有惰工坏作，亦惟彼是讓。

坏房發給人工，其爲地下印利、做坏等工，則皆四月内給值，十月棧滿，年終再給少許。其爲畫作上工，則按五月端節、七月半、十月半，及年竣分給。至供飯一例，則闔鎮皆三月朔起，有發市錢。

窯磚，暘阜灘沿河所造。其法，埏埴泥土，用方木匣印成長七八寸、闊三四寸，先貯窯燒熟，方可用。初燒者爲新磚，燒數次者爲老磚。老磚結窯佳。俗有估堆之説。凡陶户提同口有剩下零瓷，或稍茅驚色雜者，則另堆聚一處，新舊大小不等。有此路行家，覓户估買。昔多有估堆致富者，今則有外佳内窳弄巧者矣，俗謂做堆。

商行買瓷，牙儈引之議價批單，交易成，定期挑貨，必有票計器數爲憑。其挑去瓷器，有色雜茅損者，亦計其數載票，交陶户換補佳者，謂之换票。其瓷票、換票，皆素紙爲之，或印行號、户號，加寫器數字，或全用墨寫。

商雇茭草工紮瓷，值有常規，照議如一。其稻草篾片，皆各行長雇之茭草頭已辦。稻草出吾邑者，好用，而邑北尤佳。篾則婺界所析，今里村鎮市亦有。

把莊一行，凡諸路客至，必雇定把莊頭，挑收窯户瓷器。發駁，則把莊頭雇夫給力送下河。又有類色頭，彙清同口，包紙裝桶，茭草跟槐，皆有定例。俗又呼油灰行。

磨補瓷器，鎮有勤手之徒，挨陶户零估，收聚茅糙者磨之，缺損者補之，俗呼爲磨茅堧店。

過光瓷器，皆暗損未壞者。此詐僞之流，賤市而塗固之。然沾熱湯即破，只可盛乾冷物，俗呼爲過江器。

黄家洲蘇湖會館，近河洲地，爲小本商擺瓷攤所一大聚場也。面河，距市中方廣約二里許，徧地皆瓷器攤，任來往鄉俗零買，不拘同口個數。

瓷器街頗寬廣，約長二三百武，距黄家洲地半里餘。街兩旁皆瓷店張列，無器不有。悉零收販户，整治擺售，亦有精、粗、上、中、下之分。

元人也。

樞府窯

元之進御器，民所供造者，有命則陶，土必細白，埴膩質，尚薄式，多小足印花，亦有戧金、五色花者。其大足器，則瑩素。又有高足盌、蒲脣、弄弦等。碟、馬蹄盤、耍角盃各名式，器内皆作樞府字號。當時民亦倣造，然所貢者倶千中選十，百中選一，終非民器可逮。

湖田窯附

鎮河南岸口有湖田市，元初亦陶。土塙壚，質粗，多黄黑色。即澆白者，亦微帶黄黑。當時浙東西行之器，頗古雅。蔣《記》云，淛東西之器尚黄黑，則出於昌水南之湖田窯者也。今窯市已墟，湖田郚落尚在，其窯器猶有見者。

明

洪窯

洪武二年設廠於鎮之珠山麓，制陶供上方，稱官瓷，以别民窯。除大龍缸窯外，有青窯、色窯、風火窯、匣窯、爁熿窯，共二十座。至宣德中，將龍缸窯之半改作青窯廠，官窯遂增至五十八座。多散建廠外民間，迨正德始稱御器廠。洪器，土骨細膩，體薄，有青、黑二色，以純素爲佳。其製器必坏乾經年，重用車碾薄，上釉候乾，入火釉漏者，碾去再上釉，更燒之。故汁水瑩如堆脂，不易茅篾。此民窯所不得同者。若顔色，器中惟青黑、戧金壺、琖甚好。

永窯

永樂年廠器也。土埴細，質尚厚，然有甚薄者。如脱胎，素白器彩錐拱樣始此。唐氏《肆攷》云，永器有壓手盃，中心畫雙獅滚毬爲上品，鴛鴦心者次之，花心又次之。盃外青花深翠，式樣精妙。若後來倣製者殊差。永器鮮紅最貴。

宣窯

宣德間廠窯所燒。土赤埴壤，質骨如硃砂，諸料悉精，青花最貴。色尚淡彩，尚深厚，以甜白、椶眼爲常，以鮮紅爲寶。器皆膩實，不易茅篾。唐氏《肆攷》云，宣廠造祭紅紅魚靶盃，以西紅寶石爲末入泑，魚形自骨内燒出，凸起寶光，汁水瑩厚。有竹節靶罩蓋鹵壺、小壺甚佳，寶燒霽翠尤妙。又白茶琖光瑩如玉，内有絶細龍鳳暗花，花底有暗款大明宣德年製，隱隱雞、橘皮紋。又有冰裂鱔血紋者，幾與官汝窯敵。他如蟋蟀澄泥盆，最爲精絶。按宣窯器無物不佳，小巧尤妙，此明窯極盛時也。祭紅有兩種，一爲鮮紅，一寶石紅。唐氏所記，乃寶石紅，槩以祭紅言之，似誤。宣青是蘇泥勃青，故佳。成化時已絶，皆見閩温處叔《陶紀》，今宣窯瓷尚有存者。

成窯

成化廠窯燒造者，土膩埴，質尚薄，以五彩爲上。青用平等青料，不及宣器，惟畫彩高軼前後，以畫手高、彩料精也。郭子章《豫章陶誌》云，成窯有雞缸盃，爲酒器之最。上繪牡丹，下畫子母雞，躍躍欲動。五彩蒲萄擎口扁肚靶盃，式較宣盃妙甚。次若人物蓮子酒琖、草蟲小琖、青花紙薄酒琖，名式不一，色深淺瑩潔而質堅。五采齊(著)[箸]小碟、香盒、小罐，皆精妙可人。唐氏《肆攷》云，神宗尚食，御前有成盃一雙，直錢十萬。明末已貴重如此。按，昔論明瓷者，首宣，次成，次永，次嘉。然宣彩未若成彩，其點染生動，有非丹青家所能及也。

正窯

正德中廠器，土埴細，質厚薄不一，色亦分青、彩。惟霽紅尤佳。嗣有大璫鎮雲南，得外國回青，價倍黄金。知其可燒窯器，命用之。其色古菁，故正窯青花多有佳品。按回青以重色爲貴，當日廠工恣爲奸利，出售民堣。迨嘉靖間，邑令朱景賢設法調劑，其弊稍息。霽紅，即鮮紅、寶石紅兩種。

嘉窯

嘉靖中廠器，土墡埴，質膩薄。時鮮紅土絶，燒法亦不如前，僅可造礬紅色，惟回青盛作，幽菁可愛。故嘉器青花亦著。五彩略備，然體製較之宣、成器則遠甚。郭《紀》云，世宗經籙醮壇用器，有小白甌，名曰壇琖，正白如玉，絶佳。唐氏《肆攷》亦載，嘉窯青尚濃，其廠器如壇琖、魚扁琖、紅鉛小花盒子，足爲世玩。

隆、萬窯

穆宗、神宗年間廠器也。土埴墳，質有厚薄，色兼青、彩，製作益巧，無物不有汁水瑩厚如堆脂。有粟起若雞皮者，有發棕眼若橘紋者，亦可玩。唐氏《肆攷》云，明瓷至隆、萬時，回青已絶，不及嘉窯青花。麻倉土亦告竭，饒土漸惡，器質較前多遜。又以淫巧爲務，其秘戲器一種，殊非雅品。鎮堣作俑自此。惟祭紅器尚有佳者，然亦非鮮紅、寶石紅之祭紅矣。

龍缸窯

明廠有龍缸窯，稱大龍缸窯，亦曰缸窯。窯制前寬六尺，後如前，饒五寸。入身六尺，頂圓。魚缸大様、二様者，止燒一口瓷缸。三様者，一窯給砌二臺，則燒二口缸。多畫雲龍或青花，故統以龍缸窯名之。燒時溜火七日夜。溜，緩小也，如小滴流，緩緩起火，使水氣漸乾漸熟，然後緊火二日夜，鋼匣既紅，而復白色，前後通明亮，方止火封門。又十日，窯冷，方開。每窯約用柴百三十擔，遇陰雨或有所加。有燒過青雙雲龍寶相花鋼、青雙雲龍鋼、青雙雲龍蓮瓣大鋼、青花白瓷鋼、青龍四環戲潮水大鋼、青花魚鋼、豆青色瓷鋼等式。

崔公窯

嘉、隆間人，善治陶，多仿宣、成窯遺法製器，當時以爲勝，號其器曰崔公窯瓷，四方争售。諸器中，惟盞式較宣、成兩窯差大，精好則一。餘青、彩花色悉同，爲民陶之冠。

周窯

隆、萬中人，名丹泉，本吴門籍，來昌南造器，爲當時名手。尤精仿古器，每一名品出，四方競重購之。周亦居奇自喜，恒攜至蘇、松、常鎮間，售於博古家。雖善鑒别者，亦爲所惑。有手仿定鼎及定器文王鼎鑪，與獸面戟耳彝，皆逼真無雙，千金争市，迄今猶傳述云。

壺公窯

神廟時燒造者，號壺隱道人。其色料精美，諸器皆佳，有流霞盞、卵幕盃兩種最著。盞色明如朱砂盃，極瑩白可愛。一枚纔重半銖，四方不惜重價求之。亦雅製壺類，色淡青如官哥器，無冰紋。其紫金壺帶朱色，皆仿宜興時、陳樣。壺底款爲壺隱老人四字，相傳爲昊十九，而籍不可知矣。李日華贈詩云，爲覓丹砂鬥市廛，松聲雲影自壺天。憑君點出流霞琖，去泛蘭亭九曲泉。

小南窯附

鎮有小南街，明末燒造。窯獨小，制如蛙伏，當時呼蝦蟇窯。器粗整，土埴黄，體頗薄而堅。惟小盌一式，色白帶青，有青花花，止蘭朵、竹葉二種。其不畫花，惟盌口周描一二青圈者，稱白飯器。又有撆，坦而淺，全白者，倣宋盌，皆盛行一時，國初猶然。

國朝

陶至今日，器則美備，工則良巧，色則精(金)[全]，仿古法先，花樣品式咸月異，歲不同矣。而御窯監造，尤爲超越前古，謹録其特著者。

康熙年臧窯

廠器也，爲督理官臧應選所造。土埴膩，質瑩薄，諸色兼備。有蛇皮緑、鱔魚黄、吉翠、黄斑點四種尤佳。其澆黄、澆紫、澆緑、吹紅、吹青者，亦美。迨後有唐窯，猶倣其釉色。唐公《風火神傳》載，臧公督陶，每見神指畫呵護於窯火中，則其器宜精矣。

雍正年年窯

廠器也，督理淮安板閘關年希堯管鎮廠窯務，選料奉造，極其精雅。駐廠協理官每月於初二、十六兩期解送色様至關，呈請歲領關帑。琢器多卵色，圓類瑩素如銀，皆兼青、彩，或描錐、暗花、玲瓏諸巧様，仿古創新，實基於此。《文房肆攷》云，雍正初，楚撫嚴公希堯燒造廠器。以年爲嚴，又稱楚撫，殆誤。《邑志》載《年公重修風火神廟碑記》，碑尚存。

乾隆年唐窯

廠器也，内務府員外郎唐英督造者。唐公以雍正戊申來駐廠協理，佐年著美。迄乾隆初，榷淮八年，移理九江鈔關，皆仍管陶務。公深諳土脈火性，慎選諸料，所造俱精瑩純全。又倣肖古名窯諸器，無不媲美。倣各種名釉，無不巧合，萃工呈能，無不盛備。又新製洋紫、法青、抹銀、彩水墨、洋烏金、法瑯畫法洋彩、烏金、黑地白花、黑地描金、天藍窯變等釉色器皿。土則白壤而埴，體則厚薄惟膩，廠窯至此集大成矣。既復奉旨恭編《陶冶圖》二十頁，次第作圖説進呈，臨川李巨來先生序公集云，獨斟酌華實間有得於心，而龍鋼均窯，追絶業，復古制，翡翠玫瑰，更出新奇，是公之陶，即公之心爲之也。

**又　卷六　鎮仿古窯攷**

定窯

宋時所燒，出直隸定州，有南定器、北定器。土脈細膩，質薄，有光素凸花、劃花、印花、繡花諸種，多牡丹、萱草、飛鳳花式。以白色而滋潤爲正，白骨而加以泑水，有如淚痕者佳，俗呼粉定，又稱白定。其質粗而微黄者低，俗呼土定。東坡《試院煎茶詩》云，定州花瓷琢紅玉。蔣《記》云，景德鎮陶器有饒玉之稱，視真定紅瓷足相競。則定器又有紅者，間造紫定、黑定，然惟紅、白二種，當時尚之。唐氏《肆攷》云，古定器，以政和、宣和間窯爲最好，色有竹絲、刷紋。其出南渡後者，爲南定，北貴於南，劃花最佳，光素亦好。昌南窯倣定器，用青田石粉爲骨，質粗理鬆，亦曰粉定。其紫定色紫，黑定色若漆，無足重也。

汝窯

汝亦汴京所轄，宋以定州白器有芒，不堪用，遂命汝州建青器窯。土細潤如銅，體有厚薄，色近雨過天青，汁水瑩厚若堆脂。有銅骨無紋、銅骨魚子紋二種。

《格古要論》云，汁中棱眼，隱若蟹爪者尤佳。《輟耕録》云，河北唐、鄧、耀州悉效之，而汝窯爲魁。底有芝麻花細小掙釘，當時珍尚。

唐氏《肆攷》云，汝器，土脈質製較官窯尤滋潤，薄者爲貴。屑瑪瑙爲油，如哥而深，微似卵白，真所謂淡青色也。然無紋者尤好。

官窯

宋大觀政和間，汴京自置窯燒造，命曰官窯。土脈細潤，體薄，色青帶粉紅，濃淡不一。有蟹爪紋，紫口鐵足。大觀中，釉尚月白、粉青、大緑三種。政和以後，惟青分濃淡耳。

案南渡時，有邵成章提舉後苑，襲舊京遺製，置窯於修内司燒造，曰内窯，亦名官窯。澄泥爲範，極其精製，釉色亦瑩澈，爲當時所珍。後郊壇下別立新窯，亦曰官窯，式製不殊。比之舊窯，内窯大不侔矣。

唐氏《肆攷》云，古官器，其妙處當在體質油色。色帶白而薄如紙者，頗亞於汝。僞者皆龍泉所造，無紋路。南宋餘姚秘色瓷，今人率以官窯目之，不能別白，間見亂真。

東窯

北宋東京民窯也，即今開封府陳留等處。土脈黎細，質頗粗厚，淡青色，亦有淺深。多紫口鐵足，無紋，比官窯器少紅潤。唐氏《肆攷》誤以爲董窯，又云，核之董窯似官，其不同者，質粗欠滋潤。蓋東、董聲相近，唐氏半採《格古要論》，乃傳聞之訛也。

案，古東器雖有紫口鐵足，無蟹爪紋，不逮官窯多矣。唐氏何得云似？《陶成記事》亦稱東窯，載東青有淺深二種。唐氏於東青色則書冬青，何不自知東之訛董也？且今所倣東青器，併無紫口鐵足，或更加彩矣。

龍泉窯

宋初處州府龍泉縣琉田市所燒。土細埴，質頗粗厚，色甚葱翠，亦分淺深，無紋片。有一等盆，底有雙魚，盆外有銅掇環，器質厚實者耐摩弄，不易茅蔑。第工匠稍拙，製法不甚古雅耳。景德鎮唐窯有倣龍泉寶燒一種，尤佳。《格古要論》以爲亦有薄式。

唐氏《肆攷》云，古龍泉器色甚葱翠，妙者可與官、哥争豔，但少紋片、紫骨鐵足耳。

哥窯

宋代所燒，本龍泉琉田窯，處州人章姓兄弟分造。兄名生一，當時別其所陶曰哥窯，土脈細紫，質頗薄，色青濃淡不一，有紫口鐵足，多斷紋，隱裂如魚子。釉惟米色、粉青二種，汁純粹者貴。

唐氏《肆攷》云，古哥窯器，質之隱紋如魚子。古官窯，質之隱紋如蟹爪。碎器，紋則大小塊碎。古哥器，色好者類官，亦琥百圾碎。今但辨隱紋耳。又云，汁油究不如官窯。案哥窯在元末新燒，土脈粗燥，色亦不好。見《格古要論》。舊呼哥哥窯，亦取土於杭。

章龍泉窯

即生一之弟章生二所陶者，仍龍泉之舊，又號章窯，或曰處器、青器。土脈細膩，質薄，亦有粉青色、翠青色，深淺不一，足亦鐵色，但少紋片，較古龍泉製度更覺細巧精緻，至今温處人猶稱爲章窯。

唐氏《肆攷》云，兄弟二窯其色皆青，有濃淡，皆鐵足。舊聞有紫足，少見。惟哥窯有紋，弟章窯無紋爲別。《春風堂隨筆》云，章窯所掏青器，純粹如美玉，爲世所貴，即官窯之類。案白壤所造，外塗泑水，翠淺露白痕者，真。明初窯移處州，青器，土堊火候，漸不及前矣。

均窯

亦宋初所燒，出鈞臺。鈞臺，宋亦稱鈞州，即今河南之禹州也。土脈細，釉具五色，有兔絲紋，紅若臙脂，硃砂爲最。青若葱翠、紫若墨者次之。三者，色純，無少變雜者爲上。底有一二數目字號爲記者佳。若青黑錯襍，如垂涎，皆三色之燒不足者，非別有此様。俗取梅子青、茄皮紫、海棠紅、猪肝、騾肺、鼻涕、天藍等名。蔣《記》云，近年新燒，皆砂土爲骨，釉水微似。製有佳者，俱不耐久。

唐氏《肆攷》云，均窯始禹州。禹州，昔號鈞臺。均，合書鈞，今通作均，沿寫已久。此窯惟種菖蒲盆底佳甚。他如坐墩、爐、合、方缾、罐子，多黄沙泥坯，則器質不佳。案唐説特就古均器言之耳。若今鎮陶所倣均器，土質既佳，缾、爐尤多美者。

碎器窯

南宋時所燒造者。本吉安之廬邑永和鎮另一種窯，土粗堅，體厚質重，亦且米色、粉青様。用滑石配釉，走紋如塊碎，以低墨土赭搽薰既成之器，然後揩净，遂隱含紅黑紋痕，冰碎可觀，亦有碎紋、素地加青花者。

唐氏《肆攷》云，吉州，宋末有碎器，亦佳。今世俗訛呼哥窯，其實假哥窯雖有碎紋，不同魚子，且不能得鐵足。若鐵足，則不能有聲。惟仍呼碎器爲稱。案所謂紫口鐵足，今鎮陶多可僞設。即魚子紋，亦不必定屬汝、哥類。凡圓、琢小件，皆有精倣者矣。

## 又 卷七 古窯攷

東甌陶

甌，越也，昔屬閩地，今爲浙之温州府。自晉已陶，其瓷青，當時著尚。杜毓《荈賦》所謂器澤陶揀，出自東甌者，是也。陸羽《茶經》云，甌越器青，上口脣不卷，底卷而淺，受半斤已下。

關中窯

元魏時所燒，出關中，即今西安府咸陽等處，陶以供御。

洛京陶

亦元魏燒造，即今河南洛陽縣也。初都雲中，後遷都此，故亦曰洛京。所陶皆供御物。

壽窯

唐代所燒，江南之壽州也。瓷色黄。《茶經》以壽瓷爲最下，云黄則茶色紫，不相宜。

洪州窯

洪州燒造者，亦見唐代。洪州，今南昌府。《格古要論》云，江右洪州器，黄黑色。《茶經》云，洪州瓷褐，令茶色黑，品更次壽州。陸佃曰，褐色，黄黑。

越窯

越州所燒，始唐代，即今浙江紹興府，在隋唐曰越州。瓷色青，著美一時。《茶經》云，盌，越州爲上，其瓷類玉、類冰，青而益茶，茶色緑，邢瓷不如也。陸龜蒙詩云，九秋風露越窯開，奪得千峯翠色來。孟郊詩云，越甌荷葉空。顧況《茶賦》云，越泥如玉之甌。觀此，則越窯亦唐時韻物矣。

唐氏《肆攷》云，越窯實爲錢氏秘色窯之所自始。

鼎窯

唐代鼎州燒造，即今西安府之涇陽縣也。陸羽《茶經》推鼎州瓷、盌次於越器，勝於壽、洪所陶。

婺窯

亦唐時婺州所燒者，今之金華府是。《茶經》又以爲婺器，次於鼎瓷，非壽、洪器所能及。

岳窯

湖南岳州府，唐代亦陶，瓷皆青。《茶經》謂又次於婺瓷，然青固宜茶，茶作白紅之色，悉勝於壽州、洪州者。

蜀窯

唐時四川邛州之大邑所燒，體薄而堅緻，色白聲清，爲當時珍重。《杜少陵集·韋處乞大邑瓷盌詩》云，大邑燒瓷輕且堅，扣如哀玉錦城傳。君家白盌勝雪霜，急送茅齋也可憐。首句美其質，次句美其聲，三句美其色，蜀窯之佳已可想見。案《輟耕録》引《筆衡》載有續窯，疑續即蜀誤。唐氏又以大邑瓷隸越窯下，説尤誤矣。

秘色窯

吴越燒造者。錢氏有國時，命於越州燒進爲供奉之物，臣庶不得用，故云秘色。其式似越窯器，而清亮過之。

唐氏《肆攷》云，蜀王建報朱梁信物，有金棱椀。致語云，金棱含寶椀之光，秘色抱青瓷之響。則秘色乃是當時瓷器之名，不然吴越專以此燒進，何蜀王反取之以報梁耶？案《垣齋筆衡》謂秘色唐世已有，非始於錢氏。大抵至錢氏，始以專供進耳。豈王蜀遂無唐之舊器哉！又，徐寅有《貢餘秘色茶盞七律詩》，可見唐有之辨非謬。特《輟畊録》疑爲即越窯亦誤。南宋時，秘色窯已移餘姚，迄明初遂絶。

秦窯

唐代燒造，今甘肅之秦州也。相傳器皆碗、盃之屬，多純素，亦有凸魚水紋者。

柴窯

五代周顯德初所燒，出北地河南之鄭州。其地本宜於陶，以世宗姓柴故名。然當時亦稱御窯，入宋始以柴窯别之。其瓷青如天，明如鏡，薄如紙，聲如磬，滋潤細媚，有細紋，製精色異，爲古來諸窯之冠，但足多粗黄土耳。

唐氏《肆攷》云，柴窯起於汴，相傳當日請器式，世宗批其狀曰：雨過天青雲破處，者般顔色作將來。今論窯器者，必曰柴、汝、官、哥、定，而柴久不可得矣。得殘器碎片，製爲冠飾縧環玩具，亦足珍貴。世傳柴瓷片寶瑩射目，光可卻矢，寶瑩則有之，卻矢未必然。蓋難得而重言之也。

唐邑窯

宋時燒造，即今南陽府唐縣，昔稱青瓷，質泑不及汝器。

鄧州窑

亦宋所燒，即南陽府之鄧州，皆青瓷，未若汝器滋潤。

耀州窑

耀州，今屬西安府，亦宋燒青器，色質俱不逮汝窑。後燒白器頗勝，然陶成皆不堅緻，易茅損，所謂黄浦鎮窑也。

烏泥窑

建寧府建安所燒，始於宋。厥土黑墳，質粗不潤，泑水燥暴，色面亦青。《缾花譜》以烏泥與龍泉、均、章諸窑並重。《博古要覽》則謂當差肩象、東。

《拾青日札》云，建安烏泥窑器品最下，未可傳信。抑今昔之不同耶？

餘杭窑

亦宋時燒造，乃杭州府之餘杭縣也。色同官瓷，無紋，不瑩潤。

葉垣齋《筆衡》云，郊壇下新窑，已比舊官内窑大不侔。他如烏泥窑、餘杭窑，更非官窑比矣。

麗水窑

亦宋所燒，即處州麗水縣，亦曰處窑。質粗厚，色如龍泉有濃淡，工式尤拙。

蕭窑

出徐州府蕭縣之白土鎮，一曰白土窑，亦宋代燒造。厥土白壤，質頗薄澤，皆白器。製式規范，頗佳。

《夷堅志》云，蕭縣白土鎮造白器，凡三十餘窑。窑户多鄒姓，有總首，其陶匠約數百人，制作頗佳。

吉州窑

宋時吉州永和市窑，即今之吉安府廬陵縣。昔有五窑，具白色、紫色，紫有與紫定相類者。五窑中，惟舒姓燒者頗佳。舒翁工爲玩具，翁之女名舒嬌，尤善陶，其罏、瓮諸色，幾與哥窑等價。花瓶大者值數金，小者有花。《格古要論》云，體厚，質粗，不甚足品。

唐氏《肆攷》云，吉窑頗似定器，出今吉安之永和鎮。相傳陶工作器入窑，宋文丞相過時，盡變成玉。工懼事，聞於上。遂封穴不燒，逃之饒。故景德鎮初多永和陶工。按此亦元初事，若明陶以後，則皆昌南土著。

建窑

古建州窑也，出宋代，爲今之建寧府建陽縣。始於建安，後遷建陽，入元猶盛。盌、琖多是擎口，體稍薄，色淺黑而滋潤，有黄兔斑，滴珠大者，真。宋時茶尚撆盌，以建安兔毫琖爲上。

唐氏《肆攷》云，舊建瓷有薄者，絶類宋器。

象窑

宋南渡後所燒，出處未詳。有蟹爪紋，以色白滋潤爲貴。其黄而質粗者，品低。

唐氏《肆攷》云，或言象器出今寧波府象山縣。核之象窑似定，但多質粗，其滋潤者亦終遜定器，且次於霍州鎮之彭窑。

榆次窑

此西窑也，即太原府榆次縣，自唐已陶。土粗質厚，厥器古樸。

平陽窑

亦西窑也，平陽府所燒，唐宋皆陶。有甎窑，大而容器多。有土窑，小而容器少。土壤白，汁水欠純，故器色無可傳者。

宿州窑

宋代燒造，爲今鳳陽府之宿州也。器仿定色，當時行尚頗廣。自定窑器減後而北地且多，市充定器，然固不及真定瓷也。

泗州窑

江南之泗州，宋代亦陶，悉仿定窑。器色但不著於時，貪其值賤者，多市充定器。或云泗器實與宿窑相埒。

彭窑

元時彭均寶於霍州燒造，土脈細白埴膩，體薄尚素，倣古定器製，折腰樣甚整齊，當時以彭窑稱焉。其佳者，與定相埒，因亦呼新定器。

《格古要論》云，元彭均寶效古定窑制器，創折腰樣，其土脈細白，絶類真定，往往爲牙行指作定器。以燒於霍州，又名霍窑。

唐氏《肆攷》云，元之戧金匠户彭均寶，燒仿定器，與白定相似，但比青口欠滋潤，極脆，難以傳久。市肆賣古瓷多充爲定器，非真賞家莫辨。

宣州窑

元明燒造，出宣州。土埴質頗薄，色白。

臨川窑

元初燒造，即今撫州府之臨川縣。土埴細，質薄，色多白，微黄，有粗花者。

南豐窯

出盱江之南豐縣，元代燒造。土埴細，質稍厚，器多青花，有如土定等色。蔣《記》云，夫何昔之課斯陶者曰舉，今則州家多掛欠？原其故有五，臨川、建陽、南豐產有所奪，三也。按此是說鎮陶之利爲三邑陶所奪，可見臨窯、南窯在元時亦盛。

隴上窯

隴東所陶，始於明，即平涼府華亭縣等處。或稱白器，或曰類西窯。大抵質粗工拙，不足貴。蔡九霞《誌》云，平涼華亭之間，明產瓷器，古隴東地也。

歐窯

明代燒造，爲江南常州府宜興，人以其姓歐，皆呼爲歐窯。有仿哥窯紋片者，有仿官、均窯色者。彩色甚多，俱花盤、匜架諸器，其紅藍紋釉二種尤佳。昌南唐窯曾仿之。

唐氏《肆攷》云，宜興窯又有專造紫砂壺一式。《陽羨茗壺系》云，壺品著名大家，有時大賓、李仲芳、徐友泉、陳仲美、陳俊卿等。按宜興壺窯雖屬陶成，然不類瓷器。此編只紀瓷陶，故不列入。

橫峰窯

橫峰，今廣信府興安，昔屬弋陽縣之大平鄉。明處州人瞿志高來創造窯器，嘉靖間因民饑亂，乃即橫峰窯鎮地，改立興安縣，移窯於弋之湖西馬坑，俗猶呼橫峰窯，亦曰弋器。所造缾、罐、缸、甕、盤、盌之類甚粗。

以上古陶，惟自晉紀起。東甌閩洛諸作，在當時原衹泛稱陶器，故仍以陶紀之。餘悉稱窯，蓋陶至唐而盛，始有窯名也。

各郡縣窯攷附

邢窯

出直隸之順德府邢臺縣，自唐已燒造。土細質膩，色尚素。昔稱白瓷，今亦有描青雜式者。《茶經》云，世以邢州瓷處越器上，然邢瓷類銀類雪，邢瓷白而茶色丹，似不如越。按《茶經》第就品茶言瓷耳，邢器亦足觀。

磁州窯

始磁州，昔屬河南彰德府，今屬北直隸廣平府，稱磁器者蓋此，又本磁石製泥爲坯陶成，所以名也。器之佳者，與定相似，但無淚痕，亦有劃花、綉花。其素者價高於定，在宋代固著。今人訛以陶窯瓷品槩呼爲磁器，不知另有是種窯。

德化窯

自明燒造，本泉州府德化縣。德化，今改屬永春州。盌、琖亦多撆口，稱白瓷，頗滋潤，但體極厚，間有薄者。惟佛像殊佳。今之建窯在此，蓋不類舊建瓷矣。

處窯

浙之處州府，自明初，移章龍泉窯於此燒造，至今遂呼處器。土粗，埿、火候、汁水，皆不得法。或猶有以龍泉稱者，要非古章窯比也。

許州窯

明河南許州燒造，製磁石爲之，亦瓷器也。色樣皆有花、素，較磁州新近者爲優。或曰窯始於宋。

河北窯

燒造，由宋始青瓷也。即今河南衛輝府，昔稱河北地，器同汝製，而色質不及，只可與唐、鄧、耀等窯爲伍。

懷慶窯

出河南懷慶府，自明迄今尚燒造。

宜陽窯

明陶，即河南宜陽縣，今尚燒造。

登封窯

亦自明始，即河南府登封縣，今尚陶。

陝州窯

河南之陝州也，燒造始於明，今尚陶。

兗州窯

明以來燒造者，即兗州府鄒嶧等處，今尚陶。

平定窯

今之西窯也，自宋已陶。土黎質粗，而色白、微黑。器皆厚大，盆、盌殊無可觀，人呼之曰偈器，即平定州燒者。

霍州窯

亦今之西窯，始於唐宋。土細壤，質膩體薄，色多白，比平陽所造爲佳。當時別之曰霍器。

廣窯

始於廣東肇慶府陽江縣所造，蓋倣洋磁燒者，故《志》云廣之陽江縣產磁器。

嘗見爐、瓶、琖、碟、碗、盤、壺、盒之屬，甚絢彩華麗，惟精細雅潤不及瓷器，未免有刻眉露骨相可厭。然景德鎮唐窯曾倣之，雅潤足觀，勝於廣窯。此與磁州、許州等器，皆非瓷土所成者也。

《陶成紀事》云，一倣廣窯釉色及青點釉一種，按此亦唐廠所倣。

外譯窯攷附

高麗窯

即高麗國所燒造者，不知起於何代。質頗細薄，釉色與景德鎮微類，有粉青者，似龍泉器。有細花者，髣髴北定器。若上有白花朵兒者，彼國不甚值錢。大約與越窯、秘色窯、汝窯諸式相類，惟瓜尊、狻猊罏頗著異。

大食窯

大食國所造，以銅作骨，用藥燒成，五色華絢。有見其碗、盞、壺、盒者，謂與佛郎嵌器頗相似，不知著始何代。

佛郎嵌窯

亦呼鬼國窯，即今所謂發藍也，又訛法瑯。其窯甚狹小，制如壚器，亦以銅作胎，用色藥嵌燒，頗絢采可玩。

唐氏《肆攷》云，今雲南人在京多作酒琖，倣佛郎嵌，俗謂之鬼國嵌。

洋磁窯

西洋古 里國造，始者著代莫攷，亦以銅爲器，骨甚薄，嵌磁粉燒成，有五色，繢彩可觀，推之作銅聲，世稱洋磁。澤雅鮮美，實不及瓷器也。今廣中多倣造。

唐氏《肆攷》曰，洋磁等器雖甚絢采華麗，而欠雅潤精細，僅可供閨閣之用，非士大夫文房清玩也。

**清・梁同書《古銅瓷器攷・古窯器攷》**

古今諸窯

越州窯

越窯，唐代所燒，越州即今之浙江紹興府也。隋唐曰越州，宋曰紹興。陶至唐而盛，始尚窯器。按，唐越陶實爲錢氏秘色窯之所自始，陸羽《茶經》推爲最上，謂邢瓷類銀，越窯類玉，邢瓷類雪，越瓷類冰，邢瓷白而茶色丹，越瓷青而茶色緑。陸龜蒙詩曰，九秋風露越窯開，奪得千峰翠色來。韓偓詩云，越甌犀液發茶香。孟郊詩云，越甌甌，小盆也。盌深者爲甌。荷葉空。鄭谷詩云，茶新換越甌。柳(柳)州《河東集・代人進瓷器狀》云，蓺精埏埴，制合規模。晉杜毓《荈賦》云，器擇陶揀，出自東甌。東甌，閩中地。甌，亦越地。顧況《茶賦》云，越泥似玉之甌。稱美越瓷者，不一而足，越窯之爲重於時如此。《杜少陵集・韋處乞大邑瓷盌》詩云，大邑燒瓷輕且堅，扣如哀玉錦城傳。君家白盌勝霜雪，急送茅齋也可憐。首句美其質，次句想其聲，三句羡其色，說得珍重可愛，然後冀送茅齋。可知越州瓷器爲唐時韵物矣。

秘色窯

吴越秘色窯，錢氏有國時，於越州燒進爲供奉之物，臣庶不得用，故云秘色。然蜀王建《報朱梁信物》有金稜椀致語，云金稜含寶椀之光，秘色抱青瓷之響。則秘色乃是當時瓷器之名，不然吴越專以此燒進，何王蜀反取之以報梁耶？

柴窯

柴窯，後周柴世宗所燒，以其姓柴，故名。後周都汴，出北地河南鄭州，其地本宜於陶也。宋政和官窯亦起於汴、汝，亦唐河南道所轄之州。柴窯青如天，明如鏡，薄如紙，聲如磬，滋潤細媚，有細紋。相傳當日請瓷器式，世宗批其狀曰，雨過天青雲破處，者般顔色作將來。足多麤黄土，製精色異，爲諸窯之冠。論者必曰柴、汝、官、哥、定，而柴不可得矣。得殘器碎片，製爲縧環玩具，蓋難得而貴重之也。

定窯

古定器，宋時所燒，出定州，今直隸真定府也。似象窯色，有竹絲刷紋者曰北定，以政和、宣和間窯爲最好，然難得成隊者。有花者乃南定窯，出南渡後。然按東坡《試院煎茶詩》云，定州花瓷琢紅玉，則有花者非至南渡後而出也。北貴於南。定窯土脈細，有光、素、凸花、劃花、印花、繡花等種，多因牡丹、萱草、飛鳳式多工巧。劃花最佳，素者亦好，以白色而滋潤爲正。白骨而加以泑水，有如淚痕者佳，質粗而色黄者低。土俱白者，其價高於白定。間有紫定，色紫。黑定若漆，不甚珍也。

汝窯

宋時以定州白瓷器有芒不堪用，遂命汝州建青器窯，屑瑪瑙爲油，如哥而深，微帶黄，有似卵白，真所謂淡青色也。汁水瑩厚如堆脂。《格古要論》云，汁中椶眼隱若蟹爪者真。又云，無紋者尤好。說似互異。此如端溪石子辨鸜鵒眼，眼本石病，得此可驗真水坑也，故曰無紋者尤好。底有芝麻花細小掙釘。土脈質、製，較官窯尤滋潤，薄者難得。時唐、鄧、耀諸州悉有窯，而以汝爲冠。

官窰

宋政和間徽宗於京師置窰燒造，曰官窰。土脈細潤，色青帶粉紅，濃淡不一。有蟹爪紋，紫口、鐵足，文色上白而薄如紙者，頗亞於汝，其價亦然。有黑土者，謂之烏泥窰，僞者，皆龍泉所造，無紋路。中興渡江，有邵成章提舉後苑，襲舊京遺製，置窰於修内史造青器，號曰邵局，又曰内窰，亦曰官窰。澄泥爲範，極其精緻。其妙處當在體質、油色，又瑩澈爲世所珍。後郊壇別立新窰，亦曰官窰，比之舊窰，大不侔矣。南宋餘姚秘色瓷，今人率以官窰目之，不能別白，間見亂真。

按，《餅花譜》以烏泥與龍泉、均州、章生諸窰並重。《博物要覽》謂烏泥質麤不潤而釉水燥暴，溷入官窰。今亦傳世，則當著肩象、董矣。《堅青日札》云，建安、烏泥窰品最下。未可傳信，抑今昔之不同邪？

哥窰

亦宋時所燒，本龍泉琉田窰。處州人章生一、生二兄弟於龍泉之窰各主其一，生一以兄故，其所陶者曰哥窰，色青濃淡不一，土脈細薄，亦有鐵足紫口，多斷紋，號百圾碎。釉水純粹者最貴，色好者類董窰，今亦少有。官窰質之隱紋如蟹爪，哥窰質之隱紋如魚子，但汁釉不如官窰。

龍泉窰

古龍泉窰，土細質厚，色甚葱翠，妙者與官、哥争豔，但少紋片、紫骨鐵足耳。有一等盆底有雙魚，盆外有銅掇環，器質厚實，極耐摩弄，不易茅蔑。第工匠稍拙，製法不甚古雅。若用白土造器，外塗泑水，翠淺影露白痕，即章生二所陶者。時以哥名兄窰，弟仍龍泉之舊，亦曰龍泉窰，又號章窰。土脈細且薄，翠青色者貴。又有粉青色者，較龍泉製度更覺細巧精緻。至今溫處州猶稱爲章窰，人或曰處器、青器。《春風堂隨筆》云，弟所陶青器，純粹如美玉，爲世所貴，即官窰之類。

按，兄弟二窰其色皆青，濃淡不一，足皆鐵色，亦濃淡不一。舊聞紫足，今少見。惟兄窰有紋，弟窰無紋爲別。哥窰在元末新燒，土脈麤燥，色亦不好。龍泉窰在明初移處州，青器土堊，火候漸不及前矣。假哥窰碎紋，不能得鐵足，鐵足則不能聲。龍泉不能得其淡，色淡則無聲。此《通雅》鑒古之精者也。

吉州窰

出今吉安州永和鎮，宋時江西窰器，出吉安，屬廬陵縣永和市。有白色，有紫色者，與紫定相類。宋時有五窰，舒翁工爲玩具，燒者最佳。翁之女號舒嬌，尤善。其爐瓮諸色，幾與哥窰等價。花瓶大者，直數金，小者有花，又有碎器更佳，今世俗訛稱哥窰。體厚質麤者，不甚直錢。相傳陶工作器入窰，宋文丞相過，變成玉，工懼事聞於上，遂封穴不燒，逃之饒。故景德鎮陶工多永和人。

彭窰

元朝戧金匠彭均寶，效古定器製折腰様者甚整齊，故以彭窰得稱。土脈細白者，與定相似。比青口欠滋潤，極脆，難以傳世，不甚直錢。市肆賣骨董者竟稱爲定器，非真賞家嘗以重價收之。

象窰

或云出今寧波府象山縣，有蟹爪紋，色白而滋潤者高，黄而質麤者低，俱不甚直錢。

董窰

淡青色，細紋，多有紫口鐵足，比官窰無紅色，質麤而不細潤，不逮官窰多矣，今亦罕見真者。

按，象、董二窰，不詳出處、朝代。核之象窰吉窰似定，董窰似官，其不同者，質麤欠滋潤耳。象窰又次彭窰。

均州窰

均，即今河南禹州。均窰具五色，光彩太露，有兔絲紋，紅若胭脂，硃砂爲最。青若葱翠，紫若墨黑者次之。三者色純，無少變露者爲上品。底有一二數目字號爲記者佳。青綠錯雜若垂涎，皆上三色之燒不足者，非別有此様。俗取茄皮紫、豬肝、紅鼻涕等名是可笑耳，皆無足取。此窰惟種菖蒲盆底佳甚，它如坐墩、鑪、合、方鉼、罐子，俱黄沙泥坯，故器質不佳。近年新燒，皆宜興砂土爲骨，釉水微似，製有佳者，俱不耐用。

磁州窰

磁器，出古邯鄲地磁州，故名磁器，昔屬河南彰德府，今屬北直隸廣平府。好者與定器相似，但無淚痕。亦有劃花、繡花，素者價高於定，新者不足論。磁乃石名，此磁器以所出地而名也。今人訛以陶窰瓷瓦器概書爲磁器，真可笑耳。

建窰

出福建泉州府德化縣，盌琖多是擎口，色黑而滋潤，有黄兔斑、滴珠，大者真，但體極厚。舊建瓷有薄者，絶類宋器，而今罕矣。佛像最佳。按，宋時茶尚擊盌，以建安兔毫琖爲上品，價亦甚高。

山西窯

出太原府榆次縣，平定州平陽府，霍州。霍州者曰霍窯。

高麗窯

出高麗國，與饒相似，色粉青者似龍泉，有細花者髣髴北定。上有白花朵兒者，不甚直錢。

饒州窯

出江西饒州府浮梁縣西興鄉景德鎮。水土宜陶，宋景德中設鎮，置監鎮奉御董造，饒窯因名。其鎮曰景德，鎮袤延僅十餘里，山環水繞，僻處一隅。民窯二三百區，工匠人夫不下數十萬，藉此飲食。候火如候晴雨，望陶如望黍稷。元更監鎮爲提領，本路總管監陶。宋元皆有命則供，否則止。宋時燒鄉土窯，體薄而潤，色白花青，較定器少次。元朝燒小足印花，内有樞府字號者最高。新燒大足素者，欠潤，色白而瑩者亦好。有青花及五色花者，俗。明初燒者，有青黑色，戧金者多是酒壺、酒琖，甚可愛。

按，江西窯，唐在洪州，今南昌。見《茶經》。弋陽縣太平鄉處州民瞿志高來創造，亦有窯。其後民饑爲亂，嘉靖間即横峯窯鎮地改立，興安縣遂廢。弋陽之湖西馬坑，以陶爲業，所造缾、罐、缸、甕、盤、盌之器甚麤，給工匠之用。饒窯倣定器，用青田石粉爲骨，曰粉定，質麤理鬆不甚佳。

洪武窯

明洪武三十五年始開燒造，解京供用。有御器廠，廠東爲九江道，有官窯。除大龍缸窯外，青窯燒小器，色窯燒顔色。官窯器純，民窯器雜。官窯土骨坯乾經年，重用車碾薄，上釉候乾，數次出火，釉漏者碾去，再上釉，更燒之，故汁水瑩如堆脂，不易茅蔑。此民窯之不得同者。官窯塗欲密，砌欲固，使火氣全，而陶氣易熱，不至鬆泄。官窯之異於民窯如此。

永樂窯

永窯，造壓手杯，中心畫雙獅滚毬爲上品，鴛鴦心者次之，花心者又次。杯外青花深翠，式樣精妙。若後來仿傚，殊無可觀。

宣德窯

宣窯造祭紅紅魚靶杯，以西紅寶石爲末入泑，魚形自骨内燒出，凸起寶光，總以汁水瑩厚如堆脂。又有竹節靶罩蓋、鹵壺、小壺，此等創古未有。又有白茶琖，光瑩如玉，内有絶細龍鳳暗花，花底有暗款：大明宣德年製，隱隱雞橘皮紋起，質料膩實，不易茅蔑。雖定瓷何能比方，真一代之絶！冰裂鱔血紋者，幾與官汝窯敵。祭紅，正、宏、隆、萬間亦有佳者，它如妙用種種小巧之物，尤佳。描畫不苟，蟋蟀澄泥盆最爲精絶，此明窯極盛時也。

成化窯

成窯，以五彩爲上，酒杯以雞缸爲最，上畫牡丹，下畫子母雞，躍躍欲動。五彩葡萄擘口扁肚靶杯，式較宣杯妙甚。次若人物蓮子酒琖，草蟲小琖，青花紙薄酒琖，名式不一，點色深淺瑩潔而質堅。神宗尚食，御前成杯一雙，直錢十萬，當時已貴重如此。五彩齊箸小楪、香合，各製小罐，皆精妙可人。

正德窯

正德間，大璫鎮雲南，得外國回青，以鍊石爲僞寶，價倍黄金。已知其可燒窯器，用之色愈古。按，回青以重色貴，當日工匠恣爲奸利，浮梁朱令劑量之法，其弊稍息。用青以回青與石青相兼，十雜一爲上，四六爲中。嘉窯惟御器給之。

嘉靖窯

宣德中，以營造所丞專督御器廠工匠。嘉靖初裁革中官，於各府佐輪選一員管理。靖窯回青盛作，幽菁可愛。鮮紅土絶，燒法亦不如前，僅可燒礬紅色，惟回青效靈，亦一時之會也。青花、五彩二窯製造略備，然當麻倉土將次告竭，饒土漸惡，體質較之宣器，大不相侔，製度亦不及宣德遠甚。世宗經籙醮壇用器有小白甌，名曰壇琖，正白如玉爲最。如魚扁琖，紅鉛小花合子，亦爲世玩。

按，宣德中，以營造所丞專督御廠，正統初罷之者，《志》稱，以兵興，議寢陶息民之事也。景泰五年，減饒州歲造瓷器三之一，是既罷督造之官，又減歲供之數也。故宣宗晚後，幾二十年窯事不著。天順復辟，丁丑仍委中官燒造，而御器之監造如故矣。成化二十二年，又裁饒州燒造官，比憲宗末年、孝宗初政故。終孝宗十八年，不言窯事。正德初置御器廠，專管御器者，復用中官也。故至嘉靖又裁之云。

隆萬窯

隆慶六年，復起燒造，仍於各府佐輪選管理。萬曆初，以饒州督捕通判改駐景德鎮，兼理窯廠。按，明瓷，至隆萬製作日巧，無物不有。然隆窯之秘戲，殊非雅裁。它物汁水瑩厚如堆脂，有粟起若雞皮者，有發椶眼若橘者，亦可玩也。

宜興窯

明時，我江南之常州府宜興縣歐姓者造瓷器，曰歐窯。有仿哥窑紋片者，有仿官、均窯色者，彩色甚多，皆花盤、匜架諸器，舊者頗佳。又有時大彬以紫泥燒茶壺，款式渾樸，整齊精雅，爲賞家清玩。

皇朝窯

順治十一年，造龍缸、欄板等器未成，旋止。康熙十九年，始遣内務府官駐廠監督悉罷。向派饒州屬邑夫工，每開窯鳩工庀材，動支内帑，按時給直，與市買適均，且格外加厚。窯户率以致富，樂以趨事。運器亦不預地方，一切不妨吏政事，官民懽忭。雍正初，楚撫嚴公名希堯，選料燒造，極其精美。乾隆八年，内務府員外郎管理九江關務唐公名英，遵旨由内廷交出《陶冶圖》二十張，次第編明，爲作圖説，進呈御覽，謹奉製造，所燒益精。古禮器尊、罍、彝、鼎、卣、爵之款製，文房硯屏、墨床、書滴、畫軸、秘閣、鎮紙，司直各適其用。而於中山毛穎先爲之管，既爲之，洗卧則有床，架則有格，立則有筒。仿漢人雙鉤碾玉之印章，其紐法或爲龍虎，或爲龜駝，或象或獅，或牛或馬，爲連環，爲覆瓦。印色之池，或方，或圓，或稜，可助翰藻。養花之室，一二寸至五六尺。圓如壺，圜而下垂如膽。圜而侈口，庳下如尊。廉之成角如觚，直如筩，方如斗，而口或弇形，或扁截，方、圜，稜之半，而平其背，可掛壁。其式不一。書畫清防之板，有枕屏，有床屏。爪杖，鉢塞，黑白子間適之具。百摺分襠，鰍耳，索耳，戟耳，六稜四方直脚，石榴足，橘囊諸款，蠟茶，鎏金，藏經諸色，燒香之爐，可備燕賓。飯匕、茶匙齊飭之器，蠟斗、醋滴、澡盤、鐙錠，方圓之枕，盆、盎、罋、鉢、柈、案，可充日用。搔頭、簪，導合歡之檔，大小合子，香澤粉黛之所儲藏，可供閨幨。至于鬥茶，曹飲，饋食之所需壺、尊、盌、楪爲類，更緐難以枚舉。其規範，則定、汝、官、哥、宣、成、嘉靖，佛郎之好様，萃於一窯。其彩色，則霽紅、礬紅、霽青、粉青、冬青、紫、緑、金、銀、漆黑、雜彩，隨宜而施。其器則規之，萬之，廉之，挫之，或崇或卑，或侈或弇，或素或彩，或堆或錐。又有瓜瓠花果象生之作。其畫染，則山水人物、花鳥寫意之筆，青緑渲染之製，四時遠近之景，規模名家，各有元本。於是乎戧金，鏤銀，琢石，髹漆，螺甸，竹木，匏蠡諸作，無不以陶爲之，仿傚而肖。則兹陶之一事，謂之洩造化之秘也可，謂之佐文明之瑞也可。有陶以來，未有今日之美備！此無它，聖德覃深，民情樂利，人情優裕，人力寬閒，不靳工，不惜費，地産物華，應運而起，日變而日上，所以直邁千古也。

陶器青爲貴

《考工記》曰，設色之工五，首列畫繢之事。畫，即畫也。繢，爲染彩也。而陶器以青爲貴，五彩次之。夫瓷器之青花、霽青大釉，悉藉青料。晉曰縹瓷，唐曰千峰翠色，柴周曰雨過天青，吴越曰秘色。其後宋瓷雖具諸色，而汝器宋燒者，淡青色。官窯以粉青爲上，哥窯、龍泉窯其色皆青，白地青色亦資青料。料出浙江金、紹二府所屬諸山。采者入山，得料於溪流，淘去浮土，其色黑黄。大而圓者名頂圓子，爲上青。攜至鎮，埋窯地三日取出，重淘洗之，始出售。其黑緑潤澤光色全者爲上選，仿古霽青、青花細器用之。雖黑緑而欠潤澤，祇供麤瓷。光澤全無者，傾棄之。用青之法，畫坯，上罩以釉水，入窯燒之，俱變青翠。若不用釉，其色仍黑。火候稍過，青花多散漫矣。明宣窯青花器，用蘇泥勃青，成化時已絶。正德朝大璫鎮雲南，得外國回青。嘉窯御器用回青，搥碎有硃砂斑者，曰上青。有銀星者，曰中青。淳回青則色散而不收，石青加多則色沈而不亮。每回青一兩，加石青一錢，謂之上青。四六分加，謂之中青，用以設色，則筆路分明。上青用以混水，則顔色明亮。然産地太遠，而不可繼。若廣東、江西諸山産者，色薄不耐久用。陂塘青産樂平一方，嘉靖中樂平格殺遂塞，用石子青，産瑞州諸處。畫青，每晨午二次。

陶器畫彩盛於明

古瓷畫彩，成窯爲最。畫手高，畫料精，其點染生動，有出於丹青家之上者。調法有三。一用香油，油便渲染。一用膠水，膠便搨刷。一用清水，水便堆填也。大半取樣於錦段，寫生、仿古十之三四。今瓷畫樣十分之，則彩居四，寫生居三，仿古二，錦段一也。洋彩者，五彩繪畫，仿西洋也。絢豔奪目，而於象生及仿古銅器、紫檀、雕竹、螺甸各種，惟妙惟肖。總之，寫生以肖物爲上，仿古以多見能精，此五彩之異於青花也。其調合諸種顔色，先畫白瓷片，鑪火燒試，以驗色性，火候，然後由麤入細，以眼明心細手準爲佳。雖曰洋彩，祇仿其法，而器品實出其上。堆器，以筆醮白泥堆坯上，成各様龍鳳花草，加釉水，鍊灰燒成。錐器，各様坯上用鐵錐錐成龍鳳花草，加釉水、鍊灰燒成。

釉水

釉水謂之堊澤，出新正都，曰長嶺，作青黄釉。曰義坑，作澆白器釉。二處皆有柏葉斑。又出桃花塢，青花、白器通用之。釉無灰不成。釉灰出樂平縣，在景德鎮南四十里，以青白石與鳳尾草製鍊，用水淘細而成，配以白(术)[不]細泥，調和成漿。按器種類以爲加減，盛之缸內，用曲水横貫鐵鍋之耳，以爲滲注之具，其名曰盆泥。十盆，灰一盆爲上釉。泥七八，灰二三，爲中釉。若平對，或灰多，爲下釉。重曰瑩澈，曰純粹。無釉水曰骨。定窯滋潤，汝窯厚如堆脂，官窯瑩澈，舊器釉重故也。圓琢青花，與仿古官、哥、定、汝等器，皆須上釉入窯。上釉舊法，將琢器之方長稜角者，用羊毛筆蘸釉上器，每失之不勻。至大小圓器，渾圓琢器俱在缸內蘸釉，每有輕重，且多破，故全器難得。今於圓器之小者，仍於缸內蘸釉，其琢器與圓器之大者，用吹釉法，截徑寸竹筒，長七寸，口蒙細紗，蘸釉以吹。吹之徧數，視坯大小，與釉之等類爲多寡之差，多至十五、六徧，少亦三、四。大抵蘸釉不急能勻，重複蘸之，則瑩厚必矣。故吹釉之法，補從前所未有，用之良便。所謂琢器者，缾、罍、尊、彝之屬，器有方、圓、稜角之殊，畫有綵繪、雕鏤之異。

火候窯變

《通志》曰，造坯彩畫，始條理也。入窯火候，終條理也。火有前、中、後之分。陶器入窯，初曰溜火，欲習於火而無贏。既曰緊火，欲熟於火而無縮。青窯溜火對日，緊火一日夜。候匣鉢銀紅色，止火。又一晝夜，開窯。器大則加[倍]。若缸窯，則溜火七日夜，緊火二日夜。又十日，開窯。故風火窯匠最勞，火弱則窳，火猛則僨。溜火之日，細心而已，無所用力。緊火之日，晝夜添薪，愼弗忽爐忽燄，炎涼不均，倦睡不能應機，神昏不能辨色，火有破璺走煙之失，器即有折裂、陰黄之患矣。至若出器時有窯變，非人力所可致。官、哥二窯，於本色釉外，變或黄、或紅紫，狀類蝴蝶，禽魚，麟豹，肖形可愛。火之幻化，時或有之。《東坡集》載《瓶笙詩引》云，劉幾仲餞飲，聞笙簫聲，察之，出於雙瓶。萬曆十六年，詔燒方筋屏風不成，變而爲床，又變爲船，其中什物，無一不具。《春渚紀聞》載，萬延之赴銓，都下銅禁嚴甚，以十錢市瓦缶，沃盥頮面，既傾，有餘水留缶。時寒凝冰，視之，桃花一枝也。明日，成雙頭牡丹。次日，又成水村，竹屋，斷鴻，翹鷺滿缶，宛似寒林圖畫，因以白金爲護，什襲而藏，遇寒則約客以賞之。此窯變之至幻者。

以舊補舊

官、哥、汝、定等瓷器，如爐欠耳、足，缾損口、稜，以舊補舊，加以釉藥，一火燒成，與舊製無二。但補處色渾然，得此更勝新者。若用吹釉之法補舊，補處更可無迹有茅路者。蘇州虎邱有能修者，名之曰緊。

制瓷器不裂法

凡用瓷器，不先制之，遇熱湯水，無有不裂者。故新置碗、盞、盆、碟，必須先以米泔水溫溫煮出，再以生薑汁及醬塗底下，入火煨頓，永可不裂。

古瓷合評

按，古窯柴、汝最重。柴周之外，次及官、定。蓋定、汝、官、哥皆宋器也。然柴、汝之器傳世絶少，而官、定猶有存者。非官、定易得也，以定有北定、南定，而彭窯亦曰定。新官有舊京、修內司之别，而郊壇下新窯亦曰官窯。新定不如南定，南定不如北定。舊京官窯爲時未久，當以修內司所造爲最，新窯爲下，其時已有等差。後有新仿定器，有不減定人製法者，有製作極工不入清賞者。好事者指某器曰定，某器曰官，安知其不爲贋鼎所惑邪！今流傳者，惟哥窯稍易得，蓋緣質厚耐藏，定、汝體薄，難於完璧故也。宋時宫中所有，率銅鈐其口，以是損價。而今之求定、汝者，即以銅鈐口爲真，骨董家之論古，往往如此。古人以足載器，器足多取沉重。柴窯足，每巖黄土。官、哥、龍泉，皆鐵足。至明永樂窯壓手杯，沙足滑底。宣窯壇琖，釜底綫足。靖窯魚扁琖，饅心圓足。陶器出窯，底足可驗火法。

明窯合評

古瓷重青器，至明而祕色已絶，皆純白。或畫青花，或加五彩。永窯亦足貴重。樂、德二窯皆內府燒造，以椶眼、甜白爲常，以蘇麻離青爲飾，以鮮紅爲寶。永樂尚厚，成化尚薄，宣德青尚淡，嘉靖青尚濃，前後規制殊異。永在宣、成之下，嘉之上。南村謂，成青未若宣青，宣彩未若成彩。以宣窯五彩深厚堆垛，成窯用色淺深，頗有畫意也。然宣窯選料、製樣、繪畫、題款無一不精。青花用蘇泥勃青，至成化其色已盡，只用平等青料，故論青花，宣窯爲最。昔有論窯者，首成，次宣，次永，次嘉，論雖不同，總之，明器無能過宣、成者。要知一時有一時聚精之物，故稍有高下之等。

大食窯

大食窯，出大食國，以銅作身，用藥燒成五色，與佛郎嵌相似。佛郎嵌，即今發藍也，其鮮潤不及窯器。又謂之鬼國窯。今雲南人在京多作酒琖，俗呼曰鬼國嵌。內府作者，精細可觀。從兩廣來者，世稱爲洋磁，亦以銅作骨，嵌磁燒成。嘗見爐、瓶、盞、碟、澡盤、壺、盒等器，雖甚絢彩華麗，而欠光潤，僅可供閨閣之用，非士大夫文房清玩也。志云，廣東陽江縣産磁器，是此歟？俟咨攷其确。然此及後之玻璃窯，審之皆非瓷石所成，故爲諸窯之殿。

玻璃窯

玻璃，西國寶名，因頗黎國所出，故名。《玉篇》云，水玉也。瑩如水，堅如玉，碾開有雨點花色者，真。乃千年冰化在島夷，已爲難得之寶。後西國有燒者，則有氣眼而輕明。三寶太監出西洋，攜燒玻璃人來中國，故中國玻璃頓賤。作鏡，內外瑩潔，向明視之，不見其質。《元中記》云，大秦有五色頗黎，又有瑠璃。《博雅》曰，珠也，出黄支斯調日南諸國。大秦出者，有赤、白、黑、黄、青、緑、縹、紺、紅、紫十種，本自然之物。《隋志・何稠傳》云，稠博覽古圖，多識舊物。時中國久絶琉璃之作，匠無措手。稠以緑瓷爲之。顔師古《漢書注》云，今俗所用，銷冶石汁，加以衆藥，灌而虚脆不貞。北魏太武時，有大月氏國人商販來京，自云能鑄石爲琉璃。於是採礦爲之，既成，而光色妙於真色，遂傳其法至今。想隋時偶絶也。然中國鑄者質脆，沃以熱湯，應手而碎。蘇鑄者，更不及廣鑄。惜乎大月氏之法傳，而稠之法不傳也。山東青萊鑄登明，踰羊角，薄過竹紙，運至京中，元宵賣之，有大者可作屏障，但脆而不能致遠。小兒玩耍叫子，亦此類之最下器也。

清秘藏論窯器

論窯器，必曰柴、汝、官、哥、定。柴不可得矣，聞其製，云青如天，明如鏡，薄如紙，聲如磬，此必親見，故論之如是其真。余向見殘器一片製爲縧環者，色、光則同，但差厚耳。又曹明仲云，柴窯足多黄土，未知然否。汝窯余嘗見之，其色卵白，汁水瑩厚如堆脂，然汁中棱眼隱起，若蟹爪。底有芝麻花細小掙釘者，乃真也。較官窯質製，尤滋潤。官窯品格，與哥窯大約相同。其色則俱以粉青色爲上，淡白色次之，油灰色最上。紋取冰裂，鱔血爲上，梅花片、墨紋次之，細碎紋最下。必鐵足爲貴，紫口爲良，第不同者。官窯質之隱紋，亦如蟹爪。哥窯質之隱紋，如魚子，其汁料稍不如官窯之尤佳耳。定窯有光素、凹花二種，以白色爲正。白骨而加以泑水，有如淚痕者，佳。間有紫色者，黑色者，不甚珍也。

均州窯，紅若臙脂者爲最。青若葱翠色，紫若墨色者，次之。色純，而底有一二數目字號者，佳。其雜色者無足取。均州窯之下，有龍泉窯。古宋龍泉窯器，土細質厚，色甚葱翠。妙者，與官窯争豔，但少紋片、紫骨鐵足耳。且極耐磨弄，不易茅蔑，第工匠稍拙，製法不甚古雅有等。用白土造器，外塗泑水，翠淺影露白痕，乃宋人章生所燒，號曰章窯。校龍泉製度，更覺細巧精緻。我朝宣廟窯器，質料細厚，隱隱橘皮紋起冰裂鱔血紋者，幾與官、汝窯敵。即暗花者，內燒絶細龍鳳暗花，底有大明宣德年製，暗花六字。紅花者，以西紅窯石爲末，圖畫花鳥魚蟲等形，骨内燒出，凸起寶光，鮮紅奪目。青花者，用蘇浡泥青，圖畫龍鳳花鳥蟲魚等形，深厚堆垜可愛。皆發古未有，爲一代絶品，出龍泉、均州之上。又有元燒樞府字號器，永樂細款青花杯，成化五彩葡萄杯，各有可取，然亦尚在龍泉章窯之下。

**清・唐英《陶成紀事碑記》《〔乾隆〕浮梁縣志》** 計開

燒造各色條款

一，歲用淮安板閘關錢糧八千兩。

一，一應工價飯食、泥土釉料，俱照民間時價公平採買，毫無當官科派之累。再衆工婚喪、勸賞以及醫藥、置産之用，並在於内。

一，在廠工匠、辦事人役支領工值食用者，歲有三百餘名。

一，每歲秋冬二季，雇覓船隻夫役，解送圓、琢器皿六百餘箱。歲例盤、碗、盅、碟等上色圓器，由二三寸口面以至三四尺口面者，一萬六七千件。其選落之次色尚有六七萬件不等，一併裝桶解京賞用。其瓶、罍、罇、彝等上色琢器，由三四寸高以至三四尺高大者，亦歲例二千餘件。尚有選落次色二三千件不等，一併裝桶解京，以備賞用。至於每月初二、十六兩期解送淮關總管年處呈樣，或十數件，或六七件不等，在外。

一，廠内所造各種釉水，款項甚多，不能備載。兹舉其仿古、採今，宜於大小盤、杯、盅、碟、瓶、罍、罇、彝，歲例貢御者五十七種，開列於後，以志大概。

一，仿鐵骨大觀釉，有月白、粉青、大緑等三種，俱仿内發宋器色澤。

一，仿鐵骨哥釉，有米色、粉青二種，俱仿内發舊器色澤。

一，仿銅骨無紋汝釉，仿宋器猫食盤，人面洗色澤。

一，仿銅骨魚子紋汝釉，仿内發宋器色澤。

一，仿白定釉，止仿粉定一種，其土定未仿。

一，均釉，仿内發舊器，梅桂紫（玫瑰紫）、海棠紅、茄花紫、梅子青、騾肝馬肺五種外，新得新紫、米色、天藍、窑變四種。

一，仿宣窑霽紅，有鮮紅、寶石紅二種。

一，仿宣窑霽青，色澤泛紅，有橘皮棕眼。

一，仿廠官窑，有鱔魚黄、蛇皮緑、黄斑點三種。

一，仿龍泉釉，有淺深二種。

一，仿東青釉，有淺深二種。

一，仿米色宋釉，係從景德鎮東二十里外，地名湘湖，有故宋窑址，覓得瓦礫，因仿其色澤款式。粉青色宋釉，其款式色澤同米色宋釉，一處覓得。

一，仿油緑釉，係内發窑變舊器，色如碧雲，光彩中斑駁古雅。

一，爐鈞釉，色在廣東窑與宜興掛釉之間，而花紋流淌過之。
一，歐釉，仿舊歐姓釉，有紅、藍紋二種。
一，青點釉，仿內發廣窑舊器色澤。
一，月白釉，色微類大觀釉，白泥胎無紋，有淺深二種。
一，仿宣窑寶燒，有三魚、三果、三芝、五福四種。
一，仿龍泉寶燒，本朝新製，有三魚、三果、三芝、五福四種。
一，翡翠釉，仿內發素翠、青點、金點三種。
一，吹紅釉。
一，吹青釉。
一，仿永樂窑脱胎、素白、錐拱等器皿。
一，仿萬曆正德窑五彩器皿。
一，仿成化窑五彩器皿。
一，仿青花黄地章器皿。
一，新製法青釉，係新試配之釉，較霽青泛紅深翠，無橘皮棕眼。
一，仿西洋雕鑄像生器皿，五供、盤碟、瓶、合等項，畫之渲染，亦仿西洋筆意。
一，仿澆黄燒緑錐花器皿。
一，仿澆黄器皿，有素地、錐花二種。
一，仿澆紫器皿，有素地、錐花二種。
一，錐花器皿，各種釉水俱有。
一，堆花器皿，各種釉水俱有。
一，抹紅器皿，仿舊。
一，彩紅器皿，仿舊。
一，西洋黄色器皿。
一，新製西洋紫色器皿。
一，新製抹銀器皿。
一，新製彩水墨器皿。
一，新製山水、人物、花卉、翎毛、仿筆墨濃淡之意。
一，仿宣窑填白器皿，有厚薄大小不等。
一，仿嘉窑青花。
一，仿成化窑淡描青花。



一，米色釉，與宋米色釉不同，有淺深二種。
一，釉里紅器皿，有通用紅釉繪畫者，有青葉紅花者。
一，仿紫金釉，有紅、黄二種。
一，澆黄五彩器皿，此種係新試所得。
一，仿澆緑器皿，有素地、錐花二種。
一，洋彩器皿，新仿西洋法瑯畫法，人物、山水、花卉、翎毛，無不精細入神。
一，拱花器皿，各種釉水俱有。
一，西洋紅色器皿。
一，新製仿烏金釉，黑地白花，黑地描金二種。
一，西洋緑色器皿。
一，新製西洋烏金器皿。
一，新製抹金器皿。
一，仿東洋抹金器皿。
一，仿東洋抹銀器皿。

**又唐英《陶冶圖説》** 圖次紀略

粵稽虞代肇興，陶正之官載諸考工，詳列陶旊之職。是知埏埴爲器，日用必資，故應闡發精微，用以昭垂永久。蓋製瓷所需在泥土，而泥土之細在淘澄。泥土細而坯胎成，灰泥合而釉色備。泥、釉是當首蓄，淘練尤合居先。至於儲其材，更當利其器，欲期煙焰無玷於晶熒，務令光澤有需於遮護，斯匣鉢之備用，繼土釉而次及者也。若夫程材製器，既當左宜右有之時，仿古酌今必循方鉅圓規之則，惟兹模範。關乎坯胎：曰造、曰修，而賦物始有其象；爲雕爲鏤，而受質各別其形。於是施後素之功，成受採之宜，圓琢异製，渲染同工。釉分吹蘸而巧拙立呈，足詳款識而功能始畢。泥形土質，都成金石之聲；錦地花紋，並帶雲霞之色。裝束藉夫茅草，利用遍乎寰區。默相爲神，虔奉陶家之享獻；上供有職，仰邀天府之品題。圖列先後，序分節次。

采石製泥　淘練泥土　煉灰配釉
製造匣鉢　圓器修模　圓器拉坯
琢器造坯　采取青料　揀選青料
印坯乳料　圓器青花　製畫琢器
蘸釉吹釉　旋坯乞足　成坯入窑

燒坯開窰　圓琢洋彩　明爐暗爐
束草裝桶　祀神酬願
督理九江鈔關、內務府員外郎臣唐英恭編。

一頁　采石製泥

惟陶利用範土作胎，其土須采石煉製。石産江南徽郡祁門縣，距窰廠二百里，山名坪里。谷二處，皆産白石，開窰采取，剖有黑花，如鹿角菜形。土人藉溪流設輪作碓，舂細淘净，製如磚式，名曰「白不」。注：「不」，敦上聲，浮梁方言術語。色純質細，製造脱胎、填白、青花，圓琢等器。別有高嶺、玉紅、箭灘數種，各就産地爲名，皆出江西饒州府屬各境。採製法同「白不」。止可供攙合製造之用，於粗厚器皿爲宜。幅中爲開採，爲舂碓，爲畚煉，采石製泥之法，不越於是矣。

二頁　淘練泥土

造瓷首需泥土，淘練尤在精純。土星、石子定帶瑕疵；土雜泥松，必至柝裂。淘練之法，多以水缸浸泥，木鈀攪標(漂)，起渣沉過，以馬尾細籮，再澄雙層絹袋，始分注過泥匣鉢，俾水滲漿稠。用無底木匣，下鋪新磚數層，內以細布大單，將稠漿傾入，緊包磚壓吸水，水滲成泥移貯大石片上，用鐵鍬翻撲結實以便製器。凡各種坯胎不外此泥，惟分類按方加配材料以別其用。幅中所載器具、人工、描摹淘練情形悉備。

三頁　煉灰配釉

陶製各器，惟釉是需，而一切釉水無灰不成其釉。灰出樂平縣，在景德鎮南百四十里。以青白石與鳳尾草迭叠燒煉，用水淘洗即成釉灰。配以「白不」細泥，與釉灰調合成漿，稀稠相等，各按瓷之種類以成方加減。盛之缸內，用曲木棍横貫鐵鍋之耳，以爲舀注之具，其名曰「盆」。如泥十盆，灰一盆爲上品瓷器之釉；泥七八而灰二三爲中品之釉；若泥灰平對或灰多於泥則成粗釉。圖中缸內所浮之鍋即盆是也。

四頁　製造匣鉢

瓷坯入窰最宜潔净，一沾泥渣便成斑駁，因窰風火氣冲易於傷坯，此坯胎之所必用匣鉢套裝也。匣鉢之泥土，産於景德鎮之東北里淳村，有黑、紅、白三色之异。名有寶石山出黑黄沙一種，配合成泥取其入火禁煉，造法用輪車與拉坯之車相似。泥不用過細，俟匣鉢微乾略旋，入窰空燒一次，方堪應用，名曰「鍍匣」。而造匣鉢之匠亦常用粗泥拉造砂碗，爲本地鄉村、坯房人匠等家常之用。

五頁　圓器修模

圓器之造，每一式款，動經千百，不模範式款斷難畫一。其模子必須與原樣相似，但尺寸不難計算放大，則成器必較原樣收小。蓋成坯泥松性浮，一經窰火松者緊，浮者實，一尺之坯止得七八寸之器，其抽縮之理然也。欲求生坯之準，必先模子是修，故模匠不曰造，而曰修。凡一器之模，非修數次，其尺寸、款式燒出時定不能吻合。此行工匠務熟諳窰火、泥性，方能計算加減以成模範。景德一鎮，群推名手，不過三兩人。

六頁　圓器拉坯

圓器之制不一，其方瓣稜角者，則有鑲雕印削之作。而渾圓之器，又用輪車拉坯，就器之大小分爲二作，其大者拉造一尺至二尺之盤、碗、盅、碟等。車如木盤，下設機局，俾旋轉無滯則所拉之坯方免厚薄偏側，故用木匠隨時修治。另有泥匠摶泥融結置於車盤，打坯者坐於車架，以竹杖撥車使之輪轉，雙手按泥隨手法之屈仰收放以定圓器款式，其大小不失毫黍。

七頁　琢器做坯

瓶、罇、罍、彝皆名琢器，其渾圓者亦如造圓器之法，用輪車拉坯，俟其曬乾仍就輪車刀旋定樣之後，以大羊毛筆蘸水洗磨，俾光滑潔净，然後吹釉入窰即成白器。如於坯上畫料，罩釉即爲青花。其鑲方稜角之坯，則用布包泥以平板拍練成片，裁成塊段，即用本泥調糊粘合。另有印坯一種，係從模中印出，製法亦如鑲方、鑲印二種，洗補磨擦與圓琢器無异。凡此坯胎有應錐拱雕鏤者，俟乾透定稿以付專門工匠爲之。

八頁　采取青料

瓷器無分圓琢，其青花者，有宣、成、嘉、萬之別。悉藉青料爲繪畫之需，而霽青大釉亦賴青料配合。料出浙江紹興、金華兩郡所屬諸山。採者赴山挖取，於溪流洗去浮土，其色黑黄大而圓者爲頂選，名爲頂圓子，俱以産地分別名目。販者携至燒瓷之所，埋入窰地鍛煉三日，取出淘洗始售賣備用。其江西、廣東諸山間有産者，色澤淡薄不耐鍛煉，止可畫染市賣粗器。圖中所繪特詳采取，其於製煉則未及焉。

九頁　揀選青料

青料煉出後，尤須揀選，有料户一行專司其事。料之黑綠潤澤光色俱全者乃爲上選，於仿古、霽青、青花細釉用之；色雖黑綠而鮮潤澤者，爲市賣粗瓷之用；至光色全無者，性薄煉枯悉應選棄。至用料之法，畫生坯，罩以釉水，過窰燒出俱成青翠；若不罩釉仍是黑色。如窰火稍過，則所畫青花多致散漫。惟青料中有韭菜邊一種，獨爲清楚入窰不改，故細描必用之。圖内筐盛匣鉢，乃屬點綴，非選料正意。

十頁　印坯乳料

大小圓器拉成水坯，俟其潮乾，用修就模子套坯其上，以手拍按，務使泥坯周正匀均，始褪下陰乾以備旋削。其濕坯不宜日曬，曬坼裂，至畫瓷所需之料，研乳宜細，粗則起刺不鮮。每料十兩爲一鉢。專供乳研，經月之後始堪應用。乳用研鉢，貯於矮凳，凳頭裝有直木，上横一板，鏤孔以裝乳槌之柄，人坐座凳握槌乳之。工價每月三錢，亦有兩手乳研兩鉢夜至一鼓者，工價倍之。老幼殘疾多籍以資生焉。

十一頁　圓器青花

青花繪於圓器。一號動累百千，若非畫款相同，必致參差互异。故畫者止學畫而不學染；染者，止學染而不學畫，所以一其手而不分其心。畫者、染者各分類聚處一室，以成其畫一之工。其餘拱、錐、雕、鏤，業似同而各習一家。釉紅、寶燒技實异而類近。於畫至御器上之邊綫青箍，原出旋工之手；其底心之識銘書記，獨歸落款之工。花鳥禽魚寫生以肖物爲上，宣、成、嘉、萬仿古以多見方精，此青花之异於五采也。

十二頁　製畫琢器

琢器之式，有方圓稜角之殊；製畫之方别采繪、鏤雕之异。仿舊須宗其典雅；肇新務審其淵源。器自陶成，矩規悉遵古制；花同錦簇，彩色勝上春臺。觀(官)、哥、汝、定、均，抔汗之儀則非遠；水火金木土，洪鈞之調劑維神。或物以賦形，亦範質而施彩。功必籍夫埏埴出自林泉；製不越夫罇罍，重均鼎彝。爐煙煥色，雖瓦缶亦參橐籥之權；彩筆生花，即窰瓷可驗文明之象。

十三頁　蘸釉吹釉

圓琢名器，凡青花與(觀)[官]、哥、汝等，均須上釉入窰。上釉之法：古制，將琢器之方長稜角者，用毛筆拓釉，弊每失於不匀。至大小圓器及渾圓之琢器，俱在缸内蘸釉，其弊又失於體重多破壞。全器倍爲難得。今圓器之小者，仍於缸内蘸釉；其琢器與圓器大件俱用吹釉法。以徑寸竹筒截長七寸，頭蒙細紗蘸釉以吹。俱視坯之大小與釉之等類，别其吹之遍數，有自三四遍至十七八遍者。此蘸釉所由分也。

十四頁　旋坯挖足

圓器尺寸既定於模，而光平必需於旋，故復有旋坯之作。作内設有旋坯之車，形與拉坯車相等。惟中心立一木樁，樁視坯爲粗細，其頂渾圓包以絲錦，恐損坯也。將坯扣合樁上，撥輪轉旋用刀削旋，則器之里外皆得光平。其式款粗細闗乎旋手之高下，故旋匠爲緊要之工。至挖足一行，因拉坯之時，下足留一泥靶長二三寸，便於把握以畫坯吹釉，俟吹畫工竣，始旋去其柄，挖足寫款。圖中工匠，旋挖並到。

十五頁　成坯入窰

窰制，長圓形如覆瓮，高寬皆丈許，深長倍之，上罩以大瓦，屋名窰棚。其烟突圍圓，高二丈餘，在後窰棚之外。瓷坯既成，裝以匣鉢，送至窰户家。入窰時，以匣鉢叠累罩套分行排列，中間疏散，以通火路。其窰火有前中後之分，前火烈；中火緩；後火微。凡安放坯胎者，量釉之軟硬以配合窰位，俟坯器滿足，始爲發火。隨將窰門磚砌，止留一方孔，將松柴投入，片刻不停，俟窰内匣鉢作銀紅色時止，火窨一晝夜始開。

十六頁　燒坯開窰

瓷器之成，窰火是賴。計入窰至出窰類以三日爲率，至第四日清晨開窰。其窰中套裝瓷器之匣鉢尚帶紫紅色，人不能近，惟開窰之匠用布十數層製成手套，蘸以冷水護手，復用濕布包裹頭面肩背方能入窰搬取瓷器。瓷器既出，乘熱以安放新坯，因新坯潮濕就熱窰烘焙，可免火後坼裂穿漏之病。圖内據案包扎者，爲出窰瓷器；肩運柴片者，爲現在燒窰。其搬運出窰情形未詳繪也。

十七頁　圓琢洋彩

圓琢白器，五彩繪畫，摹仿西洋，故曰洋彩。須選素習繪事高手，將各種顔料研細調合，以白瓷片畫染燒試，必熟諳顔料火候之性，始可由粗及細，熟中生巧，總以眼明心細手準爲佳。所用顔料與法琅色同，其調色之法有三：一用芸香油；一用膠水；一用清水。蓋油色便於渲染；膠水所調便於拓抹；而清水之色便於堆填也。畫時有就案者，有手持者，亦有眠側於低處者，各因器之大小以就運筆之便。

十八頁　明爐暗爐

白胎瓷器於窰内燒成始施彩畫，彩畫後復需燒煉以固顔色，爰有明、暗爐之設。小件則用明爐，爐類法瑯所用，冂門向外，周圍炭火，器置鐵輪，其下托以鐵叉，又將瓷器送入爐中，傍以鐵鈎撥輪令其轉旋，以勻火氣，以畫料光亮爲度。大件則用暗爐，爐高三尺，徑二尺六七寸，周圍夾層以貯炭火，下留風眼，將瓷器貯於爐膛，人執圓板以避火氣，爐頂蓋板黑泥封固，燒一晝夜爲度。凡燒淺黄、緑、紫等器，法亦相同。

十九頁　束草裝桶

瓷器出窑，每分類揀選，以别上色、二色、三色、脚貨等名次，定價值高下。所有三色、脚貨即在本地貨賣，其上色之圓器與上色、二色之琢器俱用紙包裝桶，有裝桶匠以專其事。至二色之圓器，每十件爲一筒，用草包扎裝桶以便運載。其各省行用之粗瓷，則不用紙包裝桶，止用茭草包扎或三四十件爲一仔，或五六十件爲一仔，一仔猶云一馱。茭草直縛於内，竹篾横纏於外，水陸搬移便易結實。其匠衆多，以茭草爲名目。

二十頁　祀神酬願

景德一鎮，僻處浮梁邑境，周袤十餘里，山環水繞中央一洲，緣瓷産其地，商販畢集。民窑二三百區，終歲烟火相望，工匠人夫不下數十餘萬，靡不藉瓷資生。窑火得失皆尚禱祀，有神童姓，爲本地窑民，前明製造龍缸，連歲弗成。中使嚴督，窑民苦累，神躍身窑突中，捐生而缸成。司事者憐而奇之，於廠署内建祠祀焉，號曰「風火仙」。迄今屢著靈异，窑民奉祀維謹，酬獻無虚日，甚至徘優奏技數部簇於一場。

**清・顧禄《桐橋倚棹録》卷一〇**　琉璃燈，始則來自粤東，有緑白兩色。今郡人能以碎玻璃搗如米屑，淘洗極净，入爐重熔，一氣呵成。其市亦集於山塘，所鬻則有各種掛燈、檯燈，大小不齊。燈盤、燈架以銅錫爲之，反面以五彩黝描鳳穿牡丹之類。其素者則有供佛之長明燈與金魚缸，可安置几上，游鱗跳躍，視小爲大。鐵馬，乃琉璃脆片也，上有四字，曰「玉馬風聲」，或「玉龍」二字，皆製時熔成者，用銅鐵綫色絨扎成寶蓋形，復以十餘脆片穿之，懸於檐際，雨風之夕，音聲酸楚，令人不堪卒聽。梅霜崖《鐵馬》詩云：「爐冶誰施鍛煉功，熔成腰褭步難工。章臺側畔驚閨夢，畫閣前頭驟曉風。照日一圍爭躡影，巡檐百轉漫行空。如何不向昭陵去，只傍虚堂聒塞翁。」又，郭麐《詠鐵馬・釵頭鳳》詞云：「屏山曲，春眠足，丁冬驚起鴛鴦宿。重簾静，重欄憑。月明如水，梨花無影。認，認，認。珍珠箔，鞦韆索，琤琤攪碎檐前玉。呼人間，春來信。鸚歌報道，東風猶緊。聽，聽，聽。」

**清・梁章鉅《浪跡續談》卷八**　龍泉窑

龍泉窑出龍泉縣，以緑色勻净、裂紋隱隱、有硃砂底者爲佳，自析置龍泉入慶元縣，窑地遂屬慶元，去龍泉幾二百里，而今人遇新出之青瓷窑，仍稱龍泉，亦可笑也。青瓷窑地在琉田地方，按龍泉舊志載，章生二嘗主琉田窑，凡磁出生二窑者，必青瑩如玉，今鮮有存者，或一瓶一盤，動博十數金。其兄章生一窑所出之器，淺緑斷紋，號百圾碎，尤難得。世稱其兄之器曰哥窑，稱弟之器曰弟窑，或稱生二章云。

**清・程哲《窑器説》**　窑器所傳，柴、禹、官、哥、鈞、定可勿論矣。在勝朝，則有永、宣、成、宏、正、嘉、隆、萬官窑，其品之高下，首成窑，次宣，次永，次嘉。其宏、正、隆、萬間亦有佳者，其土骨紫白，料法也。堊藥，水法也。底足，火法也。其花青，彩畫法也。所忌者三，釉澤不具，曰骨，罅折曰蔑邊，毀剥曰茅。成窑之草蟲可口，子母雞勸盃、人物蓮子酒盞、草蟲小琖、青花小琖，其質細薄如紙。葡萄靶盃，五色敞口匾肚齊箸小碟、香合、小罐，皆五采者。成盃，茶貴于酒，采貴于青。其最者，鬥雞，可口謂之雞缸，神宗時尚食，御前成盃一雙，已值錢十萬。成、宣靶盃，皆非所貴。宣窑之祭紅盃、盤，有通體紅者，有紅魚者，有百果者，有西紅寶石堊塗燒者，其寶光凸起。紫黑者，火候失也。青花有茶靶盃，畫龍及松梅。有酒靶盃，畫人物、海獸。硃砂祭紅少大器，壺物有色紅鮮白鎖口者，有竹節滷壺、小壺、匾罐皆罩蓋者。罏、缾、盃、碟、敞口花尊、蜜漬桶罐，多五采者。白壇盞心有壇字暗花，白茶盞，瓮肚釜底線，足裏有龍鳳暗花，底有大明宣德年製暗款。坐墩有漏花填采，皆深青地。有藍地填采，有白地青花，有冰裂紋，其形以拱面爲上，凹面次之，爲其積水故也。又以花款青堊光素品者次之。水注有五采桃注、石榴注、采色雙瓜注、雙鴛注。筆洗有魚藻洗、葵洗、磬口洗、螭洗。兩臺鐙檠、幡幢，雀食罐，蟋蟀盆。徐應秋曰，宣窑不獨款式端正，色澤細潤，即其字畫亦精絶。嘗見一茶盞，乃畫輕羅小扇撲流螢，其人物毫髮具備，儼然一幅李思訓畫。永窑之壓手杯，傳用可久，撆口、折腰、沙足、滑底，外深青花，内雙獅毬，毬内篆書永樂年製，細如粟米。鴛鴦心次之。近仿蠢厚，約略形似耳。嘉窑泡盃，其極低小磬口者，有花三友者稱最，水藻者次之，芝草者又次之。壇琖大中小三號内，茶字者爲最，橄欖字、酒字、棗湯字次之，薑湯字又次之。薑湯不恒有。琖色以正白如玉斯美，堊嫩則近青，堊不净則近黄。其青花、五色二窑，器製悉備，有三色，魚匾殘磬口，饅心，圓足紅鉛小花合子等，有大如錢。有青花，有紅花。蓋永尚厚，成尚薄，宣青尚淡，嘉青尚濃，成青爲蘇渤泥青，宣青名麻葉青。宣采未若成采淺深入畫也。嘉、萬之回青，特爲幽菁，鮮紅、土綠色止礬紅而回青盛作。隆窑之秘戲不入鑒藏，他物汁水瑩厚如堆脂汁，故名雞皮、橘皮，質料厚實，不易茅蔑也。官窑土骨坯，乾隆年方用車碾薄上堊永候乾數次，故入骨，最堅而厚。出火口足堊不滿者，則碾去土堊更燒之，故有鷄橘紋起。用久，口不茅，身不蔑。其發稷眼、蟹爪紋者，堊中心小疵，反以驗火候之到。亦如宣鑪冷熱充補，他鑄無及者。至于別見他産者，畧疏于後。彭窑，元時戧金匠彭君寶，效古定器制折腰様者甚佳，土脈細白者，與足器相似。青口欠滋潤，極鬆脆，稱爲新定。近景德倣者，用青田石粉爲骨燒造，名爲粉定，堊粗骨鬆，更不佳。龍泉窑，出浙江處州龍泉縣，與哥窑共一地道。宋時名曰青瓷，明窑移處州府。處州青色土堊，火候較舊龍泉質劣。古器質薄一種，盤底有雙魚，外有銅掇環體厚者不佳。象窑，出浙江寧波府象山縣，似定而粗，色帶黄，有蟹爪紋。色白滋潤者高，俱不貴。歐窑，出江南常州府宜興縣。明歐姓者燒造，有倣哥窑紋片者，有倣官、鈞窑色者，采色甚多，皆花盤、匳架，諸器不一，舊者頗佳。建窑，出福建泉州府德化縣。其色有甜白，青色深淺不同。古建瓷薄者絶類宋瓷，盌盞多是撆口，色黑滋潤，有黄兔斑，滴珠大者真。體厚者多，少見薄者。唯佛像最佳。饒器，出江西饒州府浮梁縣景德鎮，及廣信府弋陽縣。宋時器色様甚繁，其淋堊甚肥，靈透，與定相近而稍有異。明官窑皆出于此。其官造窑小而器不多，甚至一窑止燒一器者。蓋取火候和勻周密，而無欹斜走煙破罅之失。祭紅，以西紅寶石爲堊，又有硃砂點，翠青花點，色不同，堊肥，俱有橘皮紋。甜白一種，色如羊脂者，尤可愛重。堊不到，磨去復上，入窑再燒。故稷紋甚厚，久用而不茅蔑。御土窑，體薄而潤，最好。素折腰様茅口者，體薄、色潤，瑩白，尤佳。其值低于定器。元時燒小定印花者，内有樞府字者高。新燒大足素者，欠潤，有青色及五色花者。今燒此器，佳者色白而瑩，最高。青黑色、戧金者，多是酒壺、酒盞之屬。古窑，出江西吉州府廬陵縣永和鎮，色與紫定相類。體厚而質粗，不足貴。宋時有五窑，書公燒者佳。有白、紫二色花缾，大者直數金，小者有花。又有碎器亦佳。相傳文丞相過此，窑器盡變成玉，遂止不燒。山西窑，出太原府榆次縣平定州平陽府。霍州又出霍器。陝窑，出平涼府平涼、華亭兩縣。廣東窑，出潮州府。其器與饒器類。高麗窑，器類饒産。有甜白色，而堊乾燥，微近黄，皮粗骨輕，花、素不等。細花竟似北定，印花青色者似龍泉，上有白花朵者不甚佳。大食國器，以銅骨爲身，起線，填五采藥料燒成，俗謂法瑯是也。宋官窑色鮮菁可愛，明官窑亦佳，又謂之鬼國窑。古瓷器，出河南彰德府磁州。與定器相似，但無淚痕，亦有劃花、繡花，素者值昂于定，新者不足論也。

**清·吴允嘉《浮梁陶政志》** 景德鎮一隅之地，四方商賈販瓷器者，萃集於斯，其業陶者，亦不皆土著也。廬舍稠密，烟火相望，其實無一富户。執役最爲勞苦，重以官府之製造，往往疲於供應。蓋民以陶利，亦以陶病，久矣。余遊西江，有客從事於陶者，爲余述其源委，頗詳且悉。因撮其大要，著爲斯編。守土之官，自能軫恤民艱，以甦其困，亦欲使世之用瓷者，知人力所由盡，物産所由來。真所謂一器而百工聚焉，愼毋玩忽視之也。

陶廠，自唐武德二年置務。一本云，陶人獻假玉器，由是置務。宋景德間，始置鎮以奉御，董造元更爲提領，皆有命則供，否則止。明初，始燒造歲解。宣德間，置御器廠，專筦御器，以營繕所丞專督工匠。正德戊寅，命中官督造。嘉靖革中官，以饒州府佐督之，後於各府佐選輪管理。萬曆己亥，礦税役興，即委開採内監兼理，而仍以府佐董之。

國朝順治十一等年，奉旨燒造龍缸、欄板等器，一本此是順治十六年事。差工部理事官喝某、郎中王某，監督燒造，久而不成，經督撫張朝璘具疏停止。康熙十年，燒造祭器等項，俱估值銷算正項錢糧，並未派徵。陶成分限解京。至康熙十九年九月間，奉旨燒造御器，差總管内務府廣儲司郎中徐公廷弼等四臣，駐廠督造。每製成之器，實估價值，陸續進呈御覽。凡工匠物料動支正項錢糧，按項給發。至於運費等項，並不貽累地方。經畫多方，官民稱便。而其時維持調護，相助有成者，實兼筦陶事郡丞陶公燿一人力也。

陶土，出浮梁、新正、都麻、倉山、龍塢、千户等坑，有青黑縫、糖點、白玉、金星等色。又餘干、婺源皆出墩土，湖田等圖出泑石、泑土。又新正都長嶺出青黄泑，義坑出澆白器泑，二處爲上，有柏葉斑。他如石牛山、李家塢有黑縫者不堪。又高嶺，吴門托新土，有糖點者亦佳。煉灰惟長山都者可用。諸土皆屬民業。

按舊志云，每土一擔，所鬻不過數分。而掘洞穿穴，深至數里，費財傷命不少。萬曆三十二年，鎮土牙戴良等赴内監，稱高嶺土爲官業，檄采取。知縣周啓元謂曰，朝廷燒造原有土值，何得指民業爲官業！還其檄。

陶用回青，本外國貢也。宣窯瓷器多滲青，正是淳用回青故也。陂塘青，産於樂平。石子青，產於瑞州諸處。今回青外國未貢，實無此料。所用俱浙料，故色遜於前。其顏料則有鉛粉、硝礬、赭石、紫英、翠、藍、黃、緑、青、紅、紫、金等色。

按驗青之法，回青淳則色散而不收，石青多則色沈而不亮。每兩加石青一錢，謂之上青。四六分加，謂之中青。十分之一，謂之混水。近時回青少，民間多用純白之器。如蛋皮鍾杯，及人物仙佛之類，亦極精巧。

陶器，則有缸、盆、盂、盤、尊、罏、瓶、罐、㼜、牒、鍾、盞之類，而飾以夔龍、雲雷、鳥獸、魚水、花草，或描或錐，或暗花，或玲瓏，諸巧無不具備。

陶夫，有雇夫、砂土夫，原派自饒州千户。所上工夫編派饒屬七縣解徵，工食俱奉造徵，停造免編。

窯制相類，廣狹不同。率窯乾、坯乾、柴乾，則少拆裂沈陷之患。土細、料細，土細則無粗糙污滓之虞。又必火候均匀，無太過、不及，則泑行光瑩，器自完美。要在泑真匣潔，此燒造之大端也。

**清・徐珂《清稗類鈔・工藝類》**

工藝之祕術

吾國之工藝，類有祕術。【略】又景德鎮燒瓷，其用油、造胚、畫花，各有專行，而祕不示人。山東博山燒料及各色玻璃，皆專業，所製黑色玻璃，能使黑暗不透光，玻璃杯能斟沸水不裂，西人亦不及之。然其法極祕，僅傳其子，即工匠亦必用其本邑人。凡商人欲定貨者，先與金若干，彼即在山中製成，始送出，其製法不使他人得見。至用藥料時，則帷其屋，雖工人亦不得見矣。又西人遊歷粵東某縣，見有化礦質者，怪其未嘗習礦學，而化煉頗得法，問之亦不告。又如粵之竹扇，精者僅一老嫗，嫗死，他人即不能繼之。福州漆器亦然。

製景泰藍

景泰藍者，始於明代宗景泰時，今都人能製之。其製法，銅器之表面塗以琺瑯質，燒成花鳥人物等種種花紋，花紋之周廓，或界以細銅絲，或否，日本謂之七寶燒，因其光色璀璨，若有各種寶玉雜於其中也。

製瓷

瓷器爲我國之特產，其原料，用瓷土、黏土或長石、石英等，研細沈澱，製以爲坯，入窑燒之，始成粗瓷。再加釉，入窑重燒，器之表面乃有光澤。

瓷之製法，先以白泥、陶土。石砂長石、石英之粉末。與水相和作漿，而後範以模型，或刻以轆轤，置日光之陰處乾之，乃敷油設色。此時依所製之種類而異其先後，大别之有三。一、先設色而後敷油者，二、先敷油而後設色者，三、油色同投者。凡敷油後，即須投燒，浮花之瓷，必經火而後設色，復須投燒。瓷有四要素，曰質，曰色，曰畫，曰式，欲鑒辨古瓷者，必注意於是。質以堅厚而重或輕薄而透亮者爲佳。我國瓷色，當以翠緑爲最古。宋成宗尚藍色，猶不過油面藍而已，底粗，微帶黄色。至明，則紅、白、黄、紫、黑等色均用，而彩釉亦以是始。康熙時，各色較光亮分明，茶褐色、棕色漸多采用，無論瓶盤，其緣輒有光耀之棕色。然是時尚無黑、紅彩釉，故康熙之黑地，常敷緑油，與乾隆之黑釉截然不同。胭脂紅色彩，雍正時始有之，其影由淡紅入紫，亦有用全紅色作釉者。瓷所常畫者，爲長壽老公、八仙、西王母、三真、三寶佛、十八羅漢、觀音佛、二十四孝，雜件則簫、劍、花籃、笛、葫蘆、卍字蓮花、八吉鯉魚、火毬、蝙蝠、仙菰桃、壽字戟瓶、文房四寶、七星八寶、八卦太極等。又佛手捲書畫軸香爐亦常見，並有笙、琴、鼗、磬各樂器，外如麒麟、龍、獅、牛、馬、鷄、鴨、鹿、羊、兔、鶴、鳳凰、雀、蜂、蝶、松、竹、梅、菊、荷、牡丹、葵、玫瑰等，亦入畫，又如山、水、花、木、亭榭、魚蝦、蟲類等皆有之。我國古瓷，惟大内或外人定製者始有新樣。康熙時，嘗聘法人Belleville意人Gherardim 專司御窑繪事，但所作不常采用，瓷之種類不一，式亦各殊，其特異者，回教徒所用之三式是也。

瓷之御窑

江西景德鎮原有御窑一所，創始於明萬曆時，專造進貢瓷器以供皇室之用，歲費國帑十餘萬金。吾國瓷業，乾、嘉前多精品，道、咸以降，日漸退化，其間能保持歷代古瓷之精華，流傳不絶，使得摹仿者，皆御窑之力。蓋美術古瓷，成本甚巨，商辦者無此厚力，御廠非營業，乃絶對以美觀爲目的，故花樣不厭精良，成本不計輕重也。

瓷之官窑民窑

廣州許守白，名之衡，研究瓷學最精，嘗曰：「自宋以來，已有官窑民窑之分。官窑者，由官撥款支銷，設專官監督之，以進上方，備賞賚者也。民窑又名客貨，民間所通用之瓷器出焉。官窑之中，更有御窑，所畫龍，必作五爪，專備御用，下不敢僭，然達官貴人亦得享用官窑器物。」

瓷之年窑臧窑

許守白曰：「年窑者，雍正時大將軍年羹堯督造之瓷也。青花五彩皆有之，而市肆中人，但以一種積紅小瓶小杯等物呼爲年窑，其他則不省也。年窑之紅，較之郎窑之紅爲黑而實，且不開片，其聲價亦遠遜於郎矣。又有臧窑者，爲雍、乾間臧應選所督造，然無甚特異之點。」

瓷之仿色

許守白曰：「紅爲最難仿之色，光緒初及中葉，所仿者惟薄施淡抹而已。其後則大紅、深紅，與夫胭脂、水豇、豆紅諸難仿傚之色，均無一不有，雖專家，亦往往受其欺。然是等物品，色澤縱足炫人，而細辨之，瓷質瓷胎，終有不類之點耳。綠之難仿，更甚於紅。純色釉之綠者頗足亂真，然仍乏深黝之致。至於仿康熙彩之硬綠，則最難形似，釉每混而不清，或發黑，或發黄，參入洋料，其迹顯然，故凡新物見有硬綠之處，莫不用砣去光以掩其迹。

「黄色之新者，其勻也，足與舊相類，而病在過鮮。若夫深黄，其釉亦略混，以較天然之金珀黄，其光潤透亮迥乎不同。至蛋黄色與舊者較，亦未免有差池之別也。

「紫亦爲最難仿之色，薄則黯淡，厚則發混，且亦紫中發黑，顯由他色配合而成，比於舊瓷之紫，瞠乎後矣。

「藍之一色，乃仿舊之最有成效者也。光緒時所仿者，或藍而帶黑，或藍而帶灰，均不難於判別。其仿康熙藍者，竟得七八，最足亂真，且亦能深入胎骨，所尚能認別者，恃質地及畫片耳。

「白爲本質，研究最要，識別又甚難。大抵新者其釉近糠，火氣宛然，求如舊瓷之美質，渺不可得，或就發青發黄之點以判時代之高下，又不盡然。最近新發明者，光致之極，幾似乾隆矣，獨稍欠缺者，一則光由内發，一則光由外鑠，相去終有逕庭也。

「新製之黑，與舊者最難相混，舊瓷之黑釉與彩渾成一片，新者之黑不但浮光宛然，且細辨之，釉與彩顯有迹象，固未能水乳交融也。

「新仿之品，以光緒朝爲最多，若咸、同間所仿者，皆易於識別。蓋彼時一朝有一朝之面目，雖仿舊製，亦不脱當時面目也。惟光緒時不然，襲歷朝之形式，無所不仿，且亦一一皆得近似，今於仿製中可分其沿革先後焉。初年所仿者，以宋、元及純色釉等品爲多，蓋當時物品，不甚難得，而朝士好古者，喜講宋、元，藉供考訂，故宋、元物仿者最多。中葉所仿，殊屬尋常，綵繪既不甚精，遂遜入仿明一派，蓋以明畫粗率，易於藏拙也。末葉所仿，最有進步，一由官窑良工四散，禁令廢弛，前所不敢仿之貢品，今則無所不敢矣。一由近年西人輦金重購，業此者皆知競争，美術因有進步，研料選工，仿舊精者，輒得八九，而五彩冒乾隆款者爲尤多，以易投時好也。至純色釉冒明代暨康、雍款者，亦極仿舊之能事，雜出其途以相炫焉。」

製瓷上釉

許守白曰：「製瓷上釉有二法。一曰蘸釉，以皿入缸，盪勻其汁，蘸釉者，其釉厚，故均、哥諸器，往往有若堆脂，所蘸不止一次也。一曰吹釉，截竹爲筒，嘘氣勻之，吹釉者，其釉薄，故舊瓷中有玻璃釉等名目，薄者且若卵膜也。

「掛釉之法，古時以筆搨釉，病在不勻，後改爲以皿入缸，用蘸釉法，勻矣。而屢有不到底者，旋又改爲吹釉之法，有三四次吹至十餘次不等，斯勻且净矣。」

瓷之開片

許守白曰：「瓷器有紋者謂之開片，有大開片，有小開片。小片之細碎者曰魚子紋，大片之稀疏者曰牛毛紋，曰柳葉紋，曰蟹爪紋，皆形容其所似也。

「瓷之開片，其原因有二。一曰人爲之開片，一曰自然之開片，多屬漿胎。當入窑時，已預使之開片，或開大，或開小，配合藥料燒之，則出窑時成開片形，一如人意之所欲出，是等開片似龜坼，開在胚胎者也。自然之開片，則歷年既久，其釉漸内裂，或成魚子，或成牛毛諸形。其坼也，純與胚胎無涉，足等開片，痕不深入，開在釉汁者也。」

瓷之疵

許守白曰：「瓷有雖疵而不得謂之疵者曰縮釉，曰短釉，曰麻癩，曰黏釉。縮釉者，謂入窑之際，火候驟緊，往往斂釉露出胎骨也。短釉者，謂隨意掛釉不到底足，此等蘸釉法，病在不勻。黏釉者，謂釉汁未乾，兩器相並而爲一，擘之使開，若黏片礫然。麻癩者，謂入窑時黏有火炭，釉汁稍縮，成堆垛形。此數者，皆宋、元所常有，且有因是而證製作之確據者，故曰雖疵而不得謂之疵也。

「瓷有小疵而不掩大醇者曰窑縫，曰冷紋，曰驚紋，曰爪紋。窑縫者，謂坯質偶鬆，爲火力所迫，土漿微坼，厥有短縫。冷紋者，謂器皿出窑之頃，風力偶侵，一綫微裂，不致透及他面。驚紋者，謂瓷質極薄，偶緣驚觸，内坼微痕，表面卻無傷損。爪紋者，謂器有裂痕，略如爪狀，或由沸水所注，或由窑風所侵。是數者，皆疵纇極微，無傷大體者也。

「瓷有視其疵病之淺深以定其有礙無礙者曰串烟，曰傷釉，曰崩釉，曰暴釉，曰沖口，曰毛邊，曰磕碰。串烟者，謂燒瓷之頃，偶爲濃煙熏翳，或類潑墨之狀，或呈果熟之形，若是者，視其濃淡多少以定優劣。傷釉者，謂器用日久，案磨布擦，細紋如毛，色呈枯闇。崩釉者，謂硬彩，歷年既久，遂至崩坼，彩色剥落，墜紛殘紅。暴釉者，謂釉質凸起，形如水泡，手法欠勻，火力逼之，遂呈斯狀，若是者，視其地位多寡，以判低昂。沖口者，謂器皿之口，或觸或震，口際微裂，成直縫形。毛邊磕碰，均謂器皿口邊微有傷損，傷處甚小，而捫處畧有稜者曰毛邊。傷處較多而胎骨少缺，但邊際尚未露稜者曰磕碰。若是者，亦視其受病之大小以增減其價值焉。

「瓷有人工造作而成疵者曰磨邊，曰磨底。磨邊者，謂瓶貝口際，曾經缺損頗巨，因將邊磨平，或鋸去頸項改成罐形，價值所失，十折八九矣。磨底者，因嫌底款年代不久，磨去其款，託於遠代，然物品果美，亦有得善價者。」

製宫燈罩

官窑瓷器勝於前代，尤以康熙時製爲最。同治朝，大婚典禮，飭九江道於景德鎮御窑廠定造宫燈罩，頒發舊樣，其質潔白，光透，中含花紋，勝於玻璃。廠中無人能造，百計采訪，惟一舊工人年八十許，頗知之，家藏一書，備言製造之法，祕不示人。以重金賂之，始出此書，乃按其遺説精製進呈，與康、乾間物無異。

製陶器

宜興陶器，色紅潤如古銅，堅韌亦僅遜之。蜀山以茶壺名，丁山以缸盆之屬名，種類形式，粗細均有之。其泥亦分多種，紅泥價最昂，紫沙泥次之。嫩泥富有黏力，無論製作何器，必用少許，以收凝合之效。夾泥最劣，僅可製粗器。白泥以製罐鉢之屬。天青泥亦稱緑泥，産量亦少。豆沙泥則常品也。

泥初出山時大如煤塊，舂以杵，必數次，始取其較細者浸之於池，經數月則粗分子下沈，其最上層皆有黏性，乃取以製器。

器既成，必加以釉，分青、黄、赤、白、黑五種。上釉之手術，視其器之精粗美惡量爲注意。所用器具不甚精密，矩車、規車，以别大小方圓，篦子、明針，以事剔括範律，絶無模型。故器之形狀大小欲求一律，全恃手勢之適當也。

各種泥坯燒於蜀山窑中，别於製作場設一燒釉爐，用土墼築成圓形，四周有孔，俾可通氣。皿置其中，小者可數百件，大者亦數十件，積炭於上，凡燒四小時，而器成矣。爐之中心有孔，自頂直貫爐底，善别火候者，立而俯視之，即知器之成否，非老於此者不能。且用模型者，轉不如手製之精美。工人無教育之所，自幼實習，以迄成材。工資不等，視貨之精粗爲準，論件不論日。泥産於蜀、丁二山，每石僅銀幣二角有奇。

製琉璃

琉璃，以扁青石爲藥料而燒成之，宫殿及親王邸宅所用琉璃瓦是也。色或黄或緑，其形則有筒瓦、版瓦之殊，率以圓木或斲木爲模，而範土造之。扁青石，即鉛與鈉之矽酸化合物，有玻璃光，微透明，可爲裝飾品及青色顔料，陶器之釉藥中亦用之。

製玻璃

玻璃種類甚多，大别之，爲鉀玻璃、鈉玻璃、鉛玻璃三種。鉀玻璃，以炭酸鉀、石灰、白砂等製之，質堅難鎔，宜作化學器具，是爲上等品。鉛玻璃，以鉛丹、炭酸鈉、石灰、白砂等製之，折光力頗强，宜作光學器具。鈉玻璃，以炭酸鈉、炭酸、石灰、白砂等製之，平板瓶管之屬，多以此製，微帶緑色，爲最普通之品。性脆硬，不傳電氣，熱之，則熔如飴，粘於鐵管，吹泡入模爲器。

製玻璃版者，亦先吹成大圓筒，後切開以製平板，通常皆透明如水，浸以弗化輕酸等腐蝕藥，則不透明，俗稱毛玻璃。製時，加各種顔料，即呈種種彩色，山東博山玻璃有限公司能製之。

# 傳記

## 明・周高起《陽羨茗壺系》

正始

供春，學使吴頤山家青衣也。頤山讀書金沙寺中，供春於給役之暇，竊仿老僧心匠，亦淘細土摶胚，茶匙穴中，指掠内外，指螺文隱起可按。胎必累按，故腹半尚現節腠，視以辨真。今傳世者，栗色闇闇如古金鐵，敦龐周正，允稱神明垂則矣。世以其孫龔姓，亦書爲龔春。人皆證爲龔，予於吴冏卿家見時大彬所仿，則刻供春二字，足折聚訟云。

董翰，號後谿。始造菱花式，已殫工巧。

趙梁，多提梁式，亦有傳寫名良者。

袁錫，按，袁姓，據《秋園雜佩》更正。

時朋，即大彬父，是爲四名家。萬曆間人，皆供春之後勁也。董文巧而三家多古拙。

李茂林，行四，名養心。製小圓式，妍在樸致中，允屬名玩。自此以往，壺乃另作瓦囊，閉入陶穴，故前此名壺，不免沾缸罈油淚。

大家

時大彬，號少山。或淘土，或雜硇砂土，諸款具足，諸土色亦具足。不務妍媚，而樸雅堅栗，妙不可思。初自仿供春得手，喜作大壺。後遊婁東，聞眉公與琅琊太原諸公品茶施茶之論，乃作小壺、几案。有一具，生人閒遠之思，前後諸名家並不能及。遂於陶人標大雅之遺，擅空羣之目矣。

名家

李仲芳，行大，茂林子，及時大彬門，爲高足第一。製度漸趨文巧，其父督以敦古，仲芳嘗手一壺，視其父曰，老兄這個如何？俗因呼其所作爲老兄壺。後入金壇，卒以文巧相競。今世所傳大彬壺，亦有仲芳作之，大彬見賞而自署款識者。時人語曰，李大缾，時大名。

徐友泉，名士衡。故非陶人也，其父好大彬壺，延致家塾。一日，强大彬作泥牛爲戲，不即從。友泉奪其壺土出門去，適見樹下眠牛將起，尚屈一足，注視捏塑，曲盡厥狀，攜以視大彬，一見，驚歎曰，如子智能，異日必出吾上。因學爲壺，變化其式，仿古尊罍諸器，配合土色所宜，畢智窮工，移人心目。予嘗博攷厥製，有漢方扁觶、小雲雷提梁卣、蕉葉、蓮方、菱花、鵝蛋、分襠索耳、美人、垂蓮、大頂蓮、一回角、六子諸款。泥色有海棠紅、硃砂紫、定窑白，冷金黄、淡墨、沉香(水)[木]、石榴皮、葵黄、閃色、梨皮諸名，種種變異，妙出心裁。然晚年恒自歎曰，吾之精，終不及時之麤。

雅流

歐正春，多規花卉果物，式度精妍。

邵文金，仿時大彬漢方獨絶，今尚壽。

邵文銀。

蔣伯荂，名時英。四人並大彬弟子。蔣後客於吴，陳眉公爲改其字之敷爲荂。因附高流，諱言本業。然其所作，堅致不俗也。

陳用卿，與時同工，而年技俱後。負力尚氣，嘗掛吏議，在縲絏中，俗名陳三獃子。式尚工緻，如蓮子、湯婆、缽、盂、圓珠諸製，不規而圓，已極妍飭。款仿鍾太傅帖意。

陳信卿，仿時、李諸傳器，具有優孟、叔敖處，故非用卿族品。其所作雖豐美遜之，而堅瘦工整，雅自不羣。貌寢意率，自誇洪飲，逐貴游閒，不務壹志盡技間，多伺弟子造成，修削署款而已。所謂心計轉麤，不復唱渭城時也。

閔魯生，名賢。製仿諸家，漸入佳境。人頗醇謹，見傳器則虚心企擬，不憚改。爲技也，進乎道矣。

陳光甫，仿供春、時大爲入室，天奪其能，早眚一目相視口的，不極端致，然經其手摹，亦具體而微矣。

神品

陳仲美，婺源人。初造瓷於景德鎮，以業之者多，不足成其名，棄之而來。好配壺土，意造諸玩，如香盒、花盃、狻猊爐、辟邪、鎮紙，重鏤疊刻，細極鬼工。壺象花果，綴以草蟲，或龍戲海濤，伸爪出目。至塑大士像，莊嚴慈憫，神采欲生，瓔珞花鬘，不可思議。智兼龍眠道子，心思殫竭，以夭天年。

沈君用，名士良。踵仲美之智，而妍巧悉敵。壺式上接歐正春一派，至尚象諸物，製爲器用。不尚正方圓，而筍縫不苟絲髮。配土之妙，色象天錯，金石同堅。自幼知名，人呼之曰沈多梳。宜興垂髫之稱。巧殫厥心，以甲申四月夭。

別派

諸人見汪大心《葉語附記》中。休寧人，字體兹，號古靈。

邵蓋，周後谿，邵二孫，並萬曆間人。

陳俊卿，亦時大彬弟子。

周季山，陳和之，陳挺生，承雲從，沈君盛善仿友泉，君用，並天啓、崇禎間人。

沈子澈，崇禎時人。所製壺古雅渾樸，嘗爲人製菱花壺，銘之曰，石根泉，蒙頂葉，漱齒鮮，滌塵熱。按此條據《宜興舊志》增入。

陳辰，字共之。工鐫壺款，近人多假手焉。亦陶家之中書君也。

鐫壺款識，即時大彬初倩能書者，落墨用竹刀畫之，或以印記，後竟運刀成字，書法閒雅，在黄庭、樂毅帖間。人不能仿，賞鑒家用以爲別。次則李仲芳，亦合書法。若李茂林，硃書號記而已。仲芳亦時代大彬刻款，手法自遜。

規仿名壺曰臨，比於書畫家入門時。

陶肆謡曰，壺家妙手稱三大。謂時大彬、李大仲芳、徐大友泉也。予爲轉一語曰，明代良陶讓一時，獨尊大彬，固自匪佞。

**清・沙上鶴《瀋陽唐叔子蝸寄先生傳》**唐英《陶人心語》　先生姓唐氏名英，字俊公，蝸寄其號也。由郎署出司陶務，又叠榷淮、潯。文章政事，膾炙吴楚人口者，已十八年於茲矣。雍正己酉，余始讀先生詩。見其温柔敦厚，博物辨志，知爲篤棐力學之君子，竊以不即一見爲憾。歲甲寅，就謁陶署。辱先生知，爲賦縶維之什。迄今晨夕數年，得盡悉先生之家世人品。凡其功名學業，悉從困心衡慮中來。非若膏粱紈絝，捷得一官，不知民情物理爲何如者也。先生先世爲關東瀋陽人，自其祖從龍入關，隸籍正白旗下。父諱爲國，隱德弗售，以先生官贈通議大夫。先生爲其叔子，生六歲而孤。天資疑異，不好戲嬉。嗜讀書，出就外傳，即目十行下。太淑人董，急欲其建功王家，不令卒舉子業，年十六即供奉内廷。内廷故多賢士大夫，見先生之少而好學，皆折節下交，因而筆墨詩文遂日以進，而聲譽亦日以起。乃先生則抑然自下，未嘗以學問驕人。而於艱鉅之任，又必先人以赴，不甘以懷與安自處。前後供奉三十餘年，曾無一日少懈。聖祖仁皇帝車駕所臨，無不扈從。凡山之高，江之深，絶塞之廣漠，先生悉勇往弗怠。顧秉性孤介，輒爲人所忌嫉，未能即致通顯，而先生處之淡然。事益力，學益勤，雖奔馳勞匱，旅燈客帳，吟哦不輟也。世宗憲皇帝御極，特授員外郎。於是而若錐之處囊，始得時露其穎，然間年已逾强仕之二歲矣。越六年，戊申，承命督陶。陶之人咸受其教育，每寓賑恤於役作中，無不深德之者。經八載，而工不苦累，器不苦窳。凡指點勸懲，悉出心裁，以佈諸條告，俾各遵循，而莫越其範圍。今已輯爲一集，實可爲陶政之傳書。餘叙其事最詳。厥後又五六年，榷淮，榷潯，仍兼綜陶務。復能矢其冰潔，惠行商賈。設義渡以濟行旅，立義學以教孤寒。寒者衣之，死者棺之。施予無算，雖囹圄溝瘠，無不共沾其澤。凡所臨蒞，必使有濟於閭閻而後已。其自廠之淮，自淮之潯，計三易地。而受役之府史胥徒，悉依依如去慈父母，甚有去其職業以相從者。非入人之深，曷克臻此？至其睦姻任恤，又出之性天。操故清潔，囊無餘資。所得養廉自辦公而外，由手足以迄親黨故舊之貧乏者，群沾餘潤焉。歷外雖久，不植家人生業。人有以子孫計進言者，每笑謝之曰：「詩書，吾所好也，敢以私吾子，其能承者自承之。他則非吾計也。」故於公暇，每執一編以課二子。今長君文保，業供奉内廷。次子寅保，年未冠而文章學問已入大雅之室矣。謂非先生之德與教有以致之歟？今三子萬寶，雖啼聲初試，已見不凡。他日絜雁行而紹箕裘者，又可爲先生預卜也。間竊論先生之品詣大概，得賦畀之正，而又取聖賢義藴，以陶淑其身心。故能不偏於好惡，不誘於利欲。峻不絶物，和不同流。嚴毅者其中，温恭者其外。昔子輿氏所謂富貴不淫，貧賤不移，威武不屈者，先生有焉。他如飲食嗜好之端，亦寓遏欲存仁之意，非賓朋宴會不以口腹戕物命。並誡子孫，世守成訓。恩及禽獸，其居心又爲何如也！語云：「積之既厚，流之彌光。」吾於此有以知先生後此之功業，正未可量耳。先生著作最富，有《陶人心語》數萬言，行將出而問世。太史公云：「誦其詩，讀其書，想見其爲人。」宜余於曩時即深嚮往也。今相習既久，目擊其積德累行，指不勝屈，敢不紀其大略，以信今而傳後乎？獨是余才不逮於庸衆，名不隸於通籍，何足以傳先生？蓋惟知之深，見之切，其發於言者爲獨真。先生之命集也以「心語」，余亦語我心之所知耳。若責以紀傳之體裁，則以俟能文之君子。乾隆五年中秋後九日，長洲沙上鶴拜手撰。

**清·《[同治]九江府志》卷一三《寺觀德化》** 唐公祠，在能仁寺右。公名英，爲政深得士民心，入名宦，有傳。乾隆二十二年士民建祠塑像，並置九衛故老丁幾户。内田一十五畝五分，租三十一石，交黄龍支派僧菊山永遠供奉。今毁。

**又 卷二五《關督》** 唐英 内務府員外郎，欽命監督九江關税、窑務。自乾隆四年任至十三年、十四年任，至十六年。十八年任，至二十一年。有傳。

**又 卷二七《職官名宦》** 唐英 字俊公，號蝸寄。瀋陽人，以乾隆己未歲榷關九江，歷今垂八十餘年，雖婦孺咸嘖嘖稱道，蓋不獨利賴在商估而已。匡山自陶、謝後，名流遊咏代不乏人。公遠慕高風，凡邃谷幽崖，所在蘭若，紀述既富，捐建亦夥。尤喜培文教，時延名山長課士煙水亭上，又於古承天寺右建書院，後人因以祠焉。晚年少君東賓太史，率命贊關政，公獨寄情山水，四方往來唱酬無虚日。書畫亦居然名家，著有《陶人心語》，流風遺澤，足致思云。

**清·鐵保《熙朝雅頌集》卷五六** 唐英，字俊公，一字叔子，晚號蝸寄老人，漢軍人。官粤海關監督，有《陶人心語》。《欽定八旗通志》：《陶人心語》五卷，續選十四卷，被遺一卷，唐英撰。是集英所自編，一卷至四卷，以古今體詩分類，又各分五言七言。五卷爲雜文。續選一卷二卷爲詩，附雜文一篇，排纂殊無體例。三卷至十卷皆詩。題曰：潯江著。又入覲草一卷，亦題卷十，亦頗重復。十一卷亦題潯江著，而別題子目曰「望洋集」。十二卷前半題潯江著，後半題粤東著。十三卷前半題粤東著，後半及十四卷又題曰潯陽著。大抵一官一集，以編年爲次，而限於篇帙，遂割裂如斯。其詩則綽有清思不失雅，則其曰《陶人心語》者以久司官窑於江西，而吟咏則直抒胸臆，故立是名云。李紱序云：俊公榷兩淮復榷九江，珠山昌水，見之筆墨爲多，讀「起蛟行」，見愛國愛民之心。

**《清史稿·劉源 唐英傳》** 劉源，字伴阮，河南祥符人，隸漢軍旗籍。康熙中，官刑部主事，供奉内廷，監督蕪湖、九江兩關，技巧絶倫。少工畫，曾繪《唐淩煙閣功臣像》，鐫刻行世，吴偉業贈詩紀之。及在内廷，於殿壁畫竹，風枝雨葉，極生動之致，爲時所稱。手製清煙墨，在「寥天一」「青麟髓」之上。於一笏上刻《滕王閣序》《心經》，字畫嶄然。奉敕製太皇太后及皇貴妃寶範，撥蠟精絶。時江西景德鎮開御窑，源呈甆樣數百種。參古今之式，運以新意，備諸巧妙。於綵繪人物山水花鳥，尤各極其勝。及成，其精美過於明代諸窑。其他御用木漆器物，亦多出監作，聖祖甚眷遇之。及卒，無子，命官奠茶酒，侍衛護柩，馳驛歸葬，恩禮特異焉。

唐英，字俊公，漢軍旗人。官内務府員外郎，直養心殿。雍正六年，命監江西景德鎮窑務，歷監粵海關、淮安關。乾隆初，調九江關，復監督窑務，先後在事十餘年。明以中官督造，後改巡道，督府佐司其事，清初因之。順治中，巡撫郎廷佐所督造，精美有名，世稱「郎窑」。其後御窑興工，每命工部或内務府司官往，專任其事。年希堯曾奉使造器甚夥，世稱「年窑」。

英繼其後，任事最久，講求陶法，於泥土、釉料、坯胎、火候，具有心得，躬自指揮。又能卹工慎帑，撰《陶成紀事碑》，備載經費、工匠解額，臚列諸色甆釉，仿古採今，凡五十七種。自宋大觀，明永樂、宣德、成化、嘉靖、萬曆諸官窑，及哥窑、定窑、均窑、龍泉窑、宜興窑、西洋、東洋諸器，皆有仿製。其釉色，有白粉青、大緑、米色、玫瑰紫、海棠紅、茄花紫、梅子青、騾肝、馬肺、天藍、霽紅、霽青、鱔魚黄、蛇皮緑、油緑、歐紅、歐藍、月白、翡翠、烏金、紫金諸種。又有澆黄、澆紫、澆緑、填白、描金、青花、水墨、五彩、錐花、拱花、抹金、抹銀諸名。

奉敕編《陶冶圖》，爲圖二十：曰《采石製泥》，曰《淘煉泥土》，曰《煉灰配釉》，曰《製造匣鉢》，曰《圓器修模》，曰《圓器拉坯》，曰《琢器做坯》，曰《采取青料》，曰《煉選青料》，曰《印坯乳料》，曰《圓器青花》，曰《製畫琢器》，曰《蘸釉吹釉》，曰《鏇坯乞足》，曰《成坯入窑》，曰《燒坯開窑》，曰《圓琢洋採》，曰《明爐暗爐》，曰《束草裝桶》，曰《祀神酬願》。各附詳説，備著工作次第，後之治陶政者取法焉。英所造者，世稱「唐窑」。

# 紀事

**《周禮・冬官考工記》** 陶人爲甗，實二鬴，厚半寸，脣寸。盆，實二鬴，厚半寸，脣寸。甑，實二鬴，厚半寸，脣寸，七穿。



量六斗四升曰鬴。鄭司農云：「甗，無底甑。」疏：「陶人爲甗，實二鬴」者，陶人亦以事名工也。《左》襄二十五年傳云：「虞閼父爲周陶正。」《喪大記》云「陶人出重鬲」，此工即其屬也。互詳《總敍》疏。《説文・瓦部》云：「甗，甑也，一穿。」案：甗、盆、甑皆容一斛二斗八升。戴震云：「一穿爲甗，七穿爲甑，並上大下小。《爾雅》：『䰙謂之鬵。鬵，鉹也。』《方言》：『甑，自關而東謂之甗，或謂之鬵，或謂之酢餾。』郭注云：『涼州呼鉹。』甑甗亦通稱也。甗上體如甑，無底，施箅其中，容十二斗八升；下體如鬲，以承水，陞氣於上。古銅甗有存者，大勢類此。」又云：「《陶人》甗、盆、甑、鬲、庾，皆不言廣崇之度，或脩而斂，或庳而邑，不一定也。」詒讓案：甗甑皆炊飪之器，故《少牢饋食禮》云：「雍人摡鼎匕俎于雍爨，廩人摡甗甑匕與敦于廩爨。」是甑甗以炊飯，與鼎以烹牲體同。甗盆甑並陶土爲之，故《左傳釋文》引《字林》云：「甗，土甑也。」《左》成二年傳：「齊侯使賓媚人賂以紀甗玉磬。」杜注云：「甗，玉甑。」此別以玉爲之，不爲用器，非常制也。云「厚半寸，脣寸」者，《説文・肉部》云：「脣，口耑也。」凡器埒厚半寸，其口脣周帀有緣，故厚倍之，陶旊諸器並同。云「盆實二鬴」者，制詳《牛人》疏。云「甑實二鬴」者，《説文・瓦部》云：「甑，甗也。」又《鬲部》云：「䰙，鬵屬。」案：䰙甑字同。《一切經音義》引《字林》云：「甑，炊器也。」云「七穿」者，穿即謂空。《説文・穴部》云：「穿，通也。窐，空也。」《楚辭・離騷》有「甑窐」，王注云：「窐，土甑孔也。」此七穿，即所謂窐矣。注云「量六斗四升曰鬴」者，《廩人》《㮚氏》注並同。鄭司農云「甗，無底甑」者，《少牢饋食禮》注云：「甗如甑，一空。」《説文》云：「甗，一穿。」《釋名・釋山》云：「甗，甑一孔也。」賈疏云：「對甑七穿，是有底甑。」段玉裁云：「無底，即所謂一穿。蓋甑七穿而小，甗一穿而大；一穿而大，則無底矣。」

鬲，實五觳，厚半寸，脣寸。庾，實二觳，厚半寸，脣寸。

鄭司農云：「觳讀爲斛，觳受三斗，《聘禮記》有斛。」玄謂豆實三而成觳，則觳受斗二升。庾讀如「請益與之庾」之庾。疏：「鬲實五觳」者，容六斗。《説文・鬲部》云：「鬲，鼎屬，實五觳。斗二升曰觳。象腹交文三足。」《角部》云：「觳，盛觵卮也，讀若斛。」《方言》云：「鍑，北燕朝鮮洌水之閒或謂之錪，或謂之餅；江淮陳楚之閒謂之錡，或謂之鏤；吴揚之閒謂之鬲。」郭注云：「鍑，釜屬也。」戴震云：「《爾雅》『鼎款足謂之鬲』，注云：『鼎曲脚也。』蓋或以金、或以瓦爲之，款而三足，無足則釜也。《毛詩傳》『有足曰錡』。」案：戴説是也。鬲三足似鼎，故《史記・封禪書》説九鼎云「其款足曰鬲」，《索隱》云：「款者，空也，言其足中空也。」《漢書・郊祀志》「款足」作「空足」，顔注引蘇林云：「足中空不實者，名曰鬲。」是鬲形制與鼎同，但以空足爲異，故許君云「鼎屬」。其用主於烹飪，與釜鍑同，故《方言》又以爲鍑之別名。古或笵銅爲之，《史記・滑稽傳》云「銅歷爲棺」，《索隱》云：「歷即釜鬲也。」歷，㽁之借字。此陶人所作，是瓦鬲。《説苑・反質篇》云：「瓦鬲煮食。」《説文》載鬲字重文或作「䰛」，又引《漢令》作「㽁」，並從瓦是也。云「庾實二觳」者，容二斗四升。《左傳》昭二十六年，孔疏云：「庾，瓦器，今甕之類。」案：形制未聞。注鄭司農云「觳讀爲斛」者，段玉裁云：「似傳寫之誤，『讀爲斛』當本是『或爲斛』。」案：段校是也。此疊異文，非改讀其字也。云「觳受三斗」者，此據《旊人》文，而讀豆爲斗，兼據今文禮家説，以此經之「庾」，爲《聘禮記》之「逾」；又以庾實二觳爲六斗，半之爲一觳所受之數也。彼「逾」，《掌客》及古文《禮》並作「籔」。《聘禮記》説致禮之米云：「十斗曰斛，十六斗曰籔，十籔曰秉。」注云：「今文籔爲逾。」彼《記》下文别釋車米總數，云「二百四十斗」，又别説禾云「四秉曰筥，十筥曰稯」。此後鄭本《記》三文，各不相冡也。《説文・禾部》秅字注，則以十籔之秉與四秉之秉爲一，而云《周禮》曰二百四十斤爲秉，四秉曰筥，十筥曰稯」。此亦本《聘禮記》，而易二百四十斗之斗爲斤，以爲一秉之總數。許所據文義並與鄭異。其稱《周禮》者，謂此經舊師説，故《載師》疏引《五經異義》「古《周禮》説，一井出稯禾二百四十斛，秉芻二百四十斤，釜米十六斗」，與《説文》同。孔廣森云：「《異義》以稯禾爲二百四十斛，是秉乃六斛矣。《禮》注云『今文籔爲逾』。似今文不但逾籔字異，且唯作六斗曰逾，而無『十』字，逾即庾也。《記》『庾實二觳』，司農注『觳受三斗』。《梓人》『一獻而三酬，則一豆矣』，後鄭讀豆爲斗。蓋《旊人》『豆實三而成觳』，先鄭亦讀豆爲斗，故云觳受三斗。觳斛同音，而所容實異。三斗爲觳，六斗爲庾，十庾爲秉。秉六斛，二百四十斤。四十秉爲稯，稯二百四十斛，九千六百斤也。」案：孔參綜《異義》《説文》，證先鄭此注觳受三斗，據今文《禮記》逾之半量，其説甚塙。蓋先鄭意，觳三豆，實爲三斗，是庾即逾，六斗，鬲一斛五斗也。以此數遞乘之，則一秉爲庾者十，爲斛者六，爲觳者二十也。一稯爲秉者四十，爲庾者四百，爲斛者二百四十，爲觳者八百也。與《異義》所述古《周禮》説稯禾之數正合。蓋此經舊師説本如是，故先鄭從之。後鄭《掌客》注及《聘禮記》注，則並從古文作「十六斗曰籔」，不從今文作「逾」，亦不從别本作「六斗曰逾」，而四秉自爲禾把，與十籔之量不相冡。先鄭及許依今文説，於義爲短，故不從也。許君雖從今文《禮》義，然《説文・鬲部》又云「斗二升曰觳」，則許不以此「庾」爲即今文《禮》之「逾」，其説與先鄭又小異。云《聘禮記》有斛」者，段玉裁云：「謂十斗曰斛，此分别觳斛之解也，正經觳或爲斛之誤。」案：段説是也。先鄭既不從或本作「斛」，又嫌觳斛音義易掍，故别白之云「《聘禮記》有斛」，明彼斛自爲十斗之量，與此觳異。賈疏謂先鄭説觳受三斗，或十斗，未達先鄭之恉。云「玄謂豆實三而成觳，則觳受斗二升」者，後鄭亦據《旊人》文，而不破字。豆實四升，三之爲斗二升。此破先鄭觳受三斗之説。《説文》義同。云「庾讀如請益與之庾之庾」者，《論語・雍也篇》文。後鄭引之，明此庾即《論語》之庾也。依鄭義，則庾容二斗四升。何氏《集解》引包咸云「十六斗曰庾」，非鄭義也。戴震云：「量之數，斗二升曰觳，十斗曰斛，二斗四升曰庾，十六斗曰籔。觳與斛，庾與籔，音聲相邇，傳注往往譌溷。《論語》『與之庾』，謂於釜外更益二斗四升。蓋與之釜已當，所益不得過乎始與。包注『十六斗曰庾』，誤也。」案：戴説是也。賈疏云：「《小爾雅》『匊二升，二匊爲豆，豆四升，四豆曰區，四區曰釜，二釜有半謂之庾』者，庾本有二法，故《聘禮記》云『十六斗曰籔』，注云：『今文籔爲逾。』逾即庾也。按昭二十六年，申豐云『粟五千庾』，杜注云：『庾，十六斗。』以此知庾有二法也。」案：賈引《小爾雅・廣量》文，與今本異。庾，《小爾雅》作「籔」，則仍與《聘禮記》字同。《禮》今文作「逾」，别本又作「六斗曰逾」。先鄭以當此經之庾，彼逾字或亦作「庾」。《國語・魯語》「缶米」，韋注云：「缶，庾也。《聘禮》曰：十六斗曰庾。」是庾與逾聲近字通，故包、杜及《史記集解》《論語》皇疏引賈逵《左傳・國語》注、《周語》韋注引唐固説，並同。後鄭但引《論語》以證此經之庾，而不引《聘禮記》，明今文《禮》之「逾」與此經及《論語》之「庾」異字異量，亦與先鄭意不同。賈引《聘禮記》謂庾本有二法，與後鄭指實無當也。據《論語》，則釜庾二量迥殊。《小爾雅・廣量》云「籔二有半謂之缶」，則缶爲四斛，是缶與釜庾亦異。而《魯語》「缶米」，許氏《異義》以缶爲釜，韋注又以爲即庾，則是掍釜庾缶爲一量，殆必不可通。今文《禮》之逾字，又作「𣁋」「匬」，詳《弓人》疏。

旊人爲簋，實一觳，崇尺，厚半寸，脣寸，豆實三而成觳，崇尺。崇，高也。豆實四升。

疏：「旊人爲簋」者，旊，《唐石經》誤「[illegible]」，今據宋本正。旊人，亦以事名工也。賈疏云：「祭宗廟皆用木簋，今此用瓦簋，據祭天地及外神尚質。按《易・損卦・彖》云：『二簋可用享。』四，以簋進黍稷於神也。初與二直，其四與五承上，故用二簋。四，《巽》爻也，《巽》爲木。五，《離》爻也，《離》爲日。日體圜，木器而圜，簋象也。是以知以木爲之，宗廟用之。若祭天地外神等，則用瓦簋，故《郊特牲》云『掃地而祭，於其質也；器用陶匏，以象天地之性』，是其義也。」案：賈所述《易・損・彖》義，據鄭《易注》，亦見《詩・秦風・權輿》孔疏。簋之容與觳同，皆斗二升。賈《舍人》疏引鄭《孝經注》謂簠受斗二升，則簠簋所容亦同，唯以方圓爲異。戴震云：「古者簠簋，或以金，或以木，或以瓦爲之。管仲鏤簋，金簋也，《爾雅》金謂之鏤是也。飾以玉、飾以象者，木簋也。瓦簋不得有飾。」案：戴説是也。《韓非子・十過篇》云「堯飯於土簋」，土簋即此瓦簋也。《聘禮》又有「竹簋方」，則簋之别制，此與木簋、金簋，並非旊人所爲矣。唯旊人爲瓦簋，亦當兼爲瓦簠。此不言者，文不具也。簠形制，互詳《舍人》疏。云「豆實三而成觳，崇尺」者，戴震云：「簋豆並崇尺，簋通蓋高，豆下有柄，亦通蓋高。《爾雅》木豆謂之豆，瓦豆謂之登，竹豆謂之籩。此瓦豆則登也。豆其通名。登與豆用同，宜濡物。若籩，惟宜乾物。」黄以周云：「崇尺，瓦豆之高也。《籩人》注云：『籩如豆，其容實皆四升。』賈疏以爲籩豆皆面徑尺，柄尺，依《漢禮器制度》知之。《管子・弟子職》『柄尺不跪』，注云：『豆有柄，長尺，則立而進之。』則柄尺實古制矣。《論語》皇疏云『柄尺二寸』，非也。柄即中央直者，《禮》謂之校，其下有跗，《禮》謂之鐙。跗與口各高一寸，合柄一尺爲高尺二寸。鄭注《雜記》云『豆徑尺』，疏云『面徑尺』。以口高一寸，圓徑一尺算之，已足容實四升。聶氏以爲口圓徑尺二寸，亦非也。」案：戴、黄説甚覈。聶氏《三禮圖》引梁正、阮諶《圖》云：「登盛湆，以瓦爲之，受斗二升，口徑尺二寸，足徑尺八寸，高二尺四寸，小身，有蓋，似豆狀。」此所説形制過大，聶崇義已㡿之矣。又賈疏謂祭宗廟用木簋，祭天地外神用瓦簋，則豆亦當然。《郊特牲》孔疏亦謂祭天之簋豆用瓦，與賈意同。陳祥道云：「《詩・生民》述祀天之禮言『于豆于登』，則祀天有木豆矣。《少牢饋食禮》有瓦豆，則宗廟有瓦豆矣。」案：陳説是也。蓋簋豆各有瓦木二種，内外祭祀賓客通用之。賈、孔强爲區别，未足據也。又案：豆實三而成觳，先鄭蓋讀豆爲斗，故《陶人》注云『觳受三斗』。若然，則簋亦容三斗，於量太侈。又斗用木，不用瓦，非旊人所爲，故後鄭不從，此注亦不載，詳《陶人》疏。　注云

「崇，高也」者，《總敘》注同。云「豆實四升」者，《㮚氏》注同。《廣雅・釋器》云：「升四曰梪。」梪，木豆正字。凡豆，瓦木容實並同，詳《醢人》疏。**凡陶旊之事，髻墾薜暴不入市。**爲其不任用也。鄭司農云：「髻讀爲刮。薜讀爲藥黄蘖之蘖。暴讀爲剥。」玄謂髻讀爲跀。墾，頓傷也。薜，破裂也。暴，墳起不堅致也。疏：「凡陶旊之事」者，以下通論陶人、旊人制器之法式。云「髻墾薜暴不入市」者，墾，墾之譌體。葉鈔《釋文》作「豤」。案：當從《説文》作「豤」，詳後。不入市，謂不得鬻於市，即《司市》僞飾之禁在工者也。注云「爲其不任用也」者，明髻墾薜暴則器苦窳不任用，故不入市也。鄭司農云「髻讀爲刮」者，髻刮聲類同。《廣雅・釋詁》云：「刮，減也。」戴震云：「刮，削薄減下之義。」段玉裁云：「《説文》髻訓絜髮也，故大鄭易爲刮，謂器似刮刷然也。」云「薜讀爲藥黄蘖之蘖」者，《説文・木部》云：「檗，黄木也。」段玉裁改「爲」爲「如」，「蘖」爲「檗」，云：「黄檗今俗作黄柏，黄蘖，皆誤。讀如檗者，擬其音也。今本作『讀爲』，誤。」案：段校是也。阮元説同。云「暴讀爲剥」者，《説文・刀部》云：「剥，裂也。」《廣雅・釋詁》云：「剥，落也。」先鄭蓋謂薜暴爲破裂剥落之貌。云「玄謂髻讀爲跀」者，賈疏云：「跀，謂器不正欹邪者也。」段玉裁云：「鄭君以爲刮義未安，乃易髻爲跀，謂器之折足者也。髻從昏聲，昏從氏聲，音厥，與月聲近。」詒讓案：《廣雅・釋詁》云：「刖，危也。」跀刖音義同，謂器折足，則危而易覆也。云「墾，頓傷也」者，段玉裁云：「墾，葉鈔《釋文》作『豤』。《集韻入聲四覺》引《周禮》『髻豤薜暴』。案：《説文》本無墾字，《豕部》云：『豤，齧也。』凡齧物必用力頓傷，謂若傾跌器坪傷辟戾者也，顛頓而傷。」案：段校是也。《華嚴經音義》引《文字集略》云：「頓，損也。」頓傷猶言損傷。云「薜，破裂也」者，謂燒成破裂有罅隙。《説文・缶部》云：「缶燒善裂。」段玉裁云：「薜讀爲《西京賦》『擘肌分理』之擘，謂器之疊者也。」案：段説是也。《西京賦》李注引此注薜作「擘」，蓋李亦以薜擘爲一字，故依賦文改之，非唐時有此異本也。云「暴，墳起不堅致也」者，段玉裁云：「鄭君以剥義與薜相亂，故從本字作暴，訓墳起不堅致，與槁暴之暴略同。」案：段謂此暴與《輪人》注「藃暴」字同是也。《一切經音義》引《聲類》云：「爆，墳起也。」《毛詩・大雅・桑柔》傳「爆爍」，彼《釋文》云：「爆，本又作暴。」《爾雅・釋畜》「犦牛」，郭注云：「領上犦胅起。」彼《釋文》述注作「曝」，引此注云：「曝謂墳起。」蓋暴、爆、犦、曝聲義並略同。陸引此注作「曝」，則似依《爾雅》文改也。不堅致，謂不堅固密致，此即《檀弓》所謂「瓦不成沫」，孔疏謂瓦器無光澤是也。致即今致字，詳《大司徒》疏。**器中膊，豆中縣。**膊讀如「車軨」之詮。既拊泥而轉其均，尌膊其側，以儗度端其器也。縣，縣繩正豆之柄。疏：「器中膊」者，此記陶旊笵器之法也。器兼甗、盆、甑、鬲、庾、簋、豆諸器而言。云「豆中縣」者，瓦器惟豆有柄，尤貴其直，故别出之。注云「膊讀如車軨之軨」者，賈疏謂讀從《襍記》「載以軨車」之軨，以音同也。案：今《禮記》軨作「輲」，注云：「輲讀爲軨，或作槫。」鄭、賈並依所改字爲讀。槫與膊聲類亦同。云「既拊泥而轉其均，尌膊其側，以儗度端其器也」者，《釋文》云：「尌本又作樹。」案：尌、樹義同，詳《大司寇》疏。賈疏云：「按下文『膊崇四尺』，上下高四尺，無邪曲。轉其均之時，當儗度此膊，宜與膊相應，其器則正也。」詒讓案：拊泥即《總敘》之搏埴，謂拍泥爲瓦器之坯也。諦審經文及注義，膊蓋爲長方之式，以度器使無衺曲者。注所謂均，則器範下圓物，以便旋轉者。《管子・七政篇》云「猶立朝夕於運均之上」，尹注云：「均，陶者之輪也。」即此。其字又作「鈞」，《淮南子・原道訓》云「鈞旋轂轉」，高注云：「鈞，陶人作瓦器法下轉旋者。」《漢書・鄒陽傳》顔注引張晏云：「陶家名模下圓轉者爲鈞。」《賈誼傳》注亦云：「今造瓦者，謂所轉爲鈞。」綜覈諸説，蓋均圓膊方，其制迥殊，相資而爲用者。《莊子・駢拇篇》云：「陶者曰，吾善治埴，圓者中規，方者中矩。」若然，均其中規之式，膊其中矩之式與？云「縣，縣繩正豆之柄」者，與《輿人》「立者中縣」義同，謂豆柄之直，與縣繩之垂綫相應也。賈疏云：「豆柄，中央把之者，長一尺，宜上下直與縣繩相應，其豆則直。」案：豆柄謂校也。《祭統》云「夫人薦豆執校」，注云：「校，豆中央直者也。」賈知柄長一尺者，據《弟子職》文，詳前疏。**膊崇四尺，方四寸。**凡器高於此，則坯不能相勝；厚於此，則火氣不交，因取式焉。疏：「膊崇四尺」者，謂尌膊之直度也。云「方四寸」者，膊平方之横徑也。注云「凡器高於此，則坯不能相勝」者，《集韻十五灰》云：「坏，陶器範。」《説文・土部》云：「坏，一曰瓦未燒。」又《缶部》云：「罄，未燒瓦器也。讀若筩莩同。」坏與坯聲音義並相近。不能相勝，謂太高過四尺，則未燒時易傾壞也。云「厚於此，則火氣不交」者，謂厚過四寸。賈疏云：「謂坏不熟則易破者也。」云「因取式焉」者，鄭意拊泥爲坯，尌膊以儗度端正其器，因即視爲高厚之度也。

**《周書・異域列傳》**　波斯國，大月氏之别種，治蘇利城，古條支國也。【略】氣候暑熱，家自藏冰。地多沙磧，引水溉灌。其五穀及禽獸等，與中夏略同，唯無稻及黍秫。土出名馬及駞，富室至有數千頭者。又出白象、師子、大鳥卵、珍珠、離珠、頗黎、珊胡、琥珀、瑠璃、馬瑙、水晶、瑟瑟、金、銀、鍮石、金剛、火齊、鑌鐵、銅、錫、朱沙、水銀、綾、錦、白疊、毼、氍毹、毾㲪、赤麖皮，及薰六、鬱金、蘇合、青木等香，胡椒、蓽撥、石蜜、千(牛)[年]棗、香附子、訶梨勒、無食子、鹽綠、雌黄等物。

魏廢帝二年，其王遣使來獻方物。

**《北史・大月氏傳》**　大月氏國，都賸監氏城，在弗敵沙西，去代一萬四千五百里。北與蠕蠕接，數爲所侵，遂西徙都薄羅城，去弗敵沙二千一百里。其王寄多羅勇武，遂興師越大山，南侵北天竺。自乾陁羅以北五國，盡役屬之。

太武時，其國人商販京師，自云能鑄石爲五色瑠璃。於是採礦山中，於京師鑄之，既成，光澤乃美於西方來者。乃詔爲行殿，容百餘人，光色映徹，觀者見之，莫不驚駭，以爲神明所作。自此，國中瑠璃遂賤，人不復珍之。

**《新唐書・地理志》**　越州會稽郡，中都督府。土貢：寶花、花紋等羅，白編、交梭、十樣花紋等綾，輕容、生縠、花紗，吴絹，丹沙，石蜜，橘，葛粉，瓷器，紙，筆。

**宋・高承《事物紀原》卷七《庫物職局部》**　二窯務

後漢有甄官署，歷代皆有之，掌磚瓦之事，即今窯務之掌也。《宋朝會要》曰：舊有東西二務，景德四年廢，於河陰置受納場。大中祥符二年，復置東窯務，受納場爲西窯務。或云太祖建隆中始置二窯務云。

**宋・張邦基《墨莊漫録》卷六**　壙中琉璃瓶

王師取青唐時，大軍始集下寨，治作壕塹，鑿土，遇一壙，得一琉璃瓶，瑩澈如新。瓶中有大髑髏，其長盈尺，瓶口僅數寸許，不知從何而入。主帥命復瘞之。斯亦異矣。

**金・元好問《續夷堅志》卷一**　煅寶鼎

皇統中，修内司燒琉璃瓦，煅一人鼎，三日不鎔，鼎欲敗，有聲如雷，聞三十里外。人謂成敗有數，數與阨會，雖神物不能自保，不特此鼎矣。希顔説。

**《宋史・食貨志》**　[元豐]五年【略】八月，置饒州景德鎮瓷窑博易務。

**佚名《元典章》卷二二《户部・課程・洞冶》**　磁窑二八抽分

至元五年七月初五日，制國用使司：

來申：「均州管下各窑户合納課程，除民户磁窑課程依例出納外，軍户韓玉、馮海倚賴軍户形勢，告劉元帥文字攔當，止令將燒到窑貨三十分取一。乞施行。」制府照得先欽奉聖旨節文：「磁窑石灰礬錫榷課，斟酌定立課程。」欽此。兼磁窑舊例二八抽分辦課，難同三十分取一。除已移咨樞密院，行下合屬，將合納課程照依舊例辦課外，仰照驗欽依施行。

**《元史・百官志》**　浮梁磁局，秩正九品。至元十五年立。掌燒造磁器，并漆造馬尾椶藤笠帽等事。大使、副使各一員。

**明・李東陽等《明會典》卷一九〇《工部一〇・物料》**　舊制甎瓦石灰，俱隸虞衡司掌行。永樂後，謂爲營繕所需，故歸本司。葦課舊隸屯田司，今併歸本司。按營繕所需木植甎瓦，有大五廠：曰神木廠，曰大木廠，即獐鹿房廠。堆放木植，兼收葦席曰黑窯廠，曰琉璃廠，燒造甎瓦及内府器用，曰臺基廠。堆放柴薪及蘆葦，又有小五廠：曰營繕所木工，曰寶源局金工，曰文忠院，曰王恭廠，俱絲工，曰皮作局革工，並隸管廠官。外修倉別設三廠：曰北窯廠，曰南窯廠，曰鐵廠，主範金合土之事。後廢，止計地徵租，每年共該銀四十五兩九錢二分，貯節慎庫，與料價同用。

甎瓦

洪武二十六年定，凡在京營造合用甎瓦，每歲於聚寶山置窯燒造。所用蘆柴，官爲支給，其大小厚薄様制，及人工蘆柴數目，俱有定例。如遇各處支用，明白行下各該管官員放支。管事作頭，每季交替，仍將所燒過物件支銷，其見在之數，明白交割。若修砌城垣，起蓋倉庫營房，所用甎瓦數目，須要具奏，著落各處人民共造。如燒造琉璃甎瓦，所用白土，例於太平府采取。

【略】

凡差官燒造，永樂間差工部侍郎一員，于臨清管理燒造提督收放，自直隸至山東、河南軍衛州縣，有窯座者，俱屬統轄。宣德二年令，河南山東二都司并直隸衛所，撥軍夫五十名，于沿河一帶燒甎。以添設官十五員，分行提督。成化十七年，添設郎中二員，于山東、河南及南北直隸，原有窯處減半燒造。弘治八年奏準，停止燒造官員，勑河南山東南北直隸巡撫官委布按二司，分巡分守，及府州縣官提督管理燒造。嘉靖五年題準，差部屬二員，一往南直隸各府于蘇州有窯處所燒造方甎，一往山東河南北直隸各府于臨清有窯處所，督造方城、斧、券等甎，俱領勑行事。

凡甎廠委官，張家灣臨清二處，工部各委差主事一員，提督收放甎料。儀真、瓜洲二處，從南京工部定委。

凡甎料價銀，嘉靖九年，以大工緊急，奏準，甎料除南直隸等府照舊燒造，其河南山東北直隸等司府，俱折價解臨清有窯處所，召商燒造。二十二年議準，臨清燒造白城甎，舊例每年一百萬箇，今減爲八十萬箇，每箇價銀二分四釐。斧、刃甎四十萬箇，每箇價銀一分二釐。二項價銀各年題派，差官解赴臨清給發，後復令本廠差官赴部領給。

各省府年例甎料價銀，共二萬四千兩。

河南、山東二省，每省各三千二百四十兩。

河間、真、保、廣、太五府，每府各六百兩。

應天、蘇、松、常、鎮五府，每府各九百兩。

徽、寧、池、太、安慶五府，每府各七百八兩。

盧、鳳、淮、揚四府，每府各一千四百四十兩。

廣德、滁、和、徐四州，每州各一百八十兩。

凡順帶甎料，洪武間令各處客船量帶沿江燒造官甎，於工部交納。永樂三年定，每百料船帶甎二十箇，沙甎三十箇。天順間令，糧船每隻帶城甎四十箇，民船照依梁頭，每尺六箇。　弘治八年題準，帶甎船隻除薦新進鮮黄船外，其餘一應官民馬快糧運等船，俱照例給票，著令順帶交割，按季將收運過數目報部查勘，仍行沿河郎中等官，但遇船隻逐一盤驗。如有倚託勢豪及姦詐之徒，不行順帶者，拏送究問。回船查無甎票者，拘留送問。　嘉靖三年定，糧船每隻帶甎九十六箇，民船每尺十箇。十四年，糧船每隻加至一百九十二箇，民船每尺加至十二箇。二十年，糧船仍減爲九十六箇。二十一年令，經過臨清糧船、官民船，順帶本廠官甎，至張家灣交卸，損失追陪。四十二年，查照舊例，糧船每隻止帶甎六十箇，餘甎於官民商販船通融派帶。

凡雇運甎料，永樂初令河南山東直隸各巡撫督，令所屬查照原運軍衛有司，并遞運所，量起人夫，措置車船，至窯運赴該廠交割。每城甎一箇，脚價銀一分八釐，斧刃甎一分四釐，進廠脚價不在此數。　嘉靖四年令，臨清甎料順帶未盡者，雇船運解。合用脚價，各司府州縣量多少攤出。經過地方，一體應付夫廩。五年令，沿河遞運所撥大紅船，及臨清廠雇倩民船，裝運白城、斧甎。又令，蘇州細料方甎，止是雇船差官押運到工，雇費于本府該解年例軍器魚課銀内支用。九年題準，儀真黑城甎，行揚州府查支在庫官銀，雇船載運。又題準，臨清甎廠搭運雇運甎料，置循環簿二扇，每月差人送張家灣甎廠主事填註到否循去環來，以便稽考。

**又　卷一九四《工部一四・窯冶》**　窯冶舊有磚瓦石灰，今歸營繕司。其燒造鑄造諸器物，皆官府取用。制錢與鈔兼行民間，故詳載焉。鑿石取煤具有禁令，今列于後。

正統間，令都察院出榜禁約官員軍民人等，不許於蘆溝橋以東及西一帶鑿山取石。但曾掘成坑坎者，責令填平。今後取石，俱於蘆溝橋河西一帶取用。還差人巡視，如有故違，仍於河東一帶取石者，治以重罪。　成化元年，令都察院申明渾河大峪山煤窑禁約，錦衣衛時常差人巡視，敢有私自開掘者，重罪不宥。　正德元年議準，渾河山場與皇陵京師相近，恐傷風水，申嚴禁約，不許勳戚勢要之家鑿石取煤。　嘉靖七年，以居庸關官軍無處樵採，白羊口鎮煤窯準照舊開取。

**又《陶器》**

凡儀真、瓜洲二廠燒造，每年南京工部委官一員，駐劄儀真燒造酒缸十萬箇。完日，就於糧船内運帶來京，徑送光禄寺交收應用。仍將燒運過數目，按季造册呈部，送司備照。　嘉靖七年奏準，寧國府原造送南京光禄寺酒瓶，内一十一萬五千箇，令儀真廠帶運至光禄寺。又一萬五千箇，照舊解南京光禄寺各供應。

凡河南及真定府燒造，宣德間題準，光禄寺每年缸罎瓶共該五萬一千八百五十隻箇，分派河南布政司。鈞磁二州，酒缸二百三十三隻，十瓶罎八千五百二十六箇，七瓶罎一萬一千六百箇，五瓶罎一萬一千六百六十箇，酒瓶二千六十六箇。真定府曲陽縣，酒缸一百一十七隻，十瓶罎四千二百七十四箇，七瓶罎六千一百箇，五瓶罎六千二百四十箇，酒瓶一千三十四箇。每年燒造，解寺應用。　嘉靖三十二年題準，通行折價，每缸一隻折銀二錢，瓶罎一箇折銀一分。鈞州缸一百六十隻，瓶罎一萬八千九十箇，共該銀二百一十二兩九錢。外增脚價銀一百九十七兩一錢，又大户幫貼銀六十兩。磁州缸七十三隻，瓶罎一萬五千七百六十二箇，共該銀一百七十二兩二錢二分，外增脚價銀一百三十二兩五錢八分五釐。曲陽縣缸瓶罎共一萬七千七百六十五件，該銀一百九十九兩八錢八分，外增脚價銀一百八十五兩九錢九分三釐。總該銀一千一百四十兩六錢五分八釐，通行解部，召商代買。如遇缺乏，止行磁州真定燒造，免派鈞州。四十二年奏準，鈞州脚價幫貼盡行除豁。

凡江西燒造全黄并青碌雙龍鳳等瓷器，送尚膳監供應。其龍鳳花素圓匾瓶罐爵盞等器，送内承運庫，交收光禄寺領用。　宣德八年尚膳監題準，燒造龍鳳瓷器，差本部官一員，關出該監式樣，往饒州燒造各樣瓷器四十四萬三千五百件。　弘治十八年詔，江西饒州府燒造瓷器，自本年以後暫停三年。江西燒造，嘉靖中改隸都水司，其瓷缸瓶罎等件，仍隸本司。

凡停減燒造，正統元年奏準，供用庫瓷罎每歲止派七百五十箇。　景泰五年奏準，光禄寺日進月進内庫，并賞内外官瓶罎，俱令盡數送寺備用，量減歲造三分之一。　天順三年奏準，光禄寺素白瓷龍鳳椀楪，減造十分之四。　成化四年奏準，光禄寺瓷器，仍依四分例減造。十七年奏準，光禄寺歲用瓶罎，仍照舊例，或二年或三年，一次奉造，令廚役關領。如有損失，責令照數陪償。　二十三年詔，凡燒造瓷器差去人員，悉令回京。　弘治十五年奏準，光禄寺歲用瓶罎缸，自本年爲止，已造完者解用，未完者量減三分之一。本寺該管人員輕易毀失者，科道官查究送問陪償。　萬曆十年，傳行江西燒造各樣瓷器九萬六千六百二十四箇，副對枝口把。後奏準，屏風、燭臺、棋盤、筆管，減半造。又奏準，屏風、棋盤、燭臺、花瓶、新樣大缸，未燒者，停免。又奏準，不係緊要瓷器，減一千四百箇副。

**明・王宗沐　陸萬垓《江西省大志》卷七《陶書》**　陶書引

江以西，職貢則陶爲鉅。舊《志》列欸十二，具大都已。乃其中陳説利害，不無闕遺。今據成牒臚列，復採隆慶間通判陳學乾所纂《陶政録》，悉附各欸議，雖未盡見用，要於中實當情收之可也。且以俟來者得覽鏡焉。

御供，故有籍足徵，數經燬去。隆慶來則一據勘合所載增入。頃歲内庭頒降式多奇巧，型范莫就。致煩疏請具在司存，并擷要論附之，簡末題爲疏鈔，以識當事者節愛之意云。嗟乎！甌瓿至微爾，先生以前民用，今乃寖爲民瘵，可無念哉！

建置

陶廠景德鎮在今浮梁縣西興鄉，水土宜陶，宋景德中始置鎮，因名。置監鎮一員。元更景德鎮稅課局，監鎮爲提領。國朝洪武初，鎮如舊，屬饒州府浮梁縣。正德初置御器廠，專筦御器。先以兵興議寢陶息民，至是復置。其地之析屬，詳見饒州府《浮梁縣志》。周屬楚，敬王十六年屬吴。元王三年屬越，顯王三十五年復屬楚。秦始皇二十五年，置楚郡。二十七年，改九江郡，始置鄱陽縣。漢高帝四年，改隷豫章郡。五年，郡縣屬長沙王國。十二年，又屬吴王國。元封五年屬揚州，建安十五年，析豫章置鄱陽郡，治鄱陽縣。三國屬吴，晉因之。孝建二年，爲鄱陽王國。隋開皇九年，改郡爲饒州。大業初復改鄱陽郡，後屬林士弘。唐武德二年，復爲饒州，始析鄱陽縣爲新平縣。貞觀初屬江南道，開元四年置新昌縣。天寶初始改浮梁，併改州爲鄱陽郡。乾元初復爲州，屬浙江西道節度使。廣德末改號江南西道，乾符七年地屬鍾傳。保大三年，建安化軍于饒州，置節度使，未幾復爲州，屬鎮南如故。宋改屬江南東路安撫司及提點刑獄司。元改州爲路，屬江浙行中書省及江南諸道御史臺，江東建康道提刑觀察司，後改肅政廉訪司。元貞初，陞縣爲州。元末爲鄱陽府，屬江西行省。

國朝建置，饒州府浮梁縣，前鎮屬焉。天文屬斗六分。

按唐武德二年，里人陶王獻假玉器，由是置務設鎮，歷代相因。宋以奉御董造。元泰定本路總管監陶，皆有命則供，否則止。洪武三十五年，始開窑燒造，解京供用。有御廠一所，官窑二十座。宣德中以營繕所丞專督工匠，正統初罷。天順丁丑，仍委中官燒造。嘉靖改元，詔革中官，以饒州府佐貳督之。

設官

陶監有官，先是中官一員專督。嘉靖九年裁革，以饒州府佐一員管督錢糧奸弊，屬守巡焉。是後饒州府佐常缺分委，雜而不專，官職懈嫚。知縣朱賢議請差工部主事一員專筦，議不行。至巡撫馬公森、巡按徐公紳議於各府佐選委，其後給事中徐公浦嘗管江西，疏言景德鎮利之所在，郡奸併集，有不可言者。如回青打之無法，散之無方，真青每插于雜石，姦徒恒盜於衣囊，料價則各府解數每盈，而支數不及。上限之物料而以竢之下限，舊管之銀不清，而人託交代，故多冒破。夫頭作、頭朋合爲姦於上，工砂土夫妄開虚數。【略】

御器細膩脆薄，最爲難成。官匠因循，管廠之官乃以散之民窑，歷歲相仍。民窑賠敗，習以爲常。凡此皆本廠之宿弊，欲舉之而難悉，欲革之而難盡去也。爲今之計，欲革弊，莫要於擇官；欲擇官，尤在於專任。乞勑吏部，將吉安府推官裁革一員，於本府添設推官一員，即以原委之官舍人役，令其駐劄本廠，專理窑政，釐革奸弊，務於進士出身者，除補以爲銓規，不許撫按上司别項差委。事下撫按官勘議，行布政司查議，未報。

按，管廠官自正德至嘉靖初，中官一員專督。九年，奉文裁革，於各府佐輪選一員管理。四十四年，添設本府通判，專駐本廠燒造。後因停止，取回赴京别選。隆慶六年，復起燒造，仍於各府輪選。先是南康府通判陳學乾議得燒造事關通省合無除南贛二府極遠外，於附近府佐内遴選委管，一年交代，將經手錢糧、工料并解過器皿數目，造册通詳。如果節約依期，廉能稱職，呈詳兩院先行旌奬，仍列薦剡。其有掯索冒破事跡顯著者，亦聽叅革。若遇欽限緊急供用，仍聽本官申呈守道咨司那借應急，不致缺乏掣肘，撫按各批允行復。查景德鎮四縣，接壤諸省，商民流寓，叢聚雜處，中間善惡難分。該鎮巡捕事務原屬附近桃樹鎮巡檢，職卑官小，不足彈壓。嘉靖四十二年，饒州府通判方叔猷建議本鎮統轄浮梁縣里仁、長香等都一十三里居民，與所屬鄱陽、餘干、德興、樂平、安仁、萬年。及南昌、都昌等縣雜聚窑業傭工爲生，聚居既多，盜賊間發。舊規設有巡檢專管巡捕事外，又於一十三里每里設約副保總四名，就本里人户僉點，半年更換。其捕盜事宜委管廠官總理。如各附近縣分不服勾攝鈐束者，許本官指實呈道重責問遣。萬曆十年以來會議將本府督捕通判改駐景德鎮，兼理燒造，誠爲妥便，永宜遵守。

**《明神宗實録》卷三〇一　萬曆二十四年閏八月癸未**　先是奏回青出土魯番異域，去京師萬餘里，去加峪關數十里。而御用回青係西域回夷大小進貢，買之甚難。因命甘肅巡撫田樂設法召買解進，以應燒造急用，不許遲誤。

**明・沈德符《飛鳧語略》**　瓷器

本朝窯器，用白地青花，間裝五色，爲古今之冠。如宣窯品最貴，近日又重成窯，出宣窯之上。蓋兩朝天縱，留意曲藝，宜其精工如此。然花様皆作八吉祥、五供養、一串金、西番蓮，以至門鷄、百鳥，及人物故事而已。至嘉靖窯，則又倣宣、成二種而稍遜之。惟崔公窯加貴，其亦值第宣、成之十一耳。幼時曾於二三中貴家，見隆慶窯酒杯茗椀，俱繪男女私褻之狀。蓋穆宗好内，以故傳奉命造此種。然漢時發冢，則鑿磚畫壁俱有之。且有及男色者，書册所紀甚具，則杯盌正不足怪也。以後此窯漸少，今絶不復睹矣。

**《明史·食貨志》** 燒造之事，在外臨清甎廠，京師琉璃、黑窯廠，皆造甎瓦，以供營繕。宣宗始遣中官張善之饒州，造奉先殿几筵龍鳳文白瓷祭器，磁州造趙府祭器。踰年，善以罪誅，罷其役。正統元年，浮梁民進瓷器五萬餘，償以鈔。禁私造黄、紫、紅、緑、青、藍、白地青花諸瓷器，違者罪死。宫殿告成，命造九龍九鳳膳案諸器，既又造青龍白地花缸。王振以爲有璺，遣錦衣指揮杖提督官，敕中官往督更造。成化間，遣中官之浮梁景德鎮，燒造御用瓷器，最多且久，費不貲。孝宗初，撤回中官，尋復遣。弘治十五年復撤。正德末復遣。

自弘治以來，燒造未完者三十餘萬器。嘉靖初，遣中官督之。給事中陳皐謨言其大爲民害，請罷之。帝不聽。十六年新作七陵祭器。三十七年遣官之江西，造内殿醮壇瓷器三萬，後添設饒州通判，專管御器廠燒造。是時營建最繁，近京及蘇州皆有甎廠。隆慶時，詔江西燒造瓷器十餘萬。萬曆十九年命造十五萬九千，既而復增八萬，至三十八年未畢工。自後役亦漸寢。

**清·孫承澤《春明夢餘録》卷一四《天壇·祭器》** 崔亮奏：按《禮記》，郊祭器用陶、匏，瓦器，尚質故也。周禮籩人，凡祭祀供簠、簋之實。疏曰：外祀用瓦簋。今祭祀用磁，已合古意。惟盤、盂之屬，與古之簠、簋、登、古制異。今擬凡祭器皆用磁，其式皆倣古之簠、簋、登、古，惟籩以竹。詔從之。

**又 卷四六《工部一》** 虞衡掌山澤採捕，厲禁陶冶。【略】

凡陶冶，次甓，籍其常造、年造之數，計其入，慎藏之，無輒毁以費民。

**清·吴任臣《十國春秋》卷七八《吴越二》** 寶大元年【略】秋九月，王遣使錢詢貢唐方物，銀器、越綾、吴綾，及龍鳳衣、絲鞵屐子，又進萬壽節金器、盤龍鳳錦織成紅羅縠袍襖衫段、秘色甆器。

**又 卷七九《吴越三》** 清泰二年【略】九月，王貢唐錦綺五百、連金花食器二千兩、金棱秘色甆器二百事。

**又 卷八二《吴越六》** 開寶二年秋八月，宋遣使至，賜生辰禮物并御衣紅袍一副、金鎖甲一副，及馳馬百頭。是時王貢秘色窑器於宋。錢氏有國日供奉之物，不得臣下用，故曰「秘色」。又云越州燒進。

**清·唐英《遵旨敬謹辦理陶務摺》等二則** 内務府員外郎管理九江關務奴才唐英謹奏：爲恭謝天恩，仰祈睿鑒事。

竊奴才於乾隆六年五月二十日接到怡親王諭字内開，乾隆六年四月十二日奉旨：唐英燒造上色瓷器甚糙，釉不好，瓷器内亦有破的，着怡親王寄字唐英，欽此。欽遵。相應傳去等因。奴才欽承之下，不勝戰栗惶。

伏查上年秋間，正值監造催總默爾森額抱病之時，奴才又距廠三百餘里，不能逐件指點，以致所得瓷器不無粗糙。至運解到京，一路換船前進，幾經扛抬搬運，未免動摇磕觸，致有破損之件。此皆奴才料理未周，疏忽之咎，實難自逭。蒙皇上隆恩，不加嚴譴，惟命怡親王寄字教導，奴才犬馬感激之衷與惶懼之念，並刻凛靡寧。今奉差協造之内務府員外郎六十三，從前由藥房，筆帖式同奴才在廠協辦三年，頗爲熟諳，昨到九江，奴才又與彼細加講究，嗣後奴才自當與六十三協盡心力，欽遵恩旨，小心敬謹辦理燒造，以仰酬皇上格外隆恩於萬一。

謹望闕叩頭，繕摺恭謝，伏祈皇上睿鑒施行，謹奏。

硃批：不但去年，數年以來所燒者，遠遜雍正年間所燒者，且汝從未奏銷。旨到，可將雍正十一、二、三等年所費幾何，所得幾何，乾隆元年至五年所費幾何，所得幾何，一一查明，造册奏聞備查，仍繕清單奏聞。

乾隆六年五月二十四日

**又《遵旨呈報歷年動支錢糧及陶務清册摺》**

内務府員外郎管理九江關務奴才唐英謹奏：爲奏聞事。

竊奴才前以燒造瓷器粗糙，荷蒙皇上隆恩，命怡親王寄字教導，奴才隨恭摺奏謝，於乾隆六年七月十五日欽奉硃批：「不但去年，數年以來，所燒者遠遜雍正年間所燒者，且汝從未奏銷。旨到，可將雍正十一、十二、十三、等年所費幾何，所得幾何，乾隆元年至五年所費幾何，所得幾何，一一查明，造册奏聞備查。仍繕清單奏聞」。欽此。欽遵。

伏查得奴才自雍正六年出差江西燒造瓷器，至雍正十三年，每年燒造錢糧，皆係淮安關監督年希堯自淮關陸續運解來廠。計燒造所費，歲不過八千餘兩，例於一年工竣，將窑工款項用銀細數各清册，匯送年希堯處查收。每年所得瓷器，分别上、次各色，亦陸續運送淮安關，聽年希堯裝配匣座，解運進京。其解廠燒造及運京各費等項錢糧曾否奏銷，奴才實無從查奏。今僅將雍正十年至十三年淮安關解廠燒造銀兩，並每年造送淮安關瓷器各實數，按年分列，遵旨繕單恭奏。至乾隆元年，奴才欽奉諭旨，停止窑工，管理淮安關，旋於六月內奉發脱胎圓琢瓷様，着令奴才照式燒造，遂差人赴廠料理。維時瓷器之數既屬無多，所用錢糧亦甚有限。自乾隆二年催總默爾森額到廠之後，於二月初一日始開大工。其燒造錢糧並解瓷各費，悉於淮關火耗項下動支。嗣因火耗銀兩不敷各項支用，經奴才奏準，於淮安關贏餘項下，每年存留二萬兩，爲窑工、南匠及傳辦公事等用。如有餘存，留作次年充用。仍於每年將用過銀兩實數，册報内務府核銷，久經欽遵辦理，故未敢擅自奏銷。至乾隆四年，奴才雖欽奉恩命管理九江關税，所有四年分窑工，尚屬淮關項卜留存二萬兩内剩之銀給發，既於四年六月内接到户部來文，行令嗣後每年於九江關贏餘銀内動支一萬兩，爲辦理窑工之用，故四年分不敷窑工銀兩，並五年分各費，均在九江關項下動支，業於題報五年分關税疏内奏明在案。現在遵旨將乾隆元年至乾隆五年各年分用過燒造及解費銀兩，逐款分晰，並將每年所得瓷器各數目一併繕造黄册，仍另繕清單，恭呈御覽。

再，查每年解廠燒造銀兩，係官平足紋，合之瓷務行市平色，每銀一百兩，即出有平色銀八兩，此皆燒造内節省之項。奴才即以此爲窑廠雇募各行辦事人等辛力月工之用，合併匯册奏陳。

至五年以來所得瓷器，分歲計算，不能畫一定數。蓋緣瓷器之多寡，由於火候之旺衰；火候之旺衰，視乎歲時之陰晴。且自坯胎以及入窑，破損又非一例，不能按數成器，所有揀選齊全上色，十中難得四五。除破損廢棄外，其選落瓷器，俱入次色，估計送京。數年以來，悉照例辦理，兹當匯册奏銷。

謹將各年動支錢糧及燒造緣由，據實奏聞，伏乞皇上睿鑒施行。謹奏。

硃批：怡親王、訥親、海望核奏並發。

乾隆六年十一月初七日

### 又《九江關歷年税課不同申明摺》

内務府員外郎管理九江關務奴才唐英謹奏：爲考核任内錢糧事。

竊奴才於乾隆六年十二月十八口準户部札開，貴州司呈案：「據九江關監督唐英呈稿，自乾隆四年四月二十七日起，至乾隆五年四月二十六日一年期滿，徵收過、額税，銅觔，水脚銀十七萬二千二百八十一兩三錢六厘，盈餘銀十五萬三千九百二兩九錢四分四厘，需内除支給書役工食並窑工等項經費，火耗不敷，添動盈餘銀一萬七千五百六十一兩一錢七分一厘零，實解盈餘銀十三萬六千三百四十兩七錢七分三厘零，俱經解部查收訖，與該監督唐英所送册檔查籌數目相符。至經費銀兩，先據該監督將支給數目造册呈報，臣部因支給數目浮多，駁令核減在案。應俟該監督查覆到日，於彼案内查核歸結。再乾隆三年八月十七日起至四年四月二十六日，八個月零十日，報解盈餘銀十七萬一千四百七十餘兩；今自乾隆四年四月二十七日至五年四月二十六日，一年銀十五萬三千九百餘兩，是盈餘銀兩較之八個月零十日之數目尚屬短少。其因何短少緣由，應令該監督據實查明具奏可也。」等因。乾隆六年十月二十日題，本月二十二日，奉旨：「依議，欽此欽遵」。抄出到部，爲此合札前去，遵照施行等因。

札行到關，奴才遵查：得九江一關，惟船料爲正供，所有裝載之貨物，並不收税。故每年徵收之課銀，視船隻過關之多寡以别盈縮。除正額及銅筋、水脚銀兩之外，所有盈餘，歷係盡收盡解，原非有節年一定相符，並節年漸次增添之數。即如從前各撫臣兼管關務之日，自雍正元年至三年，所報盈餘由五萬二千餘兩遞增至七萬四百餘兩；而雍正四年至六年分，又自五萬一千餘兩遞減至三萬八千餘兩；雍正七年至十年，復由五萬一千餘兩遞增至八萬二千八百餘兩。數年之中，或自縮而盈，復由盈而縮，率無一定。惟雍正十三年報解至十九萬四千八百餘兩之多；迨至乾隆元年分，報解盈餘止有十一萬六千三百餘兩；自二年迄三年，雖較元年分稍爲增添，而實遠遜於雍正十三年盈餘之數。今奴才於乾隆四年四月二十七日至五年四月二十六日，一年任内，除正額及銅筋、水脚之外，報解盈餘銀十五萬三千九百餘兩。兹準户部議覆，以較之前任内八個月零十日盈餘銀兩尚屬短少。今奴才將因何短少緣由查明，據實具奏。

奴才接奉部札之後，按查前任内八個月零十日，所過船隻數目，實較四年分一年任内之船多過三千餘隻。故所報盈餘不但較多於四年分，即較之彼任内二年分所解十四萬九千餘兩，亦遠遜於八個月零十日所收之數也。至細查過關船隻，每歲有多寡不齊者，蓋緣西江、浙省之米貴，江廣米賤，則商人争趨，而所過之船即多。若遇江浙與江廣米價相等之歲，則商人不前，而過關之船亦少。乾隆三年上江仍有歉收之處，江廣米價尚不甚昂，故除奉文采買之外，各處買米商販過關者甚多。自四年迄今，江浙與江廣米價不甚懸殊，商人販賣利薄，所以過關者較少，此爲四年分一年之盈餘有遜於三年分八個月零十日所報之數也。

所有查明前後盈餘多寡不一緣由，謹據實具奏。伏祈皇上睿鑒施行，謹奏。

奉硃批：該部核議具奏，欽此。

乾隆七年二月二十九日

## 又《乾隆六年分九江關稅課奏銷摺》

內務府員外郎管理九江關務奴才唐英謹奏：爲奏聞事。

竊奴才欽奉硃批，接管九江關務，自乾隆六年三月二十七日至乾隆七年三月二十六日止，一年期滿，共徵過、正、耗等銀三十六萬七千六百二十六兩六錢三分九厘零。奴才細行查核，較五年分徵收各數，實多銀一萬四千六百八十六兩一錢零。今除正額銀一十七萬二千二百八十一兩三錢零，按季解部交收外，下有盈餘銀十六萬六千八百五十五兩三錢零，火耗銀二萬八千四百九十兩零。其盈餘銀兩照例動支六年分窑工銀一萬兩，除俟該年窑工告峻，另册報銷內務府查核外，應有盈餘銀十五萬六千八百五十五兩三錢零。惟是九江關一年吏役工飯，部科飯銀，添平、解費與心紅等項雜費，以及解交藩庫充公等銀，並奴才一年支用等費，皆取給於火耗銀內。所有六年份火耗銀二萬八千四百九十兩零，實不敷各項之費，遵例於盈餘項下動支銀一萬五千八百七十一兩零，以爲添補各項之費用，實净存解部盈餘銀一十四萬九百八十四兩二錢八分二厘九毫八絲五微。今奴才現將六年分第四季額銀並實存盈餘銀兩，循例申請撫臣遴選幹員管解，並簽差吏役賫押一應册檔，前赴户部交收。仍遵例爲疏具題外，其六年分接奉部札，臣今欽遵恩旨，免過商人裝載米穀船隻料銀，不在實徵數內者，奴才仍另册報部。所有六年分解交數目以及動支緣由，合恭摺奏聞。

伏祈皇上睿鑒施行，謹奏。

奉硃批：該部核議，欽此。

乾隆七年九月初一日

## 又《遵旨燒造詩文轎瓶摺》

奴才唐英跪奏：爲奏明事。

奴才荷蒙皇上天恩，管理九江關稅，仍兼窑廠燒造事宜。今於九月二十日將關務暫交九江知府臣施廷翰查管，奴才親身赴廠查核一年造作，以便循例於十月初一日停工，在廠一月有餘，查核事竣，於十月二十五日回關。二十七日行之途中，遇奴才家人欽捧御製詩一首，隨於奴才家信中，傳奉御旨：「將此交與唐英燒造在轎瓶上，用其字並寶。爾酌量收小其安詩地方，並花樣亦酌量燒造，欽此。」奴才跪接之下，於二十九日即復回到窑廠，時各作匠人只留得一二十名在廠，收拾未完之坯胎。重復傳唤衆多好手，奴才率領催總老格，敬謹監看。仰賴皇上洪福，天氣晴暖，人情踴躍，坯胎、窑火、設色、書畫，種種順遂。轎瓶之樣不一，奴才遵將睿藻敬安瓶上。字分四體，與瓶式配合，以避雷同。謹先成六對，進呈御覽，伏冀皇上教導改正。謹叩請仍將御製詩箋暫留窑廠收貯，以便奴才於來年春到廠，開工時另酌款式，再製轎瓶對看書寫。告成，一併恭繳。至節次奉發之四團畫山水膳碗，青龍方瓶，以及紙木樣杯盤等件，亦現在陸續攢造。奴才隨得隨差家人星速送京，一定總在歲內恭進。

爲此具摺上聞，謹奏。

硃批：所辦甚好，知道了。

乾隆七年十一月十七日

## 又《奏請專辦陶務摺》

內務府員外郎管理九江關務奴才唐英謹奏：爲奏明事。

竊奴才於今歲十月間在廠料理，按照每年歲例停工，是月之二十七日自廠回關，途次接得奴才家中來信，敬録傳旨一道，並欽奉御製詩一首，命奴才製造轎瓶。奴才欽遵之下，隨復回廠，傳集工匠敬謹攢造。當得轎瓶六對計一十二件，於十一月十七日謹繕摺賫京奏進。因是時天氣晴暖，泥釉融和，坯胎易就，且乘奴才在廠，得與監造之催總老格指點講究。隨將節次奉發之四團畫山水膳碗，青龍六方瓶，以及紙木樣杯盤等件，一併造就。今將現得前項各種瓷件並奴才近日在廠擬造之新樣各器，敬謹賫京，恭呈御覽，仰祈皇上教導指示。奴才於前項瓷器造成之後，業於十一月二十一日回關。

惟是奴才荷蒙皇上高厚殊恩，管理九江關稅，已經四載，今當三季之期，現遵成例、預行報滿。奴才伏念榷理關務，惟得循謹之員，即可勝任。若燒造瓷器，工作瑣屑，必熟諳泥土、火候之性者，始能通變辦理。況造成瓷器上供御用，辦理之員尤宜專一。今奴才管理九江關，計距廠三百餘里，雖每年可以赴廠兩次，並得九江知府暫管關務，奴才每次赴廠，可以多住時日，料理瓷務，但道里往返，一年工作，只得一兩月監看，究不能逐件檢點，殊非專一敬事之意。奴才爲慎重瓷務起見，謹跪請聖慈，俯準奴才所請，另差管關之員，俾奴才得於來年三月關務任滿之日，俟新差交代，即前赴窑廠專司燒造，協同現在監造之催總老格敬謹辦理，或於瓷務稍有裨益。倘蒙聖恩俞準，其燒造錢糧，仍於九江關贏餘項下，照例每歲撥解，則就近支發，於燒造事務得以便宜料理，而奴才亦得盡其駑駘餘力，悉心專辦，以期仰報皇上隆恩於萬一。

謹將奴才蟻悃恭摺奏聞，伏祈皇上睿鑒施行。謹奏。

硃批：仍令照管關務，窑上多住幾日亦可。

乾隆七年十一月二十九日

## 又《請定次色瓷器變價之例以杜民窑冒濫摺》

内務府員外郎管理九江關務奴才唐英謹奏：爲請定次色瓷色變價之例，以杜民窑影造僭越之端，備瀝蟻忱，仰祈聖訓事。

竊奴才於雍正六年奉差江西，監造瓷器，自十月内到廠，即查得有次色脚貨一項，係選落之件。從前監造之員，以此項瓷器向無解交之例，隨散貯廠署，聽人匠使用，破損遺失，致燒成之器皿與原造之坯胎，所有數目俱無從查核。奴才伏念廠造瓷器上供御用，理宜敬謹辦理，雖所造之器出自窑火之中，不能保其件件全美，每歲每窑均有選落之件，計次色脚貨及破損等數，幾與全美之件數相等。此項瓷器必須落選，不敢上供御用。但款式制度有非民間所敢使用者。奴才輾轉思維，實不便遺存在外，以蹈褻慢不敬之咎。隨呈商總管年希堯，將此次色脚貨，按件酌估價值，造成黄册，於每年大運之時一併呈進，交貯内府。有可以變價者，即在京變價；有可供賞賜者，即留備賞用。自奴才到廠之後，於雍正七年爲始迄今，總屬如此辦理。

今於乾隆七年十二月十二日接到養心殿造辦處來文，内有傳奉本年六月二十三日諭旨：嗣後脚貨，不必來京，即在本處變價。欽此。奴才跪讀之下，自應欽遵辦理。惟是國家分别等威，服物采章，俱有定制。故廠造供御之瓷，則有黄器及錐拱綵繪、五爪龍等件。此等器皿，非奉賞賜，凡在臣下不敢珍藏擅用，以滋違制之戾。至如觀、哥、汝、定、宣、成等釉，以及無關定制之款式花樣等器，亦有官窑民窑之别。官窑者，足底有年號字款，民窑則例禁書款，久經奉行查禁。此奴才於始行監造之日，即不敢將此次色脚貨存留於外之由也。今若將每年之次色脚貨於本地變價，則有力之窑户，皆得借端影造，無從查禁，恐一二年間，不但次色脚貨一項其影造之，全美者亦得托名御器以射利。俾僞造之廠器充盈海内，無論官器日就濫觴，而廠内選落之器轉致壅滯，而不能變價，則每年之次色約計價值不下二三千兩，更恐難按年變交。是官器與錢糧兩無裨益。此奴才戰兢惕栗，不得不縷縷計及者也。至於黄器及五爪龍等件，尤爲無可假借之器，似未便以次色變價，致本處窑户僞造僭越，以紊定制。奴才愚昧之見，請將此選落之黄器、五爪龍等件照舊酌估價值，以備查核，仍附運進京，或備内廷添補副餘，或供賞賜之用，似可以尊體制而防褻越。至如餘外選落之款釉花樣等件，凡屬官造，向亦在查禁之列，不許民窑書款仿造，然於國家之制度等威，尚無關涉，似不妨在外變價。奴才請將此項次色脚貨，仍按年估計造册，呈明内務府。俟核復到日，聽商民人等之便，有願領銷者，許其隨處變價，仍不許窑户影射僞造，以杜濫觴壅滯，則此選落之無關定制者既易銷售，而黄器、五爪龍之選落者亦得所用，不致流佈民間，以滋褻越矣。

奴才爲預杜影造僭越起見，冒昧瀝陳，是否有當，伏祈皇上訓示遵行。謹奏。

硃批：黄器如所請行。五爪龍者，外邊常有，仍照原議行。

乾隆八年二月二十日

## 又《恭進奉發及新擬瓷器摺》

内務府員外郎管理九江關務奴才唐英謹奏：爲奏聞事。

竊奴才管理九江關務，於乾隆七年十二月内，因差期將届，預行具摺奏報，並另摺恭請差員更换，容奴才前赴窑廠專司瓷務，於乾隆八年二月初七日欽奉硃批：仍令汝管關務，窑廠多住幾日亦可。欽此。欽遵。奴才不勝感激惶悚。除於預行報滿摺内，奉到硃批汝再管一年之諭旨，業經俯伏欽遵，恭摺謝恩訖。隨於二月二十六日，將關務移交九江府知府施廷翰暫行管理，奴才即前赴廠署，與協造之催總老格料理開工，將奉發製造各器敬謹辦理，漸次入窑成造。

今自三月初二日開工之後，奴才在廠攢造得奉發各色錦地四團山水膳碗、杯盤並六方青龍花瓶等件外，奴才又新擬得夾層玲瓏交泰等瓶共九種，謹恭摺送京呈進。其新擬各種係奴才愚昧之見，自行創造，恐未合適，且工料不無過費，故未敢多造，伏祈皇上教導改正，以便欽遵，再行成對燒造。餘外尚有新擬瓷器數種。亦係奴才自行擬造，已與催總老格詳細講究，囑其如式辦理，俟得時隨後陸續呈進。奴才於四月十四日自廠回關，八月内當再赴窑廠，另容料理新樣呈進。

所有現在恭進各瓷，謹繕摺奏聞，伏祈皇上睿鑒。謹奏。

硃批：覽。

乾隆八年閏四月二十一日

## 又《遵旨編寫〈陶冶圖説〉呈覽摺》

内務府員外郎管理九江關務奴才唐英謹奏：爲欽遵諭旨事。

竊奴才於乾隆八年閏四月二十二日，接到養心殿造辦處移會内開，乾隆八年四月初八日，由内廷交出《陶冶圖》二十張，奉旨：着將此圖交與唐英，按每張圖上所畫係做何技業，詳細寫來，話要文些。其每篇字數要均勻，或多十數字，或少十數字亦可。其取土之山與夫取料、取水之處，皆寫明地名。再將此圖二十幅，按陶冶先後次第編明送來。欽此。於四月十一日，將繕寫得《陶冶圖》上諭摺片一件持進呈覽。奉旨：將此改正摺片與《陶冶圖》，俱交唐英。欽此。欽遵。相應移會前去等因。

奴才接到來文，隨欽遵諭旨，敬謹辦理。按每幅圖内所做技業，並取土取料之山，逐一編明，並將圖幅先後次第，另編總幅，恭呈御覽。至陶務爲瑣屑工作，圖既未備，編亦不能詳列。惟謹就圖中所載，遵旨編次，伏祈皇上睿鑒。

再，奴才近日造得奉發之樣件並新擬樣瓷，一併呈覽，敬請皇上教導改正，以便欽遵燒造，謹奏。

硃批：覽。

乾隆八年五月二十二日

**又《恭進御製詩瓶及自擬新樣瓷器奏摺》**

内務府員外郎管理九江關務奴才唐英謹奏：爲奏聞事。

竊奴才仰蒙恩命，管理九江關務，仍監造瓷器。奴才恭摺奏明，每歲於春秋二季，將關務暫交九江知府管理，奴才親赴廠署經理瓷務，歲爲常例。嗣復於乾隆七年十一月内，奴才具摺辭關就廠，欽奉硃批：「仍令汝管關務，窑廠多住幾日亦可，欽此。」奴才雖欽遵諭旨，每次到廠，得以多住幾日，將瓷器逐細從容辦理。今正當秋季赴廠之期，於八月二十四日接到養心殿造辦處來文，恭録御製詩一首，欽奉諭旨，交奴才照前造掛瓶款式製造數件。奴才欽遵之下，隨前赴窑廠與協造之催總老格，敬謹製造。現得掛瓶四對，共計八件，恭賫呈進。所有廠内應造瓷器，亦與老格逐件細加講究，現在製造外，奴才因欽奉前旨，仍得在廠多住時日，料理寬裕，復出螻蟻臆見，自行畫樣製坯，又擬造得新樣瓷件一種，一併進呈，恭請皇上教導指示。

再奴才自舊年十月内以及本年三月間，與今在廠節次擬造得之新樣，悉係奴才愚昧之見，並非有成式摹仿。恐未能適用，上合聖意，且燒造錢糧歲有定額，復不敢擅用，以致靡費，故所有新樣，皆奴才自出工本，試造進呈，仰祈鑒定。如有適用，應行照式製造者，嗣後當與奉發各瓷一體欽遵造辦。謹繕摺奏聞，伏祈皇上睿鑒施行。謹奏。

硃批：覽。

乾隆八年九月十七日

**又《遵旨賠補燒造瓷器損失等事摺》**

内務府員外郎管理九江關務奴才唐英謹奏：爲恭謝天恩，仰祈睿鑒事。

竊奴才於乾隆八年六月内，接到和碩怡親王、果毅公訥、内大臣海望來文，將奴才報銷乾隆元、二兩年燒造瓷器錢糧查核，以所造瓷器釉水、花紋遠遜從前，又破損過多，因分條核減，共銀二千一百六十四兩五錢五分三厘三絲五忽二微，奏令賠補。奉旨：依議。欽此。欽遵。行知到關。除敬謹遵照，現在將前項銀兩陸續賫交養心殿造辦處查收外，奴才伏念從前管理淮安關稅，與窑廠迢隔二千餘里，不能與協造之員及時見面，細加講究，致瓷器未盡妥協，實有鞭長莫及之勢。但奴才既係經管之人，咎實難辭。今荷蒙皇上隆恩，不嚴加處分，惟準令核減賠補，奴才感激蟻忱，難以名狀。謹望闕叩頭謝恩訖。現在奴才不時赴廠，與協造之催總老格謹遵核減各條内指駁之處，一概小心更改，務期較從前之花紋、釉水細緻鮮艷。其做坯滿窑，亦必敬謹查看，不致破損過多，以仰報皇上隆恩於萬一。

惟是前議賠補各條内，有核減工價、物價兩項，伏查立廠之初，一應派累當官舊弊全行革除。凡工價、物價，俱以粗細、高下定爲等次，照本地窑民雇工買物之例畫一辦理，久經著爲成規，即闔鎮之工匠、鋪户，通行相安。今雖核減於元、二兩年，若於援此以爲定例，恐於製造、民情多有掣肘，故不但從前節年以來循照辦理，即現嗣後，均有不能更改之處。至次色一項，原爲火中取物，不能概登上選。今議以照上色之工費加倍核減，亦似難援爲常年定例。奴才現將乾隆三年與四年、五年分各瓷册呈送内務府查核，並將此三項未能遵改各情，據實聲明内務府在案。

今將奴才感激蟻忱，恭摺奏謝，伏祈皇上睿鑒施行。謹奏。

硃批：原議之大臣等議奏。

乾隆八年九月十七日

**又《恭進萬年甲子筆筒摺》**

内務府員外郎管理九江關務奴才唐英謹奏：爲奏明事。

竊奴才於十月内在窑廠辦理瓷務，因是時工匠尚皆齊集，復敬謹造得萬年甲子筆筒一對，循環如意，輻輳連綿，工匠人等以開春正當甲子萬年之始，悉皆歡騰踴躍。更逢天氣晴和，坯胎、窑火、設色、書、畫各皆順遂，不日告成。奴才即於十一月初二日回關辦事，今專差奴才家人賫捧筆筒恭進，伏祈皇上睿鑒。謹奏。

硃批：覽。

乾隆八年十二月初一日

**又《恭進上傳及偶得窑雙瓷器摺》**

内務府員外郎管理九江關務奴才唐英謹奏：爲奏明事。

竊奴才於乾隆八年十一月二十一日接到内大臣海望寄字欽奉上諭：着唐英照此掛瓶花紋、釉水、顔色，燒造些各款式、各色鼻煙壺，着其中不要大了，亦不要小了。其鼻煙壺蓋不必燒來。欽此，欽遵。寄字到奴才處，着令欽遵辦理。

奴才接字之日，正值泥土凝凍，歲例停工，各匠俱已回家，窑火亦皆停歇。奴才伏念鼻煙壺尚屬小件坯胎，可以烘烤製造，亦便於包裹賫送，因差人至各匠家傳集九江關署，奴才親自指點，恭擬坯胎數種，並畫定顔色、花樣，即於新正賫赴廠署，在民户燒造粗瓷之茅柴窑内攢行燒製，並令星夜彩畫。今攢造得各款式鼻煙壺四十件，着奴才家人賫京恭進。惟是時届停工，攢造匆劇，恐釉水、款式未能仰合聖意，故不敢多造，亦未敢擅動燒造錢糧。奴才暫行捐製，恭請皇上教導改正，以便欽遵，俟開工之後，再行動項製造。

再於八年十二月二十五日，接到養心殿造辦處來文内開，乾隆八年十一月初五日，内廷交出青花蠟臺二對，奉旨：仍交與唐英各配香爐一件，花瓶二件，配成送來。其蠟盤中層，仿好蠟扦樣式，香爐、蠟臺、花瓶燒造幾分。比此樣放大些，亦燒造香爐、蠟臺、花瓶幾分送來。欽此，欽遵。奴才伏查蠟臺、瓶爐各種器件稍大，必俟泥土融和，始不致坯胎坼裂、靡費錢糧。當於二月内開工，奴才親往窑廠辦理攢造，再行呈進。恐遲延時日，合先奏聞外，於八年十一月内，奴才在廠製造霽紅瓷器，得窑變圓器數種，計共二十六件。雖非霽紅正色，其釉水變幻，實數十年來未曾經見，亦非人力可以製造，故窑户偶得　窑變之件，即爲祥瑞之征，視同珍玩。至霽紅一種，山窑之後，除正色之外，類皆黑暗不堪，從未有另變色澤生疏鮮艷者。今現得霽紅窑變各種，理合一併奏進，伏祈皇上睿鑒。謹奏。

硃批：覽。

乾隆九年二月初八日

**又《奏辦奉發蓋罐情形摺》**

内務府員外郎管理九江關務奴才唐英謹奏：爲欽遵諭旨事。

乾隆九年六月十九日，由養心殿造辦處發到缺釉成窑天字蓋罐一件，並傳奉諭旨：着將缺釉的天字蓋罐一件，着交唐英補釉。如補得，補好送來；如補不得，不必補，仍舊送來。欽此。欽遵。

奴才伏查發到天字蓋罐，係屬成窑，迄今年久，火氣銷退，若將缺釉之處補色，必須入爐復火。恐爐火攻逼，於舊窑質地實不相宜，是以不敢冒昧補釉，謹賫至窑廠，仿照原罐款式大小，造成三對，恭摺送京，並奉發原罐一併賫進，伏祈皇上睿鑒。謹奏。

硃批：覽。

乾隆九年七月十三日

**又《奏請老格留廠協造摺》**

内務府員外郎管理九江關務奴才唐英謹奏：爲請旨事。

竊奴才於雍正六年奉差江西，監造瓷器，一切燒造事宜。俱係奴才經管，另有筆帖式一員，止司買辦物料並錢糧出入之事。維時以奴才常在廠署職司監造，而筆帖式無燒造之責，可不必經久熟練，故例得三年更調。嗣因奴才欽奉恩命管理關務，雖窑廠燒造仍係奴才兼管，但不能常在廠内料理，是以將筆帖式製回，改换協造之員。是協造之員即有監造之責，必得經久熟練，方知泥土、物料之性；火候、釉水之宜，始於瓷器有益，而錢糧亦不致靡費。此協造之員似難引筆帖式之例三年更换者也。

今查協造之催總老格，於乾隆六年十二月到廠，初管瓷務，未諳燒造，奴才每歲於春秋二季自九江關赴廠兩次，除查看釉水、顔色、出樣、定款之外，與彼細加講究。老格亦留心學習，頗能領會，迄今三年，漸就熟諳，故奴才雖不能常在窑廠，而近年瓷務亦得稍免歧誤。今老格已滿三年，若引從前筆帖式三年更换之例，再换生手，則火候物性，工作細事，茫無知覺，又須從頭學習，於瓷務難免貽誤，奴才伏念瓷器上供御用，理宜敬慎辦理。老格在廠三年，爲人安静，辦事謹飭，不但燒造錢糧經手無誤。而於造作事宜亦漸致嫻熟，在窑廠實有裨益，況與止司置買錢糧之筆帖式不同。奴才爲瓷務起見，仰懇聖恩，可否免其更調，仍留窑廠協造，容奴才再爲逐一指點，則於現在之瓷器，不致以生於貽誤，而於日後之造作，亦可得一熟諳之員矣。

謹繕摺請旨，伏祈皇上睿鑒施行。謹奏。

硃批：老格着再留三年，該衙門知道。

乾隆十年二月二十五日

**又《遵旨攢造青花白地瓷五供摺》**

內務府員外郎管理九江關務奴才唐英謹奏：爲奏聞事。

乾隆九年十月二十三日，奴才接養心殿造辦處來文傳旨，雅滿達賴壇仙樓上，着奴才製造青花白地瓷五供三堂，其瓶內配燒瓷苓芝花。欽此。欽遵。維時因窑廠止工，天氣寒冷，泥釉凝凍，不能攢造。今春開工，始得陸續製成。今造得宣窑青花白地五供三堂，配造得青花五彩瓷苓芝二種，以備采用。敬謹差人賫進，伏祈睿鑒。謹奏。

硃批：覽。

乾隆十年四月初八日

**又《恭進上傳及新樣瓷器摺》**

內務府員外郎管理九江關務奴才唐英謹奏：爲奏聞事。

乾隆十年三月初六日，奴才在九江關署接到養心殿造辦處來文，並奉發銅胎紅法瑯蓋一件，藍法瑯蓋一件，傳旨交奴才照樣燒造霽紅、霽青蓋各一件，里子燒白的。又奉發青花白地無蓋小梅瓶一件，旋成瓶蓋木樣一件，傳旨着奴才按小梅瓶花樣大小燒造瓷蓋一件。欽此。欽遵。

奴才正當春季查看窑工之候，隨於三月初十日謹賫奉發各件，自九江關起身赴廠，親自督催，遵照木蓋樣製造得瓶蓋一件。但恐照造之瓶蓋火氣未退，與奉發之青花白地梅瓶究有新舊之別，奴才又按照原瓶花樣大小，配造得有蓋梅瓶一樣，以成一對。其奉到之銅胎法瑯蓋，亦照得霽紅、霽青蓋各一件外，於二月初七日先奉到渣斗木樣一件、象牙座一件，傳旨着交奴才按牙座大小照樣燒造哥窑瓶一件，仿舊做，不要款，如仿得舊更好。欽此。欽遵。今製造得哥窑渣斗一件，又仿配得連座富餘一件，以成一對。謹將前項各件，差人一併賫進，恭呈御覽。所有奉到各瓷木原樣，與象牙座一同恭交。

再，奴才在廠擬造新樣轎瓶與陳設小件數種，謹隨摺恭進，伏祈皇上教導指示。應否照此新樣再行製造，恭候聖裁鑒定，以便欽遵。謹奏。

硃批：覽。

乾隆十年四月初八日

**又《恭報回九江關任事摺》**

奉宸苑卿管理九江關務奴才唐英謹奏：爲恭報奴才回任日期事。

竊奴才於本年正月十九日，在圓明園叩謁天顔，荷蒙特恩，賞給卿銜，業經具摺奏謝天恩訖。奴才嗣於正月二十七日叩請聖訓，二月初一日出京，今於三月十三日抵九江原任，理合恭摺奏報。再奴才荷蒙聖訓，着奴才教導兒寅保學習瓷務，奴才回關之日，當將論旨傳與寅保，寅保不勝歡欣感激。奴才現在遵旨教導，將一切燒造事宜，俾寅保用心學習，漸就純熟，以盡奴才父子犬馬報主之誠於萬一。

合併奏聞。謹奏。

硃批：閱。

乾隆二十一年三月十七日

**又《次色瓷器變價銷售不能年清年款摺》**

奉宸苑卿管理九江關務奴才唐英謹奏：爲次色瓷器不能按年銷售變價，銀兩不能年清年款，奏明恭請聖訓事。

竊照江西窑廠燒造瓷器，每年選落次色器皿，於乾隆七年按照燒造成本估計，即在本處變價。所得變價銀兩，例應按年解送內務府，年清年款。惟是選落變價器皿，名雖次色，究係官窑瓷件，釉料既高，工價亦倍，非比民間常用器皿易於銷售。奴才前一任管理窑務，承辦變價次色，自乾隆七年起至十四年調任粤海關止，此八年內變價次色器皿，不能按年銷售，以致變價銀兩不能年清年款。遲至乾隆二十一年，始將奴才前一任內次色變價銀兩完繳清款訖。

所有奴才由粤海關復調九江關，自乾隆十七年至今應行變價次色器皿，又已積下四五年。伏查次色器皿，悉係動支錢糧燒造，則變價銀兩，即與正項錢糧無异。今因各器不能按年銷售，以致變價銀兩不能年清年款。奴才目擊實在情形，夙夜實深惴懼，又不敢因循坐視，遲誤錢糧。爲此繕摺奏明，恭請皇上教導。謹奏。

硃批：內務府大臣議奏。

乾隆二十一年四月二十四日

**又《恭繳次色黄器及次色祭器摺》**

奉宸苑卿管理九江關務奴才唐英謹奏：爲恭繳次色黄器事。

竊查窑廠燒造瓷器，除上色進呈外，所有選落之次色，於乾隆七年六月內欽奉諭旨： 嗣後脚貨器皿，不必送京，即在本處變價，欽此欽遵在案。嗣經奴才以選落之次色内有黄器，並五爪龍等件，民間未便使用，似宜仍運進京添補副裕等由，奏請聖訓。於乾隆八年三月欽奉硃批： 黄器如所請行，五爪龍者，外邊常有，仍照原議行。欽此。欽遵。亦在案。今查奴才前一任管理燒造瓷器，動用錢糧，以乾隆年分爲始，於乾隆十一年經内務府奏定則例章程，着令永遠遵行。計自乾隆七年分起，至十四年止，節年動支錢糧，均各照例奏銷完案。應行變價之次色亦已按例估計，各年變價銀兩亦經清交養心殿造辦處，總收完訖。至嬌黄次色自應遵旨恭繳。查自乾隆七年分至乾隆十四年，次色黄器總共一萬一千七十九件，理應分年開造清册，照例交廣儲司，按册查收。

再查乾隆十三年分奉文燒造各種祭器，除將上色繳收外，所有各種次色祭器一百六十四件，謹匯同黄器恭獻。

合併陳明，謹奏。

硃批： 閲。

乾隆二十一年七月初七日

**又《奉發燒造釉里紅瓷器奏摺》**

竊奴才在京時十月二十五日，太監胡世杰奉釉里紅掛瓶一件，畫樣一張，傳旨： 看明瓷器釉色，照紙樣花紋燒造幾件送來，務要花紋清真，並將古瓷樣式好者揀選幾種，亦燒造釉里紅顏色，俱寫乾隆年款送來呈覽。欽遵。奴才看明釉色，只領紙樣，恭捧到關，即遵旨揀選古瓷畫樣内好者數種一併發交窑廠協造葆廣等敬謹燒造。並諭俱造釉里紅顔色，務要花紋清真，釉水肥潤，顔色鮮明。俟造得時奴才揀選送京，恭呈御覽。【略】〔乾隆四年〕

**清·于敏中 英廉《日下舊聞考》卷七一《官署》** 造辦處掌成造諸器用之物。康熙三十年，以慈寧宫之茶飯房一百五十有一楹爲造辦處。四十八年，復增白虎殿後房百楹。所屬玻璃廠在西安門内蠶池口之西，共房三十有六楹。同上。

臣等謹按： 舊制，養心殿有造辦處，雍正年間始移今處，遂爲定制云。

織染局管局大臣及兼攝局務之司官，均奏請簡用，無定員。司庫一，筆帖式三，庫使六，司匠二，領催六。《大清會典》。

臣等謹按： 織染局舊隸工部，康熙三年，歸内府管理。是局原建於地安門内嵩祝寺後，乾隆十六年，奉旨移於萬壽山之西，與稻田毗近。立石曰耕織圖。原機上織染局三字，今改爲耕織圖。至廨舍局房俱詳載苑囿門。

御藥庫，順治十年設，在東華門内東三所之左，東向。堂西有藥王殿，前後三重，共房三十有六楹。《内務府册》。

茶膳房舊在中和殿東圍房内，乾隆十三年，以箭亭東外庫改爲御茶膳房，門東向。門内迤北東西黄琉璃瓦房八楹，西南黄琉璃瓦房十有二楹，又南北瓦房九楹。同上。

**清·藍浦 鄭廷桂《景德鎮陶録》卷二** 國朝

御窑廠恭紀

國朝建廠造陶，始於順治十一年，奉造龍缸，而徑三尺五寸，牆厚三寸，底厚五寸，高二尺五寸。經饒守道董顯忠、王天眷、王鍈等督造未成。十六年奉造欄板，闊二尺五寸，高三尺，厚五寸。經守道張思明、工部理事官噶巴、工部郎中王日藻等督造，亦未成。十七年巡撫張朝璘疏請停止。康熙十年，奉造祭器等項，陶成，始分限解京。十九年九月，始奉燒造。

御器差廣儲司郎中徐廷弼主事，李廷禧來鎮駐廠監督，悉罷向派饒屬夫役額徵，凡工匠物料動支正項銷算。

公帑俱按工給值，陶成之器每歲照限解京。二十二年二月，差工部虞衡司郎中臧應選筆帖式車爾德來廠代督，器日完善。其後漸罷。雍正六年復奉燒造，遣内務府官駐廠協理，以榷淮關使遥管廠事。政善工勤，陶器盛備。乾隆初，協理仍内務人員，八年改屬九江關使總管，其内務協理如故。五十一年，裁去駐廠協理官，命榷九江關使總理歲巡視，以駐鎮饒州同知景德巡檢司共監造督運。今上御極以來，詔崇節儉，每年陶器需用無多，而陶工益裕矣。

廠器歲解運數例附

《陶成紀事》載，廠器陶成，每歲秋冬二季，雇覓船隻夫役，解送圓琢器皿六百餘桶。歲例盤、盌、鍾、碟等上色圓器，由二三寸口面以至二三尺口面者，一萬六、七千件。其選落之次色，尚有六七千件，一併裝桶解京，以備賞用。其瓶、罍、罇、彝等上色琢器，由三、四寸高以至三、四尺高大者，亦歲例二千餘件，尚有選落次色二、三千件不等，一併裝桶解京，以備賞用。

廠給工食人役附

九江關總管事一名，九江關幕。内檔房書辦二名，選甆房總頭目一名，副總頭一名，在關辦事。頭目七名，一名長住，其餘十日一輪上宿。玉作二名，帖寫一名，畫樣一名，圓器頭一名，雕削頭一名，青花頭一名，滿窯一名，守坯房一名，挑夫一名，聽差一名，買辦一名，把門一名。

以上二十八名，計工給食。其餘工作頭目，雇倩俱給工價，於九江關道欵內開報。

鎮器原起

景德器，仿於元即北宋時鎮窯。

宋器，仿於明即景德後之鎮窯，曾經內府發器樣，故又呼發宋器。

湘湖器，仿於唐窯，本宋之湘湖市窯。

湖田器，仿於明，即元之近鎮窯。

洪器，仿於唐窯，本明之洪武廠器。

永樂器，仿於唐窯。

宣德器，仿於年窯。

成化器，仿於年窯。

正德器，仿於唐窯。

嘉靖器，仿於唐窯。

隆萬器，仿於唐窯。以上皆明廠器。

歐器，亦仿於唐窯，即明宜興歐氏窯。

廣器，仿於唐窯，即廣之江陽瓷。

均器，仿於宋末，即宋初之禹州窯。

碎器，仿於元，即宋之吉州分窯。

紫金釉器，仿於明廠窯。

官古器，此鎮窯之最精者，統曰官古，式樣不一，始於明。選諸質料精美細潤，一如廠官器，可充官用，故亦稱官。今之官古，有混水青者，有淡描青者，有兼仿古名窯渤者。若疑爲宋之汴杭官窯，則誤。

假官古器，始於明，亦非倣汴杭官窯，乃鎮瓷之貌爲精細而假充官古式者。質料不及官古器，花式則同。有專造此種户，所謂充官古也。

上古器，始於明，鎮窯之次精者，統稱上古。質料工作頗佳，其曰古者，以時尚古器，非倣宋代器式，或曰精細似過於景德窯。

中古器，明以來鎮窯統曰中古。精而又次之器也，質料不及上古，故云中。其稱古，意則同前。

渤古器，此假中古器。近今所造，花式、渤色不異中古，而質胎不美。自有渤古器，而真中古遂貴。

常古器，鎮窑稍粗器也。統曰常古，質料工作無可品，但供日用之常。其以古稱，别乎飯冒等器耳。渤古器户、常古器户，皆互兼造。

小古器，此鎮窑專造小圓器者，如琖、盃、盌、碟等類。質料工作如中古，較之常器又高一籌，俗亦古之云爾。

飯器，鎮器最粗下者。厚實其質，拙略其工，統呼飯貨，人以渣冒等字目之。

子法器，有專作此器户，大小畢有，精粗各具。內兼梨式所謂子式，上寬直下而鋭平，法式口微撇寬，折而下直。子式勢稍長，法式勢稍匾。

子梨器，今鎮子法器有改子梨器者，大小精粗皆造。子，即子式。所謂梨式，口平而勢圓，樣微似梨，又或兼磬式。

脱胎器，鎮窯專造此者有半，脱胎極薄。有真脱胎，更如紙薄，爲最精美器。所謂脱胎，脱去胎質，純以渤成也。

填白器，此種器與脱胎皆昉於明廠，工作亦分精粗。所謂填白，蓋純白器可填畫彩者。古作甜白，殆甜净之意。

洋器，洋器，專售外洋者。商多粵東人，販去與洋鬼子載市，式多奇巧，歲無定樣。

東青器，鎮窑專倣東青户，亦分精粗，有大小式，惟官古户兼造者尤佳。或訛冬青，或訛凍青，要其所倣渤色則一。

霽紅器，陶户能造霽紅者少，無專家，惟好官古户倣之。

霽青器，亦官古户兼倣造鎮陶，無專作霽青器者。得其精美，可推上品，俗與好霽紅並重。今訛作濟青。

龍泉器，鎮初有專造龍泉器户，今惟官古、中倣之碎器户，亦倣龍泉渤。然無論專造兼倣，皆具精粗、大小、淺深色。

白定器，陶户專倣白定者，盌、碗、盃、碟等具外，又多小件玩器，精粗各在造户爲之，亦有青花。

汝器，鎮陶官古大器等户，多倣汝窯渤色。其佳者，俗亦以雨過天青呼之。

官窯器，自來有專倣户，今惟兼倣碎器户亦造。若廠倣者，尤佳。

哥器，鎮無專倣者，惟碎器户兼造，遂充稱哥窯户。以前户能辨本原，今仿哥者只照式仿造，究不知哥何由稱矣。

陶有窯俗呼曰燒窯，統名風火窯。

燒柴窯，或圇燒，或搭燒。

燒槎窯，有圇燒，亦有搭燒。

包青窯，惟燒柴窯廠器畫搭此等窯燒。民户亦有搭燒者，亦或自造燒。

大器窯，有自造燒者，有搭他户坏燒者。

小器窯。有自造燒者，亦搭他户坏燒。

窯有户俗統呼曰窯户。

燒窯户，有燒柴窯，有燒槎窯，又號㪷坏窯户。

搭坏窯户，或搭柴窯，或搭槎窯。

燒圇窯户，即自燒自造户，或自造燒，亦搭一二他户坏燒。

柴窯户，有燒户、搭户、圇窯户。

槎窯户。亦有燒户、搭户、圇窯户。

户有工

列紀各工人數不一，外有挑貨工及管債人，皆不列入。

淘泥工，即兼練泥工。

拉坏工，俗呼做坏。

印坏工，俗呼拍模。

鏇坏工，俗呼利坏、挖坏。

畫坏工，

舂灰工，或兼合灰。

合泑工，有配灰者，有合色者。

上泑工，有蘸上者，有吹上者。

挑槎工，柴窯不用，惟槎窯有之。

𡑞坏工，又呼挑坏。

裝坏工，裝坏入匣，重叠待滿。

滿掇工，有滿窯工，滿窯則召之，不在常傭内。開窯又有出窯工。

燒窯工，俗呼把莊，然分三手，有事溜火者，事緊火者，事溝火者。

開窯工，有外伴專業此務，開窯則召來者，有管債人兼作此務者。

乳料工，

舂料工，

砂土工。

彩之工附

乳顏料工，　畫樣工，

繪事工，　配色工，

填彩工，　燒爐工。

工有作作者，一户所作器也。各户或有兼作，統名曰作。

官古器作，　上古器作，

中古器作，　泑古器作，

小古器作，　常古器作，

粗器作，　冒器作，

子法器作，　脱胎器作，

大琢器作，　洋器作，

雕鑲作，　定單器作，

仿古作，　填白器作，

碎器作，　紫金器作。

作有家凡精粗分畫，各有家數，曰家。

青花家，　淡描家，

各彩家。

陶所資各户

柴户，　槎户，

匣户，　磚户，

白土户，　青料户，

篾户，　木匠户，

桶匠户，　鐵匠户，

修模户，　盤車户，

乳缽盪口户，　打籃户，

煉灰户，　鏇刀户。其刀如目字、已定形。

陶餘資用陶中所餘，物有可資於用者。

窯磚，　窯槎，

窯煤。

《清宫内務府造辦處檔案總彙》

雍正元年

二月

初六日，怡親王交硝子石小碟一件，瑪瑙劍靶二件，玉尺一件。奉旨：硝子石小碟、玉尺畫樣，其瑪瑙劍靶掏空。欽此。玉作。

本日怡親王諭，硝子石小碟、玉尺交唐英畫樣。遵此隨俱畫樣呈怡親王看過，將原交硝子石小碟一件、玉尺一件郎中保德俱交太監吴書持去，交總管太監張起麟收訖。

十三日，怡親王交定磁小瓶一件，隨烏木座。嘉窑小扁磁合一件，白玉小水注一件，官窑花瓶一件，竹節式磁壺一件，隨紫檀木座。定磁爐一件，隨紫檀木蓋座。白玉菱花式支壺一件。王諭，俱交唐英照樣畫樣。遵此。玉作。

於本月十六日，定磁小瓶等共七件，照樣畫樣完。唐英呈怡親王看準，將此定磁小瓶一件，嘉窑小扁磁合一件，白玉小水注一件，官窑花瓶一件，竹節式磁壺一件，定磁爐一件，白玉菱花式執壺一件，怡親王俱呈進訖。

十三日，怡親王交龍油珀葡萄式小盤一件。王諭，着唐英照樣畫樣。遵此。鑲嵌作。

於十六日照樣畫樣完，怡親王呈進訖。

十四日，怡親王交假官窑磁瓶一件，玉壺一件，漢玉水丞一件。隨匙一件紫檀木座。王諭，交唐英畫樣。遵此。玉作。

於本日假官窑磁瓶照樣畫樣完，唐英呈怡親王看準，隨將假官窑磁瓶一件，玉壺一件，水盛一件，紫檀木座俱逞進訖。

三月

十一日，怡親王交宜子孫白玉快一件，夔龍玉扇器二年，螭虎卧蠶玉扇器一件，夔龍套環玉扇器二件，夔鳳玉扇器一件，雙鳩玉扇器一件。王諭，交法瑯處唐英。遵此。玉作。

於三月十四日，將玉快玉扇器七件，俱畫樣完，怡親王呈訖。

十八日，怡親王交巴令七件。王諭。酌量做。遵此。雜活作。

於十二月二十九日，做得銅胎燒法瑯嵌玻璃火焰珊瑚青金蜜臘座巴令七件，怡親王呈覽。奉旨：交中正殿。欽此。本日唐英、默爾森額送至中正殿，交旃壇寺掌印大喇嘛吐關呼圖克吐鋪排達默安壽訖。

雍正三年

二月

二十二日，怡親王諭，着造金胎燒法瑯自在觀音菩薩一尊，銅胎燒法瑯善才龍女二尊。遵此。法瑯作。

於五年閏三月初八日，做得金胎燒法瑯自在觀音菩薩一尊，銅胎燒法瑯善才龍女二尊。郎中海望、員外郎沈崳、唐英呈怡親王看，奉王諭：觀音菩薩面貌微覺不歡喜，身上衣褶亦染得不妥。爾等酌量改燒。其善才龍女燒銅胎的不好，另用象牙。遵此。

於乾隆元年二月初四日，將金胎法瑯觀音菩薩一尊，隨象牙善才龍女，七品官太監薩木哈交太監毛團呈進訖。

雍正四年

正月

初四日，唐英奉怡親王諭，着再做巴令七個。爾先做合牌樣我看，俟看準，再做。遵此。法瑯作。

於本月十三日，做得合牌樣一個，唐英呈怡親王看。王諭，準做。但其中大小花朵不要，銀瑯内白色的用銀母煉渠做，黄色的，或蜜蠟，或象牙泡黄。青色的，或用青金石，或青玻璃做。緑色的，用孔雀石做。紫色的，用紫英石做。紅色的，或珊瑚做，或用魚枕骨，或象牙茜紅。是火焰，照樣做周圍，邊欄做直牆子，鈎細花紋，中心鑲嵌五彩玻璃，配做銅燒古鈎花圓盤一件。架子用紫檀木做。其紫檀木板上鑲嵌緑葉，用金葉襯(録)[緑]，或象牙泡緑配合着做。其人物仙女、象、馬等件，仍用象牙做。其七寶、八寶與各樣零碎物件，或累絲，或臺撒，爾等酌量配合。謹此。

於十二月二十六日，做得鑲嵌巴令一分，法瑯巴令一分。員外郎海望呈進。奉旨：着擺在佛堂内。欽此。於本日隨交太監焦進，朝供在佛堂内訖。

十一月

初一日，郎中海望持出四色法瑯四塊。重一百十六兩。奉旨：着配法瑯用。欽此。法瑯作。

於本日交員外郎唐英持去訖。

十二月

十二日，掌儀司送來禮部來文一張，隨木香爐一件。咨稱議政大臣等議准奏明。奉旨：福陵昭陵供法瑯香爐一座，交養心殿造辦處誠造。俟造成時，着內務府派官二員，送至關東，着本處該管大臣官員等同看安供等語。法瑯作。

於五年八月十四日，做得福陵、昭陵掐絲法瑯香爐二座。郎中海望呈啓怡親王看，奉王諭：照此爐樣，將畫法瑯香爐再做二座。遵此。

於十二月十二日，做得畫法瑯香爐二座。員外郎沈喻、唐英持去呈內務府總管永福、李延禧、尚志順看過，隨派得員外郎隆昇主事佛保往福陵昭陵去訖。

於六年二月十六日，員外郎隆昇來説福陵、昭陵二處留下掐絲法瑯香爐二座，俱已安供。其畫法瑯香爐二座未用，相應交回等語。

於三月十三日，郎中海望啓怡親王，奉王諭：知道了。遵此。

二十一日，首領太監程國用來説，太監王太平、劉希文傳旨：着將嵌法瑯片項圈，手鐲做幾分。欽此。法瑯此。

【略】

於六年二月十九日，做得嵌法瑯片金累絲項圈二分，隨錦合員外郎沈喻、唐英交首領李久明、薩木哈持去，交總管太監陳福、李英、蘇培盛收訖。

於二月二十五日，做得嵌法瑯片金累絲手鐲三副，隨錦匣員外郎沈喻、唐英交首領李久明、太監王玉持去，交總管太監王朝卿收訖。

雍正五年

七月

二十二日，首領太監程國用來説，大監劉希文傳旨：將法瑯簪做幾對。欽此。法瑯作。

【略】

於六年二月十九日，做得金胎法瑯簪四對，錦匣盛。員外郎沈喻、唐英，着首領太監李久明、薩木哈持去，交總管太監蘇培盛、陳福、李英收訖。

雍正六年

正月

十三日，太監王太平傳旨：照先做過的玻璃面鑲嵌銀母花梨木桌，再做二張。其高矮寬窄、大小尺寸，俱照舊桌一樣。做桌面不必鑲嵌，做黑漆面的一張，紅漆面的一張。欽此。木作。

於本月十四日，員外郎唐英代木匠盧玉量得長二尺三寸七分，寬一尺零四分，通高一尺一寸，邊寬九分，厚九分，腿子捲頭一寸零半分，高八分，見方九分。於八月初八日，做得黑退光漆面鑲嵌銀母西番蓮花邊花梨木桌一張。海望呈進，奉旨：再照此桌樣做幾張。欽此。

本日郎中海望、員外郎沈喻、唐英定得先做二張。記此。

二十二日，栢唐阿、宋七格等奉怡親王諭：着試燒煉法瑯料。遵此。雜録。

於本日員外郎沈喻、唐英説，此係怡親王着試燒法瑯料所用錢糧物料。另記一檔，以待試煉完時再行啓明入檔。記此。本日遂交栢唐阿、宋七格訖。

三十日，員外郎沈喻、唐英傳，做賞用五十歲玻璃眼鏡十副，六十歲玻璃眼鏡十副，七十歲玻璃眼鏡十副。記此。入雜活作。

三十日，郎中海望、員外郎沈喻、唐英傳，做備用壽意法瑯爐一對，香合一對，匙箸瓶一對。記此。入法瑯作。

二月

初一日，爲正月三十日郎中海望、員外郎沈喻、唐英做法瑯鼻煙壺五對。記此。入法瑯作。

十九日，郎中海望、員外郎沈喻、唐英傳，做備用金胎法瑯簪八對。記此。入法瑯作。

三月

十一日，郎中海望、員外郎沈喻、唐英傳，做備用壽同山岳盆景一件。記此。入鑲嵌作。

十一日，郎中海望、員外郎沈喻、唐英傳，做備用鑲嵌福兕鼻煙壺二件，鑲嵌五毒鼻煙壺二件。記此。入鑲嵌作。

十一日，員外郎沈喻、唐英啓稱，雍正五年三月二十七日，據武英殿送來擺玻璃鏡的錫片，共一百三十五塊，長六尺八寸，寬三尺六寸七十五塊；長五尺五寸，寬三尺五寸六十塊，現今本造辦處庫房尚未修造完，欲將此項錫片仍暫存武英殿內等語，奉怡親王語准行，遵此。入庫檔。

十三日，員外郎沈喻、唐英傳，做賞用玻璃眼鏡，三十歲、四十歲、五十歲、六十歲、七十歲，每樣做五副。記此。入雜活。

二十一日，催總張自成來説，二月十九日，郎中海望、員外郎沈喻、唐英傳，做備用端陽節用群仙祝壽花籃春盛一分。記此。入法瑯作。

四月

初五日，員外郎沈喻、唐英傳，做備用壽意法瑯油合一對。記此。入法瑯作。

五月

初七日，員外郎沈崳、唐英傳，做備用壽意象牙扇器二件。記此。入牙作。

初九日，員外郎沈崳、唐英傳，做法瑯手巾結子十個。記此。入法瑯作。

十六日，員外郎沈崳、唐英傳，做備用賞用玻璃眼鏡十六副。記此。入雜活作。

二十八日，員外郎沈崳、唐英傳，做年例備用金八寶一百六十件，金錢六十個，銀八寶二百四十個，銀錢八十個。記此。入法瑯作。

六月

初一日，員外郎沈崳、唐英傳，做備用天燈樓子二分。記此。入鏇作。

十一日，員外郎沈崳、唐英傳，做備用法瑯翎管一百個。記此。入法瑯作。

十二日，員外郎沈崳、唐英傳，做銅爐燒古砌磚古格子一座。記此。入爐作。

二十日，員外郎沈崳、唐英傳，做備用金胎法瑯簪十三對。記此。入法瑯作。

七月

十二日，據圓明園來帖內稱，本月初十日，怡親王交西洋法瑯料月白色、白色、黄色、緑色、深亮緑色、淺藍色、松黄色、淺亮緑色、黑色，以上共九樣；所煉法瑯料月白色、白色、黄色、淺緑色、亮青色、藍色、松緑色、亮緑色、黑色，以上共九樣；新增法瑯料軟白色、秋香色、淡松黄緑色、藕荷色、淺緑色、醬色、深葡萄色、青銅色、松黄色，以上共九樣。

郎中海望奉怡親王諭：將此料收在造辦處做樣，俟燒玻璃時，照此樣着宋七格到玻璃廠每樣燒三百斤用。再燒法瑯片時，背後俱落記號。聞得西洋人説，燒法瑯調色，用多爾那們油。爾着人到武英殿露房去查，如有俟畫上用小法瑯片時用此油，造辦處收到的料內月白色、松黄色有多少數目，爾等查明，回我知道，給年希堯燒磁器用。遵此。雜録。

於七月十四日查得武英殿露房舊存收貯多爾那們油十六斤十兩二錢。西洋國來使支德羅進的多爾那們油四半瓶，連瓶净重十二斤四兩。從蔣家房抄來的多爾那們油一瓶，連瓶净重一斤四兩。共重三十斤二兩二錢。於七月十七日寫摺啓知怡親王，奉王諭着拿一小瓶來試看。遵此。

八月

初二日，員外郎沈崳、唐英傳，做備用年節用一兩重銀錁一百個，五錢重銀錁二百個，三錢重銀錁三百三十個，二錢重銀錁五百個，一錢重銀錁一千個。記此。入法瑯作。



初七日，內管領穆森交來雨過天青玻璃盆一件，金珀色玻璃盆一件，説郎中海望、員外郎沈崳、唐英傳，着將此盆二件配作通草盆景。記此。入花兒作。

初七日，郎中海望、員外郎沈崳、唐英傳，做法瑯鼻煙壺二對，法瑯煙袋一枝，附荷苞筒子一分。記此。入法瑯作。

初七日，郎中海望、員外郎沈崳、唐英傳，做鑲嵌鼻煙壺一對，鑲嵌紫檀木合一對，鑲嵌金累絲簪一對。記此。入鑲嵌作。

雍正七年

二月

十九日，怡親王交有釉水磁器四百六十件，係年希堯燒造。郎中海望奉王諭，着收着。遵此。

於本日將磁器四百六十件，交柏唐阿宋七格訖。

於七年八月十四日，燒造得畫法瑯磁碗三對，畫法瑯磁碟二對，畫法瑯酒圓四對。郎中海望呈進訖。

於七年九月初六日，燒造得畫法瑯碗二對，畫法瑯磁盤一對，畫法瑯碟二對，畫法瑯茶圓二對。郎中海望呈進訖。

於七年十二月二十八日，燒造得畫法瑯碗四對，畫法瑯盤二對，畫法瑯碟二對，畫法瑯瓶二對。郎中海望呈進訖。

於八年四月二十九日，燒造得畫法瑯盤五對，畫法瑯碗六對，畫法瑯茶圓三對，酒圓四對。郎中海望呈進訖。

於八年六月初九日，燒造得畫法瑯碟一對，茶圓一對，碗二對。郎中海望呈進訖。

於九年四月二十九日，燒造得畫法瑯碗四對，盤六對，碟四對。內務府總管海望呈進訖。

於九年八月十四日，燒造得畫法瑯碗六對，茶圓三對，酒圓三對，盤二對，碟五對。司庫常保首領薩木哈，交太監劉倉州呈進訖。

於九年九月初七日，燒造得畫法瑯碗五對，盤三對，碟四對。司庫常保首領薩木哈呈進訖。

於九年十月二十八日，燒造得畫法瑯碗四對，茶圓二對，酒圓二對，碟四對，瓶一對，盤三對。司庫常保首領薩木哈、李久明呈進訖。

於九年十二月二十八日，燒造得畫法瑯碗六對，盤三對，茶圓二對，酒圓二對，碟三對，瓶二對。司庫常保首領薩木哈、李久明呈進訖。

於十年四月二十九日，燒造得畫法琺碗五對，盤三對，碟一對，茶圓三對，酒圓五對。內大臣海望代領，司庫常保呈進訖。

於十年五月十五日，燒造得畫法琺碗十七件。首領薩木哈交太監劉倉州呈進訖。

於十年五月二十九日，燒造得畫法琺碗一對，碟三對。首領薩木哈交太監劉倉州呈進訖。

於十年閏五月初八日，燒造得畫法琺碗二對，盤二對，茶圓一對，碟一對。首領薩木哈交太監劉倉州呈進訖。

於十年閏五月二十三日，燒造得畫法琺碗四對，酒圓五對。首領薩木哈交太監劉倉州呈進訖。

於十年六月十一日，燒造得畫法琺碗一對，碟二對，茶圓一對，盤一對。首領薩木哈交太監劉倉州呈進訖。

於十年七月十九日，燒造得畫法琺碟二對，碗二對，盤一對，茶圓一對，酒圓一對。首領薩木哈交太監劉倉州呈進訖。

於十年八月初八日，燒造得畫法琺碗一對，茶圓一對，酒圓一對，碟一對。司庫常保首領薩木哈、李久明呈進訖。

於十年八月十二日，燒造得畫法琺碟二對，碗一對。司庫常保首領薩木哈呈進訖。

於十年八月十四日，燒造得畫法琺碗四對，碟一對，盤一對，茶圓二對，酒圓二對。司庫常保首領薩木哈呈進訖。

於十年九月初八日，燒造得畫法琺碗二對，盤一對，碟三對，茶圓二對，酒圓二對。司庫常保首領薩木哈交太監劉倉州呈進訖。

於十年十月二十八日，燒造得畫法琺碗八對，盤六對，茶圓一對，酒圓二對，瓶一對。司庫常保首領薩木哈呈進訖。

於十年十一月二十七日，燒造得畫法琺碟一對，茶圓一對，酒圓一對。司庫常保首領薩木哈呈進訖。

於十年十二月二十八日，燒造得畫法琺碗六對，盤四對，酒圓四對，茶圓三件。司庫常保首領薩木哈呈進訖。

於十三年十月二十日，燒造得畫法琺碗大小六對，盤一對，碟三對，酒圓五對。司庫常保交太監毛團呈進訖。入法瑯作。

三月

二十日，郎中海望持出白定窑磁小瓶一件。奉旨：此瓶大些的、小些的，或官釉，或別樣釉水，照此樣交怡親王着年希堯做些。欽此。記事録。

於本月二十二日，將定窑磁小瓶一件，海望呈怡親王收下。

二十日，郎中海望持出白地青龍嘉窑碗一件。奉旨：着查裡邊磁器，內如有此樣碗，即不必多燒造；如若無，將此碗交怡親王，着年希堯照此款式燒造些來。其花樣不甚好着，另改花樣，碗底不必做腆心。欽此。記事録。

於本月二十二日，將白地青龍嘉窑碗一件，郎中海望呈怡親王收下。

四月

初二日，太監劉希文交來大官窑瓶一件。傳旨：着作木樣，交年希堯照樣燒造幾件。欽此。記事録。

於本月十四日鏇得木樣一件，郎中海望交年希堯家人鄭旺持去訖。於本月十六日，郎中海望將原樣瓶一件，交太監劉希文收訖。

十一日，郎中海望持出葫蘆式磁壺一件。奉旨：將此壺交年希堯，照其款式仿燒造幾件。其釉水如不能十分像些，須淺深亦可。將原壺上添一蓋，再着燒磁器人認看此壺是新磁，是舊磁。俟磁器得時一並奏聞。欽此。記事録。

於四月十四日，將此壺交年希堯家人鄭旺持去訖。

十一日，郎中海望持出洋磁小圓合一件。奉旨：着照此合釉水燒造幾件。其合蓋上的花紋不甚好，着他另改畫花樣。欽此。記事録。

於四月十四日，將磁合一件交年希堯家人鄭旺持去訖。

十一日，郎中海望持出青花白地小圓罐一件。奉旨：着照樣燒造幾件，再別款式小器皿每樣燒造幾件配百事件用，不必多燒造。欽此。記事録。

於四月十四日，隨交年希堯家人鄭旺持去訖。

十四日，郎中海望持出古銅花囊一件。奉旨：照樣鏇木樣，將天盤口硬楞做軟些，面上開三孔，做樣呈覽再做。欽此。記事録。

於四月二十日，做得木樣一件。郎中海望呈覽。奉旨：此邊口再放圓些，膽開大些，交年希堯各樣釉水燒造幾件。比此樣大些的，亦燒造幾件。欽此。

於本月二十五日，將古銅花囊一件，交年希堯家人鄭旺持去訖。

十七日，據圓明園來帖內稱，本月初八日，將三足圓形法瑯洗燒做幾件。要直牆，三足，平底，白法瑯裡，黑法瑯外牆，周圍畫花卉。再傳給年希堯，亦照此樣式，口徑三寸至八寸的，每樣燒造幾件，俱用白釉，裡外面釉水花樣任其酌量配合。爾做樣呈覽，再交燒造。欽此。法瑯作。

於四月十一日，做得合牌直牆，三足，平底圓形洗樣一件，郎中海望呈覽。奉旨：照樣燒造。欽此。

於十四日，將圓形洗樣一件，交年希堯家人鄭旺持去訖。

二十七日，郎中海望奉旨：爾將各樣款式水盛或腰圓形、半壁形、鷄缸形或扁圓形，酌量做木樣幾件，不必呈覽，交年希堯，或黃釉，或霽紅，或托胎，或冬青釉，務要精細，每樣燒造幾件。欽此。記事録。

於五月十九日，做得腰圓形木樣一件，半壁形木樣一件，鷄缸形水丞木樣一件，扁圓形有缺口水丞木樣一件，交年希堯家人鄭旺持去訖。

三十日，郎中海望持出成窑寶燒紅龍白地碗一件，成窑紅龍白地酒圓一件。奉旨：將此二件交年希堯，照樣燒造。欽此。記事録。

於五月十五日，將成窑原樣磁器碗、酒圓二件，交年希堯家人鄭旺持去訖。

六月

二十八日，據圓明園來帖內稱，本月二十七日，太監張玉柱、王常貴交來燒法瑯牡丹玉蘭花卉破白磁瓶一件。隨紫檀木座。傳旨：將此瓶交年希堯照樣燒造幾件送來。其法瑯花卉，着造辦處照樣燒造，得時送進，仍補在原陳設處。欽此。入法瑯作。

於十月初六日，年希堯家人鄭旺送來白磁瓶三十件，內有破的九件，並原樣一件。交栢唐阿鄧八格持去訖。

閏七月

十六日，圓明園來帖內稱，郎中海望持出均窑雙管瓜楞瓶一件。奉旨：着將鰍耳、乳耳三元爐木樣鏇作幾件，並此瓶俱交年希堯，照此瓶上釉水燒造些來。欽此。記事録。

於本月二十日，鏇得鰍耳爐木樣一件，乳爐大小木樣二件，三元爐木樣一件，鉢盂爐木樣一件，郎中海望呈覽。奉旨：此木樣俱不合式，再做好式樣鰍耳爐、乳爐，做木樣呈覽。欽此。

於九月初二日，做得鰍耳爐木樣一件，乳爐木樣一件。郎中海望呈覽。奉旨：乳爐口做矮些，耳子再收拾。鰍耳爐耳子亦收拾。欽此。

於九月二十一日，做得木樣二件，交年希堯家人鄭旺持去訖。

八月

初七日，據圓明園來帖內稱，閏七月三十日，郎中海望持出菊花瓣式宜興壺一件。奉旨：做木樣交給年希堯，照此款式，仿均窑將霽紅、霽青釉色燒造。欽此。記事録

於八月初五日，將原樣宜興壺一件，交年希堯家人鄭旺持去訖。

初七日，據圓明園來帖內稱，閏七月三十日，郎中海望持出素宜興壺一件。奉旨：此壺靶子大些，嘴子亦小，着做木樣改準，交給年希堯燒造。欽此。記事録。

於八月初五日，將宜興壺一件，郎中海望交年希堯家人鄭旺持去訖。

十七日，據圓明園來帖內稱，本月十四日，郎中海望持出碎霽紅磁盤邊五塊。奉旨：此釉水甚厚，新燒的甚薄，不知是何原故？爾將此破磁發給年希堯，去着伊照此破磁釉水燒造。欽此。記事録。

於本月二十日，將霽紅磁盤邊五塊，郎中海望交年希堯家人鄭旺持去訖。

十一月

二十九日，內務府總管年希堯家人鄭旺送來新燒各色磁器一百八十六件，上交做樣磁器十一件。本日海望持進一百八十二件，並作樣磁器十一件，擺在養心殿暖閣內訖。

造辦處庫存四件。記事録。

雍正八年

八月

十一月，太監張玉桂傳旨：年希堯進的點翠盆景五分，內有一盆好的，其餘俗氣些。再做盆景樹身子，不必用銅挺子做翠樹身子，再做點翠竹挺子、點翠的竹葉子，像紫竹林款式。再做點翠的竹子，做散散的盆景。再做斑竹挺上用點翠葉子的盆景。欽此。記事録。

十月

二十六日，據圓明園來帖內稱，本月十八日，內務府總管海望，持內務府總管年希堯燒造來的仿均窑磁爐，大小十二件呈覽。奉旨：此爐燒造的甚好，傳與年希堯，照此樣再多燒造幾件。欽此。記事録。

於本日內務府總管海望將此旨意交內務府總管年希堯家人鄭旺訖。

二十六日，據圓明園來貼内稱，本月十八日，總管海望持出仿均窑磁乳爐二件。奉旨：着配座隨在宫内新蓋板房陳設。欽此。入木作。

二十六日，據圓明園來貼内稱，本月十八日，内務府總管海望持出仿均窑磁乳爐二件，仿均窑磁鰍耳爐一件。奉旨：着配座在圓明園陳設。欽此。入木作。

二十六日，據圓明園來貼内稱，本月十八月，内務府總管海望持出仿均窑鰍耳爐一件。奉旨：着配座賞大學士孫柱。欽此。入木作。

三十日，内務府總管海望奉旨：爾照年希堯進的波羅漆桌樣，將大案炕桌、琹桌樣畫樣呈覽，交年希堯漆作些來。再將賞用磁瓶樣，亦畫樣呈覽，交年希堯燒造些來。欽此。記事録。

於十二月初十日，内務府總管海望畫得，交内務府總管年希堯成造波羅漆大案樣二張，炕桌樣二張，琹桌樣二張，磁瓶大樣五張，小樣七張呈覽。奉旨：案几，雙層書格式樣。其餘桌樣準做。磁瓶不必着色。另畫幾張不必着色的，交年希堯燒造些。花樣、磁釉不必太細，做賞用。欽此。

於十二月十一日，將畫得漆桌樣五張，磁瓶樣九張，内務府總管海望交内務府總管年希堯家人鄭天錫領去訖。

雍正九年

四月

十七日，内務府總管海望持出白磁碗一對。奉旨：將碗上多半面畫緑竹，少半面着戴臨撰字言詩誦題寫地章，或本色，或合配緑竹，淡紅或何色酌量配合燒法瑯。欽此。入法瑯作。

十七日，内務總管海望持出白磁碗一件。傳：着將此碗畫梅花，或本色，或紅色地章，燒法瑯。記此。入法瑯作。

十九日，内務府總管海望奉上諭：着將有釉無釉白磁器上畫久安長治、蘆雁等花樣燒法瑯。欽此。入法瑯作。

二十七日，栢唐阿鄧八格來説，内務府總管海望傳：着在圓明園造辦處做備用磁器，上燒法瑯各色器皿等件。記此。入記事録。

二十七日，據圓明園來帖内稱，本月二十五日，栢唐阿、馬維祺爲燒法瑯活計立窑，用高二尺八寸、寬二尺五寸木桌六張，高五尺、寬三尺立櫃一件，板凳六條，水缸二口，長七尺、寬六尺鐵頂火一分。回過内務府總管海望，着内務府造辦處庫内無用木頭做給。記此。入記事録。

雍正十年

二月

二十二日，内大臣海望奉上諭：可將霽紅、霽青、黄色、白色高足靶碗，每樣燒造些厚些的。亦燒造些以備賞蒙古王用。欽此。

本日内務府總管年希堯家人鄭天錫抄去訖。

七月

初七日，據圓明園來帖内稱，本日宫殿監副侍李英交出白地紅花茶圓一件。傳旨：茶圓款式花樣俱好，着燒造磁器處照樣燒造些送來。再將翡翠色、黄色的亦燒造些。欽此。記事録。

於初九日，將白地紅花茶圓一件，並上諭一道，司庫常保交内務府總管年希堯家人鄭天錫領去訖。

初十日，據圓明園來帖内稱，本日司庫常保持出五彩花磁果托一件。説宫殿監副侍李英傳旨：着傳與年希堯，照樣將填白釉果托燒造些送來。令造辦處將黄色地畫法瑯燒造些。欽此。記事録。

於八月十四日，將原五彩花磁果托一件，司庫常保持去交宫殿監副侍李英收訖。

八月

初六日，據圓明園來帖内稱，本日司庫首領薩木哈來説，太監滄洲傳旨：着將二十四日交出白地畫紅龍大玉壺春瓶一件，照樣鏇木樣交與年希堯，燒填白釉幾件。欽此。記事録。

本日交内務府總管年希堯家人鄭天錫抄去訖。

十五日，據圓明園來帖内稱，本日司庫常保首領薩木哈，持來黄地暗龍茶圓一件，説宫殿監副侍李英傳旨：照此茶圓的樣式，交年希堯，將填白釉的燒些來。底不必落款。欽此。記事録。

於八月十七日，將黄地暗龍茶圓一件，並上諭一道，司庫常保交内務府總管年希堯家人鄭天錫持去訖。

九月

初二日，據圓明園來帖内稱，本日司庫常保首領薩木哈奏稱，雍和宫取來脱胎小酒圓，甚好。欲向年希堯要些來燒造等語奏聞。奉旨：爾等寄信與年希堯，將脱胎小酒圓、茶圓、小碟，着燒造些，不要款。欽此。記事録。

於本月初十日，交内務府總管年希堯家人鄭天錫抄去訖。

十三日，據圓明園來帖内稱，本日司庫常保首領薩穆哈奉上諭：着寄信與年希堯，將霽青均窑、汝窑小花盆，水連燒造些來。先做木樣呈覽，朕看準時，再發去燒造。再照玻璃菊花盤樣，將玻璃盆做幾件。記事録。

於十一月二十七日，做得小花盆木樣二件，隨水連。司庫常保首領李久明、薩穆哈呈覽。奉旨：照樣準燒。欽此。

本日將木樣二件，隨水連。並上諭一道，司庫常保交内務府總管年希堯家人鄭天錫領去訖。

十月

二十八日，司庫常保首領李久明、薩木哈奉上諭：裡邊有一面畫花卉、一面寫字磁壺，款式甚好。爾等可降旨與乾清宮總管，要求鏇做木樣呈覽。看準時，交年希堯照樣將填白釉磁壺燒造些送來，以備燒法瑯用。欽此。記事録。

本日乾清宮殿監督領侍蘇培盛、副侍陳福、劉玉、李英交着向圓明園内總管查有一面畫花卉、一面寫字的磁壺，類此樣有幾樣，俱交造辦處人持來，俟看樣完時仍送回等，因於本月二十九日，員外郎滿毗三音保差栢唐阿、富拉他赴圓明園，去向園内總管李德取來一面寫黑色行書字、一面畫玉堂春富貴花卉磁壺大小三把，内一把靶上有驚紋，係大清雍正年製。一面寫藍色篆書楷書字，一面畫松竹梅花磁壺一把，無款。員外郎滿毗三音保傳旨：照樣每樣做一木樣。記此。記事録。

於十一月二十七日，照取來磁壺做得木樣四件，司庫常保首領薩穆哈、李久明呈覽。奉旨：照樣燒造磁器。欽此。

本日將木樣四件，司庫常保交内務府總管年希堯家人鄭天錫持去訖。隨將磁壺四把，着栢唐阿、富拉他仍交總管太監李德收訖。

十一月

十一日，司庫常保首領薩木哈來説，太監滄洲交宜興壺四件。外畫洋金花紋。傳旨：此壺畫的款式蠢些。收小些，做好樣呈覽。欽此。

於十一月二十七日，做得木樣四件，並原宜興壺四件，司庫常保首領薩穆哈、李久明呈覽。奉旨：改做的樣好，準燒造磁器。宜興壺着留下。欽此。記事録。

本日將木樣四件，並上諭二道，員外郎滿毗三音保交内務府總管年希堯家人鄭天錫領去訖。

十一月

二十七日，照十一月十一日交出宜興壺樣改做得木樣四件，司庫常保首領李久明、薩木哈呈覽。奉旨：改做的好，照樣準燒造磁器。欽此。入記事録。

二十七日，照十月二十八日一面寫字、一面畫畫磁壺樣做得木樣四件，司庫常保首領李久明、薩木哈呈覽。照樣準燒磁器。欽此。入記事録。

二十七日，做得小花盆木樣二件，隨水連。司庫常保首領李久明、薩木哈呈覽。奉旨：照樣準燒造磁器。欽此。入記事録。

十二月

二十八日，做得年節活計，司庫常保首領李久明、薩木哈呈進。奉旨：嗣後造辦處呈進活計，内如有朕夸好的，爾等即降旨與内大臣海望，着賞。欽此。記事録。

雍正十一年

正月

二十一日，司庫常保首領太監薩木哈持來宜興鉢一件。奉旨：照此樣式，將黄地法瑯鉢做一件。鉢身周圍中間寫梵字，畫吉祥草。蓋頂中間亦寫梵字湊圓，周圍亦畫吉祥草。其梵字着問喇嘛寫，再照樣將呆青、呆黄、呆金黄玻璃鉢做幾件，再照樣另尋宜興鉢一件，交與燒造磁器處做樣，將均窑官窑霽青、霽紅鉢，各燒造些送來。入法瑯作。

二十一日，司庫常保首領太監薩木哈奉旨：着照宜興鉢樣式，另尋宜興鉢一件，交與燒造磁器處做樣，將均窑官窑霽青、霽紅鉢，各燒造些送來。其均窑的要緊。欽此。記事録。

於十二月二十三日，内務府總管年希堯家人鄭天錫送來均釉磁鉢十一件，官窑磁鉢七件，霽青磁鉢十一件，霽紅磁鉢七件，呈内大臣海望看過，隨傳着將鉢各配做銅鍍金匙錦囊布套、穵罩、象牙筯漆靶棕刷。記此。

於十二月二十七日，做得銅鍍金匙錦囊四分，每分各計銅鍍金匙一件，錦囊一件，石青布套一件，藍高麗布穵罩大小三塊，象牙筯一雙，係雙節做法，洋漆棕刷一件。均釉磁鉢一件，官窑磁鉢一件，霽青磁鉢一件，霽紅磁鉢一件，司庫常保首領太監薩木哈呈覽。奉旨：交與滄洲。欽此。

六月

十五日，據圓明園來帖内稱，司庫常保首領太監薩木哈來説，宫殿監副侍李英傳旨：着燒造磁器處，嗣後寶月瓶不必燒造。欽此。記事録。

於本月十八日，司庫常保交內務府總管年希堯家人鄭天錫抄去訖。

九月

十一月，據圓明園來帖內稱，宮殿監副侍李英交青花白地六瓣等款式碗四件，茶圓二件，酒圓二件，仿哥窑六瓣等款式茶圓二件。傳旨：着海望傳與燒磁器處，嗣後此等款式磁器不必燒造。欽此。記事録。

本日將青花白地六瓣等款式碗四件，茶圓二件，酒圓三件，仿哥窑六瓣等款式茶圓二件，司庫常保交江西燒造磁器處內務府總管年希堯家人鄭天錫領去訖。

十二月

十二日，茶房筆帖式常寧送來散秩大臣伯茶飯房總管馬哈達等清文咨稱，本飯房茶房奏稱，飯房茶房黃磁碗、黃磁鐘現不足用，飯房欲添二等黃磁碗三十件，三等黃磁碗二十件，黃磁鐘三十件；茶房欲添黃磁鐘二十件，共添一百件，請交海望，行與該處燒造等語。繕寫摺片，於雍正十一年十二日，交太監王常貴等轉奏。奉旨：交該處取用。欽此。相應移咨前去等，因記此。記事録。

於本月十三日，茶房筆帖式金大鵬送來黃磁碗樣二件，黃磁鐘樣一件，呈內大臣海望看過，着將黃磁碗鐘樣交內務府總管年希堯家人鄭天錫，轉發江西燒造磁器處，照樣燒造一百件。限一百日內送來。記此。

本日將黃磁碗二件，黃磁鐘一件，司庫佛保等交內務府總管年希堯家人鄭天錫領去訖。

二十七日，內務府總管年希堯家人鄭天錫送來洋紅磁五供一分，計五件。五彩磁五供一分，計五件。司庫常保首領太監薩木哈呈覽。奉旨：磁爐內配做爐膽，蠟扦配做接油，磁瓶內配作瓶花，其花或用翎管，或象牙俱可。欽此。法瑯作。

於十二年八月十四日，將磁五供二分配做得象牙茜色荷花四束，法瑯接油二對，司庫常保首領太監薩木哈呈進。奉旨：蠟扦子盤做小了，再做大些。欽此。

於九月二十七日改做得蠟盤、象牙瓶、花爐膽五供二分，司庫常保首領太監薩木哈呈進訖。

二十七日，內務府總管年希堯家人鄭天錫送來各色磁花岔十二樣，司庫常保首領太監薩木哈呈覽。奉旨：送往圓明園，交與園內總管太監，有應陳設處陳設。欽此。記事録。

於本月二十八日，將各色磁花盆十二樣，栢唐阿拴柱帶領內務府總管年希堯家人鄭天錫，送至圓明園，交總管太監李德等收訖。

各式菊花式磁盤十二色，內每色一件。司庫常保首領太監薩木哈呈覽。奉旨：着交與燒造磁器處，照此樣每色燒造四十件。欽此。記事録。

本日隨交內務府總管年希堯家人鄭天錫持去燒造訖。

雍正十三年

七月

十九日，郎中蘇合訥、司庫常保交霽紅高足茶圓木樣一件。傳旨：着交年希堯，照木樣燒造一百三十件送來。欽此。記事録。

本日將木樣一件交年希堯家人鄭天錫持去訖。

乾隆元年

五月

初二日，太監毛團、胡世傑傳旨：着海望寄信與員外郎唐英，另將燒造法瑯之白磁燒造些送來。欽此。記事録。

十二月

二十五日，司庫劉山久來說，太監毛團、胡世傑交黃地五彩西番[蓮]花五寸盤木樣一件，黃地五彩西番蓮花六寸盤木樣一件，黃五彩西番蓮花湯碗木樣一件，黃地五彩西番蓮花花大碗木樣一件。傳旨：將盤二件交海保照樣做托紗漆盤五百件，胎子做厚些。再將碗樣二件交唐英，照樣各燒造五百件，胎子亦燒造厚些。欽此。記事録。

乾隆二年江西燒造磁器處。

正月十九日，首領魏福來說，宮殿監正侍謝成、李英，交各樣瓷碗盤碟共五十九樣。每樣上貼黃簽字樣數目，共四萬七千一百二十件。傳旨：着交與唐英，照數目樣式燒造。欽此。

於本年五月初一日，將唐英送到各式磁器等件俱呈進訖。

四月江西燒瓷器處。

十四日，首領吳書來說太監毛團，青花白地磁碗一件。傳旨：着做木樣呈覽。俟準時交江西燒磁器處，將填白釉燒造些，脫胎釉亦燒造些。欽此。

於本月二十日，做得填白釉木樣一件，首領吳書交太監毛團、胡世傑、高玉呈覽。奉旨：照樣燒造填白釉，不必脫胎。欽此。

於本月二十日，首領吴書將交出青花白地磁碗一件，交太監毛團收訖。

五月江西燒瓷器處。

十一日，首領吴書來説，太監毛團、胡世傑傳旨：着將瓶樣畫些呈覽，準時交於唐英，將填白瓶燒造些來。欽此。

於本月十三日，畫得膽瓶紙樣一張，雙環蒜頭瓶紙樣一張，玉環天然口紙錘瓶紙樣一張，花觚瓶紙樣一張，天盤口梅瓶紙樣一張，雙鳳耳罇紙樣一張，玉環紙錘瓶紙樣一張，小膽瓶紙樣一張，天盤口紙錘瓶紙樣一張。首領吴書持進，交太監毛團、胡世傑、高玉呈覽。奉旨：準照樣發去燒造。欽此。

於本年十二月二十二日，照畫樣燒造得填白膽瓶四件，填白雙環蒜頭瓶五件，填白玉環天然紙錘瓶三件，填白變鳳耳罇瓶四件，填白天盤口梅瓶三件，填白小膽瓶二件，填白二環紙錘瓶三件，填白天盤口紙錘瓶四件。每樣持進一件，七品首領薩木哈交太監毛團、胡世傑、高玉呈覽。奉旨：着將直口膽瓶着唐英嗣後不必燒造。再嗣後燒造此八樣填白釉瓶時，着唐英令窑上人隨意畫各樣畫樣燒造些，隨填白瓶一同送來。欽此。

二十一日，首領吴書來説，太監高玉傳旨：着照紅玻璃雙管瓶畫瓶樣一張，放大些，雙管瓶樣一張，交與唐英，將填白磁雙管瓶燒造些送來。欽此。

於本月二十二日，畫得雙管瓶紙樣二張，首領吴書交太監毛團、高玉呈覽。奉旨：準照樣將填白雙管瓶燒造些來。欽此。

於本年八月初十日，將唐英送到磁瓶等件俱呈進訖。

十月江西燒瓷器處。

十三日，司庫劉山久、七品首領薩木哈、催總白世秀來説，太監毛團、胡世傑、高玉交霽紅靶碗一件，汝釉杏元四方雙管瓶一件，青花白地龍鳳合一件，嬌黄釉宫碗一件，大觀釉收小一號花瓶一件，嬌金黄釉茶碗一件，宣窑青龍海水梅瓶一件，嘉窑雙管六方瓶一件，黄地緑龍葵瓣四寸碟一件，洋彩黄地洋花宫碗一件。傳旨：以後燒造瓶、罐、碗、盤、鐘、碟等物，俱照此霽紅靶碗釉水勉力燒造。洋彩黄地洋花宫碗甚好，再燒造些。青花白地龍鳳小合，照樣燒造些。再洋彩黄地洋花宫碗上花樣將小合亦燒造些，大觀放小一號。花瓶嘴子甚粗，再燒造時收細些。再燒造青龍海水梅瓶時，其青花白地不必改，青龍改燒釉裡紅龍、黄地緑龍。葵瓣四寸碟上龍髮緑，釉水不清楚，碟外畫行龍。再唐英所進瓷器内，汝釉四方雙喜罇、哥窑錦帶瓶、汝釉四方雙耳太平罇、汝釉收小天禄罇、汝釉雙喜紙錘瓶、東青釉雙喜紙錘瓶、汝釉收小扁方雙耳瓶、東青釉絡子罇、廠官釉收小雙耳鼓釘花囊、均釉拱如意花瓶、龍泉釉紙錘瓶，此十一樣款式不好，不必燒造。窑上若另有舊樣，仍照新樣燒造盤、碗、鐘、碟，俱用篆字款，要周正。再東青釉拱花大漢罇，嘉窑青穿枝蓮八寶雙環大罇，嘉窑青龍穿枝蓮天球罇，此三樣罇，照洋彩黄地洋花宫碗上花樣燒造些。再將小些寶月瓶、馬掛瓶，各樣釉水花樣燒造。再青花白地大瓶燒造得正好，其嘉窑六方雙管瓶口改做直。汝釉四方雙管瓶，照此樣式燒造。青花白地嬌黄釉宫碗釉水淡了，嗣後照□□釉茶碗釉水燒造來。再所進元器内留下十三樣，其餘送赴圓明園，交園内總管。俟朕駕幸圓明園時選看等次。欽此。

於本月十六日，司庫劉山久、七品首領薩木哈來説，太監毛團、胡世傑、高玉交篆字款紙樣一張，傳旨：以後燒造罇、瓶、罐、盤、鐘、碗、碟磁器等，俱照此篆字款式輕重成造。欽此。

二十二日，司庫劉山久、七品首領薩木哈來説，太監毛團、胡世傑、高玉傳旨：着將唐英燒造送來填白釉瓶、燒法瑯，趕年節務要全完。欽此。法瑯作。

於本年十二月二十二日，首領吴書將燒造得祝仙捧壽膽瓶一對，交太監毛團呈進訖。

十一月江西燒瓷器處。

二十八日，太監高玉持來黄磁宫碗一件，傳旨：着唐英照此樣式大小，照先進過洋彩宫碗花樣燒造些。欽此。

於本年十二月二十八日，將唐英燒造得送到洋彩宫碗呈進訖。

十二月

二十四日，七品首領薩木哈將唐英呈進絹畫鑲萬福流雲邊屏風一座，並黑漆畫金案、寶座、磁燈等件，交奏事太監王常貴呈覽。奉旨：着將屏風、寶座、漆案送圓明園，交園内總管太監。再四季花磁燈二對，亦送圓明園掛。欽此。記事録。

本月二十五日，栢唐阿、方六十將屏風、寶座、漆案並磁燈等件，送赴圓明園交總管訖。

乾隆三年

四月江西。

十八日，司庫劉山久、催總司世秀來説，太監胡世傑交宣窑青花八吉祥高足壺一件。傳旨：着交唐英，照此壺款式花樣多做幾件。得幾件並原樣先送來。欽此。

五月江西。

初六日，司庫劉山、催總白世秀來說，太監高玉交汝釉花觚一件，均窑雙喜花瓶一件，廠官釉葫蘆馬卦瓶一件，均窑紙搥瓶一件，廠官釉六孔瓶一件，冬青磁小花插一件，月白釉六孔瓶一件，萱花把蓮五寸盤一件，大觀釉五缶花插一件，龍泉釉糖鑼洗一件。傳旨：着將龍泉釉糖鑼洗交與唐英，照此釉水燒造，另改花樣。萱花靶蓮五寸盤，將盤心内花樣放大些，花紋俱各畫細緻些，照樣燒造。其餘八樣照樣燒造，顔色不俱。欽此。

初六日，司庫劉山久、催總白世秀來說，太監高玉交龍泉釉罐二件，青花白地罐二件，青花白地萱花罐一件。傳旨：着交唐英，俱配磁蓋。欽此。

初六日，司庫劉山久、催總白世秀來說，太監高玉交五彩蓋罐一件，汝釉五寸盤一件，青花白地慶玲靶碗一件，萱花四寸小碟一件，均窑天鷄耳花瓶一件，裡五福外松鶴茶鍾一件，五彩馬卦瓶一件，白裡霽紅茶鍾一件，五彩小蓋罐一件，白裡霽紅蓮子酒鍾一件，爐均釉乳爐大小二件，白裡霽青蓮子酒鍾一件，五彩蟠桃匕盤一件。傳旨：着交與唐英，照樣燒造。欽此。

初十日，催總白世秀來說，太監胡世傑交磁胎法瑯小玉壺春一件。傳旨：着照此瓶大小尺寸，改款式，多畫樣幾件呈覽，準時再燒造磁器。欽此。

於本月十五日，司庫劉山久、七品首領薩木哈、催總白世秀，將畫得各款式瓶子二十八件，紙樣一張，各款式水盛、筆洗、蓋罐等樣二十三件，紙樣一張，交太監毛團，胡世傑、高玉呈覽。奉旨：挑選得十一件瓶樣，着燒造填白釉水，其餘不準燒選。再水盛、筆洗、蓋罐等件，亦酌量燒造花樣釉水。欽此。

於乾隆四年十一月十八日，七品首領薩木哈、催總白世秀，將唐英照交去畫樣十一張内燒造得白釉雙耳瓶七件，白釉長嘴瓶十二件，白釉雙管瓶十四件，白釉葫蘆瓶八件，白釉蒜頭瓶二十二件，白釉觀音瓶十二件，白釉長元瓶四件，白釉三級瓶十二件，白釉膽二十一件，並遵旨酌量釉水燒造水盛、筆架、筆洗、蓋罐等件，今燒造得魚子紋汝釉雙耳太平水盛四件，魚子紋汝釉吉利水盛十件，均釉半壁水盛四件，白泥汝釉蓮花水盂二件，東青釉蓮花水盂四件，觀釉鼓釘小糖鑼洗十件，魚子紋汝釉雙耳有蓋花插八件，宣窑青花雙環三足小筆洗八件，官窑撇口三足小筆洗四件，東青釉菱花六合水盛七件，觀釉磬口太平水盛十件，龍泉釉拱夔螭寶珠口水盂十件，觀釉元式收口水盛八件，哥窑元式收口水盛一件，哥窑撇口合歡水盂八件，白裡霽青撇口筆掭四件，龍泉釉拱花撇口筆掭二件，魚子紋汝釉菊瓣口水盂六件，魚子紋汝釉筆洗六件，哥窑六方水盛二件，汝窑六方水盛二件，哥窑長方水盛一件，汝窑長方水盛一件，黄地洋彩洋花飛春蓋罐一件，大觀釉長方水盛六件，東青釉六方水盛二件，東青釉長方水盛二件，大觀釉六方水盛五件，於本日持進，交八品官高玉、太監毛團、胡世傑呈覽。奉旨：將填白釉水瓶俱燒法瑯洋彩洋花。方罐留用，其餘着送往圓明園，交園内總管。俟大運新磁器到時，一同挑選等次。欽此。

於本日將填白瓶共一百十二件，水盛、筆洗等共一百三十八件，栢唐阿、六十送赴圓明園訖。

於本日，催總鄧八格將填白瓶共一百十二件領去燒造法瑯用訖。

六月江西。

二十五日，七品首領薩木哈、催總白世秀來說，太監高玉交宣窑青花有耳蓋碗一件，不要耳。五彩暗八仙撓碗一件，五彩的收小些，亦照樣燒造。五彩過牆花五寸碟一件，收小些，照樣燒造。宣窑八吉祥撓碗一件，收小些，照樣燒造。青花白地直口觀音瓶一件，照此樣脖子放粗些，嘴要撇口。宣窑青香草燈臺一件，有益照樣燒好裡改花樣。大官釉高四足茶壺一件，四足再放高些。洋彩百禄雙耳罇一件，去耳。嘉窑青雲龍大盤一件，五彩洋花八寶大盤一件，宣窑黄地青花大盤一件，宣窑黄地緑花紫八寶大盤一件，宣窑紅龍青雲海水大盤一件，宣窑大盤一件，宣窑串花青龍大盤一件，黄地青花串蓮盤一件，五彩雲龍七寸盤一件，五彩過牆福壽七寸盤一件，宣窑青蓉桂七寸盤一件，霽紅五寸碟一件，宣窑青靈杵八寶高足五寸碟一件，宋釉拱花五寸碟一件，汝釉五寸碟一件，汝釉四寸碟一件，宣窑青花四寸碟一件，嘉窑八卦高足五寸碟一件，宣窑青地把蓮五寸碟一件，宣窑青靈杵八寶三寸碟一件，礬紅夔螭三寸碟一件，洋黄三寸碟一件，洋黄裡外收小三寸碟一件，白定發瓣暗花小碟一件，宣窑青花八寶靶盤一件，汝窑靶盤一件，冬青拱花靶盤一件，五彩洋花靶盤一件，霽紅靶盤一件，霽青靶碗一件，冬青拱花大碗一件，冬青拱花磬口大碗一件，宣窑八吉祥大碗一件，成窑青花八吉祥靶碗一件，成窑紅福青海水平足碗一件，成窑青八寶小靶鍾一件，嘉窑青菊壽大碗一件，宣窑福禄湯碗一件，宣窑青花黄地高足撓碗一件，五彩蓉桂宫碗一件，洋彩過牆花茶碗一件，五彩並蓮茶碗一件，五彩八仙茶鐘一件，冬青合歡宮碗一件，洋彩過牆花茶碗一件，洋彩八寶茶盅一件，宣窑青花礬紅八吉祥茶盅一件，宣窑青花三果茶碗一件，宣窑青花蓮子茶盅一件，奇釉癸瓣茶碗一件，哥釉八方茶碗一件，宣窑青花高足小碟一件，宣窑青花梵書慶鈴小靶鐘一件，宣窑青花蓮子酒鐘一件，嘉窑青龍酒鐘一件，礬紅龍酒鐘一件，洋彩礬紅洋花磬口酒鐘一件，洋彩礬紅洋花撇口酒鐘一件，宣窑青花梵書慶鈴靶鐘一件，成窑青雲鶴八卦湯碗一件，大觀釉撇口大碗一件，宣窑青把蓮小碟一件，汝窑三寸碟一件，宣窑青八仙茶碗一件，宣窑青花四喜瓶一件，均釉紙鎚瓶一件，汝釉蜚戟花觚一件，宣窑青花白地蒜頭瓶一件，大官釉收小雙環天祿罇一件，宣窑收小青花雙環七絃罇一件，廠官釉四方雙管杏元瓶一件，白定蓮座瓶一件，爐均釉雙管花瓶一件，哥釉收小八方雙筒瓶一件，哥釉四喜瓶一件，宣窑青花雙管觀瓶一件，廠官釉收小雙環七絃罇一件，汝釉九宮梅瓶一件，龍泉釉收小拱花天祿罇一件，廠官釉太極紙鎚瓶一件，哥釉太極紙鎚瓶一件，宣窑青花白地蒜頭罇一件，大官釉六方罇一件，宣窑放大雙管大漢罇一件，哥釉放大天盤口大漢罇一件，宣窑放大天球罇一件，宣窑放大獸面雙環大漢罇一件，汝釉放大雙管撇口大漢罇一件，大官釉放大直口雙管大漢罇一件，冬青拱花寶月瓶一件，哥釉六方雙管罇一件，宣窑青花放大馬掛瓶一件，宣窑放大雙管直口罇一件，五彩放大暗八仙天球罇一件，大官釉拱八掛銅鼓罇一件，宣窑放大銅鼓罇一件，宣窑放大青龍天球罇一件，大官釉方大蒜頭罇一件，宣窑放大天祿罇一件，龍泉四方九宮五缶瓶一件，哥釉蓮座蒜頭瓶一件，宣窑青花洋帽洗一件，宣窑青花鉢盂缸一件，冬青拱漢文天球罇一件，冬青拱漢文寶月瓶一件，廠官放大獸面雙環大漢罇一件，廠官釉放大腰圓天祿罇一件，廠官釉三陽罇一件，廠官釉太極紙鎚瓶一件，汝窑天祿罇一件，宣窑青花梅瓶一件，宣窑青花三果梅瓶一件，宣窑青花蜚戟雙耳瓶一件，宣窑青花放大紙鎚瓶一件，宣窑青花靶托一件，宣窑青花如意有蓋水盛一件，宣窑青花參壺一件，宣窑黄地青花參壺一件，宣窑青花小合一件，宣窑青花罐一件，宣窑青花八寶高四足茶壺一件，宣窑青花腰元有蓋水盛一件，成窑青雲龍有蓋小罐一件，成窑五彩有蓋小罐一件，大官釉蛋式水盛一件，大官釉小紙鎚瓶一件，霽紅小玉壺春一件，龍泉釉太平蒜頭馬掛瓶一件，龍泉釉拱花蓮蓬花插一件，龍泉釉拱花小太平罇一件，龍泉釉拱花蛋式水盛一件，龍泉釉長方有蓋合一件，廠官釉小缸一件，汝釉鼓釘花囊一件，哥釉葵瓣筆洗一件，霽青菊瓣茶壺一件，冬青拱花漢罇一件，嘉窑青龍小缸一件，紫金釉小缸一件，宣窑青花觀音瓶一件，哥窑腰元罐一件，汝釉九宮瓶一件，白定起綫橄欖瓶一件，冬青有蓋葫蘆罐一件，龍泉拱花太白罇一件。傳旨：着交與燒造磁器處唐英，將洋彩百祿雙耳罇一件，併青花白地蓋碗一件，此二件照樣燒造，不要耳子。再五彩法瑯五寸碟一件，五彩暗八仙撓碗一件，收小些，照樣亦燒造。青花白地八吉祥撓碗一件，收小些，照樣燒造。照此樣，五彩的收小些，亦照樣燒造。再青花白地直口觀音瓶一件，照此樣，脖子放粗些，嘴子要撇口。再宣窑青香草燈臺一件，照樣燒造，花樣改畫好花樣。再大官釉高四足茶壺一件，足再放高些燒造。其餘俱照樣燒造送來。燒造完時，再將交出原磁器繳回，仍交磁器庫。此磁器内有大器皿，應畫樣帶去。其小磁器皿，俱各帶去。欽此。

七月

二十八日，司庫劉山久、七品首領薩木哈、催總白世秀，將内大臣海望爲挑補匠役，並添給飯食繕摺一件，内稱：臣海望謹奏，爲請旨事，臣查得造辦處法瑯等各作房之南匠，從前俱係廣東、江西、蘇州等處鈔官及織造官員揀選好手匠人送赴來京應藝，今經數年，各行南匠内有年老病故者，亦有告退回家者，其缺尚未挑補。至現有之南匠不敷應用，臣按各作原有及缺少未補，並酌擬應行添補南匠數目，另繕清單，一並恭呈御覽，伏候命下。臣將應添補之畫法瑯匠六名，輪子匠一名，廣木匠三名，寄字與海關鄭伍塞。漆匠二名，寄字與淮關唐英。鑲嵌匠一名，木匠三名，硯匠一名，畫樣人一名，大器匠五名，寄字與織造海保。令其揀選好手匠人送赴來京，以共應藝。記事録。

八月江西。

初八日，七品首領薩木哈來説，太監胡世傑交熊窑筆掭一件。傳旨：照此筆掭尺寸大小，着唐英照樣燒造青花白地一件。欽此。

十月江西。

二十九日，司庫劉山久、七品首領薩木哈、催總白世秀來説，太監毛團、胡世傑、高玉傳旨：嗣後着草瓶不必燒造均釉。再釉裡紅龍梅瓶，紅龍顔色不好，往好裡燒造。再查斗不甚用，以後少燒造。欽此。

二十九日，司庫劉山久、七品首領薩木哈、催總白世秀來説，太監毛團、胡世傑、高玉傳旨：將唐英所進之磁器，俱各送往圓明園，交園内總管安放在金魚池。欽此。

於本年十一月十五日，栢唐阿拴住送往圓明園訖。

於本日將磁器皿等件，交園内總管收訖。

二十九日，司庫劉山久、七品首領薩木哈、催總白世秀來説，太監毛團、胡世傑、高玉傳旨：今年送來磁器甚少，是何缘故？着問送磁器人。欽此。

十一月江西。

初二日，司事劉山久、七品首領薩木哈、催總白世秀來説，太監高玉傳旨：問燒的磁器少，釉水亦不好，交海望寄信去申飭他。欽此。

十二月江西。

二十七日，七品首領薩木哈將淮關唐英送來瓶、罐、盤、碗等共一百五十九件，交太監毛團、胡世傑、高玉呈覽。奉旨：嗣後洋彩五福大小碗，並青花白地艾葉筆覘，俱不必燒造。欽此。

乾隆四年

八月

十一日，首領李久明、催總白世秀，將員外郎唐英燒造得上色罇、瓶、罐、盤、碗、鐘、碟共二千七百五十一件，交太監毛團、胡世傑、高玉呈覽。奉旨：雨過天晴太官式壺嗣後不必燒造。將洋彩黄地洋花合歡罐二件留下，其餘俱送圓明園，交園内總管。欽此。記事録。

於本月十六日，栢唐阿德福將以上磁器送赴圓明園，交司房收訖。

十一月

十八日，七品首領薩木哈、催總白世秀，將唐英照畫樣燒造得填白釉小瓶一百十二件，照發去鐘樣燒造得填白鐘四件，青花白地鐘四件，並原樣鐘二件，酌量釉水燒造得筆洗水盛等樣一百三十九件持進，交八品官高玉、太監毛團、胡世傑呈覽。奉旨：將填白釉小瓶，俱燒法瑯填白鐘二件，青花白地鐘二件，原樣鐘二件，洋漆洋花小方罐一件留用，其餘俱送往圓明園内總管。俟大運新磁器到時，一同挑選等次。欽此。法瑯作。

於十二月初八日，將燒得魚子紋汝釉雙耳太平水盛四件，觀釉撒行合歡水盂八件，白裡齊青撒行筆掭二件，魚子紋汝釉吉利水盛十件，均釉半壁水盛四件，龍泉釉拱花撇口筆掭二件，白泥汝釉蓮花水盂二件，東青釉蓮花水盂四件，魚子紋汝釉筆洗六件，哥釉六方水盛二件，魚子紋汝釉有蓋雙耳花插八件，汝釉六方水盛二件，哥釉長方小盛一件，汝釉長方水盛二件，東青釉菱花六合，水盛十件，宣窑青花雙環三足小筆洗八件，冬青釉六方水盛二件，觀釉撇口三足小筆洗四件，觀釉元式收口水盛八件，大觀釉長方水盛六件，青花白地鐘二件，龍泉釉拱菱螭寶珠口水盂十件，魚子紋汝釉菊瓣口水盂六件，觀釉磬口太平水盛十件，觀釉鼓釘小糖鑼洗十件，冬青釉長方水盛二件，大觀釉六方水盛五件，哥窑元式收口水盛一件，填白磁鐘二件，以上共一百四十二件，俱交栢唐阿雙住福保送赴圓明園訖。

燒造得□□鐘二件，青花白地鐘二件，洋彩方罐一件，此係乾隆四年四月照發去樣燒。内庭留下。

燒造得填白小瓶十二件，此係乾隆三年五月照畫樣燒，交鄧八格領去燒造。

十二月

十五日，七品首領薩木哈、催總白世秀，將唐英燒造得大運磁器盤、碗、鐘、碟、罇、瓶、罐共三千七百五十一件，連原樣在内持進，交八品官高玉、太監毛團、胡世傑呈覽。奉旨：着將黄地洋彩洋花雙環罇、黄地洋彩雙圓瓶、洋彩牆雙鶴瓶此五件留於内庭用。嗣後燒造雙圓雙管瓶，其瓶口着燒造天盤口。再嗣後燒造青花白地缸時，再放大些，要成對。其粉定四繫起缘橄欖瓶，上口與底足俱往粗里放大些。五彩時令酒圓、五彩團花宫碗、白釉七寸盤，此一樣不必燒造。即將□呈覽過磁器四件發回，其餘磁器俱各送圓明園總管收放。俟朕駕幸圓明園，着劉滄洲挑選等次。欽此。江西。

於本月十七日，栢唐阿文保將磁器盤、碗、鐘、碟、罇、瓶、罐等共三千七百四十二件，持去送赴圓明園，交園内總管收訖。

乾隆五年

十二月

二十一日，司庫白世秀、七品首領薩木哈，將唐英燒造得各種有連磁花盆二十四件，各種無連磁花盆四十二件持進，交太監高玉呈覽。奉旨：將有連磁花盆八件，無連磁花盆十二件，交南花園。其餘各種磁花盆，俱交圓明園内總管王進忠栽花用，不必取貯。欽此。記事録。

於本月二十二日，將有連磁花盆八件，無連磁花盆十二件，交花園太監張進公持去訖。

於本月二十五日，栢唐阿法克進將有連磁花盆十六件，無連磁花盆三十件，送往圓明園，交王進忠收訖。

乾隆六年

三月

初五日，太監高玉傳旨：着向江西燒造磁器唐英處，將會磁器會吹釉水兼會煉料燒造磁器之匠役，選一名，送進京來應差。欽此。記事録。

於本年十一月十八日，內大臣海望將江西燒造磁器處監督唐英着家人送到，會畫磁器、會吹釉水、兼會煉料燒造磁器匠役胡信侯一名，繕寫摺片，交太監高玉等轉奏，奉旨交與鄧八格。欽此。

於本月十一日，已知會過法瑯處訖。

四月

十二日，司庫白世秀來說，太監高玉傳旨：唐英燒造上色之磁器甚糙，釉不好，磁器内亦有破的。着怡親王寄字與唐英。欽此。記事録。

六月

二十一日，司庫白世秀來說，太監高玉等傳旨：着海望交燒磁器處，以後不必燒造。欽此。記事録。

乾隆七年

正月江西。

二十三日，司庫白世秀來說，太監高玉係楊交冬青交燒磁器處照樣燒做一件。記此。交瑞保。

於本年三月十七日，司庫白世秀、副催總達子，將燒磁器處照樣燒來冬青磁罐蓋一件持進，交太監高玉呈進訖。

四月法瑯作。

初一日，栢唐阿雙柱來說，爲三月二十日催總鄧八格，將畫得磁蓋碗紙樣一張，磁筆洗紙樣一張，磁爐瓶三式紙樣四張，磁葵花蓋碗紙樣一張，磁蓋鐘紙樣一張，磁四寸碟紙樣一張，磁三寸碟紙樣一張，磁五寸碟紙樣一張，磁香合紙樣一張，磁方壺紙樣一張，磁連子壺紙樣一張，磁果碗紙樣一張，磁茶碗紙樣一張，磁膳碗紙樣一張，磁飯碗紙樣一張，碗七寸盤紙樣一張，磁筆筒紙樣二張，共磁器紙樣二十二張呈覽。奉旨：照樣將填白磁器每樣各燒造幾件送來。欽此。

於本年十一月初四日，司庫白世秀將唐英燒造得填白磁匙筯瓶合七件，填白磁碟大小三十件持進，交太監高玉呈覽。奉旨：着交法瑯處。欽此。俱交鄧八格領去。

四月江西。

初八日，內大臣海望奉旨：着照此青雲白地釉裡紅龍馬掛瓶畫樣，交江西唐英照樣燒造幾件送來。欽此。

五月江西。

初二日，司庫白世秀來說，太監高玉傳旨：將唐英燒造之鶴鹿，嗣後燒造時鶴俱要對面，其鹿脖子要直的。欽此。

六月

初六日，司庫白世秀、副催總達子來說，太監高玉傳旨：將燒磁器處進來之填白磁器三百九十件，着法瑯處畫法瑯用。欽此。法瑯作。

於本月初七日，司庫白世秀將填白磁器三百九十件，交栢唐阿雙柱文保領去訖。

十四日，司庫白世秀、副催總達子，將唐英送來五年分次色磁器樣等共一百九十一件持進，交太監高玉等呈覽。奉旨：今年磁器甚屬平常。將罇、瓶、罐等四十九件留用，共餘磁器仍交出，着怡親王、內大臣海望派員，同唐英家人挑選用得的送進，其用不得的，交唐英變價。再嗣後燒造磁器，或畫樣內，或窑上樣內揀選好樣式燒造送來，其平常樣式不必燒造。嗣後脚貨器皿不必送京，即在本處變價。欽此。

於本年六月二十三日，司庫白世秀、副催總達子，將選得元器四千三百十四件，琢器二百九十五件持進，交太監高玉等呈覽。奉旨：此一次次色磁器不必交唐英變價。着俱各送進呈覽。嗣後脚貨不必來京，即在本處變價。欽此。

於本年六月二十五日，司庫白世秀、副催總達子，將元器九千一百七十六件、琢器二百八十五件持進，交太監高玉呈覽。奉旨：將琢器俱各留下。其元器交高玉三千八百十四件，交訥親王、內大臣海望。六千二百三件賞給圓明園官員、八旗護軍兵丁。交內務府總管二千件，賞給內務府官員。再交訥親一千五百件，賞給大門上侍衛一件，御前侍衛與乾清門侍衛賞給五百件。欽此。

十四日，司庫白世秀、副催總達子來說，太監高玉傳旨：唐英此運磁器燒造的平常，脚貨甚多。着怡親王、內大臣海望寄字，着實申飭。欽此。記事録。

八月江西。

十一日，司庫白世秀、副催總達子，將唐英燒造得洋漆收小翠地錦上添花冬青玲瓏夾宣花瓶等六十九件持進，交太監高玉呈覽。奉旨：着照青花白地裡外穿枝蓮膳碗大小款式，其花樣照錦上添花山水湯碗花樣燒造。再窑上有好花樣，亦照膳碗款式燒造。再將五彩筆筒高裡收矮一寸，徑元酌量收小。御製詩句畫山水壯罐甚好，令唐英不獨此壯罐款式，別樣瓶亦照有詩句山水花卉燒造。欽此。

二十九日，司庫白世秀來說，太監高玉交青花白地雙雲耳六方方罇一件。傳旨：此罇花樣款式甚好。着唐英照樣燒造幾件，但罇肚子坐龍身不正，做時改做周正。其罇耳子不好，着唐英另改好款式耳子，再照此罇款式花樣收小些燒造幾件。惟罇肚上坐龍不用，改別好花樣燒造得時，原樣一併送來。欽此。

於本年十一月二十八日，司庫白世秀將唐英照樣燒造得青花白地雙雲耳六方花罇改款式耳子四件，並樣一件持進，交太監高玉呈進訖。

九月江西。

初十日，司庫白世秀、副催總達子來說，太監高玉交洋彩紅地錦上添花四圍畫山水磁碗一件。傳旨：着照此洋彩紅地錦上添花四圍畫山水碗上山水花樣，做杯、盤。其杯做有耳杯，托盤或圓，或葵瓣形，先做木胎杯、盤樣呈覽，準時再做。欽此。

於本月二十三日，司庫白世秀、副催總達子，將做得木胎畫四團山水海棠式杯、盤紙樣一張，畫二團山水雙耳杯樣一件，畫四團山水海棠式杯、盤紙樣一張持進，交太監高玉呈覽。奉旨：將此樣交唐英照樣燒造，其胎骨要薄些。欽此。

於十月初四日，司庫白世秀、副催總達子，將做得錦上添花杯盤木樣一件持進，交太監高玉呈覽。奉旨：着交唐英照樣燒造，其胎骨要薄些。欽此。

二十三日，司庫白世秀、副催總達子來說，太監高玉交御製詩一首。傳旨：將此詩交與唐英燒造在轎瓶上用。其字併寶璽酌量收小，其安詩地方並花樣亦酌量燒造。欽此。

於本年十二月十七日，司庫白世秀、副催總達子，將唐英燒造得御製詩轎瓶十二件持進，交太監高玉呈進訖。

十一月

二十日，司庫白世秀、副催總達了，將唐英造得上色錦上添花罇、瓶三十件，錦上添花茶圓三十二件，上色呈樣罇、瓶、罐等一百三十四件，盤、碗、鐘、碟等二百五十四件，上色裝桶盤、碗、鐘、碟、罇、瓶、罐等五千四百五十九件之數目，總册一本持進，交太監高玉呈覽。奉旨：將錦上添花罇、瓶俱留下，其餘交劉滄洲。欽此。記事録。

於本日，司庫白世秀、副催總達子來說，總管劉滄洲傳旨：將交出磁器俱送往圓明園，交園内總管。欽此。

於本月二十二日，栢唐阿夏四達子將交出磁器等件，俱送赴圓明園交司房訖。

十二月

二十八日，司庫白世秀將唐英燒造得青花白地雙喜耳罇八件，詩句撞罐二件，霽紅梅花膽瓶一件，洋彩白地膽瓶一對，洋彩蓍草玲瓏哥窑瓶一件，汝釉連環洋彩瓶一件，八哥海螺水盛一件，五福海螺水盛一件，洋彩圓筆筒二件，洋彩方筆筒二件，錦上天(添)花四團圓杯盤二副，紅地錦上添花葵瓣式杯盤二副，紅地錦上添花海棠式杯盤二副，松緑月白釉香櫞盤二件，紅地錦上添花膳碗十二件，持進交太監高玉等呈覽。奉旨：着照紅地四團錦上添花膳碗，將黃地錦上添花膳碗燒造些。其紅色錦上添花膳碗，仍燒造。再紅地錦上添花圓杯盤、葵花式杯盤、海棠式杯盤，亦仍燒造。照此三樣杯盤，將黃地天青地錦上添花杯盤各燒造些。青花白地杯盤亦燒造，杯盤俱要成對。再青花白地雙喜耳六方罇照原樣放高五寸、放大二寸五分一樣，放高三寸、放大一寸五分一樣，再着爾着量大小高矮式樣，各燒造些。香櫞盤下珊瑚枝托嗣後不必燒造。欽此。記事録。

三十日，司庫白世秀、副催總達子來說，太監高玉交爵盤木樣一件。傳旨：着交唐英，照樣將黃地天青地紅地錦上添花並青花白地爵盤，每樣各燒造些，俱要成對。欽此。記事録。

乾隆八年

二月

初三日，司庫白世秀、副催總達子來說，太監高玉傳旨：燒法瑯的填白磁，嗣後不必向江西要，亦行文與伊處，不必送來。欽此。記事録。

四月

初八日，司庫白世秀來說，太監胡世傑、高玉交陶冶圖二十張。傳旨：着將此圖交與唐英，按每張圖上所畫，係做何枝葉，詳寫來，話要文些。其每篇字數要均勻，或多十數字，少十數字，亦可。其取土之山，與夫取料取水之處，皆寫明地名。再將此圖十二幅，按陶冶先後，次弟編明送來。欽此。記事録。

於本月十一日，司庫白世秀將繕寫得陶冶圖上諭摺片一件持進，交太監高玉等轉奏。奉旨：將此改證摺片與陶冶圖俱交唐英。欽此。

於本年六月二十一日，將唐英寫得對詞陶冶圖十二張，隨原摺片一件持進，交太監高玉呈進訖。

五月

十七日，司庫白世秀、副催總達子，將唐英燒造得錦上添花三色杯十八副，計三十六件。填白夾青碗十件，錦上添花三色膳碗二十六件，玲瓏交泰瓶等十件，冬青有座轉旋靶碗一件，均釉瓶二件持進，交太監高玉呈覽。奉旨：俱各留下。其新式玲瓏巧工磁器，不必照隨常磁器一樣多燒。嗣後按節進十數件，俱要成對。如不能成對，即將各樣燒造。欽此。記事録。

六月江西。

二十一日，員外郎常保司庫白世秀、七品首領薩木哈、副催總達子，將唐英燒造得宣花交太五嶽缾一件，洋彩錦上添花六合太平花插一件，洋彩玲瓏渣斗一件，洋彩冬青釉太平有象缾一件，汝釉魚子紋詩意轎缾二件，洋彩黄地錦上添花詩意杏元轎缾二件，洋彩翠地錦上添花詩意變耳轎缾二件，洋彩黄地洋詩意海棠轎缾二件，洋彩紅地錦上添花詩意三多寶月轎瓶二件，洋彩紅地錦上添花詩意衍慶轎瓶二件，洋彩翠地錦上添花詩意雙喜轎瓶二件，洋彩黄地錦上添花江山一統爵盤二件，洋彩紅地錦上添花江山一統爵盤二件，青花白地江山一統爵盤二件持進。交太監高玉、胡世傑等呈進。奉旨：照從前進過的錦上添花萬年甲子筆筒，再燒造幾件送來。欽此。

於八月十九日，將唐英燒造筆筒五件持進交訖。

八月江西。

初四日，廣儲司庫使曹報上帶來内大臣海望信帖一件，内開本年七月二十七日，太監高玉交御題衡臯掇菁藻五言詩一首。傳旨：着寄與唐英，照從前燒造過掛缾式樣，將此詩寫上燒造數件送赴來京。欽此。

衡臯掇菁藻，氈室伴清嘉。却喜多鳳韵，偏宜對月華。參來紅艷夥，映處録叢斜。還似文軒側，微吟倚碧紗。

十一月江西。

初五日，七品首領薩木哈將唐英燒得大運琢圓磁器共五千四十五件，外隨進錦上添花洋彩等琢圓磁器共一百十七件，俱持進交太監胡世傑呈覽。奉旨：將青雲龍鉢盂缸二件，龍泉釉暗龍鉢盂缸二件，並龍泉釉宣花邊寶月瓶一件，交造辦處配座。其餘交圓明園。再青花蠟臺二對，仍交與唐英各配。香爐一件、花缾二件，配成送來。其蠟盤中層做好蠟阡樣式，香爐、蠟臺、花缾燒造幾分，比此樣放大些，亦燒造幾分送來。欽此。

於乾隆九年五月初四日，司庫白世秀將唐英燒造得放大青花白地五供二分，並原交出蠟阡二對，配得香爐花缾二分持進，交太監胡世傑呈進訖。

十二月江西。

初九日，七品首領薩木哈來説，太監胡世傑交御用青花白地膳碗一件。傳旨：着交唐英燒造，其碗大小、厚薄、深淺、款式，俱照此膳碗。外面俱燒五彩各色地杖，花樣各按時令分别吉祥花様。碗内仍照外面花様，俱要青花白地。年節用三羊開泰，上元節用五谷豐登，端陽節用艾葉靈符，七夕用鵲橋仙渡，萬壽用萬壽無疆，中秋節用丹桂飄香，九月九用重陽菊花之類。尋常賞花用萬花獻瑞，俱按時令花樣燒造。五彩要各色地杖，每十件地杖要一色。按節每樣先燒造十件。欽此。

於乾隆九年五月初四日，司庫白世秀將唐英燒造得艾葉靈符膳碗十件持進，交太監胡世傑呈進訖。

乾隆九年

正月江西。

初七日，司庫白世秀來説，太監張玉傳旨：這一次脚貨磁器内將酒圓俱各送來，其餘脚貨仍在本處變價。欽此。

於七月初四日，司庫白世秀將唐英燒造得各式脚貨酒圓二千二百十件持進，交太監胡世傑呈進訖。

二月江西。

初九日，司庫白世秀來説，太監張胡世傑交青花白地書燈一件，御筆詩一首。傳旨：將此書燈交與唐英，照此書燈款式並蠟盤裡上的字樣，先燒造書燈幾件送來。其字並圖書，俱按青花白地一色燒造。再照此樣書燈，燒造洋花書燈幾件，陸續送來。此書燈放大些、收小些的，各燒造幾件送來。其現燒造之五供上的蠟阡上，不必將此詩燒上。欽此。

於五月初四日，司庫白世秀將唐英燒造得青花白地御製詩書燈二對，隨樣持進，交太監胡世傑呈進訖。

於七月初四日，司庫白世秀將唐英燒造得洋彩書燈二對，青花白地書燈二對持進，交太監胡世傑呈進訖。

三月

十六日，司庫白世秀、催總達子，將江西燒造磁器監督唐英燒造得洋彩錦上添花各式鼻煙壺四十件，並霽紅窑變盤、碗、鐘、碟等二十六件，持交太監胡世傑呈進。奉旨：嗣後此窑變磁器不必送來。其鼻煙壺每年只燒四五十件送來，不必多燒。欽此。織造處。

五月江西。

初四日，司庫白世秀、副催總達子，將唐英燒造得艾葉靈符膳碗十件，各色洋彩鼻煙壺四十件，青色白地書燈二對，青花白地伍供四分，內二分蠟阡係原發去配爐花瓶，內二分係放大燒做，俱持進，交太監胡世傑呈覽。奉旨：此伍供內花瓶俗氣，款式亦不好。再燒造時另改好款式燒造。其端陽節艾葉靈符膳碗，嗣後不必燒造。欽此。

十一日，司庫白世秀、副催總達子來説，太監胡世傑、張玉交成窑天字蓋罐二件。內一件釉水不全。傳旨：着將缺釉水的天字罐一件，交唐英補釉。如補得，補好送來；如補不得，不必補，仍舊送來。欽此。

六月江西。

初三日，司庫白世秀來説，太監胡世傑、張玉交青花白地香爐臺大小二分。傳旨：將此香爐、蠟臺着交與唐英，配合好款式各燒造花瓶一對，配成一堂。欽此。

初三日，司庫白世秀、副催總達子來説，太監胡世傑傳旨：將發與唐英做樣書燈一件，俟到來時交齋宮。欽此。

於本月初十日，付催總佛保將無字書燈一對，送往齋宮交訖。

八月

十九日，七品首領薩木哈將唐英燒造得磁犬四件各隨木籠。持進，交太監胡世傑呈進。奉旨：交開其里酌量地方擺。欽此。記事録。

於本月二十五日，栢唐阿吉交法克進送往圓明園，交司房收訖。

九月

十五日，司庫白世芬、副催總達子來説，太監胡世傑、張玉傳旨：雅滿達喇壇仙樓上，着交燒造磁器處燒造青花白地磁五供三堂，其瓶內配燒磁苓芝花。欽此。織造處。

於十年五月初四日，司庫白世秀將江西燒造來青花白地五供三堂持進，交太監胡世傑呈進訖。

十月江西。

二十六日，司庫白世秀、七品首領薩木哈、副催總達子，將唐英配得花瓶磁五供二分持進，交太監張玉、胡世傑呈覽。奉旨：此花瓶嘴子、肚子、足子俱小了，將從前着燒造五供三分花瓶之嘴子、肚子、足子放大些燒造。欽此。

十一月

二十八日，司庫白世秀、七品首領薩木哈、催總達子，把唐英燒得上色錦上添花轉旋罇、瓶、碗等十八件，並各色樣瓷罇、瓶、盤、碗、鐘、碟等共五千二百七十三件持進，交太監張玉、胡世傑呈覽。奉旨：將上色罇、瓶、碗十八件，並霽青項大錦伏天球罇一件留下，其餘五千二百七十二件送往圓明園，交園內總管。欽此。記事録。

乾隆十年

正月江西。

初九日，七品首領薩木哈來説，太監胡世傑呈無蓋青花白地小梅瓶一件，有蓋青花白地大梅瓶一件。傳旨：照大梅瓶上蓋子的樣款，按小梅瓶的花樣，大小着唐英燒造磁蓋一件送來。得時配架座，其大梅瓶將蓋子鏇下木樣發南邊，瓶交開其里。欽此。

二十一日，司庫白世秀來説，太監胡世傑交銅胎紅法瑯蓋一件，銅胎藍法瑯蓋一件。傳旨：着交唐英，照樣將霽青、霽紅蓋各燒一件。欽此。

於五月初四日，司庫白世秀將江西做得送來霽青、霽紅蓋二件，隨原樣二件持進，交太監。太監胡世傑呈進訖。

二月江西。

初十日，司庫白世秀來説，太監胡世傑交磁胎畫法瑯茶鐘一件，成化紅龍高裝杯一件。傳旨：照法瑯茶鐘的口面，按紅龍高裝杯的花樣並底足字款一樣，着江西仿舊燒造高裝茶鐘二十件送來。欽此。

於本月十一日，司庫白世秀將鏇得高裝茶鐘木樣一件持進，交太監胡世傑呈覽。奉旨：照樣準做。欽此。

於二月十三日，司庫白世秀來説，太監胡世傑傳旨：向江西燒造紅龍鐘二十件，不必燒造。欽此。

於三月初一日，司庫白世秀將茶鐘一件，紅龍杯一件持進，交太監胡世傑呈進訖。

三月江西。

二十日，司庫白世秀來説，太監胡世傑交霽紅僧帽壺一件。無蓋。傳旨：着照京内僧木壺蓋木樣一件，交江西照樣燒造霽紅蓋送來。其僧帽壺配座，呈進時聲明頭等。欽此。

於本月三十日，司庫白世秀將做得僧帽壺蓋樣一件持進，交太監胡世傑呈覽。奉旨：照樣準交江西燒造。欽此。

於四月十三日，司庫白世秀將霽紅僧帽壺配得木座持進，交太監胡世傑呈進訖。

於本月二十日，司庫白世秀將鏇得青花白地撞罐蓋木樣一件持進，交太監胡世傑呈覽。奉旨：照樣準燒。欽此。

二十九日，司庫白世秀、副催總達子來説，太監胡世傑交青花白地撞罐一件。傳旨：着交唐英，照此花樣燒造罐蓋一件。欽此。

五月江西。

初一日，七品首領薩木哈來説，太監胡世傑交汝釉猫食盆一件。隨嵌紅牙座、一面玻璃楠木匣子。□旨：將猫食盆另配一紫檀木座，落矮些，足子下深些，座内安抽屜。再將此牙座照猫合樣款、顔色、大小，燙一合牌，着色樣發給江西唐英燒造一件送來。欽此。

於本月初十日，司庫白世秀將汝釉猫食盆色木樣一件持進，交太監胡世傑呈覽。奉旨：準交江西燒造。欽此。

於八月十一日，七品首領薩木哈將汝釉猫食盆一件，配得紫檀木鈎金座，座内安得抽屜盛磁青紙摺，隨一面玻璃楠木匣持進，安在博古格内訖。

十二日，司庫白世秀將江西唐英燒造得上色罇、瓶、罐、碗、鐘、碟等五千二百八十九件，上色洋漆錦上添花罇、瓶、碗、鶴、鹿等七十六件持進，交太監胡世傑呈覽。奉旨：嗣後鶴、鹿不必燒造了。欽此。

十二月

初一日，司庫白世秀、七品首領薩木哈，將江西唐英燒造得洋彩錦上添花罇瓶等二千件，上色罇、瓶、盤、碗、鐘、碟等五千二百六十四件，六年分次色黄器盤、碗、鐘、碟等二千三百二十一件，俱持進交太監胡世傑呈覽。奉旨：將洋新彩錦上添花罇、瓶等二千件内庭留下。其餘着送往圓明園，交劉滄洲。欽此。記事録。

於本月初八日，栢唐阿五十送往圓明園，交劉滄州訖。

乾隆十一年

二月江西。

二十二日，司庫白世秀、七品首領薩木哈來説，太監高玉交白地紅花甘露餅一件。紫檀木座。傳旨：照此餅款式、花樣，做一木樣，着色呈覽。準時，交與江西先燒造幾件送來。隨後再燒造幾件，俱不要款，得照此座樣一樣配座。欽此。

於本年二月二十二日，司庫白世秀、七品首領薩木哈，將白地紅花甘露餅一件，隨做得樣，交南邊燒造。其瓶交進去訖。

二十三日，七品首領薩木哈來説，太監高玉交青花白地壯罐一件。隨木座銅膽。傳旨：交唐英配一罐蓋，其銅膽做材料用。欽此。

於本年十一月二十四日，七品首領薩木哈將青花白地壯罐一件，交唐英配得蓋，持進交太監胡世傑呈進訖。

五月江西。

初一日，司庫白世秀、七品首領薩木哈，將江西唐英照樣燒造得紅花白地甘露瓶四件，配蓋的青花白地壯罐一件，照樣燒造得青花白地有蓋壯罐二件，並哥窑象棋等件持進，交太監胡世傑呈覽。奉旨：俱各留下。其甘露瓶，著唐英再燒造幾件。欽此。

六月江西。

十四日，司庫白世秀來説，太監胡世傑交轎餅一件，青花白地雙管罇一件。隨木座。傳旨：照此轎餅樣款，不要佛□□大做掛餅六件，交荷香箭柱上掛四件，屋内簷柱上掛二件。要錦上添蓮花留空堂寫詩，屋内香几上照雙管罇的款式，周身要青蓮花白地燒造餅四件，俱先畫樣呈覽，準時，交江西燒造。欽此。

於六月十八日，司庫白世秀將畫得錦上添蓮花轎餅紙樣大小二張持進，交太監胡世傑呈覽。奉旨：準交江西照樣燒造大轎餅二件，小轎餅四件。再照雙管罇樣款，周身要青蓮花白地，燒造四件送來。欽此。

於十一月二十六日，七品首領薩木哈將江西燒造得洋彩紅地錦上添蓮花掛餅大小二對，洋彩黄地錦上添蓮花小掛餅一對，青蓮花白地雙管餅一件，青花白地雙管罇一件，隨木座持進，交太監胡世傑呈覽。奉旨：將青花白地罇並掛餅、雙管蓮花瓶，俱交圓明園内總管收貯。俟房得時，著造辦處人拴掛安設。欽此。
於十二月十五日，栢唐阿盛德將以上之物俱送往圓明園去訖。

七月江西。

二十八日，七品首領薩木哈來説，太監胡世傑交嘉窑青花白地人物撇口鐘一件。隨舊錦匣。傳旨：著照此鐘樣，將裡面底上改畫帶枝松梅佛手花，紋綫上照裡口一様添如意雲，中間要白地。鐘外口並足上亦添如意雲，中間亦要白地寫御筆字。先做様呈覽，準時，交江西燒造。欽此。

於十一月初七日，七品首領薩木哈將做得木胎畫藍色如意雲口足、中身寫字鐘様一件持進，交太監胡世傑呈覽。奉旨：照様準燒造。將鐘上字着唐英分自挪直，再按此鐘的花様，詩字照甘露餅抹紅顔色，亦燒造些。其藍花鐘上花様，字圖書俱要一色。藍、紅花鐘上花様字圖書，俱要一色。紅鐘底俱燒大清乾隆年製篆字方款，其款亦要隨鐘的顔色。欽此。

十一月

二十六日，七品首領薩木哈將江西燒造府上色呈様罇、瓶、罐、盤、碗、鐘、碟等三百三十六件，二色裝桶罇、瓶、罐、盤、鐘、碟等四千九百五件外，隨進洋彩紅錦地洋花山水詩意楞花罇等七對，洋彩描金芭蕉絲環寳蓮洋花霽青大天毬罇等七□持進，交太監胡世傑呈覽。奉旨：將洋彩東青雙帶耳觀音瓶一對，洋彩錦上添花雙喜耳漢罇一對，洋彩翠地錦上添花玲瓏夾宣花膽瓶對，洋彩金碟花霽紅觀音瓶三件留下，其餘俱交圓明園内總管收貯。欽此。記事録。

乾隆十二年

二月九江。

十九日，内大臣海望來説，太監張玉傳旨：着傳與唐英，將甘露瓶陸續再做些來。欽此。

三十日，七品首領薩木哈來説，太監胡世傑交成窑五彩天字罐一件，隨木座銅膽。成窑五彩罐銅膽一件。隨銅膽。傳旨：將罐俱交唐英，各配蓋一件。其銅膽俱交造辦處，有用處用。欽此。

於七月十一日，司庫白世秀將唐英送到成窑五彩天字罐一件，成窑五彩罐一件，各配得蓋持進，交太監胡世傑呈覽。奉旨：此罐原係重華宫的，不知安了陳設無有。如安了陳設，回奏。欽此。

於五月初三日，七品首領薩木哈將成窑五彩天字罐一件，成窑五彩□一件，俱配得蓋，持進交太監胡世傑呈進訖。

四月江西。

十四日，司庫白世秀來説，太監胡世傑交觀音木様一尊。隨善財龍女二尊。傳旨：交唐英照様燒造填白觀音一尊，善財龍女二尊，如勉力燒造窑變更好。原様不可壞了，送到京時裝嚴安供。欽此。

於十三年七月十二日，司庫白世秀將江西燒造得觀音一尊，隨善財龍女持進，交太監胡世傑呈進訖。

二十二日，司庫白世秀來説，太監胡世傑交青花白地執壺一對，白地紅花執壺一件。傳旨：着各配座交江西，照壺上花様各燒造蓋子一件送來。欽此。

於十二月初六日，七品首領薩木哈將唐英燒造得配蓋青花白地執壺一對，白地紅花執壺一件持進，交太監胡世傑呈進訖。

五月江西。

初一日，司庫白世秀、催總達子來説，太監胡世傑交磁龍耳爐一件，隨磁座。磁匙筯瓶合二件。瓶隨銀匙筯磁座。傳旨：將匙筯、瓶、合交唐英，香合照瓶座一様配座，不可粘住。欽此。

於十一月二十六日，七品首領薩木哈將唐英送到香合上磁座一件，並磁龍耳爐一件，隨磁座磁匙、筯瓶合二件，隨磁座銀匙筯持進，交太監胡世傑呈進訖。

初一日，司庫白世秀、催總達子來説，太監胡世杰交磁乳爐一件。隨磁座。傳旨：照依顔色款式燒造一尺二寸大的爐一對，再酌量大小堪做火盆的燒造幾對，亦要照此顔色、様款，俱不要磁座。欽此。

於十二月初六日，七品首領薩木哈將燒造得大磁乳爐二件，磁火盆大小三對，並原様一件持進，交太監胡世傑呈進訖。

初一日，司庫白世秀、催總達子來説，太監胡世傑傳旨唐英，所進茶壺、茶鐘隨大運再燒造些，蓋子口上俱不要金紅地隨紅花、青地隨青花。欽此。

六月

十三日，司庫白世秀、催總達子來説，太監胡世傑傳旨：將唐英所造的甘露瓶急速送來。欽此。記事録。

十一月

二十六日，司庫白世秀、七品首領薩木哈，將唐英燒造得上色呈樣琢器一百四十一件，上色呈樣圓器二百六件，上色裝桶琢器四百三十六件，上色裝桶圓器四千四百六十四件，外隨大運上色洋彩錦上添花罇、瓶、茶圓、茶盤，共六十二件持進，交總管劉滄洲呈覽。奉旨：將外隨大運上色錦上添花罇、瓶、茶圓、茶盤等内紅地錦上添花花觚二件、礬紅甘露瓶四件、哥窑玲瓏轉旋著草瓶二件、紅地錦上添花詩句茶碗二十二件、黄地錦上添花茶圓六件、洋彩冬青地四團山水象耳海棠罇二件、洋彩萬福洋花蟬紋罇二件留下，其餘俱送往圓明園，交園内總管。欽此。記事録。

於本月二十八日，柏唐阿文保將以上磁器俱送往圓明園，交司房收訖。

十二月江西。

初四日，催總達子來説，太監胡世傑傳旨：乾隆二年正月十八日李英、謝成交海望磁器四萬七千一百二十件，着唐英照樣燒造。二年至今，茶房收過九次，膳房收過十五次，共收過五千餘件。是否係四萬七千一百二十件之處，並未聲明。着海望查明具奏。欽此。

於本月初五日，内大臣海望查得乾隆二年正月間宫殿監正侍謝成、李英傳交燒造磁器旨意一件，並樣子五十九件，照樣燒造磁器四萬七千一百二十件數目清單一件，交太監胡世傑轉奏。奉旨：着將原樣俱行繳回，不必燒造。嗣後着遵照新發去樣式燒造。欽此。

十九日，司庫白世秀來説，太監王常貴等傳旨：粤海關並三處織造、各處鈔關等，明年不必進紗緞疋，仍進燈貢。欽此。【略】記事録。

二十七日，司庫白世秀來説，太監胡世傑交白磁罐一件。傳旨：着認等呈覽，俟準時，交江西配蓋。欽此。

於本月二十八日，太監吕進朝將白磁罐一件，認着得係三等，持進交太監胡世傑呈覽。奉旨：着交江西配蓋。欽此。

乾隆十三年

四月江西。

初三日，司庫白世秀、催總達子來説，太監胡世傑交嘉窑青花白地小瓶一件。隨一面玻璃楠木匣。傳旨：着照此瓶做木樣一件，發往江西，照樣燒造嘉窑款二件。其餘燒造乾隆款，隨大運呈進。欽此。

於本月初十日，司庫白世秀將做得青花白地嘉窑款瓶木樣一件持進，交太監胡世傑呈覽。奉旨：照此木樣準發往江西燒造。欽此。

於本月初十日，司庫白世秀將嘉窑青花白地小瓶一件，隨玻璃楠木匣持進，安在多寳格訖。

於十四年六月二十四日，司庫白世秀、達子將江西唐英燒造得嘉窑款青花白地小瓶二件，木樣一件，持進交太監胡世傑呈進訖。

初十日，司庫白世秀來説，太監胡世傑傳旨：着江西照現燒造的觀世音菩薩、善才龍女，再燒造一分，得時在静宜園供。欽此。

十六日，司庫白世秀來説，太監胡世傑交青花白地膽瓶一件，宣窑雙管花插一件，哥窑雙耳碗一件，官窑小瓶一件。傳旨：着俱交江西，每樣燒造二件。有款照樣落款，無款即不必落款。欽此。

於十四年六月二十四日，司庫白世秀將江西唐英燒造得青花白地膽瓶二件，宣窑雙管花插二件，哥窑雙耳碗二件，官窑小瓶二件，各隨原樣木座持進，交太監胡世傑呈進訖。

五月江西。

初一日，司庫白世秀來説，太監張玉傳旨：問燒造的觀音如何還不得。欽此。

於本日將燒造過十一尊未成之處交太監張玉口奏。奉旨：想是唐英不至誠，着他至至誠誠燒造。欽此。

六月

十五日，司庫白世秀來説，太監張玉、胡世傑傳旨唐英，所進黄地紅花甘露瓶，嗣後不許呈進。欽此。記事録。

七月

十二日，司庫白世秀來説，太監胡世傑傳旨：着問唐英，磁白衣觀音，手與髮髻不要活的，要一來的。燒的來，燒不來？欽此。記事録。

於本日司庫問得唐英，據伊説，若手與髮髻不要活動，無出氣地方，燒不來。隨進内交太監胡世傑口奏。奉旨：知道了。欽此。

七月江西。

二十九日，司庫白世秀來説，太監胡世傑交白地青龍罐一件，隨漆座銅膽。緑地抹紅龍瓶一件。隨木座銅膽。傳旨：着交唐英，各照樣配蓋一件，其瓶、罐交進，不可持去。另畫樣帶去。欽此。

於閏七月十四日，司庫白世秀將白地青龍罐一件，緑地抹紅龍瓶一件，各隨膽座俱持進交訖。

三十日，司庫白世秀來説，太監胡世傑交觀窑元罐一件，木座。龍泉釉有字六方罐一件，銅膽木座。龍泉釉拱花元罐一件，木座。黄磁雙耳罐一件，銅膽木座。宣窑青花白地元罐一件，木座銅膽。青花白地如意雲大些元罐一對，一件木座蓋玉頂，一件木座銅膽。青花白地如意雲小些元罐一對。一件木座，一件木蓋錦座。傳旨：着交唐英，各配蓋一件，其罐等不必持去。另畫樣帶去，仍將罐等持進，在原處陳設。欽此。

於閏七月十四日，司庫白世秀將觀窑元罐等九件，隨木座銅膽等持進交訖。

三十日，司庫白世秀來説，太監胡世傑傳旨：着問唐英：祭器做至幾成？趕得來，趕不來？着伊聲明回奏。欽此。

於閏七月初一日，司庫白世秀問得唐英，據伊説，祭器已做至五成，陸續送來。冬至日趕得來。隨進内交太監胡世傑口奏。奉旨：知道了。欽此。

三十日，員外郎兼佐領唐英來説，本月二十三日面奉諭旨：着燒造青花五彩觀音菩薩一尊，隨善財龍女。欽此。

閏七月江西。

初一日，司庫白世秀來説，太監胡世傑交填白花罐一件，銅膽木座。填白暗花三多花囊一件，木座。填白暗花三蝶花囊一件，木座。填白花囊一件，木座。填白暗花花囊二件，俱隨木座。填白小罐一件，膽木座。青花白地瓜瓣花囊一件，銀膽木座。成窑白地青荷花花囊一件，木座蓋。白地青鳳罐一件，銅膽木座。白地青甜瓜罐一件，銅膽木座。宣窑白地青串枝蓮花罐一件，木座。嘉窑白地青八仙罐一件，銀膽木座。成窑白地青荷花花囊一件，木座。成窑白地青洋花罐一件，銅膽木座。嘉窑白地青龍鳳罐一件，木座。白地青果小花罐一件，銀膽木座。成窑五彩花囊一件，木座蓋無頂。五彩花囊一件，銅膽木座。哥窑獸面雙環罐一件，木座。黄磁罐一件，木座。萬窑白地青雀鳥花罐一件。銅膽。傳旨：交唐英，各照樣配蓋一件。其罐等不必持去，另畫樣帶去。仍將罐等持進，在原處陳設。欽此。

於本月十四日，司庫白世秀將填白花罐等二十二件，隨木座、銅膽等持進交訖。

初一日，司庫白世秀來説，太監胡世傑交萬窑五彩花囊大小二件，銀膽木座。黄磁罐一件。木座。傳旨：着交唐英，各照樣配蓋一件。其花囊與罐不必持去，另畫樣帶去。仍將花囊與罐交進。欽此。

於本月二十四日，司庫白世秀將萬窑五彩花囊等三件，隨木座銀胎等件持進交訖。

初二日，七品首領薩木哈來説，太監胡世傑張玉交宣窑青龍白地罐一件，宣窑青花白地花囊一件，銅膽。青花白地高足罐一件，宣窑青花白地花囊一件，銅膽。成窑五彩菊罐一件，成窑五彩荷花罐一件，成窑五彩罐一件，青花白地雙鳳罐一件，宣窑白地青江牙海水花囊一件，銅膽。白地青人物罐一件，青花白地罐一件，俱隨木座。霽青嘉窑罐一件，錫膽。成窑青花白地罐一件，銅膽。正窑青花白地罐一件，萬窑青花白地罐一件，銅膽。嘉窑青花白地大罐一件，俱隨木座。宣窑青花白地花囊二件，隨膽木座。成窑青花白地花囊一件，隨膽木座。宣窑青花白地豆一件。傳旨：着交唐英，各照樣配蓋一件。其罐與花囊不可持去，另做樣帶去。仍將罐與花囊在原處陳設。欽此。

於本月十五日，太監王保住將以上之罐與花囊等二十件，俱持赴原處交訖。

初二日，太監王炳來説，太監胡世傑交萬窑青花白地小罐一件。隨膽木座文錦匣。傳旨：着交唐英，配蓋一件。其罐不必持去，另做樣帶去。仍將小罐在原處陳設。欽此。

於閏七月十六日，太監陳永福將萬窑青花白地小罐一件，隨膽木座文錦匣持去訖。

初四日，司庫白世秀來説，太監胡世傑交青花白地豆二件。隨膽一件。傳旨：着交唐英，各照樣配蓋一件。其豆不可持去，另做樣帶去。仍將豆在原處陳設。欽此。

於本月十四日，司庫白世秀將青花白地豆二件，隨膽一件持進交訖。

初五日，司庫白世秀來説，太監胡世傑交青花白地磁豆一件。傳旨：着交唐英，配蓋一件，入在新交磁器樣内，筭一樣燒造。隨大運送來。欽此。

於十四年五月初四日，司庫白世秀將青花白地磁豆一件，配得磁蓋，持進交太監胡世傑呈進訖。

初五日，司庫白世秀來説，太監胡世傑交冬青拱花缸一件，木座。均釉元罐一件。錫膽。傳旨：着交唐英，照樣各配蓋一件。其缸、罐不可持去，另做樣帶去。欽此。

於丁四年五月初四日，司庫白世秀將冬青拱花缸一件，均釉元罐一件，各配得磁蓋，持進交太監胡世傑呈進訖。

初五日，司庫白世秀來說，太監胡世傑交宣窑青花白地豆二件。俱隨木座。傳旨：着交唐英，各照樣配蓋一件。其豆不可持去，另做樣帶去。仍將豆在原處陳設。欽此。

於本月十五日，首領劉存志將宣窑青花白地豆二件，隨座持去訖。

於十四年五月初四日，司庫白世秀將九江關送到磁蓋二件，交該處領去訖。

十二日，司庫白世秀來說，太監胡世傑交嘉窑青花白地花囊一件。木座蓋玉頂。傳旨：着交唐英，照樣配蓋一件。其花囊不可持去，另做樣帶去。花囊仍在原處陳設，其木蓋玉頂有用處用。欽此。

於本月十四日，司庫白世秀將嘉窑青花白地花囊一件持進交訖。

十四日，委主事常裕來說，御前侍衛兼副都統德保奉旨：着唐英照吉葆所做之氈做二十塊。欽此。

十四日，司庫白世秀來說，太監胡世傑交青花白地有蓋撞罐一件。隨紫檀木座。傳旨：着交唐英，照樣燒造，箅冠架用，不必落款。箅一樣，隨大運呈進。欽此。

於十四年五月初四日，司庫白世秀將燒造得青花白地有蓋撞罐一件，隨大運呈進訖。

八月江西。

十二日，司庫白世秀來說，太監胡世傑交青花白地罐一件。木座。傳旨：着交江西，照樣配蓋一件。欽此。

於十四年六月二十四日，司庫白世秀達子將江西唐英燒造得青花白地蓋罐一件，隨青花白地罐一件、木座持進，交太監胡世傑呈進訖。

十一月江西。

二十四日，司庫白世秀、七品首領薩木哈來說，太監胡世傑交成窑青花白地罐一件。隨木座。傳旨：着交江西，照樣配蓋一件。欽此。

二十七日，司庫白世秀達子、七品首領薩木哈來說，太監胡世傑傳旨：與怡親王、德保，此次唐英呈進磁器，仍係舊樣，爲何不照所發新樣燒造進呈？將這次呈進磁器錢糧不準報銷，着伊賠補。欽此。

二十八日，司庫白世秀達子、七品首領薩木哈，將唐英燒得上色呈樣鐏、瓶、罐等共一百二十七件，上色呈樣盤、碗、鍾、碟等共二百二十四件，上色裝桶鐏、瓶、罐等共四百六十七件，上色裝桶盤、碗、鍾、碟等共四千七百三十八件持進，交總管劉滄洲呈覽。奉旨：將冬青馬掛瓶一對，霽青天球瓶一對，象耳四季菊花瓶一對留下。其餘俱交司房。欽此。記事録。

十二月江西。

二十七日，司庫白世秀來說，太監胡世傑交青花白地花澆一件。木座。傳旨：着交江西，照樣配蓋一件。欽此。

於十四年三月初十日，員外郎白世秀將配得蓋花澆一件持進，交太監胡世傑呈進訖。

乾隆十四年

二月江西。

初九日，司庫白世秀達子。來說，太監胡世傑傳旨：江西現燒觀音瓶，並所傳燒造之物，俱各急速趕做送來。欽此。

五月九江關。

二十一日，司庫白世秀達子。來說，太監胡世傑傳旨：着照芰荷香現有掛瓶畫秋花掛屏樣呈覽，準時交唐英燒造掛屏三對，在生秋亭建柱，上掛二對，柱子上掛一對。欽此。

於六月初二日，司庫白世秀將畫得秋花瓶樣大小二張持進，交太監胡世傑呈覽。奉旨：照樣準做。交懋勤殿寫詩，得時交唐英，按大樣燒造一對，照小樣燒造二對。欽此。

於十五年八月十一日，司庫白世秀將江西送到秋花掛屏三對持進，交太監胡世傑呈進訖。

六月江西。

三十日，司庫白世秀來說，太監胡世傑傳旨：着唐英將霽露瓶多燒些送來。欽此。

七月江西。

初一日，司庫白世秀達子來說，太監張永泰交青花人物白地罐一件。隨烏木座。傳旨：着交唐英，照罐花樣、款式燒造蓋一件。欽此。

於十二月二十二日，員外郎白世秀將江西送到青花人物白地罐一件，隨烏木座係配得蓋持進，交太監胡世傑呈進訖。

初二日，司庫白世秀達子來說，太監胡世傑交宣窑雙龍花囊一件。底缺隨木座銅膽。傳旨：將花囊交唐貢照樣配蓋，其銅膽做材料用。欽此。

於十二月二十二日，員外郎白世秀將江西送到宣窑雙龍花囊一件，隨木座係配得蓋持進，交太監胡世傑呈進訖。

初五日，司庫白世秀、太監總管王長貴傳旨：着傳與三處織造，並各處鈔關，如進寶座時，隨坐褥件不要迎手靠背。欽此。記事録。

初六日，司庫白世秀來説，太監胡世傑交青西番花白地罐一件。隨紫檀木座。傳旨：着交唐英，照樣配蓋。欽此。

於十二月二十二日，員外郎白世秀將江西送到青西番花白地罐一件，隨紫檀木座，係配得蓋，持進交太監胡世傑呈進訖。

九月江西。

三十日，七品首領薩木哈來説，太監胡世傑交青花白地壯罐一件。傳旨：着交江西配蓋。欽此。

於十五年五月初三日，員外郎白世秀將青花白地壯罐一件配得磁蓋，持進交太監胡世傑呈進訖。

十一月江西。

二十二日，員外郎白世秀來説，太監胡世傑交龍泉拱花圓罐一件，龍泉拱花八方罐一件，宣窑白地青串枝蓮花罐一件，填白採蝶花囊一件，大觀釉罐一件。俱隨新配蓋。傳旨：此蓋俱各配的不像。着將罐發往江西，照樣另配蓋。欽此。

於十五年五月初一日，將江西送到龍泉拱花圓罐等五件俱配得蓋持進呈進訖。

十二月江西。

二十五日，員外郎白世秀來説，太監胡世傑交成窑五彩罐一件。隨銅膽木座。傳旨：着交江西，照樣配蓋。欽此。

於十五年五月初一日，將江西送到成窑五彩罐一件配得蓋持進呈進訖。

乾隆十五年

四月江西。

二十二日，員外郎白世秀司庫達子來説，太監胡世傑交宣窑青苓芝罐一件，宣窑白地青蕉葉瓶一件，宣窑白地青异獸罐一件，宣窑白地青龍罐二件，宣窑白地青葡萄罐二件，宣窑白地青四季花罐二件，成窑白地青花罐一件，嘉窑甜白鳳方罐一件。俱隨木座。傳旨：着交江西配蓋。欽此。

於十二月初八日，將九江關送到配得蓋磁罐等十件，持進交太監胡世傑呈進訖。

七月江西。

十二日，員外郎白世秀來説，太監胡世傑傳旨：唐英上年所進磁器內，選出缺釉、毛邊、足破甚多，明係爾離任將脚貨選入上色，希圖朦混。將選出釉水不全等磁器數目，不準報銷，着伊賠補。再傳與回子知道，以後選上色磁器，務要細心辦理，不可疏忽。欽此。

十二月江西。

二十一日，員外郎白世秀來説，太監胡世傑交青花白地壯罐一件。隨木座有璺。傳旨：着交江西，照樣配蓋。欽此。

於十六年九月初二日，七品首領薩木哈將配得蓋青花白地壯罐一件，隨木座持進，交太監胡世傑呈進訖。

二十八日，員外郎白世秀來説，太監胡世傑交宣窑五彩花囊一件。錦匣木座。傳旨：着交江西配蓋。欽此。

於十六年十一月初九日，七品首領薩木哈將宣窑五彩花囊一件，隨木座配得蓋持進，交太監胡世傑呈進訖。

十二月

初六日，員外郎白世秀來説，太監胡世傑傳旨：着做長一丈五尺案一對，長一丈六尺案一對。先畫樣呈覽，準時，交粤海關成做，算進貢。欽此。粤海關。

於本月二十二日，員外郎白世秀將畫得大案做樣二張，上貼黄簽：面寬一丈六尺、高三尺、進深二尺一張，寬一丈五尺、高三尺、進深二尺一張，特進交太監胡世傑呈覽。奉旨：照樣準着粤海關成做紫檀木大案二對。欽此。

十二月唐英進貢。

十二月二十六日，滄洲傳旨：唐英所進之紫檀木寶座一張，案一張，鐵花燈四對，著伊家人送往圓明園總管查收。欽此。雜檔。

乾隆十六年

正月粤海關。

初三日，首領孫祥來説，太監胡世傑傳旨：從前準太進過風琴、鐘上玻璃元珠，因呈進時損壞，着劉山久代去賠做，至今未見呈進。着海望寄信查問。欽此。

於閏五月初二日，據粤海關監督唐英來文內稱，查前撫部院準太管關內所進之玻璃珠，係外洋夷人携帶進廣，原有一對，當經選一完固無損者恭進。尚存一個，於穿口處略有驚裂，嗣因原進者損壞。奉旨行文賠做歷經前任管關部院傳諭外夷照樣携帶，總無帶有來粵，又未敢將原存驚裂者輕率呈進，是以遲滯至今。兹復奉旨查問，遵將現在原存略有驚裂之玻璃球一個，俟本年水運萬壽貢品進京，一併附送。其是否堪以恭進，尚希裁酌等來等語。本日員外郎白世秀，進内交太監胡世傑口奏。奉旨：準其送進京來。欽此。

五月

十五日，員外郎白世秀來説，奏事太監總管王世貴等傳旨：粵海關唐英五月節貢爲何不進，着問明回奏。行文。

六月

十六日，員外郎白世秀、催總德魁，將管理九江關税兼管窑廠事務惠色恭進上色呈樣罇、瓶、罐等，共五十八件，上色呈樣盤、碗、鐘、碟等共三百二十六件，上色裝桶罇、瓶、罐等，共六百三十件，上色裝桶盤、碗、鐘、碟等共六千三十六件，持進交太監胡世傑呈覽。奉旨：着交圓明園。欽此。記事録。

於本月十八日，着柏唐阿那福送往圓明園，交司房收訖。

七月九江關。

初七日，筆帖式娉色持來掌儀司漢字文一件，内開禮部奏準玉泉新建龍神廟一座，其致祭品用製帛一件，白磁爵三件，簠簋各二件，籩豆各十件。行文。怡親王准行，遵此回明。内大臣海，承恩公德，員外郎白達。准行。記此。

九月

初八日，員外郎白世秀來説，總管劉滄洲交九江關惠色十五年分磁器内霞通瑕裂紋。破琢器四十件，圓器一百六件，毛邊圓器七百二十八件，口破琢器八件，圓器十二件，胎破琢器二件，圓器十四件，足破琢器五件，圓器一百六十九件，吊釉琢器五十三件，圓器八十七件，耳破琢器二件，黄册二本。傳旨：着交王大人，俱不準其報銷錢糧。就在原來黄册上標寫發去。欽此。記事録。

十一月江西。

初十日，員外郎白世秀來説，太監胡世傑交青花白地磁罐一件。隨銅膽木座有璺處。傳旨：着交江西配蓋。欽此。

於十七年十一月十三日，員外郎白世[秀]將江西官窑務惠色送到青花白地磁罐一件，隨銅膽木座，配得磁蓋，持進交監胡世傑呈進訖。

十二日，員外郎白世秀、七品首領薩木哈來説，太監胡世傑交均釉磁面六十八斤八兩。渣子二兩。傳旨：將此磁面交與唐英做胎骨，不許添減。要上好均釉，要盃。缸款式燒造缸一口。欽此。

十五日，七品首領薩木哈來説，太監胡世傑交青花白地天球罇一件。隨木座銅膽有璺二處。傳旨：着交江西配蓋。欽此。

於十七年十一月十三日，員外郎白世秀將江西官窑務惠色送到青花白地天球罇一件，隨木座銅膽配蓋，持進交太監胡世傑呈進訖。

十二月江西。

初四日，七品首領薩木哈來説，太監胡世傑交青龍白地磁托盤二件，銅盤二件。重十一兩。傳旨：將磁托盤交唐英，配磁爵二件，其銅盤毁銅用。欽此。

初十日，員外郎白世秀、催總德魁來説，太監胡世傑交各式盤碗鐘碟合九件。隨尺寸數目摺片。傳旨：交江西，各按盤、碗、鐘、碟、合大小樣款，摺片上數目，照蓮花鐘上花樣顔色，燒造蓮花盤、碗、鐘、碟、合。其螺螄合上照蓮花鐘蓋一樣配蓋。欽此。行文。

於十七年五月二十九日，員外郎白世秀將江西官窑務惠色送到原樣各式盤、碗、鐘、碟合九件，照尺寸、數目造得洋彩蓮花碗大二十六件，五寸盤二十八件，蓮花螺師合二件，三寸碟六件，蓮花鐘四件，持進交太監胡世傑呈進訖。

十六日，員外郎白世秀、催總德魁來説，太監胡世傑傳旨：惠色所進洋彩瓶、壺、蓋、鐘、蠟阡等件，燒的俱各平常。此係惠色不懂燒造磁器，又不用心，故致粗糙。着怡親王等申飭。欽此。行文。

二十二日，承恩公德來説，太監胡世傑傳旨：粵海關所進之燈，俱係銅寶蓋、銅足，但時值錢價銅價昂貴，如用銅做燈寶蓋、邊足，以致糜用銅斤，嗣後不必用銅做燈寶蓋，邊足。再十三年，内曾降諭旨，如無頒發式樣，不許將俗氣活計做來呈進。今唐英進來紫檀木桄榔書架三項活計，俗巧者將原物駁回。欽此。

於十七年二月初五日，和碩怡親王（臣）等和碩謹親王（臣）等謹奏：爲遵旨事，乾隆十六年十二月二十二日，據粵海關監督唐英呈報黄册二本，奉旨：着交造辦處查核。欽此。欽遵臣等查得黄册内，除紫檀木桄榔木書架三對遵旨駁出，工料銀兩不準開銷外，據唐英册内呈報洋花大絨、洋金銀綫等，查造辦處並無比較之項，無憑查核。其自鳴鐘、推鐘、桄榔竹式玻璃燈、古銅鎏金玻璃燈等四項，所用工料銀兩比較相符，無庸核減外，至册報紫檀木錦地博古大櫃、番草書桌椅子、海棠式香几、掐絲小香几、玻璃小插屏、洋表、洋油畫等八項，所用工料並水陸運費包裹，共銀三千七百五十二兩一錢七分。［臣］等比較查核，應減銀四百二十八兩九錢五分三厘，著洛該監督唐英照數賠補，不準報銷。謹將所用工料及運費銀兩核減清單一併恭呈御覽，爲此謹奏。於本日交奏事太監秦禄轉奏。奉旨：知道了。欽此。記事録。

於二月初八日興德行文訖。

十二月粵海關唐英進貢。

二十二日，滄洲、曹進孝交來粵海關唐英進掐絲小香几一對，桄榔竹式磨光玻璃燈八對，古銅流金玻璃燈八對，紫檀番□書桌一對，琉璃小插屏二十座，紫檀書桌一對，書格一對，着伊差人送至圓明園，交與總管查收。欽此。

二十二日，唐英進貢内駁回未收漢玉一匣，三獅一件，白玉雙魚花插一件，夔龍佩一件，梅鳳花樣一件，梅花洗一件，青緑甘露瓶雙耳爐一件，掐絲瓶一件。雜録檔。

二十六日，七品首領薩木哈來説，太監胡世傑交青地紅花破蓋一件。傳旨：着交唐英照樣燒造一件。欽此。

於十七年十二月二十一日，員外郎白世秀將九江關監督唐英送到青地紅花磁蓋一件，並原樣破蓋，持進交太監胡世傑呈進訖。

乾隆十七年

二月江西。

十七日，員外郎白世秀來説，太監胡世傑傳旨：從前傳過無款甘露瓶，並壯罐，多燒造些，不必隨大運送來。如何此二樣燒造的甚少，著交江西急速燒造無款甘露瓶五十件，壯罐五十件，有款御製詩掛瓶二十對送來，不必隨大運。欽此。

於七月十五日，員外郎白世秀將江西管窑務唐英送到青花白地壯罐二十件，白地紅花甘露瓶二十件，洋彩御製詩掛瓶三對，持進交太監胡世傑呈進訖。

於本年十二月二十一日，員外郎白世秀將九江關監督唐英送到青花白地壯罐十六件，紅花白地甘露瓶二十件，洋彩詩意掛瓶五對，俱持進交太監胡世傑呈進訖。

於十八年八月初六日，員外郎白世秀將九江關唐英送到青花白地壯罐十件，甘露瓶四件，洋彩詩意掛瓶八對，持進交太監胡世傑呈進訖。

於十八年十一月二十五日，員外郎白世秀將九江關監唐英送到甘露瓶六件，壯罐四件，掛瓶四對，持進交太監胡世傑呈進訖。

四月江西。

初十日，員外郎白世秀、達子來説，太監胡世傑傳旨：萬壽山扇面房後牆扇面式窗户，着壤錦邊，兩空内貼字書亦壤錦邊。先書樣呈覽，再書掛瓶樣呈覽。準時，交唐英燒造。欽此。

於本月十四日，員外郎白世秀將畫得扇面房内扇式掛瓶樣一件，持進交太監胡世傑呈覽。奉旨：着添邊骨形面子，分高矮做成，要像打開扇子一樣。欽此。

於本月十六日，員外郎白世秀將畫得添邊骨打開扇式掛瓶紙樣一張持進，交太監胡世傑呈覽。奉旨：照樣準做。扇面上書四季花樣呈覽。欽此。

於本月二十日，員外郎白世秀將畫得四季花卉扇式掛瓶紙樣四張，持進交太監胡世傑呈覽。奉旨：照樣各做二件。欽此。

於本年十二月二十一日，員外郎白世秀將九江關監督唐英送到四季花卉扇面式磁掛瓶四對，隨紙樣四張，持進交太監胡世傑呈覽。奉旨：着配縧子靶圈，在萬壽山扇面掛。欽此。

七月江西。

初六日，員外郎白世秀來説，太監胡世傑交青花白地壯罐一件。傳旨：着交江西照樣配蓋。欽此。

於十八年八月初六日，員外郎白世秀將江西送到青花白地壯罐一件配得蓋，持進交太監胡世傑呈進訖。

初九日，員外郎白世秀來説，太監胡世傑交冬青拱花罐一件，成窑五彩罐一件。傳旨：着交江西，各照樣配蓋。欽此。

於十八年八月初六日，員外郎白世秀將江西送到冬青拱花罐一件，成窑五彩罐一件，各配得蓋，持進交太監胡世傑呈進訖。

十四日，員外郎白世秀來説，太監胡世傑交冬青罐一件。隨木座銅膽。傳旨：着交江西配蓋，其銅膽做材料用。欽此。

於十八年八月初六日，員外郎白世秀將江西送到冬青罐一件，配得蓋，持進交太監胡世傑呈進訖。

九月江西。

二十三日，員外郎白世秀達子來説，太監胡世傑交青花白地豆一件。隨木座。傳旨：着交江西，照樣配蓋。欽此。

於十九年十月十三日，員外郎白世秀將九江關唐英送到青花白地豆，隨座配得蓋，持進交太監胡世傑呈進訖。

九月記事録。

十七日，筆帖式六十三持來漢字文一件，内開爲【略】天神、地祇兩壇向無額祭，如遇祈雨，只以鹿、兔、菓、酒告祭，故無簠、簋等項祭器物件。今既經奏準，甘雨霑足，報祭時應加籩豆牲牢，而天神壇、地祇壇似應添設祭器各一分。相應將添設祭器物件數目開列粘單，移咨内務府，作速按數製造，務於年底送寺，以備應用可也等語。啓怡親王准行，遵此回明。内大臣海望，承恩公德，員外郎白世秀、達子准行。記此。

粘單計開：

天神壇一案　黄竹籩十件，白磁豆十件，白磁簠二件，白磁簋二件，白磁登一件，白磁鉶二件，白磁毛血盤三件，白磁爵十二支。

地祇壇七案　黄竹籩七十件，白磁豆共七十件，白磁簠共十四件，白磁簋共十四件，白磁登七件，白磁鉶共十四件，白磁毛血盤共二十一件，白磁爵八十四支。

於十八年正月二十日，員外郎白世秀將九江關監督唐英送到天神壇祭器一案，地祇壇祭器七案，並備用祭器；蘇州織造安寧送到黄竹籩八十件，備用八件，俱持進交太監胡世傑呈覽。奉旨：知道了。欽此。

於十八年四月初五日，筆帖式六十三特來總管内務府，謹奏爲查參事處。

養心殿造辦處咨呈乾隆十七年九月十四日由内務府抄出太常寺文，開爲天神、地祇兩壇向無額祭，如遇祈雨，只以鹿、兔、菓、酒告祭，故無簠、簋等項祭器物件，今經奏準，甘雨霑足，報祭時應加籩豆牲牢，而天神、地祇壇似應添設祭器各一分，開列粘單咨内務府作速製造等因抄出，本造辦處於本年九月二十七日行文江西燒造瓷器監督唐英，燒造天神壇一案，白瓷豆、登等項三十二件，地祇壇七案，白瓷豆、登等項二百二十四件；蘇州織造安寧成造黄竹籩八十件在案。今於乾隆十八年正月内將傳造祭器造送來京。本造辦處隨將祭器呈覽，行文太常寺派員領取。

十月江西。

十六日，員外郎白世秀、達子來説，總管王常貴交御製詩四套。傳旨：着賞唐英。嗣後燒造瓷器應用詩之處，即用此詩揀選燒造，不必用樂善堂詩文。欽此。

十一月江西。

初五日，太監羅會齊來説，太監胡世傑交青花白地磁罐一件。傳旨：着交江西配蓋。欽此。

於十九年十月十三日，員外郎白世秀將唐英送到青花白地磁罐一件，配得蓋，持進交太監胡世傑呈進訖。

初六日，員外郎白世秀來説，太監胡世傑交木茶吊樣二件。隨書本文十六張詩八首。傳旨：着交唐英，用此詩畫，照此木樣，各燒造磁茶吊八件。欽此。

於十八年十一月二十五日，員外郎白世秀、七品首領薩木哈，將九江關監督唐英送到磁茶吊八對，持進交太監胡世傑呈進訖。

初七日，員外郎白世秀達子來説，太監胡世傑傳旨：將造辦處舊有磁缸四口，着挑好些樣款一件，交唐英照樣燒造四件。欽此。

於本月十九日，員外郎白世秀來説，太監胡世傑交青花白地菓洗一件。隨紫檀木架座。傳旨：着交江西，照樣燒造八件。其座子，造辦處即成做。俟菓洗得時，座子亦要得。欽此。

於本月二十二日，柏唐阿那春將青花白地菓［洗］一件，底上貼得大清乾隆年製款樣持進，交太監胡世傑呈覽。奉旨：將做的八件俱照此款樣，或用楷字，或用篆字之處，着唐英酌量燒造。欽此。

於十八年十一月二十三日，七品首領薩木哈將江西唐英送到青花白地菓洗四件持進，交太監胡世傑呈進訖。

於十九年十月十三日，員外郎白世秀將江西唐英送到青花白地菓洗一件，照樣燒造得四件持進，交太監胡世傑呈進訖。

二十一日，員外郎白世秀來説，太監胡世傑傳旨：天穹殿現安香几上，着唐英燒造天青地磁五供一分。先畫樣呈覽，準時發去。欽此。

於十二月十三日，員外郎白世秀將畫得放大磁五供紙樣一張，畫花紋紙樣一張，持進交太監胡世傑呈覽。奉旨：照樣準做。現安香几一分，三樣著改配成三分，俱要欄杆。其磁五供亦燒造三分，俱要大清乾隆年製款。得時各配木座。欽此。

於十八年七月二十日，員外郎白世秀、達子爲做香几十件討用楠木，繕寫摺片，持進交太監胡世傑轉奏。奉旨：準向内務府大臣三和要。欽此。

於十九年十一月二十四日，員外郎白世秀將唐英燒得天青磁五供三分，並造辦處改配得紅油香几十五件持進，安在養心殿呈覽。奉旨：將匙筯瓶内各配鋼炕老鸛翎匙筯一分，蠟阡上各配鋼炕老鸛翎蠟信，其香靠炷香蠟仍用舊的。

得時在天穹殿、欽安殿、大高殿各供一分。趕年内換供。欽此。

乾隆十八年

三月

初三日，員外郎達子來説，太監胡世傑傳旨：照先做過紫檀木茶具一樣，成做茶具一分，隨竹爐着在京内成做。欽此。於本月初四日，員外郎白世秀來説，太監胡世傑傳旨：照從前傳做茶具内宜興壺茶葉罐，着南邊照樣做一分青花白地菓洗，着江西先傳做茶具内菓洗燒造一件。欽此。記事録。

於十九年十月十三日，員外郎白世秀將江西唐英送到青花白地菓洗一件持進，交胡世傑呈進訖。

五月江西。

……筆帖六十三持來堂抄一件，内開【略】恭查社稷壇祭祀向例應用黄磁罐二個，今會典館準社稷壇祭祀應用黄磁罐四個等因，交出到寺相應移咨【略】内務府轉交造辦處，作速照式製造黄磁罇，【略】送寺以備本年秋季應用等語。啓怡親王准行。遵此回明。内大臣海，承恩公德，乾清門侍衛永，員外郎西達子、白世秀准行。記此。

十二日員外郎白世秀來説，胡世傑傳旨：着江西燒造鬪龍舟打觔斗人轉旋瓶一件。欽此。

於十九年十一月初四日，七品首領薩木哈將洋磁轉旋瓶一件持進，交太監胡世傑呈進訖。

二十一日，員外郎白世秀來説，太監胡世傑交嘉窑青花白地茶鐘一件。傳旨：着交江西照樣燒造十一件。欽此。

十九年十月十三日，員外郎白世秀將唐英送到嘉窑青花白地茶鐘一件，照樣燒造得十一件持進，交太監胡世傑呈進訖。

八月江西。

初十日，太監施良棟來説，太監胡世傑交青鳳白地罐一件，隨膽座。定窑罐一件。隨膽座。傳旨：着交唐英配蓋。欽此。

於十九年十一月二十五日，員外郎白世秀將磁罐二件、配得蓋持進，交太監胡世傑呈進。

初十日，員外郎白世秀來説，太監胡世傑交定磁罐一件，青花白地花囊一件，青花白地花囊一件，紅花白瓷花澆一件，均窑花囊一件。俱隨座。傳旨：着交唐英配蓋。欽此。

於十九年十一月二十五日，員外郎白世秀將磁罐二件，花囊二件，與得磁蓋持進，交太監胡世傑呈進訖。

十四日，員外郎白世秀來説，太監胡世傑交嘉窑霽青花囊一件，花梨木座。宣窑青花白地花囊二件，俱紫檀木座。青花白地豆一件，紫檀木座。宣窑青花白地小罐一件，花梨木座。無款青花白地囊二件，漆座。□呆釉執壺一件，此檀木座。緑磁元花囊一件，紫檀木座。無款青花白地執壺一件，紫檀木座。宣窑青花白地執壺一件，花梨木座，底有璺。無款青花白地執壺四件，内三件紫檀木座，一件花梨木座。白磁執壺一件，紫檀木座。白磁花囊一件。紫檀木座。傳旨：俱交江西配蓋。欽此。

於十九年十一月二十六日，員外郎白世秀將宣窑、嘉窑、花囊寺十七件各配得磁蓋持進，交太監胡世傑進訖。

十一月江西。

初三日，員外郎白世秀來説，太監胡世傑交五彩磁天字罐一件。隨木座。傳旨：着交江西配蓋。欽此。

於十九年閏四月十八日，員外郎西寧將江西官窑唐英送五彩磁天字罐一件，隨木座配得磁蓋持進，交首領張玉呈覽。奉旨：座下刻乙字交進。欽此。

於十九年十月十二日，員外郎達子將五彩天字磁罐一件，隨座刻得乙字，持進交訖。

二十五日，員外郎白世秀來説，首領張玉傳旨：照燒過御製詩茶吊樣款，再燒造八對。要紅花紅字白地茶吊四對，青花青字白地茶吊四對。欽此。

於十九年十月十三日，員外郎白世秀將九江關監督唐英送到木茶吊樣二件，照樣燒造得八對持進，交太監胡世傑呈進訖。

十二月江西。

初四日，員外郎白世秀來説，首領張玉交填白僧帽壺一件。三等。傳旨：着發往江西，交唐英配蓋。欽此。

於十九年十一月二十六日，員外郎白世秀將填白僧帽壺一件，配得磁蓋持進，交太監胡世傑呈進訖。

二十一日，七品首領薩木哈來説，太監胡世傑交龍泉釉花囊一件。隨木座銅鍍金膽。傳旨：着交江西唐英配蓋，其膽刮金毀銅用。欽此。

於十九年十一月二十六日，員外郎白世秀將龍泉釉花囊一件，配得磁蓋持進，交太監胡世傑呈進訖。

乾隆十九年

二月江西。

初七日，員外郎白世秀來說，太監張永泰傳旨：從前交江西做樣燒造大運内磁渣斗一件，着先送來京。欽此。

於閏四月十八日，員外郎西寧將江西管窑務唐英送到青花白地渣斗一件持進，交首領張玉呈進交茶房收訖。

閏四月江西。

十八日，員外郎西寧來說，首領張玉傳旨：敬膳齋菓洗一件，交江西做樣，至今未見送來。着問唐英。欽此。

九江關監督唐英進貢：

乾隆十九年九月二十八日奉旨：九江關監督唐英所進三元轉旋瓶一件，磁製開其里四匣，轎中爐瓶三事二分，長春太極瓶一對，霽紅僧帽壺一對，着伊差人送往京城，交與内務府總管三和查收。欽此。雜録檔。

本日交與唐英家人盧燦。

十月

十三日，員外郎白世秀將江西送到青花白地磁菓洗四件，原樣一件。持進交太監胡世傑呈覽。奉旨：仍持出，將從前進過之菓洗安在何處，俱各查來，一同呈覽。算二等。欽此。記事録。

於二十年十二月十八日，員外郎白世秀將青花白地磁菓洗新舊八件持進，安在養心殿呈覽。奉旨：着往圓明園，歸入新磁器内，編等。欽此。

十二月

初六日，員外郎達子、白世秀來說，太監胡世傑交均釉缸式，口傳旨：着交劉滄洲，歸入大運一式。欽此。記事録。

於本月十五日，將均釉缸二口，交唐英家人送往圓明園司房收訖。

二十九日，員外郎白世秀來說，太監胡世傑交冬青拱花獸耳罐一件。隨鍍金木座。傳旨：着交唐英配樣配蓋，其膽做材料用。欽此。

於乾隆二十年十月十四日，員外郎金輝、副催總舒文，將冬青罐一件，配得蓋持進，安養心殿呈覽。奉旨：着在春雨軒擺。欽此。記事録。

於乾隆二十年十月十五日，着唐英家人將冬青罐一件，隨蓋送往圓明園春雨軒訖。

乾隆二十年

三月

二十一日，員外郎白世秀來說，太監胡世傑交磁綉墩一件。傳旨：着交江西照樣燒造四件。得時仍在慎修思永廠亭擺。欽此。記事録。

於本年十月十七日，員外郎白世秀將江西送到磁綉墩四件，並原樣持進，交太監胡世傑呈進訖。

四月

二十六日，員外郎白世秀來說，太監胡世傑傳旨：着唐英照從前燒造過三子、五子瓶，並今日所進的瓶等樣款，燒造五十件。要趕七月初一日送到，賞人用。欽此。

於七月初七日，員外郎白世秀、副催總舒文來說，奏事總管王常貴傳旨：九江關所進的三子、五子瓶等，並磁班指，俱着本家家人送至熱河，交總管富貴太監胡全忠，按數查收。俟敬事房人到時交給。欽此。記事録。

磁器交坐京家人盧四，赴熱河交訖。

五月

初四日，副催總舒文來說，内務府大臣三和奉旨：大高殿供器，着交三和暫查一分供奉。仍寄信與唐英，將花瓶補行燒造二件，解京供奉。欽此。記事録。

於乾隆二十一年四月初一日，員外郎金輝將燒造得霽青花瓶二件持進，交太監胡世傑呈進訖。

十月

十六日，員外郎金輝、副催總舒文來說，太監胡世傑交宣窑青花白地梅瓶一件。隨紫檀木座。傳旨：着發往江西配蓋，先作樣呈覽。欽此。

於本月十九日，首領呂進朝將青花白地梅瓶一件，配得木蓋，畫樣持進，交太監胡世傑呈覽。奉旨：照樣準燒造。欽此。記事録。

於乾隆二十一年八月初七日，郎中白世秀、員外郎將江西送到宣窑青花白地梅瓶一件，配得蓋持進，交張永泰呈進訖。

乾隆二十一年

八月

初四日，郎中白世秀、員外郎金輝來說，太監胡世傑交大觀壺一件。隨木座。

傳旨：着交唐英配蓋。欽引。行文。

於十一月初七日，郎中公義穆隆阿將大觀水壺一件，隨木座配得蓋持進，交太監胡世傑呈進訖。

乾隆二十二年

五月

初四日，造辦處謹奏，洋磁轉旋瓶三件，因副催總五十往京内送，路途自不小心，將瓶目(身)破壞二處。將五十重責四十板，行文尤拔士照樣燒造二件。其所用工料，着五賠交。繕摺持進，交首領張玉、太監胡世傑轉奏。奉旨：不必燒造、賠補。將五十重責四十板，罰錢料一年。欽此。雜録。

**清・徐康《前塵夢影録》卷下**　砂壺至時李四家尚矣。本朝鳴遠專製瓜果式，當世推爲絶作。然見千載一時壺，有觀止之歎。壺爲張叔未解元廷濟。所藏，名人題咏極多，詳載《順安小草》。同時有吴槎客，騫。著有《陽羨茗壺攷》、《桃溪客語》等書。陳曼生司馬鴻壽。在嘉慶年間，官荆溪宰，適有良工楊彭年，善製砂壺。捌爲捏觜，不用模子。雖隨意製成，亦有天然之致。一門眷屬，並工此技。曼生爲之題其居曰阿曼陀室，并畫十八壺式與之。其壺銘皆幕中友如江聽香、郭頻迦、高爽泉、查梅史所作，亦有曼生自爲之者。銘字須乘泥半乾時，用竹刀刻就，然後上火。雙款則倩幕中精於奏刀者，加意鐫成。若尋常貽人之壺，每器衹二百四十文，加工者價須三倍。越三十年，上海瞿子冶應紹。欲燒沙壺，倩鄧符生至陽羨監造。子冶善蘭竹，有詩書畫三絶之稱，符生則善篆隸，所製雖不逮曼壺，然留傳不多，市中亦以之居奇云。

砂壺既以宜興擅名，銘文亦多有可取者。如銚之制，摶之工，自我作，非周種，石銚。苦而旨，直其體，公孫丞相甘如醴，汲直。月滿則虧，置之座右，以爲我規，却月。此雲之腴，飡之不臞，横雲。勿輕短褐，其中有物，傾之活活，百衲。蠲忿去渴，眉壽無害，合懽。宜春日，彊飲吉，春勝。春何供，供茶事，誰云者，兩丫髻。古春。光熊熊，氣若虹，朝閶闔，乘清風，飲虹。井養不窮，是以知汲古之功，井闌。以上諸銘，皆頻迦、步青、梅史及曼公自製。曾見於彭年壺式圖中。又有鈿合丁寧，改注茶經，鈿合。一勺水，八斗才，引活活，詞源來，覆斗。飲之吉，匏瓜無匹，瓜形。蟹眼鳴和，以牛鐸清，牛鐸。天茶星，守東井，占之吉，得茗飲，井形。爲白石，泛緑雲，一瓢細酌邀桐君，一面畫石老，曼銘頻迦書。合之則全，偕壺公以延年，延年半瓦。笠蔭暍，茶去渴，是一是二，我佛無説，笠形。作胡盧畫，悦親戚之情話，胡盧形。鴻漸於礬，飲食衎衎，是爲桑苧，翁之器，垂名不刊，飛鴻延年。天雞鳴，寶露盈，天雞。斠天漿，潤渴墨。合斗。時大彬手製砂壺，余見過甚多，僅記最佳者兩壺。一刻黄金碾畔緑塵飛，碧玉甌中細濤起。一則正面刻負耒而行道，凍餒而守仁十字，陰面刻一耕夫攜一小兒。長白鶴參仙藏。

# 圖録

**明・李時珍《本草綱目・圖》卷上**

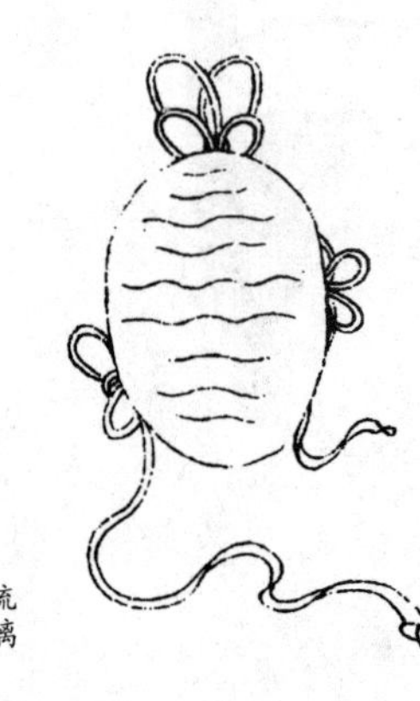

琉璃

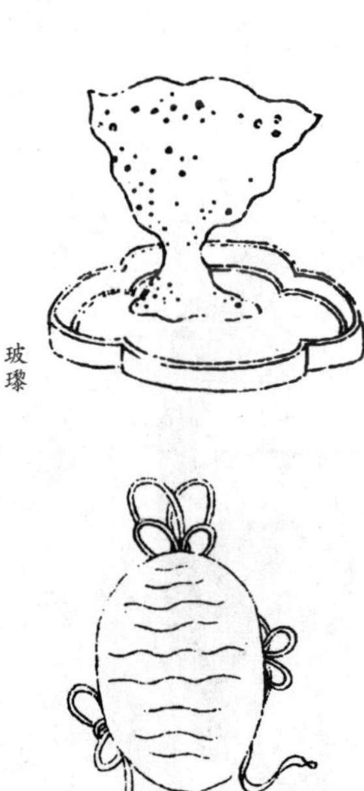
玻瓈

**明・項元汴《歷代名瓷圖譜》**　宋定窯倣古文王鼎文王，周文王也。文王鼎，魯公所作，以祭文王者。

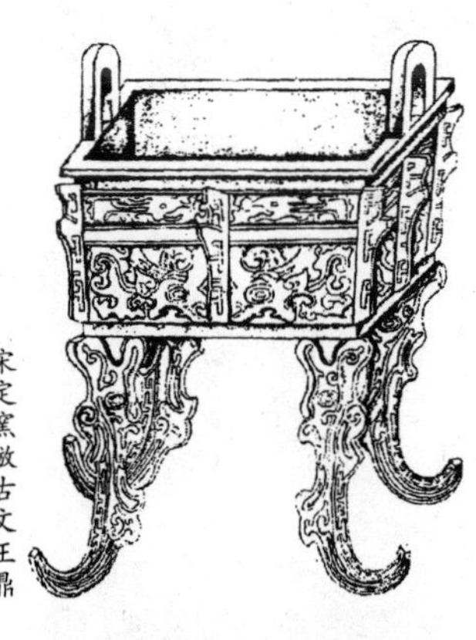
宋定窯倣古文王鼎

鼎倣《宣和博古圖録》中款式，宋時宮中有宣和殿，建於哲宗紹聖二年。徽宗世，書畫、古器皆藏於此。大觀間，命以殿中所藏古銅器，圖其形製，記其名物，録其款識，輯成一書，凡三十卷，名《宣和博古圖録》。至後來宣和紀元，則又取殿名爲年號也。高低大小如圖。此鼎出自内府，製作之工，雕文之細，如牛毛繭絲然。抑且鼎式方正端平，毫無攲斜高下缺損之病。而色澤晶瑩如羊脂美玉，真定器之上乘，應爲諸窯鼎彝之冠也。惜乎世不多見，余獲觀於晉府宮中，晉恭王棡，明太祖第三子，洪武三年封，十一年就藩太原府。三傳至曾孫莊王鍾鉉，博雅好古，收藏最富。至項氏獲觀此鼎，當在萬曆中葉穆王敏淳時，又六傳矣。鼎上下皆沈香蓋座，碧玉蟠夔頂。

宋官窯倣古饕餮鼎饕餮，惡獸名，古以爲凶人之喻。貪財爲饕，貪食爲餮。

鼎倣《宣和博古圖録》中款式，器見《圖録》卷一第一圖，題商父乙鼎。高低大小如圖。鼎身作三饕餮全形，面目猙獰可畏，而文畫高下空兀，與畫筆無殊。饕餮之下，間以雷文，細如絲髮。泑色粉青，晶瑩如鴉鶻青寶石。周身片紋如冰裂，而爲大觀官窯諸器中之絶品也。亦出自内府，余見於南京左軍督府明設中、左、右、前、後軍五都督府，每府左右都督各一人，掌軍旅之事。南北一京皆有之。朱泓公太傅家。

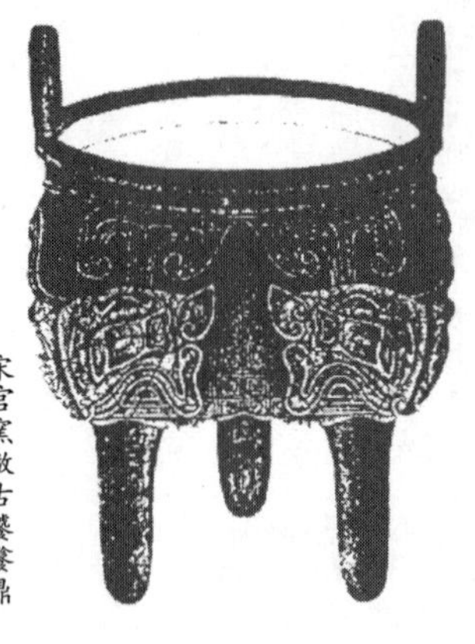
宋官窯倣古饕餮鼎

明宣窯祭紅朱霞映雪魚耳彝鑪案，書中祭紅，原皆誤作積紅，今悉改正。祭紅泑始於明永樂時，日壇祭器用之，後乃推及日常器皿。此外別有鮮紅、寶石紅二種。後來或從霽青推寫作霽紅，更譌爲濟紅。至於積字之譌，則僅見項氏此書。項氏學者，熟於當代掌故，必不至此。蓋傳鈔之誤耳。

彝鑪式倣《紹興鑑古圖》中款制也。《紹興鑑古圖》，宋高宗紹興間所作，亦集録古器之書也。未見傳本。純緣以下，悉填案，填字誤用。綵繪用填，純色則有拓、澆、吹、蘸四法。此器兩色相駢，是爲拓泑。項氏不知製造之法，故致此誤。祭紅，其色豔若朱霞。趺足以上，填以白泑，素如積雪。紅白交映，眩耀眉目，真歷代名瓷之首冠也。周身粟文隱起，稀世之奇珍也。余見於南都中府都督朱公希孝家，朱希孝，明懷遠人，官至後軍都督府左都督加太保。身雖爲將，而好讀書，精鑒賞，收藏甚富。云原出内府，以折公俟月俸者。公以三百金得之，今雖懸千金購求，亦不可得矣。

明弘治窯象簋小鼎

鼎倣《宣和博古圖録》中款式，器見《圖録》卷十八第三圖，題爲周京叔簋。所謂象簋鼎，則見卷五第一圖，形式、花文皆與此異，兼又無蓋，項氏題誤。高低大小如圖。兩耳四足，有蓋，泑色黄如蒸栗，古雅可愛。置之几上，可供薰燎。余得於吴門虎丘僧舍。

明宣窯祭紅朱霞映雪魚耳彝鑪

明弘治窯象簋小鼎

宋官窯太平有象硯

硯倣宣和殿御用硯款式，大小長短如圖，式作投壺款制，案，投壺，爲主人與客燕飲講論才藝之禮。壺，器名，以矢投其中，故曰投壺。壺雙耳修頸，與此硯形不類。硯式所倣，實古貫耳壺，盛酒器也。此類之器，後世亦謂之缾。兩耳中通有竅，可以繩貫投攜。硯面作池蓄水，硯心露骨而不著泑者，所以便於研墨也。而發墨細潤，有類端巖，即此可寶。而硯底雕以泰卦，伏羲畫八卦，文王演爲六十四，泰即其一。下列一象。硯式與餠形符合，故名太平有象云。案，泰、太同字，餠、平諧聲，底雕有象，合之恰符吉語。泑色粉青，片紋冰裂，古雅非常，真文房之珍器也。與下之宣窯龍文小硯，并宣窯祭紅雙柹水注，余並得之廣陵徐謙齋參政家。

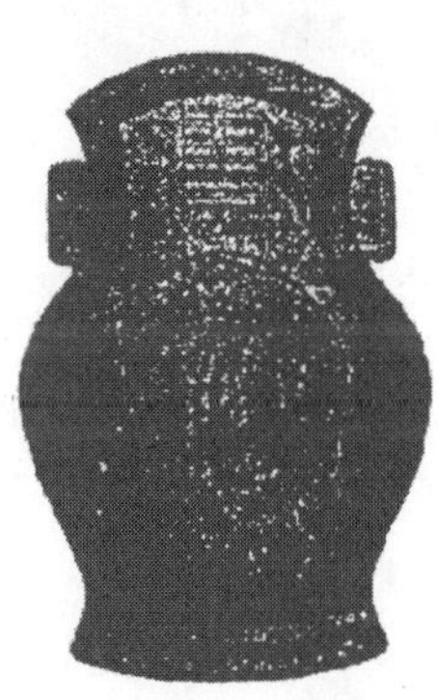

宋官窯太平有象硯

明宣窯青花龍文小硯硯材之佳者，以石爲正宗。廣東高要縣端溪所産最良，其石分三品。以巖石爲上，次於端巖者，爲宋澄泥硯。亦有用漢瓦爲之者，又亞於澄泥，而未央宫及銅雀臺瓦最著。至於瓷硯，宋時名窯皆有之，景德鎮窯亦代有製者。惟硯心無泑，方能發墨。若有泑者，材同玉硯，僅可代筆掭之用。此硯即其類也。

硯倣宋宣和殿御用玉硯款制，長短大小如圖。泑色白如積雪，周身絶細花文，硯之兩舷之閒，畫以青花五爪龍，驤首於雲氣之中。周身粟文隱起，其花之翠色如凝黛，真可寶愛。硯底有大明宣德年製六字款，特爲古雅。并上太平有象硯，同得於徐謙齋家。

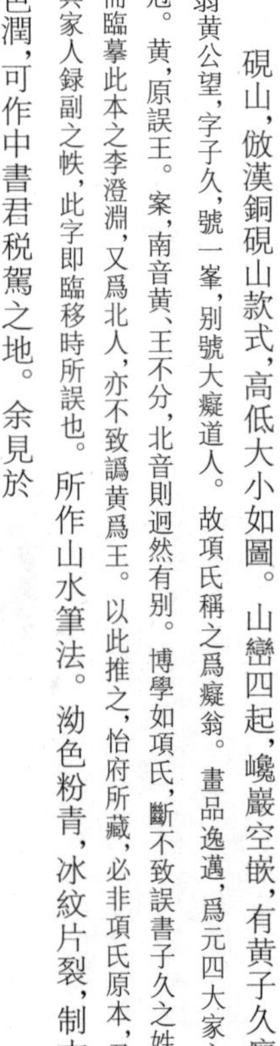
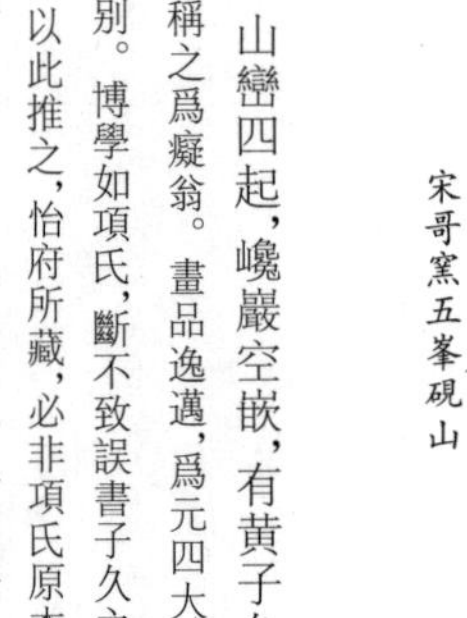

明宣窯青花龍文小硯

明宣窯祭紅雙柹水注水注，文具之一，以注硯水者。原名硯滴。

水注倣古銅雙柹水注款式，以雙實並列蓄水，梗蒂中通作注。泑色紅於猩血，粟文突起。緑葉蒙茸，儼如徐崇嗣宋人南唐徐熙之孫也，善畫草蟲、時果、花木、蠶繭之類，備得形似。等寫生傳色。文房中絶品之奇珍也。同上二硯，俱得之徐參政家。

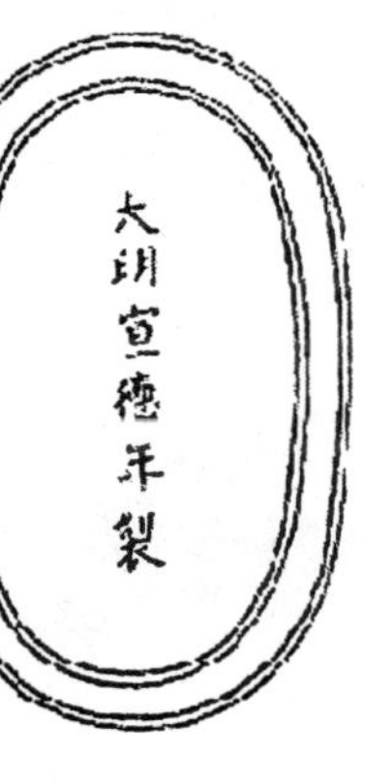

明宣窯祭紅雙柹水注

宋哥窯五峯硯山

硯山，倣漢銅硯山款式，高低大小如圖。山巒四起，巉巖空嵌，有黄子久癡翁黄公望，字子久，號一峯，别號大癡道人。故項氏稱之爲癡翁。書品逸邁，爲元四大家之冠。黄，原誤王。案，南音黄、王不分，北音則迥然有别。博學如項氏，斷不致誤書子久之姓。而臨摹此本之李澄淵，又爲北人，亦不致譌黄爲王。以此推之，恰府所藏，必非項氏原本，乃其家人録副之帙，此字即臨移時所誤也。所作山水筆法。泑色粉青，冰紋片裂，制古色潤，可作中書君税駕之地。余見於吾鄉姚太學家。

宋哥窯五峯硯山

宋龍泉窯高足豆水丞案，豆，未有不高足者，標題高足二字可删。豆與水丞爲二器，聯綴不成詞。器自爲豆，用作水丞，亦無不可。不必更爲立名也。

水丞倣《考古圖》中款式，案《考古圖》卷五第十二圖載齊豆，與此仿佛，而花文不同，此僅倣古豆之形耳。花文太新，不合古意，非模《考古圖》中款式也。高低大小

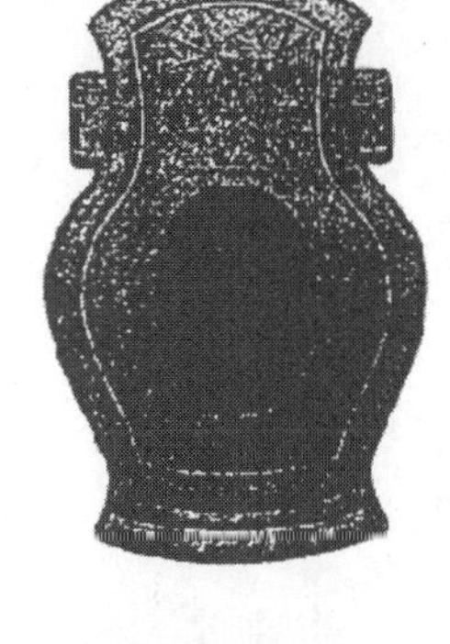
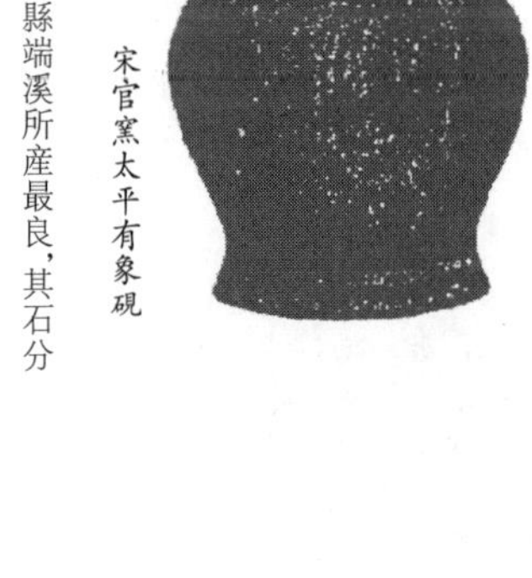

宋龍泉窯高足豆水丞

如圖。泑色翠碧如水苔隄柳，纖纖可愛。蓋腹之上，花文突起，生動如畫。腹中注水，上有蓋覆，可免塵侵鼠竊，最爲適用。余得之於吳江李學博家。

宋官窯蟬文水丞

水丞倣《紹興鑑古圖》中款式，高低大小如圖。泑色粉青，冰紋片裂，制度典雅。文而不華，樸而近質，真有漢魏間名人遺器之意。并下紫定卧蠶水丞，同得之武陵鬻古家。

宋官窯蟬文水丞

宋官窯高峯硯山

宋官窯高峯硯山

硯山高低長短如圖。其峯巒秀拔，巖壑迴抱，極似大李將軍李思訓，唐宗室。玄宗開元初，官左武衛大將軍。所畫山水，金碧輝映，妙絶一時，世稱大李將軍。其子昭道，亦善畫，稱小李將軍。金碧山水筆法，泑色青翠，若蔚藍天一色。裂紋冰片，短長勻布，制古色潤，迥非前册哥窯硯山可比。余以二十金購之於京師靳中翰家。

宋官窯獸耳方壺

壺倣《宣和博古圖録》中款式也。高低大小如圖，而壺體端方周正，毫無敧傾偏側之病。泑色青蔥，冰紋拆裂，官窯中之名器也。此壺原藏於郭青螺家，始以五十金得壺，而無其蓋。青螺偶於潁上漁舟觀捕魚，舉網得之，以錢十緡購之，歸置壺上，恰原蓋也。青螺有詩紀之。余得一見，至今不忘。今青螺下世，不知此壺又歸誰主矣。

宋汝窯蕉葉雷文觚宋徽宗大觀間，以定器有芒不堪用，故汝州造青器。泑色天青，與官窯之粉青，東窯之淡碧青，皆有别，以原料配製各不相同也。安在鑒者精審之。

宋官窯獸耳方壺

觚倣《宣和博古圖録》中款式也，高低大小如圖。汝窯之器，行世少，所有者僅僅盤琖之類，亦多殘缺不完。若此觚之完好，毫無髮之虧者，鮮矣。況乎觚尊之類，皆簪花佳器，迥非他器可比。如觚之制度泑色，駕乎官哥之上，無怪其價目之軒昂也。余見於師黃錦衣家，彼云以百五十千得之於雲指揮家。

宋汝窯蕉葉雷文觚

元朝樞府窯暗花蒜蒲小餅樞府，爲元時樞密院之簡稱。樞府窯器，皆由景德鎮民窯供造，有命則供，未另設窯。案，此器乃倣漢温壺式，而縮小其製耳。蒜蒲之名不典。

國朝永宣填白、案，填應作甛。《説文》：甛，美也。甛白，乃燒造完成之白器名，取美好之意。至於填白，則爲窯火燒就之白胎，以備填彩畫者。填彩之後，尚須燒鑪，方成完器。兩者各爲專名，不能通用。暗花諸器，皆倣之樞府窯者也。而樞府一窯，又倣之北宋定器。案，樞府窯器所倣，實北宋景德鎮官窯之月白器，非定器也。其色白中帶青，與定器之純乎白色，絶不相同。永、宣甛白，亦與此迥異。項氏説誤。此餅之制度、色澤、花文，全乎倣定矣。餅底有樞府二字暗款。況餅制大小適中，置之燕几，以簪草本諸花，若水仙、秋海棠、金萱、短葉菊花最妙。此亦余齋中物也。

元朝樞府窯暗花蒜蒲小餅

宋定窯象尊

象尊倣《宣和博古圖録》中款式也，高低大小如圖。此尊之施於宗廟者，其體制必大於此。況乎古人有陪鼎陪尊之設，其制蓋小於正鼎，必此等之類，爲陪尊者無疑矣。今雖制此，未至施於宗廟，聊以爲玩器耳，亦可貯酒一升。泑色瑩白如羊脂，文畫華縟可愛。余見於三衢朱給諫家。

宋定窯象尊

明宣窯青花鵝壺

明宣窯青花鵝壺

壺制不知何倣，高低大小如圖。謹案《禽經》釋鳥之書也。舊題圖時晉師曠著，實出後人依託。曰，鵝，家畜也，性能警夜逐盜。古人制器喻意，以鵝形著壺，戒飲者莫至昏夜無知、沈冥不醒耳。壺可貯酒一升五合。其體制之精，若首敪項翼，咸具軒翥之致，與真鴚鵝者無殊。泑色青翠欲滴，案此器爲青花，其法先用青料繪花文於生坯，色如墨染。俟其乾透，然後罩以白泑，再俟乾足，乃置於匣缽入窯。燒成之後，青色暈現，其色屬於花文，不能通稱泑色。粟文隱起，蓋宣窯中之極品也。余見於吳門顧司勳家。

明成窯五彩甛瓜壺案，器爲嬌黄，且僅三色，何言五彩？項氏誤題。

壺制不知何倣，高低大小如圖。憲廟一朝窯器，以五彩傳色者爲貴。蓋當時瓷窯圖畫者，皆殿中名筆，故其傅色深淺濃淡之閒，迥非俗匠所能措手。如此壺之大小瓜苞，青黄異色，莖葉之背面攸分，實堪珍賞。可貯酒一升六合，余得之雲間陸太醫家。

明成窯五彩甛瓜壺

明弘治窯嬌黄葫蘆壺案，此器爲三彩，與第三十八圖甛瓜壺同。

壺制不知何倣，高低大小如圖。孝廟一朝窯器，以嬌黄爲貴，亦有五彩傅色者，與成窯並驅，此壺之類是也。壺可貯酒一升四合。余得於吾鄉諸博士家。

明弘治窯嬌黄葫蘆壺

明弘治窯嬌黃葵花茶桮

桮制不知何倣，高低大小如圖。泑色嫩黃，如初放葵花之色。外黃内白，宜乎酌茗。余見弘治一窯器皿多矣，要之無過於此桮之佳者。余以文徵仲名徵明，明人，書畫並工，而畫尤勝。行書《千文》《千字文》，梁周興嗣撰，以王羲之所書千字，次爲韻語。一卷，於驥沙朱氏易得此桮二隻。

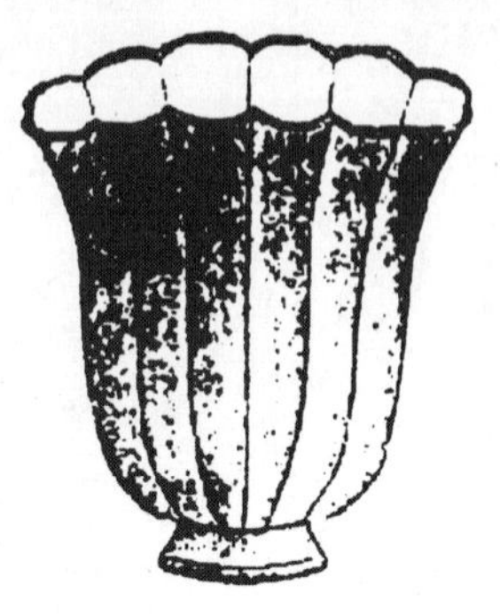
明弘治窯嬌黃葵花茶桮

明宣窯青花龍松茶桮

明宣窯青花龍松茶桮

桮制不知何倣，大約有似漢玉斗式，高低大小如圖。泑色瑩白，如羊脂美玉。粟文隱起，青花翠光奪目，乃回鶻大青所畫也。其松本莖葉，盤屈攫拿，如虯龍蜿蜒舒轉之勢，若郭熙宋人，善畫山水，一時獨步。山水中所寫之古松也。松下山石芝蘭，咸具種種生趣，決非俗工所能，必殿中名筆所圖也。余以十金得此桮四隻於吳興臧敬輿太僕家。

明宣窯祭紅三魚把桮此器爲鮮紅，法以西紅寶石爲末，圖畫魚形於生坯，罩泑燒成。凸起寶光，鮮紅奪目。

桮制倣漢玉把桮款式，高低大小如圖。泑色白如凝脂，素猶積雪，而祭紅三魚不填鱗鬣，紅如猩血，寶光灼爍，光彩陸離，耀人眉目，真絕世極品之奇珍也。桮底坦平，有暗款大明宣德年製六字。余以二十四金，買之於紹興朱給諫家。

明宣窯祭紅斗笠桮

桮制不知何倣，案，此器蓋倣《紹興鑑古圖》中之蟠螭雲雷侈口鼎，而稍變其制，兼去其足也。宣德時有倣

明宣窯祭紅三魚把桮

鑄原式之鼎，見《宣德彝器圖譜》。又案，此器用身錐作水文，口繪青花水藻，而以鮮紅蟠螭爲之飾，應名青花鮮紅蟠螭桮。若如項氏原題，則似通體皆紅矣。高低大小如圖。泑色白如羊脂，祭紅之色，赤如猩血。而螭龍之象，蜿蜒如生。桮之周身，細描雲氣，飄緲如在深秋空濛灝氣中，良可寶也。此桮海内存者，僅一二而已。價值百金，不爲多也。余見於南都左府余公署中。

明成窯五彩草蟲小桮二隻

桮制甚小而嬌薄，映之指上，可見旋螺之紋。每桮之重，不過三錢，其輕微可知矣。抑且所寫草花蟲豸，細如蠅頭蚊足，咸五色相宣，各具飛翾生動之致。一桮之微，乃能用工如此，足徵憲廟聖鑒之精，非外間庸鄙之不典也。此桮之制，蓋皆佳品。其價每對可值百金，今者百金可得，此桮不可得也。余見於京師黃錦衣家。

明宣窯祭紅斗笠桮

明成窯五彩草蟲小桮二隻

明永樂窯脱胎龍鳳暗花桮

桮制款式甚佳，可茶可酒。而桮質甚薄，纔如紙厚，向明細視，中有絕細龍鳳之文。桮底有大明永樂年製六字款，最精。此桮之存者有數，而鑒家見者鮮矣。今寫此圖，亦猶虎賁中郎之意耳。儻海内鑒家得見此桮真者，須不惜重值購藏。嗣後好事諸公閧有此桮而不得見者，當覓圖譜細觀，以當屠門之嚼可乎！余見於京師保國公家。

明成窯五彩雞缸桮

桮制一同鷄缸，高低大小如圖。桮質之薄，幾同蟬翼，可以照見指螺。所畫子母二雞，特具飲啄之致，與宋

明永樂脱胎龍鳳暗花桮

畫院畫院之設，始於南唐。宋沿其制，而擴其規模。集天下畫人，因其才藝，授以官秩，以徽宗朝爲最盛。南渡之後，仍舊設置。兩宋名家，多出於此。所作寫生之蹟無殊。至於雞冠花艸，傳色濃淡之間，大得黃筌五代蜀人，以善畫花鳥著名。傳色之妙。一桮之微，致工若此，其價目之昂可知矣。今幸爲余所藏。

明成窯五彩雞缸桮

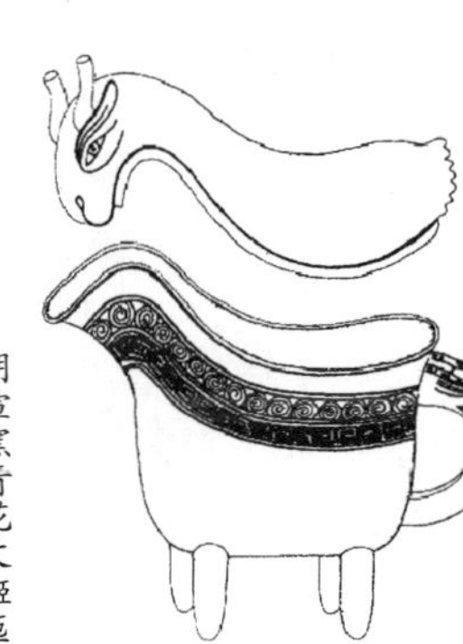
明宣窯青花文姬匜

明宣窯青花文姬匜

匜倣《宣和博古圖録》中款式也，高低大小如圖。泑色白逾積雪，花文青如凝黛，乃回鶻大青所寫也。青白相宜，粟文隱起，乃宣廟諸窯之大器也。置之几上，文華溢目，愛之無窮。余以元人鮮于伯機名樞，元初書家，與趙孟頫齊名。書杜詩杜甫，唐代詩人之冠。秋興八首二卷，易之於吴門文休承家。名嘉，徵明次子。徵明，見第四十六圖注。

宋東青瓷菱花洗東窯，宋初民窯也，在陳留縣。以其地居汴京之東，故曰東窯。器皆青色，簡稱東青。案，此器爲花盆，項氏誤認作洗。

洗制不知何倣，高低大小如圖。泑色青如疊翠，粟文隱起。洗身花文高妙，儼若黃筌等寫生之趣。以之蓄水，內供透漏奇石，以作燕几之供，甚妙。或置短葉水仙花及矮菊，最佳。余得之外舅莊都諫家。

宋官窯雕文盞托

托制倣宋剔紅盞托款式也，高低大小如圖。泑色卵青，周身毫無紋片，花文全類剔紅漆托。高齋得此，可以架承茗甌，最爲要用。余得之於武塘市中。

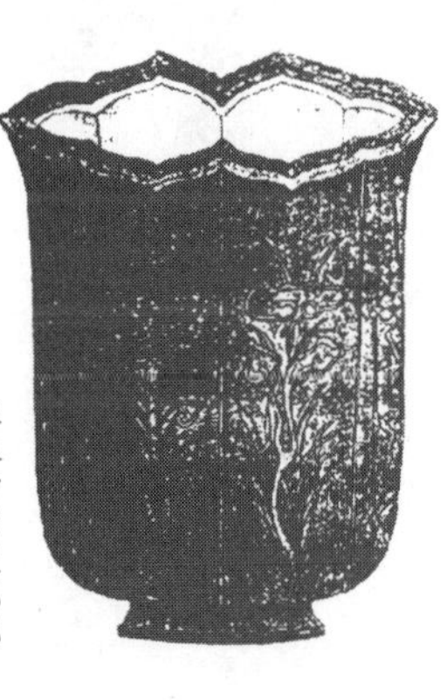
宋東青瓷菱花洗

明成窯五彩燕脂合案，器僅二色，項氏亦明言爲黃地緑文，標題五彩，誤。

合制甚小，款式亦佳。黃地緑文，璀錯可喜。此亦出之內府，乃宮人等盛貯口脂、面藥之器耳。花文華縟，細密不紊，亦奇物也。以之貯香茶、檳榔、製半夏、香藥，最宜。亦余笥中舊物也。

明宣窯五彩舍利塔

塔制高一尺五寸，凡七級。每層六面，欄楯迴環而中空。第一層壇上，中安白玉小缾，高寸許，中置佛舍利三顆。七級之上，頂懸小金鐘，長纔半寸許。第五層作一格，供小玉佛一尊，高可八分許，相好莊嚴，坐蓮臺上，與諸寺院上慈法相無異。寺僧云，此佛乃外域所貢者。塔身本瓷，而五彩傅色，如碧瓦朱欄，堊牆黃闥，種種臻妙。而舍利每午夜放光，五彩騰耀。余曾兩見放光，深信佛法之弘深也。余見於南都報恩寺在南京南門外，吴時所立。明永樂中重建，以塔著稱。清康熙間兩次重修，後爲太平軍所燬。巽僧官丈室，云隆慶間內府奉皇太后詔賜寺奉事供養。

宋官窯雕文盞托

明成窯五彩燕脂合

明宣窯五彩舍利塔

明正德窯有柄鳳龜鐙

鐙制倣《考古圖》中款式也。泑色紺黃如蒸栗，鳳龜之形，深具翔集嫛婗之致，制亦奇矣。其傍有柄，可以挈之而行。蓋倣諸葛公行鐙遺意也。案，諸葛公，謂蜀丞相諸葛亮也。此鐙《考古圖》列於漢器，自在蜀前。項氏謂倣諸葛公行鐙之意，似誤。余見於周良翰秀才家。

明正德窯有柄鳳龜鐙

明成窯五彩蓮花鐙案，器爲鬥彩，僅有紅緑二色，項題五彩，誤。

鐙制不知何做，高低大小如圖。泑色敷施五彩，花紅葉碧，而傅色濃淡淺深，儼類畫家寫生傅色。上擎大葉，可以障風。花内貯油，可以照夜。古人用意精微，迥非今人作器，便於苟簡也。余見於吴淞朱滋甫醫官家。

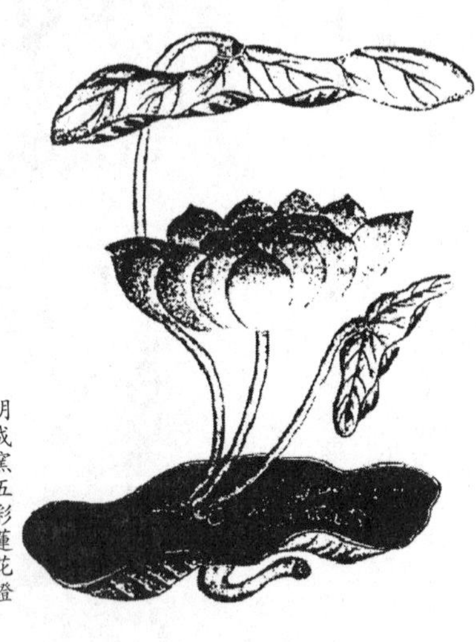

明成窯五彩蓮花鐙

宋定窯鳳蓮鐙

鐙制不知何做，高一尺六寸五分。鐙作鳳首銜環，下連荷葉，葉下生莖，莖下生花，花中設梃，可以插燭，下乘四方雲座，安穩不傾倒，制亦奇矣。置之書几，可供展玩書畫，鑒賞鼎彝，蓋定器中異品也。今幸爲余所藏。

明宣窯青花四流鐙

鐙制不知何做，案，書中各圖，項所釋不知何做者，似乎過泥。窯器倣古，自必有本，如見於《考古》《博古》諸書者是。若當時新製，取象動植之【略】則不必更有何依據。至於日用常器，如茶梧、酒梧，雖有大同小異者，而式皆爲梧，亦無所謂倣。茶壺晚出，更不論矣。本圖四流鐙，則似取法佛殿中懸海鐙之式也。高低大小如圖。泑色瑩白如凝脂，粟文隱起，周身青花細畫，華縟可愛。身列四流，原注：流，即嘴也。上有提梁覆蓋，下有承盤。壺中貯油，四流置炷，懸之室内，四坐光明，書室中之佳品也。余以厚值購之，歸懸齋室。

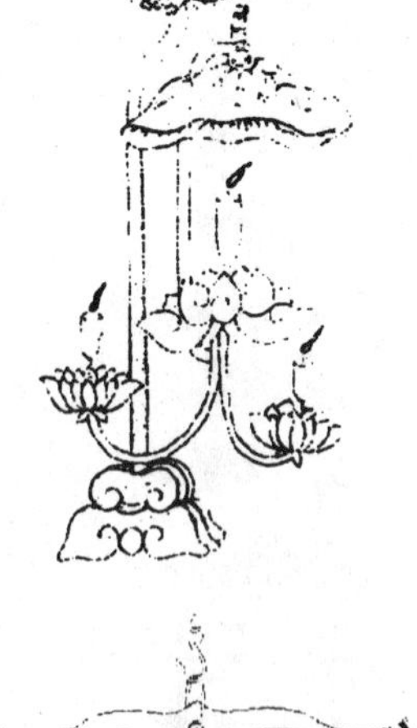

宋定窯鳳蓮鐙

明宣窯青花四流鐙

## 造瓦

明·宋應星《天工開物》卷中《陶埏》

泥造磚坯

磚瓦濟水轉釉窖

煤炭燒磚窖

造瓶

瓶窰連接缸窰
瓷器窰
天窗十二眼
投入薪燒火
兩箇時火
從上足下
共計火力
十二時辰
門火先燒十箇時
足火從下攻上
缸造

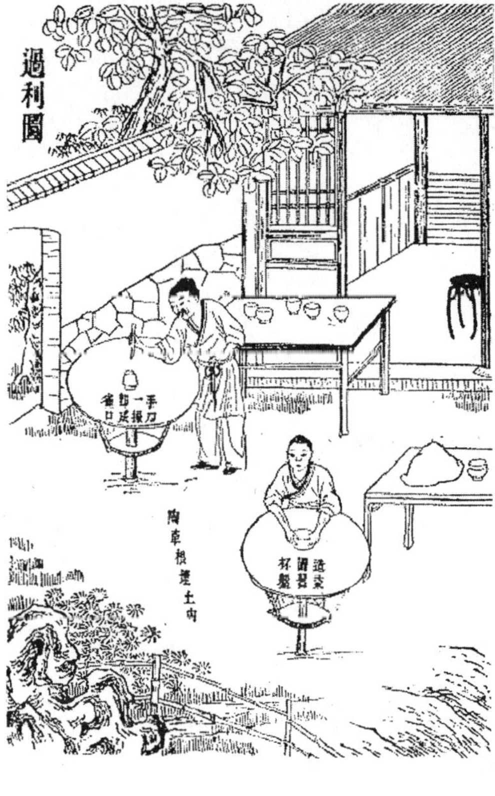

過利圖

瓷器汶水

打圓圖

瓷器過釉

清・藍浦　鄭廷桂《景德鎮陶録》卷一《圖説》

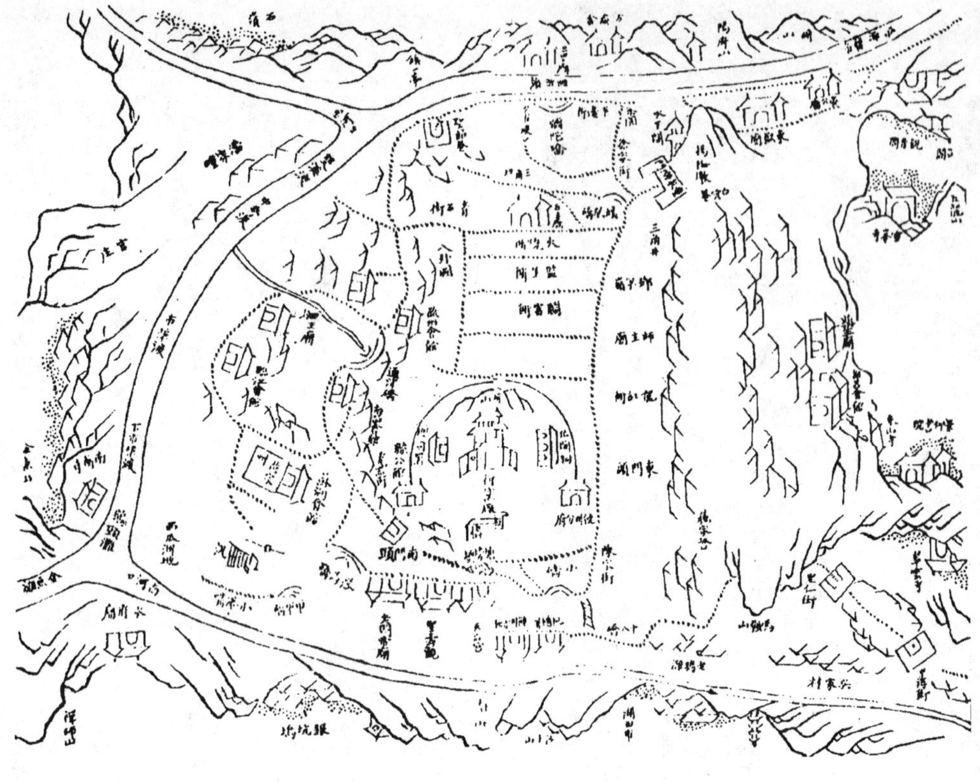
景德鎮圖

景德鎮屬浮梁之興西鄉，去城二十五里，在昌江之南，故稱昌南鎮。其自觀音閣江南雄鎮坊，至小港嘴前後街，計十三里，故又有陶陽十三里之稱。水土宜陶，陳以來土人多業此。至宋景德年始置鎮，奉御董造，因改名景德鎮。元置本路總管監鎮陶。明洪武二年，《江西大志》作三十五年。就鎮之珠山，設御窯廠，置官監督燒造解京。

國朝因之沿舊名。

廠跨珠山，周圍約三里許，中爲大堂，堂後爲軒，爲寢，寢北有小阜，即珠山，所由名舊建亭其上，堂兩旁爲東西序，又東迤南各有門，又東爲官署，爲東西大庫房，爲儀門，爲鼓亭，爲督工亭，爲獄房，今廢。爲陶務作二十有三：曰大器作，曰小器作，曰倣古作，曰雕鑲作，曰印作，曰畫作，曰創新作，曰錐龍作，曰寫字作，曰色彩作，曰漆作，曰匣作，曰染作，曰泥水作，曰大木作，曰小木作，曰船作，曰鉠作，曰竹作，曰索作，曰桶作，曰東碓作，曰西碓作。爲窯式六：曰青窯，曰龍缸窯，曰風火窯，曰色窯，燒煉顔色者。曰爁熿窯，窯制大小不一，廠坯上泑，用火爁烘，有漏泑者，再上泑入窯燒。曰匣窯。廠匣皆先空燒，再裝坯燒。又前後甃井二，柴房二，窯役歇房二。廠内神祠三：曰佑陶靈祠，曰真武殿，曰關帝廟。廠外神祠一，曰師主廟。廠之西爲公館，東爲饒九南巡道行署。今饒州府同知署。頭門外樹屏牆一，有東西二甬道，通市街。

桂案，《邑志》：廠大堂舊題曰秉成，儀門外爲廠場，左右四門，東曰熙春，旋改爲迎曦；南曰阜安，西曰澄川，北曰待詔。又，阜安門外有秉節制度坊，珠山上有朝天閣，有冰立堂，有環翠亭。今并改替，惟廠署規制如舊，環翠亭猶存。

廠供應，《舊志》：撥浮梁縣十三里，鄱陽縣三十五里，附廠供應正派。後鄱陽縣知縣徐俊以廠役合派七縣，申請還縣，惟在鎮十三里中供役，其七邑惟聽事人答應。

管廠總事一名，副管事一名，檔子房聽事一名，聽事吏一名，書手二名，機兵十六名，門役二名，庫役二名，上班衆匠役。以水火金木土五行别役，報開民族輪供。

桂案，此皆舊制。

國朝沿革謹詳二卷。

陶用泥土，皆須采石製練。土人設廠采取，藉溪流爲水碓舂之澄細，淘净，製如磚式，曰白不。以徽州祁門爲上，出坪里、葛口二山。開窖采取，剖有黑花，

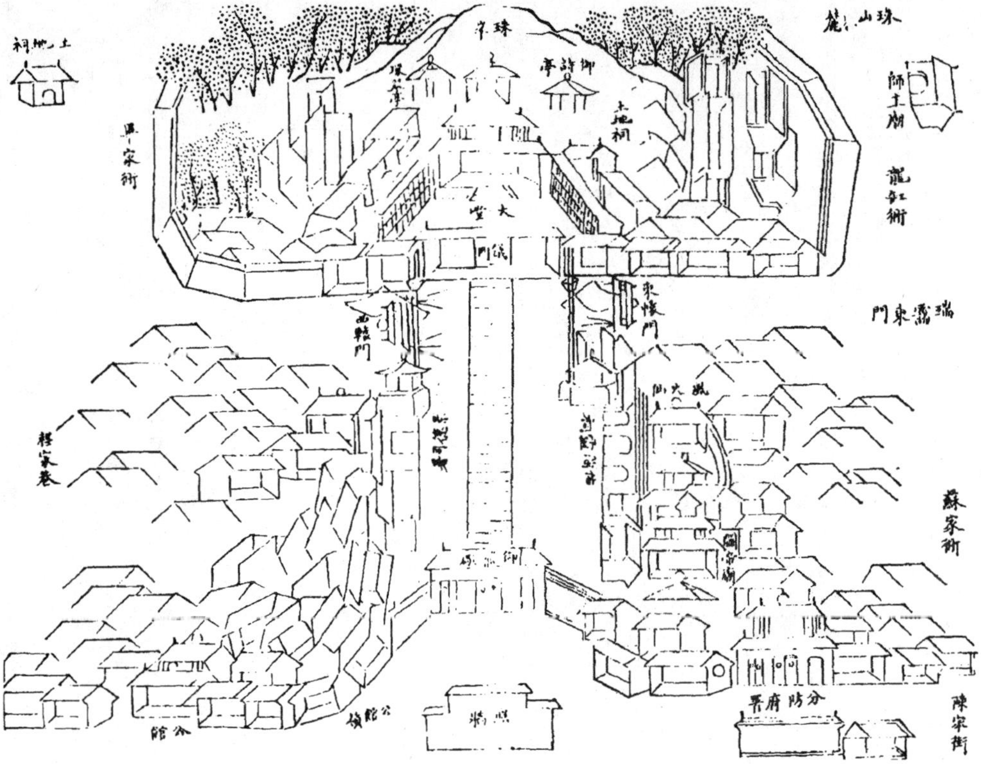

御窯廠圖

取土

陶成圖

如鹿角菜形者佳。此土色純質細，可製細器。別有高嶺、玉紅、箭灘數種，皆以所產之地名。若黃不泑果，尤作粗瓷者所必需，其採製法同。幅中爲開採，爲碓舂，大略如是。

造瓷首需練泥，必以精純爲上。其法以缸浸泥，用木鈀攪翻，摽渣沈過，以馬尾細籮再澄，夾層細絹袋過泥匣內，俾水滲漿稠，復以無底木匣，下鋪磚，細布緊包，更以磚壓之，水乾成泥，用鐵鍬翻撲結實。若泑水，必煉灰配合。灰出邑南鄉。幅中以曲木貫小鐵鍋耳者，調泑者也。以鍬翻撲者，練泥者也。

瓷坯入窯，必裝匣燒，方不粘裂，且能免風火沖突，坯有黃黑之患。匣缽亦土作，土出景德鎮馬鞍山里村、官莊等處，有黑、紅、白三色，更以寶石地所產砂土配合，則入火經燒。其造法，用輪車與拉坯同，土不必過細。匣成陰乾，略鏇平正，先入窯空燒一次，再裝坯燒，名曰鍍匣。若造作，則有廠居。幅中從略。

圓器之造，每一器必有一模，大小款式方能畫一。其模子必須與原樣相似，但尺寸不能計算。大抵一尺之坯，經燒後得七八寸，亦收縮之理然也。故模子必須先修。模不曰造，而曰修者，一模必修數次，然後無大小參差之異。鎮修模匠另有店居，名手有數，蓋必熟諳土性窯火者，乃推能事。幅中情形頗肖。

青料爲畫瓷之用，而霽青、東青各釉色亦需料配合。以浙江出者爲上，雲南、廣東及本省各處亦產。此商販採買，來鎮投行發賣，必先自揀選其大而圓者，色以黑黃明亮爲最，再以小黃土匣裝，入窯煉熟，方可用。其用料之法，研乳極細，調水畫坯，罩以白泑，經燒則現青翠。若不罩泑，則見火飛散，亦大奇也。幅中揀洗之事特詳。

圓器之製，其方稜者，則有鑲雕印削之作；而渾圓之器，必用輪車拉成，大者拉一尺以上，坯小者拉一尺以內。坯車如圓木盤，下設機局，旋轉甚便。拉者坐於車上，以小竹竿撥車使疾轉，雙手按泥隨拉之，千百不差毫黍。若琢器，其渾圓者，亦如造圓器法。其方稜者，則用布包泥，以平板拍練成片，裁方粘合，各有機巧。幅中兩擬其狀。

圓器拉成坯，必俟陰乾，不可令見日色，恐日曬則有坼裂之患，故有印坯一行。坯稍乾，則用修就模子以手拍按，使泥坯周正勻結。其法，以小輪車旋轉印拍，褪下模子，陰乾以備鏇削。幅中略具其狀。又有乳料之工，用矮櫈貯料缽，上裝直木，安瓷槌乳之。有雙手乳者，有左右乳者。疾瞽老幼，多資生焉。

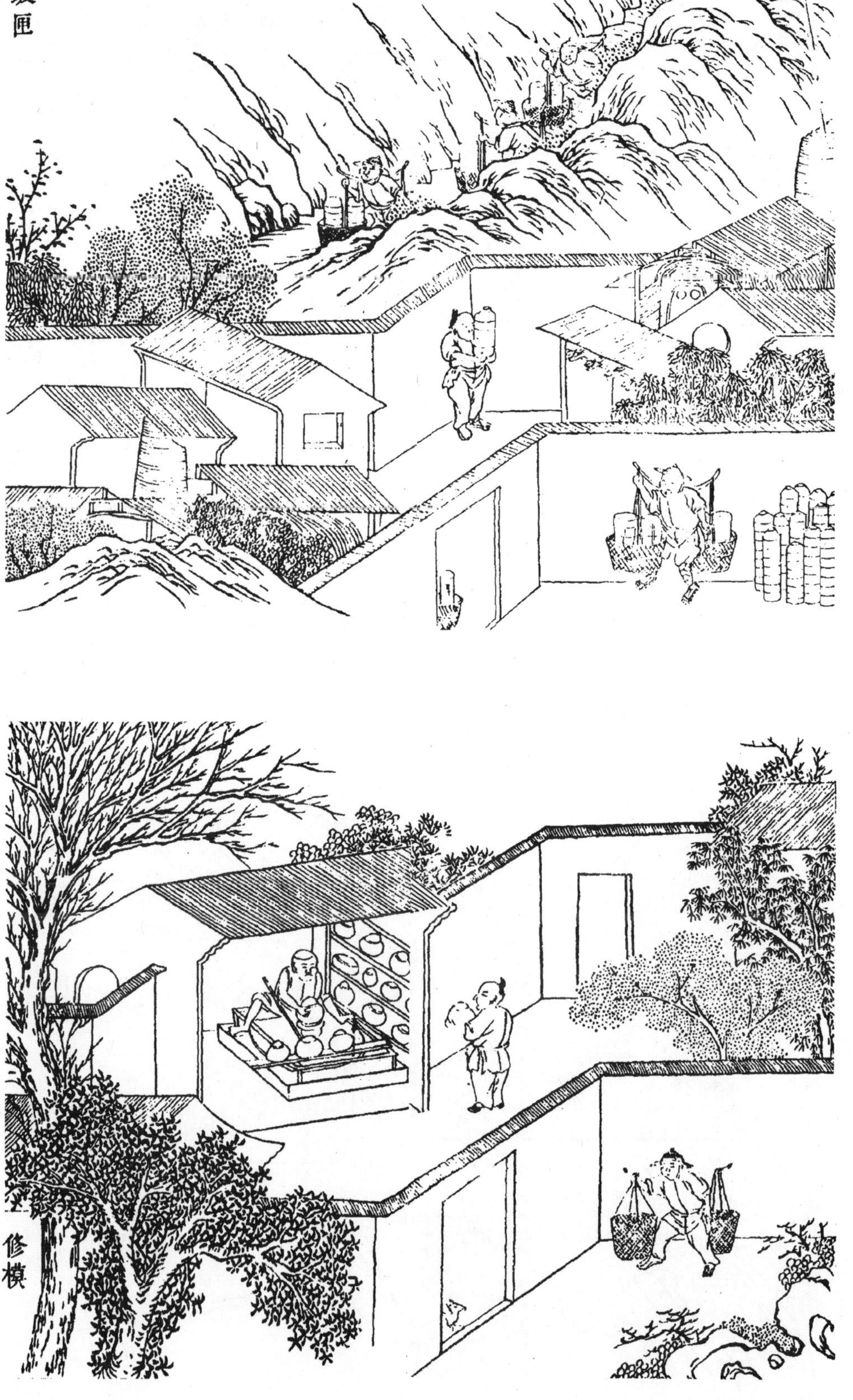
鏇匣
修模

洗料

做坯

印坯

鏇坯

坯之尺寸定於模，而光平必需鏇削。鏇工亦用輪車，惟中心立一木椿。椿視坯之大小，其頂渾圓，名曰頂鍾，裹以絲綿，恐損坯也。將坯扣合椿上，撥輪使轉，用刀鏇削，則器之裏外皆光平矣。拉坯之時，坯足必留一靶，長二三寸，便於把握，以畫坯。蘸釉工畢，始鏇去其柄，挖足寫款。幅中鏇挖并列。

青花畫坯，圓、琢器皆有之。一器動累什百，畫者，則畫而不染。染者，則染而不畫。所以一其手而不分其心也。其餘拱、錐、雕、鏤業，似同而各習一家。釉紅寶燒，技實異而類近於畫。至如器上之邊線、青箍，原出鏇坯之手。底心之識銘書記，獨歸落款之工。花鳥蟲魚寫生，以肖物爲上。宣、成、嘉、萬倣古，以多見爲精。幅中畫染分處，以爲畫一。

凡青花，與觀汝等器，均須上泑。舊法，長方稜角者，用毛筆搨泑，弊每失於不勻。渾圓之器，俱在缸內蘸泑，弊又失於體重多破，故全器難得。今圓器之小者，仍於缸內蘸泑，其圓琢大件，俱用吹釉法，以竹筒蒙細紗吹之，俱視器之大小，與泑之厚薄，別其吹之遍數。有三四遍，至十七八遍者。幅中備著其製。

窯制：長圓形如覆瓮，高寬皆丈餘，深長倍之，上罩窯棚，其烟突圍圓高二丈餘，在窯棚之外。瓷坯既成，裝匣入窯，分行排列，中間疎散以通火路。其窯火有前、中、後之分，安放坯匣，皆量泑之軟硬以定窯位。發火時，隨將窯門磚封，留一方孔入柴，片刻不停。有試照者，熟則止火，窨一晝夜，始開。幅中滿燒備具。

瓷器之成，窯火是賴。開窯類以三日，其窯中瓷匣，尚帶紫紅色。惟開窯工匠，用布數十層，製成手套，蘸以冷水護手。復用濕布裹頭、面、肩、背，入窯搬匣。瓷器既出窯，熱窯安放新坯。因新坯潮濕，就熱窯烘焙，可免入火坼漏之病。幅中搬運收理者，爲出窯瓷器。肩柴者，收籌者，爲現在燒窯。

圓琢白器，五綵繪畫，摹仿洋彩，須將各種顏料研細調合，必熟諳顏色火候之性，以眼明、心細、手準爲佳。其用顏料法有三：一用芸香油，一用膠水，一用清水。蓋油便於渲染，膠便於搨抹，而清水調色，則便於堆填。幅中有就棹者，有手持者，有眠側於低處者，各因器之大小，以就運筆之便。

白瓷加彩後，復須燒煉，以固顏色，爰有明暗爐之制。小器則用明爐，口門向外，週圍炭火，置鐵輪其下，托以鐵叉。以鈎撥輪，使轉以勻火氣。大件則用暗爐，高三尺，徑二尺餘，週圍夾層貯炭火，下留風眼，將瓷器貯於爐，人執圓板以避火氣。爐頂泥封，燒一晝夜爲度。幅中形情備悉。

以上諸說，多採唐雋公《陶冶圖說》。

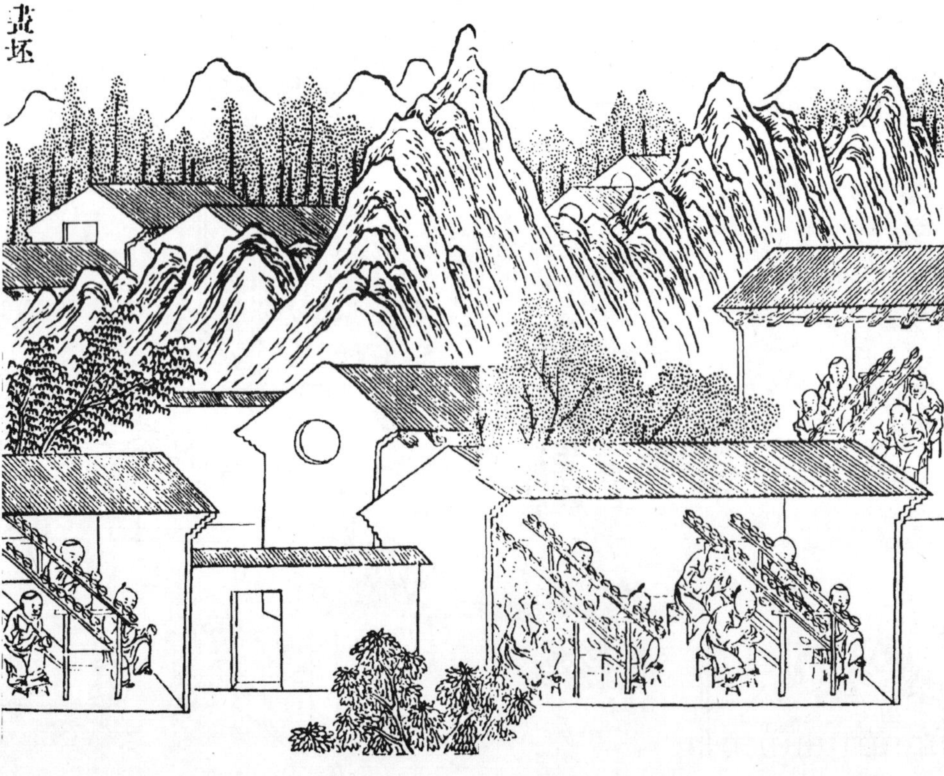

蕩泑
滿窯

開窯
彩器

# 藝文

**唐·杜甫《又于韋處乞大邑瓷碗》**《全唐詩》卷二二六

大邑燒瓷輕且堅，扣如哀一作寒。玉錦城傳。君家白盌勝霜雪，急送茅齋也可憐。

**唐·白居易《睡后茶興憶楊同州》**《全唐詩》卷四五三

昨晚飲太多，嵬峩並上聲。連宵醉。今朝餐又飽，爛熳移時睡。睡足摩挲眼，眼前無一事。信脚繞池行，偶然得幽致。婆娑緑陰樹，斑駮青苔地。此處置繩牀，傍邊洗茶器。白瓷甌甚潔，紅爐炭方熾。沫下麴塵香，花浮魚眼沸。盛來有佳色，嚥罷餘芳氣。不見楊慕巢，誰人知此味。

**唐·劉言史《與孟郊洛北野泉上煎茶》**《全唐詩》卷四六八

粉細越筍芽，野煎寒溪濱。恐乖靈草性，觸事皆手親。敲石取鮮火，撇泉避腥鱗。熒熒爨風鐺，拾得墜巢薪。潔色既爽別，浮氳亦殷勤。以兹委曲静，求得正味真。宛如摘山時，自歠指下春。湘瓷泛輕花，滌盡昏渴神。此遊愜醒趣，可以話高人。

**唐·施肩吾《蜀茗詞》**《全唐詩》卷四九四

越椀初盛蜀茗新，薄煙輕處攪來匀。山僧問我將何比，欲道瓊漿卻畏嗔。

**唐·許渾《晨起二首》**《全唐詩》卷五二八

桂樹緑層層，風微煙露凝。簷楹銜落月，幃幌映一作耿殘燈。蘄簟曙香冷，越瓶秋水澄。心閒即無事，何異住山僧。

殘月皓煙露，掩門深竹齋。水蟲鳴曲檻，山鳥下空階。清鏡曉看髮，素琴秋寄懷。因知北窗客，一作卧。日與世情乖。此首一題作山齋秋晚。

**唐·陸龜蒙《秘色越器》**《全唐詩》卷六二九

九秋風露越窑開，奪得千峯翠色來。好向中宵盛沆瀣，共嵇中散鬥遺杯。

**唐·杜荀鶴《登靈山水閣貽釣者》**《全唐詩》卷六九二

江上見僧誰是了，修齋補衲日勞身。未勝漁父閒垂釣，獨背斜陽不採人。縱有風波猶得睡，總無蓑笠始爲貧。瓦瓶盛酒瓷甌酌，荻浦蘆灣是要津。

**唐·徐夤《貢余秘色茶盞》**《全唐詩》卷七一〇

捩翠融青瑞色新，陶成先得貢吾君。功剜明月染春水，輕旋薄冰盛緑雲。

古鏡破苔當席上，嫩荷涵露別江濆。中山竹葉醅初發，多病那堪中十分。

**唐・皎然《飲茶歌誚崔石使君》**《全唐詩》卷八二一

越人遺我剡溪一作山。茗，採得金牙爨金鼎。素瓷雪色縹一作飄。沫香，何似諸仙瓊蕊漿。一飲滌昏寐，情來一作思。朗爽一作爽朗。滿天地。再飲清我神，忽如飛雨灑輕塵。三飲便得道，何須苦心破煩惱。此物清高世莫知，世人飲酒多一作徒。自欺。愁一作好。看畢卓甕間夜，笑向陶潛籬下時。崔侯啜之意不已，狂歌一曲驚人耳。孰知茶道全爾真，唯有丹丘得如此。

**宋・慧洪《無學點茶乞詩》**《石門文字禪》卷八

政和官焙來何處，雪後晴窓欣共煮。銀缾瑟瑟過風雨，漸覺羊腸挽聲度。盞深扣之看浮乳，點茶三昧須饒汝。鷓鴣班中吸春露。

**宋・魏野《謝長安孫舍人寄惠蜀牋并茶》**《全宋詩》卷八〇

彩牋一軸敵瓊瑰，喜見親題手自開。遠勝浣花人寄到，貴從視草客分來。百張重疊霞初卷，十色參差錦乍裁。紅藥篇章方雅稱，老夫無用擬封迴。誰將新茗寄柴扉，京兆孫家小紫微。鼎是舒州烹始稱，甌除越國貯皆非。盧仝詩裏功堪比，陸羽經中法可依。不敢頻嘗無別意，却嫌睡少夢君稀。

**宋・張耒《謝黃師是惠碧瓷枕》**《全宋詩》卷一一六二

巩人作枕堅且青，故人贈我消炎蒸，持之入室涼風生，腦寒髮冷泥丸驚。夢入瑶都碧玉城，仙翁支頤飯未成。鶴鳴月高夜三更，報秋不勞桐葉聲。我老耽書睡苦輕，繞床惟有書縱横。不如華堂伴玉屏，寶鈿敧斜雲髻傾。

**佚名《百寶總珍集》卷九**

古定

古定從來數十樣，東京喬位最爲良。近者粉色皆不好，舊者多是不圓全。

古定土脈好，唯京師喬娘子位者最好，底下珠仁或碾、或燒成喬字者是也。器物底有蚩虎者多好。如有淚痕者，多是紹興年器物，不甚舊。

青器

汝窯土脈偏滋媚，高麗新窯皆相類。高廟在日晱直錢，今時押眼看價例。

汝窯土脈滋潤，與高麗器物相類。有雞爪紋者認真，無紋者尤好。此物出北地新窯，修内司自燒者。自後僞者皆是龍泉燒造者。

**清・龔鉽《景德鎮陶歌》**　余居浮梁幕四年，浮梁去景德鎮二十里，每常往返必過鎮，爾時謁御窑廠，探砰房、窑户，看滿窑輒經日。二三朋好多土著，爲指窑瓷攻苦，皆一一窮其原委。余爲譜之歌詩，得百首，閒及風俗。既泛舟江淮，乃失之。時隔七庚，率從友人處拾得前稿。爰録出六十首，題曰《陶歌》，所以志陶業之十一云耳。道光三年癸未夏五，南昌龔鉽季適父謹識。

**又**

江南雄鎮記陶陽，絶妙花瓷動四方，廿里長街半窑户，贏他隨路喚都昌。

離鎮五里，觀音閣下，有江南雄鎮坊，窑業多都昌縣人。

武德年稱假玉瓷，即今真玉未爲奇。尋常工作經千指，物力艱難那得知。

陶，有窑，有户，有工，有彩。工，有作，有家，有花式，凡皆數十行。（人）

在山石骨出山泥，水碓舂成自上溪。要是高莊稱好不，不船連載任分携。

唐觀察英，字雋公，《圖説》所謂取土皆采石製鍊。

方方窑子濾澄泥，古語兒童莫壞坯。鍊到極稠捶極熟，一歸模範即佳瓷。

《説》所謂鍊泥必以馬尾細籮，及絹袋一再澄過，調汋亦然。

幾家圓器上車盤，到手坯成宛轉看。杯楪循環隨兩指，都留長柄不雕鏝。

《説》所謂做坯渾圓之器，必用輪車，隨手拉成，不差毫黍。

出手坯成板上鋪，新坯未削等泥塗。鈞陶自古宗良匠，怪得呈材要楷模。

《説》所謂修模凡圓器先有一模，方能畫一。大抵一尺之坯，經燒只七、八寸。

坯乾不裂更須車，刀削圓光不少差。此是修身正心事，一毫欠闕損光華。

坯拉成後，必俟陰乾，用模子印拍再加鏇削，乃使泥坯周正匀結。

畫坯上泑蘸兼吹，一體匀圓糝絮宜。只有青花先畫料，出新花樣總逢時。

青花磁器，先從坯上畫料，畫畢上泑。小器蘸，大件吹，總曰盪泑。

青花濃淡出毫端，畫上磁砰面面寬。識得衛風歌尚絅，乃知罩泑理同看。

水調青料，畫上乾坯，須罩泑，不則入火飛散。

白泑青花一火成，花從泑裏吐分明。可參造物先天妙，無極由來太極生。

青花白泑，入火始明。

看他吹泑似吹簫，小管蒙紗蘸不澆。坯上周遮無糝漏，此中元氣要人調。

盪泑，方器用筆搨，圓器則蘸。圓、琢大件，用竹筒蒙沙吹之。

畫坯罩泑事完全，乾定仍車碗垜弦。蓋線交他圖記手，總題宣德大明年。

坯先有柄，長三寸，便於畫料吹泑。工畢，鏇去，蓋線挖垜，落欵另歸一工。

挖埞仍須刷泑齊，又看車脚露胎泥。好承渣餅安渣鉢，出火從君便取攜。

坏脚有泑，即沾不得脱。去泑露泥，墊以渣餅，便於出匣也。

青料惟誇韭菜邊，成窑描寫淡彌鮮。正嘉偏尚濃花色，最好穿珠八寶蓮。

正、嘉器，青花甚濃，用頂高青料，名韭菜邊。

痀瘻自古善承蜩，痀拐疲癃孰肯招。却與坯房供乳料，儘推王政到熙朝。

乳料用矮橙料鉢，上安瓷搥乳之。疾瞽老幼多資生焉。

如椽大筆用羊毫，顛旭能書莫漫操。看他含泑如含墨，一樣臨池起雪濤。

此長方稜角之器，須用搨泑。

澆泑看來似易皴，一般團轉總均匀。倘留棕眼兼魚子，却使微瘢玷美人。

澆泑難於均匀，有針尖未到，即露沙眼。

官古人家泑果多，合成胎質鋭相磨。非如飯器酥研甲，果泑多將灰水和。

泑料，用礶水鍊灰配合，顔色不一。泑果，出樂平官古鎮窑最精者。

灘過鵝頸是官莊，沿岸人家不種桑。手摶砂泥燒匣鉢，笑他盆子滿桑郎。

官莊在鎮之下游，皆燒匣鉢。

匣鉢由來格不同，一般層疊着砂工。更多平匣排清器，遥望饅頭正出籠。

瓷坯入窑，必裝匣燒，方不粘裂，且免風火衝突。匣須先燒，名曰渡匣。

匣鉢燒皴破不妨，倩他薄篾儘箍藏。一經紅火同鑌鐵，格物誰能理共詳。

竹篾箍破匣鉢，入火不斷。

魏氏家傳大結窑，曾經苦役應前朝。可知事業辛勤得，一樣兒孫勝珥貂。

士著魏姓，自元明來世爲結窑，實有師法，不同泥水。

滿窑晝夜火沖天，火眼金精看碧煙。生熟總將時候審，此中丹訣要親傳。

窑制，長圓形如覆瓮，坏匣入窑，磚封留孔，柴燒三晝夜，熟乃停火。

窑火如龍水似雲，火頭全仗水頭分。羡他妙手頻揮潑，氣滿紅爐萃曉氛。

燒窑發火須通火路，有溜火、緊火、溝火，火不到處，潑水引之，如游龍然。

開封火窨尚淡淡，搶掇紅窑手似鉗。莫笑近前熱炙手，霽威不似相公嚴。

開窑瓷匣猶紅，工用厚巾蘸水套手，仍用濕布裹頭面，搶出壞匣，仍放新坯。

窑邊排檢撿茅瓷，器正聲清出匣時。最喜宫商成一片，未誇擊鉢與催詩。

瓷器出窑，工執火鐮削去泥渣。凡茅者，聲不脆，即便打下。

白胎燒就彩紅來，五色成窑畫作開。各樣霏花與人物，龍眠從此向瓶罍。

五綵繪畫，必先選燒白胎，用芸香油渲染。成窑最佳。

記得唐賢咏越窑，千峰翠色一時燒。槎惟帶葉柴盈馬，却笑松間拾墮樵。

柴窑：多燒大器，用柴。槎窯：乃燒粗器，用帶葉小柴。

明爐重爲彩紅加，彩料全憑火色華。我愛雞缸比雞子，珍珠無纇玉無瑕。

白瓷加彩，須燒鍊以固顔色。小器用明爐，大件則用暗爐，均泥封，燒一晝夜。

瓶盎尊罍博古真，珊瑚翡翠色鮮新。雕鏤蟲篆堆螭虎，未謏銷金與範銀。

自鎮有陶，無不可倣。金銀竹木，嵌刻畢肖。

六方四角樣新增，菱葉荷花各擅能。不上車盤隨手製，雕鐫印合笑模棱。

此鑲雕、印合之作，用布包泥，板拍成片，裁方粘合，各有機巧。

大器難成比踐形，自非折挫總玲瓏。要知先立功夫在，不止爐中火候青。

五百圾、千圾皆大器，造必加倍入窑，以妨蹻匾損挫。

龍缸有衖自前朝，風火名仙爲殉窑。博得一身煙共碧，至今青氣總凌霄。

萬曆時，龍缸無底，舊置衖隅。唐觀察舉安佑陶祠有記，陶神童姓，窑工祀之甚虔。

官古窑成重霽紅，最難全美費良工。霜天晴晝精心合，一樣摶燒百不同。

霽紅亦名祭紅，有兩種，一鮮紅，一寶石紅。正德窑尤佳。又礬紅，乃仿嘉窑。

晉窑碎器非冰裂，要認龍泉魚子紋。另有盧陵永和市，莫將真假聽傳聞。

章姓兄弟分造碎器，哥窑更純粹。吉州者紋不同，且非鐵足。

白定要分南北宋，青磁汝越鄧唐柴。千峰翠色添新霽，紅玉爭傳試院佳。

宋時定州甆質舊，有光。《茶經》云，越州青甆比紅玉。鄧州唐(皆)[州]，柴窑俱佳。

驢肝馬肺釉名奇，鼻涕天藍仿色宜。此是均窑缻缶好，鈞臺曾與辨純疵。

此皆均泑，尚有玫瑰紫、海棠紅、茄花紫、梅子青。

市上今傳釉裏紅，唐窑獨著百年中。闇然淡簡温而理，都識先生尚古風。

用紅泑繪畫，仍罩白泑，云起於乾隆間唐英造。

雕作從來枉作勞，更嗤桃核刻牛毛。聖朝器服惟堅樸，不使矜奇到若曹。

雕作細器，最工極巧。

瓷有窑鶩等政龎，未如硬口足摧撞。飲羊俗革關風教，莫更欺人賣過江。

瓷器有拆，入熱湯即破。詐僞人塗以清油，即不見，呼爲過江器。

佳器售人自有真，客來换票不辭頻。把莊類色家家定，放水還愁管債人。

瓷客買甆，必先定把莊頭，一切皆其管理。另有類色頭，齊其同口包紙茭草。

坯板夯坯八尺長，後街小衖十分强。碰翻未許稱賠字，徧請坯房麵一堂。

夯坯多都昌人，街巷長有。

做到砂工稱大作，尊呼窑户爲錢多。細甆十一粗千百，布帛從來勝綺羅。

砂工，頂粗之器，窑户多都昌人。如冒宫、冒飯、冒盂、冒令等項，均須大富開作。

础如密水亦如漿，船載人挑上础行。記得蓋岡元獻宅，十分龍脈九分傷。

臨川、蓋岡、饒家卒、龍山出泑子，頗挖傷，今亦禁止。

陶成子弟集昌南，書院崇開一坐談。坯甎早消甄土日，滿窑和氣足清酣。

窑户陶成、陶慶二會，創有書院，曰景仰書院。余曾代劉侯作記。

徵説形家是火龍，水星一閣鎮高峰。商民熙攘紛如織，消受清涼五夜鐘。

劉克齋刺史即白馬茶庵舊基，建水星閣、財神殿，並茶亭。

年年七月中元節，幾處坯房議事來。每到停工總生事，好官調護要重開。

坯工每年七月歇工，地方官彈壓爲難，開工乃安。

冒宫冒飯廣行消，厚質粗坯水础澆。道是撿渣同滯穗，利歸小户不須穀。

撿渣者，雇工收撿大窑户所傾去泥不粗渣，復加陶汰鍊泥，作小雕作耍器。

王家洲上多茅器，買賣偏多倔强人。比似携籃走洲客，只能消假不消真。

陶户提同口，剩下零甆及茅鷩、缺口、色昏之器，估堆賣之。亦有提甆籃者，名走洲。

坯路看清滿五曹，誰排空匣試搪燒。圖窑原不關人事，赢得包青向客包。

窑中呼一路爲一曹，窑門空匣搪火。自燒坯爲圖窑，搭人青器，則曰包青。

昨日曾經試照回，窑中生熟費疑猜。憑他一片零坯塊，驗得圓融百圾來。

買不燒驗，曰試照。瓷以圾數分煩難，自五圾至千圾不等。圾即件。

坯工多事問坯頭，首領稽查口類周。三月有錢稱發市，年終棧滿惰工愁。

坯房頭約束衆工勤惰，聽其處分，上工有發市錢。

當年宫器傳杯碗，媟褻描成隆萬窑。莫笑穆宗耽秘戲，本來春畫出劉朝。

今酒器多畫秘戲，在漢時發塚塼壁皆有。

雲門院裏讀殘碑，静夜閒庭品素瓷。記得新平行部日，魯公詩酒建中詩。

馬鞍山之西麓有雲門教院，顔真卿曾止其處，今有斷碑。

嫩荷涵露透琉璃，縹色何如秘色瓷。昨夜月團新試碾，宣州雪白鳳洲詩。

《輟耕録》：秘色，即越窑。錢氏有國，供奉物。

坯工并日作營生，午飯應遲到二更。三五成羣抨肉飯，怪他夜市禁非情。

坯工做坯，盡一日之勤，至二更始赴飯店吃飯。蒸肉故夜市不能禁。

熙朝崇儉尚堅完，不要民供不設官。御廠遥惟關上領，一般工作御窑看。

凡工匠，物料動支正項，乾隆八年改屬九江關使總理。

御窑諸作辦欽單，宫式全頒自内官。坯就搭燒民户領，不賠龜甎聖恩寬。

廠器造成，搭燒民窑蹻損一體解運。

御器因時送大關，亦銷官帑幾千鍰。朝廷尚樸屏奇巧，勝國龍牀早奉删。

本朝敦崇節儉，廠器歲解，亦有運數。

百年風雅一峯青，幾次携琴環翠亭。看到壁間蝸寄字，也搜心語著陶經。

御廠珠山有亭，唐蝸寄英題曰環翠，著有《陶人心語》。

**清・吴騫《陳遠天雞酒壺贊》《陽羨茗陶録》卷下《文翰》** 媧兮煉色，春也審攺。宛爾和風，弄是天雞。月明花開，左挈右提。浮生杯酒，函谷丸泥。

**清・吴梅鼎《陽羨茗壺賦并序》《陽羨茗陶録》卷下《文翰》** 六尊有壺，或方或圓，或大或小。方者腹圓，圓者腹方。莖金琢玉，彌甚其侈。獨陽羨以陶爲之，有虞之遺意也。然粗而不精，與窳等。余從祖拳石公，讀書南山，攜一童子，名供春，見土人以泥爲缶，即澄其泥以爲壺，極古秀可愛，世所稱供春壺是也。嗣是時子大彬師之，曲盡厥妙。數十年中，仲美、仲芳之倫，用卿、君用之屬，接踵騁伎，而友泉徐子，集大成焉。一瓷罌耳，價埒金玉，不幾異乎！顧其壺爲四方好事者收藏殆盡，先子以蓍公嗜之，所藏頗夥，乃以甲乙兵燹，盡歸瓦礫。精者不堅，良足歎也！有客過陽羨，詢壺之所自來，因溯其源流，狀其體製，臚其名目，并使後之爲之者考而師之，是爲賦。

惟宏陶之肇造，實運巧于姚虞。爰前民以利用，能製器而無窳。在漢秦而爲甎，寶厥美曰康瓠。類瓦缶之太樸，肖鼎鼒以成區。雜瓷瓻與瓿甊，同鍛鍊以無殊。然而藝匪匠心，制不師古，聊抱甕以團砂，欲挈缾而埿土。形每儕乎敧器，用豈侔夫周簠！名山未鑿，陶甑無五采之文。巧匠不生，鏤畫昧百工之譜。爰有供春，侍我從祖，在髫齡而穎異，寓目成能，借小伎以娛閒。因心挈矩，過土人之陶穴，變瓦甎以爲壺，信異僧而琢山，斸陰凝以求土。時有異僧，繞白碭、青龍、黄龍諸山，指示士人，曰賣富貴土，人異之，鑿山得五色土，因以爲壺。於是砠白碭，鑿黄龍，宛掘井兮。千尋攻巖，有骨若人，淵兮百仞。採玉成峰，春風花浪之濱。地有晝溪花浪之勝。分畦茹濾，秋月玉潭之上。地近玉女潭。並杵椎舂，合以丹青之色，圖尊規矩之宗。停椅梓之槌，酌翦裁于成片。握文犀之刮，施刓掠以爲容。稽三代以博古，考秦漢以程功。圓者如丸體，稍縱爲龍蛋。壺名龍蛋。方兮若印，壺名印方，皆供春式。角偶刻以秦琮。又有刻角印方。脱手則光能照面，出冶則資比凝銅。彼新奇兮萬變，師造化兮元功。信陶壺之鼻祖，亦天下之良工。過此則有大彬之典重，時大彬。價擬璆琳。仲美之雕鎪，陳仲美。巧窮毫髮。仲芳骨勝，而秀出刀鐫。李仲芳。正春肉好，而工疑刻畫。歐正春。求其美麗，争稱君用離奇。沈君用。尚彼渾成，僉曰用卿醇飭。陳用卿。若夫綜古今而合度，極變化以從心，技而進乎道者，其友泉徐子乎！緬稽先子，與彼同時，爰開尊而設館，令効技以呈奇。每窮年而累月，期竭智以殫思。潤果符乎球璧，巧實媲乎班倕。盈什百以韞櫝，時閲玩以遐思。若夫燃彼竹罏，汲夫春潮，浥此茗盌，爛于瓊瑶，對煒煌而意駴，瞻詭厲以魂銷。方匪一名圜，不一相文。豈傳形賦，難爲狀爾。其爲制也，象雲罍兮作鼎，壺名雲罍。陳螭觶兮揚杯。螭觶名。仿漢室之瓶，漢瓶。則丹砂沁採。刻桑門之帽，僧帽。則蓮葉擎臺。卣號提梁，提梁卣。賦于漆雕。君名苦節，苦節君。蓋已霞堆。裁扇面之形，扇面方。觚稜峭厲。卷蓆方之角，蘆蓆方。宛轉瀠洄。誥寶臨函，誥寶。恍紫庭之寶現。圓珠在掌，圓珠。如合浦之珠回。至于摹形象體，殫精畢異，韻敵美人，美人肩。格高西子。西施乳。腰洵約素，照青鏡之菱花。束腰菱花。肩果削成，採金塘之蓮蒂。平肩蓮子。菊入手而疑芳，合菊。荷無心而出水。荷花。芝蘭之秀，芝蘭。秀色可餐。竹節之清，竹節。清貞莫比。鋭欖核兮幽芳，橄欖六方。實瓜瓠兮渾麗。冬瓜麗。或盈尺兮豐隆，或徑寸而平砥。或分蕉而蟬翠，或柄雲而索耳。或番象與鯊皮，或天雞與篆珥。分蕉、蟬翼、柄雲、索耳、番象鼻、鯊魚皮、天雞、篆珥，皆壺軟式。匪先朝之法物，皆刀尺所不凝。若夫泥色之變，乍陰乍陽，忽葡萄而紺紫，條橘柚而蒼黄，摇嫩緑于新桐，曉滴琅玕之翠，積流黄于葵露，暗飄金粟之香。或黄白堆沙，結哀梨兮可啖。或青堅在骨，塗髹汁兮生光。彼瑰琦之窑變，匪一色之可名。如鐵如石，胡玉胡金，備五文于一器，具百美于三停。遠而望之，黝若鍾鼎陳明廷。追而察之，燦若琬琰浮精英。豈隨珠之與趙璧，可比異而稱珍者哉！乃有廣厥器類，出乎新裁。花蕊婀娜，雕作海棠之盒。沈君用海棠香盒。翎毛璀璨，鏤爲鸚鵡之杯。陳仲美製鸚鵡杯。捧香奩而刻鳳，沈君用香奩。翻茶洗以傾葵。徐友泉葵花茶洗。瓶織回文之錦，陳六如仿古花尊。爐横古幹之梅。沈君用梅花爐。巵分十錦，陳六如十錦杯。菊合三臺。沈君用菊合。凡皆用寫生之筆墨，工切琢于刀圭，倘季倫見之，必且珊瑚粉碎。使棠谿觀此，定教白玉塵灰，用濡毫而染翰，誌所見而徘徊。

**清・熊飛《坐懷蘇亭，焚北鑄鑪，以陳壺、徐壺烹洞山岕片歌》** 顯皇垂拱昇平季，文盛兵銷遍恬喜。是時朝士多韻人，競仿吳儂作清事。書齋蘊藉快沈燎，湯社精微重茶器。景陵銅鼎半百沽，荆溪瓦注十千餘。宣工衣鉢有施叟，時大後勁橅陳徐。凝神昵古得古意，寧與秦漢官哥殊。余生有癖嘗涎覬，竊恐尤物難兼圖。昔年挾策上公車，長安米價貴如珠。輟食典衣酬夙好，鑄得大小兩施爐。今年陽羨理蓿架，懷蘇亭畔樂名壺。蘇公癖王予梓里，此地買田貽手書。焉知我癖非公癖，臭味豈必分賢愚。閒煮惠泉燒柏子，梧風習習引輕裾。吁嗟洞山岕片不多得，任教茗戰難相克。亭中長日三摩挲，猶如瓣香茶話隨公側。顧智跋，偶檢殘編，得熊公裹蘇亭歌詞，想見往時風流暇逸。今亭既湮没，故附梓于誌，以志學宫。昔有此亭，亦見陽羨茗壺固甲天下也。 竊按，飛又作澌，四川人，崇正中官宜興教諭。

# 雜録

**漢・劉歆《西京雜記》卷二《武帝馬飾之盛》** 武帝時，身毒國獻連環羈，皆以白玉作之，馬瑙石爲勒，白光琉璃爲鞍。鞍在闇室中，常照十餘丈，如晝日。自是長安始盛飾鞍馬，競加雕鏤。

**宋・高承《事物紀原》卷九《農業陶漁業部》** 陶 《周書》曰：神農作陶。《尸子》曰：夏桀臣昆吾作陶。《呂氏春秋》亦曰昆吾作陶。高誘云：昆吾，高陽後吴回、黎、陸終之子，爲夏伯制作陶冶，埏埴爲器也。然黄帝時有寧封人爲陶正。則陶始於炎帝明矣。

**宋・范成大《桂海虞衡志・志金石》**　花腔腰鼓　出臨桂職田鄉。其土特宜鼓腔，村人專作窑燒之，細畫紅花紋以爲飾。

**宋・陸游《老學庵筆記》卷二**　故都時，定器不入禁中，惟用汝器，以定器有芒也。

遂寧出羅，謂之越羅，亦似會稽尼羅而過之。耀川出青瓷器，謂之越器，似以其類餘姚縣祕色也。然極麤樸不佳，惟食肆以其耐久，多用之。

**宋・周煇《清波雜志》卷五**　定器　煇出疆時，見虜中所用定器，色瑩淨可愛。近年所用，乃宿泗近處所出，非真也。饒州景德鎮，陶器所自出，於大觀間窑變，色紅如朱砂，謂熒惑躔度臨照而然。物反常爲妖，窑户亟碎之。時有玉牒防禦使仲檝，年八十餘，居于饒，得數種，出以相示，云：比之定州紅甆器，色尤鮮明。越上祕色器，錢氏有國日供奉之物，不得臣下用，故曰「祕色」。又嘗見北客言：耀州黄浦鎮燒甆，名耀器，白者爲上，河朔用以分茶。出窑一有破碎，即棄于河，一夕化爲泥。又汝窑，宫中禁燒，内有瑪瑙末爲油，唯供御，揀退方許出賣，近尤艱得。

**宋・洪邁《容齋隨筆》卷四**　浮梁陶器　彭器資尚書文集有《送許屯田詩》，曰：「浮梁巧燒甆，顔色比瓊玖。因官射利疾，衆喜君獨不。父老争嘆息，此事古未有。」注云：「浮梁父老言，自來作知縣不買甆器者一人，君是也。作饒州不買者一人，今程少卿嗣宗是也。」惜乎不載許君之名。

**又洪邁《夷堅三志己》卷四**　蕭縣陶匠　鄒氏，世爲兗人。至於師孟，徙居徐州蕭縣之北白土鎮，爲白器窑户總首。凡三十餘窑，陶匠數百。一匠曰阮十六，稟性靈巧，每制作規範，過絶於人。來買其器者價值加倍。又祗事廉且謹，師孟益愛之，遂妻以幼女。曆數歲，生男女三人。既皆長大，而阮之年貌儼不少衰，衆頗疑其異，謂非人類，雖師孟亦惑焉。唯妻溺于愛，無所覺。阮或出外，不持寸鐵，登山陟巘，渡水穿林，未嘗恐怖蛇虎。蕭沛土俗，多以上巳節羣集郊野，傾油於溪水不流之處，用占一歲休咎，目曰油花卜。阮嘗同家人此日出遊，抵張不來山，上五字吕本作「沿水往來」。見鹿鳴呦呦，意氣踴躍。及暮還舍，語妻曰：「我欲歸鄉省父母，暫與汝别。如要見我時，只來州城下寶寧寺羅漢洞伏虎禪師邊求我。」妻固留之，翩然而去。後二年，師孟攜家詣寶寧，設水陸齋。幼女憶阮，同母入洞，瞻伏虎像傍一土偶，以手加虎額，容色體態，悉阮生也。始知其前時幻變云。

**明・王佐《新增格古要論》卷七《古窑器論》**　古無器皿　古人吃茶，俱用擎，取其易乾，不留滓。飲酒用盞，未嘗把盞，故無勸盤。今所見定器勸盤，乃古之洗。古人用湯瓶、酒注，不用壺、瓶。及有嘴折盂、茶鍾臺盤，此皆胡人所用者，中國人用者始於元朝。古、定、官窑，俱無此器。

**明・田汝成《西湖遊覽志餘》卷三《偏安佚豫》**　元夕，禁中自去歲賞菊燈之後，迤邐試燈，謂之預賞。一入新正，燈火日盛，皆修内司諸璫主之，於復古、膺福、清燕、明華等殿張掛；及宣德門、梅堂、三間臺等處，臨時取旨，起立鼇山。燈品每以蘇燈爲最，圈片大者徑三四尺，皆五色琉璃所成，山水人物，花竹翎毛。其後福州所進，純用白玉，晃耀奪目。新安所進益奇，圈骨悉皆琉璃，號無骨燈。禁中作琉璃燈山，高五丈，人物皆爲機關，轉動如活，結大彩樓貯之。又於殿堂梁棟窗户間爲涌壁，作諸色故事，龍鳳噀水，蜿蜒如生；前後設玉栅簾，寶光花影，不可正視。仙韶迭奏，聲聞人間。殿上鋪連五琉璃閣，皆毬文戲龍，百花小窗間垂水晶簾，流蘇寶帶，交映璀璨，中設御座，恍然如在廣寒水晶宫也。至二鼓，上乘小輦，幸宣德門，觀鼇山。擎輦者皆倒行，以便觀賞；香菸燈光，薰照天地，中以五色玉珊簇成「皇帝萬歲」四大字。其上伶官奏樂，下爲露臺，百戲呈巧，内人、小黄門皆巾裹翠蛾，效街坊清樂，宣喚市井舞隊及市食。先是，府尹預擇華潔善歌者伺于外；至是，隨宣進入，妃嬪、内人，亦争賞之，數倍得直，有一夕致富者。宫漏既深，宣放烟火百餘架，而駕始還。

**明・李詡《戒庵老人漫筆》卷一**　燒成骰子　南京顧英玉璪知許州時，掘地中得燒成骰子一窖，約兩三石，每以六枚作小匣置之，歸遺親友。蘇州沈辯之與文曾得之。

**明・謝肇淛《五雜俎》卷一二《物部四》**　董偃卧琉璃帳，張易之爲母製七寶帳，王諲作翠羽帳，元載寵姬處金絲帳，唐武宗玳瑁帳，同昌公主設連珠帳，又大秦國金織成五色帳，有明月夜珠帳，斯條王國作白珠交結帳，侈靡極矣，然琉璃、玳瑁、玉石之屬，豈堪作帳？當是鄣字之誤耳。

**又**　蔡君謨云：「茶色白，故宜於黑盞，以建安所造者爲上。」此説，余殊不解。茶色自宜帶绿，豈有純白者？即以白茶注之黑盞，亦渾然一色耳，何由辨其濃淡？今景德鎮所造小壇盞，仿大醮壇爲之者，白而堅厚，最宜注茶。建安黑窑，間有藏者，時作紅碧色，但免俗爾，未當於用也。

《相如傳》注：「纍土爲盧也。」張子賢言：「東坡在儋，求一具理酒，亦罌也。」

罨盂，㙗周也。　《巵言》曰：「舜作瓦棺土㙗。」見《古史史系》。天監五年，丹陽山南得瓦物，高五尺，圍四尺，上鋭下平，如盒。沈約云：「此罨盂也，死則坐葬之。」《檀弓》「夏后氏㙗周」是也。暄曰：「釋以二瓨瀝口，是其遺。」履曰：「房千里《投荒録》言壽安之土棺。」

靉靆，眼鏡也。　《洞天清録》載：「靉靆，老人不辨細書，以此掩目則明。」此出元人小説，作靉靆，出西域，誤作靆耳。《方輿勝略》：「滿剌加國出靉靆。」今西洋有千里鏡，磨玻瓈爲之，以長筒窺之，可見數十里。又製小者于扇角，近視者可使之遠。

**清·谷應泰《博物要覽》卷六《志寶石》**　寶石有僞者，用料藥燒成，好者與真無異，但紅色者歲久則淡，中有冰裂紋，所以可辨也。

**又　卷七　《志玉》**　北方有罐子玉，雪白而有氣眼，乃藥燒成者，不可不辨。然皆無温潤之色。

玉器如漢、唐、宋之物，入眼可辨。至若古玉，存遺傳世者少，出土者多土銹尸浸，似難僞造。古之玉物，上有血浸，色紅如血，有黑銹如漆，做法典雅，摩弄圓滑，謂之尸古。如玉物上蔽黄土，籠罩浮翳，堅不可破，謂之土古。余見一玉玦，半裏青緑，此必與銅器墓中相近，故爲所染耳。亦素物也。余又有定窑二鉼，周身亦有青緑，似同此故。

南中良工僞造古玉器法，以蒼黄雜邊皮葱玉，或帶淡墨色玉，如式琢器物，以藥薰燒斑點，作血浸尸古之狀，每用亂真，以得高價。

**清·葉夢珠《閲世編》卷七**　磁器，除柴、定、官、哥諸窑而外，惟前朝之成窑、靖窑爲最美，價亦頗貴。崇禎初時，窑無美器，最上者價值不過三、五錢銀一隻，醜者三、五分銀十隻耳。順治初，江右甫平，兵燹未息，磁器之醜，較甚於舊，而價逾十倍。最醜者四、五分銀一隻，略光潤者，動輒數倍之，而亦不能望靖窑之後塵也。至康熙初，窑器忽然精美，佳者直勝靖窑，而價亦不甚貴，最上不過值銀一錢一隻而已。自十三年甲寅之變，江右盗賊蠭起，磁器復貴，較之昔年，價逾五倍，美者又不可得。大概移窑於近地，工巧與泥水，種種不同，匪但遷乎其地，而弗能爲良也。是時，民間復如順治之初，富者用銅、錫，貧者用竹、木爲製，然而所盛饌餚，不堪經宿，洗滌亦不能潔，遠不如磁器之便。至二十七年戊午，豫章底定，窑器復美，價亦漸平，幾如初年矣。向來底足下或一鏊內，必書某

**明·沈德符《敝帚齋餘談》**

時玩

玩好之物，以古爲貴。惟本朝則不然。永樂之剔紅，宣德之銅，成化之窑，其價遂與古敵。蓋北宋以雕漆擅名，今已不可多得。而三代尊彝法物，又日少一日。五代訖宋，所謂柴、汝、官、哥、定諸窑，尤脆薄易損，故以近出者當之。始於一二雅人賞識摩娑，濫觴於江南好事縉紳，波靡於新安。耳食諸大估曰千曰百，動輒傾橐相酬，真贋不可復辨。以至沈唐之畫上埒荆關。文祝之書，進叅蘇米。其弊不知何極！

瓷器

本朝窑器用白地青花，間裝五色，爲古今之冠。如宣窑品最貴，近日又重成窑，出宣窑之上。蓋兩朝天縱留意曲藝，宜其精工如此。然花様皆作八吉祥、五供養、一串金、西番蓮，以至鬥雞、百鳥，及人物故事而已。至嘉靖窑，則又倣宣、成二種而稍勝之，惟崔公窑加貴，其值亦第宣、成之十一耳。幼時曾於二三中貴家，見隆慶窑酒杯、茗椀，俱繪男女私褻之狀。蓋穆宗好内，以故傳奉命造此種。然漢時發塚，則甃磚畫壁俱有之，且有及男色者。書册所紀甚真，則杯盌正不足怪也。以後此窑漸少，今絶不復睹矣。

**明·方以智《通雅》卷三四《雜用諸器》**　瓶謂之罃，備火長頸瓶也。　《韻會》：　罃即罌。《集韻》又作甖甇。備火之名，亦見于隋唐。蓋兵十人爲火，一火有長，故稱火伴，謂備一火伴之用也。

甀缶，小口罌也。　甀篆作𤮯，沖僞切。缶、盆、盎一類耳。缶，即盎也，大腹而歛口。盆則歛底而寬上。缶字或作瓿，剖、裒二音。瓿甊，洛口切。小罌也。《説文》「甂也」。《淮南子》曰：「抱甀而汲。」《列子》云：「狀若甑甀。」《戰國策》：「醯壺醬甀。音硾。」《廣韻》：「缶，瓦器鉢也。」《方言》：「關西河汾，大者謂之甀，中者謂瓿甊。關東趙魏之郊曰瓮，或曰罌。齊海岱謂之甔。周、洛、韓、鄭謂甀。或謂罌。缶，謂之瓿甌，小曰瓶。罃甄謂之盎，關西或曰盆，曰盎，小者曰升甌。」《爾雅》缶注：「瓵瓿謂之缻，缻一作瓴，抽知切。蓋罃長頸瓶也。罃亦曰甂。」總之在今俗爲盆、鉢、瓶、甕、缸，缸一作瓨。《貨殖傳》：「醯醬千瓨。」「甇大甕」，今俗曰礓，曰埕。獨甌之稱異于古，今謂茶鍾曰甌，古則曰甂甌。瓦杅，大口而庳。《淮南》曰：「狗彘不擇甂甌。」此确指小甂盆，非今之茶鍾也。《方言》亦作題子。盧，小甕。《説文》曰：「凵盧，飯器。」小顔曰：「賣酒之區曰盧。」即

朝某年精製，逮壞後淪落污泥溷塹中，或踐蹈于馬足車塵之下，而朝代年號，字畫宛在，見者怵惕，而莫能救挽。至是建言者遂以爲請。奉旨禁革，積年流弊，一朝頓洗，斯真度越百王之盛典，非特窑器之精已也。又有一種素白建窑，昔雖有之，而今爲最廣，體製花巧，價亦不甚貴，酒器最多，亦最宜，所值比楚窑稍浮，用者便之。

**清·富申《博山縣志》卷四《物産》** 按，邑之所産未嘗不多也，顧孫文定公云，燒琉璃者多目疾，掘山炭者遭壓溺，造石礬者有喑疾，炒丹鉛者畏内重。縱謀而獲，亦孔勞矣！誠仁人之言哉。

**清·藍浦 鄭廷桂《景德鎮陶録》卷八《陶説雜編上》** 浮於饒稱望邑，景德一鎮，屹然東南一雄觀。業陶者於斯，貿陶者聚於斯，天下之大，受陶之利而舉以景鎮名。王澤洪《記》。

浮處萬山之中，而景德一鎮則固邑南一大都會也。殖陶之利，五方雜居，百貨具陳，熙熙乎稱盛觀矣。《陳湞集》。

昌南鎮陶器行於九域，施及外洋。事陶之人動以數萬計，海樽山俎咸萃於斯。蓋以山國之險，兼都會之雄也。沈懷清《記》。

景德，江右一巨鎮也，隸於浮。業制陶器，利濟天下，四方遠近，挾其技能以食力者，莫不趨之如鶩。謝旻《外紀》。

昌江之南，有鎮曰陶陽，距城二十里，而俗與邑鄉異。列市受廛，延袤十三里許，烟火逾十萬家，陶户與市肆當十之七八，土著居民十之二三。凡食貨之所需求，無不便。五方藉陶以利者，甚衆。黄墨《舫雜志》。

浮梁提封僅百里，土宜於陶，以致陶之業、陶之人及陶申所有之事，幾皆半於浮，則景德一鎮，洵浮之要區矣。楊竹亭《集》。

唐稽綬，字玉衡，晉州人。景隆初爲新平司務，會洪州督府奉詔，需獻陵祭器甚迫，綏馳戟門，力陳歲歉，户力凋殘，竟獲止。《襄陵名宦志》。

窯之長短，率有覩數籍税，而火堂、火棧、火尾、火眼之屬，則不入於籍。燒時窯牌、火照迭相出試，謂之報火。蔣祈《陶略》。

凡窯家作輟，與時年豐凶相爲表裏。聞鎮之巨户，今不如意者十八九。同上。

進坑石製泥精細，湖坑嶺背界田之所産，已爲次矣。比壬坑高砂馬鞍山，厥土赤石僅可作匣，攸山石壆燒灰，雜以槎葉木柿，火而加煉之，必劑以釉泥而後用。同上。

彭器資尚書文集，有《送許屯田詩》序云，浮梁父老言，自來作知縣，不買瓷器者一人，君是也。作饒州不買瓷器者一人，今程少卿嗣宗是也。惜乎不載許君之名。《容齋隨筆》。

吾聞陶之爲道也，擣金石之屑，拔草木之精，埏之坯之，輓之繪之，泑之煆之，别土脈火色，尋蟹爪魚子，自霍、景、柴、汝、定、官、哥，均以來，至今日而其器益精。謝濟世敘。

宣窑冰裂鱔血紋者，與官、哥同。隱紋如橘皮、紅花、青花者，俱鮮彩奪目，堆垛可愛。永窯細欵青花杯，成窑五采葡萄杯，及純白薄如琉璃者，今皆極貴。又有元代樞府字號窯者，亦可取。文震亨《長物記》。

宣窯有魚藻洗、葵瓣洗、磬口洗、鼓樣洗、五采桃注、石榴注、雙瓜注、雙鴛注、暗花白香橼盤、蘇麻泥青香橼盤、朱砂紅香橼盤諸件，又香合之小者，有饒窯蔗段、串鈴二式。同上。

宣廟有尖足茶盞，料精式雅，質厚難冷，潔白如玉，可試茶色，盞中第一。世廟有壇盞，中有茶湯果酒，後有金籙大醮壇用等字者亦佳。又一種，名崔公窯，差大，可置果實。同上。

玩好之物，以古爲貴。惟今代則不然，永樂之剔紅，宣德之銅，成化之窯器，其價遂與古敵。先是宣窯品最貴，近日又重成窯，蓋兩朝天縱留意曲藝，宜其精工如此，花樣皆作八吉祥、五供養、一串金、西番蓮，以至鬥雞、百鳥及人物故事。至嘉靖窯，則又倣宣、成二種而稍勝之。惟崔公窯加貴，然其值亦苐宣、成之什一耳。明沈氏《敝帚齋餘談》。

幼曾於二三中貴家，見隆慶窯酒杯、茗碗，俱繪男女私褻之狀，蓋穆宗好内，以故奉造此種。然春畫之起，始於漢廣川王畫屋。又書載，漢時發塚，則鑿磚畫壁俱有此種。杯碗正不足怪也。同上。

宣德時最嫻蟋蟀戲，因命造蟋蟀盆。今宣窯蟋蟀盆猶甚珍重，其價不減宋宣和盆也。同上。

吴門周丹泉巧思過人，交於唐太常，每詣江西之景德鎮，倣古式製器以眩耳食者。紋、款、色澤咄咄逼真，非精於鑒别，鮮不爲魚目所混。一日，從金閶買舟往江右，道經毘陵，晉謁太常，請閲古定鼎。以手度其分寸，仍將片楮摹鼎紋，袖之，遂别之鎮。半載而旋，仍謁唐，袖出一鼎，云君家白定爐鼎，我又得其一矣。

唐大駭，以所藏古鼎較之，無纖毫疑。又盛以舊鑪底蓋，宛如輯瑞之合也。詢何所自來，周云，余疇昔借觀，以手度者。再蓋，審其大小輕重耳。實倣爲之，不相欺也。太常歎服，售以四十金，蓄爲副本，並藏於家。神廟末年，淮安杜九如浮慕唐之古定鼎，形諸夢寐，從太常孫君俞，强納千金得周之仿鼎以去。《韻石齋筆談》。

陶，辨器足。永樂窯壓手盃，滑底沙足。宣窯壇琖，釜底綫足。嘉靖窯魚扁琖，鏝心圓足。凡陶器出窯，底足可驗火法。《拾青日札》。

饒州景德鎮陶器所自出大觀間有窯變，色紅如朱砂，僉謂熒惑纏度臨照而然。物反常爲妖，窯户亟碎之。時有玉牒防禦使仲戢，年八十餘，居於饒，得數種。出以相視，云，比之定州紅甆，色尤鮮明。《清波雜志》。

【略】

成化間，朱元佐監陶，登朝天閣冰立堂觀陶火詩云，來典陶工簡命膺，火林環視一欄憑。朱門近與千峰接，丹闕遥從萬里登。霞起赤城春錦列，日生紫海瑞光騰。四封富焰連朝夕，誰識朝臣獨立冰。《愛日堂抄》。

明有昊十九者，浮梁人，能吟，工書畫，隱於陶輪間。所製精瓷雅壺俱妙絶人巧，自號壺隱老人。《紫桃軒雜綴》。

鎮瓷無色不備，惟明廠有鮮紅。其純白器，或畫青花，或加五采。永窯亦足貴，多厚。成窯薄，宣窯青淡，嘉窯青濃，前後規制殊異。永在宣、成之下、嘉之上。南村謂宣青成彩，以宣窯五彩深厚堆垜，不若成彩用色淺深，殊有畫意也。惟宣花是蘇泥勃青，至成化其青已盡，只用平等青料，則論青花宣爲勝。然正、嘉用回青，亦足品。但宣窯選料、製樣、繪畫、題款，無一不佳耳。總之，明瓷無能過宣、成者。《明瓷合評》。

【略】

陶器貢自京師，歲從部降式造，特多以龍鳳爲辨。王宗沐《陶書論》。

江陰周高起曰，明有陳仲美，婺源人，初造瓷於景德鎮，尤善諸玩，類鬼工。以業之者多，不足成其名，棄之而來陽羨。好配壺土，心思殫竭，可列神器。《陽羨茗壺系》。

水盞子者，樂器也。古猶瓦缶爲之。明姑蘇樂工謀易以鐵不成，乃購食器之能聲者，得内府監製成化瓷器若干，則水淺深分下上清濁，叩以犀匙，凡器八而音周，絶勝古之擊缶者，因强名曰水盞子。毛奇齡《水盞子記》。

陶器以青爲貴，彩品次之。瓷之青花、霽青、粉青，悉藉青料，其倣汝窯、官窯、哥窯、龍泉窯，其色青者，亦資青料。唐氏《肆攷》。

宣窯青花，一名蘇麻離青，成化時已少，正德間得回青，嘉窯御器遂用之。搥碎有硃砂斑者爲上，銀星次也。純用回青，則色散不收。必用石青和之，或什之一，或四之六，設色則筆路分明，混水則顔色明亮。同上。

窯變一説，火之幻化所成，非徒釉色改變，實有器異成奇者。《東坡集》載《瓶笙詩引》云，劉仲幾飲餞，聞笙簫聲，察之出於爐上雙瓶。明詔景德鎮燒屏風，變其二爲牀、船。余家有鎮瓷宋盌一，暑天盛腥物不臭腐。若官、均、哥窯，於本色釉外，變而爲淡黄，或灰紫錯雜類諸物態，此不足異，時亦有之。同上。

磁、瓷字不可通。瓷，乃陶之堅致者，其土埴壤。磁，實石名，出古邯鄲地，今磁州。州有陶，以磁石製泥爲坏，燒成故曰磁器，非是處陶瓷皆稱磁也。聞景德鎮俗槩從磁字書稱，余所見商侶亦多以瓷爲磁，真可一噱。磁州今尚燒造。同上。

自鎮有陶，而凡戧金、鏤銀、琢石、髹漆、螺甸、竹木匏蠡諸作，今無不以陶爲之，或字或畫，仿嵌維肖。同上。

洪熙間，少監張善始祀祐陶之神，建廟廠内，曰師主者姓趙名慨字叔朋，嘗仕晉朝，道通僊秘，法濟生靈，故秩封萬碩，爵視侯王。以其神異，足以顯赫今古也。成化中，太監鄧賢而知書，謂鎮民多陶，悉資神佑，乃徙廟於廠東門外之通衢東北百武許，即今所也。詹珊記。

唐光啓中，有靈官華光者，神明赫著，民居横田社者奉之。嘉靖辛酉，部使者以驗器，至改廟爲公署。越歲兵憲塗任齋公涖鎮，宿公署。夜寐，若有牖其衷者。明日進太府觀海顧公節推城山饒公議更創之，於是議以廠東曠地建署，而廟地仍歸民，聽復建奉如舊。隆慶五年，陶務日急，禱於神，得寬牒。民乃請於明府協更新之工竣，耆老來告余。余曰(豫)[陶]范型於土，人力可爲，既入冶中，煙燎變幻，不可(陶)[豫]測，造化甄陶，有默司焉。匪神之爲靈至是耶，厥功亦與有力，宜永祀志。曹天祐記。

唐公英中秋後三日詩云，慙愧甄陶漢使槎，幾番佳節在天涯。西風一夜吹鄉夢，寒雨連朝溼桂花。又留別陶署詩云，半野半官棲八載，誰賓誰主寄孤情。梁間燕壘分辛苦，檻外花枝負約盟。又云，西江八載賦皇華，淮海乘春又放槎。又云，古亭翠擷心裁句，珠阜香留手植花。《陶人心語》。

佑陶靈祠堂西側，有青龍缸一，徑三尺，高二尺强，環以青龍，四下作潮水紋。牆口俱全，惟底脱。明萬曆造。先是累造弗成，督者益力，神童公憫同役之苦，獨捨生殉火，缸乃成。此則成中落選之損器也，久棄寺隅，余見之，遣兩輿夫舁至神祠之堂側，飾高臺以薦焉。此器之成，沾溢者，神膏血也；團結者，神骨肉也；清白翠璨者，神精忱猛氣也。唐英《龍缸記》。

年公希堯云，予自雍正丁未之歲，曾按行至鎮。越明年而員外郎唐侯來，偕董其事。工益舉而制日精，予仍長其任。一歲之成，選擇包匭，由江達淮，咸萃予之使院，轉而貢諸內廷焉。《風火神廟碑記》。

從鎮東南去二十里餘地，名湘湖，有故宋窯址，嘗覓得瓷礫舊器不完者，質頗薄，卻是米色、粉青二式。《陶成示諭稿》。

陶固細事，而物料、火候與五行丹永同其功。兼之摹古酌今，侈弇崇庳之式，抽添變通之理，今可出其意旨，唯諾夫工匠矣。《示諭稾序》。

釉水謂之堊澤，昔出新正都長嶺者，作青黄釉。出義坑者，作澆白釉。二處皆有柏葉斑。又出桃花塢者，青花、白器通用之。《陶成紀事》。

神廟時，詔景德鎮燒造屏風不成，變而爲牀，長六尺，高一尺。又變爲船，一隻長三尺，舟中什物無一不具。郡縣官皆見之，乃椎碎，不敢以進也。《豫章大事記》。

瓷器以宣窯爲佳，中有窯變者極奇，非人力所可致。人多毁藏不傳。同上。

琢器之式，有方圓稜角之殊。製畫之方，别采繪鏤雕之異。仿舊須宗其典雅，肇新務審其淵源。器自陶成，規矩實遵古制。花同錦簇，采色勝上春臺。觀哥、汝、定、均抔汙之儀，則非遠水火金木土。洪鈞之調劑，維神，或相物以賦形，亦範質而施採。功必藉夫埏埴，出自林泉。制不越夫罇、罍，重均，彝鼎，爐煙焕色。雖瓦缶，亦參橐籥之權。彩筆生花，即窯瓷可驗文明之象。唐雋公《陶冶圖説》。

陶土出浮梁新正都麻倉山，以千户坑、龍坑塢、高路坡、低路坡四處爲上。其土埴壚，勻有青黑縫糖點白玉金星色。石末出湖田一二圖，釉土出新正都，最上爲長嶺，爲義坑。長嶺作青黄釉，義坑作澆白釉，俱有柏葉斑。《江西大志》。

明神宗十一年，管廠同知張化美報麻倉老坑土膏漸竭。《邑志》。

嘉靖二十六年，上取鲜紅，器造難成。御史徐紳奏，以礬紅代。隆慶五年，詔造裏外鮮紅器。都御史徐栻疏請轉查改礬紅例。同上。

明神宗十一年，給事王敬民奏，罷燒造燭臺、屏風、棋盤、筆管等件。同上。

康熙十六年，邑令張齊仲，陽城人，禁鎮户瓷器書年號及聖賢字跡，以免破殘。同上。

沈懷清《窯民行》詩云，景德産佳瓷，産器不産手。工匠來八方，器成天下走。陶業活多人，産不與時偶。又云，食指萬家煙，中外賈客藪。坏房蟻垤多，掏火觸牛斗。都會可比雄，浮邑抵一拇。同上。

鎮南有馬鞍山，舊取土作燒瓷匣。後以景鎮來脈禁止。山之西麓，唐有雲門教院。同上。

顔魯公建中時守郡，行部新平。陸士修與公友善，來遊新平，同止雲門教院數日。《中宵茗飲聯咏》有素瓷傳静夜，芳氣滿閑軒之句，載《雲門斷碑》。《昌南記》。

廠内珠山獨起一峯巒，俯視四境。相傳秦時番君登此，謂立馬山。至唐，因地繞五龍脈，目爲珠山。元末于光據之爲行臺，號蟠龍山。明稱纛山，後以爲御器廠鎮山。同上。

唐有監務廳，宋設司務廳，宋元皆置湘湖務，元有湖田市。同上。

以上皆鎮陶舊説，概未編次書名前後。

**又　卷九《陶説雜編下》**　虞閼父爲周初陶正，武王賴其利器用，與其神明之後，妻而封於陳。《左傳》。

文彩纂組者，燔功之窯也。《管子》。

寧封子爲黄帝陶正，有一人過之請爲之掌火，能出五色煙，久則以教封子。封子積火自燒，遂能隨煙氣上下。《列仙傳》。

《何稠傳》：稠博覽古圖，多識舊物。時中國久絶琉璃之作，匠人無敢措意。稠以緑瓷爲之，與真無異。《隋書》。

李洪山人博知，嘗謂成式，瓷器壘者可以棄。昔遇道流言，雷蟲鬼魅多遁其中。《酉陽雜俎》。

天寶內庫有青瓷酒盃，紋如亂絲，其薄如紙。以酒注之，温温然有氣相次如沸湯，乃名自煖盃。《雲仙雜記》。

徐寅《貢餘秘色茶盞詩》云，巧剜明月染春水，輕旋薄冰盛緑雲。古鏡破苔當席上，嫩荷涵露别江濆。《唐咏物詩選》。

秦觀詩：月團新碾瀹花瓷。陳師道詩：價重十冰瓷。孫抃詩：花瓷旋封裹。王世貞詩：瀉向宣州雪白瓷。《詩選》。

巴東下岩院僧偶於水際得一青瓷碗，式若斗磬折花，及採其中皆滿，以金銀與錢試之亦然。僧寶之。後年老，乃擲此碗江中，不欲以累法衆。《韻府羣玉》。

南人習鼻飲，有陶器如盃，盌旁植一小管，若瓶嘴。以鼻就管，吸酒漿，暑月以飲水，謂之鼻飲盃，云水自鼻入咽，快不可言。邕州人已如此。記之以發一胡盧。《桂海虞衡志》。

花腔腰鼓，陶鼓也，出臨桂職田鄉。其土特宜鼓腔，村人專作窯燒之。腔上油，畫紅花紋以爲飾。同上。

袁宏道曰，嘗見江南人家所藏舊觚，青翠入骨，砂斑垤起，可謂之金屋。其次官、哥、象、定等窯，佳瓶皆細媚滋潤，尤花神之精舍也。《瓶史》。

《史考》：堯飯於土簋，飲於土硎。《漢書》：南山有漢武舊匋。潘岳賦：傾縹瓷以酌醁。《隴齊・職儀》曰，左右甄官署，亭瓦缶之作。《正字通》。

會昌元年，渤海貢紫瓷盆，容量半斛，內外通瑩，其色純紫，厚可寸許。舉之又甚輕，如拈鴻毛然。《杜陽雜編》。

馬祖常詩：貢篚銀貂金作藉，官窑瓷盞玉爲泥。蘇軾詩：劉生望都門，病羸寄空窯。王令詩：大匠陶百窑，不問履下泥。張耒詩：碧玉琢成器，知是東窯瓷。吳澄詩：登閣望芙蓉，麻煙起蒸窯。《韻藻》。

孟銑小敏悟，見劉禕之金椀，驚曰，此藥金，燒其上有五色氣。《朝野僉載》。

高麗陶，器色青者，國人謂之翡色。近年已來制作之巧，色澤尤佳。酒尊之狀如瓜，上有小蓋，而爲荷花伏鴨之形。復能作盌碟、桮甌、花瓶、湯琖，皆竊倣定器制度，故略而不圖，惟酒尊著異耳。《宣和奉使高麗圖經》。

高麗燕飲器皿多塗金，或銀，而以青陶器爲貴。有狻猊香爐，亦翡色也。上蹲獸，下爲仰蓮以承之，諸器惟此物最精絶。其餘則越州古秘色、汝州新窯器，大槩相類。徐兢《高麗圖經》。

麗人陶器，又有大水瓮，廣腹斂頸，其口差小，敞，高約六尺，闊四尺五寸，容三石二升。凡山島海道來，舟中水或缺，則用此載水售之。同上。

元載飲食冷物用瑠黄碗，凡熱物則用泛水瓷器，器有三千事，皆邢雪越冰之類。《樞要録》。

張德謙云，凡插花，先須擇瓶。若夏秋用瓷瓶，堂厦宜大，書屋宜小，忌其環，忌其對。貴瓷，賤金銀，尚清雅也。口欲小，而足欲厚，取其安穩而不泄氣也。《瓶花譜》。

東坡詩云，病貪賜茗浮銅葉。案今御前賜茶，皆不用建窑盞，用火湯甆。其樣似銅葉湯甆耳。銅葉色，黄褐色也。《演繁露》。

諸名窯古瓷，如罏欠耳足，缾損口稜，有以舊補舊，加以釉藥，一火燒成，與舊製無二，但補處色渾然。得此更勝新者。若用吹釉之法補舊，補處更可無迹，如有茅者。聞蘇州虎邱有能修者，名之曰緊。《拾青日札》。

定窯釉滋潤，汝窯釉厚如堆脂，官窯釉色瑩澈，舊器釉厚故也。同上。

王樾曰，余友劉君幕遊潁州，聞邑紳劉吏部家藏古瓷碗四，內繪彩蝶。貯以水，蝶即浮水面，栩栩欲活。索觀者衆，遂秘不示。《凝齋叢話》。

品茶用甌白瓷爲良。所謂素瓷傳静夜，芳氣滿閒軒也。《茶經》重青瓷，云盌越州上，鼎州次，婺州次，岳州次，壽州、洪州又次，邢亦不如越。抑何所尚不同耶！《陽羡茗壺系》。

凡窯皆有變相，匪夷所思。若宜興砂壺亦然。如傾湯貯茶，則雲霞綺閃，直是神之所爲。此億千或一見耳。同上。

柴窯器最貴，世不一見。聞其製，青如天，明如鏡，薄如紙，聲如磬。官、哥、汝等窯，以粉青色爲上，淡白次之，油灰則下。紋取冰裂，鱔血爲上，梅花片墨紋次之，細碎紋最下。均窯色如胭脂，爲上。青若葱翠、紫若墨者次之。雜色不貴。又官窯隱紋如蟹爪，哥窯隱紋如魚子，龍泉窯器甚厚，工稍拙。文震亨《長物志》。

花瓶須用官、哥、定等窯。古膽瓶、一枝瓶、小蓍草缾、紙槌瓶，餘如閣花、青花、茄袋葫蘆，細口扁肚，瘦足藥罈，及新建窯等瓶，俱不入清供。其鵞頸壁瓶，尤不雅。《長物志》。

龍泉窯、均州窯之瓶，有極大二三尺者，以插古梅最相稱。凡花瓶，用錫膽，皆可免冬月凍裂之患。同上。

白定筆格有三山、五山及卧花娃等式。筆筒之製，古白定窯，竹節者最貴，然難得大者。東青細花式亦可用，若鼓樣中有孔插筆及墨者，雖舊物，不雅。官、哥窯筆洗，有葵花洗、磬口洗、四捲荷葉洗、捲口蔗段洗諸式。定窯筆洗，有三箍洗、梅花洗、方池洗諸式。龍泉窯筆洗，有雙魚洗、菊花洗、百折洗諸式。官、哥白定等窯水注，有方圓立瓜、卧瓜、雙桃、蓮房、蔕葉茄壺諸式。印池以官窯、哥窯方式爲貴，定窯及八角、委角者次之。青花白地有蓋長樣者俱不雅。同上。

水中丞用銅。銅性猛，貯水則有毒，易脆筆，故以陶瓷爲佳。陶瓷水中丞，有官窯、哥窯之瓮肚、小口鉢盂諸式。筆覘，定窯、龍泉窯之小淺碟俱佳。糊斗，定窯有蒜蒲長罐式，哥窯有方斗，如斛中置一梁者。同上。

國初有發隗囂墓者，官覺而追之，得陶器數十。見一酒琖於京師，色如龍泉窯之淡黄者，外皆自然蕉紋，内有團花砂底。豐上斂下，口徑三寸許。劉體仁《識小録》。

柴窯無完器，近復稍稍出馬布庵，見示一洗，圓而橢，面徑七寸，黝然深沈，光色不定，雨後青天尚未足形容。布庵曰，余目之爲絳霄，蓋實罕覯云。七頌堂《識小録》。

官窯螭耳洗，宋修内司窯盃，直如筒，色如猪肝，皆北海物。浮月盃，陶盃也。口微缺，以金錮之，酒滿則一月皛皛浮酒面。先朝中州王邸物，後不知所歸。同上。

越窯矮足爵，栗殼浮青，轉側皆翡翠。吴越王錢氏取供後，當時民間禁不敢用，故今存者極少。同上。

李鳳鳴字時可，家富事侈靡。楊廉夫聞其名，訪之。時可爲設荷花宴，有水晶凡十二，上列器皆官窯瓷，一時豪麗，罕有其比。《都公譚纂》。

煇出疆時，見燕中所用定器，色瑩净可愛。近年所用，乃宿、泗近處所出，非真定也。越上祕色器，始錢氏有國日供奉之物，不得臣下用，故曰祕色。《清波雜志》。

嘗見北客言耀州黄浦鎮燒瓷，名耀器，白者爲上。河朔用以分茶。出窯一有破碎，即棄於河，一夕化爲泥。同上。

汝窯宫禁中燒者，内有瑪瑙末爲油，惟供御揀退，方許出賣，近尤艱得。同上。

哥窯宋時舊物，留傳雖久，真贋相雜，人間頗多求其真宋，而精美者絶少。秀之嘉善巨族曹瓊，獲一香爐，高可二寸餘，闊稱是，以美玉鏤海東青捉天鵞爲蓋，真絶美者也。漸聞於鎮守麥太監，麥因瓊索之，其子不得已，遂獻焉。後爲司禮監之有力者奪去。正德間，盗竊而貨於吴下，上海瀫山張信夫以二百金易之歸，復重貨於好事者，而内府竟亦不追。此真古哥器矣。《北窗瑣語》。

鞏縣有甆偶人號陸鴻漸，買十茶器必得一鴻漸。市人沽茗不利，輒灌注之。鴻漸昔嗜茶，而此遭困辱。《梁谿漫志》。

先子主長葛簿時，與李屏山、張仲傑會飲。座中有定瓷酒甌，因爲聯句，先子首唱云，定州花瓷甌，顔色天下白。屏山則曰，輕浮妾玻璃，頑鈍奴琥珀。張乃曰，器質至堅脆，膚理還悦澤，云云。《歸潛志》。

官窯燒於宋修内司中，爲官家所造也。窯在杭之鳳皇山下，其土紫，故足色若鐵，時云紫口鐵足。其哥窯燒於私家，取土亦俱在此地。官質隱紋如蟹爪，哥質隱紋如魚子，但汁料不如官器佳耳。《文房清玩》。

定窯器，北宋定州始也。其色白，間有黑紫，然俱白骨質胎加之泑水，有如泪痕者爲上。又有南渡定器。同上。

汝窯器，其色卵白，汁水瑩厚若堆脂，底有芝麻細小挣釘。同上。

汝窯出汝州，宋時燒者淡青色，有蟹爪紋者真。無紋者尤好。土脈細潤，薄甚難得。柴窯出北地鄭州，周世宗姓柴，故名。天青色，細紋器滋潤細膩，惟是粗黄土足。古龍泉窯，土脈細，且薄者貴。今曰處器、青器。《格古要論》。

成、宏間，吾邑河莊孫氏曲水山房藏定窯鼎一，乃宋器之最精者。體圓而足三，有耳，有李西涯篆銘，鐫於爐座。嘉靖倭變，玆鼎爲京口靳尚寶所得。毘陵唐太常凝庵從靳購之，遂歸唐。唐雖奇窯器多，此鼎一至，諸品避席。自是海内評窑器者，必首推唐之白定窯鼎云。唐不輕示人。《韻石齋筆談》。

萬延之赴銓都下，以十錢市一甆缶沃盥，既傾，有餘水留缶。時寒凝冰，視之則桃花一枝也。明日成雙頭牡丹，次日又成水村，斷鴻翹鷺滿缶，宛如寒林圖畫。因什襲珍藏，遇寒則約客賞觀。此窯之至幻者乎。《春渚紀聞》。

宋葉寘《坦齋筆衡》云，陶器自舜時便有，三代迄於秦漢，所謂甓器是也。此必葉公僅依《周禮·考工記》：有虞氏上陶；《禮記·明堂位》：泰，有虞氏之尊也；《韓非子》：虞舜作食器；《史記·五帝本紀》：舜陶河濱，作什器於壽邱，諸書等句而云然耳。予嘗閱《汲塚周書》有云，神農作瓦器。《路史》有云，燧人爲釜。《物原》有云，神農作甕，軒轅作盌碟。《紺珠》有云，瓶缾同神農制。《吕氏春秋》有云，黄帝有陶正，昆吾作陶。《説文》：昆吾作陶。《春秋正義》：少皞有五工正。摶埴之工，曰鶡雉之文。則陶窯上古已有，不自舜始也。意《考工》《禮記》《韓非》《史記》皆稱有虞氏者，蓋以上古太樸，陶器只如今黄沙土之質，至舜而制度略備，精粗有别，故有泰尊食器之作爾。其稱上陶者，上與尚通，謂舜至質貴陶器也，當訓好尚之尚，不作上下之上解。唐氏《肆攷》。

稽唐虞三代以迄秦漢魏晉六朝，著於經史子集者，惟曰缶、曰土瑠、曰土刑、曰泰尊、曰甒、大瓦棺、曰甑、岔、曰瓦旅之類，名凡數十，而窯無所考。至唐始著窯名。同上。

宋時官中所有定、汝器，率銅鈐其口，以是損價。而今之求定、汝者，即以銅鈐口爲真。骨董家論古，往往如此。同上。

唐秉鈞曰，古瓷柴、汝最重。柴周之外，次及官定，蓋定、汝、官、哥皆宋器也。然柴汝之器傳世絶少，而官定猶有者，非官定易得也，以定有北定、南定，而霍州鎮彭窯亦曰新定。官有舊京修内司之别，而郊壇下新窯亦曰官窯。新定不如南定，南定不如北定，舊京官窯著時未久，當以修内司所造爲上，新窯爲下。其時已有差等，後有新仿定器，有不減定人製法者，有製作極工不入清賞者，好事者指某器曰定，某器曰官，安知其不爲贋鼎所惑耶！今流傳者，惟哥窯稍易得，蓋緣質厚耐藏，定、汝體薄，難於完留故也。《古瓷合評》。

關洛間有人耕地，常掘出古甆器盃棬錠柎之屬，千形萬變，並是綵繪秘戲之狀。耆老相傳，是五胡亂華時，元魏懼其地有王氣，瘞此爲厭勝之具。皆供御物也。《獪園》。

宋臬使荔裳，康熙中分巡秦州，時城北寺基忽裂丈餘，得古瓷一窯，同人索取殆盡。癸卯入都，僅餘碗二、盃一。一碗闊五寸，内外純素。一碗差小，波紋動盪，似吴道子畫。杯貯水可一合許。有魚四頭，亦凸起游泳宛然。商邱宋中丞牧仲見之，歎爲異物，載入説部。此真古器足貴者矣。《凝齋叢話》。

粘官窯器皿法：用雞子清，匀糝石灰，捉清另放。以青竹燒取竹瀝，將雞子清與竹瀝對停熬和成膏，粘官瓷破處，用繩縛緊，放湯内煮一二沸，置陰處三五日，去繩索，其牢固異常，且無損痕。《墨娥小録》。

金谿鄢路亭胡姓有甲乙，入山見白兔，追而射之，兔不見。乃誌其處，發之，則古塚也。旁有大缸，中貯素瓷瓶二，古硯一。甲碎其一瓶，乙止之，取以爲養花。器硯乃澄泥硯，瓶置几上數日，覺有氣自内浮出，氤氲若雲氣之蒸，不測其故。試折花木貯其中，無水而花卉不萎，且抽芽結實，若附土盤根者然。始訝瓶蓋窯變類也。一日風雨大作，忽霹靂一聲，瓶竟震碎，乙甚惋惜。《耳食録》。

定窯器皿有破損者，可用楮樹汁濃塗破處，紮縛十分緊俟陰乾永不解。《雲谷卧餘》。

高從誨時，荆南尚使磁器，皆高其足，而公私競置用之，謂之高足盌。《三楚新録》。

耀州陶匠創造一等平底深椀，狀簡古，號曰小海鷗。《清異録》。

破惋上下作兩截斷而齊者，名無底碗，大吉。往往以上截書古語於其中，懸東壁，謂祥瑞也。《田家雜占》。

印色池，官、哥窯方者尚有八角、委角者，最難得。定窯方池外，有印花紋甚佳，此亦少者。諸玩器，玉當較勝於磁，唯印色池以磁爲佳，而玉亦未能勝也。故今官、哥、定窯者貴甚。近日新燒，有蓋白定長方印池，并青花白地純白者，此古未有，當多蓄之。且有長六七寸者，甚佳。《考槃餘事》。

印章有哥窯、官窯、東青窯者，其製作之巧，紐式之妙，不可盡述。同上。

吴門周丹泉能燒陶印，文或辟邪、龜、象、連環瓦紐，皆田火范而成，色如白定而文亦古。《妮古録》。

窯器，方爲難。今製方窑器爲盛。《事物紺珠》。

余秀州買得白定缾，口有四紐，斜燒成仁和館三字，字如米氏父子所書。《妮古録》。

余於項元度家，見哥窯一枝缾，哥窯八角把杯，哥窯乳爐。項希憲言，司馬公哥窯合沓雙桃杯，一合一開，即有哥窯盤承之，盤中一坎正相容，亦奇物也。後入劉錦衣家。同上。

官、哥二窯時有窯變，狀類蝴蝶、禽鳥、麟豹等像，於本色泑外變色，或黄或紅紫，肖形可愛。乃火之幻化，理不可曉。《博物要覽》。

古人喫茶多用擎，取其易乾不留滓。飲酒用琖，故無勸盤。今所見定器勸盤，乃古之洗也。古人用湯缾、酒注，不用壺缾及有嘴折盂臺盤。用始元朝，古定官窯俱無此器。《格古要論》。

金花定碗，用大蒜汁調金描畫，然後再入窯燒，永不復脱。同上。

賣花顧媪持一舊瓷器求售，似筆洗而略淺，四周内外及底皆有泑色，似哥窯而無紋，中平如硯，獨露瓷骨。邊練界畫甚明，不出入毫髮，殊非剥落。不知何器，以無用還之。後見《廣異記》、《逸史》等所載，乃悟唐以前無朱硯，凡點勘文籍，則研朱於盃琖，大筆濡染，貯朱於缽、盃。盞略小而口哆，以便掭筆。缽稍大而口斂，以便多注濃瀋也。顧媪所持，蓋即朱盞，向來賞鑒家未及見耳。急呼之來，問此瓷器何往，曰，本以三十錢買得，云出自井中。今以無用，二十錢賣諸雜物攤上久，不能復問所在矣。余深爲惋惜。世多以高價市贋器，而真古瓷反往往見擯如此。《槐西雜志》。

平陽，陶唐氏之故都也。其俗勤儉，舊多窯居。新安趙給諫吉士《竹枝詞》咏之云：「三月山田長麥苗，村莊生計日蕭條。羨他豪富城中户，住得甎窯勝土窯。」其鎮署三堂後，尚有甎窑五圈。《霽園夜譚録》

自古陶重青品，晉曰縹瓷，唐曰千峰翠色，柴周曰雨過天青，吴越曰秘色。其後宋器雖具諸色，而汝瓷在宋燒者淡青色，官窯、哥窯以粉青爲上，東窯、龍泉其色皆青。至明而秘色始絶。《愛日堂抄》

有客攜柴窯片瓷，索數百金。云嵌於胄，臨陣可以辟火器。然無由知确否。余曰，何不繩懸此物，以銃發鉛丸擊之，如果辟火不碎，價數百金不爲多。如碎，則辟火之説不确，理不能索價也。客不肯，曰，公於賞鑒非當，行殊煞風景。急懷之去。後聞鬻於貴家，竟得百金。夫君子可欺以其方，難罔以非其道。礮火横衝，如雷霆下擊，豈區區瓷片所能禦。且雨過天青，不過泑色精妙耳，究由人造，非出神功，何破裂之餘片，尚有靈如是耶。《如是我聞》

以上皆陶事舊説，或全篇，或一二語，悉撮録以資聞見。

**又　卷一〇《陶録餘論》**　陶有遥、逃二音，燒造、塼埴皆可稱也。《正字通》：陶與匋同。又陶即窯字，通作窑、𡉏、匋等字。《説文》：匋，瓦器，从缶。包省聲。蓋古字雙音並義，後始陶、窯分稱。

舜陶河濱。《類書纂要》注，河濱，即今定陶縣西北。《輿圖直指》則謂在館陶、陶邱之間。考陶邱即定陶，然定陶與館陶相去甚遠。又，作什器於壽邱。《輿圖直指》言壽邱在兖州府東，則館陶、定陶皆於兖甚遠，未知河濱所在。近考《括地志》云，陶城在蒲州河東縣北三十里，爲舜所。都南去歷山不遠，按此或即其地。

閩温處叔《陶制序》深得陶事三昧，其略云，淘先濯之，使定淪矣，尤必澄也。擾之欲調，而掣之欲堅，不然恐其宛也。此數句，蓋言淘練泥泑之工。又云，作之力須均扶欲啬，弗均則側，弗啬則泐也。此是言拉坏之難。又云，入範而搏之，疏數須得其平也。力欲轉而滑，滯則裂，按之而實斯痕也。此是言印模不易。又云，擀之，括之，拭之，必詳悉求其類，不則疵也。此是言鏇坏過泑之艱。又云，裏堅白而表凝素者，上也。雖加之以繪，佳也。此言陶成器質貴精潔。又云，表容青。雖繪事弗及，次也。此言器品質虧，非所貴。又云，筆紋期如絲。紋豐而渗，亦次也。此言畫描之工。又云，一品爲之功數，易一弗善不能良也。此總言陶作之難。蓋觀於温序所言，從可知陶事曲折矣。

鎮瓷在唐宋不聞有彩器，元明來則多青花，或倣他處青瓷矣。然非今之所謂青也。今俗又以器之上品者爲青，如呼頭青、提青、三色青之類。昔只以上色、次色、三色分之。

在鎮官窯瓷器，有三。一廠官器，一倣宋代汴杭官窯器，其一則居俗所稱官古器也。廠官器非民間所有，官古器則盛行於今，宋官器倣製不多矣。

陶瓷有所謂口者，即器上圍員口，俗呼盤口、盌口、盤墺、盌墺是也。所謂足者，即器底圈邊，俗呼椀足、盃足是也。所謂骨子，即器具土質，俗呼泥胎兒是也。

陶瓷有以圾稱者，俗作件。自五圾起以至百圾、五百圾、千圾，如尊、罍、盆、缸之類。按《字書》，圾與岌遲，危也。則以圾稱，謂其危而成難也。故圾數愈增，則愈難陶成。

陶瓷有茶花、酒托，疑即古禮器之舟也。《周禮》祼用烏彝、黄彝，皆有舟。鄭注，舟，樽下臺，若今承盤子。由是考之，舟、托非一物乎？

均紅器，古作者土質粗疏，微黄，泑色雖肖，究非佳品。今鎮陶選用净細白埴土，範胎爲之，再上均紅泑，故紅色襯出愈滋潤，所謂玫瑰、海棠、騾肝、馬肺等樣，皆勝於往古所造。

一霽紅也，《肆考》紀明廠窯作祭紅。瀋陽唐公記，今廠器作霽紅，而陶俗皆作濟紅。其實祭紅爲是。蓋宣窯造此，初爲祭郊日壇用也。唐窯紀霽紅，由宣窯霽青推寫耳。

龍鋼大窯，明廠原係三十二座，後因青窯數少，龍缸窯空閒，將大龍缸窯改砌青窯十六座，仍存龍缸大窯十六座。自國初燒造龍缸未成，至唐窯始復其制，搭民窯燒。廠東街有龍缸衕，相傳爲舊搭燒龍缸處。按，隆、萬時廠器，除廠内自燒官窯若干座外，餘者已散搭民窯燒，《邑志》載有賞給銀兩定燒賠造等語。然今則廠器盡搭燒民窯，照數給值，無役派賠累也。

鎮在唐代瓷陶之外，又有琉璃窯，爲市埠橋盛姓所業。有盛鴻者，登乾元第，爲利州司馬，擢行人。其族人以勅造不稱獲罪，鴻疏辨免，不欲族裔承匠籍，遂廢其業。見《昌南記》。

《責備餘談》云，汪黄爲相，宦官邵成章劾其誤國，被斥。欽宗思其忠直，名赴行在。或復沮之，乃命止於洪州。及洪州陷，金人授以職，堅不從。金曰，忠臣也，不可殺之。按，欽宗時汪黄未爲相，當是高宗之譌。然邵成章當南渡時，真古窯器，得之無價。嘗記少時見有人持湖田窯大方罏一，色素而古雅可愛，云家世珍藏，可驗晴雨。請鬻於里淳富宅。富家不辨，數争價往反，忽失手隑碎，深爲可惜。

古瓷尚青，宜品茗、酒耳。若肴饌，則素瓷、青花、白質瓷爲佳。鄒陽《賦》：醪醲既成，綠瓷是啓。陸羽《經》：越瓷青而茶色綠。《七啓》：盛以翠樽。季南金詩：聽得松風并澗水，急呼縹色綠瓷杯。東坡詩：青浮卵盌香。觀數公句，可知尚青止盃、盞之類，亦非如柴、汝之青色也。

同一青瓷也，而柴窯、汝窯云青，其青則近淺藍色。官窯、内窯、哥窯、東窯、湘窯等云青，其青則近淡碧色。龍泉、章窯云青，其青則近翠色。越窑、岳窯云青，則近縹色。古人説陶，但通稱青色耳。

景德鎮諸窯稱青亦不同，有云青者，乃白地青花也。淡描青亦然，其青皆近藍色，分濃淡。有倣古窯稱青者，則亦如古窯之青。若霽青之青，亦近深藍色。

汝窯瓷色，鎮廠所倣者色青而淡，帶藍光，非近碧之粉青也。《肆考》謂汝窯瓷色如哥而深，則誤認青爲近碧解矣，不知汝瓷所謂淡青色，實今之好月藍色。鎮廠蓋内發真汝器所倣，俗亦呼爲雨過天青。又仿粉定有甚佳者，亦不聞是青田石。

《肆考》又以大邑瓷註於越窯下，未考大邑爲邛州屬縣，竟以爲越瓷，是不知有蜀窯也。又以東甌爲越窯，未考東甌地屬温州，是不知別有東甌陶也。《廣輿記》載，温州城外尚有東甌王墓。

舊越窯自宋末已不復見。《輟耕録》載葉《坦齋》引陸詩，疑爲秘色，而《肆考》越窯實另見，謂第爲秘色之所自始，殆其然乎？

秘色，古作祕色，《肆考》疑爲瓷名。《輟耕録》以爲即越窯，引葉寘唐已有此語。不思葉據陸詩，並無祕色字也。按，祕色特指當時瓷色而言耳，另是一窯，固不始於錢氏，而特貢或始於錢氏，以禁臣庶用，故唐氏又謂蜀王不當有不知祕字，亦不必因貢御而言。若以錢貢爲祕，則徐寅《祕盞詩》亦標貢字，是唐亦嘗貢，何不指唐所進御云秘，豈以唐雖貢不禁臣庶用，而吳越有禁，故稱祕耶？《肆考》又載，祕色至明始絶。可見以瓷色言爲是。

《高齋漫録》亦載祕色瓷器，世言錢氏有國日，越州燒造爲供奉物，臣庶不得用。似祕色窯又實起於吳越矣。

雨後天青，止柴窯器色如是。汝窯所仿已不類，宋長白誤以爲祕色窯器，且稱雨後晴天色，訛青爲晴。又注《茶經》所云越州爲上，是指龍泉窯器，皆載其實嘗提舉修內司官窯，足爲陶中生色矣。

《正字通》載，景德鎮瓷器，用苧麻灰淋汁塗之黄色者。赤土汁塗坏燒之，用芝麻稭淋汁染色則成紫。此言非也。按，今配青白泑止用煉灰，黄色、紫色本有是種配泑，亦不用芝麻稭汁。若赤土所配，乃紫金泑稍黄一種，非黄色者。

《正字通》又載，婺源縣界麻倉窯有土可泑。按麻倉爲邑東村名，或訛麻村，或呼梅村。窯出官土，只可作不，非釉也。

《正字通》又載，廬陵新建産黑赭石，磨水畫瓷坏，初無色，燒之成天藍，蓋今青料也。按，赭乃赤色，去黑又云赭，則不得名青料。且新建從未聞産料。

《正字通》又載，景德鎮取婺源所産料，名畫燒青，一曰無名子。按，鎮所用乃浙料、廣料或雲南料，昔則蘇泥勃青、回青、樂平陂塘青、瑞州石青，從未聞取用婺邑料。凡料之佳者，名老圓子、韭菜邊，亦無畫燒青、無名子之稱。廖公蓋以傳聞誤注耳。

景德鎮自明設御器廠，因有廠官窯，今仍其舊稱。《格古要論》載古饒器出今饒州浮梁之御土窯，體潤而薄。訛御器廠爲御土窯，且景德鎮所産而必曰饒器，即云饒州所轄，豈饒器盡爲御土窯燒造者，是又不知有民窯、官窯之分也。

劉言史《詠茶詩》云，湘瓷浮輕花。此湘瓷不知即岳州器歟？抑爲本鎮附紀之湘湖窯器歟？當俟攷定。

陶庵老人《夢憶》云，嘉興王二之漆竹，洪漆之漆，張銅之銅，徽州吳明官之窯，皆以一工與器而名家起家，其人且與搢紳先生列坐抗禮。按，徽州距景德鎮甚近，吳明官或亦嘗陶吾鎮，著名當時者歟？不然，徽地無窯也。然莫可詳确，亦俟考。

《長物志》載，舊窯枕有長二尺五寸、闊六寸者可用，是昔尚瓷枕，暑月用之必佳。今鎮只有孩兒枕。

《邑乘》載繆宗周《兀然亭詩》云，陶舍重重倚岸開，舟帆日日蔽江來。工人莫惜天機巧，此器能輸郡國材。《志》：兀然亭在鞍山，爲祖無擇所題，云亭近河濱。然鞍山附近無陶，實去河甚遠。按，兀然亭有二，當是題肇建之兀然亭耳。肇地濱河，建中昔多世陶，有峰曰肇山，舊傳有兀然亭，其址猶存繆詩，殆非泛指也。

明末又有陳仲美、周丹泉，俱工仿古窯器，攜售遠方，鎮人罕獲。周窯甚傳，若陳，來去無定，仿造亦不多，今罕有知之者矣。

《柳亭詩話》中。按，秘色窯青色近縹碧，與越窯同，即越窯亦非龍泉窯，一是紹興，一屬處州，地亦相殊也。宋又云秘色晴天，柴皇氏重之，是並不知世傳五窯之自來矣。

《格古要論》謂舊哥哥窯色青，濃淡不一，好者類董窯，今亦少有成羣隊者，是元末新燒欠佳。按，東窯色淡青，亦有紫口鐵足，未聞董窯何昉，殆東、董音相近，各操土音，遂以東訛董，而《肆考》亦誤沿董字也。

魚子紋，《格古要論》以爲哥器紋，而《陶成記》載汝㴱亦有魚子紋，合之無紋汝釉、蟹爪紋汝釉，可知汝器古有三種㴱式。

《陶成記》：仿宋器有銅骨無紋汝㴱貓食盤，係人面洗色澤。今鎮所仿汝器，並未聞此名式，即銅骨泥絶少，不見有人面洗色澤者，此種真汝式想尤佳妙。

大觀，北宋年號，即有官窯時也。宋本稱官字，唐雋公不書官，紀觀，稱大觀釉。蓋以鎮陶有廠官器，民俗有官古器，故用觀字以别之。其實大觀即宋官釉，或疑官、觀爲二，皆謬。

霍器有三，一爲宋霍州本來窯，一爲元彭君寶仿造窯，其一則唐昌南鎮霍仲初窯也。彭爲上，仲品次之，霍州本來者又次之。

窯變之器有三，二爲天工，一爲人巧。其由天工者，火性幻化，天然而成，如昔傳屏風變爲床、舟，冰缶凍爲花卉、村景，宋盌經暑不腐腥物，乃世不多覯者也。又如均、哥本色㴱經燒，忽退變他色，及成諸物狀，是所時有者也。其由人巧者，則工故以㴱作幻色物態，直名之曰窯變，殊數見不鮮耳。

陶處多者，自來莫過於汴，其次爲浙。然汴自柴、東、汝、官、均而外，著名者少。越窯、秘色、官、内、龍泉、哥、章及東甌，今亦莫繼其美。

江西窯器昔亦多處，惟景德鎮著久。《肆考》：饒州窯，亦註浮梁鎮器，而不列景德鎮名，何耶？又云江西窯器唐在洪州，宋時出吉州，明見弋陽，何以既註鎮器，尚言江西窯器某代止在某處乎？

磁石製泥爲器，非吸鋏引鍼之磁石，亦非燒料爲磁粉之類，乃别一種石。其色光滑而白，其性埴而鬆，其器美而不致，實與瓷土異，惟磁州許州有之。

楚之長沙屬有醴陵，土椀器質甚粗，體甚厚，釉色淡黄而糙，或微黑。椀中心及底足皆無釉，蓋其入窯時，必數椀叠裝一匣燒故也。此乃鄉土窯所在多有，正如吾昌南在漢時，只供邇俗粗用也。

素磁傳静夜，本王修詩。《昌南記》以爲顔、陸二公聯句，殊誤。《陽羨茗壺系》引之，謂品茶尚素瓷，然亦不載誰句，而尚素又與《茶經》相反。

《廣輿記》止載登封、宜陽産瓷器，而不知洛陽已陶於元魏時。止載平涼華亭産瓷器，而不知秦州已陶於唐代。《肆考》載秘戲器作俑於隆、萬，而不知元魏之關洛窯已有此種。

蘸㴱之法，欲其瑩勻，大抵貴手法輕快。《肆考》謂不急能勻，重複蘸之則瑩厚，謬矣。按，當蘸濕時，若不急起，縱使㴱周，不幾酥破乎？瑩厚亦不必重複。如重蘸色，反不勻。今惟大琢器、大圓器用吹釉法，有重複多偏者。餘小器及常粗器蘸㴱則不然。

《肆考》説定器出定州，即真定。按定州係直隸州，在真定之西南，非真定也。真定爲常山，定州爲中山。宋蘇東坡知定州，其時即爲邊郡，真定固屬遼，不屬宋也。

《肆考》謂古人以足載器，器足多取沉重。柴窯足每粗黄土，官、哥、龍泉皆鐵足，此非也。按，周之柴窯，其時鮮佳木，故胎質用黄土，足亦黄土，非另造續成者。即鐵足，亦因鐵骨泥作質，故坏足露鐵色，非另造鐵足安上。唐氏不知坏裝匣燒，匣内尚有渣餅、砂渣墊足，只疑另有器足承載器燒，故有古取沈重之説。

《通志》曰，造坏彩畫，始條理也。入窯火候，終條理也。即以火候言之，火有前、中、後之分，有緊溜之候，或對日，或一晝夜。大器或溜七日夜，緊二日夜。火弱則窳窳，俗呼糟坏。火猛則僨暴。溜者，欲習於火，而無贏。緊者，如燎於原，而無縮。若倦睡不應機，神昏莫辨色，火有破璺走㴱之失，所燒器必多㾗璺陰罯黑黄之患矣。則所謂條理者，正須縷析也。

金溪王仁圃先生成《江西攷古録》，無一言及陶務。豈謂陶器不足録？良由人地遠隔，知有不逮也。陶器，自古資利用，景德鎮陶歷代名天下，實江西土産之最，非惟好古之士在所必詳，即有心國計民生者，亦未可畧也。桂幸生長於斯，耳目所習，雖猶不盡，謹就所知者攷辨之，或亦可爲博雅君子之一助。

從來紀陶無專書，其見於載籍者，或因一事而引及一器，或因一器而引及一事，或因吟賦而載一二名，惟蔣祈《陶畧》及濬陽唐公《陶成記》《示諭稿》説景德鎮陶事頗詳，其他如練水唐氏《窯器肆考》詳天下古窯頗悉，而於鎮陶多本傳聞，往往出蔣、唐諸集之外，其實不無謬誤，謹遵師説攷辨之。

《龍威秘書》有朱桐川先生《陶説》，説分三則，惟説鎮器多簡略。録中所引用皆注原書名，非不採其説也。

是編陶務士宜多得於訪問。若都昌江大光、程鎮安、曹惠浦、胡思策、劉文炳、劉伯和、鄱陽金大禮、劉啓祥，皆習知其事，而能言其制作之詳者。而檢閱書籍，相與商攷，則古黟余有庠，穉畯；鄱陽金正儀，夢橋；樂平石鍾理，羮堂；同邑黄達良，澹菴；李璣，有政；鄧世疇，壽田，成美功咸爲不少。書成，例得書名，遂以識之。

**清・徐珂《清稗類鈔・工藝類》**

瓷之人工僞造

許守白曰：「瓷有人工之僞造者曰假底，曰真坯假彩。假底者，取舊瓷之底嵌於新瓷，僞物真款，以欺一時，然功勞而計拙，易於識破，不常有也。真坯假彩者，謂取白質無花之舊瓷，加以綵繪，胚質則确屬古物，綵繪則後來所加，緣舊瓷之光。素者價值甚廉，且景鎮積年遺物頗多，一經加彩，可冀得數倍之善價也。」

吴山尊製玻璃聯

聯語以紙書者爲多，或刻以竹木，或用漆，加雲母石，且有嵌牙玉者。吴山尊學士鼒始出意製玻璃聯，一片光明，雅可賞玩，惟字畫不能無反正之嫌。山尊又運其巧思，使之表裏如一，其句云：「金簡玉册自上古，青山白雲同素心。」上製一横額，題「幽蘭小室」四篆字。又乞孫淵如觀察以雙款篆書「山尊先生孫星衍」七字，正面反面皆一式。

# 製香部

## 題解

**漢・許慎《説文解字》卷七《香部》**　香　芳也。从黍，从甘。《春秋傳》曰：「黍稷馨香。」凡香之屬皆从香。　馨　香之遠聞者。从香，殸聲。殸，籀文磬。　馥　香氣芬馥也。从香，复聲。

**宋・洪芻《香譜》卷下《香之事》**　述香

《説文》曰：「芳也。篆從黍從甘，隸省作香。《春秋傳》曰：『黍稷馨香。』凡香之屬皆從香。」香之遠聞曰馨。香之美者曰䬬。音使。香之氣曰馦，火兼反。曰馣，音淹。曰馧，于云反。曰馥，扶福反。曰馤，音愛。曰馪，方滅反。曰馩，音繽。曰馢，音牋。曰馛，步末反。曰馝，匹結反。曰馝，滿結反。曰馞，音悖。曰馠，火含反。曰馩，音焚。曰馚，上同。曰䭐，奴昆反。曰馪，音彭。馪，馪大香。曰馟，他胡反。曰馜，音倚。曰䭀，音你。曰䭎，普没反。曰馥，滿結反。曰馚，普滅反。曰䭇，烏孔反。曰䭕，音瓢。至治馨香，《尚書》曰：至治馨香，感于神明。有飶其香，《毛詩》：有飶其香，邦家之光。其香始升，《毛詩》：其香始升，上帝居歆。昭其馨香，《國語》：其德足以昭其馨香。國香，《左傳》：蘭有國香。久而不聞其香，《國語》：入芝蘭之室，久而不聞其香。

**宋・葉廷珪《海録碎事》卷六《飲食器用部・香門》**　百濯香　吴孫亮寵姬有異香，歷年彌盛，百浣不歇，名曰「百濯香」。　菡萏鑪　薛逢詩：碧碎鴛鴦瓦，香埋菡萏鑪。　無礙香　張説詩：願寄無礙香，隨心到南海。　五香　一木五香：根旃檀、節沉、花鷄舌、葉藿、膠薰陸。　辟惡香　庾信：盤龍明鏡餉秦嘉，辟惡生香寄韓壽。　妙香　燈影照無睡，心清聞妙香。《維摩經》云：坐香樹下，聞斯妙香。杜詩。疑是孟詩。　異香　趙后浴五蘊七香湯，踞通沉水香，坐繚降神百蘊香。昭儀浴荳蔻湯，傳露華百英粉。帝嘗私語樊嫕曰：「后雖有異香，不如昭儀體自香也。」《飛燕外傳》。　百蘊香　五蘊香　同見上。　返生香　《拾遺傳》：月氏國進異香，漢武帝焚之，死者三日皆活。一曰返生香，一曰却死香。　蘇合香　《南史》：大秦國出蘇合香，是諸香汁煎之，非自然一物也。又，大秦人采蘇合，先笮其汁以爲香膏，乃賣其滓。　震檀香　震檀香，乃返魂香也，出聚窟洲，亦名却死香。一種有六名。漢武時月支國嘗獻之。　靈蕪　靈蕪盤穗養良常。靈蕪，香也。林逋。　象藏香　象藏香因龍鬭而生。燒之一丸，凝停七日，降金色雨，霑人身，悉皆金色。　沉榆香　詔群臣受德教者先燃沉榆之香。《拾遺記》。　九回香　趙飛燕妹婕妤名合德，每沐，以九回香膏髮。其薄眉號遠山黛，施小朱，號慵來妝。《雜俎》。　石葉香　欲薰羅薦嫌龍腦，須爲尋求石葉香。段成式。　逆風聞　林公曰：白旃檀非不馥，焉能逆風？《成實論》曰：波利實多天樹，其香則逆風而聞。　龍鱗香　龍鱗香，葉子曰：即棧香之薄者，又曰龍鱗香。　意可香　意可香初名宜愛。或云：此江南宫中香，有美人字曰宜，愛此香，故名「宜愛」。山谷曰：香殊不凡，而名乃有脂粉氣。易名曰「意可」。　三天下　香氣三天下，鐘聲萬壑連。李白。　五色煙　皮日休：五色香煙惹内文。注：許遠遊燒香五色煙。　沉木香　沉木香，林邑國土人破斷之，積以歲年，朽爛而心節獨在，置水中則沉，故名曰沉香。不沉曰棧香。　侍史香　塵暗神妃韈，衣殘侍史香。楊文公詩。　芝印　香字消芝印，金經發涯函。　梵宇香　翻了西天偈，燒餘梵宇香。

**宋・陳敬《陳氏香譜》卷一**　許氏《説文》：「香，芳也，篆从黍从甘，隸省作香。」《春秋傳》曰：「黍稷馨香，凡香之屬皆從香。香之遠聞曰馨。香之美者曰䬬。䟫士反。香之氣曰馦，許兼反。曰馣，烏含反。曰馧，于云反。曰馥，扶福反。曰馤，于蓋反。曰馤，同上。曰馩，匹民反。曰馢，則前反。曰馛，蒲撥反。曰馡，匹結反。曰馝，毗必反。曰馞，蒲没反。曰馠，火含反。曰馩，符分反。曰馚，同上。曰馪，方滅反。曰䭐，奴混反。曰馫，薄庚切。曰馟，陀胡反。曰馜，于騎反。曰䭀，女氏反。曰䭎，普没反。曰馦，蒲結反。曰馚，普滅反。曰䭇，烏孔反。曰□，毗霄反。曰馞，步結反。曰馣，許葛反。曰馡，甫微反。」

## 論説

**宋・丁謂《天香傳》《陳氏香譜》卷四**　香之爲用從古矣，所以奉高明，所以達蠲潔。三代禋享，首惟馨之薦，而沉水、薰陸無聞焉。百家傳記萃芳之美，而蕭茆鬱鬯不尊焉。《禮》云：「至敬不享味貴氣臭也。」是知其用至重，采製初略，其名實繁而品類叢脞矣。觀乎上古帝皇之書，釋道經典之說，則記録綿遠，讚頌嚴重，色目至衆，法度殊絶。西方聖人曰：「大小世界，上下内外，種種諸香。」又曰：「千萬種和香，若香、若丸、若末、若坐，以至華香、果香、樹香、天合和之香。」又曰：「天上諸天之香，又佛土國名衆香，其香比于十方人天之香，最爲第一。」仙書云：「上聖焚百寶香，天真皇人焚千和，黄帝以沉榆、蓂莢爲香。」又曰：「真仙所焚之香，皆聞百里，有積煙成雲、積雲成雨，然則與人間所共貴者，沉水、薰陸也。」故《經》云：「沉水堅株。」又曰：「沉水香，聖降之夕，神導從有捧爐香者，煙高丈餘，其色正紅，得非天上諸天之香？」非《三皇寶齋》香珠法，其法雜而末之，色色至細，然後叢聚杵之三萬，緘以良器，載蒸載和，豆分而丸之，珠貫而暴之。且曰：此香焚之，上徹諸天。蓋以沉水爲宗，薰陸副之也。是知古聖欽崇之至厚，所以備物寶妙之無極，謂奕世寅奉香火之篤，鮮有廢日。然蕭茅之類，隨其所備，不足觀也。

**宋・程泰之《香説》《陳氏香譜》卷四**　秦漢以前，二廣未通中國，中國無今沉、腦等香也。宗廟焫蕭灌獻尚鬱（金），食品貴椒。至荀卿氏，方言椒蘭。漢雖已得南粤，其尚臭之極者，椒房郎官以雞舌奏事而已，較之沉、腦，其等級之高下不類也。惟《西京雜記》載長安巧工丁緩作被下香爐，頗疑已有今香。然劉向銘博山爐亦止曰「中有蘭綺，朱火青煙」。《玉臺新詠》説博山爐，亦曰：「朱火然其中，青煙颺其間。香風難久居，空令蕙草殘。」二文所賦，皆焚蘭、蕙而非沉、腦。是漢雖通南粤，亦未見粤香也。《漢武内傳》載：西王母降，爇嬰香等品，多名異。然疑後人爲之。漢武奉仙，窮極宫室帷帳器用之麗，漢史備記不遺。若曾捌古來未有之香，安得不記？

**宋・陳敬《陳氏香譜》卷一**　《香品舉要》云：「香最多品，類出交、廣、崖州及海南諸國。」然秦漢以前未聞，惟稱蘭蕙椒桂而已。至漢武奢廣，尚書郎奏事者始有含雞舌香，其他皆未聞。迨晉武時，外國貢異香始此。及隋，除夜火山燒沉香，甲煎不計數，海南諸品畢至矣。唐明皇君臣多有沉、檀、腦、麝爲亭閣，何多也。後周顯德間，昆明國又獻薔薇水矣。昔所未有，今皆有焉，然香者一也。或出于草，或出于木，或花，或實，或節，或葉，或皮，或液，或又假人力而煎和成。有供焚者，有可佩者，又有充入藥者。詳列如左：

至治馨香，感于神明。《書・君陳》。

弗惟德馨香。《書・酒誥》。

其香始升，上帝居歆。《詩・生民》。

有飶其香，邦家之光。《詩・載芟》。

黍稷馨香。《左氏傳》。

蘭有國香。《左氏傳》。

其德足用，昭其馨香。《國語》。

如入芝蘭之室，久而不聞其香。《家語》。

**又**　卷四　序

和香序

麝本多忌，過分必害；沉實易和，盈斤無傷。零藿燥虚，詹糖粘濕，甘松、蘇合、安息、鬱金、捺多和羅之屬，并被珍于外，固無取于中土。又棗膏昏蒙，甲馢淺俗，非惟無助于馨烈，乃當彌增于尤疾也。

此序所言，悉以比類朝士。麝木多忌比庾憬之，棗膏昏蒙比羊玄保，甲馢淺俗比徐湛之，甘松蘇合比惠休道人，沉實易和蓋自比也。

笑蘭香序

吴僧馨宜《笑蘭香序》曰：豈非韓魏公所謂濃梅而黄太史所謂藏春者耶？其法以沉爲君，雞舌爲臣，北苑之臣、秬鬯十二葉之英、鉛華之粉、柏麝之臍爲佐，以百花之液爲使。一炷如芡子許，油然鬱然，若嗅九畹之蘭而浥百畝之蕙也。

**元・熊朋來《陳氏香譜原序》**　香者，五臭之一，而人服媚之。至于爲《香譜》，非世宦博物嘗杭舶浮海者不能悉也。河南《陳氏香譜》，自子中至浩卿，再世乃脱稿，凡洪、顔、沈、葉諸《譜》具在此編，集其大成矣。《詩》《書》言香不過黍稷蕭脂，故香之爲字從黍作甘。古者從黍稷之外，可焫者蕭，可佩者蘭，可鬯者鬱，名爲香草者無幾，此時譜可無作。《楚辭》所録名物漸多，猶未取于遐裔也。漢唐以來，言香者必取南海之産，故不可無譜。

浩卿過彭蠡，以其譜視釣者熊朋來，俾爲序。釣者驚曰：「豈其乏使而及我？子再世成譜亦不易，宜遴序者。豈無蓬萊玉署懷香握蘭之仙儒？又豈無喬木故家芝蘭芳馥之世卿？豈無島服夷言誇香詫寶之舶官？又豈無神州赤縣進香受爵之少府？豈無寶梵琳房聞思道韻之高人？又豈無瑶英玉蘂羅襦薌澤之女士？凡知香者皆使序之。若僕也，灰釘之望既窮，熏習之夢久斷，空有廬山一峰以爲罏，峰頂片雲以爲香，子并收入譜矣。」

每憶劉季和香僻，過罏熏身，其主簿張坦以爲俗。坦可謂直諒之友，季和能笑領其言，亦庶幾善補過者。有士于此如荀令君至人家，坐席三日香。梅學士每晨袖覆罏，撮袖以出，坐定放香。是富貴自好者所爲，未聞聖賢爲此，惜其不遇張坦也。按《禮經》：「容臭者童儒所佩，茝蘭者婦輩所采，大丈夫則自流芳百世者在。」故魏武猶能禁家内不得熏香，謝玄佩香囊則安石患之。然琴牕書室不得此譜，則無以治罏熏。至于自熏知見抑存乎其人，遂長揖謝客鼓棹去。客追録爲《香譜序》。

至治壬戌蘭秋彭蠡釣徒熊朋來序。

**明・高濂《遵生八箋・燕閒清賞箋中・論香》** 余以今之所尚香品評之：妙高香、生香、檀香、降真香、京線香，香之幽閑者也。蘭香、速香、沉香，香之恬雅者也。越隣香、甜香、黑龍掛香，香之温潤者也。黄香餅、芙蓉香、龍涎餅、内香餅，香之佳麗者也。玉華香、龍樓香、撒翻蘭香，香之蘊藉者也。棋楠香、唵叭香、波律香，香之高尚者也。幽閑者，物外高隱，坐語道德，焚之可以清心悦神。恬雅者，四更殘月，興味蕭騷，焚之可以暢懷舒嘯。温潤者，晴窗拓帖，揮麈閑吟，篝燈夜讀，焚以遠辟睡魔，謂古伴月可也。佳麗者，紅袖在側，密語談私，執手擁爐，焚以薰心熱意，謂古助情可也。蘊藉者，坐雨閉關，午睡初足，就案學書，啜茗味淡，一爐初爇，香藹馥馥撩人，更宜醉筵醒客。高尚者，皓月清宵，冰弦戛指，長嘯空樓，蒼山極目，未殘爐爇，香霧隱隱繞簾，又可祛邪辟穢。黄煖閣、黑煖閣、官香、紗帽香，俱宜爇之佛爐；聚仙香、百花香、蒼术香、河南黑芸香，但可焚於卧榻。客曰：諸香，同一焚也，何事多歧？余曰：幽趣各有分别，薰燎豈容概施？香僻甄藻，豈君所知？悟入香妙，嗅辯妍媸。曰余同心，當自得之。一笑而解。

**明・屠隆《考槃餘事》卷三** 香

香之爲用，其利最溥。物外高隱，坐語道德，焚之可以清心悦神。四更殘月，興味蕭騷，焚之可以暢懷舒嘯。晴窗榻帖，揮塵閒吟，篝燈夜讀，焚以遠辟睡魔，謂古伴月可也。紅袖在側，密語談私，執手擁爐，焚以薰一熱意，謂古助情可也。坐雨閉窗，午睡初足，就案學書，啜茗味淡，一爐初爇，香靄馥馥撩人，更宜醉筵醒客。皓月清宵，冰絃戛指，長嘯空樓，蒼山極目，未殘爐爇，香霧隱隱遶簾，又可祛邪辟穢。隨其所適，無施不可。品其最優者，伽南止矣。第購之甚艱，非山家所能卒辦。其次莫若沉香，沉有三等，上者氣太厚，而反嫌于辣；下者質太枯，而又涉於煙；惟中者約六七分一兩，最滋潤而幽甜，可稱妙品。煮茗之餘，即乘茶爐火便，取入香鼎，徐而爇之，當斯會心景界，儼居太清宫，與上真游，不復知有人世矣。噫！快哉。近世焚香者，不博真味，徒事好名，兼以諸香合成，鬬奇争巧，不知沉香出於天然，其幽雅沖澹，自有一種不可形容之妙。若修合之香，既出人爲，就覺濃艷，即如通天熏冠、慶真龍涎、雀頭等項，縱製造極工，本價極費，決不得與沉香較優劣，亦豈貞夫高士所宜耶！

**明・文震亨《長物志》卷一二** 香茗

香、茗之用，其利最溥。物外高隱，坐語道德，可以清心悦神。初陽薄暝，興味蕭騷，可以暢懷舒嘯。晴牕搨帖，揮麈閒吟，篝燈夜讀，可以遠辟睡魔。青衣紅袖，密語談私，可以助情熱意。坐雨閉牕，飯餘散步，可以遣寂除煩。醉筵醒客，夜語蓬牕，長嘯空樓，冰絃戛指，可以佐歡解渴。品之最優者，以沉香、岕茶爲首，第焚煮有法，必貞夫韻士，乃能究心耳。志「香茗第十二」。

# 綜述

**《宋書・范曄傳》** 曄性精微有思致，觸類多善，衣裳器服，莫不增損制度，世人皆法學之。撰《和香方》，其序之曰：「麝本多忌，過分必害；沈實易和，盈斤無傷。零藿虚燥，詹唐黏濕。甘松、蘇合、安息、鬱金、㮈多、和羅之屬，並被珍于外國，無取於中土。又棗膏昏鈍，甲煎淺俗，非唯無助於馨烈，乃當彌增於尤疾也。」此序所言，悉以比類朝士：「麝本多忌」，比庾炳之；「零藿虚燥」，比何尚之；「詹唐黏濕」，比沈演之；「棗膏昏鈍」，比羊玄保；「甲煎淺俗」，比徐湛之；「甘松、蘇合」，比慧琳道人；「沈實易和」，以自比也。

**北魏・賈思勰《齊民要術》卷五** 合香澤法 好清酒以浸香：夏用冷酒，春秋温酒令暖，冬則小熱。雞舌香、俗人以其似丁子，故爲「丁子香」也。藿香、苜蓿、澤蘭香，凡四種，以新綿裹而浸之。夏一宿，春秋再宿，冬三宿。用胡麻油兩分，豬脂一分，内銅鐺中，即以浸香酒和之，煎數沸後，便緩火微煎，然後下所浸香煎。緩火至暮，水盡沸定，乃熟。以火頭内澤中作聲者，水未盡；有煙出，無聲者，水盡也。澤欲熟時，下少許青蒿以發色。以綿幕鐺觜、瓶口，瀉著瓶中。

合面脂法　用牛髓。牛髓少者，用牛脂和之。若無髓，空用脂亦得也。温酒浸丁香、藿香二種。浸法如煎澤方。煎法一同合澤，亦著青蒿以發色。綿濾著瓷、漆盞中令凝。若作脣脂者，以熟朱和之，青油裹之。

合手藥法　取豬䏩一具，摘去其脂。合蒿葉於好酒中痛挼，使汁甚滑。白桃人二七枚，去黄皮，研碎，酒解，取其汁。以綿裹丁香、藿香、甘松香、橘核十顆，打碎。著䏩汁中，仍浸置勿出，瓷瓶貯之。夜煮細糠湯净洗面，拭乾，以藥塗之，令手軟滑，冬不皴。

作香粉法　唯多著丁香於粉合中，自然芬馥。亦有擣香末絹篩和粉者，亦有水浸香以香汁溲粉者，皆損色，又費香，不如全著合中也。

**唐・段成式《酉陽雜俎》前集卷一八《木篇》**　龍腦香樹，出婆利國，婆利呼爲固不婆律。亦出波斯國。樹高八九丈，大可六七圍，葉圓而背白，無花實，其樹有肥有瘦，瘦者有婆律膏香。一曰瘦者出龍腦香，肥者出婆律膏也。在木心中，斷其樹劈取之，膏於樹端流出，斫樹作坎而承之。入藥用，别有法。

安息香樹，出波斯國，波斯呼爲辟邪。樹長三丈，皮色黄黑，葉有四角，經寒不凋。二月開花，黄色，花心微碧，不結實。刻其樹皮，其膠如飴，名安息香。六七月堅凝，乃取之。燒之通神明，辟衆惡。

**宋・李昉等《太平廣記》卷四一四《草木九・香藥》**

荼蕪香

燕昭王時，有波弋之國，貢荼蕪香。若焚着衣，彌月不絶，所遇地，土石皆香，經朽木腐草，皆榮秀。用薰枯骨，則肌肉再生。出《獨異志》。

三名香

漢雍仲子進南海香物，拜爲涪陽尉，時人謂之香尉。日南郡有香市，商人交易諸香處。南海郡有村香户，日南郡有千畝香林，名香出其中。香州在朱崖郡，洲中出諸異香，往往不知其名。千年松香聞十里，亦謂之三香也。

五名香

聚窟洲在西海中，申未未原作來。據明鈔本、陳校本改。洲上有大樹，與楓木相似，而葉香聞數百里，名此爲返魂樹。叩其樹，樹亦能自聲，聲如牛吼，聞之者皆心振神駭。伐其根心，於玉釜中煮取汁，更火煎之，如黑飴，可令丸，名曰驚精香，或名之爲振靈丸，或名之爲返生香，或名之爲人鳥精香，或名爲却死香。一種五名，斯靈物也。香氣聞數百里，死尸在地，聞氣乃活。《十洲記》。

沉香

唐太宗問高州首領馮盎云，卿宅去沈香遠近。對曰，宅左右即出香樹，然其生者無香，唯朽者始香矣。出《國史異纂》。

龍腦香

龍腦香樹，出婆利國，婆利呼爲箇不婆律。亦出波斯國。樹高八九丈，大可六七圍，葉圓而背白，無花實。其樹有肥有瘦。瘦者出婆律膏，香在木心，中斷其樹，劈取之。膏于樹端流出，斫樹作坎而承之。入藥用，别有法。出《酉陽雜俎》。

安息香

安息香樹，出波斯國，波斯呼爲辟邪。樹長三丈，皮色黄黑，葉有四角，經寒不凋。二月開花，黄色，心微碧，不結實。刻其葉而其膠如飴，名安息香，六七月堅凝，乃取之。燒之通神明，辟衆惡。出《酉陽雜俎》。

一木五香

一木五香：根旃檀，節沉，花雞舌，葉藿，膠薰陸。出《酉陽雜俎》。

訶黎勒

高仙芝伐大食，得訶黎勒，長五六寸。初置抹肚中，便覺腹痛，因快痢十餘行。初謂訶黎勒爲祟，因欲棄之，以問大食長老。長老云，此物人帶，一切病消，痢者出惡物耳。仙芝甚寶惜之，天寶末被誅，遂失所在。出《廣異記》。

白荳蔻

白荳蔻，出加古羅國，呼爲多骨。形如芭蕉，葉似杜若，長八九尺，冬夏不凋。花淺黄色，子作朶，如蒲萄。其子初出，微青，熟則變白，七月採。出《酉陽雜俎》。

䕡齊香

䕡齊香，出波斯國，佛林呼爲頂勃梨咃。長一丈，圍一尺許，皮青色，薄而極光净，葉似阿魏，每三葉生於條端，無花實。西域人常八月伐之，至臘月，更抽新條，極滋茂，若不剪除，枯死。七月斷其枝，有黄汁，其狀如蜜，微有香氣，入缶，療百病。出《酉陽雜俎》。

無石子

無石子，出波斯國，波斯呼爲摩賊。樹長六七丈，圍八九尺，葉如桃葉而長，三月開花，白色，花心微紅。子圓如彈丸，初青，熟乃黄白。蟲食成孔者正熟，皮無孔者，入藥用。其樹一年生無石子，一年生跋屢子，大如指，長三寸，上有殼，中仁如栗黄，可啖。出《酉陽雜俎》。

紫鉚

紫鉚樹，出真臘國，真臘呼爲勒佉，亦出波斯國。樹長一丈，枝條鬱茂，葉似橘，經冬不凋。三月開花，白色，不結子。天大霧露及雨，霑其樹枝條，即出紫鉚。波斯國使烏海及沙利深，所説並同。真臘國使折衝都尉沙，沙原作涉，據明鈔本改。門陁沙尼拔陁，言蟻運土于樹作窠，蟻壤得雨露凝結，而成紫鉚。崑崙國者善，波斯國者次之。出《酉陽雜俎》。

阿魏

阿魏，出伽闍那國，即北天竺也，伽闍那呼爲形虞，亦出波斯國，波斯呼爲阿虞截。樹長八九丈，皮青黄，三月生葉，形似鼠耳，無花實。斷其枝，汁出如飴，久乃堅凝。佛林國僧變，所説同。摩伽陁國僧提婆，言取其汁和米豆屑，合成阿魏。出《酉陽雜俎》。

蓽撥

蓽撥，出摩伽陁國，呼爲蓽撥梨，佛林國呼爲阿梨訶咃。苗長三四尺，莖細如筯，葉似蕺葉，子似桑椹，八月採。出《酉陽雜俎》。

胡椒

胡椒，出摩伽陁國，呼爲昧履支。其苗蔓生，莖極柔弱，葉長寸半，有細條，與葉齊。條上結子，兩兩相對，其葉晨開暮合，合則裹其子于葉中。子形似漢椒，至芳辣，六月採。今作胡盤肉食，皆用之。出《酉陽雜俎》。

阿勃參

阿勃參，出佛林國。長一丈餘，皮色青白，葉細，兩兩相對，花似蔓菁，正黄。子似胡椒，赤色。斫其枝，汁如油，以塗癬疥，無不瘳。其油極貴，價重于金。出《酉陽雜俎》。

山藷

熙穆縣里多山藷。《本草》云，南山之陰曰署預，消熱下氣，補五臟。出《南越志》。

麻黄

麻黄，莖端開花，花小而黄，簇生。子如覆盆，可食。至冬枯死，如草，及春却青。出《酉陽雜俎》。

荆三稜

唐河東裴同父，患腹痛數年，不可忍，囑其子曰，吾死後，必出吾病。子從之。出得一物，大如鹿條脯，懸之久乾。有客竊之，其堅如骨，削之，文彩焕發，遂以爲刀欛子，佩之。在路放馬，抽刀子割三稜草，坐其上，欛盡消成水。客怪之，回以問同。同泣，具言之。後病狀同者，服三稜草汁多驗。出《朝野僉載》。

**宋・丁謂《天香傳》《陳氏香譜》卷四**

香之類有四：曰沉、曰棧、曰生結、曰黄熟。其爲狀也十有二，沉香得其八焉。曰烏文格，土人以木之格，其沉香如烏文木之色而澤，更取其堅格，是美之至也。曰黄蠟，其表如蠟，少刮削之，黳紫相半，烏文格之次也。曰牛目，與角及蹄。曰雉頭、洎髀、若骨，此沉香之狀，土人别曰牛眼、牛角、牛蹄、雞頭、雞腿、雞骨。曰昆侖梅格，棧香也，此梅樹也，黄黑相半而稍堅，土人以此比棧香也。曰蟲鏤，凡曰蟲鏤，其香尤佳，蓋香兼黄熟，蟲蛀蛇攻，腐朽盡去，菁英獨存者也。曰傘竹格，黄熟香也，如竹色，黄白而帶黑，有似棧也。曰茅葉，如茅葉，至輕，有入水而沉者，得沉香之餘氣也，燃之至佳，土人以其非堅實，抑之黄熟也。曰鷓鴣斑，色駁雜如鷓鴣羽也，生結香也，棧香未成沉者有之，黄熟未成棧者有之。

凡四名十二狀，皆出一本，樹體如白楊，葉如冬青而小。膚，表也；標，末也。質輕而散，理疏以粗，曰黄熟。黄熟之中，黑色堅勁者曰棧香。棧香之名相傳甚遠，即未知其旨，惟沉香爲狀也，骨肉穎脱，芒角鋭利，無大小，無厚薄。掌握之，有金玉之重；切磋之，有犀角之勁。縱分斷瑣碎而氣脈滋益，用之與臭塊者等。鶚云：「香不欲絶大，圍尺已上慮有水病；若斤已上者，合兩已下者，中浮水即不沉矣。」又曰：「或有附于柏枏，隱于曲枝，蟄藏深根，或抱貞木本，或挺然結實，混然成形。嵌若岩石，屹若歸雲；如矯首龍，如峨冠鳳；如麟植趾，如鴻鎩翮；如曲肱，如駢指。但文理密致，光彩明瑩，斤斧之跡，一無所及，置器以驗，如石投水，此香寶也，千百一而已矣。夫如是，自非一氣粹和之凝結，百神祥異之含育，則何以群木之中，獨稟靈氣，首出庶物，得奉高天也？」

占城所産棧沉至多，彼方貿遷，或入番禺，或入大食。大食貴重棧沉香，與黄金同價。鄉耆云：「比歲有大食番舶，爲颶風所逆，寓此屬邑。首領以富有自大，肆筵設席，極其誇詫。州人私相顧曰：『以貲較勝，誠不敵矣，然視其爐煙，蓊鬱不舉，乾而輕，瘠而焦，非妙也。』遂以海北岸者，即席而焚之。高煙杳杳，若引東絙；濃腴湒湒，如練凝漆。芳馨之氣，持久益佳。大舶之徒，由是披靡。」

生結者，取不俟其成，非自然者也。生結沉香，品與棧香等。生結棧香，品與黃熟等。生漆黃熟，品之下也，色澤浮虛而肌質散緩，燃之辛烈，少和氣，久則潰敗，速用之即佳。不同棧沉成香，則永無朽腐矣。

雷、化、高、竇亦中國出香之地，比海南者，優劣不侔甚矣。既所稟不同，而售者多，故取者速也。是黃熟不待其成棧，棧不待其成沉，蓋取利者，戕賊之深也。非如瓊、管，皆深峒黎人，非時不妄剪伐，故樹無夭折之患，得必皆異香。曰熟香，曰脱落香，皆是自然成香。餘杭市香之家有萬斤黃熟者，得真棧百斤，則爲稀矣。百斤真棧，得上等沉香數十斤，亦爲難矣。薰陸、乳香之長大而明瑩者，出大食國。彼國香樹連山絡野，如桃膠松脂，委于石地，聚而斂之。若京坻香山，多石而少雨，載詢番舶，則云：「昨過乳香山下，彼人云：『此山不雨已三十年。』」香中帶石末者，非濫僞也，地無土也。然則此樹若生泥塗，則香不得爲香矣。天地植物，其有旨乎？

贊曰：「百昌之首，備物之先。于以相禋，于以告虔。孰歆至德，孰享芳煙？上聖之聖，高天之天。」

**宋・李石《續博物志》卷三**　魚豢《典略》云：「芸香，辟紙魚蠹，故藏書臺稱『芸臺』。」

**宋・孔平仲《孔氏談苑》卷二《雞舌香》**　雞舌香，即丁香也。《日華子》云：「雞舌香治口氣，故郎官含雞舌香。取其便於奏對。」正是今之丁香。古方：五香連翹湯用雞舌香。《千金》：五香連翹湯無雞舌香，却有丁香；最爲明驗。俗醫取乳香中如柿核無氣味者謂之雞舌香，殊無干涉。《新補本草》重出二物，蓋考之未精也。

**宋・張師正《倦遊雜録》《説郛》卷一四**　今南恩、高、竇等州惟産生結香。蓋山民入山，見香木之曲幹斜枝，必以刀斫之成坎，經年得雨水所漬，遂結香。復以鋸取之，刮去白木，其香結爲斑點，小名鷓鴣斑，燔之甚佳。

**宋・蘇軾《格物粗談》卷下《器用》**　椒木作擂槌，用久不臭，且香。

**又《藥餌》**　龍腦以杉木炭養之，更良不耗。或同雞毛相思子入小瓷罐蜜收，亦佳。

**宋・沈括《夢溪筆談》卷三《辨證一》**　古人藏書辟蠹用芸芸，香草也。今人謂之「七里香」者是也。葉類豌豆，作小叢生，其葉極芬香，秋後葉間微白如粉汙，辟蠹殊驗。南人採置席下，能去蚤蝨。予判昭文館時，曾得數株於潞公家，移植祕閣後，今不復有存者。香草之類，大率多異名，所謂蘭蓀，蓀，即今菖蒲是也。蕙，今零陵香是也。茝，今白芷是也。

**又　卷四《辨證二》**　《楊文公談苑》記江南後主患清暑閣前草生，徐鍇令以桂屑布甎縫中，宿草盡死，謂《呂氏春秋》云「桂枝之下無雜木」，蓋桂枝味辛螫故也。然桂之殺草木，自是其性，不爲辛螫也。《雷公炮炙論》云：「以桂爲丁，以釘木中，其木即死。」一丁至微，未必能螫大木，自其性相制耳。

**又　卷二六《藥議》**　予集《靈苑方》，論「雞舌香」以爲「丁香母」，蓋出陳氏《拾遺》，今細考之尚未然。按《齊民要術》云：「雞舌香，世以其似丁子，故一名『丁子香』」，即今「丁香」是也。《日華子》云：「雞舌香，治口氣。」所以三省故事：郎官日含雞舌香，欲其奏事對荅，其氣芬芳。此正謂丁香治口氣，至今方書爲然，又古方「五香連翹湯」用雞舌香，《千金》「五香連翹湯」無雞舌香，却有丁香，此最爲明驗。《新補本草》又出「丁香」一條，蓋不曾深考也。今世所用雞舌香，乳香中得之，大如山茱萸，剉開中如柿核，略無氣味。以治疾殊極乖謬。

今之蘇合香，如堅木，赤色。又有蘇合油，如糯膠，今多用此爲蘇合香。按，劉夢得《傳信方》「用蘇合香」云：「皮薄，子如金色，按之即小，放之即起，良久不定如蟲動，氣烈者佳也。」如此則全非今所用者。更當精考之。

薰陸即乳香也，本名「薰陸」，以其滴下如乳頭者，謂之「乳頭香」；鎔塌在地上者，謂之「塌香」，如臘茶之有「滴乳」「白乳」之品，豈可各是一物？

**又　《補筆談》卷三《藥議》**　零陵香，本名「蕙」，古之蘭蕙是也。又名「薰」。《左傳》曰：「一薰一蕕，十年尚猶有臭。」即此草也。唐人謂之「鈴鈴香」，亦謂之「鈴子香」，謂花倒懸枝間如小鈴也。至今京師人買零陵香須擇有鈴子者。鈴子，乃其花也。此本鄙語，文士以湖南零陵郡，遂附會名之。後人又收入《本草》，殊不知《本草》正經自有薰草條。又名「蕙草」，注釋甚明。南方處處有，《本草》附會其名，言出零陵郡，亦非也。

**又　《忘懷録・芸草》《説郛》卷一九**　古人藏書，謂之「芸香」是也。採置書帙中，即去蠹；置席下，去蚤蝨。栽園庭間，香聞數十步，極可愛，葉類豌豆，作小叢生。秋間葉上微白粉汗。南人謂之「七里香」，江南極多。大率香艸多只是花，過則已。縱有葉香者，須采掇嗅之方香，此艸遠在數十步外，此間已香，自春至秋不歇，絶可翫也。

**又　《靈苑方》《政和本草》卷一二**　乳香，治甲疽、胬肉裹甲，膿血疼痛不差。凡此疾，須剔去肉中甲，不治亦愈。或已成瘡不差，用此法：　乳香末、膽礬，燒研等分，傅之肉，消愈。

**宋·寇宗奭《本草衍義》卷一〇**　零陵香至枯乾猶香，入藥絶可用。婦人浸油篩髮，香無以加。此即蕙草是也。

**又　卷一三**　薰陸香，木葉類棠梨，南印度界阿吒釐國出，今謂之「西香」。南番者更佳。此即今人謂之「乳香」，爲其垂滴如乳。鎔塌在地者，謂之「塌香」，皆一也。

**宋·蔡絛《鐵圍山叢談》卷五**　舊説薔薇水，乃外國採薔薇花上露水，殆不然。實用白金爲甑，採薔薇花蒸氣成水，則屢採屢蒸，積而爲香，此所以不敗。但異域薔薇花氣，馨烈非常。故大食國薔薇水雖貯琉璃缶中，蠟密封其外，然香猶透徹，聞數十步，灑著人衣袂，經十數日不歇也。至五羊吴本作「近年」，似校者誤改。效外國造香，則不能得薔薇，第取素馨茉莉花爲之，亦足襲人鼻觀，但視大食國真薔薇水，猶奴爾。

香木，初一種也。膏脈貫溢，則其結沈水香。然沈水香其類有四：　謂之「熟結」，自然其間凝實者也；謂之「脱落」，因木朽而解者也；謂之「生結」，人以刀斧傷之，而後膏脈聚焉，故言生結也；謂之「蟲漏」，□□而後膏脈亦聚焉，故言蟲漏也。自然、脱落爲上，而其氣和；生結、蟲漏，則其氣烈，斯爲下矣。沈水香過四者外，則有半結、半不結，爲靈水沈。弄水香者，番語「多婆菜」者是也。因其半結，則實而色重；半不結，則大不實而色褐，好事者故謂之「鷓鴣斑」也。婆菜中則復有名花盤斯、水盤斯，結實厚者，亦近乎沈水。但香木被伐，其根盤必有膏脈湧溢，故亦結。但數爲水淫，其氣頗腥烈，故婆菜中水盤斯爲下矣。餘雖有香氣，既不大凝實，若是一品，號爲「箋香」。大凡沈水、婆菜、箋香，此三名常出於一種，而每自高下其品類名號爲多爾，不謂沈水、婆菜、箋香各别香種也。三者其産占城國則不若真臘國，真臘國則不若海南，諸黎洞又皆不若萬安、吉陽兩軍之間黎母山。至是爲冠絶天下之香，無能及之矣。又海北則有高、化二郡，亦出香，然無是三者之别，第爲一種，類箋之上者。吾久處夷中，厭聞沈水香，況邇者貴游取之，多海南真水沈，一星直一萬，居貧賤，安得之？因乃喜海北香。若凌水地號「瓦竈」者爲上，地號「浪灘」者爲中，時時擇其高勝。爇一炷，其香味淺短，乃更作，花氣百和旖旎。古人説香暨《續本草》《酉陽雜俎》諸家流語，殆匪其要。

**宋·張邦基《墨莊漫録》卷二**

茄根灰能養火延夕

茄根并枝暴乾，燒作灰，爲香煤，甚奇，能養火延夕。

製鼻觀香法

余嘗自製鼻觀香，有一種蕭灑風度，非閨幃間惱人破禪香味也。

其法：　用沉水香一兩，屑之，取榠樝液漬之，過一指，三日，泣其液，降真香半兩，以建茶鬬品二錢七作漿，漬一日，以濕竹紙五七重包之，火煨少時，丁香一錢，新極鮮新者，不見火玄參二錢，鮮，去塵埃，密熓令香，真茅山黄蓮香一錢，白檀香三錢，麝半錢，婆律一錢，焰硝一字，俱爲細末，濃煎皂角膠，和作餅子，密器收之，燒時極慢火。

宣和間宫中異香異物

宣和間，宫中重異香——廣南篤耨、龍涎、亞悉、金顔、雪香、褐香、軟香之類。

篤耨有黑白二種，黑者每貢數十斤，白者止一二斤，以瓠壺盛之。香性熏漬，破之可燒，號瓠香。白者每兩價直八十千，黑者三十(斤)[千]。外廷得之，以爲珍異也。

又貢異物。圓如龍眼實，色若緑葡萄，號猫兒眼睛。能息火燃炭，方熾，投之即滅。又云能解蠱毒之藥。前世所紀異物多矣，未聞此種也。

漢宫香方

《漢宫香方》，鄭康成注：

沈水香，二十四銖，著石蜜複湯鬻，銅鐵輩皆並香。以指嘗試，能飲甲則已，南海賈胡貴一種香木，末如蜜房，鋭澤正黄，可滅甲。以寒水炭四焙之。

青木香，十二之一，可酌損之。雞舌香，以其子，勿以其母，青木香用二錢。合擣爲糜，沈水得鬻蜜，烟黄而氣鬱。投初鬻蜜中，媒使相悦，閟以黄埿，蜜隙埳不津地，霾之一月中許出之，投龍腦六銖，麝損半，一爐注如芡子，薰鬱鬱，略聞百步中人也。今太官加蜜鬻，紅螺如射，外家效之以殊勝。

此方，魏泰道輔强記面疏以示洪炎玉父，意其實古語。其後於相國寺庭中，買得古葉子書雜抄，有此法，改正十餘字。又，一貴人家見一編號《古粧臺記》，證數字，甚妙。予恐失之，因附於此。

韓魏公香

予在揚州，一日，獨遊石塔寺，訪一高僧。坐小室中，僧於骨董袋中取香如芡許，炷之。覺香韻不凡，與諸香異，似道家嬰香，而清烈過之。僧笑曰：「此魏公香也。韓魏公喜焚此香。」乃傳其法：用黑角沉半兩，鬱金香一錢，一字麩炒丁香一分，上等臘茶一分，碾細分作兩處，麝香當門子，一字右先點一半，茶澄取清汁，研麝漬之。次屑三物入之。以餘茶和半盞許，令衆香蒸過，入磁器有油者，地窖一月。

## 又 卷三 玫瑰油

玫瑰油出北虜，其色瑩白，其香芬馥，不可名狀，用爲試粧。法用衆香煎煉，北人貴重之。每報聘禮物中，只一合，奉使者例獲一小罌，其法秘不傳也。

宣和間，周武仲憲之使虜，過磁州，時葉著宣遠爲守，祝周云：「回日願以此油分餉。」既反命，以油贈之。葉云：「今不須矣。近禁中厚賂虜使，遂得其法，煎成賜近臣，色香勝北來者。婦翁蔡京新寄數合。」且云：「公還朝必有取者，今反獻一合。」周亦不受也。

北人方物不過一合，貴惜如此，而貴近之家，贈遺若此之多，足知其侈靡之甚也。

## 宋・洪芻《香譜》卷上《香之品》

龍腦香

《酉陽雜俎》云：「出波律國，樹高八九丈，可六七尺圍，葉圓而背白。其樹有肥瘦，形似松脂，作杉木氣。乾脂謂之龍腦香，清脂謂之波律膏。子似豆蔻，皮有甲錯。」《海藥本草》云：「味苦辛，微温，無毒。主內外障眼、三蟲，療五痔，明目，鎮心，秘精。」又有蒼龍腦，主風疹䵟，入膏煎，良，不可點眼。明净如雪花者善，久經風日，或如麥麩者不佳。云合黑豆、糯米、相思子貯之，不耗。今復有生熟之異，稱生龍腦，即上之所載是也。其絶妙者目曰梅花龍腦。有經火飛結成塊者，謂之熟龍腦，氣味差薄焉，蓋易入他物故也。

麝香

《唐本草》云：「生中臺川谷，及雍州、益州皆有之。」陶隱居云：「形似麞，常食柏葉及噉蛇，或于五月得者，往往有蛇皮骨。主辟邪、殺鬼精、中惡、風毒、療傷。」多以一子真香分揉作三四子，刮取血膜，雜以餘物。大都亦有精麄，破皮毛共在裏中者爲勝。或有夏食蛇蟲多，至寒香滿，入春患急痛，自以脚剔出，人有得之者。此香絶勝。帶麝，非但香辟惡，以香真者一子著腦間枕之，辟惡夢及屍疰、鬼氣。今或傳有水麝臍，其香尤美。

沉水香

《唐本草》注云：「出天竺、單于二國，與青桂、雞骨、馢香同是一樹。葉似橘，經冬不彫。夏生花，白而圓細，秋結實，如檳榔，色紫似葚而味辛，療風水毒腫，去惡氣。樹皮青色，木似櫸柳。重實，黑色，沉水者是。」今復有生黃而沉水者，謂之蠟沉。又其不沉者，謂之生結。又《拾遺解紛》云：「其樹如椿，常以水試，乃知。」餘見下卷《天香傳》中。

白檀香

陳藏器云：「《本草拾遺》曰：樹如檀，出海南。主心腹痛、霍亂、中惡、鬼氣、殺蟲。」又《唐本草》云：「味鹹，微寒，主惡風毒，出昆侖盤盤之國。主消風積、水腫。又有紫真檀，人磨之以塗風腫，雖不生于中華，而人間遍有之。」

蘇合香

《神農本草》云：「生中臺川谷。」陶隱居云：「俗傳是獅子糞，外國説不爾。今皆從西域來，真者難別。紫赤色如紫檀，堅實，極芬香，重如石。燒之灰白者佳。主辟邪、瘧、癇、痓，去三蟲。」

安息香

《本草》云：「出西戎，似柏脂，黄黑色爲塊。新者亦柔軟，味辛苦，無毒，主心腹惡氣、鬼疰。」《酉陽雜俎》曰：「安息香，出波斯國，其樹呼爲辟邪樹。長三丈許，皮色黄黑，葉有四角，經冬不彫。二月有花，黄色，心微碧，不結實。刻皮出膠如飴，名安息香。」

鬱金香

《魏略》云：「生大秦國，二三月花如紅藍，四五月採之。其香十二葉，爲百草之英。」《本草拾遺》曰：「味苦，無毒，主蟲毒、鬼疰、鵶鶻等臭，除心腹間惡氣、鬼疰，入諸香用。」《説文》曰：「鬱金，芳草。煑以釀鬯，以降神也。」

雞舌香

《唐本草》云：「生昆侖及交、愛以南。樹有雌雄，皮葉并似栗，其花如梅。結實似棗核者，雌樹也，不入香用；無子者，雄樹也，採花釀以成香，微温，主心痛、惡瘡，療風毒，去惡氣。」

薰陸香

《廣志》云：「生海南。」又《辟方注》曰：「即羅香也。」《海藥本草》云：「味平温，無毒，主清人神。其香樹一名馬尾，香是樹皮鱗甲，採之復生。」又《唐本草》注云：「出天竺國及邯鄲，似楓松脂，黄白色。天竺者多白，邯鄲者夾緑色，香不甚烈，微温。主伏屍、惡氣，療風水腫毒、惡瘡。」

詹糖香

《本草》云：「出晉安、岑州及交、廣以南，樹似橘，煎枝葉爲之，似糖而黑。多以其皮及蠹糞雜之，難得淳正者。惟軟乃佳。」

丁香

《山海經》曰：「生東海及昆侖國，二三月花開，七月方結實。」《開寶本草》注云：「生廣州，樹高丈餘，淩冬不凋，葉似櫟，而花圓細，色黄，子如丁，長四五分，紫色中有麄大長寸許者，俗呼爲母丁香。擊之則順理而折。味辛，主風毒諸腫，能發諸香及止乾、霍亂、嘔吐。」

波律香

《本草拾遺》曰：「出波律國，與龍腦同樹之清脂也。除惡氣，殺蟲疰。」見「龍腦香」，即波律膏也。

乳香

《廣志》云：「即南海波斯國松樹脂，有紫赤櫻桃者，名乳香，蓋薰陸之類也。」仙方多用辟邪，其性温，療耳聾、中風、口噤、婦人血風，能發酒，治風冷，止大腸洩僻，療諸瘡癤令内消。今以通明者爲勝，首曰「的乳」，其次曰「揀香」，又次曰「瓶香」，然多夾雜成大塊，如瀝青之狀。又其細者，謂之香纏。

青桂香

《本草拾遺》曰：「即沉香同樹細枝，緊實未爛者。」

雞骨香

《本草拾遺》記曰：「亦䉋香中形似雞骨者。」

木香

《本草》云：「一名蜜香，從外國舶上來。葉似薯蕷而根大，花紫色，功效極多。味辛温而無毒。主辟温，療氣劣、氣不足，消毒，殺蟲毒。今以如雞骨堅實，齧之粘齒者爲上。復有馬兜苓根，謂之青木香，非此之謂也。或云有二種，亦恐非耳。一謂之雲南根。」

降真香

《南州記》曰：「生南海諸山。」又云：「生大秦國。」《海藥本草》曰：「味温平，無毒。主天行時氣，宅舍怪異，并燒之有驗。」《仙傳》云：「燒之感引鶴降，醮星辰，燒此香甚爲第一。小兒帶之能辟邪氣。其香如蘇方木，然之初不甚香，得諸香和之則特美。」

艾蒳香

《廣志》云：「出西國，似細艾。」又云：「松樹皮緑衣，亦名艾蒳，可以合諸香燒之，能聚其煙，青白不散。」《本草拾遺》曰：「味温，無毒，主惡氣，殺蛀蟲，主腹冷洩痢。」

甘松香

《本草拾遺》曰：「味温，無毒，主鬼氣，卒心腹痛、脹滿，浴人身令香。叢生，葉細。」《廣志》云：「甘松香生凉州。」

零陵香

《南越志》云：「一名燕草，又名薰草，生零陵山谷，葉如羅勒。」《山海經》曰：「薰草似麻葉，方莖，氣如蘼蕪，可以止癘，即零陵香。味苦，無毒，主惡氣注心、腹痛，下氣，令體香，和諸香或作湯丸用，得酒良。」

茅香花

《唐本草》云：「生劍南諸州，其莖葉黑褐色，花白，非白茅也。味苦温，無毒，主中惡，温胃，止嘔吐。葉苗可煮湯浴，辟邪氣，令人香。」

䉋香

《本草拾遺》曰：「亦沉香同樹，以其肌理有黑脈者謂之也。」黄熟香亦䉋香之類也，但輕虚枯朽不堪者。今和香中皆用之。

水盤香

類黄熟而殊大，多雕刻爲香山佛像，并出舶上。

白眼香

亦黄熟之别名也，其色差白，不入藥品，和香或用之。

葉子香

即䉋香之薄者，其香尤勝于䉋，又謂之龍鱗香。

雀頭香

《本草》云：「即香附子也，所在有之。葉莖都似三棱，根若附子，周匝多毛。

交州者最勝，大如棗核，近道者如杏仁許。荆襄人謂之莎草，根大下氣，除胸腹中熱，合和香用之尤佳。」

芸香

《倉頡解詁》曰：「芸蒿似邪蒿，可食。」魚豢《典略》云：「芸香辟紙魚蠹，故藏書臺稱芸臺。」

蘭香

《川本草》云：「味辛平，無毒，主利水道，殺蟲毒，辟不祥。一名水香，生大吳池澤，葉似蘭，尖長有岐，花紅白色而香，煮水浴以治風。」

芳香

《本草》云：「即白芷也。一名茝，又名虈，又曰莞，又曰符離，又名澤芬。生下濕地，河東川谷尤佳，近道亦有。道家以此香浴，去屍蟲。」

蘹香

《本草》云：「即杜衡也。葉似葵，形如馬蹄，俗呼爲馬蹄香。藥中少用，惟道家服，令人身香。」

蕙香

《廣志》云：「蕙草，緑葉紫花。魏武帝以爲香，燒之。」

白膠香

《唐本草》注云：「樹高大，木理細，莖葉三角，商洛間多有。五月斫爲坎，十一月收脂。」《開寶本草》云：「味辛苦，無毒，主癮疹、風癢、浮腫，即楓香脂。」

都梁香

《荆州記》曰：「都梁縣有山，山上有水，其中生蘭草，因名都梁香，形如霍香。」古詩曰：「博山爐中百和香，鬱金蘇合及都梁。」《廣志》云：「都梁出淮南，亦名煎澤草也。」

甲香

《唐本草》云：「蠡類。生雲南者，大如掌，青黄色，長四五寸，取黶燒灰用之。南人亦煮其肉噉。今合香多用，謂能發香，復來香煙。須酒蜜煮製方可。」用法見下。

白茅香

《本草拾遺》記曰：「味甘平，無毒，主惡氣，令人身香。煮汁服之，主腹内冷痛。生安南，如茅根，道家用煮湯沐浴。」

必栗香

《内典》云：「一名化木香，似老椿。」《海藥本草》曰：「味辛温，無毒，主鬼疰心氣，斷一切惡氣。葉落水中，魚暴死。木可爲書軸，辟白魚，不損書。」

兜婁香

《異物志》云：「出海邊國，如都梁香。」《本草》曰：「性微温，療霍亂、心痛，主風水毒腫，惡氣，止吐逆。亦合香用。莖葉似水蘇。」

藒車香

《本草拾遺》曰：「味辛温，主鬼氣，去臭及蟲魚蛀物。生彭城，高數尺，白花。」《爾雅》曰：「藒車，芞輿。」注曰：「香草也。」

兜納香

《廣志》曰：「生剽國。」《魏略》曰：「出大秦國。」《本草拾遺》曰：「味温甘，無毒，去惡氣，温中除冷。」

耕香

《南方草木狀》曰：「耕香，莖生細葉。」《本草拾遺》曰：「味辛温，無毒，主臭鬼氣，調中。生烏滸國。」

木蜜香

《内典》云：「狀若槐樹。」《異物志》云：「其葉如椿。」《交州記》云：「樹似沉香。」《本草拾遺》曰：「味甘温，無毒，主辟惡、去邪、鬼疰。生南海諸山中。種五六年，便有香也。」

迷迭香

《廣志》云：「出西域。魏文帝有賦，亦嘗用。」《本草拾遺》曰：「味辛温，無毒，主惡氣，令人衣香，燒之去邪。」

## 又《香之異》

都夷香

《洞冥記》：「香如棗核，食一顆，歷月不饑；或投水中，俄滿大盂也。」

荼蕪香

王子年《拾遺記》：「燕昭王時，廣延國進二舞人，帝以荼蕪香屑鋪地四五寸，使舞人立其上，彌日無跡。香出波弋國，浸地則土石皆香，著朽木腐草，莫不茂蔚，以薰枯骨，則肌肉皆生。」又出《獨異志》。

辟寒香

辟寒香、辟邪香、瑞麟香、金鳳香，皆異國所獻。《杜陽編》云：「自兩漢至皇唐，皇后、公主乘七寶輦，四面綴五色玉香囊，囊中貯上四香，每一出遊，則芬馥滿路。」

月支香

《瑞應圖》：「天漢二年，月支國貢神香，武帝取看之，狀若燕卵，凡三枚，大似棗。帝不燒，付外庫。後長安中大疫，宫人得疾，衆使者請燒一枚以辟疫氣，帝然之，宫中病者差。長安百里内聞其香，積九月不歇。」

振靈香

《十洲記》：「聚窟洲有大樹如楓，而葉香聞數百里，名曰返魂樹。根于玉釜中，煮汁如飴，名曰驚精香，又曰振靈香，又曰返生香，又曰馬精香，又名却死香。一種五名，靈物也。香聞數百里，死屍在地，聞即活。」

千畝香

《述異記》曰：「南郡有千畝香林，名香往往出其中。」

十里香

《述異記》曰：「千年松香，聞于十里。」

藹齊香

《酉陽雜俎》曰：「出波斯國，拂林呼爲頂勃梨咃。長一丈餘，圍一尺許，皮色青薄而極光净，葉似阿魏，每三葉生于條端，無花結實。西域人常八月伐之，至冬更抽新條，極滋茂。若不剪除，返枯死。七月斷其枝，有黄汁，其狀如蜜，微有香氣，入藥療百病。」

龜甲香

《述異記》曰：「即桂香之善者。」

兜末香

《本草拾遺》曰：「燒，去惡氣，除病疫。」《漢武帝故事》曰：「西王母降，上燒是香。兜渠國所獻，如大豆，塗宫門，香聞百里。關中大疫，死者相枕，燒此香，疫則止。」《内傳》云：「死者皆起。」此則靈香，非中國所致。

沉光香

《洞冥記》：「塗魂國貢，闇中燒之有光，而堅實難碎，太醫以鐵杵舂如粉而燒之。」

沉榆香

《封禪記》：「黄帝列珪玉于蘭蒲席上，然沉榆香，舂雜寶爲屑，以沉榆和之若泥，以分尊卑華戎之位。」

茵墀香

《拾遺記》：「靈帝初平三年，西域獻。煮湯辟癘，宫人以沐頭。」

石葉香

《拾遺記》曰：「此香疊疊，狀如雲母，其氣辟癘。魏文帝時題腹國獻。」

鳳腦香

《杜陽編》：「穆宗嘗于藏真島前焚之，以崇禮敬。」

紫述香

《述異記》：「一名紅藍香，又名金香，又名麝香草，香出蒼梧、桂林二郡界。」

威香

孫氏《瑞應圖》曰瑞草，曰：「一名威蕤，王者禮備則生于殿前。」又云：「王者愛人命則生。」

百濯香

《拾遺記》：「孫亮寵姬四人，合四氣香，皆殊方，異國所獻。凡經踐躡安息之處，香氣在衣，彌年不歇，因香名百濯。復目其室曰思香媚寢。」

龍文香

《杜陽編》：「武帝時所獻，忘其國名。」

千步香

《述異記》：「南海出千步香，佩之，香聞于千步。」草也，今海隅有千步草，是其種也。葉似杜若，而紅碧相雜。《貢籍》曰：「南郡貢千步香。」

薰肌香

《洞冥記》：「用薰人肌骨，至老不病。」

蘅蕪香

《拾遺記》：「漢武帝夢李夫人授蘅蕪之香。帝夢中驚起，香氣猶著衣枕，歷月不歇。」

九和香

《三洞珠囊》曰：「天人玉女搗羅天香，按擎玉爐，燒九和之香。」

九真雄麝香

《西京雜記》:「趙昭儀上姊飛燕三十五物,有青木香、沉水香、九真雄麝香。」

闍賓國香

《盧氏雜説》:「楊牧嘗召崔安石食,盤前置香一爐,煙出如樓臺之狀。崔別聞一香,非似爐煙。崔思之。楊顧左右取白角碟子,盛一漆毬子呈崔,曰:『此罽賓國香,所聞即此香也。』」

拘物頭花香

《唐太宗實録》曰:「罽賓國進拘物頭花香,香聞數里。」

昇霄靈香

《杜陽編》:「同昌公主薨,主哀痛,常令賜紫,尼及女道冠焚昇霄靈之香,擊歸天紫金之磬,以導靈昇。」

祇精香

《洞冥記》:「出塗魂國。燒此香,魑魅精祇皆畏避。」

飛氣香

《三洞珠囊・隱訣》云:「真檀之香、夜泉玄脂、朱陵飛之香、返生之香,皆真人所燒之香也。」

金磾香

《洞冥記》:「金日磾既入侍,欲衣服香潔,變胡虜之氣,自合此香。帝果悦之。日磾嘗以自薰,宫人有見者,以增其媚。」

五香

《三洞珠囊》曰:「五香,一株五根,一莖五枝,一枝五葉,一葉間五節,五五相對,故先賢名之五香之木。燒之十日,上徹九星之天。即青木香也。」

千和香

《三洞珠囊》:「峨嵋山孫真人然千和之香。」

兜婁婆香

《楞嚴經》:「壇前别安一小爐,以此香煎取香水沐浴,其炭然,令猛熾。」

多伽羅香

《釋氏會要》曰:「多伽羅香,此云根香。多摩羅跋香,此云藿香。旃檀,釋云與樂,即白檀也,能治熱病。赤檀能治風腫。」

大象藏香

《釋氏會要》曰:「因龍鬬而生。若燒其一丸,興大光明,細雲覆上,味如甘露,七晝夜降其甘雨。」

牛頭旃檀香

《華嚴經》云:「從離垢出,若以塗身,火不能燒。」

羯布羅香

《西域記》云:「其樹松身異葉,花果亦别。初採既濕,尚未有香。木乾之後,循理而折之,其中有香。木乾之後,色如冰雪。亦龍腦香。」

薝蔔花香

《法華經》云:「須曼那華香、闍提華香、末利花香、羅羅華香、青赤白蓮華香、華樹香、果樹香、旃檀香、沉水香、多摩羅跋香、多伽羅香、象香、馬香、男香、女香、拘鞞陁羅樹香、曼陁羅花香、殊沙華香。」

**又　卷下《香之事》**　丁謂之《天香傳》香之類有四:曰沉、曰棧、曰生結、曰黄熟。其爲狀也十有二,沉香得其八焉。曰烏文格,土人以木之格,其沉香如烏文木之色澤,而更取其堅格,是美之至也。曰黄蠟,其表如蠟,少刮削之,黳紫相半,烏文格之次也。牛目與角及蹄,雞頭、洎髀、若骨,此沉香之狀,土人則曰牛目、牛角、牛蹄、雞頭、雞腿、雞骨。曰昆侖梅格,棧香也,似梅樹,黄黑相半而稍堅,土人以此比棧香也。曰蟲鏤,凡曰蟲鏤,其香尤佳,蓋香兼黄熟,蟲蛀蛇攻,腐朽盡去,菁英獨存者也。曰傘竹格,黄熟香也,如竹色,黄白而帶黑,有似棧香也。曰茅葉,似茅葉,至輕,有入水而沉者,得沉香之餘氣也,然之至佳,土人以其非堅實,抑之爲黄熟也。曰鷓鴣斑,色駁雜似鷓鴣羽也,生結香者,棧香未成沉者有之,黄熟未成棧者有之。

凡四名十二狀,皆出一本,樹體如白楊,葉如冬青而小。膚,表也;標,末也。質輕而散,理疏以粗,曰黄熟。黄熟之中,黑色堅勁者曰棧香。棧香之名相傳甚遠,以未知其旨,惟沉水爲狀也。骨肉穎脱,角刺鋭利,無大小,無厚薄。掌握之,有金玉之重;切磋之,有犀角之堅。縱分斷瑣碎而氣脈滋溢,用之與臬塊者等。鶚云:「香不欲大,圍尺以上慮有水病,若斤以上者,中含兩孔,以下浮水即不沉矣。」又曰:「或有附于柏枅,隱于曲枝,蟄藏深根,或抱真木本,或挺然結實,混然成形。嵌如穴谷,屹若歸雲。如矯首龍,如峨冠鳳;如麟植趾,如鴻鎩翮;如曲肱,如駢指。但文彩緻密,光彩射人,斤斧之跡,一無所及,置器以驗,如石投水,此寶香也,千百一而已矣。」夫如是,自非一氣粹和之凝結,百神祥異之含育，則何以群木之中，獨稟靈氣，首出庶物，得奉高天也？

占城所産䉼、沉至多，彼方貿選，或入番禺，或入大食。貴重與黄金同價。鄉耆云：「比歲有大食番舶，爲颶所逆，寓此屬邑，酋領以其富有，大肆筵席，極其誇詫。州人私相顧曰：『以貲較勝，誠不敵矣，然視其爐煙，蓊鬱不舉，乾而輕，瘠而焦，非妙也。』遂以海北岸者，即席而焚之。其香杳杳，若引東溟；濃腴湒湒，如練凝淹。芳馨之氣，特久益佳。大舶之徒，由是披靡。」

生結香者，取不候其成，非自然者也。生結沉香，與䉼香等。生結䉼香，品與黄熟等。生結黄熟，品之下也，色澤浮虚而肌質散緩，然之辛烈，少和氣，久則潰敗，速用之即不佳。沉䉼成香，則永無朽腐矣。

雷、化、高、竇亦中國出香之地，比南海者，優劣不侔甚矣。既所稟不同而售者多，故取者速也。是黄熟不待其成䉼，䉼不待其成沉，蓋取利者，戕賊之也。非如瓊、管，皆深峒黎人，非時不妄剪伐，故樹無夭折之患，所得必皆異香。曰熟香，曰脱落香，皆是自然成者。餘杭市香之家有萬斤黄熟者，得真䉼百斤，則爲稀矣。百斤真䉼得上等沉香數十斤，亦爲難矣。

熏陸、乳香之長大而明瑩者，出大食國。彼國香樹連山絡野，如桃膠松脂委于地，聚而斂之。若京坻香山，多石而少雨，載詢番舶，則云：「昨過乳香山，彼人云：『此山不雨已三十年矣。』」香中帶石末者，非濫僞也，地無土也。然則此樹若生于塗，沉則無香，遂不得爲香矣。天地植物，其有自乎？

贊曰：「百昌之首，備物之先。于以相禋，于以告虔。孰歆至薦？孰享芳煙？上聖之聖，高天之天。」

## 又《香之法》

蜀王薰御衣法

丁香、䉼香、沉香、檀香、麝香已上各一兩，甲香三兩，製如常法。

右件香擣爲末，用白沙蜜輕煉過，不得熱用，合和令匀，入用之。

江南李王帳中香法

右件用沉香一兩，細剉，加以鵝梨十枚，研取汁，于銀器内盛却，蒸三次，梨汁乾即用之。

唐化度寺牙香法

沉香一兩半，白檀香五兩，蘇合香一兩，甲香一兩，煮，龍腦半兩，麝香半兩。

右件香，細剉擣爲末，用馬尾篩羅，煉蜜溲和得所，用之。

雍文徹郎中牙香法

沉香、檀香、甲香、䉼香各一兩，黄熟香一兩，龍麝各半兩。

右件擣羅爲末，煉蜜拌和匀，入新瓷器中貯之，密封埋地中一月，取出用。

延安郡公蘂香法

玄參半斤，净洗去塵土，于銀器中以水煮令熟，控乾，切入銚中，慢火炒，令微煙出。甘松四兩，揀去雜草、塵土方秤定，細剉之。白檀香剉。麝香顆者俟別藥成末，方入研。的乳香細研，同麝香入，上三味各二錢。

右半新好者，杵羅爲末，煉蜜和匀，丸如雞頭大，每藥末一兩，使熟蜜一兩；未丸前再入杵臼百餘下，油單密封，貯瓷器中，旋取燒之。

供佛濕香法

檀香二兩，零陵香、䉼香、藿香、白芷、丁香皮、甜參各一兩，甘松、乳香各半兩，消石一分。

右件依常法事治碎，剉、焙乾，擣爲細末，别用白茅香八兩，碎擘去泥，焙乾，用火燒；候火焰欲絶，急以盆蓋，手巾圍盆口，勿令通氣。放冷，取茅香灰，擣爲末，與前香一處，逐旋入經煉好蜜相和，重入藥臼擣，令軟硬得所，貯不津器中，旋取燒之。

牙香法

沉香、白檀香、乳香、青桂香、降真香、甲香，灰汁煮少時，取出放冷，用甘水浸一宿取出，令焙乾。龍腦、麝香。已上八味，各半兩，擣羅爲末，煉蜜，拌令匀。

右别將龍腦、麝香于净器中研細入令匀，用之。

又牙香法

黄熟香、䉼香、沉香各五兩，檀香、零陵香、藿香、甘松、丁香皮各三兩，麝香、甲香三兩，用黄泥漿煮一日後，用酒煮一日。硝石、龍腦各三分，乳香半兩。

右件除硝石、龍腦、乳、麝同研細外，將諸香擣羅爲散，先用蘇合油一茶脚許，更入煉過，蜜二斤，攪和令匀，以瓷合貯之，埋地中一月，取出用之。

又牙香法

沉香四兩，檀香五兩，結香、藿香、零陵香、甘松已上各四兩，丁香皮、甲香各二分，麝香、龍腦各三分，茅香四兩，燒灰。

右件爲細末，煉蜜和匀，用之。

又牙香法

生結香、馥香、零陵香、甘松各三兩，藿香、丁香皮、甲香各一兩，麝香一錢。

右爲麄末，煉蜜，放冷和勻，依常法窨過，爇之。

又牙香法

檀香、玄參各三兩，甘松二兩，乳香、龍麝各半兩。令研。

右先將檀香、玄參剉細，盛于銀器内，以水浸，慢火煮，水盡取出焙乾，與甘松同擣羅爲末，次入乳香末等一處，用生蜜和勻，久窨，然後用之。

又牙香法

白檀香八兩，細劈作片子，以臈茶清浸一宿，控出焙令乾，用蜜酒中拌，令得所，再浸一宿，火焙乾。沉香三兩、生結香四兩，龍腦、麝香各半兩，甲香一兩，先用灰煮，次用一生土煮，次用酒蜜煮，漉出用。

右令將龍、麝別研外，諸香同擣羅，入生蜜拌勻，以瓷罐貯，窨地中月餘，出。

印香法

夾馥香、白檀香各半兩，白茅香二兩，藿香一分，甘松、甘草、乳香各半兩，馥香二兩，麝香四錢，甲香一分，龍腦一錢，沉香半兩。

右除龍、麝、乳香別研外，都擣羅爲末，拌和令勻，用之。

又印香法

黄熟香六斤，香附子、丁香皮[各]五兩，藿香、零陵香、檀香、白芷各四兩，棗半斤焙，茅香二斤，茴香二兩，甘松半斤，乳香一兩細研，生結香四兩。

右擣羅爲末，如常法用之。

傅身香粉法

英粉令研，青木香、麻黄根、附子炮、甘松、藿香、零陵香已上各等分。

右件除英粉外，同擣羅爲細末，用夾絹袋盛，浴了傅之。

梅花香法

甘松、零陵香各一兩，檀香、茴香各半兩，丁香一百枚，龍腦少許別研。

右爲細末，煉蜜令合和之，乾濕得中，用。

衣香法

零陵香一斤，甘松、檀香各拾兩，丁香皮半兩，辛夷半兩，茴香一分。

右擣羅爲末，入龍、麝少許，用之。

窨酒龍腦丸法

龍、麝二味用研，丁香、木香、官桂、胡椒、紅豆、縮砂、白芷已上各一分，馬哱少許。

右除龍、麝令研外，同擣羅爲細末，蜜爲丸和如櫻桃大。一斗酒置一丸于其中，却封繫，令密三五日，開飲之，其味特香美。

毬子香法

艾蒳一兩，松樹上青衣是也。酸棗一升，入水少許研，取汁一碗，日煎成膏用。丁香、檀香、茅香、香附子、白芷五味各半兩，草荳蔻一枚去皮，龍腦少許令研。

右除龍腦令研外，都擣羅，以棗膏與熟蜜合和得中，入臼杵，令不粘杵即止，丸如梧桐子大。每燒一丸欲盡，其煙直上如一毬子，移時不散。

窨香法

凡和合香，須入窨，貴其燥濕得宜也。每合香和訖，約多少，用不津器貯之，封之以蠟紙，于静室屋中入地三五寸，瘗之月餘日，取出，逐旋開取然之，則其香尤馣馤也。

薰香法

凡薰衣，以沸湯一大甌置薰籠下，以所薰衣覆之，令潤氣通徹，貴香入衣難散也。然後于湯爐中燒香餅子一枚，以灰蓋或用薄銀楪子尤妙，置香在上薰之，常令煙得所。薰訖，疊衣，隔宿衣之，數日不散。

造香餅子法

軟灰三斤，蜀葵葉或花一斤半，貴其粘，同擣令勻，細如末可丸，更入薄糊少許，每如彈子大，捏作餅子曬乾，貯瓷瓶内，逐旋燒用。如無葵，則以炭中半入紅花滓同擣，用薄糊和之，亦可。

**宋・邵博《邵氏聞見後録》卷二九** 芸草，古人用以藏書，曰「芸香」是也。置書帙中即無蠹，置席下即去蚤虱。葉類豌豆，作小叢，遇秋則葉上微白，如粉汗，南人謂之「七里香」。大率香草，花過則無香，縱葉有香，亦須採掇嗅之方覺。此草遠在數十步外已聞香，自春至秋不歇絶，可翫也。

千葉黄梅，洛人殊貴之，其香異於它種，蜀中未識也。近興、利州山中，樵者薪之以出，有洛人識之，求於其地尚多，始移種遺喜事者，今西州處處有之。

蘭有二種：細葉者春花，花少；闊葉者秋花，花多。黄魯直《蘭説》云：「楚人滋蘭之九畹，樹蕙之百畆，蘭以少故貴，蕙以多故賤。」予以爲非是。蓋十二畆爲畹，則九畹百畆，亦相等矣。又云：「一榦一花而香有餘者蘭，一榦五七花而香不足者蕙。」是以細葉爲蘭，闊葉爲蕙，亦非也。楚人曰，蕙，今零陵香是也，又名薰，所謂一薰一蕕者也。唐人但名鈴鈴香，亦名鈴子香，取其花倒懸枝間，如小鈴也。近時附入《本草》，云：出零陵郡。亦非也。不詳《本草》自有「薰草」條，亦名蕙草甚明，零陵爲重出云。

**宋・葉廷珪《海録碎事》卷六《飲食器用部・香門》**　百濯香　吴孫亮寵姬有異香，歷年彌盛，百浣不歇，名曰「百濯香」。　菡萏鑪　薛逢詩：碧碎鴛鴦瓦，香埋菡萏鑪。　無礙香　張説詩：願寄無礙香，隨心到南海。　五香　一木五香：根旃檀、節沉、花鷄舌、葉藿、膠薰陸。　辟惡香　庾信：盤龍明鏡餉秦嘉，辟惡生香寄韓壽。　妙香　燈影照無睡，心清聞妙香。《維摩經》云：坐香樹下，聞斯妙香。杜詩。疑是孟詩。　異香　趙后浴五蘊七香湯，踞通沉水香，坐燎降神百蘊香。昭儀浴荳蔻湯，傅露華石英粉。帝嘗私語樊嫕曰：「后雖有異香，不如昭儀體自香也。」《飛燕外傳》。　百蘊香　五蘊香　同見上。　返生香　《拾遺傳》：月氏國進異香，漢武帝焚之，死者三日皆活。一曰返生香，一曰却死香。　蘇合香　《南史》：大秦國出蘇合香，是諸香汁煎之，非自然一物也。又，大秦人采蘇合，先笮其汁以爲香膏，乃賣其滓。　震檀香　震檀香，乃返魂香也，出聚窟洲，亦名却死香。一種有六名。漢武時月支國嘗獻之。　象藏香　象藏香因龍闘而生。燒之一丸，凝停七日，降金色雨，霑人身，悉皆金色。林逋。　靈蕪　靈蕪盤穗養良常。靈蕪，香也。　九回香　趙飛燕妹婕好名合德，每沐，以九回香膏髮。其薄眉號遠山黛，施小朱，號慵來妝。《雜俎》。　沉榆香　詔群臣受德教者先燃沉榆之香。《拾遺記》。　石葉香　欲薰羅薦嫌龍腦，須爲尋求石葉香。段成式。　逆風聞　林公曰：白旃檀非不馥，焉能逆風？《成實論》曰：波利賓多天樹，其香則逆風而聞。　龍鱗香　龍鱗香，葉子曰：即棧香之薄者，又曰龍鱗香。　意可香　意可香初名宜愛。或云：此江南宫中香，有美人字曰宜，愛此香，故名「宜愛」。山谷曰：香殊不凡，而名乃有脂粉氣。易名曰「意可」。　三天下　香氣三天下，鐘聲萬壑連。李白。　五色煙　皮日休：五色香煙惹内文。注：許遠遊燒香五色煙。　沉木香　沉木香，林邑國土人破斷之，積以歲年，朽爛而心節獨在，置水中則沉，故名曰沉香。不沉曰棧香。　侍史香　塵暗神妃韈，衣殘侍史香。楊文公詩。　芝印　香字消芝印，金經發涯函。　梵宇香　翻了西天偈，燒餘梵宇香。

**宋・范成大《桂海虞衡志・志香》**　南方火行，其氣炎上，藥物所賦，皆味辛而嗅香。而沉、箋之屬世專謂之香者，又美之所種也。世皆云二廣出香，然廣東香乃自舶上來，廣右香廣海北者亦凡品，惟海南最勝。人士未嘗落南者，未必盡知，故著其説。

沉水香

上品出海南黎峒，亦名土沉香，少大塊。其次如繭栗角，如附子，如芝菌，如茅竹葉者，皆佳。至輕薄如紙者，入水亦沉。

香之節因久蟄土中，滋液下向，結而爲香。採時香面悉在下，其背帶木性者乃出土上。環島四郡界皆有之，悉冠諸蕃所出，又以出萬安者爲最勝。説者謂萬安山在島正東，鍾朝陽之氣，香尤醖藉豐美。

大抵海南香氣皆清淑，如蓮花、梅英、鵝梨、蜜脾之類，焚一博投許氛翳彌室。翻之四面悉香，至煤燼氣亦不焦，此海南香之辨也。

北人多不甚識，蓋海上亦自難得。省民以牛博之於衆黎，一牛博香一擔，歸自差擇，得沉水十不一二。中州人士但用廣州舶上占城、真臘等香，近年又貴丁流眉來者。予試之，乃不及海南中、下品。舶香往往腥烈，不甚腥者，意味又短，帶木性，尾烟必焦。其出海北者，生交趾，及交人得之海外蕃舶而聚于欽州，謂之欽香。質重實，多大塊，氣尤酷烈，不復風味，惟可入藥，南人賤之。

**又**　蓬萊香

亦出海南。即沉水香結未成者。多成片，如小笠及大菌之狀，有徑一二尺者，極堅實，色狀皆似沉香，惟入水則浮，刳去其背帶木處，亦多沉水。

鷓鴣斑香

亦得之於海南沉水、蓬萊及絶好箋香中。槎牙輕鬆，色褐黑而有白斑，點點如鷓鴣臆上毛，氣尤清婉，似蓮花。

**又**　箋香

出海南。香如猬皮、栗蓬及漁蓑狀，蓋修治時雕鏤費工，去木留香，棘刺森然。香之精鍾於刺端，芳氣與他處箋香迥別。出海北者，聚于欽州，品極凡，與廣東舶上生、熟、速、結等香相埒。海南箋香之下，又有重漏、生、結等香，皆下色。

**又**　光香

與箋香同品第，出海北及交趾。亦聚於欽州，多大塊。如山石枯槎，氣粗烈如焚松檜。曾不能與海南箋香比，南人常以供日用及常程祭享。

**又**　沉香

出交趾。以諸香草合和蜜調如薰衣香。其氣温馨，自有一種意味，然微昏鈍。

**又**　香珠

出交趾。以泥香捏成小巴豆狀，琉璃珠間之，彩絲貫之，作道人數珠。入省地賣，南中婦人好帶之。

**又**　思勞香

出日南。如乳香，瀝青黄褐色，氣如楓香，交趾人用以合和諸香。

**又**　排草

出日南。狀如白茅，香芳烈如麝香，本亦用以合香。諸草香無及之者。

**又**　檳榔苔

出西南諸島，生檳榔木上，如松身之艾蒳。單爇極臭，交趾人用以合泥香，則能成温馨之氣。功用如甲香。

**又**　橄欖香

橄欖木脂也，狀如黑膠飴。江東人取黄蓮木及楓木脂以爲欖香，蓋其類。出于橄欖，故獨有清烈出塵之意，品格在黄連、楓香之上。桂林東江有此果，居人采香賣之，不能多得，以純脂不雜木皮者爲佳。

**又**　零陵香

宜、融等州多有之。土人編以爲席，薦坐褥，性暖宜人。零陵，今永州，實無此香。

**又**　**《志花》**　泡花

南人或名柚花。春末開，蕊圓白如大珠，既拆則似茶花。氣極清芳。與茉莉、素馨相逼。番人采以蒸香，風味超勝。

**宋·黄震《黄氏日抄》卷六七《桂海虞衡志》**

沉香

出海外黎洞。香木既枿，其節目久墊土中，數百年不腐，益精堅，滋液下垂，結而爲香。面多在下，如山峰、怪石、怪獸、龜蛇，次如繭栗角、附子、芝菌、茅竹葉者，皆佳。至輕薄如紙者，入水亦沉。

盡觀諸蕃所出，尤以萬安爲最勝，在島正東，鍾朝陽之氣也。海南香氣皆清淑，燒之，氛翳彌室，翻之四面悉香，至煤燼，氣不焦，價與白金等。

中州但用廣州舶上占城、真臘、登流眉等香，腥烈味短，帶木香，尾烟必焦。其出海北者，生交趾。及交人得之蕃落，來欽州者爲欽香，氣酷烈，惟可入藥。

箋香

出海南者，如猬毛、栗蓬、漁蓑狀。修治，去木留香。香之精鍾於刺端，芳氣與他處箋香迥別。香木葉如冬青而圓，皮似楮皮而厚；花黄，類菜花；子，青黄類羊矢。海南人以斧斫坎，使膏液凝冱，徐於斧痕中採以爲香，如箋香之類，多出人爲。又有重、漏、生、結等，皆下色。

蟹殼香

出高、化州。

**又**　泡花

采以蒸香。法以佳沉香薄劈，着净器中，鋪半開花，與香層層相間，密封之，日一易，不待花蔫，花過香成。番禺人吴興作心字香、瓊香，用素馨、末利，法亦然。大抵泡取其氣，未嘗炊焮。江、浙作木犀降真香，蒸湯上，非法也。

**宋·羅願《爾雅翼》卷三《釋草》**　芸類豌豆，叢生，其葉極芳香。秋後葉閒微白如粉。南人採置席下，能去蚤虱。今謂之「七里香」。

**宋·周去非《嶺外代答》卷七《香門》**

沉水香

沉香來自諸蕃國者，真臘爲上，占城次之。真臘種類固多，以登流眉所産香，氣味馨郁，勝於諸蕃。若三佛齊等國所産，則爲下岸香矣，以婆羅蠻香爲差勝。下岸香味皆腥烈，不甚貴重。沉水者，但可入藥餌。交阯與占城鄰境，凡交阯沉香至欽，皆占城也。海南黎母山峒中，亦名土沉香，少大塊，有如繭栗角，如附子，如芝菌，如茅竹葉者，皆佳。至輕薄如紙者，入水亦沉。萬安軍在島正東，鍾朝陽之氣，香尤醖藉清遠。如蓮花、梅英之類，焚一銖許，氛翳彌室，翻之四面悉香，至煤燼，氣不焦，此海南香之辨也。海南自難得，省民以一牛于黎峒博香一擔，歸自差擇，得沉水十不一二。頃時香價與白金等，故客不販，而宦遊者亦不能多買。中州但用廣州舶上蕃香耳。唯登流眉者，可相頡頏。山谷《香方》率用海南沉香，蓋識之耳。若夫千百年之枯株中，如石如杵，如拳如肘，如奇禽龜蛇，如雲氣人物，焚之一銖，香滿半里，不在此類矣。

蓬萊香

蓬萊香，出海南，即沉水香結未成者。多成片如小笠及大菌之狀，極堅實，狀類沉香。惟入水則浮，氣稍輕清，價亞沉香。刳去其背帶木者，亦多沉水。

鷓鴣斑香

鷓鴣斑香，亦出海南。蓬萊、好箋香中，槎牙輕鬆，色褐黑而有白斑點，如鷓鴣臆上毛，氣尤清婉。

箋香

箋香出海南者，如蝟皮、漁蓑之狀，蓋出諸修治。香之精，鍾於刺端。大抵以斧斫以爲坎，使膏液凝冱於痕中，膏液垂而下結，巉巖如攢鍼者，海南之箋香也；膏液湧而上結，平闊如盤盂者，蓬萊箋也。其側結者必薄，名曰蠏殼香。廣東舶上生熟速結等香，當在海南箋香之下。

衆香

光香，出海北及交阯，與箋香同，多聚于欽州。大塊如山石枯槎，氣粗烈如焚松檜。桂林供佛、賓筵多用之。

沉香，出交阯，以諸香草合和蜜調，如薰衣香，其氣温馨，然微昏鈍。

排草香，出日南，狀如白茅香，芬烈如麝香，亦用以合香，諸草香無及之者。

橄欖香，出廣州及北海，橄欖木節結成，狀如黑膠飴，獨有清烈出塵之意，品在黄連、楓香之上。桂林東江有此，居人采香賣之，不能多得，以純脂不雜木皮者爲佳。

欽香，味猶淺薄。其木，葉如冬青而差圓，皮如楮皮而差厚，花黄而小，子青而黑。人以斧斫木爲坎，膏凝於痕，遂採以爲香，香之爲香良苦哉！

零陵香

零陵香，出瑶洞及静江、融州、象州。凡深山木陰沮洳之地，皆可種也。逐節斷之，而□其節，隨手生矣。春暮開花結子即可割，薰以烟火而陰乾之。商人販之，好事者以爲座褥卧薦。相傳言在嶺南不香，出嶺則香。謂之零陵香者，静江舊屬零陵郡也。

薝梔子

薝梔子，出大食國，佛書所謂薝蔔花是也。海蕃乾之，如染家之紅花也。今廣州龍涎所以能香者，以用薝梔故也。又深廣有白花，全似梔子花而五出，人云亦自西竺來，亦名薝蔔。此説恐非是。

**又《寶貨門》** 龍涎

大食西海多龍，枕石一睡，涎沫浮水，積而能堅。鮫人採之以爲至寶。新者色白，稍久則紫，甚久則黑。因至番禺嘗見之，不薰不蕕，似浮石而輕也。人云龍涎有異香，或云龍涎氣腥能發衆香，皆非也。龍涎於香本無損益，但能聚烟耳。和香而用真龍涎，焚之一銖，翠烟浮空，結而不散，座客可用一翦分烟縷。此其所以然者，蜃氣樓臺之餘烈也。

**又 卷八《花木門》** 泡花

泡花，南人或名柚花，春末開。蘂圓白如大珠，既拆則似茶花。氣極清芳，與茉莉、素馨相逼。番禺人採以蒸香，風味超勝，桂林好事者或爲之。其法：以佳沉香薄片劈著净器中，鋪半開，花與香層層相間，密封之。明日復易，不待花萎香蔫也。花過乃已，香亦成。番禺人吴宅作心字香及瓊香，用素馨、茉莉，法亦爾。大抵浥取其氣，令自薰陶以入香骨，實未嘗以甑釜蒸煮之。

**宋·袁文《甕牖閑評》卷七** 嵇康《養生論》并《博物志》云：「合歡蠲忿，萱草忘憂。」自古以爲二花。今沈存中《忘懷録》「種合歡法」下註云：「萱草也。」謂合歡即萱草，存中之言誤矣。存中不獨于此誤，其于蕙乃云：「今俗謂之鈴鈴香，」亦非也。蕙别是一種花，黄太史謂一幹而六七花者，余鄉有之，豈是鈴鈴香也。

沈存中《忘懷録》：「蕙，今俗謂之鈴鈴香。」余謂不然，前已嘗論之矣。後觀《廣志》云：「蕙草，緑葉紫花。」陳藏器云：「此即是零陵香，生零陵山谷，乃用此『零陵』二字。」意謂蕙實生零陵。存中初不之知，誤認「零陵」以爲「鈴鈴」也。而《忘懷録》又註云：「呼『零陵』者非。」則是存中以「鈴鈴」爲是。然蕙本非鈴鈴，而鈴鈴香者，自别有一種草耳。

**宋·趙彦衛《雲麓漫鈔》卷五** 福建市舶司，常到諸國舶船。大食、嘉令、麻辣、新條、甘秠、三佛齊國則有真珠、象牙、犀角、腦子、乳香、沉香、煎香、珊瑚、琉璃、瑪瑙、玳瑁、龜筒、梔子、香薔薇、水龍涎等。真臘亦名真里富，三泊、綠洋、登流眉、西棚、羅斛、蒲甘國則有金顔香等。渤泥國則有腦版。闍婆國多藥物。占城、目麗、木力千、賓達儂、胡麻、巴洞、新洲國則有夾煎。佛囉安、朋豐、達囉啼、達磨國則有木香。波斯蘭、麻逸、三嶼、蒲里喚、白蒲邇國則有吉貝布、貝紗。高麗國則有人參、銀、銅、水銀、綾布等。大抵諸國產香略同。以上舶船候南風則回，惟高麗北風方回。凡乳香有揀香、缾香、（分三等。）袋香、（分三等。）榻香、黑榻、水溼黑榻、纏末。如上諸國，多不見史傳，惟市舶司有之。

**宋·張世南《游宦紀聞》卷五** 永嘉之柑，爲天下冠。有一種名「朱欒」，花比柑橘，其香絶勝。以箋香或降真香作片，錫爲小甑，實花一重，香骨一重，常使花多於香。竅甑之傍，以泄汗液，以器貯之。畢，則徹甑去花，以液漬香，明日再蒸。凡三四易，花暴乾，置磁器中密封，其香最佳。

**又　卷七**　諸香中「龍涎」最貴重，廣州市直，每兩不下百千，次等亦五六十千，係蕃中禁榷之物，出大食國。近海傍常有雲氣罩山間，即知有龍睡其下。或半載，或二三載，土人更相守視。俟雲散，則知龍已去，往觀必得「龍涎」，或五、七兩，或十餘兩，視所守人多寡均給之，或不平，更相讎殺。或云：「龍多蟠於洋中大石，卧而吐涎，魚聚而嗜之，土人見則没而取焉。」

又一説，大洋海中有渦旋處，龍在下。湧出其涎，爲太陽所爍則成片，爲風飄至岸，人則取之納官。予嘗叩泉廣合香人，云：「『龍涎』入香，能收斂腦麝氣，雖經數十年，香味仍在。」《嶺外雜記》所載「龍涎」出大食。西海多龍，枕石一睡，涎沫浮水，積而能堅，鮫人採之，以爲至寶。新者色白，稍久則紫，甚久則黑。

又一説云：「白者如百藥，煎而膩理，黑者亞之，如五靈脂而光澤。其氣近於臊，似浮石而輕。或云異香，或云氣腥能發衆香氣，皆非也。於香本無損益，但能聚煙耳。和香而用真『龍涎』，焚之，則翠煙浮空，結而不散，坐客可用一翦以分煙縷。所以然者，蜃氣樓臺之餘烈也。」

又一説云：「龍出没於海上，吐出涎沫有三品：一曰『汎水』，二曰『滲沙』，三曰『魚食』。『汎水』輕浮水面，善水者，伺龍出没，隨而取之。『滲沙』乃被濤浪飄泊洲嶼，凝積多年，風雨浸淫，氣味盡滲於沙中。『魚食』乃因龍吐涎，魚競食之，復化作糞，散於沙磧，其氣腥穢。惟『汎水』者，可入香用，餘二者不堪。」

曲江鄧灝以爲就三説較之，後説頗是。諸家之論不同，未知孰當？以愚見，第一説稍近。

**宋・周密《癸辛雜識》續集下**　沉香聖像

杭西湖延祥觀四聖小像并從人，共二十身，皆蠟沉香，凡數百兩，即韋太后北巡狩歸日所雕，皆飾之以大珠。及楊髡據觀爲寺，盡取之，爲笠珠及香餅，可歎也。杜秋泉云。

**宋・陳敬《陳氏香譜》卷一**　香品

龍腦香

《唐本草》云：「出婆律國，樹形似杉木，子似荳蔻，皮有甲錯。婆律膏是根下清脂，龍腦是根中乾脂，味辛香入口。」段成式云：「亦出波斯國，樹高八九丈，大可六七圍，葉圓而背白，無花實。其樹有肥瘦，瘦者出龍腦香，肥者出婆律膏。香在木心中，婆律斷其樹，翦取之，其膏于木端流出。」《圖經》云：「南海山中亦有此木。唐天寶中，交阯貢龍腦，皆如蟬蠶之形。彼人言有老根節方有之，然極難，禁中呼瑞龍腦。帶之衣衿，香聞十餘步。」今海南龍腦多用火煏成片，其中容僞。陶隱居云：「生西海婆律國，婆律樹中脂也，如白膠香狀，味苦辛，微温，無毒，主内外障眼，去三蟲，療五痔，明目鎮心秘精。又有蒼龍腦，主風疹䵟面，入膏煎，良，不可點眼。其明净如雪花者善，久經風日或如麥麩者不佳。宜合黑荳、糯米、相思子，貯之甆器内，則不耗。」今復有生熟之異。稱生龍腦即是所載是也，其絶妙者曰梅花龍腦。有經火飛結成塊者，謂之熟龍腦，氣味差薄，蓋益以他物也。葉庭珪云：「渤泥、三佛齊亦有之，乃深山窮谷千年老杉樹枝幹不損者。若損動則氣泄，無腦矣。其土人解爲板，板傍裂縫，腦出縫中，劈而取之。大者成片，俗謂之梅花腦，其次謂之速腦。速腦之中又有金脚，其碎者謂之米腦。鋸下杉屑與碎腦相雜者，謂之蒼腦。取腦已净，其杉板謂之腦本，與鋸屑同搗碎，和置甆盆内，以笠覆之，封其縫，熱灰煨煏，其氣飛上，凝結而成塊，謂之熟腦，可作面花、耳環、佩帶等用。又有一種如油者，謂之腦油，其氣勁于腦，可浸諸香。」陳正敏云：「龍腦出南天竺，木本，如松，初取猶濕，斷爲數十塊尚有香，日久木乾，循理拆之，其香如雲母者是也。與中土人取樟腦頗異。」今案，段成式所述與此不同，故兩存之。

婆律香

《本草拾遺》云：「出婆律國。其樹與龍腦同，乃樹之清脂也。除惡氣，殺蟲蛀。」詳見龍腦香。

沉水香

《唐本草》云：「出天竺、單于二國，與青桂、雞骨、棧香同是一樹。葉似橘，經冬不凋。夏生花，白而圓細。秋結實，如檳榔，其色紫，似甚而味辛。療風水毒腫，去惡氣。樹皮青色，木似櫸柳，重實，黑色，沉水者是。」今復有生黄而沉水者，謂之蠟沉。又有不沉者，謂之生結，即棧香也。《拾遺・解紛》云：「其樹如椿，常以水試乃知。」葉庭珪云：「沉香所出非一，真臘者爲上，占城次之，渤泥最下。真臘之真又分三品：緑洋最佳，三濼次之，勃羅間差弱。而香之大概，生結者爲上，熟脱者次之；堅黑爲上，黄者次之。然諸沉之形多異，而名亦不一。有狀如犀角者，如燕口者，如附子者，如梭者，是皆因形爲名。其堅緻而文横者謂之横隔沉。大抵以所産氣色爲高，而形體非所以定優劣也。」緑洋、三濼、勃羅間皆真臘屬國。《談苑》云：「一樹出香三等，曰沉、曰棧、曰黄熟。」《倦遊録》云：「沉香木，嶺南瀕海諸州尤多，大者合抱，山民或以爲屋，爲橋梁，爲飯甑，然有香者百無一二。蓋木得水方結，多在折枝枯榦中，或爲棧，或爲黄熟。自枯死者謂之水盤香。高、竇等州産生結香，蓋山民見山木曲折斜枝，必以刀斫成坎，經年得雨水漬，遂結香，復鋸取之，刮去白木，其香結爲斑點，亦名鷓鴣斑，沉之良久。在瓊、崖等州，俗謂之角沉，乃生木中取者，宜用熏裛。黄沉乃枯木中得者，宜入藥。黄臘沉尤難得。」按，《南史》云：「置水中則沉，故名沉香。浮者棧香也。」陳正敏云：「水沉，出南海，凡數重，外爲斷白，次爲棧，中爲沉。今嶺南岩高峻處亦有之，但不及海南者香氣清婉耳。」諸夷以香樹爲槽而餇雞犬，故鄭文寶詩云：「沉檀香植在天涯，賤等荆衡水面槎。未必爲槽餇雞犬，不如煨燼向高家。」今按，黄臘沉，削之自卷，嚙之柔韌者是。餘見第四卷丁晉公《天香傳》中。

生沉香

一名蓬萊香。葉庭珪云：「出海南、山西。其初連木，狀如粟棘房，土人謂棘香。刀刳去木而出其香，則堅倒而光澤。士大夫目爲蓬萊香，氣清而長耳。品雖侔于真臘，然地之所産者少，而官于彼者乃得之，商舶罕獲焉。故直常倍于真臘所産者云。」

蕃香

一名蕃沉。葉庭珪云：「出渤泥、三佛齊，氣礦而烈，價視真臘、緑洋減三分之二，視占城減半矣。治冷氣，醫家多用之。」

青桂香

《本草拾遺》云：「即沉香同樹細枝緊實未爛者。」《談苑》云：「沉香依木皮而結，謂之青桂。」

棧香

《本草拾遺》云：「棧與沉同樹，以其肌理有黑脉者爲别。」葉庭珪云：「棧香乃沉香之次者，出占城國，氣味與沉香相類，但帶木，頗不堅實，故其品亞于沉，而復于熟逐焉。」

黄熟香

亦棧香之類也，但輕虚枯朽不堪者，今和香中皆用之。葉庭珪云：「黄熟香、夾棧黄熟香，諸蕃皆出，而真臘爲上，黄而熟，故名焉。其皮堅而中腐者，形狀如桶，故謂之黄熟桶。其夾棧而通黑者，其氣尤𣞴，故謂之夾棧黄熟。此香雖泉人之所日用，而夾棧居上品。」

葉子香

一名龍鱗香，蓋棧之薄者，其香尤勝于棧。《談苑》云：「沉香在土歲久，不待刓剔而精者。」

雞骨香

《本草拾遺》云：「亦棧香中形似雞骨者。」

水盤香

類黄熟而殊大，多雕刻爲香山、佛像，并出舶上。

白眼香

亦黄熟之别名也。其色差白，不入藥品，和香或用之。

檀香

《本草拾遺》云：「檀香，其種有三，曰白、曰紫、曰黄。白檀樹出海南，主心腹痛、霍亂、中惡鬼氣、殺蟲。」《唐本草》云：「味鹹，微寒，主惡風毒，出昆侖盤盤之國，主消風腫。又有紫真檀，人磨之以塗風腫。雖不生于中土而人間偏有之。」葉庭珪云：「檀香出三佛齊國，氣清勁而易洩，爇之能奪衆香。皮在而色黄者謂之黄檀，皮腐而色紫者謂之紫檀。氣味大率相類，而紫者差勝。其輕而脆者謂之沙檀，藥中多用之。然香樹頭長，商人截而短之以便負販，恐其氣洩，以紙封之，欲其滋潤故也。」陳正敏云：「亦出南天竺末耶山崖谷間。然其他雜木與檀相類者甚衆，殆不可别。但檀木性冷，夏月多大蛇蟠遶，人遠望見有蛇處，即射箭記之，至冬月蛇蟄，乃伐而取之也。」

木香

《本草》云：「一名密香，從外國舶上來。葉似薯蕷而根大，花紫色，功效極多，味辛温，無毒，主辟瘟疫，療氣劣、氣不足，消毒，殺蟲毒。」今以如雞骨堅實、嚙之粘牙者爲上。又有馬兜鈴根，名曰青木香，非此之謂也。或云有二種，亦恐非耳。一謂之雲南根。

降真香

《南州記》云：「生南海諸山，大秦國亦有之。」《海藥本草》云：「味温平，無毒，主天行時氣，宅舍怪異，并燒之有驗。」《列仙傳》云：「燒之感引鶴降。醮星辰，燒此香妙爲第一。小兒佩之能辟邪氣。狀如蘇枋木。然之初不甚香，得諸香和之則特美。」葉庭珪云：「出三佛齊國及海南，其氣勁而遠，能辟邪氣。泉人每歲除，家無貧富皆爇之，如燔柴。雖在處有之，皆不及三佛齊者。一名紫藤香，今有蕃降、廣降之別。」

生熟速香

葉庭珪云：「生速香出真臘國，熟速香所出非一，而真臘尤勝，占城次之，渤泥最下。伐樹去木而取香者謂之生速香。樹仆于地，木腐而香存者謂之熟速香。生速氣味長，熟速氣味易焦，故生者爲上，熟者次之。」

暫香

葉庭珪云：「暫香乃熟速之類，所産高下與熟速同，但脱者謂之熟速，而木之半存者謂之暫香。其香半生熟，商人以刀刳其木而出香，擇尤美者雜于熟速而貨之，故市者亦莫之辨。」

鷓鴣斑香

葉庭珪云：「出海南，與真臘生速等，但氣味短而薄，易燼，其厚而沉水者差久。文如鷓鴣斑，故名焉。亦謂之細冒頭，至薄而沉。」

烏里香

葉庭珪云：「出占城國，地名烏里。土人伐其樹，札之以爲香，以火焙乾，令香脂見于外，以輸租役。商人以刀刳其木而出其香，故品下于他香。」

生香

葉庭珪云：「生香所出非一樹，小老而伐之，故香少而未多。其直雖下于烏里，然削木而存香，則勝之矣。」

交趾香

葉庭珪云：「出交趾國，微黑而光，氣味與占城棧香相類。然其地不通商舶，而土人多販于廣西之欽州。欽人謂之光香。」

乳香

《廣志》云：「即南海波斯國松樹脂，紫赤色，如櫻桃者名曰乳香，蓋薰陸之類也。仙方多用闢邪。其性温，療耳聾、中風、口噤、婦人血風，能發酒治風冷，止大腸洩澼，療諸瘡癤，令内消。今以通明者爲勝，目曰滴乳，其次曰揀香，又次曰瓶香，然多夾雜成大塊，如瀝青之狀。又其細者謂之香纏。」沈存中云：「乳香，本名薰陸，以其下如乳頭者，謂之乳頭香。」葉庭珪云：「一名薰陸香，出大食國之南數千里深山窮谷中，其樹大抵類松，以斤斫樹，脂溢于外，結而成香，聚而爲塊。以象輦之，至于大食。大食以舟載易他貨于三佛齊，故香常聚于三佛齊。三佛齊每歲以大舶至廣與泉，廣、泉二舶視香之多少爲殿最。而香之品十有三：其最上品者爲揀香，圓大如乳頭，俗所謂滴乳是也；次曰瓶乳，其色亞于揀香；又次曰瓶香，言收時量重置于瓶中，在瓶香之中又有上中下三等之別；又次曰袋香，言收時只置袋中，其品亦有三等；又次曰乳搨，蓋香在舟中鎔搨在地，雜以沙石者；又次黑搨，香之黑色者；又次曰水濕黑搨，蓋香在舟中爲水所浸漬而氣變色敗者也。品雜而碎者曰斫削，簸揚爲塵者曰纏末，此乳香之別也。」温子皮云：「廣州蕃藥多僞者。僞乳香以白膠香攪糟爲之，但燒之煙散多，此僞者是也。真乳香與茯苓共嚼則成水。」又云：「皖山石乳香，玲瓏而有蜂窩者爲真，每爇之次爇沉檀之屬，則香氣爲乳香，煙置定難散者是，否則白膠香也。」

薰陸香

《廣志》云：「生南海。又僻方即羅香也。」《海藥本草》云：「味平，温毒，清神。一名馬尾香，是樹皮鱗甲，采復生。」《唐本草》云：「出天竺國及邯鄲，似楓松脂，黄白色，天竺者多白，邯鄲者夾緑色。香不甚烈，微温，主伏尸惡氣，療風水腫毒。」

安息香

《本草》云：「出西戎，樹形似松柏，脂黄色爲塊，新者亦柔韌。味辛苦，無毒，主心腹惡氣，鬼疰。」《後漢書·西域傳》：「安息國去雒陽二萬五千里，比至康居。其香乃樹皮膠，燒之通神明，辟衆惡。」《酉陽雜俎》云：「出波斯國，其樹呼爲辟邪樹，長三丈許，皮色黄黑，葉有四角，經冬不凋。二月有花，黄色，心微碧，不結實。刻皮出膠如飴，名安息香。」葉庭珪云：「出三佛齊國，乃樹之脂也。其形色類胡桃瓤而不宜于燒，然能發衆香，故多用之以和香焉。」温子皮云：「辨真安息香，每燒之，以厚紙覆其上，香透者是，否則僞也。」

篤耨香

葉庭珪云：「出真臘國，亦樹之脂也。樹如松杉之類，而香藏于皮，樹老而自然流溢者也，色白而透明，故其香雖盛暑不融，土人既取之矣。至夏月，以火環其樹而炙之，令其脂液再溢，及冬月沍寒，其凝而復取之，故其香冬凝而夏融。土人盛之以瓠瓢，至暑月則鑽其瓢而周爲孔，藏之水中，欲其陰凉而氣通，以泄其汗，故得不融。舟人易以磁器，不若于瓢也。其氣清遠而長，或以樹皮相雜則色黑而品下矣。香之性易融，而暑月之融多滲于瓢，故斷瓢而爇之，亦得其典型，今所謂葫蘆瓢者是也。」

瓢香

《瑣碎録》云：「三佛齊國以匏瓢盛薔薇水，至中國水盡，碎其瓢而爇之，與篤耨瓢略同。又名乾葫蘆片，以之蒸香最妙。」

金顔香

《西域傳》云：「金顔香類薰陸，其色赤紫，其烟如凝漆沸超，不甚香而有酸氣，合沉、檀爲香，焚之極清婉。」葉庭珪云：「出大食及真臘國。所謂三佛齊出者，蓋自二國販至三佛齊，三佛齊乃販入中國焉。其香則樹之脂也，色黄而氣勁，善于聚衆香，今之爲龍涎。軟者佩帶者多用之，蓄之人多以和氣塗身。」

詹糖香

《本草》云：「出晉安、岑州及交廣以南。樹似橘，煎枝葉爲之，似糖而黑，多以其皮及蠹糞雜之，難得純正者。惟軟乃佳。」

蘇合香

《神農本草》云：「生中臺川谷。」陶隱居云：「俗傳是獅子糞，外國説不爾。今皆從西域來，真者難別。紫赤色，如紫檀，堅實，極芬香，重如石，燒之灰白者佳。主辟邪、瘧、癇、鬼疰，去三蟲。」《西域傳》云：「大秦國，一名犂犍，以在海西亦名雲漢。海西國地方數千里，有四百餘城，人俗有類中國，故謂之大秦國。人合香謂之香，煎其汁爲蘇合油，其津爲蘇合油香。」葉庭珪云：「蘇合香油亦出大食國，氣味類于篤耨，以濃浄無滓者爲上，蕃人多以之塗身。以閩中病大風者亦做之，可合軟香及入藥用。」

亞濕香

葉庭珪云：「出占城國，其香非自然，乃土人以十種香搗和而成，味温而重，氣和而長，爇之勝于他香。」

塗肌、拂手香

葉庭珪云：「二香俱出真臘、占城國。土人以腦、麝諸香搗和而成，或以塗肌，或以拂手，其香經宿不歇。惟五羊至今用之，他國不尚焉。」

雞舌香

《唐本草》云：「出昆侖國及交廣以南。樹有雌雄，皮、葉并似栗。其花如梅，結實似棗核者，雌樹也，不入香用。無子者，雄樹也，采花釀以成香。香微温，主心痛，惡瘡，療風毒，去惡氣。」

丁香

《山海經》云：「生東海及昆侖國。二三月開花，七月方結實。」《開寶本草》註云：「生廣州，樹高丈餘，凌冬不凋。葉似櫟而花圓細，色黄，子如丁，長四五分，紫色，中有麤大長寸許者，俗呼爲母丁香，擊之則順理拆。味辛，主風毒諸腫，能發諸香，及止心疼、霍亂，嘔吐，甚驗。」葉庭珪云：「丁香一名丁子香，以其形似丁子也。雞舌者，丁香之大者，今所謂丁香母是也。」《日華子》云：「雞舌香治口氣，所以《三省故事》郎官含雞舌香，欲其奏事對答，其氣芬芳，至今方書爲然。出大食國。」

鬱金香

《魏略》云：「生大秦國。二三月花如紅藍，四五月采之，甚香。十二葉爲百草之英。」《本草拾遺》云：「味苦，無毒，主蠱毒、鬼疰，鵶鶻等臭，除心腹間惡氣，入諸香用。」《説文》云：「鬱金香，芳草也。十葉爲貫，百二十貫采以煮之爲鬯。一曰鬱鬯，百草之華，遠方所貢方物，合而釀之以降神也。」《物類相感志》云：「出伽毗國，華而不實，但取其根而用之。」

迷迭香

《廣志》云：「出西域，魏文侯有賦，亦嘗用。」《本草拾遺》云：「味辛温，無毒，主惡氣。今人衣香，燒之去臭。」

木密香

《内典》云：「狀若槐樹。」《異物志》云：「其葉如椿。」《交州記》云：「樹似沉香。」《本草拾遺》云：「味甘温，無毒，主辟惡、去邪、鬼疰。生南海諸山中，種之五六年乃有香。」

藒車香

《本草拾遺》云：「味辛温，主鬼氣，去臭及蟲魚蛀物。生彭城，高數尺，黄葉白花。」《爾雅》云：「藒車，芞輿。」注曰：「香草也。」

必栗香

《内典》云：「一名化木香，似老椿。」《海藥本草》云：「味辛温，無毒，主鬼疰、心氣痛，斷一切惡氣。葉落水中，魚暴死。木可爲書軸，碎白魚，不損書。」

艾蒳香

《廣志》云：「出西域，似細艾。又有松樹皮上緑衣，亦名艾蒳。可以合諸香，燒之能聚其煙，青白不散。」《本草拾遺》云：「味温，無毒，主惡氣，殺蛀蟲，主腹内冷洩痢。一名石芝。」《字統》云：「香草也。」《異物志》云：「葉如栟櫚而小，子似檳榔，可食。」

兜婁香

《異物志》云：「生海邊國，如都梁香。」《本草》云：「性微温，療霍亂、心痛，主風水腫毒、惡氣，止吐逆，亦合香用。莖葉如水蘇。」今按，此香與今之兜婁香不同。

白茅香

《本草拾遺》云：「味甘平，無毒，主惡氣，令人身香，煮汁服之，主腹内冷痛。生安南，如茅根，道家以之煮湯沐浴云。」

茅香花

《唐本草》云：「生劍南諸州，其莖葉黑褐色，花白，非白茅也。味苦温，無毒，主中惡反胃，止嘔吐。葉苗可煮湯浴，辟邪氣，令人身香。」

兜納香

《廣志》云：「生驃國。」《魏略》云：「出大秦國。」《本草拾遺》云：「味甘温，無毒，去惡氣，温中除冷。」

耕香

《南方草木狀》云：「耕香，莖生細葉。」《本草拾遺》云：「味辛温，無毒，主臭鬼氣，調中。生烏滸國。」

雀頭香

《本草》云：「即香附子也。所在有之，葉莖都是三稜，根若附子，周匝多毛。交州者最勝，大如棗核，近道者如杏仁許。荆襄人謂之莎草，根大。能下氣，除腦腹中熱，合和香用之尤佳。」

芸香

《倉頡解詁》曰：「芸蒿，葉似邪蒿，可食。」《魚豢典略》云：「芸香，辟紙魚蠹，故藏書臺稱芸臺。」《物類相感志》云：「香草也。」《説文》云：「似苜蓿。」《雜禮圖》云：「芸，即蒿也，香美可食。今江東人餌爲生菜。」

零陵香

《南越志》云：「一名燕草，又名薰草，生零陵山谷，葉如羅勒。」《山海經》云：「薰草，麻葉而方莖，赤花而黑實，氣如蘼蕪，可以止癘，即零陵香。」《本草》云：「味苦，無毒，主惡氣注心、腹痛，下氣，令體和諸香，或作湯丸用，得酒良。」

都梁香

《荆州記》云：「都梁縣有山，山上有水，其中生蘭草，因名都梁香，形如藿香。」古詩：「博山鑪中百和香，鬱金蘇合及都梁。」《廣志》云：「都梁在淮南，亦名煎澤草也。」

白膠香

《唐本草》云：「樹高大，木理細，鞕葉三角，商洛間多有。五月斫爲坎，十二月收脂。」《經史類證本草》云：「楓樹，所在有之，南方及關陝尤多。樹似白楊，葉圓而岐，二月有花，白色乃連。著實大爲鳥卵，八九月熟，曝乾可燒。」《開寶本草》云：「味辛苦，無毒，主癮疹、風癢，浮腫，即楓香脂也。」

芳草

《本草》云：「即白芷也，一名茝，又名莨，又名符離，一名澤芬。生下濕地，河東州谷尤勝，近道亦有之。道家以此香浴，去尸蟲。」

龍涎香

葉庭珪云：「龍涎，出大食國，其龍多蟠伏于洋中之大石，卧而吐涎，涎浮水面。人見烏林上異禽翔集，衆魚游泳争嚼之，則殳取焉。然龍涎本無香，其氣近于臊，白者如百藥煎而膩理，黑者亞之，如五靈脂而光澤，能發衆香，故多用之以和香焉。」《潛齋》云：「龍涎如膠，每兩與金等，舟人得之則巨富矣。」温子皮云：「真龍涎燒之，置杯水于側，則煙入水，假者則散。嘗試之，有驗。」

甲香

《唐本草》云：「蠡類，生雲南者大如掌，青黄色，長四五寸，取殼燒灰用之。南人亦煮其肉噉。今合香多用，謂能發香，復末香煙，傾酒密煮製方可。用法見後。」温子皮云：「正甲香本是海螺壓子也，唯廣南來者，其色青黄，長三寸。河中府者只濶寸餘。嘉州亦有，如錢樣大，于木上磨令熱，即投釃酒中，自然相近者是也。若合香，偶無甲香，則以鱟殻代之，其勢力與甲香均，尾尤好。」

麝香

《唐本草》云：「生中臺川谷及雍州、益州皆有之。」陶隱居云：「形類麞，常食柏葉及噉蛇，或于五月得者，往往有蛇骨。主辟邪、殺鬼精、中惡風毒，療蛇傷。多以當門一子真香分揉作三四子，括取血膜，雜以餘物。大都亦有精麤，破皮毛共在裹中者爲勝。或有夏食蛇蟲多，至寒者香滿，入春患急痛，自以脚剔出，人有得之者，此香絶勝。帶麝非但取香，亦以辟惡。其真香一子着腦間枕之，辟惡夢及尸疰鬼氣。」或傳有水麝臍，其香尤美。洪氏云：「唐天寶中，廣中獲水麝臍，香皆水也。每以針取之，香氣倍于肉臍。」《倦遊録》云：「商汝山多群麝，所遺糞嘗就一處，雖遠逐食，必還走之，不敢遺迹他處，慮爲人獲。人反以是求得，必掩群而取之。麝絶愛其臍，每爲人所逐，勢急即自投高嵓，舉爪裂出其香，就縶而死，猶拱四足保其臍。」李商隱詩云：「逐岩麝香退。」

麝香木

葉庭珪云：「出占城國，樹老而仆，埋于土而腐，外黑肉黄赤者，其氣類于麝，故名焉。其品之下者，蓋緣伐生樹而取香，故其氣惡而勁。此香實腫朧尤多，南人以爲器皿，如花梨木類。」

麝香草

《述異記》云：「麝香草，一名紅蘭香，一名金桂香，一名紫述香，出蒼梧、鬱林郡。」今吴中亦有。麝香草似紅蘭而甚香，最宜合香。

麝香檀

《瑣碎録》云：「一名麝檀香，蓋西山樺根也，爇之，類煎香。」或云衡山亦有，不及南者。

梔子香

葉庭珪云：「梔子香出大食國，狀如紅花而淺紫，其香清越而醞藉，佛書所謂薝蔔花是也。」段成式云：「西域薝蔔花即南花、梔子花，諸花少六出，惟梔子花六出。」蘇頌云：「梔子，白花，六出，甚芬香，刻房七稜至九稜者爲佳。」

野悉密香

《潛齋》云：「出佛林國，亦出波斯國，苗長七八尺，葉似梅。四時敷榮，其花五出，白色，不結實。花開時徧野皆香，與嶺南詹糖相類。西域人常采其花壓以爲油，甚香滑。唐人以此和香。」或云薔薇水即此花油也。亦見《雜俎》。

薔薇水

葉庭珪云：「大食國花露也。五代時蕃將蒲訶散以十五瓶効貢，厥后罕有至者。」今則采末利花，蒸取其液以代焉。然其水多僞雜，試之當用琉璃瓶盛之，翻摇數四，其泡自上下者爲真。後周顯德五年，昆明國獻薔薇水十五瓶，得自西域，以之灑衣，衣敝而香不滅。

甘松香

《廣志》云：「生涼洲。」《本草拾遺》云：「味温，無毒，主鬼氣、卒心腹痛、漲滿。發生細葉，煮湯沐浴，令人身香。」

蘭香

《川本草》云：「味辛平，無毒，主利水道、殺蟲毒、辟不祥，一名水香，生大吴池澤。葉似蘭，尖長有岐，花紅白色而香，俗呼爲鼠尾香。煮水浴，治風。」

木犀香

向余《異苑圖》云：「岩桂，一名七里香，生匡盧諸山谷間。八九月開花，如棗花，香滿岩谷。采花陰乾以合香，甚奇。其木堅韌，可作茶品，紋如犀角，故號木犀。」

馬蹄香

《本草》云：「即杜衡也，葉似葵，形如馬蹄，俗呼爲馬蹄香。藥中少用，惟道家服，令人身香。」

蘹香

《本草》云：「即茴香，葉細莖麤，高者五六尺，叢生人家庭院中。其子療風。」

蕙香

《廣志》云：「蕙草，緑葉紫花。魏武帝以爲香，燒之。」

蘼蕪香

《本草》云：「蘼蕪，一名薇蕪，香草也。魏武帝以之藏衣中。」

荔枝香

《通志・草木略》云：「荔枝，亦曰離枝，始傳于漢世。初出嶺南，後出蜀中，今閩中所産甚盛。」《南海藥譜》云：「荔枝熟，人未采則百蟲不敢近，纔采之，則烏鳥、蝙蝠之類無不殘傷。」今以形如丁香、如鹽梅者爲上。取其殼合香，甚清馥。

木蘭香

《類證本草》云：「生零陵山谷及太山，一名林蘭，一名杜蘭。皮似桂而香，味苦寒，無毒。主明耳目、去臭氣。」陶隱居云：「今諸處皆有，樹類如楠，皮甚薄而味辛香。益州者皮厚，狀如厚朴而氣味爲勝。今東人皆以山桂皮當之，亦相類。道家用合香。」《通志・草木略》云：「世言魯般刻木蘭舟在七里洲中，至今尚存。凡詩所言『木蘭』即此耳。」

玄臺香

一名玄參。《本草》云：「味苦寒，無毒，明目，定五臟。生河南州谷及冤句。

三四月采根，暴乾。」陶隱居云：「今出近道，處處有之，莖似人參而長大，根甚黑，亦微香。道家時用，亦以合香。」《圖經》云：「二月生苗，葉似脂麻，又視如柳，細莖青紫。」

顫風香

今按，此香乃占城之至精好者。蓋香樹交枝曲幹，兩相戛磨，積有歲月，樹之精液菁英結成。伐而取之，老節油透者亦佳，潤澤頗類蜜清者最佳。熏衣可經累日，香氣不止。今江西道臨江路清江鎮以此香爲香中之甲品，價常倍于他香。

伽闌木

一作伽藍木。今按，此香本出迦闌國，亦占香之種也。或云生南海補陀岩。蓋香中之至寶，其價與金等。

排香

《安南志》云：「好事者多種之，五六年便有香也。」今按，此香亦占香之大片者，又謂之壽香，蓋獻壽者多用之。

紅兜婁香

今按，此香即麝檀香之別也。

大食水

今按，此香即大食國薔薇露也。本土人每蚤起以爪甲于花上取露一滴，置耳輪中，則口眼耳鼻皆有香氣，終日不散。

孩兒香

一名孩兒土，一名孩兒泥，一名烏斧土。今按，此香乃烏爹國薔薇樹下土也，本國人呼曰海，今訛傳爲孩兒。蓋薔薇四時開花，雨露滋沐，香滴于土。凝如菱角塊者佳。今人合茶餅者往往用之。

紫茸香

一名狨香。今按，此香亦出沉速香之中，至薄而膩理，色正紫黑。焚之，雖數十步猶聞其香。或云沉之至精者。近時有得此香，因禱祠爇于山上，而下上數里皆聞之。

珠子散香

滴乳香之至瑩净者。

喃吺哩香

喃吺哩國所産降真香也。

熏華香

今按，此香蓋以海南降真劈作薄片，用大食薔薇水浸透，于甑内蒸乾，慢火爇之，最爲清絶。樟鎮所售尤佳。

欖子香

今按，此香出占城國，蓋占香樹爲蟲蛀鏤，香之英華結子水心中，蟲所不能蝕者。形如橄欖核，故名焉。

南方花

余向云：「南方花皆可合香，如末利、闍提、佛桑、渠那香花，本出西域，佛書所載，其後傳本來閩嶺，至今遂盛。」又有大含笑花、素馨花。就中小含笑香尤酷烈，其花常若菡萏之未敷者，故有含笑之名。又有麝香花，夏開，與真麝無異。又有麝香末，亦類麝氣。此等皆畏寒，故北地莫能植也。或傳吴家香用此諸花合。温子皮云：「素馨、末利摘下，花蕊香纔過，即以酒噀之，復香。凡是生香，蒸過爲佳。」每四時，遇花之香者，皆次次蒸之，如梅花、瑞香、酴醿、密友、梔子、末利、木犀及橙橘花之類，皆可蒸。他日爇之，則群花之香畢備。

花熏香訣

用好降真香結實者截斷，約一寸許，利刀劈作薄片，以豆腐漿煮之，俟水香，去水，又以水煮至香味去盡，取出，再以末茶或葉茶煮百沸，漉出陰乾，隨意用諸花熏之。其法以净瓦缶一個，先鋪花一層，鋪香片一層，鋪花一層及香片，如此重重鋪蓋，了以油紙封口，飯甑上蒸。少時取起，不得解，待過數日取燒，則香氣全矣。或以舊竹辟簣依上煮製，代降，采橘葉搗爛代諸花，熏之，其香清若春時曉行山徑。所謂草木真天香，殆此之謂。

**又** 香異

都夷香

《洞冥記》云：「香如棗核，食一顆，歷月不飢。或投水中，俄滿大盂也。」

茶蕪香

王子年《拾遺記》云：「燕昭王時，廣延國進二舞人，王以茶蕪香屑鋪地四五寸，使舞人立其上，彌日無迹。香出波弋國，浸地則土石皆香，著朽木腐草，莫不茂蔚，以薰枯骨，則肌肉皆香。」又見《獨異志》。

辟寒香

辟寒香、辟邪香、瑞麟香、金鳳香，皆異國所獻。《杜陽雜編》云：「自兩漢至皇唐，皇后公主乘七寶輦，四面綴五色玉香囊，中貯上四香，每一出遊，則芬馥滿道。」

月支香

《瑞應圖》云：「天漢二年，月支國進神香。武帝取視之，狀若燕卵，凡三枚，似棗。帝不燒，付外庫。後長安中大疫，宫人得疾，衆使者請燒香一枚以辟疫氣，帝然之，宫中病者差。長安百里内聞其香，積數月不歇。」

振靈香

《十洲記》云：「生西海中聚窟洲，大如楓，而葉香聞數百里，名曰返魂樹。伐其根，于玉釜中，取汁如飴，名曰驚精香，又曰振靈香，又曰返生香，又曰馬積香，又曰却死香，一種五名，靈物也。死者未滿三日，聞香氣即活。延和中，月氏遣使貢香四兩，大如雀卵，黑如椹。」

神精香

《洞冥記》云：「波岐國獻神精香，一名荃蘼草，一名春蕪草，一根百條，其枝間如竹節柔軟，其皮如絲，可以爲布，所謂春蕪布，亦曰香荃布，又曰如冰紈。握之一片，滿身皆香。」

䕡臍香

《酉陽雜俎》云：「出波斯國，拂林呼爲頂敎梨咃，長一丈餘一尺許，皮色青薄而極光浄，葉似阿魏，每三葉生于條端，無花結實。西域人常以八月伐之，至冬抽新條，極滋茂，若不翦除，反枯死。七月斷其枝，有黄汁，其狀如蜜，微有香氣，入藥療百病。」

兜末香

《本草拾遺》云：「燒之，去惡氣，除病疫。」《漢武故事》云：「西王母降，上燒是香。兜渠國所獻，如大豆。塗宫門，香聞百里。關中大疫，死者相枕藉，燒此香，疫即止。」《内傳》云：「死者皆起。」此則靈香，非中國所致。

沈榆香

《封禪記》云：「黄帝列珪玉于蘭蒲席上，然沈榆香，舂雜寶爲屑，以沈榆膠和之若泥，以分尊卑華夷之位。」

千畝香

《述異記》云：「南郡有千畝香林，名香往往出其中。」

沈光香

《洞冥記》云：「塗魂國貢，闇中燒之有光，而堅實難碎，太醫院以鐵杵舂如粉而燒之。」

十里香

《述異記》云：「千年松香，聞于十里。」

威香

孫氏《瑞應圖》云：「瑞草，一名威蕤，王者禮備，則生于殿前。」又云：「王者愛人命則生。」

返魂香

洪氏云：「司天主簿徐肇，遇蘇氏子德哥者，自言善合返魂香。手持香爐，懷中取如白檀末撮于爐中，煙氣裊裊直上，甚于龍腦。德哥微吟曰：『東海徐肇欲見先靈，願此香煙用爲導引，盡見其父母曾高。』德歌云：『但死八十年已前則不可返矣。』」

茵墀香

《拾遺記》云：「靈帝熹平三年，西域所獻，煮爲湯，辟癘。宫人以之沐浴，餘汁入渠，名曰流香之渠。」

千步香

《述異記》云：「出海南，佩之香聞千步也。今海隅有千步草，是其種也。葉似杜若而紅碧相雜。」《貢籍》云「南郡貢千步香」是也。

飛氣香

《三洞珠囊·隱訣》云：「真檀之香、夜泉玄脂朱陵飛氣之香、返生之香，真人所燒之香。」

五香

《三洞珠囊》云：「五香樹，一株五根，一莖五枝，一枝五葉，一葉開五節，五五相對，故先賢名之。五香之末燒之十日，上徹九皇之天，即青目香也。」《雜修養方》云：「五月一日取五木煮湯，浴，令人至老鬢髮黑。」徐鍇注云：「道家以青木爲五香，亦名五木。」

石葉香

《拾遺記》云：「此香疊疊如雲母，其氣辟癘。魏文帝時題腹國所獻。」

祇精香

《洞冥記》云：「出塗魂國。燒此香，魑魅精祇皆畏避。」

雄麝香

《西京雜記》云：「趙昭儀上姊飛燕三十五物，有青木香、沉木香、九真雄麝香。」

蘅蕪香

《拾遺記》云：「漢武帝夢李夫人授以蘅蕪之香。帝夢中驚起，香氣猶著衣枕，歷月不歇。」

蘅薇香

賈善翔《高道傳》云：「張道陵母大人自魁星中蘅薇香授之，遂感而孕。」

文石香

洪氏云：「卞山在潮州，山下産無價香。有老姥拾得一文石，光彩可翫。偶墜火中，異香聞于遠近，收而寶之。每投火中，異香如初。」

金香

《三洞珠囊》云：「司命君王易度游于東阪廣昌之域長樂之鄉，天女灌以平露金香八會之湯，瓊鳳玄脯。」

百和香

《漢武内傳》云：「帝于七月七日設坐殿上，燒百和香，張罽錦幃，西王母乘紫雲車而至。」

金磾香

《洞冥記》云：「金日磾既入侍，欲衣服香潔，變膻酪之氣，乃合一香以自熏。武帝亦悦之。」

百濯香

《拾遺記》云：「孫亮爲寵姬四人合四氣香，皆殊方，異國所獻。凡經踐躡安息之處，香氣在衣，雖濯浣，彌年不散，因名百濯香。復因其室曰思香媚寢。」

芸輝香

《杜陽雜編》：「元載造芸輝堂。芸輝者，香草也，出于闐國，其白如玉，入土不朽，爲屑以塗壁。」

九和香

《三洞珠囊》云：「天人玉女擣羅天香，持擎玉爐，燒九和之香。」

千和香

《三洞珠囊》云：「峨嵋山孫真人然千和之香。」

罽賓香

《盧氏雜説》：「楊牧嘗召崔安石食。盤前置香一爐，煙出如樓臺之狀。崔別聞一香，似非爐煙。崔思之。楊顧左右取白角楪子，盛一漆毬子呈崔，曰：『此罽賓國香，所聞即此香也。』」

拘物頭花香

《唐寶録》云：「太宗朝，罽賓國進拘物頭花香，香數十里聞。」

龍文香

《杜陽雜編》云：「武帝時所獻，忘其國名。」

鳳腦香

《杜陽雜編》云：「穆宗嘗于藏真島前焚之，以崇禮敬。」

一木五香

《酉陽雜俎》云：「海南有木，根梅檀、節沉香、花雞舌、葉藿香、花膠熏陸，亦名衆木香。」

昇霄靈香

《杜陽雜編》云：「同昌公主薨，上哀痛，常令賜紫，尼及女道士焚昇霄靈香，擊歸天紫金之磬，以導靈昇。」

區撥香

《通典》云：「頓游國出藿香，香插枝便生，葉如都梁，以裛衣。國有區撥等花，冬夏不衰，其花蕊更芬馥，亦末爲粉，以傅其身焉。」

大象藏香

《釋氏會要》云：「因龍鬬而生，若燒其香一丸，興大光明，細雲覆上，味如甘露也，晝夜降其甘雨。」

兜婁婆香

《楞嚴經》云：「壇前別安一小爐，以此香煎，取香汁浴，其炭然，令猛熾。」

多伽羅香

《釋氏會要》云：「多伽羅香，此云根香。多摩羅跋香，此香藿香。梅檀，譯云與樂，即白檀也，能治熱病。赤檀能治風腫。」

法華諸香

《法華經》云：「須曼那華香、闍提華香、末利華香、青赤白蓮華香、華樹香、果樹香、旃檀香、沈水香、多摩羅跋香、多伽羅香、象香、馬香、男香、女香、拘鞞陀羅樹香、曼陀羅華香、殊沙華香、曼殊妙華香。」

牛頭旃檀香

《華嚴經》云：「從離垢出，以之塗身，火不能燒。」

熏肌香

《洞冥記》云：「用熏人肌骨，至老不病。」

香石

《物類相感志》云：「員嶠爛石，色似肺，燒之有香煙，聞數百里。煙氣升天，則成香雲，偏潤則成香雨。」亦見《拾遺記》。

懷夢草

《洞冥記》云：「鍾火山有香草。武帝思李夫人，東方朔獻之，帝懷之夢見，因名曰懷夢草。」

一國香

《諸蕃記》：「赤土國在海南，出異香，每一燒一丸，聞數百里，號一國香。」

龜中香

《述異記》云：「即青桂香之善者。」

羯布羅香

《西域記》云：「其樹松身異華，花果亦別。初採既濕，尚未有香，木乾之後循理而折之，其中有香，狀如雲母，色如冰雪，亦名龍腦香。」

逆風香

波利質國多香樹，其香逆風而聞。

靈犀香

通天犀角，鎊少末與沉香爇之，煙氣裊裊直上，能挾陰雲而睹青天，故名。

《抱朴子》云：「通天犀角，有白理如綫。置米群雞中，雞往啄米，見犀輒驚散，故南人呼爲駭雞群也。」

玉蕤香

《好事集》云：「柳子厚每得韓退之所寄詩文，必盥手，熏以玉蕤香，然後讀之。」

## 又 修製諸香

飛樟腦

樟腦一兩，兩盞合之，以濕紙糊縫，文武火熁半時，取起，候冷用之。沈《譜》。

樟腦不以多少，研細，用篩過，細壁土拌勻，捩薄荷汁少許，灑在土上，以浄盌相合，定濕紙條固四縫，甑上蒸之，腦子盡飛上盌底，皆成冰片。是齋售用。 樟腦、石灰等分，同研極細，末用無油銚子貯之，甆盌蓋定四面，以紙固濟如法，勿令透氣。底下用木炭火煆，少時取開，其腦子已飛在盌蓋上。用雞翎掃下，再與石灰等分，如前煆之，凡六七次。至第七次可用慢火煆，一日而止，取下掃腦子，與杉木盒子鋪在內，以乳汁浸兩宿，固濟口不令透氣，掘地四五尺，窨一月。不可入藥。同上。 韶腦一兩、滑石二兩，一處同研，入新銚子內，文武火炒之，上用一磁器蓋之，自然飛在蓋上，奪真。

篤耨

篤耨，黑白相雜者，用盞底盛上，飯甑蒸之，白浮于面，黑沉于下。《瑣碎録》。

乳香

乳香，尋常用指甲、燈草、糯米之類同研，及水浸鉢，研之皆費力，惟紙裹置壁隙中良久，取研即粉碎。又法，于乳鉢下著水輕研，自然成末；或于火上，紙裹略烘。《瑣碎録》。

麝香

研麝香須著少水，自然細，不必羅也。入香不宜用多，及供佛神者去之。

龍腦

龍腦，須別器研細，不可多用，多則撩奪衆香。沈《譜》。

檀香

須揀真者，剉如米粒許，慢火焫，令煙出紫色，斷腥氣即止。每紫檀一斤，薄作片子，好酒二升，以慢火煮乾，略焫。檀香劈作小片，臘茶清浸一宿，焙乾，以蜜酒同拌令勻，再浸一宿，慢火炙乾。檀香細剉，水一升，白蜜半升，同于鍋內煎五七十沸，焙乾。檀香斫作薄片子，入蜜拌之，浄器爐如乾，旋旋入蜜，不住手攪動，勿令炒焦，以黑褐色爲度。以上并《沈氏香譜》。

沉香

沉香細剉，以絹袋盛，懸于銚子當中，勿令著底，蜜水浸，慢煮一日，水盡更添。今多生用。

藿香

凡藿香、甘松、零陵之類，須揀去枝梗、雜草，曝令乾燥，揉碎揚去塵。不可用水洗燙，損香味也。

茅香

茅香須揀好者，剉碎，以酒蜜水潤一夜，炒令黃燥爲度。

甲香

甲香，如龍耳者好，自餘小者次也。取一二兩以來，用炭汁一盌煮盡，後用泥煮，方同好酒一盞煮盡，入蜜半匙，爐如黃色。黃泥水煮令透明，逐片净洗，焙乾，灰炭煮兩日，净洗，以蜜湯煮乾。甲香以泔浸二宿後，煮煎至赤珠頻沸，令盡，泔清爲度。入好酒一盞同煮，良久取出，用火炮，色赤。更以好酒一盞，取出候乾，刷去泥，更入漿一碗，煮乾爲度。入好酒一盞，煮乾，于銀器内炒令黃色。甲香以灰煮去膜，好酒煮乾，甲香磨去齟齬，以胡麻膏熬之，色正黃則用蜜湯洗净，入香宜少用。

鍊蜜

白沙蜜若干，綿濾入磁罐，油紙重迭，蜜封罐口，大釜内重湯煮一日取出，就罐于火上煨煎數沸便出盡水氣，則經年不變。若每斤加蘇合油二兩更妙，或少入朴硝，除去蜜氣，尤佳。凡煉蜜不可大過，過則濃厚，和香多不匀。

煅炭

凡合香，用炭不拘黑白，重煅作火，罨于密器，冷定，一則去炭中生薪，一則去炭中雜穢之氣。爇香宜慢火，如火緊則焦氣。沈《譜》。

合香

合香之法，貴于使衆香咸爲一體。麝滋而散，撓之使匀；沉實而腴，碎之使和；檀堅而燥，揉之使膩。比其性，等其物而高下，如醫者則藥，使氣味各不相掩。

搗香

香不用羅量其精粗，搗之使匀。太細則煙不永，太粗則氣不和。若水麝、婆律，須別器研之。以上《香史》。

收香

水麝忌暑，婆律忌濕，尤宜護持。香雖多，須置之一器，貴時得開闔，可以診視。

窨香

香非一體，濕者易和，燥者難調，輕軟者燃速，重實者化遲，以火煉結之，則走泄其氣。故必用净器，拭極乾，貯窨密，掘地藏之，則香性粗入，不復離解。新和香必須窨，貴其燥濕得宜也。每約香多少，貯以不津甆器，蠟紙封，于静室屋中掘地，窨深三五寸，月餘逐旋取出，其尤裿䣽也。沈《譜》。

焚香

焚香必于深房曲室，矮卓置爐，與人膝平，火上設銀葉或雲母，製如盤形，以之襯香，香不及火，自然舒慢無煙燥氣。《香史》。

熏香

凡欲熏衣，置熱湯于籠下，衣覆其上，使之沾潤，取去，別以爐爇香，熏畢，迭衣入篋笥隔宿，衣之餘香數日不歇。

## 又 卷二

五香夜刻宣州石刻。

穴壺爲漏，浮木爲箭，自有熊氏以來尚矣。三代兩漢迄今遵用，雖製有工拙而無以易此。國初得唐朝水秤，作用精巧，與杜牧宣潤秤漏頗相符合。其後燕肅龍圖守梓州，作蓮花漏上進。近又吳僧瑞新創杭湖等州秤漏，例皆疎略。慶歷戊子年初預班朝，十二月起居退，宣許百官于朝堂觀新秤漏，因得詳觀而默識焉。始知古今之制都未精究，蓋少第二平水奩，致漏滴之有遲速也。亘古之闕，繇我朝講求而大備邪。嘗率愚短，竊效成法，施于婺、睦二州鼓角樓。熙寧癸丑，歲大旱，夏秋泉冬愆，南井泉枯竭，民用艱險。時待次梅溪始作百刻香印以準昏曉，又增置五夜香刻如左。

百刻香印

百刻香印，以堅木爲之，山梨爲上，樟楠次之，其厚一寸二分，外經一尺一寸，中心經一寸無餘。用有文處分十二界，回曲其文，横路二十一，里路皆闊一分半，鋺其上，深亦如之，每刻長二寸四分，凡一百刻，通長二百四十寸。每時率二尺，計二百四十寸。凡八刻三分，刻之一。其中近狹處，六暈相屬，亥子也，丑寅也，卯辰也，巳午也，未申也，酉戌也。陰盡以至陽也，戌之末則入亥。以上六長暈各外相連。陽時六皆順行，自小以入大也，微至著也，其向外長六暈亦相屬，子丑也，寅卯也，辰巳也，午未也，申酉也，戌亥也。陽終以入陰也，亥之末則至子。以上六狹處各内相連。陰時六皆逆行，從大以入小，陰主減也，并無斷際，猶環之無端也。每起火，各以其時，大抵起午正第三路近中是。或起日出視歷日，日出卯，初卯正幾刻。故不定，斷際起火處也。

五更印刻

上印最長，自小雪後，大雪、冬至、小寒後單用。其次有甲乙丙丁四印，并兩刻用。

中印最平，自驚蟄後，至春分後單用。秋分同。其前後有戊己印各一，并單用。末印最短，自芒種前，及夏至、小暑後單用。其前有庚辛壬癸印，并兩刻用。

百刻篆圖

百刻香若以常香則無準，今用野蘇、松球二味，相知令勻，貯于新陶器內，旋用。野蘇，即荏葉也，中秋前采，曝乾爲末，每料十兩。松球，即枯松花也，秋末揀其自墜者，曝乾，剉，去心爲末，每用八兩。昔嘗撰《香譜序》，百刻香印未詳。廣德吳正仲製其篆刻并香法見畀，較之頗精，審非雅才妙思孰能至是，因刻于石，傳諸好事者。

熙寧甲寅歲仲春二日，右諫議大夫知宣城郡沈立題。

定州公庫印香

箋香一兩、檀香一兩、零陵香一兩、藿香一兩、甘松一兩、茅香半兩、大黃半兩。

右杵羅爲末，用如常法。凡作印篆，須以杏仁末少許拌香，則不起塵，及易出脫，後皆仿此。

和州公庫印香

沉香十兩，細剉。檀香八兩，細剉如棋子。零陵香四兩、生結香八兩、藿香葉四兩，焙。甘松四兩，去土。草茅香四兩、香附子二兩，去黑皮，色紅。麻黃二兩，去根細剉。甘草二兩，粗者細剉。麝香七錢、焰硝半兩、乳香二兩，頭高秤。龍腦七錢。生者尤妙。

右除腦、麝、乳、硝四味別研外，餘十味皆焙乾，擣細末，盒子盛之，外以紙包裹，仍常置暖處，旋取燒用，切不可泄氣，陰濕此香。于幃帳中燒之悠揚，作篆熏之亦妙。別一方與此味數、分兩皆同，惟腦、麝、焰硝各增一倍，章草香須白茅香乃佳。每香一兩，仍入製過甲香半錢。本太守馮公義子宜所製方也。

百刻印香

箋香三兩、檀香二兩、沉香二兩、黃熟香二兩、零陵香二兩、藿香二兩、土草香半兩，去土。茅香二兩、盆硝半兩、丁香半兩、製甲香七錢半，一本作七分半。龍腦少許。

右同末之，燒如常法。

資善堂印香

棧香三兩、黃熟香一兩、零陵香一兩、藿香葉一兩、沉香一兩、檀香一兩、白茅花香一兩、丁香半兩、甲香三分製過、龍腦三錢、麝香三錢。

右件羅細末，用新瓦罐子盛之。昔張全真參故傳張德遠丞相甚愛此香，每一日一盤，篆煙不息。

龍腦印香

檀香十兩、沉香十兩、茅香一兩、黃熟香十兩、藿香葉十兩、零陵香十兩、甲香七兩半、盆硝二兩半、丁香五兩半、棧香三十兩。剉。

右爲細末，和勻，燒如常法。

又方沈《譜》。

夾棧香半兩、白檀香半兩、白茅香二兩、藿香一錢、甘松半兩、乳香半兩、棧香二兩、麝香四錢、甲香一錢、龍腦一錢、沉香半兩。

右除龍、麝、乳香別研，餘皆擣羅細末，拌和令勻，用如常法。

乳檀印香

黃熟香六斤、香附子五兩、丁香皮五兩、藿香四兩、零陵香四兩、檀香四兩、白芷四兩、棗半斤，焙。茅香二斤、茴香二兩、甘松半斤、乳香一兩，研細。生結香四兩。

右擣羅爲細末，燒如常法。

供佛印香

棧香一斤、甘松三兩、零陵香三兩、檀香一兩、藿香一兩、白芷半兩、茅香三錢、甘草三錢、蒼龍腦三錢。

右爲細末，如常法點燒。

無比印香

零陵香一兩、甘草一兩、藿香葉一兩、香附子一兩、茅香二兩。蜜湯浸一宿，不可水多，曬乾，微炒過。

右爲末，每用，先于花模摻紫檀少許，次布香末。

水浮印香新增。

柴灰一升，或紙灰。黃蠟二塊。荔支大。

右同入鍋內熓，蠟盡爲度，每以香末脫印如常法，將灰于面上攤勻，次裁薄紙，依香印大小襯灰，覆放敲下，置水盆中，紙沉去仍輕來，以紙炷點香。

寶篆香

沉香一兩、丁香皮一兩、藿香一兩、夾棧香二兩、甘松半兩、甘草半兩、零陵香半兩、甲香半兩，製。紫檀三兩、焰硝二分。

右爲末，和勻，作印時旋加腦、麝各少許。

香篆一名壽香。

乳香、旱蓮草、降真香、沉香、檀香、青布片燒灰存性、貼水荷葉、瓦松、男兒胎髮一斤，木櫟、野蘋、龍腦少許。麝香少許。山棗子。

右十四味爲末，以山棗子揉和前藥，陰乾用。燒香時以玄參末蜜調，筯梢上引煙，寫字畫人物皆能不散。欲其散時，以車前子末彈于煙上，即散。

又方

歌曰：「乳旱降沉香，檀青貼髮山。斷松椎櫟蘋，腦射腹窄間。」每用銅筯引香煙成字，或云入針砂等分，以筯梢夾磁石少許，引煙作篆。

丁公美香篆沈《譜》。

乳香半兩，水蛭三錢，壬癸蟲即蝌蚪也。鬱金一錢，定風草半兩即天麻苗。龍腦少許。

右除龍腦、乳香別研外，餘皆爲末，然後一處勻和，滴水爲丸如桐子大。每用，先以清水濕過手，焚香煙起時，以濕手按之。任從巧意，手常要濕。歌曰：「乳蛭任風龍鬱煎，手爐爇處發祥煙。竹軒清下寂無事，可愛翛然迎晝眠。」

**又　凝和諸香**

葉太社旁通香圖

四和、百花、花蕊、清真。

丈苑：沉一兩、檀半兩、棧一錢、甘松一錢、玄參二兩、丁皮一錢、麝二錢。

常科：降真半兩、檀半兩、甘松半兩、楓香半兩、茅香四兩。

芬積：檀一兩、棧半兩、沉一錢、降真半兩、麝一錢、腦一分、甲香一錢。

清遠：茅香半兩、生結三分、腦半錢、沉一分、麝一錢、檀半兩。

衣香：腦一錢、零陵半兩、麝一錢、木香半兩、檀一錢、藿香一錢、丁香半兩。

清神：藿香半兩、麝一錢、腦一錢、棧一兩、沉半兩。

凝香：麝一錢、丁香枝半兩、檀一兩半、甲香一錢、結香一錢、甘草一分、腦一錢。降真、百和、寶篆。

右爲極細末，除寶篆外，并以煉蜜和劑作餅子，爇如常法。

漢建寧宮中香

黃熟香四斤、白附子二斤、丁香皮五兩、藿香葉四兩、零陵香四兩、檀香四兩、白芷四兩、茅香二斤、茴香二斤、甘松半斤、乳香一兩別器研、生結香四兩、棗子半斤。焙乾。一方入蘇合油一錢。

右爲細末，煉蜜和勻，窨月餘，作丸，或爇之。

唐開元宮中方

沉香二兩，細剉，以絹袋盛于銚子當中，勿令著底，蜜水浸，慢火煮一日。檀香二兩，茶清浸宿，炒，候乾，令無檀香氣味。麝香二錢、龍腦二錢、別器研。甲香一錢、法製。馬牙硝一錢。

右爲細末，煉蜜和勻，窨月餘取出，旋入腦、麝，丸之，或作花子，爇如常法。

宮中香

檀香八兩，劈作小片。臘茶清浸一宿，挖出焙乾，再以酒蜜浸一宿，慢火炙乾，入諸品。沉香三兩甲香一兩、生結香四兩、龍、麝各半兩。別器研。

右爲細末，生蜜和勻，貯甆器，地窨一月，旋丸，爇之。

宮中香

檀香一十二兩，細剉，水一升，白蜜半斤同煮，五七十沸挖出，焙乾。零陵香三兩、藿香三兩、甘松三兩、茅香三兩、生結香四兩、甲香三兩、法製。黃熟香五兩，煉蜜一兩半，浸一宿，焙乾用。龍、麝各一錢。

右爲細末，煉蜜和勻，甆器封窨二十日，旋丸，爇之。

江南李主帳中香

沉香一兩，剉細如炷大。蘇合香。以不津甆器盛。

右以香投油，封浸百日，爇之。入薔薇水更佳。

又方

沉香一兩，剉如炷。鵝梨十枚。切研取汁。

右用銀器盛，蒸三次，梨汁乾即可爇。

又方補遺。

沉香末一兩、檀香末一錢、鵝梨十枚。

右以鵝梨刻去瓤核，如甕子狀，入香末，仍將梨頂簽蓋，蒸三溜，去梨皮，研和令勻，久窨可爇。

又方

沉香四兩、檀香一兩、蒼龍腦半兩、麝香一兩、馬牙硝一錢。研。

右細剉，不用羅，煉蜜拌和，燒之。

宣和御製香

沉香七錢，剉如麻豆。檀香三錢，剉如麻豆，燭黄色。金顏香二錢，另研。背陰草，不近土者，如無，用浮蘋。朱砂二錢半，飛細。龍腦一錢，麝香，別研。丁香各半錢，甲香一錢。製過。

右用皂兒白水浸軟，以定盌一隻，慢火熬，令極軟，和香得所。次入金顏、腦、麝研匀，用香蠟脱印，以朱砂爲衣，置于不見風日處，窨乾，燒如常法。

御爐香

沉香二兩，細剉，以絹袋盛之，懸于銚中，勿著底，蜜水一碗，慢火煮一日，水盡再添。檀香一兩，細片，以蠟茶清浸一日，稍焙乾，令無檀氣。甲香一兩，法製。生梅花龍腦二錢，別研。馬牙硝、麝香。別研。

右搗羅取細末，以蘇合油拌和匀，甆合封窨一月許，旋入腦、麝作餅，爇之。

李次公香

棧香不拘多少，剉如米粒。腦、麝各少許。

右用酒蜜同和，入甆瓶蜜封，重湯煮一日，窨半月，可燒。

趙清獻公香

白檀香四兩，研剉。乳香纏末半兩，研細。玄參六兩。温水洗净，慢火煮軟，薄切作片，焙乾。

右碾取細末，以熟蜜拌匀，入新甆罐内，封窨十日，爇如常法。

蘇州王氏幃中香

檀香一兩，直剉如米豆，不可斜剉，以蠟清浸令没，過二日取出，窨乾，慢火炒紫色。沉香二錢，直剉。乳香一分，別研。龍腦，別研。麝香各一字。別研，清茶化開。

右爲末，净蜜六兩，同浸檀茶清，更入水半盞，熬百沸，復秤，如蜜數爲度，候冷，入麩炭末三兩，與腦、麝和匀，貯甆器，封窨如常法，旋丸，爇之。

唐化度寺衙香

白檀香五兩，蘇合香二兩，沉香一兩半，甲香一兩，煮製。龍腦香半兩，麝香半兩。別研。

右細剉搗末，馬尾羅過，煉蜜搜和，爇之。

開元幃中衙香

沉香七兩二錢，棧香五兩，雞舌香四兩，檀香二兩，麝香八錢，藿香六錢，零陵香四錢，甲香二錢，法製。龍腦。少許。

右搗羅細末，鍊蜜和匀，丸如大豆，爇之。

後蜀孟主衙香

沉香三兩，棧香一兩，檀香一兩，乳香一兩，甲香一兩，法製。龍腦半錢，別研，香成旋入。麝香一錢。別研，香成旋入。

右除龍、麝外，用稈末，入炭皮末、朴硝各一錢，生蜜拌匀，入甆盒，重湯煮十數沸，取出，窨七日，作餅，爇之。

雍文徹郎中衙香

沉香、檀香、棧香、甲香、黄熟香各一兩，龍、麝各半兩。

右搗羅爲末，鍊和匀，入甆器内密封，埋地中一月，方可爇。

蘇内翰貧衙香

白檀香四兩，斫作薄片，以蜜拌之，净器内炒如乾，旋入蜜，不住手攪，以黑褐色止，勿令焦。乳香五粒，生絹裹之，用好酒一盞同煮，候酒乾至五七分取出。麝香一字，玄參一錢。

右先將檀香杵粗末，次將麝香細研，入檀香，又入麩炭細末一兩借色，與玄乳同研，合和令匀，煉蜜作劑，入甆器罐，密封埋地一月。

錢塘僧日休衙香

紫檀四兩，沈水香一兩，滴乳香一兩，麝香一錢。

右搗羅細末，煉蜜拌入和匀，圓如豆大，入甆器久窨，可爇。

金粟衙香

梅蠟香一兩，檀香一兩，臘茶清煮五七沸，二香同取末。黄丹一兩，乳香三錢，片腦一錢，麝香一字，杉木炭二兩半，爲末秤。净蜜二斤半。

右將蜜于净器内蜜封，重湯煮，滴入水中成珠方可用。與香末拌匀，入臼杵千餘作劑，窨一月，分爇。

衙香

沉香半兩，白檀香半兩，乳香半兩，青桂香半兩，降真香半兩，甲香半兩，龍腦半兩，麝香半兩。另研。

右搗羅細末，煉蜜拌匀，次入龍腦、麝香，搜和得所，如常爇之。

衙香

黄熟香、沉香、棧香各五兩，檀香、藿香、零陵香、甘松、丁皮、甲香製。各三兩，丁香一兩半，乳香半兩，硝石三分，龍腦三分，麝香一兩。

右除硝石、龍腦、乳、麝同研細外，將諸香搗羅爲散，先量用蘇合油并煉過好蜜二斤和勻，貯甆器，埋地中一月，取爇之。

衙香

檀香五兩，沉香、結香、藿香、零陵香、茅香、燒灰存性。甘松各四兩，丁香皮、甲香二錢，腦、麝各三分。

右細研，煉蜜和勻，燒如常法。

衙香

生結香、棧香、零陵香、甘松各三兩，藿香、丁香皮各一兩，甲香二兩，麝香一錢。

右粗末，煉蜜放冷和勻，依常法窨過，爇之。

衙香

檀香、玄參各三兩，甘松二兩，乳香半兩，別研。龍、麝各半兩。

右先將檀、參剉細，盛銀器內水浸，慢火煮，水盡取出，焙乾，與甘松同搗羅爲末，次入乳香末等一處，用生蜜和勻，久窨，然後爇之。

衙香

茅香二兩，去雜草塵土。玄參一兩，薤根大者。黄丹十兩，細研，以上三味，和搗羅煉過炭末二斤，令用油紙包裹三宿。夾沉棧香四兩，上等好者。紫檀四兩，丁香五分、好者去梗，已上搗末。滴乳香一錢半，細研。真麝香一錢半。細研。

右用蜜四斤，春夏煮十五沸，秋冬煮十沸，取出候冷，方入棧香等五味攪和，次以蔭炭末二斤拌，入臼杵勻，久窨，分爇。

衙香

檀香一十三兩，剉，臘茶清炒。沉香六兩，棧香六兩，馬牙硝六兩，龍腦三錢、麝香一錢，甲香一錢。用炭火煮二日，净洗，以蜜湯煮乾。

右爲末，研入龍、麝，蜜，拽和令勻，爇之。

衙香

紫檀四兩，酒浸一晝夜，焙乾。川大黄一兩，切片，以甘松酒煮焙。玄參半兩，以甘松同酒浸一宿，焙乾。零陵香、甘草各半兩，白檀、棧香各二錢半，酸棗仁五枚。

右爲細末，白蜜十兩微煉，和勻，入不津甆盒內，封窨半月取出，旋丸，爇之。

延安郡公蕊香

玄參半斤，净洗去塵土，于銀器中以水煮令熟，控出，乾，切入銚中，慢火炒令微煙出。甘松四兩，細剉，揀去雜草塵土。白檀香二錢，剉。麝香二錢，顆者，俟別藥成末，方入研。的乳香二錢，乳香二錢。細研，同麝香入。

右并用新好者杵羅爲末，煉蜜和勻，丸如雞豆大，每藥末一兩入熟蜜一兩，末丸前再入臼杵百餘下，油紙蜜封，貯甆器，旋取燒之，作花氣。

嬰香

沉水香三兩，丁香四錢，治甲香一錢，各末之。龍腦七錢，研。麝香三錢，去皮毛，研。栴檀香半兩。一方無。

右五物相和令勻，入煉白蜜六兩，去沫，入馬牙硝半兩，綿濾過，極冷，乃和諸香，令稍硬，丸如梧子大，置之甆盒密封，窨半月後用。《香譜拾遺》云：「昔沈桂官者，自嶺南押香藥綱，覆舟于江上，壞宫香之半。因括治脱落之餘合爲此香，而鬻于京師，豪家貴族争市之。」

金粟衙香

香附子四兩，藿香一兩。

右二味須酒一升同煮，候乾至一半爲度，取出陰乾，爲細末，以查子絞汁，和令勻，調作膏子或捻薄餅，燒之。

韻香

沉香末一兩，麝香末一兩。

稀糊，脱成餅子，陰乾，燒之。

不下閣新香

棧香一兩一錢，丁香一分，檀香一分，降真香一分，甲香一字，零陵香一字，蘇合油半字。

右爲細末，白芨末四錢，加減水和作餅。此香大作一炷。

宣和貴妃黄氏金香

占臘沉香八兩，檀香二兩，牙硝半兩，甲香半兩，製過。金顔香半兩，丁香半兩，麝香一兩，片白腦子四兩。

右爲細末，鍊蜜先和前香，後入腦、麝，爲丸，大小任意，以金箔爲衣，爇如常法。

壓香

沉香二錢半，龍腦二錢，與沉末同研。麝香一錢。別研。

右細末，皂兒煎湯和劑，捻餅如常法，銀襯燒。

古香

柏子仁二兩，每個分作四片，去仁，腑茶二錢，沸湯盞浸一宿，重湯煮，窨令乾，用。甘松藻一兩、檀香半兩、金顔香二兩、龍腦二錢。

右爲末，入楓香脂少許，蜜和如常法，陰乾，燒之。

神仙合香

玄參一十兩、甘松一十兩。白蜜加減用。

右爲細末，白蜜漬令勻，入甆罐内蜜封，重湯煮一宿，取出放冷，杵數百如乾，加蜜和勻，窨地中，旋取，入麝少許，爇之。

僧惠深溫香

地榆一斤、玄參一斤、米泔浸二宿。甘松半斤、白茅香一兩、白芷一兩。蜜四兩、河水一碗同煎，水盡爲度，切片焙乾。

右細末，入麝香一分，煉蜜和劑，地窨一月，旋丸，爇之。

供佛溫香

檀香、棧香、藿香、白芷、丁香皮、甜參、零陵香各一兩，甘松、乳香各半兩，硝石一分。

右件依常法治，碎剉焙乾，擣爲細末，别用白茅香八兩，碎劈去泥，焙乾，火燒之，焰將絶，急以盆蓋，手巾圍盆口，勿令洩氣。放冷，取茅香灰擣末，與諸香一處，逐旋入經，煉好蜜相和，重入臼，擣軟得所，貯不津器中，旋取燒之。

久窨濕香

棧香四斤、生。乳香七斤、甘松二斤半、茅香六斤、剉。香附子一斤、檀香十兩、丁香皮十兩、黄熟香十兩。剉。

右細末，用大丁香二個搥碎，水一盞煎汁，浮萍草一掬揀洗净，去鬚，研細濾汁，同丁香汁和勻，搜拌諸香。候勻，入臼杵數百下爲度，捻作小餅子，陰乾如常法，燒之。

清神香

玄參一個、臘茶四胯。

右爲末，以冰糖搜之，地下久窨，可爇。

清遠香局方

甘松十兩、零陵香六兩、茅香七兩、局方六兩。麝香末半斤、玄參五兩、揀净。丁香皮五兩、降真香五兩、係紫藤香以上味，局方六兩。藿香三兩、香附子三兩、揀净，局方十兩。白芷三兩。

右爲細末，煉蜜搜和令勻，捻餅或末，爇。

清遠香

零陵香、藿香、甘松、茴香、沉香、檀香、丁香。各等分爲末。

右煉蜜，圓如龍眼核大，入龍腦、麝香各少許尤妙。爇如前法。

清遠香

甘松一兩、丁香半兩、玄參半兩、番降真半兩、麝香末半錢、茅香七錢、零陵香六錢、香附子三錢、藿香三錢、白芷三錢。

右爲末，煉蜜和作餅，燒，窨如常法。

清遠香

甘松四兩、玄參二兩。

右爲細末，入麝香一錢，煉蜜和勻，如常爇之。

汴梁太乙宫清遠香

柏鈴一斤、茅香四兩、甘松半斤、瀝青二兩。

右爲細末，以肥棗半斤蒸熟，研細如泥，拌和令勻，如黄豆大，爇之。或煉蜜和劑亦可。

清遠膏子香

甘松一兩、去土。茅香一兩、去土，蜜水炒黄。藿香半兩、香附子半兩、零陵香半兩、玄參半兩、麝香半兩、别研。白芷七錢半、丁皮三錢、麝檀香四兩、即紅兜婁。大黄二錢、乳香二錢、另研。棧香三錢、米腦二分。另研。

右爲細末，煉蜜和勻，散燒或捻小餅子亦可。

邢大尉韻勝清遠香

沉香半兩、檀香二錢、麝香五錢、腦子三字。

右先將沉檀爲細末，次入腦、麝，鉢内研極細，别研入金顔香一錢，次加蘇合油少許，仍以皂兒仁三十個、水二盞熬皂兒水，候黏，入白芨末一錢，同上件香料和成劑，再入茶清研，其劑和熟隨意。脱造花子先用蘇合油或面油，刷過花脱然後印劑，則易出。

內府龍涎香

沉香、檀香、乳香、丁香、甘松、零陵香、丁皮香、白芷各等分，藿香二斤、玄參二斤。揀净。

共爲粗末，煉蜜和勻，爇如常法。

濕香

檀香一兩一錢，乳香一兩一錢，沉香半兩，龍腦一錢，麝香一錢，桑炭灰一斤。

右爲末，爲竹筒盛蜜，于鍋中煮至赤色，與香末和勻，石板上槌三五十下，以熱麻油少許作丸或餅，爇之。

清神濕香

苦芎鬚半兩，槁本、羌活、獨活、甘菊各半兩，麝香少許。

右同爲末，煉蜜和丸或作餅，爇之，可愈頭痛。

清遠濕香

甘松、去枝。茅香棗肉研膏浸焙。各二兩，玄參、黑細者炒。降真香、三柰子、香附子去鬚微炒。各半兩，韶腦半兩，丁香一兩，麝香三百文。

右細末，煉蜜和勻，甆封窨一月取出，捻餅子，爇之。

日用供神濕香

乳香一兩，研。蜜一斤，煉。乾杉木燒麩炭。細篩。

右同和，窨半月許取出，切作小塊子，日用無大費，而清芬勝市貨者。

丁晉公清真香

歌曰：「四兩玄參二兩松，麝香半兩蜜和同。丸如茨子金爐爇，還似千花噴曉風。」又清室香，但減玄參三兩。

清真香

麝香檀一兩。乳香一兩，乾竹炭一十二兩。燒帶性。

右爲細末，煉蜜搜成厚片，切作小塊子，甆盒封貯，土中窨十日，慢火爇之。

清真香

沉香二兩，棧香，零陵香各三兩，藿香、玄參、甘草各一兩，黄熟香四兩，甘松一兩半，腦、麝各一錢，甲香一兩半。泔浸二宿，同煮，泔盡以清爲度，復以滴潑地上，置蓋一宿。

右爲末，入腦、麝拌勻，白蜜六兩煉，去沫，入焰硝少許，攪和諸香，丸如雞頭實大，燒如常法。久窨更佳。

黄太史清真香

柏子仁二兩，甘松蕊一兩，白檀香半兩，桑柴麩炭末三兩。

右細末，煉蜜和勻，甆器窨一月，燒如常法。

清妙香

沉香二兩，剉。檀香二兩，剉。龍腦一分，麝香一分。另研。

右細末，次入腦、麝拌勻，白蜜五兩，重湯煮熟放温，更入焰硝半兩同和，甆器窨一月取出，爇之。

清神香

青木香半兩，生切，蜜浸。降真香一兩，白檀香一兩，香白芷一兩，龍、麝各少許。

右爲細末，熱湯化雪糕和作小餅，晚風，燒如常法。

王將明太宰龍涎香

金顔香一兩，乳細如麪。石紙一兩，爲末，須西出者，食之口澀生津者是。沉、檀各一半，爲末，用水磨細，令乾。龍腦半錢，生。麝香半錢。絶好者。

右用皂子膏和入模子，脱花樣，陰乾，爇之。

楊古老龍涎香

沉香一兩，紫檀半兩，甘松一兩，净揀去土。腦、麝少許。

右先以沉、檀爲細末，甘松別研羅候，研腦香極細，入甘松内三味，再同研，分作三分。將一分半入沉香末中，和令勻，入甆瓶蜜封，窨一宿；又以一分用白蜜一兩半，重湯煮乾至一半，放冷入藥，亦窨一宿，留半分至調時摻入搜勻。更用蘇合油、薔薇水、龍涎別研，再搜爲餅子或搜勻，入甆盒内，掘地坑深三尺餘，窨一月取出，方作餅子。若更少入製甲香，尤清絶。

亞裏木吃蘭脾龍涎香

蠟沉二兩，薔薇水浸一宿，研如泥。龍腦二錢，別研。龍涎香半錢。

共爲末，入沉香泥，捻餅子，窨乾，爇。

龍涎香

沉香十兩，檀香三兩，金顔香、龍腦各二兩，麝香一兩。

右爲細末，皂子脱作餅子，尤宜作帶香。

龍涎香

紫檀一兩半，建茶浸三日，銀器中炒令紫色，碎者旋取之。棧香三錢，剉細，入蜜一盞，酒半盞，以沙盒盛蒸，取出焙乾。甲香半兩漿水泥一塊，同浸三日取出，再以漿水一盌煮乾，銀器内炒黄。龍腦二錢，別研。玄參半兩，切片，入焰硝一分，蜜酒各一盞，煮乾更以酒一盌，煮乾爲度，炒令脆，不得犯鐵器。麝香二字。當門子，別器研。

右細末，先以甘草半兩搥碎，沸湯一升浸，候冷，取出甘草不用。白蜜半斤煎，撥去浮蠟，與甘草湯同放冷，入香末，次入腦、麝及杉樹油節炭一兩和勻，捻作餅子，貯甆器內，窨一月。

龍涎香

檀香二兩，紫色好者，剉碎，用梨汁并好酒半盞同浸三日，取出焙乾，甲香八十粒，用黄泥煮二三十沸，洗浄，乾油煎，亦爲末，沉香半兩，剉。丁香八十粒，生梅花腦子一錢，麝香一錢。各別器研。

右細末，以浸沉梨汁，入好蜜少許，拌和得所，用瓶盛，窨數日，于密室無風處，厚灰蓋火燒一炷。

龍涎香

沉香一兩，金顔香一兩，篤耨皮一錢，腦一錢，麝半錢。

右爲細末，白芨末糊和劑，同模範脱成花，陰乾，以齒刷子去不平處，爇之。

龍涎香

沉香一斤，麝香五錢，龍腦二錢。

右以沉香爲末，用水碾成膏，麝用湯研化，細汁入膏內，次入龍腦，研勻，捻作餅子，爇之。

南蕃龍涎香又名勝芬積。

木香，懷乾。丁香各半兩，藿香，曬乾。零陵香各七錢半，檳榔、香附子，鹹水浸一宿，焙。白芷、官桂懷乾各二錢半，肉荳蔻兩個，麝香三錢。別本有甘松七錢。

右爲末，以蜜或皂子水和劑，丸如雞頭實大，爇之。

又方與前小有異同今兩存之。

木香、丁香各二錢半，藿香、零陵香各半兩，檳榔、香附子、白芷各一錢半，官桂、麝香、沉香、當歸各一錢，甘松半兩，肉荳蔻一個。

右爲末，煉蜜和勻，用模子脱花或捻餅子，慢火焙，稍乾，帶潤入甆盒，久窨絶妙。兼可服，三兩餅茶酒任下，大治心腹痛，理氣寬中。

龍涎香

沉香一兩，檀香半兩，臘茶煮。金顔香半錢，篤耨香半錢，白芨末三錢，腦，麝各一字。

右細末，拌勻，皂兒膠搗和脱花，爇之。

龍涎香

丁香、木香各半兩，官桂、白芷、香附子鹹浸一宿，焙。檳榔、當歸各二錢半，甘松、藿香、零陵香各七錢。

右加肉豆蔻一枚，同爲細末，煉蜜，丸如菉豆大，兼可服。

龍涎香

丁香、木香、肉豆蔻各半兩，官桂、甘松、當歸各七錢，藿香、零陵香各三錢，麝香一錢，龍腦少許。

右細末，煉蜜，丸如桐子大，甆器收貯，捻匾亦可。

智月龍涎香

沉香一兩，麝香、蘇合油各一錢，米腦、白芨各一錢半，丁香、木香各半錢。

右爲細末，皂兒膠搗和，入臼杵千下，花印脱之，窨乾，刷出光，慢火雲母襯燒。

龍涎香

速香、沉香、注漏子香各十兩，腦、麝各五錢，薔薇香不拘多少。陰乾。

右爲細末，以白芨、瓊巵煎湯煮糊，爲丸，如常法燒。

龍涎香

沉香六錢，白檀、金顔香、蘇合油各二錢，麝香半錢，龍腦三字，浮萍半字，陰乾。青苔半字。陰乾，去土。

右爲細末，拌勻，入蘇合油，仍以白芨末二錢，冷水調如稠粥，重湯煮成糊，放温和香，入臼杵千下，模範脱花用刷子出光，如常法焚之。供神佛去麝香。

古龍涎香

好沉香一兩，丁香一兩，甘松二兩，麝香一錢，甲香一錢。製過。

右爲細末，煉蜜和劑作脱花樣，窨一月或百日。

古龍涎香

沉香半兩，檀香、丁香、金顔香、素馨花各半兩，廣南有，最清奇。木香、黑篤實、麝香各一分，顔腦二錢，蘇合油一字許。

右各爲細末，以皂子白濃煎成膏，和勻，任意造作花子佩香及香環之類。如要黑者，入杉木烰炭少許，拌沉檀同研，却以白芨極細作末，少許熱湯調得所，將篤耨、蘇合油同研。香如要作軟者，只以敗蠟同白膠香少許熬，放冷，以手搓成鋌煮酒蠟尤妙。

古龍涎香

占蠟沉十兩，拂手香三兩，金顔香三兩，蕃梔子二兩，梅花腦一兩半，另研。龍涎香二兩。

右爲細末，入麝香二兩，煉蜜和勻，捻餅子，爇之。

白龍涎香

檀香一兩，乳香五錢。

右以寒水石四兩煅過，同爲細末，梨汁和爲餅子，焚爇。

小龍涎香

沉香、棧香、檀香各半兩，白芨、白斂各二錢半，龍腦二錢，丁香一錢。

右爲細末，以皂兒膠水和作餅子，陰乾，刷光，窨土中十日，以錫盒貯之。

小龍涎香

錦紋大黄一兩，檀香、乳香、丁香、玄參、甘松各五錢。

右以寒水石二錢同爲細末，梨汁和作餅子，爇之。

小龍涎香

沉香一兩、龍腦半錢。

右爲細末，以鵝梨汁作餅子，爇之。

小龍涎香

沉香一兩，乳香一分，龍腦半錢，麝香半錢腾茶清研。

右同爲細末，以生麥門冬去心研泥，和丸如桐子大，入冷石模中脱花，候乾，甆盒收貯，如常法然。

吴侍郎龍津香

白檀五兩，細剉，以臘茶清浸半月後，蜜炙。沉香四兩、玄參半兩、甘松一兩，洗净。丁香二兩、木麝二兩、甘草半兩，炙。甲香半兩。炙製先以黄泥水煮，次以蜜水煮，復以酒煮，各一伏時，更以蜜少許炒焙。焰硝三錢、龍腦一兩、樟腦一兩、麝香一兩。四味各别器研。

右爲細末，拌和匀，煉蜜作劑，掘地窨一月，取燒。

龍泉香

甘松四兩、玄參二兩、大黄一兩半、麝香半錢、龍腦二錢。

右搗羅細末，煉蜜，爲餅子，如常法爇之。

清心降真香

紫潤降真香四十兩，剉，研。棧香三十兩、黄熟香三十兩、丁香皮十兩、紫檀三十兩，剉碎，以建茶細末一兩湯調，以兩盌拌香令濕，炒三時辰，勿令黑。藿香十兩、麝香木十五兩、揀甘草五兩、焰硝半斤，黄湯化開，淘去滓，熬成霜秤。甘松十兩、白茅香三十兩，細剉，以青州棗三十個，新水三升同煮過，復炒令色變，去棗及黑者，止用十五兩。龍腦一兩。香成旋入。

右爲細末，煉蜜搜和令匀，作餅，爇之。

宣和内府降真香

蕃降真香三十兩。

右剉作小片子，以臘茶半兩末之，沸湯同浸一日，湯高香一指爲約，來朝取出，風乾，更以好酒半盌、蜜四兩、青州棗五十個于甆器内，與香同煮至乾爲度，取出，于不津甆盒内收貯，密封，徐徐取燒。其香最清也。

降真香

蕃降真香切作片子，以冬青樹子單布内絞汁，浸香蒸過，窨半月，燒。

假降真香

蕃降真香一兩，劈作碎片。槁本一兩。水二盌，銀石器内與香同煮。

右二味同煮乾，去槁本，不用慢火，襯筠州楓香燒。

勝篤耨香

棧香半兩、黄連香三錢、檀香三分、降真香三分、龍腦一字、麝香一錢。

右以蜜和，粗末，爇之。

假篤耨香

老柏根七錢、黄連七錢，别器研置。丁香半兩、降真香，臘茶煮半日。紫檀香一兩、棧香一兩。

右爲細末，入米腦少許，煉蜜和匀，窨，爇之。

假篤耨香

檀香一兩、黄連香三兩。

右爲末，拌匀，橄欖汁和濕，入甆器收，旋取，爇之。

假篤耨香

黄連香或白膠香以極高煮，酒與香同煮，至乾爲度，收之，可燒。

馮仲柔假篤耨香

通明楓香三兩，火上鎔開。桂末一兩，入香内攪匀。白蜜三兩匙。入香内。

右以蜜入香，攪和令匀，瀉于水中，冷便可燒。或欲作餅子，乘熱捻成，置水中。

假篤耨香

楓香乳、棧香、檀香、生香各一兩，官桂、丁香。隨意入。

右爲粗末，蜜和，冷濕，甆盒封，窨月餘，可燒。

江南李王煎沉

沉香㕮咀，蘇合油不拘多少。

右每以沉香一兩，用鵝梨十枚細研取汁，銀石器入甑蒸數次，以稀爲度。或削沉香作屑，長半寸許，鋭其一端，叢刺梨中，炊一飲時，梨熟乃出。

李王花浸沉

沉香不拘多少，剉碎，取有香花蒸，荼蘼、木犀、橘花或橘葉亦可，福建末利花之類帶露水摘花一盌，以甆盒盛之，紙蓋，入甑蒸食，頃取出，去花，留汗汁浸沉香，日中暴乾。如是者三，以沉香透潤爲度。或云皆不若薔薇水，浸之最妙。

華蓋香

歌曰：「沉檀香附并山麝，艾蒳酸仁分兩停。煉蜜拌勻甆器窨，翠煙如蓋可中庭。」

寶毬香

艾蒳一兩，松上青衣是也。酸棗一升，內入水少許，研汁，搗成膏。丁香皮、檀香、茅香、香附子、白芷、棧香各半兩，草豆蔻一枚，去皮。梅花龍腦、麝香各少許。

右除腦、麝別器研外，餘皆炒過，搗取細末，以酸棗膏更加少許。裊裊直上如綫，結爲球狀，經時不散。

香毬

石芝、艾蒳各一兩，酸棗肉半兩，沉香一分，甲香半錢，制。梅花龍腦半錢，另研。麝香少許。另研。

右除腦、麝，同搗細末，研棗肉爲膏，入熟蜜少許，和勻，捻作餅子，燒如常法。

芬積香

丁香皮、硬木炭各二兩，爲末。韶腦半兩，另研。檀香一分，末。麝香一錢。另研。

右拌勻，煉蜜和劑，實在罐器中，如常法燒。

芬積香

沉香、棧香、藿香、零陵香各一兩，丁香一分，木香四分半，甲香一分。製搗。

右爲細末，重湯煮蜜，放温，入香末及龍腦、麝香各二錢，拌和令勻，甆盒密封，地坑窨一月，爇之。

小芬積香

棧香一兩，檀香、樟腦各五錢，飛過。降真香一分，麩炭三兩。

右以生蜜或熟蜜和勻，甆盒盛，埋地一月，取燒。

芬積香

沉香二兩，紫檀、丁香各一兩，甘松三錢，零陵香三錢，製。甲香一分，腦、麝各一錢。

右爲末，拌勻，生蜜和作劑，餅，甆器窨乾，爇之。

藏春香

沉香、檀香、酒浸一宿。乳香、丁香、真臘香、占城香各二兩，腦、麝各一分。

右爲細末，將蜜入，甘黄菊一兩四錢，玄參三分剉，同入餅內，重湯煮半日，濾去菊與參不用，以白梅二十個水煮，令冷浮，去核取肉研，入熟蜜拌勻，衆香于瓶內久窨，可爇。

藏春香

降真香四兩，飛過，臘茶清浸三日，次以湯浸，煮十餘沸，取出爲末。丁香十餘粒，腦、麝各一錢。

右爲細末，煉蜜和勻，燒如常法。

出塵香

沉香四兩，金顔香四錢，檀香三錢，龍涎二錢，龍腦一錢，麝香五分。

右先以白芨煎水，搗沉香萬杵，別研，餘品同拌令勻，微入，煎成皂子膠水，再搗萬杵，入石模脱作古龍涎花子。

出塵香

沉香一兩，棧香半兩，酒煮。麝香一錢。

共爲末，蜜拌，焚之。

四和香

沉、檀各一兩，腦、麝各一錢。

如法燒。香橙皮、荔枝殼、樱桃核、梨滓、甘蔗滓等分爲末，各小四和。

四和香

檀香二兩，剉碎，蜜炒褐黄色，勿令焦。滴乳香一兩，絹袋盛，酒煮取出，研。麝香一錢，腊茶一兩，與麝同研。松木麩炭末半兩。

右爲末，煉蜜和勻，磁盒收盛，地窨半月，取出，爇之。

馮仲柔四和香

錦文大黄、玄參、藿香葉、蜜各一兩。

右用水和慢火煮數時辰許，剉爲粗末，入檀香三錢、麝香一錢，更以蜜兩匙拌匀，窨過，爇之。

加減四和香

沉香一分，丁香皮一分，檀香半分，各別爲末。龍腦半分，另研。麝香半分，木香不拘多少。杵末，沸湯，浸水。

右以餘香別爲細末，木香水和捻作餅子，如常爇之。

夾棧香

夾棧香、甘松、甘草、沉香各半兩，白茅香二兩，檀香二兩，藿香一分，甲香二錢製，梅花龍腦二錢，別研。麝香四錢。

右爲細末，煉蜜拌和令匀，貯甆器蜜封，地窨一月，旋取出，捻餅子，爇如常法。

聞思香

玄參、荔枝、松子、仁檀香、香附子各二錢，甘草、丁香各一錢。

同爲末，查子汁和劑，窨，爇如常法。

聞思香

紫檀半兩，蜜水浸三日，慢火焙。甘松半兩，酒浸一日，火焙。橙皮一兩，日乾。苦楝花一兩，榠查核一兩，紫荔枝一兩，龍腦少許。

右爲末，煉蜜和劑，窨月餘，爇之。別一方無紫檀、甘松，用香附子半兩、零陵香一兩，餘皆同。

壽陽公主梅花香

甘松半兩，白芷半兩，牡丹皮半兩，稿本半兩，茴香一兩，丁皮一兩，不見火。檀香一兩，降真香一兩，白梅一百枚。

右除丁皮，餘皆焙乾爲粗末，甆器窨半月，爇如常法。

李王帳中梅花香

丁香一兩一分，新好者。沉香一兩，紫檀半兩，甘松半兩，龍腦四錢，零陵香半兩，麝香四錢，製。甲香三分，杉松麩灰四兩。

右細末，煉蜜和匀，丸，窨半月取出，爇之。

梅花香

苦參四兩，甘松四錢，甲香三分，製之用。麝香少許。

右細末，煉蜜爲丸，如常法爇之。

梅花香

丁香一兩，藿香一兩，甘松一兩，檀香一兩，丁皮半兩，牡丹皮半兩，零陵香二兩，辛夷一分，龍腦一錢。

右爲末，用如常法。尤宜佩帶。

梅花香

甘松一兩，零陵香一兩，檀香半兩，茴香半兩，丁香一百枚，龍腦少許。別研。

右爲細末，煉蜜合和，乾濕皆可，爇之。

梅花香

沉香、檀香、丁香各一分，丁香皮三分，樟腦三分，麝香少許。

右除腦、麝二味乳鉢細研，入杉木炭煤四兩，共香和匀，煉白蜜拌匀，捻餅，入無滲甆器，窨久，以銀葉或雲母襯燒之。

梅花香

丁香枝杖一兩，零陵香一兩，白茅香一兩，甘松一兩，白檀香一兩，白梅末二錢，杏仁十五個，丁香三錢，白蜜半斤。

右爲細末，煉蜜作劑，窨七日，燒之。

梅英香

揀丁香三錢，白梅末三錢，零陵香葉二錢，木香一錢，甘松半錢。

梅英香

沉香三兩，剉末。丁香四兩，龍腦七錢，另研。蘇合香二錢，甲香二兩，製。硝石末一錢。

右細末，入烏香末一錢，煉蜜和匀，丸如芡實，爇之。

梅蘂香又名一枝香

歌曰：「沉檀一分丁香半，烰炭篩羅五兩灰。煉蜜丸燒加腦麝，東風吹綻十枝梅。」

**又 卷三**

凝和諸香

韓魏公濃梅香又名返魂梅。

黑角沉半兩，丁香一分，鬱金半分，小麥麩炒，令赤色。臘茶末一錢，麝香一字，定粉一米粒，即韶粉是。白蜜一盞。

右各爲末，麝先細研，取臘茶之半湯點，澄清調麝，次入沉香，次入丁香，次入鬱金，次入餘茶及定粉，共研細，乃入蜜，使稀稠得宜，收沙瓶器中，窨月餘，取燒。久則益佳。燒時以雲母石或銀葉襯之。

黄太史跋云：「余與洪上座同宿潭之碧湘門外舟中，衡嶽花光仲仁寄墨梅二枝，扣船而至，聚觀于燈下。」余曰：「祇欠香耳。」洪笑發谷董囊，取一炷焚之，如嫩寒清曉行孤山籬落間。怪而問其所得，云自東坡得于韓忠獻家。知余有香癖而不相授，豈小鞭其後之意乎？洪駒父集古今香方，自謂無以過此。以其名意未顯，易之爲返魂梅云。《香譜補遺》所載與前稍異，今并録之。

臘沉一兩，龍腦半錢，麝香半錢，定粉二錢，鬱金半兩，胯茶末二錢，鵝梨二枚，白蜜二兩。

右先將梨去皮，用薑擦子上擦碎細，紐汁與蜜同熬過，在一凈盞内調定粉、臘茶、鬱金香末，次入沉香、腦、麝，和爲一塊，油紙裹入甆盒内，地窨半月取出。如欲遺人，圓如芡實，金箔爲衣，十丸作貼。

嵩州副宫李元老笑梅香

沉香、檀香、白荳蔻仁、香附子、肉桂、龍腦、麝香、金顔香各一錢，白芨二錢，馬牙硝二字，荔枝皮半錢。

右先入金顔香，于乳鉢内細研，次入牙硝及腦、麝研細，餘藥别入杵臼内擣羅爲末，同前藥，再入乳鉢内研，滴水和劑，印作餅子，陰乾用。或小印雕「乾元亨利貞」字印之，佳。

笑梅香

榅桲二個，檀香半兩，沉香三錢，金顔香四錢，麝香二錢半。

右將榅桲割開頂子，以小刀子剔去穰并子，將沉檀爲極細末，入于内，將元割下頂子蓋著，以麻縷繫定，用生麪一塊裹榅桲在内，慢火灰燒，黄熟爲度。去麪不用，取榅桲研爲膏，别將麝香、金顔研極細，入膏内相和研匀，以木雕香花子印脱，陰乾，燒。

笑梅香

沉香、烏梅肉、芎藭、甘松各一兩，檀香半兩。

右爲末，入腦、麝少許，蜜和甆盒，旋取，焚之。

笑梅香

棧香、丁香、甘松、零陵香各二錢，共爲粗末。朴硝四兩，龍腦、麝香各半錢。

右研匀，次入腦、麝、朴硝，生蜜搜和，甆盒封窨半月。

笑梅香

丁香百粒，茴香一兩，檀香、甘松、零陵香、麝香各二錢。

右細末，蜜和成劑，分爇之。

肖梅香

韶腦四兩，丁香皮四兩，白檀二錢，桐炭六兩，麝香一錢。

右先擣丁檀炭爲末，次入腦、麝，熟蜜拌匀，杵三五百下，封窨半月取出，爇之。别一方加沉香一兩。

勝梅香

歌曰：「丁香一分真檀半，降真、白檀松炭篩羅一兩。灰。熟蜜和匀入龍腦，東風吹綻嶺頭梅。」

鄙梅香

沉香一兩，丁香、檀香、麝香各二錢，浮萍草。

右爲末，以浮萍草取汁，加少蜜和，捻餅，燒之。

梅林香

沉香、檀香各一兩，丁香枝杖、樟腦各三兩，麝香一錢。

右除腦、麝别器細研，將三味懷乾爲末，用煅過炭硬末二十兩，與香末和匀，白蜜四十兩重湯煮，去浮蠟放冷，旋入杵臼擣軟，陰乾，以銀葉襯燒之。

浹梅香

丁香百粒，茴香一捻，檀香、甘松、零陵香各二兩，腦、麝少許。

右細末，煉蜜作劑，爇之。

笑蘭香

白檀香、丁香、棧香、玄參各一兩，甘松半兩，黄熟香二兩，麝香一分。

右除麝香别研外，餘六味同擣爲末，煉蜜搜拌成膏，爇、窨如常法。

笑蘭香

沉香、檀香、白梅肉各一兩，丁香八錢，木香七錢，牙硝半兩，研。丁香皮，去粗皮，二錢。麝香少許，白芨。末。

右爲細末，白芨煮糊和匀，入范子印花，陰乾，燒之。

李元老笑蘭香

揀丁香，味辛。木香，如雞骨。沉香，刮凈去軟白。檀香脂、膩。肉桂，味辛。回紞香附子各一錢，如無，以白荳蔻代之，以上六味同末。麝香、片白腦子各半錢，南硼砂二錢。先入乳鉢内研細，次入腦、麝同研。

右煉蜜和勻，更入馬勃二錢許，搜拌成劑，新油單紙封裹，入磁盒，窨一百日取出，旋丸如豌豆狀，捻之漬酒，名洞庭春。每酒一斤入香一丸，化開，荷葉密封，春三日，夏秋一日，冬七日，可飲，味甚清美。

靖老笑蘭香

零陵香、藿香、甘松各七錢半，當歸一條，荳蔻一個，麝半錢，檳榔一個，木香、丁香各半兩，香附子、白芷各二錢半。

右爲細末，煉蜜和搜，入臼杵百下，貯甆盒，地坑埋窨一月，作餅，燒如常法。

笑蘭香

歌曰：「零藿丁檀沉木一，六錢藁本麝差輕。合和時用松花蜜，爇處無煙分外清。」

肖蘭香

紫檀五兩，白尤妙，剉作小片，煉白蜜一斤，加少湯浸一宿，取出，銀器内炒微煙出。麝香、乳香各一錢，烰炭一兩。

右先將麝香入乳鉢研細，次用好臘茶一錢，沸湯點，澄清，將脚與麝同研，候勻，以諸香相和，入杵臼，令得所，如乾，少加浸檀蜜水拌勻，入新器中，以紙封十數重，地窨窖月餘，可爇。

肖蘭香

零陵香、藿香、甘松各七錢，母丁香、官桂、白芷、木香、香附子各二錢，玄參三兩，沉香、麝香各少許。別研。

右煉蜜和勻，捻作餅子，燒之。

勝肖蘭香

沉香，拇指大。檀香，拇指大。丁香一分，丁香皮三兩，茴香三錢，甲香二十片，製過樟腦半兩，麝香半錢，煤末五兩，白蜜半斤。

右爲末，煉蜜和勻，入甆器内封窨，旋丸，爇之。

勝蘭香

歌曰：「甲香一分煮三番，二兩烏沉三兩檀。水麝一錢龍腦半，異香清婉勝芳蘭。」

秀蘭香

歌曰：「沉藿零陵俱半兩，丁香一分麝三錢。細搗蜜和爲餅爇，秀蘭香似禁中傳。」

蘭蕊香

棧香、檀香各三錢，乳香一錢，丁香三十粒，麝香半錢。

右細末，以蒸鵝梨汁和爲餅子，窨乾如常法。

蘭遠香

沉香、速香、黄連、甘松各一兩，丁香皮、紫藤香各半兩。

右爲細末，以蘇合油作餅，爇之。

吴彦莊木犀香

沉香一兩半，檀香二錢半，丁香五十粒，各爲末。金顔香三錢，別研，不用亦可。麝香少許，入建茶清研極細。腦子少許，續入同研。木犀花五盞。已開未離披者，吹入腦、麝，同研如泥。

右以少許薄麪糊入所研三物中，同前四物和劑，範爲小餅，窨乾，如常法爇之。

智月木犀香

白檀一兩，臘茶浸煼。木香、金顔、黑篤耨、蘇合油、麝香、白芨末各一錢。

右爲細末，用皂兒膠鞭和，入臼杵千下，以花印脱之，依法窨，燒之。

木犀香

降真香一兩，剉屑。檀香二錢，別爲末作。臘茶半胯。碎。

右以紗囊盛降真，置磁器内，用去核鳳棲梨或鵝梨汁浸降真，及茶候軟透，去茶不用，拌檀末，窨乾。

木犀香

采木犀未開者，以生蜜拌勻，不可蜜多，實捺入甆器中，地坑埋窨，愈久愈奇。取出于乳鉢内研勻成餅子，油單裹收，逐旋取燒。采花時不得犯手，剪取爲妙。

木犀香

日未出時，乘露采岩桂花含蕊開及三四分者，不拘多少，煉蜜候冷，拌和，以温潤爲度。緊築入有油甆罐中，以蠟紙密封罐口，掘地坑深三尺許，窨一月或二十日，用銀葉襯燒之。花大開即無香。

木犀香

五更初，以竹箸取岩桂花未開蕊者，不拘多少，先于瓶底入檀香少許，方以花蕊入瓶，候滿加梅花腦子、糝花，上皁紗幕，瓶口置空所，日收夜露四五次，少用生熟蜜相半澆瓶中，蠟紙封窨，爇如常法。

木犀香

沉香、檀香各半兩，茅香一兩。

右爲末，以半開木犀花十二兩，擇去蒂，研成膏，搜作劑，入石臼杵千百下，脫花樣，當風處陰乾，爇之。

桂花香

冬青樹子、桂花香。即木犀。

右以冬青樹子絞汁，與桂花同蒸，陰乾，爐内爇之。

桂枝香

沉香、降真各等分。

右劈碎，碎以水浸香上一指，蒸乾爲末，蜜劑，焚。

杏花香

附子、沉、紫檀香、棧香、降真香各十兩，甲香、製。薰陸香、篤耨香、塌乳香各五兩，丁香、木香各二兩，麝半兩，腦二錢。

右爲末，入薔薇水勻和，作餅子，以琉璃瓶貯之，地窨一月，爇之。有杏花韻度。

杏花香

甘松、芎藭各半兩，麝香少許。

右爲末，煉蜜和勻，丸如彈子大，置爐中，旖旎可愛。每迎風燒之，尤妙。

吳顧道侍郎花

白檀五兩，細剉，以蜜二兩熱湯化開，浸香三宿，取出于銀盤中。紫色入杉木夫炭内炒，同搗爲末。麝香一錢，另研。臘茶一錢。湯點，澄清，用稠脚。

右同拌令勻，以白蜜八兩搜和，入乳鉢槌碎數百，貯甆器，仍鎔蠟固縫，地窨月餘，可爇矣。久則佳，若合多，可于臼中搗之。

百花香

甘松，去土。棧香，剉碎如米。沉香、臘茶末同煮半日。玄參内筋脈少者洗净槌碎，炒焦。各一兩，檀香半兩，剉如豆，以鵝梨二個取汁，浸銀器内，盛蒸三五次，以汁盡爲度。丁香，臘茶半錢，同煮半日。麝香、另研。縮砂仁、肉荳蔻各一錢，龍腦半錢。研。

右爲細末，羅勻，以生蜜搜和，搗百卅杵，捻作餅子，入磁盒封窨，如常法爇。

百花香

歌曰：「三兩甘松別本作一兩。一分芎，別本作半兩。麝香少許蜜和同。丸如彈子爐中爇，一似百花迎曉風。」

野花香

沉香、檀香、丁香、丁香皮、紫藤香懷乾。各半兩，麝香二錢，樟腦少許，杉木炭八兩。研。

右以蜜一斤重湯煉過，先研腦、麝和勻，入香，搜蜜作劑，杵數百，磁盒地窨，旋取捻餅子，燒之。

野花香

棧香、檀香、降真香各一錢，舶上丁皮三分，龍腦一錢，麝香半字，炭末半兩。

右爲細末，入炭末拌勻，以煉蜜和劑，捻作餅子，地窨，燒之。如要煙聚，入製過甲香一字，即不散。

野花香

棧香、檀香、降真香各三兩，丁香皮一兩，韶腦二錢，麝香一字。

右除腦、麝別研外，餘搗羅爲末，入腦、麝拌勻，杉木炭三兩，燒存性爲末，煉蜜和劑，入臼杵三五百下，甆器内收貯，旋取，分爇之。

野花香

大黃一兩，丁香、沉香、玄參、白檀、寒水石各五錢。

右爲末，以梨汁和作餅子，燒。

後庭花香

檀香、棧香、楓乳香各一兩，龍腦二錢，白芨末。

右爲細末，以白芨作餬和勻，脱花樣，窨，燒如常法。

洪駒父荔支香

荔支殼，不拘多少。麝香一個。

右以酒同浸二宿，封蓋，飯上蒸之以爲度，臼中燥之，搗末，每十兩重加入真麝香一字，蜜和作丸，爇如常法。

荔支香

沉香、檀香、白荳蔻仁、西香附子、肉桂、金顏香各一錢，馬牙硝、龍腦、麝香各半錢，白芨、新荔支皮各二錢。

右先將金顏香于乳鉢内細研，次入牙硝，入腦、麝，別研諸香爲末，入金顏研匀，滴水和劑，脱花，爇。

柏子香

柏子實不計多少。帶青色未破未開者。

右以沸湯綽過，細切，以酒浸，密封七日，取出陰乾，爇之。

酴醾香

歌曰：「三兩玄參一兩松，一枝楦子蜜和同。少加真麝并龍腦，一架酴醾落晚風。」

黄亞夫野梅香

降真香四兩、臘茶一胯。

右以茶爲末，入井花水一椀，與香同煮，水乾爲度，篩去臘茶，碾降真爲細末，加龍腦半錢，和匀，白蜜煉令過熟，搜作劑，丸如雞頭大，或散燒。

江梅香

零陵香、藿香、丁香各半兩，懷乾。茴香半錢，龍腦少許，麝香少許。乳鉢内研，以建茶湯和洗之。

右爲末，煉蜜和匀，捻餅子，以銀葉襯燒之。

江梅香

歌曰：「百粒丁香一撚茴，麝香少許可堪裁。更加五味零陵葉，百斛濃熏江上梅。」

蠟梅香

沉香、檀香各三錢，丁香六錢，龍腦半錢，麝香一錢。

右爲細末，生蜜和劑，爇之。

雪中春信

沉香一兩，白檀、丁香、木香各半兩，甘松、藿香、零陵香各七錢半，回鶻香附子、白芷、當歸、官桂、麝香各三錢，檳榔、荳蔻各一枚。

右爲末，煉蜜和餅如棊子大，或脱花樣，燒如常法。

雪中春信

香附子四兩、鬱金二兩、檀香一兩、建茶煮。麝香少許、樟腦一錢、石灰製。羊脛炭四兩。

右爲末，煉蜜和匀，焚、窨如常法。

雪中春信

檀香半兩，棧香、丁香皮、樟腦各一兩二錢，麝香一錢，杉木炭二兩。

右爲末，煉蜜和匀，焚、窨如常法。

春消息

丁香、零陵香、甘松各半兩，茴香、麝香各一分。

右爲粗末，蜜和得劑，以磁盒貯之，地坑内窨半月。

春消息

丁香百粒，茴香半合，沉香、檀香、零陵香、藿香各半兩。

右爲末，入腦、麝少許，和、窨同前，兼可佩帶。

春消息

甘松一兩，零陵香、檀香各半兩，丁香百顆，茴香一撮，腦、麝各少許。

和，窨并如前法。

洪駒父百步香又名萬斛香。

沉香一兩半，棧香、檀香、以蜜酒湯少許别炒，極乾。製甲香各半兩，别末。零陵葉、同研，篩羅過。龍腦、麝香各三分。

右和匀，熟蜜和劑，窨，爇如常法。

百里香

荔支皮千顆，須閩中來，用鹽梅者。甘松、棧香各三兩，檀香、蜜拌，炒黄色。製甲香各半兩，麝香一錢。别研。

右細末，煉蜜和，令稀稠得所，盛以不津器，坎埋之半月取出，爇之。再投少許蜜，捻作餅子亦可。此蓋裁損聞思香也。

黄太史四香

沉、檀爲主，每沉二兩半，檀一兩，斫小博骰，取榠查液漬之，液過指許，三日乃煮，瀝其液，温水沐之。紫檀爲屑，取小龍茗末一錢，沃湯和之，清晬時包以濡竹紙，數熏包之。螺甲半兩弱，磨去齟齬，以胡麻膏熬之，色正黄，則以蜜湯遽洗之，無膏氣乃已。青木香末以意和四物，稍入婆律膏及麝二物，惟少以棗肉合之，作模如龍涎香狀，日暵之。

意可

海南沉水香三兩，得火不作柴桂煙氣者。麝香檀一兩，切焙，衡山亦有之，宛不及海南來者。木香四錢，極新者不焙。玄參半兩，剉，熠炙。甘草末二兩、焰硝末一錢，甲香一錢，浮油煎，令黄色，以蜜洗去油，復以湯洗去蜜，如前治法而末之。婆律膏及麝各三錢，別研，香成旋入。以上皆末之，用白蜜六兩，熬去沫，取五兩和香末勻，置甆盒如常法。

山谷道人得之于東溪老，東溪老得自歷陽公。多方，初不知其所自，始名宜愛。或曰此江南宮中香，有美人字曰宜，甚愛此香，故名宜愛。不知其在中主、後主時耶？香殊不凡，故易名意可，使衆業力無度量之意。鼻孔繞二十五，有求覓增上必以此香爲可，何況酒款玄參，茗熬紫檀，鼻端已霈然乎？直是得無生意者，觀此香莫處處穿透，亦必爲可耳。

深静

海南沉香二兩，羊脛炭四兩，沉水剉如小博骰，入白蜜五兩，水解其膠，重湯慢火煮半日許，浴以温水，同炭杵爲末，馬尾篩下之，以煮蜜爲劑，窨四十九日出之，入婆律膏三錢、麝一錢，以安息香一分和作餅子，亦得以甆盒貯之。

荆州歐陽元老爲余處此香，而以一斤許贈別。元老者，其從師也，能受匠石之斤；其爲吏也，不剉庖丁之刅。天下可人也。此香恬澹寂寞，非世所尚，時時下帷一炷，如見其人。

小宗

海南沉水香一分，剉。棧香半兩，剉。紫檀三分，半生，用銀石器炒，令紫色。三物皆令如鋸屑。蘇合油二錢，製甲香一錢，末之。麝一錢半，研。玄參半錢，末之。鵝梨二枚，取汁。青棗二十枚，水二盌。煮，取小半盞，同梨汁浸沉、棧、檀，煮一伏時，緩火，取令乾，和入四物，煉蜜，令小冷，搜和得所，入甆盒，窨一日。

南陽宗少文，嘉遁江湖之間，援琴作金石弄，遠山皆與之應聲。其文獻足以配古人。孫茂深亦有祖風，當時貴人欲與之遊，不可得，乃使陸探微畫其像，挂壁間觀之。茂深惟喜閉閤焚香，遂作此饋之。時謂少文大宗、茂深小宗，故名小宗香。大宗小宗，《南史》有傳。

藍成叔知府韻勝香

沉香、檀香、麝香各一錢，白梅肉，焙乾秤。丁香皮各半錢，揀丁香五粒，木香一字，朴硝半兩。別研。

右爲細末，與別研二味入乳鉢拌勻，密器收。每用薄銀葉，如龍涎法燒之，少歇，即是硝融隔火氣，以水勻澆之，即復氣通氤氲矣。乃鄭康道御帶傳于藍，藍嘗括于歌曰：「沉檀爲末各一錢，丁皮梅肉減其半。揀丁五粒木一字，半兩朴硝柏麝拌。此香韻勝以爲名，銀葉燒之火宜緩。」蘇韜光云：「每五科用丁皮、梅肉各三錢，麝香半錢重，餘皆同。」且云：「以水滴之，一炷可留三日。」

元御帶清觀香

沉香四兩，金顔香，別研。石芝、檀香各二錢半，末。龍涎二錢，麝香一錢半。

右用井花水和勻，碒石碒細脱花，爇之。

脱俗香

香附子，蜜浸三日，慢火焙乾。零陵香酒浸一宿，慢火焙乾。各半兩，橙皮、焙乾。楝花、曬乾。榠查核、荔支殼各一兩。

右并精細揀擇爲末，加龍腦少許，煉蜜拌勻，入甆盒，封窨十餘日，取燒。

文英香

甘松、藿香、茅香、白芷、麝、檀香、零陵香、丁香皮、玄參、降真香各二兩，白檀香半兩。

右爲末，煉蜜半斤，少入朴硝和香，爇之。

心清香

沉、檀各一指大，母丁香一分，丁香皮三錢，樟腦一兩，麝香少許，無縫炭四兩。

右同爲末，拌勻，重湯煮蜜去浮泡，和劑，甆器中窨。

瓊心香

棧香半兩，檀香一分，臘茶清煮。丁香三十粒，麝香半錢，黄丹一分。

右爲末，煉蜜和膏，爇之。又一方用龍腦少許。

大真香

沉香一兩半，白檀一兩，細剉，白蜜半盞相和，蒸乾。棧香二兩，甲香一兩，製。腦、麝各一錢。研入。

右爲細末，和勻，重湯煮蜜爲膏，作餅子，窨一月，燒。

大洞真香

乳香、白檀、棧香、丁皮、沉香各一兩，甘松半兩，零陵香。

右細末，煉蜜和膏，爇之。

天真香

沉香三兩，剉。丁香、新好。麝香木、剉，炒。各一兩，玄參、洗切，微炒香。生龍腦各半兩，別研。麝香三錢，另研。甘草末二錢，焰硝少許，甲香一分。製過。

右爲末，與腦、麝和勻，用白蜜六兩，煉去泡沫，入焰硝及香末，丸如雞頭大，

可人香

歌曰：「丁香一分沉檀半，腦麝二錢中半良。二兩烏香杉炭是，蜜丸爇處可人香。」

禁中非煙

歌曰：「腦麝沉檀俱半兩，丁香一分桂三錢。蜜丸和細爲團餅，得自宣和禁闥傳。」

禁中非煙

沉香半兩，白檀四兩，劈作十塊，胯茶浸少時。丁香、降真、鬱金、甲香各二兩。製。

右爲細末，入麝少許，以白芨末滴水和，捻餅，窨，爇。

復古東閣雲頭香

占臘沉香十兩，金顏香、拂手香各二兩，蕃梔子、別研。石芝各一兩，梅花腦一兩半，龍涎、麝香各一兩，製甲香半兩。

右爲末，薔薇水和匀，如無，以淡水和之亦可，用碓石碓之脱花，如常法爇。

崔賢妃瑶英香

沉香四兩，金顏香二兩半，拂手香、麝香、石芝各半兩。

右爲細末，上石和碓，捻餅子，排銀盞或盤内，盛夏烈日曬乾，以新軟刷子出其光，貯于錫盒内，如常法爇之。

元若虚捴管瑶英勝

龍涎一兩，大食梔子二兩，沉香十兩，上等。梅花腦七錢，麝香當門子半兩。

右先將沉香細剉，碓令極細，方用薔薇水浸一宿，次日再上碓三五次，別用石碓龍腦等四味極細，方與沉香相合和匀，再上石碓一次，如水多，用紙滲，令乾濕得所。

韓鈐轄正德香

上等沉香十兩，梅花片腦、蕃梔子各一兩，龍涎、石芝、金顏香、麝香肉各半兩。

右用薔薇水和，令乾濕得所，上碓石細碓，脱花，爇之。或作數珠佩帶。

滁州公庫天花香

玄蓡四兩、甘松二兩、檀香一兩、麝香半錢。

右除麝香別研外，餘三味細剉如米粒許，白蜜六兩拌匀，貯甆罐内，久窨



爇之。熏衣最妙。

玉蕊香一名百花香。

白檀、丁香、棧香、玄參各一兩，甘松半兩，净。黄熟香二兩，麝一分。

煉蜜爲膏，和，窨如常法。

玉蕊香

玄參半斤，銀器内煮乾，再炒令微煙出。甘松四兩，白檀二兩。剉。

右爲末，真麝香、乳香各二錢研入，煉蜜，丸芡子大。

玉蕊香

白檀四兩，丁香皮八錢，韶腦四錢，安息香一錢，桐木夫炭四錢，腦、麝少許。

右爲末，煉蜜劑，油紙裹，甆器貯之，入窨半月。

廬陵香

紫檀七十二銖，即三兩，屑之，蒸一兩半。棧香十二銖，半兩。沉香六銖、一分。麝香三銖、一錢字。蘇合香五銖、二錢二分，不用亦可。甲香二銖半、一錢，製。玄參末一銖半。半錢。

右用沙梨十枚切片，研絞取汁。青州棗二十枚、水二盌，濃煎汁。浸紫檀一夕，微火煮，滴入煉蜜及焰硝各半兩，與諸香研和，窨一月，爇之。

康漕紫瑞香

白檀一兩，錯末。羊脛骨炭半秤。搗羅。

右用蜜九兩，甆器重湯煮熟，先將炭煤與蜜搜匀，次入檀末，更用麝香半錢或一錢，別器研細，以好酒化開，灑入前件藥劑，入甆罐，封窨一月，旋取，爇之。久窨尤佳。

靈犀香

雞舌香八錢，甘松三錢，靈靈香各一兩半。

右爲末，蜜煉和劑，窨，燒如常法。

仙萸香

甘菊蕊、乾。檀香、靈靈香、白芷各一兩，腦、麝各少許。乳鉢研。

右爲末，以梨汁和劑作餅子，曬乾。

降仙香

檀香末四兩，蜜少許，和爲膏。玄參、甘松各二兩，川靈靈一兩，麝少許。

右爲末，以檀香膏子和之，如常法窨，爇。

乃佳。

玉春新料香

沉香五兩，棧香、紫檀各二兩半，米腦一兩，梅花腦二錢半，麝香七錢半，木香，丁香各一錢半，金顔香一兩半，石脂半兩，好。白芨二兩半，胯茶一胯半。

右爲細末，次入腦、麝研勻，皂兒仁半斤濃煎，膏硬和，杵千下，脱花陰乾，刷光，甆器收貯，如常法爇之。

辛押陁羅亞悉香

沉香、兜婁香各五兩，檀香、甲香各二兩，製。丁香、大石芎、降真各半兩，鑒臨，別研，未詳，或異名。米腦白、麝香各二錢，安息香三錢。

右爲細末，以薔薇水、蘇合油和劑，作丸或餅，爇之。

金龜香燈

香皮：每以烰炭研爲細末，篩過，用黄丹少許和，使白芨研細，米湯調膠烰炭末，勿令太濕。

香心：茅香、藿香、零陵香、三賴子、柏香、印香、白膠香，用水如法煮，去松煙性，漉上，待乾成，惟碾，不成餅。

已上香等分，挫爲末，和令停，獨白膠香中半亦研爲末，以白芨爲末，水調和，捻作一指大，如橄欖形。以烰炭爲皮，如裹饅頭，入龜印，却用針穿，自龜口插，從龜尾出，脱去龜印，將香龜尾捻合，焙乾。燒時從尾起，自然吐煙于頭，燈明而且香，每以油燈心或油紙撚火點之。

金龜延壽香

定粉半錢、黄丹一錢，烰炭一兩。并爲末。

右研和，薄糊調成劑，雕兩片龜兒印脱，裹别香在龜腹内，以布針從口穿到腹，香煙出從龜口。内燒灰冷，龜色如金。

瑞龍香

沉香一兩，占城麝、檀，占城沉香各三錢，迦蘭木、龍腦各二錢，大食梔子花、龍涎各一錢，檀香、篤耨各半錢，大食水五滴，薔薇水不拘多少。

右爲極細末，拌和令勻，于净石上磓如泥，入模脱。

華蓋香

腦、麝各一錢，香附子、去毛。白芷、甘松、零陵香葉、茅香、檀香、沉香各半兩，松蒳、草荳蔻各一兩，去殻。酸棗肉。以肥紅、小者，濕生者尤妙。

右爲細末，煉蜜，用棗水煮成膏汁，搜和令勻，水臼搗之，以不粘爲度，丸如雞頭實，燒之。

寶林香

黄熟香、白檀香、棧香、甘松、去毛。藿香葉、荷葉、紫背浮萍各一兩，茅香半斤。去毛，酒浸，以拌炒，令黄色。

右爲末，煉蜜和勻，丸如皁子大，無風處燒之。

述筵香

龍腦一分，乳香半錢，荷葉、浮萍、旱蓮、風松、水衣、松蒳各半兩。

右爲細末，煉蜜和勻，丸如彈子大，慢火燒之。從主人位以净水一盞引煙入水盞内，巡筵旋轉，香煙接了水盞，其香終而方斷。以上三方亦名三寶殊薰。

寶金香

沉、檀各一兩，乳香、別研。紫礦、金顔、別研。安息香、別研。甲香各一錢，麝香半兩，別研。石芝净、白荳蔻各二錢，川芎、木香各半錢，龍腦三錢，別研。排香四錢。

右爲粗末，拌勻，煉蜜和劑，捻作餅，金箔爲衣，用如常法。

雲蓋香

艾葉、艾蒳、荷葉、扁柏葉各等分。

右燒存性爲末，煉蜜和别香作劑，用如常法。芬芳襲人。

佩熏諸香

篤耨佩香

沉香末一斤，金顔末十兩，大食梔子花、龍涎各一兩，龍腦五錢。

右爲細末，薔薇水徐徐和之得所，臼杵極細，脱範子，用如常法。

梅蕊香

丁香、甘松、藿香葉、白芷各半兩，牡丹皮一錢，零陵香一兩半，舶上茴香一錢。

同㕮咀，貯絹袋佩之。

荀令十里香

丁香半兩强，檀香、甘松、零陵香各一兩，生腦少許，茴香半錢弱。略炒。

右爲末，薄紙貼紗囊盛佩之。其茴香生則不香，過炒則焦氣，多則藥氣，少則不類花香，須逐旋斟酌添，使旖旎。

洗衣香

牡丹一兩、甘松一錢。

右爲末，每洗衣，最後澤水入一錢。香著衣上，經月不歇。

假薔薇面花

甘松、檀香、零陵香、丁香各一兩，藿香葉、黃丹、白芷、香墨、茴香各一錢，腦、麝爲衣。

右爲細末，以熟蜜和拌，稀稠得所，隨意脱花，用如常法。

玉華醒醉香

采牡丹蕊與荼蘼花，清酒拌挹，潤得所，當風陰一宿，杵細，捻作餅子，窨乾，以龍腦爲衣。置枕間芬芳襲人，可以醒醉。

衣香

零陵香一斤，甘松、檀香各十兩，丁香皮、辛夷各半，茴香六分。

右擣粗末，入龍腦少許，貯囊佩之。香氣著衣，汗浥愈馥。

薔薇衣香

茅香、零陵香、丁香皮各一兩，剉碎，微炒。白芷、細辛、白檀各半兩，茴香一分。

右同爲粗末，可爇可佩。

牡丹衣香

丁香、牡丹皮、甘松各一兩，同爲末。龍腦，别研。麝香别研。各一錢。

右同和，以花葉紙貼佩之，或用新絹袋貼著肉，香如牡丹。

芙蕖香

丁香、檀香、甘松各一兩，零陵香、牡丹皮各半兩，茴香一分。

右爲末，入麝香少許，研勻，薄紙貼之，用新帕子裹，出入著肉，其香如新開蓮花。臨時更入茶末、龍腦各少許，不可火焙，汗浥愈香。

御愛梅花衣香

零陵葉四兩，藿香葉、檀香各二兩，甘松三兩，洗净去土，乾秤。白梅霜、擣碎羅净，秤。沉香各一兩，丁香擣、米腦各半兩，麝一錢半。别研。

以上諸香并須日乾，不可見火，除腦、麝、梅霜外，一處同爲粗末，次入腦、麝、梅霜拌勻，入絹袋佩之。此乃内侍韓憲所傳。

梅花衣香

零陵香、甘松、白檀、茴香各半兩，微炒。丁香一分，木香一錢。

右同爲粗末，入腦、麝少許，貯囊中。

梅萼衣香

丁香二錢，零陵香、檀香各一錢，舶上茴香、木香各半錢，甘松、白芷各一錢半，腦、麝各少許。

右同剉，候梅花盛開，晴明無風雨，于黄昏前擇未開含蕊者，以紅綫系定，至清晨日未出時連梅蒂摘下，將前藥同拌，陰乾，以紙衣貯紗囊佩之，旖旎可愛。

蓮蕊衣香

蓮花蕊一錢，乾研。零陵香半兩，甘松四錢，藿香、檀香、丁香各三錢，茴香、白梅肉各一分，龍腦少許。

右爲末，入龍腦研勻，薄紙貼紗囊貯之。

濃梅衣香

藿香葉、早春茶芽各二錢，丁香十枚，茴香半字，甘松、白芷、零陵香各三錢。

右同剉，貯絹袋佩之。

裛衣香

丁香，别研。鬱金各十兩，零陵香六兩，藿香、白芷各四兩，蘇合香、甘松、杜蘅各三兩，麝香少許。

右爲末，盛袋佩之。

裛衣香

零陵香一斤，丁香、蘇合香各半斤，甘松三兩，鬱金、龍腦各二兩，麝香半兩。

右并須精好者，若一味惡即損許。香同擣，如麻豆，以夾絹袋貯之。

貴人絶汗香

丁香一兩，爲粗末。川椒六十粒。

右以二味相和，絹袋盛而佩之，辟絶汗氣。

内苑蕊心衣香

藿香、益智仁、白芷、蜘蛛香各半兩，檀香、丁香、木香各一錢。

右同擣粗末，裹置衣笥中。

勝蘭衣香

零陵香、茅香、藿香各二錢，獨活、大黄各一錢，甘松錢半，牡丹皮、白芷、丁皮、桂皮各半錢。

以上用水净洗，乾再用酒略噴，盌盛蒸少時，用三賴子二錢，豆腐漿蒸，以盞蓋定。檀一錢細剉，合和令勻，入麝香少許。

香囊

零陵香、茅香、藿香、甘松、松子搥碎、茴香、三賴子、豆腐同蒸過。檀香、木香、白芷、土白芷、肉桂、丁香、丁皮、牡丹皮、沉香各等分，麝香少許。

右用好酒噴過，日曬乾，以剪刀切碎，碾爲生料，篩羅粗末，瓦罈收頓。

軟香

丁香、加木香少許同炒。心子紅、若作黑色不用。沉香各一兩，白檀、金顔、黄蠟、三賴子各二兩，龍腦半兩，三錢亦可。蘇合油不拘多少，生油少許，白膠香半斤。灰水于沙鍋内煮，候浮上，略掠入涼水，搦塊，再用皂角水三四盞，以香色白爲度，秤二兩入香用。

右先將蠟于定磁器内溶開，次下白膠香，次生油，次蘇合油，攪勻，取盌置地，候温，入衆香，每一兩作一丸，更加烏篤耨一兩尤妙。如造黑色者，不用心子紅，入香墨二兩，燒紅爲末，和劑如前法，可懷可佩，可置扇柄把握。

軟香

篤耨香、檀香末、麝香各半兩，金顔香五兩，牙子香爲末。蘇合油三兩，銀硃一兩，龍腦三錢。

右爲細末，用甆器或銀器于沸湯鍋内頓放，逐旋傾入蘇合油攪和，停勻爲度，取出，瀉入水中，隨意作劑。

軟香

沉香十兩，金顔香、棧香各二兩，丁香一兩，乳香半兩，龍腦一兩半，麝香三兩。

右爲細末，以蘇合油和納磁器内，重湯煮半日，以稀稠得中爲度，以臼杵成劑。

軟香

沉香、爲細末。金顔香各半斤，細末。蘇合油四兩，龍腦一錢。細研。

右先以沉香末和蘇合油，仍以冷水和成團，却搦去水，入金顔香、龍腦，又以水和成團，再搦去水，入臼用杵三五千下，時時搦去水，以水盡杵成團、有光色爲度。如欲鞕，更加金顔香；如欲軟，加蘇合油。

軟香

上等沉香末五兩，金顔香二兩半，龍腦一兩。

右爲末，入蘇合油六兩半，用綿濾過，取净油和香旋旋，看稀稠得所，入油。如欲黑色，加百草霜少許。

軟香

沉香、檀香、棧香各三兩，亞息香、梅花龍腦、甲香、製。松子仁各半兩，金顔香、龍涎、麝各一錢，篤耨油隨分，杉木炭。以黑爲度。

右除腦、麝、松仁、篤耨外，餘皆取極細末，以篤耨油與諸香和勻爲劑。

廣州吴家軟香

金顔香半斤，細研。蘇合油二兩，沉香一兩末，腦、麝各一錢，别研。黄蠟二錢，芝麻油一錢。臘月者經年尤佳。

右將油、臘同銷鎔，放令微温，和金顔、沉末令勻，次入腦、麝與蘇合油同搜，仍于净石版上以木槌擊數百下，如常法用之。

翟仲仁運使軟香

金顔香半兩，蘇合油三錢，腦、麝各一匙，烏梅肉二錢半。焙乾。

右先以金顔、腦、麝、烏梅肉爲細末，後以蘇合油相和，臨時相度，鞕軟得所。欲色紅，加銀硃二錢半；欲色黑，加皂兒灰三錢，存性。

寶梵院主軟香

沉香二兩，金顔香半斤，細末。龍腦四錢，麝香二錢，蘇合油二兩半，黄蠟一兩半。

右細末，蘇合與蠟重湯鎔和，搗諸香入腦子，更杵千餘下。

軟香

金顔香半斤，極好者，貯銀器，用湯煮，花細布紐净，研。蘇合油四兩，龍腦一錢，細研。麝香半錢，細研。心紅不計多少。色紅爲度。

右先將金顔香搦去水，銀石銚内化開，次入蘇合油、麝香拌勻，續入龍腦、心紅，移銚去火，攪勻取出，作團如常法。

軟香

黄蠟半斤，溶成汁，濾盡，却以净銅銚内下紫草，煎令紅，濾去草滓。檀香[二兩]、就鋪買細屑，碾令細，篩過二兩。金顔三兩、揀去雜物，取净秤，别研，細作一處。滴乳香三兩、揀明塊者，用茅香煎水煮過，令浮成片如膏須，冷水中取出，待水乾，入乳鉢内細研，如粘鉢，則入煆過醋焠，來底赭石二錢同研，則不粘矣。沉香半兩、要極細末。蘇合油二兩、如結合時先以生蘿蔔擦了乳鉢，則不粘，無則代之。生麝香三錢、净鉢内以茶清滴研細，却以其餘香拌起一處。銀硃隨意加入。以紅爲度。

右以蠟入器大盌內，坐重湯中溶成汁，入蘇合油和，成了停匀，却入衆香，以柳棒極匀，即香成矣。欲軟，用松子仁三兩揉汁于內，雖大雪亦軟。

軟香

檀香一兩，白梅煮，剉碎爲末。沉香半兩、丁香三錢、蘇合油半兩、金顔香二兩，蒸，如無，揀好楓滴乳香一兩，酒煮過，代之。銀硃隨意。

右諸香皆不見火，爲細末，打和于甑上蒸，碾成爲香。加腦、麝亦可，先將金顔碾爲細末，去滓。

軟香

金顔香、蘇合油各三兩，篤耨油一兩二錢，龍腦四錢，麝香一錢，銀硃四兩。

右先將金顔碾爲細末，去滓，用蘇合油坐熱，入黄蠟一兩坐化，逐旋入金顔香坐過了，腦、麝、篤耨油、銀硃打和，以軟筍籜包縛收。黄則加蒲黄二兩，緑則入緑二兩，黑則入墨一二兩，紫則入紫草，各量多少加入，以匀爲度。

熏衣香

茅香四兩，細剉，酒洗，微蒸。零陵香、甘松各半兩，白檀二錢，錯末。丁香二錢，白乾三個。焙乾取末。

右同爲粗末，入米腦少許，薄紙貼佩之。

蜀主熏御衣香

丁香、棧香、沉香、檀香、麝香各一兩，甲香三兩。製。

右爲末，煉蜜放冷，令匀，人窨月餘，用如前。見第一卷。

南陽宫主熏衣香

蜘蛛香一兩，香白芷、零陵香、縮砂仁各半兩，丁香、麝香、當歸、荳蔻各一分。

熏衣香

沉香四兩，棧香三兩，檀香一兩半，龍腦、牙硝、甲香各半兩，細剉，灰水洗過，浸一宿，次用新水洗過，復以蜜水去黄，製用。麝香一錢。

右除麝、腦別研外，同粗末，煉蜜半斤和匀，候冷，入龍、麝。

新料熏衣香

沉香一兩，棧香七錢，檀香半錢，牙硝一錢，甲香一錢，製如前。荳蔻一錢，米腦一錢，麝香半錢。

右先將沉、檀、棧爲粗末，次入麝拌匀，次入甲香并牙硝、銀硃一字再拌，煉蜜和匀，上糁腦子，用如常法。

千金月令熏衣香

沉香、丁香皮各二兩，鬱金二兩，細切。蘇合香、詹糖香各一兩，同蘇合和作餅。小甲香四兩半。以新牛糞汁二升、水三升和煮，三分去二，取出，以净水淘，刮去上肉，焙乾，又以清酒二升，蜜半合和，煮令酒盡，以物攪，候乾，以水洗去蜜，暴乾，另爲末。

右將諸香末和匀，燒，熏如常法。

熏衣梅花香

甘松、舶上茴香、木香、龍腦各一兩，丁香半兩，麝香一錢。

右件搗合粗末，如常法燒，熏。

熏衣芬積香

沉香二十五兩，剉。棧香，剉。檀香，剉，臘茶清炒黄。甲香，製法如前。杉木烰炭各二十兩，零陵葉、藿香葉、丁香、牙硝各十兩，米腦三兩，研。梅花龍腦二兩，研。麝香五兩，研。蜜十斤。煉，和香。

熏衣衙香

生沉香，剉。棧香各六兩，剉。檀香，剉，臘茶清炒。生牙硝各十二兩，生龍腦、研。麝香各九兩，研。甲香六兩，炭灰煮二日，洗净，再加酒蜜同煮乾。白蜜。比香斤加倍用，煉熟。

右爲末，研入腦、麝，以蜜搜和令匀，燒、熏如常法。

熏衣笑蘭香

藿苓甘芷木茴丁，茅賴芎黄和桂心。檀麝牡皮加減用，酒噴日曬絳囊盛。

[另]以蘇合油揉匀，松茅酒洗三賴，米泔浸大黄，蜜蒸麝香，逐裹脿入。熏衣加蘿蠶，常帶加白梅肉。

塗傅諸香

傅身香粉

荚粉，別研。青木香、麻黄根、附子、炮。甘松、藿香、零陵香各等分。

右除荚粉外，同搗羅爲細末，以生絹夾帶盛之，浴罷傅身上。

拂手香

白檀香三兩，滋潤者剉末，用蜜三錢，化湯一盞許，炒令水盡，稍覺浥濕，焙乾，杵羅細末。米腦一兩，研。阿膠一片。

右將阿膠化湯打糊，入香末搜拌匀，于木臼中搗三五日，捻作餅子或脱花，窨乾，穿穴綫懸于㝢間。

梅真香

零陵葉、甘松、白檀、丁香、白梅末各半兩，腦、麝少許。

右爲細末，糝衣、傅身皆可用之。

香髮木犀油

凌晨摘木犀花半開者，揀去莖蒂，令净，高量一斗，取清麻油一斤，輕手拌匀，捺甆器中，厚以油紙密封罐口，坐于釜内，以重湯煮一餉久，取出安頓穩燥處，十日後傾出，以手沘其清液收之，最要封閉最密，久而愈香。如此油匀入黄蠟爲面脂，馨香也。

香餅

凡燒香用餅子，須先燒令通赤，置香爐内，俟有黄衣生，方徐徐以灰覆之，仍手試火氣緊慢。

香餅

軟炭三斤，末。蜀葵花或葉一斤半。

右同搗，令粘匀作劑，如乾，更入薄麫糊少許，彈子大，捻作餅，曬乾，貯磁器内，燒旋取用。如無葵，則炭末中拌入紅花滓同搗，以薄糊和之亦可。

香餅

堅硬羊脛炭三斤，末。黄丹、定粉、針砂、牙硝各五兩，棗一升。煮爛，去皮核。

右同搗，拌匀，以棗膏和劑，隨意捻作餅子。

香餅

木炭三斤，末。定粉、黄丹各二錢。

右拌匀，糯米爲糊，和成十鐵臼内細杵，以圈子脱作餅，曬乾用之。

香餅

用櫟炭和柏葉、葵菜、橡實爲之，純用櫟炭則焦熟而易碎，石餅太酷，不用。

耐久香餅

鞭炭末五兩，胡粉、黄丹各一兩。

右同搗細末，煮糯米膠和匀，捻餅子曬乾，每用，燒令赤，炷香經久。或以針砂代胡粉，煮棗代粳米膠。

長生香餅

黄丹四兩，乾蜀葵花、燒灰。乾茄根各二兩，燒灰。棗半斤。去核。

右爲細末，以棗肉研作膏，同和匀，捻作餅子，窨，曬乾置爐，而火耐久不熄。

終日香餅

羊脛炭一斤，末。黄丹、定粉各一分，針砂少許。研匀。

右煮棗肉，杵膏拌匀，捻作餅子，窨二日，便于日中曬乾。如燒香畢，水中蘸滅，可再用。

丁晉公文房七寶香餅

青州棗一斤，和核用。木炭二升，末。黄丹半兩，鐵屑二兩，造針處有。定粉、細墨各一兩，丁香二十粒。

右爲搗爲膏，如乾時再加棗，以模子脱作餅，如錢許，每一餅可經晝夜。

内府香餅

木炭末一斤，黄丹、定粉各三兩，針砂三兩，棗半升。

右同末，蒸棗肉杵作餅，曬乾，每一板可度終日。

賈清泉香餅

羊脛炭一斤，末。定粉、黄丹各四兩。

右用糯米粥或棗肉和作餅，曬乾，用常法。茄蔕燒灰，存性，棗肉同杵，捻餅曬乾，用之。

香煤

近來焚香，取火非灶下即蹈爐中者，以之供神佛、格祖先，其不潔多矣。故用煤以扶接火餅。

香煤

乾竹筒、乾柳枝燒黑灰。各二兩，鉛粉三錢，黄丹三兩，焰硝二錢。

右同爲末，每用匕許，以燈爇于上焚香。

香煤

茄葉不計多少、燒灰存性，取麵四兩。定粉三十、黄丹二十、海金沙二十。

右同末，拌匀置爐灰上，紙點，可終日。

香煤

竹夫炭、柳木炭各四兩，黄丹、□粉各二錢，海金沙一錢。研。

右同爲末，拌匀，捻作餅，入爐，以燈點著燒香。

香煤

枯茄樹燒成炭，于瓶内候冷，爲末，每一兩入鉛粉二錢，黄丹二錢半，拌和裝灰中。

香煤

焰硝、黄丹、杉木炭各等分，爲末，糝爐中，以紙撚點。

日禪師香煤

杉木夫炭四兩，竹夫炭、鞭羊脛炭各二兩，黄丹、海金沙各半兩。

右同爲末，拌匀，每用二錢置爐中，紙燈點燒，候透紅，以冷灰薄覆。

閻資欽香煤

柏葉多采之，摘去枝梗净洗，日中曝乾，剉碎，不用墳墓間者。入净罐内，以塩泥固濟，炭火煅之，存性，細研，每用一二錢置香爐灰上，以紙燈點，候匀遍，焚香時時添之，可以終日。

香灰

細葉杉木枝燒灰，用火一二塊養之，經宿，羅過裝爐。每秋間采松鬚，曝乾燒灰，用養香餅。未化石灰槌碎羅過，鍋内炒，令候冷，又研又羅，爲之作香爐灰，潔白可愛，日夜常以火一塊養之，仍須用蓋，若塵埃則黑矣。礦灰六分，爐灰四錢和匀，大火養灰爇性。香蒲燒灰，爐裝，如雪。紙灰、石灰、木灰各等分，以米湯和，同煅過，勿令偏頭。青朱紅黑煤、土黄各等分，雜于紙中裝爐，名錦灰。紙灰炒通紅，羅過，或稻糠燒灰，皆可用。乾松花燒灰裝香爐最潔。茄灰亦可藏火，火久不熄。蜀葵枯時燒灰裝爐，大能養火。

## 又 卷四

香珠

香珠之法見諸道家者流，其來尚矣。若夫茶藥之屬，豈亦漢人含雞舌之遺製乎？兹故録之，以備聞見，庶幾免一物不知之議云。

孫廉訪木犀香珠

木犀花蓓蕾未開全者，開則無香矣。露未晞時，先用布幔鋪地，如無幔，净掃樹下地面，令人登梯上樹，打下花蕊，收拾歸家，擇去梗葉，須精揀花蕊，用中樣石磨磨成漿，次以布複包裹榨壓去水，將已乾花料盛貯新磁礶内，逐旋取出，于乳鉢内研，令細軟，用小竹筒爲則度築劑，或以滑石平片刻竅取，則手握圓如小錢，大竹籤穿孔置盤中，以紙四五重襯藉，日傍陰乾，稍健百顆作一串小竹弓，絣挂當風處，次至八九分乾取下，每十五顆以净潔水略略揉洗去皮，透青黑色，又用盤盛于日影中，暵乾。如天氣陰晦，紙隔之，于幔火上焙乾，新綿裹，以時時取觀，則香味可數年不失。其磨乳員洗之際，忌穢汙、婦女、銀器、油鹽等觸犯。

《瑣碎録》云：「木犀香念珠，須入少西木香。」

龍涎香珠

大黄一兩半，甘松一兩三錢，川芎一兩半，牡丹皮一兩三錢，藿香一兩三錢，三柰子一兩三錢，以上六味并用酒發，留一宿次，五更以後，藥一處拌匀，于露天安待日出曬乾用。白芷二兩，零陵香一兩半，丁香皮一兩三錢，檀香三兩，滑石一兩三錢，別研。白芨六兩，煮糊。均香二兩，炒乾。白礬一兩三錢，二味另研。好棧香二兩，秦皮一兩三錢，樟腦一兩，麝香半字。

右圓曬如前法，旋入龍涎、腦、麝。

香珠

天寶香一兩，土光香半兩，速香一兩，蘇合香半兩，牡丹皮一兩，降真香半兩，茅香一錢半，草香一錢，白芷二錢，豆腐蒸過。三柰子二分，同上。丁香半錢，藿香五錢，丁皮一兩，槁本半兩，細辛二分，白檀一兩，麝香檀一兩，零陵香二兩，甘松半兩，大黄二兩，荔枝殼二錢，麝香，不拘多少。黄蠟一兩，滑石量用，石膏五錢，白芨一兩。

右料蜜、梅酒、松子、三柰、白芷、糊夏、白芨、春秋瓊枝、冬阿膠、黑色竹葉灰、石膏、黄色檀香、蒲黄、白色滑石、麝、菩提、色細辛、牡丹皮、檀香、麝檀、大黄、石膏、沉香噀濕，用蠟丸打，輕者用水噀打。

香珠

零陵香、酒洗。甘松、酒洗。茴香各等分，丁香等分，茅香、酒洗。木香、少許。藿香、酒洗，此項奪香味少。川芎、少許。桂心、少許。檀香等分，白芷、麪裹燒熟，去麪不用。牡丹皮、酒浸一日，曬乾。三柰子、加白芷治少用。大黄。蒸過，此項收香珠又且染色。

右件如前治度，曬乾，合和爲細末，用白芨末和麪打糊爲劑，隨大小圓趂濕穿孔半乾，用麝香稠調水爲衣。

收香珠法

凡香環佩帶念珠之屬，過夏後須用木賊草擦去汗垢，庶不蒸壞。若蒸損者，以温湯洗過，曬乾，其香如初。

## 又 香藥

丁沉煎圓

丁香二兩半，沉香四錢，木香一錢，白荳蔻二兩，檀香二兩，甘草四兩。

右爲細末，以甘草熬膏，和勻，爲圓如雞頭大。每用一丸，噙化。常服，調順三焦，和養營衛，治心胸痞滿。

木香餅子

木香、檀香、丁香、甘草、肉桂、甘松、縮砂、丁皮、莪術各等分。

莪術醋煮過，用鹽水浸出醋，漿米浸三日，爲末，蜜和，同甘草膏爲餅，每服三五枚。

**又**　香茶

經進龍麝香茶

白荳蔻一兩，去皮。白檀末七錢，百藥煎五錢，寒水石五分，薄荷汁製。麝香四錢，沉香三錢，梨汁製。片腦二錢半，甘草末三錢，上等高茶一斤。

右爲極細末，用净糯米半升煮粥，以密布絞取汁，置净盌内放冷，和劑不可稀軟，以鞭爲度，于石版上杵一二時辰，如粘黏，用小油二兩，煎沸，入白檀香三五片，脱印時以小竹刀刮背上，令平。

孩兒香茶

孩兒香一斤，高末茶三兩，片腦二錢半，或糖米者，韶腦不用。麝香四錢，薄荷霜五錢，川百藥煎一兩。研細。

右五件一處和勻，用熟白糯米一升半淘洗令净，入鍋内，放水高四指，煮作糕。麝取出十分，冷定，于磁盆内揉和成劑，却于平石砧上杵千餘轉，以多爲妙。然後將花脱子灑油少許，入劑作餅，于潔净透風篩子頓放，陰乾，貯磁器内，青紙襯裏密封。附造薄荷霜法：寒水石研極細，末篩羅過，以薄荷二斤加于鍋内，傾水一椀于下，以瓦盆蓋定，用紙濕封四圍，文武火蒸熏兩頓飯久，氣定方開。微有黄色，嘗之涼者是。

香茶

上等細茶一斤，片腦半兩，檀香三兩，沉香一兩，舊龍涎餅一兩，縮砂三兩。

右爲細末，以甘草半斤，剉，水一椀半，煎取净汁一椀，入麝香末三錢，和勻，隨意作餅。

香茶

龍腦、麝香，雪梨汁製。百藥煎、楝草、寒水石，飛過末。白荳蔻各三錢，高茶一斤，硼砂一錢。

右同碾細末，以熬過熟糯米粥净布中絞取濃汁和勻，石上杵千餘，方脱花樣。

**宋・朱輔《溪蠻叢笑》**　雞骨香

降真本出南海，今溪洞山僻處亦有，似是而非，勁瘦不甚香，名雞骨香。

**宋・陳元靚《事林廣記・宫院事宜》**

李主帳中香

沉香四兩，白檀一兩，蒼龍腦半兩，麝香一兩。馬牙硝一分研。

右細剉，不用羅，煉蜜拌和，燒之。此江西李主方。

薰衣梅花香

甘松一兩，舶上茴香一兩，木香一兩，丁香半兩，麝香一分，龍腦一兩。

右件搗合，粗羅使之。

内苑蘗心香

檀香、丁香、木香各一分，藿香、益智子白芷、蜘蛛香各半兩。

右搗羅爲裹衣香，妙。

南陽公主香

丁香、麝香、當歸豆蔻各一分，蜘蛛香一兩，香白、苓苓香、縮砂去皮各半兩。

右合爲羅，粗末薰衣，香。

作餅子燒香

杉炭末五兩，胡粉一兩，黄丹一兩。

右件合研，爲細末，着精米膠和勻，作餅子，候乾，火内燒通紅，以紙灰里香爐中，焚香，經夕不滅不消。

**《宋史・食貨志》**　香

宋之經費，茶、鹽、礬之外，惟香之爲利博，故以官爲市焉。建炎四年，泉州抽買乳香一十三等，八萬六千七百八十斤有奇。詔取赴榷貨務打套給賣，陸路以三千斤、水路以一萬斤爲一綱。

紹興元年，詔：「廣南市舶司抽買到香，依行在品答成套，召人算請，其所售之價，每五萬貫易以輕貨輸行在。」六年，知泉州連南夫奏請，諸市舶綱首能招誘舶舟、抽解物貨，累價及五萬貫十萬貫者，補官有差。大食蕃客囉辛販乳香直三十萬緡，綱首蔡景芳招誘舶貨，收息錢九十八萬緡，各補承信郎。閩、廣舶務監官抽買乳香每及一百萬兩，轉一官；又招商入蕃興販，舟還在罷任後，亦依此推賞。然海商入蕃，以興販爲招誘，僥倖者甚衆。

## 元・陶宗儀《墨娥小録》卷一二《香譜修製》

四葉餅子香

荔枝殼、松子殼、梨皮、甘蔗相。

右各等分，爲細末。梨汁和丸，小雞頭大，捻作餅子，或搓如粗燈草大，陰乾，燒妙。加降真屑、檀末同碾，尤佳。

造數珠

徘徊花去汁，秤二十兩，爛搗碎。沉香一兩二錢。金顔半兩，相研。腦子半錢，另研。

右和匀，每濕秤一兩半，作數珠一十枚，臨時大小加減。合時須於淡日中曬，天陰令人着肉乾，尤妙。盛日中不可曬。

木犀印香

木犀不以多少，研，一次曬乾爲末，每用五兩。檀香二兩。赤倉腦末四錢。金顔三錢。麝香一錢半。

右爲末，和匀，作印香燒。

聚香烟法

艾納大松上青苔衣，酸棗仁。

凡修諸香，須入艾納和匀，焚之香烟直上三尺許，結聚成毬，氤氲不散。更加酸棗仁，研入香中，其烟自不散。

分香烟法

枯荷葉。

凡缸盆内栽種荷花，至五月間，候荷葉長成，用蜜塗葉上，日久，自有一等小蟲食盡葉上青翠，其葉紗枯，摘取去柄，曬乾爲細末。如合諸香，入少許，香成焚之，其烟直上盤結而聚。用筯任意分劃，或爲雲篆，或作字體，皆可。

賽龍涎餅子

樟腦一兩，東壁土三兩搗篩，薄荷自然汁。

右將土汁和成劑，日中曬乾，再搗汁浸，再曬。如此五度，候乾，研爲末，入樟腦末和匀。更用汁和，作餅，陰乾，爲香錢焚之。

出降真油法

將降真截二寸長，劈作薄片，江茶水煮三、五次，其油盡去也。

治檀香

將香剉如麻粒，慢火炒，令烟出，候紫色去盡，腥氣即止。

又法，劈片，用好酒慢火煮，略炒。

又法，治降檀，須用臘茶同浸，漉出，微炒。

治甲香

香如龍耳者佳，小者次之。每一、二兩，先以灰汁二碗煮，令盡。後用好酒一盞，再煮，更加蜜半匙，微炒如金色。

治茅香

擇好者剉碎，用酒、蜜水灑潤一宿，炒令黄色爲度。

香篆盤

春秋中，晝夜各五十刻，篆盤徑二寸八分，蟠屈，共長二尺五寸五分，不可多餘，但以此爲則。或欲增減，量晝夜刻數爲之。

取百花香水

采百花頭滿甑裝之，上以盆合蓋，周回絡以竹筒，半破，就取蒸下倒流香水，貯用，爲之花香。此乃廣南真法，極妙。

薔薇香

茅香一兩，苓苓一兩，白芷半兩，細辛半兩，丁皮一兩微炒，白檀半兩，茴香一錢。

右七味爲末，可佩可燒。

瓊心

白檀三兩，梅腦一錢。

右爲水，麵糊脱餅子。

香煤一字金

羊脛骨，杉木炭各半兩，韶粉五錢半。

右和匀，每一小匙燒過如金。

香餅

紙錢灰，石灰，杉樹皮毛燒灰。

右爲末，米飲和成餅子。

又羊脛骨一斤，黄丹、定粉各二兩。

右末糊捻餅。

又炭末五斤，鹽、黄丹、鍼砂各半斤。

右糊捻成餅，或搗蜀葵和尤佳。

又黃丹四兩，乾蜀葵花二兩，茄根灰二兩。和勻，棗作餅，其火不絶。

又硬木炭十斤，鹽十兩，石灰一斤，乾葵花一斤四兩，紅花十二兩，焰焇十二兩。

右爲末，糯米和勻，模子燒香用之，火不絶。

又硬炭一斤，搗。韶粉二兩。鹹砂一兩。黃丹一兩。紅棗一斤，去核蒸。

右將炭、棗同搗成劑，却以餘藥入，再搗勻，脱成餅，曬。用時燒紅，入香灰中，經宿火不消。

駕頭香

好箋香五兩，檀香一兩，乳香半兩，甘松二兩。松納衣一兩，麝香五分。

右末，蜜一觔，煉和作餅，陰乾。

線香

甘松、大黃、栢香、北棗、三賴、藿香、苓苓、檀香、土花、金顔、薰花、茘殼、佛尼降真各五錢，暫香二兩，麝香少許。

右如法製造。

又檀香、藿香、白芷、樟腦、馬蹄、荆皮、牡丹皮、丁皮各半兩，玄參、苓苓、大黃各一兩，甘松、三賴、辛夷花各一兩半，芸香、茅香二兩，甘菊花四兩。

右爲極細末，又於合香石上撻之，令十分稠密細膩。却依法製造，前件料內入蚯蚓糞，則灰燼拳連不斷。若入松樹上成窠苔蘚如圓錢者，及帶柄小蓮蓬，則烟直而圓。

飛樟腦

樟腦不問多少，研細同篩過，細壁土拌勻，攤碗內掠薄，苛汁灑土上。又一碗合定，濕紙條固縫了。蒸之少時，其樟腦飛上碗底，皆成冰片腦子。

熏衣笑蘭梅花香

白芷四兩，碎切。甘松、苓苓一兩，三賴、檀香片、丁皮、丁枝半兩，望春花辛夷也，金絲茆香三兩。細辛、馬蹄香二錢，川芎二塊，麝香少許。千斤草一錢，粞腦少許，另。

右各㕮咀裸和，篩下屑末，却以腦麝乳極細，入屑末和勻，另置錫合中，密蓋。將上項藥隨多少，作貼後，却撮屑末少許在內，其香不可言也。今市中之所賣者，皆無此二味，所以不妙也。

紅綠軟香

金顔牙子四兩，檀香末半兩，蘇合油半兩，麝香五分。

右和勻，紅用板朱，綠用砂綠，約用三錢，以黃蠟鎔化和就。古人止有紅者，蓋用辰砂在內，所以聞其香而食其味，皆可以辟穢氛也。

合木犀香珠器物

木犀揀沒過年壓乾者一斤，錦紋大黃半兩，黃檀香炒，一兩，白墡土折二錢大一塊。

右並撻碎，隨意製造。

木犀面油

每真菜油二觔，用切片香□□一兩，浸五日，濾起。却入揀凈木犀花三升，每□□三、五次，過四、五日後，伺花沉，濾去。壓花內油盡，將原浸木犀之油傾入別器，劄去下面水脚，此水乃花中出者，凈甆器密封逐旋，用取之，絶妙。冬月若欲作面油，每觔入川黃蠟三分，於重湯頓化，攪勻，入甆罐內，放冷用。

藏春不下閣香

箋香二十兩，加速香三兩，黃檀并射檀各五兩，金顔二錢，乳香二錢，麝香一錢，腦子一錢，白芨二十兩。

右並爲末，撻極細，水和，印成餅，一箇一箇攤漆卓上，於有風處陰乾。輕輕用手推動，翻置竹篩中，陰乾，不要揭起。若然，則破碎不全。

藏木犀花

木犀花半開時，帶露打下。其樹根西向先用被袱之類鋪張以盛之，既得花，篩去枝葉、蟲蟺之類，於凈卓上以竹篦一朶朶剔擇過，所有花蒂及不佳者皆去之。然後石盆䍐春令匾，不可十分細，裝新瓶內，按築令十分堅實，却用乾荷葉數層鋪面上，木條擒定，或枯竹片尤好。不用青竹，則必作臭。如此了放用井水浸，冬月五日一易水，春秋三、二日，夏月一日。切記，裝花時須是以瓶腹三分爲率，內二分裝花，一分着水。若要用時，逼去水，去竹木，去荷葉，隨意取了，仍舊如前收藏。經年不壞，顔色如金。

線　長春

川芎、辛夷、大黃、江黃、乳香、檀香、甘松去土各半兩，丁皮、丁香、廣芸、三賴各一兩，千金章一兩，茆香、玄參、牡丹皮各二兩，藁本、白芷、獨活、馬蹄香去土各四兩，藿香、荔枝殼。

右爲末，入白芨末四兩作劑，陰乾，不可見大日色。

**明・楊慎《升庵全集》卷六六**

香與墨同關紐

邵安又與朱萬初帖云，深山高居，爐香不可缺。退休之久，佳品乏絶，野人爲取老松柏之根枝葉實，共擣治之，斫楓肪羼和之。每焚一丸，亦足助清苦。今年大雨，時行土潤，溽暑特甚，萬初致石鼎清晝香，空齋蕭寒，遂爲一日之借，良可喜也。萬初本墨妙，又兼香癖，蓋墨之與香，同一關紐，亦猶書之與畫，謎之與禪也。

山林窮四和

山林窮四和香，以荔枝殼、甘蔗滓乾、栢葉、黄連，和焚，又或加松毬棗核梨皮，皆妙。

**明・李詡《戒庵老人漫筆》卷三**　降真香

柳之懷遠産香藤，葉大如掌，多刺，鑽蹀絞齒巨材，産多於山林糾攣之處，歲久色微黄，曰藤香。或深藏巑岏，巨石攖路。人跡不到，霜饕雪虐，積以歲月，皮肉俱爛，赤心如鐵，謂之降真香。《本草》云：出黔南，拌和諸香燒，煙直上天，召得鶴主天行，時氣宅舍，怪異並燒，悉驗。

**又　卷四**　山林窮四和

山林窮四和香，以荔枝殼、甘蔗滓、乾柏葉、黄連和焚，又或加松毬、棗核、梨核，皆妙。《墨娥小録》四葉餅子香，與此相同，荔枝殼、松子殼、梨皮、甘蔗柤，右各等分，爲細末，梨汁和丸，小雞頭大，捻作餅子。或搓如粗燈草大，陰乾燒，妙。加降真屑、檀末同碾，尤佳。

**又　卷六**　百合

百合有麝香、珠子二種，麝香者花甚香，珠子者每葉有一黑子，胡茄花形色如麝香，百合可觀分百合，八月中與種蒜同時同法。

**明・高濂《遵生八箋・燕閒清賞箋中・論香》**　高子曰：古之名香，種種稱異，若蟬蠶香、交趾所貢，唐禁中呼爲瑞龍腦。茵犀香、西域獻，漢武帝用之煮湯闢癘。石葉香、魏時題腹國貢，狀雲母，辟疫。百濯香、孫亮四姬四氣衣香，百濯不落。鳳髓香、穆宗藏，真擣焚之崇禮。紫述香、《述異記》云：又名麝香草。都夷香、《洞冥記》云：香如棗核，食之不饑。茶蕪香、香出波弋國中，侵地則土石皆香。闢邪香、瑞麟香、金鳳香、皆異國所貢，公主乘出，掛玉香囊中，則芬馥滿路。月支香、月支國進，如卵，燒之辟疫百里，焚香九月不散。振靈香、《十洲記》云：窟州有樹如楓葉，香聞數百里。返魂香、五名香，驚精香、返生香、却死香、尸埋地下者，聞之即活。千畝香、《述異記》云：以林名香。酬齊香、出波斯國，香氣入藥，治百病。龜甲香、《述異記》云：即桂香之善者。兜末香、《本草拾遺》曰：武帝西王母降，燒是香。沉光香、《洞冥記》云：塗魂國貢，燒之有光。月沉榆香、黄帝封禪焚之。蘅蕪香、李夫人授漢武帝。百蘊香、遠條舘祈子，焚以降神。月麟香、元宗愛妾，號衰裹春。辟寒香、焚之可以辟寒。龍文香、武帝時外國進者。千步香、南郡所貢。薰肌香、薰人肌骨，百病不生。九和香、《三洞珠囊》曰：玉女擎玉爐焚之。九真香、青水香、沉水香、皆昭儀上姐飛燕香也。罽賓國香、楊牧席間焚香，上如樓臺之狀。拘物頭花香、拘物頭國進，香聞數里。昇霄靈香、唐賜紫尼，焚之昇遐。祇精香、出塗魂國，焚之，鬼魅畏避。五枝香、燒之十日，上徹九重之天。千和香、峨嵋山孫真人焚之。兜樓婆香、《楞嚴經》云：浴處焚之，其炭猛烈。多伽羅香、多摩羅香、《釋氏會安》曰：即根香、藿香。大象藏香、因龍闘而生，若燒一丸，興大光明，味如甘露。牛頭旃檀香、《華嚴經》曰：從離垢出，以塗身。羯布羅香、《西域記》云：樹如松，色如冰雪。須曼那華香、闍提華香、青赤蓮香、華樹香、果樹香、拘鞞陀羅樹香、曼陀羅香、殊沙華香、出《法華經》。明庭香、明天發日香、出胥陀寒國。迷迭香、出西域，焚之去邪。必栗香、《内典》云：焚去一切惡氣。木蜜香、焚之辟惡。藕車香、《本草》云：焚之去蛀，辟臭病。刀圭第一香、昭宗賜崔胤一粒，焚之終日旖旎。乾鏈香、江西山中所出。曲水香、香盤印文似曲水像。鷹嘴香、番牙與舶主贈香，焚之辟疫。乳頭香、曹務光理趙州，用盆焚，云：財易得，佛難求。助情香、明皇寵妃，含香一粒情發興，筋力不倦。夜酣香、迷樓所焚。水盤香、出舶上，上刻山水佛象。都梁香、《荆州記》云：都梁山上有水，水中生之。雀頭香、荆襄人謂之莎草根。龍鱗香、䄂香之薄者，其香尤勝。白眼香、和香用之。平等香、僧人貨香于市，無貴貧富，皆一價也，故云。山水香、王旭奉道士于山中，月給焚香，謂之山水香。三勻香、三物煎成，焚之有富貴氣，香亦清妙。伴月香、徐鉉月夜露坐焚之，故名。此皆載之史册，而或出外夷，或制自宫掖，其方其料，俱不可得見矣。

**又**　焚香七要

香爐

官、哥、定窑，豈可用之平日？爐以宣銅、潘銅、彝爐、乳爐，如茶盃式大者，終日可用。

香合

用剔紅蔗段錫胎者，以盛黃、黑香餅。法制香磁合，用定窑或饒窑者，以盛芙蓉、萬春、甜香。倭香合，三子五子者，用以盛沉、速、蘭香、棋楠等香。外此香撞亦可。若遊行，惟倭撞帶之甚佳。

爐灰

以紙錢灰一斗，加石灰二升，水和成團，入大竈中燒紅，取出又研絶細，入爐用之，則火不滅。忌以雜火惡炭入灰，炭雜則灰死不靈，入火一蓋即滅。有好奇者，用茄蒂燒灰等説，太過。

香炭墼

以鷄骨炭碾爲末，入葵葉或葵花，少加糯米粥湯和之，以大小鐵塑槌擊成餅，以堅爲貴，燒之可久。或以紅花楂代葵花葉，或爛棗入石灰和炭造者，亦妙。

隔火砂片

燒香取味，不在取烟，香烟若烈，則香味漫然，頃刻而滅。取味則味幽香馥，可久不散，須用隔火。有以銀錢、明瓦片爲之者，俱俗不佳，且熱甚，不能隔火。雖用玉片爲美，亦不及京師燒破砂鍋底，用以磨片，厚半分，隔火焚香妙絶。燒透炭墼，入爐，以爐灰撥開，僅埋其半，不可便以灰擁炭火。先以生香焚之，謂之發香，欲其炭墼因香爇不滅故耳。香焚成火，方以筯埋炭墼，四面攢擁，上蓋以灰，厚五分，以火之大小消息，灰上加片，片上加香，則香味隱隱而發。然須以筯四圍直搠數十眼，以通火氣週轉，炭方不滅。香味烈，則火大矣，又須取起砂片，加灰再焚。其香盡，餘塊用瓦盒收起，可投入火盆中，薰焙衣被。

靈灰

爐灰終日焚之則靈，若十日不用，則灰潤。如遇梅月，則灰濕而滅火。先須以別炭入爐煖灰一二次，方入香炭墼，則火在灰中不滅，可久。

匙筯

匙筯，惟南都白銅制者適用，制佳。瓶用吴中近制，短頸細孔者，插筯下重不仆，似得用目。余齋中，有占銅雙耳小壺，用之爲瓶，甚有受用。磁者，如官、哥、定窑，雖多，而日用不宜。

**又**　香方

高子曰：余録香方，惟取適用。近日都中所尚，鑒家稱爲奇品者録之。制合之法，貴得料精，則香馥而味有餘韻，識嗅味者，知所擇焉可也。

玉華香方

沉香四兩，速香黑色者四兩，檀香四兩，乳香二兩，木香一兩，丁香一兩，郎台六錢，唵叭香三兩，麝香三錢，冰片三錢，廣排草三兩。出交趾者妙，蘇合油五兩，大黃五錢，官桂五錢，黃烟即金顔香二兩，廣陵香用葉一兩。

右以香料爲末，和入合油揉勻，加煉好蜜，再和如濕泥，入磁瓶，錫蓋蠟封口固，燒用二分一次。

聚仙香

黃檀香一斤，排草十二兩，沉、速香各六兩，丁香四兩，乳香四兩另研，郎台三兩，黃烟六兩另研，合油八兩，麝香二兩，欖油一斤，白芨麪十二兩，蜜一斤。

已上作末爲骨，先和上竹心子，作第一層，趁濕又滚。

檀香二斤，排草八兩，沉香(各)半斤。

爲末，作滚第二層，成香，紗篩眼乾。

都中自制，每香萬枝，工銀二錢。竹棍萬枝，銀一錢二分。香袋紫龍力紙，每百足數五錢。

沉速香方

用沉速五斤，檀香一斤，黃烟四兩，乳香二兩，唵叭香三兩，麝香五錢，合油六兩，白芨麪一斤八兩，蜜一斤八兩。

和成滚棍。

黃香餅方

沉速香六兩，檀香三兩，丁香一兩，木香一兩，黃烟二兩，乳香一兩，郎台一兩，唵叭三兩，蘇合油二兩，麝香三錢，冰片一錢，白芨麪八兩，蜜四兩。

和劑，用印作餅。

印香方

黃熟香五斤，速香一斤，香附子、黑香、藿香、零陵香、檀香、白芷各一兩，柏香二斤，芸香一兩，甘松八兩，乳香一兩，沉香二兩，丁香一兩，馢香四兩，生香四兩，焰硝五分。

共爲末，入香印，印成焚之。

萬春香方

沉香四兩，檀香六兩，結香、藿香、零陵香、甘松各四兩，茅香四兩，丁香一兩，甲香五錢，麝香、冰片各一錢。

用煉蜜爲濕膏，入磁瓶封固，焚之。

撒蘭香方

沉香三兩五錢，冰片二錢四分，檀香一錢，龍涎五分，排草鬚二錢，唵叭五分，撒醂蘭一錢，麝香五分，合油一錢。甘麻然二分，榆麪六錢，薔薇露四兩。

印作餅燒，佳甚。

芙蓉香方

沉香一兩五錢，檀香一兩二錢，片速三錢，冰腦三錢，合油五錢，生結香一錢，排草五錢，芸香一錢，甘麻然五分，唵叭五分，丁香二分，郎台二分，藿香二分，零陵香二分，乳香一分，三柰一分，撒醂蘭一分，欖油一分，榆麪八錢，硝一錢。和印或散燒。

龍樓香方

沉香一兩二錢，檀香一兩三錢，片速五錢，排草二兩，唵叭二分，片腦二錢五分，金銀香二分，丁香一錢，三柰二錢四分，官桂三分，郎台三分，芸香三分，甘麻然五分，欖油五分，甘松五分，藿香五分，撒醂蘭五分，零陵香一錢，樟腦一錢，降香二分，白豆蔻二分，大黄一錢，乳香三分，硝一錢，榆麪一兩二錢。

印餅。散用蜜和，去榆麪。

黑香餅方

用料四十兩加炭末一斤，蜜四斤，蘇合油六兩，麝香一兩，白芨半斤，欖油四斤，唵叭四兩。

先煉蜜熟，下欖油化開，又入唵叭，又入料一半，將白芨打成糊，入炭末，又入料一半，然後入蘇合、麝香，揉匀印餅。

炒香

近以蘇合油拌沉速，入火微炙，收起，乘熱以冰末撒上，入瓶收用，謂之法制。其香氣比常少濃，反失沉速天然雅味，恐知香者不取。

日用諸品香目

棋楠香

有糖結，有金絲結。糖結鋸開，上有油若飴糖，焚之，初有羊羶微氣。糖結黑白相間，黑如墨，白如糭米。金絲者，惟色黄，上有綹若金絲。惟糖結爲佳。

黑角沉香

質重，劈開如墨色者佳，不在沉水。好速亦能沉也。

片速香

俗名鲫魚片，雉鷄斑者佳。有僞爲者。亦以重實爲美。

唵叭香

一名黑香。以軟净色明者爲佳，手指可撚爲丸者妙甚，惟都中有之。

鐵面香生香

俗名牙香。以面有黑爛色者爲鐵面，純白不烘焙者爲生香。其生香之味妙甚，在廣中價亦不輕。

降真香

紫實爲佳。茶煮出油，焚之。

黄檀香

黄實者佳。茶浸炒黄，去腥。

白膠香

有如明條者佳。

茅山細梗蒼术

句容茅山産，如猫糞者佳。

蘭香

以魚子蘭蒸低速香、牙香塊者佳。近以末香滚竹棍蒸者惡甚。

安息香

都中有數種，俗名總曰安息。其最佳者，劉崔所制越隣香、聚仙香、沉速香三種，百花香即下矣。

龍掛香

有黄黑二品，黑者價高。惟内府者佳，劉崔所制亦可。

甜香

惟宣德年制者，清遠味幽可愛。燕巿中貨者，罈黑如漆，白底上有燒造年月，每罈二斤三斤，有錫罩蓋罐子。一斤一罈者方真，今亦無之矣。近名諸品，合和香料，皆自甜香改易頭面，別立名色云耳。

芙蓉香

劉崔制妙。

萬春香

内府香。

龍樓香
內府香。
玉華香
雅尚齋制也。
黃煖閣、黑煖閣
劉崔制佳。
黃香餅
王鎮住東院所制。黑沉色、無花紋者，佳甚。僞者色黃，惡極。
黑香餅
都中劉崔二錢、一兩者佳，前門外李家印各色花巧者亦妙。
河南黑芸香
短束，城上王府者佳。
京線香
前門外李家二分、一分一束者，佳甚。
金猊玉兔香方
用杉木燒炭六兩，配以栗炭四兩，搗末，加炒硝一錢，用米糊和成，揉劑。先用木刻狻猊、兔子二塑，圓混肖形，如墨印法，大小任意。當獸口處開一斜入小孔，獸形頭昂尾低是訣。將炭劑一半入塑，中作一凹，入香劑一段，再加炭劑築完，將鐵線針條作鑽，從獸口孔中搠入，至近尾止，取起曬乾。狻猊，用官粉塗身遍，上蓋黑墨。兔子，以絶細雲母粉膠調塗之，亦蓋以墨。二獸俱黑，內分黃白二色。每用一枚，將尾就燈火上焚灼，置爐內，口中吐出香烟。自尾隨變色樣：金猊從尾黃起，焚盡形若金妝，蹲踞爐內，經月不敗，觸之則灰滅矣；玉兔形儼銀色，甚可觀也。雖非大雅，亦堪幽玩。其中香料美惡，隨人取用。或以前印香方取料，和以榆麪爲劑，捻作小指粗段，長八九分，以獸腹大小消息，但令香不露出炭外爲佳。更有金蟾吐焰，紫雲捧聖，仙立雲中，種種雜法，內多不驗。即金蟾一方，不堪清賞，故不録。

**又** 香都總匣

嗜香者，不可一日去香。書室中宜制提匣，作三撞式，用鎖鑰啓閉，內藏諸品香物；更設磁盒、磁罐、銅盒、漆匣、木匣，隨宜置香，分布於都總管領，以便取用。須造子口緊密，勿令香泄爲佳，俾總管司香出入謹密。隨遇爇爐，甚愜心賞。

**明・屠隆《考槃餘事》卷三**

棋楠香　有糖結果棋楠，鋸開，上有油，如飴糖，黑白相間，黑如墨，白如燥米。焚之，初有羊羶微氣。有金絲棋楠，色黃，止有綹，若金絲，惟糖結爲佳。
角沉香　質重，劈開如墨色者佳，不在沉水，好速亦能沉也。有以碎沉香轃煉成大塊，以市於人，當細辨之。
片速香　俗名鲫魚片，雉鷄斑者佳。有僞爲者，亦以重實爲美。
唵叭香　一名黑香，以軟浄色明者爲佳。手指可撚爲丸者，妙甚。惟都中有之。
角香　俗名牙香，以面有黑爛色者爲鐵面，純白不烘焙者爲生香。其生香之味妙甚，在廣中，價亦不輕。
降真香　紫實爲佳，茶煮出油焚之。
白膠香　有如明條者佳。
黃檀香　黃實者佳。茶浸，炒黃去腥。
芙蓉香　京師劉鶴製妙。
蒼术　句容茅山産，細梗如猫糞者佳。
萬春香　內府者佳。
蘭香　以魚子蘭蒸低速香、牙香塊者佳。近以木香滚竹棍蒸者，惡甚。
安息香　都中有數種，總名安息。其最佳者，劉鶴所製月麟香、聚仙香、沉速香三種，百花香即下矣。
龍挂香　有黃、黑二品。黑者價高，惟內府者佳，劉鶴所製，亦可。
甜香　惟宣德年製，清遠味幽可愛。燕市中貨者，罈黑如漆，白底上有燒造年月，每罈二三斤。有錫罩蓋罐子，一斤一罈者，方真。
黃香餅　王鎮住東院所製，黑沉色無花紋者，佳甚。僞者色黃，惡極。
黑香餅　劉鶴二錢一兩者佳。前門外李家，印各色花巧者，亦妙。
京線香　前門外李家第二分，每束價一分，佳甚。
龍樓香　內府者佳。
玉華香　武林高深甫所製。
煖閣香　有黃、黑二種，劉鶴製佳。
黑芸香　河南短束城、上王府者佳。
香爐
官、哥、定窑、龍泉、宣銅、潘銅、彝爐、乳爐，大如茶杯而式雅者爲上。

香盒

有宋剔梅花蕉段盒。金銀爲素，用五色膝胎刻法，深淺隨粧，露色如紅色緑葉、黄心黑石之類，奪目可觀。有定窑、饒窑者，有倭盒三子、五子者。有倭撞可携游，必須子口緊密，不泄香氣方妙。

隔火

銀錢雲母片、玉片、砂片俱可，以火浣布如錢大者，銀鑲周圍作隔火，尤難得。凡蓋隔火，則炭易滅，須於爐四圍用筯直捌數十眼，以通火氣周轉方妙。爐中不可斷火，即不焚香，使其長温，方有意趣。且灰燥易燃，謂之靈灰，其香盡餘塊，用磁盒，或古銅盒收起，可投入火盆中薰焙衣被。

**明·謝肇淛《五雜組》卷一〇《物部二》** 芝蘭生於空谷，不以無人而不香，然芝實無香也。蘭，閩中最多，其於深山無人跡處，掘得之者，爲山蘭，其香視家蘭爲甚。人家所種，紫莖緑葉，花簇簇然。若謂一幹一花，而香有餘者爲蘭，一幹數花，而香不足者爲蕙，則今之所種皆蕙耳，而亦恐未必然也。即山谷中絶香之蘭，未見有一幹一花者。吾閩，蘭之種類不一，有風蘭者，根不着土，叢蟠木石之上，取而懸之簷際，時爲風吹，則愈茂盛，其葉花與家蘭全無異也。有歲蘭，花同而葉稍異，其開必以歲首，故名。其它又有鶴蘭、米蘭、朱蘭、木蘭、賽蘭、玉蘭，則各一種，徒冒其名耳。

蘭最難種，太密則疫，太疎則枯；太肥則少花，太瘦則漸萎；太燥則葉焦，太濕則根朽；久雨則腐，久曬則病；好風而畏霜，好動而惡潔；根多則欲劚，葉茂則欲分；根下須得灰糞亂髮實之，以防蟲蚓，清晨須用櫛髮油垢之手摩弄之，得婦人手尤佳，故俗謂蘭好淫也。須置通風之所，竹下池邊，稍見日影，而不受霜侵，始不夭折。故北方人以重價購得之，百計不能全活，亦其性然耳。古者，女子佩蘭，故内則曰：「婦或賜之蘭，則受而獻諸舅姑。」燕姞夢天與己蘭，文公遂與之蘭而御之。淮南子曰：「男子植蘭，美而不芳，情不相與往來也。」則蘭之宜於婦人，其來久矣。【略】

沉香樹類椿，細枝緊實，未爛者爲青桂黑堅；沉水者爲沉香；帶斑點者爲鷓鴣沉；半沉者爲箋香；形象雞骨者爲雞骨香；象馬蹄者爲馬蹄香；在土中成薄片者爲龍鱗香；亞於沉香爲速香；不沉者爲黄香，交州人謂之蜜香，佛經謂之阿迦爐香；一物而異名如此，近於果中之蓮、藕矣。用脩所記，一香七名者，誤也。

宋宣和間，宮中所焚異香有篤耨、龍涎、亞悉、金顔、雪香、褐香、軟香之類。今世所有者，惟龍涎耳。又有瓢香、猊眼香，皆不知何物。

龍涎於諸香中最貴。游宦紀聞云：「每兩不下百千，次者亦五六十千。近海旁，常有雲氣罩山間者，龍睡其下也。土人相約更守，或半載，或二三載，雲散則龍去矣，往跡之，必得龍涎，或五七兩，或十餘兩。」又言：「大海洋中有旋渦，龍伏其下，涎常湧出，爲風吹日曬，結成一片。」嶺外雜記云：「龍枕石睡，涎沫浮水積而能堅。」余問嶺南諸識者，則曰：「非龍涎也，乃雌雄交合，其精液浮水上，結而成耳。」果爾，則腥穢之物，豈宜用之清浄之所哉？今龍涎氣亦果腥，但能收斂諸香，使氣不散，雖經十年，香味仍在，故可寶也。

**明·文震亨《長物志》卷一二**

伽南

一名奇藍，又名琪璃，有糖結、金絲二種。糖結面黑若漆，堅若玉，鋸開，上有油若糖者，最貴。「金絲」色黄，上有線若金者，次之。此香不可焚，焚之微有羶氣。大者有重十五六斤，以雕盤承之，滿室皆香，真爲奇物。小者以製扇墜、數珠，夏月佩之，可以辟穢。居常以錫合盛蜜養之。合分二格，下格置蜜，上格穿數孔，如龍眼大，置香使蜜氣上通，則經久不枯。沉水等香亦然。

龍涎香

蘇門答剌國，有龍涎嶼，群龍交卧其上，遺沫入水，取以爲香。浮水爲上，滲沙者次之。魚食腹中，刺出如斗者，又次之。彼國亦甚珍貴。

沉香

質重，劈開如墨色者佳，沉取沉水，然好速亦能沉。以隔火炙過，取焦者别置一器，焚以熏衣被。曾見世廟有水磨雕刻龍鳳者，大二寸許，蓋醮壇中物，此僅可供玩。

片速香

鯽魚片、雉雞斑者佳，以重實爲美，價不甚高。有僞爲者，當辨。

唵叭香

香膩甚，着衣袂，可經日不散。然不宜獨用，當同沉水共焚之。一名黑香。以軟浄色明、手指可撚爲丸者爲妙。都中有唵叭餅，别以他香和之，不甚佳。

角香

俗名「牙香」，以面有黑爛色、黄紋直透者爲黄熟，純白不烘焙者爲生香，此皆常用之物，當覓佳者。但既不用隔火，亦須輕置爐中，庶香氣微出，不作煙火氣。

甜香

宣德年製，清遠味幽可愛。黑罎如漆，白底上有燒造年月，有錫罩蓋罐子者，絶佳。「芙蓉」「梅花」，皆其遺製，近京師製者亦佳。

黄黑香餅

恭順侯家所造。大如錢者，妙甚。香肆所製小者，及印各色花巧者，皆可用。然非幽齋所宜，宜以置閨閣。

安息香

都中有數種，總名「安息」。「月麟」「聚仙」「沉速」爲上。「沉速」有雙料者，極佳。内府別有「龍挂香」，倒挂焚之，其架甚可玩。若「蘭香」「萬春」「百花」等，皆不堪用。

暖閣　芸香

暖閣，有黄、黑二種。芸香，短束出周府者佳，然僅以備種類，不堪用也。

蒼术

歲時及梅雨鬱蒸，當間一焚之。出句容茅山，細梗更佳，真者亦艱得。

**明·方以智《通雅》卷三四《雜用諸器》**　合香曰調香，曰雜馥，曰練香。《内則》：「衿纓容臭。」正合諸香也。《通典》有雜馥，合香也。李賀詩：「練香薰宋鵲。」陶九成以爲合香，此乃今之甜香、香餅之類，非容臭佩之者也。《華嚴經》曰：「粥香長者善調香。」

黄屑，細香也。　肣案，龕案也。　搔勢，篗籮也。　顧遯園考《金陵諸志》載：「陳後主施瓦官智者禪師，有闕寶樓肣案一面，小羊髯麈尾一柄。又宣口勑，不許讓口，又送扶月供。沈后致書，送扶月供，薰陸沉檀各十斤，黄屑一斗。隋煬帝嚫戒師銅搔勢一口，白檀支頤一枚，南榴夾膝桃一枚，柹心筆格一枚，鍮石莊柹心經格一具。」智按：闕即嵌，肣即龕，髯即鬣，六朝之末，隨意創字也。扶月，猶言依月，今云逐月送供是也。黄屑，香之細者。《開元十道志》：「驩州貢黄屑。」嚫者，釋家言嚫施也。音襯。搔勢，篗籮之聲也。《方言》曰縮，曰篗，皆搔之轉也。《松陵集》：「陸魯望以竹夾膝贈皮襲美」，即《急就》所謂家也，伏几也。桃與挑同。南榴，即鬬斑柟瘿子木也。柹心，猶棗心也，唐人曾用之。朱子《跋蔡藻筆》試所製棗心樣。山谷言即奇棗心散卓，其檀心筆，謂瘦而白色也。古柹即柿，柿與棗，聲相轉，羊柿一名梬棗，可證。《六典》：「三式局棗心爲地。」則是棗木之心。

**又　卷四一《植物·草》**　凡稱幽蘭，即黄山谷之所名蘭華也。凡稱蘭茝之蘭，即今省頭香。　《楚辭注》：「蘭爲都梁香，與澤蘭似。」澤蘭又名虎蘭、龍棗、虎蒲。或曰澤蘭即省頭香。陶隱居云：「澤蘭名都梁，可浴。」吴普曰：「水香。」楚望曰：「都梁之合爲蘭。」今《綱目》曰：「生水旁，紫莖、赤節，高四五尺，緑葉，光潤纖長，有岐，葉陰小紫，五六月華，紅白而香，曰燕尾香。《詩》所云：『秉蕑』也。」澤蘭，纖微有毛，方莖。《荆州記》：「都梁山下水生蘭，」即今武岡州，陶、蘇以下，皆無定識也。《圖經》以爲蘭生水旁，澤蘭生水澤中及下溼地爲異。朱子曰：「今蘭雖香而不可佩。《離騷》：『紉秋蘭爲佩。』當是都梁。」合溪曰：「《騷》多託辭，然蘭固古人所佩，服容臭者。」智謂：從前溺于牽引，考亭以山蘭春華，不知其四時華也。《九歌》「春蘭秋菊」，可以不泥秋矣。首插袖懷皆佩，豈必末之入於纓，乃爲容臭佩耶。《譜》曰：「春蘭葉細，夏蘭葉細而長，秋蘭葉大而澤，冬蘭葉差大，葉皆不冬凋。」春蘭一榦一華，夏秋冬蘭皆一榦十數華，山蘭瘠而小，建蘭肥而大，閩廣處皆多。丫蘭最貴，華莖生岐枝也。廬山幽蘭，亦有一榦十數花者，但葉狹耳。其類稱蘭者：挂蘭，連根掛活，一名不死草。馬蘭，生水澤旁，似澤蘭而氣臭，味辛，主破血。鄭玄注：「鬱金似蘭。」蘿摩、雀瓢亦名芄蘭，瞿麥名大蘭，狼牙曰支蘭，石斛、山梔皆曰林蘭，石葦曰石蘭，白菖蒲曰溪蓀，弘景以爲蘭孫，蒲蘆曰野蘭，白茅曰蘭根，麥冬曰珍珠蘭，蘭固芳草之通名也。東壁引《漢書》：「蘭以香自燒。」按《龔勝傳》：「薰以香自燒，」凡可燒者曰薰，寧專指蕙耶？《内經》言：「治之以蘭。」所謂都梁香，正今之省頭香也。大抵入藥，當如《綱目》所説。若稱幽蘭，在深谷，不以無人而不芳。《左傳》曰：「蘭有國香。」豈有非今之蘭花者乎？夫曰國香矣，曾謂此省頭草而當之哉？

蕙則薰也。　《本草》：「麻葉、方莖、赤花，黑實。」陳藏器曰：「即零陵香也。」今平樂府昭平有之，編之爲薦。黄魯直曰：「一榦一花者蘭，一榦數花者蕙。」如魯直説，則夏秋冬之蘭皆蕙矣。蘭茝之蕙各別，山谷强安以名。王洙曰：「藿香爲蕙草。」亦泥。

木生者曰木蘭，又名林蘭、杜蘭；非元美所謂玉蘭也。　木蘭皮似桂而香，生零陵及太山。《圖經》曰「昭州生與桂同，取中肉爲桂心」，蓋桂中之一種耳。任昉湖嶺蜀所生木高數丈，葉有三道，縱文，皮如板桂，有縱横文，香味劣于桂。《述異記》云：「木蘭在潯陽，江中有魯班刻木蘭舟。」今黄陂有木蘭山，相傳木蘭將軍葬此郭外西寺。唐時舊有大木蘭，蘄州舊屬潯陽也。《說文》：欒木似欄。而無欄。《類篇》：「欄，桂類。」南方魚子蘭樹似桂，冬不凋，花如細子，香于蘭，有木本、草本。嶺北呼賽蘭，廣有高數丈者。或曰是欄桂。取花同牙香曝收，曰蘭熏黃熟。以魚子蘭黏物，香不散也。王元美以木蘭爲玉蘭，揚雄所謂「辛雉」，相如之「流移」也。白曰玉蘭，外紫者曰辛夷。時珍引《白樂天集》黄心樹曰木蓮，四月華，似蓮，此真木蘭。智按：段成式《續集》，木蓮出忠州鳴玉溪及邛州，葉似辛夷，花似蓮花。《魏王花木志》有木蓮，狀亦如之。《老學菴筆記》載：「樂天忠州《木蓮詩序》云：『予遊臨邛白鶴山寺，佛殿前兩株，高數丈，葉如桂，中夏發花如芙蕖，香亦酷似，花折時有聲。』」周益公《益部方物略記》：「《木蓮贊》曰：『葩秀木顛，狀若芙蕖。不實而榮，馥馥其敷。』」狀之甚明，須知蓮蘭，古聲通轉。

薄荷或作蕃蔄、菝荷、芨葀、菝蔄、菝葀、芨苦、番荷。陳士良《食性本草》作「菝蔄」。揚雄《甘泉賦》：「攢并閭與芨葀。」吕忱《字林》引作「芨苦」。孫思邈《千金方》作「番荷」。《參同契注》作「蕃蔄」，梅氏作「蕃蔄」，陳嘉謨作「蕃荷」，皆一物也。蘇州者佳，可作茶飲，俗呼新羅薄荷。《天寶單方》所云「連錢草」，是也。《別録》「積雪草」即府薄荷。其曰龍腦薄荷者，乃水蘇也。陳嘉謨《蒙筌》謂「因蘇州府學地名」。智謂，因漊律龍腦之香而名。宜興取薄荷霜，足稱漊律之亞。蘇頌言「江南山茵蔯，又名龍腦薄荷」，乃石香葇也。則龍腦有三説矣。朱光家以「菝葀爲瑞草」，乃抄孫愐，愐抄《玉篇》耳。

古稱鬱金香非藥中之鬱金，今之鬱金皆蕉本也。楊孚《南州異物志》云：「鬱金出罽賓國，色正黃，似蓮花，嫩裹者可以香酒。」《唐書》：「太宗時，伽毘國獻鬱金者，葉似麥冬，九月花開，狀如芙蓉，色紫碧，香聞數十步，而不實。」此與鄭玄所説「鬱金似蘭」相合矣。古文稱「鬱金蘇合香」，左貴嬪《鬱金頌》，大抵皆指此。東璧分兩條，是矣。酒和鬱鬯，昔人言大秦國所產。鄭漁仲言是。「此物，大秦國三代未通中國。」智謂，此迂矣，周公不製指南車以送外人耶？安知非外人轉貢者耶？《一統志》：柳州羅城出鬱金香，正古鬱林地也。羅願《爾雅翼》云：「此根和酒，令黃如金，故謂之黃流。」此則藥中之鬱金矣。薑黃名蒁，鬱金亦名蒁。東璧又曰：「鬱金、薑黃、蒁藥三物，蘇恭不能別，乃爲一物，今蓬莪茂，一作蒁，似薑黃，但不黃耳。」廣中言：鬱金似紅蕉，本根即薑黃，旁附即鬱金也，形似蟬肚。豈亦如淮南紅蒲根之爲三稜，蒲萄梗之爲木通耶？

萱有三種。丹棘忘憂，即《詩》「諼草」，因作萱。《風土記》：「佩之生男，故曰宜男。」鹿別良草而食之，故曰鹿蔥。丹家謂鹿劍，吴普謂伎女花。晏元獻公謂：「鹿蔥花」，中有鹿斑文，與萱異，開花亦不並時。一種小而純黃曰金萱，甚可食。智以皆鹿蔥，因《詩》之諼而名萱，一物而有赤、黃、斑三種。

**又　卷四二《植物・草》**　屈龍即游龍，所謂葒蘢也。《詩傳》：龍頭草也，《淮南子》曰：「海閭生屈龍，屈龍生容華，龍鴻也。」屈龍即游龍，《爾雅》所云「葒蘢古，其大者蘬」。乃大蓼也。又馬蓼曰墨記草，葉中有黑點者。水蓼即虞蓼、澤蓼、青蓼，人食之。紫蓼赤蓼以色名。香蓼以香名。

《南方草木狀》之耶悉茗，今廣州之素馨花也。《草木狀》言：「耶悉茗與末利，皆自西國移植南海。陸賈《南越行紀》曰：『此二花獨芳』，與橘化爲枳異矣。」段成式曰：「野悉密出拂林、波斯，花五出，白色不結子，與嶺南詹糖相類，西域人采花壓油。」智按：素馨花四瓣，此微異耳。或作那悉名；所謂詹糖，即旃檀之轉也。五羊城外三十里有花田，云南漢劉鋹之姬曰素馨，死葬於此，故曰花田；多生耶悉茗，即以素馨呼之，其香不及茉莉之清也。《丹鉛録》曰：「《晉書》都人簪柰花，即今茉莉也。壓油取露，皆用此與野薔薇。」又有雪瓣花，指甲花，含笑花；其成樹者九里香，皆其類也。茉莉或作抹厲、末麗、抹利、没利，又名柰花。《洛陽名園記》作抹厲，王十朋作抹利，洪景廬作末麗。佛書末利花，言柰花也。柰則曰菴羅。冲云：「蒸花露法，熊三拔有鍋竈式，非壓油取。」

**又　卷四三《植物・木》**　紫檀即赤檀，麌檀即白檀。　陸璣曰：「木皮正青，滑澤，與檕迷相似，又似駮馬。駮馬，梓榆之皮斑者也。」紫檀皆出嶺南，來自外舶。檀香爲旃檀，番曰真檀。真紫檀出盤盤國，雲南人呼爲勝沉香，即赤檀也。兩廣西溪峒亦生之。東璧言：「總名旃檀，而有三色。」《聖賢冢墓記》曰：「孔子塋中，有柞枌雒離五味麌檀之屬。」麌檀，白檀也。《上林賦》有「欃音讒。檀」。《皇覽》亦曰：「孔子墓有之，善木也。」有黃、白二種。蘇頌曰：「亦檀香類，但不香耳。」《水經注》曰：「檀馬成林。」

梫，牡桂，非木犀之桂也。《爾雅》：「梫，音侵。木桂。」葉似枇杷而大。嵇含曰：「桂出合浦，冬夏常青，自爲林。交趾置桂園，有三種：葉如柏皮，赤色者爲丹桂；似柿葉者爲菌桂；葉似枇杷者爲牡桂。」智以此桂即牡桂，《大觀本草》空紛紛矣。今出潯州，三四月花，全類茱萸，九月成實。梫木如石榴，四月華。又有巖桂，乃菌桂之類。菌桂一曰筒桂，以其皮嫩而卷成筒。醫所用肉桂，桂心皆版桂也。《尸子》言「桂春華秋英」，正謂此。南越獻桂蠹，亦桂之蠹也。不知後人乃以木犀花爲桂。木犀八月黄華，亦有四季丹花者。李衛公言：詩稱「桂花秋耐日」。張曲江詩：「桂花秋皎潔。」智按：漢《房中詩》：「窅窊桂華。」潯州之桂，豈植于長安耶，或古通稱木犀爲桂乎？《墨莊漫録》曰：「木犀花，湖南九里香，江東曰巖桂，浙人曰木犀。王以寧周士有《聞九里花香詩》。」《本草》有九里香，乃草也。今兩廣復有九里香樹，六七月白花，似柚花香，非木犀也。宋人動稱檜花，似又以檜爲木犀。《老學菴筆記》言：「亳州太清宫檜至多，檜花時蜂多，曰檜花蜜。」歐陽守亳詩曰：「蜂采檜花村落香。」若檜栝之檜，又安有花可玩乎？《王會》曰：「自深桂。」《山海經》曰：「招摇之山多桂。」

密香一樹八香，恐亦《酉陽雜俎》一樹五香也。《南方草木狀》曰：「交趾密香樹，一樹八香：木心爲沉香；與水面平爲雞骨香；根爲黄熟香；幹爲棧香；細枝爲青桂香；根節輕而上者爲馬蹄香；花下成實爲鷄舌香。」今以母丁香爲鷄舌。智按：沉速色黄，故稱黄熟，熟速聲近。東莞馬蹄岡香，亦名之東莞。張萱云：「取各香花與白木香，封而暴之曰薫香。」宋葉寘論香品：廣吴氏薫香獲富，遂名吴香。佛山估曰東莞香生一二十年，截其幹，留旁蘖枝，封以淤泥，朽自外沁，其形如牙，曰牙香。不製過曰生香。應買急，與香共蒸之曰黄熟。擿之重而有聲者佳。其發青者，淋頭中黑點也。又有通體黄色，并無黑焰，此自内朽，似乎不堅，而多脂更覺甜渥。此種難辨，號曰選香，妙于沉水。沉香貴瓊，洋香燒之味酸，伽楠貴洋，而瓊爲上伽楠矣。郎瑛曰：「潘希曾使安南，其國作奇藍。」《星槎勝覽》作棋楠。洪洲載爪哇占城貢奇南香。又見《金樓子》及俞益期云「扶南人一木五香」。則知段成式爲此所誤。

雞舌香，即今丁香也。段成式云：「一木五香：根旃檀，節沉香，花雞舌，葉藿，膠薫陸」，此謬甚矣。旃檀與沉香，兩木；今藥品藿香，自是草葉，薫陸小木而大葉。海南薫陸乳頭，乃其膠也。五物皆非。存中《筆談》第二十六卷曰：「予集《靈苑方》，論雞舌香，以爲丁香母。今考《齊民要術》曰：『雞舌香似丁子，故名丁子香。』《日華》云：『三省郎官日，含雞舌香。』正謂丁香治口氣。又古方五香連翹湯用雞舌香，《千金方》五香連翹湯内無雞舌，卻有丁香，此最明驗。《本草》又出丁香一條，未深考也。今世雞舌香，乳香中得之，大如山茱萸，剉開中如柿核，治疾殊謬。」陸務觀《筆記》笑存中不見《齊民要術》，以陸未全閲《筆談》也。

乳香，即薫陸也。本名薫陸，以其滴下如乳頭曰乳頭香，鎔塌地上者曰塌香。如臘茶之滴乳白乳，豈分二物？總因《本草》收《雜俎》之誤。洪芻曰：「薫陸名羅香，乳香最明者的乳，次曰楝香，又次曰瓶香，乳之至細曰香纏。」

篤耨、亞悉、龍涎、迷迭、艾蒳，西國香也。《古樂府》曰：「行胡從何方，列國持何來？氍毹毾㲪五木香，迷迭艾蒳及都梁。」五木香即今廣木香。迷迭出大秦國。《魏略》云：「文帝自西域移植庭中，同子建、應瑒等賦。」排草類也。艾蒳出西國，如細艾。陳藏器言：「有耕香，出烏許國，亦排草類，」不知即迷迭否？東坡詩：「憑伏幽人收艾蒳，國香和雨入青苔。」此謂松蒳也。外國之蒳，或亦外國之樹苔乎？又嶺南檳榔木上亦有艾蒳，合泥香燒之，能發香。今撒馬兒罕，即漢罽賓也。有渴石迭、里迷諸城，迷迭因此名乎？篤耨一作篤耨、篤禄。張子賢曰：「宣和重異香，有篤耨、龍涎、亞悉、金顔、雪香、褐香、軟香之類。篤耨有黑白二種，白者曰瓠香，以瓠壺盛之。」《泊宅編》載：「市舶張苑進篤禄香，得學士，時號『篤禄學士』。」亞悉或曰烏香，蓋今之唵叭也。《本草》作膽八香。金顔香今真臘國所産。褐香、軟香，今之貢香類也。按《外貢考》，占城貢金銀香，即金顔香也。兜末香，《漢武故事》曰：「兜渠國獻，大如豆，塗宫門，香聞十里。」此未足信，大約與蘇合、安息皆樹汁也。龍涎，有嶼在花面國傍，獨立南海中。彼人言于樹收之，最收香氣，今大内甜香用之。唐稱雜馥練香，亦此類也。《香譜》竟無篤耨、亞悉、褐香諸名。陸文裕曰：「栝松百年皆有白衣如粉。」吾鄉錢肅先生號艾蒳，蓋取諸此。

箋香即棧香，今作棧香。《香譜》曰：「棧香，亦沉香類。」《桂海志》作箋香。魯應龍《括異志》言：「華亭黄翁以柏枝藤頭，假箋香片子。」《南方草木狀》作棧。徐渭曰：「李賀詩：『練香薫宋鵲。』練香，合香也。」陳後主施智者禪師有薫陸、黄屑。唐貢有黄屑，蓋香之細者。陳藏器曰：「黄屑，從西南來，冰作屑，染黄用之。樹如檀。主破血，治目黄。」

波律或作婆律，即今之冰片也。《酉陽雜俎》云：「龍腦香出波律國，乾脂曰龍腦香，清脂曰波律膏。」《香譜》誤分兩條。智按：張邦基自製鼻觀香，榠樝液漬水沉屑，加婆律一錢，人不知其解，蓋即波律也。今廣舶來者，以梅花片爲上；僞者升韶州樟腦爲之。《西域記》云：「羯布羅香，折木之中有香，乾之色如冰雪。」即龍腦香。又有色近赤者，名父婆律。婆律，又爲凝塊之名。

流螺靨曰甲香。洪芻云：「甲香，《唐本草》蠡類，生雲南，如掌，南人亦煮其肉啖；今合香多用，能來香煙。」《南州異物志》云：「甲香大者如甌。」蘇頌云：「海螺即流螺，靨曰甲香。」《述異記》有「龜甲香」，乃桂香之善者，非此物也。

魏泰記「漢宮香方，鄭康成注：『沉水二十四銖，著石密。複湯鬻，以指嘗試，能飲甲則已。』注云：『南海賈胡貴一種香木，末如蜜房，色澤正黄，可減甲。』」然則甲香者，煮香時用以凝合發香者也，飲甲者，湯汁凝于甲上不脱也。成大言：「檳榔艾蒳，功同甲香，唐人謂之甲煎。」義山詩：「沈香甲煎爲庭燎。」藏器曰：「甲煎以藥及美果花，燒灰和蠟合成，可作口脂。」

**又方以智《物理小識・飲食類》** 蒸露法 銅鍋壺，底牆高三寸，離底一寸，作隔花，鑚之使通氣。外以錫作餾蓋蓋之，其狀如盔，其頂圩使盛冷水，其邊爲通槽，而以一味流出，其餾露也。作竈以磚二層，上鑿孔以安銅鍋，其深寸，鍋底置砂，砂在磚之上，薪火托磚之下。其花置隔上，故下不用水，而花露自出。凡薔薇、茉莉、柚花皆可蒸取之，收入磁瓶，蠟封而日中暴之，乾其三之一，露乃不壞。服一切藥欲取精液，皆可以是蒸之。近法以磚上砌曰置沙石厚一二寸，鋪花其上。而以錫盔蓋之，但以鹽泥泥其外縫。陳則梁曰，以重湯蒸錫甑取露，更無焦氣。中履曰，錫甑頂作中低，滴霤甑中石子上，置一罐接之。驗頂上冷水煖，則起蓋取中，其花露盡矣。須白石圓徑五分者鋪底，熱則易之。【略】

沈香熟水 燒浄瓦微紅，置一片沈香，以瓶覆定。約香氣盡，速注沸湯於瓶中密封。陶九成云，削沈香小釘，刺林禽中，湯泡之佳。丁香五粒，竹葉七片，亦可泡。《神隱》曰，橘葉、樟葉，皆可陰乾，紙囊縣之，用時火炙，使沸湯沃之，封其口，良久飲之。

**又《器用類》** 香類 沈香出海南諸國，木類椿櫸，凌冬不凋。橘葉菱花，實如檳桃。自腐結香曰熟結，上也。斫鑿而結曰生結，水朽曰脱落，因蠹隙結曰蟲漏，各有沈、棧，一作箋，即速也。黄熟，其剔取也。雞骨等名，其狀也。角、革、黄鳥，水盌、青桂、蠟□、菌芝、金絡、竹篦、機梭、馬蹄、牛頭、燕口、蝟刺、龍鱗、烏刺、虎脛、鷓斑、仙杖，及杵白，肘拳，鳳雀，龜蛇等。萬安黎母，山東峒冠，絶警者雜黎。中秋月夜探之，香透林起，以朝陽幽醞也。奇南同類，自分陰陽。盧頤曰，沈，牝也，味苦性利，其香含藏，燒更芳烈，陰體陽用也。奇南，牡也，味辣，沾舌麻木，其香忽發，而性能閉二便，陽體陰用也。奇南有緑結、油糖蜜結、金絲虎斑等，鋸之，其屑成團。舶來者佳，沉則瓊甜。金樓子、俞益期，一木五香，訛也。栴檀是檀香，雞舌是母丁香，薰陸滴垂是乳香，出波斯，類松。藿香是艸，何乃以爲一木耶，槩言皆木出耳。陳懋仁曰，千年榕生伽倆。劉薦叔曰，有力之木，皆降皆結，皆枝皆青托香，其屑皆黄屑也。安息、金顔、篤耨、亞溼、唵叭，皆水脂煉收者。龍腦出婆律抹羅短叱諸國，南海深山亦有之，因名波律。其木類杉，葉圓皮皵，仁粒如縮砂。蜜者肥而流膏，其無花實者瘦，有時噴香。人以帛敷地，驚墮如蝶，項刻吸香入木，不易得也。斷之待乾，析理溢片，或鋸板劈取。有梅花腦、速腦、米腦，赤者曰父婆律。中通曰，吸烟瑣喉者真。世多升樟腦作冰片。蘇合油能斂香，迷迭艸燒之，去鬼龍涎則取諸海木上者。焚真龍涎，翠烟結空，坐可剪分香縷。《外紀》曰，龍涎是土中産，初流出如脂，至海凝塊。有千斤者。又云，有獸吐涎曰龍涎香，惟黑人國與伯西兒海最多。泉州市舶税課云，古城賓達儂香多，三佛齊多黄檀藥沈，古城出麝香木，暹羅出羅斛香、梨香、降真香，渤泥有金腳腦、水札腦，登流眉有薔薇水。

奇製法 有曰金龜吐艶者，以柳灰、丹粉、芨爲之，而腹含衆香也。欲其樓臺，則加乾荷葉，午日陰乾。欲見人物，則用男胎髮剪勻入内。欲見仙鶴，則加水秀才，中通曰，水面長足蟲。午日收五十枚入之。欲見香毬，則加寄生艸。欲見白雲鋪地，則加鉛粉。其總藥則甘松、白芷、零陵、槀本、霍香、大黄、玄參、香附、沈檀、降乳各五錢，末而蜜之，甲子日攅，丙子碾，戊子和，庚子丸，壬子盛，再甲子焚之。不作金龜，則爲小餅。《夷門廣牘》曰，瓨内荷葉，五月時以蜜塗之，自有小蟲食其青翠，惟存本葉紗枯。摘去其柄，暴乾爲末，合香入少許，則烟盤于上。用筯分劃爲雲篆字皆可，是亦犛軒之幻也。聚香以艾納酸棗仁甲煎。甲螺掩也，取如龍耳者，灰汁洒漉，再以旨酒入蜜，炒之如金。

選香薰香 東莞斫白木椿，歲淖堆之，隔年鑿取一層，久則愈玅。今名牙香，亦名黄熟。其生香發青點者，曰選香。白香四分一斤，選香斤且二兩。彫去白木，但存油結，坐書帷中，隔蒸其魂，此非淺躁人所領矣。熏香者，三伏包花同暴也。或以芳花同炭，紙封曝之。寓簡曰，南方秉火，英華發外，艸木多香。

合香易簡法 合香不厭多，麝得蛇蜕，片腦得相思子，香益甚。其入沈麝蘇合者，瓷盒蠟封，瘞地月餘爲玅。合香除煉蜜，則取圓樹汁。似桂。或以榆皮或黄香皮，嶺南北有青香樹。冬不凋者。范石湖取橄欖脂香、泡花、柚花。蒸香。其窮六和者，荔枝殼，甘蔗滓，乾柏葉，黄楝頭，梨棗核，任加松楓毬。江東因呼黄楝頭楓脂爲欖香。稻稈燒甘蔗，米泔浸大黄，再宿燒之皆玅。

焚香法 煤餅之上，香錢隔火，或玉片，或雲母，或銀或砂。屠赤水言，剪火浣布，銀鑲，爲最低几焚香，則烟穗遍化。綿紙裱室，以收香也。楊廷秀云，琢瓷作鼎碧于水，削銀爲葉輕于紙。不文不武火力均，閉閤垂簾風不起，忘山愚者曰《内經》載香氣湊脾。首楞言水沈無令見火，此焚香埋火之昉也。麝檀夷香最熱，惟東莞選香養人，倉卒難致，惟窮六和耳。浮山句曰，窮六和香宜土屋，瓦爐茶餅晝夜足。木根野花曝三伏，山人不羨龍涎福。復銘之曰，香舍其身，用其餘魂，燒不見火，密室知恩。

熏衣法　沸湯置熏籠下，衣覆取潤，乃以香熏則入。

藏奇南香　錫匣下貯蜜蘇合，鑿竅爲隔，則潤若枯者，用白萼葉苴之，瘞土數月即復。日中少暴尤香。

發舊香　《清波志》曰：佩香用久不香，以虎子畬一夕則香。

**清·谷應泰《博物要覽》卷一〇《志香》**　沉香出産品第

沉香産天竺國及海南交、廣州、瓊崖諸處，其樹類椿、櫸，多節。取之先斷其木根，積年皮幹俱朽，心與節不壞者，乃香也。細枝緊實者爲青桂香，黑而沉水者爲沉香，半沉半浮者爲雞骨香，最粗者爲棧香。丁謂在海南作《天香傳》云，香凡二十四狀，皆出於一木。賓、化、高、雷四州，中國出香之地，比海南優劣則不侔矣。既所稟不同，售者多而取之速，則是黄熟不待其稍成，棧香、沉香不待其香足，蓋趍於戕賊之地，非同璚崕非時不加剪伐云。

沉香樹如冬青其成香也，枝葉萎黄，猶人有癃疸之疾，内方藴結，有歷年至千百者，色黑味辛，入水即沉者，謂之生結。又有死結者，黎人遇香樹，伐入水亦沉，但不潤澤耳。

嶺南繳海諸州及璚崕山多香，有三等，曰沉，曰棧，曰黄熟。沉、棧皆有二品，曰熟結，曰生結。熟結者，於樹中自爛而得。生結者，伐樹得之。又久爛而剔取者，故不及熟結爲佳。

沉香以堅實爲最。以利刀削之，香片即卷，入口中咀之，初苦辛而後回香甘，最勝。

沉香，以堅黑緊實。不枯，如嘴角硬重沉於水下者爲上。凡入藥，須用黄葉而佳爲上。

**清·屈大均《廣東新語》卷一五《貨語》**　龍腦香

龍腦香，出佛打泥者良。來自番舶，粤人以樟腦亂之。樟腦本樟樹脂，色白如雪，故謂之腦。其出韶州者曰韶腦。樟腦以人力，龍腦以天生者也。凡腦皆陽氣所聚，陽香而陰臭，而龍者純陽之精尤香。其腦與涎，皆香品之最貴者。

**又　卷一六《器語》**　香碓

香碓，羅浮爲多，羅浮衆香之藪。其樹木多芳辛酷烈，凡枯柯折幹，外皮雖朽，内心甚香。山人每采樹之鱗甲名薰陸羅香者，及楓、桂、鷄藤、水松之屬，以輜車車水。水激處，百杵齊舉，而黄屑成焉。乃以浮瀛載之，沿羅陽溪而下，售於廣、惠二州。凡爲香條香餅者，皆取給。其香以天生，而末以水成，不費筋力。又有溪流以輸運，真棲隱之幸也。予嘗以此溪爲香客所往來，易名曰香溪，以與山中之藥市對。有詩云，采香秋自香溪入，采藥春從藥市還。又云，七十二溪流水香，香隨流水出羅陽，山中水碓家家有，香末舂成即稻粱。又云，羅浮自是一香山，香使山人不得閒。一棹香溪販香去，香如塵土滿人間。

**又　卷二六《香語》**

沉香

嶠南火地，太陽之精液所發，其草木多香，有力者皆降皆結而香。木得太陽烈氣之全，枝幹根株皆能自爲一香。故語曰，海南多陽，一木五香。海南以萬安黎母東峒香爲勝，其地居瓊島正東，得朝陽之氣又早，香尤清淑。多如蓮萼、梅英、鵝黎、蜜脾之類，焚之少許，氛翳彌室，雖煤燼而氣不焦，多醒藉而有餘芬。洋舶所有番沉、藥沉，往往腥烈，即佳者意味亦短。木性多，尾煙必焦。其出海北者，生于交趾，聚于欽，謂之欽香。質重實而多大塊，氣亦酷烈，無復海南風味，粤人賤之。海南香故有三品：曰沉，曰箋，曰黄熟。沉、箋有二品：曰生結，曰死結。黄熟有三品：曰角沉，曰黄沉，若散沉者，木質既盡，心節獨存，精華凝固，久而有力。生則色如墨，熟則重如金。純爲陽剛，故于木則沉，于土亦沉，此黄熟之最也。其或削之則卷，嚼之則柔，是謂蠟沉。皆子瞻所謂，既金堅而玉潤，亦鶴骨以龍筋，惟膏液之内足，故把握而兼斤，無一往之發烈，有無窮之氤氳者也。凡采香，必于深山叢翳之中，羣數十人以往，或一二日即得，或半月徒手而歸，蓋有神焉。當夫高秋晴爽，視山木大小皆凋瘁，中必有香。乘月探尋，有香氣透林而起，以草記之。其地亦即有蟻封高二三尺，隨挖之，必得油速、伽倆之類，而沉香爲多。其木節久蟄土中，滋液下流，既結則香面悉在下，其背帶木性者乃出土，故往往得之。

香之樹叢生山中，老山者歲久而香，新山者不及。其樹如冬青，大小不一。結香者百無一二，結香或在枝幹，或在根株，猶人有癰疽之疾，或生上部，或癘下體。疾之損人，形貌枯瘠。香之災木，枝葉萎黄。或爲風雨所摧折，膏液灑于他樹，如時症傳染，久亦結香。黎人每望黄葉，即知其樹已結香，伐木開徑而蒐取。買香者先祭山神，次賂黎長，乃開山以藤圈其地，與黎人約，或一旬或一二月，以香仔抓香之日爲始。香仔者，熟黎能辨香者也。指某樹有香，或樹之左之右有香，則伐取之，香與平分以爲值。凡香多在大幹上，樹之枝條不能結，以力微也。生結者，于樹上已老者也。死結者，斫樹于地，至三四十年乃有香而老者也。花剷則香樹已斷而精液湧出，雖點點不成片段，而風雨不能剥，蟲蟻不能食者也。諸香首稱崖州，以出自藤橋内者爲勝。而藤橋有一溪，飲之即死，蓋諸黎瘴毒所聚。諺云，不怕藤橋鬼，只怕藤橋水。其香美而水毒如此。

香産於山，即黎人亦不知之。外人求售者，初成交，賞以牛酒諸物如其欲，然後代客開山，所得香多，黎人亦無悔。如罄山無有，客亦不能索其值也。黎人生長香中，飲食是資。計畬田所收火粳灰豆，不足以飽婦子，有香，而朝夕所需多賴之，天之所以養黎人也。香曰沉香者，歷年千百，樹朽香堅，色黑而味辛，微間白疵如鍼鋭。細末之，入水即沉者，生結也。黎人於香樹，伐其曲幹斜枝，作斧口以承雨露，歲久香凝，入水亦沉，而色不甚潤澤者，死結也。伽㑲與沉香並生，沉香質堅，伽㑲軟，味辣有脂，嚼之粘齒麻舌，其氣上升。故老人佩之少便溺。上者鸎哥緑，色如鸎毛。次蘭花結，色微緑而黑。又次金絲結，色微黄。再次糖結，純黄。下者曰鐵結，色黑而微堅。名雖數種，各有膏膩。匠人以雞刺木、雞骨香及速香、雲頭香之屬，車爲素珠，澤以伽㑲之液，磋其屑末，醞釀錫函中，每能給人。油速者，質不沉而香特異，藏之篋笥，香滿一室。速香者，凝結僅數十年，取之太早，故曰速香。其上四六者，香六而木四。下四六者，木六而香四也。飛香者，樹已結香，爲大風所折飛山谷中，其質枯而輕，氣味亦甜。鐵皮香者，皮膚漸漬雨露，將次成香，而内皆白木。土人烙紅鐵而爍之。蟲漏者，蟲蛀之孔，結香不多，内盡粉土，是名蟲口粉肚。花剷者，以色黑爲貴，去其白木且沉水，然十中一二耳。黄色者質嫩，多白木也。雲頭香者，或内或外，結香一線，錯綜如雲，素珠多此物爲之。最下則黄速、馬牙，如今之油下香。以上諸香，贗者極多。即佳者亦埋于地窖，覆以溼沙，賣時取起，半沉者試水亦沉。如大塊沉香，須試于江。江水流動，非真沉香不沉。若置缸缶中，水少自然沉底，不可不察也。然此等尚可識之，惟夾板沉難識。以水浸一宿，即涣散矣。

沉香有十五種：其一，黄沉。亦曰鐵骨沉、烏角沉。從土中取出，帶泥而黑，心實而沉水。其價三换最上。其二，生結沉。其樹尚有青葉未死，香在樹腹如松脂液，有白木間之，是曰生香，亦沉水。其三，四六沉香。四分沉水，六分不沉水。其不沉水者，亦乃沉香非速。其四，中四六沉香。其五，下四六沉香。其六，油速，一名土伽㑲。其七，磨料沉速。其八，燒料沉速。其九，紅蒙花剷。蒙者背香而腹泥，紅者泥色紅也。花者木與香相雜不純，剷木而存香也。其十，黄蒙花剷。其十一，血蒙花剷。其十二，新山花剷。其十三，曰鐵皮速，外油黑而内白木。其樹甚大，香結在皮不在肉，故曰鐵皮。此則速香之族。又有野猪箭，亦曰香箭。有香角、香片、香影。香影者，鋸開如影木然。有鴛鴦背、半沉、半速、錦包麻、麻包錦。其曰將軍兜、菱殼、雨淋頭、鯽魚片、夾木含泥等，是皆香之病也。其十四，老山牙香。其十五，新山牙香。香大塊，剖開如馬牙，斯爲最下。然海南香雖最下，皆氣味清甜，别有醞藉。若渤泥、暹羅、真臘、占城、日本所産，試水俱沉，而色黄味酸，烟尾焦烈。至若雞骨香，乃雜樹之堅節，形色似香，純是木氣。《本草綱目》以爲沉香之中品，誤矣。

伽㑲

伽㑲，雜出於海上諸山。凡香木之枝柯竅露者，木立死而本存者，氣性皆温，故爲大蛭所穴。大蛭所食石蜜，遺漬香中，歲久漸浸，木受石蜜，氣多凝而堅潤，則伽㑲成。其香本未死蜜氣未老者，謂之生結，上也。木死本存，蜜氣膏於枯根，潤若錫片者，謂之糖結，次也。歲月既淺，木蜜之氣未融，木性多而香味少，謂之虎斑金絲結，又次也。其色如鴨頭緑者，名緑結。掐之痕生，釋之痕合，挼之可圓，放之仍方，鋸則細屑成團，又名油結，上之上也。伽㑲本與沉香同類而分陰陽，或謂，沉，牝也，味苦而性利，其香含藏，燒乃芳烈，陰體陽用也。伽㑲，牡也，味辛而氣甜，其香勃發，而性能閉二便，陽體陰用也。然以洋伽㑲爲上。産占城者，剖之香甚輕微，然久而不滅。産瓊者名土伽㑲，肽如油速，剖之香特酷烈。然手汗沾濡，數月即減。必須濯以清泉，膏以蘇合油，或以甘蔗心藏之，以白萼葉苴之，瘞土數月，日中稍暴之，而後香魂乃復也。占城者静而常存，瓊者動而易散。静者香以神行，動者香以氣使也。藏者以錫爲匣，中爲一隔而多竅，蜜其下，伽㑲其上，使薰炙以爲滋潤。又以伽㑲末養之，他香末則弗香。以其本香返其魂，雖微塵許，而其元可復，其精多而氣厚故也。尋常時勿使見水，勿使見燥風，衡溼出則藏之，否則香氣耗散。

莞香

以金釵腦所産爲良，地甚狹，僅十餘畝。其香種至十年已絶佳，雖白木與生結同。他所産者，在昔以馬蹄岡，今則以金桔嶺爲第一。次則近南仙村、雞翅嶺、白石嶺、梅林、百花洞、牛眠、石鄉諸處。至劣者，烏泥坑。然金桔嶺歲出精香僅數斤。某家有精香多寡，人皆知之。馬蹄岡久已無香，其香皆新種無堅老者。凡香，先辨其所出之地，香在地而不在種，非其地則香種變。其土如鷄子黄者，其香鬆而多。水熟沙黑而多土者，其香堅而多生結，能耐霜雪。又以泥紅名朱砂管者，或紅如麯粉者，磽确而多陽者爲良土。莞人多種香，祖父之所遺，世享其利。地一畝可種三百餘株，爲香田之農，甚勝於藝黍稷也。然可種之地僅百餘里，他處弗茂且弗香。凡種香，先擇山土，開至數尺，其土黄砂石相雜，堅實而瘠，乃可種。其壤純黄純黑無砂，致雨水不滲，潮汐潤及其香，紋或如飴糖，甜而不清。或多黑絲縷，味辣而濁，皆惡土也，不宜種。香木如樹蘭而叢密，行人每折枝代傘，謂之香陰。其葉似黄楊，凌寒不落，種五六年即結子。子如連翹而黑，落地即生，經人手摘則否。夏月子熟種之，苗長尺許，乃拔而蒔。蒔宜疎，使根見日。疎則香頭大，見日則陽氣多。歲一犂土，使土鬆，草蔓不生。至四五歲，乃斬其正幹鬻之，是爲白木香。香在根而不在幹。幹純木而色白，故曰白木香。非香故曰白木，而不離香，故曰白木香。此其别也。正幹已斬，留其支使益旁抽。又二三歲，乃於正幹之餘，出土尺許，名曰香頭者鑿之。初鑿一二片，曰開香門，亦曰開香口。貧者八九歲則開香門，富者十餘歲乃開香口。然大率歲中兩鑿，春以三月，秋以九月。鑿一片如馬牙形，即以黄土兼砂壅之。明歲復鑿亦如之，自少而多。今歲一片，明歲即得二三片矣。然貧者鑿於三月，復鑿於九月耳。富者必俟十閲月乃再鑿，蓋以十月香胎氣足，香乃大良也。既鑿已，其爲雨露所漬而精液下結者，則其根美，其雨露不能漬，水不能腐者，其精液滲成一縷，外黄内黑，是名黄紋黑滲，以此爲上。蓋香以歲久愈佳。木氣盡，香氣乃純，純則堅老如石，擲地有聲。昏黑中可以手擇。其或鬃紋交紐，穿胸而透底者，或不必透底而面滲一黑線者，或黑圈斑駁如鷓鴣斑者，或作馬尾滲者，或純黄者，鐵殼者，皆爲生香。生曰生結，亦曰血格，曰黑格。熟曰黄熟，亦曰水熟。黄熟者，香木過盛，而精液散漫，未及凝成黑線者。又土壅不深，而爲雨水所淋者，是爲黄熟。生結者，香頭之下，間有隙穴，爲日月之光所射，霜露之華所漬，日久結成胎塊，其質不朽，而與土生氣相接者，是爲生結。以多脂膏潤澤，洽於表裏，又名血格。曝之日中，其香滿室，不必焚爇，而已氤氳有餘矣。

凡鑿香貴以其時。秋冬鑿則良，霜雪所侵，精華内斂，木質盡化，瘠而不肥，故尤香。春鑿則多水氣而淫，夏鑿多火氣而爍。然香既鑿，夜必霧露之，晝必曝之，使其木氣盡去。惡者爲佳者所薰染，則又一一皆香。不可以淫霉沾之，使色味損壞。若香氣日久不發，濯以温湯，磨以木賊，其香復發。然當南風爇之，或有水氣，不如當北風時，天氣乾爽，爇之乃大香。香之生結者，爇之煙輕而紫，一縷盤旋，久而不散，味清甜，妙於沉水。黄熟則反是，然黄熟亦有美者。其樹經數十百年，本末皆朽，揉之如爛泥，中存一塊，土氣養之色如金。其氣静穆，亦名熟結。至馬尾滲，則香之在朱砂黄土中者，歲久天成一線，光黑如漆，浸潤香上，質堅凝而肌理密，乃香之津液所漬，氣味與生結相等而更悠揚，此所以爲貴也。

凡種香家，其婦女輒於香之稜角，潛割少許藏之，名女兒香，是多黑潤、脂凝、鐵格、角沉之類，好事者争以重價購之，而尤以香根爲良。香根亦多種。蓋香木善變，有種至二三十年，其根已絶美，色若黑牛角者。有種至百餘年，其根鬆脆，絶無可采者，則以其地不同而香種亦變也。故凡鑿香師，見香木葉小而黄，則知其下根必異。蓋其精華下墜，水不能自根而上，故葉小而萎黄也。香師知其然，每竊掘之，私藏沙土之中。故主人須督視惟謹。然今種香家皆能鑿香，香師亦無所施其詐矣。凡香，此半鑿，彼半旋長。香皮不損，則香之肉復生。培以砂土，其香頭漸大，至于百年之久，香頭中空，可坐數人，其香成窩穴形。在於中空之旁者，是曰巖香，無水土之氣，雨澤之滋則尤美。或曰，香之老者以巉巗似英石，鑿痕久化，紋紐而節乖錯，破之參差不順開者爲良。其形殊，其氣亦異。故辛者爲鐵面之族，恬者爲蛤窩之宗。静者爲菱尖，濃者爲虎皮，透者爲鷓鴣斑，咸有山澤雲霞之氣，無闤闠旖旎之味，故可重云。自離亂以來，人民鮮少種香者，十户存一，老香樹亦斬刈盡矣。今皆新植，不過十年二十年之久，求香根與生結也難甚。

莞香度嶺而北，雖至劣亦有馥芬，以霜雪之氣沾焉故也。當莞香盛時，歲售踰數萬金。蘇松一帶，每歲中秋夕，以黄熟徹旦焚燒，號爲薰月。莞香之積閶門者，一夕而盡。故莞人多以香起家，其爲香箱者數十家，藉以爲業。其有不經製造者，亦曰生香。以上香雜次香中蒸炙成紋，以應賈人之急，亦曰熟香。其以瓦罌燒熱，投劣香於中，厚蓋之，使火氣逼而精液盈，面點點成斑綜紋，以爲此生格也，熟結也，斯則僞香。而吴下亦多售之，故香估易以致饒。

德慶有香山。高明、新興有老香山。《南越志》：盆允縣利山多香林，名香多出其中，又朱崖有香洲，洲中出諸異香，往往無名，而並未言及東莞。蓋自有東莞所植之香，而諸州縣之香山皆廢矣。昔之香生於天者已盡，幸而東莞以人力補之。實之所存，反無名焉。然老香二山至今未嘗無香，而地苦幽深，每爲虎狼所扼。蓋山谷之珍，固不欲盡出於人世也。東莞香田，蓋以人力爲香。香生於人者，任人取之，自享其力，鬼神則不得而主之也。然東莞出香之地多磽确，種香之人多棧野不生文采，豈香之能奪其靈氣耶？香擇其地而生。香無美惡，以其地而爲美惡。購香者問其所生何地，則其香之美惡可知矣。地之磽确者，不生他物而獨生香。有香而地無餘壤，人無徒手。種香之人一，而鬻香之人十，爇香之人且千百，香之爲用亦溥哉。

鶴頂香

古榕之腹，常有鳥啣香子墮落其中。歲久香木長成，其枝葉微出榕杪，白鶴之所盤旋，朝夕不散。久之香木作結，堅潤如脂，人取而爇之，香烟翔舞，悉成白鶴之形。白鶴大小，則視香烟之穠薄，是名鶴頂香。東莞或時有之。或曰是邇香也，身在榕中而氣與鶴相感。蓋以榕爲體，以鶴爲用者也。開成化間，有南海人於水瀨得朽木，大如鉢盂，知爲沉香也。爇之，其烟作七鷺鷥飛至二三丈，以獻於朝，得官錦衣百户。識者謂沉香在水次，七鷺鷥飲宿其上。積久精神暈入，因結成形。此亦鶴頂香之類也。

蘭香

莞香之精者不可變，其粗者可變。變之以蘭，以蘭變之，其香遂爲蘭香。蓋蘭以香爲質，香以蘭爲神。蘭之神無所寄，寄於香。寄於香，而蘭之神於是乎長留矣。然諸蘭之神不可留，惟樹蘭可留。樹蘭大者數圍，其葉大者葉三，名三葉。小者葉五葉七，名五葉、七葉。五葉、七葉者，花香而味幽細，夏月盛開。以莞香之粗者，茗以濯之，雜置樹蘭於其中，包以蜜香之紙，曝以烈日，蘭焦復易。如此四五度，乃封貯之。爇則蘭氣清芬，宛如黄粒初熟，露華尚凝，如遊於金粟之林矣。然香薰曬於夏，不可即爇。爇必在冬春之間，陽氣既純，味乃恬永。其蘭乾者亦勿棄，留在香中使相養。蘭氣善還，雖隔歲，猶可研末以作香綫也。

諸香

諸香，有曰鷄蹢香，枝條似鷄距故名。一曰鷄香，一曰鷄藤香，一曰鷄骨香，有冷生香，似降香而小。降香，一曰降真香，雜諸香焚之，其烟直上，輒有白鶴下降。有馬眼香，其藤大如臂，歲久心朽皮堅甚香。周遭有小眼，如雕刻香筒狀，粵人多以供神，謂之比降。降之真者，從海舶而來，曰番降。根極堅實，色素潤似蘇方木，燒之初不甚香，得諸香和之特美。其屑可治刀傷。有水藤香，有楓香，即楓膠也，一曰白膠香。有左紐香、石檀香，有海漆香，産文昌海港，色甚黑，焚之油出如漆。有龍骨香，其樹叢生有刺，汁甚毒，枝老而根結者美。有芸香，山中樹液所結。雜諸香焚之，能除溼氣。有思勞香，狀乳香而青黄褐色，氣似楓膠。有橄欖香，橄欖之脂也，如黑飴狀。以黄連木及楓膠和之，有清烈出塵之意。有薰陸香，一名馬尾香。《山記》：羅浮有越王擣薰陸香，其曰白木香。則東莞香木之枝幹也，經斫傷則成黄熟，否則歲久亦止白木，故曰白木香。廣中香族甚多，其未知名者，味皆酷烈。廣人生長香國，不貴沉檀，顧以山野之香爲重也。

檀香

嶺南亦産檀香，皮堅而黄者黄檀，白者白檀，皮腐而色紫者紫檀，皆有香，而白檀爲勝，與紫檀皆來自海舶。然羅浮亦有白檀。竺法真謂，元嘉末，有人於羅山見一樹，大三丈餘圍，辛芳酷烈。其間枯條數尺，援而刃之，乃白旃檀也。比年三水縣西北百餘里，有香樹一株，大七八丈圍，其幹至四丈乃發枝，垂陰二畝，通體純白，土人稱白銀香，蓋白檀也。某帥使數百人伐之，僅於樹根一竅爲雨水所浸漬者，得香二十餘斤，味如沉水，其餘枝條皆不香。又新安黄松岡，有香樹三株，葉細如豆，類九里香，然不降不結。以不經斬伐，故精液不凝而皆散爲枝葉也。枝葉爲香之累，枝葉多，則其香在枝葉不在根節。然不在根節，則其香亦不在枝葉。蓋根節者，香之精華所聚，藉斧斤之力而凝，去其累精華者，而後精華有所歸。然此爲莞香及沉速而言。若旃檀則寸寸皆香，不必其降其結。而以遭鬼神嫉忌，故爾質變而不香。噫，神物固不可以貪求也哉！

煎香

香之美者，宜煎不宜爇。爇者有烟而無氣，煎則反是。蓋氣者，香之魂。烟者，香之魄。魂清而魄濁，魂輕而魄重。善焚香者，取其氣弗取其烟。取其魂弗取其魄，故常煎而不爇。煎之之法，以生結之囫圇者，浣以新茗，芟其鬆浮，磨其稜角，而置香面於下，底於上，微沾少水，使香質滋潤。火既活而灰復乾，乃以玉碟或砂片隔之，使之不易就燥，香質不焦，脂液不流，則香氣生空，若無若有，香一片足以氤氲彌日，是名煎香。蓋五行木主藏魂，金主藏魄。故氣者，香之魂也，木也。質者，香之魄也，金也。其質貞者，其氣清，金之氣多也。其質脆者，其氣濁，木之氣多也。故煎香以取金氣。金氣不熱，則香魄長存。然惟生結囫圇者乃多金氣，黄熟則不及。

心字香

《騐鸞録》云，番禺人作心字香，以素馨、茉莉半開者，著净器，薄斯沉水香，層層相間封之。日一易，不侯花蔫，花過香成。蔣捷詞云，銀字箏調，心字香燒。予詩，多燒心字是心香，茉莉黄沉共作芳。香是番禺心字好，紫煙一縷結鴛鴦。

南方花皆可合香

南方花，如素馨、茉莉、闍提、佛桑、渠那、大小含笑之類，皆可合香。又有麝香花夏開，與麝香木皆類真麝香。或傳美家香用此諸花合之。温氏云，素馨、茉莉摘下花蘂，香才過，即以酒噀之復香。凡生香蒸過愈佳。如梅花、瑞香、酴醾、梔子、茉莉、木犀及橙、橘花之類，皆可蒸。他日爇之，則羣花之香畢備。見《香乘》。

種排草香

予沙亭鄉江畔，有沙地二三十畝，其種宜排草。農人以重價佃之，春以播秧，至六月始種排草，十月收之。其根長五六尺，賣以合香。葉以泥漬使乾，賣與番人爲藥。每地一畝，以半種薑芋，以半種排草，以菜麩壅之。次年則以種薑芋者種排草，必相易也。農人喜種排草，其利甚厚。惜宜種之地，不能多有。沙亭之外，如潭山、大嶺間，亦有數十畝焉。

**清・顧祖禹《讀史方輿紀要》卷九九《福建五》** 計都山，在縣東北百餘里。高百六十丈，周五十里，形勢奇崛，西有龍潭。《通志》：「計都山在德慶州東十五里。」似悮。　雞骨嶺，舊志云：在大力山東十五里，東北去德慶州十里，高二百餘丈。産雞骨香。

**又　卷一一二《廣西七》** 蘇門答剌，在西南海濱。自滿剌加順風九晝夜可至其國。其西去一晝夜有龍涎嶼，在南巫里洋之中，國人採龍涎香於此。洪武中稱須文達那國，遣使貢獻。永樂三年封其首鎖丹漢阿必鎮爲蘇門答剌國王，自是朝貢不絶。其旁有南勃等國，亦常來貢。《四夷考》：「蘇門答剌在占城之西洋中，南接賓童龍國，東北接雪山、葱嶺，蓋即古之大食國。宋熙寧以後分爲勿斯離弼、琶囉勿跋等國，而蘇門答剌出龍涎香，布那姑兒産硫黄。又有層檀國，亦在南海旁。其城距海二十里，宋熙寧四年入貢，順風行百六十日經勿林古巡，三佛齊國乃至廣州，其風俗語音皆與大食同。」

**清・檀萃《滇海虞衡志》卷三《志香》** 范《志》云，廣東香自舶來，廣右香産海北，惟海南勝。滇中諸土司皆海南地，故所出皆滇本境也。

藏香出中甸，中甸多喇嘛黄教紅教，盡居於此，成村落，且出活佛。少、長藏僧來訪，以厚幣迎歸。主其藏甸人能作此香。如線香，甚纖細，長二尺，百莖爲束。滇中貴之，以爲通神明。凡房幃産厄、天花危篤，焚此香即平安。

白檀香出八百大甸土司，即旃檀。

安息香亦出八百大甸土司，古八百媳婦地。

木香出車里土司，古産里也。名早見《周書・王會》，今屬普洱。《别録》云，木香生永昌山谷。

沉香亦出車里土司。

勝沉香出河西縣，即紫檀香，謂比沉香爲勝，故名之。

乳香出老撾土司地。老撾，今名南掌，在九龍江外。

西木香亦出老撾，交趾在東，故以此爲西也。

水乳香出鎮康州。

老柏香，取老柏膚内絳色者，已成香矣。鋸而餅之，厚寸餘。再析而焚之，頗似檀香。省城多老柏，以其葉末之，爲條香、盤香。

木香，即鋸柏香之末也，以煨鑪，亦氤氳耐焚。

降香，一名降真香，詳下。

鬱金香，一名草麝香，根即薑黄，入酒，爲黄流。

以上諸香皆出自滇産，志其實也。范《志》諸香，曰沉水香，曰蓬萊香，曰鷓鴣斑，曰箋香，曰光香，曰沉香，曰香珠，曰思勞香，曰排草，曰檳榔苔，曰橄欖香，曰零陵香，凡香之品，十有二，其間多一物數名。下至於香珠、排草與零陵香，皆婦女之所褻用者，取之以與沉水並列，何輕重貴賤大小之不倫也。按，沉水香一名沉香，一名密香。密香者，則香所出之本樹也。樹如櫸柳，皮青，葉似橘，隆冬不凋，花白而圓，實似檳榔，大如桑椹。出六種香：曰沉香，曰雞骨香，曰桂香，曰棧香，曰黄熟香，曰馬蹄香。六香同出一樹，有精粗之異。第此樹嶺表俱有，傍海尤多。接幹交柯，千里不絶。土人恣用蓋舍架橋，飯甑狗槽皆用是物。木多如此有香者，百無一二。蓋木得水方結，多在折枝枯幹中，或爲沉，或爲煎，或爲青皮，故香之等凡三：

一曰沉，入水即沉，謂之沉香。二曰煎，一作棧，范《志》作箋，半浮半沉，曰煎香，又曰甲煎。三曰黄熟，香之輕虚，俗名速香。

入水則沉，其品凡四：

一曰熟結，膏脉凝結，自朽出者。二曰生結，伐木仆地，膏脉流結香成，削去白木，結成斑點，名鷓鴣斑。三曰脱落，木析而結。四曰蠹漏，蠹蝕而結。

故生結爲上，熟結次之。堅黑爲上，黄色次之。角沉、黑潤、黄沉、黄潤、蟻沉、柔利、革沉、紋横，皆上品也。其他因形命名，爲類至多，皆附沉香之上品者也。

煎香分五類，范《志》作箋香：

一曰蝟刺香，如蝟皮栗蓬及蓑狀，去木留香，香鍾於刺。二曰雞骨香，細瘦如雞骨。三曰葉子香，狀如葉子。四曰蓬萊香，□□如小盆及大菌狀，有徑二尺者，極堅實。五曰光香，如山石枯槎。

黄熟香分三類，俗訛爲速香：

一曰生速香，二曰熟速香，三曰木盤，大而可雕刻。

是則蓬萊香、鷓鴣斑香、箋香、光香，總統於沉水香。范《志》混而載之，畧無所分别。又於沉水香之外，添出沉香，得非枝駢，未可以其書之名重，不爲考實，概附諸窈冥莫原也。至所志之檳榔香、橄欖香，滇南土司多此二物，香應相同，故推松香、柏香例，而附著之。

檳榔香，出西南海島，生檳榔木上，如松身之艾納，初爇極臭，以合泥香成温麐，用如甲煎。范《志》所謂西南海島，即雲南諸土司也。

橄欖香，其樹脂也。脂如黑飴，合黄連、楓脂爲欖香，有清烈出塵意。范《志》以桂江之人能之，寧雲南而有不能，著之以俟其能。

滇人祀神用降香，故降香充市，即降真香也，一名紫藤香。雞骨香焚之，其烟直上，感引鶴降，醮星辰，燒此香爲第一度籙。李時珍謂雲南及兩廣、安南、峒谿諸處有此香，則降真香固滇産也。

麝香出於滇南。麝别詳於《志獸》，兹特著其香。香多有假，而李石以三説辨其真。謂鹿羣行山中，自然有麝氣不見其形爲真香。入春以脚踢入水泥中藏之，不使人見爲真香。殺之取其臍，一鹿一臍爲真香。此二真者，盡之矣。然前二真，得之良難，亦無所據，以信於人。惟取臍爲有據，然臍亦有作僞者。所謂刮取血膜，雜糝皮毛者是也。香客收麝，必於農部之鼠街。余居農部久，未嘗過而問之。即以予役行，未嘗將一麝，恐以香氣惹人尋索耳。雀頭香，香附之子。香附生水澤中，猪喜食之，俗呼爲猪荺薺。滇池多有之。記之，以待他日之爲香者。

沉水香，如上所説，出於密香樹，而李石云，太學同官有曾宦廣中者，謂，沉香，雜木也。朽蠹，浸沙水歲久得之。如儋崖海道居民，橋梁皆香材，如海桂、橘、柚之木沉於水多年，得之即爲沉水香。《本草》謂爲似橘，是矣。然生採之，即不香也。以予客嶺表數年，聞其人所説，亦如是語，恐此説爲然也。

阿魏，亦出於滇。唐李珣《海藥本草》云，阿魏是木津液，如桃膠狀，色黑者不堪。雲南長河中亦有如舶上來者，滋味相似一般，只無黄色。據此，則滇中亦有阿魏矣。曰長河中，想亦從暹羅至緬甸而上金沙歟？

龍腦香，乃深山窮谷千年老杉，土人解作板，板縫有腦，乃劈取之，大者成片，如花瓣，即今冰片也。曰梅花冰片，清者名腦油。今金沙江板充路而來，杉板也，紋作野雞斑矣，豈無藏縫之龍腦乎？記之，以待劈之者。

**清·于敏中　英廉《日下舊聞考》卷一五〇《物産》**　枕頂香印作枕板陰乾，自大内出者，旁有嘉靖年造，填以金字，鋸作扇牌等用，甚香。《香乘》。

安息香，都中有數種，統名安息。其最佳者劉鶴所製月麟、聚仙、沈速三品，百花香即下矣。龍挂香有黄、黑二種，黑者價高，惟内府者佳。劉鶴所製亦可。芙蓉香、暖閣香亦劉鶴所製。龍樓香、萬春香内府者佳。甜香惟宣德年製清遠味幽，罈黑如漆，白底，上有燒造年月，每罈一斤，有錫蓋者方真。黑香餅亦以劉鶴製者爲上。前門外李家印各色花巧者亦妙。東院王鎮所製黄香餅，黑沈色，無花紋者亦佳。線香則數前門外李家，每束價直一分。又有以檀香入菩提子中孔，著眼引繩，謂之灌香數珠，京師有人能爲之，亦絶技也。《考槃餘事》。

**清·吴其濬《植物名實圖考長編》卷一八《木類·附南越筆記志香》**

沉香

嶠南火地，太陽之精液所發，其草木多香，有力者皆降皆結而香，木得太陽烈氣之全，枝、幹、根、株皆能自爲一香。故語曰：海南多陽，一木五香。海南以萬安黎母東峒香爲勝。其地居瓊島正東，得朝陽之氣又早，香尤清淑。多如蓮萼、梅英、鵝梨、蜜脾之類，焚之少許，氛翳彌室，雖煤燼而氣不焦，多醖藉而有餘芬。洋船之番沉、藥沉，往往腥烈；即佳者，意味亦短，木性多，尾煙必焦。其出海北者，生於交趾，聚於欽，謂之欽香，質重實而多大塊，氣亦酷烈，無復海南風味，粵人賤之。海南香故有三品：曰沉，曰箋，曰黃熟。沉、箋有二品：曰生結，曰死結。黃熟有三品：曰角沉，曰黃沉，若敗沉者，木質既盡，心節獨存，精華凝固，久而有力，生則色如墨，熟則重如金，純爲陽剛，故於水則沉，於土亦沉，此黃熟之最也。其或削之則卷，嚼之則柔，是謂蠟沉，皆子瞻所謂「既金堅而玉潤，亦鶴骨以龍筋；惟膏液之內足，故把握而兼斤；無一往之發烈，有無窮之氤氳」者也。凡采香必於深山叢翳之中，羣數十人以往，或一二日即得，或半月徒手而歸，蓋有神焉。當夫高秋晴爽，視山木大小皆凋瘁，中必有香，乘月探尋，有香氣透林而起，以艸記之，其地亦即有蟻封高二三尺，隨挖之，必得油速、伽㑲之類，而沉香爲多。其木節久蟄土中，滋液下流既結，則香面悉在下，其背帶木性者，乃出土，故往往得之。沉香有十五種：其一，曰黃沉，亦曰鐵骨沉、烏角沉，從土中取出，帶泥而黑，心實而沉水，其價三換，最上。其二，生結沉，其樹尚有青葉未死，香在樹腹如松脂液，有白木間之，是曰生香，亦沉水。其三，四六沉香，四分沉水，六分不沉水，其不沉水者，亦乃沉香非速。其四，中四六沉香。其五，下四六沉香。其六，油速，一名土伽㑲。其七，磨料沉速。其八，燒料沉速。其九，紅蒙花剷，蒙者背香而腹泥，紅者泥色紅也，花者木與香相雜不純，剷木而存香也。其十，黃蒙花剷。其十一，血蒙花剷。其十二，新山花剷。其十三，曰鐵皮速，外油黑而內白木，其樹甚大，香結在皮不在肉，故曰鐵皮，此則速香之族。又有野豬箭，亦曰香箭。有香角香、片香。影香，影者鋸開如影木然。有鴛鴦背，半沉半速，錦包麻，麻包錦。其曰將軍兜，菱殼，雨淋頭，鯽魚片，夾木含泥等，是皆香之病也。其十四，老山牙香。其十五，新山牙香，香大塊，剖開如馬牙，斯爲最下。然海南香雖最下，皆氣味清甜，別有醖藉，若渤泥、暹羅、真臘、占城、日本所產，試水俱沉，而色黃味酸，香尾焦烈。至若雞骨香乃雜樹之堅節，形色似香，純是木氣，《本草綱目》以爲沉香之中品，誤矣。

伽㑲

伽㑲雜出於海上諸山，凡香木之枝柯竅露者，木立死而本存者，氣性皆溫，故爲大螘所穴。大螘所食石蠠，遺漬香中；歲久漸浸，木受石蠠氣多，凝而堅潤，則伽㑲成。其香本未死，蠠氣未老者，謂之生結，上也；木死本存，蠠氣膏於枯根，潤若餳片者，謂之糖結，次也；歲月既淺，木蠠之氣未融，木性多而香味少，謂之虎斑金絲結，又次也；其色如鴨頭綠者，名綠結，掐之痕生，釋之痕合，挼之可圓，放之仍方，鋸則細屑成團，又名油結，上之上也。伽㑲本與沉香同類，而分陰陽。或謂沉牝也，味苦而性利，其香含藏，燒乃芳烈，陰體陽用也；伽㑲牡也，味辛而氣甜，其香勃發，而性能閉二便，陽體陰用也。然以洋伽㑲爲上，產占城者，剖之香甚輕微，然久而不減。產瓊者名土伽㑲，狀如油速，剖之香特酷烈，然手汗沾濡，數月即減，必須濯以清泉，膏以蘇合油，或以甘蔗心藏之，以白萼葉苴之，瘞土數月，日中稍暴之，而後香魂乃復也。占城者靜而常存，瓊者動而易散；靜者香以神行，動者香以氣使也。藏者以錫爲匣，中爲一隔而多竅，蠠其下，伽㑲其上，使薰炙以爲滋潤；又以伽㑲末養之，他香末則弗香，以其本者返其魂，雖微塵許，而其元可復，其精多而氣厚故也。尋常時勿使見水，勿使見燥風黴濕，出則藏之，否則香氣耗散。

東莞香

東莞香以金釵腦所產爲良。地甚狹，僅十餘畝。其香種至十年已絕佳。雖白木，與生結同。他所產者，在昔以馬蹄岡，今則以金桔嶺爲第一。次則近南仙村雞胡嶺白石嶺梅林百花洞牛眠石鄉諸處。至劣者，烏泥坑。然金桔嶺歲出精香僅數斤，某家有精香多寡，人皆知之。馬蹄岡久已無香，其香皆新種，無堅老者。凡香先辨其所出之地，香在地而不在種，非其地則香種變。其土如雞子黃者，其香鬆而多水熟；沙黑而多土者，其香堅而多生結，能耐霜雪。又以泥紅名朱砂管者，或紅如麯粉者，磽确而多陽者爲良土。莞人多種香，祖父之所遺，世享其利，地一畝可種三百餘株，爲香田之農，甚勝於藝黍稷也。然可種之地僅百餘里，他處弗茂且弗香。凡種香先擇山，土開至數尺，其土黃，砂石相雜，堅實而瘠，乃可種。其壤純黃純黑無砂，至雨水不滲，潮汐潤及；其香紋或如飴糖，甜而不清，或多黑絲縷，味辣而濁，皆惡土也，不宜種。香木如樹蘭而叢密，行人每折枝代傘，謂之香陰。其葉似黃楊，凌寒不落，種五六年即結子，子如連翹而黑，落地即生，經人手摘則否。夏月子熟種之，苗長尺許乃拔而蒔。蒔宜疎，使根見日，疎則香頭大，見日則陽氣多。歲一犂土，使上鬆，草蔓不生。至四五歲，乃斬其正幹鬻之，是爲白木香。香在根而不在幹，幹純木而色白，故曰白木；而不離香，故曰白木香。此其別也。正幹已斬，留其支，使益旁抽，又二三歲，乃於正幹之餘出土尺許，名曰香頭者，鑿之。初鑿一二片，曰開香門，亦曰開香口。貧者八九歲則開香門，富者十餘歲乃開香口。然大率歲中兩鑿，春以三月，秋以九月，鑿一片如馬牙形，即以黃土兼砂壅之，明歲復鑿，亦如之。自少而多，今歲一片，明歲即得二三片矣。然貧者鑿於三月，復鑿於九月耳。富者必俟十閱月乃再鑿，蓋以十月香胎氣足，香乃大良也。既鑿矣，其爲雨露所漬，而精液下結者，則其根美。其雨露不能漬，水不能腐者，其精液滲成一縷，外黄内黑，是名黄紋黑滲，以此爲上。蓋香以歲久愈佳，木氣盡香氣乃純，純則堅老如石，擲地有聲。昏黑中，可以手擇其或鬃紋交紐，穿胸而透底者；或不必透底，而面滲一黑線者；或黑圈斑駁，如鷓鴣斑者；或作馬尾滲者；或純黄者，鐵殼者；皆爲生香。生曰生結，亦曰血格，曰黑格。熟曰黄熟，亦曰水熟。黄熟者，香木過盛，而精液散漫，未及凝成黑線者。又土壅不深而爲雨水所淋者，是爲黄熟。生結者，香頭之下間有隙穴，爲日月之光所射，霜露之華所漬，日久結成胎塊，其實不朽，而與土生氣相接者，是爲生結。以多脂膏潤澤洽於表裏，又名血格。曝之日中，其香滿室，不必焚爇而已氤氳有餘矣。

鶴頂香

鶴頂香在古榕之腹，常有鳥啣香子，墮落其中，歲久香木長成，其枝葉微出榕杪，白鶴之所盤旋，朝夕不散。久之，香木作結，堅潤如脂。人取而爇之，香煙翔舞，悉成白鶴之形，白鶴大小則視香煙之穠薄，是名鶴頂香。東莞或時有之。或曰：是遯香也。身在榕中，而氣與鶴相感，蓋以榕爲體，以鶴爲用者也。

諸香

諸香有曰雞蹠香，枝條似雞距，故名。一曰雞香，一曰雞藤香，一曰雞骨香。有冷生香，似降香而小。降香一曰降真香，雜諸香焚之，其煙直上，輒有白鶴下降。有馬眼香，其藤大如臂，歲久心朽皮堅，甚香，周遭有小眼，如雕刻香筒狀，粵人多以供神，謂之比降。降之真者，從海舶而來，曰番降。根極堅實，色紫潤似蘇方木，燒之初不甚香，得諸香和之，特美，其屑可治刀傷。有水藤香。有楓香，即楓膠也，一曰白膠香。有左紐香、石檀香。有海漆香，産文昌海港，色甚黑，焚之油出如漆。有龍骨香，其樹叢生有刺，汁甚毒，枝老而根結者美。有芸香，山中樹液所結，雜諸香焚之，能除濕氣。有思勞香，狀乳香，瀝青黄褐色，氣似楓膠。有橄欖香，橄欖之脂也。如黑飴狀，以黄連木及楓膠和之，有清烈出塵之意。有薰陸香，一名馬尾香，《山記》：羅浮有越王搗薰陸香處。其曰白木香，則東莞香木之枝幹也。經斫傷，則成黄熟，否則歲久亦止白木，故曰白木香，廣中香族甚多，其未知名者，味皆酷烈。廣人生長香國，不貴沉檀，顧以山野之香爲重也。

蕃沉香

《諸蕃志》：沉香所出非一，真臘爲上，占城次之，三佛齊、闍婆等爲下。俗分諸國爲上下岸，以真臘、占城爲上岸，大食、三佛齊、闍婆爲下岸。香之大槩，生結者爲上，熟脱者次之；堅黑者爲上，黄者次之。然諸沉之形多異，而名亦不一。有如犀角者謂之犀角沉，如燕口者謂燕口沉，如附子者謂附子沉，如梭者謂之梭沉，文堅而理緻者謂之横隔沉。大抵以所産氣味爲高下，不以形體爲優劣。世謂渤泥亦産，非也。一説，其香生結成，以刀修出者，爲生結沉；自然脱落者，爲熟沉，産於下藥沉。海南亦産沉香，其氣清而長，謂之蓬萊沉。

箋香

箋香乃沉香之次者，氣味與沉香相類。然帶木而不甚堅實，故其品次於沉香，而優於熟速。

速暫香

生速出於真臘、占城，而熟速所出非一，真臘爲上，占城次之，闍婆爲下。伐樹去木而取者，謂之生速。樹仆於地，木腐而香存者，謂之熟速。而生速氣味長，熟速氣味易焦，故生者爲上，熟者次之。熟速之次者，謂之暫香，其所産者，高下與熟速同，但脱者謂之熟速，而木之半存者，謂之暫香，半生熟，商人以刀刳其木而出其香，擇其上者雜於熟香而貨之，市者亦莫之辨。

黄熟香

黄熟香諸番皆出，而真臘爲上，其香黄而熟，故名。若皮堅而中腐者，其形如桶，謂之黄熟桶。其夾箋而通黑者，其氣尤勝，謂之夾箋黄熟。夾箋者，迺其香之上品。

生香

生香出占城、真臘、海南諸處皆有之，其白木乃是斫倒香株之未老者，若香已生在木内，則謂之生香，結皮三分爲暫香，五分爲速香，七八分爲箋香，十分即爲沉香也。

金顔香

《諸番志》：金顔香正出真蠟，大食次之，所謂三佛齊有此香者，特自大食販運至三佛齊，而商人又自三佛齊轉販入中國耳。其香乃木之脂，有淡黄色者，有黑色者，拗開雪白爲佳，有砂石爲下。其氣勁，工於聚衆香，今之爲龍涎、軟香佩帶者，多用之，番人亦以和香而塗其身。

《墨莊漫録》：宣和間宫中重異者，廣南篤耨、龍涎、亞悉、金顔、雪香、褐香、軟香之類，篤耨有黑白二種，黑者每貢數十觔，白者止三觔，以瓠壺盛之，香性熏積，破之可燒，號瓠香。白者每兩價值八十千，黑者三十千，外廷得之以爲珍異也。又貢異物圓如龍眼實，色若緑葡萄，號貓兒眼睛，能息火，燃炭方熾，投之即滅。又云能解蠱毒之藥，前世所紀異物多矣，未聞此種也。

安息香

《諸番志》：安息香出三佛齊國，其香迺樹之脂也，其形類核桃瓤，而不宜於燒，然能發衆香，故人取之以和香焉。

《通典敘》：西戎有安息國，後周天和、隋大業中曾朝貢，恐以此得名，而轉貨於三佛齊。

《滇海虞衡志》：安息香出八百大甸土司，古八百媳婦地。

篤耨香

《諸番志》：篤耨香出真蠟國，其香，樹脂也。其樹狀如杉、檜之類，而香藏於皮中。老而自然流溢者，色白而瑩，故其香雖盛暑不融，名曰篤耨。至夏月以火環其株而炙之，令其脂液再溢，冬月因其凝而取之，故其香夏融而冬凝，名黑篤耨。土人盛之以瓢，舟人易之以瓷器，香之味清而長。黑者易融。滲漉於瓢，碎瓢而爇之，亦得其髣髴，今所謂篤耨瓢是也。

麝香木

《諸番志》：麝香木出占城、真臘，樹老仆湮没於土而腐，以熟脱者爲上，其氣依稀似麝，故謂之麝香。若伐生木取之，則氣勁而惡，是爲下品，泉人多以爲器用，如花梨木之類。

《南越筆記》：南方花皆可合香，如素馨、茉莉、闍提、佛桑、渠那、大小含笑之類。又有麝香花夏開，與麝香木皆類真麝香，或傳美家香，用此諸花合之。

《子年拾遺》、《杜陽雜編》：「侈列異馥，不必真品。其餘小説，一物別名，但矜新穎，都非奇芬。臚舉則非皆典要，删削則轉費考詢。」葉氏《香譜》，惟録所出，字既不繁，亦復眉朗，因附存焉。

**又** 葉廷珪《名香譜》

蟬蠶香

交趾所貢，唐宫中呼爲瑞龍腦。

茵犀香

西域獻，漢靈帝用之煮湯辟癘。

石葉香

魏文帝時腹題國貢，狀如雲母，可以辟疫。

百濯香

孫亮爲四姬合四氣香衣香，百濯不落，因名。

鳳髓香

唐穆宗藏，真島出，焚之崇禮。

紫述香

《述異記》云：又名麝香草。

都夷香

《洞冥記》云：香如棗核，食之不飢。

荃蕪香

燕昭王時，出波弋國。

辟邪香、瑞麟香、金鳳香

唐同昌公主帶玉香囊中，芬馥滿路。

月支香

月支國進，如卵，燒之辟疫百里，九月不散。

振靈香

《十洲記》云：聚窟洲有樹如楓，葉香聞數百里。返魂香、震檀香、驚精香、返生香、卻死香

月支國一香五名，尸埋地下者，聞之即活。

千畝香

《述異記》云：以林名香。

酴齊香

出波斯國，入藥治百病。

龜甲香

《述異記》云：即桂香之善者。

兜末香

《本草》：漢武帝，西王母降，焚是香也。

沈光香
《洞冥記》：塗魂國，燒之有光。
沈榆香
《拾遺記》：黄帝封禪焚之。
蘅蕪香
漢武帝夢李夫人授此香。
百藴香
飛燕浴身用此。
月麟香
文帝宫中愛之，號袖裏春。
辟寒香
焚之可以辟寒。
龍文香
漢武帝時，外國進。
千步香
南郡所貢。焚之，千步内猶有香氣。
九和香
《三洞珠囊》曰：玉女擎玉爐焚之。
九真香、青木香、沈水香
皆合德上飛燕禭中物。
罽賓國香
楊牧席間焚之，上有樓臺之狀。
拘勿頭華香
拘勿頭國進，香聞數里。
精祇香
出塗魂國，焚之辟鬼。
飛氣香
《珠囊》曰：真人所燒。
五枝香
燒之十日，上徹九重。
羯布羅香
《西域記》云：樹如松，色如冰雪。
大象藏香
因龍鬬而生，若燒一丸，興大光明珠如甘露。
兜婁婆香、牛頭旃檀香
出釋典。
明庭香、明天發日香
出胥陀寒國。
迷迭香
出西域。焚之去邪。
必栗香
焚之去一切惡氣。
揭車香
《本草》：焚之去蛀，辟臭。
刀圭第一香
唐昭宗賜崔引一粒，終日旖旎。
曲水香
香盤印之，似曲水像。
鷹嘴香
番人出，焚之辟疫。
乳頭香
曹務光理趙州，用盆焚，云財易得，佛難求。
助情香
安禄山進，玄宗含之，筋力不倦。
夜酣香
煬帝迷樓所夢也。
雀頭香
魏文帝遣使于吴，求雀頭香。
伴月香
徐鉉月夜露坐焚之，故名。

雞舌香

漢侍中刁存事，又尚書郎含雞舌香奏事。

安息香

出三佛齊國。

亞濕香

出占城國。

金顔香

出大食、真臘國。

神精香一名荃蘼一名春蕪

出波弋，即前荃蕪香也。其皮如絲，可以爲布。

沈光香、明庭香、金磾香、塗魂香

元封中外國所獻。

蓬萊香

即沈水香結未成者，成片，如小芝及大菌之狀。

鷓鴣斑香、思勞香

出日南，如乳香。

橄欖香

狀如黑膠，燒毫粒，經旬不散。

**又** 屠隆《考槃餘事》

香

香之爲用，其利最溥。物外高隱，坐語道德，焚之可以清心悦神。四更殘月，興味蕭騷，焚之可以暢懷舒嘯。晴窗搨帖，揮麈閒吟，篝燈夜讀，焚以遠辟睡魔，謂古伴月可也。紅袖在側，密語談私，執手擁爐，焚以薰心熱意，謂古助情可也。坐雨閉窗，午睡初足，就案學書，啜茗味淡，一爐初爇，香靄馥馥撩人，更宜醉筵醒客，皓月清宵，冰絃戛指，長嘯空樓，蒼山極目，未殘爐爇，香霧隱隱繞簾，又可祛邪辟穢，隨其所適，無施不可。品其最優者，伽倆止矣。第購之甚難，非山家所能卒辦。其次莫若沈香，沈香有三等：上者氣太厚而反嫌於辣，下者質太枯而又涉於烟，惟中者約六七分、一兩，最滋潤而幽甜，可稱妙品。煮茗之餘，即乘茶爐火便取入香鼎，徐而爇之。當斯會心景界，儼居太清宫，與上真游，不復知有人世矣。噫，快哉！近世焚香者，不博真味，徒事好名，兼以諸香合成，鬬奇争巧，不知沈香出於天然，其幽雅沖澹，自有一種不可形容之妙。若修合之香，既出人爲，就覺濃艷。即如通天、熏冠、慶真、龍涎、雀頭等項，縱製造極工，本價極費，決不得與沈香較優劣，亦豈夫高士所宜耶？

棋楠香

有糖結棋楠，鋸開上有油如飴糖，黑白相間，黑如墨，白如燥米，焚之初有羊羶微氣。有金絲棋楠，色黄，上有綹若金絲，惟糖結爲佳。

角沈香

質重，劈開如墨色者佳，不在沈水，好速亦能沈也。有以碎沈香轃煉成大塊，以市於人，當細辨之。

片速香

俗名鯽魚片，雉雞斑者佳。有僞爲者，亦以重實爲美。

唵叭香

一名黑香，以輭净色明者爲佳。手指可撚爲丸者，妙甚，惟都中有之。

香角

俗名牙香，以面有黑爛色者爲佳。鐵面純白不烘焙者，爲生香，其生香之味妙甚，在廣中價亦不輕。

降真香

紫實爲佳，茶薁出油焚之。

白膠香

有如明條者佳。

黄檀香

黄實者佳，茶浸炒黄去腥。

芙蓉香

京師劉鶴製妙。

蒼术

句容茅山産，細梗如猫糞者佳。

萬春香

內府者佳。

蘭香

以魚子蘭蒸低速香、牙香塊者佳。近以木香滚以棍蒸者，惡甚。

安息香

都中有數種，總名安息。其最佳者，劉鶴所製月麟香、聚仙香、沈速香三種，百花香即下矣。

龍桂香

有黄黑二種，黑者價高，惟内府者佳。劉鶴所製亦可。

甜香

惟宣德年製，清遠味幽，可愛。燕市中貨者，罈黑如漆，白底上有燒造年月，每罈二三斤，有錫罩蓋罐子。一斤一罈者方真。

黄香餅

王鎮住東院所製，黑沈色無花紋者佳甚。僞者色黄，惡極。

黑香餅

劉鶴二錢一兩者佳。前門外李家印各色花巧者，亦妙。

京綫香

前門外李家第二分，每束價一分，佳甚。

龍樓香

内府者佳。

玉華香

武林高深甫所製。

綏閣香

有黄、黑二種，劉鶴製佳。

黑芸香

河南短束城上王府者佳。

香爐

官、哥、定窑龍泉宣銅潘銅彝爐乳爐，大如茶杯而式雅者爲上。

香盒

有宋剔梅花蔗段盒，金銀爲素，用五色漆胎，刻法深淺，隨妝露色，如紅花緑葉，黄心黑石之類，奪目可觀。有定窑、饒窑者，有倭盒三子、五子者。有倭撞可攜遊，必須子口緊密，不泄香氣方妙。

隔火

銀錢、雲母片、玉片、砂片，俱可以火浣布如錢大者，銀鑲周圍，作隔火，尤難得。凡蓋隔火，則炭易滅，須於爐四圍用筯直搠數十眼以通火氣，周轉方妙。爐中不可斷火，即不焚香，使其長温，方有意趣。且灰燥易燃，謂之靈灰。其香燼餘塊，用瓷盒或古銅盒收起，可投入火盆中，薰焙衣被。

匙筯

雲間胡文明製者佳。南都白銅者亦適用。金玉者似不堪用。

筯瓶

吴中近製短頸細孔者，插筯下重不仆。古銅者亦佳。官、哥、定窑者，不宜日用。

香盤

紫檀烏木爲盤，以玉爲心，用以插香。

袖爐

書齋中薰衣炙手，對客常談之具。如倭人所製漏空罩蓋漆鼓，可稱清賞。今所製有罩蓋方圓爐，亦佳。

**又** 高濂《遵生八牋》

印香供佛方

齋室中燒香不可一日無香，其法另具，若印香供佛，其爲印模，有焚一日者，有焚六時者。其香料隨造，但料重則香。予所製方如左，亦内府舊方，少損益耳。

夢覺菴妙高香方

共二十四味，按二十四氣，用以供佛。沈速四兩、黄檀四兩、降香四兩、木香四兩、丁香六兩、乳香四兩、檢芸香六兩、官桂八兩、甘松八兩、三賴八兩、姜黄六兩、元參六兩、丹皮六兩、丁皮六兩、辛夷花六兩、大黄八兩、藁本八兩、獨活八兩、藿香八兩、茅香八兩、白芷六兩、荔枝殼八兩、馬蹄香八兩、鐵面馬牙香一片，淮産末香一斤，炒硝一錢，有此二物引火，且焚無斷絶之患，大小香印四具。圖附如左。

焚供天地三神香方

昔有真人燕濟居三公山石窑中，苦毒蛇、猛獸、邪魔干犯，遂下山，改居華陰縣庵，棲息三年。忽有三道者投庵借宿，夜談三公山石窑之勝，内一人云：吾有奇香，能救世人苦難，焚之道得自然玄妙，可昇天界。真人得香，復入山中，坐燒此香，毒蛇、猛獸，悉皆遁獸。忽一日道者散髮背琴，虚空而來，將此香方鑿於石壁，乘風而去，題名三神香。能開天門地户，通靈達聖。入山可驅猛獸，可免刀兵，可免瘟疫，久旱可降甘雨，渡江可免風波。有火焚燒，無火口嚼，從空噴於起處，龍神護助，静心修合，無不靈驗。沈香二錢、乳香二錢、丁香二錢、白檀二錢、香附二錢、藿香二錢、甘松二錢、遠志一錢、藁本三錢、白芷三錢、元參三錢、零陵香二錢五分、大黄二錢五分、降真香二錢五分、木香二錢五分、茅香二錢五分、白及二錢五分、柏香二錢五分、川芎二錢五分、三賴二錢五分，用甲子日攢和，丙子搗末，戊子和合，庚子印餅，壬子入合，收起煉蜜爲丸，或刻印作餅，寒水石爲衣，出入帶入葫蘆爲妙。

耀仙異香

沈香一兩、檀香一兩、冰片一錢、麝香一錢，棋楠香、羅香、欖子、滴乳各五錢。

右味爲末，煉蔗漿合和爲餅，焚之以助清氣。

香方

高子曰：余録香方，惟取適用，近日都中所尚，鑒家稱爲奇品者，録之。製合之法，貴得料精，則香馥而味有餘韻。識臭味者。知所擇焉可也。

玉華香方

沈香四兩、檀香四兩、乳香二兩、木香一兩、丁香一兩、郎胎六錢、速香墨色者四兩、唵叭香三兩、廣排草三兩，出交趾者妙。麝香三錢，蘇合油大黄五錢，官桂五錢，黄煙即金顔香二兩，廣陵香用葉一兩。

右以香料爲末，和入合油揉匀，加煉好蜜，再和如濕泥，入磁瓶，錫蓋蠟封口固，燒用二分一次。

聚仙香

黄檀香一斤、排草十二兩、沈香六兩、速香六兩、乳香四兩另研、丁香四兩、郎胎三兩、黄煙六兩，另研。合油八兩、麝香二兩、欖油一斤、白及麪十二兩、蜜一斤。

已上作末爲骨，先和上竹心子作第一層，趁濕又滚檀香二斤、排草八兩、沈香半斤爲末，作滚第二層，成香。紗篩晾乾，都中自製，每香萬枝，工銀二錢，竹棍萬枝，銀一錢二分，香袋紫龍力紙，每百足數五錢。

沈速香方

沈速五斤、檀香一斤、黄煙四兩、唵叭香三兩、乳香二兩、麝香五錢、合油六兩、白及麪一斤八兩、蜜一斤八兩。和成滚棍。

黄香餅方

沈速六兩、檀香三兩、丁香一兩、木香一兩、黄煙二兩、乳香一兩、郎胎一兩、唵叭三兩、麝香三錢、冰片一錢、蘇合油二兩、白及麪八兩、蜜四兩。和劑用印作餅。

印香方

黄熟五斤、速香一斤，香附子、黑香、藿香、零陵香、檀香、白芷各一兩，柏油二斤，芸香一兩，甘松八兩，乳香一兩，沈香二兩，丁香一兩，馢香四兩，生香四兩，焰硝五分。

共爲末入香印，印成焚之。

萬春香方

沈香四兩，檀香六兩，結香、藿香、零陵香、甘松各四兩，茅香四兩，丁香一兩，甲香五錢，麝香、冰片各一錢。

用煉蜜爲濕膏，入磁瓶封固焚之。

撒馩蘭香方

沈香三兩五錢，冰片二錢四分，檀香一錢，龍涎五分，排草鬚二錢，唵叭五分，麝香五分，撒馩蘭一錢，合油一錢，榆麪六錢，甘麻然二分，薔薇露四兩。

印作餅燒，佳甚。

芙蓉香方

沈香一兩五錢，檀香一兩二錢，片速三錢，冰腦三錢，合油五錢，生結香一錢，排草五錢，芸香一錢，唵叭五分，甘麻然五分，丁香二分，郎胎二分，藿香二分，零陵香二分，乳香一分，三柰一分，欖油一分，撒馩蘭一分，榆麪八錢，硝一錢。

和印或散燒。

龍樓香方

沈香一兩二錢，檀香一兩三錢，片速五錢，排草二兩，唵叭二分，金銀香二分，片腦二錢五分，丁香一錢，官桂三分，三柰二錢四分，郎胎三分，芸香三分，欖油五分，甘松五分，藿香五分，甘麻然五分，樟腦一錢，降香二分，大黄一錢，撒馩蘭五分，零陵香一錢，白豆蔻二分，硝一錢，榆麪一兩二錢。

印餅散用蜜和，去榆麪。

黑香餅方

用料四十兩，加炭末一斤、蜜四斤、麝香一兩、白及半斤、蘇合油六兩、欖油四斤、唵叭四兩。

先煉蜜熟，下欖油化開，又入唵叭，又入料一半，將白及打成糊入炭末，又入料一半；然後入蘇合、麝香，揉匀印餅。

炒香

近以蘇合油拌沈速，入火微炙，收起，乘熱以冰片撒上，入瓶收用，謂之法製。其香氣比常少濃，反失沈速天然雅味，恐知香者不取。

金猊玉兔香方

用杉木燒炭六兩，配以栗炭四兩，搗末加炒硝一錢，用米糊和成揉劑。先用木刻狻猊、兔子二塑，圓混肖形，如墨印法，大小任意。當獸口處開一斜入小孔，獸形頭昂尾低，是訣將炭劑一半入塑中，作一凹，入香劑一段，再加炭劑築完，將鐵線針條作鑽，從獸口孔中捌入，至近尾止，取起曬乾，用宮粉塗身遍遍，上蓋墨兔子，以絶細雲母粉膠調塗之，亦蓋以墨。二獸俱墨，内分黄白二色，每用一枚，將尾就燈火上焚灼，置爐内，口中吐出香煙，自尾隨變色樣。金猊從尾黄起，焚盡形若金妝，蹲踞爐内，經月不敗，觸之則灰滅矣。玉兔形儼銀色，甚可觀也。雖非大雅，亦堪幽玩。其中香料美惡，隨人取用，或以前列印香方取料，和以榆麪爲劑，捻作小指粗段，長八九分，以獸腹大小消息，但令香不露出炭外爲佳。更有金蟾吐焰、紫雲捧聖、仙立雲中種種雜法，内多不驗，即金蟾一方，不堪清賞，故不録。

香都總匣

嗜香者不可一日去香，書室中宜製提匣，作三撞式，用鎖鑰啓閉，内藏諸品香物。更設瓷合、瓷罐、銅合、漆匣、木匣，隨宜製香，分布於都總管領，以便取用。須造子口緊密，勿令香泄爲佳。俾總管司香，出入謹密，隨遇爇爐，甚愜心賞。

**清·顧禄《清嘉録》卷八**　木犀蒸

俗呼巖桂爲木犀，有早、晚二種，在秋分節開者，曰「早桂」；寒露節開者，曰「晚桂」。將花之時，必有數日蘊熱如溽暑，謂之「木犀蒸」，言蒸鬱而始花也。自是金風催蕊，玉露零香，男女耆稚，極意縱游，兼旬始歇，號爲「木犀市」。

案：張邦基《墨莊漫録》：「浙人呼巖桂曰木犀，以木之紋理如犀也。」曾幾詩：「圓團巖下桂，表表木中犀。」《羅湖野録》：「晦堂和尚謂黄山谷曰：『聞木犀香乎？』」又張先《桂花》詩：「此木玉之犀，更貯萬斛香。」是古時皆作木犀。今人犀字加木傍，作木樨，非是。范成大《吴郡志》：「桂，本嶺南木，吴地不常有之。唐時始有植者。白樂天守郡日，謂蘇之東城，古吴都城也，今爲樵牧之場，有桂一枝，生乎城下，惜不得其地，賦《東城桂》詩唁之，有『子墮本從天竺寺，托根今在闔閭城』之句。今隨在有之。」莫旦《蘇州賦》注云：「周虎家有古桂數千本，號凌霜。」

**又顧禄《桐橋倚棹録》卷一〇**　花露，以沙甑蒸者爲貴，吴市多以錫甑。虎丘仰蘇樓、静月軒，多釋氏製賣，馳名四遠，開瓶香冽，爲當世所艷稱。其所賣諸露，治肝、胃氣，則有玫瑰花露；疏肝、牙痛，早桂花露；痢疾、香肌，茉莉花露；祛驚豁痰，野薔薇露；寛中噎膈，鮮佛手露；氣脹心痛，木香花露；固精補虚，白蓮鬚露；散結消癭，夏枯草露；霍亂、辟邪，佩蘭葉露；悦顔利髮，芙蓉花露；驚風鼻衄，馬蘭根露；通鼻利竅，玉蘭花露；補陰涼血，側柏葉露；稀痘解毒，緑萼梅花露；專消諸毒，金銀花露；清心止血，白荷花露；消痰止嗽，枇杷葉露；骨蒸内熱，地骨皮露；頭眩眼昏，杭菊花露；清肝明目，霜桑葉露；發散風寒，蘇薄荷露；搜風透骨，稀薟草露；解悶除黄，海棠花露；行瘀利血，益母草露；吐衄煩渴，白茅根露；順氣消痰，廣橘紅露；清心降火，梔子花露；痰嗽勞熱，十大功勞露；飽脹散悶，香橼露；和中養胃，糯穀露；魚毒漆瘡，橄欖露；霍亂吐瀉，藿香露；涼血瀉火，生地黄露；解濕熱，鮮生地露；胸悶不舒，鮮金柑露；盗汗久瘧，青蒿露；乳患、肺癰，橘葉露；祛風頭症，荷葉露；和脾舒筋，木瓜露；生津和胃，建蘭葉露；潤肺生津，麥門冬露。施位《虎丘竹枝詞》云：「韋蘇州後白蘇州，僥幸香山占虎丘。四面紅窗懷杜閣，一瓶花露仰蘇樓。」又，郭麐《虎丘五樂府》有《詠花露·天香》詞云：「炊玉成煙，揉春作水，落紅滿地如掃。百末香濃，三宵夜冷，無數花魂招到。仙人掌上，迸鉛水銅盤多少。空葱蜂王惆悵，未輸蜜脾風調。　謝娘理妝趁曉。面初匀，粉光融了。試手劈箋，重盥薔薇尤好。欲笑文園病渴，似飲露秋蟬便能飽。待鬭新茶，聽湯未老。」尤維熊《和詞》云：「候火安爐，量沙布甑，蒸成芳液盈盈。涼沁荷筒，冷淘槐葉，輸與山僧佳製。瓶罌分餉，傾一滴便消殘醉。却笑辛勤蜂釀，只供蜜殊留嗜。試調井華新水。面才匀，掃眉還未。慣具粉奩脂篋。上伊纖指。向晚妝臺一餉，又融入犀梳櫳雙髻。夢醒餘香，緑鬟猶膩。」

**清·徐珂《清稗類鈔·工藝類》**

製四菓香

太和殿元旦視朝，金鑪所爇之香曰四菓香。清微澹遠，迥殊常品，蓋以梨及蘋婆等四種果皮曬乾製成者也。

製安息香

安息香樹之脂，堅凝成黃黑色塊者可爲香，並可製藥。今通用之安息香則多以他種香料合木屑作線香狀，但襲安息香之名，實無安息香料也。

# 傳記

**宋·黃庭堅《洪氏四甥字序》《豫章黃先生文集》卷一六**　洪氏四甥，其治經皆承祖母文城君講授。文城賢智，能立洪氏門户如士大夫。蓋嘗以義訓四甥之名曰朋、芻、炎、羽，其友爲之易名，往往不似經意，舅黃庭堅爲發其蘊而字之。夫士江發岷山，其盈濫觴，及其至于楚國，萬物並流，非夫有本而益之者衆邪？夫士也，不能自智其靈龜，好賢樂善，以深其內，則十朋之龜何由至哉？故朋之字曰龜父。飛黃騄耳之駒，一秣千里，御良而志得，食君場苗，蹇驢同軒，其在空谷，生芻一束，不知場穀之美也。能仕能止惟其才，可仕可止惟其時，何常之有哉？故芻之字曰駒父。火炎高丘，珉石共盡。和氏之璞，玉者之器，温潤而澤，晏然于焚如之時。蓋火不炎無以知玉，事不難無以知君子。故炎之字曰玉父。鴻雲飛而野啄，去來不繆其時，非其意不自下，故其羽可用爲儀，非夫好高之士，操行潔于秋天，使貪夫清明，懦夫激昂者，何足以論鴻之志哉？故羽之字曰鴻父。既字之，又告之曰：「曾子曰：『未得君而忠臣可知者，孝子也；未有治而能仕可知者，修士也。』」二三子，舍幼志然後能近老成人，力學然後切問，問學之功有加然後樂聞過，樂聞過然後執書册而見古人。執柯以伐柯，古人豈真遠哉！

**清·陸心源《元祐黨人傳》卷八《洪芻傳》**　洪芻，字駒父。紹聖元年進士，坐元符上書邪下，降兩官，監汀州酒稅。崇寧三年入黨籍，五年敘復宣德郎。靖康中諫議大夫。汴京陷，見景王祇候人曹三馬，記余大均放出，顧作祇候人，准守自盗犯奸，罰銅二十斤，除名勒停，長流沙門島。箸有《豫章職方乘》《老圃集》及編《楚漢逸書》若干卷。

# 著録

**《四庫全書提要·香譜》**　《香譜》二卷，舊本不著撰人名氏。左圭《百川學海》題爲宋洪芻撰。芻字駒父，南昌人。紹聖元年進士，靖康中官至諫議大夫，謫沙門島以卒。所作《香譜》，《宋史·藝文志》著録。周紫芝《太倉稊米集》有《題洪駒父〈香譜〉後》曰：「歷陽沈諫議家，昔號藏書最多者。今世所傳《香譜》，蓋諫議公所自集也。以爲盡得諸家所載香事矣。以今洪駒父所集觀之，十分未得其一二也。余在富川，作妙香寮。永興郭元壽賦長篇，其後貴池丞劉君穎與余凡五賡其韻，往返十篇，所用香事頗多，猶有一二事駒父《譜》中不録者。」云云。則當時推重芻《譜》在沈立《譜》之上。然晁公武《讀書志》稱：「芻《譜》集古今香法，有鄭康成漢宫香、《南史》小宗香、《真誥》嬰香、戚夫人迫駕香、唐員半千香，所記甚該博，然《通典》載歷代祀天用水沈香獨遺之。」云云。此本有「水沉香」一條，而所稱鄭康成諸條乃俱不載，卷數比《通考》所載芻《譜》亦多一卷，似非芻作。沈立《譜》久無傳本，《書録解題》有侯氏《萱堂香譜》二卷，不知何代人，或即此書耶？其書凡分四類，曰香之品、曰香之異、曰香之事、曰香之法，亦頗賅備，足以資考證也。

又《陳氏香譜》　《香譜》四卷，宋陳敬撰。敬字子中，河南人，其仕履未詳。首有至治壬戌熊朋來序，亦不載敬之本末。是書凡集沈立、洪芻以下十一家之香譜，彙爲一書。徵引既繁，不免以浩博爲長，稍踰限制。若香名、香品、歷代凝和製造之方，載之宜也。至于經傳中字句偶涉而實非龍涎、迷迭之比，如卷首引《左傳》「黍稷馨香」等語，寥寥數則，以爲溯源經傳，殊爲無謂，此蓋仿《齊民要術》首援經典之例而失之者也。至于本出經典之事，乃往往挂漏。爲鬱金香載《説文》之説，而《周禮·鬱人》條下鄭康成之註顧獨遺之，則又舉遠而略近矣。然十一家之譜今不盡傳，敬能薈稡群言，爲之總匯，佚文遺事多賴以傳要，于考證不爲無益也。

**清·錢曾《讀書敏求記·陳氏香譜四卷》**　《新纂香譜》，河南陳敬子中編次，内府元人抄本。凡古今香品、香異，諸家修制、印篆、凝和、佩薰塗傳等香，及餅、煤、器、珠、藥、茶，以至事類傳、序、説、銘、頌、賦、詩莫不網羅搜討，一一具載。熊朋來序之云：「陳氏《香譜》，自子中至浩卿，再世乃脱稿【略】可謂集大成矣。」古人命筆，雖小道不敢聊爾成書，今人偶撮一二零斷香譜，刊入類書中，沾沾誇詡。真不滿馨香長者之一笑也。書館琴窗，蕭裏良夜，静對此譜，如燒大象藏香一丸，興光網雲，覆甘露味國，爾時鼻觀先參者，爲何如也。

## 紀事

**宋・洪芻《香譜》卷下《香之事》** 丁謂之《天香傳》祥符初，奉詔充天書狀持使，道場科醮無虚日，永晝達夕，寶香不絶，乘輿肅謁則五上爲禮。真宗每至玉皇真聖聖祖位前，皆五上香。馥烈之異，非世所聞，大約以沉香、乳香爲本，龍香和劑之。此法累稟之聖祖，中禁少知者，況外司耶？八年掌國計，兩鎮旄鉞，四領樞軸，俸給頒賚，隨日而降。故苾芬之羞，特與昔異。襲慶奉祀日，賜供内乳香一百二十斤，入留副都知張繼能爲使。在宫觀密賜新香，動以百數。沉、乳、降真、黄連。由是，私門之内沉、乳足用。

有唐雜記言，明皇時異人云：「醮席中，每爇乳香，靈祇皆去。」人至于今惑之。真宗時新稟聖訓云：「沉、乳二香，所以奉高天上聖，百靈不敢當也，無他言。」上聖接政之六月，授詔罷相，分務西雒，尋遷海南。憂患之中，一無塵慮，越惟永晝晴天，長霄垂象，爐香之趣，益增其勤。

素聞海南出香至多，始命市之于閭里間，十無一假。有板官裴鶚者，唐宰相晉公中令之裔孫也。土地宜悉究本末，且曰：「瓊管之地，黎母山奠之，四部境域，皆枕山麓，香多出此山，甲于天下。然取之有時，售之有主。蓋黎人皆力耕治業，不以採香專利。閩越海賈，惟以余杭船爲香市。每歲冬季，黎峒待此船至，方入山尋採。州人役而賈販盡歸船商，故非時不有也。」

**宋・吴曾《能改齋漫録》卷一《事始》** 焚香始于漢 李相之《賢己集》，謂焚香之始云：「本佛圖澄傳。襄國城塹，水源暴竭，石勒問澄，澄曰：『今當勑龍取水。』乃至故泉源上，坐繩牀，燒安息香，咒數百言，水大至。」予按，《江表傳》：「有道士于吉來吴會，立精舍，燒香，讀道書，制作符水以療病。」又按，《漢武帝故事》亦云：「昆邪王殺休屠王，以其衆來降，得其金人之神，置之甘泉宫。金人者，皆長丈餘，其祭不用牛羊，唯燒香禮拜。」然則焚香自漢已然矣。

**《宋史・食貨志》** 淳熙二年，郴、桂寇起，以科買乳香爲言。詔：「湖南路見有乳香並輸行在榷貨務，免科降。」十二年，分撥榷貨務乳香於諸路給賣，每及一萬貫，輸送左藏南庫。十五年，以諸路分賣乳香擾民，令止就榷貨務招客算請。

紹熙三年，以福建舶司乳香虧數，詔依前博買。開禧三年，住博買。嘉定十二年，臣僚言以金銀博買，洩之遠夷爲可惜。乃命有司止以絹帛、錦綺、瓷漆之屬博易，聽其來之多寡，若不至則任之，不必以爲重也。

## 圖録

**宋・吕大臨《考古圖》卷一〇**

博山香爐

右得於投子山，重一斤七兩，中間荇葉有文曰天興子孫，又曰富貴昌宜。

按漢朝故事，諸王出閤則賜博山香爐。晉《東宫舊事》曰，太子服用則有博山香爐，象海中博山，下有槃貯湯，使潤氣蒸香，以象海之回環。此器世多有之，形制大小不一。

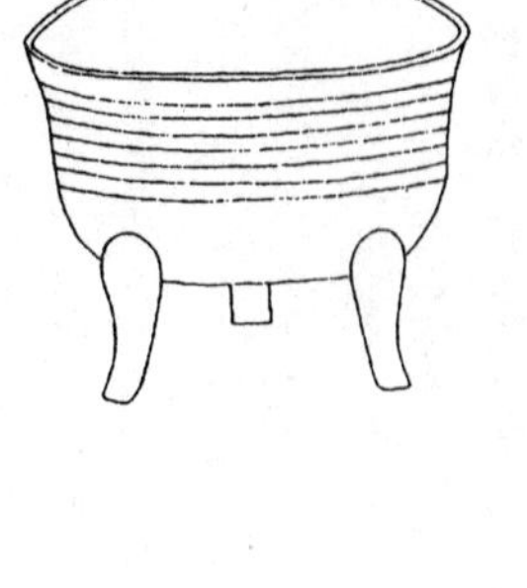

三足香爐盧江李氏。

右得於京師。

**宋·趙九成《續考古圖》卷三**

九鶴鳳爐



榮詢之所收，無文刻，制作甚工。自背與兩翅爲蓋，腹爲爐，鳳口銜鈴，翅亦懸鈴，身負九鶵鳳立槃中。槃徑黍尺五寸，鳳高一尺，長一尺。

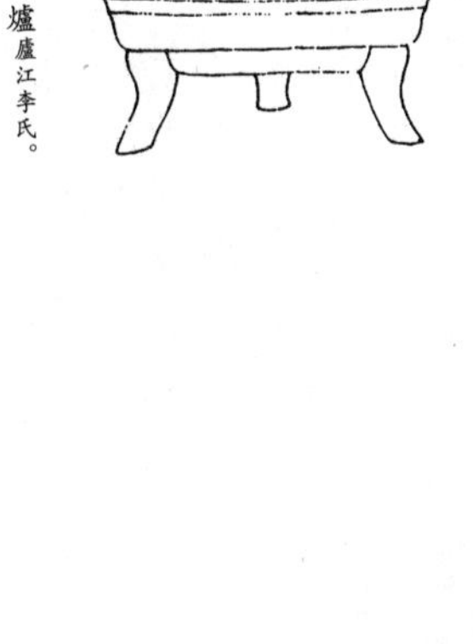

香毬

榮詢之所收，槃徑黍尺六寸，高五寸，爐徑四寸。凡燻香，先著湯於槃中，使衣有潤氣，即燒香煙著衣而不散，古博山之類皆然。

**明·李時珍《本草綱目·圖》卷上**

芍藥

牡丹

杜若
山柰
廣州木香
山薑
廉薑
甘松香
益智子
白豆蔻
高良薑　紅豆蔻
華茇
縮砂密
草豆蔻　山薑花

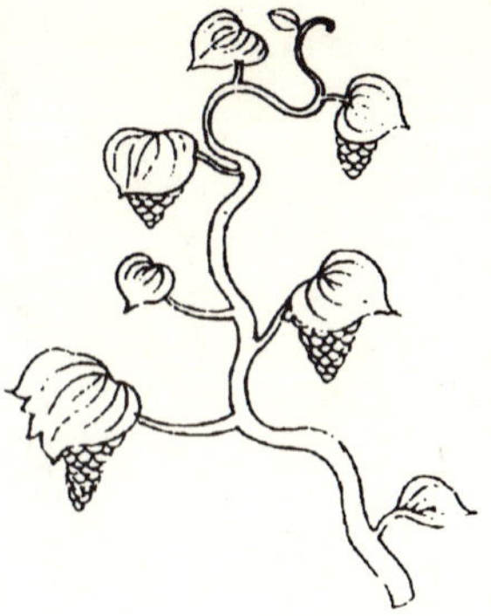

蒟醬 蔞葉

補骨脂

鬱金

肉豆蔻

薑黄

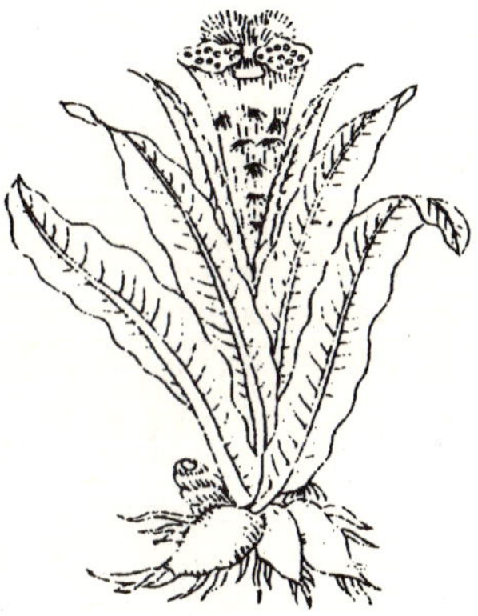

蓬莪茂

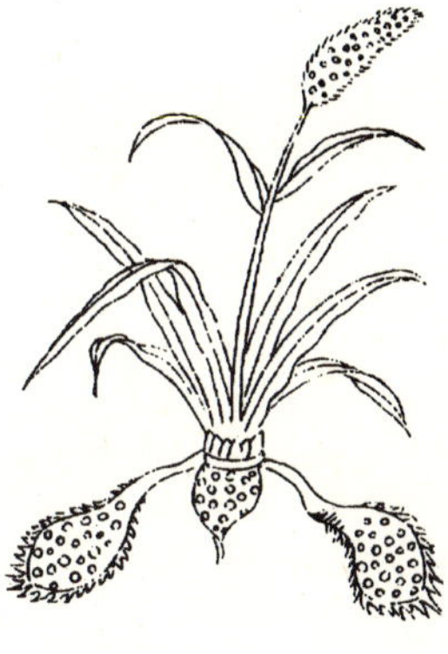

京三稜

莎根香附子

茉莉

石三稜

瑞香

鬱金香

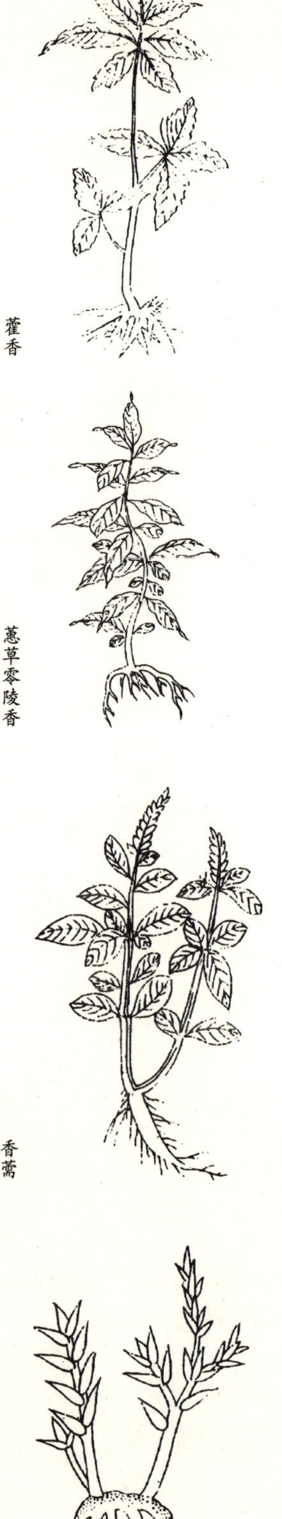

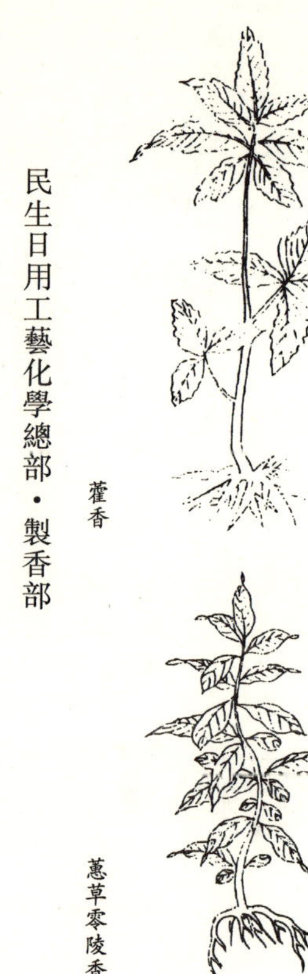

藿香　排草香　茅香

蕙草零陵香　迷迭香　白茅香

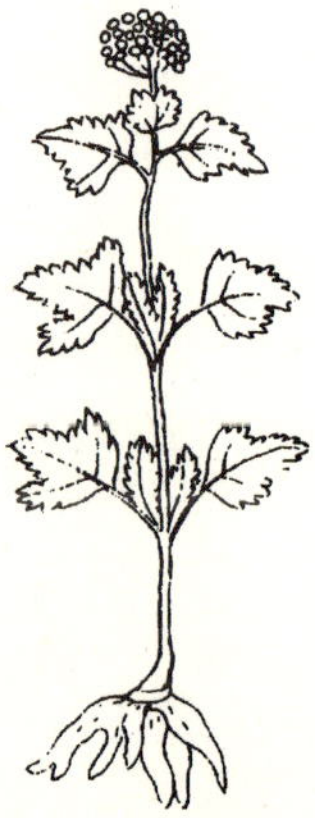

香薷　蘭花　蘭草

石香菜　馬蘭　澤蘭

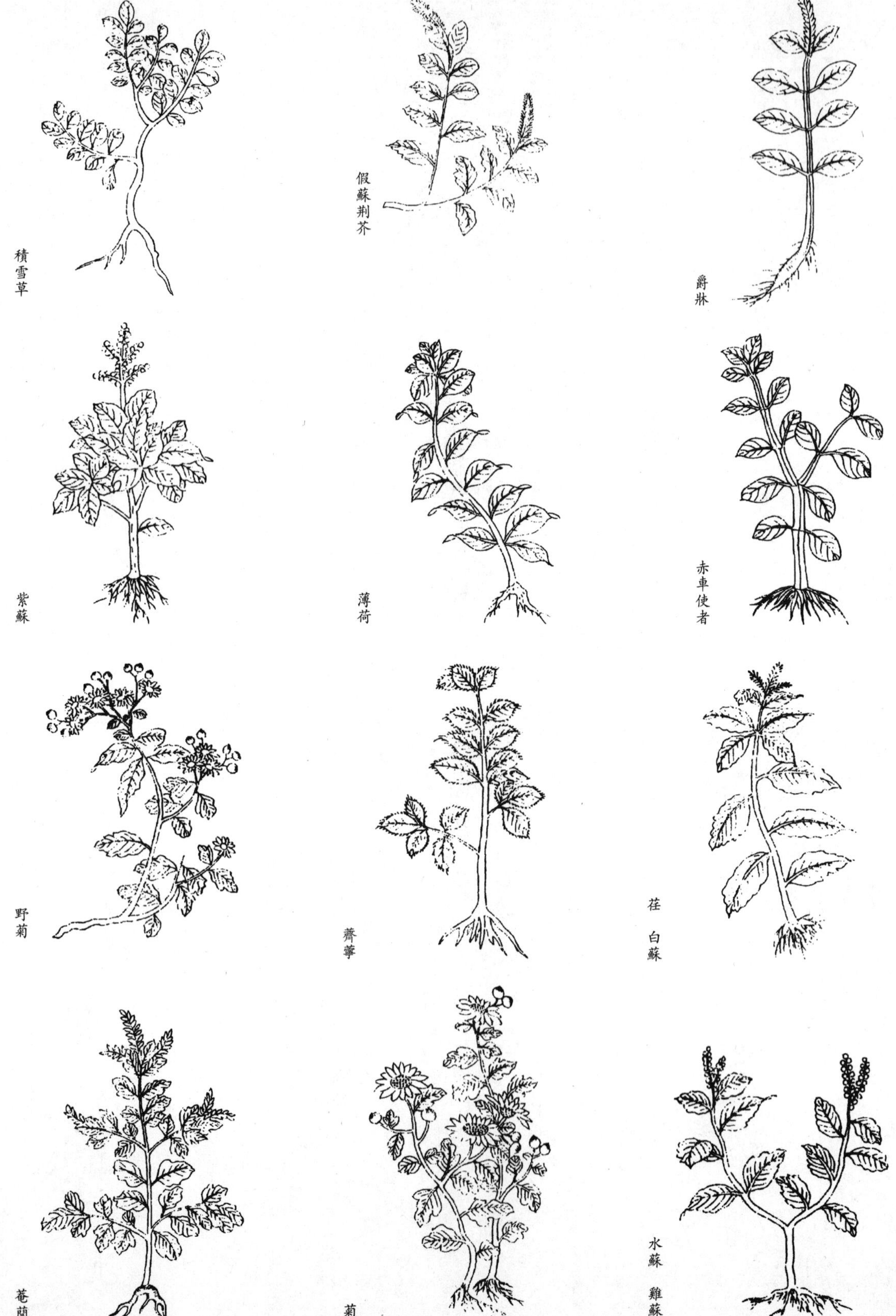
爵牀
假蘇荊芥
積雪草
赤車使者
薄荷
紫蘇
荏 白蘇
薺薴
野菊
水蘇 雞蘇
菊
菴蕳

又 卷中

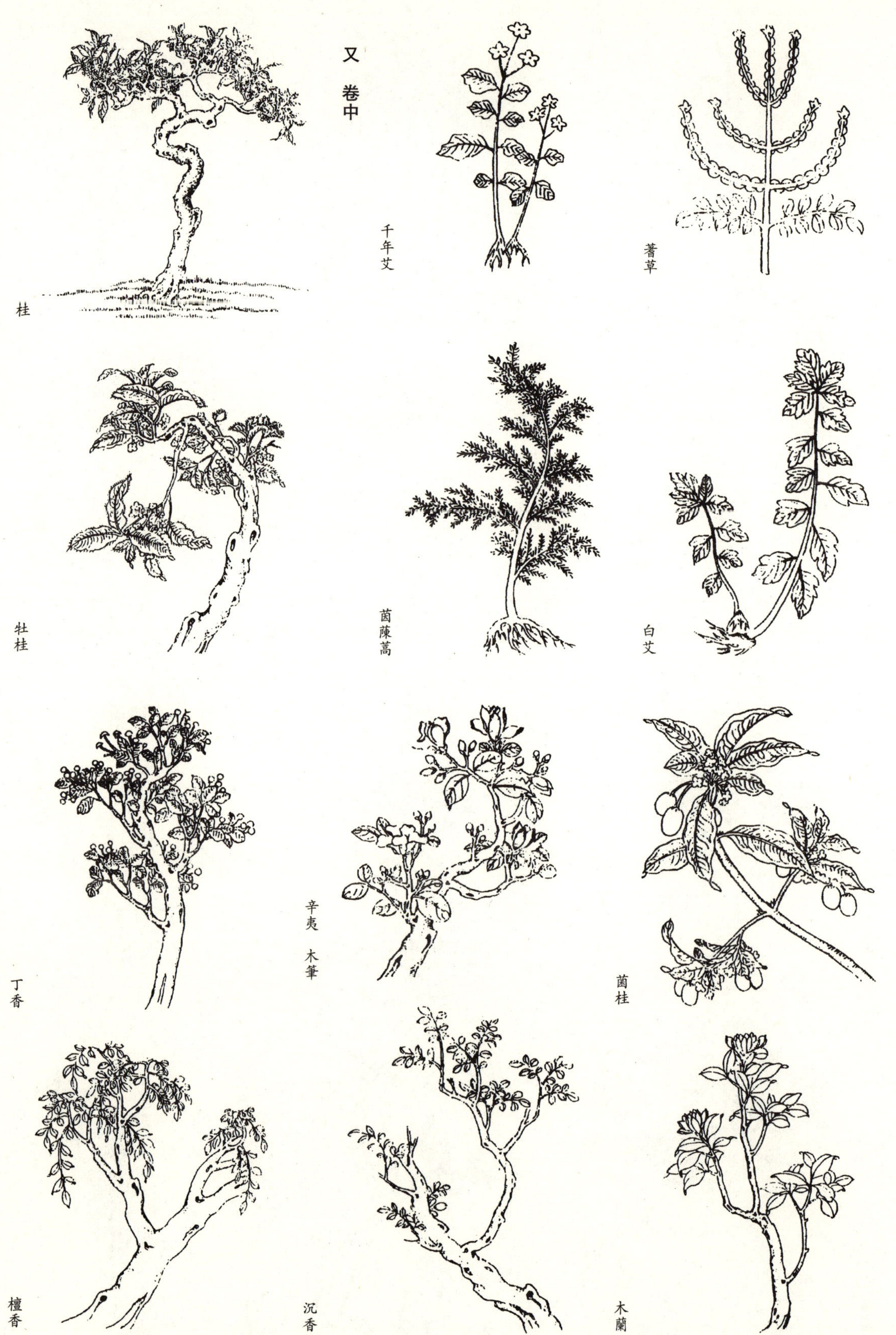

降真香

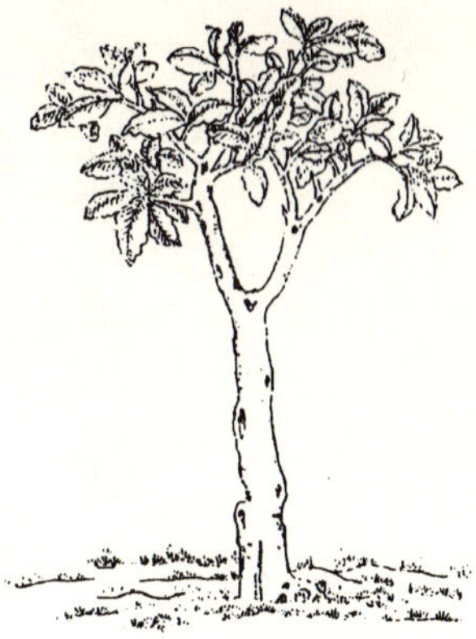

樟

櫰香 兜婁香

楠

烏藥

楓香

薰陸乳香

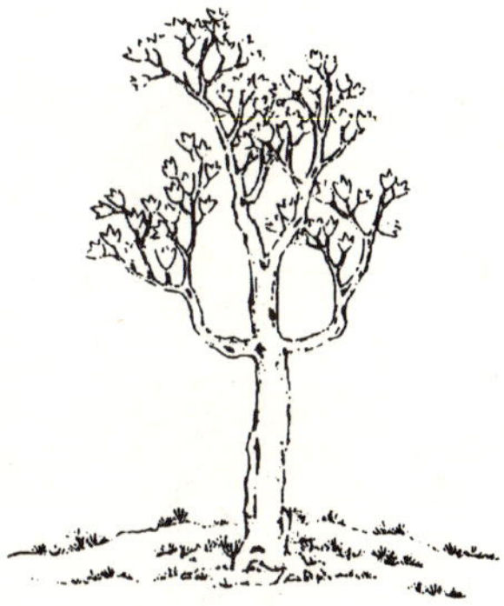

騏驎竭 血竭

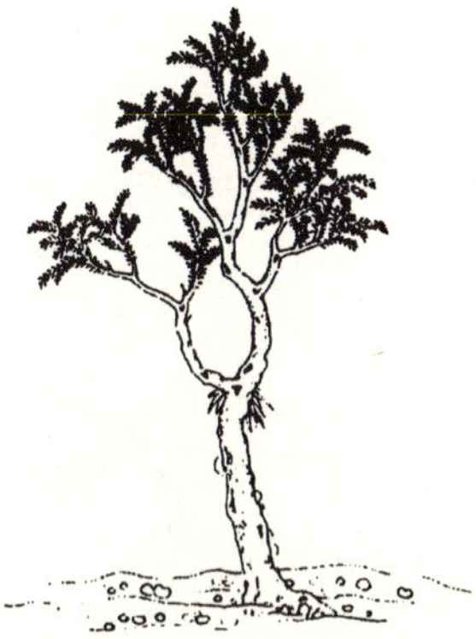

龍腦香

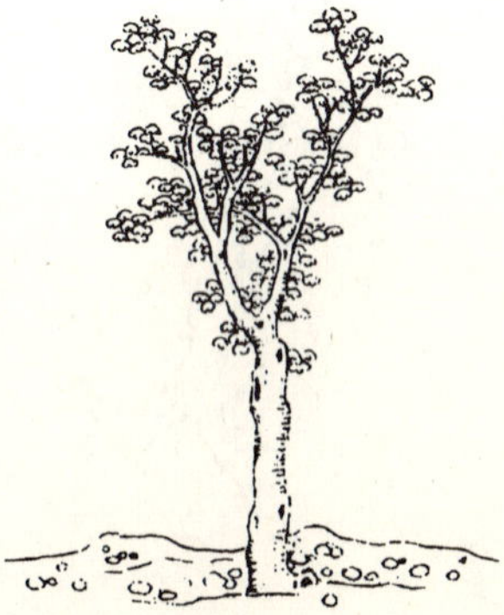

没藥

安息香

阿魏

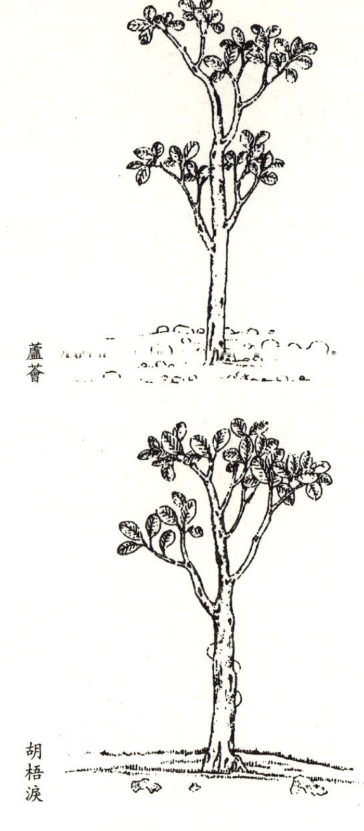
蘆薈
胡梧淚

## 明·周嘉胄《香乘》卷二二《印篆諸香》

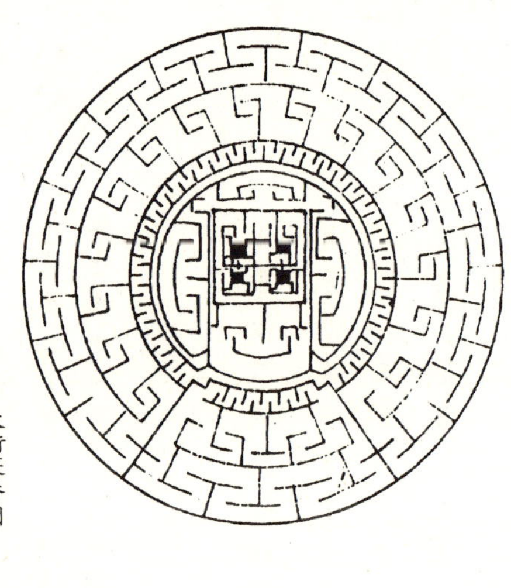
大衍篆香圖

鄒象渾見授此圖。象渾名繼隆，字紹南，豫章人也。宦寓豐之慈利，好古博雅，善詩能文，尤善於《易》，賢士大夫多所推重。歲次已巳，天曆二年良月朔旦中齋居士書。

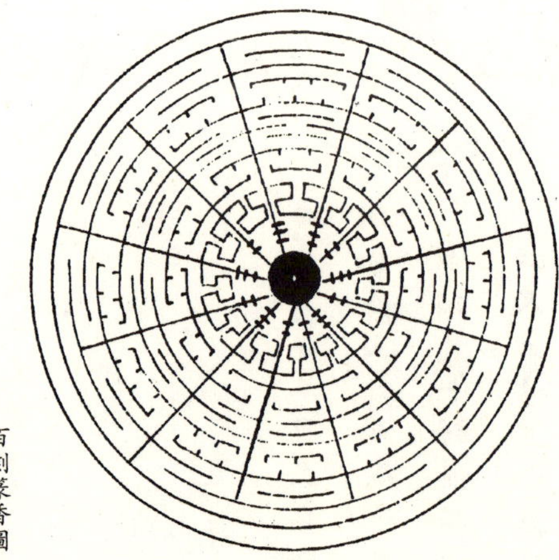
百刻篆香圖

昔嘗著《香譜》，叙百刻香，未甚詳。廣德吴正仲製其篆刻並香法見貺，較之頗精審。非雅才妙思，孰能至是！因鐫於石，傳諸好事者。熙寧甲寅歲仲春二日，右諫議大夫知宣城郡沈立題。其文凖十二辰，分一百刻，凡燃一晝夜。

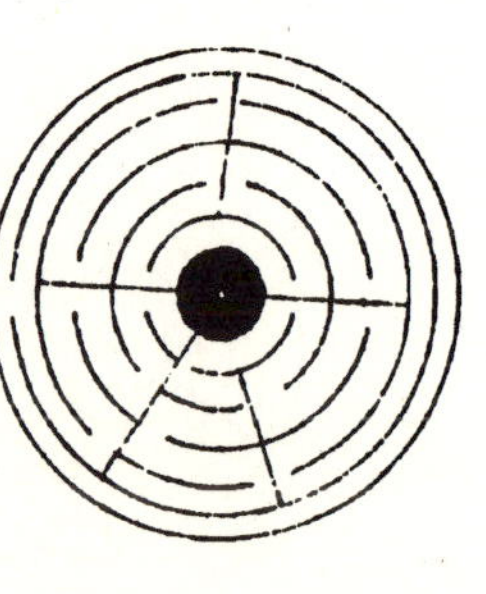
五夜篆香圖

小雪後十日連大雪
冬至及小寒後三日
上印六十刻徑三寸三分長
二尺七寸五分無餘

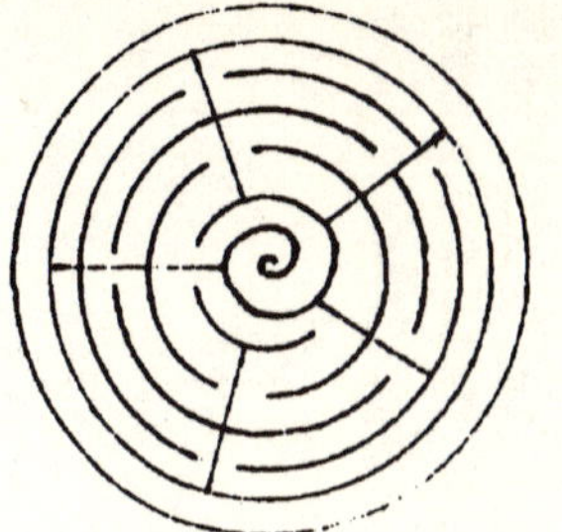

小寒後四日至大寒後二日
小雪前一日至後十一日同
甲印五十九五十八刻徑三
寸二分長二尺七寸
大寒後三日至十二日後
立冬後四日至十三日同

立春前三日至後四日
立春前五日至後三日同
乙印五十七五十六刻徑三
寸二分長二尺六寸
立春後五日至十二日
霜降前四日至後十日同

雨水前三日至後三日
霜降前二日至後三日内
丙印五十五五十四刻徑三
寸二分長二尺五寸
雨水後四日至九日
寒露後六日至後十二日内

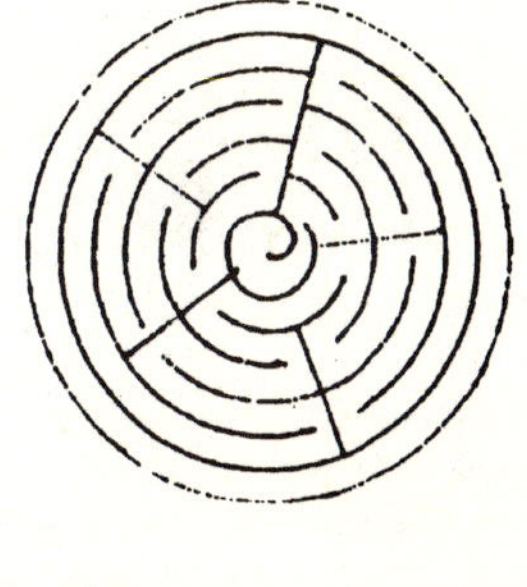

雨水後十日至驚蟄節日
寒露前一日至後五日同
丁印五十三五十二刻徑三
寸長二尺四寸
驚蟄後一日至六日
秋分八日至十三日同

驚蟄後七日至十二日
秋分後三日至後八日同
戊印五十一刻徑二寸九分
長二尺三寸

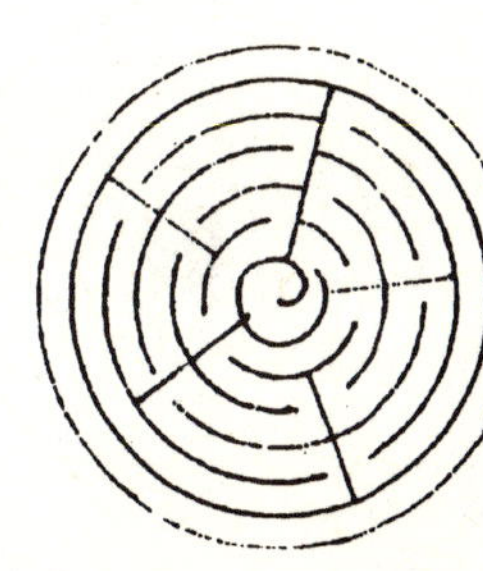

驚蟄後十三日至春分後三日
秋分前二日至後二日同
中印五十刻徑二寸八分長
二尺二寸五分無餘

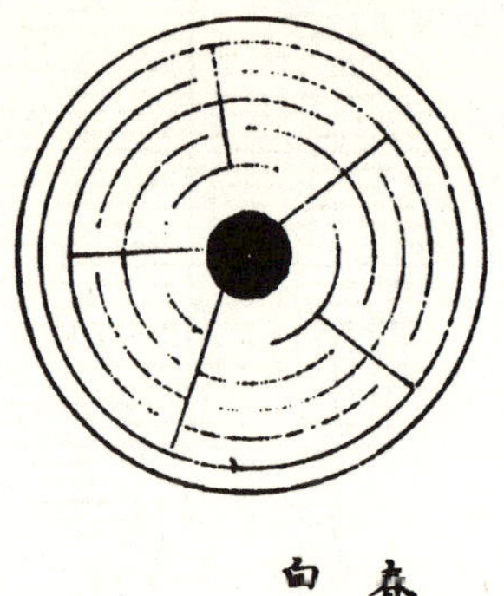

春分後四日至八日
白露後七日至十二日內
己卯四十九刻徑二寸八分
長二尺二寸無餘

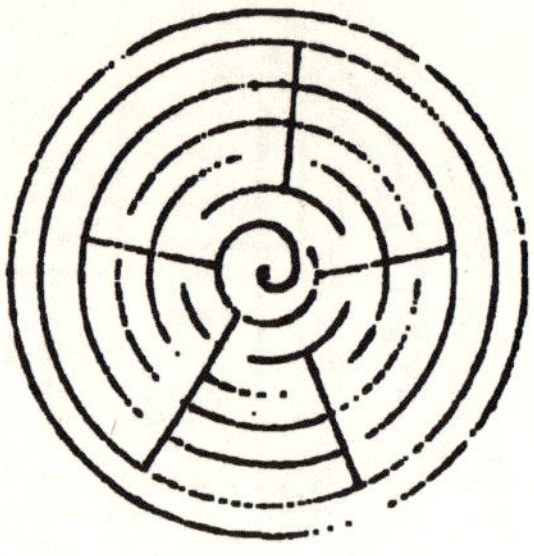

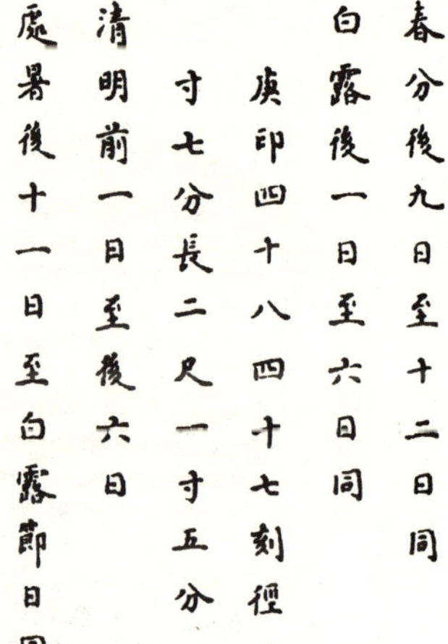

春分後九日至十二日同
白露後一日至六日同
庚卯四十八四十七刻徑二
寸七分長二尺一寸五分
清明前一日至後六日
處暑後十一日至白露節日同

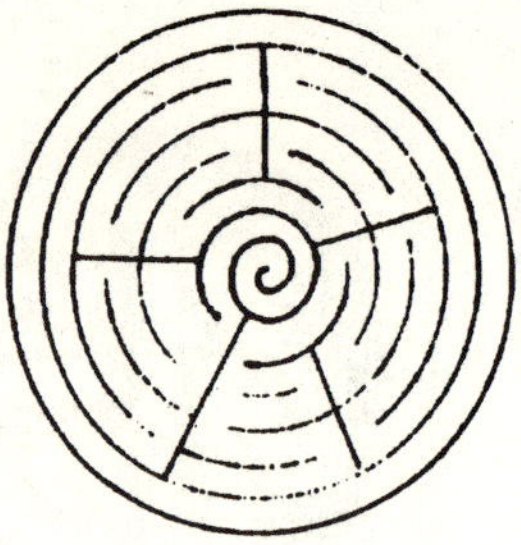

清明後七日至十二日
處暑四日至十日間
辛卯四十六四十五刻徑二
寸六分長二尺五分
清明後十三日至穀雨後三日
立秋後十二日至處暑後三日同

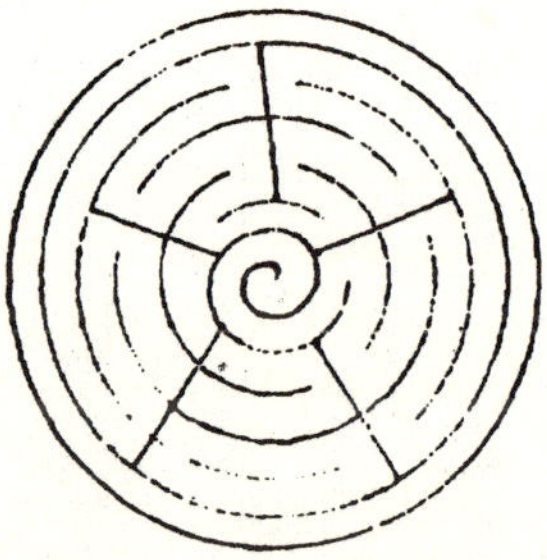

穀雨後四日至後十日
立秋後五日至十一日同
壬卯四十四四十五刻徑二
寸五分長一尺九寸五分
穀雨後十一日至立夏後三日
大暑後十二日至立秋後四日同

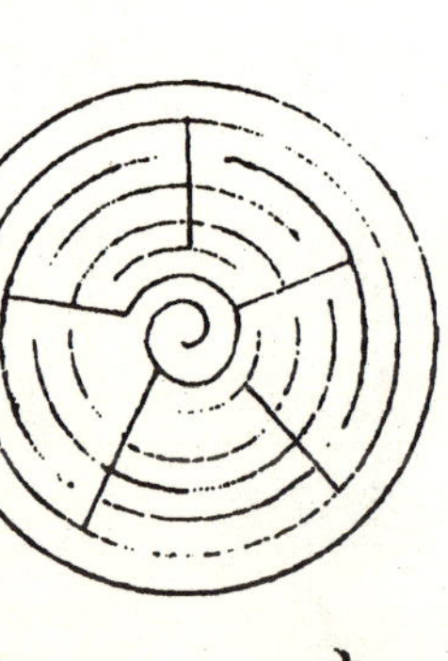

立夏後四日至十三日同
大暑後二日至十一日同
癸卯四十二四十一刻徑二
寸四分長一尺八寸五分
小滿前一日至後十一日
小暑後四日至大暑後一日同

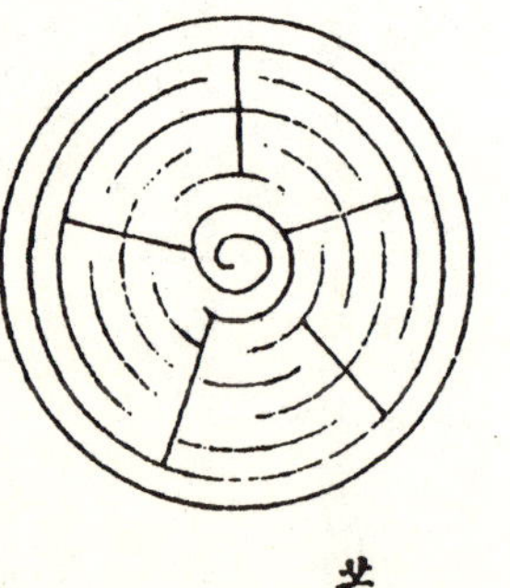

芒種前三日至小暑後三日
未卯中十刻徑二寸三分長
一尺七寸五分無餘

福慶香篆

長春篆香圖

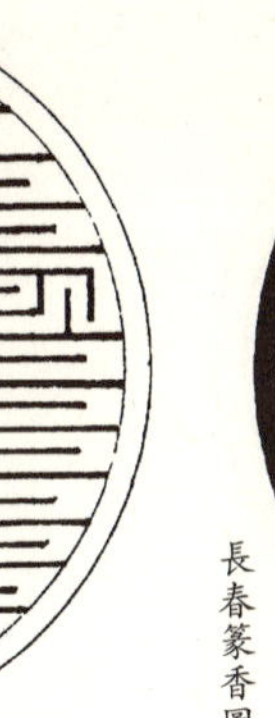

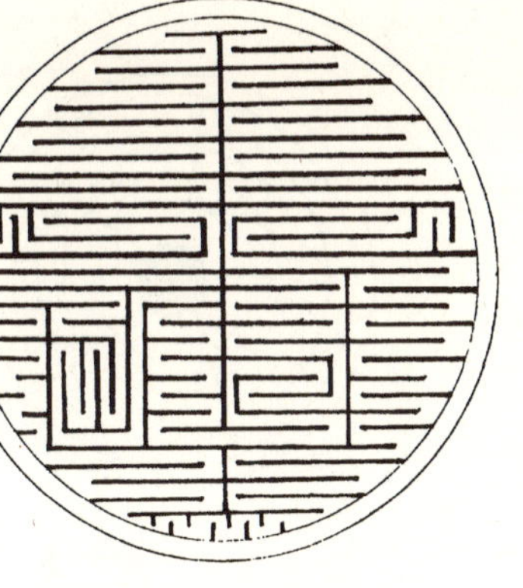

萬壽篆香圖

壽徵香篆

延壽篆香圖

内府篆香圖

爐熏散馥，仙靈降而邪惡遁，清修之士室間座右固不可一刻斷香烟。爐中一丸易盡，印香綿篆氤氳特妙，雅宜寒宵永晝。而下帷工藝者心馳鉛槧，不資焚熱，時覺飛香浮鼻，誠足助清氣、爽精神也。右圖範二十有一，供神祀真，宴叙清遊，酌宜用之。其五夜百刻諸圖，秘相授受，按晷量漏，準序符度，又當與司天侔衡、璇璣鬭巧也。

**清·吴其濬《植物名實圖考》卷二五《芳草類》**

蘭草

蘭草，《本經》上品。《詩經》「方秉蕑兮」，陸疏：即蘭香草也，古人謂蘭多曰澤蘭。李時珍集諸家之説，以爲一類二種，極確。今依其説，以有歧者爲蘭，無歧者爲澤蘭。宋人踵梁時以似茅之燕草爲蕙，聚訟紛紛，不知草木同名甚多，總以見用於人爲貴。此草竟體芬芳，與澤蘭同功並用，湖南俚人有受風病寒者，摘葉煎服即愈。香能去穢，辛可散鬱，較之甌蘭諸品，爲益孰多？彼一莖一花、數花者，露珠一乾，清香頓歇，茅葉肉根，都無氣味，歸之羣芳，以悦目鼻。

蘭草

雩婁農曰：夫暴得大名不祥，人固有之，物亦宜然。蘭於農經，不爲靈藥，溱洧秉蕑，士女贈謔之野卉耳。燕姞錫夢，寵以國香，聖人猗蘭之操，忠臣畹蘭之託，厥後文人，賦之、詠之，比以君子，儷以美人，赫赫之名，衆莩莫能景其光，羣榮不能企其影矣。夫盛名之下，實多冒竊，孩兒菊曰馬蘭，以其花紫葉歧而竊之；天名精曰蟾蜍蘭，以其葉長幹踈而竊之。形骸彷彿，臭味參差，易位者非同華泉之取飲，正座者不如床前之捉刀，其竊之也庸何傷？不知何時有山間牛啖之草，俗謂草蘭爲牛啖花，以牛食其葉也。甌東魚魫之花，徒以異馥，纂此香名。涪翁倡爲一花爲蘭、數花爲蕙之説，後人領其新異，競爲標題，蜩螗羹沸。唯澤蘭一種，尚容於養性採藥之客，而真蘭之名，假而不歸。夫非蘭之名著，而蘭之實遂湮没而不彰哉！謂之不祥，蘭亦何辭？朱子《詩注》，兩蘭瞭列，《楚辭辨證》，曲爲疏剔，一賢之論，不敵舉世之紛，良可悼矣！當爲王者香，乃與衆草伍，蘭不逢時，與人何異？余嘗取唐以前之述蘭者而紀之，嵇侍中詩：「麗蕊濃繁」，陳子昂詩：「朱蕤冒紫莖」，蘭之花繁蕊密如此，今之蘭有之乎？謝康樂詩：「清露灑蘭藻」，許渾詩：「露曉紅蘭重」，今蘭葉如薤，涓滴難留，若謂花跗之露，則何灑何重。蘇頲詩：「御杯蘭薦葉」，今之蘭葉豈堪薦酒？又詩人多言蘭池，今之蘭乃畏濕，《本草》亦載蘭湯，今之蘭豈能浴？紫蘭、紅蘭，蘭之色也，今蘭紅、紫，乃非常品。蘭橘、蘭椒，蘭之味也，今蘭咀嚼，殊無微馨，抑與蘭争名者唯桂耳。絶域瑶岡，價重如金，中華之金粟丹黄者，豈真桂耶？嗚呼！造物最忌者名，草猶如此，人何以任？昔吕大防作《辨蘭亭記》云：蜀有草如蘐，紫莖黄葉，謂之石蟬，而楚人皆以爲蘭，蘭、蟬聲近之誤。宋景文《益部方物略記》：石蟬苕長二三尺，葉如菖蒲，紫萼五出，與蟬甚類。宋公博物，不以爲蘭，然則今之蘭，其蜀之石蟬耶？冒他名而自失其名，石蟬有知，豈肯呼牛牛應，呼馬馬應耶？吕公乃著辨以爲識真蘭。昔有不狂之人入狂國者，争以不狂爲狂，今以真蘭入盜蘭之叢，固當以不真爲真。

芎藭

芎藭，《本經》上品。《左氏傳》山鞠窮即此。《益部方物記》謂葉落時，可用作羹。《救荒本草》：葉可調食、煮飲。今江西種之爲蔬，曰藭菜；廣西謂之坎菜，其葉謂之江蘺，亦曰蘼蕪。李時珍謂大葉者爲茳蘺，細葉者爲蘼蕪，説亦辨。

雩婁農曰：申叔展曰，有山鞠藭乎？注謂：所以禦溼，疏云：賈逵有此言，則相傳爲此説，但不知若爲用之。考《本草》，芎藭主中風、寒痹、筋攣、緩急，蓋風、溼相爲表裏，去風即以去溼也。苗曰蘼蕪，《爾雅翼》辨證甚核，然古昔草木之名，軼者多矣，《楚詞》香草，注者亦唯以《本草》《爾雅》爲據。其習用如江蘺、白芷、杜衡、留夷輩，讀《本草》者皆知之，而杜若已無的識。若揭車、胡繩，則《本草》不載，無有訂爲何物者矣。太史公曰：巖穴之士，趍舍有時，若此類堙滅而不稱，悲夫！夫以在山小草，爲忠臣志士寄慨流連，其志潔，故其稱物芳，謂非無知者之至幸，乃或傳、或不傳如此。然則士不能與日月争光，而但托大賢之門，冀附驥尾而致千重，則漢之黨錮，宋之黨人，載其名而不信其人者有之矣。載其名，幸也；不信其人，豈不幸歟？

芎藭

隔山香即雞山香，方言，無正字。

隔山香生衡山，白根潤脆，枝莖挺疎，長葉光緑，三五匀秀，花如當歸、白芷，竟體皆芳，與風俱發。湘沅香草，宗生族茂，箋《騷》注《經》，不能繹贍。遂致遇物難名，倚席不講。萋萋嘉卉，見賞俚醫，幸乎不幸？

隔山香

蛇牀子

蛇牀子，《本經》上品。《爾雅》：盱，虺牀。注：蛇牀也。《救荒本草》：葉可煠食。

蛇牀子

白芷

白芷，《本經》中品。滇南生者，肥莖緑縷，頗似茴香，抱莖生枝，長尺有咫，對葉密擠，鋸齒槎枒，齟齬翹起，澀紋深刻，梢開五瓣白花，黄蕊外湧，千百爲族，間以緑苞，根肥白如大拇指，香味尤竄。

校注：白芷，《本經》中品，原誤上品，今改。

白芷

杜若

杜若，《本經》上品。按芳洲杜若，《九歌》疊詠，而醫書以爲少有識者。考郭璞有贊，謝朓有賦，江淹有頌，沈約有詩，豈皆未覩其物而空託采擷耶？韓保昇云，苗似山薑，花黄子赤，大如棘子，中似豆蔻。細審其説，乃即滇中豆蔻耳。蘇恭以爲似高良薑，全少辛味。陶云，似旋葍根者即真杜若。李時珍以爲楚山中時有之，山人亦呼爲良薑。甄權所云獶子薑，《圖經》所云山薑，皆是物也。沈存中以爲即高良薑，以生高良而名。余於廣信山中採得之，俗名連環薑，以其根瘦細有節，故名。有土醫云，即良薑也，根少味，不入藥用。其花出籜中，纍纍下垂，色紅嬌可愛，與前人所謂豆蔻花同，與良薑花微異，殆即《圖經》所云山薑也。余取以入杜若，以符大者爲良薑，小者爲杜若之説。但深山中似此者，尚不知幾許，姑以備考云爾。若劉圻父《采杜若詩》「素英緑葉紛可喜」，又云，「餐花嚼蕊有真樂」，則亦韓保昇所云花黄一種。草豆蔻，花帶紅、白二色，非同良薑花紅紫灼灼也。至藝花之書，有以雞冠當之者，可謂刻畫無鹽，唐突西施。

杜若

雩婁農曰：昔人戲爲杜仲作《杜處士傳》，若杜若者，顯於古而晦於今，其今之逸民歟？膏以明自煎，蘭以香自爇，杜若非所謂遺其身而身存者耶？

木香

木香，《本經》上品。《宋圖經》著其形狀，云出永昌山谷。今惟舶上來者，他無所出。按《本經》所載，無外番所産，或古今異物。近時用木香治氣極效，蓋《諸蕃志》所謂如絲瓜者。凡番産皆不繪，兹從《本草衍義》圖之。然皆類馬兜鈴蔓生者，恐非西南徼所産。

雩婁農曰：木香舊出雲南，《蠻書》云，永昌山在府南三日程，多青木香。《雲南志》，車里土司出，或謂即古産里。又西木香出老撾，皆不著形狀。大抵深塹絶巖，老木多香，種種殊名，亦難盡憑。夷儸負販，多集大理，粵人裒載，輒云

海州青木香

滁州青木香

廣州木香

木香

海藥，惟皆枯槎，難譯其柯條花實。

澤蘭

澤蘭，《本經》中品，爲婦科要藥。根名地笋，亦爲金瘡、腫毒良劑。《安徽志》：都梁山産澤蘭，故名都梁香云。

澤蘭

雩婁農曰：《淮南子》云，男子樹蘭而不芳，《藥録》亦專供帶下醫；豈賜蘭徵夢，遂永爲女子之祥乎？士女秉蕑，祓除不祥，殆無異芣苢宜子耶？余過溱洧，秋蘭被坂，紫萼雜遝，如蒙絳雪，固知詩人紀實，不類賦客子虛；而鄭鄭周道，塵漲三尺，清露灑芬，西風度馥，不以穢濁減其臭味，其斯爲幽芳歟？

當歸

當歸，《本經》中品。《唐本草注》：有大葉、細葉二種。《宋圖經》云：開花似蒔蘿，淺紫色。李時珍謂花似蛇床，今時所用者皆白花，其紫花者葉大，俗呼土當歸。考《爾雅》：薜，山蘄；又薜，白蘄。是當歸本有紫、白二種。今以土當歸附於後，大約藥肆皆通用也。

當歸

土當歸

土當歸，江西、湖南山中多有之，形狀詳《救荒本草》。惟江湖産者花紫。李時珍以入山草，未述厥狀；但於獨活下謂之水白芷，亦以充獨活。今江西土醫猶以爲獨活用之。

芍藥

芍藥，《本經》中品。古以爲和，今入藥用單瓣者。

雩婁農曰：《詩》「贈之以勺藥」，陸疏云：今藥草。芍藥無香氣，非是也，《爾雅翼》以陸未識其華。蓋芍藥盛於西北，維揚諸花，始於宋世，故陸元恪僅見藥裹之根荄，而未覩金帶之綺麗，羅氏之言是矣。然古時香草，必以莖葉俱香而後名，如蘭、如蘇、如芷，皆竟體芬芳，不以花著。芍藥奇馥，都恃繁英，氣不勝

土當歸

芍藥

色，時過即弛，與霜露飄零而臭味彌烈者，蓋未可伯仲也。陸氏之疑，其或以此。若以調和爲據，則古今食饌，嗜好全殊，即所謂食馬肝、馬腸，猶合芍藥而鬻之者。士大夫久無此憲章，安得尋裂駃騠而沃苦酒者一問之耶？

牡丹

牡丹，《本經》中品，入藥亦用單瓣者。其芽肥嫩，可醬食。種牡丹者必剔其嫩芽，則精脈聚於老榦，故有「芍藥打頭，牡丹修脚」之諺。

雩婁農曰：永叔𠛮《牡丹譜》，好事者屢踵之，可謂富矣。然蕃變無常，非譜所能盡，亦非譜所能留也。但西京置驛，奇卉露生，今則洛花如舊，而異萼絶

牡丹

稀，豈人工之勤，地利之厚，不如故耶？抑造物者觀人之精神所注與否，而爲之盛衰耶？漢之經學，六朝駢麗，三唐詩詞碑碣，亦猶是矣，況乎有關於家國之廢興，世道之升降，而造物獨不視人所欲與之聚之，吾何敢信？

藁本

《本經》中品。《宋圖經》：似芎藭而葉細。《救荒本草》謂之山園荽，苗可煠食。

藁本

水蘇

水蘇，《本經》中品。即雞蘇，澤地多有之。李時珍辨别水蘇、薺薴，一類二種，極確。昔人煎雞蘇爲飲，今則紫蘇盛行，而菜與飲皆不復用雞蘇矣。

水蘇

雩婁農曰：水蘇、雞蘇自是一物，《日用本草》亦云爾，然謂即龍腦薄荷。今吴中以餹製之爲餌，味即薄荷而葉頗寬，無有知爲水蘇者。東坡詩：「道人解作雞蘇水，稚子能煎鶯粟湯。」《本草衍義》：紫蘇氣香，味辛甘，能散，今人朝暮飲紫蘇湯，甚無益。醫家謂芳草致豪貴之疾，此有一焉。水蘇氣薄味平，何堪作飲？或取屬對之工。

假蘇

假蘇，《本經》中品。即荆芥也，固始種之爲蔬，其氣清芳，形狀與醒頭草無異。唯梢頭不紅，氣味不烈爲别。野生者葉尖瘦，色深緑，不中啖，與黄顙魚相反。南方魚鄉，故鮮有以作葅者。

《野菜贊》云：荆芥苗煠作蔬、魚肉忌之，犯無鱗魚即死，與鯉犯紫荆、食鱓飲燒酒殺人等疾。鼠蓂辛苦，命之曰芥，荆則云矜，芥爲言介。肉食斯仇，君子攸戒，我食無魚，咀嚼何害？



爵牀附赤車使者。

爵牀，《本經》中品。《唐本草》注謂之赤眼老母草，南方陰溼處極多，似香薷而不香。又《唐本草》有赤車使者，莖赤，根紫如蒨，一類二種。

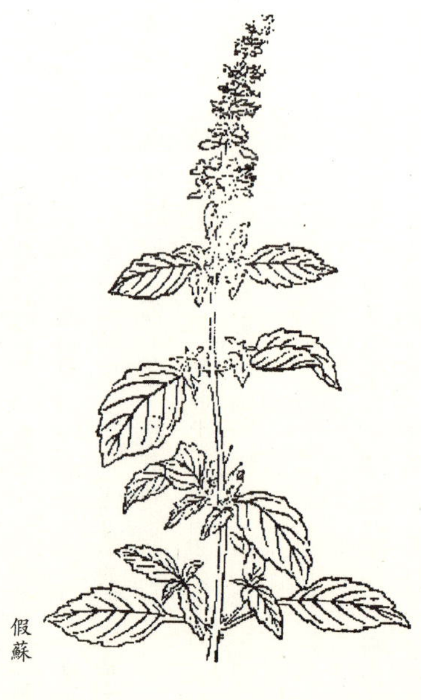
假蘇

爵牀

積雪草

積雪草，《本經》中品。《唐本草》注以爲即地錢草，今江西、湖南陰濕地極多。圓如五銖錢，引蔓鋪地，與《本草衍義》《庚辛玉册》所述極肖。或謂以

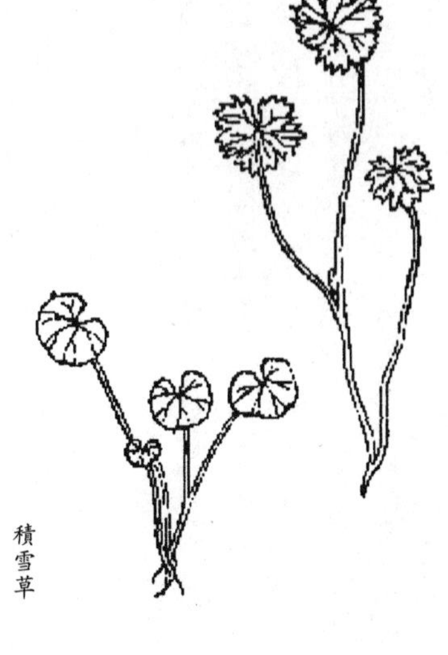
積雪草

數枚煎水，清晨服之，能祛百病者，此蓋陽強氣壯，藉此清寒之品，以除浮熱，故有功效，虛寒者恐不宜爾。又一種相似而有鋸齒，名破銅錢，辛烈如胡荽，不可服。

荏

荏，《别録》中品，白蘇也。南方野生，北地多種之，謂之家蘇子，可作糜、作油。《齊民要術》謂雀嗜食之；《益部方物記略》有荏雀，謂荏熟而雀肥也。李時珍合蘇荏爲一。但紫者入藥、作飲，白者充飢、供用，性雖同而用異。

荏



雩婁農曰：荏之利溥矣，種於塍，防牛馬之踐五穀；子爲油，牕壁皆煤，則織紝之賴以足於夜也。《魏書》，乙弗勿國與吐谷渾同不識五穀，惟食魚及蘇子，狀若中國枸杞；梁沈約有《謝賜北蘇啓》，則蘇重於北地久矣。湘中茀路芰夷之，勿使滋蔓，物固有用有不用。

蘇

蘇，《别録》中品，《爾雅》：蘇，桂荏。注：蘇，荏類。《圖經》：紫蘇也。今處處有之，有面背俱紫、面紫背青二種，湖南以爲常茹，謂之紫菜，以烹魚尤美。有戲謂蘇字從魚以此者，亦水骨水皮之謔耳。又以薑梅同餹製之。暑月解渴，行旅尤宜。

紫蘇

雩婁農曰：劉原父《採紫蘇詩》云：「只以營一飲，形骸如此劬。」宋時重飲子，以紫蘇熟水爲第一，甚矣昔人之好服食也。蘇性辛竄，能損真氣，製爲蔬果，稍就平和。飲子則風淫者宜之，無病而爲吴越吟，是不可以已乎？或謂客來奉湯，是飲人以藥，人之面不如吾之面，其賦質不爾殊耶？草茶不知盛於何時，近則華夷同沃之，無有以藥物爲敬者。草木廢興，亦復難測。

《野菜贊》云：紫蘇，《本草》曰苴，紫者入藥，白者湯中薄煮之，煠食。荆芥則宜生食。苴曰紫蘇，本入茞品，蕩鬱散寒，性温且緊，湯液得之，薑桂可屏，起懵之功，令人猛省。

豆蔻

豆蔻即草果。

豆蔻，《别録》上品，即草果。《桂海虞衡志》諸書，詳晰如繪，嶺南尚以爲食料。唯《南越筆記》以爲根葉辛温，能除瘴氣。雲南山中多有之，根苗與高良薑

回回蘇

豆蔻

相類而根肥,苗高三四尺。高良薑根瘦苗短,數十莖叢生,葉短,面背光潤,紋細,葉淡緑。草果莖或青、或紫,葉長紋粗,色深緑,夏從葉中抽葶卷擈,緑苞漸舒,長萼分綻,尖杪淡黄,近跗紅赭,坼作三瓣白花,兩瓣細長,翻飛欲舞,一瓣圓肥,中裂爲兩,黄鬚三莖,縈繞相糾,紅蕊一縷,未開如鉗,一花之中,備紅、黄、白、赭四色。《圖經》諸説既不詳臚,而含胎充果,又與良薑之紅豆蔻、獺子薑之輭紅麥粒互相膠輵。若以三種並列,則花實幾無一肖。余就滇人所指名而名

之,不識嶺外所産,與此同異?《滇南本草》: 性温,味辛,無毒,生山野中或蔬圃地。葉似蘆,開白花,結果内含瓤,藏子如豆蔻而粒大,能消食積,解冷宿結滯之鬱,開通胃脾,快利中鬲,令人多進飲食。今人多用爲香料,調劑飲食甚良,又能祛除蠱毒,辟夷人藥毒,佩之能遠患也。

香薷

香薷,《别録》中品,江西亦種以爲蔬,凡霍亂及胃氣痛,皆煎服之。

香薷

大葉香薷

大葉香薷生湖南園圃,葉有圓齒,開花逐層如節,花極小,氣味芳沁。蓋香草之族,而軼其真名。

大葉香薷

石香薷附

石香薷，《開寶本草》始附入。今湖南陰溼處即有，不必山厓。葉尤細瘦，氣更芳香。

石香薷

莎草

莎草，《别録》中品。《爾雅》：薃，侯莎。其實媞即香附子也。《唐本草》始著其形狀、功用。今爲要藥，與三稜極相類。唯淮南、北産者子小而堅，俗謂之香附米者佳。

莎草

雩婁農曰：香附，莎根也，陶隱居以爲無識者，《唐本草》始明著之，近時乃爲要藥。考《宋史莎衣道人傳》，道人衣敝，以莎緝之。有瘵者求醫，命持一草去，旬日而愈，衆翕然傳莎草可以愈疾。莎根之用，其盛於此乎？圯上老人取履授書，其事甚怪，然無疑其僞者。蓋抱道德、明術數之士，遯世無悶，偶露端倪以救世而濟衆，固非鬼神幻化比也。雖然，古人主之用人也，有得於夢與卜者矣；世人之遇藥也，亦有得於神與禱者矣。精誠之極，肸蠁潛通，豈徒徵於鬼以警俗聽哉？且天之生物，皆以爲人，然天不能以筆舌示人，則生聖人制作，以前民用；聖人亦不能偏觀而盡識也，時時見於鬼神寤寐而流傳焉。劉涓子《鬼遺方》，其最多者，其餘悉數之不能終。夫非盡假托也；且不獨鬼神矣，含生負氣之倫，有知覺則有疾苦，有疾苦則有拯濟。鹿得草而蹶起，蛇擣藥而傅瘡，黄鼠以豆葉愈虺毒，蜘蛛以芋根塗蜂螫，凡此皆天之所爲，非物之能自爲也。是以聖人觀蛛螯而結網，見飛蓬而製車，其師萬物也，乃師造物也。故曰：天時有生，地利有宜，人官有能，物曲有利。

鬱金

鬱金，《唐本草》始著録。今廣西羅城縣出。其生蜀地者爲川鬱金，以根如蝗蝍肚者爲真。其用以染黄者則薑黄也。考古鬱鬯用鬱釀酒，蓋取其氣芳而色黄，故曰黄流在中。若如《嘉祐本草》所引《魏略》生秦國，及《異物志》生罽賓，《唐書》生伽毘，則皆上古不賓之地，何由貢以供祭？《爾雅翼》考據甚博，李時珍分根、花爲二條，亦騁辯耳。外裔所産，皆是夷言，鬱金之名，自是當時譯者夸飾假附。以之釋經，豈爲典要？今皆附録，以資考辨。

鬱金

鬱金香

鬱金香，此嶺南所繪，殆李時珍所謂鬱金花耶？

鬱金香

高良薑

高良薑，滇生者葉潤根肥，破莖生葶，先作紅苞，光燄炫目。苞分兩層，中吐黄花，亦兩長瓣相抱。復突出尖，黄心長半寸許，有黑紋一縷，上綴金黄蕊如半米。另有長鬚一縷，尖擎小緑珠。俗以上元摘爲盂蘭供養，故圃中多植之。按良薑、山薑、杜若、草果，葉皆相類，方書所載，多相合併。嶺南諸紀，述形則是，稱名亦無確詁，蓋方言侏儷，難爲譯也。唯《南越筆記》，目覩手訂，又復博雅有稽。余使粤，僅賓山一過，未能貯籠。頃以滇南之卉與《南越筆記》相比附，大率可識。其云高良薑出於高涼，故名根爲薑，子爲紅豆蔻，子未坼曰含胎，鹽糟經冬味辛香，入饌。又云，凡物盛多謂之蔻，是子如紅豆而叢生，故名紅豆蔻。今驗此花，深紅灼灼，與《圖經》花紅紫色相脗合。花罷結實，大如白果有稜，嫩時色紅緑，子細似橘瓤，無慮數百，香清微辛，殆所謂含胎也，老則色紅。滇之婦稚，皆識爲良薑花。李雨村所述，雖剌取《嶺表録異》中語，然彼以爲山薑，且云花吐穗如麥粒，嫩紅色，則是廣饒所産，與《桂海虞衡志》紅豆蔻同。志云此花無實，則所云爲膾者，乃是花，非子也。余則以滇人所呼爲定，而折中以李説。范云紅豆蔻，蓋即《草木狀》之山薑，而《楚詞》之杜若也。

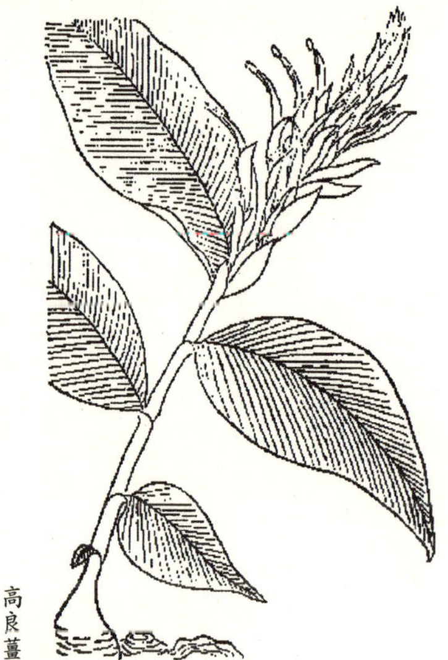

高良薑

薑黄

薑黄，《唐本草》始著録。今江西南城縣裏龜都種之成田，以販他處染黄。其形狀全似美人蕉而根如薑，色極黄，氣亦微辛。《圖經》所云，葉有斜紋如紅蕉葉而小，根類生薑，圓而有節，極確，乃又引《拾遺》老薑之説，殊爲龐雜。陳藏器謂性大熱，蓋因老薑致誤。今薑黄染餻，食多則腹痛，豈非寒苦之證？近時亦不入藥用。

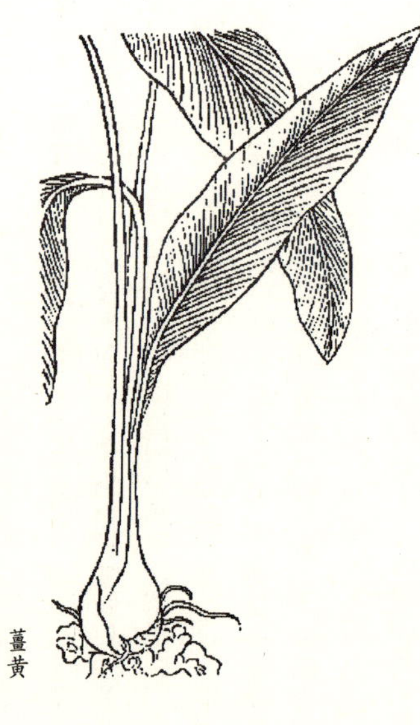

薑黄

雩婁農曰：《閩書》，薑黄出邵武仙亭山，建昌與閩接，故宜。建昌之民曰：始業薑黄者贏十倍，今滯而不售，不究所以。考唐時色重黄，詩人之詠，曰杏黄、曰鬱金，誠豔之也。《唐本草》，薑黄作之方法與鬱金同，則以鬱金、薑黄染者，其勝於支與槐也遠矣。夫尚黄者非唯正色，亦與金爲近耳。昔時泥金、鏤金，唯掖庭用之，宋嚴銷金之禁，罰至重，元以降，金箔、金絲，煩費無等，凡繪畫撚織之屬，無物不具。其始以來自蕃舶，不之禁也。日新月異，其耗中國之金也，有紀極乎？然則中央之色，不爲世俗所艷，非金飾之奪之也而何？

薄荷

薄荷，《唐本草》始著録，或謂即菝閜、茇葀之訛，中州亦蒔以爲蔬。有二種，形狀同而氣味異，俗亦謂之臭薄荷。蓋野生者氣烈近臭，移蒔則氣味薄而清，可啜，亦可入藥也。吳中種之，謂之龍腦薄荷，因地得名，非有異也。肆中以糖煎之爲飴，又薄荷醉貓，貓咬以汁塗之。

薄荷

大葉薄荷

薄荷葉背皆青，江西有一種葉背甚白，呼爲大葉薄荷，亦有呼爲茵陳者。燒以去瘟，氣辛烈，蓋即江南所謂茵陳者。詳茵陳下。

大葉薄荷

蒟醬

蒟醬，《唐本草》始著録。按《漢書西南夷傳》：南粵食唐蒙蜀枸醬，蒙歸問蜀賈人，獨蜀出枸醬。顔師古注：子形如桑椹，緣木而生，味尤辛，今石渠則有之。此蜀枸醬見傳紀之始。《南方草木狀》則以生番國爲蓽茇，生番禺者謂之蒟，交趾、九真人家多種，蔓生，此交滇之蒟見於紀載者也。《齊民要術》引《廣志》、劉淵林《蜀都賦注》皆與師古説同，而鄭樵《通志》乃云狀似蓽撥，故有土蓽撥之號。今嶺南人但取其葉食之，謂之蔞，而不用其實，此則以蒟子及蔞葉爲一物矣。考《齊民要術》扶留所引《吳録》《蜀記》《交州記》，皆無即蒟之語，唯《廣州記》云，扶留藤，緣樹生，其花實即蒟也，可以爲醬，始以扶留爲蒟。但《交州記》扶留有三種，一名南扶留，葉青味辛，應即今之蔞葉。其二種曰穫扶留，根香美；曰扶留藤，味亦辛。《廣州記》所謂花實即蒟者，不知其葉青味辛者耶？抑藤根香辛者耶？是蒟子即可名扶留，而與蔞葉一物與否，未可知也。諸家所述蒟子形味極詳，而究未言蒟葉之狀。宋景文《益部方物略記蒟贊》云，葉如王瓜，厚而澤。又云，或言即南方扶留藤，取葉合檳榔食之。玩贊詞並未及葉，而或謂云云，蓋闕疑也。唐蘇恭説與鄭漁仲同，蘇頌則以淵林之説爲蜀産，蘇恭之説爲海南産，李時珍則直斷蒟、蔞一物無疑矣。夫枸獨出蜀一語，已斷定所産。流味番禺，乃自蜀而粵，故云流味，非粵中所有明矣。余使嶺南及江右，其貢灰、蔞葉、檳榔三物，既合食之矣。撫湖南，則長沙不能得生蔞，以乾者裹食之；求所謂蘆子者，烏有也。及來滇，則省垣茶肆之累累如桑椹者，殆欲郄車而載，而蔞

蒟醬

葉又烏有也。考《雲南舊志》，元江産蘆子，山谷中蔓延叢生，夏花秋實，土人採之，日乾收貨。蔞葉，元江家園遍植，葉大如掌，纍藤於樹，無花無實，冬夏長青，採葉合檳榔食之，味香美。一則云夏花秋實，一則云無花無實，二物判然，以土人而紀所産，固應无妄。余遣人至彼，生致蔞葉數叢，葉比嶺南稍瘦，辛味無別，時方五月，無花跗也。得蘆子數握，土人云，四五月放花，即似蘆子形，七月漸成實。蓋蔞葉園種，可栽以餉；而蘆子産深山老林中，蔓長故但摘其實。《景東廳志》，蘆子葉青花緑，長數十丈，每節輒結子，條長四五寸，與蔞葉長僅數尺者異矣。徧考他府州志，産蘆子者，如緬寧、思茅等處頗多，而蔞葉則唯元江及永昌有之，故滇南蘆多而蔞少。獨怪滇之紀載，皆狃於鄭漁仲諸説，信耳而不信目爲可異也。《滇海虞衡志》謂滇俗重檳榔茶，無蔞葉則蒟蔞子合灰食之。此吴人之食法，夫吴人所食乃桂子，非蘆子也。又以元江分而二之爲蒟有兩種：一結子以爲醬，一發葉以食檳榔。夫物一類而分雌雄多矣，其調停今古之説，亦是考據家調人媒氏。然又謂海濱有葉，滇、黔無葉，以子代之，不知冬夏長青者，又何物耶？蓋元江地熱，物不蛀則枯葉，行數百里，肉瘠而香味淡矣。蘆子苞苴能致遠，乾則逾辣，滇多瘴，取其便而味重者餌之，其植蔞則食蔞耳。嶺南之蔞走千里，而近至贛州，色味如新，利在而争逐，亦無足異。蘆子爲醬，亦芥醬類耳，近俗多以番椒、木橿子爲和，此製便少，亦今古之變食也。《本草綱目》引嵇氏之言，《本草》以蒟爲蔞子，非矣，其説確甚，後人輒易之，故詳著其別。蓋蒟與蓽茇爲類，不與蔞爲類。朱子《詠扶留詩》：「根節含露辛，苕穎扶援緑；蠻中靈草多，夏永清陰足，」形容如繪。曰根節、曰苕穎、曰清陰，獨不及其花實，亦可爲《雲南志》之一證。《赤雅》，蒟醬以蓽茇爲之，雜以香草；蓽茇，蛤蔞也。蛤蔞何物也？豈以蔞同賁灰合食，故名耶？抑別一種耶？《滇黔紀遊》，蒟醬乃蔞蒻所造，蔞蒻則非子矣，蔞故不妨爲醬。又李時珍引《南方草木狀》云，《本草》以蒟爲蔞子，非矣。蔞子一名扶留草，形全不同。今本並無此數語。《唐本草》始著蒟醬，嵇氏所謂《本草》，當在晉以前，抑時珍誤引他人語耶？染皁者以蘆子爲上色，《本草》亦所未及。

## 蔞葉

蔞葉生蜀、粵及滇之元江諸熱地。蔓生有節，葉圓長光厚，味辛香，蒻以包檳榔食之。《南越筆記》謂遇霜雪則萎，故昆明以東不植。古有扶留藤，扶留急呼則爲蔞，殆一物也。醫書及傳紀，皆以爲即蒟，説見彼。滇之蔞，種於園，與粵同，重蘆而不重蔞，故志蔞不及粵之詳。莖味同葉，故《交州記》云：藤味皆美。

蔞葉

## 馬蘭

馬蘭，《日華子》始著録。今皆以爲野蔬，葉與花似野菊。陳藏器謂葉如澤蘭而臭，頗涉附會。此草處處有之，並無別名，究不得其名馬蘭之義。李時珍備列諸方。竊恐有馬蘭之訛，蓋北人呼馬練如馬蘭也。

《野菜贊》云：馬蘭丹多澤生，葉如菊而尖長，左右齒各五，花亦如菊而單

馬蘭

瓣，青色。鹽湯汋過，乾藏蒸食，又可作饅餡。生擣治蛇咬。馬蘭不馨，名列香草；蛇菌或中，利用生搗。大哉帝德，鼓腹告飽；虺毒不逢，行吟用老。

薺薴

薺薴，《本草拾遺》始著録。今河壖平野多有之。形狀如《拾遺》及李時珍所述。

薺薴

石薺薴

石薺薴，《本草拾遺》始著録。方莖對節，正似水蘇，高僅尺餘，葉大如指甲，有小毛，滇南呼爲小魚仙草。或以其似蘇而小，因蘇字從魚而爲隱語耶？

石薺薴

山薑

山薑，《本草拾遺》始著録。江西、湖南山中多有之，與陽藿、茈薑無别。惟根如嫩薑，而味不甚辛，頗似黄精，衡山所售黄精，多以此僞爲之。《宋圖經》山薑乃是高良薑。李時珍謂子似草豆蔻，甚猛烈，良是；而謂花赤色，則未確，乃子赤色耳。

山薑

廉薑

廉薑，《齊民要術》引據甚詳，《本草拾遺》始著録。南贛多有之。似山薑而高大，土人不甚食，以治胃痛甚效云。

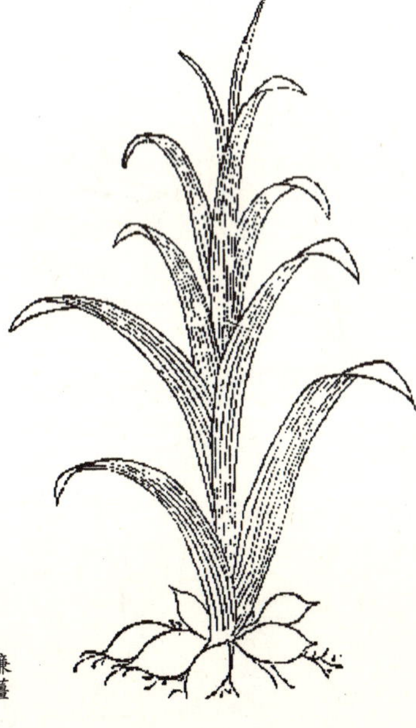
廉薑

荊三棱

荊三棱，《開寶本草》始著録，處處有之。雞爪三棱、黑三棱、石三棱，皆一物而分大、小。《救荒本草》：黑三棱葶味甜，根味苦，皆可食。今湖南至多，擇其小者以爲香附子。

荊三棱

雩婁農曰：三棱，茅屬也。生於山澤者苗肥而根碩，名之曰荊，非所謂江淮之間一茅三脊耶？世以封禪包匭，疑爲瑞草，不知《禹貢》厥篚，多爲祭物；纖縞橘柚，豈皆爲非常之珍？後世儀物煩多，不給於供，至爲三年一郊天，六年一祭地之説，侈備物而闕享祀，豈非議禮者務爲浮夸之過哉？

蓬莪朮

蓬莪朮，《嘉祐本草》始著録。《宋圖經》：浙江或有之。頗類蘘荷，莪在根下，如鴨、雞卵，今所用者即此。昔人謂鬱金、薑黄、茂朮三物相近，其實性不同，形亦全别。

蓬莪朮



藿香

藿香，《南方草木狀》有之，《嘉祐本草》始著録。今江西、湖南人家多種之，爲辟暑良藥。蓋以其能治脾胃，吐逆，故霍亂必用之。《别録》有藿香，不著形狀。《圖經》云，舊附五香條，疑其以爲扶南之香木也。

藿香

雩婁農曰：《山海經》謂薰草，其葉如麻，今觀此草，非類麻者歟？《别録》藿香舊載木類，《宋圖經》據《草木狀》諸説，以爲草本，其即《别録》之藿香與否，未可知也。薰、藿一聲之轉，海上之藥，都出後世，余疑藿香即古薰草。若零陵香則葉圓小，殊不類麻。以藿爲薰，雖屬剏説，然其功用、氣味，實爲蘭匹，不猶愈於以一枝數花之葉如茅者，強名曰蕙，而不可服食者乎？

野藿香

野藿香，南安山中多有之。形如藿香，葉色深緑，花色微紫，氣味極香，疑即古所謂薰草葉如麻者。蓋自蘭草今古殊名，而蕙亦無确物矣。

零陵香

零陵香，《嘉祐本草》始著録，即《别録》之薰草也。《宋圖經》：零陵，湖嶺諸州皆有之。余至湖南，遍訪無知有零陵香者，以狀求之，則即醒頭香，京師呼爲矮糠，亦名香草，摘其尖梢置髮中者也。《補筆談》，買零陵香擇有鈴子者，乃其花也。此草葉莖無香，其尖乃花所聚，今之以尖爲貴，即擇有鈴子之意。《嶺外代荅》謂可爲褥薦，未知即此否？贛南十月中，山坡尚有開花者，高至四五尺，《宋圖經》謂十月中旬開花，當即指此。實則秋開，至冬未枯。李時珍以醒頭香屬蘭草，不知南方凡可以置髮中辟穢氣，皆呼爲醒頭，無專屬也。

野藿香

零陵香

白茅香

白茅香，《本草拾遺》始著録，但云如茅根，是未見其莖、葉也。今湖南有一種小茅香，俚醫用之，根亦如茅，疑即其類，附以俟考。



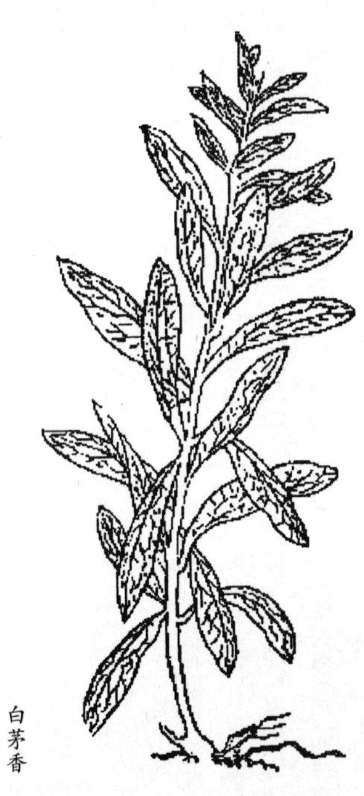
白茅香

肉豆蔻

肉豆蔻，《開寶本草》始著録。今爲治洩泄要藥。李時珍云，花實如豆蔻而無核，故名。

肉豆蔻

白豆蔻

白豆蔻，《酉陽雜俎》載之，《開寶本草》始著録。今廣州有之，形如《圖經》。

白豆蔻

補骨脂

補骨脂，《開寶本草》始著録，即破故紙，形狀具《圖經》，今醫者多以代桂。

補骨脂

華撥

華撥，《南方草木狀》《酉陽雜俎》皆載之，《開寶本草》始著録。叢生，子亦如桑椹，近時暖胃方多用之。《酉陽雜俎》謂葉似蕺葉，則與蔞葉相類。

華撥

雩婁農曰：據《南方草木狀》，蒟醬、華茇一物也，以生於蕃國、番禺而異。《酉陽雜俎》亦云葉似蕺，子似桑葚。《圖經》則大同小異。《唐本草》注云，似蒟醬子，味辛烈於蒟醬。然則一類二種，非必中外之分矣。凡物因地輒異，況隔瀛海萬里耶？而嶺南時有之，何以復有異同？乳煎華茇治痢，《傳信方》紀唐太宗患痢事；《太宗實録》亦云，有衛士進黄牛乳煎華茇方，御用有效；而《獨異志》神其説，謂金吾長史張寶藏遇異僧，謂六十日當登三品，尋以方進，授鴻臚卿。太宗英主，即以重賞旌其治痢之功，獨不可以尚藥等官授之，而乃使爲臚句傳以率蠻夷長耶？憲宗以術人柳泌爲台州刺史；敬宗以道士劉從政爲光禄少卿；至文宗以鄭注進藥方，漸至預政；甘露之變，實爲戎首。若貞觀中即有予三品文職故事，則元和以後之政，爲憲章祖述，而太宗乃作法於涼矣。李藩對憲宗曰，文皇帝服胡僧長生藥，遂致暴疾不救，誠可鑒矣。嗚呼！人主當疾痛難堪之時，得一良醫，驟起沉疴，其所以酬之者，烏得不厚？然爵人衆共，既未可豐於所私，而天命所在，必有鬼神呵護而陰導之者，彼扁鵲太倉公，亦安能生必死之人哉。且以方愈疾，私喜而賞之優，必以方不讐，私怒而罰之重。文成五利，寵以將軍、通侯，而卒不免於誅。侯生、盧生，相謀亡去，遂致坑儒。然則摻術與用摻術者，可不儆懼乎？

益智子

益智子，詳《南方草木狀》，《開寶本草》始著録，今廬山亦有之。盧循遺劉裕益智粽，粽即醬類，非角黍也。段玉裁辨之極精核，可以訂訛。

益智子

畢澄茄

畢澄茄，《開寶本草》始著録，《圖經》云，廣東亦有之。葉清滑，子似梧桐子，《海藥》以爲即胡椒之嫩者。《廣西志》有山胡椒，或謂即畢澄茄也。

甘松香

甘松香，《開寶本草》始著録。《圖經》，葉細如茅草，根極繁密，生黔、蜀、遼州。李時珍以壽禪師作五香飲，其甘松飲即此。滇南同三奈等爲食料用，昆明山中亦産之。高僅五六寸，似初生茆而勁，根大如拇指，長寸餘，鮮時無香，乾乃有臭。

畢澄茄

茅香花

茅香花，《嘉祐本草》始著録。《宋圖經》，苗似大麥，五月開白花，亦有黄花，生劍南。《海藥本草》云，生廣南山谷。

甘松香

縮砂蔤

縮砂蔤，《嘉祐本草》始著録。《圖經》，苗莖似高良薑。今陽江産者，形狀殊異，俗呼草砂仁。

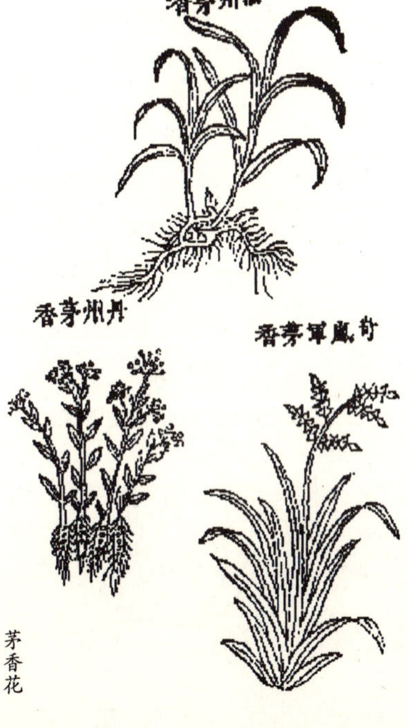


茅香花

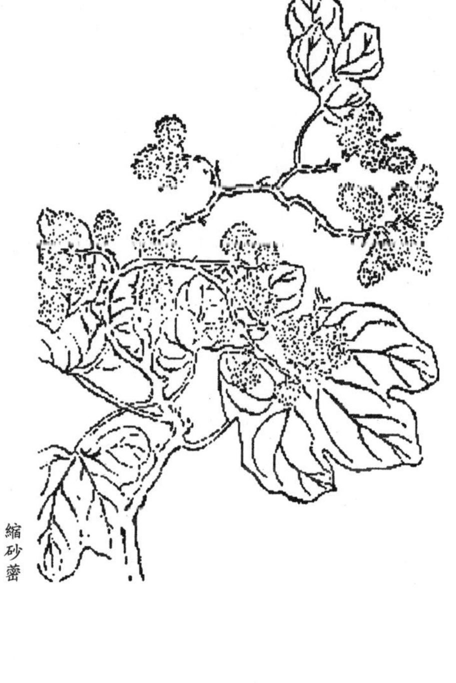

縮砂蔤

福州香麻

《宋圖經》：香麻生福州，四季常有苗葉而無花，不拘時月採之。彼土人以煎作浴湯，去風甚佳。

福州香麻

排草

排草生湖南永昌府，獨莖，長葉，長根，葉參差生，淡緑，與莖同色，偏反

排草

下垂，微似鳳仙花葉，光澤無鋸齒。夏時開細柄黄花，五瓣尖長，有淡黄蕊一簇，花罷結細角，長二寸許。枯時束以爲把，售之婦女，浸油刡髮，根莖香味與元寶草相類。考《本草拾遺》，白茅香生嶺南，如茅根，道家用以作浴湯。李時珍以爲今排香之類。此草乾時，花葉脱盡，宛如茅根，殆即此歟？諸家皆未究其花實，故無确訓。《廣西志》，排草屢載所出，亦無形狀。《南越筆記》以爲莖穿葉心，則似元寶草也。

元寶草

元寶草，江西、湖南山原、園圃皆有之。獨莖細緑，長葉上翹，莖穿葉心，分杈復生小葉，春開小黄花五瓣，花罷結實。根香清馥。土醫以葉異狀，故有相思、燈臺、雙合合諸名。或云患乳癰，取懸置胸間，左乳懸右，右乳懸左，即愈。《簡易草藥》有茅草香子，治痧症極效，按其形狀，亦即此。

元寶草

三柰

三柰，《本草綱目》始録入芳草。按《救荒本草》，草三柰，葉似蓑草而狹長，開小淡紅花，根香，味甘微辛，可煮食，葉亦可煠食。核其形狀，與今廣中所産無小異。蓋香草多以嶺南爲地道，其實各處亦間有之，採求不及耳。

辟汗草

辟汗草，處處有之。叢生高尺餘，一枝三葉，如小豆葉，夏開小黄花如水桂花，人多摘置髮中辟汗氣。按《夢溪筆談》，芸香葉類豌豆，秋間葉上微白如粉污。《説文》，芸似苜蓿，或謂即此草，形狀極肖，可備一説。

三柰

辟汗草

小葉薄荷

小葉薄荷生建昌。細莖小葉，葉如枸杞葉而圓，數葉攢生一處，梢開小黃花如粟。俚醫用以散寒、發表，勝於薄荷。

蘭香草

蘭香草，湖南、南贛皆有之。叢生，高四五尺，細莖對葉，葉長寸餘，本寬末尖，深齒濃紋，梢葉小圓，逐節開花，如丹參、紫菀而作小筩子，尖瓣外出，中吐細鬚，淡紫嬌媚，秋深始開，莖葉俱有香氣。南安呼爲婆絨花，以其瓣尖柔細如翦絨，故云。或云以爓肉可治嗽。衡山俚醫亦用之。

芸

《爾雅》：權，黃華。注：今謂牛芸草爲黃華，華黃，葉似菽蓿。疏：權一名黃華。郭云，今謂牛芸草爲黃華，華黃，葉似菽蓿。《説文》亦云：芸草也，似苜蓿。《淮南子》説，芸草可以死復生。《月令註》云：芸，香草也。《雜禮圖》曰：芸，蒿也，葉似邪蒿，香美可食，然則牛芸者，亦芸類也。郭以時驗而言之，故云今謂牛芸草爲黃華也。

《爾雅翼》：仲冬之月，芸始生；芸，香草也，謂之芸蒿，似邪蒿而香可食；其莖幹婀娜可愛，世人種之中庭。故成公綏賦云：「莖類秋竹，葉象春檉」是也。沈括曰：芸類豌豆，作小叢生，其葉極芳香，秋後葉間微白如粉汙，南人採寘席下，能去蚤虱，今謂之七里香。《老子》曰：夫物芸芸，各歸其根。芸當一陽初

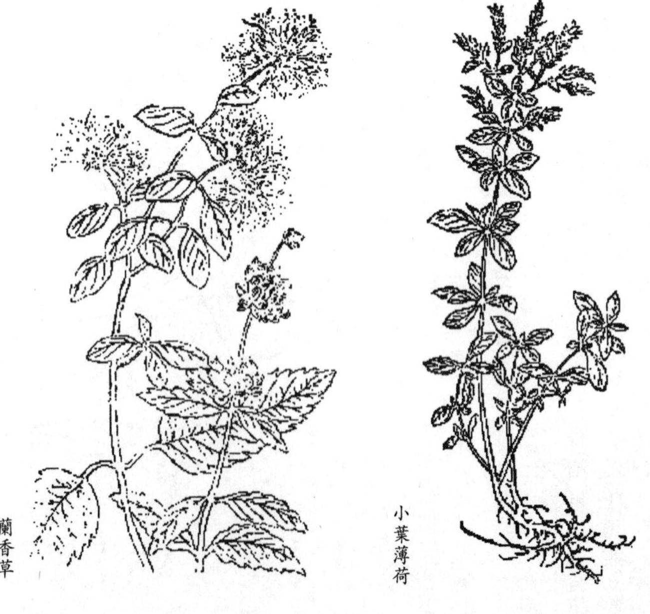
小葉薄荷

蘭香草

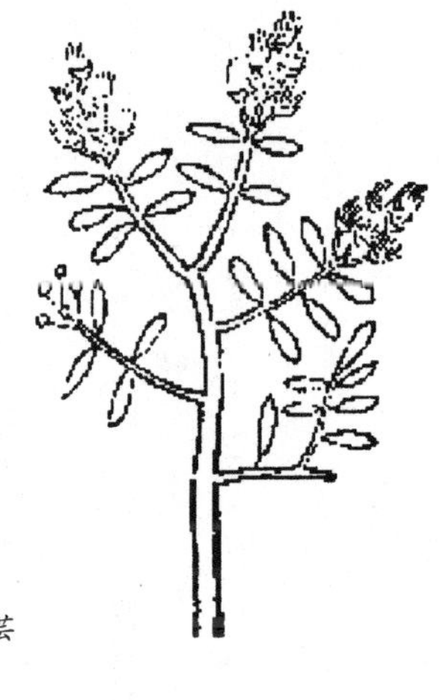
芸

起，復卦之時，於是而生。又《淮南》説，芸可以死而復生。此則歸根復命，取之於芸，雖卷施拔心不死，蓋不足貴也。《洛陽宫殿簿》曰：顯陽、徽音、含章殿前，各芸香一二株而已。而《晉宫闕名》曰，太極殿前芸香四畦，式乾殿前芸香八畦。乃知《離騷》所謂蘭九畹，蕙百畮，畦留夷與揭車，蓋有之也。采茹爲生菜甚香。古者祕閣載書，置芸以辟蠹，故號芸閣。《夏小正》曰：正月采芸，二月榮芸。

宋梅堯臣《書局一本》詩：有芸如苜蓿，生在蓬藋中，草盛芸不長，馥烈隨微風。我來偶見之，乃穮彼翳蒙；上當百雉城，南接文昌宫。借問此何地，删修多鉅公。天喜書將成，不欲有蠹蟲。是產茲弱本，蒨爾發荒叢；黄花三四穗，結實植無窮；豈料鳳閣人，偏憐葵藥紅。

《洛陽宫殿簿》：顯陽殿前芸香一株，徽音殿前芸香二株，含章殿前芸香二株。

《晉宫闕名》：太極殿前芸香四畦，式乾殿前芸香八畦，徽音殿前芸香雜花十二畦，明光殿前芸香雜花八畦，顯陽殿前芸香二畦。

《墨莊漫録》：文潞公爲相日，赴祕書省曝書宴，令堂吏視閣下芸草，乃公往守蜀日以此草寄植館中也。因問蠹出何書，一座默然。蘇子容對以魚豢《典略》，公喜甚，即借以歸。

《王氏談録》：芸，香草也。舊説謂可食，今人皆不識。文丞相自秦亭得其種分遺，公歲種之。公家庭砌下，有草如苜蓿，摘之尤香，公曰：「此乃牛芸，《爾雅》所謂權，黄華者。」校之香烈於芸，食與否，皆未試也。

《夢溪筆談》：古人藏書辟蠹用芸，芸，香草也，今人謂之七里香者是也。葉類豌豆，作小叢生，其葉極芬香，秋後葉間微白如粉污，辟蠹殊驗。南人採置席下，能去蚤蝨。予判昭文館時，曾得數株於潞公家，移植祕閣後，今不復有存者。香草之類，大率多異名，所謂蘭蓀，蓀，即今菖蒲是也；蕙，今零陵香是也；茝，今白芷是也。

《聞見後録》：芸草古人用以藏書，曰芸香是也。置書帙中即無蠹，置席下即去蚤蝨。葉類豌豆，作小叢，遇秋則葉上微白如粉污，南人謂之七里香。大率香草，花過即無香，縱葉有香，亦須采掇嗅之方覺。此草遠在數十步外已聞香，自春至冬不歇，絶可翫也。

《説文解字》注：芸，草也，似目宿。《夏小正》：正月采芸，爲廟采也；二月榮芸。《月令》：仲冬芸始生。注：芸，香草。高注《淮南》《吕覽》皆曰芸，芸蒿，菜名也。《吕覽》曰：菜之美者，陽華之芸。注：芸，芳菜也。賈思勰引倉頡《解詁》曰：芸蒿似斜蒿，可食。沈括曰：今謂之七里香者是也，葉類豌豆，其葉極芬香，古人用以藏書辟蠹，採置席下能去蚤蝨。從草，云聲，王分切，十三部。淮南王説，芸草可以死復生。淮南王，劉安也；可以死復生，謂可以使死者復生，蓋出《萬畢術》、《鴻寶》等書，今失其傳矣。

# 藝文

**《詩・周頌・載芟》**清王先謙《詩三家義集疏》卷二六　載穫濟濟，有實其積，萬億及秭。爲酒爲醴，烝畀祖妣，以洽百禮。有飶其香，邦家之光。有椒其馨，胡考之寧。注：三家「椒」作「馥」。疏傳：「濟濟，難也。飶，芬香也。椒，猶『飶』也。胡，壽也。考，成也。」箋：「『難』者，穗衆難進也。『有實』，實成也，其積之乃『萬億及秭』，言得多也。烝，進。畀，予。洽，合也。進予祖妣，謂祭先祖、先妣也。『以洽百禮』，謂饗燕之屬。芬香之酒醴饗燕賓客，則多得其歡心，於國家有榮譽。寧，安也。以芬香之酒醴祭於祖妣，則多得其福右。」「三家椒作馥」者，釋文：「椒，沈作『俶』，尺叔反，云作『椒』者誤也。」阮氏元曰：「『椒』乃『馥』之誤。《隸釋》八《冀州從事張表碑》引作『有馥其馨』，《隸續》十一《膠東令王君廟門斷碑》亦作『有馥其馨』，是漢之經文作『馥』明矣。《晉左貴嬪納楊后贊》曰『有馥其馨』，見《藝文類聚》十五。傅咸《荅潘尼詩》曰『有馥其馨』，見《藝文類聚》三十一，是晉猶作『馥』矣。沈重作『俶，尺叔反』，（『馥』字切音，《廣韻集韻》皆以『房』，爲雙聲，『尺』字疑『房』之訛。）且以作『椒』爲誤，此不知唐以前何時寫者損滅『馥』字，又損『房』爲『尺』，又誤『叔』爲『俶』，又由『叔』形與『椒』近而誤爲『椒』。陸氏《釋文》云『無故改爲俶』，而不知『俶』乃『馥』切音字之誤冒也。傳：『椒，猶飶也。』當作『馥，猶飶也』。此蒙上『有飶其香』而言，『飶香』與『馥香』同，若是『握椒』『椒椴』之椒，《傳箋》皆不容無解『椒』之詞，而『椒猶飶也』，爲不詞矣。此經文明是『馥』字之本證，然非漢、晉四證，則此字無由臆造，永不知其誤而又誤矣。程氏恩澤曰：《詩》『苾芬孝祀』，《文選》注、《衆經音義》並引《韓詩》作『馥芬孝祀』。『馥』字形聲不謬於六書，可補《説文》之遺。元又謂飶、苾皆從『必』，義同『馥』，音亦同『馥』，所以《毛傳》云『馥猶飶也』。『馥』與『飶』同，此亦《詩》義同字變之例也。『虙羲』即『伏羲』，與『宓子賤』皆『房六』切，亦必、復同音之證。」愚案：阮説詳洽，惟所據皆本三家《詩》説，强毛就之則非。陳喬樅云：「案《華嚴經音義上》引《字林》云：『馥，香氣盛也。』正《詩》『馥』字之訓。《廣雅・釋訓》：『馥馥、芬芬，香也。』『馥馥』即『苾苾』。《小雅・信南山》曰『苾苾芬芬』，三家《詩》作『馥馥芬芬』，蔡邕《司空臨晉侯楊公碑》曰『祀事孔明』，又曰『馥馥芬芬』，是其明證。何晏《景福殿賦》亦云『馥馥芬芬』，皆用《信南山詩》語。《廣雅》所釋，即據三家《詩》訓義也。《上林賦》：『芬香漚鬱，酷烈淑郁』。『淑郁』正芬香之義。據《聘禮》『俶獻』注，古文『俶』作『淑』，是『俶』又可通『淑』也。三家今文作『馥』，毛以『淑』爲『馥』之通假，『水』旁與『木』旁形近，遂誤作『椒』耳。若毛同三家作『馥』，則馥、椒字形迥别，無緣致誤，沈重亦無因改字爲『俶』矣。」匪且有且，匪今斯今，振古如兹。疏《傳》：「且，此也。振，自也。」箋：「匪，非也。振，亦『古』也。饗燕祭祀，心非云且而有且，謂將有嘉慶，禎祥先來見也；心非云今而有此今，謂嘉慶之事不聞而至也。言修德行禮，莫不獲報，乃古古而如此，所由來者久，非適今時。」《釋詁》：「振，古也。」郭注：「《詩》曰：『振古如兹。』」箋蓋據魯義易毛。

《楚辭・離騷》宋洪興祖《楚辭補注・離騷經章句第一》

余既滋蘭之九畹兮，滋，蒔也。十二畝曰畹，或曰田之長爲畹也。五臣云：滋，益也。《釋文》作蕺，音栽。補曰：《説文》：田三十畝曰畹。於阮切。又樹蕙之百畝。樹，種也。二百四十步爲畝。言己雖見放流，猶種蒔衆香，修行仁義，勤身自勉，朝暮不倦也。五臣云：蘭蕙喻行，言我雖被斥逐，脩行彌多。《釋文》：畝作畮。補曰：畝，莫後切。《司馬法》：六尺爲步，步百爲畝。秦孝公之制，二百四十步爲畝。畹或曰十二畝，或曰三十畝，九畹蓋多於百畝矣。然則種蘭多於蕙也。此古人貴蘭之意。畦留夷與揭車兮，畦，共呼種之名。留夷，香草也。揭車，亦芳草，一名芞輿。五十畝爲畦也。揭，一作藒。《文選》作藅荑、藒車。補曰：畦，音攜。揭、藒、藒，並丘謁切。相如賦云：雜以留夷。張揖曰：留夷，新夷。顔師古曰：留夷，香草，非新夷，新夷乃樹耳。一云：留夷，藥名。《爾雅》：藒車，芞輿。《本草拾遺》云：藒車味辛，生彭城，高數尺，白花。芞，音迄。雜杜衡與芳芷。杜衡、芳芷，皆香草也。言己積累衆善，以自潔飾，復植留夷、杜衡，雜以芳芷，芬香益暢，德行彌盛也。衡，一作蘅。補曰：《爾雅》杜、土鹵。注云：杜衡也，似葵而香。《山海經》云：天帝山有草，狀似葵，其臭如蘼蕪，名曰杜衡。《本草》云：葉似葵，形如馬蹄，故俗云馬蹄香。冀枝葉之峻茂兮，冀，幸也。峻，長也。《文選》作葰。五臣云：茂盛貌，音俊。補曰：相如賦云：實葉葰楙。葰，音峻。願竢時乎吾將刈。刈，穫也。草曰刈，穀曰穫。言己種植衆芳，幸其枝葉茂長，實核成熟，願待天時，吾將穫取收藏，而饗其功也。以言君亦宜蓄養衆賢，以時進用，而待仰其治也。《文選》竢作俟。雖萎絶其亦何傷兮，萎，病也。絶，落也。補曰：萎，草木枯死也，於危切。哀衆芳之蕪穢。言己所種芳草，當刈未刈，蚤有霜雪，枝葉雖蚤萎病絶落，何能傷於我乎？哀惜衆芳摧折，枝葉蕪穢而不成也。以言己脩行忠信，冀君任用，而遂斥棄，則使衆賢志士失其所也。五臣云：言我積行，爲讒邪所害見逐，亦猶植芳草爲霜露所傷而落。雖如是，於我亦何能傷，但恐衆賢志士，見而蕪穢不自脩也。補曰：蕪，荒也。穢，惡也。

宋・洪芻《香譜》卷下《香之事》

古詩詠香爐

四座且莫諠，願聽歌一言。請説銅香爐，崔嵬象南山。上枝似松柏，下根據銅盤。雕文各異類，離婁自相連。誰能爲此器，公輸與魯般。朱火然其中，青煙颺其間。順風入君懷，四座莫不歡。香風難久居，空令蕙草殘。

齊劉繪詠博山香爐詩

參差鬱佳麗，合沓紛可憐。蔽虧千種樹，出没萬重山。上鏤秦王子，駕鶴乘紫煙。下刻蟠龍勢，矯首半銜連。傍爲伊水麗，芝蓋出岩間。復有漢遊女，拾羽弄餘妍。榮色何雜糅，縟繡更相鮮。麏麚或騰倚，林薄杳芊眠。掩華如不發，含熏未肯然。風生四堦樹，露湛曲池蓮。寒蟲飛夜室，秋虚没曉天。

梁昭明太子銅博山香爐賦

稟至精之純質，産靈嶽之幽深。探般倕之妙旨，運公輸之巧心。有蕙帶而岩隱，亦霓裳而升仙。寫嵩山之巃嵸，象鄧林之阡眠。于時青煙司寒，夕光翳景。翠帷已低，蘭膏未屏。炎蒸内耀，苾芬外揚。似慶云之呈色，若景星之舒光。信名嘉而用美，永爲玩于華堂。

漢劉向薰爐銘

嘉此正氣，嶄岩若山。上貫太華，承以銅盤。中有蘭綺，朱火青煙。

梁孝元帝香爐銘

蘇合氤氳，飛煙若雲。時濃更薄，乍聚還分。火微難盡，風長易聞。孰云道力，慈悲所薰。

## 又 賦

迷迭香賦魏文帝。

播西都之麗草兮，應青春之凝暉。流翠葉于纖柯兮，結微根于丹墀。芳莫秋之幽蘭兮，麗昆侖之英芝。信繁華之速逝兮，弗見雕于嚴霜。既經時而收采兮，遂肅殺以增芳。去枝葉而持御兮，入綃縠之霧裳。附玉體以行止兮，順微風而舒光。

鬱金香賦傅玄。

葉萋萋以翠青，英蘊蘊以金黄。樹晻靄以成陰，氣芬馥以含芳。陵蘇合之殊珍，豈艾蒳之足方。榮耀帝寓，香播紫宫。吐芬揚烈，萬里望風。

芸香賦傅咸。

攜昵友以逍遥兮，覽偉草之敷英。慕君子之弘覆兮，超託軀于朱庭。俯引澤于丹壤兮，仰吸潤乎太清。繁兹緑葉，茂此翠莖。葉葉猗猗兮，枝妍媚以回縈。象春松之含曜兮，鬱蓊蔚以蔥青。

幽蘭賦楊炯。

維幽蘭之芳草，稟天地之純精。抱青紫之奇色，挺龍虎之佳名。不起林而獨秀，必固本而叢生。爾乃豐茸十步，綿連九畹。莖受露而將低，香從風而自遠。當此之時，叢蘭正滋。美庭闈之孝子，循南陔而采之。楚襄王蘭臺之宫，零落無叢；漢武帝猗蘭之殿，荒凉幾變。聞昔日之芳菲，恨今人之不見。至若桃花水上，佩蘭若而續魂；竹箭山陰，坐蘭亭而開宴。江南則蘭澤爲洲，東海則蘭陵爲縣。隰有蘭兮蘭有枝，贈遠别兮交新知。氣如蘭兮長不改，心若蘭兮終不移。及夫東山月出，西軒日晚。授燕女于春閨，降陳王于秋坂。乃有送客金谷，林塘坐曛。鶴琴未罷，龍劍將分。蘭缸燭耀，蘭麝氣氳。舞袖回雪，歌聲遏雲。度清夜之未艾，酌蘭英以奉君。若夫靈均放逐，離群散侣。亂鄢郢之南都，下瀟湘之北渚。步遲遲而適怨，心鬱鬱而懷楚。徒眷戀于君王，斂精神于帝女。河洲兮極目，芳菲兮襲予。思公子兮不言，結芳蘭兮延佇。借如君章有德，通神感靈。懸車舊館，請老山庭。白露下而警鶴，秋風高而亂螢。循階除而下望，見秋蘭之青青。重曰：「若有人兮山之阿，紉秋蘭兮歲月多。思握之兮猶未得，空佩之兮欲如何。」遂抽琴轉操，爲幽蘭之歌。歌曰：「幽蘭生兮，于彼朝陽。含雨露之津潤，吸日月之休光。美人愁思兮，采芙蓉于南浦；公子忘憂兮，樹萱草于北堂。雖處幽林與窮谷，不以無人而不芳。」趙元淑聞而歎曰：「昔聞蘭葉據龍圖，

古詩

博山爐中百和香，鬱金蘇合與都梁。

紅羅複斗帳，四角垂香囊。開奩集香蘇。金爐絶沉燎。

金泥蘇合香。薰爐雜棗香。丹轂七車香。百和裛衣香。

博山鑪銘劉向。

嘉此正氣，嶄巖若山。上貫太華，承以銅盤。中有蘭綺，朱火青煙。

## 宋・陳敬《陳氏香譜》卷四 銘

香爐銘梁元帝。

蘇合氤氲，飛煙若云。時濃更薄，乍聚還分。火微難盡，風長易聞。孰云道力，慈悲所熏。

## 又 頌

鬱金香頌左九嬪。

伊此奇香，名曰鬱金。越此殊域，厥珍來尋。芬香酷烈，悦目欣心。明德惟馨，淑人是欽。窈窕淑媛，服之褵襟。永垂名實，曠世弗沉。

藿香頌江文通。

桂以過烈，麝以太芬。摧阻天壽，扶抑人文。詎如藿香，微馥微馚。攝靈百仞，養氣青雲。

瑞沉寶峰頌并序

臣建謹案，《史記・龜策傳》曰：「有神龜在江南嘉林中。嘉林者，獸無虎狼，鳥無鴟梟，草無毒螫，野火不及，斧斤不至，是謂嘉林。龜在其中，常巢于芳蓮之上。左脅書文曰：甲子重光【略】得我者爲帝王。」由是觀之，豈不偉哉？臣少時在書室中雅好焚香，有海上道士向臣言曰：「子知沉之所出乎？請爲子言。蓋江南有嘉林，嘉林者美木也。木美則堅實，堅實則善沉，或秋水泛溢，美木漂流，沉于海底，蛟龍蟠伏于上。故木之香清烈而戀水；濤瀨淙激于下，故木之形嵌空而類山。」近得小山于海賈，巉巖可愛，名之曰瑞沉寶峰。不敢藏諸私室，謹齋莊潔誠，跪進玉陛以爲天壽聖節瑞物之獻。臣建謹拜手稽首而爲之頌曰：「大江之南，粤有嘉林。嘉林之木，入海而沉。蛟龍枕之，香冽自清。濤瀨漱之，峰岫乃成。海神愕視，不敢閟藏。因潮而出，瑞我明昌。明昌至治，如沉馨香。明昌睿算，如山久長。臣老且耄，聖恩曷報？歌頌陳詩，以配天保。」

復道蘭林引鳳雛。鴻歸燕去紫莖歇，露往霜來緑葉枯。悲秋風之一敗，與萬草而爲芻。」

木蘭賦并序　李華。

華容石門山，有木蘭樹。鄉人不識，伐以爲薪。餘一本，方操柯未下。縣令李韶，行春見之。息馬其陰，喟然歎曰：「功刊桐君之書，名載騷人之詞。生于遐深，委於薪燎。天地之産珍物，將焉用之！」爰戒虞衡，禁其剪伐。按《本草》，木蘭似桂而香，去風熱，明耳目，在木部上篇。乃采斫以歸，理疾多驗。由是遠近從而采之，乾剖支分，殆枯槁矣。士之生世，出處語默，難乎哉！韶，余從子也，常爲余言，感而爲賦云：

泝長江以遐覽，愛楚山之寂寥。山有嘉樹兮名木蘭，鬱森森以苕苕。當聖政之文明，降元和于九霄。更祲冷之爲虐，貫霜雪而不凋。白波潤其根柢，玄雪暢其枝條。沐春雨之濯濯，鳴秋風以蕭蕭。素膚紫肌，緑葉緗蒂。疎密聳附，高卑蔭蔽。華如雪霜，實若星麗。節勁松竹，香濃蘭桂。宜不植于人間，聊獨立于天際。徒翳薈兮爲鄰，挺堅芳兮此身。嘉名列于道書，墜露飲乎騷人。

至若靈山霧歇，藹藹林樾。當楚澤之晨霞，映洞庭之夜月。發聰明于視聽，洗煩濁于心骨。韻衆壑之空峒，澹微雲之滅没。草露白兮山淒淒，鶴既唳兮猿復啼。窅深林以冥冥，覆百仞之玄谿。彼逸人兮有所思，戀芳陰兮步遲遲。悵幽獨兮人莫知，懷馨香兮將爲誰。惋樵父之無惠，混衆木而皆盡。指書類而揮斤，遇仁人之不忍。伊甘心而剿絶，俄固柢于傾隕。憐春華而朝搴兮，顧落日而回軫。達者有言，巧勞智憂。養命蠲疫，人胡不求。枝殘體剥，澤盡枯留。顦悴空山，離披素秋。鳥避弋而高翔，魚畏網而深遊。不材則終其天年，能鳴則危于俎羞。奚此木之不終，獨隱見而罹憂。自昔淪芳于朝市，墜實于林丘。徒鬱咽而無聲，可勝言而計籌者哉！

吾聞曰：人助者信，神聽者直。則臧倉譖言，宣尼失職。出處語默，與時消息。則子雲投閣，方回受殛。故知天地無心，死生同域。紜紜品物，物有其極。至人者，要惟循于自然，寧任夫智之與力。雖賢愚各全其好，惡草木不夭其生植。已而已而，翳疑誤不可得。

沉香山子賦蘇子瞻。

古者以芸爲香，以蘭爲芬，以鬱鬯爲祼，以脂蕭爲焚。以椒爲堅，以蕙爲薰。杜衡帶屈，菖蒲薦文。麝多忌而本膻，蘇合若香而實葷。嗟吾知之幾何，爲六入之所分。方根塵之起滅，常顛倒其天君。每求似于髣髴，或鼻勞而妄聞。獨沉水爲近正，可以配薝蔔而并云。矧儋崖之異産，實超然而不群。既金堅而玉潤，亦鶴骨而龍筋。惟膏液之内足，故把握而兼斤。顧占城之枯朽，宜爨釜而燎蚊。宛彼小山，巉然可欣。如太華之倚天，象小孤之插云。往壽子之生朝，以寫我之老勤。子方面壁以終日，豈亦終歸田而自耘？幸置此于几席，養幽芳于帨帉。無一往之發烈，有無窮之氤氲。豈非獨以飲東坡之壽，亦所以食黎人之芹也。

雞舌香賦顏博文。

沈括以丁香爲雞舌，而醫者疑之。古人用雞舌，取其芬芳，便于奏事。世俗蔽于所習，以丁香狀之，于雞舌大不類也。乃慨然有感，爲賦以解之。

嘉物之産，潛竄山谷，其根盤貯，龍隱蛇伏。期微生之可保，處幽翳而自足。方吐英而布葉，似千世而無欲。郁郁嬌黄，綽綽疎緑。偶咀嚼而有味，以奇功而見録。攘肌被逼，粉骨遭辱。雖功利之及人，恨此身之莫贖。惟彼雞舌，味和而長，氣烈而揚，可與君子同升廟堂。發胸臆之藻繪，粲齒牙之冰霜。一語不忌，澤及四方。泝日月而上征，與鴛鷺而同翔。惟其施之得宜，豈凡物之可當。以彼疑似，猶有可議。雖二名之靡同，渺不害其爲貴。彼鳳頸而龍準，謂蜂目而烏喙，況稱諸木之長，稽形而實質類者哉。殊不知天下之物竊名者多矣。雞腸烏啄，牛舌馬齒。川有羊蹄，山有鳶尾。龍膽、虎掌、豨膏、鼠耳、鴟脚、羊眼、鹿角、豹足、彘顱、狼跋、狗脊、馬目。燕頷之黍，虎皮之稻。蕁貴雉尾，藥尚雞爪。葡萄取象于身乳，婆律謬稱于龍腦。筍雞脛以爲珍，瓠牛角而貴早。亦有鴨脚之葵，狸頭之瓜，魚甲之松，鶴翎之花，以雞頭、龍眼而充果，以雀舌、鷹爪而名茶。彼争功而擅價，咸好大而喜誇。其間名實相叛，是非迭居，得其實者如聖賢之在高位，無其實者如名器之假盜軀。嗟所遇之不同，亦自賢而自愚。彼方遺臭于海上，豈芬芳之是娱？嫫母飾貌而薦衾，西子掩面而守閭。餌醯醬而委醍醐，佩碱砆而捐瓊琚。舍文茵兮卧籧篨，習薤露兮廢笙竽。劍非錐而補履，驥垂頭而駕車。蹇不遇而被謗，將棲棲而焉圖？是香也，市井所緩，廊廟所急，豈比馬蹄之近俗、燕尾之就濕？聽秋雨之淋淫，若蒼天爲兹而雪泣。若將有人依龜甲之屏，炷鵲尾之爐，研以鳳咮，筆以鼠鬚，作蜂腰鶴膝之語，爲鵠頭蠆脚之書，爲兹香而解嘲，明氣類而不殊。願獲用于賢相，藹芳烈于天衢！

銅博山香爐賦梁昭明太子。

禀至精之純質，産靈岳之幽深。探衆倕之妙旨，運公輸之巧心。有蕙帶而巘隱，亦霓裳而升仙。寫崧山之龍嵸，象鄧林之芊眠。于時青煙司寒，晨光翳景。翠帷已低，蘭膏未屏。炎蒸内耀，苾芬外揚。似慶雲之呈色，若景星之舒光。信名嘉而用美，永爲玩于華堂。

## 又 詩

詩句

百和裛衣香。

金泥蘇合香。

紅羅複斗帳，四角垂香囊。古詩。

盧家蘭室桂爲梁，中有鬱金蘇合香。梁武帝。

合歡襦重百和香。陳後主。

綵墀散蘭麝，風起自生香。鮑照。

燈影照無寐，心清聞妙香。杜工部。

朝罷香煙攜滿袖。

燕寢凝清香。韋蘇州。

裊裊沉水煙。

披書古芸馥。

守帳燃香暮。

沉香火暖茱萸煙。李長吉。

豹尾香煙滅。陸厥。

重熏異國香。李廓。

多燒荀令香。張正見。

然香氣散不飛煙。陸瑜。

羅衣亦罷熏。胡曾。

沉水熏衣白璧堂。胡宿。

丙舍無人遺燼香。温庭筠。

夜燒沉水香。

香煙橫碧縷。蘇子瞻。

珠綠凝篆香。黄魯直。

焚香破今夕。

燕坐獨焚香。簡齋。

焚香澄神慮。蘇州。

向來一瓣香，敬爲曾南豐。陳後山。

博山爐中百和香，鬱金蘇合及都梁。吴以均。

金爐絶沉燎。

熏爐雞棗香。

博山爐煙吐香霧。

龍爐傍日香。

爐煙添柳重。韋巨源。

金爐蘭麝香。沈荃期。

爐熏暗徘徊。張籍。

金爐細炷通。李賀。

睡鴨香爐換夕熏。

荀令香爐可待熏。李商隱。

衣冠身惹御爐香。賈至。

博山爐吐五雲香。韋應物。

蓬萊宫繞玉爐香。陳陶。

噴香睡獸高三尺。羅隱。

繡屏銀鴨香蓊濛。温庭筠。

浥浥爐香初泛夜。東坡。

日烘荀令炷香爐。山谷。

午夢不知緣底事，篆煙燒盡一盤花。劉屏山。

微風不動金猊香。陸放翁。

寶熏黄魯直。

賈天錫惠寶熏，以「兵衛森畫戟，燕寢凝清香」十詩報之。

險心遊萬仞，躁欲生五兵。隱几香一炷，靈臺湛空明。

晝食鳥窺臺，宴坐日過砌。俗氛無因來，煙霏作輿衛。

石蜜化螺甲，榠樝煮水沉。博山孤煙起，對此作森森。

輪囷香事已，郁郁著書畫。誰能入吾室，脱汝世俗械。

賈侯懷六韜，家有十二戟。天資喜文事，如我有香癖。

林花飛片片，香歸銜泥燕。開閤和春風，還尋蔚宗傳。

公虛采芹宮，行樂在小寢。香光當發聞，色敗不可稔。
床帷夜氣馥，衣桁曉煙凝。風溝鳴急雪，睡鴨照華燈。
雉尾映鞭聲，金爐拂太清。班近聞香早，歸來學得成。
衣篝麗紈綺，有待乃芬芳。當念真富貴，自熏知見香。

帳中香二首山谷。

百鍊香螺沉水，寶熏近出江南。一穗黃雲繞几，深禪相對同參。
螺甲割昆侖耳，香材屑鷓鴣斑。欲雨鳴鳩日永，不惟睡鴨春閑。

戲用前韻有聞帳中香以爲熬蠟香。

海上有人逐臭，天生鼻孔司南。但印香巖本寂，不必叢林徧參。
我讀蔚宗香傳，文章不減二班。誤以甲爲淺俗，却知麝要防閑。

和魯直韻東坡。

四句燒香偈子，隨香徧滿東南。不是聞思所及，且令鼻觀先參。
萬卷明窗小字，眼花只有斕斑。一炷煙消火冷，半生身老心閑。

次韻答子瞻山谷。

置酒未容虛左，論詩時要指南。迎笑天香滿袖，喜君先赴朝參。
迎燕温風旋旋，潤花小雨斑斑。一炷香中得意，九衢塵裏偷閑。

再和

置酒未逢休沐，便同越北燕南。且復歌呼相和，隔牆知是曹參。
丹青已是前世，竹石時窺一斑。五字還當靖節，數行誰似高閑。

印香東坡。

子由生日，以檀香、觀音像及新合印香銀篆盤爲壽。

栴檀婆律海外芬，西山老臍柏所薰。香螺脱黶來相群，能結縹緲風中雲。一燈如螢起微焚，何時度盡繆篆紋？繚繞無窮合復分，綿綿浮空散氤氳。東坡持是壽卯君，君少與我師皇墳。旁資老聃釋迦文，共厄中年點蠅蚊。晚遇斯須何足云，君方論道承華勛。我亦旗鼓嚴中軍，國恩未報敢不勤。但願不爲世所醺，爾來白髮不可耘。問君何時返鄉枌，收拾散亡理放紛。此心實與香俱焄，聞思大士應已聞。

沉香石東坡。

壁立孤峯倚硯長，共凝沉水得頑蒼。欲隨楚客紉蘭佩，誰信吴兒是木腸。
山下曾逢化私石，玉中還有辟邪香。早知百和俱灰燼，未信人言弱勝剛。

凝齋香曾子固。

每覺西齋景最幽，不知官是古諸侯。一尊風月身無事，千里耕桑歲共秋。
雲水醒心鳴好鳥，玉泉清耳漱沉流。香煙細細臨黃卷，凝在香煙最上頭。

肖梅香張吉甫。

江村招得玉妃魂，化作金爐一炷雲。但覺清芬暗浮動，不知碧篆已氤氳。
春收東閤簾初下，夢想西湖被更熏。真似吾家雪溪上，東風一夜隔籬聞。

香界朱晦庵。

幽興年來莫與同，滋蘭聊欲泛東風。真成佛國香雲界，不好淮山桂樹叢。
花氣無邊醺欲醉，靈芬一點静還通。何須楚客紉秋佩，坐卧經行向此中。

次韻蘇藉返魂梅六首陳子高。

誰道春歸無覓處？眠齋香霧作春昏。君詩似説江南信，試與梅花招斷魂。
東風欺人底薄相，花信無端冲雪來。妙手誰知煨燼裏，等閑種得臘前梅。
花開莫奏傷心曲，花落休矜稱面妝。只憶夢爲蝴蝶去，香雲密處有春光。
老夫粥後惟耽睡，灰暖香濃百念消。不學東門醉公子，鴨爐煙裏逞風標。
鼻根無奈重香繞，編處春隨夜色勻。眼底狂花開底事，依然看作一枝春。
漫道君家四壁空，衣篝沉水晚朦朧。詩情似被花相惱，入我香奩境界中。

龍涎香劉子暈。

瘴海驪龍供素沫，蠻村花露浥情滋。微參鼻觀猶疑似，全在爐煙未發時。

燒香曲李商隱。

鈿雲蟠蟠牙比魚，孔雀翅尾蛟龍鬚。漳宮舊樣博山爐，楚嬌捧笑開芙蕖。八蠶繭綿小分炷，獸焰微紅隔雲母。白天月澤寒未冰，金虎含秋向東吐。玉佩呵光銅照昏，簾波日暮衝斜門。西來欲上茂陵樹，柏梁已失栽桃魂。露庭月井大紅氣，輕衫薄袖當君意。蜀殿瓊人伴夜深，金鑾不問殘燈事。何當巧吹君懷度，襟灰爲土填清露。

焚香邵康節。

安樂窩中一炷香，陵晨焚意豈尋常。禍如能免人須諂，福若待求天可量。
且異緇黄徼廟貌，又殊兒女裛衣裳。非圖聞道至于此，金玉誰家不滿堂。

焚香楊廷秀。

琢瓷作鼎碧于水，削銀爲葉輕如紙。不文不武火力均，閉閤下簾風不起。詩人自炷古龍涎，但令有香不見煙。素馨欲開末利折，底迅龍涎和檀棧。平生飽食山村味，不料此香殊嫵媚。呼兒急取蒸木犀，却作書生真富貴。

燒香陳去非。

明窓延静晝，默坐息諸緣。聊將無窮意，寓此一炷煙。當時戒定慧，妙供均人天。我豈不清(友)闕，于今醒心然。爐香裊孤碧，雲縷飛數千。悠然淩空去，縹緲隨風還。世事有過現，薰性無變遷。應如水中月，波定還自丸。

焚香郝伯常。

花落深庭日正長，蜂何撩繞燕何忙。匡床不下凝塵滿，消盡年光一炷香。

覓香

磬室從來一物無，博山惟有一香爐。而今荀令真成癖，祇欠精神裊坐隅。

覓香顔博文。

王希深合和新香，煙氣清灑不類尋常等，可以爲道人開筆端消息。

玉水沉沉影，銅爐裊裊煙。爲思丹鳳髓，不愛老龍涎。皂帽真閑客，黄衣小病仙。定知雲屋下，繡被有人眠。

修香陸放翁。

空庭一炷，上有神明；家廟一炷，曾英祖靈。且祈，持此而已。此而不爲，吁嗟已矣。

香爐

四座且莫喧，願聽歌一言。請説銅香爐，崔巍象南山。上枝似松柏，下根據銅盤。雕文各異類，離婁自相連。誰能爲此器，公輸與魯般。朱火然其中，青煙揚其間。順入君懷裏，四座莫不歡。香風難久居，空令蕙草殘。

博山香爐劉繪。

參差鬱佳麗，合沓紛可憐。蔽虧千種樹，出没萬重山。上鏤秦王子，駕鶴翔紫煙。下刻盤龍勢，矯首半銜連。傍爲洛水麗，芝蓋出岩間。後有漢遊女，拾翠弄全妍。榮色何雜揉，縟繡更相鮮。麏鹿或騰倚，林薄香芊眠。撩華如不發，含薰未肯然。風生玉階樹，露浥曲池蓮。寒蟲飛夜室，秋雲没曉天。

博山香爐沈約。

凝芳俟朱燎，先鑄首山銅。環姿信岳崿，奇態實玲瓏。赤松遊其上，斂足御輕鴻。蛟龍蟠其下，驤首盼層穹。嶺側多奇樹，或孤或連叢。巘間有佚女，垂袂似含風。翬飛若未已，虎視鬱金雄。百和清夜吐，蘭煙四面融。如彼崇朝氣，觸石繞華嵩。

**又**　樂府

詞句

玉帳鴛鴦噴沉麝。李太白。

沉檀煙起盤紅霧。徐昌圖。

寂寞繡屏香一縷。韋。

衣惹御爐香。薛昭藴。

博山香炷融。戚熙震。

爐香煙冷自亭亭。李中主。

香草續殘爐。謝希深。

爐香静逐遊絲轉。晏同叔。

四和裊金鳧。秦叔度。

盡日水沉香一縷。

玉盤香篆看徘徊。趙德慶。

金鴨香凝袖。

衣潤費爐煙。周美成。

朱麝堂中香。

長日篆煙銷。

香滿雲窓月户。

熏爐熟水留香。

繡被薰香透。元裕之。

鷓鴣天・木犀元裕之。

桂子紛翻浥露黄，桂華高韻静年芳。薔薇水潤宫衣軟，波律膏清月殿涼。雲岫句，海仙方，情緣心事兩相忘。衰蓮枉誤秋風客，可是無塵袖裏香。

天香・龍涎香王沂孫。

孤嶠蟠煙，層濤蜕月，驪宫夜采鉛水。訊遠槎風，夢深薇露，化作斷魂心字。紅瓷候火，還(乍識、冰環)玉指。一縷縈簾翠影，依稀海風雲氣。　幾回(殢)嬌半醉，剪青燈、夜寒花碎。更好故溪飛雪，小窓深閉。荀令如今頓老，揔忘却、尊前舊風味。漫惜餘薰，空篝素被。

慶清朝慢・軟香詹天遊。

紅雨争霏，芳塵生潤，將春都搗成泥。分明蕙風薇露，花氣遲遲，無奈汗酥浥透，温柔鄉里濕雲癡。偏厮稱，霓裳霞珮，玉骨冰肌。　誰品處？誰詠處？驀然地，不在泊意聞。款款生綃扇底，嫩涼動個些兒。似醉渾無氣力，海棠一色睡臙脂。真奇絶，這般風韻，韓壽争知。

# 雜録

**漢·劉安《淮南子·説林訓》** 汙準而粉其顙；腐鼠在壇，楚人謂中庭爲壇。燒薰於宫；入水而憎濡，懷臭而求芳：雖善者弗能爲工。「善」或作「巧」。

**《後漢書·馬皇后紀》** 建初元年，［帝］欲封爵諸舅，太后不聽。明年夏，大旱，言事者以爲不封外戚之故，有司因此上奏，宜依舊典。太后詔曰：「凡言事者皆欲媚朕以要福耳。昔王氏五侯同日俱封，其時黄霧四塞，不聞澍雨之應。又田蚡、竇嬰，寵貴横恣，傾覆之禍，爲世所傳。故先帝防慎舅氏，不令在樞機之位。諸子之封，裁令半楚、淮陽諸國，常謂『我子不當與先帝子等』。今有司奈何欲以馬氏比陰氏乎！吾爲天下母，而身服大練，食不求甘，左右但著帛布，無香薰之飾者，欲身率下也。以爲外親見之，當傷心自勑，但笑言太后素好儉。」

**又《第五鍾離宋寒傳》** 藥崧者，河内人，天性朴忠。家貧爲郎，常獨直臺上，無被，枕杫，杫音思漬反，讀俎几也。《方言》云：「蜀、漢之郊曰杫。」食糟糠。帝每夜入臺，輒見崧，問其故，甚嘉之，自此詔太官賜尚書以下朝夕餐，給帷被皁袍，及侍史二人。蔡質《漢官儀》曰「尚書郎入直臺中，官供新青縑白綾被，或錦被，晝夜更宿，帷帳畫，通中枕，卧旃蓐，冬夏隨時改易。太官供食，五日一美食，下天子一等。尚書郎伯使一人，女侍史二人，皆選端正者。伯使從至止車門還，女侍史絜被服，執香爐燒燻，從入臺中，給使護衣服」也。崧官至南陽太守。

**晉·王嘉《拾遺記》卷九** 石虎於太極殿前起樓【略】時亢旱，舂雜寶異香爲屑，使數百人於樓上吹散之，名曰「芳塵」。【略】夏則引渠水以爲池，池中皆以紗縠爲囊，盛百雜香，漬於水中。

**南朝·劉義慶《世説新語·汰侈》** 石崇厠，常有十餘婢侍列，皆麗服藻飾。置甲煎粉、沈香汁之屬，無不畢備。又與新衣箸令出，客多羞不能如厠。王大將軍往，脱故衣，箸新衣，神色傲然。羣婢相謂曰：「此客必能作賊。」《語林》曰：「劉寔詣石崇，如厠，見有絳紗帳大牀，茵蓐甚麗，兩婢持錦香囊。寔遽反走，即謂崇曰：『向誤入卿室内。』崇曰：『是厠耳。』」

**《晉書·劉寔傳》** 寔少貧窶，杖策徒行，每所憩止，不累主人，薪水之事，皆自營給。及位望通顯，每崇儉素，不尚華麗。嘗詣石崇家，如厠，見有絳紋帳，裀褥甚麗，兩婢持香囊。寔便退，笑謂崇曰：「誤入卿内。」崇曰：「是厠耳。」寔曰：「貧士未嘗得此。」乃更如他厠。

**又《王敦傳》** 敦眉目疏朗，性簡脱，有鑒裁，學通《左氏》，口不言財利，尤好清談，時人莫知，惟族兄戎異之。經略指麾，千里之外肅然，而麾下擾而不能整。武帝嘗召時賢共言伎藝之事，人人皆有所説，惟敦都無所關，意色殊惡。自言知擊鼓，因振袖揚枹，音節諧韵，神氣自得，傍若無人，舉坐歎其雄爽。石崇以奢豪矜物，厠上常有十餘婢侍列，皆有容色，置甲煎粉、沈香汁，有如厠者，皆易新衣而出。客多羞脱衣，而敦脱故著新，意色無怍。羣婢相謂曰：「此客必能作賊。」

**唐·張鷟《朝野僉載》卷三** 宗楚客造一新宅成，皆是文栢爲梁，沉香和紅粉以泥壁，開門則香氣蓬勃。磨文石爲階砌及地，着吉莫鞾者，行則仰仆。

**宋·高承《事物紀原》卷八《舟車帷幄部》**

博山

《黄帝内傳》有博山爐，蓋王母遺帝者。蓋其名起於此爾。漢、晉以來，盛用於此。

香毬

《西京雜記》：長安巧工丁緩者，作卧褥香爐，一名被中香爐。本出防風，其法後絶，至緩更爲之，爲機環轉運，而爐體常平。今香毬是也。

薰籠

《晉東宫舊事》曰：太子納妃，有衣薰籠。當亦秦、漢之制也。

**宋·張邦基《墨莊漫録》卷二**

壽春村農得青銅雀銅香爐

壽春村農，曉耕於野，每見青雀五枚，翔集桑上，毛羽紺翠。天明即見，心頗異之。一日，偶拈石擊之，正中其一，遂隕地。視之，乃青銅雀，已折矣。因於其下斸之，不數尺，得銅香爐，蓋上一雀四足，而缺其一矣。後爲方會給事家所得，工製簡樸，亦無他異。

荀令湯朱雲湯

黄魯直謂荀中令喜焚香，故名縮砂湯曰荀令湯。朱雲喜直言切諫，苦口逆耳，故名三稜湯曰朱雲湯。

## 宋・洪芻《香譜》卷下《香之事》

香序

宋范曄，字蔚宗，撰《和香方》，其序云：「麝本多忌，過分必害；沈實易和，盈斤無傷。零藿慘虐，詹糖粘濕。甘松、蘇合、安息、鬱金、㮈多、和羅之屬，并被于外國，無取于中土。又棗膏昏懞，甲煎淺俗，非惟無助于馨烈，乃當彌增于尤疾也。」此序所言，悉以比類朝士：麝本多忌，比庾憬之；棗膏昏懞，比羊玄保；甲煎淺俗，比徐湛之；甘松蘇合，比惠休道人；沈實易和，蓋自比也。

香尉

《述異記》：「漢雍仲子進南海香物，拜涪陽尉，人謂之香尉。」

香市

《述異記》曰：「南方有香市，乃商人交易香處。」

薰爐

應劭《漢官儀》曰：「尚書郎入直臺中，給女侍史二人，皆選端正。指使從直女侍史執香爐，燒薰以從入臺中，給使護衣。」

懷香

《漢官典職》曰：「尚書郎懷香握蘭，趨走丹墀。」

述香

《說文》曰：「芳也。篆從黍從甘，隸省作香。《春秋傳》曰：『黍稷馨香。』凡香之屬皆從香。」香之美者曰䭲音使，香之遠聞曰馨。香之氣曰馦火兼反，曰馣音淹，曰馧于云反，曰馥扶福反，曰馤音愛，曰馡方滅反，曰馩音繽，曰馢音牋，曰馛步末反，曰馝匹結反，曰馝滿結反，曰馞音悖，曰馠火含反，曰馩音焚，曰馚上同，曰馪奴昆反，曰馪音彭馪大香，曰馟他胡反，曰馜音倚，曰䭲音你，曰馞普没反，曰馡滿結反，曰馦普滅反，曰馧烏孔反，曰馫音飄。

至治馨香　　《尚書》曰：　至治馨香，感于神明。

有飶其香　　《毛詩》：　有飶其香，邦家之光。

其香始升　　《毛詩》：　其香始升，上帝居歆。

昭其馨香　　《國語》：　其德足以昭其馨香。

國香　　《左傳》：　蘭有國香。

久而不聞其香　　《國語》：　入芝蘭之室，久而不聞其香。

丁謂之《天香傳》

香之爲用從上古矣，可以奉神明，可以達蠲潔。三代禋祀，首惟馨之薦，而沉水、熏陸無聞焉。百家傳記萃衆芳之美，而蕭薌鬱鬯不尊焉。《禮》云：「至敬不享味貴氣臭也。」是知其用至重，採製粗略，其名實繁而品類叢脞矣。觀乎上古帝皇之書，釋道經典之説，則記録綿遠，讚頌嚴重，色目至衆，法度殊絶。西方聖人曰：「大小世界，上下内外，種種諸香。」又曰：「千萬種和香，若香、若丸、若末、若塗，以至華香、果香、樹香、諸天合和之香。」又曰：「天上諸天之香，又佛土國名衆香，其香比于十方人天之香，最爲第一。」仙書曰：「上聖焚百寶香，天真皇人焚千和香，黄帝以沉榆、蓂莢爲香。」又曰：「真仙所焚之香，皆聞百里，有積煙成雲，積雲成雨，成雨然則與人間所共貴者，沉香、熏陸也。」故《經》云：「沉香堅株。」又曰：「沉水堅香，佛降之夕，尊位而捧爐香者，煙高丈餘，其色正紅，得非天上諸天之香耶？」

《三皇寶齋》香珠法，其法雜而末之，色色至細，然後叢聚杵之三萬，緘以銀器，載蒸載和，豆分而丸之，珠貫而暴之。旦日此香焚之，上徹諸天。蓋以沉香爲宗，熏陸副之也。是知古聖欽崇之至厚，所以備物實妙之無極，謂變世寅奉香火之薦，鮮有廢者。然蕭茅之類，隨其所備，不足觀也。

香户

《述異記》曰：「南海郡有採香户。」

香洲

《述異記》曰：「朱崖郡洲中出諸異香，往往有不知名者。」

披香殿

《漢宫閣名》：「長安有合歡殿、披香殿。」

採香徑

《郡國志》：「吴王闔閭起響屧廊、採香徑。」

啖香

《杜陽編》：「元載寵姬薛瑶英母趙娟，幼以香啖英，故肌肉悉香。」

愛香

《襄陽記》:「劉季和性愛香,常如厠還,輒過香爐上。主簿張坦曰:『人名公作俗人,不虛也。』季和曰:『荀令君至人家,坐席三日香。爲我如何?』坦曰:『醜婦效顰,見者必走。公欲遁走耶?』季和大笑。」

含香

應劭《漢官》曰:「侍中刁存,年老口臭,上出雞舌香含之。」

竊香

《晉書》:「韓壽,字德真,爲賈充司空掾。充女窺見壽而悅焉,因婢通殷勤,壽踰垣而至。時西域有貢奇香,一著人,經月不歇。帝以賜充,其女密盜以遺壽。後充與壽宴,聞其芬馥,意知女與壽通,遂秘之,以女妻壽。」

香囊

謝玄常佩紫羅香囊,謝安患之而不欲傷其意,因戲賭,取焚之,玄遂止。又古詩云:「香囊懸肘後。」

沉香床

《異苑》:「沙門支法有八尺沉香床。」

金爐

魏武《上雜物疏》曰:「御物三十種,有純金香爐一枚。」

博山香爐

《東宫故事》曰:「皇太子初拜,有銅博山香爐。」《西京雜記》:「丁緩又作九層博山香爐。」

被中香爐

《西京雜記》:「被中香爐,本出房風,其法後絶。長安巧工丁緩始更之,機環運轉四周,而爐體常平,可置之于被褥,故以爲名。」

沉香火山

《杜陽編》:「隋煬帝每除夜,殿前設火山數十,皆沉香木根,每一山焚沉香數車。暗即以甲煎沃之,香聞數十里。」

檀香亭

《杜陽編》:「宣州觀察使楊牧造檀香亭子,初成,命賓樂之。」

沉香亭

《李白後集序》:「開元中,禁中初重木芍藥,即今牡丹也。得四本:紅、紫、淺紅、通白者。上因移植于興慶池東,沉香亭前。」

五色香煙

《三洞珠囊》:「許遠遊燒香,皆五色香煙出。」

香珠

《三洞珠囊》:「以雜香搗之,丸如梧桐子大,青繩穿。此三皇真元之香珠也,燒之,香徹天。」

金香

右司命君王易度游于東板廣昌之城長樂之鄉,天女灌以平露金香八會之湯,瓊鳳玄脯。

鵲尾香爐

宋玉賢,山陰人也。既稟女質,厥志彌高自專。年及笄,應適女兄許氏。密具法服登車,既至夫門,時及交禮,更著黄巾裙,手執鵲尾香爐,不親婦禮。賓主駭愕,夫家力不能屈,乃放還。遂出家,梁大同初隱弱溪之間。

百刻香

近世尚奇者,作香篆,其文準十二辰,分一百刻,凡然一晝夜已。

水浮香

然紙灰以印香篆,浮之水面,爇竟不沉。香獸以塗金,爲狻猊、麒麟、鳧鴨之狀,空中以然香,使煙自口出,以爲玩好。復有雕木埏土爲之者。

香篆

鏤木以爲之,以範香塵爲篆文,然于飲席或佛像前,往往有至二三尺徑者。

焚香讀孝經

《陳書》:「岑之敬,字思禮,淳謹有孝行,五歲讀《孝經》,必焚香正坐。」

防蠹

徐陵《玉台新詠》序曰:「辟惡生香,聊防羽陵之蠹。」

香溪

吴宫故有香溪,乃西施浴處,又呼爲脂粉溪。

床畔香童

《天寶遺事》:「王元寶好賓客,務于華侈器玩,服用僭于王公,而四方之士盡歸仰焉。常于寢帳床前刻矮童二人,捧七寶博山香爐,自暝焚香徹曙,其驕貴如此。」

四香閣

《天寶遺事》云：「楊國忠嘗用沉香爲閣，檀香爲欄檻，以麝香、乳香篩土和爲泥飾閣壁。每于春時木芍藥盛開之際，聚賓于此閣上賞花焉。禁中沉香之亭，遠不侔此壯麗者也。」

香界

《楞嚴經》云：「因香所生，以香爲界。」

香嚴童子

《楞嚴經》云：「香嚴童子白佛言：『我諸比丘燒水沉香，香氣寂然來入鼻中，非木非空，非煙非火，去無所著，來無所從，由是意銷，發明無漏，得阿羅漢。』」

**宋・葉廷珪《海録碎事》卷五《衣冠服用部・釵珥門》** 鈿，金花曰鈿。音田，亦音甸。百英粉，趙后浴五蘊七香湯，踞通沉水香，坐燎降神百蘊香。昭儀浴荳蔻湯，傅露華百英粉。帝嘗私語樊嫕曰：「后雖有異香，不如昭儀體自香也。」《飛燕外傳》。

**又 卷六《飲食器用部・香門》** 鵲尾爐，香爐有柄曰鵲尾爐。費崇先信佛法，常以鵲尾爐置膝上。《珠林》。

**宋・周去非《嶺外代答》卷五《財計門》** 欽州博易場

凡交阯生生之具，悉仰於欽，舟楫往來不絶也。博易場在城外江東驛。其以魚蚌來易斗米尺布者，謂之交阯蜑。其國富商來博易者，必自其邊永安州移牒于欽，謂之小綱。其國遣使來欽，因以博易，謂之大綱。所賫乃金銀、銅錢、沉香、光香、熟香、生香、真珠、象齒、犀角。吾之小商近販紙筆、米布之屬，日與交人少少博易，亦無足言。唯富商自蜀販錦至欽，自欽易香至蜀，歲一往返，每博易動數千緡，各以其貨互緘，踰時而價始定。既緘之後，不得與他商議。其始議價，天地之不相侔。吾之富商，又日遣其徒爲小商以自給，而筑室反耕以老之。彼之富商，頑然不動，亦以持久困我。二商相遇，相與爲杯酒歡。久而降心相從，儈者乃左右漸加抑揚，其價相去不遠，然後兩平焉。官爲之秤香交錦，以成其事。既博易，官止收吾商之征。其征之也，約貨爲錢，多爲虚數，謂之綱錢。每綱錢一千，爲實錢四百，即以實錢一緡征三十焉。交人本淳朴，吾人詐之於權衡低昂之間。其後至三遣使，較定博易場秤。邇年永安州人狡特甚，吾商之詐彼也，率以生藥之僞，彼則以金銀雜以銅，至不可辨，香則漬以鹽，使之能沉水，或鑄鉛于香竅以沉之，商人率墮其術中矣。

**宋・吴曾《能改齋漫録》卷二《事始》**

忌日行香

忌日行香。始于唐貞元五年八月，敕天下諸州，並宜國忌日，准式行香。然行香事，按《南山鈔》云：「此儀自道安法師布置。」又《賢愚經》云：「爲蛇施金設齋，令人行香僧手中。」《普達王經》云：「佛昔爲大姓家子，爲父供養三寶。父命子傳香。」此云「行香僧手中」與「傳香」，今世國忌日尚行此意。至人君誕節，遂以拈香爲別矣。按，《唐會要》：「開成五年四月，中書門下奏，天下州府，每年常設降誕齋。行香後，便令以素食宴樂，唯許飲酒及用脯醢等。」以此知唐朝雖誕節，亦只云行香。姚令威以爲行香始于後魏江左，非也。

寺立觀音像

天下寺立觀音像，蓋本于唐文宗好嗜蛤蜊。一日，御饌中有擘不開者，帝以爲異。因焚香祝之，乃開。即見菩薩形，梵相具足。遂貯以金粟檀香合，覆以美錦，賜興善寺。仍敕天下寺，各立觀音像。

**又 卷六《事實》** 芳塵

石虎起四十丈樓，結珠爲簾，垂五色玉佩，雜寶異香爲屑，風作則揚之，名芳塵。塵甚，以酒洒之，名粘雨。按陸雲喜霽賦曰：「戢流波于桂水兮，起芳塵于沈泥。」雲生于虎之前，則芳塵之説，不始于石虎也。司空曙送高勝謁曹王詩云：「想君登舊樹，重喜掃芳塵。」

**宋・朱熹《周易本義・筮儀》** 擇地潔處爲蓍室，南户，置牀于室中央。牀大約長五尺，廣三尺，毋太近壁。蓍五十莖，韜以纁帛，貯以皂囊，納之櫝中，置于牀北。櫝以竹筒，或堅木，或布漆爲之，圓徑三寸，如蓍之長，半爲底，半爲蓋，下别爲臺函之，使不偃仆。設木格于櫝南，居牀二分之北。格以横木板爲之，高一尺，長竟牀，當中爲兩大刻，相距一尺，大刻之西爲三小刻，相距各五寸許，下施横足，側立案上。置香爐一于格南，香合一于爐南，日炷香致敬。將筮，則灑掃拂拭，滌硯一，注水，及筆一、墨一、黄漆板一，于爐東，東上。筮者齋潔衣冠北向，盥手焚香致敬。筮者北向，見儀禮，若使人筮，則主人焚香畢，少退，北向立。筮者進立於牀前少西，南向受命，主人直述所占之事，筮者許諾。主人右還西向立，筮者右還北向立。兩手奉櫝蓋，置于格南爐北，出蓍于櫝，去囊解韜，置于櫝東。合五十策，兩手執之，熏於爐上。【略】禮畢，韜蓍襲之以囊，人櫝加蓋，斂筆硯墨版，再焚香致敬而退。如使人筮，則主人焚香，揖筮者而退。

**宋·陸游《老學庵筆記》卷一** 京師承平時，宗室戚里歲時入禁中，婦女上犢車，皆用二小鬟持香毬在旁，而袖中又自持兩小香毬。車馳過，香煙如雲，數里不絶，塵土皆香。

**又 卷八** 沈存中辨雞舌香爲丁香，亹亹數百言，竟是以意度之。惟元魏賈思勰作《齊民要術》，第五卷有合香澤法，用雞舌香，注云：「俗人以其似丁子，故謂之丁子香。」此最的确，可引之證，而存中反不及之，以此知博洽之難也。

**宋·趙彦衛《雲麓漫鈔》卷三** 國忌行香，起於後魏及江左齊梁間，每然香熏手，或以香末散行，謂之行香。《遺教經》云：「比丘欲食，先燒香唄讚。」之安法師行香定坐而講，所以解穢流芬也，斯乃中夏行香之始。唐高宗時，薛元超、李義府爲太子設齋行香；中宗設無遮齋，詔五品以上行香；不空三藏奏：爲神堯而下七聖忌辰設齋行香。至文宗朝，宰臣崔蠡奏：「國忌設齋行香，事無經據。」遂罷之。宣宗再興釋教，詔京城及外道州府國忌行香，並須精潔，以伸追薦之道。朱梁開平三年大明節，百官始行香祝壽。石晉天福中，竇正固奏：「國忌行香，宰臣跪爐，百官列坐，有失嚴敬。」今後宰臣跪爐，百官立班，仍飯僧百人，永爲定式。本朝淳化中，虞部員外郎李宗訥請：「國忌，宰臣以下行香，復禁食酒肉，以表精虔。」從之。

**又 卷五** 福建市舶司，常到諸國舶船。大食、嘉令、麻辣、新條、甘秠、三佛齊國則有真珠、象牙、犀角、腦子、乳香、沉香、煎香、珊瑚、琉璃、瑪瑙、玳瑁、龜筒、梔子、香薔薇、水龍涎等。真臘亦名真里富，三泊、緣洋、登流眉、西棚、羅斛、蒲甘國則有金顏香等。渤泥國則有腦版。闍婆國多藥物。占城、目麗、木力千、賓達儂、胡麻、巴洞、新洲國則有夾煎。佛囉安、朋豐、達囉啼、達磨國則有木香。波斯蘭、麻逸、三嶼、蒲里喚、白蒲邇國則有吉貝布、貝紗。高麗國則有人參、銀、銅、水銀、綾布等。大抵諸國産香略同。以上舶船候南風則回，惟高麗北風方回。凡乳香有揀香、缾香、分三等。袋香、分三等。榻香、黑榻、水溼黑榻、纏末。如上諸國，多不見史傳，惟市舶司有之。

**宋·王楙《野客叢書》卷一七** 一句中對偶

《容齋續筆》曰：「唐人詩文，或於一句中自成對偶，謂之當句對，蓋起於《楚詞》『蕙蒸蘭藉』『桂酒椒漿』『桂櫂蘭枻』『散冰積雪』。自齊、梁以來，江文通、庾子山諸人亦如此。」僕謂此體亦出於三百篇之《詩》，不但《楚詞》也。如「玄衮赤舄」「鉤膺鏤錫」「朱英緑縢」「二矛重弓」之類是焉。

**又 卷二二** 古詩香事

王直方《詩話》云：古詩曰「博山罏中百和香，鬱金蘇合及都梁」。又曰「氍毹五水香，迷迭及都梁」。按《廣志》：都梁香出交廣，形如藿香；迷迭出西域，魏文帝有《迷迭賦》。信乎不行一萬里，不讀萬卷書，不可看老杜詩也！苕谿漁隱謂王直方何鹵莽如此，方論古詩香事，初不論杜詩，遽有「不行一萬里，不讀萬卷書，不可看杜詩」之語，僕謂漁隱不深察耳，直方蓋謂大凡古詩中多有事蹟，但人讀書不多，見識不廣，所以不知。使不觀《廣志》等書，孰知都梁等香事，因悟或者所謂「不行一萬里，不讀萬卷書，不可看杜詩」之語爲信然。漁隱自鹵莽如此，反謂直方鹵莽，其可笑也。《迷迭賦》，當時如曹植、王粲、應瑒、陳琳之徒，皆有是作，不但魏文帝一人而已，故梁元帝志蕭琛曰「迷迭成章」，江總表曰「迷迭之文」云云。

**又 卷三〇** 僮約香方

前輩多謂漢王褒《僮約》，魯直效之作《跛奚奴文》。僕謂魯直之前，石崇效之，嘗作《奴券》矣。唐侯味虚作《百官本草》，賈志忠作《御史本草》，或者謂前此未聞，僕謂此意祖范曄《和香方》。曄撰《香方》，悉以比類當時之士。如曰：麝本多忌，比庾炳之；苓藿虚燥，比何尚之；詹唐黏濕，比沈演之；棗膏昏鈍，比羊玄保；甲煎淺俗，比徐湛之；丹松蘇合，比慧琳，沈實易和，以自比況。所不同者，此以人，彼以官耳。

**宋·陳敬《陳氏香譜》卷三** 香品器

香爐

香爐不拘銀、銅、鐵、錫、石，各取其便用。其形或作狻猊、獬豸、鳧鴨之類，計其人之當作。頭貴穿窿，可泄火氣，置竅不用，大都使香氣回薄，則能耐久。

香盛

盛，即盒也。其所用之物與爐等，以不生澀枯燥者皆可。仍不用生銅，銅易腥漬。

香盤

用深中者，以沸湯瀉中令其氣蓊鬱，然後置爐其上，使香易著物。

香匙

平灰置火則必用圓者，分香抄末則必用鋭者。

香筯

和香、取香摠宜用筯。

香壺

或范金，或埏爲之，用盛匕筯。

香罌

窨香用之，深中而掩上。

**又 卷四** 事類

香尉

漢仲雍子進南海香，拜洛陽尉，人謂之香尉。《述異記》。

香户

南海郡有采香户。海南俗以貿香爲業。《東坡文集》。

香市

南方有香市，乃商人交易香處。《述異記》。

香洲

朱崖郡洲中出諸異香，往往有不知名者。《述異記》。

香溪

吴宫有香水溪，俗云西施浴處，又呼爲脂粉塘。吴王宫人濯袚于此溪上源，至今猶香。

香界

回香所生，以香爲界。《楞嚴經》。

香篆

鏤木爲篆紋，以之範香塵，然于飲食或佛象前，有至二三尺徑者。洪《譜》。

香藹雕盤。坡詞。

香珠

以雜香搗之，丸如梧桐子，青繩穿之。此三皇真元之香珠也，燒之香徹天。《三洞珠囊》。

香纓

《詩》：「親結其縭。」注云：「縭，香纓也。女將嫁，母結纓而戒之。」

香囊

晉謝玄常佩紫羅香囊，謝安患之而不欲傷其意，因戲賭，取香囊焚之，玄遂止。又古詩云：「香囊懸肘後。」後蜀文澹生五歲謂母曰：「有五色香囊在杏林下。」往取得之。乃澹前生五歲失足落井，今再生也。并《本傳》。

香獸

以塗金爲狻猊、麒麟、鳧鴨之狀，空中以焚香，使煙以口出，以爲玩好。復有雕木塊土爲之者。洪《譜》。《北里志書》曰：「新團香獸不焚燒。」

香童

唐元寶好賓客，務于華侈，器玩服用，僭于王公，而四方之士盡仰歸焉。常于寢帳床前，刻鏤童子人，捧七寶博山香爐，日暝焚香，徹曙。其驕貴如此。《天寶遺事》。

香岩童子

香岩童白佛言：我諸比丘燒水沉香，香氣寂然來入鼻中，非木非空，非煙非火，去無所著，來無所從，由是意銷，發明無漏，得阿羅漢。《楞嚴經》。

宗超香

宗超嘗露壇行道，奩中香盡，自然滿溢，爐中無火，煙自出。洪《譜》。

南蠻香

訶陵國亦曰闍婆，在南海中，貞觀時遣使獻婆律膏。又驃，古朱波也，有川名思利毗離芮土，多異香。王宫設金、銀二爐，寇至，焚香擊之，以占吉凶。有巨白象高數尺，訟者焚香自跽象前，自思是非而退。有災疫至，亦焚香對象跽自咎。無膏油以蠟雜香代炷。又真臘國，客至，屑檳榔、龍腦以進，不飲酒。《唐書·南蠻傳》。

棧槎

番禺民忽于海旁得古槎，長丈餘，闊六七尺，木理甚堅，取爲溪橋。數年後，有僧過而識之，謂衆曰：「此非久計，願舍衣鉢資易爲石橋，即求此槎爲薪。」衆許之。得棧香數千兩。洪《譜》。

披香殿

漢宫闕名長安，有合歡殿、披香殿。《郡國志》。

采香徑

吴王闔閭起響屧廊、采香徑。《郡國志》。

柏香臺

漢武帝作柏香臺，以柏香聞數十里。《本紀》。

三清臺

王審知之孫昶襲爲閩王，起三清臺三層，以黄金鑄像，日焚龍腦、熏陸諸香數斤。《五代史·十國世家》。

沉香床

沙門支法，有八尺沉香床。《異苑》。

沉香亭

開元中，禁中初重木芍藥，即今牡丹也，得四本，紅、紫、淺紅、通白者，上因移植於興慶池東，沉香亭前。《李白集》。敬宗時，波斯國進沉香亭子，拾遺李漢諫曰：「沉香爲亭，何異瓊臺瑶室？」《本傳》。

沉香堂

隋越國公楊素大治第宅，有沉香堂。

沉香火山

隋帝每除夜，殿前設火山數十，皆沉香木根。每一山焚沉香數車，以甲煎沃之，香聞數十里。《續世説》。

沉香山

華清温泉湯中，疊沉香爲方丈瀛洲。《明皇雜録》。

沉屑泥壁

唐宗楚客造新第，用沉香紅粉以泥壁，每開户則香氣蓬勃。洪《譜》。

檀香亭

宣州觀察使楊牧造檀香亭子，初成，命賓落之。《杜陽編》。

檀槽

天寶中，中官白秀貞自蜀使回，得琵琶以獻。其槽以沙檀爲之，温潤如玉，光耀可鑒。李宣詩云：「琵琶聲亮紫檀槽。」

麝壁

南齊廢帝東昏侯，塗壁皆以麝香。《雞石集》。

麝枕

置真麝香于枕中，可絶惡夢。《續博物志》。

龍香撥

貴妃琵琶以龍香版爲撥。《外傳》。

龍香劑

玄宗御案墨曰「龍香劑」。一日見墨上有道士如蠅而行，上叱之，即呼萬歲，曰：「臣松墨使者也。」上異之。《陶家餘事》。

香閣

後主起臨春、結綺、望春三閣，以沉檀香木爲之。《陳書》。楊國忠嘗用沉香爲閣，檀香爲欄檻，以麝香、乳香篩土和爲泥飾閣壁，每于春時木芍藥盛開之際，聚賓于此閣上賞花焉。禁中沉香亭遠不侔此壯麗也。《天寶遺事》。

香床

隋煬帝于觀文殿前兩廂爲堂十二間，每間十二寶廚，前設五方香床，綴貼金玉珠翠，每駕至，則宫人擎香爐在輦前行。《隋書》。

香殿

《大明賦》云：「香殿聚于沉檀，豈待焚夫椒蘭。黄萃卿？」水殿風來暗香滿。坡詞。

五香席

石季倫作席，以錦裝五香，雜以五綵，編蒲皮緣。

七香車

梁簡文帝詩云：「丹轂七香車。」

椒殿

《唐宫室志》有椒殿。

椒房

應邵《漢官儀》曰：「後宫稱椒房，以椒塗壁也。」

椒漿

桂醑兮椒漿，《離騷》。元日上椒酒于家，長舉觴稱壽。元日進椒酒，椒是玉衡之精，服之令人却老。《崔寔月令》。

蘭湯

五月五日，以蘭湯沐浴。《大戴禮》。「浴蘭湯兮沐芳」。《楚詞注》云：芳芷也。

蘭佩

「紉秋蘭以爲佩」。《楚詞注》云：佩也。記曰：佩帨茝蘭。

蘭畹

「既滋蘭之九畹」，「又樹蕙之百畮」。同上。

蘭操

孔子自衛反魯，隱谷之中見香蘭獨茂，喟然歎曰：「夫蘭當爲王者香，今乃獨茂，與衆草爲伍。」乃止車，援琴鼓之。自傷不逢時，託辭于幽蘭云。《琴操》。

玄宗夜宴，以琉璃器盛龍腦香數斤賜群臣。馮謐起進曰：「臣請效陳平爲宰。」自丞相以下悉皆跪受，尚餘其半，乃捧拜曰：「欽賜録事馮謐。」玄宗笑許之。

## 熏香

莊公束縛管仲以予齊使而以退。比至，三釁三浴之。註云：以香塗身曰釁，釁爲熏。《齊語》。魏武帝令云：「天下初定，吾便禁家内不得熏香。《三國志》。」

## 竊香

韓壽字德真，爲賈充司空掾。充女窺見壽而悦之，目婢通殷勤，壽踰垣而至。時西域有貢奇香，一著人，經月不散。帝以賜充，其女密盗以遺壽。後充與壽宴，聞其芬馥，計武帝所賜惟己及陳騫，家餘，無疑壽與女通。乃取左右婢考問，即以狀言。充秘之，以女妻壽。《晉書・本傳》。

## 愛香

劉季和性愛香，常如厠還，輒過爐上。主簿張坦曰：「人名公俗人，不虚也。」季和曰：「荀令君至人家，坐席三日香，爲我如何？」坦曰：「醜婦效顰，見者必走。公欲坦遁走耶？」季和大笑。《襄陽記》。

## 喜香

梅學士詢性喜焚香，其在官所，每晨起將視事，必焚香兩爐，以公服罩之，撮其袖以出，坐定，撒開兩袖，郁然滿室焚香。時人謂之梅香。《歸田録》。

## 天女擎香

夫子當生之日，有二蒼龍亘而下來，附徵在房，因夢而生夫子。夫子當生時，有天女擎香自空而下，以沐浴徵在。《拾遺記》。

## 三班喫香

三班院所領使臣八千餘人，涖事于外，其罷而在院者，常數百人。每歲乾元節，醵錢飯僧進香，合以祝聖壽，謂之香錢。京師語曰：「三班喫香。《歸田録》。」

## 露香告天

趙清獻公抃衢州人，舉進士，官至參政。平生所爲事，夜必衣冠露香，九拜手，告于天，應不可告者則不敢爲也。《言行録》。

## 焚香祝天

後唐明宗每夕于宫中焚香祝天，曰：「某爲衆所共推戴，願早生聖人爲生民主。《五代史・帝記》。」初廢帝入，欲擇宰相于左右，左右皆言盧文紀及姚顗有人

## 蘭亭

暮春之初，會于會稽山陰之蘭亭。王逸少《叙》。

## 蘭室

黄帝傳岐伯之術，書于玉版，藏諸靈蘭之室。《素問》。

## 蘭臺

楚襄王遊于蘭臺之宫，《風賦》。龍朔中，改秘書省曰蘭臺。

## 椒蘭養鼻

椒蘭芬苾，所以養鼻也。前有澤芷以養鼻，蘭槐之根是爲芷。注云：蘭槐，香草也，其根名芷。并《荀子》。

## 焚椒蘭

煙斜霧横，焚椒蘭也。杜牧之《阿房宫賦》。

## 懷香

尚書省懷香握蘭，趨走丹墀。《漢官儀》。

## 含香

漢桓帝時，侍中刁存年老口臭，上出雞舌香使含之。香頗小，辛螫不敢咽，自疑有過，賜毒也。歸舍與家人辭訣，欲就便宜。衆求視其藥，乃口香。衆笑之，更爲含食，意遂解。《漢官儀》。

## 啖香

唐元載寵姬薛瑶英，母趙娟，幼以香啖英，故肌肉悉香。《杜陽編》。

## 飯香

《維摩詰經》：時化菩薩以滿鉢香與維摩詰，飯香普薰毗耶離城及三千大千世界。時維摩詰，語舍利佛等諸大聲聞：「仁者可食如來甘露味飯，大悲所熏，無以限意食之，使不消。《柳文註》。」

## 貢香

唐貞觀中，勅下度支求杜若。省郎以謝玄暉詩云：「芳洲采杜若。」乃責坊州貢之。《通志》。

## 分香

魏王操臨終遺令曰：「餘香可分與諸夫人，諸舍中無所爲，學作履組賣也。《三國志》及《文選》。」

## 賜香

望。帝乃悉書清要姓名，内琉璃瓶中，夜焚香祝天，以筯挾之，首得文紀之名，次得姚顗，遂并相焉。《五代史・本傳》。

焚香讀章奏

唐宣宗每得大臣章奏，必盥手焚香，然後讀之。《本紀》。

焚香讀孝經

岑之敬字由禮，淳厚有孝行。五歲讀《孝經》，必焚香正坐。《南史》。

焚香讀易

公退之暇戴華陽巾，披鶴氅衣，手執《周易》一卷，焚香默坐，消遣世慮。王元之《竹樓記》。

焚香致水

襄國城塹水源暴竭，石勒問于佛圖澄，澄曰：「今當勑龍取水。」乃至源上，坐繩床，燒安息香，呪數百言，水大至，隍塹皆滿。《載記》。

焚香禮神

《漢武故事》：「昆邪王殺休屠王來降，得其金人之神，置之甘泉宫。金人者，皆長丈餘，其祭不用牛羊，惟燒香禮拜。」于吉精舍燒香，燒道書。《三國志》。

降香嶽瀆

國朝每歲分遣驛使齎御香，有事于五嶽四瀆、名山大川，循舊典也。廣州之南海道八十里扶胥之口、黄木之灣，南海祝融之廟也。歲二月，朝遣使馳駬，有事于海神。香用沉、檀，具牲幣，使初獻其亞，獻終獻各以官攝行三獻三奏樂。主者以祝文告于前，禮畢，使以餘香分給。

焚香静坐

人在家及外行，卒遇飄風、暴雨、震電、昏暗、大霧，皆諸龍神經過，宜入室閉户，焚香静坐避之，不爾損人。温子皮。

燒香勿返顧

南嶽夫人云：「燒香勿返顧，忤真氣致邪應也。《真誥》。」

燒香辟瘟

樞密王博文每于正旦四更燒丁香，以辟瘟氣。《瑣碎録》。

燒香引鼠

印香五文、狼糞少許，爲細末，同和匀，于净室内以爐燒之，其鼠自至，不得殺。戲術。

求名如燒香

人隨俗求名，譬如燒香，衆人皆聞其香，不知薰以自焚，盡則氣滅，名文則身絶。《真誥》。

五色香煙

許遠遊燒香，皆五色香煙出。《三洞珠囊》。

香奩

韓偓《香奩集・自叙》云：「咀五色之靈芝，香生九竅；咽三清之瑞露，春動七情。」古詩云：「開奩集香蘇。」

防蠹

辟惡生香，聊防羽陵之蠹。《玉台新詠序》。

除邪

地上魔邪之氣直上，沖天四十里，人燒青木、薰陸、安息膠于寢室，披濁臭之氣，却邪穢之霧。故天人、玉女、太一帝皇隨香氣而來下。洪《譜》。

香玉辟邪

唐肅宗賜李輔國香玉辟邪，二玉之香可聞數里，輔國每置之坐隅。一日，輔國方巾櫛，一忽大笑，一忽悲啼。輔國碎之。未幾事敗，爲刺客所殺。《杜陽編》。

香中忌麝

唐鄭注赴河中，姬妾百餘盡熏麝，香氣數里，逆于人鼻。是歲，自京兆至河中所過之地，瓜盡一蒂不獲。洪《譜》。

被草負笈

宋景公燒異香于臺，有野人被草負笈，扣門而進，是爲子常世司天部。洪《譜》。

異香成穗

二十二祖摩拏羅至西印土焚香，而月氏國王忽睹異香成穗。《傳燈録》。

逆風香

竺法深、孫興公共聽北來道人與支道林瓦棺寺講小品。北來屢設疑問，林辨答俱爽，北道每屈。孫問深公：「上人當是逆風家，何以都不言？」深笑而不答。曰：「白栴檀非不馥，焉能逆風？」深夷然不屑。波利質色香樹，其香逆其風而聞。今返之曰「白栴檀非不香，豈能逆風」，言深非不能難，正不必難也。

古殿爐香

問：「如何『古殿一爐香』？」寶蓋納師曰：「廣大勿入齅者如何？」師曰：

「六根俱不到。」

買佛香

問：「『動容沈古路，身没乃方知。』此意如何？」師曰：「偷佛錢，買佛香。」曰：「學人不會？」師曰：「不即燒香供養本耶娘。《泐潭師話》。」

戒定香

釋氏有定香、戒香。韓侍郎贈僧詩云：「一靈令用戒香薰。」

結願香

省郎遊花岩寺，岩下見老僧前有杳爐，煙穟微甚。僧謂曰：「此檀越結願香尚在，而檀越已三生矣。」陳去非詩：「再燒結願香。」

香偈

謹爇道香、德香、無爲香、無爲清浄自然香、妙洞真香、靈寶惡香、朝三界香，香滿瓊樓玉境，徧諸天法界，以此真香騰空上奏。爇香有偈：「返生寶木，沉水奇材，瑞氣氤氳，祥云繚繞，上通金闕，下入幽冥。道書。」

香光

《楞嚴經》：大勢至法王子云：「如染香人身有香氣，此則名曰香光。」

香爐

爐之名始見于《周禮》：冢宰之屬，宫人，「凡寢中，共爐炭」。

博山香爐

《武帝内傳》有博山爐，蓋西王母遺帝者。《事物紀原》。皇太子初拜，有銅博山香爐。《東宫故事》。丁緩作九層博山香爐，鏤琢奇禽怪獸，皆自然能動。《西京雜記》。其爐象海中博山，下盤貯湯，使潤氣蒸香，以象海之四環。吕大臨《考古圖》。

被中香爐

長安巧工丁緩作被中香爐，亦名卧褥香爐。本出房風，其法後絶，緩始更爲之。機環運轉四周而爐體常平，可置于被褥，故以爲名。今之香球是也。《雜記》。

薰爐

尚書郎入直臺中，給女侍史二人，皆選端正，指使從直。女侍史執香爐燒熏，以從入臺中，給使護衣。《漢官儀》。

金爐

魏武上御物三十種，有純金香爐一枚。《雜物疏》。

麒麟

晉儀禮，大朝，郎鎮官以金鍍九尺麒麟大爐。唐薛逢詩云「獸坐金床吐碧煙」是也。

帳角香爐

石季倫冬月爲暖帳，四角安綴金銀鑿鏤香爐。《鄴中記》。

鵲尾香爐

宋玉賢，山陰人也。既稟女質，厥志彌高自專。年及笄，應適外兄許氏。密具法服登車，既至大門，時及交禮，更著黄巾裙，手執鵲尾香爐，不親婦禮，賓主駭愕。夫家力不能屈，乃放還，遂出家。梁大同初，隱弱溪之間。《法苑珠林》云：「香爐有柄可爇者，曰鵲尾香爐。」

百寶爐

唐安樂公主百寶香爐長二丈。《朝野僉載》。

香爐爲寶子

錢鎮州詩雖未脱五季餘韻，然回環讀之，故自娓娓可觀。題者多云「寶子」弗知何物。以余考之，乃迦葉之香爐，上有金華，華内有金臺，即臺爲寶子，則知寶子乃香爐耳，亦可爲此詩(証)。但圜若重規，然豈漢丁緩被中之製乎？黄長睿。

貪得銅爐

何尚之奏庾仲文貪賄得，嫁女具銅爐，四人舉乃勝。《南史》。

母夢香爐

陶弘景母夢天人手執香爐，來至其所，已而有娠。《南史》。

失爐筮卦

會稽盧氏失博山香爐，吴泰筮之曰：「此物質雖爲金，其實衆山，有樹非林，有孔非泉，閶闔晨興，見發青煙，此香爐也。語其處即求得。《集異記》。」

香爐墮地

侯景呼東西南北皆謂爲厢。景幕床東無故墮，景曰：「此東厢香爐那忽下地？」識者以爲湘東軍下之徵云。《南史》。

覆爐示兆

齊建武中，明帝召諸王。南康侍讀江泌憂念府王子琳，訪志公道人，問其禍福。志公覆香爐灰示之，曰：「都盡無餘。」後子琳被害。《南史》。

香爐峯

廬山有香爐峯，李太白詩云：「日照香爐生紫煙。」來鵬詩云：「云起爐峰一炷煙。」

熏籠

《晉東宫故事》云：「太子納妃，有衣熏籠。當亦秦漢之制也。《事物紀原》。」

**元・王惲《玉堂嘉話》卷三《王黄華稱香品》**　王黄華稱香品有蟠螭、小月、夜窗、幽几之辭。

**明・王佐《新增格古要論》卷五《古畫論》**　裝裱書畫定式

檀香辟濕氣，畫必用檀軸，有益。開匣有香而無糊氣，又辟蠹也。

**明・高濂《遵生八箋・燕閒清賞箋中・論文房器具》**

香几

書室中香几之制有二：高者二尺八寸，几面或大理石、岐陽瑪瑙等石，或以豆柏楠鑲心；或四八角，或方，或梅花，或葵花，或慈菰，或圓爲式，或漆，或水摩。諸木成造者，用以閣蒲石，或單玩美石，或置香櫞盤，或置花尊以插多花，或單置一爐焚香，此高几也。

若書案頭所置小几，惟倭制佳絶。其式一板爲面，長二尺，闊一尺二寸，高三寸餘，上嵌金銀片子花鳥，四簇樹石。几面兩横，設小檔二條，用金泥塗之。下用四牙、四足，牙口鎏金，銅滚陽線鑲鈐，持之甚輕。齋中用以陳香爐、匙瓶、香合，或放一二卷册，或置清雅玩具，妙甚。今吴中制有朱色小几，去倭差小，式如香案。更有紫檀花嵌，有假模倭制，有以石鑲，或大如倭，或小盈尺。更有五六寸者，用以坐烏思藏鎏金佛像、佛龕之類，或陳精妙古銅、官、哥絶小爐瓶，焚香插花，或置三二寸高天生秀巧山石小盆，以供清玩，甚快心目。

書齋清供花草六種入格

春時用白定、哥窑、古龍泉、均州鼓盆，以泥沙和水種蘭，中置奇石一塊。夏則以四窑方圓大盆，種夜合二株，花可四五朵者，架以朱几，黄萱三二株，亦可看玩。秋取黄、蜜二色菊花，以均州大盆，或饒窑白花圓盆種之；或以小古窑盆，種三五寸高菊花一株，旁立小石上几。冬以四窑方圓盆，種短葉水仙，單瓣者佳。又如美人蕉，立以小石，佐以靈芝一顆，須用長方舊盆始稱。六種花草，清標雅質，疏朗不繁，玉立亭亭，儼若隱人君子，置之几案，素艶逼人，相對啜天池茗，吟本色古詩，大快人間障眼。外此，無多可入清供。

**明・朱國禎《湧幢小品》卷一《購香》**　嘉靖四十年，宫中龍涎香悉燬於火，上恚甚，命再購。户部尚書高燿進八兩，上喜，命給價七百六十兩，加燿太子少保。實火時中人密竊以出，上素之急，燿重賄購得。因聖節建醮日上之，大稱旨，加賞。蓋内外之相爲欺蔽如此。未幾，廣東進龍涎香至五十七斤。

**又　卷四《香木》**　英州雷震，一山梓樹盡枯，而生龍腦，京師龍腦爲之驟賤。每一兩值錢千四百，味苦而香酷烈。又施州衛有大木，乃先朝所採，百牛拖之不動，時時生蕊，大僅如豆，焚之極香。

**又　卷二三《觸舟沉香》**　萬曆戊戌，副總兵鄧子龍領兵征倭，渡鴨緑江，有物觸舟。取視之，乃沉香一段。把翫良久，曰，宛似人頭。愛護之，每入夢，則香木與首，或對或協而爲一。後死於倭，載屍歸。失其元。取香木雕爲首，酷肖。

**明・文震亨《長物志》卷七**

香爐

三代、秦漢鼎彝，及官、哥、定窑，龍泉、宣窑，皆以備賞鑒，非日用所宜。惟宣銅彝爐稍大者，最爲適用，宋姜鑄亦可。惟不可用神爐、太乙，及鎏金白銅、雙魚、象鬲之類。尤忌者，雲間、潘銅、胡銅所鑄八吉祥、倭景、百釘諸俗式，及新製建窑、五色花窑等爐。又古青緑博山，亦可間用。木鼎可置山中，石鼎惟以供佛，餘俱不入品。古人鼎彝，俱有底蓋，今人以木爲之，烏木者最上，紫檀、花梨俱可，忌菱花、葵花諸俗式。爐頂以宋玉帽頂及角端、海獸諸樣，隨爐大小配之。瑪瑙、水晶之屬，舊者亦可用。

香合

宋剔合色如珊瑚者爲上。古有一劍環、二花草、三人物之説，又有五色漆胎，刻法深淺，隨妝露色，如紅花緑葉、黄心黑石者次之。有倭盒三子、五子者，有倭撞金銀片者，有果園廠大小二種，底蓋各置一廠，花色不等，故以一合爲貴。有内府填漆合，俱可用。小者有定窑、饒窑蔗段、串鈴二式，餘不入品。尤忌描金及書金字。徽人剔漆并磁合，即宣、成、嘉、隆等窑，俱不可用。

隔火

爐中不可斷火。即不焚香，使其長温，方有意趣，且灰燥易燃，謂之「活灰」。隔火，砂片第一，定片次之，玉片又次之，金銀不可用。以火浣布如錢大者，銀鑲四圍，供用尤妙。

匙筯

紫銅者佳，雲間胡文明及南都白銅者，亦可用。忌用金銀，及長、大、填花諸式。

筯瓶

官、哥、定窑者雖佳，不宜日用。吴中近製，短頸細孔者，插筯下重不仆，銅者不入品。

袖爐

熏衣炙手，袖爐最不可少。以倭製漏空罩，蓋漆鼓爲上。新製輕重方圓二式，俱俗製也。

手爐

以古銅青緑大盆及簠簋之屬爲之。宣銅獸頭三脚鼓爐亦可用，惟不可用黄白銅，及紫檀、花梨等架脚爐。舊鑄有俯仰蓮坐細錢紋者，有形如匣者，最雅。被爐，有香毬等式，俱俗，竟廢不用。

香筒

舊者有李文甫所製，中雕花鳥竹石，略以古簡爲貴。若太涉脂粉，或雕鏤故事人物，便稱俗品，亦不必置懷袖間。

**清・于敏中　英廉《日下舊聞考》卷一五〇《物産》**　萬曆間，恭順侯家香最良。《寶顔堂筆記》。

金章宗宫中以張遇麝香小御團爲畫眉墨。《藝林伐山》。

**清・顧禄《清嘉録》卷八**　燒斗香

香肆以綫香作斗，納香屑於中，僧俗咸買之，焚於月下，謂之「燒斗香」。尤崧鎮《斗香》詩云：「拈將香綫匀兼細，長短編成斗樣同。祇合靈檀和木屑，豈宜旨酒薦瓊宫。佳人撤帳腰頻折，處士占星柄自空。吴俗中秋傳韻事，滿庭馥桂正臨風。」又云：「愧無麗藻拾山香，才思難將此物量。燭焰銜來槎貫月，檀心陷處膽如囊。煙縈尚結科文細，灰燼猶留印樣方。深夜羣真倘下界，不嫌斗室詠霓裳。」

案：吴曼雲《江鄉節物詞》小序云：「杭俗，糊紙爲斗，炷香其中，高者可二尺許，中秋夜祀月則設之。」詩云：「心字燒殘寸寸灰，靈香上請月輪開。斗量畢竟人間少，桂粟新收萬斛來。」

**清・徐珂《清稗類鈔・鑒賞類》**　周季真藏爐

光緒末，京師琉璃廠某骨董店有爐，兩足如欹器。主人以廢物視之，炷火其中，供吸菸之用而已。周季真以十金易去，則以檀香支其缺處，取零星枯朽燃之，撲鼻皆香。並言如有降真、蘇合、冰麝、龍涎，仿此以行，即燎紙，香亦如之。

# 醫藥化學部

## 題解

**漢・許慎《說文解字・艸部》** 藥 [seal] 治病艸。從艸，樂聲。以勺切。

**又《酉部》** 醫 [seal] 治病工也。《周禮》有「醫師」「食醫」「疾醫」「瘍醫」「獸醫」。從殹從酉。四字各本無，今補。許書之例，必先舉篆之從某從某，或從某某聲。而下又釋其從某之故，往往云故從某者是也。蓋人所不憭者，則釋之。此從殹從酉於六書爲會意。於其切。古音在《一部》。與、翳、鷖字在《十五部》不同。此以殹會意，彼以殹形聲也。殹，惡姿也，此説從殹之故。《殳部》曰：殹，擊中聲也。初不訓惡姿，而《疒部》瘚，劇聲也。劇聲謂疲極之聲。從此殹者，瘚之省也。如會下云曾，益也。曾即增。朢下云壬，朝廷也。利下禾即穌。𥝢下未即味。又辛即辠，尸即屋。皆假借之法。醫之性然，得酒而使，謂醫工之性多如是。故從酉。故字今補，此説從酉之故，以醫者多愛酒也。王育説。以上王説也。一曰殹，病聲。亦謂瘚之省。酒所目治病也。故從酉殹。前説殹酉各義，後説合酉殹一義。《周禮》有醫酒。酒人：辨四飲之物。二曰醫。醫非酒也，而謂之酒者，醫亦酒類也。言此者，此亦醫字從酉之一説。醫本酒名也。《内則》作臆。古者巫彭初作醫。此出《世本》。巫彭始作治病工。

**清・莫枚士《研經言》卷一《製藥論》** 自雷斅著砲制之論，而後世之以藥制藥者，愈出而愈奇，但因此而失其本性者亦不少。藥之有利必有弊，勢也；病之資利不資弊，情也；用之去弊勿去利，理也。古方能使各遂其性，如仲景小半夏湯類，凡生薑、半夏並用者，皆一時同入之，非先時專制之，正欲生半夏之得盡其長，而復藉生薑以隨救其短。譬諸用人，自有使貪、使詐之權衡，不必胥天下之菲材而盡桎梏之，使不得動也。各遂之妙如此。若後世專制之法，在臨時修合丸散而即服者猶可，倘預制備售，則被制者之力已微，甚而至再、至三、至十制，則取其質而汨其性，其能去病也其何？近見人治痰瘧，於肆中求半貝丸服之無效，取生半夏、貝母爲末，和薑汁服之即效，但微有煩狀耳。於此可類推已。或薄古法爲疏，盍思之！

**清・吴師機《理瀹駢文》** 醫者，意也；藥者，療也。醫不能活人，雖熟讀《金匱》《石室》之書，無益也；藥不能中病，雖廣搜橘井杏林之品，無當也。在昔《集驗》之論傷寒，則曰：「傷寒症候難辨，慎勿輕聽人言，妄投湯藥。」《濟衆》之論瘟疫，則曰：「瘟疫不拘於胗，古方今多不驗，弗藥無妨。」又如養葵所著，嵩厓所輯，謂：夫咳嗽、吐衄未必成瘵也，服四物、知柏之類不已，則瘵成矣；胸腹痞滿未必成脹也，服山查、神麯之類不已，則脹成矣；面浮胕腫未必成水也，服泄氣、滲利之類不已，則水成矣；氣滯痞塞未必成噎也，服青皮、枳殼之類不已，則噎成矣。不獨此也，《千金》云：「消渴三忌，便不服藥亦可。」漢卿云：「痘疹諸症，以不服藥爲上。」諺曰：「服藥於未病。」此攝生之旨，甚言病之可以不藥也。又曰：「不治得中醫。」此謹疾之道，亦謂醫之多非其治也。蓋誠有鑒於良工之難得，而特戒夫毒物之是嘗。思其患，以防其危。其心苦而其詞切。雖似激焉，豈非愛歟？

至於情慾之感，非藥能愈；卒暴之遭，有醫莫及。凡爲衆所知者，不煩言而解已。然而勢不能静待者，亦有情不能漠視者，將聽其因噎而廢食乎？抑任其飲酖以止渴乎？欲籌畫乎萬全，聊調停於兩可。夫藥熨本同乎飲汁，而膏摩何減於燔針？矧印金丹而佩癘，熬雞醴而敷鼓。思神聖之所傳，識今古之異制。又若《金匱》之鹽附堪摩，礬漿可浸，則未嘗不外治也。《寶鑒》之茶調且貼，葱豉還敷，則何必其内服也。

## 論説

**佚名《神農本草經序録》敦煌殘卷《本草經集注》** 案今藥之所主，各止説病之一名。假令中風，中風乃數十種，傷寒診候亦有廿餘條。更復就中求其例類，大歸終以本性爲根宗，然後配合諸證，以命藥耳。病生之變，不可一概言之。所以醫方千卷，猶未理盡。

春秋以前及和緩之書蔑聞。道經略載扁鵲數法，其用藥猶是本草家意。至漢淳于意及華他等方，今之所存者，亦皆備藥性；張仲景一部，最爲衆方之祖宗，又悉依本草，但其善診脈、明氣候，以消息之耳。至於刳腸剖臆，刮骨續筋之法，乃別術所得，非神農家事。

自晉世已來，有張苗、宫泰、劉德、史脱、靳邵、趙泉、李子豫等一代良醫；其貴勝阮德如、張茂先、裴逸民、皇甫士安及江左葛稚川、蔡謨、殷淵源諸名人等，并亦研精藥術。宋有羊欣、王微、胡洽、秦承祖；齊有尚書褚澄、徐文伯嗣伯群從兄弟，治病亦十愈其九。凡此諸人，各有所撰用方，觀其指趣，莫非本草者。或時用别藥，亦修其性度，非相逾越。范汪百餘卷及葛洪《肘後》，其中有細碎單行徑用者，所謂出於阿卷，是或田舍試驗之法，殊域異識之術。如藕皮散血，起於庖人；牽牛逐水，近出野老；餅店蒜齏，乃下蛇之藥；路邊地菘，爲金瘡所秘。此蓋天地間物，莫不爲天地間用。觸遇則會，非其主對矣。

今庸醫處治，皆耻看本草，或倚約舊方，或聞人傳説，或遇其所憶，便攬筆疏之，俄然戴面，以此表奇。其畏惡相反，故自冥昧；而藥類違僻，分兩參差，亦不以爲疑。脱偶而值差，則自信方驗。若旬月未瘳，則言病源深結，了不反求諸己，詳思得失，虚構聲稱，多納金帛。非唯在顯宜責，固將居幽貽譴矣。其五經四部，軍國禮服，若詳用乖越者，正於事迹非宜爾。至於湯藥，　物有謬，便性命及之。千乘之君，百金之長，何可不深思戒慎耶！

**南朝·梁蕭綱《勸醫論》**《全梁文》卷一一　勸醫曰：天地之中，唯人最靈。人之所重，莫過於命。雖脩短有分，夭壽懸天，然而寒暑反常，嗜慾乖節，故痞寒痟首，致斃不同；伐性爛腸，摧身匪　。拯斯之要，實在良方。故祇域醫王，明於釋典。如大師乃以醫王爲號，以如來能煩惱病，祇能治四大乖爲故。亦有騷人之詠彭城，秦國之稱和緩，季梁之遇盧氏，虢子之值越人。爰至久視飛仙，長生妙道，猶變六一於金液，改三七於銀丸，蓄玉匣之秘，研紫書之奥。桃膠何是，北斗靡遁其形；金漿非遠，明珠還耻其價。能使業門之下，鼓響獨聞；雍衵之傍，簫聲猶在。《周禮》：疾醫掌萬民之疾，凡民之有病者，分而治之。歲終則各書其所治，而入於醫師。知其愈與不愈，以爲後法之戒也。

至如研精玄理，考覈儒宗，盡日清談，終夜講習。始學則負墟尚詇，積功則爲師乃著。日就月將，方稱碩學。專經之後，猶須劇談，網羅愈廣，鉤深理見。厭飫不寤，惟日不足。又若爲詩，則多須見意，或古或今，或雅或俗，皆須寓目，詳其去取，然後麗辭方吐，逸韵乃生。豈有秉筆不訊而能善詩，塞兑不談而能善義？楊子雲言：「讀賦千首，則能爲賦。」

況醫之爲道，九部之診甚精，百藥之品難究。察色辯聲，其功甚秘；秋辛夏苦，幾微難議。而比之術者，未嘗稽合，曾無討論，多以少壯之時，涉獵方疏，略知甘草爲甜，桂心爲辣，便是宴馭自足，經方泯棄。同庚敳之讀《莊子》，異孔丘之好《周易》。

然而疾者求我，又不能盡意攻治。假使不能爲地自可，即爲已益。所以然者，若無隔貴賤，精加消息，以前驗後，自可解之。日知所亡，坐成妙術，而又告以不能也。治疾者衆，必以孟浪酬塞，誤人者多，愛人者鮮，是則日處百方，月爲千軸，未嘗不輕其藥性，任其死生。淳華之功，於何而得？及其愛深親屬，情切友朋，患起膏肓，疴興府俞，雖欲盡其治功，思無所出。何以故然？本不素習，卒難改變故也。

胡麻鹿藿，止救頭痛之疴；麥曲芎藭，暫止河魚之疾。思不出位，事局轅下，欲求反死者於玄都，楊已名於緑帙，其可得乎！術道困窮，於斯實至。誠當善思此意，更興其美，非直傳名於後，亦是功德甚深。比夫脱一鴿於權衡，活萬魚於池水，不可同日而論焉。

**唐·孫思邈《備急千金要方序》**　夫清濁剖判，上下攸分。三才肇基，五行俶落。萬物淳樸，無得而稱。燧人氏出，觀斗極以定方名，始有火化。伏羲氏作，因之而畫八卦，立庖厨。滋味既興，痾瘵萌起。大聖神農氏愍黎元之多疾，遂嘗百藥，以救療之，猶未盡善。黄帝受命，創製九鍼，與方士岐伯、雷公之倫備論經脈，旁通問難，詳究義理，以爲經論。故後世可得依而暢焉。春秋之際，良醫和緩；六國之時，則有扁鵲；漢有倉公、仲景，魏有華佗。并皆探賾索隱，窮幽洞微，用藥不過二三，灸炷不逾七八，而疾無不愈者。晋宋以來，雖復名醫間出，然治十不能愈五六，良由今人嗜慾泰甚，立心不常，淫放縱逸，有闕攝養所致耳。餘緬尋聖人設教，欲使家家自學，人人自曉。君親有疾，不能療之者，非忠孝也。末俗小人，多行詭詐，依傍聖教，而爲欺紿。遂令朝野士庶，咸耻醫術之名，多教子弟誦短文、構小策，以求出身之道。醫治之術，闕而弗論。吁！可怪也。嗟乎！深乖聖賢之本意。

吾幼遭風冷，屢造醫門，湯藥之資，罄盡家産。所以青衿之歲，高尚兹典，白首之年，未嘗釋卷。至於切脈診候，採藥合和，服餌節度，將息避慎，一事長於己者，不遠千裏，伏膺取決。至於弱冠，頗覺有悟。是以親鄰中外，有疾厄者，多所濟益；在身之患，斷絶醫門。故知方藥本草，不可不學。吾見諸方，部帙浩博，忽遇倉卒，求檢至難，比得方訖，疾已不救矣。嗚呼！痛夭枉之幽厄，惜墮學之昏愚，乃搏採羣經，删裁繁重。務在簡易，以爲《備急千金要方》一部，凡三十卷。雖不究盡病源，但使留意於斯者，思過半矣。以爲人命至重，有貴千金，一方濟之，德逾於此，故以爲名也。未可傳於士族，庶以貽厥私門。

**唐・孔志約《新修本草序》**　蓋聞天地之大德曰生，運陰陽以播物；含靈之所保曰命，資亭育以盡年。蟄穴棲巢，感物之情蓋寡；範金揉木，逐欲之道方滋。而五味或爽，時昧甘辛之節；六氣斯沴，易愆寒燠之宜。中外交侵，形神分戰。飲食伺釁，成腸胃之眚；風濕候隙，遘手足之災。幾纏膚腠，莫知救止；漸固膏肓，期於夭折。暨炎暉紀物，識藥石之功；雲瑞名官，窮診候之術。草木咸得其性，鬼神無所遁情。刳麝剸犀，驅泄邪惡；飛丹煉石，引納清和。大庇蒼生，普濟黔首。功侔造化，恩邁財成。日用不知，於今是賴。岐、和、彭、緩，騰絶軌於前；李、華、張、吴，振英聲於後。昔秦政煨燔，兹經不預；永嘉喪亂，斯道尚存。

梁陶宏景雅好攝生，研精藥術。以爲《本草經》者，神農之所作，不刊之書也。惜其年代浸遠，簡編殘蠹，與桐、雷衆記，頗或踳駁。興言撰緝，勒成一家，亦以雕琢經方，潤色醫業。然而時鍾鼎峙，聞見闕於殊方；事非僉議，詮釋拘於獨學。至如重建平之防己，棄槐裏之半夏。秋採榆人，冬收雲實。謬粱米之黄、白，混荆子之牡、蔓。異繁縷於雞腸，合由跋於鳶尾。防葵、狼毒，妄曰同根；鉤吻、黄精，引爲連類。鉛、錫莫辨，橙、柚不分。凡此比例，蓋亦多矣。自時厥後，以迄於今。雖方技分鑣，名醫繼軌，更相祖述，罕能釐正。乃復採杜蘅於及己，求忍冬於絡石；舍陟釐而取莂藤，退飛廉而用馬薊。承疑行妄，曾無有覺，疾瘵多殆，良深慨嘆。

既而朝議郎行右監門府長史騎都尉臣蘇敬，摭陶氏之乖違，辨俗用之紕紊，遂表請修定，深副聖懷。乃詔太尉揚州都督監修國史上柱國趙國公臣無忌、太中大夫行尚藥奉御臣許孝崇等二十二人，與蘇敬詳撰。竊以動植形生，因方舛性；春秋節變，感氣殊功。離其本土，則質同而效異；乖於採摘，乃物是而時非。名實既爽，寒温多謬。用之凡庶，其欺已甚；施之君父，逆莫大焉。於是上禀神規，下詢衆議；普頒天下，營求藥物。羽、毛、鱗、介，無遠不臻；根、莖、花、實，有名咸萃。遂乃詳探秘要，博綜方術。《本經》雖闕，有驗必書；《别録》雖存，無稽必正。考其同異，擇其去取。鉛翰昭章，定羣言之得失；丹青綺焕，備庶物之形容。撰本草并圖經、目録等，凡成五十四卷。庶以網羅今古。開滌耳目，盡醫方之妙極；拯生靈之性命。傳萬祀而無昧，懸百王而不朽。

**宋・沈括《蘇沈良方序》**　予嘗論治病有五難：辨疾、治疾、飲藥、處方、别藥，此五也。

今之視疾者，惟候氣口六脈而已。古之人視疾，必察其聲音、顔色、舉動、膚理、情性、嗜好，問其所爲，考其所行，已得其大半，而又徧診人迎、氣口、十二動脈。疾發於五藏，則五色爲之應，五聲爲之變，五味爲之偏，十二脈爲之動。求之如此其詳，然而猶懼失之，此辨疾之難，一也。

今之治疾者，以一二藥，書其服餌之節，授之而已。古之治疾者，先知陰陽運曆之變故，山林川澤之竅發。而又視其人老少、肥瘠、貴賤、居養、性術、好惡、憂喜、勞逸，順其所宜，違其所不宜。或藥，或火，或刺，或砭，或湯，或液，矯易其故常，捭摩其性理，擣而索之，投幾順變，間不容髮。而又調其衣服，理其飲食，異其居處，因其情變，或治以天，或治以人。五運六氣，冬寒夏暑，暘雨電雹，鬼靈厭蠱，甘苦寒温之節，後先勝復之用，此天理也。盛衰强弱，五藏異禀，循其所同，察其所偏；不以此形彼，亦不以一人例衆人，此人事也。言不能傳之於書，亦不能喻之於口，其精過於承蜩，其察甚於刻棘。目不捨色，耳不失聲，手不釋脈，猶懼其差也。授藥遂去，而希其十全，不其難哉？此治疾之難，二也。

古之飲藥者，煮煉有節，飲啜有宜。藥有可以久煮，有不可以久煮者；有宜熾火，有宜温火者。此煮煉之節也。宜温宜寒，或緩或速；或乘飲食喜怒，而飲食喜怒爲用者；有違飲食喜怒，而飲食喜怒爲敵者。此飲啜之宜也。而水泉有美惡，操藥之人有勤惰。如此而責藥之不效者，非藥之罪也。此服藥之難，三也。

藥之單用爲易知，藥之複用爲難知。世之處方者，以一藥爲不足，又以衆藥益之。殊不知藥之有相使者，相反者，有相合而性易者。方書雖有使佐畏惡之性，而古人所未言，人情所不測者，庸可盡哉！如酒之於人，有飲之踰石而不亂者，有濡吻則顛眩者；漆之於人，有終日摶漉而無害者，有觸之則瘡爛者。焉知藥之於人，無似此之異者？此禀賦之異也。南人食猪魚以生；北人食猪魚以病，此風氣之異也。水銀得硫黄而赤如丹，得礬石而白如雪。人之欲酸者，無過於醋矣；以醋爲未足，又益之以橙，二酸相濟，宜其甚酸而反甘。巴豆善利也，以巴豆之利爲未足，而又益之以大黄，則其利反折。蟹與柿，嘗食之而無害也，二物相遇，不旋踵而嘔。此色爲易見，味爲易知，而嘔、利爲大變，故人人知之。至於相合而之他藏，致他疾者，庸可易知耶！如乳石之忌參、術，觸者多死；至於五石散則皆用參、朮，此古人處方之妙，而人或未喻也。此處方之難，四也。

醫誠藝也，方誠善也，用之中節也，而藥或非良，其奈何哉！橘過江而爲枳，麥得濕而爲蛾，雞踰嶺而黑，鸜鵒踰嶺而白，月虧而蚌蛤消，露下而蚊喙坼，此形器之易知者也。性豈獨不然乎？予觀越人藝茶畦稻，一溝一隴之異，遠不能數步，則色味頓殊；況藥之所生，秦、越、燕、楚之相遠，而又有山澤、膏瘠、燥濕之異禀，豈能物物盡其所宜？又《素問》説：陽明在天，則花實戕氣；少陽在泉，則金石失理。如此之論，採掇者固未嘗晰也。抑又取之有早晚，藏之有眼焙；風雨燥濕，動有槁暴。今之處藥，或有惡火者，必日之而後咀，然安知採藏之家不常烘煜哉，又不能必。此辨藥之難，五也。

此五者，大概而已。其微至於言不能宣，其詳至於書不能載，豈庸庸之人而可以易言醫哉？

予治方最久。有方之良者，輒爲疏之。世之爲方者，稱其治效，常喜過實。《千金》《肘後》之類，猶多溢言，使人不敢復信。予所謂良方者，必目睹其驗，始著於篇，聞不預也。然人之疾，如向所謂五難者，方豈能必良哉？一睹其驗，即謂之良，殆不異乎刻舟以求遺劍者！予所以詳著其狀於方尾，疾有相似者，庶幾偶值云爾。篇無次序，隨得隨註，隨以與人。拯道貴速，故不暇待完也。

**宋・趙佶《聖濟總録序》** 生者，大地之大德；疾者，有生之大患；方術者，治疾之大法。昔者神農氏、黄帝氏，獨觀太初，旁燭妙有，味百藥以辨物，審百疾以全生。其制名，其取類，其正君臣，其立佐使，具見於《太素》《玉册》之書。雷公、岐伯之問，蓋皆開神明之藴，窮陰陽之變，原性命之理，而與天地同其覆載。中古以還，鏤之玉版，藏之金匱，功利及草木，惠澤被牛馬，所以遺天下後世甚厚。歷年既久，流弊滋甚，糟粕具在，而精意不傳。《内經》有病名而莫之究，有治法而莫之習，極其妙至於通仙而莫之悟。

【略】

蓋聖人之馭世，本在於上，末在於下。無見於上，則治之道不立；無見於下，則治之具不行。《經》之所言者道也，醫得之而窮神；《總録》之所載者具也，醫用之而已疾。漢張仲景作《傷寒論》，而雜之以方；唐孫思邈作《千金方》，而繼之以《翼》。以謂不如是，則世莫能用其術。然之二人者，游於方術之内者也。彼超然獨見於方術之外，下顧岐伯之流，而與之議，始可謂知道。朕作《總録》，於以急世用而拯民疾，亦斯道之筌蹄云耳。天下後世，宜致思於忘筌蹄而自得者。俯仰之間，嚬笑之度，御五行之數，運六氣之化，以相天地，以育萬物，至於反瞀魂而起當生者，豈細事哉，蓋有來者焉！

**宋・陳自明《外科精要序》** 凡癰疽之疾，比他病最酷，聖人推爲雜病之先。自古雖有瘍醫一科及《鬼遺》等論，後人不能深究，於是此方淪没，轉乖迷塗。今鄉井多是下甲人，專攻此科，然沾此疾，又多富貴者。《内經》云：大凡癰瘡，多生於膏粱之人，僕家世大方脈，每見沾此疾者十存一二，蓋醫者少有精妙能究方論者。間讀其書，又不能探賾索隱，及至臨病之際，倉卒之間，無非對病閲方，遍試諸藥。況能療癰疽、持補割、理折傷、攻牙、療痔，多是庸俗不通文理之人，一見文繁，即便厭棄。病家又持方論以詰難之，遂使醫者鼯鼠技窮，中心惶惑，當下不下，悠悠弗決，遷延日久，遂令輕者重，重者死。又多見生疽之人，隱諱者衆，不喜人言是癰疽發疾，但喜云，只是小小瘡毒而已。及至孔洪，遂致不救。又有病家猜鄙，吝其所費浩瀚，不肯請明了之醫，而甘心委命於庸俗之手。或有醫者，用心不臧，貪人財利，不肯便投的當伐病之劑，惟恐效速而無所得，是禍不極，則功不大矣。又有確執一二藥方，而全無變通者。又有當先用而後下者，當後用而先下者。多見一得疾之初，便令多服排膿内補十宣散，而返增其疾。此藥是破後排膿内補之藥，而洪内翰未解用藥之意，而妄爲序跋，以誤天下後世者衆矣。陳無擇云：當在第四節用之是也。又有得一二方子，以爲秘傳，惟恐人知之，窮貴之人，不見藥味，而不肯信服者多矣。又有自知衆人嘗用已效之方，而改易其名，而爲秘方；或妄增藥味以惑衆聽，而返無效者亦多矣。此等之徒，皆含靈之巨賊，何足相向！又有道聽塗説之人，遠來問疾，自逞了了，詐作明能，談説異端，或云是虚，或云是實，出示一方，力言奇效，奏於某處。此等之人，皆是貢諛。其實皆未曾經歷一病，初無寸長。病家無主，易於摇惑，欲於速效，又喜不費資財，更不待醫者商議可服不可服，即便投之，倏然至禍，各自走散。古人云：貧無達士將金贈，病有閑人説藥方。此世之通患，歷代不能革。

凡癰疽之疾，真如草寇，不守法律，出意凶暴，待之稍寬，殺人縱火，無可疑者。凡療斯疾，不可以禮法待之，仍要便服一二緊要經效之藥，把定臟腑，外施針灸，以泄毒氣。其勢稍定，却乃詳觀方論，或命醫者詳察定名，是癰是疽，是虚是實，是冷是熱，或重或輕，對證用藥，毋失先後次序。病者不必憂惶，醫者確執己見，不要妄立名色，愴惶惑亂，收效必矣。如近代名醫李嗣之、伍起予、曾孚先輩，編集上古得效方論要訣，愚因暇日，采摭群言，自立要領，或先或後，不失次序。其中重復繁文者削之，取其言簡意盡，綱領節目，整然不紊。庶幾覽者如指諸掌，雖不能盡聖人之萬一，使臨病之際，便有所主，毋致渴而穿井，鬥而鑄兵者乎！

**元・危亦林《世醫得效方序》** 工欲善其事，必先利其器，器利而後工乃精。醫者舍方書，何以爲療病之本？自《難經》《湯液》《靈樞》《傷寒論》等篇出，而後之醫師著述者殆數百家。蓋發縱指示，俾對病而知證，因證而得藥，其用心亦仁矣哉！僕幼而好學，弱冠而業醫，重念先世授受之難：由鼻祖自撫而遷於南豐，高祖雲仙游學東京，過董奉廿五世醫方，授以大方脈，還家而醫道日行，伯祖子美復傳婦人、正骨、金鏃等科，大父碧崖得小方科於周氏，伯熙載進學眼科及療瘵疾，至僕再參究瘡腫、咽喉、口齒等科，及儲積古方并近代名醫諸方。由高祖至僕，凡五世矣，隨試隨效。然而，方書浩若滄海，卒有所索，目不能周，乃於天曆初元，以十三科名目，依按古方，參之家傳，昕夕佛怠，刻苦凡十稔，編次甫成，爲十有九卷，名曰《世醫得效》。首論脈病證治，次由大方脈、雜醫科以發端，至於瘡腫科而終編，分門析類，一開卷間，綱舉而目張，由博以見約，固非敢求異於昔人，直不過欲便於觀覽云耳。欽惟國朝念群黎之疾苦，惠民有局，設教有學，於醫尤切。然自愧山林鄙陋，見聞不博，妄意纂集，舛謬惟多，尤欲當道縉紳醫師進而教之，訂其訛，補其偏，俾繡諸梓，則庶幾廣聖皇好生之仁於無窮，豈不韙歟！

**元・呂復《古方論》《古今圖書集成醫部全録》卷五〇二《總論》** 扁鵲醫如秦鑑燭物，妍媸不隱，又如奕秋遇敵，著著可法，觀者不能察其神機。倉公醫如輪扁斲輪，得心應手，自不能以巧思語人。張長沙醫如湯武之師，無非王道，其攻守奇正，不以敵之大小皆可制勝。華元化醫如庖丁解牛，揮刃而肯綮無礙，其造詣自當有神，雖欲師之而不可得。

孫思邈醫如康成註書，詳於訓詁，其自得之妙，未易以示人，味其膏腴，可以無饑矣。龐安常醫能啟扁鵲之所秘，法元化之可法，使天假之年，其所就當不在古人下。錢仲陽醫如李靖用兵，度越縱舍，卒與法會，其始以顱顖方著名於時，蓋因扁鵲之因時所重，而爲之變爾。陳無擇醫如老吏斷案，深於鞫讞，未免移情就法，自當其任則有餘，使之代治則繁劇。許叔微醫如顧愷寫神，神氣有餘，特不出形似之外，可模而不可及。

張易水醫如濂溪之圖太極，分陰分陽，而包括理氣，其要以古方新病自爲家法，或者失察，欲指圖爲極，則近乎畫蛇添足矣。劉河間醫如橐駝種樹，所在全活，但假冰雪以爲春，利於松柏而不利於蒲柳。張子和醫如老將對敵，或陳兵背水，或濟河焚舟，置之死地而後生，不善效之，非潰則北矣，其六門三法，蓋長沙之緒餘矣。李東垣醫如絲絃新緪，一鼓而竽籟並熄，膠柱和之，七絃由是而不諧矣，無他，希聲之妙，非開指所能知也。

嚴子禮醫如歐陽詢寫字，善守法度而不尚飄逸，學者易於摹倣，終乏漢晉風度。張公度醫專法仲景，如簡齋賦詩，並有少陵氣韻。王德膚醫如虞人張羅，廣絡原野，而脫免殊多，詭遇獲禽，無足算者耳。

**明・劉基《鬱離子》卷上《喻治》** 鬱離子曰：治天下者其猶醫乎！醫切脈以知證，審證以爲方。證有陰陽虛實，脈有浮沉細大，而方有汗下補瀉、針灼湯劑之法，參苓薑桂、麻黄芒硝之藥，隨其人之病而施焉。當則生，不當則死矣。是故知證知脈而不善爲方，非醫也，雖有扁鵲之識，徒嘵嘵而無用；不知證不知脈，道聽途説以爲方，而語人曰我能醫，是賊天下者也。故治亂，證也；紀綱，脈也；道德政刑，方與法也；人才，藥也。夏之政尚忠，殷承其敝而救之以質；殷之政尚質，周承其敝而救之以文；秦用酷刑苛法以箝天下，天下苦之；而漢承之以寬大，守之以寧壹。其方與證對，其用藥也無舛，天下之病，有不瘳者鮮矣。

**又《去蠹》** 鬱離子疾病，氣荒痰結，將散之。或曰：「痰，榮也，是養人者也。人無榮則中乾，中乾則死，弗可散也。」鬱離子曰：「吁，吾子過哉！吾聞夫養人者津也，醫家者所謂榮也。今而化爲痰，是榮賊者也，則非養人者也。夫天之生人，參地而爲三，爲其能贊化育也。一朝而化爲賊，其能贊天地之化育乎？是故俞跗、扁鵲之爲醫也，浣胃滌腸，絶去病根，而阽死者生。舜、禹、成湯、周文王之爲君也。誅四凶，戮防風，剿昆吾，放夏桀，戡黎伐崇，而天下之亂載寧。其將容諸乎！容之無益，以戕人也。故蟲，果生也，蟲成而果潰，自我而離焉。非我已，其能養我乎！弗去，是殖賊以待戕也。從子之教，我其不遠潰矣。」

**明・李詡《戒庵老人漫筆》卷五** 論醫

大抵醫者不盡人之性，不能知病，不盡物之性，不能知藥，不盡己之性，則亦莫知人物之性之所由來也。今之醫者，每分血氣痰之證；而藥鮮奏功。不知人身只有一氣，痰亦血也，猶之涕淚液汗皆血之隨遇而成者，皆氣之所爲也，氣滯則血滯痰聚，病斯作矣。故粱貴之內傷，微賤之外感；氣受傷也。誠使氣和而順，精神自增，何病之有？醫家分邪氣，正氣，鄙見以爲有順逆，無邪正；分水火，其實有升降，無水火。用藥之法，補則俱補，瀉則俱瀉，無並行之理。天下之物，與我同體，故五色、五聲、五味、五香、七情，莫非一氣之所爲，故皆可以爲藥，眼耳鼻舌身意，皆可以受藥也。使萬物非吾一體，何能益於吾身？且如革聲健脾，金聲通肺，黑色養目，紅白傷明，論梅生津，思穢作嘔，哀而淚，愧而汗，怒而熱，畏而寒，病與醫之故皆可識也。《本草》載藥必曰性氣味，未有用氣者，何也？不知氣之靈無所不爲也。昔吴中一人，爲頑友所負，鬱而成疾，百藥不愈，垂死，頑友心動，慨然歸其逋，自敍其非，病者吐一蟲似蛇，即愈。又一士人取科第不以正，然與一正人相往來，外貌雖軒昂，而中心實餒，竟不一載而死。又一鄙夫自附於衣冠之列，偶有其所疾者與其友將訟，鄙夫力贊之，衣冠之列皆叱其友訟，竟不直，鄙夫懷愧，不兩月而病死。故病必起於氣逆，氣之順逆，存乎神，神之壯餒，存乎行。行慊於心則神壯而氣充，不求順而自順矣，否則神餒氣索，藥將奈何？孟子養氣之旨，可以聖，可以仙，可以醫。故論醫必當以順氣爲藥，順情爲機，順時爲劑。人之氣即天地之氣，元無彼此，腠理一閉而病，呼吸一閉而死。凡有血氣之物，與吾身無不合一，故藏藏自相損益。如穿山甲引經之藥，腹行腹，背行背，手足頭項左右無不分明，其餘可知也。腹中之蟲，朔後頭向上，望後頭向下，氣也。人身之氣，朔後升，非無降也，升多而降少也；望後降，非無升也，降極而有升也。一日之子午，一歲之春夏，一生之老少，皆然。

**清・袁枚《小倉山房文集》卷一九《與薛壽魚書》** 談何容易！天生一不朽之人，而其子若孫必欲推而納之於必朽之處，此吾所爲悁悁而悲也。夫所謂不朽者，非必周孔而後不朽也。羿之射，秋之弈，俞跗之醫，皆可以不朽也。使必待周孔而後可以不朽，則宇宙間安得有此紛紛之周孔哉？子之大父一瓢先生，醫之不朽者也，高年不禄，僕方思輯其梗概，以永其人，而不意寄來墓志無一字及醫，反託於陳文恭公講學云云。嗚呼！自是而一瓢先生不傳矣！朽矣！

夫學在躬行，不在講也。聖學莫如仁，先生能以術仁其民，使無夭札，是即孔子老安少懷之學也。素位而行學，孰大於是，而何必捨之以他求？陽明勳業爛然，胡世寧笑其多一講學；文恭公亦復爲之，於余心猶以爲非。然而，文恭，相公也；子之大父，布衣也。相公借布衣以自重，則名高；而布衣挾相公以自尊，則甚陋。今執途之人而問之曰：一瓢先生非名醫乎？雖子之仇，無異詞也。又問之曰：一瓢先生其理學乎？雖子之戚，有異詞也。子不以人所共信者傳先人，而以人所共疑者傳先人，得毋以「藝成而下」之説爲斤斤乎？不知藝即道之有行者也。精求之，何藝非道？貌襲之，道藝兩失。燕噲、子之何嘗不託堯舜以鳴高，而卒爲梓匠輪輿所笑。醫之爲藝，尤非易言，神農始之，黄帝昌之，周公使冢宰領之，其道通於神聖。今天下醫絶矣，惟講學一流轉未絶者，何也？醫之效立見，故名醫百無一人；學之講無稽，故村儒舉目皆是。子不尊先人於百無一人之上，而反賤之於舉目皆是之中，過矣！即或衰年無俚，有此附會，則亦當牽連書之，而不可盡没有所由來。僕昔疾病，性命危篤，爾時雖十周、程、張、朱何益？而先生獨能以一刀圭活之，僕所以心折而信以爲不朽之人也。慮此外必有異案良方，可以拯人，可以壽世者，輯而傳焉，當高出語録陳言萬萬。而乃諱而不宣，甘捨神奇以就臭腐，在理學中未必增一僞席，而方伎中轉失一真人矣。豈不悖哉！豈不惜哉！

**清・趙學敏《串雅序》** 《周禮》分醫爲四，有食醫、疾醫、瘍醫、獸醫，後乃有十三科，而未聞有走方之名也。《物原》記岐黄以來有鍼灸，厥後巫彭製藥丸，伊尹創煎藥，而未聞有禁、截諸法也。晉王叔和纂《脈經》，敘陰陽、内外，辨部候、經絡，臟腑之病爲最詳，金張子和以吐、汗、下三法，風、寒、暑、温、火、燥六門，爲醫之關鍵，終未聞有頂、串諸名也。有之，自草澤醫始，世所謂走方是也。人每賤薄之，謂其游食江湖，貨藥吮舐，跡類丐；挾技劫病，貪利恣睢，心又類盜。剽竊醫緒，倡爲詭異。敗草毒劑，悉曰仙遺；刳滌魇迷，詫爲神授。輕淺之證，或可貪天；沉痼之疾，烏能起廢？雖然誠有是焉，亦不可概論也。爲問今之乘華軒、繁徒衛者，胥能識證、知脈、辨藥，通其元妙者乎？儼然峨高冠，竊虚譽矣。今之游權門、食厚奉者，胥能決死生、達内外、定方劑，十全無失者乎？儼然踞高座，侈功德矣。是知笑之爲笑，而不知非笑之爲笑也。

予幼嗜岐黄家言，讀書自《靈》《素》《難經》而下，旁及《道藏》、石室；考穴自《銅人内景圖》而下，更及《太素》《奇經》。《傷寒》則仲景之外，遍及《金鞞》《木索》；本草則《綱目》而外，遠及《海録》《丹房》。有得，輒鈔撮忘倦，不自知結習至此，老而靡倦。然聞走方醫中有頂串諸術，操技最神，而奏效甚捷。其徒侣多動色相戒，秘不輕授。詰其所習，大率知其所以，而不知其所以然，鮮有通貫者。以故欲宏覽而無由，嘗引以爲憾。

有宗子柏雲者，挾是術徧游南北，遠近震其名，今且老矣。戊寅航海歸，過予譚藝。質其道，頗有奥理，不悖於古，而利於今，與尋常摇鈴求售者迥異。顧其方，旁涉元禁，瑣及游戲，不免誇新鬬異，爲國醫所不道。因録其所授，重加芟訂，存其可濟於世者，部居别白，都成一編，名之曰《串雅》，使後之習是術者，不致爲庸俗所詆毁，殆亦柏雲所心許焉。昔歐陽子暴利幾絶，乞藥於牛醫；李防禦治嗽得官，傳方於下走。誰謂小道不有可觀者歟？亦視其人善用斯術否也。

乾隆己卯十月既望，錢塘趙學敏恕軒撰。

**清・顧文烜《書方宜人共識説》**《吴醫匯講》卷一　國家徵賦，單曰易知；良將用兵，法云貴速。我儕之治病亦然。嘗見一醫方開小草，市人不知爲遠志之苗，而用甘草之細小者。又有一醫方開蜀漆。市人不知爲常山之苗，而令加乾漆者。凡此之類，如寫玉竹爲萎蕤，乳香爲薰陸，天麻爲獨摇草，人乳爲蟠桃酒，鴿糞爲左蟠龍，竈心土爲伏龍肝者，不勝枚舉。但方書原有古名，而取用宜乎通俗。若圖立異矜奇，致人眼生不解，危急之際，保無誤事？

又有醫人工於草書者，醫案人或不識，所係尚無輕重，至於藥名，則藥鋪中人豈能盡識草書乎？孟浪者約略撮之而貽誤，小心者往返詢問而羈延。可否相約同人，凡書方案，字期清爽，藥期共曉？

**清・黄凱鈞《橘旁雜論・三折肱醫不三世不服其藥辨》**《友漁齋醫話》第二種

《左傳》云：「三折肱，知爲良醫也。」從未有人註及三折肱之意。予謂古之醫者自備藥籠，至病家診治後，向籠取藥，或君臣未配，或輕重失宜，取而復置，置而復取，總以鄭重爲事，此爲三折肱也。

又《禮記》云：「醫不三世，不服其藥。」後註者多以世業之謂，非也。醫必父而子，子而孫，如是其業則精，始服其藥，若傳至曾、元，更爲名醫矣。其間賢者不待言，其不肖者若何？因其世業，而安心服其藥，設爲所誤，生死攸關，雖愚者不爲也。况醫道可通仙道，遠數十百年，偶出一豪傑之士，聰明好學，貫微徹幽，然而上世并非醫者，捨是人而必求所謂三世者，有是理乎？凡醫者必讀上古《神農本草》《黄帝素問靈樞經》及仲景《傷寒論》三世之書，方爲有本之學，從而服藥，庶無誤人。三世者，三世之書也。漢儒謂《神農本草》《黄帝素問》《元女脈訣》爲三世之書。聊記以質博學之君子。

## 綜述

**《周禮・天官・瘍醫》**　瘍醫濱腫瘍、潰瘍、金瘍、折瘍之祝藥劀殺之齊。腫瘍，癰而上生創者。潰瘍，癰而含膿血者。金瘍，刃創也。折瘍，踠跌者。祝當爲注，讀如注病之注，聲之誤也。注謂附著藥。刮，刮去膿血。殺謂以藥食其惡肉。疏：「掌腫瘍、潰瘍、金瘍、折瘍之祝藥劀殺之齊」者，《釋文》云：「折，劉本作𣂔。」臧琳云：「《説文・艸部》：『𣂔，斷也。從斤斷艸。譚長説：折，篆文𣂔，從手。』然則今用折字者，從小篆也。劉昌宗作𣂔，爲古文，當從之。」賈疏云：「注藥於瘡，乃後刮殺。而言齊者，亦有齊量之宜也。」詒讓案：《漢書・郊祀志》顔注云：「齊，藥之分齊也。」惠士奇云：「劀以砭，殺以藥，是爲齊。」

注云「腫瘍，癰而上生創者」者，《説文・肉部》云：「腫，癰也。」又《疒部》云：「癕，腫也。」癰即癕之隸變。《釋名・釋疾病》云：「腫，鍾也，寒熱氣所鍾聚也。癰，壅也，氣壅否結裏而潰也。」《論衡・狀留篇》云：「肉暴長者曰腫。」此腫瘍亦謂癰創腫結，未成膿血者也。云「潰瘍，癰而含膿血者」者，《素問・五常政大論》云：「分潰癰腫。」王注云：「潰，爛也。」《説文・歺部》云：「殨，爛也。」殨正字，潰借字。此潰瘍謂癰已成膿血潰破者也。云「金瘍，刃創也」者，《淮南子・説山訓》高注云：「金，刀劍之屬。」《説文・刃部》云：「刃，傷也。或作創。」創即刅之俗。《釋名・釋疾病》云：「創，戕也，戕毁體使傷也。」此金瘍即謂金刃之傷也。《左傳》成十六年孔疏引服虔云：「金創爲夷。」云「折瘍，踠跌者」者，《後漢書・方術傳》李注云：「踠，屈損也。」《方言》云：「跌，蹷也。」踠跌謂手足宛屈及蹷僕，因而折損支體，故謂之折瘍。《月令》云：「孟秋，命理瞻傷察創視折。」彼創即此金瘍，折即此折瘍也。云「祝當爲注，讀如注病之注，聲之誤也」者，祝注一聲之轉。《釋名・釋疾病》云：「注病，一人死，一人復得，氣相灌注也。」《諸病源候總論》云：「注病，注者住也，言其連滯停住，死又注易旁人也。」段玉裁云：「此易其字而釋其音，又釋其義也。」云「注謂附著藥」者，惠士奇云：「古人假借，多取音同。《函人》甲屬，《匠人》水屬，注皆云屬讀如注。音同，古文通。《左傳》『韎韋之跗注』，賈、服皆云注，屬也。」案：惠説是也。《士冠禮》鄭注云：「屬猶著也。」注、屬、著，音義竝相近。附著藥，蓋猶今治創瘍者之傅藥。《玉燭寶典》引崔寔《四民月令》云「正月上除，合注藥」是也。《墨子・非攻中篇》云：「今有醫於此，和合其祝藥之於天下之有病者而藥之，萬人食此，若醫四五人得利焉，猶謂之非行藥也。故孝子不以食其親，忠臣不以食其君。」《墨子》之祝藥以食，與此經祝藥義不相應也。云「刮，刮去膿血」者，《説文・刀部》云「劀，刮去惡創肉也」，引《周禮》曰「劀殺之齊」。又「刮，掊把也」。刮即劀之隸變。阮元云：「《説文》劀刮異義，鄭君謂爲一字。」詒讓案：鄭蓋謂劀刮古今字，故經作劀，注並作刮，亦經用古字，注用今字之例也。下注直云「刮殺」可證。《釋文》出「刮去」二字，似陸本注上刮字作劀，則是以刮釋劀，殆非鄭本之舊。俗注疏本同，非也。惠士奇云：「《大玄・達》之次七曰：『達于砭割，前亡後賴。』測曰：『達於砭割，終以不廢也。』劀殺猶砭割。《内經》癰瘍宜砭石，古者以石爲鍼，謂之砭。」云「殺謂以藥食其惡肉」者，《左傳》僖十五年杜注云：「食，消也。」謂傅藥於創，消其腐惡之肉。惠士奇云：「《大玄・從》之次七曰：『拂其惡，從其淑，雄黄食肉。』測曰：『拂惡從淑，救凶也。』注藥以食其肉，惡去而善生。」凡療瘍，以五毒攻之，止病曰療。攻，治也。五毒，五藥之有毒者。今醫方有五毒之藥，作之，合黃堥，置石膽、丹沙、雄黃、礜石、慈石其中，燒之三日三夜，其煙上著，以雞羽埽取之。以注創，惡肉破，骨則盡出。疏：「凡療瘍，以五毒攻之」者，以下通論治瘍之術，竝瘍醫之官法也。以五毒攻之，謂腫瘍潰瘍也。金瘍折瘍則不用此法。注云「止病曰療」者，《説文・疒部》云：「瘵，治也。重文療，或從尞。」《一切經音義》引《三蒼》云：「療，治病也。」云「攻，治也」者，《小爾雅・廣詁》文。《鳧人》《考工記・總敘》注並同。云「五毒，五藥之有毒者」者，即下石膽等五者是也。云「今醫方有五毒之藥，作之，合黃堥，置石膽、丹沙、雄黃、礜石、慈石其中，燒之三日三夜，其煙上著，以雞羽埽取之」者，鄭據漢時瘍醫有此注藥，即古五毒之遺法也。《釋文》云：「堥，本又作鍪。」案：《內則》「敦牟」鄭注云：「牟讀曰堥也。敦堥，黍稷器也。」孔疏引《隱義》云：「堥，土釜。」《説文・金部》云：「鍪，鍑屬也。」又《虗部》云：「𧇡，土鍪也。」堥、鍪、牟，並鍪之借字。黃堥，蓋即燒黃土爲鍪。《抱朴子・神仙金汋經》説，作丹藥，盛用黃土甌。注云：「意是土釜也。出在廣州及長沙、豫章、臨川、鄱陽者，皆可用之。又此諸郡，皆作黃土堥，亦可用之。」依其説，則黃土堥又與土釜不同。賈疏謂唐時合和丹藥者，皆用黃瓦甑爲之，亦名黃堥。《大觀本草》引蘇頌《圖經》，謂黃堥若市中所貨，有蓋瓦合。諸説差異，未知孰審也。丹沙，宋本、注疏本作丹砂，砂即沙之俗。《神農本草經》云：「石膽，主金瘡諸邪毒氣。丹砂，主身體五藏百病。雄黃，主鼠瘻、惡瘡、疽痔、死肌，殺百蟲毒。礜石，主鼠瘻蝕瘡。慈石，主周痹風溼。」又《名醫別録》説石膽、雄黃、礜石竝有毒，丹砂、慈石竝無毒。蓋五石之藥，咸氣性酷烈，故謂之五毒，不必皆有毒也。云「以注創，惡肉破，骨則盡出」者，明此藥可食惡肉也。《大觀本草》引蘇頌云：「直史館楊嵎，瘍生於頰，依鄭注合燒藥成，注之創中，少頃，朽骨連兩牙潰出，遂愈。」案：蘇頌所記，足證此注肉破骨出之義。

以五氣養之，以五藥療之，以五味節之。既刮殺而攻盡其宿肉，乃養之也。五氣當爲「五穀」，字之誤也。節，節成其藥之力。疏：「以五氣養之」者，以下三法並四瘍所通用也，與《疾醫》云「以五味、五穀、五藥養其病」，略同。蓋治瘍之異於治疾者，惟祝藥及刮殺之齊耳；其養治之法則不異也。注云「既刮殺而攻盡其宿肉，乃養之也」者，賈疏述注「攻」下有「之」字，疑今本誤捝。刮殺者，去其惡肉；養之者，長其新肉也。此以五藥療之，亦長新肉之事。療瘍之五藥，即《疾醫》之五藥，非上文攻瘍之五毒也。賈疏謂此文重言五藥者，爲下五味節成此藥，故須更言五藥，則似攻療爲一事，失之。云「五氣當爲五穀，字之誤也」者，據《疾醫》校也。惠棟云：「《説文》『餼客芻米曰氣。』氣本餼字。經傳無五氣之文。《內經・藏氣法時論》云：『五穀爲養，五果爲助，五菜爲充。』故鄭據此五氣當爲五穀。」案：惠説足申鄭讀。惠士奇、呂飛鵬並據《素問・六節藏象論》云「天食人以五氣」，謂五氣即五行之氣，不必改爲五穀。亦足備一義。云「節，節成其藥之力」者，鄭意蓋謂既服藥之後，更以五味節成其藥之力，則五味亦即《疾醫》注所云醯酒飴蜜薑鹽之屬，非謂五味之藥。賈謂即下文以酸養骨之類，失之。

凡藥，以酸養骨，以辛養筋，以鹹養脈，以苦養氣，以甘養肉，以滑養竅。以類相養也。酸，木味，木根立地中，似骨。辛，金味，金之纏合異物，似筋。鹹，水味，水之流行地中，似脈。苦，火味，火出入無形，似氣。甘，土味，土含載四者，似肉。滑，滑石也。凡諸滑物，通利往來，似竅。疏：「凡藥以酸養骨」者，此通論五味六和之藥。養病所宜也。云「以滑養竅」者，吳廷華云：「醫以五行爲宗，滑又以通五行之氣。凡食醫疾醫皆然，此總發之。」案：吳説是也。此以五味增滑爲六，與上五味不相冡。賈疏謂：「上云以五味節之，即此五味，欲見五味節成五藥，故藥味合言。」非經義。注云「以類相養也」者，賈疏云：「謂若酸與骨、辛與筋之類是也。」云「酸，木味，木根立地中，似骨」者，《白虎通義・五行篇》云：「木味所以酸何？東方萬物之生也，酸者以達生也，猶五味得酸乃達也。」《淮南子・時則訓》「其味酸」，高注云：「酸之言鑽也，萬物鑽地而生。」《管子・四時篇》云：「風生木爲骨。」尹注云：「骨亦木之類也。」賈疏云：「酸木味之等，並依《洪範》及《月令》爲説也。木立地中似骨者，謂似人之骨立肉中者，故以酸養之」。云「辛，金味，金之纏合異物，似筋」者，《白虎通義・五行篇》云：「金味所以辛何？西方煞傷成物辛，辛所以煞傷之也，猶五味得辛乃委煞也。」《説文・辛部》云：「辛，秋時萬物成而孰，金剛味辛，辛痛即泣出。」賈疏云：「人之筋亦纏合諸骨，故云似筋而以辛養之也。」云「鹹，水味，水之流行地中，似脈」者，《説文・𠂢部》云：「衇，血理分衺行體中者。重文脈，衇或從肉。」脉即脈之俗。《白虎通義・五行篇》云：「水味所以鹹何？是其性也。所以北方鹹者，萬物鹹與所以堅之也，猶五味得鹹乃堅也。」《素問・陰陽應象大論》云：「水主鹹。」《管子・水地篇》云：「水者，地之血氣，如筋脈之通流者也。」尹注云：「分流地上若脈也。」云「苦，火味，火出入無形，似氣」者，《白虎通義・五行篇》云：「火味所以苦何？南方主長養，苦者所以長養也，猶五味須苦可以養也。」《素問・五運行大論》云：「火生苦。」云「甘，土味，土含載四者，似肉」者，《白虎通義・五行篇》云：「土味所以甘何？中央者，中和也，故甘，猶五味以甘爲主也。」《素問・陰陽應象大論》，王注云：「物之味甘者，皆土氣之所生也。」《春秋繁露・循天之道篇》云：「甘者，中央之味也。」又《五行之義篇》云：「甘者，五味之本也。」《淮南子・原道訓》云：「味者，甘立而五味亭矣。」《五行大義》引《元命苞》云：「甘者，食常言安其味也。甘味爲五味之主，猶土之和成於四行也。」賈疏云：「金木水火，非土不載，故云含載四者，似人之肉，亦含載筋骨氣脈，故以甘養之也。」案：此經辨諸味所養，與古醫家言不相應，未審其義。鄭、賈以象類釋之，亦無當療疾之用，殆非其本指。今以古醫經校之，當是此經文有譌互。蓋以酸養骨，骨當作氣；以苦養氣，氣又當作骨。馬總《意林》引《公孫尼子》云：「多食甘者，有益於肉，而骨不利。多食苦者，有益於骨，而筋不利。多食辛者，有益於筋，而氣不利。」彼言甘益肉，辛益筋，與此以甘養肉，以辛養筋正同。而言苦有益於骨，足證以苦養氣，當作以苦養骨。苦即以養骨，則酸當以養氣又可知矣。《素問・六節藏象論》云：「肺者氣之本。」《宣明五氣論》云：「心主脈，肝主筋，脾主肉，腎主骨。」《藏氣法時篇》云：「肝用辛補之，酸寫之；心用鹹補之，甘寫之；脾用甘補之，苦寫之；肺用酸補之，辛寫之；腎用苦補之，鹹寫之。」蓋此經凡言養者，皆謂補其本。《素問》以酸補肺，即此以酸養氣也；以辛補肝，即此以辛養筋也；以鹹補心，即此以鹹養脈也；以苦補腎，即此以苦養骨也。《內經》諸文，皆此經之塙詁。自漢以後，經文氣骨二字互易，鄭賈皆緣誤爲釋，遂不可通。要之醫療之術，古今不易，不可誣也。至《素問·宣明五氣論》說五味所禁，又云：「辛走氣，氣病無多食辛；鹹走血，血病無多食鹹；苦走骨，骨病無多食苦；甘走肉，肉病無多食甘；酸走筋，筋病無多食酸。」《五藏生成篇》說略同。彼云五味所走，與此經所養義亦相合。而以所走之味多食爲禁者，蓋節其太過，即《藏氣法時篇》補寫異用之義，與此經文異而理實通也。云「滑，滑石也」者，《神農本草經》云：「滑石味甘寒，主身熱洩澼，女子乳難癃閉，利小便，蕩胃中積聚寒熱，益精氣，久服輕身，耐飢，長年。」賈疏云：「以五味酸苦辛鹹甘，養骨筋氣脈與肉，相配訖，前《食醫》云『調以滑甘』。平常服食，五味之外有滑，彼滑用堇荁枌榆。」今此養病，五味之外亦宜有滑，但於藥分之中慎滑，則不得如平常用堇荁等，故以滑石解之。云「凡諸滑物，通利往來，似竅」者，《本草·名醫別録》云：「滑石通九竅六腑津液，去留結，令人利中。」是通利往來之藥，故可以養竅。然鄭云諸滑物，似通苞菜之滑而言，以其品類衆多而性味大同，義得兼含也。凡有瘍者，受其藥焉。疏：「凡有瘍者，受其藥焉」者，賈疏云：「即上五藥是也。凡國中有瘍，不須身來者，並於瘍醫取藥焉。」案：此藥亦當兼祝藥及刮殺之藥等言之，賈說未晐。

**《黃帝内經·素問·寶命全形論》** 黃帝問曰：「天覆地載，萬物悉備，莫貴於人。人以天地之氣生，四時之法成。君王衆庶，盡欲全形，形之疾病，莫知其情，留淫日深，著於骨髓，心私慮之。餘欲針除其疾病，爲之奈何？」岐伯對曰：「夫鹽之味鹹者，其氣令器津泄；絃絶者，其音嘶敗；木敷者，其葉發；病深者，其聲噦。人有此三者，是謂壞府。毒藥無治，短針無取。此皆絶皮傷肉，血氣争黑。」

帝曰：「余念其痛，心爲之亂惑，反甚其病，不可更代。百姓聞之，以爲殘賊。爲之奈何？」岐伯曰：「夫人生于地，懸命于天，天地合氣，命之曰人。人能應四時者，天地爲之父母。知萬物者，謂之天子。天有陰陽，人有十二節；天有寒暑，人有虛實。能經天地陰陽之化者，不失四時；知十二節之理者，聖智不能欺也；能存八動之變，五勝更立；能達虛實之數者，獨出獨入，呿吟至微，秋毫在目。」

帝曰：「人生有形，不離陰陽。天地合氣，别爲九野，分爲四時，月有小大，日有短長，萬物並至，不可勝量。虛實呿吟，敢問其方？」岐伯曰：「木得金而伐，火得水而滅，土得木而達，金得火而缺，水得土而絶，萬物盡然，不可勝竭。故針有懸布天下者五，黔首共餘食，莫知之也。一曰治神，二曰知養身，三曰知毒藥爲真，四曰制砭石小大，五曰知府藏血氣之診。五法俱立，各有所先。今末世之刺也，虛者實之，滿者泄之，此皆衆工所共知也。若夫法天則地，隨應而動，和之者若響，隨之者若影。道無鬼神，獨來獨往。」

**佚名《巢塞直者》一則《馬王堆漢墓醫書》** 巢塞直者，殺狗，取其脬，以穿籥，入直中，炊之，引出，徐以刀𠜂去其巢，冶黃黔而婁傅之。人州出不可入者，以膏膏出者，而到縣其人，以寒水戔其心腹，入矣。血痔，以弱孰煮一牡鼠，以氣熨。

**佚名《神農本草經序録》敦煌殘卷《本草經集注》** 上藥一百廿種爲君，主養命以應天，無毒，多服久服不傷人。欲輕身益氣，不老延年者，本上經。中藥一百廿種爲臣，主養性以應人，無毒，有毒，斟酌其宜。欲遏病補虛羸者，本中經。下藥一百廿五種爲佐使，主治病以應地，多毒，不可久服。欲除寒熱邪氣，破積聚愈病者，本下經。

藥有君臣佐使，以相宣攝。合和者宜一君、二臣、五佐，又可一君、三臣、九佐也。

藥有陰陽配合，子母兄弟，根葉花實，草石骨肉。有單行者，有相須者，有相使者，有相畏者，有相惡者，有相反者，有相殺者，凡七情，合和當視之。相須相使者良，勿用相惡相反者，若有毒宜制，可用相畏相殺，不爾，勿合。

藥有酸鹹甘苦辛五味，又寒熱温涼四氣，及有毒無毒，陰乾暴乾，採治時月，生熟，土地所出，真僞陳新，并各有法。

藥有宜丸者，宜散者，宜水煮者，宜酒漬者，宜膏煎者。亦有一物兼宜者，亦有不可入湯酒者，并隨藥性，不得違越。

凡欲治病，先察其源，先候病機。五藏未虛，六府未竭，血脈未亂，精神未散，食藥必活。若病已成。可得半愈；病勢已過，命將難全。

若毒藥治病，先起黍粟，病去即止。不去倍之，不去什之，取去爲度。

治寒以熱藥，治熱以寒藥，飲食不消以吐下藥，鬼疰蠱毒以毒藥，癰腫瘡瘤以瘡藥，風濕以風藥，各隨其所宜。

病在胸膈以上者，先食後服藥；病在心腹以下者，先服藥後食；病在四肢血脈者，宜空腹而在旦；病在骨髓者，宜飽滿而在夜。

夫大病之主，有中風傷寒，寒熱温瘧，中惡霍亂，大腹水腫，腸澼下利，大小便不通，賁豚上氣，咳逆嘔吐，黃疸消渴，留飲澼食，堅積癥瘕，驚邪癲癎鬼疰，喉痹齒痛，耳聾目盲，金瘡踒折，癰腫惡瘡，痔瘻瘿瘤，男子五勞七傷，虛乏羸瘦，女子帶下崩中，血閉陰蝕，蟲蛇蠱毒所傷。此皆大略宗兆，其中變動枝葉，各依端緒以取之。

**漢·張仲景《傷寒論》** 桂枝湯方

太陽中風，陽浮而陰弱，陽浮者，熱自發；陰弱者，汗自出。嗇嗇惡寒，淅淅惡風，翕翕發熱。鼻鳴乾嘔者，桂枝湯主之。

桂枝湯方：桂枝叁兩，去皮，味辛、熱。芍藥叁兩，味苦酸，微寒。甘草貳兩、炙，味甘，平。生薑叁兩，切，味辛，温。大棗拾貳枚。擘味甘，温。

右伍味，㕮咀三味，以水柒升，微火煮取叁升，去滓，適寒温服壹升。服已須臾，啜熱稀粥壹升餘，以助藥力。温覆令壹時許，遍身漐漐，微似有汗者，益佳。不可令如水流漓，病必不除。若壹服汗出病差，停後服，不必盡劑。若不汗，更服依前法。又不汗，後服小促其間。半日許，令叁服盡。若病重者，壹日壹夜服，周時觀之。服壹劑盡，病證猶在者，更作服。若汗不出者，乃服至貳、叁劑。禁生冷、粘滑、肉、面、五辛、酒、酪、臭惡等物。

**晉·葛洪《肘後備急方·治寒熱諸瘧方》** 治瘧病方：鼠婦、豆豉二七枚，合擣，令相和。未發時服二丸，欲發時服一丸。

又方：青蒿一握，以水二升漬，絞取汁，盡服之。

又方：取獨父蒜，於白炭上燒之，末，服方寸匕。

又方：五月五日，蒜一片，去皮，中破之，刀割令容巴豆一枚，去心、皮，内蒜中令合，以竹夾，以火炙之。取可熱擣爲三丸，未發前服一丸，不止，復與一丸。

**晉·常璩《華陽國志》卷三《蜀志》** 邛河有嗥嵩山，又有温泉穴，多夏常熱，依《郡國志》注引《華陽國志》文補上八字。其温《初學記》卷七、《太平御覽》卷七十一引作源。可湯《水經注》卷三十六引作燖。雞、豚。下流《初學記》作湯。澡洗治疾病。《初學記》作「下湯澡洗療宿疾」。《御覽》引作「下流澡洗治宿病」。餘多惡水，水神護之，不可污穢及沈亂髮，照面《函海》注云：「元本作囬，古□字也。吴、何本誤回。」則使人被惡疾，一郡通云然。

**南朝·雷斅《雷公炮炙論序》** 若夫世人使藥，豈知自有君臣。既辨君臣，寧分相制。衹如枕毛今鹽草也。沾溺，立銷斑腫之毒。象膽揮黏，乃知藥有情異。鮭魚插樹，立便乾枯。用狗膽塗，以犬膽灌之，插魚處立如故也。卻當榮盛。無名無名異形似玉，仰面又如石灰，味別。「止楚」，截指而似去甲毛。聖石開盲，明目而如雲離日。當歸止血、破血，頭尾效各不同。頭止血，尾破血。蕤子熟生，足睡不眠立據。弊箄淡鹵，常使者甑中，能淡鹽味。如酒霑交。今蜜枳繳枝，又云交加枝。鐵遇神砂，如泥似粉。石經鶴糞，化作塵飛。枕見橘花似髓。斷弦折劍，遇鸞血而如初。以鸞血煉作膠，黏折處，鐵物永不斷。海竭江枯，投游波燕子是也。立泛。令鉛拒火，須仗修天。今呼爲補天石。如要形堅，豈忘紫背。有紫背天葵，如常食葵菜，只是背紫面青，能堅鉛形。留砒住鼎，全賴宗心。別有宗心草，有呼石竹，不是。食者癭心，恐誤。其草出欻州，生處多蟲獸。雌得芹花，其草名爲立起，其形如芍藥，花色青，可長三尺以來，葉上黄斑色，味苦澀堪用，煮雌黄立住火。立便成庚。硇遇赤鬚，其草名赤鬚，今呼爲虎鬚草是。用煮硇砂即生火驗。水留金鼎。水中生火，非猾髓而莫能。海中有獸名曰猾，以髓入在油中，其油黏水，水中火生，不可救之，用酒噴之即娗。勿於屋下收。長齒生牙，賴雄鼠之骨末。其齒若折年多不生者，取雄鼠脊骨作末揩折處，齒立生如故。髮眉墮落，塗半夏而立生。髮眉墮落者，以生半夏莖煉之取涎，塗髮落處立生。目辟眼⿰目離，有五花而自正。五加皮其葉有雄雌，三葉爲雄，五葉爲雌，須使五葉者作末，酒浸飲之，其目⿰目離者正。腳生肉枕，裩繫菪根。腳有肉枕者，取莨菪根於裩帶上繫之，感應永不痛。囊皺漩多，夜煎竹木。多小便者，夜煎萆薢一兩服之，永不夜起也。體寒腹大，全賴鸕鷀。若患腹大如鼓，米飲調鸕鷀末服，立枯如故也。血泛經過，飲調瓜子。甜瓜子内仁擣作末，去油，飲調服之，立絶。咳逆數數，酒服熟雄。天雄炮過，以酒調一錢匕服，立定。遍體疹風，冷調生側。附子旁生者曰側子，作末，冷酒服，立瘥也。腸虚瀉痢，須假草零。擣五倍子爲末，以熟水下之，立止也。久渴心煩，宜投竹瀝。除癥去塊，全仗消、硇。即硇砂、消石二味，於乳鉢中研作粉，同煅了，酒服神效也。益食加觴，須煎蘆、朴。不食者並飲酒少者，煎逆水蘆根並厚朴二味湯服。强筋健骨，須是蓯、鱓。蓯蓉並鱓魚二味作末，以黄精汁丸服之，可力倍常也。出《乾寧記》中。駐色延年，精蒸神錦。黄精自然汁拌細研神錦，于柳木甑中蒸七日了，以木蜜丸服，顔貌可如幼女之容色也。知瘡所在，口點陰膠。陰膠即是甑中氣垢，少許於口中，即知臟腑所起直至住處，知痛，乃可醫也。産後肌浮，甘皮酒服。産後肌浮，酒服甘皮可立愈。口瘡舌坼，立愈黄蘇。口瘡舌坼，以根黄塗蘇炙作末，含之立瘥。腦痛欲亡，鼻投消末。頭痛者，以消石作末内鼻中，立止。心痛欲死，速覓延胡。以延胡索作散，酒服之立愈。如斯百種，是藥之功。某忝遇明時，謬看醫理。雖尋聖法，難可窮微。略陳藥餌之功能，豈溺仙人之要術？其製藥炮熬煮炙，不能記年月哉！欲審元由，須看海集。某不量短見，直録炮熬煮炙，列藥制方，分爲上中下三卷，有三百件名，具陳於後。

凡方：云丸如細麻子許者，取重四兩鯉魚目比之。

云如大麻子許者，取重六兩鯉魚目比之。

云如小豆許者，取重八兩鯉魚目比之。

云如大豆許者，取重十兩鯉魚目比之。

云如兔葷俗云兔屎許者，取重十二兩鯉魚目比之。

云如梧桐子許者，取重十四兩鯉魚目比之。

云如彈子許者，取重十六兩鯉魚目比之。一十五個白珠爲準，是一彈丸也。

凡方中云以水一鎰至二鎰至十鎰者，每鎰秤之重十二兩爲度。

凡云一兩一分一銖者，正用今絲綿秤也，勿得將四銖爲一分，有誤必所損兼傷藥力。

凡云散祇作散，丸祇作丸。或酒煮，或用醋，或乳煎，一如法則。

凡方煉蜜，每一斤祇煉得十二兩半或一分是數，若火少、若火過，並用不得也。

凡膏煎中用脂，先須煉去革膜了，方可用也。

凡修事諸藥物等，一一併須專心，勿令交雜使用。或先熬後煮，或先煮後熬，不得改移，一依法則也。

凡修合丸藥，用蜜祇用蜜，用餳祇用餳，用糖祇用糖，勿交雜用，必宣瀉人也。

**附《雷公炮炙論十七法集釋》** 炮炙者，以他法煆煉藥品，使其性質變易也。其法始於雷敩，共十七法：曰炮、曰爁、曰煿、曰炙、曰煨、曰炒、曰煆、曰煉、曰製、曰度、曰飛、曰伏、曰鎊、曰攃、曰㬠、曰曝、曰露，各盡其宜。

炮者，置藥物於火上，以烟起爲度也。如炮薑根之類。如炮薑，切厚片入銚中，以烈火燒至銚面火然，畧噀以水，急挑數轉置罈中深藏，勿使泄氣。候冷，則裏面通黑。

爁音濫。《廣韻》：火貌。《淮南子·覽冥訓》：火爁炎而不滅。《集韻》：火焚也。

煿音博，李作爆。《玉篇》：爆，落也，灼也，熱也。《説文》：灼也，暴聲。《集韻》：爇也。《廣韻》：迫於火也。徐鉉曰：火裂也。

炙，《詩·小雅》：燔之炙之。《傳》：炕火曰炙。又《書》：焚炙。忠良疏：焚、炙，俱火燒也，如炙甘草之類。甘草去頭尾尖處，其頭尾吐人。每斤切長三寸餘，劈破作六七，器中盛酒，浸蒸，暴乾細剉。一斤用酥七兩，炙，三盡爲度。先炮，令內外赤黄用良。

煨者，以藥物置火灰中煨之使熟也，與炮薑根大致法同。

炒者，置藥物於火，使之黄而不焦也。法有炒黄、炒黑、炒焦，各不同。

煆者，置藥物於火上燒，令通紅也。藥品中石類介類多用之。

煉者，藥石用火久熬也。有煉乳、煉蜜、煉石丹。

製者，藥性之偏者，猛者，製之使就範圍也。有水製、薑汁製、童便製、火酒製、酥醋製、蜜製、麩製、麵製、米泔製等，各如其法。

度者，量物之大小短長也。

飛者，研藥物爲細末，置水中，以漂其浮於水面之粗屑也。石類藥多用，如飛丹、飛滑石之類。

伏者，土類。如伏龍肝，於砌灶時納猪肝一具於土中，久則與土合而爲一，研細，以清水飛過用。其灶以日用炊飯者良。若煮羹者，味酸不可用。

鎊音滂，削也。

攃，側手擊也。

㬠，即曬字。

曝音樸，本作暴，曬也。曬，曝物也。

露，如露珠丹、露薑飲、露花粉之類。露珠丹，以玉屑擇晴日露四十九夜，陰雨不計。露薑飲只一宿。

**又** 礬石等一四則

礬石

凡使，須以甆瓶盛，於火中煆，令内外通赤，用鉗揭起蓋，旋安石蜂窠於赤瓶子中，燒蜂窠盡爲度。將鉗夾出，放冷，敲碎，入鉢中，研如粉。後於屋下掘一坑，可深五寸，却以紙裹，留坑中一宿，取出，再研。

每修事十兩，用石蜂窠六兩，盡爲度。

又云：凡使，要光明如水精，酸、鹹、澀味全者，研如粉，於甆瓶中盛。其瓶盛得三升以來，以六一泥泥於火畔，炙之令乾。置研了白礬於瓶內，用五方草、紫背天葵二味自然汁各一鎰，旋旋添白礬於中，下火逼令藥汁乾，用蓋子并瓶口，更以泥泥上下，用火一百斤煆，從巳至未，去火，取白礬瓶出，放冷，敲破，取白礬。若經大火一煆，色如銀，自然伏火，銖絫不失。搗細，研如輕粉，方用之。

代赭石

凡使，不計多少，用臘水細研盡，重重飛過，水面上有赤色如薄雲者去之。然後用細茶脚湯煮之，一伏時了，取出，又研一萬匝，方入。用净鐵鐺一口著火，得鐺熱底赤，即下白蠟一兩於鐺底，逡巡間便投新汲水衝之於中，沸一二千度了，如此放冷，取出使之。

昌蒲

凡使，勿用泥昌、夏昌。其二件相似，如竹根鞭，形黑氣穢，味腥，不堪用。凡使，採石上生者，根條嫩黄緊硬，節稠，長一寸有九節者，是真也。採得後，用銅刀刮上黄黑硬節皮一重了，用嫩桑枝條相拌蒸，出，暴乾，去桑條，剉用。

附子

凡使，先須細認，勿誤用。夫修事十兩，於文武火中炮，令皴坼者去之。用刀刮上孕子，并去底尖，微細劈破。於屋下平地上掘一坑，可深一尺，安於中一宿，至明取出，焙乾用。夫欲炮者，灰火勿用雜木火，只用柳木最妙。若陰制使，即生去尖皮底了，薄切，用東流水并黑豆浸五日夜，然後漉出，於日中晒令乾用。凡使，須陰制，去皮尖了，每十兩用生烏豆五兩，東流水六升。

枳殼

凡使，勿使枳實，緣性効不同。若使枳殼，取辛、苦、腥，并有隟油，能消一切癖塊。要塵久年深者爲上。用時先去瓤，以麩炒過。待麩焦黑遂出，用布拭上焦黑，然後單搗如粉用。

鱉甲

凡使，要緑色、九肋、多裙、重七兩者爲上。治氣、破塊、消癥、定心藥中用之。每箇鱉甲，以六一泥固濟瓶子底了，乾，於大火以物搘於中，與頭醋下火煎之，盡三升醋爲度，乃去裙并肋骨了，方炙乾，然入藥中用。又治勞、去熱藥中用，依前泥，用童子小便煮，晝夜盡小便一斗二升爲度。後去裙留骨，於石上搥，石臼中搗成粉了，以鷄肶皮裹之，取東流水三兩斗，盆盛，閣於盆上一宿，至明任用，力有萬倍也。

桔梗

凡使，勿用木梗，真似桔梗，咬之只是腥澀不堪。凡使去頭上尖硬二、三分已來，并兩畔附枝子於槐砧上，細剉，用百合水浸一伏時，漉出，緩火熬令乾用。

貝母

凡使，先於柳木灰中炮令黄，擘破，去内口鼻上有米許大者心一小顆，後拌糯米於鏊上，同炒，待米黄熟，然後去米，取出，其中有獨顆團不作兩片無皺者，號曰丹龍精，不入藥用。若誤服，令人筋脈永不收，用黄精小藍汁合服，立愈。

狗脊

凡使，勿用透山藤，其大腡根與透山藤一般，只是入頂苦，不可餌也。凡修事細剉了，酒拌蒸，從巳至申，出晒乾用。

葶藶子

凡使，勿用赤鬚子，真相似葶藤子，只是味微甘苦。葶藶子入頂苦，凡使以糯米相合，於籠上微微焙，待米熟，去米單搗用。

牽牛子草金零，牽牛子是也。

凡使其藥，秋末即有實，冬收之。凡用曬乾，却入水中淘，浮者去之，取沉者晒乾，拌酒蒸，從巳至未，晒乾。臨用，春去黑皮用。

商陸

凡使，勿用赤葛，緣相似，其赤葛花莖，有消筋腎之毒，故勿餌。章陸花白，年多後，仙人採之，用作脯，可下酒也。每修事先以銅刀刮去上皮了，薄切以東流水浸兩宿，然後漉出，架甑蒸，以豆葉一重了，與章陸一重，如斯蒸，從午至亥出，仍去豆葉，暴乾了，細剉用，若無豆葉，只用豆代之。

半夏

凡使，勿誤用白傍䓍子，真似半夏，只是咬着微酸，不入藥用。若修事，半夏四兩，用搗了白芥子末二兩，頭醋六兩，二味攪令濁，將半夏投中，洗三遍用之。半夏上有隟涎，若洗不浄，令人氣逆，肝氣怒滿。

木瓜

凡使，勿誤用和圓子、蔓子、土伏子，其色樣水形，真似木瓜，只氣味効并向裏子各不同。若木瓜皮薄，微赤黄，香而甘酸不澁，調榮衛，助穀氣。向裏子頭尖一面方，食之益人。若和圓子，色微黄，蔕麄，子小圓，味澁，微鹹，傷人氣。蔓子、顆小，亦似木瓜，味絶澁，不堪用。土伏子、似木瓜，味絶澁，子如大樣油麻，又苦澁不堪用，若餌之令人目澁多赤，筋痛。凡使木瓜勿令犯鐵器，用銅刀削去硬皮并子，薄切，於日中曬，次用黄牛乳汁拌蒸，從巳至未，其木瓜如膏煎，却於日中薄攤曬乾用也。

**唐・陳藏器《本草拾遺・諸草》《植物名實圖考長編》卷一〇附** 陳思岌味辛，平，無毒。主解諸藥毒，熱毒，丹毒，癰腫，天行壯熱，喉痹，蠱毒，除風血，補益，已上並煮服之。亦磨傅瘡上，亦浸酒。出嶺南。一名千金藤，一名石黄香。今江東又有千金藤，一名烏虎藤，與陳思岌所主，頗有異同，終非一物也。陳思岌蔓生，如小豆，根及葉辛香也。

甜藤味甘，寒，無毒。去熱煩，解毒，調中氣，令人肥健，又主剝馬血毒入肉，狂犬牛馬熱黄。搗絞取汁，和米粉作糗餌，食之甜美。止洩，搗葉汁傅蛇咬瘡。生江南山林下，蔓如葛，又有小葉，尖長，氣辛臭，搗傅小兒腹，除痞滿悶癖。

藍藤根味辛，温，無毒。主氣冷嗽，煮服之。生新羅國，根如細辛。

人肝藤主解諸毒，惡腫遊風，脚手軟痹。並研服之，亦煮服之，亦傅病上。生嶺南，葉三椏，花紫色。一名承露仙，又有伏雞子亦名承靈仙，葉圓，與此名同物異。

《海藥廣志》云：生嶺南山石間，引蔓而生，主蠱毒，及手足不遂等風，生研服。

楊氏《産乳》療中蠱毒，人肝藤以清水磨一彈丸飲之，不過三二服，差。

合子草有小毒，子及葉主蠱毒，螫咬，擣傅瘡上。蔓生岸傍，葉尖，花白，子中有兩片，如合子。

風延母味苦，寒，無毒。小兒發熱，發强，驚癇，寒熱，熱淋，解煩，利小便，明目。主蛇犬毒，惡瘡，癰腫，黄疸。並煮服之。細葉蔓生，縲繞草木。《蜀都賦》云：風連延蔓於衡臯，是也。

《海藥》，謹按徐表《南州記》：生南海山野中。主三消五淋，下痰，小兒赤白毒痢，蛇毒，瘴溪等毒，一切瘡腫。並宜煎服。祇出南中，諸無所出也。

大瓠藤水味甘，寒，無毒。主煩熱，止渴，潤五臟，利小便。藤如瓠，斷之水出，生安南。《太康·地記》曰：朱崖、儋耳無水處種用此藤，取汁用之。

《海藥》，謹按《太原記》云：生安南朱崖上，彼無水，惟大瓠中有天生水，味甘冷香美。主解大熱，止煩渴，潤五臟，利水道，彼人造飲饌，皆瓠也。

百丈青味苦，寒，平，無毒。主解諸毒物，天行瘴瘧疫毒，並煮服，亦生搗絞針。生江南林澤，藤蔓緊硬，葉如薯蕷，對生。根服，令人下痢。

仰盆味辛，温，有小毒。主蠱，飛屍，喉閉，水磨服少許，亦磨傅皮膚惡腫。生東陽山谷，苗似承露仙，根圓如仰盆子，大如雞卵。

衡洞根味苦，平，無毒。主熱毒，蛇犬蟲癰瘡等毒，功用同陳家白藥，苗蔓不相似。嶺南恩州取根，陰乾。

《海藥》，謹按《廣州記》云：生嶺南及海隅，苗蔓如土瓜，根相似，味辛温，無毒。主一切毒氣，及蛇傷。并取其根磨服之，應是着諸般毒，悉皆吐出。萬一籐主蛇咬，杵篩以水和如泥，傅癰上。藤蔓如小荳，生嶺南，亦名萬吉。

**又《本草拾遺·諸木》《植物名實圖考長編》卷二一《木類》附** 乾陀木皮味平，無毒。主破宿血，婦人血閉，腹内血塊，酒煎服之。生安南，皮厚堪染者，葉如櫻桃。

《海藥》，按《西域記》云：生西國，彼人用染僧褐，故名乾陀，褐色也。樹大皮厚，味平，温。主癥瘕，氣塊，温腹暖胃，止嘔逆，並良也。

含水藤中水，味甘，平，無毒。主止渴，潤五藏。山行無水處，斷之，得水可飲，清美去濕痹，煩熱。生嶺南葉似狗蹄，煮汁服之，主天行時氣，擣葉傅中水爛瘡，皮皸。劉欣期《交州記》亦載之也。

《海藥》，謹按《交州記》云：生嶺南及諸海山谷，狀若葛，葉似枸杞，多在路旁行人乏水處，便喫此藤，故以爲名。主煩渴，心躁，天行疫氣，瘴癘，丹石發動，亦宜服之。

蜜香味辛，温，無毒。主臭，除鬼氣。生交州，大樹節如沉香。《異物志》云：蜜香蟲名。又云：樹生千歲，斫仆之四五歲，乃往看已腐敗，惟中節堅貞，是也。樹如椿。按《法華經》注云：木蜜，香蜜也。樹形似槐而香，伐之五六年，乃取其香。

《海藥》，謹按《内典》云：狀若槐樹。《異物志》云：其葉如椿。《交州記》云：樹似沉香無異，主辟惡，去邪，鬼屍，注心氣。生南海諸山中，種之五六年，便有香也。

阿勒勃味苦，大寒，無毒。主心膈間熱風，心黄，骨蒸，寒熱，殺三蟲。生佛林國，似皁莢，圓長。味甜，好喫，一名婆羅門皁莢也。

《海藥》，按《異域記》云：主熱病及下痰，殺蟲，通經絡。子療小兒疳氣。凡用，先炙令黄用。

鼠藤味甘，温，無毒。主丈夫五勞七傷，脚腰痛冷，陰痿，小便數白，益陽道，除風氣，補衰老，好顏色。取根及莖，細剉濃煮服之訖，取微汗。亦浸酒如藥酒法，性極温，服訖，稍令人悶，無苦。生南海海畔山谷，作藤繞樹，莖葉滑浄，似枸杞。花白有節，心虚，苗頭有毛，南人皆識，其藤有鼠咬痕者，良。但須嚼嚥其汁，驗也。

《海藥》，謹按《廣州記》云：生南海山谷，藤蔓而生，鼠愛食此，故曰鼠藤。咬處即人用入藥，彼人食之，如喫甘蔗，味甘美。主腰脚風冷，大補水藏，好顏色，長筋骨。並剉濃煎服之，亦取汁浸酒，更妙。

浮爛囉勒味酸，平，無毒。主一切風氣，開胃，補心，除冷痹，和調藏腑。生康國，似厚朴也。斑珠藤味甘，溫，無毒。主風血羸瘦，婦人諸疾，浸酒服之。生山谷中，不凋，子如珠而斑，冬取之。

不凋木味苦，溫，無毒。主調中補衰，治腰脚，去風氣，却老，變白。生太白山巖谷。樹高二三尺，葉似槐莖，赤有毛如棠梨。

曼遊藤味甘，溫，無毒。久服長生，延年，去咳嗽。出犍爲牙門山谷，如寄生著大樹，春華色紫，葉如柳。張司空云：蜀人謂之沉藹藤，亦治癬。

龍手藤味甘，溫，無毒。主偏風，口喎，手足癱緩，補虛益陽，去冷氣，風痹。斟酌多少，以醇酒浸，近火令溫。空心服之，取汗。出安荔浦山石上，向陽者葉如龍手，因以爲名，採之無時也。

放杖木味甘，溫，無毒。主一切風血，理腰脚，輕身，變白，不老，浸酒服之。生溫括睦婺山中，樹如木天蓼。老人服之，一月放杖，故以爲名也。

石松味苦，辛，溫，無毒。主人久患風痹，脚膝疼冷，皮膚不仁，氣力衰弱。久服好顏色，變白，不老，浸酒食。生天台山石上，如松，高一二尺也。

牛嬭藤味甘，溫，無毒。主荒年食之，令人不飢。取藤中粉，食之如葛根，令人髮落。牛好食之。生深山，大如樹。

木麻味甘，無毒。主老血，婦人月閉，風氣，羸瘦，癥瘕。久服令人有子。生江南山谷林澤，葉似胡麻相對。山人取以供釀酒也。

那耆悉味苦，寒，無毒。主結熱，熱黃，大小便澀赤，痟毒，諸熱，明目。取汁洗目。主赤爛熱障。生西南諸國，一名龍花也。

黃屑味苦，寒，無毒。主心腹痛，霍亂，破血，酒煎服之。主酒疸，目黃，及野雞病，熱痢，下血，水煮服之。從西南來者，並作屑，染黃用之，樹如檀。

研藥味苦，溫，無毒。主霍亂，下痢，中惡，腹內不調者，服之。出南海諸州，根如烏藥，圓，小樹生也。

《海藥》：葉如椒，主赤白痢，蠱毒，中惡，並剉煎服之。

元慈勒味甘，無毒。主心病，流血，合金瘡，去腹內惡血，血痢，下血，婦人帶下，明目，去障瞖，風淚，努肉。生波斯國，似龍腦香。

《海藥》：慈勒樹中脂也，味甘，平，消堅，破血，止痢，腹中惡血。今少有。

省藤味苦，平，無毒。主蚘蟲，煮汁服之。又主齒痛打碎，口中含之。又取和米煮粥，飼狗去病。生南地深山，皮赤如指，堪縛物，片片自解也。

椵木味苦，平，無毒。破產後血，煮服之。葉搗碎封蛇咬，亦洗瘡。

癖樹如石榴，葉細，高丈餘。四月開花，白如雪，生江東林筤間。

息王藤味苦，溫，無毒。主產後腹痛，血露不盡，濃煮汁服之。生嶺南山谷，冬月不凋。

角落木皮味苦，溫，無毒。主赤白痢，皮煮汁服之。生江西山谷，似茱萸獨莖也。

鴆鳥漿味甘，溫，無毒。主風血，羸老。山人浸酒，用解諸毒，故曰鴆鳥漿。生江南林木下，高一二尺，葉陰紫色，冬不凋，有赤子如珠。

牛領藤味甘，溫，無毒。主腹內冷，腰膝疼弱，小便白數，陽道乏，煮汁浸酒服之。生嶺南高山，形褊如牛領，取之陰乾也。

枕材味辛，小溫，無毒。主欬嗽，痰飲，積聚脹滿，鬼氣，疰忤，煮汁服之。亦可作浴湯，浸脚氣，及小兒瘡疥。生南海山谷，作舺船次於樟木，無藥處用之也。

鬼膊藤味苦，溫，無毒。主癰腫，搗莖葉傅之。藤堪浸酒，去風血。生江南林澗中，葉如梨葉，子如柤子，山人亦名鬼薄者也。

溫藤味甘，溫，無毒。主風血，積冷，浸酒服之。生江南山谷不凋，著樹生也。

慈母無毒，取枝葉炙黃香作飯，下氣止渴，令人不睡，主小兒痰痞。生山林間，葉如櫻桃而小，樹高丈餘，山人並識之。

地龍藤味苦，無毒。主風血羸老，腹內及腰脚諸冷，食不作肌膚，浸酒服之。生天目山，蟠屈如龍，故號地龍藤。繞樹木生，似龍所生，與此頗同，小有異耳。吴中亦有也。

柯樹皮味辛，平，有小毒。主大腹，水病，取白皮作煎，令可丸如梧桐子大。平旦三丸，須臾又一丸。一名木奴，南人用作大舡者也。

《海藥》謹按《廣志》云：生廣南山谷。《臨海志》云：是木奴樹，主乳氣，採皮以水煮，去滓復煉，候凝結，丸得爲度。每朝空心飲下三丸，浮氣水腫，並從小便出。故波斯家用爲舡舫也。

楤根一作樬，味辛，平，小毒。主水癊，取根白皮，煮汁服之，一盞當下水。如病已困，取根擣碎，坐取其氣，水自下。又能爛人牙齒，齒有蟲者，取片子許大，內孔中當自爛落。生劍南山谷，高丈許，直上無枝，莖上有刺。山人折取頭，茹食之，亦治冷氣，一名吻頭。

橉大灰味甘，温，小毒。主卒心腹，癥瘕堅滿，痃癖，燒爲白灰，淋取汁，以釀酒。酒熟，漸漸從半合温服增至一二盞，即愈。此灰入染家用。生江南深山大樹，樹有數種，取葉厚大白花者入藥，自餘用染灰，一名橝灰。本經汗於病者，床下布之，勿令病人知也。

榔桐皮味甘，温，無毒。主爛絲，葉擣封蛇、蟲、蜘蛛咬，皮爲末服之，亦主蠶咬、毒入肉者。雞犬食欲死，煑汁灌之，絲爛即差。樹似青桐，葉有椏，生山谷，人取皮以裍絲也。

馬瘍木根皮有小毒，主惡瘡疥癬，有蟲者爲末，和油塗之。出江南山谷，樹如櫪也。

木細辛味苦，温，有毒。主腹内結積聚瘕，大便不利，推陳去惡，破冷氣。未可輕服，令人利下至困。生終南山，冬月不凋，苗如大戟，根似細辛。

楫木皮葉煑洗蛇咬，亦可作屑傅之。楫大木也，出江南地。

芙樹有大毒，主風痹，偏枯，筋骨攣縮癱瘓，皮膚不仁，疼冷等。取枝葉擣碎，大甑中蒸令熱，鋪著床上，展臥其中。冷更易，骨節間風盡出，當得大汗。補藥及羹粥食之，慎風冷勞復。生江南深山，葉長厚，冬月不凋，山人揔識也。

丹桎木皮主癧瘍風，取一握，去上黑，打碎，煎如糖，塗風上。桎木似杉木，生江南深山。

結殺味香，主頭風，去白屑，生髮，入膏藥用之。生西國，樹花胡人將香油傅頭也。杓打人身上結筋，二下筋散矣。

木黎蘆、漏蘆注，陶云：漏蘆一名鹿驪，生喬山，南人用苗，北人用根，功在《本經》。木黎蘆有毒，非漏蘆，樹生如茱萸，樹高二尺，有毒殺蟲。山人以瘡疥用之。

没離梨味辛，平，無毒。主上氣下食，生西南諸國，似毗梨勒，上有毛少許也。

千金藤有數種，南北名模，不同。大略主療相似，或是皆近於藤，主一切毒氣。其中霍亂，中惡，天行虚勞，瘴瘧，痰嗽不利，癰腫大毒，藥石發癲雜症，悉主之。生北地者，根大如指，色似漆；生南土者，黄赤如細辛。舒、廬間有一種藤，似木寥。又有烏虎藤，繞樹冬青，亦名千金藤。又江西山林間有草生，葉頭有瘿子似鶴膝，葉如柳，亦名千金藤。又似荷葉，只錢許大，亦呼爲千金藤，一名古藤，主痢及小兒大腹。千金者，以貴爲名，豈但一物，亦狀異而功名同。南北所用，若取的稱，未知孰是。其中有草，今並入木部，草部亦重載也。

《海藥》，謹按《廣州記》云：生嶺南山野。陳氏云：呼爲石黄香，味苦平，無毒。主天行時氣，能治蠱，解諸毒，癰腫發背。並宜煎服浸酒，治風輕身也。

《嘉祐本草》：千金藤主一切血毒諸氣，霍亂，中惡，天行虚勞，瘧瘴，痰嗽不利，癰腫，蛇犬毒，藥石發癲癇，悉主之。生北地者，根大如指，色黑似漆；生南土者，黄赤如細辛。

感藤味甘，平，無毒。調中益氣，主五藏，通血氣，解諸熱，止渴，除煩悶，治腎釣，氣如木防己。生江南山谷，如雞卵大，斫藤斷，吹氣出一頭，其汁甘美如蜜。葉生研傅蛇蟲咬瘡。一名甘藤，甘感聲近，又名甜藤也。

甘露藤味甘，温，無毒。主風血氣諸病。久服調中，温補，令人肥健，好顔色，止消渴，潤五藏，除腹内諸冷。生嶺南。藤蔓如筋，一名肥藤，人服之得肥也。

婆羅得味辛，温，無毒。主冷氣塊，温中補腰腎，破痃癖，可染髭髮令黑。樹如柳，子如萆麻，生西國。

石荆欒荆注：蘇云：用當欒荆非也。按石荆似荆而小，生水傍，作灰汁，沐頭生髮。《廣濟方》云：一名水荆，主長髮，是也。

椋木味甘，温，無毒。主風血羸瘦，補腰脚，益陽道。宜浸酒。生林漢山谷，木文側，故曰椋木。松楊木皮味苦，平，無毒。主水痢，不問冷熱，取皮濃煎令黑，服一升。生江南林落間，大樹，葉如梨。江西人呼爲涼木，松楊縣以此樹爲名也。

## 唐·孫思邈《備急千金要方》卷一

合和第七

問曰，凡和合湯藥，治諸草石蟲獸，用水升數，消殺之法則云何？答曰，凡草有根莖枝葉皮骨花實，諸蟲有毛翅皮甲頭足尾骨之屬，有須燒鍊炮炙，生熟有定，一如後法。順方者福，逆之者殃。或須皮去肉，或去皮須肉，或須根莖，或須花實，依方鍊治，極令浄潔，然後升合秤兩，勿令參差。藥有相生相殺，氣力有强有弱，君臣相理，佐使相持。若不廣通諸經，則不知有好有惡。或醫自以意加減，不依方分，使諸草石强弱相欺，入人腹中不能治病，更加鬬争。草石相反，使人迷亂，力甚刀劍。若調和得所，雖未能治病，猶得變利五藏，於病無所增劇。例曰，諸經方用藥，所有熬鍊節度，皆脚注之。今方則不然，於此篇具條之，更不煩方下别注也。凡藥，治擇熬炮訖，然後秤之以充用，不得生秤。凡用石藥及玉，皆碎如米粒，綿裹内湯酒中。凡鍾乳等諸石，以玉槌水研，三日三夜漂鍊，務令極細。凡礜石，赤泥團之，入火半日乃熟可用，仍不得過之，不鍊生入藥，使人破心肝。凡朴消礬石，燒令汁盡，乃入丸散，芒消朴消皆絞湯訖，内汁中，更上火兩三沸，烊盡乃服。凡湯中用丹砂雄黄者，熟末如粉，臨服内湯中，攪令調和服之。凡湯中用完物，皆擘破，乾棗、梔子之類是也用細核物，亦打碎，山茱萸、五味子蕤、決明子之類是也，細花子物，正爾完用之，旋復花、菊花、地膚子、葵子之類是也，米麥豆輩，亦完用之。凡橘皮、吴茱萸椒等，入湯不㕮咀。凡諸果實人皆去尖及雙人者湯柔？去皮，仍切之，用梔子者去皮，用蒲黄者湯成下。凡麥門冬，生薑入湯，皆切，三擣三絞，取汁，湯成去滓下之，煮五六沸，依如升數，不可共藥煮之，一法薄切用。凡麥門冬，皆微潤抽去心。凡麻黄，去節，先别煮兩三沸，掠去沫，更益水如本數，乃内餘藥，不爾令人煩寸斬之，小草，瞿麥五分斬之，細辛，白前二分斬之，膏中細剉也。凡牛膝、石斛等入湯酒，拍碎用之，石斛入丸散者，先以碪槌極打令碎，乃入臼，不爾擣不熟，入酒亦然。凡桂、厚朴、杜仲、秦皮、木蘭之輩，皆削去上虚軟甲錯，取裏有味者秤之。茯苓、豬苓，削除黑皮。牡丹、巴戟天、遠志、野葛等，皆槌破去心。紫菀洗去土，暴乾乃秤之。薤白、葱白，除青令盡。莽草、石南、茵芋、澤蘭，剔取葉及嫩莖，去大枝。鬼臼、黄連皆除根毛，石韋、辛夷，拭去毛，辛夷又去心。蜀椒去閉口者及目。用大棗、烏梅，皆去核。用鬼箭，削取羽皮。凡茯苓、芍藥，補藥須白者，瀉藥唯赤者。凡菟絲子，煖湯淘汰去沙土，乾漉，煖酒漬經一宿，漉出，暴微白擣之。不盡者更以酒漬，經三五日乃出更曬，微乾擣之，須臾悉盡，極易碎。凡用甘草、厚朴、枳實、石南、茵芋、藜蘆、皂莢之類，皆炙之。而枳實去穰，藜蘆去頭，皂莢去皮子。凡用椒實，微熬冷汗出，則有勢力。凡湯丸散，用天雄、附子、烏頭，烏喙，側子，皆煻灰炮，令微坼，削去黑皮，乃秤之。唯薑，附湯及膏酒中生用，亦削去皮，乃秤之，直理破作七八片。凡半夏，熱湯洗去上滑，一云十洗四破，乃秤之，以入湯。若膏酒丸散，皆煻灰炮之。凡巴豆，去皮心膜，熬令紫色。桃仁、杏仁、葶藶，胡麻諸有脂膏藥，皆熬黄黑，别擣令如膏，指瀎視泯泯爾，乃以向成散稍稍下臼中，合研擣，令消散，乃復都以輕絹篵之，須盡，又内臼中，依法擣數百杵也。湯膏中雖有生用者，並擣破。凡用麥蘖、麴末、大豆、黄卷、澤蘭、蕪荑，皆微炒。乾漆炒令煙斷。用烏梅，入丸散者熬之。用熟艾者，先炒細擘，合諸藥擣令細散，不可篩者，内散中和之。凡用諸毛羽齒牙蹄甲，龜鼈鮫鯉等甲、皮、肉、骨、角、筋、鹿茸等，皆炙之。蛇蜕皮微炙。凡用斑貓等諸蟲，皆去足翅，微熬。用桑螵蛸，中破炙之。牡蠣熬令黄色，殭蠶蜂房微炒之。凡湯中用麝香、犀角、鹿角、羚羊角、牛黄，須末如粉，臨服内湯中，攪令調和服之。凡丸散用膠，先炙使通體沸起燥，乃可擣。有不沸處，更炙之，斷下湯直爾用之，勿炙。諸湯中用阿膠，皆絞湯畢，内汁中更上火兩三沸，令烊。凡用蜜，先火煎，掠去沫，令色微黄，則丸經久不壞。掠之多少，隨蜜精麤，遂至大稠，於丸彌佳。凡丸中用蠟，烊投少蜜中，攪調以和藥。凡湯中用飴糖，皆湯成下。諸湯用酒者，皆臨熟下之。凡藥有宜丸者，宜散者，宜湯者，宜酒漬，宜膏煎者，亦有一物兼宜者，亦有不入湯酒者，並隨藥性，不得違之。其不宜湯酒者列之如左。

朱砂熟入湯、雌黄、雲母、陽起石入酒、礬石入酒、硫黄入酒、鍾乳入酒、孔公孽入酒、礜石入酒、銀屑、白垩、銅鏡鼻、胡粉、鈆丹、鹵鹹入酒、石灰入酒、藜灰。

右石類一十七種。野葛、狼毒、毒公、鬼臼、莽草、蒴藋入酒、巴豆、躑躅入酒、皂莢入酒、雚菌、藜蘆、蕳茹、貫衆入酒、蕪荑、雷丸、狼牙、鳶尾、蒺藜入酒、女菀、莫耳、紫葳入酒、薇銜入酒、白及、牡蒙、飛廉、蛇銜、占斯、辛夷、石南入酒、楝實、虎杖入酒單漬、虎掌、蓄根、羊桃入酒、麻勃、苦瓠、瓜蔕、陟釐、狼跋子入酒、雲實、槐子入酒、地膚子、蛇床子入酒、青葙子、茺蔚子、王不留行、菥蓂子、菟絲子入酒。

右草木之類肆拾捌種。蜂子、蜜蠟、白馬莖、狗陰、雀卵、雞子、雄鵲、伏翼、鼠婦、樗雞、螢火、蠮螉、殭蠶、蜈蚣、蜥蜴、斑貓、芫青、亭長、蛇膽、虻蟲、蜚蠊、螻蛄、馬刀、赭魁、蝦蟇、蝟皮、生鼠、生龜入酒、蝸牛、諸鳥獸入酒蟲魚膏、骨、髓、膽、血、屎、溺。

右蟲獸之類貳拾玖種。古秤唯有銖兩，而無分名，今則以拾黍爲壹銖，陸銖爲壹分，肆分爲壹兩，拾陸兩爲壹斤。此則神農之稱也。吴人以貳兩爲壹兩，隋人以叁兩爲壹兩，今之爲正，其湯酒中不須如此。凡篩丸藥，用重密絹，令細，於蜜丸即易熟。若篩散，草藥用輕疎絹，於酒中服即不泥。其石藥亦用細絹篩，令如丸藥者。凡篩丸散藥畢，皆更合於臼中，以杵擣之數百過，視其色理和同爲佳。凡煮湯，當取井華水，極令静潔，升斗分量，勿使多少。煮之調和，候火用心，一如鍊法。凡煮湯，用微火，令小沸，其水數依方多少。大略二十兩藥用水一斗煮，取四升，以此爲率。皆絞去滓，而後酌量也。然則利湯欲生，少水而多取汁者，爲病須快利，所以少水而多取汁。補湯欲熟，多水而少取汁者，爲病須補益，是以多水而少取汁。好詳視之，不得令水多少。湯熟，用新布，兩人以尺木絞之，澄去滓濁，分再服三服者，第二第三服以紙覆令密，勿令泄氣。欲服，以銅器於熱湯上暖之，勿令器中有水氣。凡漬藥酒，皆須切細，生絹袋盛之，乃入酒密封，隨寒暑日數，視其濃烈，便可漉出，不必待至酒盡也。滓可暴燥，微擣，更漬飲之，亦可散服。凡建中腎瀝諸補湯滓，合兩劑加水煮竭，飲水亦敵一劑新藥，貧人當依此用。皆應先暴令燥也。凡合膏，先以苦酒漬，令淹浹，不用多汁，密覆勿泄。云晬時者，周時也，從今旦至明旦，亦有止壹宿。煮膏當叄上叄下，以泄其熱勢，令藥味得出，上之使帀帀沸，乃下之，取沸静良久乃止。寧欲小生。其中有薤白者，以兩頭微焦黄爲候。有白芷附子者，亦令小黄色爲度。豬肪皆勿令經水，臘月者彌佳。絞膏亦以新布絞之。若是可服之膏，膏滓亦堪酒煮飲之。可摩之膏，膏滓則宜以敷病上，此蓋欲兼盡其藥力故也。凡膏中有雄黄、朱砂輩，皆别擣細研如麵，須絞膏畢乃投中，以物疾攪，至于凝彊，勿使沈聚在下不調也。有水銀者，於凝膏中研令消散，胡粉亦爾。凡擣藥法，燒香洒掃浄潔，不得雜語喧呼，當使童子擣之，務令細熟。杵數可至千萬杵，過多爲佳。凡合腎氣署預及諸大補五石、大麝香丸、金牙散、大酒煎膏等，合時、煎時，並勿令婦人小兒産母喪孝固疾六根不具足人及雞犬六畜等見之。大忌，切宜慎之。其續命湯、麻黄等諸小湯，不在禁忌之限。比來田野下里家因市得藥，隨便市上雇人擣合，非止諸不如法，至於石斛、菟絲子等難擣之藥，費人功力，賃作擣者隱主悉盜棄之；又爲塵埃穢氣入藥中，羅篩麤惡，隨風飄揚，衆口嘗之，衆鼻嗅之，藥之精氣一切都盡，與朽木不殊。又復服餌不能盡如法，服盡之後，反如虛損，遂謗醫者處方不效。夫如此者，非醫之咎，自緣發意甚誤，宜熟思之也。

依肆分爲壹兩稱爲定。方家凡云等分者，皆是丸散，隨病輕重，所須多少無定銖兩，叄種伍種皆悉分兩同等耳。凡丸散云若干分兩者，是品諸藥宜多宜少之分兩，非必止於若干之分兩也。假令日服叄方寸匕，須瘥止，是三五兩藥耳。凡散藥有云刀圭者，拾分方寸匕之一，準如梧桐子大也。方寸匕者，作匕正方一寸抄散，取不落爲度。錢匕者，以大錢上全抄之。若云半錢匕者，則是一錢抄取一邊爾。並用五銖錢也。錢五匕者，今五銖錢邊五字者以抄之，亦令不落爲度。一撮者，四刀圭也。十撮爲一勺，兩勺爲一合。以藥升分之者，謂藥有虛實，輕重不得用斤兩，則以升平之。藥升方作上徑一寸，下徑六分，深八分，内散藥，勿按抑之，正爾微動令平調耳。今人分藥，不復用此。凡丸藥有云如細麻大者，即胡麻也，不必扁扁，但令較略大小相稱爾。如黍粟者亦然，以十六黍爲一大豆也。如麻子者，即今大麻子，準三細麻也。如胡豆者，今青斑豆也，以二大麻子準之。如小豆者，今赤小豆也，粒有大小，以三大麻子準之。如大豆者，以二小豆準之。如梧桐子者，以二大豆準之。一方寸匕散，以蜜和得如梧桐子十丸爲定。如彈丸及雞子黄者，以十梧桐子準之。凡方云巴豆若干枚者，粒有大小，當先去心皮，乃秤之，以一分準十六枚。附子、烏頭若干枚者，去皮畢，以半兩準一枚。枳實若干枚者，去穰畢，以一分準二枚。橘皮一分準三枚。棗有大小，以三枚準一兩。云乾薑一累者，以半兩爲正。《本草》云一兩爲正。凡方云半夏一升者，洗畢，秤五兩爲正。椒一升，三兩爲正。吴茱萸一升，五兩爲正。菟絲子一升，九兩爲正。菴䕡子一升，四兩爲正。蛇床子一升，三兩半爲正。地膚子一升，四兩爲正。此其不同也。云某子一升者，其子各有虛實，輕重不可通以秤準，皆取平升爲正。凡方云桂一尺者，削去皮畢，重半兩爲正。甘草一尺者，重二兩爲正。云某草一束者，重三兩爲正。一把者，重二兩爲正。凡云蜜一斤者，有七合。豬膏一斤者，一升二合。凡湯酒膏藥，舊方皆云㕮咀者，謂秤畢擣之如大豆，又使吹去細末，此於事殊不允當。藥有易碎、難碎，多末、少末，秤兩則不復均平，今皆細切之，較略令如㕮咀者，乃得無末而片粒調和也。凡云末之者，謂擣篩如法也。凡丸散，先細切暴燥，乃擣之。有各擣者，有合擣者，並隨方所言。其潤濕藥如天門冬、乾地黄輩，皆先切暴乾。獨擣令偏碎，更出細擘，暴乾。若值陰雨，可微火烘之，既燥，小停冷，乃擣之。凡濕藥，燥皆大耗，當先增分兩，須得屑乃秤。

**又** 藥藏第九

存不忘亡，安不忘危，大聖之至教。求民之瘼，恤民之隱，賢人之用心。所以神農鳩集百藥，黄帝纂録《針經》，皆備預之常道也。且人痾瘵多起倉卒，不與人期，一朝嬰已，豈遑知救！想諸好事者，可貯藥藏用，以備不虞。所謂起心雖微，所救惟廣。見諸世禄之家，有善養馬者，尚貯馬藥數十斤，不見養身者，有畜人藥一錙銖。以此類之，極可愧矣。貴畜而賤身，誠可羞矣。傷人乎，不問馬，此言安用哉！至如人或有公私使命，行邁邊隅，地既不毛，藥物焉出？忽逢瘴癘，素不資貯，無以救療，遂拱手待斃，以致夭殁者，斯爲自致，豈是枉横。何者？既不能深心以自衛，一朝至此，何歎惜之晚哉！故置藥藏法，以防危殆云爾。石藥、灰土藥、水藥、根藥、莖藥、葉藥、花藥、皮藥、子藥、五穀、五果、五菜、諸獸齒牙骨角蹄甲皮毛尿屎等藥，酥髓、乳酪、醍醐、石密、沙糖、飴糖、酒、醋、膠、麴、蘗、豉等藥。

右件藥依時收採以貯藏之，蟲豸之藥不收採也。秤斗升合，鐵臼木臼，絹羅紗羅馬尾羅，刀砧玉槌瓷缽，大小銅銚鐺釜，銅鐵匙等。

右合藥所須，極當預貯。凡藥皆不欲數數曬暴，多見風日，氣力即薄歇，宜熟知之。諸藥未即用者，候天大晴時，於烈日中暴之，令大乾，以新瓦器貯之，泥頭密封，須用開取，即急封之，勿令中風濕之氣，雖經年亦如新也。其丸散以瓷器，蜜蠟封之，勿令泄氣，則三十年不壞。諸杏仁及子等藥，瓦器貯之，則鼠不能得之也。凡貯藥法，皆須去地三四尺，則土濕之氣不中也。

**唐・李吉甫《元和郡縣圖誌》卷二九《江南道五・潭州・長沙縣》** 雲母山，在縣北九十里。《列仙傳》「長沙雲母，服之不朽」。

**唐・柳宗元《與崔連州論石鍾乳書》《河東先生集》卷三二** 宗元白：前以所致石鍾乳非良，聞子敬所餌與此類，又聞子敬時憒悶動作，宜以爲未得其粹美，而爲麤礦燥悍所中，懼傷子敬醇懿，仍習謬誤，故勤勤以云也。

再獲書辭，辱徵引地理證驗，多過數百言，以爲土之所出乃良，無不可者。是將不然。夫言土之出者，固多良而少不可，不謂其咸無不可也。

艸木之生者依于土，然則其類也，而有居山之陰陽，或近水，或附石，其性移焉。又況鍾乳直產于石，石之精麤疏密，尋尺特異，而穴之上下、土之薄厚，石之高下不可知，則其依而產者，固不一性。然由其精密而出者，則油然而清，炯然而輝，其竅滑以夷，其肌廉以微，食之使人榮華溫柔，其氣宣流，生胃通腸，壽善康寧，心平意舒，其樂愉愉。由其麤疏而下者，則奔突結澀，乍大乍小，色如枯骨，或類死灰，淹顇不發，叢齒積類，重濁頑璞。食之使人偃蹇壅鬱，泄火生風，戟喉癢肺，幽關不聰，心煩喜怒，肝舉氣剛，不能和平，故君子慎焉。取其色之美，而不必唯土之信，以求其至精，凡爲此也。幸子敬餌之近，不至於是，故可止禦也。

必若土之出無不可者，則東南之竹箭，雖旁歧揉曲，皆可以貫犀革；北山之木，雖離奇液瞞、空中立枯者，皆可以梁百尺之觀，航千仞之淵；冀之北土，馬之所生，凡其大耳短脰、拘攣踠跌、薄蹄而曳者，皆可以勝百鈞，馳千里；雍之塊璞，皆可以備砥礪；徐之糞壤，皆可以封大社，荆之茅，皆可以縮酒；九江之元龜，皆可以卜；泗濱之石，皆可以擊攷。若是而不大謬者少矣。其在人也，則魯之晨飲其羊、關轂而輠輪者，皆可以爲師儒；盧之沽名者，皆可以爲太醫；西子之里，惡而矉者，皆可以當侯王，山西之冒没輕儳、沓貪而忍者，皆可以鑿凶門，制閫外；山東之稚騃樸鄙、力農桑、啖棗栗者，皆可以謀謨於廟堂之上。若是則反倫悖道甚矣。何以異於是物哉！

是故《經》中言丹砂者，以類芙蓉而有光；言當歸者，以類馬尾蠶首；言人參者，以人形；黃芩以腐腸；附子八角；甘遂赤膚。類不可悉數。若果土宜乃善，則云生某所，不當又云某者良也。又，《經》注曰：始興爲上，次乃廣、連，則不必服。正爲始興也。

今再三爲言者，唯欲得其英精，以固子敬之壽，非以知藥石角技能也。若以服餌不必利己，姑勝務人而夸辯博，素不望此於子敬。其不然明矣，故畢其說。宗元再拜。

**宋・歐陽修《歸田録》卷二** 凡物有相感者，出於自然，非人智慮所及，皆因其舊俗而習知之。今唐、鄧間多大柹，其初生澀，堅實如石。凡百十柹以一榠樝置其中，則紅熟爛如泥而可食。土人謂之烘柹者，非用火，乃用此爾。淮南人藏鹽酒蟹，凡一器數十蟹，以皁莢半挺置其中，則可藏經歲不損。至於薄荷醉猫，死猫引竹之類，皆世俗常知，而翡翠屑金，人氣粉犀，此二物，則世人未知者。

余家有一玉罌，形制甚古而精巧。始得之，坐有兵馬鈐轄鄧保吉者，真宗朝老内臣也，識之曰：「此寶器也，謂之翡翠。」云：「禁中寶物皆藏宜聖庫，庫中有翡翠盞一隻，所以識也。」其後予偶以金環於罌腹信手磨之，金屑紛紛而落，如硯中磨墨，始知翡翠能屑金也。

諸藥中犀最難擣，必先鎊屑，乃入衆藥中擣之，衆藥篩羅以盡，而犀獨存。余偶見一醫僧元達者，解犀爲小塊子，方一寸半許，以極薄紙裹置於杯中，近肉，以人氣蒸之，候氣薰蒸浹洽，乘熱投臼中急擣，應手如粉，因知人氣之能粉犀也。然今醫工皆莫有知者。

**宋・沈括《夢溪筆談》卷二六《藥議》** 湯、散、丸各有所宜。古方用湯最多，用丸、散者殊少。煮散，古方無用者，唯近世人爲之。大體欲達五藏四肢者莫如湯，欲留膈胃中者莫如散，久而後散者莫如丸。又無毒者宜湯，小毒者宜散，大毒者須用丸。又欲速者用湯，稍緩者用散，甚緩者用丸。此其大概也。近世用湯者全少，應湯皆用煮散。大率湯劑氣勢完壯，力與丸、散倍蓰。煮散者一啜不過三五錢極矣，比功較力，豈敵湯勢？然湯既力大，則不宜有失消息。用之全在良工，難可以定論拘也。

古法採草藥多在二月、八月，此殊未當。但二月草已芽，八月苗未枯，採掇者易辨識耳，在藥則未爲良時。大率用根者，若有宿根，須取無莖葉時採，則津澤皆歸其根。欲驗之，但取蘆菔、地黄輩觀：無苗時採，則實而沉；有苗時採，則虚而浮。其無宿根者，即候苗成而未有花時採，則根生已足而又未衰。如今之紫草，未花時採，則根色鮮澤，花過而採，則根色黯惡，此其效也。用葉者，取葉初長足時；用芽者，自從本說；用花者，取花初敷時；用實者，成實時採。皆不可限以時月。

緣地氣有早晚，天時有愆伏。如平地三月花者，深山則四月花。白樂天《游大林寺》詩云：「人間四月芳菲盡，山寺桃花始盛開。」蓋常理也。此地勢高下之不同也。如筀竹笋，有二月生者，有三四月生者，有五月方生者，謂之晚筀；稻有七月熟者，有八九月熟者，謂之晚稻。一物同一畦之間，自有早晚。此物性之不同也。嶺嶠微草，凌冬不凋；并汾喬木，望秋先隕。諸越則桃李冬實，朔漠則桃李夏榮。此地氣之不同也。一畝之稼，則糞溉者先芽；一丘之禾，則後種者晚實。此人力之不同也。豈可一切拘以定月哉？

**宋·方勺《泊宅編》卷八**　橘皮寬鬲降氣，消痰逐冷，有殊功。他藥多貴新，唯此種貴陳，須洞庭者最佳。外舅莫强中知豐城縣，得疾，凡食已，輒胸滿不下，百方治之不效。偶家人輩合橘紅湯，取嘗之，似有味，因連日飲之。一日，坐廳事，正操筆，覺胸中有物墜於腹，大驚目瞪，汗如雨，急扶歸。須臾，腹疼利下數塊，如鐵彈子，臭不可聞，自此胸次廓然。蓋脾之冷積也。抱病半年，所服藥餌凡幾種，不知功乃在一橘皮，世人之所忽，豈可不察哉！其方：橘皮去穰，取紅一斤，甘草、鹽各四兩，水五椀，慢火煮乾，焙擣爲末點服。又古方：以橘紅四兩、炙甘草一兩，爲末湯點，名曰二賢散，以治痰特有驗。蓋痰久爲害，有不可勝言者。世醫惟知用半夏、南星、枳實、茯苓之屬，何足以語此。

四物湯，婦人之寶也。洛陽李敏求赴官東吴，其妻病牙疼，每發呻吟宛轉，至不能堪忍，令婢輩釵股挍置牙閒，少頃銀色輒變黑，毒氣所攻，痛楚可知也。沿路累易醫，殊無效，嘉禾僧慧海爲製一湯，服之半月，所苦良已。後因食熱麪又作，坐閒煮湯以進，一服而愈，其神速若此。視藥之標題，初不著名，但云涼血活血而已。敏求報之重，徐以情叩之，始知是四物湯。蓋血活而涼，何由致壅滯以生疾？莫强中一侍人，久病經阻，發熱咳嗽，倦怠不食，憔悴骨立，醫工往往作瘵疾治之，其勢甚危惙。强中曰：「婦人以血氣爲本，血榮自然有生理。」因謝遣衆工，令專服此湯。其法㕮咀，每慢火煮，取清汁，帶熱以啜之空腹，日三四服，未及月，經候忽通，餘疾如失。

一婦人暴渴，唯飲五味汁，名醫耿隅診其脈，曰：「此血欲凝，非疾也。」已而果孕。以古方有血欲凝而渴飲味之證，不可不知也。又一士人，無故舌出血，仍有小穴，醫者不曉何疾，隅曰：「此名舌衄。」炒槐花爲末，糝之而愈。

小麥種來自西國寒温之地，中華人食之，率致風壅，小說載天麥毒，乃此也。昔達磨遊震旦，見食麪者，驚曰：「安得此殺人之物？」後見萊菔，曰：「賴有此耳。」蓋萊菔解麪毒也。世人食麪已，往往繼進麪湯，云能解麪毒，此大誤。東平董汲嘗著論，戒人煮麪須設二鍋，湯煮及半，則易鍋煮，令過熟，乃能去毒。則毒在湯明矣。

治痢以罌粟，古方未聞。今人所用，雖其法小異，而皆有奇功。或用數顆慢火炙黄爲末飲下，或去粟用殼如上法，或以殼七五枚，甘草一寸，半生半炙，大椀水煎，取半椀温温呷。蜀人山叟曰：「用殼并去核鼠查子各數枚，焙乾末之飲下，尤治噤口痢。」

凡病唯發背、脚氣無補法。發背非藥毒，即飲食毒，脚氣乃風毒，毒在内不可不攻，故先當瀉之。發背灼艾最要，然亦須治之早。諺云「背無好瘡」，但生於正中者，爲真發背。虞奕侍郎背中生小瘡，醫者不悟，只以藥調補，數日，不疼不癢，又不滋蔓。疑之，呼外醫灸二百壯，已無及。此公平生不服藥，一年來唯覺時時手脚心熱，疾作既不早治，又服補藥，何可久也？

**又　卷九**　舊說眼疾不可浴，浴則病，甚至有失明者。右承直郎白彦良云，未壯之前，歲歲患赤眼，一道人勸，但能斷沐頭，則不復病此。彦良自此不沐，今七十餘，更無眼病。

**又**　服金石藥者，潛假藥力，以濟其欲，然多諱而不肯言，一旦疾作，雖欲諱不可得也。吴興吴景淵刑部服硫黄，人罕有知者。其後二十年，子橐爲華亭市易官，發背而卒，乃知流毒傳氣尚及其子，可不戒哉！

**宋·孔平仲《孔氏談苑》卷三《朱砂膏治白花蛇毒》**　施、黔州多白花蛇，螫人必死。縣中版簿有退丁者，非蛇傷則虎殺之也。州連蠻獠，三月草長蛇盛，則當防戍。至九月草衰，蛇向蟄，則又防秋矣。居民造毒藥，取蛇倒懸之，以刀刺其鼻下，以器盛其血。第一滴不用，以毒人立死故也。取第二第三四者，每血一滴，以麵和作四丸。中此毒者，先吐血，須臾五臟壅滿潰爛。李純之少監云：「惟朱砂膏可治此毒。」純之以藥救人無數。仍刻其方以示土民。

**宋·寇宗奭《本草衍義》卷四**　丹砂　今人謂之朱砂。辰州朱砂，多出蠻峒。錦州界猪獠峒老鴉井，其井深廣數十丈，先聚薪于井，滿則縱火焚之。其青石壁迸裂處，即有小龕，龕中自有白石床。其石如玉，床上乃生丹砂。小者如箭鏃，大者如芙蓉，其光明可鑒，研之鮮紅。砂泊床，大者重七八兩，至十兩者，晃州亦有。形如箭鏃、帶石者，得自土中，非此之比也。此物鎮養心神，但宜生使。煉服，少有不作疾者，亦不減硫黄輩。又一醫流服伏火者數粒，一旦大熱，數夕而斃。李善勝嘗煉朱砂爲丹，經歲餘，沐浴再入鼎，誤遺下一塊，其徒丸服之，遂發懵冒，一夕而斃。其生朱砂，初生兒便可服，因火力所變，遂能殺人，可不謹也。

空青　功長于治眼。仁廟朝，嘗詔御藥院，須中空有水者，將賜近戚，久而方得。其楊梅青，治醫極有功。中亦或有水者，其用與空青同，第有優劣耳。今信州穴山而取，世謂之楊梅青，極難得。

緑青　即石碌是也。其石黑緑色者佳，大者刻爲物形，或作器用。又同硇砂，作吐風涎藥，驗則驗矣，亦損心肺。

**又　卷五**　密陀僧　堅重，椎破如金色者佳。

**又　卷六**　代赭　方士爐火中多用，丁頭、光澤、堅實、赤紫色者佳。白堊即白善土，京師謂之白土子。方寸許切成段，鬻於市，人得以浣衣。今人合王瓜，等分爲末，湯點二錢服，治頭痛。赤土　今公府用以飾椽柱者。水調細末一二錢服，以治風疹。

鉛丹　本謂之黄丹，化鉛而成。别有法，《唐本》注：炒錫作。然《經》稱鉛丹，則炒錫之説誤矣。亦不爲難辨，蓋錫則色黯暗，鉛則明白，以此爲異。治瘧及久積皆用。

粉錫　胡粉也，又名定粉。止泄痢、積聚及久痢。

鉛霜　《圖經》已著其法，治上膈熱涎塞。塗木瓜失酸味，金剋木也。

**宋·杜綰《雲林石譜》卷下《礜石》**　鸛巢中有石，亦名礜。或如雞卵，色灰白。鸛於巢側爲泥池，多置鰍鰕之類蓄水中，以此石養之。每探取，則吞而飛去，頗難得。頃年温州瑞安縣佛舍嘗有鸛巢，因端午晨朝一人忽登屋謀取。爲人所捕致訟。詢之，云竊取可以致富，不利於寺。今本草所載礜石，凡有數種，産漢川、武當、西遼諸處鳥巢中者最佳。鸛常入水冷故取以温卵。今不可得之。

**宋·朱弁《曲洧舊聞》卷四**

新安郡竹葉

《筆談》載淡竹葉，謂淡竹對苦竹，凡苦竹之外，皆淡竹也。新安郡界中，自有一種竹葉，稍大於常竹枝，莖細高者尺許，土人以作熟，水極香美可喜，方藥所須，悉用之有效，豈存中未之見耶。

婺源産蔗

新安郡婺源縣境中，産一種草，莖葉柔弱，引而不長，葉類甘菊葉。俗呼蔗，今謂爲遮字。蓋食之味苦而有餘甘也。性温，行血，尤宜産婦。煮熟，揉去苦汁，産後多食之無害，往往便以爲逐血藥也。又呼苦益菜。訪之醫家，莫有知者。

**又　卷五**　東坡記海漆

東坡至儋耳，見野花夾道，如芍藥而小，紅鮮可愛，樸樕叢生。土人云：「倒黏子花也。」結子如馬乳，爛紫可食，殊甘美。中有細核，并嚼之，瑟瑟有聲。亦頗澀，童兒食之，或大便難。葉背白，如石韋狀。野人秋夏病痢，食其葉輒已。海南無柿，人取其皮，剥浸爛杵之。得膠，以代柿漆，蓋愈於柿也。吾久苦小便白濁，近又大府滑，百藥不瘥。取倒黏子嫩葉蒸之，焙燥爲末，以酒糊丸，日吞百餘，二府皆平復，然後知其奇藥也。因名海漆，而私記之，貽好事君子。明年子熟，當取子研濾，酒煮爲膏以劑，不復用糊矣。

**宋·葉廷珪《海録碎事》卷一四《百工醫技部·藥餌門》**　五石　安期煉五石。丹砂、雄黄、白礬、曾青、磁石。　行藥　鮑明遠《行藥至城東橋詩》注：因疾服藥，行而宣導之也。　五藥　淹留訪五藥，顧步佇三芝。五藥，草木石蟲穀也。三芝，石芝、靈芝、肉芝也。沈休文。　三芝見上。　金膏　金膏滅明光，水碧輟流温。金膏，仙藥也。謝靈運。　水碧見上。　九籥　鮑明遠詩：五圖發金記，九籥隱丹經。采芝法有五，故云五圖，出《太清金匱記》。《仙經》有九轉金液丹法。　噉野葛　張華《博物志》：魏祖習噉野葛，至一尺。亦能少飲鴆酒。　六一泥　《寄李山人》：鵾鵬懶擊三千水，龍虎閑封六一泥。林逋詩。　太一爐　諸載詩：唯教鶴探丹丘信，不遣人窺太一爐。　燎丹　燎丹。音了，金石藥伏火者。　藥石　古之砭刺用石，故云藥石。　《參同契》　《肘後經》並見《道仙門》。　九華丹　小白山中仙人趙廣信多來都下市丹砂，作九華丹。　水銀銀　夏侯嘉正，太宗時爲正言，嘉丹竈，嘗曰：「使我得水銀銀一兩，知制誥一日，平生足矣。」俱不遂，卒。　竹節盛丹　庾信《老子廟》詩：盛丹須竹節，量藥用刀圭。　藥有君臣佐使　《本草》云：按，用藥如立人之制，若多君少臣，多臣少佐，見氣力不周也。　決命

大散　賀蘭隆有氣疾，或勸其服決命大散。　萬金良藥　灌夫身中大創十餘，適有萬金良藥，故得不死。　九丹　伏煉九丹成，方隨五雲去。李白詩。　藥所悮　服食求神仙，多爲藥所悮。《選》古詩。　金液還丹　金液還丹，太上所服。　遺疾　《本草》云：上品藥性，亦皆能遺疾，但其勢力和厚，不爲倉卒之效。　鍊白兔　王卿爲天師守丹竈，竊發其封窺之，白兔躍出。衆皆曰：「丹已去矣。」二道士化爲鶴飛去，須臾擒兔來，復投之竈中。

**又《藥名門》**　地髓　《本草》：地黄，一名地髓。　小草　郭景純云：遠志似麻黄，赤花。葉鋭而黄。其上謂之小草。《本草》：遠志，葉名小草。　亭長　亭長，藥名，生於葛上。身黑，頭赤如亭。　蛇粟　蛇粟，蛇牀子之異名。　羊負來　蒼耳也。一名葈耳，又云道人頭，故貢父詩云：蒼耳傅愈風，及秋始堪採，惟昔沙塞陰，偶從羊負來。又曰：澡身得此道人頭，使我有意煙霞上。　道人頭見上。　山蕷　山藥。按，《本草》名薯蕷。唐代宗名預，改下一字爲藥。本朝英宗廟諱上一字，改爲山。今謂之山蕷。出《倦遊録》。　風實雲子　風實、雲子，皆仙藥名。《漢武故事》。　天狗　人參也。　天猪　菖蒲也。　天牛　雌黄也。　蓬虆　覆盆子也。　天羊　雄黄也。　天鼠　防風也。　馬舄　芣苢，一名馬舄，一名車前，一名當道。喜在牛蹄中生，今藥中車前子是也。　爵耳　幽州人謂卷耳爲爵耳。　人參讚　《高麗人作讚》曰：三椏五葉，背陽向陰。所來求我，椵樹相尋。音賈。　堇草　即烏頭也，江東呼爲堇。《晉語》：驪姬將譖申生，寘鴆於酒，寘堇於肉。　江蘺　蘼蕪，芎藭苗也，一名江蘺。　冰臺　冰臺，今艾蒿也。　蒺藜三角　茨，一名蒺藜，布地蔓生，細葉。子有三角刺人。《詩》曰「墻有茨」是也。　鴻薈　薤之異名。《本草》謂之菜芝。　益母　萑蓷，一名益母，故曾子見益母而感。　楊抱薊　朮，一名山薊，其生平地而肥大者名楊抱薊，今呼爲馬薊。陶隱居云：「朮有二種，有白朮，有赤朮。」　日精　雲母也。《太上老君經》。　山精　古人謂朮爲山精之卉、山薑之精。《太上導仙銘》曰：子欲長生，當服山精。子欲輕翔，當服山薑。　秋子　茱萸別秋子。　青木香　煬帝西巡，將以吐谷渾。樊子蓋以彼多鄣氣，獻青木香以禦霧露。　兔縷　陸龜蒙詩：教疏兔縷金弦亂，自擁龍芻紫緑肥。注：兔縷，兔絲別名也。　玉延　東坡詩：淇上白玉延。注云：淇上山藥，一名玉延。　神藺　仰折神藺。音轡。《本草》：白芷，一名藺。《七命》。

**又　卷一七《農田部・豆麥門》**　天麥毒　顯德中，齊有人病狂，每歌曰：「踏陽春，人間二月雨和塵，陽春踏盡秋風起，腸斷人間白髮人。」又歌曰：「五雲華蓋曉玲瓏，天府由來汝腹中，惆悵此情言不盡，一丸蘿蔔火吾宫。」後遇一道士，作法治之，乃云：「每夢中，見一紅衣少女，引入宫殿，皆紅，多召紫州小姑令歌。」道士曰：「此正犯天麥毒。女即心神，小姑即脾神也。」按，醫經：蘿蔔治麪毒。故曰「火吾宫」。即以藥兼蘿蔔食，其疾遂愈。出《洞微志》。

**宋・吴曾《能改齋漫録》卷二《事始》**

百合治病

《本草圖經》百合一條，引張仲景：「治病有百合知母湯、百合滑石代赭湯、百合雞子湯、百合地黄湯，凡四方，並名百合。而用百合治之，不識其義。」余按，王原叔内翰云：「醫藥治病，或以意類取。至如百合治病，似取其名。嘔血用臙脂紅花，似取其色。淋瀝滯結，則以燈心、木通，似取其類。意類相假，變化感通，不可不知其旨也。」以是知圖經論藥，尚不能如原叔。

鶻突

鶻突二字，當用糊塗。蓋以糊塗之義，取其不分曉也。按，吕原明家塾記云：「太宗欲相吕正惠公，左右或曰：『吕端之爲人糊塗。』自注云：讀爲鶻突。帝曰：『端小事糊塗，大事不糊塗，決意相之。』」今食醫心鏡，治脾胃氣冷，不能下食，虚弱無力，有鶻突羹，用鯽魚半斤，細切起作膾，沸豉汁熱投之，著胡椒、乾姜、蒔蘿、橘皮等末，空腹食之。乃作此鶻突字，非也。

**宋・范成大《桂海虞衡志・志金石》**　鍾乳。桂林接宜、融山中，洞穴至多，勝連州遠甚。余游洞親訪之，仰視石脈湧起處，即有乳牀如玉雪，石液融結所爲也。乳牀下垂，如倒數峰小山，峰端漸鋭，且長如冰柱。柱端輕薄中空，如鵝管。乳水滴瀝未已，且滴且凝。此乳小最精者，以竹管仰承拆取之。煉治家又以鵝管之端尤輕明如雲母爪甲者爲勝。

**又**　滑石。桂林屬邑及猺洞中皆出。有白、黑二種，功用相似。初出如爛泥，見風則堅，又謂之冷石。土人以石灰圬壁，及未乾時，以滑石末拂拭之，光瑩如玉。

無名異。小黑石子也。桂林山中極多，一包數百枚。

石梅。生海中。一叢數枝，横斜瘦硬，形色真枯梅也。雖巧工造作，所不能及。根所附著如覆菌。或云：本是木質，爲海水所化，如石蟹、石蝦之類。

石柏。生海中。一幹極細，上有一葉，宛是側柏，扶疏無小異。根所附著如烏藥，大抵皆化爲石矣。此與石梅雖未詳可入藥用否，然皆奇物，不可不志。

**又《志獸》** 風狸。狀如黄猨，食蜘蛛，晝則拳曲如蝟，遇風則飛行空中。其溺及乳汁主治大風疾，奇效。

**又** 石鼠。專食山豆根，賓州人以其腹乾之，治咽喉疾，效如神，謂之石鼠肚。

山獺。出宜州溪峒，俗傳爲補助要藥。洞人云：「獺性淫毒，山中有此物，凡牝獸悉避去。獺無偶，抱木而枯。」

洞獠。尤貴重，云能解藥箭毒，中箭者研其骨少許，傳治，立消。一枚直金一兩，人或求買，但得殺死者，功力甚劣。

**又《志蟲魚》** 蚺蛇。大者如柱，長稱之，其膽入藥。南人臘其皮，刮去鱗，以鞔鼓。蛇常出逐鹿食，寨兵善捕之。數輩滿頭插花，趨赴蛇。蛇喜花，必駐視，漸近，競拊其首，大呼紅娘子，蛇頭益俛不動，壯士大刀斷其首。衆悉奔散，遠伺之。有頃，蛇省覺，奮迅騰擲，傍小木盡拔，力竭乃斃。數十人舁之，一村飽其肉。

**宋・黄震《黄氏日抄》卷六七《桂海虞衡志》** 鍾乳【略】煉治家又以鵝管之端，輕明如雲母爪甲，紋如蟬翼者爲勝。廣東以鵝管石遺人，率粗黄，蜀中所出亦枯澀。其鵝管窒塞及粗礧近床處，通謂之孽。

**又** 無名異。小黑石子，價極賤。

石梅，石柏。生海中，未詳，可入藥。

曼陀羅花。漫生原野，大葉白花，實如茄，遍生小刺。盜採花末之，置人飲食中，即昏醉。土人又以爲小兒去積藥。昭州公庫取一枝挂庫中，飲者易醉。

**宋・張世南《游宦紀聞》卷一** 《夷堅志》載虞雍公自渠州守，召至行在，憩北郭外接待院。因道中冒暑得疾，瀉痢連月。重九日夢至一處，類神仙居，一人被服如仙官，延坐。視壁間有韻語藥方，讀之，其詞曰：「暑毒在脾，濕氣連脚。不泄則痢，不痢則瘧。獨鍊雄黄，蒸餅和藥。甘草作湯，服之安樂。別法治之，醫家大錯。」如方服之，遂愈。

世南在蜀中，徧訪林下人，求獨鍊法，鮮有能者。忽一日，得青城山道友傳授云：「《丹經》謂：『捉得龍，伏得雄。』言雄黄見火，則飛走爲烟焰，最難伏也。」其法用雄黄不拘多少，研細。甘鍋火内，煅令通紅，取出。擸雄黄末入焰硝内，急用桃枝攪轉，即成水矣。急傾出瓦碟内，微側碟子，則清者一邊，俟凝取出，去麤者，研細，以宿蒸餅爲元，如菉豆大，每服三元至七元。如前法，服雄黄末一兩，大約用焰硝一錢。此乃丹竈家祕法，得之甚艱。古人云：「施藥不如施方。」故詳記之。

今醫家脩製藥品，往往一遵古法，如本草炮炙，及許學士方前所載，亦既詳矣。世南在蜀得數法，頗出古人意表：如麥門冬去心，古法，湯泡少時則易去，今只以銀石銚火上微烙，隨手漸剥，極易爲力，又不爲湯漬去藥味。

乳香没藥最難研；若作元子藥，則以乳鉢研略細，更入酒或水研，頃刻如泥，更無滓脚。若酒糊元，則入酒研，若以麪，則入水研，甚省力而易細，且不飛走，虧耗分兩。

犀出永昌山谷及益州。今出南海者爲上，黔蜀次之，此《本草》所載云。然世南頃游成都，藥市間多見之。詢所出，云「來自黎、雅諸蕃，及西和、宕昌」，亦諸蕃寶貨所聚處。五羊、桂筦、桐城亦有之，往往皆來自蕃舶。又有所謂河北山犀，紋粗而不光。要之，數處皆非所出，乃所聚耳。

犀似牛，豬首大腹，脚有三蹄，色黑，好食棘，其皮每孔生三毛。頂一角；或云兩角；或云三角。郭璞《爾雅》注：「犀三角：一在頂上，一在額上，一在鼻上。鼻上者，即食角也，小而不隋，他果反。亦有一角者。」《嶺表録異》曰：「犀有二角，一在額上爲兕犀，一在鼻上爲胡帽犀。」牯犀亦有二角，皆爲毛犀；而今人多傳一角之説。向在蜀，見畫圖犀之形，角在鼻上，未審孰是。

此數種，俱有粟紋，以粗細爲貴賤。貴者，有通天花文。犀有此紋，必自惡其影，常飲濁水，不欲照見也。文理絶好者，有百物之形。或云「通天者，是其病理」，不可知也。通天犀，腦上角千歲者，長且鋭，白星徹端。能出氣通天，則能通神，可破水駭鷄，故曰「通天」。《抱朴子》曰：「通天犀有白理如線者，以盛米，鷄見即駭。其直者，刻爲魚，銜入水，水開三尺。」俗所謂離水犀者是也。犀胎時，見物象戻天，則形於角上，故云「通天」。有倒插、有正插、有腰鼓插。倒插者，一半以下通；正插者，一半以上通；腰鼓插者，中斷不通。其類極多，皆以爲奇異。故波斯呼象牙爲白暗，犀角爲黑暗，言難識別也。

犀中最大者曰「墮羅犀」，一株有重七、八斤者，云是牯犀額角。其花多作撒豆斑。色深者，堪作帶胯；斑散而色淺者，但可作器皿耳。或曰，兕是犀之雌者，未知的否。又曰，犀之佳者是㹀犀。紋理細膩，斑白分明，俗謂斑犀。服用爲上。然入藥，則不如雄犀也。凡犀入藥者，有黑白二種，以黑者爲勝。其角尖又勝。方書多言生犀相承，謂未經水火湛。熾者是，或謂不然。蓋犀有捕得，殺而取者爲生犀；有得其蛻角爲退犀，亦猶用鹿角法耳。

唐相段文昌門下醫人吴士皐，因職，于南海見舶主，言海中取犀牛之法：先於山路多植木，如豬羊棧。其犀以前脚直，常依木而息。植木久必蠹，犀忽倚焉，即木折犀倒，而因斃之，取其角。又云：「犀每自蛻角，必培土埋之。海人跡其處，潛易以木角。若直取之，則犀徙去別山遯跡，不可尋已。」未知今之取犀角，果如此否。《異物志》云：「山東海水中犀牛，樂聞絲竹，彼人動樂，犀則出。」

祥符間，老璫李德永，撰《點頭文》一編。其問有論犀帶至貴者，無出於黑犀。謂生犀徹骨黑者，名黑骨犀。不經湯火，只如餅餡，劈四邊，取方爲銙具。其文頭或如桑椹，或似狗鼻，以墨蠟刷之，自然光潤。性全脂脈在内，兼無皺裂，四邊雲頭兩脚直者，是也。不拘黔、螺、㹀、牯；黔謂無紋，螺謂紋旋，㹀紋細，牯紋大而匀。或每一粒紋尖上，更有一眼者，佳也。又有赭黄犀，須是裏外透明，瑩淨如真金色者，至寶也。

又一說，犀有二種，曰「山犀」，曰「水犀」。「水犀」少見。《五谿記》云：「『山犀』者，食竹木，小便竟日不盡。夷獠以弓矢採取，故曰『黔犀』。」

大率犀之性寒，能解百毒。世南友人章深之，病心經熱。口燥唇乾，百藥不效。有教以犀角磨服者；如其言，飲兩碗許，疾頓除。

**又　卷二**　雄黄、雌黄出階州。雄黄好者如鷄冠，色透明可愛。雌黄佳者成葉子，如金色。入乳鉢内研，頃刻成粉，色極鮮麗。與韶粉相忌。繪事不可用二物，稍相親，則色淪胥而黑。向在蜀，曾令畫工用之。卷藏數月，已而展翫，其色果然，工亦不曉。

**又　卷五**　辛稼軒初自北方還朝，官建康，忽得癩疝之疾，重墜大如杯。有道人教以取葉珠，即薏苡仁也。用東方壁土炒黄色，然後水煮爛，入砂盆内研成膏，每用無灰酒，調下二錢即消。沙隨先生，晚年亦得此疾，辛親授此方服之，亦消。然城郭人患不能得葉珠，只於生藥鋪買薏苡仁，亦佳。

按《本草》，薏苡仁上等上上之藥，爲君主養命，多服不傷人。欲輕身養命，不老延年者，本上經。味甘，微寒無毒。主拘攣不可屈伸。除風濕痺下氣，除筋骨寒邪氣不仁。利腸胃，消水腫，令人能食。久服輕身益氣。其根下三蟲。生真定平澤及田野，八月採實，採根無時。今在在有之，真良藥也。蜀中巴蓬間甚多，士大夫以此相饋遺，雜之飲食間也。

饒之城中，有宗子善平，病腎虚腰痛。沙隨先生以其尊人所傳宋誼叔方，用杜仲，酒浸透，炙乾，擣羅爲末，無灰酒調下。趙如方製之，三服而愈。

沙隨先生在泰興時，有乳嫗，因食冷肉，心脾發痛，不可堪忍。知縣錢仁老名壽之，以藥與之，一服痛止，再服即無他。其藥以陳茱萸五、六十粒，水一大盞，煎取汁，去滓，入官局平胃散三錢，再煎熱服。

錢云：「高宗嘗以賜近臣。時有歸正官校尉，添差縣尉，後歸軍中，以是愈人疾甚多。其妻弟王得中，又以其藥歸昌國，亦多愈人疾，真奇方也。」

**又　卷九**　後山贈二蘇公詩，末云：「如大醫王治膏肓，外證已解中尚彊，探囊一試黄昏湯，一洗十年新學腸。」任子淵注云：「按《圖經·本草》曰：『合歡，夜合也，一名合昏。』韋宙獨行方，胸中甲錯，是爲肺癰，黄昏湯治之。取夜合皮掌大，一枚，水煮服之。」其説最爲牽合無義。

沙隨先生云：「晚年因閲《本草》，王孫，味苦平，無毒，主五藏邪氣。吴名白功草，楚名王孫，齊名長孫；一名黄孫，一名黄昏，生海西川谷。蓋指當時癖學，爲五臟邪氣耳。取義精深如此。」

**宋·周密《癸辛雜識》續集卷下**　杏仁有毒

松雪云：「杏仁有大毒，須煮令極熟中心無白爲度，方可食用，生則能殺人。凡煮杏仁汁，若飲犬猫立死。」

**又　別集上**

鬱鬯大毒

明堂所用鬱鬯凡三十斤，取之信州，吏云：「實未嘗用，用之大毒，能殺人，蓋文具久矣。」

火蝎

北方毒螫，有所謂火蝎者，比之常蝎極小，其毒甚酷。常有客人數輩，夏月小憩磐石，忽覺髀間奇痛徹心，不可忍，遂急起索之，則石面光瑩，初無他物。僅行數步，則通身腫潰而殂。其同行異之，意石之下必有異，遂起視之。見一蝎極小而色黑，一人以竹杖擊之，竹皆爆裂，而執竹之手亦腫潰，不旋踵而死。近得杜真人持咒驅，此害稍息。

**金・張元素《醫學啓源》卷下**　夫藥有寒、熱、温、涼之性，有酸、苦、辛、鹹、甘、淡之味，各有所能，不可不通也。夫藥之氣味不必同，同氣之物，其味皆鹹，其氣皆寒之類是也。凡同氣之物，必有諸味；同味之物，必有諸氣；互相氣味，各有厚薄，性用不等。制方者必須明其用矣。《經》曰：「味爲陰，味厚爲純陰，味薄爲陰中之陽；氣爲陽，氣厚爲純陽，氣薄爲陽中之陰。然，味厚則泄，薄則通；氣厚則發熱，氣薄則發泄。」又曰：「辛甘發散爲陽，酸苦涌泄爲陰，鹹味涌泄爲陰，淡味滲泄爲陽。」凡此之味，各有所能。然，辛能散結潤燥，苦能燥濕堅軟，鹹能軟堅，酸能收緩，甘能緩急，淡能利竅。故《經》曰：「肝苦急，急食甘以緩之；心苦緩，急食酸以收之；脾苦濕，急食苦以燥之；肺苦氣上逆，急食苦以泄之；腎苦燥，急食辛以潤之，開腠理，致津液，通氣也。肝欲散，急食辛以散之，以辛補之，以酸瀉之；心欲軟，急食鹹以軟之，以鹹補之，以甘瀉之；脾欲緩，急食甘以緩之，以甘補之，以苦瀉之；肺欲收，急食酸以收之，以酸補之，以辛瀉之；腎欲堅，急食苦以堅之，以苦補之，以鹹瀉之。」凡此者，是明其氣味之用也。若用其味，必明其味之可否；若用其氣，必明其氣之所宜。識其病之標本臟腑，寒熱虚實，微甚緩急，而用其藥之氣味，隨其證而制其方也。是故方用君臣佐使，輕重，緩急大小，反正逆從之制也。主病者爲君，佐君者爲臣，應臣者爲使，此隨病之所宜，而又贊成方而用之。君一巨二，奇之制也；君二臣四，耦之制也。去咽喉近者奇之，遠者耦之。汗者不奇，下者不耦。補上治上制以緩，緩則氣味薄；補下治下制以急，急則氣味厚。薄則少服而頻服，厚則多服而頓服。又當明五氣之鬱：木鬱達之，謂吐令調達也；火鬱發之，謂汗令其疏散也；土鬱奪之，謂下無壅滯也；金鬱泄之，謂解表利小便也；水鬱折之，謂折其逆也。凡此五者，乃治病之要。

**佚名《藥性賦》**

寒性藥

諸藥賦性，此類最寒。犀角解乎心熱，羚羊清乎肺肝。澤瀉利水通淋而補陰不足，海藻散癭破氣而治疝何難？聞之菊花能明目而清頭風，射幹療咽閉而消癰毒。薏苡理脚氣而除風濕，藕節消瘀血而止衄。瓜蔞子下氣潤肺喘兮，又且寬中；車前子止瀉利小便兮，尤能明目。又聞治虚煩除噦嘔，須用竹茹；通秘結導瘀血，必資大黄。宣黄連治冷熱之痢，又厚腸胃而止瀉；淫羊藿療風寒之痹，且補陰虚而助陽。茅根止血與吐衄，石葦通淋於小腸。熟地黄補血且療虚損，生地黄宣血更醫眼瘡。赤芍藥破血而療腹疼，煩熱亦解；白芍藥補虚而生新血，退熱尤良。

熱性藥

藥有温熱，又當審詳。欲温中以華茇，用發散以生薑。五味子止嗽痰，且滋腎水；腽肭臍療痨瘵，更壯元陽。豈知鹿茸生精血，腰脊崩漏之均補；虎骨壯筋骨，寒濕毒風之并祛。檀香定霍亂，而心氣之痛愈；鹿角秘精髓，而腰脊之疼除。消腫益血於米醋，下氣散寒於紫蘇。藊豆助脾，則酒有行藥破結之用；麝香開竅，則葱爲通中發汗之需。嘗觀五靈脂治崩漏，理血氣之刺疼；麒麟竭止血出，療金瘡之傷折。麋茸壯陽以助腎，當歸補虚而養血。烏賊骨止帶下，且除崩漏目翳；鹿角膠住血崩，能補虚羸勞絶。白花蛇治癱瘓，除風癢之癬疹；烏梢蛇療不仁，去瘡瘍之風熱。

温性藥

温藥總括，醫家素諳。木香理乎氣滯，半夏主於濕痰。蒼术治目盲，燥脾去濕宜用；蘿蔔去膨脹，下氣，制面尤堪。誠以紫菀治嗽，防風祛風，蒼耳子透腦涕止，威靈仙宣風氣通；細辛去頭風，止嗽而療齒痛，艾葉治崩漏，安胎而醫痢紅。羌活明目驅風，除濕毒腫痛；白芷止崩治腫，療痔漏瘡癰。嘗聞款冬花潤肺，去痰嗽以定喘；肉荳蔻温中，止霍亂而助脾。撫芎走經絡之痛，何首烏治瘡疥之資。薑黄能下氣，破惡血之積；防己宜消腫，去風濕之施。

平性藥

詳論藥品，平和性存。以硇砂而去積，用龍齒以安魂。青皮快膈除膨脹，且利脾胃；芡實益精治白濁，兼補真元。原夫木賊草去目翳，崩漏亦醫；花蕊石治金瘡，血行則却。決明和肝氣，治眼之劑；天麻主頭眩，祛風之藥。甘草和諸藥而解百毒，蓋以性平；石斛平胃氣而補腎虚，更醫脚弱。然而鱉甲治勞瘧，兼破癥瘕；龜甲堅筋骨，更療崩疾。烏梅主便血瘧痢之用，竹瀝治中風聲音之失。

**元・王禎《農書・農桑通訣集之五・畜養篇》**　養牛類

牛之爲病不一，其用藥與人相似，但大爲劑以飲之，無不愈。便溺有血，傷於熱也，以治便血之藥治之。冷結則鼻乾而不喘，以發散藥投之；熱結即鼻汗而喘，以解利藥投之。其或天行疫癘，率多薰蒸相染，其氣然也。愛之則當離避他所，祓除沴氣，而救藥或可偷生。《傳》曰，養備動時，則天不能使之病。畜牛之家，誠能節適養護，如前所云，則自無病。然有病而治，猶愈於不治。若夫醫治之宜，則亦有説。《周禮》「獸醫」掌療獸病，凡療獸病，灌而行之，以發其惡，然後藥之，其來尚矣。今諸處自有獸工，相病用藥，不必預陳方藥，恐多差誤也。

## 元・忽思慧《飲膳正要》卷二

神仙服食

鐵甕先生瓊玉膏　此膏填精補髓，腸化爲筋，萬神具足，五藏盈溢，髓實血滿，髮白變黑，返老還童，行如奔馬。日進數服，終日不食亦不飢，開通强志，日誦萬言，神識高邁，夜無夢想。人年二十七歲以前，服此一料，可壽三百六十歲。四十五歲以前服者，可壽二百四十歲。六十三歲以前服者，可壽一百二十歲。六十四歲以上服者，可壽百歲。服之十劑，絶其欲，修陰功，成地仙矣。一料分五處，可救五人癰疾，分十處，可救十人勞疾。修合之時，沐浴至心，勿輕示人。

新羅參二十四兩，去蘆。生地黄一十六斤，汁。白茯苓四十九兩，去黑皮。白沙蜜一十斤。煉净。

右件，人參、茯苓爲細末，蜜用生絹濾過，地黄取自然汁，搗時不用銅鐵器，取汁盡，去滓，用藥一處拌和勻，入銀石器或好磁器内封，用净紙二三十重封閉，入湯内，以桑柴火煮三晝夜。取出，用蠟紙數重包瓶口，入井口去火毒一伏時。取出再入舊湯内煮一日，出水氣，取出開封，取三匙作三盞，祭天地百神，焚香設拜，至誠端心。每日空心，酒調一匙頭。

地仙煎　治腰膝疼痛，一切腹内冷病。令人顔色悦澤，骨髓堅固，行及奔馬。

山藥一斤，杏仁一升，湯泡，去皮、尖。生牛奶子二升。

右件，將杏仁研細，入牛奶子、山藥，拌絞取汁，用新磁瓶密封，湯煮一日。每日空心，酒調一匙頭。

金髓煎　延年益壽，填精補髓，久服髮白變黑，返老還童。

枸杞不以多少。採紅熟者。

右用無灰酒浸之，冬六日，夏三日，於沙盆内研令爛細，然後以布袋絞取汁，與前浸酒一同慢火熬成膏，於净磁器内封貯。重湯煮之，每服一匙頭，入酥油少許，温酒調下。

天門冬膏　去積聚，風痰，癩疾，三蟲，伏屍，除瘟疫。輕身，益氣，令人不飢，延年不老。

天門冬不以多少。去皮，去根，鬚，洗净。

右件搗碎，布絞取汁，澄清濾過，用磁器、沙鍋或銀器，慢火熬成膏。每服一匙頭，空心温酒調下。

服天門冬　《道書八帝經》：欲不畏寒，取天門冬、茯苓爲末服之。每日頓服，大寒時汗出，單衣。《抱朴子》云：杜紫微服天門冬，御八十妾，有子一百四十人，日行三百里。《列仙子》云：赤松子食天門冬，齒落更生，細髮復出。《神仙傳》：甘始者，太原人。服天門冬，在人間三百年。《修真秘旨》：神仙服天門冬，一百日後怡泰和顔，羸劣者强。三百日，身輕。三年，身走如飛。

服五加皮酒　東華真人《煮石經》：舜常登蒼梧山，曰厥金玉香草，即五加也，服之延年。故云：寧得一把五加，不用金玉滿車；寧得一斤地榆，安用明月寶珠。昔魯定公母，單服五加皮酒，以致長生。如張子聲、楊始建、王叔才、于世彦等，皆古人服五加皮酒而房室不絶，皆壽三百歲，有子三二十人。世世有服五加皮酒而獲年壽者甚衆。

服松子　《列仙傳》：偓佺食松子，能飛行健，走如奔馬。《神仙傳》：松子不以多少，研爲膏，空心温酒調下一匙頭，日三服則不飢渴。久服日行五百里，身輕體健。

服松節酒　《神仙傳》：治百節疼痛，久風虚，脚痺痛。松節釀酒，服之神驗。

服槐實　《神仙傳》：槐實於牛膽中漬浸百日，陰乾。每日吞一枚，十日身輕，二十日白髮再黑，百日通神。

五味偏走

酸澀以收，多食則膀胱不利，爲癃閉。苦燥以堅，多食則三焦閉塞，爲嘔吐。辛味薰蒸，多食則上走於肺，榮衛不時而心洞。鹹味湧泄，多食則外注於脈，胃竭，咽燥而病渴。甘味弱劣，多食則胃柔緩而蟲過，故中滿而心悶。

辛走氣，氣病勿多食辛。鹹走血，血病勿多食鹹。苦走骨，骨病勿多食苦。甘走肉，肉病勿多食甘。酸走筋，筋病勿多食酸。

肝病禁食辛，宜食粳米、牛肉、葵菜之類。心病禁食鹹，宜食小豆、犬肉、李、韭之類。脾病禁食酸，宜食大豆、豕肉、栗、藿之類。肺病禁食苦，宜食小麥，羊肉、杏薤之類。腎病禁食甘，宜食黄黍、雞肉、桃、葱之類。

多食酸，肝氣以津，脾氣乃絶，則肉胝𦝫而唇揭。多食鹹，骨氣勞短，肥氣折，則脈凝泣而變色。多食甘，心氣喘滿，色黑，腎氣不平，則骨痛而髮落。多食苦，則脾氣不濡，胃氣乃厚，則皮槁而毛拔。多食辛，筋脈沮弛，精神乃央，則筋急而爪枯。五穀爲食，五果爲助，五肉爲益，五菜爲充，氣味合和而食之，則補精益氣。雖然五味調和，食飲口嗜，皆不可多也。多者生疾，少者爲益。百味珍饌，日有慎節，是爲上矣。

食療諸病

生地黄雞　治腰背疼痛，骨髓虚損，不能久立，身重氣乏，盗汗，少食，時復吐利。

生地黄半斤，飴糖五兩，烏雞一枚。

右三味，先將雞去毛，腸肚浄，細切，地黄與糖相和勻，内雞腹中，以銅器中放之，復置甑中蒸炊，飯熟成，取食之。不用鹽醋，唯食肉盡却飲汁。

羊蜜膏　治虚勞，腰痛，欬嗽，肺痿，骨蒸。

熟羊脂五兩，熟羊髓五兩，白沙蜜五兩，煉浄。生薑汁一合，生地黄汁五合。

右五味，先以羊脂煎令沸，次下羊髓又令沸，次下蜜、地黄、生薑汁，不住手攪，微火熬數沸成膏。每日空心温酒調一匙頭。或作羹湯，或作粥食之亦可。

羊藏羹　治腎虚勞損，骨髓傷敗。

羊肝、肚、腎、心、肺各一具，湯洗浄。牛酥一兩，胡椒一兩，蓽撥一兩，豉一合，陳皮二錢，去白。良薑二錢，草果兩箇，葱五莖。

右件，先將羊肝等，慢火煮令熟，將汁濾浄。和羊肝等并藥，一同入羊肚内，縫合口，令絹袋盛之，再煮熟，入五味，旋旋任意食之。

羊骨粥　治虚勞，腰膝無力。

羊骨一副，全者，搥碎。陳皮二錢，去白。良薑二錢，草果二箇，生薑一兩，鹽少許。

右水三斗，慢火熬成汁，濾出澄清，如常作粥，或作羹湯亦可。

羊脊骨粥　治下元久虚，腰腎傷敗。

羊脊骨一具，全者，搥碎。肉蓯蓉一兩，洗，切作片。草果三箇，蓽撥二錢。

右件，水熬成汁，濾去滓，入葱白、五味，作面羹食之。

白羊腎羹　治虚勞，陽道衰敗，腰膝無力。

白羊腎二具，切作片。肉蓯蓉一兩，酒浸，切。羊脂四兩，切作片。胡椒二錢，陳皮一錢，去白。蓽撥二錢，草果二錢。

右件相和，入葱白、鹽、醬，煮作湯，入面餜子，如常作羹食之。

猪腎粥　治腎虚勞損，腰膝無力，疼痛。

猪腎一對，去脂膜，切。粳米三合，草果二錢，陳皮一錢，去白。縮砂二錢。

右件，先將猪腎、陳皮等煮成汁，濾去滓，入酒少許，次下米成粥，空心食之。

枸杞羊腎粥　治陽氣衰敗，腰脚疼痛，五勞七傷。

枸杞葉一斤，羊腎一對，細切。葱白一莖，羊肉半斤。炒。

右四味拌勻，入五味，煮成汁，下米熬成粥，空腹食之。

鹿腎羹　治腎虚耳聾。

鹿腎一對。去脂膜，切。

右件於豆豉中，入粳米三合，煮粥或作羹，入五味，空心食之。

羊肉羹　治腎虚衰弱，腰脚無力。

羊肉半斤，細切。蘿蔔一箇，切作片。草果一錢，陳皮一錢，去白。良薑一錢，蓽撥一錢，胡椒一錢，葱白三莖。

右件，水熬成汁，入鹽、醬熬湯，下面餜子，作羹食之。將湯澄清，作粥食之亦可。

鹿蹄湯　治諸風，虚，腰脚疼痛，不能踐地。

鹿蹄四隻，陳皮二錢，草果二錢。

右件，煮令爛熟，取肉，入五味，空腹食之。

鹿角酒　治卒患腰痛，暫轉不得。

鹿角新者，長二三寸。燒令赤。

右件，内酒中浸二宿，空心飲之立效。

黑牛髓煎　治腎虚弱，骨傷敗，瘦弱無力。

黑牛髓半斤，生地黄汁半斤，白沙蜜半斤。煉去蠟。

右三味和勻，煎成膏，空心酒調服之。

狐肉湯　治虚弱，五藏邪氣。

狐肉五斤，湯洗浄。草果五箇，縮砂二錢，葱一握，陳皮一錢，去白。良薑二錢，哈昔泥一錢。即阿魏。

右件，水一斗，煮熟，去草果等，次下胡椒二錢，薑黄一錢，醋、五味，調和勻，空心食之。

烏雞湯　治虛弱，勞傷，心腹邪氣。

烏雄雞一隻，挦洗淨，切作塊子。陳皮一錢，去白。良薑一錢，胡椒二錢，草果二箇。

右件，以葱、醋、醬相和，入瓶內，封口，令煮熟，空腹食。

醍醐酒　治虛弱，去風濕。

醍醐一盞。

右件，以酒一盃和勻，溫飲之，效驗。

山藥飥　治諸虛，五勞七傷，心腹冷痛，骨髓傷敗。

羊骨五七塊，帶肉。蘿蔔一枚，切作大片。葱白一莖，草果五箇，陳皮一錢，去白。良薑一錢，胡椒二錢，縮砂二錢，山藥二斤。

右件同煮，取汁澄清，濾去滓，面二斤，山藥二斤，煮熟，研泥，溲面作飥，入五味，空腹食之。

山藥粥　治虛勞，骨蒸，久冷。

羊肉一斤，去脂膜，爛煮熟，研泥。山藥一斤。煮熟，研泥。

右件，肉湯內下米三合，煮粥，空腹食之。

酸棗粥　治虛勞，心煩，不得睡卧。

酸棗仁一椀。

右用水，絞取汁，下米三合煮粥，空腹食之。

生地黄粥　治虛弱骨蒸，四肢無力，漸漸羸瘦，心煩不得睡卧。

生地黄汁一合，酸棗仁二兩。水絞，取汁二盞。

右件，水煮同熬數沸，次下米三合煮粥，空腹食之。

椒面羹　治脾骨虛弱，久患冷氣，心腹結痛，嘔吐不能下食。

川椒三錢，炒，爲末。白麪四兩。

右件同和勻，入鹽少許，於豆豉作麵條，煮羹食之。

蓽撥粥　治脾胃虛弱，心腹冷氣疞痛，妨悶不能食。

蓽撥一兩，胡椒一兩，桂五錢。

右三味爲末。每用三錢，水三大椀，入豉半合，同煮令熟，去滓，下米三合作粥，空腹食之。

良薑粥　治心腹冷痛，積聚，停飲。

高良薑半兩，爲末。粳米三合。

右件，水三大椀，煎高良薑至二椀，去滓，下米煮粥，食之效驗。

吴茱萸粥　治心腹冷氣衝脇肋痛。

吴茱萸半兩。水洗，去涎，焙乾，炒，爲末。

右件，以米三合，一同作粥，空腹食之。

牛肉脯　治脾胃久冷，不思飲食。

牛肉五斤，去脂膜，切作大片。胡椒五錢，蓽撥五錢，陳皮二錢，去白。草果二錢，縮砂二錢，良薑二錢。

右件爲細末，生薑汁五合，葱汁一合，鹽四兩，同肉拌勻，淹二日，取出焙乾，作脯，任意食之。

蓮子粥　治心志不寧。補中强志，聰明耳目。

蓮子一升。去心。

右件煮熟，研如泥，與粳米三合，作粥，空腹食之。

雞頭粥　治精氣不足，强志，明耳目。

雞頭實三合。

右件煮熟，研如泥，與粳米一合，煮粥食之。

雞頭粉羹　治濕痹，腰膝痛。除暴疾，益精氣，强心志，耳目聰明。

雞頭，磨成粉。羊脊骨一副。帶肉，熬取汁。

右件，用生薑汁一合，入五味調和，空心食之。

桃仁粥　治心腹痛，上氣欬嗽，胷膈妨滿，喘急。

桃仁三兩。湯煮熟，去尖，皮，研。

右件取汁，和粳米同煮粥，空腹食之。

生地黄粥　治虛勞，瘦弱，骨蒸，寒熱往來，欬嗽唾血。

生地黄汁二合。

右件，煮白粥，臨熟時入地黄汁，攪勻，空腹食之。

鯽魚羹　治脾胃虛弱，泄痢，久不瘥者，食之立效。

大鯽魚二斤，大蒜兩塊，胡椒二錢，小椒二錢，陳皮二錢，縮砂二錢，蓽撥二錢。

右件，葱、醬、鹽、料物、蒜，入魚肚內，煎熟作羹，五味調和令勻，空心食之。

炒黄麪　治泄痢，腸胃不固。

白麪一斤。炒，令焦黄。

右件，每日空心温水調一匙頭。

乳餅面　治脾胃虚弱，赤白泄痢。

乳餅一箇。切作豆子樣。

右件，用麵拌煮熟，空腹食之。

炙黄雞　治脾胃虚弱，下痢。

黄雌雞一隻。撏浄。

右以鹽、醬、醋、茴香、小椒末同拌匀，刷雞上，令炭火炙乾焦，空腹食之。

牛奶子煎蓽撥法　貞觀中，太宗苦於痢疾，衆醫不效，問左右能治癒者，當重賞。時有術士進此方：用牛奶子煎蓽撥，服之立瘥。

猯肉羹　治水腫，浮氣，腹脹，小便澀少。

猯肉一斤，細切。葱一握，草果三箇。

右件，用小椒、豆豉，同煮爛熟，入粳米一合作羹，五味調匀，空腹食之。

黄雌雞　治腹中水癖，水腫。

黄雌雞一隻，撏浄。草果二錢，赤小豆一升。

右件，同煮熟，空心食之。

青鴨羹　治十種水病不瘥。

青頭鴨一隻，退浄。草果五箇。

右件，用赤小豆半升，入鴨腹内煮熟，五味調，空心食。

蘿蔔粥　治消渴，舌焦，口乾，小便數。

大蘿蔔五箇。煮熟，絞取汁。

右件，用粳米三合，同水并汁，煮粥食之。

野雞羹　治消渴，口乾，小便頻數。

野雞一隻。撏浄。

右入五味，如常法作羹臛食之。

鵓鴿羹　治消渴，飲水無度。

白鵓鴿一隻。切作大片。

右件，用土蘇一同煮熟，空腹食之。

雞子黄　治小便不通。

雞子黄一枚。生用。

右件，服之不過三服，熟亦可食。

葵菜羹　治小便癃閉不通。

葵菜葉不以多少。洗擇浄。

右煮作羹，入五味，空腹食之。

鯉魚湯　治消渴，水腫，黄疸，脚氣。

大鯉魚一頭，赤小豆一合，陳皮二錢，去白。小椒二錢，草果二錢。

右件，入五味，調和匀，煮熟，空腹食之。

馬齒菜粥　治脚氣，頭面水腫，心腹脹滿，小便淋澀。

馬齒菜。洗浄，取汁。

右件，和粳米同煮粥，空腹食之。

小麥粥　治消渴，口乾。

小麥不以多少。淘浄。

右以煮粥，或炊作飯，空腹食之。

驢頭羹　治中風頭眩，手足無力，筋骨煩痛，言語蹇澀。

烏驢頭一枚，撏洗浄。胡椒二錢，草果二錢。

右件，煮令爛熟，入豆豉汁中，五味調和，空腹食之。

驢肉湯　治風狂，憂愁不樂，安心氣。

烏驢肉不以多少。切。

右件，於豆豉中，爛煮熟，入五味，空心食之。

狐肉羹　治驚風，癲癇，神情恍惚，言語錯謬，歌笑無度。

狐肉不以多少及五臟。

右件，如常法入五味，煮令爛熟，空心食之。

熊肉羹　治諸風，脚氣，痺痛不仁，五緩筋急。

熊肉一斤。

右件，於豆豉中，入五味、葱、醬，煮熟，空腹食之。

烏雞酒　治中風，背强，舌直不得語，目睛不轉，煩熱。

烏雌雞一隻。撏洗浄，去腸肚。

右件，以酒五升，煮取酒二升，去滓。分作三服，相繼服之。汁盡，無時熬葱白、生薑粥投之，蓋覆取汗。

羊肚羹　治諸中風。

羊肚一枚，洗浄。粳米二合，葱白數莖，豉半合，蜀椒，去目、閉口者。炒出汗，三十粒，生薑二錢半。細切。

右六味拌勻，入羊肚内爛煮熟，五味調和，空心食之。

葛粉羹　治中風，心脾風熱，言語蹇澀，精神昏憒，手足不遂。

葛根半斤，搗，取粉四兩。荆芥穗一兩，豉三合。

右三味，先以水煮荆芥、豉，六七沸，去滓，取汁，次將葛粉作索麵，於汁中煮熟，空腹食之。

荆芥粥　治中風，言語蹇澀，精神昏憒，口面喎斜。

荆芥穗一兩，薄荷葉一兩，豉三合，白粟米三合。

右件，以水四升，煮取三升，去滓，下米煮粥，空腹食之。

麻子粥　治中風，五藏風熱，語言蹇澀，手足不遂，大腸滯澀。

冬麻子二兩，炒，去皮，研。白粟米三合，薄荷葉一兩，荆芥穗一兩。

右件，水三升，煮薄荷、荆芥，去滓，取汁，入麻子仁同煮粥，空腹食之。

惡實菜即牛蒡子，又名鼠粘子。　治中風，燥熱，口乾，手足不遂及皮膚熱瘡。

惡實菜葉肥嫩者，酥油。

右件，以湯煮惡實葉三五升，取出，以新水淘過，布絞取汁，入五味，酥點食之。

烏驢皮湯　治中風，手足不遂，骨節煩疼，心燥，口眼面目喎斜。

烏驢皮一張。撏洗净。

右件，蒸熟，細切如條，於豉汁中，入五味，調和勻，煮過，空心食之。

羊頭膾　治中風，頭眩，羸瘦，手足無力。

白羊頭一枚。撏洗净。

右件，蒸令爛熟，細切，以五味汁調和膾，空腹食之。

野猪臛　治久痔野雞病，下血不止，肛門腫滿。

野猪肉二斤。細切。

右件，煮令爛熟，入五味，空心食之。

獺肝羹　治久痔下血不止。

獺肝一副。

右件，煮熟，入五味，空腹食之。

鯽魚羹　治久痔，腸風，大便常有血。

大鯽魚一頭，新鮮者，洗净，切作片。小椒二錢，爲末。草果一錢。爲末。

右件，用葱三莖，煮熟，入五味，空腹食之。

服藥食忌

但服藥不可多食生芫荽及蒜，雜生菜、諸滑物、肥猪肉、犬肉、油膩物，魚膾腥膻等物。及忌見喪屍、産婦、淹穢之事。又不可食陳臭之物。

有術勿食桃、李、雀肉、胡荽、蒜、青魚等物。有黎蘆勿食猩肉。有巴豆勿食蘆筍及野猪肉。有黄連、桔梗，勿食猪肉。有地黄勿食蕪荑。有半夏、菖蒲，勿食飴糖及羊肉。有細辛勿食生菜。有甘草勿食菘菜、海藻。有牡丹勿食生胡荽。有商陸勿食犬肉。有常山勿食生葱、生菜。有空青、硃砂，勿食血。凡服藥通忌食血。有茯苓勿食醋。有鼈甲勿食莧菜。有天門冬勿食鯉魚。

食物中毒

諸物品類，有根性本毒者，有無毒而食物成毒者，有雜合相畏、相惡、相反成毒者，人不戒慎而食之，致傷府藏和亂腸胃之氣，或輕或重，各隨其毒而爲害，隨毒而解之。如飲食後不知記何物毒，心煩滿悶者，急煎苦参汁飲，令吐出。或煮犀角汁飲之，或苦酒、好酒煮飲，皆良。

食菜物中毒，取雞糞燒灰，水調服之。或甘草汁，或煮葛根汁飲之。胡粉水調服亦可。食瓜過多，腹脹，食鹽即消。食蘑菰、菌子毒，地漿解之。食菱角過多，腹脹滿悶，可暖酒和薑飲之即消。食野山芋毒，土漿解之。食瓠中毒，煮黍穰汁飲之即解。

食諸雜肉毒及馬肝漏脯中毒者，燒猪骨灰調服，或芫荽汁飲之，或生韭汁亦可。食牛、羊肉中毒，煎甘草汁飲之。食馬肉中毒，嚼杏仁即消，或蘆根汁及好酒皆可。食犬肉不消成膜脹，口乾，杏仁去皮、尖，水煎飲之。

食魚膾過多成蟲瘕，大黄汁、陳皮末，同鹽湯服之。食蟹中毒，飲紫蘇汁，或冬瓜汁，或生藕汁解之。乾蒜汁、蘆根汁亦可。食魚中毒，陳皮汁、蘆根及大黄、大豆、朴消汁皆可。

食鴨子中毒，煮秫米汁解之。食雞子中毒，可飲醇酒，醋解之。

飲酒大醉不解，大豆汁、葛花、椹子、柑子皮汁皆可。

食牛肉中毒，猪脂煉油一兩，每服一匙頭，温水調下即解。食猪肉中毒，飲大黄汁，或杏仁汁、朴消汁，皆可解。

**元・楊瑀《山居新語》卷三**　凡有顛撲刀斧傷者，但以帶鬚葱炒熟搗爛，乘熱罨患處，速愈，頻換熱者尤妙。

凡有瘋狗毒蛇嚙傷者，只以人糞塗傷處，極妙。新糞尤佳。諸藥皆不及此。

破傷風能死人。用桑條如筯長者十數莖，閣起，中用火燒，接兩頭滴下樹汁，以熱酒和而飲之，可愈。

**元・熊夢祥《析津志・物產》** 藥之品

黃精、齋堂村再廢。葳蕤、榆仁、半夏、柴胡、升麻、荆芥、薄荷、當歸、蒼朮、黃芩、地黃、細辛、五味子、山川烏、烏頭、茯苓、茯神、防風、鎖陽、大黃、善花屯甘草。保安善屯產。

**元・孔齊《至正直記》卷二** 鹹物害人

鹹物能害人。予避地四明，久知地卑濕，民多食鹹，其病患者多疝氣腎癩，或墜下如斗者，或大如瓜者，蓋食鹽腥所致。嘗會張謙受都事云：「某長于浙西素無疝疾，自至正戊戌夏來四明，因日食少鹽味，竟患疝，遂戒之，今不甚苦。」又會西域馬元德云：「近苦外腎癩如瓜，服藥不效。蓋日食鹹故也。」又會崑山豪獲施五者云：「其家從役者數人，皆長自大都，今至四明五年間咸患腎癩，亦日食鹹腥故也。」予舊有脈痔疾，無疝氣，自至四明，痔血倍于前時，忽患外腎偏墜，蓋鹹能走血墜腎故也。姪兒輩皆患疝，自至此地，隨俗日食鮝，且鮝價廉，可爲度歲計，由是而致疾也。苦欲戒之爲不能，時助滋味耳。

**又 卷四**

巴豆黃連

諺云：「巴豆未開花，黃蓮先結子。」蓋黃連能制伏巴豆毒也。猶「螳螂捕蟬，黃雀在後」同意。嘗觀《宋史》，宣、政之間，女直叛契丹而謀宋，南侵之日，韃靼亦叛女真而舉兵矣，正此謂也。

製藥當謹

製藥不可不謹。四明詔卿言，其鄉今歲有合瘧丹者，用砒霜爲末，搜和蒸餅，盤曬于日，而二小兒不知食之，一死一生，生者食少，急服解劑也。死者明日焚化，腸已腐矣。又，往年鎮明嶺一醫士嘗合墨錫丹，母及妻皆慣服之，一日以他藥丸歸，未曾題名，色類墨錫丹，母及妻亦取服之，一夕而斃。可不謹乎？書此爲製藥之戒。

草藥療病

村民多採草藥療病，或致殞命者多矣。蓋草藥多有相似者，似是而非，性味不同，愚民不能別，一概與人服之，不至于誤者寡矣。嘗觀《本草》云：「山陽有草，其名曰黃精，餌之可長生。山北有草，其名鉤吻，入口即死。」蓋此草絶相類而性善惡不同如此。又，安吉朱氏親友有爲子腹疼，人教以取楝樹東南根煎湯者。子初不肯服，其父撻之。既入口，少頃而絶。蓋出土之根能殺人，朱氏不考古之過也。此表兄沈子成在安吉目擊其事，嘗以戒人。醫家用桑白皮，《本草》云，出土者，亦能殺人，可不戒哉！

季弟患疾

己亥秋，季弟在上虞患痢疾，亦服村民草藥，後爲所誤，雖更醫已無及矣。蓋此弟不肯讀書，不交好人，不習好行，惟市井輩是狎，所以致此者，亦衆氣受胎之賤，且有不忍言者故耳。

服藥闕防

人家服藥須是闕防，或被媼妮所傾，別添水煮，則味不能功矣。或誤墮地，及與藥相反，則傷人命。或雜亂誤投于人，物之冷熱不同，誤增病症，若是多矣，不可不戒。嘗見趙希賢云：「趙冀國公府，凡治家事各有周次，如煮藥必在外院，幹者輪日掌之，名籍日計簿，以憑稽考。遇某夫人，某官人、某直閤、某乳媼及賤妾輩有疾，外院書名懸牌于盞托之上，覆定然後送入內院飲，別間藥次第嘗之。」人家雖不能如此，或做此防閑亦好。

五苓散

五苓散隔年者澤瀉必變油，服之者殺人。惟見一方云治項骨倒用隔年者，餘皆不可不謹也。

滾痰丸

吾鄉王中錫製滾痰丸，療疾甚妙，然亦有害人者。徙常熟，常聞一官甚壯實，每患痰熱即服之，後因患脾瀉脈絶，以致不救，蓋過于此劑也。然此劑正可推利痰熱，疾平則已，不已則傷元氣，豈可以素壯實而自欺邪！人非純陽真人，焉能保其無七情之害，害則有損，非損純陽矣。

**元・陶宗儀《南村輟耕録》卷七** ［火失刺把都］火失刺把都者，回回田地所產藥也。其形如木鱉子而小，可治一百二十種證，每證有湯引。

**又 卷一六** 藥譜

苾蒻清本良於醫，藥數百品，各以角貼，所題名字詭異。余大駭，究其源底。答言，天成中，進士侯寧極戲造藥譜一卷，盡出新意，改立別名。因時多艱，不傳于世，余以禮求假録一通，用娛閒暇。

假君子牽牛　昌明童子川烏頭　淡伯厚朴　木叔胡椒
雪眉同氣白扁豆　含丸使者花椒　鹹毒仙預知子　貴老陳皮
遠秀卿沉香　化米先生神麴　九日三官吳茱萸　餤叟硫黄
三閭小玉白芷　中黄節士麻黄　時美中蒔蘿　導河掾木猪苓
嗽神五味子　削堅中尉三稜　曲方氏防風　白大壽吳術
洞庭奴隸枳殻　黄英古檀香　緑劍真人菖蒲　魏去疾阿魏
禹孫澤瀉　槖籥尊師仙靈脾　風稜御史史君子　雪如來白芨
風味團頭縮砂　赦肺侯款冬花　骨鯁元君草薢　苦督郵黄芩
調睡參軍酸棗仁　黑司命從容　知微老白薇　太青尊者朴硝
既濟公升麻　冷翠金剛石楠葉　脱核嬰兒桃仁　灑翁訶梨勒
抱雪居士香附子　隨湯給事中甘遂　斜枝大士草龍膽　野丈白頭翁
建陽八座蛇床子　玄房仲長統皂莢　叢生藥王覆盆子　仁棗川練子
石仲寧滑石　命門録事安息香　隱上座郁李仁　水狀元紫蘇
飛風道者牙硝　畢和尚蓽澄茄　金山力士自然銅　麝男甘松
冰喉尉薄荷　草東牀大腹皮　腎曹都護葫蘆巴　壽祖威靈仙
玲瓏霍去病藿香　千眼油蔾人　延年卷雪桑白皮　水銀腊輕粉
黄香影子梔子　六停劑五味子　顯明犯阿膠　出樣珊瑚木通
中央粉蒲黄　瘡帚何首烏　支解黄丁香　洗瘴丹檳郎
海臘騏驎竭　水磨橄欖金鈴子　無名印地榆　無憂扇枇杷葉
鬼木串槐角　黑殺星夜明砂　續命筒乾漆　鑾龍舌血没藥
清涼種香薷　羽化魁五加皮　度厄錢連翹　聖龍鬚瞿麥
翻胃木常山　湯主山茱萸　醒心杖遠志　玉皇瓜馬兜鈴
偷蜜珊瑚甘草　德兒杏仁　混沌螟蛉寄生　永嘉聖脯乾薑
紅心石赤石脂　藥本五靈脂　静風尾荆介　正坐丹砂附子
迎陽子兔絲子　山屠黄蘗　脾家瑞氣肉荳蔻　甜面淳子蜜陀僧
剔骨香青皮　痰宫霹靂半夏　玉虚飯龍腦　鎖眉根苦參
黑龍衣鱉甲　小帝青青鹽　百辣雲生薑　綬帶米麥蘖
半夏精天南星　夜金雄黄　沙田髓黄精　無聲虎大黄
小昌明草烏頭　草兵巴豆　巢煙九肋烏梅　百子堂草果子
皺面還丹人參　琥珀孫松脂　賊參薺苨　不死麵茯苓

火泉竹瀝　比目沉香烏藥　陸續丸蔓荆子　地白瓜蔞根
天豆破故紙　滴膽芝黄連　新羅白肉白附子　瘦香嬌丁香
破關符蓬莪術　玉絲皮杜仲　血櫃牡丹皮　川元蠡川芎
九女春鹿茸　百藥綿黄耆　英華庫益智　通天柱杖牛膝
赤天佩薑黄　丹田霖雨巴戟　百丈鬚石斛　飛天蕊旋覆花
安神隊杖麥門冬　郿芝天麻　錦繡根芍藥　草魚目薏苡
茅君寶莢蒼术　尉佗圭桂　錬形松子柏子仁　蘆頭豹子柴胡
丑寶牛黄　肚裹屏風艾　九畹菜澤蘭　女二天當歸
大通緑木春　旱水晶硼砂　還元大品地黄　兩平草羌活
死冰白僵蠶　一寸樓臺蜂窠　三屍鏉枸杞　無情手硇砂
拔萃團麝香　緑鬚薑細辛　笑靨金菊花　走根梅乾葛
八月珠茴香　銀條德星山藥　埋光烏藥良薑　椹聖蓽撥
破軍殺大戟　吉祥杵桔梗　金母蜕鬱金　綫子檀茅香
良醫匕首亭歷　産家大器秦艽　滴金卵延胡素　鬼丹盧會
宜州樣子白豆蔻　瓦壠斑貝母　孝梗知母　萬金茸紫苑
秦尖疾黎　西天蔓前胡　蕨臣卷柏　五福鑾白斂
保生叢藁本　猻奴狗脊　蒜腦藷百合　備身弩芫花
帝膏蘇合香　玉靈片石膏

**又　卷一八**　［宣髮］　人之年壯而髮斑白者，俗曰算髮，以爲心多思慮所致。蓋髮乃血之餘，心主血，血爲心役，不能上廕乎髮也。然《本草》云，蕪菁子壓油塗頭，能變蒜髮。則亦可作蒜。《易·説卦》：巽爲寡髮。陸德明曰，寡，本作宣，黑白雜爲宣髮據此，則當用宣字爲是。

**又陶宗儀《墨娥小録》卷一一《丹房燒煉》**

伏硼砂法

硼砂用薤菜搗汁，煑一日，控乾爲末，入鍋。上以薤菜查滓捺蓋，頂火煆一時，取出用。如無薤菜時月，以防風、防己代之，終不若薤之妙也。用薤則明潔可愛。

又急伏法

用鉛作汁，却以硼末逐旋挑入，放冷，硼在上，敲下用。

伏砒法

每砒八兩，先用蘿蔔汁二碗炒乾，或無蘿蔔汁，以雞腸草汁煑半日，炒乾亦可。砒砂既乾，却用黄丹八兩同乳，入水火鼎，上又用黄丹四兩捺蓋，封固昇煆半日，放冷，破鍋取出，砒在上，丹在下。取丹再用。裝砒入鍋切不可滿，止可半鍋以下，則不致迸裂。

每砒一觔，乳細。次用鉛砂二觔同乳，令勻。先以五十兩甘鍋一箇，溶鉛二三兩作汁，後却以上項砒，用半片筆管逐旋挑入，每一挑候作汁了，又進一挑，如此直至砒盡作汁，少頃鍋面分清，却取出，放灰上，令十分冷。敲甘鍋開，砒在面上如黄金色，鉛在下，分出鉛再用，砒已伏火矣。或煆砒時須擇十分晴明，則砒色紅，雨則黑，月則白也。

**明・王佐《新增格古要論》卷六《珍寶論》**

骨篤犀

骨篤犀，出西蕃，其色如淡碧玉，梢有黄，其紋理似角，扣之聲清如玉，磨刮齅之有香，燒之不臭，能消腫毒及能辨毒藥。又謂之碧犀，此等最貴。

龍涎

龍涎，出大食國，無香，有燥色，白者如白藥煎藥名。而膩理，黑者亞之，如五靈脂藥名。而光澤，能發衆香，故用以合香。

**又　卷七《異石論》**　雲母石

雲母石，出袞州、江州、石州，青黄色，揭薄片，留火上燒香最佳。

**明・陸容《菽園雜記》卷四**　凡空屋久閉者，不宜輒入，宜先以香物及蒼朮之類焚之。俟鬱氣發散，然後可人。不然，感之成病。久閉眢井窨窖，尤宜慎之。御醫徐德美寓京日，家人方春入化窨。窨深，久不起，疑之，又使一人入焉，亦久不起。然炬照之，二人皆死其中，蓋鬱毒中之也。

**又　卷一三**　温茶即辟麝草，酒煎服，治毒瘡，其功與一枝箭等，未知果否。一枝箭出貴州，同五味子根、金銀藤共煎，能愈毒瘡。

**明・陳嘉謨《本草蒙筌》卷一《黄耆》**　參、耆甘温，俱能補益，證屬虚損，堪並建功。但人參惟補元氣調中，黄耆兼補衛氣實表，所補既畧差異，共劑豈可等分？務尊專能，用爲君主，君藥宜重，臣輔減輕。君勝乎臣，天下方治；臣强於主，國祚漸危。此理勢自然。藥劑倣之，亦不可不注意也。如患内傷，脾胃衰弱，飲食怕進，怠情嗜眠，發熱惡寒，嘔吐泄瀉，及夫脹滿痞塞，力乏形羸，脈息虚微，精神短少等證，治之悉宜補中益氣，當以人參加重爲君，黄耆減輕爲臣；若係表虚，腠理不固，自汗盜汗，漸致亡陽，並諸潰瘍，多耗膿血，嬰兒痘疹，未灌全漿，一切陰毒不起之疾，治之又宜實衛護榮，須讓黄耆倍用爲主，人參少入爲輔焉。是故治病在藥，用藥由人，切勿索驥按圖，務須活潑潑地。先正嘗曰：醫無定體，應變而施；藥不執方，合宜而用。又云：補氣藥多，補血藥亦從而補氣；補血藥多，補氣藥亦從而補血。佐之以熱則熱，佐之以寒則寒。如補中益氣湯，雖加當歸，當歸，血藥也，因勢寡，則被參、耆所據，故專益氣僉名；又當歸補血湯，縱倍黄耆，黄耆，氣藥也，爲性緩，亦隨當歸所引，惟以補血標首。佐肉桂、附子少熱，八味丸云然；加黄蘖、知母微寒，補陰丸是爾。舉隅而反，觸類而推，則方藥之應乎病機，病機之合乎方藥，總在君臣佐使之弗失，纔致輕重緩急之適中。時醫不以本草加工，欲望製方如是之通變合宜者，正猶學射而不操夫弓矢，其不能也決矣。

**明・李時珍《本草綱目・草部》**

香薷

世醫治暑病，以香薷飲爲首藥。然暑有乘凉飲冷，致陽氣爲陰邪所遏，遂病頭痛，發熱惡寒，煩燥口渴，或吐或瀉，或霍亂者，宜用此藥，以發越陽氣，散水和脾。若飲食不節，勞役作喪之人傷暑，大熱大渴，汗泄如雨，煩燥喘促，或瀉或吐者，乃勞倦内傷之證，必用東垣清暑益氣湯、人參白虎湯之類，以瀉火益元可也，若用香薷之藥，是重虚其表，而又濟之以熱矣。蓋香薷乃夏月解表之藥，如冬月之用麻黄，氣虚者尤不可多服。而今人不知暑傷元氣，不拘有病無病，槩用代茶，謂能辟暑，真癡前説夢也。且其性温，不可熱飲，反致吐逆。飲者惟宜冷服，則無拒格之患。

其治水之功果有奇效。一士妻自腰以下胕腫，面目亦腫，喘急欲死，不能伏枕，大便溏泄，小便短少，服藥罔效。時珍診其脈沉而大，沉主水，大主虚，乃病後冒風所致，是名風水也。用《千金》神秘湯加麻黄，一服喘定十之五，再以胃苓湯吞深師薷術丸，二日小便長，腫消十之七，調理數日全安。益見古人方皆有至理，但神而明之，存乎其人而已。

菊

菊春生夏茂，秋花冬實，備受四氣，飽經露霜，葉枯不落，花槁不零，味兼甘苦，性禀平和。昔人謂其能除風熱，益肝補陰，蓋不知其得金水之精英尤多，能益金水二臟也。補水所以制火，益金所以平木；木平則風息，火降則熱除。用治諸風頭目，其旨深微。黄者入金水陰分，白者入金水陽分，紅者行婦人血分，皆可入藥。神而明之，存乎其人。其苗可蔬，葉可啜，花可餌，根實可藥，囊之可枕，釀之可飲，自本至末，罔不有功。宜乎前賢比之君子，神農列之上品，隱士采入酒斝，騷人餐其落英。費長房言九日飲菊酒，可以辟不祥。《神仙傳》言康風子、朱孺子皆以服菊花成仙。《荆州記》言胡廣久病風羸，飲菊潭水多壽。菊之貴重如此，是豈群芳可伍哉？

曼陀羅花

曼陀羅生北土，人家亦栽之。春生夏長，獨莖直上，高四五尺，生不旁引。緑莖碧葉，葉如茄葉。八月開白花，凡六瓣，狀如牽牛花而大，攢花中折，駢葉外包，而朝開夜合，結實圓而有丁拐，中有小子。八月採花，九月採實。

相傳此花笑採釀酒飲，令人笑；舞採釀酒飲，令人舞。予常試之，飲須半酣，更令一人或笑或舞引之，乃驗也。八月採此花，七月採火麻子花，陰乾，等分爲末，熱酒調服三錢，少頃昏昏如醉。割瘡灸火，宜先服此，則不覺苦也。

牽牛子

牽牛治水氣在肺，喘滿腫脹，下焦鬱遏，腰背脹重，及大腸風祕氣祕，卓有殊功。但病在血分，及脾胃虚弱而痞滿者，則不可取快一時，及常服，暗傷元氣也。一宗室夫人，年歲六十，平生苦腸結病，旬日一行，甚於生產。服養血潤燥藥，則泥膈不快；服硝黄通利藥，則若罔知。如此三十餘年矣。時珍診其人體肥膏粱，而多憂鬱，日吐酸痰盌許乃寬，又多火病。此乃三焦之氣壅滯，有升無降，津液皆化爲痰飲，不能下滋腸腑，非血燥比也。潤劑留滯，硝黄徒入血分，不能通氣，俱爲痰阻，故無效也。乃用牽牛末、皂莢膏丸與服，即便通利。自是但覺腸結，一服就順，亦不妨食，且復精爽。蓋牽牛能走氣分，通三焦，氣順則痰飲消，上下通快矣。

五倍子

此木生叢林處者，五六月有小蟲如蟻，食其汁，老則遺種，結小毬於葉間，正如蛅蟖之作雀甕，蠟蟲之作蠟子也。初起甚小，漸漸長堅，其大如拳，或小如菱，形狀圓長不等。初時青緑，久則細黄，綴於枝葉，宛若結成。其殼堅脆，其中空虚，有細蟲如蠛蠓。山人霜降前採取，蒸殺貨之，否則蟲必穿壞，而殼薄且腐矣。皮工造爲百藥煎，以染皂色，大爲時用。他樹亦有此蟲毬，不入藥用，木性殊也。

鹽麩子及木葉皆酸鹹寒凉，能除痰飲、咳嗽，生津，止渴，解熱毒、酒毒，治喉痹，下血、血痢諸病。五倍子乃蟲食其津液結成者，故所主治與之同功。其味酸鹹，能斂肺，止血，化痰，止渴，收汗；其氣寒，能散熱毒、瘡腫；其性收，能除泄痢、濕爛。

又　《鱗部》　白花蛇

花蛇湖、蜀皆有，今惟以蘄蛇擅名。然蘄地亦不多得，市肆所貨，官司所取者，皆自江南興國州諸山中來。其蛇龍頭虎口，黑質白花，脇有二十四個方勝文，腹有念珠班，口有四長牙，尾上有一佛指甲，長一二分，腸形如連珠。多在石南藤上食其花葉，人以此尋獲。先撒沙土一把，則蟠而不動，以叉取之。用繩懸起，劙刀破腹去腸物，則反尾洗滌其腹，蓋護創爾。乃以竹支定，屈曲盤起，扎縛炕乾。出蘄地者，雖乾枯而眼光不陷，他處者則否矣。

明·李詡《戒庵老人漫筆》卷一　大雄黄

安遠侯柳文家有雄黄一塊，重五十斤，每年五月用金盆架置堂上，過夏乃收。沈戒菴説常見云。

又　卷三

取蟾酥法

取蟾酥法，將活蝦蟆眉稜上，用手裹捻油紙上或是黄桑葉上，便有蟾酥。用竹篾青刮離紙葉上，便於原刮竹篾上，插在背陰處，經宿酥自然乾，收用之。

神仙粥方

神仙粥方，專治感冒風寒暑溼之邪并四時疫氣流行頭疼骨痛、發熱惡寒等症，初得一二三日，服之即解。用糯米約半合，生薑五大片，河水二盌，於砂鍋内煮一二滚，次入帶鬚大葱白五七個，煮至米熟，再加米醋半小盞入内和匀，取起，乘熱喫粥，或只喫粥湯亦可。即於無風處睡之，出汗爲度。此以糯米補養爲君，姜葱發散爲臣，一補一發，而又以酸醋斂之，甚有妙理，蓋非尋常發表之劑可比也。屢用屢驗，不可以易而忽之。

又　卷四　墨荳丹方

黑荳丹方，四季用黑荳五斗，淘洗乾後，蒸三徧，去皮；大好麻子三斗，浸一宿，控出，蒸三徧，令開口去殼；用荳五升、麻子仁三升作小料亦可。右先擣荳黄爲細末，然後擣麻子仁極細，漸漸下荳黄，令匀，作丸如拳大，入甑内蒸過，從晨著火，至夜半子時住火，直至天曉出甑，至午時曬乾，擣爲細末服之，但以不飢爲度，不得入一切别物。第一頓七日不飢，第二頓四十九日不飢，第三頓可百日不飢，第四頓千日不飢，如更服，永不飢也。不問多少，但依方服食，令人無有憔悴。渴中飲新汲水，或研大麻子漿水飲之。若要重喫他物，用葵菜子研爲細末，煎湯冷服下，菜如金色，喫諸物並無所損。此唐劉景先所進者。正德十四年巡撫李公充嗣因郡邑饑疫相仍，乃書蘇東坡聖散子方并前方，拯民饑疫，全活甚衆。聖散子藥品製法，見《袖珍方書》。東坡《聖散子序》見集二十四卷，《聖散子後序》見續集第八卷。葉石林《避暑録話》上卷辨聖散子方不可用，其言甚有理，俟與善仲景術者辨之。

左右無不分明，其餘可知也。腹中之蟲，朔後頭向上，望後頭向下，氣也。人身之氣，朔後升，非無降也，升多而降少也；望後降，非無升也，降極而有升也。一日之子午，一歲之春夏，一生之老少，皆然。

治竈瘃

茄子根煎湯浴足，能治竈瘃。竈瘃，足跟凍瘡也。

**又　卷八**

楸葉膏法

楸葉膏須依法製之，葛常之云：「汝州楸樹極多，富鄭公知州時，手植數百本於後圃，後政思其人，建鄭公堂於楸林之下。宣和間先人知州日，聽政燕客俱在焉。一日廉訪使周詢來訪，因云立秋日太陽未升，采其葉熬爲膏，傅瘡瘍立愈，謂之楸葉膏。抵晚，憲使王偉來訪，因道詢語，偉曰：『有人患發背，腸胃可窺，百方不差者，一醫者教用楸葉膏傅其外，又用雲母膏作小丸，服盡四兩止，不累日雲母透出膚外，與楸葉膏相著，瘡遂差，功亦奇矣。余欲廣傳此方，以拯病苦者』。」

治廣瘡

縣中陳某家有使女生廣瘡，求醫於方上道人，其方只用乾荷葉一味，濃煎湯當茶，日逐飲之，盡量而止，不過六七日即愈矣。親試，驗甚。又一當縣甲首者，曾生廣瘡，傳方上人方，用麥、母子草根擣汁，和好酒同服即愈。其草須取竹中無露水者爲上。

**明・謝肇淛《五雜俎》卷一〇《物部二》**　血竭一名騏驎竭，出南番中，廣州亦有之。樹高數丈，葉似櫻桃，而有三稜脂液，滴下如膠飴狀，久而堅凝，色如乾血，又能破積血，止金瘡血，故以血竭名也。洪熙初，李祭酒時勉因上元夜拾墜金釵，俟其人至，還之，乃千户之婦也。夫婦德公甚厚，魄遺俱不受，乃出藥物一片，曰：「此名血竭，出於異國，往年征交廣所得，既不費財，而可備緩急，願公納之。」公乃受，以語夫人。後公以言事忤旨，爲金瓜槌折其脅幾殆，召醫視之，曰：「傷頗重，可爲也，但須真血竭。」夫人即取畀之，遂得蘇。時論以爲還金之報也。一云：是紫鉚樹之脂，驗者以透指甲爲真。

漢唐郎署近侍皆賜雞舌香以防口過。雞舌香即丁香也，有雌雄二種，雌者大而良，俗名母丁香，顆粒如山茱萸，擘破有縱理，解爲兩向，若雞舌狀，故名。廣州有之。

**又　卷一一《物部三》**　閩、廣人食檳榔，取其驅瘴癘之氣，至稱其四德曰：醒能使醉，醉能使醒，饑能使飽，飽能使饑。然檳榔破癥消積，殊有神效，余食後輒餌之，至今不能一日離也。按，《本草》謂其能殺三蟲，下胸中至高之氣。夫余之百鍊剛，化作繞指柔，亦已久矣，縱微服此，胸中寧復有至高之氣乎？《本草》原始曰：「賓與郎皆貴客之稱。交廣人，凡賓客勝會，必先呈此，故以檳榔名也。」

迎春也，半夏也，忍冬也，以時名者也；劉寄奴也，徐長卿也，使君子也，王孫也，杜仲也，丁公藤也，蒲公英也，以人名者也；鹿跑草也，淫羊藿也，麋銜草也，以物名者也；高良、常山、天竺、迦南，以地名者也；虎掌、狗脊、馬鞭、烏喙、鵝尾、鵬蹠、鶴蝨、鼠耳，以形名者也；預知子、不留行、骨碎補、益母、狼毒，以性名者也；無名異、没石子、威靈仙、没藥景、天三七，則無名而强名之者也。牝鹿銜草，以飴其牲；蜘蛛齧芋，以磨其腹；物之微者，猶知藥餌，而人反不知也，可乎？

藥有五天：決明爲肝天，紫苑爲肺天，神麯爲脾天，遠志爲心天，從容爲腎天。

孟子謂七年之病，求三年之艾，故艾以老者爲良。人五十曰艾，然少者亦謂之艾，何也？《春秋外傳》曰：「國君好艾，大夫殆。」《孟子》曰：「知好色則慕少艾。」一説謂艾者，外也。妻子爲内，少艾爲外也。《本草》：「艾以複道生者爲佳。」亦重外之意也。此説甚新，姑筆之。凡炙艾，以圓珠承日，得火者爲上。鑽槐取火，取之而熬藥膏者又以桑火爲上，取其剛烈能助藥力，蓋各有所宜也。

唐鄭相國自敍云：「予爲南海節度，年七十有五。越地卑濕，傷於内外，衆疾俱作，陽氣衰絶。服乳石補益之劑，百端不應。元和七年，訶陵國舶主李摩訶知予病狀，遂傳此方並藥，予疑而未服。摩訶稽顙固請，乃服之。經七八日，漸覺應驗，自爾常服，其功如神。十年二月，罷郡歸京，録方傳之，破故紙十兩。擇净皮洗過，擣篩令細，用胡桃瓤三十兩，湯浸去皮，細研如泥，即入前末，好蜜和匀，盛瓷器中，且日以煖酒二合調藥一匙，服之，便以飯壓；如不飲酒，熟水代之。彌久則延年益氣，悦心明目，補添筋骨。但禁食芸薹、羊血，餘無忌也。」

何首烏，五十年大如拳，服一年則鬚髮黑；百年大如椀，服一年則顔色悦；百五十年大如盆，服一年則齒更生；二百年大如斗，服一年則貌如童子，走及犇馬；三百年大如三斗栲栳，其中有鳥獸山嶽形狀，久服則成地仙矣。

草木之藥，可以延年續命者多矣，而世獨貴人參，以其出自殊方，它處稀得，蓋亦家雞、野鶩之喻也。人參出遼東上黨者最佳，頭面手足皆具，清河次之，高麗、新羅又次之。嘗有贊曰：「三椏五葉，背陽向陰。」故唐韓翃詩曰「應是人參五葉齊」是也。今生者不可得見，其入中國者，皆繩縛，蒸而夾之，故上有夾痕及麻線痕也。新羅參雖大，皆用數片，合而成之，其功力反不及小者。擇參惟取透明如肉，及近蘆有横紋者，則不患其僞矣。

參在本地，價甚不高，中國人轉市之，度山海諸關納税，而上之人求索無窮，近加以内監高淮，每一檄取，動以數百斤計，故數年以來，佳者絶不至京師，其中上者亦幾與白鏹同價矣。王荆公有言：「平生無紫團參，亦活到今日。」今深山荒谷之民，茹草食藿，不知藥物爲何事，而彊壯壽考，不聞疾病；惟富貴膏粱之家，子弟婦人，起居無節，食息不調，而輒恃參術之功，遠求貴售，若不可須臾離者，卒之，病殤夭札，相繼不絶，亦何益之有哉？

醫家有取紅鉛之法，擇十三四歲童女，美麗端正者，一切病患殘疾，聲雄髮粗，及實女無經者，俱不用，謹護起居，候其天癸將至，以羅帛盛之，或以金銀爲器，入磁盆内，澄如硃砂色，用烏梅水及井水、河水攪澄，七度曬乾，合乳粉、辰砂、乳香、秋石等藥爲末，或用雞子抱，或用火煉，名紅鉛丸，專治五勞、七傷、虚憊、羸弱諸症。又有煉秋石法，用童男女小便，熬煉如雪，當鹽服之，能滋腎降火，消痰，明目，然亦勞矣。人受天地之生，其本來精氣自足供一身之用，少壯之時，酒色喪耗，宴安酖毒，厚味戕其内，陰陽侵其外，空餘皮骨，不能自持，而乃倚賴於腥臊穢濁之物，以爲奪命返魂之至寶，亦已愚矣。況服此藥者又不爲延年袪病之計，而藉爲肆志縱慾之地，往往利未得而害隨之，不可勝數也。滁陽有聶道人，專市紅鉛丸。廬州龔太守廷賓時多内寵，聞之甚喜，以百金購十丸，一月間盡服之，無何，九竅流血而死，可不戒哉！

金石之丹皆有大毒，即鍾乳、硃砂，服久皆能殺人，蓋其燥烈之性，爲火所逼，伏而不得發，一入腸胃，如石灰投火，烟焰立熾，此必然之理也。唐時諸帝如憲、文、敬、懿之屬，皆爲服丹所誤。宋時張聖民、林彦振等皆至發瘍潰腦，不可救藥。近代張江陵末年服丹，死時膚體燥裂，如炙魚然。夫鍊丹以求長生也，今乃不能延齡，而反以促壽，人何苦所爲愚而恬不知戒哉？蓋皆富貴之人，志願已極，惟有長生一途，欲之而不可得，故奸人邪術得以投其所好，寧死而不悔耳，亦可哀也！

金石無論，即兔絲、杜仲，一切壯陽之劑，久服皆能成毒發疽。老學庵所載可見。至於紫河車，人皆以爲至寶，亦不宜常服此藥。醫家謂之「混元球」，取男胎首生者爲佳。《丹書》云：「天地之先，陰陽之祖。乾坤之橐籥，鉛汞之匡廓，胚胎將兆九九數足，我則乘而載之，故謂之河車。紫，其色也。」此藥雖無毒，而性亦大熱，虚勞者服之，恐長其火；壯盛者服之，徒增其燥。夫天地生人，清者爲氣，濁者爲形，父精母血，凝合而成，氣足而生，致寶具矣。胞衣者，乃臭腐之胚胝，血肉之渣滓，故一旦瞥然脱胎下世，猶神仙之委蜕也。人生已棄之物，寧復藉此而補助哉？況聞胞衣爲人所烹者，子多不育，故産蓐之家，防之如仇。惟有無賴乳媪，貪人財賄，乘間竊之，以希厚直耳。夫忍於夭殤人子以自裨益，仁者且不爲也，而況未必其有功，而徒以靈明高潔之府爲藏污納穢之地也！

泰山有太乙餘糧，視之，石也。石上有甲，甲中有白，白中有黄。相傳太乙者，禹之師也，嘗服此而棄其餘，故名。又有石中黄，即餘糧之未凝者，水溶若生雞子焉。又會稽有石，亦重疊包裹，而中有粉如麵者，名禹餘糧。皆治欬逆，破瘕癥。恐是一物，因其黄白二色，所産異地，而分别之耳。其益州所産空青，則中但有清水而無重疊也。語曰：「醫家有空青，天下無盲人。」余友陳幼孺瞽疾，有人遺之者，延醫治之，竟不效也。

黿脂可以燃鐵，駝糞能殺壁蝨。瓜兩蒂，菓雙仁者，皆能殺人。生人髮挂樹上，烏鳥不敢食其實。栗子於眉上擦三過，則燒之不爆。誤吞銅鐵，荸薺解之；誤吞稻芒，鵝涎解之；誤吞木屑，鐵斧磨水解之；誤吞水蛭，田泥解之；中鴆鳩毒，薑汁解之；中諸藥毒，甘草解之；中砒毒，緑豆解之；中鉛錫毒，陳土、甘草湯解之；中蛇毒，白芷解之；中麵毒，蘿蔔解之；中瘈狗毒，斑貓解之；中菌蕈毒，地漿解之；烟薰死者，蘿蔔汁解之；諸蟲入耳，生油灌之。此皆人之所忽，不可不知也。

閩中一軍將，因夜行飲水，覺有物黏鼻間，自是患腦痛，不可忍，色黄如蠟，醫巫百端莫能愈，懸百金募療之者。一村甿夜臥荒廟中，聞二鬼語曰：「我輩受某家祭賽多矣，其病本易治，但醫不識耳。」一鬼曰：「奈何？」曰：「取壁間蠮螉窠泥，和飯汁，吹入鼻中，俟其嚏，可見矣。」遂喏而散。翌日，盱往揭榜，如法療之，初覺鼻中攪痛暈絶，有頃，大嚏，有馬蝗大小數十皆隨之出，已死矣，宿疾豁然。余按宋寶祐間，龍興富家子患壁虱事，政與此同。人不能治，而鬼識之，蓋天假手以治斯人也。

**明・繆希雍《炮炙大法》** 按，雷公炮製法有十七：曰砲、曰爁、曰煿、曰炙、曰煨、曰炒、曰煅、曰煉、曰製、曰度、曰飛、曰伏、曰鎊、曰摋、曰𣂪、曰曝、曰露是也。用者宜如法，各盡其宜。

**明・朱國禎《湧幢小品》卷一五《温泉》** 温泉最多，而驪山、安寧爲佳。驪山泉出有二穴，朔後出左穴，望後出右穴，澆田至五里外方冷。煖水灌禾必枯，而此水無恙。其泉清澈，深五六尺，毛髮都鑑。又水中蹲緑玉石，坐而浴，甚佳。驪山泉出穴甚熱，到浴池正温。安寧出穴即可浴，然初浴覺稍熱，久之反温。新安黄山温泉亦佳，余嘗浴之，正温。雪天坐樓上望之，氣坌出如蒸雲，泉當大嶺之下，販米者踰嶺而來，弛擔就浴，必百十人。溷甚，少選即清。蓋泉出右穴，流於左方也。初出處，手之甚冷，楊用修以硫黄實之。恐未必然，浴而有硫黄氣者是也，斯最下。

**又 卷二五《灰性》** 醫書云，燒灰存性。存性二字最妙，可見萬劫成灰，性未嘗不存。今人當陷溺之後，四端時露，即死，枯骨猶能蔭後。惟叢重，毒火燒然不留，則性滅。天地聖人無如之何。

**明・宋應星《天工開物》卷中《燔石》** 砒石

凡燒砒霜，質料似土而堅，似石而碎，穴土數尺而取之。江西信郡、河南信陽州皆有砒井，故名信石。近則出産獨盛衡陽，一廠有造至萬鈞者。凡砒石井中，其上常有濁緑水，先絞水盡，然後下鑿。砒有紅、白兩種，各因所出原石色燒成。

凡燒砒，下鞠土窯，納石其上，上砌曲突，以鐵釜倒懸覆突口。其下灼炭舉火。其烟氣從曲突内熏貼釜上。度其已貼一層厚結寸許，下復息火。待前烟冷定，又舉次火，熏貼如前。一釜之内數層已滿，然後提下，毀釜而取砒。故今砒底有鐵沙，即破釜滓也。凡白砒止此一法。紅砒則分金爐内銀銅腦氣有閃成者。

凡燒砒時，立者必于上風十餘丈外，下風所近，草木皆死。燒砒之人經兩載即改徙，否則鬚髮盡落。此物生人食過分厘立死。然每歲千萬金錢速售不滯者，以晉地菽麥必用拌種，且驅田中黄鼠害，寧、紹郡稻田必用蘸秧根，則豐收也。不然火藥與染銅需用能幾何哉！

**明・方以智《通雅》卷四一《植物・草》** 野葛，一名黄藤，即鉤吻也。一名斷腸草，一名火把花，言其紅也。《南方草木狀》曰：「野葛，一名胡蔓草。彼以毒人，不半日即死，山羊食其苗即肥，亦如鼠食巴豆也。」貞白謂「鉤吻似黄精」，因《博物志》之並論也。蘇恭謂：「黄精葉似柳似竹及龍膽、徐長卿，紉堅，鉤吻，蔓生，葉似柿。」藏器曰：「鉤吻，野葛也。」何子元曰，「有葛之地必生蘿菜，以蘿汁滴野葛苗，當時萎死」，蘿今作甕，有水甕、陸甕。魏武習啖野葛，以食蘿也。【略】

拒霜即木芙蓉，斷腸草亦名芙蓉花。 古稱芙蕖爲芙蓉，今岸生秋開者名木芙蓉。《函史》云：「木芙蓉名拒霜花，菊亦名拒霜。一旦三換色，曰三醉。刘之，明年長輒七八尺。」智見閩廣皆成大樹，有大紅者。西湖張幼青快雪堂前，已高二三丈矣，葉最療瘡。時珍以爲枇，相如賦作華，此誤矣。賦用「華楓枰櫨」，皆指大木，而内地芙蓉皆草本冬凋者，枇蓋指樺也。《唐詩紀事》《冷齋夜話》皆云：「太白詩『昔作芙蓉花，今爲斷腸草』。陶弘景《仙方注》『斷腸草不可食，其花名芙蓉花』。乃知詩人無一字閒話。」愚者曰：「太白寃哉，草不妨同名，詩人何心作注解耶？」

**又 卷四二《植物・草》** 留求子，使君子也。 嵇君道言：「南海交趾出留求子，如梔子，稜瓣深而兩頭尖，似訶犂勒；半黄已熟，中肉色白，甘如棗，其核大，治嬰孩之疾。」此即使君子也，可謂善狀物矣；但如榧子而甘，非如棗甘也。始因一使君用此救小兒，故名。今汀邵皆生。其云訶梨勒，樹似木梡，花白，子形如橄欖，六路皮肉相着，可作飲，變白髭髮令黑，出九真。

薇銜，本作麋銜。 或爲麋衘，一名獨摇，吴普一名無顛。「麋銜矢醴」，《素問》所先。矢醴，雞矢酒也。酈道元《水經注》云：「魏興錫山多生薇銜草，有風不偃，無風獨摇。」《寰宇記》曰：「均州天心山有草曰徽衡，其草有風不偃，無風自摇。」徽衡，蓋銜之訛也。今李克家《水經注》亦訛作薇蘅草。

古謂之藨，今謂之莓。 覆盆子也。曰寒莓，大麥莓，世呼插田藨，《爾雅》之「茥缺盆」也。稍大者呼割田藨，亦謂蓬藟也。此皆一枝五葉，五月實熟。烏赤者。一枝三葉，實如櫻桃，曰薅田藨，即《爾雅》所謂「藨」，陳藏器所謂「茅莓」也。一種樹生藨，《爾雅》曰「葥山莓」，陳藏器所謂「縣鉤子樹莓」也。就地蔓生，黃花，則蛇藨、鷰母，《爾雅》所謂「葥藨苈」也。又葎草，一名來莓草。五爪龍藤，一名五葉莓，一名龍葛，江東呼虎葛。蔓生有稜，名烏蘞，敷癰神效。

禹餘糧有七。　石中黃粉名禹餘糧。又有太一禹餘糧。《丹書》中又云銅坑禹餘糧。《博物志》：「蓾草如麥，名禹餘糧。」《别録》：「麥冬一名禹餘糧。赤茯苓名草禹餘糧。」存中曰：「赭魁，南人以染皮，名禹餘糧。」《綱目》未考出，故列之。

獨搖有八。　一羌活，一鬼臼，一鬼督郵，一天麻，一薇蓹，一白楊，一栘楊。又媚藥有無風獨搖草。又《抱朴子》云：「獨搖芝一薇蓹。」智攷薇蓹即麋銜，白楊即栘楊，除此共八。【略】

阿魏，草木汁也。　段柯古記佛林僧彎所說：「波斯國樹，呼爲阿虞，葉似鼠耳，斷其枝，汁出如脂，取米豆屑合成阿魏。」智又按高昌即車師地，元時號畏兀兒，產阿魏。有草本者，根株獨立，枝葉如蓋，臭氣逼人，生取其汁，熬煎成之，此與僧彎說合，但草木異耳。《涅槃經》曰「央匱」，蒙古曰「哈昔泥」。走馬射阿魏，賈胡神其說，而好事者筆之，如貞白信蘇合爲獅屎之類。

**又　卷四三《植物·木》**　榝、藙、椒、欓，皆椒也。　秦椒似蜀椒而大，初秋花，秋末實，即《爾雅》之檓音毀。也。蜀椒即川椒，一名唐藙。或作瑴，音毅。《漢律》：「會稽獻藙一斗。」陶隱居曰：「俗呼爲菝。即檓。」《通志》曰：「唐藙名陸撥。」蜀人呼食茱萸爲艾子，揚雄賦：「木艾椒蘺。」升菴曰：「藙，即艾也。」《益部方物記》：「艾子，實正緑。」蔓椒俗呼爲樛，似椒欓小，不香耳，或曰金椒。欓，野椒也。藙子出閩中，直翁引《吳越春秋》「越以甘蜜丸欓報吳增封之禮」，以證越椒。今本文爲「甘蜜九欓，文笥七枚，狐皮五雙，晉竹十庾」，則直翁誤矣。欓一字二用也。漁仲曰：「欓子，即食茱萸。」又有崖椒，四季採皮入藥。陸璣又云：「竹葉椒，成皋山中，比蜀椒毒熱，可著飲食，子長而不圓。」按，此即今番椒，大如小指頭，上尖下平，正赤，嗣宗謂即胡椒，非也。《續漢書》：天竹出胡椒。《異域志》：入不國出胡椒。段柯古云：「胡椒蔓生，兩兩相對。」畢澄茄其類也。今廣舶有玉椒，色白。總按《爾雅》：「檓大椒，椒榝醜莍。」《說文》曰：「榝似茱萸。」郭璞曰：「榝似茱萸而小，實大者名榝。」李巡曰：「榝，茱萸也。」《記》：「三牲用藙。」康成曰：「煎，茱萸也。」《說文》無椒字，「茮，一曰茮茱木」，徐鍇曰：「豆尗作尗。則茮即今之椒也，椒叢生如薔薇，非木也。」智按今椒皆成樹，古人何以茱萸爲椒耶？椒專達陽行下。川椒皮內白，其子黑而光；不光者土椒，閉氣。

枸杞爲檵，謂棘如枸，莖如杞也。　寇宗奭知別棘枸而誤引杞柳，郭璞誤以梗爲杞，毛萇誤以枳椇爲枸，《說文》誤以枸木可爲醬，楊升菴、鄧潛谷誤以蒟蒻爲蒟醬，故考正之。枸杞甚甘，而《本經》止言其苦寒。《圖經》載分枸杞與枸棘。又「溲疏」條注，李當之云「子赤甘」。溲疏有刺，枸杞無刺。《衍義》知，分別枸棘爲徒勞，小則多刺，大則少刺；然又以爲《孟子》「杞柳」，則大謬矣，何怪仙人杖白棘之見嘆於子昂乎？杞，大木也。《詩》曰：「無折我樹杞。」《左傳》曰：「杞梓皮革。」《孟子》：「杞柳爲桮棬。」此與杞梓並稱大木也。《詩》「北山采杞」「隰有杞桋」，此可采者，枸杞也。《爾雅》曰：「枸杞檵。」陸璣曰：「名苦杞，一名地骨。春葉條可茹，微苦。」今敝鄉曰甜甜芽，子秋熟正赤。存中曰：「陝西極邊，枸杞高丈餘，大可作柱，大即無刺。」郭璞以梗爲杞，非也。櫸杞見前。《詩》「南山有枸」，毛萇曰：「枳枸也。」此是椇矣。《曲禮》：「椇榛。」木似白楊，枝端生指數寸，如飴，八月熟，曰木蜜，俗稱厲漢指。《說文》曰：「枸，木也。」南越食蒟以蒟音矩。醬，達自牂牁。按，蒟醬蔓生，葉似王瓜而厚大，辛香，實似桑椹，皮黑肉白。西戎亦將來。交趾多種，謂苗爲浮留藤，取葉合檳榔食之。《漢書》作枸，故許慎牽引不決。

石檀者梣梘，今秦皮也。　《說文》曰：「梣或作棉。」《淮南子》曰：「梣子林切。色青，治醫目。」高誘曰：「苦歷木也。」按，即今之秦皮是也。木似檀，取皮，水漬之碧色，一名石檀，又作㮏。《集韵》曰：「樊梘皮能漬水和墨以書，不脫。」樊規即梣。

紅桂，即莽草。　《續談》言：「莽草世用多殊，《本草》言誤。今莽草圓密，葉光厚而香烈，花紅色，大小如杏花，六出反卷向上，心有新紅蕊，倒垂下，滿樹垂動。襄漢間，漁人採以搗飯飼魚，皆翻上，乃撈取之。南人謂之石桂。白樂天有《廬山桂》詩。唐人謂之紅桂，以其花紅也。李德裕《詩序》曰：『龍門敬善寺有紅桂樹，乃是蜀道莽草，徒得佳名。』但毒魚而已。」掌禹錫以《爾雅》「葞春草」即菵草。葞乃白薇。今《綱目》作菵草，乃篆网加草耳。一曰鼠莽。宗奭曰：「《周禮》以菵草薰蟲，如石南葉，揉之，其臭如椒。」蘇頌曰藤生，亦是臆度。又有茵芋亦相似。《別録》一名卑共。

**又　卷四八《金石》**　沍礦，即硇砂。　孫愐硇砂一作礦，即今硇砂。言青海射月附鹽而成。彼人采取，煎煉成塊，以黝礶懸火上則常乾，近冷得溼即化爲水，或滲失。北庭砂爲上，今西城火州是也。硇砂性毒，遇物即化；而東壁曰：「狄人以當鹽食。」此因《大明日華子》曰：「硇一名狄鹽。」遂爲此説耳。然少用漬肉則不腐，人亦有服砒礬硫者，或此等食法耶？今分氣硇、番硇二種。雲南有氣硇。硇色貴白，觀流黄名黄硇可知也。《會要》：「雍熙使高昌，曰：北庭出硇砂，其山有煙，夕如炬照，見禽鼠皆赤，采之者著木底，皮底即焦。」按此即硇也。《拾遺》言有「特蓬殺，出賀州山内，似硇砂」，今問賀縣土人，乃爲「大硼砂」聲訛耳。

涅石，礬也。

《山海經》曰：「女牀之山，其陰多涅石，孟門之山多金玉黄堊涅石。」景純曰：「礬石也。」升菴以「涅石爲石墨，曰玄丹」，非矣。楚人名「涅石」，秦人名「羽涅」。陶隱居以爲「羽澤」。枯者曰「巴石」，有五色，能使鐵爲銅，有雲母、波斯、崐崙之號。蕃硝、緑礬、鹽，留窑器内，水和火煎，刷金而燒之，即爲詐藥。鹽礬硝皂，合丹砂可升靈樂，皆不離礬。無爲有礬山，出明礬，有束鍼文者，有煉沸飛出成花者，倘所謂礬胡蝶乎？

**又方以智《物理小識・金石類》** 礜砒 陸放翁言，城固縣礜石數十百石可立取。《千金方》以礜、乾薑、烏頭名匈奴露宿丹，今入水者服信。《説文》：礜出漢中，正與放翁城固合。蠶食之肥，鼠食之死，智以礜即砒，但有白、黄、紫色數種。《山海》《説文》言毒鼠而開寶。《本草》始有砒，今人不敢合耳。砒出廣信府曰信，李時珍不載今地名，固一缺也。飛雲云，漢中今不見有礜，果地産有盡而變耶，抑人不知用耶？

礬 涅石燒煉而成。桐城過黄泥河十里，即廬江礬地也。久燒廠人無疥，其飛出者胡蝶礬，光明如水晶。山峯者定水解毒，土人貴之。炙地洒醋布礬，以桑盤覆之，灰壅一日夜，其精飛于盤上者，礬霜也。青礬，乃煤石所煉者，《本草綱目》未載也。樟樹礬場取煤炭之石，石有銅色，謂之銅石，即以細煤燒而圍之，以礬場水淋其鹺，入釜重煮，冷則成礬。它處水不能成。或以皂角水淋之，又升爲礬紅，曰罐中紅。安福出銅炭，即煤炭中有銅星者也。洋船貴青礬，以能制龍也。青礬廠氣熏人，衣服當之易爛，栽木不茂，惟烏柏樹不畏其氣。

煮成消石法 皇甫謐言，石脾與消石煮之如雪。貞白不知石脾爲何物。王右軍云，石脾入冰則乾，出水則溼，陳臥子嘗問入水則乾，何自知之。智按，舶來鹽石、消石以入水而取出，則無水滴。久置之，其上自潤耳。蛾眉山有石脾，人無識者。造者以苦參水煮蝴蝶礬、戎鹽，熬乾爲石脾。又以苦參煮石脾、朴硝，去滓，以冷水漬一夜，即成消石，可化諸石爲水。此與焰消之消石不同。

石藥以堅耎膏澀燥鎮爲用 自陶、蘇皆以硬爲石膏，耎爲寒水石，丹溪乃斷取耎爲膏確矣。愚在平西有一洞山石膏，視之乃方解石也。石體凝止而膏用解釋，故能解肌發汗。今以膏收豆漿，非以其釋而止乎。滑石亦耎可畫，然在土中耎如泥，見風乃結，《虞衡志》詳載之。蓬萊縣桂府村亦出滑石，可刻圖書。中有光明黄子爲石腦芝，其根爲不灰木。醫取利竅，非惟通小水也。瓊萃曰，硬者化之，亦自有膏石無不可化者。鍾乳津汁非膏乎？愚曰，下垂凝澀，與上舍蘊膏，殊矣。石皆寒重，惟硫、礞、礜、砒熱，丹砂、磁礬則不可以寒熱論也。雄磁虚連數十斤鐵，醫以色黑入腎，亦取雄吸。丹砂色赤入心，本取鎮氣養神。孫思邈加神麴爲磁硃丸，誰知其理耶。如花蕋濇能止血，青礞鹹墜下痰，礓礰祛腫，發逐皮節，空青明目，取應膽汁，固各有其類用也。中通曰，阿房宫砌磁門，則御刀不出入耶。《萬畢》：慈石縣井，亡人自離，亦吸之意云爾。空青治目爲袪肝火，而以東方甲乙色類之。寒墜燥化，膏滑通解，此猶易知也。丹砂則玄矣。蓋善入而引藥靈化也。中履曰，通推載火山不燼木，徐無不灰木，而滑石根亦爲不灰木，其同名乎？燕京白爐甚輕，火燒不壞，但畏水耳。是不灰木與天皮同坑，其觔點燈耐久，人所不知。

**清・談遷《棗林雜俎中集・器用》** 空青 空青是黄石子，大如拳，諦視之，膚裡沉沉有青色。匠氏以金剛錐錐之，滴翠水如漿。平湖沈長水太史見之。

**清・葉夢珠《閲世編》卷七** 當歸，葉似牡丹而小，開花成串如紫藤，花圓滿如小荷包，色姣紅而吐絲，俗呼爲西施牡丹，甚言其嬌艷也。

桔梗，草本，葉鋭而小，花如青蓮色，清雅可玩。

天門冬，蔓生枝細，施于竹屏風上，如水松狀，惜亦草本，秋冬不耐耳。

生地，草本，葉如粗枇杷而微圓，抽梗開花如茄花，紅色稍深耳。此皆近年來見之，昔所無也。

**清・顧祖禹《讀史方輿紀要》卷一七《北直八》** 礬山，州西南百二十里。有南、北兩山，出白、緑礬，因名。唐置礬山縣於此。金末爲礬山砦。《金史》：「興定四年以蒙古南略，命中都西路靖安民爲易水公，涿、易、安肅、奉聖州、君氏川、季鹿、三堡河、北江、礬山砦、青白口、朝天砦、水谷、懽谷。東安砦隸焉。」君氏川以下，其地皆在州境。志云：礬山一名礬石山，涞水出焉。《水經注》亦謂之涞山。

**又　卷二〇《南直二》**　戍山，在縣北六十里，北臨大江。相傳齊沈慶之嘗戍守於此。又花碌山，在縣北五十里。舊產礬。

**又　卷二一《南直三》**　濠塘山，府東南七十里。濠水東源發於此。一名鍾乳山，以山穴中出鍾乳也。【略】雲母山，府西南三十里，出雲母。府西南五十里又有石膏山，出石膏。

**又　卷二六《南直八》**　金牛山，縣西北四十里。巔有塔，吴赤烏二年造。下有金牛城，今爲金牛市鎮。縣西五十里又有馬槽山。上有寨壘，相傳曹魏所築。又有飲馬池。　梅山，在縣東南四十里。俗傳曹操率兵，望梅止渴，即此山云。又有礬山，在縣南四十里。產礬。

三公山，州西南百二十里，山高峻，有三峰削立；其相接者曰九卿山，山有九峰；俱接廬江縣界。《寰宇記》：三公山，唐天寶六載改爲東顧山，以山頂皆東向也。　崑山，亦在州西南百二十里。有東西二山，皆產礬。其下有清水潭。

**又　卷二八《南直一〇》**　黄山，縣南三十里。高千一百餘丈，盤亘三百里，寧、徽兩郡之名山也。【略】西南百三十里曰石礬嶺，接石埭縣界。諸山皆黄山之支阜矣。

**又　卷三三《山東五》**　阿澤，在縣東。春秋時衛地。襄十四年，衛獻公出奔齊，孫林父追之，敗公徒於阿澤。杜預曰：「東阿西南有大澤，即阿澤也。」《水經注》：「河水曆柯澤有七級渡。」今運河經縣東北六十里，有七級上下二閘，或以爲古阿澤是其處。又西湖陂，在縣西十五里。亦名黑龍澤，長三十餘里。又縣北二十五里曰鵝鴨陂，周二十餘里。其北即沙鎮也，運河所經。　阿膠井，在縣東阿城鎮。水清冽而甘。《水經注》：「阿城北門内西側皋上有井，巨若輪，深六尺，歲嘗煮膠以貢天府，所謂阿膠也。」今水不盈數尺，色正緑而重，周爲垣，掌之於官。

**又　卷三六《山東七》**　大澤山，州北七十里。巖壑絶勝。有瑞雲峰，峰頂半巖疊石爲城，謂之皇城頂。或以爲赤眉故砦也。下有白虎谿，乳泉河出焉，西南流入膠水。山之北即高望山，接掖縣界。　明堂山，在州東北四十里。產藥材。有藥石水出焉，流合石濆河而注於膠水。其相接者曰金泉山，亦產藥材。又有兩髻山，在州東北十三里。山椒並列，如綰雙髻。現河出焉，經州東三里西南流入膠水。

**又　卷四〇《山西二》**　縣甕山，縣西南十里。一名龍山，晉水所出。【略】又尖山，在縣西南十五里，產礬、炭。　不火山，在縣西五里黄河東岸。山上有孔，以草投孔中烟焰上發，可熟食。不生草木。上有硇砂窟，下有氣砂窟。山高四五丈，黄河過此如遇覆釜，而河流爲之曲折云。

**又　卷四一《山西三》**　石阿城，州北百里。《史記》：「趙成侯十一年秦攻魏，趙救之，攻石阿。」孔穎達曰：「石阿在石、隰二州間。」是也。志云：州北二里有龍泉城，後周龍泉郡蓋治於此。

縠城，《九域志》：「在州東四十五里。神農嘗五穀於此。」王象之曰：「縣南高嶺有屈穀山，爲煎煉絲礬之處。其城爲穀城，俗訛以爲神農嘗穀處。」

白壁寨，在州北。《宋志》：「温泉縣有碌礬務一，及水頭、白壁、先鋒寨三。」今俱廢。

**又　卷四二《山西四》**　羊腸坂，在縣東南一百六里。《漢志》：「壺關有羊腸坂。」是也。【略】又縣南六十里有趙屋嶺，亦產鐵礦及赤白石脂。

**又　卷五一《河南六》**　礬山，縣南十五里。山產礬石。又縣西南二十里有天子望山，相傳光武嘗登此以望南陽，因名。

**又　卷五六《陝西五》**　武都山，在縣南六十里。山有谷，產雄黄。

**又　卷五七《陝西六》**　昇平廢縣，縣西北三十五里。唐天寶十二載分宜君縣置，屬中部郡。朱梁開平三年，岐王李茂貞遣梁降將劉知俊攻靈州，梁遣康懷貞攻静難軍，知俊還救，懷貞引還，至昇平，知俊伏兵山口，懷貞至，大敗於此。宋初仍屬坊州，熙寧初省爲鎮。地產礬，嘗置礬場。

**又　卷六五《陝西一四》**　火焰山，在柳陳城東，連亘火州。《宋史》：「北庭北山中出硇砂。」山中嘗有煙氣湧起，無雲務，至夕光焰若炬火，照見禽鼠皆赤。或即此山也。

銀山，在焉耆城北。其山連亘綿遠，與龜茲接境。唐貞觀十八年安西都護郭孝恪討焉耆，出銀山道，焉耆城四面皆水，恃險而不設備，孝恪夜至城下，浮水而渡，比曉登城，遂執其王突騎支。既而西突厥大臣屈利啜以孝恪還，引兵追之，孝恪還擊，又破之于銀山是也。二十一年阿史那社爾奉詔討龜茲，自焉耆西出進屯磧口，去其都城三百里，即銀山磧口也。亦曰白山。山中嘗有火烟，蓋出硇砂之處。採硇砂者著木底鞵取之，皮者即焦。下有穴生青泥，出穴外即變爲砂石，土人取以治皮。

**又　卷七九《湖廣五》**　黄茅關山，縣西十五里。山險峻，昔置關於此，并置巡司，今皆廢。又縣西二十五里有十轉山，以山徑盤曲也。又西五里曰觀山，崔巍廣遠，泉出不窮。志云：縣西三十里有燕子山，兩山相連，勢若雙燕。又縣西九十里有女媧山。

上庸山，在縣西南四十里，上庸水出于此。又縣西北百五十里有中山，山有三峰，中峰最高。一名七寶山。又倉樂山，在縣東北百五十里。昔邑人徐元周積粟於此救饑貧者，鄉人德之，故名。元和志：「縣北四十里有長蘿山，以山勢延蔓如垂蘿然也。」其在縣北十里者曰礬石山，舊産礬，色白如雪。

**又　卷八八《江西六》**　聶都山，縣西南六十里。高百六十仞，連亘四十里。相傳昔有聶姓者開都聚民，故名。多産雜木及礬石。其水流入南康縣爲南礬溪，入於章水。《山海經》：「聶都之山，贛水所出。」王象之云：「章水所經，非所出也。」

**又　卷九九《福建五》**　長盧山，縣北十里，縣之主山也。其近城北者曰卓鳳山，形如飛鳳。城東曰東山。西數里曰樓宅山，似形如樓閣也。樓宅之東曰岑山，與東山遥對。迤南曰天馬山，如天馬馳驟，雙峰矗起，爲縣治案山。

象湖山，在縣西北，接漳平縣界。郡志云：在岑山之西。又五牙山，在縣西南。九峰聳立，如牙葱然。産礬石，一名礬山。南勝縣初置於此。又琯山，在縣東。元移南勝縣於琯山之陽，即此。琯，亦作「官」。今山麓居人甚盛，稱爲樂土。

**《古今圖書集成・方輿彙編・職方典》卷六八一《蘇州府・物産》**　赤石脂出秦餘杭山，有五色者。蘇州土貢有赤白二色。

白墡　出陽山，白如粉，可用塗堊，亦堪入藥。山之東北坑深，轉爲隧道，土人鑿而取之，以充造作之用。

**清・田雯《黔書》卷四**

雄黄

産安籠之這興，邇於粵。採之法易於砂。塊者爲上，末次之；皎者爲上，黯次之。扈檻仙佛皆可鑿，塊不恒得，則聚瑣屑而娩之，娩之之用爲茅膠。茅膠者，薯蕷之别種，不可食者也。其汁若髹漆，可以合離而萃涣。黄有雌有雄，雄則皎，雌則黯矣。古人點讀之誤，抹以雌黄，人之譸張爲幻者率類，是故曰：「雌黄其口。」而春申君以之塗堂，故曰：「黄堂。」蒲觴藥物取諸是，辟惡而除毒也。虺螫見之則骨靡。黄之精爲至寶，其光可奪日，佩之宜男。賈是用售，連城不足多也。

丁煒曰：「簡勁如古篆疏陸離之光，黄精長色。」

蒟醬

《蜀都賦》曰「蒟蒻茱萸」，《吴都賦》曰「東風浮留」，所謂「布緑葉之萋萋，結朱實之離離。迎隆冬而不凋，常曳曳以猗猗」是也。蒟花如流，藤葉如葷撥，子如桑椹，或亦西域之種矣。陽藟陰殷，膚白皮烏，其味辛香，近於桄榔之面矣。嶺南人取其葉合檳榔食之，呼爲蔞蒻，亦蔞也。又爲九真之藤，根似芋而長，葉似天南星而大。黔之人食檳榔者，購於滇。斷破之，長寸許，與石賁灰並咀口中，赤如血。又瀝其油醢爲醬，故曰「蒟醬」。楊升庵《丹鉛録》所攷非謬矣。二物微不同，然資之以調燥溼，疏積滯，消瘴癘，功則一也。

丁煒曰：「蒟蒻與檳榔合食，調燥溼而消瘴癘，功誠有取。然不知漢武當日何慕於是，而爲特開西南夷，人主好奇之過，至疲中國以事遠方而不恤，深可悼嘆。」或曰蒟醬即雞瑽醬也。梁武帝日惟一食，食止蔬菜，蜀獻蒟蒻，噉覺美，曰：「與肉何異？」勅復禁之，姑附之以備參攷。」

脆蛇

長尺許，圍如錢，背黑腹白，暗鱗斑斑可翫也。生黔地，伏草澤閒，出入往來恒有度。捕之者置竹筒於其徑，則入其中，急持之，方可完，少緩則自碎，故名「脆」。暴之使乾，已風去癘，視其身之上、中、下，以治人之頂、腹、脛、足，罔不驗。

丁煒曰：「醫師之用，至於蝨蟲水蛭，天地所以無棄材也。蛇毒而能攻毒，亦在用者有以盡其材耳。」

蕁草

蕁草，即燖麻，黔蜀有之，生於籬落溪厓閒。葉類麻，多毛刺，螫人手足，腫痛至不可忍。杜子美所謂「草有害於人，曾何生阻脩。其毒甚蜂蠆，其多彌道周」是也。不知者往往爲其所中，比其毒於蜂、蠆、蝎、蝮，殆不爲過。鉏而去之，置諸水中，勿使滋蔓，所以遠惡也。然土人采之沃以沸湯，則可已瘋，亦可肥冢。世固無棄物哉！以章子厚而治軍，以韓侂胄而傳旨，非盡無濟，顧用之者何如耳！宋祁《益部方物志》於燖草亦云：「葉能螫人，有花無實，冒冬弗悴，可以祛疾。」古人謂是草堪醫，信哉！

丁煒曰：「凡藥之有毒者，如天雄、半夏之類，未經製煉，皆能殺人。譬如使貪使詐，馭之失道，必至衡決。藙草以沃而奏功，害人者能養人矣。」

斷腸草、斷腸鳥

斷腸草叢生，根如商陸，葉類蔘而大，莖有節，當心抽花蘂數十作穗，花淡紅色，久漸赤，子離離似桑葚。黔地多有之，署園中百叢也。紅鬢内艷，赬牙外標，華燈之映翠幕，丹璚之厠碧瑶，當不過是。初至未識其名，有僰兒自尋甸至，始呼之，毒能斷腸，可駴也。辛未夏，雨過，忽來小鳥，止於穗閒，羅之，緑衣烏距，似倒挂幺鳳，軒輕才五銖，極可玩。籠之三日，僰兒曰，此斷腸鳥也，嗜啄斷腸花子，采而飼之，可久活，試之果然。

論曰，按《本草經》，斷腸草，一名鉤吻，一名芏葛，一名胡蔓，一名黄藤。今證之皆非也。陶宏景云，鉤吻，言鉤人喉吻，入腹爛腸是矣。然所謂葉紫花黄，初生似黄精，隱居斯語，爲茅山黄獨反覆致辨，無使學長生者誤服它物已耳，非篤論也。若《博物志》所云，鉤吻蔓生，葉似鳧葵，則大繆矣。嵇含《南方草木狀》云，芏葛蔓生，葉如羅勒，一名胡蔓草。段成式《酉陽雜俎》云，胡蔓草生邕州、容州之閒，花扁如梔子，色黄白，其葉黑，一葉入口，百竅潰血，人無復生也。後人之注《本草》者，習其説而不察，遂謂鉤吻、胡蔓草、芏葛一物也，而異其名，如毛詩中螽斯、莎雞、蟋蟀之類。俗謂之斷腸草，復從而傅會之，謂五六月開花似櫸柳，生嶺南者花黄，生滇南者花紅。夫鉤吻，言其毒也，曰蔓，曰葛，曰藤，誤指此草爲蔓生之物，更失其真。況此草之春花夏實，又與櫸柳迴殊乎，無亦草之毒者不一種，猶夫人之無良者不一族，爲宏景諸君子所不及詳，不屑道歟！惜乎《爾雅》未載，郭璞、鄭樵未註，旁引曲喻，不見於三百篇。故陸璣、陸佃、羅願輩，亦未疏其義也。杜甫之詠《除蘩草》，疾惡若讐，嗟乎，有世道之責者，往往遇此毒草不知鋤而去之，而反按劍於芝蘭之當户何哉！

丁煒曰，薫之不無猶也，楩柟松梓不無枳棘也，足足般般，不無窮奇檮杌也。大抵然矣，是在有心世道者，區別主持之耳。草名斷腸，其毒已甚，鉏之唯恐不速，乃先生疾惡若讐本懷也。

**清·徐松《宋會要輯稿·食貨·坑冶下》** 《宋會要》

雍熙中，供奉官王延德使高昌還，《行程》云：「王居北庭。北庭山中出硇砂，山中常有煙氣湧起，而無雲霧。至夕，光燄如炬火，照見禽鼠皆赤。采硇砂者着木底鞋，若皮爲底者，即焦。有穴出青泥，出穴即變爲砂石，土人取以治皮。」

**清·顧禄《清嘉録》卷五**

雄黄酒

研雄黄末，屑蒲根，和酒以飲，謂之「雄黄酒」。又以餘酒染小兒額及手足心，隨灑牆壁間，以祛毒蟲。蔡雲《吴歈》云：「秤錘粽子滿盤堆，好侑雄黄入酒杯。餘瀝尚堪祛五毒，亂塗兒額噀牆隈。」

案：孫思邈《千金月令》：「端五，以菖蒲或縷或屑以泛酒。」而馮慕岡《月令廣義》則云：「五日，用朱砂酒辟邪、解毒，餘酒染額、胸、手足心，無虺蛇之患。又以灑牆壁、門窗，以避毒蟲。實丹砂也。」吴曼雲《江鄉節物詞》小序云：「杭俗，五日剉蒲根入火酒，和雄黄飲之。或以塗小兒額上。」詩云：「細切蒲葅勸舉觴，不須九節認靈菖。嬌兒怯試燒春味，一抹妝成半額黄。」九縣《志》皆載：「五日，飲雄黄菖蒲酒。」而《崑新合志》並云：「隨灑牆壁間。」

采百草蟾酥

土人采百草之可療疾者，留以供藥餌，俗稱「草頭方」。藥市收癩蝦蟇，刺取其沫，謂之「蟾酥」，爲修合丹丸之用，率以萬計。人家小兒女之未痘者，以水畜養癩蝦蟇五個或七個，俟其吐沫。過午，取水煎湯浴之，令痘瘡稀。

案：吴自牧《夢粱録》：「五日，采百草，修製藥品，爲辟瘟疾等用，藏之良驗。」江、震《志》：「五日，采百草，留以供藥品。覓蝦蟇，收蜈蚣，斬蛇頭，皆以製藥。」《崑新合志》：「五日，采百草之可療疾者，合諸丸藥。」

**又顧禄《桐橋倚棹録》卷一〇** 陳皮，以虎丘宋公祠爲著名。先止山塘宋文杰公祠製賣，今忠烈公祠及文恪公祠皆有陳皮、半夏招牌，製法既同，價亦無異。朱崑玉《詠吴中食物》詩云：「酸甜滋味自分明，橘瓣剛來新會城。等是韓康籠内物，戈家半夏許齊名。」吴郡戈氏秘製半夏，爲時所尚。

**又 卷一二** 藥産

虎丘本山所産草木可備藥品者，文《志》云：「草部則有半夏、香薷、百部、葶藶、豨薟、野葛、益母、車前、夏枯、鏡面、天茄之屬，木部則有茯苓、枸杞、楮實、辛夷、皂夾、棕櫚、蔓荆子、五加皮、槐實、楓葉脂、桑寄生、梧桐泪之類。」又云：「芝草多生後山。」茹《志》：「蠟生虎丘冬青樹上，人割取之。」歸聖脈《長洲縣志》云：「甘草出虎丘花園子，因不生雀瓮。」或云：「虎丘延袤七里，獨無薑，有甘草生其地，薑畏之也。」

**清·徐康《前塵夢影録》卷下** 於潛久無術，今仙居縣所産天生術，大者僅如龍眼，堅硬紅蔓屈曲，切開有朱點，不必煎，已清芬滿座。咸豐庚申，台州土人攜之申江，價銀每斤三兩六錢。吾吴穹窿山，天生者亦佳。茅山亦有天生術，其最高處曰石門，亦不能常獲。先君司鐸金壇時，有同年虞雲翁，曾以茅山真術見遺，并示以驗之之法。以紙結窗牖嚴密，隔銅板爇之，煙直上二三尺者方真云。曾在唐蕉庵大令翰題。案頭，見黑米一瓶，云從江南提軍李公朝斌。處乞得。李在楚軍時，楚人因山麓傾倒，扣之爲石窖，中儲米數十石，色全黑，其堅如石。驗是秈米，以不透風日，不霑雨雪，故色變而質不腐。且扣得石碑，有東吴陸口將魯肅字，傳爲魯肅所窖。其地在荆州，常時邸閣儲胥爲軍中要事，亦有備無患意也。按黑米可治膈證，齊子冶所撰見聞隨筆中曾著録。法以九蒸九曬，開水送下即愈。余因乞得少許，以備藥籠中物。又同時所扣，更有箭鏃，上鎸肅字，篆書陰識。米爲魯藏，則與箭鏃適相合矣。余亦乞得一片，今并藏之篋衍。孫淵如《五松園文集》中，中阿井説一篇，云濟水重於他水，而阿井爲濟水伏流，更重於濟水。用黑驢皮煎膠，以之入貢。九州各有井，今衹存青兗一井。東阿縣主鑰膠，良惡不同。厲樊榭詩云，家家門外賣阿膠，其鬻者之多可想。佳者必得選材精良，煎至七晝夜，始鎔化無滓。其色渾而黄者，爲小米子汁收。膏色透明者，爲陳酒收。膏色帶微緑者，爲菊葉汁收。膏去瘀生新，爲女科中聖藥，真無上妙品。余少時游雲間，晤龔素山，其妹爲陳雲伯大令文述。夫人，中年後奉道辟穀，曾服阿膠數年，精神轉健，面色較以前尤勝。

## 清·張叡《修事指南·炮製論》

炮製論上

藥有生熟，製有修事，烏得鹵莽决裂，槩言咀片可用也。近世用藥，疇無脩治，惜不得其傳。曷不思藥艸創於神農，炮製始於雷斆，若不宗神農本經，安知藥艸之精良；不遵雷斆脩事，安知炮製之真妙也！夫藥性出自《本艸》，炮製亦出自《本艸》使夫《本艸》紊徹，何愁藥性不靈、炮製不效耶？其不效者，皆由炮製之不的，始於後人謬撰湯頭藥性，妄名雷公炮製，及檢閲斯書，並無炮製之説，以致炮製不明，藥性不確，則湯方無準而病症不驗也。予因檢《本艸》知雷公始創製度，時珍輩增補脩事，有時以物製藥者，有時以藥製藥者，有時熱藥而製冷藥者，有時良藥而製毒藥者，有時潤藥而製燥藥者，有時緩藥而製烈藥者，有時覇藥而製良藥者，有時瀉藥而製補藥者，有時補瀉良覇而各製者。又有蒸煑者、烘爆者、陰乾者、火煆者、微炒者、煨熟者、隔湯煑者、文武火煎者，亦有片刻而製者、終日而製者、數日而製者、數十日而製者，有逢節届而脩者，有經年屢月而煉者，有炭火製者，有桑柴火製者，有用銀器製者，有用砂鍋炮者，有鎊末而和入者，有水磨而和入者，有紙裹懷中乾燥而研者，有烘乾者，有水飛者，有經鐵器者，有用竹刀刮剖者，有去鱗甲者，有去筋髓者，有去頭蘆者，有去筋膜者，有剖去核者，有抽去心者，有炒斷絲者，有刮去皮者，有去油者、不去油者，有乾收者，有濕收者，有酥油炙者、麻油浸者、猪油浸者，有酒浸者、酒洗者、酒炒者，有蜜水潤者、蜜炙者、蜜炒者、蜜蒸者、白糖拌炒者，右人乳煑者、黄牛乳蒸者、烏牛乳浸蒸者，有鹽水浸者、鹽水炒者，有薑汁炒者、薑渣煨者，有米醋炒者，有陳壁土炒者，有糯米拌炒者、飯米拌蒸者，有麩皮炒者，有乾面煨者，有生薑渣和黄泥包煨者，有簟竹葉煑者、青荷葉蒸者，有米泔水浸者，有烏豆水煑者，有猪膽汁浸者、牛膽汁奪者，有童便浸者、秋石炒者、白礬湯洗者、皂角汁浸者，有蕎麥灰汁煑者，有乾漆水浸者，有芭蕉水浸者，有漿水煑者，有楮葉包者，有蒲艸蒸者，有吴萸汁拌炒者，有枸杞湯浸者，有黑芝麻同炒者，有牡蠣粉拌炒者，有蛤蜊粉拌炒者，有稱艸拌煑者，有稻灰汁蒸浸者，有甘艸水煮者，有黄精自然汁蒸者，有限香一炷至三炷煑者，有限九蒸九曬者，有日曬夜露者，有千杵萬搗者，有經火而煆煉者，有不經火而收藏者，有雞犬不聞而脩者，有婦女不見而煉者。有一物而一製者，有一物而數製者，有畧制而效者，有甚製而不驗者。或地道不真，則美惡迥别；或市肆餙僞，則氣味全乖；或收採非時，則良枯異質；或頭尾悞用，則呼應不靈；或製法不精，則功力大減。炮煉之妙，殆未易言，故更逐條疏解，庶使脩治無舛云。

砲製論下

藥固虔脩，製法迥别，而氣味相殊，各歸所喜也。凡酒製升提，薑製温散，鹽製走腎而耎堅，醋製注肝而收歛。童便製，除劣性而降下。米泔製，去燥性而和中。乳製，潤枯而生血。蜜製，甘緩而益元。陳壁土製，藉土氣而補中州。面煨、麯製，抑酷性而勿傷上膈。烏豆、甘艸湯漬製，並解毒而致令中和。羊酥、猪脂、麻油塗燒成，滲骨而易於脆斷。吴萸汁製，抑苦寒而扶胃氣。猪膽汁製，瀉膽火而達木鬱。牛膽汁製，去燥烈而清潤。秋石製，抑陽而養陰。枸杞湯製，抑陰而養陽。麩皮製，去燥性而和胃。糯飯米製，潤燥而澤上。牡蛤粉製，成珠而易研。黄精自然汁製，補土而益毋。黑芝麻製，潤燥而益陰。礬湯製，去辛烈而安胃。皂角水製，利竅而疎通。乾漆水製，去血塊而瀉伏火。蒲艸蒸製，歸水臟而益坎宫。芭蕉水製，益陰而縮膀胱。楮荷葉包製，入中宫之意。青荷葉包蒸，取震卦之象。而煆者去堅性，煨者去燥性，炙者取中和之性，炒者取芳香之性，浸者去燥烈之性，泡者去辛辣之性，洗者取中正之性，蒸者取味足，煮者取易爛，煎者取易熟，陰者取性存，曬者取易乾，烘者取易脆，搗杵者取性和，鎊末者取性在，水磨者取性真，懷乾者取性全。銀器製者取煆煉而去毒，砂鍋製者取奭熬而味真，竹刀製者不改味而遵舊法，鐵氣製者犯虔脩而失砲規。去穰者免脹，去心者免煩，去頭蘆者免吐，去核者免滑，去皮者免損氣，去絲者免昏目，去筋膜者免毒在，去鱗甲者免毒存也。凡脩事，各有其故，因藥殊製者一定之方，因病殊製者變化之用。又湏擇地擇人，敬慎其事。得清浄之地，庶不至穢汚混雜。得細心之人，庶不至苟且錯亂也。

**清・徐珂《清稗類鈔・礦物類》**

硇砂

硇砂，成分爲緑化錏，常爲樹皮形之塊，或粗末，白色，間有紅黄色，味辛鹹，入水易溶，熱則徑變爲氣體，多産於火山旁及燒過之石灰坑中，亦可由阿摩尼亞氣與鹽酸氣直接化合而成。硇，或作磠。

吾國所産磠砂，出庫車，其山無名，唐時呼爲大鵲山。山極熱，夜望之，有光如列燈。取砂者，春夏不敢近，然雖極冷時，必去衣，以一皮裹其身，僅露兩目，入洞鑿之，一二小時即出，而皮已焦，不能逾三小時也。砂著石上爲紅色之星星，取出者皆石塊，每石約重十數斤，僅得砂一二錢。攜之者，以瓦罐盛石，密封其口。罐不可滿蓋，火氣至重，滿則熱甚而砂融矣。然受風受潮濕亦融。賈人攜此，每行十數日，遇天氣晴明無風時，揭其封以出火氣。嘉慶朝，徐星伯過庫車，曾攜數石密封之，抵伊犁，則皆化黄粉而不見砂。且即其地覓之，亦不易得。惟白色成塊者不化，乃其下等也，然可及遠，內地所謂磠砂者此耳。

砒

砒，亦名信石，出信州。其産處常與銀、鉛、鈷、銻等礦混合，即化學原質之砷，蓋非金屬原質之一也。形態不一，爲灰色之結晶，或黑色玻璃狀之塊，有光澤，成雄黄、礬石、雞冠石之類。可爲染料，性猛毒，殺人。

天然碱

旅行蒙古，其途不一，而入東蒙探險者，要以自四平街首途爲便。去四平街驛不百二十里，抵三江口，潦濱村落也，六然碱之呈露地上者，至此始見之。東蒙雨期概在夏季，水漲，碱溶不見痕迹，雨期既過，天氣乾燥，寒氣侵襲，地漸凍結，則積碱益多。自三江口經鄭家屯，北行洮南街道，更東折出長春，其間東蒙千里之地，幾無處無碱，或綿延數畝，或點點如晨星。其露出之濃厚者，要推玻璃碱甸子與太布蘇碱泡爲最，餘則薄層爲多。沿途平原曠野，無岡陵之起伏，間有沙丘，高不過二丈，雜草徧野，長可二尺，惟碱層露出之地則雜草不生，故謂亙東蒙全境均有天然碱之露出者，誤也。

亞非利加洲天然碱産地在南緯三度英屬東非洲麥伽提地方，其地碱成礦床，流水所經，碱即溶解，順流而下，匯於低窪之地，乾燥期内，低地積碱獨多。然東蒙異是，低地産碱未見其多，高地未見其少。茫茫平野，合雜草疏密以外，幾無他法辨别其碱層之厚薄。天然碱之存在地面最多，試採集土壤，驗其成分，則離地面漸遠者，所含碱量漸減，故碱之大部分必至冬而呈露也。土人云，以箒掃碱，不數日而又現矣。

礞石

礞石有白色、青色二種，青色者入藥，謂之青礞石。

礬石

礬石，亦稱明礬石，六角系之結晶體也，有白、黄、赤等色，産於火山巖，其狀或成脈或成不規則之塊，以此燒製明礬。山東之益都、山西之壽陽、河南之彰德、湖南之瀏陽皆産之。

滑石

滑石用途甚廣，如醫業品、化粧用品、製絲、製紙等，均以滑石爲主要品。全世界所産滑石，歲可二十餘萬噸，其中美有十四萬噸，法有四萬噸，意有一萬五千噸，奥有一萬三千噸，加奈陀有一萬三千噸。吾國亦有之，奉天産者，以海城爲第一，大石橋及分水嶺次之。

石膏

石膏，即含水硫酸鈣，結晶成菱形或燕尾狀雙晶，硬度甚低。爲纖維狀者，曰纖維石膏。細粒相集色白如雪者，曰雪花石膏。又有黄、墨、紅、青等色，可供肥料之用。入窑徐熱之，則失其結晶，而成白色粉末，俗稱燒石膏，可用以塑像，或爲遣窑器模型及裝飾品之材料，需用甚廣。浙江、雲南、湖北及山西之汾州府皆産之。本無水分者曰硬石膏，與巖鹽同産。

鄂之應城，爲古蒲騷地，其爲邑也，東西廣九十里，南北袤一百三里，與省會相距陸路二百六十里，水路三百四十里，所産之石膏，名著中外。明季因崖崩而見。咸豐初，邑西潘家集有居民熬售獲利，於是效用益廣。品分四種，甲等爲白提塊，乙等爲黄提塊，丙等爲黄白薄塊，丁等爲色雜細薄塊。銷路以江、浙一帶及贛、皖等處，用作肥料者等尤盛。約計之，歲在三十萬抬以上，幾占全額之半。湘、閩漆貨雖亦藉石膏爲補助，然亦僅七八萬抬而已。由上海出洋可銷十萬抬，以販往日本製造牙粉之數爲最。此外散布於襄河中路、長江上游者，其數亦在十萬抬上下。

# 傳記

**《史記·扁鵲倉公列傳》** 扁鵲者，勃海郡鄭人也，姓秦氏，名越人。少時爲人舍長。舍客長桑君過，扁鵲獨奇之，常謹遇之。長桑君亦知扁鵲非常人也。出入十餘年，乃呼扁鵲私坐，閒與語曰：「我有禁方，年老，欲傳與公，公毋泄。」扁鵲曰：「敬諾。」乃出其懷中藥予扁鵲：「飲是以上池之水三十日，當知物矣。」乃悉取其禁方書盡與扁鵲。忽然不見，殆非人也。扁鵲以其言飲藥三十日，視見垣一方人。以此視病，盡見五藏癥結，特以診脈爲名耳，爲醫或在齊，或在趙。在趙者名扁鵲。

當晉昭公時，諸大夫彊而公族弱，趙簡子爲大夫，專國事。簡子疾，五日不知人。大夫皆懼，於是召扁鵲。扁鵲入，視病，出，董安於問扁鵲，扁鵲曰：「血脈治也，而何怪！昔秦穆公嘗如此，七日而寤。今主君之病與之同，不出三日必閒。」居二日半，簡子寤。

其後扁鵲過虢，虢太子死，扁鵲至虢宫門下，問中庶子喜方者曰：「太子何病，國中治穰過於衆事？」中庶子曰：「太子病血氣不時，交錯而不得泄，暴發於外，則爲中害。精神不能止邪氣，邪氣畜積而不得泄，是以陽緩而陰急，故暴蹷而死。」扁鵲曰：「其死何如時？」曰：「雞鳴至今。」曰：「收乎？」曰：「未也，其死未能半日也。」「言臣齊勃海秦越人也，家在於鄭，未嘗得望精光，侍謁於前也。聞太子不幸而死，臣能生之。」中庶子曰：「先生得無誕之乎？何以言太子可生也！臣聞上古之時，醫有俞跗，治病不以湯液醴灑、鑱石撟引、案扤毒熨，一撥見病之應，因五藏之輸，乃割皮解肌，訣脈結筋，搦髓腦，揲荒爪幕，湔浣腸胃，漱滌五藏，練精易形。先生之方能若是，則太子可生也；不能若是，而欲生之，曾不可以告咳嬰之兒！」終日，扁鵲仰天嘆曰：「夫子之爲方也，若以管窺天，以郄視文。越人之爲方也，不待切脈、望色、聽聲、寫形，言病之所在。聞病之陽，論得其陰；聞病之陰，論得其陽，病應見於大表，不出千里，決者至衆，不可曲止也。子以吾言爲不誠，試入診太子，當聞其耳鳴而鼻張，循其兩股，以至於陰，當尚温也。」中庶子聞扁鵲言，目眩然而不瞚，舌撟然而不下，乃以扁鵲言入報虢君。

虢君聞之大驚，出見扁鵲於中闕，曰：「竊聞高義之日久矣，然未嘗得拜謁於前也。先生過小國，幸而舉之，偏國寡臣幸甚，有先生則活，無先生則棄捐填溝壑，長終而不得反。」言未卒，因噓唏服臆，魂精泄横，流涕長潸，忽忽承睞，悲不能自止，容貌變更。扁鵲曰：「若太子病，所謂尸蹷者也。太子未死也。」扁鵲乃使弟子子陽厲鍼砥石，以取外三陽五會。有閒，太子蘇。乃使子豹爲五分之熨，以八減之齊和煮之，以更熨兩脅下。太子起坐。更適陰陽，但服湯二旬而復故。故天下盡以扁鵲爲能生死人。扁鵲曰：「越人非能生死人也，此自當生者，越人能使之起耳。」

扁鵲過齊，齊桓侯客之。入朝見，曰：「君有疾在腠理，不治將深。」桓侯曰：「寡人無疾。」扁鵲出，桓侯謂左右曰：「醫之好利也，欲以不疾者爲功。」後五日，扁鵲復見，曰：「君有疾在血脈，不治恐深。」桓侯曰：「寡人無疾。」扁鵲出，桓侯不悦。後五日，扁鵲復見，曰：「君有疾在腸胃閒，不治將深。」桓侯不應。扁鵲出，桓侯不悦。後五日，扁鵲復見，望見桓侯而退走。桓侯使人問其故。扁鵲曰：「疾之居腠理也，湯熨之所及也；在血脈，鍼石之所及也；其在腸胃，酒醪之所及也；其在骨髓，雖司命無奈之何！今在骨髓，臣是以無請也。」後五日，桓侯體病，使人召扁鵲，扁鵲已逃去。桓侯遂死。

使聖人預知微，能使良醫得蚤從事，則疾可已，身可活也。人之所病，病疾多；而醫之所病，病道少。故病有六不治：驕恣不論於理，一不治也；輕身重財，二不治也；衣食不能適，三不治也；陰陽并，藏氣不定，四不治也；形羸不能服藥，五不治也；信巫不信醫，六不治也。有此一者，則重難治也。

扁鵲名聞天下。過邯鄲，聞貴婦人，即爲帶下醫；過雒陽，聞周人愛老人，即爲耳目痺醫；來入咸陽，聞秦人愛小兒，即爲小兒醫；隨俗爲變。秦太醫令李醯自知伎不如扁鵲也，使人刺殺之。至今天下言脈者，由扁鵲也。

**又**　太倉公者，齊太倉長，臨菑人也，姓淳于氏，名意。少而喜醫方術。高后八年，更受師同郡元里公乘陽慶。慶年七十餘，無子，使意盡去其故方，更悉以禁方予之，傳黄帝、扁鵲之脈書，五色診病，知人死生，決嫌疑，定可治，及藥論，甚精。受之三年，爲人治病，決死生多驗。然左右行游諸侯，不以家爲家，或不爲人治病，病家多怨之者。

文帝四年中，人上書言意，以刑罪當傳西之長安。意有五女，隨而泣。意怒，罵曰：「生子不生男，緩急無可使者！」於是少女緹縈傷父之言。乃隨父西，上書曰：「妾父爲吏，齊中稱其廉平，今坐法當刑。妾切痛死者不可復生，而刑者不可復續，雖欲改過自新，其道莫由，終不可得。妾願人身爲官婢，以贖父刑罪，使得改行自新也。」書聞，上悲其意。此歲中亦除肉刑法。

意家居，詔召問所爲治病死生驗者幾何人也，主名爲誰。

詔問故太倉長臣意：「方伎所長，及所能治病者？有其書無有？皆安受學？受學幾何歲？嘗有所驗，何縣里人也？何病？醫藥已，其病之狀皆何如？具悉而對。」臣意對曰：

自意少時，喜醫藥，醫藥方試之多不驗者。至高后八年，得見師臨菑元里公乘陽慶。慶年七十餘，意得見事之。謂意曰：「盡去而方書，非是也。慶有古先道遺傳黄帝、扁鵲之脈書，五色診病，知人生死，決嫌疑，定可治，及藥論書，甚精。我家給富，心愛公，欲盡以我禁方書悉教公。」臣意即曰：「幸甚！非意之所敢望也。」臣意即避席再拜謁，受其脈書上下經、五色診、奇咳術、揆度陰陽外變、藥論、石神、接陰陽禁書，受讀解驗之，可一年所。明歲即驗之，有驗，然尚未精也。要事之三年所，即嘗已爲人治，診病決死生，有驗，精良。今慶已死十年所，臣意年盡三年，年三十九歲也。

齊中御府長信病，臣意入診其脈，告曰：「熱病氣也。然暑汗，脈少衰，不死。」曰：「此病得之當浴流水而寒甚，已則熱。」信曰：「唯，然！往冬時，爲王使於楚，至莒縣陽周水，而莒橋梁頗壞，信則擥車轅未欲渡也，馬驚，即墮，信身入水中，幾死，吏即來救信，出之水中，衣盡濡，有閒而身寒，已熱如火，至今不可以見寒。」臣意即爲之液湯火齊逐熱，一飲汗盡，再飲熱去，三飲病已。即使服藥，出入二十日，身無病者。所以知信之病者，切其脈時，并陰。脈法曰：「熱病陰陽交者死。」切之不交，并陰。并陰者，脈順清而愈，其熱雖未盡，猶活也。腎氣有時閒濁，在太陰脈口而希，是水氣也。腎固主水，故以此知之。失治一時，即轉爲寒熱。

故濟北王阿母自言足熱而懣，臣意告曰：「熱蹶也。」則刺其足心各三所，案之無出血，病旋已。病得之飲酒大醉。

濟北王召臣意診脈諸女子侍者，至女子豎，豎無病。臣意告永巷長曰：「豎傷脾，不可勞，法當春嘔血死。」臣意言王曰：「才人女子豎何能？」王曰：「是好爲方，多伎能，爲所是案法新，往年市之民所，四百七十萬，曹偶四人。」王曰：「得毋有病乎？」臣意對曰：「豎病重，在死法中。」王召視之，其顔色不變，以爲不然，不賣諸侯所。至春，豎奉劍從王之厠，王去，豎後，王令人召之，即仆於厠，嘔血死。病得之流汗。流汗者，法病内重，毛髮而色澤，脈不衰，此亦内關之病也。

齊中大夫病齲齒，臣意灸其左大陽明脈，即爲苦參湯，日嗽三升，出入五六日，病已。得之風，及卧開口，食而不嗽。

菑川王美人懷子而不乳，來召臣意。臣意往，飲以莨蔼藥一撮，以酒飲之，旋乳。臣意復診其脈，而脈躁。躁者有餘病，即飲以消石一齊，出血，血如豆，比五六枚。

齊丞相舍人奴從朝入宫，臣意見之食閨門外，望其色有病氣。臣意即告宦者平。平好爲脈，學臣意所，臣意即示之舍人奴病，告之曰：「此傷脾氣也，當至春鬲塞不通，不能食飲，法至夏泄血死。」宦者平即往告相曰：「君之舍人奴有病，病重，死期有日。」相君曰：「卿何以知之？」曰：「君朝時入宫，君之舍人奴盡食閨門外，平與倉公立，即示平曰，病如是者死。」相即召舍人而謂之曰：「公奴有病不？」舍人曰：「奴無病，身無痛者。」至春果病，至四月，泄血死。所以知奴病者，脾氣周乘五藏，傷部而交，故傷脾之色也，望之殺然黄，察之如死青之兹。衆醫不知，以爲大蟲，不知傷脾。所以至春死，病者，胃氣黄，黄者土氣也，土不勝木，故至春死。所以至夏死者，脈法曰「病重而脈順清者曰内關」，内關之病，人不知其所痛，心急然無苦。若加以一病，死中春；一愈順，及一時。其所以四月死者，診其人時愈順。愈順者，人尚肥也。奴之病得之流汗數出，灸於火而以出見大風也。

齊王黄姬兄黄長卿家有酒召客，召臣意。諸客坐，未上食。臣意望見王后弟宋建，告曰：「君有病，往四五日，君要脅痛，不可俛仰，又不得小溲。不亟治，病即入濡腎。及其未舍五藏，急治之。病方今客腎濡，此所謂腎痹也。」宋建曰：「然。建故有要脊痛。往四五日，天雨，黄氏諸倩見建家京下方石，即弄之，建亦欲效之，效之不能起，即復置之。暮，要脊痛，不得溺，至今不愈。」建病得之好持重。所以知建病者，臣意見其色，太陽色乾，腎部上及界要以下者枯四分所，故以往四五日知其發也。臣意即爲柔湯使服之，十八日所而病愈。

齊王侍醫遂病，自練五石服之。臣意往過之，遂謂意曰：「不肖有病，幸診遂也。」臣意即診之，告曰：「公病中熱。論曰『中熱不溲者，不可服五石』。石之爲藥精悍，公服之不得數溲，亟勿服。色將發臃。」遂曰：「扁鵲曰『陰石以治陰病，陽石以治陽病』。夫藥石者有陰陽水火之齊，故中熱，即爲陰石柔齊治之；中寒，即爲陽石剛劑治之。」臣意曰：「公所論遠矣。扁鵲雖言若是，然必審診，起度量，立規矩，稱權衡，合色脈表裏有餘不足順逆之法，參其人動静與息相應，乃可以論。論曰『陽疾處內，陰形應外者，不加悍藥及鑱石』。夫悍藥入中，則邪氣辟矣，而宛氣愈深。診法曰『二陰應外，一陽接內者，不可以剛藥』。剛藥入則動陽，陰病益衰，陽病益著，邪氣流行，爲重困於俞，忿發爲疽』。意告之後百餘日，果爲疽發乳上，入缺盆，死。此謂論之大體也，必有經紀。拙工有一不習，文理陰陽失矣。」

臣意曰：他所診期決死生及所治已病衆多，久頗忘之，不能盡識，不敢以對。

問臣意曰：「所期病決死生，或不應期，何故？」對曰：「此皆飲食喜怒不節，或不當飲藥，或不當鍼灸，以故不中期死也。」

問臣意：「診病決死生，能全無失乎？」臣意對曰：「意治病人，必先切其脈，乃治之。敗逆者不可治，其順者乃治之。心不精脈，所期死生視可治，時時失之，臣意不能全也。」

太史公曰：女無美惡，居宮見妒；士無賢不肖，入朝見疑。故扁鵲以其伎見殃，倉公乃匿迹自隱而當刑。緹縈通尺牘，父得以後寧。故老子曰：「美好者，不祥之器。」豈謂扁鵲等邪？若倉公者，可謂近之矣。

**《後漢書·郭玉傳》** 郭玉者，廣漢雒人也。初，有老父不知何出，常漁釣於涪水，因號涪翁。乞食人閑，見有疾者，時下針石，輒應時而效。乃著《針經》《診脈法》傳於世。弟子程高尋求積年，翁乃授之。高亦隱跡不仕。玉少師事高，學方診六微之技，陰陽隱側之術。和帝時，爲太醫丞，多有效應。帝奇之，仍試令嬖臣美手腕者與女子雜處帷中，使玉各診一手，問所疾苦。玉曰：「左陽右陰，脈有男女，狀若異人。臣疑其故。」帝歎息稱善。

玉仁愛不矜，雖貧賤廝養，必盡其心力。而醫療貴人，時或不愈。帝乃令貴人羸服變處，一針即差。召玉詰問其狀，對曰：「醫之爲言意也。腠理至微，隨氣用巧，針石之閒，毫芒即乖。神存於心手之際，可得解而不可得言也。夫貴者處尊高以臨臣，臣懷怖懾以承之。其爲療也，有四難焉：自用意而不任臣，一難也；將身不謹，二難也；骨節不彊，不能使藥，三難也；好逸惡勞，四難也。針有分寸，時有破漏，重以恐懼之心，加以裁慎之志，臣意且猶不盡，何有於病哉？此其所爲不愈也。」帝善其對。年老卒官。

**《三國志·魏書·華佗傳》** 華佗，字元化，沛國譙人也，一名旉。游學徐土，兼通數經。沛相陳珪舉孝廉，太尉黃琬辟，皆不就。曉養性之術，時人以爲年且百歲，而貌有壯容。又精方藥，其療疾，合湯不過數種，心解分劑，不復稱量，煑熟便飲，語其節度，舍去，輒愈。若當灸，不過一兩處，每處不過七八壯，病亦應除。若當針，亦不過一兩處，下針言「當引某許，若至，語人」，病者言「已到」，應便拔針，病亦行差。若病結積在內，針藥所不能及，當須刳割者，便飲其麻沸散，須臾便如醉死，無所知，因破取。病若在腸中，便斷腸湔洗，縫腹膏摩，四五日差，不痛，人亦不自寤，一月之間，即平復矣。

故甘陵相夫人有娠六月，腹痛不安，佗視脈，曰：「胎已死矣。」使人手摸知所在，在左則男，在右則女。人云「在左」，於是爲湯下之，果下男形，即愈。

縣吏尹世苦四支煩，口中乾，不欲聞人聲，小便不利。佗曰：「試作熱食，得汗則愈；不汗，後三日死。」即作熱食，而不汗出。佗曰：「藏氣已絶於內，當啼泣而絶。」果如佗言。

府吏兒尋、李延共止，俱頭痛身熱，所苦正同。佗曰：「尋當下之，延當發汗。」或難其異。佗曰：「尋外實，延內實，故治之宜殊。」即各與藥，明旦並起。

鹽瀆嚴昕與數人共候佗，適至，佗謂昕曰：「君身中佳否？」昕曰：「自如常。」佗曰：「君有急病見於面，莫多飲酒。」坐畢歸，行數里，昕卒頭眩墮車，人扶將還，載歸家，中宿死。

故督郵頓子獻得病已差，詣佗視脈，曰：「尚虛，未得復，勿爲勞事，御內即死。臨死，當吐舌數寸。」其妻聞其病除，從百餘里來省之，止宿交接，中間三日發病，一如佗言。

督郵徐毅得病，佗往省之。毅謂佗曰：「昨使醫曹吏劉租針胃管訖，便苦欬嗽，欲臥不安。」佗曰：「刺不得胃管，誤中肝也，食當日減，五日不救。」遂如佗言。

東陽陳叔山小男二歲得疾，下利常先啼，日以羸困。問佗，佗曰：「其母懷軀，陽氣内養，乳中虚冷，兒得母寒，故令不時愈。」佗與四物女宛丸，十日即除。

彭城夫人夜之厠，蠆螫其手，呻吟無賴。佗令温湯近熱，漬手其中，卒可得寐，但旁人數爲易湯，湯令煖之，其旦即愈。

軍吏梅平得病，除名還家，家居廣陵，未至二百里，止親人舍。有頃，佗偶至主人許，主人令佗視平，佗謂平曰：「君早見我，可不至此。今疾已結，促去可得與家相見，五日卒。」應時歸，如佗所刻。

佗行道，見一人病咽塞，嗜食而不得下，家人車載欲往就醫。佗聞其呻吟，駐車，往視，語之曰：「向來道邊有賣餅家，蒜齏大酢，從取三升飲之，病自當去。」即如佗言，立吐虵一枚，縣車邊，欲造佗。佗尚未還，小兒戲門前，逆見，自相謂曰：「似逢我公，車邊病是也。」疾者前入坐，見佗北壁縣地虵輩約以十數。

又有一郡守病，佗以爲其人盛怒則差，乃多受其貨而不加治，無何棄去，留書罵之。郡守果大怒，令人追捉殺佗。郡守子知之，屬使勿逐。守嗔恚既甚，吐黑血數升而愈。

又有一士大夫不快，佗云：「君病深，當破腹取。然君壽亦不過十年，病不能殺君，忍病十歲，壽俱當盡，不足故自刳裂。」士大夫不耐痛養，必欲除之。佗遂下手，所患尋差，十年竟死。

廣陵太守陳登得病，胸中煩懣，面赤不食。佗脈之曰：「府君胃中有蟲數升，欲成内疽，食腥物所爲也。」即作湯二升，先服一升，斯須盡服之。食頃，吐出三升許蟲，赤頭皆動，半身是生魚膾也，所苦便愈。佗曰：「此病後三期當發，遇良醫乃可濟救。」依期發動，時佗不在，如言而死。

太祖聞而召佗，佗常在左右。太祖若頭風，每發，心亂目眩。佗針鬲，隨手而差。

李將軍妻病甚，呼佗視脈。曰：「傷娠而胎不去。」將軍言：「聞實傷娠，胎已去矣。」佗曰：「案脈，胎未去也。」將軍以爲不然。佗舍去，婦稍小差。百餘日復動，更呼佗。佗曰：「此脈故事有胎，前當生兩兒，一兒先出，血出甚多，後兒不及生。母不自覺，旁人亦不寤，不復迎，遂不得生。胎死，血脈不復歸，必燥著母脊，故使多脊痛，今當與湯，並針一處，此死胎必出。」湯針既加，婦痛急如欲生者，佗曰：「此死胎久枯，不能自出，宜使人探之。」果得一死男，手足完具，色黑，長可尺所。

佗之絶技，凡此類也。

然本作士人，以醫見業，意常自悔。後太祖親理，得病篤重，使佗專視。佗曰：「此近難濟，恒事攻治，可延歲月。」佗久遠家思歸，因曰：「當得家書，方欲暫還耳。」到家，辭以妻病，數乞期不反。太祖累書呼，又敕郡縣發遣。佗恃能厭食事，猶不上道。太祖大怒，使人往檢：若妻信病，賜小豆四十斛，寬假限日；若其虚詐，便收送之。於是傳付許獄，考驗首服。荀彧請曰：「佗術實工，人命所縣，宜含宥之。」太祖曰：「不憂，天下當無此鼠輩耶？」遂考竟佗。佗臨死，出一卷書與獄吏，曰：「此可以活人。」吏畏法不受，佗亦不彊，索火燒之。佗死後，太祖頭風未除。太祖曰：「佗能愈此。小人養吾病，欲以自重，然吾不殺此子，亦終當不爲我斷此根原耳。」及後愛子倉舒病困，太祖歎曰：「吾悔殺華佗，令此兒彊死也。」

初，軍吏李成苦欬嗽，晝夜不寤，時吐膿血，以問佗。佗言：「君病腸臃，欬之所吐，非從肺來也。與君散兩錢，當吐二升餘膿血訖，快，自養，一月可小起，好自將愛，一年便健。十八歲當一小發，服此散，亦行復差。若不得此藥，故當死。」復與兩錢散，成得藥去。五六歲，親中人有病如成者，謂成曰：「卿今彊健，我欲死，何忍無急去藥，以待不祥？先持貸我，我差，爲卿從華佗更索。」成與之。已故到譙，適值佗見收，怱怱不忍從求。後十八歲，成病竟發，無藥可服，以至於死。

廣陵吴普、彭城樊阿皆從佗學。普依準佗治，多所全濟。佗語普曰：「人體欲得勞動，但不當使極爾。動揺則穀氣得消，血脈流通，病不得生，譬猶户樞不朽是也。是以古之仙者爲導引之事，熊頸鴟顧，引輓腰體，動諸關節，以求難老。吾有一術，名五禽之戲：一曰虎，二曰鹿，三曰熊，四曰猨，五曰鳥。亦以除疾，並利蹄足，以當導引。體中不快，起作一禽之戲，沾濡汗出，因上著粉，身體輕便，腹中欲食。」普施行之，年九十餘，耳目聰明，齒牙完堅。阿善針術。凡醫咸言背及胸藏之間不可妄針，針之不過四分，而阿針背入一二寸，巨闕胸藏針下五六寸，而病輒皆瘳。阿從佗求可服食益於人者，佗授以漆葉青黏散。漆葉屑一升，青黏屑十四兩，以是爲率。言久服去三蟲，利五藏，輕體，使人頭不白。阿從其言，壽百餘歲。漆葉處所而有，青黏生於豐、沛、彭城及朝歌云。

**唐・盧照鄰《病梨樹賦序》**《全唐文》卷一六六　癸酉之歲，余臥病於長安光德坊之官舍，父老云：「是鄱陽公主之邑司。昔公主未嫁而卒，故其邑廢。」時有處士孫君思邈居之。君道洽今古，學有數術。高談正一，則古之蒙莊子；深入不二，則今之維摩詰。及其推步甲子，度量乾坤，飛煉石之奇，洗胃腸之妙，則甘公、洛下閎、安期先生、扁鵲之儔也。自云開皇辛丑歲生，今年九十二矣。詢之鄉里，咸云數百歲人矣。共語周、齊間事，歷歷如眼見，以此參之，不啻百歲人也。然猶視聽不衰。神形甚茂，可謂聰明博達不死者矣。余年垂强仕，則有幽憂之疾，椿菌之性，何其遼哉！於時天子避暑甘泉，邈亦徵詣行在。余獨臥病兹邑，閴寂無人，伏枕十旬，閉門三月。庭無衆木，惟有病梨一樹，圍纔數握，高僅盈丈，花實顑頷，似不任乎歲寒，枝葉零丁，纔有意乎朝暮。嗟乎！同託根於膏壤，俱禀氣於太和，而修短不均，榮枯殊質。豈賦命之理，得之自然？將資生之化，有所偏及？樹猶如此，人何以堪！有感於懷，賦之云爾。

**唐・柳宗元《宋清傳》**《柳宗元集》卷一七　宋清，長安西部藥市人也，居善藥。有自山澤來者，必歸宋清氏，清優主之。長安醫工得清藥輔其方，輒易讎，咸譽清。疾病疕瘍者，亦皆樂就清求藥，冀速已，清皆樂然響應。雖不持錢者，皆與善藥，積券如山，未嘗詣取直，或不識，遥與券，清不爲辭。歲終，度不能報，輒焚券，終不復言。市人以其異，皆笑之，曰：「清，蚩妄人也。」或曰：「清其有道者歟！」清聞之，曰：「清逐利以活妻子耳，非有道也；然謂我蚩妄者亦謬。」

清居藥四十年，所焚券者百數十人，或至大官，或連數州，受俸博。其餽遺清者，相屬於户。雖不能立報，而以賒死者千百，不害清之爲富也。清之取利遠，遠故大，豈若小市人哉？一不得直，則怫然怒，再則罵而仇耳。彼之爲利，不亦翦翦乎！吾見蚩之有在也，清誠以是得大利，又不爲妄，執其道不廢，卒以富。求者益衆，其應益廣。或斥棄沉廢，親與交視之落然者，清不以怠，遇其人，必與善藥如故。一旦復柄用，益厚報清。其遠取利，皆類此。

吾觀今之交乎人者，炎而附，寒而棄，鮮有能類清之爲者，世之言徒曰市道交。嗚呼！清，市人也，今之交有能望報如清之遠者乎？幸而庶幾，則天下之窮困廢辱得不死亡者衆矣，「市道交」豈可少耶？或曰：「清，非市道人也。」柳先生曰：「清居市不爲市之道；然而居朝廷、居官府、居庠塾鄉黨以士大夫自名者，反争爲之不已，悲夫！然則清非獨異於市人也。」

**《舊唐書・孫思邈傳》**　孫思邈，京兆華原人也。七歲就學，日誦千餘言。弱冠，善談莊、老及百家之説，兼好釋典。洛州總管獨孤信見而嘆曰：「此聖童也。但恨其器大適小，難爲用也。」周宣帝時，思邈以王室多故，乃隱居太白山。隋文帝輔政，徵爲國子博士，稱疾不起。嘗謂所親曰：「過五十年，當有聖人出，吾方助之以濟人。」及太宗即位，召詣京師，嗟其容色甚少，謂曰：「故知有道者，誠可尊重，羡門、廣成，豈虚言哉！」將授以爵位，固辭不受。顯慶四年，高宗召見，拜諫議大夫，又固辭不受。

上元元年，辭疾請歸，特賜良馬，及鄱陽公主邑司以居焉。當時知名之士宋令文、孟詵、盧照鄰等，執師資之禮以事焉。思邈嘗從幸九成宫，照鄰留在其宅。時庭前有病梨樹，照鄰爲之賦，其序曰：「癸酉之歲，余臥疾長安光德坊之官舍。父老云：『是鄱陽公主邑司。昔公主未嫁而卒，故其邑廢。』時有孫思邈處士居之。邈道合古今，學殫數術。高談正一，則古之蒙莊子；深入不二，則今之維摩詰耳。其推步甲乙，度量乾坤，則洛下閎、安期先生之儔也。」照鄰有惡疾，醫所不能愈，乃問思邈：「名醫愈疾，其道何如？」思邈曰：「吾聞善言天者，必質之於人；善言人者，亦本之於天。天有四時五行，寒暑迭代，其轉運也，和而爲雨，怒而爲風，凝而爲霜雪，張而爲虹蜺，此天地之常數也。人有四支五藏，一覺一寐，呼吸吐納，精氣往來，流而爲榮衛，彰而爲氣色，發而爲音聲，此人之常數也。陽用其形，陰用其精，天人之所同也。及其失也，蒸則生熱，否則生寒，結而爲瘤贅，陷而爲癰疽，奔而爲喘乏，竭而爲燋枯，診發乎面，變動乎形。推此以及天地亦如之。故五緯盈縮，星辰錯行，日月薄蝕，孛彗飛流，此天地之危診也。寒暑不時，天地之蒸否也；石立土踊，天地之瘤贅也；山崩土陷，天地之癰疽也；奔風暴雨，天地之喘乏也；川瀆竭涸，天地之燋枯也。良醫導之以藥石，救之以針劑；聖人和之以至德，輔之以人事。故形體有可愈之疾，天地有可消之災。」又曰：「膽欲大而心欲小，智欲圓而行欲方。《詩》曰：『如臨深淵，如履薄冰』，謂小心也；『赳赳武夫，公侯干城』，謂大膽也；『不爲利回，不爲義疚』，行之方也；『見機而作，不俟終日』，智之圓也。」

思邈自云開皇辛酉歲生，至今年九十三矣。詢之鄉里，咸云數百歲人，話周、齊間事，歷歷如眼見，以此參之，不啻百歲人矣。然猶視聽不衰，神采甚茂，可謂古之聰明博達不死者也。

初，魏徵等受詔修齊、梁、陳、周、隋五代史，恐有遺漏，屢訪之，思邈口以傳授，有如目覩。東臺侍郎孫處約將其五子侹、儆、俊、佑、佺以謁思邈，思邈曰：「俊當先貴；佑當晚達；佺最名重，禍在執兵。」後皆如其言。太子詹事盧齊卿童幼時，請問人倫之事，思邈曰：「汝後五十年位登方伯，吾孫當爲屬吏，可自保也。」後齊卿爲徐州刺史，思邈孫溥果爲徐州蕭縣丞。思邈初謂齊卿之時，溥猶未生，而預知其事。凡諸異迹，多此類也。

永淳元年卒。遺令薄葬，不藏冥器，祭祀無牲牢。經月餘，顔貌不改，舉屍就木，猶若空衣，時人異之。自注《老子》《莊子》，撰《千金方》三十卷，行於代，又撰《福禄論》三卷，《攝生真録》及《枕中素書》《會三教論》各一卷。

子行，天授中爲鳳閣侍郎。

**宋・劉跂《錢仲陽傳》**宋錢乙《小兒藥証直訣》 錢乙，字仲陽，上世錢塘人，與吳越王有屬。俶納土，曾祖贇隨以北，因家於鄆。父顥，善針醫，然嗜酒喜遊。一旦匿姓名，東遊海上，不復返。乙時三歲，母前亡，父同産嫁醫呂氏，哀其孤，收養爲子。稍長讀書，從呂君問醫。呂將殁，乃告以家世。乙號泣，請往跡父，凡五六返，乃得所在。又積數歲，乃迎以歸。是時乙年三十餘。鄉人驚歎，感慨爲泣下，多賦詩詠其事。後七年，父以壽終，喪葬如禮。其事呂君，猶事父。呂君殁，無嗣，爲之收葬行服，嫁其孤女，歲時祭享，皆與親等。

乙始以《顱顖方》著山東。元豐中，長公主女有疾，召使視之，有功，奏授翰林醫學，賜緋。明年，皇子儀國公病瘈瘲，國醫未能治。長公主朝，因言錢乙起草野，有異能，立召入，進黄土湯而愈。神宗皇帝召見褒諭，且問黄土所以愈疾狀，乙對曰：「以土勝水，木得其平，則風自止。且諸醫所治垂愈，小臣適當其愈。」天子悦其對，擢太醫丞，賜紫衣金魚。自是戚里貴室，逮士庶之家，願致之，無虚日。其論醫，諸老宿莫能持難。俄以病免。哲宗皇帝復召宿直禁中。久之，復辭疾賜告，遂不復起。

乙本有羸疾，性簡易，嗜酒，疾屢攻，自以意治之，輒愈。最後得疾，憊甚，乃歎曰：「此所謂周痹也，周痹入藏者死，吾其已夫！」已而曰：「吾能移之，使病在末。」因自製藥，日夜飲之，人莫見其方。居亡何，左手足攣不能用，乃喜曰：「可矣！」又使所親登東山，視菟絲所生，秉火燭其下，火滅處斸之，果得茯苓，其大如斗，因以法噉之，閲月而盡。繇此雖偏廢，而氣骨堅悍，如無疾者。退居里舍，杜門不冠屨，坐臥一榻上，時時閲史書雜説，客至，酌酒劇談。意欲之適，則使二僕夫輿之，出没閭巷，人或邀致之，不肯往也。病者日造門，或扶攜襁負，纍纍滿前。近自鄰井，遠或百數十里，皆授之藥，致謝而去。

初，長公主女病泄利，將殆。乙方醉，曰：「當發疹而愈。」駙馬都尉以爲不然，怒責之，不對而退。明日，疹果出，尉喜，以詩謝之。

廣親宗室子病，診之曰：「此可無藥而愈。」顧其幼，曰：「此兒旦夕暴病驚人，後三日過午無恙。」其家恚曰：「幼何疾？醫貪利動人乃如此！」明日果發癇甚急，復召乙治之，三日愈。問何以無疾而知，曰：「火急直視，心與肝俱受邪；過午者，心與肝所用時當更也。」

宗室王子病嘔泄，醫以藥温之，加喘。乙曰：「病本中熱，脾且傷，奈何以剛劑燥之？將不得前後溲。」與石膏湯。王與醫皆不信，謝罷。乙曰：「毋庸，復召我！」後二日，果來召，適有故不時往，王疑且怒，使人十數輩趣之至，曰：「固石膏湯證也。」竟如言而效。

有士人病欬，面青而光，其氣哽哽。乙曰：「肝乘肺，此逆候。若秋得之可治，今春不可治。」其家祈哀，彊之與藥。明日，曰：「吾藥再瀉肝而不少卻，三補肺而益虚，又加唇白，法當三日死。然安穀者過期，不安穀者不及期，今尚能粥，居五日而絶。」

有妊婦得疾，醫言胎且墮。乙曰：「娠者五藏傳養，率六旬乃更，誠能候其月，偏補之，何必墮？」已而子母皆得全。

又乳婦因大怒而病，病雖愈，目張不得瞑。人不能曉，以問乙。乙曰：「煮郁李酒飲之，使醉則愈。所以然者，目系内連肝膽，恐則氣結，膽衡不下，惟郁李去結，隨酒入膽，結去膽下，目則能瞑矣。」如言而效。

一日過所善翁，聞兒啼，愕曰：「何等兒聲？」翁曰：「吾家孿生二男子。」乙曰：「謹視之，過百日乃可保。」翁不懌。居月餘，皆斃。

乙爲方博達，不名一師，所治種種皆通，非但小兒醫也。於書無不闚，他人靳靳守古，獨度越縱舍，卒與法合。尤邃本艸，多識物理，辨正闕誤。人或得異藥，或持異事問之，必爲言出生本末，物色名貌，退而考之，皆中。末年攣痹浸劇，其嗜酒喜寒食，皆不肯禁。自診知不可爲，召親戚訣别，易衣待盡，享年八十二，終於家。所著書有《傷寒論指微》五卷、《嬰孺論》百篇。一子早世，二孫今見爲醫。

劉跂曰：乙非獨其醫可稱也，其篤行似儒，其奇節似俠，術盛行而身隱約，又類夫有道者。數謂余言：「曩學六元五運，夜宿東平王冢巔觀氣象，至逾月不瘵。今老且死，事誠有不在書者，肯以三十日暇從我，當相授。」余笑謝弗能，是後遂不復言。嗚呼！斯人也，如欲復得之，難哉！没後，余聞其所治驗尤衆，東州人人能言之，剟其章章者著之篇，異時史家序方術之士，其將有考焉。

**《宋史·龐安時傳》** 龐安時，字安常，蘄州蘄水人。兒時能讀書，過目輒記。父，世醫也，授以《脈訣》。安時曰：「是不足爲也。」獨取黄帝、扁鵲之脈書治之，未久，已能通其説，時出新意，辨詰不可屈，父大驚，時年猶未冠。已而病聵，乃益讀《靈樞》《太素》《甲乙》諸秘書，凡經傳百家之涉其道者，靡不通貫。嘗曰：「世所謂醫書，予皆見之，惟扁鵲之言深矣。蓋所謂《難經》者，扁鵲寓術於其書，而言之不詳，意者使後人自求之歟！予之術蓋出於此。以之視淺深，決死生，若合符節。且察脈之要，莫急於人迎、寸口。是二脈陰陽相應，如兩引繩，陰陽均，則繩之大小等。故定陰陽於喉、手，配覆溢於尺、寸，寓九候於浮沉，分四温於傷寒。此皆扁鵲略開其端，而予參以《内經》諸書，考究而得其説。審而用之，順而治之，病不得逃矣。」又欲以術告後世，故著《難經辨》數萬言。觀草木之性與五藏之宜，秩其職任，官其寒熱，班其奇偶，以療百疾，著《主對集》一卷。古今異宜，方術脱遺，備陰陽之變，補仲景論。藥有後出，古所未知，今不能辨，嘗試有功，不可遺也，作《本草補遺》。

爲人治病，率十愈八九。踵門求診者，爲辟邸舍居之，親視飦粥藥物，必愈而後遣；其不可爲者，必實告之，不復爲治。活人無數。病家持金帛來謝，不盡取也。

嘗詣舒之桐城，有民家婦孕將産，七日而子不下，百術無所效。安時之弟子李百全適在傍舍，邀安時往視之。纔見，即連呼不死，令其家人以湯温其腰腹，自爲上下拊摩，孕者覺腸胃微痛，呻吟間生一男子。其家驚喜，而不知所以然。安時曰：「兒已出胞，而一手誤執母腸不復能脱，故非符藥所能爲。吾隔腹捫兒手所在，鍼其虎口，既痛即縮手，所以遽生，無他術也。」取兒視之，右手虎口鍼痕存焉。其妙如此。

有問以華佗之事者，曰：「術若是，非人所能爲也。其史之妄乎！」年五十八而疾作，門人請自視脈，笑曰：「吾察之審矣。且出入息亦脈也，今胃氣已絶，死矣。」遂屏却藥餌。後數日，與客坐語而卒。

**《金史·張元素傳》** 張元素，字潔古，易州人。八歲試童子舉，二十七試經義進士，犯廟諱下第。乃去學醫，無所知名。夜夢有人用大斧長鑿，鑿心開竅，納書數卷於其中，自是洞微其術。河間劉完素病傷寒八日，頭痛脈緊，嘔逆不食，不知所爲。元素往候，完素面壁不顧。元素曰：「何見待之卑如此哉？」既爲診脈，謂之曰：「病脈云云。」曰：「然。」「初服某藥用某味乎？」曰：「然。」元素曰：「子誤矣！某味性寒下降，走太陰，陽亡汗不能出。今脈如此，當服某藥則效矣。」完素大服，如其言遂愈。元素自此顯名。元素治病，不用古方，其説曰：「運氣不齊，古今異軌；古方新病，不相能也。」自爲家法云。

**元·張吉甫《醫學啓源序》** 先生張元素，字潔古，易水人也。八歲試童經，二十七歲經義登科，犯章廟諱黜落。於是怠仕進，遂潛心於醫學二十餘年，雖記誦廣博，然治人之術，不出人右。其夜夢人持柯斧長鑿，鑿心開竅，納書數卷於其中，見其題曰《内經主治備要》，駭然驚悟，覺心痛，只爲凶事也，不敢語人。自是心目洞徹，便爲傳道軒岐，指揮秦越也。河間劉守真醫名冠世，視之蔑如也。異日守真病傷寒八日誤下證，頭痛脈緊，嘔逆不食，門人侍病，未知所爲，請潔古診之，至則守真面壁不顧也。潔古曰：「何視我直如此卑也？」診其脈，論之曰：「病脈爾，乃初下某藥犯某藥味乎？」曰：「然。」潔古曰：「差之甚也！」守真遽然起曰：「何謂也？」曰：「某藥味寒，下降，走太陰，陽亡汗不徹故也。今脈如此，當以某藥服之。」守真首懇，大服其能，一服而愈。自是名滿天下。潔古治病，不用古方，但云：「古方新病，甚不相宜，反以害人。」每自從病處方，刻期見效，藥下如攫，當時目之曰神醫。暇日輯集《素問》五運六氣、《内經》治要、《本草》藥性，名曰《醫學啓源》，以教門生，及有《醫方》三十卷傳於世，壬辰遺失，存者惟《醫學啓源》。真定李明之，門下高弟也，請予爲序，故書之。

**元·戴良《九靈山房集》卷一〇《丹溪翁傳》** 丹溪翁者，婺之義烏人也，姓朱氏，諱震亨，字彦修，學者尊之曰丹溪翁。翁自幼好學，日記千言。稍長，從鄉先生治經，爲舉子業。後聞許文懿公得朱子四傳之學，講道八華山，復往拜焉。益聞道德性命之説，宏深粹密，遂爲專門。一日，文懿謂曰：「吾卧病久，非精於醫者，不能以起之。子聰明異常人，其肯游藝於醫乎？」翁以母病脾，於醫亦粗習，及聞文懿之言，即慨然曰：「士苟精一藝，以推及物之仁，雖不仕於時，猶仕也。」乃悉焚棄向所習舉子業，一於醫致力焉。

時方盛行陳師文、裴宗元所定大觀二百九十七方，翁窮晝夜是習。既而悟曰：「操古方以治今病，其勢不能以盡合。苟將起度量，立規矩，稱權衡，必也

《素》《難》諸經乎！然吾鄉諸醫鮮克知之者。」遂治裝出游，求他師而叩之。乃渡浙河，走吴中，出宛陵，抵南徐，達建業，皆無所遇。及還武林，忽有以其郡羅氏告者。羅名知悌，字子敬，世稱太無先生，宋理宗朝寺人，學精於醫，得金劉完素之再傳，而旁通張從正、李杲二家之説。然性褊甚，恃能厭事，難得意。翁往謁焉，凡數往返，不與接。已而求見愈篤，羅乃進之，曰：「子非朱彦修乎？」時翁已有醫名，羅故知之。翁既得見，遂北面再拜以謁，受其所教。羅遇翁亦甚懽，即授以劉、張、李諸書，爲之敷揚三家之旨，而一斷於經，且曰：「盡去而舊學，非是也。」翁聞其言，涣焉無少凝滯於胸臆。居無何，盡得其學以歸。

鄉之諸醫泥陳、裴之學者，聞翁言，即大驚而笑且排，獨文懿喜曰：「吾疾其遂瘳矣乎！」文懿得末疾，醫不能療者餘十年，翁以其法治之，良驗。於是諸醫之笑且排者，始皆心服口譽。數年之間，聲聞頓著。翁不自滿足，益以三家之説推廣之。謂劉、張之學，其論臟腑氣化有六，而於濕熱相火三氣致病爲最多，遂以推陳致新瀉火之法療之，此固高出前代矣。然有陰虚火動，或陰陽兩虚濕熱自盛者，又當消息而用之。謂李之論飲食勞倦，内傷脾胃，則胃脘之陽不能以升舉，并及心肺之氣，陷入中焦，而用補中益氣之劑治之，此亦前人之所無也。然天不足於西北，地不滿於東南。天，陽也；地，陰也。西北之人，陽氣易於降；東南之人，陰火易於升。苟不知此，而徒守其法，則氣之降者固可愈，而於其升者亦從而用之，吾恐反增其病矣。乃以三家之論，去其短而用其長，又復參之以太極之理，《易》《禮記》《通書》《正蒙》諸書之義，貫穿《内經》之言，以尋其指歸。而謂《内經》之言火，蓋與太極動而生陽，五性感動之説有合；其言陰道虚，則又與《禮記》之養陰意同。因作相火及陽有餘而陰不足二論，以發揮之。

於是，翁之醫益聞。四方以病來迎者，遂輻湊於道，翁咸往赴之。其所治病凡幾，病之狀何如，施何良方，飲何藥而愈，自前至今，驗者何人，何縣里，主名，得諸見聞，班班可紀。

浦江鄭義士病滯下，一夕忽昏仆，目上視，溲注而汗泄。翁診之，脈大無倫，即告曰：「此陰虚而陽暴絶也，蓋得之病後酒且内，然吾能愈之。」即命治人參膏，而且促灸其氣海。頃之手動，又頃而唇動。及參膏成，三飲之甦矣。其後服參膏盡數斤，病已。

天臺周進士病惡寒，雖暑亦必以綿蒙其首，服附子數百，增劇。翁診之，脈滑而數，即告曰：「此熱甚而反寒也。」乃以辛凉之劑，吐痰一升許，而蒙首之綿減半；仍用防風通聖飲之，愈。周固喜甚，翁曰：「病愈後須淡食以養胃，内觀以養神，則水可生，火可降；否則，附毒必發，殆不可救。」彼不能然，後告疽發背死。

一男子病小便不通，醫治以利藥，益甚。翁診之，右寸頗弦滑，曰：「此積痰病也，積痰在肺。肺爲上焦，而膀胱爲下焦，上焦閉則下焦塞，辟如滴水之器，必上竅通而後下竅之水出焉。」乃以法大吐之，吐已，病如失。

一婦人産後有物不上如衣裾，醫不能喻。翁曰：「此子宫也，氣血虚故隨子而下。」即與黄芪當歸之劑，而加升麻舉之，仍用皮工之法，以五倍子作湯洗濯，皺其皮。少選，子宫上。」翁慰之曰：「三年後可再生兒，無憂也。」如之。

一貧婦寡居病癩，翁見之惻然，乃曰：「是疾世號難治者，不守禁忌耳。是婦貧而無厚味，寡而無欲，庶幾可療也。」即自具藥療之，病愈。後復投四物湯數百，遂不發動。

翁之爲醫，皆此類也。

蓋其遇病施治，不膠於古方，而所療則中；然於諸家方論，則靡所不通。他人靳靳守古，翁則操縱取舍，而卒與古合。一時學者咸聲隨影附，翁教之亹亹忘疲。

翁春秋既高，乃徇張翼等所請，而著《格致餘論》《局方發揮》《傷寒辨疑》《本草衍義補遺》《外科精要新論》諸書，學者多誦習而取則焉。

翁簡慤貞良，剛嚴介特，執心以正，立身以誠，而孝友之行，實本乎天質。奉時祀也，訂其禮文而敬泣之。事母夫人也，時其節宣以忠養之。寧歉於己，而必致豐於兄弟；寧薄於己子，而必施厚於兄弟之子。非其友不友，非其道不道。好論古今得失，慨然有天下之憂。世之名公卿多折節下之，翁爲直陳治道，無所顧忌。然但語及榮利事，則拂衣而起。與人交，一以三綱五紀爲去就。嘗曰：天下有道，則行有枝葉；天下無道，則辭有枝葉。夫行，本也；辭，從而生者也。苟見枝葉之辭，去本而末是務，輒怒溢顔面，若將浼焉。翁之卓卓如是，則醫特一事而已。然翁講學行事之大方，已具吾友宋太史濂所爲翁墓誌，兹故不録，而竊録其醫之可傳者爲翁傳，庶使後之君子得以互考焉。

論曰：昔漢嚴君平，博學無不通，賣卜成都。人有邪惡非正之間，則依蓍龜爲陳其利害。與人子言，依於孝；與人弟言，依於順；與人臣言，依於忠。史稱其風聲氣節，足以激貪而厲俗。翁在婺得道學之源委，而混迹於醫。或以醫來見者，未嘗不以葆精毓神開其心。至於一語一默，一出一處，凡有關於倫理者，尤諄諄訓誨，使人奮迅感慨激厲之不暇。左丘明有云：「仁人之言，其利溥哉！」信矣。若翁者，殆古所謂直諒多聞之益友，又可以醫師少之哉？

**《明史·滑壽傳》** 滑壽，字伯仁，先世襄城人，徙儀真，後又徙餘姚，幼警敏好學，能詩。京口王居中，名醫也。壽從之學，授《素問》《難經》，既卒業，請於師曰：「《素問》詳矣，多錯簡。愚將分藏象、經度等爲十類，類抄而讀之。《難經》又本《素問》《靈樞》，其間榮衛藏府與夫經絡腧穴，辨之博矣，而缺誤亦多。愚將本其義旨，註而讀之可乎？」居中躍然稱善。自是壽學日進。壽又參會張仲景、劉守真、李明之三家而會通之，所治疾無不中。

既學鍼法於東平高洞陽，嘗言：「人身六脈雖皆有係屬，惟督任二經，則苞乎腹背，有專穴。諸經滿而溢者，此則受之，宜與十二經並論。」乃取《內經·骨空》諸論及《靈樞》篇所述經脈，著《十四經發揮》三卷，通考隧穴六百四十有七。他如《讀傷寒論抄》《診家樞要》《痔瘻篇》，又採諸書《本草》爲《醫韻》，皆有功於世。

晚自號攖寧生。江、浙間無不知攖寧生者。年七十餘，容色如童孺，行步蹻捷，飲酒無算。天台朱右摭其治疾神效者數十事，爲作傳，故其著述益有稱於世。

**又《戴思恭傳》** 戴思恭，字原禮，浦江人，以字行。受學於義烏朱震亨。震亨師金華許謙，得朱子傳，又學醫於宋內侍錢塘羅知悌。知悌得之荊山浮屠，浮屠則河間劉守真門人也。震亨醫學大行，時稱爲丹溪先生。愛思恭才敏，盡以醫術授之。

洪武中，徵爲御醫，所療治立效，太祖愛重之。燕王患瘕。太祖遣思恭往治。見他醫所用藥良是，念何以不效，乃問王何嗜。曰：「嗜生芹。」思恭曰：「得之矣。」投一劑，夜暴下，皆細蝗也。晉王疾，思恭療之愈。已，復發，即卒。太祖怒，逮治王府諸醫，思恭從容進曰：「臣前奉命視王疾，啟王曰：『今即愈，但毒在膏肓，恐復作不可療也。』今果然矣。」諸醫由是免死。思恭時已老，風雨輒免朝。太祖不豫，少間，出御右順門，治諸醫侍疾無狀者，獨慰思恭曰：「汝仁義人也，毋恐。」已而太祖崩，太孫嗣位，罪諸醫，獨擢思恭太醫院使。

永樂初，以年老乞歸。三年夏，復徵入。免其拜，特召乃進見。其年冬，復乞骸骨，遣官護送，賚金幣，踰月而卒，年八十有二，遣行人致祭，所著有《證治要訣》《證治類元》《類證用藥》諸書，皆檃括丹溪之旨。又訂正丹溪《金匱鈎玄》三卷，附以己意。人謂無愧其師云。

**清·黃宗羲《南雷文定前集》卷一〇《張景岳傳》** 二十年來，醫家之書盛行於世者，張景岳《類經》、趙養葵《醫貫》。然《醫貫》一知半解耳。《類經》明岐黃之學，有王冰之所未盡者，即學士大夫亦必纍月而後能通之。昔在戊寅，曾於張平子座上識景岳，蓋交臂而失之。己酉寓證人書院，有蔣一玖者，年八十矣，欲爲其舅作傳，則景岳也。

景岳名介賓，別號通一子，越之山陰人也。其父爲定西侯客。介賓年四十，即從游於京師。天下承平，奇才異士集於侯門。介賓幼而濬齊，遂徧交其長者。是時金夢石工醫術，介賓從之學，盡得其傳。以爲凡人陰陽，但以血氣臟腑寒熱爲言，此特後天之有形者，非先天之無形者也。病者多以後天戕及先天，治病者但知有形邪氣，不顧無形元氣。自劉河間以暑火立論，專用寒凉，其害已甚；賴東垣論脾胃之火，必務温養，救正實多；丹溪出，立陰虛火動之論，寒凉之弊，又復盛行。故其註本草，獨詳參附之用。又慨世之醫者，茫無定見，勉爲雜應之術，假兼備以幸中，借和平以藏拙。虛而補之，又恐補之爲害，復制之以消；實而消之，又恐消之爲害，復制之以補。若此者，以藥治藥尚未遑，又安望其及於病耶？幸而偶愈，亦不知其補之之力，攻之之力耶？及其不愈，亦不知其補之爲害，消之爲害耶？是以爲人治病，沉思病原，單方重劑，莫不應手霍然。一時謁病者，輻輳其門。沿邊大帥，皆遣金幣致之。

其所著《類經》，綜覈百家，剖析微義，凡數十萬言，歷四十年而後成。西安葉秉敬謂之海內奇書。班孟堅贊孝宣之治：「政事、文學、法理之士，咸精其能；至於技巧、工匠、器械，自元成間鮮能及之。」介賓此書，若非遭遇神宗之盛，亦莫能有也。作《古方八陣》，釋古人立方之意；作《新方八陣》，析古方之某藥，爲某經之用，不相凌奪。其書晚出，今方行世。

介賓博學，於醫之外，象數、星緯、堪輿、律呂，皆能究其底蘊。在遼陽道中，聞御馬者歌聲聒耳，介賓曰：「此惡聲也，不出五年，遼其亡矣！」已而言驗。所親問以近事，介賓曰：「我夜觀乾象，宮車殆將晏駕，天下從此亦亂矣！」未幾，神宗崩。介賓遂返越，其年五十八。又二十年始卒。卒之日，自題其像，召三子而誨之。其門人曰：「先生乃死耶？吾先生故有不死者。」介賓莞爾而逝。

自太史公傳倉公，件繫其事，後之儒者，每倣是體以作名醫之傳，戴九靈、宋景濂其著也。而名醫亦復自列其事，存爲醫案，以待後人遇有病之相同者，則倣而治之，亦盛心也。世風不古，以醫負販。其術無異於里閭俗師也，而不肯以里閭俗師自居雖復殺人如草，亦點綴醫案以欺人。介賓醫案，散在《景岳全書》，余不叙於篇，惡夫蹈襲者之衆也。

趙養葵，名獻可，寧波人。與介賓同時，未嘗相見，而議論往往有合者。

**清・蔣廷錫等《古今圖書集成・醫部全録》卷五一七《醫術名流列傳・張介賓》** 按《會稽縣志》：張介賓，號景岳，素性端静，易事難悦，年十三，隨父至京，學醫於金英，盡得其傳。暇即研窮書史，醫法東垣、立齋，喜用熟地黄。人呼爲張熟地，越人柔脆而幼即戕削，熟地專補腎，輒效。病未極，人多不敢邀，危甚乃始求救，已無及矣。然亦有死中得活者。著有《類經》一書，爲葉寅陽嘆賞。卒年七十八。醫術中傑士也。

**又** 按《浙江通志》：張介賓，字景岳，山陰人。從父之京師，金夢石授以醫術，以扶元氣爲主，謂河間、丹溪立論稍偏，後世寒涼之弊，多減元氣，故其註本草獨詳參附之用。所著《類經》，綜覈百家，剖悉微義，凡數十萬言，歷四十年而成，西安葉秉敬謂之海内奇書。又作《古方八陣》《新方八陣》，醫學至介賓而無餘藴。

**《清史稿》卷五〇一《傅山傳》** 傅山，字青主，陽曲人。六歲，啖黄精，不穀食，强之，乃飯。讀書過目成誦。明季天下將亂，諸號爲搢紳先生者，多迂腐不足道，憤之，乃堅苦持氣節，不少婞嫛。提學袁繼咸爲巡按張孫振所誣。孫振，閹黨也。山約同學曹良直等詣通政使，三上書訟之，巡撫吴甡亦直袁，遂得雪。山以此名聞天下。甲申後，山改黄冠裝，衣朱衣，居土穴，以養母。繼咸自九江執歸燕邸，以難中詩遺山，且曰：「不敢媿友生也！」山省書，慟哭，曰：「嗚呼！吾亦安敢負公哉！」

順治十一年，以河南獄牽連被逮，抗詞不屈，絶粒九日，幾死。門人中有以奇計救之，得免。然山深自咤恨，謂不若速死爲安，而其仰視天、俯視地者，未嘗一日止。比天下大定，始出與人接。

康熙十七年，詔舉鴻博，給事中李宗孔薦，固辭。有司强迫，至令役夫舁其牀以行。至京師二十里，誓死不入。大學士馮溥首過之，公卿畢至，山卧牀不具迎送禮。魏象樞以老病上聞，詔免試，加内閣中書以寵之。馮溥强其入謝，使人舁以入，望見大清門，淚涔涔下，仆於地。魏象樞進曰：「止，止，是即謝矣！」翼日歸，溥以下皆出城送之。山歎曰：「今而後其脱然無累哉！」即而曰：「使後世或妄以許衡、劉因輩賢我，且死不瞑目矣！」聞者咋舌。至家，大吏咸造廬請謁。山冬夏著一布衣，自稱曰「民」。或曰：「君非舍人乎？」不應也。卒，以朱衣、黄冠歛。

山工書畫，謂：「書寧拙毋巧，寧醜毋媚，寧支離毋輕滑，寧真率毋安排。」人謂此言非止言書也。詩文初學韓昌黎，崛强自喜，後信筆抒寫，俳調俗語，皆入筆端，不願以此名家矣。著有《霜紅龕集》十二卷。子眉，先卒，詩亦附焉。

眉，字壽髦。每日出樵，置書擔上，休則把讀。山常賣藥四方，與眉共挽一車，暮抵逆旅，篝燈課經，力學，繼父志。與客談中州文獻，滔滔不盡。山喜苦酒，自稱老蘗禪，眉乃小蘗禪。

# 紀事

**《周禮・天官・醫師》** 醫師掌醫之政令，聚毒藥以共醫事。毒藥，藥之辛苦者，藥之物恒多毒。《孟子》曰：「藥不瞑眩，厥疾無瘳。」疏：「掌醫之政令」者，掌衆醫療治齊和之政及命令也。云「聚毒藥以共醫事」者，毒藥之物出於山澤，蓋委人及山虞、澤虞等斂聚人之醫師，儲以待用也。賈疏云：「謂所有藥物，並皆聚之，以供疾醫、瘍醫等。」注云「毒藥，藥之辛苦者，藥之物恒多毒」者，《説文・屮部》云：「毒，厚也。」《廣雅・釋詁》云：「毒，苦也。」凡辛苦之藥，味必厚烈而不適口，故謂之毒藥。《月令》：「孟夏聚畜百藥。」鄭注云：「蕃廡之時毒氣盛。」《素問・藏氣法時篇》云：「毒藥攻邪。」又《移精變氣論》云：「毒藥治其内，鍼石治其外。」《五常政大論》云：「能毒者以厚藥，不勝毒者以薄藥。」王冰注云：「藥厚薄謂氣味厚薄者也。」《鶡冠子・環流篇》云：「味之害人者謂之毒，積毒成藥，工以爲醫。」是毒藥者，氣性酷烈之謂，與《本艸經》所云有毒無毒者異。鄭義根據古訓，不可易也。賈疏謂「藥中有毒者，巴豆、狼牙之類」，殆未達鄭恉。王安石、王昭禹、鄭鍔、姜兆錫、莊有可、俞樾並謂毒藥爲二，即《瘍醫職》五毒五藥，亦通。引《孟子》曰「藥不瞑眩，厥疾無瘳」者，《滕文公篇》文。惠棟校余本作「若藥不瞑眩厥疾無瘳」，明汪道昆本同。阮元校宋本作「藥不瞑眩厥疾弗瘳」。賈疏作「藥不瞑眩厥疾不瘳」。葉鈔《釋文》作「無瘳」，盧本仍作「不瘳」。今從嘉靖本，宋岳本亦同。《孟子》趙注本作「若藥不瞑眩厥疾不瘳」，《國語》《楚語》同。賈疏云：「注云《逸書》也。藥使人瞑眩憒亂，乃得瘳愈，猶人敦德惠乃治也。引之者，證藥中有毒之意。此是《古文尚書・説命》之篇，高宗語傅説之言也。不引《説命》而引《孟子》者，鄭不見《古文尚書》故也。」案：賈説非也。《方言》云：「凡飲藥傅藥而毒，東齊海岱之閒謂之瞑，或謂之眩。」又云：「南楚飲毒藥懣，謂之頓愍，猶中齊言眠眩也。」《國語》韋注云：「瞑眩頓瞀，攻己之急也。」據此，是瞑眩亦謂藥氣味辛苦酷烈，飲之傅之，使人頓悶痛苦，即所謂毒也，故鄭引以爲證，非證藥中有毒也。又賈所引《孟子》趙注，與今本少異，而義旨校長。至東晉僞古文《説命》有此二語，即取《孟子》爲之。鄭注真古文《書》，本無此篇，不足據也。

**又《疾醫》**　疾醫掌養萬民之疾病。四時皆有癘疾：春時有痟首疾，夏時有癢疥疾，秋時有瘧寒疾，冬時有嗽上氣疾。癘疾，氣不和之疾。痟，酸削也。首疾，頭痛也。嗽，欬也。上氣，逆喘也。《五行傳》曰：「六癘作據《五行傳》以釋此經四時之癘疾，與醫家説不必盡合。然鄭意或如是，附存之以證注義。」以五味、五穀、五藥養其病，養猶治也。病由氣勝負而生，攻其贏，養其不足者。五味，醯酒飴蜜薑鹽之屬。五穀，麻黍稷麥豆也。五藥，草木蟲石穀也。其治合之齊，則存乎神農、子儀之術云。疏：「以五味，五穀、五藥養其病」者，以下通論治疾之術，並疾醫之官法也。注云「養猶治也」者，此引申之義。養身即所以治病，是養與治義相成也。云「病由氣勝負而生」者，謂五行之氣，相勝則爲病，即《五行傳》五沴之義。《素問・陰陽别論》云：「陰勝則陽病，陽勝則陰病。陽勝則熱，陰勝則寒，風勝則動，熱勝則腫，燥勝則浮，溼勝則濡瀉。」此言陰陽寒熱燥溼氣相勝爲病之事，與此注義，亦足互相傳。云「攻其贏養其不足者」者，贏，《釋文》作「嬴」。盧文弨云：「《爾雅・釋天》『夏爲長嬴』，注云：『本或作贏。』是古並通用。」賈疏云：「夏時病者，則五味中食甘，五穀中食稷，以甘稷是土之穀味。土所克水，是攻其贏也。土生於火，土是火之子，食甘稷爲子養母之道，故云養其不足也。」云「五味，醯酒飴蜜薑鹽之屬」者，賈疏云：「醯則酸也，酒則苦也，飴蜜則甘也，薑即辛也，鹽即鹹也。」云「五穀，麻黍稷麥豆也」者，賈疏云：「此依《月令》五方之穀。此五穀據養疾而食之，非必入於藥分。」程瑶田云：「五穀養疾，宜與藏氣相應，故據《月令》配五行者爲之注。《素問・藏氣發時論》：『粳米甘，小豆酸，麥苦，大豆鹹，黄黍辛。』《靈樞五味篇》：『秔米甘，麻酸，大豆鹹，麥苦，黄黍辛。』《五音五味篇》：『麥苦，大豆鹹，稷甘，黍辛，麻酸。』案：《五音篇》與《月令》同。合觀之，粳稷可互取，小豆麻可互取。」又云：「綜計諸家言五穀者，《月令》曰『麻黍稷麥豆』，鄭據之以注《疾醫》。《史記大官書》，顔師古注《漢書食貨志》、盧辨《大戴禮》注，皆同。《素問・金匱真言論》：『五方之穀，曰麥黍稷稻豆。』鄭注《職方氏》之五種，曰『黍稷菽麥稻』。《漢書・地理志》引《職方氏》師古注同。《管子・地員篇》載五土所宜之種，曰『黍秫菽麥稻』。《淮南子・脩務訓》五穀，高注『菽麥黍稷稻』。《漢書音義》，韋昭曰：『五穀，黍稷菽麥稻也。』自《金匱真言》以下，説竝不異。而《五常政大論》則又進麻爲木穀，至火穀，則麥黍互用。以上言五穀者凡十二事，雖不能齊一，然皆有稷無粱。《楚辭・大招》『五穀六仞，設菰粱只』。王逸注：『五穀，稻稷麥豆麻也。菰粱，蔣實，謂雕胡也。』王説亦爲有稷無粱。《周書》言五方之穀，曰『麥黍稻粟菽』。粟，粱也。是爲有粱無稷。凡此皆秦漢後稷粱溷一之證也。」金鶚云：「鄭注疾醫五穀，據《月令》爲説。其注《職方》五穀，則以爲稻黍稷麥菽，有稻而無麻，與《素問・金匱真言論》合。趙岐、高誘、韋昭説，皆與此同。盧辨、楊倞、顔師古皆與疾醫注同。王逸以爲稻稷麥豆麻，則稻麻並舉而無黍。《逸周書》曰『麥黍稻粟菽』，則無麻稷而有粟。《管子》曰『黍秫菽麥稻』，則無麻粟而有秫，諸説不一。鶚謂五穀者，以其爲飯者而言也，曰黍稷稻粱麥。《膳夫》王食六穀，《食醫》會膳食之宜，牛宜稌，羊宜黍，豕宜稷，犬宜粱，鴈宜麥，魚宜苽。《内則》言飯黍稷稻粱下，又言麥食苽食，可知六者皆可爲飯矣。《内則》疏謂諸侯朔食四簋，黍稷稻粱；天子則加以麥苽，可知常食者，黍稷稻粱也。苽爲雕胡，其米所出頗少，惟天子諸侯得暫食，而麥則貴賤皆食之。然則六穀去一而爲五穀，當存麥而去苽矣。若菽與麻，古人用爲籩實，不以爲飯，是則五穀不當數麻菽矣。《月令》《素問》《逸周書》《管子》或别有取義，皆不可以定五穀之名也。」案：金説是也。云「五藥，草木蟲石穀也」者，謂動植庶物入藥分者，約有此五類也。《大觀本草》引陶弘景《本草序》，附載《本草經》舊目，有玉石草木蟲獸果菜米食八類，鄭此注依經五藥約略數之，故與彼不同。云「其治合之齊，則存乎神農、子儀之術云」者，《隋書・經籍志》引梁《七録》，有《神農本草經》三卷，今存。子儀者，賈疏云：「案劉向云：『扁鵲治趙太子暴疾屍厥之病，使子明炊湯，子儀脈神，子術案摩。』又《中經簿》云：『《子義本草經》一卷。』儀與義一人也。若然，子義亦周末時人也。案：賈所引劉向説，見《説苑・辨物篇》。今本作『子明吹耳，陽儀反神，子游矯摩。』蓋傳寫譌舛，當據此以正之。《韓詩外傳》亦載其事，作『子明灸陽，子游案摩，子儀反神。』其子儀之名，與賈引劉説同。

**《宋史・食貨志》**　礬

唐於晉州置平陽院以收其利，開成三年，度支奏罷之，乃以礬山歸之州縣。五代以來，復創務置官吏，宋因之。

白礬出晉慈坊州、無爲軍及汾州之靈石縣，緑礬出慈、隰州及池州之銅陵縣，皆設官典領，有鑊户鬻造入官市。晉、汾、慈州礬，以一百四十斤爲一馱，給錢六千。隰州礬馱減三十斤，給錢八百。博賣白礬價：晉州每馱二十一貫五百，慈州又增一貫五百；緑礬：汾州每馱二十四貫五百，慈州又增五百，隰州每馱四貫六百。散賣白礬：坊州斤八十錢，汾州百九十二錢，無爲軍六十錢；緑礬：斤七十錢。

至道中，白礬歲課九十七萬六千斤，緑礬四十萬五千餘斤，鬻錢一十七萬餘貫。真宗末，白礬增二十萬一千餘斤，緑礬增二萬三千餘斤，鬻錢增六萬九千餘貫。天聖以來，晉、慈二州礬募民鬻之，季鬻礬一盆，多者千五六百斤，少者六七百斤，四分輸一入官，餘則官市之。無爲軍亦置務鬻礬，後聽民自鬻，官置場售之，私售礬禁如私售茶法。六年，詔弛兩蜀榷礬之禁。

時河東礬積益多，復聽入金帛、芻粟。芻粟虚估高，商人利於入中。麟州粟斗實直錢百，虚估增至三百六十，礬之出官爲錢二萬一千五百，纔易粟六石，計粟實直錢纔六千，而礬一馱已費本錢六千。縣官徒有榷礬之名，其實無利。嘉祐六年，罷入芻粟，復令入緡錢。礬以百四斤爲一馱，入錢京師榷貨務者，爲錢十萬七千；入錢麟、府州者，又減三千。自是商賈不得專其利矣。皇祐中，晋、慈入礬二百二十七萬三千八百斤，以易芻粟之類，爲緡錢十三萬六千六百；無爲軍礬售緡錢三萬三千一百。治平中，晋、慈礬損一百九萬六千五百四斤；無爲軍礬售錢歲有常誤，發運使領之，視皇祐數無增損；隰州礬至是入三十九萬六千斤，亦以易緡錢助河東歲糴。

## 圖録

元·忽思慧《飲膳正要》卷二

食物利害

服藥食忌

食物中毒

食物相反

**明·王圻　王思義《三才圖會·器用十二》**　藥碾，即後漢崔亮作石碾之遺意，後人名之爲金法曹贊曰，柔亦不茹，剛亦不吐，圓機運用，一皆有法。使强梗者不得殊軌亂轍，豈不韙與。

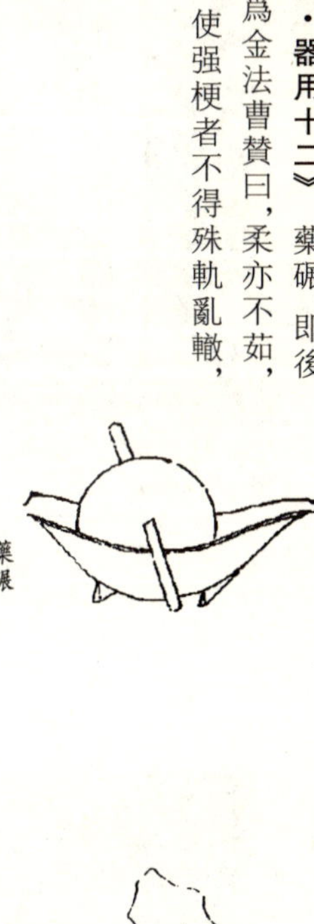
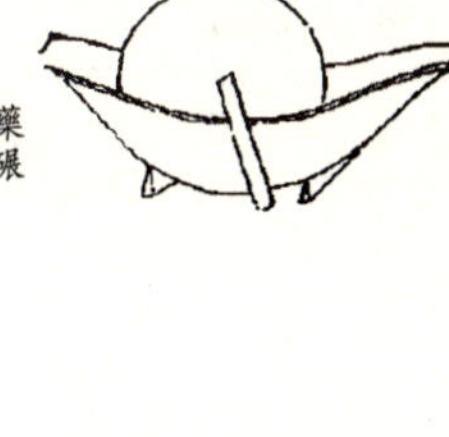
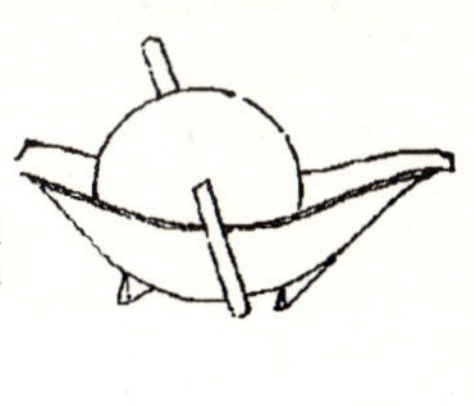

藥碾

**明·李明珍《本草綱目·圖》卷上**

雲母

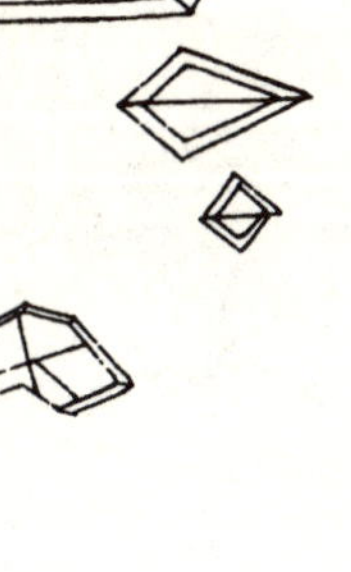
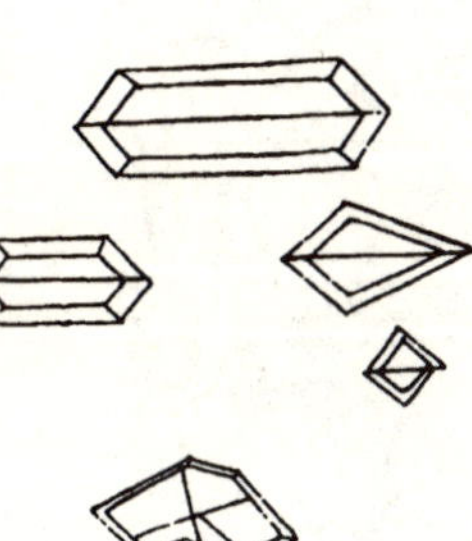
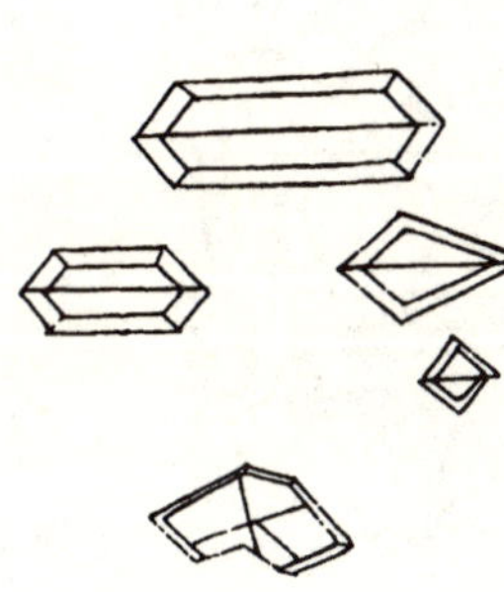

白石英

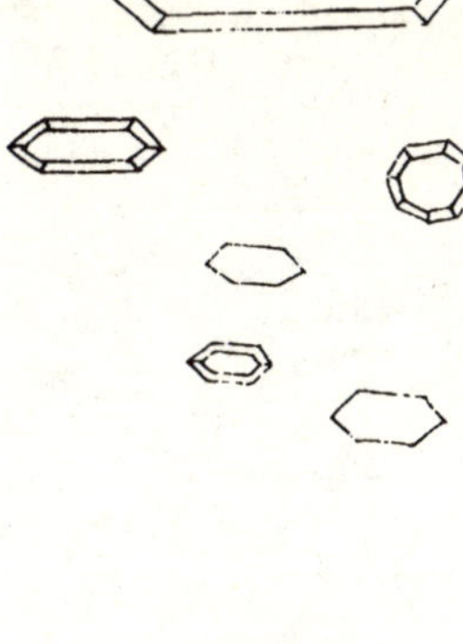

紫石英

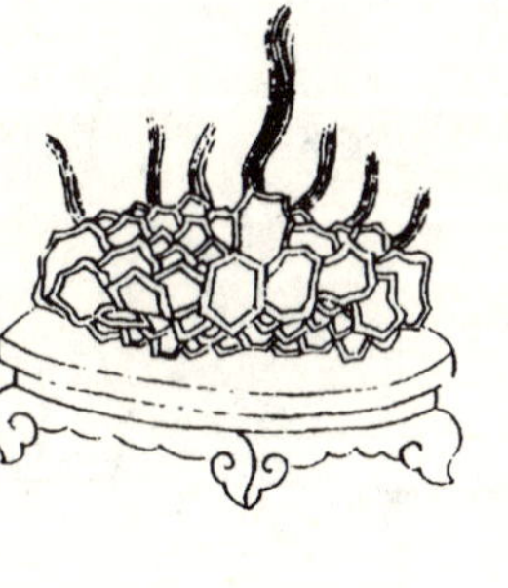
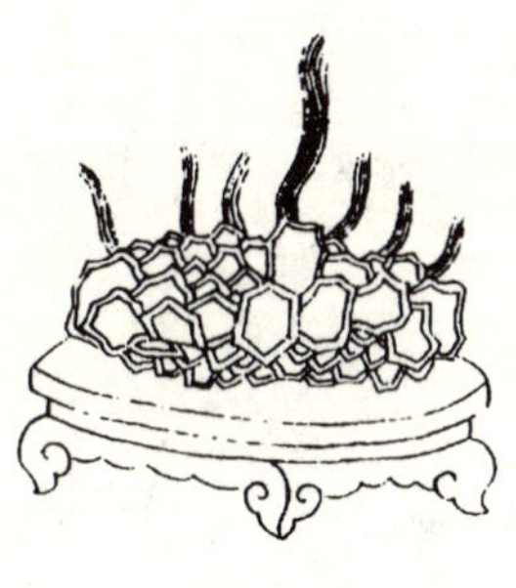
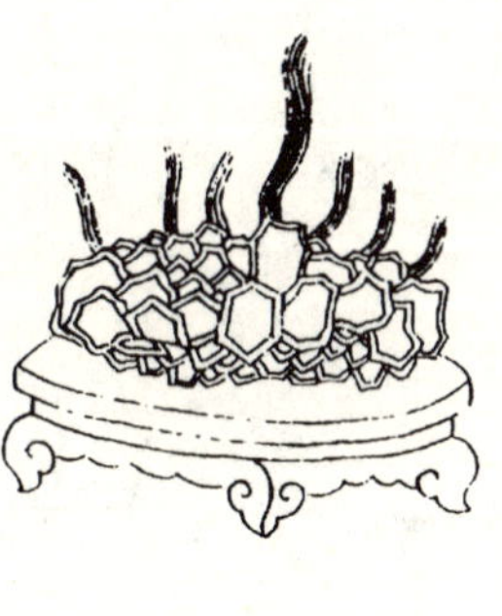

蛾眉山　菩薩石

雄黃

石膏

長石

雌黃

理石

方解石

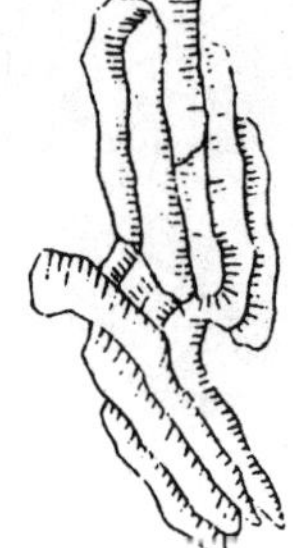
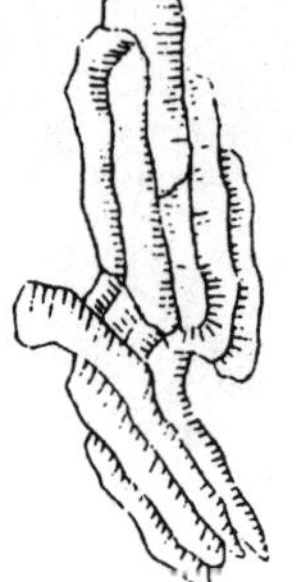

深州　井泉石

五色石脂

滑石

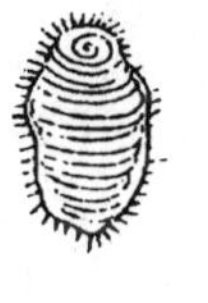
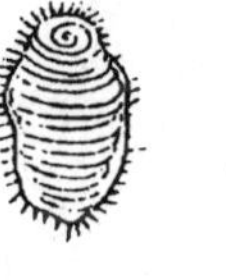

蜜栗子

無名異

潞州　不灰木

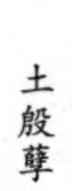

土殷孽



石鍾乳

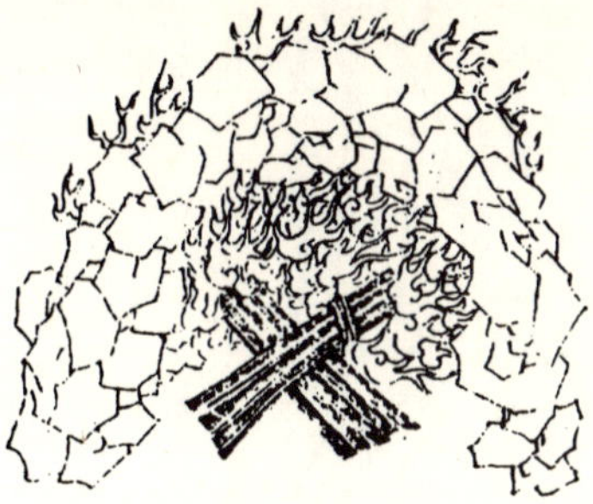

石灰礦

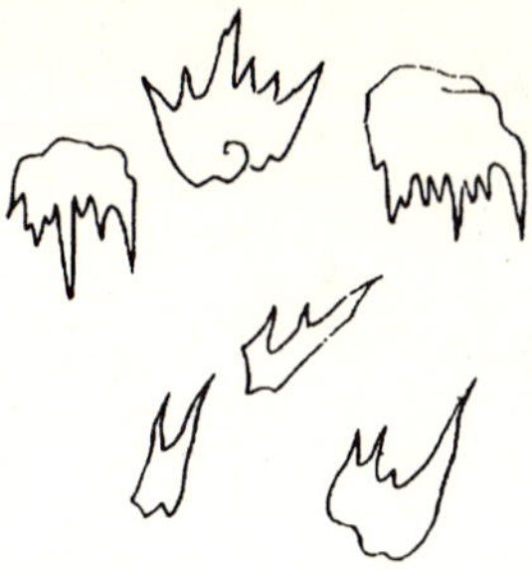

海浮石

银星石

金星石

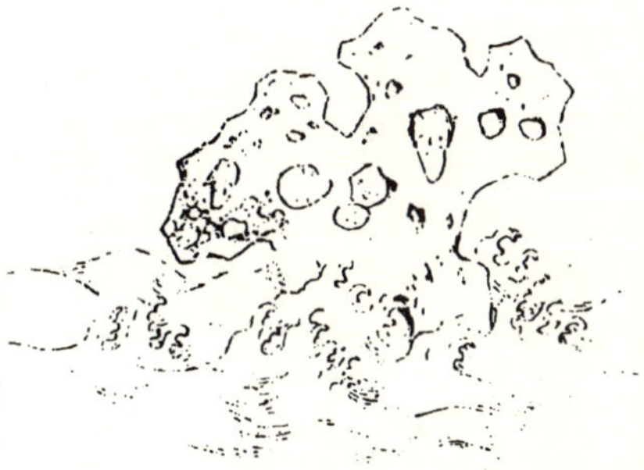

婆娑石

陽起石

中有水者石中黄 禹餘糧

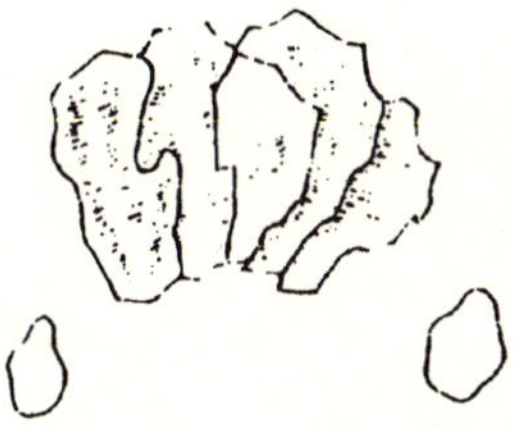

青礞石

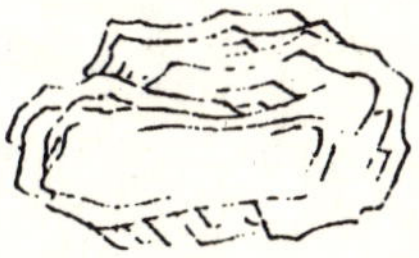

花乳石

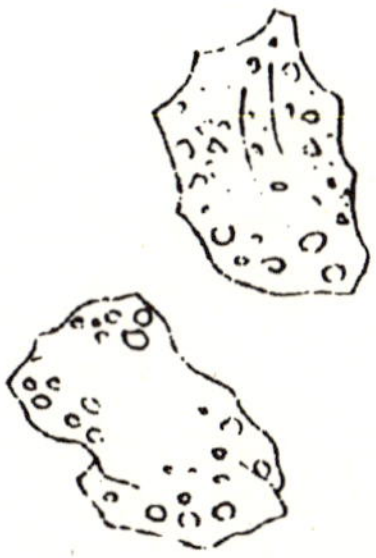

特生礜石

礜石

生砒

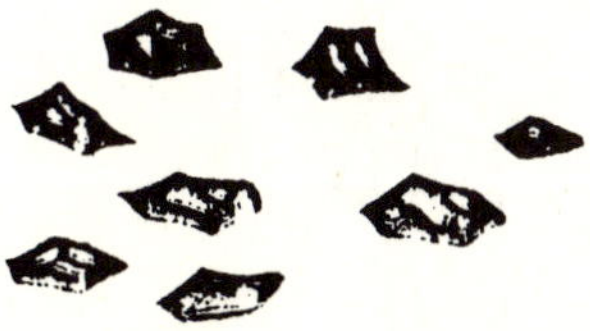

霜砒

砒石

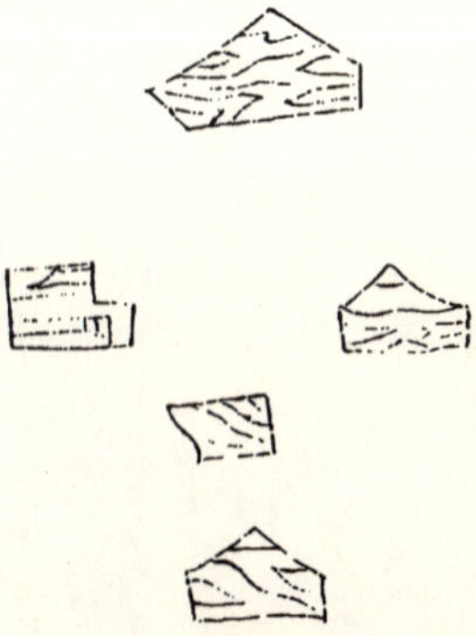

白羊石

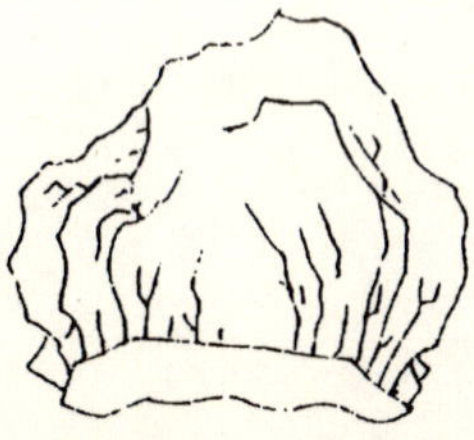

黑羊石

金牙石

石蟹南恩州

水中白石

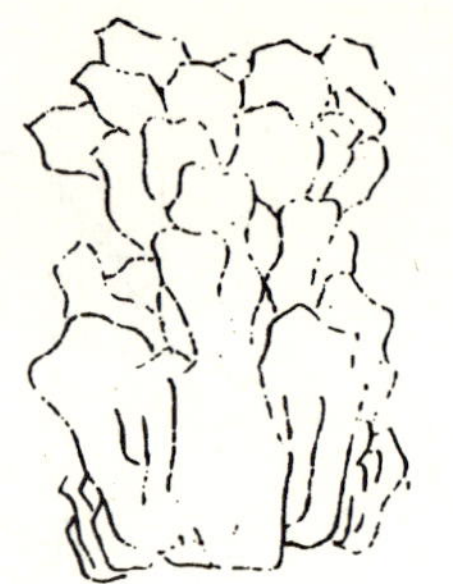

薑石

石蛇南恩州

石燕零陵

麥飯石

凝水石

蛇黄

石蠶

楔　斧　鑽

墨　丸　砫

霹靂石

石鼈

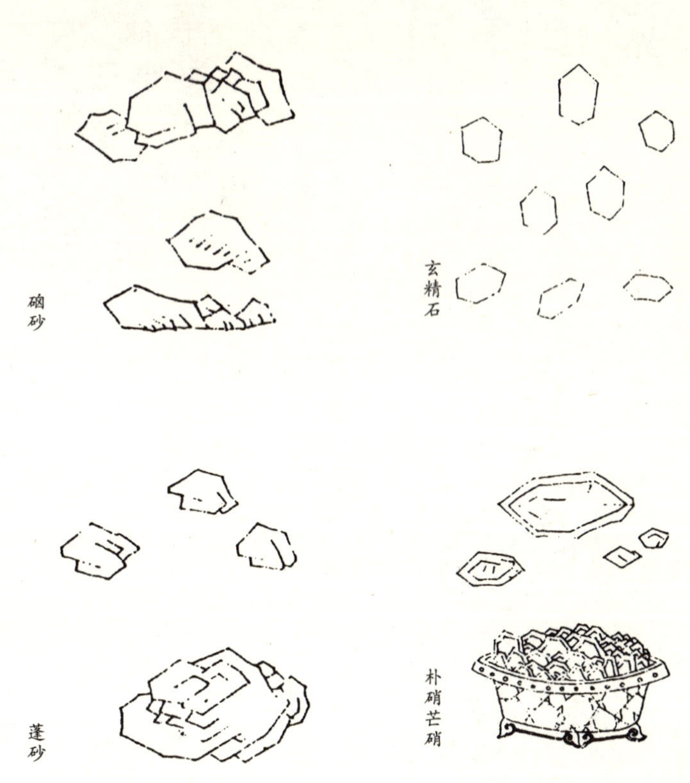


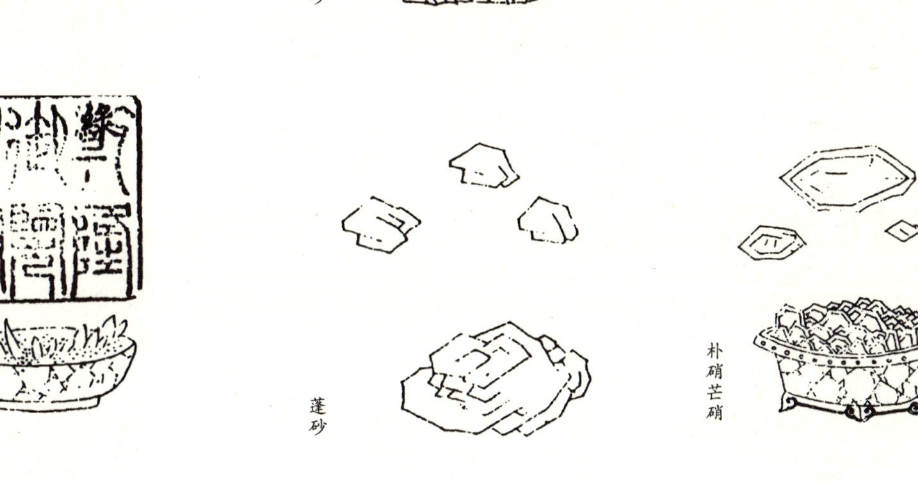

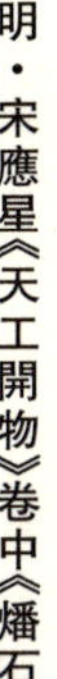
明・宋應星《天工開物》卷中《燔石》

## 清・吴其濬《植物名實圖考》卷七

人參《説文》作蓡，《廣雅》作葠，俗作參。

人參，《本經》上品。昔時以遼東、新羅所産，皆不及上黨；今以遼東、吉林爲貴，新羅次之；其三姓、寧古塔亦試採，不甚多。以苗移植者爲秧參，種子者爲子參，力皆薄。黨參今係蔓生，頗似沙參苗，而根長至尺餘，俗以代人參，殊欠考覈。謹按我朝發祥長白山，周原膴膴，堇荼如飴，固天地之奥區，九州之上腴也。長林豐草中，夜有光燭，厥惟人參。定制，私刨者，舉其物，罰其人；官給商引，出卡分採，歸以所得上之官；官視其參之多寡而納課焉。課畢，獻於内府，府第其品，上上者備御，其次以爲班賞，凡文武二品以上及侍直者皆預。臣父、臣兄，備員卿貳，歲蒙恩賚。臣供奉南齋時，疊承優錫，其私販越關入公者，亦蒙分賞。自維臣家，俱飫仙藥，愧長生之無術，荷大造之頻施，敬紀顛末，用示後人。考《圖經》繪列數種，多沙參、薺苨輩，今紫團參園已墾爲田，所見舒城、施南山參，尚不及黨參。滇姚州麗江，亦有參，形既各異，性亦多燥，惟朝鮮附庸陪都所産，雖出人功，而氣味具體，人間服食至廣，即外裔如緬甸，亦由京都販焉。

人參

甘草

甘草，《本經》上品。《爾雅》：蘦，大苦。郭《注》：今甘草。《夢溪筆談》謂甘草如槐而尖，形狀極确。《詩經》：「采苓采苓，首陽之巔。」首陽在今蒲州府，晉俗摘其嫩芽溲麪蒸食，其味如飴，疑採苓亦以供茹也。

甘草

雩婁農曰：甘草，藥之國老，婦稚皆能味之。郭景純博物，注《爾雅》「蘦，大苦」，曰今甘草也，蔓延生，葉似荷，或云蘦，似地黃。甘草殊不蔓生，亦不類荷，蓋傳聞異，或傳寫訛，與地黃尤非類，或之者，疑之也。陶隱居亦云：河西上郡，今不復通市，今從蜀漢中來，堅實者是枹罕草，最佳。晉之東遷，西埵隔絶，江左諸儒，不復目驗。《宋圖經》謂河東蒲坂甘草所生，先儒注「首陽採苓」，苗葉與今全別，豈種類不同云云，殆以舊説流傳，不敢顯斥。沈存中乃栩謂《郭注》蔓延似荷者爲黃藥，今之黃藥，何曾似荷？《爾雅翼》云：不惟葉似荷，古之蓮字，亦通於蘦。則直以音聲相通，不復顧形實迥別矣。《廣雅疏證》斥沈説之非，而以《圖經》諸説爲皆不足信，經生家言，墨守故訓，固與辨色嘗味、起疴肉骨者，道不同不相謀也。余以五月按兵塞外，道傍轍中，皆甘草也。摘葉玩蘤，郄車載之。聞甘、涼諸郡尤肥壯，或有以爲杖者，蓋其地沙浮土鬆，根荄直下可數尺，年久則巨耳。梅聖俞有《司馬君實遺甘草杖詩》，可徵於古。余嘗見他處所生，亦與《圖經》相肖，嘗之味甘，人無識者。隱居所謂青州亦有而不好者，殆其類也。

黃連

黃連，《本經》上品。今用川產，其江西山中所產者，謂之土黃連。又一種胡黃連，生南海及秦隴，蓋即土黃連之類。湖北施南出者亦良。

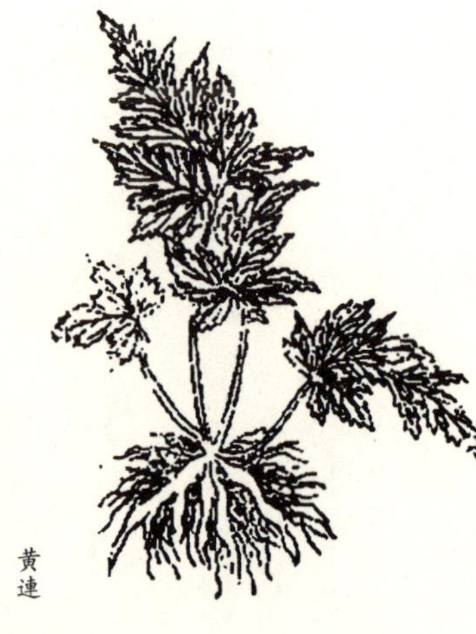
黃連

雩婁農曰：黃連苦寒，而《漢武内傳》，封君達服黃連五十餘年；《神仙傳》，黑穴公服黃連得仙，此非蔡誕欺人語耶？秦少游論服黃連、苦參，久而反熱，其理極微；而東坡乃謂指麾使姚歡服黃連愈癬疥，而髮不白。其法酒浸焙乾，密丸酒吞，每二十丸。或其人血過於熱，得此潤肺，而行以酒故效，若人人而用之，其可乎哉？王微贊闡命輕身，江淹贊長靈久視，皆拾道書剩語耳。俗名楷木爲黃連木，其葉味苦，微相類。《丹陽縣志》：黃連山樹大十圍，即此。

貝母

貝母，《本經》中品，《爾雅》：茵，貝母。《注》：根如小貝，圓而白，華葉似韭。陸璣《詩疏》：葉如栝樓而細小，子在根下如芋子，正白。《圖經》云：此有數種，韭葉者罕復見之，今有川貝、浙貝兩種。按陸《疏》以爲似栝樓葉而細小，郭《注》以爲似韭葉，《宋圖經》以爲似蕎麥葉，各説既不同，原圖數種，亦不甚符。今川中圖者，一葉一莖，葉頗似蕎麥葉。大理府點蒼山生者，葉微似韭而開藍花，正類馬蘭花，其根則無甚異，果同性耶？張子詩：「貝母階前蔓百尋，雙桐盤遶葉森森；剛强顧我蹉跎甚，時欲低柔警寸心。」則又有蔓生者矣。

貝母

**又　卷八**　淫羊藿

淫羊藿，《本經》中品。《救荒本草》詳列各名，葉可煠食。柳柳州《仙靈脾詩》：「乃言有靈藥，近在湘西原；服之不盈旬，蹩躠皆騰騫。」又云：「神哉輔吾足，幸及兒女奔。」蓋此草爲治腰膝之要藥。《救荒本草》云密縣山中有之，滇大理府亦産，不止漢中諸郡，郄車而載。

淫羊藿

**又　卷一一**

麻黄

麻黄，《本經》中品。肺經專藥，根節能止汗。有一醫至蒙古氈廬，見有病寒者，煎麻黄一握，服之即愈。蓋連根節並用也。醫家去其根節，以數分與服，幾委頓不起。今江西南安亦有之，土人皆以爲木賊，與麻黄同形、同性，故亦能發汗、解肌。俚醫用木賊，皆不去節，故誤用麻黄，亦不至亡陽耳。

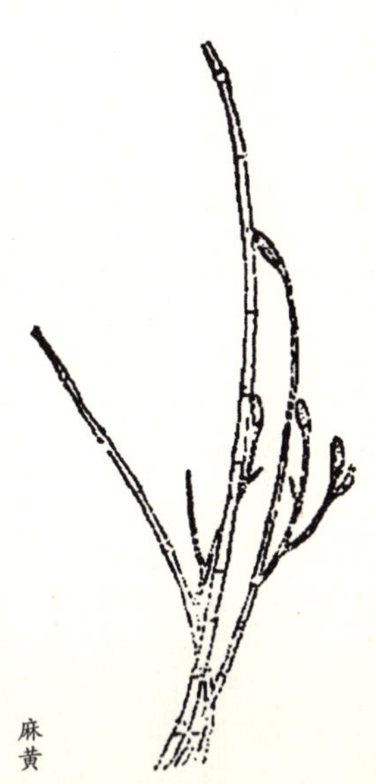

麻黄

雩婁農曰：麻黄莖發汗，節止汗，一物而相反，或者疑之，此蓋未覩造物之大也。萬物美惡，皆歸於根，由根而幹，而枝葉，而華萼，而實核。其去本也漸遠，則其氣越於外，其性亦漓於內。況自根及實，其形、其色、其味無同者；形、色、味不同，則性之不同宜矣。非獨物也，黄帝之子二十五人，其得姓者十四人。同德則同姓，異德則異姓。以石碏爲之父，而有石厚；以桓魋爲之兄，而有司馬牛。傳曰：父不父，子不子；兄不友，弟不恭，不相及也。且天之生物，無不自相制也。果蕰蟲而生蠹，豆同根而相煎。木伐薪爲炭，而植根乃畏炭；人食物爲積，而燒灰乃治積。五行之生也，子盛而母衰；生者，剋之機也。五行之剋也，貪合而忘讎；剋者，生之端也。

黄花蒿

黄花蒿，俗呼臭蒿，以覆醬豉。《本草綱目》始收入藥。

黄花蒿

青蒿

青蒿，《本經》下品，與黄花蒿無異。《夢溪筆談》以色深青爲別。李時珍云：青蒿結實大如麻子，中有細子。湖南園圃中極多，結實如茺實大，北地頗少。

青蒿

黄精

黄精，《别録》上品。《救荒本草》謂其苗爲筆管菜，處處有之。《抱朴子》云花實可服食，今醫方無用者。山西産與《救荒圖》同。

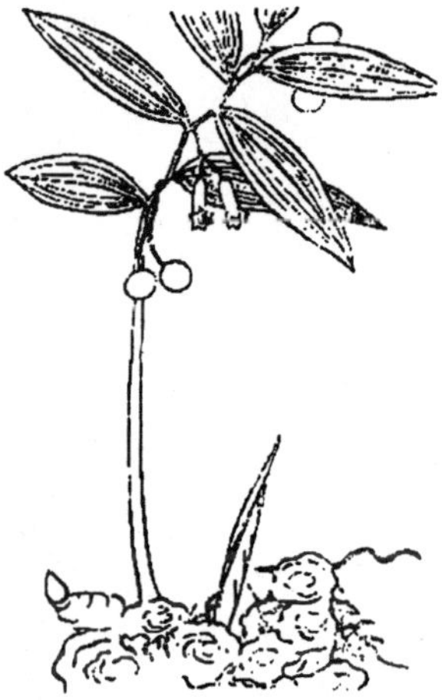

黄精

雩婁農曰：黄精一名葳蕤，既與委萎同名，黄帝問天老曰，太陽之草，可以長生，而《本經》乃祇載委萎，至《别録》始出黄精，按圖列十種。丹州、相州細葉，四五同生一節，餘皆竹葉，寬肥對生。《救荒本草》亦云，二葉、三葉、四、五葉對節而生，而萎蕤葉似竹葉，闊短而肥厚，又似百合葉頗窄小，根似黄精而小異。然則二物有別耶？無別耶？《宋圖經》：黄精苗高一二尺以來，葉如竹葉而短，兩兩相對，不言四五葉同生一處。萎蕤莖幹强直似竹箭，竿有節，葉狹而長，表白裏青，與《爾雅注》符。則寬葉爲黄精，細葉四五同生一節者爲萎蕤，如此分別，自爲了目。但藥肆所售，玉竹細白，極黏，與黄精全不相似，或即《圖經》所謂多鬚者。余採得細視，有細葉而多白鬚，如葉肆所售者，亦有大根與黄精同者。土醫謂根如黄精者是萎蕤，多白鬚者乃別一種，用之甚無力，其説乃與古合，滇南山中尤多。黄精、萎葳，春初即開花，黄精高至五六尺，四面垂葉，花實層綴，根肥嫩可烹肉，大至數斤重。其偏精及鉤吻，皆以夏末、秋初開花，偏精矮小，鉤吻有反鉤，根皆不肥，土人頗能辨之。太陰、太陽之説，相傳自古，蘇恭獨創爲鉤吻蔓生之説，後人遂以黄精、鉤吻絶不相類。東坡謂《恭注》多立異，又喜與陶公相反，幾至於罵者，然細考之，陶未必非，恭未必是。余謂陶説有未确，然尚爲疑似之詞，蘇則武斷者多，其不如陶遠矣。採黄精而並得鉤吻，是何異刺人而殺而諉之曰兵？所幸極陰之地，毒草所叢，採靈藥者所不至，而極陽所照，毒物必殲，故誤者絶少，否則著書非貽害哉！

滁州黄精

丹州黄精

又按黄精，原有對葉及數葉同作一層者，《圖經》雖列十種，大體不過兩端。今江湘皆對葉，滇南數葉一層，其根肥大無異。

按與黄精相似者，除鉤吻、偏精外，湘中代以山薑，其根色極相類。又有一種觀音竹，滇中謂之淡竹，其莖紫葉柔，都不分別，惟梢端發杈生枝間，花微紫爲異。此十圖内或不免有形似者耶？

又　卷一六　石斛

石斛，《本經》上品，今山石上多有之。開花如甌蘭而小，其長者爲木斛。又有一種，扁莖有節如竹，葉亦寬大，高尺餘，即《竹譜》所謂懸竹。衡山人呼爲千年竹，置之笥中，經時不乾，得水即活。

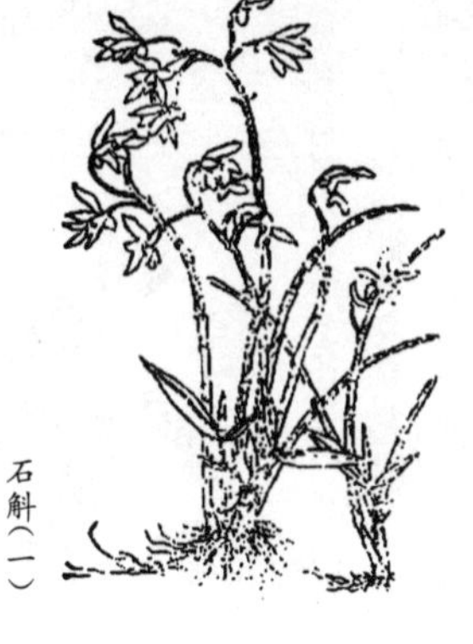

石斛（一）

石斛（二）

又 卷二〇 何首烏

何首烏，詳唐李翺《何首烏傳》《開寶本草》始著録。有紅、白二種，近時以爲服食大藥。《救荒本草》：根可煮食，花可煠食。俚醫以治癰疽、毒瘡，隱其名曰紅内消。東坡尺牘，以用棗或黑豆蒸熟，皆損其力。文與可詩亦云：「斷以苦竹刀，蒸曝凡九爲；夾羅下香屑，石蜜相和治。」然則世傳七寶美髯丹，其功力不專在交藤矣。近時價日增而藥益僞，其大者多補綴而成。以余所至居處間，皆紫緑雙蔓，貫籬縈砌，如拳、如杯，拋擲屑越。崑山以玉抵鵲，又文與可所謂蓋以多見賤，蓬藋同一斸也。滇南大者數十斤，風戾經時，肉汁獨潤，然不聞有服食得上壽者。豈所忌魚、肉未能盡絶，而炮製失其本性耶？三斗栲栳大，號山精，滇人得之，不必有緣，唯博善價糴穀事育耳。寇萊公服地黄蘿蔔，使髮早白。《聞見近録》作服首烏，而食三白。余怪近之服餌者，髮輒易皤，殆緣於此，則亦讀

何首烏

《本草》未熟也。服食求仙，固爲妄説，節嗜通神，藥乃有效。醉飽中而乞靈草木，南轅北轍，相去益遠。若其活血、治風之功，則明時懷州知州李治所傳一方，吾以爲不妄。

又 卷二四 大黄

大黄，《本經》下品，《别録》謂之將軍，今以産四川者良。西南、西北諸國，皆恃此爲盪滌要藥，市販甚廣，北地亦多有之。春時佩之，以辟時疫。

雩婁農曰：燕薊地苦寒，人湊理密而内實，冬冽輒吸燒酒，圍煖爐，與風雪鬥勝；春氣萌動，亢燥不雨，陽伏而不能出，陰遁而不能疹，於是乎有昏狂鬱塞之病。醫者以法解之，强者病不損，弱者或以亡陽。有予以攻滌者，内熱下而神明生，或起生死於頃刻，其處方者不知其所以然。凡爲痁、爲癘、爲鬱、爲伏熱、爲飲食之毒、爲浮游之火，一切以大黄爲秘妙丹藥，病者不即登鬼籙，十失一，十失二三四，方詡詡然自命爲良。其不知醫者，亦争以時醫奉之，卒之技窮術竭，刺人而殺人，不咎其醫之無本，咸以爲時命之不可假易也。故諺曰：「趁我十年運，有病早來醫。」昔錢景諶與王安石論新法不合，遂相絶，有答人書云：「安石穿鑿不經，牽合臆説，作爲《字解》，謂之時學；又以荒唐怪誕，非昔是今，無所統紀，謂之時文；傾險趍利，殘民無恥，謂之時官。驅天下之人務時學，以時文邀時官。」然則時醫者，其時學、時官之類乎？嗚呼！時乎泰而君子進，時乎否而小人興，時之爲義大矣哉！朝時而市，時也；日中而市，時也；夕時而市，亦時也。不召自來，不麾自去，市盈而盈，市虚而虚，孰令令之，孰禁禁之？盈而不盈，虚而不虚，知進退存亡而不失其正者，其誰乎？吾願世之有疾病者，忍痛藏垢以待良醫，探囊一試黄昏湯，而不汲汲焉捐其軀，以聽時醫生之死之於攻伐之劑，而卒不悟其所以然，其可謂知時而不隨時者歟！

大黄

又 卷二五 藿香

藿香，《南方草木狀》有之，《嘉祐本草》始著録。今江西、湖南人家多種之，爲辟暑良藥。蓋以其能治脾胃，吐逆，故霍亂必用之。《别録》有霍香，不著形狀。《圖經》云，舊附五香條，疑其以爲扶南之香木也。

藿香

雩婁農曰：《山海經》謂薰草，其葉如麻，今觀此草，非類麻者歟？《别録》藿香舊載木類，《宋圖經》據《草木狀》諸説，以爲草本，其即《别録》之藿香與否，未可知也。薰、藿一聲之轉，海上之薌，都出後世，余疑藿香即古薰草。若零陵香則葉圓小，殊不類麻。以藿爲薰，雖屬刱説，然其功用、氣味，實爲蘭匹，不猶愈於以一枝數花之葉如茅者，强名曰蕙，而不可服食者乎？

**又　卷三一**

橄欖

橄欖，《開寶本草》始著録。湖南及江西建昌府亦間有之，有尖、圓各種。

橄欖

烏欖

烏欖，嶺南種之。其核中仁長寸許，味如松子，亦多油，過嶺以鹽糖炒食甚香。《嶺南雜記》以爲即木威子，從之。《廣東志》，粤中多種烏欖，其利多；白欖種者少，號曰青子。番禺婦女，多以斮烏欖核爲務，核以炊，仁以油，及爲禮果。

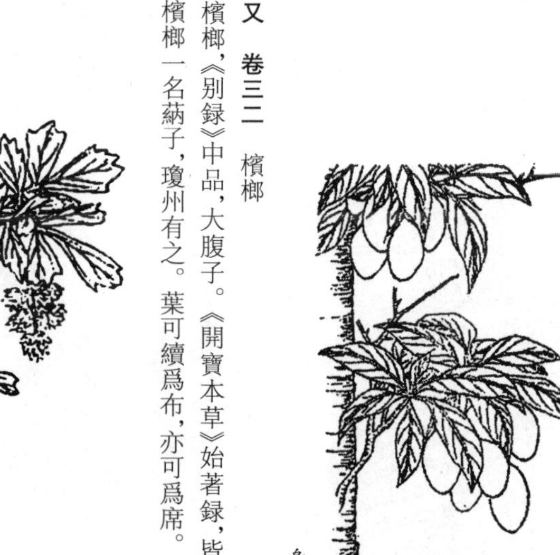
烏欖

**又　卷三二**　檳榔

檳榔，《别録》中品，大腹子。《開寶本草》始著録，皆一類而大腹，皮入藥。又山檳榔一名蒳子，瓊州有之。葉可續爲布，亦可爲席。

檳榔

**又　卷三三**

茯苓

茯苓，《本經》上品，附松根而生，今以滇産爲上。歲貢僅二枚，重二十餘斤，皮潤細，作水波紋，極堅實。他處皆以松截斷，埋於山中，經三載，木腐而茯成，皮糙黑而質鬆，用之無力。然山木皆以此翦薙，尤能竭地力，故種茯苓之山，多變童阜，而沙崩石隕，阻遏溪流，其害在遠。聞新安人禁之。

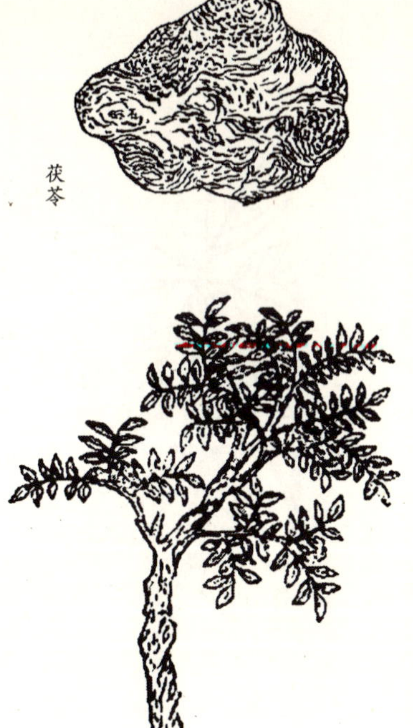

茯苓

杜仲

杜仲

杜仲，《本經》上品。一名木棉。樹皮中有白絲如膠芽，葉可食，花實苦澀，亦入藥。《湘陰志》，杜仲皮粗如川產，而肌理極細膩，有黃白斑文。

枸杞

枸杞，《本經》上品，根名地骨皮。陸璣《詩疏》，苞杞一名地骨是也。嫩葉作蔬，根實入服食家用，故有仙人杖之名。又溲疏，《本經》下品，代無識者。《唐本草》注，子似枸杞。

枸杞

**又　卷三六**　蠟樹

蠟樹，貴州貴定縣種之爲林，放蠟取利。髡其枝葉，叢條萌芽，屢翦益茂，道傍伍列，儼如官柳。葉稍團，秋結細角，似椿莢而薄小，懸於葉際。《癸辛雜識》載放蠟法，用盆桎樹，葉似茱萸葉，或即此。

蠟樹

**又　卷三八**

酒藥子樹

酒藥子樹生湖南岡阜，高丈餘，皮紫微似桃樹，葉如初生油桐葉而有長尖，面青背白，皆有柔毛；葉心亦白茸茸如燈心草，五月間梢開小黃白花，如粟粒成穗，長五六寸，葉微香，土人以製酒麯，故名。

酒藥子樹

接骨木

接骨木，江西廣信有之。綠莖圓節，頗似牛膝。葉生節間，長幾二寸，圓齒稀紋，末有尖。以有接骨之效，故名。《唐本經》有接骨木，形狀與此異。

接骨木

# 藝文

**唐・權德輿《藥名詩》**《全唐詩》卷三二七　七澤蘭芳千里春，瀟湘花落石磷磷。有時浪白微風起，坐釣藤陰不見人。

**宋・蘇軾《觀張師正所蓄辰砂》《蘇軾詩集》卷二〇**

觀張師正所蓄辰砂

［查註］《玉壺清話》：丙午，訪辰帥張不疑，師正時方五十。熙寧丁巳，不疑帥鼎。著《括異志》《倦遊録》。《事實類苑》云：師正，英宗朝爲荆州鈐轄。楊文公《談苑》：張師正本進士，换武爲遥郡防禦使，亦能詩。范成大《桂海志》：宜州出砂處，與湖北犬牙，山相連，北爲辰砂，南爲宜砂。《事實類苑》：辰州硃砂，佳者，出蠻峒錦州界老鴉井。其井廣深十丈。欲取，必先聚薪於井，令滿。以火燎之，石壁迸裂，入火者，既化爲煙，其偶存石壁者，方得之。誥案：公《與王定國書》云：「近有人惠丹砂少許，光彩甚奇，其人教以養火，觀其變化，聊以悟神遺日。」當即師正所蓄辰砂也。

將軍結髮戰蠻溪，［王註］《前漢・李廣傳》：結髮與匈奴大小七十餘戰。據《本草》：丹砂，生苻陵。苻陵，涪州也。又出武陵西川蠻夷中。今出辰州、錦州。先生戰蠻夷之語，則指言辰州也。篋有殊珍勝象犀。漫説玉牀收箭鏃，［施註］《圖經》：辰州出丹砂，其苗乃白石耳，土人謂之砂牀。箭鏃連牀者，色若鐵而瑩澈。［查註］《事實類苑》云：頑石有砂處，即有小龕，中坐白石牀，如玉，牀上乃生丹砂，小者如箭鏃，大者如芙蓉。何曾金鼎識刀圭。近聞猛士收丹穴，［王註］《史記・貨殖傳》：巴蜀寡婦清，其先得丹穴，而擅其利數世。［查註］《宋史・神宗本紀》：熙寧九年，章惇招降五溪蠻，遂城下溪州。欲助君王鑄褭蹄。多少空巖人不見，自隨初日吐虹蜺。［王註縯曰］日流於天，其氣之在地者，結爲丹砂。《大洞煉真寶經》云：上品光明沙者，受太陽，洞通澄明，正真之精氣，降結紅光，耀如日色。中品白馬牙沙者，受太陽，平和柔順，氣結白光，燦燦如雲母色。下品紫靈沙者，受太陽山澤之靈，結紅紫色。［誥案］本集小題大做之作，如《雪浪石》云：太行西來萬馬屯，勢與岱岳争雄尊。凡此類者，未易悉數，又豈止此詩乎。曉嵐主魏叔子之論，以小題大做，爲俗人得意之筆，又以魏爲洞見肺肝，宜其少所見而多所怪矣。

**又蘇軾《東坡全集》卷二《服胡麻賦并序》**　始余嘗服茯苓，久之，良有益也。夢道士謂余：「茯苓燥，當雜以胡麻食之。」夢中問道士：「何者爲胡麻？」道士曰：「脂麻是也。」既而讀《本草》云：「胡麻一名狗蝨，一名方莖。黑者爲巨勝，其油正可作食。」則胡麻之爲脂麻，信矣。又云：「性與茯苓相宜。」於是始異斯夢。方將以其説食之，而子由賦茯苓以示余，乃作胡麻賦以答之。世間人聞服脂麻以致神仙，必大笑。求胡麻而不可得，則妄指山苗野草之實以當之。此古所謂道在邇而求諸遠者歟？其詞曰：

我夢羽人，頎而長兮。惠而告我，藥之良兮：喬松千尺，老不僵兮。流膏入土，龜蛇藏兮。得而食之，壽莫量兮。於此有草，衆所嘗兮。狀如狗蝨，其莖方兮。夜炊晝曝，久乃臧兮。茯苓爲君，此其相兮。

我興發書，若合符兮。乃瀹乃烝，甘且腴兮。補填骨髓，流發膚兮。是身如雲，我何居兮？長生不死，道之餘兮。

神藥如蓬，生爾廬兮。世人不信，空自劬兮。搜抉異物，出怪迂兮。槁死空山，固其所兮。

至陽赫赫，發自坤兮。至陰肅肅，躋於乾兮。寂然反照，珠在淵兮。沃而不滅，又不燔兮。長虹流電，光燭天兮。嗟此區區，何與其間兮！譬之膏油，火之所傳而已耶！

**宋・蘇轍《欒城集》卷一七《服茯苓賦並敘》**　余少而多病，夏則脾不勝食，秋則肺不勝寒，治肺則病脾，治脾則病肺，平居服藥，殆不復能愈。年三十有二，官於宛丘，或憐而受之以道士服氣法。行之朞年，二疾良愈。蓋自是始有意養生之說。晚讀抱朴子書，言服氣與草木之藥皆不能致長生，古神仙真人皆服金丹，以爲草木之性，埋之則腐，煮之則爛，燒之則焦，不能自生，而況能生人乎？余既汨没世俗，意金丹不可得也，則試求之草木之類。寒暑不能移，歲月不能敗者，惟松柏爲然。古書言松脂流入地下爲茯苓，茯苓又千歲則爲琥珀，雖非金石，而其能自完也，亦久矣。於是求之名山，屑而瀹之，去其脈絡而取其精華，庶幾可以固形、養氣，延年而卻老者，因爲之賦以道之。

詞曰：春而榮，夏而茂，憔悴乎風霜之前，摧折乎冰雪之後，閱寒暑以同化，委糞壤而兼朽，兹固百草之微細與草木之凡陋。雖復效骨革於刀几，盡性命於杵臼，解急難於俄頃，破奇邪於邂逅，然皆受命淺薄，與時變遷。朝菌無日，蟪蛄無年，苟自救之不暇，矧他人之足延？乃欲擷根莖之么末，假臭味以登仙，是猶託疲牛於千里，駕鳴鳩而升天，則亦辛勤於澗谷之底，槁死於峰崖之顛，顧桑榆以竊嘆，意神仙之不然者矣。若夫南澗之松，拔地千尺，皮厚犀兕，心堅鐵石，鬚髮不改，蒼然獨立。流膏液於黃泉，乘陰陽而固結，象鳥獸之蹲伏，類黿鼉之閉蟄，外黝黑以鱗皴，中絜白而純密，上灌莽之不犯，下螻蟻之莫賊。經歷千歲，化爲琥珀，受雨露以彌堅，與日月而終畢，故能安魂魄而定心志，卻五味與穀粒，追赤松於上古，以百歲爲一息，顔如處子，緑髮方目，神止氣定，浮遊自得，然後乘天地之正，御六氣之辨，以遊夫無窮，夫又何求而何食？

**宋・陳亞藥名詞四首**《全宋詞》第一册

生查子 藥名寄章得象陳情。

朝廷數擢賢，旋占凌霄路。自是鬱陶人，險難無移處。　也知没藥療飢寒，食薄何相誤。大幅紙連粘，甘草歸田賦。

又 藥名閨情。

相思意已深，白紙書難足。字字苦參商，故要檳郎讀。　分明記得約當歸，遠至櫻桃熟。何事菊花時，猶未回鄉曲。

又 同上。

小院雨餘涼，石竹風生砌。罷扇儘從容，半下紗廚睡。　起來閑坐北亭中，滴盡真珠淚。爲念壻辛勤，去折蟾宫桂。

又 同上。

浪蕩去未來，躑躅花頻换。可惜石榴裙，蘭麝香銷半。　琵琶閑抱理相思，必撥朱絃斷。擬續斷朱絃，待這冤家看。以上見《青箱雜記》卷一。

**宋・辛棄疾藥名詞二首**《全宋詞》第三册

定風波 用藥名招馬荀仲游雨巖。馬善醫。

山路風來草木香，雨餘涼意到胡牀。泉石膏肓吾已甚，多病。隄防風月費篇章。　孤負尋常山簡醉，獨自。故應知子草玄忙。湖海早知身汗漫，誰伴？只甘松竹共淒涼。

又 再和前韻藥名。

仄月高寒水石鄉，倚空青碧對禪牀。白髮自憐心似鐵，風月。使君子細與平章。　已判生涯筇竹杖，來往。却慚沙鳥笑人忙。便好賸留黃絹句。誰賦？銀鉤小草晚天涼。

**明・方孝孺《遜志齋集》卷六《鼻對》** 方子病鼻寒，鼻窒不通。踞爐而坐，火燎其裳。裳既及膝，始覺而驚，引而視之，煜煜然紅，蓋裳之火者半也。於是罵鼻曰：「夫十二官各有主司，維鼻何司？别臭察微。臭之不察，何以鼻爲？今火帛之臭亦烈矣，而爾頑若不知，遽俾火毒爐裳及衣。壅蔽之禍，豈不大可悲乎？」

久之，鼻忽有聲，聲與口同。曰：「我受命爲子之鼻，今二十又二冬。蘭茝椒桂，其氣苾芳，我聞我知，俾子佩藏。槁鮨腐鮑，風腥氣惡，我覺其穢，俾子避匿。子足不妄履而山不遇毒者，皆我之得職也。今子乃昧於治身，宜煖而寒，去裌就單，爲風所加，外鑠內鬱，壅我鼻觀，遂至火燎切膚，而不知其然，皆子之過也，於鼻何罪焉？假使服食以節，起處有常，順陰燮陽，無所敗傷，寧有不聞馨香乎？且古之志士，至於耄老，猶且居不求適，維道是奮，大雪皴肌，而爐不暇近，恐適意之致毒，知炎上之生災，可不慎也？今子當始弱之時，有荼毒之禍。方當茹冰嚼雪，塊枕草坐，愁思怵迫，凍餓摧挫，猶恐不可；而乃放不加思，恣肆頽惰。當祁寒時，遽自溺於火，爲身計者，良已左矣。不此之責，而反誚我爲何哉！夫壅蔽之禍，厥有攸自：秦亥蠱昏，趙高乃弑；彼梁偏任，始有朱異；隋廣淫酗，而世基以肆。木不虛中，蟲何由萃？此三主者，苟以至公爲嗜好，以衆庶爲耳鼻，上宣下暢，無所凝滯，雖有奸邪，何惡之遂？顧乃偏僻猜忌，執一遺二，以猶爲薰，椒蘭是棄，由是禍亂交興，宗覆社圮。今子不務自尤，而維鼻是訾。一身之理且不達，況於政治也哉！」

方子仰而嗟，俯而愧，屏火捐爐，凝神養氣，既而鼻疾果愈。

**明・李詡《戒庵老人漫筆》卷四**　藥名傳文

常熟蕭觀瀾韶遺集一册，乃余少時業師益齋趙公所校録者，中有《桑寄生傳》一篇，取藥名成文，足稱工巧，殊可資玩。

傳云：「桑寄生者，常山人也，爲人厚樸，少有遠志，讀書數百部。長而益智不凡，雌黄今古，談辭如玉屑。狀貌瑰異，龍骨而虎睛，膂力絶人，運大戟八十斤走及千里馬。與劉寄奴爲布衣交，劉即位，拜爲將軍，日含雞舌侍左右，恩幸無比。薦其友秦艽、周升、杜仲、馬勃，上召見之，曰：『公等所謂參苓芝術，不可一日無者也，何相見之晚耶！』生即進曰：『士以類合，猶磁石取鍼，琥珀拾芥，若用小人而望其進賢，是猶求柴胡、桔梗於澤瀉也。』然頗好佛，與天竺黄道人密陀僧交最善，從容言於上，上惡其異端，弗之用。」

水賊反，自號威靈仙，與辛夷前胡相結連，犯天雄軍。上謂生曰：「豺狼毒吾民，奈何？」生曰：「此小草寇，臣請折箠笞之。」上大喜，賜穿山甲、犀角帶，問：「何時當歸？」曰：「不過半夏。」遂帥兵往，乘海馬攻賊，大戰百合，流血餘數里。令士卒挽川弓，發赤箭，賊不能當，遂走，絆於鐵蒺藜，或踐滑石而躓，悉追斬之。惟先降者獨活，以延胡索繫之而歸，獲無名異寶不可勝計。或曰：「馬援以薏苡興謗，此不可留也。」俱籍獻之。上迎勞生曰：「卿平賊如翦草，孫吴不能過也。」因呼爲國老而不名。

生益貴，賞賜日積，鍾乳三千兩，胡椒八百斛。以真珠買紅娘子爲妾，紅娘子者有美色，髮如蜀漆，顔如丹砂，體白而乳香，生絶愛之，以爲牡丹芍藥不能與之争妍也。上聞，賜以金銀花、玳瑁簪，月給胭脂胡粉之費。一日，上見生體羸，謂曰：「卿大腹頓減，非以好色故耶？宜戒淫慾節五味以自養。」且令放遠其妾。生不得已，贈以青箱子而遣之，然思之不置，遇秋風起，因取破故紙題詩以寄焉。其詩曰：「牽牛織女別經年，安得鸞膠續斷絃。雲母帳空人不見，水沈香冷月娟娟。澤蘭憔悴渚蒲黄，寒露初凝百草霜。不共玉人傾竹葉，茱萸甘菊自重陽。」妾答之曰：「菟絲曾附女蘿枝，分手車前又幾時。羞折紅花簪鳳髻，懶將青黛掃蛾眉。丁香謾比愁腸結，荳蔻長含別淚垂。願學雲中雙石燕，庭烏頭白竟何遲。天門冬日曉蒼涼，落葉愁驚滿地黄。清淚暗銷輕粉面，凝塵閒鎖鬱金裳。石蓮未嚼心先苦，紅豆相看恨更長。鏡裏孤鸞甘遂死，引年何用覓昌陽。」生得詩，情不自勝，乃言於上，召之使返。

然生既溺於欲，又不能防，風寒所侵，寖以成疾。面生青皮，兩手如乾薑，皤然白頭翁也。上疏乞骸骨，上曰：「吾曩者預知子之有今日矣。」賜神麯酒百斛，以皁角巾歸第，養疾而卒。

作史君子曰：「桑氏出於秦大夫子，桑生蓋桑白皮之後也。有名螵蛸者，亦其遠族。生少孤煢，僅知母而不識父，卒能以才見於時，非所謂郄林之桂枝，沅江之鼈甲也。與其後耽於女色，甘之如石蜜，而忘其苦於熊膽，美之如琅玕，而不知其毒甚於烏蛇也。迷而不悟，卒以傷生，惜哉！」觀瀾三十餘卒，此傳又其初年作，使假之年，容可量也。或曰，因其同邑有桑姓者，所行多不謹，故特爲此傳，語多含譏刺，似其人，今遠不可詳矣。意者其然與！

# 雜録

**晉・葛洪《西京雜記》卷六《魏王子且渠冢》**　魏王子且渠冢，甚淺狹，無棺柩，但有石牀，廣六尺，長一丈，石屏風，牀下悉是雲母。牀上兩屍，一男一女，皆年三十許，俱東首，裸卧無衣衾，肌膚顔色如生人，鬢髮齒爪亦如生人。王畏懼之，不敢侵近，還，擁閉如舊焉。

**又　卷六《幽王冢》**　幽王冢，甚高壯，羡門既開，皆是石堊，撥除丈餘深，乃得雲母，深尺餘，見百餘屍，縱横相枕藉，皆不朽，唯一男子，餘皆女子，或坐或卧，亦猶有立者，衣服形色不異生人。

**唐・劉禹錫《劉賓客文集》卷六《鑒藥》**　劉子閒居，有負薪之憂，食精良弗知其旨，血氣交沴，煬然焚如。客有謂予：「子病，病積日矣。乃今我里有方士淪跡於醫，厲者造焉而美肥，輒者造焉而善馳，矧常病也。將子詣諸？」

予然之，之醫所。切脈觀色聆聲，參合而後言曰：「子之病其興居之節舛、衣食之齊乖所由致也。今夫藏鮮能安穀，府鮮能母氣，徒爲美疢之囊橐耳！我能攻之。」乃出藥一丸，可兼方寸，以授予曰：「服是足以瀹昏煩而鉏蘊結，銷蠱慝而歸耗氣。然中有毒，須其疾瘳而止，過當則傷和，是以微其齊也。」予受藥以餌。過信而骽能輕，痹能和；涉旬而苛癢絶焉，抑搔罷焉，踰月而視分纖，聽察微，蹈危如平，嗜糲如精。

或聞而慶予，且閧言曰：「子之獲是藥幾神乎，誠難遭已。顧醫之態，多嗇術以自貴，遺患以要財。盍重求之？所至益深矣。」予昧者也，泥通方而狃既效，猜至誠而惑勸説，卒行其言。逮再餌半旬，厥毒果肆，岑岑周體，如痁作焉。悟而走諸醫。醫大吒曰：「吾固知夫子未達也！」促和蠲毒者投之，濱於殆，而有喜。異日進和藥，乃復初。

劉子慨然曰：善哉醫乎！用毒以攻疹，用和以安神，易則兩躓，明矣。苟循往以御變，昧於節宣，奚獨吾儕小人理身之弊而已！

**宋・蘇軾《東坡志林》卷二《爾朱道士煉硃砂丹》** 爾朱道士晚客於眉山，故蜀人多記其事。自言受記於師云：「汝後遇白石浮，當飛仙去。」爾朱雖以此語人，亦莫識所謂。後去眉山，乃客於涪州，愛其所産丹砂，雖瑣細而皆矢鏃狀，瑩徹不雜土石，遂止鍊丹數年，竟於涪州白石仙去，乃知師所言不謬。吾聞長老道其事甚多，然不記其名字，可恨也。《本草》言：「丹砂出符陵谷。」陶隱居云：「符陵是涪州。」今無復採者。吾聞熟於涪者云：「採藥者時復得之，但時方貴辰錦砂，故此不甚採爾。」讀《本草》偶記之也。

**宋・孔平仲《孔氏談苑》卷三《吴長文使虜》** 虜人打圍無所獲，忽得一鹿，請南使觀之。須臾剥剔了，已昏夜矣。數兵煮其骨食之，皆嘔血。吴左丞留雙腎於銀器中云：「此最補煖。」且欲薦之，翌日銀器内皆黑色。乃毒矢能斃爾。不敢洩，埋之而去。

**宋・何薳《春渚紀聞》卷六《東坡事實》** 饋藥染翰

先生自海外還至贛上，寓居水南日，過郡城攜一藥囊，遇有疾者，必爲發藥，并疏方示之。每至寺觀，好事者及僧道之流，有欲得公墨妙者，必預探公行遊之所，多設佳紙，於紙尾書記名氏，堆積案間，拱立以俟。公見即笑視，略無所問，縱筆揮染，隨紙付人。至日暮筆倦或案紙尚多，即笑，語之曰：「日暮矣，恐小書不能竟紙，或欲齋名及佛偈者幸見語也。」及歸，人人厭滿，忻躍而散。

**宋・張邦基《墨莊漫録》卷五** 裕陵賜王文公偏頭痛方

王文公安石爲相，日奏事殿中，忽覺偏頭痛不可忍，遽奏上，請歸治疾。裕陵令且在中書偃卧，已而小黄門持一小金杯藥少許賜之，云：「左痛即灌右鼻，右即反之；左右俱痛，並灌之。」即時痛愈。明日，入謝，上曰：「禁中自太祖時，有此數十方，不傳人間，此其一也。」因并賜此方。

蘇軾自黄州歸過金陵，安石傳其方，用之如神。但目赤，少時頭痛即愈。法用新蘿蔔取自然汁，入生龍腦少許，調勻，昂頭使人滴入鼻竅。

**宋・吴曾《能改齋漫録》卷四《辨誤》** 藥名詩不始于唐

蔡絛西清詩話謂：「藥名詩，世以起于陳亞，非也。東漢已有離合體，至唐始著藥名之號。如張籍答鄱陽客詩：『江皋歲暮相逢地，黄葉霜前半下枝。子夜吟詩問松桂，心中萬事喜君知。』」以予觀之，恐或不然。且藥名之號，自梁以來有之。簡文帝藥名詩云：「朝風動春草，落日照横塘。重臺蕩子妾，黄昏獨自傷。燭映合歡被，帷飄蘇合香。石墨聊書賦，鉛華試作妝。徒令惜萱草，蔓延滿空房。」梁元帝藥名詩云：「戍客恆山下，常思衣錦歸。況看春草歇，還見雁南飛。蠟燭凝花影，重臺閉綺扉。風吹竹葉袖，網綴流黄機。詎信金城裏，繁露曉霑衣。」如庾肩吾、沈約，亦各有一首。乃知藥名詩不始于唐。

**宋・范成大《桂海虞衡志・志器》** 藥箭。化外諸蠻所用。弩雖小弱，而以毒箭濡箭鋒，中者立死。藥以蛇毒草爲之。

**宋・周煇《清波雜志》卷三** 乳羊

英州碧落洞乳羊，飲鍾乳潤水，體白如乳，遇封方見，然不常有也。通、泰鹽地，麋食艾，生茸入藥，故人極力捕獵，以邀善價。士大夫求恣嗜慾，有養巨鹿，日刺其血，和酒以飲，其殘物命如此。嘗聞宣和間，艮嶽豢鹿數百千頭，其大如驢。虜圍城中，盡殺以啗衛士，茸、角皆棄之。

**宋・陸遊《老學庵筆記》卷七** 趙相挺之使虜，方盛寒，在殿上。虜主忽顧挺之耳，愕然急呼小胡指示之，蓋閹也。俄持一小玉合子至，合中有藥，色正黄，塗挺之兩耳周匝而去，其熱如火。既出殿門，主客者揖賀曰：「大使耳若用藥遲，且拆裂缺落，甚則全耳皆墮而無血。」扣其玉合中藥爲何物，乃不肯言，但云：「此藥市中亦有之，價甚貴，方匕直錢數千。某輩早朝遇極寒，即塗少許。吏卒輩則别有藥，以狐溺調塗之，亦效。」

**又 卷八** 興元褒城縣産礜石，不可勝計，與凡土石無異，雖數十百擔，亦可立取。然其性酷烈，有大毒，非置瓦窑中煅三過，不可用。然猶動能害人，尤非他金石之比。《千金》有一方，用礜石輔以乾薑、烏頭之類，名「匈奴露宿丹」，其酷烈可想見也。

**宋・王楙《野客叢書》卷一七** 藥名詩

《西清詩話》云：藥名詩起自陳亞，非也。東漢已有離合體，至唐始著藥名之號。如張籍《答鄱陽客詩》云「江皋歲暮相逢地，黄葉霜前半夏枝，子夜吟詩向松桂，心中萬事豈君知」是也。僕謂此説亦未深考，不知此體已著於六朝，非起於唐也。當時如王融、梁簡文、元帝、庾肩吾、沈約、竟陵王皆有，至唐而是體盛行。如盧受采、權、張、皮、陸之徒多有之。吳曾《漫録》謂藥名詩庾肩吾、沈約亦各有一首，非始於唐，所見亦未廣也。本朝如錢穆父、黃山谷之輩，亦多此作。

**元・王惲《玉堂嘉話》卷四** 《續夷堅志》載：「廣府某官苦蛇毒，取雄黃貯紗囊中，掛四壁間。既而承塵上日流黑汁，視之，有巨虵一，衆虵十數，皆腐潰而死。自是府舍清安，絶無毒物蟠蟄。」

**元・楊瑀《山居新語》卷三** 士人夫因其聞見之廣，反各有所偏，致有服丹砂者，服涼劑者。服丹砂者，爲害固不待言，余以目擊服涼劑者言之。友人柯敬仲、陳雲嶠、甘允從三人，皆服防風通聖散，每日須進一服以爲常。一日皆無病而卒，豈非涼藥過多，銷鑠元氣殆盡，急無所救者歟？可不戒之！《老學庵筆記》載：石藏用名用之，高醫也。嘗言：今人禀受怯薄，故案古方用藥，多不能愈病。非獨人也，金石草木之藥亦皆比古力弱，非倍用之不能取效。故藏用喜用熱藥得謗，至有「藏用擔頭三斗火」，人或畏之。惟晁之道悦其説，故多服丹藥，然亦不爲害。後因伏石上書丹，爲石冷所逼，得陰毒傷寒而死。蓋因丹氣熱毒所攻，終爲所服丹藥過多之故也。視過服涼劑者，亦出是歟？

**明・李詡《戒庵老人漫筆》卷三** 河豚有害

河豚，余邑中之所慣食，余亦愛之。近入城，聞一人家哭聲甚哀，問之，則以誤食河豚之有毒者連死四人。梅聖俞詩云：「炮煎苟失所，入喉爲鏌鋣。」又云：「皆言美無度，誰謂死如麻。」真紀實之言也。余從此遂不敢食。遇饌，則每勸人，世閒多美味，省此一物不爲少，勿爲蘇家口語所誤，悔之無及。時亦有聞余言而輟箸者，有不謂然者，余曰：「從若轉圜，勝於墮塹。」蓋中毒者多飲穢物解之，聊借戲以警云。偶得宋時陳止齋傅良《戒河豚賦》，録之以廣余意焉。

其文曰：「余叔氏食河豚以死，余甚悲其能殺人，吾邦人嗜之尤切他魚。余嘗怪問焉，曰：『以其柔滑且甘也。』嗚呼！天下之以柔且甘殺人者，不有大於河豚者哉！遂賦之。物固有害人兮，人之勝者智也；牛能觸，吾爲之絡，馬能蹶，吾爲之銜且轡也。烏喙之毒，用之藥以治也。虎豹搏且噬也，機與穽足以備也，蛟蜄可驅兮，蛇虺蚖蜥可避也。雖其賫禍賊兮，名彰莫余僞也。是故防之疑兮，待之懼也。吁河豚柔滑其肌兮，旨厥味也。孰魚匪羞兮，而柔以甘人同嗜也。曾謂其斃人亟兮，孽肝膽慘腸胃也。人雖疑致死兮，饋者弗忌也。吁嗟乎物之害人兮，不在乎真可畏也。凡蓄美以誘人兮，蓋中人之所利也。余誠説而陷兮，彼則陰以其恚也。滅殘忍以爲仁兮，文嫵媚忌也。甘我以言兮，鼠伺而狐覷也。笑怡怡吾董兮，弱婉婉滅人之氣也。富貴懷安吾鴆兮，幣帛饔牢吾餌也。吁嗟乎愛者禍府兮，所玩以易也。兵莫慘於貪兮，干戈伏於不意也。晉滅虞以壁馬兮，商君以好囚魏也。莽詐忠以盜漢兮，武賊養以媚也。眇河豚其弗戒兮，欺天下者曰得志也。吁嗟乎若子豢安兮，擲天下於一試也。」元貢玩齋曾客江陰，集有記河豚云，大者名青郎君，小者名班兒，今鮮知青郎君名。

**明・謝肇淛《五雜俎》卷一〇《物部二》** 有睡草，亦有却睡之草；有醉草，亦有醒醉之草；有宵明之草，亦有晝暗之草；有夜合之草，亦有夜舒之草：物性相反，有如此者。

**又 卷一一《物部三》** 宋宣和間，有貴妃病嗽，侍醫李姓者，診治，百計不效，而痰喘愈甚，面目浮腫如盤。上臨幸見之，深以爲憂，責李：「三日不效，取進止。」李技窮，夫婦相泣，中夜聞有賣藥者呼曰：「專治痰嗽，一文一貼，永不再發。」李以十錢易十貼，尚疑草藥性厲，先以二帖自服之，無恙，且攜以入，一服而瘥，比旰如常。上大喜，兩宫賜賚逾千緍。李恐內中索方，無以對，亟令物色賣藥者，以百金請其方。曰：「我軍人也，貧窮一身，豈用多金哉？」李固予之。曰：「此不過天花粉、青黛二種耳。此藥易辦，故持以度日，非有它也。」李拜謝之。

世宗末年，一日，患喉閉，甚危急。諸醫束手。江右一糧長運米入京，自言能治，上親問之，對曰：「若要玉喉開，須用金鎖匙。」上首肯之，命處方以進，一服而安，即日授太醫院，判冠帶而歸。後有人以此方治徐華亭者，亦效，徐予千金，令上坐，諸子列拜之曰：「生汝父者，此君也，恩德詎可忘哉！」金鎖匙，即山豆根也。以一草之微，而能爲君相造命。而二人者，或以貴，或以富，始信張寶藏以蓽撥一方，得三品官，不虚也。

江左商人，左膊上有人面瘡，亦無它苦。戲滴酒口中，其面亦赤；以物飼之，亦能食；食多則膊內肉脹起，疑其胃也，不食之，則一臂瘠焉。有醫者教以歷試草木金石之藥，皆無苦，惟至貝母，則聚眉閉口。商人喜曰：「此藥必可治也！」以葦筒抉其口灌之，遂結痂而愈。此興藍之治噎蟲，雷丸之治應聲蟲相類。然本草於貝母但言其治煩熱、邪氣、疝瘕、喉痹，安五臟，利骨髓而已，不言其有殺蟲之功也。豈人面瘡亦邪熱所結耶？又一書載：「人面瘡乃鼂錯所化，以報袁盎者。」則又生前宿冤，非貝母所能療矣。

**明・方以智《物理小識・飲食類》**

行路不飢渴法　芝麻、紅棗、糯米正等爲末，蜜丸水下，可一日飽。其不渴方，用甘艸、薄荷、易梅、乾葛、鹽白梅各一兩，何首烏三兩，白茯苓四兩爲末，煉蜜丸之。暄曰，閩中脚夫未水柳葉止渴。

青飿　採南天燭葉蒸糯米暴之，如此九次，斗縮爲升，本用補人，又可出路。中履曰，即青精飯。

糟茄　入石緑，切開不黑，糟宜黄道日，蒂用線勒去。

女麯餈　建昌呼女麯爲艾，採葉春米作餈。按，女麯是茸毋。《居家必用》曰，三月取鼠麴草汁，和粉作龍舌絆，即鼠耳艸也。

消麵餅　洪林曰，王承宣搗蘿蔔汁，溲麵作餅，甚易消化。

雜飲　稠禪師以五色飲獻隋帝，以滂藤爲緑飲。今按，冬採柏枝，綫架懸甕中，紙封其上，陰乾取出，泡湯正碧。龍腦、薄荷葉泡水則香而白，大麥炒而泡之爲黄飲，玫瑰花蜜留泡之爲紅飲。杜寶《拾遺録》：壽禪師精醫，作五香飲。沈檀丁與澤蘭甘松也。

解梅酸牙　梅與韶粉同食，或與梅葉同食，則牙不酸。又胡桃亦可解齼，咬藕亦解。

韭汁　生取汁能通竅化物，可除痞積胸痰。韭性不寒，又不壞人，但生汁辣耳。

辨蕈毒　以燈心艸和蕈煮，或以銀簪淬之，燈心與簪色黑，即有毒。

水沫　溪水中沫取起，令乾爲末，入湯中即冷而不沸，食之則轉失氣。暄曰，以此沫調水，令人飲之則瀉不止，多服甘艸乃解。

解荔熱　食荔多而醉者，以殼浸水飲之則解。粤人或以苦瓜，或以蜜、以鹽。

解傷茶　飲茶多而腹脹者，以醋解之，或以薑豉。

**清・談遷《棗林雜俎中集・器用》**　緬鈴

緬鈴相傳鵬精也。鵬性淫毒，一出，諸牝悉避去。遇蠻婦輒啄而求合。土人束草，衣絳衣，簪花其上，鵬嬲之不置。精溢其上，採之裹以重金，大僅如荳。嵌之於勢以御婦人，得氣愈勁。然夷不外售，夷取之始得。滇人僞者，以作蒺藜形，裹而摇之亦躍，但彼不摇自鳴耳。《滇程記》。

**清・顧祖禹《讀史方輿紀要》卷九九《福建五》**　高山溪，縣東北。亦出大峰山，曰高山水，歷大、小坪，合羣溪之水爲溪口溪，流入南靖縣會爲大溪，土人呼爲高坑石神溪，或以爲即石滕溪也。舊志：溪源發江西、閩、廣之交，下流入海。水最惡，飲之則病瘴，徒涉者則足黑，謂之烏脚溪。昔時自閩入粤皆載水自隨，以是水有毒也。《通典》云：「石滕溪在漳浦西北百五十里。」今溪在大峰山東，或水性變異，而舊蹟尚存云。

**又　卷一一四《雲南二》**　火焰山，府西北十里。土有硫黄氣，履之灼足，著枯葉即焦，人卧其上，可去濕疾。又黑衝山，在府西北四十里。雲樹深黑，經年不霽，多瘴癘，人不敢往。又有石門，在府西北百里。箐口鑿石爲門，以通車馬，下臨曲江，險陿可守。

**又　卷一一六《雲南四》**　蒙樂山，府北九十里，與者樂甸長官司接界。一名無量山，高不可躋，連亘三百餘里。中有石洞，深不可測。一峰突出，狀若崆峒。其南有泉流爲通華河，北有泉流爲清水河，俱東流入於大河。山上又有毒泉，人畜飲之皆斃。蒙氏封此山爲南嶽。志云：城西景董山即此山之支隴也。

**又　卷一一八《雲南六》**　潞江，在司北三十里。本名怒江，以江流洶湧不平也。源出吐蕃，流入司境，南流經司城東，又南經孟定、芒市而入緬界，下流入於南海。蒙氏封爲四瀆之一。江之兩岸皆陡絶，瘴癘甚毒，夏秋之間，人不敢渡。今詳見大川。

潞江關，在潞江東岸。《滇附録》云：「金齒西上一程曰蒲縹，地猶稍平。達蒲縹驛，經打板箐而下潞江，若降深穽，四序皆燠，赤地生煙，瘴氣騰空，觸人鼻如花氣。渡龍川江，其炎瘴亦然。」

**又　卷一二一《貴州二》**　布嶺，在司西。舊嘗開邊築堡於此，萬曆中以兵廢。《滇附録》：「出騰衝至南甸、干崖，其地雖冬月衣葛，汗猶如雨。又西爲布嶺，稍涼如騰衝。又西爲雷弄，又西爲揭陽，又西爲孟乃，又西爲大岡，其病毒益甚矣。」

黑泉，志云：州瘴癘不可居，水不可涉，有黑泉水，溢時飛鳥過輒墮。夷以竿掛布浸而瀑之，以拭盤盂，人食立死。

箭眉山，司西百里，地名陸堡。勢極高大，周四十餘里。河流縈紆其下。巔有兩峰，峰畔一谷甚寬平，可耕藝。土氣多燠，蔬果四時不乏。然多烟瘴，不可居，惟土著仲家居焉。

**又　卷一二二《貴州三》**　森崖山，司治南。峰巒高聳，林木蓊鬱，望之如雲。又石榴坡，在司西南。道出烏羅司，最險仄，有毒霧，行者畏之。

**清·顧禄《清嘉録》卷三**　野菜花眼亮糕

薺菜花，俗呼「野菜花」。因諺有「三月三，螞蟻上竈山」之語，三日，人家皆以野菜花置竈陘上，以厭蟲蟻。侵晨，村童叫賣不絶。或婦女簪髻上，以祈清目，俗號「眼亮花」。或以隔年糕油煎食之，云能明目，謂之「眼亮糕」。

案：蘇東坡《物類相感志·總論》：「三月三日，收薺菜花置燈檠上，則飛蛾蚊蟲不投。」吴曼雲《江鄉節物詞》小序云：「杭俗，上巳日，置薺菜花於竈上，可驅蟲蟻。」詩云：「一枝春向竈觚探。」田汝成《西湖游覽志》：「三月三日，男女皆戴薺菜花。諺云：『三春戴薺花，桃李羞繁華。』」江、震《志》亦並載此俗。又《崑新合志》云：「三月三日，各鄉村舁神朝嶽帝，曰『野菜會』。北鄉更盛。兒女皆簪野菜花。或以野菜花抹竈，可驅蟲蟻。」吴自牧《夢粱録》謂清明「以柳條插門，名曰『明眼』。」與吾鄉三日戴薺花之俗，取意略同。

**又　卷四**　藥王生日

二十八日爲藥王生日。醫士備分燒香，駢集於洙泗巷之三皇廟，即醫學也。郡縣醫學官司香火。盧家巷亦有藥工廟，誕日，藥市中人擊牲設醴以祝嘏。或集衆爲會，有爲首者掌之，醵金演劇，謂之「藥王會」。

案：沈汾《續神仙傳》：「藥王姓韋名古，道號歸藏。西域天竺人。開元二十五年入京師，紗巾毳袍，杖履而行，腰繫葫蘆數十，廣施藥餌，療人多效。帝召入宫，圖其形，賜號『藥王』。」又韓旡咎《桐陰舊話》引《列仙傳》：「唐武后朝韋善俊，京兆人。長齋奉道，常攜黑犬名烏龍，世俗謂之『藥王』。」又高士奇《扈從西巡日録》云：「藥王廟，專祀扁鵲。四月二十八日，賀藥王生日。」又《一統志》：「藥王廟在任丘縣鄚州城東北，祀扁鵲。」吴梅村《過鄚州》詩，有「香火年年賽藥王」之句。《府志》云：「洙泗巷清真觀醫學，有醫王廟，舊稱三皇廟，在流化坊，祀伏羲、神農、黄帝。康熙二十八年改建今所，並祀夏禹。三十年，知府盧騰龍請以岐伯、伯高、鬼臾區、少俞、少師、雷公配，改名醫王廟。」是止稱醫王，不稱藥王。又考徐崧、張大純《百城煙水》云：「藥王廟在盧家巷。康熙庚申，藥市中醵金建。」並載程瑞、鄒溶詩，詩中皆專指神農而言。今廟中亦塑神農象，更不應有藥王之稱。則知俗傳二十八日之辰，乃是扁鵲誕降之日。吴人不察，相沿爲三皇生辰，不亦謬與！

**又　卷五**　端五

五日，俗稱端五。瓶供蜀葵、石榴、蒲蓬等物，婦女簪艾葉、榴花，號爲「端五景」。人家各有宴會，慶賞端陽。藥市、酒肆，餽遺主顧，則各以其所有雄黄、芷朮、酒糟等品。百工亦各輟所業，羣人酒肆鬨飲，名曰「白賞節」。

案：《荆楚歲時記》：「京師以五月一日爲端一，二日爲端二，三日爲端三，四日爲端四，五日爲端五。」張表臣《珊瑚鈎詩話》謂：「端五之號同於重九。世以五爲午，誤。」長、元、吴《志》皆載：「端午，簪榴花、艾葉以辟邪。」《崑新合志》云：「五月五日端陽節，瓶供蜀葵、石榴、蒲蓬等物，曰『端陽景』。簪艾葉、榴花於頭，以辟邪。」而江、震《志》皆云：「兒女輩之長者，則簪艾葉、榴花。」又云：「醫家亦以雄黄、衣香送於常所往來之家。家買葵榴、蒲艾，貯之堂中。」《常昭合志》亦載是俗。江、震《志》謂：「端午日晴，主年豐，諺云：『端午晴乾，農人喜歡。』」

雄黄荷包裹絨銅錢

製繡囊絶小，類荷包之形，中盛雄黄，謂之「雄黄荷包」。綵絨裹銅錢爲五色符，謂之「裹絨銅錢」。皆繫襟帶間以辟邪。

案：吴曼雲《江鄉節物詞》小序云：「杭俗，婦女製繡袋，絶小，貯雄黄。繫之衣上，可辟邪穢。」詩云：「石榴花底繡工忙，夾袋功收藥石良。贈我定知囊可括，從來口不設雌黄。」

五毒符

尼庵剪五色綵箋，狀蟾蜍、蜥蜴、蜘蛛、蛇、蚿之形，分貽檀越，貼門楣、寢次，能魇毒蟲，謂之「五毒符」。郭麐《五毒符》詩云：「跂跂脈脈善緣壁，蜿蜿虵虵鬭風疾。周身百足彊扶持，密網千絲巧羅織。龐然獨踞中央坐，四蟲么麼一蟲大。可憐乙骨走羣妖，留向午時作奇貨。五行志傳何人作，荆楚歲時多寄託。千秋那得孟嘗君，六代誰如王鎮惡。角黍須盛五綵筩，蛟龍波底泣孤忠。六丁六甲符安用，且避人間蠆與蜂。」

案：《青齊風俗記》：「穀雨日圖五毒符，圖蝎子、蜈蚣、虺、蛇、蜂蜮之狀，各畫一針刺之，刊布家户，以禳蟲毒。」吴俗則在端五。蔡鐵翁《吴歈》注云：「五毒：蟾蜍、蜥蜴、蜘蛛、蛇、蚿也。」吴曼雲《江鄉詞》小序亦云：「杭俗，午日扇上畫蛇、虎之屬，數必以五，小兒用之。」

辟瘟丹蚊煙

男女佩帶辟瘟丹，或焚於室中，益以蒼朮、白芷、大黄、芸香之屬，皆以辟疫祛毒。又謂五日午時，燒蚊煙，能令夏夜無蚊蚋之擾。蔡雲《吴歈》云：「蒲蓬卯蒜掛牀前，芷朮香雲地下燃。還怕夜來眠不穩，碧紗帳外點蚊煙。」

案：《月令事宜》載：「五月五日，收藏浮萍乾爲末，和雄黄作紙纏香。焚之，能避蚊。」然江、震《志》則云：「五日，採百草焚之，以避蚊蚋。」又《崑新合志》云：「五日，燒蒼朮、白芷、辟瘟丹並蚊煙，以祛毒蟲。」

**又　卷八**　天灸

朔日，蚤起取草頭露磨墨，點小兒額腹，以祛百病，謂之「天灸」。

案：盧《志》及長、元、吴《志》皆載「天灸」之俗。又《風俗通》云：「是日爲六神日，以露調朱砂，蘸小指點額，去百病。」

**清·陸以湉《冷廬醫話》卷二**　太平崔默庵醫多神驗。有一少年新娶，未幾出痘，偏身皆腫，頭面如斗。諸醫束手，延默庵診之。默庵診症，苟不得其情，必相對數日沉思，反覆診視，必得其因而後已。診此少年時，六脈平和，惟稍虚耳，驟不得其故。時因肩輿道遠腹餓，即在病者榻前進食。見病者以手擘目，觀其飲啖，蓋目眶盡腫，不可開合也。問：「思食否？」曰：「甚思之，奈爲醫者戒余勿食何？」崔曰：「此症何礙於食？」遂命之食。飲啖甚健，愈不解。

久之，視其室中，牀榻桌椅漆器熏人，忽大悟，曰：「余得之矣！」亟命别遷一室，以螃蟹數觔生搗，偏敷其身。不一二日，腫消痘現，則極順之症也。蓋其人爲漆所咬，他醫皆不識云。

**清·徐珂《清稗類鈔·物品類》**　武英殿露房所藏藥品

武英殿有露房，即殿之東末間，舊爲藏庋西洋藥物花露之所，又有狗寶、鼊寶、蜘蛛寶、獅子寶、蛇牙、蛇睛等物。而蜘蛛寶黑如藥丸，巨若小胡桃，其蛛當不細矣。又有曰德力雅噶者，頗似藥膏，監造列單，交造辦處呈進，上分賜諸臣，餘交造辦處。舊傳西洋堂歸武英殿管理，故所存多西洋之藥。比交造辦處，而露房遂空，舊檔册悉焚，於是露房之稱始改矣。

# 金屬化學總部

# 礦物與冶金化學部

## 題解

**宋・高承《事物紀原》卷九《農業陶漁業部》** 冶

《古史考》曰：燧人鑄金作刀。鑄金即冶也。而《周書》以謂神農作冶。《尸子》以謂造冶者蚩尤也。按，《禮》曰：昔先王未有火化，後聖修火之利，範金合土。此冶之始也，蓋始於鑽木造火之後。

**宋・王觀國《學林》卷一〇** 許慎《説文》曰：「磺，胡猛切，樸也，亦作卝，古文也。故《周禮》有卝人掌金玉錫石之地。」鄭氏注曰：「卝之言礦也，金石未成器曰礦。」觀國按：礦亦作礦，卝亦作𨥷，則卝者古文礦字也。《周禮》釋卝音，音胡猛切。王荆公引《詩》「總角丱兮」以釋卝人之義，取其有分別之義。若然，則丱兮音慣，而卝人亦音慣矣。若卝人音慣，則字書卝人之卝，當棄而不用也，故荆公《字説》收礦字而不收卝字，恐卝字未可遽爾削去也。《禮記》曰：「天子之六府，有司貨。」鄭氏注曰：「司貨，卝人也。」陸德明《音義》曰：「卝，胡猛切。」義甚明也。《廣韻》上聲於礦字訓曰「金璞也」，於卝字訓曰「金玉未成器也」，又二字分二切，則誤矣。《禮部韻略》上聲卝字胡猛切，金玉未成器也；礦字古猛切，銅鐵樸石也，亦誤矣，蓋卝礦乃一字一義也。《廣韻》《禮部韻略》皆分作二字二義，而所訓二義，又同而無別，蓋《廣韻》唱其誤，而《禮部韻略》襲其誤也。

**清・徐珂《清稗類鈔・礦物類》** 鑛物

鑛，古作卝，亦作礦，凡材物生於地中，須探掘而得之者，皆曰鑛。鑛物有廣狹二義，廣義爲金、石、土、砂、鹽、水等無機物質之總稱，狹義爲搆造巖石之成分，如花崗巖中所含石英、長石、雲母之類，别爲金屬、非金屬二種。

我國地質，多搆成於石炭紀層，故鑛物無所不備，而煤、鐵尤多。煤田之面積，約越數萬方里，跨於直隸、奉天、山東、山西、河南、四川、雲南、貴州、湖南、江西諸省，惟以採掘未盛，且工商二業亦未進步，所藴藏於地者不可勝數。銅則盛産於雲南及安徽、福建、山西、四川、兩廣，雲南尤推上品。黄金則盛産於西藏及四川、吉林、長白山。黑龍江、伊勒呼里山陰。蒙古。阿爾泰山。錫則盛産於廣西之貴縣、奉天之義州及湖南、福建、廣東、雲南等省。鉛則盛産於山西之大同，錳則盛産於湖北之興國，鐵則盛産於湖南、湖北及廣東，銀則盛産於廣東、廣西、貴州、河南及奉天之鐵嶺，丹砂、水銀、硫黄、琥珀、水晶，南嶺以南盛産之。若乃于闐之玉，嫩江之珂，醫巫閭之珣玗琪，俗名錦州石。雲南大理府之點蒼石，江西之陶土，四川、雲南之井鹽，天山之巖鹽，阿拉善旗及解州之池鹽，皆特産也。四川、陝西、甘肅、新疆、奉天有石油鑛，而不知製煉法，則以化學之未發達耳。

**又** 鑛石 凡石中含有金屬，可於其中采取金屬之單體或化合物者，謂之鑛石。

## 論説

**漢・劉安《淮南子・墬形訓》** 正土之氣也御乎埃天，莊逵吉云：《太平御覽》「御」作「仰」，下同。下有注云：「正土，中土也，其氣上曰埃央中天也。」王念孫云：「也」字衍。下文「偏土之氣」四段，「氣」下皆無「也」字。《太平御覽・地部》三十五引此亦無。寧案：《太平御覽》七十引注作「埃天，中央也」。莊引「央」「天」二字誤倒。疑注當作「正土，中央土也。其氣上曰埃天，中央天也」。天稱中央，則土亦當稱中央，土稱中央土，則天亦當稱中央天也。上下文可互校。埃天五百歲生缺，莊逵吉云：《太平御覽》作「玦」，注云：「砄，石名也。中央數五，故五百歲而一化。」似與「黄金」下注語相亂。寧案：莊氏所引見《太平御覽》七十。又「黄澒」下注云：「黄澒，砄化水銀也。」當是許注。《太平御覽》八百十引「黄金千歲爲「今本作「生」。」黄龍」下注云：「玦，石也。中央數五，故五百歲一化。澒音胡貢反。澒，黄金水銀也。」是高注。今本在「黄澒五百歲生黄金」下。蓋高承許説而所繫正文不同，非相亂也。缺五百歲生黄埃，黄埃五百歲生黄澒，王念孫云：此本作「埃天五百歲生缺，缺五百歲生黄澒」，其「生黄埃黄埃五百歲」八字，皆因上下文而誤衍也。[上文有「埃天」，下文有「黄泉之埃」。]下文「青天八百歲生青曾，青曾八百歲生青澒」，與此文同一例，[後二段並同。]則不當有「生黄埃」以下八字明矣。《初學記・寶器部》《太平御覽・珍寶部》九引此並云「玦五百歲生黄澒」。[又引注云：「玦，石也。」]《御覽・地部》三十五引此云：「埃天五百歲生砄，[又引注云：「砄，石名也。」]《玉篇》：「砄，音決，石也。」]砄五百歲生黄澒。」是其證。其澒五百歲生黄金，黄金，石名也。中央數五，故五百歲而一化。澒，水銀也。寧案：注，黄金不得曰石名也。「黄金」二字當是「砄」字涉正文「黄金」而誤。《太平御覽》八百十引「黄金千歲爲黄龍」，下注云：「玦，石也。中央數五，故五百歲一化。澒音胡貢反。澒，黄金水銀也。」即此條。［「澒音胡貢反」五字後人所加，下衍「黄金」二字。］《太平御覽》引作「玦」作「砄」，今本作「缺」，皆形近而誤也。又下文「赤金」下注云：「南方火，其色赤，其數七，故七百歲而一化。」「玄金」下注云：「北方水，其色黑，其數六，故六百歲而一化。」依注例，則此當作「中央土，其色黄，其數五，故五百歲而一化」。今本「中央」下脱「土其色黄其」五字。同例，下文注「東方木」「西方金」下皆脱「其」字。又《太平御覽》七十引注云：「黄澒五百歲化而爲黄金也。」是許注。黄金千歲生黄龍。　寧案：《太平御覽》八百十引此下有「秦以一鎰爲一金而重一斤，漢以一斤爲一金」十八字，疑是後人附記誤入正文。又七十引注云：「黄金之精爲黄龍也。」蓋許注。

【略】偏土之氣御乎清天，　莊逵吉云：《太平御覽》下有注云：「偏土，方土也。」　寧案：《太平御覽》引注「方」上應有「東」字，與下三方同例。清天八百歲生青曾，　莊逵吉云：《太平御覽》下有注云：「青曾，青石也。東方數八，故八百歲而一化。」亦與下注語相亂。　王念孫云：「清天」當爲「青天」，謂東方天也。下「清泉」同。《太平御覽·地部》引此正作「青天」「青泉」。　寧案：《太平御覽》七十引注，許、高之異也，非與下注語相亂也。青曾八百歲生青澒，青澒八百歲生青金，青金八百歲生青龍，東方木，色青，其數八，故八百歲而一化。　王念孫云：「八百歲」當爲「千歲」，上文「黄金千歲生黄龍」，即其證也。（後二段並同。）高注云：「東方木色青，其數八，故八百歲而一化。」此注本在上文「青澒八百歲生青金」之下，後誤入此句下，讀者因改「千」爲「八百」耳。《太平御覽》引此正作「青金千歲生青龍」。　向宗魯云：《御覽》九百二十九引《河圖》曰：「黄金千歲生黄龍，青金千歲生青龍，赤金千歲生赤龍，白金千歲生白龍，玄金千歲生玄龍。」與《淮南》文同可證。青龍入藏生青泉，青泉之埃上爲青雲。陰陽相薄爲雷，激揚爲電，上者就下，流水就通，而合於青海。東方之海。壯土之氣，御於赤天，　莊逵吉云：《太平御覽》引此下有注云：「壯土，南方之土。」　王念孫云：「壯土」當爲「牡土」，此對下文北方土爲牝土而言。「壯」字俗書作「壮」，與「牡」相似而誤。　寧案：王説是也。景宋本正作「牡土」。赤天七百歲生赤丹，　莊逵吉云：《太平御覽》注云：「赤丹，砂也。南方數七，故七百歲而一化。」赤丹七百歲生赤澒，　寧案：《太平御覽》引注當作「赤丹，丹砂也」。《本草》丹砂，黄奭引注重「丹」字。赤澒七百歲生赤金，南方火，其色赤，其數七，故七百歲而一化。　莊逵吉云：《太平御覽》此下注云：「丹砂不化爲沙而可以爲金，故氣赤澒也。」當有誤字而無攷。　寧案：莊引《太平御覽》「沙」誤「白」，「氣」誤「曰」，改從《御覽》。赤金千歲生赤龍，赤龍入藏生赤泉，赤泉之埃上爲赤雲。陰陽相薄爲雷，激揚爲電，上者就下，流水就通，而合於赤海。南方之海。弱土之氣，御於白天，　莊逵吉云：《太平御覽》下有注云：「弱土，西方土也。」白天九百歲生白礜，白礜九百歲生白澒，白澒九百歲生白金，白礜，礜石也。白澒，水銀也。西方金，色白，其數九，故九百歲而一化。　寧案：《太平御覽》七十引「白礜」下有注云：「白礜，礜石也。西方數九，故九百歲一化也。」當是許注。疑注不當重「礜」字。《説文》：「礜，毒石也。」段注：「疑本作礜，石也。三字爲句。」是其比。白金千歲生白龍，白龍入藏生白泉，白泉之埃上爲白雲。陰陽相薄爲雷，激揚爲電，上者就下，流水就通，而合於白海。西方之海。牝土之氣，御於玄天，　莊逵吉云：《太平御覽》下有注云：「牝土，北方土也。」玄天六百歲生玄砥，玄砥，黑石也。　寧案：《太平御覽》七十引注云：「砥，石也。北方數六，故六百歲而一化也。」蓋許注。玄砥六百歲生玄澒，玄澒六百歲生玄金，北方水，其色黑，其數六，故六百歲而一化。玄金千歲生玄龍，玄龍入藏生玄泉，玄泉之埃上爲玄雲。陰陽相薄爲雷，激揚爲電，上者就下，流水就通，而合於玄海。北方之海。上者就下，天氣復從天流下也。其通流之水，皆入於海也。

又《本經訓》　逮至衰世，鐫山石，鐫猶鑿也。求金玉也。鍥金玉，擿蚌蜃，鍥，刻金玉以爲器也。擿猶開也。開以求珠也。　桂馥云：「擿」當爲「摘」。《説文》摘有拓義。《增韻》：「拓，㢈開也。」揚雄《甘泉賦》「拓迹開統」，「拓」亦借字，當爲「祏」字。《字書》：「祏，張衣令大也。」《太玄》：「天地開闢，宇宙祏袒。」　楊樹達云：桂讀「擿」爲「摘」是也，而訓爲拓開之義則非是。《説文》云：「摘，拓果樹實也。」「拓，拾也。」此但謂摘取耳。　馬宗霍云：《説文·手部》云：「擿，搔也，一曰投也。」義不爲「開」。《周禮·秋官》「哲蔟氏掌覆夭鳥之巢」，鄭司農云：「哲讀爲擿。」鄭玄謂「哲古字。从石折聲」。賈公彦疏云：「先鄭意以爲杖擿破之，故從擿。後鄭意以石投擲毁之，故古字從石，以折爲聲。」據此，則「哲」與「擿」蓋爲古今字。《説文·石部》云：「哲，上擿山巖空青珊瑚墮之，（此從《文選·吴都賦》李善注引，今大小徐本「擿」並作「摘」，段玉裁《説文注》亦訂正作「擿」。）从石，折聲。《周禮》有哲蔟氏。」案許君以「擿」釋「哲」，與先鄭讀「哲」爲「擿」合。其引《周禮》證「哲」，又與後鄭以「哲」爲古字合。然則《淮南》本文之「擿」猶「哲」也。擿蚌蜃以求珠，與哲鳥巢以去鳥，其事正同。高氏訓「擿」爲「開」，開謂剖開。亦猶賈疏申二鄭之義爲「破之」「毁之」也。凡物必先破毁而後開，要皆自擿之第二義訓「投」引申而來。桂馥謂本文「擿當爲摘，《説文》摘有拓義」。非也。于省吾云：注謂鐫山石爲求金玉，非是。鐫山石，鍥金玉，二句平列。鐫山石謂鐫刻山石以爲文物也，非謂鑿山求金玉，再鍥刻金玉也。「鍥」與「鍥」古同字。《荀子·勸學》「鍥而舍之」注：「鍥，刻也。」消銅鐵，而萬物不滋。不滋長也，言盡物類也。

又　煎熬焚炙，調齊和之適，以窮荆、吴甘酸之變，荆，楚。言二國善酸鹹之和而窮盡之。焚林而獵，燒燎大木，鼓橐吹埵，以銷銅鐵，鼓，擊也。橐，冶鑪排橐也。埵，銅橐口鐵筒，埵入火中吹火也。故曰「吹埵」。銷，鑠。　寧案：排橐，或作鞴橐，即排囊。冶者以韋囊鼓火。《文選·廣絶交論》「鑪捶萬物」注引李頤《莊子音義》曰：「捶，排口鐵，以灼火也。」字作「捶」，从手。注「銅橐口鐵筒」，即李云排口鐵也。捶入火中，疑「捶」乃「插」之誤。 靡流堅鍛，無猒足目，莊逵吉云：盧詹事云：「無猒足目」別本作「足日」。楊樹達云：「日」字是也。文以鐵，日爲韻。 寧案：中立本「目」作「日」。 山無峻幹，林無柘梓，峻幹，長枝也。柘，桑。梓，滋生也。 孫詒讓云：王云「梓」當爲「栓」，「栓」古「櫱」字也。案王說是也。惟「拓栓」與「峻幹」文不相對。「柘」疑當爲「碩」之假字。「柘、碩聲類同。」碩櫱謂萌櫱之大者。 寧案：孫說是也。又「林」字景宋本作「水」。上已言山，下又言林，於義爲複，作水是也。焚林而獵，燒燎大木，故山無峻幹，靡流堅鍛，無猒足日，故水無碩櫱。「碩櫱」誤爲「柘梓」，故後人改「水」爲「林」，又於注文加「柘桑」二字，以就其誤，而不知與靡流文不相承矣。《覽冥篇》「山無峻幹，澤無窒水」，亦以山水對舉，是其比。《說文》：「櫱，伐木餘也。」引申之，草亦云櫱。蘇軾《園中草木詩》云：「牽牛獨何畏，詰曲自牙櫱。」是也。故曰「水無碩櫱」。下文「燎木以爲炭，燔草而爲灰」，正承峻幹、碩櫱。 燎木以爲炭，燔草而爲灰，野莽白素，不得其時，莽，草也。白，素也。 呂傳元云：注，宋本作「莽，稿草。白，素也」。今本脱「稿」字，當據沾。《藏》本作「槁草」，上脱「莽」字。 寧案：中立本注與《藏》本同。 上掩天光，下殄地財，此遁於火也。殄，盡也。殄讀曰典也。

**漢・桓寬《鹽鐵論》卷一〇** 雜論第六十

大夫曰：「文學言剛柔之類，五勝相代生。《易》明於陰陽，《書》長於五行。春生夏長，故火生於寅木，陽類也；秋生冬死，故水生於申金，陰物也。四時五行，迭廢迭興，陰陽異類，水火不同器。金得土而成，得火而死，金生於巳，何說何言然乎？」

**《漢書・食貨志》** 《洪範》八政，一曰食，二曰貨。食謂農殖嘉穀可食之物，貨謂布帛可衣，及金刀龜貝，所以分財布利通有無者也。師古曰：「金謂五色之金也。黄者曰金，白者曰銀，赤者曰銅，青者曰鉛，黑者曰鐵。刀謂錢幣也。龜以卜占，貝以表飾，故皆爲寶貨也。」

**又** 宣、元、成、哀、平五世，亡所變改。元帝時嘗罷鹽鐵官，三年而復之。貢禹言：「鑄錢採銅，一歲十萬人不耕，民坐盜鑄陷刑者多。富人臧錢滿室，猶無猒足。民心動摇，棄本逐末，耕者不能半，姦邪不可禁，原起於錢。疾其末者絶其本，宜罷採珠玉金銀鑄錢之官，毋復以爲幣，除其販賣租銖之律，租税禄賜皆以布帛及穀，使百姓壹意農桑。」議者以爲交易待錢，布帛不可尺寸分裂。禹議亦寢。

**宋・王欽若等《册府元龜》卷四九四《邦計部・山澤二》** 五年六月，鹽鐵使王涯奏：「當使應管諸州府坑冶，伏準建中元年九月七日敕，山澤之利，今歸於管；坑冶所出，并委鹽鐵使勾當者。今兗、鄆、淄、青、曹、濮等三道，并齊州界已收管開冶。及訪聞本道私自占採坑冶等，臣伏以山川産物，泉貨濟時，苟有利宜，不忘經度。兗、海等道，銅鐵甚多，或開採未成，州府私占，物無自效，須俟變興。國有常征，宜歸董屬。前件坑冶，昨使檢量，審見滋饒，已令開發。其三道觀察使相承收採，將備軍須。久以爲利，恐違常典。伏請勒還當使，準例税納。又以興功動作，法貴均勞。坑冶州府，人難并役。其應採鍊人户，伏請準元敕，免雜差遣，冀其便安。伏乞天恩，允臣所請，臣即於當使差請强官，與兗、海等道勘會。已開者，便令交領；未開者，別具條疏。」從之。

**《元史・食貨志》** 山林川澤之産，若金、銀、珠、玉、銅、鐵、水銀、朱砂、碧甸子、鉛、錫、礬、硝、鹼、竹、木之類，皆天地自然之利，有國者之所必資也，而或以病民者有之矣。元興，因土人呈獻，而定其歲入之課，多者不盡收，少者不强取，非知理財之道者，能若是乎。

**明・李時珍《本草綱目・金石部》** 李時珍曰：石者，氣之核，土之骨也。大則爲巖巖，細則爲砂塵。其精爲金爲玉，其毒爲礜爲砒。氣之凝也，則結而爲丹青；氣之化也，則液而爲礬汞。其變也：或自柔而剛，乳鹵成石是也；或自動而静，草木成石是也；飛走含靈之爲石，自有情而之無情也；雷震星隕之爲石，自無形而成有形也。大塊資生，鴻鈞爐鞴，金石雖若頑物，而造化無窮焉。身家攸賴，財劑衛養，金石雖曰死瑶，而利用無窮焉。是以禹貢、周官列其土産，《農經》、軒典詳其性功，亦良相、良醫之所當注意者也。乃集其可以濟國却病者一百六十一種爲金石部，分爲四類：曰金，曰玉，曰石，曰鹵。舊本玉石部三品，共二百五十三種。今併入二十八種，移三十二種入水部，三十九種入土部，三種入服器部，一種入介部，一種入人部。

**明・宋應星《天工開物》卷下《五金》** 宋子曰：人有十等，自王公至於輿台，缺一焉而人紀不立矣。大地生五金以利用天下與後世，其義亦猶是也。貴者千里一生，促亦五六百里而生；賤者舟車稍艱之國，其土必廣生焉。黄金美者，其值去黑鐵一萬六千倍，然使釜、鬵、斤、斧不呈效於日用之間，即得黄金，直高而無民耳。貿遷有無，貨居《周官》泉府，萬物司命系焉。其分別美惡而指點重輕，孰開其先而使相須於不朽焉？

**《明史・食貨志・坑冶》** 坑冶之課，金銀、銅鐵、鉛汞、硃砂、青緑，而金銀礦最爲民害。徐達下山東，近臣請開銀場。太祖謂銀場之弊，利於官者少，損於民者多，不可開。其後有請開陝州銀礦者，帝曰：「土地所産，有時而窮。歲課成額，徵銀無已。言利之臣，皆戕民之賊也。」臨淄丞乞發山海之藏以通寶路，帝黜之。成祖斥河池民言採礦者。仁、宣仍世禁止，填番禺坑洞，罷嵩縣白泥溝發礦。然福建尤溪縣銀屏山銀場局爐冶四十二座，始於洪武十九年。浙江温、處、麗水、平陽等七縣，亦有場局。歲課皆二千餘兩。

**清·胡渭《禹貢錐指》卷一** 虞、夏之制，不可得而詳已，請以周制喻。《周禮·職方氏》曰：制其貢，各以其所有。《注》云：國之地物所有。賈公彦曰：諸侯無貢於王法，民間得税，大國半，次國三之一，小國四之一，依《大司徒》經以爲言。皆市取當國所有，以貢於王，即《大宰》九貢、《小行人》之春入貢及《禹貢》厥篚厥貢之類是也。《左傳》子産曰「列尊貢重」，謂公侯地廣，故所貢者多。蓋周制有，然在舜、禹之世，不知何如。要之，以什一之法賦於民，而出其國用之餘，市物以貢於天子，則古今一致矣。《疏》云：此之所貢，與《周禮》九貢不殊。按《大宰》以九貢致邦國之用，一祀貢，二嬪貢，三器貢，四幣貢，五材貢，六貨貢，七服貢，八斿貢，九物貢。先鄭云：祀貢，犧牲、包茅之屬；嬪貢，皮帛之屬；器貢，宗廟之器；幣貢，繡帛；材貢，木材也；貨貢，珠貝自然之物也；服貢，祭服；斿貢，羽毛；物貢，九州之外，各以其所貴珤爲摯，肅慎氏貢楛矢之屬是也。後鄭云：嬪貢，絲、枲；器貢，銀、鐵、石磬、丹漆也；幣貢，玉、馬、幣帛也；材貢，櫄、幹、栝、柏、篠、簜也；貨貢，金、玉、龜、貝也；服貢，絺、紵也；斿，讀如囿游之游，斿貢，燕好、珠璣、琅玕也；物貢，雜物、魚、鹽、橘、柚。此皆倣《禹貢》言之，然九州之物産，或昔有而今無，或前美而後惡，所貢之品，亦豈必盡同邪！

# 綜述

**《國語·楚語下·王孫圉聘於晉》** 楚國，又有藪曰雲連徒洲，金木竹箭之所生也。楚有雲夢藪，澤名也。連，屬也。水中可居者曰洲，徒其名也。 段尚書曰：「雲連徒洲，即雲土也，亦作『雲杜』。雲土，長言之爲雲連徒洲。雲、夢爲兩地，《左傳》定四年：『楚子涉睢濟江，入於雲中。』宣四年：『邧夫人使棄諸夢中。』昭三年：『以田江南之夢。』雲、夢兩地，故圉單稱雲。若一地，豈可單稱雲乎？韋此《注》及杜注《左傳》皆似混雲、夢爲一。雲在江北，夢在江南。」

**《墨子·耕柱》** 昔者夏后開使蜚廉折金於山川，畢云：《藝文類聚》《後漢書》注、《太平御覽》《玉海》俱引「蜚」作「飛」。「採」，舊作「折」，據《文選注》改。《山海經》云「其中多金，或在山，或在水」，諸書引多無「川」字，非。 王云：畢改非也。折金者，擿金也。《漢書·趙廣漢傳》「其發姦擿伏如神」，師古曰：「擿謂動發之也。」《管子·地數》篇曰「上有丹沙者下有黄金，上有慈石者下有銅金，上有陵石者下有鉛錫赤銅，上有赭者下有鐵，君謹封而祭之，然則與折取之遠矣」，彼言折取之，此言折金，其義一也。《説文》曰：「悊，上擿山巖空青珊瑚墮之。从石，折聲。」悊與折亦聲近而義同。《後漢書·崔駰傳》注、《藝文類聚·雜器物部》《初學記·鱗介部》《太平御覽·珍寶部》九、《路史·疏仡紀》《廣川書跋》《玉海·器用部》引此並作「折金」。《文選》注作「採金」者，後人不曉「折」字之義而妄改之，非李善原文也。 又云：山水中雖皆有金，然此自言使蜚廉折金於山，不兼川言之。《後漢書》注、《文選》注、《藝文類聚》《初學記》《太平御覽》引此皆無「川」字，則「川」字乃後人以意加之也。 蘇云：此爲夏之蜚廉。【略】而陶鑄之於昆吾。畢云：《藝文類聚》《後漢書》注、《文選》注俱引作「以鑄鼎於昆吾」，《文選》注「吾」作「吴」。 王云：「陶鑄之於昆吾」，本作「鑄鼎於昆吾」，此淺人不曉文義而改之也。金可言鑄，不可言陶。上言折金，故此言鑄鼎，此言鑄鼎，故下言鼎成。若以陶鑄並言，則與上下文皆不合矣。《後漢書》注、《文選》注、《藝文類聚》《初學記》並作「鑄鼎」。《太平御覽》作「鑄之」，《路史》作「鑄陶」，《玉海》作「陶鑄之」，則羅長源所見本已有「陶」字，蓋唐宋閒人改之也。 孫云：《吕氏春秋·君守篇》云「昆吾作陶」，高注云：「昆吾，顓頊之後，吴回之孫，陸終之子，己姓也。爲夏伯制作陶冶。」《通典州郡》篇云：「濮州濮陽縣即昆吾之墟，亦名帝丘。」

**《管子·地數》** 桓公曰：「地數可得聞乎？」管子對曰：「地之東西二萬八千里，南北二萬六千里。其出水者八千里，受水者八千里。出銅之山四百六十七山，出鐵之山三千六百九山。王念孫云：《史記·貨殖傳·正義》《太平御覽·地部》一引此「出銅之山」上竝有「凡天下名山五千三百七十」一句，《中山經》亦有之，當據補。又引「出銅之山」二句作「出銅之山四百六十七，出鐵之山三千六百有九」，今本二句末皆衍「山」字，次句中又脱「有」字，亦當依二書訂正。 張佩綸云：《玉海》十五引亦有「凡天下」句，黄丕烈謂伯厚所見本即此本，非也。 又云：《中山經》「出鐵之山三千六百九」作「六百九十」，劉昭注《郡國志》引《帝王世紀》曰「《山海經》【略】出鐵之山三千六百九」，足證今本《山海經》作「六百九十」爲誤。 翔鳳案：類書「凡天下名山」句據《中山經》增補，非《管》書有奪文。古書記數，小數用「又」或「有」，大數不用「有」，《史記·律書》「四千九十六」，《小盂鼎》

「萬三千八十一人」，類書有「有」字，以意增之。王以爲脱「有」字，非是。此之所以分壤樹穀也。戈矛之所發，刀幣之所起也。能者有餘，拙者不足。封於泰山，禪於梁父，封禪之王七十二家，得失之數皆在此内。是謂國用。」桓公曰：「何謂得失之數皆在此？」管子對曰：「昔者，桀霸有天下而用不足，湯有七十里之薄而用有餘。天非獨爲湯雨菽粟，而地非獨爲湯出財物也。伊尹善通移輕重，開闔決塞，通於高下徐疾之筴，坐起之費，時也。

黄帝問於伯高曰：『吾欲陶天下而以爲一家，爲之有道乎？』伯高對曰：『請刈其莞而樹之，吾謹逃其蚤牙，則天下可陶而爲一家。』黄帝曰：『此若言可得聞乎？』伯高對曰：『上有丹沙者，下有黄金。上有慈石者，下有銅金。上有陵石者，下有鉛錫赤銅。上有赭者，下有鐵。此山之見榮者也。苟山之見其榮者，君謹封而祭之，距封十里而爲一壇。是則使乘者下行，行者趨。若犯令者，罪死不赦。然則與折取之遠矣。』脩教十年，而葛盧之山發而出水，金從之，蚩尤受而制之，以爲劍鎧矛戟。是歲相兼者諸侯九。雍狐之山發而出水，金從之，蚩尤受而制之，以爲雍狐之戟芮戈，是歲相兼者諸侯十二。故天下之君頓戟壹怒，伏尸滿野，此見戈之本也。」

桓公問於管子曰：「請問天財所出，地利所在。」管子對曰：「山上有赭者其下有鐵，上有鉛者其下有銀。一曰：『上有鉛者其下有鉒銀，上有丹沙者其下有鉒金，上有慈石者其下有銅金。』此山之見榮者也。苟山之見榮者，謹封而爲禁。有動封山者，罪死而不赦。有犯令者，左足入，左足斷，右足入，右足斷。然則其與犯之遠矣。此天財地利之所在也。」桓公問於管子曰：「以天財地利立功成名於天下者誰子也？」管子對曰：「文、武是也。」桓公曰：「此若言何謂也？」管子對曰：「夫玉起於牛氏、邊山，金起於汝、漢之右洿，珠起於赤野之末光。此皆距周七千八百里，其涂遠而至難，故先王各用於其重，珠玉爲上幣，黄金爲中幣，刀布爲下幣。令疾則黄金重，令徐則黄金輕。先王權度其號令之徐疾，高下其中幣，而制下上之用，則文、武是也。」

《荀子・王制》　南海則有羽翮、齒革、曾青、丹干焉，然而中國得而財之。翮，大鳥羽。齒，象齒。革，犀兕之革。曾青，銅之精，可繢畫及化黄金者，出蜀山、越巂。丹干，丹砂也，蓋一名丹干，干，讀爲矸，胡旦反。或曰，丹，丹砂也。「干」，當爲「玕」。《尚書・禹貢》「雍州，球、琳、琅玕」，孔云：「石而似玉者。」《爾雅》亦云：「西北方之美者，有球、琳、琅玕焉。」皆出西方，此云南方者，蓋南方亦有也。　王念孫曰：　楊前説以丹干爲丹砂，未知是否。後説以干爲琅玕。非也，琅玕不得但謂之玕。《正論篇》云「加之以丹矸，重之以曾青，犀象以爲樹，琅玕、龍兹、華覲以爲實」，「丹矸」即「丹干」也，既言「丹矸」，又言「琅玕」，則「丹干」之干非琅玕明矣。

【略】

《山海經・南山經》

《南山經》之首，曰䧿山。其首曰招摇之山，臨于西海之上，多桂，多金、玉。【略】

又東三百里，曰堂庭之山，多棪木，多白猿，多水玉，多黄金。【略】

又東三百七十里，曰杻陽之山，其陽多赤金，其陰多白金。【略】

《南次二經》之首，曰櫃山，西臨流黄，北望諸毗，東望長右。英水出焉，西南流注于赤水，其中多白玉，多丹粟。郭璞云：「細丹沙如粟也。」【略】

又東三百四十里，曰堯光之山，其陽多玉，其陰多金。【略】

又東三百七十里，曰瞿父之山，無草木，多金、玉。

又東四百里，曰句餘之山，無草木，多金、玉。【略】

又東五百里，曰成山，四方而三壇，其上多金、玉，其下多青雘。閡水出焉，而南流注于虖勺，其中多黄金。郭璞云：「今永昌郡水出金如糠，在沙中。《尸子》曰：『清水出黄金、玉英。』」

又東五百里，曰會稽之山，四方，其上多金、玉，其下多砆石。勺水出焉，而南流注于湨。【略】

又東五百里，曰僕勾之山，其上多金、玉，其下多草木，無鳥獸，無水。

又東五百里，曰咸陰之山，無草木，無水。

又東四百里，曰洵山，其陽多金，其陰多玉。【略】

又東五百里，曰鹿吴之山，上無草木，多金、石。【略】

《南次三經》之首，曰天虞之山，其下多水，不可以上。

東五百里，曰禱過之山，其上多金、玉。【略】

又東四百里，至於非山之首，其上多金、玉。【略】

又東五百里，曰丹穴之山，其上多金、玉。【略】

又東五百里，曰雞山，其上多金，其下多丹雘。郝懿行云：「《説文》云：『丹，巴、越之赤石也；雘，善丹也。』」【略】

又東三百七十里，曰侖者之山，其上多金、玉，其下多青雘。【略】

又東五百八十里，曰南禺之山，其上多金、玉。

## 又《西山經》

《西山經》華山之首，曰錢來之山，其上多松，其下多洗石。【略】

西四十五里，曰松果之山。濩水出焉，北流注于渭，其中多銅。【略】

又西八十里，曰符禺之山，其陽多銅，其陰多鐵。【略】

又西六十里，曰石脆之山，其木多椶、枏，其草多條，其狀如韭，而白華黑實，食之已疥。其陽多㻬琈之玉，其陰多銅。灌水出焉，而北流注于禺水。其中有流赭，郭璞云：「赭，赤土。」以塗牛馬無病。郭璞云：「今人亦以朱塗牛角，云以辟惡。馬或作角。」

又西七十里，曰英山，其上多杻、橿，其陰多鐵，其陽多赤金。【略】

又西五十二里，曰竹山，其上多喬木，其陰多鐵。【略】

又西七十里，曰羭次之山，漆水出焉，北流注于渭。其上多棫、橿，其下多竹、箭，其陰多赤銅，其陽多嬰垣之玉。【略】

又西百七十里，曰南山，上多丹粟，丹水出焉，北流注于渭。【略】

又西百八十里，曰大時之山，上多穀、柞，下多杻、橿，陰多銀，陽多白玉。【略】

西南三百八十里，曰皋塗之山。薔水出焉，西流注于諸資之水；塗水出焉，南流注于集獲之水。其陽多丹粟，其陰多銀、黃金，其上多桂木。【略】

又西二百里，曰翠山，其上多椶、枏，其下多竹、箭，其陽多黃金、玉。【略】

又西二百五十里，曰騩山，是錞於西海，無草木，多玉。淒水出焉，西流注于海，其中多采石、郭璞云：「采石，石有采色者；今雌黃、空青、碧緑之屬。」黃金，多丹粟。【略】

《西次二經》之首，曰鈐山，其上多銅，其下多玉，其木多杻、橿。

西二百里，曰泰郭璞云：「或作秦。」冒之山，其陽多金，其陰多鐵。浴水出焉，東流注于河，其中多藻玉，多白蛇。

又西一百七十里，曰數歷之山，其上多黃金，其下多銀。【略】

又西百五十里高山，其上多銀，其下多青碧、郭璞云：「碧亦玉類也。」珂案：《說文》云：「碧，石之青美者。」此碧所以稱青碧也。雄黃，其木多椶，其草多竹。涇水出焉，而東流注于渭，其中多磬石、青碧。

西南三百里，曰女牀之山，其陽多赤銅，其陰多石涅。吴任臣云：「《本草》：『黑石脂一名石墨，一名石涅，南人謂之畫眉石。』楊慎《補注》曰：『石涅可以染黑色；《論語》「涅而不淄」，即此物也。又可以書字，謂之石墨。』」【略】

又西二百里，曰龍首之山，其陽多黃金，其陰多鐵。苕水出焉，東南流注于涇水，其中多美玉。

又西二百里，曰鹿臺之山，其上多白玉，其下多銀。【略】

西南二百里，曰鳥危之山，其陽多磬石，其陰多檀、楮，其中多女牀。鳥危之水出焉，西流注于赤水，其中多丹粟。

又西四百里，曰小次之山，其上多白玉，其下多赤銅。【略】

又西三百里，曰大次之山，其陽多堊，郭璞云：「堊似土色，甚白，音惡。」郝懿行云：「《中山經》：『蔥聾之山，多白堊、黑、青、黃堊。』明堊非一色，不獨白者名堊也。」其陰多碧。【略】

又西四百里，曰薰吴之山，無草木，多金、玉。【略】

又西二百五十里，曰衆獸之山，其上多㻬琈之玉，其下多檀、楮，多黃金。【略】

又西五百里，曰皇人之山，其上多金、玉，其下多青雄黃。郭璞云：「即雌黃也。或曰空青，曾青之屬。」吴任臣云：「蘇頌云：『階州山中，雄黃有青黑色而堅者，名曰熏黃。』青雄黃意即此也。」皇水出焉，西流注于赤水，其中多丹粟。

又西三百里，曰中皇之山，其上多黃金。【略】

又西三百五十里，曰西皇之山，其陽多金，其陰多鐵。【略】

《西次三經》之首，曰崇吾之山，在河之南。【略】

又西三百二十里，曰槐江之山。丘時之水出焉，而北流注于泑水。其中多蠃母，郭璞云：「即蝶螺也。」其上多青雄黃，多藏琅玕、黃金、玉，郭璞云：「琅玕，石似珠者；藏，猶隱也。郎干二音。」郝懿行云：「藏，古字作臧，臧，善也：此言琅玕、黃金、玉之最善者。」其陽多丹粟，其陰多采黃金、銀。郝懿行云：「采謂金銀之有符采者。」【略】

又西四百八十里，曰軒轅之丘，無草木。洵水出焉，南流注于黑水，其中多丹粟，多青雄黃。【略】

又西二百里，曰符惕之山，其上多椶、枏，下多金、玉。【略】

又西三百五十里，曰天山，多金、玉，有青雄黃。【略】

又西水行百里，至于翼望之山，無草木，多金、玉。【略】

《西次四經》之首，曰陰山。【略】

北百七十里，曰申山，其上多穀、柞，其下多杻、橿，其陽多金、玉。【略】

北二百里，曰鳥山，其上多桑，其下多楮，其陰多鐵，其陽多玉。【略】

又北二百二十里，曰盂山，其陰多鐵，其陽多銅。【略】

又西五十五里，曰涇谷之山。涇水出焉，東南流注于渭，是多白金、白玉。【略】

又西三百五十里，曰英鞮之山，上多漆木，下多金、玉。【略】

又西三百里，曰中曲之山，其陽多玉，其陰多雄黃、白玉及金。

**又《北山經》**

《北山經》之首，曰單狐之山。【略】

又北二百五十里，曰求如之山，其上多銅，其下多玉，無草木。【略】

又北三百八十里，曰虢山，其上多漆，其下多桐、椐，其陽多玉，其陰多鐵。【略】

又北三百二十里，曰灌題之山，【略】匠韓之水出焉，而西流注於泑澤，其中多磁石。郭璞云：「可以取鐵。《管子》曰：『山上有慈石者，下必有銅。』音慈。」

又北二百里，曰潘侯之山，其上多松、柏，其下多榛、楛，其陽多玉，其陰多鐵。【略】

又北百八十里，曰渾夕之山，無草木，多銅、玉。【略】

《北次二經》之首，在河之東。【略】

又西二百五十里，曰少陽之山，其上多玉，其下多赤銀。郭璞云：「銀之精也。」酸水出焉，而東流注於汾水，其中多美赭。郭璞云：「《管子》曰：『山上有赭者，其下有鐵。』」

又北五十里，曰縣雍之山，其上多玉，其下多銅。【略】

又北二百里，曰狐岐之山，無草木，多青碧。勝水出焉，而東北流注于汾水，其中多蒼玉。【略】

又北三百八十里，曰諸餘之山，其上多銅、玉。【略】

又北三百五十里，曰敦頭之山，其上多金、玉。【略】

又北三百五十里，曰鉤吾之山，其上多玉，其下多銅。【略】

又北三百里，曰北囂之山，無石，其陽多碧，其陰多玉。【略】

又北三百五十里，曰梁渠之山，無草木，多金、玉。【略】

又北三百八十里，曰湖灌之山，其陽多玉，其陰多碧。【略】

又北水行五百里，流沙三百里，至于洹山，其上多金、玉。【略】

又北三百里，曰敦題之山，無草木，多金、玉。【略】

《北次三經》之首，曰太行之山。其首曰歸山，其上有金、玉，其下有碧。【略】

又東北二百里，曰龍侯之山，無草木，多金、玉。【略】

又東北二百里，曰馬成之山，其上多文石，其陰多金、玉。【略】

又東北七十里，曰咸山，其上有玉，其下多銅，是多松、柏，草多茈草。條菅之水出焉，而西南流注於長澤。其中多器酸，三歲一成，郭璞云：「所未詳也。」王崇慶云：「器酸或物之可食而酸者，如解州鹽池出鹽之類；蓋澤水止而不流，積久或酸，故曰三年一成。」食之已癘。【略】

又東三百里，曰陽山，其上多玉，其下多金、銅。【略】

又東南三百二十里，曰孟門之山，其上多蒼玉，多金，其下多黃堊，多涅石。

又東南三百二十里，曰平山。平水出於其上，潛於其下，是多美玉。

又東二百里，曰京山，有美玉，多漆木，多竹，其陽有赤銅，其陰有玄礵。郭璞云：「黑砥石也。《尸子》曰：『加玄黃砥。』明色非一也。礵音竹篠之篠。」。【略】

又東二百里，曰蟲尾之山，其上多金、玉，其下多竹，多青碧。【略】

又東三百里，曰彭毗之山，其上無草木，多金、玉。【略】

又東三百七十里，曰泰頭之山。共水出焉，南注於虖池。其上多金、玉。【略】

又東北二百里，曰軒轅之山，其上多銅。【略】

又北二百里，曰謁戾之山，其上多松、柏，有金、玉。【略】

東三百里，曰沮洳之山，無草木，有金、玉。【略】

又東北百二十里，曰少山，其上有金、玉，其下有銅。【略】

又北百二十里，曰敦與之山，其上無草木，有金、玉。【略】

又北百七十里，曰柘山，其陽有金、玉，其陰有鐵。【略】

又北三百里，曰維龍之山，其上有碧玉，其陽有金，其陰有鐵。肥水出焉，而東流注於皋澤，其中多礨石。郭璞云：「未詳也。音雷。或作壘；魄壘，大石貌。或曰石名。」汪紱云：「言肥水中多魂礨大石也。」敞鐵之水出焉，而北流注於大澤。

又北百八十里，曰白馬之山，其陽多石、玉，其陰多鐵，多赤銅。【略】

又北三百里，曰泰戲之山，無草木，多金、玉。【略】

又北三百里，曰石山，多藏郝懿行云：「藏，古字作臧，善也；《西次三經》槐江之山多藏黃金玉，義與此同。」金、玉。【略】

北百二十里，曰燕山，多嬰石。郭璞云：「言石似玉有符彩嬰帶，所謂燕石者。」

【略】

又北山行五百里，水行五百里，至於饒山。是無草木，多瑤、碧。【略】

又北四百里，曰乾山，無草木，其陽有金、玉，其陰有鐵而無水。【略】

又北水行四百里，至于泰澤。其中有山焉，曰帝都之山，廣員百里，無草木，有金、玉。

## 又《東山經》

《東山經》之首，曰樕螽之山。【略】

又南三百里，曰藟山，其上有玉，其下有金。【略】

又南三百里，曰栒狀之山，其上多金、玉，其下多青碧、石。【略】

又南四百里，曰高氏之山，其上多玉，其下多箴石。郭璞云：「可以爲砥（砭）針治癰腫者。」諸繩之水出焉，東流注于澤，其中多金、玉。

又南三百里，曰嶽山，其上多桑，其下多樗。濼水出焉，東流注于澤，其中多金、玉。【略】

又南三百里，曰獨山，其上多金、玉，其下多美石。【略】

又南三百里，曰泰山，其上多玉，其下多金。【略】

又南三百里，曰竹山，錞于江，郭璞云：「一作涯。」郝懿行云：「江亦當作汶；竹山當即蜀山，在今汶上縣，獨立波心，故名曰蜀。」無草木，多瑤、碧。

《東次二經》之首，曰空桑之山。【略】

又西南四百里，曰嶧皋之山，其上多金、玉，其下多白堊。【略】

又南三百里，曰碧山，無草木，多大蛇，多碧、水玉。

又南五百里，曰緱氏之山，無草木，多金、玉。【略】

又南三百里，曰姑逢之山，無草木，多金、玉。【略】

又南五百里，曰鳧麗之山，其上多金、玉，其下多箴石。

又《東次三經》之首，曰尸胡之山，北望殍山，其上多金、玉。【略】

又南水行九百里，曰踇隅之山，其上多草木，多金、玉，多赭。

又《東次四經》之首，曰北號之山，臨於北海。【略】

又東南三百里，曰女烝之山，其上無草木。石膏水出焉，而西注于鬲水。

【略】

又東南二百里，曰欽山，多金、玉而無石。【略】

又東北二百里，曰剡山，多金、玉。【略】

又東二百里，曰太山，上多金、玉、楨木。

## 又《中山經》

《中山經》薄山之首，曰甘棗之山。【略】

又東三十五里，曰蔥聾之山，其中多大谷，是多白堊，黑、青、黃堊。郭璞云：「言有雜色堊也。」

又東十五里，曰涹山，其上多赤銅，其陰多鐵。【略】

又東七十里，曰泰威之山，其中有谷，曰梟谷，其中多鐵。

又東十五里，曰橿谷之山，其中多赤銅。【略】

又東北四百里，曰鼓鐙之山，多赤銅。

《中次二經》濟山之首，曰煇諸之山。【略】

又西南二百里，曰發視之山，其上多金、玉，其下多砥、礪。【略】

又西三百里，曰豪山，其上多金、玉而無草木。

又西三百里，曰鮮山，多金、玉。【略】

又西二百里，曰昆吾之山，其上多赤銅。郭璞云：「此山出名銅，色赤如火，以之作刃，切玉如割泥也；周穆王時西戎獻之，《尸子》所謂昆吾之劍也。」【略】

又西百二十里，曰葌山，【略】其上多金、玉，其下多青雄黃。【略】

又西二百里，曰蔓渠之山，其上多金、玉。

《中次三經》萯山之首，曰敖岸之山，其陽多㻬琈之玉，其陰多赭、黃金。【略】

又東四十里，曰宜蘇之山，其上多金、玉。【略】

又東二十里，曰和山，其上無草木而多瑤、碧，實惟河之九都。是山也五曲，九水出焉，合而北流注於河，其中多蒼玉。

《中次四經》釐山之首，曰鹿蹄之山，其上多玉，其下多金。甘水出焉，而北流注於洛，其中多泠石。郭璞云：「泠石，未聞也；泠或作涂。」郝懿行云：「泠當爲汵；《西次四經》『號山多汵石』是也。郭云『泠或作涂』，涂亦借作泥塗字，汵又訓泥，二字義同，故得通用。又涂或淦字之譌也，《說文》汵、淦同。」【略】

又西二百五十里，曰柄山，其上多玉，其下多銅。【略】

又西二百里，曰白邊之山，其上多金、玉，其下多青雄黃。

《中次五經》薄山之首，曰苟林之山，無草木，多怪石。【略】

又東五百里，曰朝歌之山，谷多美堊。

又東五百里，曰槐山，谷多金、錫。【略】

又東南十里，曰蟲尾之山，多礪石、赤銅。【略】

又東十二里，曰陽虛之山，多金。

《中次六经》縞羝山之首，曰平逢之山。【略】

又西十里，曰縞羝之山，無草木，多金、玉。【略】

又西三十里，曰瞻諸之山，其陽多金，其陰多文石。【略】

又西三十里，曰婁涿之山，無草木，多金、玉。【略】

又西四十里，曰白石之山。惠水出于其陽，而南流注于洛，其中多水玉。澗水出于其陰，西北流注于穀水，其中多麋石、櫨丹。郭璞云：「皆未聞。」郝懿行云：「麋石或是畫眉石，眉、麋古字通也；櫨丹疑即黑丹，櫨、盧通也。」【略】

又西七十二里，曰密山，其陽多玉，其陰多鐵。【略】

又西百里，曰長石之山，無草木，多金、玉。【略】

又西一百四十里，曰傅山，無草木，多瑶、碧。【略】

又西五十里，曰橐山，其木多樗，多構木，其陽多金、玉，其陰多鐵，多蕭。【略】

又西九十里，曰常烝之山，無草木，多堊。【略】

又西九十里，曰夸父之山，其木多椶、枏，多竹、箭，【略】其陽多玉，其陰多鐵。【略】

又西九十里，曰陽華之山，其陽多金、玉，其陰多青雄黃。【略】緒姑之水出于其陰，而東流注于門水，其上多銅。

《中次七經》苦山之首，曰休與之山。【略】

又東五十里，曰少室之山，【略】其上多玉，其下多鐵。【略】

又東二十里，曰末山，上多赤金。【略】

又東二十五里，曰役山，上多白金，多鐵。【略】

又東三十里，曰大騩之山，其陰多鐵、美玉、青堊。

《中次八經》荆山之首，曰景山，其上多金、玉，其木多杼、檀。雎水出焉，東南流注于江，其中多丹粟。【略】

東北百里，曰荆山，其陰多鐵，其陽多赤金。【略】

又東北百二十里，曰女几之山，其上多玉，其下多黃金。【略】

又東北二百里，曰宜諸之山，其上多金、玉，其下多青雘。洈水出焉，而南流注于漳，其中多白玉。【略】

又東二百里，曰陸郃之山，其上多㻬琈之玉，其下多堊。郝懿行云：「李善注《南都賦》引此注云：『堊似土，白色也。』今本無之。已見《西次二經》大次之山。」【略】

又東百五十里，曰岐山，其陽多赤金，其陰多白珉，其上多金、玉，其下多青雘。【略】

又東百三十里，曰銅山，其上多金、銀、鐵。郝懿行云：「銅山，蓋以所産三物得名。」【略】

又東北一百里，曰美山，其獸多兕牛，多閭、麈，多豕、鹿，其上多金，其下多青雘。

又東北三百里，曰靈山，其上多金、玉，其下多青雘。【略】

又東北七十里，曰龍山，上多寓木，其上多碧，其下多赤錫。【略】

又東南五十里，曰衡山，上多寓木、穀、柞，多黃堊、白堊。

又東南七十里，曰石山，其上多金，其下多青雘，多寓木。

又南百二十里，曰若山，其上多㻬琈之玉，多赭。郭璞云：「赤土。」【略】

又東南一百五十里，曰玉山，其上多金、玉，其下多碧、鐵。【略】

又東南七十里，曰讙山，其木多檀，多邽石，多白錫。郁水出于其上，潛于其下，其中多砥、礪。

又東北百五十里，曰仁舉之山，其木多穀、柞，其陽多赤金，其陰多赭。

《中次九經》岷山之首，曰女几之山，其上多石涅，其木多杻、橿，其草多菊、荒。洛水出焉，東注于江，其中多雄黃。【略】

又東北三百里，曰岷山，江水出焉，東北流注于海，其中多良龜，多鼉。其上多金、玉，其下多白珉。【略】

又東北一百四十里，曰崍山，江水出焉，東流注大江。其陽多黃金。【略】

又東四百里，曰蛇山，其上多黃金，其下多堊。【略】

又東五百里，曰鬲山，其陽多金，其陰多白珉。蒲鸛之水出焉，而東流注于江，其中多白玉。【略】

又東北三百里，曰隅陽之山，其上多金、玉，其下多青雘，其木多梓、桑，其草多茈。徐之水出焉，東流注于江，其中多丹粟。

又東二百五十里，曰岐山，其上多白金，其下多鐵。【略】

又東三百里，曰勾欄之山，其上多玉，其下多黃金。【略】

又東一百五十里，曰風雨之山，其上多白金，其下多石涅。【略】

又東北二百里，曰玉山，其陽多銅，其陰多赤金。【略】

又東一百五十里，曰熊山。有穴焉，熊之穴，恒出神人。夏啓而冬閉；是穴也，冬啓乃必有兵。其上多白玉，其下多白金。【略】

又東一百四十里，曰騩山，其陽多美玉、赤金，其陰多鐵。【略】

又東二百里，曰葛山，其上多赤金，其下多瑊石。【略】

又東一百七十里，曰賈超之山，其陽多黄堊，其陰多美赭。

《中次十經》之首，曰首陽之山，其上多金、玉，無草木。

又西五十里，曰虎尾之山，其木多椒、椐，多封石，郝懿行云：「《本草别録》云：『封石味甘，無毒，生常山及少室。』」其陽多赤金，其陰多鐵。【略】

又西南二十里，曰勇石之山，無草木，多白金，多水。

又西二十里，曰復州之山，其木多檀，其陽多黄金。【略】

又西三十里，曰楮山，多寓木，多椒、椐，多柘，多堊。

又西二十里，曰又原之山，其陽多青雘，其陰多鐵。

《中次一十一山經》荆山之首，曰翼望之山。【略】其下多漆、梓，其陽多赤金，其陰多珉。【略】

又東南二百里，曰帝囷之山，其陽多㻬琈之玉，其陰多鐵。【略】

又東南五十里，曰視山，其上多韭。有井焉，名曰天井，夏有水，冬竭。其上多桑，多美堊、金、玉。

又東南二百里，曰前山，其木多櫧，多柏，其陽多金，其陰多赭。

又東南三百里，曰豐山。【略】其上多金。【略】

又東北八百里，曰兔牀之山，其陽多鐵。【略】

又東六十里，曰皮山，多堊，多赭，其木多松、柏。

又東六十里，曰瑶碧之山，其木多梓、枏，其陰多青雘，其陽多白金。【略】

又西北一百里，曰堇理之山，其上多松、柏，多美梓，其陰多丹雘，多金。【略】

又東南五十里，曰高前之山。其上有水焉，甚寒而清，帝臺之漿也，飲之者不心痛。其上有金，其下有赭。【略】

又東四十里，曰嬰山，其下多青雘，其上多金、玉。【略】

又東三十里，曰嬰侯之山，其上多封石，其下多赤錫。

又東五十里，曰大孰之山。殺水出焉，東北流注于視水，其中多白堊。【略】

又東三十里，曰倚帝之山，其上多玉，其下多金。【略】

又東三十里，曰鯢山，鯢水出於其上，潛於其下，其中多美堊。其上多金，其下多青雘。

又東三十里，曰雅山。【略】多赤金。【略】

又東七十里，曰嫗山，其上多美玉，其下多金。【略】

又東三十里，曰鮮山，【略】其陽多金，其陰多鐵。【略】

又東三十里，曰章山，其陽多金，其陰多美石。皋水出焉，東流注于澧水，其中多脃石。

又東二十五里，曰大支之山，其陽多金。【略】

又東五十里，曰大騩之山，其陽多赤金，其陰多砥石。【略】

又東北七十里，曰歷郭璞云：「或作磨。」石之山，其木多荆、芑，其陽多黄金，其陰多砥石。【略】

又東南一百里，曰求山。求水出于其上，潛於其下，中有美赭。其木多苴，其陽多金，其陰多鐵。【略】

又東三十五里，曰服山，其木多苴，其上多封石，其下多赤錫。

又東百十里，曰杳山，其上多嘉榮草，多金、玉。

《中次十二經》洞庭山之首，曰篇遇之山，無草木，多黄金。

又東南五十里，曰雲山，【略】其上多黄金，其下多㻬琈之玉。

又東南一百三十里，曰龜山，【略】其上多黄金，其下多青雄黄。【略】

又東七十里，曰丙山，多筀竹，多黄金、銅、鐵，無木。

又東南五十里，曰風伯之山，其上多金、玉，其下多痠石、文石，多鐵。【略】

又東一百五十里，曰夫夫之山，其上多黄金，其下多青雄黄。【略】

又東南一百二十里，曰洞庭之山，其上多黄金，其下多銀、鐵。【略】

又東南一百八十里，曰暴山，其木多椶、枏、荆、芑、竹、箭、䉋、箘，其上多黄金、玉，其下多文石、鐵。【略】

又東南二百里，曰即公之山，其上多黄金，其下多㻬琈之玉。【略】

又東南一百五十九里，有堯山，其陰多黄堊，其陽多黄金。【略】

又東南一百里，曰江浮之山，其上多銀、砥、礪。【略】

又東二百里，曰真陵之山，其上多黄金，其下多玉。【略】

又東南一百二十里，曰陽帝之山，多美銅。【略】

又南九十里，曰柴桑之山，其上多銀，其下多碧，多汵石、赭。【略】

又東二百三十里，曰榮余之山，其上多銅，其下多銀。【略】

禹曰：　天下名山，經郝懿行云：「經言禹所經過也。」五千三百七十山，六萬四千五十六里，居地也。言其五臧，郝懿行云：「臧，古字作藏，才浪切，《漢書》云，山海天地之臧，故此經稱五臧。」蓋其餘小山甚衆，不足記云。天地之東西二萬八千里，南北二萬六千里，出水之山者八千里，受水者八千里，出銅之山四百六十七，出鐵之山三千六百九十。此天地之所分壤樹穀也，戈矛之所發也，刀鎩之所起也，能者有餘，拙者不足。封于太山，禪于梁父，七十二家，郭璞云：「《管子·地數》云：『封禪之王，七十二家也。』」得失之數，皆在此内，是謂國用。畢沅云：「自此天地之分壤樹穀者已下，當是周秦人釋語，舊本亂入經文。」郝懿行云：「今案自禹曰已下，蓋皆周人相傳舊語，故《管子》援入《地數篇》，而校書者附著《五臧山經》之末。」

**漢·劉安《淮南子·説林訓》**　銅英青，金英黄，玉英白，磨燭捔，膏燭澤也。燭光捔澤，諭光明有明味也。以微知明，以外知内。

**《史記·貨殖列傳》**　漢興，海内爲一，開關梁，弛山澤之禁，是以富商大賈周流天下，交易之物莫不通，得其所欲，而徙豪傑諸侯彊族於京師。

關中自汧、雍以東至河、華，膏壤沃野千里，自虞夏之貢以爲上田，而公劉適邠，大王、王季在岐，文王作豐，武王治鎬，故其民猶有先王之遺風，好稼穡，殖五穀，地重，重爲邪。及秦文、(孝)[德]、繆居雍，隙隴蜀之貨物而多賈。獻[孝]公徙櫟邑，櫟邑北却戎翟，東通三晉，亦多大賈。(武)[孝]、昭治咸陽，因以漢都，長安諸陵，四方輻湊並至而會，地小人衆，故其民益玩巧而事末也。南則巴蜀。巴蜀亦沃野，地饒巵、薑、丹沙、石、銅、鐵、竹、木之器。

**又**　衡山、九江、江南、豫章、長沙，是南楚也，其俗大類西楚。郢之後徙壽春，亦一都會也。而合肥受南北潮，皮革、鮑、木輸會也。與閩中、干越雜俗，故南楚好辭，巧説少信。江南卑溼，丈夫早夭。多竹木。豫章出黄金，長沙出連、錫，然堇堇物之所有，取之不足以更費。九疑、蒼梧以南至儋耳者，與江南大同俗，而楊越多焉。番禺亦其一都會也，珠璣、犀、瑇瑁、果、布之湊。

**漢·桓寬《鹽鐵論》卷一**　通有第三

荆、揚南有桂林之饒，内有江、湖之利，左陵陽之金，【略】而丹、章有金銅之山。

**《漢書·東方朔傳》**　夫南山，天下之阻也，南有江淮，北有河渭，其地從汧隴以東，商雒以西，厥壤肥饒。漢興，去三河之地，止霸産以西，都涇渭之南，此所謂天下陸海之地，秦之所以虜西戎兼山東者也。其山出玉石，金、銀、銅、鐵，豫章、檀、柘，異類之物，不可勝原。

**晉·常璩《華陽國志》卷一《巴志》**　昔在唐堯，洪水滔天。鯀功無成，聖禹嗣興，導江疏河，百川蠲脩；封殖天下，因古九囿以置九州。仰稟參伐，俯壤華陽，黑水、江、漢爲梁州。厥土青黎。厥田惟下上。厥賦惟下中。厥貢璆、鐵、銀、鏤、砮、磬、熊、羆、狐、狸、織皮。

**又**　其地，東至魚復，西至僰道，北接漢中，南極黔涪。土植五穀。牲具六畜。桑、蠶、麻、苧、舊刻本作紵。茲從錢寫本作苧。魚、鹽、銅、鐵、丹、漆、茶、蜜、靈龜、巨犀、山雞、白雉、黄潤、鮮粉，皆納貢之。

**又　卷三《蜀志》**　《夏書》曰：「岷山導江，東别爲沱。」泉源深盛，爲四瀆之首，而分爲九江。其寶，則有璧玉、金、銀、珠、碧、銅、鐵、鉛、錫、赭、堊、錦、繡、罽、氂、犀、象、氈、毦、舊誤作旄，從目。廖本從耳，正。丹、黄、空青、[桑、漆、麻、紵]之饒，滇、獠、賨、僰，僮僕六百之富。

**又**　徙陽縣　本斯榆邑。漢武略斯，以爲徙縣。據《司馬相如傳》及《漢書·地理志》，顔注：「徙音斯。」晉改曰徙陽也。據《晉書·地理志》。山出丹砂，雄、雌黄，空青，青碧。據《郡國志》。

**又　卷四《南中志》**　堂何、王本作螳。螂漢志作琅。縣　因山名也。出銀、鉛、白銅，銅，雜藥。有堂螂附子。唐百川校箋云「螂當作狼」。謂《晉志》《宋志》並作狼也。

**又**　永昌郡，古哀牢國。哀牢，山名也。【略】土地沃腴，宜五穀。出銅、錫、六字原落在後。茲移還。出字下縮十五種土産。黄金、光珠、虎魄、翡翠。

**又**　又有罽、旄、帛、叠、水精、瑠璃、軻蟲、蚌劉、李作蚌。珠。[宜五穀，出銅錫]。

**又**　賁古縣　山出銀、廖本無銀字，他本有。銅、鉛、[鐵]、錫。山字上，張、吴、何、王本有采字。浙本剜空。按《班志》：「北，采山出錫。西，羊山出銀、鉛。南，烏山出錫。」《續志》：「采山出銅、錫。」未及羊山，烏山。非二山已無礦也。《常志》通諸山言之，故無采字。張嘉胤依《續志》加采字，非矣。又鐵非珍貴産品，在南中例不稱舉。此區産錫極富，著於《兩漢志》，迄今猶有「錫都」之目。

**《魏書·食貨志》**　世宗延昌三年春，有司奏長安驪山有銀鑛，二石得銀七兩。其年秋，恒州又上言，白登山有銀鑛，八石得銀七兩，錫三百餘斤，其色潔白，有踰上品。詔並置銀官，常令採鑄。又漢中舊有金户千餘家，常於漢水沙淘金，年終總輸。

**唐·李吉甫《元和郡縣圖誌》卷一一《河南道七·萊州·昌陽縣》** 黃銀坑，在縣東一百四十里。隋開皇十八年，牟州刺史辛公義於此坑冶鑄，得黃銀獻之。大業末，貞觀初，更沙汰得之。

**又 卷一三《河東道二·太原府·交城縣》** 少陽山，在縣西南九十五里。其上多玉，其下多赤銀。高二百丈，周迴二十里。

**唐·段成式《酉陽雜俎》卷一六** 山上有葱，下有銀。山上有薤，下有金。山上有薑，下有銅錫。山有寶玉，木旁枝皆下垂。

**唐·樊綽《蠻書》卷七** 銀，會同川銀山出，錫、瑟瑟，山中出。禁戢甚嚴。

達案：《續博物志》卷七云：「會同川銀山出銀礦，私置冶，官收十之三。若賧川有錫山，出錫。」此處之若賧川疑即本書卷二之諾賧。《天下郡國利病書》卷六十八會川衛篇云：「《華陽國·志》會無縣山色青碧，故其東南葛砧密勒諸山，或產石碌，有三色，或產石青，有四色。或產礦銀。志云，治內色寶藏寺落成未榜，而密勒山銀場始出，因以寶藏爲名。」云云。至於會同錫山出錫，今已無聞。

**《新唐書·食貨志》** 凡銀、銅、鐵、錫之冶一百六十八。陝、宣、潤、饒、衢、信五州，銀冶五十八，銅冶九十六，鐵山五，錫山二，鉛山四。汾州礬山七。麟德二年，廢陝州銅冶四十八。

開元十五年，初税伊陽五重山銀、錫。德宗時户部侍郎韓洄建議，山澤之利宜歸王者，自是皆隸鹽鐵使。

元和初，天下銀冶廢者四十，歲採銀萬二千兩，銅二十六萬六千斤，鐵二百七萬斤，錫五萬斤，鉛無常數。

開成元年，復以山澤之利歸州縣，刺史選吏主之。其後諸州牟利以自殖，舉天下不過七萬餘緡，不能當一縣之茶税。及宣宗增河湟戍兵衣絹五十二萬餘匹，鹽鐵轉運使裴休請復歸鹽鐵使以供國用，增銀冶二、鐵山七十一，廢銅冶二十七、鉛山一。天下歲率銀二萬五千兩、銅六十五萬五千斤、鉛十一萬四千斤、錫萬七千斤、鐵五十三萬二千斤。

**宋·葉廷珪《海録碎事》卷一五《商賈貨財部·珍寶門》** 寶苗山上有葱，下必有銀；有薤，下必有金；有薑，下必有銅錫。有玉者木傍枝下垂，謂之寶苗。《酉陽雜俎》。

**宋·馬端臨《文獻通考》卷一八《征榷·坑冶》** 唐凡金銀鐵錫之冶一百八十六，陝、宣、潤、饒、衢、信五州銀冶五十八，銅冶九十六，鐵山五，錫山二，鉛山四，汾州礬山七。

**又** 宋興金銀銅鐵鉛錫之貨，凡諸軍產金有五，曰商、饒、歙、撫州、南安軍。至道元年，廢邵武軍院。二年，又廢成州二院。饒州舊禁商人市販，頗致争訟。大中祥符五年，從淩策之請，除其禁，官收算焉。產銀有三監，曰桂陽、鳳州之開寶、本七房冶，開寶五年賜名。建州之龍焙。又有五十一場，曰饒州之德興，虔州之寶積，信州之寶豐，建昌之馬茨湖、看都，越州之諸暨，衢州之南山、北山、金水，舊又有靈山場，大中祥符二年廢。處州之慶成、望際，道州之黃富，福州之寶興，漳州之興善、毗婆、大深、巖洞，汀州之黃焙、龍門、寶安，南劍州之龍逢、寶應、王豐、杜唐、高才、瞻國、新豐、巖梅營、龍泉、順昌，邵武軍之焦阮、龍門、小杉、青女、三溪黃、上同、福磜，南安軍之穩下，廣州之上雲，韶州之樂昌、螺阬、靈源，連州之同官，英州之賢德、堯山、竹溪，恩州之梅口，春州之陽江。三務曰秦州、隴城、隴州興元府。太平興國四年，於五臺置冶，後廢。秦州舊有太平監，後去其名。又賀州有寶盈場，及杭州務，後並省。產銅有三十五場，饒、處、建、英州各一，信州、南安軍各二，汀州三，漳州四，邵武軍八，南劍州十二。饒州曰興利，建州曰同德，英州曰禮平，信州曰鉛山，南安軍曰南康城下，汀州曰鍾僚。餘皆與銀場同。一務曰梓州之銅采。國初坊、隴二州亦置場，後廢。又嘉州亦有採場，咸平六年置。產鐵有四監，曰大通，兗州之萊蕪，萊蕪監領杏山、阜陽、何家、魯東、汶陽、萬家、宜山七冶。舊又有石門、大叔、道士等冶，景德中以鐵數不登，並廢。汶陽、南魯、西冶大中祥符七年廢。徐州之利國，相州之利成。又有十二冶，曰河南之淩雲，虢州之麻莊，同州之韓山，鳳翔之赤谷、磑平，儀州之廣石河，蘄州之回嵐、蕘窑，黃州之龍陂，袁州之貴山，興國軍之慈湖，英州之黃石。二十務：曰晉、磁、鳳、澧、道、渠、合、梅州各一，陝州之集津，耀州之榆林，坊州之玉華，虔州之上平、符竹、黃平、青堂，吉州之安福，汀州之莒溪、古田、龍興、羅村。二十五場，曰信州之丁溪、新溪，鄂州之聖水、荻州、樊源、安樂、龍興、大雲，建州之晚化，南劍州之亳村、東陽、武夷、平林、塗阬、安福、萬足、桃源、交溪、婁杉、湯泉、立沙、黃溪，邵武軍之萬德、寶積，連州之牛鼻。又有沂州鄆城冶，磁州苑城冶，齊州龍山冶，澤、淄、秦、潭、利、英、白、鬱、林州皆舊出鐵，後並廢。產鉛有三十六場、務，曰越、建、連、英、春州各一，韶州、南安軍各二，衢州、汀州各三，漳州四，邵武軍八，南劍州十二。並與銀銅場同名。產錫有九場：曰河南之長水，虔州之安遠，南安之城下，南康之上猶，道州之黃富，賀州之太平川、石場，潮州之黃岡，循州之大任。舊信州有鉛場，後廢。產水銀有四場，曰秦、階、商、鳳州。產朱砂有三場，曰商、宜州、富順。

太祖皇帝開寶三年詔曰，古者不貴難得之貨，後代賦及山澤，上加侵削，下益抗敝，每念茲事，深疚於懷。未能捐金於山，豈忍奪人之利！自今桂陽監歲輸課銀宜減三分之一。

太宗至道二年，有司言鳳州山内出銅丱，定州諸山出銀鑛，請置官署掌其事。上曰，地不愛寶，當與衆庶共之。不許。

至道末，天下歲課銀十四萬五千餘兩，銅四百一十二萬二千餘斤，鐵五百七十四萬八千餘斤，鉛七十九萬三千餘斤，錫二十六萬九千餘斤。天禧末，金一萬四千餘兩，銀八十八萬三千餘兩，銅二百六十七萬五千餘斤，鐵六百二十九萬三千餘斤，鉛四十四萬七千餘斤，錫二十九萬一千餘斤，水銀二千餘斤，朱砂五千餘斤。然金銀除坑冶丁税和市外課利折納互市所得，皆在焉。【略】

金銀銅鐵鉛錫之冶總二百七十一。金産登、萊、商、饒、汀、南恩六州，冶十一。銀産登、虢、秦、鳳、商、隴、越、衢、饒、信、虔、郴、衡、漳、汀、泉、福、建、南劍、英、韶、連、春二十三州，南安、建昌、邵武三軍，桂陽監，冶八十四。銅産饒、信、虔、建、漳、汀、泉、南劍、韶、英、梓十一州，邵武軍，冶四十六。鐵産登、萊、徐、兖、鳳、翔、陝、儀、虢、邢、磁、虔、吉、袁、信、澧、汀、泉、建、南劍、英、韶、渠、合、資二十四州，興國、邵武二軍，冶七十七。鉛産越、衢、信、汀、南劍、英、韶、連、春九州，邵武軍，冶三十。錫産商、虢、虔、道、潮、賀、循七州，冶十六。又有丹砂産商、宜二州，冶二。水銀産秦、鳳、商、階四州，冶五。皆置吏主之。然大率山澤之利有限，或暴發輒竭，或采取歲久，所得不償其費，而歲課不足，有司必責主者取盈。

仁宗、英宗每下赦書，輒委所在視冶之不發者，或廢冶，或蠲主者所負歲課，率以爲常。而有司有請，亦輒從之，無所吝。故冶之興廢不常，而歲課增損係焉。皇祐中，歲得金萬五千九十五兩，銀二十一萬九千八百二十九兩，銅五百一十萬八百三十四斤，鐵七百二十四萬一千一斤，鉛九萬八千一百五十一斤，錫三十三萬六百九十五斤，水銀二千二百一斤。其後以赦書從事或有司所請廢冶百餘，既而山澤興發，至治平中或增冶、或復故者，總六十八。是歲視皇祐金減九千六百五十六，銀增九萬五千三百八十四，銅增一百八十七萬，鐵、錫增百餘萬，鉛增二百萬，獨水銀無增損，又得丹砂二千八百餘斤。今之論次諸冶，以治平中所有云。

**又**　元豐元年，是歲諸路坑冶金總計萬七百一十兩，銀二十一萬五千三百八十五兩，銅千四百六十萬五千九百六十九斤，鐵五百五十萬一千九十七斤，鉛九百十九萬七千三百三十五斤，錫二百三十二萬一千八百九十八斤，水銀三千三百五十六斤，朱砂三千六百四十六斤十四兩有奇。

七年，坑冶凡一百三十六，所領於虞部。

**《宋史・食貨志・錢幣》**　以李植提點鑄錢公事，植言：「歲額内藏庫二十三萬緡，右藏庫七十餘萬緡，皆至道以後數也。紹興以來，歲收銅二十四萬斤，鉛二十萬斤，錫五萬斤，僅可鑄錢一十萬緡。諸道拘到銅器二百萬斤，附以鉛、錫，可鑄六十萬緡。然拘者不可以常，唯當據坑冶所産。」下工部，權以五十萬緡爲額。又明年，纔鑄及十萬緡。今泉司歲額增至十五萬緡，小平錢一萬八千緡，折二錢六萬六千緡。歲費鑄本及起綱糜費約二十六萬緡，司屬之費又約二萬緡。東南十一路一百一十八州之所供，有坑冶課利錢、木炭錢、錫本錢，約二十一萬緡，比歲所收不過十五六萬緡耳。歲額：金一百二十八兩，銀無額，以七分入内庫，三分歸本司，銅三十九萬五千八百斤，鉛三十七萬七千九百斤，錫一萬九千八百七十五斤，鐵二百三十二萬八千斤，比歲所榷十無二三。每當二錢千，重四斤五兩，小平錢千，重四斤十三兩，視舊制，銅少鉛多，錢愈鍥薄矣。

**又《食貨志・阬冶》**　凡金、銀、銅、鐵、鉛、錫監冶場務二百有一：金産商、饒、歙、撫四州，南安軍。銀産鳳、建、桂陽三州，有三監；饒、信、虔、越、衢、處、道、福、汀、漳、南劍、韶、廣、英、連、恩、春十七州，建昌、邵武、南安三軍，有五十一場；秦、隴、興元三州，有三務。銅産饒、處、建、英、信、汀、漳、南劍八州，南安、邵武二軍，有三十五場；梓州有一務。鐵産徐、兖、相三州，有四監；河南、鳳翔、同、虢、儀、蘄、黄、袁、英九州，興國軍，有十二冶；晉、磁、鳳、澧、道、渠、合、梅、陝、耀、坊、虔、汀、吉十四州，有二十務；信、鄂、連、建、南劍五州，邵武軍，有二十五場。鉛産越、建、連、英、春、韶、衢、汀、漳、南劍十州，南安、邵武二軍，有三十六場、務。錫産河南、南康、虔、道、賀、潮、循七州，南安軍，有九場。水銀産秦、階、商、鳳四州，有四場。朱砂産商、宜二州，富順監，有三場。

皇祐中，歲得金萬五千九十五兩，銀二十一萬九千八百二十九兩，銅五百一十萬八百三十四斤，鐵七百二十四萬一千斤，鉛九萬八千一百五十一斤，錫三十三萬六百九十五斤，水銀二千二百斤。

其後，以赦書從事或有司所請，廢冶百餘。既而山澤興發，至治平中，或增冶或復故者六十有八，而諸州阬冶總二百七十一：登、萊、商、饒、汀、南恩六州，金之冶十一；登、虢、秦、鳳、商、隴、越、衢、饒、信、虔、郴、衡、漳、汀、泉、建、福、南劍、英、韶、連、春二十三州，南安、建昌、邵武三軍，桂陽監，銀之冶八十四；饒、信、虔、建、漳、汀、南劍、泉、韶、英、梓十一州，邵武軍，銅之冶四十六；登、萊、徐、兗、鳳翔、陝、儀、邢、虢、磁、虔、吉、袁、信、澧、汀、泉、建、南劍、英、韶、渠、合、資二十四州，興國、邵武二軍，鐵之冶七十七；越、衢、信、汀、南劍、英、韶、春、連九州，邵武軍，鉛之冶三十；商、虢、虔、道、賀、潮、循七州，錫之冶十六；而水銀，丹砂州冶，與至道、天禧之時則一，皆置吏主之。是歲，視皇祐金減九千六百五十六，銀增九萬五千三百八十四，銅增一百八十七萬，鐵、錫增百餘萬，鉛增二百萬，又得丹砂二千八百餘斤，獨水銀無增損焉。

元豐元年，諸阬冶金總收萬七百一十兩，銀二十一萬五千三百八十五兩，銅千四百六十萬五千九百六十九斤，鐵五百五十萬一千九十七斤，鉛九百十九萬七千三百三十五斤，錫二百三十二萬一千八百九十八斤，水銀三千三百五十六斤，朱砂三千六百四十六斤十四兩有奇。

南渡，阬冶廢興不常，歲入多寡不同。今以紹興三十二年金、銀、銅、鐵、鉛、錫之冶廢興之數一千一百七十，及乾道二年鑄錢司比較所入之數附之：

湖南、廣東、江東西金冶二百六十七，廢者一百四十二；湖南、廣東、福建、浙東、廣西、江東西銀冶一百七十四，廢者八十四；潼川、湖南、利州、廣東、浙東、廣西、江東西、福建銅冶一百九，廢者四十五。舊額歲七百五萬七千二百六十斤有奇，乾道歲入二十六萬三千一百六十斤有奇。

淮西、夔州、成都、利州、廣東、福建、浙東、廣西、江東西鐵冶六百三十八，廢者二百五十一，舊額歲二百一十六萬二千一百四十斤有奇，乾道歲入八十八萬三百斤有奇。

淮西、湖南、廣東、福建、浙東、江西鉛冶五十二，廢者一十五，舊額歲三百二十一萬三千六百二十斤有奇，乾道歲入一十九萬一千二百四十斤有奇。

湖南、廣東、江西錫冶一百一十八，廢者四十四，舊額歲七十六萬一千二百斤有奇，乾道歲入二萬四百五十斤有奇。

宋初，諸冶外隸轉運司，內隸金部；崇寧二年，始隸右曹；建炎元年，復隸金部、轉運司。隆興二年，阬冶監官歲收買金及四千兩、銀及十萬兩、銅錫及四十萬斤、鉛及一百二十萬斤者，轉一官；守倅部內歲比祖額增金一萬兩、銀十萬兩、銅一百萬斤，亦轉一官；令丞歲收買及監官格內之數，減半推賞。

**元・王惲《玉堂嘉話》卷五《米先生端州斧柯山石説》** 端州石出高要縣斧柯山。山前臨大溪，其絶頂，匠者於此鑿石，歲久乃成洞穴，今已極深邃。洞中常有水，至春冬水涸採石。中陰黑無所覩，但以手捫石，隨大小取之。凡石理之精麤，即良工往洞中，且不能别，至於瑕玷壘脈，須出洞乃可識。故有累日月而不得一佳者。大抵以石中有眼者爲最貴，世謂之鸜鵒眼。蓋石文精美如木之有節也，不知者反以爲石病，吁！可痛哉。凡取石有四，曰上巖、下巖、西坑、後歷。上巖之石最精，下巖次之。惟上巖之石乃有眼，眼之美者，皆緑黄二色相重，多者自外至心凡八九重。其狀皆圓，以色鮮美、重數而圓正者爲上。其大者尤爲稀有，絶大者乃如彈丸。有布列硯中，或如北斗，或如五星心、房之形者，價不減數萬。其生於墨池之外，謂之高眼，其内者爲低眼。曰高眼者，以其不爲墨所漬淹，常可覩於前也。無眼者雖資質甚美，不出千錢。石之品有數種，其色正紫而微有青潤無芒，叩之無聲，此近水者也；其色微紫而不深重，近日視之略似有芒，叩之有聲，此巖壁之石。二者最爲發墨，乃石至精者。其次青紫參半，或紫而近赤，或青多紫少，皆石之下也。端人爲硯，凡色之不佳者須用佛桑花染漬之。初亦可愛，經水即如故。又山有自然團子，或云剖其璞而得焉，謂之子石。又謂石之有金線者爲美，此正其病也，端人亦不取云。唯材之大者尤爲難得，每購求方六七寸而亡病脈者，固亦少矣。比歲所貢方硯者五，皆以尺爲準，然止於巖石之中品。或眼，工人輒鑿去之，恐異日復求不可必致也。

**元・熊夢祥《析津志・物産》** 金、銀、銅、鐵、錫、畫眉石，同出齋堂。其石燒鍋、銚、盤，雖百年亦不損壞，得名。拳桃、葡萄、御桃頁、御黄子、頻婆、御茄、密黄、黄精、葳蕤、杏油、蠟、紙、麻鞋、石灰、乳餅、香貍、野猪、獐麅、獾、章雞、角雞、雉、石雞。

**又 卷四八《金石》** 堊，白墡也。赭，即所謂華陰赤土也。土中曾青亦謂之碧。

《子虚賦》：「丹青赭堊，雌黄白坿，錫碧金銀。」注：張揖曰：「堊，白墡也。白坿，白石英也。赭，代赭石也。錫，青金也。碧，玉之青白色。」按一句俱說金錫，內入一玉不倫，碧乃自然鉛銅，在土中色碧。《淮南》曰「偏土生曾青」，是其類也。堊古音惡，嫌其音，改爲白善，而又和土耳。陸廣微曰：「吳縣陸宛墳有白土充貫，曰白墡，即白堊也。」《山海經》「青䨼」，音䨼，殆碧堊乎？水碧，水玉也，或以爲泠石赭，或以爲水脂碧。程大昌疑爲水蒼玉，而又以爲縹青水晶。大昌論水碧，引太白《過彭蠡詩》：「水碧或成采，金膏秘莫言。」按前此江淹詩「水碧驗未黷，金膏靈詛錙」，謝靈運「金膏滅明光，水碧輟流温」。蓋緣《山海經》「耿山多水碧」。又云：「柴桑潯陽，其下多碧，廬山有礦。」故兩用也。大昌曰：「古佩水蒼玉，其用此乎？今信州水精不瑩，多縹青之色。」姚寬《西溪叢語》曰：「《山海經》今名赫，未知何物？余見《墨子・道書》，大藥中有水脂碧者，當是。」郭青螺曰：　寬誤也。按《山海經》舊本作「泠石赭」。李邕用「冰碧」。《廣志》曰：「有縹碧、有緑碧，出越嶲。」今分西碧、南碧。出西番者有黑子，出雲南者或緑或白緑。世人貴西，特貴遠耳，非定論也。元河林會川采碧句子，其硃砂水銀碧甸子課下云：「碧甸子在會川者，至元十一年，輸一千餘塊。」和州，今之和寧，在大同外，會川在雲南四川之界，非河間之會川也。陶九成曰：「你捨卜的即回回甸子，乞里馬泥即河西甸子，荊州石即襄陽甸子。」今作碧靛子，青緑色，與馬價珠相似。

**明・方以智《物理小識・金石類》**　取寶法　樂稽耀嘉曰，開神山神淵，積薪夜擊，鼓譟而燔之。凡山石盛熱時必汗，赤黃者金汗，口嘗味臭如牛溺氣。白汗味辛者，銀。汗如雀毛色者，銅。如胡膠色者，鐵。如白鐵色者，錫也。《淮南》曰，水紋圓折者有珠，方折者有玉。凡有寶之沙甚重，極苦，土色似熟杏，燒，作脂蘇氣香。或色似血，皆有金銀。照寶術，用磁石三兩，秫米粥塗箭笴，二七隻爲燭，照地，火若摇動者，寶也。桃葉布地，獨有霜雪或氣露者，寶也。樹在城墟中忽變色，枝偏枯折者，旁有寶也。人家草木冬無霜雪者，寶也。草木枝下生毛至地，其色青白者，玉也。若赤黃者，下有金。黑色，鉛、鐵也。金樓子曰，山中夜見胡人者，銅鐵精也。然巨木塞井，亦有赤白上鋭之氣。潛草曰，此皆生成之理，不足訝也。知此而不惑者，非罕寶耶。

燒石易鑿法　萬安張振山開河，夢神與之方曰，以桐油、石灰與黑豆末之，燒石，則鑿之甚易。因用之，驗。智按，在硫燒之，其石亦易碎。

煎礦　浙、福坑場，或採或閉，饒、信、瑞坑從未開也，楚出辰州，貴出銅仁，中州則宜陽趙保山，永寧秋樹坡，盧氏高觜，嵩縣馬槽山，蜀會川密勒山，甘肅大黃山，山東江北皆有。凡有鑛處，山童望氣知之，有深淺耳。開採妨爭，或費工不償。惟滇常行，楚雄、永昌、大理最盛，次曲靖、姚安，次鎮沅。外域多有，皆黃道腰輪下國也。鉚砂山見磊砢小褐石，自有脈路。穴土十丈或倍之，支洞尋苗，或黃碎石，或石縫亂絲，則鉚砂近矣。形如煤炭，下疊石不甚黑，出土以斗量。高者六七兩一斗，下者一二兩。其鉚砂放光，甚者精華洩漏，得銀偏少。爐築五尺，砂先淘洗，每鉚砂二石，用栗木炭二百斤。牆背鼓鞴，火力既合，鉚鎔成團。然銀猶隱鉛中，砂二石，鎔團約百斤。冷定，入分金蝦蟆爐，鉛沉下者，已類佗僧。柳枝燃照，鉛氣凈盡，則生銀也。傾無絲紋或現圓星，滇號茶經，入銅少許，乃入槽成絲耳。楚雄所出，銅砂百斤，又生鉛二百斤，於爐內，然後煽煉成團。其再入蟆爐，沉鉛結銀同也。爐底佗僧樣者，別入爐煉，又成扁擔鉛。雜銀者，紅銅與鉛也，高爐坩鍋煉之，灑硝而銅、鉛就鍋底，曰銀銹。灰池落者，曰爐底。二者填火土甑，鉛就低流，銅黏餘銀，仍可分取。

**《明史・食貨志》**　坑冶之課，金銀、銅鐵、鉛汞、硃砂、青緑，而金銀礦最爲民害。徐達下山東，近臣請開銀場。太祖謂銀場之弊，利於官者少，損於民者多，不可開。其後有請開陝州銀礦者，帝曰：「土地所産，有時而窮。歲課成額，徵銀無已。言利之臣，皆戕民之賊也。」臨淄丞乞發山海之藏以通寶路，帝黜之。成祖斥河池民言採礦者。仁、宣仍世禁止，填番禺坑洞，罷嵩縣白泥溝發礦。然福建尤溪縣銀屏山銀場局爐冶四十二座，始於洪武十九年。浙江温、處、麗水、平陽等七縣，亦有場局。歲課皆二千餘兩。

永樂間，開陝西商縣鳳皇山銀坑八所。遣官湖廣、貴州採辦金銀課，復遣中官、御史往覈之。又開福建浦城縣馬鞍等坑三所，設貴州太平溪、交阯宣光鎮金場局，葛容溪銀場局，雲南大理銀冶。其不産金銀者，亦屢有革罷。而福建歲額增至三萬餘兩，浙江增至八萬餘。宣宗初，頗減福建課，其後增至四萬餘，而浙江亦增至九萬餘。英宗下詔封坑穴，撤閘辦官，民大蘇息，而歲額未除。歲辦，皆洪武舊額也。閘辦者，永、宣所新增也。既而禁革永煎。奸民私開坑穴相殺傷，嚴禁不能止。下詔宥之，不悛。言者復請開銀場，則利歸於上，而盜無所容。乃命侍郎王質往經理，定歲課，福建銀二萬餘，浙江倍之。又分遣御史曹祥、馮傑提督，供億過公稅，民困而盜愈衆。鄧茂七、葉宗留之徒流毒浙、閩，久之始定。景帝嘗封閉，旋以盜礦者多，兵部尚書孫原貞請開浙江銀場，因並開福建，命中官戴細保提督之。天順四年命中官羅永之浙江，羅珪之雲南，馮讓之福建，何能之四川。課額浙、閩大略如舊，雲南十萬兩有奇，四川萬三千有奇，總十八萬三千有奇。成化中，開湖廣金場，武陵等十二縣凡二十一場，歲役民夫五十五萬，死者無算，得金僅三十五兩，於是復閉。而浙江銀礦以缺額量減，雲南屢開屢停。

弘治元年始減雲南二萬兩，温、處萬兩餘，罷浦城廢坑銀冶。至十三年，雲南巡撫李士實言：「雲南九銀場，四場礦脈久絶，乞免其課。」報可。四川、山東礦穴亦先後封閉。武宗初，從中官秦文等奏，復開浙、閩銀礦。既而浙江守臣言礦脈已絶，乃令歲進銀二萬兩，劉瑾誅乃止。世宗初，閉大理礦場。其後薊、豫、齊、晉、川、滇所在進礦砂金銀，復議開採，以助大工。既獲玉旺峪礦銀，帝諭閣臣廣開採。户部尚書方鈍等請令四川、山東、河南撫按嚴督所屬，一一搜訪，以稱天地降祥之意。於是公私交騖礦利，而浙江、江西盜礦者且劫徽、寧，天下漸多事矣。

**清・顧祖禹《讀史方輿紀要》卷一一《北直二》** 白檀山，縣南二十里。《漢書》：「李廣弭節白檀。」又曹操伐烏桓，田疇請從盧龍口越白檀之險，出空虚之地，掩其不備是也。又《唐志》：「縣有隗山。」今山在縣南三十里。 大峪錐山，在縣北。《元史》：山產鐵礦，至元十三年立四冶，二十五年罷檀州淘金户。明初亦嘗開採，後封閉。

**又 卷一七《北直八》** 温泉柵，在廢石城縣東北，舊爲戍守處。唐廣德初，史朝義既敗，欲北走奚、契丹，至温泉柵，追兵及之，窮蹙自縊處也。 千金冶，在廢馬城縣東北，舊爲冶鑄處。《新唐書》馬城縣有千金冶城。

**又 卷二七《南直九》** 白紵山，府東五里。本名楚山，晉桓温遊此，奏《白紵》之歌，因改名焉。登其上則羣山環列，江湖縈帶，稱爲佳勝。或謂之蒲山。《宋書》「大明七年，巡於湖，至蒲山」，即此山矣。 黄山，在府西北五里。一名浮丘山。山有劉宋時離宫及淩敲臺、懷古臺并浮圖在焉。志云：淩敲臺周五里一百步，高四十丈。又金山，在府北十里。昔時出銅與金類，古所謂丹陽銅也。

**又 卷三一《山東二》** 冠山，縣西南五十里。脈起泰山，突峙於此。漢元鳳三年，有大石自立，其形似冠，山因以名，蓋宣帝起於民間之象也。 韶山，《寰宇記》云：「在縣西北二十里。山出鐵，漢置鐵官於此。」志云：縣東十三里有大石山，產鐵及大石。又鑛山，在縣西北五里。嘗出鐵鑛。又陰涼山，在縣北三十里。產銅鑛。《唐志》：「縣有鐵冶十三，銅冶十八，銅坑四，又有錫冶。」開元六年令趙建威於縣西北十五里開普濟渠，以運銅鐵，並灌民田。今礦閉而渠亦塞。

**又 卷四八《河南三》** 伊水，在縣南，自盧氏縣流入境，與汝州伊陽縣接界；縣西北五里之高都川，七里之龍駒澗，縣南六里之王母澗，八里之空桑澗，俱流入焉，東北流達洛陽縣界。志曰：高都河出大礦山，經縣東關有順陽橋跨其上。

**又 卷五一《河南六》** 寶豐縣，州東南八十里。東南至裕州葉縣百一十里，西至魯山縣八十里。漢郟縣地，唐證聖初分郟城、魯山二縣地置武興縣，神龍初改爲中興縣，旋又改曰龍興，屬汝州。宋初因之，熙寧五年廢爲鎮。元祐初復故，宣和二年以縣有冶鑄場，改曰寶豐。金因之，元省入梁縣。成化十一年復置今縣，屬汝州。

**又 卷五二《陝西一》** 終南山，在西安府南五十里，亘鳳翔、岐山、郿縣、三縣俱屬鳳翔府。武功、盩厔、鄠縣、長安、咸寧、藍田之境，皆謂之南山，《禹貢》謂之終南。雍州「終南、惇物」。《詩》謂之終南，亦謂之南山。《秦風》「終南何有」，《小雅》「南山有臺」及「節彼南山」之類，皆指終南也。《詩》傳：「周之名山曰終南。」《左傳》：「終南，九州之險也。」漢東方朔曰：「南山天下之阻也，南有江、淮，北有河、渭。其地從汧、隴以東，商、洛以西，厥壤肥饒。」按《漢書》：東方朔曰：「南山出玉石金銀銅鐵良材，百工所取給，萬民所仰足也。」

**又 卷五八《陝西七》** 水洛城，州西南百里。【略】宋咸平中曹瑋嘗經營此。范仲淹曰：「朝那之西、秦亭之東爲水洛城。」鄭戩曰：「水洛城西占隴坻，通秦州往來路。隴之二水環城西流，繞帶渭河。川平土沃，廣數百里。又有水輪銀銅之利。」

**又 卷六七《四川二》** 安昌水，州西五里。一名龍安水。源自石泉縣，東流經安縣北入州界，經州西北三十里有横山渡，又東南入於涪水。《州志》云：巴字水，在城西四里。涪水自北經城西折而東南，安昌水自州西迤邐繞城東南，匯於州南之芙蓉溪成一巴字，每江漲登山望之，天然甚肖。 潺水，在州東五里。源出劍州梓潼縣界之潺山，流逕州東三十里有石盤灘渡，又西南入於涪水。《寰宇記》：「潺水源有金、銀、鐵，民得採以爲業。」

**又 卷七六《湖廣二》** 冶唐山，府東南二十里。相傳晉、宋時因山置冶處。 樊山，在縣西三里。一名西山，一名樊岡，下爲樊口。舊名袁山，《水經注》「吴孫權徙鄂於袁山東」是也。又名來山，吴孫皓都武昌，出登來山是也。又名壽昌山，產銀銅鐵及紫石英，下有寒溪，中有磻龍石。山北背大江，江上有釣臺。

幕阜山，縣東南五十里。周迴五百餘里，東跨江西寧州，南跨平江縣界。有水四出，東南入湘，西入洞庭，北入隽。吴太史慈爲建昌都尉，拒劉表從子磐，於此置營幕，因名。　錫山，在縣南七里。舊産銀，曰銀山。又産錫。志云：唐初置錫山鎮，後改爲通城云。又九峰山，在縣南一里。山有九峰。縣南三里又有南山，形如屏障。

大冶縣，州西北百五十里。東渡江至蘄州九十里。隋武昌縣地，唐爲永興縣地，置大冶青山場院，南唐保大十二年升爲大冶縣，屬鄂州，宋屬興國軍。

鐵山，縣北四十里。有鐵礦，唐、宋時於此置爐燒煉金鐵。又北二十里爲白雉山，周五十里，有芙蓉峰、獅子嶺、金雞石諸勝。山南出銅礦，晉、宋以來俱置銅場、錢監，後廢。今山口墩或謂之銅竈，其遺跡也。《一統志》：「縣東有圍爐山，出鐵。」舊有鐵務，今廢。又縣治西南有銅緑山，亦古出銅冶鑄之所。縣名大冶，蓋以此。

**又　卷八〇《湖廣六》**　大圍山，縣東北百五十里。舊名首禪山。山頂有白沙湖，廣袤五十餘里，流分四派：一入江西寧州，一入袁之萬載，一入岳之平江，其一即瀏水也。岡巒圍遶，盤踞四縣，因名大圍。又大光山，在縣東北九十里，北抵豫章，西接巴陵，峰巒叠翠，最爲奇觀。縣東百七十里又有七寶山，其山産鉛、鐵礦、硼砂、青膽二礬、土黄、吸針石，故名。

**又　卷八一《湖廣七》**　猪狑犵獠不狼寨。在府西北大酉山口。其名皆犬屬，蓋盤瓠子孫。志云：府有廢淘金場、廢水銀場七、廢鐵冶四，蓋皆山溪所産。今否。又有銅柱，在會溪鎮隔江。《五代史》：「晉天福四年，黔南巡内溪州刺史彭士愁寇辰、澧州，爲楚將劉勍等所敗，以溪、獎、錦三州降楚，楚王希範因徙溪州於便地，表彭士愁爲溪州刺史，鑄銅柱立之溪州。」胡氏曰：「會溪城西南一里有桐柱。」是也。

**又　卷八五《江西三》**　封禁山，府東南八十五里。一名銅塘山，險塞危峻，爲郡之要害。中産銅鐵。景泰中福建沙縣寇鄧茂七盜冶銅鐵，剽掠永豐，知縣鄧顒追捕遇害，久之患始平。自是嚴冶禁，設隘戍守。志云：山綿亘廣遠，東接福建浦城縣。東有銅孛山，爲封禁之要口，南連福建崇安縣，北通永豐縣。其西南爲擇子嶺，與高洲、鐵山一帶相接，向爲姦宄嘯聚之地。其中林篁叢雜，溪港連延。舊制以其險峻難通，宜於封禁，因名。萬曆三十年嘗復議開採，不果。自是垂爲永制。　丁溪山，在府南七十里。一名鐵山，宋時爲冶鐵之所，任百姓開採，官收什一之税。後屬饒州永平監，今廢。又銅山，在縣南四十五里。脈自鐵山而來，其西接永豐縣之鶴山。志云：府南十里有南巖，一名盧家巖；又有北巖，亦在府南；並稱形勝。

鉛山縣，府南八十里。東至福建崇安縣百三十里，西北至弋陽縣百十里。唐上饒、弋陽二縣地，南唐置鉛山場，尋升鉛山縣，屬信州。宋開寶八年平江南，以縣直隸京師，尋還屬信州。元元貞初升爲鉛山州，明初洪武二年復爲縣。

銅寶山，縣治西南。【略】鉛山，在縣西南七里。舊名桂陽山，又名楊梅山。唐時山出鉛，百姓開採，十而税一。建中元年封禁，貞元元年復開，隸饒州永平監，尋又廢。山亦出銅及青碌。南唐昇元二年置鉛場，保大中改立鉛山縣，皆以山名也。

**又　卷八九《浙江一》**　會稽山，在紹興府東南十二里。禹東巡狩，至於會稽。《管子》：「禹封泰山禪會稽。」《吴越春秋》：「山本名苗山，禹更名會稽。」苗或作「茅」，或又謂之塗山。說者云：會稽者，會計也。禹會諸侯江南計功，命曰會稽云。《山海經》：「會稽山四方，上多金玉，下多玞石。」

**又　卷九二《浙江四》**　亭山，府南十里。【略】又稷山，在府東五十里。《越絶書》：「勾踐齋戒臺也。」又有錫山，舊産錫；銀山，産銀沙。志云：皆在府東五十里。

天井山，府西南七十里。下瞰深淵，上有五井，峻險難陟。其相近者又有灌頂山，直上二十里，宋時曾採鐵於此，後罷。志云：府西南五十里有錫山，葱蒨插天，綿亘紆遠，舊産錫。並峙者曰建嶴山，矗立二十五峰，狀如列戟，鬱然深秀。又府西南六十里有木阜山，環列二十四峰，一名木坑；相接者曰清秀山，上有三十六峰；又有銀山，舊産銀；皆森秀。

赤城驛，在府治東南。宋置丹丘驛，明朝改今名。又泰安驛，在府西北四十七里，横溪驛，在府東北五十里；皆宋置，尋廢。【略】《宋志》：「臨海縣東三十里有大田税場，東南百二十里有雄溪鐵場，百五十里有香公、廣濟二鐵場，西六十里有歸溪鐵場，西北五十里有大石鐵場，又十里有高梁銀場，後廢。」元初并廢大田場。

赤城驛，縣治西南。宋置。又飛泉驛，在縣西二十五里。靈溪驛，在縣東二十里。《宋志》：「舊路由靈溪驛入京，謂之『亭頭』，後改自東門，驛廢。尋又廢飛泉驛。」元并廢赤城驛。　赤巖銀場，在縣西十里。宋元祐四年以礦發置場，尋廢爲鉛坑。縣西九十里又有天柱山鉛坑，東三十里有梄溪鐵坑，元時皆廢。

又　卷九三《浙江五》　爛柯山，府南二十里。一名石室，《通典》謂之石橋山，以中有石橋也。【略】又南里許曰響谷山，巖壁峭立，水環其趾。巖半有穴，風嘘則鳴，因名。　疊石山，在府南四十里，以層巖累疊而名。志云：府南七十五里有爵豆山，舊出銀礦，唐元和四年閉塞，五代時錢氏復開，後仍閉。又有銅山，在縣西北百里。宋時山出銅、錫、鉛，明朝産礦，徽、處二郡民群聚取礦於此，嘉靖中官兵蕩平之，因設兵戍守。

又　卷九四《浙江六》　青草隘，縣南百十里，接福建壽寧縣界。【略】道皆阻隘。　下場坑銀冶，在縣西十里。志云：縣境銀冶凡六處。又雲和縣有銀坑四，鉛坑二，慶元縣有銀坑五，鉛坑一，龍泉縣有銀坑二十五，鉛坑二，皆永樂、宣德間開採處。弘治中言者以費廣利微，殃民召釁，因封閉，垂爲永制。

又　卷九七《福建三》　銀瓶山，縣東三十里。瓶亦作「屏」。舊於此開辦銀課。其山兼産銀、鐵。明初亦置銀冶鼓鑄，漸逋聚爲盜，景泰後罷冶，惟鐵冶尚存，奸民擅其利。相近有太素山，透迤層累，冬多積雪，一望皓然。又東南有白鶴山，層巒疊嶂，高矗千仞，昂然如鶴立雲霄。志云：縣東有東屏山，蒼峭壁立，方正如屏。山背有嶺接尤溪縣界，後潦溪迤邐十五里，泉石甚佳，曰山後嶺。大富山，在縣西六十里，接漳平縣界。上有泉，一鄉之田俱藉其灌溉。又大寶、小寶二山，在縣西北五十里，接永安縣界，産鐵礦最佳。

又　卷九八《福建四》　平西驛，縣東三十餘里。成化六年置。又藍屋驛，在縣北七十里。成化十年徙清流縣玉華驛於此，改今名。《輿程記》：「自汀州府三洲驛水行九十里至藍屋驛，又南至縣。自縣南四十里至大孤市，又七十里過峰頭，又二十里爲石上鎮，屬廣東潮州府界。自石上又六十里即大埔縣。」永興場，在縣東五十里；又縣南六十里有通利場；縣境又有金山、利濟、龍山、石門、語口等場；皆宋時採金及銅鐵處。

大杉嶺，縣西北二十里，路通江西建昌府。多産杉木。吴越時遣兵屯戍於此。又九盤嶺，在縣西五十里，紆迴九曲。志云：縣西北六十里有茶花嶺，廣二十里。　峨眉峰，在縣北五十里。周圍數十里，高數千丈，類蜀之峨眉。峰之左有三仙巖，泉石幽勝。巖前有三峰，狀如筆架。峰之西即建寧縣界。又七寶峰，在縣西六十餘里，高千丈，産金、銀、銅、錫、朱石、黄連、甘草之屬。世傳越王遊獵時憩此。宋爲銀場，後廢。奸民多盜鑿之，山遂崩陀。

鷄籠山，府北五十里，高十五里。山形圓聳，上淩霄漢。又翠峰山，在府東北六十里。壁立千仞，烟雲出没，惟天色晴霽，亭午方見其頂。　七寶山，在府西。山下舊有上寶場，宋置，採銀、錫於此，後廢。《通志》：場在縣治西。

杉關，在杉嶺上。有杉關驛，元元統初建，明朝因之。志云：關之東有大寺寨巡司，宋置寨於縣北三十里，元至元二十五年遷於縣北六十里止馬市，明初遷於此，以備戍守。又嘗置杉嶺驛於關下，尋廢。餘見前。　鐵牛關，在縣北五十里，相傳唐廣明中置。《聞見録》：「光澤有鐵牛、火燒、雲際三關。雲際關通湖坊，係江西鉛山縣界，去崇安桐木關一百八十里。」又風掃隘，在縣西五十里頓筆山上。又《宋志》：「縣有太平銀場，新安鐵場。」

又　卷九九《福建五》　清溪城，即今縣，故小溪場也。南唐保大十三年詹敦仁監場事，請於清源節度留從效曰：「小溪西距漳、汀，東濱溟海，地廣二百餘里。三峰玉峙，一水環通，黄龍内顧以騰驤，朱鳳後翔而飛翥。土之所宜，桑麻穀粟；地之所産，麞麂禽魚。民樂畊蠶，冶有銀鐵。税有竹林之征，險有溪山之固。地實富饒，足以置縣。」從之，名縣曰清溪。

又　卷一〇一《廣東二》　寶源山，縣東三十里。山産黑鉛，居民嘗採取之。弘治九年奸徒相結爲盜，始禁不復採。又銅沙山，在縣西南七十里，舊嘗産銅。同官峽，在縣西北七十里。脈自連山縣黄連山來，有峽水，東流注於湟水。志云：峽今夷爲同官村。

涼繖岡，縣北十里。高五十丈，周數十里，盤旋宛曲，爲縣主山。　將軍岡，在縣東北八十里。高三十餘丈，周四十五里，岡巒起伏，宛如波浪。唐姜晦貶州司馬，嘗提兵陟岡禦僚賊，或名。又鉛坑岡，在縣北百二十里。高五十餘丈，周二十里。岡之西南出鉛鐵砂礦。

皂幕山，縣南四十里，即曹幕山也。連新會縣界，與藥逕山相接，高千餘丈，延袤二百餘里。舊志謂之奢山，山有丹砂，蠻語訛砂爲奢也，在縣東南百七十里。似悮。　雲岣嶺，在縣東南四十里，接新會縣界。其東麓與南海縣大茶嶺相接，出鉛礦。

又　卷一〇三《廣東四》　梁化城，府東南八十里。梁置梁化郡，蓋治此。隋郡廢，改置循州。志云：初立州時有木鵝浮至江上，故今尚有鵝州、鵝嶺之名。　阜民廢監，在府城内。宋治平四年置阜民錢監是也。《宋志》：「歸善縣有西平、流坑二銀場，永吉、信上、永安三錫場，又有三豐鐵場、淡水鹽場。」元皆廢。

寶山，縣東北六十里。高六十餘丈，周三十里，勢若樹屏，循、潮二州之分水嶺也。唐韋袞刺潮州經此，因名丞相嶺。有巨石如馬，外險中衍，曰石馬峒。志云：元末陳友定採礦於此，得銀數百萬，因名寶山。明嘉靖中賊據石馬峒爲亂，尋討平之。又東北十里曰鐵山障，五峰峭立，迥出羣巒，昔有鐵冶。山之東爲藍坑凹，接程鄉縣界。

柘林塞，府東南百三十里，濱海戍守要地也。今詳見饒平縣。又金山北有摧鋒寨，宋置，今爲民居。《宋志》：「海陽縣有海門等三砦，三河口鹽場、豐濟銀場，橫衡等二錫場。」新闢隘，在府南。又府境有萬里橋、湯田、楓洋等隘。舊志：縣又有海門、東隴、闢望等隘。

**又 卷一〇七《廣西二》** 橘山，縣東北二十五里。上有七十二峰，攢奇競秀。其中多橘，故名。《唐志》：「山有銅冶。」又嘗產銀，宋置太平銀場。今皆廢。

**又 卷一〇九《廣西四》** 寶積山，縣東五十里。產鐵及蘆甘石。 採藍洞，在縣東北二十里。四山環列，洞中平地如砥。

**又 卷一一五《雲南三》** 長橋海，縣東二十里。構木爲梁，長十餘丈，四面皆水。又二十里爲突波海，中多魚蝦海菜。志云：縣西南二十里之水曰西溪，有二所，一出銀礦，一出錫礦云。又有草湖，在縣治南百里。

因遠山，府西四十里。有因遠驛，爲往來必經之地。泉出巖中，流爲仲夷溪，分溉田畝，東流入禮社江。志云：府北有奇山，舊曰龍爪山，有涵春泉、仙人洞，奇詭萬狀。又有九龍山，在府西北三百里。產礦，名魚梟場。

**又 卷一一六《雲南四》** 蒼山，在縣北。《圖經》云：「青峰山在定邊之北者名曰蒼山，蓋一山高大，分爲五縣之鎮也。」志以縣治後真武坐臺山爲鎮山云。

湧翠山，在治北十里。有刀思郎遺壘。又北有螺盤山。山頂盤旋，形如螺髻，故名。明初西平侯沐英與刀思郎戰於此。山之西產青緑石礦。

**又 卷一一七《雲南五》** 方丈山，城南百二十里。志云：南詔名山凡十七，此其一也。南接點蒼，巍峨峻拔。山半有洞，曰太極洞。中有池曰金龍潭，深不可測。一名觀音山，南去浪穹縣僅四十里。又半子山，亦在城南百二十里，產礦山也。

**又 卷一一八《雲南六》** 高黎共山，州東北百二十里。一名磨盤山，與保山縣接界。山高峻，華夷之限也。詳見名山。 明光山，在州西北一百二十里。上有銀礦、銅礦。

**又 卷一一九《雲南七》** 孟璉長官司，東至車里宣慰司界，南至孟艮府界，西至木邦宣慰司界，北至威遠州界，自司治東北至布政司二十三程，轉達於京師。古蠻夷地，蠻名哈瓦。正統間平麓川始來歸附，置孟璉長官司。《通考》：「部內有莫乃場礦，夷酋世專其利，以致殷富。」

**又 卷一二二《貴州三》** 松園屯山，府城北。高大磅礴，爲郡之鎮。志云：府治北有後山，舊在城外，議者以俯瞰城中，敵至難守，乃築石城環之，周百二十丈。今亦曰據勝山。又龍塘山，在府城北，產鉛、鐵。一云山在府東六十里。

**清・胡渭《禹貢錐指》卷四** 海岱惟青州，【略】岱畎絲、枲、鉛、松、怪石。《釋文》：畎，工犬反。徐本作「畎谷」。枲，思似反。鉛，寅專反。字從㕣。㕣，音以選反。怪如字。

《傳》曰：畎，谷也。怪異好石似玉者。岱山之谷，出此五物，皆貢之。正義曰：釋水云：水注川曰谿，注谿曰谷。谷是兩山之間流水之道，故言畎。去水故言谷也。怪石，奇怪之石。故云好石似玉也。枲，麻也；鉛，錫也。岱山之谷有此五物，美於他方所有，故貢之也。陸氏德明曰：怪石，碔砆之屬。王氏曰：黑錫曰鉛。林氏曰：凡貢不言其所出之地者，一州所出皆可貢。言所出之地者，以此地所產爲良也。

【略】《說文》：鉛，青金也。《本草》：鉛，一名黑錫。今泰山之下，不聞有鉛。蘇頌曰：鉛生蜀郡平澤，今有銀坑處皆有之。蓋礦利漸開，不必以岱畎爲良，遂隱而不傳矣。鉛不知其所用。案胡粉、黃丹皆化鉛爲之。土宿真言：《本草》云「鉛乃五金之祖，變化最多。一變而成胡粉，再變而成黃丹」是也。胡粉一名白粉，黃丹一名朱粉，可以代丹堊，故貢其材使煉治之，以給繪畫塗飾之用也。

**又 卷六** 淮海惟揚州，【略】厥貢惟金三品。

《傳》曰：三品，金、銀、銅也。正義曰：金既總名，而云三品，黃金以下，惟有銀與銅耳。故謂金、銀、銅也。渭按：《史記》《平準書》：虞夏之幣，金爲三品，或黃或白或赤。《漢書・食貨志》：古者金有三等。黃金爲上，白金爲中，赤金爲下。黃、白、赤即金、銀、銅。鄭康成謂銅三色。非也。

《漢志》：豫章鄱陽縣武陽鄉右十餘里有黃金采。師古曰：采者，謂采取金之處也。《初學記》引王隱《晉書》云：鄱陽樂安出黃金，鑿土十餘丈，披沙，沙中所得者大如豆，小如粟米。《山海經》曰：會稽之山，其上多金玉。又曰：餘句之山多金玉。《後漢書》：永平十一年，漅湖出黃金，廬江太守取以獻。《臨江府志》云：金谿縣東有金窟山，相傳爲前代采金處。是山陰、餘姚、巢縣、金谿亦出黃金矣。然其著者在鄱陽。《通典》鄱陽郡貢麩金十兩。陳藏器云：麩金出水沙中，氈上淘取，或鵝鴨腹中得之。猶易辨也。而馬端臨《土貢考》言：遇聖節，天下進奉金一千三百兩，而江東路獨當一千，皆出自饒州。乾道間洪文敏公洪邁謚。奏減七百兩。然視唐之數且三十倍矣。按《史記·貨殖傳》云：豫章出黃金。然廑廑物之所有，取之不足以更費更償也。言其地雖名出金而不多，民採取之，不足以償其功費也。近世黃金一直白金十，歲供千兩，其何以堪之。

揚州之銀礦最著者有二所，今皆爲江西地。一在今饒州府德興縣。縣本漢餘汗縣地，唐爲樂平縣地。《元和志》云：樂平縣東百四十里有銀山，每歲出銀十萬兩，收稅七千兩，亦名銀峯山。宋馬志《開寶本草》曰：生銀出饒州樂平諸坑銀鑛中，狀如硬錫，文理粗錯，自然者真。程迥《廳事記》曰：唐貞觀中，權萬紀言宣、饒銀大發，帝斥之。蓋謂銀峯也。總章初用鄧遠議，置場榷銀，號曰鄧公場。至宋天聖間，山穴傾摧，而銀課未除。范仲淹守郡奏罷之。唐於縣置德興場，取其地產銀，惟德乃興之義，南唐因以名縣云。一在臨江府金谿縣。縣本唐臨川縣之上幕鎮，其東二里有銀山，唐嘗置監於此。周顯德二年，南唐立金谿場，復置爐以烹銀鑛。宋初廢，升場爲縣。今銀山西里許爲白馬塢，蓋南唐李煜時採銀場也。

《地理志》云：吳東有章山之銅。《吳王濞傳》云：吳有豫章郡銅山。韋昭曰：此有「豫」字，誤也。但當云章郡，今故章。此說是也。《地理志》云：丹陽故鄣郡，元封二年更名。有銅官。其屬故鄣縣，即今江南廣德州。鄣、章古字通。桓寬《鹽鐵論》曰：丹、章丹陽、章郡。有金銅之山。孟康注《食貨志》曰赤金，今丹陽銅也。《元和志》：當塗縣北十里有赤金山，出好銅，與金類。《淮南子》、《食貨志》所謂丹陽銅也。南陵縣西南八十五里有銅井山出銅，又縣西一百十里有利國山出銅，供梅根監及宛陵監，每歲共鑄錢五萬貫。渭按：《越絕書》云：若耶之谿，涸而出銅。《淮南子》云：苗山之鋌。許慎曰：鋌，銅、鐵璞也。高誘曰：苗山利金所出。苗山者，會稽山之別名也。是越中亦有銅山，而名不甚著。史稱吳濞鑄山，以富其國，錢布天下。故丹陽有銅官，而會稽無銅官。信惟章山之產爲多矣。

《食貨志》：黃金方寸，而重一斤；二十四銖爲一兩，十六兩爲一斤。錢圜函方，輕重以銖。孝文鑄四銖錢，孝武更鑄五銖錢，五銖行獨久。王莽竊國，廢五銖錢，自造錢貨六品。小錢重一銖，直一；最大者，重十二銖，直五十。黃金重一斤，直錢萬；朱提銀重八兩爲一流，直一千五百八十。他銀一流直千。渭按：此漢世金、銀、銅相直之數也。《律曆志》二十四銖爲兩，十六兩爲斤。《平準書》一黃金一斤。臣瓚曰：秦以一鎰爲一金，孟康曰：二十四兩曰鎰。按趙岐《孟子注》云：古者以一鎰爲一斤，一鎰是爲二十四兩也。與孟康說同。《漢書·張良傳》，漢王賜良金百溢。服虔云二十兩曰溢。與孟康說異，未知孰是。溢、鎰通。漢以一斤爲一金，是漢之金已減於秦矣。古者黃金皆以完質相授，無剪鑿鎔銷之事。有當予萬錢，則以此方寸重一斤者授之，是爲一金。故東方朔曰：酆，鎬之間，號爲土膏，賈畝一金。文帝曰：百金，中人十家之產。韋賢賜黃金百斤。玄成詩曰：厥賜祁祁，百金泊館也。錢之輕重無常。今且以五銖計之，十枚重二兩二銖，百枚重一斤四兩二十銖，千枚重十三斤八銖。今世所傳五銖錢，大抵皆隋物也。每千重四斤二兩，當由今稱重於古三之二耳。孔穎達云，今一百二十斤，於古稱三百六十斤。黃金一斤直錢萬，則每兩直六百二十五，爲銅八斤二兩有奇矣。銀一流直錢千，則每兩直百二十五，爲銅一斤十兩有奇矣。金一兩才抵銀五兩，則金視今頗賤，而銅一斤十兩換銀一兩，則銅視今亦甚貴矣。自晉、宋以降，金漸少而價日昂。《元史》云：至大銀鈔一兩準至元鈔五貫，白銀一兩赤金一錢。此赤金即黃金之最美者。是金價十倍於銀也。明初直又減，洪武中每金一兩當銀四兩或五兩，永樂中當銀七八兩，崇禎中十換，江左至十三換。金愈貴則政愈亂，君子可以觀世變焉。近制：銅錢每千約重八斤有奇，直銀一兩、金一錢。則金之直銀一倍於漢，銀之直銅四倍於漢，金、銀益貴而銅乃極賤矣。虞夏三品，相直之數，不可得而聞。然古之善理財者，大率以銅錢權百貨之輕重，而又以金、銀權銅錢之輕重。遇有用錢之多者，即以金、銀代之，其或金、銀少，則當予金、銀者，亦以錢代之。《漢書·惠帝紀》注師古曰：諸賜金不言黃者，一斤與萬錢。使三品互相流通，公私綽乎其有餘，而百貨之貴賤，常得其平，此足國富民之道也。

黃金之爲物，生於天地之間，百鍊而不耗，雖遇改鑄亦無虧損。故古時黃金最多，上下通行。陶朱公以黃金千鎰進莊生，趙肅侯以千鎰使蘇秦約諸侯，齊威王使淳于髡之趙，亦齎千鎰。齊餽孟子兼金百鎰，宋七十鎰，薛五十鎰。平原君以千金爲魯連壽，越賜虞卿百鎰，嚴仲子奉聶政母百鎰。漢文帝賜周勃黃金至五千斤，宣帝賜霍光至七千斤，而武帝以公主妻欒大，至齎金萬斤。衛青出塞斬捕首虜之士，受賜黄金二十餘萬斤。梁孝王薨，藏府餘黄金四十餘萬斤。館陶公主近幸董偃，令中府曰：董君所發，金滿百斤，錢滿百萬，帛滿千匹。乃白之。王莽禁列侯以下不得挾黄金，輸御府受直。至其將敗，省中黄金萬斤者爲一匱，尚有六十匱，黄門鉤盾藏府中尚方處處各有數匱。而《後漢・光武紀》言：王莽末天下旱蝗，黄金一斤，易粟一斛。是民間亦未嘗無黄金也。董卓死，塢中有金二三萬斤，銀八九萬斤。昭烈得益州，賜諸葛亮、關羽、張飛金各五百斤，銀千斤。《南齊書・蕭穎胄傳》：長沙寺僧業富，沃鑄黄金爲龍數千兩，埋土中，歷相傳付，稱爲下方黄鐵。《梁書・武陵王紀》：黄金一斤爲餅，百餅爲簉，至有百簉，銀五倍之。自此以後，則罕見於史。《舜典》疏云：漢、魏贖罪，皆用黄金。後魏以金難得，金一兩收絹十匹，今律乃贖銅。自漢文帝至此，本《日知録》。然則黄金之耗減，實自南北朝始也。宋太宗問學士杜鎬曰：兩漢賜予多用黄金，而後代遂爲難得之貨，何也？對曰：當時佛事未興，故金價甚賤。此固其一端矣。然摹畫宫闕，塗飾器服，有銷金、泥金、貼金、剔金及爲絲、爲線之類，名號非一，皆耗金之由也。《草木子》云：金一爲箔，無復再還元矣。故齊武帝禁不得以金、銀爲箔。宋世亦屢申銷金之禁，良有以也。且海内産金之地無幾，鑿山披沙，積累於銖兩之微，其得之甚難矣。而用金之費，不啻如上所言，浮圖、宫闕、器服之外，又加以和戎之歲幣，通番之欵市，掖庭之私藏，權門之賂遺，皆一入而不復出，金安得不日耗乎！夫金飢不可食，寒不可衣，但使菽粟布帛，公私充羨，金少亦非所憂。而或倡爲開採之説，則貽害不可勝道。元時採金之處益多，至求之内地不足，而移其患於滇中。滇出金亦少，蠻方甚以爲苦。嗟乎，投珠抵璧之風，不可再見矣。昔有言我治天下十年，當使黄金與土同價者，彼獨何人，而乃竟爲絶德邪！

古者白金爲中幣，亦以完質相授，無剪鑿鎔銷之事。銀，一名鋈。《説文》：鋈，白金也。《詩・小戎》曰「陰靷鋈續」，又曰「鋈以觼軜」，又曰「厹矛鋈錞」，則器物亦有以銀爲飾者。秦制幣二等，黄金爲上幣，銅錢爲下幣，而銀爲器飾，寶藏不爲幣。漢初因之。至武帝造白金三品，銀復爲幣。唐、宋時上下通行之貨，亦皆以錢。唯嶺南用銀。迨金之季年，寶泉日賤，民間但以銀市易。上下用銀，由此始也。近世權百貨以行於海内者，唯銀最爲流通，其數當亦不減於昔。而每患其寡，則以兩税之折色，歲輸白金，存留者少，而上供者多，民間之銀，一往而不返也。古未有以錢爲田賦者，自唐楊炎兩税之法行，始以錢當租庸之歲入矣。亦未有以銀準錢而爲賦者，自明正統末，倉糧折輸變賣，無不以銀，而錢遂不行於上矣。夫以錢爲賦，責農之所無，當時尚有錢荒之患。況地之産銀，倍少於銅，而歲輸白金，動以千萬計。彼田野之氓，不爲商賈，不爲官，不爲盜賊，銀奚自而來哉。勢必賤糶穀帛以赴公程，遇凶年則舉倍稱之息，將有如聶夷中詩所云「二月賣新絲，五月糶新穀」者，民何以爲生。故由今之道，無變今之俗，縱令餘糧棲畝，野蠶成繭，而正供無辦，衣食不充，財終不可得而阜也。

銅之爲用甚廣。一曰鑄幣。《管子》云：先王以珠玉爲上幣，黄金爲中幣，刀布爲下幣。刀布即銅錢也。又云：禹始以歷山之金鑄幣，以贍民於厄。湯以莊山之金鑄幣，而贖民之無饘賣子者。《食貨志》云：太公立九府圜法，錢圜函方，輕重以銖。單穆公曰：古者天降災戾，於是乎量貨幣，權輕重，以救民。師古云：凡言幣者，皆所以通貨物，易有無，故金之與錢，皆名爲幣是也。二曰鑄律度量衡。《律曆志》云：凡律度量衡用銅者，所以同天下也。銅爲物至精，不爲燥濕寒暑變其節，不爲風雨暴露改其形，是以用銅是也。三曰鑄樂器。鐘、鎛、鉦、鐲、錞于之類，凡金奏之所用是也。四曰鑄鼎。《左傳》云：夏之方有德也。貢金九牧，鑄鼎象物。《郊祀志》云：黄帝采首山之銅，鑄鼎於荆山下是也。五曰鑄兵。《左傳》：楚子賜鄭伯金，盟曰無以鑄兵。注云：古者以銅爲兵。《食貨志》：賈誼言收銅勿令布，以作兵器。《韓延壽傳》：取官銅物，候月蝕，鑄作刀、劍、鉤、鐔是也。銅雖下品，而其用於世也，視金銀尤爲切要，是以先王寶之。後世唯鑄幣爲多，而耗銅之事更有三焉。一曰鑄佛像。《吴志・劉繇傳》：笮融大起浮圖祠，以銅爲人。《魏書・釋老志》：天安中，造釋迦立像，用赤金十萬斤是也。二曰鑄柱。董安於治晉陽，公宫令舍之堂，皆以鍊銅爲柱。荆軻擊秦王於殿上，中銅柱是也。三曰鑄人物。始皇聚天下兵器，鑄銅人十二，各重二十四萬斤。魏明帝鑄銅人二，號曰翁仲。又置黄龍、鳳凰各一，他如銅馬，銅駝之屬是也。是皆衰世之事，非先王之法，而民間所用之銅器，日新月異，尚不在其數。此銅之所以益少，錢之所以漸惡，而唐、宋峻禁銅之令，亦補偏救敝之一術與。

《周禮》揚州曰：其利金、錫。《考工記》曰：吴、粤之金、錫。是錫亦揚州之美利也，而《禹貢》無之，未詳何故。《説文》：五色之金，黄爲長，青曰鉛，赤曰銅，白曰銀，黑曰鐵，而錫則曰銀、鉛之間，是爲五金之間色矣。竊意五金之名，起自秦、漢以後，唐虞之世，鉛、鐵自稱鉛、鐵，《周禮》錫與金對言。可見鉛、鐵、錫皆不名，金三品之中，不容有錫也。《考工記》：鳧氏爲鐘，桌氏爲量，段氏爲鎛器，桃氏爲刃，皆以錫齊才細反。金爲之。《食貨志》言秦始以銀錫爲器飾寶藏，而不爲幣。則周以銀、錫爲幣可知。漢武帝以少府多銀、錫，乃造銀、錫、白金。如淳曰：雜鑄銀、錫爲白金也。參考諸書，錫次於銀，亦用之不可闕者，鉛、鐵皆貢而錫獨無，殊不可曉。豈寶藏之興，各有其時，禹時揚州之錫礦未開，抑或開而猶未盛行於世邪！

厥包橘，柚錫貢。《釋文》：橘，均必反；柚，由究反。

鄭康成説錫貢云：此州有錫而貢之，或時無則不貢，錫所以柔金也。此蓋據《職方》言揚州産錫，故以此文當之。然則豫州之錫貢，亦爲金、錫之錫邪。豫不聞産錫也。且貢錫而謂之錫貢，又繫於「厥包橘、柚」之下，其不通甚矣。聖經豈有是乎！

**又　卷七**　荆及衡陽惟荆州，【略】厥貢羽、毛、齒、革，惟金三品。渭按：毛，《漢書》作「旄」。

《管子》曰：金起於汝、漢。《韓子》曰：荆南之地、麗水之中生金。此黄金也。《周禮》：荆州曰其利丹銀。此白金也。《左傳》：鄭伯朝於楚，楚子賜之金，既而悔之，曰：無以鑄兵。遂以鑄三鐘。此赤金也。三品荆皆有之。《楚語》王孫圉言金生雲連徒洲之藪，而《周禮》獨言銀，則銀必多且美。按《後魏書》：銀出始興陽山縣，又出桂陽陽安縣。《元和志》：銀坑在郴州平陽縣南三十里，所出銀至精，俗謂之偈子銀。別處莫及。《通典》衡、巫二州貢麩金，邵州貢銀，皆荆域也。而嶺南桂、賀、昭、潯、高、廉、端、柳等二十四州出銀作貢，並在荆之徼外，壤地密邇，得之甚易，此《職方》所以獨稱銀與。

王氏《日記》云：古者以珠玉爲上幣，黄金爲中幣，刀布爲下幣。三幣握之則非有補於暖也，食之則非有補於飽也。先王以守財物，以御人事，而平天下，則有時而用焉。其取之有時，其用之有節，其貢也致之邦國，而天子無私求與私藏也。周之衰，荆、揚之貢金不入，而周王求之於魯，《春秋》譏之。漢元帝時，貢禹請罷採珠、玉、金、銀鑄錢之官，毋復以爲幣，租税禄賜皆以布帛及穀，使百姓一意農桑。貢禹之言，固先王之意也。然泉貨所以交通百物，布帛不可以尺寸分裂。禹因後世之弊，而遂欲廢先王之制幣，則過矣。渭按：此論甚正。《莊子》稱聖人捐金於山，藏珠於淵，不過寓言以諷世主之奢靡，而實非事情。使其果然，則《禹貢》非聖人之書矣。捐金藏珠謂不自採取則可，并邦國之貢亦却之，而唯以布帛菽粟相授受，堯、舜中正之道不如是也。

礪、砥、砮、丹。《釋文》：礪，力世反。砥音脂，徐之履反；韋昭音旨。砮音奴，韋昭乃固反。渭按：礪，《漢書》作「厲」。

《傳》曰：砥細於礪，皆磨石也。砮，石中矢鏃。丹，朱類。正義曰：砥以細密爲名，礪以麤糲爲稱。鄭云：礪，磨刀刃石也。精者曰砥。《魯語》曰：肅慎氏貢楛矢石砮。賈逵云：砮，矢鏃之石也。丹者，丹砂。王肅云：可以爲採。夏氏曰：《山海經》謂荆山首自景山至琴鼓山，凡二十有三，而獲多砥、礪。則荆州貢砥、礪亦宜矣。金氏曰：礪、砥，今郢石是也。砮則今思、播有之。丹，朱砂也。今辰、錦所出光明砂，及溪洞老鴉井所出尤佳。渭按：此四者皆石之類。

《子虛賦》言雲夢之石曰：瑊玏玄厲。張揖云：玄厲，黑石，可用磨也。是礪、砥出雲夢。《穀梁傳》曰：天子之桷，斲之，礱之，加密石焉。《范注》云：以細石磨之，細石即砥也。

《魯語》：仲尼在陳，有隼集於陳侯之庭而死，楛矢貫之，石砮，其長尺有咫。八寸曰咫。以問仲尼。仲尼曰：隼之來也遠矣！此肅慎氏之矢也。昔武王克商，通道於九夷、八蠻，於是肅慎氏貢楛矢，石砮，其長尺有咫，銘其栝曰「肅慎氏之貢矢」，栝，箭羽之間。以分大姬，配虞胡公而封諸陳，君若使有司求諸故府，其可得也。使求，得之金櫝，如之。蘇子瞻《石砮記》曰：余自儋耳北歸，江上得古箭鏃，槊鋒而劒脊，其廉可劌，而其質則石，此即所謂「楛矢石砮」，孔子不近取之荆、梁，而遠取之肅慎，則荆、梁之不貢此久矣。王明逸云：女直即古肅慎之地，今尚産楛矢石砮。石砮出黑龍江口，名水花石，堅利入鐵。子瞻之所見，古荆、梁外徼固宜有之也。渭按：孔子知爲肅慎之矢者，亦以其長尺有咫耳，非以荆、梁不貢而徵諸肅慎也。荆、梁即不貢，中國豈絶無此物，而射隼者必肅慎乎，子瞻説未當。然因此可見古荆、梁石砮之狀，亦佳話也。

《周禮》揚州曰：其利丹銀。《説文》：丹，巴、趙之赤石也。外象采丹井，中丹形。徐鍇曰：得丹穴而富，穴即井也。蘇頌《圖經本草》曰：丹砂今出辰州、宜州、階州，辰最勝，謂之辰砂。其魂大者如雞子，小者如石榴顆、芙蓉頭，箭鏃連牀者碎之，嶄巖作牆壁，真辰砂也。渭按：《周書》王會：卜人以丹砂。孔晁注曰：卜人，西南之蠻，丹砂所出。王應麟《補注》曰：《太平御覽》：卜人，蓋今之濮人也。伊尹爲四方獻，令正南百濮。《牧誓》注：濮在江、漢之南。《左氏》傳：巴濮吾南土也。然則卜人寔荆域，故貢丹砂也。《通典》：辰州貢光明砂四斤。是辰産最勝，丹砂與金銀爲一氣。《封禪書》：李少君曰：丹砂可化爲黄金。後世方士又用諸藥合丹砂錬制爲銀。《孝經・援神契》云：石潤苞玉，丹精生金。《鶴頂新書》云：丹砂始生鑛石，二百年成丹砂，三百年而成鉛，又二百年而成銀，又二百年復化而爲金。李時珍曰：今毋砂銀生五溪丹砂穴中，色理紅光。丹砂與金銀爲一氣，信矣。

**又　卷九**　華陽、黑水惟梁州，《釋文》：華，胡化反，又胡瓜反。【略】厥貢璆、鐵、銀、鏤、砮、磬。《釋文》：璆音虯。徐居虯反。又閭幼反。鐵，天結反。鏤，婁豆反。

《傳》曰：璆，玉名。鏤，剛鐵。正義曰：《釋器》云：璆、琳，玉也。郭璞云璆、琳，美玉之别名。鏤者可以刻鏤，故爲剛鐵。曾氏曰：蜀郡卓氏至以鐵冶，富擬邦君。則梁州之利尤在鐵，故鐵先於銀也。鄒氏近仁曰：《漢志》犍爲郡朱提縣山出銀。每銀八兩爲一流，直一千五百八十，他銀一流但直一千。犍爲正梁州之境，其銀獨美於他州，故以爲貢。金氏曰：磬，石磬。漢於犍爲水濱得古磬十六枚，蓋其土人所琢也。渭按：《華陽國志》云：臺登縣山有砮石，《禹貢》所賦。《元和志》云：鐵石山在臺登縣東三十里，有砮石，火煉成鐵極剛利。山在今建昌衛冕山營東也。

陸氏《釋文》曰：璆，韋昭、郭璞云紫磨金。又引《爾雅》注爲證。今按《釋器》云：黄金謂之璗，其美者謂之鏐。注云：鏐即紫磨金也。鏐與璆不同。《説文》：鏐，黄金之美者，从金翏聲。徐音力幽切，讀若劉。球，玉磬也。从玉求聲，或從翏作璆。徐音巨鳩切，讀若虯。字音義皆别，不知韋、郭何以謂璆爲紫磨金。豈不從《經》字而破璆爲鏐歟，抑亦陸氏之誤也。然左思《蜀都賦》云：金沙銀礫，暉麗灼爍。《後漢書》云：益州金銀之所出。《華陽國志》云：廣漢剛氐道涪水所出，有金銀鑛。又云：葭萌縣有水通於漢川，有金銀鑛，民洗取之。《通典》：眉、資、嘉、雅、龍五州並貢麩金。《元和志》成都温江縣大江，眉州通義縣大江，蜀州唐興縣郫江，龍州江油縣涪水，瀘州瀘川縣綿水，資州盤石縣牛鞞水，並出麩金。是金固梁産也。又永昌蘭倉水出金如糠在沙中，説者謂金生麗水即其地。《水經注》云：華俗謂上金爲紫磨金，夷俗謂上金爲楊邁金。則梁南徼外之夷，多出紫磨金，市取亦易，且此州貢物凡六，唯璆玉不知出何地，餘皆有證據。古不聞此州出美玉，去于闐又遠，頗難得，「璆」或「鏐」字之訛，亦未可知。鏐、鐵、銀、鏤皆金，砮、磬皆石，義似較長也。

荆、揚貢金銀，不限高下。梁則獨致其最美者紫磨之金、朱提之銀而已，故特表其名曰鏐、曰銀。

《漢書》：文帝賜鄧通蜀嚴道銅山，得自鑄錢。故鄧氏錢布天下。《南齊書》：益州行事劉悛言：蒙山南有古掘銅坑，即漢文帝所賜鄧通銅山也。《元和志》：銅山在雅州滎經縣北三里。即文帝賜鄧通鑄錢之所，後以山假卓王孫，取千疋。今出銅鑛。按此地禹跡之所及，而制貢以鐵不以銅，蓋當時銅利未開耳。觀此可以識揚不貢錫之故矣。

按《漢志》漢中之沔陽，蜀之臨邛，犍爲之武陽並有鐵官，則産鐵之多可知。《後漢志》巴郡之宕渠，越嶲之臺登，會無亦皆出鐵，故蜀中獨行鐵錢。

**清・于敏中　英廉《日下舊聞考》卷一四九《物産》**　【略】又銀錫二穴，密雲郡都管，又有水精，是寶出昌平縣。《太平寰宇記》。

**又**　大興縣産金銀銅鐵，藥産滑石、半夏、蒼术、代赭石、白龍骨、薄荷、五味子、白牽牛。《金史》。

**又　卷一五〇《物産》**　山林川澤之産，元興因土人呈獻而定其歲入之課。産金之所，在腹裏曰檀州，銀之所，在腹裏曰大都。銀在大都者，至元十一年，聽王庭璧於檀州奉先等洞採之。十五年，令關世顯等於薊州豐山採之，珠在大都者，元貞元年，聽民於楊村、直沽口撈採，命官買之。《元史・食貨志》。

**清・徐松《宋會要輯稿・食貨・坑冶上》**　諸路所收礦産數

凡税租之入，銀總三萬八千三百二十六兩。荆湖南路：夏一萬三千六百三十六兩，秋一萬四千三百六十一兩。福建路：夏九千三百八十九兩；梓州路：夏八十三兩，秋六十七兩。夔州路：夏三百九十兩。

凡山澤之入，金一千四十八兩，京東東路：五百一十一兩；京西南路：四百二十九兩；永興軍等路：四兩；福建路：五十三兩。銀一十二萬九千四百六十兩，京東東路：二千六百三兩；永興軍路：一萬四千二百四十兩；秦鳳路：四百八十三兩；兩浙路：五百一十二兩；江南東路：八萬六千六百九十三兩；西路：一千五百七十一兩；荆湖南路：三千四百二十七兩；福建路：一萬八百八十七兩；廣南東路：九千四十四兩。銅二千一百七十四萬四千七百四十九斤，永興軍路：九萬一千一百四十五斤；兩浙路：七萬四千五百四十一斤；江南東路：四萬六千八百二十斤；西路：一百一十四斤；福建路：四十四萬二千八百五十一斤；廣南東路：二千一百八萬八千八百一十九斤；梓州路：四百五十九斤。鐵五百六十五萬九千六百四十六斤，京東東路：四十七萬二千九百九十九斤；西路：一十九萬七千四百斤；永興[軍]路：一百二十五萬六千六百六十三斤；秦鳳路：一十三萬七千五百五十七斤；河北西路：一百六萬七千二百三十二斤；河東路：六萬四千七百八十六斤；江南東路：二萬一千七百六十九斤；西路：一百七十四萬一千八百九斤；荆湖南路：三十一萬二千七百二十四斤；福建路：六萬九千二百二十四斤；廣南東路：三萬一千三百四十四斤；成都府路：七萬六千六百一十一斤；梓州路：五千七百七十一斤；利州路：二十萬三千九百六十五斤。鉛七百九十四萬三千三百五十斤，兩浙路：一十三萬五千八百斤；江南東路：二十七萬三千二百六十七斤；西路：一萬九千五百一十斤；荆湖南路：五十五萬五千六十三斤；福建路：二百三十一萬五千八百七十四斤；廣南東路：四百六十四萬二千七百三十六斤。錫六百一十五萬九千二百九十一斤，永興軍路：三百二十六萬六千九百九十六斤；兩浙路：一十三萬五千八百斤；江南西路：四十二萬五千七百六十斤；荆湖南路：三十一萬三千七百二十四斤；廣南東路：三百一萬八千一十一斤。朱砂二千七百八斤，永興軍路：二百五斤；廣南西路：二千五百三斤。水銀二千一百一十五斤。永興軍路：六百二十一斤；秦鳳路：一千四百九十四斤。

凡税總收之數，金三萬七千九百八十五兩，在京一千五百一十四兩，諸路一萬八千二百四十三兩。京東東路：一萬三千五百七十九兩；京西南路：一千一百六十兩；北路：三十一兩；永興軍路：二十八兩；秦鳳路：一十五兩；河北東路：二十二兩；西路：三十四兩；河東路：一百三十兩；淮南東路：一十四兩；西路：一十七兩；兩浙路：二十二兩；江南東路：一百八十二兩；西路：一兩；荆湖北路：二百一十六兩；南路：一千二百四十七兩；福建路：二百兩；廣南東路：三百二十一兩；西路：一兩；成都府路：一十三兩；梓州路：七十四兩；利州路：六十七兩；夔州路：八百五十四兩。銀二百九十萬九千八十六兩。在京七萬二千三百六十一兩，府界二兩，諸路一百四十一萬八千三百七十九兩。京東東路：三千五百七十八兩；西路：八百一十三兩；京西南路：三千八百三十五兩；北路：六百九十七兩；永興軍路：二萬八千三百七十五兩；秦鳳路：九千一百五十一兩；河北東路：一萬四百八十八兩；西路：一萬八千二百八兩；河東路：八百三十二兩；淮南東路：八百五十九兩；西路：一千四百四十三兩；兩浙路：三萬八百六十七兩；江南東路：四十萬一千八百五十九兩；西路：四萬三千四百四兩；荆湖北路：二萬一千五百四十五兩；南路：一十四萬九千六百九十八兩；福建路：三十八萬四千五百八十五兩；廣南東路：一十七萬八千九百六十一兩；西路：一萬三千八百六十七兩；成都府路：一萬八千九十三兩；梓州路：三萬二千六十九兩；利州路：二萬七千一百三十四兩；夔州路：三萬七千九百八十三兩。

凡諸路上供之數，金一萬七千四兩，京東東路：九千九百六十一兩；西路：六兩；京西南路：四百四十六兩；北路：二十三兩；河西路：一兩；河東路：四十一兩；淮南東路：八兩；西路，三十二兩；兩浙路：一十九兩；江南東路：三千三百一十一兩；西路：二千六百八十兩；荆湖北路：一兩；南路：三十五兩；福建路：一百四十二兩；廣南東路：二百六十二兩；梓州路：三十六兩。銀一百一十四萬六千七百八十四兩，京東東路：七百九十一兩；西路：一百三十二兩；京西南路：二千五百五十四兩；北路：九百七(百)[十]兩；秦鳳路：二百兩；河北東路：三十五兩；西路：二十三兩；河東路：九十一兩；淮南東路：二十萬四千三百四十二兩；西路：一千六百三十五兩；兩浙路：二萬九千五百七十七兩；江南東路：二十四萬二千八百二十一兩；西路：二十萬一千五百四十七兩；荆湖北路：四萬九千五百八兩；南路：三萬八千一百六十八兩；福建路：二十三萬二千二百七兩；廣南東路：一十二萬一千三百五十七兩；西路：一萬六千四百七十三兩；成都府路：三百四十二兩；梓州路：四千一十兩。

凡賦入之數，金一萬七千九十七兩，諸路茶税九兩，買撲七兩，市舶一十兩，入中博糴買賣一萬七千七十一兩。銀一百二十三萬一千二百七十七兩，鹽課：成都府路一千三百四十兩，梓州路一萬九千六百一十四兩，夔州路四千三百一十三兩，榷場四萬一千七百四十九兩。諸路茶税二千七百三十三兩，雜税二千四十六兩，買撲三千三百五十九兩，酒麴買撲三萬三千三百一十九兩，房園二百九十二兩，市舶二千二百五十四兩，入中博糴買賣一百一十二萬二百五十八兩。水銀六百六十一斤。榷場二百一十八斤，諸路雜税五十八斤，買撲一百五十四斤，酒麴買撲六斤，市舶二百二十五斤。以上《國朝會要》。[以上《永樂大典》卷一七五六五]

## 又《坑冶下》　坑冶雜録

《宋會要》

鄱陽、樂平、浮梁、德興歲和買金五百四十二兩八錢，德興銀一千七百四十九兩五分，銅二十一萬一千七百三十四斤二兩，而《中書備對》則云：歲買金三十四兩，銀二千一百三十七兩，銅七百四十斤。有買金場，一在城下，一在利陽務，一在德興縣。又有市銀院、買銅場，皆在德興。今金、銀、鉛皆無，惟有浸銅及鐵，課利錢亦不敷。

紹聖元年，福建路轉運司言：「建州浦城縣唐岱坑銀銅鑛滋盛，可置場冶。」從之。

紹興七年，工部言：「知台州黄巖縣劉覺民乞將應金、銀坑場並依熙豐法，召百姓采取，自備物料烹煉。十分爲率，官收二分，其八分許坑户自便貨賣。今來江西轉運司相度到江州等處金、銀坑冶，亦依熙豐二八抽分，經久可行，委實利便。」從之。

〔乾道〕三年，晁公愚言：「諸路出産坑冶之處，往往五金雜出，如銅坑有鉛，鉛坑有銀，銀坑有鐵之類，蓋是所産礦脈厚薄不等。自來銅、鉛、錫、鐵即隸提點司，金銀坑即隸轉運司，故事不歸一。今乞盡委提點司拘轄，將諸路轉運司逐年所收金、銀數目，令提點司抱認，實爲兩便。」從之。〔以上《永樂大典》卷九四八二〕

孝宗隆興二年，鑄錢司言：「坑冶監官歲收買金及肆千兩，銀及拾萬兩，銅、錫及肆拾萬兩，鉛及壹伯貳拾萬斤者，各轉壹官。知、通、令、丞部内坑冶每年比祖額增剩者，推賞有差。」

淳熙二年八月十七日，提點坑冶王楫言：「處州所産銅銀鉛坑，歲收銅十萬斤，鉛十五萬斤，通判、令、(承)〔丞〕各減二年磨勘，所有守臣、檢踏、監官乞一體推賞。」從之。

嘉定十四年七月十一日，臣僚言：「産銅之地，莫盛於東南，如括蒼之銅廓、南弄，孟春、黄渙峰、長技、殿山、爐頭山莊等處，諸暨之天富，永嘉之潮溪，信上之羅桐，浦城之因將，尤溪之安仁、杜塘、洪面子坑五十餘所，多係銅銀共産，大場月解凈銅萬計，小場不下數千，銀各不下千兩，爲利甚博。至若雙瑞、西瑞十二巖之坑，出銀繁瀚，大定、永興等場，雖是銀鉛並産，興盛日久，澤靈不衰。

又信

乾道七年，權發遣處州姚述堯言：「被旨措置銀銅坑，緣當來銀銅興發之初，本州就令業主開採，却别令豪户請佃，又所差監官多用本土進納等人，以致互起争訟。今本州龍泉等縣見有石堰等銀坑十處，庫山等銅坑九處，合將銀、銅分作兩所，銀坑即令採銀官監折合以分數與坑户，銅坑即令取銅官監烹鍊。以銀作本，立定價值，就坑户收買，使採銀者不爲銅課之迫，採銅者别無意外之望。兩處合差監官兩員，互相提督，并用監轄使臣兩名往來機察，庶無日前土豪稍勾乾没銷毁錢寶之患。」方言「稍勾」，謂利上取利之意。從之。

**又**　採鉛

《宋史》

南渡，坑冶廢興不常，歲入多寡不同。今以紹興三十二年金、銀、銅、鐵、鉛、錫之冶廢興之數一千一百七十，及乾道二年鑄錢司比較所入之數附之：湖南、廣東、江東、西金冶二百六十七，廢者一百四十二；湖南、廣東、福建、浙東、廣西、江東、西銀冶一百七十四，廢者八十四；潼川、湖南、利州、廣東、浙東、廣西、江東、西、福建銅冶一百九，廢者四十五。舊額歲七百五萬七千二百六十斤有奇，乾道歲入二十六萬三千一百六十斤有奇。淮西、夔州、成都、利州、廣東、福建、浙東、廣西、江東、西鐵冶六百三十八，廢者二百五十一。舊額歲二百一十六萬二千一百四十斤有奇，乾道歲入八十八萬三百斤有奇。淮西、湖南、廣東、福建、浙東、江西鉛冶五十二，廢者一十五。舊額歲三百二十一萬三千六百二十斤有奇，乾道歲入一十九萬一千二百四十斤有奇。湖南、廣東、江西錫冶一百一十八，廢者四十四。舊額歲七十六萬一千二百斤有奇，乾道歲入二萬四百五十斤有奇。

宋初，諸冶外隸轉運司，内隸金部；崇寧二年，始隸右曹；建炎元年，復隸金部、轉運司。隆興二年，阬冶監官歲收買金及四千兩，銀及十萬兩，銅、錫及四十萬斤，鉛及一百二十萬斤者，轉一官；守倅部内歲比祖額增金一萬兩，銀十萬兩，銅一百□萬斤，亦轉一官；令丞歲收買及監官格内之數，減半推賞。

## 清・鄭光祖《一斑録・物理・金石》

石之佳者，遠則青田、靈璧，近則太湖、崑山，未能悉舉。泥之佳者，白可爲瓷，黄可爲缸、甏，青可爲磚瓦，亦難悉舉。吾虞北山之澗産赭石，西山之麓産白泥，亦充要用。若子游墳山，土多珠，殆與閩地汀西之真珠傘不異。

## 清・吴其濬《滇南礦廠圖略》卷一

金銀之氣先見於山，故首之以引。有引，而後可鑿，故硐次之。硐，無器不可以攻，故硐器次之。有器則礦出焉，故礦次之。礦得火而後知銀、銅、鍊、鉛焉，故爐次之。爐成而器具，故爐器次之。煉銀者，必以罩，故罩次之。物備而無財，不可以聚人，故用次之。有用此有人，故丁次之。募丁者以役，故役次之。役者，奉法者也，故規次之。規成而或踰，則禁之，故禁次之。法立令行，必救災而捍患，故患次之。患，或生於無所忌，而忌，莫先於言語，故語忌次之。忌之而不免焉，則爲異，故無異次之。何以異？惟神之故，故以祭終焉。

引第一

山有葱，下有銀。山有磁石，下有銅。若金有開，必先機之洩也。鑛藏於内，苗現於外，是曰櫝引。諺曰，一山有鑛，千山有引。譬之於瓜，櫝者，蔓也。散礦者，葉也。堂礦者，瓜也。子櫝之礦薄，老櫝之礦進山，唯老走廠者能辨之。故記引。

曰憨櫃。色枯而質輕，無鑛也。

曰鋪山櫃。散漫無根，雖有所得，不過草皮微鑛。

曰竪生櫃。直挂無枝，其勢單獨，亦不成大事。

曰磨盤櫃。盤旋曲繞，勢多趨下，數年之後，必致水患。

曰跨刀櫃。斜挂進山，忽斷忽續，一得蓬座分明，小則成刷，大望成堂。

曰大櫃。寬厚尺餘，横長數丈，石硤堅硬，馬牙間錯，一時不能得鑛。既得之後，必有連堂，兼能悠久。

硐第二

櫃引既審，而後可得鑛矣。鑿山而入隧之中，或九達焉。各尋其脈，無相侵越，故記硐。凡硐門謂之礌，得鑛於硐，口竪木如門，有框無扇，曰揚礌門。疊木門上，如博山形，謂之蓮花頂。

中謂之窩路，土曰鬆墥，窩路石曰硬硤，窩路平進曰平推，稍斜曰牛喫水，斜行曰陡(推)[腿]，直下曰釣井，倚木蓮步曰擺夷梯向。

上曰鑽蓬。

左謂之鎚手邊。「持鎚者在左。」

右謂之鑿手邊。「持尖者在右」，鑿俗讀如鑽。

上謂之天蓬，下謂之底板。

槌鑿處謂之尖，本硐曰行尖，有大行尖、二行尖之分。討辦曰客尖，分路曰撕尖，以把計數目，一以至十百。

硐之器第三

曰鎚。一以鐵打，如日用鐵鎚，而形長七八寸，木爲柄，左手持尖，而右持鎚，一人用之。一以鐵鑄，形圓而稍匾，重三四五斤，攢竹爲柄，則一人雙手持鎚，一人持尖。

曰尖。以鐵爲之，長四五寸，鋭其末，以籐横箍其梗，以藉手。

曰鑿。鐵頭木柄，各長有尺，形似鐵撬。

曰麻布袋。形如搭褳，長四五尺，兩頭爲袋，墥硤礦皆以此盛用，則一頭在肩，而一頭在臀，硐中多伏行也。

曰風櫃。形如倉中風米之箱後半截，硐中窩路深遠，風不透入則火不能燃，難以施力。或晴久則太燥，雨久則濕蒸，皆足致此謂之悶亮，設此可以救急，仍須另開通風。

曰亮子。以鐵爲之，如燈盞碟而大，可盛油半斤，其柄長五六寸，柄有鈎。另有鐵棍，長尺，末爲眼，以受盞，鈎上仍有鈎，可掛於套頭上，棉花搓條爲捻，計每丁四五人，用亮子一照。

曰竜。或木，長自八尺以至一丈六尺，虚其中，徑四五寸。另有棍，或木，或鐵，如其長，剪皮爲墊，綴棍末，用以攝水上行，每竜每班用丁一名，换手一名。計竜一條，每日三班，共用丁六名。每一竜爲一閘，每閘視水多寡，排竜若干，深可五六十閘，横可十三四排，遇此則難施。

鑛第四

盤町貢古之銀藪也，朱提八兩爲流，直一千五百八十，他銀一流直千。後魏書驪山有銀鑛，二石得銀七兩。白登山亦有銀卝，八石得銀七兩，卝之高下見矣。滇銅以溜稱，卝一百斤，得銅十斤，爲一溜。不須煅者，曰一火成銅。自一次以至八九次，曰幾冰、幾罩。銀以胚子稱，卝一斤得銀一分，爲一分胚子，即可入罩，曰炸卝。先入爐，並成鎌條而後下罩，曰大火卝。罩之渣曰底母，捲而成塊，曰釉團。費之輕重，工之多寡，金之上下，皆視此。故記卝曰銅卝，凡數十種，紫金爲上，加有紅暈者曰火裏燄，兼有藍暈者曰老鴉翎。𥗉兮在五溜以上曰馬豆子，𥗉分高可七八溜，而斷不成堂曰黄金箔，易有水而最悠久曰生銅，即自然銅也。改煎攙入能長𥗉分，大塊可作器皿。

曰銀卝。凡數十種。墨硃爲上，鹽沙次之。有一兩至七八兩胚子，收麵黄、火栗酥又次之，皆炸卝也。

曰鎌卝。即黑鉛也。曰明卝，有大花、細花、劈柴之别，不過數分胚子。

曰銅。蓋銀黑卝起鹽沙，或發亮，皆有銀。先入大爐煎出，似鐵非鐵，次入推爐，即分金爐，推出鎌歸末入小爐，揭成銅，其鎌下罩出銀。

曰銀。蓋銅卝色帶緑或夾馬牙者，皆有銅。罩中撥出渣歸，入大爐煎出鎌卝，所剩之渣歸，上窑煅煉幾次，入銅爐成銅。

曰鉛。即白鉛也。用瓦罐煉成，聞其中亦有銀，跤趾人知取之之法，而内地不能也。

爐第五

金得火而流，鑠之范之，智者創而巧者述也。黄土，金之父，故爐罩以土爲之。

土生而火洩，則質柔而變化矣，其製(成)[巧]而不可易，故記爐。

凡爐以土砌築，底長方廣二尺餘，厚尺餘，旁殺漸上，至頂而圓，高可八尺，空其中曰甑子，面墻上爲門，以進炭、卝。下爲門，曰金門，仍用土封，至潑爐時始開。近底有竅，時開閉以出鉛，後墻有穴，以受風。銅爐風穴上另有一穴，以看後火。銀爐內底平，銅爐內底如鍋形。

凡起爐，初用膠泥和鹽，於爐甑內周圍抿實，曰搪爐。次用碎炭火鋪底烘燒，曰燒窩子，約一二時，再用柱炭竪裝令滿，扯箱鼓風，俟其火燄上透。礦、炭均勻，源源輪進，爐內風穴上卝炭融集成一條如橋衡，通爐皆紅，此條獨黑，曰嘴子，看後火即看此。扯箱用三人，每時一換，曰换手。用力宜勻，太猛則嘴子紅，太慢則火力不到之處爐不能化，膠粘於墻，曰生膀。每六時爲一班，銅爐二班曰對時火，三班曰丁拐火，四班曰兩對時火，六班曰二四火。潑爐則開金門，用爬先出浮炭渣子，次揭冰銅。一冷即碎，故曰冰，亦曰賓銅。次用鐵條攪汁，撥盡渣子曰開面。次揭圓銅。揭銅或用水，或用泥漿，或用米湯，視卝性所宜。銅爐無過六班，爐火不順，卝歸結成一塊，曰招和尚頭，配合不宜，時有之。金門忽碎，卝汁飛濺，曰放爆張。每致傷人，幸不常有。鉛卝搪爐燒窩皆同，而扯火緊慢任便。放歸一次，放鉛一次，可至七八十班。至煉銀罩渣子，亦只一二班。

爐之器第六

曰風箱。大木，而空其中，形圓，口徑一尺三四五寸，長一丈二三尺，每箱每班用三人。設無整木，亦可以板箍用，然風力究遜。亦有小者，一人可扯。

曰撳。鐵、木皆有，用以上卝、炭。

曰撥條。亦曰撞。去聲。長八九尺，木柄一尺。潑銅爐後，用以敲爐墻凝結之渣歸，銀罩則横屈其末約一尺，用以趕歸。

曰鐵箝。揭銅所用。

曰木爬。形方，横長一尺，高五六寸，厚寸餘，柄長一丈。銅爐用，起冰銅須用新木，不用乾木。

曰簸箕。洗礦所用。【略】

用第八

礦之初開，但資油米耳。或不可開之處，而遊民集衆冒禁，諭之則嚚，逐之則頑，但於四面要隘絶其所資，雖十萬之衆，不旬日而解散矣。欲聚丁，必儲物，軍行糧從，兹爲至急，故記用。

曰米。口食必需，不能一日缺。硐爐沙丁，晝夜不息，饑則便食，不以頓數。每丁日[以]一倉升計，聚有萬衆，食費百石。

曰油。硐中昏黑，非鐙不能行走。每鐙一照，用油八兩，每丁四人，用燈一掛。

曰炭。廠之既成，煎爐煅窑用數動以鉅萬。銅廠每爐每卝一千斤用炭一千斤外不等，每煅窑，每次如卝一萬斤，用炭二三千斤不等。銀廠每爐六時用炭六七百斤不等，每罩對時用炭三百斤不等。枯樹之炭，火力得半。經水之炭，噴焰不周。銀廠下罩，必用木炭，煎爐亦可用煤，銅廠煅窑攙用柴枝樹根，煎爐亦用煉炭。煤有二種，辨之以櫝。銀櫝質重，僅可用於銅爐。法，先將煤（煉）[揀]净，土窯火煅成塊，再敲碎用，火力倍於木炭。攙用、專用，亦辨卝性稀乾宜與不宜。僅知滇之宣威、禄勸，川之會理有之。

曰欀木。土山窩路資以撑拄，上頭下脚，横長二三尺，左右兩柱，高不過五尺，大必過心二寸，外用木四根，謂之一架。隔尺以外曰走馬欀，隔尺以內曰寸步欀。

曰鐵。硐用之（推）[椎]尖，爐用之撳，箝，皆鐵器。而尖子用鈍，即須另煅，謂之煊尖，故硐丁半能煅。

曰水。日用之外，洗卝潑爐。

曰鹽。日用之外，和泥搪爐。

曰疙瘩，即樹根。銅廠煅卝，窯內炭只引火，重在柴枝樹根，取其煙氣薰蒸，不在火力。若積久枯乾，即無用。故凡銅卝之須煅者，不能趕火，半坐柴枝之誤耳。

**又 卷一附王崧《礦廠採煉篇》** 太史公曰，天（天）[下]熙熙，皆爲利來；天下攘攘，皆爲利往。斯言也，所指甚宏，而於廠尤切。游其地者，謂之廠民，廠之大者，其人以數萬計，小者以數千計。雜流競逐，百物駢羅，意無有他，但爲利耳。無城廓以域之，無版籍以記之，其來也，集於一方；其去也，散之四海。揚子雲曰：一鬨之市，必立之平，況幾千萬人之所萃乎！要不過開採、煎煉二端，因而百（物）[務]叢生，設制度，定紀綱，寖以成俗事，至（煩）[繁]碎，述之以爲博物之助。凡廠皆在山林曠邈之地，距村墟市鎮極遠。廠民穴山而入，曰礌曰硐，即古之坑。取卝而出，火煉爲金，即古之冶。滇之廠，銀硐爲多，其法最詳。礦猶玉之璞，珠之蚌也。主之者，名曰管事，出資本，募功力，治之人無尊卑，皆曰弟兄，亦曰小伙計。選山而劈鑿之，謂之打礌子，亦曰打硐，略如採煤之法。礌硐口不寬廣，必傴僂而入。慮入崩摧，揞拄以木，名曰架欀。間二尺餘，支四曰一箱。硐之遠近，以箱計。弟兄入礌硐，曰下班，次苐輪流，無論晝夜，視路之長短，分班之多寡，以巾束首，曰套頭，掛燈於其上，鐵爲之柄，直上長尺餘，於末作鉤，名曰亮子。所用油、鐵，約居薪米之半。硐中氣候極熱，羣裸而入，入深苦悶，掘風洞以疏之，作風箱以扇之。掘深出泉，穿水竇以洩之。有泉則卝盛，金水相生也。水太多，製水車推送而出，謂之拉龍。拉龍之人，身無寸縷，蹲泥淖中，如塗附，望之似土偶，而能運動。硐內，雖白晝非燈火不能明，路直則魚貫而行，謂之平推。一往一來者，側身相讓。由下而上，謂之鑽天，後人之頂接前人之踵。由上而下，謂之弔井，後人之踵，接前人之頂。作階級以便陟降，謂之獼夷樓梯。兩人不能并肩，一身之外，盡屬土石，非若秦晉之窑，可爲宅舍。釋氏所稱地獄，諒不過是。張僧繇變相，未必繪及也。卝有引線，亦曰卝苗，亦曰卝脈，其爲藏否，老於廠者能辨之。直攻橫攻，仰攻俯攻，各因其勢。依線攻入，一人掘土鑿石，數人負而出之。用錘者曰錘手，用鏨者曰鏨手，負土石曰背塃，統名砂丁。土內有豆大卝子，曰肥塃，撿出尚可煎煉。硐之深下者，曰井硐。開而平者，曰城門硐。硐［中］石圍土砂者，曰天生硐。掘硐至深，爲積淋所陷，曰浮硐，攻者不得出，常悶死，或數人，多至數十百。寶氣養之，(而)［面］如生，有哭立向後入之人索飲食者，碎之則僵仆，名乾蠟子。死於礌硐，即委之死所，不取以出礌。硐內分路攻採，謂之尖子。計其數曰把，有多至數十把者。礌硐卝旺，他人丐其餘地以攻採，謂之斯尖子。斯字之義，殆取毛詩斧以斯之，斯者，析也。或有東西異線其渠，各攻一路，追深入而兩線合一，互爭其卝。經客長下視，定其左右兩造，遵約釋爭，名曰品尖子。又有抄尖截底之弊，探知某礌硐有卝，從旁攻入，預邀其卝路，謂之抄尖。或從底仰攻，上達於卝路，謂之截底。相爭無已，殺傷亦所不顧。既得卝而煎煉之，名曰做爐火，又曰下罩子。凡廠之初闢也，不過數十人，裹糧結棚而棲，曰伙房。所重者，油、米。油以然燈，米以造飯也。四方之民入廠謀生，名曰走廠，久之由寡而漸衆，有成效酒白於官司，申請大府飭官吏驗得實，專令一官主之，稱爲廠主，聽其治下，其訟稅，其所採煉者，入於全府，以一人掌其出納。吏一人，掌官文書。胥二人，供偫伺之役，(激)［游］其不法者，巡其漏逸者，舉其貨，罰其人。廠主所居，曰官房。以七長治廠事，一曰客長，掌賓客之事。二曰課長，掌稅課之事。三曰爐頭，掌爐火之事。四曰鍋頭，掌役食之事。五曰欀頭，掌架欀之事。六曰硐長，掌礌硐之事。七曰炭長，掌薪炭之事。一廠之礌硐，多者四五十，少者二三十，計其數，曰口。其官事又各置司事之人，工頭以督力作，監班以比較背塃之多寡。其刑有笞有縛，其笞以荆，曰條子。其縛以籐，曰揎。紮兩拇，懸之梁棟，其法嚴，其體肅，廠民多［諱］忌。石，謂之硤，爲石音近於失也。土，謂之塃，爲土音近於吐。好，謂之徹，爲好音近於耗也。夢，謂之混腦子，爲夢屬虚境也。石堅，謂之硤硤硬，以火燒，謂之放爆火。卝一片，謂之刷。卝長伏硤，謂之欀。大卝謂之堂，土石夾雜謂之鬆塃，易攻鑿，其卝不長久。凡攻鑿，宜硤硬，硬則久，可獲大堂。凡礌硐畏馬血，塗之則卝走。畏印，封之則引絶。凡卝最善變，積卝盈室，未及煎煉，或化爲石。佩金器者不入礌硐，有職位者不入礌硐，不鳴金，不然爆，不呵殿。祀西嶽金天大帝，祀卝脈龍神，謂龍神，故輮夷畏見冠帶吏也。廠既豐盛，構屋廬以居處，削木板爲瓦，編篾片爲牆。廠之所需，自米粟薪炭油鹽而外，凡身之所被服，口之所領啖，室宇之所陳設，攻採煎煉之器具，祭祀宴饗之儀品，引重致遠之畜産，備具，商賈負販，百工衆技，不遠數千里蜂屯蟻聚，以備廠民之用。而優伶戲劇，奇衺淫巧，莫不闻風景附，覬覦沾溉。探丸胠篋之徒，亦伺隙而乘之。常有管事資本乏絶，用度不支，衆將瓦解，徘徊終日，寢不成寐，念及明日天曉索負者，支米油鹽柴者，絡沓而至，何以禦之，無可如何計，惟有死而已。輾轉之際，硐中忽於夜半得卝，司事者排闥入室，告管事喜出望外，起而究其虚實，詢其形質高低，踰時更漏既盡，門外馬喧人鬧，廠主及在廠諸長，咸臨門稱賀。俄頃服食什器，錦繡羅綺，珠璣珍錯，各肆主者贈遺絡繹，充物堦墀，堆累几榻，部分未畢，慧僕羅列於庭。駿馬嘶鳴於廐，効慇勤、譽福澤者，延攬不暇。當此之時，其爲榮也，雖華袞有所不及。其爲樂也，雖登仙有所不如。凡廠人獲利，謂之發財。發財之道，有由礌硐者，有由爐火者，有由貿易者，有由材藝者，有由工力者，有由賭博者。其繁華亞於都會之區，其侈蕩過於簪纓之第。嬴滕履蹻而來，車牛任輦而去。又或始而困瘁，繼而敷腴。久之復困瘁，乃至逋負流離，死於溝壑。是故廠之廢興靡常，甫轂擊肩摩烟火綿亘數千萬家，倏爲鳥巢獸窟荆榛瓦礫填塞谿谷。然其餘卝棄材，樵夫牧豎猶往往拾取之。語曰，勢有必至，理有固然。市，朝則滿，夕則虚，求有故往，亡故去，其此之謂歟！

**又　卷二**　有山川，然後有形勢。有形勢，然後寶藏與焉。滇之寶，銅爲巨，故首銅卝。銅之課以數百萬計，銀之課以數萬計，故銀卝次之。若金，若錫，若鉛，若鐵，皆有課，故金錫鉛鐵［礦］次之。銀以下，皆挾資者採鑿之，工資於帑，故帑次之。帑由官而賦於民，防其上侵而下澳也，畀以俸稍，逮及胥吏，惠莫大焉，故惠次之。惠至矣，而(上)［工］有良窳，吏有賢、不肖，非嚴其考，無以集事，故考次之。恩均法立，地寶溢而轉運上京，則圜法有不竭之府矣，故運次之。運必計其程，故程次之。程自滇而瀘，含負馱而資舟，故舟次之。事久則必耗，故耗次之。物不可終耗，必受之以節，故節次之。能節者必贏，贏之夥者，莫如鑄。故滇鑄之列於鄰封者，皆滇礦之所生也，故以採買終焉。

銅廠第一

滇多廾而銅爲巨擘，歲供京滇鼓鑄，及兩粵黔楚之采辦，額課九百餘萬，而商販不與焉。東則東川，西則寧台，其都會也。他府州皆有廠，或豐或歉，視東西之贏絀而補助之。廠惟一名，而附庸之礌不勝紀，盈則私爲之名，虛則朝鑿而夕委耳。其封閉者，皆虛牝也。然消者長，長者消，數十年後或循環焉，故記銅廠。

定例：各省每辦銅一百斤，抽課十斤，公廉捐耗四斤二兩，一成通商銅十斤，餘銅七十五斤十四兩，給價收買。或免抽課銅，或免抽公廉捐耗銅，或通商二成額外多辦，並準加爲三成。一曰京銅廠，以供京運也。一曰局銅廠，以供本省鼓鑄也。一曰採銅廠，以備各省採買也。銅有紫板、蟹殼之名，睈分自八成八五，以至九成。年久廾衰，廣開子廠以補不足。由州縣經管，知府督之，由知直隸州同知通判經管者，該管道員督之。

雲南府屬

萬寶廠，在易門西北五十里，地名雜栗樹，今名萬寶山。其脈甚遠，香樹坡、義都皆過峽之山，聚結於此。層巒疊障，環抱數十里，易門知縣理之。乾隆三十七年開，四十三年定銅額三十萬斤，閏加二萬五千斤。每銅百斤，抽課十斤，通商十斤，餘銅八十斤供省鑄及採買，間撥京運。餘銅每百斤價銀六兩九錢八分七釐。今實辦課餘底本額省銅二十七萬一千五百斤。

大美廠，在羅次北三十里，發脈於觀音山，以照壁山爲案，有一溪曰冷水溝，爲洗廾開爐之所。羅次縣知縣理之，乾隆二十八年開，四十四年定額銅二萬四千斤，閏加一萬五千斤。每銅百斤，抽課十斤，公廉捐耗四斤二兩，通商十斤，收買餘銅七十五斤十四兩，供省鑄及採買，餘銅每百斤價銀六兩九錢八分七釐。今實辦課餘額省銅三萬二千四百斤。子廠老硐箐廠。

武定州屬

獅子尾廠，在祿勸北二百餘里，地名元寶山，山如伏獅，廠在山尾，故名獅子廠。山本在金沙江外，此廠在江内，局面稍小。東川府知府兼理之，前明時開，後停，乾隆三十七年復開，四十三年定額銅二千四百斤，四十五年增爲三千六百斤，閏加二千九百斤。每銅百斤，抽課十斤，通商十斤，餘銅八十斤，免抽公廉捐耗，供省鑄及採買，餘銅每百斤價銀六兩九錢八分七釐。嗣以近東川小水溝，撥歸東川府，改辦京銅。今實辦課餘額京銅五千四百斤。

大寶山廠，在州西一百二十里，近勒品甸土司地。當元馬河之東，武定直隸知州理之。來脈甚短，亦無包攔。乾隆三十年開，曰大寶山，曰獅子山，曰四尖山，後移花箐山。四十三年，定額銅七千二百斤，［閏］加八［百］斤，供省鑄及採買。每銅百斤，價銀六兩。今實辦課餘額省銅八千六百四十斤。子廠亮子地廠、綵獅子廠、馬英山廠。

東川府屬

湯丹廠，在巧家西北湯丹山，距郡一百六十里。背聚（室豐）［寶峰］面炭山，坡左爲閎天，坡右爲獅子坡。綿亘七十餘里，高聳雲漢，鳥道千盤。府志云，大雪山在嚮化里，產大廾石，名爲廾王，湯丹廠在其下，東川府知府理之。前明時開，乾隆初獲銅極甚，四十四年定額銅三百一十六萬餘斤，嘉慶七年減定二百三十萬斤，閏加十九萬一千六百六十九斤。每銅百斤，抽課十斤，公廉捐耗四斤二兩，通商十斤，專供京運。餘銅每百斤價銀七兩四錢五分二厘。今實辦課餘底本額京銅二百八萬一千四百九十九斤十五兩六錢。子廠：九龍箐廠，乾隆十六年開；觀音山廠在西，乾隆二十三年開；聚寶山廠在西，乾隆十八年開；裕源廠，乾隆四十七年開，後停。岔河廠。

碌碌廠在會澤西，距郡一百六十里，一名落雪山，極高，氣［候］極寒，夏衣綿，冬多雪。東川府知府理之。舊屬四川，雍正四年改隸雲南時開，乾隆四十三年，定省額銅一百二十四萬四十斤，四十六年減定八十二萬三千九百九十二斤，嘉慶七年減定六十二萬斤，閏加五萬一千六百六十六斤。抽收事例價銀同湯丹，耑供京運。今實辦課餘底本額京銅五十六萬一千一百斤。子廠龍寶廠，興隆廠後停。

多寶廠、小米山廠［原闕］

大水溝廠，在巧家西南，東川府知府理之，雍正四年開，乾隆四十三年定額銅五十一萬斤，嘉慶七年減定四十六萬斤，閏加三萬三千三百三十斤。抽收事例價銀同湯丹，耑供京運。今實辦課餘底本額京銅三十六萬一千九百九十九斤十五兩。子廠聯興廠、聚源廠。

大風嶺廠，在巧家西、金沙江外，山有風穴，每春月風極大。東川府知府理之，乾隆十五年開，四十三年定額銅八萬斤，閏加。抽收事例價銀同湯丹，原供東川局鑄，局停，改供京運。今實辦課餘額京銅七萬二斤。子廠大寨廠，又名杉木箐。

紫牛坡廠，在巧家西，東川府知府理之。乾隆四十年開，四十三年定額銅三萬三千斤，閏加二千七百五十斤。抽收事例同湯丹，餘銅每百斤價銀六兩九錢八分七釐。原供東川局鑄，局停，改供京運。今實辦課餘額京銅二萬九千七百斤。

茂麓廠，在巧家西北地，臨金沙江，氣候極熱，東川府知府理之。乾隆三十三年開，四十三年定額銅二十八萬斤，閏加二萬三千三百三十斤。抽收事例價銀同湯丹，耑供京運。今實辦課餘底本額京銅二十五萬三千三百九十五斤十五兩六錢。子廠普腻山廠。

昭通府屬

人老山廠，在大關西北四百九十里，發源於鎮雄之長發坡，奇峰峻嶺，迴環參錯。大關廳同知理之，乾隆十七年開，四十三年定額［銅］四千二百斤，閏加三百五十斤。耑供京運，每銅百斤價銀六兩。今實辦課餘額京銅三千七百八十斤。

箭竹塘廠，在大關西北二百三十里，地名丁木樹，又名八里鄉。發脈於永善之金沙廠，廣袤六七里，拱衛不甚聯屬。大關廳同知理之，乾隆十九年開，四十三年定額銅四千三百斤，閏加三百五十五斤，耑供京運。每銅百斤價銀六兩，今實辦課餘額京銅三千七百八十斤。

樂馬廠在魯甸龍頭山西，本係銀廠，卝夾銅氣，銀罩所出冰鍚加以煅煉，因而成銅。魯甸廳通判理之，乾隆四十三年定額銅三萬六千斤，嘉慶十二年減定一萬斤，閏加八百三十三斤。耑供京運，每銅百斤價銀六兩。今實辦課餘額京銅九千斤。

梅子沱廠，在永善東南，昭通府知府理之。收運金沙、銀廠銀卝冰鍚，煎成銅。乾隆四十三年定額銅四萬斤，嘉慶十二年減定二萬斤，閏加一千六百六十六斤。耑供京運，每銅百斤價銀六兩九錢八分七釐。今實辦課餘額京銅一萬八十斤。

長發坡廠，在鎮雄西北，地名戈魁河，東有林口紅岩五墩坡、響水白木壩阿塔林，南有花橋、發(綵阿)[綠河]山、羊拉巴大魚井，北有木衝溝、(滇)[二]道林銅廠、麻姑箐、巴茅坡，長發坡其總名也。鎮雄州知州理之，乾隆十年開，四十三年定額銅一萬三千斤，閏加一千八十三斤。耑供京運，每銅百斤價銀六兩。今實辦課餘額京銅一萬一千七百斤。

小巖坊廠，在永善北四百餘里，一名細砂溪，永善縣知縣理之。乾隆二十五年開，四十三年定額銅二萬二千斤，閏加一千八百三十三斤。耑供京運，每銅百斤價銀六兩九錢八分七釐。今實辦課餘額京銅一萬九千八百斤。

曲靖府屬

雙龍廠，在尋甸北九十五里，距府城二百四十里，曲靖府知府理之。乾隆四十六年開，四十八年定額銅一萬三千五百斤，閏加一千一百二十五斤。每銅百斤，抽課十斤，照不拘一成例，通商二十斤，餘銅七十斤，供京運，或撥省鑄。餘銅每百斤價銀六兩九錢八分七釐，今實辦課餘額一萬八百斤。子廠茨營廠。

澂江府屬

鳳凰坡廠，在路南，距城六十里，路南州知州理之。乾隆六年復開，四十三年定額銅一萬二千斤，閏加一千斤。每銅百斤，抽課十斤，公廉捐耗四斤二兩，通商十斤，餘銅七十五斤十四兩，供省鑄及採買，間撥京運。餘銅每百斤價銀六兩。今實辦課餘額京銅一萬八百斤。

紅石巖廠，在路南東六十里，碁卜山之旁，舊名龍寶廠。路南州知州理之，乾隆六年復開，改今名。四十三年，定額銅一萬二千斤，閏加一千斤。供省鑄及採買，間撥京運。每銅百斤價銀六兩，今實辦課餘額京銅一萬八百斤。

紅坡廠，在路南東十五里，路南州知州理之。乾隆二十五年開，四十三年定銅額四萬八千斤，閏加四千斤。供省鑄及採買，間撥京銅。每銅百斤價銀六兩九錢八分七釐，今實辦課餘額京局銅四萬三千二百斤。

大興廠，在路南，距城三十里，路南州知州理之。乾隆二十三年開，四十三年定額銅四萬八千斤，閏加四千斤。供省鑄及採買，間撥京運。每銅百斤價銀六兩九錢八分七釐，今實辦課餘額京局銅四萬三千二百斤。子廠騰紫箐廠。

發古廠，在路南地，名教廠壩，發古山又名梔桿山，路南州知州理之。乾隆三十七年開，四十三年定額銅四萬八千斤，閏加四千斤。供省鑄及採買，間撥京運。每銅百斤價銀六兩九錢八分七釐，今實辦課餘額京局銅四萬三千二百斤。

順寧府屬

寧台廠，在順寧東北五百二十里，初爲小廠，繼獲水泄廠，銅漸旺，又獲蘆塘廠，發脈於永昌府之寶台山，左獅右象，衆山屏列，溪水繞流，產卝特盛，仍以寧台名。委員理之，乾隆四十六年定額銅二百九十萬斤，閏加二十四萬斤。紫板銅九十萬斤，供省鑄及採買，抽課公廉捐耗一成，通商如例，餘銅每百斤價銀五兩一錢五分二釐。蟹殼銅二百萬斤，耑供京運，不抽公廉捐耗，每百斤價銀六兩九錢八分七釐。今實辦課餘底本額京銅二百九十萬斤，課餘底本額省銅五十八萬九千五百三十七斤七兩。子廠水泄廠、底馬庫廠、荃麻嶺廠、羅漢山廠。

永北廳

得寶坪廠，在永北，南臨草海，北負西山關，永北直隸廳同知理之。乾隆五十八年開，嘉慶三年定額銅一百二十萬斤，道光[十]四年減爲六十萬斤，現減定三十萬斤，閏加二萬五千斤。每銅百斤，抽課十斤，通商十斤，餘銅八十斤，耑供京運。餘每百斤價銀六兩九錢八分乚釐，今實辦課餘額京銅二十七萬斤。

大理府屬

白羊廠，在雲龍西北二百七十里，白羊山龍從龍頭山來，左抱黄松山，右小水箕山。朝供者白菜園山，迴環不遜於大功，而來龍亦高厚綿遠。原係銀廠，罩出冰歸，煅煎成銅，雲龍州知州理之，乾隆三十五年開，四十三年定額銅十萬八千斤，閏加九千斤。每銅百斤抽課公廉捐耗如例，供採買，餘銅每百斤價銀六兩。今實辦課餘額省銅九萬七千二百斤。

大功廠，在雲龍大功山，右曰象山，面曰小竿場山，其形如椅，來脈綿延，包攬周密。乾隆三十八年開，四十三年定額銅四十萬斤，閏加三萬三千三百三十三斤。每銅百斤抽課通商如例，免公廉捐耗，供京運、省鑄及採買，餘銅每百斤價銀六兩九錢八分七釐。今實辦課餘底本額京銅三十六萬一千九百九十九斤十五兩七錢。子廠樂依山可者甸廠，鸞浪山廠，核桃坪廠，沙河廠。

楚雄府屬

寨水箐廠，在南安東北三百餘里，楚雄府知府理之。乾隆二十六年開，初在羊九塘，後移於五台山，礌硐在山梁下，東曰照壁山，南曰響水山，西曰麻海山，北曰三尖山，拱護完固。四十三年定額銅一萬一千二百斤，遇閏加銅九百三十三斤，供省鑄及採買。今實辦課餘額省銅一萬八千斤。

馬龍廠，在南安西南二百五十餘里，銀廠冰歸煅煎出銅，楚雄府知府理之。雍正七年開，乾隆四十三年定額銅四千四百斤，閏加三百六十六斤，供省鑄及採買，每銅百斤價銀六兩。今實辦課餘額省銅三千九百六十斤。

香樹坡廠，在南安東南二百[二]十五里，舊廠名鳳凰山，即今廠之面山。康熙年間，以卝盡移於今所開采。[其]地有三家邨，因名三家廠，未幾亦停。乾隆九年復獲卝，始以香樹坡名，發脈於點蒼山，由妥甸蜿蜒起伏而卜，山勢崇隆，以老廠山爲案，以萬寶、義都兩廠後山爲翼，大水江迴環於前，頗擅形勝。易門縣知縣兼理之，乾隆四十八年定額銅七十二百斤，閏加六百斤，抽課通商如例，供省鑄，每銅百斤價銀六兩。五十二年加供京銅十萬斤，抽課如例，每銅百斤價銀六兩九錢八分七釐。今實辦課餘額京銅十萬五百斤，課餘額省銅二萬四千二百四十斤九兩六錢。

秀春廠，又名安豐子廠，在定遠南一百三十里山下，有溪曰猛岡河，定遠縣知縣理之。乾隆四十六年開，五十年定額銅四千五百斤，閏加三百七十五斤。抽課如例，通商二成，餘銅七十斤，供省鑄及採買。餘銅每百斤價銀六兩九錢八分七釐。今實辦課餘額省銅三千六百斤。

麗江府屬

迴龍廠，在麗江西三百餘里，地名迴龍山，發脈於大雪山，至廠，峯巒聳峙，後曰老山、團山，面曰光山，左右護衛曰輝山、黑山，懸崖峭壁，四面圍遶。麗江府知府理之，乾隆三十八年開，四十五年定額銅七萬斤，閏加五千八百三十三斤。每銅百斤價銀六兩，每蟖殼銅百斤價銀六兩九錢八分七釐。今實辦課餘額省銅六萬三千斤。課餘未定額京銅二萬斤。子廠扎朱廠，在西南一百五十里；來龍廠在東南一百二十里，並停。喇哆山試採。

臨安府屬

義都廠，在嶍峩西一百五十里，東北距易門一百里，崇隆環抱，山大無名。易門縣知縣兼理之，乾隆二十三年開，四十三年定額銅八萬斤，閏加六千六百六十六斤。鑛劣銅低，每銅百斤抽課公廉捐耗通商如例，餘銅七十五斤十四兩，供省鑄及採買，間撥京運。餘銅每百斤價銀六兩九錢八分七釐。此廠初獲銅至百五六十萬，尋只獲數萬斤，或云峭壁削陷，兼帶破勢，過於嶮峻，未能悠久。今實辦課餘額省銅七萬二千斤。

金釵廠，在蒙自西南九十里，蒙自縣知縣理之。康熙四十四年開，乾隆四十三年定額銅九十萬斤，閏加七萬斤。免抽課及公廉捐耗，一成通商。銅中夾鉛，色黯，稱低銅，耑供採買。餘銅每百斤價銀四兩六錢，鉛有銀氣，帶抽小課一錢。今實辦無課餘採買銅四十五萬斤。子廠老硐坪廠，建水猛喇掌寨地，道光十三年開，抽課通商如例，供京運。今實辦課餘京銅四十萬斤。

(緑)[绿]彩卝硐廠，在寧州北，寧州知州理之。嘉慶十一年開，十三年定額銅一萬二千斤，閏加一千斤，每銅百斤抽課如例，通商二成，餘銅七十斤，供省鑄。餘銅每百斤價銀六兩九錢八分七釐。今實辦課餘額省銅九千七百斤。

元江州屬

青龍廠，在元江東北七十里，發脈於新平之磨盤山，元江直隸州知州理之。

康熙年間開，乾隆四十三年定額銅六萬斤，閏加五千斤，供省鑄及採買，每銅百斤價銀六兩。今實辦課餘額省銅五萬四千斤。子廠猛仰廠。

凡京運廠額銅七百六十四萬五千六百五十餘斤。

凡省鑄採買廠額一百七十萬七百一十餘斤。

共廠額銅九百三十四萬六千三百七十餘斤。

附四川寧遠府經管烏坡廠，每年所產銅斤，除採供該省鼓鑄外，如有餘銅，儘數聽滇省收買，協供京運。滇省遇有廠額不敷，準令本管廠員賫銀湊充本廠正額，價銀備文解交寧遠府，轉解赴廠，仍由川省遴委明幹佐雜一員，同滇省派來買銅之人員妥爲照料，買銅若干，填票發交，駐廠員照數點交領運。滇省亦委員駐黄草坪，幫同永善縣收銅收票，以杜影射。［竝］由永善縣將印票截角繳回寧遠府存查。寧遠府及永善縣，各將銅鼓按月報明川滇兩省院司稽覈。每銅百斤定價銀九兩二錢。自廠運至黄草坪，計陸路四百十五里半，每百斤給背夫價銀一兩四錢七分五厘，價脚銀兩統歸滇省承辦之員領銷。自黄草坪運至瀘州店，每百斤給水脚雜費銀九錢七分三厘，歸永善縣領銷。自廠至坪店，人夫背負與騾馬馱載不同，每百斤免其搭運銅五斤，自坪店至瀘店仍行搭運，每百斤準耗銅半斤。滇省派駐坪店委員每月給月費銀十兩，紙筆雜費銀二兩；書記一名，飯食銀二兩，巡役四名，每名工食銀一兩五錢，均在原定水脚銀九錢七分三厘零數内支用。至應給收貯銀銅房租，併買備筐、繩、紙張、銀砝、牛膠等項價直，以及在廠在坪照料書巡，沿途押差食費，委員往來稽查盤費，均以廠坪餘頭，無論多寡，隨數貼補。倘有不敷，自行捐貼。

暇閲《雲南通志》及《銅政全書》二十一府廳州地方，無不出［過］銅廠，此衰彼旺。固地不愛寶，以供鼓鑄之歲用也。廣袤五千餘里間，山勢迴環，水法緊密，必有寶藏興焉。則招徠硐民，廣覔子廠，爲今滇之要務也。

## 銀廠第二

通都圜圚有銀卝乎，則白晝而攫矣。族居大牲有銀卝乎，則苑山而據矣。瘴癘蛇虺之窟，人跡不至，造物之所庫也。千百年一發其藏，蓋有數焉。騖者足繭萬山，或遇或不遇，而流人冒死而不返者，以寶藏爲桓司馬之椁耳，不著其地，烏知其險阻艱難！故記銀廠。

臨安府屬

摸黑［廠］，在建水猛梭寨，建水縣知縣理之。乾隆七年開，每銀一兩，抽課銀一錢五分，撒散三分，額課銀五十一兩餘。

箇舊廠，在蒙自南，近越南界，蒙自縣知縣理之。康熙四十六年開，每銀一兩，抽課銀一錢五分，撒散三分，額課銀二千三百六兩餘。子廠龍樹廠，底息銀七十餘兩，無定額。

東川府屬

棉華地廠，在巧家西北，金沙江外，接四川界，東川府知府理之。乾隆五十九年開，每銀一兩，抽課銀一錢五分，撒散三分，額課銀五千一百六十兩餘。

金牛廠，在會澤西南。會澤縣知縣理之。乾隆六十年開，每銀一兩，抽課銀一錢五分，撒散三分，額課銀二百八十九兩。

昭通府屬

樂馬廠，在魯甸南八十里，龍頭山西，近牛欄江，魯甸廳通判理之。乾隆七年開，每銀一兩，抽課銀一錢五分，撒散三分，額課銀六千三百五十三兩餘。（銀罩冰歸出銅，見上）

金沙廠，在永善西南，近金沙江，永善縣知縣理之。南即樂馬廠，乾隆七年開，每銀一兩，抽課銀一錢五分，撒散三分，額課銀一千一百九十九兩餘。

銅廠坡廠，在鎮雄西三百餘里，牛街西南，介長發坡老彝良硐鉛廠之中，鎮雄州知州理之。乾隆五十九年開，每銀一兩，抽課銀一錢五分，撒散三分，額課銀一千一百一十九兩餘。

麗江府屬

迴龍廠，在麗江西，近滄浪江，又外即怒江。麗江府知府理之，乾隆四十一年開，每銀一兩，抽課一錢五分，撒散三分，額課銀三千八百九十四兩餘。

安南廠，即古學舊廠，在中甸東南，中甸廳同知理之，乾隆十六年開，每銀一兩，抽課銀一錢五分，撒散三分，額課銀二千五百二十二兩餘。

永昌府屬

三道溝廠，在永平境，永平縣知縣理之。乾隆七年開，每砝砂百斤，抽課十斤，照市變價額課四十兩。

順寧府屬

湧金廠，即立思基舊廠，在順寧西南，順寧縣知縣理之。乾隆四十六年開，每銀一兩，抽課銀一錢五分，撒散三分，額課銀五百六十兩。

楚雄府屬

永盛廠，在楚雄九台山南，楚雄府知府理之。康熙四十六年開，每卝三桶，抽課一桶。煎煉䀂色定值，變價起解，額課銀二百一十七兩餘。子廠新隆廠，每銀一兩，抽課銀一錢八分，抵補缺額。

土革喇廠，在磘嘉州判東南，安州知州理之，康熙四十四年開，每銀一兩，抽課銀一錢八分，額課銀二十兩餘。

石羊廠，在磘嘉州判西南，安州知州理之。康熙二十四年開，每銀一兩，抽正課二錢。又鈾渣煎煉，每銀一兩，抽課一錢，額課銀五兩餘。

馬龍廠，在南安西南竹園塘，楚雄府知府理之。康熙四十六年開，每卝一石，抽課二斗二升。鑛土十箕，抽課二箕二合，煎煉驗䀂分定值，變價起解，額課銀五百一十六兩餘。

以上十五廠，嘉慶十六年定年額課銀二萬四千一百一十四兩三錢。

大理府屬

白羊廠，在雲龍境，雲龍州知州理之。乾隆三十八年開，每銀一兩，抽課銀一錢五分，撒散三分。

元江州屬

太和廠，在新平西南，新平縣知縣理之。嘉慶十七年開，每銀一兩，抽[課]銀一錢五分，撒散三分。

東川府屬

甪麟廠，在會澤東，近威寧州界，會澤縣知縣理之。乾隆六十年開，每銀一兩，抽課銀一錢五分，撒散三分。

以上三廠，年解課銀[計]五六百兩，無定額。

順寧府屬土司銀廠

悉宜廠，在耿馬境，耿馬土司理之。乾隆四十八年開，歲課銀八百兩，閏加六十六兩餘。

子廠

永北廳東昇廠，在浪蕖土舍地方，永北廳同知理之。道光十一年開，每銀一兩，抽課銀一錢三分五厘，以銅銀兼出，十五年，咨部歸入得寶坪銅廠。

東川府卝山廠，在會澤東(北)[者]海鉛廠北，其西即甪麟廠，東川府知府理之。嘉慶二十四年開，每錢一千文，抽課錢一百八十文，易銀起解。道光十五年，咨部撥補棉花地缺額。

元江白達母廠，在新平地方，新平縣知縣理之。道光十二年開，每銀一兩，抽課銀一錢五分，撒散三分。道光十五年，咨部歸入太和廠。

興隆廠，在鎮沅境，鎮沅廳同知理之。道光十七年試開，每銀一兩，抽課銀一錢三分五厘。

白馬廠，在鶴慶境，鶴慶州知州理之。嘉慶二十年試開，每銀一兩，抽課銀一錢四分四厘。

興裕廠，在文山境，文山縣知縣理之。道光二十一年試開，每銀一兩，抽課銀一錢。

鴻興廠，在南安境，委員理之。道光二十四年試開，每銀一兩，抽課銀一錢五分，撒散三分。

以上七廠，儘收儘解，抵補各廠缺額。

金錫鉛鐵廠第三

麗水之金，三代有之矣。金之課，始於元，至一百八十餘錠；明以銀八千餘兩，折買金壹千兩，曰例金。其後增耗金而減價銀，後又增貢一千兩，未行，復加貢三千兩。巡撫沈儆炌一疏，仁人之言，其利溥哉。我朝初課金七十餘兩，遞減至二十八兩餘，深仁厚澤，迥邁前古。若錫，若鉛，若鐵，皆有額課餘利及於民者，博矣。故記金錫鉛鐵廠。附白銅。

金廠四，嘉慶十五年，定額課金二十八兩八錢六分五厘三(毛)[毫]，閏加壹兩四錢六分二厘九毫，附次年顏料貢，帶解赴户部交納。

蔴姑廠，在文山西南，近越南及臨安界，開化府知府理之。雍正八年開，每金床壹張，月納課金一錢三分，臘底新正減半，抽收額課金十兩零乙分，閏加九錢乙分。

金砂廠，在永北西南、金砂江邊，接賓川界，永北廳同知理之。康熙二十四年開，每金床一張，月納課金一錢，額課金柒兩二錢六分，遇閏不加。

麻康廠，在中甸南，其東則安南銀廠，中甸廳同知理之。乾隆十九年開，每金一兩，抽課金二錢，額課金十一兩二錢，閏加五錢。

黄草埧，在騰越西，又西則大盈江，貢達土司地，騰越廳同知理之。嘉慶五年開，按上中下三號塘口抽收，上溝抽課金一錢五分，中溝抽八分，下溝抽四分，額課金三錢九分五厘三毫，閏加三分二厘九毫。

錫廠一

箇舊廠，在蒙自猛梭寨，蒙自縣知縣理之。康熙四十六年開，每錫壹百斤，抽課十斤，每百斤[例]價銀四兩三錢六分一厘，額錫價銀四千兩，布政司發給商票，每課錫九十斤爲一塊，廿四塊爲一合，每合納課銀四兩五錢，稅銀三兩五錢七分八厘，額課稅銀三千一百八十六兩。

[凡]鉛廠四

有白鉛，俗稱倭鉛，燒鉛以瓦罐，爐爲四牆，卝煤相和，入於罐。窐其中，排爐內，仍用煤圍之。以鞴鼓風。每二罐，或四罐，稱爲一喬。爲爐大小，視喬多寡。有黑鉛，俗稱底母，爐與銀廠同。定例，每百斤抽課十斤，充公五斤，通商十斤。通商鉛每百斤仍抽課拾斤，充公五斤，課鉛變價充餉，公鉛變價，充公以支廉食，自一兩八錢二分至二兩餘。鉛每百斤(公)[工]本銀，白鉛自一兩二錢八分至二兩，黑鉛自一兩四錢五分至一兩六錢八分四厘。每工本銀一百兩，扣餘平銀一兩五錢，亦充公。按年分册造報。

卑浙廠，在羅平境；塊澤廠，在平彝境，均平彝縣知縣理之。雍正七年開，今實辦供省局白鉛二十一萬九千七百六十九斤零。課鉛變解銀三百九十九兩九錢八分，公鉛變解銀一百九十九兩九錢二厘餘。平扣解銀六十七兩八錢八分六厘，通商課鉛變解銀一百三十五兩七錢七分二厘，公鉛變解銀六十七兩八錢八分六厘，閏加鉛一萬九千一百一十四斤。課公變價餘平銀竝加辦供省局黑鉛三萬三千四百一十五斤，課公鉛變解銀六十四兩五錢。

者海廠，在會澤東南，鉛卝出於卝山，銀廠移卝就炭，至者海燒爐因(以)[名]，會澤縣知縣理之。乾隆二年開辦，供東川局鑄，以裁局停。嘉慶八年復開，代建水縣普馬廠辦供省局白鉛二十一萬九千七百六十九斤，抽課充公、加閏，與卑、塊二廠同，惟變價每百斤銀二兩。二十二年，東局復開，兼辦供東局白鉛一十五萬六千九百七十七斤零，閏加一萬三千八十斤，課公變價與省局同。

阿那多廠，會澤縣知縣理之，辦供東局黑鉛壹萬九千九百三十三斤零，每百斤抽正課鉛十斤，閏加九百九十四斤零，課鉛變價同白鉛。

妥妥廠，在尋甸西北，又西爲雙龍銅廠，尋甸州知州理之。乾隆十三年開，鉛運省店銷售，獲息充餉。今實辦[供]省局黑鉛三萬三千四百一十五斤零，每百斤價脚銀二兩一錢，[遇]閏加增額，辦省操鉛二萬斤。

凡鐵廠十有四，有閏之年供課銀二百九十兩一錢五分八厘，無閏之年供課銀二百八十一兩五錢三分。

(五)[石]羊廠，南安州知州理之。

鵞趕廠，鎮南州知州理之。

三山廠，陸涼州知州理之。

紅路得廠，馬龍州知州理之。

龍朋里上下廠，石屏州知州理之。

小水井廠，路南州知州理之。

河底廠，鶴慶州知州理之。

阿辛廠、沙喇箐廠、水箐廠，均騰越廳同知理之。

濫泥箐廠，碍嘉州判理之。

椒子壩廠，大關廳同知理之。

老吾山廠，易門縣知縣理之。

猛列鄉廠，威遠同知理之。

凡白銅，省店每一百一十斤抽課一斤，變價三錢。

凡商運四川立馬河廠白銅到省出售者，按例抽課，折徵銀兩儘收儘解。原開茂密、祭牛二廠卝砂久衰，向以抽收商販造報，嗣將二廠名目删除，據實入册作收造報。

凡商運定遠大茂嶺廠課白銅到省出售者，抽課變價銀與川廠同。道光二十三年辦價銀二十四兩零。大茂[嶺]廠，在定遠縣，在廠扯爐，抽小課每斤變價同。是年變[價]銀一十七兩七錢。

凡商運四川立馬河廠白銅到元(蒙)[謀]縣馬街，每碼收稅銀七錢，儘收儘解。

凡商發川廠白銅到會澤縣，領過四川寧遠府稅票者，每百斤抽稅銀一兩，無票者每一百一十斤抽課十斤，每斤折價銀三錢。道光二十二年分計白銅四千八百九十九斤，收稅銀四十八兩九錢九分。

## 又　鑄第十二

因山鑄銅，功力省節，銅質精。故吴以富，宋以後江淮冶場無産也，或購之海(泊)[舶]。今滇銅徧天下，凡直省皆置銅官鑄錢，而滇省及東[川]鼓鑄尤多。寧臺場舊亦議設爐，未果行。其所需黑白鉛，皆就近采獲，無藉材於異地。故記鑄。

雲南省開局(議)鑄[錢]，始於順治十七年，旋停。康熙二十一年又開，嗣後各屬以次增置鑄錢，分運各省。設於府者，(惟)[為]大理、臨安、曲靖、廣西、東川、順寧；設於州者，爲霑益；設於縣者，爲禄豐、蒙自，時置時停。惟省(垣)

[城]、大理、臨安、東川四局最久。嘉慶四年，臨安、廣南、東川、楚雄、永昌設爐，係因收買小錢改鑄，鑄竣即裁。三色配鑄，定於嘉慶六年，每百斤用銅五十四斤，白鉛四十二斤十二兩，黑鉛三斤四兩。有正鑄，每銅百斤，加耗十斤四兩。嘉慶九年，改定各廠銅加耗照舊。寧台廠銅每百斤加局耗八斤，共一百八斤，每百斤加煎耗十七斤八兩，計加銅十八斤十四兩四錢，共銅一百二十六斤十四兩四錢，每百斤加民耗三斤二兩，計加銅三斤十五兩四錢五分，總計正耗銅一百三十斤十三兩八錢五分。

白、黑鉛不加耗，每銅鉛百斤，給挫磨折耗九斤。有帶鑄，銅鉛加耗不加耗，及挫磨折耗，與正鑄同。有外耗，銅鉛加耗不加耗，與帶鑄同，不給挫磨折耗。

每錢一文，鑄重一錢二分。

每鑄十日爲一卯，每卯正鑄銅鉛八百五十七斤二兩二錢八分五厘零。除挫磨折耗七十七斤二兩二錢八分五厘零，實浄銅鉛七百八十斤，鑄錢一百四千文，[支]銷匠工錢十二千文，物料錢五千二百三十二文零，加添米炭價錢二千四百七十文，實浄存錢八十四千二百九十七文零。帶鑄銅八十五斤十一兩四錢二分八厘零，除挫磨折耗七斤十一兩四錢二分八厘零，實浄銅鉛七十八斤，鑄錢十千四百文，支銷物料錢五百五十三文零，實存浄錢九千八百四十七文，外耗浄銅鉛七十七斤二兩二錢八分三厘零，鑄錢十千二百八十五文，支銷官廉、役食錢四千五十七文，實浄存錢六千二百二十八文。閏月增卯。

省城寶雲局，按察使理之，設爐二十八座，每爐每月三卯，年共計一千八卯，鑄用正耗銅六十二萬三千五百六十斤十五兩八錢二分五厘，内九成，各廠正板銅四十九萬九千六百八十五斤五兩四錢二分，加耗銅五萬一千一百一十七斤十一兩九錢五分五厘。一成，寧台正板銅五萬五千五百二十一斤，加耗一萬七千一百三十六斤十四兩四錢五分。應(發)[撥]銅斤原無定廠，近以元江青龍廠、武定大寶綵獅廠、羅次大美廠、寧州緑礦硐廠，定遠秀春廠爲專供，路南紅坡、大興、發古三廠，易門義都、萬寶、香樹坡三廠，楚雄馬龍、寨子箐[二]廠委員，寧台廠爲酌撥。

白鉛四十三萬五千九百八十三斤五兩二錢二分四厘，會澤者海廠、平彝、界塊三廠各半供運。黑鉛三萬三千四百十五斤三兩一錢四分二厘。尋甸妥妥廠運供。

每年正鑄、帶鑄、外耗共[鑄]浄(錢)正息錢一十萬一千九十五千三百四十四文零，搭放迤西道雲南各府屬養廉廠本一成，運脚半成。祭祀、鋪工、餼糧、驛堡全放，每放錢一千二百文，易回銀一兩，共易銀八萬四千二百四十六兩一錢二分。除銅本脚銀五萬一千七十八兩九錢八分零，每正銅百斤，銀九兩二錢，耗銅不給脚價。白鉛本脚銀壹萬七百六十八兩六錢八分零，黑鉛本脚銀七百一兩七錢一分零，共除鑄本銀六萬二千五百四十九兩三錢八分零，實獲鑄息銀二萬一千九百九十六兩七錢四分零。支銷寧台、大功、得寶坪、義都等廠水洩外，餘銀入册報撥。

東川寶東局，嘉慶二十二年復開。知府理之，以者海巡檢、會澤縣典史輪充巡察官，設爐十座，每爐。每卯配鑄銅鉛數目與省局同。

每年用銅壹十九萬八千二百八十七斤，收買湯丹等廠商銅供用，白鉛一十五萬六千九百七十七斤零，者海廠供辦。黑鉛一萬一千九百三十三斤零。

每年正鑄、帶鑄、外耗共鑄浄正息錢三萬六千一百五千七十文，搭放迤東道曲靖、東川、昭通三府屬養廉等項成數，與省局同。每放錢一千二百文，易回銀一兩，共易銀三萬八十七兩五錢五分。除銅本脚銀一萬四千八百二十五兩零，正銅每百斤，價銀七兩四錢七分六厘五毫，耗不給價。白鉛本脚銀三千六百一十兩四錢九分三厘零，每百斤價銀二兩二錢。黑鉛本脚銀二百六十二兩二錢五分七厘，每百斤價銀二兩三錢。共除鑄本銀一萬八千六百九十六兩四分零，實獲鑄息銀一萬三千三百八十九兩五錢一分零。支銷湯丹、碌碌、大水溝、茂麓水洩外，餘存。

## 清・徐珂《清稗類鈔・礦物類》

### 洮南礦産

洮南城北一百五十里黑頂山有烟煤，西北一百四十里之那金河及百八十里敖牛山亦有煤礦，並有燒缸土，惜皆以土法開採。而東北一百里洮安縣境黑頂山有石灰，東北七十里七十户屯有白土子。至索倫山，則礦産更富。

### 江西礦産

江西位於安徽之西，面積約六萬八千方里，東西南三方多山，北方則爲揚子江之平地與鄱陽湖，凡河流悉匯歸之，故水利極便。全省礦産，實駕安徽、浙江、福建而上之。蓋湖南界有鐵石炭，福建、浙江界有金、銀、銅、鉛，其他如萍鄉附近及九江附近之鐵山、銅山皆其著稱者也。

金鑛，奉新、鄱陽、高安、臨川、臨川之鑛在縣城西四十里，宋時曾事開掘。上饒、萍鄉，萍鄉銀鑛，咸豐時曾用土法開採，鑛脈極旺，鑛苗掘至六十丈，卒以排水困難，遽爾中止。至同治壬戌，再事開採，亦以無法排水而失敗。大安岑、金沙溝，砂金。葉線坑、七寶山、大安里、棚家坊、雩都、寧都、瑞金皆有之。銀鑛，鄱陽、德興、上高、臨川、金溪場、金溪、玉山、弋陽、南城，宋時曾開採。會昌、雩都、瑞金皆有之。銅鑛，彭澤、洪州、德興、臨川、上饒、宜春、新喻、上猶、贛山皆有之。

雲南土司屬地鑛産

雲南邊地五金鑛産，所在皆是。如鎮邊之募迺銀廠，騰衝之明光銀廠，昔皆以暢旺著。且尚有鎮邊、西盟之金，上改心之鐵，順寧、耿馬之銀、鐵，永昌、灣甸附近之鐵，騰衝、南甸之煤，界頭之鉛。

新疆鑛産

我國鑛産，皆導源於葱嶺，新疆面積四百四十餘萬方里，實居葱嶺之麓，菁英蟠結，爲天下奥區。如葉城之密爾岱山，和闐呢蟒依山之玉河，洛浦之大小胡麻地，于闐之闐子玉山，皆産玉區也。昌吉之羅克倫河，迪化之金嶺，鎮西之烏兔水，寧遠之沁水，塔城之喀圖山，阿爾泰山，于闐之蘇拉瓦克宰列克，焉耆之額布圖恪克圖古爾班，産金區也。迪化之齊克達巴罕，亦名達坂城。産銀區也。拜城之卻爾噶山，庫車之蘇巴什，迪化之柴俄山，惠遠之哈爾罕圖，塔城之塔瓦克池，産銅區也。孚遠之水西溝，拜城之明布拉克，惠遠之索爾果嶺，伊犂之特穆爾圖淖爾，産鐵區也。焉耆之察罕通古，烏什之庫魯克，鎮西之羊圈灣，産錫産鉛區也。蘇海圖山之青石峽，庫爾喀喇烏蘇之獨山子，庫車銅山之麓，疏附之庫斯渾山，産石油區也。西湖將軍溝、旗桿溝，産石蠟區也。石蠟産於崖石罅中，質凝結如脂，製洋蠟潔白光亮，勝牛羊油十倍。鄯善之柯柯雅，綏來之塔西溝，迪化之通古斯巴什，鎮西之大小港，阜康之大小黄山，黄山煤硐層萬年不竭。哈密猩猩峽，産煤區也。新疆煤鑛不可枚舉。鄯善之喬爾塔什，産水晶區也。新疆寶藏之富若此，而公私凋敝，苦窳貧瘠，至爲全國最者。蓋已開之鑛，如于闐歲産金五六千兩，而官吏侵漁朘奪，轉爲民病。未開之鑛，以鐵道未通，轉運不易，決然棄之，可惜也。

青海鑛産

青海鑛産之富，最多者爲煤，次爲鐵，環海之地，幾於無處不有。又次爲金，爲銀，爲銅。金産於海南貢爾勒蓋及哈爾吉嶺、佛山溝、瑪沁雪山等處，銀産於海南噶順山、隆沖河等處，紅銅産於海北木勒哈拉。其他鑛苗發露之處，則更不勝舉，若南境之崇山峻嶺探採未遍者尤多，兹姑就其大者言之耳。柴達木鑛産稍亞之，然南之烏蘭代克山一帶，北之瑪尼嶺一帶，煤、鐵、鉛數種，其鉛質之良，實爲世所豔稱。餘如瑪尼圖及鄂果圖爾之麩金，則又歲有增加也。《西寧鑛産調查册》，柴達木金鑛在光緒辛丑以前，每年産額僅三十兩零，其後歲産七十五兩有奇，丙午、丁未一百二十餘兩，宣統己酉三百二十餘兩。

內蒙鑛産

蒙古二字，譯以漢文，則爲銀。而內蒙之地，悉爲興安嶺山脈所蜿蜒，其鑛産，凡一百四十七區，計金鑛七，銀鑛十二，銅鑛六，錫鑛十三，鉛鑛五，煤鑛六十九，鐵鑛二十三，陽石鑛九，寶石鑛三。

或曰，科爾沁有金鑛十一，銀鑛二，煤鑛九。杜爾伯特有金鑛四，煤鑛五。札賚特有金鑛四，煤鑛三。郭爾羅斯有金鑛八，銀鑛一，煤鑛三。敖漢有金鑛三，銀鑛一，煤鑛一。奈曼有金鑛二，煤鑛六。巴林有金鑛四，煤鑛七。札魯特有金鑛七，銀鑛一，煤鑛三。阿爾科爾沁有金鑛三，銀鑛二，煤鑛九。翁牛特有金鑛十，銀鑛三，煤鑛十一。克什克騰有金鑛四，銀鑛一，煤鑛八。喀爾喀有金鑛七，銀鑛三，煤鑛八。喀喇沁有金鑛三，銀鑛一，煤鑛一。土默特有金鑛二，煤鑛二。伊克昭有金鑛三，煤鑛三。烏珠穆沁有金鑛四，銀鑛一，煤鑛十二。浩齊特有金鑛六，銀鑛二，煤鑛三。蘇尼特有金鑛六，銀鑛一，煤鑛十一。阿巴哈納爾有金鑛三，銀鑛一，煤鑛三。阿巴噶有金鑛一，銀鑛二，煤鑛九。四子部落有金鑛四，銀鑛一，煤鑛二。茂明安有金鑛七，銀鑛六，煤鑛九。喇特有金鑛一，煤鑛三。

延吉爲黄金世界

延吉多五金各鑛，故外人有黄金世界之目。計金鑛三十二處，銀鑛三處，銅鑛七處，鉛鑛十三處，煤鑛二十三處，水晶鑛二處，石棉鑛一處，石油鑛二處。

## 又 石英

石英爲天然之矽酸化合物，亦雜有鐵質及他鑛物少許，有塊狀與結晶二種。結晶者爲六稜體，光澤不同，有色而透明，爲普通鑛物之最堅者，置於吹管之火力內，不能溶解，除弗酸外，不能使起變化。鑛物中分佈最廣，爲花崗石之主要成分。其含有錳質而顯紫色者，曰紫石英，可作寶石，爲裝飾品之用，水晶、瑪瑙、碧玉、燧石等，皆其屬也，廣東、雲南等處有之。

紫石英

紫石英，即紫水晶，出東莞縣爆山，大如指頭，小者如石榴子，色純紫，光明鮮豔，廣人多以飾佩帶器物。

花崗石

花崗石多爲石英、長石、雲母三種結晶所成，山嶽、海濱分佈至多。石英、長石色白，雲母色黑或白，間含石留、石角、閃石等，雜以紅緑，色彩鮮美，質堅而耐久，爲石材之貴重者，我國有之。

石灰巖　石灰巖，亦名石灰石，簡稱灰石，成分爲炭酸鈣，大抵由介族及珊瑚蟲等之遺殼沈積海中而成，間有由化學之關係，在河中温泉中沈澱而生者，常見者色白而不透明，無結晶之形體，亦有結晶而透明者。其雜黏土等物者，色灰黑。種類甚多。普通石灰巖質不甚堅，以火煅之，則成生石灰。大理石、石版石、白堊等皆屬此類。吾國石灰巖所至有之，湖北之大冶縣北境沿鐵道諸山脈皆爲石灰質，設窑製之，漢陽所需之石灰悉取給於此。

大理石　大理石，以産於雲南之大理縣得名，一名點蒼石，爲石灰巖之變性，有白色、雜色二種。白大理石爲火成石灰巖，由粒狀之結晶質集合而成，可爲造像、碑坊之用。亦名寒水石。雜色大理石，爲水成石灰巖，質極緻密，含鐵及黏土等不純物，有黑、黄、青等彩色，具山川雲物之狀，可爲屏風，或嵌於窗壁、桌椅之中。雲南所産，即雜色大理石也。其以人工製造之者，曰人造大理石。

石版石　石版石，細粒石灰石之一種也，斷口成介殼狀，灰色微黄，質極緻密，以油類描字畫於其面，而注鹽酸於上，則未塗油處爲鹽酸所蝕，遂可印刷。最佳者産於德之巴威略，美産者次之，而吾國河南南陽縣花石山所産之石，亦可爲石版之用。

地層化石　地球之運轉無定，地質之變遷亦無窮。地質學者言化石爲地質中要素之一。我國之地層，與世界各國之地層無異，地層間亦有特别之産物，試考其化石之遺跡，可知地質時代之大略也。茲將山東各處之地質，表示於左：

坊子煤鑛，爲侏羅紀，有植物化石數種。

淄川煤鑛，棋盤地並大荒地，爲石炭紀，有植物化石數種。

章邱縣文祖鎮煤鑛，爲石炭紀，有植物化石數種。

濰縣馬集之南方及平落院之東方，爲寒武利亞紀，有三葉蟲與節足動物數種。

博山縣南揮井煤鑛，及其他煤層之上下石灰巖中，爲石炭紀，有腕足類、珊瑚類、鈁錘蟲等。

博山縣城門外，有腕足類。

博山西南顔神鎮雪音閣之下，爲石炭紀，有鈁錘蟲、腕足類。

大崑崙驛之東方白山及太釜山之南麓，爲石炭紀，有腕足類、珊瑚類。

章邱縣之南朱家務，爲第四紀，有鹿、馬之齒。

章邱縣之胡山，爲志留利亞紀，有頭足類、腹足類、貝類。

濟南之南炒米店及附近一帶，爲寒武利亞紀，有三葉蟲、腕足類。

崮山附近，爲寒武利亞紀，有三葉蟲。

張夏附近之龍頭山，爲寒武利亞紀，有三葉蟲、腕足類。

泰安府之西及南之丘，爲寒武利亞紀，有三葉蟲、腕足類。

新泰縣附近，爲寒武利亞紀，有三葉蟲、腕足類。

沂水縣之北七十里，爲寒武利亞紀，有三葉蟲。

萊蕪山中爲寒武利亞紀，有三葉蟲。

沂州炭田爲石炭紀，有植物化石。

螢石　螢石，雜於片麻巖、石灰巖等之鑛脈中，爲立方體之結晶，亦有成塊者，無色透明，有玻璃光，如熱時，置諸暗室，則放青色光如螢，是謂螢光，故名。可爲金屬鑛物之溶解劑，其美麗者可製爲裝飾品。

蛇紋石　蛇紋石，一名温石，由橄欖石、角閃石等分解變質而成，常爲大塊，色黄緑，有赤黑斑紋如蛇皮，故名。琢之，有珠光，可爲飾品。含蛇紋石之巖石，謂之蛇紋巖。

石筍　石筍，爲巖石之成長條者，多用以爲園林之點綴品，以其直立如筍，故名。其在産地，率横卧土中，大者七八尺，小者二三尺，亦有高至二三丈者。又鐘乳石之下滴而凝上矗如筍狀者，亦稱石筍。

石鐘乳　泉水含炭酸石灰，由巖隙下滴，其石灰質日久凝積，纍纍下垂，狀如鐘之乳，故名石鐘乳，或專稱鐘乳，一曰石髓，出廣東乳源縣乳巖者最著。

黄砂　黄砂，亦稱黄土，爲微細之石英末，黄褐色，多生於高原及谿谷之表面。吾國北方有此砂，甚厚，塵埃起時，至蔽日光，輒數日不散。

河底古木炭　乾隆丙午，江南大旱，各鄉河港皆赤裂百餘日，居民多赴城濠中，掘黑泥，和麪作餅。相傳此城爲沈法興聚糧處，年久化爲泥也。鄉人以各河底皆有黑泥，亦掘之，至五六尺許，輒得泥如石炭者，然不可食，以作薪，火乃終日不熄。其質非土非石，有大至數圍須用斧劈者，有碎疊成塊縫層層可揭者，細驗之，則大者本巨木，層疊者則木葉所積，年久爛成塊也。江南惟沿村有樹，其河港之在野者罕所植，間有之，亦必取作器，小則伐爲薪，其孰肯砍而葉諸河乎！或謂是必洪荒以來，兩岸本多樹，隨山刊木時，始伐而投之，歷千萬年成此耳。是歲數百里内河港皆掘得之。

漢白玉石　京西山中産漢白玉石，質堅色瑩。

長白山産石　長白山産石甚多，兹詳列於下：

三奇峯下多五色石，鮮妍光潤，黑者尤佳。

黑石河産黑石。　黑精石，光潤堅潔，大者如車輪。

紫霞峯産寶石，遥望之，光明如星。

星星石，在避風石南，石圓大，夜有異光，人呼爲星星石。

夜光石，白色，有銀絲，體輕，能浮水面。入夜，擲地有火光，色淡緑，明如曉星。

昂威赫　混同江出石砮，相傳爲松脂入水千年者所化，有紋理，質如木，色紺碧，堅過於鐵。土人用以礪刃，名之昂威赫，即古肅慎氏貢之楛矢、石砮，石砮即此。乾隆朝，鄂文端公《恭和高宗御製瀛臺木變石歌》有「濡水不沈火不然」句，亦指此也，今不可得見矣。

**《清史稿·食貨志》**　世祖初開山東臨朐、招遠銀鑛，順治八年罷之。十四年，開古北、喜峯等口鐵鑛。康熙間，遣官監採山西應州、陝西臨潼、山東萊陽銀鑛。二十二年，悉行停止。並諭開鑛無益地方。

乾隆二年，諭凡産銅山場，實有裨鼓鑄，准報開採。其金銀鑛悉行封閉。先是，五年允魯撫朱定元請，開章丘、淄川、泰安、新泰、萊蕪、肥城、寧陽、滕、嶧、泗水、蘭山、郯城、費、莒、蒙陰、益都、臨朐、博山、萊陽、海陽各州縣煤鑛，而藁城知縣高崶請自備貲開嶧、滕、費、淄、沂、平陰、泰安銀銅鉛鑛則禁之。然貴州思安之天慶寺、鎮遠之中峯嶺，陝西之哈布塔海哈拉山，甘肅之扎馬圖、敦煌、沙州南北山，伊犁之皮裏沁山、古内、雙樹子，烏魯木齊之迪化、奎騰河、呼圖壁、瑪納斯、庫爾喀喇烏蘇，條金溝各金鑛，貴州法都、平遠、達摩山，雲南三嘉、麗江之迴龍、昭通之樂馬各銀鑛，相繼開採。嘉慶四年，給事中明繩奏言民人潘世恩、蘇廷禄請開直隸邢臺銀鑛。上謂：「國家經費自有正供，潘世恩、蘇廷禄覬覦鑛利，敢藉納課爲詞，實屬不安本分。」命押遞回籍，明繩下部議。六年，保寧以請開塔爾巴哈台金鑛，明安以請開平泉州銅鑛，均奉旨申飭。

道光初年，封禁甘肅金廠、直隸銀廠。蓋其時歲入有常，不輕言利。惟雲南之南安、石羊、臨安、箇舊銀廠，歲課銀五萬八千餘兩；其餘金鑛歲至數十兩，銀鑛歲至數千兩而止。又旋開旋停，興廢不常，賦入亦尠。銅鉛利關鼓鑄，開採者多邀允准，間有蠲除課税者。廣東自康熙五十四年封禁鑛山，至乾隆初年，英德、陽春、歸善、永安、曲江、大埔、博羅等縣，廣州、肇慶兩府，銅鉛鑛均行開採。百餘年來，雲、貴、兩湖、兩粵、四川、陝西、江西、直隸報開銅鉛鑛以百數十計，而雲南銅鑛尤甲各行省。蓋鼓鑄鉛銅並重，而銅尤重。秦、鄂、蜀、桂、黔、贛皆産銅，而滇最饒。

滇銅自康熙四十四年官爲經理，嗣由官給工本。雍正初，歲出銅八九十萬，不數年，且二三百萬，歲供本路鼓鑄。及運湖廣、江西，僅百萬有奇。乾隆初，歲發銅本銀百萬兩，四五年間，歲出六七百萬或八九百萬，最多乃至千二三百萬。户、工兩局，暨江南、江西、浙江、福建、陝西、湖北、廣東、廣西、貴州九路，歲需九百餘萬，悉取給焉。鑛廠以湯丹、碌碌、大水、茂麓、獅子山、大功爲最，寧臺、金釵、義都、發古山、九度、萬象次之。大廠鑛丁六七萬，次亦萬餘。近則土民遠及黔、粵，仰食鑛利者，奔走相屬。正廠峒老砂竭，輒開子廠以補其額。故滇省銅政，累葉程功，非他項鑛産可比。

咸豐二年，以寬籌軍餉，【略】招商開採熱河、新疆及各省金銀諸鑛。三年，詔曰：「開採鑛産，以天地自然之利還之天地，較之一切權宜弊政，無傷體制，有裨民生。當此軍餉浩繁，左藏支絀，各督撫務當權衡緩急，於鑛苗豐旺之區，奏明試辦。」時軍興餉乏，當時開採者，僅新疆噶爾，蒙古達拉圖、噶順、紅花溝之金鑛，直隸珠窩山、偏山綫、室溝、土槽子、錫蠟片、牛圈子溝，蒙古哈勒津、羅圈溝、庫察山、長杭溝之銀鑛，新疆迪化、羅布淖爾、三個山之銅錫鑛數處。同治七年，吉林請開火石嶺子等處煤鑛，以伏莽未靖，格部議不果行。十三年，以滇鑛經兵燹久廢，諭飭開辦，從滇督岑毓英請也。

是年海防議起，直隸總督李鴻章、船政大臣沈葆楨請開採煤鐵以濟軍需，上允其請，命於直隸磁州、福建臺灣試辦。光緒八年，兩江總督左宗棠亦言北洋籌辦防務，製造船礮，及各省機器輪船所需煤鐵，最爲大宗，請開辦江蘇利國驛煤鐵。報聞。嗣是以次修築鐵路，煤鐵益爲當務之急。於是煤鑛則吉林大石頭頂子、亂泥溝、半拉窩、鷄溝、二道河、陶家屯、石牌嶺，黑龍江太平山、察漢敖拉卡倫，直隸開平、唐山，内丘縣之上坪、永固、磁窑溝、南陽寨，臨城縣之岡頭、石固、膠泥溝、楊家溝、新莊、竹壁、牟村、焦村，宣化府之鷄鳴、玉帶、八寶寺山，阜平縣炭灰鋪村，曲陽縣白石溝、野北村，張家口廳海拉坎山、馬連圪達，宛平縣青龍澗、碑碣子，承德府榆樹溝，奉天海龍府遠來、義和、進寶、玉盛、永順、永益、萬利、人和、同德、順發，錦州府大窑溝，錦西廳碭石溝，本溪縣王干溝，興京廳蜜蜂溝，遼陽州窑子峪，江西萍鄉、永新、餘干，山東嶧縣，安徽貴池、廣德、繁昌、東流、涇縣，湖北荊門，河南禹州，山西平定、鳳台，浙江桐廬、餘杭，江蘇上元、句容，湖南湘鄉、祁陽，廣西富川、賀縣、奉議、恩陽、南寧、那坡，陝西白水、澄城、同官、宜君、邠州、隴州、淳化。鐵鑛則直隸遷安縣、灤州，湖北大冶，廣西永寧州，江西永新縣，雲南開、廣兩府，貴州青谿，皆先後開採，而秦、晉商民零星開採，尤難悉數。

二十二年，詔開辦各省金銀鑛廠。自光緒初年，開直隸窯溝銀鑛，甘肅西寧、甘、涼，黑龍江漠河觀音山、奇乾河各金鑛外無聞焉。自明令頒行而後，金鑛則直隸之平泉州屬轉山子，建昌縣屬金廠溝，撫寧縣屬雙山子，灤平縣屬寬溝，豐寧縣大營子、西碾子溝，翁牛特旗之紅花溝、水泉溝、拐棒溝，而遷安縣所產尤旺。奉天之鳳凰、安東、遼陽、通化、寬甸、懷仁、鐵嶺、開原、通化、海城、錦縣，蒙古之賀連溝、大小槽、碾溝、除虎溝、朱家溝、板橋子、珠爾琥珠、克勒司、布恭、特勒基、哈拉格囊圖、奎騰河、圖什業圖汗，四川之冕溝，湖南之平江，浙江之諸暨，黑龍江之黑河，新疆之和闐，焉耆。銀鑛則四川之天全、盧山、大穴山頭，皆報明開採。

而銅、錫、鉛、銻、石油、硫磺、雄黃等鑛，亦接踵而起。銅則雲南迤東湯丹、茂麓正廠六，子廠十一。迤西回龍、得寶正廠八，子廠九。楚雄永北及雲武所屬萬寶、雙龍，又永安順寧、臨安、開化、曲靖各廠，均招商承採。而江西贛州，陝西鎮安，湖南綏寧，新疆拜城、庫車亦有銅廠。錫則廣東儋州，廣西南丹士州、富川、賀縣。鉛則湖南常寧、湘鄉、臨武，四川會理，浙江鎮海、奉化、象山、寧海、太平。銻則湖南益陽、邵陽、新化、沅陵、慈利、湘鄉、祁陽、新安、溆浦，貴州銅仁，四川秀山，廣東曲江、防城、乳源，廣西南太、泗鎮、陵陽都。石油則陝西延長，甘肅玉門，新疆庫爾喀喇烏蘇。硫磺則山西陽曲，奉天遼陽、錦州。雄黃則湖南慈利。或官辦，或商辦，或官商合辦。或用土法，或用西法。

## 紀事

**《周禮・地官司徒》** 卝人，中士二人，下士四人，府二人，史二人，胥四人，徒四十人。卝之言礦也。金玉未成器曰礦。 卝人，徐音礦，號猛反，劉侯猛反。礦，號猛反，金玉未成器。

注「卝之」至「曰礦」 經所云卝，是摠角之卝字。此官取金玉，於卝字無所用，故轉從石邊廣，以其金玉出於石，左形右聲，從礦字也。云「金玉未成器曰礦」，以其此官不造器物，直取金錫玉石，以供《冬官》百工，故言金玉未成器曰礦。金玉之等出於地，故在此也。

**又** 卝人，掌金玉錫石之地，而爲之厲禁以守之。錫，釼也。 卝人，華猛反，又號猛反，劉侯猛反，沈工猛反。錫石，星歷反。釼也，以忍反，劉常忍反。

「卝人」至「守之」 此金玉錫石四者，皆在於山，言地者，即山也。爲之厲禁，亦謂使其地之民遮護守之。

若以時取之，則物其地，圖而授之。物地，占其形色，知鹹淡也。授之，教取者之處。 啖，直覽反，本亦作淡。

「若以」至「授之」 取此四者，雖無四時之文，當取之日，應亦有時，故云以時取之。

注「物地」至「之處」 經云物，故以占其形色言之。云「知鹹淡」者，鄭以當時有人採者，嘗知鹹淡，即知有金玉，故以時事言之也。

巡其禁令。行其禁，明其令。

**《晉書・食貨志》** 公侯以下置官屬，隨國大小無定制，其餘官司各有差。名山大澤不以封，鹽鐵金銀銅錫，始平之竹園，別都宮室園囿，皆不爲屬國。

**唐・李林甫等《唐六典》卷二二《少府監》** 掌冶署：令一人，正八品上；《周禮・冬官》：「攻金之工六，謂築、冶、鳧、㮚、段、桃也。」秦及漢，諸郡國出鐵者，置鐵官長、丞。晉衛尉屬官有冶令、丞各一人，掌工徒鼓鑄；過江，省衛尉，而冶令始隸少府。宋有東冶令・丞，南冶令・丞，齊因之。梁有東冶令，西冶令，從九品下。《選簿》：「舊，東冶重，西冶輕。」然則梁朝之西冶，蓋宋、齊南冶也。陳因之。後魏無聞。北齊太府寺有司冶令、丞。後周有冶工中士一人，又有鐵工中士一人。隋太府寺統掌冶署，令二人，掌金、銀、銅、鐵器之屬，并管諸冶；煬帝改屬少府，令從八品上。皇朝因之，省一人。丞二人，正九品上；秦、漢已來具上注。隋太府寺統掌冶丞四人，煬帝改屬少府，皇朝因之，省二人。監作二人，從九品下。

掌冶署令掌鎔鑄銅鐵器物之事；丞爲之貳。凡天下諸州出銅鐵之所，聽人私採，官收其稅。若白鑞，則官爲市之。其西邊、北邊諸州禁人無置鐵冶及採鉚，若器用所須，則具名數，移於所由，官供之；私者，私市之。凡諸冶所造器物，皆上於少府監，然後給之。其興農冶監所造者，唯供隴右諸牧監及諸牧使。

諸冶監：監各一人，正七品下；秦、漢內史及諸郡有鐵者，則置鐵官長、丞。《晉令》：「諸冶官庫各置督監一人。」《宋書》云：「江南諸郡縣有鐵者，或置冶令，或丞，皆吳時置也。」齊、梁有梅根諸冶令。北齊諸冶皆有局丞。隋諸冶皆置監，監有上、中、下三等，皇朝因之。掌鑄兵農之器，以給軍旅、屯田、居人焉。」丞一人，從八品上；監作四人，從九品下。

諸冶監掌鎔鑄銅鐵之事，以供少府監；丞爲之貳。

**宋·王欽若等《册府元龜》卷四九三《邦計部·山澤一》** 元帝建武元年初，弛山澤之禁。

**又** 南燕慕容德立冶於商山，置鹽官於烏常澤，以廣軍國之用。

**又** 後魏獻文皇興四年十一月，詔弛山澤之禁。

**又** 孝文太和六年八月，罷山澤之禁。

**又** 隋高祖開皇元年三月戊子，弛山澤之禁。

**宋·宋敏秋《唐大詔令集》卷一一二《政事·財利》** 條貫江淮銅鉛敕

錢貴物賤，傷農害工，權其輕重，須有通變。比者銅鉛無禁，鼓鑄有妨。其江淮諸州府，收市銅鉛等，先已令諸道知院官勾當。緣令初下，未盡頒行，宜委諸道觀察等使，與知院官切共勾當。事畢日，仍委鹽鐵使據所得數，勘會聞奏。元和。

**宋·馬端臨《文獻通考》卷一八《征榷·坑冶》** 貞觀初，侍御史權萬紀上言宣、饒二州銀大發，採之歲可得數百萬緡。帝曰，朕之所乏者非財也，但恨無嘉言可以利民耳。卿未嘗進一賢退一不肖，而專言稅銀之利，欲以桓靈視我邪？乃黜萬紀還家。

麟德二年廢峽山銅冶四十八。

開元十五年初稅伊陽五重山銀錫。

天寶五載，李林甫爲相，謂李適之曰，華山有金鑛，採之可以富國，主上未知也。他日適之因奏事言之，上以問林甫。對曰，臣久知之，但華山陛下本命王氣所在，鑿之非宜，故不敢言。上以林甫爲愛，已薄適之慮事不熟，適之自是失恩。

德宗時，户部侍郎韓洄建議，山澤之利宜歸王者。自是隸鹽鐵使。

元和時，天下銀冶廢者四十，歲採銀萬二千兩，銅二十六萬六千斤，鐵二百七萬斤，錫五萬斤，鉛無常數。二年，禁採銀，一兩以上者笞二十，遞出本界，州縣官吏節級科罪。

開成元年，復以山澤之利歸州縣，刺史選吏主之。其後諸州牟利以自殖，舉天下不七萬緡，不能當一縣之茶稅。

宣帝增河湟戍兵衣絹五十二萬餘匹，裴休請復歸鹽鐵使，以供國用，增銀冶二，鐵山七十一，廢銅冶二十七，鉛山一。天下歲率銀二萬五千兩，銅六十五萬五千斤，鉛十一萬四千斤，錫萬七千斤，鐵五十三萬二千斤。後唐長興二年，敕今後不計農器燒器動使諸物，並許百姓逐便自鑄造。諸道監冶除依常年定數鑄辦供軍熟鐵并器物外，祇管出生鐵，比已前價各隨逐處見定高低，每斤一例減十文。貨賣雜使熟鐵，亦任百姓自鍊。巡檢節級勾當賣鐵場官并鋪户一切並廢，鄉村百姓祇於夏秋苗畝上納農器錢一文五分足，隨夏秋二稅送納。

晉天福六年，赦節文諸道鐵冶三司先條流百姓，農具破者須於官場中賣，鑄時卻於官場中買鐵。今後許百姓取便鑄造、買賣，所在場院不得禁止攪擾。八年，知熙州王韶奏，本路銀銅坑發。詔令轉運市易司共計之，以所入爲熙河糴本。七月詔，[近]坑冶坊郭鄉村并淘採烹鍊人並相爲保，保内及於坑冶有犯知而不糾，或停盜不覺者，論如保甲法。

哲宗紹聖二年，江淮荆湖等坑冶司言，新發坑冶漕司慮給本錢往往停閉不當，請令本司同遣官詳度。從之。湖南漕司言，潭州益陽縣近發金苗，以碎礦淘金，賦榷入官，請修立私出禁地之制。從之。

徽宗崇寧四年，湖北置旺溪金場，監官以其歲收金千兩，銓轄司請置官故也。

大觀二年詔，金銀坑發雖告言或方檢視，而私開淘取，以盜論。九月，銀銅坑冶舊不隸知縣縣令者，並令兼監賞罰減正官一等。

政和元年，張商英言湖北産金非止辰沅靖溪洞，其峽州夷陵、宜都縣，荆南府枝江、江陵縣赤湖城至鼎州，皆商人淘採之地，漕司既乏本錢，提舉司買止千兩，且無專司定額，請置專切提舉買金司。有金苗無官監者，許遣部内州縣官及使臣掌幹。詔提舉官措畫以聞，仍於荆南置司。

政和二年詔，工部以坑冶所收金、銀、銅、鉛、錫、鐵、水銀、朱砂物數置籍籤注，歲半消補，上之尚書省。自是户、工部、尚書省，皆有籍鉤考。然所憑惟帳狀，至有額而無收，有收而無額，乃責之縣丞監官及曹部奉行者，而更督遞年違負之數。九月措置陝西坑冶，蔣彝奏本路坑冶收金千六百兩，他物有差。詔輸大觀西庫彝增秩官屬各減磨勘年。六年詔，承買坑冶，歲計課息錢十分蠲一，以頻年無買者欲優假之故也。五月，中書言劉芑計置萬永州産金，甫及一歲，收二千四百餘兩，詔特與增秩。

宣和元年，石泉軍江溪沙磧麩金，許民隨金脈淘採，立課額或以分數取之。

坑冶，國朝舊有之，官置場監，或民承買以分數中賣於官。舊例，諸路轉運司本錢亦資焉，其物悉歸之内帑。崇寧以後，廣搜利穴，榷賦益備，凡屬之提舉司者，謂之新坑冶，用常平息錢與剩利錢爲本，金銀等物往往皆積之大觀庫，自蔡京始也。政和間數罷數復，然告發之處多壞民田，承買者立額重或舊有今無，而額不爲損。

欽宗靖康元年，諸路坑冶苗礦微，或舊有今無，悉令蠲損，凡民承買金銀並罷。

高宗建炎三年詔，福建廣南自崇寧以來，歲買上供銀數浩大，民力不堪，歲減三分之一。七年，工部言知台州黄巖縣劉覺民乞依熙寧法以金銀坑冶召百姓採取，自備物料烹煉，十分爲率，官收二分，其八分許坑户自便貨賣。江西運司相度江州等處金銀坑冶，亦乞依熙豐法。從之。十四年詔，見今坑冶立酌中課額，委提刑轉運司，不得別有抑勒抱認虛數，令有力之家計，囑幸免切致下户受弊。

孝宗隆興二年，鑄錢司言坑冶監官歲收買金及四千兩，銀及十萬兩，銅錫及四十萬兩，鉛及一百二十萬斤者，各轉一官。知通令丞部内坑冶，每年比租額增剩者推賞有差。

**《宋史·職官志·工部》** 虞部郎中　員外郎：掌山澤、苑囿、場冶之事，辨其地産而爲之厲禁。凡金、銀、銅、鐵、鉛、錫、鹽、礬，皆計其所入登耗以詔賞罰。分案四，置吏七。

**又　《食貨志·阬冶》** 熙寧元年，詔：「天下寶貨阬冶，不發而負歲課者蠲之。」八年，令近阬冶坊郭鄉村并淘採烹鍊，人並相爲保；保内及於阬冶有犯，知而不糾或停盜不覺者，論如保甲法。

三年，尚書省言：「陝西路阬冶已遣官提轄措置，川路金銀阬冶興發，慮失利源。」詔：「令陝西措置官兼行川路事。阬冶所收金、銀、銅、鉛、錫、鐵、水銀、朱砂物數，令工部置籍籤注，歲半消補，上之尚書省。」自是，户工部、尚書省皆有籍鉤考，然所憑唯帳狀，至有有額而無收，有收而無額，乃責之縣丞、監官及曹、部奉行者，而更督遞年違負之數。九月，措置陝西阬冶蔣彝奏：本路阬冶收金千六百兩，他物有差。詔輸大觀西庫，彝增秩，官屬各減磨勘年。四年，令監司遣官同諸縣丞遍視阬冶之利，爲圖籍籤注，監司覆實保奏，議遣官再覆，酌重輕加賞，異同、脱漏者罪之。六年，川、陝路各置提轄指置。阬冶官劉芑計置萬、永州産金，一歲收二千四百餘兩，特與增秩。十二月，廣東漕司言：本路鐵場阬冶九十二所，歲額收鐵二百八十九萬餘斤。浸銅之餘無他用。詔令官悉市以廣浸，仍以諸司及常平錢給本尚書省，奏五路礦冶。已有提轄措置專司及淮南、湖北、廣東西亦監司領其餘路，請並令監司領之。於是江東西、福建、兩浙漕臣皆領阬冶。

七年，提舉東南九路阬冶徐禋奏：「太平瑞應，史不絕書。今部内山澤、阬冶，若獲希世珍物及古寶器，請赴書藝局上進。」蓋自政和初，京西漕臣王璹奏太和山産水精，知桂州王覺奏枕門等處産金及生花金田，提轄京西阬冶王景文奏汝州青嶺鎮界産瑪瑙，其後湟州界蕃官結彪地内金阬千餘，收生熟金四等，凡百三十四兩有奇。蔡京請宣付史館，帥百官表賀，故禋復有是請焉。是時，河北、京東西及徐禋所領九路興修阬冶，類鑿空擾下，抑州縣承額，於是降黜河北提轄官，遣廉訪使者鄭諶并諸路廉訪悉究陳利病真僞。八月，中書奏阬冶寖已即緒，詔京東西、河北路并提舉東南九路阬冶並罷。十一月，尚書省言：「徐禋以東南黑鉛留給鼓鑄之餘，悉造丹粉，鬻以濟用。」詔諸路常平司以三十萬輸大觀西庫，餘從所請。

［宣和］六年，詔：「阬冶之利，二廣爲最，比歲所入，稽之熙、豐，十不逮一。令漕臣鄭良提舉經畫，分任官屬典掌計置，取元豐以來歲入多數立額，定爲常賦，阬冶司毋預焉。」時江、淮、荆、浙等九路，阬冶凡二百四十五，鑄錢院監十八，歲額三百餘萬緡。五月，詔：「阬冶舊隸轉運司者，如熙、豐、紹聖法；崇寧以後隸常平司者，如崇寧法；其江、淮等路阬冶官屬，如熙、豐員數，餘路官屬並罷，仍令中書選提點官。」

靖康元年，諸路阬冶苗礦既微，或舊有今無，悉令蠲損，凡民承買金場並罷。宋初，舊有阬冶，官置場監，或民承買以分數中賣於官。初隸諸路轉運司，本錢亦資焉，其物悉歸之内帑。崇寧已後，廣搜利穴，榷賦益備。凡屬之提舉司者，謂之新阬冶，用常平息錢與剩利錢爲本，金銀等物往往皆積之大觀庫，自蔡京始。政和間數罷數復，然告發之地多壞民田，承買者立額重，或舊有今無，而額不爲損。欽宗即位，詔悉罷之。

**明·李東陽等《明會典》卷一九四《工部一四·冶課》** 凡各處鑪冶，洪武二十六年定，各處鑪冶每歲煽煉銅鐵，彼先行移各司歲辦，後至十八年停止，今不復設。如果缺用，即須奏聞，復設鑪冶採取生礦煅煉，著令有司差人陸續起解，照例送庫收貯。如係臨邊用鐵去處，就存聽用。二十八年，罷各布政司官冶，令民得採煉出賣，每歲輸課三十分取二。正德元年奏准，浙江等布政司課鐵，每一斤折解銀二分五釐。待後鐵料不足，仍解本色。

**明·王圻《續文獻通考》卷二七《征榷考·坑冶》**

宋

孝宗乾道四年，有以銀礦獻者。上命守臣詢究，且將召冶工即禁中鍛之。淳熙十年，廣西運司奏昭州金坑五處，逓年所入不多，乞行廢罷，以裕民間。詔許之。又郭堯知南陵，除工山坑冶之患。又謝師稷爲福建提刑，奏免輸鐵葉錢。

寧宗嘉定間趙必願知泉州，免差吏榷鐵。

理宗時，職坑冶者往往恣横爲民害。蘄州進士馮杰，本儒，家抑爲鑪户，誅求日增，杰妻以憂死，其女繼之，弟大聲赴愬死於道路。杰知不免，毒其二子一妾，舉火，自經而死。紹定五年，夏霖雨爲沴廷臣訟杰冤，謂致咎之徵，乃罷大都坑冶。

遼

太祖於渤海富州地置銀冶，改名曰銀州。時以諸坑冶多在國東，故東京置户部司，長春州置錢帛司。太祖父撒剌的始置鐵冶，教鼓鑄。太祖始併室韋，其地産銅鐵金銀，其人善作銅鐵器。又有曷術部者多鐵，曷術華言盛也。部置三冶。及征幽薊，師還次山麓，得銀鐵，命置冶。後得東平縣，本漢襄平縣，故地産鐵，置採煉者三百户，隨賦供納。及征渤海，遷其民於遼城，建長樂縣，民四千户，令一千户納鐵。又廣州，本渤海鐵利府，太祖改曰鐵利州，地亦多鐵，置冶。

聖宗太平五年十二月，禁工匠不得銷毁金銀器。七年五月，西南路招討司奏陰山中産金銀，請置冶，從之。復遣使適遼河源求産金之處，興冶採煉。自此以訖天祚，皆賴其利。

興宗重熙二年十二月，禁夏國使沿路私市金鐵。

道宗清寧八年十一月，禁南京不得私貨鐵。咸雍六年七月，禁鬻生熟鐵於回紇阻卜等界。

金

海陵天德四年十一月，買珠十烏古迪烈部及蒲里路，禁百姓私相貿易，仍調兩路民夫採珠一年。正隆三年二月，遣使檢視隨路金銀銅鐵冶。

世宗大定五年，聽人射買寶山縣銀冶。九年，御史臺以河南府和買金銀冶，抑配百姓，奏罷之。七月罷東南路採珠。十二年正月，以銅少命尚書省遣使諸路規措銅貨，能指坑冶得實者賞。十二月詔，金銀坑冶聽民開採，毋得收税。十六年三月，遣使分路訪察銅鑛苗脈。二十七年，尚書省奏，聽民於農隙採銀，承納官課。時定襄退吏誣縣民匿銅者十八村，節度使張大節廉得其實，抵吏罪，民斲石頌之。又部中有銀冶，衆議官榷爲便，大節曰，山澤之利，當與民共。貧而無業者，雖嚴刑能禁其竊取乎？宜明諭民授地輸課，則游手者有所資，於官亦便。從之。

章宗明昌二年，見在金千二百餘錠，銀五十五萬二千餘錠。三年，舊常以夫匠逾天山北界採銅，至是監察御史李炳言，頃聞有司奏在官銅數可支十年，若復每歲令夫匠過界遠採，不惟多費，復恐或生邊釁。若支用將盡之日，止可於界内採煉。從之。以提刑司言封諸處銀冶，禁民採煉。四年九月初，令民買採隨處金銀銅冶。五年九月，御史臺奏請令民採煉隨處金銀銅冶，上命尚書省議之。宰臣謂貧人苟求生計，聚衆私煉，上有禁之之名，無杜絶之實，故官無利而民多犯法。如令民射買，則民壯者爲夫匠，老稚供雜役，各得均齊，而射買之家亦有餘利。如此，則可以久行。比之官役顧工糜費百端者，有間矣。遂定制有冶之地，委縣令謀克籍數召募射買，禁權要官吏弓兵里胥皆不得與。泰和時，李復亨奏，民間銷毁農具以給軍器，臣切以爲未便。汝州魯山、保豐鄧州南皆産鐵，募工置冶，可以獲利，且不厲民。從之。

宣宗貞祐中，宗室子從坦奏，平陸産銀鐵，若以鹽易米，募工煉冶，可以資備農器，小民傭力爲食，可以免盜。從之。

元

世祖中統三年正月，諸王塔察兒請置鐵冶，從之。六月，勑武寧軍歲輸所産鐵，立小峪、蘆子、武寧軍、赤泥泉鐵冶四所。八月，惇都歡等奏，請以宣德州德興府等處銀冶付其匠户，歲取銀及石緑、丹粉輸官。從之。至元三年十二月，立諸路銅冶所。四年正月，阿合馬請興河南等處鐵冶，從之。四月，以漏籍户一萬一千八百附籍四千三百，於各處起冶，歲課鐵四百八十萬七千斤。五月，以禮部尚書馬月合乃領已括户三千，興煽鐵冶，歲輸鐵一百三萬七千斤，就鑄農器二十萬事，易粟四萬石輸官。河南隨處城邑市鐵之家，令仍舊鼓鑄。五年，令益都漏籍户四千，淘金登州栖霞縣，每户輸金歲四錢。十二年，阿合馬等以軍興國用不足，議復立都轉運司，量增課程元額，鼓鑄鐵器，官爲局賣。十六年二月，撥民萬户，隸明里淘金。遣使括雲南所産金。十九年，立鐵冶總管府，從綦公直言，設冶場於別十八里，鼓鑄農器。二十年，罷北京鐵課程提舉司。又罷淮安等處淘金官，惟計户取金。八月，立懷來淘金所。十月，遣官檢覈益都淘金欺弊。二十一年六月，命也速帶兒所部軍六十人淘金雙城，又取高麗所産鐵。二十六年，以高麗國多産銀，遣工即其地相旁近民冶以輸官。二十七年，發雲州民夫鑿銀洞。尚書省遣人行視雲南銀洞，獲銀四千四十八兩，奏立銀場官。二十八年，罷淘金提舉司。雲南省參政怯剌言建都地多産金，可置冶，令旁近民煉以輸官。從之。罷江南諸省買銀提舉司。禁沮撓益都淘金。置望雲銀冶。二十九年命趙德澤、吴榮領逃奴無主者二百四十户，淘銀於廣寧濬州。八月，罷福建銀冶。初，福建參知政事魏天祐獻計，發民一萬鑿山煉銀，歲可得五千兩。天祐乃賦民斂市輸官，而私其百七十錠。至是臺臣以聞，請追其贓而罷銀冶。從之。時寧國路銀冶課額二千七百兩，民皆市易以輸，未嘗採之於山。省臣以爲言，亦詔罷。

成宗元貞元年，立雲州銀場提舉司。罷徽州路銀場。立江浙金銀銅轉運使司。十月，弛江西銀冶課額。江西省臣言銀冶歲輸萬一千兩，而未嘗及數，民不堪命。自今從實辦之，不爲額。罷福建銀場提舉司，其歲額銀以有司領之。大德元年十一月，禁權豪、僧道及各位下擅據礦炭山場。十二月，福建平章高興言漳州漳浦縣大梁山産水晶，乞劄民百户採之。帝曰，不勞民則可，勞民勿取。又以真定鐵冶隸順德提舉司。二年二月，罷建康金銀銅冶轉運司，還淘金户於元籍，歲辦金悉責有司。三年，置河東山西鐵冶提舉司。五年正月，罷檀景兩州採金鐵冶提舉司，以其事入都提舉司。八年十二月，復立益都淘金總管府。二十年徐邳鑪冶所進息錢。

武宗至大元年閏十一月，罷順德廣平鐵冶提舉司，聽民自便，有司税之如舊。三年正月，復立廣平順德路鐵冶提舉司。六月，立上都中都等處銀冶提舉司。尚書省臣言，别都魯思謂雲南朝河等處産銀，令往試之，得銀六百五十兩。詔立提舉司，以别都魯思爲達魯花赤。十一月，尚書省臣言上都、中都銀冶提舉司達魯花赤别都魯思去歲輸銀四千二百五十兩，今歲復輸三千五百兩，且言復得新鑛銀，當增辦，乞加授嘉議大夫。從之。

仁宗皇慶元年，詹事院臣啓金州獻瑟瑟洞，請遣使採之。帝曰，所寶惟賢，瑟瑟何用焉？若此，後勿復聞。延祐二年，諭晉王以先朝所賜惠州銀鑛洞歸還有司。已，復賜晉王三年。置遼陽金銀鐵冶提舉司。四年十二月，復廣州採金銀珠子提舉司。七年，時英宗未改元。括民間係官山場河泊窑冶廬舍。

英宗至治元年六月，罷徽政院廣東採珠提舉司。以有司領其事，以遼陽金銀鐵冶歸中政院。三年正月，罷上都諸路金銀冶。上都雲州、興和、宣德、蔚州、奉聖州及鷄鳴山、房山、黄蘆、三叉諸金銀冶，聽民採煉，以十分之三輸官。

【略】[泰定]二年正月，罷永興銀場，聽民採煉，以十分之二輸官。致和三年，罷河南鐵冶提舉司，歸有司。

文宗至順二年，全寧民王脱歡獻銀鑛，詔設銀場提舉司，隸中政院。三年，置山東益都等處金銀銅鐵提舉司。

順帝元統初，罷濟南萊蕪官冶鐵一年，以饑故也。至元元年，有司言甘肅撒里畏産金銀，請遣官税之。三年三月，立採珠提舉司，且以採珠户四萬賜伯顔。六年二月，罷廣東採珠提舉司。至正十二年，罷茂兒棚等處金銀場課。

**又** 金課興革：在益都者，至元五年，命於從剛、高興宗以漏籍民户四千，於登州棲霞縣淘金。十五年，又以淘金户二千僉軍者付益都淄、萊等路淘金總管府，依舊淘金。其課於太府監輸納。在遼陽者，至元十年，聽李德仁於龍山縣胡碧峪淘採，每歲納課金三兩。十三年，又於遼東雙城及和州等處採辦。在江浙者，至元二十四年立提舉司，以建康等處淘金夫凡七千三百六十五户隸之，所轄金場凡七十餘所。未幾，以建康無金，革提舉司，罷淘金户。其徽、饒、池、信之課，皆歸之有司。在江西者，至元二十三年，撫州安樂縣小曹周歲辦金一百兩。在湖廣者，至元二十年，撥常德澧、辰、沅、靖民萬户付金場轉運司淘。在四川者，元貞元年，以其病民罷之。在雲南者，至元十四年，諸路總納金一百五錠。

銀課興革：在大都者，至元十一年，聽王庭璧於檀州奉先等洞採之。十五年，令關世顯等於豐山採之。在雲州者，至元二十七年，撥民户於望雲煽煉，設從七品官以掌之。二十八年，又開聚陽山銀場。二十九年，立雲州等處銀場提舉司。在遼陽者，延祐四年，惠州銀洞三十六眼立提舉司辦課。在江浙者，至元二十一年，建寧、南劍等處立銀場提舉司煽煉。在湖廣者，至元二十三年，韶州路曲陽縣銀場聽民煽煉，每年輸銀三千兩。在河南者，延祐三年，李允直包羅山縣銀場，課銀三錠。四年，李珪等包霍山縣豹子崖銀洞，課銀三十錠。其所得礦，大抵以十分之三輸官。【略】

玉課興革：在匪力沙者，至元十一年，迷兒麻合馬阿里二人言淘玉之户舊有三百，經亂散亡，存者止七十户，其力不充。而匪力沙之地旁近有民户六十同淘，於是免其差徭，與淘户等，所淘之玉，立水站遞至京師。

銅課興革：　在益都者，至元十六年，撥户一千於臨朐縣七寶山等處採之。在遼陽者，至元十五年，撥採木夫一千户，於綿瑞州鷄山、巴山等處採之。在澂江者，至元二十二年，撥漏籍户於薩矣山煽煉。凡一十有一所。

硃砂水銀碧甸子課興革：　在北京者，至元十一年，命蒙古都喜以恤品人户，於吉思迷之地採煉。在湖廣者，沅州五寨蕭雷發等，每年包納硃砂一千五百兩。羅管寨包納水銀二千二百四十兩。潭州安化縣每年硃砂八十兩，水銀五十兩。碧甸子：　在會川者，至元十一年，輸一千餘塊。

鉛錫課興革：　在湖廣者，至元八年，辰、沅、靖等處轉運司印造錫引，每引計錫一百斤，官鈔三百文。客收買引，赴各冶支錫販賣。無引者，比私鹽減等，杖六十，其錫没入官。

鐵課興革：　在河東者，太宗丙申年，立爐於西京州縣，撥冶户七百六十煽煉。丁酉年，立爐於交城縣，撥冶户一千煽煉。至元五年，始立洞冶總管府，七年罷。十三年立平陽等路提舉司，十四年又罷之。其後廢置不常。大德十一年，聽民煽煉，官爲抽分。至武宗至大元年，復立河東都提舉司掌之，所隸之冶八：　曰大通，曰興國，曰惠民，曰利國，曰益國，曰潤富，曰豐寧。豐寧之冶又有二。在順德等處者，至元三十一年，撥冶户六千煽煉。大德元年，設都提舉司，併爲順德、廣平、彰德等處提舉司，所隸之冶六：　曰神德，曰左村，曰豐陽，曰臨水，曰沙窩，曰固鎮。在檀、景等處者，太宗丙申年，始於北京撥户煽煉。中統二年，立提舉司掌之，其後亦廢置不常。大德五年，始併檀景三提舉司爲都提舉司，所隸之冶有七：　曰雙峯，曰暗峪，曰銀崖，曰大峪，曰五峪，曰利貞，曰錐山。在濟南等處者，中統四年，拘漏籍户三千煽煉。至元五年，立洞冶總管府，其後亦廢置不常。至大元年，復立濟南提舉司，所隸之冶有五：　曰寶成，曰通和，曰昆吾，曰元國，曰富國。其在各省者，獨江浙、江西、湖廣之課爲最多。

**又**　金課法式：　凡産金之地，有司歲徵金課，正官監視人户自執權衡，兩平收受。其有巧立名色、廣取用錢，及多秤金數、尅除火耗爲民害者，從監察御史廉訪司糾之。

鐵課法式：　元初，鐵課各省皆有，鐵之等亦不一，有生黄鐵，生青鐵，青瓜鐵，簡鐵每引二百斤。鐵法無引私販者，比私鹽減一等，杖六十，鐵没官，内一半折價付告人充賞。僞造鐵引者，同僞造省部印信論罪，官給賞鈔貳錠付告人。監臨正官禁治私鐵不嚴，致有私鐵生發者，初犯笞三十，再犯加一等，三犯別議黜降，客旅赴冶。支鐵引後不批月日出給，引鐵不相隨，引外夾帶，鐵没官。鐵已賣，十日内不付有司批納引目，笞四十。因而轉用同私鐵法。凡私鐵農器、鍋釜、刀、鐮、斧、杖及破壞生熟鐵器，不在禁限。江南鐵貨及生熟鐵器，不得於江淮以北販賣。違者以私鐵論。

礬課法式：　其在廣平者，至元二十八年，路鵬舉獻磁州武安縣礬窑一十所，周歲辦白礬三千斤。在潭州者，至元十八年，李日新自具工本，於瀏陽永興礬場煎烹，每十斤官抽其一。在河南者，二十四年，立礬所於無爲路，每礬一引，重三千斤，價鈔五兩。

**又**　天下一歲總辦之數，唯天曆爲可攷，併著於後。

金課數目：　腹裏四十錠四十七兩三錢。江浙省一百八十錠一十五兩一錢。江西省二錠四十五兩五錢。湖廣省八十錠二十兩一錢。河南省三十八兩六錢。四川省麩金七兩二錢。雲南省一百八十四錠一兩九錢。

銀課數目：　腹裏一錠二十五兩。江浙省一百二十五錠三十九兩二錢。江西省四百六十二錠三兩五錢。湖廣省二百三十六錠九兩。雲南省七百三十五錠三十四兩三錢。

銅課數目：　雲南省二千三百八十斤。

鉛錫課數目：　江浙省額外鉛粉八百八十七錠九兩五錢。鉛丹九錠四十二兩二錢。黑錫二十四錠一十兩二錢。江西省錫一十七錠七兩。湖廣省鉛一千七百九十八斤。

鐵課數目：　江浙省額外鐵二十四萬五千八百六十七斤，課鈔一千七百三錠一十四兩。江西省二十一萬七千四百五十斤，課鈔一百七十六錠二十四兩。湖廣省二十八萬二千五百九十四斤。河南省三千九百三十斤。陝西省一萬斤。雲南省一十二萬四千七百一斤。

礬課數目：　腹裏三十三錠二十五兩八錢。江浙省額外四十二兩五錢。河南省額外二千四百一十四錠三十三兩一錢。大德元年十一月，中書省臣言無爲礬課初歲入鈔止一百六錠，續增至二千四百錠。大率斂富民、尅吏俸、停竈户工本，以足之，亦宜減其數，因遣人覈實。

硝鹻課數目：二十六錠七兩四錢。晉寧路稅。

明

國初取用諸課，皆因各處土産。若金，有常例。礬、鐵、水銀、銅錫有常額。至於銀礦、珠池，間或差官暫取，隨即封閉看守。馴至今日，令更加嚴。

金銀課

成祖永樂十三年，差御史及郎中等官，至湖廣、貴州二布政司，提督委官於辰州、銅仁等處金銀場採辦金銀課。十九年，差御史監生人等閘辦福建、浙江銀課。

宣宗宣德七年，奏准福建、浙江等處解納歲辦銀課，每年各處會合，止解二次，各輪委官一員護送。

英宗正統三年，令罷閘辦銀課，封閉各處坑穴。其福建、浙江等處軍民私煎銀礦犯者，處以極刑，家口遷化外。如有逃遁不服追問者，量調附近官軍勦捕。五年，令浙江、福建按察司各委堂上官一員，提督銀坑。若有聚衆偷窓者，調軍捕獲，首賊梟首示衆。爲從及引誘通同有實跡者，連當房家小發雲南邊衛充軍。九年，奏准浙江、福建二布政司各添設叅議一員，專理巡礦禁約偷採。令開福建、浙江有礦銀場採辦銀課。十年，令浙江都司添設都指揮僉事一員，專管銀場。又令差御史等官於福建、浙江新舊坑場，提督煎辦銀課，歲終差官解京。如各場額數不敷，許於別坑有礦處煎補。或又不敷，具奏處置，不許派民包納。又令，浙江福建提督銀場官吏，及諸坑首匠作，有稱課不及額，掊歛民財，及侵盜官銀者，皆治罪如律。該徒流者，浙江發福建，福建發浙江擺站。雜犯死罪者，浙江發福建，福建發浙江沿海邊衛充軍。

景皇帝景泰元年，令罷採辦浙江、福建等處銀課，取回閘辦官。令都布按三司巡礦官，提調各該府縣護守坑場。

英宗天順二年，仍令開雲南、福建、浙江銀礦，各差内使一員，辦事官一員，照舊煎辦，令各鎮守太監提督。四年，奏准雲南都布按三司，及衛所府州縣，凡雜犯死罪，并徒流罪囚審無力者，俱發新興等場，充礦夫採辦銀課。令差辦事官，於四川會川衛密勒山銀場，閘辦銀課。二年更代，五年令雲南福建、浙江閘辦銀課，止於本坑採礦煎辦。若礦脈微細，煎辦不及額數者，具實奏聞區處，不許科補。七年，詔，封閉各處坑場，停止煎辦銀課，取回内外官員。

憲宗成化元年，奏准凡偷掘銀礦，不問軍民舍餘旗校人等，依律問罪，仍枷號三箇月發落。三年，令浙江、福建二處仍各差内官一員，提督採辦銀課。四川、雲南二處令鎮守内官提督採辦。又令封閉四川密勒山銀場，至四年復開。六年，令偷掘銀礦初犯照舊例枷號發落，仍發遼東衛分充軍。其有資給衣糧器具及走報事情者，照初犯例。八年，令福建、浙江有犯偷礦者，浙江發福建，福建發浙江沿海邊衛充軍。九年，奏准各處山場有新生礦脈者，從各鎮巡三司等官勘實開採，以補附近坑場賠納之數。十七年，令各處銀場礦脈微細採辦不及者，量減銀課。十九年，添設雲南布政司叅議一員，同按察司僉事管理銀課。二十年，詔，各處閘辦銀課地方民力不堪者，量爲減免。

孝宗弘治二年，復令封閉四川密勒山銀場。五年，詔，浙江福建等處歲辦銀課，累民賠納，所司踏勘明白，量爲除豁減免。仍將礦穴填塞，以弭弊端。令取回浙江福建添設巡礦官員。十三年，奏准：盜掘銀礦等項礦砂，但係山洞捉獲，曾經持杖拒捕者，不論人之多寡，礦之輕重，及聚衆至三十人以上，分礦至三十斤以上者，俱不分初犯再犯，問發邊衛充軍。若不及數，又不拒捕初犯，枷號三箇月發落。再犯，免其枷號，亦發邊衛充軍。其私家收藏、道路背負者，止理見獲照常發落，不許巡捕人員逼令展轉攀指。違者叅究治罪。十五年，令雲南每年該徵差發銀八千八百九兩五分，定爲常例。自弘治十六年爲始，每年折買金一千兩，足色二分九，成色三分八、成色五分，與每年額辦金六十六兩六錢七分，并餘剩銀兩一同解部，轉送承運庫交納。

武宗正德三年，令宜陽縣趙保山唤鄉窪洞口、永寧縣秋樹坡等洞口、盧氏縣高嘴兒等洞口、嵩縣馬槽山等洞口，俱照舊封閉。六年，議准雲南銀場九處。自正德七年以後，俱各封閉，銀課免辦。十年，奏准雲南銀場積年礦頭作弊、攪亂礦場者，照打攬倉場事例，杖罪以下於本場枷號一箇月發落。徒罪以上與再犯，杖罪以下屬軍衛者，發邊衛。屬有司者，發附近。俱永遠充軍。職官有犯，奏請處治。十五年，令雲南銀礦新興場，并新開處所，一體封閉。以後不許妄開。

世宗嘉靖七年，題准：雲南年例金一千兩，遵照原行勘合，將每年該徵差發銀照依時(佑)[估]兩平收買真正成色金，每十兩爲一錠，於上鏨鑿官匠姓名，差委職役人員，并每年額辦金六十兩六錢七分。與剩銀兩及有贓罰金，各照原收成色，每二十兩爲一錠，一同解部。年例金額辦金并餘剩銀兩，轉送該庫。贓罰金送太倉，各上納。管解金兩人員，給與長夫三名，起關應付廩給馬匹、扛夫、護兵，不許沿襲舊弊加派大户。其到京進納各門并該管等官，敢有刁蹬留難需索分例者，俱聽本解指實陳奏。九年，議准：蘭州等隘口，凡有渡黄河出境入境之人，或齎有礦砂及燒成銀兩，并穵礦器具者，不分人之多寡、礦之輕重，及初犯再犯，或持杖拒捕者，俱照腹裏盗礦事例問，發邊衛充軍。若把隘官兵縱放者，官問，調邊衛軍問罪，枷號發落。受財者，仍計贓坐罪。各守備官不行嚴謹提備，聽撫按官条究治罪。又題准：雲南年例金一千兩，并耗金十兩。自嘉靖九年爲始，每年於該徵差發銀動支六千六十兩收買解進。以後年分永爲定規。十六年，山東巡按李松言沂州寶山開礦七十八所，得白金一萬一千三百兩，宜將龍爬山、石井山以次開採。上責户部推諉，命撫按力任之。十九年，令四川建昌衛麻合村落娶、迭迭二廠，并會川衛密勒山礦場，俱照舊封閉。又令陝、山、甘州等處大黄山等礦洞，俱照舊封閉。四十五年，令浙江雲霧山場等處嚴加封閉，不許勢豪規利啓釁。是年，先因礦寇鼓衆千人，大掠常山、西安諸縣，攻衢州郡城，遊騎馳入婺源劫庫，知縣李志學逃去，所司以失陷城池論死，故有是命。至隆慶庚午，志學以無城未減。

穆宗隆慶二年九月，諭：買猫睛琭寶石。科臣魏時亮言，猫睛無用物也，而一顆價至百金，孰非生靈之膏血乎？天下旱荒，不言賑恤。胡虜方强，不言防秋。而急急於珠寶之妄費，何乃倒置如此！上命罷之。至十二月，復諭收買。時亮又上疏諫止，上切責之。二年，令浙江直隸江西各處礦山通行查出立石刻諭嚴禁，仍將各關隘、各經過處所設兵防守，及《三省礦防圖説》刊刻成書，分發各處遵守。是年十二月，尚衣監太監崔敏，以急缺年例黄金，奉旨嚴徵以進。科臣李已劾敏假公用以充私橐，積財貨以奉私求，誤國欺君，速宜罷斥。不聽。

今上萬曆二十二年九月，户部奏，開礦一事係關重大，屢經諸臣建白未報者，無非慎之至也。臣等切惟方今宇内徧罹灾沴，倭虜交訌，軍餉倍增，帑藏單詘，民力窘困，本部屢求理財長策，雖經各衙門開欵前來，中多窒礙難行。且臣等得之耳聞，不過進度。該省撫按諸臣得之目覩，必有真見。容臣等移咨該省撫按，躬親踏勘，要見産礦處所礦面若干寬大，礦砂幾等高低，官司如何鈐制，角腦如何分轄，棍徒如何約束，奸細如何防範，四方奸頑如聞風沓至，如何防禦。變或叵測，羣衆生亂者如何解散，鎔煎之法遠近如何布置，獲礦之利官民如何處分。若果有利無害，獲利而又能弭害，則事在可行。如其有利亦有害，有害而利尤寡薄，則事在可已。逐一開欵，星夜回奏，以便酌議。詔：可。其奏尋以撫按諸臣玩視，奪俸二月。二十四年，府軍后衛指揮王允中奏，山東青州府沂水等州縣開礦。錦衣衛百户吴應麒奏，山西平陽府夏縣等處開礦。龍虎衛指揮陳永□等奏，河南等處開礦。錦衣衛千户鄭一麟等奏，開□嶺路礦洞。内承運庫太監王虎奏礦務利害并採取便宜。其畧謂，臣據所奏准，其民採，則官不知其淺深，盡墮奸民之貪局。若云官採，則民失其所倚，難保争奪之必無。爲今之計，宜招集平日盗礦慣熟煎銷居民，赦其已盗未發之罪，選其精壯能事之人，以富户若干，編爲礦頭，自備煤炭、物料、器具等項，以礦民十名編爲一隊，即令採取礦砂煎銷，定其成色，以爲規則。庶三年之内，庫藏少充，國用少裨，不然，徒延歲月，進解能幾何哉！金吾後衛千户余潤奏，開淶水房山銀礦。奉旨：這圖本所開地面，着先差去的太監王虎，會同部衛官，照圖一併開採。彭城衛百户李方春奏，開永平銀礦。奉旨：這圖本所開地面，着先差去太監王忠，會同該道照圖開採。【略】九月，羽林前衛千户陶壽等奏，開房縣等礦。鎮撫司指揮袁友松等奏，開山東文登縣礦洞。奉旨：着差去内官陳增，一併開採。錦衣衛千户李綸奏，開房山縣礦洞。山西巡撫魏允貞奏，乞停開礦之役。【略】十一月，真保開礦郎中戴紹科恭進樣銀，成錠銀一百五十兩，餅銀二十兩，砂二百斤。山東開礦太監陳增恭進樣銀四百兩、砂一百斤。是年，開採山東礦務府軍前衛指揮曾守□奏，開山東青州府臨朐縣七寶山等礦洞。錦衣衛百户王果等奏，據山西土民張儀、陳善、高節等各報稱，太原府、平陽府、潞安府盂縣、曲沃、翼城、平陸、夏縣等縣境内礦洞開採。奉旨：這所奏礦洞，着差去人，照張忠與同原奏官前去開採。十二月，錦衣衛百户段大奎等奏，開陝西西安等處礦洞。奉旨：這所奏礦洞，着太監趙欽，與同原奏官民照圖開採。錦衣衛百户丘繼勳等奏，開藍田等礦洞。奉旨：這所奏礦洞，着去陝西官一併查驗開採。錦衣衛百户曲守正奏，開信陽州等處礦洞。奉旨：這所奏礦洞着去河南官一併查驗開採。昌黎開礦太監田進奏分理礦洞，敬陳開採便宜等事。奉旨：這薊永礦洞着田進遵新旨開採。二十五年二月，真保定開礦錦衣衛指揮張懋忠奏，敷陳薊永開採事宜，以專任使等事。奉旨：昌黎等皆薊永真保地方，前者因王虎等開採事繁，故令差官。今王虎已到彼處，田進在彼反滋騷擾地方，更張事務，無益。着田進即便取回京。其昌黎各縣原奏報礦洞，都着王虎等督率各官民，遵屢旨分投上緊開採。

【略】户科給事中程紹疏，乞停沿海開採之役，以備外侮，以杜隱憂。山西開礦太監張忠奏，進夏縣開有三岔等洞樣沙樣銀，并開各洞事理，及官民續報礦洞。上命開採。五月，河南巡按姚思仁疏：【略】其間礦夫剥膚竭髓，裂股披肩，溺河縊樹之狀，皇上目不忍見者，臣已親聞見之。變動生於眉睫，叛亂起於呼吸，大可慮者有八，臣請歷數於前：一曰礦盜哨聚，召亂之可慮，二曰礦頭累極土崩之可慮，三曰礦夫殘害逃亡之可慮，四曰傭民糧缺噪呼之可慮，五曰礦洞徧開浪費之可慮，六曰礦砂銀少逼置之可慮，七曰民皆開礦，失業之可慮，八曰奏官强横，激變之可慮。【略】薊保開礦太監王虎進煙動崖等處礦銀三千一百餘兩，又進馬蘭谷等處礦金四十餘兩，銀一百五十兩，石青二十五斤。七月，浙江開礦太監曹金進銀二千兩，砂三十斤。【略】浙江巡按方元彦奏，兩浙開採得不償失，杭嚴縣屬之礦利，不足償所費十分之二。湖州縣屬之礦利，不足償所費十分之三。金華縣屬之礦利，不足償司礦一日之費。衢州縣屬之礦利，如湖州。乞權其得失。留中不下。大興左衛百户王遇桂奏獻寧國池州等處銀礦，命南京守備邢隆等督官開採，又鋪面店房月征銀二分，仍命南京内外守備及撫按等官集議奏請。寬河衛百户張傑奏，開山東濟寧等處金銀鉛礦，命陳增督官一併開採。武功衛百户韓應桂奏，湖廣德安等處産真礦銀砂及大青銅錫等物，乞遣官開採，命陳奉總其事。十一月鳳陽巡撫李三才奏，廬州逼近皇陵，不宜開礦，因繪圖以進。命勿得復採。正月錦衣衛百户劉心澤奏，浙江衢州等處産金銀礦洞，命劉忠一併開採。武驤右衛百户張欽奏，獻河南彰德等處所遺礦洞三十二所，命魯坤一併開採。陳奉奏，廬州逼近皇陵，上曰，湖廣附近皇陵地方，山場連絡龍脈，不許擅行開採以洩靈氣，着遵前旨行。棗陽等縣既查隔遠，准你會議開採銀兩解進。太監楊榮題阻礦郡官蔡如川、知州甘學書，命錦衣衛逮治。【略】時又有以浙江上産回青獻者，事下礦監劉忠，委官搜索金華之東陽、紹興之新昌、衢州之江山，所至騷然。【略】

銅鐵課

憲宗成化五年，奏准，四川地方軍民偷採白銅者爲首枷號一箇月，依律問罪。官軍原管事者帶俸，原帶俸者守哨。十七年，令封閉雲南路南州銅場，免徵銅課。其私販銅貨出境，本身處死，全家發煙瘴地面充軍。二十年，令，雲南寧州等處軍民客商，有偷採銅礦私煎，及潛行販賣出境者，照路南州例究治。

武宗正德十四年，奏准，廣東鐵税置廠一所於省城外就，令廣東鹽課司正提舉專管鹽課，副提舉專管鐵課，凡一切事宜聽巡鹽御史總理。其惠州、潮州、揭陽縣三處及雷瓊等處行鐵地方，但有走税夾帶漏報等項姦弊，俱照鹽法事例施行。

水銀課

景皇帝景泰三年，奏准蠲除貴州思邛江長官司原額水銀課。其婺州縣板坑水銀場局水銀如舊。

孝宗弘治十八年，裁革板坑水銀場局大使等官，待後該徵之時，行本縣掌印官帶管。

礬課

太祖洪武三年，令廬州府黄墩崑山及安慶府桐城縣，歲辦礬課二十二萬七百斤，每三斤爲一引，官給工本錢一百五十文。私煎者，論如私鹽法。河南礬課鈔一千五百七十貫，陝西一千一百六十貫一百一十文，山西六百六十六貫。

珠池課

太祖洪武三十五年，差内官於廣東布政司起取蜑户採珠，蜑户給與口糧。

英宗天順八年，差内使一員，看守平江珠池。

憲宗成化二十年，差内官一員，看守雷州府樂民珠池。二十三年，差太監一員，看守永安所楊梅珠池，令取回廣東新添守珠池内官。

孝宗弘治七年，差太監一員，看守廣東廉州府楊梅、青鶯、平江三處珠池，兼巡捕廉、瓊二府，并帶管永安珠池。後尋取回。十四年，奏准廣東盜珠人犯，除將軍器下海爲首真犯死罪外，但係在於珠池捉獲，駕使黑白艚船專用扒網盜珠，曾經持杖拒捕者，不分人之多寡，珠之輕重，及聚至二十人以上，盜珠至十兩以上者，比照盜礦事例，不分初犯、再犯，軍發雲南邊衛，分民并舍。餘發廣西衛，分各充軍。若不及數，又不拒捕，初犯，枷號二箇月發落。再犯免其枷號，亦發廣西衛，分各充軍。如係附海居民，止是用手拾蚌取珠，所得不多者，免其枷號，照常發落。

今上萬曆二十六年六月，兵仗局内使王朝奏，開採廣東雷、廉、瓊三府珠池。【略】二十七年五月，李敬進大珠一顆，重九分一顆，重七分三釐一顆，重一分二釐中珠一千一百十兩。六月，李敬進珠五百二十七兩一錢。户部奏，急缺珠石銀兩。上以典禮所需，該府坐視玩法，奪順天尹一官，餘經管諸臣各奪三官。仍督促各商隨買隨進。户部進珍珠、香料并琥珀八斤十一兩。二十八年七月，太監李鳳進廣東珍珠二千四百七十三兩，龍涎香料五十兩，金印一顆。又進減省珠銀三千兩。已上珍珠司庫所存金印，乃先年逆賊張璉僞造，重十三兩七錢。十二月，楊榮進雲南成塊新寶石十兩，紅石二十六塊，青石十九塊，屑子重十三斤。二十九年八月，廣東巡按李時華奏防池事宜，雷、廉、西海珠池錯落地之南島孤懸，名曰瀾州，屹峙中央，内有腴田千餘畝，又有港澳，可容數百舟。沿海盜珠奸徒皆視瀾州爲宅窟。先年添設遊擊扎守瀾州，數年以來，賊稍屏跡。近因内臣李敬於海濱白龍廠地方，設立廠舍採珠之際，官私船隻雲聚，蟻集人衆易以生變。今議以開池之日，遊擊移守白龍廠。封池之後，仍回扎守瀾州，似得兩全之策。命如議。

**明・朱國禎《湧幢小品》卷二《開礦》** 國初救荒事例，原有開礦一節，泰陵禁止。成化年間，太監秦文又起此端，給事中徐忱和之。至神皇，其説大行，徧天下矣。

**《明史・食貨志》** 坑冶之課，金銀、銅鐵、鉛汞、硃砂、青緑，而金銀礦最爲民害。徐達下山東，近臣請開銀場。太祖謂銀場之弊，利於官者少，損於民者多，不可開。其後有請開陝州銀礦者，帝曰：「土地所産，有時而窮。歲課成額，徵銀無已。言利之臣，皆戕民之賊也。」臨淄丞乞發山海之藏以通寶路，帝黜之。成祖斥河池民言採礦者。仁、宣仍世禁止，填番禺坑洞，罷嵩縣白泥溝發礦。然福建尤溪縣銀屏山銀場局爐冶四十二座，始於洪武十九年。浙江温、處、麗水、平陽等七縣，亦有場局。歲課皆二千餘兩。

永樂間，開陝西商縣鳳皇山銀坑八所。遣官湖廣、貴州採辦金銀課，復遣中官、御史往覈之。又開福建浦城縣馬鞍等坑三所，設貴州太平溪、交阯宣光鎮金場局，葛容溪銀場局，雲南大理銀冶。其不産金銀者，亦屢有革罷。而福建歲額增至三萬餘兩，浙江增至八萬餘。宣宗初，頗減福建課，其後增至四萬餘，而浙江亦增至九萬餘。英宗下詔封坑穴，撤閘辦官，民大蘇息，而歲額未除。歲辦，皆洪武舊額也。閘辦者，永、宣所新增也。既而禁革永煎。姦民私開坑穴相殺傷，嚴禁不能止。下詔宥之，不悛。言者復請開銀場，則利歸於上，而盜無所容。乃命侍郎王質往經理，定歲課，福建銀二萬餘，浙江倍之。又分遣御史曹祥、馮傑提督，供億過公税，民困而盜愈衆。鄧茂七、葉宗留之徒流毒浙、閩，久之始定。景帝嘗封閉，旋以盜礦者多，兵部尚書孫原貞請開浙江銀場，因並開福建，命中官戴細保提督之。天順四年命中官羅永之浙江，羅珪之雲南，馮讓之福建，何能之四川。課額浙、閩大略如舊，雲南十萬兩有奇，四川萬三千有奇，總十八萬三千有奇。成化中，開湖廣金場，武陵等十二縣凡二十一場，歲役民夫五十五萬，死者無算，得金僅三十五兩，於是復閉。而浙江銀礦以缺額量減，雲南屢開屢停。

弘治元年始減雲南二萬兩，温、處萬兩餘，罷浦城廢坑銀冶。至十三年，雲南巡撫李士實言：「雲南九銀場，四場礦脈久絶，乞免其課。」報可。四川、山東礦穴亦先後封閉。武宗初，從中官秦文等奏，復開浙、閩銀礦。既而浙江守臣言礦脈已絶，乃令歲進銀二萬兩，劉瑾誅乃止。世宗初，閉大理礦場。其後薊、豫、齊、晉、川、滇所在進礦砂金銀，復議開採，以助大工。既獲玉旺峪礦銀，帝諭閣臣廣開採。户部尚書方鈍等請令四川、山東、河南撫按嚴督所屬，一一搜訪，以稱天地降祥之意。於是公私交騖礦利，而浙江、江西盜礦者且劫徽、寧，天下漸多事矣。

隆慶初，罷薊鎮開採。南中諸礦山，亦勒石禁止。萬曆十二年，姦民屢以礦利中上心。諸臣力陳其弊。帝雖從之，意怏怏。二十四年，張位秉政，前衛千户仲春請開礦，位不能止。開採之端啓，廢弁白望獻礦峒者日至，於是無地不開。中使四出：昌平則王忠，真、保、薊、永、房山、蔚州則王虎，昌黎則田進，河南之開封、彰德、衛輝、懷慶、葉縣、信陽則魯坤，山東之濟南、青州、濟寧、沂州、滕、費、蓬萊、福山、棲霞、招遠、文登則陳增，山西之太原、平陽、潞安則張忠，南直之寧國、池州則郝隆、劉朝用，湖廣之德安則陳奉，浙江之杭、嚴、金、衢、孝豐、諸暨則曹金，後代以劉忠，陝西之西安則趙鑒、趙欽，四川則丘乘雲，遼東則高淮，廣東則李敬，廣西則沈永壽，江西則潘相，福建則高寀，雲南則楊榮。皆給以關防，并偕原奏官往。礦脈微細無所得，勒民償之。而姦人假開採之名，乘傳横索民財，陵轢州縣。有司恤民者，罪以阻撓，逮問罷黜。時中官多暴横，而陳奉尤甚。富家鉅族則誣以盜礦，良田美宅則指以爲下有礦脈，率役圍捕，辱及婦女，甚至斷人手足投之江，其酷虐如此。帝縱不問。自二十五年至三十三年，諸璫所進礦税銀幾及三百萬兩，羣小藉勢誅索，不啻倍蓰，民不聊生。山西巡撫魏允貞上言：「方今水旱告災，天鳴地震，星流氣射，四方日報。中外軍興，百姓困敝。而嗜利小人，借開採以肆饕餮。倘釁由中作，則礦夫冗役爲禍尤烈。至是而後，求投珠抵璧之説用之晚矣。」河南巡按姚思仁亦言：「開採之弊，大可慮者有八。礦盜哨聚，易於召亂，一也。礦頭累極，勢成土崩，二也。礦夫殘害，逼迫流亡，三也。僱民糧缺，饑餓噪呼，四也。礦洞徧開，無益浪費，五也。礦砂銀少，強科民買，六也。民皆開礦，農桑失業，七也。奏官强横，淫刑激變，八也。今礦頭以賠累死，平民以逼買死，礦夫以傾壓死，以争鬬死。及今不止，雖傾府庫之藏，竭天下之力，亦無濟於存亡矣。」疏入，皆不省。識者以爲明亡蓋兆於此。

鐵冶所，洪武六年置。江西進賢、新喻、分宜，湖廣興國、黄梅，山東萊蕪，廣東陽山，陝西鞏昌，山西吉州二，太原、澤、潞各一，凡十三所，歲輸鐵七百四十六萬餘斤。河南、四川亦有鐵冶。十二年益以茶陵。十五年，廣平吏王允道言：「磁州産鐵，元時置官，歲收百餘萬斤，請如舊。」帝以民生甫定，復設必重擾，杖而流之海外。十八年罷各布政司鐵冶。既而工部言：「山西交城産雲子鐵，舊貢十萬斤，繕治兵器，他處無有。」乃復設。已而武昌、吉州以次復焉。末年，以工部言，復盡開，令民得自採鍊，每三十分取其二。永樂時，設四川龍州、遼東都司三萬衛鐵冶。景帝時，辦事吏請復陝西、寧遠鐵礦，工部劾其違法，下獄。給事中張文質以爲不宜塞言路，乃釋之。弘治十七年，廣東歸善縣請開鐵冶，有司課外索賂，唐大鬢等因作亂，都御史劉大夏討平之。正德十四年，廣州置鐵廠，以鹽課提舉司領之，禁私販如鹽法。嘉靖三十四年開建寧、延平諸府鐵冶。隆、萬以後，率因舊制，未嘗特開云。

銅場，明初，惟江西德興、鉛山。其後四川梁山，山西五臺，陝西寧羌、略陽及雲南皆採水銀、青緑。太祖時，廉州巡檢言：「階州界西戎，有水銀坑冶及青緑、紫泥，願得兵取其地。」帝不許。惟貴州大萬山長官司有水銀、硃砂場局，而四川東川府會川衛山産青緑、銀、銅，以與外番接境，虞軍民潛取生事，特禁飭之。成化十七年封閉雲南路南州銅坑。弘治十八年裁革板場坑水銀場局。正德九年，軍士周達請開雲南諸銀礦，因及銅、錫、青緑。詔可，遂次第開採。嘉靖、隆萬間，因鼓鑄，屢開雲南諸處銅場，久之所獲漸少。崇禎時，遂括古錢以供爐冶焉。

**清・徐松《宋會要輯稿・食貨・坑冶下》** 坑冶雜録

《宋會要》

高宗建炎元年，户部言：「山澤坑冶，祖宗舊法，在外隸轉運司，在京隸金部。昨自崇寧二年，將新發及漕司不急應副錢本舊坑悉令常平司應副，始隸(有)[右]曹。緣新舊坑冶皆係一事，而兩司幹辦條令不一。乞依祖宗舊法撥隸金部、轉運司。」從之。

高宗建炎三年，詔福建、廣南自崇寧以來，歲買上供銀數浩大，民力不堪，歲減三分之一。

[紹興]七年，工部言：「知台州黄巖縣劉覺民乞依熙寧法，以金銀坑冶召百姓採取，自備物料烹煉。十分爲率，官收二分，其八分許坑户自便貨賣。江西轉[運]司相度，江州等處金銀坑冶，亦乞依熙豐法。」從之。

十四年，詔：「見今坑冶立酌中課額，委提刑、轉運司不得别有抑勒，抱認虚數，令有力之家計囑幸免，(切)[却]致下户受弊。」[紹興]二十三年，臣僚言：「伏覩東南諸路舊來所管坑冶雖多，其間有名無實者固亦不少，加以近年人工料物種種高貴，比之昔日，增加數倍，是致爐户難以興工。或有新發坑冶去處，初有人户買(樸)[撲]，後因破壞産業，拖欠課額，被拘留監繫者甚衆。近者朝廷以人言謂可以增添鼓鑄錢額，乃督責州縣興復堙廢坑冶，必欲管認舊來銅鉛之數。州縣遵承，竭力奉行，間有狡猾之徒乘此搔擾，或欲强占人户山林，或就官中先借錢本，却虚認課額，及至得錢，見□礦材微薄，所得不償，便自逃竄。其所認數目已爲州縣定額，無由豁除，緣此多有拖欠。知縣、監官雖已得替，以課額不足，不得放行批書離任。官吏懼罪，不免冒法，多方營求，往往將錢寶銷鎔，充補課額。督責愈嚴，冒法益甚。欲乞行下逐路，委自漕、憲體究，如委有銅鉛興發浩瀚去處，自合勸誘人户廣行採取，盡數收買，應副鼓鑄。若有名無實，則乞蠲除虚認之數，免至冒法銷鎔錢寶，重困人户，以稱陛下寬恤之意。」户部(詳看許)[看詳]：「欲依所請，下諸路提刑司與提點坑冶鑄錢司同共體究逐路見管坑場，將興發去處多方措置，興拔收趁。若委的有名無實，即仰照應祖額及見今興採到實收分數，重别立定酌中課額，保明申取朝廷指揮。」從之。[紹興]十四年，宰執進呈户部言：「諸路坑冶，其間有興採日久，坑壠深遠，不以歲月，抑令依舊認納去處，及無圖之人，挾讎妄行告發。其見興發，有力之家却致作弊減免，令下户虚認。合行措置。今欲將見今坑冶其間委的有名無實去處，即令照應祖額及見今興採到實收分數，重别立定酌中課額，令逐州開具供申。所有金銀坑冶，亦乞就委提刑、轉運司依此施行，不得别致抑勒，抱認虚數。仍切覺察，(每)[毋]令有力之家計囑幸免，却致下户受弊。」上曰：「寧於國計有損，不可有害於民。民富，如國之外府，國不足則資之民；若民貧爲盜，常賦且將失之。可依所請。」

二十七年，兼權户部侍郎陳康伯等言：「近有陳請諸路州縣管下坑冶停閉荒廢去處，勒令坑户抱認課額。已委逐路提刑司檢視相度，以所收多少分數認納，不得抑勒。尚慮有停閉坑冶内却有寶貨去處，一槩作停閉，致減損國課。今措置，欲委逐路轉運司行下所部州縣，應有停閉及新發坑冶去處，許令人户經官投陳,官地給有力之家,人户自已地給付本户。若本地主不赴官陳告,許鄰近有力之家告首,給告人,候及一年,成次第日,方從官司量立課額。其告發人等坑户自備錢本採鍊,賣納入官。從《紹興格》特與減壹半數目,依全格推賞補官。」從之。【略】

熙寧八年,知熙州王韶言:「熙河路諸州頗多銅坑興發,乞令都轉運與提舉市易司協力興治銀冶,以所入爲熙河路糴本。」從之。

**又《食貨·禁銅》** 紹興十三年,江淮荆浙福建廣南路都大提點坑冶鑄錢韓球言:「竊見諸路提舉茶鹽司昨申降指揮,於從來緊要私鹽所行道路專置巡鹽使臣一員,量置土軍。緣所置巡鹽使臣止管巡察私鹽外,別無兼領事務,所有應干銅、鉛并産錫地分若有私採盜販,皆是違犯禁榷之物,正與私鹽事體一同。欲乞將應專置巡鹽使臣並一就責委兼管巡捉私販銅、鉛等事務,餘並依見行條法。」從之。

**又《食貨·採鉛》** [建炎]三年,虞部言:「江淮等路提點坑冶鑄錢司張澄奏,乞將管下坑場專責監官點檢,遇銀坑興發,其見元銅、鉛等,如願採作,即先經官認定逐時所賣銅、鉛課額比舊數增羨,方得採作銀坑。或未經行使銅、鉛坑冶之人願作銀坑,亦令兼使銅、鉛坑冶。如不願趁辦銅、鉛課利,即不得專使銀坑。仍乞逐月置曆抄上賣過銅、鉛、銀數,如銅、鉛及得元立定額,其銀價即盡數支給;若或所賣銅、鉛不及元立定額數,即未得全支銀價,候次月賣定銅、鉛,方得盡行支給。其有銀坑興發浩瀚去處,亦乞依此施行。」從之。張澄又言:「乞將韶州曲江、潭州(劉)[瀏]陽、信州鉛山三縣知縣依舊來饒州德興、信州弋陽知縣體例,銜位帶主管銅鉛等事,責令同監場官協力收趁歲額。如弛慢之人,從本司按劾取旨,重行停降。」從之。

[紹興]十三年,韓球言:「韶州銅岡場、連州元魚(揚)[場]銀銅鉛坑,已見發泄,人户見今興採。乞將兩場舊置監官,下吏部差注監官各一員。」從之。

江淮荆浙福建廣南路都大提點坑冶鑄錢韓球言:「竊見諸路提舉茶鹽司昨申降指揮,於從來緊要私鹽所行道路事置巡鹽使臣一員,量置土軍。緣所置巡鹽使臣止管巡察私鹽外,別無兼領事務,所有應干銅、鉛并産錫地分若有私採盜販,皆是違犯禁榷之物,正與私鹽事體一同。欲乞將應專置巡鹽使臣並一就責委兼管巡捉私販銅、鉛等事務,餘並依見行條法。」從之。[以上《永樂大典》卷四八七七]【略】

端平三年,赦曰:「諸路州縣阬冶興廢,在觀寺、祠廟、公宇、居民墳地及近墳園林地者,在法不許人告,亦不得受理。訪聞官司利於告發,更不究實,多致擾害。自今許人越訴,官吏并訟者重寘典憲。及有阬冶停閉、苗脈不發之所,州縣勒令阬户虚認歲額,提點鑄錢司覈實追正。」[以上《永樂大典》卷一一七三二]

**又《食貨·各路産物買銀價》** 廣南西路:額錢五萬貫買銀、砂,内二萬貫撥赴賀州買錫。

**又《食貨·金部》** 十六日,詔常平司見管山澤坑冶,並依舊法撥隸金部。山澤坑冶之利,舊法在外隸轉運司,在京隸金部。自崇寧二年舊坑新發,漕司不應副錢本,悉令常平司應副,始隸右曹,至是改之。

**清·吴其濬《滇南礦廠圖略》卷二**

考第六

歲會[日]要日成,所以弊吏也。日省月試稱事,所以勸工也。卝者,工所聚,而吏與有專責焉。能者賞,不能者罰,事集而帑不虚耗,非刑非德,烏能齊不齊之衆,而董正有司哉!故記考。

凡滇廠,皆地方官理之。其有職任繁劇,而距廠遼遠不能兼[理]者,則委員專理之。酌遠近,别大小,量材而任。寬裕者叙,短缺者議。

凡滇省應辦額銅,按月均分,記數解交,缺者補足。[一]兩月不能足,記過;三月後不能足,則檄撤聽議,别委員接理之。若月額外獲銅多者,小則記功,大則請叙。

凡滇(産)[廠]情形靡定,有豐旺多於舊額者,據實報增,計其多辦之數,請叙。若以額銅已足,走私盜賣,即治其罪。其缺額者,實係礦砂衰薄,准廠員據實[具]報,委大員勘察屬實,或減額,或停採,隨案提報。如廠員調劑失宜,以致短額,仍以少辦之數請議。甚者,隨時糾劾。

凡承辦銅斤,如廠銅缺額,運瀘遲延,其廠員、運員均遣戍。至缺額八分以上,及未及八分者,均褫職,仍在廠協同催辦,一年後仍不足額,亦即遣戍。

凡滇省運銅,該管道府查驗,務須鎔化純潔圓整大塊,不得藉稱激碎配兑攙雜,零星間有配搭碎塊,改用木桶裝盛,塊數、斤數註明桶面,逐起造册,咨部查驗,兑收其值,由該省通融酌辦,不准報銷。

凡銅面鑿明廠分、斤數、號數,及爐户姓名。倘成色不及八五至九成以上者,部局揀出另煎。其虧折斤兩,責令承辦各員如數賠補,仍按號行提爐户責懲。如有攙(雜)和鐵砂,將黑厚板銅搪塞,及運員含混接收,除駁回外,將廠運及督辦各員交議。

運第七

僦五致一，轉漕之費也。銅之運，殆過之。滇之間，民轉運以糊其口者無算，而黔蜀亦沾溉焉。由江而運河，以達於潞，川黔之氓待以生者多矣。非所謂錢流地上者歟，故記運。

京銅年額六百三十三萬一千四百四十斤，由子廠及正廠至店廠員運之，由各店至瀘店(之)[店]員遞運之，由[瀘]店至通州運員分運之。局銅，則廠員各運至局，採銅遠廠，則廠員先運至省；近廠，則廠員自往廠運。

曲靖府經管雙龍廠京銅，運交尋甸二站，每百斤脚銀二錢。東川府經管湯丹廠京銅，運交東店二站，每百斤脚銀貳錢五分。九龍箐子廠，每百斤一錢七分八厘。聚寶山、觀音山子廠，一錢二分五厘。大礦山子廠，六錢八分七厘五毫。岔河子廠，六錢二分五厘。碌碌廠京銅，運交東店，三站半，每百斤脚銀四錢。多寶子廠，六錢八分七厘五毫。小米山子廠，六錢二分五厘。大水溝廠京銅，運交東店，三站半，每百斤脚銀四錢。聯興子廠，八錢一分二厘五毫。聚源子廠，一兩四錢三分七厘五毫。茂麓廠京銅，運交大水溝，四站，脚銀四錢五分。普腻子廠，五錢六分二厘五毫。大水溝，運交東店，三站半，每百斤脚銀四錢。大風嶺廠京銅，運交東店，[六站]，每一百斤脚銀七錢五分。大寨，又名杉木箐子廠，三錢七分五厘。紫牛坡廠京銅，運交東店，二站半，每百斤脚銀一錢二分五厘。獅子尾廠京銅，運交東店，十站，每百斤脚銀一兩二錢九分二厘。

大關同知經管老人山廠京銅，運交瀘店，水路九站半，每百斤，水陸等項脚價銀六錢一分八厘。箭竹塘廠京銅，運交瀘店，水陸十一站半，每百斤，水陸脚價等銀一兩九分九厘。

魯甸同知經管樂馬廠京銅，運交昭店，二站，每百斤脚銀二錢五分八厘。

昭通府經管金河梅子沱廠京銅，運交瀘店，每百斤脚銀一錢六分四厘五毫。

永善縣經管小岩坊廠京銅，運交瀘店，每百斤脚銀六錢五分九厘。

鎮雄州經管長發[坡]廠京銅，運文牛街店，三站，每百斤脚銀三錢。又至羅星渡，四站，脚銀五錢一分六厘零。

路南州經管鳳凰坡廠京銅，運交尋甸，五站，每百斤脚銀六錢四分六厘。

紅石岩廠京銅，運交尋甸，六站，每百斤脚銀七錢七分五厘零。紅坡、大興二廠京銅，運交威店，十一站，每百斤脚銀一兩一錢八分七厘零。發古廠京銅，運交威店，十三站，每百斤脚銀一兩六錢七分九厘零。

委員經管寧台雲龍州經管大功廠京銅，運交關店，各十二站半，每百斤脚銀一兩五錢三分六厘零。寧台子廠，水洩底，馬庫銀廠三錢，荃麻嶺廠九錢，羅漢山廠七錢。

永北同知經管得寶坪廠京銅，運交關店，十站半，每百斤脚銀一兩三錢五分六厘。

麗江府經管迴龍廠京銅，運交關店，十六站半，每百斤脚銀一兩六錢五分。

易門縣經管香樹坡廠京銅，運交尋店，十四站半，每百斤脚銀一兩八錢七分三厘零。

蒙自縣經管老硐坪廠[京銅]，運交尋店，二十一站半，每百斤脚銀二兩七錢七分七厘零。

尋甸一路

迤西道收寧臺、大功、迴龍等廠京銅，(運)由下關俗稱關店。運至尋甸，計陸路十六站半，每百斤脚銀二兩一錢三分一厘八毫。

迤東道接迤西道運交，并收鳳凰坡、紅石岩、紅坡、大興、發古、香樹坡、老硐坪等廠京銅，由尋甸俗名尋店。至威寧州，計車站十五站，每百斤脚銀九錢三分三厘零。

威寧州接迤東道運交京銅，由威寧俗名威店。至鎮雄州，計程五站，每百斤脚銀六錢四分五厘零。

鎮雄州接威寧州運交京銅，由鎮雄俗名鎮店。至瀘州，水陸十三站，每百斤脚銀九錢三分六厘。

東川一路

東川府接自辦湯丹等廠運交京銅，自東川俗稱東店。運至昭通，計程五站半，每百斤脚銀七錢九厘零。

昭通府接東川運交并收樂馬等廠京銅，由昭通分運大關廳豆沙關，今至鹽井渡。計程六站，每百斤脚銀七錢七分四厘零。

分運永善縣黃草坪陸路三站半，每百斤脚銀四錢五分一厘零。

大關廳接昭通運交并自辦老人、箭竹等廠京銅，由豆沙關今在鹽井渡，故稱井店。至瀘州，每百斤水脚等銀八錢五分八厘零。豆沙關額設站船水運，盤銅上載，每百斤給夫價銀一(錢)[分]二厘。經過龍拱沱灘，盤銅至豬圈口灘，每百斤給夫價二錢。前赴鹽井渡，每百斤增給水(價)[脚]銀一分。鹽井渡水運赴瀘州，雇夫收銅過(稱)[秤]貯堆捆包，每百斤給夫價銀一(錢)[分]。水次上載，每百斤給夫價銀三厘。經過九龍潭，卸載盤銅至張[家]窩水次，每百斤給夫價銀三分。水次上載，每一百斤(合)[給]夫價銀三厘。以上夫價，每百斤共合銀四(錢)[分]六(毫)[厘]。由九龍潭雇船上溯鹽井渡，水次運銅抵九龍灘，每百斤共給船價神福銀三錢三分五厘。由鹽井渡逕雇鹽米客船運銅抵九龍(潭)[灘]，每百斤共給船價神福銀二錢八分。由叙州府南溪江安等縣雇船上溯張[家]窩水次運銅抵瀘州，每百斤共給船價神福銀二錢二分。由張[家]窩逕雇鹽米客船運銅抵瀘州，每百斤共給船價神福銀二錢。

永善縣接昭通運交并自辦小岩坊廠京銅，由黄草坪俗稱坪店。至瀘店，每百斤水脚[等]銀九錢二分四厘二毫。黄草坪水運赴瀘，經過大霧嶺基灘，至窩圈[巖]灘，二站，額設站船轉運，每百斤給水脚銀一錢四分四厘，食米一升七合一勺。大窩圈[巖]灘、大漢漕灘二站，每站每百斤給水脚銀一錢四分四厘，不給食米。客船到站，儘雇長船運瀘州，每運銅百斤，給水脚銀六錢，食米三升。由新開灘雇船至瀘州，每百斤給水脚銀一錢，不給食米。

正運四起，每起在瀘領運銅一百一十萬四千四百五十斤，四川永寧道庫領，自瀘至漢，(各)[水]脚銀三千六十三兩六錢，新增舵(各)[水]工食銀二百七十三兩六錢，湖北歸州新灘剥費銀一百八十二兩三錢一厘。湖北藩庫領，自漢至儀，水脚銀二千六百八兩五錢。江寧藩庫領，自儀至通，(各)[水]脚銀四千五十一兩五錢。直隸天津道庫領剥費銀五百兩。共領銀一萬零六百七十九兩五錢一厘，雜費銀一千六百一十七兩，養廉銀一千三百二十六兩二錢四分八厘五毫。

加運二起，每起在瀘領運銅九十四萬九百九十一斤，四川永寧道庫領自瀘至漢，水脚銀二千六百一十兩一錢八分七厘，新增自重至漢舵水工食銀二百三十四兩四錢，湖北歸州新灘剥費銀[一百五十五兩三錢七分八厘，酌添起剥僱縴銀五百兩，直隸天津道庫領剥費銀]四百兩，共銀三千八百九十九兩九錢六分五厘，雜費銀一千四百一十六兩二錢五分，養廉銀八百一十七兩四錢九分九厘。

採銅局銅

青(銅)[龍]廠銅運局，六站，每百斤脚銀三錢七分七厘。

大寶廠銅運局，五站，每百斤脚銀五錢。

大美廠銅運局，三站[半]，每百斤脚銀三錢五分。

緑鑛(銅)[硐]廠銅運局，六站，每百斤脚銀六錢。

秀春廠銅運局，十站，每百斤脚銀一兩。

紅坡、大興二廠銅運局，并四站，每百斤脚銀四錢。

發古廠銅運局，六站，每百斤脚銀七錢五分。

香樹坡廠銅運局，十站半，每百斤脚銀一兩零五分。

義都、萬寶二廠銅運局，并六站，每百斤脚銀六錢。

馬龍廠銅運局，十一站，每百斤脚銀一兩一錢。

寨子箐廠銅運局，十三站，每百斤脚銀一兩三錢。

程第八

滇多山而孕百蠻，商賈所至，有驛傳所不及者。鑛産於瘴鄉巉穴寸天尺地蔓壑[支峰]，古之懸車策馬何以加焉！負販侁侁，朝鑿暮蹊，林箐菑翳而羊腸詰曲，頂趾相接矣！陸險砥之，水險劈之，受(不)[錢]於庫儲百餘年矣！小者負擔，大者牛車，食官廩而履九達，儼然與都畿相埒。德之流行，速於置郵而傳命，斯之謂也。故記程。

迤西諸廠運京銅皆至尋甸。

寧台廠，距大理府官店，計程七百三十里。自廠至老牛街五十里，老牛街至阿莽寨六十里，阿莽寨至順德橋七十里，順德橋至老鷹坡五十[五]里，老鷹坡至鴛鴦塘六十里，鴛鴦塘至回子村五十五里，順寧縣地。回子村至阿梅寨七十里，阿梅寨至岔路六十里，永平縣地。岔路至猓猓寨五十五里，猓猓寨至橋頭六十里，橋頭至石坪村五十五里，蒙化廳地。石坪村至大理府[城]五十五里，太和縣地。大理府至下關店三十里。趙州地。

大功廠，距大理府關店，計程六百三十五里。自廠至白羊五十里，白羊至獅井四十里，獅井至鷄村四十五里，鷄村至湯澄四十里，雲龍州地。湯澄至菓榔四十五里，永平縣地。菓榔至雲龍州城四十里，雲龍州至關坪六十里，關坪至不邑五十里，不邑至江滂六十里，雲龍州地。江滂至鳳羽五十里，浪穹縣地。鳳羽至(河)[沙]坪五十五里，鄧川州地。(河)[沙]坪至大理府城七十里，大理府城至下關三十里。得寶坪廠，至大理府關店，計程六百九十里。自廠至和平五十五里，和平至黑烏六十里，黑烏至滿官村六十五里，滿官村至程海六十里，程海至永北廳城六十里，永北廳至清水驛七十里，清水驛至金江七十里，永北廳地。金江至平得村七十五里，平得村至沙(平)[坪]七十五里，鄧川地。沙(平)[坪]至大理府城七十里，大理府城至下關店三十里。

迴龍廠，距大理府關店，計程九百八十五里。自廠至羊(場)[腸]四十五里，羊(場)[腸]至木基壩四十五里，木基壩至熱水潭五十五里，熱水潭至羊山五十里，羊山至稗子溝至通甸各五十里，通甸至吕苴七十里，吕苴至香多六十里，香多至沙左五十[五]里，沙左至蒙古五十[五]里，蒙古至麗江府城五十里，麗江府城至鶴慶州城八十里，鶴慶州至山場臼七十五里，鶴慶地。山場臼至三營五十五里，浪穹[縣]地。三營至沙坪九十里，鄧川州地。沙坪至大理府城七十里，大理府城至下關店三十里。

關店距尋店，計程一千一百八十里。自下關至趙州城三十里，趙州城至紅岩六十里，趙州地。紅岩至雲南驛九十五里，雲南縣地。雲南(縣)驛至普淜七十里，姚州地。普淜至沙礄九十里，鎮南州地。沙礄至吕合六十五里，吕合至楚雄府城六十里，楚雄府至廣通縣城七十里，廣通縣至捨資七十里，廣通縣地。捨資至禄豐縣城九十里，禄豐縣至老鴉關七十里，禄豐縣地。老鴉關至安寧州城八十五里，安寧州城至省城七十五里，省城至板橋四十里，昆明縣地。板橋至楊林六十里，嵩明縣地。楊林至易隆七十五里，尋甸州地。易隆至尋甸七十[五]里。

尋(甸)店至威店，計陸路十五站。自州城東門外兔兒河經烏龍潭，至發打頭一站。自發打頭經涼水井、海通青麥地，至叭得一站。叭得經白土格勺，至得威一站。得威經黄龍硐、小發十，至赤章一站。赤章經大坡山、七道灣、稻堆山、吃水塘、飛松嶺，至改衣一站。改衣經阿汪坡，至三水塘一站。三水塘經古家坡、柳樹村，至黄土冲一站。黄土冲經乾海子、小灣河、底長嶺，至宣威州城一站。宣威州(經)東門外王家海子，經募宗坡、吹風嶺、梁王冲、大平地，至來賓鋪一站。來賓鋪經牛泥塘、長坡、通南鋪，至舊堡子一站。舊堡子經木瓜箐、七里店、老鴉林，至周福礄一站。周福礄經木瓜哨、三轉灣、梭脚石、水塘鋪、亂石灣，至可渡橋一站。(可渡)有木橋，今渡。可渡橋經楊橋灣，至箐頭鋪一站。箐頭鋪[經]紅石岩至飛來石一站。飛來石(至)[經]康家(河)[海]、石橋梯、簸箕灣，至威寧州城一站。皆係牛車挽運，砌石不便，行車土路易於梭陷，舊届五六年請修一次，道光十九年已逾十年，題修縻銀二千一百兩有奇。

威寧至鎮雄州，計程五站。自威寧州城，至高梘漕一站，高梘漕至阿箕車一站，阿箕車至菩薩塘一站，菩薩塘至桃園一站，桃園至鎮雄州[城]一站。

鎮雄至羅星渡，計陸程五站，自鎮雄州城經板橋、刷布嶺，至古芒部一站。古芒部經陸井塘、黑泥孔、野豬箐，至雨灑河一站。雨灑河經黄土坡、鸚哥嘴，至花蛇嶺一站。花蛇嶺經連三坡、三岔路，至中村一站。中村經落亥，至羅星渡一站。羅星渡至瀘店，計水程八站。自(落)[羅]星渡至木灘一站，木灘至儹灘一站，儹灘至南廣一站。南廣至瀘州五站。凡運銅陸路，險窄處歲修之。羅星渡至南廣河道，乾隆十年開通，有小瓦灰灘、瓜爬灘、老瓦沱灘、美美灘、小擺子灘、雙硐子灘、五义子灘、乾岩子灘、土地灘、前門灘、後門灘、鍋椿灘、將軍灘、張家灘、大浴三灘、鵞項頸灘、石板灘、黄格溪灘、長搖灘、大葉灘、大儹灘、魚脊灘、牛細繒灘、大井坑灘、張公[崖]灘、三毛灘、斗水灘、鍋(水)[餅]灘、半邊箭灘、觀音灘、猫臉灘、溪灘、小蘇灘、長腰灘、羅(水)[家]灘、中(度)[渡]灘、蛇皮灘、柳公夾灘、深根子灘、小角車灘、石馬孔灘、葛布灘、大線灘、青灘、打魚垻灘、銅罐灘、荔支灘、龜背灘、大卧灘、鱉甲石灘、[石雞灘]、瓦窩灘、母豬灘、巒堆灘、大垻灘、乾溪灘、圜七灘，本係山溪大雨沙淤石積，每歲修之，歲支節省銀三百兩。

東川至昭店，計程五站半。自東川城至紅石岩一站，紅石岩至天申塘半站，天申塘至以扯汛一站，以扯汛至江底一站，江底至大水塘一站，大水塘至昭通府城一站。

湯丹廠，至東店計程二站。自廠至小江八十五里，小江至東川[府]城七十里。

碌碌廠，至東店計程三站半。自廠至黄草坪三十五里，黄草坪至小田垻五十五里，小田垻至尖山塘六十里，尖山塘至東川[府城]六十五里。

大水溝廠，至東店計程三站半。自廠至黄草坪三十五里，合碌碌廠路。

茂麓廠，至東川計程七站半。自廠至桃樹坪六十里，桃樹坪至樹結六十里，樹結至苗子村五十里，苗子村至大水溝五十里，合大水溝廠路。

大風嶺廠，至東店計程六站。自廠至樹(結)[桔]渡六十里，樹(結)[桔]渡過金沙江。至涼水井六十里，涼水井至腰店子六十五里，腰店子至老村子六十里，老村子至尖山塘六十五里，合碌碌廠路。

紫牛坡廠，至東店計程二站半。自廠至則都箐三十五里，則都箐至尖山塘六十里，合碌碌廠路。

獅子尾廠，至東店計程十站。自廠至馬路塘六十里，禄勸縣地。馬路塘至撒撒廠五十五里，撒撒廠至鳳毛嶺五十五里，鳳毛嶺至發窩七十里，發窩至會理村六十里，會理村至小銅廠五十里，小銅廠至鷄罩卡六十里，四川會理州地。鷄罩卡至蒙姑六十五里，會澤縣地。蒙姑至三道溝六十里，三道溝至東川府城六十里。

昭通至豆沙關計程六站。自昭通府城至烏扯鋪一站，烏扯鋪至一碗水一站，一碗水至雄魁汛一站，雄魁汛至乾海子一站，乾海子至七里鋪一站，七里鋪至豆沙關一站。

豆沙關店今至鹽井渡爲井店。至瀘店，水程較陸程少一站。計水程一千四百五里。自豆沙關(負)[背]運下船，經龍拱沱、盤灘、[豬圈口灘]至鹽井渡。經黃角灘、打扒沱[灘]、青菜[灘]、新灘、花塘、白龍[灘]、九龍(潭)[灘]、張家灘及高灘，至叙[州]府。經木頭號至江安縣，由江安至納溪[縣]，(是)由納溪至瀘州。鹽井渡以下河道有丁山磧[灘]、黃菓漕灘、門檻灘、土地灘、明灘、梅子[漩]灘、龍門石灘，沙石冲積，歲皆修之，動支節省銀三百兩。

昭店至黃坪店。

坪店至瀘店，計水程八站。自黃草坪至大霧基一百三十七里，經十六灘。大霧基至鍋圈岩一百三十九里，經二十一灘。鍋圈岩至漢漕，又至新開灘，二站。新開灘至瀘店五站。凡經金砂江河灘，大犽子灘、黑鐵關灘、烏鴉灘、大霧基灘、大虎跳岩灘、溜桶子灘、特衣灘、小鍋圈岩灘、[大鍋圈岩灘]、大猫灘、冬瓜灘、大漢漕灘、木孔灘、凹岩三腔灘、小虎跳岩灘、苦竹灘、新開灘、險。利遠灘、羊角灘、棗核灘、大芭蕉灘、石板灘、象鼻頭灘、象鼻二灘、黃草三灘、乾田埧灘、金鎖關灘、(蕉)[焦]石灘、棃園灘、小犽子灘、中石板灘、木貼灘、江心石灘、鼓濆灘、窩洛灘、神農灘、小霧[基]灘、(流)[溜]水岩灘、硝廠灘、硫磺灘、三堆石灘、磨盤灘、小獅子口灘、大獅子口灘、坤龍灘、那比渡灘、車亭子灘、豆沙溪灘、貴搶子灘、溜桐子灘、猪肚石灘、門檻三灘、吉岩坊灘、貴溪灘、箕長灘、溝硐子灘、鸚哥灘、橫梁子灘、撒水埧灘、四方石灘。次險遇有石塊壅阻，皆歲修之。鎔鐵爲器，斷木爲樁，鑿石燒灰，逐段疏剔，歲支節省銀壹千兩。

樂馬廠至昭店。自廠至魯甸六十里，魯甸至昭通府六十里。雙龍廠至尋甸，自廠至紅菓營五十里，紅菓營至尋店五十里。金沙梅子沱廠至瀘店，(自)水程由廠至安邊二百五十里，安邊至叙州府一百里，叙州府至南溪一百九十里，南溪至瀘店一百九十里。老人山廠至瀘店水陸九站。自廠至落水村八十里，落水村至核桃埧九十里，核桃埧至廟口四十里，廟口至瀘店[水程]一千四十五里。

箭竹塘廠至瀘店，水陸十一站半。自廠至戞捕七十五里，戞捕至拖施村七十五里，拖施村至豆沙關八十五里，豆沙關至瀘店水程一千四百六十二里。

長發坡廠至瀘店，水陸十六站。自廠至兩路口四十五里，兩路口至二等坡五十里，二等坡至牛街店四十五里，牛街店至黃水七十里，黃水至花家埧八十里，花家埧至石竈孔七十里，石竈孔至羅星渡五十里，羅星渡至瀘店，共水陸程八站。

小岩坊廠至瀘店，水陸程八站。自廠至洗紗溪四十里，洗紗溪至江口七十里，江口至大漢漕一百四十里，大漢漕至瀘店水程九百七十六里。

老硐坪廠至尋店。自廠至界牌五十里，界牌至大坪[子]一百六十里，大坪子至老林箐五十五里建水縣猛喇掌寨地。老林箐至逢春嶺六十里，蒙自縣納更土巡檢地。逢春嶺至犒吾卡五十五里，土把總地。犒吾卡至花枯柏六十里，花枯柏至矣都底六十里，矣都底至箇舊廠五十里，蒙自縣地。箇舊廠至蒙自縣城六十里，蒙自縣城至大屯三十里，大屯至鷄街六十里，鷄街至扳枝花七十里，建水縣地。扳枝花至新房七十里，新房至館驛八十里，館驛至通海縣六十里，通海縣至江川縣七十里，江川縣至晉寧州八十里，晉寧州至呈貢縣五十里，呈貢縣至板橋五十五里，昆明縣地。板橋至楊林六十里，楊林至易隆七十里，易隆至尋店五十里。

香樹坡廠至尋店。自廠至法脿九十里，法脿至雨竜三十里，雨竜至妥甸六十里，妥甸至南安州城七十里，南安州至楚雄府城，合關店至尋店路。

鳳凰坡廠至尋店。自廠至阿藥鋪五十里，阿藥鋪至陸涼州城五十里，陸涼州城至刀章鋪四十五里，刀章鋪至馬龍州四十三里，馬龍州至尋店四十五里。

紅石岩廠至尋店。自廠至大麥地六十里，大麥地至阿藥鋪五十里，阿藥鋪至陸涼州城，合鳳凰坡廠至尋店路。

紅坡廠至尋(甸)店。自廠至路南州城五十里，路南州城至古城七十里，古城至易市縣六十五里，易市縣至易隆六十里，合老硐坪廠至尋店路。

大興廠至尋店。自廠至路南州城五十里，合紅坡廠至尋店路。

發古廠至威店。自廠至新村五十里，新村至折苴五十里，折苴至甸沙五十里，甸沙至王家庄五十里，王家庄至馬龍州四十七里，馬龍州至黑橋六十里，黑橋至遵花鋪五十五里，遵花鋪至永安鋪七十里，永安鋪至石了口九十里，石了口至可渡九十五里，可渡至箐頭鋪四十里，箐頭鋪至飛來石四十五里，飛來石至威寧州四十里。

瀘州至京，長運並係水程。自瀘州經石鼻子灘，至合江縣六百里。合江縣經觀音背灘，至江津縣三百六十里。江津縣經水銀灘、觀音背灘、蜂窩子灘、鑽皂子[灘]、烏龜石灘、黑水灘、㦸䰩灘、[門堆子灘]、馬嶺灘、鉅梁灘，至巴縣二百四十里。巴縣至長壽縣[一百八十里。長壽縣]經黃魚嶺、群猪灘，至涪州二百二十里。涪州經巉碑梁灘，至酆都縣九十里。酆都縣經魚硐子灘、折尾子灘，至忠州一百二十里。忠州經太湖塘，至萬縣一百二十里。萬縣經東洋子灘、廟磯子灘、瞿塘馬嶺子灘、寶塔灘、磁莊，至雲陽縣一百二十里。雲陽縣經青岩子灘、二沱灘、瞿塘艷澦灘、石板峽灘、小黑石灘，至奉節縣一百三十里。奉節縣經大黑石灘、龍寶灘、空房灘、跳石灘、庫套子灘、大磨灘、黄金藏灘、香爐灘，至巫山縣八十里。巫山縣經鯿魚溪、金扁擔灘，又名「磨刀灘」。榨油灘、三松子灘、泉急灘，又名金雞灘，母猪灘。青竹標灘、横梁灘，至湖北巴東縣一百五十里。巴東縣經上八斗灘、下八斗灘、石門灘、洩灘、飯甑老灘、老虎石灘、叱灘、烏牛石灘、蓮花三漩灘、屈原三泡灘、下石門灘、金盤磧灘、鋸齒灘、上尾灘、黄牛灘、耍和尚灘、白狗懸灘、新灘、頭灘、癞子石灘、雞心石新灘、二灘、天平石(至)[豆]子石新灘、三灘、射洪磧、鼓沉灘、蕭家砞灘、崆嶺峽灘、大二三砞石南丈(珠)[砞]灘、龍鬚沱灘，至歸州九十里。歸州經鍋龍子灘、沾山(珠)[砞]灘、大峯砞灘、甕硐灘、玳石灘、渣波灘、紅石子灘、南沱三(旋)[漩]灘、嚴希沱灘、黄顙硐灘、石牌灘、偏牢灘、白龍洞灘、楠木坑，至東湖縣九十里。東湖縣經狼牙磧至宜城縣九十里，宜城縣經雞翅膀灘、雀兒尾灘、獨楊沙灘，至枝江縣九十里。枝江縣經採穴口灘、到松滋縣九十里。松滋縣經魚兒尾灘、簸箕灘、太保灘、老龍灘、馬家寨、曬(谷)[穀]坪、荆州關，至江陵縣一百二十里。江陵縣經岇湖堤，至公安縣一百六十里。公安縣經袁家埠、楊林市、藕池山磯嘴、齊公橋、季家嘴、土地港(壹)[壺]套，至石首縣一百二十里。石首縣至監利縣一百二十里，監利縣經九龍灘、上返嘴，至巴陵縣一百三十里。巴陵縣經上翻嘴、下翻嘴、荆河腦、白螺磯、楊林磯、至嘉魚縣一百里。嘉魚縣經(谷)[穀]花洲、石頭口塘、石磯頭塘、上牌洲塘、汪家洲塘、小林塘，又名小洲，江夏縣地。鯉魚漻、楊泗磯、青山磯、白牌鎮，至漢陽縣二百五十里。漢陽縣經鄧家口、通津、東江(老)[腦]、烏石磯、九磯頭、大軍山、四官殿、楊林口，至黄岡縣二百四十里。黄岡縣經陽城河、葉家洲、三江口、下新河、王荒，武昌縣地。猴子磯、趙家磯、龍蟠磯、燕磯，大冶縣地。西塞磯，至蘄州二百七十里。蘄州經漳漁口，即參興磯，廣濟縣地。牛闌磯、大磯頭，至江西德化縣一百八十里。德化縣過關，經梅家洲、團洲、白水港、新洲、迴峯磯、套口、楊家洲、八里江，至湖口縣六十里。湖口縣經屏峯磯、上鐘山、下鐘山、拓[磯]、香爐墩、下石磯柱、桂家林、秦家洲、何家套，星子縣地。渚溪、洋瀾、謝師塘、長嶺、青山、蓼花池、右蠡將軍廟、南關洲、火焰山、青溪料，至彭澤縣九十里。彭澤縣至安徽東流縣九十里，東流縣至懷寧[縣]八十里，懷寧縣至貴池縣一百六十里，貴池縣至銅陵縣一百里，銅(寧)[陵]縣至繁昌縣九十里，繁昌縣[至蕪湖縣九十里]。蕪湖縣過關至當塗縣七十里，當塗縣至江寧府龍(口)[江]關一百二十里，江寧府過關至儀徵縣一百二十里，入淮河。上水至揚州府七十里，至高郵州一百一十里，至寶應縣一百二十里，至淮安府山陽縣八十里，過淮關，至清河縣四十里。入閘經福興頭閘、通濟二閘、天地惠濟三閘，至五壩五里。過黄河，至楊家庄口十里，至仲興集七十里，桃源縣二里，至白沙河七十里，至古城驛、五花橋十五里，至滐溜閘二十里，至宿遷縣二十里。宿遷縣[過關]至九龍廟十里，至上閘、皂河閘三十里，至利運閘三十里，至馬庄閘十五里，至徐州府、邳州十里，至河城閘三十里，至河清閘二十里，至梁王閘二十里，至黄陵庄十七里，至台兒(閘)[庄]三里，過内八閘、台庄閘，至鯉魚誕六里，至嶧縣侯仙閘十二里，至頓庄閘八里，至丁廟閘七里，至(百)[萬]年閘六里，至張庄閘[六里]、至石閘、勝[德]閘各六里，至湖口韓庄閘二十三里，至郗山三十里，至彭五閘二十里，至滕縣夏鎮閘三十里，至楊家庄閘十五里，至宋家閘三十里，至橋頭閘五十里，至利建閘十二里，至沛縣十八里，至南陽閘一里，至棗林閘十二里，至施庄閘十[二]里，至仲家閘六里，至魚台縣六里，至新閘三里，至新庄閘二里，至石佛閘十八里，至趙村閘六里，至濟寧府在城閘六里，至天井閘一里，至南門橋閘一里，至草橋閘一里[七分]，至安居閘十里，(里)至通濟閘十八里，至寺前閘三十里，至鉅野縣南旺閘十二里，至南柳林，閘十里，至分水龍王廟十二里，至北里柳林閘五里，至開河閘十二里，至嘉祥縣袁家口閘十六里，至安山閘三十里，至汶山縣代廟閘三十里，至[張]秋鎮三十里，至荆門上閘十二里，至荆門下閘二里，至東平州阿城上閘八里，至阿城下閘七里，至七級上閘、七級下閘十二里，至壽張縣十二里，至陽(谷)[穀]縣周家店閘六里，至李海務閘十二里，至聊城縣通濟閘二十里，至梁家鄉閘十八里，[至]土磚閘十八里，至永通閘三十里，至戴家灣閘十八里，至臨清州四十里，臨清過關磚閘至板閘四十里，出口下御河至寶塔灣十五里，至油坊四十里，至渡口驛十八里，至武城縣三十里，至(用)[甲]馬營四十里，至鄭家口四十里，至故城縣七十里，入直隸境，至四女寺三十一里，至桑園四十里，至安林三十里，至吴橋縣連鎮四十里，至東光縣二十里，至泊頭四十里，至南皮縣薛家窩三十里，至磚河四十里，至滄州三十里，至新集四十里，至青縣三十里，至流河四十里，至陳家屯三十里，至静海縣四十里，至獨流十八里，至楊柳青四十里，至天津縣天津關三十里，天津縣過關起剥至武清縣一百八十里，至通州一百四十里，盤武垻至大通橋四十里。

舟第九

自滇而蜀，舍車而資舟，其大小輕重皆有度。司津者預其責，而疆臣督涖之，其專派之藩臬，稽查尤詳，厚畀以資，而嚴其怠玩之罰，數千里溯洄溯游，人力風候非忠信，涉波濤烏能勝任哉！故記舟。

凡雲貴運京銅鉛船隻，永寧責成永寧道督同永寧知縣、瀘州知州代雇，重慶責成東川道(責成)[督同]江北同知代雇，漢口責成漢黄德道(責成)[督同]漢陽府同知代雇，儀徵責成江寧監巡道督同儀徵知縣代雇，淮揚道催趲前進，如有疎失船户等，追價懲之。

凡運船，運員慎雇堅固寬大民船，瀘州會同州牧驗明，取具船户切實保認各結，重慶會同江北廳察驗取結，其值照市給發，不經地方官，以防胥役勾串并割除攬頭名目，或逕雇抵通州，或雇至漢口，江寧换船，聽憑該運員相機辦理。

凡經險灘，地方官刊刻一紙，交銅船運員傳示各船，相度趨避，并於兩岸插立標記，以免涉險臨期多添夫役。委遊擊都司察催押送，以昭慎重。

凡險灘酌募灘師四五名，捐給工食，放灘安穩者賞，有失則罰，有灘州縣不得濫將練習未熟之人充數。

凡滇省運銅，減載添船，自重慶至漢口，每正運一起，添船四(支)[隻]，於額領水脚雜費外，加給船水工食銀一百八十二兩四錢，雜役銀一十三兩。每加運一起，添船五隻，於額領水脚雜費外，加給船水工食二百三十四兩四錢，雜費銀十六兩二錢五分，於京銅項下動支，據實入册報銷。

凡裝運，每船以八(百)[分]載爲度。應載銅鉛之數，令地方官覈明申報。如大船缺少，或值水涸雇剥小船，亦將實在船數及應載船數，移明前途察驗。倘減船重載帶貨營私者，舉其貨，罰其人，盜賣者抵罪。凡重慶至宜昌，節節險灘，每夾緉船壹(支)[隻]，以裝載萬斤爲限。餘船每(支)[隻]各五百斤，零數儘數千斤至二(百)[萬]，數千斤者，准其分船灑帶；若三(百)[萬]斤以上者，別載一船，仍取大小適中。若船小載重，以及大船夾帶者，皆有罰。

凡加運京銅，運至漢口，撥湖南站船十(支)[隻]，每(支)[隻]裝銅三萬二千斤。湖北站船三十二(支)[隻]，每(支)[隻]裝銅四萬斤。江寧[换撥]頭號塢船二十六(支)[隻]，每(支)[隻]裝銅五萬五千斤。三號塢船十三(支)[隻]，每(支)[隻]裝銅三萬六千斤。抵通下載回次。

凡委員運銅，沿途偶有擦損，隨時撿拾歸數，不得稟報磕迸。

凡銅鉛船過境，沿途地方官照催漕例，(令)[會]同營員[派]撥兵役催趲防護。銅斤正運，每起撥兵十二名，健役七名。加運，每起撥兵十六名，役八名。經過川江險灘，地方員弁帶同兵役預在灘所照護。

凡運員起程，本省給與護牌，沿途入境，均由運員先[期]知會地方官。經過之日，地方官查無別項弊竇，即於牌内粘貼印花，註明經過日月，守風守雨亦即註明。一面知會下站，一面具結申報。該督撫是否在川江、大江、黄河之處，於奏報摺内逐細聲明，并將印結送部，俟運員抵通後覈查。

凡秤銅，令永寧道督同瀘州知州、運員，及瀘店委員，用部頒(發)[法]馬監兑秤收，具結加轉，飛飭川東道，俟銅斤到重慶，委江北廳同運員逐一過秤，出具切實印結。又由川東道飛飭夔關查驗。

凡運(員)[船]自重慶以下，令上站之員，將分裝各船編列字號，開具每船裝載斤數塊數，及船身喫水尺寸，船户人等姓名，造册移知下站，按册查驗。如無短少情弊，即具結放行。倘船户水手有中途逃匿者，拏治。

凡接(運)[護]之地方官，遇運船到境，即飭押送人役嚴密巡邏，毋任船户人等乘隙滋弊。至漢口、儀徵换船過載，令(兩)[湖]廣江南督撫飭令護送大員，同運官盤查過秤，具結申報。

凡運船經過江河險隘處所，水淺之時應須起剥，均令地方官會同運員，妥協辦理統計。銅鉛長運至京，即值水涸，每運起剥，總不(能)[得]過八次。天津至通州一次起剥，每百斤給(息)[銀]六分九厘，其餘沿途剥費，正運銅斤每起不得過一千八百兩，雇縴工價不得過二百四十兩。加運銅斤，每起不得過一千六百兩，雇縴工價不得過二百一十兩。鉛斤[每]起(運)，在途剥費不得過二千兩，雇縴工食不得過二百七十兩。令沿途地方官，將用過銀數具結送部，浮冒限追。

凡銅鉛運抵天津，雇船起剥，向係起六存四。如原船實係破漏，不能前進，會同天津縣全行起剥，一體報銷原船水脚銀兩，應(載)[截]至天津縣止。由津至通州，計程三百二十里，每銅百斤合銀三分七厘六忽零，每鉛百斤合銀四分五厘六毫六絲五忽零，於水脚銀内照數扣除。

凡津銅運抵天津，全行起剥所需剥費二千八百兩，分爲六起支領，正運每起銀五(十)[百]兩，加運每起銀四百兩。預由直隸司庫發貯天津道庫，見銅本條。係待各運員抵津，按起支給。滇省每年於銅本案内聲明扣除。

耗第十

衣成缺衽，室成缺隅，物無常足，其勢然也。銅鑿於山，浮於江漢，逾於淮，亂於河，入於汶、泗，達於潞，其折閱蓋有之矣。然［不］爲之限，非泥沙棄之，即囊橐私之耳。十全者受優擢，十失一二者抵過，此則償其物，罰其人，勸懲之道存焉。故記耗。

有路耗。凡銅自廠至店，自店遞至瀘，陸運途長，載經屢換，既有磕碰，必致損耗。在例收耗銅内分別給之，准於册内除算。

有逾折。例准路耗之外，復有短少，謂之逾折。每年額定二萬四千斤，威店、關店、坪店各四千斤，（招）［昭］店、鎮店各六千斤。每百斤作價銀十一兩，店員賠繳轉發，廠員買補。

凡餘銅，每正銅百斤，例帶餘銅二斤之内，以八兩爲瀘州以前折耗，逾額折耗，在運官名下照定價勒追，交廠官於運限内補足。以二斤八兩爲瀘州以後折耗及京局添秤之用。添秤所餘，准運官領售，仍納崇文門税。運官豫售，以漏税論。其應納沿途（官）［關］税，雲南巡撫於運官回省日，飭在應領養廉等銀内，按則扣存彙解，并將原給運京水脚扣除奏銷。凡餘銅，隨正抵通，應由坐糧廳驗貯，聽錢局提取添秤。中途遇有沉溺，現到正銅不敷收兑，將所帶餘銅儘數抵收。若有餘，仍准納税領售。凡錢局飭提餘銅，由運官僱車，不給運脚。如抵銅不足，令照數賠補。每百斤繳價銀十三兩一錢三分七厘零，仍令廠員買足搭運。此項舊例亦有逾折定額，後經奏明停止。

凡險灘沉溺，打撈全獲，水深四丈以外者，每獲百斤給工費銀四錢。四丈以内者，給工費銀三錢。水深八九尺未及一丈者，給工費銀一錢。水摸飯食給銀四分。至難以施力，酌量情形，不必過於勉强，以致水摸有涉險輕生之事。其運員會同地方［試探打撈，定限十日，將撈獲銅斤歸幫開行前進，未獲者摘留運員家丁交地方］官督同看守打撈。其著名險灘沉溺無獲，文武各官出具保結，准其題豁，仍嚴捏報之罰。如係次灘，除撈獲外，運員賠十分之七，地方官賠十之三。其險灘不同地方官打撈者，雖全獲，不准報銷撈費。

節第十一

運銅之費如棼絲，涣之至矣！涣必受之以節，易險而夷，易迂而直，易車而舟，易造舟而雇募，所省實多。故記節。

凡尋甸一路，陸運至威寧，每銅三百斤，節省銀二錢，原定自尋甸至威寧車行十五站，每車裝銅三百斤，脚銀三兩。續將車路修改平直，省行一站，每車脚銀二兩八錢。歲共節省銀一萬七百五十九兩一錢二分一厘有奇。自威寧至羅星渡，每百斤節省銀一錢八分七厘有奇，原定自威寧至永寧，計程十三站，脚（錢）［銀］五錢一分六厘八毫。復改運羅星渡，計程十站，每百斤馬脚一錢二分九厘二毫，三站［節］省銀三錢八分七厘六毫。除羅星渡至南廣硐，水脚銀二錢外，實省銀一錢八分二厘有奇。歲共節省銀五千九百一十九兩九分四厘有奇。

凡東川一路，自豆沙關水運鹽井渡，轉至瀘州，每百斤節省銀三錢三分，原是陸運，續改水運。歲共節省銀五千二百三兩八錢五分有奇。鹽井渡運瀘州，遇有客貨船（支）［隻］，儘數雇募，每百斤除正額節省之外，有額外節省銀九分四厘有奇，多寡無定。永善縣自黄草坪水運瀘州，每百斤節省銀六錢八分二厘，原定陸運，嗣改水運。歲共節省銀一萬七百五十九兩一錢二分一厘有奇。遇有客貨船（支）［隻］雇運，於正額節省之外，［更有節省］，多少無定。

凡各路請領運脚，仍按原站銀數發給。俟運竣，節省扣明，另册造報。

凡自各廠運店，及自各店運瀘，每銅百斤搭運五斤，不給脚價，節省銀兩留充公用。

**又 附《户部則例》** 雲南省銅廠官養廉薪水項下，湯丹廠廠官月支銀三十兩。碌碌廠、尖山廠、義都廠、寧臺廠廠官，每月支銀一十五兩。大水溝廠、大風嶺廠、青龍廠、金釵廠、茂麓廠廠官，每月支銀十兩。白羊山廠廠官，下關、楚雄、省城三處，各委員月支銀八兩。寨子箐廠廠官月支銀六兩。

役食項下，迤東過東川府各歲支銀八十兩，臨安、澂江、順寧三府各歲支銀二十兩，雲南府歲支銀一十九兩二錢。

坐廠書記，馬龍廠一名，月支銀一兩五錢，日見汛廠一名，月支銀二兩；青龍廠、金釵廠、白羊山廠、紅坡大興廠各一名，寧臺廠三名，義都廠二名，茂密廠、馬街各一名，每名月支銀二兩五錢。尖山廠二名，大水溝廠、興隆廠、隆寶廠、大風嶺廠、老人山廠、箭竹塘廠、冷水溝廠、杉木箐廠、茂麓廠、寨子箐廠、永昌店、尋甸店、東川店各一名，下關、楚雄、省城三處，共二名，每名月支銀三兩。

稿經，督撫衙門各二名，總理衙門四名，每名月支銀二兩七錢。書算，督撫衙門各三名，總理衙門十四名，每名月支銀二兩二錢。辦銅書吏、廠差、秤手，督撫司道衙門所設，歲共支工伙銀八百兩。客課，寨子山廠、老人山廠、箭竹塘廠、日見汛廠各一名，青龍廠、白羊山廠各二名，金釵廠四名，每名月支銀一兩。大水溝廠、尖山廠各四名，大風嶺廠、茂麓廠各三名，興隆廠、隆寶廠、杉木箐廠各二名，冷水溝廠一名，每名月支銀二兩。課長，寨子箐廠一名，月支銀二兩。義都廠六名，寧臺廠四名，紅坡、大興等廠各二名，鳳凰坡廠、紅石巖廠各一名，每名支銀一兩。巡役，總理衙門八名，迤東道二名，東川府二名，青龍廠八名，金釵、白羊山廠各六名，紅坡、大興等廠各四名，每名月支銀一兩九錢。大水溝廠一十四名，茂麓廠一十五名，尖山廠一十六名，尋甸店十名，東川店、大風嶺廠各八名，杉木箐廠六名，興隆廠、隆寶廠各四名，冷水溝廠二名，每名月支銀二兩。寧臺廠二十二名，義都廠二十四名，紅石巖廠、鳳凰坡廠、馬街各一名，每名月支銀一兩七錢。茂密廠三名，每名月支銀七錢。下關、楚雄、省城共站役二十五名，每名月支銀一兩；巡役二名，月支銀一兩五錢。老人山廠、箭竹塘廠各一名，每名月支銀一兩。日見汛廠一名，每名月支銀一兩二錢。寨子山廠一名，月支銀七錢。大風嶺二名，每名月支銀二兩。金釵廠二名，每名支銀一兩九錢。又土練五名，每名月支銀七錢。義都廠六名，青龍廠六名，每名月支銀六錢。紅坡大興廠各二名，每名月支銀六錢。店役，馬龍廠一名，月支銀一兩七錢。鑪頭，馬龍廠一名，月支銀三兩。長工，馬龍廠二名，每名月支銀一兩五錢。渡船水手，大風嶺廠二名，每名月支銀二兩。廚役、水火夫，大水溝二名，尖山廠、茂麓廠各一名，每名月支銀二兩。青龍廠、寧臺廠、白羊山廠各一名，每名月支銀一兩。搬銅夫，東川店十名，大理下關店各二名，每名月支銀二兩。坐廠家丁，鳳凰坡廠、紅石巖廠、尋甸店各一名，每名月支銀三兩。寨子山廠一名，月支銀一兩五錢。坐廠家丁、書巡、總理衙門專差，歲支銀四百四十六兩。雜費項下，燈油、紙筆，大水溝廠、茂麓廠月支銀十兩，尖山廠月支銀八兩，興隆廠、隆寶廠各月支銀五兩，義都廠月支銀四兩，金釵廠月支銀三兩，青龍、紅坡、大興等廠，各月支銀二兩五錢，白羊山廠、寨子箐廠各月支銀二兩，寧臺廠、青陽嶺廠、大風嶺廠各月支銀一兩，寨子山廠、日見汛廠、馬龍廠、人老山廠、箭竹塘廠、冷水溝廠、茂密、馬街等處，各月支銀五錢，鳳凰坡廠、紅石巖廠各月支銀三錢，尋甸店月支銀二兩，東川店歲支銀一百十九兩三錢六分，并差役盤費在内。督撫衙門各月支銀十五兩，總理衙門月支銀三十兩。祭犒，大水溝廠歲支銀三十八兩，尖山廠歲支銀二十四兩，興隆廠、隆寶廠歲各支銀一十六兩，大風嶺廠歲支銀一十二兩，義都廠歲支銀八兩，馬龍廠月支銀四錢。房租，永昌府城月支房租銀五錢，各廠請領工本脚費，每銀一千兩每站給馬脚盤費銀一錢三分四厘。又雲南省湯丹廠客課五名，巡役四名，每名月支銀二兩。攢天坡看橋夫一名，月支銀五錢二八，月祭山二次，買備猪羊共銀八兩，塘兵護送工本、賞費，共銀二兩四錢。紅花園客課一名，月支銀三兩二錢，洞長二名，每名月支銀一兩二錢。碌碌廠客課六名，每名月支銀一兩四錢，巡役二名，每名月支銀一兩四錢。大雪山硐長一名，月支銀一兩二錢。得禄山鑪長一名，月支銀一兩二錢。各廠發運尋甸東川銅斤，每百斤搭運五斤，不給脚價，其節省銀五百三十三兩七錢三厘，即以此項銀兩爲湯丹、碌碌二廠廠費、役食之用。

**清·龍文彬《明會要》卷五七《食貨五·商税》** 三十三年，詔罷天下開礦，以税務歸有司。

**《清史稿·食貨志·鑛政》** 清初鑒於明代競言鑛利，中使四出，暴斂病民，於是聽民採取，輸税於官，皆有常率。若有礙禁山風水，民田廬墓，及聚衆擾民，或歲歉穀踊，輒用封禁。

蓋粵東山多田少，而鑛産最繁，土民習於攻採。鑛峒所在，千百爲羣，往往聚衆私掘，嘯聚剽掠。故其時粵東開鑛，較他省尤爲厲禁。【略】

九年，詔各省煤鑛招商集股舉辦。自是雲南、四川均設招商及鑛務局，貴州設鑛務公商局，山西設鑛務公司。粵東瓊州之銅鑛，浙江寧波之鉛鑛，皆率招商集股開辦。開辦歷數十年，惟開平、萍鄉之煤，大冶之鐵，規模宏遠。次則平江之金，益陽之銻，常寧之鉛，猶爲民利。漠河金鑛所産雖富，歲解部銀僅二十萬兩。滇銅自十三年命唐炯督辦，歲運京銅不過百餘萬，各省鼓鑄，猶以重直購洋銅。鐵産爲漢陽廠鍊鋼造軌，略供輪路之需。粵、桂、晉出鐵雖饒，以提鍊不精，國内製造，仍多購自英廠。

二十四年，詔設鑛務鐵路總局於京師，以王文韶、張蔭桓主之。奏定章程二十二，准華商辦鑛，假貸洋欵，及華洋合股，設立公司。自是江西萍鄉煤鑛則借德欵，湖北大冶鐵鑛則借日本欵，浙江寶昌公司則借義欵，直隸臨城煤鑛則借比欵。當其議定合同，於抵押息金外，輒須延聘鑛師，甚者涉及用人管理。至直隸井陘、安徽宣城煤鑛，山西盂平、澤、潞、平陽，四川江北煤鐵鑛，新疆塔城，直隸霍家地、廠子溝金鑛，廣西上思，貴州正安鉛鐵，福建邵武、建寧、汀州，直隸八道河，奉天尾明山，及吉林新舊鑛，均華洋合辦，一經訂約，時生轇轕。若福公司之於晉鑛，其尤甚者也。二十四年，河南豫豐公司以其專辦懷慶左右黄河以北各鑛之權，山西商務局以其專辦盂平、澤、潞、平陽煤鐵各鑛之權，同時讓與辦理。一公司壟斷兩省鑛務，更議修鐵道自晉訖汴，因鑛及路，利權損失，争持三年，始允合辦。汴既侵攘華官主權，晉復干涉人民開採。全晉紳民，堅持廢約。遲之又久，始以銀二百七十餘萬贖回。他如陝西延長，四川富順、巴，萬石油鑛，湖南常寧龍王山，湖北興國龍角山鑛，均因商民私相授受，釀成交涉。

自議訂膠濟、東清路約，附路十三里內華人無開鑛權。而開平煤鑛，漠河觀音山金鑛，復因內亂爲外人所侵佔。開平煤鑛，自光緒元年直隸總督李鴻章集官商之力，經營二十年，效力大著。二十六年，拳匪亂後，洋員德璀琳因督辦張翼委其保護，與鑛師胡華私立賣約，而張翼亦即簽押移交，轉以加招洋股中外合辦奏聞。由是而唐山西山、半壁店、馬家溝、無水莊、趙各莊、林西各鑛，秦皇島口岸地畝附屬之承平、建平、永平金銀鑛，悉操於英公司。嚴詔責令收回，赴英控訴，卒未就緒。三十四年，籌辦灤州煤鑛，英公司阻撓之。乃劫爲營業聯合之法，合設開灤總局。觀音山金鑛，亦因拳亂爲俄人佔據。三十二年，始以俄銀萬二千盧布贖回。

二十八年，外務部改定鑛章，凡華洋商人得一體承辦鑛務，惟必稟部批准，乃爲允行之據。是年皖撫聶緝槼許英人凱約翰承辦歙、銅陵、大通、寧國、廣德、潛山鑛產，嗣以專辦銅陵之銅官山，訂約定期百年，佔地三十八萬四千餘畝。皖中紳民合力爭之，始以銀四十萬兩贖回自辦。法人彌樂石亦於是年以勘辦全滇鑛務請於滇督及外務部，皆拒之，仍獲澂江、臨安、開化、雲南、楚雄、元江、永北等府、廳、州鑛權以去。繼是英商立樂德以合辦東、昭兩府金銀鑛不獲，遂援彌樂石例，索廣南、曲靖、麗江、大理、順寧、普洱、永昌七府鑛，亦堅拒未允。一時舉國上下，咸以保全鑛產爲言。由是蜀設保富公司，華洋承辦川省鑛務，購地轉租事宜屬之。閩設商政局，旋奏設鑛務總公司，凡請辦各鑛場，查核准駁之權屬之。山西保晉公司，安徽鑛務總局，類能集合股富，鳩貲開辦。湘、鄂則於所屬鑛地勘明圈購，以杜私售。

二十五年，江南籌辦農工鑛路各學堂，兩湖復籌設高等鑛業學堂。三十一年，商部以洋商私佔鑛地鑛山，疏請申明約章，以維權限。尋奏設各省鑛政調查局，以勘明全國鑛產，嚴禁私賣爲先務。鄂督張之洞條上鑛務正章七十四，附章七十三。蓋自二十四年以來，鑛章屢易，每因鑛務齟齬，洋商輒引爲口實。二十九年，商約大臣呂海寰與各國議訂商約，許以開採鑛產之利，但必須遵守中國鑛章。而中國鑛章，則比較各國通行者爲之準則，特詔張之洞擬定。乃取英、美、德、法、比利時、西班牙鑛章參互考證，區別地面地腹，釐定鑛界鑛税，分晰地股銀股，暨華洋商，限制至周；尤注重於中國主權，華民生計，地方治理。閱數年乃成，下部議行，中國鑛章始具云。

## 圖録

明・李時珍《本草綱目・圖》卷上

信州
火山
鉛石
自然銅
銅礦
真鉛
鉛
錫同
密陀僧
鐵
丹砂
空青
色白腹實者扁青
銅鐵
水銀
曾青

明・宋應星《天工開物》卷下《五金》　穴取銅鉛

清・吴其濬《滇南礦廠圖略》 雲南各縣礦産分佈圖

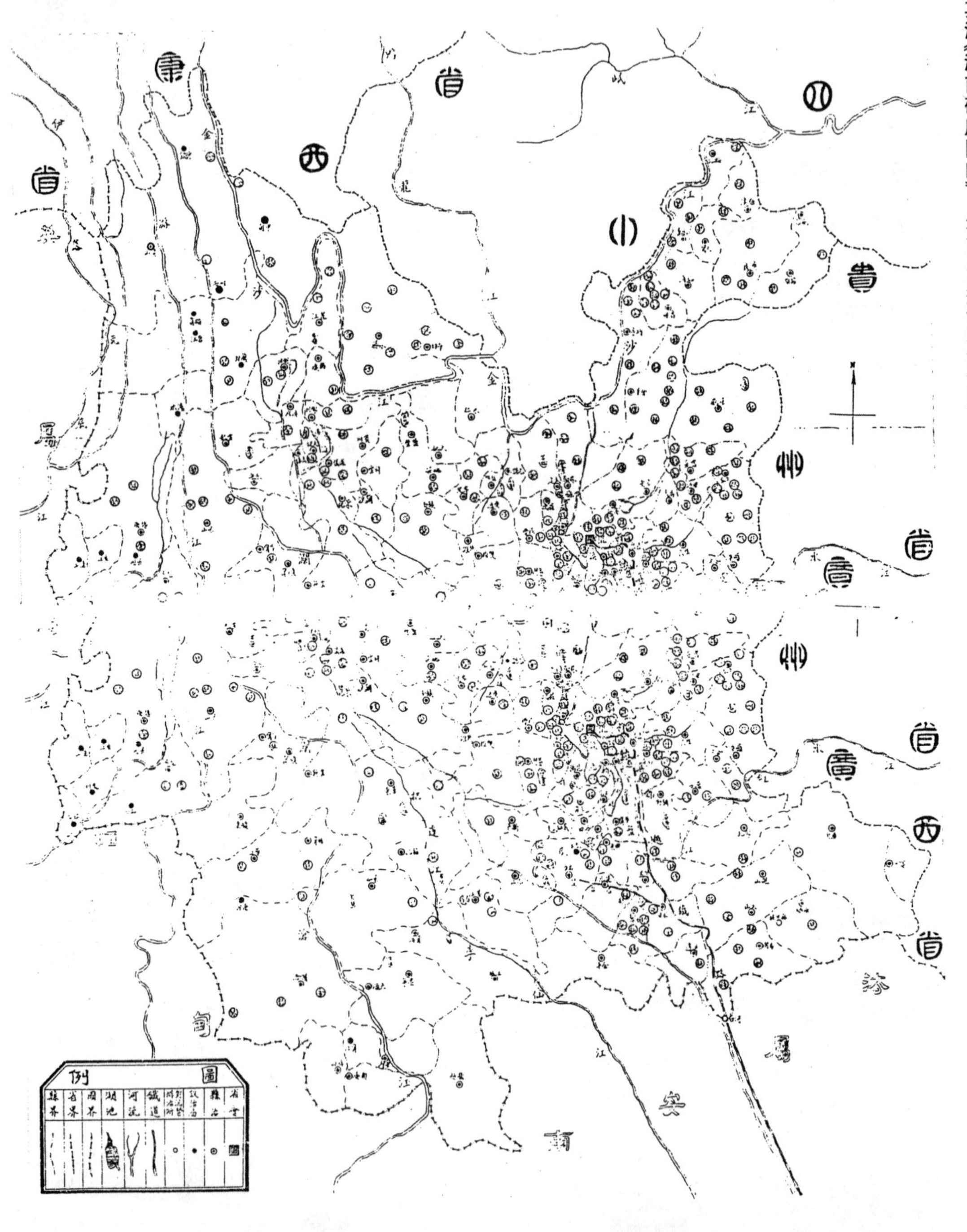

又　雲南府圖

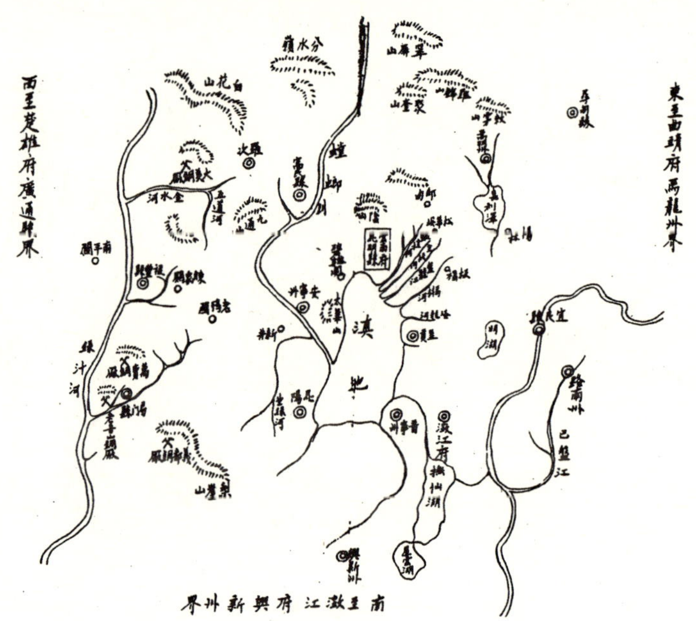


又　武定直隸州圖

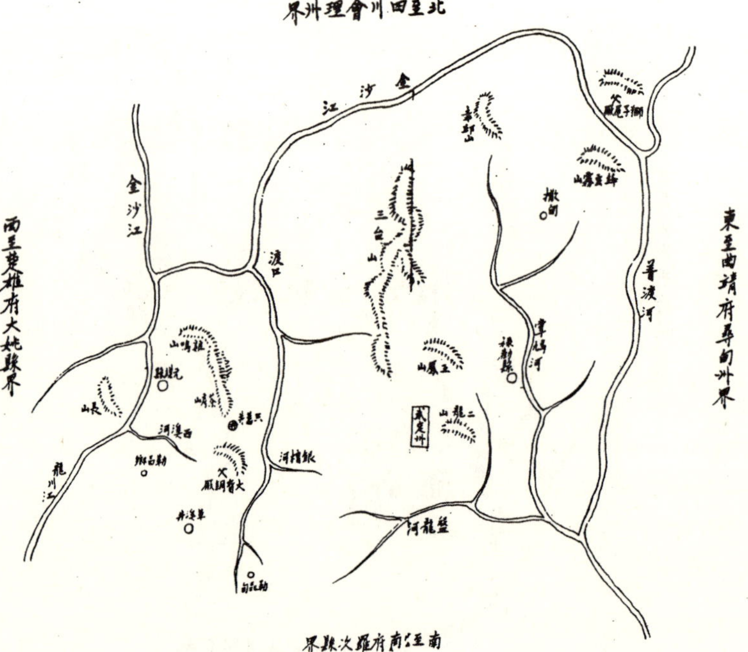

又　曲靖府圖

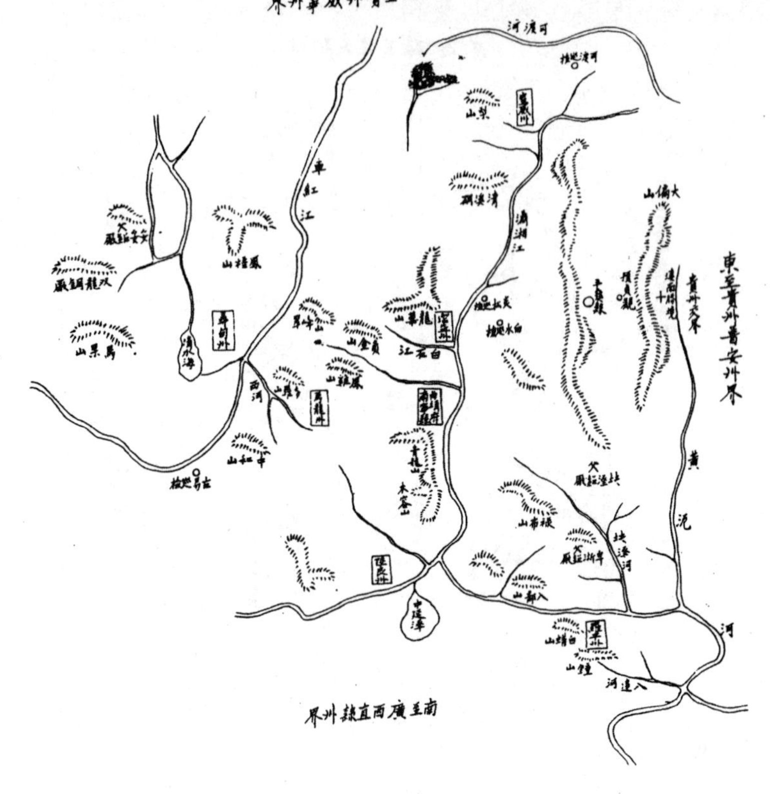


又　澂江府圖

北至雲南府呈貢縣界
南至臨安府寧州界
東至廣西直隸州彌勒州界
西至雲南府晉寧州界

又　廣西直隸州圖

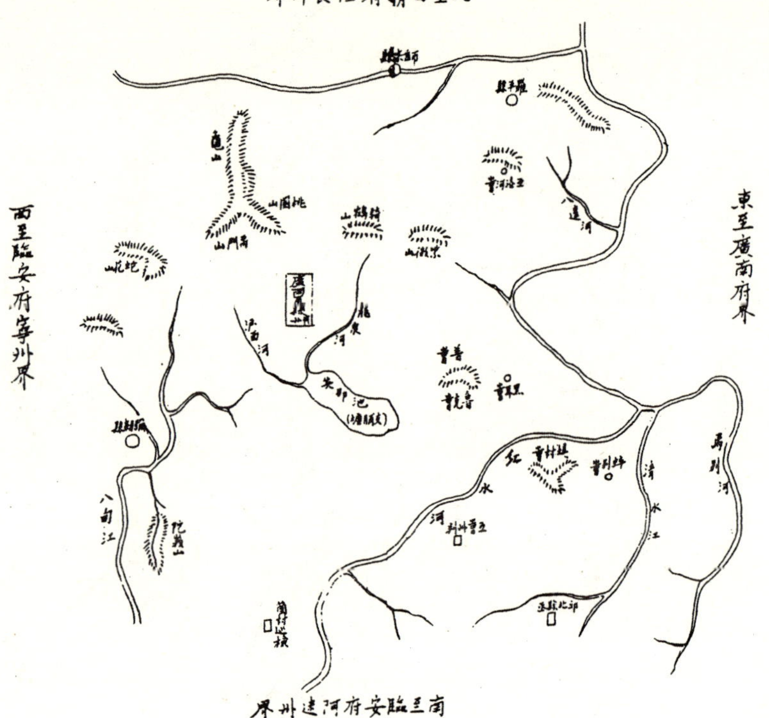


又　開化府圖

北至廣西州屬邱北縣界
東至越南邊界
南至越南邊界
西至臨安府蒙自縣界

又 廣南府圖

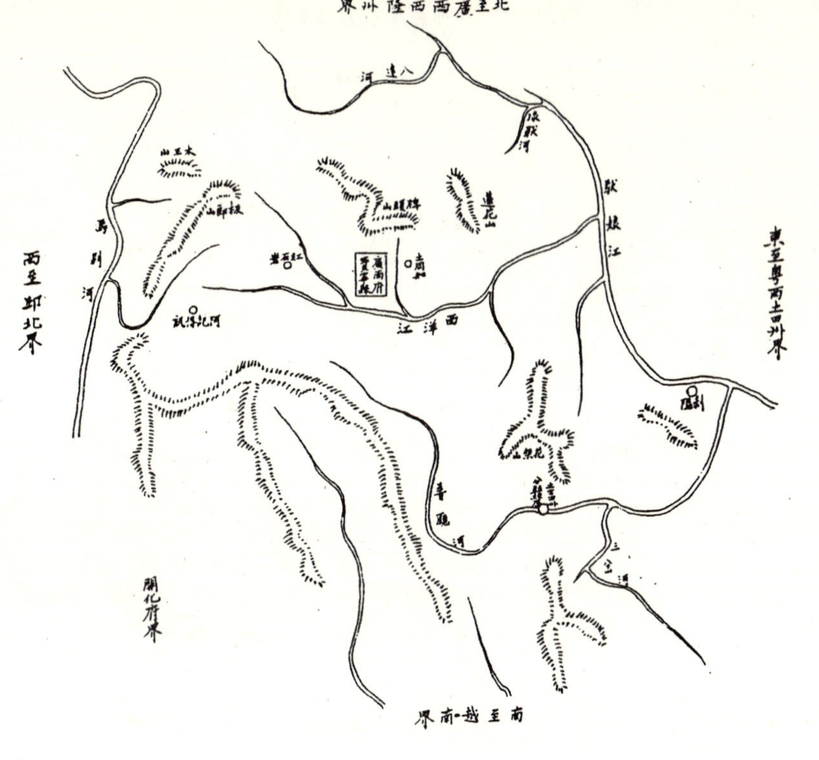


北至廣西西隆州界
東至粵西土田州界
南至越南界
西至邱北界
開化府界
西洋江

北至四川雷波縣界
東至四川永寧縣界
南至貴州威寧州界
西至金沙江交四川界
白水江
金沙江
牛欄江

又 昭通府圖

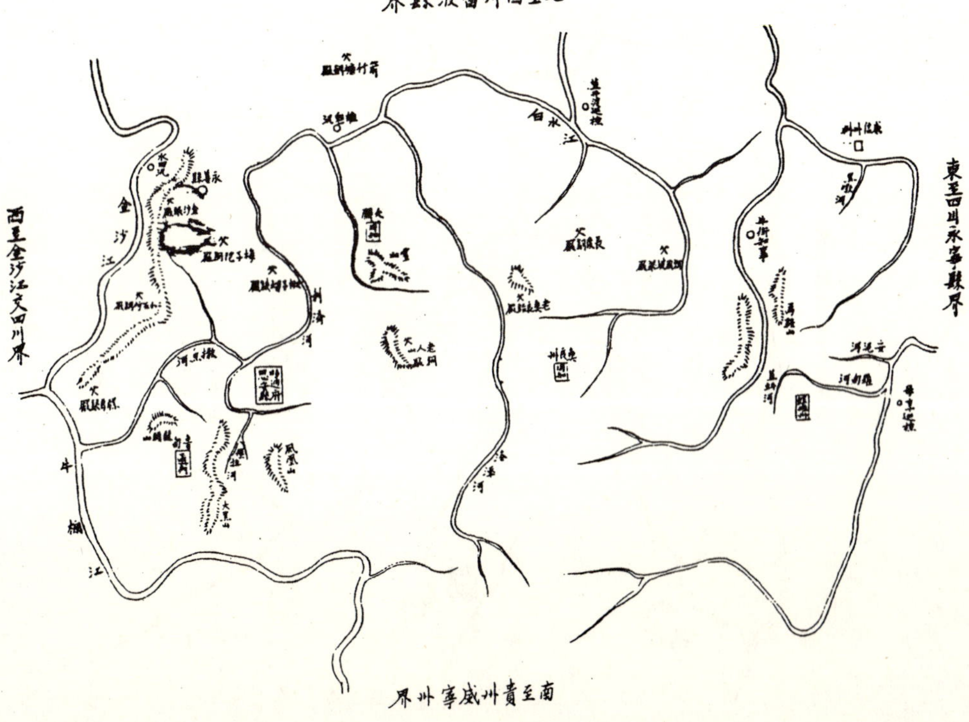

又　大理府圖

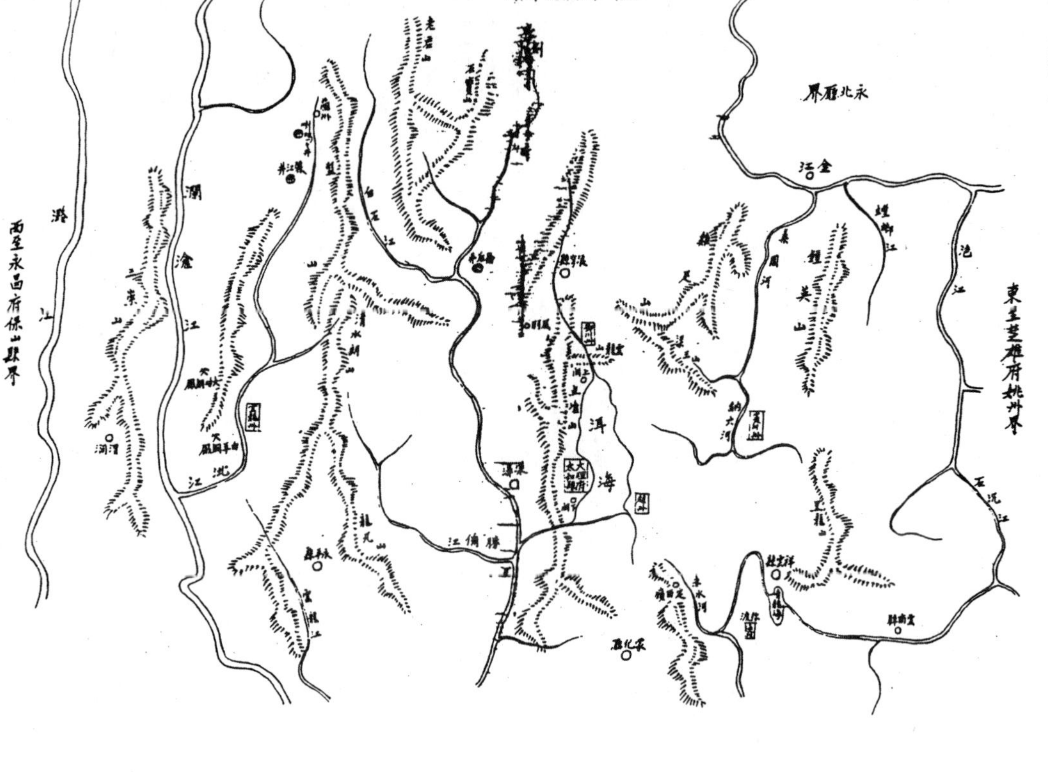


又　麗川府圖

又 永昌府圖

又 楚雄府圖

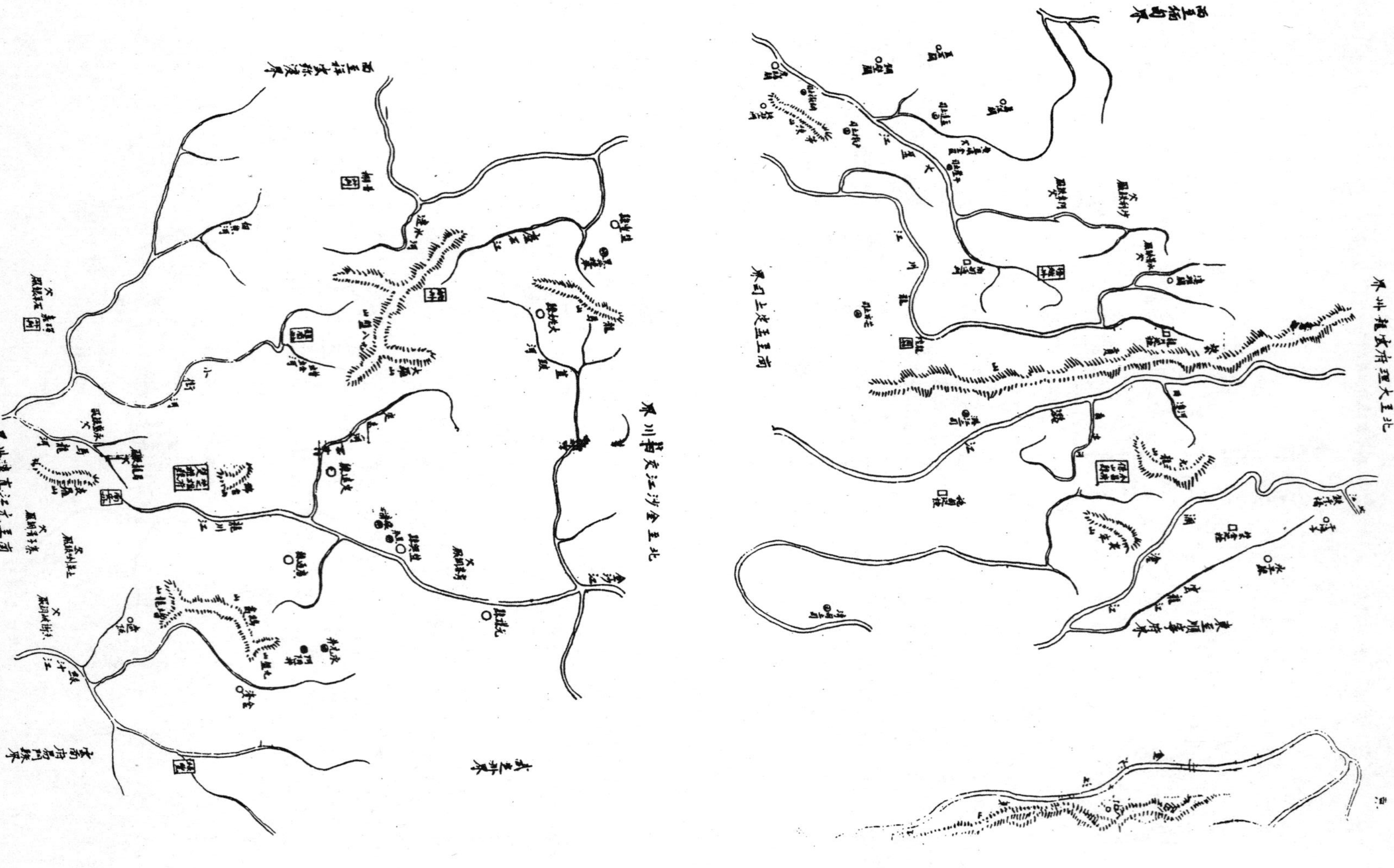

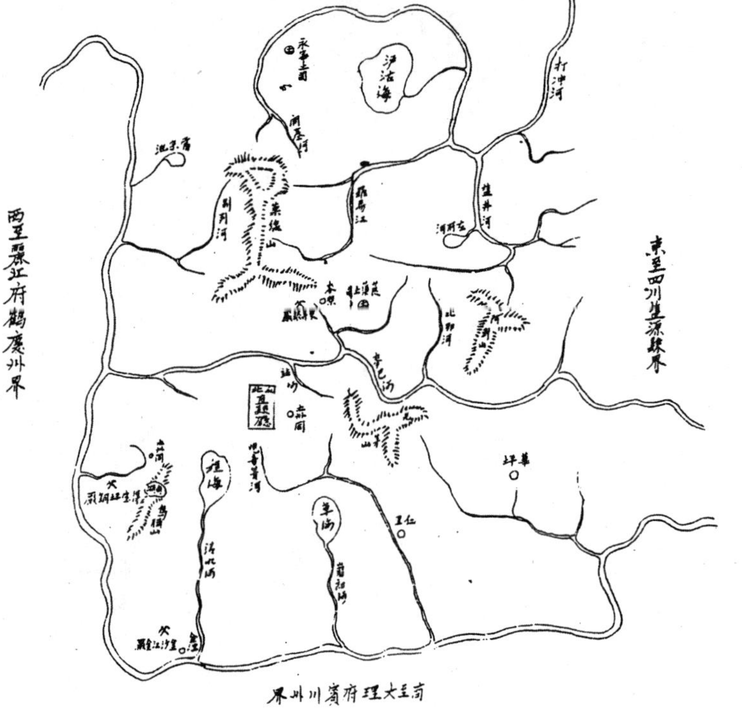


北至四川黄喇嘛界
東至四川鹽源縣界
南至大理府賓川州界

北至大理府界
西至永昌府永平縣界
東至楚雄府鎮南州界
南至順寧府雲州界

又 永北廳圖

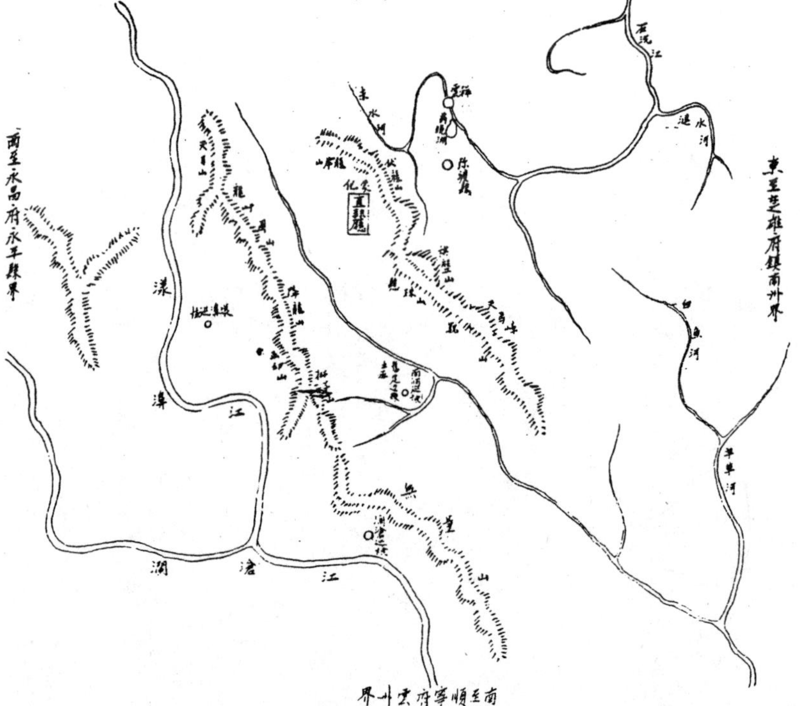


又 蒙化廳圖

又　景東廳圖

又　普洱府圖

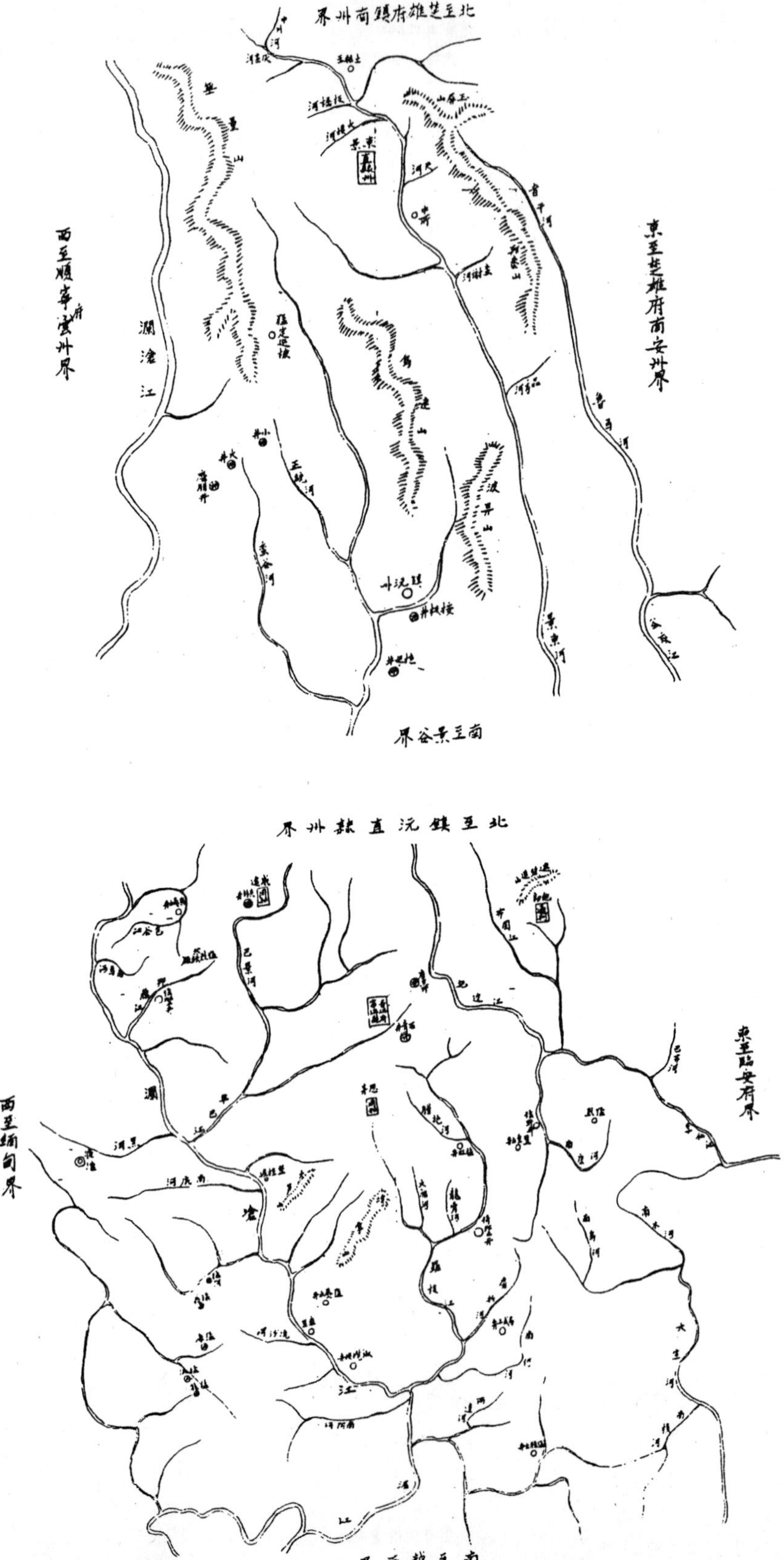

北至楚雄府鎮南州界
東至楚雄府南安州界
西至順寧府雲州界
南至景谷界
瀾滄江
北至鎮沅直隸州界
東至臨安府界
西至緬甸界
南至越南界

又 臨安府圖

北至景東直隸州界
南至普洱府威遠廳界
西至景東廳界
東至元江直隸州界
瀾滄江

又 鎮沅州圖

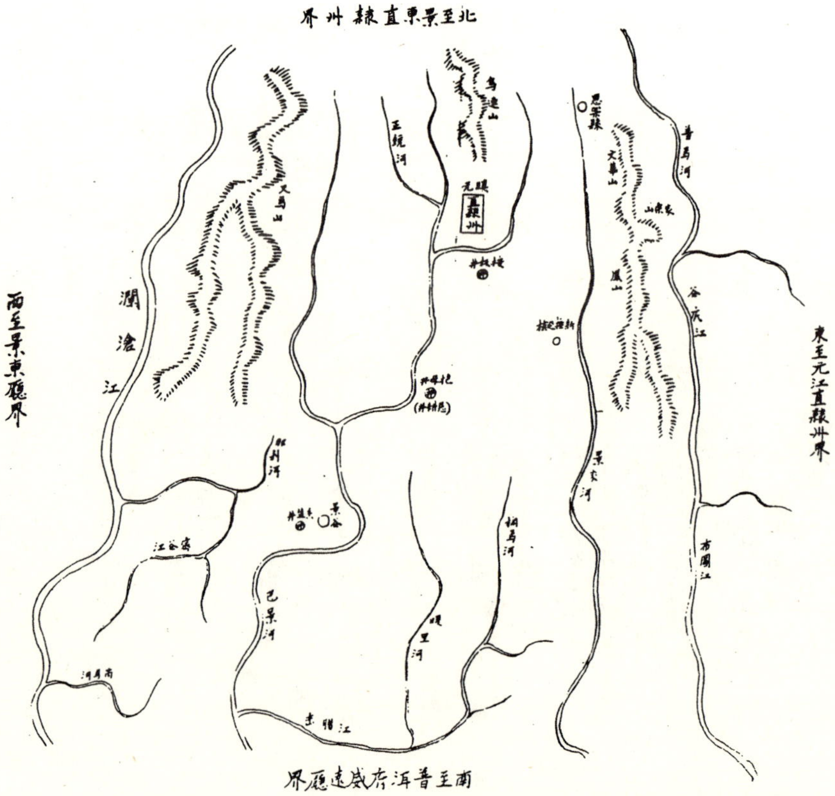

又　元江州圖

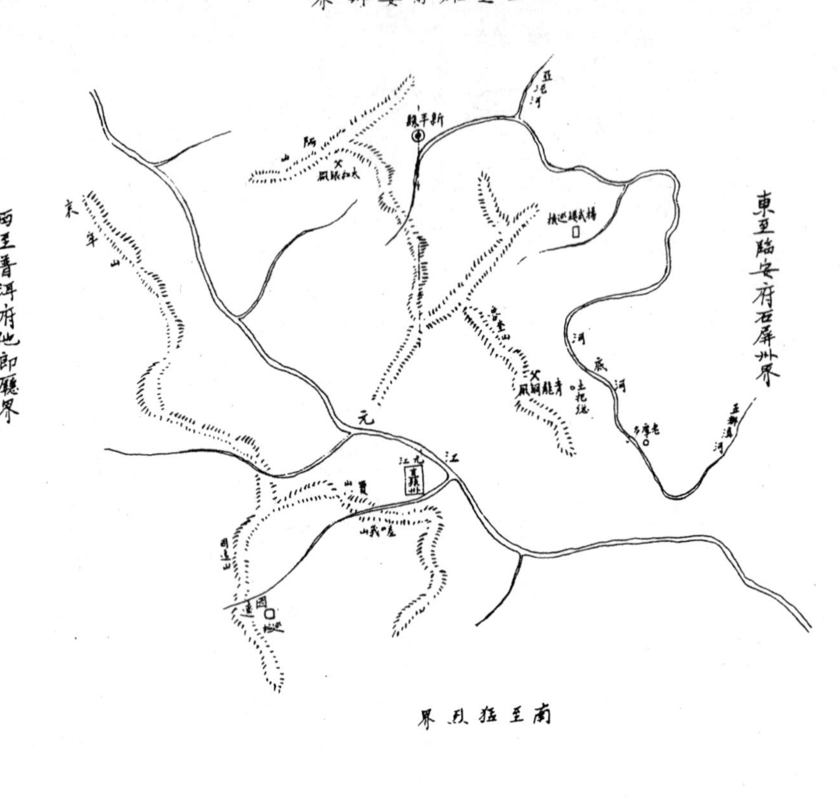


又　滇東北輿圖

又 採礦圖一

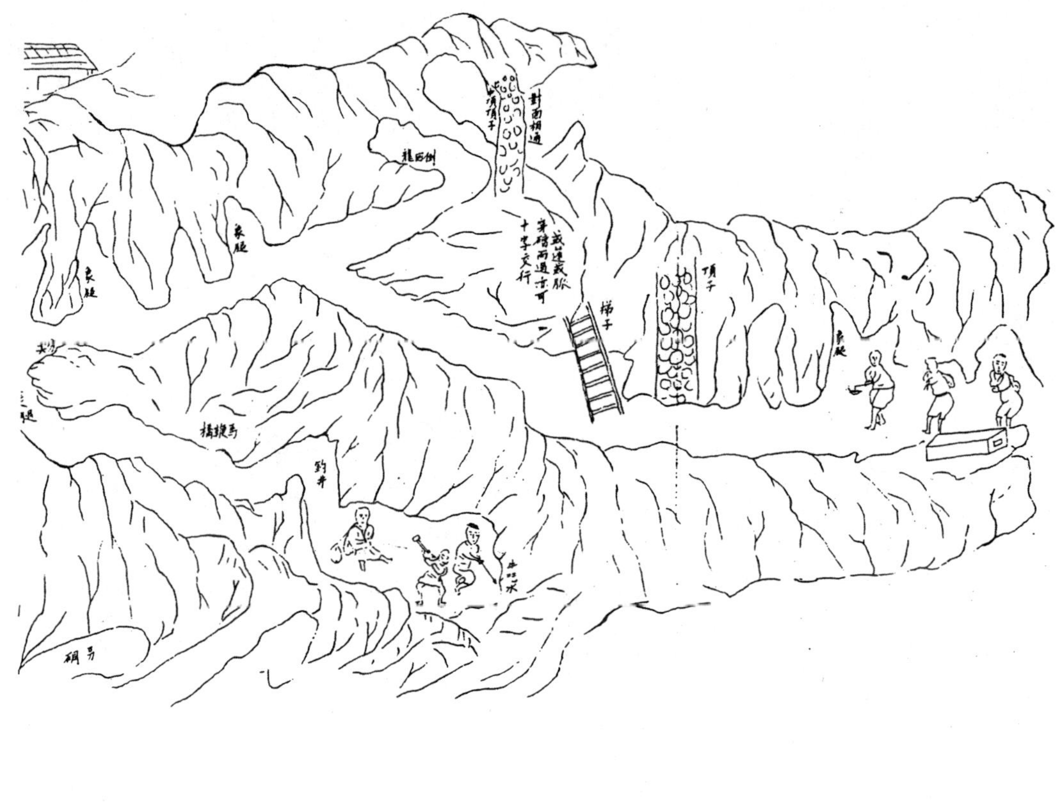

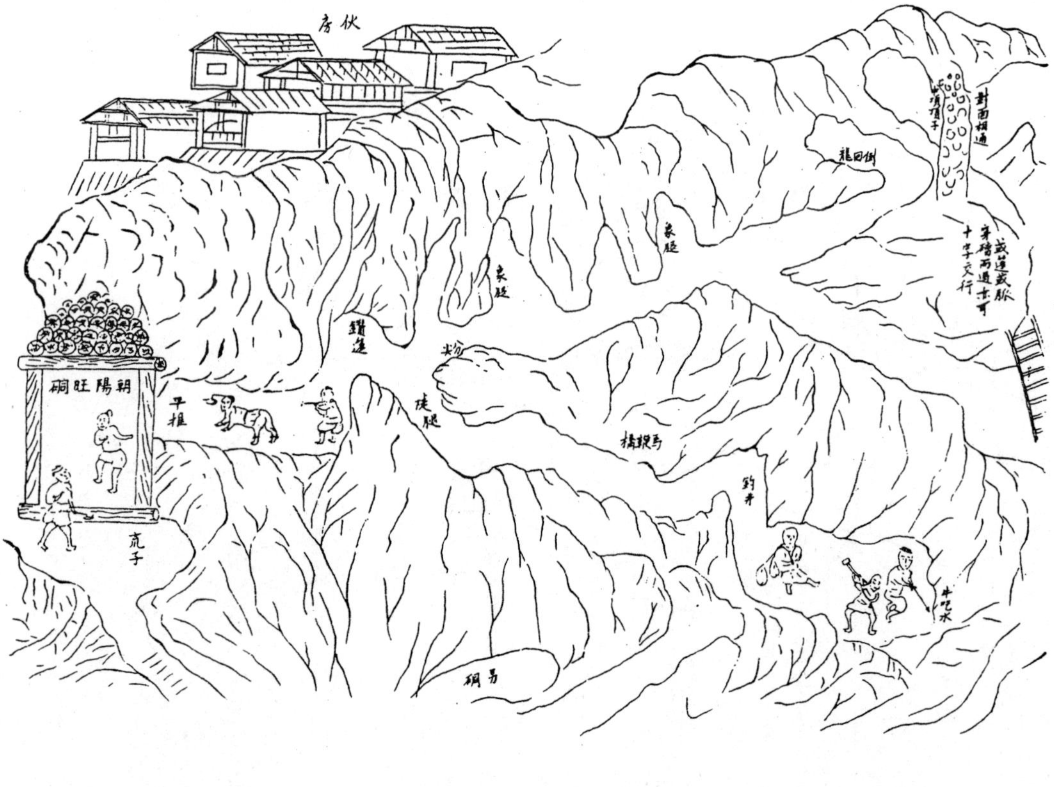

採礦圖二

採礦圖三

採礦圖四

又　冶礦圖一

冶礦圖二

又　採冶器具圖一

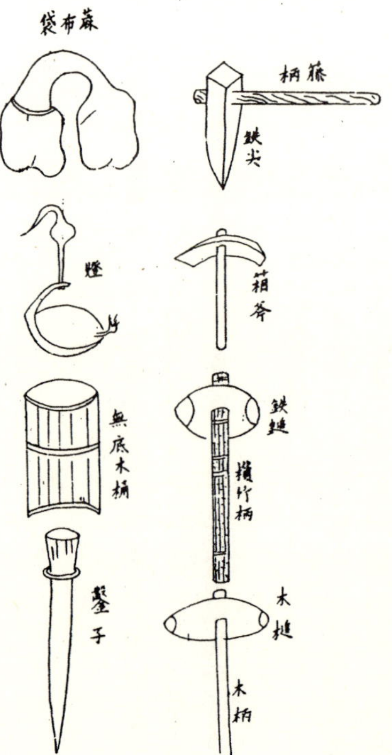


採冶器具圖二

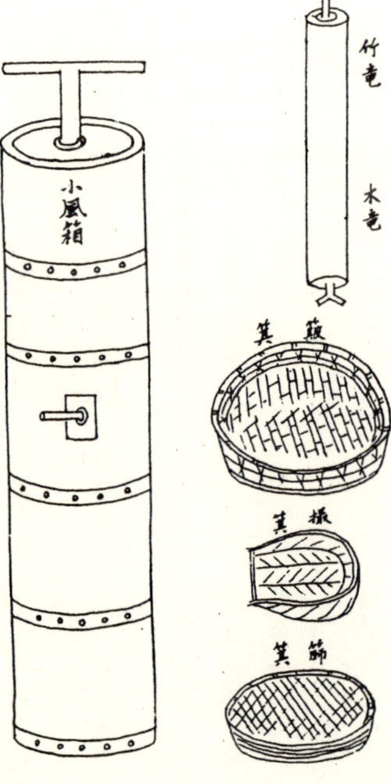

採冶器具圖三

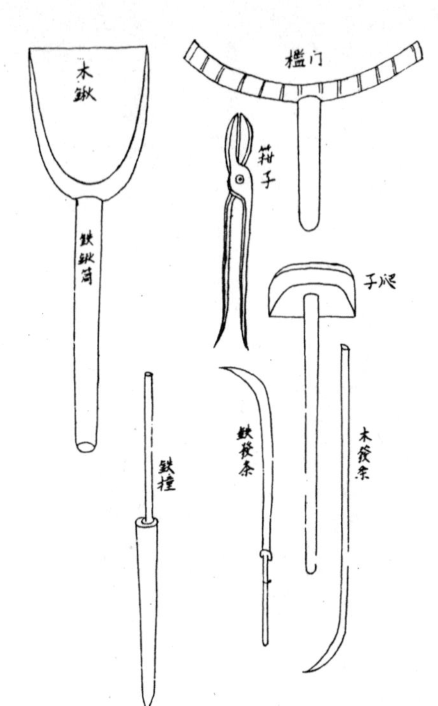


## 藝文

**《詩・魯頌・泮水》** 翩彼飛鴞，集於泮林。食我桑黮，懷我好音。憬彼淮夷，來獻其琛，元龜象齒，大賂南金。[注]魯韓「憬」作「獷」。《韓詩》曰：「獷彼淮夷。」韓説曰：獷，覺寤之貌。[疏]傳：「翩，飛貌。鴞，惡聲之鳥也。黮，桑實也。憬，遠行貌。琛，寶也。元龜尺二寸。賂，遺也。南，謂荆揚也。」箋：「懷，歸也。言鴞恒惡鳴，今來止於泮水之木上，食其桑黮，爲此之故，改其鳴，歸就我以善音，喻人感於恩則化也。「大」猶「廣」也，「廣賂」者，賂君及卿大夫也。荆揚之州，貢金三品。」「魯憬作獷」者，楊雄《揚州牧箴》：「獷彼淮夷。」是魯作「獷」。「獷彼」至「之貌」，《文選・齊・安陸昭王碑文》李注引《韓詩》薛君文。陳喬樅云：「《釋文》：『憬，《説文》作懬，音獷，云闊也。一曰，廣大也。』今攷《説文》『懬』下無引《詩》語，蓋文脱佚耳。『懬』字訓『闊』，與《毛傳》『遠行』義近，是《毛詩》以『憬』爲『懬』之叚借，又《説文》：『憬，覺悟也。《詩》云：憬彼淮夷。』此文同毛而義則同韓，是《韓詩》又以『獷』爲『憬』之叚借也。《説文》又云：『矌，讀若《詩》云穬彼淮夷之穬。』檢《説文》『穬』字無此訓，『穬彼』之穬，即『獷』字之譌。孟康《漢書音義》訓『獷』爲『彊』，孟用《齊詩》，《音義》所釋即本《齊故》也。是齊與魯同作『獷』，説用『彊』，『獷』本義。韓釋『獷』爲『覺悟』，疑字本作『懬』。『懬』或爲『懭』，形與『獷』相似，因而致誤耳。」蔡邕《和熹鄧后謚議》「來獻其琛」，明魯毛文同。《易林萃之中孚》：「元龜象齒，大賂爲寶。稽疑當否，衰微復起。」又《比之噬嗑》：「蒼梧鬱林，道易利通。元龜象齒，寶貝南金，爲吾歸功。」陳奂云：「《傳》意謂此淮夷既服，而聲教所被，雖荆揚之遠亦來，大遺元龜象齒與金也。『大賂』二字，分屬上下，與『韋顧既伐，昆吾夏桀』文法相同。」愚案：《易林》「元龜象齒，大賂爲寶」，亦以「大賂」包上「元龜象齒」，據下「寶」字，可爲明證。龜、象俱出荆楚，交廣尤多，雖《易林》之義不可究知，而「道易利通」，實由淮夷之不爲梗也。

**唐・李白《武昌宰韓君去思頌碑》《李太白全集》卷二九** 時【略】吴、楚轉輸，蒼生熬然。而此邦晏如，襁負雲集。居未二載，户口三倍。其初銅鐵曾青，未擇地而出，(太)[大]冶鼓鑄，如天降神。既烹且爍，數盈萬億，公私其賴之。官絶請託之求，吏無絲毫之犯。

【略】峨峨楚山，浩浩漢水。黄金之車，大吴天子。武昌鼎據，實爲帝里。

**唐・司空圖《詩品二十四則》** 如礦出金，如鉛出銀。超心煉冶，絶愛緇磷。

**元・王禎《農書・農器圖譜・利用門・水排》** 詩云：嘗聞古循吏，官爲鑄農器，欲免力役繁，排冶資水利。輪軸既旋轉，機栝互牽掣，尺制切。深存槖籥功，呼吸唯一氣。遂致巽離用，立見風火熾，熟石既不勞，鎔金亦何易。國工倍常資，農用知省費，誰無興利心，願言述此制。

## 雜録

**宋・魏泰《東軒筆録》卷一二** 張鑄，河北轉運使，緣貝州事，降通判太平州。是時葛源初得江東西提點銀銅坑冶，欲薦鑄，而移文取其脚色。鑄不與，但以詩答之曰：「銀銅坑冶是新差，職比催綱勝一階。更使下官供脚色，下官縱跡轉沉埋。」

**宋・周去非《嶺外代答》卷一〇《蠻俗門》** 蠻俗

蠻夷人物强悍，風俗荒怪，中國姑羈縻之而已。其人往往勁捷，能辛苦，穿皮履上下山如飛。其械器有桶子甲、長槍、手標、偏刀、遏□□牌、山弩、竹箭、桄榔箭之屬。民編竹苫茅爲兩重，上以自處，下居雞豚，謂之麻欄，生理苟簡。冬編鵞毛木棉，夏緝蕉竹、麻紵爲衣。摶飯掬水以食。家具藏土窖，以備寇掠。土産生金、銅、鉛、緑、丹砂、翠羽、峒緂、練布、八角茴香、草果、諸藥，各遂其利，不困乏。

**明・方以智《通雅》卷四一《植物・草》**　透山根，黄冶之草也。《土宿真君》《萬畢術》《岣嶁神書》多言黄冶。嘗云：「石茵蔯，能伏硇。鈎芙即苦芙，地膽草入爐火，用紫背天葵煮八石拒火。烏頭奚毒伏丹砂、砒石。紫蝴蝶煮雄黄、雌黄，伏丹砂，能拒火。羊躑躅伏丹砂，硇，雌黄。觀音蓮一名海芋，一名隔河仙，可變金煅砂。五毒草即赤地利、伏丹砂。羊蹄菜，蓄秃菜也，葉可擦鍮；其子可制鉛汞。金星草即石葦，紫背金盤，亦制汞。」至透山根，則《岣嶁神書》所稱點鐵成金者也。吴普言，《唐本草》菜部水堇，言其苗也，《本經》石龍芮，言其子也。水堇，俗稱蝴蝶菜、金英草之類。透山根，潛山出之，生長於此，未見識者，與爲劉子政，欒得爲范文正。

**又方以智《物理小識・金石類》**　銅鐵斷地脈　以其堅重絶地脈也，廬阜有天子地，故作銅釘坵。

礦水　有礦水者，剪銀塊投之，則旋而爲水，傾之盂中，隨形而定。復取硇水歸瓶。其取硇水法，以瑠璃窑燒一長管，以煉砂取其氣。道未公爲余言之。崇禎庚辰，進《坤輿格致》一書，言採壙分五金事，工省而利多。壬午，倪公鴻寶爲大司農，亦議之，而政府不從。今日番硇甚少，但有氣硇，真番硇則能乾汞矣。

炸爐法　多以硇砂入爐，則爐炸火飛，提手用之嚇迋。

浮石　浮石能治肺，此皆水火之變用。余琰《席上腐談》曰，肝木當浮而又沉，肺金當沉而反浮。蓋肝實肺虚也。故石入水則沉，而南海有浮水之石。木入水則浮，而南海有沉水之香。《抱朴子》曰，燒泥爲瓦，燔木爲炭，水沫爲浮石，此皆去其柔脆變爲剛堅也。中通曰，桐城浮山會聖喦下，有浮石。土中青石燒成石灰，其不成灰者，燒之，其汁如油，油盡則石枯，可以浮之水上。是又一種浮石也。外紀諳厄利亞湖中，有小島，無根，因風移動，則有山浮木上，如葑田者矣。閩盧若騰年伯曰，浯島洞中石潮湧石浮水面，相擊如鐘。鷺島有風動石，石甚大而遇風動摇。以一指探之，亦摇。而千指之力反屈焉。因附記於此。

石文　黎久曰，肇慶岩硐石乳溢結成形。楚蜀文石殊勝，凡文交錯未有不成形者。恒山之圭璧，柳谷之璜玦，果足以證器車之出。而大華仙掌峨眉佛鏡，生有相似，非神迹鬼工也。小石旋文則有六合石、日照石、上杭石、西昌石、塞外石。池州下倉埠出石子如玉，内蘊物形有如龜者。

青石　青石不可以蘆束置其上，築之必碎。但以蘆席蓋碑，經露必有痕，遇霜雪則碑面爆落。廬山朱磯石起片作碑，不及江南青石堅也。中有理路，循鑽取之。《物理》所曰斷大石者，横棉絮一片於衝處，撞之即斷。

煑白石法　嘗隨瞿稼軒年伯遊隱山六洞，見一西僧年百餘，云是佛菻國人，言煑白石法：以鹽塗燒而淬礬水，乃以五加、地榆、硝石煑爛，乾之成粉，任作餅食。單道開豈足奇乎！以醋酒煑代赭石，插銕釘其中，扇之作汁。

**清・顧祖禹《讀史方輿紀要》卷二八《南直十》**　水西山，縣西南五里。林壑邃密，下臨賞溪。循溪而入有塢曰水西坑，最幽勝。唐宣宗微時遊此，有「報道風光在水西」之句。風光，宣宗小字也。又西北五里曰響山，石壁聳峙，與幰山相望。　格山，在縣西北七里。高數十丈，周十餘里，環抱縣治，如郛郭然。又西十餘里曰盤坑，以崖谷宛轉而名，土人嘗陶冶其地。

**又　卷三五《山東六》**　商山，縣西八十里。一名鐵山，跨益都、臨淄、新城三縣界。崔琰《述征賦》「涉淄水，過桓都，登鐵山，望齊密」是也。《晉書》：「慕容德立冶於商山，置鹽官於烏常澤，以廣軍國之用。」《魏書・食貨志》：「崔亮言：『南青州苑燭山，齊州商山，並是往昔銅官。』」《元史・合剌普華傳》「嘗以事至益都，於四脚山下置廣興、商山二冶」，即此。

西丹河，在縣北。源出丹山，流入昌樂縣界與東丹河合。又白狼水，亦出丹山，北流與昌樂縣之白狼河合。　熏冶泉，在縣西南二十五里。《水經注》：「古冶官所在，因取名焉，東北流入於巨洋水。」

**又　卷一一八《雲南六》**　把邊關，在把邊山上，爲府之險阸。　牛街驛，在府北百八十里瀘溪江上。路通蒙化，有渡，深險不測，飛濤亂石，不容巨舟，舊刳木爲舫，如竹半破，渡者畏沮。近時建橋以渡，行者便之。志云：府境舊有順寧觀音、水井、牛街、錫鉛、右甸、枯河六驛，皆土驛丞司之。

矣堵寨，在府西南。萬曆二十八年矣堵十三寨莽亢等復叛，官軍討平之，順寧、雲州復。　猛淋寨，在府境。萬曆十一年灣甸酋景宗真導緬入姚關，寇施甸，焚掠順寧，破猛淋寨，即此。志云：府境有錫鉛寨巡司，又有董甕寨、亦壁嶺、蟒水寨、錫臘四巡司，萬曆中裁。

**清・吴其濬《滇南礦廠圖略》卷一**

丁第九

打廠之人名曰砂丁，凡廠衰旺，視丁衆寡，來如潮湧，去如星散。機之將旺，麾之不去。勢之將衰，招之不來。故廠不慮丬乏，但恐丁散。合夥開硐，謂之石分，從來稱也。雇力稱硐户曰鍋頭，硐户稱雇力曰弟兄。雇力名目亦多不同，故記丁。

曰管事。經管工本置辦油米一切什物。

曰櫃書，亦曰監班書記。獲卝方雇，每硐一人，旺硐或有正、副。每曰某某買卝若干，其價若干，登記賬簿，開呈報單。

曰攘頭。每硐一人，辨察櫳引，視驗塃色，調撥掮手，指示所向。鬆塃則支設攘木，悶亮則安排風櫃，有水則指示安竜，得卝則覈定賣價。凡初開硐，先招攘頭，如得其人，硐必成效。

曰領班。專督衆丁硐中活計，每尖每班一人，兼幫攘頭支設攘木。

曰掮手。專司持掮，每尖每班一人，挂尖一人，持掮隨時互易，稱爲雙换手，選以年力壯健。

曰背塃。每尖每班無定人，硐淺碳硬則用人少，硐深卝大則用人多。

曰清身。常時并無辛工，得卝共分餘利。

曰月活。不論有卝無卝，月得雇價。

曰鑪頭。熟識卝性，諳練配煎，守視火候，無論銀銅，爐户之虧成在其掌握。硐之要在攘頭，爐之要在爐頭。

曰革皮活。硐之外雜事，皆係月活。

役第十

《周禮·卝人》：府二人，胥四人，徒四十人。設官則役隨之，數則視其卝乏盈虚而損益焉。俗謂官不可以騶從視卝，司卝者以役胥爲指臂且爲心腹矣。衆至千百，即設千百夫、游徼、嗇夫，街市而無廢，故記役。

曰書記，即胥吏。銅廠曰經書、清書，掌銅銀收支存運之數。銀廠曰課書，掌銀課收支存解之數。均承行諭帖告示，按月造送册報，隨時稟承事件。人須心地明白，算法精熟，務宣由署派輪，不可任廠保舉。

曰巡役。銅廠以估色爲重，催炭次之。銀廠生課以坐硐爲重，熟課以察罩爲重。至若察私并資勤幹，辨其勞逸，均其甘苦。

曰課長。天平與秤、庫櫃鎖鑰，均其專管。銅廠掌支發工本，收運銅斤，銀廠掌收鑿課款，一切銀錢出納，均經其手。間有委辦事者，通廠尊之，選以謹厚爲先，才爲次。

曰客長。分漢、回，旺廠並分省，而以一人總領之。掌平通廠之訟，必須公正老成，爲衆悦服，方能息事，化大爲小。用非其人，實生厲階。此役最要，而銀廠尤重。

曰炭長。銀廠有可不設，銅廠則保舉炭户，領放工本。不必家道殷實，而以有山場牲畜爲要。

曰爐長。銅廠有可不設，銀廠課欵攸關，此役爲要。

曰街長。掌平物之價，貿易賒欠、債負之事。

曰總櫳，亦曰總工。銀廠有之，任與硐長畧同，選宜熟習櫳引、塃色、碳道、卝質。

曰硐長。掌各硐之務，凡硐之應開與否，及鄰硐穿通或争尖奪底，均委其入硐察勘。

曰練役。掌緝捕盜賊。

曰壯練。銅廠有可不設，銀廠人至萬外，必須招募，課賴護解、地資彈壓。

規第十一

官之所奉者，例也。民之所信者，規也。例所不載規則至，悉相沿相習，實可久之經矣。定於初開時易，改於既旺後難。無礙田園廬墓，勘有引苗者皆准開採，例如是而已。不立規模而從事狐裘蒙茸，誰適從？故記規。

曰報呈。凡擇有可開之地，具報官房，委硐長，勘明距某硐若干丈，并不干礙，給予木牌，方准擇日破土。

曰石（俗讀作擔。）分。數人夥辦一硐，股分亦有大小。廠所首需油米，故記石而折銀焉。退出添入，或相承頂，令其明立合同後即無事。

曰討尖。就人之硐兮開窩路，即容尖也。本硐願放，亦令明立放約。討約各頭人居間，得卝之後抽收硐分，或二八，或一九，客尖亦有獨辦、夥辦之不同。

曰洪賬。有贏利之謂也。賣獲卝價，除去工本，又抽公費：一曰神廟祀及香資也；一曰公，以備差費也；一曰山，山主之租也；一曰水，或用農田溝水也。若係官山，無此二項，或併入公件，餘則就原夥石分而分之。

曰廢硐火房人。竈不起火，准其報明官房，委勘屬實，給予木牌，插立硐口，俟二三個月後，無人來認，方准別人接辦。其或出措工木，及有事故者，報明，亦准展限一二個月，廢尖如之。

曰支别。凡硐管事管攘頭，攘頭管領班，領班管衆丁，遞相約束，人雖衆不亂。算我雇價曰别，預支雇價曰支，皆以三節，端午爲小，中秋、年終爲大。走廠之人，率以此時來廠。大旺則聞風隨時雲集，平廠一經過期，便難招募也。

曰火票。凡爐起火，必請印票，潑爐時遣役看守，銅則登記圓數熟課，銀廠則押交原銀餅，以便上手鏨課。

曰察充坐課。銀廠定限時刻出鑛，不准參差，并不准賣。如此𠀤爐户還價一兩不賣者，逾時即令硐户加價一二鈔上課。

曰打頂子。凡兩硐對面攻通，中設圓木或石尖頭，折回各走各路，或此硐之尖，或此硐直行，而彼硐横通，則設木爲記，准其借路行走，抑或由蓬上底下分路交行。有鑛之硐遇此等事，最宜委勘公斷，既無争奪，即無滋鬧。即或兩硐共得一堂𠀤，雙尖並行，中留尺餘以爲界埂，俟𠀤打完，再取此𠀤平分。

禁第十二

物無主則必争，況聚千萬烏合之衆，令之不行，禁之不止，則斧鑿强於耰鋤矣。申嚴號令，法宜約而豫，故記禁。

曰争尖奪底。兩硐相通，并取一𠀤，曰争尖。此硐在上，而彼硐從下截之，曰奪底。廠所常有之事也。禁之於始，即無效尤。

曰執持兇器。一察於丁衆進廠之時，一嚴其鉄匠打造之罰。

曰燒香結盟。諺曰，無香不成廠，或結黨而後入，或遇事而相邀，其分也争爲雄長，其合也必至挾持，𤋎而摧之，决無(爲)[委]蛇之患。

患第十三

利之所在，患即生焉。天地秘藏，不容携取，示之以偈，乃誘之也；藏之以水，乃費之也。下穹黄壚而無風，則有悶塞之患。硐老崩覆，患斯大矣。濟以人力，是爲預防，故記患。

曰不分汁。有真有膺，物之情也，此其膺焉者耳。瓜熟蒂落，物之時也，否則，其未熟者耳。𠀤有稀稠之性，配合不宜，亦不分汁，訪求老匠，多方配煆，間有成效者。

曰悶亮。初開之硐，窩路獨進，風不能入，火遂不燃，必須另開硐口，俾其窩路交通，名曰通風。兼置風櫃扇風進内，暫可救急。年久之硐窩路深遠，亢旱則陽氣燥烈，久雨則陰風濕蒸，皆有此患。待交節後，爲期不過數旬。

曰有水。外而入者爲陽水，或近箐澗，或逼江河，無法可治之矣。内而生者爲陰水，金水相生，子母之義，有水之𠀤，貶分方高，小則皮袋提背，大則安竜遞扯，然竜至十餘架後，養丁多費，每致不敷工本。得能擇地開辦水泄，礶硐方爲久遠之計。

曰蓋被。初開之時不爲立規，硐如篩眼，一經得𠀤，競相争取，既虞滋事；硬硤窩路尚自無妨，若是鬆塃，勢必覆壓矣。

忌語第十四

禁忌惟商賈獨嚴，懼其讖也。小説家謂太歲如塊，無見而聽，故上工尤戒之語，爲吉祥豐豫之象，故記語忌。

封謂之豐，忌𠀤之封也。

鐙謂之亮子，油捻謂之亮花。

土謂之塃，忌音同吐也。

石謂之硤，忌音同失也。

夢謂之混，忌夢爲虚境也，孟姓亦稱爲混。

好謂之徹，忌音同耗也。

物異第十五

兩金尚矣，錢之飛，銀之變，志、紀非盡誕也。南中銀窟劉禪時化爲銅，古有之矣。盛衰有象爲之朕耳，靈山聖火，安知非金銀氣達霄漢耶！干寶有婢伏棺再生硐中之骸，殆未知死，或曰寶氣所育，枯骨不朽，遊魂爲變，亦觸生氣而然，故記事異。

曰山吼。在山内聲如殷雷，在空中聲如群蜂，由内而出者頓衰，由外而入者必旺。

曰𠀤火。月明静夜方出，如人持炬若近若遠，忽兮忽合，多在對山，或中隔河。

曰乾麑子。相傳歿於硐内，屍不出硐，倚在欜木之間，年深月久，肉消而皮著骨不朽，亦不僕，後人經過其前，能伸手向討煙吃，與之吃畢，仍遞烟筒還人，祇不能言耳。

祭第十六

有益於民，則祀之，𠀤龍之祠，列於祀典，疆吏春秋奉牲幣焉。地不愛寶，非神胡靈報賽以度人心畫而地示應矣。瘴癘時作遊魂無依招魂，從俗亦曰歸厚，故記祭。

曰山，即𠀤神也。爲壇而祭，以二、八月，祭以祝帛太牢。凡各頭人及硐爐管事皆頒胙。

曰西嶽。有廟曰金火娘娘廟，祭與山同。

曰財神。每月初二十六日牙祭，用三牲。

曰中元會。逢醮放餤口。

曰會館。直省不同，各祀其土神。

又 卷二

帑第四

滇民皆窳，不商不賈，章貢挾重貲者，皆走慝徼外，奇珍則翡翠、寶石，民用則木棉、藥物，利倍而易售。鑛廠惟産銀者，或千金擲如博梟，而銅鑛率無籍遊民奔走博果腹耳。官畀以資而議其力，有獲則以價買之，物揭而書之，滇課銅九百餘萬，百斤價率六兩有奇，以五六計，糜銀六十萬餘，而運費不興焉。通商者什一或什二，課不足亦增價值而購之，農部與滇庫先二歲而預籌其帑，數十廠，數十萬，衆待以坐，而九府虛實恃此以酌劑，所關正鉅，故記帑。

凡滇省辦運京銅，歲撥帑銀一百萬兩，内户、工二部正額銅批飯食銀六萬四千四百五十五兩二錢，户部加辦銅批飯食銀二千三百一兩八錢四分四厘。天津道庫撥費二千八百兩，坐糧廳正額銅斤車脚吊載銀一百七十九兩九錢八分四厘，水運幫費八千四百兩，均由直隸司庫分别撥解。自漢口至儀徵水足銀一萬四百三十四兩，由湖北司庫撥支。自儀徵至通州水足銀一萬六千二百六兩，由江蘇司庫撥支。停止沿途，借支增給經費銀一萬三千兩。道光八年奏，案每起該銀二千五分，給正運四起，加運二起，支領正運百兩，加運每起該銀一千五百兩。由湖北、江寧二省司庫各半支撥。直隸、湖北、江寧三省動撥幫費經費銀兩，滇省仍於籌存各本款内，按年照數提入銅本項下。其餘銀八十三萬七千二百五十二兩七錢九分二厘，該省提撥銅本時，再查明司庫銅息并積存雜項銀兩，除留存備用外，餘俱侭數據抵銅本之用，不敷銀兩，再行辦撥佚支。令辦撥省分委員解交。雲南銅本於前二年趕辦，如丙年工本，滇省於甲年具題，部中即行覈撥，乙年夏季到滇，俾得及時採辦，以免挪借。嘉慶十八年，減銀四百兩，道光十九年復故。

凡滇廠，採辦已逾十年，硐穴深遠，准預借兩月底本銀兩。每廠臣辦交銅百斤，帶交餘銅五斤，定限四十個月，扣交清楚。如爐户中有虧欠者，即着落經放廠員賠補歸款。

凡滇廠距省遠近不一，赴司請領工本，往返需時。迤東道庫貯銀八萬兩，迤西道庫貯銀四萬兩，凡所屬銅廠需本接濟，由道親往發給。現年分無貯款。迤南道所轄廠地距道比省更遠，仍由藩司數撥，糧道專轄廠地移歸藩庫特發。此項接濟銀兩即於請領月額工本内，按季分扣，年清年款。倘道員濫行多發，致有欠本，即令道員賠償。如係知府專管之廠，轉稟請發，即着道府分賠。如藩司額外多發，以致廠員濫放無着，一律參賠，并將接濟通報之廠欠有無未完分晰聲造，按照鹽課未完分數事例察參。

凡銅廠工本，上月發本，下月即須收銅。若三月後不繳，該管道府勒令廠員陸續扣銷，或將家産追變。統以一年爲斷，逾期不完，即着令廠員賠繳，將廠民審明定罪。倘事隔數年忽有爐欠，即將廠員以侵蝕科斷，該管上司照徇隱例議處。廠有爐户逃亡事故，令廠員隨時通報該管道府評查。如果屬實，准以市平據抵。各廠借領工本銀每百兩，扣平銀兩存司庫，以爲補抵廠欠之用。若再有不敷，即令經放之員賠補，毋許以廠欠推卸。砂丁借爲搪抵，并責成廠員慎選殷實之人充當，倘并無家産，任聽濫充，如有欠缺，惟該員是問。

凡銅廠無看廠欠銀兩，如實在廠衰礦薄，爐户故絶無追者，取具道府等印結奏明辦理。倘不應豁免者，督撫以下攤賠。計督撫合賠一股，藩司分賠一股。如係知府直州經管之廠，該管巡道分賠二股。如係州縣經管之廠，該管知府直州分賠二股。廠員分賠六股。

惠第五

自汰官銅店之剥朘，而砂丁得實利矣。又防官吏之侵漁，凡在廠在店之員，及吏胥，皆給以薪食，於獲銅内酌定額焉。廉者爲之無染於商丁而俯仰皆足，國家之惠深矣。故記惠。

東川府經管湯丹廠，月支薪食銀二十一兩，各役工食銀五十四兩六錢。大水溝廠，薪食銀七兩，各役工食銀四十三兩四錢。茂麓廠，薪食十兩，各役工食銀四十一兩。大鳳嶺廠，薪食銀十兩，各役工食銀五十二兩。

大關廳經管老人山、箭竹塘二廠，不支薪食，月支各役工食銀各五兩。

寧臺廠，委員月支薪食銀十五兩，各役工食銀一百四十八兩二錢。雲龍州經管大功廠，月支薪食十五兩，各役工食銀四十八兩。

永北廳經管得寶坪廠，月支薪食三兩七錢五分，各役工食銀十三兩八錢五分。易門縣經管香樹坡廠，月支薪食十五兩，各役工食銀五十五兩四錢。

路南州經管鳳凰坡、紅石岩二廠，不支薪食，每廠給各役工食五兩七錢。

大興、紅坡二廠，不支薪食，每廠給各役工食銀十三兩三錢。

發古廠，月支薪食銀壹十兩，各役工食銀壹拾三兩。

餘辦京銅各小廠，如迴龍、樂馬、雙龍、長發坡、小岩坊、金沙、梅子沱、紫牛坡、獅子尾、老硐坪等廠，官、役不支廉食。

迤西道官店年支店費銀一百八十六兩，催銅盤費銀六百九十六兩。

迤東道尋店年支養廉銀四百八十兩，店費等銀五百二十八兩。

威寧州威店年支養廉銀三百兩，店費等銀二百七十六兩。

鎮雄州鎮店年支養廉銀九百兩，店費等銀四百七十五兩六錢。

東川府東店年支養廉銀七百二十兩，店費等銀六百二十七兩三錢六分。

昭通府昭店年支養廉銀七百二十兩，催銅盤費銀一百八十兩。

大關廳井店年支養廉銀三百六十兩，店費等銀一百八十七兩二錢。

永善縣坪店年支養廉銀三百兩，支半年，書巡、搬夫工伙銀二百一十兩。

瀘店監免委員年支養廉銀一千二百兩，書記、搬夫工伙銀二百二十四兩。

**《清史稿・食貨志・礦政》** 世祖初開山東臨朐、招遠銀礦，順治八年罷之。十四年，開古北、喜峯等口鐵礦。康熙間，遣官監採山西應州、陝西臨潼、山東萊陽銀礦。二十二年，悉行停止。並諭開礦無益地方，嗣後有請開採者，均不准行。世宗即位，羣臣多言礦利。粵督孔毓珣、粵撫楊文乾、湘撫布蘭泰、廣西提督田畯、廣東布政使王士俊、四川提督黃廷桂相繼疏請開礦，均不准行，或嚴旨切責。十三年，粵督鄂彌達請開惠、潮、韶、肇等府礦，下九卿議行。上以妨本務停止。蓋粵東山多田少，而礦產最繁，士民習於攻採。礦峒所在，千百爲羣，往往聚衆私掘，嘯聚剽掠。故其時粵東開礦，較他省尤爲厲禁。

乾隆二年，諭凡產銅山場，實有裨鼓鑄，准報開採。其金銀礦悉行封閉。先是，五年允魯撫朱定元請，開章丘、淄川、泰安、新泰、萊蕪、肥城、寧陽、滕、嶧、泗水、蘭山、剡城、費、莒、蒙陰、益都、臨朐、博山、萊陽、海陽各州縣煤礦，而蓑城知縣高封請自備貲開嶧、滕、費、淄、沂、平陰、泰安銀銅鉛礦則禁之。然貴州思安之天慶寺、鎮遠之中峰嶺，陝西之哈布塔海哈拉山，甘肅之扎馬圖、敦煌、沙洲南北山，伊犂之皮裏沁山、古内、雙樹子、烏魯木齊之迪化、奎騰河、呼圖壁、瑪納斯、庫爾喀喇烏蘇、條金溝各金礦，貴州法都、平遠、達摩山，雲南三嘉、麗江之迴龍、昭通之樂馬各銀礦，相繼開採。嘉慶四年，給事中明繩奏言民人潘世恩、蘇廷禄請開直隸邢臺銀礦。上謂：「國家經費自有正供，潘世恩、蘇廷禄覬覦礦利，敢藉納課爲詞，實屬不安本分。」命押遞回籍，明繩下部議。六年，保寧以請開塔爾巴哈台金礦，明安以請開平泉州銅礦，均奉旨申飭。

道光初年，封禁甘肅金廠、直隸銀廠。蓋其時歲入有常，不輕言利。惟雲南之南安、石羊、臨安、箇舊銀廠，歲課鉼五萬八千餘兩；其餘金礦歲至數十兩，銀礦歲至數千兩而止。又旋開旋停，興廢不常，賦入亦尠。銅鉛利關鼓鑄，開採者多邀允准，間有蠲除課稅者。廣東自康熙五十四年封禁礦山，至乾隆初年，英德、陽春、歸善、永安、曲江、大埔、博羅等縣，廣州、肇慶兩府，銅鉛礦均行開採。百餘年來，雲、貴、兩湖、兩粵、四川、陝西、江西、直隸報開銅鉛礦以百數十計，而雲南銅礦尤甲各行省。蓋鼓鑄鉛銅並重，而銅尤重。秦、鄂、蜀、桂、黔、贛皆產銅，而滇最饒。

滇銅自康熙四十四年官爲經理，嗣由官給工本。雍正初，歲出銅八九十萬，不數年，且二三百萬，歲供本路鼓鑄。及運湖廣、江西，僅百萬有奇。乾隆初，歲發銅本銀百萬兩，四五年間，歲出六七百萬或八九百萬，最多乃至千二三百萬。户、工兩局，暨江南、江西、浙江、福建、陝西、湖北、廣東、廣西、貴州九路，歲需九百餘萬，悉取給焉。礦廠以湯丹、碌碌、大水、茂麓、獅子山、大功爲最，寧臺、金釵、義都、發古山、九度、萬象次之。大廠礦丁六七萬，次亦萬餘。近則土民遠及黔、粵，仰食礦利者，奔走相屬。正廠峒老砂竭，輒開子廠以補其額。故滇省銅政，累葉程功，非他項礦產可比。

道光二十四年，詔雲南、貴州、四川、廣東等省，除現在開採外，如尚有他礦願開採者，准照現開各廠一律辦理。二十八年，復詔「四川、雲、貴、兩廣、江西各督撫，於所屬境内确切查勘，廣爲曉諭。其餘各省督撫，亦著留心訪查，酌量開採，不准託詞觀望。至官辦、民辦、商辦，應如何統轄彈壓稽查之處，朝廷不爲遥制」。一時礦禁大弛。咸豐二年，以寬籌軍餉，招商開採熱河、新疆及各省金銀諸礦。三年，詔曰：「開採礦産，以天地自然之利還之天地，較之一切權宜弊政，無傷體制，有裨民生。當此軍餉浩繁，左藏支絀，各督撫務當權衡緩急，於礦苗豐旺之區，奏明試辦。」時軍興餉乏，當時開採者，僅新疆噶爾，蒙古達拉圖、噶順，紅花溝之金礦，直隸珠窩山、遍山綫、室溝、土槽子、錫蠟片、牛圈子溝，蒙古哈勒津、羅圈溝、庫察山、長杭溝之銀礦，新疆迪化、羅布淖爾、三個山之銅錫礦數處。同治七年，吉林請開火石嶺子等處煤礦，以伏莽未靖，格部議不果行。十三年，以滇礦經兵燹久廢，諭飭開辦，從滇督岑毓英請也。是年海防議起，直隸總督李鴻章、船政大臣沈葆楨請開採煤鐵以濟軍需，上允其請，命於直隸磁州、福建臺灣試辦。光緒八年，兩江總督左宗棠亦言北洋籌辦防務，製造船礮，及各省機器輪船所需煤鐵，最爲大宗，請開辦江蘇利國驛煤鐵。報聞。嗣是以次修築鐵路，煤鐵益爲當務之急。於是煤礦則吉林大石頭頂子、亂泥溝、半拉窩、雞溝、二道河、陶家屯、石牌嶺，黑龍江太平山、察漢敖拉卡倫，直隸開平、唐山，内丘縣之上坪、永固、磁窑溝、南陽寨，臨城縣之岡頭、石固、膠泥溝、楊家溝、新莊、竹壁、牟村、焦村，宣化府之雞鳴、玉帶、八寶寺山，阜平縣炭灰鋪村，曲陽縣白石溝、野北村，張家口廳海拉坎山、馬連圪達，宛平縣青龍澗、碑碣子，承德府榆樹溝，奉天海龍府遠來、義和、進寶、玉盛、永順、永益、萬利、人和、同德、順發，錦州府大窑溝，錦西廳碭石溝，本溪縣王千溝，興京廳蜜蜂溝，遼陽州窑子峪，江西萍鄉，永新、餘干，山東嶧縣，安徽貴池、廣德、繁昌、東流、涇縣，湖北荆門，河南禹州，山西平定，鳳台，浙江桐廬、餘杭，江蘇上元、句容，湖南湘鄉、祁陽，廣西富川、賀縣、奉議、恩陽、南寧、那坡，陝西白水、澄城、同州青谿，皆先後開採，而秦、晉商民零星開採，尤難悉數。

二十二年，詔開辦各省金銀鑛廠。自光緒初年，開直隸窯溝銀鑛，甘肅西寧、甘、涼，黑龍江漠河觀音山、奇乾河各金鑛外無聞焉。自明令頒行而後，金鑛則直隸之平泉州屬轉山子，建昌縣屬金廠溝，撫寧縣屬雙山子，灤平縣屬寬溝，豐寧縣大營子、西碾子溝，翁牛特旗之紅花溝、水泉溝、拐棒溝，而遷安縣所產尤旺。奉天之鳳凰、安東、遼陽、通化、寬甸、懷仁、鐵嶺、開原、通化、海城、錦縣，蒙古之賀連溝、大小槽、碾溝、除虎溝、朱家溝、板橋子、珠爾琥珠、克勒司、布恭、特勒基、哈拉格囊圖、奎騰河、圖什業圖汗，四川之冕溝，湖南之平江，浙江之諸暨，黑龍江之黑河，新疆之和闐，焉耆。銀鑛則四川之天全、盧山、大穴山頭，皆報明開採。而銅、錫、鉛、銻、石油、硫磺、雄黃等鑛，亦接踵而起。銅則雲南迤東湯丹，茂麓正廠六，子廠十一。迤西回龍，得寶正廠八，子廠九。楚雄永北及雲武所屬萬寶、雙龍，又永安順寧、臨安、開化、曲靖各廠，均招商承採。而江西贛州，陝西鎮安，湖南綏寧，新疆拜城，庫車亦有銅廠。錫則廣東儋州，廣西南丹土州、富川、賀縣。鉛則湖南常寧、湘鄉、臨武，四川會理，浙江鎮海、奉化、象山、寧海、太平。銻則湖南益陽、邵陽、新化、沅陵、慈利、湘鄉、祁陽、新安、溆浦，貴州銅仁，四川秀山，廣東曲江、防城、乳源，廣西南太、泗鎮、陵陽都。石油則陝西延長，甘肅玉門，新疆庫爾喀喇烏蘇。硫磺則山西陽曲，奉天遼陽、錦州。雄黃則湖南慈利。或官辦，或商辦，或官商合辦。或用土法，或用西法。

九年，詔各省煤鑛招商集股舉辦。自是雲南、四川均設招商及鑛務局，貴州設鑛務公商局，山西設鑛務公司。粵東瓊州之銅鑛，浙江寧波之鉛鑛，皆率招商集股開辦。開辦歷數十年，惟開平、萍鄉之煤，大冶之鐵，規模宏遠。次則平江之金，益陽之銻，常寧之鉛，猶爲民利。漠河金鑛所產雖富，歲解部銀僅二十萬兩。滇銅自十三年命唐炯督辦，歲運京銅不過百餘萬，各省鼓鑄，猶以重直購洋銅。鐵產爲漢陽廠鍊鋼造軌，略供輪路之需。粵、桂、晉出鐵雖饒，以提鍊不精，國内製造，仍多購自英廠。

二十四年，詔設鑛務鐵路總局於京師，以王文韶、張蔭桓主之。奏定章程二十二，准華商辦鑛，假貸洋款，及華洋合股，設立公司。自是江西萍鄉煤鑛則借德款，湖北大冶鐵鑛則借日本款，浙江寶昌公司則借義款，直隸臨城煤鑛則借比款。當其議定合同，於抵押息金外，輒須延聘鑛師，甚者涉及用人管理。至直隸井陘，安徽宣城煤鑛，山西盂平、澤、潞、平陽，四川江北煤鐵鑛，新疆塔城，直隸霍家地、廠子溝金鑛，廣西上思，貴州正安鉛鐵，福建邵武、建寧、汀州，直隸八道河，奉天尾明山，及吉林新舊鑛，均華洋合辦，一經訂約，時生轇轕。若福公司之於晉鑛，其尤甚者也。二十四年，河南豫豐公司以其專辦懷慶左右黃河以北各鑛之權，山西商務局以其專辦盂平、澤、潞、平陽煤鐵各鑛之權，同時讓與辦理。一公司壟斷兩省鑛務，更議修鐵道自晉訖汴，因鑛及路，利權損失，爭持三年，始允合辦。汴既侵攘華官主權，晉復干涉人民開採。全晉紳民，堅持廢約。遲之又久，始以銀二百七十餘萬贖回。他如陝西延長，四川富順、巴、萬石油鑛，湖南常寧龍王山，湖北興國龍角山鑛，均因商民私相授受，釀成交涉。

自議訂膠濟、東清路約，附路十三里内華人無開鑛權。而開平煤鑛，漠河觀音山金鑛，復因内亂爲外人所侵佔。開平煤鑛，自光緒元年直隸總督李鴻章集官商之力，經營二十年，效力大著。二十六年，拳匪亂後，洋員德璀琳因督辦張翼委其保護，與鑛師胡華私立賣約，而張翼亦即簽押移交，轉以加招洋股中外合辦奏聞。由是而唐山西山、半壁店、馬家溝、無水莊、趙各莊、林西各鑛，秦皇島口岸地畝附屬之承平、建平、永平金銀鑛，悉操於英公司。嚴詔責令收回，赴英控訴，卒未就緒。三十四年，籌辦灤州煤鑛，英公司阻撓之。乃劫爲營業聯合之法，合設開灤總局。觀音山金鑛，亦因拳亂爲俄人佔據。三十二年，始以俄銀萬二千盧布贖回。

二十八年，外務部改定鑛章，凡華洋商人得一體承辦鑛務，惟必稟部批准，乃爲允行之據。是年皖撫聶緝椝許英人凱約翰承辦歙、銅陵、大通、寧國、廣德、潛山鑛產，嗣以專辦銅陵之銅官山，訂約定期百年，佔地三十八萬四千餘畝。皖中紳民合力爭之，始以銀四十萬兩贖回自辦。法人彌樂石亦於是年以勘辦全滇鑛務請於滇督及外務部，皆拒之，仍獲澂江、臨安、開化、雲南、楚雄、元江、永北等府、廳、州鑛權以去。繼是英商立樂德以合辦東、昭兩府金銀鑛不獲，遂援彌樂石例，索廣南、曲靖、麗江、大理、順寧、普洱、永昌七府鑛，亦堅拒未允。一時舉國上下，咸以保全鑛産爲言。由是蜀設保富公司，華洋承辦川省鑛務，購地轉租事宜屬之。閩設商政局，旋奏設鑛務總公司，凡請辦各鑛場，查核准駁之權屬之。山西保晉公司，安徽鑛務總局，頗能集合股富，鳩貲開辦。湘、鄂則於所屬鑛地勘明圈購，以杜私售。

二十五年，江南籌辦農工鑛路各學堂，兩湖復籌設高等鑛業學堂。三十一年，商部以洋商私佔鑛地鑛山，疏請中明約章，以維權限。尋奏設各省鑛政調查局，以勘明全國鑛産、嚴禁私賣爲先務。鄂督張之洞條上鑛務正章七十四，附章七十三。蓋自二十四年以來，鑛章屢易，每因鑛務齟齬，洋商輒引爲口實。二十九年，商約大臣吕海寰與各國議訂商約，許以開採鑛産之利，但必須遵守中國鑛章。而中國鑛章，則比較各國通行者爲之準則，特詔張之洞擬定。乃取英、美、德、法、比利時、西班牙鑛章參互考證，區別地面地腹，釐定鑛界鑛税，分晰地股銀股，暨華洋商，限制至周；尤注重於中國主權，華民生計，地方治理。閱數年乃成，下部謹行，中國鑛章始具云。

# 貴金屬分部

## 題解

**明·方以智《通雅》卷四八《金石》** 鉒金、鉒銀，卝也。《玉海》引《管子》曰：「上有鉛者，其下有鉒銀，上有丹砂者，其下有鉒金，上有慈石者，其下有銅金，此山之見榮者也。」《博雅》曰：「鉒，署置也。」《平水韻增》：「一曰以物送終謂之鉒，音註」，亦謂在土中爲鉒耳。軒轅述《寶藏論》：「金有二十種，五真金，十五皆藥成者；銀十七種，四種真銀，十三種藥成者。」梵書謂「金爲蘇伐羅，銀爲河路巴」，謂生金生銀也。還金丹生丹砂穴中爲上，沙金爲瓜子，麥金麩金山金爲馬蹄金。銀生鑛中石縫，如亂絲，色紅，有曰老翁鬚者爲上；有白如草根，有銜黑石者，生樂平鄱陽産鉛之山，一名龍牙，一名龍鬚者，是正獨孤滔《丹房鏡源》所云「銀笋爲至藥根本」也。波斯國銀鉳曰錫蘭脂。魏繆襲注《尤射》一卷，「乞膚金於我」，注：「即今銀也。」按今金有瓜子金，有麩金，碎金也。膚金當是麩金，瓜子與麩金，生金也。雲南葉子，西番回回錢，熟金也。無聲，而燒不黑。雜紅銅者曰氣子，又名張公。又名身子，則擲之有聲。古云半兩錢即所云紫金，今人用赤銅和金爲之。《爾雅》「璗鏐鉼銑」之名，皆煉成後之色耳。【略】《方書》所云「黄牙」，蓋指金也。陶隱居曰：「仙家名金爲太真」，梁漸子《隨筆》曰：「温嶠字太真，正以丹嶠産金，故取爲字。」

## 綜述

**《爾雅·釋器》** 黄金謂之璗，其美者謂之鏐。白金謂之銀，其美者謂之鐐。此皆道金、銀之別名及精者。鏐，即紫磨金。鉼金謂之鈑。《周禮》曰：祭五帝即供金鈑。是也。錫謂之鈏。白鑞。璗，蕩。鏐，留。鐐，遼。鉼，餅。鈑，版。鈏，引。疏：「黄金」至「之鈏」。釋曰：此別金、錫之異名也。黄金一名璗，其精美者名鏐。白金名銀，其精美者名鐐。郭云：「此皆道金、銀之別名及精者。鏐，即紫磨金。」《詩》傳云：「天子玉琫而珧珌，諸侯璗琫而鏐珌，大夫鐐琫而鏐珌，士珕琫而珕珌。」鉼金名鈑。錫，今白鑞也，一名鈏。《周禮·職方氏》云：「揚州其利金錫。」是也。注「《周禮》」至「是也」。釋曰：云「《周禮》曰：祭五帝即共金鈑」者，案《秋官·司金職》云：「旅於上帝，則共其金鈑。」此云祭五帝者，旅則祭也，上帝則五帝也。郭氏以義言之，故文異爾。彼注云：「鉼金謂之版，此版所施未聞。」

**晉·常璩《華陽國志》卷二《漢中志》** 涪縣 去成都三百五十里。水通於巴。劉、李本此下衍蜀字。[於]爲，錢、《函》、廖本作於。劉、張、吴、何、王本作爲。蜀[爲]廖本此下有爲字。東北之要。蜀時，大將軍鎮之。有[岩]宕田，[本]平稻田。廖本作「岩田本稻田」大謬，據錢本等改。孱水，出孱山。其源[出]有據錢本等改。金、銀鑛；洗取，火融合之，爲金銀。

**又** 剛氏縣 涪水所出。有金銀鑛。

**又 卷四《南中志》** 益州西部，金、銀、寶貨之地。居其官者，皆富及十世。

**又** 晉寧郡，本[益州]滇國也。【略】有鸚鵡、孔雀、鹽池、田、漁之饒，金、銀、畜産之富。

**宋·王欽若等《册府元龜》卷四九三《邦計部·山澤一》** 延昌三年，有司奏長安驪山有銀礦，二石得銀七兩。鎮州上言曰：「劉山有銀礦，八石得銀七兩、錫二百餘斤，其色潔白，有踰上品。」詔并置銀官，常令採鑄。又漢中舊有金户千餘家，常於溪水沙金，年終總輸。後臨淮田，或爲州刺史，奏罷之。

**宋・周密《癸辛雜識》續集下**　金紫銀青　廣西諸洞産生金，洞丁皆能淘取。其碎粒如蚯蚓泥大者，如甜瓜子，故世名瓜子金。其碎者如麥片，則名麩皮金。金色深紫，比之尋常金色復加二等，此金之絶品也。銀之品有紋如羅甲者，有松紋者，有中窪而郭高者，昏爲精銀，其絶品則色青。故官品有金紫銀青之目，蓋金至於紫，銀至於青，爲絶品也。張敬堂云。

**清・顧祖禹《讀史方輿紀要》卷三三《山東五》**　艾山，州西二十五里。《左傳》隱六年「公會齊侯於艾」，即此。或以爲艾陵，悮也。又五坪山，在州西四十里。五峰相連，其上平坦，因名。　層山，在州南九十里。有數山相連屬。又有寶山，在州西南九十里。上有銀坑。志云：寶山旁有喬家、黄泥、黑滲、白扭、雙畔等洞，元時取銀礦於此。又爐山，在州東北六十里。舊産金。

**又　卷三六《山東七》**　棲霞縣，府東南百五十里。西北至黄縣百二十里。漢腄縣地，唐爲蓬萊縣之楊疃鎮，宋因之，金天會中劉豫析置棲霞縣。

岠嵎山，縣東北二十里。宋慶曆六年山東地震，岠嵎山摧。【略】山産金，亦名金山。《地記》：「昌陽縣東百四十里有黄銀坑，即此山也。」《隋書》：「辛公義爲牟州刺史，山出黄銀，獲之以獻。」《宋史志》：「天聖中登、萊採金，歲益數千兩。」

**又　卷八五《江西三》**　龍停湖，在縣西南。四時不竭，下流入樂安江。

汰金洲，在縣西十五里，平沙臨水。唐初有麩金，開元後廢。又西五里至水口，亦出麩金。《郡國志》「鄱陽之土出金，披沙淘之，粒大者如豆，小者如麩。山中亦出銀苗」云。

白沙鎮，在縣之樂平鄉十二都。有巡司。又縣境滎禄鄉有石港城，元末邑人王溥築以自固。　金場，在縣南二十里，宋時冶金處也。又有銀場，在縣東六十里，唐冶銀處。

**又　卷九二《浙江四》**　句乘山，縣南五十里。《國語》：「勾踐之地，南至於句無。」韋昭曰：「諸暨有句無亭。」《括地志》以爲句乘山也。山有九層，亦名九層山。又白巖山，在縣南六十五里。山與義烏縣接界，一名巢勾山。志云：縣南六十里有金澗山，下有坑，宋、元間嘗産金如糠粃，命官陶採，鎔鍊無成，乃罷。永樂四年遣行人驗視，無冶鑄蹟，亦罷。又縣北三十里有銀冶山，相傳山有銀礦。永樂、景泰間或言其事，遣官勘驗無實，抵罪。

**又　卷九八《福建四》**　梅口寨，在縣西梅口保。宋紹定五年統領劉純分忠武軍於此，以鎮羅源筋竹之寇，後廢。又朱口寨，在縣東三十里。宋紹定中設，元改爲巡司，尋廢。又石門隘，在縣西五十里；又縣北四十里有滄子隘；五十里有茶花隘，以茶花嶺名；舊俱爲戍守處。《宋志》：「縣有螺漈金場，江源銀場。」

# 紀事

**《宋史・食貨志・會計》**　景德四年，又以新衣庫爲内藏西庫。初，劉承珪嘗掌庫，經制多其所置，又推究置庫以來出納，造都帳及《須知》，屢加賞焉。真宗再臨幸，作銘刻石。大中祥符五年，重修庫屋，增廣其地。既而又以香藥庫、儀鸞司屋益之，分爲四庫：金銀一庫，珠玉、香藥一庫，錦帛一庫，錢一庫。金銀、珠寶有十色，錢有新舊二色，錦帛十三色，香藥七色。天禧二年，又出内藏緡錢二百萬給三司。

**又　《食貨志・阬冶》**　四月，廣東廉訪黄烈等言：「廣惠英康韶州、興慶府，政和中，寶貨司立阬冶金銀等歲額，或苗脈微，或無人承買，而浮冗之人虚託其名，發毀民田，騷動邀賂。」詔：「政和六年所立額並罷，舊有苗脈可給歲課者如故。」十一月，復諸路元罷提舉阬冶官，其江南路仍令江西漕臣劉蒙同措置。

大觀二年，詔：「金銀阬發，雖告言而方檢視，私開淘取者以盜論。阬冶舊不隸知縣，縣丞者，並令兼監，賞罰減正官一等。」有冶地，知縣月一行點閲。言者論其職在宣導德澤，平征賦獄訟，不宜爲課利走山谷間，遂已之。八月，提舉陝西阬冶司改併入轉運司。

# 藝文

**唐・白居易《贈友五首並序》其二《全唐詩》卷四二五**

銀生楚山曲，金生鄱溪濱。南人棄農業，求之多苦辛。

披砂復鑿石，矻矻無冬春。手足盡皴胝，愛利不愛身。畬田既慵斫，稻田亦懶耘。相攜作遊手，皆道求金銀。畢竟金與銀，何殊泥與塵。且非衣食物，不濟饑寒人。棄本以趨末，日富而歲貧。所以先聖王，棄藏不爲珍。誰能反古風，待君秉國鈞。捐金復抵璧，勿使勞生民。

# 金

## 題解

**漢・許慎《説文解字・金部》** 金 五色金也。黄爲之長。久薶不生衣，百鍊不輕，从革不違。西方之行。生於土，从土；左右注，象金在土中形；今聲。凡金之屬皆从金。居音切。古文金。

**清・徐珂《清稗類鈔・礦物類》** 金 古言黄金爲諸金之長，故獨得金名，實爲化學原質之一。其雜於石英鑛脈間者，曰山金，狀如塊，或如粒。含金之巖石，崩而爲砂，隨水流去，曰砂金。質柔色黄，尋常酸類，俱不能溶解之，入王水，始溶解。其延長性最富，以製貨幣器物，必和銅少許。吾國頗多。

## 綜述

**《韓非子・内儲説上・七術第三十》** 荆南之地，麗水之中生金，人多竊采金。采金之禁，得而輒辜磔於市，甚衆，壅離其水也，而人竊金不止。夫罪莫重辜磔於市，猶不止者，不必得也。故今有於此。

**佚名《黄帝九鼎神丹經訣》卷九**

明用金銀善惡服煉方法

凡金鉚，或在水中，或在山上水中者，其如麩片、碁子、棗豆、黍粟等狀，入沙石土下三寸，或七寸，此爲水南北流金，在東畔。入沙石土下五寸或九寸，此謂水東西流金，在南畔生，皆是第一上金也。山中者，其形皆圓，根脈向陽，入地九尺，或九十尺，雜沙夾石土而生，赤黄色，細膩滑重，折之不散破，以火消鎔，色白如銀，以藥攪和，合入八風淘石鍊成之，此謂山東西者金。在北陰中，帶水雜沙挾石出而生，深淺如上也。入雜沙挾土下，根脈向陽，或七尺，形質如上，此謂山南北者金。在西陰中生也，此謂第二金也。變白攪和，入八風爐淘石鍊如上。其金鉚若在水中，或在山上，浮露出形，非東西南北陰陽質處而生，大小皆有稜角，青黄色者，盡是鐵性之鉚，其似金，不堪鼓用。

**又** 作鍊錫灰坯爐法

先以甘堝中，鍊鉛錫二十遍，用三斤鍊錫，著熟鐵鍋中，鎔使赤沸，即納金錫碎者一斤合相得，掠去糖屎，瀉出。別鍊殺熟炭。以土墼壘作方爐，其中安鍊灰作坯模，以金錫著灰坯中，上安鐵鐐，上布剛炭火，於爐上用一孔，於爐前開一小孔，候之須臾，錫與金雜物相利，取其金，狀似銀，即以熟雌黄和好酒，銅器中煮之殺之，還復本性。若不徹好者，即打薄鍊食出色，一同上法。真錫鍊訖，著鐵鐐上，以胡同律、黄礬石、鹽等分，和醋煎爲泥，塗金錫鋌上，用牛糞火四周壘之，於錫鋌上用牛屎火，四周食錫盡，唯有金在，取著熟銅鐺中，以黄礬石和鹽，煮之半日許，出鎔作鋌。錯鑢屑食鍊用藥斤兩，一同上法也。

**晉・常璩《華陽國志》卷四《南中志》** 博南縣，西山，張佳胤依《後漢志注》引文補西字。吴、何、王、浙本並有。他各本無之。高四十里，《後漢書》李賢注，劉昭《郡國志》注並引《華陽國志》作三十里。元豐本四字寫作三。顧觀光校本逕改作三十里。越之，得蘭滄水。有金沙，以[火]水洗取，舊各本俱譌水爲火，脱洗取字。廖本依《續漢志》注指出。茲逕改。融之，爲黄金。

**《魏書・食貨志》** 漢中舊有金户千餘家，常於漢水沙淘金，年終總輸。

**唐・徐堅《初學記》卷二七《寶器部・金》** 《爾雅》曰，黄金謂之璗，其美者謂之鏐。餅金謂之鈑，絶澤謂之銑。西南之美者，有華山之金石焉。璗，音蕩，鏐，林幽反，即紫磨金也。銑，最有光澤也。許慎《説文》曰，金有五色，黄金爲長，久埋不生，百陶不輕，西方之行也。《周易》曰，乾爲金。《尚書》曰，金曰從革。《周易參同契》曰，黄土，金之父。流珠，水之母。《後漢書》曰，益州，金銀之所出。《華陽國志》曰，廣漢涪水有金銀之礦。王隱《晉書》曰，鄱陽樂安出黄金，鑿土千餘丈，披沙之中，所得者大如豆，小如粟米。南郡象林南有四國，皆稱漢人，貢金供税。《後魏書》曰，枝豆國出金銀，河鈎美國出金珠。《齊書》曰，金車，王者至孝則出。

金人，王者有盛德則游於後池。林邑有金山，汁流於浦。葛洪《神仙傳》曰，容成公服三黄得仙，所謂雄黄、雌黄、黄金。《漢武内傳》曰，西王母有九丹、金液、金漿。《林邑記》曰，上金爲紫磨金，又曰揚邁金。《孟子》曰，兼金，好金也。《淮南子》曰，玦五百歲生黄澒，五百歲生黄金。黄金千歲爲黄龍。玦，石也，中央數五，故五百歲一化。澒音胡貢反。澒，黄金水銀也。秦以一鎰爲一金而重一斤，漢以一斤爲一金。

**唐·李吉甫《元和郡縣圖誌》卷一〇《河南道六·兖州·金鄉縣》** 金鄉縣，望。東北至州一百八十里。本漢東緡縣也，屬山陽郡。即古之緡國城，《左傳》曰：「夏桀爲仍之會，有緡叛之。」《陳留風俗傳》曰：「東緡縣者，故陽武户牖鄉，漢丞相陳平即此鄉人也。」後漢於今兖州任城縣西南七十五里置金鄉縣，蓋因穿山得金，故曰金鄉，屬山陽郡。武德四年，於此置金州，五年廢爲戴州，貞觀中廢戴州，縣屬兖州。

**又 卷一三《河東道二·太原府·太原縣》** 牢山，一名看山，在縣東北四十五里。《後魏書》曰：「劉聰遣子粲襲晉陽，猗盧救之，遂獵牢山，陳閲皮肉，山爲之赤。」其山出金鈔。

**又 卷三一《劍南道上·成都府·温江縣》** 大江，俗謂之温江，南流經縣一里。出麩金。

**又 《蜀州·唐興縣》** 鄯江，一名阜江，經縣東二里。出麩金。

**又 《資州·磐石縣》** 牛鞞水，合内江水，南去縣二十步。多魚鼈，亦出麩金。

**又 卷三二《劍南道中·眉州·通義縣》** 大江，一名汶江，經縣東，去縣五里。出麩金。

**又 卷三三《劍南道下·緜州·龍安縣》** 金山，在縣東五十步。每夏雨奔注，崩頽之所則金粟散出，大者如棋子。

**又 《瀘州·瀘川縣》** 中江水，亦曰緜水，經縣北三里。出麩金。

**又 《龍州·江油縣》** 涪江，南流經州城東，又經江油城東。其水出金。

**又 卷三四《嶺南道一·廣州·四會縣》** 金山，一名金岡山，在縣北六十五里。出金沙。

**又 卷三八《嶺南道五·愛州·九真縣》** 居風山，在縣西四里。上有風穴，長風自是出焉。其山出金。

**又 卷四〇《隴右道下·肅州·酒泉縣》** 洞庭山，在縣西七十里。四面懸絶，人不能上，遥望燄燄如鑄銅色。山中出金。

**又 《玉門縣》** 金山，在縣東六十里。出金。

**又 《伊州·伊吾縣》** 天山，一名白山，一名折羅漫山，在州北一百二十里。春夏有雪。出好木及金鐵。匈奴謂之天山，過之皆下馬拜。

**唐·樊綽《蠻書》卷七** 生金 出金山及長傍諸山，藤充北金寶山。土人取法，春冬間先於山上掘坑，深丈餘，闊數十步。夏月水潦降時，添其泥土入坑，即於添土之所達案：所，文津本誤作沙。沙石中披揀。有得片塊，大者重一觔達案：觔，文津本作斤。或至二觔，小者三兩五兩，價貴於麩金數倍。然以蠻法嚴峻，納官十分之七八，其餘許歸私。如不輸官，許遞相告。麩金出麗水，盛沙淘汰取之。沙賧法，男女犯罪，多送麗水淘金。長傍川界三面山並出金，部落百姓悉納金，無別税役徵徭。

**宋·樂史《太平寰宇記》卷一〇七《江南西道五·饒州》** 汰金洲，在縣西十五里。平沙臨水。先有麩金，開元已後廢。又有五里水口，亦出麩金。

**宋·蔡絛《鐵圍山叢談》卷一** 又長沙益陽縣山谿流出生金，重十餘斤。後又出一塊，至重四十九斤。他多稱是。

**宋·范成大《桂海虞衡志·志金石》** 生金 出西南州峒，生山谷田野沙土中，不由礦出也。峒民以淘沙爲主，坯土出之，自然融結成顆。大者如麥粒，小者如麩片，便鍛作服用，但色差淡耳。欲令精好，則重鍊取足色，耗去十二三。既鍊，則是熟金。丹竈所須生金，故録其所出。

**宋·黄震《黄氏日抄》卷六七《桂海虞衡志》** 生金出溪洞沙土中，丹竈家所須，大如雞子者爲金母。

**宋·周去非《嶺外代答》卷七《金石門》** 生金 廣西所在産生金，融、宜、昭、藤江濱，與夫山谷皆有之。邕州溪峒及安南境，皆有金坑，其所産多於諸郡。邕管永安州與交阯一水之隔爾，鵝鴨之屬，至交阯水濱遊食而歸者，遺糞類得金，在吾境水濱則無矣。凡金不自礦出，自然融結於沙土之中，小者如麥麩，大者如豆，更大如指面，皆謂之生金。昔江南遺趙韓王瓜子金，即此物也。亦有大如雞子者，謂之金母。得是者，富固可知。交阯金坑之利，遂買吾民爲奴。今峒官之家，以大斛盛金鎮宅，博賽之戲，一擲以金一杓爲注，其豪侈如此，則其以金交結内外，何所不可爲矣。古人欲使黄金與土同價者，知本之言也。

**宋·朱輔《溪蠻叢笑》** 絲金 沙中揀金，又出於石。碎石而取者，色視沙金爲勝。金有苗路，夫匠識之，名絲金。

**宋・馬端臨《文獻通考》卷一八《征榷・坑冶》** 漢武帝行幸回中詔曰，往者朕郊見上帝，泰山見金，宜更鑄黄金爲麟趾、褭蹄，以協瑞焉。

東坡《仇池筆記》曰，王莽敗時，省中黄金六十萬斤。陳平四萬斤閒楚。董卓郿塢金亦多，其餘三五十斤者不可勝數。近世金不以斤計，雖人主未有以百金與人者。何古多而今少也？鑿山披沙無虚日，金爲何往哉？頗疑寶貨神變不可知，復歸山澤邪？石林葉氏曰，漢時賜臣下黄金每百斤、二百斤，少亦三十斤。雖燕王劉澤以諸侯賜田，生金亦二百斤。楚梁孝王死，有金四十餘萬斤。蓋幣輕，故米賤金多也。

按：如二公之説，則金莫多於漢。然民閒之淘取，官府之徵斂，史未嘗言之，度未必如後世之甚也。三代之時，服食器用，下之貢獻有程，上之用度有節，未嘗多取於民。後之言利者，始以爲山海天地之藏，上之人當取其利以富國，而不可爲百姓豪强者所擅。其説發於管仲，而盛於桑弘羊、孔僅之徒。然不過曰鹽，曰鐵，則以其適於民用也。金爲天地之祕寶，獨未聞有征榷之事。漢法，民私鑄鐵者鈦左趾。博士使郡國矯詔令民鑄農器者，罪至死。鐵官凡四十郡，而不出鐵者又置小鐵官徧於天下，獨未聞有犯金之禁。鐵至賤也，而榷之析秋毫。金至貴也，而用之如泥沙，然則國家之征利無資於金也。《貨殖傳》所載，蜀卓氏、山東程鄭、宛孔氏、魯丙氏稱爲尤富，然皆言其擅鐵冶之利，而未聞有藏金之事。然則豪强之致富，不由於金也。上下之閒好尚如此，蓋猶有古人不貴難得之貨之遺意云。

後漢明帝永平十一年，漅湖出黄金，廬江太守取以獻。後魏宣武帝延昌三年，有司奏長安驪山今昭應縣。有銀礦，二石得銀七兩。其秋，恒州今代郡安邊馬邑。又上言白。登山今馬邑郡界。有銀礦，八石得銀七兩，錫三百餘斤，其色潔白有踰上品，詔並置銀官，常令採鑄。又漢中舊有金户千餘家，常於漢水沙金，年終輸之。後臨淮王或爲梁州刺史奏罷之。

按《酉陽雜俎》，魏明帝時昆明國貢避寒鳥，常吐金屑如粟。《蜀都賦》金沙銀礫注，永昌有水，出金如糠在沙中。《南史・夷貊傳》：林邑國有金山，石皆赤色，其中生金。金夜則出飛狀如螢火，此皆沙金之見於史傳者。昔時遐方裔夷所産，今則東南處處有之矣。

**又** 天聖中，登萊採金歲益數千兩，帝命奬官吏。王曾曰，採金多，則背本趨末者衆，不宜誘之。

景祐中，登萊民饑，詔弛金禁，聽民自取。後歲豐，然後復故。

吴氏《能改齋漫録》曰，登、萊州産金，自太宗時已有之，然尚少，至皇祐中始大發。民廢農桑，採掘地採之，有重二十餘兩爲塊者，取之不竭。縣官榷買，歲課三千兩。

中書備對諸路坑冶金數

萊州金四千一百五十兩，房州金六十六兩，登州金三十九兩，商州金三十九兩，饒州金三十四兩，沅州金一百三十二兩，汀州金一百六十七兩，邕州金七百四兩。

神宗熙寧元年，詔天下寶貨坑冶不發而負歲課者蠲之。七年，廣西經略司言邕州填乃峒産金，請置金場。後五年，凡得金爲錢二十五萬緡。四年，以所産薄，詔罷貢金。

**《宋史・食貨志・阬冶》** 天聖中，登、萊採金，歲益數千兩。

先是，熙寧七年，廣西經略司言：「邕州右江填乃洞産金，請以鄧闢監金場。」後五年，凡得金爲錢二十五萬緡，闢遷官者再焉。元豐四年，始以所産薄罷貢，而虔、吉州界鉛悉禁之。七年，户部尚書王存等請復開銅禁，各展磨勘年有差。是歲，阬冶凡一百三十六所，領於虞部。

大觀二年，詔：「金銀阬發，雖告言而方檢視，私開淘取者以盗論。阬冶舊不隸知縣、縣丞者，並令兼監，賞罰減正官一等。」有冶地，知縣月一行點閲。言者論其職在宣導德澤，平征賦獄訟，不宜爲課利走山谷間，遂已之。八月，提舉陝西阬冶司改併入轉運司。

政和元年，張商英言：「湖北産金，非止辰、沅、靖溪峒，其峽州夷陵、宜都縣，荆南府枝江、江陵縣赤湖城至鼎州，皆商人淘採之地。漕司既乏本錢，提舉司買止千兩，且無專司定額。請置專切提舉買金司，有金苗無官監者，許遣部内州縣官及使臣掌幹。」詔提舉官措畫以聞，仍於荆南置司。廣東漕司復奏：「端州高明、惠州信上立溪場皆宜停閉；韶州曹峒場、英州銀岡場皆併入英之清溪場，惟黄阬場欲權存，俟歲終會所入別奏；惠州楊梅東阬、康州雲烈、潮州豐政、連州元魚銅阬黄田白寶、廣州大利宜禄、韶州伍注岑水銅岡、循州大佐羅翊、英州鍾峒凡十六場，請並如舊；循之夜明、英之竹溪、韶之思溪、連之同安請更遣攝官。」從之。

宣和元年，石泉軍江溪沙磧麩金，許民隨金脈淘採，立課額，或以分數取之。十月，復置相州安陽縣銅冶村監官。先是，詔留邢州綦村、磁州固鎮兩冶，餘創置冶並罷，而常平司謂銅冶村近在河北，得利多，故有是命。

**《元史・食貨志》** 產金之所，在腹裏曰益都、檀、景，遼陽省曰大寧、開元，江浙省曰饒、徽、池、信，江西省曰龍興、撫州，湖廣省曰岳、澧、沅、靖、辰、潭、武岡、寶慶，河南省曰江陵、襄陽，四川省曰成都、嘉定，雲南省曰威楚、麗江、大理、金齒、臨安、曲靖、元江、羅羅、會川、建昌、德昌、柏興、烏撒、東川、烏蒙。

**明・王佐《新增格古要論》卷六《珍寶論》** 金後增。

金，出南蕃、雲南、西蕃、高麗等處沙中。

南蕃瓜子金、麩皮金，皆生金也。

雲南葉子金、西蕃回回金，此熟金也，其性柔而重，色赤，足色者，面有椒花鳳尾及紫霞色。

如和銀者，性柔，石試則色青，火燒色不黑。

和氣子者，即紅銅，又名張公，又名身子石，試有聲而落屑，色赤而性硬，火燒黑色難打，又發裂。古諺云「金怕石頭銀怕火」，其色七青八黃，九紫十赤，以赤爲足色金也。

金性軟，插銅則硬，打則有路痕。

佐在京，見蘇人唐宗仁將金鎔成足色赤金，中有一大點紫色，謂之紫衣，凡買金者不見紫衣，不肯信爲足色。

南京又有人將金打箔，亦作葉子金，其中多有沙屑，成交，方肯鎔錠子與買主。恐沙不能出也，宜仔細用水洗驗，切不可輕易，須燒三出，以醋於瓦器或木盆內淬之，真則黃，有銅則黑。

**明・劉文泰等《本草品匯精要・玉石部》** 金屑【略】

名：生金。《寶藏論》云，凡金有二十種：還丹金，水中金，瓜子金，青麩金，草砂金，已上五種是真金，堪入藥用。雄黃金，雌黃金，曾青金，硫黃金，土中金，生鐵金，熟鐵金，生銅金，(偷)[鍮]石金，砂子金，朱砂金，白錫金，土碌砂子金，金母砂子金，黑鉛金，已上十五種是假金，不入藥用。地：《圖經》曰，金之所產雖有數處，而梁、益、寧三州尤多。生於水底沙中，謂之生金，今人乃以氈上淘取。又黔南遂府吉州水中並產麩金，《嶺表録》云，廣州涯縣有金池，彼中居人多養鵝鴨，常於屎中淘得之。《山海經》說諸山出金最多，不獨生於水也。蔡州出瓜子金，雲南出顆塊金，俱於山石間取之。其饒、信、南劒、登州，金亦多端，或有若山石狀者，或有若米豆粒者，此類未經火煆，皆爲生金，不堪入藥。其屑古方不見用者，而金薄入藥最爲甚便。紅雪、紫雪輩皆取金汁用之，此亦煆鍊者爾。《衍義》曰，金屑不曰金，而更加屑字者是已。經磨屑如玉漿之義也。生金若不煆屑，不可入藥。顆塊金穴口或至百十尺，若見伴金石，定見金也。其石褐色，一頭如火燒黑之狀。此金色深赤黃。麩金乃江水中淘汰而得，其色淡黃。此皆生金。若銷鍊之麩金，耗折少。塊金耗折多。入藥當用塊金，蓋取其金色深，則金氣足矣。

時：採無時。用：經煆鍊者佳。質：類沙而黃。色：黃。【略】反：畏水銀，惡錫。製：以火煆鍊則爲熟金，磨屑用，或煎取汁用，或爲金箔入丸藥用。

**明・李時珍《本草綱目・金石部》**

金《別録》中品。

校正 併入《拾遺》金漿。

釋名 黃牙、《鏡源》。太真。時珍曰：按許慎《說文》云：五金黃爲之長，久埋不生衣，百煉不輕，從革不違，生於土，故字左右註，象金在土中之形。《爾雅》云：黃金，謂之璗，美者謂之鏐，餅金，謂之鈑；絶澤謂之銑。獨孤滔云：天生牙謂之黃牙。梵書謂之蘇伐羅。弘景曰：僊方名金爲太真。

集解 《別録》曰：金屑生益州，採無時。弘景曰：金之所生，處處皆有，梁、益、寧三州多有，出水沙中。作屑，謂之生金。建平、晉安亦有金沙，出石中，燒熔鼓鑄爲碢，雖被火亦未熟，猶須更煉。高麗、扶南及西域等地成器，皆煉熟可服。藏器曰：生金生嶺南夷獠峒穴山中，如赤黑碎石、金鐵屎之類。南人云：毒蛇齒落在石中。又云：蛇屎著石上，及鴆鳥屎著石上皆碎，取毒處爲生金，有大毒，殺人。本草言黃金有毒，誤矣。生金與黃金全別也。常見人取金，掘地深丈餘，至紛子石，石皆一頭黑焦，石下有金，大者如指，小者猶麻豆，色如桑黃，咬時極軟，即是真金。夫匠竊而吞者，不見有毒。其麩金出水沙中，氈上淘取，或鵝鴨腹中得之，即便打成器物，亦不重煉。煎取金汁，便堪鎮心。志曰：今醫家所用，皆煉熟金箔，及以水煮金器，取汁用之，則無毒矣。皇朝收復嶺表，詢訪彼人，並無蛇屎之說，藏器傳聞之言，非矣。頌曰：今饒、信、南劒、登州所出，採亦多端，或有若山石狀者，若米豆粒者，此類皆未經火，並爲生金。珣曰：《山海經》所說諸山出金極多，不能備録。《廣州記》云：大食國出金最多，貨易併用金錢。《異物誌》云：金生麗水。又蔡州出瓜子金，雲南出顆塊金，在山石間採之。黔南、遂府、吉州水中，並産麩金。《嶺表録異》云：五嶺内富州、賓州、澄州、涪縣，江溪河皆産金。居人多養鵝鴨取屎，以淘金片，日得一兩或半兩，有經日不獲一星者。其金夜明。宗奭曰：顆塊金，即穴山至百十尺，見伴金石，定見金也。其石褐色，一頭如火燒黑之狀，其金色深赤黃。麩金，即在江沙水中淘汰而得，其色淺黃。皆是生金，得之皆當鑄煉，麩金耗多。入藥當用塊金，色既深，則金氣足餘。須防藥製成及點化者，此等焉得有造化之氣。如紫雪之類，用金煮汁，蓋假其自然之氣爾。又東南金色深，西南金色淡，亦土地所宜也。時珍曰：金有山金、沙金二種。其色七青、八黃、九紫、十赤，以赤爲足色。和銀者性柔，試石則色青；和銅者性硬，試石則有聲。《寶貨辨疑》云：馬蹄金象馬蹄，難得。橄欖金出荊湖嶺南；胯子金象帶胯，出湖南北；瓜子金大如瓜子，麩金如麩片，出湖南等地；沙金細如沙屑，出蜀中；葉子金出雲南。《地鏡圖》云：黃金之氣赤，夜有火光及白鼠。或云：山有薤，下有金。凡金曾在冢墓間及爲釵釧溲器者，陶隱居謂之辱金，不可合煉。《寶藏論》云：金有二十種。又外國五種。還丹金，出丹穴中，體含丹砂，色尤赤，合丹服之，稀世之寶也。麩金出五溪、漢江，大者如瓜子，小者如麥，性平無毒。山金出交廣南詔諸山，銜石而生。馬蹄金乃最精者，二蹄一斤。毒金即生金，出交廣山石內，赤而有大毒，殺人，煉十餘次，毒乃已。此五種皆真金也。水銀金、丹砂金、雄黃金、雌黃金、硫黃金、曾青金、石緑金、石膽金、母砂金、白錫金、黑鉛金，並藥製成者。銅金、生鐵金、熟鐵金、鍮石金，並藥點成者。已上十五種，皆假金也，性頑滯有毒。外有五種，乃波斯紫磨金、東夷青金、林邑赤金、西戎金、佔城金也。

金屑[氣味]辛，平，有毒。大明曰：無毒。珣曰：生者有毒，熟者無毒。宗奭曰：不曰金而更加屑字者，是已經磨屑可用之義，必須烹煉鍛屑爲箔，方可入藥。金箔亦同生金，有毒能殺人，且難解。有中其毒者，唯鷓鴣肉可解之。若不經鍛，屑即不可用。金性惡錫，畏水銀，得餘甘子則體柔，亦相感耳。時珍曰：洗金以鹽。駱駝、驢、馬脂，皆能柔金。金遇鉛則碎，翡翠石能屑金，亦物性相制也。金蛇能解生金毒。晉賈後飲金屑酒而死，則生金有毒可知矣。凡用金箔，須辨出銅箔。

**又** 金漿《拾遺》。

[氣味]同金。【略】

發明 弘景曰：生金辟惡而有毒，不鍊，服之殺人。仙經以醯、蜜及猪肪、牡荆、酒輩鍊至柔軟，服之成仙，亦以合水銀作丹砂。醫方都無用者，當是慮其有毒爾。損之曰：生者殺人，百鍊者乃堪，服水銀合膏飲即不鍊。頌曰：金屑，古方不見用者，惟作金薄，入藥甚便。又古方金石淩、紅雪、紫雪輩，皆取金銀煮汁，此通用經鍊者，假其氣爾。時珍曰：金乃西方之行，性能制水，故療驚癇風熱肝膽之病，而古方罕用，惟服食家言之。《淮南三十六水法》亦化爲漿服餌。葛洪《抱朴子》言：餌黃金不亞于金液。其法用豕負革肪、苦酒，鍊之百遍即柔，或以樗皮治之，或以牡荆酒、慈石消之爲水，或以雄黃、雌黃合餌，皆能地仙。又言丹砂化爲聖金，服之昇仙。《別録》、陳藏器亦言久服神仙。其説蓋自秦皇、漢武時方士傳流而來，豈知血肉之軀，水穀爲賴，可能堪此金石重墜之物久在腸胃乎？求生而喪生，可謂愚也矣。故《太清法》云：金，稟中宫陰已之氣，性本剛，服之傷損肌肉。又《東觀秘記》云：亡人以黃金塞九竅，則尸不朽。此雖近於理，然亦誨盜矣，曷若速化歸虛之爲愈也哉。

**明·王圻《續文獻通考》卷二七《征榷考·坑冶》**

輸官

[泰定]二年正月，罷永興銀場，聽民採煉，以十分之二輸官。致和三年，罷河南鐵冶提舉司，歸有司。

産金之所

益都，檀，景，在腹裏。大寧，建昌，開元，在□□省。饒，徽，池，東川，信，在江浙省。龍興，撫州，在江西省。岳，德昌，澧，沅，靖，辰，烏蒙，在雲南省。潭，武岡，寶慶，在湖廣省。江陵，栢興，襄陽，在河南省。成都，嘉定，在四川省。威楚，烏撒，麗江，大理，金齒，臨安，曲靖，元江，羅羅，會川。

**明·宋應星《天工開物》卷下《五金·黃金》** 凡中國産金之區，大約百餘處，難以枚舉。山石中所出，大者名馬蹄金，中者名橄欖金、帶胯金，小者名瓜子金。水沙中所出，大者名狗頭金，小者名麩麥金、糠金。平地掘井得者，名面沙金，大者如豆粒金。皆待先淘洗後冶煉而成顆塊。

金多出西南，取者穴山至十餘丈見伴金石，即可見金。其石褐色，一頭如火燒黑狀。水金多者出雲南金沙江，古名麗水。此水源出吐蕃，繞流麗江府，至於北勝州，回環五百餘里，出金者有數截。又川北潼川等州邑與湖廣沅陵、漵浦等，皆於江沙水中淘沃取金。千百中間有獲狗頭金一塊者，名曰金母，其餘皆麩麥形。入冶煎煉，初出色淺黃，再煉而後轉赤也。儋、崖有金田，金雜沙土之中，不必深求而得，取太頻則不復產，經年淘煉，若有則限。然嶺南夷獠洞穴中金，初出如黑鐵落，深挖數丈得之黑焦石下。初得時咬之柔軟，夫匠有吞竊腹中者亦不傷人。河南蔡、鞏等州邑，江西樂平、新建等邑，皆平地掘深井取細沙淘煉成，但酬答人功所獲亦無幾耳。大抵赤縣之内隔千里而一生。《嶺表録》云，居民有從鵝鴨屎中淘出片屑者，或日得一兩，或空無所獲。此恐妄記也。

凡金質至重，每銅方寸重一兩者，銀照依其則，寸增重三錢。銀方寸重一兩者，金照依其則，寸增重二錢。凡金性又柔，可屈折如枝柳。其高下色，分七青、八黃、九紫、十赤。登試金石上，此石廣信郡河中甚多，大者如斗，小者如拳，入鵝湯中一煮，光黑如漆。立見分明。凡足色金參和僞售者，唯銀可入，餘物無望焉。欲去銀存金，則將其金打成薄片剪碎，每塊以土泥裹塗，入坩鍋中硼砂熔化，其銀即吸入土内，讓金流出以成足色。然後入鉛少許，另入坩鍋内，勾出土内銀，亦毫釐具在也。

**明・方以智《物理小識・金石類》**　金　金生丹砂穴者上。瓜子麥麩金生沙中。山金穴丈許，先見伴石褐色，一頭如燒黑者，馬蹄塊金也。蔡絛云，政和間，益陽溪流出生金一塊，重四十九斤。故曰山赤於水，雲南葉子、大食國、加西蠟、西番回回錢，熟金也。葉子精於錠，細絲不足以盡之。赤金有紫霞，甚爽無聲，而燒不黑。雜赤銅曰氣子張公，即有聲矣。制成者，有水銀金、雄黃金、硫金、曾青石緑金、石膽金、鍋鉛金。藥點者，有銅鐵鍮石金，熟無毒，生有毒。中毒者，鷓鴣肉解之。葛洪言，用豕負革、苦酒，鍊金百遍即柔。或牡荆酒慈石消之爲水。其實驢馬脂皆能柔金。《本草》：久服長生，妄也。塞竅留尸，與灌汞同。

土皆生金　陶沙於水取黄金者，猶問其地，埽泥於衢，則無處不可。以衢中萬人行處，有肥膩焉。日月蒸入，蚤之澄之，重者在下，鉛硝煎之，白金出矣。中通曰，太陽所照之地皆生金，煖故也。通衢人足所磨更煖，故生金較多。暄曰，黄本日精，白本月華，故近赤道之地多金銀。

分金爐　重者在下，浮土在上，以次分焉。人鉛煑洗，所以分之也。其傾銷之罐，取旋窩細泥煎熬，大罐則兼鋼砂、瓦屑萬杵成之，雖紅不裂。爐底與罐積而末之，加鉛洗下，然後分之，必有所得。不虛也。暄曰，分之有紅銅、蠻陀僧，其精者爲銀。

金中出銀法　金入銀者，甘鍋鑠化，每一兩投倭硫三錢觸之，俟冷，破甘鍋，金在底，銀則黑浮于面，入灰池煎。

淡金變赤法　《龍川志略》曰，扶風開元寺僧傳兄子瞻以化金方，曰，得此方有死喪、失官者。公若不爲，正當傳矣。每淡金分數不足一分，以丹砂一錢益之，雜諸藥入甘鍋中煆之。鎔即傾出，其色斑斑，當再烹之，色勻乃止。子瞻後語陳希亮，陳試之驗。坡曰，負此僧矣。後問陳公子慥曰，吾父歸，作此買宅，病指癰而没，余謫筠。有僧儀買知之，爲聰禪師言，然不私，自無患。《苕溪漁隱》亦載，葉生得乾銀法而受禍。又金曾經在塚及爲釵釧，陶隱居謂之辱金，不可合煉。愚按，本淡者可以硃砂變，其和銀者，以礬鹽之，則銀自白，金自赤。其有氣子者，别一法出之，色混有聲，即知爲氣。中通曰，棄金以沙鋪之，每一業一層。沙用鐵線縛定，以火煉之，則金微輕而色愈赤。蓋金本沙所生，故沙能遇金也。

洗試金石上金法　以鹽洗，置溼地，胡桃油摩之去。

試金石　廣信石佳，以鵝湯煑黑。蜀中有本黑者。

**清・谷應泰《博物要覽》卷三《志金》**

黄金所産地

黄金産益州。四川。或生水中沙際。

黄金産益州、梁州、寧州。四川。産水沙中作屑，謂之生金。

黄金産建平、晉安。俱福建。出石中，乃金砂矣。燒煉鼓鑄爲碣，雖被火亦未熟，猶須更煉。

一産嶺南獠夷洞中。出獠蠻洞中，如赤黑碎石金鐵屎之類。南人云，此金乃毒蛇齒落石上而成。又云，毒蛇屎及鴆鳥屎著石上皆碎，即成此等生金，有大毒殺人。

一産饒州，又産信州。俱江西。産饒州山谷砂中，顆如米粒。産信州山石中，顆如荳顆而圓。

一産南劍州、澄州。俱四川。産劍州者，乃砂金，顆如沙粒，淘漉鑄煉而成。産澄州者，乃塊金，在山谷土中，掘出顆塊如石狀。

一産雲南麗江。産麗水中，即古語云，金生麗水處也。金浮水面如沙糖，土人以鐵杓取之，鑄煉方成。

一産鄱陽、樂安。江西。産二郡土，鑿土十餘丈，披沙之中所得。大者如荳，小如粟米。

一産黔南遂府、吉州。三郡所産，皆沙中淘漉而出，如麩片，名麩片金。

一產富州、賓州、涪縣。三郡皆產江、漢河沙中。居人多養鵝鴨，啖食取糞，以淘取金片。日得多寡不等，金色不如，金之下品。

良金十種

第一馬蹄金。

產林邑國，名紫磨金，又名陽邁金，出林邑山峒石中。鑿石取之，狀如馬蹄，每得必雙。每二蹄成一斤，足十二成，至難得。又名馬蹄金，乃生金也。

第二橄欖金。

產嶺南，乃荆南山土中，顆形大如橄欖，兩頭皆尖，紅紫色，足十二成。不煩淘煉，自然顆粒，亦生金也。

第三瓜子金。

產漢江、五溪江中。大如瓜子，足赤十一成，不須淘煉，自然顆粒，亦生金也。

第四顆塊金。

產雲南麗江諸處，或土砂中及江砂中。顆塊如山石狀，有大塊十餘斤，或五六斤、一斤、八九兩及兩許者不等。足赤十一成，不須淘煉，自然顆塊，亦生金也。

第五胯子金。

產湖廣、湖南北諸郡砂土中。像臈茶腰帶胯子，足赤十一成，不須淘煉，自然顆塊，亦生金也。

第六麩片金。

產高麗國砂土中，土人淘漉而出，如麥麩之片。足赤十成，土人鑄煉成小餅，每十七餅成一兩，乃熟金也。

第七豆瓣金。

產梁州土中，掘土十餘丈方見。形圓扁如豆瓣狀，足赤十成。土人鑄煉成鋌，每鋌重一兩、六七錢不等，乃熟金也。

第八麥顆金。

產梁州屬縣山石砂土中，形尖如麥，足赤十成。土人淘煉而成，小鋌重三錢三四金，亦熟金也。

第九沙子金。

產湖廣湖南屬縣江水砂中，土人淘砂鑄煉而成。小餅重輕不等，足赤十成，亦熟金也。

第十葉子金。

產雲南省城者爲道地。各店鋪户將雜色足赤金拍造葉子，有八色、九色，至九五色止，無十成者。亦熟金也。諸金中，惟葉子金爲最下。

生熟金性良惡

《本草》：陳藏器言，生金有大毒，能殺人。云，不可入口。而《本草綱目》則云無毒。李時珍云，生金與黄金一侔，而有生熟之分。嘗見人取金，掘地至深丈餘，至紛子石，石皆一頭黑焦，石下有金，大者如指，小者猶蔴豆，色如桑黄，咬時極軟，即是真金。工匠竊而吞者，不見有毒。其麩金出水沙中，氈上淘取，或鵝鴨腹中得之，即便鑄造，打造器物，入藥煎取金汁，即堪鎮心。

生金一種至毒者，出交、廣山石内，赤而有大毒，能殺人。須煉十餘次，毒乃已。

熟金至良者，有丹穴之還丹金焉。金出丹穴中，體含丹砂，色尤鮮赤。合丹砂服之，希世之寶也。

**清・顧祖禹《讀史方輿紀要》卷一一《北直二》** 密雲山，縣南十五里。一名横山。【略】唐置横山城爲守禦處，蓋置於山下。又石峨山，在縣東。泇水出焉，流入平谷縣界。志云：縣東北八里有冶山，上有塔，石洞深邃，水四時不竭。東有王府洞，昔人淘金址尚存。

**又 卷一七《北直八》** 兔耳山，縣西七里。有雙峰聳峙，如兔耳然。絶頂有潭，雲氣常蒙其上。微徑屈曲，盤折而登。上平廣，容數萬人。【略】又盧峰山，在縣西十五里。舊置驛於此，曰盧峰驛。今移驛入城，有盧峰鋪。又熊山，在縣西北四十里。山之陽曰白塔莊，舊產金。

**又 卷二四《南直六》** 天平山，府西二十里。視諸山最爲崮崒，羣峰環峙，林巒泉石，競秀争奇。山頂正平曰望湖臺，志以爲郡之鎮山也。其旁羣山連接，支隴曰金山，西去天平里許。初名茶塢山，晉、宋間鑿石得金，因易今名。

**又 卷二六《南直八》** 巢湖，府東五十里。亦曰焦湖，亦曰漅湖。周四百餘里，占合肥、舒城、廬江、巢四縣之境，汊港大小三百六十，納諸水而注之江，爲淮西巨浸。後漢永平十一年嘗出黄金。

**又 卷二八《南直一〇》** 桑坑鎮，縣東北五里有桑坑山，元置巡司於此，尋改置於縣東三十里之巧坑。明洪武中改建茹麻嶺口巡司於茹麻嶺下。又縣北十里有偃石哨臺，縣東四十里有淘金坑哨臺，俱隆慶四年置。

**又 卷三三《山東五》** 蜀山，縣西南四十里。《爾雅》：「蜀者，獨也。」四望無山，挺立波心，因名。其下曰蜀山湖。采山，在縣東北三十五里。與縣北三十里坦山相接，皆出沙金。

**又　卷三六《山東七》**　景祐中登、萊饑，詔弛金禁，聽民採取，俟歲豐復故。《元史》：「至元五年令登州棲霞縣每户輸金歲四錢。」《食貨志》：「棲霞、萊陽、招遠三縣俱産金。」是也。

張畫山，縣北十五里。山高林茂，如張畫然。又羅山，在縣東二十五里。唐置羅峰鎮，蓋以山名。雲屯山，在縣東北二十五里。接棲霞縣諸山，綿亘百餘里。又齊山，在縣西三十五里。宋、元時嘗置買金場於此。

五龍山，縣南二十里。山下有五水相合，流百里而入海，因名。倉山，在縣東五十里。舊産鐵。又縣東七十里有福阜山，宋、元時嘗置金場。又東十里曰林寺山，元亦置金場於此。

**又　卷四〇《山西二》**　九原山，在州城西。漢末以此名縣。【略】程侯山，在州西北三十五里。相傳以程嬰得名。山甚廣饒，舊有採金穴，一名金山。

**又　卷五四《陝西三》**　魚難山，縣東北八十里。志云：縣東八十里有大谷龍山。其山北接秦嶺，多出麩金。

**又　卷五九《陝西八》**　文縣，州南二百十里。【略】

新開橋，縣西八十里，又縣有保安橋，皆白水所經，波流洶涌。金窟，在縣東。《一統志》：「金窟在縣之麻倉谷，接四川昭化縣界。窟如井，有金出焉，取之甚難。」

**又　卷六九《四川四》**　岑公巖，在縣南大江南岸。盤結如華蓋。左爲方池，有泉湧出巖際，盛夏注水如簾。隋末有岑道願者隱此，因名。又縣治西有古練巖，東二里有下巖，皆幽勝。黄金島，在縣南三里，近江南岸。屹立江心，高數丈，土人淘金於此。

連珠山，縣西十里。五峰相連，如貫珠然。又縣西五十里有石乳山，山石層疊，多生石乳。志云：縣在萬山中，多産麩金，而産於石乳山者爲最。

**又　卷七四《四川九》**　廢金縣，在衛北。漢定莋縣地，唐爲昆明縣地，後没於南詔，蠻名利賨揭勒。元至元十五年置金州，後降爲縣，屬柏興府，以縣境斛棘和山出金而名。明初因之，尋廢。

柏林山，衛南十里。多松柏，翠色參天，柏興府之名以此。【略】斛棘和山，在衛西三十里，産金。

**又　卷七七《湖廣三》**　金港，府南一里。源出楠木山，流里許入漢江。宋嘗於此採金，今塞。

**又　卷八〇《湖廣六》**　武山，府西二十五里。一名河洑山，又名太和山。山畔有梨瓠石，水出其下，謂之武陵溪。又西五里曰高吾山，一名西山，武陵溪於山下流入沅江。其右有鹿山，極幽勝。霞山，在府南百里。志云：舊有淘金場，今廢。

**又　卷八一《湖廣七》**　明溪，在府東北百里。其相近者曰麻伊溪。明，古作「樠」。《水經注》：「五溪曰雄溪、樠溪、西溪、潕溪、辰溪。」此即樠溪也。五溪環流於沅陵、辰溪、盧溪三縣之界，而注於沅水。又府東南百里有容溪，西南四十五里有荔溪。又淘金溪，在府西南五十里。

鄜梁山，在縣東。《漢志》「義陵縣有鄜梁山，序水所出，西入沅」，即此山也。又金井山，在縣東南十二里。舊有淘金坑，今廢。

**又　卷八二《湖廣八》**　寶溪山，州東北五十里。林木繁鬱。下有溪，中産金，故名。

金龍山，縣東五十里。峰巒峻絶，狀若飛龍。又金鳳山，在縣北百里。山勢昂聳，若飛鳳然。又雲盤山，在縣東百二十里，峰巒層疊。縣南百十里又有雲環山，以高聳迴環而名也。尖崖山，在縣西十五里，尖峰如削。又旺溪山，在縣西百六十里，四山相聯二十餘里。溪内嘗産金，宋時淘採，元廢。

**又　卷八四《江西二》**　章江，縣西南三里。有斗門堤，至縣東北十里爲曲江，形如半月，中分三潭，岸旁民居凡數百家，薄晚波平，江浮金碧，舟航雲絶。有磯頭山，李夢陽云：「贛江北奔入彭蠡湖，千里猶建瓴然，至豐城觸磯頭岡則俛而東，又折數里而北達，故曰曲江。」磯頭山之濱有金花潭，民居繚繞，榆柳成行，水波瀲灩，動摇金碧，漁舟上下，宛然圖畫。宋隆祐太后以金花投潭，祈風於此，因名。志云：曲江有灘，舊嘗出金。

港南山，縣南十里。【略】縣西南三十里又有金山，地産金。有淘金井，界於臨川。

**又　卷八五《江西三》**　鄡陽城，府西北百二十里。漢初置縣，屬豫章郡，後漢因之。三國吴屬鄱陽郡，晉仍爲鄡陽縣，劉宋永初二年省。武陽城，在府東五十里。《名勝志》：「府東北六十里南和鄉有武陽縣故址。」《漢志》注：「鄱陽縣有武陽鄉，右十餘里有黄金采。」采者，采取金之處。或曰梁、陳時蓋嘗置縣於此。

又　卷八八《江西六》　瑞金縣，府東三百八十里。東至福建汀州府百里，西南至會昌縣百六十里，東北至石城縣百四十里。本雩都縣地，唐天祐元年楊行密析雩都象湖鎮之淘金場置瑞金監，南唐保大十一年升監爲縣，仍屬虔州。宋因之。元大德初改屬會昌州，明初復故。

又　卷九八《福建四》　金山，縣西北十里，邑主山也。巒嶂巑岏，蒼翠如畫。一名紫金山，宋康定間嘗採金，因名。

又　卷一〇一《廣東二》　仙湧山，縣西北六十里，地名羅坑。本無山，一夕風雷震吼，湧出數峰。又西北五里曰崑山、崙山，二山相連，俗合呼爲崑崙山。崑山巔有天井，崙山巔有白龍池。金岡山，在縣西八十里。《唐志》：「岡州以金岡而名。」其地産金，下有淘金坑。傍皆沃壤，延袤八十里，今皆爲民田，不復有金坑矣。西北有石洞，曰金山巖，深廣皆二丈。巖頂飛瀑如練，有盤石可坐數十人。

又　卷一〇四《廣東五》　博嶺山，縣西南三十里，廣大高聳。又有狼濟山，在縣西八十里。山有石室石門，門外有石橋。志云：山有石壁，壁外有石人夾峙，謂之狼濟石。又林冶山，在縣西南百三十里。舊有金坑。

又　卷一〇七《廣西二》　海陽山，縣南九十里，西南去靈川縣九十里，蓋境相接也。本名陽海山，俗曰海陽，湘、灕二水皆出於此。山下有巖幽勝，行數百步至水泉處，闊不盈尺，其深叵測。又龍山，在縣南四十里，民居環遶。又金山，在縣西南二十里。下有金坑，今廢。

又　卷一一二《廣西七》　鵶候山，在占城國大州西北。元兵擊林邑，敗其兵，其國王嘗逃於此山。金山，在林邑故國。山石皆赤色，産金，夜則出飛，狀如熒火。

又　卷一一三《雲南一》　金沙江，源出麗江軍民府西北旄牛徼外，以産金沙而名。亦曰麗水。流入巨津州北境，唐時謂之神川。天寶以後吐蕃有其地，置神川都督於此。

又　卷一一六《雲南四》　南山，在府治南。舊名雁塔山，亦名金礦山。其麓有武侯祠，相傳孔明曾營於此。又慈烏山，在府治東，城跨其上。鳴鳳山，在城西。亦名卧龍岡。志云：岡在府西十里，以孔明曾過此而名。

龍蛟江，縣西北百二十里。源出鐵索箐，合姚州連場、香水二河，東北注於金沙江。俗名茸泡江，音訛也。水産金。

又　卷一一八《雲南六》　博南山，縣西南四十里。【略】《華陽國志》：「博南縣西山高三十里，越之得蘭倉水，有金沙，洗取融爲金。」

又　卷一一九《雲南七》　漢永昌西南夷地，後爲羣蠻所居。【略】《滇略》云：「孟密在騰越南千餘里。其地寶井産金礦，估客雲集，山高田少，米穀騰貴。」

大盈江亦曰金沙江。自干崖折而東南流，至司西南青石山下，又南流入孟養界。亦謂之大車江。志云：司有金沙江，出青石山，流入大盈江，出金。悮矣。

又　卷一二二《貴州三》　石子營，府北三里。又府西三里有壩地岡營，東三里有木桶營。志云：府境近郊之守如石子墺、黄蠟灘、壩地岡、木桶營、凱槽溪、龍于砦諸處，皆爲要地。又烏業營，在府西北。一名烏泥營。又西北有河界營。【略】《通志》：「府境有廢太平溪金場。永樂十三年置，宣德八年廢。」

逌羅江，司北二里。源出江頭山，至司西二十五里其流始大，東流合於銅仁江。水産金。或謂之省溪。

提溪，司西五里。源出濫泥山，引流而東，入於銅仁大江。中産砂金。

**清・屈大均《廣東新語》卷一五《貨語・金》**　或謂黄本日精，白本月華，故近赤道之地多金。吾粤陽明之國，天地盛德，寄旺於火。火之英，丹砂之精，黄湏父之，黄土母之，以故往往産金。金生於丹砂穴者爲上，其屑多在黑沙及逆流漩澓之所。没水取之，或掘地丈餘，見有磊砢粉子石，石褐色，一端黑焦，是爲伴金之石，必有馬蹄塊金。蓋丹砂之旁有水晶床，金之旁有粉子石。物不孤生，天地之道則爾。其粉子石所在，土色如血，或如熟杏，燒作脂蘇氣香。其沙甚重而苦，鵝鴨啖其沙者，從膍胵内淘之，亦有金屑。開建有金莊水焉，其源出金鷄涌。二百里間爲大瀧、小瀧者二，皆有瓜子金、麩金。越一山有金縷水，流聲清激，亦産生金。土人淘其沙，日得麩金分許，不能多。或有得一金龜，則其地數日無金矣。崖州黎田，其水瀠洄清澈，浮光躍金。有商人以百金貿而淘之。陽江木葫白石山澗中，及廣寧溪峒，亦有金坑，而生金甚微，色亦低劣。民竭一日之力，僅足糊口。英德之金山逕溪東西田脚亦有金，河源之藍田瀬，蒸煮其沙，日得生銀錢許。若得三四錢，則三日不能復得。高明礦脈亦微。萬曆間，中使募民認税開採，尋以無利而寢。大抵晉康以掘鐵爲生，開建、河源以淘金銀爲業。一鐵爐可養千人，一金潭銀瀨可活數百室，皆天之所以惠貧民也。許渾詩云，洞丁多斲石，蠻女半淘金。若上官開採，則所得不足以償所失，未有不因而生亂者也。蓋嶺南雖有金而無金，其金皆自吴門買歸。□□者以銀易之，以便致遠。故賈人以金爲貨，利常數倍。民謡有云，黄金自吴來，精者十三倒。□□争買時，白銀不言好。

**清・檀萃《滇海虞衡志》卷二《志金石》** 金出於北金沙江，所謂金生麗水也。淘洗得之，工費正等。惟掘於平地，得金塊大小而利贏。滇志所稱，麗江、金沙江出金，姚安龍蛟江出金，永寧府出金，臨安、安南長官司出金。金於滇出爲多，葉金、條金咸萃於滇，而累滇亦甚。前明中使藉採金採寶，并以虐滇，往往至於兆亂，亦可以鑒矣。滇南金廠三，一在永北之金沙江，一在保山上潞江，一在開化之錫板。又案《續博物志》云，生金出長傍諸山，取法，以冬或春，先於山腹掘坑，方夏水潦蕩沙泥土注之坑，秋始披而揀之。有得片塊大者，重一斤，或二斤，小者不下三四兩。先納官十分之八，餘許歸私。仍累勞劾，免征賦。麩金出麗水河睒川，有罪送淘金所，最爲重役。會同川銀山出銀鑛，私置冶，官收十之三。諾睒川有錫山，出錫。彼時滇不入宋版圖，而能詳之。若此則李《志》勝範《志》矣。李與範同時人，俱南渡以後。

**清・徐松《宋會要輯稿・食貨・坑冶上》**

各路坑冶置場務所

金　登州天聖二年置場，官自收買，禁人私取。至明道二年廢，許民取便采淘貨賣。商州坑冶務舊置。饒州鄱陽縣利陽鎮場，舊置；德興縣場，慶曆二年置；浮梁縣大邊源櫄木陪，慶曆六年陳獻金寶，至和三年罷。信州貴溪縣黄金場，熙寧四年置，八年罷監官。南安軍南康縣連塘場，舊置，康定中罷。福州古田縣寶興場，天禧二年置，(加祐)[嘉祐]五年罷。汀州安豐場，舊置；上杭縣鍾寮場，慶曆元年置。邵武軍歸化縣磜礤場，端拱元年置。南恩州陽江縣磨峒場，天聖四年置，熙寧十年罷。邕州慎乃場，熙寧六年置。

**又**　各路坑冶所出額數

《續會要》

以《中書備對》諸坑冶務(租)[祖]額并元豐元年收數修入，《九域志》土貢場務附焉。治平以前所置場務已見舊《會要》者不載，舊《會要》所無而不詳何年月置者，亦收入。坑冶場務興廢不定，逐年所入多寡不同，亦有當年無收者。此其大畧也。

《宋會要》

金元額、歲收數未詳者闕之，銀銅等並準此。登州元額三千九兩，元豐元年收四千七百一兩，又土貢一十兩。萊州三縣和買金，元額四千一百五十兩，元豐元年收四千八百七十二兩。金州土貢麩金八十兩。房州課金，元額六十六兩，元豐元年收五十七兩。商州洛南、商洛、上津、豐陽縣課金，元額三十九兩，元年收五十六兩。絳州買金場一。饒州城下黄金場，元額三十四兩，元年收三十五兩。又土貢麩金一十兩。信州貴溪縣買金場，熙寧四年置，八年罷監官。岳州平江縣土竈一場。衡州土貢麩金三兩。沅州元額一百三十二兩，元年收八十四兩。眉州土貢麩金五兩。嘉州土貢麩金六兩。雅州土貢麩金五兩。簡州土貢麩金五兩。資州土貢麩金五兩。昌州土貢麩金五兩。利州土貢麩金五兩。龍州土貢麩金三兩。萬州土貢麩金三兩。汀州元額一百六十七兩，元年收一百五十一兩。邕州慎乃場，熙寧六年置，元無額，元年收七百五十四兩。象州土貢三兩。融州土貢三兩。南恩州磨峒場，熙寧十年罷。

金坑冶祖額總計七千五百九十七兩，元豐元年收總計一萬七百一十兩。

**又**　各路坑冶興發停閉及歲收額

按《四朝會要》云：坑冶場務興廢不定，逐年所入多寡不同，今以虞部所具紹興三十二年内諸路州軍坑冶興廢之數并乾道二年七月内鑄錢司比較祖額之數，以次參附云。

金坑　湖南路興發一百二十四處，停閉一百三十七處。廣東路停閉一處。江東路興發一處。江西路停閉一處。《中興會要》。

**又**　**《坑冶下》**　坑冶雜録

至道二年，陝西轉運(使)[司]言：「成州界金坑兩處，先是州遣吏掌之，歲課不能充。望遣使按行，更立新制。」詔曰：「捐金於山，前聖之盛德；所寶惟穀，舊史之格言。朕緬慕太古之風，不貴難得之貨，何必言利，徒以勤民。其成州金坑兩處並宜停廢。」

**又**　[天聖]四年，【略】奉詔相度登州蓬萊縣界淘金利害。今檢視淘金處，各是山澗河道，及連畔地土閑處有沙石泉水，方可淘取得碎小片金。

[天聖]八年，詔彭州九隴縣産金貨，命差官採淘。

[熙寧]十年，廣南西路經畧安撫司言：「伏見廣源州等處内有金坑并慎乃金坑，已委提點刑獄專管勾。勘會慎乃金坑自興置，博買金寶，變轉回易，收趁利息，以助經撫蠻夷。乞令本司興置，及依舊回易。」從之。

[元豐]四年，河東都轉運使陳安石言：「絳州曲沃金坑，今已措置就緒。」詔官(史)[吏]減磨勘，循資有差。又知沅州謝麟言：「溪江産麩金，欲乞募人淘採中賣。」從之。

紹聖三年，湖南轉運司言：「潭州益陽縣金苗發泄，已差官檢視置場。今體訪得先碎礦石，方淘浄金，抽分權買入官，竊恐坑户及夫匠等私出地理，合禁止。乞修立條制。」從之。

大觀二年，荆湖南路提舉常平司狀：「承省劄：訪(問)[聞]潭州湘陰縣、岳州平江縣地界出産金寶去處甚多，只是百姓地主私召人淘採貨賣，官司不爲措置，枉失寶貨。札付本司相度措置。今相度，應有金銀坑冶發泄，雖告言，或檢踏未了，輒私發坑口淘取者，計價以盗論贓，輕者杖一百，鄰保知而不糾者減二等，所貴人知有禁，可以杜絶私採之弊。」詔從之，諸路應有坑冶處並依此。

[孝宗乾道]二年，以饒州貢金千兩，民力不支，遂減十分之七，以蘇壹郡之民。以上《永樂大典》卷一一七三二。

《續會要》

淳熙四年三月十九日，詔停閉藤州平羅、古社金坑。以諸司言歲收浄利一十一兩四錢，所入微細故也。十年六月十二日，詔廢罷昭州管下金坑五處。以廣西運司言歲納金一十四兩、錢五ㄧ餘貫，所入不多故也。以上《永樂大典》卷六六。

**又《食貨・諸郡進貢》** （寶）[慶]曆四年五月十五日，撫州上金谿縣戰坪所得生金山，重三百二十四兩。帝初令送左藏庫，而三司言瑞物，宜留禁中，乃藏於龍圖閣瑞物庫。

**清・嚴如熤《三省邊防備覽》卷九《山貨》** 淘金廠，南鄭、城洋濱臨漢江一帶，沙灘多有之。法用木作淘牀，長五尺五六寸，寬二尺七八寸，四周有邊，邊高三寸許，邊内前鑲木板一塊，長六七寸，後鑲木板一塊，長二尺許，板前安横木一根，較牀長數寸，横木下安柱二根，高三尺許，木柱立定，則淘牀前低後高，横木之上鑿圓孔二，另安二尺餘十字木架，架下二小柱，插入横木孔内，使其活動，架縛圓竹，筐高三四寸，徑一尺六七寸，將沙倒入筐内牀後，把住木架一頭不住掀簸，用水頻澆，則沙隨水流。金性沉，沉在筐底細縫中。透下木牀，其木牀除兩頭鑲板，中空三尺許，另安木板一塊，厚三寸，其上横刻木槽百十道，寬二三分，深寸餘。筐底透出金沙，順水沉入槽内。□用木匣一個，空一面如簸箕式，然後將槽内金沙掃入木匣，□水中漾擺，沙土擺盡，但存金屑，再用水銀同金屑入硝銀，罐燒煉水，銀成灰，金成小粒，如黄荳大，每牀一人掀簸木架，一人挑水，三人挑沙，共五人，同力合作。每日多則淘金五六分，少則一二分，僅敷一日之食。其金質硬色低，每兩可易錢十五六千文，廠頭出工，木傭夫淘簸，每廠約數十人。略陽嘉陵江、西鄉木馬河、褒城烏龍江沙灘兩岸，均有淘者，貧民賴以生活，蓋亦不可紀計矣。

**清・鄭光祖《一斑録・物理・金石》** 黄金，産溪邊沙中者，淘而得之。生山中者，石内金苗一路如瓜之有藤，得一旁歧入尺許，得金一粒，重不過二三錢。

**又《一斑録・雜述五》** 淘金

川中各江之濱，多從沙内淘取黄金。法用木作淘牀，長五尺五六寸，寬二尺七八寸，四周邊高三寸許，邊内前鑲木板一塊，長六七寸，後鑲木板一塊，長二尺許。板前安横木一根，較牀長數寸。横木下安柱二根，高三尺許。木柱立定，則淘牀前低後高。横木之上，鑿圓孔二，另安二尺餘十字木架，架下二小柱插入横木孔内，使其活動。架縛圓竹筐，高三四寸，徑一尺六七寸。將沙倒入筐内，牀後把住木架一頭，不住掀簸，用水頻澆，則沙隨水流，金性沉，沉在筐底細縫中，透下木牀。其木牀除兩頭鑲板，中空三尺許，另安木板一塊，厚三寸。其上横刻木槽百十道，寬二三分，深寸餘。筐底透出金沙，順水沉入槽内。另用木匣一個，空一面，如簸箕式。然後將槽内金沙掃入木匣，就水中漾擺，沙土擺盡，但存金屑。再用水銀同金屑入銷銀罐燒煉，水銀成灰，金成小粒如黄豆大。每牀一人掀簸木架，一人挑水，三人挑沙，共須五人用力合作。每日得金，多則五六分，少僅一二分，敷一日之食而已。金每兩可易錢十五六千文，嘉陵江、烏龍江、金沙江等處均有淘者。貧民賴以生活焉。

**又《雜述六》** 中甸風土

中甸維西本西藏地。乾隆中，土地日闢，遂以兩地並屬於滇麗江府。中甸去府五站，同知駐焉。武職有都司千總。當地【略】有金廠一，每年額課黄金十二兩，每日收沙金六七錢，合計一歲可得沙金二百餘兩。每沙金二兩，銷成浄金一兩。

**清・鄭復光《費隱與知録》** 金重水輕空則可浮

問：金入水而沈，木入水而浮，金重木輕，性也。《奇器圖説》謂水分數輕則不能載物。若水之分數重於物之分數幾何，則物之浮出水面亦幾何，又若不係乎金木之性也者，何邪？曰：《奇器圖説》謂黄金一兩錘打成箔，可數萬張，銀則不能，以爲金性稠密於銀之故。因悟得金性實而密，故内含氣少而重於水。木性虚而疏，故内含氣多而輕於水。凡水之浮物，由於水有本重，既爲流體，不得不平。忽物來水面壓下數寸，則物底之水逼下數寸而旁溢。上出之水力欲下趨物底，復其原位取平，故與物相抗，而負之使浮也。金石之屬，堅重異常，有非水重之力所能勝者，遂速讓之，而出其上以取平，故沈也。是知物之沈者，雖由於重，而其重之數不論多寡，祇視其形之大小與水等，其重強於水則沈。如金作鉤，爲實體，其大不能以寸，雖重數兩，入水必沈也。物之浮者，雖由於輕，而其重之數不論多寡，亦視其形之大小與水等，其重弱於水，則浮。如金作球，爲虛體，厚一氂，其大一尺，雖重有三斤四兩七錢八分，入水必浮矣。故銅盤上無水，則凹處悉是氣，計其大與水等，則水方及尺重卅斤零七兩四錢五分，必重於盤，故浮。若内盛水令滿，計其大與水等，則銅方不過寸餘，而相等之水重不過數兩，是銅重於水，必沈也。觀舟雖沈不至水底，木性虛而疏，内含有氣重不及水耳。余因檢寸方定率，得水寸方重九錢三分。紫檀是木，寸方一兩零二分，斷其入水必沈。黄楊入手亦堅重，寸方七錢五分，較水則輕，決其入水必浮，均試之而驗。油寸方重八錢三分，故應常浮水面也。

**清・龍文彬《明會要》卷五七《食貨五・坑冶》** 十年，户部檄所司開黑山金場。遼東巡撫彭誼奏：「永樂中，太監王彦等開是山，督夫六千人，三閲月，止得金八兩。請罷之。」遂止。《彭誼傳》。時命湖廣、寶慶等郡採金，歲役五十五萬人，死者無算，僅得金三十餘兩。撫臣劉敷奏請已之。《三□》。」

**又** 三十五年五月丁亥，遣左通政王槐採礦銀於玉旺峪。六月己丑，户部主事張芹進山東寶山諸礦金二百十七兩，銀二百兩有奇。上以爲少，命從實開取，嚴禁官民隱匿侵盜者。同上。

**清・徐珂《清稗類鈔・礦物類》**

黑龍江産金　黑龍江爲有名産金之地，其沿岸如漠河、觀都、庫瑪爾河、餘慶溝、奇乾河等十餘處金鑛，均爲人所諗知者也。

雲南金廠　雲南金廠，大盛於乾、嘉間，歲課之額甚裕。實以兵燹輟辦，非洞老山空，如麗江之大里也。其老山、新山金廠，及他郎之坤勇金廠，鳳儀之雙馬槽金廠，中甸之麻康等處金廠，文山之蘼姑底泥等處金廠，永平之玉皇閣金廠，鎮邊之石牛金廠，騰衝之馬牙金廠，永北金沙江沿岸金廠，鶴慶之馬耳山等處金廠，維西之奔子欄等處金廠，蒙自之老麼多金廠，皆久爲人所稱道者也。

臺灣金砂　臺灣産金砂，然金砂出，則地必易主。餘姚邵筱村中丞曰濂撫臺時，金砂徧地，土之淘金者赴撫署領照，每人納制錢二百文，歲可贏十餘萬。

# 紀事

**宋・王稱《東都事略》卷七一《列傳五十四》** 慶曆六年夏，河北、河東、京東地震，登、萊尤甚，【略】宿又以爲：「登、萊視京師爲東北隅，乃少陽之位也。今二州並置金坑，多聚民以鑿山谷，陽氣損泄，故陰乘而動。縣官入金歲幾何？小利而大害，可即禁止，以寧地道。」

**《宋史・食貨志・阬冶》** 天聖中，登、萊採金，【略】仁宗命奬勸官吏，宰相王曾曰：「採金多則背本趨末者衆，不宜誘之。」景祐中，登、萊饑，詔弛金禁，聽民採取，俟歲豐復故。然是時海内承平已久，民間習俗日漸侈靡，糜金以飾服器者不可勝數，重禁莫能止焉。景祐、慶曆中，屢下詔申敕之，語在《輿服志》。大率山澤之利有限，或暴發輒竭，或採取歲久，所得不償其費，而歲課不足，有司必責主者取盈。仁宗、英宗每降赦書，輒委所在視冶之不發者，或廢之，或蠲主者所負歲課，率以爲常；而有司有請，亦輒從之，無所吝。故冶之興廢不常，而歲課增損隨之。

**《元史・食貨志》** 初，金課之興，自世祖始。其在益都者，至元五年，命于從剛、高興宗以漏籍民户四千，於登州棲霞縣淘焉。十五年，又以淘金户二千簽軍者，付益都、淄萊等路淘金總管府，依舊淘金。其課於太府監輸納。在遼陽者，至元十年，聽李德仁於龍山縣胡碧峪淘採，每歲納課金三兩。十三年，又於遼東雙城及和州等處採焉。在江浙者，至元二十四年，立提舉司，以建康等處淘金夫凡七千三百六十五户隸之，所轄金場凡七十餘所。未幾以建康無金，革提舉司，罷淘金户，其徽、饒、池、信之課，皆歸之有司。在江西者，至元二十三年，撫州樂安縣小曹周歲辦金一百兩。在湖廣者，至元二十年，撥常德、澧、辰、沅、(静)[靖]民萬户，付金場轉運司淘焉。在四川者，元貞元年，以其病民罷之。在雲南者，至元十四年，諸路總納金一百五錠。此金課之興革可考者然也。

天曆元年歲課之數

金課：

腹裏，四十錠四十七兩三錢。

江浙省，一百八十錠一十五兩一錢。

江西省，二錠四十兩五錢。

湖廣省，八十錠二十兩一錢。

河南省，三十八兩六錢。

四川省，麩金七兩二錢。

雲南省，一百八十四錠一兩九錢。

**清・談遷《棗林雜俎中集・器用》** 貢金　楊升庵《滇畧》曰：「語云金生麗水，今麗江其地也。其江曰金沙，源出吐蕃，經鐵橋、寶山、永寧、北勝以達東川江。滸沙泛金麩雜之，貧民淘而鍛焉，日僅分文，售蜀賈，轉諸四方，其稅屬之土府，漢不得有也。朝廷歲貢，滇賦金五千，其直可四分緡，皆蜀賈有力者，先期受直於官，而走四遠哀入之。間有逃且死者，累及姻族，桁楊纍絫。至於黔巫瘴癘，十死一生，又不具論也。」

**清・徐松《宋會要輯稿・食貨・坑冶下》**

坑冶雜録

至道元年，福建轉運使牛冕言：「邵武軍歸化縣金場虚有名額，並無坑井，專副、人匠千一百餘人。配買金六百餘兩，百姓送納不逮，以至棄命自刎。其場今請停廢。」從之，自今永不得興置，工匠悉放歸農。

［景德］三年，詔：「比者三司奏請東、西兩川掌關征榷酤醎醝之利者，半輸銀，帛外，其半以二分准市價入金。近聞州郡非産金處頗爲不便，其入二分金宜即停罷，如願入聽。」

［天聖］四年，京東轉運副使上官佖言：「奉詔相度登州蓬萊縣界淘金利害。【略】仍定下項條例：凡上等，每兩支錢五千，次等四千五百，俱於在城商税務内置場收買，差職官勾當。産地主占護，即委知州差人淘沙得金，不計多少，立納官，更不支錢。監官招誘收買數多，即與酬獎。地主及賃地人不得私賣，及將出州界。許人告捉，一兩已下笞四十，已上笞五十，四兩已上杖六十，七兩以上杖七十，十兩以上杖八十，十五兩以上杖九十，二十兩已上杖一百；買者減一等。告人據捉到金色號，全與價錢充賞，至百千止。應自前淘買到的，即限一月赴官中賣。限滿不首，許人告捉，並依前項施行。應出金地主或諸色人，如自立法後一年内，淘取得金二百兩已上中賣入官，與免户下三年差徭及科配。如併五次淘得各及兩數，即永免差役科徵，只納二税。應地主如少人工淘取，許私下商量地步，斷賃與人，淘沙得金，令赴官場中賣。」從之。

［天聖］六年，三司使范雍言：「恩州陽江縣出産金貨，慮不切盡公收買，已牒本路轉運司，選差職官往彼監當。」詔令三司鈐轄，不得搔擾。廣南東路轉運司言：「恩州磨峒等處産金，自天聖五年十月至今年二月，共買四百八十餘兩，支價錢四千二百八十餘貫。」既而客旅在京入便錢往，三司言：「商客便錢入恩州，皆於淘金人户處偷買金貨興販，侵奪官中課利。請令在京都榷貨務及荆湖、江淮南路諸州軍，自今後不許客人入便錢往恩州。」從之。

七年，上封者言：「登州生金，置官收市。今聞萊州萊陽縣亦産金。」詔委轉運使覆按詣實。乃請各置官收市，及設巡邏，勿聽私相貿易，從之。

政和三年，權提轄措置陝西路坑冶催促鑄錢等司蔣彝奏：「陝州閿鄉縣自紹聖三年，金課每年以七百兩爲額，近歲所納止百餘兩。知縣聶敏修政和三年正月到任，措置收趁，比之政和元年、二年，各增五(陪)［倍］，已及祖額。」詔敏修轉一官，如所收金數大段增廣，令鑄錢司具數保明聞奏，别加賞典。

**又《刑法・禁約四》**

禁造僞金

《宋會要》：太祖開寶四年，開封府捕得僞造黄白金民王元義等案問，皆伏辜。帝怒，並決杖，流於海島，因下詔曰：「昔漢法作僞黄金者棄市，所以防民之姦弊也。比云京城之内競習其術，轉相誑耀，此而不止，爲盜之萌。自(京)［今］應兩京及諸道州府，禁民無得作僞金，違者捕繫，案驗得寔，並寘極典。」

詔禁市金

《宋會要》：大中祥符元年，帝以京城金銀價貴，以問三司使丁謂，謂言多爲西賊回鶻所市入蕃，詔約束之。

禁服用金

《宋會要》：孝宗隆興元年，上封者言：「乞詔有司，自今拍造金箔、金線之家，尚敢取金以糜壞器用，衣服與神佛之像尚敢取金以粧飾，皆論如法，仍許人陳告。」詔户、工部檢坐見行條法申嚴行下。

禁金出關

《宋會要》：淳熙元年五月十五日，盱眙軍守臣言：「銅錢、金銀并軍須違禁之物，不許透漏過界，法令甚嚴。本軍係與泗州對境，逐時客旅過淮博易，射利之徒殊不知畏。且本軍與泗州以淮河中流爲界，渡船既已離岸，無由敗獲。今欲自客旅往渡口正路本軍西門外立爲禁約地分，遇有違犯之人，分别輕重斷遣，庶幾有所畏憚。今條畫如後：一、照應榷場逐時發客過淮博易，係經由本軍西門出入，今欲每遇榷場發客，令搜檢官先就西門搜檢，如無藏帶金銀、銅錢并違禁之物，方得通放。若客人經由西門搜檢之後，於西門外未至淮河渡口搜獲藏帶金銀、銅錢者，欲將犯人比附越州城未過減一等斷遣，仍將搜獲到金銀、銅錢、物貨盡數充賞。一、今欲於淮河渡口築土墻、置門户以爲禁約地分。如客旅或諸色人藏帶金銀、銅錢輒過所置墻門，雖未上舡或已上舡而未離岸，即與已過界事體無異，欲並依已出界法斷罪，犯人應有錢物盡數給與搜獲之人充賞。」從之。以上《永樂大典》卷九四八四。

## 藝文

**漢・魏伯陽《周易參同契》** 金入於猛火，色不奪精光。自開闢以來，日月不虧明，金不失其重，日月形如常。

**唐・劉禹錫《浪淘沙》其六**《全唐詩》卷三六五 日照澄洲江霧開，淘金女伴滿江隈。美人首飾侯王印，盡是沙中浪底來。

## 雜録

**晉・葛洪《西京雜記》卷六《晉靈公冢》** 晉靈公冢，甚瑰壯，四角皆以石爲獾犬捧燭，石人男女四十餘，皆立侍，棺器無復形兆，屍猶不壞，孔竅中皆有金玉。其餘器物皆朽爛不可別，唯玉蟾蜍一枚，大如拳，腹空，容五合水，光潤如新，王取以盛書滴。

**《宋史・趙普傳》** 六年，帝又幸其第。時錢王俶遣使致書於普及海物十瓶，置於廡下。會車駕至，倉卒不及屏。帝顧問何物，普以實對。上曰：「海物必佳。」即命啓之，皆瓜子金也。

**明・王佐《新增格古要論》卷七《異石論》** 試金石後增。 試金石，出蜀中。此石出江水内，純墨色，細潤者佳。若石上試金滿，用鹽洗去，留放濕地上，少時用，更用胡桃油揩過却上金，常用袋盛之。好者四五寸長，二三寸大，價銀值一二兩。又有一等黑石，可試銀，佐不知其所出。

# 銀

## 題解

**漢・許慎《説文解字・金部》** 銀 𨥈 白金也。从金，艮聲。語巾切。

**清・徐珂《清稗類鈔・礦物類》** 銀 銀爲金屬化學原質之一，色白，光澤甚美，古謂之白金。富於展延性，能傳熱及電。性軟，故製貨幣、時表及裝飾品時，常和銅少許，使略堅。多存於鑛石中，與銅、鉛、硫、砒、銻等化合。間有天生單體，爲蘚狀、塊狀者，謂之自然銀，吾國産之。市上所用之生銀，以兩計者，即自然銀之成塊者也。

## 綜述

**唐・徐堅《初學記》卷二七《寶器部・銀》** 《爾雅》曰，白金謂之銀，其美者謂之鐐。遼。《説文》曰，銀，白金也。《漢書》曰，朱提銀重八兩爲一流，直一千五百八十。他銀一流直一千。是爲銀貨。朱提，縣名，屬犍爲。《後魏書》曰，銀出始興陽山縣，又出桂陽安縣驢山，有銀礦，二石得銀七兩。白登山亦有銀礦，八石得銀七兩。宣武帝詔並置銀官，每令採鑄。《後魏書》曰，後魏孝明皇帝開恒州銀山之禁，與人共之。《魏志》曰，濊國男女繫銀，廣數寸以爲飾。《廣州記》曰，廣州市司用銀米，遂成縣。任山有銀穴，有銀沙。《瑞應圖》曰，王者宴不及醉，刑罰中，人不爲非，則銀甕出。

洗礦、鑄礫，酈元注《水經》曰，潺水山水源有金銀礦，洗取火合之，以成金銀。王韶之《始興記》曰，小首山，宋元嘉元年夏，霖雨山崩，自巔及麓，崩處有光耀，望若辰砂，居人往觀，皆是銀礫，鑄得銀也。 搆宫、爲闕，《列子》曰，周穆王執化人之柄，騰而上天。暨化人之宫，搆以金銀，絡以珠玉。《史記》曰，蓬萊、方丈、瀛州，此三神山也，皆以黄金白銀爲宫闕。 鏤盤、飾鼎，魏收《後魏書》曰，太武皇帝和平二年詔，中尚坊作黄金合盤，鏤以白銀，鈿以玫瑰。

阮諶《三禮圖》曰，牛鼎受一斛，天子飾以黄金，錯以白銀。牓闕門、雕層閣。東方朔《十洲記》曰，東方外有東明山，有宫焉，左右闕而立。其高百尺，建以五色門，有銀牓，以青碧鏤，題曰天地長男之宫。釋智孟《游外國傳》曰，龜茲國高樓層閣，金銀雕飾。

後魏太武帝作黄金盤，鏤以白銀銘。九州致貢，殊域來賓。乃作兹器，錯用奇珍。鍜以紫金，鏤以燭銀。

**唐・李吉甫《元和郡縣圖誌》卷五《河南道一・河南府・伊陽縣》** 銀鉚窟，在縣南五里。今每歲税銀一千兩。

**又 卷六《河南道二・陜州・安邑縣》** 雷首山，一名中條山，在縣南二十里。其山有銀谷，在縣西南三十五里，隋及武德初並置銀冶監，今廢。

**又 卷二八《江南道四・饒州・樂平縣》** 銀山，在縣東一百四十里。每歲出銀十餘萬兩，收税山銀七千兩。

**又 卷二九《江南道五・郴州・平陽縣》** 銀坑，在縣南三十里。所出銀，至精好，俗謂之「偈子銀」，別處莫及。

**又 卷三二《劍南道中・曲州》** 朱提，山名，出善銀，《食貨志》曰「朱提銀重八兩爲一流」，因山名郡縣也。

**又 卷三四《嶺南道一・韶州・曲江縣》** 銀山，在縣西二十二里。出銀。

**宋・樂史《太平寰宇記》卷一〇一《江南東道十三・建州》** 龍焙監，建州建安縣南鄉秦溪里地，以本州地出銀鑛，皇朝開寶八年置場，收銅銀。至太平興國三年昇爲龍焙監，凡管七場。

四至：東去福州古田縣八十里。一作四十。南去南劍州劍浦縣積善里界四十里。西去南劍州劍浦縣界杉口務二十里。北至建州一百五十里。

所出礦石：白礦，黄礁礦，黑牙礦，松礦，水礦礦，黑牙礁礦，光牙礦，土卵白礦，馬肝礁礦，桐梅礁礦，赤生銅礦，紅礁夾生白礦。

**又 卷一〇七《江南西道五・饒州》** 德興縣，東一百八十里，今三鄉。本饒州樂平之地，有銀山，出銀及銅。唐總章二年，邑人鄧遠上列取銀之利。上元二年因置場監，令百姓任便採取，官司什一税之，其場即以鄧公爲名，隸江西鹽鐵都院。至僞唐升爲德興縣。四面皆水。

**宋・王欽若等《册府元龜》卷四九三《邦計部・山澤二》** 末帝清泰元年，新州銀冶務使承珪言：「自今年正月，得銀三百五十兩。自八月後，採山無銀，別尋弦道。」

**宋・葉廷珪《海録碎事》卷一五《商賈貨財部・銀門》** 銀山，《神異經》曰：西南有銀山焉，長五十餘里。銀氣，《地鏡圖》曰：銀之氣，夜正白，流散在地，撥之隨手散復合，此是也。山有葱，下有銀，光隱隱正白。山有磁石，下有銅若金。

**宋・趙彦衛《雲麓漫鈔》卷二** 建寧府松溪縣瑞應場，去郡二百四十餘里，在深山中。紹興間，鄉民識其有銀脈，取之得其利。隆興初，巡轄馬遞鋪朱姓者言於府，府俾措置，大有所得，事不可掩，聞於朝，賜名「瑞應場」，置監官。朱死於場中，一子與人闘，亦死場中，祀爲神，號七寶大王。初，場之左右皆大林木，不二十年，去場四十里皆童山。場之四畔圍以大山，雖盛夏亦袷衣，日正中方見日。乾道中，人入穴鑿山，忽山合夾死五十餘人，血自石縫中流出。取銀之法，每石壁上有黑路乃銀脈，隨脈鑿穴而入，甫容人身，深至十數丈，燭火自照，所取銀鑛皆碎石，用臼搗碎，再上磨，以絹羅細，然後以水淘，黄者即石，棄去；黑者乃銀，用麵糊團入鉛，以火煅爲大片，即入官庫，俟三兩日再煎成碎銀，每五十三兩爲一包，與坑戸三七分之，官收三分，坑户得七分。鉛從官賣，又納税錢，不啻半取矣。它日又鍊，每五十兩爲一鋌，三兩作火耗。坑户爲油燭所熏，不類人形；大抵六次過手，坑户謂之過池，曰過水池、鉛池、灰池之類是也。

**宋・朱輔《溪蠻叢笑》** 出山銀 西溪接靖州境，出鉛。以中有銀，銀體差黑。未經坯銷，名出山銀。

**《元史・食貨志》** 産銀之所，在腹裏曰大都、真定、保定、雲州、般陽、晉寧、懷孟、濟南、寧海，遼陽省曰大寧，江浙省曰處州、建寧、延平，江西省曰撫、瑞、韶，湖廣省曰興國、郴州，河南省曰汴梁、安豐、汝寧，陜西省曰商州，雲南省曰威楚、大理、金齒、臨安、元江。

**明・王佐《新增格古要論》卷六《珍寶論》** 銀後增。

銀，出閩、浙、兩廣、雲南、貴州、交阯等處山中，足色成錠者，面有金花，次者緑花，又次者黑花，故謂之花銀。蜂窩中有倒滴而光澤，火燒色不改者，又次之。

**明・陸容《菽園雜記》卷一四** 五金之礦，生於山川重複高峰峻嶺之間。其發之初，唯於頑石中隱見礦脈，微如毫髮。有識礦者得之，鑿取烹試。其礦色樣不同，精麄亦異。礦中得銀，多少不定，或一籮重二十五斤，得銀多至二三兩，少或三四錢。礦脈深淺不可測，有地面方發而遽絶者，有深入數丈而絶者，有甚微，久而方闊者，有礦脈中絶，而鑿取不已，復見興盛者。此名爲過壁。有方採於此，忽然不現，而復發於尋丈之間者，謂之蝦蟇跳。大率坑匠採礦，如蟲蠹木，或深數丈，或數十丈，或數百丈。隨其淺深，斷絶方止。舊取礦攜尖鐵及鐵鎚，竭力擊之，凡數十下，僅得一片。今不用鎚尖，惟燒爆得礦。礦石不拘多少，採入碓坊，舂碓極細，是謂礦末。次以大桶盛水，投礦末於中，攪數百次，謂之攪粘。凡桶中之粘分三等，浮於面者謂之細粘，桶中者謂之梅沙，沈於底者謂之麄礦肉。若細粘與梅沙，用尖底淘盆，浮於淘池中，且淘且汰，泛颺去麄，留取其精英者。其麄礦肉，則用一木盆如小舟然，淘汰亦如前法。大率欲淘去石末，存其真礦，以桶盛貯，璀璨星星可觀，是謂礦肉。次用米糊搜拌，圓如拳大，排於炭上，更以炭一尺許覆之。自旦發火，至申時住火候冷，名窖團。次用坪銀爐熾炭，投鉛於爐中，候化即投窖團入爐，用韛鼓扇不停手。蓋鉛性能收銀，盡歸爐底，獨有滓浮於面。凡數次，爐爬出熾火，掠出爐面滓。烹錬既熟，良久以水滅火，則銀鉛爲一，是謂鉛駝。次就地用上等爐灰，視鉛駝大小，作一淺灰窠，置鉛駝於灰窠內，用炭圍疊側，扇火不住手。初鉛銀混，泓然於灰窠之內，望泓面有烟雲之氣飛走不定，久之稍散，則雪花騰湧，雪花既盡，湛然澄澈。又少頃，其色自一邊先變渾色，是謂窠翻。乃銀熟之名烟雲雪花，乃鉛氣未盡之狀。鉛性畏灰，故用灰以捕鉛。鉛既入灰，唯銀獨存。自辰至午，方見盡銀。鉛入於灰坯，乃生藥中蜜陀僧也。

**明・劉文泰等《本草品匯精要・玉石部》** 生銀【略】

名：《寶藏論》云，夫銀有一十七種：至藥銀，山澤銀，草砂銀，母砂銀，黑鉛銀，已上五種是真銀，堪入藥用。白錫銀，曾青銀，土碌銀，丹陽銀，生鐵銀，生銅銀，硫黄銀，砒霜銀，雄黄銀，雌黄銀，鍮石銀，真水銀銀，已上十二種是假銀，不入藥用。地：《圖經》曰，出饒州樂平諸坑生銀鑛中，狀如硬錫，文理麄錯自然者真。今坑中所得，乃在土石中滲溜成條狀，若絲髮，土人謂之老翁鬚，似此者極難得。方書用生銀，必得此乃真爾。《別録》云，銀生洛平盧氏縣，褐色石打破，內即白。生於鉛坑中形如笋子，此有變化之道，亦曰自然牙，亦曰生鉛，又曰自然鉛。可爲利術，不堪食。鉛內銀性有毒，可用結砂子。一種朱砂銀，冷無毒，畏石亭脂、磁石、鐵，及忌諸血。【略】《衍義》曰，其生銀即是不自礦中出而特然自生者，又謂之老翁鬚，亦取像而言之耳。時：採無時。用：文理麄錯自然生者佳。質：狀如硬錫。色：白。【略】製：雷公云，金銀銅鐵氣凡使在藥中，用時即渾安置於藥中，借氣生藥力而已。若以金銀銅鐵入於藥中用之，俱消人脂也。

**明・李時珍《本草綱目・金石部》**

銀《別録》中品。

校正　併入《開寶》生銀。

釋名　白金、《綱目》。鋈。時珍曰：《爾雅》：白金謂之銀，其美者曰鐐。《説文》云：鋈，白金也。梵書謂之阿路巴。

集解　《別録》曰：銀屑生永昌，採無時。弘景曰：銀之所出處，亦與金同，但是生土中也。煉餌法亦似金。永昌屬益州，今屬寧州。恭曰：銀與金，生不同處，所在皆有，而以虢州者爲勝，此外多鉛穢爲劣。高麗作帖者，云非銀礦所出，然色青不如虢州者。志曰：生銀出饒州樂平諸坑銀礦中，狀如硬錫，紋理粗錯自然者真。頌曰：銀在礦中與銅相雜，土人採得，以鉛再三煎煉方成，故爲熟銀。生銀則生銀礦中，狀如硬錫。其金坑中所得，乃在土石中滲漏成條，若絲髮狀，土人謂之老翁須，極難得。方書用生銀，必得此乃真。珣曰：按《南越誌》：波斯國有天生藥銀，用爲試藥指環。又燒朱粉瓮下，多年沈積有銀，號杯鉛銀，光軟甚好，與波斯銀功力相似，衹是難得。今時燒煉家，每一斤生鉛，只得一二銖。《山海經》云：東北樂平郡堂少山出銀甚多。黔中生銀體硬，不堪入藥。宗奭曰：銀出於礦，須煎煉成，故名熟銀。其生銀即不自礦中出而特然生者，又謂之老翁須，其入用不同。世之術士，以硃砂而成，以鉛汞而成，以焦銅而成者，既無造化之氣，豈可入藥，不可不別。時珍曰：閩、浙、荆、湖、饒、信、廣、滇、貴州諸處，山中皆産銀，有礦中煉出者，有沙土中煉出者。其生銀，俗稱銀笋、銀牙者也，亦曰出山銀。獨孤滔《丹房鏡源》所謂鉛坑中褐色石，形如笋，打破即白，名曰自然牙，曰自然鉛，亦曰生鉛，此有變化之道，不堪服食者，是也。《管子》云：上有鉛，下有銀。《地鏡圖》云：山有葱，下有銀。銀之氣，入夜正白，流散在地，其精變爲白雄雞。《寶藏論》云：銀有十七種，又外有四種。天生牙，生銀坑內石縫中，狀如亂絲，色紅者上，入火紫白如草根者次之，銜黑石者最奇，生樂平、鄱陽産鉛之山，一名龍牙，一名龍鬚，是正生銀，無毒，爲至藥根本也。生銀生石礦中，成片塊，大小不定，狀如硬錫。母砂銀，生五溪丹砂穴中，色理紅光。黑鉛銀，得子母之氣。此四種爲真銀。有水銀銀、草砂銀、曾青銀、石緑銀、雄黄銀、雌黄銀、硫黄銀、膽礬銀、靈草銀，皆是以藥製成者；丹陽銀、銅銀、鐵銀、白錫銀，皆以藥點化者，十三種皆假銀也。外有四種：新羅銀、波斯銀、林邑銀、雲南銀，並精好。

銀屑

修治　弘景曰：醫方鎮心丸用之，不可正服。爲屑，當以水銀研，令消也。恭曰：方家用銀屑，取見成銀箔，以水銀消之爲泥，合硝石及鹽研爲粉，燒出水銀，淘去鹽石，爲粉極細，用之乃佳，不得只磨取屑耳。時珍曰：入藥只用銀箔易細，若用水銀鹽硝製者，反有毒矣。《龍木論》謂之銀液。又有銀箔可僞，宜辨之。

[氣味]　辛，平，有毒。珣曰：大寒，無毒。詳生銀下。

生銀

[氣味]　辛，寒，無毒。獨孤滔云：鉛內銀：有毒。保昇曰：畏黄連、甘草、飛廉、

石亭脂、砒石，惡羊血，馬目毒公。大明曰：冷，微毒。畏磁石，惡錫，忌生血。時珍曰：荷葉、蕈灰能粉銀。羚羊角、烏賊魚骨、鼠尾、龜殼、生薑、地黄、磁石，俱能瘦銀。羊脂、紫蘇子，皆能柔銀。【略】

發明　好古曰：白銀屬肺。頌曰：銀屑，葛洪《肘後方》治癰腫五石湯中用之。宗奭曰：本草言銀屑有毒，生銀無毒，釋者略漏不言。蓋生銀已發於外，無蘊鬱之氣，故無毒；礦銀蘊於石中，鬱結之氣全未敷暢，故有毒也。時珍曰：此説非矣。生銀初煎出如縵理，乃其天真，故無毒。熔者投以少銅，則成絲紋壶花，銅多則反敗銀，去銅則復還銀。而初入少銅終不能出，作僞者又製以藥石鉛錫。且古法用水銀煎消，製銀箔成泥入藥，所以銀屑有毒。銀本無毒，其毒則諸物之毒也。今人用銀器飲食，遇毒則變黑；中毒死者，亦以銀物探試之，則銀之無毒可徵矣。其入藥，亦是平肝鎮怯之義。故《太清服煉書》言：銀稟西方辛陰之神，結精爲質，性剛戾，服之能傷肝，是也。《抱朴子》言銀化水服，可成地僊者，亦方士謬言也，不足信。斅曰：凡使金銀銅鐵，只可渾安在藥中，借氣生藥力而已，勿入藥服，能消人脂。

附録　黄銀《拾遺》。恭曰：黄銀，本草不載，俗雲爲器辟惡，乃爲瑞物。藏器曰：黄銀載在《瑞物圖經》，既堪爲器，明非瑞物。時珍曰：按《方勺泊宅編》云：黄銀出蜀中，色與金無異，但上石則白色。《熊太古冀越集》云：黄銀絶少，道家言鬼神畏之。《六帖》載唐太宗賜房玄齡帶云：世傳黄銀鬼神畏之。《春秋運斗樞》云：人君秉金德而生，則黄銀見世。人以鍮石爲黄銀，非也。鍮石，即藥成黄銅也。烏銀藏器曰：今人用硫黄熏銀，再宿瀉之，則色黑矣。工人用爲器。養生者以器煮藥，兼於庭中高一二丈處，夜承露醴飲之，長年辟惡。

又　錫悋脂《綱目》。

集解　時珍曰：此乃波斯國銀鉚也，一作悉藺脂。

銀膏《唐本草》。

集解　恭曰：其法用白錫和銀薄及水銀合成之，凝硬如銀，合錬有法。時珍曰：今方士家有銀脆，恐即此物也。

氣味　辛，大寒，有毒。

硃砂銀《日華》。

集解　時珍曰：此乃方士用諸藥合硃砂鍊製而成者。《鶴頂新書》云：丹砂受青陽之氣，始生鉚石，二百年成丹砂而青女孕，三百年而成鉛，又二百年而成銀，又二百年復得太和之氣，化而爲金。又曰：金公以丹砂爲子，是陰中之陽，陽死陰凝，乃成至寶。

**明·王圻《續文獻通考》卷二七《征榷考·坑冶》**　産銀之所

大都，真定，保定，雲州，般陽，晉寧，懷孟，濟南，寧海，在腹裏。大寧，遼陽省。處州，建寧，延平，浙江省。撫，瑞，韶，江西省。興國，郴，湖廣省。汴梁，安豐，汝寧，河南省。商州，陝西省。威楚，大理，金齒，臨安，元江。雲南省。

**明·謝肇淛《五雜俎》卷一二《物部四》**　今人，銀概謂之朱提。按《漢書》地理注：「朱提出銀。」《食貨志》：「朱提銀八兩爲一流直一千五百八十。它銀一流直一千。」則朱提，地名，既不可名銀，而朱提之銀又非凡銀比也。漢銀八兩直錢一千，可見當時銀賤而錢貴。今時銀一兩即值千錢矣。朱音殊，提音匙。

**明·宋應星《天工開物》卷下《五金·銀》**　凡銀中國所出，浙江、福建舊有坑場，國初或採或閉。江西饒、信、瑞三郡有坑從未開。湖廣則出辰州，貴州則出銅仁，河南則宜陽趙保山、永寧秋樹坡、盧氏高嘴兒、嵩縣馬槽山，與四川會川密勒山、甘肅大黄山等，皆稱美礦。其他難以枚舉。然生氣有限，每逢開採，數不足則括派以賠償。法不嚴則竊争而釀亂，故禁戒不得不苛。燕、齊諸道，則地氣寒而石骨薄，不産金、銀。然合八省所生，不敵雲南之半，故開礦煎銀，唯滇中可永行也。

凡雲南銀礦，楚雄、永昌、大理爲最盛，曲靖、姚安次之，鎮沅又次之。凡石山硐中有鉚砂，其上現磊然小石，微帶褐色者，分丫成徑路。採者穴土十丈或二十丈，工程不可日月計。尋見土内銀苗，然後得礁砂所在。凡礁砂藏深土，如枝分派别，各人隨苗分徑橫挖而尋之。上榰橫板架頂，以防崩壓。採工篝燈逐徑施钁，得礦方止。凡土内銀苗，或有黄色碎石，或土隙石縫有亂絲形狀，此即去礦不遠矣。凡成銀者曰礁，至碎者如砂，其面分丫若枝形者曰鉚，其外包環石塊曰礦。礦石大者如斗，小者如拳，爲棄置無用物。其礁砂形如煤炭，底襯石而不甚黑，其高下有數等。商民鑿穴得砂，先呈官府驗辨，然後定税。出土以斗量，付與冶工，高者六七兩一斗，中者三四兩，最下一二兩。其礁砂放光甚者，精華洩露，得銀偏少。

凡礁砂入爐，先行揀淨淘洗。其爐上築巨墩，高五尺許，底鋪瓷屑、炭灰，每爐受礁砂二石。用栗木炭二百斤，周遭叢架。靠爐砌磚牆一朵，高闊皆丈餘。風箱安置牆背，合兩三人力，帶拽透管通風。用牆以抵炎熱，鼓鞴之人方克安身。炭盡之時，以長鐵叉添入。風火力到，礁砂溶化成團。此時銀隱鉛中，尚未出脱，計礁砂二石溶出團約重百斤。

冷定取出，另入分金爐一名蝦蟆爐。内，用松木炭匝圍，透一門以辨火色。其爐或施風箱，或使交箑。火熱功到，鉛沉下爲底子。其底已成陀僧樣，别入爐煉，又成扁擔鉛。頻以柳枝從門隙入内燃照，鉛氣淨盡，則世寶凝然成象矣。此初出銀，亦名生銀。傾定無絲紋，即再經一火，當中止現一點圓星，滇人名曰「茶經」。逮後入銅少許，重以鉛力熔化，然後入槽成絲。絲必傾槽而現，以四圍匡住，寶氣不横溢走散。其楚雄所出又異，彼硐砂鉛氣甚少，向諸郡購鉛佐煉。每礁百斤，先坐鉛二百斤於爐內，然後煽煉成團。其再入蝦蟆爐沉鉛結銀，則同法也。此世實所生，更無別出。方書、本草，無端妄想妄注，可厭之甚。

大抵坤元精氣，出金之所三百里無銀，出銀之所三百里無金，造物之情亦大可見。其賤役掃刷泥塵，入水漂淘而煎者，名曰淘厘錙。一日功勞輕者所獲三分，重者倍之。其銀俱日用剪、斧口中委餘，或鞋底粘帶布於衢市，或院宇掃屑棄於河沿，其中必有焉，非淺浮土面能生此物也。

凡銀爲世用，惟紅銅與鉛兩物可雜入成僞。然當其合瑣碎而成鈑錠，去疵僞而造精純，高爐火中，坩鍋足煉。撒硝少許，而銅、鉛盡滯鍋底，名曰銀鏽。其灰池中敲落者，名曰爐底。將鏽與底同入分金爐內，填火土甑之中，其鉛先化，就低溢流，而銅與粘帶餘銀，用鐵條逼就分撥，井然不紊。人工、天工亦見一斑云。爐式並具於後。

**明·方以智《物理小識·金石類》** 銀 礦紅亂絲曰老翁鬚，丹房所貴銀筍也，有白如草根，有銜黑石者。外紀葛噩刺銀礦至多，金加西蠟有四坑，金銀至賤。伯西爾國有銀河，潮溢而退，布地銀沙。

識銀法 今之錠，古所謂一金也。二十四銖爲一兩，今三倍之。京槽錠每四兩，南京山銀錠每二兩，瓜洲錠每三兩，餘杭亦然，但無邊耳。錠面有鐵，名曰灑沙，此燕京槽也。山銀自九三至七成，高者中有白孔，剪之其口白，與紋者同。白孔有掩者，中有五分鏗鉛。鏗音慳。白絲者九五，高白絲九六，面醜而心美，然亦紅根。其紅有光，以此爲驗。閩中絲棆多是九八，瓜洲爲上，良工推焉。粵東如盌圓而高邊者也，匠之烙印在邊者佳。絲不及心，以印蓋之。凡紋者剪之，其夾口滑而至底。僞者，燒熱而剪之，亦滑至底，但僞口太光，紋口若有毛路者然。或視其腳，如瓦灰者，七八成也。如馬牙者，九成也。九六以上，其邊獨白，名曰粉邊。此外有領絲，有敲絲，有畫絲，有吹絲紋者，絲旋及心。十二成者，旋絲之上，又有小旋。其以鉛煎灰池爲餅者，面有布心，或名菊花。底有圓珠者，紋也。大錠色高，小錠雖紋不及也。元寶改小錠，五十可以出一，仍至足也。小錠十成，傾大錠，止得九八。視其夾口，名芊頭色，其底之孔，有如蜂窠，碎小而深者佳，淺而大者低。有埂脊者佳，光平者低。傾銷取面好則底醜，底好則面醜，取夾口則底與面皆不可觀，惟足則備。其最巧僞者，曰鑽鏗，曰鈞角。鑽鏗者，從孔而鑽空之，入鉛，而滴珠封其穴。鈞角者，鈞銅於四角，中分剪之，亦不見也。試之如旋駝螺焉，轉而平者佳，左右欹仄，中必有故。有猛銀焉，白銅而藥煑之，貼錫，其最拙者也。須銀作書帖式，白與紋等，一傾之，則十得六耳。大抵紋則光活，僞則光死，新傾色青，埋入土者色黄。以礬須點白，或煤白者，杉木急磨之，即紅見矣。凡傾必以鵬砂吹之，入錫則銀飛入爐，吹藥之中補之。中通曰，銀簪、銀杯以試金石試之，其色自別。金簪久戴，即有輕少，銀不耗也。聽聲亦辨。暄曰，炒之黑白辨。

**清·谷慶泰《博物要覽》卷四《志銀》**

白銀所產地

一產雲南永昌府。生山石銀鉚中，乃生銀。

一產江西饒州樂平縣。產饒州樂平縣諸坑銀鉚中，狀如硬錫，文理粗錯自然者真。

一產山西虢州。銀與金生處不同，所在皆有，而以虢州者爲勝。此外多鉛穢爲劣。高麗作帖云，非銀鉚所出，然色青不如虢州者。

一產朱提縣。四川。朱提縣銀出礦中。朱提銀八兩爲一流，直一五百八十。

一產始安興山縣。始興安山縣出銀產鉚，有鉛穢，須煉淨方白，不煉色青。

一產桂陽州陽安縣。陽安產在陽礦中，淨好無鉛穢，不須煉冶，自然瑩白。

一產閩中。建平山中時產銀，淨好無鉛雜。

一產浙中。衢、温二郡山中時有產者，多鉛雜。

一產荆州。產於荆州山礦中，有鉛雜不淨。

一產滇州。即雲南。產雲南各郡金坑中，所得如亂絲者佳。

外域銀四種

新羅國銀，波斯國銀，林邑國銀，雲南省銀。

官估十(三)[二]等銀

第一等金漆花銀，足白，一百分足。

第二等濃稠花銀，足白，九十九分九厘。

第三茶花銀，足白，九十八分八厘。

第四大胡花銀，次白，九十九分七厘。

第五薄花銀，次白，九十九分六厘。九六色。

第六薄花細滲，次白，九十九分五厘。九五色。

第七紙灰花銀，次白，九十九分四厘。九四色。

第八細滲銀，次白，九十九分三厘。九三色。

第九簾滲銀，微赤，九十九分一厘。九色。

第十斷滲銀，次赤，九十八分五厘。八五色。
第十一無滲銀，正赤，九十七分五厘。七五色。

假銀十三種

水銀，銀草，砂銀，曾青銀，石緑銀，雄黄銀，雌黄銀，硫黄銀，膽礬銀，靈草銀，丹陽銅銀，鐵銀，白錫銀。

已上俱藥點煉而成，毫無銀氣。

銅銀用藥點造者

鼎銀，鋼猫銅銀，白燒雞，天蓋地，頓罐，一見九，二見三，白銅，插香鋌，硇銀。

已上俱銅銀將藥點者。傾銷入爐，即隨焰飛，或成黑滓不銷者，皆已上諸種也。

白銀所産狀貌顏色

凡銀，或生山中，或生石鉚内，然色要白，不可帶青。青者銀内有鉛也。

生銀初産，狀如硬錫。若生金礦中所得，及在土中，或石内滲漏成條，若絲髮狀。土人謂之老翁鬚，極難得。方書用生銀，必得此乃真。

波斯國有天生藥銀，用爲試藥指環。又燒硃瓮下多年沉積有銀，號盃鉛銀，光軟甚好，與波斯國同功相似，祇是難得。今燒錬家每一斤生鉛，只錬一二銖。

凡銀出於鉚，必須煎煉方成，故名熟銀。其生銀，即不是鉚中出而特然者，名老翁鬚，方有實用。如術士家以硃砂而成，以鉛汞而成，以焦銅而成者，既無造化之氣，豈可入藥！不可不别。

閩、浙、荆、湖、饒、信、廣、滇、貴州、交趾諸處山中，皆産銀。有鉚中錬出者，有砂土中錬出者。其生銀各稱銀笋、銀牙是也，亦曰山銀。

**清・顧祖禹《讀史方輿紀要》卷七《歷代州域形勢七》** 開寶監，本鳳州之兩當縣，建隆二年置銀冶，開寶五年升爲監，元豐中廢。今縣屬陝西徽州。

**又 卷一二《北直三》** 神和山，縣西北三十五里。舊名石河山，居民避兵於此得免，因改今名。其相接者曰父子山、白合山、柏巖山，參差列峙，爲縣之險。【略】志云：縣西北高尖峪、空閑峪諸處舊嘗産銀，謂之銀洞。明初嘗採鑛錬銀，力多利少，閉不復採。

**又 卷一四《北直五》** 雲鳳山，縣東北四十里。山勢回翔，有險可恃。元末土人保此，曰鳳山砦。又東北四十里有鑾臺山，相傳隋文帝曾駐於此。兩下嶺，在縣西三十里。山脊隆起，東西陡削如墻壁然。又縣東南八十里有石墻嶺，懸巖險峻，有路僅通一線。志云：驢檽嶺在縣西十里，嶺口爲戍守處。又有長銀洞，在縣東南四十里。相傳舊嘗産銀。

大喫水溝山，縣西北百五十里。山北即團箔口，兩山對峙。出礦，流民多嘯聚於此。又西北十里曰銀洞山，又十里爲四嶺山。

次溝村，縣西北百二十里，在吴王口外。村南有扒背、銀河村、胡家莊、柳樹村、天橋兒、蓮子崖等處，山中皆産礦砂，流民恒相聚開鑿，名曰礦徒，嘉靖二十五年漸嘯聚爲亂。議者言：「次溝村南接龍泉，東連倒馬，其地險僻，每因銀礦致亂，宜設巡司於此，以時稽察」云。

**又 卷一七《北直八》** 尖山，縣西北五十里。羣峰攢列，頂有石砦，環以二泉。其南有赤嶺，有泉出焉，亦曰赤崖泉，即沙河之源也。又南爲血石嶺，石河出焉，經縣西三十里入於沙河。太平山，在縣西北六十里。有太平營，南北兩山去營二里許。灤河迴繞，憑高可眺。又西北十里爲銀鑛山。

九山，縣西北百里。下有九泉，會流入於灤水。或曰以山有九疊，因名。旁有洞如團，蓋容數百人。又西數十里爲望龍崗，連嶂凡十餘里。又有黄崖，有鑛洞，産銀砂。

都山，縣北百五十里。高三十里，周倍之。一名馬都山。唐開元二十一年郭英傑與契丹戰於此，敗死。志云：山高寒聳秀，其水中分，東歸渝，西歸灤而入海，爲盧龍之鎮山。上多材木，採之可備器用。都山之西峰巒相屬者曰蕎麥山。勒馬山，在縣西北百七十里澈河之陰。萬曆中帥臣戚繼光改名壽星山。東有五老臺、蓮花峰，西有平臺，昔人避兵寨也。其南十五里爲六寶山，産銀，礦徒走集於此。

角山，在山海關北六里。有前後二山，相距二十里。其脈自居庸、古北、喜峰諸山而東，綿亘千里，至此聳峙如角，長城枕其上，爲薊、遼二鎮邊界。山口有角山關，築城置戍處也。又兩山之間有三巒山，谿澗深阻。又西爲攔馬山，高聳壁立，馬不能前。有小徑，戍者多由此竄逸。志云：縣東北九十里又有玉旺山，嘉靖三十六年産銀礦，命官採取，尋罷。亦名玉旺峪云。

黄崖山，縣東北五十里。高十里，陡峻崎嶇。山半有舍身崖，深三四十丈，石徑僅可容足。【略】銀峒峪，在縣西南四十里。舊出銀礦，因名。

**又 卷一八《北直九》** 龍門關堡，在小白陽堡東南。宣德三年置，嘉靖四十三年、萬曆十三年增築，周二里有奇。關門在堡東五里，俯關下瞰，堡城若在平原，然溝河盤錯，近實難逾。正統間北路不守，全鎮倚爲東偏半壁。蓋雖視小白陽諸堡差爲腹裏，而烽火由此以達南山，往來應援，恒出於此，備未可疏也。

志云：龍門堡即故龍門鎮，在司東八十里，元嘗移置望雲縣於此。其南鄉產銅。又司北百二十里有牙恰村，舊產銀。

**又 卷二一《南直三》** 橫澗山，在縣西北七十里。上有石累城及澗泉，兵火時嘗屯禦於此。明太祖初起義兵，取橫澗山，遂入滁陽。又縣境有豁鼻山、妙山、洪山，皆元末鄉里豪傑聚衆結砦處。槎牙山，亦在縣西七十里，以山勢巑岏而名。又縣東四十里有銀嶺，舊有銀冶。

**又 卷二八《南直一〇》** 闞口山，縣東南六十里。兩峰錯峙，若門扃然。一名獅象山。其中徑隘豁深，崖坪相望，巖洞奇勝，泉壑縱横。稍西北曰嶽山。其東南曰鴉髻山，有飛燕洞，容百餘人，鄉人嘗避兵於此。又冷度山，在縣東南九十里。有五峰森聳。相接者曰盤山，其東與千秋嶺相望。東山，在縣東南五十里。山南谿峒逼隘，至此獨豁然開朗。下有渡曰石口，即東溪所經也。《寰宇記》：「縣東六十里有銀山。舊有銀冶，久廢。」

大鄣山，縣東六十里。高五百五十仞，周百五十里。一名三王山，《祥符圖經》云：「即三天子鄣山。」《山海經》：「浙江出三天子都。」《水經》因之，蓋訛「鄣」爲「都」。秦置鄣郡，以此山名也。郭璞云：「三天子鄣山在新安歙縣東，今謂之玉山，浙水出其旁。」唐天寶中產銀鉛，今絶。

**又 卷三七《山東八》** 新興城，今衛治。本渤海富壽縣，爲富州治。境有延津，遼更名延津縣，銀州治焉。金皇統三年州廢，更置新興縣，屬咸平府。金末廢。元因之。明洪武二十一年在今衛治東南五百里故鐵嶺城置鐵嶺衛，與高麗接境。二十六年徙治於此，因故城修築，周五里有奇。又有故新興城，在今衛東。《遼志》云：「故越喜國地，渤海置銀冶於此，因置銀州。遼改富州爲銀州，以故銀州置新興縣屬焉。」是也。

**又 卷三九《山西一》** 五臺山，在太原府代州五臺縣東北百四十里，北距大同府蔚州三十里。【略】南又有飲牛池；東北有寶陀峰，又名寶山。產銀及石碌。

**又 卷四〇《山西二》** 團柏谷，在縣東南。【略】《九國志》：北漢主以僧劉繼邕知國政，繼邕遊華巖，見地有寶氣，乃於團柏谷置銀場，募民鑿山採取，北漢主因置寶興軍是也。

**又 卷四一《山西三》** 中條山，縣南三十里。有石槽，泉出其中，曰青石泉，流經縣東引以溉田，下流注於涑水。又有銀谷，在山中。《隋志》：「縣有銀冶。」唐大曆中亦嘗置冶於此。

卑耳山，在縣東。《齊語》作「壁耳」，桓公縣車束馬，踰太行與壁耳之谿拘夏。【略】又覆釜山，亦在縣東北。《唐志》：「縣有瑟瑟穴，有銀穴三十四，銅穴四十八，在覆釜、三錐、五岡、雲分等山。」三錐山，見垣曲縣界。

**又 卷五一《河南六》** 銀葫蘆山，在縣西南。宋紹定六年孟珙追金將武仙至此，大破之，仙逸去，降其衆七萬。又縣境有五重山，唐開元十五年税伊陽五重山銀場，即此。

**又 卷五九《陝西八》** 尚婆城，在縣西南。《水經注》：「兩當縣有尚婆城，魏故道郡治也。」蓋元魏時嘗置郡於此。開寶廢監，在縣東。建隆二年置銀冶，開寶五年升爲監，治平元年罷監官，以監隸兩當縣，元豐六年廢。

鸑鷟山，在縣東十五里。山峰高秀，洞壑迴環，下有分水溪。又申家山，在縣東北九十里，與鳳縣接境。舊產銀。

**又 卷七〇《四川五》** 朱提山，府西五十里。連綿高聳，上侵雲霄，舊嘗產銀，諸葛武侯所謂「漢嘉金，朱提銀」也。或曰故朱提縣以此名。

**又 卷七三《四川八》** 烏撒、烏蒙等處宣慰司。明洪武十四年改爲烏撒府，隸雲南布政司，時大酋那者來歸，置府授之。今土官安氏其裔也。地廣四百四十里，袤二百五十里。十六年改烏撒軍民府，【略】隸四川布政司。府今省。府介諸蠻之中，據高臨險，地形衝要。《土彝考》：「府有鹽池、銀礦之饒，其民習奸利，往往侵掠鄰境。」

**又 卷七六《湖廣二》** 銀山，州北十五里。四面皆山，多產銀礦，亦名大銀山，元時曾採銀於此。志云：州西二里有黄姑山，亦產銀，舊有銀場。

**又 卷七九《湖廣五》** 武王山，在縣東五十里。世傳楚武王嘗獵此。一名霸山。又赤眉山，在縣東北八十里。相傳赤眉嘗軍此山下，地名北寨。志云：縣西南六十里有青山，有礦產銀。其相近者爲平頂山黄土堰，亦產銀。

**又 卷八〇《湖廣六》** 翟家砦，縣東百五十里，與江西宜春縣分界，有巡司戍守。《宋志》：「縣境有永興及舊溪銀場。」今廢。

嶽津鎮，在縣城南，臨湘江，有巡司戍守。志云：縣境有雷家埠、草市諸處，皆險要，舊俱設巡司。黄華驛，在縣東五十五里。又縣西南四十五里有霞流驛。《湘州記》：「縣西北百二十里有銅柱，相傳吴、蜀於此分界。」又縣西有黄簳銀場，宋置，元廢。

九鼎山，州西北七十里。高三里，周十里。宋時出銀、鉛，今廢。又大湊山，在州西八十里。舊出銀，坑淘者紛錯，商賈輻輳，因名。近爲土賊屯聚處。又毛壽山，在州西二十里。五代時亦出銀，宋廢。州西北百三十里有潭流山，接常寧縣界，舊出鉛、銀、砂礦，今廢。又晉嶺山，在州南八十里，相傳曾時亦出銀、鉛、砂礦。志云：桂陽州産銀，宋天禧二年置有九坑：曰天湊岡、大板源、龍圖、毛壽、九鼎、小白竹、水頭、石笋、大富。今皆廢。

**又　卷八二《湖廣八》**　北湖，州北一里。湖面渺闊，唐韓愈所云「北湖之空明」，即此。其水流七里入郴水，灌田甚廣。温泉在州北二十里，平地湧出如湯，東流合郴水。《荆州記》：「郴縣西北有温泉，其下流有十數畝田，常十二月下種，明年二三月穀登，一歲三熟。」又銅坑泉，亦在縣北二十里。兩旁巖壁如束，迅流斗折，合於温泉。相傳泉旁産銅，因名。《宋志》郴縣有新塘、浦溪二銀坑。今皆廢。

白豹山，縣西九十里。山險峻，高數百丈，周百餘里，接衡州府耒陽縣界。又高亭山，在縣西三十里，周迴百十里，亦接耒陽縣界。頂有仙亭，高數丈。唐以此山名縣。又天竺山，在縣西二十里。山亦高聳。龍耳山，在縣西十五里，周亘五十餘里，南接郴州界。又土富山，在縣西南二十里。志云：山舊有銀井，鑿之益深，因名。

耒水，縣西十里。發源耒山，西北流經興寧縣界，合資興水，又西北會郴水，經衡州府耒陽縣界，下流注於湘水。淇江水，在縣北二十里。自桂東縣南流經此，合河橋水北入興寧縣界。或曰即瀘渡江之上源也。志云：縣南十里有壽江水，北流入城，其下流西入耒水。宋時縣有延壽銀坑，蓋以此水名。

東門山，衛東南二百餘里。舊有關在山之東，名東門關，相傳夷夏嘗以此山分界。銀山，在衛東八十里。頂有峰，高數十丈，昔人於此避兵。又銀礦山，在衛南三十里。一名青山箐。相傳舊出銀，西有鐵冶。

麒麟溪，在衛城南。源出衛西境諸山巖洞中，奔流成溪，至夏水極冷，亦名冷水河，經客星山下，又北經城南入清江。又衛城西有腰帶溪，亦出西山中，流經宜山，曲折縈帶遶城下入麒麟溪。九度溪，在衛北。源出四川石柱宣撫司，流入衛境，至都亭山下又東入清江。居民多引水溉田。又有九龍溪，出紅崖山下，東北流，亦合於清江。一名甘平溪。又金印溪，在衛南。源出銀礦山，東流合覆盆水，又東合石板溪，北流三十里入清江。

**又　卷八四《江西二》**　蒙山，縣南三十五里。周一百四十里，峭壁横險，喬木千尋，常有烟霧蒙蔽其上。山有多寶峰及上下兩洞。志云：宋慶元間嘗産銀鉛，故峰名多寶，并置蒙山務於山下。

離婁橋鎮，縣西七十五里。有巡司。蒙山務，在縣南四十里，蒙山之南麓也。宋置爲採煉銀鉛之所，今廢。

**又　卷八五《江西三》**　銀城廢縣，縣東百二十里。志云：陳置縣，屬鄱陽郡。《隋志》云「鄱陽縣有煉銀城，陳縣也，開皇中廢入鄱陽」，即此。

銀山，縣東三里。《元和志》：「樂平縣東百四十里有銀山，每歲出銀十萬兩，收税七千兩。」亦名銀峰山。宋程迥《廳事記》「唐貞觀中權萬紀言宣、饒銀大發，帝斥之，蓋謂銀峰也。總章初用鄧遠議，置場榷銀，號曰鄧公場。至宋天聖間山穴傾摧，而銀課未除。范仲淹守郡，奏罷之，時元祐四年也。縣四面皆水，取其地産銀，惟德乃興之義，南唐因以名縣」云。

龜峰山，縣東二十五里，弋陽江經其下。山連峰接岫，參差錯落。其得名者三十有二峰，皆笋植笏立，峭不可攀。中一峰形如龜。又有蜃樓，能吐納雲氣，以驗晴雨。又軍陽山，在縣南三十里。《方輿志》：「昔有將兵屯於山陽者，故名。層巖壁立，衆山巃嵸，迥不相接。唐貞元中山産銀，乾符後不復有。」亦名君陽山。志云：寶峰鎮舊置於此，亦曰寶峰場。又南五里曰寶峰山，廣袤數十里，白雲吞吐，飛瀑清響，與靈山、龜峰山並峙。

雙門山，縣東北三十五里。兩峰並峙，紆回二十餘里，東接衢州，北連玉山，遠望如雙門，往來常、玉二邑者，必取道於其下。又靈鷲山，在縣東南四十里。巖石秀潤，樹木環密。下有光相洞，稱幽勝。平洋山，在縣東南六十里。舊有坑，曰平洋坑，出銀礦。其地去仙霞十五里而近，浙、閩諸盜常窺伺焉。

**又　卷八六《江西四》**　金窟山，縣東五里。相傳前代採金處。縣東二里又有銀山，唐時出銀礦，宋初廢；又西里許爲白馬塢，蓋南唐李煜時採銀場也；皆與金窟山岡脈相接。

金谿縣，府東南百十里。東北至廣信府貴溪縣百五十里，南至建昌府百十里。本唐臨川縣之上幕鎮，以山岡出銀礦，曾置監於此。周顯德二年南唐析臨川近鎮一鄉及餘干縣白馬鄉立金谿場，復設爐以烹銀礦。

七寶山，縣東十餘里。舊嘗産銀鉛，因名。又東接積煙山，山半有龍池瀑布，山之南麓即安仁縣界也。

**又　卷八七《江西五》**　銀嶂山，府北七十里。特立如障，周十餘里。多白石，色如銀。或曰舊嘗産銀，官收其利，今否。

又　卷八八《江西六》　雩山，縣北三十五里。高聳干霄，蓋古望祭之山也。雩水出其下，縣因以名。又太平山，在縣西北八十里。瀑布幽蘭，人多遊賞。今有太平公館。相近者又有夜光山，本名峽山，唐天寶六載改今名。高沙寶山，在縣東北百二十里。兩峰壁立，勢如伯仲。宋時有樵者遇白兔，逐之入地，掘尺許，銀礦溢出。志云：縣東二百六十里有珠玉山，山高峻，嘗産珠玉。本名官山，唐天寶六載改今名。

磜下隘，在縣西北，又有龍潭、峽口、馬嶺、牛嶺等，共五隘。志云：縣東有佛嶺隘，又東有葛坳隘，縣東南則有左坑、豐田二隘，皆洪武中置。弘治九年又於縣東置銀坑隘。大約最切者爲豐田、左坑、牛嶺三處，閩、廣有事，窺伺必先經此。

鎮淮堡，在縣東南，地名淮上。蹊徑曠僻，通長汀、寧化，向爲盜藪，因置堡設兵，防禦攸賴。又縣東南百里有古樓崠之三途朗村，係汀州府界。舊亦爲盜藪，嘉靖末屢犯縣境及瑞金諸處，官兵討平之。南嶺阨，在縣北，又有壩口、羊畬二隘，皆通廣昌之道，而南嶺尤爲要阨。又站嶺阨，在縣東十五里，接寧化縣界。西有鐵樹阨，路通寧都縣。縣南九十里有藍田隘及秋溪隘，路出瑞金縣。志云：縣有義豐場。《宋國史》：「天聖四年虔州石城産銀，置義豐場。」是也。

又　卷九四《浙江六》　横山，縣南十里。高三百餘丈，如雲横空中。山頂寬平，可五百畝。大明山，在縣西三十五里。亦曰留明山。高絶千仞，羣峰羅列，澗水環繞，石磴縈紆，稱爲峻險。又西五里曰長松山，吴越時以此山名縣，俗名牛頭山。馬鞍山，在縣西四十八里，横絶松溪之口。唐時山産銀，採以充貢，尋罷。

匡山，縣西南百二十里。匡水出焉，流入雙澗，與大溪匯。宋濂云：「其山西旁奮起，而中窊下，狀如箕筐，因號匡山。高處南望，閩中數百里間秋毫畢現。」劉基曰：「匡山四面皆峭壁拔起，建溪之水出焉。」又東有西山。西山之東曰昇山，高勝亞於匡山。又仙山，在縣西百五十里，與遂昌、浦城接界。良葛山，在縣界。山有銀坑。

台山，縣北二十里。層巒疊嶂，迴出諸山。前有松溪，後有桃溪，山界於中，二水繞而西，下入松陽縣境。又礱坑山，在台山西十里，舊産銀。

玉巖山，縣南六十里。其東爲東巖，四面陡絶，惟有一逕捫蘿可入，一名赤石樓；稍西爲西巖。兩巖對峙，中有清風峽、桃花洞。【略】又有余高山，與玉巖山並峙。山産銀礦，今塞。

又　卷九六《福建二》　杉洋鎮，縣東四十里。有巡司，南至羅源縣百八十里，洪武十二年建。志云：杉洋地出銀坑，多礦盜，舊設捕盜館并郡司馬分駐於此，後廢，尋復置。又谷口巡司，在縣西南九十里。宋大中祥符五年置於水口鎮，爲水口巡司，元移於此，改曰谷口，明朝因之，正統間廢。又西溪巡司，在縣之西溪。宋置，元因之，明朝洪武十二年廢。

飛鸞嶺，縣南二十里。形如飛鸞展翼，與勒馬、梅溪諸山岡脈相接，逶迤曲折達羅源縣境。下有飛鸞渡，即飛鸞溪所經也。東麓有百丈漈，名棲雲潭。又嶺東有萬石巖，中容數百人。又峬嶺，在縣東北二十餘里。志云：嶺下有東墻渡，通寶豐銀場。

寧川驛，在縣治西，又縣西南五十里有飛泉峰，俱宋置，尋廢。志云：縣南有焦門峽，宋政和中移飛泉驛於此，紹興間以風濤險惡而罷。今縣有明坑公館，在縣北七十里。寶豐公館，在縣西北二百二十里，即宋之寶豐銀場也。

又　卷九七《福建三》　盆亭鎮，縣西北九十里。山谿險仄，蹊徑四通。宋元豐三年建盆亭砦，元因之，明朝洪武三年改置巡司。亦曰盆亭關，西去二渡關二十里。志云：鎮舊有盆亭驛，宋、元時置，兩山並聳，驛居其中。其地本名細泉村，鄉人隨泉勢作曲堰數十處，其狀如盆，因曰盆亭也。元末驛廢。又盆亭相近有唐峰洞，向爲嘯聚淵藪。溪源巡司，在縣東北六十里。地連江、浙，寇盜出没，宣德八年御史楊禧巡察銀場，請置司於此。

湛盧山，縣南二十里。山形削拔，常有雲霧凝其上。【略】東山，在縣東南五十里。一名吴家山。自趾至頂皆石，少樹木。舊産銀礦，有穿穴十餘，深邃盤曲，莫究深淺，取礦者必舉火以入。宋隆興間嘗立瑞應場，設官採銀，後廢。

黄熊山，在縣治北。縣主山也。形如展旗，亦曰文旆山。城南又有文筆山，峰巒峭拔，與此相望。又有蓮花峰，在縣東。峰巒高峻，紫翠重疊，爲縣之勝。洞宫山，在縣東南。重疊九峰，狀如蓮花瓣，名九蓮峰，道書謂爲第三十七福地。中有谷陽，地平衍，産銀砂，廣四五里，旁有夾岫如壁，宋坑冶司舊址猶存。

大寶坑，在縣南，亦曰寶峰場，又有少陽坑、雲山坑，與政和縣界之少亭坑俱産銀礦處。流民從而盜採，馴至嘯聚剽掠閩、浙之間，景泰初殲其渠魁，嚴爲之禁，然覬覦卒未能絶。

又　卷九八《福建四》　洛陽驛。縣東南二十五里；又有都溪驛，在縣西三十里；今俱廢。舊志：縣西熊家嶺有綏城驛，縣東有鳳山驛，縣治北有濉江驛，皆宋、元時置，明初廢。《宋志》：縣有龍門等三銀場。

**又　卷九九《福建五》**　磨鎗嶺，縣西百里。山嶺險巇，路通漳州府長泰縣。志云：自嶺而西南爲銀場，即龍溪縣界也。又九龍崗，在縣西。

東寶山，縣東五里。志云：山麓舊産銀砂，因名。上有龍井洞。中爲翠屏山，亦曰翠屏峰，峰下即龍巖也。

吴田山，縣東北五十里。山雄峻，少樹木。高處有田十餘頃，流水成渠，可引以溉田。一名曷山。志云：縣北迤東四十里有鼓鳴山，高聳爲邑之望。下有洞，風吹則成鼓聲，因名。又縣東北八十里曰内方山，出銀礦。萬曆二十七年中使奉命開採，商徒蝟集，奸宄乘機攘奪，防禦至切，尋禁不復採。

九侯山，縣北二十五里。九峰並列，有石門可通車馬，中多泉石之勝。其相接者曰烏山，峰頭巨石嵯峨，半插天表，北接雲霄鎮，東聯橡仔林山，爲邑後障。一名火焰山，以山形尖聳也。又厚廣山，在縣東北二十里。一名和廣山，崒嵂聳秀，與初稽、九侯諸山形勝聯絡。志云：初稽山，在縣北二十五里。金溪山，在縣西北四十里。俗曰金鷄山，與六峒諸山相接。舊有銀坑，正德初議開採，不果。萬曆中復議開，商賈雜遝，姦宄欲乘機爲變，尋奉旨封閉，又以南詔所官兵更番戍守，然盜礦者隱匿猶故也。

**又　卷一〇一《廣東二》**　黄嶺山，縣南三十五里，俗名旂嶺，縣治朝山也。唐《十道志》：「嶺南名山之一曰黄嶺。」其山峰巒秀拔，狀如卓筆，逶迤而西，作展旗狀。下有簾泉。又縣南四十五里有彭峒山，上有水簾。神山，在縣東三十里。其陽爲鼓鎮峽，下有龍潭，即龍汀所經也。舊有浮橋。又石涌山，在縣東五十里。水中石如湧出，因名。居民多種香木於上。又東十里爲寶山。昔嘗置場煎銀於此，名石甕場，久廢。

石鶴山，縣東南三十里。【略】志云：北津山外捍奔潮，内衛村陌，邑之外藩也。又有銀坑山，在南津山側。高三十餘丈，周二十里。有十八井，相傳宋南恩州知州余久大鼓冶於此。

**又　卷一〇三《廣東四》**　清溪鎮，縣西三十里，有巡司；又縣南百里黄牛渡有十二都巡司；俱洪武五年建。志云：縣境有隘十一：曰銀坑，曰古樓坪，曰榕樹，曰平塘，曰解紗逕，曰芙蓉逕，曰象鼻逕，曰董源車塘，曰平塘，曰大蓢，曰秋溪火截逕。

**又　卷一〇四《廣東五》**　寶山，舊縣治北一里。秀麗特立，形如圓珠。宋紹興間創登高亭，植松於上，爲郡登臨之勝。山之麓有送龍岡，其南爲獅子坡，縣治憑焉。又有鑑山，在縣北三里。舊有銀坑。

**又　卷一〇九《廣西四》**　孟英山，州西五十里。産銀。永樂十五年遣内臣開礦，歲不過九十餘金，旋變錫，遂罷去云。

**又　卷一一五《雲南三》**　通曲山，司西南八里。山下有泉兩派，一流入禄豐縣，一流入司東北五十里之仙人洞，亦謂之石洞。又松子山，在司南一里。山多産松子而名。羚羊洞，在司北。中産礦煉銀。其高聳處有羚羊，飛石層積，人不可到。又司東二十里有風洞。司東南六十里有魚洞。志云：司舊有礦場三，曰中場，曰鵝黄，曰摩訶。今皆封閉。

**又　卷一一六《雲南四》**　回蹬山，縣西十八里。【略】翠屏山，在縣西四十里。有湯團箐，相傳諸葛武侯出師時遺跡。又西十里爲羅苴甸山，一邑物産，此出大半。稍東爲卧象山，地名羅苴村。其東南又有卧獅山，相對拱峙。山麓俱産銀礦。

表羅山，州西南四十里。中産銀礦，俗名老場。滇中銀場以此爲最。

**又　卷一一九《雲南七》**　芒市禦夷長官司，東至鎮康州界。西、南俱至隴川宣撫司界，北至永昌府潞江安撫司界，自司治東北至布政司二十三程，轉達於京師。

古蠻夷地，舊曰怒謀，曰大枯睒、小枯睒，即唐時茫施蠻也。在永昌西南四百里。《滇紀》：「唐貞元十一年南詔異牟尋破芒蠻。」即此。元中統初内附，至元十三年立芒施路軍民總管府。領二甸，屬金齒宣撫司。明朝洪武十五年置芒施府，正統九年改置芒市長官司。土司放氏。《通攷》：「萬曆初芒市土酋放福導緬入寇，討斬之，立舍日放緯領司事，轄於隴把。其地川原曠遠，田土肥美，又饒銀礦，最稱殷富。」

**清・屈大均《廣東新語》卷一五《貨語・銀》**　粤之山舊有銀穴銀沙。《始興記》云，小首山崩，崩處有光耀，悉是銀礫，鑄之得銀。而英德、清遠其山傳有銀礦者，輒有白氣上升，草木沾之皆白。或山石盛熱時有銀汗，白而味辛，其礦或紅如亂絲，或白如草根，或銜黑石，或有脈，謂之龍口。循龍口挖之，淺者一二丈，深者四五丈，有焦路如竈土然。斯礦苗也，又挖則礦見矣，由微而盛，盛而復微。或如串珠，或如瓜蔓，微則漸絶，絶復尋焦，焦復見礦。若焦已絶，則又盤荒也。凡礦以有銀星大點而柔者爲上，小點而堅者次之，謂之明礦。次則夾石礦，以色緑者爲上。紅黑黄白者次之，又次則砂土礦。淘去浮者，留其沉重者煎之，以成瓜者爲上，如瓜蔓者次之。然往往盤荒時，見有人騎白馬望空而去，此銀氣也，氣去則其銀亦去，故往往不得銀云。東莞東南百餘里有寶山，其穴有銀磚數百斤，相傳郭將軍所鍊，取之輒昏迷不得出。旁一深洞在水中，土人嘗祭以白鷄，入水鑿之。其剛者石也，柔則爲鉛。鉛一石或得銀數兩。然每爲神笞擊，鑄不及成。雹白東有紗帽山，山有石大小數萬。非石，皆銀塊也，取之亦輒昏瞀。曳以巨藤，藤盡斷。有爲齋醮以禱者，費三百金，第如其數以償，餘不能動。潮州西豐水有一穴，中有銀餅數千枚，亦不可取。始興林水源有斜潭，潭底有銀數十甕，以青石蓋之，可開觀而不可取。羅浮一洞，有大銀版無數。有取其二者，夜夢山神訶責。復納還之，雷即震擊此洞，塞以巨石，至今遂不復識。夫非其有而取之者爲盜，盜於人然且不可，況盜於天乎！大凡山谷之所藏，精靈之所秘，神物有歸，必非貪者所得而覬覦也。然惟人愛之，天乃吝惜而不與。人苟不愛，天亦以之同於砂礫矣。然而銀者多藏亦必厚亡。歲庚子，廣州有白鏹數萬錠，飛於空中，自南而北。有方將軍者焚香拜之，飛下近簷。兒童羣笑之，竟復飛去。有爲之賦飛鏹行者。且銀積久，蟲蟻亦食之。或化而爲水，或從土中徙他所。其開礦者，利贏則商，縮則寇，終於不得其死。噫嘻！銀之爲祟，亦何所益於人也哉！

**清·檀萃《滇海虞衡志》卷二《志金石》**　銀亦上幣，軍國之巨政也。中國銀幣盡出於滇，次則嶺粵，花銀來自洋舶，他無出也。昔滇銀盛時，內則昭通之樂馬，外則永昌之募龍，歲出銀不貲，故南中富足，且利及天下。大吏不達時政，禁銀廠以事銅廠，自是銀耗銅充，每銀二十四銖，至準銅錢二千五六百，遠處且準至三千四千，官民交受其困。銀廠之礌硐丁衆名稱，大概同銅廠。至於煉銀，則用推爐照子，爲稍異。然銀成總由底母倭鉛，固其常也。有此廠鉛宜而彼廠不宜，降而下之，至有點烏泥青苔而成者。由此叅悟，而知神仙黃白之説未嘗不可信。同一石也，得底母點之即成銀。西番估舶市中國倭鉛，歸以藥草煮之，即成花銀，轉販於中國，此非明著大效乎？滇南銀廠十有六。

**清·徐松《宋會要輯稿·食貨·坑冶上》**

各路坑冶置場務所

銀　虢州（治）［冶］務舊置。商州豐陽縣砂銀冶，太平興國元年置；上洛縣龍渦場，熙寧七年置；洛南縣麻地稜冶場，八年置；鎮北冶場，九年置。秦州太平興國三年，升大賈務爲太平監。隴州冶務舊置。汧源縣古道場，治平元年置。鳳州開寶監，舊置。越州諸暨縣冶務，咸平中置，治平四年監官。婺州東陽縣場，治平元年置。處州遂昌縣永豐場，熙寧三年置；櫻溪場，五年置，六年併入永豐；松陽縣竹溪場，六年置，八年罷；高亭場，十年置。衢州西安縣南、北二場，開化縣金水場，並舊置。饒州德興縣市院，太平興國元年置。信州寶豐場，舊置；錢溪場，嘉祐四年置；丁溪場，熙寧七年置，十年罷。虔州寶積場、義豐監，舊置；雩都縣場，景祐四年置；瑞金縣九龍場，熙寧五年置；贛縣蛤湖場，十年置。南安軍大庾縣穩下務，太平興國中置，熙寧十年罷。建昌軍馬茨湖場，至道二年置；看都、太平場，景祐二年置；蒙池場，治平三年置。潭州蕉溪場，慶曆六年置；衡山縣黃簳場，治平元年置，熙寧九年罷；（劉）［瀏］陽縣永興場，熙寧七年置。衡州常寧縣茭源場，明道二年置；上、下槽場，太平興國八年置。永州魯家源場，慶曆八年置，熙寧九年罷。郴州新塘場，天聖四年置；桂陽縣延壽坑，康定元年置；流江坑，慶曆三年置；浦溪坑，嘉祐七年置；雷溪坑，熙寧八年置。桂陽監大湊山、大板源、龍岡、毛壽、九鼎五坑，並大中祥符已前置；歷錫平、太邑、小白竹、水頭、石笋、大富六坑，並景祐已前置。興元府治務舊置。福州寶興場，舊置；保德場，慶曆三年置；永泰縣黃洋場，嘉祐七年置；長溪縣玉林場，熙寧七年置。建州龍焙監，舊置；建安縣永興場，太平興國七年置；闕隸天受場，至道元年置；大同山，大中祥符六年置；浦城縣通德場，天聖三年置；潘家山，慶曆六年置，熙寧八年併入通德；餘桑場，嘉祐元年置；餘生坑，二年置，併入通德；焦溪坑，六年置；監庫，七年置；舶竹坑，七年置；石舍坑，熙寧元年置；丁地坑，三年六月置；建陽縣武仙場，十一月置；黃柏洋場，四年置；瞿嶺場，五年置。泉州清溪縣龍崇場，熙寧三年置。南劍州順昌縣新發、王豐、贍國、青銅、招化、豐邑、新菩薩場，舊置；安福場，舊置，熙寧七年召人認額；劇頭、永樂、鼓坑、永吉、將樂、萬足、黃金、寶興、永豐，凡九場，今並停廢；梅營場，太平興國中置，熙寧九年罷；龍逢場，太平興國六年置，熙寧九年罷；尤溪縣寶應場，淳化三年置；杜唐場，至道三年置；安仁場，咸平元年置；小安仁場，三年置；新豐場，景德元年置；葉洋場，天聖中置；將樂縣石牌場，四年置；龍門場，慶曆六年置；劍浦縣大演場，皇祐四年置；漆坑場，熙寧七年置。汀州龍門場，乾德三年置；歸禾務，太平興國七年置；龍門新場，雍熙三年置；稅口務，天禧三年置；張源坑，乾興元年置，康定二年罷；寶安場，元年置，皇祐元年罷；永豐場，寶元元年置，慶曆三年罷；鳳凰場，慶曆二年置，三年罷；連源場，三年置，六年罷；長汀縣上寶場，七年置；寧化縣長永坑，皇祐元年置；上杭縣赤水場，元年置，熙寧九年罷；大庇坑，四年置；寶應坑，熙寧四年置，五年罷；太平場，八年八月置，十二月罷。漳州興善場、毗婆場，舊置；龍嵒縣大濟場，寶元二年置；寶興場，熙寧六年置。邵武軍三溪、焦坑、龍門、小杉四坑，舊置；建寧縣青安場，雍熙二年置；黃土場，天聖四年置；歸化縣江源坑，慶曆八年置；鄒溪場，至和元年置；邵武縣黃分坑，治平元年置，熙寧九年罷；光澤縣太平場，熙寧二年置。廣州懷集縣上雲場，舊置；大利場，熙寧二年置；清遠縣大富場，五年置。韶州伍汪場，咸平二年置；靈源場，大中祥符二年置；浙橋場，天聖元年置；鋹帶場，景祐二年置，皇祐二年罷；象鼻坑，三年置，皇祐三年罷；岑水場，慶曆七年置；翁（原）［源］縣大湖場，皇祐四年置；黃坑場，治平四年置；鄆岡場，熙寧二年置，五年罷；石膏場，七年置。循州興寧縣夜明場，治平二年置。潮州程鄉縣樂口場，治平三年置；海陽縣彊豐濟場，熙寧六年置；烏鬭溪場，七年置，十年罷。連州桂陽縣豐官場，淳化二年置；陽山場，熙寧五年置。賀州臨賀縣寶盈場，咸平二年置，大中祥符七年罷。端州高要縣沙利場，皇祐二年置。康州雙涌場，熙寧七年置，九年罷。南恩州陽江縣海口場，景德二年置，皇祐元年罷。英州賢德、堯山場，咸平二年置；洛光縣竹溪場，四年置；真陽縣鍾峒場，景德三年置；師子場，慶曆三年置；大葉峒場，皇祐四年置，至和三年罷。惠州歸善縣西平場、流坑場，並嘉祐八年置。藤州岑溪縣岑溪場、棠林場，慶曆三年置；寶鉛場，熙寧五年置。宜州富仁監，乾德二年置；河池縣寶富場，熙寧五年置。高州電白縣高北監，大中祥符七年置。

又　各路坑冶所出額數

銀　西京伊陽縣場。登州場一，元額七十兩，元豐元年收五百一兩。萊州元額三百四十二兩，元年收一百三十六兩。唐州湖陽縣花山場一。鄧州長安坑場，粟平冶場。元額七百二十兩，元年收四百兩。衛州共城縣場一。商州上洛縣龍淵場，熙寧七年置；洛南縣麻地稜冶場，八年置；鎮北冶場，九年置。元額九千七百九十七兩，元年收六千九百六十兩。虢州銀煎冶，百家川、欒川、蜜崖冶、姚谷冶、石瓮冶、朱陽縣七場。元額三萬四千五百七十三兩，元年收二萬五千六百四十二兩。鳳翔府橫正場。元額一千八百八十五兩，元年收九百二十九兩。秦州子路、白石、黃蘗、黃金、保安、床谷、東毗、白花、白草、青陽、黃城、臨金十二場務。元額二百二十二兩，元年收一百四十九兩。隴州元額七萬七千二百六十二兩，元年收四千三百二十二兩。鳳州元額一百六十兩，元年收一百八十四兩。越州元額二百九十兩，元年收六十三兩。衢州元額六千五十六兩，元年收六百九十五兩。處州遂昌縣永豐場，熙寧三年置；樓溪場，五年置，六年併入永豐；松陽縣竹溪場，六年置，八年罷；高亭場，十年又置通泰一場。元額三千四百七十五兩，元年收四千七百三十四兩。饒州德興二場。元額二千二百三十七兩，元年收一千二百四十五兩。信州上饒縣丁溪場，熙寧七年置，十年罷；貴溪縣一場，鉛山縣一場。元額一十萬三千三百九十三兩，元年收三萬五千九百五十七兩。虔州瑞金縣九龔場，熙寧五年置；贛縣蛤湖場，十年置。元額三千七百二十二兩，元年收二千四百七十二兩。建昌軍元額九千一百七十九兩，元年收五千一百一十六兩。南安軍大庾縣穩下務，熙寧十年罷。潭州衡山縣黃簳場，熙寧九年罷；瀏陽縣永興場，熙寧七年置。元額一萬六千六百七十三兩，元年收二萬八千七百五十七兩。衡州醒衡坑一。元額六千三百兩，元年收二百四十六兩。道州元額闕，元年收一百三十兩。郴州雷溪坑，熙寧八年置。元額三千五百五十三兩，元年收二千九百九十三兩。永州魯家源場，熙寧九年罷。桂陽監都銀坑。元額二萬七千三百三十二兩，元年收八百七十五兩。又土貢五十兩。邵州土貢一十兩。鄂州土貢三十兩。福州長溪縣玉林場，熙寧七年置。元額一千六百四十兩，元年收二千八百二十一兩。建州浦城縣潘家山場，熙寧八年併入通德；建安縣石舍場，熙寧元年置；丁地坑，二年六月置；建陽縣武仙場，十一月置；黃柏洋場，四年置；瞿嶺場，五年置。元額一萬二百七十七兩，元年收八千八百一十二兩。泉州清溪縣龍崇場，熙寧三年置，元額三兩，元年收四兩。南劍州將樂縣安福場，舊置，熙寧七年召人認額；尤溪縣漆坑場，七年置；梅營、龍逢二場，九年罷；又龍泉場、石城場、新興場。元額二萬五千六百一十兩，元年收五萬一千二百二十七兩。汀州寶應坑，熙寧四年置，五年罷；太平場，八年八月置，十二月罷；赤水場，舊置，九年罷。(無)[元]額四千七十五兩，元年收二千三百二十兩。漳州龍巖縣寶興場，熙寧六年置。元額五百五十兩，元年收九百一十五兩。邵武軍太平場，熙寧二年置；黃分坑，九年罷。又寺城場。元額四千二百九十兩，元年收二千九百一兩。廣州大利場，熙寧二年置；大富場，五年置；又錢糾場、桂角場、香山崖場。元額三百三十一兩，元年收二百七兩。韶州鄒崗場，熙寧三年置，五年罷；石膏場，七年置。元額九千四百八十八兩，元(額)[年]收四百二十兩。循州元額一萬五千六百五十兩，元年收三千二百四十一兩。潮州强豐濟場，熙寧六年置；烏門場，七年置，十年罷；又石院場。元額八千二百八十九兩，元年收同。連州陽山場，熙寧五年置；又同官場、銅坑場。元額三千五百五十五兩，元年收二千七百七十四兩。賀州市銀場、臨賀縣太平場，元額二百六兩，元年收同。又土貢一十兩。端州元額二百五十三兩，元年(元)收五十八兩。土貢一十兩。康州雙涌場，熙寧七年置，九年罷。土貢一十兩。南恩州土貢一十兩。英州元額五千五百三十六兩，元年收七千二百三十六兩。惠州元額二千二百八兩，元年收一千四百八十兩。新州土貢一十兩。封州土貢一十兩。梅州程鄉縣樂口場，土貢二十兩。桂州土貢五十兩。容州土貢一十兩。邕州土貢三十兩。昭州土貢一十兩。梧州土貢一十兩。藤州寶錫場，熙寧五年置。元額四百一十兩，元年收二百九十八兩。土貢一十兩。融州古帶場，或作鉛場，未詳。龔州土貢一十兩。潯州土貢一十兩。貴州土貢一(一)十兩。柳州土貢一十兩。宜州寶富場，熙寧五年置。元額一萬九千四百八十六兩，元年收三千二百五十四兩。土貢一十兩。賓州土貢五兩。橫州土貢一十兩。化州土貢五兩。高州元額一百三十二兩，元年收同。土貢五兩。白州土貢一十兩。鬱林州土貢五兩。廉州土貢一十兩。瓊州土貢一十兩。昌化軍土貢一十兩。萬安軍土貢五兩。

銀坑冶祖額總計四十一萬一千四百二十兩，元豐元年收總計二十一萬五千三百八十五兩。

又　各路坑冶興發停閉及歲收額

銀坑　湖南路興發四十一處，停閉五十處。廣東路興發四處，停閉六處。福建路興發三十二處。浙東路興發一十處。廣西路興發一處，停閉一十四處。江東路停閉一處。江西路興發二處，停閉一十三處。

**又《食貨・金部》** 二月五日，臣寮言：「比年以來，冶鑄不登，泉貨稀少，權以楮幣，而富家豪室收藏見鏹，公私窘匱。仰賴聖神臨御，地不愛寶，銀坑興發，如松溪縣瑞應場及政和縣赤石、松溪一帶，近於發泄。諸路收買管發銀數，每歲萬數浩瀚，左藏南庫儲積頗多，而西庫收支所餘無幾。」

**清・鄭光祖《一斑録・物理・金石》** 白銀自廠洞掘出，非土非石，廠上名之曰硔。音貢，廠上俗字，即礦也。入爐煉成銀餅，煉時爐煙至毒，人觸之或至死。蜜陀僧名金爐底，即銀之脚。石青，即硔之最下者。邊徼五金，皆有廠，彼此興廢無一定，而前後衰旺亦無一定也。

**又《一斑録・雜述二》** 銀廠

乾隆末，永善縣離城三十里有金沙廠，商賈輻湊，縣設官房徵稅。山頂一峯，曰老君冠子，其内開挖已久，空等蜂房，衆方慮必有覆壓之禍，不知後竟何如。近聞廠已大衰，人烟冷落，所有青龍廠洞深已四十里，殆將歇絶矣。

曩時魯甸廳、烙馬廠已經衰絶，再在前十年，廠經大旺，得硔必如一室之大，既盡，搜剔旁苗有歧，可入挖至數丈，必又得如一室之大。與金沙廠相距三百里，同屬昭通一府，而銀苗各異。

**又《雜述六》** 中甸風土

中甸維西，【略】有銀廠三，每歲額課紋銀八百兩。

**清・吴其濬《滇南礦廠圖略》卷一** 罩第七

煉銀曰罩，出銀謂之一池。凡罩要需爲老灰也，故記罩。

小曰蝦蟇罩，形似之。下爲土臺，長三四尺，横尺餘，四周土墻高尺許，頂如魚背，面上有口，以透火，下有口，不封，以看火候。鋪炭於底，置鎌其中，炭在沙條上煉約對時許，銀浮於罩口内，用鐵器，水浸蓋之，即凝成片渣沉灰底，即底母也。出銀後，即折毁另打。

大曰七星罩，形如墓，又曰墓門罩。下亦土臺，長五六尺，横二尺，四周土墻，頂圓，有七孔，以透火，因曰七星罩。前高二尺，上口添炭，下口爲金門，土板封之，後以次而殺。鋪灰於底，置卝於上，攙以鎌、炭在沙條之上，約二時開金門，用鐵條趕歸一次，仍封之。或一對時、或兩對時，銀亦出於罩口内。出銀後添入卝鎌，隨出銀，隨添卝，可經累月。須俟損裂，再行打造，故又四萬年罩。

**清・龍文彬《明會要》卷五七《食貨五・坑冶》** 金銀課

初，徐達下山東，近臣請開銀場。太祖謂銀場之弊，利於官者少，損於民者多，不可開。其後有請開陝州銀礦者，帝曰：「土地所産，有時而窮。歲課成額，徵銀無已。言利之臣，皆戕臣之賊也。」臨淄丞乞發山海之藏以通寶路，帝黜之。《食貨志》。

永樂中，藺芳爲吉安知府。吉水民詣闕言：縣有銀礦。遣使覆視。父老遮芳訴曰：「聞宋季嘗有言此者，卒以妄得罪。今皆樹藝地，安得所銀礦？」芳詰告者，知其誣，奏上。帝曰：「朕固知妄也。」得寢。《宋禮傳》。

十三年，差御史及郎中等官至湖廣、貴州，於辰州、銅仁等處金、銀場，採辦金、銀課。

十九年，差御史、監生人等，開辦福建、浙江銀課。

英宗即位，令罷浙江、福建等處銀課。

正統十年，令開雲南、福建、浙江銀礦。已上王圻《考》。

浙、福之交，故多銀場。英宗初，詔封坑冶。福建參政宋彰、浙江參政俞士悦以盗礦日熾，言：「開銀場，則利歸於上，而盗無所容。」下三司議。浙江按察使軒輗奏曰：「復開銀場，雖一時利。然凡百器用皆出民間，恐有司横加科，人心摇動，其患尤深。爲今之計，莫若擇官典守，嚴加禁捕，盗自衰息。」朝廷是輗言，乃止。及礦盗葉宗留、陳鑑等肆行劫掠，給事中陳傅復請開礦。乃命侍郎王質往經理，定歲課福建銀二萬一千餘兩，浙江銀四萬一千餘兩。雖比宣德時減半，已十倍洪武時。自是供億紛繁，民困而盗益衆。《三編》。

景泰四年，浙江銀場既開，户部奏：「福建、建寧與之相連，亦請併開。」從之。後孫原貞奏：「臣覆視各銀場，親臨各坑，見坑路深遠，礦脈細微，亦有堅石深泉之處，實難開煎。伏望仍前封閉。」乃罷。同上。

天順七年，詔封閉各處坑場。

成化七年，令浙江、福建、四川、雲南採辦銀課。

九年，奏准：各處山場有新生礦脈者，從各鎮巡三司等官勘實開採。已上王圻《考》。

**又**

弘治二年，令封閉四川密勒山銀場。王圻《考》。

十三年，雲南巡撫李士實言：「雲南九銀場，四場礦脈久絶，乞免其課。」報可。四川、山東礦穴，亦先後封閉。《食貨志》。

正德十五年，令雲南銀礦新興場并新開處所一律封閉。

嘉靖十九年，令四川建昌衛、會昌衛及陝西甘州等處大黄山礦洞，俱照舊封閉。已上王圻《考》。

三十四年十二月，開四川、山東銀礦。《實録》。

**又**

萬曆二十四年，營建兩宫。府軍前衛副千户仲春請開礦助大工。帝允之。自是，獻礦洞者踵至，無地不開。中使四出，皆給以關防，併偕原奏官往。礦脈微細無所得，勒民償之。而奸人假開採之名，乘勢横索民財。有司稍忤意，罪以阻撓。富家巨族則誣以盜礦。良田善宅則指爲下有礦脈。卒役圍捕，辱及婦女。其横暴如此。

二十八年，鳳陽巡撫李三才再疏陳礦税之害，言：「陛下愛珠玉，民亦慕温飽。陛下愛子孫，民亦戀妻孥。奈何崇聚財賄，而使小民無朝夕之安？」又言：「近日章奏，凡及礦税，悉置不省。此宗社存亡所關，一旦衆畔土崩，小民皆爲敵國。陛下即黄金盈箱，明珠填屋，誰與守之？」不報。已上《三編》。

光宗即位，以遺詔盡罷天下礦税。

崇禎九年十月丙申，命開銀、鐵、銅、鉛諸礦。已上《本紀》。

**又** 正德九年，軍士周達請開雲南諸銀礦，因及銅、錫、青、緑。詔可。遂次第開採。

**清・徐珂《清稗類鈔・工藝類》** 吴尚賢開茂隆山銀廠

吴尚賢，雲南石屏州人也，家貧，走徼外之葫蘆國，其酋大山王蜂築信任之，與開茂隆山銀廠。廠例，無尊卑，皆以兄弟稱，一人主廠，次一人統衆，次一人出兵，而尚賢爲廠主。時華人赴緬者甚衆，廠既旺，聚至數十萬人，有警，則兄弟全出，尚賢身自臨陣，蠻人見者輒驚走，廠徒多財力，爲連弩，共以手挽而發之。凡在緬開廠者，相互聯絡，有蠻人欲攻某廠，而憚爲茂隆所阻，用重幣假道，尚賢陽許之，而陰告某廠使爲備，蠻大敗，歸途過茂隆，截之無一脱者，所獲不可勝計。衆大歡，飲讌間，尚賢大哭不止，衆驚請故，尚賢曰：「吾與衆兄弟忍饑寒開此廠，一旦有此死妄之災，父母妻子，我一人能支乎？爲蠻有矣！」諸人各被酒爲豪舉，探懷中所掠者棄之淵。其操縱人皆類此。

乾隆乙丑，尚賢説葫蘆王蜂築以茂隆廠獻中朝，抽課報解作貢，又自以銀介我耿馬宣撫司獻之，且言茂隆山銀廠自前明開採，至今興旺不一云云。未幾，尚賢之黨黄耀祖襲據葫蘆國，與尚賢分雄邊外，而茂隆出銀不可思議，公私大充。當是時，羣蠻最畏者，尚賢及桂家宫裏雁，桂家與緬搆戰，尚賢欲和解之，不聽。癸酉，尚賢説緬人入貢，貢馴象、塗金塔，尚賢亦來滇，謀請命於中朝，給以葫蘆國王劄付，不得已，已辭大吏而返廠矣。滇吏忽令人追回，餓死之，羣蠻自是輕漢人。

# 紀事

**唐・吴兢《貞觀政要》卷六《貪鄙》** 貞觀十年，治書侍御史權萬紀上言：「宣、饒二州諸山大有銀坑，採之極是利益，每歲可得錢數百萬貫。」

**宋・王欽若等《册府元龜》卷四九三《邦計部・山澤》** 十月乙亥，重申採銀之禁，應輒採一兩已上者，笞二十，遞出本界，州縣官吏節級科罰。

**又** 六月，敕：「五嶺已北，所有銀坑，依前任百姓開採，禁錢不出嶺南。」

**宋・宋敏求《唐大詔令集》卷一一二《政事・財利》** 條貫錢貨及禁採銀敕

敕：泉貨之法，義在通流。若錢有所壅，貨當益賤，故藏錢者得乘人之急，居貨者必損己之資。趨利之徒，豈知圖計！斯弊未革，人將不堪。今欲著錢令以出滯藏，加鼓鑄以資流布，使商旅知禁，農桑獲安。義切救人，情非欲利。然革之無漸，物或相驚。已日之孚，在乎消息。天下商賈，先蓄錢者，宜委所在長吏，分明曉諭，令其收市貨物。官中不得輒立程限，逼迫商人。任其貿易，以求便利。計周歲之後，此法遍行，朕當别立新規，設蓄錢之禁。所以先有告示，許其方圓，意在他時，行法不貸。朕志久定，固無二言。又有銀之山，必有銅礦。銅者可資於鼓鑄，銀者無益於貧人，適開覬好之端，豈救飢寒之患！況欲加鑄，理須併功，得不權其重輕，使務專一。其天下自五嶺以北，見採銀阬，並宜禁斷。恐所在阬户，不免失業，委本州府長吏勸課，令其採銅，助官中鑄作。仍委鹽鐵使即作法優賞，條流開奏。於戲！人之求利，厥路固殊，斯道炳然。言之不惑，凡百有位，明悉朕懷。

**《宋史・食貨志・阬冶》** 慶元二年，宰執言：「封樁銀數比淳熙末年虧額幾百五十萬。今務場所入歲不滿三十萬，而歲奉三宫及册寶費約四十萬，恐愈侵銀額。欲權以三分爲率，一分支銀，二分支會子。」上曰：「善。」

**《元史·食貨志》** 銀在大都者，至元十一年，聽王庭璧於檀州奉先等洞採之。十五年，令關世顯等於薊州豐山採之。在雲州者，至元二十七年，撥民户於望雲煽煉，設從七品官掌之。二十八年，又開聚陽山銀場。二十九年，遂立雲州等處銀場提舉司。在遼陽者，延祐四年，惠州銀洞三十六眼，立提舉司辦課。在江浙者，至元二十一年，建寧南劍等處立銀場提舉司煽煉。在湖廣者，至元二十三年，韶州路曲江縣銀場聽民煽煉，每年輸銀三千兩。在河南者，延祐三年，李允直包羅山縣銀場，課銀三錠。四年，李珪等包霍丘縣豹子崖銀洞，課銀三十錠，其所得礦，大抵以十分之三輸官。此銀課之興革可考者然也。

天曆元年歲課之數

銀課：

腹裏，一錠二十五兩。

江浙省，一百一十五錠三十九兩二錢。

江西省，四百六十二錠三兩五錢。

湖廣省，二百三十六錠九兩。

雲南省，七百三十五錠三十四兩三錢。

**《明史·食貨志》** 隆慶初，罷薊鎮開採。南中諸礦山，亦勒石禁止。萬曆十二年，姦民屢以礦利中上心。諸臣力陳其弊。帝雖從之，意怏怏。二十四年，張位秉政，前衛千户仲春請開礦，位不能止。開採之端啓，廢弁白望獻礦峒者日至，於是無地不開。中使四出：昌平則王忠，真、保、薊、永、房山、蔚州則王虎，昌黎則田進，河南之開封、彰德、衛輝、懷慶、葉縣、信陽則魯坤，山東之濟南、青州、濟寧、沂州、滕、費、蓬萊、福山、棲霞、招遠、文登則陳增，山西之太原、平陽、潞安則張忠，南直之寧國、池州則郝隆、劉朝用，湖廣之德安則陳奉，浙江之杭、嚴、金、衢、孝豐、諸暨則曹金，後代以劉忠，陝西之西安則趙鑒、趙欽，四川則丘乘雲，遼東則高淮，廣東則李敬，廣西則沈永壽，江西則潘相，福建則高宷，雲南則楊榮。皆給以關防，并偕原奏官往。礦脈微細無所得，勒民償之。而姦人假開採之名，乘傳横索民財，陵轢州縣。有司恤民者，罪以阻撓，逮問罷黜。時中官多暴横，而陳奉尤甚。富家鉅族則誣以盜礦，良田美宅則指以爲下有礦脈，率役圍捕，辱及婦女，甚至斷人手足投之江，其酷虐如此。帝縱不問。自二十五年至三十三年，諸璫所進礦税銀幾及三百萬兩，羣小藉勢誅索，不啻倍蓰，民不聊生。山西巡撫魏允貞上言：「方今水旱告災，天鳴地震，星流氣射，四方日報。中外軍興，百姓困敝。而嗜利小人，借開採以肆饕餮。倘釁由中作，則礦夫冗役爲禍尤烈。至是而後，求投珠抵璧之説用之晚矣。」河南巡按姚思仁亦言：「開採之弊，大可慮者有八。礦盜哨聚，易於召亂，一也。礦頭累極，勢成土崩，二也。礦夫殘害，逼迫流亡，三也。僱民糧缺，饑餓嗥呼，四也。礦洞徧開，無益浪費，五也。礦砂銀少，强科民買，六也。民皆開礦，農桑失業，七也。奏官强横，淫刑激變，八也。今礦頭以賠累死，平民以逼買死，礦夫以傾壓死，以争鬭死。及今不止，雖傾府庫之藏，竭天下之力，亦無濟於存亡矣。」疏入，皆不省。識者以爲明亡蓋兆於此。

**清·談遷《棗林雜俎智集·逸典》** 浙東銀冶，國初歲辦二千八百七十餘金，永樂時至七萬七千五百五十餘金，宣德時至八萬七千五百八十餘金，正統間減課止三萬八千九百三十餘金，景泰七年止一萬六千零六十五金，天順六年三萬零四十八金，成化三年二萬一千二百五十金，五年減一萬零二百三十七金，弘治二年止一萬零八百四十一金。見巡按御史暢亨疏中。

**又《中集·器用·貢金》** 雲南銀礦共六十有三，置場委官，歲約二萬緡。然脈有盛衰，課隨盈縮。

荒銀　南夷中多用荒銀。

**清·徐松《宋會要輯稿·食貨·諸郡進貢》** 景祐元年四月二十三日，知江寧府李若谷言：「乾元節常年進奉銀一千兩，絹一千疋，伏緣當府不産銀，只是配買。累歲災傷，人民貧困，已將省庫見管土産(細)[紬]絹二千疋上進，候豐稔，依舊買銀進奉。」詔：「今後買銀並依市價，不得虧損人民。」

**清·龍文彬《明會要》卷五七《食貨四·庫藏》** 節慎庫。嘉靖八年三月，修工部舊庫，以貯礦銀。

**清·徐珂《清稗類鈔·農商類》** 爐房

爐房，亦稱銀爐，專鑄造馬蹄銀，京師、天津、上海、漢口均有之。亦兼營錢業，發行紙幣，流通市中，其效力與莊票同。自銀幣通行，爐房之業遂衰。

**又《胥役類》** 庫丁

户部有銀庫，額設庫役四十人，曰庫丁，一曰庫兵，三年而替，以旗人充之。每屆點充時，滿尚書及其左右皆有規費，輒六七千金。費既納，滿尚書乃坐堂皇，唱名而點之，庫丁跪謝而出。出時，必有保鏢者護之以行，恐人劫之也。行劫者，大率爲覬覦丁缺無力賄充之人，並糾集無賴而爲之，伺新充者至大堂堦下，即劫之以去，因於家，使誤卯期而縱之歸。蓋冀其誤卯而另派他人，則規費便虛擲矣。欲其即釋，亦須賂以數千金。

## 圖録

明・宋應星《天工開物》卷下《五金》

開採銀礦圖

又

鎔礁結銀與鉛圖

又 沉鉛結銀圖

又 分金爐清鏽底

分金爐清銹底

清·吳其濬《滇南礦廠圖略》 銀爐圖

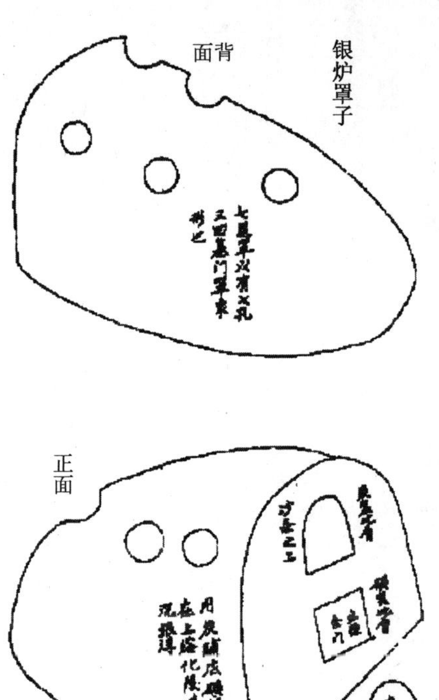


## 雜録

**宋·李昉等《太平廣記》卷一〇四《報應三》** 銀山老人

饒州銀山，採户逾萬，並是草屋。延和中火發，萬室皆盡，唯一家居中，火獨不及。

# 有色金屬分部

## 銅

### 題解

**漢·許慎《説文解字·金部》** 銅 **銅** 赤金也。从金，同聲。徒紅切。

**清·徐珂《清稗類鈔·礦物類》** 銅 銅爲金屬化學原質之一，古謂之赤金，其原質爲紅棕色，俗謂之紅銅，亦稱紫銅。與他金合，則爲青、白諸色，生鏽則緑色。性能伸展延長，可壓之爲板，抽之爲絲，最能傳熱及電，故常用以製鍋及電線等物。乾隆以前，盛産於雲南，俗所稱雲白銅者是也。

### 論説

**清·吳其濬《滇南礦廠圖略》卷二**

附王昶《銅政全書·籌改尋甸運道移於剥隘議》

謹按：京銅逾越蜀江危磯湍水，沉溺屢見，而加運兩起，期以二三月開行，正值春夏雪消水漲，加以大雨時行，暴風不測，故沉覆者尤多。其例豁免者，又需另發工本，發交銅廠，按數辦出補運。其不準豁免者，追賠亦費追呼。況近年滇省産銅拮據，發買補辦亦殊難得，則凡有可以稍減沉覆者，即當擇而採之，毋庸以更張爲戒也。查各省採買之銅，由粤西灘河水運，曾不聞有沉覆之事。乾隆三十七年，迤東道博明曾議由剥隘輓運京銅以達粤西。越有一年，臬司徐嗣復踵其議而變通之，於運程運費時勢之間，備細籌計，較之博明之議倍詳，惜乎格而不行也。夫由省運至剥隘，白色再至漢口，較由尋甸、瀘州至漢口者，每銅百斤多運費銀僅四分耳。經由省城上游各廠之銅，每年不及二百萬，若撥一百九十餘萬，由竹園村轉運剥隘，以供京銅，而起加運，多用脚銀不過七百七十餘兩。即以尋、昭陸運節省之銀，撥給供支外，尚有多銀。是此七百餘兩，不過沉銅八九十斤之價，而況沉銅多者，有一次、二次、三次不等，所沉打撈不獲之銅數，以彼絜此，相去幾倍，徒而無算。由此一路運費之多用者無幾，而京銅之覆全者甚大，通盤計算，其得失之數固懸殊矣。夫改尋甸一路之銅於剥隘轉運，路遠而費多；改省城一路之銅於剥隘轉運，路不遠而費無多，黑白昭然。乃議者竟以從前改運尋甸之運費銀數，牽連議駁，其故何歟！且以尋東一路銅運之遲，乃議分運以速之，廣南府所議，夏秋將銅運貯廣南，冬令轉運剥隘，以避廣南以下夏秋之瘴癘，其於此路應運之銅，既可以無誤，而分運以舒東尋一路之力，俾兩路各副其間，則運更易矣。此一路之銅而云不能較速於尋東，是蓋未深思耳。至寧台銅，祇慮他廠牽搭，今則銅面以鐫廠名目，不能以他廠之低銅牽搭也。惟須改路分運，自下關至省，應仍其舊，自省至白色，仍令廣西州廣南府承運。所請自下關至白色，由京運委員承領僱運，稍有未能，可自此路陸運，設店養廉工食紙筆燈油之數，可於尋威一路，各店按照分運銅數劃分，以爲挹注，原可不必另支。即有不足，而四十七年水陸路添設卡役，查催京銅，有名無實，儘可裁移，以補此路之店費，亦不必有不資之慮也。以省城一路之京銅改運剥隘，既分尋甸擁擠之勢，可連運期，又免威寧鎮雄銅多限急之時派累民夫背運，而免兩起加運京銅避蜀江盛漲之險，可免沉失，有數善焉。近睹東尋兩路京銅陸運之艱，籌計及此，乃繙閲舊卷，已有先爲計及者。今若舉而行之，其自省以下之牛運已無慮不給，惟剥隘之船足供與否，宜檄行廣南府詳籌，以爲久遠之計，然後陳明兩台入奏。乃調藩江西，不及辦此，因録前後之案，以待後來採擇焉。按浙江等省可由内河行，若運京，須過洞庭湖。

**又** 附王大岳《論銅政利病狀》

乾隆四十年八月，雲南布政使王大岳議曰，竊照滇南地處荒裔，言政者必以銅政爲先。然自官置廠以來六十年，而官民交痛，進退兩窮，或比救荒無奇策，何也？蓋今銅政之難，其在採辦者四，而在運輸者一。一曰官給之價，難再議加也。乾隆十九年，前巡撫愛必達以湯丹銅價實少八錢有奇，奏請恩許則加四錢二分二厘六毫。越二年，前巡撫郭一裕請以東川鑄息充補銅本，則又加四錢二分二厘六毫。越六年，前總督吴達善通籌各局加鑄，直請增給銅價，又奉加銀四錢。又越六年，前巡撫鄂寧覆以陳請，則又暫加六錢。越三年，始停暫加之價。於是湯丹、大水、碌碌、茂麓等廠，遂以六(丙)[兩]四錢爲定價，而青龍山等二十餘小廠舊時定價三兩八九錢、四兩一二錢者，亦於乾隆二十四年，前巡撫劉藻奏請照湯丹舊例，每銅百斤定價以五兩一錢一分有奇收買。即金釵最低之銅，亦以四兩之舊價加銀六錢。

朝廷之德意至爲厚矣，行之數年，輒以困敝告，豈誠人情之無厭哉！限於舊定之價過少，雖累加而莫能償也。夫粵、蜀與滇比鄰，而四川之銅以九兩、十兩買百斤，廣西以十三兩買百斤，何以雲南獨有節縮乎？江陰楊文定公名時撫滇，奏陳銅廠利弊，疏云，各廠工本多寡不一，牽配合每百斤價銀九兩二錢，其後凡有計息議賠，莫不以此爲常率，則買銅定以四兩、五兩以至六兩。然且課銅出其中，養廉公費出其中，特運耗損出其中，指輸金江修費出其中，即其所謂六兩者，實得五兩一錢有奇，非惟較蜀、粵之價幾減其半，而按之雲南本價，亦特十六七耳！故曰舊定之價過少也。然在當時，莫有異辭，而今乃痛其少者何也？舊時滇銅聽人携取，自康熙四十四年始，請官爲經理，歲有常課。既而官給工本，逋欠稍多，則又收銅歸本官自售。雍正初，始議開鼓鑄，京運局以疎銷積銅。其實歲收之銅不過八九十萬，又後數年亦不過二三百萬，比於今日，纔二三。是名爲官，而廠民之私以爲利者，猶且八九。官價之多少，固不較也。自後講求益詳，綜覈益密，向之隱盜者，至是而厘剔畢盡，於是廠民無復纖毫之贏溢，而官價之不足，始無以取償，是其所以病也。兹硐路已深，近山林木已盡，夫工炭價數倍於前，而又益以課長之掊克，地保之科派，官役之往來供億，於是向之所謂本息，課運、役食、雜用，以及廠欠、路耗，并計其中，而後有九兩二錢之實值者，今則耑計工本，而已幾於此。廠民受價六兩四錢之外，尚須貼費銀一兩八九錢而後足。問所從出，不過移後以補前，支左而絀右，他日之累，有不可勝言者也。夫銅價之不足，廠民之困憊，至於如此，然而未有以加價請者何也？誠知度之稽制有經，非可以發棠之請數相嘗是也。且雖加以四錢、六錢之價，而積困猶未遽蘇也。故曰，官給之價難議加也。採辦之難，此其一也，一曰請給之數不能議減也。蓋滇銅之供給京外者，應嘗一一議減也。乾隆三十二年，雲南巡撫鄂寧以各廠採銅纔得五百餘萬，不能復供諸路之買，咨請自爲區劃，準户部議留。是年加運之京銅，及明年頭綱銅，以供諸路買鑄，於是雲南減運二百六十餘萬斤。後三年，雲貴總督明德又以去年獲銅雖幾千萬，然自供運京局，及留滇鼓鑄外，僅餘銅一百三十萬斤，以償連年積逋九百二十餘萬猶且不足，難復遍應八路之求，因請慨停各路採買，準户部議奏，許緩補解京銅，致江南、江西兩道採買，於是雲南減買五十餘萬斤。後經前撫阮明德又以各路委官在滇候領銅四百一十餘萬斤，以去年滇銅所餘一百餘萬計之，四年乃可足給。此四年之中，非特截留及缺交京銅不能補運，而各省歲買滇銅二百餘萬，積至數載，將有八九百萬，愈難爲計。因請裁減雲南鑄錢及各路買銅之數，準户部議奏，許停雲南之大理、臨安、順寧、廣南，并東川新設各局。又暫減廣西、陝西、湖北、貴州買銅六十三萬斤。於是雲南得減辦二百餘萬，通計前後緩減五百餘萬，廠民之勢力乃稍舒矣。夫滇銅之始歸滇買也，歲供本路鑄錢九萬餘千，及運湖、廣、江西錢四萬串，計纔需用一百一萬斤。至雍正五年，滇廠獲銅三百數十萬斤，始議發運鎮江、漢口一百餘萬斤，聽江南、湖南、湖北受買。至雍正十年，發運廣西錢六萬二千餘串，亦儘需銅四十餘萬斤。其明年欽奉諭旨，議廣西府設局開鑄，歲運京錢三十四萬四千六十二串，計亦只需銅一百六十六萬三千餘斤。乾隆二年，總督尹文端公繼善又以浙江承買洋銅逋欠滋積，京局歲需洋銅、滇銅率四百萬斤，請準江浙赴滇買銅二百萬斤。雲南咨準部文，解運京錢之外，仍解京銅三十餘萬，以足二百萬之數。而直隸總督李衛又以他處遠買滇銅轉解，孰與雲南逕運京局，由是各省供京之正銅，及加耗，悉歸雲南辦解。然尚只於四百四十萬也。未幾而議以停運京錢之正耗銅，改爲加運京銅一百八十九萬餘斤矣，又未幾而福建採買二十餘萬斤矣，湖北採買五十餘萬斤矣，浙江採買二十餘萬斤矣，貴州採買四十八萬餘斤矣，江西採買三十餘萬斤矣，廣西採買四十六萬斤矣，既而廣西以鹽易銅十六萬餘斤矣。既而陝西罷買川銅，改買滇銅三十五萬，尋增爲四十萬斤矣。於是雲南歲需措銅九百餘萬，而後足供京外之取，而漢局鼓鑄尚不與焉。夫天地之産，常須留有餘，以待滋息，獨滇銅率以一年之入，給一年之用，比於竭流而漁，鮮能繼矣。又況一年之用幾溢一年之出，此凶年取盈之術也，故曰取給之類過多也。嘗查滇銅之採，其初一二百萬者不論矣，自乾隆四五年以來，大抵歲産六七百萬耳，多者八九百萬耳。其最多者，千有餘萬，至於一千二三百萬止矣。今乾隆三十八年、三十九年，皆以一千二百數十萬告，此滇銅極盛之時，未嘗減於他日也。然而不能給者，惟取之者多耳。嚮時江安閩浙買滇銅以代洋銅，議者猶以滇銅衰盛靡常，當爲之備耳。仍責江浙官收買洋銅，以咨充裕。及請滇銅經運京師，以其餘留湖廣，而商辦洋銅則聽江浙收買。議者又以滇銅雖有餘，尚須籌備以供京局，若遽留楚供鑄，設將來京銅有缺，所關不細。又議浙江收買洋銅，亦須存貯，滇銅若缺，仍可接濟。即近歲截留京銅，部議亦以滇銅實有缺乏之情形，當即通籌接濟，是皆以三十年之通制國用爲天下計，非獨爲滇計也。至於今日，而京師之運額既無可缺，而自江南江西以外尚有浙閩黔粵秦楚諸路開鑄紛紛，并舉一則曰，此民困也，餉錢也，不可少也。再則曰，爐且停也，待鑄極矣，不可遲矣，而滇之銅政騷然矣。夫雲南之産，不能供雲南之用，而裁鑄錢以畀諸路，諸路之用銅者均被其利，而産銅之雲南獨受其害。其産愈多，則求愈衆，而責之愈極。然則雲南之銅，何時足用乎？故曰取用之類，不能議減也，供辦之難，此其二也。一曰六廠之逋累積重莫蘇也。謹按楊文定公奏陳銅政利弊疏云，運户多出夷倮，或山行野宿，中道被竊，或牛馬病斃，棄銅而走，或奸民盜賣，無可追償，又硐民皆五方無業之人，領本到手，往往私費無力開辦。亦有開硐無成，虛費工本。更或採銅既有，而偷賣私銷，貧乏逃亡，縣項纍纍，名曰廠欠。由此觀之，自有官廠，即有廠欠，非一日矣。然其時凡有無追之廠欠，並得乞恩貸免，故歲歲提硐數倍於前，而廠民之逋欠亦復數倍，司廠之員懼遭苛譴，少其數以報上官，而每至數年，輒有數萬之積欠，則有不可以豁除請者矣，上官以其實欠而莫能豁也。於是委曲遷就，以姑補其缺。乾隆二十三年，奏請預備湯丹等廠工本銀十二萬五千兩，以償廠欠也。三十三年，逮治綜理銅政司廠之員，着賠銀七萬五千餘兩，所以厘廠欠也。三十七年，除豁免之令，而於發價之時每以百兩收銀一兩，大約歲發七十萬兩，而收七千餘兩，藉而貯之，以備逃亡，亦所以減廠欠也。至於開採不遠，工費之多，官本之不足，莫有計之者。故不數年，而廠欠又復如舊。三十七年冬，均考廠庫，以稽廠前後官卝賠捕數萬兩外，仍有民欠十三萬餘兩。蒙恩旨特下，指揮俾籌利便，然後廠銅得以十一通商，而以鑄息代之償欠，今之東川局加鑄是也。然加償之息，悉以償廠欠，通商之銅，又以供局鑄，至於未足之工本，依然無措也。是以舊逋方去新欠以來，又兩年又不可訾算矣。自頃定議每以歲終責取無欠結狀，由所隸上司加之保結，由是連歲無廠欠之名，然工本之不足，廠民不能徒手枵腹而攻採也，則爲之量借油米炭以資工作，而責其輸銅於官，以此羈縻廠民。爾苐力採，我能爾濟，廠民亦以此餬其口，曰，官幸活我，且力採以贖前負。上下相蒙，覬倖於萬有一之堂鑛，是雖諱避廠欠，而積其欠，借不歸之油米爐炭，亦復不下巨萬之值，要之皆出公帑也。蚩蚩之民，何知大義？彼其所以俯首受役，弊形體而不辭者，孳孳爲利耳。至於利之莫圖而官帑之逋欠且日迫，其後而廠民始無望矣。夫廠以出銅，民以廠爲業，民亡所望，廠何爲焉？區區三五之官吏，講求其於銅政庸有濟乎！故曰大廠之逋累積重莫蘇也。採辦之難，此其三也。一曰小廠之收買渙散莫紀也。雲南鑛廠其舊且大者，湯丹、碌碌、大水、茂麓爲最，而寧台、金釵、義都次之。新廠之大者，獅子山、大功爲最，而發古山、九渡、萬寶、萬象諸廠次之。至於青龍山、日見汛、鳳凰坡、紅石岩、大風嶺諸廠，并處僻遠，常在叢山亂箐之間。而如大屯、白凹、老人、竹箭、金沙、小岩，又皆界連黔蜀，徑路雜出，奸頑憑藉貪利，細民往往潛伏其間盜採鑄錢，選踞高岡深林，預爲走路，一遇地方兵役踪跡勾捕，則紛然駭散，莫可追尋。其在廠地採卝，又皆遊惰窮民，苟圖謀食，既無資力深開遠入，僅就山膚尋苗而取卝，經採之處，比比鷄窩。採獲之卝，謂之草皮、草揣，是雖名爲採卝，實皆僥倖嘗試已耳。卝路既斷，又覔他引，一處不獲，又易他處，往來紛藉，莫知定方。是故一廠所在，而採者動有數十，區地之相去，近者數里，遠者一、二十里或數十里。雖官吏之善察者，固有不能周盡矣。加以此曹不領官本，無所統一，其自爲計也本出無聊，既非恒業，何所顧惜！有則取之，無則去之，去之便則就之，不便則去之，如是而繩以官法，課以常科，則有散而走耳，何能縻乎？官廠者見其然也，故常莫可誰何，而惟一二客長、鍋頭是倚。廠民得卝，皆由客長平其多寡而輸之鍋頭，爐房因其卝質幾煅幾揭而成銅焉。每以一爐之銅納官二三十斤，酬客長、爐頭幾斤，餘則聽其懷携遠賣他方，覈其實，曾不及湯丹廠之下一矣。以滇之鑛廠之多，諸路取求之廣，而惟一二大廠是資，其餘小廠環布森列，以幾十數而合計，幾十廠之銅比之二三大廠，不能半焉，則大廠安得不困。故曰小廠之收買渙散莫紀也。採辦之難，此其四也。若夫轉運之難，又可畧言也。夫滇，僻壤也。著籍之户，僅四十萬，其蓄馬牛者，十之一二耳。此四十萬户分隸八十七郡邑，其在通途而轉運所必由者，十二三耳。四此言之，滇之牛馬不過六七萬，而運銅之牛馬不過二三萬，蓋其大較矣。滇既有歲運京銅六百三十萬，又益諸路之採買，與滇之數鑄，歲運銅一千二百萬，計牛馬之所任，牛可載八十斤，馬力倍之，一千餘萬之銅，蓋非十萬匹頭不辦矣。然民間馬牛只供田作，不能多畜以待應官，歲一受雇，可運銅三四百萬，其餘八九百萬斤者，尚須馬牛七八萬，而滇固已窮矣。乾隆三年，部議廣西府局發運京錢，陸用牛一萬四千頭，馬九千匹，各用船三千隻。念其雇集不易，恐更擾民，輒許停錢。是年雲南奏定滇銅運京事，在經始江安閩浙之二百萬，未能一時發運，準户部議運京許寬至明年，而江浙諸路之銅且需後命。凡以規時審勢，不欲强，以所必不能也。又前件議云，户部有現銅三百萬，工部稍不足，且可借撥。又乾隆三十五年議云，户部兩局庫有現銅四百五十萬，雲南尚有兩年運銅，計可銜接，抵局者仍八百餘萬。自後滇發運源源無絶以供京局鑄錢，有盈無缺，其截發掛欠銅三百五十餘萬，均可着緩補解。此其爲滇之官民計者特論何恕，而其爲國用計者又何詳矣！今則不然，户局有銅二百五十萬，合工部之銅三四百萬，滇銅之發運在道，歲内均可繼至者，千有餘萬，其視往時畧無所減。而議者且切切焉，有不繼之憂。至是雲南歲又加運舊欠銅八十萬斤，通前爲七百一十餘萬，而滇益困矣。且夫轉運之法，着令固已甚詳矣。初時京銅改由滇運之日，必咨經過地方，并令防衛催稽，守風守水守凍，又令所在官司覈實報咨，其後以運官或有買貨重載，淹留遲遲，并責沿途官弁驅促遄行，徇隱有罰。其後有以納銅不如本數，議請申用雍正二年採辦洋銅之例，運不依限者，褫職戴罪。管運委解之上司，並奪三官，領職如故。其有盗賣諸弊，本官按治如律，並責上官分賠。又改定運限，自永寧至通州，限以九月，其在漢口、儀徵换籰换船，限以六十日。自守凍而外，守風、守水之限，不復計除。運銅入境，並由所在官弁依限申報具奏，而滇蜀亦復會商，以永寧、瀘州搬銅打包定限五十五日，其由永寧抵合江，由江津抵重慶府，并聽所在鎮道稽查，委官催督，或有無故逗留，地方官弁匿不實報者，并予糾劾。其後以銅船停泊阻塞挽推，又議沿江道路委遊擊都司押運，自儀徵以下，并聽巡漕御史催趱。運官雖欲飭詐遷延，固不得矣。又積疲之後，户部方日月考課，於是巡撫與布政司躬歷諸廠，以求採運之宜，而責巡道周環巡視，以課轉運之勤惰，而察其停寄盗匿。其自守丞以下，州縣之長與簿尉巡檢之官，往來屬符檄交馳，弁役四出，所在官吏日惴惴焉，救過之不暇，而厨傳騷然矣。嘗考乾隆二年，滇有餘銅三百四十七萬，故能籌洋銅之停買。十七年，有積銅一千八九百餘萬，故能足諸路之取求。二十四年以後，有大興、大銅二廠，驟增銅四百餘萬，故能貼運京銅，歲無缺滯。如水利然，其積不厚而日疏決之，則涸可立待，勢固然矣。今司運之官懼罹罪責，既皆增價雇募，然猶不免以人易畜，官司責之吏役，吏役責之鄉堡里民，每贏數日之糧，以應一日之役，中間科索抑派，重爲民擾。喜事之吏驅逐老幼，横施鞭打，瘁民生而方政體，非小故也。且此五難，是以滇之銅政有捄荒無奇策之喻，雖然荒既不可不捄，而銅固不可不辦、不可不運也。嘗竊就前人之論議，厝注得失之所由，其有已效於昔而可試行於今者，曰多籌息錢，以益銅價也。通計有無，以限買銅也。稍寬考成，以舒廠困也。實給工本，以廣開採也。預借雇值，以集牛馬也。雲南之銅供户、工二部，供浙閩諸路，供本路州郡，餫餉其爲用也大矣！故銅政之要，必寬給價，價足而後廠衆集，而後開採廣，廣採則銅多，銅多則用裕。前巡撫愛必達疏云，湯丹、大水等廠開採之初，辦銅無多，迨後歲辦銅六七百萬，及八九百萬。今幾三十年，課耗餘息不下數百萬斤。近年卝砂漸薄，窩路日遠，近廠柴薪待盡，炭價倍增，聚集人多，油米益貴，每年京外鼓鑄需銅一千萬餘斤，爐民工本不敷，歲出之銅勢必日減。洋銅既難採辦，滇銅亦復缺少，京外鼓鑄何所取資？前巡撫劉藻以湯丹、大碌不敷工本，兩經奏準加價，廠民感奮，大銅廠本年辦銅六十萬，大興廠夏秋兩季尚有銅三百七十八萬，各廠總計共銅一千二百餘萬。歷數辦銅之多，莫逾於此，實蒙特允，未見有不許也。今之去昔，近者十年，遠者二十年，所云礶硐日遠，攻採日難者，又益甚矣。而雇云發棠之請不可數嘗者，何也？有銅本斯有銅息，有鑄錢斯有鑄息，故曰有益下而不損上者，不可不講也。按乾隆十八年，東川增設新局五十座，加鑄錢二十二萬餘千備，給銅鉛工本之外，歲贏息銀四萬三千作兩。九年之間，遂有積息四十餘萬。自是以後，雲南始有公貯之錢，而銅本不足亦稍稍知所取給矣。二十餘年，東川加半卯之鑄，歲收息銀三萬七千餘兩，以補湯丹、大水四廠工本之不足。二十五年，以東川鑄息不敷加價，又請於會城、臨安兩局加鑄半卯。二十八年，再請加給銅價，則又於東川新舊局冬季三月旬加半卯。三十年又以銅廠採獲加多，東川鑄息尚少，則又請每年每月各加鑄半卯，并以加湯丹諸廠之銅價。而大埋亦開局鑄錢，獲息八千餘兩，以資大興、大銅、義都三廠之戽水採銅。先後十二年間，加鑄增局至五六而未已，滇之錢法與銅政相爲表裏，蓋已久矣。以廠民之銅鑄錢，即以鑄錢之息與廠，費不他籌，澤無泛及，而此數十廠百千萬衆皆有以蘇窮困而謀飽暖，積其歡呼翔踴之氣，銅即不增，亦斷無減。於以維持銅政，綿延泉流，所謂多籌息錢，以益銅本者，此也。取給之數，誠不可議減矣。諸路之所自有，與其緩急之實，不可不察也。往者江南、江西、浙江、福建、陝西、湖北、廣東、廣西、貴州九路之銅，皆買諸滇，沓至迭來，滇是以日不暇給矣。聖朝天下一家，其在諸路者，與在滇之備貯，固無異也。竊見去年陝西奏開寧羌鑛硐，越兩月餘，已獲現銅二千四百斤，仍有生砂又可煉銅五六千斤，由此鎚鑿深入，真脈顯露，久大可期。又湖北奏開咸豐、宣恩兩縣鑛廠，先後煉銅已得一萬五千餘斤，將來獲利必倍善，見之郵報者如此。今秦楚開採年餘矣，其獲銅也，少亦當有數萬，而採買之滇銅如故。必覈其自有之數，則此二邦者固可減買矣。貴州本設二十爐，繼而減籌二十三卯，採買滇銅亦減十萬，頃歲又減五爐，議以銅四十四萬七千斤，歲爲常率，而滇銅仍實買三十萬六百六十斤。至今黔銅則減七萬，將以易且安者，自予；而以勞且費者，予滇。非平情之論也，是故黔之採買亦可減也。又今年陝西奏言局銅現有二十五萬一千四百餘斤，加以商運洋銅五萬，當有三十餘萬。又委官領買之滇銅六十二萬六千二百斤，且當繼至。以此計之，是陝西已有銅九十餘萬，而又有新開之鑛廠，産銅方未知量，此一路之採，非惟可減，亦且可停矣。又閩、浙、湖北及江南、江西舊買洋銅，每百斤價皆十七兩五錢，而滇銅價止十一兩，較少六兩五錢，其改買宜矣。然此諸路者，其運費雜支，每銅百斤例銷之銀，亦且五六兩，而合之買價當有十六七兩，其視洋銅之價，未見大有多寡。加以各路運官貼費，自一二千至五六千，則已與洋銅等價矣。以此相權，滇銅實不如洋銅之便，則此數路者并可停買也。使覈其實用，則歲可減撥銅百數十萬，而滇銅必日裕矣。所謂通計有無，以限買銅者，此也。廠欠之實，見之楊文定公始籌廠務之年，後乃日加無已，逮其積已多，始以例請放免。其放免者又特逃亡物故之民，而身有廠欠，受現價、採現銅，而納不及數者，不與焉。是故放免者常少，而逋欠常多。乾隆十六年，議以官發銅本依經徵鹽課例，以完欠分類考課廠官墮徵之法，止至奪俸，廠官尚得藉其實欠之數，以要一歲之收，於採固無害也。其後，以廠欠積至十三萬，而督理之官自監司以下，并皆逮治追償，尋以銅少不能給諸路之採買，遂以濟撥京運之額銅二百六十幾萬者，計其虚值，而議以實罰於諸廠之官，罰金至十有四萬。尋又以需銅日急，嚴責廠官限數辦銅，其限多而獲少者，既予削奪，或乃懼罹糾劾多報斤重，則又以虚出通關，按治如律，罪至於死。斯誠銅廠之厄令矣。夫小大諸廠爐户沙丁之屬衆至千萬，所恃以調其甘苦、時其緩急者，惟廠官耳。顧且使之進退狼狽，莫所適從，至於如此銅政何望乎！故曰，歲供之銅猶纍纍千百萬者，幸也！且由今討之，將欲慎覈名實，規圖久遠，蕲以與銅政裨國計，則非寬廠官之考成不可。何也？近歲之法，既以歲終取其欠結狀，而所轄之上司又復月計而季彙之，廠官不敢復多發價，必按其納銅之多寡，一如預給之數，而後給價繼採，是誠可以杜廠欠也，然而採銅之費，每百斤實少一兩八九錢者，顧安出乎？給之不足，則民力之難支，將散而罷採；欲足給之，而欠仍無已，必不見許於上官，是又一厄也。然則今之歲有銅千百萬者，可恃預借之底本，與所謂接濟之油米，因所賴以贍廠民之匱乏，而通廠政之窮者也。謹按乾隆二十三年預借湯丹廠工本銀五萬兩，以五年限完，又借大水、碌碌廠工本銀七萬五千兩，以十年限完，皆於季發銅本之外，特又加借，使廠民氣力寬舒，從容攻採，故能得銅以償夙逋也。三十六年，又請借，奉旨以從前，借多扣少，廠民寬裕。今借數既少，扣數轉多，且分限三年，較前加迫，恐承領之户畏難觀望，日後藉口遷延，更將不免。仰見聖明如神，坐照萬里，而當時猶以日久逋逃、新舊更易爲慮，不敢寬裕多發，儘借兩月底本銀七萬數千兩，而以四年限完。廠民本價之外，得此補助，雖其寬裕之氣不及前借，而猶倚以支延且三四載，以預借底本之効也。又自三十四年、三十七年，先後陳請備貯油米炭薪，以資廠民。廠民乃能儘以月售銅價雇募砂丁，而以官貸之油米資其日用，故無墮採。斯又所謂接濟者之効也。今月扣之借本消除且盡，獨油米之貸當以銅價計償，而遲久未能者，仍且由歲扣給，繼此不已。萬一上官不諒，而責以逋慢，坐以方挪，則廠官何以逃罪？是又他日無窮之禍，而爲今日之隱憂者也。前歲雲南新開七廠，條具四事，户部議，曰爐户沙丁類皆貧民，不能自措工本，賴有預領，官民資其攻採，硐礦贏絀不齊，不能絶無逃亡。若概令經放之員依數完價，恐預留餘地，憚於給發，轉妨銅政，信哉斯言，可謂通達大計者矣。今減寬廠官之考成，俾得以時貸借油米，而無他日虧缺之誅。又仿二十三年預借之法，多其數，而寬以歲時，則廠官無迫愜畏阻之心，而廠民有日月舒展之適，上下相樂，以畢力於卝廠，而銅政不振起，採辦不加多者，未之有也。所謂寬考成而舒銅困者，此也。小廠之開，渙散莫紀矣，求所以統一之、整齊之者，不可不亟講也。竊見乾隆二十五年前巡撫劉藻奏言，中外鼓鑄取給湯丹、大碌者十八九，至於諸小廠，奇零湊集，不過十之二三。然土中求卝，衰盛靡常，自須開採新礦，預爲之計，庶幾此縮彼盈，源源不匱。今各小廠旁近之地，非無引苗，惟以開挖大卝類需經年累月，廠民十百爲群通力合作，借墊之費極爲繁鉅，幸而獲卝，煉銅輸官，乃給價正微，不惟無利可圖，且不免於耗本，斷難竭蹷從事。又奏言青龍等廠乾隆二十四年連開十有三月，共獲銅四十八萬，自二十五年二月，蒙準加價，自二十六年三月初，自亦有十三月，共獲銅一百餘萬。所獲解息加給銅價之外，實存銀二萬九千數百，而較二十四年多息銀一萬有奇，而各廠民亦多得價銀一萬二千餘兩，感戴聖恩，洵爲惠而不費。又三十三年，前巡撫明德奏言，雲南山高脈厚，到處出産卝砂，但地僻人少，林木蓊蔚，採伐既便，炭亦易得，較大廠攻採之費，將有事半而功倍能經理得宜，非惟裨益銅務，而數千萬謀食窮民亦得藉以資生。由此觀之，小廠非無利也，誠使加以人力，穿硤成堂，則初闢之卝，入不必深，而工不必費。又其者，尤不可不亟圖也。今廠民既皆徒手掠取，而一出於僥倖嘗試之心，爲廠官者，徒欲坐守抽分之課，外此已無多求。是故諸小廠非無卝也，貨糜於地，而莫爲惜也。又況盜賣盜鑄，其爲漏卮，又不知幾何哉！小廠之銅，歲不及湯丹、大水諸大廠之十一者，實由於此。誠於廠之近邑，招徠土著之民，聯以什伍之籍，又擇其謹樸持重者爲之長，於是假之以底本，益之以油米薪炭，則渙散之衆皆有所繫屬，久則倚爲恒業，雖驅之猶不去也，然後示以約束，董以課程，作其方振之氣，厚其已集之力，使皆穿石破硤以求進山之卝，而無半途之廢，雖有不成者，寡矣。若更開曲靖、廣西之鑄局，而以息錢加銅價，則宣威、霑益諸山之銅，不復走黔，路南、建水、蒙自諸山之銅，不復走粤，安見小廠不可漸爲大也！所謂實給工本以廣開採者，此也。滇之牛馬誠少矣，滇銅之儲備又虚矣，而部局尤以待鑄爲言，移牒輒運，急於星火，殆未權於緩急之實者也。運銅之在滇境者，後先踵接，依次抵瀘，而瀘州之旋收旋兑，亦晷不停待，則又終無儲備之日矣。夫惟寬以半歲之期會，然後瀘州有三四百萬之儲，儲之既多，則兑者方去，而運者即來，是常有餘貯也。如是而運官之至者，皆可以時兑發，次第起行，在瀘既無坐守之勞，在途又有催督之令，運何爲而遲哉。又京局現停加夘，用銅悉如常額，自今年五六月以後，雲南癸巳、甲午兩歲入運之銅，皆當相繼抵京，計供寶源、寶泉兩局之鼓鑄，可至四十二年之七月。今乙未之銅又開運矣，明年秋冬及其次年之春夏，又當有六百三十餘萬之銅抵局，則由今至於四十三年之夏，京局故無缺銅也。誠使丙申頭綱之銅例，以明年八月開運者計，寬至次年三月，而以十二月爲八運告竣之期，不過丁酉之歲末月，而皆當依次運京，此似緩而實急之計也。若夫籌運之法，固非可以滇少馬牛自諉也。則嘗竊取往籍而考之，始雲南之鑄錢運京也，由廣西府陸運，以達廣南之板蚌，舟行以達粤西之百色，而後邐迤入漢。而廣西、廣南之間，經由十九廳州縣，各以地之遠近大小，雇牛遞運。少者數十頭，多者三五百頭，至一千二百頭，并以先期給價雇募。每至夏秋，觸冒瘴霧，人牛皆病，故常畏阻不前。既又官買牛馬，製車設傳，以五百八十八匹分設七驛，又以牛三百七十八頭、車三百七十八輛，分設九驛，遞供轉運。令部議改運滇銅乃停廣西之鑄，而以江、安、浙、閩及湖北、湖南、廣東之額銅并停買，歸滇運京，於是滇之正耗四百四十餘萬，悉由東川經運永寧。其後以尋甸、威寧亦可達永寧也。乃分二百二十萬，由尋甸轉運，而東川之由昭通鎮雄以達永寧，尚二百二十萬。其後又以廣西停鑄之錢，合其正耗餘銅，通計一百八十九萬一千四百四十斤，并令依數解京，是爲加運之銅，亦由東川尋甸分運。至乾隆七年，而昭通之鹽井渡始通，則東川之運銅，半由水運以抵瀘州，半加陸運以抵永寧。十年，威寧之羅星渡又通，則尋甸陸運之銅既過威寧，又可舟行以抵瀘州矣。十四年，金沙江以迄工告，而永善黄草坪以下之水亦堪通運，於是東川達於昭通之銅，皆分出於鹽井渡、黄草坪之二水，與尋甸之運銅，并得逕抵瀘州矣。然東川昭通之馬牛，亦非盡出所治。黔、蜀之馬，與旁近郡縣之牛，蓋嘗居其大半。雇募之法，先由官驗馬牛，烙以火印，借以買價，每馬一匹，借銀七兩，牛四頭，車一輛，借銀六兩。比其載運，則半給官價，而扣存其半，以銷前借。扣銷既盡，則又借之。往來周旋，如環無端，故其受雇皆有熟户，領運皆有恒期，互保皆有常侶，經紀皆有定規。日月既久，官民相習，有空乏而無逋逃，亦雇運之一策也。今宣威既踵此而試行之矣。使尋甸及在威寧之司運者皆行此法，以歲領之運，申明上司，預借運户，多買馬牛，常使供運，滇産雖乏，庶有濟乎！然尤有難焉者，諸路之採買，雇運常遲也。頃歲定議滇銅每以冬夏之杪計數分撥小大之廠，各以地之遠近、銅之多寡而撥之，委官遠至，東馳西逐，廢曠時日，是以今年始議得勝、日見、白羊諸遠廠之銅，皆自本廠運至下關，由大理府轉發，黔、粤之買銅者，鮮遠涉矣。而義都、青龍諸近廠，與雲南府以下之廠，猶需諸路委員就往買銅，自顧自運，咸會白澤，然後登舟，主客之勢呼應既難，又以農事，馬牛無暇，夏秋瘴癘，更多間阻，是故部牒數下，而雲南之報出境者，常慮遲也。往時臨安、路南之銅，皆運彌勒縣之竹園村，以待諸路委官之買運。其後以委官之守候歷時，原有赴廠領運之議，然其時實以雲南缺銅，不能以時給買，非運貯竹園村之失也。誠使減諸路之採買，而盡運迤西諸路之銅，貯之雲南府，以知府綜其發運，又運臨安、路南之銅，盡貯之竹園村，以收發責之巡檢，是則諸路之委官至，則買運去耳，豈復有奔走曠廢之時哉。若更依仿運錢之制，以諸路陸運之價，分發沿路郡縣，各募運户，借以官本，多買牛馬，按站接運，比於置郵，夏秋盡撤馬牛歸農，停運則人馬無瘴癘之憂，委官有安閒之樂。於其暇時，又分尋甸運銅之半，由廣西、廣南達於白色，并如運錢之舊，即運京之銅亦且加速，一舉而三善備焉矣，惟擇其可而採納焉。

王昶曰：謹按右所撰論總覈銅政上下數十年之原委，切中竅要，經濟之實、晁賈之文，後之人拾其叙論，綿鳴爲奇策，然機主於運，非人力之所可爲，且凡珍重之物，理自深藏，大廿曰堂，言深邃也。當民物之滋豐，與財力之優裕，辦廠之人携有資本，此或無力，彼復繼之，家中之敗子，乃廠上之功臣。故有一硐經一二年，更三四輩，而後得廿。進山既遠，上下左右路任分行，故其旺也久，而其衰也漸邇，只附近居民農隙從事，曠日而不能持久，朝樹樹木而冀暮涼，得廿即争，無廿便散，故衰不能旺，而旺亦易衰。

# 綜述

**《史記・貨殖列傳》** 彭城以東，東海、吴、廣陵，此東楚也。其俗類徐、僮。胸、繒以北，俗則齊。浙江南則越。夫吴自闔廬、春申、王濞三人招致天下之喜遊子弟，東有海鹽之饒，章山之銅，三江、五湖之利，亦江東一都會也。

**晉・常璩《華陽國志》卷三《蜀志》** 邛都縣，郡治，因邛邑名也。邛，卭二字古通用。《史》《漢》及宋、明各本皆作卭。《函海》與廖本作邛。邛之初有七部，後爲七部營軍。又有四部斯兒。顧觀光校勘記引上文廖本注。並於此注云：「《史記・司馬相如傳》索隱引作叟。不誤。」今案：是誤。南山出銅，此下，廖本注云：「《續漢書》

**又 卷四《南中志》** 梁水縣，郡治。有振山，出銅。

**《魏書・食貨志》** 二年冬，尚書崔亮奏：「恒農郡銅青谷有銅鑛，計一斗得銅五兩四銖；葦池谷鑛，計一斗得銅五兩；鸞帳山鑛，計一斗得銅四兩；河内郡王屋山鑛，計一斗得銅八兩；南青州苑燭山、齊州商山並是往昔銅官，舊迹見在。謹按鑄錢方興，用銅處廣，既有冶利，並宜開鑄。」詔從之。自後所行之錢，民多私鑄，稍就小薄，價用彌賤。

**唐・李吉甫《元和郡縣圖誌》卷一二《河東道一・絳州・曲沃縣》** 絳山，在縣南十三里。出銅鉚。

**又 卷二五《江南道一・潤州・句容縣》** 銅冶山，在縣北六十五里。出銅鉛，歷代採鑄。

**又 卷二八《江南道四・宣州》** 《禹貢》揚州之域。春秋時屬楚。秦爲鄣郡。漢武帝改爲丹陽郡，領縣十七，理宛陵，即今理是也。漢有銅官，《輿地志》云：「宛陵縣銅山者，漢採銅所理也。」順帝立宣城郡，東晉或理蕪湖，或理姑熟，或理赭圻。隋開皇九年平陳，改郡爲宣州，移於今理。武德二年置總管府，七年改爲宣城郡，乾元元年復爲宣州。州理城，周封楚子熊繹於此，漢丹陽郡亦理此城，俗傳晉桓彝所築。

**又 《宣州・南陵縣》** 利國山，在縣西一百一十里。出銅，供梅根監。銅井山，在縣西南八十五里。出銅。

**又 《當塗縣》** 赤金山，在縣北一十里。出好銅與金類，《淮南子》、《食貨志》所謂丹陽銅也。

**又 卷二九《江南道五・潭州・長沙縣》** 銅山，在縣北一百里。楚鑄銅處。

**又 《郴州・平陽縣》** 銀坑，在縣南三十里。所出銀，至精好，【略】亦出銅鑛，供桂陽監鼓鑄。

**又 卷三二《劍南道中・雅州・滎經縣》** 銅山，在縣北三里。即文帝賜鄧通鑄錢之所，後以山假與卓王孫，取布千疋。其山今出銅鑛。

**又　卷三三《劍南道下·梓州·銅山縣》**　銅山縣，中。東北至州一百二十里。本郪縣地，有銅山，漢文帝賜鄧通蜀銅山鑄錢，此蓋其餘峯也，歷代採鑄。貞觀二十三年置監，署官，前上元三年廢監。調露元年，因廢監置銅山縣。

**又　卷三九《隴右道上·疊州·合川縣》**　石鏡山，在縣西北四十五里。其山石皎徹，臨照莫不見其形體，故以爲名。山有銅窟，隋代採鑄，今亦填塞。

**《舊唐書·食貨志》**　高祖即位，仍用隋之五銖錢。武德四年七月，廢五銖錢，行開元通寶錢，徑八分，重二銖四絫，積十文重一兩，一千文重六斤四兩。仍置錢監於洛、并、幽、益等州。秦王、齊王各賜三鑪鑄錢，右僕射裴寂賜一鑪。敢有盜鑄者身死，家口配没。五年五月，又於桂州置監。議者以新錢輕重大小最爲折衷，遠近甚便之。

**宋·樂史《太平寰宇記》卷一五八《嶺南道二·春州》**　銅陵縣，東南六十里。二鄉。本漢臨允縣地，屬合浦郡。宋立龍潭縣。隋改爲銅陵縣，以界内有銅山。

銅山。昔越王趙佗於此山鑄銅。

**宋·歐陽修《相度銅利牒》《歐陽修全集》卷一一六**　當所據澤州進士閻玠、司法參軍萬頤等狀，並爲河東鼓鑄鐵錢，盜鑄者不少。竊見絳州、稷山、垣曲縣三處皆有銅礦，欲乞遍往有銅礦處密切詢訪，採取烹煉，鼓鑄錢幣者。當所檢尋古迹，翼城縣有唐錢坊一，在縣東十五里翔臯山下。又有唐王城冶，在縣北平城三十六里。又有曹公冶，在縣東南七十五里。又有廢銅窟，在縣西三十里。稷山縣甘祚鄉有銅冶村。絳縣有唐古銅冶，在縣南五十里含山谷内。垣曲縣有錢坊，在縣西北九十二里程子村銅源監内。自唐以來，絳州舊曾鼓鑄銅錢鑪冶，古迹見在，其廢已久。山澤銅礦，産育必多。兼訪知絳州人户，多私採鑄，貨賣銅器。近年錢幣闕乏以來，亦曾有人獻言，乞尋銅礦烹鑄。前後差官尋訪，多是不曉事體，張皇驚擾，私鑄之家避犯禁之罪，不肯指引採取。又礦銅側近民居，懼見官中興置鑪冶，各相蔽固，並稱無銅，所差官員又不盡心多方求訪，遂使銅寶不能興發。須議專委通幹之官，密切求訪者。

右具如前。欲牒絳州管界巡檢孫借職，仰細詳前項事理，只作界内巡警名目，遍至四縣，多設方略。先且誘賺得民間私賣銅器一兩件，然後詢求出礦之家，及細問烹煉之法，須使姦民不能隱蔽。或須要私鑄之人指引烹煉，即設權宜，許其免罪，或别加酬奬，務要求出銅寶，不爲民間藏閉。候見次第，密具公文回申，無至張皇悮事者。

**宋·孔平仲《孔氏談苑》卷一《地中變怪》**　韶州岑水場，往歲銅發，掘地二十餘丈即見銅。今銅益少，掘地益深，至七八十丈。役夫云地中變怪至多：有冷煙氣，中人即死。役夫掘地而入，必以長竹筒端置火先試之。如火焰青，即是冷煙氣也。急避之，勿前乃免。有地火，自地中出，一出數百丈，能燎人。役夫亟以面合地，令火自背而過乃免。有毒氣至腥惡，人間所無也。忽有異香芬馥，亦人間所無也。地中所出沙土，運置之穴外，爲風所吹，即火起熚熚然。

**又　卷二《雞舌香》**　人有在韶州見自然銅，正如金粉，價貴於金。

**宋·杜綰《雲林石譜》卷下**　石緑　信州鉛山縣石緑産深穴中，一種融結爲山巖勢，不甚堅，一種稍堅。於緑文如刷絲極深者，鐫礱爲器，向明示之，頗光燦閃色。又有一種淡緑或細碎者，入水烹研，可裝飾。

**宋·范成大《桂海虞衡志·志金石》**　銅邕州右江州峒所出，掘地數尺即有礦，故蠻人好用銅器。

緑銅之苗也。亦出右江有銅處。生石中質如石者，名石緑。又有一種脆爛如碎土者，名泥緑，品最下，價亦賤。

**宋·黄震《黄氏日抄》卷六七《桂海虞衡志》**　緑銅之苗也，生石中，質如石者。淘其英華，供繪畫。次飾棟宇，泥緑最下。

**宋·周去非《嶺外代答》卷七《金石門》**　銅　史稱駱越多銅銀，《交州記》曰：「越人鑄銅爲船。」《廣州記》曰：「俚僚鑄銅鼓。」聞交阯及占城等國，王所居以銅爲瓦，信知南方多銅矣。今邕州有銅固無幾，而右江溪峒之外，有一蠻峒，銅所自出也，掘地數尺即有礦，故蠻人多用銅器。嘗有獻説於朝，欲與博易，事下本路諸司，謂且生邊釁，奏罷之。

**又**　銅緑　緑，所在有之。湖南之衡、永，廣東之韶，廣西之邕，皆有之。蓋銅之苗裔也。有融結於山巖，翠緑可愛玩，質如石者，名石緑，色鮮美，淘取英華，以供畫繪，其次可飾棟宇。又一種脆爛如碎土者，名泥緑，人不甚用。

**佚名《鉛汞甲庚至寶集成》卷四《丹房鏡源》**　石膽出蒲州余鄉縣，如雞卵大，爲上擊之，縱横解皆成疊，文色青，見風久則緑，其中亦青也。今信州鉛山縣有苦泉，流以爲澗，挹其水熬之，則成膽礬，即成銅。煮膽礬鐵釜，久久亦化爲銅矣。

**《宋史·食貨志·錢幣》**　時興元府西縣增置濟遠監，而韶州天興銅大發，歲採二十五萬斤，詔即其州置永通監。後濟遠監廢，儀州博濟監既廢復置。

八年，監察御史陳求魯言：【略】臨川、隆興、桂林之銅工，尤多於諸郡。姑以長沙一郡言之，烏山銅爐之所六十有四，麻潭鵝羊山銅户數百餘家，錢之不壞於器物者無幾。

**又《食貨志·阬冶》** 紹聖元年，户部尚書蔡京奏：「岑水場銅額寖虧，而商、虢間苗脈多，陝民不習烹採，久廢不發。請募南方善工詣陝西經畫，擇地興冶。」於是以許天啓同管幹陝西阬冶事。元符三年，天啓罷領阬冶，以其事歸之提刑司。初，新舊阬冶合爲一司，而漕司兼領。天啓爲同管幹，欲專其事，慮有所牽制，乃請川、陝、京西路阬冶自爲一司，許檢東州縣，刺舉官吏，而漕司不復兼阬冶。至是，中書奏天啓所領，首末六歲，總新舊銅止收二百六萬餘斤，而兵匠等費繁多，故罷之。

至道二年，有司言：「定州諸山多銀礦，而鳳州山銅礦復出，採鍊大獲，而皆良焉。請置官署掌其事。」太宗曰：「地不愛寶，當與衆庶共之。」不許。東、西川鹽酒商税課半輸銀帛外，有司請令二分入金。景德三年，詔以非土產罷之。

**元·危素《浸銅要略序》《全明文》卷五八《危素十》** 德興張理從事福建宣慰司，考滿，調官京師。會國家方更錢幣之法，獻其先世《浸銅要略》於朝。宰相以其書之有益經費，爲復置興利場。至正十二年三月某甲子，奏授理爲場官，使董其事。理持其副，屬余序之。序曰：錢幣之行尚矣，然而鼓鑄之無窮，產銅則有限。理之術，乃能浸鐵以爲銅，用費少而收功博，宜乎朝廷之所樂聞也。當宋之盛時，有三司度支判官許申，能以藥化鐵成銅。久之，工人厭苦之，而事遂寖。今書作於紹聖間，而其説始備。蓋元祐元年，或言取膽泉浸鐵，取礦烹銅，其泉二十有二。五日一舉洗者一，曰黄牛。七日一舉洗者十有四，曰永豐、青山、黄山、大巖、横泉、石牆隖、齊官隖、小南山、章木原、東山南畔、上東山、下東山、上石姑、下石姑。十日一舉洗者十有七，曰西□焦、原銅積、大南山、横槎隖、羊棧、跳旻、冷浸、横槎、下隖陳、軍鑪前、上姚旻、下姚旻、上炭竈、下炭竈、上何木、中何木、下何木。凡爲溝百三十有八。政和五年，雨多泉溢，所浸爲最多。是書理之先贈少保府君諱潛所撰，以授其子贈少師府君諱盤、成忠府君諱甲。少師之孫參知政事忠定公諱燾實序志之。我武宗皇帝詔作至大錢，理之從祖諱懋與理之父諱遜，以其書來上，皆命爲場官。未及鑄印而場司罷。至理，復因是蒙被異恩，幾於古之世官。惟其父子祖孫嵩於一事，其講之精、慮之熟可知已，何患乎冶鑄之無功、寶藏之不興哉？雖然，生之者衆，食之者寡，爲之者疾，用之者舒，顧上之人力行何如耳。昔者張氏若贈少師諱根著述，傳學者忠定公，事業在信史。公侯復始，將在乎是，異時之所立，當不止於此也。理字伯雅。

**《元史·食貨志》** 產銅之所，在腹裏曰益都，遼陽省曰大寧，雲南省曰大理、澂江。產碧甸子之所，曰和林，曰會川。

**明·陸容《菽園雜記》卷一四** 採銅法，先用大片柴，不計段數，裝疊有礦之地，發火燒一夜，令礦脈柔脆。次日火氣稍歇，作匠方可入身，動鎚尖採打。凡一人一日之力，可得礦二十斤，或二十四五斤。每三十餘斤，爲一小籮。雖礦之出銅多少不等，大率一籮可得銅一斤。每烀銅一料，用礦二百五十籮，炭七百擔，柴一千七百段，雇工八百餘。用柴炭裝疊燒兩次，共六日六夜。烈火亘天夜，則山谷如晝，銅在礦中，既經烈火，皆成茱萸頭，出於礦面。火愈熾，則鎔液成駝。候冷，以鐵鎚擊碎，入大旋風爐，連烹三日三夜，方見成銅，名曰生烹。有生烹虧銅者，必碓磨爲末，淘去龍濁，留精英，團成大塊，再用前項烈火，名曰燒窖。次將碎連燒五火，計七日七夜，又依前動大旋風爐，連烹一晝夜，是謂成鈲。音嘲。鈲者，麄濁既出，漸見銅體矣。次將鈲碎，用柴炭連燒八日八夜，依前再入大旋風爐，連烹兩日兩夜，方見生銅。次將生銅擊碎，依前入旋風爐烀煉，如烀銀之法。以鉛爲母，除滓浮於面外，淨銅入爐底如水，即於爐前逼近爐口鋪細砂，以木印雕字，作處州某處銅，印於砂上。旋以砂壅印，刺銅汁入砂匣，即是銅摶，上各有印文。每歲解發赴梓亭寨前，再以銅入爐烀煉成水，不留纖毫滓雜，以泥裹鐵杓，酌銅入銅鑄模匣中，每片各有鋒窠，如京銷面，是謂十分淨銅。發納饒州、永平監應副鑄。大率烀銅所費不貲，坑户樂於採銀，而憚於採銅。銅礦色樣甚多，烀煉火次亦各有異。有以礦石逕燒成者，有以礦石碓磨爲末，如銀礦燒窖者。得銅之艱，視銀蓋數倍云。

**明·劉文泰等《本草品匯精要·玉石部》** 石膽出《神農本經》。【略】名：畢石，黑石，碁石，銅勒，膽礬，立制石。地：《圖經》曰，出羌道山谷羌里句青山。今惟信州鉛山縣有之，生於銅坑中，採得煎鍊而成。又有自然生者，尤爲珍貴。蘇恭云，真者出蒲州虞鄉縣東亭谷窟及薛集窟中，有塊如雞卵者爲真，今南方醫人多用之。又著其説云，石膽最上出蒲州，大者如拳，小者如桃、栗，擊之縱横解皆成疊文，色青，見風久則緑。擊碎，其中亦青也。其次出上饒曲江銅坑間者，粒細有廉稜如釵股米粒。《本草注》言僞者以醋揉青礬爲之，今不然，但取麤惡石膽，合消石銷溜而成。今塊大色淺，渾渾無脈理，擊之則碎無廉稜者是也。亦有挾石者，乃削取石膽牀溜造時，投消汁中及凝則相著也。陶隱居云，仙經有用此處，俗方甚少。此藥殆絶，今人時有採者。其色青緑，狀如瑠璃而有白文，易破折。梁州信都無復有。俗用乃以青色樊石當去聲。之，殊無髣髴。時：採二月庚子辛丑日取。用：畫鐵上有金線者佳。質：類扁青而形如鴨嘴。色：青碧。

又　空青出《神農本經》。【略】名：楊梅青，碧青，魚目青，白青，脱剔牙。地：《圖經》曰，空青生益州山谷及越嶲山有銅處，銅精熏則生空青。今信州亦時有之。狀若楊梅，故别名楊梅青。其腹中空，破之有漿者絶難得。亦有大者如雞子，小者如豆。古方雖稀用，而今治眼醫障爲最要之物。又有白青，出豫章山谷，亦似空青，圓如鐵珠，色白而腹不空，亦謂之碧青，以其研之色碧也。亦謂之魚目青，以其形似魚目也。無空青時亦可用，今不復見之。陶隱居云，越嶲屬益州，今出銅官者，色最鮮深。出始興者弗如，益州諸郡無復有，恐久不採之故也。涼州西平郡有空青山，亦甚多。今空青但圓實如鐵珠無空腹者，皆鑿土石中取之。又以合丹，成則化鉛爲金矣。諸石藥中惟此最貴，醫方乃稀用之，而多充畫色，殊爲可惜。唐本注云，此物出銅處有，乃兼諸青，但空青爲難得。今出蔚州、蘭州、宣州、梓州，宣州者最好，塊段細時有腹中空者。蔚州、蘭州者，片塊大，色極深，無空腹者。時：採無時。又云三月中旬取。收：採時搖之響者有漿，隨以濕土養之，否則漿乾不甚珍也。入藥功力差小。用：有漿者最佳。質：殼如荔枝，其腹中空。色：青。

又　曾青出《神農本經》。【略】地：《圖經》曰，生益州山谷及越嶲山有銅處，銅精熏則生。今信州亦有之，與空青療頗相似，而色理亦無異，但其形纍纍如連珠相綴，今極難得。唐本注云，蔚州者好，其次鄂州，餘州並不任用。時：採無時。用：無夾石者佳。質：類蟬腹而連珠相綴。色：土黄。【略】製：雷公云，凡修事一兩，要紫背天葵、甘草、青芝草三件，乾濕各一鎰，並細剉放於一甆堝内。將曾青於中，以東流水二鎰，并諸藥等緩緩煮之五晝夜，勿令水火失，時足，取出，以東流水浴過，却入乳缽内研如粉用。

又　緑青【略】名：石緑。地：《圖經》曰，舊不著所出州土，但云生山之陰穴中。空青條云，生益州山谷及越嶲山有銅處，此物當是生其山之陰耳。今出韶州、信州，其色青白，即畫工用畫緑色者。極有大塊，其中青白花文可愛，信州人用琢爲腰帶環及婦人服餙。其入藥者，當用顆塊如乳香不挾石者。時：生無時。採無時。用：顆塊不挾石者佳。色：緑。【略】製：《圖經》曰，先擣羅，更用水飛過，乃再研至細用。

又　扁音褊。青出《神農本經》。【略】地：《圖經》曰，生朱崖山谷武都朱音殊。提。音時。唐本注云，出朱崖巴南及林邑、扶南。舶上來者，形塊大如拳，其色又青，腹中時或有空者。武昌出片塊者，其色更佳。簡州、梓州者形扁作片，而色淺也。謹按，蘇恭云，扁青即緑青。唐本注云，緑青即扁青，二論乃爲一種也。其緑青形塊如拳，而色緑。扁青形扁作片，而色淺。前人擬質命名，必有所自。況其性味治證各有不同，難以爲一物也，明矣。時：採無時。用：片塊而色青者爲好。色：青。【略】製：先擣，下篩，更用水飛過，至細乃再研。

又　銅青【略】地：《圖經》曰，生熟銅皆有青，青則銅之精華，而在銅器上緑色者是也。用之以北庭窨者。

又　自然銅【略】名：石髓鉛。地：《圖經》曰，生邕州山巖中出銅處，今信州、火山軍皆有之。於銅坑中及石間採之，方圓不定，其色青黄如銅，不從鑛鍊，故號自然銅。今信州出一種，如亂銅絲狀，云在銅鑛中山氣熏蒸自然流出，亦若生銀，如老翁鬚之類入藥最好。火山軍者，顆塊如銅，而堅重如石，醫家謂之鈩石，用之力薄。今南方醫者説自然銅有兩三體。一體大如麻黍，或多方解纍纍相綴，至如斗大者，色煌煌明爛如黄金、鍮石最上。一體成塊大小不定，亦光明而赤。一體如薑鐵屎之類。又有如不冶而成者，形大小不定，皆出銅坑中，擊之易碎，有黄赤、有青黑者，鍊之乃成銅。據如此説，雖分析頗精，而未見似亂絲者。又云，今市人多以鈩石爲自然銅，燒之皆成青焰如硫黄者，是也。此亦有二三種。一種有殼如禹餘糧，擊破其中光明如鑒，色黄類鍮石也。一種青黄而有墻壁，或文如束針。一種碎理如摶砂者。皆光明如銅，色多青白而赤。少者燒之皆成煙焰，頃刻都盡。今醫家多誤以此爲自然銅，市中所貨往往是此。自然銅用多須鍜，此乃畏火，不必形色，只此可辯也。雷公云，石髓鉛，即自然銅也。凡使，勿用方金牙。其方金牙真似石髓鉛，若誤餌，吐，殺人。其石髓鉛色似乾銀泥。《别録》云，自然銅出信州鉛山縣銀場銅坑中，深處有銅鑛，多年鑛氣結成，似馬氣勃色紫重，食之苦澀，是真自然銅。今人只以大鍮石爲自然銅，誤也。别説云，今辰州川澤中，出一種形圓似蛇含，大者如胡桃，小者如栗，外有皮，黑色光潤，破之與鈩石無别，但比鈩石不作臭氣耳。入藥用之殊驗。時：生無時。質：類方金牙。色：青黄。【略】製：雷公云，如採得，先搥碎，同甘草湯煑一伏時，至明漉出，攤令乾。入臼中擣了，重篩過，以醋浸一宿，至明，用泥六兩，鹽一兩，令勻，名爲六一泥，固封。甆合子約盛二升，已來於文武火中養三日夜，纔乾，便用蓋蓋了，泥固。火鍛兩伏時，去土，抉蓋，研如粉用。若修事五兩，以醋兩鎰爲度。【略】贋：方金牙及大礜石爲僞，誤服吐，殺人。鍮石燒之有臭氣，亦爲僞。

**又**　銅鑛石【略】地：《別録》云，此石出蜀郡銅鑛中，夾土石而生，狀如薑石而有銅星，鎔取銅者是也。時：生無時。用：有銅星者佳。色：黄赤。

**明・李時珍《本草綱目・金石部》**

赤銅《唐本草》。

釋名　紅銅、《綱目》。赤金，弘景。屑名銅落、銅末、銅花、銅粉、銅砂。時珍曰：銅與金同，故字從金、同也。

集解　弘景曰：銅爲赤金，生熟皆赤，而本草無用。今銅青及大錢皆入方用，並是生銅，應在下品之例也。時珍曰：銅有赤銅、白銅、青銅。赤銅出川、廣、雲、貴諸處山中，土人穴山採礦煉取之。白銅出雲南，青銅出南番，唯赤銅爲用最多，且可入藥。人以爐甘石煉爲黄銅，其色如金。砒石煉爲白銅，雜錫煉爲響銅。《山海經》言：出銅之山四百六十七，今則不知其幾也。《寶藏論》云：赤金一十種：丹陽銅、武昌白慢銅、一生銅、生銀銅，皆不出陶冶而生者，無毒，宜作鼎器。波斯青銅，可爲鏡。新羅銅，可作鍾。石緑、石青、白、青等銅，並是藥製成。鐵銅以苦膽水浸至生赤，煤熬煉成而黑堅。錫坑銅大軟，可點化。自然銅見本條。《鶴頂新書》云：銅與金銀同一根源也，得紫陽之氣而生緑，緑二百年而生石，銅始生於中，其氣稟陽，故質剛戾。《管子》云：上有陵石，下有赤銅。《地鏡圖》云：山有磁石，下有金若銅。草莖黄秀，下有銅器。銅器之精，爲馬爲僮。《抱朴子》云：銅有牝牡。在火中尚赤時，令童男、童女以水灌之，銅自分爲兩段，凸起者牡也，凹下者牝也。以牝爲雌劍，牡爲雄劍，帶之入江湖，則蛟龍水神皆畏避也。

赤銅屑

修治　時珍曰：即打銅落下屑也。或以紅銅火煅水淬，亦自落下。以水淘淨，用好酒入沙鍋内炒見火星，取研末用。

氣味　苦，平，微毒。時珍曰：蒼朮粉銅，巴豆、牛脂軟銅，慈菇、乳香啞銅，物性然也。

發明　時珍曰：《太清服煉法》云：銅稟東方乙陰之氣結成，性利，服之傷腎。既雲傷腎，而又能接骨，何哉？藏器曰：赤銅屑主折傷，能焊人骨，及六畜有損者，細研酒服，直入骨損處，六畜死後，取骨視之，猶有焊痕，可驗。打熟銅不堪用。慎微曰：《朝野僉載》云：定州崔務墜馬折足，醫者取銅末和酒服之，遂瘥，及亡後十年改葬，視其脛骨折處，猶有銅束之也。

**又**　自然銅宋《開寶》。

釋名　石髓鉛。志曰：其色青黄如銅，不從礦鍊，故號自然銅。

集解　志曰：自然銅生邕州山巖間出銅處，於坑中及石間採得，方圓不定，其色青黄如銅。頌曰：今信州、火山軍銅坑中及石間皆有之。信州出一種如亂銅絲狀，云在銅坑中，山氣熏蒸，自然流出，亦若生銀老翁鬚之類。入藥最好。火山軍出者，顆塊如銅，而堅重如石，醫家謂之鍮石，用之力薄。採無時。今南方醫者説：自然銅有兩三體：一體大如麻黍，或多方解，纍纍相綴，至如斗大者，色煌煌明爛如黄金、鍮石，入藥最上。一體成塊，大小不定，亦光明而赤。一體如薑，鐵屎之類。又有如不治而成者，形大小不定，皆出銅坑中，擊之易碎，有黄赤，有青赤，鍊之乃成銅也。其説分析頗精，而未常見似亂絲者。又云：今市人多以鍮石爲自然銅，燒之成青焰如硫黄者是也。此亦有二、三種：一種有殼如禹餘糧，擊破其中光明如鑑，色黄類鍮石也；一種青黄而有墻壁，成文如束針；一種碎理如團砂者，皆光明如銅，色多青白而赤少者，燒之皆成煙焰，頃刻都盡。今醫家多誤以此爲自然銅，市中所貨往往是此，而自然銅用須火煅，此乃畏火，不必形色，只此可辨也。獨孤滔曰：自然銅出信州鉛山縣，銀場銅坑中深處有銅鑛，多年鑛氣結成，似馬氣勃也。色紫重，食之苦澀者是真。今人以大礜石爲自然銅，誤矣。承曰：今辰州川澤中，出一種自然銅，形圓似蛇含，大者如胡桃，小者如栗，外有皮，黑色光潤，破之與鍮石無別，但北鍮石不作臭氣耳，入藥用之殊驗。斅曰：石髓鉛即自然銅。勿用方金牙，直相似，若誤餌之，吐殺人。石髓鉛似乾銀泥，味微甘也。時珍曰：按《寶藏論》云：自然銅生曾青、石緑穴中，狀如寒林草根，色紅膩，亦有墻壁。又一類似丹砂，光明堅硬有稜，中含銅脈，尤佳。又一種似木根，不紅膩，隨手碎爲粉，至爲精明，近銅之山則有之。今俗中所用自然銅，皆非也。

修治　斅曰：採得石髓鉛搥碎，同甘草湯煮二伏時，至明漉出，攤令乾，入臼中搗了，重篩過，以醋浸一宿，至明，用六一混泥瓷盒子，盛二升，文武火中養三日夜，才乾用蓋蓋了，火煅兩伏時，去土研如粉用。凡修事五兩，以醋兩鎰爲度。時珍曰：今人只以火煅醋淬七次，研細水飛過用。

又　銅礦石礦，音古猛切，亦作鉚。《唐本草》。

釋名　時珍曰：礦，粗惡也。五金皆有粗石銜之，故名。麥之粗者麰，犬之惡者亦曰獷。

集解　恭曰：銅礦石，狀如薑石而有銅星，鎔之取銅也。出銅山中。許慎《說文》云：礦，銅鐵樸石也。

又　銅青宋《嘉祐》。

釋名　銅緑。

集解　藏器曰：生熟銅皆有青，即是銅之精華，大者即空緑，以次空青也。銅青則是銅器上緑色者，淘洗用之。時珍曰：近時人以醋制銅生緑，取收曬乾貨之。【略】

發明　時珍曰：銅青乃銅之液氣所結，酸而有小毒，能入肝膽，故吐利風痰，明目殺疳，皆肝膽之病也。《抱朴子》云：銅青塗木，入水不腐。

又　空青

釋名　楊梅青。時珍曰：空言質，青言色，楊梅言似也。

集解　《別録》曰：空青生益州山谷，及越嶲山有銅處。銅精熏則生空青，其腹中空。三月中採，亦無時。能化銅鐵鉛錫作金。弘景曰：越嶲屬益州。益州諸郡無復有，恐久不採之故也。今出銅官者色最鮮深，出始興者弗如，涼州高平郡有空青山亦甚多。今空青但圓實如鐵珠，無空腹者，皆鑿土石中取之。而以合丹成，則化鉛爲金，諸石藥中，惟此最貴。醫方乃希用之，而多充畫色，殊爲可惜。恭曰：此銅處兼有諸青，但空青爲難得。今出蔚州、蘭州、宣州、梓州。宣州者最好，塊段細，時有腹中空者。蔚州、蘭州者片塊大，色極深，無空腹者。陶氏所謂圓實如鐵珠者，乃白青也。大明曰：空青大者如雞子，小者如相思子，其青厚如荔枝殼，其內有漿酸甜。藏器曰：銅之精華，大者即空緑，次即空青也。頌曰：今饒、信州亦時有之，狀若楊梅，故名楊梅青。其腹中空、破之有漿者，絶難得。宗奭曰：真宗常詔取空青中有水者，久而方得。其楊梅青，信州穴山而取，極難得，治醫極有功，中亦或有水者，用與空青同，第有優劣爾。時珍曰：張果《玉洞要訣》云：空青似楊梅，受赤金之精，甲乙陰靈之氣，近泉而生，久而含潤。新從坎中出，鑽破中有水，久即乾，如珠，金星燦燦。《庚辛玉册》云：空青，陰石也。產上饒，似鍾孔者佳，大片含紫色，有光採。次出蜀嚴道及北代山，生金坎中，生生不已，故青爲之丹。有如拳大及卵形者，中空有水如油，治盲立效。出銅坑者亦佳，堪畫。又有楊梅青、石青，皆是一體，而氣有精粗。點化以曾青爲上，空青次之，楊梅青又次之。《造化指南》云：銅得紫陽之氣而生緑，緑二百年而生石緑，銅始生其中焉。曾、空二青，則石緑之得道者，均謂之鑛。又二百年得青陽之氣，化爲鍮石。觀此諸說，則空青有金坑、銅坑二種，或大如拳卵，小如豆粒，或成片塊，或若楊梅，雖有精粗之異，皆以有漿爲上，不空無漿者爲下也。方家以藥塗銅物生青，刮下僞作空青者，終是銅青，非石緑之得道者也。

氣味　甘、酸，寒，無毒。《別録》曰：大寒。權曰：畏菟絲子。酒浸醋拌制過，乃可變化。【略】

發明　保昇曰：空青法水，故色青而主肝。頌曰：治眼翳障，爲最要之藥。時珍曰：東方甲乙，是生肝膽，其氣之清者爲肝血，其精英爲膽汁。開竅於目，血，五臟之英，皆因而注之，爲神。膽汁充則目明，汁減則目昏。銅亦青陽之氣所生，其氣之清者爲緑，猶肝血也；其精英爲空青之漿，猶膽汁也。其爲治目神藥，蓋亦以類相感應耳。石中空者，埋土中三、五日，自有漿水。

又　曾青

釋名　時珍曰：曾，音層。其青層層而生，故名。或云其生從實至空，從空至層，故曰曾青也。

集解　《別録》曰：曾青，生蜀中山谷及越嶲，採無恃。能化金銅。普曰：生蜀郡石山。其山有銅處，曾青出其陽。青者，銅之精。弘景曰：舊說與空青同山，療體亦相似。今銅官更無曾青，惟出始興。形纍纍如黄連相綴，色理相類空青，甚難得而貴。《仙經》少用之。化金之事，法同空青。恭曰：出蔚州者好，鄂州者次之，餘州並不任用。時珍曰：但出銅處，年古即生。形如黄連相綴，又如蚯蚓屎，方稜，色深如波斯青黛，層層而生，打之如金聲者爲真。《造化指南》云：層青生銅礦中，乃石緑之得道者。肌膚得東方正色，可以合鍊大丹，點化與三黄齊軀。《衡山記》云：山有層青岡，出層青，可合仙藥。

修治　斅曰：凡使，勿用夾石及銅青。每一兩，要紫背天葵、甘草、青芝草三件，乾濕各一鎰，細剉，放瓷鍋內，安青於中。東流水二鎰，緩緩煮之，五晝夜，勿令水火失時。取出以東流水浴過，研乳如粉用。

氣味　酸，小寒，無毒。之才曰：畏菟絲子。獨孤滔云：曾青住火成膏，可結汞，制丹砂，蓋含金氣所生也。須酒醋漬煮用。葛洪曰：曾青塗鐵，色赤如銅。【略】

發明：時珍曰：曾青治目，義同空青。古方闢邪太乙神精丹用之，扁鵲治積聚留飲有層青丸，並見《古今録驗》方，藥多不録。

**又　緑青【略】**

釋名　石緑、《唐本》。大緑。《綱目》。

集解　《別録》曰：緑青，生山之陰穴中，色青白。弘景曰：此即用畫緑色者，亦出穴青中，相挾帶。今畫工呼爲碧青，而呼穴青作緑青，正相反矣。恭曰：緑青即扁青也，畫工呼爲石緑。其碧青即白青也，不入畫用。頌曰：舊不著所出州土，但云生山之陰穴中。次空青條上云：生益州山谷及越嶲山有銅處，此物當是生其山之陰爾。今出韶州、信州。其色青白，畫工用爲緑色者，極有大塊，其中青白花文可愛。信州人琢爲腰帶器物，及婦人服飾。其入藥，當用顆塊如乳香者佳。宗奭曰：其色黑緑色者佳。時珍曰：石緑，陰石也。生銅坑中，乃銅之祖氣也。銅得紫陽之氣而生緑，緑久則成石，謂之石緑，而銅生於中，與空青、曾青同一根源也。今人呼爲大緑。范成大《桂海志》云：石緑，銅之苗也，出廣西右江有銅處。生石中，質如石者，名石録。一種脆爛如碎土者，名汎緑，品最下。《大明會典》云：青緑石礦淘浄緑一十一兩四錢。暗色緑每礦一斤，淘浄緑二[斤]十兩八錢。碙砂一斤，燒造碙砂緑一十五兩五錢。【略】

發明　頌曰：今醫家多用吐風痰。其法揀上色精好者研篩，水飛再研。如風痰眩悶，取二、三錢同生龍腦三、四豆許研勻，以生薄荷汁合酒温調服之。偃卧須臾，涎自口角流出乃愈。不嘔吐，其功速於他藥，今人用之比比皆效，故著之。宗奭曰：同碙砂作吐上涎藥，驗則驗矣，亦能損心。時珍曰：痰在上宜吐之，在下宜利之，亦須觀人之虚實强弱而察其脈，乃可投之。初虞世有金虎、碧霞之戒，正此意也。金虎丹治風痰，用大雄、賦粉諸藥者。

**又　扁青**

釋名　石青、《綱目》。大青。時珍曰：扁以形名。

集解　《別録》曰：扁青，生朱崖山谷、武都、朱提，採無時。弘景曰：朱提音殊匙，在南海中。《仙經》：俗方都無用者。普曰：生蜀郡。恭曰：此即緑青也。朱厓已南及林邑、扶南舶上來者，形塊大如拳，其色又青，腹中亦時有空者。武昌者，片塊小而色更佳。簡州、梓州者，形扁作片而色淺。時珍曰：蘇恭言即緑青者非也，今之石青是矣。繪畫家用之，其色青翠不渝，俗呼爲大青，楚、蜀諸處亦有之。而今貨石青者，有天青、大青、西夷回回青、佛頭青，種種不同，而回青尤貴。本草所載扁青、層青、碧青、白青，皆其類耳。

**又　白青**

釋名　碧青、《唐本》。魚目青。

集解　《別録》曰：白青生豫章山谷，採無時。可消爲銅劍，辟五兵。弘景曰：醫方不用，市無賣者。《仙經》三十六水方中時有須處。銅劍之法，在九元子術中。恭曰：此即陶氏所云空青，圓如鐵珠，色白而腹不空者，是也。研之色白如碧，亦謂之碧青，不入畫用。無空青時亦用之，名魚目青，以形似魚目故也。今出簡州、梓州者好。時珍曰：此即石青之屬，色深者爲石青，淡者爲碧青也。今繪彩家亦用。《范子計然》云：白青出弘農、豫章，而新淦，青色者善。《淮南萬畢術》云：白青得鐵，即化爲銅也。

**又　石膽**

釋名　膽礬、《綱目》。黑石、《本經》。畢石、《本經》。君石、當之。銅勒、《吳普》。立制石。時珍曰：膽以色味命名，俗因其似礬，呼爲膽礬。

集解　《別録》曰：石膽生秦州羌道山谷大石間，或羌里句青山。二月庚子、辛丑日採。其爲石也，青色多白文，易破，狀似空青。能化鐵爲銅，合成金銀。弘景曰：《仙經》時用，俗方甚少，此藥始絶。今人時有採者，其色青緑，狀如琉璃而有白文，易破折。梁州、信都無復有，俗乃以青色礬當之，殊無髣髴。恭曰：此物出銅處有之，形似曾青，兼緑相間，味極酸苦，磨鐵作銅色，此是真者。出蒲州虞鄉縣東亭谷窟及薛集窟中，有塊如鷄卵者爲真。陶云似琉璃者，乃緑礬也。比來人亦以充之，又以醋揉青礬爲之，並僞矣。頌曰：今惟信州鉛山縣有之。生於銅坑中，採得煎鍊而成。又有自然生者，尤爲珍貴。並深碧色。今南方醫人多使之，又著其説云：石膽最上出蒲州，大者如拳，小者如桃栗，擊之縱横解皆成疊文，色青，見用久則緑，擊破其中亦青。其次出上饒、曲江銅坑間者，粒細有廉稜，如釵股、米粒。本草言，僞者以醋揉青礬爲之。(全)[今]不然，但取粗惡石膽合消石銷溜而成之。塊大色淺，渾渾無脈理，擊之則碎無廉稜者，是也。亦(氣)[有](扶)[挾]石者，乃削取石膽狀，溜造時投消石中，乃疑則相著也。時珍曰：石膽出蒲州山穴中，鴨觜色者爲上，俗呼膽礬；出羌里者，色少黑次之；信州又次之。此物乃生於石，其經煎鍊者，即多僞也。但以火燒之成汁者，必僞也。塗於鐵及銅上燒之紅者，真也。又以銅器盛水，投少許入中，及不青碧，數日不異者，真也。《玉洞要訣》云：石膽，陽石也。出嵩岳及蒲州中條山。禀靈石異氣，形如琴瑟，其性流通，精感入石，能化五金，變化無窮。沈括《筆談》載：鉛山有苦泉，流爲澗，挹水熬之，則成膽礬。所熬之釜，久亦化爲銅也。此乃煎熬作僞，非真石膽也，不可入藥。

發明　時珍曰：石膽氣寒，味酸而辛，入少陽膽經。其性收斂上行，能涌風熱痰涎，發散風火相火，又能殺蟲，故治咽喉口齒瘡毒，有奇功也。周密《齊東時語》云：密過南浦，有老醫授治喉痺極速垂死方，用真鴨觜膽礬末，醋調灌之。大吐膠痰數升，即瘥。臨汀一老兵妻苦此，絶水粒三日矣，如法用之即瘥。凡用無不立驗，神方也。又周必大《陰德録》云：治蠱脹及水腫秘方，有用蒲州信州膽礬明亮如翠琉璃似鴨觜者，米醋煑以君臣之藥，服之，勝於鐵砂、鐵蛾。蓋膽礬乃銅之精液，味辛酸，入肝膽制脾鬼故也。安城魏清臣腫科黑丸子，消腫甚妙，不傳，即用此者。

**又**　緑鹽《唐本草》。

釋名　鹽緑、石緑。《綱目》。

集解　恭曰：緑鹽出焉耆。國水中石下取之，狀若扁青、空青，爲眼藥之要。今人以光明鹽、硇砂、赤銅屑，釀之爲塊，緑色，以充之。珣曰：出波斯國，生石上，舶上將來，謂之石緑，裝色久而不變。中國以銅、醋造者，不堪入藥，色亦不久。時珍曰：方家言波斯緑鹽色青，陰雨中乾而不濕者爲真。又造鹽緑法：用熟銅器盛取漿水一升，投青鹽一兩在内，浸七日取出，即緑色。以物刮末，入漿水再浸一七或二七取出。此非真緑鹽也。

氣味　鹹，苦，辛，平，無毒。

**明・宋應星《天工開物》卷下《五金・銅》**　凡銅供世用，出山與出爐只有赤銅。以爐甘石或倭鉛參和，轉色爲黄銅，以砒霜等藥制煉爲白銅；礬、硝等藥制煉爲青銅；廣錫參和爲響銅；倭鉛和寫爲鑄銅。初質則一味紅銅而已。

凡銅坑所在有之。《山海經》言出銅之山四百六十七，或有所考據也。今中國供用者，西自四川、貴州爲最盛。東南間自海舶來，湖廣武昌、江西廣信皆饒銅穴。其衡、瑞等郡，出最下品曰蒙山銅者，或入冶鑄混入，不堪升煉成堅質也。

凡出銅山夾土帶石，穴鑿數丈得之，仍有礦包其外，礦狀如姜石，而有銅星，亦名銅璞，煎煉仍有銅流出，不似銀礦之爲棄物。凡銅砂在礦内，形狀不一，或大或小，或光或暗，或如鍮石，或如薑鐵。淘洗去土滓，然後入爐煎煉，其薰蒸傍溢者，爲自然銅，亦曰石髓鉛。

凡銅質有數種。有全體皆銅，不夾鉛、銀者，洪爐單煉而成。有與鉛同體者，其煎煉爐法，傍通高低二孔，鉛質先化從上孔流出，銅質後化從下孔流出。東夷銅又有托體銀礦内者，入爐煉時，銀結於面，銅沉於下。商舶漂入中國，名曰日本銅，其形爲方長板條。漳郡人得之，有以爐再煉，取出零銀，然後瀉成薄餅，如川銅一樣貨賣者。

**明・方以智《通雅》卷四八《金石》**　膽礬、膽土、石緑，皆銅英也。　周輝曰：「信州鉛山膽水自山下注，勢若瀑布，用以浸銅，鑄冶是賴。盛於春夏，微於秋冬。古傳一人至水濱遺匙鑰，翼且得之，已成銅矣。近年水流斷續，浸銅費工。凡古坑有水處曰膽水，無水處曰膽土。膽水浸銅，工省利多；膽土煎銅，工費利薄。水有盡，土無窮。今上林三官提封九路，檢踏無遺矣。」《本經》曰：「膽礬一曰畢石。」當之曰「君石」，吴普曰「銅勒」，又曰「立制石」。出蒲州山穴，鴨嘴色者爲上，出羌里者色少黑，次之，信州又次之。頌曰：「信州者煎煉而成，其曰立制石，則礬石也。」《異苑》載：「王粲隨孟德討烏桓，掘一棺礜石，則山無草木。」按曹討烏桓，粲尚在荆，此説非矣。容齋言劉表問粲。杜綰《雲林石譜》云：「信州鉛山産石緑」又一種融結如山。其石青，則惟滇中者佳。貨石青者，有天青、大青，西域回回青、佛頭青，而回青尤貴。其如碧者曰碧青，謂之白青，又曰目青，畫家不用。計然曰：「白青出弘農豫章新淦，青色者善。」《淮南畢萬術》法云：「白青得鐵，即化爲銅」或曰石緑，銅之苗，大青，金之苗。今之膽礬死汞，大青，煉之則成鈞金，或亦一理也。

**又方以智《物理小識・金石類》**　銅鑛　銅託體鉛中、銀中，亦有不雜銀、鉛者。爐須傍通高低二孔，鉛先化，從上流，銅後化，從下出。煉託銀者，銀結子面，銅沉於下。日本方長板銅，漳人再煉取銀，而傾餅轉售是也。蒙山銅最下。宋奉新曰，赤銅以爐甘或倭鉛參和，爲黄銅。銅十斤，爐甘石六斤。用倭鉛四，則紅銅六，以袁郡自風煤炭煉。以砒霜等藥制煉爲白銅，礬硝等藥制煉爲青銅，廣錫參和爲響銅。銅八，廣錫二。初質則紅而已。智按，建申初，判度支趙贊採連州白銅鑄大錢，慶曆中，知商州皮仲容採青水青銅鑄錢。今萬曆錢有青銅白沙者，色終不變。宋公何云烏有耶？銅鑛如薑如鍮，有銅星，入爐傍溢者，爲自然銅，亦名石髓鉛。鑄錢加倭鉛，甚至鉛六銅四，則鑄色黑而墮即碎矣。

**清・談遷《棗林雜俎中集・器用》**　銅冶

海内銅山四百六十。唐鑄於陝宣衢信，銅冶九十六。宋鑄於諸路，銅冶百三十有六，歲課至五百四十九萬貫。韶州永通一監，歲造八千萬貫。

**清・顧祖禹《讀史方輿紀要》卷一一《北直二》** 勃海守禦千户所。在昌平州東北百里，黄花鎮城東三十里。弘治中增置，以爲山陵北面之備。萬曆初移置於慕田峪關，四年復還舊治。志云：所西北有擦石口、磨石口、驢鞍嶺、大榛峪、南治口、大長峪、小長峪等堡。又有銅鑛，嘉靖三十六年封閉。

**又 卷二〇《南直二》** 鴈門山，府東南六十里。周二十餘里，山勢連亘，類北地鴈門，因名。山東北有温泉，能治冷疾。《輿地志》云：「建康自東而北，羣山綿亘，凡數十里，今鴈門之西接彭城諸山，東接大城山，又東爲竹堂山。竹堂之西北則白山，東南則雲穴諸山。岡隴回環，皆與鍾山相映帶。」又湯山，在府東七十里，接雲穴山。有湯泉六穴出山下。又銅山，在府東南七十里。周十九里。昔嘗探銅於此，因名。

芝山，在縣東南七十里。上有李子洞，泉出沸湧。相去三百步又有燕洞，産石燕，中容數千人。楊吴將田頵作亂，邑人嘗避兵於此。　銅山，在縣西南四十五里。山産銅，昔嘗鑄冶於此。

**又 卷二四《南直六》** 光福山，府西南五十五里。近太湖，爲旁達嘉、湖之逕道。【略】《吴地記》：「山本名鄧尉山，屬光福里，因名。與銅坑、玄墓諸山相連。」銅坑者，一名銅井。晉、宋間鑿坑取沙土煎之，皆成銅。有泉，亦以銅名。

**又 卷二六《南直八》** 雙河，縣東南五里。源出四面山，縈迴曲折流合羅溪諸河而達於黄泥港。又銅冲河，在縣東十五里。中有銅礦。其下流合於雙河。

**又 卷二七《南直九》** 銅陵縣，府東北百二十里。東至寧國府南陵縣九十里，北至太平府繁昌縣百里，西北至廬州府無爲州百五十里。漢陵陽縣地，東晉末爲定陵縣地，屬淮南郡，隋併入南陵縣。唐末置義安縣，尋廢爲銅官冶。南唐保大九年改義安爲銅陵縣，移治銅官鎮，屬昇州。宋開寶七年改屬池州，元因之。明初屬宣州，尋復舊。縣無城。

銅陵城，在縣東三十里。唐義安縣置於此，尋爲銅官冶。景福初楊行密保宣州，爲賊將孫儒所攻，欲退保銅官是也。南唐移縣於今治，其地亦名銅官鎮。《寰宇記》：「梅根監領法門、石埭二場，此即法門場，後爲銅官鎮，南唐因以銅陵名縣。」宋曹彬敗南唐兵於銅陵，長驅而東；元末星吉敗徐壽輝於銅陵，遂復池州，即今縣。其故城亦曰義安廢縣，今爲順安鎮。

姑孰溪，在府南二里。自丹陽湖引流而北，合支流諸水匯爲姑孰溪，亦謂之姑浦，又西過鼉浦，經城南謂之南州津，又西北至府西五里之江口渡，復北經黄山渡，又北歷牛渚，采石磯至寶積山入於大江。志云：采石之北即寶積山，舊有取銅坑，因名。

**又 卷二八《南直一〇》** 籍山，在縣治東北。陂陀聯絡，爲邑之鎮。　工山，在縣西三十里。山高數千丈，周廣七十里，半山有龍池。其南數里曰朗陵山。自朗陵而西南則羣山相接，至縣西南七十里之黄山與青陽縣接界。繇工山而東十里曰花山，有道出銅陵縣。工山之北則爲射的山。又西北相接者爲馬人山，山下有渡，與繁昌、銅陵縣接境。又北爲七女山，東去縣三十五里。其並峙者爲石潮山、黄連山、同山，皆與繁昌相接也。志云：工山舊有坑冶之害，宋淳熙中縣令郭堯始請除之。

承流山，縣南四十里。【略】又黄象山，在縣南九十餘里。山高聳。其西北曰銅山，舊嘗冶銅於此。

**又 卷二九《南直一一》** 盤馬山，州東北九十里。相傳漢高嘗盤馬於此。【略】又有銅山在州東北八十里，舊嘗産銅也。志云：州東北百二十里有爬頭山，連徐、邳、滕、嶧之境。

北獨山，縣西六十里。峰巒特起，不與衆山相接。上有古塔。又西十里曰銅井山，一名銅官。上有銅井，舊嘗出銅。

**又 卷四〇《山西二》** 懸甕山，縣西南十里。一名龍山，晉水所出。山腹有巨石如甕，水出其中，亦曰汲甕山，又爲結絀山。《水經注》：「懸甕之山，晉水出焉，其上多玉，其下多銅。」

**又 卷四一《山西三》** 喬山，縣西北四十五里。山高五里，長二十餘里，接襄陵縣界，形勢陡峻。【略】紫金山，在縣南十三里，産銅。山半有泉下注縣崖，冬則凝而成冰，一名冰巖山。下又有龍底泉。《開山圖》謂之絳山。

澮高山，縣南十五里。《史記・魏世家》：「武侯九年，狄敗我於澮。又惠王九年，我敗韓師、趙師於澮。」《括地志》云：「澮山也，在翼城縣。」《紀勝》：「山形如鳥翼，一名翱翔山。産銅及鐵，唐置錢坊二所於此。又有巖洞泉壑之勝。」

長樂鎮，州南十里鹽池上，有巡司。又紫泉監，在州南。《唐志》：「乾元元年置監，有銅穴十三，後廢。」

湯山，縣東南三十里，以上有成湯廟而名。山産銅，唐鑄銅冶於此。《寰宇記》：「縣東南十八里有景山，即《山海經》所云『南望鹽澤』者。」

三錐山，在縣北六十里。三峰如錐，舊產銅。其相近者有鼓鐘山，或曰瞽塚山也，相傳瞽瞍葬處。又折腰山，在縣西北七十里。中低兩高，舊有銅礦，鑿久摧折，故名。

又　**卷四四《山西六》**　浮圖峪，縣東四十里鐵嶺下，路出紫荊關。【略】雕窠崖，在縣西六十里。有洞產銅，舊設銅山冶，唐貞元中廢。

又　**卷四九《河南四》**　蒙賚山，在府城西南二十五里。後魏孝文遷洛陽，於此頒賚從臣。又寶山，在府西南四十里。產白石，人取以爲器。銅山，在府西北四十里，舊產銅。

又　**卷五一《河南六》**　騎立山，縣西北五十里。山勢昂聳，狀若立騎，因名。又有五峰並聳，亦曰五朵山。上有龍湫三穴，又有礦產銅。

又　**卷五四《陝西三》**　丹崖山，在州南。山皆赤壁，亦曰紅崖山。宋慶曆初知商州皮仲容議採洛南縣紅崖山、虢州青水冶青銅，置阜民、朱陽二監。志云：州東十五里東原上有紅崖冶，其地產銅，舊有錢官。又三十五里有洛原監，亦宋時錢官也。朱陽監，今見河南陝州。

又　**卷五八《陝西七》**　崇信縣，【略】赤城，縣西南五十里。宋置。趙元昊謀攻鄜延，約諸番自德靖、塞門、赤城三道竝進。所謂赤城即此城也。金爲西赤城鎮。德靖、塞門，見延安府保安、安塞二縣。銅城，在縣西四十里。其西有銅城山，宋因置銅城軍。《宋志》「慶曆四年陝西漕臣張奎採儀州黃銅，置博濟監」，蓋在此。

又　**卷六八《四川三》**　三花山，在縣東北七里。又有方山，在縣北十五里，突出衆山，其形如斗。又六峰山，在縣東北八十里。志云：縣東六十里有大鍾山，突起萬山中，如覆鍾然。銅山，在縣南十五里，舊產銅。

又　**卷七一《四川六》**　潼川州，川之命。志云：州有鹽水、銅山之富，農桑果食之饒，山川綿衍，人物阜繁。

銅官山，縣西南九十八里，產銅。志云：爲卓王孫、鄧通冶鑄之所。又縣南九十五里有賴應山，產銅及空青。可蒙山，在縣西南百二十里，產銅。又縣南百三十里有私鎔山，產銅礦。唐因置銅山縣。

郪江，縣東南十五里。源出銅官山下赤岸溪，東北流，會中江水東入州界。一名武水，以中江有玄武江之名也。又有小郪江，出縣南蓮池鄉，東流六十里入郪江，故有大郪水、小郪水之稱。鹽井，在縣界。《宋志》：縣有鹽井。又飛烏縣有五鹽井，銅山有銅冶是也。

又　**卷七四《四川九》**　南山，衛南五里。山勢屹然南向，舊產白銅。《漢志》「邛都南山出銅」，即此山矣。

又　**卷七七《湖廣三》**　大浮山，在州西南百三十五里。亦名獨浮山，跨石門、武陵、桃源三縣界，中多石室、石壇及諸溪洞之勝。又銅山，在縣西南四十里。相傳山產銅，永樂間置冶於此。

又　**卷七八《湖廣四》**　石門山，縣東北三十五里。山有石徑，深若重門，【略】其下爲石門灘。又縣西四十九里有石門山，唐天寶間改名蜀口山，亘巫山縣界。巴山，在縣南一里。一峰矗起，下分三岡，形如金字，一名金字山。縣治依此。又飛鳳山，在縣北五里，與縣治相對。又縣北二十里有青銅山，嘗產青銅，今絕。

又　**卷八四《江西二》**　鏡山，縣東二里。山有三端，圓如鏡，相對而峙，中有徑可通人行。縣東五里又有屏山，山勢連亘如屏，因名。寶蓋山，在縣南二十五里，嵌巖岌嶪，靄翠玲瓏。稍南曰靈峰山，峰前有銅丁嶺，一名銅精嶺。又南五里有寶珠嶺。

又　**卷八五《江西三》**　康山，縣北五里。一名東山，縣之主山也。又樂平山，在縣西南二十里。山有石如墨，舊名石墨山，唐天寶六載改今名。又縣西北二十里有乳泉山，有石如硯，本名石硯嶺，其西麓出乳泉，亦天寶六載改今名。鍊銅山，在縣北六十里。唐置場冶銅山下，以供永平歲鑄。後開鑿無度，山傾，其水發爲河。

又　**卷八六《江西四》**　龍會山，府西四十里，雙峰聳立。其並峙而錯尊者曰萬歲嶺。【略】銅山，在府西四十六里。舊出銅，因名。唐天寶六載改爲峨峰山，或謂之銅陵。

又　**卷八七《江西五》**　虎瞰山，縣治南。屹臨渝水，勢如虎踞。又縣北十里有蟠龍山，蜿蜒高峻。又銅山，在府西二十里。有銅礦，唐大曆中置官場，宋初罷。

又　**卷九〇《浙江二》**　柳相山，縣東南三十里。高千八十丈，延袤百三十里。柳溪經其麓，東接於潛紫溪，南入分水縣界。志云：縣南二十五里有仁山，山勢蟠迴，溪流九曲。又十里有石筍山。相接者曰金山。上有玉嶺，石壁峭立，高百餘丈。泉瀑飛流，下有石穴，曰龍孔泉，居民賴以灌溉。旁有金紫巖，峰巒甚秀。福泉山，在縣西南五十里。高千丈，周四十五里。其最高峰曰銅坑，亦名銅坑山。東接分水，南帶淳安，西亘績溪，頂有龍池。

湫山，府東北四十里，與烏龍山及桐廬縣之清涼山相峙。高六百丈，周百里。上有石湫，歲旱不涸，因名。又龍門山，在府東二十七里。頂有浮圖，下臨江渚，石壁上有瀑布泉。銅官山，在府西八十里。志云：秦時嘗於此置官採銅。又西五里有銅官嶺，路出淳安。又有銅關渡，在府西七十里，亦以銅官山而名，新安江渡口也。志云：銅官相接者有靈巖山，與淳安縣紫蓋峰相連，巖泉不竭。

霧山，縣東南二里。孤峰峭立，爲邑之望。或以爲婺山之訛也。又長垓山，在縣西五里。兩山壁立，道狹多阻，元末邑人嘗扼此以拒賊。又西二里曰石英山，山産白石英，唐時以供貢。又有洪銅山，在縣西南七十里。志云：唐時置場採銅於此。

**又 卷九一《浙江三》** 銅山，府西南九十五里。一名銅峴山。《括地志》：「吴採鄣山之銅是也。」山高千三百丈，西屬安吉，南屬武康，前溪發源於此。

銅官山，縣西北十五里。唐改名武康山。世傳吴王濞採銅於此，山下有二坎曰銅井。又計峴山，在縣西北二十五里。張玄之云：「范蠡師計然所居也。」山與烏程縣分界，亦曰界峴山。又縣東南二十五里有計籌山，亦以計然而名。其東南與錢塘縣接界，亦名界頭山。

天門山，縣北六十里，接奉化縣界。山從嵊縣發脈，繚繞三百餘里。其麓有閬風台，拔起數千仞。又龍鬚山，在縣西北五十里，舊産銅鐵。

**又 卷九三《浙江五》** 銅山，府南二十里。下臨南溪。一名白沙山。舊産銅，下有銅山泉。又有銅山寺，景泰中張楷討處州礦賊，駐師銅山寺，賊來戰，敗之，因招降其餘黨。

大雲山，在縣治東南。俗名大寺山，以下有佛刹也。山不甚高，而延袤數里，名亦不一。西南臨大溪。其東南口費隴山，兩巖夾峙，中通逵道。【略】縣東十里又有銅山，接金華山西麓，舊産銅。

方巖山，縣東二十里。高二百丈，四面如削。駕飛橋石梯而登，絶頂二巖，相峙爲闕。上有亭曰透闕亭。自亭而入，地皆平衍，約數百畝。中有池，池側又有井，巖石泉澗，争奇競勝。又壽山，在縣東五十里。中有石洞，高廣皆五六丈。旁有小石洞、瀑布泉諸勝。相近又有龍窟山，山陽爲小空同洞，宋陳亮讀書處也。又銅山，亦在縣東五十五里。宋元祐中嘗置場採銅於此，宣和以後廢。

**又 卷九四《浙江六》** 九姑山，在縣治西北。治東有金鼇山，治西二里有天台山，四里有鳳凰山，縣治以諸山爲捍蔽。豫章山，在縣南二十里，舊出銅。川流環其下，曰豫章川。

昴山，縣西三十里。青壁嵯峨，削入雲際。志云：舊有白馬寨，蓋置於山上。又孝義山，在縣西四十里。《唐書》：「豫章、孝義二山皆出銅是也。」今否。石馬山，在縣北五十里，峰巒秀聳，爲羣山冠。旁有洞空，凡數十處。

**又 卷九七《福建三》** 沙縣故城，縣東十里，對古銅場，即沙源地，唐初置縣治此。中和四年以舊地褊窄，徙鳳林岡，即今治也。

**又 卷九八《福建四》** 金鷄場。在縣南金鷄山下。相近又有吕溪場。又郭家山場，在縣南三十里。又南有寶成場，宋置以開採銅鐵之利，尋廢。

黄土寨，府西南四十里，亦曰黄土關。有黄土嶺，路通江西廣昌、南豐二縣，亦戍守處。元置黄土砦巡司於此。至正十九年陳友諒遣其將鄧克明侵邵武，陳友定大破之於黄土，即此。《宋志》：「邵武縣有黄土等三鹽場，龍須銅場，寶積等三鐵場。」

**又 卷九九《福建五》** 碧靈山，縣西北五十里。亦曰碧凌山，黛色青蒼，高凌霄漢。上有寨場，下有巖。又西曰天柱山，雄峙高聳，與龍巖縣接界。自山而西北曰巖頭山，舊産銅，民採以爲利。

**又 卷一〇九《廣西四》** 石壁山，州東北二十里。其並峙者曰白羊山。旁有廖平巖，清勝奇絶，四圍堅密如城郭。又雙山，在州東二十八里，以兩山相對而名。

銅泉山，在州東北十七里。下有泉，嘗出銅。

**又 卷一一五《雲南三》** 羅藏山，府北十里。《後漢志》：「裝山出銅。」後誤爲藏。又蠻語虎柵爲羅藏，昔有虎自碧雞渡滇池爲民害，土人造柵取之，因名也。山高五千尺，上寬平，有龍湫，時興雲霧。元梁王結寨其上，亦名梁王山。

竹子山，在州南五十里。山高千仞，周百里。舊爲賊巢，明朝弘治中方伯陳金平之。環向有蠟蠋、香爐諸峰。遮日山，在州東南十五里。峰巒峻拔，陽輝掩映。一名些亦山。又劄龍山，在州東八十里。峰巒高聳，下有小石可煉爲銅。志云：州治旁有鹿母山，治南半里又有紫玉山。

**清・屈大均《廣東新語》卷一五《貨語・銅》** 考唐建中初，趙贊判度支，採連州白銅，鑄大錢一以當十。而韶州城南七十里，宋初置場採銅，曰岑水銅場，謂場水能浸生鐵成銅，今不然矣。而連州亦絶無白銅。大抵廣東無銅礦，惟廣西右江州峒有之，往時掘地數尺即有礦，故蠻人好用銅器。然廣東亦有赤銅，宓山云，凡赤銅一石，可取白銀四兩。從雲、貴來者有光，蓋未取煉者也，其價貴。從洋舶來者無光，其價稍賤，以取煉者也。赤銅鑄錢，須以倭鉛、盧甘石入之則黄。官職能平價採買於洋舶，而取英德、仁化礦鉛以鑄制錢。錢既行，漸廢銀而不用。將見富者難以爲富，貧者易以爲貧，此亦便民之道也。説者謂地不産銅，而開局鑄錢則銅價頓高，勢不得不殽雜以充課額。錢既殽雜，質脆而色黯，遂啓僞錢之端。此説亦未必然。

**清・張泓《滇南新語・象羊廠》** 山産五金礦，余牧新興，聞有湯丹、青龍等廠，勞勞未遑一睹。乾隆甲子，夏五月，攝路南篆，亦有廠。甫視事，即檄辦秋闈，又不果往。乙丑春，路民犁城西象羊山地得礦苗，呈請開之，遠近來者數千人，得礦者十之八九，不數月而荒巔成市，即名之曰象羊廠。余始因巡閱得其概。其山不甚深峻，方未開之先，旦暮有白色象羊散滿巖谷，村人逐之，皆化爲流雲，山因以得名。迨甲子冬，夜有聲自山起，殷殷如雌雷，漸至城内，比户疑爲祟。汛官李鳴歧常於三鼓後率兵巡警，施鎗炮，而響如故。且聞聲在東，追之則西，至西亦然，奔馳逾月，迄礦見始寂。夫地不愛寶以養民，民賴此以生者，將千萬指。故未出現象羊將出先有聲，蓋山靈之所以深示其慎重也歟。按路舊有廠四十七，開自勝國，今已大半竭，餘鳳凰、紅石、大龍、泰來數廠而已，歲共産銅不萬觔，其不加封閉之故，緣産绿硔石也，石色如鸚鵡翠羽，光膩若凝脂，净者可混绿松，每千觔獲銅不及一二十觔，琢爲器，價數倍，象羊獨無。象羊之廠，踞山巔，羣裹糧搭蓆棲其上，曰火房，招集工力，曰小伙計，或稱弟兄；司飲食者，爲鍋頭；架鑲木者，爲廂頭。開礦曰打礌子。硔有引線，老於廠者皆識之。依線打入，一人掘土，數人負出，曰背荒土。内有豆大硔子者，曰肥荒，檢之尚可煉以易油米，硔之深下者，曰井洞。平開者，曰城門洞。洞中石圍土砂者，曰天生洞。洞口不甚寬廣，人皆傴僂入。慮内陷，支以木，間二尺餘，支四木，曰一廂。洞之遠近以廂計。上有石則無慮，廂亦不設。洞内五步一火，十步一鐙，所費油鐵約居薪米之半，而編查防奸，按制得宜，則有司之責綦重矣。硔之最佳者曰绿錫𥗊，煉千觔則銅居其五六。次曰白錫𥗊、爛頭錫𥗊，再次曰硃砂錫𥗊，銅居其三四，下者曰牛版筋，僅可敷炭價。若夾石硔、稠硔、哈硔，則每千觔不過獲銅四五十觔，得不償失，遇者有憂色。咸品搭於佳硔内以煉。煉礦曰扯銅，其法硔千觔用炭七八百觔不等，鑪如夾牆，底作圓窠，鋪以炭末，始加炭，置炭上竅，其後置風箱，前下開孔如半月，封以泥，稍上復開一竇，火盛硔鎔，則砷自此出，而沈沉於底。砷竭流，即銅成之候矣。鈎去半月封泥，先掣餘炭既净，用米飲潑入，設投於水則爆炸而銅不完好。少間銅面凝結，鉗出如蟹殼，次第潑取，每爐可得銅六七餅，呼之曰元。嗟乎！何天地之生物無盡，而人之取之者亦無遺策也。至土洞深開，爲積霖所陷，曰浮洞。鑿者常被壓陷，封洞門，人亦氣閉卒於内，常數人及數十人，歲所聞有。可異者，後人不知其曾浮，每重開，或旁及見屍横斜，爲寶氣所養，面如生，有突立向人索飲食者，遇則唾而啐之，即僵僕，名曰幹蠟子。人習見之，無足怪，新廠尚無。余聞之老於湯丹者云，每廠衆推老成一人爲客長，立規最嚴，犯者受其責辱不敢怨。常有東西異線打入，共得一硔者，必争。經客長下視，定其左右，兩比遵約釋競，名曰争尖子、品尖子。向非廠規素立，愚衆之命禍豈鮮也哉！

**清・檀萃《滇海虞衡志》卷二《志金石》** 五金八石出於滇南，而銅充鼓鑄，内運京局，外應各省採買，尤繫錢幣巨政。范《志》金石以爲方藥所須，此不然也。

銅出於滇，凡四十八廠，最著者，東則湯丹、落雪，西則蘆塘、寧台。廢舊開新，繁猥難數，特著攻採者之名目焉。《農部鎖録》云，廠民多忌諱，石謂之硖，土謂之荒，好謂之徹。佩金器者不入礌，有職位者不入礌。不鳴金，不然爆，不呵殿。祀西嶽金天，祀礦脈龍神，謂龍神故僰夷，畏見冠帶吏也。硐，謂之礌。礌石堅，謂之硖硬，以火燒硖，謂之放爆火。礦一片，謂之刷礦。長伏硖，謂之擐。扯火，配石爲底子，多配謂之稀，少配謂之稠。木柴燒礦，謂之鍜。有經一、二、三鍜，然後入爐者，謂之鍜窯。毋待於鍜者，謂之一火成銅。滿一晝夜，謂之飽火。晚煎曉成，謂之半火。銅面謂之油，銅渣謂之埽，一圓謂之餅，餅謂之紫版，再煎謂之蟹殼。煎不成銅，謂之和尚頭。收拾渣滓，謂之淘荒洗埽。凡礦，錫鑞爲上，墨绿次之，黄金箔又次之。凡鍊，白火者荒也，青火者硖也，绿火、黄火，各如其礦之色，惟紅火爲上。乃銅之光火烈礦鎔，其埽先出，流注如金膏，以水沃之成團，曳而棄之。埽盡而紅光發，則銅存焉。乃坼爐，封融液如錫，以瀋澆之成餅，鋏而出之，沉於水，次第而沃之，而鋏之，而沉之。盡爐，或得十圓或十餘圓。自面起者，徑尺餘，以次第遞差而小，入底徑數寸，蓋有數存不可强也。無侯煉者，爲自來銅。銅錮於山，爲天生銅。天生銅爲銅母，不能採。凡礦之爲物，善變，忽有忽無爲跳礦，小積爲窩爲雞窠礦，入不深者爲草皮礦，臨水外行者爲趟江礦，内行爲進山礦，進山最佳可望堂礦。礦脈微露，謂之苗，細苗如線謂之引，土石夾雜謂之鬆荒。鬆荒易攻鑿，其礦不長久。凡攻鑿，喜硤硬。硬則久，可獲大堂。凡礌畏馬血，塗之則礦走。凡礌畏印封，封則引苗絶。凡礦最變，採礦盈山，未及煎煉，或化爲石。僰人居土房旁，有鑿墻，其色忽青碧，堝而斂之，銅液飛注，此神化之極也。凡廠之道，厥有廠主，聽其治，平其争，斂金而入於金府。府一人，掌銅之出入。史一人，掌官書以治。凡胥二人，掌偦伺之事，游徼其不法者，巡其漏逸者，舉其貨，罰其人。以七長治廠事。一曰客長，掌賓客之事。二曰課長，掌税課之事。三曰爐頭，掌爐火之事。四曰鍋頭，掌役食之事。五曰鑲頭，掌鑲架之事。六曰硐長，掌礌硐之事。七曰炭長，掌薪炭之事。廠徒無數，其渠曰錘手，其椎曰尖子，負土石曰背荒，其名曰砂丁，皆聽治於鍋頭。其笞以荆，曰條子。其縛以藤，曰揎。其法嚴，其體肅。其入礌也，曰下班，晝夜分爲三班。其燈曰亮子，直攻横攻，俯攻仰攻，皆因其勢。以巾束首，掛燈於其上，裸而入，入深苦悶，鑿風硐以疏之。鑿深出泉，穿水洩以泄之。有泉則礦盛，金水相生也。凡量礦以桶，凡礦一石，得銅八十斤爲上。六十斤次之，四十斤又次之，三十斤又次之，不及十斤爲下。凡銅，紫版爲上。鎔紫版百斤，得蟹殼八十斤，則浄銅矣，以充京運。次則以運省倉，以供東川鑄局。張君《雜記》云，裹糧搭蓆棲其上，曰火房。招集工力，曰小伙計，或稱弟兄。司飲食者，爲鍋頭。架鑲木者，爲廂頭。開礦，曰打礌子。硔有引線，老於廠者皆識之。依線打入，一人掘土，數人出之，曰背荒土。内有豆大硔子，曰肥荒。

## 清·徐松《宋會要輯稿·食貨·坑冶上》

各路坑冶置場務所

銅　渭州華亭縣買場，慶曆二年置。饒州興利場，舊置，德興縣場，大中祥符三年置，嘉祐七年罷。信州寶豐場，舊置；鉛山場，端拱二年置，熙寧四年罷。興國軍大冶縣富民監場，皇祐元年置。南安軍城下場，舊置；大庾縣烏石務，皇祐元年罷。郴州桂陽監坑，熙寧二年置。興州青陽買場，熙寧七年置。建州龍焙監同德場，舊置。南劍州順昌縣新發、新豐、安仁、王豐、贍國、高才、杜唐、青銅、龍逢、小安仁、龍泉、寶應、招化、豐岊、梅營、新菩薩場，並同銀場。汀州黄焙、龍門場，舊置；上杭縣鍾寮場，太平興國二年置，慶曆二年罷；寶勝坑，寶元元年置，皇祐五年罷；金山場，治平四年二月置，十月罷；潦材坑，熙寧元年置，二年罷。漳州興善、岊洞場，舊置。邵武軍黄土，磥(潦)[磜]場，舊置；(郃)[邵]武縣同福場，淳化五年置，天聖中廢；龍須場，康定元年置。英州禮平場，舊置。

又　各路坑冶所出額數

銅　隴州古道場。元額九千一十九斤，元豐元年收同。虢州百家川場，欒川冶。元額七千四百一十七斤，元年收六千三百九十二斤。處州永豐場。元額六萬八千五百六十六斤，元年收四萬七千五百一十一斤。饒州元額七百四十斤，元年收一千六百八斤。信州鉛山場，熙寧四年罷，後復置；上饒縣丁溪場。虔州九龔場、雩都場。元額六百七十四斤，元年收一百三十斤。潭州無額，元年收一百七萬八千二百五十斤。衡州茭源場。元額五千五百七十斤，元年收四千三百五十斤。郴州桂陽延壽坑，熙寧二年置。又二場。元額七十七斤，元年收八十四斤。梓州銅山縣一冶。元額三百六十五斤，元年收同。興州順政縣青陽場，熙寧七年置。元額一十五萬四千四十九斤，元年收二十七萬七千三百二十八斤。福州黄洋場、玉林場。元額三萬二千八百二十二斤，元年收九萬五千三百八斤。建州天受、通德、舶竹、武仙、瞿嶺場五，余生、蕉溪坑二，大同山一。元額九萬二千四百九十三斤，元年收七萬一千二百六十斤。南劍州漆坑、石牌、龍門、安福、大演場。元額一十二萬五千九百七十四斤，元年收一十一萬四千五十一斤。汀州潦村坑，熙寧元年置，二年罷；又上寶、鳳凰山、赤水、永豐場。元額三萬五千四百九十五斤，元年收一萬六千四百七十二斤。泉州龍崇場。元無額，元年收未到。漳州寶興、大濟場二。元額四萬六千八百四十九斤，元年收四萬九百三十六斤。邵武軍鄒溪、太平、新安場。元額一十二萬八千五百六十四斤，元年收四萬二千五百一十五斤。廣州岑水場、中子場。元額一千萬斤，元年收一千二百八十萬八千四百三十斤。連州陽山縣銅坑一場。英州竹溪場。元額二千七百九十五斤，元年收無。

銅坑冶祖額總計一千七十一萬一千四百六十六斤，元豐元年收總計一千四百六十萬五千九百六十九斤。

又　各路坑冶興發停閉及歲收額

銅坑　潼(州)[川]府路興發一十九處，停閉三處。湖南路停閉一十九處。利州路興發二處。廣東路興發四處，停閉一處。浙東路興發一處。廣西路停閉六處。江東路停閉八處。江西路興發一處，停閉八處。福建路興發三十二處。

銅場歲收(租)[祖]額：總七百五萬七千二百六十三斤八兩。饒州興利場膽銅五萬一千二十九斤八兩。信州鉛山場膽銅三十八萬斤。寶豐場黄銅二千斤。池州銅陵縣膽銅一千三百九十八斤。興國軍大冶縣黄銅一千四百斤。韶州岑水場黄銅三百一十六萬四千七百斤，膽銅八十萬斤。連州元魚場黄銅一十萬九千二百六十斤。潭州永興場黄銅一百七十九萬六千斤，膽銅六十四萬斤。汀州長汀縣黄銅六十二斤。南劍州尤溪縣黄銅六萬九千九百五十八斤。劍浦縣大演場黄銅八千一百九十斤。建寧府浦城縣因將場黃銅二萬八千八百斤。崇安縣黃銅一千一百四十斤。邵武軍光澤縣黃銅三百二十五斤。婺州永康縣膽銅二千斤。

今遞年趁到：總二十六萬三千一百六十九斤九兩，比祖額紐計止收到三厘七毫。

信州鉛山場膽銅九萬六千(三)[五]百三十六斤，赴饒州永平監、嚴州神泉監鑄錢。饒州興利場膽銅二萬三千四百八十(二)[三]斤，赴饒州永平監鑄錢。韶州岑水場黃銅、膽銅，赴饒州永通監及饒州永平監、贛州鑄錢院鑄錢。黃銅(一萬四百四十斤)[二萬四百十四斤]，膽銅八萬八千九百四十八斤。潭州永興場膽銅三千四百(一十四)[四十]斤，赴饒州永平監鑄錢。建寧府因將場黃銅八千三百一十七斤四兩，赴本府豐國監鑄錢。池州銅陵縣膽銅四百八(十)[斤]五兩，赴饒州永平監鑄錢。信州弋陽縣寶豐場黃銅(二)[四]十斤，附綱赴饒州永平監鑄錢。連州元魚場黃銅二千八百八十斤，赴韶州永通監鑄錢。南劍州尤溪縣黃銅三千六百五十四斤，赴建寧府豐國監鑄錢。汀州長汀縣黃銅六十二斤，赴建寧府豐[國]監鑄錢。邵武軍光澤縣黃銅三百二十(三)[五]斤，赴建寧府豐國監鑄錢。潼(州)[川]府銅山縣黃銅六千斤，赴饒州永平監鑄錢。利州青埿場黃銅七千斤，赴饒州永平監鑄錢。興州青陽場黃銅一千六百六十二斤，赴饒州永平監鑄錢。

**又《坑冶下》** 礬

綠礬 隰州温泉縣務，太平興國八年置。鑊户煎煉，給在京染院及河東州軍茶客入中筭請。池州銅陵縣務，舊置。給。

淮南、江南、兩浙、荆湖路凡賦入之數總三百一十萬五千八百八十九斤：河南路一百四十二萬五千七百斤，淮南西路一百六十八萬一百八十九斤。信州鉛山場無定額。韶州岑水場年額一十萬斤。無爲軍崑山場祖額一百二十萬斤，自紹興十四年後，年額六十萬斤。

**又** 十一年十二月四日，工部言：「鑄錢司韓球奏：據鉛山知縣同本場監官申，截自七月二十日終，煎煉到青膽礬六千七百六十斤，掃到黃礬四千五百六十四斤在庫，乞變賣施行。據榷貨務條具下項：一，檢照建炎四年十月九日指揮：給賣撫州青膽礬，每斤價錢一百二十文省，土礬每斤價錢三十文省。其鉛山場所產礬貨，今體問得比之撫礬稍高，内青膽礬欲放撫州礬體例，每斤作一百五十文。黃礬比土礬亦是稍高，每斤作八十文。仍乞將逐色礬依崑山場白礬例，每引各作一百斤。一，契勘自來客人赴務算請礬貨，係依茶、鹽鈔引例，每貫納頭子、市例錢二十文，每貫納顧人錢一文，每引納工墨錢二十文。今來客筭青膽、黃礬，欲乞依本務見今收納則例。一，契勘客人納錢赴榷貨務筭請礬貨，係給鈔引付客人執前去礬場照會請礬，其引係礬場批鑿月日付客人，隨礬照會貨賣，合行預降合同號簿。欲令太府寺交引庫速行印造，差本務號簿官押發前去信州鉛山場收管，勘同支礬。」並從之。

十二年六月十三日，榷貨務言：「先承指揮，許將坑場所出青(黃膽)[膽、黃]礬，並從鑄錢司委官措置監轄煎煉，具數申户部，報榷貨(物)[務]給引出賣。候人户前來筭請過礬數，即申户部。乞留五分應付資助銅本，仍乞於諸色上供錢内兑撥。後來續據信州鉛山場煎煉到青膽、黃礬一萬一千三百餘斤，本務已行招誘客人，入納到錢二千三百餘貫，及令客人於礬場貼買一分礬，收納價錢專充礬本支用。今來鑄錢司乞量行支撥三二千貫，應付信州鉛山場充煎礬工料本錢。欲下江、淮等路鑄錢司於信州合起經總制錢内截撥錢一千貫文，與本場收到一分礬錢相兼，充煎礬本錢支用。所有日後入納到逐色礬正錢，依已立定十一分爲率，除將六分赴本務送納外，其餘五分令客人指留就礬場送納，專充煎礬工料本錢支使。」從之。

十月二十二日，户部言：「榷貨務契勘，鑄錢司具到鉛山場七月十六日終收到青膽礬三萬六百五十五斤半，數内一萬六千五百斤已據客人赴務筭給鈔引前去請礬外，有青礬一萬四千一百五十五斤半未曾給引出賣。所有收到黃礬八千三百八斤半，數内四千九百五十斤已有客人筭請外，有三千三百五十八斤半未曾給引出賣。今乞備申朝廷指揮，下交引庫印造鈔引，赴務應副客筭施行。仍乞今後鑄錢司申到鉛山場續煎到逐色礬數，從本務一面牒報交引庫印造鈔引，下務給(賞)[賣]施行。」從之。以上《永樂大典》卷四二六九。

淳熙十二年九月四日，都大提點坑冶鑄錢司言：「潭州瀏陽縣永嘉場地名鐵爐衝等處，有阜土堪煎青礬，具創置青礬場係是官地，即非民地，委是出產去處。乞照應韶州礬引體例，給降鈔引，召人請買。」户部契勘：「乞印給三十斤例、四十斤例鈔引各三百副，付潭州通判廳給賣，仍將賣到價錢照應韶州岑水場體例，分隸起解送納。」從之。

紹熙三年二月三日，淮西提舉茶鹽司言：「無爲[軍]崑山礬場見管礬鈔引止有一萬餘道，委是不多，乞接續支降三十斤例一等鈔引二十萬貫，降下本場應接給賣。」從之。以上《永樂大典》卷四二六九。

**又** 坑冶雜録

[天聖]八年，江南東路轉運司言：「信州寶豐縣自淳化五年内銅貨興發，奉勅割弋陽縣玉亭、新政兩鄉立爲寶豐縣，虛占官吏，勞役人民，銀利寡少，銅貨絕無。當司相度，可公卻併歸弋陽縣，其場務仍舊差使臣專監，只作寶豐鎮名額。」從之。

至和二年，詔三司：韶州岑水場銅大發，其令轉運司益募工鑄錢。

元豐元年，詔潭州瀏陽縣銅冶，可立法選官推行。

户部尚書李常言：「岑水等場自來出銅礦最多，近年收買全不敷。欲乞選有幹局官詣逐場詢訪事理，招致坑户，候銅利興發，將見廢監州郡隨買到銅多寡，逐旋興發鼓鑄錢寶。」從之。

乾道(元年)[九年]，提點坑冶鑄錢司王楫、李大正言：「欲將江南、淮南、兩浙、潼川、利州路分隸饒州司，江西、湖南、北、二廣、福建路分隸贛州司，錢糧物料，並依所分路分催趁足辦。其潼川、利州路逐年所趁銅課，緣爲路遠，稽察不前，訪聞得逐處産銅浩瀚，欲下潼川、利州路産銅州縣，應有額外增羨數目，與免立爲年額，盡數起發，添助鼓鑄。」從之。

二十九年，提領諸路鑄錢所言：「利州路轉運判官兼提舉鑄錢蘇欽申：興州青陽、利州青塗兩銅場，所納銅數即無定額。今據青陽銅場黄栢水窟一眼，止是採得生汁礦石烹鍊，銅數細微。今相度，青陽場每年酌量立定一千五百斤、青塗場每年七千斤爲額，兩場每年鍊發八千五百斤。數内除抽(約)[納]二分一千七百斤不支價錢外，餘數每斤支錢引八分，共合用本錢五千四百四十道。乞依潼川府路轉運司事體，獨於經總制窠名錢内取撥支用，其起發脚錢，於係省錢内支破。所有收到銅料，依潼川府銅山縣已得旨，徑赴饒州永平監，或從便赴江州交納。」從之。

宣和二年二月十八日，朝散大夫李唐卿奏：「前任通判金州，伏見平利縣小嵐平有銅窟，脈苗浩瀚，百姓賈真告發。伏望行下金州監，勒賈真於元告發處般取礦石，置爐燒試。」

《宋會要》［紹聖］元年，詔令户部選官一員，募南方諳曉烹銅工匠往陝西，同轉運官差官於商、虢界踏逐銅礦，措置烹鍊，候見次第，即置爐冶。從權户部尚書蔡京請也。

《宋會要》 康定元年，三司言：「商州百姓高英等按尋到銅礦，烹煉得銅。乞差通判河中府皮仲容採取。」從之。

**又** 禁銅

[四年]十月七日，四川總領所言：「利州青平、青塗兩場，逐年銅户輸納漕司銅八千五百斤，軍器銅一百斤，却有餘剩草銅可以收買。若與不拘歲額多寡，令見賣官司立定價直，據買到數逐年隨綱解發江州交卸，轉發至饒州鑄錢司，非惟官司得銅鼓鑄，而私銅亦有所歸，不致作爲器皿，干犯法禁。」從之。以上《永樂大典》卷六七。

**清・鄭光祖《一斑録・物理・金石》** 石緑即銅硔也。自然銅乃銅硔中揀出銅塊，不令鎔化，即以打造器皿，色最古，爲玩器殊佳。

空青石，傳聞可醫目眚。曾見有大如雞子，圓潤光滑，有患眼疾者覓得，鑽而穿之。石質堅厚，中有清水一滴，無氣無味，以拭眼則稍痛，竝無效驗。

**又 《一斑録・雜述六》** 中甸風土

中甸維西，【略】總有銅廠，凡廠上取乞銅硔者一等人，買硔煉銅者一等人，販銅及遠者又一等人。開爐煉銅者名爐户，藩司頒發循環簿登數。

凡買硔煉銅，不拘何處人，但先向官領銅價，然後至廠上買硔煉銅。硔十擔，必須入鐵硔二擔每擔錢二百文。同傾，不然不化。約用炭八百觔。爐下做塘窖，深六七尺，圓徑二尺，口稍大，底稍小。硔化，銅汁流滿一窖，乃潑以米飯湯，若潑水，銅必飛渡。其聲如沸，面結一餅，伸大鐵鉗夾而拖起一片，再潑，再拖，層累如其窖焉。冷定，悉扛入官房，三六九日分之，每百觔扣三十觔入官，曰帑銅。官價給銀六兩一擔，先已領付民價，或至八九兩。又扣十觔分作數項，官得一項，名養廉銅。書辦人等亦各有分項。官收銅，照官價給以銀也。此乾隆間事。

**佚名《銅政便覽・廠地上》** 滇之産銅，由來久矣。懷陑見於《漢書》，裝採著於後漢。自蒙段竊據以來，畫江爲界，皆無可考。元、明産銅之所，僅金齒、臨安、曲靖、澂江四處。我朝三迤郡縣，所在多有寶藏之興，軼於往代，而銅亦遂爲滇之要政。按滇省年運京銅六百三十餘萬，局鑄、採買又需千萬。向有四十八廠以次封閉，現在開採者三十八處。寧台十五廠專供京運，鳳凰八廠廉撥京運局鑄採買，迴龍十四廠及寧台、香樹二廠之紫板銅專供局鑄採買，金釵廠(低)[底]銅專撥採買。此各廠産銅供運之大略也。爰列其坐落、經費、程站，而以開減、經管、考成附焉。

寧台廠以下十五廠專供京運，寧台廠紫板銅局鑄、採買兼撥。附子廠二。

坐落：寧台廠，坐落順寧府地方，距下關店十二站半，乾隆九年[一七四四年]開採。

經費：本廠每年出銅數十萬、五六百萬斤不等，向未定額。通商亦不抽收公廉捐耗。每辦百斤，抽課銅二十斤，官買餘銅八十斤，每百斤給價銀五兩。所收課餘銅，每百斤加煎耗銅十七斤八兩，廠民補耗銅三斤二兩，不給價銀。共耗銅二十斤十兩，備供局鑄，採買。乾隆二十五年[一七六〇年]奏准，每辦百斤將抽課銅二十斤改減十斤，另抽公廉捐耗銅四斤二兩。官買餘銅七十五斤十四兩，每百斤給價銀六兩。三十三年[一七六八年]奏准，每百斤加銀六錢，連原價共給銀六兩六錢。三十八年[一七七三年]奏准，通商每百斤給廠民通商銅十斤，(昭)[照]前抽收課銅及公廉捐耗。官買餘銅七十五斤十四兩，每百斤給價銀六兩六錢九分八釐。三十九年[一七七四年]，停止加價，每額銅百斤，照舊給銀六兩。四十二年[一七七七年]奏准，應辦紫板銅外，每年改煎蟹殼銅二百萬斤。每百斤於紫板銅項下准銷鎔煉，折耗銅二十斤七兩七錢。每蟹殼銅一百斤，抽收課銅十斤。官買餘銅九十斤，每百斤給價銀六兩九錢八分七釐。其通商銅准於紫板銅內發給。四十三年[一七七八年]奏定，年辦紫板銅九十萬斤，蟹殼銅二百萬斤。嘉慶三年[一七九八年]奏准，減辦銅一百萬斤。自四年[一七九九年]起，每年辦紫板銅五十萬斤，蟹殼銅一百四十萬斤。十年[一八〇五年]奏准，照舊每年煎辦紫板銅九十萬斤，蟹殼銅二百萬斤，紫板銅九十萬斤內，應辦低本銅二萬四千五百一十八斤十一兩二錢，遇閏加辦二千四十三斤三兩六錢，應辦官商銅八十七萬五千四百八十一斤四兩八錢，遇閏加辦七萬二千九百五十六斤十二兩四錢。每底本百斤，給價銀五兩一錢五分二釐五毫，並不抽課。通商亦不抽收公廉捐耗，另款造册報銷。其官商銅內，除廠民應得蟹殼紫板通商及抽收課廉等銅外，餘銅給價收買，發下關店轉運。蟹殼銅二百萬斤內，應辦底本銅十萬斤，遇閏加辦八千三百三十三斤五兩四錢。應辦課餘銅(二)[一]百九十萬斤，遇閏加辦十五萬八千三百三十三斤五兩一錢。每底本百斤，給價銀六兩二錢八分三毫，並不抽課，通商另款造册報銷。其課餘銅照舊抽課十斤，官買餘銅九十斤，照前給價收買，發下關店轉運。十九年[一八一四年]奏准，應辦額銅之外，每年代辦得寶坪廠減額銅六十萬斤。道光七年[一八二七年]奏明，每年代辦得寶坪廠減額銅三十萬斤，通計每煎辦蟹殼京銅二百九十萬斤，紫板銅九十萬斤。

自廠至下關店，計程十二站半。每紫板銅百斤，給運脚銀一兩二錢五分二釐一毫二絲五忽，不支筐簍。每蟹殼銅百斤，給運脚銀一兩六錢一分五釐，每一百二十斤，支銷筐簍一對，銀一分七釐。每年准支官役薪工廠費銀一千七十三兩，遇閏加增，小建不除。凡運脚銀兩均於陸運項下報銷，筐簍、廠費銀兩均於廠務項下報銷。准支官役、薪工、廠費銀兩，遇閏加增，小建不除，餘俱倣此。

此廠工本運脚，應赴迤西道庫請領。自廠至大理共十二站半，每千兩每站給馬脚盤費銀一錢三分四釐。餘廠同。如撥運局鑄，自下關至省共十二站，每正耗銅百斤，給運脚銀一兩六錢一分五釐，由迤西道請領給發。如撥運採買，自下關店領運至省，每正耗銅百斤給運脚銀一兩三錢三釐一毫二絲五忽，由委員赴司庫請領該廠銅斤。蟹殼八五睈色，净煎八三睈色。

子廠

底馬褲子廠，乾隆五十一年[一七八六年]開採。距寧台廠三站，底馬褲子廠一站至栗樹村，一站至鸞長河，一站至寧台廠。辦獲銅斤，運交寧台廠轉運，每百斤給脚價銀三錢，每年准支廠費銀三百三十五兩。

水洩子廠，乾隆五十四年[一七八九年]開採。距寧台廠三(跕)[站]，水洩子廠一站至阿林寨，一站至鸞長河，一站至寧台廠。辦獲銅斤運交寧台廠轉運，每百斤給脚價銀三錢，每年准支廠費銀三百三十五兩。以上二廠廠費銀兩均遇閏加增，小建不除。凡子廠廠費均倣此。凡子廠運脚脚價及領銀馬脚，均於廠務項下支銷。其辦獲銅斤，悉照老廠事例，通商抽課，給價收買，運交老廠補額，餘俱倣此。

錢麻嶺子廠，道光三年[一八二三年]開採。距寧台老廠九站，每辦獲轉運老廠銅百斤，定給脚銀九錢。

羅漢山子廠，道光四年[一八二四年]開採。距老廠七站，每辦獲轉運老廠銅百斤，定給脚銀七錢。

得寶坪廠

坐落：得寶坪廠，坐落永北廳地方，距下關店十站半，乾隆五十八年[一七九三年]開採。

經費：本廠每年額辦銅十三萬二千斤，每辦百斤給廠民通商銅十斤，抽課銅十斤，官買餘銅八十斤，每百斤給價銀六兩九錢八分七釐。所收餘銅，備供京運及局鑄、採買。嘉慶十三年[一八〇八年]，加定年辦額銅一百二十萬斤，遇閏加辦十萬斤，照舊通商抽課，餘銅給價收買，發運下關店轉運。續於十七年[一八一二年]減辦額銅六十萬斤。

自廠至下關店共十站半，每百斤給運脚銀一兩三錢五分六釐六毫，每一百二十斤支銷筐簍一對，銀一分七釐，每年准支官役薪工、廠費銀九百兩八錢。內減半，銀四百五十兩四錢。

此廠工本運脚，應赴迤西道庫請領。自廠至大理府共十站，應需馬脚盤費，照例按站支銷。如撥局鑄，每百斤給運脚銀一兩三錢三釐一毫二絲五忽，不支筐簍，由迤西道給發。如撥採買，每百斤給運脚銀一兩二錢五分，由委員赴布政司庫請領，自行僱運。自下關店至省十二站半。見上。

大功廠附子廠二。

坐落：大功廠，坐落雲龍州地方，距下關店十二站半，乾隆三十八年[一七七三年]開採。

經費：本廠每年出銅八十、一百餘萬斤不等，向未定額。每辦百斤，給廠民通商銅十斤，抽課銅十斤，官買餘銅八十斤，每百斤給價銀七兩六錢八分五釐。所收課餘銅，備供京運採買。乾隆三十九年[一七七四年]，停止加價，每餘銅百斤，給價銀六兩九錢八分七釐。四十三年[一七七八年]奏定，年辦額銅四十萬斤內，應辦底本銅一萬九千九百九十九斤十二兩九錢，遇閏加辦一千六百六十六斤十兩四錢，應辦官商銅三十八萬斤三兩一錢，遇閏加辦三萬一千六百六十六斤十兩九錢。每底本百斤，給價銀六兩二錢八分八釐三毫，並不抽課，通商另款造册報銷。其官商銅斤照舊，通商抽課銅，餘銅給價收買，發下關店轉運。

自廠至下關店共十二站半，每百斤給運脚銀一兩六錢一分五釐，每一百二十斤支銷筐簍一對，銀一分七釐，每年准支官役、薪食、廠費銀八百七十六兩。此廠工本運脚，應赴大理府庫請領。自廠至大理共十二站，應需馬脚盤費，照例按站支銷。如撥採買，自廠至下關店，每百斤給運脚銀一兩三錢五分，不支筐簍，由委員赴司庫請領，自行僱運。該廠銅斤九成色。

子廠

樂依山子廠，乾隆五十三年[一七八八年]開採，距大功三站半。樂依山子廠，半站至神登，一站至日溪井，一站至炎山，一站至大功廠。辦獲銅斤，運交大功廠轉運，每百斤給運脚銀四錢三分七釐五毫，不支書巡工食。

蠻浪山子廠，乾隆五十八年[一七九三年]開採，距大功七站半。蠻浪山子廠，一站至八轉底，一站至景咎，一站至乾隆塘，一站至磨外，一站至猛統，一站至雀山哨，一站半至大功廠。辦獲銅斤，運交大功廠轉運，每百斤給運脚銀九錢三分七釐五毫，不支書巡工食。

香樹坡廠此廠銅斤，專供京運。其紫板銅，局鑄、採買兼撥。

坐落：香樹坡廠，坐落南安州地方，距省城十站半，乾隆九年[一七四四年]開採。

經費：本廠每年出銅一千七八百、二千四五百斤不等，向未定額，通商亦不抽收公廉捐耗。每辦百斤，抽課銅一十斤，官買餘銅八十斤，每百斤給價銀五兩。所收課餘銅斤，備供局鑄、採買。乾隆二十五年[一七六〇年]奏准，每百斤原抽課銅二十斤改爲抽課十斤，另抽公廉捐耗四斤二兩，官買餘銅八十五斤十四兩，每百斤給價銀六兩。三十三年[一七六八年]，每百斤加銀六錢，連原價共給銀六兩六錢九分八釐。三十九年[一七七四年]奏准，通商每辦百斤，給廠民通商銅十斤，照前抽收課銅及公廉捐耗，官買餘銅七十五斤十四兩，每百斤給價銀六兩六錢九分八釐。三十九年，停止加價，每餘銅百斤，照舊給價銀六兩。四十三年[一七七八年]奏定，年辦額銅七千四百斤。五十三年[一七八八年]奏准，於原辦紫板銅七千四百斤外，每年煎辦蟹殼銅十萬斤，遇閏加辦八千一百三十三斤。每百斤於紫板銅項下准銷鎔煉折耗十七斤八兩。每蟹殼銅一百斤抽課十斤，官買餘銅九十斤，每百斤給價銀六兩九錢八分七釐，其通商銅於紫板銅内撥給。所收蟹殼課餘銅，發尋甸店轉運。所有煎辦蟹殼銅斤，應給廠民通商及鎔煉折耗，因不敷開除，係額外加辦，搭同應辦年額紫板銅七千四百斤，並遇閏加辦六百一十六斤，一並照例通商抽收課廉，餘銅給價收買，發運省局或府倉交收。

自廠至尋甸店共十四站半，每百斤給運脚銀一兩八錢七分三釐四毫，每一百二十斤支銷筐簍一對，銀一分七釐。自廠至省共十站半，每百斤給運脚銀一兩五分，不支筐簍，每年准支官役、薪工、廠費銀九百兩八錢，遇閏加增，小建不除。此廠工本、運脚，應赴楚雄府庫請領。自廠至楚雄共四站半，應需馬脚盤費，照例按站支銷。該廠銅斤，殼八五成色，板八一五成色。

雙龍廠

坐落：雙龍廠，坐落尋甸州地方，距州城二站，乾隆四十六年[一七八一年]開採。

經費：本廠每年出銅九千、一萬餘斤不等，向未定額，每辦百斤，給廠民通商銅二十斤，抽課銅十斤，官買餘銅七十斤，每百斤給價銀六兩九錢八分七釐。所收課餘銅斤，備供京運。乾隆四十八年[一七八三年]奏定，年辦額銅一萬三千五百斤，遇閏加辦一千一百二十五斤，照舊通商抽課。餘銅給價收買，發尋甸店轉運。

自廠至尋甸共二站半，每百斤給脚銀二錢，不支筐簍及書巡工食。此廠工本、運脚應赴迤東道庫請領，所需馬脚盤費，照例按站支銷。該廠銅斤九一成色。

湯丹廠附子廠五。

坐落：湯丹廠，坐落會澤縣地方，距東川府城二站，原係四川經管，開採年分未詳，雍正四年[一七二六年]改歸雲南採辦。

經費：本廠每年出銅八九十、一二百萬斤不等，向未定額。通商亦不抽收公廉捐耗。每辦百斤，抽課銅十斤，官買餘銅九十斤，每百斤給價銀六兩。所收課餘銅斤，備供局鑄採買。雍正十二年[一七三四年]奏准，每辦百斤，內抽課十斤，另抽公廉捐耗銅四斤二兩，官買餘銅八十五斤十四兩，每百斤給價銀六兩九錢八分七釐。乾隆二十七年[一七六二年]奏准，每餘銅百斤，加給銀四錢六分五釐，連原價每百斤共給銀七兩四錢五分二釐。三十三年[一七六八年]，每百斤加銀六錢，連原價每百斤共給銀八兩一錢五分一釐。三十八年[一七七三年]奏准，每百斤給廠民通商銅十斤，照前抽收課銅及公廉捐耗，官買餘銅七十五斤十四兩，每百斤給銀八兩一錢五分一釐。三十九年〔一七七四年〕停止加價，每餘銅百斤照舊給銀七兩四錢五分二釐。四十三年〔一七七八年〕奏定，年辦額銅三百一十六萬五千七百二十斤。嘉慶四年〔一七九九年〕奏減銅八十六萬五千七百二十斤。自七年〔一八〇二年〕起，每年只辦銅二百三十萬斤，内應辦底本銅十一萬四千九百九十九斤十五兩六錢，遇閏加辦九千五百八十二斤五兩三錢，應辦官商銅二百一十八萬五千斤四錢，遇閏加辦十八萬二千八十三斤五兩四錢。每底本百斤，給價銀六兩四錢，並不抽課，通商亦不抽收公廉捐耗，另款造册報銷。其官商銅斤照舊，通商抽收課廉餘銅，給價收買，發東川店轉運。

自廠至東川店共二站，每百斤給運脚銀二錢五分，每一百二十斤支銷筐簍一對，銀一分七釐。自廠至尋甸店共四站，每百斤給運脚銀四錢五分，不支筐簍，每年准支官役、薪工、廠費銀一千六百六十六兩八錢。

此廠工本、運脚，應赴迤東道庫請領。自廠至尋甸共四站，應需馬脚盤費照例按站支銷，每年准支加添役食銀二百九十九兩六錢。凡加添役食銀兩，均〔於〕搭運節省項下支銷，〔餘〕倣此。該廠銅斤，九三成色。

子廠

九龍箐子廠，乾隆十五年〔一七五〇年〕開採。距湯丹一站半，九龍箐子廠，一站至浪泥坪，半站至湯丹老廠。辦獲銅斤，運交湯丹廠轉運，每百斤給運脚銀一錢八分七釐，不支書巡工食。

聚寶山子廠，乾隆十八年〔一七五三年〕開採。距湯丹廠一站，辦獲銅斤運交湯丹廠轉運，每百斤給運脚銀一錢二分五釐，不支書巡工食。

觀音山子廠，乾隆二十年〔一七五五年〕開採。距湯丹一站，辦獲銅斤，運交湯丹廠轉運，每百斤給運脚銀一錢二分五釐，不支書巡工食。

岔河子廠，乾隆六十年〔一七九五年〕開採。距湯丹廠五站，岔河子廠，一站至普毛村，一站至小海子，一站至膏粱地，一站至黄水箐，一站至湯丹廠。辦獲銅斤，運交湯丹廠轉運，每百斤給運脚銀六錢二分五釐，每年准支書巡、工食、廠費銀三百一十兩八錢。

大碏子廠，嘉慶二年〔一七九七年〕開採。距湯丹廠五站半，大碏子廠，一站至糯米村，一站至牛泥塘，一站至法卻村，一站至白泥坡，一站至菜子地，半站至湯丹廠。辦獲銅斤，運交湯丹廠轉運，每百斤給運脚銀六錢八分七釐五毫，不支書巡工食。

碌碌廠附子廠四。

坐落：碌碌廠，坐落會澤縣地方，距東川府城三站半。原係四川經管，開採年分未詳。雍正四年〔一七二六年〕，改歸雲南採辦。

經費：本廠每年出銅八九十、一百餘萬斤不等，向未定額。通商亦不抽收公廉捐耗。每辦百斤，抽課銅十斤，官買餘銅九十斤，每百斤給銀六兩。所收課餘銅，備供局鑄、採買。雍正十二年〔一七三四年〕奏准，每辦百斤，抽課十斤，另抽公廉捐耗銅四斤二兩，官買餘銅八十五斤十四兩，每百斤給價銀六兩九錢八分七釐。乾隆二十七年〔一七六二年〕奏准，每餘銅百斤，加給銀四錢六分五釐，連原價共給銀七兩四錢五分二釐。三十三年〔一七六八年〕，每百斤加銀六錢，連原價共給銀八兩一錢五分一釐。三十八年〔一七七三年〕奏准，每辦百斤，給廠民通商銅十斤，照前抽課及公廉捐耗，官買餘銅七十五斤十四兩，每百斤給銀八兩一錢五分一釐。三十九年〔一七七四年〕，停止加價，每餘銅百斤，照舊給價銀七兩四錢五分二釐。四十三年〔一七七八年〕奏定，年辦額銅一百二十四萬四千斤。四十九年〔一七八四年〕奏准，自四十六年〔一七八一年〕起，減銅四十二萬餘斤，每年只辦額銅八十二萬三千九百九十二斤。嘉慶四年〔一七九九年〕，奏減銅二十萬三千九百九十二斤。自七年〔一八〇二年〕起，每年只辦六十二萬斤，内應辦底本銅三萬九百九十九斤十五兩六錢，遇閏加辦二千五百八十三斤五兩三錢，應辦官商銅五十八萬九千斤四錢，遇閏加辦四萬九千八十三斤五兩四錢。每底本百斤給價銀六兩四錢，並不抽課，通商亦不抽收公廉捐耗，(月)〔另〕款造册報銷。其官商銅照舊通商抽收課廉，餘銅給價收買，發東川店轉運。

自廠至東川店共三站半，每百斤給運脚銀四錢，每一百二十斤支銷筐簍一對，銀一分，每年准支官役薪食廠費等銀四百三十六兩六錢八分，遇閏加增，小建不除。

此廠工本運脚，應赴迤東道庫請領。自廠至尋甸共七站半，應需馬脚盤費，照例按站支銷，每年准支加添役食銀一百三十四兩四錢。該廠銅斤九三成色。

子廠

興隆子廠，乾隆十九年〔一七五四年〕開採。距碌碌四十餘里，辦獲銅斤，照老廠事例，徑運東店，歸老廠報銷，不支運脚，每年准支書巡、工食、廠費銀二百四兩。

龍寶子廠，乾隆十九年〔一七五四年〕開採。距碌碌四十餘里，辦獲銅斤，照老廠事例，徑運東店，歸老廠報銷，不支運脚，每年准支書巡、工食、廠費銀二百四兩。

多寶子廠：乾隆六十年〔一七九五年〕開採。距碌碌五站半，多寶子廠，一站至金江渡，一站至野牛坪，一站至一家苗，一站至煙棚了，一站至黄草坪，半站至碌碌廠。辦獲銅斤，運交碌碌廠轉運，每百斤給運脚銀六錢八分七釐五毫，每年准支書巡、工食、廠費銀一百二十一兩二錢。

小米山子廠，嘉慶二年[一七九七年]開採。距碌碌五站，小米山子廠，一站至卑各村，一站至西卡多，一站至涼山箐，一站至黄泥井，一站至碌碌。辦獲銅斤，運交碌碌廠轉運，每百斤給運脚銀六錢二分五釐，不支書巡工食。

大水溝廠附子廠一。

坐落：大水溝廠，坐落會澤縣地方，距東川府城三站半。原係四川經管，開採年分未詳。雍正四年[一七二六年]，改歸雲南採辦。

經費：本廠每年出銅一二十、四五十萬斤不等，向未定額。通商亦不抽收公廉捐耗。每辦百斤，抽課銅十斤，官買餘銅九十斤，每百斤給價銀六兩。所收課餘銅，備供局鑄、採買。雍正十二年[一七三四年]奏准，每百斤抽課十斤，另抽公廉捐耗銅四斤二兩，官買餘銅八十五斤十四兩，每百斤給價銀六兩九錢八分七釐。乾隆二十七年[一七六二年]奏准，每餘銅百斤，加給銀四錢六分五釐，連原價每百斤共給銀八兩一錢五分一釐。三十八年[一七七三年]奏准，通商每百斤給廠民通商銅十斤，照前抽收公廉捐耗，官買餘銅七十五斤十四兩，每百斤給銀八兩一錢五分一釐。三十九年[一七七四年]，停止加價，每百斤照舊給價銀七兩四錢五分二釐。四十二年[一七七七年]奏定，年辦額銅五十一萬斤。嘉慶四年[一七九九年]奏准，減銅十一萬斤。自七年[一八〇二年]起，每年止辦額銅四十萬斤，應辦底本銅一萬九千九百九十九斤十五兩二錢，遇閏加辦一千六百六十九斤九兩九錢，應辦官商銅三十八萬斤八錢，遇閏加辦三萬一千六百六十六斤十兩七錢。每底本銅百斤，給價銀六兩四錢，並不抽課，通商亦不抽收公廉捐耗，另款造册報銷。其官商銅斤，照舊通商抽收課廉，餘銅給價收買，發東川店轉運。

自廠至東川店共三站半，每百斤給運脚銀四錢，每一百二十斤支銷筐簍一對，銀一分七釐，每年(進)[准]支官役、薪食、廠費等銀五百九十八兩五錢，遇閏加增，小建不除。

此廠工本、運脚，應赴迤東道庫請領。自廠至尋甸共七站半，所需馬脚盤費，照例按站支銷。該廠銅斤九三成色。

子廠

聯興子廠，乾隆六十年[一七九五年]開採。距大水溝六站，聯興子廠，一站至梅子箐，一站至樹結，一站至紅門樓，一站至苗子村，一站至地涼水井，一站至老村子，半站至大水溝廠。辦獲銅斤，運交大水溝廠轉運，每百斤給運脚銀八錢一分二釐五毫，每年准支書巡工食、廠費銀一百五十九兩八錢。

茂麓廠附子廠一。

坐落：茂麓廠，坐落會澤縣地方，距東川府城七站半，乾隆三十三年[一七六八年]開採。

經費：本廠每年出銅八九萬、十餘萬斤不等，向未定額。通商每辦百斤，抽課銅十斤，公廉捐耗銅四斤二兩，官買餘銅八十五斤十四兩，每百斤給價銀八兩一錢五分一釐，所收課餘、捐耗公廉銅斤，備供京運。乾隆三十八年[一七七三年]奏准，通商每百斤，給廠民通商銅十斤，照前抽收課銅及公廉捐耗，官買餘銅七十五斤十四兩，每百斤給銀八兩一錢五分[一]釐。三十九年[一七七四年]，停止加價，每餘銅百斤，照舊給銀七兩四錢五分二釐。四十三年[一七七八年]奏定，年辦額銅二十八萬斤內，應辦底本銅一萬三千九百九十九斤十二兩八錢，遇閏加辦一千一百六十六斤十兩四錢，應辦官商銅二十六萬六千斤三兩二錢，遇閏加辦二萬二千一百六十六斤十兩九錢。每底本百斤，給銀六兩四錢，並不抽課，通商亦不抽收公廉捐耗，另款造册報銷。其官商銅斤，照舊抽收課廉。餘銅給價收買，發東川店轉運。

自廠至東川店共七站半，每百斤給運脚銀八錢五分六釐，每一百二十斤支銷筐簍一對，銀二分，每年准支官役薪食、廠費銀七百三十二兩。

此廠工本、運脚，應赴迤東道庫請領。自廠至尋甸共十一站半，應需馬脚盤費，照例按站支銷。該廠銅斤九三成色。

普膩子廠　普膩子廠，嘉慶三年[一七九八年]開採。距茂麓四站半，普膩子廠，一站至魯得村，一站至磨盤卡，一站至竹里箐，一站至青龍寺，半站至茂麓廠。辦獲銅斤，運交茂麓廠轉運，每百斤給運脚銀五錢六分二釐五毫，不支書巡工食。

樂馬廠

坐落：樂馬廠，坐落魯甸廳地方，距昭通府城二站，乾隆十八年[一七五三年]開採。樂馬廠本係銀廠，因硔内夾有銅氣，乃於煉銀冰燥内復行煎煉，遂爲銅廠。

經費：本廠每年出銅五六千、二三萬斤不等，向未定額。通商每辦百斤抽課銅十斤，公廉捐耗銅四斤二兩，官買餘銅八十五斤十四兩，每百斤給價銀六兩。所收課餘公廉捐耗銅斤，備供京運。乾隆三十三年[一七六八年]，每百斤加銀六錢，連原價共給銀六兩六錢九分八釐。三十八年[一七七三年]奏准，通商每百斤給廠民通商銅十斤，照前抽課及公廉捐耗，官買餘銅七十五斤十四兩，每百斤給銀六兩六錢九分八釐。三十九年[一七七四年]，停止加價，每餘銅百斤，照舊給價銀六兩。四十三年[一七七八年]奏定，年辦額銅三萬六千斤。嘉慶十二年[一八〇七年]題請，減銅二萬六千斤，止辦額銅一萬斤，遇閏加辦八百三十三斤，照舊通商抽收課廉等銅，餘銅給價收買，發昭通店轉運。

自廠至昭通店共二站，每百斤給運脚銀二錢五分，不支筐簍及書巡工食。

此廠工本運脚，應赴迤東道庫請領。自廠至尋甸共八站半，應需馬脚盤費，照例按站支銷。該廠銅斤九五成色。

梅子沱廠

坐落：梅子沱廠，坐落永善縣地方，距瀘州店六站，乾隆三十六年［一七七一年］辦起。此廠並無礦硐，自三十六年收買永善縣金沙廠煉銀冰燥，運至梅子沱地方復行煎煉得銅，遂爲銅廠。

經費：本廠每年出銅三四萬斤不等，向未定額。通商每辦百斤，抽課銅十斤，公廉捐耗銅四斤二兩，官買餘銅八十五斤十四兩，每百斤給價銀八兩一錢五分一釐，所收課餘公廉捐耗等銅，備供京用。乾隆三十八年［一七七三年］奏准，通商每百斤給廠民通商銅十斤，照舊抽收課銅及公廉捐耗，官買餘銅七十五斤十四兩，每百斤給銀八兩一錢五分一釐。三十九年［一七七四年］，停止加價，每餘銅百斤照舊給銀七兩四錢五分二釐。四十二年［一七七七年］，按照中廠例價，每餘銅百斤，給價銀六兩九錢八分七釐。四十三年［一七七八年］奏定，年辦額銅四萬斤。嘉慶十二年［一八〇七年］題請，減銅二萬斤，只辦額銅二萬斤，遇閏加辦一千六百六十六斤十兩七錢，照舊通商抽課、廉等銅，餘銅給價收買，發瀘店轉運。

自廠至瀘店，共水路六百九十里，每百斤給運脚銀一錢六分四釐五毫，每二百斤支銷筐簍一對，銀二分，不支書巡工食。

此廠工本運脚，應赴迤東道庫請領。自廠至尋甸共陸路二十四站半，應需馬脚盤費，照例按站支銷。該廠銅斤八五成色。

人老山廠

坐落：人老山廠，坐落大關廳地方，距瀘州店水路九站半，乾隆十七年［一七五二年］開採。

經費：本廠每年出銅二三千、四五千斤不等，向未定額。通商每辦百斤，抽課銅十斤，公廉捐耗銅四斤二兩，官買餘銅八十五斤十四兩，每百斤給價銀六兩。所收課餘、捐耗等銅，備供京運。乾隆三十三年［一七六八年］，每百斤加銀六錢，連原價共銀六兩六錢九分八釐。三十八年［一七七三年］奏准，通商每百斤給廠民通商銅十斤，照前抽收課銅及公廉捐耗，官買餘銅七十五斤十四兩，每百斤給銀六兩六錢九分八釐。三十九年［一七七四年］，停止加價，每餘銅百斤，照舊給價銀六兩。四十三年［一七七八年］奏定，年辦額銅四千二百斤，遇閏加辦三百五十斤，照舊通商（批）［抽］收課、廉等銅，餘銅給價收買，發瀘店轉運。

自廠至瀘店，水陸共九站半，每百斤給運脚、筐簍銀六錢一分八釐，每年准支書巡工食銀六十六兩，遇閏加增，小建不除。

此廠工本運脚，應赴迤東道庫請領。自廠至尋甸共十六站，應需馬脚盤費，照例按站支銷。該廠銅斤九三成色。

箭竹塘廠

坐落：箭竹塘廠，坐落大關廳地方，距瀘州店水陸十一站半，乾隆十九年［一七五四年］開採。

經費：本廠每年出銅二三千、四五千斤不等，向未定額。通商每百斤抽課銅十斤，公廉捐耗銅四斤二兩，官買餘銅八十五斤十四兩，每百斤給價銀六兩。所收課餘公廉捐耗等銅，備供京運。乾隆三十三年［一七六八年］，每百斤加銀六錢，連原價共銀六兩六錢九分八釐。三十八年［一七七三年］奏准，通商每百斤給廠民通商銅十斤，照前抽課及公廉捐耗，官買餘銅八十五斤十四兩，每百斤給價銀六兩六錢九分八釐。三十九年［一七七四年］，停止加價，每百斤照舊給銀六兩。四十三年［一七七八年］奏定，年辦額銅四千二百斤，遇閏加辦三百五十斤，照前通商抽收課廉等銅，餘銅給價收買，發瀘店轉運。

自廠至瀘店，水陸共十一站半，每百斤給運脚、筐簍銀一兩九分九釐，每年准支書巡工食銀六十六兩，遇閏加增，小建不除。

此廠工本運脚，應赴迤東道庫請領。自廠至尋甸，共陸路十九站，應需馬脚盤費，照例按站支銷。該廠銅斤九三成色。

長發坡廠

坐落：長發坡廠，坐落鎮雄州地方，距瀘州店十五［站，乾隆］十年［一七四五年］開採。

經費：本廠每年出銅八九千、一萬一二千斤不等，向未定額。通商每辦百斤，抽課銅十斤，公廉捐耗銅四斤二兩，官買餘銅八十五斤十四兩，每百斤給價銀六兩。所收課餘、捐耗等銅，備供京運。乾隆三十三年［一七六八年］，加價銀六錢，連原價共銀六兩六錢九分八釐。三十八年［一七七三年］奏准，通商每百斤給廠民通商銅十斤，照前抽收課銅及公廉捐耗，官買餘銅七十五斤十四兩，每百斤給銀六兩六錢九分八釐。三十九年［一七七四年］，停止加價，每餘銅百斤照舊給價銀六兩。四十三年［一七七八年］奏定，年辦額銅一萬三千斤，遇閏加辦一千八十三斤，照舊通商抽收課廉等銅，餘銅給價收買，發瀘店轉運。

自廠至牛街店三站，每百斤給運脚銀三錢。自牛街店至羅星渡共四站，每百斤給運脚銀五錢一分六釐。自羅星渡至瀘店水路八站，每百斤給水脚銀二錢九分。每一百六十八斤支銷筐簍一對，銀一分七釐，不支書巡工食。

此廠工本運脚，應赴昭通府請領。至昭通府城共五站，應需馬脚盤費，照例按站支銷。該廠銅斤九三成色。

小岩坊廠

坐落：小岩坊廠，坐落永善縣地方，距瀘州水路八站半，乾隆二十四年［一七五九年］開採。

經費：本廠每年出銅一萬三千、二萬餘斤不等，向未定額。通商每辦百斤，抽課銅十斤，公廉捐耗銅四斤二兩，官買餘銅八十五斤十四兩，每百斤給價銀六兩九錢八分七釐。所收課餘、捐耗公廉等項，備供京(通)［運］。乾隆三十三年［一七六八年］，每百斤加價銀六錢，連原價共給銀七兩六錢八分五釐。三十八年［一七七三年］奏准，通商每百斤給廠民通商銅十斤，照前抽收課銅及公廉捐耗，官買餘銅七十五斤十四兩，給價銀七兩六錢八分五釐。三十九年［一七七四年］，停止加價，每餘銅百斤，照舊給價銀六兩九錢八分七釐。四十三年［一七七八年］奏定，年辦額銅二萬二千斤，遇閏加辦一千八百三十三斤，照舊通商抽收課廉等銅，餘銅給價收買，發瀘店轉運。

自廠至瀘店，水路共八站半，每百斤給運脚、筐簍銀六錢五分九釐，不支書巡工食。

此廠工本運脚應赴昭通府庫請領。自廠至昭通府城共十一站，應需馬脚盤費，照例按站支銷。該廠銅斤九三成色。

**又** 廠地下

鳳凰坡廠以下八廠京運、局鑄採買兼撥。

坐落：鳳凰坡廠，坐落路南州地方，距省三站，乾隆六年［一七四一年］開採。

經費：本廠每年出銅七八千斤、一萬一二千斤不等，向未定額。通商亦不抽收公廉捐耗。每辦百斤，抽課二十斤，官買餘銅八十斤，每百斤給價銀五兩。所收課餘等銅，備供京運、局鑄、採買。乾隆二十五年［一七六〇年］奏准，每辦銅百斤，改爲抽課十斤，另抽公廉捐耗銅四斤二兩，官買餘銅八十五斤十四兩，每百斤給價銀六兩。三十三年［一七六八年］，每百斤加銀六錢，連原價共給銀六兩六錢九分八釐。三十八年［一七七三年］奏准，通商每百斤給廠民通商銅十斤，照前抽收課銅及公廉捐耗，官買餘銅七十五斤十四兩，每百斤給銀六兩六錢九分八釐。三十九年［一七七四年］，停止加價，每餘銅百斤，照舊給價銀六兩。四十三年［一七七八年］奏定，年辦額銅一萬二千斤，遇閏加辦一千斤，照舊通商抽收課廉等銅，餘銅給價收買。

此廠銅斤如撥京運，則發交尋甸店轉運。自廠至尋共五站，每百斤給運脚銀六錢四分六釐。如撥局鑄，則發交省局，共三站，每百斤給運脚銀三錢。如撥採買，則由委員赴廠兑領發運，自廠至剥隘運脚，委員自行支銷。所有京局二(頂)［項］，止支運脚，不支筐簍。每年准支書巡工食廠費銀七十二兩。

此廠工本運脚，應赴澂江府庫請領。自廠至澂江府城共三站，應需馬脚盤費照例按站支銷。該廠銅斤八成色。

紅石岩廠

坐落：紅石岩廠，坐落路南州地方，距省三站，乾隆六年［一七四一年］開採。

經費：本廠每年出銅七八千、一萬一二千斤不等，向未定額。通商亦不抽收公廉捐耗。每辦百斤，抽課二十斤。官買餘銅八十斤，每百斤給價銀五兩。所收課餘銅，備供京運、局鑄、採買。乾隆二十五年［一七六〇年］奏准，每辦百斤改爲抽課十斤，另抽公廉捐耗銅四斤二兩，官買餘銅八十五斤十四兩，每百斤給價銀六兩。三十三年［一七六八年］，每百斤加錢六錢，連原價共給銀六兩六錢九分八釐。三十八年［一七七三年］奏准，通商每辦百斤，給廠民通商銅十斤，照前抽收課銅及公廉捐耗，官買餘銅七十五斤十四兩，每百斤給銀六兩六錢九分八釐。三十九年［一七七四年］，停止加價，每餘銅百斤，照舊給價銀六兩。四十三年［一七七八年］奏定，止辦額銅一萬二千斤，遇閏加增一千斤，照舊通商抽收課廉等銅，餘銅給價收買。

此廠銅斤如撥京運，則發交尋甸店轉運。自廠至尋店共六站，每百斤給運脚銀七錢七分五釐二毫。如撥局鑄，則發交省局。自廠至省共三站，與鳳凰坡廠同。每百斤給運脚銀三錢。如撥採買，則由委員赴廠兑領發運。自廠至剥隘運脚，委員自行支銷。所有京局二項止支運脚，不支筐簍，每年准支書巡工食廠費銀七十二兩。

此廠工本運脚，應赴澂江府庫請領。自廠至澂江府城共三站，應需馬脚盤費照例按站支銷。該廠銅斤八成色。

大興廠

坐落：大興廠，坐落路南州地方，距省［城］四站，乾隆二十三年［一七五八年］開採。

經費：本廠每年出銅八九十萬、百餘萬斤不等，向未定額。通商每辦百斤，抽課十斤，公廉捐耗銅四斤二兩，官買餘銅八十五斤十四兩，每百斤給價銀六兩九錢八分七釐。所收課餘公廉捐耗等銅，備供京運、局鑄、採買。乾隆三十三年［一七六八年］，每百斤加銀六錢，連原價共給銀七兩六錢八分五釐。三十八年［一七七三年]奏准，通商每百斤給廠民通商銅十斤，照前抽收課銅及公廉捐耗，官買餘銅七十五斤十四兩，每百斤給銀七兩六錢八分五釐。三十九年[一七七四年]，停止加價，每餘銅百斤照舊給價銀六兩九錢八分七釐。四十三年[一七七八年]奏定，年辦額銅四萬八千斤，遇閏加辦四千斤，照舊通商抽收課廉等銅，餘銅給價收買。

此廠銅斤如撥京運，則發威寧州店轉運，自廠至威寧店共十一站，每百斤給運脚銀一兩一錢八分七釐六毫。如撥鼓鑄，則發省局，自廠至省共四站，每百斤給運脚銀四錢。如撥採買，則由委員赴廠兑領發運，自廠至剥隘運脚，委員自行支銷。所有京局二項，止支運脚，不支筐簍。每年准支書巡工食廠費銀一百八十九兩六錢。

此廠工本運脚，應赴澂江府庫請領。自廠至澂江府城共三站半，應需馬脚盤費，照例按站支銷。該廠銅斤八三成色。

紅坡廠

坐落：紅坡廠，坐落路南州地方，距省四站，乾隆三十五年[一七七〇年]開採。

經費：本廠每年出銅七八千、一萬餘斤不等，向未定額。通商每辦百斤，抽課十斤，公廉捐耗銅四斤二兩，官買餘銅八十五斤十四兩，每百斤給銀七兩六錢八分五釐。所收課餘、公廉捐耗等銅，備供京運、局鑄、採買。乾隆三十八年[一七七三年]奏准，通商每百斤，給廠民通商銅十斤，照前抽收課銅及公廉捐耗，官買餘銅七十五斤十四兩，每百斤給銀七兩六錢八分五釐。三十九年[一七七四年]，停止加價。每餘銅百斤照舊給價銀六兩九錢八分七釐。四十三年[一七七八年]奏定，年辦額銅四萬八千斤，遇閏加辦四千斤，照舊通商抽收課廉等銅，餘銅價買。

此廠銅斤如撥京運，則發威寧州店轉發，自廠至威寧共十一站，每百斤給運脚銀一兩一錢八分七釐六毫。如撥局鑄，銅發省局，自廠至省共四站，每百斤給運脚銀四錢。如撥採買，則由委員赴廠兑領發運，自廠至剥隘運脚，委員自行支銷。所有京局二項，止支運脚，不支筐簍。每年准支官役薪工、廠費銀一百八十九兩六錢。

此廠工本運脚，應赴澂江府庫請領。自廠至澂江府城共二站半，應需馬脚盤費，照例按站支銷。該廠銅斤八三成色。

發古廠

坐落：發古廠，坐落尋甸州地方，距省六站，乾隆三十六年[一七七一年]開採。

經費：本廠每年出銅二三十萬斤不等，向未定額。亦不抽收公廉捐耗。每辦百斤，給廠民通商銅十斤，抽課十斤，官買餘銅八十斤，每百斤給價銀七兩六錢八分五釐。所收課餘銅，備供京運、局鑄、採買。乾隆三十九年[一七七四年]，停止加價，每餘銅百斤，給價銀六兩九錢八分七釐。四十三年[一七七八年]奏定，年辦額銅四萬八千斤，遇閏加辦四千斤，照舊通商抽課，餘銅給價收買。

此廠銅斤，如撥京運，則發威寧州店轉運，自廠至威寧共十三站，每百斤給運脚銀一兩六錢八分七釐。又每一百二十斤，支銷筐簍一對，銀一分七釐。如撥局鑄，自廠至省共六站，每百斤給運脚銀七錢五分，不支筐簍。如撥採買，則由委員赴廠兑領發運，自廠至剥隘運脚，委員自行支銷。每年准支官役薪工、廠費銀三百一十二兩。

此廠工本運脚，應赴澂江府庫請領。自廠至澂江府城共八站，應需馬脚盤費，照例按站支銷。該廠銅斤八三成色。

大風嶺廠附子廠二。

坐落：大風嶺廠，坐落會澤縣地方，距東川府城六站，乾隆十五年[一七五〇年]開採。

經費：本廠每年出銅二三萬、十餘萬斤不等，向未定額。通商每辦百斤抽課十斤，公廉捐耗銅四斤二兩，官買餘銅八十五斤十四兩，每百斤給價銀六兩九錢八分七釐。所收課餘公廉捐耗等銅，備供京運。乾隆二十七年[一七六二年]奏准，每餘銅百斤，加給銀四錢六分五釐，連原價共給銀七兩四錢五分二釐。三十三年[一七六八年]，每百斤加價銀六錢，連原價共銀八兩一錢五分一釐。三十八年[一七七三年]奏准，通商每百斤，給廠民通商銅十斤，照前抽收課銅及公廉捐耗，官買餘銅七十五斤十四兩，每百斤給銀八兩一錢五分一釐。三十九年[一七七四年]，停止加價，每餘銅百斤，照舊給價銀七兩四錢五分二釐。四十三年[一七七八年]奏定，年辦額銅八萬斤，遇閏加辦六千六百六十六斤，照舊通商抽收課廉，餘銅發價收買，發東川府轉運。

自廠至東川府城共六站，每百斤給運脚銀七錢五分，每一百二十斤，支銷筐簍一對，銀一分七釐。每年准支官役薪工、廠費銀五百四十兩。

此廠工本運脚，應赴迤東道庫請領。自廠至尋甸共十站，應需馬脚盤費，照例按站支銷。該廠銅斤九三成色。

子廠

杉木箐子廠，乾隆三十四年[一七六九年]開採，距大風嶺二十餘里。辦獲銅斤，徑運東店，歸大風嶺廠報銷，不支運脚。每年准支書巡工食、廠費銀二百二十八兩。

大寨子廠，乾隆三十九年[一七七四年]開採，距大風嶺三站。大寨子廠一站至者那，一站至臭水井，一站至大風嶺廠。辦獲銅斤，運交大風嶺廠轉運，每百斤給運脚銀三錢七分五釐，不支書巡工食。

紫牛坡廠

坐落：紫牛坡廠，坐落會澤縣地方，距東川店二站半，乾隆四十年[一七七五年]開採。

經費：本廠每年出銅六七萬、十餘萬斤不等，向未定額。每辦百斤，給廠民通商銅十斤，抽課十斤，公廉捐耗銅四斤二兩，官買餘銅七十五斤十四兩，每百斤給價銀六兩九錢八分七釐。所收課餘、公廉捐耗等銅，備供京運。乾隆四十三年[一七七八年]奏定，每年辦額銅三萬三千斤，遇閏加辦二千七百五十斤，照舊通商抽收課廉等銅，餘銅給價收買，發東川店轉運。

自廠至東川店共二站半，每百斤給運脚銀三錢一分二釐五毫，每一百二十斤，支銷筐簍一對，銀一分七釐，不支書巡工食。

此廠工本運脚，應赴迤東道庫請領。自廠至尋甸共六站，應需馬脚盤費，照例按站支銷。該廠銅斤八五成色。

青龍廠附子廠一。

坐落：青龍廠，坐落元江州地方，距省六站，康熙三十七年[一六九八年]開採。

經費：本廠每年出銅二三萬、六七萬斤不等，向未定額。通商亦不抽收公廉捐耗。每辦百斤，抽課二十斤，官買餘銅八十斤，每百斤給價銀五兩。所收課餘銅斤，備供京運局鑄。乾隆二十五年[一七六〇年]奏准，每辦百斤原抽課二十斤，改爲抽課十斤，另抽公廉捐耗銅四斤二兩，官買餘銅八十五斤十四兩，每百斤給銀六兩。三十三年[一七六八年]，每百斤加銀六錢，連原價共銀六兩六錢九分八釐。三十八年[一七七三年]奏准，通商每辦百斤，給廠民通商銅十斤，照前抽收課銅及公廉捐耗，官買餘銅七十五斤十四兩，每百斤給銀六兩六錢九分八釐。三十九年[一七七四年]，停止加價，每餘銅百斤照舊給價銀六兩。四十三年[一七七八年]奏准，年辦額銅六萬斤，遇閏加辦五千斤，照舊通商抽收課廉等銅，餘銅價買，發運省局。

自廠至省城共水陸六站，每百斤給運脚銀三錢七分三釐，不支筐簍。如撥京運，自廠至省水陸六站，自省尋甸四站，共十站，每百斤給運脚銀一兩一錢八分五釐八毫。每年准支官役薪工、廠費銀四百四十一兩六錢。

此廠工本運脚，應赴省請領。自廠至省水陸六站，應需馬脚盤費，照例按站支銷。該廠銅斤八三成色。

子廠

猛仰子廠，乾隆二十四年[一七五九年]開採，距青龍廠站半。猛仰子廠一站至馬塘山，半站至青龍廠。辦獲銅斤，應運交青龍廠補額，每百斤給運脚銀一錢五分，不支書巡工食。

迴龍廠以下十四廠，局鑄、採買兼撥。

坐落：迴龍廠，坐落麗江府地方，距下關店十六站半，乾隆四十二年[一七七七年]開採。

經費：本廠每年出銅五六萬斤不等，向未定額。每辦百斤，給廠民通商銅十斤，抽課十斤，官買餘銅八十斤，每百斤給價銀六兩。所收課餘銅斤，備供局鑄、採買。乾隆四十三年[一七七八年]奏定，年辦額銅七萬斤，遇閏加辦五千八百三十三斤，照舊通商抽課，餘銅給價收買，發關店轉運。

自廠至下關店共十六站半，每百斤給運脚銀一兩六錢五分。如撥局鑄，則自下關至省共十二站半，每百斤給運脚銀一兩三錢三釐一毫二絲五忽。如撥採買，則由委員赴下關店兑領，每百斤給運脚銀一兩二錢五分，委員赴司庫請領，自行僱運。均不支銷筐簍及書巡工食。

此廠工本運脚，應赴迤西道請領。自廠至大理十六站，應需馬脚盤費，照例按站支銷。該廠銅斤八二成色。

白羊廠

坐落：白羊廠，坐落雲龍州地方，距下關店十一站半，乾隆三十五年[一七七〇年]開採。

經費：本廠原係銀廠，因硔内夾有銅氣，將煉銀冰燥，復行煎煉，每年得銅八九萬、十餘萬斤不等，向未定額。通商每辦百斤，抽課十斤，公廉捐耗銅四斤二兩，官買餘銅八十五斤十四兩，每百斤給價銀六兩六錢九分八釐。所收課餘、公廉捐耗等銅，備供局鑄、採買。乾隆三十八年[一七七三年]奏准，通商每辦百斤，給廠民通商銅十斤，照前抽收課銅及公廉捐耗，官買餘銅七十五斤十四兩，每百斤給銀六兩九錢八分七釐。三十九年[一七七四年]，停止加價，每餘銅百斤照舊給銀六兩。四十三年[一七七八年]奏定，年辦額銅十萬八千斤，遇閏加辦九千斤，照舊通商抽收課銅，餘銅給價收買，發運下關店轉運。

自廠至下關店共十一站半，每百斤給運脚銀一兩一錢五分。如撥局鑄，自下關至省共十二站半，每百斤給運脚銀一兩三錢三分一毫二絲五忽。如撥採買，則委員赴下關店兑領，每百斤給運脚銀壹兩二錢五分，委員赴司庫請領，自行僱運。均不支筐簍。每年准支官役薪工、廠費銀三百二十二兩八錢。

此廠工本運脚，應赴大理府庫請領。自廠至大理共十一站，應需馬脚盤費，照例按站支銷。該廠銅斤七三成色。

馬龍廠

坐落：馬龍廠，坐落南安州地方，距省十一站，雍正七年［一七二九年］開採。

經費：此廠原係銀廠，因硔內夾有銅氣，將煉銀冰煉，復行煎煉，每年得銅一萬二三千、二萬餘斤不等，向未定額。通商亦不抽課。至公廉捐耗，每辦百斤，給炭價銀一兩四錢五分二釐。所收銅斤，備供局鑄、採買。乾隆二十五年［一七六〇年］奏（惟）［准］，每辦百斤，抽課十斤，公廉捐耗銅四斤二兩，官買餘銅八十五斤十四兩，每百斤給銀六兩。三十三年［一七六八年］，每百斤加銀六錢，連原價共銀六兩六錢九分八釐。三十八年［一七七三年］奏准，通商每辦百斤，給廠民通商銅十斤，照前抽課及公廉捐耗，官買餘銅七十五斤十四兩，每百斤給銀六兩六錢九分八釐。三十九年［一七七四年］，停止加價，每餘銅百斤照舊給銀六兩。四十三年［一七七八年］奏定，年辦額銅四千四百斤，遇閏加辦三百六十六斤，照舊通商抽收課廉等銅，餘銅給價收買，撥收局鑄或運雲南府倉交收。

自廠至省城共十一站，每百斤給運脚銀一兩一錢。如撥採買，由委員赴雲南府倉兑領，自行發運，不支筐簍，每年准支書巡工食銀四十九兩二錢。

此廠工本運脚，應赴省請領。自廠至省十一站，應需馬脚盤費，照例按站支銷。該廠銅斤八一五成色。

寨子箐廠

坐落：寨子箐廠，坐落南安州地方，距省十三站，乾隆三十六年［一七七一年］開採。

經費：本廠每年出銅六七千斤、萬餘斤不等，向未定額。每辦百斤抽課十斤，公廉捐耗銅四斤二兩，官買餘銅八十五斤十四兩，每百斤給銀六兩六錢九分八釐。所收課餘公廉捐耗等銅，備供局鑄、採買。乾隆三十八年［一七七三年］奏准，通商每百斤，給廠民通商銅十斤，照前抽收課銅及公廉捐耗，官買餘銅七十五斤十四兩，每百斤給銀六兩六錢九分八釐。三十九年［一七七四年］，停止加價，每餘銅百斤，照舊給銀六兩。四十三年［一七七八年］奏定，年辦額銅一萬一千二百斤，遇閏加辦九百三十三斤，照舊通商抽收課廉等，餘銅給價收買，發運省局或雲南府倉交收。

自廠至省城共十三站，每百斤給運脚銀一兩三錢，不支筐簍。如撥採買，則由委員赴雲南府倉兑領，自行發運。每年准支書巡工食銀一百八兩。

此廠工本運脚，應赴省請領。自廠至省十三站，應需馬脚盤費，照例按站支銷。該廠銅斤八一五成色。

秀春廠

坐落：秀春廠，坐落定遠縣地方，距省十站，乾隆四十六年［一七八一年］開採。

經費：本廠每年出銅一二千、三千餘斤不等，向未定額。通商每辦百斤，給廠民通商銅二十斤，抽課十斤，官買餘銅七十斤，每百斤給價銀六兩九錢八分七釐。所收課餘銅斤，備供本省局鑄。乾隆五十二年［一七八七年］奏定，年辦額銅四千五百斤，遇閏加辦三百七十五斤，照舊通商抽課，餘銅給價收買，發省局交收。

自廠至省共十站，每百斤給運脚銀一兩，不支筐簍及書巡工食。

此廠工本運脚，應赴楚雄府庫請領。自廠至楚雄共四站，應需馬脚盤費，照例按站支銷。該廠銅斤八六成色。

義都廠

坐落：義都廠，坐落易門峨峩交界地方，距省六站，乾隆二十三年［一七五八年］開採。

經費：本廠每年出銅十餘萬、三四十萬斤不等，向未定額。通商亦不抽收公廉捐耗。每百斤抽課二十斤，官買餘銅八十斤，每百斤給價銀五兩，所收課餘之銅，備供局鑄、採買。乾隆二十五年［一七六〇年］奏准，每百斤原抽課二十斤，改爲抽課十斤，另抽公廉捐耗銅四斤二兩，官買餘銅八十五斤十四兩，每百斤給銀六兩。(三)［二］十九年［一七六四年］奏准，每餘銅百斤，加價銀九錢八分七釐，連原價共銀六兩九錢八分七釐。三十三年［一七六八年］，每百斤加銀六錢，連原價共銀七兩六錢八分五釐。三十八年［一七七三年］奏准，通商每辦百斤，給廠民通商銅十斤，照前抽收課銅及收公廉捐耗，官買餘銅七十五斤十四兩，每百斤給銀七兩六錢八分五釐。三十九年［一七七四年］，停止加價，每餘銅百斤，照舊給銀九兩九錢八分七釐。四十三年［一七七八年］奏定，收年辦額銅八萬斤，遇閏加辦六千六百六十六斤，照舊通商抽收課廉等銅，給價收買餘銅，發局交。

自廠至省共六站，每百斤給運脚銀六錢，不支筐簍。如撥採買，則由委員赴廠兑領，每百斤給運脚銀六錢，由委員赴司庫請領，自行僱運。每年准支官役薪工、廠費銀九百兩八錢。

此廠工本運脚，應赴雲南府庫請領。自廠至省六站，應需馬脚盤費，照例按站支銷。該廠銅斤八三成色。

大寶廠

坐落：大寶廠，坐落武定州地方，距省五站，乾隆三十年［一七六五年］開採。

經費：本廠每年出銅四五千、六七千斤不等，向未定額。通商每辦百斤，抽課十斤，公廉捐耗銅四斤二兩，官買餘銅八十五斤十四兩，每百斤給價銀六兩。所收課餘公廉捐耗，備供局鑄。乾隆三十三年［一七六八年］，每百斤加銀六錢，連原價共銀六兩六錢九分八釐。三十八年［一七七三年］奏准，通商每辦百斤，給廠民通商銅十斤，照前抽收課銅及公廉捐耗，官買餘銅七十五斤十四兩，每百斤給銀六兩六錢九分八釐。三十九年［一七七四年］，停止加價，每餘銅百斤，照舊給價銀六兩。四十三年［一七七八年］奏定，年辦額銅九千六百斤，遇閏加辦八百斤，照舊通商抽收課廉等銅，餘銅給價收買，發運省局交收。

自廠至省共五站，每百斤給運脚銀五錢，不支筐簍及書巡工食。

此廠工本運脚，應赴糧道庫請領。自廠至省五站，應需馬脚盤費，照例按站支銷。該廠銅斤八三成色。

萬寶廠

坐落：萬寶廠，坐落易門縣地方，距省六站，乾隆三十六年［一七七一年］開採。

經費：本廠每年出銅十五六萬、二三十萬斤不等，向未定額。每辦百斤，給廠民通商銅十斤，抽課十斤，官買餘銅八十斤，每百斤給銀七兩六錢八分五釐。所收課餘等銅，備供局鑄、採買。乾隆三十九年［一七七四年］，停止加價，每餘銅百斤，給銀六兩九錢八分七釐。四十五年［一七八〇年］奏定，年辦額銅三十萬斤，内應辦底本銅一萬五千斤，遇閏加辦二萬三千七百五十斤，每底本銅百斤，給價銀六兩二錢八分八釐三毫，並不抽課，通商係另款造册報銷。其官商銅斤，照舊通商抽課。餘銅給價收買，運局交收。

自廠至省共六站，每百斤給運脚銀六錢，不支筐簍。如撥採買，則由委員赴廠兑領，每百斤給運脚銀六錢，由委員赴司庫請領，自行僱運。每年准支官役薪工、廠費銀一百五十二兩。

此廠工本運脚，應赴雲南府庫請領。自廠至省六站，應需馬脚盤費，照例按站支銷。該廠銅斤八成色。

大美廠

坐落：大美廠，坐落羅次縣地方，距省三站半，乾隆二十八年［一七六三年］開採。

經費：本廠每年出銅一二萬、四五萬斤不等，向未定額。通商每辦百斤，抽課十斤，公廉捐耗銅四斤二兩，官買餘銅八十五斤十四兩，每百斤給銀六兩。所收課餘公廉捐耗等銅，備供局鑄、採買。乾隆二十九年［一七六四年］奏准，每餘銅百斤，加銀九錢八分七釐，連原價共銀六兩九錢八分七釐。三十三年［一七六八年］，每百斤加銀六錢，連原價共給銀七兩六錢八分五釐。三十八年［一七七三年］奏准，通商每辦百斤，給廠民通商銅十斤，照前抽課及公廉捐耗，官買餘銅七十五斤十四兩，每百斤給銀七兩六錢八分五釐。三十九年［一七七四年］，停止加價，每餘銅百斤，照舊給價銀六兩九錢八分七釐。四十三年［一七七八年］奏定，年辦額銅一萬二千斤。四十四年［一七七九年］題定，每年加辦銅二萬四千斤，連原額年共辦銅三萬六千斤，遇閏加辦三千斤，照舊通商抽收課廉等銅。餘銅給價收買，發運省局或雲南府倉交收。

自廠至省城共三站半，每百斤給運脚銀三錢五分，不支筐簍。如撥採買則由委員赴雲南府倉兑領發運。每年准支官役薪工、廠費銀一百一十四兩。

此廠工本運脚，應赴雲南府庫請領。自廠至省三站半，應需馬脚盤費，照例按站支銷。該廠銅斤八三成色。

獅子尾廠

坐落：獅子尾廠，坐落禄勸縣地方，距省九站，乾隆三十八年［一七七三年］開採。

經費：本廠每年出銅一二萬斤不等，向未定額。每辦百斤，給廠民通商銅十斤，抽課十斤，官買餘銅八十斤，每百斤給銀七兩六錢八分五釐。所收課餘等銅，備供局鑄。乾隆三十九年［一七七四年］，停止加價，每餘銅百斤，給銀六兩九錢八分七釐。四十三年［一七七八年］奏定，年辦額銅六千斤，遇閏加辦五百斤，照舊通商抽課。餘銅給價收買，發運省局或發東川店轉運。

自廠至省城共九站，每百斤給運脚銀九錢。自廠至東川府城共十站，每百斤給運脚銀一兩，不支筐簍及書巡工食。

此廠工本運脚，應赴省請領。共九站，應需馬脚盤費，照例按站支銷。該廠銅斤八二成色。

緑硔硐廠

坐落：緑硔硐廠，坐落寧州地方，距省六站，嘉慶十一年［一八〇六年］開採。

經費：本廠每年出銅一萬七千餘斤。每百斤給廠民通商銅二十斤，抽課十斤，官買餘銅七十斤，每百斤給價銀六兩九錢八分七釐。所收課餘銅斤，專供局鑄。嘉慶十三年［一八〇八年］奏定，年辦額銅一萬二千斤，遇閏加辦一千斤，照前通商抽課。餘銅給價收買，發運省局。

自廠至省城共六站，每百斤給運脚銀六錢，不支筐簍及書巡工食。

此廠工本運脚，應赴臨安府庫請領。計程一站，應需馬脚盤費，照例按站支銷，該廠銅斤八二成色。

鼎新廠

坐落：鼎新廠，坐落建水縣地方，距省七站，嘉慶十一年〔一八〇六年〕開採。

經費：本廠每年出銅六千一百餘斤，每百斤給廠民通商銅二十斤，抽課十斤，官買餘銅七十斤，每百斤給價銀六兩九錢八分七釐。所收課餘銅斤，專供局鑄。嘉慶十二年〔一八〇七年〕題定，年辦額銅六千斤，遇閏加辦五百斤，照前抽課。通商餘銅給價收買，發運省局。

自廠至省城共七站，每百斤給運脚銀七錢，不支筐簍及書巡工食。

此廠工本運脚，應赴臨安府庫請領。計程一站，應需馬脚盤費，照例支銷。該廠銅斤八二成色。

竜岜廠

坐落：竜岜廠，坐落文山縣地方，距開化府二站，乾隆三十三年〔一七六八年〕開採。

經費：本廠每年出銅七八千至一萬餘斤不等，向未定額。通商每辦百斤，抽課十斤，公廉捐耗銅四斤二兩，官買餘銅八十五斤十四兩，每百斤給銀六兩六錢九分八釐。所收課餘公廉捐(丰)〔耗〕等銅，專供採買。乾隆三十八年〔一七七三年〕奏准，通商每辦百斤，給廠民通商銅十斤，照前抽收課銅及公廉捐耗，官買餘銅七十五斤十四兩，每百斤給銀六兩六錢九分八釐。三十五年〔一七七〇年〕，停止加價，每餘銅百斤照舊給價銀六兩。四十三年〔一七七八年〕奏定，年辦額銅八千斤，遇閏加辦六百六十六斤，照舊通商抽收課廉等銅，餘銅給價收買，由委員自行赴廠兑領。

自廠至剥隘共十五站，每百斤給運脚銀一兩九錢三分八釐，由委員於備帶運脚銀內支發，歸各本省報銷。每年准支書巡工食等銀四十八兩。

此廠工本運脚，應赴開化府庫請領。計程二站，應需馬脚盤費，照例按站支銷。該廠銅斤八成色。

者囊廠

坐落：者囊廠，坐落文山縣地方，距開化府四站，雍正八年〔一七三〇年〕開採。

經費：本廠每年出銅十八九萬、二十一二萬斤不等，向未定額。通商亦不抽收公廉捐耗。每辦百斤，抽課十斤，官買餘銅九十斤，每百斤給價銀六兩。所收課餘銅斤，備撥採買。雍正十二年〔一七三四年〕奏准，每辦百斤，抽課十斤，另抽公廉捐耗銅四斤二兩，官買餘銅八十五斤十四兩，每百斤照舊給銀六兩。乾隆三十三年〔一七六八年〕，每百斤加銀六錢，連原價共給銀六兩六錢九分八釐。三十八年〔一七七三年〕奏准，通商每百斤，給廠民通商銅十斤，照(煎)〔前〕收課銅及公廉捐耗，官買餘銅七十五斤十四兩，每百斤給銀六兩六錢九分八釐。三十九年〔一七七四年〕，停止加價，每餘銅百斤，照舊給價銀六兩。四十三年〔一七七八年〕奏定，年辦額銅四千斤，遇閏加辦三百三十三斤，照舊通商抽(牧)〔收〕課廉等銅，餘銅給價收(員)〔買〕，委員赴廠兑領。

自廠至剥隘共十七站，每百斤給運脚銀二兩一錢九分六釐四毫，由委員於備帶運脚銀兩內自行支發，歸各本省報銷。每年准支書巡工食銀十二兩。

此廠工本運脚，應赴開化府庫請領。計程四站，應需馬脚盤費銀，照例按站支銷。該廠銅斤八成色。

金釵廠此廠銅斤，專撥採買。

坐落：金釵廠，坐落蒙自縣地方，距縣站半。開採年未詳。

經費：本廠每年出銅二三十萬斤，向未定額。通商亦不抽課銅及公廉捐項。因硔有銀氣，每百斤給價銀四兩，抽小課銀一錢。雍正十三年〔一七三五年〕詳准，每百斤加價銀六錢，連原價共銀四兩六錢，收小課銀一錢，實給銀四兩五錢，所收銅斤，原供局鑄。乾隆五年〔一七四〇年〕奏准，每百斤加耗二十三斤，即可配鑄青錢，每百斤賣銀九兩，較洋銅減省。嗣後此廠銅斤，採買、局鑄兼撥。及四十八年〔一七八三年〕奏准，遂專撥採買。乾隆三十三年〔一七六八年〕，每百斤加銀六錢，連原價共給銀五兩二錢。三十八年〔一七七三年〕奏准，通商每百斤，給廠民通商銅十斤，官買無課餘銅九十斤，每百斤給銀五兩二錢，照前每官商銅百斤，抽收小課銀一錢。三十九年〔一七七四年〕，停止加價，每餘銅百斤，給銀四兩六錢，收小課銀一錢。四十三年〔一七七八年〕奏定，年辦額銅九十萬斤，遇閏加辦七萬五千斤，照前通商抽收小課，餘銅給價收買，發運蒙自縣店存貯，兑給各省採買。四十八年〔一七八三年〕題准，停止撥用本省局鑄，專給各省採買。

自廠至縣店站半，每百斤給運脚銀一錢五分，不支筐簍。採買委員赴縣店兑領。自縣店至剥隘共十七站，每百斤給運脚銀二兩一錢九分六釐四毫，係委員於備帶運脚內支發，歸各本省報銷。每年准支官役薪工、廠費銀四百五十二兩四錢。

此廠工本運脚，應赴臨安府庫請領。自廠至臨安府城共三站，應需馬脚盤費銀，照例按站支銷。該廠銅斤連加耗七成色。

# 清・吴其濬《滇南礦廠圖略》卷一附

倪慎樞《採銅煉銅記》

鑄山爲銅，大要有二，曰攻採，曰煎煉。凡覘産銅之山，欲其如堂如覆，敦博以厚，斯耐久採，晊其後，欲其嵣巆而嶺嶒也。無所取諸，取諸屬與擊也。晊其前，欲其峘峀而嵪嶶也。無所取諸，取諸峻以眕也。顧視其旁，欲其屹以峭也。無所取諸，取諸屋也。又欲其左之高乎右也，觀其泉不欲其縮以衰也，欲其盩而過辨也。形既具，胚斯凝充於中，而見乎外，如雲之蒸，如霞之爛，如廬之鱗以比，如羊象之伏以竄晦冥之中，光景動人，諦視山崖石穴之間，有碧色如縷，或如帶，即知其爲苗。亦有澗嚙山坼，卝砂偶露者。乃募丁開採，穴山而入，謂之礌，亦謂之硐。淺者以丈計，深者以里計，上下曲折，靡有定趾，謂之行尖。尖，本器名，狀如鑿，硐中所用之物歧出，謂之棚尖。土謂之埫，石謂之硤，碎石謂之鬆硤，堅石謂之硬硤，左右矗而立者曰牆壁。亦有隨引而攻，引即卝苗中埫。旁硤幾同複壁，覆於上者爲棚，載於下者爲底，横而間者爲門。凡硐上棚下座分明，必旺且久。大抵卝砂結聚處，必有石硤包藏之。今稱欄門硤。破硤而入，堅者貴於黄緑赭藍，脆者貴於融化細膩，俗謂之黄木香，得此即去卝不遠矣。寬大者爲堂卝，寬大而凹陷者爲塘卝，斯皆可以久採者也。若浮露山面，一劚即得，中實無有者，爲草皮卝。稍掘即得，得亦不多者，爲雞抓卝。參差散出，如合如升，或數枚，或數十枚，謂之雞窩卝。是皆不耐久採者也。又有形似雞抓，屢入屢得之，既深乃獲成堂大卝者，是爲擺堂卝，亦取之不盡者也。凡鑛，宜於成刷若子然，一個别無小卝，決不成器。今謂個個卝，亦曰獨丨，卝雖成個，大小間錯，忽斷忽續，又必成堂。諺云，十跳九成堂也。卝之名目不一，其佳者，有黄胖、緑豆、青緑、墨緑，佳者爲白錫蠟，色白體重，邊紋如簇針尖。油錫蠟，色光亮。紅錫蠟，色紅紫。金錫蠟，色深紫。尤佳者，火藥酥，色深黑，質鬆脆，皆徹卝。徹，即浄，廠俗諱浄爲徹。又有亞子卝，壘壘山腹採之，如折甎墻，亦佳品。鹽砂卝，色青黑，若帶黄綵，則次矣。穿花緑石中夾卝，又其次矣。尤下者，爲鬆緑，内外純緑踶分極低，止可爲顔料之用，此攻採之大畧也。

至於煉卝之法，先須辯卝。徹卝即可入爐，卝帶土石者，必捶揀淘濾。卝汁稠者，取汁稀者配之，或取白石配之。卝汁稀者，最汁稠者配之，或以黄土配之，方能分汁。謂之帶石卝之易煉者，一火成銅，止用大爐熬煎。其爐長方高聳，外實中空，下寬上窄，高一丈五尺，寬九尺，底深二尺有奇。前爲火門，架炭入卝之路也。紅門下爲小孔，謂之金門，撤取渣歸之竇也。後爲風口，橐籥之所鼓也。每煅一爐，俗謂之扯火。一個徹卝須四十桶，用炭百鈞，次卝惟倍加糜炭五之一，下卝三(培)[倍]而差，加糜炭三之一。火候停匀，晝夜一週，渣歸質輕，自金門流出，即從金門中鈎去灰燼。銅質沉重，融於爐底，閃爍騰沸，光彩奪目。以漬米水澆之，上凝一層，鉗揭而起，用松針糠覈之，類掠宕，其面淬入水中，即成紫板。凡銅元，熱敲易碎，其口青色。冷敲難開，其口紅色。或得五六餅、六七餅不等。初揭一二餅，浮滓未浄，謂之毛銅，須改煎方能純浄。自三四揭後，則皆浄銅矣。其有卝經煅煉結而爲團者，卝不分汁之故也。亦有本係美鑛，亦結爲團者，配製失法，火力不均之故也。然一火成銅之廠，寥寥無幾。其餘各廠，并先須窑煅，後始爐融。窑形如大饅首，高五六尺，小者高尺餘，以柴炭間卝泥封其外，上留火口。爐有將軍爐、紗帽爐之分。將軍爐上尖下圓，其形如胄；紗帽爐上方下圓，形如紗帽。并高二尋，十分高之四，爲其寬之度。十分寬之四，爲其厚之度。亦有高一尋者，其寬與厚亦稱之。餘同大爐。又有蠏殼，上圓下方，高一丈有奇，寬半之，深尺有咫餘，亦同大爐。卝之稍易煉者，窑中煨煅二次，爐中煎煉一次，揭成黑銅，再入蠏殼爐中煎煉，即成蠏殼銅，揭淬畧如前法。其難煉者，先入大窑一次，次配青白帶石，入爐一次，煉成冰銅。再入小窑，翻煅七八次，仍入大爐，始成浄銅。揭淬亦如前法。計得銅百斤，已用炭一千數百矣。此煎煉之大畧也。

又有所謂銅中撤銀者，其卝堅黑如鑌鐵，俗謂之明卝。先以大窑煅煉，然後入爐煎成冰銅，再入小窑翻煉七八次，亦如前法。復入推爐，形如椑嚣，首置橐籥，尾置銅瓦，擠撤鉛水，攙和底母，撤成浄銅，擠出鉛水，入罩爐。分金罩，形如龜甲，大尺餘，加火於外。亦有入窑翻煆之後，即入將軍爐，煎煉一日，銅汁流入爐内，銀汁流於窩外，復以銅入推爐煎成黑銅，再入蠏殼爐揭成銅，以鉛入罩子煎成銀者，約計萬斤之卝，用炭八九千斤，不過得銅五六百斤，廠銀一二十兩而已。此其煎煉稍有不同者，以其卝本不同，而所出者亦不同也。煎煉又必擇水火。深山寒浚之水，不可以淘洗卝砂，惟瀦蓄和平者可用。淬揭以清泉，則銅色黯淡。惟用米泔，則其色紅活，此湯丹廠所由名也。窑中之火宜於輪囷，薪木稍間以炭，取其火力之耐久也。卝中惟可用炭，松炭、雜木炭，取其猛而烈也；栗炭取其匀而足也。亦有因其價之昂廉不同，而酌用者，此則人事之區畫計較也。惟煎揭蠏殼，必用松炭，取其極猛烈易於擠撤渣歸，萬不可以他炭通融者也。其採取也如此，其煎煉也如此，得銅不其難哉！而有尤難者，採丬之時，俱於穹窿宂嵲之中，冥搜暗索，得者一，不得者衆。得銅多者，可以獲什一之利，其寡者，或至於不償勞，此其難在乎民。各廠舊規，皆先銀後銅，請國帑爲本者，俱無業窮民，閱時既久，故絶逃亡，貽累出納之官賠補，此其難又在乎官。硐民在領鑲之勤力，爐民在爐頭之諳練，廠員在司事之賢否，則皆得人之難也。且一廠之中，出資本者，謂之鍋頭；司庶務者，謂之管事；安置鑲木者，謂之鑲頭；採丬破硤者，謂之錐手；出荒負丬者，謂之砂丁；煉銅者，謂之爐户；貿易者，謂之商民。廠之大者，其人以萬計。小者，以千計。五方雜處，匿匪藏奸，植黨分朋，互爲恩怨，或資爲忿争，或流爲盜賊，所爲彈壓約束之方，又豈易易哉！凡採煉銀鉄諸丬之法，大畧倣此。

《銅政全書·諮詢各廠對》

問：土爲金母，土氣不厚，不能生金。滇産五金，而銅關圜法。聞踩廠之人必相山勢，典堪與家卜地相等，是形勢雖爲山之面貌，而實爲丬之胚胎。其如何相度，如何攻採，而後可以獲堂丬，逐一登覆，以備考察。

萬寶義都廠員，署易門縣知縣吴大雅禀，凡五行之氣，動則流走，聚則凝結。堪與卜地，察來龍，求結穴，廠之來脈則喜層巒叠障，勢壯氣雄。凝聚則看重關緊鎖，堵塞堅牢。事雖各殊，理則一也。既得形勢，復觀丬苗，就近居民或見物象出現，或見彩霞團結，所謂白虹輝而映地，熒光起而燭天，晦冥之中，光景動人。今稱丬火者是。杜工部云，不貪夜識黄金氣，寶藏之興，良有以也。

得勝廠員，署龍陵同知史紹登禀，形勢最關緊要，誠似堪輿卜地法。詢之久經辦廠之人，均以來脈綿遠，坐落主山高聳，兩山護衛，層叠緊密中，尤取其龍包虎者爲佳。出水之口，貴曲忌直，朝對之山得與主山并高者，廠勢悠久。按，視廠直入視地來脈水口、龍虎朝對，皆同祇不用明堂耳。貴陰忌陽，貴藏忌露。

問：開採之始，如何識爲苗引，如何謂之草皮、雞抓、徹丬、堂丬？塘丬辨丬則有緑松、錫蠟、火藥酥、銅掣銀、銀掣銅之分。製丬，則有銼鎔淘洗之法。配丬，則有底母帶石之異。該廠所出何丬，所用何法，賣丬以斛抑係以秤，秤解若干，出銅若干，直銀若干，一一聲覆。

大寶廠員，署武定直隸州知州文都禀，有丬之處，必有緑色苗引外掛於山石間，或一條，或一線，寬窄不一。廠民覔得緑引，知此山産有銅丬，招募砂丁，呈報開採。亦有久雨山崩，丬砂現露。蓋丬如瓜之蔓也，此指有根之大丬而言。若山面有鬆脆綵石，挖下二三尺即得丬，謂之草皮丬。亦有見丬引，開挖穿山破硤而入，或數丈、十餘丈，得丬數個，多至一二十個，且係無根之丬，謂之雞窩丬。砂丁攻打礌硐，右手執鉄錘，左手執鉄尖，尖即打廠之器，俗言打尖子，即打礌硐也。徹丬者，丬之最浄者也。廠地忌浄字，不言浄，而言徹。堂丬者，丬如屋之堂，大而且多也，塘丬者，丬在水底，必提拉水洩而後可取也。松緑者，内外純緑，入水深翠，無甚瞍分，只作顔料用也。錫蠟者，色如白蠟，敲碎處如簇針尖，體重而堅也。火藥酥，其色純墨，其塊不堅，輕擊則碎，瞍分最高者也。銅掣銀、銀掣銅，乃一矿而銅銀互出也。掣丬之法，丬挾砂石，必先錘碎，用篩於水内淘洗，使砂石輕浮隨水而去，丬砂沉重聚於篩中，以便煎煉也。底母者，即鎌也。乃銅掣銀之廠所用，以下罩煎銀也。帶石者，丬汁稀，必就本廠所出汁稠之石以配煉之；丬汁稠，必取汁稀之石以配煉之，方能分汁成銅也。今大寶廠所出之丬，紫錫蠟、黄沙包二種。錘篩淘洗，煎煉配以稀石，賣丬以秤，視瞍分高低，無一定。按，丬性有稀稠，必須配煉。而所宜或石或土，必在本山左右，乃天定也。

吴大雅禀，山遇硤中帶緑，或帶礬焦明丬，皆爲引苗。開挖草皮，數尺即得丬，挖完又易其地，是謂草皮丬也。雞抓等於草皮，開採不遠即得丬砂一窩，或半日即完，一日便罄，再往前攻，又得一窩，依然無幾。名曰雞窩丬，蓋形其小也。間有深入而成大塘者，則爲擺塘丬。尖子者攻採之處，名曰行尖，得丬出完，中空如房屋，名曰撈塘。其左右有可採者，許人開採，名親尖，得丬有抽分之例。銀廠多係二八，銅廠多係一九，是爲硐分。凡丬高者曰徹丬，如墨緑、紫金等名色是也。攻採既久，遇有墻壁，破堅直進，忽得大丬，其蓋如房頂，其底如平地，有三間、五間屋之大，爲堂丬。亦有兩邊俱硬，中間獨鬆，幾同巷道，丬之面窄底寬，形如池塘，爲塘丬。大抵堂丬、塘丬，皆形其大，實相彷也。丬之色様則又有别。緑丬有墨緑、豆青緑、穿花緑、大亞子丬諸名色。墨緑、豆青緑爲高，穿花即低矣。石丬、亞子丬間有成塘者，形如砌墻，一團一塊，挖丬猶如拆磚，攻採亦易。錫蠟一白錫蠟，一油錫蠟，一紫金錫蠟，皆丬之高者。火藥酥紫黑散碎，狀似火藥銅。掣銀係大花明丬中帶緑色，或緑中帶黑墨者，俱有銀。蓋明丬即鎌母，故知其夾銀也。銀掣銅乃銀丬未能純浄，夾帶銅氣。扯火入爐，浮在面上者，即冰銅。一種俱藉底母攙和，另用扯爐分開。其銅歸爐可揭蟬殼，其鎌加罩即出浄銀。固知造化之互用，亦見人工之並妙也。製丬之法，帶硤則須錘篩，帶泥則須淘洗。配丬之方，銀廠則須底母，銅廠丬稠者配帶石丬，稀者加稠丬以配之。義都之卝較勝，萬寶現在紫金爲多，故其煎煉亦純。惜其所出微末，全以淘洗爲功。萬寶之卝，多係豆緑、穿花、黄胖緑卝，間有紫金錫蠟，所出甚少。黄胖卝稠，必配穿花。穿花卝稀，須攙帶石。

香樹坡廠員、南安州䃜嘉州判趙煜宗禀，卝生山腹，須有棚墻圍護，才能坐卝悠長。廠俗論礶內，左曰鑽手，右曰錘手，砂土謂之塃，廢石謂之硤。石之堅巨者爲硬硤，石之散碎者爲鬆硤，石之削而左右竪立者曰墻壁，石之平而上下覆載者曰棚底。大凡卝砂結聚，上下左右總有棚壁也。包藏寬大者，謂之堂。横長者，謂之門。零星者，謂之雞抓。開採之始，挖穴二三丈餘，得有緑末細砂，或油滑膩泥，即爲苗引。未遇硬硤，獲卝未能悠久，謂之草皮。必須數十丈、百餘丈，遇硯硤阻攔，用鋼鑽鑿通，謂之破硤。視其硤道鮮明，墻壁清楚，從此進攻，或鬆或硬，硬者貴於黄緑赭藍，鬆者貴於融細膩柔，俗名爲黄木香。得此苗引，再遇有棚底，即可得卝。視其卝刷寬細，以定久暫。香樹坡廠只有紫金、紅緑、錫蠟、墨緑等卝。其錘鎔配製之法，卝體沉重，無砂土挾雜，謂之徹卝，裝窑煅煉一二次，入爐煎溶，看其歸汁清稀者，用黄土配製；稠膩者，用帶石合煎，則揭銅純净。如卝體輕泡，或穿花透石，是爲低卝，須煅煉多次，仍配白石入爐，扯火出銅，難免厚黑釘僵。賣卝以桶爲準，約合倉斗一斛。澄洗淘净，約得二三斗，值視高低，銅之盈縮，難以懸擬也。按，煅卝或一二日，或四五日，視其生熟，故卝性不可違。煅好即須煎煉，過冷則翻生，故炭斤必早備。

問：煉銅之冶有大爐，有皮爐，有罩子，三者形象如何，高若干，寬若干，中深大若干，受卝若干，炭若干；何處安風箱，爐罩是否并用，孰先孰後，如何分汁，如何提揭成銅，該廠幾火成何項銅，每火折耗若干，每銅百斤需炭若干，每炭百斤需銀若干，叙明。

大功白羊廠員、雲龍州知州許學范禀，大功廠煉銅，有煨窑，有大爐，有蟹殼爐。將卝先入煨窑煅煉二次，再入大爐。爐有二種，一名將軍盔，上尖下圓；一名紗帽爐，上方下圓，約高一丈五六尺，寬五六七尺，深二尺五六寸不等。每爐受卝二十餘桶，用松炭千餘斤，晝夜煎煉，銅汁入於窩內，成黑板銅。再入蟹殼爐內煎煉，揭成蟹殼銅。蟹殼爐形上圓下方，高八九尺，寬四五尺，深一尺有餘，每爐受黑銅四百餘斤，需炭五百餘斤。銅汁鎔於窩內，潑水一瓢，揭銅一元。以黑銅改煎蟹殼，每百斤約折耗銅十斤。白羊廠有煨窑，有大爐，有推爐，有蟹殼爐，有罩子。將卝先入煨窑煅煉，再入大爐。爐形如將軍盔，鉛爲底母，煎煉一月之久，方能分汁。銅汁熔於爐內，銀汁流於窩外，銅汁復入推爐，煎成黑板銅。推爐形如銅瓦，高二尺，長一丈，寬二尺。又入蟹殼爐煎煉，揭成蟹殼銅。銀汁另入罩子，罩形如覆磬，約高三尺，寬二尺，深一寸有餘。每罩受銀汁五六十斤，約煎餅銀一二兩不等。

者囊竜邑廠員、文山縣知縣屠述濂禀，者囊廠并無皮爐，係用將軍大爐，像如盔，高七尺，寬四尺五寸，金門大一尺七寸，窩子深二尺。風箱安背後，比前金門高三寸。大窑寬大五尺，深高四尺。小窑大一尺五寸，深四尺。先入大窑煅一次，受卝一萬斤，需炭四百餘斤，折耗三四百斤。次配青白帶石，入大爐煎，折耗七千八九百斤，得冰銅一千六七百斤。復將冰銅入小窑翻煅七八次，折耗二百餘斤，仍入大爐煎，折耗七八百斤，揭得净銅六七百斤。每銅一百斤，翻煅七八次，煎二次，需炭一千四五百斤。戛達廠係用紗帽爐，形如紗帽，高五尺，寬七尺，金門大一尺一寸，窩子深一尺五寸。風箱安在背後，比前金門高二寸許。內窩裝滿放出，外窩仍掀鑛炭。受卝四五百斤，需炭三百餘斤。大窑大五尺，深四五尺，受卝一萬斤，需炭四百斤有奇。小窯大一尺五寸，深四尺，受冰銅五百餘斤，翻煅八次，需炭六百餘斤。推爐形如木槻，頭高二尺五寸，尾高二尺，横寬二尺二寸，直長六尺，金門大八寸，高五寸，深五尺，受冰銅五十餘斤，需柴頭七八十斤。風箱安在頭上，尾用竹瓦擠撤。鉛水罩形如半罩，高一尺二寸，寬一尺六寸，金門大一尺一寸，窩子深四尺，受鉛各二十餘斤，需炭四十餘斤。計卝一萬斤，大窯煅一次，折耗三四百斤。次配青白帶石入大爐，折耗七千八九百斤，得冰銅一千六七百斤。復將冰銅入小窑，翻煅六七次，折耗三百餘斤。攙和底母，入推爐，折耗八九百斤，揭得净銅五六百斤。擠出之鉛水，入罩約得銀一二十兩。每銅百斤，前後燒煅七八次，煎推罩三次，需炭一千四五百斤、柴頭二百餘斤。

趙昱宗禀，廠地煉鑛，因地制宜，所用不同。薰罩、推爐，凡鉛提銀、銀掣銅，及改煎黑銅用之。香樹坡廠係一火成銅，祇用大爐。爐之形係就地起基，長方高聳，中空外實，上窄下寬，計高一丈五尺，圍寬九尺，底深二尺有餘。前爲火門，後爲風口，架炭入卝，均由火門裝入。火門之下，另開小孔，名爲金門，以便掣取渣歸。後設風口，安設風箱。每扯火一個，高卝須四十桶，約費炭三千斤。中卝須七八十桶，約費炭三千五六百斤。低卝須百十桶，約費炭四千有零。火候停匀，對時即可出銅。倘火力不均，或卝不成器，以及配製失法，則爐內卝結成團，銅不分汁，各廠製卝不一，有煅至六七次後，用酸水浸泡八九回，先爐後罩，所謂九冰九罩而成銅也。該廠卝砂只須煆煉一二次即可入爐，以松炭架火，取其燄力猛烈，化卝較速，銅汁易於沉底，渣歸汁輕，由金門流出。視其出歸迨盡，則將金門揭開，柴炭渣歸鉤鈀淨盡，銅鎔沸溢，用淘米酸水，由金門潑入，使銅汁沾冷氣微凝，立將火鉗揭起一元，以松毛或殼糠閃燎其面，入水浸冷，即成紫板銅。每爐或揭四五元、六七元不等，頭二元渣滓未淨，名爲毛銅，必須回爐改煎。其四五元，無庸回火。至改煎毛銅，每百斤約折耗二三斤不一，需炭百五六十斤。炭價每百斤二錢六七分，及三錢不等，看天氣晴雨，以定價值漲縮。

問：煎銅有用松炭者，有用栗炭者，何以改煎必用松炭，何以雜木之炭不堪適用？凡廠礌多，日久遂至附近山林木盡伐而炭路日遠，煎銅所需炭重，十數倍於銅。成銅之後，再需煎揭。運銅之費必省於運炭，炭路既遠，何不移銅就炭，俾爐民稍省運炭之費，即可多得銅本之利？是亦籌辦銅務之一端也，能否行之，各以直對。

許學范稟，廠中用炭，須與卝性相宜，大功卝質堅剛，若用栗炭，則火性猛烈，鎔化雖速，而卝汁難分。松炭則火性和緩，卝以漸化而渣歸易出也。炭路日遠，重倍於銅，固不若移銅就炭之便，但炭路必須與運銅道路相去不遠，方免往返之煩，且煎煉蟹殼，必須有源活水，與卝相宜者，方能如法成銅。茲查大功廠炭路俱在麗江一帶，山徑崎嶇，與運銅道路逾遠，而深山寒削之水其性與銅又不甚相宜，是以只能移炭就銅。惟有飭令該處人民，將附近山場廣栽松樹，毋令毀伐，以期日久成林，庶將來不致無材可取耳。

趙煜宗稟，煎銅用炭，原有松、栗之分，而因地制宜初無成格。栗炭性堅耐火，松炭質鬆多燄，概用栗炭甚燄甚少，而化卝較遲。純用松炭，其性易過而熬煎欠久，是以寧大等廠撥運京局改煎蟹殼，必須松炭架爐，取其燄烈易去渣滓，揭銅匀薄，閃色鮮亮。香樹廠銅斤均係運供省局鼓鑄，只期銅質精純，且係一火成銅，可以松栗相攙、雜木并用。惟炭山較遠，歸局之始，每百斤僅值錢二百二三十文不等，今增至三百有長。竊喜該廠并不改煎蟹殼，無事遠覓松林，而價值亦尚平和，農隙亦易爲購辦，似可毋庸移卝就炭，以省糜費。

屠述濂稟，松炭係專揭蟹殼所用者，囊戛達二廠俱係板銅，附近山場并無松炭，亦無栗炭，俱用雜木之炭。該二廠雖開採年久，出銅無幾，炭亦不十分過遠，相離僅八九十里之遥，移銅就炭一端，應毋庸議。蓋炭十倍於銅，而卝則又十倍於炭也。按，滇省廠井均資薪炭，而廠硐則用鑲木劈柴，爐則用炭，窑則用柴及炭不可以數計。勸蓄樹木，禁種火山，似亦當務之急也。

問：金本生水，卝旺之礌每多水淹，是以有例給水洩工費。洩水之法，有穴山引水而出者，有向下礌硐不能出水，鑿池於旁，提洩注水者。該廠水洩礌硐若干，是否可以洩水，採卝提拉水洩係用何法，逐一登覆。

趙煜宗稟，金爲水母，無水則火能尅金。礌硐多水，則卝質高而且久，是以卝旺之廠，每多水淹，多辦水洩。其洩水之法，須看礌門高低。硐坐山腰，下臨寬展，可以開硐平推直進，引水下流。卝砂顯露，此則價廉工省。或礌硐開採，本低下窄傴，不能自下向上挖穴踈水，只得於硐內層開水，套用長竹，通節作竜，逐層竪立，穿索提拉，使套內蓄水逐層自下扯上，仍由硐口提出。少者數條，多者十數條，及二三十條不等。工費浩繁，即卝砂寬大，而扯竜費工，竊恐所入不敷所出。今香樹全廠水少，各硐無慮水淹。所以恒論土既尅水，不能生金，因之卝質貶分較低，而成塘亦少。自開採以來，并無例給水洩之資。按，出卝之處有無水者，有有水者，至黄金相卝必有水而後卝大也。養卝之水可以提拉，泉眼之水無能爲力矣。

問：廠衆有硐民、爐民、商民之分，硐民之中，大抵出資購備油米者爲鍋頭，出力採卝分賣者爲弟兄，又何以有砂丁之名？并有雇工下硐之不一。買卝煎銅出售者爲爐民，爐户貿易油米各物者爲商民，該廠現在各若干名，若干户？五方雜集，良莠不齊，逃犯最易溷跡其中，作何約束辦結，是亦廠員之事也。均宜登覆備查。 趙煜宗稟，湯丹、寧台等廠人烟輻輳，買賣街場各分肆市。今香樹廠人民較少，往往互相資辦。如油米鍋頭亦嘗夥同貿易，煎銅爐客又或附本開礌。惟就地論人，因事命名而已，至於砂丁，即係弟兄，其初出力攻採，不受月錢，至得礦時，與硐主四六分財者，名爲親身弟兄。其按月支給工價，去留隨其自便者，名爲招募砂丁。其或硐內偶爾缺人，臨時招募添補，則雇工應用。香樹坡廠向無親身弟兄，均係招募砂丁，即買卝煎銅貿還油米，多有南安易門人，統計來往停留及街場、礌硐落業居家各項，約一千餘人，五方雜處，逃犯易藏。現在設立客長，約束商賈，硐長查點砂丁，過客責成街長，傭工歸轄爐長，廠員統爲稽查，無使奸匪潛匿。按，凡廠初開立規爲要。旺後人衆各從其類，硐丁歸於硐，以領鑲約束之。爐丁趨於爐，以爐户招納之。貿易喧於街，以客長、街長稽查之。勿謂新廠暫爾因循，蜂擁而來便不就範。

問：老廠開採日久，原藉子廠以資接濟，乃現在報開子廠者甚屬寥寥。或稱廠一報開，遂即詳奏定額，及至出卝無多，不敷成本，爐丁已散，銅額難除，地方官畏累不報。查現報銅廠者日久並未定額，則地方官無累可畏也。或稱三廠試採三月，展限三月，再無成效，即行封閉。硐民恐費工本，限内不能著效，不敢報開。察現報開新廠，有三年尚未煎煉解驗者，仍未飭令封閉，則硐民不畏試採限促也。或稱開廠之處，爐民、砂丁、商賈雲集，油米蔬菜日漸昂貴，居民往往阻禁開採。察以該地所産油米因開廠而獲重值，未始不足以裕生計，居民何故阻禁？其作何洒勘，如何勸諭鼓舞多報子廠，俾銅豐額裕之處，臚列以聞。

趙煜宗稟，洒覓子廠，原以接濟老廠，且可行銷就近油米蔬菜。若非有礙田園廬舍，官民最爲樂從，斷無阻禁之理。然亦看其形勢若何。倘山勢豐厚著見引苗，抑或附近居民見有物象出現，否則霞彩團結，冥晦之中光彩動人，即官未先知而早已哄傳，遠近居民欲禁阻，而亦勢所不能。惟開採之後，或山皮過厚，急遽未能見功，草皮卝微，不免煎煉搯汁，甚之卝引入山，愈攻愈遠，棄之不甘，攻之遲緩。又或廠員更换，接借無從，輾轉躭延一二年之久，未能煎煉報額者有之，非盡官民之畏累不報也。

按，卝之爲物，尊曰龍神，隱見有時，變化不測。其欲見也，坍山而引露，鋤地而卝出，一朝百硐，旬日萬人。其將隱也，有蓋被不意而窩路覆有水淹，無端而泉眼生，或不分汁，或無眲分。

**清·龍文彬《明會要》卷五七《食貨五·坑冶》** 銅鐵課

明初，唯江西德興、鉛山有銅場。

**又** 嘉靖、隆、萬間，因鼓鑄屢開雲南諸處銅場，久之，所獲漸少。

**清·徐珂《清稗類鈔·鑒賞類》** 伍拉納藏空青

凡石中有水者，俗謂之空青。乾隆時，伍拉納曾藏水晶空青，中有魚形。俗傳空青爲山膽，山谷有之。然考《本草》，空青生益州山中，弘農、豫章間有之，他山則愈少矣。有白青、緑青諸名目，能化銅鉗爲赤金，治目之聖藥也。腹中漿涸，埋土中七日，汁液重生者真。若又謂空青多爲蛟龍所攫，以致人世罕觀，則齊東野人之語也。袁子才曾於貴人家見一石卵，内外瑩澈如水晶，中有漿汁，隱隱流動，下蹲一白兔，躍躍欲飛，云是空青，此又別一種類矣。

**又《礦物類》** 石碌銅

瓊州昌化之黎地産石碌銅，黎人檢挖之，販作顔料，且可煎煉作銅，製器亦甚堅良。嘉慶戊午，疆吏奏將此銅充粵局鼓鑄，遂不復採運矣。

# 膽銅法

## 綜述

**漢·劉安《淮南萬畢術》《太平御覽》卷九八八《藥部五》** 白青，得鐵即化爲銅。

**佚名《神農本草經》** 石膽【略】能化鐵爲銅，成金銀。

**晉·葛洪《抱朴子内篇》卷一六《黄白》** 以曾青塗鐵，鐵赤色如銅。

**唐·金陵子《龍虎還丹訣》卷下** 凡青有數十種，曾青最爲上。其狀如黄連，又似貫小真珠，長一寸半寸，或三兩枚相綴，或直或曲，或深或翠色，時有金線，還繞其間，光縷璨璨。句容山谷中有，近甚難得，價重於金。其空青出於梓州，大小中心皆空，色甚鮮翠，其間有含水者。崑崙頭青似楊梅，峰頭颯颯然，大者如彈丸，中心實。句容、梓州青作片子，如碎鉢盂，色青無彩翠，揀擇並可用。又有白甘青，生甘土中，鮮翠美顔色，如豆許大，稍軟，以指甲搯之得破，破處轉鮮翠。此一味彼土人呼爲白甘青，古來仙方及本草並不見載。又長偏青、白青、魚目及善青散，出饒信等州，並雜青也，亦相類。今煮結砂子，乃是晝人淘研出者，

**又** 石膽生蒲州山谷，狀似折篦頭，如瑟瑟淺碧色，燒之變白色者，是真。次宣潤等州，淋取汁煎煮而成，上者青碧色，作塊片數等級。下者如黄泥爛濕，名爲泥膽，唯堪和水銀燒爲粉。其宣州者，不如句容，氣力懸殊，力倍於十。其句容上者，狀如碎瓦子，堅重，鮮碧色，一半帶深緑色，甚可愛。經夏不潤，見風不損。次於蒲州，今所用結砂子者。但中色已下，並可用。又有山谷坑洞裏自然生者，色稍淺於煎成者，亦作片塊，忽遇即有，常無採處。

**又** 土緑有數般，生宣州、饒信州、道永等州山谷，但有銅處即生。乃是銅坑中般出壤土，經雨便生，色淺軟，爛如胡粉塊子，以手捻便成粉末者佳，硬如軟石者次。其北地亦有，狀如澄了緑米粉，好顔色，軟細無脚。

**佚名《丹房鏡源》《鉛汞甲庚至寶集成》卷四** 石膽出蒲州余鄉縣，如雞卵大爲上，擊之，縱横解皆成疊文，色青，見風久則緑，其中亦青也。今信州鉛山縣有苦泉，流以爲澗，挹其水熬之，則成膽礬，即成銅。煮膽礬鐵釜，久久亦化爲銅矣。

**佚名《寶藏論》**《本草綱目》卷八《金石之一・赤銅》 赤金一十種：丹陽銅、武昌白慢銅、一生銅、生銀銅，皆不由陶冶而生者，無毒，宜作鼎器。波斯青銅，可爲鏡。新羅銅，可作鐘。石緑、石青、白、青等銅，並是藥製成。鐵銅以苦膽水浸至生赤，煤熬煉成而黑堅。錫坑銅大軟，可點化。

**宋・李昉等《太平御覽》卷九八七《藥部四》** 石膽 《本草經》曰：石膽，一名畢石，一名君石。生秦州羌道山谷大石間，或出句青山。其爲石也，青色，多白文，易破，狀似空青。能化鐵爲銅。

**又 卷九八八《藥部五》** 白青 取礬石、白青，分等煉冶，合鐵即成銅矣。

**宋・沈括《夢溪筆談》卷二五《雜志》** 信州鉛山縣有苦泉，「鉛」它本皆書作「鈆」。流以爲澗，挹其水熬之，則成膽礬，烹膽礬則成銅，「則」政和本草引作「即」。熬膽礬鐵釜，久之亦化爲銅。水能爲銅，物之變化，固不可測。按《黄帝素問》：「天五行，地五行。土之氣在天爲溼。土能生金石，溼亦能生金石。」此其驗也。又石穴中水，所滴皆爲鍾乳、殷孽；春秋分時，汲井泉則結石花；大滷之下，則生陰精石：皆溼之所化也。如木之氣在天爲風，木能生火，風亦能生火。蓋五行之性也。

**宋・周煇《清波雜志》卷一二** 膽水膽土

信州鉛山，膽水自山下注，勢若瀑布，用以浸銅，鑄冶是賴。雖乾溢係夫旱澇，大抵盛於春夏，微於秋冬。古傳一人至水濱，遺匙鑰，翌旦得之，已成銅矣。近年水流斷續，浸銅頗費日力。凡古坑，有水處曰膽水，無水處曰膽土。膽水浸銅，工省利多；膽土煎銅，工費利薄。

**宋・李心傳《建炎以來係年要録》卷五九** 朝議以坑冶所得不償所費，悉罷監官，以縣令領其事。至是江東轉運副使馬承家奏存饒、信二州銅場，許之。二場皆産膽水，浸鐵成銅。元祐中，始置饒州興利場，歲額五萬餘斤。紹聖二年，又置信州鉛山場，歲額三十八萬斤。其法，以片鐵排膽水槽中，數日而出，三煉成銅。率用鐵二斤四兩，而得銅一斤云。

**宋・洪諮夔《平齋文集》卷一《大冶賦》** 其浸銅也，鈆山興利，首鳩僝功。推而放諸象皆取蒙，辨以易牙之口，膽隨味而不同。青澀苦以居上，黄醓煆而次中。鑒以離婁之目，泛浮漚而異容。赤間白以爲貴，紫奪朱而弗庸。陂沼既瀦，溝遂斯決，瀺灂澒溶，汩淴瀲冽。銅雀臺之簷霤，萬瓦建瓴而淙淙，龍骨渠之水道，千澮分畦而濊濊。量深淺以施槽，隨踈密而制閘。陸續吞吐，蟬聯貫列，乃破不轑之釜，乃碎不湘之錡，如鱗斯布，如翼斯起。漱之瓏瓏，濺之齒齒。沉涵極表裏以俱暢，蒸釀窮日夜而不止。元冥効其巧譎，陽侯獻其恠詭。變蝕爲沫，轉澀爲灩。或浹下簟，自凝珠蕊。且濯且漸，盡化乃已。投之爐錘，遂成粹美。其淋銅也，經始岑水，以逮永興。地氣所育，它可類稱。土抱膽而潛發，屋索綯而亟乘。剖曼衍，攻峻嶒，浮埴去，堅壤呈。得雞子之肧黄，知土鉐之所凝。葦運塞於介蹊，烯積高於脩楹。日愈久而滋力，礬既生而細硫。是設抄盆，筠絡以庋。是築甓槽，竹龍以釃。散鉅葉而中鋪，沃鉐液而下漬。勇抱甕以潺湲，馴飜瓢而滂濞。分釃淡於淄澠，別清濁於涇渭。其滲瀉之聲，則糟丘壓酒於步兵之厨。其轉引之勢，則渴烏傳漏於挈壺之氏。左挹右注，循環不竭。晝湛夕溉，薰染翕欱。幻成寒煖燥濕不移之體，疑刀圭之點鐵。

**宋・王象之《輿地紀勝》卷二一《江南東路・信州景物上》** 膽水 在鉛山。自昔無之，始因饒州布衣張甲獻言，可用膽水浸鐵爲銅。紹聖元年始令本州差廂軍興浸，其利漸興。今淋銅之所二百四十槽，歲浸銅八萬九千斤。

**宋・陳元靚《事林廣記・藥石辨正》** 膽礬 正蒲州虞鄉縣膽(几)〔礬〕長而着片，或着條，如雞卵、鴨觜，或重一斤半塊，外如土緑色，拭去上面色碧翠可愛。一云曲江者爲膽(几)〔礬〕，餘者爲青(几)〔礬〕。宜辨。河中府者，即小片夾砂石。

**宋・馬端臨《文獻通考》卷一八《征榷・坑冶》** 寧宗嘉定十四年，臣僚言産銅之地莫盛於東南，如括蒼之銅廊、南算、孟春黄涣峯、長拔殿山、爐頭山莊等處，諸暨之天富，永嘉之潮溪，信上之羅桐，浦城之因奬，尤溪之安仁、杜唐洪、面子坑五十餘所，多係銅銀共産大場，月解浄銅萬計，小場不下數千，銀各不下千兩，爲利甚博。至今雙瑞西瑞十二巖之坑出銀繁渉，大定、永興等場銀鉛並産，興盛日久。又信之鉛山與處之銅廊皆是膽水，春夏如湯，以鐵投之銅色立變。浸銅，以生鐵煉成薄片，置膽水槽中浸漬，數日上生赤煤，取刮入爐，三煉成銅。大率用鐵二斤四兩，得銅一斤。淳熙元年七月，指揮信州鉛山場浸銅，每發二千斤爲一綱，應副饒州永平監鼓鑄。夫以天地之閒顯界坑冶而屬吏貪殘，積成蠹弊，諸處檢踏官吏大爲民殃，有力之家悉務辭遜，遂至坑源廢絶礦條湮閉，閒有出備工本爲官開浚元佃之家，方施工用財未享其利，而譁徒誣脅，甚至黥配估籍，冤無所訴，此坑冶所以失陷也。

**《宋史・食貨志・錢幣》** 六年，斂民間銅器，詔民私鑄銅器者徒二年。贛、饒二監新額錢四十萬緡，提點官趙伯瑜以爲得不償費，罷鼓鑄，盡取木炭銅鉛本錢及官吏闕額衣糧水脚之屬，湊爲年計。十三年，韓球爲使，復鑄新錢，興廢坑冶，至於發冢墓，壞廬舍，籍冶户姓名，以膽水盛時浸銅之數爲額。浸銅之法：以生鐵鍛成薄片，排置膽水槽中浸漬數日，鐵片爲膽水所薄，上生赤煤，取刮鐵煤入爐，三煉成銅。大率用鐵二斤四兩，得銅一斤。饒州興利場、信州鉛山場各有歲額，所謂膽銅也。無銅可輸者，至鎔錢爲銅，然所鑄亦纔及十萬緡。

寶慶元年，新錢以「大宋元寶」爲文。端平元年，以膽銅所鑄之錢不耐久，舊錢之精緻者泄於海舶，申嚴下海之禁。嘉熙元年，新錢當二并小平錢並以「嘉熙通寶」爲文，當三錢以「嘉熙重寶」爲文。

**又《食貨志·阬冶》** 紹聖元年，户部尚書蔡京奏：「岑水場銅額寖虧，而商、虢間苗脈多，陝民不習烹採，久廢不發。請募南方善工詣陝西經畫，擇地興冶。」於是以許天啓同管幹陝西阬冶事。元符三年，天啓罷領阬冶，以其事歸之提刑司。初，新舊阬冶合爲一司，而漕司兼領。天啓爲同管幹，欲專其事，慮有所牽制，乃請川、陝、京西路阬冶自爲一司，許檢束州縣，刺舉官吏，而漕司不復兼阬冶。至是，中書奏天啓所領，首末六歲，總新舊銅止收二百六萬餘斤，而兵匠等費繁多，故罷之。

崇寧元年，提舉江、淮等路銅事游經言：「信州膽銅古阬二：一爲膽水浸銅，工少利多，其水有限；一爲膽土煎銅，土無窮而爲利寡。計置之初，宜增本損息，浸銅斤以錢五十爲本，煎銅以八十。」詔用其言。諸路阬冶，自川、陝、京西之外，並令常平司同管幹。所收息薄而煩官監者，如元符、紹聖敕立額，許民封狀承買。四年，湖北旺溪金場，以歲收金千兩，乃置監官。廣東漕臣王覺自言嘗領常平，講求山澤之利，岑水一場去年收銅，比祖額增三萬九千一百斤，較之常年亦增六十六萬一千斤。遂增其秩。是歲，山澤阬冶名數，令監司置籍，非所當收者別籍之，若弛興、廢置、移併，并令具注，上於虞部。

**又** ［政和六年］十二月，廣東漕司言：「本路鐵場阬冶九十二所，歲額收鐵二百八十九萬餘斤，浸銅之餘無他用。」詔令官悉市以廣浸，仍以諸司及常平錢給本。尚書省奏：「五路阬冶已有提轄措置專司，淮南、湖北、廣東西亦監司兼領，其餘路請並令監司領之。」於是江東西、福建、兩浙漕臣皆領阬冶。

**明·方以智《物理小識·金石類》** 鐵成銅 德化之水，可以煑鐵爲銅。《萬畢》曰，白青、膽礬化鐵爲銅。中通曰，白青即大青。

**清·顧祖禹《讀史方輿紀要》卷二七《南直九》** 銅官山，縣南十里。有泉源，冬夏不竭，可以浸鐵烹銅，唐於此置銅官場，宋置利國監，山亦曰利國山。歲久銅乏，場與監俱廢。稍西有銅官渚。唐文德初楊行密結和州，上元之兵自采石濟侵宣州，行密從銅官渚濟江會之，即此。《寰宇記》：「山舊産銅，供梅根監。」石門山，在縣南十五里。兩山石壁對峙如門。又南十五里有伏牛山及羊山，二山相接。縣西南四十里又有天門山，其勢聳插雲表。又有馬仁山，在縣東南七十里。其東與太平府繁昌縣接界。

**又 卷八五《江西三》** 大茅山，縣東南百里。山最磅礴，千峰萬壑，深林邃谷，爲縣境諸山之冠。又鳴府山，在縣東南八十里。山勢崔嵬，雲烟晝晦。銅山，在縣北三十里，唐置銅場處。山麓有膽泉，亦曰銅泉，土人汲以浸鐵，數日輒類朽木，刮取其屑煆煉成銅。元至正十二年中書省臣張理言：「德興三處膽水浸鐵，可以成銅，宜即其地名立銅冶場。」從之，因以理爲場官。試之，其言不驗，於是復廢。

銅寶山，縣治西南。石竅中膽泉湧出，浸鐵成銅。天久晴，有礬可拾。一名七寶山。宋建隆三年置銅場，今廢。志云：縣西三里有膽水，蓋出銅寶山下。

鎖山門，縣西七十里。山谿險仄，昔時膽水出此。其水或湧自平地，或出自石罅。《神農本草》云：「膽水能化鐵爲銅，宋時爲浸銅之所，有溝漕七十七處。興於紹聖四年，更創於淳熙八年，至淳祐後漸廢。其地之水有三，膽水、礬水、黄礬水。各積水爲池，每池隨地形高下深淺，用木板閘之。以茅蓆鋪底，取生鐵擊碎入溝，排砌引水通流浸染，候其色變，鍜之則爲銅，餘水不可再用。縣之膽水多自山下注，勢若瀑布，隨天旱潦而有涸溢，大抵盛於春夏，微於秋冬，後水流斷續，浸銅頗費工力。凡古坑有水處曰膽水，無水處曰膽土。膽水浸銅工省利多，膽土煎銅工費利薄。水有盡，土無窮，官亦兼收其利。」《通考》：「浸銅之説，自昔無之，因饒州布衣張甲獻言而始。紹聖元年其利漸興，紹興二年朝議以坑冶所得，不償所費，悉罷監官，以縣令領其事，後遂廢。」今猶有膽水餘流，水潦時東溢入於汭口。霞落園，在縣北三里。宋紹興間閩寇范汝爲作亂，丞相李綱將兵萬五千人駐於霞落，即此。俗呼相公府。

**又 卷九八《福建四》** 金山，縣西北十里，邑主山也。巒嶂巑岏，蒼翠如畫。一名紫金山，【略】上有三池，名曰「膽水」，上下二池有泉湧出，中一池則蓄上池之流。相傳宋時縣治密邇其地，水赤味苦，飲則傷人，惟浸生鐵可煉成（鋼）［銅］。後縣治既遷，其水遂變，不異常水。山側有百丈漈，高可百丈，懸流如線，自石罅出，舊名黄金坑。水陽有南寶山，望之如筆。又有巖曰寶興巖。山南五里即舊縣治之鍾寮場云。

**又 卷一〇二《廣東三》** 修仁水，府東北二十里。源出浮岳山，《水經注》謂之邸水，下流爲五渡水，注於湞水。又靈水，在府東七十里。志云：源出始興縣界清化嶺，西流九十里入湞水，俗呼零溪。又府東九十里有黎溪，出始興縣界東坑嶺，西流百五十里入湞水。岸多棠梨，因名。亦曰利水。　雙下水，在府西五十里。有兩澗合流，因名。南流五十里入於湞水。又膽礬水，在府西南三十里。宋初置場採銅，謂水能浸生鐵成銅。又出生熟膽礬，役民採之，歲以充貢。

寶山，縣北二十五里。山産銅礬。高千仞，周百餘里。巔有巨石。下有池，環繞左右。東巖出泉，深不可測，岑水蓋源於此。又北三十里爲九曲嶺，盤旋凡九。旁有躭石泉，高山絶頂，巨石倚空，飛泉瀉落，爲絶勝處。唐時有僧躭玩不舍，泉因以名。

翁溪，在縣東。源出靈池山，西南流二百四十里，至英德縣合於湞水，所謂瀧頭水也。　岑水，在縣北。源出羊逕。一名銅水，可浸鐵爲銅。水極腥惡，兩旁石色皆赭，不生魚鼈禾稼之屬。與曲江縣膽礬水同源而異流，入英德縣界會於清溪水。

**清・徐松《宋會要輯稿・職官・提點坑冶鑄錢司》**　四月十六日，江淮荆浙福建廣南路提點坑冶鑄錢虔州司奏：「昨饒州岑水場措置創興煎銅之法，本場收到煎淋銅二十七萬一十斤。舊來每年(亡)[止]收膽銅三十餘萬，因本司措置創添煎淋磓銅等，遂收及六十餘萬斤。其煎淋銅功利不小，永遠歲歲得銅鑄錢，補助上供。」詔提點官并措置官各與轉一官。

**又《食貨・坑冶上》**　各路坑冶興發停閉及歲收額

今遞年趁到：　總八十八萬三百二斤一十三兩，比祖額紐計止收及四分一釐。信州管下鐵赴信州鉛山場浸銅：　鉛山縣五萬九千斤。上饒縣五萬斤。弋陽縣一十萬斤。玉山縣三萬五千斤。貴溪縣一萬三千斤。　饒州管下鐵赴饒州興利場浸銅：　德興縣三千八百二十三斤。鄱陽縣三千五百斤。餘干縣五千斤。浮梁縣一千七百斤。樂平縣三千斤，池州銅陵縣三千六百四十五斤八兩，赴本縣浸銅。貴池縣三千二百五十四斤八兩，赴信州鉛山場、饒州興利場浸銅。徽州婺源縣一千二百斤，赴饒州興利場浸銅。撫州東山場一十一萬七千斤，赴信州鉛山場浸銅。吉州管下鐵赴韶州岑水場浸銅：安福縣連嶺場二十二萬二千八百六十二斤八兩。廬陵縣黄崗場二萬七千九百五十斤。吉水縣二萬三千二百斤。萬安縣一萬七千二百三十斤。隆興府進賢縣三千五百四十斤，赴信川鉛山場、饒州興利場浸銅。江州德安縣一萬三千八百二十四斤五兩，赴信州鉛山場、饒州興利場浸銅。興國軍大冶縣二萬四千九百八十八斤，赴信州鉛山場、饒州興利場浸銅。　舒州懷寧縣一萬五千二百八十斤，赴信州鉛山場，饒州興利場浸銅。　潭州管下鐵赴本州永興場浸銅：　瀏陽縣一萬二千三百五十九斤。　善化縣七百斤。　辰州管下鐵赴饒州興利場、信州鉛山場浸銅：　叙浦縣一千一百斤。　辰溪縣二千二百斤。　建寧府浦城縣仁風場四萬斤，赴信州鉛山場浸銅。　處州管下鐵赴信州鉛山場浸銅：麗水縣一百斤。　青田縣一千二百二十斤。　韶州翁源縣一萬二千八十八斤，赴韶州本水場浸銅。　南雄州始興縣四百四十斤，赴韶州岑水場浸銅。　廣州管下鐵赴韶州岑水場浸銅：　增城縣五千斤。　番禺縣五百八十斤。　清遠縣七百斤。　懷集縣七百斤。　惠州博羅縣一萬二千七百四十斤，赴韶州岑水場浸銅。　鬱(州林)[林州]南流縣二萬七千五百斤，赴韶州岑水場浸銅。　賓州遷江縣一萬四千六百四十斤，赴韶州岑水場浸銅。

**又《坑冶下》**　乾道(元年)[九年]，提點坑冶鑄錢司王楫、李大正言：「欲將江南、淮南、兩浙、潼川、利州路分隷饒州司，江西、湖南、北、二廣、福建路分隷贛州司，錢糧物料，並依所分路分催趁足辦。其潼川、利州路逐年所趁銅課，緣爲路遠，稽察不前，訪聞得逐處産銅浩瀚，欲下潼川、利州路産銅州縣，應有額外增羡數目，與免立爲年額，盡數起發，添助鼓鑄。」從之。

李大正言：「自昔坑冶銅課最盛之處，曰韶州岑水場，曰潭州永興場，曰信州鉛山場，號三大場。」又言：「近點檢韶州岑水場黄銅遞年課額，雖號二三萬斤，而堪用者實少。蓋坑户秖於舊坑中收拾苴滓，雜以沙土，或盜他人膽銅，烹成片鋌。其面發裂，殆若泥壤，每斤價直計二百二十文省，徒費官錢。今且權住收買，别踏新坑。顧坑户採取膽土以爲淋銅之用，其膽銅坑户就官請鐵，舊來採銅坑户承接膽水浸洗礦，未烹煉成銅。今欲分别水味濃淡，各人合用鐵數支給，更不尅鐵本。以鐵計銅，得銅數多，則不復問；得銅數少，計鐵比較，追其所虧。仍將逋欠錢、鐵權與倚閣，每斤實支價錢一百三十文省，除椿充經總制錢并顧工價、炭，猶可得錢七十三文省。如銅色不及十分，即隨分數估剥支給。或趁辦年額之外，能有增買者，則更優支價錢四十文省。應淋銅取土，皆在窮山絶頂，所役兵士皆是二廣配隷之人，衣糧經年不至。今欲依信州鉛山場兵士例，日貼支米二升半外，有韶州永通監，遞年鑄錢多不及三千貫或四千貫，今欲酌取中數，管認三千五百貫。」從之。

【略】又信之鉛山與處之銅廓，皆有膽水，春夏如湯，以鐵投之，銅色立變。夫以天造地設，顯界坑冶，而屬吏貪殘，積成蠹弊。

**又**　徽宗建中靖國元年，以宣德郎游經提舉措置江淮荆浙福建廣南銅事。經先以憂去官，至是服闋，自言：「昨在任日，常講究有膽水可以浸鐵爲銅者，韶州岑水、潭州瀏陽、信州鉛山、饒州德興、建州蔡池、婺州銅山、汀州赤水、邵武軍黄齊、潭州礬山、温州南溪、池州銅山，凡十一處，唯岑水、鉛山、德興已嘗措置，其餘未及經理。將來錢額，愈見虧失。」户部以爲請，故有是命。

崇寧元年，户部言：「游經申：自興置信州鉛山場膽銅已來，收及八十九萬八千八十九斤八兩，每斤用本錢四十四文省，若製撲膽銅鑄錢，每一貫省六百餘文，其利厚重。自丁憂解職之後，皆權官時暫監管，致今膽銅十失五六。今再除職事以來，自今年正月至九月二十日終，已收膽銅一十七萬二千一百二十三斤八兩。然亦合行措置，古坑有水處爲膽水，無水處爲膽土。膽水浸銅，工少利多，其水有限；膽土煎銅，工多利少，其土無窮。措置之初，宜增本減息，庶使後來可繼。膽水浸銅，斤以錢五十爲本，膽土煎銅，斤以錢八十爲本，比之礦銅，其利已厚。若從上次寬立本錢，所貴銅課增羡。偷盜膽銅與私壞膽水，或坑户私煎膽銅，乞依紹聖五年敕文約束。」從之。

淳熙元年七月十日，提點坑冶鑄錢司言：「信州鉛山場所産膽水浸鐵成銅，每發二千斤爲一綱，至信州汭口鎮，用船轉發，應副饒州永平監鼓鑄。昨據信州通判祝大年、張玆同銜申，任内催趁銅鉛及格，乞將合得酬賞分受。」從之。

淳熙五年閏六月四日，新除提點江淮等路坑冶鑄錢姚述堯言坑冶利便二事：「一，諸處坑場非無銅寶，以鄉保障固，乞行下諸州出産銅坑見今興發處，委通判召募人户開采，支與實直價錢，不得抑令坑户責認歲額。一，韶州岑水、信州鉛山等場，所産浸銅非無膽水，止緣給鐵不如其數，遂時致銅課虧少。乞下淋銅及産鐵州軍，委通判措置拘催合用鐵數發下場監，督責監官趁水淋浸。所用兵匠，不得州縣妄占。如有違戾，許從本司具名按劾。」從之。以上《永樂大典》卷六七。

**又** （紹興）［淳熙］十二年七月十二日，敷文閣待制、提舉佑神觀、兼侍講、兼同修國史洪邁言：「臣家居（鐃）［饒］州，實提舉坑冶鑄錢官置司去處，故亦採聞冶鑄所仰，莫如信州鉛山之銅，而比年以來，常以乏少爲患。臣比守婺，有管下永康知縣余瑑言：『頃年任嚴州淳安縣丞，被差鉛山體訪坑冶利病。見每歲所得銅數，比往昔十無一二。因咨訪耆老，皆云昔係是招集坑户就貌平官山鑿坑，取垢淋銅，官中爲置爐烹煉，每一斤銅支錢二百五十。彼時百物俱賤，坑户所得有贏，故常募集十餘萬人晝夜採鑿，得銅鉛數千萬觔，置四監鼓鑄，一歲得錢百餘萬貫。數十年以來，百物翔貴，官不增價收買，坑户失利，散而之他，而官中兵匠不及四百人，止得銅八九萬斤。人力多寡相去幾二百倍，宜乎所得如是之遼絶也！』其説欲乞專委提點官就鉛山縣置局，採訪舊例，興復坑户，每一斤銅增錢收買，若旋募得千百人穿坑取垢，得銅必多。價既增舊，人自畢力，所得精銅必多。詳觀瑑此説，殊爲有理。乞詳酌，專委耿延年使知瑑策，議其可否。」

十一月十四日，知婺州永康縣余瑑奉旨赴都堂，開具條目。詔令耿延年詳余瑑所陳事理，疾速躬親前去相度利便奏聞。

十三年正月二十八日，江淮等路提點坑冶鑄錢耿延年言：「遵稟指揮，行下信州及鉛山縣官、鉛山場官并本司屬官，先次措置招召民户從便採鑿，賣銅入官。據逐官報到，各於地頭榜諭，經今兩月，並無情願應募之人。除已節次具因依申尚書省并户、工部照會外，躬親至信州鉛山場，同官屬吏卒登諸山相視，推尋故迹，徧歷高下，講求昔時十萬坑丁採鑿之由與夫目今已行之事，利害源流，悉已洞見。臣交領職事三年有五月，晨夕疚心，惟務與民共利，經久可行，不欲專利於官而有害於民，不欲取辦一時而貽患於後，故累年銅、鉛、鐵、錫課利視舊來稍稍辦集，至如貌平山取採垢土淋銅之利，亦已逐時旋增置訖。其山特鉛山場一小山爾，況其地穿鑿極甚，積土成山，循環復用，歲月寖久，兼地勢峻倒，不可容衆。今奉旨令臣相度，其地有不可增置之處，不敢自嘿，謹盡録奏聞。如朝廷別遣使命見此遺利，在臣則有欺隱之罪。臣今來又檢踏出竹葉塢山巔稍平數處，更可增四十槽，其合用添招兵匠、起造屋宇所費本錢因依，并鑄錢司見行事務與臣任内先已創復坑冶去處，悉皆條去，隨狀繳進。」户、工部契勘：「當來余瑑所言信州鉛山之銅，乞專委提點官就鉛山置局，採訪舊例，興復坑户，穿坑取垢，增價買銅。今來提點官耿延年相度條具畫一事因，除第四項内欲於竹葉塢山巔見有地稍平數處可以更增置淋銅盆槽四十所，得銅二萬斤，會計合用本錢一萬八千一百餘貫，可添鑄折二錢八千貫文外，別無相度條具到可以鉛山縣置局，招集坑户採鑿取垢，增價買銅合行利便事件。況今來提點官耿延年奉旨行下招召坑丁，已踰兩月，並無人應募，可見此事難行。其提點官却於竹葉塢山巔躬親踏逐數處，可以更增置盆槽淋銅添鑄錢一節。本部今勘會，欲下江淮等路鑄錢司更切契勘，如所奏是詣實，及目今鼓鑄所費不過，兼係經久可行利便，即從本司一面措置施行。」從之。以上《孝宗會要》。

## 紀事

**《宋史・食貨志・阬冶》** 開寶三年，詔曰：「古者不貴難得之貨，後代賦及山澤，上加侵削，下益彫弊。每念兹事，深疚於懷，未能捐金於山，豈忍奪人之利。自今桂陽監歲輸課銀，宜減三分之一。」民鑄銅爲佛像、浮圖及人物之無用者禁之，銅鐵不得闌出蕃界及化外。

**《元史·食貨志》** 銅在益都者，至元十六年，撥户一千，於臨朐縣七寶山等處採之。在遼陽者，至元十五年，撥採木夫一千户，於錦、瑞州鷄山、巴山等處採之。在澂江者，至元二十二年，撥漏籍户於薩矣山煽煉，凡一十有一所。此銅課之興革可考者然也。

天曆元年歲課之數

銅課：雲南省二千三百八十斤。

**《明史·食貨志》** 銅場，明初，惟江西德興、鉛山。其後四川梁山，山西五臺，陝西寧羌、略陽及雲南皆採水銀、青緑。太祖時，廉州巡檢言：「階州界西戎，有水銀坑冶及青緑、紫泥，願得兵取其地。」帝不許。惟貴州大萬山長官司有水銀、硃砂場局，而四川東川府會川衛山産青緑、銀、銅，以與外番接境，虞軍民潛取生事，特禁飭之。成化十七年，封閉雲南路南州銅坑。弘治十八年，裁革板場坑水銀場局。正德九年，軍士周達請開雲南諸銀礦，因及銅、錫、青緑。詔可，遂次第開採。嘉靖、隆、萬間，因鼓鑄，屢開雲南諸處銅場，久之所獲漸少。崇禎時，遂括古錢以供爐冶焉。

**清·徐松《宋會要輯稿·職官·提點坑冶鑄錢司》** 重和元年十一月二十日，江西路轉運判官兼措置本路坑冶劉蒙奏：「興國軍大冶縣金鷄山等處銅礦興發，臣等欲望敷奏，申敕諸路，則已墜之法庶幾復舉。」詔諸路元罷提舉坑冶官並復置，仍具員數取旨。其江南路令劉蒙同措置。又詔：除陝西、京東、河北、河東坑冶官不置外，餘並依舊。內東南九路坑冶司減勾當公事二員，京西路寶冶指揮候新官到日，措置消與不消招置，具狀聞奏。

六年五月九日，新差權提舉京西南路常平等事雷勉狀奏：「竊利之輩所奏苗脈不實，唯在借請官錢，遂成失陷。欲望下諸路，委漕臣與提點官公共講究革弊之術。如有告發坑冶，委提點坑冶官選委能吏，同州縣當職官躬親詣地頭監轄取打礦石烹試，如委實有寶，即計其所出，有補於官，許依條借請官錢。仍令作料次，隨其所出之寶量多寡借請。及乞令召第三等以上税户保借，無容似前泛濫借請，枉致失陷。仍乞提點坑冶司關報漕臣，公共點檢覺察。」詔令諸路提點坑冶官并兼領官條畫措置，申尚書省。

**又** 紹(聖)[興]【略】六年四月十八日，提點坑冶鑄錢趙伯瑜奏：「被旨興復坑冶，今先詣鉛山場措置，詢訪得管下(責)[青]碌坑場見今封閉。竊(責)[以青]碌係銅之母，發爲精英，其名有浮淘、青頭、青二、青大碌之類，皆是價高值錢之物。靖康初住罷採打，今來雖別無所用，而民間裝飾服用亦有合用青碌去處，往往被人户私採盜賣，暗失錢本，誠爲可惜。今相度，乞將管下坑冶出産青碌去處，從來本司措置召(入)[人]興採，委自坑冶場拘收，立價抽買入官，量行搭息變賣，資助銅本。如朝廷許依所請，即乞早賜指揮施行。」詔令鑄錢司依已降指揮召人興採抽買，即不得抑勒騷擾。

**又 《食貨·坑冶下》** 坑冶雜録

[天聖]八年，江南東路轉運司言：「信州寶豐縣自淳化五年内銅貨興發，奉敕割弋陽縣玉亭、新政兩鄉立爲寶豐縣，虚占官吏，勞役人民，銀利寡少，銅貨絶無。當司相度，可公却併歸弋陽縣，其場務仍舊差使臣專監，只作寶豐鎮名額。」從之。

至和二年，詔三司：韶州岑水場銅大發，其令轉運司益募工鑄錢。

元豐元年，詔潭州瀏陽縣銅冶，可立法選官推行。

元祐元年，陝西轉運兼提舉銅坑冶鑄錢司言：「虢州界坑冶户所得銅貨，除抽分外，餘數並和買入官。費用不足，乞依舊抽納二分外，只和買四分，餘盡給冶户貨賣。」從之。

户部尚書李常言：「岑水等場自來出銅礦最多，近年收買全不敷。欲乞選有幹局官詣逐場詢訪事理，招致坑户，候銅利興發，將見廢監州郡隨買到銅多寡，逐旋興發鼓鑄錢寶。」從之。

乾道(元年)[九年]，提點坑冶鑄錢司王楫、李大正言：「欲將江南、淮南、兩浙、潼川、利州路分隸饒州司，江西、湖南、北、二廣、福建路分隸贛州司，錢糧物料，並依所分路分催趁足辦。其潼川、利州路逐年所趁銅課，緣爲路遠，稽察不前，訪聞得逐處産銅浩瀚，欲下潼川、利州路産銅州縣，應有額外增羨數目，與免立爲年額，盡數起發，添助鼓鑄。」從之。

二十九年，提領諸路鑄錢所言：「利州路轉運判官兼提舉鑄錢蘇欽申：興州青陽、利州青渥兩銅場，所納銅數即無定額。今據青陽銅場黄栢水窟一眼，止是採得生汁礦石烹鍊，銅數細微。今相度，青陽場每年酌量立定一千五百斤、青渥場每年七千斤爲額，兩場每年鍊發八千五百斤。數内除抽(約)[納]二分一千七百斤不支價錢外，餘數每斤支錢引八分，共合用本錢五千四百四十道。乞依潼川府路轉運司事體，獨於經總制窠名錢内取撥支用；其起發脚錢，於係省錢内支破。所有收到銅料，依潼川府銅山縣已得旨，徑赴饒州永平監，或從便赴江州交納。」從之。

# 圖録

冶銅圖

明・宋應星《天工開物》卷下《五金》

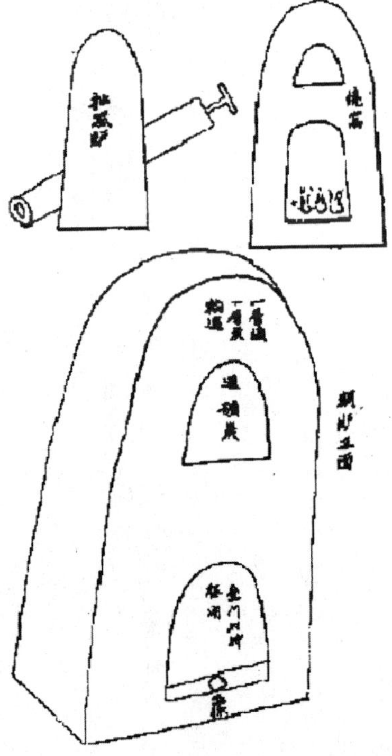
銅爐圖一

清・吴其濬《滇南礦廠圖略》

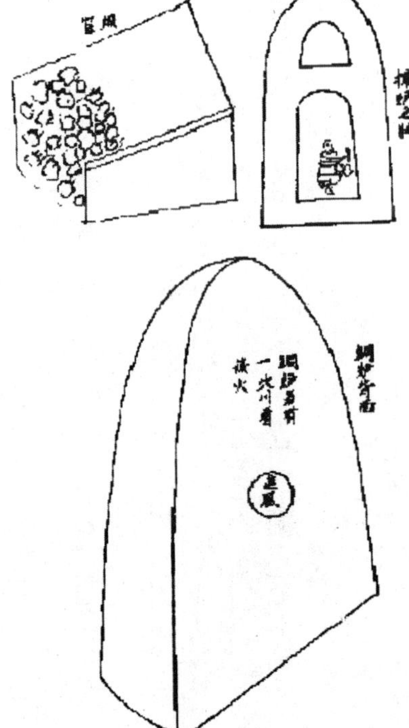
銅爐圖二

# 雜録

**宋・王欽若等《册府元龜》卷四九三《邦計部・山澤一》** 漢高祖封兄仲之子濞爲吴王。會孝惠、高后時，天下初定，郡國諸侯，各務自拊循其民。吴有豫章郡銅山，濞招致天下亡命者盜鑄錢，東煮海水爲鹽。以故無賦，國用饒足。鑄錢煮海，收其利以足國用，故無賦於民也。

**明・朱國禎《湧幢小品》卷一五《石青》** 永樂十七年，山西行都司軍士採石青於浄沙州舊塘，用工多而所得甚少。忽見青蛇隨所往，二百餘步失之。發其下，得石青加倍，其色視舊塘産者益鮮明。

**清・徐松《宋會要輯稿・食貨・坑冶下》** 礬 十年二月六日，淮東常平司言：「本司契勘楚、泗州市易務先蒙支降到礬鈔引各一千道，緣本處不是就便去處，是致無人承買。今來泗州市易務已得指揮罷局，所有本務元承支降到礬引共一千道，申部乞指揮施行。」户部據榷貨務勘會：泗州市易務既已罷局，其未賣礬鈔若令發回本務，本州至行在道路遥遠；或令撥赴楚州，又緣本處亦有未賣之數。今契勘得無爲軍崑山場係出産礬貨去處，見有降到礬鈔客人多是就便算買，可以發泄。今欲將泗州市易務未賣礬鈔引改撥赴無爲軍崑山場，招誘客算。從之。

**佚名《銅政便覽・廠地上》** 程站

寧台廠，一站至老牛街，一站至阿莽寨，一站至順德橋，一站至老鷹坡，一站至鴛鴦塘，一站至回子村，一站至阿梅寨，一站至岔路，一站至猓猓寨，一站至橋頭，一站至石坪村，一站至大理府城，半站至下關店，下關店半站至趙州城，一站至紅崖，一站至雲南驛，一站至普淜，一站至沙橋，一站至吕河，一站至楚雄，一站至廣通縣城，一站至捨資，一站至禄豐縣城，一站至老鴉關，一站至安寧州，一站至省城。

**又** 大水溝廠，半站至黄草坪，一站至小四壩，一站至尖山塘，一站至東川府城。自東至尋，同上。

**又** 茂麓廠，一站至桃樹坪，一站至樹結，一站至苗子村，一站至大水溝，半站至黄草坪，一站至小田壩，一站至尖山塘，一站至東川府城。自東至尋，同上。

**又** 樂馬廠，一站至魯甸，一站至昭通。

樂馬廠，一站至雞罩卡，一站至孟姑，一站至三道溝，一站至東川府城。自東至尋，同上。

**又** 水路：自梅子沱廠二百五十里至安邊，一百里至敘州府城，一百九十里至南溪，一百五十里至瀘店。

陸路：自梅子沱廠半站至黑竹箐，一站至羅江岸，一站至副官村，一站至半邊樹，一站至洗沙溪，一站至石版溪，一站至檜溪，一站至腰塘，一站至呑都，一站至那比渡，一站至米貼，一站至黄草坪，半站至(碉)[碼]磺溝，一站至新甸子，一站至冷水河，一站至昭通府，一站至大水塘，一站至江底，一站至以扯，一站半至紅石岩，一站至東川府城，四站至尋甸。自東至尋，同上。

**又** 得寶坪廠，一站至平和，一站至黑烏，一站至滿官村，一站至程海，一站至永北廳，一站至清水驛，一站至金江，一站至沙坪，一站至大理府城，半站至下關店。

**又** 大功廠，一站至白羊廠，一站至獅井，一站至雞村，一站至湯欖，一站至菓榔，一站至雲龍州，一站至關坪，一站至丕邑，一站至江滂，一站至鳳羽，一站至沙坪，一站至大理府城，半站至下關店。

**又** 香樹坡廠，一站至法朕，一站至雨竜，半站至妥甸，一站至南安州城，一站至楚雄府城，六站至雲南省城，一站至板橋，一站至楊林，一站至易隆，一站至尋甸。

**又** 雙龍廠，一站至紅菓營，一站至尋甸店。

**又** 湯丹廠，一站至小江，一站至東川府城。

湯丹廠，一站至閿天坡，一站至松毛棚，一站至雙箐，一站至尋甸。

**又** 碌碌廠，半站至黄草坪，一站至小田壩，一站至尖山塘，一站至東川府城。待補一站至大水塘，一站至功山，一站至尋甸州城。

**又** 陸路：人老山廠，一站至落水村，一站至核桃壩，半站至廟口。

水路：至廟口，七站至瀘店。

人老山廠，二站至核桃壩，站半至大關廳，一站至一碗水，一站至烏拉鋪，一站至昭通府城，五站至東川府城，四站至尋甸。自昭至東、自東至尋，同上。

**又** 陸路：箭竹塘，一站至戛補，一站至施施村，一站至豆沙關。

水路：由豆沙關至瀘八站。

箭竹塘廠，一站至戞補，半站至黄水，一站至牛街，一站至二等坡，一站至兩路口，一站至長發坡，一站至林口，一站至奎鄉，一站至落則河，一站至大水塘，一站至江底，一站至以扯，一站半至紅石岩，一站至東川府城，四站至尋甸。自東至尋，同上。

**又** 長發坡廠，一站至兩路口，一站至二等坡，一站至牛街店，一站至黄水，一站至花家壩，一站至石竈孔，一站至羅星渡；水路八站至瀘州店。長發坡廠，一站至林口，一站至奎鄉，一站至落則河，一站至大水塘，一站至昭通府城。

**又**

陸路：小岩坊廠，半站至洗沙溪，一站至江口。

水路：自江口七站至瀘店。

小岩坊廠，半站至洗沙溪，一站至石版溪，一站至檜溪，一站至臨塘，一站至呑都，一站至那比渡，一站至(末)[米]貼，一站至黄草坪，半站至碼磺溝，一站至新甸子，一站至冷水河，一站至昭通府城。

**又**《**廠地下**》程站

鳳凰坡廠，一站至阿樂鋪，一站至陸涼州，一站至刀章鋪，一站至馬龍州城，一站至尋甸州店。

鳳凰坡廠，一站至北山塘，一站至湯池，一站至省城。

鳳凰坡廠，一站至禄豐，一站至烏舊村，一站至澂江府城。

**又** 紅石岩廠，一站至大麥地，站至何藥鋪，四站至尋甸州店。

紅石岩廠，至省城程站，與鳳凰坡廠同。

紅石岩廠，一站至三道水，一站至路則，一站至澂江府城。

**又** 大興廠，一站至回子哨，一站至陸涼州城，一站至小哨，一站至曲靖府城，一站至松井，一站至關哨，一站至永安鋪，一站至宣威州城，一站至倘塘，一站至箐頭鋪，一站至威寧州城。

大興廠，一站至路南州，一站至宜良縣，一站至七甸。一站至省城。

大興廠，一站至小哨，一站至羊芬，半站至澂江府城。

**又** 紅坡廠 自廠至威寧至省局至澂江三處程站，均與大興廠同。

**又** 發古廠，一站至新村，一站至折苴，一站至甸沙，一站至王家莊，一站至馬龍州，一站至黑橋，一站至遵化，一站至永安鋪，一站至石了口，一站至可渡，一站至箐頭鋪，一站至飛來石，一站至威寧州。

發古廠，一站至新村，一站至折苴，一站至甸沙，一站至楊林，一站至板橋，一站至省城。

發古廠，(一)[五]站至板橋，一站至水海子，一站至馬軍鋪，一站至澂江府城。

**又** 大風嶺廠，一站至處吉渡，一站至涼水井，一站至腰店子，一站至老村子，一站至尖山塘，一站至東川府城。

自廠至東川府共六站，同上。自東至尋，見上。

**又** 紫牛坡廠半站至則都箐，一站至尖山塘，一站至東川府城。

自廠至東川府共二站半，同上。自東至尋，見上。

**又** 青龍廠，一站至楊武壩，一站至羅呂鄉，一站至嶍峩縣城，一站至新興州城，一站至昆陽州城，水路一站至省城。

自省至尋甸四站，見上。

**又** 迴龍廠，一站至羊腸，一站至木箕壩，一站至熱水潭，一站至羊山，一站至稗子灣，一站至通甸，一站至呂苴，一站至香多，一站至沙左，一站至蒙古，一站至麗江府城，一站至鶴慶州城，一站至三場舊，一站至三營，一站至沙坪，一站至大理府城，半站至下關店。下關店至省城站，見上。

**又** 白羊廠，一站至獅井，一站至雞村，一站至湯橙，一站至菓榔，一站至雲龍州，一站至關坪，一站至丕邑，一站至江塝，一站至鳳羽，一站至沙坪，一站至大理府城，半站至下關店。自下關店至省見上。

**又** 馬龍廠，一站至舊關，一站至石板河，一站至三家村，一站至南安州城，一站至楚雄府城，六站至省城。

**又** 寨子箐廠，一站至三轉灣，一站至馬龍廠，一站至舊關，一站至石板河，一站至三家村，一站至南安州城，一站至楚雄府城，六站至省城。

**又** 秀春廠，一站至苴尤屯，一站至定遠縣城，一站至基關，一站至楚雄府城，六站至省城。

**又** 義都廠，一站至新店房，一站至大山脚，一站至二街，一站至九渡村，一站至混水塘，一站至省城。

**又** 大寶廠，一站至矣納廠，一站至武定州城，一站至雞街汛，一站至黄土坡，一站至省城。

**又** 萬寶廠，一站至永靖哨，一站至大哨，一站至三家店，一站至草鋪，一站至讀書鋪，一站至省城。

**又** 大美廠，一站至羅次縣城，半站至清水河，一站至黄土坡，一站至省城。

**又** 獅子尾廠，一站至普及，一站至大隔，一站至撒甸沚，一站至猓猓狸塘，一站至者末塘，一站至武定州城，一站至雞街汎，一站至黄土坡，一站至省城。

獅子尾廠，一站至撒撒廠，一站至鳳毛嶺，一站至發窩，一站至會理村，一站至小銅廠，一站至雞罩下，一站至孟姑，一站至三道溝，一站至東川府城。

**又** 綠硔硐廠，一站至寧州城，一站至甸苴關，一站至江川縣城，一站至晉寧州城，一站至呈貢縣城，一站至省城。

綠硔硐，一站至臨安府城。

**又** 鼎新廠，一站至臨安府城，一站至館驛，一站至通海縣，一站至江川縣，一站至晉寧州，一站至呈貢縣，一站至省城。

**又** 竜岜廠，一站至薪鋪，一站至開化府城，一站至江那，一站至阿雞，一站至阿記得，一站至土庫房，一站至廣南府城，一站至高梘槽，一站至蜈蚣箐，一站至響水，一站至土富州，一站至泗亭，一站至皈朝，一站至者桑，一站至剥隘。

**又** 者囊廠，一站至東田，一站至安樂，一站至錫板，一站至開化府城，十三站至剥隘。

自開化至剥隘十三站同上。

**又** 金釵廠，一站至猛拉，一站至呀拉冲，一站至擦黑，一站至阿迷州屬熊洞，一站至文山縣屬芹菜塘，一站至寶寧縣屬阿雞，一站至阿記得，一站至土庫房，一站至廣南府城，一站至高梘槽，一站至蜈蚣箐，一站至響水，一站至土富州，一站至泗亭，一站至皈朝，一站至者桑，一站至剥隘。

金釵廠，一站至鶯塘，半站至蒙自縣。

金釵廠，一站至個舊，一站至板枝花，一站至臨安府城。

**又《條例》**

新開子廠取結咨報

凡硐獲子廠之日，切實查明取結報部。《户部則例》未載。

凡硐有新出子廠，概准二成通商、八成交官收買。 如出銅豐旺，足敷官額，再行酌量加增通商。嘉慶十一年[一八〇六年]定案。

減額封閉

凡各廠採辦銅斤，或應減額，或應封閉者，准廠員據實具報，委據道府勘查屬實，督撫批准後，即於詳題文内聲明，題報不得僅於考成册内聲敘。嘉慶十四年[一八〇九年]案。

廠務歸地方官經理

凡銅廠，悉歸地方正印官經管。 如有繁劇地方及離廠較遠，正印官不能照料，必須另委專員者，准委州縣丞倅。乾隆四十二年[一七七七年]案。

凡改委管辦銅廠員，必須將改委(緑)[緣]由專案報部。嘉慶十二年[一八〇七年]案。

辦銅考成

凡各廠辦獲銅斤，校計多寡，酌定年額，劃分十二股，按月計數勒交。 如有缺額，令於一月内趲補。 倘三月之後不能補足，即將本員撤回，於考成案内議處。 若能於月額之外多辦，即於考成案内議敘。乾隆四十三年[一七七八年]案，見《户部[則]例》。

凡各廠年辦額銅，統限一年劃分十股，核計多少分數，分別議敘。《户部則例》無。

凡廠員少辦不及一分者，罰俸六個月；少辦一分以上者罰俸一年；二分、三分者，降一級留任；四分、五分者，降一級調用；六分以上者，降二級調用；七分以上未及八分及八分以上者，俱革職。 專管道府督催不及一分者，停其陞轉；一分以上者，降俸一級；二分、三分者，降職一級；四分、五分者，降職三級；六分、七分者，降職四級；俱令戴罪督催，停其陞轉，完日開復。八分以上者，革職。布政司總理各廠，如少辦不及一分者，停其陞轉，如已陞任，於現任内罰俸一年；少辦一分以上者，布政司降俸一級；二分、三分者，降職一級；四分、五分者，降職三級；六分、七分者，降職四級；俱令戴罪督催，停其陞轉，完日開復。八分以上者，革職。巡撫統(轉)[轄]各廠少辦不及一分，免議；一分者，罰俸三個月；二分者，罰俸六個月；三分者，罰俸九個月；四分者，罰俸一年；五分者，降俸一級；六分者，降俸二級；七分者，降職一級；八分者，降職二級；俱停其陞轉，戴罪督催，完日開復。凡廠員於月額之外多獲銅斤至一分以上者，紀録一次；二分以上者，紀録二次；三分以上者，紀録三次；四分以上者，加一級；五分以上者，加二級；遇有數多者，以次遞加之，加至七級爲止。總理布政司及統轄巡撫係按通省各廠額數核計，多辦不及一分，例不議敘；一分以上者，紀録一次；二分以上者，紀録二次；三分以上者，紀録三次。凡經管廠員及該管道府，均照此一律議敘。

凡銅廠加級，不准抵別案降罰。如一員兼管數廠，不准將此廠之議敘，抵彼廠之降罰。

凡短銅降罰之案，有錢糧加級方准抵銷。

**又《京運》** 《文獻通考》：禹鑄歷山之金。《禹貢》：荆、揚二州皆貢金三品。此爲輸金鑄錢之始。我朝德協坤維，地不愛寶，滇銅之盛，亘古未有。而運至京，路遥任重，條例紛繁，其原委有可歷數者。按京銅向係楚粤赴滇採運，雍正[一七二三年至一七三五年]間始令在滇鑄錢解京，行至乾隆元年[一七三六年]而止。嗣後洋銅兼採，旋復專取滇銅，初爲他省委員，即令歸滇運銅五十萬斤，其滇省應辦銅二百萬斤。內除鼓鑄解京錢文動用銅一百六十六萬四千斤外，尚應運銅三十三萬六千斤。派委正印一員，佐雜一員，於東川店兑領，運至四川永寧縣下船，由瀘州、重慶、漢口、儀徵、通州運京交收。四年[一七三九年]，奉部行令，將江、安、浙、閩四省應辦滇銅二百萬斤，併歸滇省辦解，滇省連原運銅三十三萬六千斤，共辦運銅二百萬斤，二共辦運銅四百萬斤。每百斤加耗餘銅十一斤，其時數共四百四十一萬餘斤，運分十二。乾隆七年[一七四二年]，鹽井渡水路開通，設店瀘州，運員即由瀘領運。九年[一七四四年]併八爲四，合四爲二。二十四年[一七五九年]，改四正爲三，易兩加爲一。二十六年[一七六一年]又分正運爲六、加運爲二。嘉慶十二年[一八〇七年]又併正六爲四，仍加運爲兩。專委丞倅牧令水運京銅六百二十九萬九千餘斤，遂爲定例。爰志京運，而以運員之自領運以至報銷，而所以歷之灘次各條附焉。

運員限期

凡解運京銅，滇省每年派委正運四員、加運二員，於通省丞倅州縣內，由該管府道採選，出具考語保結，移送布政司衙門，詳明督撫，派委領運，按限起程，如有遲延，即應議處。

正運一起，委員五月到省，六月三十日自省起程，限二十三日抵瀘受兑，限四十日，九月初十日自瀘開行。

正運二起，委員七月到省，八月初十日自省起程，九月初三日抵瀘受兑，限四十日，十月二十日自瀘開行。

正運三起，委員八月到省，九月二十日自省起程，十月十三日抵瀘受兑，限四十日，十一月三十日自瀘開行。

正運四起，委員九月到省，十月三十日自省起程，十一月二十三日抵瀘受兑，限四十日，次年正月初十日自瀘開行。

加運一起，委員十一月到省，十二月初十日自省起程，次年正月初三日抵瀘受兑，限三十日，二月初十日自瀘開行。

加運二起，委員十二月到省，次年正月初十日自省起程，二月初三日抵瀘受兑，限三十日，三月初十日自瀘開行。《户部則例》內載，自瀘掃幫各日期，仍係正加八起原期。

凡正、加委員，自瀘州至重慶限二十日，在重慶換船過載限二十五日，自重慶至漢口限四十日，在漢口換篓過載限三十日，自漢口至儀徵限二十八日，自儀徵至山東魚台縣限四十四日五時，自山東魚台縣至直隸景州限四十一日三時，自直隸景州至通州限三十六日，共定限九個月二十五日。

凡運員沿途遇有患病、守風、守水、阻凍、讓漕、起剥、過壩、修船等事，均應報明地方官取結，出結咨部咨滇，方准扣除。至沿途守風不過四日，守水不得過八日。倘江水泛漲，實不能依八日之限者，所在道府查驗實情取結，具結報准其扣除。如有地方官弁狥情代爲揑飾，及道府督催不力，一併嚴參議處。

凡運京銅斤，如正限之外逾限不及一月者，降一級留任，委解上司罰俸一年；逾限一月以上者，降一級調用；兩月以上者，降二級調用；三月以上者，降三級調用；四月以上者，降四級調用；至五月以上者，革職。委解上司，仍各降三級留任。

領用砝碼

凡運員起程時，遵照部頒砝碼，製給鉛碼一副。計四個，每個重二十五斤，共重一百斤。較準畫一，上鎸明照依部頒製給運員字樣。先與瀘店砝碼較準，再兑銅斤。沿運盤驗過秤打包，到京部局交銅。如分兩不齊，准其較兑，銅斤到部交收。交竣即將砝碼呈繳工部銷毁，不准私行帶回。《户部則例》無。

領批掣批

凡運員赴部交銅，每起本省發給户部科、工部科咨批各一件，自行呈投。如所運銅斤照額全數交足者，由部印批發，交運員回滇送布政司衙門備案。如有沉失逾折掛欠者，部中將原批扣留，俟沉失掛欠銅斤買補帶解清楚，部中始將批迴印發，咨滇備案。其所領餘銅，原備沿途盤剥折耗派補局秤之需，並不具批解部。

凡運員應解户部司務廳銅批飯食銀兩，係運員到京交銅時自行具批，完解掣批回滇，送布政司衙門備案。

請領銀兩

凡正運，每起在四川瀘州店領運正耗餘銅一百一十萬四千四百五十斤，應領銀兩共十處：

一，應領自瀘至漢水脚銀三千六十三兩六錢。

一，應領裸費銀一千四百三十七兩三錢。

一，應領湖北歸州新灘剥費銀一百八十二兩三錢一釐。

一，應領新增自重至漢舵水工食銀二百七十三兩六錢。

一，應領新增裸費銀一十九兩五錢。

一，應領一年養廉銀一千二百二十六兩二錢四分八釐五毫。共應領銀六千二百二兩五錢四分九釐五毫，係由滇省解交四川永寧道查收存貯，俟運員抵瀘查明瀘州、重慶兩處應給銀數，分別給發運員承領。

一，在湖北藩庫請領自漢口至儀徵水脚銀二千六百八兩五錢。

一，在江寧藩庫請領自儀徵至通州水脚銀四千五十一兩五錢。以上二項由滇省詳請發給咨文並領銀執照，交運員赴楚江二省呈投請領。連在四川請領共銀一萬二千八百六十二兩五錢四分九釐五毫，俟銅斤運抵京局交收完竣，由滇將支過銀兩，按款分晰造册報銷。

一，每起在滇請領幫費銀二千五百兩。

一，在通州請領幫費銀一千五百兩。二(其)[共]銀四千兩，係於各廠請領工本銀内每百兩扣收銀一兩四錢，每員發給銀一千五百兩，又於各官養廉銀内捐扣每員發給銀一千五百兩，又於正額節省銀内每員給予銀一千兩，共合四千兩，俱不入册報銷。

凡加運，每起在四川瀘州店領運正耗餘銅九十四萬九百九十一斤六兩四錢，應領銀兩共九處：

一，應領自瀘至漢水脚銀二千六百一十兩一錢八分七釐。

一，應領裸費銀一千二百六十三兩五錢一分五釐。

一，應領湖北歸州新灘剥費銀一百五十五兩三錢七分八釐。

一，應領新增自重至漢舵水工食銀二百三十四兩四錢。

一，應領新增裸費銀一十六兩二錢五分。

一，應領酌添起剥僱縴銀五百兩。

一，應領一年養廉銀八百一十七兩四錢九分九釐。共應領銀五千五百九十七兩二錢二分九釐，係由滇省解交四川永寧道查收存貯，俟運員抵瀘查明瀘州、重慶兩處應給銀數，分別給發承領。其自漢口至儀徵係由湖北江南撥給，站船不給水脚。其前項領過銀兩，俟銅斤運抵京局交收完竣，回滇將支用過銀兩，按款分晰造册報銷。正、加運員應領各款銀兩，《户部則例》(丙)[内]未載。

一，每起在滇請領幫費銀一千八百兩。

一，在通州請領幫費銀一千二百兩。以上二項共領銀三千兩。係於各廠請領工(木)[本]銀内每百兩扣收銀一兩四錢，每員發給銀一千兩，又於各官養廉銀内捐扣每員發給銀一千兩，又於正額節省銀内每員給予銀一千兩，共銀三千兩，俱不入册報銷。

凡正、加各員帶解節年沉失掛欠買補銅斤多寡無定，應需自瀘至京水脚按銅核明，正運委員帶解銅斤需銀二百兩，加運委員需銀一百兩。解交永寧道存貯，俟運員抵瀘查明瀘州、重慶兩處應給銀數，分別發給，回滇造册報銷。

撥兵護送

凡運員承運銅斤，起程時詳請督撫簽給兵牌，正運每起派撥弁兵十九名，健役十名；加運每起派撥弁兵十六名、健役八名護送。沿途各省督撫將藩臬大員開單請旨，每省酌派一員經理，銅船到境，各派(勒)[勤]幹道府一員，會同委員押送出境，遞相交替。仍通飭沿途護送，並照催漕之例，會同營員派撥兵役防護，經過川江險灘，地方文武員弁，預帶兵役、水手、灘師在灘候送。值(門)[閘]河行漕之時，責成巡漕御史查催。

運員兵牌，俟銅斤到京交收後，呈送兵部查銷。換給照票回滇咨部查銷。

兑銅盤驗

凡運員在四川瀘州店領運銅斤，責成永寧道，督同瀘州知州、瀘店委員，先將運員所領鉛碼與瀘店砝碼較準，然後秤兑。全數兑竣，取具運員鈐領、店員鈐結，一面申送滇省，詳咨沿途督撫轉飭驗兑，一面催令運員開行，申報四川總督飭川東道，俟銅到渝，委江北廳過秤出結，川東道另飭夔關查驗，出結具報。自夔關以下，令上站之員開具細數，遞交下游按數查驗，如無短少，具結放行。運抵漢口、儀徵，換船通載，湖北江南督撫飭令護送大員，眼同運員盤查過秤，具結申報。如銅斤交局虧短，將運員奏明，先交吏部議處。如有沿途盜賣沉失，惟沿途派出之員是問。如係瀘店短發，(印)[即]將在瀘各員照例叅辦。

運銅船隻

凡正運委員在瀘領運銅斤所需船隻，責成永寧道督同瀘州知州僱募小船裝運。至重慶，應需大船，責成川東道督同江北同知僱募夾𣚴中船裝運。至漢口，責成漢黄德道督同漢陽府同知僱募川漿船裝運。至儀徵，責成江寧巡道督同儀徵縣僱募駱駝船裝運。所僱船隻，驗明船身堅固結實，船户水手頭舵，務擇熟諳水性、風色、路徑，身家殷實之人方准僱募。凡加運委員，自瀘至漢同正運。其運抵漢口，湖北撥給站船，並委佐襍一員，協同運至江南儀徵交卸，委員押船回楚。儀徵(月)[另]撥站船，委員協運至通州交卸，委員即押船回江。撥給裝運之船，如沿途遭風打壞，由原省查明製價，除撈獲板片變抵外，應賠銀兩，咨部在船頭(各)[名]下分賠一半，該省協運委員分賠一半中十分之二，滇省運員分賠一半中十分之八。咨滇在運員名下著(追)[追]俟追獲，詳咨原省作正開銷，滇省留爲辦銅工本，每年題撥銅本時扣除。

帶解沉銅

凡運員在途沉溺銅斤，例准在灘打撈，定限十日。如限內撈獲，即僱船裝載歸幫。如十日內不能全獲，將所獲者裝運前進，未獲者酌留親信家人在灘，協同地方官打撈。如有撈獲，交地方官存貯，咨滇委員帶解。

凡沉失銅斤，係正運之銅，即委正運之員帶解，加運之銅，即委加運之員帶解。其正運銅斤應需自漢口至儀徵每百斤水脚銀二錢三分六釐一毫八絲九微一塵二[渺]五末，自儀徵至通州每百斤水脚銀三錢六分六釐八毫三絲四忽一微七纖八渺。按照帶解銅數多寡，核計應領銀數，填入詳咨文內，發給運員領銀執照聲明，在扣存原運委員沉銅水脚銀內發給，承辦其原扣沉銅水脚銀兩，統俟沉銅辦理完結，除發給帶解各員外，如有餘剩，聽楚、江二省核實報銷。其加運銅斤，係湖北、江南發給。站船不給水脚，所有帶解水脚，俱係帶解之員自行墊給，回滇報銷，找發給領。此條《户部則例》無。

整圓碎銅

凡運員領運整圓銅斤，不拘百斤或百斤以外或不足百斤，均准捆作一包，由瀘店委員編列字號，造册申司，詳請咨送户、工二部，並户、工部錢法堂查核。其零星碎小之銅，仿照解餉之式，改用木桶裝盛，每百斤裝爲一桶。將塊數、斤兩註明桶面，内繞鐵箍，裝釘堅固，於運員掃幫後，瀘店委員將兑發每起碎銅裝桶數目，造具桶數清册申送，詳咨沿途各督撫，四川、湖南、湖北、江西、安徽、江南、山東、直隸。轉飭查驗，並咨送户、工二部錢法堂查核兑收。《户部則例》無。

沿途(偕)[借]支

凡運員在途遭風沉銅，及起剥、僱縴、守凍，原領水脚襍費不敷，例准報明，所在地方官查明屬實，出結申報各本省上司，酌量借給，咨部咨滇。俟運員回滇，在該員名下照數着追完解，詳咨備銀省分，作正開銷。滇省將追獲銀兩，留爲辦銅工本，於每年題撥銅本銀兩案内扣除。如運員事故，力不能完，查明任籍並無財産隱寄，取結詳咨原派各上司(各)[名]下，按十股攤賠，詳咨報撥清款。

起剥僱縴

凡運員經過各省，例准起剥處所計十二處：

湖北歸州新灘，定例全行起剥，自新灘剥至黑岩子，歸載計程四十里，每百斤准銷水脚銀三分。

江南寶應縣白田鋪，例准起六存四，剥至黄浦，歸載計程二十里，每百斤准銷水脚銀二分七釐。

清河縣清江閘，例准起六存四，剥至海神廟，歸載計程二十五里，每百斤准銷水脚銀二分五釐。

清河縣福興閘，例准起六存四，剥至豆(辦)[瓣]集，歸載計程三十五里，每百斤准銷水脚銀三分五釐。

桃源縣衆興集，例准起六存四，剥至宿遷縣，歸載計程一百里，每百斤准銷水脚銀四分。

宿遷縣關口，例准起六存四，剥至邳州猫兒窩，歸載計程一百二十里，每百斤准銷水脚銀七分五釐。

邳州猫兒窩，例准起六存四，剥至山東嶧縣台莊，歸載計程九十里，每百斤准銷水脚銀五分二釐。

由東嶧縣台莊，例准起五存五，剥至滕縣朱姬莊，歸載計程一百四里，每百斤准銷水脚銀六分。

滕縣十字河，例准起四存六，剥至夏鎮，歸載計程十六里，每百斤准銷水脚銀五釐九毫。

濟寧州棗林閘，例准起五存五，剥至南旺，歸載計程一百四里，每百斤准銷水脚銀六分四釐。

臨清州板閘口，例准起六存四，剥至唐官屯，歸載計程七百二十里，每百斤准銷水脚銀六分五釐。

直隸天津縣，例准全行起剥至通州，每百斤准銷水脚銀六分九釐。以上起剥共十三處，凡正運各起委員在山東臨清以上各處起剥銅斤支用水脚銀兩，均准照數報銷，並不在原給水脚銀内扣除。惟在天津全剥銅斤至通州，每百斤支用水脚銀六分九釐，應在原給自儀徵至通州每百斤例給水脚銀五錢四分内扣除。自天津至通州銀三分七釐六忽八微，只准銷銀三分二釐九毫九絲三忽二微。如在天津起剥，係起六存四，所有起六銅斤，每百斤支用水脚銀六分九釐，准其如數報銷，毋庸在原給水脚内扣繳。加運委員在儀徵换船運至通州，係用江寧站船裝運，所有在天津全剥銅斤，至通州每百斤支用水脚銀六分九釐，亦准照數報銷。至起剥各處内，有前運在此起剥而後運又不起者，又有前運不在此起剥，而後運又起剥者，原無一定。惟隨時查勘水勢情形，聽運員酌量辦理，會同地方官僱募給發，取結回滇報銷。《户部則例》只在歸州、天津二處剥費，其餘各處無。

凡運員經過各省，例准僱縴處所計四處：

江南儀徵縣，每船添僱縴十名，拉至天妃閘止，計程三百七十里，每名准銷夫價銀一兩零七分。

甘泉縣洋子橋，每船添僱縴十名，拉至天妃閘止，計程三百六十里，每名准銷夫價銀九錢六分。

清川縣豆(辦)[瓣]集，每船添僱縴十二名，拉至山東分水龍王廟止，計程七百九十里，每名准銷夫價銀一兩四錢四分八釐。

桃源縣古城，例准僱縴十二名，拉至山東汶(七)[上]縣南旺，歸載計程七百三十里，每名准銷夫價銀一兩四錢。以上四處，運員會同地方官僱募給發取結，(同)[回]滇將支用銀兩造册報銷。僱縴一條，《户部則例》無。

守凍開銷

凡運員自四川瀘州店領銅，開行運抵江南儀徵以北内河一帶，如時值冬令，河水凍結，船隻不能前進，報明所在地方官出結轉報，准其守凍租房，堆貯銅斤，每月准銷房租銀五兩，僱夫背銅上岸下船，每百斤准銷夫價銀六釐，每船准銷看船頭舵二名，每名日給鹽菜銀二分，打冰水手二名，每名日給鹽菜銀二分，文武衙門派撥兵役四名，協同看守銅斤，每名日給燈油木炭銀二分五釐，運員准支一半養廉。凍解開行，更换繩索，每根准銷繩價銀六釐，僱夫捆銅，每包准銷夫價銀五釐。加運銅斤如遇守凍，均不准支銷。此條《户部則例》未載。

沉銅撈費

凡運員在途沉失銅斤，查明水深丈尺，分別辦理。如水深三尺以外者，每百斤准銷撈費銀三錢，水摸飯食銀四分；如水深四丈以外者，每百斤准銷撈費銀四錢，水摸飯食銀四分。俟運員回滇分晰報銷，銀兩在銅息銀内動支，扣抵沿途(偕)[借]支一項，如有不敷，飭追完解。如無借支，即發給承領。如沉銅打撈無獲或撈不足數者，其撈費工食，一概不准報銷。

應納關税

凡運員領售餘銅，經過各省應納關税銀兩計十處：

四川夔關税例：紅銅每百斤應徵銀三錢六分。

江西九江關例：不徵收貨税，只徵紅料。運員備帶餘銅，如係同正銅裝載，其船料銀兩業據船户完納，毋庸另徵。

安徽蕪湖關税例：每銅百斤，應完户關正税銀一錢六分，加一六銅斤銀二分五釐六毫，加(五四)[三]水脚銀四分八釐，又應完工關正耗銅斤水脚銀一分三釐八毫六絲，合每百斤應徵銀二錢四分八釐。

江南龍江關税例：每百斤應完工關正税銀七分五釐二毫四絲，又另徵加一飯食銀七釐五毫二絲四忽，合每百斤應徵銀八分三釐。

由閘關則例：每銅百斤，應徵正耗鋭銀一錢一分。

揚州關則例：每銅百斤，應徵正税銀一錢，加一耗銀一分，合每百斤應徵銀一錢一分。

淮安關則例：每銅百斤，應徵正税銀一錢二分，耗銀一分二釐，合每百斤應徵銀一錢三分二釐。

宿遷關則例：每銅百斤，應徵正税銀二錢五分，耗銀二分五釐，合每百斤應徵銀二錢七分五釐。

山東臨清關則例：每銅百斤，應徵正税銀二錢一分三釐，加一耗銀二分一釐三毫，補兑銀二錢一釐，單料銀一釐，合每百斤應徵銀四錢三分七釐。

直隸天津關則例：每銅百斤，應徵税銀六錢七分。

通州關税則例：每銅百斤，徵正税銀三分六釐，加一火耗銀三釐六毫，合每百斤應徵銀四分。以上自四川夔關起至直隸通州止，每銅百斤共應徵税耗等銀二兩四錢六分五釐。凡運銅各員到京，將應交户工部銅斤，按額交收足數。如有下剩餘銅，准其領售。其應完各關税料銀兩，照前核算。遵照定例，每完納關税銀一百兩，隨解部庫飯食銀一兩五錢。又每完關税飯食銀一百兩，應解添平銀二兩，共計應完關税飯食添平等銀若干，於運員回滇報銷後造册咨部，俟核覆咨滇，在運員名下追繳，留爲滇省辦銅工本，於題撥銅本銀兩時扣除撥解清款。其應納崇文門税銀，均係運員在京自赴崇文門完納。《户部則例》：交局後下剩銅，准運官領售，由部核咨崇文門照例科税。其應納沿途關税，雲南巡撫於運官回滇日，在應領養廉等銀内按例扣存彙解。各關應徵税銀數目未載。

劃分餘銅

凡運員在途事故，即由該處委員按運，正運每起例給餘銅二萬四千四百五十斤，按照省分遠近劃給。自四川瀘州店領銅運至重慶交替者，分給原運員餘銅一千五百斤。自瀘州由重慶運至湖北漢口交替者，分給原運員餘銅三(十)[千]斤。自瀘州由重慶、漢口運至江南儀徵縣交替者，分給原運員餘銅四千五百斤。自瀘州由重慶、漢口、儀徵運至(由)[山]東台兒莊交替者，分給原運員餘銅六千斤。自瀘州由重慶、漢口、儀徵、台兒莊運至德州衛交替者，分給原運員餘銅七千五百斤。惟按運省分，地方無定，不拘在(向)[何]省接替，除按段劃給外，仍劃給盤交折耗銅一千五百斤。其劃剩餘銅(金)[全]數給與按運之員，以爲沿途折耗及到部添補秤頭。 加運每起例給餘銅二萬八百三十一斤六兩四錢。自瀘至重慶交替者，分給餘銅一千(三)[二]百斤。自瀘州由重慶運至漢口交替者，分給餘銅二千四百斤。自瀘州由重慶、漢口運至儀徵交替者，分給餘銅三千六百斤。自瀘州由重慶、漢口、儀徵運至台兒莊交替者，分給餘銅四千八百斤。自瀘州由重慶、漢口、儀徵、台兒莊運至德州衛交替者，應分給餘銅六千斤。不拘在何處交替，除按股劃給外，仍劃給盤交折耗銅一千二百斤，其劃剩餘銅，全數給與接運之員，以爲沿途折耗及到部添補秤頭。如該員等有帶解掛欠沉失豁免各款銅斤，所結餘銅，均照前核算劃給。此條《户部則例》未載。

運員引見

凡運員承領京銅，起程時由布政司出具考語，督撫發給咨文，運員領賫。赴部各員所運銅斤照額交足，户部即奏明帶領引見，知照(更)[吏]部。如係實授同通州縣任内並無事故，與卓異之例相符者，准其入於卓異班内，按照引見日期，與各項人員較先後陞用。題署人員，俟題准實授後，任内並無事故，亦准其入於卓異班内，以實授奉旨之日，比較先後陞用。如所(通)[運]銅斤有沉失逾折掛欠短少者，均不准帶領引見。

運員報銷

凡正運委員領運正耗餘銅一百一十萬四千四百五十斤。交户部正耗銅七十二萬斤，交工部正耗銅三十六萬斤。自滇起程赴瀘領銅運至京局，按銅按船計算，共合每百斤准銷水脚、起剥、夫價、襍費、養廉銀一兩二錢六分七釐五毫一絲三微。内除天津全剥銅斤每百斤應扣原給自津至通水脚銀三分七釐六忽八微外，實合每百斤准銷銀一兩三錢三分五毫三忽五微。

正運銅斤，在瀘顧夫背銅下船，每百斤准銷夫價銀三釐，自瀘顧船裝運至重慶，每百斤准銷水脚銀六分五釐。

在重慶僱夫提包過載，每百斤准銷夫價銀三釐。

自重慶僱船裝運至漢口，每百斤准銷水脚銀二錢一分四釐七毫七絲。《户部則例》：自重至漢，每百斤水脚銀一錢九分，與滇省每百斤准銷銀二(銀)[錢]一分四釐七毫七絲之數不符。

在漢口僱夫背銅上岸下舡，每百斤准銷夫價銀六釐。

自漢口僱船裝運至儀徵，每百斤准銷水脚銀一錢八分。

在儀徵僱夫提包過載，每百斤准銷夫價銀三釐。

自儀徵僱船裝運至通州，每百斤准銷水脚銀三錢四分。

在湖北歸州新灘，每船添僱頭舵二名，每名准銷工價銀五錢。

東湖縣雀兒尾灘，每船添僱灘師二名，每名准銷工價銀五錢。按：以僱用船一十二隻算。

天妃閘設立絞關四副，每副用夫六十名，每名准銷工價銀六分。

過黃河，每船一隻僱帶船一隻，每隻准銷銀一兩。

過黃河入口出口，每船僱提溜夫二十五名，每名准銷夫價銀六分。

過雙金閘，每船僱提溜夫二十五名，每名准銷夫價銀六分。按以僱用船十二隻核算。

銅船運抵台兒莊，過侯新屯、莊丁廟、萬年、巨樑橋、新莊、韓莊等八閘，每閘僱拉閘夫六十名，每名准銷夫價銀六分。

經由棗林閘、施家莊、仲城閘、新莊、石佛、趙村、在城、天井、草橋、通濟、寺前、柳林等十三閘，每閘僱拉閘夫五十名，每名准銷夫價銀六分。

銅斤交局，每百斤准銷扛銅堆銅夫價小制錢八(交)[文]看守銅斤租搭窩鋪，准銷燈油木炭小制錢五千三百文。以每錢一千八百文作銀一兩計算。添僱頭舵及提溜拉閘扛銅夫價等款，《户部則例》未載。

自滇起程赴瀘領銅，由瀘州、重慶、漢口、儀徵、天津、通州運至京局，每百斤准銷篓繩、夫價、房租、燈籠、油蠟、酧江犒賞員等項襍費銀一錢二分九釐。如遇守凍，支銷銀兩，准其(月)[另]行入册報銷，不在定例。准銷一錢二分九釐之内。查襍費一款，《户部則例》未載。

自滇至瀘至京，並自京回滇，准支十七箇月七日，每月養廉銀一百一兩一錢九分九釐。如在途守凍，例准按月減半支銷養廉。《户部則例》：每月准支養廉銀六十八兩一錢二分四釐，與滇省改運案内每月准支銀一百一兩一錢九分九釐之數不符。

運員起剥地方及次數多寡，原無一定，總以每運不得過八次。除天津一次另行核計外，其餘用銀不得過一千八百兩。每運在天津全剥銅斤，每百斤准銷銀六分九釐。嘉慶十四年[一八〇九年]案，《户部則例》無。

每運僱縴工價，不得過一百六十兩。嘉慶十二年[一八〇七年]案，《户部則例》無。

凡加運委員運領正耗餘銅九十四萬九百九十一斤六兩四錢。交户部正耗銅六十一萬三千四百四二十斤，交工部正耗銅三十萬六千七百二十斤。自滇起程赴瀘領銅運至京局，按銅按船計算，合每百斤准銷水脚、起剥、夫價、襍費、養廉等項銀八錢二分六釐八絲八忽一纖。

加運銅斤在瀘州僱夫背銅下船，每百斤准銷夫價銀三釐。

自瀘州僱船裝運至重慶，每百斤准銷水脚銀六分五釐。

在重慶僱夫提包過載，每百斤准銷夫價銀三釐。

自重慶僱船裝運至漢口，每百斤准銷水脚銀二錢一分四釐九毫九忽八微八纖。《户部則例》：自重至漢每百斤水脚銀一錢九分，與滇省每百斤准銷銀二錢一分四釐九毫九忽八微之數不符。

在漢口僱夫背銅上岸下船，每百斤准銷夫價銀六釐。

在儀徵僱夫提包過載，每百斤准銷夫價銀三釐。(共)[其]自漢至儀、自儀至通應需船隻，係由湖北、江南撥給站船，並不支銷水脚銀兩。

在湖北歸州新灘，每船添僱頭舵二名，每名准銷工價銀五錢。

東湖縣雀兒尾灘，每船添僱灘師二名，每名准銷工價銀五錢。按以用船十八隻計算。

天妃閘設立絞關四副，每副用夫六十名，共用夫二百四十名，每名准銷工價銀六分。

過黃河，每原船一隻僱帶船一隻，每隻准銷銀一兩。過黃河入口出口，每船僱提溜夫二十五名，每名准銷工價銀六分。

過雙金閘，每船僱提溜夫二十五名，每名准銷工價銀六分。按以用船十五隻算。

銅船運抵台兒莊，過候新屯、丁廟、萬年、巨樑橋、新莊、韓莊等八閘，每閘僱拉閘夫六十名，每名准銷工價銀六分。

經由棗林閘、施家莊、仲城閘、新莊、石佛、趙村、在城、天井、草橋、通濟、寺前、柳林等十三閘，每閘僱拉閘夫五十名，每名准銷工價銀六分。

銅斤交局，每百斤准銷扛銅、堆銅夫價小制錢八文。看守銅斤租搭窩鋪，准銷燈油木炭等項共給小制錢五千三百文。以每錢一千八百文作銀一兩算。添僱頭舵及提溜拉閘扛銅夫價等款，《户部則例》俱未載。

自滇起程赴瀘領銅，由瀘州、重慶、漢口、儀徵、天津、通州運至京局，每百斤准銷簍繩、夫價、房租、燈籠、油蠟、酧江犒賞等項襍費銀一錢二分九釐。如遇守凍，例准按月減半支銷養廉。

起剥地方及次數多寡，原無一定，總以每運不得過八次。除天津一次(月)[另]行核計外，其餘用銀不得過[一]千六百兩。

每運在天津全剥銅斤，每百斤准銷銀六分九釐。嘉慶十四年[一八〇九年]。按《户部則例》無。

每運僱縴工價，不得過一百六十兩。嘉慶十三年[一八〇八年]。按《户部則例》無。

報銷限期

凡運員赴部交收掣獲寔收回滇，户部發給執照，定限九十九日。如在途患病，應報明所在地方官具結，申報本省督撫咨部咨滇，仍取具地方官驗病印結，同户部執照到滇申送布政司衙門，扣明限期，詳咨户部查銷。如有逾限，即查開職名，送部查議。

凡運員回滇造册報銷，以運員到滇之日起，定限一月造册申司，布政司覆核亦限一月詳題。如有遲延，即將職名於文内聲明，咨部議處。

凡運員交銅事竣，有丁憂事故者，呈明户部，遣屬赴滇報銷。照運員回滇之例，户部填給執照，定限九十九日。如有托故逗留、私行回籍、逾違定限者，於呈繳户部執照案内查明。本員如已病故，免其查議。如本員係丁憂告病者，將本員職名送部，聽候查議。將遲延之該家屬，發縣嚴行懲治。如該家屬實因患病，報明地方官取有印結呈送者，准其將耽延日期扣除，免其懲處。

運員短銅

凡運員解部銅斤，有較額運之數交收短少者，除沉失外，所短銅斤由户、工二部核明具奏，將該員先行革職，咨滇將應賠銅鑛及水陸運脚銀兩查照定例，按以每短銅一百斤，應繳銀一十三兩一錢三分七釐七毫九絲九忽，應添買餘銅三斤，於尋甸店撥賣，每百斤應繳價銀九兩二錢，正餘銅斤共應繳價銀九兩四錢七分六釐。自尋甸至威寧車站十五站，應繳正餘銅斤運脚銀九錢六分一釐三毫三絲三忽。自尋甸至威寧，例准折耗銅五兩四錢九分三釐外，應繳自威寧至鎮雄陸路五站正餘(第)[銅]一百二斤十兩五錢七釐，運脚銀六錢六分三釐一毫六絲二忽。又應繳筐簍木牌銀九釐一毫六絲五忽。自威寧至鎮雄例准折耗銅一兩二分七釐外，應繳自鎮雄至羅星渡陸路五站正餘銅一百二斤九兩四錢八分，運脚銀六錢六分二釐七毫四絲七忽。自羅星渡至瀘州店水路八站，應繳正餘銅斤水脚銀二錢九分七釐五毫一絲八忽。又應繳筐簍木牌銀三釐五絲。自鎮雄至瀘州例准折耗銅一兩七錢九釐，自瀘州至通州應繳正餘銅一百二斤七兩七錢七分一釐，水脚銀八錢九分七釐七毫七絲七忽。沿途襍費銀八分五釐六絲三忽。又應繳自通州至京局車脚銀八分一釐九毫八絲八忽。按照所短銅數，核明應賠銀兩。俟運員同滇報銷，將應賠銀兩以到滇之日起，限銀數在一千兩以下者，限半年完繳。一千兩以上至三千兩者，限一年完繳。三千兩以上至五(十)[千]兩者，限二年完繳。五千兩以上至一萬兩者，限三年完繳。一萬兩以上至二萬兩以內者，限四年完繳。依限全完，准其開復。如逾限不完，題叅(草)[革]任將應完短銅價脚，並沿途借支銀兩一併咨籍着追。如原籍無可追繳，飭查歷過任所，如無隱寄，取結詳咨。在原派各上司名下，按以十股攤賠。內出結保送之該管府州應賠四股，巡道加考移司應賠三股，藩司據結詳委應賠一股，督撫據詳批准，各應賠一股。至直隸廳州並無該管之府應賠銀兩，則巡道應賠四股，藩司應賠二股，督撫各賠二股。俟各該員賠補全完，買銅補運清款。此條《户部則例》未載。

凡運員回滇丁憂，應賠短少部局銅斤價脚銀兩，俟服闋回滇之(口)[日]按照原限追繳。如該員初限已完二三，兩限尚未届限即丁憂回籍者，亦俟該員服闋回滇之日，按照原限追繳完解。嘉慶九年[一八〇四年]案，《户部則例》無。

凡運員在途丁憂回籍，守制服滿，銓選他省，應賠短少部局銅斤價脚銀兩，照新例分限完繳。嘉慶元年[一七九六年]四川案，《户部則例》無。

險灘沉銅豁免

凡運員在極險之灘沉失銀斤者，勒限一年打撈。限滿無獲，由沉銅省分查明，取具水摸甘結，地方文武員弁印結，由道府加結，咨部咨滇，會疏保題豁免銅斤，照例買銅補運清款。其自儀徵以下並無險灘，從無豁免之案。按沉銅每百斤添買餘銅三斤，於尋甸店撥賣，每百斤價銀七兩四錢五分二釐，計正餘銅一百三斤，應需價銀七兩六錢七分五釐五毫六絲。自尋甸至威寧十五站，正餘銅一百三斤，運脚銀九錢六分一釐三毫三絲二忽。前項正餘銅一百三斤，除自尋甸至威寧例准折耗銅五兩四錢九分三釐外，應需自威寧至鎮雄五站正餘銅一百二斤十兩五錢七釐，運脚銀六錢六分三釐一毫六絲二忽。筐簍、(未)[木]牌銀九釐一毫六絲五忽。自威寧至(簍)[鎮]雄五站，例准折耗銅一兩二分七釐外，自鎮雄至羅星渡五站，正餘銅一百二斤九兩四錢八分，運脚銀六錢六分二釐七毫四絲七忽。自羅星渡至瀘州店八站，正餘銅斤水脚銀二錢九分七釐五毫一絲八忽，筐簍、木牌銀三釐五絲。自鎮雄至瀘州水陸十三站，除例准折耗銅一兩七錢九釐，實自瀘州(登)[發]運銅一百二斤七兩七錢七分一釐，如截至漢口止，每百斤應需正餘銅水脚銀二錢八分四釐二毫八絲，襍費銀八分五釐六絲五忽二(徵)[微]。共計每百斤應需銅價、水陸運脚、雜費等銀十兩六錢四分一釐八毫七絲九忽二(徵)[微]。如截至儀徵止，每百斤應需水脚銀一錢九分，襍費銀一分五釐，共應需銀十兩八錢四分六釐八毫七絲九忽二微。總按沉銅處所核計，應需銅價水脚詳咨在銅息銀內動支。(具)[其]動支銀兩，分別收入廠務陸運京銅項下。

次險灘沉銅分賠

凡運員運在次險之灘沉失銅斤者，勒限一年打撈。限應無獲，由沉銅省分查明，取具印甘各結，咨部咨滇。所沉銅斤，照例在沉銅處所之地方官名下分賠十分之三，運員名下分賠十分之七。所有地方官應賠銀兩，俟追獲咨滇至日，在京銅項下，動放搭同追獲運員應賠銀兩，分別收入廠務、陸運、京銅項下，買銅補運清款。如運員應賠銀兩産盡無追、任所亦無隱寄，即將所少銀兩，按在原派各上司名下分賠，內出結保送之。該管府州應賠四股，巡道加考移司應賠三股，藩司據結詳委應賠一股，督撫據詳批准各應賠一股。直隸廳州並無該管知府，則巡道應賠四股，藩司應賠二股；督撫各賠二股。俟各該員賠補完全，買銅補運清款。按沉銅每百斤添買餘銅三斤，於尋甸店撥賣，每百斤價銀九兩二錢，計正餘銅一百三斤，應繳價銀九兩四錢七分六釐。又應繳自尋甸至威寧十五站，正餘銅一百三斤，運脚銀九錢六分一釐三毫三絲二忽。又前項正餘銅一百三斤，除自尋甸至威寧例准折耗銅五兩四錢九分五釐外，應繳自威寧至鎮雄五站，正餘銅一百二斤十兩五錢七釐，運脚銀四錢六分二釐一毫六絲五忽。又自威寧至鎮雄五站，例准折耗銅一兩二分七釐外，應繳自鎮雄至羅星渡五站，正餘(銀)[銅]一百二斤九兩四(銀)[錢]八分，運脚銀六錢六分二釐七毫四絲七忽。自羅星渡至瀘州店八站，正餘銅斤水脚銀二錢九分七釐五毫一絲八忽，筐簍、木牌銀三釐五絲。自鎮雄至瀘州水陸十三站，除例准折耗銅一兩七錢九釐，寔自瀘州發運銅一百二斤七兩七錢七分一釐。如截至漢口止，每百斤應繳正餘水脚銀二錢八分四釐二毫八絲，襍費銀八分五釐六絲五忽二微，共計每百斤應繳銅價、水陸運脚、襍費等銀十二兩四錢四分二釐三毫一絲九忽二微。如截至儀徵止，每百斤應繳水脚銀一錢九分，襍費銀二分五釐，共應繳銀十二兩六錢四分七釐三毫一絲九忽二微。如截至通州止，每百斤應繳水脚銀三錢四分六釐，襍費銀二分，共應繳銅價、水陸運脚、襍費等銀一十三兩一分三釐三毫一絲九忽二微。總按沉銅處所核計應繳銅價，水陸運脚等銀，詳咨在沉銅地方官及運員名下分賠。

灘次

雲南省

鎮雄州自羅星渡水運瀘店京銅經由各灘內：黄果灘、管環灘、霞巴灘、(魯)[魚脊]梁灘、祖師灘、火井坑灘、虎嘈灘、羅家灘、前門灘、對讀灘、木儹灘、鍋餅灘、石實灘、門檻灘、大擺子灘、美美灘、白菓灘、柳公夾灘、石板灘、將軍柱灘、大臥灘、荔枝灘、圈七灘、瓦磘灘、石盤灘、後門灘、老鴉灘、水礶子灘、孝兒嘴灘、對溪灘、老瓦沱灘、大線溪灘、大鷗頭灘、銅礶灘、牯牛灘、長腰灘、雙硐子灘、猪臉灘、土地灘、乾岩灘、大水頭灘、猪拱窩灘、大僨灘、大水三灘、小僨灘、大蘇灘、蛇皮溪灘、新開灘。

以上四十八灘，均非險灘。如有遭風，沉失銅斤，打撈無獲，核明應賠銅價、運脚等銀，照數在於承運之員名下追繳，買銅補運清款。

大關同知自豆沙關水運至瀘店：白菓灘、下寨灘、坎路灘、横磧子灘、新灘、小龍拱沱灘、黑飲溪灘、上水毛硐灘、長磧灘、黄菓灘、魚箭灘、黄葛灘、觀竹岩灘、黄毛壩灘、犁頭灣灘、三銅莊灘、猪閧硐灘、荔枝灘、龍拱沱灘、猪圈門灘、大圈灘、小溪口灘、老鴉灘、佛殿灘、下水毛硐灘、板櫈灘、鴉鶯灘、鷄翅膀灘、九龍灘、黄菓漓灘、丁山磧灘、打扒沱灘、普洱渡灘、穿龍灘、石竈孔灘、大銅鼓灘、大白龍灘、小白龍灘、龍門石灘、新岩領灘、馬鞍灘、馬三償灘、串龍門灘、門坎灘、馬跳坎灘、大石新灘、小孔灘、霧露運灘、黄角灘、洛岸運灘、洛岸溪灘、蕉岩連灘、大水灘、青菜灘、犀牛灘、觀音灘、將軍石灘、小風灘、石老連灘、小銅鼓灘、新磧灘、石寶霞灘、米子灘、魚孔灘、臨江溪灘、永保磧灘、大孔灘、離梯梗灘、石板灘、犁圈灘、黄毛灘、羊牯撞灘、小水灘、板櫈灘、土地灘、雀兒灘、㠜山磧灘、三倒捌灘、黄蓮灘、老鴉灘、侯家灘、鷄公灘、小窩比灘、大風灘、新墩灘、老蔣灘、界牌灘、響水硐灘、大石盤灘、永寧磧灘、梅子漩灘、羊古灘、猫兒灘、馬落硐灘、干魚灘、兩岸溪灘、石磨灘、大魚孔灘、小新灘、高灘、明灘、大窩比灘。

以上一百零二灘，均非險灘。如有遭風，沉失銅斤，打撈無獲，核明應賠銅價、運脚，照數在承運之員名下追繳，買補清款。

永善縣自黄草坪水運至瀘店：黄坪三灘、乾田壩灘、金鎖關灘、蕉岩石灘、犁園灘、小犽子灘、中石板灘、米貼灘、江心石灘、鼓漬岩灘、窩洛灘、神農灘、小霧基灘、溜水岩灘、硝廠灘、硫磺灘、三堆石灘、磨盤灘、小獅子灘、大獅子口灘、神龍灘、那比度灘、車亭子灘、牛鼻灘、豆沙溪灘、猪肚石灘、貴擔子灘、門坎山灘、長岩坊灘、貴溪灘、冥長坊灘、狗硐子灘、鸚歌嘴灘、横梁子灘、撒水壩灘、四方石灘、羊角灘、棗核灘、擺定灘、小漢漕灘、雞肝石灘、杉木灘、大芭蕉灘、小芭蕉灘、手扒岩灘、閻王扁灘、葉灘、蕉岩子灘、鑼鍋耳灘、乾溪三灘、鎖水灘、機子灘、石板溪灘、魚兒灘、濫灘、犁菌灘、小汶溪灘、大汶溪灘、頭纖㰖灘、巨㰖灘。

以上六十灘，俱係次險之灘。如遇遭風，沉失銅斤，打撈無獲，核明應賠銅價、運脚銀兩，(程)[在]承運之員名下追繳，買補清款。

沙河灘、黑鐵關灘、大狎子灘、烏鴉灘、大霧基灘、小虎跳灘、大虎跳灘、溜補子灘、特衣灘、小銀圈岩灘、大猫灘、冬瓜灘、大漢漕灘、木孔灘、苦竹灘、凹岩三腔灘、新開灘、大鍋圈岩灘。

以上十八灘均係險灘。如遭風，沉失銅斤打撈無獲，照例取結，題請豁免。其應需銅價、運脚，餘銅息銀兩内動支，買補清款。

四川省

瀘州：金盤磧灘、螃蟖磧灘、小里灘、瓦窑灘、老瀘州灘。

合江縣：銀子口灘、連石三灘、淘竹子灘、猴子石灘、折砲子灘、鉗口灘、石盤灘。

江津縣：石牛梛灘、金剛背灘、雙漩子灘、羊角灘、大雞腦灘、風窩磧灘、黄石龍灘、滅虎磧灘。

巴縣：龍門灘、雞心石灘、青石子灘、牛頭溪灘、猪腸子灘、鮮魚灘、雞公觜灘、落公灘、洗布灘、白文梁灘、白鶴灘、殷頭梁灘、野灘。

江北廳：觀音灘、殷家梁灘。

長壽縣：王家灘、張公灘、養蠶灘、龍蛇灘。

涪州：平峰灘、餓鬼灘、龍王沱灘、陡岩灘、白穴灘、黄梁灘、馬聆灘、麻堆灘、青岩灘。

酆都縣：觀音灘。

忠州：滑石灘、鑾珠背灘、鳳凰子灘。

萬縣：黑虎磧灘、雙魚子灘、石古峽灘、窄小子灘、席佛面灘、磨刀灘、大古盤灘、明鏡灘、黄泥灘、高梔子灘、猴子石灘。

雲陽縣：塔江灘、馬糞沱灘、盤沱灘、二郎灘、青草灘。

奉節縣：男女孔灘、老鴰灘、八母子灘、白馬灘、餓鬼灘、鐵柱溪灘。

巫山縣：均勻沱灘、九墩子灘、三纜子灘、虎鬚子灘、繫枋子灘、焦灘、下馬灘、老鼠湊灘、霸王鋤灘、小磨灘。

以上八十四灘均係次險之灘，如遭風，沉失銅斤打撈一年，限滿無獲，核明應賠銅價、運脚，着落地方官分賠十分之三、運員分賠十分之七，買補清款。

合江縣：石鼻子灘。

江津縣：觀音背灘。

巴縣：觀音背灘、蜂窩子灘、鑽皂子灘、烏龜石灘、黑石灘、峩嵬灘、門堆子灘、馬嶺灘、鉅梁灘、水銀口灘。

涪州：黃魚嶺灘、羣猪灘。

酆都縣：巉碑梁灘。

忠州：魚硐子灘、折尾子灘。

萬縣：大湖塘灘。

雲陽縣：馬嶺灘、寶塔灘、磁莊灘、東洋子灘、廟磯子灘。

奉節縣：青岩子灘、二沱灘、灩澦灘、石板峽灘、小黑石灘。

巫山縣：大黑石灘、龍寶灘、空望沱灘、跳石灘、庫套子灘、大磨灘、黃金藏灘、香爐灘。

以上三十六灘均係一等極險之灘，遇遭風沉失銅斤，打撈一年，限滿無獲，由該地方官取結，加結咨部咨滇會疏保題豁免。其應需銅價、運脚，於銅息銀内動支，買補清款。

湖南省

巴陵縣：觀音山、新堤、象骨巷、六溪口、龍口。

以上五灘均係次險之灘，遇遭風沉失銅斤，打撈一年，限滿無獲，核明應賠銅價、運脚，著落地方官分賠十分之三，運員分賠十分之七，買補清款。

上翻觜、下翻觜、荆河腦、白螺磯、楊林磯。

以上五灘均係一等極險之灘，如遭風沉失銅斤，打撈一年，限滿無獲，由地方官取結，加結咨部咨滇會疏保題豁免，其應需銅價、運脚，於銅息銀内動支，買補清款。

湖北省

歸州：牿牛石灘、羊背灘。

東湖縣：使勁灘、南虎灘、北虎灘、清水灘、馬鞍灘、喜灘、胡敬灘、神劫子灘、黃毛灘、青草灘、羅鏡灘、虎牙灘。

宜都縣：秤桿磧灘、馬鬃磧灘。

枝江縣：餓鬼臍灘、石鼓灘、罐子灘、鄭矻灘、鷄公灘。

松滋縣：李家灘。

江陵縣：白鶴套灘、炒米溝灘、吴秀灣灘。

石首縣：吴席灣灘、楊發腦灘、觀音閣灘、侯家腦灘、監利灘、下返觜灘。

嘉魚縣：倒口塘灘、傅家灘、六溪口灘、江口塘灘、夏田寺塘灘、黑皮塘灘、王家港灘、新州塘灘、龍口塘灘、江家州塘灘、田家口塘灘。

江夏縣：下沙洑灘、闕門州灘、和尚磯灘、龍床磯灘、白眼州灘、鐵石磯灘、紅廟磯灘、觀音磯灘。

江陽縣：小林灘、蒿州灘、姚家湖灘、還原洲灘、鐃子湖灘、新灘、紗帽山灘、小軍山灘、蝦蟆磯灘、火巷灘、三里坡灘、新河口灘、張王磯灘、禹公磯灘、馬王廟灘、灑網洲灘、漢河口灘、男姆灘、月湖口灘、五顯廟灘、大覺巷灘、森森林灘、相賢寺灘、雨花林灘、滑石灘。

武昌縣：汎磯灘、磧磯灘、黃家磯灘、張家磯灘、石板灘。

興國州：蝦蟆磯灘、猴兒磯灘、下山磯灘、鶴磯灘、武亮磯灘、牛山磯灘。富池鎮上牛邊山灘。

大冶縣：黃石磯灘、攔江磯灘、道士洑灘。

蘄水縣：巴河灘、烏江廟灘、蘭谿口灘、迴風磯灘。

蘄州：散花洲灘、茅山鎮灘、對磯洲灘。

廣濟縣：烏林港灘、嚴家洲灘、堡子墩灘。

黃梅縣：龍坪鎮灘、新開鎮灘、清江鎮灘。

以上一百二灘均係次險之灘，如遭風沉失銅斤，打撈一年，限滿無獲，應賠銅價、運脚，著落地方官分賠十分之三，運員分賠十分之七，買補清款。

巴東縣：鯿魚溪灘、金匾擔灘、作油灘、三松子灘、泉急灘、青竹漂灘、横梁灘。

歸州：上八斗灘、下八斗灘、上石門灘、洩灘、飯甑腦灘、老虎石灘、叱灘、烏牛石灘、蓮花三凝灘、屈原三泡灘、下石門灘、金盤磧灘、鉅齒灘、上尾灘、黃牛灘、要和尚灘、白狗懸灘、新灘頭灘、癩子石灘、雞心石灘、新灘二灘、天平石灘、豆子石灘、新灘三灘、射洪磧灘、鼓沉灘、蕭家硃灘、崆嶺峽灘、大二三硃石灘、南文殊灘、北文殊灘。

東湖縣：鍋籠子灘、沿山硃灘、大峰硃灘、甕洞灘、玳石灘、渣浪灘、紅石子灘、嚴希沱灘、南沱三旋灘、黃纇洞灘、石牌灘、偏牢灘、白龍洞灘、楠木坑灘。

宜都縣：狼牙磧灘。

枝江縣：雞翅膀灘、雀兒尾灘、獨揚沙灘。

松滋縣：來穴口灘。

江陵縣：魚兒尾灘、簸箕灘、太保灘、老龍灘、馬家賽灘、曬各坪灘。

石首縣：袁家埠灘、楊林市灘、藕池灘、山雞觜灘、齊公橋灘、李家觜灘、土地港灘、壺瓶滏灘。

公安縣：㪷斛堤灘。

監利縣：九龍灘、上返觜灘。

嘉魚縣：穀花洲灘、石頭口塘灘、石磯頭塘灘、薛州塘灘。

江夏縣：鯉魚繆灘、楊泗磯灘、青山磯灘。

漢陽縣：鄧家口灘、通津灘、東江腦灘、烏石磯灘、九磯頭灘、大軍山灘、四官殿灘、楊林口灘。

黄岡縣：陽城河灘、葉家洲灘、三江口灘、下新河灘。

武昌縣：猴子磯灘、趙家磯灘、龍蟠磯灘、燕磯灘。

大冶縣：西塞磯灘。

蘄州：漳源口灘。

廣濟縣：生關磯灘、大磯頭灘。

以上一百二灘均係一等極險之灘，遇遭風沉失銅斤，打撈一年，限滿無獲，由該地方官取結，加結咨部咨滇會疏保題豁免。其應需銅價、運脚，於銅息銀内動支，買補清款。

江西省

德化縣：梅家洲、園洲、白水港、新洲、迴峰磯、套口、楊家洲、八里江。

彭澤縣：屏峰磯、老鴉磯、上鐘山、下鐘山、柘磯、香爐墩、下石觜、桂家林、秦張洲、何家套。

星子縣：渚溪、羊瀾、謝師塘、長嶺、火焰山、青溪料。

以上三十三灘均係一等極險之灘，如遭風沉失銅斤，打撈一年，限滿無獲，由該地方官取結，加結咨部咨滇會疏保題豁免。其應需銅價、運脚，於銅息銀内動支，買補清款。以上各灘，《户部則例》俱無。

安徽、江南、山東、直隸水道無灘，故無豁免追賠事例，其在安徽三江口遭風壞船，打撈無獲者，奉旨豁免。乾隆四十七年[一七八二年]桐城縣案。黄河中心沉溺無獲者，地方官與運員各半分賠。乾隆五十七年[一七九二年]江南清河縣案。黄天蕩沉溺無獲者，奉旨豁免。嘉慶八年[一八〇三年]上元縣案。直隸榆林莊沉溺無獲者，地方官分賠十分之三，運員分賠十分之七。嘉慶九年[一八〇四年]通州案。江西、彭澤縣攔排州。安徽、貴池縣太子磯、仙姑殿。江南、清河縣楊家莊、商家莊、馬頭、惠濟、開頭壩、桃源縣重興集、宿遷縣關邳州䃎灣。山東、嶧縣候運閘、王家莊、萬年閘、武城縣孟古汎、滕縣(未)[朱]姬(生)[莊]、湖心、劉昌莊、魚台縣南陽湖、濟寧州仲淺閘、博平縣土橋、費立莊、東平州荆家淺、德州栢園鎮。直隸交河縣水月寺、具橋縣莫家灣。等省，歷年各運員在彼遭風沉溺銅斤，均已打撈全獲，並無賠免之案。

又《陸運》 銅斤由川運京，經過各省之程站，灘次之險阻，運員之經費，京運一門言之詳矣。顧銅斤由廠至瀘，道里遠近，非一水陸，轉輸不同，乃設東尋、兩店，源源輓運，時其出入。按東、尋陸運，自乾隆四年[一七三九年]起，年運正耗餘銅四百四十四萬斤，由兩路各半分運。六年[一七四一年]，廣西局停鑄東錢，加運正耗餘銅一百八十九萬一千餘斤，(運)[連]原運共六百三十三萬一千餘斤，仍由兩路分運，中間安設各店，水陸轉輸。其改置之沿革，及支銷之多寡，有可按册稽者。爰志陸運，而以運脚經費附焉。

東川路

凡東川一路銅斤，向由魯甸奎鄉運至四川永寧，所設東川店，係東川府管理。自東州運至魯店，陸路四站。每站每百斤給運脚銀一錢二分九釐二毫。每一百六十八斤給筐簍一對銀一分七釐。每三百斤，准折耗銅半斤，每領銀一千兩，每站給駝銀馬脚盤費銀一錢三分四釐三毫七絲五忽。魯甸店係昭通府管理。運至奎鄉，陸路四站。運脚、折耗、馬脚，照東店按站支銷。筐簍一對，給銀一分一釐五毫六絲。奎鄉店係鎮雄州管理。運至永寧，陸路十二站。運脚、筐簍折耗、馬脚均照東店按站支銷。永寧店收兑銅斤，係大關同知管理。長運各官，自永寧領銅，由瀘州水運京局交收。自永寧至瀘州水路一站，每百斤給水脚銀九分。乾隆七年[一七四二年]，大關鹽井渡河道開通。將東川運京銅斤一半由魯甸奎鄉發運，一半改由鹽井渡水運交瀘店。自東川至魯甸陸路四站，仍係東川府承運。運脚、筐簍、折耗、馬脚照舊支銷。乾隆七年[一七四二年]，鹽井渡河道開通。將東川一半京銅由水運交瀘。自魯甸至鹽井渡，陸路八站半，係昭通府承運。運脚、筐簍、馬脚，照舊按站支銷。每三百斤准折耗十兩。鹽井渡至瀘州水路八站，係大關同知承運。每百斤給水脚、襍費等銀七錢二分九釐。每百斤給筐簍一個，價銀一分五釐。每三百斤只准折耗銅六兩，馬脚照舊支給。又瀘州銅店乾隆七年[一七四二年]設，委大關同知管理。三十年[一七六五年]委佐襍駐劄管理。四十四年[一七七九年]委丞倅州縣管理，佐襍幫辦。

四十九年［一七八四年］委知府丞倅州縣管理，正副二員，一年一换。十五年［一七五〇年］，永善縣黄草坪河道開通。將東川由魯甸發運一半銅斤，改由黄草坪水運交瀘，即將奎鄉店裁撤。按奎鄉店向係鎮雄州管理，運至永寧陸路十二站，運脚、筐簍、折耗、馬脚，均照東店按站支銷。自東川至魯甸，係東州府承運，運脚、筐簍、折耗、馬脚，照舊支銷。十五年［一七五〇年］，永善河道開通。將東川由黄草坪（二）［一］半運京（銀）［銅］斤［二］，改由黄草坪水運交瀘。自魯甸至黄草坪，陸路五站，係昭通府承運。運脚、筐簍、折耗、馬脚照舊支銷。黄草坪至瀘州水路八站。係永善縣承運，每百斤給水脚、食米、襍費、筐簍銀九錢二分四釐二毫。每三百斤准折耗銅半斤，赴省請領運脚。自永善至省，計程十七站，應需馬脚、盤費照例按站支銷。筐簍、馬脚（三）［二］項《户部則例》無。十七年［一七五二年］，將魯甸銅店裁撤，於昭通府設店。東川銅斤徑運昭通交收。陸路五站半，每站每百斤給運脚銀一錢二分九釐二毫。每銅一百六十八斤給筐簍一對，銀一分七釐。每三百斤准折耗銅半斤，赴省請領。運脚自東至省計程八站，應需馬脚、盤費，照例按站支銷。筐簍、馬脚二項，《户部則例》無。十七年［一七五二年］，豆沙關至鹽井渡河道開通。將昭通由豆沙關陸運至鹽井渡一站銅斤，改由豆沙關水運，昭通銅斤只運豆沙關交收。運脚、筐簍、折耗、馬脚仍照舊支給。豆沙關至鹽井渡水程一站，歸大關同知承運。每百斤照領運脚銀一錢二分九釐二毫，連自鹽井渡至瀘州水路八站，每百斤給銀七錢二分九釐，共給水脚、襍費等銀八錢五分八釐二毫。每百斤給筐簍一箇，價銀一分五釐。每三百斤准折耗銅六兩，赴省請領。運脚自大關至省計程十八站，應需馬脚、盤費照例按站支銷。馬脚二項，《户部則例》無。是年，魯甸店裁撤。東川銅斤徑運昭通。由（路）［昭］通接收東店銅斤各半，分運豆沙關、黄草坪二處交收。自昭通至豆沙關陸路六站，至黄草坪陸路三站半，每站每百斤給運脚銀一錢二分九釐二毫。每銅一百六十八斤，給筐簍一對，價銀一分一釐五毫六絲。每發運關店銅三百斤，准折耗銅十兩。發運坪店銅三百斤，准折耗半斤，赴省請領運脚。自昭通至省計程十三站，應需馬脚、盤費照例按站支銷。

尋甸路

凡尋甸一路銅斤，由貴州威寧州運至四川永寧而止，尋甸店係尋甸州管理。乾隆四十年［一七七五年］將尋甸店發運威寧銅斤，改歸尋甸、宣威二州分運。尋甸至宣威係尋甸州承運，宣威至威寧係宣威州承運。四十六年［一七八一年］改歸曲靖府承運。嘉慶四年［一七九九年］改歸迤東道承運，不給筐簍。尋甸運至威寧計車站十五站，每百斤給車脚銀一兩。每三百斤准折耗銅一斤，不給筐簍。每請（鎮）［領］銀一千兩，每站給駝銀、馬脚、盤費銀一錢三分四釐三毫七絲五忽。乾隆十六年［一七五一年］，將車路改修平直，每百斤只給車脚銀九錢三分三釐三毫三絲三忽。每三百斤准折耗（錢）［銅］一斤，不給筐簍。赴省請領運脚。自尋至省計三站，應需馬脚、盤費照例按站支銷，馬脚《户部則例》無。威寧店係魯甸通判管理。自威寧至永寧陸路十三站，每站每百斤給運脚銀一錢二分九釐二毫。筐簍、折耗、馬脚照東店支銷。乾隆十年［一七四五年］，鎮雄州羅星渡河道開通。將尋甸由威寧發運永寧銅斤，改由羅星渡水運瀘店。自威寧至羅星渡陸路（千）［十］站，每站每百斤給運脚銀一錢二分九釐二毫。自羅星渡至南廣硐水路五站，每百斤給水脚銀二錢。自南廣至瀘州水路三站，每百斤給水脚銀九分。每一百六十八斤給筐簍、木牌一付，銀二分。每三百斤准折耗銅半斤，駝銀、馬脚、盤費照舊給。三十五年［一七七〇年］改歸鎮雄州管理，四十四年［一七七九年］改歸威寧州管理。自威寧至鎮雄陸路五站，每站每（石）［百］斤給運脚一錢二分九釐二毫。每一百六十八斤給筐簍、木牌一付，銀一分五釐。每三百斤准折耗銅三兩，赴省請領運脚。自威寧至省十站，應需馬脚、盤費，照例按站支銷。鎮雄店接運（成）［威］寧銅斤係鎮雄管［理］。自鎮雄至羅星渡陸路五站，每站每百斤給運脚銀一錢二分九釐二毫。自羅星渡由南廣至瀘州水路八站，每百斤給水脚銀二錢九分。每銅一百八十六斤，給筐簍、木牌一付，價銀五釐。每三百斤准折耗銅五兩，赴省請領（理）［運］脚。自鎮雄至省計程十五站，應需馬脚、盤費，照例按站支銷。

凡下關店接運大功、寧台等廠京銅，由楚雄省城運至尋甸而止。按：下關店設於乾隆三十九年［一七七四年］，專司（按）［接］運大功、寧台等廠。京銅，向係大理府管理。自下關運至楚雄陸路六站半，每站每百斤給運脚銀一錢二分九釐二毫。每銅一百六十八斤，給筐簍一對，價銀一分七釐。每百斤准折耗銅三兩五錢，赴省每領銀一千兩，每站給（駐）［駝］銀、馬脚、盤費銀一錢二分四釐三毫七絲五忽。楚雄店係楚雄府管理。運至省城陸路六站，運脚、馬脚照（天）［大］理府事例支銷。筐簍每對給銀一分一釐五毫六絲。每百斤准折耗銅三兩。省城店係雲南府管理。運至尋甸陸路四站，運脚照大理府事例支銷。筐簍照楚雄府事例支。惟折耗每銅百斤只準折耗銅一兩五錢。不給駝銀、馬脚、盤費。乾隆四十四年［一七七九年］，將下關店改歸迤西道經管，直運尋店，至今遂爲定例。

自下關至尋甸陸路十六站半，運脚照前支銷。自關至尋，每銅一百六十八斤，給筐簍一對，價銀一分七釐。每百斤准折耗銅半斤，赴省請領運脚。自下關至省計程十二站半，應需馬脚、盤費，照例按站支銷。

加增運脚

凡陸運銅斤，自威寧州至羅星渡共十站，每年額運京銅三百一十五萬五千一百六十七斤零。每站每百斤給運脚銀一錢二分九釐二毫。乾隆四十一年［一七七六年］奏准，每站每百斤加銀三分，年共需銀九千一十餘兩，在鑄息銀内動支。四十五年[一七八〇年]改爲威寧鎮雄分(地)[運]，自威寧至鎮雄計五站，歸威寧承運。自鎮雄至羅星渡五站，歸鎮雄承運。其加脚銀兩各半分交。五十九年[一七九四年]起，在正額節省銀內(勤)[動]支。其羅星渡至瀘州水程八站，係鎮雄承運不給加脚。

廠地搭運

凡湯丹、大水、碌碌、樂馬、茂麓、發古六廠發運銅斤，每百斤搭運五斤，不給運脚。年約節省銀四百餘兩，作爲湯丹、碌碌二廠加添役食之用。湯丹廠年支銀二百九十九兩六錢，碌碌廠年支銀一百三十四兩四錢。此外各廠別無搭運。

委管瀘店

凡瀘州銅店，額設委員二名，專司收領各店京銅，發兑各起京運，一年一換。按瀘店設於乾隆七年[一七四二年]，向委大關同知管理。三十七年[一七七二年]改委佐雜駐店管理。四十四年[一七七九年]改委丞倅州縣管理，佐雜幫辦。四十九年[一七八四年]改委知府丞倅州縣，不用佐雜。

各店搭運

凡東、尋兩路陸運京銅，每百斤搭運五斤，不給運脚。所有七店下關、尋甸、威寧、鎮雄、東川、昭通、永善。六廠，香樹坡、大興、紅坡、發古、鳳凰坡、紅石岩。每年應扣銀兩，收入搭運節省項下，作爲催銅盤費、卡書工食、修理道路、運員剥費、撥補改煎、火工鉛價，餘銀充餉。鎮雄水運瀘店京銅並無節省，大關水運節省銀兩，歸額外節省項下。

正額節省

凡東川路，乾隆四年[一七三九年]辦運京銅起，由東川、魯甸、奎鄉運至四川永寧店。自東川至魯甸四站，每百斤銷銀五錢一分六釐八毫。自魯甸至奎鄉四站，每百斤銷銀五錢一分六釐八毫。自奎鄉至永寧十二站，每百斤銷銀一兩五錢五分四毫。自永寧至瀘州水程一站，每百斤銷銀九分。共銷水陸路運脚銀二兩六錢七分四釐。七年[一七四二年]，大關之鹽井渡河道開通。將發運永寧銅三百一十六萬五千七百二十斤，以一半仍運永，其餘一半一百五十餘萬斤，改由鹽井渡水運瀘店。自東川至(開)[昭]通五站半，每百斤銷銀七錢一分六毫。自昭通至鹽井渡七站，每百斤銷銀九錢四釐四毫。自鹽井渡至瀘州八站，每百斤價銀七錢二分九釐。共銷水陸運脚銀二兩三錢四分四釐，較由東川全運之數，每百斤節省銀三錢三分，年約節省銀五千二百餘兩，由大關同知領解。十五年[一七五〇年]，永善金江下黄草坪河道開通。將發運永寧銅一百五十餘萬斤，改由黄草坪水運瀘店。自東川至昭通五站半，每百斤銷銀七錢一分六毫。自昭通至黄草坪三站半，每百斤銷銀四錢五分二釐二毫。自黄草坪至瀘店八站，每百斤銷銀九錢二分四釐二毫。共銷水陸運脚銀二兩八分七釐，較由永寧轉運之數，每百斤節省銀六錢八分二釐，年約節省銀一萬七百餘兩，由永善縣領解。東川原運永寧銅，改由黄草坪，節省銀兩，只應按自東至永及自永至瀘運脚，比較自東由奎鄉至永寧運脚核算，從前比較自尋甸(山)[由]威至永及自永至瀘運脚計算，是以至今。

尋店路乾隆四年[一七三九年]辦運京銅起，由尋甸、威寧至四川永寧店。自尋甸至威寧車站十五站，每百斤支銷運脚銀一兩。自威寧至永寧十三站，每百斤支銷運脚銀一兩六錢七分九釐六毫。自永寧至瀘州一站，每百斤支銷水脚銀九分。共銷水陸運脚銀二兩七錢六分九釐六毫。十年[一七四五年]，鎮雄之羅星渡河道開通。由威寧發運永寧銅三百一十六萬餘斤，改由羅星渡水運瀘店。自尋甸至威寧車站十五站，每百斤支銷運脚銀一兩。自威寧至羅星渡十站，每百斤支銷運脚銀一兩二錢九分二釐。自羅星渡至瀘店水程八站，每百斤支銷運脚銀二錢九分。共銷水陸運脚銀二兩五錢八分二釐。較由尋店轉運之數，每百斤節省銀一錢八分七釐六毫，年約節省銀五千九百餘兩，由鎮雄州領解。十六年[一七五一年]，將尋店至威寧車站改修平直，每百斤給銀九錢三分二釐三毫三絲三忽，較原給一兩節省銀六分六釐六毫六絲六忽，年約節省銀三千一百餘兩，由迤東道領解。按此條與《户部則例》節省銀一萬七百五十九兩一錢二分一釐數目不符。查例照永善至瀘節省銀數核算，故與滇省報銷之數不符。凡鹽井渡、羅星渡、黄草坪、尋甸店四處水陸轉運京銅節省運脚銀，年約二萬二三千兩，名爲正額節省，除放歲修鹽井(運)[羅]星二處各灘工價，威寧、鎮雄二州加增運脚、新增運員幫費外，餘銀撥入陸運項下，以作下年發運京銅之用。

額外節省

凡大關廳水運京銅水脚，並鹽井渡僱募客船節省銀兩，(各)[名]爲額外節省，撥入搭運節省項下。除放催銅盤費、卡書工食、修理運道、運員剥費、改煎工價外，餘撥充餉。其永善縣水運僱獲客船水脚，鍋圈岩、大漢漕船户食米，二處節省銀兩，年共一千七八百兩，俱撥歸陸運項下，以作下年給發京銅運脚之用。《户部則例》無。昭通店分運大關一半京銅，自乾隆七年[一七四二年]起，由鹽井渡水運一百五十七萬六千九百二十餘斤，每百斤額給水脚裸費銀七錢二分九釐。所需船隻，如有僱東川省裝運鹽米客貨，回空船隻順便裝載赴瀘(省)[者]，每百斤約節省銀一錢八九分，按僱獲客船裝運銅數多寡計算，每年約節省銀一千八九百兩至二千餘兩不等。十七年［一七五二年］，豆沙關河道開通，將自豆沙關至鹽井渡一站陸運銅斤，亦改作水運，每百斤水脚裸（貨）［費］銀九分九釐二毫四絲八忽零，於原給陸運一站運脚銀一錢二分九釐二毫内計除外，每百斤節省銀二分九釐九毫五絲零，年共節省銀四百七十二兩三錢九釐。

各店養廉

凡各店員承運京銅，例得支銷養廉銀兩者計八處：

東川府經管東川店，每年額運昭通京銅三百一十六萬五千餘斤，應支養廉銀七百二十兩。

昭通府經管昭通店，每年額運關坪二店京銅三百一十六萬四百餘斤，應支養廉銀七百二十兩。

大關同知經管豆沙關店，每年額運瀘州店京銅一百五十七萬六千餘斤，應支養廉銀三百六十兩。

永善縣經管黄草坪店，每年額運瀘州店京銅一百五十七萬七千餘斤，應支養廉銀三百兩。

迤東道［經］管尋甸店，每年額運威寧京銅三百一十六萬五千餘斤，應支養廉銀四百八十兩。

貴州威寧州經管威寧店，每年額運鎮雄京銅三百一十五萬五千餘斤，應支養廉銀三百兩。

鎮雄州經管鎮雄店，每年額運瀘州店京銅三百一十五萬三千餘斤，應支養廉銀九百兩。

瀘州店委員經管瀘店，收發京銅每年應支養廉銀一千二百兩。以上各員應支銀兩，如銅數運足，即照數支銷。如運不足額，即照實運之數攤支，統於陸運項下支銷。其有額外多運者，只照原數支銷，並不加給。

各店店費

凡官設銅店接收轉運京銅，例得支銷店費銀兩者共十四處：

下關店，承運京銅，額設家人一名，月給工食銀三兩。書記一名，月給工食銀三兩。巡役二名，每名月給工食銀一兩五錢。搬夫二名，每名月給工食銀一兩五錢。秤手一名，月給工食銀一兩五錢。房租月給銀一兩，燈油、紙筆月給銀一兩。自下關至楚雄計程六站半，每站設催銅差二名，共十三名，每名月給工食銀一兩。共銀二十八兩五錢。

楚雄店，承運京銅，額設書記一名，月給工食銀三兩。自楚雄至省城計六站，每站設催銅差二名，共十二名，每名給工食銀一兩。共給銀十五兩。

省城店，承運京銅，額設書記一名，月給工食銀三兩。自省城至尋店計程四站，設立巡役二名，每名給工食銀一兩五錢。共銀六兩。以上三處支銷銀兩，《户部則例》無。

威寧州店，承運京銅，額設書記（二）［一］名，月給工食銀三兩。巡役十名，每名月給工食銀二兩。共銀二十三兩。

大關同知經管豆沙關店，承運京銅，額設書記一名，月給工食銀三兩。秤手二名，每名月給工食銀二兩。鹽井渡店看銅夫二名，每名月給工食銀一兩二錢。瀘店租房一所，月給房租銀一兩。共銀十兩四錢。

永善縣經管黄草坪店，承運京銅，例於十月開運，次年四月撤站。設站五處。黄草坪、霧基灘、鍋圈岩、大漢漕、新開灘。每處書記一名，月給工食銀三兩。搬夫十名，每名月給工食銀二兩。共銀二十三兩，五處月共給一百十五兩。

瀘州銅店，接收兑發京銅，設書記一名，每名月給工食銀三兩。搬夫十二名，每名月給工食銀二兩。月共銀二十七兩。以上七處銀兩俱遇閏加增，小建不除，於陸（通）［運］項下支銷。惟黄草坪五站工食遇閏不加。

下關店，收發採買，額設書記一名，月給工食銀三兩。搬夫二名，每名月給工食銀二兩。共銀七兩。

尋甸店，承運京銅，額設家人一名，月給工食銀三兩。書記一名，月給工食銀三兩。巡役十名，每名月給工食銀二兩。搬夫八名，每名月給工食銀二兩。燈油、紙筆月給銀二兩。共銀四十四兩。

東川店，承運京銅，額設書記一名，月給工食銀三兩。巡役八名，每名月給工食銀二兩。搬夫五名，每名月給工食銀二兩。燈油、紙筆月給銀十三兩二錢八分。共銀（五）［四］十二兩二錢八分，以上三處銀兩俱遇閏加增，小建不除，於廠務項下支銷。

鎮雄州承運京銅，額設書記一名，月給工食銀二兩四錢。搬夫二名，每名月給工食銀一兩八錢。巡役一名，月給工食銀一兩八錢。房租月給銀二兩。燈油、紙筆月給銀二兩五錢。共銀一十二兩三錢。

羅星渡店，接運京銅，額設書記一名，月給工食銀二兩四錢。搬銅打包夫四名，每名月給工食銀一兩八錢。房租月給銀二兩。燈油、紙筆月給銀二兩五錢。共銀一十四兩一錢。

南廣店，接運京銅，額設書記一名，月給工食銀二兩肆錢。搬夫二名，每名月給工食銀一兩八錢。房租月給銀一兩三錢三分三釐。燈油、紙筆月給銀一兩。共銀九兩三錢三分三釐。以上三處銀兩，俱遇閏加增，小建不除，惟房租一項遇閏不加，於搭運節省項下支銷。

瀘州銅店，每年給房租銀一百兩，遇閏不加，於公件項下發給。按瀘店房租每月原給銀十二兩，年共給銀一百四十四兩。嘉慶五年[一八〇〇年]十二月起，每年酌減銀四十四兩，止給銀一百兩。遇閏攤支與今。《户部則例》所載瀘店房租月給一兩之數不符。

昭通店，接收東店銅斤，分運關坪二店交收。所有書巡工食銀兩，係該府自行酌給，並不動項支銷。

卡書公費

凡各廠店承運京銅經過地，設卡稽查，例得支給房租、燈油、紙筆、(士)[工]食銀兩者共八處：

湯丹、碌碌、大水、茂麓四廠發運東店京銅，於腰蓬子、杉木箐、尖山三處設卡稽查。每卡書記一名，巡役二名，於東川府衙門書役内派撥。不給工食。月給房租銀三錢，燈油、紙筆銀五錢，三卡月共給銀二兩四錢。

湯丹廠分運尋甸京銅，於松毛、蓬雙、箐關、坡村四處設卡。設巡役二名，於該廠原設巡役内派撥。不給工食銀。書記一名，月給工食銀三兩，房租銀三錢，燈油、紙筆銀五錢，月共給銀三兩八錢，四卡共銀一十五兩二錢。

東川店發運昭店京銅，於紅石崖、大水塘二處設卡稽查。每卡設書記一名，巡役二名，於東川府衙門書役内派撥。不給工食。每卡月給房租銀三錢，燈油、紙筆銀五錢，月共給銀八錢，二卡共銀一兩六錢。

昭通府分運黄草坪京銅，於新店子設立一卡。分運豆沙關京銅，於大岩硐設立一卡。每卡設書記一名，巡役二名，於昭通府衙門書役内派撥。不給工食。每卡月給房租銀三錢，燈油、紙筆銀五錢，月共給銀八錢，二卡共銀一兩六錢。

大關同知由鹽井渡發運瀘州店京銅，於九龍潭、張家窩二處設立二卡。每卡書記一名，月給工食銀三兩，巡役二名，每名月給工食銀二兩，房租銀三錢，燈油、紙筆銀五錢，月共給銀七兩八錢，二卡共銀十五兩六錢。以上五處支銷銀兩，《户部則例》未載。

尋甸店發運威寧京銅，於甕得、阿黄、黑得、可渡四處設卡。每卡書記一名，月給工食銀三兩，巡役二名，每名月給工食銀二兩，房租銀三錢，燈油、紙筆銀五錢，月共給銀七兩八錢，四卡共銀三十一兩二錢。

威寧州發運鎮雄州京銅，於馬櫃、菩薩塘二處設卡。每卡書記一名，月給工食銀三兩，巡役二名，每名月給工食銀二兩，房租銀三錢，燈油、紙筆銀五錢，月共給銀七兩八錢，二卡共銀十五兩六錢。

鎮雄州發運羅星渡京銅，於桃園地方設卡。書記一名，月給工食銀三兩。巡役二名，每名月給工食銀二兩，房租銀三錢，燈油、紙筆銀五錢，月共給銀七兩八錢。以上各卡應給銀兩，遇閏加增，小建不除，於搭運節省項下支銷。

催銅盤費

凡查催各路京銅委員，例得給予盤費銀兩者共十二員：

下關店(永)[承]運京銅，自下關至楚雄，大理府同知查催，月給盤費銀八兩。自楚雄至省城，楚雄府司獄查催，月給盤費銀八兩。自省城至尋甸店，雲南府通判查催，月給盤費銀八兩。以上銀兩俱遇閏加增，小建不除，於陸運項下支領。《户部則例》載。

尋甸店承運京銅，自尋甸至宣威，尋甸州吏目自查催，月給盤費銀五兩。自宣威至可渡，宣威州吏目查催，月給盤費銀五兩。自可渡至威寧，可渡巡檢查催，月給盤費五兩。

威寧州承運京銅，自威寧至鎮雄，彝良州同查催，月給盤費銀五兩。

鎮雄州承運京銅，自鎮雄至羅星渡，母享巡檢查催，月給盤費銀五兩。自羅星渡至瀘州店，威信州判查催，月給盤費銀五兩。催銅盤費銀兩，《户部則例》載，威寧州查催官一員，月給盤費銀三十兩。與滇省分店開報二十五兩之數不符。

東川府承運京銅，自東川至以扯汛，待補巡檢查催，月給盤費銀六兩。自以扯汛至昭通，則補巡檢查催，月給盤費銀九兩。

昭通府承運京銅，自豆沙關、黄草坪兩路分運，昭通府經歷查催，月給盤費銀十五兩。以上銀兩俱遇閏加增，小建不除，於搭運節省項下支銷。

各店逾折

凡東、尋兩路各店陸運京銅，除例準耗之外，準報逾折銅斤，每百斤繳價銀十一兩，完解布政司庫，發買補運。如有多報者，即行參辦。威寧發運鎮雄銅斤，每年準報逾折銅四千斤。鎮雄發還瀘店銅斤，每年準報逾折銅六千斤。昭通分運關、坪二店銅斤，每年準報逾折銅六千斤。大關、永善二處發運瀘店銅斤，每年各準報逾折銅四千斤。

凡迤西道經管下關店承運至尋店，東川府經管。東店承運至昭通之京銅，除例準折耗外，如有逾折，均自行補運。迤東道經管尋甸店接運威寧之京銅，除例準折耗外，每年準報一萬二千斤，每百斤繳價銀十一兩，完解布政司庫，發買補運。

運瀘沉銅

凡鎮雄、大關水運瀘店京銅，遇有沉溺者，委員勘明，一面咨明户部，一面打撈。如一年限滿無獲落，承運之員賠補，每百斤加耗銅八兩，按照沉失銅數，追買補還。

鎮雄州正耗銅一百斤八兩，於尋甸撥賣。每百斤價銀七兩四錢五分二釐，加自廠至尋運脚銀四錢五分二釐，筐簍銀一分六釐。自尋至威寧、鎮雄、羅星渡至瀘水陸運脚，筐簍銀二兩三錢三分四釐，共該每百斤應賠銀一十兩二錢九分一釐。

大關廳正耗銅一百斤八兩，於東川店撥賣。每百斤價銀七兩四錢五分二釐，加自廠至東運脚銀四錢二釐，筐簍銀一分六釐，自東由昭通、豆沙關至瀘，水陸運脚、筐簍銀二兩二錢二分一釐，(其)[共]計每百斤應賠銀一十兩　錢二分八釐。

永善縣正耗銅一百斤八兩，於東川店撥賣。每百斤價銀七兩四錢五分二釐，加自東由昭通、黄草坪至瀘，水陸運脚、筐簍銀二兩一錢一分，共計每百斤合銀九兩五錢九分九釐。以上三處，《户部則例》無。

永善縣由黄草坪金江水運沉溺者，亦委員勘明咨部打撈。如在題定十八險灘沉失，限滿無獲者，飭取水摸甘結，並沿江文武具弁印結，詳題豁免。所免銅斤，每百斤添買路耗銅八兩，於銅息銀兩支買補運。在次險灘沉溺，限滿無獲者，按照沉失銅數，於承運之員名下追買補。

凡金江沉銅，無論次險、極險之灘，如有淹斃水手人等，每名給予恤賞銀八兩，在運銅節省銀内發給。該家屬承領，入陸運册内報銷。大關、鎮雄二處如有淹斃，由該廳州自行捐給恤賞。《户部則例》無。

改煎低銅

凡運員解京銅内提出低潮鐵砂，在部改煎。將煎折銅斤，按照十貹之數咨滇着賠。所有應賠自八六至十貹，不足之十五色銅斤價脚，動支銅息銀兩買補。其應賠自八五以下至七一二七貹，六八九不足貹色之銅斤價脚，照各廠發運銅數多寡分攤。在滇者，就近勒追。離滇者分咨旗籍任所，追買補運部局。追獲銀兩，由各省就近報撥。如無力完繳，題請豁免，滇省照數在京銅項下，作正開除入彙總内報銷。分賠之數(名)[各]按廠價，如自廠至瀘至京水陸運脚一並核計外作十股，爐户運賠五股，於請工本内每兩扣收銀二分。廠員應賠五股，按照運過銅數分賠追繳。轉運各店員並瀘店委員應賠一股，按照在任日月及兑發銅數分賠。着追長運委員分賠一股，按照本運提出低潮鐵砂銅數多寡分賠追繳。

凡户、工二部局，改煎低潮鐵砂銅斤，墊出火工鉛價銀兩，亦照煎折攤賠之例，分作十股，在滇就近着追。離滇分咨旗籍任所，其應解還銀兩，由直隸藩庫照數動撥，就近分交。滇省於每年題撥銅本案内扣除。俟追繳全完，收入銅本項下支用。其咨追外省報撥銀兩，並無力完繳，題請豁免之數，俱在搭運節省餘存銀内撥出，收入銅本項下支用。

核減銅色

凡運員解部銅斤，部局收銅均以八成驗收，應減銅色銀兩，在銅息銀兩扣減，毋庸買補。《户部則例》無。

**又《雜款》** 周禮司會掌九式，以均節邦之財用，誠以國家經費有常，其出入度支，在在與正供相爲表裏。滇銅利用極天下，自廠地以迄採買，轉輸之艱難，費用之繁瑣，亦既件繫其事，井然類從矣。顧動放工本，抽收税課，以及接濟水洩之雜需，官房工食之款項，雖事屬細微，每與銅政相爲維繫。持籌固當預知其數，會通焉以利用者也。爰綜諸條，統爲雜款，以著於篇。

題撥銅本

凡辦運京銅，應需銅本銀兩。如辦丙年銅，先於甲年秋，由司詳請具題，聽候部撥銀一百萬兩，委員解滇。所用過銅本、水陸運脚、襍費、官役、養廉以及核減銅色銀兩，準其分案報銷，仍俟各案報銷核準之日，將實在用過數目，彙造總册報部。

凡部撥銅本銀兩，例交布政司庫收貯。按年共撥銀一百萬兩，内解户、工部飯食，六萬四千四百五十五兩二錢。通州坐糧廳車脚弔載，四千九百七十兩一錢八分。正運四起自漢口至儀徵水脚，一萬四百三十四兩。自儀徵至通州水脚，一萬六千二百六兩。共銀九萬六千六十五兩三錢八分。外，實撥銀九十萬三千九百三十四兩六錢二分。又除每年應發正額運京銅價，五百七十萬四千斤，每百斤九兩二錢，應需銀五十二萬餘兩。東尋兩路運脚養廉店費工食，二十八萬餘兩。運員水脚、襍費、養廉除撥解漢口、儀徵正運水脚之外，需銀五萬餘兩，共銀八十六萬餘兩。外，其餘剩銀兩年約三萬數千餘兩。存備接流采辦銅斤，支銷工本，按年造册題銷。俟正、加各運報銷覆準，即查照原撥銀一百萬兩之數，接流彙造總册，詳請題銷。

白銅税課

凡商民煎販白銅，例得抽收税課者計四處：

定遠縣大茂嶺白銅廠，乾隆四十六年[一七八一年]開採，廠民自備工本煎辦。每揹爐一座，抽收爐墩課銅二兩六錢六分六釐，每斤折收銀三錢，由定遠縣按年批解司庫，並無定額。其商民販運白銅，由定遠縣填給引票，交商民執持運至省店過秤，抽課銷售。

元謀縣稅所抽收四川立馬河廠運滇白銅，每商民販運銅一碼，計一百七十斤，收課銀七錢，由元謀縣按年批解司庫，並無定額，其商民販運白銅，由元謀縣填給引票，交商執持運至省店，過秤納課銷售。

雲南省店抽收商民辦運大茂嶺、立馬河等廠白銅至省城銷售，每銅一百一十斤抽收課銅十斤，每斤折收銀三錢，按季完解司庫。

會澤縣抽收商民販運川廠白銅，由會澤縣經過，查明領有寧遠府印票者，每百斤收稅銀一兩。如無印票者，每一百一十斤抽課銅十斤，每斤折收銀三錢，由會澤縣按年批解司庫，並無定額。其所收銀兩，由大茂嶺、立馬河省店收穫課銀，一併入於銅廠奏銷餘息冊內造報。《户部則例》無。

銅廠額課

凡各銅廠應徵課銀，年共額徵銀一萬八百二十五兩七錢零九釐。按年於銅廠奏銷餘息銀內撥出，收入石羊等銀廠課款冊內，彙造報撥充餉。《户部則例》無。

公廉捐耗

凡湯丹碌碌、大水溝、茂麓、大風、紫牛、人老山、箭竹塘、樂馬、梅子沱、小岩坊、長發坡、寧台、白羊、馬龍、寨子箐、香樹坡、義都、大美、大寶、鳳凰坡、紅石岩、紅坡、大興、青龍、竜邑、者囊等二十七廠，每廠民辦銅一百斤，抽公廉捐耗四斤二兩。內歸公銅二斤五兩四錢五釐、養廉銅十二兩四錢六分九釐，此二款於銅廠奏銷冊內收造，所收銅斤照各廠餘銅例價核計，按年撥歸公件項下，備放各官養廉及院司房，承辦銅務書巡工食之用。捐銅三兩六錢五分七釐，此款亦於銅廠奏銷冊內收造，每百斤變價銀九兩二錢，按年撥入銅息項下，以備歲修金江之用。耗銅十二兩四錢六分九釐。內除發運各店局銅斤，每百斤準銷路耗銅半斤外，所存之銅名耗下盡銅亦於銅廠奏銷冊內收造，每百斤變價銀九兩二錢，撥入銅息項下支用。每年照例支銷，按款造報。《户部則例》歸公養廉折耗。銅五斤內以一斤備折耗，一斤爲廠員養廉，三斤變價歸公。又三百五十斤收捐銅一斤，爲歲修金江之用，與滇省每廠民交毛銅百斤扣收公廉捐耗銅四斤二兩之數不符。

銅息銀兩

凡各廠京運，六百三十餘萬七百斤。帶解、二十餘萬斤。本省局鑄年需用銅，六十餘萬斤。每正銅百斤收價銀，九兩二錢，耗餘銅並不收價。各省採買年需用銅二百數十萬斤。俱在辦獲銅內撥賣。每正高銅百斤收價銀九兩，耗餘銅並不收價。所收銀兩，按數入於銅廠奏銷冊內造報。

凡撥賣各款銅斤，除按照實發例價及各廠運至各店運脚、筐簍、領本、馱銀、馬脚、廠員書巡薪食、廠費、督撫藩司管廠道府書巡工食、省局炒銅工費外，餘剩銀兩同省城白銅店定遠、元謀、會澤三縣抽收白銅稅銀，金釵廠小課，一併計價劃除。餘銀名爲銅息，以備支放學院養廉，辦理貢茶，兵部飯食，督撫役食，三善堂食米，各屬監遣犯口糧，查辦災賑官役飯食，紙筆，委解緣事官員進京盤費，各屬歲修塘房，湯丹，碌碌，大水，茂麓四廠水洩，永善歲修金江工費，買補豁免各運員沉失銅斤價脚，全數沉銅撈費，買補，部局煎鍊不足瞪色銅斤價脚之用，按年造冊咨銷。《户部則例》無。

接濟銀兩

凡各廠采辦銅斤應需工本銀兩，俱係隨時酌發，如有辦銅較多，勢須接濟者，該管道府核實具領，按現在各廠應需工本、脚費銀兩，俱係按照額辦銅數按季核實給發。其接濟一項，現止湯丹、碌碌、大水、茂麓等廠，每次酌發銀三四萬兩。寧台廠每次酌發銀一二萬兩。萬寶、金釵二廠每次酌發銀五六千兩。由布政司詳明發交，廠員承領辦運。俟各該廠請領工本銀兩時，分四季扣收，還入於四季工本及考成冊內造報。

底本銀兩

凡各廠采辦銅斤，除隨時酌發工本收買外，其有預借兩月底本銀兩者，於交銅百斤之外，扣收銅五斤，計四十個月扣清之後再行酌借。乾隆三十六年[一七七一年]案，《户部則例》無。湯丹廠，借銀二萬四千五百三十三兩有奇。碌碌廠，借銀六千六百一十三兩有奇。大水溝廠，借銀四千二百六十六兩有奇。茂麓廠，借銀二千九百八十六兩有奇。寧台廠，借紫板底本銀四千二百一十一兩零，照每百斤給銀五兩一錢五分二釐五毫之數核發。借蟹殼底本銀二萬九百六十一兩，照每百斤給銀六兩二錢八分八釐三毫之數核發。萬寶廠，借銀三千一百四十四兩有奇。大功廠，借銀四千一百九十二兩有奇。俱照每百斤給銀六兩二錢八分八釐三毫之數核發。金釵廠，借銀六千九百兩，照每百斤給銀四兩六錢之數核發。得寶坪廠，亦準照各廠之例，預借兩月底本銀兩。

水洩工費

凡各廠采辦銅斤，例準官給提拉水洩工費銀兩者計八處：

義都廠，每辦銅一萬斤，給予水洩銀六十五兩二錢一分七釐四毫，於省局鑄息銀内動支。

湯丹廠，每辦銅百斤給銀二錢。

碌碌廠，每辦銅百斤，給銀二錢二分二釐二毫二絲。

大水溝、茂麓二廠，每辦銅百斤，給銀二錢五分。以上四廠均於銅息、鑄息項下各半動支。

大功廠，無論出銅多寡，每年約給水洩銀三千兩，於省局鑄息銀内動支。

寧台廠，按照年辦銅二百九十五萬餘斤核計，每百斤給銀一錢六分九釐四毫九絲一忽五微二纖，於省局鑄息項下動支。

得寶坪廠，照年辦銅一百二十萬斤核計，每百斤給銀一錢六分九釐四毫九絲一忽五微二纖，於省局鑄息項下動支。《户部則例》無。

駝銀馬脚盤費

凡各道府專管之廠，其自省至各處衙門駝載工本運脚之馬脚盤費銀兩，由道府赴司請領者計八處：

迤東道專管湯丹碌碌、大水溝、茂麓、大風嶺、紫牛坡、人老山、箭竹塘、雙龍、梅子沱、樂馬等十一廠，自尋甸自尋甸州城一站至易隆，一站至楊林，一站至板橋，一站至省城。至省城共四站。

昭通府專管長發坡、小岩坊二廠，自府城一站至響水，一站至烏蒙箐，一站至威寧州城，一站至箐頭鋪，一站至倘塘驛，一站至宣威州城，一站至炎方驛，一站至松林驛，一站至霑益州城，一站至馬龍州城，一站至易隆，一站至楊林，一站至板橋，一站至滇省城。[至]省城共十三站。

澂江府專管鳳凰坡、紅石岩、紅坡、大興、發古等五廠，(至)[自]府城至呈貢縣城一站，呈貢縣至省城一站，共二站。

開化府專管竜邑、者囊二廠，自府城至[省城]自開化府城一站至馬塘，一站至石榴紅，一站至膩草竜，一站至大江邊，一站至竹園村，一站至新哨，一站至彌勒縣城，一站至平地哨，一站至蓑衣山，一站至北山，一站至宜良縣，一站至七甸，一站至省城。通共計程十三站。

臨安府專管金釵廠、緑硔硐、鼎新等三廠，自府城至，自府城一站至館驛，一站至通海縣城，一站至江川縣城，一站至晉寧州城，一站至呈貢縣城，一站至省城。通共計程六站。

迤西道專管寧台、迥龍、得寶坪等三廠，自大理至省城共計十三站。

大理府專管大功、白羊二廠，自府至省城，程站與迤西道同。

楚雄府專管香樹坡、秀春二廠，自府城至省城共六站。以上各道府赴司請領工本脚費銀兩，除扣錢本外，每千兩按每站給駝銀馬脚盤費銀一錢三分四釐，於廠務項下支銷。

凡各道府專管之廠，因離道府署遥遠，逕由廠員赴司請領駝載工本運脚之馬脚盤費者計五處：

迤東道專管獅子尾廠，自廠至省計程九站。

迤西道專管馬龍、寨子[箐]二廠，自馬龍至省十一站，寨子箐廠至省十三站。

迤南道專管青龍廠，自廠至省計程六站。

糧儲道專管大寶廠，自廠至省計程五站。

雲南府專管義都、萬寶、大美三廠，自義都、萬寶二廠至省六站，自大美至省三站。以上各廠赴司請領工本運脚，均由廠員徑赴司庫請領，所需駝銀馬脚盤費，俱在該廠脚費項下支銷。

廠欠銀兩

凡各廠辦銅爐户領欠工本銀兩，分有着無着，於每年十月内具奏，候旨豁免追賠。

凡有着廠欠，如爐户故絶停歇無可着追，即於經放廠員名下追賠。如經放之員家産盡絶，無力完繳，歷過任所亦無隱寄，由布政司詳請豁免。其無着廠欠，由布政司庫將扣收市平銀兩撥補。《户部則例》無。按辦理廠欠，時有不同，其無着一項，有在餘息銀内撥補者，如雍正二年[一七二四年]起至乾隆三十六年[一七七一年]案是也。有將市平銀撥補不準豁免者，三十七年[一七七二年]至四十年[一七七五年]案是也。有將局鑄加卯獲息彌補者，三十八年[一七七三年]案是也。有添爐鼓鑄獲息彌補者，四十一年[一七七六年]案是也。有着經放之員賠繳者，四十三年[一七七八年]案是也。有將督撫藩司、經管道府養廉攤扣撥補者，五十五年[一七九〇年]案是也。有全行豁免者，六十年[一七九五年]案是也。有着落清查不實之總督分賠二股、巡撫分賠三股、布政司分賠五股者，有着落總督分賠一股、巡撫分賠一股、布政司分賠二股、經放廠員分賠六股者，嘉慶六年[一八〇一年]案是也。有既將司庫扣存市平撥補，其不敷銀兩着經放之員賠繳者。七年[一八〇二年]案是也。有既將司庫扣存市平銀兩撥補其不敷銀兩，着落督撫合賠一股、布政司分賠一股、該管巡道分賠二股、廠員分賠六股，如係州縣經管之廠，督撫合賠一股、布政司分賠一股、該管知府直隸州分賠二股、廠員分賠六股者。十年[一八〇五年]案是也。有既將司庫扣存市平撥補，其不敷銀兩奉旨豁免者，十年[一八〇五年]至十三年[一八〇八年]案是也。至歷年有着廠欠，仍於原欠爐户名下定限勒追。

凡各廠請領工本銀兩，照軍需之例，每百兩扣收市平銀一兩，撥補逃亡無着廠欠，按年彙册詳咨。乾隆三十七年[一七七二年]案。

修理官房道路

凡各廠修建官房，例準支銷銀兩者計十處：

湯丹廠，原建官房一廳，計五十三間，準銷工料銀一千八百五十五兩零，於耗銅變價及尋甸節省銀內開銷。乾隆六年[一七四一年]補修一次，準銷銀三百七十九兩零。十二年[一七四七年]補修一次，準銷銀四百四十六兩零。十七年[一七五二年]補修一次，準銷銀四百七十六兩零。二十三年[一七五八年]補修一次，準銷銀一百一十兩零。二十六年[一七六一年]補修一次，準銷銀二百四十八兩零。三十年[一七六五年]補修一次，準銷銀二百二十八兩零。三十四年[一七六九年]補修一次，準銷銀二百六十六兩零。四十一年[一七七六年]補修一次，準銷銀三百六十一兩零。四十八年[一七八三年]補修一次，準銷銀六百五十兩零。均於東威搭運節省項下支銷。

碌碌廠，原建官房一所，計六十六間，準銷工料銀九百一十八兩零。乾隆二十六年[一七六一年]補修一次，準銷銀一百九十二兩零。三十六年[一七七一年]補修一次，準銷銀四百一十六兩零。五十七年[一七九二年]補修一次，準銷銀六百三十五兩零。

大水溝廠，原建官房一所，計三十三間，準銷工料銀三百二十兩零。乾隆三十年[一七六五年]補修一次，準銷銀二百四十兩零。三十五年[一七七〇年]補修一次，準銷銀三百三十九兩零。四十年[一七七五年]補修一次，準銷銀三百六兩零。

茂麓廠，原建官房一所，準銷工料銀四百三十八兩零。乾隆四十年[一七七五年]補修一次，準銷銀二百七十六兩零。

白羊廠，原建官房一所，計十四間，準銷工料銀二百四十九兩零。

大功廠，原建官房一所，計二十四間，準銷工料銀四百九兩零。

寧台廠，原建官房一所，計十五間，準銷工料銀二百三十二兩零。

義都廠，原建房一所，計三十二間，準銷工料銀三百三十七兩零。

大興廠，原建官房一所，計二十四間，準銷工料銀三百八兩零。以上各廠建修官房準銷工料銀兩，均在東威搭運節省項下支銷。

發古廠，原建官房一所，計十八間，準銷工料銀一百七十一兩零。於金沙、樂馬二廠歸公銀內支銷。

凡廠店發運銅斤，經由道路橋梁，例準官給銀兩者計十五處：

湯丹廠，自廠至東川府城，計陸路二站，經過道路橋梁，每補修一次約需銀五六百兩。

碌碌廠，自廠至東川府城，計陸路三站半，經過道路橋梁，每補修一次約需銀三百八十九兩。

大水溝廠，自廠至東川府城，計陸路三站半，經過道路橋梁，每補修一次約需銀三百四五十兩。

茂麓廠，自廠至東川府城，計陸路七站半，經過道路橋梁，每補修一次約需銀三百二三十兩。

大風嶺廠，自廠至東川府城，計陸路六站，經過道路橋梁，每補修一次約需銀三百一二十兩。以上道路橋梁均五六年補修一次，於搭運節省項下發給，由該管之東川府承領補修，造册報銷。

義都廠，自廠至省城計陸路六站，經過道路橋梁，每十八九年補修一次，由該管之易門縣領銀承修，每次約需銀二百八九十兩或三百兩。亦在搭運節省項下發給。

東川府承運昭通京銅，自東川府城起至交界之江底止，計陸路三站半，經過道路橋梁，每五六年補修一次，由東川府領銀承修，每次約需銀七八百兩。

昭通府承運京銅，自交界之江底起，至昭通府城止，計陸路二站。又自昭通至永善縣經管之黄草坪，計陸路三站半，經過道路橋梁，每五六年補修一次，由昭通府領銀承修，每次約需銀八九百兩。

昭通府城至大關同知經管之豆沙關，計陸路六站，經過道路橋梁每五六年補修一次，由大關同知領銀承修，每次約需銀八九百兩。

迤東道由尋甸承運京銅，自尋甸至威寧州城計車站十五站，經過道路橋梁五六年補修一次，由迤東道領銀承修，每次約需銀一千四五百兩。

貴州威寧州承運京銅，自威寧至鎮雄州城計陸路五站，經過道路橋梁，每五六年補修一次，由威寧州領銀承修，每次約需銀七八百兩。

鎮雄州承運京銅，自鎮雄至雨灑河計陸路二站，經過道路橋梁，每五六年補修一次，由鎮雄州領銀承修，每次約需銀七八百兩不等。以上六處銀兩，於搭運節省項下撥給，造册報銷。

鎮雄州承運瀘店京銅，自羅星渡至南廣均係水路，每年酌給修灘工費銀三百兩。

大關同知承運瀘店京銅，自鹽井渡至瀘州均係水路，每年酌給修灘工費銀三百兩。以上一處銀兩均於正額節省項下酌給，按年造册報銷。

永善縣承運京銅，自黄草坪至瀘州店均係水路，每年給修灘工費銀一千兩，於銅息項下動支，按年造册報銷。修理官房、道路及修江各款，《户部則例》無。

書役工食

凡辦理銅務衙門設立書役，例得官給工食銀兩者九處：

總督衙門辦理銅務經書，年支工食銀八十兩。

巡撫衙門辦理銅務經書，年支工食銀一百六十兩。

布政司衙門辦理銅務經書，年支工食銀八百五十九兩二錢。巡役年支工食銀一百八十二兩四錢。

迤東道衙門辦理銅務經書，年支工食銀一百六十兩。巡役年支工食銀九十一兩二錢。

迤西道衙門辦理銅務經書，年支工食銀二十兩。

雲南府衙門辦理銅務經書，年支工食銀十九兩二錢。

臨安府衙門辦理銅務經書，年支工食銀二十兩。

澂江府衙門辦理銅務經書，年支工食銀二十兩。以上書役工食銀，遇閏加增，小建不除。惟布政司衙門差遣巡役赴廠店及沿途催銅盤費，並年節犒賞，年支銀四百四十六兩，遇閏不加，小建不除，均於廠務項下動支。

**清・陳康琪《郎潛紀聞二筆》卷一** 滇省運銅差之苦累二則。 乾末嘉初，滇省運銅，爲最苦之差，一經派出，即身家不保。推原其故，凡全滇屬員中，有虧短者，有才具短絀者，有年邁者，本管道府即具報，委令運銅。於承領運脚時，即稟明藩司，將所短各數扣留藩庫，以至委員赤手動身，止有賣銅一法。所短過多，或報沈失，或交不足數，至參革而止，此數十年弊政也。自蔣礪堂相國攸銛任滇藩，查得銅廠内有提拉水洩一項，每年應發銀二十萬兩，八成給發，扣存二成，得四萬兩；於四正運，每船津貼銀八千兩，副運減半，於起運時給發一半，船至湖北全給之。保舉運員，須本管府道加考，以並無虧空、年力正强爲合格。此法行至道光年，尚無更變，人不以爲畏途矣。見崇慶楊襄侯國楨自定年譜，楊亦道光初藩雲南者。今滇銅久不採運，舊章未必遵行，録此以爲講銅政者之一助。

楊襄侯在滇兩署藩篆，其時各省採銅委員，率羈留至四五年。侯訪知四川烏坡廠銅可以船運，遂陳請大憲，在烏坡採買銅二百萬斤，五省委員咸獲齎運。雖銅價畧貴，而運脚節省，合計有盈無絀，此亦留心度支所當知者。

**又　卷一三** 積古齋鐘鼎款識 阮文達精心金石文字，能以彝觶簠鼎諸器，通倉籀之學。其所輯《積古齋鐘鼎款識》，離奇炫燿，貫串墳典，嗜古者家置一編矣。顧是書雖由文達審定，而編釋屬稿，實出平湖朱侍郎爲弼。侍郎，文達弟子也。其初稿尚世守，先署己名，後改題文達著。盩厔路慎莊、獨山莫友芝，咸有跋。路、莫，亦文達門下士，言當不誣。康祺按：是書考義釋文，遠駕歐、薛，文達與侍郎皆當代蓋臣碩學，雖不必以之爲重輕，而擁篲清塵，功不可没也。

# 錫

## 題解

**漢・許慎《説文解字・金部》** 錫 **[篆]** 銀鉛之閒也。从金，易聲。先擊切。

釕 **[篆]** 錫也。从金，引聲。羊晉切。

## 綜述

**晉・常璩《華陽國志》卷四《南中志》** 律高縣，西有石空廖本注云「當作室」。山，出錫。東南有監李本作盤。張、吴、何、王本作監。劉、錢、《函》本同《漢志》作「監」。顏注「音呼鶪反」。町山，出錫。《兩漢志》並作「出銀鉛」。廖本注云：「當作銀、鉛。」兹不改，説在註。

**唐・李吉甫《元和郡縣圖誌》卷三三《劍南道下・龍州・江油縣》** 饗漼山，在縣東八十二里。出錫。

**又　卷三四《嶺南道一・廣州・化蒙縣》** 鉛穴山，在縣西六十里。出鉛、錫。

**又　卷三七《嶺南道四·賀州·臨賀縣》**　縣北四十里有大山，山有東遊、龍中二冶，百姓採沙燒錫，以取利焉。

**又　《馮乘縣》**　馮乘縣，下。東南至州一百八十里。本漢舊縣，屬蒼梧郡。界內有馮溪，因以爲名。吴屬臨賀郡，至隋不改，大業三年改屬零陵郡。武德四年屬賀州。【略】錫冶三。

**《元史·食貨志》**　産鉛、錫之所，在江浙省曰鉛山、台、處、建寧、延平、邵武，江西省曰韶州、桂陽，湖廣省曰潭州。

**明·王佐《新增格古要論》卷六《珍寶論》**　錫　蕃錫出雲南，最軟，宜鑲盌盞，花錫亦出雲南，大花者高，小花次之，衡州錫亦好。

**明·李時珍《本草綱目·金石部》**　錫《拾遺》。

釋名　白鑞、音臘。鈏、音引。賀。時珍曰：《爾雅》：錫，謂之鈏。郭璞注云：白鑞也，方術家謂之賀，蓋錫以臨賀出者爲美也。

集解　《別録》曰：錫，生桂陽山谷。弘景曰：今出臨賀，猶是桂陽地界。鉛與錫相似，而(人)[入]用大異。時珍曰：錫出雲南、衡州。許慎《説文》云：錫者，銀鉛之間也。《土宿本草》云：錫受太陰之氣而生，二百年不動成砒，砒二百年而錫始生。錫禀陰氣，故其質柔。二百年不動，遇太陽之氣乃成銀。今人置酒於新錫器内，浸漬日久或殺人者，以砒能化錫，歲月尚近，便被采取，其中蘊毒故也。又曰：砒乃錫根。銀色而鉛質，五金之中獨錫易制，失其藥則爲五金之賊，得其藥則爲五金之媒。《星槎勝覽》言：滿剌加國，於山溪中淘沙取錫，不假煎錬成塊，名曰鬥錫也。

正誤　恭曰：臨賀採者名鈆，一名白鑞，唯此一處資天下用。其錫出銀處皆有之。體相似，而入用大異。時珍曰：蘇恭不識鉛、錫，以錫爲鉛，以鉛爲錫。其謂黄丹、胡粉爲炒錫，皆由其不識故也。今正之。

發明　時珍曰：洪邁《夷堅志》云：汝人多病瘿。地饒風沙，沙入井中，飲其水則生瘿。故金房間人家，以錫爲井闌，皆夾錫錢鎮之，或沉錫井中，乃免此患。

**明·王圻《續文獻通考》卷二七《征榷考·坑冶》**　産鈆錫之所鈆山，台，處，建寧，延平，邵武，浙江省。韶州，桂陽，江西省。潭。湖廣省。

**明·宋應星《天工開物》卷下《五金·錫》**　凡錫中國偏出西南郡邑，東北寡生。古書名錫爲「賀」者，以臨賀郡産錫最盛而得名也。今衣被天下者，獨廣西南丹、河池二州居其十八，衡、永則次之。大理、楚雄即産錫甚盛，道遠難致也。

凡錫有山錫、水錫兩種。山錫中又有錫瓜、錫砂兩種，錫瓜塊大如小瓠，錫砂如豆粒，皆穴土不甚深而得之。間或土中生脈充牣，致山土自頽，恣人拾取者。水錫衡、永出溪中，廣西則出南丹州河内，其質黑色，粉碎如重羅面。南丹河出者，居民旬前從南淘至北，旬後又從北淘至南。愈經淘取，其砂日長，百年不竭。但一日功勞淘取煎煉不過一斤。會計爐炭資本，所獲不多也。南丹山錫出山之陰，其方無水淘洗，則接連百竹爲梘，從山陽梘水淘洗土滓，然後入爐。

凡煉煎亦用烘爐，入砂數百斤，叢架木炭亦數百斤，鼓鞲熔化。火力已到，砂不即熔，用鉛少許勾引，方始沛然流注。或有用人家炒錫剩灰勾引者。其爐底炭末、瓷灰鋪作平地，傍安鐵管小槽道，熔時流出爐外低池。其質初出潔白，然過剛，承錘即拆裂。入鉛制柔，方充造器用。售者雜鉛太多，欲取浄則熔化，入醋淬八九度，鉛盡化灰而去。出錫唯此道。方書云馬齒莧取草錫者，妄言也；謂砒爲錫苗者，亦妄言也。

**明·方以智《物理小識·金石類》**　錫　受太陰之氣而生，二百年成砒。砒二百年而錫始生，陰氣，故柔。又二百年不動，遇太陽之氣，乃成銀金。酒在錫器浸久，有殺人者，以有砒毒也。然錫又能解砒毒，從類化也。失其藥則爲五金之賊，得其藥則爲五金之媒。媒鉛有，則不必錫矣。慶遠、賀縣、永州、興寧出錫，有馬蹄錫、蜈蚣錫、門限錫，作片有聲如銅，折之則響。若以青布煉之作器，用久則起橘皮文，嘉興黄錫是也。《星槎勝覽》言有不假煎煉之錫，曰鬥錫。龍馬言曰，埋錫則白蟻食之。《博物志》：積草三年後燒之，津液下流成鉛錫。試之驗。

堅錫法　鎔錫作片，以石灰層層壓之，可使堅如銀。

錫能分銀中銅　銀中雜銅者，鎔時投以錫，則銅如在水上作冰片取出。傾銀者吹藥時，以錫入銀礶，則銀隨錫飛入火爐中。

分錫汞法　錫入汞，則火燒藥煑皆不能去，以薄綿紙壓之，則汞出而錫在紙中。中通曰，鐵、木上帖錫，先漆而灑錫屑，以汞袋摩之即光。

錫　臨賀産錫，方書呼錫爲賀。南丹、河池二州最盛，衡汞次，滇錫則遠不致矣。山錫、水錫，又分瓜砂。南丹河内黑色，粉碎淘取煎煉，日可一斤。其爐沙不即鎔，用鈆少許勾引，或以剩灰勾引，其流出潔白，而錘之即裂，必入鈆制方充造器。其入鈆太多則鎔化，入醋淬八九度，鈆盡化灰而去。嘉興黄錫最精，必以青布濾，費事矣。

**清・顧祖禹《讀史方輿紀要》卷二五《南直七》**　慧山，縣西五里。一名九龍山。陸羽云：「山陽有九隴，若龍偃卧然，南北延袤數十里。亦名冠龍山。《吴地記》：古名華山，一名西神山，又名鬥龍山。」朱梁貞明五年吴越錢傳瓘攻淮南之常州，淮南拒之，敗吴越軍於無錫，又追敗之於山南。即慧山之南也。山之東麓出泉，曰慧山泉，陸羽品爲天下第二泉。其東一峰，謂之錫山。錫山亦在縣西五里，與慧山連麓而別爲一峰，相傳縣之主山也。周、秦間山産鉛錫，古語云：「有錫争，無錫寧。」漢因以無錫名縣。

**又　卷三二《山東三》**　㟼壇山，縣東北一里。志云：山巔廣數里，攢簇奇秀，望之如廬，相傳古仙人所居。又東北四十里爲榜山，下有洞，泇水出其下。夾山，在縣北七十里。或誤以爲夾谷。其相接者曰夾兒山，舊有錫場。

**又　卷四八《河南三》**　露寶山，在縣北六十里，産錫礦。又篩山，在縣東九十里，以多巖洞而名。與縣西大礦山皆産錫。

**又　卷七五《湖廣一》**　一曰甿渚嶺，五嶺從東第四嶺也。亦名白芒嶺，在道州江華縣西。《水經注》：「萌渚嶠有萌渚之水出焉，其山多錫，亦謂之錫方。」

**又　卷九一《浙江三》**　玉磬山，州東北十五里，唐開元中置縣處也。山高九十餘丈，周二里。又有東晉山，在州東北二里。吴均云：「東晉時嘗議置縣於此，因名。」今名青峴山。又落石山，在州西二里。高二百五十丈，周五里。　白楊山，在州東南二十二里。《括地志》：「山峻極。上有兩穴，舊嘗産錫，此其採錫處也。」

**又　卷九二《浙江四》**　車廄山，縣西南四十里。昔越王勾踐置廄於此，停車秣馬，遺跡猶存。【略】又西里許爲勾餘山，以其在勾章之東，餘姚之西也。《山海經》：「句餘之山多金錫，少草木。」或謂即此山云。

**又　卷一〇七《廣西二》**　里松峒，在縣東北。其地有錫礦七處，萬曆初以税使開採，聚徒基禍，尋復封閉。

**又　卷一〇九《廣西四》**　南丹州，府西二百四十里。【略】洪武二十八年州廢，改設南丹衛。正統十年復置州，洪武初莫金内附，後復叛，遣都督楊文討平之，因廢州置衛。後衛治屢徙，州地既虚，夷民屢叛，乃復置州，以授金子莫禄世守職貢。屬慶遠府。編户十九里。秋米七百二十石有奇。貢錫。

木門寨，在州東。《宋志》：「州有存留、木門、馬臺、平洞、黄泥、中村等堡寨。」今皆廢。君峒，《輿程記》：「在州南六十里。又東南六十里爲中坑錫場，又十里而至那地州。」

**清・屈大均《廣東新語》卷一五《貨語・連》**　鉛一曰連。徐廣云，連，鉛之未煉者。昔王莽鑄作錢布皆用銅，殽以連錫。孟康云，連，錫之别名也。李奇云，鉛、錫之璞，名曰連。應劭云，連似銅。許慎云，鏈，銅屬也。連州有鉛錫冶，故以名州。然今廣東錫多從廣西賀縣而至，賀縣出錫，故名賀。賀，錫也。語云，羊脂叓銅，牡羊角縮賀。然廣東長樂、興寧、河源、永安皆産錫。堅白甲於洋錫，有馬蹄、蜈蚣、門限之名，貧民採者賴以生，天啓末年以來甚盛。又韶州産錫。余靖云，韶處嶺阸，雜産五金。四方之民，聚而游手。牒訴紛拏，常倍他郡，皆以争錫穴之故，則宋時韶實多錫矣。

**清・胡煦《周易函書》卷一五《篝燈約旨》**　錫入五金而無形。

**清・檀萃《滇海虞衡志》卷二《志金石》**　鉛，鐵所出地方，唯蒙自之錫名於天下，即唐貢所稱鐵也。其廠名曰個舊，個舊之錫，響錫也。錫不雜鉛，自響也。木邦土司亦出響錫。滇南倭鉛廠二，鐵廠二十，錫廠十。

**清・徐松《宋會要輯稿・食貨・坑冶上》**

各路坑冶置場務所

錫　襄州穀城縣濆石、難子山窟，並熙寧五年置。衛州共成縣場，熙寧七年置。虔州虔化縣寶積場，景德元年置，熙寧七年罷官監；會昌縣枝溪場，嘉祐八年置；天井場，熙寧九年置。南安軍銅溪務，明道元年置，嘉祐七年罷；南康縣馬田錫務，舊置，至和二年罷；大庾縣步子龍務，舊置，嘉祐四年罷；上猶縣大興場，治平四年罷；瑞陽務，舊置，熙寧六年和買。道州江華縣黄富場，天聖五年置。興元府西縣冶務，大中祥符元年置，嘉祐中罷，熙寧十年再置。廣州新會縣千歲場，至和三年置；南金場，嘉祐二年置，八年罷；東莞縣桂角場，嘉祐七年置；香山崖場，熙寧六年置，九年併入千歲場。循州長樂縣大佐場，(京)[景]德三年置；洋頭場，大中祥符三年置；羅翊場，四年置；瀨湖場，熙寧六年置。潮州海陽縣横衝場，大中祥符八年置；黄崗場，八年置。康州瀧水縣羅磨場，熙寧二年置，六年罷官監；護峒場，端溪縣雲烈場，並是五年置。南恩州湯平縣紫暹場，嘉祐四年置，熙寧六年罷；沃祿場，熙寧八年置，十年罷。惠州河源縣立溪場，明道二年置；海豐縣靈溪場，嘉祐元年置；歸善縣永吉場，二年置；信上場，二年置；楊安場，三年置；和溪場，熙寧五年置；永安場，六年置；勞謝場，八年置。高州信宜縣懷德場，熙寧八年置。

**又**　各路坑冶所出額數

錫　西京伊陽縣一場。襄州穀城縣濆石、難子山窟，並熙寧五年置。衛州共城縣場，熙寧七年置。商州在城場、麻地稜冶、龍渦場。虢州百家川、欒川冶，姚谷冶、石甕冶，盧氏縣、虢略縣場。處州永豐場、高亭場。衢州南冶務。虔州寶積場，舊置，熙寧七年罷官監；天井場，九年置。元額五十八萬四千四百七十一斤，(元額)元年收四十五萬二千七百四十三斤。南安軍瑞陽務，舊置，熙寧六年和買。元額八千二百一十一斤，元年收一千六百三十八斤。道州元額二十三萬六千三百八十斤，元年收二十三萬七千三百九十斤。郴州雷溪場。元額一千三百八十九斤，元年收一萬九百六十四斤。峽州夷陵縣場。興元府西縣冶務，舊置，嘉祐中罷，熙寧十年再置。建州大同山。南劍州龍門場、梅營場。汀州龍門新場、赤水場。廣州香山崖場，熙寧六年置，九年併入千歲場。元額四萬二千一百八斤，元年收三萬五千五百八十四斤。循州瀨湖場，熙寧六年置。元額一十九萬二千四百斤，元年收一十八萬七千六十八斤。惠州河源縣和溪場，熙寧五年置；歸善縣永安場，六年置；涌豐場、勞謝場，八年置；又永安場。元額二十六萬斤，元年收四十四萬三千五百五十六斤。賀州市銀場、太平場。元額五十萬斤，元年收八十七萬八千九百五十斤。潮州海陽縣錦田場一。元額一萬二千五十一斤，元年收八千二百五十五斤。韶州象鼻坑。南恩州紫邏場，舊置，熙寧六年罷；沃禄場，八年置，十年罷。康州羅磨場，熙寧二年置，六年罷監官；護峒場、雲烈場，並五年置。元額一十二萬六千三十斤，元年收六萬五千七百六十斤。連州同官場、銅坑場。高州懷德場，熙寧八年置。

錫坑冶祖額總計一百九十六萬三千四十斤，元豐元年收總計二百三十二萬一千八百九十八斤。

**又** 各路坑冶興發停閉及歲收額

錫坑　湖南路興發七十處，停閉二十八處。廣東路停閉五處。江西路興發四處，停閉一十一處。

錫出産歲收祖額：總七十六萬一千二百四斤六兩。南安軍大庾嶺八十八斤。南康縣四百二十斤。贛州會昌縣六百斤。賀州太平場六十八萬三千九百八十斤。宜州二萬二千八百九十斤。桂陽軍臨武縣二萬五千五百六十斤。平陽縣二萬二百二十四斤。郴州宜章縣二千四百四十二斤六兩。衡州常寧縣三千斤。

今遞年趁到：總二萬四百五十八斤六兩，[比]祖額紐計止收及二釐七毫。衡州常寧縣一千五百三十一斤，赴饒州永平監鑄錢。桂陽軍平陽、臨武兩縣三千八百八十四斤一十兩，赴饒州永平監鑄錢。郴州宜章縣三千四百四十二斤一十二兩，赴韶州永通監、饒州永平監、贛州鑄錢院鑄錢。賀州太平場一萬二千六百斤，赴韶州永通監、饒州永平監、贛州鑄錢院鑄錢。以上《中興會要》。以上《永樂大典》卷一七五六六。

## 紀事

**清・鄭光祖《一斑録・物理・金石》**　鉛錫多産黔省，類亦不一，每年京運四。

**《元史・食貨志》**　鉛、錫在湖廣者，至元八年，辰、沅、靖等處轉運司印造錫引，每引計錫一百斤，官收鈔三百文，客商買引，赴各冶支錫販賣。無引者，比私鹽減等杖六十，其錫没官。此鉛、錫課之興革可考者然也。

天曆元年歲課之數：江西省，錫一十七錠七兩。

## 圖録

**明・宋應星《天工開物》卷下《五金》**

河池山錫

又　南丹水錫

又　煉錫爐

# 鉛

## 題解

**漢・許慎《說文解字・金部》**　鉛　**䤃**　青金也。从金，㕣聲。與專切。

## 綜述

**《元史・食貨志》**　天曆元年歲課之數　鉛錫課：

江浙省，額外鉛粉八百八十七錠九兩五錢，鉛丹九錠四十二兩二錢，黑錫二十四錠一十兩二錢。

湖廣省，鉛一千七百九十八斤。

**明・劉文泰等《本草品匯精要・玉石部》**　蜜陀僧【略】名：　没多僧。地：　《圖經》曰，舊不載所出州土，注云出波斯國，今嶺南閩中銀銅冶處亦有之。其初採礦時，銀銅相雜，先以鉛同煎鍊，銀隨鉛出。又採山木葉燒灰，開地作爐，填灰其中，謂之灰池。置銀鉛於灰上，更加火大鍛，鉛滲灰下，銀結灰上。候火冷出銀，其灰池感鉛、銀之氣，積久遂成此物，即銀、鉛脚也。今之用者，往往是此，未必胡中來者。形似黄龍齒而堅重者佳。《別録》云，今之市者，乃是用甆瓶實鉛丹鍛成，塊大者尚有瓶之形狀。銀冶所出最良而罕有，其外國來者則未嘗見之。時：　採無時。用：　金色者爲好。質：　類黄龍齒而堅重。色：　黄。【略】製：　雷公云，凡使，擣令細，於甆埚中安置，用重絹袋盛柳蚛末焙蜜陀僧，埚中次下東流水浸令滿，火煮一伏時足，去柳末絹袋，取用。

**又**　鉛丹出《神農本經》。【略】名：　鉛華黄丹。地：　《別録》云，出蜀郡平澤，即今熬鉛而成者也。其製法，以鉛一斤，土硫黄一兩，消石一兩，先鎔鉛成汁，下醋點之。滚沸時，下土硫黄一小塊，續更下消石少許，沸定再點醋。依前下消、黄少許，待消、黄沸盡，炒爲末，乃成丹也。時：　生無時。採無時。用：　細膩無砂者。色：　紅黄。【略】製：　水飛過，細研，炒紫色用。

**又**　鉛【略】地：　《圖經》曰，鉛乃青金也，生蜀郡平澤。《別録》云，鉛，鹹鉛者不出銀，熟鉛是也。嘉州隴陀利州出鉛精之葉，深有變形之狀，文曰紫背鉛。鉛能碎金鋼鑽，草節鉛出嘉州，打着碎。如燒之，有硫黄臭煙者，信州鉛、盧氏鉛。此麤惡，用時直須濾過。陰平鉛出劒州，是鐵之苗。鉛黄花投汞中，以文武火養，自浮面上，掠刮取，炒作黄丹色。釣脚鉛出雅州山洞溪砂中，形如皂子，又如蝌蚪子，黑色。此皆稟北方壬癸陰極之精而生也。又有鉛灰，其法，取鉛三兩，鐵器中熬之，久，當有脚如黑灰。治瘰癧有効，故附於此。時：生無時。採無時。質：類錫而輭。色：黑。

**又**　粉錫出《神農本經》。【略】名：解錫，定粉，胡粉。地：陶隱居云，即今化鉛所作胡粉也。而謂粉錫，事與經乖。唐本注云，鉛丹、胡粉實用錫造。陶云，化鉛作之。《經》云粉錫，亦爲誤矣。謹按，李含光云，黄丹、胡粉二物俱是化鉛爲之，未聞用錫者。故《參同契》云，若胡粉投炭中，色壞爲鉛。《抱朴子·内篇》云，愚人乃不信黄丹及胡粉是化鉛所作。噫，古者或以鉛、錫兼稱乎？故英公序云，鉛、錫莫辯者，蓋謂此也。唐注因襲，遂以三物俱言炒錫所致，殊深誤矣。更熟思之，陶説爲是。今造粉之法，以磚作竈，高五六尺，中砌一小缸，貯糟醋至八分許，以竹篦平置缸口，篦底木作井字架之。用蜀郡平澤鉛不限分兩，鎔化成汁，以杓傾鐵掀模内作方片，每重二十兩。至三百片數，攢積篦上，以醬蓬覆蓋。缸底用重一斤炭墼火煨，日夜各二餅，使醋氣熏蒸於上。候至二七日夜，其醋已盡，將鉛片上浮粉擊取，稱過，泡水缸中，仍帶水細羅，澄於別缸。撆去上面清水，以粉三百斤爲則，加白鹽一斤，福蜜四兩，二味相和錬熟，稍澄，羅濾，入粉令匀。外作一炕，上鋪細砂土一層，再以綿紙嚴遮其土，攤粉於紙上。炕下仍煨炭墼，微火，轉展。將近一月方乾，以竹刀切成塊。冬月水寒，不宜造也。用：光膩者佳。色：白。

## 明·李時珍《本草綱目·金石部》

鉛《日華》。

釋名　青金，《説文》。黑錫、金公、《綱目》。水中金。時珍曰：鉛易沿流，故謂之鉛。錫爲白錫，故此爲黑錫。而神僊家拆其字爲金公，隱其名爲水中金。

集解　頌曰：鉛生蜀郡平澤，今有銀坑處皆有之，燒礦而取。時珍曰：鉛生山穴石間，人挾油燈，入至數里，隨礦脈上下曲折斫取之。其氣毒人，若連月不出，則皮膚痿黄，腹脹不能食，多致疾而死。《地鏡圖》云：草青莖赤，其下多鉛。鉛錫之精爲老婦。獨孤滔云：嘉州、利州出草節鉛，生鉛未煅者也。打破脆，燒之氣如硫黄。紫背鉛，即熟鉛，鉛之精華也，有變化，能碎金剛鑽。雅州出釣脚鉛，形如皂子大，又如蝌蚪子，黑色，生山澗沙中，可乾汞。盧氏鉛粗惡力劣，信州鉛雜銅氣，陰平鉛出劍州，是銅鐵之苗，並不可用。《寶藏論》云：鉛有數種：波斯鉛，堅白爲天下第一。草節鉛，出犍爲，銀之精也。銜銀鉛，銀坑中之鉛也，内含五色。並妙。上饒樂平鉛，次於波斯、草節。負版鉛，鐵苗也，不可用。倭鉛，可勾金。《土宿真君本草》云：鉛乃五金之祖，故有五金狴犴、追魂使者之稱，言其能伏五金而死八石也。雌黄乃金之苗，而中有鉛氣，是黄金之祖矣。銀坑有鉛，是白金之祖矣。信鉛雜銅，是赤金之祖矣。與錫同氣，是青金之祖矣。硃砂伏於鉛而死於硫，硫戀於鉛而伏於硇，鐵戀於磁而死於鉛，雄戀於鉛而死於五加。故金公變化最多，一變而成胡粉，再變而成黄丹，三變而成密陀僧，四變而爲白霜。《雷氏砲炙論》云：令鉛住火，須仗修天；如要形堅，豈忘紫背。註云：修天，補天石也。紫背，天葵也。

修治　時珍曰：凡用以鐵銚熔化瀉瓦上，濾去渣脚，如此數次收用。其黑錫灰，則以鉛沙取黑灰。白錫灰，不入藥。

黑錫灰【略】

發明　好古曰：黑錫，屬腎。時珍曰：鉛，稟北方癸水之氣，陰極之精，其體重實，其性濡滑，其色黑，内通於腎，故《局方》黑錫丹、《宣明》補真丹皆用之。得汞交感，即能治一切陰陽混淆，上盛下虚，氣昇不降，發爲嘔吐眩暈、噎膈反胃危篤諸疾，所謂鎮墜之劑，有反正之功。但性帶陰毒，不可多服，恐傷人心胃耳。鉛性又能入肉，故女子以鉛珠紝耳，即自穿孔；實女無竅者，以鉛作鋌，逐日紝之，久久自開，此皆昔人所未知者也。鉛變化爲胡粉、黄丹、密陀僧、鉛白霜，其功皆與鉛同。但胡粉入氣分，黄丹入血分，密陀僧鎮墜下行，鉛白霜專治上焦胸膈，此爲異耳。方士又鑄爲梳，梳鬚髮令光黑，或用藥煮之，尤佳。

粉錫《本經下品》。

釋名　解錫、《本經》。鉛粉、《綱目》。鉛華、《綱目》。胡粉、弘景。定粉、《藥性》。瓦粉、《湯液》。光粉、《日華》。白粉、《湯液》。水粉、《綱目》。官粉。弘景曰：即今化鉛所作胡粉也，而謂之粉錫，似與今乖。時珍曰：鉛、錫一類也，古人名鉛爲黑錫，故名粉錫。《釋名》曰：胡者，餬也，和脂以餬面也。定、瓦言其形，光、白言其色。俗呼吴越者，爲官粉；韶州者，爲韶粉；辰州者，爲辰粉。

正誤　恭曰：鉛丹、胡粉，實用炒錫造，陶言化鉛誤矣。震亨曰：胡粉是錫粉，非鉛粉也。古人以錫爲粉，婦以附面者，其色類肌肉，不可入藥用。志曰：粉錫、黄丹二物，俱是化鉛爲之。英公李勣序云鉛錫莫辨者，謂此也。按李含光《音義》云：黄丹、胡粉皆是化鉛，未聞用錫者。《參同契》云：胡粉投炭中，色壞還爲鉛。《抱朴子·内篇》云：愚人不信黄丹、胡粉是化鉛所作。蘇恭以二物俱炒錫作，大誤矣。時珍曰：錫炒則成黑灰，豈有白粉。蘇恭已誤，而朱震亨復踵其誤，何哉？

集解　時珍曰：按《墨子》云：禹造粉。張華《博物志》云：紂燒鉛錫作粉。則粉之來亦遠矣。今金陵、杭州、韶州、辰州皆造之，而辰粉尤真，其色帶青。彼人言造法：每鉛百斤，鎔化，削成薄片，卷作筒，安木甑内，甑下、甑中各安醋一瓶，外以鹽泥固濟，紙封甑縫。風爐安火四兩，養一七，便掃入水缸内，依舊封養，次次如此，鉛盡爲度。不盡者，留炒作黄丹。每粉一斤，入豆粉二兩，蛤粉四兩，水内攪匀，澄去清水。用細灰按成溝，紙隔數層，置粉於上，將乾，截成瓦定形，待乾收起，而范成大《虞衡志》言：桂林所作鉛粉最有名，謂之桂粉，以黑鉛着糟甕中罨化之。《何孟春餘冬録》云：嵩陽産鉛，居民多造胡粉。其法：鉛塊懸酒缸内，封閉四十九日，開之則化爲粉矣。化不白者，炒爲黄丹。黄丹滓爲密陀僧。三物收利甚博。其鉛氣有毒，工人必食肥猪犬肉、飲酒及鐵漿以厭之。枵腹中其毒，輒病至死。長幼爲毒薰蒸，多痿黄癱攣而斃。其法畧皆不同，蓋巧者時出新意，以速化爲利故爾。又可見昔人炒錫之謬。《相感志》云：韶粉蒸之不白，以蘿蔔甕子蒸之則白。

氣味　辛，寒，無毒。權曰：甘、辛，凉。時珍曰：胡粉能制硫黄。又雌黄得胡粉而失色，胡粉得雌黄而色黑，蓋相惡也。又入酒中去酸味，收蟹不沙。

【略】

發明　弘景曰：胡粉金色者，療尸蟲彌良。藏器曰：久痢成疳者，胡粉和水及雞子白服，以糞黑爲度，爲其殺蟲而止痢也。時珍曰：胡粉，即鉛之變黑爲白者也。其體用雖與鉛及黄丹同，而無消鹽火燒之性，内有豆粉、蛤粉雜之，止能入氣分，不能入血分，此爲稍異。人服食之，則大便色黑者，此乃還其本質，所謂色壞還爲鉛也。亦可入膏藥代黄丹用。

鉛丹《本經》下品。

釋名　黄丹、弘景。丹粉、《唐本》。朱粉、《綱目》。鉛華。

正誤　見粉錫下。

集解　《别録》曰：鉛丹生於鉛，出蜀郡平澤。弘景曰：即今熬鉛所作黄丹也。俗方稀用，惟仙經塗丹釜所須。云化成九光者，當謂丸光丹以爲釜爾，無别法也。宗奭曰：鉛丹化鉛而成，《别録》言生於鉛，則蘇恭炒錫作成之説誤矣。不惟難辨，錫則色黯，鉛則明白，以此爲異。時珍曰：按獨孤滔《丹房鑑源》云：炒鉛丹法：用鉛一斤，土硫黄十兩，消石一兩。鎔鉛成汁，下醋點之，滚沸時下硫一塊，少頃下消少許，沸定再點醋，依前下少許消、黄。待爲末，則成丹矣。今人以作鉛粉不盡者，用消石、礬石炒成丹。若轉丹爲鉛，只用連鬚葱白汁拌丹慢煎，煅成金汁傾出，即還鉛矣。貨者多以鹽消砂石雜之。凡用以水漂去消鹽，飛去砂石，澄乾，微火炒紫色，地上去火毒，入藥。《會典》云：黑鉛一斤，燒丹一斤五錢三分也。

氣味　辛，微寒，無毒。大明曰：微鹹，凉，無毒。伏砒，制硇、硫。震亨曰：一婦因多子，月内服鉛丹二兩，四肢水冷，食不入口。時正仲冬，急服理中湯加附子數十帖乃安。謂之凉無毒可乎？時珍曰：鉛丹本無甚毒，此婦産後冬月服之過劑，其病宜矣。

【略】

發明　成無已曰：仲景龍骨牡蠣湯中用鉛丹，乃收斂神氣以鎮驚也。好古曰：澀可去脱而固氣。時珍曰：鉛丹體重而性沉，味兼鹽、礬，走血分，能墜痰去怯，故治驚癇癲狂、吐逆反胃有奇功。能消積殺蟲，故治疳疾下痢瘧疾有寔績。能解熱拔毒，長肉去瘀，故治惡瘡腫毒，及入膏藥，爲外科必用之物也。

密陀僧《唐本草》。

釋名　没多僧、《唐本》。爐底。恭曰：密陀、没多，並胡言也。

集解　恭曰：出波斯國，形似黄龍齒而堅重，亦有白色者，作理石文。頌曰：今嶺南、閩中銀銅冶處亦有之，是銀鉛脚。其初採礦時，銀銅相雜，先以鉛同煎鍊，銀隨鉛出。又採山木葉燒灰，開地作爐，填灰其中，謂之灰池。置銀鉛於灰上，更加火，鍛鉛滲灰下，銀住灰上，罷火候冷，出銀。其灰池感鉛銀氣，積久成此物，未必自胡中來也。承曰：今市中所貨，是小瓶實鉛丹鍜成者，大塊尚有瓶形。銀冶所出最良，而罕有貨者。外國者，未嘗見之。時珍曰：密陀僧原取銀冶者，今既難得，乃取煎銷銀鋪爐底用之。造黄丹者，以脚滓鍊成密陀僧，其似瓶形者是也。

修治　斅曰：凡使擣細，安瓷鍋中，重紙袋盛柳蛀末焙之，次下東流水浸滿，火煮一伏時，去柳末、紙袋，取用。

氣味　鹹、辛，平，有小毒。大明曰：甘，平，無毒。時珍曰：制狼毒。

【略】

發明　時珍曰：密陀僧感鉛銀之氣，其性重墜下沉，直走下焦，故能墜痰、止吐、消積，定驚癇，治瘧痢，止消渴，療瘡腫。洪邁《夷堅志》云：驚氣入心絡，瘖不能言語者，用密陀僧末一匕，茶調服，即愈。昔有人伐薪，爲狼所（遂）[逐]而得是疾，或授此方而愈。又一軍校採藤逢惡蛇病此，亦用之而愈。此乃驚則氣亂，密陀僧之重以去怯而平肝也。其功力與鉛丹同，故膏藥中用代鉛丹云。

**明・宋應星《天工開物》卷下《五金・鉛》**　凡産鉛山穴，繁於銅、錫。其質有三種，一出銀礦中，包孕白銀。初煉和銀成團，再煉脱銀沉底，曰銀礦鉛，此鉛雲南爲盛。一出銅礦中，入烘爐煉化，鉛先出，銅後隨，曰銅山鉛。此鉛貴州爲盛。一出單生鉛穴，取者穴山石，挾油燈尋脈，曲折如採銀礦，取出淘洗煎煉，名曰草節鉛，此鉛蜀中嘉、利等州爲盛。其餘雅州出釣脚鉛，形如皂莢子，又如蝌斗子，生山澗沙中。廣信郡上饒、饒郡樂平出雜銅鉛，劍州出陰平鉛，難以枚舉。

凡銀礦中鉛，煉鉛成底，煉底復成鉛。草節鉛單入烘爐煎煉，爐傍通管注入長條土槽内，俗名扁擔鉛，亦曰出山鉛，所以别於凡銀爐内頻經煎煉者。凡鉛物值雖賤，變化殊奇，白粉、黄丹，皆其顯像。操銀底於精純，勾錫成其柔軟，皆鉛力也。

**明・方以智《物理小識・金石類》**　鉛　有銀鑛鉛，滇中多。銅山鉛，貴州多。軍鉛曰草節鉛，嘉利州出。雅州出鈎脚鉛，如皂莢科鬥生涉中。上饒樂平出雜銅鉛，劍州出陰平鉛。難更僕也，其曰倭鉛，非礦鉛也，乃爐甘石泥罐火煉而成者，與銅收伏，入火即成煙飛去。

**清・田雯《黔書》卷四**　凱里鉛

鉛，青金，《禹貢》「鉛，松怪石」是也。産於蜀，而黔中蠻峒之所出者，品最上，揚雄懷鉛提槧，從計吏訪四方語，作《方言》，韓退之詩「丹鉛事點勘」，蘇長公云「東坡先生無一錢，十年家火燒凡鉛。」蓋鉛之用廣矣。高漸離以鉛置築中撲始皇，又見於《史記》。若夫龍汞虎鉛，則道家學仙之術，余所不諳也。惟近日以療蠱毒爲功甚大。取之者清平凱里香爐山之陽，有穴焉，深可二三丈，再深則倍之，於是躧其壍，勘其鏞，捶其塹，而後影見焉。或印以升，或俛以絙；傴僂焉，首與膝並也；簻除焉，足與尻張也。又虞土之崩也，木皮揞之；穴之迷也，松肪照之，而後鉛獲焉。其質鉛，其狀石也。於是舂之連機之碓，淘之麥冲之河，炙之栗林之炭，鎔之洪冶之鑪，庶幾其成矣。凡蠱毒之中人，浸之磨之，取其汁而飲之，功與蘘荷葉等。余故爲黔人傳之。

丁煒曰：「蠻方蠱毒之害最甚，著凱里鉛所以存方也。採鉛之法與採砂類，文獨另出機杼，更極古峭，如米老袖中怪石，以最後出者尤佳。」

**清・顧祖禹《讀史方輿紀要》卷三五《山東六》**　顔神鎮，府西南百八十里，接萊蕪、淄川二縣界，以齊孝婦顔文妻居此而名。地宜陶，又産鉛及煤。

**又　卷五二《陝西一》**　賀蘭山，在寧夏衛西六十里。其山盤踞數百里，上多青白草，遥望如駿馬，北人呼駿馬爲賀蘭也。山多果實，又産鉛。

**又　卷八一《湖廣七》**　董朵寨，在所西北。志云：鎮溪叛苗有董朵、董其、亞糯、噉冷、噉勒、亞酋、十八箭、紅厓、小梢、小米、沙流、板凳、茅岡、下水、彪山、小鉛場、盤朵、龍亭、悶洞、東那等凡二十寨。

**又　卷八五《江西三》**　鉛山縣，府南八十里。東至福建崇安縣百三十里，西北至弋陽縣百十里。唐上饒、弋陽二縣地，南唐置鉛山場，尋升鉛山縣，屬信州。宋開寶八年平江南，以縣直隸京師，尋還屬信州。元元貞初升爲鉛山州，明初洪武二年復爲縣。

**又　卷八八《江西六》**　上保鎮，鎮西北一百二十里。本上猶縣之過步鎮巡司，正德十四年王守仁以上保、石溪、爛泥坑路通郴、桂，奏請徙置，改今名。志云：縣西北二十里過步渡有過步倉及過步營，舊巡司置於此，今皆廢。又鉛廠巡司在縣東南四十五里，長龍巡司在縣東南四十五里，俱正德十四年置。

**又　卷九九《福建五》**　三尖山，縣南三十里。崇峰聳峙，林木蒼翠。縣界四十里曰覆鼎山，林木深邃，多産寶物，山頂特出，如覆鼎然。又南數十里曰大壯山，宏壯爲羣山冠。　銀瓶山，在縣東十里。層峰疊翠，其狀如瓶。又北有小都山，山高泉冷，上有巖，盛夏可以避暑。相近者曰鉛山，舊産鉛，閩人多採爲利。

**又　卷一〇一《廣東二》**　皂幕山，縣南四十里，即曹幕山也。【略】雲峋嶺，在縣東南四十里，接新會縣界。其東麓與南海縣大茶嶺相接，出鉛礦。

**又　卷一〇八《廣西三》**　勒馬寨。府北百里。【略】馬平場，在府西七十里。志云：昔時土人採砂煉鉛處也。

**清・徐松《宋會要輯稿・食貨・坑冶上》**

各路坑冶置場務所

鉛　商州洛南縣錫定冶，熙寧八年置。衢州西安南、北山、開化金水場，舊置。建州龍焙監，同銀銅場置。漳州毗婆、火深場，同銀銅場置。廣州清遠縣錢紏場，熙寧二年置。韶州蘇平場，熙寧五年置；翁源縣大富場，五年置；樂昌縣太平場，九年置；曲江縣中子峒場，六年置。循州龍川縣大有場，熙寧三年置。潮州程鄉縣石阬場，熙寧七年置。南恩州陽江縣場，咸平元年置。英州竹溪場，同銀場置。融州融水縣場，熙寧四年置。

**又**　各路坑冶所出額數

鉛　鄧州元額一千五百七十二斤，元豐元年收六百九十六斤。衛州元額五十萬八百九十一斤，元年收九十五萬一千九百九十七斤。隴州元額一萬二百六十八斤，元年收二百六十三斤。商州錫定場，熙寧八年置。元額九十萬五千五百七十四斤，元年收八十五萬二千三百一十四斤。虢州元額一百七十六萬一千八百六十八斤，元年收一百六十二萬四百三十二斤。鳳翔府元額三千二百四十五斤，元年收九千四百七十三斤。越州場一，元額三千二百三十七斤，元年收六百三十一斤。衢州元額一十萬八千二百二十七斤，元年收五萬二千五百五十四斤。處州椟溪場、高亭場。元額一萬一百七十一斤，元年收二十二萬九千四百五斤。信州鉛山場、鐵溪場。元額二萬五千三百六十三斤，元年收一千三百二十斤。虔州寶積場、蛤湖場。元額五千一百九十三斤，元年收三千九百八十五斤。衡州茭源場。元額三萬四千斤，元年收一十二萬三千九百二十一斤。桂陽監元額八萬一千二百四十三斤，元年收同。峽州夷陵縣場一。建州永興、天受、通德、蕉溪、餘桑、觔竹、武仙、石舍場。元額六萬六千二百二十九斤，元年收四萬二千二百八十一斤。南劍州安仁、業津、龍門、杜唐、小安仁、大演、漆坑、安福、龍泉場。元額九十萬三千四十五斤，元年收八十九萬五千六百八十斤。汀州龍門場長水坑、龍門新場赤水坑。元額一百六斤，元年收四十九斤。漳州寶興場。元額二千七百八十二斤，元年收一十五萬七千四百四十九斤。邵武軍青安、鄒溪、太平、黄分、磦磜、新安場。廣州錢紦場，熙寧二年置；又大利場一。元額一萬八千一百六十斤，元年收二十萬四千三百四十斤。韶州穌平場、大富場，並五年置；太平場，九年置；中子場，十年置；又靈源、多寶、太湖、石膏場。元額一百一十八萬二千四百三十斤，元年收七十九萬八百七十斤。循州大有場，熙寧三年置；又夜明場。元額二十六萬五千五百一十斤，元年收八萬五千二百四十斤。惠州白平、流源場，元額四萬七百二十五斤，元年收三千三百二十一斤。潮州程鄉縣石坑場，熙寧七年置，元屬梅州，熙寧六年廢州，以縣隸潮，元豐五年復隸梅州。又樂口、烏門場。元額二十七萬六千三百四十斤，元年收六萬八千二百四十斤。端州沙利場。元額一十六萬四千一百五十斤，元年收六萬六千七百一十斤。英州賢德、堯山場、清溪場、鍾峒場。元額一十六萬六千六百九十斤，元年收一十五萬四千九百七十六斤。南恩州元額一十六萬九千五百二十斤，元年收一十八萬六千四百六十斤。連州同官場、銅坑場。元額一百六十三萬四千七百六十二斤，元年收一百六十四萬二千六百二十斤。藤州棠林場。元額三十八斤，元年收同。高州高北監。元額九十六斤，元年收同。融州融水縣古帶場，熙寧四年置。元額九萬二千六十五斤，元年收四萬八千七百五十九斤。

鉛坑冶祖額總計八百三十二萬六千七百三十七斤，元豐元年收總計九百一十九萬七千三百三十五斤。

**又** 各路坑冶興發停閉及歲收額

鉛坑 淮南路興發一處。湖南路興發一處，停閉九處。廣東路興發一處。福建路興發一處，停閉一處。浙東路興發共二十七處，停閉一處。江西路興發一處，停閉四處。

鉛出産歲收祖額： 總三百二十一萬三千六百二十二斤一十四兩。信州鉛山場二十八萬五千六百九十斤八兩。興國軍永興縣八十一斤。大冶縣一千三百五十斤一十三兩。南安軍大庾縣二百三十九斤一十兩。韶州岑水場四十五萬八千三百六十斤七兩。南恩州陽春縣六百三十斤。潯州馬平場三十六萬六千五百斤。邕州大觀場二十三萬斤。融州古帶場三萬斤。賓州獨女場二千斤。衡州常寧縣一萬八千斤。潭州永興場一百六十九萬八千五百四十三斤。桂陽軍臨武縣四千三百八十五斤八兩。建寧府浦城縣仁風場二千八百八十斤。崇安縣八千五十斤。建陽縣九百二十四斤。南劍州劍浦縣二千二百五斤。𠘨溪縣三萬九千四百九十八斤。福建長溪縣二千斤。寧德縣四百八十斤。峽州夷陵縣五萬五千四百五十九斤八兩。衢州西安縣三百六十斤。處州龍泉縣七百八十斤。温州永嘉縣八百八十五斤八兩。舒州懷寧縣四千五百斤。

今遞年趁到： 總一十九萬一千二百四十九斤一十三兩，比祖額紐計趁及六釐。信州鉛山場一十一萬五千二百六十七斤，赴饒州永平監、嚴(拊)[州]神泉監鑄錢。興國軍永興縣三千斤，赴饒州永平監鑄錢。大冶縣三千斤，赴饒州永平監鑄錢。舒州懷寧縣七百二十斤，赴饒州永平監鑄錢。潭州永興場一千八百八十一斤一十五兩，赴饒州永平監鑄錢。衡州常寧縣四千一百斤，赴饒州永平監鑄錢。桂陽軍平陽、臨武兩縣六十一斤，附綱赴饒州永平監鑄錢。峽(山)[州]夷陵縣三千七百二十二斤，赴饒州永平監鑄錢。建寧府管下鉛赴本府豐國監鑄錢： 浦城縣二千六百四十斤。崇安縣六百二十一斤二兩。建陽縣一百二十六斤四兩。南劍州管下鉛赴建寧府豐國監鑄[錢]： 尤溪縣九千四百一十八斤四兩。劍浦縣一百五十斤。福州寧德縣六十斤，附綱赴建寧府豐國監鑄錢。衢州西安縣一百二十一斤八兩，附綱赴嚴州神泉監鑄錢。處州龍泉縣五百一十一斤，赴嚴州神泉監鑄錢。温州永嘉縣二百一十五斤，赴嚴州神泉監鑄錢。韶州管下鉛赴本州永通監及饒州永平監、贛州鑄錢院鑄錢： 岑水場五千三百斤。銅崗場二千三百斤。連州桂陽縣五千斤，赴韶州永通監鑄錢。南恩州陽春縣二百二十斤，赴韶州永通監鑄錢。潯州馬平場二萬二千二百九十斤，赴韶州永通監并饒州永平監、贛州鑄錢院鑄錢。邕州大觀場五千斤，赴韶州永通監及饒州永平監、贛州鑄錢院鑄錢。賓州遷江縣五千五百四十四斤，赴韶州永通監、贛州鑄錢院鑄錢。

# 紀事

**清・徐松《宋會要輯稿・食貨・坑冶下》** 採鉛

《宋會要》

李煜嘗因唐舊制，於饒州永平監歲鑄錢六萬貫，江南平，增爲七萬貫。常患銅少不充用，張齊賢任轉運使，求得江南舊承旨丁釗，盡知饒、信、處等州山谷出鉛，即謂發諸縣丁夫採之。

**清・陳康琪《郎潛紀聞三筆》卷六** 裴中丞增開黔省鉛礦

昔裴中丞署貴州巡撫時，黔省每年額辦京，楚白鉛七百餘萬觔，鉛廠僅三處，開採年久，物力漸絀。中丞察知上下游附近水次，地均産礦，飭屬試辦，增新廠二：一爲松桃廳屬巴壩山，歲可得鉛二百餘萬觔；一爲遵義縣屬新寨，歲可得鉛百餘萬觔。分撥京、楚兩運，每歲獲節省銀四萬三千八十兩有奇。疏聞，得旨嘉允。是二廠不知今何如，仿西法試之，當工省而效倍。其上下游水次之礦，可開者亦當不止二廠也。康祺每論滇、黔二省山川盤亙，礦産必多，在昔日珍奇捐棄，辟如藏富於民，在今日户牖綢繆，轉恐慢藏誨盜。況黔爲天下瘠，戍防正亟，饟餫無資，地不愛寶，當軸者宜略更成策矣。

# 鋅 附銻

## 題解

**清·徐珂《清稗類鈔·礦物類》**

鋅　鋅，讀若辛，爲金屬化學原質之一，亦稱亞鉛，色青白，在尋常温度，不易與空中養氣起變化，有展延性，可製合金。或鍍於鐵板，不生鏽，俗稱白鐵。吾國昔時産之，嘗輸出歐洲，近則專用外國輸入之品。

銻　銻，讀如弟，爲金屬化學原質之一，亦作銨，又稱安的摩尼，色白如銀，有光，質脆，易碎。鎔後凝固，體積必略漲，故在鑄型中，無隙不入，可與鉛錫相和，鑄造活字並製他種合金及顔料藥品。湖南之長沙、岳州、寶慶等郡，所産最富。

## 綜述

**明·劉文泰等《本草品匯精要·玉石部》**

爐甘石【略】地：謹按，此種出川廣池州山谷，其形膩輭，稜層作塊，大小不一。有粉紅色如梅花瓣者，亦有青白色而挾石者。入藥惟以純白而膩者佳，餘色麤礪爲劣。今以點鍊蟹殼銅而成黄銅者，即此也。時：生無時。採無時。用：如羊腦者佳。色：白。【略】製：凡使，以炭火煅赤，童子小便淬三十次，研細，用黄連、龍膽草各一兩，當歸三錢，煎水二盌飛過，訖，重湯蒸乾，再研，約一日，令極細如麪用。

**明·李時珍《本草綱目·金石部》**

爐甘石《綱目》。

釋名　爐先生。土宿真君曰，此物點化爲神藥，絶妙。九天、三清俱尊之曰爐先生，非小藥也。時珍曰，爐火所重，其味甘，故名。

集解　時珍曰，爐甘石所在，坑冶處皆有。川、蜀、湘東最多，而太原、澤州、陽城、高平、靈丘、融縣及雲南者爲勝。金、銀之苗也，其塊大小不一，狀似羊腦，鬆如石脂，亦粘舌。産於金坑者，其色微黄，爲上。産於銀坑者，其色白，或帶青，或帶緑，或粉紅。赤銅得之，即變爲黄。今之黄銅，皆此物點化也。《造化指南》云，爐甘石受黄金白銀之氣熏陶，三十年方能結成。以大藏浸及砒煮過，皆可點化，不減三黄。崔昉《外丹本草》云，用銅三斤，爐甘石一斤，鍊之即成鍮石一斤半，非石中物取出乎？真鍮石生波斯，如黄金，燒之，赤而不黑。

修治　時珍曰，凡用爐甘石，以炭火煅紅，童子小便淬七次，水洗浄，研粉，水飛過，曬用。

發明　時珍曰，爐甘石，陽明經藥也，受金銀之氣，故治目病爲要藥。時珍常用爐甘石煅淬海螵蛸、硼砂各一兩，爲細末，以點諸目病，甚妙。入朱砂五錢，則性不粘也。

**明·宋應星《天工開物》卷下《五金·銅附倭鉛》**　凡倭鉛古書本無之，乃近世所立名色。其質用爐甘石熬煉而成。繁産山西太行山一帶，而荊、衡爲次之。每爐甘石十斤，裝載入一泥罐內，封裹泥固以漸研乾，勿使見火拆裂。然後逐層用煤炭餅墊盛，其底鋪薪，發火煅紅，罐中爐甘石熔化成團，冷定毀罐取出。每十耗去其二，即倭鉛也。此物無銅收伏，入火即成煙飛去。以其似鉛而性猛，故名之曰倭云。

**清·顧祖禹《讀史方輿紀要》卷四二《山西四》**　濁漳水，在縣東北。自潞城縣流入境，與黎城縣接界。　赤崖泉，在縣東八十里。源出石洞中，洞深里許，洞内産盧甘石，洞口土色赤，泉出其中，因名。

**又　卷一一四《雲南二》**　木角甸山，在州東百三十里，地名備樂村。産蘆甘石。舊封閉，嘉靖中開局鑄錢，取以入銅，自是復啓。

**清·檀萃《滇海虞衡志》卷二《志金石》**　鍮石，銅之精者，出車里上司。

**又**　滇南倭鉛廠二。

# 圖録

明・宋應星《天工開物》卷下《五金》 升煉倭鉛

# 硃汞

## 題解

**清・徐珂《清稗類鈔・礦物類》**

水銀　水銀，汞鴻上聲，俗讀如貢。也，化學上爲金屬原質之一。天然産者如滴水，散嵌於鑛石中，然甚罕，大抵用硃砂製成，色白如錫，在常温爲液體，冷至寒暑表零下三十九度則凝結爲整正八面形，熱至三百五十七度則沸而化氣。質有毒。古時道家用以製鍊丹藥，所謂鉛汞之術是也。近代醫者亦用爲殺蟲消毒之劑。格致家因其漲縮力甚强，故又以製寒暑表、氣壓表等。工業上提鍊金銀之屬，皆用之。吾國産地，以廣東、湖南、四川、山東、浙江等處爲多。

水銀能蝕五金，金遇之則白，鉛遇之則化，凡戰陣鉛丸陷入骨肉者，但以水銀自創口灌滿，鉛即化水隨水銀而出，可免割取之苦。

硃砂　硃砂，一作朱砂，亦稱硫化汞，爲水銀、硫黄之天然化合物，舊稱丹砂。以出湖南之辰州者爲最良。

## 綜述

**《漢書・楚元王傳》**　逮至吴王闔閭，違禮厚葬，十有餘年，越人發之。及秦惠文、武、昭、嚴襄五王，皆大作丘隴，多其瘞臧，咸盡發掘暴露，甚足悲也。秦始皇帝葬於驪山之阿，下錮三泉，上崇山墳，其高五十餘丈，周回五里有餘；石槨爲游館，人膏爲燈燭，水銀爲江海，黄金爲鳧雁。珍寶之臧，機械之變，棺槨之麗，宫館之盛，不可勝原。

**晉・常璩《華陽國志》卷一《巴志》**　丹興縣舊本脱縣字。廖本有。蜀時省。山出名丹。

**又　卷二《漢中志》**　涪縣【略】陽泉，出石丹。

**又　卷四《南中志》**　毋單縣，漢舊縣，屬牂柯郡。建興中度。據《水經注》。有丹。

**《晉書・食貨志》**　東吴有齒角之饒，西蜀有丹沙之富。

**唐・李吉甫《元和郡縣圖誌》卷二二《山南道三・興州・長舉縣》**　接溪山，在縣西北五十三里。出硃砂，百姓採之。

**又　卷三九《隴右道上・宕州・懷道縣》**　斫花山，在縣東北八十里。出朱砂、雄黄，人常采取之。

**唐・陳少微《大洞鍊真寶經修伏靈砂妙訣》**　抽出汞。訣曰：先取筋竹爲筒，節密處全留三節。上節開孔，可彈丸許觿。中節開小孔子，如筋頭許大，容汞溜下處，先鋪厚蠟紙兩重，致中節之上，次取丹砂細研，入於筒中，以麻緊縛其筒，蒸之一日。然後以黄泥包裹之，可厚三分，埋入土中，令筒與地面平，筒四面緊築，莫令漏泄其氣，便積薪燒其上，一復令火透其筒上節，汞即流出於下節之中，毫分不折。忽火小，汞出。未盡尚重而猶黑紫，依此更燒之。令其汞合大數足，如紅馬牙、白馬牙、紫靈砂，抽汞一同此訣。餘別訣飛抽者，損折積多，而(同)[筒]抽訣最妙然。

**宋·范成大《桂海虞衡志·志金石》** 丹砂 《本草》以辰砂爲上，宜砂次之。今宜山人云：「出砂處與湖北犬牙，山北爲辰砂，南爲宜砂。地脈不殊，無甚分別。宜砂老者白色，有牆壁，如鏡，生白石床上，可入鍊，勢敵辰砂。」《本草圖經》乃云：「宜砂出土石間，非白石床所生。」即是未識宜砂也。

別有一種色紅質嫩者，名土坑砂，乃是點都感切，黑也。出土石間者，不堪耐火。邕州亦有砂，大都數十百兩作塊，黑闇，少牆壁，嚼之紫黛，不堪入藥，彼人惟以燒取水銀。《圖經》又云：「融州亦有砂。」今融州元無砂。邕、融聲相近，蓋又誤云。

水銀 以邕州溪洞朱砂末之，入爐燒取，極易成，以百兩爲一銚。銚之製，以猪胞爲骨，外糊厚紙數重，貯之不漏。

**宋·黃震《黃氏日抄》卷六七《桂海虞衡志》** 丹砂以辰砂爲上，山南爲宜州，與辰州同此山，故宜砂老者鐵色，有牆壁如鏡，生白石床上，可入煉，勢敵辰砂。邕州砂大而多黕暗，少牆壁，惟以燒取水銀。

水銀燒法，以鐵爲上下釜。上釜貯砂，隔以細眼鐵板，覆之下釜之上。下釜盛水，埋地中，仰合上釜之唇，固濟周密，熾火灼之。砂化爲霏霧，下墜水中，聚爲水銀。邕州取丹砂處椎鑿，有水銀自然流出。客販皆燒取而成者。百兩爲一銚，銚以紙糊猪胞，不漏。

**宋·周去非《嶺外代答》卷七《金石門》**

丹砂水銀

昔葛稚川爲丹砂求爲勾漏令，以爲仙藥在是故也。勾漏，今容州，則知廣西丹砂，非他地可比。《本草》金石部以湖北辰州所産爲佳，雖今世亦貴之。今辰砂乃出沅州，其色與廣西宜州所産相類，色鮮紅而微紫，與邕砂之深紫微黑者大異，功效亦相懸絶。蓋宜山即辰山之陽故也。雖然，宜、辰丹砂雖良，要非仙藥，葛稚川不求此也。嘗聞邕州右江溪峒歸德州大秀墟，有金纏砂，大如箭鏃，而上有金線縷文，乃真仙藥。得其道者，可用以變化形質，試取以煉水銀，乃見其異。蓋邕州燒水銀，當砂十二三斤，可燒成十斤。其良者，十斤真得十斤。惟金纏砂，八斤可得十斤，不知此砂一經火力，形質乃重何哉？是砂也，取毫末而齒之，色如鮮血，誠非辰、宜可及。邕州溪峒砂發之年，中夜望之，隱然火光滿山。嗟夫，稚川知之矣！

煉水銀

邕人煉丹砂爲水銀，以鐵爲上下釜，上釜盛砂，隔以細眼鐵板；下釜盛水，埋諸地。合二釜之口於地面而封固之，灼以熾火。丹砂得火，化爲霏霧，得水配合，轉而下墜，遂成水銀。然則水銀即丹砂也。丹砂禀生成之性，有陰陽之用，能以獨體，化爲二體，此其所以爲聖也。然《丹經》乃有真汞，何哉？余以爲丹砂燒成水銀，故已非真汞。邕州右江溪峒歸德州大秀墟，有一丹穴，真汞出焉。穴中有一石壁，人先鑿竅，方二三寸許，以一藥塗之，有頃，真汞自然滴出，每取不過半兩許。所塗之藥，今忘其名矣。是色紅粉，與水銀白青之色殊異，其倍亦重於水銀。嗟夫，學仙得此，其至寶歟！

**又** 銀朱

桂人燒水銀爲銀朱，以鐵爲上下釜，下釜如盤盂，中置水銀；上釜如蓋，頂施竅管，其管上屈曲垂於外。二釜函蓋相得，固濟既密，則別以水浸曲管之口。以火灼下釜之底，水銀得火則飛，遇水則止。火熯體乾，白變而丹矣。其上曰頭朱，次曰次朱，次者不免雜以黄丹也。

**宋·朱輔《溪蠻叢笑》** 辰砂 辰錦砂最良。麻陽即古錦州，舊隸辰郡。砂自折二至折十，皆顆塊。佳者爲箭鏃，結不實者爲肺砂，碎則有趑趄。末則有藥砂。砂出萬山之崖爲最，犵狫以火攻取。

粉紅水銀 水銀出於朱砂，因火而就。或謂砂復生水銀，非也。名粉紅水銀。

砂牀 石之不碎而砂附著其上者，名砂牀。

**佚名《修鍊大丹要旨》卷上** 硃砂取汞

硃砂十兩，乳細，用松炭末和之，裝在大甘鍋內，至六分，用松炭末蓋之。上用小瓦片裝在上，用鐵線結成一團片，蓋在鍋口，用鐵線縛之。打一土窟，先安小瓶在窟內，瓶內用水將甘鍋蓋覆，轉在瓶口，用泥封口，四圍磚砌，上面用大火一煆，再加半爐火。每硃一兩，可得真汞七錢。在瓶内去水，洗得浄。

**《元史·食貨志》** 産朱砂、水銀之所，在遼陽省曰北京，湖廣省曰沅、潭，四川省曰思州。

朱砂、水銀在北京者，至元十一年，命蒙古都喜以恤品人户於吉思迷之地採煉。在湖廣者，沅州五寨蕭雷發等每年包納朱砂一千五百兩，羅管賽包納水銀二千二百四十兩。潭州安化縣每年辦朱砂八十兩、水銀五十兩。碧甸子在和林者，至元十年，命烏馬兒採之。在會川者，二十一年，輸一千餘塊。此朱砂、水銀、碧甸子課之興革可考者然也。

**元・陶宗儀《墨娥小録》卷一一《丹房燒煉》** 抽汞法

朱砂不計分兩，入砂鍋內，炭屑填捺，平滿咼口。煎蠣殼板如咼口大，密鑽小竅蓋之。却將空砂鍋一筒，與前鍋二口相合，鉄線固濟。地內掘一穴安理空咼，止露盛朱之咼出在地上。大火煆半時，其汞已落在空咼矣。候冷取出。大抵朱砂一兩，止有真汞三錢。蓋庚道必用抽汞，若白道不若買鋪中者之爲便也。

**又** 朱砂不拘分兩，爲末，安銕鍋內，上覆烏盆一箇，於肩邊取孔一箇，插入竹筒，固濟口縫，合牢固。竹筒口垂入水盆水內，鍋底用火，其汞亦有在烏盆上者，掃取之，亦有自竹筒流下者，每兩可取七錢。

**明・劉文泰等《本草品匯精要・玉石部》** 銀膏【略】地：《圖經》曰，此膏以符陵平土水銀和白錫及銀薄合成之，凝硬如銀，堪補牙齒缺落。謹按，本經合鍊之法未詳，詢之方士，備云其法先以汞一百分，銀箔四十五分，殺作泥子後，用白錫九百分，內鐵鍋中火鎔成汁，出爐，約人行二十步，將泥子投入，令勻，則成膏矣。其鍊之法，以人行二十步爲則者，恐錫太熱，則汞飛走。太冷，則錫堅凝，與其不相合也。時經試鍊，果如所言。質：類銀。色：白。

**又** 鉛霜【略】地：《圖經》曰，用蜀郡平擇鉛十五兩，符陵平土水銀一兩，合鍊作片，置醋甕中密封，經久成霜，謂之鉛白霜。今醫家多用之。《衍義》曰，取塗木瓜，以失酸味。蓋金剋木之義也。用：霜。色：白。

丹砂出《神農本經》。【略】名：雲母砂、馬齒砂、豆砂、末砂、土砂、石砂、朱砂、真朱、光明砂、馬牙砂、無重砂、越砂、鹿蔌、妙硫砂、白庭砂、金座砂、梅栢砂、白金砂、澄水砂、玉座砂、辰錦砂、芙蓉砂、陰成砂、箭簇砂、曹末砂、鏡面砂、平面砂、神末砂、金星砂、巴砂。地：《圖經》曰，丹砂生符陵山谷，今出辰州、宜州、階州，而辰州者最勝，謂之辰砂。生深山石崖間，土人採之，掘地數十尺始見，其苗乃白石耳，謂之朱砂牀。砂生石上，其塊大者如雞子，小者如石榴子，狀若芙蓉頭、箭簇連。牀者紫黯，若鐵色而光明瑩澈，碎之嶄巖作墻壁。又似雲母片可析者，真辰砂也。無石者彌佳。過此皆淘土石中得之，非生於石牀者。陶隱居云，出武陵西川諸蠻夷中，皆通屬巴地，謂之巴砂。仙經亦用越砂，出廣州臨津者，二處並好。惟光明瑩澈爲佳。如雲母片者，謂之雲母砂。如樗蒱子、紫石英形者，謂馬齒砂，亦好。如大小豆及大塊圓滑者，謂豆砂。細末碎者，謂末砂。此二種麤不入藥用，但可畫用爾。時：生無時。採無時。質：光明瑩澈如雲母可析者良。色：赤。製：雷公云，凡使宜須細認，尚有百等，有妙硫砂，如拳大，或重一鎰。有十四面，面如鏡，若遇陰沉天雨，即鏡面上有紅漿汁出。有梅栢砂，如梅子大，夜有光生，照見一室。有白庭砂，如帝珠子大，面上有小星現。有神座砂、金座砂、玉座砂，不經丹竈，服之而自延壽命。次有白金砂、澄水砂、陰成砂、辰錦砂、芙蓉砂、鏡面砂、箭簇砂、曹末砂、土砂、金星砂、平面砂、神末砂，不可一一細述也。夫修事朱砂，先於一靜室內焚香齋沐，然後取砂以香水浴過了，拭乾即碎擣之，後向鉢中更研三伏時，竟取一甕鍋子著研了砂於內，用甘草、紫背天葵、五方草各銼之著砂上，下以東流水煮亦三伏時。勿令水火闕失時，候滿去三件草，又以東流水淘令淨，乾曬又研如粉，用小甆瓶子盛。又入青芝草、山鬚草半兩蓋之，下十斤火煆。從巳至子時方歇，候冷再研似粉，如要服，則入熬蜜丸如細麻子大，空腹服一丸。如尋常入藥，乳極細，水飛過用。【略】贗：武都仇池雄黃挾雌黃者，名爲丹砂，方家亦往往俱用，此爲僞矣。

水銀出《神農本經》。【略】名：汞澒。紅董切。地：《圖經》曰，生符陵平土，今出秦商道等州。邵武軍而秦州者，來自西羌界。《經》云出自丹砂者，乃是山中採麄次朱砂，和硬炭屑勻，內陽城罐內，令實。以薄鐵片可罐口作數小孔掩之，仍以鐵線羅固，一罐貯水承之，兩口相接，鹽泥和豚毛固濟上罐及縫處。候乾，以下罐入土，出口寸許，外置爐，圍火煆鍊，旁作四竇，欲氣達而火熾也。候一時則成水銀，溜於下罐矣。陶隱居云，今水銀有生、熟，符陵平土者是出朱砂腹中，亦別出沙地，皆青白色最勝，今不聞有此。至於西羌來者，彼人亦云如此燒煆，但其山中所生極多，至於一山自折裂，人採得砂石皆大塊如升鬥，碎之乃可燒煆。故西來者極多於南方，但不及生者甚。能銷化金銀成泥，人以鍍物是也。按《廣雅》謂之澒，丹竈家乃名汞，蓋字亦通用爾。《衍義》曰，水銀入藥雖各有法，極須審謹，有毒故也。唐韓愈云，太學博士李干遇信安方士柳賁，能燒水銀爲不死藥，以鉛滿一鼎，按中爲空，實以水銀，蓋封四際，燒爲丹砂。服之下血，比四年，病益急乃死。余不知服食之說起自何時，殺人不可計，而世慕尚之益至，此其惑也。在方册所記，及耳聞傳者不說，今親與之遊者，刑部尚書等官李遜輩，亦服此藥敗者，六七人矣。痛可惜哉！近世有水銀燒成丹砂，醫人不曉，研爲藥衣，或入藥中，豈弗違誤可不慎歟！時：採無時。收：以竹筒成貯或甆器胡蘆收之。質：類鎔錫。色：白。反：畏磁石。製：雷公云，凡使，勿用草中取者并舊朱漆中者，及經別藥制過者，在屍過者、半生半死者。若在朱砂中產出者，其色微紅，收得後用胡蘆貯之，則免遺失。若先以紫背天葵并夜交藤自然汁二味同煮一伏時，其毒自退。每修十兩，用前二味汁各七鎰和合煮足爲度。

水銀粉【略】名：汞粉、輕粉、峭粉。謹按：升符陵平土水銀作輕粉，凡作粉，先要作麴，其作麴之法，以皂礬一斤，鹽減半，二味入舊鐵鍋內，以慢火炒之，仍以鐵方鏟攪，不住手炒乾成麴如柳青色。其升粉法，先置一平臺，高三尺餘，徑二尺，不拘磚坩，以荊柴炭一斤碎之如核桃大，熾於臺上，扇熾。每升粉一料，用水銀一兩二錢，麴二兩二錢，內石臼內，石杵研不見水銀星爲度，却入白礬粗末二錢，三味攪勻，平攤鐵鏊中心，約厚三分許，鵝翎遍插小孔，將澄漿瓦盆覆之，縫以鹽泥固濟，勿令太實，實則難起。置鏊於熾火上，候微熱，以手蘸水輕抹其縫，及盆復用磚踈立鏊下，周護火氣。待火盡，盆温揭之，勿令手重，重則振落。其粉凝於盆底，狀若雪花而瑩潔，以翎掃之，甆器收貯。其盆鏊濁滓入後料再升。此法目經修鍊，詳不過此。收：甆器貯之。

靈砂無毒。【略】名：二氣砂。地：謹按升鍊之法，用符陵平土水銀四兩，入鐵鍋內，以硫黄末一兩，徐徐投下，慢火炒作青砂頭。候冷研細，內陽城罐中，上坐鐵盞，將鐵線纏束數匝，釘紐之，彈線聲清亮爲緊。以赤石脂入鹽，密封其縫。仍用鹽泥和豚毛通令固濟，厚一大指許。日乾之，藉以鐵架爲磚作爐，外以文火自下煆至罐底約紅寸餘，以香爐一炷，復用武火，漸加至罐口，候香爐二炷爲度，鐵盞貯水淺則益之，乃既濟之義也。候冷，取出，其砂升凝盞底如束針紋者，則成就矣。收：甆器盛貯。用：砂如束針紋者。質：類蜜陀僧而赤。色：紫赤。

## 明·李時珍《本草綱目·金石部》

丹砂《本經》上品。

釋名　朱砂。時珍曰：丹乃石名，其字從井中一點，象丹在井中之形，義出許慎《説文》。後人以丹爲朱色之名，故呼朱砂。

集解　《別録》曰：丹砂生符陵山谷，採無時。光色如雲母可拆者，良。作末名真朱。弘景曰：即今朱砂也。俗醫別取武都仇池雄黄夾雌黄者，名爲丹砂用之，謬矣。符陵是涪州接巴郡南，今無復採者。乃出武陵、西川諸蠻夷中，皆通屬巴地，故謂之巴砂。《仙經》亦用越砂，即出廣州臨漳者。此二處並好，惟須光明瑩徹爲佳。如雲母片者，謂之雲母砂。如樗蒲子、紫石英形者，謂之馬齒砂，亦好。如大小荳及大塊圓滑者，謂之豆砂。細末碎者，謂之末砂。此二種粗，不入藥用，但可畫用爾。朱砂皆鑿坎入數丈許。雖同出一郡縣，亦有好惡。地有水井，勝火井也。仙方煉餌，最爲長生之寶。恭曰：丹砂大略二種，有土砂、石砂。其土砂，復有塊砂、末砂，體並重而色黄黑，不任畫。用療瘡疥亦好，但不入心腹之藥。然可燒之，出水銀乃多也。其石砂有十數品：最上者爲光明砂，云一顆別生一石龕內，大者如雞卵，小者如棗栗，形似芙蓉，破之如雲母，光明照徹，在龕中石臺上生，得此者，帶之辟惡，爲上。其次或出石中，或出水內，形塊大者如拇指，小者如杏仁，光明無雜，名馬牙砂，一名無重砂，入藥及畫俱善，俗間亦少有之。其磨嵳新井、別井、水井、火井、芙蓉、石末、石堆、豆末等砂，形類頗相似。入藥及畫，當擇去其雜土石，便可用矣。別有越砂，大者如拳，小者如雞鴨卵，形雖大，其雜土石，不如細而明浄者。《經》言末之名真朱者，謬矣，豈有一物以全末殊名乎？斅曰：砂凡百等，不可一一論。有妙硫砂，如拳許大，或重一鎰，有十四面，面如鏡，若遇陰沉天雨，即鏡面上有紅漿汁出。有梅柏砂，如梅子許大，夜有光生，照見一室。有白庭砂，如帝珠子許大，面上有小星現。有神座砂、金座砂、玉座砂，不經丹竈，服之而自延壽。次有白金砂、澄水砂、陰成砂、辰錦砂、芙蓉砂、鏡面砂、箭簇砂、曹末砂、土砂、金星砂、平面砂、神末砂等，不可一一細述也。頌曰：今出辰州、宜州、階州，而辰砂爲最。生深山石崖間，土人採之，穴地數十丈始見其苗，乃有石，謂之朱砂牀。砂生石上，其大塊者如雞子，小者如石榴子，狀若芙蓉頭、箭鏃，連牀者紫黯若鐵色，而光明瑩澈，碎之嶄岩作墻壁，又似雲母片可拆者，真辰砂也，無石者彌佳。過此皆淘土石中得之，非生於石牀者。宜砂絶有大塊者，碎之亦作墻壁，但罕有類物狀，而色亦深赤，爲用不及辰砂，蓋出土石間，非白石牀所生也。然近宜州、鄰地、春州、融州皆有砂，故其水盡赤。每烟霧鬱蒸之氣，亦赤黄色，土人謂之朱砂氣，尤能作瘴癘爲人患也。階砂又次之，不堪入藥，唯可畫色爾。凡砂之絶好者，爲光明砂，其次謂之顆塊，其次謂之鹿簌，其下謂之末砂。惟光明砂入藥，餘並不用。宗奭曰：丹砂，今人謂之朱砂。辰州砂多出蠻峒、錦州界，猪獠峒、老鴉井。其井深廣數十丈，先聚薪於井焚之。其青石壁迸裂處，即有小龕。龕中自有白石牀，其石如玉。牀上乃生砂，小者如箭鏃，大者如芙蓉，光明可鑑，研之鮮紅，砂泊牀大者重七、八兩至十兩。晃州所出形如箭鏃帶石者，得自土中，非此比也。承曰：金州、商州亦出一種砂，色微黄，作土氣。陝西、河東、河北、汴東、汴西並以入藥，長安、蜀州研以代銀朱作漆器。又信州近年出一種砂，極有大者，光芒墻壁，畧類宜州所産。然有砒氣，破之多作生砒色。若入藥用，見火恐殺人。今浙中市肆往往貨之，不可不審。時珍曰：丹砂以辰、錦者爲最。麻陽即古錦州地。佳者爲箭鏃砂，結不實者爲肺砂，細者爲末砂。色紫不染紙者，爲舊坑砂，爲上品；色鮮染紙者，爲新坑砂，次之。蘇頌、陳承所謂階州、金、商州砂者，乃陶弘景所謂武都雄黄，非丹砂也。范成大《桂海志》云：本草以辰砂爲上，宜砂次之。然宜州出砂處，與湖北大牙山相連。北爲辰砂，南爲宜砂，地脈不殊，無甚分別，老者亦出白石牀上。蘇頌乃云：宜砂出土石間，非石牀所生，是未識此也。別有一種色紅質嫩者，名土坑砂，乃土石間者，不甚耐火。邕州亦有砂，大者數十、百兩，作塊黑暗，少墻壁，不堪入藥，唯以燒取水銀。頌云：融州亦有，今融州無砂，乃邕州之訛也。臞仙《庚辛玉册》云：丹砂石以五溪山峒中産者，得正南之氣爲上。麻陽諸山與五溪相接者，次之。雲南、波斯、西胡砂，並光潔可用。柳州一種砂，全似辰砂，唯塊圓如皂角子，不入藥用。商州、黔州土丹砂，宜、信州砂，皆内含毒氣及金、銀、銅、鉛氣，不可服。張果《丹砂要訣》云：丹砂者，萬靈之主，居之南方。或赤龍以建號，或朱鳥以爲名。上品生於辰、錦二州石穴，中品生於交、桂，下品生於衡、邵。名有數種，清濁異體，真僞不同。辰、錦上品砂，生白石牀之上，十二枚爲一座，色如未開蓮花，光明耀日。亦有九枚爲一座。七枚、五枚者次之。每座中有大者爲主，四圍小者爲臣朝護，四面雜砂一、二斗抱之。中有芙蓉頭成顆者，亦入上品。又有如馬牙光明者，爲上品；白光若雲母，爲中品。又有紫靈砂，圓長似笋而紅紫，爲上品；石片稜角生青光，爲下品。交、桂所出，但是座上及打石得，形似芙蓉頭面光明者，亦入上品；顆粒而通明者，爲中品；片段不明徹者，爲下品。衡、邵所出，雖是紫砂，得之砂石中者，亦下品也。有溪砂生溪州砂石之中，土砂生土穴之中，土石相雜，故不入上品，不可服餌。唐李德裕《黄冶論》云：光明砂者，天地自然之寶，在石室之間，生雪牀之上。如初生芙蓉，紅色未拆。細者環拱，大者處中，有辰居之象，有君臣之位。光明外徹，採之者，尋石脈而求，此造化之所鑄也。土宿真君曰：丹砂受青陽之氣，始生鉚石，二百年成丹砂而青女孕，又二百年而成鉛，又二百年成銀，又二百年復得太和之氣，化而爲金，故諸金皆不若丹砂金爲上也。

修治　斅曰：凡修事朱砂，静室焚香齋沐後，取砂以香水浴過，拭乾，碎搗之，鉢中更研三伏時。取一瓷鍋子，每朱砂一兩，同甘草二兩，紫背天葵一鎰，五方草一鎰，着砂上，以東流水煮三伏時，勿令水闕。去藥，以東流水淘净乾熬，又研如粉。用小瓷瓶入青芝草、山鬚草半兩蓋之，下十斤火煆，從巳至午方歇，候冷取出，細研用。如要服，則以熬蜜丸細麻子大，空腹服一丸。時珍曰：今法惟取好砂研末，以流水飛三次用。其末砂多雜石末、鐵屑，不堪入藥。又法：以絹袋盛砂，用蕎麥灰淋汁，煮三伏時取出，流水浸洗過，研粉飛曬用。又丹砂以石膽、消石和埋土中，可化爲水。

氣味　甘，微寒，無毒。普曰：神農：甘；岐伯：苦，有毒。扁鵲：苦。李當之：大寒。權曰：有大毒。大明曰：凉，微毒。之才曰：惡慈石，畏鹹水，忌一切血。時珍曰：丹砂，《别録》云無毒，岐伯、甄權言有毒，似相矛盾。按《何孟春餘冬録》云：丹砂性寒而無毒，入火則熱而有毒，能殺人，物性逐火而變。此説是也。丹砂之畏慈石、鹹水者，水克火也。斅曰：鐵遇神砂，如泥似粉。土宿真君曰：丹砂用陰地厥、地骨皮、車前草、馬鞭草、皂莢、石韋、決明、瞿麥、南星、白附子、烏頭、三角酸、藕荷、桑椹、地榆、紫河車、地丁，皆可伏制。而金公以砂爲子，有相生之道，可變化。

發明　保昇曰：朱砂法火色赤而主心。杲曰：丹砂純陰，納浮溜之火而安神明，凡心熱者非此不能除。好古曰：乃心經血分主藥，主命門有餘。青霞子曰：丹砂外包八石，内含金精，禀氣於甲，受氣於丙，出胎見壬，結塊成庚，增光歸戊，陰陽升降，各本其原，自然不死。若以氣衰血敗，體竭骨枯，八石之功，稍能添益。若欲長生久視，保命安神，須餌丹砂。且丹石見火，悉成灰燼，丹砂伏火，化爲黄銀。能重能輕，能神能靈，能黑能白，能暗能明。一斛人擎，力難升舉；萬斤遇火，輕速上騰，鬼神尋求，莫知所在。時珍曰：丹砂生於炎方，禀離火之氣而成，體陽而性陰，故外顯丹色而内含真汞。其氣不熱而寒，離中有陰也。其味不苦而甘，火中有土也。是以同遠志、龍骨之類，則養心氣；同當歸、丹參之類，則養心血；同枸杞、地黄之類，則養腎；同厚樸、川椒之類，則養脾；同南星、川烏之類，則袪風。可以明目，可以安胎，可以解毒，可以發汗，隨佐使而見功，無所往而不可。夏子益《奇疾方》云：凡人自覺本形作兩人，并行并卧，不辨真假者，離魂病也。用辰砂、人參、茯苓，濃煎日飲，真者氣爽，假者化也。《類編》云：錢丕少卿夜多惡夢，通宵不寐，自慮非吉。遇鄧州推官胡用之曰：昔常如此。有道士教戴辰砂如箭鏃者，涉旬即驗，四五年不復有夢。因解髻中一絳囊遺之。即夕無夢，神魂安静。道書謂丹砂辟惡安魂，觀此二事可徵矣。《抱朴子》曰：臨沅縣廖氏家，世世壽考。後徙去，子孫多殀折。他人居其故宅，復多壽考。疑其井水赤，乃掘之，得古人埋丹砂數十斛也。飲此水而得壽，況鍊服者乎？頌曰：鄭康成註《周禮》，以丹砂、石膽、雄黄、礬石、慈石爲五毒。古人惟以攻瘡瘍，而《本經》以丹砂爲無毒，故多鍊治服食，鮮有不爲藥患者，豈五毒之説勝乎？當以爲戒。宗奭曰：朱砂鎮養心神，但宜生使。若鍊服，少有不作疾者。一醫疾，服伏火者數粒，一旦大熱，數夕而斃。沈存中云：表兄李勝鍊朱砂爲丹，歲餘，沐浴再入鼎，誤遺一塊。其徒丸服之，遂發懵冒，一夕而斃。夫生硃砂，初生小兒便可服；因火力所變，遂能殺人，不可不謹。陳文中曰：小兒初生，便服朱砂、輕粉、白蜜、黄連水，欲下胎毒。此皆傷脾敗陽之藥，輕粉下痰損心，朱砂下涎損神，兒實者服之軟弱，弱者服之易傷，變生諸病也。時珍曰：葉石林《避暑録》載：林彦振、謝任伯皆服伏火丹砂，俱病腦疽死。張杲《醫説》載：張慤服食丹砂，病中消數年，髮鬢疽而死。皆可爲服丹之戒。而周密《野語》載：臨川周推官平生孱弱，多服丹砂、烏附藥，晚年發背疽。醫悉歸罪丹石，服解毒藥不効。瘍醫老祝胗脈曰：此乃極陰證，正當多服伏火丹砂及三建湯。乃用小劑試之，復作大劑，三日後用膏敷貼，半月而瘡平，凡服三建湯一百五十服。此又與前諸説異。蓋人之臟腑禀受萬殊，在智者辨其陰陽脉證，不以先入爲主。非妙入精微者，不能企此。

## 水銀《本經》中品。

釋名　汞、《别録》。澒、汞同。靈液、《綱目》。姹女。《藥性》。時珍曰：其狀如水似銀，故名水銀。澒者，流動貌。方術家以水銀和牛、羊、豕三脂杵成膏，以通草爲炷，照於有金寶處，即知金、銀、銅、鐵、鉛、玉、龜、蛇、妖怪，故謂之靈液。頌曰：《廣雅》：水銀謂之澒。丹竈家名汞，其字亦通用爾。

集解　《别録》曰：水銀生符陵平土，出於丹砂。弘景曰：今水銀有生熟。此雲生符陵平土者，是出硃砂腹中，亦有别出沙地者，青白色，最勝。出於丹砂者，是今燒粗末硃砂所得，色小白濁，不及生者。甚能消化金銀，使成泥，人以鍍物是也。燒時飛着釜上灰，名汞粉，俗呼爲水銀灰，最能去虱。恭曰：水銀出於硃砂，皆因熱氣，未聞硃砂腹中自出之者。火燒飛取，人皆解法。南人蒸取之，得水銀雖少，而硃砂不損，但色少變黑爾。頌曰：今出秦州、商州、道州、邵武軍，而秦州乃來自西羌界。《經》云出於丹砂者，乃是山石中採粗次硃砂，作爐置砂於中，下承以水，上覆以盆，器外加火煆養，則煙飛於上，水銀溜於下，其色小白濁。陶氏言别出沙地者青白色，今不聞有此。西羌人亦云如此燒取，但其山中所生極多，至於一山自拆裂，人採得砂石，皆大塊如升鬥，辟之乃可燒煆，故西來水銀極多於南方者。又取草汞法：用細葉馬齒莧乾之，十斤得水銀八兩或十兩。先以槐木槌之，嚮日東作架曬之，三、二日即乾。如經年久，燒存性，盛入瓦瓮内，封口，埋土坑中四十九日，取出自成矣。時珍曰：汞出於砂爲真汞。雷斅言有草汞。陶弘景言有沙地汞。《淮南子》言弱土之氣生白礬石，礬石生白澒。蘇頌言陶説者不聞有之。按《陳霆墨談》云：拂林國當日没之處，地有水銀海，周圍四五十里。國人取之，近海十里許掘坑井數十，乃使健夫駿馬，皆貼金箔，行近海邊。日照金光晃耀，則水銀滚湧如潮而來，其勢若粘裹。其人即回馬疾馳，水銀隨趕。若行緩，則人馬俱撲滅也。人馬行速，則水銀勢遠力微，遇坑塹而溜積於中。然後取之，用香草同煎，則成花銀，此與中國所産不同。按：此説似與陶氏沙地所出相合；又與陳藏器言人服水銀病拘攣，但炙金物熨之，則水銀必出蝕金之説相符。蓋外番多丹砂，其液自流爲水銀，不獨煉砂取出，信矣。胡演《丹藥秘訣》云：取砂汞法：用瓷瓶盛硃砂，不拘多少，以紙封口，香湯煮一伏時，取入水火鼎內，炭塞口，鐵盤蓋定。鑿地一孔，放碗一個盛水，連盤覆鼎於碗上，鹽泥固縫，周圍加火煅之，待冷取出，汞自流入碗矣。邕州溪峒燒取極易，以百兩爲一銚，銚之制似豬脬，外糊厚紙數重，貯之即不走漏。若撒失在地，但以川椒末或茶末收之，或以真金及鍮石引之即上。嘉謨曰：取去汞之砂殼，名天流，可點化。

修治　斅曰：凡使勿用草汞並舊朱漆中者，經別藥製過者，在屍中通者，半生半死者。其硃砂中水銀色微紅，收得後用葫蘆貯之，免遺失。若先以紫背天葵並夜交藤自然汁二味同煮一伏時，其毒自退。若修十兩，二汁各七鎰。

氣味　辛，寒，有毒。權曰：朋大毒。大明曰：無毒。之才曰：畏磁石，砒霜。宗奭曰：水銀得鉛則凝，得硫則結，並棗肉研則散，別法煅爲膩粉，粉霜，唾研之死虱，銅得之則明，灌屍中則後腐，以金銀銅鐵置其上則浮，得紫河車則伏，得川椒則收。可以勾金，可爲湧泉匱，蓋借死水銀之氣也。土宿真君曰：荷葉、松葉、松脂、穀精草、萱草、金星草、瓦松、夏枯草、忍冬、莨菪子、雁來紅、馬蹄香、獨脚蓮、水慈菇，皆能制汞。

【略】

發明　弘景曰：還復爲丹，事出《僊經》。酒和日曝，服之長生。權曰：水銀有大毒，硃砂中液也。乃還丹之元母，神僊不死之藥，能伏煉五金爲泥。《抱朴子》曰：丹砂燒之成水銀，積變又還成丹砂，其去凡草木遠矣；故能令人長生。金汞在九竅，則死人爲之不朽，況服食乎？藏器曰：水銀入耳，能食人腦至盡；入肉令百節攣縮，倒陰絶陽。人患瘡疥，多以水銀塗之，性滑重，直入肉，宜謹之。頭瘡切不可用，恐入經絡，必緩筋骨，百藥不治也。宗奭曰：水銀入藥，雖各有法，極須密謹，有毒故也。婦人多服絶娠。今有水銀燒成丹砂，醫人不曉誤用，不可不謹。唐韓愈云：太學士李於遇方士柳泌，能燒水銀爲不死藥。以鉛滿一鼎，按中爲空，實以水銀，蓋封四際，燒爲丹砂。服之下血，四年病益急，乃死。余不知服食説自何世起，殺人不可計，而世慕尚之益至，此其惑也。在文書所記及耳聞者不説。今直取目見，親與之游，而以藥敗者六、七公，以爲世誡。工部尚書歸登，自説服水銀得病，有若燒鐵杖自顛貫其下，摧而爲火，射竅節以出，狂痛呼號泣絶。其裀席得水銀，發且止，唾血十數年以斃。殿中御史李虛中，疽發其背死。刑部尚書李遜謂余曰：我爲藥誤。遂死。刑部侍郎李建，一旦無病死。工部尚書孟簡，邀我於萬州，屏人曰：我得秘藥，不可獨不死。今遺子一器，可用棗肉爲丸服之。別一年而病。後有人至，訊之，曰：前所服藥誤，方且下之，下則平矣。病二歲卒。東川節度御史大夫盧坦，溺血，肉痛不可忍，乞死。金吾將軍李道古，以柳泌得罪，食泌藥，五十死海上。此皆可爲戒者也。蘄不死乃速得死，謂之智，可不可也？五穀三牲，鹽醯果蔬，人所常禦。人相厚勉，必曰强食。今惑者皆曰：五穀令人夭，三牲皆殺人，當務減節。一筵之饌，禁忌十之二、三，不信常道而務鬼怪，臨死乃悔。後之好者又曰：彼死者皆不得其道也，我則不然。始動曰：藥動故病，病去藥行，乃不死矣。及且死又悔。嗚呼！可哀也已。時珍曰：水銀乃至陰之精，稟沈著之性。得凡火煅煉，則飛騰靈雙；得人氣熏蒸，則入骨鑽筋，絶陽蝕腦，陰毒之物無似之者。而大明言其無毒，《本經》言其久服神僊，甄權言其還丹元母，《抱朴子》以爲長生之藥。六朝以下貪生者服食，致成廢篤而喪厥軀，不知若干人矣。方士固不足道，本草其可妄言哉？水銀但不可服食爾，而其治病之功，不可掩也。同黑鉛結砂，則鎮墜痰涎；同硫黄結砂，則拯救危病。此乃應變之兵，在用者能得肯啓而執其樞機焉。餘見鉛白霜及靈砂下。

## 水銀粉宋《嘉祐》

釋名　汞粉，輕粉，《拾遺》。峭粉，《日華》。膩粉。時珍曰：輕，言其質；峭，言其狀；膩，言其性。昔蕭史與秦穆公鍊飛雲丹，第一轉乃輕粉，即此。

修治　時珍曰：升鍊輕粉法：用水銀一兩，白礬二兩，食鹽一兩，同研不見星。鋪於鐵器內，以小烏盆覆之。篩竈灰，鹽水和，封固盆口。以炭升二炷香取開，則粉升於盆上矣。其白如雪，輕盈可愛。一兩汞，可升粉八錢。又法：水銀一兩，皂礬七錢，白鹽五錢，同研，如上升鍊。又法：先以皂礬四兩，鹽一兩，焰消五錢，共炒黄爲麴。水銀一兩，又麴二兩，白礬一錢。研勻，如上升鍊。《海客論》云：諸礬不與水銀相合，而緑礬和鹽能制水銀成粉，何也？蓋水銀者，金之魂魄；緑礬者，鐵之精華，二氣同根，是以暫制成粉。無鹽則色不白。

發明　宗奭曰：水銀粉下膈涎，并小兒涎潮瘈瘲藥多用。然不可常服及過多，多則損人。若兼驚則危，須審之。蓋驚爲心氣不足，不可下。下之裏虛，驚氣入心，不可治。其人本虛，更須禁此，慎之至也。劉完素曰：銀粉能傷牙齒，蓋上下齒齦屬手足陽明之經，毒氣感於腸胃，而精神氣血水穀既不勝其毒，則毒即循經上行，而至齒齦嫩薄之分爲害也。時珍曰：水銀乃至陰毒物，因火煆丹砂而出，加以鹽、礬鍊而爲輕粉，加以硫黄升而爲銀朱，輕飛靈變，化純陰爲燥烈。其性走而不守，善劫痰涎，消積滯。故水腫風痰濕熱毒瘡被劫，涎從齒齦而出，邪鬱爲之暫開，而疾因之亦愈。若服之過劑，或不得法，則毒氣被蒸，竄入經絡筋骨，莫之能出。痰涎既去，血液耗亡，筋失所養，營衛不從。變爲筋攣骨痛，發爲癰腫疳漏，或手足皸裂，蟲癬頑痺，經年累月，遂成廢痼，其害無窮。觀丹客升鍊水銀輕粉，鼎器稍失固濟，鐵石撼透，況人之筋骨皮肉乎？陳文中言輕粉下痰而損心氣，小兒不可輕，用傷脾敗陽，必變他證，初生尤宜慎之；而演山氏謂小兒在胎，受母飲食熱毒之氣，畜在胷膈故生下個個發驚，宜三日之內與黄連去熱，膩粉散毒，又與人參、朱砂、蜜湯解清心肺，積毒既化，兒可免此患。二説不同，各有所見：一謂無胎毒者，不可輕服；一謂有胎毒者，宜預解之。用者宜審。

## 粉霜《綱目》

釋名　水銀霜、白雪、《綱目》。白靈砂。時珍曰：以汞粉轉升成霜，故曰粉霜。《抱朴子》云：白雪，粉霜也。以海鹵爲匱，蓋以土鼎。勿洩精華，七日乃成。要足陽氣，勿爲陰侵。惟蕫、藕、地丁、河車，可以煉之點化。在仙爲玄壺；在人爲精原；在丹爲木精；在造化爲白雪；在天爲甘露。

修治　時珍曰：升鍊法：用真汞粉一兩，入瓦罐内令勻。以燈盞仰蓋罐口，鹽泥塗縫。先以小炭火鋪罐底四圍，以水濕紙不住手在燈盞内擦，勿令間斷。逐漸加火，至罐頸住火。冷定取出，即成霜如白蠟。按《外臺秘要》載古方崔氏造水銀霜法云：用水銀十兩，石硫黄十兩，各以一鐺熬之。良久銀熱黄消，急傾入一鐺，少緩即不相入，仍急攪之。良久硫成灰，銀不見，乃下伏龍肝末十兩，鹽末一兩，攪之。別以鹽末鋪鐺底一分，入藥在上，又以鹽末蓋面一分，以瓦盆覆之，鹽土和泥塗縫，炭火煅一伏時，先文後武，開盆刷下，凡一轉。後分舊土爲四分，以一分和霜，入鹽末二兩，如前法飛之訖。又以土一分，鹽末二兩，和飛如前，凡四轉。土盡更用新土，如此七轉，乃成霜用之。此法後人罕知，故附於此云。

發明　元素曰：粉霜、輕粉，亦能潔净府，去膀胱中垢膩，既毒而損齒，宜少用之。時珍曰：其功過與輕粉同。

銀朱《綱目》。

釋名　猩紅、紫粉霜。時珍曰：昔人謂水銀出於丹砂，鎔化還復爲朱者，即此也。亦名由此。

集解　時珍曰：胡演《丹藥秘訣》云：升鍊銀朱，用石亭脂二斤，新鍋内鎔化，次下水銀一斤，炒作青砂頭，炒不見星。研末罐盛，石版蓋住，鐵線縛定，鹽泥固濟，大火煅之。待冷取出，貼罐者爲銀朱，貼口者爲丹砂。今人多以黄丹及礬紅雜之，其色黄黯，宜辨之。真者謂之水華朱。每水銀一斤，燒朱一十四兩八分，次朱三兩五錢。

發明　時珍曰：銀朱乃硫黄同汞升鍊而成，其性燥烈，亦能爛齦攣筋，其功過與輕粉同也。今厨人往往以之染色供饌，宜去之。

靈砂《證類》。

釋名　二氣砂。慎微曰：《茅亭客話》載：以靈砂餌胡孫、鸚鵡、鼠、犬等，變其心，輒會人言，丹之通爲靈者。時珍曰：此以至陽勾至陰，脱陰反陽，故曰靈砂。

修治　慎微曰：靈砂，用水銀一兩，硫黄六銖，細研炒作青砂頭，後入水火既濟爐，抽之如束鍼紋者，成就也。時珍曰：按胡寅《丹藥秘訣》云：升靈砂法：用新鍋安逍遥爐上，蜜揩鍋底，文火下燒，入硫黄二兩鎔化，投水銀半斤，以鐵匙急攪，作青砂頭。如有焰起，噴醋解之。待汞不見星，取出細研，盛入水火鼎内，鹽泥固濟，下以自然火升之，乾水十二盞爲度，取出如束鍼紋者，成矣。《庚辛玉册》云：靈砂者，至神之物也。硫汞制而成形，謂之丹基。奪天地造化之功，竊陰陽不測之妙。可以變化五行，鍊成九還。其未升鼎者，謂之青金丹頭；已升鼎者，乃曰靈砂。靈砂有三：以一伏時周天火而成者，謂之金鼎靈砂；以九度抽添用周天火而成者，謂之九轉靈砂；以地數三十日炒煉而成者，謂之醫家老火靈砂。並宜桑灰淋醋煮伏過用，乃良。

【略】

發明　時珍曰：硫黄，陽精也；水銀，陰精也。以之相配夫婦之道，純陰純陽二體合璧。故能奪造化之妙，而升降陰陽，既濟水火，爲扶危拯急之神丹，但不可久服爾。蘇東坡言：此藥治久患反胃，及一切吐逆，小兒驚吐，其效如神，有配合陰陽之妙故也。時珍常以陰陽水送之，尤妙。

**明·宋應星《天工開物》卷下《五金》**　銀

附朱砂銀　凡虚僞方士以爐火惑人者，唯朱砂銀愚人易惑。其法以投鉛、朱砂與白銀等分，入罐封固，温養三七日後，砂盜銀氣，煎成至寶。揀出其銀，形有神喪，塊然枯物。入鉛煎時，逐火輕折，再經數火，毫忽無存。折去砂價、炭資，愚者貪惑猶不解，並志於此。

**又《丹青》**　凡朱砂、水銀、銀朱，原同一物，所以異名者，由精細老嫩而分也。上好朱砂出辰、錦[今名麻陽]與西川者，中即孕澒，然不以升煉。蓋光明、箭鏃、鏡面等砂，其價重於水銀三倍，故擇出爲朱砂貨鬻。若以升水，反降賤值。唯粗次朱砂方以升煉水銀，而水銀又升銀朱也。

凡朱砂上品者，穴土十餘丈乃得之。始見其苗，磊然白石，謂之朱砂牀。近牀之砂，有如雞子大者。其次砂不入藥，只爲研供畫用與升煉水銀者。其苗不必白石，其深數丈即得。外牀或雜青黄石，或間沙土，土中孕滿，則其外沙石多自折裂。此種砂貴州思、印、銅仁等地最繁，而商州、秦州出亦廣也。

凡次砂取來，其通坑色帶白嫩者，則不以研朱，盡以升澒。若砂質即嫩而爍視欲丹者，則取來時，入巨鐵碾槽中，軋碎如微塵，然後入缸，注清水澄浸。過三日夜，跌取其上浮者，傾入別缸，名曰二朱。其下沉結者，曬乾即名頭朱也。

凡升水銀，或用嫩白次砂，或用缸中跌出浮面二朱，水和槎成大盤條，每三十斤入一釜内升澒，其下炭質亦用三十斤。凡升澒，上蓋一釜，釜當中留一小孔，釜傍鹽泥緊固。釜上用鐵打成一曲弓溜管，其管用麻繩密纏通稍，仍用鹽泥塗固。煅火之時，曲溜一頭插入釜中通氣，[插處一絲固密。]一頭以中罐注水兩瓶，插曲溜尾於内，釜中之氣在達於罐中之水而止。共煅五個時辰，其中砂末盡化成澒，布於滿釜。冷定一日，取出掃下。此最妙玄，化全部天機也。[《本草》胡亂注：「鑿地一孔，放碗一個盛水」。]

凡將水銀再升朱用，故名曰銀朱。其法或用磬口泥罐，或用上下釜。每水銀一斤入石亭脂[即硫黄制造者]二斤，同研不見星，炒作青砂頭，裝於罐内。上用鐵盞蓋定，盞上壓一鐵尺。鐵線兜底綑縛，鹽泥固濟口縫，下用三釘插地鼎足盛罐。打火三炷香久，頻以廢筆蘸水擦盞，則銀自成粉，貼於罐上，其貼口者硃更鮮華。冷定揭出，刮掃即用。其石亭脂沉下罐底，可取再用也。每升水銀一斤得硃十四兩，次硃三兩五錢，出數藉硫質而生。

凡升硃與研硃，功用亦相仿。若皇家、貴家畫彩，則即同辰、錦丹砂研成者，不用此硃也。凡朱，文房膠成條塊，石硯則顯，若磨於錫硯之上，則立成皂汁。即漆工以鮮物彩，唯入桐油調則顯，入漆亦晦也。凡水銀與硃更無他出，其澒海、草澒之説無端狂妄，耳食者信之。若水銀已升硃，則不可復還爲澒，所謂造化之巧已盡也。

**明・方以智《通雅》卷四八《金石》**　丹粟、丹干，皆丹砂也。《王會》：「卜人以丹砂。」《補注》曰：「卜即濮。《爾雅》：『南至濮鉛』，永昌郡傳多夷濮。」《禹貢》：「荆州貢丹。」《職方氏》：「荆州其利丹銀。」《山海經》：「櫃山多丹粟，」注：「細丹砂如粟。」《荀子》：「南海有丹干。」《本草》：「丹砂生符陵山谷。」今出辰宜階州，而長最勝。多出錦州界諸僚峒，錦州即今麻陽。范至能言：「宜山出砂，與湖北犬牙，山北爲辰砂，南爲宜砂。」宜山乃今之慶遠府，去湖北辰州遠甚，其今之靖州、黎平，皆宋之辰州耶？又言：「宜砂老者白色，有墻壁如鏡，生白石牀上，紅質，嫩者多上坑砂。邕州亦有砂。」《圖經》云「融州有砂」，今無，當是邕誤耳。色鮮明成長紋者曰芙蓉砂，曰箭頭砂。不實曰肺砂。碎則有彔起砂。有砂牀，犵狫以火攻取。亦有外國來者。生則可服，炒則有毒殺人，然升煉丹砂服食者何耶？闢邪、定心神、去穢惡，日以砂牀盂水視之，最能養神。段成式曰：「紅沫煉丹砂爲黄金，碎以染筆，入石中，削去愈明。」然不言紅沫何物，智按鼊溺研丹砂，作字入石。

**又方以智《物理小識・金石類》**　丹砂與澒同氣　王會卜人以丹砂，《山海經》：櫃山多丹粟，荀況曰，南海有丹干，皆指南方。今出辰、宜、階州，而外國亦有至者。辰州萬山長官司化水坑之硃砂爲最，砂生白石上，石如玉曰砂牀，人多取爲研山。砂綴之如雞卵榴顆，而箭鏃連牀者，蠻中號蕎麥楞，價與銀衡，以其内含神火也。砂洞深，木支柱而篝火以入。若酉陽之雲母牆壁豆板，水西之大塊重數十斤者，不足貴也。砂有四十八廠，俱在酉陽，而大商集於梅樹市。生者可服，炒則大毒。彼煉以入藥者，取其善入也。丹砂無不化，惟人髮泥中朱漆筋不化。

養砂　以銀爲鼎，置丹粟其中，煴養之，則漸黑，其氣相入，猶鉛汞之相食也。丹砂中本虚，即澒體所合也，乾之則寶氣入其中矣。得老翁鬚則力倍。其取神火者，十銖能乾十銖之澒。或取鉛精配之。軒轅述《寶藏論》云，二十種金，十七種銀，自有其理，特世傳者少耳。其變形轉造，則見人爲之。世人不明其理，每爲此術所欺。往年謂之提手，近日謂之臺扛。約其理曰，五金八石，皆互相爲用。鉛以丹砂爲子，汞以丹砂爲母，金好汞，而汞蝕之。銀合砂，而砂食之。鐵近銀如赤銅，炙石流如鐵。抱樸曰，武都雄黄伏火，可點銅爲金。膽礬汞泥，入大青爲金，但輕耳。土宿真君曰，硃砂伏於鉛而死於硫，硫戀於鉛而伏於硇，鐵戀於磁而死於鉛，雄戀於鉛而死於五加。硇最受伏於羊䏐，而鐵柔於蝟脂。要皆制氣於鉛，傳胎於汞，消於消石，剥於石鹽。土宿真君、萬畢術、岣嶁神書嘗云，石茵蔯能伏礞。鉤芺即苦芺、地膽草，入爐火用。紫背天葵責八石拒火，烏頭奚毒伏丹砂砒石，紫蝴蝶責雄黄，雌黄伏丹砂，能拒火。羊躑躅伏丹砂、硇，雌黄。五毒草即赤地利，伏丹砂。羊蹄菜，蓄秃菜也，葉可擦鍮，子制鉛汞。金星草即石韋，紫背金盤，海芋、射干，皆能制伏。陸游曰，劉均國草塞汞篋而成金。吴普曰，石龍芮言其子，水堇其苗也。水堇俗稱蝴蝶菜，金英草類。蘇轍《龍川志略》：治平末還蜀，遇仙都道士，曰，精氣，内也。肢骸，外也。謂養精氣，内丹乃成。惟外丹成，乃可以點瓦礫，化皮骨，飛行無礙。然内丹未成，無以交之，則服外丹者死。後見張公安道曰，抱樸言手握如泥，出指間者，藥真成也。予爲道仙都所聞，公笑曰，姑俟之。愚者曰，龍川亦姑言之爾。楊偕、竇舜卿、范仲淹、胡宿，皆遇異人授化金方而不爲者也。知其理而已。中履曰，戴無忝從張癡遊，與崔默菴言外丹，老人哂之。時宜別路，不礙談仙。

制汞法　《淮南》曰，青澒五百年爲白澒。此言連鉛，久而生汞也。礞砂殺之，膽礬結之，鉛凝之，紫河車伏之，川椒、茶葉收之，唾嚼棗亦斂之，灌尸如生。沈括曰，汞得硫則赤如丹，得礬則白如雪。虚舟子曰，《本草》言金銀銅鐵置汞上則浮，此非也。銅鐵則浮，金銀則沉。金銀取出必輕耗，以其蝕也。走馬吸水銀，與走馬射阿魏，皆奇其説耳。或言瓦楞帽可盛汞，未試。

馬齒莧有汞　《本草》：馬齒莧，小者即間有水銀，每十斤有八兩。然至難燥，以槐木槌碎，日東曬之。其大者無水銀。《庚辛玉册》曰，透山根似蔓菁而紫，含金氣。石楊柳含銀氣，馬齒莧含汞氣。艾蒿、粟、麥含鉛錫之氣，酸芽三葉酸含銅氣。

汞成銀硃輕粉法　胡演祕訣，用石亭脂二斤，新鍋鎔化，以汞一斤，炒作青砂頭，不見星，研末罐盛，石版蓋之，鐵線縛之，鹽泥固濟。大火煅之，取出，貼罐爲銀硃，貼口爲丹砂。又見一法，用白鉛二兩，汞五兩，硫黄二兩，火硝兩半，伏龍肝三錢，共研細末，入礶封固。升五炷香，冷定取出擂碎，即水花硃。其用汞鹽、白礬，礬倍之者，升爲輕粉。今法，以皂礬四兩，鹽一兩，焰硝五錢爲麴，復以麴倍汞，加礬十之一，升之。銀硃還原法，不拘舊硃漆器，皆可還，但入礶升之，自然飛如粉。以羽拂下，即成水銀。於湖銀硃用汞升。樟樹銀硃，乃碌碎丹砂近赭黑者所爲也。升以聶公廟前水，則多四兩。又碾蚌蛤粉，而以蘇木屢染之，曰裹度珠，其入銕沙以重之，曰銕沙硃。

## 清・田雯《黔書》卷四

朱砂

自馬蹄關至用砂壩十里而近，自用壩至洋水、熱水五十里而遥，皆砂廠也。洋、熱之砂，爲箭鏃、爲箇子，用壩之砂爲斧劈、爲鏡面。此其「凡」也。採砂者必驗其影，見若匏壺者，見若竹節者，尾之。掘地而下曰「井」，平行而入曰「塈」，直而高者曰「天平」，墜而斜者口「牛吸水」。皆必支木幂版以爲廂，而後可障土畚鍤錘斵斧钁之用。靡不備焚膏而入，蛇行匍匐，如追亡子，控金頤而止。有狻猊焉、象王焉、於菟、長離焉，則大幸矣。否則，栝棬焉，篗籰焉，簪珥焉，要亦聽之。龐而重者爲砂寶，伏土中昫昫作伏雌聲，聞者勿得驚，驚則他走。凡砂之走響如松風。無巨無細，咸以晶熒爲上。柳子所謂「色如芙蓉」是也。方其負荷而出，投諸水，淘之汰之，摇以牀，漂以箕，既浄，囊而漉之，不即乾，口以吹之。其水或瀦之池，或引之竿，越崗踰嶺，涓涓天上落也。獲之多寡，眂虖命地之啓閉，眂虖時砂之楛良，眂虖質不可强亦不可恒也。銅仁萬山、婺川板廠皆有之。

附賦　玫夫銀燭流於朱提，銅山啓於吴會。合浦有夜還之珠，番洋有醋潑之瑁。精鏐美盪，林邑螢飛，黄鶻青雅，錫蘭流潰。西域之苜蓿葡萄，南粤之珊瑚翡翠，莫不居之爲奇，有以爲利。至若丹砂之名，首見《禹貢》。與砥砮而並稱，入髹漆以成用。鍾乳質近而形分，紫瑛性殊而貌並。烹而煉之，絳雪瓊膏；餌而服之，十洲三洞。術傳鴻寶，雞犬昇雲；書祕枕函，杖藜照誦。稚川句漏是求，香山廬峰見弄。衛公以之輸羡，昌黎因而兆夢。石可點兮逋償，金可化兮採送。訪邵陽之巔，遺井尚存；過洞庭之埜，鑄鼎猶頌。匪怪匪迂，宜愛宜重。於稽所産，不一其鄉。二酉之麓開出，湯池之下深藏。雖習聞而未睹，今乃見於黔疆。阡江盤水，婺邑銅崖，咸可握而可採，然忽閉而忽開，未有若開陽之夥者也。於是奇贏之徒，廢舉之士，指煙嵐以争趨，驅舟車而來至。相與募保傭工，晝壤列肆。追一綫之蚓蛇，探重泉之幽閟。塈高支以忘天，脂親賁以覓地。悵曉夕之莫知，置死生於非意。乍吐微鈺，儼獲大貝，雜土石以同居，寢礦牀而酣寐。或如矢鏃，或如斧劈。或瑩如鏡，或黯如漆。馯軨比光，火齊較色。燦矣霞披，欻然榴滴。是稟離精，韋錘火德。細若輕塵，巨等拱壁。礨磈陸離，尺量鬥計。謂之砂寶，闢邪魘魅。豪客名家，連城肯易。鍤入畚出，梯升緶墜。附蟺引狷，擔肩負背。載檢載披，且淘且汰。審厥楛良，别夫族類。此什襲而韞藏，彼貿遷而罔市。别有沿邨埜老，接澗孤煢，揹門引竿，漉末拾零。足浸溪而蝕趾，目注粒而損睛。波濤爲之盡赤，襟袂爲之頓赬。茍錙銖之可取，雖纖忽其敢輕？爾迺作竈支鑪，置碾施杵，研之則我朱孔陽，蒸之則揮汗成雨。學團璣之走盤，任點易而滴露。更呼爲「汞」，改號曰「硃」。其實則一，其變則殊。噫嘘嘻！此一物也，既不足充耳目之玩，乃妄傳服食之神，以致多搜索於官牒，遂視爲希世之奇珍。使者不言神仙，願下令而長禁。砂其莫産山谷，何爲苦此一方民！

丁煒曰：「物之寶者，取之必殫其勞。採砂之法，約略與採金同。嗟夫！天地生物，本以利人，追採者既竭，而求者未厭，則利適滋害矣。再讀《黔行紀程》詩『採砂』『淘金』二謡，幾下《捕蛇》之淚。」

砯硍

竈有大小，釜亦如之。大者容砂二十升，離而爲十層，次八之，閒以稃秕，布陳汞灰於其上，治以杓，中凹而圍凸，覆以釜，差殺之，揉鹽泥而塗其脣，築之，乃煅之，凡一晝夜而汞成。滴滴懸珠，滉漾熣燦，皆升於覆釜之腹。小者以煎砂石相錯之，巖子既實之，掩以筠籠，籠如篩，塗以泥，豆其孔以疏氣者四，孔則周遭槽之，穴其上覆以小甓，亦鹽泥固之，而後煅炷，薌可成汞登於甓，溢則注於孔之槽，俟其性定，挹而注諸豕脬，裹而縛之，乃可行遠。如或傾之，斂之以椒，聚集如故。啓釜甓者，必含虀或蘘汁乃可遡，不則，觸其氣而齒墮。已成汞而升之，復可爲硃，不忘其本，物亦有然者矣。又有自然之汞，生砂中，不待烹煉而成者，尤不易得。羽化之資糧也。

丁熓曰：「升汞事極瑣細，入古雋之筆，始知九還在御，頑鑛皆可成金。」

**又**　硃牀

銅仁箭鏃砂，色比靺鞨，大如瑟瑟，散生水晶石中，紅白絢映可寶也。余獲其二，爲筆牀焉。

**清・顧祖禹《讀史方輿紀要》卷一二六《南直八》**　新寨山，在縣西南十里，壁立險阻。又有龍門山，在縣西南十三里。兩山對峙，狀如龍門。又縣南三十里曰香茗山，上有原砂。

**卷五六《陝西五》**　當門山，縣東百五十里。有兩峰如門，因名。亦謂之穿崖，高可千仞。又東十里爲浮雲山，山高聳，遠望若浮雲。　水銀山，在縣東北二百四十里。山有洞，產水銀、硃砂。

**卷八一《湖廣七》**　馳道，府東八十里，闊五丈餘，類今之河道。《史記》：「秦始皇命天下修馳道，以備遊幸。」此其舊迹也。又府東八十里有朱砂坑，爲歷代採砂之處。今絶。【略】

燕子崖，在府西三里。有石穴如屋，土人貿易於此。下爲虎溪。又西二里曰龍爪崖。志云：縣西五里有光明山，一名龍門，有丹砂井，夜半光明燭天，山下即龍爪崖也。

齊天山，縣東南五十里。峰巒秀異，高出雲表。【略】。又羅甕山，在縣西北八十里。山石紆迴，層疊突起如甕。舊產硃砂，今絶。

**卷八二《湖廣八》**　黄連溪，衛南三十里，一名芭蕉溪；衛西南二十里又有硃砂溪，流合焉，經天成山石橋下，又東北流二里入於清江。

**卷八五《江西三》**　白沙鎮，在縣之樂平鄉十二都。有巡司。【略】志云：縣境六都有硃砂磧，磧石槎牙，罅間出硃砂，今湮没不可得。

**卷一〇一《廣東二》**　皂幕山，縣南四十里，即曹幕山也。連新會縣界，與藥逕山相接，高千餘丈，延袤二百餘里。舊志謂之奢山，山有丹砂，蠻語訛砂爲奢也，在縣東南百七十里。似悮。

**卷一〇八《廣西三》**　金龜山，縣東南二里，與會靈台山隔江相對。臺上有瀑布巖洞。又梧臺山，在縣城南。其並峙者曰賀山。又有公界山，高廣相埒，爲縣南鎮。又天門山，在縣西。與穿境山並峙，縣之西鎮。　銅石山，在縣東十五里。峰巒秀麗，山頂寬平。舊產水銀、硃砂。

**卷一〇九《廣西四》**　崖山廢縣，在府東南。唐貞觀九年置崖山縣，屬柳州，後改屬宜州。宋景祐三年縣廢。　富安廢監，在府南百六十五里。宋置此以採硃砂，後廢。《宋志》：「宜州有羈縻監二，曰富仁，曰富安。」其地蓋相近。《通志》：「府北三里有鐵城，宋寶祐中築。又有廢寶積監，在府西二百二十里；廢玉田場，在府西南百三十里，皆宋置。」

**卷一一一《廣西六》**　黄桐驛，縣東六十里，馬驛也。又縣北四十里有硃砂馬驛，縣西百二十里又有白石馬驛。志云：縣南五十里有暗橋，與宣化縣接界。又縣北五十五里有硃砂渡，思恩府境硃砂江所經也。

**卷一二一《貴州二》**　格孤山，州東北四百五十里。山勢雄峻，界連滇、蜀。明朝洪武十四年傅友德自曲靖帥師循格孤山而南，徑擣烏撒，蓋循格孤之南而西北出也。志云：在州東南。似悮。　得都山，在州東南四百二十里。一名白崖，產雄黄、水銀。志云：在州治東。亦悮。

**卷一二二《貴州三》**　華蓋山，縣西十里。峰巒高大，林木深邃，昔人嘗避兵於此。或以爲無黨山也。《勝覽》云：「無黨山在思邛縣南四十四里，以四面懸絶而名。」　多羅山，在縣西四里。其相接者有馬鞍石巖，又西一里有山羊巖，皆高勝。又木悠峰，在縣西四里。上有水月宫，產硃砂。

巖前山，縣東北二十里。山產硃砂。又東北三十里有長錢山，亦產硃砂，地名板場。志云：縣有板場坑水銀場，税課局蓋置於此，成化九年廢。又泥塘山，在縣南五十里，亦產硃砂。

丹川廢縣，《通志》云：「今司治。唐武德初置丹川縣，屬夷州。貞觀初州廢，改屬務州，是年縣廢。」縣蓋以溪水產丹砂而名。

獨逕巖，司東北十里。路狹巖險，設隘禦苗。志云：司境有硃砂坑四十八面，明初督其課以充貢。尋改折秋糧二十三石，罷其貢。坑猶存。

新坑山，司北五里。巖谷深邃，土人常避兵於此，志云：山產硃砂、水銀。又大萬山，在司南三里。司以此名。

**清・屈大均《廣東新語》卷一五《貨語》**　勾漏砂　嘉靖初，鬱林苦採砂之役，有州同顧起綸者，謂葛洪南來，鮑靚留居羅浮，實未嘗得砂於此，今日之役，恐徒靡敝吾民，不如市之辰州使。臺府不從，役三萬工於萘山西嶺，穿三池，得砂一斤。於綠珠涌渫深井，得巨砂二十餘兩。乃知勾漏亦無砂云。鬱林古勾漏地，昔之所有，今之所無，亦天地氣運使然。連州往亦產砂，至宋時已絶。又安知辰州、貴陽他日不如勾漏邪！

**清・檀萃《滇海虞衡志》卷二《志金石》** 丹砂出於迤西，左思所稱永平之西里有朱砂廠。汞即今水銀，滇中亦有水銀廠。

**清・徐松《宋會要輯稿・食貨・坑冶上》**

各路坑冶置場務所

水銀朱砂 商州水銀末場，舊置。秦州太平監水銀務，舊置。道州寧遠縣上丁槽(米)[朱]砂坑，舊置；營道縣朱砂坑，康定元年置，慶曆三年罷。邵武軍水銀務，舊置。文州曲水縣水銀務，熙寧五年置。宜州富安監朱砂務，淳化二年置。以上《永樂大典》卷一七五六五。

各路坑冶所出額數

水銀、朱砂 商州上洛、商洛、洛南三縣水銀、朱砂坑。元額水銀五百六十九斤，元豐元年收五百八十四斤；元額朱砂八十九斤四兩，元年收二百六十斤四兩。階州大石水銀務、彭城水銀務。元額七百五十一斤，元年收同。鳳州河池縣水銀務。[元額]二百四十七斤，元年收六百四十三斤。文州曲水縣水銀務，熙寧五年置。元額二千二百七十斤，元年收一千二百七十九斤。黔州土貢朱砂一十兩。辰州土貢水銀三十兩，光明砂十五兩。沅州土貢水銀二十兩，朱砂二十兩。宜州元額朱砂一千七百八十九斤九兩七錢六分，元年收三千三百八十六斤一十四兩四錢。容州土貢朱砂二十兩。

坑冶祖額水銀總計四千九百三十七斤，元豐元年收總計三千三百五十六斤；朱砂總計一千八百七十八斤一十三兩七錢六分，元豐元年收總計三千六百四十六斤一十四兩四錢。以上《續國朝會要》。

**又《坑冶下・産砂》**

《宋會要》

仁宗天聖元年，江寧言：「溧水縣見有朱砂，差人取掘到，除燒水銀外，並無朱砂苗脈。」

[熙寧]十年，廣南西路經略安撫司言：「伏見廣源等處内有朱砂坑，乞令本司興置。」從之。

建炎四年，户部言：「先准朝旨，每年於宜州收買加蕃朱砂二萬兩，合用錢四千餘貫，於(方)[坊]場錢内支撥收買應副，即無住買年限。自崇寧四年至今二十餘年，共支過十萬餘貫，積累歲久，往往侵用常平錢數。」詔令住罷收買，已支錢令逐路提刑司具數責令市舶司，限二年撥還。

**又《食貨・和市》** 本州前後准上司牒，抛買麝香連皮毛三百六十九臍，散香三千五十三兩半，朱砂末一千兩，熊膽一百六十七斤一十四兩五錢。雖已分擘下諸縣，委官置場和買，必無許多數目應副。且如麝香，每箇上等得一兩，其浄香不過重三五錢，可見臍數不少。如朱砂，自來只是豐陽縣南窟一處，官中置場抽分，四縣俱無所有。

**清・鄭光祖《一斑録・物理・金石》** 硃砂産黔湖山地，其液即是水銀。硃砂無毒，水銀甚毒。凡血氣之屬，皆忌之。而以殮死屍，則歷千年不腐。水銀煉成銀硃，還其本色也。

**清・龍文彬《明會要》卷五七《食貨五・坑冶》** 銅鐵課：明初，唯江西德興、鉛山有銅場。其後四川梁山、山西五臺、陝西寧羌、略陽及雲南皆採水銀、青、緑。太祖時，廉州巡檢言：「州界西戎，有水銀坑冶及青、緑、紫泥。願得兵取其地。」帝不許。

**清・徐珂《清稗類鈔・礦物類》** 硃砂 硃砂一作朱砂，亦稱硫化汞，爲水銀、硫黄之天然化合物，舊稱丹砂。以出湖南之辰州者爲最良，故又名辰砂。大者成塊，小者爲六角形之結晶。狀如箭鏃者，俗謂之箭頭砂，頗珍貴，色鮮紅，或微含鉛灰色。若以水銀與硫黄花相和，納入輕養化鉀之水溶液中，亦可製成。

# 紀事

**《史記・貨殖列傳》** 秦始皇帝令倮比封君，以時與列臣朝請。而巴(蜀)寡婦清，其先得丹穴，而擅其利數世，家亦不訾。清，寡婦也，能守其業，用財自衛，不見侵犯。秦皇帝以爲貞婦而客之，爲築女懷清臺。夫倮鄙人牧長，清窮鄉寡婦，禮抗萬乘，名顯天下，豈非以富邪？

**宋・王欽若等《册府元龜》卷四九四《邦計部・山澤》** 明宗天成元年五月，商州奏：「當管水銀五窟，乞依舊管係。」

**宋・高承《事物紀原》卷七《庫物職局部》** 燒朱所 又曰：燒朱所，太平興國三年置。

**《元史・百官志》** 銷金局，提領一員，管勾二員。掌諸殿宇裝鍌之工。中統四年置。

# 圖録

佚名《稚川真人校證術》

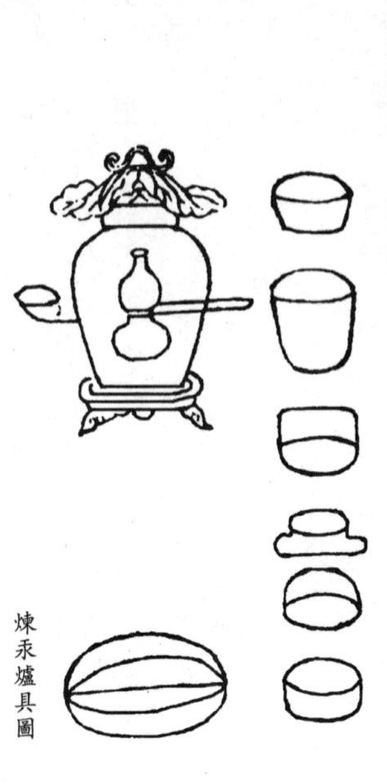


宋・吳悮《丹房須知》

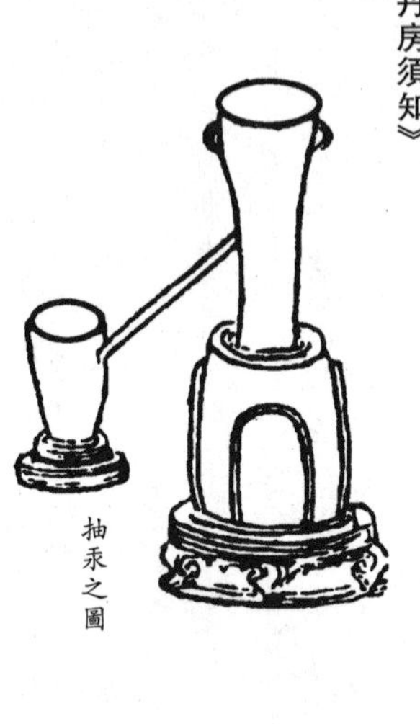


又

既濟爐竈

明・宋應星《天工開物》卷下《五金》

升煉水銀

鐵弓空管

此頸入水

固濟

## 雜録

**宋・陸遊《老學庵筆記》卷二**　崇寧間初興學校，州郡建學，聚學糧，日不暇給。士人入辟雍，皆給券，一日不可緩，緩則謂之害學政，議罰不少貸。已而置居養院、安濟坊、漏澤園，所費尤大。朝廷課以爲殿最，往往竭州郡之力，僅能枝梧。諺曰：「不養健兒，却養乞兒。不管活人，只管死尸。」蓋軍糧乏，民力窮，皆不問，若安濟等有不及，則被罪也。其後少緩，而神霄宫事起，土木之工尤盛。羣道士無賴，官吏無敢少忤其意。月給幣帛、硃砂、紙筆、沉香、乳香之類，不可數計，隨欲隨給。

**《元史・曹鑑傳》**　鑑任湖廣員外時，有故掾顧淵伯，以辰砂一包餽鑑，鑑漫爾置篋笥中。半載後，因欲合藥劑，命取視之，乃有黄金三兩雜其中，鑑驚歎曰：「淵伯以我爲何如人也！」淵伯已殁，鑑呼其子歸之。其廉慎不欺如此。

**《明史・張學顔傳》**　時張居正當國，以學顔精心計，深倚任之。學顔撰《會計録》以勾稽出納。【略】學顔隨事納諫，得停發太倉銀十萬兩，減雲南黄金課一千兩，餘多弗能執争。而金花銀歲增二十萬兩，遂爲定額。人亦以是少之。

**清・鄭光祖《一斑録・雜述五》**　水銀殮屍

《吹影編》：死者用水銀殮，所費甚鉅，且殮時情況甚慘，江浙無有用之者。山、陝西富家閒或行之。有老漆工曾目覩其事，云，於人初絶時，預備水銀數百觔，用細竹管灌入其口，塞其兩鼻兩耳及下部，數人揉之良久，身軟，拔去下部之塞，則血穢與水銀錯雜而出。又灌，又塞，又揉之，如是數次，身軟如綿，視其手足指甲皆有水銀流出，則週身徧矣，然軀殼僅存。令其腹中空無一物，亦孝子仁人所不忍也。

凡物自無而有，亦必自有而無，自然之理也。人之身亦無不然。子孫盡力盡勢以送先人之終，自有常度。若冀其屍之不朽，不獨殮之也慘，迨其後必有悔不速朽之日也。可不謹之於始哉。

# 鐵鋼分部

## 題解

**漢・許慎《説文解字・金部》**　鐵　**鐵**　黑金也。从金，𢧜聲。天結切。

**鐡**　鐵，或省。**銕**　古文鐵，从夷。

**清・徐珂《清稗類鈔・礦物類》**　鐵　鐵爲金屬化學原質之一，産量最多，用途最廣，色灰白，有光，且磁力强，易於傳電。置濕空氣中，遇二養化炭，輒易生鏽，遂成紅褐色之養化鐵。其性狀因製煉之法而異，有生鐵、熟鐵、鋼鐵三種。

山之産鐵者曰鐵山，最著者在湖北大冶縣北六十里，唐、宋時即於此置鑪煉金鐵。光緒朝，開採極盛，有小鐵路通石灰窑，距黄石港十四里，專運鑛鐵，漢陽鐵廠之鐵，多取給於此。

## 論説

**清・孫承澤《春明夢餘録》卷四六《工部一・鐵廠》**　元人王惲，議省罷鐵冶户疏：竊見燕北、燕南通設立鐵冶提舉司大小一十七處，約用煽煉人户三萬有餘，週歲可煽課鐵約一千六百餘萬。自至元十三年復立運司以來，至今官爲支用本貨，每歲約支三五百萬斤。況此時供給邊用，雖所費浩大，尚不能支絶，爲各處本貨積垛數多。其窺利之人，用官司氣力收買，其價不及一半。當時，既是設立提舉司，煽煉本貨，以備支用。除支外，止合存留積垛，以備緩急。今來却行盡數發賣。竊詳此事，虧官損民，深爲未便。

漢之濟邊，資於鹽鐵，歷代因之。至明，西鐵不講矣。然國初時，亦有故事可考。按洪武七年【略】此亦可助邊需一臂，棄置不講，而日稅南畝，何也？

# 綜述

**《史記·貨殖列傳》** 猗頓用盬鹽起。而邯鄲郭縱以鐵冶成業，與王者埒富。

蜀卓氏之先，趙人也，用鐵冶富。秦破趙，遷卓氏。卓氏見虜略，獨夫妻推輦，行詣遷處。諸遷虜少有餘財，争與吏，求近處，處葭萌。唯卓氏曰：「此地狹薄。吾聞汶山之下，沃野，下有蹲鴟，至死不飢。民工於市，易賈。」乃求遠遷。致之臨邛，大喜，即鐵山鼓鑄，運籌策，傾滇蜀之民，富至僮千人。田池射獵之樂，擬於人君。

程鄭，山東遷虜也，亦冶鑄，賈椎髻之民，富埒卓氏，俱居臨邛。

宛孔氏之先，梁人也，用鐵冶爲業。秦伐魏，遷孔氏南陽。大鼓鑄，規陂池，連車騎，游諸侯，因通商賈之利，有游閑公子之賜與名。然其贏得過當，愈於纖嗇，家致富數千金，故南陽行賈盡法孔氏之雍容。

魯人俗儉嗇，而曹邴氏尤甚，以鐵冶起，富至巨萬。然家自父兄子孫約，俛有拾，仰有取，貰貸行賈徧郡國。鄒、魯以其故多去文學而趨利者，以曹邴氏也。

**《漢書·食貨志》** 於是以東郭咸陽、孔僅爲大農丞，領鹽鐵事，而桑弘羊貴幸。咸陽，齊之大鬻鹽，孔僅，南陽大冶，皆致産累千金，故鄭當時進言之。弘羊，洛陽賈人之子，以心計，年十三侍中。故三人言利事析秋豪矣。

**晉·常璩《華陽國志》卷三《蜀志》** 臨邛縣 【略】有古石山，有石鑛，大如蒜子。火燒合之，成流支鐵，元豐本作鉄，下同。甚剛。因置鐵官。有鐵祖廟祠。漢文帝時，以鐵、銅當有山字。賜侍郎鄧通。通假民卓王孫，歲取千匹。故王孫貨當作貲。累巨萬億，鄧通錢亦盡按《佞倖傳》當作布。天下。

**又** 豪登縣 有孫水，一曰白沙江，入馬湖水。山有砮石，火燒成鐵，剛利。《禹貢》「厥賦砮」是也。

**唐·韓延《夏侯陽算經·稱輕重》**

今有生鐵六千二百八十一斤，欲鍊爲黃鐵，每斤耗五兩。問爲黃鐵幾何。

荅曰： 黃鐵四千三百一十八斤三兩。

術曰： 置生鐵數，以一十一兩乘，以一十六兩除之，即得。

今有黃鐵四千三百一十八斤三兩，欲煉爲鋼鐵，每斤耗三兩。問鋼鐵幾何。

荅曰： 鋼鐵三千五百八斤八兩一十銖五絫。

術曰： 置黃鐵數，以一十三兩乘之，一十六兩除之，即得。

今有鋼鐵二千五百斤，依前所耗數，却求爲黃鐵。問得幾何。

荅曰： 黃鐵三千七十六斤一十四兩、一十三分兩之一十。

術曰： 置鐵數，一十六乘之，一十三除之，即得。

今有黃鐵三千七十六斤一十四兩一十三分兩之一十，却求鋼鐵。問得幾何。

荅曰： 二千五百斤。

術曰： 置黃鐵數，一十三乘之，一十六除之，即得。

**宋·沈括《夢溪筆談》卷二〇《神奇》** 治平元年，常州日禺時，天有大聲如雷，乃一(火)[大]星，幾如月，見於東南。少時而又震一聲，移著西南。又一震而墜在宜興縣民許氏園中，遠近皆見，火光赫然照天，許氏藩籬皆爲所焚。是時火息，視地中只有一竅如桮大，極深，下視之，星在其中，熒熒然。良久漸暗，尚熱不可近。又久之，發其竅，深三尺餘，乃得一圓石，猶熱，其大如拳，一頭微鋭，色如鐵，重亦如之。州守鄭伸得之，送潤州金山寺，至今匣藏，遊人到則發視。王无咎爲之傳甚詳。

**宋·朱輔《溪蠻叢笑》** 水秀鐵 鐵之精英在水數十年者，名水秀。

**宋·馬端臨《文獻通考》卷一八《征榷·坑冶》** 政和間，臣僚言諸路産鐵多，民資以爲用而課息少，請倣茶鹽法榷而鬻之。於是户部言詳度官置爐冶，收鐵給引，召人通市。苗脈微者，令民出息承買，以所收中賣於官，毋得私相貿易。從之。

先是元豐六年，京東漕臣吴居厚奏，徐、鄆、青等州歲製軍器及上供簡鐵之類數多，而徐州利國、萊蕪二監歲課鐵少不能給，請以鐵從官興煽計所獲可多數倍。詔從其請。自是官榷其鐵，且造器用以鬻於民，至元祐罷之。其後大觀初，涇源皇城使裴絢上言，石河鐵冶令民自採煉，中賣於官，請禁民私相貿易，農具、器用之類悉官爲鑄造。其冶坊已成之物，皆以輸官而償其直。乃詔毋得私相貿易，如所奏，而農具器用勿禁。於是官自賣鐵，唯許鑄鍋户市之。

**《宋史·食貨志·錢幣》** 五年，泉州青陽鐵冶大發，轉運使高易簡不俟詔，置鐵錢務於泉，欲移銅錢於內地；梓州路轉運使崔輔、判官張固亦請即廣安軍魚子鐵山採礦炭，置監於合州，並銷舊小錢以鑄減輕大錢，未得報，先移合州相地置監。州以上聞，朝廷以易簡、輔、固爲擅鑄錢，皆坐貶。

前宋時，川、陝皆行鐵錢，益、利、夔皆即山冶鑄。紹興九年，詔陝西諸路復行鐵錢。十五年，置利州紹興監，歲鑄錢十萬緡以救錢引。二十二年，復嘉之豐遠、邛之惠民二監，鑄小平錢。二十二年，詔利州並鑄折二錢，後又鑄折三錢。淳熙十五年，四川餉臣言：「諸州行使兩界錢引，全籍鐵錢稱提，止有利州紹興監歲鑄折三錢三萬四千五百貫有奇，邛州惠民監歲鑄折三錢一萬二千五百貫。今大安軍淳熙、新興、迎恩三爐，出生鐵四十九萬五千斤，利之昭化、嘉川縣亦有爐，新産鐵三十餘萬斤。乞從鼓鑄。」嘉定元年，即利州鑄當五大錢。三年，制司欲盡收舊引，又於紹興、惠民二監歲鑄三十萬貫，其料並同當三錢。若四川銅錢，淳熙間易送湖廣總所儲之，後又交卸於江陵。

**又《食貨志·阬冶》** 明年，令諸路鐵倣茶鹽法榷鬻，置鑪冶收鐵，給引召人通市。苗脈微者聽民出息承買，以所收中賣於官，私相貿易者禁之。先是，元豐六年，京東漕臣吳居厚奏：「徐、鄆、青等州歲製軍器及上供簡鐵之類數多，而利國、萊蕪二監鐵少不能給。請鐵從官興煽，所獲可多數倍。」自是，官榷鐵造器用以鬻於民，至元祐罷之。其後大觀初，入內皇城使裴絢爲涇原幹當，奏上渭州通判苗冲淑之言：「石河鐵冶既令民自採鍊，中賣於官，諸禁民私相貿易。農具、器用之類，悉官爲鑄造，其冶坊已成之物，皆以輸官而償其直。」乃禁毋得私相貿易，農具、器用勿禁，官自賣鐵唯許鑄瀉户市之。

**《元史·食貨志》** 産鐵之所，在腹裏曰河東、順德、檀、景、濟南，江浙省曰饒、徽、寧國、信、慶元、台、衢、處、建寧、興化、邵武、漳、福、泉，江西省曰龍興、吉安、撫、袁、瑞、贛、臨江、桂陽，湖廣省曰沅、潭、衡、武岡、寶慶、永、全、常寧、道州，陝西省曰興元，雲南省曰中慶、大理、金齒、臨安、曲靖、澂江、羅羅、建昌。

**明·劉文泰等《本草品匯精要·玉石部》** 磁石出《神農本經》。【略】名：玄石，處石，磁君。地：《圖經》曰，生泰山山谷及慈山山陰，有鐵處則生其陽。今慈州、徐州及南海傍山中皆有之。慈州者最佳，能吸鐵，虛連十數針，或一二斤刀器回轉不落者，尤真。其石中有孔，孔中黄赤色，其上有細毛，謂之磁石毛。性温，功用尤勝。按《南州異物志》云，漲海崎頭水淺而多磁石，徼外大舟以鐵鍱錮之者，至此多不能過。以此言之，南海所出尤多也。又本經一名玄石，其玄石亦自有條，以其形貨頗同，疑重其名爾。雷公云，人欲驗者，一斤磁石四面只吸鐵一斤者，名延平沙。四面吸鐵八兩者，曰續末石。四面只吸鐵五兩以來者，號磁石。蓋磁石爲鐵之母，取鐵，猶母之召子焉。時：採無時。用：能吸鐵有力者佳。質：類生鐵。色：赤黑。

**又** 鐵【略】地：《圖經》曰，單言鐵者，鍒鐵也。諸鐵不著所出州土，今江南西蜀有爐冶處皆有之。鐵乃黑金也，其體堅重，至於鎔冶，然後成器。蓋鐵有生有熟，有鋼有精，有落有粉，并華粉胤粉之類，析文立條，而鑐鐵乃再三拍打以作鍱者，亦謂之熟鐵也。時：採無時。用：鍒鐵。質：類磁石。色：黑。

**又** 生鐵【略】地：《圖經》曰，出江南西蜀，有爐冶處有之。初鍊去鑛，用以鑄鎢器物者爲生鐵，即陶隱居所謂不破鑐(音桑。)鎗(音錚。)釜之類是也。時：採無時。用：鑄成器物者。色：黑。【略】製：日華子云，鍛後飛淘去麁，赤汁烘乾用。或燒紅，投淬酒中，或水中，並堪用。

**又** 鐵粉【略】地：《圖經》曰，舊不著所出州郡，今江南爐冶處皆有之。其造粉飛鍊之法，文不多載。人以雜鐵作屑飛之，令體重，真鋼則不爾。時人錯柔鐵屑和鹹砂飛粉市之，飛鍊家亦莫能辨也。謹按，《雷公炮炙論》序云，鐵遇神砂如泥似粉，竊嘗試之不就，其亦秘而不悉乎？博詢術家，得究其奥，遂令經目法鍊載之不爲無稽。據其方，以鐵十兩，不限生熟，入銷銀鑵内鎔化爲汁，以塊雄黄五兩，徐徐投入，常令鐵筋攪之，候黄盡，復加猛火，約人行百步許，傾出，候冷，取輕脆者，研細入藥。其存性者，不堪用也。砒與硫黄亦能製粉，但其毒甚，服之傷生。慎之慎之。用：粉。質：類鹹砂而細。色：黑。

**又** 鋼鐵【略】名：跳(音條。)鐵。地：《圖經》曰，出江南西蜀，有爐冶處皆有之。其鋼鐵以生柔相雜和，用以作刀劍鋒刃者是也。時：採無時。用：堅精而脆者。色：黑。

**又** 鐵落出《神農本經》。【略】名：鐵液。地：《圖經》曰，出牧羊平澤及祊音伻城或折城。今江南西蜀有爐冶處皆有之。其鐵落乃鍛家燒鐵赤沸，砧上打落細皮屑，俗呼爲鐵花是也。時：採無時。用：屑。色：黑。

**又** 鐵華粉【略】地：《圖經》曰，出江南西蜀，有爐冶處皆有之。其造鐵華粉之法，取鋼鍛作葉如笏或團，平面磨錯令光净，以鹽水灑之於醋甕中，陰處埋之百日，鐵上衣生，鐵華成矣。此鐵之精華，功用强於鐵粉也。

**明·李東陽等《明會典》卷一九四《工部一四·冶課》**

各處鐵冶

國初置各處鐵冶，每冶各大使一員，副使一員。

江西

南昌府進賢冶。

臨江府新喻冶。以上洪武七年置，十八年罷。

袁州府分宜冶。洪武七年置，十八年罷，二十七年復置，二十八年罷。

湖廣興國冶

蘄州黄梅冶。以上洪武七年置，十八年罷。

山東

濟南府萊蕪冶。

廣東

廣州府陽山冶。

陝西

鞏昌冶。以上俱洪武七年置，十八年罷。

山西

平陽府吉州富國豐國二冶。洪武七年置，十八年罷。二十七年復置，二十八年罷。

太原府大通冶、潞州潤國冶、澤州益國冶。以上俱洪武七年置，十八年罷。

四川龍州冶。永樂二十年置。

順天府遵化鐵冶。永樂間初置廠子沙坡峪，復移置松棚峪。宣德十年罷，正統三年復置於白冶莊，萬曆八年罷。

各處鐵課

國初定各處鑪冶該鐵一千八百四十七萬五千二十六斤：

湖廣六百七十五萬二千九百二十七斤。

廣東一百八十九萬六千六百四十一斤。

北平三十五萬一千二百四十一斤。

江西三百二十六萬斤。

陝西一萬二千六百六十六斤。

山東三百一十五萬二千一百八十七斤。

四川四十六萬八千八百九斤。

河南七十一萬八千三百三十六斤。

浙江五十九萬一千六百八十六斤。

山西一百一十四萬六千九百一十七斤。

福建一十二萬四千三百三十六斤。

見今歲課

浙江鐵七萬四千五百八十三斤五兩四錢，遇閏加派四千四百六十五斤四兩六錢。衢州府一萬五千斤，餘及加閏皆坐温州府。正德元年，浙、福等省俱徵解折色，每斤折銀三分五釐，嘉靖元年，仍解本色。

福建鐵二十九萬九千一百五十五斤三錢四分七釐，遇閏加一萬七千八百六十五斤一十二兩。福州府八千四百三十三斤，閏加七百六斤十四兩二錢。福寧、州寧、德縣三千三百三十七斤五兩，閏加二百七十九斤五兩八錢。邵武府一萬九千三百九十一斤，折熟切鐵六千四百六十三斤十兩六錢六分七釐，閏加一千六百十五斤十五兩，折熟切鐵五百三十八斤十兩二錢二分二釐。泉州府一萬三千三百四十一斤，遇閏不加。汀州府八萬五千三百三十二斤十四兩六錢，閏加八千一百九斤五兩。延平府一十五萬六千二百十九斤十四兩一錢九分，閏加六千五十九斤五錢。建寧府一萬三千一百十五斤十二兩五錢，閏加一千九十五斤三兩五錢。嘉靖三十四年奏準，建寧府，無閏加鐵三千九百三十四斤，有閏加鐵四千二百六十二斤八兩，每斤價銀一分，水脚銀一分二釐徵解。

廣東潮州府鐵七萬斤。解南京工部。

**明・唐順之《武編》前集卷五《鐵》** 澤潞出鐵。上等鐵絲鐵，如黄荳大，長丈餘，用工最多。次等鐵，條榨，中鑿三眼，三等手指鐵，鑿五條紋，下等塊子鐵。出鐵之處，條鐵止用兩個錢一斤而已。

薊州好兵器用梔孤鐵。達子練鐵，用馬糞火。

鐵有生鐵，有熟鐵；鋼有生鋼，有熟鋼。生鐵出廣東福建，火溶則化，如金銀銅錫之流走。今人鼓鑄，以爲鍋鼎之類是也。出自廣者精，出自福者粗，故售廣鐵則加價，福鐵則減價。熟鐵出福建、温州等處，至雲南、山西、四川亦皆有之。聞出山西及四川瀘州者甚精，然南人實罕用之，不能知其悉熟。鐵多搏滓入火，則化如豆查不流走。冶工以竹夾夾出，以木捶捶使成塊，或以竹刀就曝中畫而開之。今人用以造刀銃器皿之類是也。其名有三：一方鐵，二把鐵，三條鐵。用有精粗，原出一種。鐵工作用，以泥漿淬之，入火極熟，糞出，即以鐵捶捶之，則渣滓瀉而净鐵合。初煉色白而聲濁，久練則色青而聲清。然二地之鐵，百煉百折，雖千斤亦不能存分兩也。生鋼出處州，其性脆，拙工練之爲難。蓋其出爐，冶者多雜糞炭灰土，且其塊粗大。惟巧工能看火候，不疾不徐，捶擊中節。若火候過，則與糞滓俱流；火候少，則本體未溶而不相合。此鋼出自處，惟浙東用之，若其他遠土，則皆貨熟鋼也。熟鋼無出處，以生鐵合熟鐵煉成；或以熟鐵片夾廣鐵鍋，塗泥入火而團之；或以生鐵與熟鐵並鑄，待其極熟，生鐵欲流，則以生鐵於熟鐵上擦而入之。此鋼合二鐵，兩經鑄煉之手，複合爲一。少沙土糞滓，故凡工煉之爲易也。人謂久練則生鐵去而熟鐵存，其性柔，頗似不然。蓋生鐵雖百鑄，所拆甚少，熟鐵每鑄，所拆甚多。其去其存，不知其孰多而孰少也。人有謂團鋼久鋼則脆，與性柔之説相反。此二鋼久煉之，其形質細膩，其聲清甚。若鐵之久煉者，聲雖清然不及鋼也。一先將毛鐵逐塊下爐入火，候微紅時鉗出，用稻草灰拌鐵身却入爐。大火扇透紅發值時，鐵花飛冒之際鉗出，錘成板子，就以鋼鏨鏨縱横深紋於其上，其紋路俱隔分數。如此三遍，初次一煉，一二次二合一，三次四合一。

其蘸灰鏨紋總。同前法。但盡此法制，其色白聖如銀，其聲清而有韵，此其證驗。

計用福建方毛鐵對客買，每百斤算買脚並搬運脚價共用銀九錢。

福建條鐵，令人用造釘裝家火，造大器械不用。廣東條鐵，令人用抽鐵絲，造大器不用。

一，煉鐵，每十斤權煉作三斤，計用匠五工，工食二錢五分，約用炭價銀一錢六分。通算煉就鐵，計用銀一錢六分六厘六毫，得鐵一斤。此鍛煉之大數，至於成造刀銃，工又益加，鐵又益折。此須逐樣監試一件，才能定價。

一，煉鋼，每斤計銀二錢，可作甲葉；計銀三兩，可作好刀。

一，弊端。估造器械，官價率有餘，然内而監造人員與掌局工作以漸侵克，是以高價而得低物也。鐵與鋼煉之已精未精，非若金銀可以成色辨計。往昔只照常製造，尚自弊多，至於煉鐵，則弊益易著手盜炭，指粗鐵以爲精鐵，以粗鐵而易精鐵，將無所不至矣。

一，煉鐵之工須得素用堪用之人，方彼此相解。若造鳥銃，須得慣造得法之人爲之指撥。

刀花羊角煆灰粉心水提過酸酸革燒灰硝醬。

刀方羊角鐵石喝沙。

## 明・李時珍《本草綱目・金石部》

鐵《本經》中品。

校正　併入《别録》生鐵、《拾遺》勞鐵。

釋名　黑金、《説文》。烏金。時珍曰：鐵，截也，剛可截物也。於五金屬水，故曰黑金。

集解　《别録》曰：鐵出牧羊平澤及祊城，或析城，採無時。弘景曰：生鐵是不破鑐，槍、釜之類。鋼鐵是雜煉生鑐，作刀、鐮者。鑐音柔。頌曰：鐵，今江南、西蜀有爐冶處皆有之。初煉去礦，用以鑄瀉器物者，爲生鐵。再三銷拍，可以作鍱者，爲鍱鐵，亦謂之熟鐵。以生柔相雜和，用以作刀劍鋒刃者，爲鋼鐵。鍛家燒鐵赤沸，砧上打下細皮屑者，爲鐵落。鍛竈中飛出如塵，紫色而輕虚，可以瑩磨銅器者，爲鐵精。作針家磨鑢細末者，謂之針砂。取諸鐵於器中水浸之，經久色青沫出可以染皂者，爲鐵漿。以鐵拍作片段，置醋糟中積久衣生刮取者，爲鐵華粉。入火飛煉者，爲鐵粉。又馬銜，秤錘，車轄及鋸、杵、刀、斧，並俗用有效。時珍曰：鐵皆取礦土炒成。秦、晉、淮、楚、湖南、閩、廣諸山中皆産鐵，以廣鐵爲良。甘肅土錠鐵，色黑性堅，宜作刀劍。西番出賓鐵尤勝。《寶藏論》云：鐵有五種：荆鐵出當陽，色紫而堅利；上饒鐵次之；賓鐵出波斯，堅利可切金玉；太原、蜀山之鐵頑滯；剛鐵生西南瘴海中山石上，狀如紫石英，水火不能壞，穿珠切玉如土也。《土宿本草》云：鐵受太陽之氣。始生之初，鹵石産焉。一百五十年而成磁石，二百年孕而成鐵，又二百年不經採煉而成銅，銅復化爲白金，白金化爲黄金，是鐵與金銀同一根源也。今取磁石碎之，内有鐵片，可驗矣。鐵稟太陽之氣，而陰氣不交，故燥而不潔。性與錫相得。《管子》云：上有赭，下有鐵。

鐵《本經》。恭曰：此柔鐵也，即熟鐵。藏器曰：經用辛苦者，曰勞鐵。

氣味　辛，平，有毒。大明曰：畏磁石、灰炭，能制石亭脂毒。斅曰：鐵遇神砂，如泥似粉。時珍曰：鐵畏皂莢、豬犬脂、乳香、樸硝、硇砂、鹽滷、荔枝。貘食鐵而蛟龍畏鐵。凡諸草木藥皆忌鐵器，而補腎藥尤忌之，否則反消肝腎，蓋肝傷則毋氣愈虚矣。

生鐵《别録》中品。

氣味　微寒，微毒。見鐵下。【略】

發明　恭曰：諸鐵療病，並不入丸散，皆煮取汁用之。藏器曰：鐵砂、鐵精，併入丸散。時珍曰：鐵於五金，色黑配水，而其性則制木，故癎疾宜之。《素問》治陽氣太盛，病狂善怒者，用生鐵落，正取伐木之義。《日華子》言其鎮心安五臟，豈其然哉？本草載太清服食法，言服鐵傷肺者，乃肝字之誤。

磁石《本經》中品。

釋名　玄石、《本經》。處石、《别録》。熁鐵石、《衍義》。吸針石。藏器曰：磁石取鐵，如慈母之招子，故名。時珍曰：石之不磁者，不能引鐵，謂之玄石，而《别録》復出玄石於後。

集解　《别録》曰：磁石，生泰山川谷及慈山山陰，有鐵處則生其陽。採無時。弘景曰：今南方亦有好者。能懸吸針，虚連三、四爲佳。《僊經》丹房黄白术中多用之。藏器曰：出相州北山。頌曰：今磁州、徐州及南海傍山中皆有之，磁州者歲貢最佳，能吸鐵虚連十數針，或一二斤刀器，回轉不落者，尤良。採無時。其石中有孔，孔中黄赤色，其上有細毛，功用更勝。按《南州異物誌》云：漲海崎頭水淺而多磁石，徼外大舟以鐵葉固之者，至此皆不得過。以此言之，海南所出尤多也。斅曰：凡使，勿誤用玄中石並中麻石。此二石俱似磁石，只是吸鐵不得。而中麻石心有赤，皮粗，是鐵山石也。誤服，令人生惡瘡，不可療。

真磁石一片，四面吸鐵一斤者，此名延年沙；四面只吸鐵八兩者，名續采石；四面吸五兩者，名磁石。宗奭曰：磁石其毛輕紫，石上頗澀，可吸連針鐵，俗謂之熁鐵石。其玄石，即磁石之黑色者。磁磨針鋒，則能指南，然常偏東，不全南也。其法取新纊中獨縷，以半芥子許蠟，綴於針腰，無風處垂之，則針常指南。以針橫貫燈心，浮水上，亦指南。然常偏丙位，蓋丙爲大火，庚辛受其制，物理相感爾。土宿真君曰：鐵受太陽之氣，始生之初，石産焉。一百五十年而成磁石，又二百年孕而成鐵。

修治　斅曰：凡修事一斤，用五花皮一鎰，地榆一鎰，故綿十五兩。三件並銼。於石上搥，碎作二、三十塊。將石入瓷瓶中，下草藥，以東流水煮三日夜，漉出拭乾，布裹再搥細，乃碾如塵，水飛過再碾用。宗奭曰：入藥須火燒醋淬，研末水飛。或醋煮三日夜。

氣味　辛，寒，無毒。權曰：咸，有小毒。大明曰：甘、澀，平。藏器曰：性温，云寒誤也。之才曰：柴胡爲之使，殺鐵毒，硝金，惡牡丹、莽草，畏黄石脂。獨孤滔曰：伏丹砂，養汞，去銅暈。【略】

發明　宗奭曰：養腎氣，填精髓，腎虚耳聾目昏者皆用之。藏器曰：重可去怯，磁石、鐵粉之類是也。時珍曰：磁石法水，色黑而入腎，故治腎家諸病而通耳明目。一士子頻病目，漸覺昏暗生翳。時珍用東垣羌活勝風湯加減法與服，而以磁朱丸佐之。兩月遂如故。蓋磁石入腎，鎮養真精，使神水不外移；硃砂入心，鎮養心血，使邪火不上侵；而佐以神曲，消化滯氣，生熟併用，温養脾胃發生之氣，乃道家黄婆媒合嬰奼之理，制方者宜窺造化之奥乎？方見孫真人《千金方》神曲丸，但云明目，百歲可讀細書，而未發出藥微義也，孰謂古方不可治今病耶？獨孤滔云：磁石乃堅頑之物，無融化之氣，只可假其氣服食，不可久服渣滓，必有大患。夫藥以治病，中病則止，砒硇猶可餌服，何獨磁石不可服耶？磁石既煉末，亦匪堅頑之物，惟在用者能得病情而中的爾。《淮南萬畢術》云：磁石懸井，亡人自歸。註云：以亡人衣裹磁石縣於井中，逃人自反也。

代赭石《本經》下品。

釋名　須丸、《本經》。血師、《别録》。土朱、《綱目》。鐵朱。《别録》曰：出代郡者名代赭；出姑幕者，名須丸。時珍曰：赭，赤色也。代，即雁門也。今俗呼爲土朱、鐵朱。《管子》云：山上有赭，其下有鐵。鐵朱之名或緣此，不獨因其形色也。

集解　《别録》曰：代赭生齊國山谷，赤紅青色如雞冠，有澤染爪甲不渝者良。採無時。弘景曰：是代郡城門下赤土也。江東久絶，俗用乃疏，而爲僊方之要，與戎鹽、鹵鹼皆是急須。恭曰：此石多從代州來，雲山中採得，非城門下土也。今齊州亭山出赤石，其色有赤紅青者。其赤者亦如雞冠且潤澤，土人惟採以丹楹柱，而紫色且暗，與代州出者相似，古來用之。今靈州鳴沙縣界河北，平地掘深四、五尺得者，皮上赤滑，中紫如雞肝，大勝齊、代所出者。頌曰：今河東京東山中亦有之。古方紫丸治小兒用代赭，雲無真，以左顧牡蠣代使，乃知真者難得。今醫家所用，多擇取大塊，其上紋頭有如浮漚丁者爲勝，謂之丁頭代赭。《北山經》云：少陽之山，中多美赭。《西山經》云：石脆之山，灌水出焉。中有流赭，以塗牛馬無病。郭璞註云：赭，赤土也。今人以塗牛角，雲辟惡。時珍曰：赭石處處山中有之，以西北出者爲良。宋時虔州歲貢萬斤。崔昉《外丹本草》云：代赭，陽石也。與太一餘糧併生山峽中。研之作朱色，可點書，又可罨金益色赤。張華以赤土拭寶劍，倍益精明，即此也。

修治　斅曰：凡使研細，以臘水重重飛過，水面上有赤色如薄雲者去之。乃用細茶脚湯煮一伏時，取出又研一萬匝。以浄鐵鐺燒赤，下白蜜蠟一兩，待化投新汲水冲之，再煮一、二十沸，取出曬乾用。時珍曰：今人惟煅赤，以醋淬三次或七次，研，水飛過用，取其相制，並爲肝經血分引用也。《相感誌》云：代赭以酒醋煮之，插鐵釘於内，扇之成汁。

氣味　苦，寒，無毒。别録曰：甘。權曰：甘，平。之才曰：畏天雄、附子。乾薑爲之使。【略】

發明　好古曰：代赭入手少陰、足缺陰經。怯則氣浮，重所以鎮之。代赭之重，以鎮虚逆。故張仲景治傷寒汗吐下後心下痞硬，噫氣不除者，旋覆代赭湯主之。用旋覆花三兩，代赭石一兩，人參二兩，生薑五兩，甘草三兩，半夏半斤，大棗十二枚。水一鬥，煮六升，去滓，再煎三升，温服一升，日三服。時珍曰：代赭乃肝與包絡二經血分藥也，故所主治皆二經血分之病。昔有小兒瀉後眼上，三日不乳，目黄如金，氣將絶。有名醫曰：此慢驚風也，宜治肝。用水飛代赭石末，每服半錢，冬瓜仁煎湯調下，果愈。

附録　玄黄石藏器曰：出淄川、北海山谷土石中，如赤土、代赭之類，土人以當朱，呼爲赤石，一名零陵，恐是代赭之類。味甘，平、温，無毒。主驚恐，身熱邪氣，鎮心。久服令人眼明悦澤。時珍曰：此亦他方代赭耳，故其功效不甚相遠也。

**明・王圻《續文獻通考》卷二七《征榷考・坑冶》**　産鐵之所　河東，順德，檀，景，濟南，腹裏。饒，徽，寧國，信，慶元，台，衢，處，建寧，興化，邵武，漳，福，泉，江浙省。龍興，吉安，撫，袁，瑞，贛，臨江，桂陽，江西省。沅，潭，衡，武岡，寶慶，永，金，常寧，道州，湖廣省。興元，陝西省。中慶，大理，金齒，臨安，曲靖，澂江，羅羅，建昌。雲南省。

**明・宋應星《天工開物》卷下《五金》**　鐵

凡鐵場所在有之，其質淺浮土面，不生深穴，繁生平陽、岡埠，不生峻嶺高山。質有土錠、碎砂數種。凡土錠鐵，土面浮出黑塊，形似秤錘。遥望宛然如鐵，撚之則碎土。若起冶煎煉，浮者拾之，又乘雨濕之後牛耕起土，拾其數寸土内者。耕墾之後，其塊逐日生長，愈用不窮。西北甘肅，東南泉郡，皆錠鐵之藪也。燕京、遵化與山西平陽，則皆砂鐵之藪也。凡砂鐵一抛土膜即現其形，取來淘洗，入爐煎煉，熔化之後與錠鐵無二也。

凡鐵分生、熟，出爐未炒則生，既炒則熟。生熟相和，煉成則鋼。凡鐵爐用鹽做造，和泥砌成。其爐多傍山穴爲之，或用巨木匡圍，朔造鹽泥，窮月之力不容造次。鹽泥有罅，盡棄全功。凡鐵一爐載土二千餘斤，或用硬木柴，或用煤炭，或用木炭，南北各從利便。扇爐風箱必用四人、六人帶拽。土化成鐵之後，從爐腰孔流出。爐孔先用泥塞。每旦晝六時，一時出鐵一陀。既出即叉泥塞，鼓風再熔。

凡造生鐵爲冶鑄用者，就此流成長條、圓塊，範内取用。若造熟鐵，則生鐵流出時相連數尺内，低下數寸築一方塘，短牆抵之。其鐵流入塘内，數人執持柳木棍排立牆上，先以汙潮泥曬乾，舂篩細羅如麵，一人疾手撒灑，衆人柳棍疾攪，即時炒成熟鐵。其柳棍每炒一次，燒折二三寸，再用則又更之。炒過稍冷之時，或有就塘内斬劃成方塊者，或有提出揮椎打圓後貨者。若瀏陽諸冶，不知出此也。

凡鋼鐵煉法，用熟鐵打成薄片如指頭闊，長寸半許，以鐵片束包尖緊，生鐵安置其上，廣南生鐵名墮子生鋼者妙甚。又用破草履蓋其上，粘帶泥土者，故不速化。泥塗其底下。洪爐鼓鞲，火力到時，生鋼先化，滲淋熟鐵之中，兩情投合，取出加錘。再煉再錘，不一而足。俗名團鋼，亦曰灌鋼者是也。

凡倭夷刀劍有百煉精純，置日光檐下則滿室輝曜者，不用生熟相和煉，又名此鋼爲下乘云。夷人又有以地溲淬刀劍者，地溲乃石腦油之類，不産中國。云鋼可切玉，亦未之見也。凡鐵内有硬處不可打者名鐵核，以香油塗之即散。凡産鐵之陰，其陽出慈石，第有數處不儘然也。

**明·方以智《通雅》卷四八《金石》** 陸石、承石，皆磁也。 縷懸鍼蠟，可以指南，不必磁也。存中曰：「磁石磨鍼鋒則指南，然常微偏丙，不若縷懸善。其法：取新纊中獨繭縷，以芥子許蠟綴於鍼腰，無風處懸之，則鍼常指南。」寇宗奭曰：「以鍼横貫燈心浮水上，亦指南。」《管子》曰：「上有陵石，下有赤銅。」《地鏡圖》云：「山有磁石，下有金銅。」或云陵石即磁石也，磁石 名處石，又名青石，即磁石之黑色者。無功引《春秋·考異郵》曰：「承石取鐵，瑇瑁吸楉。」楉，芥也；承石，磁也。地氣與磁鍼相應之理，見《質測》。

**又方以智《物理小識·金石類》** 鐵 王延德《高昌行記》言礪石中寶鐵。《哈密衛志》云，礪石謂之喫鐵石，剖之得鑌鐵。今有旋螺花者，有芝蔴雪花者。凡刀劍礱明，以金絲礬礬之，其花即見。僞者則是黑花。甘肅有錠鐵，青黑色，能刻銅石，可煅作繞指劍。舊傳貘糞者，以其食銅鐵也。沈存中至磁州鍛坊，識百煉真鋼，非世間之灌鋼也。中通曰，南方以閩鐵爲上，廣鐵次之，楚鐵止可作鉏。燒淬刀口，色白，再烘之，爲喜鵲青乃剛。

火石鐵 邛州出鐵，烹煉利於竹炭，易然無煙，耐久。

鐵因水土而有異性 尤溪口鋼鐵出焉，山民鑿得鐵，即渡水北，鐵乃可爐。經宿不遷，鐵不可鍛。余始不信，再問之果爾。外紀勿搦祭亞，所産鐵鑛掘盡，踰二十五年復生，第在本土，任加火力，鐵終不鎔。移他所始鎔。

鐵 土錠鐵，浮者可拾，或畊起而取數寸者。畊後，其塊日生。西北甘肅、東南尤溪，是錠鐵也。燕京遵化、山西平陽，則砂鐵也。徼外鑌鐵，則礪石中得者。凡鐵爐，用鹽和泥造成，出爐未炒爲生鐵，既炒則熟，生熟相煉則鋼。尤溪毛鐵，生也。豆腐鐵，熟也。鎔流時又作方塘留之，灑乾潮泥灰，而持柳棍疾攪，則熟矣。灌鋼，以熟片加生鐵，用破草鞖蓋之，泥塗其下，火力鎔滲，取煅再三。又有廣南墮子生鋼，沈括所見其鋼，是其類也。淬地溲百煉，又一法也。

**《明史·食貨志·坑冶》** 鐵冶所，洪武六年置。江西進賢、新喻、分宜，湖廣興國、黄梅，山東萊蕪，廣東陽山，陝西鞏昌。山西吉州二，太原、澤、潞各一，凡十三所，歲輸鐵七百四十六萬餘斤。河南、四川亦有鐵冶。十二年益以茶陵。十五年，廣平吏王允道言：「磁州産鐵，元時置官，歲收百餘萬斤，請如舊。」帝以民生甫定，復設必重擾，杖而流之海外。十八年罷各布政司鐵冶。既而工部言：「山西交城産雲子鐵，舊貢十萬斤，繕治兵器，他處無有。」乃復設。已而武昌、吉州以次復焉。末年，以工部言，復盡開，令民得自採鍊，每三十分取其二。永樂時，設四川龍州、遼東都司三萬衛鐵冶。景帝時，辦事吏請復陝西、寧遠鐵礦，工部劾其違法，下獄。給事中張文質以爲不宜塞言路，乃釋之。弘治十七年，廣東歸善縣請開鐵冶，有司課外索賂，唐大鬢等因作亂，都御史劉大夏討平之。正德十四年，廣州置鐵廠，以鹽課提舉司領之，禁私販如鹽法。嘉靖三十四年開建寧、延平諸府鐵冶。隆、萬以後，率因舊制，未嘗特開云。

**清·孫承澤《春明夢餘録》卷四六《工部一·鐵廠》** 京東北遵化境有鐵爐，深一丈二尺，廣前二尺五寸，後二尺七寸，左右各一尺六寸。前闢數丈，爲出鐵之所。俱石砌，以簡干石爲門，牛頭石爲心，黑沙爲本，石子爲佐。時時旋下，用炭火置二鞲扇之，得鐵日可四次。石子産於水門口，色間紅白，略似桃花，大者如斛，小者如拳，擣而碎之，以投於火，則化而爲水。石心若燥，沙不能下，以此救之，則其沙始銷成鐵。鐵冶西去遵化縣可八十里，又二十里則邊牆矣。羣山連亘不絶，古之松亭關也。生鐵之煉，凡三時而成；熟鐵由生鐵五六煉而成；鋼鐵由熟鐵九煉而成。其爐由微而盛，而衰，最多至九十日，則敗矣。爐有神，則元之爐長康侯也。康當爐四十日而無鐵，懼罪，欲自經。二女勸止之，因投爐而死，衆見其飛騰光焰中，若有龍隨而起者，頃之鐵液成。元封其父爲崇寧侯，二女遂稱金、火二仙姑，至今祀之。其地原有龍潛於爐下，故鐵不成。二女投下，龍驚而起，焚其尾，時有禿龍見焉。

【略】按：洪武七年，命置鐵冶所官，凡一十三所。江西南昌府進賢冶，歲一百六十三萬斤；臨江府新喻冶、袁州府分宜冶，歲各八十一萬五千斤；湖廣興國冶，歲一百十四萬八千七百八十五斤；蘄州黄梅冶，歲一百二十八萬三千九百九十二斤；山東濟南府萊蕪冶，歲七十二萬斤；廣東廣州府陽山冶，歲七十萬斤；陝西鞏昌冶，歲一十七萬八千二百一十斤；山西平陽府富國、豐國二冶，歲各二十二萬一千斤；太原府大通冶，歲一十二萬斤；潞州潤國冶、澤州益國冶，歲各十萬斤。歲共爲九百五萬二千九百八十七斤。

磁州臨水鎮，地産鐵，元時置鐵冶都提舉，總轄沙窩等八冶，歲收鐵百餘萬斤。洪武時，廣平府吏王允道欲如元故事，役民萬五千家，太祖以其擾民，杖流之。蓋當時鐵冶十三處，俱以徒罪人犯充炒鐵，不輕役民耳。永樂時，尚酌定煎鹽、炒鐵，分配遠近。後鐵廢，并煎鹽法亦不行矣。

**清·孫廷銓《顔山雜記》卷四《物産》**　鐵冶

采石黑山，鑄而爲鐵。百石之罏，三合之屑。火烈石礁，風生地穴。清氣如珠，玄精爲液。得柔斯和，過剛或折。作爲劍器，蛟龍可截。以鋼性易脆，生不若熟也。

**清·葉先登《顔神鎮志》卷二**　雜産則鉛、鐵、炭煤，【略】鉛、鐵所出有限，不能及遠。煤則鑿石爲井，有至二三百尺深者，煉而爲焦，以供諸冶之用。

**清·顧祖禹《讀史方輿紀要》卷七《歷代州域形勢》**　萊蕪監，本萊蕪縣，唐屬兖州，宋置萊蕪監，主鐵冶。今山東泰安州屬縣。

利國監。本徐州沛縣地，宋置利國監，主鐵冶。在今州東北九十里。

**又　卷一五《北直六》**　磐口山，縣西南九十八里。盧毓曰：「淇陽磐口，冶鑄利器。漢、魏時舊鐵官也。」今縣有綦陽鎮，置鐵冶司於此，蓋即漢、魏之故址。《隋志》謂之磐山。

**又　卷一七《北直八》**　陽山，府東南十五里。峰巒高聳，下多溪谷。一作「暘山」，《説文》以爲首陽山也。【略】　洞山，在府西十五里。山産鐵，有鐵冶在焉。地志集略：「肥水之西，洞山之北，地稱險固。」是也。或以爲即古孤竹山。

要孤山，縣東北三里。四無連屬，屹然獨峙。下有三里河，南流入灤水。又縣東二十里有矖甲山，相傳李廣守右北平曾駐師於此。　蟒山，在縣東北十五里，以山形蜿蜒而名。産鐵，舊有冶。

**又　卷一八《北直九》**　通天館，衛南二十里，契丹所置也。《遼史》：「契丹建中京，有大同館以待宋使，朝天館以待新羅使，來賓館以待夏使。」王曾《上契丹事》：「自檀州金溝館九十里至古北口，兩巖峭險，僅容單軌。又度德勝嶺，盤道數層，俗名思鄉嶺，八十里至新館。過雕窠嶺、偏槍嶺，四十里至如來館。過烏灤河，東有灤州。又過黑門嶺、度雲嶺、芹菜嶺，七十里至柳河館，館西北有鐵冶。又過松亭嶺，甚險峻，七十里至打造部落，東南行五十里至牛山館，八十里至鹿兒峽館。過蝦蟇嶺九十里至鐵漿館。」

慶雲山，在慶州東北。本名黑嶺。【略】沈括曰：「黑山今名姚家族山，長數里，土石皆紫黑，似今之磁石。水出其下爲黑水。山在水東。水西有連山，謂之夜來山，極高峻。」

**又　卷二六《南直八》**　鐵爐山，縣東南九十里。俗傳仙人鑄丹處，鼎爐之址猶存。今居民多於其下爲鐵冶，鑄農器。

得勝山，縣南四十里。元末余闕守安慶，嘗敗賊於此。其相近者曰大爐山，上有鐵冶。

**又　卷二九《南直一一》**　盤馬山，州東北九十里。相傳漢高嘗盤馬於此。山産鐵，漢置鐵官，宋置利國監於山下。其陽有運鐵河，元人置利國監橋於其上。

**又　卷三一《山東二》**　湖山，縣南五十里。高深可避兵，俗呼爲湖塞。又趙山，在縣西南六十里。山有四峰對峙，下可通行，俗名四門山。其相近者曰虎山，積石巉巖，狀若虎踞，山半有拔注泉。又冶山，在縣西南六十里。唐時冶鐵於此，因名。

馬公山，縣東南三十里。又東南五十里有羅山，狀如羅城，因名。其相接者曰四角山，遥望四方似有頭角之勢。又東爲鐵山，前代嘗設官採鐵於此。

**又　卷三六《山東七》**　百澗山，縣東北七十里。山形逶迤，澗水交錯，殆以百數。舊産鐵。又北曲山，在縣西北三十里。舊亦産鐵。其相近者曰艾山，巑岏秀出，形如艾葉，因名。山前有温泉，流入大河。

石門山，府西十里。山口甃石，爲驛路所經。又府西南二十里有影口山，山巔有營壘故址。又龍山，在府西南四十里。上有龍洞及龍岡。舊嘗置鐵場於此。

鐵槎山，縣南百二十里。山有九頂，南瞰大海。下有水簾洞，爲海潮出入處。山之東又有雲光洞。　鐵官山，在縣西北四十里。漢嘗於此置官鑄冶，遺迹尚存。

**又　卷三七《山東八》**　安平山，司東北百里。俗名平礦山，一名天城山。上有鐵場，置百户所戍守，屬瀋陽中衛。

德勝營，在司西六十里，舊爲軍士屯戍之所。又虎皮營，在司北六十里。亦曰虎皮驛。又威寧營，在司東六十里。志云：三萬衛鐵場百户所置於此。

甜水堡，司東南九十里。亦曰甜水站，遼海衛鐵場百户所置於此。

牛家莊驛，衛西北九十里。又西北八十里爲沙嶺驛，西至廣寧七十里。又耀州驛，在衛南六十里。又南六十里即蓋州也。　杜家屯，在衛西北遼河東岸，亦與廣寧接界。又衛西南九十里有鹽場，衛東九十里有鐵場，各置百户所司之。

背陰寨堡，衛西北十五里。又西北有平山堡、八角湖堡，衛南百二十里有五十寨堡，又衛東北九十里有排山寨，東二百五十里有岫巖寨。【略】志云：衛西四十里有鹽場百户所，北九十里有鐵場百户所。

盤谷堡，衛東二十里。其東南又有富川、秀山、臨溪三堡。又牟官砦堡，在衛西四十里。衛東南八十里又有胡十八砦堡。【略】志云：鹽場百户所在衛西四十二里，鐵場百户所在衛北九十里。

石河堡，衛北六十里。衛西南六十里又有木場堡。又紅嘴堡，在衛東八十里。衛東北七十里有歸服堡，又東北三十餘里有黄骨島堡。【略】志云：衛東北百三十里有鹽場百户所，衛東百三十里有鐵場百户所。《邊防考》：「衛西北二十里有鹽場島。」

大茂堡，衛東北四十里。其南曰流水堡，有葦子溝，可以按伏。自堡而東接義州之大定堡。　年豐堡，在衛東四十里。《一統志》：衛境自東轉南有廣齊、順陽、常豐、仁和、大有、廣盈、嘉禾、順寧、樂安、豐稷、春華、西杏、西和、永豐、臨川、富有、錦昌、豐稔、興稼、得安、南陽、福寧、秀穎、蔡家、西寧，凡二十五堡。又衛境鹽、鐵場凡四，其鹽場百户所一在城南六十里，一在城南八十里；鐵場百户所一在城西六十里，一在城南百里。

黑林堡，衛西北五里。又衛東南有河通堡。《一統志》：「自衛境東北折而南有枯樹、東海、枯淩河、檳榔、常豐、女真等六堡。又鹽場百户所，在衛南二十里。鐵場百户所，在衛東五十里。」

萬松山，在衛西北十五里。綿亘東西百餘里，連山海、永平界。山多松，因名。山北相接者曰五指山，五峰秀拔，若五指然。志云：五指山在衛北五十里。　三山，在衛西北三十里。高數千仞，三峰並秀。《遼志》謂之三州山。又鐵場山，在衛北三十里。衛東北百五十里又有九洞山。

横嶺，衛北二十里。又北十里曰分水嶺、青石嶺。衛東北四十里又有白石嶺。又長嶺，在衛西三十里。其相接者曰高嶺。又西四十里曰歡喜嶺。　麻子峪，在衛西四十里，鐵場百户所置於此。又山口峪，在衛東南七十里，鹽場百户所置於此。

寨兒山堡，衛北二十里。堡東爲鷹窠山，可屯兵。堡西爲横嶺，可按伏。又灰山堡，在寨兒山堡東。　松山寺堡，在衛東北四十里。堡東有廟兒山，可屯兵。又沙河寨堡，在衛東北四十餘里。又東北即長嶺山堡也。又椵木衝堡，在衛東北六十里。又東接錦州西境之大興堡。志云：衛有鹽場百户所，在城南二十五里；鐵場百户所，在城南十八里麻子峪。

貴德城，衛東八十里。《遼志》：「漢襄平縣地，契丹置貴德州，寧遠軍於此，治貴德縣。」金因之，元廢。又有奉德廢縣，在貴德州東。《遼志》：「渤海緣城縣地，契丹置奉德州於此，尋降爲縣。」金省。　奉集城，在衛東南。《遼志》：「高麗置霜巖縣於此。渤海置集州，治奉集縣。契丹仍曰集州，又爲懷衆軍。」金廢州，以奉集縣屬貴德州。元縣廢。今爲奉集堡，有鐵場百户所，屬鐵嶺衛。志云：堡東去鐵嶺衛二百十里。

武靖堡，衛西南七十里。又衛南六十里有永盈堡。志云：衛南又有常豐、慶稔、嘉禾、大有、土母河五堡。　會安堡，在撫順所東十餘里。所西南又有渾河、塔下二堡。志云：衛西有高墩屯，弘治中嘗議建營堡於此。又有鐵場百户所，在衛東九十里安平山。山屬定遼衛。又有鹽場百户所，在海州之梁房口。

**又　卷四〇《山西二》**　交城縣，府西南百二十里。西南至汾州府九十里。漢晉陽縣之西境，北齊置牧官於此。隋開皇十六年置交城縣，屬并州，以縣界有古交城而名。唐因之。宋置大通監，金廢監，縣仍屬太原府。

故交城，縣東北七十里。隋、唐時縣置於此。志云：古交城又在其東北二十里，【略】却波邨，即今縣治也。又《寰宇記》云：「縣西北四十里有大通監，管東西二冶烹鐵務。東冶在綿上縣，西冶在交城縣北山義泉社，取狐突山鐵礦烹鍊。」宋白曰：「大通監本古交城地。」又縣西北八十里有大通鐵冶，宋設都提舉司及鐵冶所、巡司，今俱廢。

狐突山，縣西北五十里。有晉大夫狐突廟，因名。縣之鎮山也。產青鐵，宋因以置監。

**又 卷四一《山西三》** 青山，縣西六十里。《寰宇記》：「山南入趙城，西北至溫泉縣，長百六十里。」唐天寶六載敕改汾西，山亦姑射之連阜也。產鐵。

絳山，縣西北二十五里。山出鐵，亦名紫金山，蓋與曲沃縣接界。

**又 卷四二《山西四》** 羊腸坂，在縣東南一百六里。《漢志》：「壺關有羊腸坂。」是也。坂長三里，盤曲如羊腸。《戰國策》：「周樊餘謂楚王：『韓兼兩上黨以臨趙，即趙羊腸以上危。』」兩上黨，謂地在韓、魏間者。又王莽命王嘉曰「羊頭之厄，北當燕、趙」，蓋謂此也。　大峪嶺，在縣西南三十里。有鐵礦。又縣南六十里有趙屋嶺，亦產鐵礦及赤白石脂。

**又 卷四三《山西五》** 羊頭山，在縣東北三十里，相傳神農嘗五穀於此。山畔生黍，和律者採之，以定黃鍾。又翠屏山，在縣東三十六里。山峰秀麗，若翠屏然。又仙公山，在縣西北四十五里，丹水出焉。　走馬嶺，在縣西北十里，出鐵礦。志云：縣西十里王降村有護國鐵冶，元大德間置，至正間廢，明朝洪武間徙置縣北二十里，永樂中廢。今舊治猶存。

白澗山，縣西北十六里。《水經注》：「濩澤水出濩澤城西白澗嶺。」是也。晉義熙十二年丁零翟猛雀驅掠吏民入白澗山爲亂，後魏主嗣遣將張蒲等擊平之。　史山，在縣東北三十里，產鐵。其西五里有金裹谷堆，堆下亦有鐵礦。

**又 卷四四《山西六》** 清涼山，縣西二十里。舊有磚塔及利國鐵冶。又錦屏山，在縣西南二十五里。舊有瓷窑及鐵冶。

**又 卷四七《河南二》** 大騩山，今名具茨山，在縣西南四十里，溟水出焉。《山海經》：大騩之山，其陰多鐵。

**又 卷四九《河南四》** 粟山，縣東南十二里。相傳秦白起拒趙廉頗於此。趙將絕糧，起命將士以布囊盛粟，積至山巔，趙軍乃退。土人至今呼爲粟山。又磁山，在縣西南三十里。山產磁石，州名取此。

輔巖城，在縣東六十里。本安陽縣之水冶村，金興定三年置爲縣，屬林州。元廢。志云：縣東北二十五里有利城，唐置鐵冶處，宋至和中廢。

**又 卷五〇《河南五》** 冶爐城，在縣西七十五里。戰國韓鑄劍處，晉於此置鐵官。唐元和十二年，李愬遣將破吳元濟於嵖岈山，進取冶爐城，又破西平是也。

棠谿村，在縣西北，接郾城縣界。昔時產金甚精，所謂「棠谿之金，天下之利」也。《戰國策》「蘇秦曰韓之劍戟出於棠谿」，即此矣。又縣西舊有龍淵水。《太康地記》：「西平有龍淵水，淬刀劍特堅利，故劍有龍泉之名，蘇秦所稱龍淵之劍也。」司馬貞曰：「天下之寶劍韓爲衆，其劍皆出西平縣。」《漢志》注「西平有鐵官」，蓋以此。

**又 卷五一《河南六》** 百章郭，府西北六十里。淯水所經，舊爲戍守處。俗訛爲擊獐郭。又永饒冶，在府南。晉時置冶於此，有令掌之。永寧初永饒冶令空桐機斬安南將軍孟觀於此，時觀黨於趙王倫，引軍屯宛也。冶尋廢。

**又 卷五三《陝西二》** 灃水，府西三十里。出鄠縣南山谷中。《漢志》注云：「源出秦嶺，西北經子午谷，又得豐谷口水，故名焉。」張揖曰：「灃水出鄠南山豐谷也，東北流經故長安城西，又北至咸陽縣境入渭。」《禹貢》「灃水攸同」，《詩》「豐水東注」，《老子》「豐水出，深十仞而不受塵垢，金鐵在中，形見於外」是也。

冶谷，在縣西北五十餘里。亦謂之谷口。《雲陽宮記》：「冶谷去雲陽八十里。山出鐵，有冶鑄之利，因名。入谷便洪潦沸騰，飛泉激射，兩岸皆峭壁對峙，凜然凝深。」又曰入冶谷二十里有百里槐樹，樹北有泉名金泉。谷中有毛原監。或謂之雲陽谷。

**又 卷五五《陝西四》** 普潤城，縣西百二十里。漢漆縣地，有鐵官。今城西有小城，蓋置鐵官處。

**又 卷五六《陝西五》** 烽燧山，在縣治西。昔嘗置烽燧於山上。又縣治北一里有臥龍山。　鐵山，在縣北五里。山出鐵。

**又 卷五九《陝西八》** 寧遠縣，府東九十里。【略】箭竿山，縣西南四十五里。以山峰挺峙而名。又西南二十里爲爪牛山，高五百餘丈，周迴四里。上有日月寨，日月未出，其光先照云。又栢林山，亦在縣西南六十里，與爪牛山相望。

又西南十里曰水溪山。太陽山，在縣南百二十里。有隘可守，曰太陽山口。山出鐵，舊置鐵冶場於此。

**又 卷六七《四川二》** 望川源，在縣西。志云：後漢時鑿石二十里，引取郫江水灌廣都田處也。《華陽國志》：「廣都有漁田、鹽井之饒。江有魚漕梁，山有鐵礦，江西有安稻田，穿山崖過水二十里，即望川源矣。」

鐵山，縣東北六十里。出鐵剛利，諸葛武侯取爲兵器。宇文周保定二年鐵山獠叛，抄斷内江路，使驛不通，總管陸騰進軍討之，一日下其三城，招納降附者三萬户，即此山之獠也。

盤石廢縣，縣治北三里，即後周所改置縣也。隋、唐以來皆爲州郡治，元省。【略】宋置盤石縣，有鹽井一，鐵冶八。

鐵溪河，縣西十里。其上源即邛水也。自邛州流入境，注於皂江。相傳諸葛武侯曾烹鐵於此。

**又 卷六八《四川三》** 鄰山，縣東四十里。志云：此山出鐵，鄰次相比，故名。《華陽國志》宕渠有鐵官，以此。

**又 卷七一《四川六》** 蒲水，縣治南。發源雅州名山縣界，亦謂之蒲江，漢宣帝地節中穿蒲江鹽井，并置鐵官是也。

鐵溪河，縣北二十里。其上流爲百丈河，自雅州名山縣流入界合蒲水，又東北注於邛水，故邛水亦兼鐵溪河之名。《唐志》臨溪縣有鐵官，蓋溪旁山中舊産鐵也。

**又 卷七四《四川九》** 冕山關，所北五里瀘沽河濱，即孫水之滸也。志云：冕山所諸關堡，與建昌衛境内諸關堡皆犬牙相錯，建昌之瀘沽驛去冕山所止六里，與桐槽站同處，驛屬建昌，而供帳騎乘則寧番職也。去桐槽八里爲太平關。關在孫水上，有渡，軍守之。十里爲鹽井哨，路通東山鐵廠，軍民雜聚冶鑄之所。

柏林山，衛南十里。多松柏，翠色參天，柏興府之名以此。【略】又衛西北七十里有鐵石山。山有弩石，燒之成鐵，爲劍戟甚剛利。

**又 卷七六《湖廣二》** 大冶縣，州西北百五十里。東渡江至蘄州九十里。隋武昌縣地，唐爲永興縣地，置大冶青山場院，南唐保大十三年升爲大冶縣，屬鄂州，宋屬興國軍。今縣無城。

鐵山，縣北四十里。有鐵礦，唐、宋時於此置爐燒煉金鐵。又北二十里爲白雉山，周五十里，有芙蓉峰、獅子嶺、金雞石諸勝。山南出銅礦，晉、宋以來俱置銅場、錢監，後廢。今山口墩或謂之銅竈，其遺跡也。《一統志》：「縣東有圍爐山，出鐵。」舊有鐵務，今廢。又縣治西南有銅緑山，亦古出銅冶鑄之所。縣名大冶，蓋以此。

龍坪山，在縣北二十里。亦名鳳平山，形勢峭險，可以保禦，宋戚方嘗置寨於此。又礦山，在縣東南十五里。山出鐵礦，舊置爐，今廢。

**又 卷七七《湖廣三》** 紫蓋山，縣西南五十里，道書以爲第三十三洞天也。《寰宇記》：「紫蓋有南北二山，頂四垂若繖，林石皆紺色，下出彩水。」又鐵山，在縣北八十里，接遠安縣界。舊産鐵，湘府曾於此山採礦。

**又 卷七八《湖廣四》** 安居山，縣西南五十里。高千仞，廣百里。四面懸崖峭壁。上有二路，一平坦，一極斗峻難上，昔人多避兵於此。其上突出一山，名天寶山，有泉。羅頭山，在縣東七里，濱大江。環鎖江水，回顧縣治，下有羅頭洞。其旁又有無源洞，溪澗險邃，空洞無涯，水源莫測。又七寶山，在縣東八十里，上可鎔鐵。又縣南三百里有鐵爐山。

**又 卷七九《湖廣五》** 十八盤山，縣西北百五十里。山高峻，盤折十有八曲方至其巔。又五峪山在縣北五里，有五峰攢聚。嵩山，在縣南五十里。山高聳，與洵陽縣諸山相接。又礦山，在縣南百里，産鐵。

**又 卷八五《江西三》** 丁溪山，在府南七十里。一名鐵山，宋時爲冶鐵之所，任百姓開採，官收什一之税。後屬饒州永平監，今廢。

**又 卷八七《江西五》** 龍頭山，縣東二十里。高數百丈，周迴十里，形如几案，一名案山。上有仙壇嶺及龍峽，又有仙聖、羅漢二巖。龍溪水出其左，西入贛江。又蕉源山，在縣東四十里。山形尖峭，林木森茂，産鐵。一名東溪山。其相接者曰乾溪山，亦高峻。有百丈峰，峰下有潭。又職源山，亦與東溪山接，綿亘數百里，水流其下，産鐵。宋置爐冶納課，久廢。

臺山，縣北二十五里。山頂平夷，廣數畝，若臺。又貴山，在縣北四十里，地産鐵。《唐志》宜春縣有鐵。宋雍熙初置貴山鐵務，蓋以此。後廢。

湯周山，縣西三十里。延袤峭峻，巨石清流，遍滿山谷。【略】志云：縣西八十里有書堂山，山谷深鬱，常有雲霧，世傳晉習鑿齒嘗居此。又有東臺山，在縣西南九十里。山皆石壁，巉巖峭拔。九龍山，在縣西百里。山有九峰，嵯峨秀麗。又西二十里曰鐵山，地産鐵，與瀏陽縣分界。

**又　卷八八《江西六》**　明山，縣北隔河二里。邑主山也。寒泉飛瀑，巨石蹲峙，下有五坡石。又縣北五里有三門洞，湘洪水所經也。　古方山，在縣東十里，高出羣山，壯觀一邑。志云：縣治西北有鐵山。舊有鐵，今否。紆回清麗，頗稱勝概。

欣山，縣南十五里。高峻插天，盤亘數百里，高五百餘丈，凡十有二面，巖池泉石，遊者欣然，因名。其水南流入廣東龍川縣界。志云：欣山相接者又有九龍嶂，上有龍潭。又鐵山，在縣西七十里。宋有鐵場，元廢。

東山，府東南二里，隔江。山勢特起，俯瞰兩城。其左折爲亞東山，泉石甚勝，亦名南山。府南五里曰五里山，臨兩廣大路。　金蓮山，在府北三里，諸峰連接，狀若蓮花，迎候館在其下，左有鐵岡，岡上有候使臺，訛爲猴獅臺；稍東爲立屏山，一名魚山；皆以形似名。志云：鐵岡在城北一里，舊産鐵，有鐵冶，今廢。

**又　卷九二《浙江四》**　海游溪，縣南七十里。源出海游嶺，東流五十里入海。志云：縣南六十里有新市橋，舊爲海游渡，長四十丈。又寧和溪，在縣南九十里。源出天台諸山中，入縣境北流四十里，又東流十里入海。相近又有東溪，源亦出天台山中。中有鐵沙，冶之成鐵。

梅嶴鎮，縣南百里。舊有鐵場，亦戍守處也。嘉靖中倭賊寇縣，由梅嶴突入樂清縣界。今縣南七十里有曼嶴巡司，東南八十里有寶嶴巡司，縣東二十五里有越溪巡司，東百里又有長亭巡司，縣北六十里有鐵場巡司，俱洪武二十年築城置戍，爲濱海之備。志云：宋、元時縣境有鐵場數處，今皆廢。又長亭鹽課司，在長亭巡司東三十里。宋置鹽場，在縣東十五里港頭鎮，大觀三年移置此，今因之。

楢溪，縣東三十里。一名猶溪，亦名油溪。源出縣東十里鳳凰山，東流入寧海縣界。溪産鐵。

安州驛，在縣治西。本名括蒼驛，宋置。嘉泰二年以近安洲山，改今名。元廢。又有蒼頭驛，在蒼嶺上，亦宋置，尋廢。又安仁鐵場，在縣西百二十里。宋開禧元年置，元廢。

**又　卷九七《福建三》**　分支嶺，縣西南百七十里，與泉州府德化縣接界。嶺居二縣間，上有大樹，南北兩枝分二縣境。有關在其上，俗亦呼爲大關嶺。又馬軍嶺，在縣西南百餘里。昔人嘗屯兵禦寇於此，因名。相近有鐵山，嶺産鐵礦。

賴巖，縣西三十五里。其上怪石萬數，鉅者如屋，綿亘可三里，宛然一洞府也。洞口緣梯而上，石室聯屬，皆有竇如户。其中流泉石牖，可以聚居。宋紹熙初建寇葉亮犯縣，鄉民匿其間，保全者千餘人。又銅盤巖，在縣西十餘里。懸崖峻峭，竹樹蔭翳，鳥道縈紆，流泉濺沫如雨。巖下有潭廣可四五丈，鄉人資以灌溉。縣西南百二十里又有流溪巖，高百餘丈，無草木。其崖石皆鐵礦，鑿之可冶。

黄田嶺，縣南六十里，接漳州府龍巖縣界。縣東百里又有鐵山嶺，産鐵礦。　靈惠巖，縣東北九十里。巖壁峭拔，有洞可環坐千人。其泉曰聖泉，隨飲隨溢。舊名師姑巖，一名佛窟巖。山之陰即沙縣界。又東巖，亦在縣東北。懸崖阻峭，惟一逕可登，鄧茂七之亂，鄉人結砦於此以拒守。又郎官巖，在縣東。正統間官兵勦寇，駐師於此。志云：尤溪令李文兖所駐，因名。縣東北又有陳平嶺。嶺舊在永安縣界，西去永安八十里，元末陳友定開此嶺，路通尤溪，因名。又樵嶺，在縣東南興原，商旅往來處也。又南有柿槙嶺，産鐵礦。

**又　卷九八《福建四》**　稌山嶂，縣北八十餘里。【略】松栢嶂，在縣南。志云：與廣東饒平縣接界，疊巘巍峨，林木蓊蔚，昔人多避寇於此。又桃坑嶂，亦在縣南。山高林茂，産鐵，鄉民常爐冶於其下。

博皮嶺隘，在縣東北，路通漳州龍巖縣，爲戍守要地。志云：縣北有斉岡、青坑、溪口等隘，自是而東爲布坑、長流、湖雷、上寨等隘，以縣東有鐵坑、望天圻、南溪、撫溪、洋竹、粵杳等隘。

藝梓堡，在縣東北。志云：唐置上杭場於縣東豐田里，南唐移於藝梓堡是也。今詳見上杭縣。又縣有興濟、端利、嘉興、浮流、錦豐五場，俱宋置，爲採鐵之所。

七臺山，府東南百五十里，跨汀、延、邵三郡界，高二十餘里。上有七臺。又有洞曰百花洞，泉石皆奇勝。又寶山，在府東百六十里，舊産鐵礦。

**又　卷九九《福建五》**　【略】黄崎山在縣東南三十里，三面環海，鹵氣吹盪，不生草木。宋時産鐵礦，置爐煮鍊於此，今廢。亦名揚旗山，以遠望勢如立旗也。

後洋山，在縣西北五十里，最高，下爲平疇，一名大洋山。又西北六十餘里有朝天山，以勢若插天而名。上有天寧巖。又西北曰鐵礦山，産鐵。

鷄母岫山，在縣西北六十里，嘉靖初官兵敗汀、漳賊於此。山之東南十餘里曰河澗山，盤迴起伏凡九十九峰，一名大池巖。相近又有礦山，產鐵。

**又 卷一〇一《廣東二》** 圍腦山，縣西十三里。其上有仰天湖。又西爲三將軍山。又蜈蚣山，在縣西五十里。麓有鐵場坑，相傳舊嘗於此煮鐵。

磁石山，縣東南三里。一峰特起，四面平陂。產磁石。又射木山，在縣東南十五里。高百餘丈，周數十里，巍峨蓊蔚，爲縣治案山。一名雲靈山，雲幕其上，則雨立至。　鐵坑山，在縣東二十里。高七十餘丈，周三十里。山勢盤旋，古木森蔽。產鐵。

**又 卷一〇二《廣東三》** 靈池山，縣東百二十里。亦曰翁山，壁立千仞。巔有石池，池中有泉八，曰湧泉、温泉、香泉、甘泉、震泉、龍泉、乳泉、玉泉，乃翁溪之源。所云八泉，匯而爲池者也。相傳有老人隱此，故山溪俱以翁名。又東十里曰利山，一名甲子山。又東五十里曰鐵山，山出鐵，接惠州府河源縣界。志云：縣東李村有人頭逕、花瓶逕，路通惠州府長寧縣。又縣北九十里有開場里鐵場。

**又 卷一〇三《廣東四》** 寶山，縣東北六十里。【略】志云：元末陳友定採礦於此，得銀數百萬，因名寶山。明嘉靖中賊據石馬峒爲亂，尋討平之。又東北十里曰鐵山障，五峰峭立，迴出羣巒，昔有鐵冶。

嵩螺山，縣南九十里。【略】峰巒連屬，起歸善、海豐，終於潮州，爲一方巨鎮。山出石，可煮鐵。

黄岐山，縣北十里。上有石湖，四時不竭。絶頂又有石浮圖。下有二巖，東曰竹岡，西曰松岡，皆有洞壑之勝。又五房山，在縣西北四十里。多竹木，產鐵礦。

銅鼓山，縣東南八十里。高千丈，周百里。山勢峻阻，盗賊多窟穴其中。亦曰銅鼓嶂。其相近者有陰那山，高百丈，周二百五十里，形如仙掌，下有湖。又南爲香爐山，高二百九十丈，周三十八里，以形似名。產鐵礦。　王壽山，在縣東北百四十里。高八百餘丈，周二百里，形如殿閣。上有仙牛嶺。又平頂山，在縣東北二百里。高二百餘丈，周七十一里，形如展蓋而頂平。產鐵礦。

鳳山，縣南三里。一名鵝山，縣之主山也。又卓筆山，在縣東南三十里。高出羣峰，下有鐵礦。

**又 卷一〇八《廣西三》** 緑鵶山，在州西北四十里。厥土青黄，冶者取土鍊鐵鑄爲銅。

**又 卷一一六《雲南四》** 赤石山，縣西二十里。《圖經》云：「定遠鎮山曰赤石味山，即楚雄之峨碌山也。」亦曰赤土山，多赭石。

**又 卷一一八《雲南六》** 和丘山，縣西三十里。高千餘仞，雲合即雨。東麓一潭，四時澄徹，流爲木里場河。西麓有泉，流爲曲洞河。　花橋山，志云：在縣西南二十五里。上有鐵礦。

**又 卷一二二《貴州三》** 鐵溪，在城東北鐵山下，南流入鎮陽江。其水剛利，可淬鐵。

**清・屈大均《廣東新語》卷一五《貨語・鐵》** 鐵莫良於廣鐵。廣中產鐵之山，凡有黄水滲流，則知有鐵。掘之得大鐵礦一枚，其狀若牛，是鐵牛也。循其脈路，深入掘之，斯得多鐵矣。然產鐵之山，有林木方可開爐。山苟童然，雖多鐵亦無所用。此鐵山之所以不易得也。凡鐵礦一枚，層層剖之，皆有木葉紋，向背不一。山有某木，則鐵礦中有某葉紋，深掘之至數十丈，莫不皆然。嶺南當隆寒時，木不落葉，惟產鐵之山落葉。蓋鐵之精英所攝，金剋木之道也。鐵礦有神，爐主必謹身以祭，乃敢開爐。爐之狀如瓶，其口上出，口廣丈許，底厚三丈五尺，崇半之。身厚二尺有奇，以灰沙鹽醋築之，巨藤束之，鐵力、紫荆木支之，又憑山厓以爲固。爐後有口，口外爲一土牆，牆有門二扇，高五六尺，廣四尺。以四人持門，一闔一開，以作風勢。其二口皆鑲水石，水石產東安大絳山，其質不堅，不堅故不受火，不受火則能久而不化，故名水石。凡開爐始於秋，終於春。以天氣寒涼，鐵乃多水，金爲水之源，水盛於冬，故鐵水以寒而生也。下鐵礦時，與堅炭相雜，率以機車從山上飛擲以入爐。其焰燭天，黑濁之氣，數十里不散。鐵礦既溶，液流至於方池，凝鐵一版，取之。以大木杠攪爐，鐵水注傾，復成一版。凡十二時，一時須出一版，重可十鈞。一時而出二版，是曰雙鈎，則爐太王，爐將傷。須以白犬血灌爐，乃得無事。鐵於五金屬水，名曰黑金，乃太陰之精所成，其神女子。相傳有林氏婦，以其夫逋欠官鐵，於是投身爐中，以出多鐵。今開爐者必祠祀，稱爲湧鐵夫人。其事怪甚。凡一爐場，環而居者三百家，司爐者二百餘人，掘鐵礦者三百餘，汲者、燒炭者二百有餘，馱者牛二百頭，載者舟五十艘。計一鐵場之費，不止萬金。日得鐵二十餘版則利贏，八九版則縮，是有命焉。然諸冶惟羅定大塘基爐鐵最良，悉是鍇鐵，光潤而柔，可拔之爲線，鑄鑊亦堅好，價貴於諸爐一等。諸爐之鐵冶既成，皆輸佛山之埠。佛山俗善鼓鑄，其爲鑊，大者曰糖圍、渡七、渡六、牛一、牛二。小者曰牛三、牛四、牛五。以五爲一連曰五口，三爲一連曰三口，無耳者曰牛，魁曰清。古時凡鑄有耳者，不得鑄無耳者。鑄無耳者，不得鑄有耳者。兼鑄之必訟。鑄成時，以黄泥豕油塗之，以輕杖敲之如木者良。以質堅，故其聲如木也。故凡佛山之鑊貴，堅也。石灣之鑊賤，脆也。鬻於江楚間，人能辨之。陶則以石灣。其炒鐵，則以生鐵團之入爐，火燒透紅，乃出而置砧上。一人鉗之，二三人錘之，旁十餘童子扇之。童子必唱歌不輟，然後可。計炒鐵之肆有數十，人有數千，一肆數十砧，一砧有十餘人，是爲小爐。爐有大小，以鐵有生有熟也。故夫冶生鐵者，大爐之事也。冶熟鐵者，小爐之事也。其鋼之健，貴乎淬。未淬則柔性猶存也。淬者，鋼已爐錘，方出火即入乎水。大火以柔之，必清水以健之，乃成純鋼，此煉鋼之事也。甘泉云，觀洪爐之鑄金，則知天地之終始矣。在爐而溶，生之也。出爐而結，成之也。溶也者，水始之事也。結也者，土終之事也。其溶也人以爲屈，而不知生之始也，信孰大焉。其結也人以爲信，而不知成之終也，屈孰大焉。始終相乘，屈信相感，而金未嘗變，道之象也。

**清・胡渭《禹貢錐指》卷九** 華陽、黑水惟梁州【略】厥貢璆、鐵、銀、鏤、砮、磬。

凡鐵柔曰鐵，剛曰鏤。《元和志》：陵州始建縣東南有鐵山，出鐵，諸葛亮取爲兵器。其鐵剛利，堪充貢焉。又邛州臨溪縣東孤石山有鐵鑛，大如蒜子，燒合之成流，支鐵甚剛，因置鐵官。又涪州涪陵縣東有開池，出剛鐵，土人以爲文刀。此即《經》所謂鏤也。《夢溪筆談》曰：世間所謂鋼鐵者，用柔鐵屈盤之，乃以生鐵陷其間，泥封煉之，鍛令相入，謂之團鋼，亦謂之灌鋼。此乃僞鋼耳。暫假生鐵以爲堅，二三煉則生鐵自熟，仍是柔鐵。予出使至磁州鍛功觀煉鐵，方識真鋼。凡鐵之有鋼者，如麵中有筋，濯盡柔麵，則麵筋乃見。煉鋼亦然，但取精鐵鍛之百餘火，每鍛稱之，一鍛一輕，至累鍛而斤兩不減，則純鋼也，雖百煉不耗矣。此乃鐵之精純者，其色明瑩，磨之則黯然青而且黑，與常鐵迥異。亦有煉之至盡而全無鋼者，皆繫地之所産也。蓋鏤乃百煉之精鐵，鑄爲刀可以刻鏤，故別以其用名之。猶木之中弓幹者，名之曰幹也。

鐵石山，《寰宇記》云：在定筰縣，有砮石。定筰與臺登並屬越嶲郡，蓋一山跨二縣之境。又云：火燒之成鐵，爲劍戟極剛利。則與荆之唯中矢鏃者異矣。

**清・丘濬《山東通志》卷二四《物産志・貨用屬》** 鐵，炒土而成。

**清・富申《博山縣志》卷四上《物産》** 《顔山記》：采石黑山，鑄而爲鐵，百石之罏，三合之屑，火烈石礁，風生地穴，清氣如珠，玄精爲液，得柔斯和，過剛或折，作爲劍器，蛟龍可截，以鋼性易脆，生不若熟也。

考石可作鐵，其始，鄉之人不知也。清葉先登二年，孫文定公召山右人至此，乃得融鑄之法。鑿山取石，其精良者爲驪石，次爲硬石。擊而碎之，和以煤，盛以筒，置方罏中，周以礁火。初猶未爲鐵也。復擊之碎之，易其筒與罏，加大火。每石一石得鐵二鬥，爲生鐵。復去其惡者，置圓罏中，木火攻其下，一人執長鉤和攪成團出之，爲熟鐵，減其生之二焉。數十年來享其利者何可勝計，而今鐵石亦少精良矣。

**清・于敏中 英廉《日下舊聞考》卷一五〇《物産》** 原 漁陽泉州有鐵。《後漢書》。

原 元於燕北燕南設立鐵冶提舉司，大小一十七處，約用扇煉人户三萬有餘，歲扇課鐵一千六百餘萬。《秋澗集》。

臣等謹按：朱彝尊原書，此條後尚有明英宗實録、春明夢餘録二條，述遵化鐵冶事。遵化今别爲州，謹移歸遵化卷内。

原 檀州大峪錐山有鐵礦，至元十三年立四冶，三十五年罷。檀州淘金户明時亦嘗開採，後封閉焉。《昌平山水記》。

增 凡開採煤窑，如出邊關隘口者，均酌指處所報部給票，與内地官山各輪常課，民業聽之。其不遵禁約私擅開採者，論如法。《大清一統志》。

**又**

補 北京諸處多出石炭，俗稱爲水和炭，可和水而燒也。《戒菴漫筆》。

增 凡薪炭兩廠，各設監督，鑄給關防以董其事，歲周更代。《大清一統志》。

增 朝廷内用炭俱圓木所燒，渾淪一樣，長尺許，兩頭磨光，外有麻路。恐爆，用礱糠火煨熟。一筐三四十斤。《暖姝由筆》。

**清・徐松《宋會要輯稿・食貨・坑冶上》**

各路坑冶置場務所

鐵 西京凌雲冶務，舊置。兖州萊蕪監，其汶陽、杏山二冶，舊置；何家、魯東、宜山、萬家、埠陽五冶，並罷。徐州大通監東、西冶，舊置。相州磻陽冶，舊置。邢州冶務舊置。磁州固城冶務，舊置。陝州集律冶務，舊置。同州韓山冶務，舊置。輝州冶務舊置。號州盧氏縣馮谷冶、麻壯冶，舊置。坊州南北務、王華務，舊置。鳳翔府赤谷務，舊置；郿縣斜谷冶，治平三年置。鳳州冶務舊置。渭州華亭縣冶，太平興國二年置。晉州冶務舊置。澤州大廣冶，舊置。黄州龍陂冶務，舊置。信州新溪丁溪場、大通監東冶，舊置。虔州符竹、上平、黄于、青唐、豐田、五龍六冶務，舊置。吉州太和縣焦縣，吉水縣盧江、富田務，永新縣永呂、水和務，安福縣龍雲鄉冶務，並舊置。袁州貴山冶務，舊置，嘉祐三年買撲。興國軍大冶縣磁湖冶務，熙寧四年進狀納入(宮)[官]，七年罷。南安軍上猶縣山田務，天聖三年置。道州黄富坑，建隆中置；寧遠縣坑，太平興國五年置，康定六年罷；營道鄉，至和三年置。澧州冶務舊置。雅州名山縣蒸礦爐所，熙寧六年置。資州盤石縣坑，舊置。瀘州冶務，舊置。建州浦城、關隸、建陽三縣冶務，舊置。泉州清溪縣青陽聲，咸平二年置；永春縣倚洋場，慶曆六年置，熙寧七年罷；德化縣五華場，八年置；赤水場，嘉祐八年置。汀州長汀縣莒溪務，咸平二年置。邵武軍邵武縣寶積場，景祐元年置；新安場，熙寧二年置。廣州番禺縣銀鑪坑，治平元年置；清遠縣定里場，熙寧二年置。韶州仁化縣火衆、多田[場]，康定元年置。潮州程鄉縣龍坑場，天聖五年置。端州高要縣浮盧場，皇祐四年置。惠州歸善縣三豐場，皇祐二年置；象牙遥場，治平二年置，三年罷。融州融水縣坑，開寶七年置。

又　各路坑冶所出額數

鐵　登州元額二千六百五十五斤，元豐元年收三千七百七十五斤。萊州萊陽縣冶課生鐵，元額四千八百斤，元年收四千二百九十斤。徐州利國監。元額三十萬斤，元年收三十萬八千斤。兗州元額三十九萬六千斤，元年收二十四萬二千斤。鄧州長安坑、粟平冶。元額六萬九千三百六十斤，元年收八萬四千四百一十斤。相州沙河縣一冶務。元額闕。磁州武安縣固鎮冶務，元額一百八十一萬四千二百六十一斤，元年收一百九十七萬一千一斤。邢州綦村冶。元額一百七十一萬六千四百一十三斤，元年收二百一十七萬二千二百一斤。虢州清水、猯猴冶，上警槽冶。元額一十二萬九千五十斤，元年收一十五萬五千八百五十斤。陝州元額一萬三千斤，元年收同。鳳翔府元額四萬五百六十斤，元年收四萬八千二百四十八斤。鳳州梁泉縣冶。元額三萬六千八百二十斤，元年收同。晉州元額五十六萬九千七百七十六斤，元年收三萬九千八斤。威勝軍元額一十五萬八千五百六斤，元年收二十二萬八千二百八十六斤。信州元額三千一百三十三斤，元年收同。虔州元額闕。袁州元額四萬一千五百九十三斤，元年收同。興國軍大冶縣磁湖冶務，熙寧四年進狀納入官，七年罷。元額八萬八千八百八十八斤，元年收五萬九千二百一十五斤。道州江華縣鎮頭坑，元額五百四斤，元年收同。雅州名山縣蒸礦爐三所，熙寧六年置。梓州通泉縣三冶、東關縣一冶。榮州元額三百斤，元年收二百九十五斤。資州元額六千七百六斤，元年收七千二百五十四斤。興州鐵炭場。建州元額五百斤，元年收三千四百斤。南劍州元額一萬五千一百七十九斤，元年收一萬三千三百五十斤。汀州管熟務，一本作銅務。元額九千斤，元年收同。泉州永春縣倚洋場，舊置，熙寧七年罷。邵武軍光澤縣新安場，熙寧二年置；又邵武縣萬德場。元額六千九百二斤，元年收同。廣州清遠縣定里場，熙寧三年置。惠州元額六千一百二十八斤，元年收同。韶州元額一千五百斤，元年收一千八百斤。端州元額一千四百四斤，元年收一千(收一千)四百一十斤。英州元額四萬三千四百九十三斤，元年收同。南恩州陽春縣欖徑場。融州古帶坑場，元額五百斤，元年收八百六十斤。

鐵坑冶祖額總計五百四十八萬二千七百七十斤，元豐元年收總計五百五十萬一千九十七斤。

又　各路坑冶興發停閉及歲收額

鐵坑　淮南西路興發一十處，停閉三處。夔州路興發七十四處，停閉二十四處。成都府路興發二十七處，停閉一十六處。利州路興發四處。廣東路興發九處，停閉四處。福建路興發八十三處，停閉三十三處。浙東路興發三十二處，停閉四十九處。廣西路興發二十處，停閉二十六處。江東路興發二十六處，停閉一十六處。江西路興發九十二處，停閉八十處。

鐵出産歲收祖額　總二百一十六萬二千一百四十四斤一十二兩四錢。饒州餘干縣一萬三千三百斤。鄱陽縣一萬五千三百斤。德興縣三千八百二十五斤。樂平縣五千五百斤。信州鉛山場一十四萬七千六百七十一斤。弋陽縣一十二萬斤。上饒縣一十二萬斤。玉山縣五萬斤。貴溪縣一萬三千斤。徽州婺源縣三千斤。池州貴池縣四千二百一十斤八兩。銅陵縣六萬七千九百四十三斤。撫州東山場一十三萬八千四百二十四斤。隆興府新建縣三千七百六十斤。進賢縣五千三百八十三斤一十一兩。吉州安福縣連嶺場七十一萬四千斤。萬安縣三萬二百二十六斤。廬陵縣黄崗場一十萬六千五百斤。吉水縣六萬三百四十五斤。江州德安縣三萬一千二百四十七斤一十二兩。德化縣三萬二千八百三十八斤。興國軍大冶縣一萬二千二百三十二斤。潭州瀏陽縣六萬四千斤。衡州常寧縣四百八十斤。辰州辰溪縣三千一百四十四斤。敘浦縣一千九百四十四斤。韶州翁源縣五萬斤。南雄州始興縣三萬六千四百八十斤。惠州博羅縣一萬二千七百四十斤。廣州增城縣一萬三千斤。番禺縣一萬三百斤。清遠縣七百斤。賓州古賓場一萬四千六百四十斤。鬱林州南流縣一十二萬六千二百四十斤一十三兩四錢。建寧府浦城縣四萬斤。處州麗水縣二千二百三十斤。青田縣三萬四百斤。舒州懷寧縣一萬二千三百八十斤。宿松縣四千八百斤。

**清·嚴如熤《三省邊防備覽》卷九《山貨》**　南山舊稱産金、銀、銅、鉛，爲陸海，實則四項皆無，所産惟鐵。黑河之鐵爐川，畧陽之鍋廠，定遠之明洞子，寧羌之二郎壩，留壩之光化山，鎮安之黑洞溝，洵陽之駱家河，均往時産鐵地。鐵廠□紅山、黑山。黑山爲炭窑，須就老林砍伐裝窑，燒成煽鐵。炭紅、□則山之。出鐵礦者，礦如石塊色，微赤，故稱曰紅山。山中礦多。紅山處處有之。而炭必近老林，故鐵廠恒開老林之旁，如老林漸次開空，則雖有礦石不能煽出，亦無用矣。近日，洵陽駱家河、留壩光化山鐵廠，皆歇業，職是之故。鐵爐高一丈七八尺，四面椽水作柵，方形堅築，土泥中空；上有洞放煙，下層放炭，中安礦石。礦石幾百觔，用炭若干觔，皆有分兩，不可增減；旁用風箱，十數人輪流曳之，日夜不斷；火爐底有橋，礦碴分出。礦之化爲鐵者，流出成鐵板。每爐匠人一名，辨火候，別鐵色、成分。通計匠傭工，每十數人可給一爐，其用人最多，則黑山之運木裝窑，紅山開石、挖礦、運礦，炭路之遠近不等，供給一爐，所用人夫須百數十人。如有六七爐，則匠作傭工，不下千人。鐵既成板，或就近作鍋廠，作農器。匠作搬運之人，又必千數百人，故鐵爐川等稍大廠，分常川，有二三千人。小廠分三四爐，亦必有千人、數百人。利之所在，小民趨之如鶩，防範不可少疎。

**清·鄭光祖《一斑録·物理·金石》**　鐵産浙、閩、滇、黔、川、廣諸省，其類不一，各適所用。廠洞山土甚黄，鐵之本色也，故鐵之銹亦黄。然鐵器著於木則黑，故熱茶盌足印黑漆桌面成黄圈，以冷水貼鐵刀於其上，一夕而無。

磁，名吸鐵石，生鐵之山，其背有之，每塊均有頭尾。頭則吸鐵，尾則驅鐵。指南鍼以此爲之，實指不正南。在中國京師，則偏東五度也。或云南洋大浪山皆磁石，故指南鍼向之。不知洋中類有磁石，洋船恐遭吸擱，釘用紫銅及竹木爲之。

**清·龍文彬《明會要》卷五七《食貨五·坑冶》**　洪武六年，置江西、湖廣、山東、陝西、山西各鐵冶，凡十三所，歲輸鐵七百四十六萬餘斤。河南、四川亦有鐵冶。十五年，廣平吏王允道請開磁州鐵冶。帝曰：「朕聞治世無遺賢，不聞無遺利。今軍器不乏，若復設此，必重擾民。」杖之，流海外。

十八年，罷各布政司鐵冶。末年，復盡開，令民得自採鍊，每三十分取其一。已上《食貨志》。

正統初，諭工部：軍器之鐵止取足於遵化收買。後復命虞衡司官主之。《春明夢餘録》。

成化十七年，令封閉雲南路南州銅坑。王圻《考》。

弘治十七年，廣東歸善縣請開鐵冶。有司課外索賂，因以致亂，旋復討平。十四年，廣州置鐵廠，以鹽課提舉領之。禁私販，如鹽例。

嘉靖三十四年，開建寧、延平諸府鐵冶。

**清·徐珂《清稗類鈔·礦物類》**　紅鐵鑛　紅鐵鑛者，鐵之鑛石，色紅或黑，爲煉鐵之佳鑛。結晶稍大有光輝者，爲輝鐵鑛，鱗狀小片相集如雲母者，爲雲母鐵鑛，土狀之塊，爲代赭石。三種之條痕，皆爲紅褐色，故有紅鐵鑛之稱。湖北之大冶鐵山，産此甚富。

# 附　爐炭　鼓風設備

## 綜述

**五代·王仁裕《開元天寶遺事》卷上**　瑞炭　西涼國進炭百條，各長尺餘。其炭青色，堅硬如鐵，名之曰「瑞炭」。燒於爐中無焰而有光，每條可燒十日，其熱氣逼人而不可近也。

**宋·李昉等《太平御覽》卷八三三《資産部一三》**　《武昌記》曰：北濟湖，本是新興冶塘湖。元嘉初，發水冶。水冶者，以水排冶。令顔茂以塘數破壞，難爲功力，茂因廢水冶，以人鼓排，謂之步冶。湖日因破壞，不復修治，冬月則涸。

**宋·蘇軾《東坡志林》卷四**　筒井用水鞴法　《後漢書》有「水鞴」，此法惟蜀中鐵冶用之，大略似鹽井取水筒。

**宋·朱弁《曲洧舊聞》卷四《石炭》**　石炭不知始何時　熙寧間，初到京師，東坡作《石炭行》一首，言以冶鐵作兵器，甚精，亦不云始於何時也。予觀《前漢·地里志》，豫章郡出石，可燃。隋王劭論火事，其中有石炭二字。則知石炭用於世久矣。然今西北處處有之，其爲利甚博，而豫章郡不復説也。

**宋·周煇《清波雜志》卷六**　御爐炭　南渡後，有司降様下外郡，置御爐炭胡桃紋、鶺鴒色者若干斤。知婺州王居正論奏，高宗曰：「朕平居，衣服飲食且不擇美惡，隆冬附火，止取温暖，豈問炭之紋色也！」詔罷之。宣和間，宗室圍爐次索炭，既至，訶斥左右云：「炭色紅，今黑，非是！」蓋常供熟火也。以此類推之，豈識世事艱難。

**宋·陸遊《老學庵筆記》卷一** 北方多石炭，南方多木炭，而蜀又有竹炭，燒巨竹爲之，易然無煙耐久，亦奇物。邛州出鐵，烹鍊利於竹炭，皆用牛車載以入城，予親見之。

**宋·陳元靚《事林廣記·珍奇製作》**

造獸炭法 炭十斤，鐵屎十斤，全搗成末。生芙蓉葉三斤合搗，入糯米膠和，捏作獸物形狀曬乾。要用，却以燃炭燒令赤，停三日不滅。如不用，以冷灰擁之，尋亦可用。

難消炭法 麩炭不拘多少，搗碎，粗羅過。用石灰水淬攪，取濃漿汁和麩炭末，用竹筒作兩半，過合脱着成鋌，取出曬乾收。燒，可終日不消。或捏作獸物形，亦隨其意。

**元·王禎《農書·農器圖譜·利用門》** 水排蒲拜切。《集韻》作「橐」，與「鞴」同，韋囊吹火也。後漢杜詩爲南陽太守，造作水排，鑄爲農器，用力少而見功多，百姓便之。注云，冶鑄者爲排吹炭，今激水以鼓之也。《魏志》曰，韓暨字公至，爲樂陵太守，徙監冶謁者。舊時冶作馬排，每一熟石用馬百疋；更作人排，又費工力。暨乃因長流爲水排，計其利益，三倍於前，由是器用充實。詔褒美，就加司金都尉。以今稽之，此排古用韋囊，今用木扇。其制，當選湍流之側，架木立軸，作二卧輪；用水激轉上聲。下輪，則上輪所週絃索通繳輪前旋鼓，掉枝一例隨轉。其掉枝所貫行桄因而推輓卧軸左右攀耳，以及排前直木，則排隨來去，搧冶甚速，過於人力。

又有一法：先於排前直出木簨，約長三尺，簨頭竪置偃木，形如初月，上用鞦韆索懸之。復於排前植一勁竹，上帶棒索，以控排扇，然後却假水輪卧軸所列拐木，自然打動排前偃木，排即隨入。其拐木既落，棒竹引排復回。如此間去聲。打，一軸可供數排，宛若水碓之制，亦甚便捷，故併録此。

夫銅鐵，國之大利。凡設立冶監，動支公帑，雇力興搧，極知勞費，若依此上法，頓爲減省。但去古已遠，失其制度。今特多方搜訪，列爲圖譜，庶冶煉者得之，不惟國用充足，又使民鑄多便，誠濟世之祕術，幸能者述焉！

**明·劉文泰等《本草品匯精要·玉石部》** 石腦油【略】《衍義》曰，石腦油真者難收，多滲蝕器物。今入藥最少，燒鍊或須也。仍常用有油去聲。器貯之，又研生砒霜入石腦油，再研如膏，入坩堝內，用浄瓦片子蓋定，置火上，俟堝子紅泣盡油出之，又再研，再入油，再上火，凡如此兩次，即砒霜伏矣。時：採無時。收：用甆器密固之，不可近金銀器，雖至完密，直爾透之。色：黑。

**明·李東陽等《明會典》卷一八八《工部八·工匠一》** 內府年例灰炭

御用監水和炭三十萬斤。隆慶三年題準，召商買辦。兵仗局水和炭五十萬斤。內官監水和炭二十五萬斤。

**明·李詡《戒庵老人漫筆》卷五** 辨水火炭 北京諸處多出石炭，俗稱爲水和炭，炭之可和水而燒也，今官吏問罪畢罰炭即此。或疑爲水火炭者，非。

**明·朱國禎《湧幢小品》卷四《鐵爐》** 遵化鐵爐，深一丈二尺，廣前二尺五寸，後二尺七寸，左右各一尺六寸。前闢數丈爲出鐵之所，俱石砌。以簡千石爲門，牛頭石爲心，黑沙爲本，石子爲佐。時時旋下，用炭火置二韛扇之，得鐵日可四次。妙在石子産於水門口，色間紅白，略似桃花，大者如斛，小者如拳。擣而碎之，以投於火，則化而爲水。石心若燥，沙不能下，以此救之，則其沙始銷成鐵。不然，則心病而不銷也。如人心火大盛，用良劑救之，則脾胃和而飲食進，造化之妙如此。

鐵冶西去遵化縣可八十里，又二十里則邊牆矣。羣山連亘不絶，古之松亭關也。生鐵之煉，凡三時而成。熟鐵由生鐵五六煉而成，鋼鐵由熟鐵九煉而成。其爐由微而盛，由盛而衰，最多至九十日，則敗矣。

**明·方以智《通雅》卷四八《金石》** 石炭，煤也。別有一種。陸文裕、張孟奇皆以「石炭即煤，東北人謂之楂，南人謂之煤，山西人謂之石炭。平定所産尤勝，堅黑而光，極有火力。史稱女媧氏煉五色石以補天，今其遺竈在平定東浮山，此即後世燒煤之始」。然智按今山陝別有石炭一種，永樂《抽分書》分煤與石炭爲二項。東坡曰：陸機《與雲書》言：「銅雀曹公藏石墨，寄一螺。」《大業拾遺記》：「宫人必蛾緑畫眉」，亦石墨之類也。近世無此物。沈存中帥鄜延，以石燭煙作墨，堅重而黑，在松煙之上，曹公所藏，豈此物耶？智按《水經注》言「銅雀臺有冰室，室有數井，井藏冰及石墨，石墨可書，又燃之難盡」，則酈道元亦謂煤爲石墨矣。散關南九曲坂曰九阿，豪水入洛，其側有石墨山，山石可以書疏。《本草》：「煤炭一名石墨，鐵炭、烏金石、焦石。」《援神契》云：「王者德至山陵，則出墨丹。」《酉陽雜俎》曰：「無勞縣出石墨。」《夷堅志》言：「彰德南郡産石墨，宜陽有石墨山，汧陽有石墨洞。燕之西山，楚之荆州、興國州，江西廬山、袁州、豐城、贛州，皆産石炭，可以炊爨，即此。」黟縣有石墨嶺，出小石片，研之可作字，但不光耳。醫磨以塗舌疾。或曰石墨，曰石炭，二種互稱，宣坡公之不知矣。李東璧曰「煤墨音相近。上古以書字」，則曹公之石墨是此耶？又有可以畫眉，曰畫眉石者，乃黑石脂也。存中所云石煙墨，乃石腦油燒煙作者，絶非此類。煤中銅石，可燒青礬，其臭者青州顔鎮煉爲礁，以煮琉璃。

有火井，有剛火，有井油，有然石。《蜀志》：「臨邛火井，以家火投之如雷，竹筒盛其光，可拽行，終日不滅。以此火煮鹽井水，斛得五鬥鹽，家火煮則耗。」《異苑》載：「武侯瞰而火盛」，即此井也。又古石山有石礦，火燒之成流，支鐵甚剛。又臺登縣孫水入馬湖有絮石，火燒成剛鐵，《禹貢》「賦砮」是也。《南中志》：「牂牁郡廣談縣母斂縣有剛火，景曜元年，以燭投即滅。」「正德末，嘉州開鹽井，偶得油水，可以照夜，士人作炬，呼爲雄黄油。」曹叔雅《異物志》云：「豫章有石，黄色，以水灌之便熱，可以烹鼎，張華謂之然石。」火玉、火珠，皆寶石類也。越裳今占城，有猛火油，周顯德中來獻。三佛齊宋淳熙時獻火油。南海諸國又有泥油，併鉛則用之。《寰宇記》：「三齊海中，石有小燄，得而燒之，有硫黄氣，能制鉛汞。」

**又方以智《物理小識·金石類》** 煤炭、石墨一種而異類也 陸文裕、張孟奇以爲一，然永樂《抽分書》：煤與石炭爲二項。陸機《與雲書》：曹公藏石墨寄一螺。《大業記》：宮人以石墨畫眉。沈括帥鄜延，以石腦油燒煙作石墨。煤則各處産之，臭者燒鎔而閉之成石，再鑿而入爐曰礁，可五日不絶火。煎礦煑石，殊爲省力。外記孛露有土能然，可作炭用。

**又《器用類》** 獸炭 炭與鐵矢等分合擣，入芙蓉葉十之三，再擣，和糯糜，範獸形，乾之。鞲紅入爐，信宿不滅。

止爆 燒炭若爆，灑鹽自止。此以炸止炸也。

燒炭忌楠 五楠柴燒火無焰，成炭之後，忽然自燒，故炭窑忌之。榕亦無焰，然其枝曝爲點火繩，八月割茅燒之有聲，汁力也。九月割，則枯矣。巴菰瀉松脂，則松柴無焰。中德曰，椶桄燒之，湧鬱不若。櫟炭以盡木而燒之，則有墨處着，無墨處不着。凡木不着者，加硝黄。暄曰，燒炭而隱，以沸水沃之。

**清·孫廷銓《顔山雜記》卷四《物産》** 石炭 炭，山灰也，義從土。然土得水而泥，此不泥；宜從石，然石引火而不然，此則然；宜從薪木，然木遇金而柔，此不柔。故一物而德具焉者，炭爲多。

凡炭之在山也，辨死活。死者，脈近土而上浮，其色蒙，其臭平，其火文，以柔其用，宜房闥圍爐；活者，脈夾石而潛行，其色晶，其臭辛，其火武，以剛其用，以鍛金治陶。或謂之「煤」，或謂之「炭」，塊者謂之「硔」，或謂之「砟」。散無力也，煉而堅之，謂之「礁」。頑於石，重於金鐵，緑焰而辛酷，不可爇也，以爲礬，謂之「銅磧」。故礁出於炭而烈於炭，磧棄於炭而寶於炭也。

凡脈炭者，視其山石。數石則行，青石、砂石則否。察其土有黑苗，測其石之層數，避其沁水之潦。因上以知下，因遠以知近，往而獲之，爲良工。

凡攻炭，必有井幹焉，雖深百尺而不撓。已得炭然後旁行，其隧視其炭之行，高者倍人，薄者及身，又薄及肩，又薄及尻。鑿者，跂運者；馳鑿者，坐運者；僂鑿者，蜩卧運者，鼈行。視其井之幹，欲其确爾而堅也，否，則削；入其隧，欲其燥以平也，否，則跰。凡井得炭而支行，其行隧也如上山，左者登，右必降；左者降，右必登。降者下城，登者上城，循山旁行而不得平。一足高一足下，謂之「仄城」。脈正行而忽結，礌石阻其前，非曲鑿旁達不可以通，謂之「盤錮」；脈乍大乍細，窠窠螺螺，若或得之而驟竭，謂之「雞窩」。二者皆井病也。

凡行隧者，前其手必燈而後入。井則夜也，燈則日也。冬氣既藏，燈則炎長；夏氣强陽，燈則閉光。是故鑿井必兩行，隧必雙，令氣交通以達其陽，攻堅致遠，功不可量，以爲「氣井」之謂也。

**清·顧祖禹《讀史方輿紀要》卷二九《南直一一》** 含山，縣西二十里。山勢雄峻，衆山列峙，勢若吞含，唐因以名縣。褒禪山，在縣北十五里，舊名華山；又北三里曰華陽山，亦名蘭陵山，俱有泉洞之勝。又牛頭山，在縣北三十里。山産煤，明正德中居民採以爲業。

**又 卷三五《山東六》** 顔神鎮，府西南百八十里，接萊蕪、淄川二縣界，以齊孝婦顔文妻居此而名。【略】又産鉛及煤。

**又 卷四〇《山西二》** 懸甕山，縣西南十里。一名龍山，晉水所出。山腹有巨石如甕，水出其中，亦曰汲甕山，又爲結絀山。【略】《通志》：「縣西八里爲龍山，北齊因以名縣；又西一里爲懸甕山；皆晉水所出也。又有風谷山，亦在縣西十五里。道出交城、樓煩，唐時爲驛道所經。又尖山，在縣西南十里，産礬、炭。諸山蓋皆蒙山之支隴矣。」 嬰山，在縣西北三里。《隋圖經》：「嬰山，并州主山也。」又有駝山，在縣東北三十五里。狀若駝峰，一名黑駝山，亦産煤炭。

**又 卷八四《江西二》** 龍珠嶺，府西北四十里；又府西南六十里有鷄籠嶺，高數百仞，皆以形似名。舊志：高安縣有石炭嶺，產篁竹，唐因改州爲筠州。今府治北鳳凰山下有大石，色黑，碎之若炭。《永和山川記》：「建成縣西有羊山，山產燃石。」《豫章記》：「建成縣有葛鄉，有石炭二頃，可燃以爨。」疑即石炭嶺矣。

**又 卷一二一《貴州二》** 龍山，府西五里。高萬仞，雙峰插天，爲府境之望。陸東《遊記》：「出都勻西門渡邦水河，河闊百餘武。及岸西，過小團陂，又西爲觀音坐山。山旁道達姬家冲，稍西北上煤炭坡。又西里許曰笄山，即龍山麓也。【略】

石炭堡，在衛西。又西爲營砦，又西爲山洞屯。志云：衛西八十里抵藕洞苗砦，皆山箐深險處。

**清·胡煦《周易函書》卷一五《篝燈約旨》** 木能鑽火，所生者也。擊石又能出火，然以鋼擊之，有花出焉，結成小星，宛如鐵煤，則火從金出也。金固資火以成，或其中之宿舍者歟？

鼓鑄之罏，其花初生，必從乾方而始，乾爲老陽之金，戌亦火墓也。鐵冶既融，若有火蛆鼓舞其中，其罏必大興旺。

遼東有煤炭，一爐可十日不滅。五臺之北有煤如木炭，燒之置於灰池，人可以炙。又有鐵炭。水和炭皆煤也，而其用稍異。又有一種甚臭，止用以燒取黑礬。

**又** 猛火油出高麗之東，日力烘石極熱則出液，亦曰樹津也。能腐人肌肉，燃置水中，光焰愈熾。雖魚鱉遇之，無不焦灼，惟真琉璃器可貯。

**清·嚴如熤《三省邊防備覽》卷九《山貨》** 炭廠，有樹木之處皆有之。其木不必大，山民於砍伐老林後蓄禁六七年，樹長至八九寸圍，即可作炭。有白炭、黑炭、栗炭。栗亦白炭，堅致耐燒，爲上。白炭須放煙封窑；黑炭不封窑。冬春之間，藉燒炭、販炭營生者，數千人。

**清·鄭光祖《一斑録·物理·金石》** 煤生於山，類不一，有柴煤，質如腐爛木板，燒之氣甚臭，下品也。曾於其中得一鐵銹釘，其所從來真不可測。石煤高低不一，亦有無煙無臭氣者，厨火晝夜不息，而屋宇竟無烟煤。

**清·鄭復光《費隱與知録》**

罏欲發火制造有方

問：罏欲發火，制造如何？曰：木炭腹宜大，而上口略收，則火氣聚，且正對鍋底，方耐火得力。腹之深，與大稱。如大徑四寸，約深二寸可也。罏色宜近後壁，使扇之風利於上達。腹可無門，色下鐵門宜大，使受外氣而火旺。匠作安風箱，則罏止一孔，甚小，恰足受管。蓋風力甚大，用時則旺，不用則幾熄，惜炭故也。煤罏則腹愈大，口愈小，腹門以抖灰，須小而下，如口徑二寸，門徑寸五，腹須徑尺，深亦尺餘。方能聚火。色下門可大二寸多，入風也。

炭罏作法宜求火尖

問：風罏之深宜與大稱，以徑大四寸配深二寸，何故？曰：尺寸亦非一定，此據發火之罏約之耳。夫火之爲物，下圓而上尖，火性上炎，尖是火力聚處。故火莫熾於尖。余嘗以指試燈光，橫過其中，復過其尖，遲速均，而尖之熱較甚，可知矣。然則視罏腹之大貯炭，而求其尖，以爲之深，不亦可乎？依顯炭亦不宜，堆滿，使壓火不旺，且不合其尖矣。

缸水防凍法宜置炭

問：磁缶至堅，冰壯輒裂。謂置木炭不裂，确否？曰：《儀象志》言，物空其中，內氣遇熱必舒，而破以奮出。其遇冷，氣必歛，而破以外通。雖銅鐵所成，亦必破裂。愚謂此物不容空之理，不可以詞害意。試作銅鐵空球，豈寒暑能自破！然磁缶凍裂，實是此理。蓋冰羃其面遇冷侵氣歛，因是破焉。木炭雖實而虛，稍能舒歛推讓，而氣之情性，遇物則讓，故力無復奮注，是以不破也。《儀象志》或指寒暑表言。嘗見鐊作者屬滲漏，其證也。蓋氣與水相倚，而後其力顯舟帆行，力無量。若置舟陸地，則相縣天壤矣。北華曰，匠作空心鑼成，管口則屢烘且兩頭穿細眼，云無眼入火則裂，又怕濕氣也。此見志所云原不指寒暑氣也，證與水相倚之說爲不妄。

風箱氣法入大出小

問：風箱之製，用雞毛，其法如何？又一出一入，氣法自同，而出之氣覺小，然否？曰：橐籥之製，南方用雞毛，蓋取其蒙茸。《道德經》其猶橐籥，注：橐，外之櫝也。籥內之管也。按，管謂榦也，榦端有板，雞毛施之板邊一周，以隔氣而易鼓。余改邅則滯矣，然亦以小故也。山西大風箱，壓以重石，用紙數層裹邊，並不覺滯，可證也。南方作法，櫝內靠吹火處作氣溝一條。山西作法，隔櫝爲上下兩層，下層高寸許，以代氣溝。其理同。工匠優為之至籥之鼓氣，榦入大而出小者，櫝靠人一邊多受軸兩孔，牽軸出時，孔有洩漏也。

**清·黃以周《儆季雜著》卷三《史說略四·釋囊橐》** 囊、橐皆裹物之具，古多渾言無別。毛傳「小曰橐，大曰囊」，亦未詳其制。陸氏《釋文》引《說文》云「有底曰橐，無底曰囊」，與今本《說文》不同。《史記》索隱引《埤蒼》云「無底曰橐，有底曰囊」，說又歧異。案：《國策》高注亦云「無底曰囊，有底曰橐」，陸氏所引《說文》必係六朝善本,《説文》「橐」字下當脱「一曰有底曰橐,無底曰囊」十字。「橐,囊也,从橐省,石聲」,「囊,橐也,从橐㲎省聲」,二字互訓,以見渾言無別。下又載「一曰有底曰橐,無底曰囊」,以見對文有異。橐之制,與冶家所鼓鑪橐相似,兩耑緊括,洞其旁以爲口,受籥吹差以銷銅鐵,故老子謂之「橐籥」,亦謂之「排橐」。夜行之橐亦取象於橐,虛其中而鍥其旁,其聲始響,故其字从橐,形聲相兼。橐之兩耑皆有底,其口在旁,既實其物,中舉之物在兩耑,可以擔之於肩,故《秦策》曰「負書擔橐」。若囊,可云「負」,不可云「擔」也。《策》本亦作「擔囊」,誤。橐可擔之於肩,其大者或垂之車,故《齊語》謂之「垂橐」,《説文》「橐,車上大橐」。若囊,不可垂於車,載之而已,爲囊之中實,不若橐之受物在兩耑其中虛也。卧其橐,如駝峰,故《上林賦》謂之「橐駝」。橐之受物既盈,其口難括,又設韋以紐之,故《説文》云「韇橐紐」。橐之制有底,則囊無底可知。囊之兩耑無底,如今書帙曰書囊,亦無底也。囊既無底,中實其物,括其兩耑,内物不出,故《坤》曰「括囊」。《九家逸象》「坤」爲囊,坤畫六斷,如囊之無底也。則橐其「離」象與?或説「橐今纏腰下者」,直以搭腹當之。搭腹古作袙腹,見《集韵》;亦作「袹腹」,見《廣雅》。仿有襠袴爲之,故古謂之裲襠。橐之制如今擔肩之錢袋,古亦謂之「幐」,《方言》「幐,儋也」,今江東呼儋兩頭物爲幐,與搭腹迥異。或又説「囊今之有底袋,上侈其口」,直以哆口袋當之。袋或作「帒」,《説文》作「幐」,帒、幐一聲之轉,如黱或作「黛」、螣或作「蚮」之比。渾言之囊可稱幐,見《説文》,橐亦稱幐,見《方言》。析言囊兩耑無底,橐兩耑有底,幐一耑爲底一耑爲口,其制異。囊、橐與幐,各有大小。橐之大不及囊,見《毛傳》;囊之張大謂之橐,見《説文》。橐字从缶,缶容四斛,見《小爾雅》及注;幐與帣同,容三斛,見《説文》,其大小亦異。

**清·徐珂《清稗類鈔·工藝類》** 製炭磚 四川太平縣有炭磚,蓋貧家冬日取煖,無篋籠,多用鐵盆,其燃料爲炭磚。法用煤炭舂碎,加黄泥和水調成,作長方形,有似於磚。每盆以數塊或十餘塊累之而成,上糊以稀炭,用一日,炭可不加。無煙無硫磺氣,價亦廉,每塊長四寸,寬厚約一寸,值制錢一枚。

製風箱 風箱以木爲之,中設鞴鞴,箱旁附一空櫃,前後各有孔與箱通,孔設活門,僅能向一面開放,使空氣由箱入櫃,不能由櫃入箱。櫃旁有風口,藉以噴出空氣。用時,抽鞴鞴之柄使前進,則鞴鞴後之空氣稀薄,箱外空氣自箱後之活門入箱。鞴鞴前之空氣由箱入櫃,自風口出。再推鞴鞴之柄使後退,則空氣自箱後之活門入箱,鞴鞴之空氣自風口出。於是箱中空氣噴出不絶,遂能使鑪火盛燃。

**又《礦物類》** 筆鉛 筆鉛,鑛物類,爲天然純粹之炭質,故名。性耐燃,製火爐等尤需之。亦名黑鉛,常用之鉛筆,即此所製。江蘇丹徒之南鄉産之。

石炭 石炭,俗謂之曰煤,乃太古時代之植物,經地球之變動,埋入土中,綿歷歲月,次第變化而成。有廣狹二義,廣義包括黑煤、無烟煤、褐炭、泥炭而言,狹義專屬黑煤。

黑煤亦稱黑炭,又曰烟煤,吾國産地甚多,近頃之著稱者,爲直隸之開平、灤州,江西之萍鄉,其色黑,有光澤,堅如石,此石炭之所以得名也。燃之,發黑煙,有異臭,可製爲煤氣及工廠汽機之燃料,需用甚繁。

西人又謂我國産煤之區,無省無之,惟以此較彼,則有多寡之殊。北方如直隸、山東、河南、山西,産煤皆極盛,而尤以山西爲多,内蒙、東三省略次之,西北一帶又次之。然甘肅、新疆之煤源,亦所在皆是。揚子江流域與東南沿海之地,其狀與西北同,蓋限於地而覓煤維艱也。惟湖南、江西,則不可以概論,湖南尤爲南方之山西。要而論之,西方與西南各省産煤之地,亦如恒河沙數,惟煤力極薄,煤源亦不巨耳。

瀝清煤與無烟煤,皆産於我國,而以無烟煤爲尤貴,山西、湖南皆無烟煤源最富之區域。國人多用無烟煤,以燃燒之際,不用烟囱故也。而瀝清煤亦極爲世所稱重。蓋煤地所出,皆以瀝清爲極多。吾人今試以山西、湖南之無煙,直隸、山東、江西之瀝清,以與五洲最良之煤相較,伯仲之間,亦豈易軒輊耶!

河套石炭 河套達拉特蒙旗之煤鑛,地爲羊廠壕,産石炭最旺。山溝中被水沖洗,有出地面二三尺者,質堅,色純黑。土人采取大塊,有四尺餘者,燒之成灰,爲白色,無氣味,見火即燃。蒙人每聚之成堆,燃以代燈。距東勝州不遠,即唐東受降城境,煤窑均横洞。

石油 石油爲流質鑛物,由地中掘油井而汲得之。學者謂爲太古時之海棲動物質所成,或謂炭化物埋入地中,由水汽之作用,積久化成者。深入地中五百尺至數千尺以下,多存於砂粒之罅間。初由井中汲出者曰原油,亦名石腦油,色黄或褐,帶緑閃光,不明,有惡臭。入蒸餾器蒸之,加熱二十度至百五十度而得者,曰揮發油,性揮發,易燃燒,不宜燈用,僅用以防腐及洗滌器械、布帛之垢膩耳。加熱百五十度至三百度而得者,曰燈用石油,須加入硫酸蘇打洗清之,滅其烟煤及臭氣,俗稱煤油或洋油者是也。加熱三百度至三百六十度而得者,曰重石油，可製白蠟，並潤滑機器。其重石油，又可分取機械油、即機器上所塗用以減摩擦之力者。華攝林、石蠟之類。吾國之山西潞安府、陝西延安府、四川敘州府等處皆產之，惟開採未盛，歲由俄、美輸入者，爲數甚巨。

鄜、延出石油，見宋沈括《夢溪筆談》：石油之名始見此。《昨夢録》則謂之曰猛火油。

**又《物品類》** 木炭 木炭，以樹木密閉器中燃燒而成。質佳者，斷面有光，擊之作金聲，燒時無煙，可供燃料，並濾水使之清潔，化學上又以爲還原劑，爲用極廣。

銀骨炭 銀骨炭出近京之西山窑，其炭白霜，無煙，難燃，不易熄，內務府掌之以供御用。選其尤佳者貯盆令滿，復以灰糝其隙處，上用銅絲罩爇之，足支一晝夜。入此室處，温暖如春。

炭團 乾隆時，有以炭團貽錢塘陳芝山茂才雲飛者，芝山賦詩爲謝，詩曰：「密雪霏霏積滿城，忽貽炭墼見深情。寒威頓向蘆簾減，煖氣如從黍谷生。箸撥深灰朝炯爍，篝藏活火夜通明。睡餘榻畔温衣篋，讀罷窗前沸酒鐺。自有融和回大塊，合教歡喜錫嘉名，歲殘好入騷人詠，手築應憐太守清。《漢書》：「周行爲渤海太守，免歸，嘗築墼以自給。」多謝分光向東壁，不勞曝背坐南榮。六花飄處重呵筆，珍重題詩當報瓊。」

## 傳記

**《後漢書・杜詩傳》** 七年，遷南陽太守。性節儉而政治清平，以誅暴立威，善於計略，省愛民役。造作水排，鑄爲農器，用力少，見功多，百姓便之。又修治陂池，廣拓土田，郡內比室殷足。時人方於召信臣，故南陽爲之語曰：「前有召父，後有杜母。」

## 紀事

**《史記・平準書》** 於是以東郭咸陽、孔僅爲大農丞，領鹽鐵事；桑弘羊以計算用事，侍中。咸陽，齊之大煮鹽，孔僅，南陽大冶，皆致生累千金，故鄭當時進言之。

**晉・常璩《華陽國志》卷一《巴志》** 宕渠縣，郡治。有鐵官。

**宋・王溥《唐會要》卷六六《木炭使》** 天寶五載九月，侍御史楊釗充木炭使。永泰元年閏十月，京兆尹黎幹充木炭使，自後京兆尹常帶使。至大曆五年停。貞元十一年八月，户部侍郎裴延齡充京西木炭採造使，十二年九月停。

景雲二年六月十三日勑：「中書門下、御史臺、尚書省造食户衣糧，今司農每季給付。」

天寶元年六月，司農少卿王翼奏：「應諸司請禄，望准開元二十八年十月十五日勑，並令孟月三旬内給了。仍望預分請日，每司一時分付訖，其歷便封送當寺。若逢陰雨，倉司灼然事故，未得給者，當日牒上所由。待給諸司畢後，準前勘會分付。」勑旨依奏。

天寶五載三月勑：「司農錢穀是司，其官人等，並不在差使限。」

乾元元年十月，司農寺奏：「舊規名額，仍爲中署，特望升入上署。」勑旨依奏。

貞元五年，司農少卿李堅立《太貪石柱記》云：「貞元五年，四海文明。天子唯穀是恤，思富國便民之事，莫若端本，尊以農事。故廩庾囷倉，尤切聖慮，俾少卿一人，專領其署。蓋欲難其任，而重其事也。」

七年十月，司農卿李模有罪免官。初，司農當供三宫冬菜二千車，以度支給車直稍賤，又阻雨不時，菜多傷敗。模以度支爲辭，上責其不先聞奏，故免之。於是模奏司農菜不足，請京兆市之。京兆尹薛珏、萬年令韋彤禁有菜者私賣，上令奪珏俸一月，彤俸三月。

元和三年八月，司農少卿崔鄴奏停太倉一員，監事二員，從之。

大和七年八月九日勑：「司農寺每年供宫内及諸廚各藏菜，並委本寺自供。其菜價，委京兆府約每年時價支付，更不得配京兆府和市，太倉出給納。」

**宋・王欽若等《册府元龜》卷四九三《邦計部・山澤》** 後漢光武建武初，彭寵爲漁陽太守，有舊鐵鹽官，寵轉以貿穀，積珍寶，益富强。

**又** 衛颯，建武中爲桂陽太守。郡内來陽縣山鐵鑄石佗，郡民庶常因依聚會，私爲冶鑄，遂招來亡命，多致姦盜。颯乃上起鐵官，罷斥私鑄，歲所增入五百餘萬。

**又** 十九年，崔挺爲光州刺史。先是，州内少鐵，器用皆求之他境。挺表復鐵官，公私有賴。

**宋・徐天麟《西漢會要》卷五二《食貨三・鹽鐵》** 邯鄲郭縱以鑄冶成業，與王者埒富。

蜀卓氏用鐵冶富。

程鄭亦冶鑄，賈魋結民，富埒卓氏。羅裒擅鹽井之利，期年所得自倍，遂殖其貨。

宛孔氏用鐵冶爲業，大鼓鑄，家致數千金。

丙氏以鐵冶起，富至鉅萬。並《貨殖傳》。

**《宋史・食貨志・阬冶》** 政和初，臣僚言：「鹽鐵利均，今鹽筴推行已備，而鐵貨尚未講畫。請即冶户未償之鐵，收其已鍊之鐵，爲器鬻之。兼京東二監所出尤多，河北固鎮等冶並官監，其利不貲，而河東鐵、炭最盛，若官榷爲器，以贍一路，旁及陝、雍，利入甚廣，且以銷盜鑄之弊。又夏人茶山鐵冶既入中國，乏鐵爲器，聞以鹽易鐵錢於邊，若官自爲器，則鐵與錢俱重，可伐其謀。請榷諸路鐵，擇其最盛者，可置監設官總之，概諸路不越數十處，餘止爲鑄瀉之地，屬之都監或監當官兼領。凡農具、器用皆官鑄造，表以字號，官本之餘，取息二分以上，仍置鐵引以通諸路，儲其錢助三路鈔本。」詔户部下諸路漕臣詳度。會次年，廣東路請以可監之地如舊法收其浮利，苗脈微者召人承買，官不榷取，遂并諸路詳度之旨不行。至是，臣僚復以爲言，故嚴貿易之禁，而鐵利盡榷於官，然農具、器用從民鑄造，卒如舊法。

**《元史・食貨志》** 鐵在河東者，太宗丙申年，立爐於西京州縣，撥冶户七百六十煽焉。丁酉年，立爐於交城縣，撥冶户一千煽焉。至元五年，始立洞冶總管府。七年罷之。十三年，立平陽等路提舉司。十四年又罷之。其後廢置不常。大德十一年，聽民煽煉，官爲抽分。至武宗至大元年，復立河東都提舉司掌之。所隸之冶八：曰大通，曰興國，曰惠民，曰利國，曰益國，曰閏富，曰豐寧，豐寧之冶蓋有二云。在順德等處者，至元三十一年，撥冶户六千煽焉。大德元年，設都提舉司掌之，其後亦廢置不常。至延祐六年，始罷兩提舉司，併爲順德廣平彰德等處提舉司。所隸之冶六：曰神德，曰左村，曰豐陽，曰臨水，曰沙窩，曰固鎮。在檀、景等處者，太宗丙申年，始於北京撥户煽焉。中統二年，立提舉司掌之，其後亦廢置不常。大德五年，始併檀、景三提舉司爲都提舉司，所隸之冶有七：曰雙峯，曰暗峪，曰銀崖，曰大峪，曰五峪，曰利貞，曰錐山。在濟南等處者，中統四年，拘漏籍户三千煽焉。至元五年，立洞冶總管府，其後亦廢置不常。至至大元年，復立濟南都提舉司，所録之監有五：曰寶成，曰通和，曰昆吾，曰元國，曰富國。其在各省者，獨江浙、江西、湖廣之課爲最多。凡鐵之等不一，有生黄鐵，有生青鐵，有青瓜鐵，有簡鐵。每引二百斤。此鐵課之興革可考者然也。

天曆元年歲課之數

鐵課：

江浙省，額外鐵二十四萬五千八百六十七斤，課鈔一千七百三錠一十四兩。

江西省，二十一萬七千四百五十斤，課鈔一百七十六錠二十四兩。

湖廣省，二十八萬二千五百九十五斤。

河南省，三千九百三十斤。

陝西省，一萬斤。

雲南省，一十二萬四千七百一斤。

**明・李東陽等《明會典》卷一九四《工部一四・冶課》** 遵化鐵冶事例鐵冶廠近革，姑存事例，以備查考。

本廠建置，永樂間置於沙坡峪，領以遵化諸衛指揮。後移松棚峪，始設工部主事。 正統三年移白冶莊。 弘治十年改郎中，三年一更。 正德元年，請勅撥給令史一名。 嘉靖三十六年，題給關防，每年管督工匠，夏月采石，秋月淘沙，冬月開鑪，春盡鑪止，鐵完解部。本廠收支一應錢糧，按月造册呈報。每年終將支剩銀兩解部。 萬曆九年題準，將山場封閉，裁革郎中及雜造局官吏，額設民夫匠價，地租銀徵收解部，買鐵支用。

本廠夫匠，永樂間起薊州遵化等州縣民夫一千三百六十六名，匠二百名。遵化等六衛軍夫九百二十四名，匠七十名。采辦柴炭，煉生熟鐵，一年一運至京。 正統三年，凡燒炭人匠七十一户，該木炭一十四萬三千七十斤。淘沙人匠六十三户，該鐵沙四百四十七石三斗。鑄鐵等匠六十户，附近州縣民夫六百八十三名，軍夫四百六十二名，每年十月上工，至次年四月放工。凡民夫民匠月支口糧三斗，放工住支。軍夫軍匠，月糧六斗，行糧三斗，俱歲辦柴炭鐵沙，看廠軍月糧同，行糧減半。各軍俱給冬夏衣布二疋，綿花二斤八兩。幫貼餘丁不支糧。該衛免其差役，歲辦半於正軍。此外又有順天永平輪班人匠，原額六百三十名，歲分爲四班，按季辦柴炭鐵沙。又有法司送到炒煉囚人，每名日給粟米一升。 弘治十三年奏准，本廠民夫每名每年給均徭銀十二兩，買辦柴炭，其口糧罷支。十六年，議減軍夫民匠十分之四。十八年，又減軍夫之半，民夫十分之四。正德五年，又減軍民夫三分之二。七年，減本廠存留軍民所納柴炭之半。嘉靖七年，計本廠實在軍夫四百二十五名，匠六十七名，民夫四百一十名，匠二百一名，輪班匠四百一十名。四十五年議定，軍夫軍匠有力者，一丁獨辦。無力者，二三丁朋合。又議定，囚人每年仍以百名爲率，不得過多。萬曆元年議定，軍夫每名幫貼餘丁二名，軍匠三丁朋作，二丁幫貼。今額徵順、永二府民夫銀三千八百九十五兩，班匠銀二百九十二兩零五分。

本廠鐵課，成化十九年令，歲運京鐵三十萬斤。遵化、薊州、三河、通州等衛所州縣出夫車。遵化三衛一所一縣運十萬斤，薊州三衛一州七萬斤，三河二衛一縣六萬斤，通州四衛一州七萬斤，共用車一百七十六輛五分，每輛裝鐵不得過一千七百斤，運價不得過三兩五錢。候農隙領運。正德四年，開大鑑鑪十座，共煉生鐵四十八萬六千斤，白作鑪二十座，煉熟鐵二十萬八千斤，鋼鐵六萬二千斤。六年，開大鑑鑪五座，白作鑪八座，煉生熟鋼鐵如前。八年，令生鐵免炒。嘉靖八年以後，每歲大鑑鑪三座，煉生板鐵十八萬八千八百斤，生碎鐵六萬四千斤，發白作鑪煉熟挂鐵二十萬八千斤解京，鋼鐵停止。計熟鐵每挂四塊重二十斤，共一萬四百挂，分派軍衛有司起大車一百零四輛，每輛裝鐵二千斤，各委官陸續領運。

本廠山場薊州、遵化、豐潤、玉田、灤州、遷安，舊額共四千五百六十一畝九分六釐，採柴燒炭。成化間聽軍民人等開種納税，肥地每畝納炭二十斤，瘠地半之。嘉靖五年議準，肥地每畝徵銀五分，準炭十五斤，瘠地半之，共該銀七百四十四兩七錢七釐六毫。八年議，令各該州縣徵解本廠每銀十兩，召買炭三千斤。九年，題減肥地止徵四分，瘠者半之。四十五年題准，聽民開墾，永爲世業。地稍平者，每十畝坐肥地一畝。稍偏者，每十畝坐瘠地一畝。今額徵銀七百八十一兩三分一釐三毫。

**《明史·食貨志》** 鐵冶所，洪武六年置。江西進賢、新喻、分宜，湖廣興國、黄梅，山東萊蕪，廣東陽山，陝西鞏昌，山西吉州二，太原、澤、潞各一，凡十三所，歲輸鐵七百四十六萬餘斤。河南、四川亦有鐵冶。十二年益以茶陵。十五年，廣平吏王允道言：「磁州産鐵，元時置官，歲收百餘萬斤，請如舊。」帝以民生甫定，復設必重擾，杖而流之海外。十八年罷各布政司鐵冶。既而工部言：「山西交城産雲子鐵，舊貢十萬斤，繕治兵器，他處無有。」乃復設。已而武昌、吉州以次復焉。末年，以工部言，復盡開，令民得自採鍊，每三十分取其二。永樂時，設四川龍州、遼東都司三萬衛鐵冶。景帝時，辦事吏請復陝西、寧遠鐵礦，工部劾其違法，下獄。給事中張文質以爲不宜塞言路，乃釋之。弘治十七年，廣東歸善縣請開鐵冶，有司課外索賂，唐大鬢等因作亂，都御史劉大夏討平之。正德十四年，廣州置鐵廠，以鹽課提舉司領之，禁私販如鹽法。嘉靖三十四年開建寧、延平諸府鐵冶。隆、萬以後，率因舊制，未嘗特開云。

**清·孫承澤《春明夢餘録》卷四六《工部一·鐵廠》** 工部奏疏：遵化鐵廠，訪係永樂年間在於砂坡谷開設，後遷松棚谷。正統間，開遷今白冶莊。彼時林木茂盛，柴炭易辦。經今建置一百餘年，山場樹木砍伐盡絶，以致今柴炭價貴。若不設法禁約，十餘年後，價增數倍，軍民愈困，鐵課愈虧。合無行令本廠郎中出給榜文，嚴加禁約，著落各該衛所州縣巡捕官員曉諭地方軍民人等，不許在於應禁山場擅自樵採，開墾，耕種，燒窑，燒灰，違者許本廠郎中捉拿，照例問發。

**又** 正統初，嘗諭工部軍器之鐵，止取足於遵化，不必江南收買。後復命虞衡司官主之，則國初諸官冶雖廢，而遵化鐵礦尚足供工部之用也。遵化撫臣欲開鉛礦，竟阻於士紳而止。

**《清户部軍需則例·工部軍需則例》卷一《雜支》** 設窑燒炭

軍營需用炭斤，向照軍裝則例核銷，查乾隆三十八年，四川口外軍營於四十三年，據會辦報銷大臣工部尚書富勒渾題銷軍營案内，口外隨營設立砲局，鑄造化毁砲位，所需炭斤應設窑燒炭。每需一座，日用燒夫二名，砍柴夫七名，每五日出炭一次，每次出炭四百五六十斤。並聲明口外燒炭之柴難於一律堅好，多用雜樹，木質不一。又口外風多勁烈，化毁易而成炭難，每窑燒炭四百五六十斤，必須柴數千餘斤。兼以山多不毛，産木處所多係偏僻峻嶺，砍運維艱，是以每窑一座用砍柴夫七名，每日連砍豐運往返二次，並無閒空。燒炭用夫二名，晝夜輪流看守，並無虚工。核之内地採運煤炭價脚，實屬有減無浮等因，經工部准銷在案。嗣後如進征地方距内地未遠者，自應仍照軍裝則例采辦。如進征地方寫遠，需用煤炭較之由内地輓運費用過多，必須設窑燒炭者，臨時承辦大臣酌量地方情形，核實奏明辦理。

**清·孫楷《秦會要》卷一四《職官上·鹽鐵官》** 秦置鹽鐵市官，主鹽鐵，有長丞。秦惠王使張若治成都，置鹽鐵市官，並長丞。見《華陽國志》三。《通典·職官》九，秦郡國有鐵官，諸郡國出鐵者置鐵官長丞，是也。《史記・自序》：司馬昌爲秦主鐵官。《食貨志》：秦既收田租，又出口賦，而官更奪鹽鐵之利。如淳曰：秦賣鹽鐵貴，故民困。

# 圖録

元・王禎《農書・農器圖譜・利用門》水排

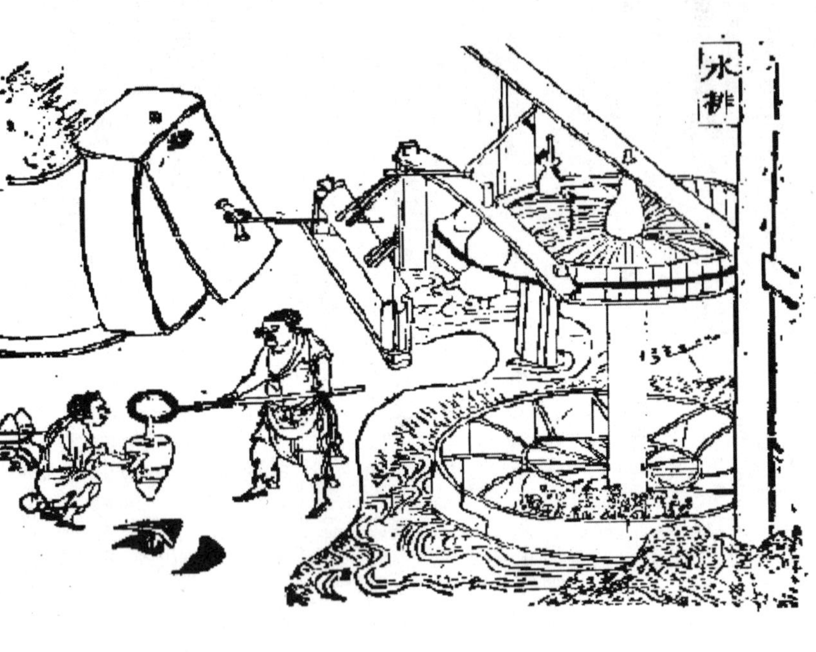


明・宋應星《天工開物》卷下《五金》墾土拾錠

又淘洗鐵砂

又 生熟煉鐵爐

# 藝文

**宋・蘇軾《石炭》《蘇軾詩集》卷一七** 石炭並引

詰案：粤中多以石炭培壅沙田，而年享其利，然粤人不知，徵粤事者亦不知也。今附載，以爲嶺南事實。

彭城舊無石炭。元豐元年十二月，始遣人訪獲於州之西南白土鎮之北，以冶鐵作兵，犀利勝常云。［查註］《禹貢》：徐州厥貢，惟土五色。《漢・郊祀志》：王莽使徐州歲貢五色土。《九域志》：徐州蕭縣，有永安、白土二鎮。詰案：《前漢・地理志》云：豫章郡出石，可然爲薪。陸游《老學庵筆記》云：北方多石炭，南方多木炭，蜀又有竹炭，燒巨竹爲之，易然，無煙，耐久。邛州出鐵炭，烹煉利於竹炭，予親見之。《正字通》云：石炭，即今西北所燒之煤。考詩有「投泥潑水愈光明，南山栗林漸可息」句，即今燒煤之法，用以代木，煤力堅久，故當時以爲冶鍛之用，視栗林爲便。《詩叙》專言指兵刃者，此也。查註引《水經注》「石虎作井，深十五丈，以藏石墨，亦謂石炭」者，誤。十五丈之井，所藏幾何，且石墨、石炭迥異，與全首詩意亦不合也。故爲考之。合註從誤，今删。

君不見前年雨雪行人斷，城中居民風裂骭。濕薪半束抱衾裯，［施註］《毛詩・鄘風・揚之水》：不流束薪。又：《召南・小星》：抱衾與裯。日暮敲門無處换。［施註］韓退之《寄皇甫湜》詩：敲門驚晝眠。杜子美《秋雨嘆》詩：城中鬥米换衾裯，相許寧論兩相直。豈料山中有遺寶，磊落如礐萬車炭。［邵註］《唐韻》：礐，美石，黑色。流膏迸液無人知，［合註］《管子》：民得其饒，是謂流膏。陣陣腥風自吹散。根苗一發浩無際，萬人鼓舞千人看。投泥潑水愈光明，［施註］《唐・張説傳》：武后爲潑寒胡戲。説上疏曰：「乞寒潑胡，未聞典故，汩泥揮水，盛德何觀焉。」詰案：施註傅會此條，可見彼於題字，全不懂也。爍玉流金見精悍。［施註］《楚辭》宋玉《招魂》：十日代出，流金鑠石。南山栗林漸可息，［王註次公曰］南山栗林，以言木炭也。［任曰］《莊子・山木篇》：游於栗林。北山頑鑛何勞鍛。爲君鑄作百錬刀，［王註］《晉書・載記》：赫連勃勃，造百錬剛刀，爲龍雀大環，號曰大夏龍雀。要斬長鯨爲萬段。［王註］李太白《司馬將軍歌》詩：直斬長鯨海水開。［施註］李太白《王節士歌》：安得倚天劍，跨海斬長鯨。《唐・段秀實傳》：罵朱泚云，狂賊可斬萬段。

**清・嚴如熤《三省邊防備覽》卷一四《藝文下》** 鐵廠詠

史公載平準，大書桑孔事。上佐軍國需，資賴鹽鐵利。爨釜耕以刀，厥功同陶埴。古聖前民用，貨惡人有棄。南山當坤維，金精靈氣積。處處興鼓鑄，民命亦所寄。當其開採時，頗與蜀黔異。紅山鑿礦石，磈磊小坡歸。黑山儲薪炭，縱横排雁翅。洪鑪兩三丈，傑然立屓贔。風匣推連宵，燭天紅光熾。高匠看火色，渣傾液流地。銩板堆如屋，笵模成農器。黑溝黄花川，傢具頗堅致。鐘鍊工良苦，鑄鎔資不易。老林連坡陀，匠作采取恣。奈此旦旦伐，年來剩山翠。一廠指屢千，人皆不耕食。蚩蚩無業氓，力作飽餬饎。上天不愛寶，助我太平治。豈無逋逃猾，雌伏屏鼻息。豈無透漏奸，虣禁嚴關史。地利有時盡，生計以憔悴。乃知宏羊法，病國非爲義。

# 雜録

**宋·高承《事物紀原》卷一《利源調度部》** 官炭

又曰：大中祥符五年十二月六日，帝謂王旦曰：「民閒乏炭，秤二百文。令三司出炭四十萬，減價鬻與貧民，非惟抑高價，且濟人民。」六年遂置場收置，以備濟民。

**宋·葉廷珪《海録碎事》卷六《飲食器用部·薪炭門》** 獸炭、晉羊琇屑炭和作獸形以温酒，洛下皆效之。馬通薪、山谷言：《城西張仲謀爲我寒，惠送騏驥院馬通薪三百秤》。一云束。桐薪、《淮南子》：巨斧擊桐薪，不待利時良日，然後破之。編菅秉秆、《左傳》：楚令尹郤氏，或取一編菅焉，或取一秉秆焉。注：秉，把也。尋桂、尺爐重尋桂，紅粒貴瑶瓊。張景陽。桂玉、《戰國策》：蘇秦之楚三日，乃見王曰：「楚國食貴於玉，薪貴於桂。」炭虯、獸炭曰炭虯。煉炭、洛下有豪子，飲食鮮華。有李使君亦尚豪侈，爲具召之，曾不下箸。及飯至，李曰：「試食，此以炭炊。」豪子勉食一匙，曰：「凡以炭炊，先燒炭熟，謂之煉炭，方無煙氣。此非也。」《劇談録》。龍芻、東海有島曰龍駒川，穆天子養八駿處。島中有草名龍芻，馬食之，行百里。語曰：「一抹龍芻，化爲龍駒。」《拾遺》。甘露芻、劉恢《馬》詩：絡首纏騣尾，養以甘露芻。樵蘇。樵蘇後爨，師不宿飽。注：樵，取薪也。蘇，取草也。《史記》。

**宋·陸遊《老學庵筆記》卷六** 謝景魚家有陳無已手簡一編，有十餘帖，皆與酒務官託買浮炭者，其貧可知。浮炭者，謂投之水中而浮，今人謂之麩炭，恐亦以投之水中則浮故也。白樂天詩云「日暮半爐麩炭火」，則其語亦已久矣。

**清·鄭復光《費隱與知録》** 羅鍼偏東由於地脈

問，鐵能指南，何以中國偏東而西洋人又謂在大浪山東則指西，在大浪山西則指東，惟正到大浪山則指南。其説可信乎？曰，西説既非身親，姑可不論。而中國偏東，京都五度，金陵三度，【略】既見諸書，确然無疑，而偏則各地不同。從《儀象志圖》悟得，是各順其地脈也。地脈根兩極南北，如植物出土，皆指天頂，但不能不稍曲焉耳。惟植物尚小，又生長活動，故曲較大，不似地爲一成之質，其脈長大，故曲處甚微焉。又地脈之根，止有地心一綫，其處最直，而漸及地面，不無稍曲。鍼爲地脈牽掣，故偏亦甚微。曰，鐵爲鐵造，鐵順地脈向南向北，自因生塊本所致然，理也。迨製成鍼，鐵向南處，未必恰值鍼杪。且鍼本不指南，磨磁乃然。曾聞針本指南，余試以寸針，知不确矣。墨林兄以爲确，試之而驗，但不甚靈耳。是用繡花針，蓋小而輕，較靈也。而《儀象志》又謂燒紅之鐵，銅絲縣之，既復原，令兩端自轉而向南北。又舊墻磚，如鐵鍩者亦然。夫鍼，或因磨處在鐵，故鐵獨靈。若燒紅，則全鐵入火，何以獨鐵指南？曰，鐵若圓形，無由知其指南。針是長形，雖各處皆欲指南，必輾轉相就，然後分向南北，不得不在其鐵矣。如投木於水，順其水性，亦必直行方安。有時而横者，緣木非有直指之性，不過隨水直流耳。而水之流也，變動不拘，活潑特甚，若舟有柁，則柁直舟直矣。故磁石本體生於地脈，有向南處，有向北處。針杪磨向南處，則指南，磨向北處，則指北。雖磁生地中，亦有向東西處，而鍼則無有指東西時。是知磁雖四面，而南北爲脈，鍼因長體，故向必在端。鐵本向南北，感磁益靈。而金性從革，非由本所也。沈存中《夢溪筆談》云，針磨磁石指南，有磨而指北者。余試以羅經，持石其旁，針或相指，或亦不動。即轉石，則針必轉，迨至針端恰指石時，即作識石上。石轉一周，必有紅黑兩識。乃别取鍼，不拘用杪用本，磨紅識處則指南，磨黑識處則指北。百試無爽。乃知沈蓋嘗試而爲是言，第不詳耳。或謂有磨而指東、西、北者，故必試準乃用。臆説也。《高厚蒙求》云，鍼必淬火，不然雖養磁石，經年終不能得指南之性。余磨之，即時指南，説乃未确，然宜從之。觀《儀象志》有燒紅之語，可知蓋物久露則本性不純，蓄磁心藏鐵屑中，或水内，亦此理。燒紅，則變化使復其舊矣。淬水則鐵彌堅，殆助其力之意。凡鍼材亦本有火也。

# 金屬鑄造與工藝化學部

## 題解

《周禮・冬官考工記》 國有六職，百工與居一焉。百工，司空事官之屬。於天地四時之職，亦處其一也。司空，掌營城郭，建都邑，立社稷宗廟，造宫室車服器械，監百工者，唐虞已上曰共工。 與居，音預。監百，古銜反。以上，時掌反，凡言以上，放此。共工，音恭。

或坐而論道，或作而行之，或審曲面埶，以飭五材，以辨民器，或通四方之珍異以資之，或飭力以長地財，或治絲麻以成之。言人德能事業之不同者也。論道，謂謀慮治國之政令也。作，起也。辨猶具也。資，取也，操也。鄭司農云：「審曲面埶，審察五材曲直方面形埶之宜以治之及陰陽之面背是也。《春秋傳》曰：『天生五材，民並用之。』謂金、木、水、火、土也。」故書資作齊。杜子春云：「齊當爲資，讀如冬資絺之資。」玄謂此五材，金、木、皮、玉、土。 面埶，音勢。以飭，音勑，下同。以辨，皮莧反，具也，注及下同。以長，丁丈反，下同。操也，七曹反。

【略】審曲面埶，以飭五材，以辨民器，謂之百工。五材各有工，言百，衆言之也。

**又** 知者創物。謂始闓端造器物，若《世本》作者是也。 知者，音智。創物，初亮反，依字作刱。始闓，音開。

巧者述之，守之世，謂之工。父子世以相教。

百工之事，皆聖人之作也。事無非聖人所爲也。

爍金以爲刃，凝土以爲器，作車以行陸，作舟以行水，此皆聖人之所作也。凝，堅也。故書舟作周，鄭司農云：「周當爲舟。」 爍金，徐、劉余灼反，義當作鑠，始灼反。

**又** 凡攻木之工七，攻金之工六，攻皮之工五，設色之工五，刮摩之工五，搏埴之工二。攻猶治也。搏之言拍也。埴，黏土也。故書「七」爲「十」，「刮」作「捖」。鄭司農云：「十當爲七。捖摩之工謂玉工也。捖讀爲刮，其事亦是也。」 刮摩，古八反。搏，李音團，劉音博。埴，時職反。言拍，普百反。黏土，女廉反。作捖，劉音刮，戚音完，李侯管反。

攻木之工：輪、輿、弓、廬、匠、車、梓。攻金之工：築、冶、鳧、㮚、段、桃。攻皮之工：函、鮑、韗、韋、裘。設色之工：畫、繢、鍾、筐、㡃。刮摩之工：玉、楖、雕、矢、磬。搏埴之工：陶、旊。事官之屬六十，此識其五材三十工，略記其事耳。其曰某人者，以其事名官也。其曰某氏者，官有世功，若族有世業，以氏名官者也。廬，矛戟矜柲也。《國語》曰「侏儒扶盧」。梓，榎屬也。故書雕或爲舟。鄭司農云：「輪、輿、弓、廬、匠、車、梓，此七者攻木之工，官別名也。《孟子》曰『梓匠輪輿』。鮑讀爲鮑魚之鮑，書或爲鞄，《蒼頡篇》有『鞄㲉』。韗讀爲歷運之運。㡃讀爲芒芒禹迹之芒。楖讀如巾櫛之櫛。旊讀爲甫始之甫。埴，書或爲植。」杜子春云：「雕或爲舟者，非也。」玄謂旊讀如放於此乎之放。㮚，古栗字。段桃，徐丁亂反，劉徒亂反。韗，況万反，劉音運，本或作韗，同。畫繢，户對反，後同。筐，音匡。㡃，莫黄反。玉楖，側筆反。陶旊，甫罔反，又音甫。侏儒，音朱。榎屬，古馬反，字或作檟。爲鞄，匹學反，劉音僕。鞄㲉，如兖反，柔革工。芒芒，莫黄反，下同。放於，甫罔反，下同。

有虞氏上陶，夏后氏上匠，殷人上梓，周人上輿。官各有所尊，王者相變也。舜至質，貴陶器，甒大瓦棺是也。禹治洪水，民降丘宅土，卑宫室，盡力乎溝洫，而尊匠。湯放桀，疾禮樂之壞而尊梓。武王誅紂，疾上下失其服飾而尊輿。 甒大，音武，下音泰。卑宫，如字，劉音婢。盡力，津忍反。溝洫，況域反。

**又** 攻金之工，築氏執下齊，冶氏執上齊，鳧氏爲聲，㮚氏爲量，段氏爲鎛器，桃氏爲刃。多錫爲下齊，大刃、削殺矢、鑒燧也。少錫爲上齊，鍾鼎、斧斤、戈戟也。聲，鍾、錞于之屬。量，豆、區、鬴也。鎛器，田器錢鎛之屬。刃，大刃刀劒之屬。 齊，才細反，下及注皆同。段氏，丁亂反。刃削，如字，李音笑，下同。鑒隧，音遂。錞于，音淳。豆區，烏侯反。鬴也，音輔。錢鎛，子淺反。

**又** 天有時，地有氣，材有美，工有巧，合此四者，然後可以爲良。時，寒温也。氣，剛柔也。良，善也。 合此，如字，劉音閤。

材美工巧，然而不良，則不時、不得地氣也。不時，不得天時。

橘踰淮而北爲枳，鸜鵒不踰濟，貉踰汶則死，此地氣然也。

鄭之刀，宋之斤，魯之削，吴粤之劒，遷乎其地，而弗能爲良，地氣然也。去此地而作之，則不能使良也。 之削，如字，本思約、思詔二反。

燕之角，荆之幹，妢胡之笴，吴粤之金、錫，此材之美者也。荆，荆州也。幹，柘也，可以爲弓弩之幹。妢胡，胡子之國，在楚旁。笴，矢幹也。《禹貢》荆州貢櫄幹栝柏及箘簵楛。故書笴爲筍。杜子春云：「妢讀爲焚咸丘之焚，書或爲邠。妢胡，地名也。筍當爲笴，笴讀爲稾，謂箭稾。」 妢胡，扶云反。之笴，古老反，注作稾，同。矢幹，古旦反，或古旱反。櫄，勑倫反。箘，其隕反，李其轉反。簵，音路。楛，音户，《尚書》作梏，音同。爲邠，彼貧反。

### 漢・桓寬《鹽鐵論》卷一 通有第三

自古有之，非獨於此。弦高販牛於周，五羖賃車入秦，公輸子以規矩，歐冶以鎔鑄。《語》曰：「百工居肆，以致其事。」

# 論説

**《周禮・冬官考工記》** 粵無鎛，燕無函，秦無廬，胡無弓、車。此四國者，不置是工也。鎛，田器，《詩》云「庤乃錢鎛」，又曰「其鎛斯趙」。鄭司農云：「函讀如國君含垢之含，函，鎧也。」《孟子》曰：「矢人豈不仁於函人哉！矢人唯恐不傷人，函人唯恐傷人。」廬讀爲纑，謂矛戟柄，竹欑柲，或曰摩鐗之器。胡，今匈奴。　粵無，音越。鎛，音博，田器也，注及後同。燕無，音烟。函，户南反，鎧也，後同。無廬，魯吴反，下皆同，本或作薰。庤乃，直里反。錢，子淺反。斯趙，音趙，一音大了反。含垢，工口反。鎧也，苦代反。爲纑，音盧，下同。竹欑，才官反，李音纂。柲也，音祕，劉又音筆。摩鐗，力庶反。

粵之無鎛也，非無鎛也，夫人而能爲鎛也；燕之無函也，非無函也，夫人而能爲函也；秦之無廬也，非無廬也，夫人而能爲廬也；胡之無弓車也，非無弓車也，夫人而能爲弓車也。言其丈夫人人皆能作是器，不須國工。粵地塗泥，多草薉，而山出金錫，鑄冶之業，田器尤多。燕近强胡，習作甲胄。秦多細木，善作矜柲。匈奴無屋宅，田獵畜牧，逐水草而居，皆知爲弓車。　夫人，徐、劉方無反，沈音扶。草薉，音穢，劉云穢字之異者。燕近，附近之近。矜柲，其巾反，李其京反。畜牧，許又反，下音目，又音茂。

**《孟子・滕文公上》** 曰：「許子以釜甑爨，以鐵耕乎？」注：爨，炊也。孟子曰，許子寧以釜甑炊食，以鐵爲犂用之耕否邪。疏：注「爨炊也」　正義曰：《説文》火部云：「炊，爨也。」又爨部云：「爨，齊謂炊爨。」段氏玉裁《説文解字注》云：「齊謂炊爨者，齊人謂炊曰爨。古言謂則不言曰，如毛傳『婦人謂嫁曰歸』是也。《特牲》《少牢禮》注皆曰：『爨，竈也。』此因爨必於竈，故謂竈爲爨。《楚茨》傳云：『爨，雍爨、廩爨也。』此謂竈。又曰：『踖踖，爨竈有容也。』此謂炊。」按此言以釜甑爨，釜甑作竈，則爨不得又爲竈，故是炊也。《説文・牛部》云：「犂，耕也。」段氏玉裁《説文解字注》云：「犂、耕二字互訓。」皆謂田器，故云以鐵爲犂。　爨本竈名，用以炊，即以炊爲爨，猶犂本田器，用以耕，即以耕爲犂也。

曰：「然。」注：相曰用之。

「自爲之與？」注：孟子曰許子自冶鐵陶瓦器邪？疏：注「冶鐵陶瓦器」　正義曰：《考工記》：「㮚氏爲量，改煎金錫則不耗，量之以爲鬴，深尺，内方尺而圜其外，其實一鬴。」《説文・鬲部》云：「鬴，鍑屬也。」重文：「釜，或從父，金聲。」是釜屬金冶爲之也，故云冶鐵。《考工記》：「陶人爲甗，實二鬴，厚半寸，唇寸。甑實二鬴，厚半寸，唇寸，七穿。」鄭司農云：「甗，無底甑。」《説文・瓦部》云：「甑，甗也。」「甗，甑也。一穿。」段氏玉裁《説文解字注》云：「無底，即所謂一穿。蓋甑七穿而小，甗一穿而大。一穿而大，則無底矣。」「其底七穿，故必以箄蔽甑底，而加米其上而餴之，而餾之。」甑屬瓦陶爲之也，故云陶瓦器。按古釜有足如鼎，今釜無足，别以土爲罏承其下，《説文》言「秦名土鬴曰𨫼」是也。𨫼讀若過，今俗作「鍋」。然土其下仍鐵其上，俗猶呼其上之鐵爲鍋，其下土爲鍋臺耳。甑今以木爲之，其下亦以木爲㮰，則七穿之遺制矣。或以竹爲之，俗呼蒸籠，亦甑之類也。

曰：「否，以粟易之。」注：相曰，不自作鐵瓦，以粟易之也。

「以粟易械器者，不爲厲陶冶；陶冶亦以其械器易粟者，豈爲厲農夫哉？且許子何不爲陶冶，舍皆取諸其宫中而用之，何爲紛紛然與百工交易，何許子之不憚煩？」注：械，器之總名也。厲，病也。以粟易器，不病陶冶；陶冶亦何以爲病農夫乎。且許子何爲不自陶冶。舍者，止也。止不肯皆自取之其宫宅中而用之，何爲反與百工交易，紛紛爲煩也。疏：注「械器之總名也」　正義曰：《説文・木部》云：「械，桎梏也。一曰器之總名。」桎梏爲刑罰之器。莊三十二年《公羊傳》，以攻守之器爲械，而實非桎梏兵甲之專名，故《荀子・王制篇》言「喪祭械用」，《禮記・王制》云「器械異制」，注云：「謂作務之用。」《孟子》此文，又指釜甑耕犂而言，是凡器皆得稱械，故云器之總名也。　注「舍止也」至「用之」　正義曰：舍爲居止之止，此爲禁止之止，故又申解止爲不肯。《爾雅・釋宫》云：「宫謂之室，室謂之宫。」邵氏晉涵正義云：「《春秋》隱五年：『考仲子之宫。』《穀梁文》十三年《傳》云：『伯禽曰大室，羣公曰宫。』是宫廟通稱宫室也。《左氏》莊二十一年《傳》云：『虢公爲王宫於玤。』《鄘詩》：『定之方中，作於楚宫。』又云：『作於楚室。』是天子諸侯所居通稱宫室也。《左氏》僖二十八年《傳》云：『令無入僖負羈之宫。』《檀弓》云：『季武子成寢，杜氏之喪在西階之下，請合葬焉。許之，入宫而不敢哭。』是大夫通稱宫室也。《士昏禮》云：『請吾子之就宫。』《喪服傳》云：『所適者，以其貨財爲之築宫廟。』《大戴禮・千乘篇》云：『百姓不安其居，不樂其宫。』是士庶人通稱宫室也。《釋文》云：『古者貴賤同稱宫，秦漢以來，惟王者所居稱宫焉。』」按宫是貴賤通稱，此許行所居即廛宅，故以宅解宫也。毛氏奇齡《四書賸言》云：「舍皆取諸其宫中而用之，舍，止也。言止取宫中，不須外求也。趙注舍止，又以不肯爲止，謂不肯皆自取宫室之中，則猶是止字而解又不同。」

曰：「百工之事，固不可耕且爲也。」注：相曰，百工之事，固不可耕且爲，故交易也。

**漢・劉安《淮南子・俶真訓》** 今夫冶工之鑄器鑄，讀如唾祝之「祝」也。李賡芸云：祝，本之六切，轉音如「鑄」，如「注」。今河南息縣人讀「祝」如「朱」。《説文》：「翢翢，呼雞聲」，之六切。而《風俗通》曰「呼雞朱朱」，皆轉音也。《禮記・樂記》：「封帝堯之後於祝。」注：「祝或爲鑄。」《吕氏春秋・慎大覽》：「命封黄帝之後於鑄。」《周禮・瘍醫》注：「祝讀如注病之注。」金踴躍於鑪中，必有波溢而播棄者，其中地而凝滯，亦有以象於物者矣。其形雖有所小用哉，　向宗魯云：「用」，宋本、《藏》本皆作「周」，當據正。《原道篇》「貴其周於數而合於時也」，周、合同義。高彼注云：「周，調也。」調亦合也。《楚辭》「雖不周於今之人兮」，注：「周，合也。」　寧案：向説疑非。作「形雖有所小周」，與上句「亦有以象於物者矣」義複　中立本、茅本亦作「周」，當是「用」之誤字。蓋上句言形，下句言用，與上文「無之未有害於用也」文正相承，雖小有用而不能保如周鼎，何況比於規形者乎？規形者即造形者，謂型範，猶言造物者。然未可以保於周室之九鼎也，又況比於規形者乎？其與道相去亦遠矣！

**又《墬形訓》**　木勝土，土勝水，水勝火，火勝金，金勝木。故禾春生秋死，禾者木，春木王而生，秋金王而死。菽夏生冬死，豆，火也，夏火王而生，冬水王而死。　寧案：注「豆」字當作「菽」，涉前注「菽，豆也」而誤。《太平御覽》八百三十七引正作「菽」。麥秋生夏死，麥，金也；金王而生，火王而死也。薺冬生中夏死。薺，水也，水王而生，土王而死也。　王念孫云：此本作「薺冬生而夏死」。後人以薺死於中夏，因改爲「中夏」。不知上文「禾春生秋死，菽夏生冬死，麥秋生夏死」，皆但言其時，而不言其月，薺亦然也。《藝文類聚・草部》下、《太平御覽・百穀部》一、《菜部》五引此並作「薺冬生而夏死」。　寧案：王念孫改「中」爲「而」，大□。上文云「木勝土，土勝水，水勝火，火勝金，金勝木。故禾春生秋死」云云。是「禾春生秋死」，承「金勝木」言之；「菽夏生冬死」，承「水勝火」言之；「麥秋生夏死」，承「火勝金」言之；「薺冬生中夏死」，承「土勝水」言之。《時則篇》曰：「承夏之月，招摇指未，昏心中，旦奎中。其位中央，其日戊己，盛德在土。」故曰「中夏」。故高注云：「薺，水也，水王而生，土王而死也。」若作冬生而夏死，則是水王而生，火王而死，是火勝水也，豈五行生剋之義乎？王念孫以中夏爲言月，混同於後人之以中夏爲五月，《太平御覽》八百三十七引又改中夏爲仲夏，皆未得中夏之義。《藝文類聚・草部》下、《太平御覽》九百八十引，則皆後人泥於句法一律所改。木壯水老火生金囚土死，火壯木老土生水囚金死，土壯火老金生木囚水死，金壯土老水生火囚木死，水壯金老木生土囚火死。音有五聲，宮其主也；五聲，宮商角徵羽也。在中央，故爲主。　吴承化云：漢初爲傳訓者，皆與本文別行，及馬融爲《周禮》注欲省學者兩讀，故具載本文。此書高誘自序曰「爲之注解，悉載本文」，則高誘說《淮南》書，離句下注可知也。然今本注文，有連綴數句之注並寫於一處者。以各本及《御覽》引注互相比勘，則注文應分而各本誤會者，蓋多有之。如此乂「五聲，宮商角徵羽也」八字，當在「音有五聲」句下，「在中央，故爲主」六字，當在「宮其主也」句下，如此則文注比順，無可疑殆。苟如今本所云，則奪誤不可通矣。此類甚衆，覽者可自尋之。　寧案：《道藏》本、景宋本，「在中央」上皆有「宮」字，今本脱，知非誤合也。色有五章，黄其主也；馬宗霍云：《書皋陶謨》云：「以五采彰施於五色。」「彰」通作「章」，故本文云「色有五章」。僞《孔傳》云：「以五采明施於五色。」是訓章爲明也。《考工記》畫繢之事「襍四時五色之位以章之」，鄭玄注亦云：「章，明也。」本文「章」字義同。味有五變，甘其主也；位有五材，土其主也。是故鍊土生木，鍊木生火，鍊火生雲，雲，金氣所生也。鍊雲生水，鍊水反土。鍊甘生酸，鍊酸生辛，鍊辛生苦，鍊苦生鹹，鍊鹹反甘。鍊猶治也。　寧案：《太平御覽》八百六十九引注在「鍊土生木」句下是也。變宮生徵，變徵生商，變商生羽，變羽生角，變角生宮。變猶化也。是故以水和土，以土和火，以火化金，以金治木，木復反上。五行相治，所以成器用。土，本也，故曰「五行相生以成器用」。　寧案：注「生」當作「治」，下奪「所」字。此複舉正文，不得與之相異。《道藏》本、景宋本亦誤作「生」，唯「所」字不脱。

**又《齊俗訓》**　馬不可以服重，牛不可以追速；鉛不可以爲刀，銅不可以爲弩；鐵不可以爲舟，木不可以爲釜：各用之於其所適，施之於其所宜，即萬物一齊而無由相過。夫明鏡便於照形，其於以函食不如簞；　王念孫云：「函食不如簞」，本作「承食不如竹箄」。

禮，桀、紂之所以亡，而湯、武之所以爲治。故剞劂銷鋸陳，非良工不能以制木；　寧案：《本經篇》「劂」作「劚」，「銷」作「削」，許、高之異也。說詳彼文「公輸王爾無所錯其剞劚削鋸」下。又案：「工」當爲「匠」，蓋「匠」字缺「斤」而誤。《大藏音義》二十四、六十二、六十六、《太平御覽》九百五十二引皆作「匠」。《本經篇》高注：「王爾，古之巧匠也。」是其證。鑪橐埵坊設，鑪、橐、埵，皆冶具。坊，七刑也。　寧案：注「刑」當作「荆」，通「型」。《說文》：「型，鑄器之法也。从土荆聲。」二字多相亂。非巧冶不能以治金。

**又《說林訓》**　巧冶不能鑄木，巧工不能斲金者，形性然也。　孫詒讓云：「工巧」當作「巧匠」，今本「匠」譌爲「工」，而文又到，遂不可通。《泰族訓》云：「故良匠不能斲金，巧冶不能鑠木。」是其證。　劉文典云：《文子・上德篇》作「巧冶不能銷木，良匠不能斲冰」，「良匠」猶「巧匠」也。孫說近確。　楊樹達云：《北堂書鈔》九十九引《公孫尼子》云：「良匠不能斲冰，良冶不能鑄木。」此《淮南》文所本。彼文云「良匠」，孫云「工」當作「匠」是也。彼文「斲冰」無義，當依此及《泰族》篇作「斲金」。　寧案：孫說是也。《道藏》本、中立本、茅本、景宋本作「工匠」，「工」字即「巧」字之殘形，而「匠」字不誤。莊本倒「工巧」爲「巧工」亦非。

**又《泰族訓》**　夫物有以自然，而後人事有治也。故良匠不能斲金，巧冶不能鑠木，金之勢不可斲，而木之性不可鑠也。埏埴而爲器，窬木而爲舟，鑠鐵而爲刃，鑄金而爲鐘，因其可也。

**《漢書・食貨志》**　《洪範》八政，一曰食，二曰貨。食謂農殖嘉穀可食之物，貨謂布帛可衣，及金刀龜貝，所以分財布利通有無者也。二者，生民之本，興自神農之世。「斲木爲耜，煣木爲耒，耒(㠯)[耨]之利以教天下」，而食足；「日中爲市，致天下之民，聚天下之貨，交易而退，各得其所」，而貨通。食足貨通，然後國實民富，而教化成。黄帝以下「通其變，使民不倦」。堯命四子以「敬授民時」，舜命后稷以「黎民祖飢」，是爲政首。禹平洪水，定九州，制土田，各因所生遠近，賦入貢棐，楙遷有無，萬國作乂。殷周之盛，《詩書》所述，要在安民，富而教之。故《易》稱「天地之大德曰生，聖人之大寶曰位；何以守位曰仁，何以聚人曰財」。財者，帝王所以聚人守位，養成羣生，奉順天德，治國安民之本也。故曰：「不患寡而患不均，不患貧而患不安；蓋均亡貧，和亡寡，安亡傾。」是以聖王域民；築城郭以居之，制廬井以均之，開市肆以通之，設庠序以教之；士農工商，四民有業。學以居位曰士，闢土殖穀曰農，作巧成器曰工，通財鬻貨曰商。聖王量能授事，四民陳力受職，故朝亡廢官，邑亡敖民，地亡曠土。

**宋・王欽若等《册府元龜》卷九〇八《總録部・工巧》** 周官六職，工居一焉。古先哲人，鑠金以爲刃，凝土以爲器，作車以行陸，作舟以行水。利用於民，其業盛廣。智者創物，巧者述之，所謂冰生水而更寒，色出藍而益青。疏鑿其流，功侔造化，惠發於心，匠成於手，應世以濟時，力少而功倍。至有潛運機關，自能飛動，百工之事，咸有妙焉。然有固作無益，以蕩上心，則非聖人之旨也。

**宋・王黼《重修宣和博古圖》** 總説

《周易》六十四卦莫不有象，而獨於鼎言象者，聖人蓋有以見天下之賾而擬諸形容，象其物宜是，故謂之象。至於近取諸身，遠取諸物，仰以觀於天，俯以察於地，擬而象之，百物咸備，以通神明之德，以類萬物之情，故圜以象乎陽，方以象乎陰，三足以象三公，四足以象四輔，黄耳以象才之中，金鉉以象才之斷，象饕餮以戒其貪，象蜼形以寓其智，作雲雷以象澤物之功，著夔龍以象不測之變。至於牛鼎、羊鼎、豕鼎，又各取其象而飾焉。則鼎之爲器，衆體具矣，不特以木巽火，得養人之象而已。故聖人惟以鼎爲象。然鼎大者謂之鼐，圜弇上謂之鼒，附耳外謂之釴。曰崇曰貫，則名其國也。曰讒曰刑，則著其事也。曰牢曰陪，則設之異也。曰神曰寶，則重之極也。士以鐵，大夫以銅，諸侯以白金，天子以黄金，飾之辨也。天子九，諸侯七，大夫五，士三，數之别也。牛羊豕魚，腊腸胃膚，鮮魚鮮腊，用之殊也。然歷代之鼎，形制不一。有腹著饕餮而間以雷紋者，父乙鼎、父癸鼎之類是也。有鍊色如金，著飾簡美者，辛鼎、癸鼎之類是也。有緣飾旋花奇古可愛者，象形鼎、横戈父癸鼎之類是也。有密布花雲，或作雲雷迅疾之狀者，晉姜鼎、雲雷鼎之類是也。有隱起饕餮間，以夔龍或作細乳者，亞虎父丁鼎、文王鼎、王伯鼎之類是也。或如孟鼎之侈口，中鼎之無文，伯碩史頙鼎之至大，金銀錯鼒之絶小，或自方如簠，或分底如鬲，或設蓋如敦，有大小不同而制作一體，有款識雖異而形制不殊，或造於一時，或沿於異代，按而求之，若辨黑白。大抵古人用意皆有規模，豈特爲觀美哉！若乃款識名氏，雖曰夏商從高陽之質，以名爲號，配以十干而加之以父，然齊有丁公、乙公、癸公，幽公之弟曰乙，齊悼之子曰壬，則十干之配未必皆夏商也。周大夫有嘉父，宋大夫有孔父，齊頃之臣有丑父，召公之後有父乙，則加之以父未必皆夏商也。至於形之圜者，如父癸、季娟，形之方者，如文王、單景，其銘迺曰作尊彝、作從彝，何也？蓋先王之時，作奇技奇器者，罪不容誅。用器不中度者，不鬻於市。戒在於作爲淫巧，以法度爲繩約，要使其器可尊，其度可法而後已。是以沇子作盉而銘曰寶尊，孟金父作敨而銘曰尊敨，父巳作彝而銘曰尊彝，虢叔作鬲而銘曰尊鬲，則於鼎曰尊者，爲其器可尊耳，非六尊之尊也。鴈婦作鬲而銘之曰彝，父辛作卣而銘亦曰彝，伯所作者舟也，鬲也，甗也，皆以彝銘之。單所作者舟也，彝也，盉也，亦皆以彝銘之。則於鼎曰彝者，爲其度可法耳，非六彝之彝也。故左丘明外傳稱法度之器曰彝器，邢昺疏《爾雅》，亦謂彝爲法，則尊彝者，禮器之總名，猶戈矛劍戟，其用不同，而總謂之兵；匏土革木，其音不一，而總謂之樂爾。然則器非尊彝，而以尊彝爲銘者，又不可不辨也。夫牛首之鑄，泗水之亡，雖不復見，然歷代所寶爲時而出者，莫知其極。惟考覈制作，參稽字畫，推原而審訂之，則物象之多，名氏所疑，與夫無款識者，將大判於今日矣。

**明・宋應星《天工開物》卷中《冶鑄》** 宋子曰：首山之采，肇自軒轅，源流遠矣哉。九牧貢金，用襄禹鼎，從此火金功用日異而月新矣。夫金之生也，以土爲母，及其成形而效用於世也，母模子肖，亦猶是焉。精粗巨細之間，但見鈍者司舂，利者司墾，薄其身以媒合水火而百姓繁，虚其腹以振盪空靈而八音起。願者肖仙梵之身，而塵凡有至象。巧者奪上清之魄，而海宇遍流泉，即屈指唱籌，豈能悉數！要之，人力不至於此。

**又《錘鍛》** 宋子曰：金木受攻而物象曲成。世無利器，即般倕安所施其巧哉？五兵之内，六樂之中，微鉗錘之奏功也，生殺之機泯然矣。同出洪爐烈火，大小殊形。重千鈞者繫巨艦於狂淵，輕一羽者透繡紋於章服。使冶鐘鑄鼎之巧，束手而讓神功焉。莫邪、干將，雙龍飛躍，毋其説亦有徵焉者乎？

# 綜述

**《周禮・冬官考工記》** 㮚氏爲量，改煎金錫則不耗。消湅之精，不復減也。

㮚，古文或作歷。玄謂量當與鍾鼎同齊。工異者，大器。　消湅，音練，下同。不復，扶又反。咸也，洽斬反，本亦作減。同齊，才計反。

注「消湅」至「大器」　言「改煎金錫」者，如重煎，謂之改煎也。「不耗」，耗，減也。故鄭云：「消湅之精，不復減也。」「玄謂量當與鍾鼎同齊。工異者，大器」者，案：上文云「鳧氏爲聲，㮚氏爲量」，六等之中，云「六分其金而錫居其一，謂之鍾鼎之齊」，是上齊。中不言㮚氏爲量在上齊中。鄭以鳧氏爲鍾，鍾鼎在上齊之中，㮚氏爲量，量是鍾類，故知亦在上齊之中矣。故云量當與鍾鼎同齊也。云「工異者」，鳧氏爲鍾，不使鳧氏兼造量，器大，雖同齊，使别工爲之。

不耗然後權之，權，謂稱分之也。雖異法，用金必齊。　稱分，尺證反。

注「權謂」至「必齊」　云「稱分之也」者，謂稱金多少分之，以擬鑄器也。云「雖異法，用金必齊」者，法，謂模。假令爲兩箇鬴，即爲兩箇模，是異法。用金必齊者，器之用金多少，必須齊均也。

權之然後準之，準，故書或作水，杜子春云：「當爲水。金器有孔者，水入孔中，則當重也。」玄謂準擊平正之，又當齊大小。

注「準故」至「大小」　子春從故書爲「水」，謂以水齊器。後鄭不從者，此金仍未鑄器，何得已有器以盛水也。後鄭以「準」爲「平」。前經已稱知輕重，然後更擊鍛金，令平正之，齊其金之大小也。

準之然後量之。鑄之於法中也。量讀如量人之量。

注「鑄之」至「之量」　此量，謂既準訖，量金汁以入模中，鑄作之時也。言「量讀如量人之量」者，《夏官·量人》直以量地遠近及物多少，此量是量金少多之事，故讀從之也。

量之以爲鬴，深尺，内方尺而圜其外，其實一鬴。以其容爲之名也。四升曰豆，四豆曰區，四區曰鬴。鬴，六斗四升也。鬴十則鍾。方尺，積千寸。於今粟米法，少二升八十一分升之二十二。其數必容鬴，此言大方耳。圜其外者，爲之脣。

其臋一寸，其實一豆；故書臋作臀，杜子春云：「當爲臋。謂覆之其底深一寸也。」其臋，徒門反，徐、劉徒恩反。謂覆，芳服反。

「其臋」至「一豆」　此謂鬴之底著地者，故子春云：「覆之其底深一寸也。」

其耳三寸，其實一升。耳在旁可舉也。

「其耳」至「一升」　此鬴之耳在旁可舉，謂人以手指舉之處。云實一升，亦謂覆之所受也。

重一鈞；重三十斤。

注「重三十斤」　此據《律曆志》三十斤曰鈞，百二十斤曰石。

其聲中黄鍾之宫。應律之首也。　聲中，丁仲反。應律，應對之應。

槩而不税。鄭司農云：「令百姓得以量血不租税。」　槩而，古愛反。

注「鄭司」至「租税」　案：《鄭志》，趙商問：「㮚氏爲量，槩而不税，《廛人職》有税何？」荅曰：「官量不税。」若然，此官量鎮在市司，所以勘當諸廛之量器以取平，非是尋常所用，故不税。彼廛人所税，在肆常用者也。

其銘曰：「時文思索，允臻其極。銘，刻之也。時，是也。允，信也。臻，至也。極，中也。言是文德之君，思求可以爲民立法者，而作此量，信至於道之中。　思索，所白反，求也。允臻，側巾反。爲民，于僞反。

「其銘」至「其極」　自此至「維則」，是鬴器之上銘文。

注「銘刻」至「之中」　云「刻之」者，正謂在模上刻之，非謂在器乃刻。今之鍾鼎，爲文亦爾。

嘉量既成，以觀四國。以觀示四方，使放象之。　以觀，古亂反，示也，又如字，注同。使放，方往反。

永啓厥後，茲器維則。」永，長也。厥，其也。茲，此也。又長啓道其子孫，使法則此器長用之。　啓道，音導。

**漢·劉安《淮南子·本經訓》**　焜昱錯眩，照燿煇煌，錯，襍也。眩，惑也。照燿煇煌，焜光澤色貌。偃蹇寥糾，曲成文章，　寧案：「寥糾」《道藏》本、中立本、茅本、景宋本作「蓼糾」。《大人賦》作「糾蓼」。《漢書·司馬相如傳》注張揖曰：「糾蓼相引也。」雕琢之飾，鍛錫文鐃，乍晦乍明，雕，畫也。緣錯錫鐃，文如脂膩不可刷，如連珠不可掇，故曰「乍晦乍明」也。　莊逵吉云：「鐃」《説文解字》作「⿰金曉」，鐵也。　李哲明云：錫、鐃字注未分明，疑「鐃」字本義不類。《説文》：「⿰金曉，鐵文也。」段氏注：「謂鐵之文理也。」「鐃」蓋「⿰金曉」之媘借。《周禮·司服》「錫衰」，鄭注：「錫，麻之滑易者。」《儀禮·喪服》注：「謂之錫者，治其布使之滑易也。」滑易之説，與此注如脂膩合。是鍛錫文鐃者，謂鍛錬滑澤，使文理精緻之鐵，光滑不可逼視也。故曰「乍晦乍明」。　寧案：李以滑易釋錫，言雖有據，義實未安。《韓非子·顯學篇》：「視鍛錫而察青黄，區冶不能以必劍。」此「鍛錫」二字所本。又《抱朴子内篇·黄白篇》：「金樓先生所從青林子受作黄金法，先鍛錫。」是「鍛錫」固冶錬家常語。鍛錫云者，《考工記·輈人》：「金有六齊：六分其金而錫居一，謂之鍾鼎之齊；五分其金而錫居一，謂之斧斤之齊；四分其金而錫居一，謂之戈戟之齊；參分其金而錫居一，謂之大刃之齊；五分其金而錫居二，謂之削殺矢之齊；金錫半，謂之鑒燧之齊。」鄭注：「凡金多錫，則忍白且明也。」蓋視錫之品數以爲上下。錫之品數不同，則劍色之青黄有别。此言雕琢之飾，曰鍛錫文鐃，謂鍛錫而鐃文遂生，即言鐵之含錫量不同而雕飾之色彩淺深自異。故曰「乍晦乍明」也。注云「緣錯錫鐃」，則錫非形頌字可知，而李云鍛錬滑澤，失之矣。

**唐·李林甫等《唐六典》卷二二《少府監》**　監一人，從三品；《漢書·百官表》云：「少府，秦官，掌山海池澤之税，以給供養，有六丞。其屬官有尚書、符節、太醫、太官、湯官、導官、樂府、若盧、考工室、左弋居室、甘泉居室、左右司空、東織、西織、東園匠十六官令丞，又胞人、都水、均官三長丞，又上林中十池監，又中書謁者、黄門、鉤盾、尚方、御府、永巷、內者，宦者八官令、丞，諸僕射、署長、中黃門皆屬焉。」少府者，天子之私府，所以供奉之職皆在焉。王莽改曰共工。後漢復爲少府，其尚書、侍中、符節皆屬焉，餘職多所并省。《漢官解詁》云：「少府主供養，陂池、禁錢，服御，口實，掖庭、中宮。」魏因之。晉置功曹、主簿、五官等員；少府，銀章、青綬，五時朝服，進賢兩梁冠，絳朝服，佩水蒼玉，品第三，統材官校尉、中左右三尚方、中黃・左・右藏、左校、甄官、平準、奚官等令，左校坊、鄴中黃・左・右藏、油官等丞。及過江，唯置一尚方，又省御府。至哀帝時，桓温表省少府，以并於丹陽尹。孝武復置。宋少府領左・右尚方，御府、東冶、南冶，平準等令、丞。齊又加以領左、右尚鍛署。梁以少府爲夏卿，統材官將軍，左・中・右尚方，甄官，平水，南塘，邸税庫，東・西冶，中黃，細作，炭庫，紙官，柴署等令、丞，班第十一，品從第四。陳因之。後魏少府、宗正、太僕，廷尉，司農，鴻臚爲六次卿，第二品上；太和末，改少府爲太府。北齊不置少府，其左・中・右三尚方，司染，諸冶及細作，甄官等署並隸太府寺。至隋煬帝大業五年，始分太府爲少府監，置監一人，從三品；少監一人，從四品；丞二人；統左尚，右尚，内尚，司織，司染，鎧甲，弓弩，掌冶等署。其後又改監爲令，少監爲少令，併司織、司染爲織染署，廢鎧甲，弓弩二署。皇朝因爲監。龍朔二年改爲內府監，咸亨元年復爲少府監。光宅元年改爲尚方監，神龍元年復舊。開元初，分甲鎧，弓弩别置軍器監；十一年省軍器監，其作並歸少府；尋又於北都置軍器監。少監二人，從四品下。隋煬帝置少卿一人，從第四品，皇朝因置二人。龍朔，咸亨，光宅，神龍並隨監改復。

少府監之職，掌百工伎巧之政令，總中尚、左尚、右尚、織染、掌冶五署之官屬，庀其工徒，謹其缮作，少監爲之貳。凡天子之服御，百官之儀制，展采備物，率其屬以供焉。

丞四人，從六品下；漢置丞六人，比千石。後漢置一人，以明法補。魏，晉因之。宋、齊、梁、陳皆一人，梁班第四。後魏少府丞一人，從五品中。隋煬帝分太府寺置少府監，置丞二人。皇朝加至六人。龍朔，咸亨，光宅，神龍並隨監改復。開元二十三年減二人。主簿二人，從七品下；《晉令》：「少府置主簿二人。」宋、齊因之。梁主簿七班之中第三。隋煬帝置主簿一人，皇朝加置四人。龍朔，咸亨，光宅，神龍並隨監改復，開元二十三年減二人。録事二人，從九品上。丞掌判監事。凡五署所脩之物須金石、齒革、羽毛、竹木而成者，則上尚書省，尚書省下所由司以供給焉。凡五署之所入於庫物，各以名數并其州土所生以籍之，季終則上於所由，其副留於監；有出給者，則隨注所供而印署之。凡教諸雜作，計其功之衆寡與其難易而均平之，功多而難者限四年、三年成，其次二年，最少四十日，作爲等差，而均其勞逸焉。凡教諸雜作工，業金、銀、銅、鐵鑄、鎢、鑿、鏤、錯、鏃所謂工夫者，限四年成；以外限三年成；平慢者，限二年成。諸雜作有一年半者，有一年者，有九月者，有三月者，有五十日者，有四十日者。主簿掌勾檢稽失。凡財物之出納，工人之缮造，簿帳之除附，各有程期；不如期者，舉而按之。録事掌受事發辰。

**《新唐書・百官志》** 諸州市牛皮角以供用，牧畜角筋腦革悉輸焉。鈿鏤之工，教以四年；車路樂器之工，三年；平漫刀稍之工，二年；矢鏃竹漆屈柳之工，半焉；冠冕弁幘之工，九月。教作者傳家技，四季以令丞試之，歲終以監試之，皆物勒工名。

**宋・葉廷珪《海録碎事》卷一五《商賈貨財部・金門》** 百練剛，何意百練剛，化爲繞指柔。劉越石詩。仲理金。《神仙傳》：仲理居無終山中，自合神丹，作黃金五十斤救百民。辱金。金曾在丘塚及爲鐵釧溲器，陶隱居謂之辱金，不可合煉。金以溢名。秦兼天下，幣爲二等：黃金以溢爲名，上幣。注：二十兩爲溢。改周一斤之制，漢興，復以斤名金。二等錢爲下幣。《前・食貨志》。

赤金。金有三等：黃金爲上，白金爲中，赤金爲下。注：白金，銀也。赤金，丹陽銅也。朱提銀。朱提銀重八兩爲一流，直一千八百五十[二]。它銀一流直千。是爲銀貨二品。注：朱提，縣名，屬犍爲，出善銀。諸葛書云：漢嘉金，朱提銀，采之不足以自食。《前・食貨志》。黃冶變化黃冶變化。注云：鑄黃金也。《劉向傳》。

**又《銅門》** 銅奴錫婢。銅之精爲奴，錫之精爲婢。牡銅。鍊銅時，一童一女，俱以水灌銅，銅當分爲兩段，凸起者牡銅，凹陷者牝銅。《雜俎》。銀錫白金。武帝時造銀錫白金三品：其一圜之，其文龍，名「白撰」，直三千；二方之，其文馬，直五百；三橢之，其文龜，直三百。注：雜銀錫爲白金。橢，圜而長，他果反。耶谿鋋。耶谿之鋋，赤山之精。鋋，徒鼎反。赤山精。赤山精，赤山産鐵處。同上。多銅山。縣官往往即多銅山而鑄錢。《食貨志》。黃鐵。黃鐵，銅也。《尚書・吕刑》正義。

**宋・陳元靚《事林廣記・煅煉五金》** 軟五金法

石決明四兩，用大火煅通赤爲度，搗作末，水一椀，土器内盛澄淋三度，用煮硇砂一兩，乾爲度。入爐子內，大火煅之。用一銖軟物一兩。

**又** 軟釵法

大蓬砂些子，研，同膽水調搽釵子上，燒一次便軟。又法，以釵子入苦竹（仝）筒內，渾條入葱令滿，火内燒竹筒令沸，其釵子即令軟熟也。

**明・李東陽等《明會典》卷一八二《工部二・營造二》** 大駕鹵簿洪武初定。肅旗一面，黃質，上闊七尺二寸，下三尺二寸，黑肅字，硃漆攢竹竿，長八尺二寸，下有鐵鐏。

靖旗一面，與肅旗制同，但用靖字。

金鼓旗一對，黃質，連腰闊一丈二尺五寸，下七尺，紅金鼓二字，硃漆攢竹竿，貼金木鎗頭，通長一丈四尺九寸，內鎗頭長一尺五寸八分，上飾紅纓，下有鐵䥶。

金龍畫角二十四枝，木質黑漆戧金爲飾，上節寶相花，中節纏身單龍雲文，下節八寶雙海馬。

鼓四十八面，木匡加紅油，冒以革，面徑一尺七寸，匡畫寶相花，面畫雙獅綵毬。

金四面，以銅爲之，徑一尺七寸。

金鉦四面，銅質竹匡，用紅綆繫鉦於匡，鉦徑九寸五分。

杖鼓四箇，木匡，細腰，匡兩頭，加黑漆戧金雲龍文，鐵圈二，皆冒以革，附於匡，聯以紅絨綆，加銅龍頭鈎子，以青絨匾絛懸之。

笛四管，截竹爲之，六竅，長一尺六寸。

板四串，鐵力木板各六，貫以青絲組，各長一尺一寸，上闊一寸九分，下闊二寸五分。

白澤旗二面，一面紅質，上下并名邊加黃襴赤火燄，間綵脚，傍竿加紅腰，綵織白澤飛狀及雲文，旗上旁有素額，織白澤二青字。旗身，黃襴火燄，長六尺六寸，闊二尺九寸，脚長五尺，揭以硃漆攢竹竿，貼金木鎗頭，通長一丈三尺六寸九分，內鎗頭長一尺三寸五分。飾以紅纓，䥶用鐵。一面青質，但白澤爲走狀，餘同前制。後凡繡旗、襴脚、腰額、并字色竿、纓䥶、制皆同。惟黃旗、北斗旗稍異。

門旗四對，紅質，中織金爲門字，餘同白澤制。

黃旗四十面，黃質，上闊八尺，下四尺。硃漆攢竹竿，貼金木鎗頭，共長一丈一尺三寸五分，內鎗頭長一尺三寸五分，上飾紅纓，下有鐵䥶。

金龍旗十二面，織金雲龍文，額織龍旗二字，自此至雨旗皆青質。

日旗一面，織爲日紅色，及日字。

【略】

紅纛一對，硃漆攢竹竿，貼金木鎗頭，共長一丈三尺九寸，內鎗頭長一尺六寸，徑一寸四分，用犛牛尾染紅，簇爲纛上施抹金銀寶，蓋周圍瓷珠絡，建於竿，下有鐵䥶。

皂纛一把，與紅纛制同，但用墨犛牛尾，抹金銅寶蓋。

紅節一對，硃漆攢竹竿，抹金銀寶珠頭，用犛牛尾染紅，簇成如圓斗大，凡四層，每層上施抹金銀頂，周圍綴瓷珠絡建於竿，下有鐵䥶，竿長同紅纛。

小銅角二箇，長三尺八寸，加漆貼金。

大銅角二箇，長三尺六寸一分，加漆貼金。

纓頭一箇，硃漆攢竹竿貼金木鎗頭，用犛牛尾染紅，簇圓上施抹金銀頂，建於竿，下有鐵䥶，共長一丈一尺四寸九分，內鎗頭一尺九寸五分。

豹尾一箇，硃漆攢竹竿，貼金銅龍頭，共長一丈三尺四寸九分，內龍頭長一尺一寸八分，下銜抹金銅頂藍斜皮雲蓋，垂貼金銅鈴十二箇，周圍瓷珠串懸紅黃綠三色鬚頭，中垂大豹尾，長五尺，竿下有銅束。凡麾幢、旛節等，挑竿銅龍頭，俱以鐵爲鈎。

弓矢一百副，弓用竹爲體，木爲拓靶并稍置黑角於梢末。又用角爲面，牛筋鋪背，四節纏以絲加黑漆面，硃漆背，用黃蠟絞絲爲絃，矢用竹爲榦，木爲扣，加鐵箭頭，柳葉形，兩頭俱用牛筋，并絲纏之，加硃漆。近扣處加鴈羽，囊二，用黑斜皮爲之。

御杖六十根，硃漆攢竹杖，銅裹兩頭，長四尺九寸。

誕馬二十四匹，紅轡黃韁，上施錦韉。

領頭六對，硃漆攢竹杖，銅裹兩頭，長四尺九寸。

黃麾一對，硃漆攢竹竿，貼金銅龍頭，共長一丈二尺五寸，內龍頭鈎一尺，銜抹金銅圈，懸抹金銅頂，四角紅羅寶蓋高七寸五分，圍二尺七寸五分，蓋四角加抹金銅龍頭四箇，懸絨線繫抹金銅佩一十六件，間銅鈴三十六箇。寶蓋下，周以綠羅腰黃羅三簷銷金雲龍文，中垂大紅羅旛，長六尺三寸，闊五寸五分，旛上節綵繡荷葉蓋蓮花座。其中青羅額，金書黃麾二字。中節描金雙升龍，下節描金雲日文，旛下綴五色橫板。

絳引旛五對，制同黃麾，但用五色羅爲旛，不加金繡，三簷用紫無額并字。

傳教旛五對，制同黃麾，但額用黃羅繡青傳教二字，中描金升降雲龍，無下節雲日，三簷用綠龍頭，銜銅佩四件，銅鈴三十二箇，其銅佩銅鈴，俱抹金，後同。

告止旛五對，制同黃麾，但額用黃羅，繡青告止二字，描金升降鸞鳳雲文，三簷用青銅佩銅鈴，如傳教之數。

信旛五對，制同黃麾，但額用黃羅，繡青信字，描金升降雙雲龍，及銅佩銅鈴之數，與傳教同。但三簷用黃。

龍頭竿五對，硃漆攢竹竿，貼金木龍頭，共長一丈二尺五寸，內龍頭長二尺五分，銜抹金銅圈，懸抹金銅頂五角，紅羅寶蓋，高七寸五分，圍二尺七寸五分，蓋五角，加抹金銅龍頭，五箇絨線繫抹金銅佩十件，綴以銅鈴十五箇。寶蓋下周以紫羅腰紅羅，三簷飾雲龍香草文，中垂青羅帶五，縫成旛，長六尺三寸，闊五寸五分，每帶上描銀，下描金，皆香草文，中描金孔雀形，下綴銅鈴五箇。

豹尾二對，硃漆攢竹竿，貼金銅龍頭，共長一丈二尺五寸，內龍頭鈎長一尺，下銜抹金銅頂，藍斜皮寶蓋，周圍帶銅鈴八箇，中垂豹尾，長四尺五寸。

儀鍠氅十對，硃漆攢竹竿，貼金竿頭，共長一丈二尺五寸五分，內竿頭長一尺三寸五分，帶抹金銅索圈，并頂縫五色羅爲氅懸之，長六尺三寸，闊五寸五分，氅下綴銅鈴五箇。

戈氅十對，硃漆攢竹竿，貼金木龍頭承戈，共長一丈二尺五寸，內龍頭長一尺六寸二分，繫木板，粉塗之，畫升降雙鳥綴五色，羅氅長六尺三寸，闊五寸五分，末綴銅鈴五箇。

戟氅十對，與戈氅制同，但貼金木龍頭承戟，長一尺七寸五分。

單戟三對，硃漆攢竹竿，貼金龍戟頭，共長八尺三寸九分，內戟頭，長一尺九寸。

龍戟三對，制同單戟，但戟枝有龍頭。

班劍三對，刻木爲劍，其上有靶，靶下有龍頭銜劍，皆貼金爲飾，垂紅絲帉錔。

吾杖三對，硃漆攢竹爲杖，長六尺九寸五分，兩頭貼金爲飾，杖或以木爲之。

立瓜三對，硃漆攢竹竿，刻木爲瓜立置於上，承以龍頭，共長六尺九寸，內瓜及龍頭，長一尺四寸，貼金飾。

卧瓜三對，制同立瓜，但以瓜卧置其上，承以龍頭。瓜及龍頭，長一尺二寸五分。

儀刀三對，刻木爲刀，鞘及靶，貼銀爲地，貼金龍文爲飾，垂紅絲帉錔。

鐙杖三對，硃漆攢竹竿，刻木爲馬鐙，承以龍頭貼金飾置於竿首，共長六尺九寸，內鐙頭長一尺六寸。

金鉞三對，硃漆攢竹竿，刻木爲斧形，承以龍頭貼金飾，置於竿首，共長六尺九寸，內鉞頭長一尺六寸五分。

骨朵三對，硃漆攢竹竿，刻木爲骨朵，承以龍頭貼金飾，置於竿首，共長六尺九寸，內骨朵頭，長一尺六寸。

羽葆幢五對，硃漆攢竹竿，貼金銅龍頭，共長一丈二尺五寸五分，內龍頭鈎長一尺，銜抹金銅圈加白羽銅頂綠羅寶蓋，下以紅絲圓縧貫紅纓簇圓，凡五層，每層上施抹金銅頂藍斜皮雲蓋，懸銅鈴。

青龍幢一把，制同羽葆幢，但頂無白羽，有青紗衣籠之衣，長七尺五寸，闊一尺二寸，金繡青龍雲文，繡綵雲，垂三簷，上簷雲龍，下二簷瑞草文，當曲柄處用鐵心，貼金龍頭承傘。

紅直柄華蓋繡傘四把，傘骨面闊并頂，四尺七寸五分，柄及貼金葫蘆頭，共長一丈一尺二寸九分，冒以紅羅，垂三簷，皆繡雲花文。

黃直柄繡傘四把，傘骨面闊并頂四尺二寸五分，柄及貼金葫蘆頭，共長一丈一尺二寸九分，冒以紅羅，繡綵雲文，垂三簷雲龍文。

紅直柄繡傘四把，冒以紅羅，繡綵雲文垂三簷瑞草文，餘同黃直柄繡傘。

黃曲柄繡傘二把，抹金銀鈴全，傘骨面闊并頂五尺一寸五分，柄及貼金葫蘆頭，共長一丈二尺一寸九分，冒以黃羅，繡綵雲文，垂三簷雲龍文，當曲柄處，用鐵心，貼金龍頭承傘。

青銷金傘三把，傘骨面闊并頂五尺一寸五分，柄及貼金葫蘆頭，共長一丈二尺一寸九分，冒以青羅銷金雲文，垂三簷雲龍香草文。

紅銷金傘三把，冒以紅羅，垂三簷，餘同青銷金傘。

黃銷金傘三把，冒以黃羅，垂三簷，餘同青銷金傘。

白銷金傘三把，冒以白羅，垂三簷，餘同青銷金傘。

黑銷金傘三把，冒以黑羅，垂三簷，餘同青銷金傘。

【略】

鳴鞭四條，以黃絲爲鞭，梢漬以蠟，柄用龍頭，木質貼金爲飾。

金馬杌一箇，木質金葉裹，金釘裝釘鈒盤龍雲文。

金交椅一把，木質金葉裹，金釘裝釘，椅中鈒花升龍雲文，穿以黃絲匾縧，四垂黃絲帉錔黃織金紵絲褡襠。

金脚踏一箇，木質金葉裹，金釘裝釘，鈒方勝花文，黃織金紵絲踏褥。

金水盆一箇，黃金爲盆，中鈒盤龍雲文，邊鈒香草文，西洋布手巾一條。

金水礶一箇，黃金爲之，有蓋有提，小口巨腹純素質，不加飾。

金香爐一箇，黃金爲之，有蓋有繫兩耳，三足爐鈒雲龍文，以硃漆竿舉之，竿首抹金銅龍頭，其下龍尾。

金香盒一箇，黃金爲之，蓋鈒龍文，邊鈒香草文。

金唾盂一箇，黃金爲之，形圓如缶，蓋僅掩口，下有盤鈒龍文。洪武間停造。

金唾壺一箇，黃金爲之，小口，巨腹，有蓋，鈒龍文。洪武間停造。

拂子四把，以紅絲拂爲心，上以素犛牛尾籠之抹金銅龍首，硃漆木柄，戧金雲龍花文，垂黃絲紛錔。今拂用馬尾，心用紅纓。

紅紗燈籠六對，紅油竹燈骨，銅燭盤，外以紅紗蒙之，硃漆竿，竿首，貼金龍頭，其下龍尾。竿頭帶黃熟銅鈎，垂玉色紗罩之。

紅油紙燈籠三對，紅油燭骨，下有燭盤木座，以竹絲編爲籠加紅油紙，竿同紅紗燈。

魫燈三對，制同紅紙燈，但用魫爲之，鐵爲燈骨。

仗馬六匹，紅鞦轡，上施鞍韉，頷卜垂緑蓋紅纓飾瓷珠絡。

鍍金銅玲瓏香爐一箇，制同金香爐。

寶匣一座，木質，硃紅漆，匣蓋頂，并四面，戧金雲龍文。座戧金仰覆蓮花并香草文。

硃紅漆馬杌子四箇。

鞍籠二，皮質，硃紅油飾，描金升降龍文，邊描香草，上施抹金銅蓋，頂飾紅纓。又平頂鞍籠一，制同，惟無銅蓋紅纓。

黃帳房一座，用黃木綿布，帳并幃幕，上施獸吻硃紅漆柱，并杖竿，竿首綵粧蹲獅，頂用氈大輅一乘，高一丈三尺九寸五分，闊八尺二寸五分。

輅上平盤，前後車櫺并鴈翅，及四垂如意滴珠板，其下轅二條，皆硃紅漆，各長二丈二尺九寸五分。鍍金銅龍頭，龍尾，龍鱗葉片裝釘，前施硃紅油象搭攀皮一條，平盤下，方箱四面，硃紅漆匡，各十有二槅，內飾緑地描金，繪獸六：麟、獅、犀、象、天馬、天鹿。禽六：鸞鳳、孔雀、朱雀、雉鶴，盤左右，下有護泥板及車輪二。貫軸一，每輪輻十有八條，周圍輞全，皆硃紅漆，抹金銅鈒花葉片裝釘。輪內車心各一，用抹金銅鈒蓮花瓣輪盤裝釘。軸首左右各用漆貼金，減鐵龍頭，插拴一箇，以抹金銅鈒龍頂管心裝釘。軸中纏黃絨駕轅等索，面至地四尺一寸五分。

輅亭高六尺七寸九分，四柱，長五尺八寸四分。檻座高九寸五分，皆硃紅漆。前二柱戧金，柱首寶相花，中雲龍文，下龜文錦。門高五尺一寸九分，闊二尺四寸九分。左右門各闊二尺二寸五分，其上四周粧雕木沉香色，描金香草板十二片。前并左右各硃紅漆槅二扇，明栿全，以抹金銅鈒花葉片裝釘。槅編黃線絛穿，後硃紅漆屏風上，雕沉香色描金雲龍五，上硃紅漆板戧金雲龍一，屏後俱沉香色地，上四槅，雕描金雲龍四，其次雲板如其數。下三槅，雕描金雲龍三，其次雲板亦如之。俱抹金銅鈒花葉片裝釘。亭內編黃線絛穿，硃紅漆匡，軟座黃絨墜座大索四條，座下蓮花墜石軟座上施花毯大紅錦褥，并席。硃紅漆坐椅一座，其上靠背，雕以沉香色描金雲龍一，下雕雲板一片，硃紅漆福壽板一，并褥。椅中黃織金綺靠坐褥，四圍椅裙全，周圍施黃綺幃幔，或用黃線羅。亭外用青綺緣邊，硃紅簾一十扇，各用拽簾黃線圓絛二條，黃銅圈全。

輅頂并圓盤高三尺一分，又鍍金銅蹲龍頂，帶仰覆蓮座高一尺二寸九分，垂攀頂黃線圓絛四條，盤高一寸九分，上以硃紅漆，其下外四面沉香色地描金雲，內四角青地繪五綵雲，以青飾輅蓋，亭內周圍貼金斗拱承硃紅漆匡，寶蓋門以八頂，冒以黃綺，謂之黃屋。頂心并周圍，繡五彩雲龍九。

天輪三層，皆硃紅漆上安雕木貼金邊，耀葉板八十一片，內緑地雕木貼金雲龍文三層，間繪五彩雲襯板八十一片。盤下周圍，黃銅釘裝。上施黃綺瀝水三層，每層八十一摺，間繡五彩雲龍文。四角垂青綺絡帶四條，各繡五彩雲升龍三，圓盤四角連輅，坐板用攀頂黃線圓絛四條，并貼金木魚。

輅亭前有左右轉角闌干二扇，後一字帶左右轉角闌干一扇，皆硃紅漆，內嵌雕木貼金龍，間以五彩雲，三扇，計一十二柱，各柱首，雕木貼金蹲龍一，及線金五彩，粧蓮花抱柱，闌干內四周布花毯。

太常旗二面，在輅亭後左右，用黃線羅夾爲旗，每面十有二斿，每斿內外繡升龍一，硃紅漆攢竹旗竿二，左竿旗腰繡日月北斗，竿首，用鍍金銅龍頭，右竿旗，腰繡黻字，竿首用鍍金銅戟，每竿綴抹金銅鈴釘，亭內編黃線絛穿，硃紅漆匡，軟座黃絨墜座大索四條，座下，蓮花墜石軟座，上施花毯大紅錦褥，并席。硃紅漆坐椅一座，其上靠背，雕以沉香色描金雲龍一，下雕雲板一片，硃紅漆福壽板一，并褥，椅中黃織金綺靠坐褥，四圍椅裙全周圍施黃綺幃幔。或用黃線羅。亭外用青綺緣邊，硃紅簾一十扇，各用拽簾黃線圓絛二條，黃銅圈全。

二垂紅纓十有二，纓上施抹金銅寶蓋，下垂青線帉錔。

踏梯一，硃紅漆，以抹金銅鈒花葉片裝釘。

行馬架二，硃紅漆，其上黃絨匾絛用抹金銅葉片裝釘，鐵搭鉤全。

黃絹幰衣，即遮塵油絹雨衣并青氈衣，各一座。

硃紅油合扇梯一幅，硃紅油拓叉一件。

抹金銅寶瓶并象鞍鞦轡氈籠各二幅。

玉輅一乘，高一丈三尺九寸五分，闊八尺二寸五分。

輅上平盤前後，車櫺並雁翅及四垂，如意滴珠板其下轅二條，皆硃紅漆，各長二丈二尺九寸五分。鍍金銅龍頭、龍尾、龍鱗葉片裝(訂)[釘]。前施硃紅油象搭攀皮一條，平盤左右，下護泥板及車輪二，貫軸一，每輪輻十有八條，皆硃紅漆。周圍輞全，各以抹金銅鈒花葉片裝釘。輪內車心各一，同抹金銅及蓮花瓣輪盤裝釘。軸首左右，各用漆貼金。減鐵龍頭插拴一箇，以抹金銅鈒龍頂管心裝釘。軸中纏黃絨駕轅等索，面至地四尺一寸五分。

【略】

大馬輦一乘，高一丈二尺五寸九分，闊八尺九寸五分。

輦上平盤板，前後車櫺，并鴈翅，及四垂如意滴珠板，其下轅三條，皆硃紅漆，各長二丈五寸九分。用鍍金銅龍頭、龍尾、龍鱗葉片裝釘。前施硃紅油馬搭攀皮一條，平盤左右下，護泥板及車輪二，貫軸一，每輪輻十有八條，皆硃紅漆。周圍輞全，各以抹金鈒花銅葉片裝釘。輪內車心各一，用抹金銅鈒蓮花瓣，輪盤裝釘。軸首左右，各用漆貼金，減鐵龍頭插拴一箇，以抹金銅鈒龍頂，管心裝釘。軸中纏黃絨駕轅等索，面至地三尺四寸五分。

輦亭，高六尺四寸九分，硃紅漆，四柱各長五尺五寸四分，檻座高九寸五分，其上四周，硃紅漆絛環板。門，高五尺九分，闊二尺四寸五分。左右門，闊二尺二寸五分，前并左右，各槅二扇，後槅三扇，明栿全，皆硃紅漆，抹金銅鈒花葉片裝釘，槅心編黃線絛穿，亭內編黃線絛穿硃紅漆匡，軟座黃絨墜座，大索四條。座下蓮花墜石，軟座上施紅毯，紅錦褥，并席。硃紅漆坐椅一座，其上靠背雕沉香色描金雲龍一，下雕雲板一片。硃紅漆福壽板一，并褥。椅中黃織金綺靠坐褥，四圍椅裙全，周圍施黃綺幃幔。或用黃線羅。亭外，用青綺緣邊硃紅簾一十二扇，各用拽簾圓絛二條，黃銅圈全。

輦頂，并圓盤，高二尺六寸五分，又鍍金銅蹲龍頂，帶仰覆蓮座，高一尺二寸九分，垂攀頂黃線圓絛四條。盤上下，俱硃紅漆，以青飾輦蓋，內寶蓋，硃紅漆木匡門以八頂，冒以黃綺，謂之黃屋。頂心并周圍，繡五彩雲龍九。

天輪三層，皆硃紅漆，上安雕木貼金邊耀葉板，計八十一片，內飾緑地雕木貼金雲龍文。三層間，繪五彩雲襯板八十一片。盤下周圍，黃銅釘裝，上施黃綺瀝水三層，每層八十一摺，間繡五彩雲龍文。四角垂青綺絡帶四條，各繡五彩雲升龍三。圓盤四角，連輦座板用攀頂黃線圓絛四條，并貼金木魚。

輦亭前，一字闌干一扇，後一字帶轉角闌干一扇，左右闌干二扇，內嵌絛環板，皆硃紅漆四扇，計一十四柱，各柱首雕木貼金蹲龍，一用線金五彩粧蓮花抱柱，前闌干內，布紅毯一。

太常旗二面，在輦亭後左右，用黃線羅夾爲旗，每面十有二斿，每斿內外繡升龍一。硃紅漆攢竹旗竿一，左竿旗，腰繡日月北斗，竿首用鍍金銅龍頭，右竿旗腰繡黻字，竿首用鍍金銅戟每竿，綴抹金銅鈴二，垂紅纓十有二。纓上，施抹金銅寶蓋，下垂青線蚪鐥。

踏梯一，硃紅漆以抹金銅鈒花葉片裝釘。

行馬架三，硃紅漆，其上黃線匾絛，用抹金銅葉片裝釘，鐵搭鉤全。

黃絹幰衣，即遮塵，油絹雨衣，并青氈衣，各一座。

硃紅油合扇梯一副，硃紅油拓叉一件。

馬鞍，韉鞦轡，鈴纓全。

小馬輦一乘，高一丈一尺五寸九分，闊七尺九寸五分。

輦上平盤，前後車櫺，并鴈翅，又四垂板，其下轅二條，皆硃紅漆。轅各長一丈九尺五分，用鍍金銅龍頭、龍尾、龍鱗葉片裝釘。前施硃紅油馬搭攀皮一條。平盤左右下，護泥板，及車輪二，貫軸一，每輪輻十有八條，皆硃紅漆。周圍輞全，各以抹金鈒花銅葉片裝釘。輪內車心各一，用抹金銅鈒蓮花瓣，輪盤裝釘。軸首左右，各用漆貼金減鐵龍頭，插拴一箇，以抹金銅鈒龍頂，管心裝釘。軸中纏黃絨駕轅等索，面至地，三尺四寸五分。

輦亭，高五尺五寸九分，硃紅漆，四柱各長五尺四寸五分，檻高一寸四分，其上四圍，硃紅漆絛環板。門高五尺，闊二尺二寸五分。左右門，闊二尺一寸九分，前并左右各硃紅漆槅二扇，明栿全，抹金銅鈒花葉片裝釘。槅心，編黃線絛穿，後硃紅漆屏風壁板，周圍俱用抹金銅鈒花葉片裝釘。亭底，硃紅漆板，上施紅花毯紅錦褥，并席。硃紅漆坐椅一座，其上靠背雕以沉香色描金雲龍一，下雕雲板一片，硃紅漆。福壽板一，并褥。椅中，黃織金綺靠坐褥，四圍椅裙全，周圍施黃綺幃幔。或用黃線羅。亭外，用青綺緣邊，硃紅簾四扇，各用拽簾黃線圓絛二條，黄銅圈全。

輦頂，并圓盤，高二尺五寸五分。又鍍金銅寶珠。頂帶仰覆蓮座，高一尺二寸九分。垂攀頂黄線圓縧四條。盤上下皆硃紅漆，以青飾。輦蓋内寶蓋，硃紅漆匡，門以八頂，冒以黄綺，謂之黄屋。頂心并周圍，繡五彩雲龍九。圓盤下，用黄綺幃幔四扇。或用黄線羅。

天輪三層，皆硃紅漆上安雕木貼金邊耀葉板，計八十一片。内飾緑地，貼金雲龍文。三層間繪五彩雲襯板八十一片，盤上周圍，黄銅釘裝。上施黄綺瀝水三層，每層八十一摺，間繡五彩雲龍。四角，垂青綺絡帶四條，繡五彩升雲龍二；圓盤四角連輦座板，用攀頂黄線圓縧四條，并貼金木魚。

輦亭前，一字闌干一扇，後一字帶轉角闌干一扇，左右闌干二扇，内嵌縧環板，皆硃紅漆。四扇，計一十四柱，各柱首，雕木貼金蹲龍一，用線金五彩粧蓮花抱柱。前闌干内，布花毯太常旗二面，在輦亭後左右，用黄線羅夾爲旗，每面十有二斿，每斿内外繡升龍一，硃紅漆攢竹旗竿二。左竿旗，腰繡日月北斗，竿首，用鍍金銅龍頭。右竿旗腰繡黻字，竿首用鍍金銅戟，各竿綴抹金銅鈴二，并紅纓十有二，纓上各施抹金銅寶蓋，下垂青線帉錔。

踏梯一，硃紅漆以抹金銅鈒花葉片裝釘。

行馬架二，硃紅漆，其上黄絨匾縧，用抹金銅葉片裝釘，鐵搭鈎全。

黄絹幰衣，即遮塵，油絹雨衣，并青氈衣各一座。

硃紅油合扇梯一副，硃紅油拓叉一件。

鞍韉鞦，鑾鈴纓全。

步輦一乘，高一丈二尺二寸五分，座高三尺二寸五分，方闊八尺二寸五分。

輦座用硃紅漆，其下四面雕木五彩雲渾貼金龍板十二片，間以渾貼金仰覆蓮座，其下雕木線金五彩雲板二十片，座下硃紅漆轅四條，中二條，各長三丈五尺九寸。左右二條，各長二丈九尺五寸九分。每轅以鍍金銅龍頭龍尾裝釘。

輦亭，高六尺三寸九分，四柱各長六尺二寸五分，檻高一寸四分，皆硃紅漆。其上四圍，雕木沉香色描金香草板十二片，抹金銅鈒花葉片裝釘。門高五尺七寸九分，闊二尺四寸五分。左右二門，闊二尺三寸五分。前并左右，各硃紅漆十字槅二扇，雕飾沉香色描金雲龍板八片。其下雲板，如其數。後硃紅漆屏風，上雕沉香色描金雲龍五。屏後雕沉香色描金雲龍板三片。又雲板，如其數，俱用抹金銅鈒花葉片裝釘。亭内施紅花毯，大紅錦褥，并席。硃紅漆坐椅一座，其上靠背，雕以沉香色描金雲龍一，下雕雲板一片。硃紅漆福壽板一，并褥。椅中黄織金綺靠坐褥，四圍椅裙全，周圍施黄綺幃幔。或用黄線羅。亭外，用青綺緣邊硃紅簾一十扇，各用拽簾黄線圓縧二條，黄銅圈全。

輦頂，并圓盤高二尺六寸一分。又鍍金銅蹲龍頂，帶仰覆蓮座，高一尺二寸九分，垂攀頂黄線圓縧四條。盤上下，硃紅漆，以青飾。輦蓋内，硃紅漆匡，門以八頂，冒以黄綺，謂之黄屋。頂心并周圍，繡五彩雲龍九。

天輪三層，皆硃紅漆，上安雕木貼金邊耀葉板八十一片，内飾以緑地貼金雲龍文。三層間繪五彩雲襯板八十一片，盤下周圍，黄銅釘裝，上施黄綺瀝水三層，每層八十一摺，間繡五彩雲龍文。四角，垂青素綺絡帶四條，各繡五彩雲升龍二。圓盤四角，連輦座板，用攀頂黄線圓縧四條，并貼金木魚。

輦亭前，有硃紅漆左右轉角闌干二扇。後，一字帶左右轉角闌干一扇。各嵌雕木貼金龍，間以五彩雲。三扇，計一十二柱，柱首各雕木貼金蹲龍一，用線金五彩粧蓮花抱柱，闌干内四周，布紅花毯。

踏梯一，硃紅漆，以抹金銅鈒花葉片裝釘。

硃紅油合扇梯一副，硃紅油拓叉一件。

黄絹幰衣，即遮塵，油絹雨衣，并氈衣各一座。

大涼步輦一乘，高一丈二尺五寸九分。

輦座硃紅漆，座板并四面硃紅漆匡，粧青地雕木五彩雲粧板二十片，間以貼金仰覆蓮座。其下，硃紅漆如意縧環板，如其數。座下硃紅漆轅六條，中二條，各長四丈三尺五寸九分。左右二條，各長四丈九分。左右二邊二條，各長三丈六尺五寸九分。前後俱飾以雕木漆貼金龍頭、龍尾，座高三尺二寸五分，方闊一丈二尺五寸九分。

輦亭，高六尺五寸九分，闊八尺五寸九分。四柱以硃紅漆門，高五尺八寸九分，闊二尺五寸九分。左右二門闊同。其上四周沉香色描金香草板十二片，前并左右，各有槅二扇。後槅三扇，明栿全，皆硃紅漆，通編黄線縧穿。輦板上施墊氈，加紅錦褥，并席。硃紅漆坐椅一座，坐下四面雕木沉香色描金寶相花，其上靠背，雕沉香色描金雲龍一，下，雕雲板一片，硃紅漆福壽板一，并褥。椅中，黄織金綺靠坐褥，四圍椅裙全，周圍施黄綺幃幔。或用黄線羅。内設硃紅漆卓二隻，硃紅漆闌干香卓一座，闌干四柱，各柱首雕木貼金蹲龍一，銅金銅龍蓋香爐一，并香匙箸，瓶內設大紅錦墩一對，亭外青綺緣邊，硃紅簾三扇，各用拽簾黃線圓絛二條，黃銅圈全。

輦頂，高二尺七寸五分。又鍍金銅寶珠頂，帶仰覆蓮座，高一尺三寸二分。垂攀頂黃線圓絛四條，頂用硃紅漆，上冒紅氈，四垂以黃氈，爲如意雲，黃氈緣條，周圍施黃綺瀝水三層，每層一百三十二摺，間繡五彩雲龍文。或用大紅羅冒頂，用黃羅爲如意雲緣條。瀝水，亦用黃羅，頂下周圍，以紅氈爲幃，黃氈緣條，四角鍍金銅雲四朵。亭內寶蓋，繡五龍頂，以硃紅漆木匡，冒以黃綺，謂之黃屋。頂心并四圍，繡雲龍各一，輦亭四角至輦座，用攀頂黃線圓絛四條，并貼金木魚。

輦亭前左右，硃紅漆，轉角闌干二扇，後一字帶轉角闌干一扇，皆雕木渾貼金龍，間以五彩粧雲板。三扇，計一十二柱，各柱首雕木貼金蹲龍一，用線金五彩，粧蓮花抱柱，闌干內四周布席。

踏梯一，硃紅漆，以抹金銅鈒花葉片裝釘。

硃紅油合扇梯一副，硃紅油拓叉一件。

黃絹幰衣，即遮塵油絹雨衣，并氈衣各一座。

紅板轎一乘，高六尺九寸五分，轎頂高一尺六寸五分，硃紅漆。近頂裝圓匡蜊殼窻在上，鍍金銅火燄寶珠，帶仰覆蓮座，高六寸九分。四角，鍍金銅雲朵。轎扛二條，前後以鍍金銅龍頭龍尾裝釘。黃絨墜角索全，四圍硃紅漆板。左右門二扇，高四尺五寸九分，用鍍金銅釘鉸事件。轎內硃紅漆坐椅一座，福壽板一，并褥。椅內，黃織金綺靠坐褥，四圍椅裙全，下鋪席，并踏褥黃絹轎衣，并油絹雨衣各一座。又青氈衣一座，紅氈，緣條雲子全。

**明·方以智《通雅》卷四八《金石》** 橐籥沙可以範鑄，邢沙可以碾玉。姚令威曰：「仁和縣《圖經》出橐籥沙，縣東海際，用鼓鑄銅錫之模，皆來採，亦猶邢沙可以碾玉也。」今到處極細之沙，重羅過者曰麪沙，皆可鑄範。外洋沙易碾金剛石。

**又方以智《物理小識·金石類》** 汗藥 以硼砂合銅爲之，若以胡桐淚合銀，堅如石。今玉石刀柄之類，汗藥加銀一分其中，則永堅不脫。試以圓盒口，點汗藥於一隅，其藥自走。周而環之，亦一奇也。

冶鑄 朝鐘用響銅四萬十千斤，錫四千斤，高丈五尺，徑八尺。埏模既燥，厚附牛油黃蠟，蠟二油八。凡油蠟一斤虛位，填銅十斤。鑄鐘不可接，像則可以數接爲之。銃則內磨爲要也。生鐵鑄釜，補綻甚多，惟廢破釜鐵鎔鑄，則無復隙漏。釜成後，以輕椳敲之，如木者佳。然惟福山鑄鍋爲最，以其薄而光，鎔鐵既精，工法又熟。他處皆厚，必用黃泥、豕油煉之，乃可用。刀以建陽平水鋼健。中德曰，青州出鐵，而顏神鎮穿珠燈必資山西鐵絲。

鍛縫 鐵性逐節黏合，塗黃泥於接口，入火揮錘，泥滓成枵而去，取其神氣媒合也。大器以細陳壁土撒接口自合，煤用鐵炭，無煤則用火墨，俗名火矢，揚燒不閑穴火者也。成樂器者，必圓成無銲。其餘用銲藥炙合，以錫末爲小銲，響銅末爲大銲。銲銀器則用紅銅末，皆兼硼砂。巧銲金玉用銀末，如玉柄鐵刀之類。水銀、鉛、錫三合，亦成銲藥。

**又《器用類》** 商嵌銅器 以肥皂塗之燒赤，後入梅鍋爍之，則黑白分明。

金鋼鑽 金鋼鑽鈍，置瓦上燒赤復銳。小者黑，大者白。《抱朴子》曰，生水底如鐘乳，體似紫石英。惟安南高石山一角羚羊，能碎金剛石。東璧曰，白貘骨能碎之，而廱羊角亦能碎貘骨。周密云，如鼠屎青黑色，鷹隼粘食遺糞，而人取之者，訛也。獨孤滔曰，紫背鉛能碎金剛鑽。虛舟曰，細島砂能磨之，使之長方成鋒，即金剛切玉刀矣。有極大者，瑩白放光，香山澳首勒嵌之，以此競貴。《十洲記》：西海流砂，治昆吾作劍如鐵，光明如水晶。貘熊舐鐵，糞可鑄劍。駝火鳥糞亦然。故周密說不明耳。凡寶石，真者必堅，皆能刻磁。好水晶之稜亦能刻磁。

耎鐵刀 繞指鬱刀也。以銀和純鋼，百煉之，即可屈，而放之即直，吕宋有來者。

**清·徐珂《清稗類鈔·工藝類》** 王盧仿周製

周製之法，惟揚州有之。明末，有周某者始創此，故名。其法以金、銀、寶石、真珠、珊瑚、碧玉、翡翠、瑪瑙、玳瑁、硨磲、青金、石緑、松石、螺甸、象牙、蜜蠟、沉香，雕爲山水、人物、樹木、樓臺、花卉、翎毛，嵌於花梨漆板之上，大而屏風、桌椅、窗户、書架，小而筆牀、茶具、硯匣，五色陸離，真未有之奇玩也。乾隆時，有王國琛、盧映之者精此技，映之之孫葵生亦能之。

## 紀事

**漢·劉安《淮南子·時則訓》** 命五庫，令百工，審金鐵、皮革、筋角、箭榦、脂膠、丹漆，無有不良。桂馥云：「幹」借字，正作「稈」。《長笛賦》作「箭稾」是也。《周禮・夏官》有稾人，掌弓弩之事。《考工記》「矢人爲矢，以其笴厚，爲之羽深」，鄭注：「笴讀爲稾，謂矢幹。」 馬宗霍云：《呂氏春秋》《禮記月令》竝作「命工師，令百工審五庫之量：金鐵，皮革，筋角，齒羽，箭幹，脂膠，丹漆，無或不良」。高氏本文無注。鄭玄《月令》注云：「五庫，藏此諸物之舍也。」孔穎達疏引熊安生云：「五庫者，各以類相從：金鐵爲一庫，皮革筋爲一庫，角齒爲一庫，羽箭幹爲一庫，脂膠丹漆爲一庫。」《太平御覽》一百九十一引蔡邕《月令章句》云：「五庫者，一曰車庫，二曰兵庫，三曰祭器庫，四曰樂庫，五曰宴器庫。」蔡、鄭兩説不同。熊説即申鄭義者也。

**《漢書・食貨志》** 莽知民苦之，復下詔曰：「夫鹽，食肴之將；酒，百藥之長，嘉會之好；鐵，(曰)[田]農之本；名山大澤，饒衍之臧；五均賒貸，百姓所取平，卬以給澹；鐵布銅冶，通行有無，備民用也。此六者，非編户齊民所能家作，必卬於市，雖貴數倍，不得不買。豪民富賈，即要貧弱，先聖知其然也，故斡之。每一斡爲設科條防禁，犯者辠至死。」姦吏猾民並侵，衆庶各不安生。

**《晉書・劉曜傳》** 自古聖王，人誰無過！陛下此役，實爲過舉，過貴在能改。終之實難。又伏聞敕旨將營建壽陵，周迴四里，下深二十五丈，以銅爲棺槨，黄金飾之，恐此功費非國内所能辦也。

**又《赫連勃勃傳》** 乃赦其境内，改元爲鳳翔。以叱干阿利領將作大匠，發嶺北夷夏十萬人，於朔方水北、黑水之南營起都城。勃勃自言：「朕方統一天下，君臨萬邦，可以統萬爲名。」阿利性尤工巧，然殘忍刻暴，乃蒸土築城，錐入一寸，即殺作者而并築之。勃勃以爲忠，故委以營繕之任。又造五兵之器，精鋭尤甚。既成呈之，工匠必有死者：射甲不入即斬弓人；如其入也，便斬鎧匠。又造百錬剛刀，爲龍雀大環，號曰「大夏龍雀」，銘其背曰：「古之利器，吴楚湛盧。大夏龍雀，名冠神都。可以懷遠，可以柔逋。如風靡草，威服九區。」世甚珍之。復鑄銅爲大鼓，飛廉、翁仲、銅駝、龍獸之屬，皆以黄金飾之，列於宫殿之前。凡殺工匠數千，以是器物莫不精麗。

**唐・李林甫等《唐六典》卷二二《少府監》** 掌冶署：令一人，正八品上；《周禮・冬官》：「攻金之工六，謂築、冶、鳧、㮚、段、桃也。」秦及漢，諸郡國出鐵者，置鐵官長、丞。晉衛尉屬官有冶令、丞各一人，掌工徒鼓鑄；過江，省衛尉，而冶令始隸少府。宋有東冶令、丞，南冶令、丞，齊因之。梁有東冶令、西冶令，從九品下。《選簿》：「舊，東冶重，西冶輕。」然則梁朝之西冶，蓋宋、齊南冶也。陳因之。後魏無聞。北齊太府寺有司冶令、丞。後周有冶工中士一人，又有鐵工中士一人。隋太府寺統掌冶署，令二人，掌金、銀、銅、鐵器之屬，并管諸冶；煬帝改屬少府，令從八品上。皇朝因之，省一人。丞二人，正九品上；秦、漢已來具上注。隋太府寺統掌冶丞四人，煬帝改屬少府，皇朝因之，省二人。監作二人，從九品下。

掌冶署令掌鎔鑄銅鐵器物之事；丞爲之貳。凡天下諸州出銅鐵之所，聽人私採，官收其税。若白鑞，則官爲市之。其西邊、北邊諸州禁人無置鐵冶及採鉚，若器用所須，則具名數，移於所由，官供之；私者，私市之。凡諸冶所造器物，皆上於少府監，然後給之。其興農冶監所造者，唯供隴右諸牧監及諸牧使。

諸冶監：監各一人，正七品下；秦、漢内史及諸郡有鐵者，則置鐵官長、丞。《晉令》：「諸冶官庫各置督監一人。」《宋書》云：「江南諸郡縣有鐵者，或置冶令，或丞，皆吴時置也。齊、梁有梅根諸冶令。北齊諸冶皆有局丞。隋諸冶皆置監，監有上、中、下三等，皇朝因之，掌鑄兵農之器，以給軍旅、屯田、居人焉。」丞一人，從八品上；監作四人，從九品下。

諸冶監掌鎔鑄銅鐵之事，以供少府監；丞爲之貳。

**宋・王溥《唐會要》卷六六《少府監》** 武德初，以兵革未定，置軍器監，廢少府監。貞觀元年正月，分太府中尚方、左尚方、右尚方、織染方、掌冶方五署，置少府監。通將作、國子爲三監。龍朔二年，改爲内府監。咸亨元年，復爲少府監。光宅元年，改爲尚方監。神龍元年，復爲少府監。其令、少，隨監名改復也。

**宋・高承《事物紀原》卷七《庫物職局部》** 文思院 唐有文思院，蓋天子内殿之比也。其事見《畫斷》，然非工作之所。而宋朝太平興國三年，始置文思院，掌工巧之事，非唐制矣。《會要》云。《青箱雜記》曰：《考工記》㮚氏掌攻金，其量銘曰「時文思索」，故今世工作之所，號文思院。

二八作 《會要》又云：舊八作分兩使止一司，太平興國二年，分兩司。景德四年又併爲一司，監官通掌。天聖元年，始分置官局也。

箔場 又曰：建隆元年置箔場。

**宋・張世南《遊宦紀聞》卷七** 己丑秋，孟訪一親舊，出示古物數種，皆所未見。一刀長可七、八寸，微彎。背之中有細齒如鋸，末有環。予退而考諸傳記，乃知其爲削。《考工記》「築氏爲削，長尺博寸，合六而成規」。此所以微彎也。鄭氏謂之書刃，以滅青削槧，如仲尼作《春秋》，筆削是也。蕭、曹皆秦刀筆吏。師古曰：「刀，所以削書也。古用簡牒，皆以刀筆自隨。」鄭氏又謂：「三分其金，則錫居一，謂之大刀；五分其金，而錫居二，謂之削。」如此，是刀與削，分爲二物也。鄭氏曰：「刃、刀劍之屬，削，今之書刃。」孔安國曰：「赤刀，赤刃削。」《少儀》曰：「刀卻授拊。」鄭氏曰：「穎，環也，拊，把也。」《釋名》曰：「刀，到也，其末曰『鋒』，若鋒刺之利也；其本曰『環』，形似環也。」然則直而本環者，刀也；曲而本不環者，削也。予所謂有齒如鋸者，正《釋名》所謂「若鋒刺之利者」。但其本有環，又不可名之以削。古人製作精微，必有所本，更俟請教於博洽君子云。

**宋・馬端臨《文獻通考》卷五七《職官》** 少府監少監，丞，主簿，中尚、左尚、右尚，織染掌冶等署，暴室等丞。

少府，秦官，漢因之。是爲九卿掌山海池澤之稅，以給供養。應劭曰，山海池澤之稅，名曰禁錢以給私養，自別爲藏。少者小也，故稱少府。顔師古曰，大司農供軍國之用，少府以養天子也。天子曰少府，諸侯曰私府。漢時官有司府長，掌禁錢，後光武改屬司農也。

**又** 掌冶署，秦及漢郡國有鐵官，諸郡國出鐵者署鐵官長丞。晉冶令掌工徒鼓鑄，隸衛尉。江左以來，省衛尉始隸少府。宋有東冶、南冶，各置令丞，東冶令丞各一人，南冶令丞各一人。而屬少府。齊因之。江南諸郡縣有鐵者，或置冶令，或置冶丞，多是吴所置。梁、陳有東、西冶，東冶重，西冶輕，其西冶即宋齊之南冶。北齊諸冶屬太府，後周有冶工、鐵工中士，隋有掌冶署，令丞。唐於京師置冶署，有令丞各一人，掌造鑄金銀銅鐵，塗飾琉璃玉作等事。

**《元史・百官志》** 器物局，秩從五品。掌内府宫殿、京城門户、寺觀公廨營繕，及御用各位下鞍轡、忽哥轎子、帳房車輛、金寶器物，凡精巧之藝，雜作匠户，無不隸焉。

**明・李東陽等《明會典》卷一八二《工部二・營造二》** 儀仗一

洪武二十六年定，凡製造皇帝、皇太子、親王、鹵簿車駕等項儀仗及修理者，除金銀器皿於内府成造，其餘器仗照數行下軍器等局委官督工計料，依式修造完備，進赴鑾駕房收貯供用。

軍器局造

戟　稍　節

角　鑼　刀盾

弓箭　小鼓　杖鼓

掆鼓　金鉦　骨朵

夾稍　樂人大鼓

營繕所造

清道御杖　交椅坯　脚踏坯

馬杌　頭管　戲竹

龍笛　笛　板

鍼工局造

金鼓旗　白澤旗　令旗

紅曲蓋　紫方傘　紅方傘

傳教旛　告止旛　絳引旛

紅團扇　青團扇　紅方扇

紅繡傘　紅銷金傘　儀鍠氅

戈氅　戟氅　信旛

幢　麾

寶源局造

香爐　香盒　交椅

脚踏　銀盆　水罐

鞍轡局造

拂子　鞍籠　誕馬錦韉

巾帽局造

立瓜　卧瓜　鋭杖

響節　儀刀　吾杖

班劍　幢竿　殳叉

斧

**又 卷一八九《工部九・工匠二》** 凡輪班人匠，洪武十九年令籍諸工匠，驗其丁力，定以三年爲班，更番赴京輪作三月，如期交代，名曰輪班匠。仍量地遠近以爲班次，置勘合給付之。至期齎至部聽撥，免其家他役。　二十六年定，凡天下各色人匠編成班次，輪流將齎原編勘合爲照，上工以一季爲滿，完日隨即查原勘合及工程明白，就便放回，周而復始。如是造作數多，輪班之數不敷，定奪奏聞，起取撮工本户差役定例與免二丁，餘丁一體當差。設若單丁重役及一年一輪者，開除一名。年老殘疾户無丁者，相視揭籍明白疎放，其在京各色人匠，例應一月上工一十日，歇二十日。若工少人多，量加歇役。如是輪班各匠，無工可造，聽令自行趂作。　又奏准照諸司役作繁簡，更定班次，率三年，或二年，輪當給與勘合。凡二十三萬二千八十九名。

計各色人匠一十二萬九千九百八十三名。

五年一班　木匠三萬三千九百二十八名，裁縫匠四千六百五十二名。

四年一班　鋸匠九千六百七十九名，瓦匠七千五百九十名，油漆匠五千一百三十七名，竹匠一萬二千七百八名，五墨匠二千七百五十三名，妝鑾匠五百七十三名，雕鑾匠五百二名，鐵匠四千五百四十一名，雙線匠一千八百九十九名。

三年一班　土工匠一千三百七十六名，熟銅匠一千二百四名，穿甲匠二千五百七名，搭材匠一千一百一十二名，筆匠一百二十名，織匠一千四十三名，絡絲匠二百四十一名，挽花匠二百九十一名，染匠六百名。

二年一班　石匠六千一七十名，艌匠九千三百六十名，船木匠一萬五百六名，箬篷匠四百七十七名，櫓匠三十九名，蘆蓬匠二十二名，戧金匠五十四名，綵匠一百四十九名，刊字匠一百五十名，熟皮匠九百九十二名，扇匠六十六名，魫燈匠七十五名，氈匠二百九十九名，毯匠一百五十八名，捲胎匠一百九名，鼓匠一百二名，削藤匠四十八名，木桶匠九十四名，鞍匠一十三名，銀匠九百一十四名，銷金匠五十九名，索匠二百五十五名，穿珠匠一百四名。

一年一班　表背匠三百一十二名，黑窯匠二千三百七十三名，鑄匠一千六十名，繡匠一百五十名，蒸籠匠二十三名，箭匠四百二十一名，銀硃匠八十四名，刀匠一十二名，琉璃匠　千七百一十四名，剉磨匠一千一百二十五名，弩匠一百一十二名，黄丹匠二十二名，藤枕匠三十四名，刷印匠五十八名，弓匠一百六十二名，鏇匠四十六名，缸窯匠一百九名，洗白匠三十名，羅帛花匠六十九名。

宣德元年詔，凡工匠户有二丁三丁者，留一丁。四丁五丁者，留二丁。六丁以上留三丁。餘皆放回，俟後更代。單丁量年久近次第放回，殘疾老幼及無本等工程者，皆放回。

景泰五年奏准，輪班工作二年、三年者，俱令四年一班，重編勘合給付。

天順元年勑，外府輪班人匠，照永樂間定制差撥，不許内官兼管。凡班匠徵銀，成化二十一年奏准，輪班工匠有願出銀價者，每名每月南匠出銀九錢，免赴京所司類齎勘合。赴部批工，北匠出銀六錢，到部隨即批放。不願者，仍舊當班。

弘治十八年奏准，南北二京班匠，自弘治十六年，編填勘合，爲始有力者，每班徵銀一兩八錢，遇閏徵銀二兩四錢，止解勘合到部，批工領回。給散無力者，每季連人匠勘合，解部投當上工，滿日批放。如無勘合者，雖納匠價，仍解人赴部查理勘合下落。其已徵在官匠價盡行解部，若有存留、那前補後，計贓論罪。年終通將徵解過數目，造册奏繳。

嘉靖四年題准，各色班匠該撫按清軍等官，督屬清查。果有遠年逃亡，並無遺留田地者，原解匠價通行除免，無令里甲包陪。見在匠户無力者，亦止令上班，不許一槩追價類解。　八年，以營建仁壽宫奏准，各處輪班匠役，每名按季徵銀，如弘治十八年例解部，以備大工支用。　又令内外衙門給撥班匠，照依後開名數，通行各府州縣解價到部，如數給銀，不許額外索取。

【略】

計存留軍民匠一萬二千二百五十五名。

司禮監一千五百八十三名：　牋紙匠六十二名，表背匠二百九十三名，摺配匠一百八十九名，裁曆匠八十一名，刷印匠一百三十四名，黑墨匠七十七名，筆匠四十八名，畫匠七十六名，刊字匠三百一十五名，鐵匠二十五名，銷金匠二十五名，合香匠八名，木匠七十一名，瓦匠六名，油漆匠六十七名，象牙匠二十五名，鏇匠一十名，硯瓦匠七名，綵匠一十名，石匠八名，鋸匠六名，神帛匠一名，裁縫匠五名，鑵兒匠五名，銅匠四名，雕鑾匠二名，釘鉸匠二名，竹篾匠一名，鑄匠一名，捲胎匠二名，桶匠二名，雙線匠四名，錫匠二名，鍍金匠二名，鈒花匠二名，減鐵匠二名，鎖匠一名，氈匠一名，銼磨匠一名。【略】

御馬監四百一十六名：　裁縫匠五十五名，鞭子匠六十三名，纓子匠五名，銼磨匠三名，油漆匠一十二名，砍轎匠七名，鐵匠九名，繡匠一十六名，弓匠二名，背什物官軍八名，絡絲匠一十六名，水繩匠三名，弦匠一名，護衣匠三名，索匠二十五名，描金匠三名，副千户一員，氈匠八名，表背匠三名，雕鑾匠二名，綵匠六名，鋪箸匠七名，肚帶匠五名，打綿匠五名，減鐵匠二十一名，五墨匠三名，事件匠三名，銅匠一十八名，木匠六名，腰機匠四名，油黏匠二名，雙線匠二十名，熟皮匠一十三名，斜皮匠三名，抹金匠三名，研磨匠二名，鞍轡匠二名，拔絲匠二名，鞦轡匠六名，穿珠匠一名，罕荅胲匠一名，鏇匠一名，戧金匠二名，釘鉸匠二名，釘帶匠一名，繩匠二名，畫匠一名，掙磨匠一名，鍍金匠一十一名，骨作匠二名，撚椶匠一名，燒珠匠一名，彩漆匠一名，鈒花匠一十名，黏匠二名。

印綬監六十一名：木匠五名，熟皮匠三名，銅匠二名，表背匠二十五名，油漆匠四名，戧金匠二名，釘鉸匠二名，雙線匠三名，絛匠五名，打線匠一名，挽花匠三名，染匠一名，攢絲匠一名，絡絲匠四名。

司設監一千四百三十五名：銷金匠二十三名，絡絲匠四十四名，鋸匠一十七名，繡匠一百五名，打線匠一十名，腰機匠二十名，戧金匠一十三名，描金匠一名，銼磨匠一十五名，裁縫匠一百八十二名，竹匠五十一名，花氈匠三名，鞭子匠三名，雙線匠六十八名，簾子匠六十五名，刊字匠四名，索匠三十四名，纓匠五名，熟皮匠一十名，漆匠六十五名，絛匠二十四名，穿交椅匠九名，毯匠三十八名，氈匠八十六名，綿匠一十五名，木匠八十六名，拔絲匠四名，抹金匠七名，雕鑾匠三十六名，銅匠二十六名，捲胎匠四名，洗白匠四名，油黏匠五名，表背匠一十三名，鞍轡匠一十名，鏇匠一十一名，釘鉸匠一十二名，鐵匠四十五名，車匠一十一名，背金匠六名，減鐵匠一名，弓弦匠一名，交椅匠一十一名，搭材匠五名，妝鑾匠三十名，傘匠二十名，草席匠三十九名，鍼匠六名，藤枕匠九名，椶蓬匠四名，銀匠二十三名，魫燈匠二名，瓦匠五名，綿花匠一十三名，鑄匠二名，蒸籠匠一名，石匠一名，事件匠一名，錫匠一名，鎖匠一名，砍轎匠一十二名。

銀作局二百七十四名：鈒花匠五十名，大器匠四十二名，廂嵌匠一十一名，扶金匠七名，金箔匠一十四名，磨光匠一十五名，鍍金匠三十五名，銀匠八十三名，拔絲匠二名，累絲匠五名，釘帶匠五名，畫匠一名，表背匠四名。

**清・孫承澤《春明夢餘録》卷三五《户部一・查奏舊餉》**　金花則百餘萬，民軍折色則三百五十六萬餘。內供絹、布、花、綿、蠟、茶、硃、漆、芝蔴、紅花、桐油、銅、鉛、膠、礬、槐花、茜草等項，暨兵部之柴薪，工部之料價，及內供本色織造緞疋、柴炭、軍器等項，動以數百餘萬計。

**又　卷四六《工部一》**　虞衡掌山澤採捕，厲禁陶冶。【略】凡鑄造，審其模范，計銅、鐵而鎔之。金牌、信符，鑄之內府。【略】其分司爲寶源局大使，皮作局大使、副使，軍器局大使、副使。

**清・徐松《宋會要輯稿・食貨・鑄鎢務》**　鑄鎢務，在顯仁坊，掌造銅鐵鍮石諸器及道具，以供出鬻之用。舊在京鑄錢監，景德三年廢錢監，改今名。以京朝官、三班二人監，工匠一百十人。

真宗大中祥符二年六月，詔：「京城修造樓臺殿宇、三門帳生所用門環、浮漚、釘線、葉段，令鑄鎢務將物料點鍮石充用。其造相輪，將鍮石與生熟銅相兼鑄造。」

五年六月，詔鑄造務諸作，每夏月役半功，至午時放。

天禧元年，詔點合鍮石所，以其事併入鑄鎢務。

仁宗天聖八年四月，三司言：「準《編敕》：『鐃、鈸、鐘、磬、酒鏇子、照子等，許令在京鑄鎢務，在外於就近便官場收買，並須鐫勒匠人、專、副姓名，并監官押字。將往外處者，仍給公據。』今詳鑄鎢務逐旬造到器用功課斤兩，欲先令盡數赴省呈驗訖，差人押赴在京商稅院出賣。」從之。

**又《金部》**

《宋會要》

《兩朝國史志》：　金部，判司事一人，以無職事朝官充。凡庫藏出納之節，金寶財貨之用，皆歸於三司，而權衡度量之制主於太府寺，本司無所掌。令史二人。元豐官制行，郎中、員外郎始實行本司事。

《神宗正史・職官志》：　金部，凡造升、㪷、尺、秤，皆以法頒其禁令。若事應諮決擬書者，視度支，餘曹亦如之。分案七，設吏七十有二。《哲宗・職官志》同。

郎官一人，分案有六：曰左藏，掌行庫藏出納金、銀、錢、帛、絲、綿、銅、鉛、錫、鐵及頒度量權衡；曰右藏，掌內藏受納寶貨，支借拘催及雜物；曰錢帛，掌催收年額錢帛、折斛封樁錢物；　曰(確)[榷]易，掌市舶、榷場禁榷及商稅，香、茶、鹽、礬便錢，檢校行户事；曰請給，掌合同取索、給俸、請給時服及雜給事；曰知雜，吏額主事二人，令史七人，書令史二十一人，守當官二十二人，貼司四十一人。

# 圖録

**宋・王黼《重修宣和博古圖》卷五**

右高一寸八分，口徑五寸七分，重一十三兩有半，無銘。頂有提環，周回隱起三脊，錯以蟠螭。内外之紋，有類奉鑑。又塗以黄金，爛然照目。觀其蓋，亦可以髣髴鼎之形製矣。雖不能比肩商周，非漢亦未易爲也。

漢蟠螭鼎蓋

漢小鼎

右通蓋高一寸五分，耳高五分，闊二分，深八分。口徑一寸二分，腹徑一寸六分，容半合，共重三兩。三足，無銘。凡鼎之屬大曰鼐，中曰鼎，小曰鼒，故《詩》言鼐、鼎及鼒，言自大以及小也。王安石《字説》謂，鼒，鼎之有才者。蓋大鼐則孕其氣，而鼒則小有才而已。是器又規倣鼒而爲之，其小可置諸掌，錯金銀爲華，飾以七寶瑟瑟，輝映其上，蓋非食飲之器，正恐置之几格間，如研滴之具然。自祖宗以來最爲舊物，藏之府庫有日矣。此器一出，便覺映照同類者。製作近於凡陋，然典刑精緻，定非俗工所能模鑄，要之漢室物也。

**又《鼎釜門》** 鼎釜皆烹飪器，今鼎以取繅，釜以供饁，爲農家必用之事。復以老瓦盆、匏樽、土鼓之類迭相敘次，愈見樸俗天真，不事華玩，如造羲皇氏之庭；眷而懷之，洎乎其樂之不自知也。兹特圖其舊制，贊以新詠，庶形往古之風，以革澆俗之弊；其於政化，不爲無補云。

鼎。《説文》云：「鼎，三足兩耳」，烹飪器也。《周禮》：「『亨人』掌共鼎鑊，以給水火之齊。」今農家乃用煮繭之鼎繅絲。嘗讀秦觀《蠶書》云，凡繅絲「常令煮繭之鼎湯如蟹眼」；又云，絲自鼎道升於鎖星，蓋繅絲用鼎，就其深大，煮繭既多，則繅取欲速，不致蟻出。或用甑接釜口，象其深綽。但權務省節，終不若鼎之火候爲便。然原夫鼎之爲器，大則烹牲而供上祀，小則和羹而備五味；今用之以取繭絲而衣被斯民，則其功利所及，又豈止爲向之食饗而已哉？故嘉其兼用，遂寘名田譜之内。

鼎

贊云：維鼎在昔，祀享多儀，三代以來，鑄象剖疑，以定九州，以正四夷，國所係望，農何與知？降及後世，物變風移，取其深絙，蠶繅是宜，湯生蟹眼，緒引繭絲，婦工對向，手筋駢持。餵端自内，軒紕由兹，「冷盆」莫並，「熱釜」何裨？古今異用，彼此一時，既國而家，既食而衣。器兮不器，備用無遺，著爲永法，載播聲詩。

釜，煮器也。《古史考》：黄帝始造釜甑，火食之道成矣。《易・説卦》曰，坤爲釜。《廣雅》曰，鍈、他典切。鉼、音餅。鬲、音歷。鍑、音富。鏕、音鹿。鏝鍪、漫、牟，二音。鬹音規。錡，釜也。《説文》釜作「鬴」，「鍑屬」。《魏略》曰，鍾繇爲相國，以五熟鼎範因太子鑄之，釜成，太子與繇書曰，昔周之九鼎，咸以一體調一味，豈若斯釜五味時芳。蓋鼎之烹飪，以享上帝，今之嘉釜，有踰兹義。《録異》曰，南方有以沙土燒之者，燒熟、油之，淨逾鐵器，尤宜煮藥，一斗者纔值十錢。斯濟貧之具，不可無者。

釜

贊云：黄帝始造，火食是須，金獻歐冶，制厥範模，綽口鋭下，古今不踰，中潔其腹，外黔其膚。薪爇而沸，井汲而濡，水火既濟，饔飧乃餔。掩彼鼎鼐，五味能俱，舉世通用，田譜何書？匪農獻穀，徒生爾魚，既曰跨竈，寧不媢乎？

**元・王禎《農書・農器圖譜・錢鎛門》** 錢鎛，古耘器，見於聲詩者尚矣。然制分大小，而用有等差。揆而求之，其鋤、耨、鏟、盪等器，皆其屬也；如耬鋤、鐙鋤、耘爪之類，是其變也；至於薅馬薅鼓，又其輔也。儻度而用之，則知水陸之耘事，有大功利在矣。

錢。子踐切。《臣工》詩曰，「庤乃錢鎛」。注，錢，銚也。銚，七遥切。《世本》，垂作銚。《唐韻》作「剸」，今鍬與鍤同此。錢與鎛爲類，薅呼豪切。器也，非鍬屬也。兹度其制，似鍬非鍬，殆與鏟同。《纂文》曰，養苗之道，鋤不如耨，力豆切。耨不如鏟。楚簡切。鏟，柄長二尺，刃廣二寸，以剗地除草，此鏟之體用即與錢同，錢特鏟之別名耳。

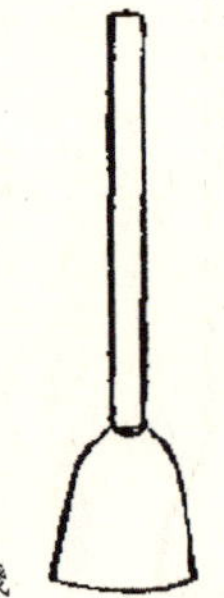
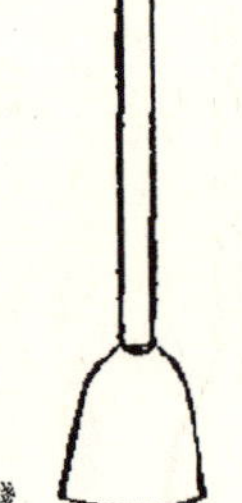
錢

鎛，布各切。耨别名也。《良耜》詩曰，「其鎛斯趙，以薅荼蓼。」《釋名》曰，鎛，迫也，迫地去草也。《爾雅》疏云，鎛、耨，一器，或云鉏，或云鋤屬。嘗質諸《考工記》，凡器皆有國工，粵獨無鎛，何也？粵之無鎛，非無鎛也，夫人而能爲鎛也。荆州之田第八而賦第三，揚州之田第九而賦雜出第六者，人功修也。以人皆趨農，故耕耨之器，手熟目稔，不須國工而自能也。竊謂鎛，鋤屬，農所通用，故人多匠之，不必國工。今舉世皆然，非獨粵也。

鎛

王荆公詩云：「於《易》見耒耜，於《詩》見錢鎛，百工聖人爲，此最功不薄。欲收禾黍善，先去蒿萊惡，願因觀器悟，更使《臣工》作。」

耨，力豆切。除草器。《易繫》曰，「耒耨之利，以教天下，蓋取諸益。」《呂氏春秋》曰，「耨，柄尺，此其度也，其耨六寸，所以間稼也。」高誘注云，耨，耘苗也，六寸所以入苗間。《廣雅》又云，「定謂之耨。」《爾雅》云，「斪巨復、古侯二切。斸丁録切。謂之定。」郭曰，「鋤屬」。《淮南子》曰，「摩蜃而耨」。蜃、大蚌也，摩令利，用耨。此古農器也。《呂氏春秋》曰，先生者美米，後生者粃，是故其耨也，長其兄而去其弟。不知稼者，其耨也，去其兄而養其弟，不收其粟而收其粃，此失耨之道也。《纂文》曰，養苗之道，鋤不如耨。古農法云，苗生葉以上，稍耨壠草，因隤其土以附苗根，此耨之功也。

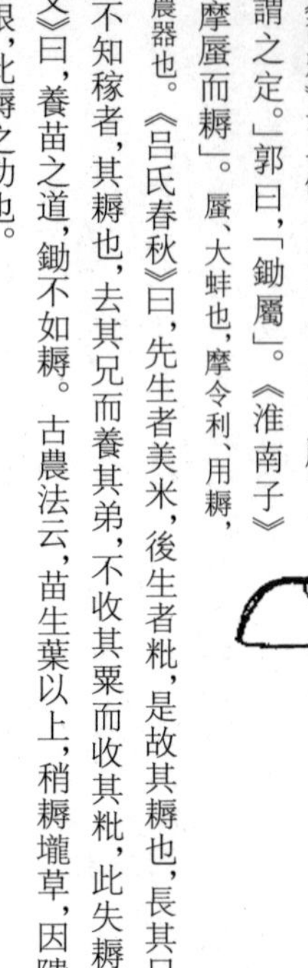
耨

詩云：創物各有名，薅器即云「耨」，壅厚破蟻封，啄深過烏咮。竹救切。護苗如養賢，去草同擊寇，曾聞傴僂翁，功毋求速就。

「鐙鋤」，柄長四尺，比常鋤無兩刃角，不致動傷苗稼根莖。或遇少旱，或熇苗之後，壠土稍乾，荒薉復生，非耘耙、耘爪所能去者，故用此剗除，特爲捷利。此創物者隨地所宜，偶假其形而取便於用也。與前代儀仗「鐙棒」無異。嘗見江東農家用之。

鐙鋤

詩云：茲鉏以「鐙」稱，惟鐙與鉏異，鉏乃擬鐙形，鐙也取鉏利。借用有實材，互名非本器，物兮多變通，執一豈云智？

鏟。楚簡切。《釋名》曰，鏟，平削也。《廣雅》云□。《纂文》曰，養苗之道，鋤不如薅，薅不如鏟。柄長二尺，刃廣二寸，以剗地除草。此古之鏟也。今鏟與古制不同，柄長數尺，首廣四寸許，兩手持之，但用前進攛之，剗去壠草，就覆其根，特號敏捷。今營州之東，燕薊以北，農家種溝田者皆用之。

鏟

詩云：古鏟惟制小，頗逾鋤耨功，今與古制異，用亦差不同。溝田壠畝仄，他刃誠難攻，制器度地宜，創物須良工。長柄加闊首，圓柄投直銎，畎畝耀吐月，肘腋淩輕風。務進同撞戈，再前遂換踪，覆芟易反掌，剸地深潛鋒。已令土膏潤，旋平聲。看蔓草空，要處薅薙外，不離芸芓中。養苗成此稼，去穢利吾農，無田非力鬬，有具致時豐。嘗見燕趙北，亦傳遼池東。遠近或未識，《圖譜》容相通。

**又《銍艾門》** 銍，知栗切。穫禾穗刃也。《臣工詩》曰，「奄觀銍艾」；《書·禹貢》曰，「二百里納銍」；注，刈禾半藁也。《小爾雅》云，「截穎謂之『銍』」。截穎即「穫」也。據陸氏《釋文》云，「銍，穫禾短鎌也」。《纂文》云，江湖之間以銍爲「刈」。《説文》云，此則銍器斷禾聲也，故曰「銍」。《管子》曰，一農之事，必有一椎一銍，然後成爲農。此銍之見於經傳者如此，誠古今必用之器也。

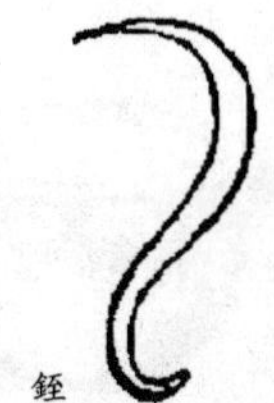
銍

詩云：制形類短鎌，名義因聲聞，總秸既異賦，禾稾惟中分。雖云一鉤鐵，解空千畝雲，小材有大用，乘時策奇勳。苟無遽棄捐，磨厲以須君。

艾，魚肺切。穫器，今之鉤鎌也。《方言》，「刈鉤」，江淮陳楚之間謂之「鉊」，音昭。或謂之「鐹」，音果。自關而西或謂之「鉤」，或謂之「鎌」，或謂之「鍥」。音緒。《詩》，「奄觀銍艾」，陸氏《釋文》音「乂」，芟草，亦作「刈」，賈《策》「若艾草菅」，注，「艾」讀曰「刈」。古「艾」從「草」，今「刈」從「刀」，字宜通用。

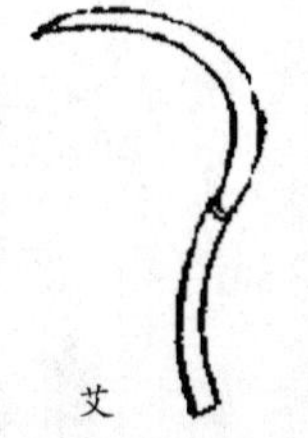
艾

詩云：艾也著周詩，一物兩用備，始資芟蔓草，終賴斂秉穟。磨淬擬工利，收穫疾寇至，勿謂雪繇匙，腰月棄塵翳。

耰鉏，古云「斫斸」，一名「定」，耰爲鉏柄也。賈誼云，「秦人借父耰鉏」，即此也。《釋名》，鋤，助也，去穢助苗也。《說文》，鋤，立薅也。《齊民要術》曰，苗生馬耳則鏃初角切。諺曰，「欲得穀，馬耳鏃」。鋤，稀豁之處，鋤而補之。凡五穀惟小鋤爲良，勿以無草而暫停。春鋤起地，夏鋤除草，故春鋤不用觸溼。六月以後，雖溼亦無嫌。夫鋤法有四，一次曰「鏃」，二次曰「布」，三次曰「壅」，四次曰「復」。諺云，鋤頭自有三寸澤，言鋤則苗隨滋茂。

其刃如半月，比禾壠稍狹；上有短銎，以受鋤鉤。鉤如鵝項，下帶深袴，皆以鐵爲之。以受木柄。鉤長二尺五寸，柄亦如之。北方陸田，舉皆用此。江淮間雖有陸田，習俗水種，殊不知菽、粟、黍、穄等稼，耰耡鏃布之法，但用直項鋤頭；刃雖鋤也，其用如斸，是名「钁鋤」，故陸田多不豐收。今表此耰鋤之效，并其制度，庶南北通用。

耰鉏

王荆公詩云：「煅金以爲曲，揉木以爲直，直曲相後先，心手始兩得。秦人望屋食，以此當金革，君勿易耰鋤，耰鋤勝鋒鏑。」

耬鋤。《種蒔直說》云，此器出自海壖，號曰「耬鋤」，耬車制頗同，獨無耬斗，但用耬鋤鐵柄中穿耬之横桄，下仰鋤刃，形如杏葉。撮苗後，用一驢帶籠觜輓之，初用一人牽，慣熟不用人，止一人輕扶。入土二三寸，其深痛過鋤力三倍，所辦之田，日不啻二十畝。今燕趙間用之，名曰「劐呼鑊切。子」。劐子之制，又少異於此。劐子第一遍即成溝子，穀根未成，不耐旱，耬鋤，刃在土中，故不成溝子；第二遍加搿土木鴈翅，方成溝子，其土分壅穀根。搿土用木，厚三寸，闊三寸，前爲尖，中作一竅，長一寸，闊半寸，穿於鐵鋤柄上，壓鋤刃上。《韓氏直說》云，「如耬鋤過苗間有小豁不到處，用鋤理撥一遍」，即爲全功也。

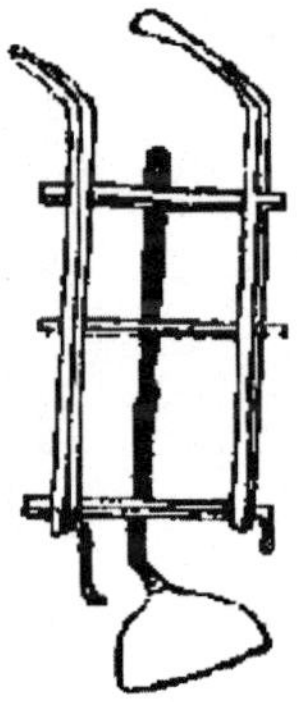

耬鋤

詩云：器惟名「劐」柄如耰，一様田家獨脚耬，擁土欲深添「鴈翅」，爲苗除薉當鋤頭。朝來暮去供千壠，力少功多限一牛，「無佃甫田」休盡信，驕驕惟莠并無憂。

鐙多鄧切。鋤，剗草具也。形如馬鐙，其踏鐵兩旁作刃甚利，上有圓銎，以受直柄。用之剗草，故名

鎌，力詹切。刈禾曲刀也。《釋名》曰，鎌，廉也，薄其所刈，似廉者也。又作「鐮」。《周禮》「薙氏」掌殺草，春始生而萌之，夏日至而夷之」。鄭康成謂，夷之，鉤鎌迫地芟之也，若今取茭矣。《風俗通》曰，鎌刀自揆積芻蕘之效。然鎌之制不一，有佩鎌，有兩刃鎌，有袴鎌，有鉤鎌，有鎌柌鎌柄楔其刃也。之鎌，皆古今通用芟器也。

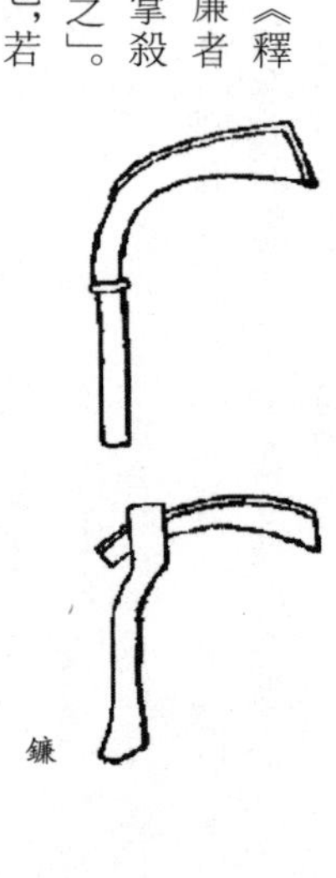

鎌

詩云：利器從來不獨工，鎌爲農具古今同。芟餘禾稼連雲遠，除去荒蕪捲地空。低控一鉤長似月，輕揮尺刃捷如風。因時殺物皆天道，不爾何收歲杪功？

鍥。古節切。似刀而上彎，如鎌而下直，其背如指厚，刃長尺許，柄盈二握，江淮之間恒用之。《方言》云，自關而西謂之「鉤」，江南謂之「鍥」，音紹。「鍥」「鍥」，《集韻》通用。又謂之「彎刀」。以刈草禾或斫柴篠，可代鎌斧。一物兼用，農家便之。

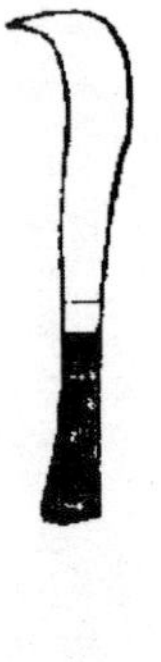

鍥

詩云：弟鎌兄鍥不須猜，呼「鍥」爲名有自來。賦物詩人還可取，器兮不器擅兼材。

鏺。蒲末切。《集韻》云，鏺，兩刃刈也。其刃長餘二尺，闊可三寸，横插長木柄內，牢以逆楔。先結切。農人兩手執之，遇草萊或麥禾等稼，折腰展臂，匝地芟之。柄頭仍用掠草杖，以聚所芟之物，使易收束。太公《農器篇》云，「春鏺草棘」。又書有鏺麥殿。今人亦云「芟」曰「鏺」，蓋體用互名，皆此器也。

鏺

詩云：摩地寧論草與禾，雲隨風捲一劘過。田頭普聽農夫說，功比鉶鎌十倍多。

劚。郎計切。刀。《集韻》與「劙」同，劚荒刃也，其制如短鎌，而背則加厚。嘗見開墾蘆葦蒿萊等荒地，根株駢密，雖强牛利器，鮮不困敗。故於耕犂之前，

先用一牛引曳小犁，仍置刃裂地；闢及一壠，然後犁鑱隨過，覆墢截然，省力過半。又有於本犁轅首裏邊就置此刃，比之别用人畜，尤省便也。

詩云：萑葦根骈密若封，耕犁借爾作前鋒，欲知牛力寬多少，萬垡翻雲看不供。

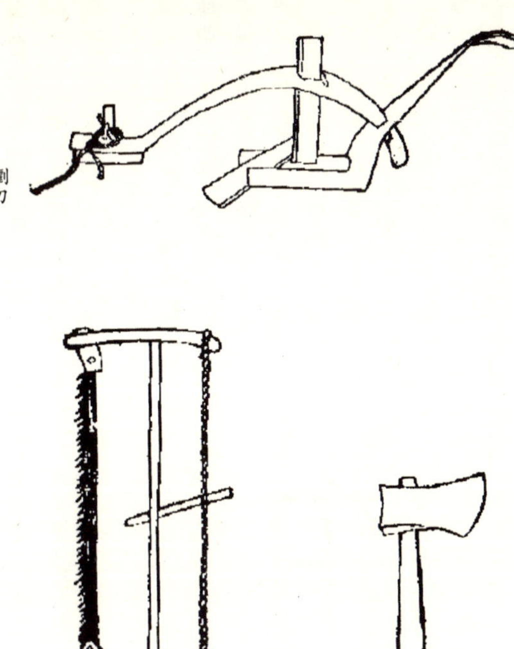


斧。《釋名》曰，斧，甫始也，凡將制器，始以斧伐木，已乃制之也。《周書》曰，神農作陶冶斧，破木爲耒耜鉏耨，以墾草莽，然後五穀興。其柄爲柯。然樵斧、桑斧制頗不同，樵斧狹而厚，桑斧闊而薄，蓋隨所宜而制也。今農夫耕作之際，修整佃具，隨身尤不可闕者。

王荆公詩云：「百金聚一冶，所賦以所遭；此豈異鏌鋣，奈何獨當樵？朝出在人手，暮歸在人腰，用舍各有時，此心兩無邀。」

鋸，解截木也。《古史考》曰，孟莊子作鋸。《説文》曰，「鋸、槍唐也」。《莊子》曰，「禮若亢鋸之柄」。亢，舉也，禮有所斷，猶舉鋸之柄以斷物也。又曰，「天下好智，而百姓求竭矣，於是乎釿音斤。鋸制焉」。太公《農器篇》云，「钁、鍤、斧、鋸」，此鋸爲農器尚矣。今接博桑果不可闕者。

詩云：百煉出煆工，修薄見良鐵，架木作梁横，錯刃成齒列，直斜隨墨紘，來去霏輕屑，儻遇盤錯間，利器乃能别。

# 藝文

**《詩・秦風・小戎》** 小戎俴收，五楘梁輈。游環脅驅，陰引鋈續。王夫之云：「《廣雅》『白銅謂之鋈』。鋈乃白銅之名，無沃灌之義，以鋈飾續環，蓋即今之嵌銅事件。作者必鑿鐵作竅，而以煉成銅片嵌入之，若以銅液傾沃，則生熟不相沾洽，其上之漫出者，施以錯鑢，必動摇而不固矣。《釋名》云：『鋈，沃也。冶白金以沃灌靷環也。』《集傳》改『冶』爲『銷』，尤誤。世豈有已成之鐵，可用他金沃灌而得相黏合者哉？」胡承珙云：「《傳》意鋈爲白金，續者即以白金爲續靷之環。鋈以觼軜者，以白金爲繫軜之觼。鋈錞者，以白金爲矛下之錞。《孔疏》泥於《爾雅》白金無鋈名，遂誤以爲沃灌後乃以爲嵌銅鋈銀之説。古人質樸，未必作此工巧，但靷環等似非白金之柔者所宜，則《孔疏》云『金銀銅鐵總名爲金，此或是白銅白鐵，未必皆白銀』，是也。」文茵暢轂，駕我騏馵。［注］《韓詩》「文茵暢轂」。韓説曰：文茵，虎蓐。［疏］《傳》：「文茵，虎皮也。」【略】俴駟孔羣，厹矛鋈錞。蒙伐有苑，虎韔鏤膺。

# 雜録

**晉・葛洪《西京雜記》卷六《哀王冢》** 哀王冢，以鐵灌其上，穿鑿三日乃開。有黄氣如霧，觸人鼻目，皆辛苦不可入。以兵守之，七日乃歇。初至一户，無扃鑰。石牀方四尺，牀上有石几，左右各三石人立侍，皆武冠帶劍。復入一户，石扉有關鑰，叩開，見棺柩，黑光照人。刀斫不入，燒鋸截之，乃漆雜兕革爲棺，厚數寸，累積十餘重，力不能開，乃止。復入一户，亦石扉，開鑰得石牀，方七尺。石屏風，銅帳鐍一具，或在牀上，或在地下，似是帳縻朽，而銅鐍墮落。牀上石枕一枚，塵埃朏朏，甚高，似是衣服。牀左右石婦人各二十，悉皆立侍，或有執巾櫛鏡鑷之象，或有執盤奉食之形。無餘異物，但有鐵鏡數百枚。

**《魏書・西域傳》** 龜兹國，在尉犁西北，白山之南一百七十里，都延城，漢時舊國也。去代一萬二百八十里。其王姓白，即後涼呂光所立白震之後。其王頭繫綵帶，垂之於後，坐金師子牀。所居城方五六里。其刑法，殺人者死，劫賊則斷其一臂并刖一足。稅賦準地徵租，無田者則稅銀錢。風俗、婚姻、喪葬、物産與焉耆略同，唯氣候少温爲異。又出細氈、饒銅、鐵、鉛、麖皮、氍毹、鐃沙、鹽緑、雌黄、胡粉、安息香、良馬、犎牛等。東有輪臺，即漢貳師將軍李廣利所屠者。其南三百里有大河東流，號計式水，即黄河也。東去焉耆九百里，南去于闐一千□□□□里。

疏勒國，在姑默西，白山南百餘里，漢時舊國也。去代一萬一千二百五十里。高宗末，其王遣使送釋迦牟尼佛袈裟一，長二丈餘。高宗以審是佛衣，應有靈異，遂燒之以驗虚實，置於猛火之上，經日不然，觀者莫不悚駭，心形俱肅。其王戴金師子冠。土多稻、粟、麻、麥、銅、鐵、錫、雌黄、錦、綿，每歲常供送於突厥。其都城方五里，國内有大城十二，小城數十。人手足皆六指，産子非六指者即不育。勝兵二千人。南有黄河，西帶葱嶺，東去龜兹千五百里，西去鏺汗國千里，南去朱俱波八九百里，東北至突厥牙帳千餘里，東南去瓜州四千六百里。

波斯國，都宿利城，在忸密西，古條支國也。去代二萬四千二百二十八里。城方十里，户十餘萬，河經其城中南流。土地平正，出金、銀、鍮石、珊瑚、琥珀、車渠、馬腦，多大真珠、頗梨、瑠璃、水精、瑟瑟、金剛、火齊、鑌鐵、銅、錫、朱砂、水銀、綾、錦、疊、毼、氍毹、毾㲪、赤麖皮，及薰陸、鬱金、蘇合、青木等香，胡椒、畢撥、石蜜、千年棗、香附子、訶梨勒、無食子、鹽緑、雌黄等物。氣候暑熱，家自藏冰。地多沙磧，引水溉灌。其五穀及鳥獸等與中夏略同，唯無稻及黍、稷。土出名馬、大驢及駝，往往有日行七百里者。富室至有數千頭。又出白象、師子、大鳥卵。有鳥形如橐駝，有兩翼，飛而不能高，食草與肉，亦能噉火。

罽賓國，都善見城，在波路西南，去代一萬四千二百里。居在四山中。其地東西八百里，南北三百里。地平温和。有苜蓿、雜草、奇木、檀、槐、梓、竹。種五穀，糞園田。地下濕，生稻。冬食生菜。其人工巧，雕文、刻鏤、織罽。有金銀銅錫以爲器物。市用錢。他畜與諸國同。每使朝獻。

拔豆國，去代五萬一千里。東至多勿當國，西至旃那國，中間相去七百五十里；南至罽陵伽國，北至弗那伏且國，中間相去九百里。國中出金、銀、雜寶、白象、水牛、犛牛、蒲萄、五果。土宜五穀。

康國者，康居之後也。遷徙無常，不恒故地，自漢以來，相承不絶。其王本姓温，【略】奉佛爲胡書。氣候温，宜五穀，勤修園蔬，樹木滋茂。出馬、駝、驢、犎牛、黄金、硇沙、䏑香、阿薛那香、瑟瑟、麖皮、氍毹、錦、疊。多蒲萄酒，富家或致十石，連年不敗。太延中，始遣使貢方物，後遂絶焉。

**又《食貨志》** 自太祖定中原，世祖平方難，收穫珍寶，府藏盈積。和平二年秋，詔中尚方作黄金合盤十二具，徑二尺二寸，鏤以白銀，鈿以玫瑰，其銘曰：「九州致貢，殊域來賓，乃作兹器，錯用具珍。鍜以紫金，鏤以白銀，範圍擬載，吐燿含真。纖文麗質，若化若神，皇王御之，百福惟新。」其年冬，詔出内庫綾綿布帛二十萬匹，令内外百官分曹賭射。四年春，詔賜京師之民年七十已上太官厨食以終其身。

**又《釋老志》** 顯祖即位，敦信尤深，覽諸經論，好老莊。每引諸沙門及能談玄之士，與論理要。【略】於時起永寧寺，構七級佛圖，高三百餘尺，基架博敞，爲天下第一。又於天宫寺，造釋迦立像。高四十三尺，用赤金十萬斤，黄金六百斤。皇興中，又構三級石佛圖。榱棟楣楹，上下重結，大小皆石，高十丈。鎮固巧密，爲京華壯觀。

**《南齊書・高帝紀》** 上少沈深有大量，寬嚴清儉，喜怒無色。博涉經史，善屬文，工草隸書，弈棊第二品。雖經綸夷險，不廢素業。從諫察謀，以威重得衆。即位後，身不御精細之物，敕中書舍人桓景真曰：「主衣中似有玉介導，此制始自大明末，後泰始尤增其麗。留此置主衣，政是興長疾源，可即時打碎。凡復有可異物，皆宜隨例也。」後宫器物欄檻以銅爲飾者，皆改用鐵，内殿施黄紗帳，宫人著紫皮履，華蓋除金花爪，用鐵迴釘。每曰：「使我治天下十年，當使黄金與土同價。」欲以身率天下，移變風俗。

**又《東南夷傳》** 宋永初元年，林邑王范楊邁初産，母夢人以金席藉之，光色奇麗。中國謂紫磨金，夷人謂之「楊邁」，故以爲名。楊邁死，子咄立，慕其父，復改名楊邁。

林邑有金山，金汁流出於浦。事尼乾道，鑄金銀人像，大十圍。元嘉二十二年，交州刺史檀和之伐林邑，楊邁欲輸金萬斤，銀十萬斤，銅三十萬斤，還日南地。大臣蕃僧達諫，不聽。和之進兵破其北界犬戎區粟城，獲金寶無筭，毁其金人，得黄金數萬斤，餘物稱是。

《梁書·諸夷傳》 其國俗：居處爲閣，名曰于闌，門户皆北向；書樹葉爲紙；男女皆以横幅吉貝繞腰以下，謂之干漫，亦曰都縵；穿耳貫小鐶；貴者著革屣，賤者跣行。自林邑、扶南以南諸國皆然也。其王著法服，加瓔珞，如佛像之飾。出則乘象，吹螺擊鼓，罩吉貝傘，以吉貝爲幡旗。國不設刑法，有罪者使象踏殺之。其大姓號婆羅門。嫁娶必用八月，女先求男，由賤男而貴女也。同姓還相婚姻，使婆羅門引壻見婦，握手相付，呪曰「吉利吉利」，以爲成禮。死者焚之中野，謂之火葬。其寡婦孤居，散髮至老。國王事尼乾道，鑄金銀人像，大十圍。

元嘉初，陽邁侵暴日南、九德諸郡，【略】二十三年，使交州刺史檀和之、振武將軍宗慤伐之。和之遣司馬蕭景憲爲前鋒，陽邁聞之懼，欲輸金一萬斤，銀十萬斤，還所略日南民户，其大臣𦼮僧達諫止之，乃遣大師范扶龍戍其北界區粟城。景憲攻城，剋之，斬扶龍首，獲金銀雜物，不可勝計。乘勝逕進，即剋林邑。陽邁父子並挺身逃奔。獲其珍異，皆是未名之寶。又銷其金人，得黄金數十萬斤。

扶南國，在日南郡之南，海西大灣中，去日南可七千里，在林邑西南三千餘里。城去海五百里。有大江廣十里，西北流，東入於海。其國輪廣三千餘里，土地洿下而平博，氣候風俗大較與林邑同。出金、銀、銅、錫、沉木香、象牙、孔翠、五色鸚鵡。

丹丹國，中大通二年，其王遣使奉表曰：「伏承聖主至德仁治，信重三寶，佛法興顯，衆僧殷集，法事日盛，威嚴整肅。朝望國執，慈愍蒼生，八方六合，莫不歸服。化隣諸天，非可言喻。不任慶善，若暫奉見尊足。謹奉送牙像及塔各二軀，并獻火齊珠、古貝、雜香藥等。」大同元年，復遣使獻金、銀、瑠璃、雜寶、香藥等物。

中天竺國，在大月支東南數千里，地方三萬里，一名身毒。漢世張騫使大夏，見邛竹杖、蜀布，國人云，市之身毒。身毒即天竺，蓋傳譯音字不同，其實一也。從月支、高附以西，南至西海，東至槃越，列國數十，每國置王，其名雖異，皆身毒也。漢時羈屬月支，其俗土著與月支同，而卑濕暑熱，民弱畏戰，弱於月支。國臨大江，名新陶，源出崐崘，分爲五江，總名曰恒水。其水甘美，下有真鹽，色正白如水精。土俗出犀、象、貂、鼲、瑇瑁、火齊、金、銀、鐵、金縷織成、金皮罽、細摩白疊、好裘、毾㲪。火齊狀如雲母，色如紫金，有光耀，别之則薄如蟬翼，積之則如紗縠之重沓也。其西與大秦、安息交市海中，多大秦珍物，珊瑚、琥珀、金碧珠璣、琅玕、鬱金、蘇合。蘇合是合諸香汁煎之，非自然一物也。又云大秦人採蘇合，先笮其汁以爲香膏，乃賣其滓與諸國賈人，是以展轉來達中國，不大香也。鬱金獨出罽賓國，華色正黄而細，與芙蓉華裏被蓮者相似。國人先取以上佛寺，積日香槁，乃糞去之，賈人從寺中徵雇，以轉賣與佗國也。

《新唐書·后妃傳》 延載二年，武三思率蕃夷諸酋及耆老請作天樞，紀太后功德，以黜唐興周，制可。使納言姚璹護作。乃大裒銅鐵合冶之，署曰「大周萬國頌德天樞」，置端門外。其制若柱，度高一百五尺，八面，面别五尺，冶鐵象山爲之趾，負以銅龍，石鑱怪獸環之。柱顛爲雲蓋，出大珠，高丈，圍三之。作四蛟，度丈二尺，以承珠。其趾山周百七十尺，度二丈。無慮用銅鐵二百萬斤。乃悉鏤羣臣、蕃酋名氏其上。

又《西域傳·拂菻》 拂菻，古大秦也。【略】重石爲都城，廣八十里，東門高二十丈，釦以黄金。王宫有三襲門，皆飾異寶。中門中有金巨稱一，作金人立，其端屬十二丸，率時改一丸落。以瑟瑟爲殿柱，水精、琉璃爲棁，香木梁，黄金爲地，象牙闔。有貴臣十二共治國。王出，一人挈囊以從，有訟書投囊中，還省枉直。國有大災異，輒廢王更立賢者。王冠如鳥翼，綴珠。衣錦繡，前無襟。坐金蘤榻，側有鳥如鵝，緑毛，上食有毒輒鳴。無陶瓦，屑白石塈屋，堅潤如玉。盛暑引水上，流氣爲風。男子翦髮，衣繡，右袒而帔，乘輜軿白蓋小車，出入建旌旗，擊鼓。婦人錦巾。家訾億萬者爲上官。

俗喜酒，嗜乾餅。多幻人，能發火於顔，手爲江湖，口幡毦舉，足墮珠玉。有善醫能開腦出蟲以愈目眚。土多金、銀、夜光璧、明月珠、大貝、車渠、碼碯、木難、孔翠、虎魄。織水羊毛爲布，曰海西布。海中有珊瑚洲，海人乘大舶，墮鐵網水底。珊瑚初生磐石上，白如菌，一歲而黄，三歲赤，枝格交錯，高三四尺。

又《南蠻傳下·投和》 投和，在真臘南，自廣州西南海行百日乃至。王姓投和羅，名脯邪迄遥。官有朝請將軍、功曹、主簿、贊理、贊府，分領國事。分州、郡、縣三等。州有參軍，郡有金威將軍，縣有城、有局，長官得選僚屬自助。民居率樓閣，畫壁。王宿衛百人，衣朝霞；耳金鐶，金綖被頸，寶飾革履。頻盜者死，次穿耳及頰而劗其髮，盜鑄者截手。無賦税，民以地多少自輸。王以農商自業。銀作錢，類榆莢。民乘象及馬，無鞍靮，繩穿頰御之。親喪，斷髮爲孝，焚尸斂灰於甖，沈之水。貞觀中，遣使以黄金函内表，並獻方物。

**宋・王栐《燕翼詒謀録》卷一** 國初，士庶所服革帶未有定制，大抵貴者以金，賤者以銀，富者尚侈，貧者尚儉。太平興國七年正月壬寅，詔三品以上銙以玉，四品以金，五品、六品銀銙金塗，七品以上并未常參官并内職武官以銀。上所特賜，不拘此令。八品、九品以黑銀，今世所謂藥點烏銀是也。流外官、工商、士人、庶人以鐵角二色。其金荔枝銙，非三品以上不許服，太宗特新此銙，其品式無傳焉。其後毬文笏頭、御仙又出於太宗，特製以别貴賤。而荔枝反爲御仙之次，雖非從官特賜，皆許服。初品京官特賜帶者，即服紫矣。鞍轡之别，亦始於太宗時，太平興國七年正月，詔常參官銀裝鞍、絲條，六品以下不得鬧裝，不得用刺繡金皮飾韉。未仕者烏漆素鞍。則是一命以上皆可以銀裝鞍也。近歲惟郡太守猶存銀裝、絲條之制，此外無敢用者。若烏漆則庶人通用，而鞍皮之巧無所不至，其用素鞍者，鮮矣。

**又 卷二** 祖宗立國之初，崇尚儉素，金銀爲服用者鮮，士大夫罕以侈靡相勝，故公卿以清節爲高，而金銀之價甚賤。至東封西祀，天書降，天神現，而侈費寖廣，公卿士大夫是則是傚，而金銀之價亦從而增。故大中祥符八年十一月乙巳，真宗皇帝覽三司奏乏銀支用，問輔臣曰：「咸平中銀兩八百，金兩五千，今何增踊如此？」然不知是時其價若干也。蓋上以爲重則下競趨之，求之者多，則價不得不踊。咸平距祥符十數年間，世變已如此，況承平日久，侈費益甚，沿襲至於宣、政之間乎？是宜價日增而未已也。

**又** 萬壽觀本玉清昭應宫也，宫爲火所焚，惟長生崇壽殿存，殿有三像，聖祖、真宗各用金五千兩餘，昊天玉皇上帝用銀五千餘兩，仁宗天聖七年，詔玉清昭應宫更不復修，以殿爲萬壽觀。蓋明肅太后尚有修營之意，宰臣猶帶使領，至是始去之，示不復修營也。

**明・王佐《新增格古要論》卷一二《雜考中》** 唐賜紫金魚袋賜緋銀魚袋魚符考【略】洪文敏邁《容齋四筆》載隨筆書，衡山唐碑刻别駕賞魚袋之名，不可曉。今按《唐職林・魚袋帶門》敘金、玉、銀、鐵帶及金銀魚袋云，開元敕「非灼然有戰功，餘不得輒賞魚袋」，斯文明也。

**明・李詡《戒庵老人漫筆》卷一** 玄妙觀宋時鐘磬 縣西門玄妙觀道士湯秋泉房舊傳鐘磬二物，鐘一邊有「漢編鐘」三字，一邊有「太清宫」三字，皆陽文小篆。磬碧玉，邊上一頭有「大晟」二字，一頭有「太簇」二字，皆陰文古篆。按唐明皇天寶爲太清宫祀老子。淳化四年修真宗祥符六年行幸宋太宗大晟殿，元豐七年始造玉磬。謂漢編鐘者，如漢之制，非漢鑄也。大晟是祀太宗廟，太簇是此磬應此律耳，皆宋物也。

**明・謝肇淛《五雜俎》卷一二《物部四》** 茶注，君謨欲以黄金爲之，此爲進御言耳。人間文房中，即銀者亦覺俗，且誨盜矣。嶺南錫至佳，而製多不典。吴中造者，紫檀爲柄，圓玉爲紐，置几案間，足稱大雅。宜興時，大彬所製瓦缾，一時傳尚，價遂踴貴，吾亦不知其解也。

**明・方以智《物理小識・金石類》** 銅護碑字可久 石在地上有剥落，在土中有生長變化。王賓明曰，崇禎中，方融啓雲居膺禪師塔，碑上皆古錢，有縣鏡墮驚錢開者，碑字平沓不可識，錢覆者其字如故。

金石通理 金得伯勞血而昏，鐵得鵜鶘膏而瑩，銀得雉糞而枯，石得鵲髓而化。古云濯錦以魚，濯金以鹽，大抵剥落金銀宜用石鹽。石者言塊也，雲母至不畏火，而鹽湯能煮雲母爲粉。消石能消亦得鹹味，可信鹹能軟堅。物理所曰華銅以粉，明銅以汞，碘錫以茄。餘甘子柔金，石硫荷葉黑銀而碎之，以燒金則金愈光。

**又《器用類》** 醒鐘 犍鐘者，先醒鐘，輕椎得聲，然後重椎，則聲發而鐘不釁。鑄鐘頂留孔，其多孔者，鐘聲亦發。磬則氣上出，銕磬亦留三眼。諺云，磬畏茈茹。

**清・計六奇《明季北略》卷一九** 上用銅錫木器 癸未十月，上自用銅錫木器，屏金銀。命文武諸臣各崇省約，士庶不得衣錦繡珠玉。

**清・鄭光祖《一斑録・物理・金石》** 金剛鑽，産南海，質如紫石英而至堅。唐時番僧入貢，僞稱佛牙，傅奕以羚羊角擊碎之。三十年前，南夷貢方物，内有金剛鑽七兩。今民間所見，小等粞粒，利能刻瓷，釘盌者用之。煅，投火酒能碎。

**清・徐珂《清稗類鈔・爵秩類》** 銀鐵二匠以保舉而貴顯 青浦葉雨臣，名夢雷，幼習銀匠。及冠，北遊至京師，受傭於人。康熙某年端午，同伴皆出遊，明珠經其肆，出元寶一令剪之。葉爲跳剪兩端，不差累黍，明歎賞，招至邸，令司會計。尋以孀娘女佛氏妻之，並保以官，使入户部供職。其母初傭於邵氏，雍正時，以病乞歸，自奉奢侈，爲鄉人官臬司者所劾，遂籍没。高宗登極，始赦回。其族弟有名照二官者，初業鍛鐵，雨臣貴，招之去，亦得官，由知府擢巡道。

# 貴金屬分部

## 論説

**漢・桓寬《鹽鐵論》卷六**　散不足第二十九

古者，椎車無柔，棧輿無植及其後，木軨不衣，長轂數幅，蒲薦苙蓋，蓋無漆絲之飾。大夫士則單複木具，盤韋柔革。常民漆輿大軨蜀輪。今庶人富者銀黃華左搔，結綏韜杠。中者錯鑣塗采，珥靳飛軨。

**又**　古者，庶人賤騎繩控，革鞮皮薦而已。及其後，革鞍氂成，鐵鑣不飾。今富者，鞼耳銀鑷韅，黃金琅勒，罽繡弇汗，華鞊明鮮。中者漆韋紹系，采畫暴乾。

**又**　古者，汙尊抔飲，蓋無爵觴樽俎。及其後，庶人器用即竹柳陶匏而已。唯瑚璉觴豆而後雕文彤漆。今富者銀口黃耳，金罍玉鍾。中者野王紵器，金錯蜀杯，夫一文杯得銅杯十，賈賤而用不殊。箕子之譏，始在天子，今在匹夫。

**清・徐珂《清稗類鈔・農商類》**　上海金市

我國之在漢時，黃金甚多，賜予臣下，動以斤計。自後或塗佛像，或製首飾，或造金箔，遂有種種之銷耗。明洪武乙卯，每赤金二兩，當銀四兩；乙丑，當銀五兩。萬曆時，漲至七八兩。崇禎時，漲至十兩。道光朝，當十三四兩。光緒初年，僅當十七八兩，嗣則繼長增高，不啻倍之，其故由於出洋之太多也。檢查海關貿易册，光緒己丑之出洋者，值銀一百六十二萬五千餘兩。癸巳之出洋者，值銀七百四十五萬九千餘兩。甲辰之出洋者，值銀一千二百五十餘萬兩。外人以貨來，以金去，民安得而不困窮哉。

## 綜述

**漢・王符《潛夫論》卷三《浮侈》**　今京師貴戚，衣服、飲食、車輿、文飾、廬舍，皆過王制，僭上甚矣。從奴僕妾，皆服葛子升越，筩中女布，細緻綺縠，冰紈錦繡。犀象珠玉，虎魄瑇瑁，石山隱飾，金銀錯鏤，麞麂履舄，文組綵緤，驕奢僭主，轉相誇詫。

**《魏書・食貨志》**　自太祖定中原，世祖平方難，收穫珍寶，府藏盈積。和平二年秋，詔中尚方作黃金合盤十二具，徑二尺二寸，鏤以白銀，鈿以玫瑰，其銘曰：「九州致貢，殊域來賓，乃作茲器，錯用具珍。鍜以紫金，鏤以白銀，範圍擬載，吐燿含真。纖文麗質，若化若神，皇王御之，百福惟新。」

**宋・周密《癸辛雜識》續集下**　烏銀江䖳　承平時，貴家以烏銀爲江䖳殼，外具細紋而色似真。每宴集，則以此巵䖳柱以供客，可謂富貴之極也。胡存齋云。

**明・謝肇淛《五雜俎》卷一二《物部四》**　漢文帝時，魯少年拄金杖。武帝有玉箱杖。嘉平中，袁逢作二公賜玉杖。晉佛圖澄金杖、銀鉢。劉向別傳有麒麟角杖。曹操賜楊彪銀角桃杖。今人但用竹杖耳。漢昌邑王至滎陽，買積竹刺杖。龔遂諫曰：「積竹刺杖，少年驕蹇杖也。」今武陵有方竹爲杖，甚佳。及蜀邛州杖，巨節如雞骨然。大杖，扶老登山，取其輕便爲貴，金玉徒爲觀美，未必當於用也。

唐時文武官，三品以上，金玉帶；四品、五品並金帶；六品、七品並銀帶；八品、九品並鍮石帶；庶人，銅鐵帶。五品以上皆賜魚袋，飾以銀；三品以上，賜金裝刀子、礪石一具。其衣，紫爲上，緋次之，綠爲下。綬則紫爲上，艾墨次之，黃爲下。至於天子之服色尚黃，則自漢以來然矣。

**明・方以智《通雅》卷二七《事制・貨賄》**　白選，漢白金幣也。《漢志》：「內府多銀錫，鑄白金三品，一曰重八兩，圜之，其文龍，名『白撰』，直三千。二曰以重差小，方之，其文馬，直五百。三曰復小，撱之，其文龜，直三百。更鑄三銖錢。」《史記》作白選，重差作重荖，謂此以半斤差爲三等也。今誤解以重差復小爲二品三品之名，則非矣。皆名白選也。《爾雅》：白金謂之銀，而漢白金以銀錫爲之。《貨殖傳》：「金錫連。」徐廣曰：「鉛未鍊者。」『莽錢布殺以連錫。』注：李奇曰：「鉛錫璞名曰連。」應劭曰：「連似銅。」師古曰：「李、孟説非。」許慎曰：「鏈，銅屬也。」此下文又云「能採金銀銅連錫」，益知連非錫矣。殆真鉛與銀錫之類也。唐建中初，判度支趙贊採連州白銅，鑄大錢一當十，亦白選遺意也。《續會要》曰：「開寶中，減桂陽監歲入白金三之一。至道廢邵武、成州金場，又廢衢州銀冶。景德中，建州寶通山出銀，以圖來獻。天聖中，虔州石城産銀，置義豐場。」按諸處言銀，則桂陽監之白金爲白銅明矣。是自漢之白金幣，非真銀，後遂以白銅爲白金耳。白銅亦稱青銅。慶曆中，知商州皮仲容採青水青銅鑄錢。張鶩號萬選青錢。曰青者，別其非紅黃也。紅銅加鉛則黃，鉛太多則色雜近黝，鑄者煮黃之。惟有萬曆錢最好，十錢直一兩，與「開元通寶」制合，鑄用白銅，民間每多用之，號曰白沙。

二十四兩爲鎰，因一溢而名也。或曰鎰二十兩，或曰三十兩，當以二十四兩爲是，合三鋝之數也。鎰從溢來。《孔叢子》曰：「兩手曰掬，一手曰溢，所謂『朝一溢米』也。」鎰或爲餅錠之通名。《孟子》「百鎰」可推。宋大兩爲七十二銖，即一錢爲七銖畸十分銖之一，此則三兩爲一大兩，明矣。《皇祐新樂圖》有秤，銖幹圖有星，一繫一盤，正似民間金銀等子。

倍舉曰鋝。鋝也，鍰也，鐶也，率也，鋝也，選也，算也，一也。《小爾雅》：「二十四銖曰兩，兩有半曰捷，倍捷曰舉，倍舉曰鋝，鋝謂之鍰。」宋咸曰：「舉三兩，鍰六兩。」《考工記》「重三鋝」。注引「說文：『鋝，鍰也。』今東萊稱或以大半兩爲鈞，十鈞爲環，環重六兩大半兩，則三鋝爲一斤四兩。」《疏》曰：「王肅之徒，皆以六兩爲鍰。」《吕刑》：「其罰百鍰。」註音鐶，亦通作鐶。《漢五行志》「宮門銅鍰」，謂環也。《說文》引《周禮》「重三鋝」，北方以二十兩爲鋝，東萊以鐶爲權，重百二十斤，亦曰鋝。以此而言，則非百率之鍰六兩也。師古曰：「鋝重十銖二十五分銖之十三。」是又非六兩之鋝也。孫棨《北里志》：「曲中常價，一席四鐶，見燭即倍，」此以鐶爲數者以今古約之，六兩是今二兩。《字彙》「鋝音劣，又音刷」；又有鋝字，亦音刷。三鋝爲一斤。智按鋝乃鋝之訛。嘗考《蕭望之傳》：「金選」音刷，《周本紀》：「其罰百率。」徐廣曰：「率即鍰。」《秋官注疏》以爲「古之率多作鍰」。漢人讀率爲所劣切，故以刷音率，即以刷音選。恤、紹皆失載，何望及選算之通乎？詳見《疑始》字說中。

**又　卷三三《器用・古器》**　以金銀鏤銅鐵曰鋄。張衡賦：「金鋄音咸。銀鏤。」謂鐵質金文飾馬轡也。馬融《廣成頌》：「金鋄銀鑲。」今俗以鞍轡什物曰鋄銀事件。細者曰絲鋄，片者曰片鋄。鋄一作釤。《後漢志》：「金鍐方釳。」升菴以鍐作鋄。《宋志》：「百官鞍勒，金塗銀裝，牡丹枝具，雉子白韉，陷銀啣鐙。」所謂陷銀，即今之鋄銀也。《元志》作簡銀。弱侯作鍽銀。

以金銀絲戧器曰商，謂鑲嵌也。元美曰：趙希鵠云：「夏時器多相嵌，訛爲商嵌。」用修以爲鑲嵌。智謂本商嵌，蓋古謂刻爲商，商金商銀，乃古之遺稱也。張懷瓘《書録》言：「三代鈿金，今之所謂搶金。」宣盦，即唐之戧金也。今作去聲。曹昭以爲「剩金」。《兩鈔摘腴》曰：「鞗革有鶬，《箋》云：鶬，金飾貌。戧金出此。」

**又方以智《物理小識・金石類》**　鍛理　金銀皆有鑲嵌，纍絲、發郎，因佛菻之法也。有鋄絲鑲嵌，即三代商金銀法也。金玉其相，相繼爲商。其烏銀則硫填紋而燒之。後代之工有巧於前者。松江唐俊卿，嘉興朱碧山，蘇州謝思餘，則元時名工也。銀最難光，以瑪瑙研之，炸金以石鹽，白銀以烏梅、三葉酸、秋海棠葉，皆可。

**清・徐松《宋會要輯稿・食貨・坑冶下》**　九年六月十九日，無爲軍申：「勘會本軍管下崑山礬場，合用折納金銀法物係蒙朝廷鑄造鐫鑿花樣，給降下場使用。緣本場(作)[昨]建炎之後，賊馬侵犯，毀壞不存，前任知軍吕雲叟(逐)[遂]急措置下作院，用生雜銅製造逐等法物一副，慮恐久遠，未得均當。乞行下工部下文思院製造給降。」從之。五十兩法物一箇，二十三兩法物一箇，二十兩法物一箇，十五兩法物一箇，十兩法物一箇，五兩法物一箇，一兩法物一箇，半兩法物一箇，一錢法物一箇。

**清・華玉淳《錢幣考》卷下《金銀》**　周秦用黃金，而白金止爲器飾，不爲幣。兩漢時，民間尚多有黃金。近代則白金盛行，而黃金絶少。夫金有三品，當互相流通，今惟有銀與銅錢二者而已。錢少則物必貴，而銀壅滯不行，則錢亦貴，此在理財者所宜留意也。今略考前世金銀之幣如左。

周制，黃金方而重一斤。

按：金元以前，金銀皆鑄成一定斤兩。史傳凡言百金乃百斤也，蓋其數多者用金銀，而零用則以銀，無若今之翦鑿而用者。

秦，黃金鎰爲名。

按：金重一鎰，始於戰國。《孟子》：「王餽兼金一百。」註以爲百鎰是也。

漢初，一黃金一斤。

顧寧人曰，漢時黃金上下通行，故文帝賜周勃至五千斤，宣帝賜霍光至七千斤，而武帝以公主妻欒大，至齎金萬斤。衛青出塞，捕斬首虜之士，受賜黃金二十餘萬斤。梁孝王薨，藏府餘黃金四十萬餘斤。《光武紀》言，王莽末，天下旱蝗，黃金一斤易粟一斛，是民間亦未嘗無黃金也。昭烈得益州，賜諸葛亮、法正、關羽、張飛金各五百斤，銀千斤。《梁書・武陵王紀傳》：黃金一斤爲餅，百餅爲簉，至有百簉銀五倍之。自此以後，則罕見於史。

胡朏明曰，宋太宗問學士杜鎬曰，兩漢錫予多用黃金，而後代遂爲難得之貨，何也？對曰，當時佛事未興，故金價甚賤。此固其一端矣，然摹畫宮闕，塗飾器服，有銷金、泥金、貼金、剔金，及爲絲、爲線之類，名號非一，皆耗金之由也。草木子云，金一爲箔，無復再還元矣。故齊武帝禁不得以金銀爲箔，宋世亦屢申銷金之禁，良有以也。

武帝元狩四年，始造銀錫爲白金，以爲天用莫如龍，地用莫如馬，人用莫如龜，故白金三品。其一曰重八兩，圜之，其文龍，名白選，直三千。二曰重差小，方之，其文馬，直五百。三曰復小，橢之，其文龜，直三百。元鼎二年，白金稍賤，民不寶用，縣官以令禁之，無益。歲餘，白金終廢不行。

按舊譜，白選爲龍形隱起，肉好皆圓，又作雲霞之象。此是銀幣，恐未必有好。《文獻通考》云，一重八兩，則二重六兩，三重四兩。

新莽時，黄金重一斤直錢萬，朱提銀重八兩爲一流，直一千五百八十，他銀一流直千。朱提音殊時。

胡朏明曰，黄金一斤直萬錢，每兩直錢六百二十五，以五銖計之，爲銅八斤二兩有奇。銀一流直千，每兩直百二十五，爲銅一斤十兩有奇。金一兩纔抵銀五兩，則金視今頗賤。而銅一斤十兩换銀一兩，則銅視今亦甚貴矣。自晉宋以降，金漸少而價日昂。元至大中，金價十倍於銀。明初，直又減。洪武中，每金一兩當銀四兩或五兩。永樂中，當銀七八兩。崇禎中，十换，江左至十三换。近制銅錢每千約重八斤有奇，直銀一兩、金一錢，則金之直銀，一倍於漢，銀之直銅，四倍於漢。金銀益貴，而銅乃極賤矣。

按：《漢書·惠帝紀》顔師古注云，諸賜金不言黄者一斤與萬錢，則莽時金價與漢初等。漢用五銖，則萬錢當重一百三十斤三兩八銖。若莽時萬錢價重二十六斤六兩有奇，是金一兩止易銅一斤十兩。而武帝時白金八兩直三千，是銀一兩乃易銅四斤十四兩，不應懸絶若此，知古人原未嘗以金銀之價與銅錢之重相較而平其直也。且武帝白金其直以三千五百三百爲差，而莽時小錢直一重一銖，大泉五十僅重十二銖，則錢之輕重不足以定金價之低昂明矣。要之古者金一斤直萬錢，而今一兩直萬錢，銀八兩直千，而今一兩直千，則貴賤之相懸已較然耳。

梁陳之際，嶺南諸州惟以金銀交易，俱不用錢。

按：元稹奏狀，言自嶺以南以金銀爲貨幣，則交廣之用金銀至唐猶然。

唐憲宗元和三年，詔天下有銀之山必有銅，銅可資於□，鼓鑄銀無益於生人，五嶺以北採銀一兩者流他州，官吏論罪。四年，詔復採五嶺銀坑。

宋仁宗景祐二年，詔諸路歲輸緡銀，福建二廣易以銀。

按：唐時以銀爲貢，而不以爲賦。《通典》：貢銀之州三十有二。蓋亦用爲器飾，及備賜予之用而已。以銀輸賦，自此始。

金舊例，銀每鋌五十兩，其直百貫。民間或有截鑿之者，爲價亦隨低昂。章宗承安二年，遂改鑄銀名承安寶貨，一兩至十兩，分五等。每兩折錢二貫，公私同見錢用。已而民間有私鑄寶貨者，雜以銅錫，寖不能行，遂罷之。宣宗興定中，銀價日貴，鈔日賤。至哀宗正大間，民間但以銀市易，不復用鈔矣。

按：此上下用銀之始。

元世祖至元十三年，平宋回，至揚州，丞相伯顔令搜檢將士行李，所得撒花銀子，銷鑄作錠，每錠重五十兩，文曰揚州元寶。後朝廷亦自鑄，十四年者重四十九兩，十五年重四十八兩。二十三年征遼東，以所得銀鑄遼陽元寶。見《續文獻通考》。

明太祖洪武八年，初造寶鈔，禁民間不得以金銀交易。九年，許民以銀鈔、錢絹代輸今年租税。十九年，詔户部以今年秋糧及在倉所儲通會其數，除存留外，悉折收金銀、布絹鈔輸京師。英宗正統元年，命直隸蘇松等府浙江、江西、湖廣三布政司，租税折收金帛。二年，命二廣、福建當輸南京税糧悉納白金，有願納布絹者，聽。自是倉糧折輸變賣無不以銀，後遂以爲常貨矣。見《日知録》。

按：《明會典》言太祖時黄金一兩折米二十石，白金一兩折米四石，絹一匹折一石二斗，布一匹折一石，各隨所産，民以爲便。正統時，每米一石亦折銀二錢五分。蓋當日折輸税糧，本以甦民之困，故特輕其直，非金銀之貴也，然米價之賤，亦可見矣。

顧寧人曰，唐元和中，白居易策言，今天下之錢日以減耗，或積於内府，或滯於私家，若復日月徵收，歲時輸納，臣恐穀帛之價轉賤，農桑之業益傷。今日之銀，猶夫前代之錢也。乃歲歲徵數百萬，貯之京庫，而不知所以流通之術，於是銀之在下者至於竭涸，而無以繼上之求，然後民窮而盗起矣。又曰，宋元祐中，蘇轍爲户部侍郎，言善爲國者藏之於民，其次藏之州郡。州郡有餘，則轉運司常足。猶今之布政司。轉運司既足，則户部不困。自熙寧以來，言利之臣不知本末，欲求富國，而先困轉運司。轉運司既困，則上供不繼。上供不繼，而户部亦憊矣。天啓中，用操江范濟世之奏，一切外儲盡令解京，而搜括之令自此始。外庫之虚，民力之匱，所由來矣。

# 紀事

**唐・姚汝能《安禄山事跡》卷上** 玄宗計日幸望春宫，以待十六日獻俘八千人於觀風樓下。賜莊宅各一所，雜彩綾羅、金銀器物及聲音口等。龜兹一部，雞婁鼓、指鼓、腰鼓、笛、簫、觱篥等七人。將士亦各頒賜。賜禄山金鞍花大銀胡餅四、大銀魁二並蓋、金花大銀盤四、雜色綾羅三千尺。判中殿中侍御史楊玄章等三人，緋衣各一對，及絹彩等。將士大將軍楊歸順等一百九十三人，衣各一副，並絹綵等。又賜契丹生女口，大小五十人。考課之日，上考，禄山又自獻金銀器物、婢及駞馬等。金窯細胡瓶二，銀平脱胡平牀子二，紅羅褥子一，婢十人，細馬十四，打毬士生馬三十四，駱駞十頭，骨鞍轡三十具，(茸)[並]黄綾鞍袱三十條，抄尾大馬纓十箇，又進鹿尾醬、鹿尾骨等。

十載正月一日，是禄山生日，先日賜諸器物衣服，太真亦厚加賞遺。玄宗賜金花大銀盆二，金花銀雙絲平二，金鍍銀蓋椀二，金平脱酒海一並蓋，金平脱杓一，小馬腦盤二，金平脱大盞四，次盞四，金平脱大[瑪]腦盤一，玉腰帶一，並金魚袋一，及平脱匣一，紫細綾衣十副，内三副錦襖子並半臂，每副四事，熟錦細綾□□三十六具。太真賜金平脱裝一具，内漆半花鏡一，玉合子二，玳瑁刮舌篦、耳篦各一，銅鑷子各一，犀角梳篦刷子一，骨骷合子三，金鍍銀盒子二，金平脱盒子四，碧羅(帛)[帕]子一，紅羅繡(帛)[帕]子二，紫羅枕一，氈一，金平脱鐵面枕一，並平脱鎖子一，(紅羅繡帛子二)，銀沙羅一，銀鏂椀一，紫衣二副，内一副錦，每衣計四事件。

其日，又賜陸海諸物，皆盛以金銀器，並賜焉。所賜禄山食物、香藥，皆以金銀器盛之，其器並賜，前後又不可勝計也。

**《舊唐書・文宗本紀》** 庚子，敕：「應諸道進奉内庫，四節及降誕進奉金花銀器并纂組文纈雜物，並折充鋌銀及綾絹。」

**宋・王欽若等《册府元龜》卷四八四《邦計部・經費門》** 寶曆二年五月辛巳，敕：「如聞度支近年請諸色支用，常有欠闕。今又諸軍、諸使衣賜支遣，是時須有萬圓，使其濟辦。宜量賜絹及紬一萬匹，以户部物充。」

七月壬辰，户部侍郎崔元略進：「準宣，索見在左藏庫挺銀及銀器十萬兩、金器七千兩。」舊制：户部所管金銀器，悉貯於左藏庫。時帝意欲便於賜與，故命盡輸内藏。

**宋・宋敏求《唐大詔令集》卷一〇八《政事・禁約》** 禁珠玉錦綉敕 敕：朕聞珠玉者，飢不可食，寒不可衣，故漢文云，雕文刻鏤傷農事，錦綉纂組害女工。農事傷則飢之本，女功害則寒之源。又賈生有言曰，夫人一日不再食則飢，終歲不製衣則寒。飢寒切體，慈母不能保其子，君焉得以有其人哉！朕以眇身託於王公之上，曷嘗不日旰忘食，未明求衣，思使反樸還淳，家給人足。而倉廩未實，飢饉相仍，水旱或愆，糟糠不厭，静思厥故，皆朕之咎。致有漿酒藿肉，玉食錦衣，或相夸尚，浸成風俗。夫令之所施，惟行不惟反，人之化上，從好不從言。是以古先哲王，以身率下，如風之靡，何俗不易！此事近有處分，當已施行。朕若躬服珠玉，自玩錦綉，而欲公卿節儉，黎庶敦樸，是使揚湯止沸，涉海無濡，不可得也。是知文質之風，自上而始，朕欲捐金抵玉，正本澄源，所有服御金銀器物，今付有司，令鑄爲鋌，仍别貯掌，以供軍國。珠玉之貨，無益於時，並即焚於殿前，用絶争競。至誠所感，期於動天，況於凡百，有違朕命，其宫掖之内，后妃以下，咸服澣濯之衣，永除珠翠之飾，當使金土同價，風俗大行，日用不知，克臻至道。布告朕意焉。開元二年七月。

**《宋史・職官志》** 文思院，掌造金銀、犀玉工巧之物，金采、繪素裝鈿之飾，以供輿輦、册寶、法物凡器服之用。

**《元史・百官志》** 銀局，提領一員。掌造御用金銀器盒繫腰諸物。中統四年置。

器備庫，秩從五品。提點一員，從五品；大使一員，從六品；副使二員，正七品；直長四員，正八品。掌殿閣金銀寶器二千餘事。至元二十七年置。

**又《食貨志》** 成宗亦嘗謂丞相完澤等曰：「每歲天下金銀鈔幣所入幾何？諸王駙馬賜與及一切營建所出幾何？其會計以聞。」完澤對曰：「歲入之數，金一萬九千兩，銀六萬兩，鈔三百六十萬錠，然猶不足於用，又於至元鈔本中借二十萬錠矣。自今敢以節用爲請。」帝嘉納焉。世稱元之治以至元、大德爲首者，蓋以此。

**《明史・西域傳》** 其時喃加巴藏卜已卒，有僧哈立麻者，國人以其有道術，稱之爲尚師。成祖爲燕王時，知其名。永樂元年命司禮少監侯顯、僧智光齎書幣往徵。其僧先遣人來貢，而躬隨使者入朝。四年冬將至，命駙馬都尉沐昕往迎之。既至，帝延見於奉天殿，明日宴華蓋殿，賜黄金百，白金千，鈔二萬，彩幣四十五表裏，法器、裀褥、鞍馬、香果、茶米諸物畢備。其從者亦有賜。明年春，賜儀仗、銀瓜、牙仗、骨朵、魫燈、紗燈、香合、拂子各二，手爐六，傘蓋一，銀交椅、銀足踏、銀杌、銀盆、銀罐、青圓扇、紅圓扇、拜褥、帳幄各一，幡幢四十有八，鞍馬二，散馬四。帝將薦福於高帝后，命建普度大齋於靈谷寺七日。帝躬自行香。於是卿雲、甘露、青鳥、白象之屬，連日畢見。帝大悦，侍臣多獻賦頌。事竣，復賜黄金百，白金千，寶鈔二千，彩幣表裏二十，馬九。其徒灌頂圓通善慧大國師答師巴囉葛羅思等，亦加優賜。遂封哈立麻爲萬行具足十方最勝圓覺妙智慧善普應佑國演教如來大寶法王西天大善自在佛，領天下釋教，賜印誥及金、銀、鈔、彩幣，織金珠袈裟，金銀器，鞍馬。命其徒孛隆逋瓦桑兒加領真爲灌頂圓修浄慧大國師，高日瓦禪伯爲灌頂通悟弘濟大國師，果欒羅葛羅監藏巴里藏卜爲灌頂弘智浄戒大國師，並賜印誥，銀鈔，彩幣。已，命哈立麻赴五臺山建大齋，再爲高帝后薦福，賜予優厚。六年四月辭歸，復賜金幣、佛像，命中官護行。

**又** 允行，以珠琲爲幢幡，黄金爲供具，賜其僧金印，犒賞以鉅萬計，内庫黄金爲之罄盡。敕允往返以十年爲期，所攜茶鹽以數十萬計。允至臨清，漕艘爲之阻滯。入峽江，舟大難進，易以艕艒，相連二百餘里。及抵成都，日支官廩百石，蔬菜銀百兩，錦官驛不足，取傍近數十驛供之。治入番器物，估直二十萬。守臣力争，減至十三萬。工人雜造，夜以繼日。居歲餘，始率將校十人、士千人以行，越兩月入其地。所謂活佛者，恐中國誘害之，匿不出見。將士怒，欲脅以威。番人夜襲之，奪寶貨、器械以去。

## 藝文

**唐・賀知章《答朝士》**《全唐詩》卷一一二　鈒鏤銀盤盛蛤蜊，鏡湖蓴菜亂如絲，鄉曲近來佳此味，遮渠不道是吴兒。

## 雜録

**《漢書・王貢兩龔等傳》**　臣愚以爲盡如太古難，宜少放古以自節焉。《論語》曰：「君子樂節禮樂。」方今宮室已定，亡可奈何矣，其餘盡可減損。故時齊三服官輸物不過十笥，方今齊三服官作工各數千人，一歲費數鉅萬。蜀廣漢主金銀器，歲各用五百萬。三工官官費五千萬，東西織室亦然。厩馬食粟將萬匹。臣禹嘗從之東宮，見賜杯案，盡文畫金銀飾，非當所以賜食臣下也。東宮之費亦不可勝計。

**唐・張鷟《朝野僉載》卷三**　洛州昭成佛寺有安樂公主造百寶香爐，高三尺，開四門，絳橋勾欄，花草、飛禽、走獸，諸天妓樂，麒麟、鸞鳳、白鶴、飛仙，絲來線去，鬼出神入，隱起鈒鏤，窈窕便娟。真珠、瑪瑙、瑠璃、琥珀、玻瓈、珊瑚、琿璖、琬琰，一切寶貝，用錢三萬，府庫之物，盡於是矣。

**唐・李肇《唐國史補》卷上**　四姓唯鄭氏不離滎陽，有岡頭盧，澤底李，士門崔，家爲鼎甲。太原王氏，四姓得之爲美，故呼爲鈒鏤王家，喻銀質而金飾也。

**《新唐書・劉巨容傳》**　始，揚州人申屠生能化黄金，高駢客之，爲呂用之所譖，亡奔襄、漢，駢遣吏捕得，生見巨容自言其術，巨容留不遣。田令孜之弟逋襄州，巨容出金夸之。及在蜀，匿生，使術不得傳，令孜恨之。龍紀元年，殺巨容，夷其宗，生并死。

**又《章全益傳》**　章全益，梓州涪城人。少孤，爲兄全啓所鞠。母病，全啓封股膳母而愈。及全啓亡，全益服斬衰，斷手一指以報。不畜妻，僮僕處一室，賣藥自業，世傳能作黄金。居成都四十年，號章孝子，卒，年九十八。

**又《葉法善傳》**　高宗時，又有葉法善者，括州括蒼人。世爲道士，傳陰陽、占繇、符架之術，能厭劾怪鬼。帝聞之，召詣京師，欲寵以官，不拜。留内齋場，禮賜殊縟。時帝悉召方士，化黄金治丹，法善上言：「丹不可遽就，徒費財與日，請覈真僞。」帝許之，凡百餘人皆罷。

**又《王守澄傳》**　王守澄者，史亡所來。元和中監徐州軍，召還。方憲宗喜方士説，詔天下求其人，宰相皇甫鏄、左金吾將軍李道古等白見楊仁晝、浮屠大通。仁晝更姓名曰柳泌，大通自言壽百五十歲，有不死藥，並待詔翰林。號人田元佐言有祕方，能化瓦礫爲黄金，詔除號令，與董景珍、李元戢皆介泌、大通薦於天子，天子惑其説。泌以金石進帝餌之，躁甚，數暴怒，恚責左右，踵得罪，禁中累息，帝自是不豫。

**又《吐蕃傳》**　婦人辮髮而縈之。其器屈木而韋底，或氈爲槃，凝麨爲盌，實羹酪并食之，手捧酒漿以飲。其官之章飾，最上瑟瑟，金次之，金塗銀又次之，銀次之，最下至銅止，差大小，綴臂前以辨貴賤。屋皆平上，高至數丈。其稼有小麥、青粿麥、蕎麥、豈豆。其獸，犛牛、名馬、犬、羊、彘，天鼠之皮可爲裘，獨峯駝日馳千里。其寶，金、銀、錫、銅。

**宋・方勺《泊宅編》卷六**　黄銀出蜀中，南人罕識。朝散郎顔經監在京抵當庫，有以十釵質錢者，其色重與上金無異，上石則正白。昔唐太宗以黄銀帶賜房玄齡，時杜如晦已死，又欲賜之，乃曰鬼神畏黃銀，易以金帶。又隋文帝時，并州出黃銀，刺史辛公義嘗以獻上，前史唯載此二事。

**宋・陸遊《老學庵筆記》卷一**　國初士大夫戲作語云：「眼前何日赤，腰下幾時黄？」謂朱衣吏及金帶也。宣和間，親王公主及他近屬戚里，入宫輒得金帶關子。得者旋填姓名賣之，價五百千。雖卒伍屠酤，自一命以上皆可得。方臘破錢唐時，朔日，太守客次有服金帶者數十人，皆朱勔家奴也。時諺曰：「金腰帶，銀腰帶，趙家世界朱家壞。」

**又　卷一〇**　嚴州建德縣有崇勝院，藏天聖五年内降劄子設道場云：「皇太后賜銀三十兩，皇太妃施錢二十貫，皇后施錢十貫，朱淑儀施錢五貫。」有仁廟飛白御書，今皆存。蓋院有僧嘗際遇真廟，召見賜衣及香燭故也。猶可想見祖宗恭儉之盛。予在郡初不聞，迨代歸，始知之，不及刻石，至今爲恨。

**明・王佐《新增格古要論》卷六《珍寶論》**　鸚鵡杯　鸕鷀杓　鸚鵡杯，即海螺盞，出廣南，土人琢磨，或用銀或用金鑲足，作酒杯，故名曰鸚鵡杯。鸕鷀杓，亦海螺，俱不甚值錢。

**又　卷一二《雜考中》**　佩金銀牌考　宋洪文敏邁《容齋三筆》曰，金國每遣使出外，貴者佩金牌，次者佩銀牌，俗呼爲金牌、銀牌郎君。

**清・談遷《棗林雜俎和集・叢贅》**　銀錢分定　建德鐵工某欲往池州，過七井山，其上曠寂，忽見白金無萬數，作四堆。某熟視駭異，叩首曰：「雖神貺，如隻力何？」且迫暮，先袖二鏹，行十餘里宿村舍，告之，約共取。晨往，俱壘土也。袖金入池州，尋罄矣。

嘉興李同知芳，家梅溪里，貲甲邑中。偶門外遺一錢者，類穢物，心疑之。俄行者拾去，遣問則一惡錢也。同知嘆以我之富，一惡錢亦不可妄得。令易之，以示後人。

天啓初，海鹽横山張氏蒼頭楊隨龍春日鋤麥，坎瘞金若干，俱刊楊隨龍名。其主徵之不應，被榜自經。訟及主人，大挫其産，亦累死。以阿堵物，主僕俱斃，故知管寧揮鋤不顧者有以也。

**清・顧祖禹《讀史方輿紀要》卷七二《四川七》**　向君堤，在縣西南，延袤數里。志云：蒙江齧岸，縣令向君捍之，鍤沙濘中得白金一篋，資以就堤，亦名白金堤。蒙江即青衣江也。

**又　卷一一二《廣西七》**　占城，東距海，西抵雲南，南接真臘，北連安南，東北至廣東，舟行順風可半月程，至崖州可七日程。【略】隋仁壽末遣劉方攻林邑。明年方破林邑兵，其王梵志棄城遁，方入其都，獲其廟主十八枚，皆鑄金爲之，蓋其有國十八世矣。

**又　卷一一八《雲南六》**　金齒城，今府城也。百夷之俗，以金裹兩齒者曰金齒蠻，漆其齒者曰漆齒蠻，文其面者曰綉面蠻，刺其足者曰花脚蠻，以彩繩撮髻曰花角蠻，又或以銅圈穿其鼻，墜其耳，總曰哀牢蠻。謂之金齒，因其俗也。《元志》：「金齒之地，在大理西南，瀾滄江界其東，緬地接其西。土蠻凡八種，曰金齒，曰白夷，曰僰，曰峨昌，曰驃，曰繲，曰渠羅，曰比蘇。金齒蠻本名芒施蠻，自異牟尋破諸蠻，金齒種衰，其後浸盛，元因置金齒等處安撫司，又改爲宣撫司。」楊廷和曰：「元務遠略，創立金齒等司於銀生崖甸，其地去今府千餘里。後以遠不可守，移其名於永昌府，其實非金齒故地也。」

**清・鄭光祖《一斑録・雜述五》**　多藏寶物

歷代權姦黷貨無厭，一朝敗事，籍所藏見於史册者，畧記一二，以昭鑒戒。

唐籍元載家，胡椒至八百斛，他物稱是。

宋籍王黼家，黄雀鮓且至八十甕，他物亦稱是。

又籍童貫家，劑成理中丸且至八百觔，他物亦稱是。

明籍王振家，金銀六十餘庫，珊瑚高六七尺者。五十餘枝，玉局百，他珍玩無算。

又籍劉瑾家，金二十四萬錠，又五萬七千八百兩。元寶五百萬錠，銀八百萬兩。又一百五十八萬三千六百兩。寶石二斗，金甲二，金鉤三千，玉帶四千一百六十二束，獅蠻帶二束，金銀盪鹽五百，蟒衣四百七十襲，牙牌二匱，八爪金龍盔甲三千，玉瑶印一顆，穿宫牌五百，金牌三，衮衣四。其餘一切珍貴之物，不可悉記。

又籍朱寧錢寧賜國姓。家，金七十損，共十萬五千兩。又碎金四箱，銀二千四百九十損，共四百九十八萬兩。又碎銀十匱，金銀首飾五百十一箱，金銀湯鹽四百，金銀臺盞五百二十副，玉帶二千四百束，珍珠二匱，金絲環四箱，珍珠眉葉纓絡七箱，烏木盆二，花盆五，沉香盆二，金仙鶴二對，織金蟒衣五百箱，螺鈿屏風五十座，大理石屏風三十二座，圍屏五十三損，蘇木七十損，胡椒三千五十石，香椒三十損，緞疋三千五百八十損，綾絹布三百二十損，錫器、磁器三百損，佛像一百三十匱又三十損，祖母緑一尊，銅鐵獅子四百車，銅盆五百，古銅爐人十三，古畫四十損，白玉琴一，金船二，白玉琵琶一，銅器五十損，巧石八十損，其餘一切之物不悉記。

《戒菴漫筆》記錢寧曬衣，用裁縫十六人折衣半月，籍數可想也。

又籍江彬家，黄金七十匱，白金二千二百匱，他物亦稱是。又籍嚴嵩家，黄金三萬二千九百兩有奇，白金二百二萬七千兩有奇，玻璨、瑪瑙、水晶、珊瑚，哥、柴、官、汝等窑，象牙、瑇瑁、檀香等器，三千五百五十六件。古銅、龍耳等鼎、犧樽、獅、象、寶鴨等爐，一千一百二十七件。二王、懷素、歐、虞、褚、蘇、黄、米、蔡、趙孟頫等墨蹟三百五十八册。王維、小李將軍、吴道子等《清明上河圖》《海天落照》《長江萬里》《南嶽朝元》等古名畫三千二百卷册。羊脂玉、碧玉、黑玉等帶二百二條。紅玉盃，漢始建國元年注水卮，白玉永和鎮宅世寶盃、盤，玉屏風、玉山、玉船、玉盆、玉佛、玉人、玉馬、玉斗、玉珮、玉罏、玉壺、玉瓢、玉瓵、玉盃、玉版、玉節等，八百五十七件。金龍壺、盃、盤等三千五百八件。珊瑚樹六十株。空青四枚。金徽玉軫等古琴五十四張。沉香五千五十八觔。大理石、倭金等屏風二百八座。大理石牀十六張。宋版書籍六千八百五十三部軸。雜嵌螺鈿、瑪瑙、瑇瑁牀六百七十五張。倭刀、兵器三百四十一件。象牙、瑇瑁等鑲嵌琵琶，箏、絃子樂器八十件。紫礦、白礦三百九十五兩。辰砂二百五十觔。其餘一切之物不悉記。

又世蕃有金絲帳，金溺器，人雙陸，其餘亦不悉記。

**清·徐珂《清稗類鈔·盜賊類》** 太和門庫物被竊

太和門左有明庫六，歲派滿大臣二員，督率司官盤查一次。每查一次，即爲其從人竊一次。其中一庫，皆簾幙衣履之屬，中有珠幔，寬長可八尺，爲珍珠所穿，四圍以紅緑寶石間之，小者如緑豆，大者如龍眼核，線已朽敗，一抖晾，則珠紛紛落，必一一拾而裹之，記於簿，加印花焉，然已易爲贋者矣。更有明萬曆宫人繡履七八箱，嵌珠如椒，皆假者。更有皮張庫，則皆鞹矣。至金庫、銀庫，則必歷年報空也。

# 金

## 論説

**《宋史·杜鎬傳》** 杜鎬字文周，常州無錫人。太宗觀書祕閣，詢鎬經義，進對稱旨，即日改虞部員外郎，加賜金帛。又問：「西漢賜與悉用黄金，而近代爲難得之貨，何也？」鎬曰：「當是時，佛事未興，故金價甚賤。」

## 綜述

**漢·魏伯陽《周易參同契》** 以金入猛火，色不奪晶光。自開闢以來，日月不虧明，金不失其重。

**《漢書·食貨志》** 此後四年，衛青比歲十餘萬衆擊胡，斬捕首虜之士受賜黄金二十餘萬斤。

**又** 齊相卜式上書，願父子死南粤。天子下詔褒揚，賜爵關内侯，黄金四十斤，田十頃。

**又** 於是弘羊賜爵左庶長，黄金者再百焉。

**《隋書·律曆志》** 周建德六年平齊後，即以此同律度量，頒於天下。其後宣帝時，達奚震及牛弘等議曰：竊惟權衡度量，經邦懋軌，誠須詳求故實，考校得衷。謹尋今之鐵尺，是太祖遺尚書故蘇綽所造，當時檢勘，用爲前周之尺。驗其長短，與宋尺符同，即以調鍾律，【略】今勘周漢古錢，大小有合，宋氏渾儀，尺度無舛。又依《淮南》，累粟十二成寸。明先王制法，索隱鈎深，以律計分，義無差異。《漢書·食貨志》云：「黄金方寸，其重一斤。」今鑄金校驗，鐵尺爲近。

**宋·方勺《泊宅編》卷中** 漢法，聘后用黄金二萬斤，爲錢二萬萬。而寶貨法，凡黄金一斤直錢萬，朱提銀八兩爲一流，直錢一千五百八十，餘銀一流直錢千。朱提縣出善銀，音殊時。當時黄金一兩才六百，銀一兩才二百。東坡常怪今之黄金不若昔之多，豈今之糜之者衆，宜其少而價貴也。

**宋·王栐《燕翼詒謀録》卷二** 咸平、景德以後，粉飾太平，服用寖侈，不惟士大夫家崇尚不已，市井閭里以華靡相勝，議者病之。大中祥符元年二月，詔：「金箔、金銀線、貼金銷金間金蹙金線，裝貼什器土木玩之物，並行禁斷。非命婦不得以金爲首飾。許人糾告，並以違制論。寺觀飾塑像者，齎金銀並工價，就文思院换易。」四年六月，又詔：「宫院、苑囿等，止用丹白裝飾，不得用五彩。皇親士庶之家，亦不得用春幡勝。除宣賜外，許用綾絹，不得用羅，諸般花用通草，不得用縑帛。」八年三月庚子，又詔自中宫以下，衣服並不得以金爲飾，應銷金、貼金、縷金、間金、戧金、圈金、解金、剔金、撚金、陷金、明金、泥金、榜金、背金、影金、闌金、盤金、織金金線，皆不許造。然上之所好，終不可得而絶也。仁宗繼統，以儉樸躬行，於慶曆二年五月戊辰，申嚴其禁，上自宮掖，悉皆屏絶，臣庶之家，犯者必置於法。然議者猶有憾，以爲有未至焉。自是而後，此意泯矣。

**宋・陳元靚《事林廣記・煅煉五金》** 煮次金法

膽礬八銖、雞屎礬六銖、柳絮礬五銖、緑礬六銖、黄礬八銖，是永康軍卓。礬、内□者黄粉碎者方用。青鹽二銖，解鹽二兩、消石二兩。

用鬱金子打伏，次入硇砂二銖，摻向上放冷，取硝八銖，用石衮研細，鋪甘咼底。若金物却用藥蓋簇火任令沸，候將火筯以蘸水椀内，試有赤色，更煮，候赤黑色即出，淬入熱水内，洗取，是上色物也。

**又** 蘸次金法

金星黄礬一兩、蒲州膽礬二兩、大蓮半兩、青礬半兩、岱礬半兩、新膏石一兩、花乳石一兩、硇砂一分、解鹽二兩。

右以蛇床草、水蓼草、火杴草、風根草搗爛，入黄土些，用裹爐子外，候乾，入藥在爐子内了後，用茶土封固，蓋上留一小竅子出陰氣，簇火半秤一煅了。要用時，開爐子，下火，煅令成汁，方入金或器物任便。向内一兩炊飯間迤逞退火即取出金物，於熱湯内洗净，或再溶任便，即成上色金。

**又** 火次金法

老壁土、赤鳥脚、解鹽、信土各四兩。

右研細，先打金成薄片，以膽礬二銖，鵬砂一銖半，黄礬二銖，葉子雌黄六銖合研，用蜜調搽片子上，重重用荷葉末鬲合子内，十斤火煅，候冷取出，温湯洗，再溶，成上色金。

**又** 蝕薄金法

及分數者金打成大薄片，以黄礬一兩，雞屎礬一兩，膽礬半兩，硇砂一分，信土一兩，赤土一兩，衮研，以鹽膽水調金片上。炙乾，更搽，更炙。如此三度已來，用牛糞灰一重重鬲，用瓦臺下大火煅一日，取出，温湯洗净。取餘灰聚合着水銀合研，淘去灰，即收得蝕出者，銀也。別用甘鍋鎔聚。

**又** 渡油金法

膽礬半兩，雞屎礬半兩，晉礬半兩。

合研，輕飛過，入硇砂三銖，信土一兩，赤土一兩，衮合，更研。將及分數者金打成薄片，用前件藥水調拌金片上，炙乾，更搽匀，炙乾。挼以牛糞灰一片二鬲住，大火一煅，取出温湯洗過，是也。

**又** 染次色金

青鹽一兩，大寧鹽一兩，赤鳥脚一兩，信土一兩，黄礬一兩，硇砂一分，已上各研煅過。白礬一兩，柳絮礬、白礬、赤土、雞屎礬各一兩，已上放瓦上焙乾。和前藥衮研，以膽水濕金子片，或器物上下鋪藥，坩合子盛，一斤火養一夜，取出，温湯洗，別鉎。此藥只用得一度，茅二度不上色，須便合。

**又** 止燥金法

膽礬極好者二兩，細研。乾蝎十文。細研。

右，先以蝎於爐子内鋪蓋膽礬，固濟，口留氣孔些，出陰氣。簇火一煅通赤爲度，其膽礬住火也。取出一豆許，點燥金一兩，自然打得軟熟。兼加得顔色，經得一兩出火後去再用，點亦得也。

**明・王佐《新增格古要論》卷六《珍寶論》**

紫金

紫金，古云「半兩錢即紫金」，今人用赤銅和黄金爲之，然世人未嘗見真紫金也。

**又** 金㮣藥後增。

用餤硝、緑樊、鹽、留窯器，入乾净水調和，火上煎，色變即止，然後刷上金器物上，烘乾，留火内略燒焦色，急入净水刷洗，如不黄，再上，然俱在外也。

佐按，有人傳云，用好青緑鎔成，要泡鵝油焠之，和銀則軟。

**明・田藝蘅《留青日札摘抄》卷三三** 金

五金：黄金，白銀，赤銅，青鉛，黑鐵。《書》：金作贖刑。《傳》曰，黄金也。《吕刑》：其罰百鍰。《傳》曰，黄鐵也。漢賜有言黄金者，其不言黄而賜金者，凡一斤與萬錢。古六兩曰鍰，二鍰四兩曰斤，是十六兩也。二十四銖曰兩，二十四兩曰鎰。《説文》：一丙曰一金。周制一斤曰一金，秦制一鎰曰一金，漢制一斤曰一金。若一斤爲萬錢，則萬錢止今之十兩也。董彦遠曰，漢一斤金四兩，直二千五百文。又漢一貫，千錢也。王莽末年，省中尚有黄金六十餘萬斤。後世絶少，由所耗之途廣也。金一爲箔，無復再還元矣。《唐六典》有十四種：銷金、拍金、鍍金、織金、砑金、披金、泥金、縷金、撚金、戧金、圈金、貼金、嵌金、裹金。古又有鈿金，大中祥符元年詔，金箔、金銀線、貼金、銷金、間金、蹙金、線裝、貼什器土木玩弄之物，並行禁斷，非命婦不得以爲首飾。飾，許人糾告，並以違制論。寺觀飾塑像者，齎金銀并工價，就文思院換易。四年又詔，宫院苑囿等止用丹白裝飾，不得用五彩。皇親士庶之家，亦不得用春幡勝。除宣賜外許用綾，不得用羅。諸般花用通草不得用縑。又八年詔，自中宫以下，衣服並不得以金爲飾。應銷金、貼金、縷金、間金、戧金、圈金、解金、剔金、撚金、陷金、明金、泥金、榜金、背金、影金、闌金、盤金、織金、金線，皆不許造。慶曆二年，申嚴其禁。上自宫掖悉皆屏。臣庶之家犯者，必置於法。仁宗明道二年詔，冊寶法物凡用金者，並改用銀，以金塗之。洪武元年，有司奏造乘輿、服御諸物，應用金者，命皆以銅爲之。有司言，費小不足靳。上曰，朕富有天下，豈吝於此！然所謂儉約者，非身先之，何以率下？小用不節，大費必至，開奢汰之源，啓華靡之漸，未必不由小而至大也。二年詔，禁庶民之家不得用金繡、錦綺、紵絲、綾羅，止許用紬、絹，其首飾釧鐲並不許用金玉珠翠，止用銀花。

**明・宋應星《天工開物》卷下《五金・黄金》** 凡色至於金，爲人間華美貴重，故人工成箔而後施之。凡金箔每金七分造方寸金一千片，粘鋪物面，可蓋縱横三尺。凡造金箔，既成薄片後，包入烏金紙内，竭力揮椎打成。打金椎，短柄，約重八斤。凡烏金紙由蘇、杭造成，其紙用東海巨竹膜爲質。用豆油點燈，閉塞周圍，止留針孔通氣，薰染煙光而成此紙。每紙一張打金箔五十度，然後棄去，爲藥鋪包朱用，尚未破損，蓋人巧造成異物也。凡紙内打成箔後，先用硝熟貓皮綳急爲小方板，又鋪線香灰撒墁皮上，取出烏金紙内箔覆於其上，鈍刀界畫成方寸。口中屏息，手執輕杖，唾濕而挑起，夾於小紙之中。以之華物，先以熟漆布地，然後粘貼。貼字者多用楮樹漿。秦中造皮金者，硝擴羊皮使最薄，貼金其上，以便剪裁服飾用，皆煌煌至色存焉。凡金箔粘物，他日敝棄之時，刮削火化，其金仍藏灰内。滴清油數點，伴落聚底，淘洗入爐，毫釐無恙。

凡假借金色者，杭扇以銀箔爲質，紅花子油刷蓋，向火熏成。廣南貨物以蟬蜕殼調水描畫，向火一微炙而就，非真金色也。其金成器物呈分淺淡者，以黄礬塗染，炭火炸炙，即成赤寶色。然風塵逐漸淡去，見火又即還原耳。黄礬詳《燔石》卷。

**明・方以智《通雅》卷四〇《算數》** 秦以一鎰爲一金，漢以一斤爲一金。《史記》：「一黄金一斤。」注索隱曰：「如淳云：『時以錢爲貨，黄金一斤，值錢萬』，非也。」臣瓚曰：「秦以一鎰爲一金，漢以一斤爲一金。」程大昌《演繁露》曰：「公孫閈使人操十金卜於市。」注：「二十兩爲一金。」此因秦鎰言也。蜀文谷《備忘小抄》云：「四兩爲一斤。」

秦不用銀，漢制金爲幣，非散用，故以一金爲名也。智嘗作《用幣説》曰：《前食貨志》云：「太公爲周立九府圜法，黄金方寸而重一斤，錢圜函方，輕重以銖。」小顔曰：「言黄金以斤爲名，錢則以銖爲重也。」李奇解圜法：「圜即錢也，圜一寸而重九兩。」師古非之「以太府、玉府、内府、外府、泉府、天府、職内、職金、職幣爲九府；圜謂均而通也。」「秦并天下，幣爲二等：黄金以溢爲名，上幣；銅錢質如周錢，文曰半兩，重如其文。而珠玉龜貝錫銀之屬，爲器飾寶藏不爲幣。漢興，以爲秦錢重難用，更令民鑄筴錢。黄金一斤，而不軌逐利之民，蓄積餘贏以稽市物，痛騰躍。」《平準書》：「更命民鑄錢，一黄金一斤，約法省禁」云云。智按黄金一斤四字，上下文不甚洽，疑有脱簡。師古曰：「復周之制更以斤名金。」其他又云「馬至匹百金」；「武功爵，凡直三十餘萬金」；「陸賈橐裝直千金」；「賜斥土將軍四十金」之類，詎如今俗之以一金爲一兩耶？《惠紀》：「視作斥土者，將軍四十金，二千石二十金，六百石以上六金，五百石以下至佐吏二金。」注鄭氏曰：「四十金，四十斤金也。」晉灼曰：「斥土二千石，賜錢二萬，此言四十金，實銅也。下言黄金，真金也，不言黄，謂錢也。」《食貨志》：「黄金一斤值錢萬。」師古曰：「諸賜言黄金者，皆與之金，不言黄者，謂與萬錢也。」《公羊》：「百金之魚」，何休注：「百金，猶百萬也，古者以金重一斤，若今萬錢矣。」智考晉灼所引《食貨志》「黄金一斤值錢萬」，此乃王莽之法也，黄金何其賤歟？下又云：「朱提銀重八兩爲一流，直一千五百八十，它銀一流直千，是爲銀貨二品。」本八兩銀矣，乃直千錢，何其懸絶，毋乃爲大錢乎？莽大錢徑寸二分，重十二銖，文曰「大錢五十」，言當五十小錢也。小錢直一，重一銖，次曰么、曰幼、曰中、曰壯，則小錢，正鵞眼，綖環之比矣。大錢五十，止可當銀一分耳。智固以莽之所謂黄金一斤，朱提銀一流者，乃貨品，而以金雜之，猶武帝之白選曰白金也。承上文錢貨六品而言，下又云是爲銀貨二品，其義明甚。獨疑周之黄金方寸而重一斤，曰一斤則一斤矣，何爲重言方寸乎？此承上文九府圜法而言爲九府之一幣，必有制度；所云方者，或如漢白金之二品曰「重差小方之」乎？李奇曰：「圜一寸而重九兩」，未可厚非也。可因而推知方寸一斤之説矣。《平準》所云「更令民鑄錢，一黄金一斤」者，蓋謂一黄金鑄幣，號曰一斤也。《食貨志》又曰：「今半兩錢，法重四銖。」鄭氏曰：「其文爲半兩，實重四銖也。」然則周之方寸，漢之白選，莽之銀貨，應皆别有實法，今不載其法耳。古不許民散用銀，必成幣而後令用之，是秦之幣二等不及銀者，固有以也，銀即在金鎰中矣。世代既殊，稱謂移易，遷、固文字古簡，自魏晉唐諸人，即以臆揣作注。臣瓚曰「秦以一鎰爲一金，漢以一斤爲一金」，此説爲近，猶可旁考懸斷耳。徐鍇曰：「《書》：『金作贖刑。』古贖皆用銅，漢始用黄金，少其斤兩。後魏以金難得，合金一兩，收絹一疋。」《禹貢》：「金三品。」康成曰「銅三色」，則或者曰金幣是銅鋈金者乎？《晉志》引《漢金布律》「有罰贖入責，以呈黄金爲價，科有平庸」，此自釣金之遺，然金有高低，況漢制金爲幣，或有倣半兩，而實重四銖者乎？故須呈價也。景帝六年，定《鑄錢僞黄金律》。元封五年，酎祭少府省金，金輕色惡者奪爵。《王子侯表》：「地節四年襄隄侯聖坐酎金八兩，少四兩，免。五鳳四年，朝侯固城坐酎金少四兩，免。」太始元年，「更黄金爲麟趾褭蹏」。師古曰：「舊金雖以斤兩爲名，而官有常形制，亦猶今時吉字金挺之類，亦曰馬蹄金，往往於地中得之。武帝表祥瑞，故普改鑄錢爲麟趾褭蹏之形，以易舊法爾。」常璩《巴志》言：「黔中弜頭虎子彝秦精，秦王刻石與盟，殺人顧死倓錢。盟曰：『秦犯彝，輸黄龍一雙，戎犯秦，輸清酒一鍾。』」所云黄龍一雙，乃當時之金幣也。由此觀之，余謂不許散用金銀，而金幣有形，此确證也。董彦遠曰「漢一金，金四兩，直二千五百文」，此揣古今而兩不決爾。方勺曰：「漢法：聘后，用黄金二萬斤，爲錢二萬萬。」又曰：「當時黄金一兩才六百，銀一兩才二百。東坡但怪古黄金之多，此未考爾。」智以李時珍之言「一當十」，則太少；酌以沈存中、程大昌之言，則古一斤爲今五兩而少，一兩爲今三錢而少。然則漢之四銖錢，正如唐開元之二銖而少，漢之筴錢則輕極矣。宋王楙《燕翼貽謀》曰：「真宗問曰：『咸平中銀兩八百，金兩五千，今何增踴如此。』」

**又方以智《物理小識・金石類》** 金箔 隔碎金以藥紙揮巨斧捶之，金已箔而紙無損。紙初褐色，久則烏金色。扇面飾金箔，管中隔紗數重，出金指大，可徵金爲至耎，以其粹也。

罩金法 炭燒黄金，再以鹽水調黄土塗燒之，從而滌之。及用焰硝、緑礬等分，水調傅金，置火上炙，色改即止。急入净水洗刷，而煏乾之，不黄再上。然能加外色而已，俗謂之炸金。

**清・谷應泰《博物要覽》卷三《志金》**

外域真金五種

波斯國紫磨金，東丹國青金，林邑國赤金，西洋國緑金，占城國黄金。

假金十五種

水銀金，丹砂金，雄黄金，雌黄金，硫黄金，曾青金，石緑金，石膽金，母砂金，白錫金，黑鉛金。已上假金，皆藥煑成。銅金，生鐵金，熟鐵金，鍮石金。亦用藥點成者。

辨黄金真僞法

黄金真者，剪開有茶口，寶光射目，脚如新開菜花，鬆黄鮮豔。如茶口閃色光渾，脚帶紅色者，内有紅銅器子。脚帶青色者，有銀氣。以此別識，萬無一錯。凡看金器或錠金，先看底面。金色昏滯而帶黑氣，内有銅氣多也。看金錠法，將錠用小鋼鑽於兜底鑽一孔，用水銀傾入孔中。

真金味甜，而有香如松花。凡欲試者，將金物於掌心摩熱，嗅有香，含之味甘者，真金也。若嗅之氣腥，含之味鹹而苦者，内有銅氣，或藥點者。

凡看金物，於杉木桌上，金物於手中從高投下，卓然不動，良久微顫者，真金也。投下直躍去者，内有銅也。投下連顫者，内有銀也。投下卓然不動，良久不微顫而寂然者，内有鐵也。

凡看金物，不可於日中及燈下看之。日色及燈光最能爍眼，致令看金不準。須於明朗背光處細細留心觀看，真僞自見也。

凡疑金物非真，要見原質者，用食調山黄泥塗金器，入熾炭火中猛煅，若有假僞，其器即黑。

又法，以碧緑膽礬濃調水塗金器上，入炭火中煅，黄者真，黑者僞。

又法，看金鐲扁方内防包夾者，將鐲舒開，用竹筒一枚，將金鐲箍上。若真金，一圈即湊合柔軟。若内中有包夾者，入手生硬，上筒不圓，凹凸歪斜也。

辨金器真僞法

凡辨夾金錠或夾金器皿，用淡金或銀使赤金葉裹就熱研上錠子僞造者，鎚痕器皿，看底足有縫即是。如無縫，看唇耳厚薄，必有隙露，入手硬，夾器也。

凡金器有僞造者，多用石緑、雌黄、水銀、辰砂、縮錫及倭硫黄等，再用藥點。而試之之法，以好釃醋一大盞，調真膽礬、青鹽、黄泥塗器上。一伏時，於猛炭火中煅之，若真者，色黄。如假者，色黑，而有小片如鐵屑葉葉落，器質成青黑色矣。

金器著假，多在爵杯、酒壺、八仙、人物、走獸空處，甚易。如酒爵，著假在三足中，或用鉛條，或用鐵屑和膠砂調稠填滿三足。(看)[著]法，將酒爵再四摇撼，中有聲淅淅而響者，内有鐵屑。因年久膠解，鐵屑落散，故摇而有聲也。

其酒壺著假，多在底内。用夾底中藏鐵片，或鎔鉛貯之，所著甚多而重。試之之法，將壺底用堅重石子或小鐵槌，重重擊之一下，若真者，金性最柔，若遭擊後，即或坎陷。若有夾底，雖擊如故，壺裏之底，光平不凸起者，內有夾假也。八仙、人物及走獸著假更多，乃在腹中多用鐵屑、膠砂，或填鉛、錫。辨之之法，用極細鋼錐，於背腹間及脚頂處鑽下，如真者入，若有鉛、錫，錐頭澀處不進。以此爲法，真僞立辨矣。

**清・鄭光祖《一斑録・物理》** 翡翠可以磨金落屑。

**又《雜述六》** 金價

珠玉、金銀，禹時有貢，其寶貴由來久矣，然不鬻於市。知古時日中交易祇布帛菽粟牲禽魚鹽，與一切器用耳。自梭有刀布錢文通用，凡物自必視以定價。歷秦漢以迄唐宋，究未以金銀主物價也。及明初，則漸以白銀通用矣。洪武八年造大明寶鈔，每鈔一貫易銀一兩四貫，易黃金一兩。十八年後，黃金一兩當銀五兩。永樂十一年，黃金一兩當銀七兩五錢。萬曆中，黃金亦不過以銀七八换。崇禎中，已至十换。

本朝初，金價亦祇以銀十换。至乾隆時，日漸加貴。余於五十五年至滇省時，黃金一兩换白銀十五兩，數年無甚更改。時江南亦略相等。又聞西洋各國時黃金一兩换白銀十六兩。嘉慶初，其價有時上下。今白銀日益貴，金價隨之約亦十六换。洋錢二十二圓兑一兩。

明代以前金價雖無考，而宋欽宗括民間金銀饋女真，得黃金三十萬兩、白銀六百萬兩。旋又嚴爲搜括，再得黃金七萬兩、白銀一百四十萬兩，皆二十倍之差也。金價或亦若是。

**清・徐珂《清稗類鈔・工藝類》** 製金箔　成都城外有隙地數十畝，附近居民專以金葉鍛紅搥成金箔，計金一兩，所成金箔，可闊如三畝之地。無論何官鹵簿經過，砰訇之聲，未嘗或輟，惟總督過，則停讓三搥以致敬。

## 紀事

**《史記・高祖本紀》** 六年，高祖五日一朝太公，如家人父子禮。太公家令説太公曰：「天無二日，土無二王。今高祖雖子，人主也；太公雖父，人臣也。奈何令人主拜人臣！如此，則威重不行。」後高祖朝，太公擁篲，迎門卻行。高祖大驚，下扶太公。太公曰：「帝，人主也，奈何以我亂天下法！」於是高祖乃尊太公爲太上皇。心善家令言，賜金五百斤。

**又《建元以來侯者年表》** 黃霸家在陽夏以役使徙雲陽。以廉吏爲河內守丞，遷爲廷尉監，行丞相長史事，坐見知夏侯勝非詔書大不敬罪，久繫獄三歲，從勝學《尚書》。會赦，以賢良舉爲揚州刺史，潁川太守。善化，男女異路，耕者讓畔，賜黃金百斤，秩中二千石。

**又《平準書》** 其後四年，而漢遣大將將六將軍，軍十餘萬，擊右賢王，獲首虜萬五千級。明年，大將軍將六將軍仍再出擊胡，得首虜萬九千級。捕斬首虜之士受賜黃金二十餘萬斤。【略】於是弘羊賜爵左庶長，黃金再百斤焉。

**又《陳丞相世家》** 顧楚有可亂者。彼項王骨鯁之臣亞父、鍾離眜、龍且、周殷之屬，不過數人耳。大王誠能出捐數萬斤金，行反間，閒其君臣，以疑其心，項王爲人意忌信讒，必內相誅。漢因舉兵而攻之，破楚必矣。漢王以爲然，乃出黃金四萬斤，與陳平，恣所爲，不問其出入。

**又《梁孝王世家》** 孝王未死時，財以巨萬計，不可勝數。及死，藏府餘黃金尚四十餘萬斤。

**又《樊酈滕灌列傳》** 嬰自破布歸，高帝崩，嬰以列侯事孝惠帝及吕太后。太后崩，【略】絳侯等既誅諸吕，齊王罷兵歸，嬰亦罷兵自滎陽歸，與絳侯、陳平共立代王爲孝文皇帝。孝文皇帝於是益封嬰三千户，賜黃金千斤，拜爲太尉。

**又《滑稽傳》** 威王八年，楚大發兵加齊。齊王使淳于髡之趙請救兵，齎金百斤，車馬十駟。淳于髡仰天大笑，冠纓索絶。王曰：「先生少之乎？」髡曰：「何敢！」王曰：「笑豈有説乎？」髡曰：「今者臣從東方來，見道傍有禳田者，操一豚蹄，酒一盂，祝曰：『甌窶滿篝，汙邪滿車，五穀蕃熟，穰穰滿家。』臣見其所持者狹而所欲者奢，故笑之。」於是齊威王乃益齎黃金千溢，白璧十雙，車馬百駟。髡辭而行，至趙。趙王與之精兵十萬，革車千乘。楚聞之，夜引兵而去。

**《漢書・高帝紀》** 項羽數侵奪漢甬道，漢軍乏食，與酈食其謀橈楚權。食其欲立六國後以樹黨，漢王刻印，將遣食其立之。以問張良，良發八難。漢王輟飯吐哺，曰：「豎儒幾敗乃公事！」令趨銷印。又問陳平，乃從其計，與平黃金四萬斤，以間疏楚君臣。

**又《景帝紀》** 三年春正月，詔曰：「農，天下之本也。黃金珠玉，飢不可食，寒不可衣，以爲幣用，不識其終始。間歲或不登，意爲末者衆，農民寡也。其令郡國務勸農桑，益種樹，可得衣食物。吏發民若取庸採黃金珠玉者，坐臧爲盜。二千石聽者，與同罪。」

皇太子冠，賜民爲父後者爵一級。

甲子，帝崩於未央宫。遺詔賜諸侯王列侯馬二駟，吏二千石黃金二斤，吏民户百錢。出宫人歸其家，復終身。二月癸酉，葬陽陵。

**又**《**武帝紀**》 三月，詔曰：「有司議曰，往者朕郊見上帝，西登隴首，獲白麟以饋宗廟，渥洼水出天馬，泰山見黃金，宜改故名。今更黃金爲麟趾褭蹏以協瑞焉。」因以班賜諸侯王。

**又**《**昭帝紀**》 五年春正月，廣陵王來朝，益國萬一千户，賜錢二千萬，黃金二百斤，劍二，安車一，乘馬二駟。

**又**《**宣帝紀**》 夏四月戊申，立皇太子，大赦天下。賜御史大夫爵關内侯，中二千石爵右庶長，天下當爲父後者爵一級。賜廣陵王黃金千斤，諸侯王十五人黃金各百斤，列侯在國者八十七人黃金各二十斤。

**又** 夏四月，潁川太守黃霸以治行尤異秩中二千石，賜爵關内侯，黃金百斤。

**又** 秋八月，賜故右扶風尹翁歸子黃金百斤，以奉其祭祀。又賜功臣適後黃金，人二十斤。

**又** 秋，賜故大司農朱邑子黃金百斤，以奉祭祀。

**又**《**元帝紀**》 初元元年春正月辛丑，孝宣皇帝葬杜陵。賜諸侯王、公主、列侯黃金，吏二千石以錢帛，各有差。大赦天下。

二年春二月，【略】又賜諸侯王、公主、列侯黃金。

**又** 夏，封騎都尉甘延壽爲列侯。賜副校尉陳湯爵關内侯，黃金百斤。

**又**《**成帝紀**》 冬，廣漢鄭躬等黨與寖廣，犯歷四縣，衆且萬人。拜河東都尉趙護爲廣漢太守，發郡中及蜀郡合三萬人擊之。或相捕斬，除罪。旬月平，遷護爲執金吾，賜黃金百斤。

**又** 十二月，詔曰：「前將作大匠萬年知昌陵卑下，不可爲萬歲居，奏請營作，建置郭邑，妄爲巧詐，積土增高，多賦斂繇役，興卒暴之作。卒徒蒙辜，死者連屬，百姓罷極，天下匱竭。常侍閎前爲大司農中丞，數奏昌陵不可成。侍中衛尉長數白宜早止，徙家反故處。朕以長言下閎章，公卿議者皆合長計。[長]首建至策，閎典主省大費，民以康寧。閎前賜爵關内侯，黃金百斤。其賜長爵關内侯，食邑千户，閎五百户。萬年佞邪不忠，毒流衆庶，海内怨望，至今不息，雖蒙赦令，不宜居京師。其徙萬年敦煌郡。」

**又** 十二月，山陽鐵官徒蘇令等二百二十八人攻殺長吏，盜庫兵，自稱將軍，經歷郡國十九，殺東郡太守、汝南都尉。遣丞相長史、御史中丞持節督趣逐捕。汝南太守嚴訢捕斬令等。遷訢爲大司農，賜黃金百斤。

**又**《**高五王傳**》 文帝元年，盡以高后時所割齊之城陽、琅邪、濟南郡復予齊，而徙琅邪王王燕。益封朱虚侯、東牟侯各二千户，黃金千斤。

**又**《**張陳王周傳**》 太尉勃親以兵誅吕氏，功多；平欲讓勃位，乃謝病。文帝初立，怪平病，問之。平曰：「高帝時，勃功不如臣；及誅諸吕，臣功亦不如勃。願以相讓勃。」於是乃以太尉勃爲右丞相，位第一；平徙爲左丞相，位第二。賜平金千斤，益封三千户。

**又**《**文三王傳**》 孝王未死時，財以鉅萬計，不可勝數。及死，藏府餘黃金尚四十餘萬斤，他財物稱是。

**又**《**衛青霍去病傳**》 是歲失兩將軍，亡翕侯，功不多，故青不益封。蘇建至，上弗誅，贖爲庶人。青賜千金。是時王夫人方幸於上，寧乘説青曰：「將軍所以功未甚多，身食萬户，三子皆爲侯者，以皇后故也。今王夫人幸而宗族未富貴，願將軍奉所賜千金爲王夫人親壽。」青以五百金爲王夫人親壽。

**又** 既皆還，【略】而青不得益封，吏卒無封者。唯西河太守常惠、雲中太守遂成受賞，遂成秩諸侯相，賜食邑二百户，黃金百斤，惠爵關内侯。

**又** 趙食其，祋祤人。武帝立十八年，以主爵都尉從大將軍，斬首六百六十級。元狩三年，賜爵關内侯，黃金百斤。

**又**《**卜式傳**》 會吕嘉反，式上書曰：「臣聞主媿臣死。羣臣宜盡死節，其駑下者宜出財以佐軍，如是則强國不犯之道也。臣願與子男及臨菑習弩博昌習船者請行死之，以盡臣節。」【略】其賜式爵關内侯，黃金四(百)[十]斤，田十頃，布告天下，使明知之。

**又**《**杜周傳**》 霍光薨後，子禹與宗族謀反，誅。【略】延年乃選用良吏，捕(繫)[擊]豪强，郡中清静。居歲餘，上使謁者賜延年璽書，黃金二十斤，徙爲西河太守，治甚有名。五鳳中，徵入爲御史大夫。【略】延年視事三歲，以老病乞骸骨，天子優之，使光禄大夫持節賜延年黃金百斤。

**又**《**武五子傳**》 昭帝初立，益封胥萬三千户，元鳳中入朝，復益萬户，賜

錢二千萬，黄金二千斤，安車駟馬寶劍。【略】

宣帝即位，胥曰：「太子孫何以反得立？」復令女須祝詛如前。又胥女爲楚王延壽后弟婦，數相餽遺，通私書。後延壽坐謀反誅，辭連及胥。有詔勿治，賜胥黄金前後五千斤，它器物甚衆。

又《東方朔傳》 偃年十三，隨母出入主家。左右言其姣好，主召見，曰：「吾爲母養之。」因留第中，教書計相馬御射，頗讀傳記。至年十八而冠，出則執轡，入則侍內。爲人温柔愛人，以主故，諸公接之，名稱城中，號曰董君。主因推令散財交士，令中府曰：「董君所發，一日金滿百斤，錢滿百萬，帛滿千匹，乃白之。」【略】偃頓首曰：「敬奉教。」入言之主，主立奏書獻之。上大説，更名竇太主園爲長門宫。主大喜，使偃以黄金百斤爲爰叔壽。

又 更置酒北宫，引董君從東司馬門。東司馬門更名東交門。賜朔黄金三十斤。董君之寵由是日衰，至年三十而終。後數歲，竇太主卒，與董君會葬於霸陵。是後，公主貴人多踰禮制，自董偃始。

又《蔡義傳》 蔡義，河内温人也。以明經給事大將軍莫府。【略】數歲，拜爲少府，遷御史大夫，代楊敞爲丞相，封陽平侯。又以定策安宗廟益封，加賜黄金二百斤。

又《霍光傳》 明年，下詔曰：「夫褒有德，賞元功，古今通誼也。大司馬大將軍光宿衛忠正，宣德明恩，守節秉誼，以安宗廟。其以河北、東武陽益封光萬七千户。」與故所食凡二萬户。賞賜前後黄金七千斤，錢六千萬，雜繒三萬疋，奴婢百七十人，馬二千疋，甲第一區。

又 光與羣臣連名奏王，【略】爲書曰「皇帝問侍中君卿：使中御府令高昌奉黄金千斤，賜君卿取十妻。」

又《趙充國傳》 充國乞骸骨，賜安車駟馬、黄金六十斤，罷就第。朝庭每有四夷大議，常與參兵謀，問籌策焉。年八十六，甘露二年薨，謚曰壯侯。

又《陳湯傳》 元帝取安遠侯鄭吉故事，封千户，衡、顯復争。乃封延壽爲義成侯，賜湯爵關内侯，食邑各三百户，加賜黄金百斤。

又《段會宗傳》 會宗還奏事，公卿議會宗權得便宜，以輕兵深入烏孫，即誅番丘，宣明國威，宜加重賞。天子賜會宗爵關内侯，黄金百斤。

又《疏廣傳》 即日父子俱移病。滿三月賜告，廣遂稱篤，上疏乞骸骨。上以其年篤老，皆許之，加賜黄金二十斤，皇太子贈以五十斤。

又《于定國傳》 定國遂稱篤，固辭。上乃賜安車駟馬、黄金六十斤，罷就第。

又《薛廣德傳》 後月餘，以歲惡民流，與丞相定國、大司馬車騎將軍史高俱乞骸骨，皆賜安車駟馬、黄金六十斤，罷。

又《彭宣傳》 數年，復入爲大司農、光禄勳、右將軍。哀帝即位，徙爲左將軍。【略】使光禄大夫曼賜將軍黄金五十斤。

又《王吉傳》 自吉至崇，世名清廉，然材器名稱稍不能及父，而禄位彌隆。皆好車馬衣服，其自奉養極爲鮮明，而亡金銀錦繡之物。及遷徙去處，所載不過囊衣，不畜積餘財。去位家居，亦布衣疏食。天下服其廉而怪其奢，故俗傳「王陽能作黄金」。

又《韋賢傳》 賢爲人質樸少欲，篤志於學。【略】爲相五歲，地節三年以老病乞骸骨，賜黄金百斤，罷歸。

又《夏侯勝傳》 勝復爲長信少府，遷太子太傅。受詔撰《尚書》《論語説》，賜黄金百斤。年九十卒官，賜冢塋，葬平陵。太后賜錢二百萬，爲勝素服五日，以報師傅之恩，儒者以爲榮。

又《尹翁歸傳》 翁歸爲政雖任刑，其在公卿之間清絜自守，語不及私，然温良嗛退，不以行能驕人，【略】天子賢之，制詔御史：「朕夙興夜寐，以求賢爲右，不異親疏近遠，務在安民而已。扶風翁歸廉平鄉正，治民異等，早夭不遂，不得終其功業，朕甚憐之。其賜翁歸子黄金百斤，以奉其祭祠。」

又《張敞傳》 天子徵敞，拜膠東相，賜黄金三十斤。

又《王尊傳》 久之，河水盛溢，泛浸瓠子金隄，老弱奔走，恐水大決爲害。尊躬率吏民，【略】於是制詔御史：「東郡河水盛長，毁壞金隄，未決三尺，百姓惶恐奔走。太守身當水衝，履咫尺之難，不避危殆，以安衆心，吏民復還就作，水不爲災，朕甚嘉之。秩尊中二千石，加賜黄金二十斤。」

又《孫寶傳》 會益州蠻夷犯法，巴蜀頗不安，上以寶著名西州，拜爲廣漢太守，秩中二千石，賜黄金三十斤。

又《蕭望之傳》 哀帝時，南郡江中多盜賊，拜育爲南郡太守。【略】曰：「南郡盜賊羣輩爲害，朕甚憂之。以太守威信素著，故委南郡太守，之官，其於爲民除害，安元元而已，亡拘於小文。」加賜黄金二十斤。

又《馮奉世傳》 明年二月，奉世還京師，【略】賜奉世爵關内侯，食邑五百戶，黃金六十斤。

**又** 成帝立，有司奏野王王舅，不宜備九卿。以秩出爲上郡太守，加賜黃金百斤。

**又**《**宣元六王傳**》 王乃遣人持黃金五十斤送博。博喜，還書謝，爲謟語盛稱譽王，【略】趙王使謁者持牛酒，黃金三十斤勞博，博不受；復使人願尚女，聘金二百斤，博未許。

是時，博女壻京房以明《易陰陽》得幸於上，數召見言事。自謂爲石顯、五鹿充宗所排，謀不得用，數爲博道之。博常欲誑耀淮陽王，即具記房諸所説災異及召見密語，持予淮陽王以爲信驗，詐言「已見中書令石君求朝，許以金五百斤。【略】」。博報曰：「已許石君，須以成事。」王以金五百斤予博。

**又**《**史丹傳**》 丹爲人足知，愷弟愛人，貌若儻蕩不備，然心甚謹密，故尤得信於上。丹兄嗣父爵爲侯，讓不受分。丹盡得父財，身又食大國邑，重以舊恩，數見褒賞，賞賜累千金。

**又**《**傅喜傳**》 傅太后始與政事，喜數諫之，由是傅太后不欲令喜輔政。上於是用左將軍師丹代王莽爲大司馬，賜喜黃金百斤。

**又**《**黃霸傳**》 霸治行終長者，卜詔稱揚曰【略】其賜爵關內侯，黃金百斤。

**又**《**張禹傳**》 元帝崩，成帝即位，徵禹、寬中，皆以師賜爵關內侯，【略】加賜黃金百斤。

爲相六歲，鴻嘉元年以老病乞骸骨，上加優再三，乃聽許。賜安車駟馬，黃金百斤。

**又**《**孔光傳**》 元帝即位，徵霸，以師賜爵關內侯，食邑八百戶，號褒成君，給事中，加賜黃金二百斤。【略】

霸四子，長子福嗣關內侯，次子捷、捷弟喜皆列校尉諸曹。光，最少子也，經學光明，【略】上甚信任之，轉爲僕射，尚書令。有詔光周密謹慎，未嘗有過，加諸吏官，以子男放爲侍郎，給事黃門。數年，遷諸吏光祿大夫，秩中二千石，給事中，賜黃金百斤。

**又**《**朱邑傳**》 神爵元年卒。天子閔惜，下詔稱揚曰：「大司農邑，廉潔守節，退食自公，亡彊外之交，束脩之餽，可謂淑人君子。遭離凶災，朕甚閔之。其賜邑子黃金百斤，以奉其祭祀。」

**又**《**召信臣傳**》 吏民親愛信臣，號之曰召父。荊州刺史奏信臣爲百姓興利，郡以殷富，賜黃金四十斤。遷河南太守，治行常爲第一，復數增秩賜金。

**又**《**嚴延年傳**》 三歲，遷河南太守，賜黃金二十斤。

**又**《**匈奴傳上**》 屬國千長義渠王騎士射殺犁汙王，賜黃金二百斤，馬二百匹，因封爲犁汙王。

**又**《**匈奴傳下**》 單于正月朝天子於甘泉宮，漢寵以殊禮，位在諸侯王上，贊謁稱臣而不名。賜以冠帶衣裳，黃金璽盭綬，玉具劍，佩刀，弓一張，矢四發，棨戟十，安車一乘，鞍勒一具，馬十五匹，黃金二十斤，錢二十萬，衣被七十七襲，錦繡綺縠雜帛八千匹，絮六千斤。

**又** 書奏，天子寤焉，召還匈奴使者，更報單于書而許之。賜雄帛五十匹，黃金十斤。

**又** 莽於是大分匈奴爲十五單于，遣中郎將藺苞、副校尉戴級將兵萬騎，多齎珍寶至雲中塞下，招誘呼韓邪單于諸子，欲以次拜之。使譯出塞誘呼右犁汗王咸、咸子登、助三人，至則脅拜咸爲孝單于，賜安車鼓車各一，黃金千斤，雜繒千匹，戲戟十；拜助爲順單于，賜黃金五百斤。

**又**《**外戚傳**》 及成帝立，【略】上欲專委任鳳，乃策嘉曰：「將軍家重身尊，不宜以吏職自絫。賜黃金二百斤，以特進侯就朝位。」

**又** 考問班倢伃，倢伃對曰，【略】上善其對，憐憫之，賜黃金百斤。

**又** 莽白太皇太后詔有司曰：【略】夫褒義賞善，聖王之制，其以中山故安戶七千益中山后湯沐邑，加賜及中山王黃金各百斤，增傅相以下秩。

**又**《**元后傳**》 時根輔政五歲矣，乞骸骨，上乃益封根五千戶，賜安車駟馬，黃金五百斤，罷就第。

**又**《**王莽傳**》 傅太后聞之，大怒，不肯會，重怨恚莽。莽復乞骸骨，哀帝賜莽黃金五百斤。

**又** 太后許之。有司奏：「故事，聘皇后黃金二萬斤，爲錢二萬萬。」莽深辭讓，受四千萬，而以其三千三百萬予十一媵家。羣臣復言：「今皇后受聘，踰羣妾亡幾。」有詔，復益二千三百萬，合爲三千萬。莽復以其千萬分予九族貧者。

**又** 而藺苞、戴級到塞下，招誘單于弟咸、咸子登入塞，脅拜咸爲孝單于，賜黃金千斤。

**又** 時省中黃金萬斤者爲一匱，尚有六十匱，黃門、鉤盾、臧府、中尚方處處各有數匱。長樂御府、中御府及都內、平準帑藏錢帛珠玉財物甚衆。

**《後漢書·桓帝紀》** 二年春正月甲子，皇帝加元服。庚午，大赦天下。賜河間、勃海二王黄金各百斤，彭城諸國王各五十斤；公主、大將軍、三公、特進、侯、中二千石、將、大夫、郎吏、從官、四姓及梁鄧小侯、諸夫人以下帛，各有差。

**又《馬皇后傳》** 及帝崩，肅宗即位，尊后曰皇太后。諸貴人當徙居南宫，太后感析別之懷，各賜王赤綬，加安車駟馬，白越三千端，雜帛二千匹，黄金十斤。

**又** 賈貴人，南陽人。【略】及太后崩，乃策書加貴人王赤綬，安車一駟，永巷宫人二百，御府雜帛二萬匹，大司農黄金千斤，錢二千萬。

**又《鄧皇后紀》** 其賜貴人王青蓋車，采飾輅，驂馬各一駟，黄金三十斤，雜帛三千匹，白越四千端。

**又《梁皇后紀》** 於是悉依孝惠皇帝納后故事，聘黄金二萬斤，納採鴈璧乘馬束帛，一如舊典。

**又《齊武王縯傳》** 王莽素聞其名，大震懼，購伯升邑五萬户，黄金十萬斤。

**又《朱祐傳》** 延岑自敗於穰，遂與秦豐將張成合，祐率征虜將軍祭遵與戰於東陽，大破之，臨陣斬成，延岑敗走歸豐。祐收得印綬九十七。進擊黄郵，降之，賜祐黄金三十斤。

**又《竇融傳》** 及漢兵起，融復從王邑敗於昆陽下，歸[長安。漢兵]長驅入關，王邑薦融，拜爲波水將軍，賜黄金千斤。

**又《种暠傳》** 時永昌太守治鑄黄金爲文蛇，以獻梁冀，暠糾發逮捕，馳傳上言，而二府畏懦，不敢案之，冀由是銜怒於暠。

**又《朱儁傳》** 朱儁字公偉，會稽上虞人也。【略】後太守尹端以儁爲主簿。熹平二年，端坐討賊許昭失利，爲州所奏，罪應棄市。儁乃羸服閒行，輕齎數百金到京師，賂主章史，遂得刊定州奏，故端得輸作左校。【略】以功封都亭侯，千五百户，賜黄金五十斤。

**又《王涣傳》** 昔大司農朱邑、右扶風尹翁歸，政迹茂異，令名顯聞，孝宣皇帝嘉歎愍惜，而以黄金百斤策賜其子。

**《三國志·魏書·齊王芳紀》** 秋七月，詔曰：「《易》稱損上益下，節以制度，不傷財，不害民。方今百姓不足而御府多作金銀雜物，將奚以爲？今出黄金銀物百五十種，千八百餘斤，銷冶以供軍用。」

**又《魏書·中山恭王衮傳》** 三年，爲北海王。其年，黄龍見鄴西漳水，衮上書贊頌。詔賜黄金十斤。

**又《吴書·吕蒙傳》** 以蒙爲南郡太守，封孱陵侯，賜錢一億，黄金五百斤。

**《晉書·禮志下》** 漢高后制聘，后黄金二百斤，馬十二匹。夫人金五十斤，馬四匹。

**又** 前漢聘后，黄金二百斤，馬十二匹，亦無用羊之旨。

**又《劉聰載記》** 聰大悦，賜弘黄金六十斤，曰：「卿當以此意諭吾子弟輩。」於是六劉之寵傾於後宫。

**又《劉曜載記》** 茂懼，果遣使稱藩，獻馬一千五百匹，牛三千頭，羊十萬口，黄金三百八十斤，銀七百斤，女妓二十人，及諸珍寶珠玉、方域美貨不可勝紀。曜大悦。

**《魏書·趙郡王傳》** 趙郡王幹，字思直。太和九年，封河南王，【略】遷洛，改封趙郡王，除都督冀定瀛三州諸軍事、征東大將軍、冀州刺史，開府如故，賜雜物五百段，又密賜黄金十斤。

**又《古弼傳》** 古弼，代人也。【略】初，楊難當之來也，詔弼悉送其子弟於京師。楊玄小子文德，以黄金四十斤賂弼，弼受金。

**又《豆代田傳》** 豆代田，代人也。【略】世祖壯之，拜勇武將軍。後從駕平昌，以戰功賜奴婢十五口，黄金百斤，銀百斤。

**又《抱嶷傳》** [嶷父]睹生卒，贈秦州刺史，謚曰靖。賜黄金八十斤、繒綵及絹八百匹。

**又《鮮卑乞伏國仁傳》** 後遣其尚書郎莫胡、積射將軍乞伏又寅等貢黄金二百斤，請伐赫連昌，世祖許之。

**又《沮渠蒙遜傳》** 牧犍尚世祖妹武威公主，遣其相宋繇表謝，獻馬五百匹，黄金五百斤。

**又《高句麗傳》** 常以十月祭天，國中大會。其公會，衣服皆錦繡，金銀以爲飾。好蹲踞。食用俎几。出三尺馬，云本朱蒙所乘，馬種即果下也。後貢使相尋，歲致黄金二百斤，白銀四百斤。

**又《西域傳》** 副貨國，去代一萬七千里。【略】國王有黄金殿，殿下金駝七頭，各高三尺。

**又** 南天竺國，去代三萬一千五白里。有伏醜城，周帀十里，城中出摩尼珠、珊瑚。城東三百里有拔賴城，城中出黄金、白真檀、石蜜、蒲萄。土宜五穀。世宗時，其國王婆羅化遣使獻駿馬、金、銀，自此每使朝貢。

《**周書・王思政傳**》 十二年，加特進、荆州刺史。州境卑濕，城塹多壞。思政方命都督藺小歡督工匠繕治之。掘得黄金三十斤，夜中密送之。至旦，思政召佐吏以金示之，曰：「人臣不宜有私」，悉封金送上。太祖嘉之，賜錢二十萬。

**又** 《**楊薦傳**》 善至夏州，聞蠕蠕貳於東魏，欲執使者。善懼，乃還。文帝乃使薦往，賜黄金十斤、雜彩三百疋。

《**隋書・楊素傳**》 上遣左領軍將軍獨孤陀至浚儀迎勞。比到京師，問者日至。拜素子玄奬爲儀同，賜黄金四十斤，加銀瓶，實以金錢。【略】十八年，突厥達頭可汗犯塞，以素爲靈州道行軍總管，出塞討之，賜物二千段，黄金百斤。

**又** 《**王長述傳**》 上大悦，前後賜黄金五百兩，授行軍總管，率衆討謙。以功進位柱國。

**又** 《**崔仲方傳**》 上覽而大悦，轉基州刺史，徵入朝。仲方因面陳經略，上善之，賜以御袍袴，并雜彩五百段，【略】賜奴婢一百三十口，黄金三十斤，雜物稱是。

**又** 《**于仲文傳**》 高祖見之，引入卧内，爲之下泣。賜彩五百段，黄金二百兩。

**又** 《**王辯傳**》 帝稱善，曰：「誠如此計，賊何足憂也。」於是發從行步騎三千，擊敗之，賜黄金二百兩。

**又** 《**周法尚傳**》 兩陣始交，法尚馳擊其栅，栅中人皆走散，光仕大潰，追斬之。賜奴婢百五十口，黄金百五十兩，銀百五十斤。

**又** 《**王仁恭傳**》 明年，復以軍將指扶餘道，帝謂之曰：「往者諸軍多不利，公獨以一軍破賊。古人云，敗軍之將不可以言勇，諸將其可任乎？今委公爲前軍，當副所望也。」賜良馬十匹，黄金百兩。

**又** 《**趙仲卿傳**》 仁壽中，檢校司農卿。蜀王秀之得罪，奉詔往益州窮按之。秀賓客經過之處，仲卿必深文致法，州縣長吏坐者太半。上以爲能，賞婢奴五十口，黄金二百兩，米粟五千石，奇寶雜物稱是。

《**南史・陸杲傳**》 杲素信佛法，持戒甚精，著《沙門傳》三十卷。【略】子罩字洞元，少篤學，多所該覽，善屬文。【略】大同七年，以母老求去，公卿以下祖道於征虜亭，皇太子賜黄金五十斤。

**又** 《**梁武帝諸子傳**》 既東下，黄金一斤爲餅，百餅爲簉，至有百簉；銀五倍之，其他錦罽繒采稱是。每戰則懸金帛以示將士，終不賞賜。

《**北史・后妃傳下**》 神武乃置酒曰：「全我父子者，司馬子如。」賜之黄金百三十斤，文襄贈良馬五十疋。

**又** 《**于粟磾傳**》 隋文帝引入卧内，爲之下泣，賜彩五百段，黄金二百兩。

**又** 《**古弼傳**》 初，楊難當之來也，詔弼悉送其子弟於京師。楊玄少子文德，以黄金三十斤賂弼。

**又** 《**崔仲方傳**》 後數載，授會州總管。時諸羌猶未賓附，詔仲方擊之，與賊三十餘戰，紫祖、四隣、望方、涉題、干碉、小鐵圍山、白男、弱水等赭都諸賊悉平。賜奴婢一百二十口，黄金三十斤。

**又** 《**李幼廉傳**》 主簿徐乾富而暴横，歷政不能禁。幼廉初至，因其有犯，收繫之。乾密通疏，奉黄金百挺、妓婢二十人，幼廉不受，遂殺之。

**又** 《**楊素傳**》 上遣左領軍將軍獨孤陀至浚儀迎勞，比到京師，問者日至。拜素子玄奬儀同，賜黄金四十斤，加銀餅，實以金錢，縑三千段，馬二百匹，羊三千口，田百頃，宅一區。【略】開皇十八年，突厥達頭可汗犯塞，以素爲靈州道行軍總管，出塞討之，賜物二千段，黄金百斤。

《**王思政傳**》 十二年，加特進，兼尚書左僕射、行臺、都督、荆州刺史。境内卑濕，城塹多壞。思政乃命都督藺小歡督工匠繕修之。掘得黄金三十斤，夜中密送。至旦，思政召佐史，以金示之曰：「人臣不宜有私。」悉封金送上。周文嘉之，賜錢二十萬。

**又** 《**楊薦傳**》 善至夏州，聞蠕蠕貳於東魏，欲執使者，善懼，乃還。周文乃使薦往，賜黄金十斤，雜彩三百匹。

**又** 《**趙剛傳**》 仁壽初，檢校司農卿。蜀王秀之得罪，奉詔往益州按之。秀賓客經過處，仲卿必深文致法，州縣長吏坐者太半。上以爲能，賞奴婢五十口、黄金二百兩、米粟五千石，奇寶雜物稱是。

**又** 《**來護兒傳**》 於是護兒與宇文述破玄感於閿鄉，斬平之。還，加開府儀同三司，賜物五千段、黄金千兩、奴婢百人。

**又** 《**王辯傳**》 及山東盜賊起，帝引辯升御榻，問以方略。辯論取賊勢，帝稱善曰：「誠如此，賊不足憂。」於是發從行步騎三千，擊敗之，賜黄金二百兩。

又《恩幸傳》　睹生卒，贈秦州刺史，謚曰靖。賜黄金八十斤，繒彩及絹八百疋，以供喪用。

又《北涼傳》　牧犍尚太武妹武威公主，遣其相宋繇表謝，獻馬五百匹，黄金百斤。

《舊唐書・太宗紀》　六月，凱旋。太宗親披黄金甲，陳鐵馬一萬騎，甲士三萬人，前後部鼓吹，俘二僞主及隋氏器物輦輅獻於太廟。高祖大悦，行飲至禮以享焉。高祖以自古舊官不稱殊功，乃别表徽號，用旌勳德。十月，加號天策上將、陝東道大行臺，位在王公上。增邑二萬户，通前三萬户。賜金輅一乘，衮冕之服，玉璧一雙，黄金六千斤。

又　閏月乙未，幸同州。甲辰，狩於堯山。庚戌，至自同州。丙辰，吐蕃遣使獻黄金器千斤以求婚。

又《樊興傳》　樊興者，本安陸人也，父犯罪配没爲皇家隸人。興從平京城，累除右監門將軍。又從太宗破薛舉，平王世充、竇建德，積戰功，累封滎國公，賜物二千段、黄金三十鋌。

又《竇琮傳》　琮潛使人説以利害，士信遂帥衆降。及從平東都，賞物一千四百段。後以本官檢校晉州總管。尋從隱太子討平劉黑闥，以功封譙國公，賞黄金五十斤。

又《鄭善果傳》　善果由此遂勵己爲清吏，所在有政績，百姓懷之。及朝京師，煬帝以其居官儉約，莅政嚴明，與武威太守樊子蓋考爲天下第一，各賞物千段，黄金百兩，再遷大理卿。

又《高祖二十二子傳》　四年，太宗征竇建德，留元吉與屈突通圍王世充於東都。世充出兵拒戰，元吉設伏擊破之，斬首八百級，生擒其大將樂仁昉、甲士千餘人。世充平，拜司空，餘官如故，加賜衮冕之服、前後部鼓吹樂二部、班劍二十人、黄金二千斤，與太宗各聽三鑪鑄錢以自給。

又《杜淹傳》　武德八年，慶州總管楊文幹作亂，辭連東宫，歸罪於淹及王珪、韋挺等，並流於越巂。太宗知淹非罪，贈以黄金三百兩。

又《秦叔寶傳》　高祖令事秦府，太宗素聞其勇，厚加禮遇。【略】尋授秦王右三統軍。又從破宋金剛於介休。録前後勳，賜黄金百斤、雜彩六千段，授上柱國。從討王世充，每爲前鋒。太宗將拒竇建德於武牢，叔寶以精騎數十先陷其陣。世充平，進封翼國公，賜黄金百斤、帛七千段。

又《侯君集傳》　君集初破高昌，曾未奏請，輒配没無罪人，又私取寶物。【略】及京師，有司請推其罪，詔下獄。中書侍郎岑文本以爲功臣大將不可輕加屈辱，上疏曰：「【略】又校尉陳湯矯詔興師，雖斬郅支單于，而湯素貪盜，所收康居財物，事多不法，爲司隸所繫。湯乃上疏曰：『與吏士共誅郅支，幸得擒滅。今司隸乃收繫案驗，是爲郅支報讎也。』元帝赦其罪，封湯關内侯，賜黄金百斤。【略】。」

又《薛收傳》　武德六年，以本官兼文學館學士，與房玄齡、杜如晦特蒙殊禮，受心腹之寄。又嘗上書諫獵，太宗手詔曰：「覽讀所陳，實悟心膽，今日成我，卿之力也。明珠兼乘，豈比來言，當以誠心，書何能盡。今賜卿黄金四十鋌，以酬雅意。」

又《孔穎達傳》　十一年，又與朝賢修定《五禮》，所有疑滯，咸諮決之。書成，進爵爲子，賜物三百段。庶人承乾令撰《孝經義疏》，穎達因文見意，更廣規諷之道，學者稱之。太宗以穎達在東宫數有匡諫，與左庶子于志寧各賜黄金一斤、絹百匹。

又《太宗諸子傳》　時左庶子于志寧、右庶子孔穎達受詔輔導，志寧撰《諫苑》二十卷諷之，穎達又多所規奏。太宗並嘉之，二人各賜帛百匹、黄金十斤。

又《于志寧傳》　志寧以承乾數虧禮度，志在匡救，撰《諫苑》二十卷諷之，太宗大悦，賜黄金十斤、絹三百匹。

又《程務挺傳》　程務挺，洺州平恩人也。父名振。【略】黑闥聞之大怒，遂殺名振母、妻。及黑闥平，名振請手斬黑闥，以其首祭母。名振以功拜營州都督府長史，封東平郡公，賜物二千段、黄金三百兩。

《新唐書・太宗紀》　四年二月，竇建德率兵十萬以援世充，太宗敗建德於虎牢，執之，世充乃降。六月，凱旋，太宗被金甲，陳鐵騎一萬、介士三萬，前後鼓吹，獻俘於太廟。高祖以謂太宗功高，古官號不足以稱，乃加號天策上將，領司徒、陝東道大行臺尚書令，位在王公上，增邑户至三萬，賜衮冕、金輅、雙璧、黄金六千斤。

又《高祖諸子傳》　尋授侍中、襄州道行臺尚書令、稷州刺史。秦王圍東都，竇建德來援，王以精騎逆戰，留元吉、屈突通守，而世充易之，輒出兵，元吉設伏劫之，斬首八百級，禽其將。東都平，拜司空，賜衮冕服、鼓吹二部、班劍二十人、黄金二千斤，與太子、秦王得三鑪鑄錢。

又《竇琮傳》 武德初，爲右屯衛大將軍。時將圖洛陽，詔琮留守陝，護饟道。王世充將羅士信數以兵鈔絶，琮使人説降之。東都平，檢校晉州總管。從隱太子平劉黑闥，以功封譙國公，賜黄金五十斤。

又《杜淹傳》 時封倫領選，以諗房玄齡，玄齡恐失之，白秦王，引爲天策府兵曹參軍、文學館學士。嘗侍宴，賦詩尤工，賜銀鍾。慶州總管楊文幹反，辭連太子，歸罪淹及王珪、韋挺，並流越嶲，王知其誣，餉黄金三百兩。

又《魏徵傳》 十三年，阿史那結社率作亂，雲陽石然，自冬至五月不雨，徵上疏極言曰：「臣奉侍帷幄十餘年，陛下許臣以仁義之道，守而不失；儉約樸素，終始弗渝。【略】」疏奏，帝曰：「朕今聞過矣，願改之，以終善道。有違此言，當何施顔面與公相見哉！方以所上疏，列爲屏障，庶朝夕見之，兼録付史官，使萬世知君臣之義。」因賜黄金十斤，馬二匹。

又《后妃傳》 太后祀天南郊，以文王、武王、士彠與唐高祖并配。太后加號天册金輪聖神皇帝。遂封嵩山，禪少室，册山之神爲帝，配爲后。封壇南有大槲，赦日置雞其杪，賜號「金雞樹」。自制《升中述志》，刻石示後。改明堂爲通天宫，鑄九州鼎，各位其方，列廷中。又斂天下黄金作大儀鐘，不克。

又《薛收傳》 王入觀隋宫室，且嘆煬帝無道，殫人力以事夸侈。收進曰：「峻宇雕牆，殷辛以亡。【略】」王重其言。俄授天策府記室參軍。從平劉黑闥，封汾陰縣男。嘗上書諫王止畋獵，王答曰：「覽所陳，知成我者卿也。明珠兼乘，未若一言，今賜黄金四十挺。」

又《鄭善果傳》 善果母崔，賢明曉政治，嘗坐閤内聽善果處決，或當理則悦，有不可，則引至牀下，責媿之。故善果所至有績，號清吏。嘗與武威太守樊子蓋考爲天下第一，煬帝賜物千段、黄金百兩。

又《蕭瑀傳》 瑀自力孜孜，抑過繩違無所憚。上便宜，每見納用。手詔曰：「得公言，社稷所賴，朕既寶之，故賜黄金一函，公其勿辭。」

又《于志寧傳》 太子承乾數有過惡，志寧欲救止之，上《諫苑》以諷。帝見大悦，賜黄金十斤、絹三百匹。

又《程務挺傳》 程務挺，洺州平恩人。父名振，隋大業末，仕竇建德爲普樂令，盜不跡境。【略】黑闥怒，殺其母妻。賊平，請手斬黑闥，以其首祭母。拜營州長史，封東平郡公，賜物二千段、黄金三百兩。轉洺州刺史。

又《孔戣傳》 會嶺南節度使崔詠死，帝謂裴度曰：「嘗論罷蚶菜者誰歟？今安在？是可往，爲朕求之。」度以戣對，即拜嶺南節度使。既至，免屬州逋負十八萬緡、米八萬斛、黄金税歲八百兩。

又《殷侑傳》 帝問侑治安術，侑言：「朝廷宜任耆德，毋輕用新進。」帝善之，賜彩三百匹。初，鹽鐵度支使屬官悉得以罪人繫在所獄，或私置牢院，而州縣不聞知，歲千百數，不時決。侑奏許州縣糾列所繫，申本道觀察使，并具獄上聞。許之，賜黄金十斤，以酬直言。

又《孔穎達傳》 皇太子令穎達撰《孝經章句》，因文以盡箴諷。帝知數争太子失，賜黄金一斤、絹百匹。久之，拜祭酒，侍講東宫。

又《楊復光傳》 帝西幸，召紹業見行在，復光更引彦謨爲荆南節度使。彦謨紿行邊，詣復光，以黄金數百兩爲謝。

又《吐蕃傳》 初東寇也，連歲不解，其大臣請返國，不聽，自殺者八人。至是弄贊始懼，引而去，以使者來謝罪，固請昏，許之。遣大論薛禄東贊獻黄金五千兩，它寶稱是，以爲聘。【略】帝伐遼還，使禄東贊上書曰：「陛下平定四方，日月所照，並臣治之。高麗恃遠，弗率於禮，天子自將度遼，隳城陷陣，指日凱旋，雖鴈飛於天，無是之速。夫鵝猶鴈也，臣謹冶黄金爲鵝以獻。」其高七尺，中實酒三斛。

《舊五代史・唐書・莊宗紀》 八月壬戌，詔諸司人吏，不許諸處奏薦，如有勞績，只許本司奏聞。詔有司，吴越王印宜以黄金鑄成，其文曰「吴越國王之印」。

又《晉書・高帝紀》 六月辛未朔，陳郡民王武穿地得黄金數餅，州牧取而貢之，帝曰：「宿藏之物，既非符寶，不合入官。」命付所獲之家。

又《少帝紀》 是歲，帝每遇四方進獻器皿，多以銀於外府易金而入，案《宋史・劉濤傳》：少帝奢侈，常以銀易金，廣其器皿。李崧判三司，令上庫金之數。及崧以原簿校之，少數千鎰。崧責曰：「帑庫通式，一日不受虚數，毫釐則有重典。」濤曰：「帑司常有報不盡數，以備宣索。」崧令有司劾濤，濤事迫，以情告樞密使桑維翰，乃止罰一月俸。「《舊五代史考異》」謂左右曰：「金者貴而且輕，便於人力。」識者以爲北遷之兆也。

開運三年春正月癸巳朔，帝御崇元殿受朝賀，仗衛如式。詔改鑄天下合同印、書詔印、御前印，並以黄金爲之。

《新五代史・閩世家・王繼鵬》 昶亦好巫，拜道士譚紫霄爲正一先生，又拜陳守元爲天師，而妖人林興以巫見幸，事無大小，興輒以寶皇語命之而後行。守元教昶起三清臺三層，以黄金數千斤鑄寶皇及元始天尊、太上老君像，日焚龍腦、薰陸諸香數斤，作樂於臺下，晝夜聲不輟，云如此可求大還丹。

**宋・蔡絛《鐵圍山叢談》卷六**　太宗時得巧匠，因親督視於紫雲樓下，造金帶，得三十條，匠者爲之神耗而死。於是獨以一賜曹武穆彬，其一太宗自御，其後隨入熙陵，吳本「其」作「之」屬上句。而曹氏所賜帶，則莫知何往也。別本「知」竝作「測」。餘二十八條，命貯之庫，吳本「命」上有「特」字。號鎮庫帶焉。後人第徒傳其名，而宗戚羣璫吳本「羣」作「貴」。間一有服金帶異花精緻者，人往往輒指曰：別本竝作「目」。「此紫雲樓帶。」其實非也，故吾迄不得一識之。自貯鎮庫帶後垕歷百十年所，及敵騎犯闕，太上皇狩丹陽，因盡挈鎮庫帶以往。而一時從行者，有若童貫、伯氏諸臣，別本「臣」竝作「貴」。皆得賜紫雲樓金帶矣。事後甫平，吳本「事」上有「及」字。太上皇言歸宮闕，於是靖康皇帝復命追還之庫。吾在萬里外，獨嘗聞諸，然又不得一識也。中興之十三祀，有來自海外，忽出紫雲樓帶，止以四銙視吾。敵騎再入，適紛紜，所追還弗及者。其金紫磨也，光豔溢目，異常金。又其文作醉拂林狀。拂林人皆笑起，雁里及張本「林」竝作「牀」，今從吳本。長不及寸，眉目宛若生動，雖吳道子畫所弗及。若其華紋，則有六七級，層層爲之，鏤篆之精，其微細之象，殆入於鬼神而不可名。且往時諸帶方銙不大，此帶乃獨大至十二稻。是在往時爲窮極鉅寶，吳本「極」作「珍」。不覺爲之再拜太息，我祖宗規模，雖一帶猶貽厥後世，必無以加也。於是亟歸之客，別本「之」竝作「諸」。而意始適平。因書此以詔後之人。

**宋・周煇《清波雜志》卷七**　汴河遺物

靖康亂後，汴河中多得珍寶，有獲金燎鑪者。以尚方物，人間不敢留，復歸官府。揚州倉卒南渡，揚子江中遺棄物尤多。後鎮江漁户於西津沙際，有得一囊北珠者。太平興國中，鄭州修東嶽廟，穿土得玉杵臼以獻，亦五代亂離時之物。金玉没於地中，蓋亦有時而復出。

**《宋史・太祖紀》**　二月丙寅，幸飛山營閲礮車。壬申，疏五丈河。癸酉，有司奏進士合格者十一人。荆南高保勗進黄金什器。甲戌，幸城南，觀修水匱。丁丑，南唐進長春節御衣、金帶及金銀器。

**又《高宗紀》**　秋七月癸卯，劉光世援宣撫使例，乞便宜行事，不許。【略】張浚獻黄金萬兩助軍用。

八月丙戌，遣吏部侍郎江邈奉迎累朝神御於温州。丁亥，命諸路有出身監司一員提舉學事。戊戌，洪皓至自金國，入見。己亥，遣鄭樸等使金賀正旦，王師心等賀金主生辰。鄭剛中獻黄金萬兩。

**又《兵志》**　廣馬者，建炎末，廣西提舉峒丁李棫請市馬赴行在。紹興初，隸經略司。三年，即邕州置司提舉，市於羅殿、自杞、大理諸蠻。未幾，廢買馬司，帥臣領之。七年，胡舜陟爲帥，歲中市馬二千四百，詔賞之。其後馬益精，歲費黄金五鎰，中金二百五十鎰，錦四百，絁四千，廉州鹽二百萬斤，得馬千五百。須四尺二寸已上乃市之，其直爲銀四十兩，每高一寸增銀十兩，有至六七十兩者。土人云，尤駔駿者，在其産處，或博黄金二十兩，日行四百里，第官價已定，不能致此。

**又《后妃傳・韋賢妃》**　太后聰明有智慮。初，金人許還三梓宮，太后恐其反覆，呼役者畢集，然後起攢。時方暑，金人憚行，太后慮有他變，乃陽稱疾，須秋涼進發。已而稱貸於金使，得黄金三千兩以犒其衆，由是途中無間言。

**又《李紘傳》**　紘字仲綱。父克明，仕至提點廣東刑獄。紘，進士及第，試秘書省校書郎、知歙縣。地産黄金，民輸以代賦，後金竭，責其賦如故。紘奏罷之。

**又《蕭注傳》**　諫官論注不法致寇，罷爲荆南鈐轄、提點刑獄。李師中又劾其沮威嗜利，略智高閩民爲奴，發洞丁採黄金無帳籍可考。

**又《蘇軾傳》**　既至杭，大旱，饑疫並作。軾請於朝，免本路上供米三之一，復得賜度僧牒，易米以救飢者。明年春，又減價糶常平米，多作饘粥藥劑，遣使挾醫分坊治病，活者甚衆。軾曰：「杭，水陸之會，疫死比他處常多。」乃裒羨緡得二千，復發橐中黄金五十兩，以作病坊，稍畜錢糧待之。

**又《范質傳》**　宋初，加兼侍中，罷參知樞密。俄被疾，太祖征澤、潞，幸其第，賜黄金器二百兩、銀器千兩，絹二千匹，錢二百萬。

**又《魏仁浦傳》**　宋初，進位右僕射，以疾在告。太祖幸其第，賜黄金器二百兩、錢二百萬。

**又《王舉正傳》**　以太子少傅致仕，卒，贈太子太保，謚安簡，賜黄金百兩。文章雅厚如其爲人，有《平山集》《中書制集》《内制集》五十卷。

**又《雷有終傳》**　四年，有終代還，命爲涇原儀渭鎮戎路都部署，辭不拜。改知永興軍府，徙秦州。景德初，徙爲并代副都部署，賜黄金四百兩。

**又《楊畋傳》**　畋出於將家，折節喜學問，爲士大夫所稱。【略】及卒，家無餘貲，特賜黄金二百兩。

**又《范仲淹傳》**　會邊陲有警，因與樞密副使富弼請行邊。於是，以仲淹爲河東、陝西宣撫使，賜黄金百兩，悉分遺邊將。

**又《石普傳》** 普繕車砲，又爲地道攻城。城破，均夜半突圍由南門遁，普引兵追擊於富順監，均自殺，餘黨皆平。遷冀州團練使，賜黄金三百兩、白金三千兩。

**又《王珪傳》** 珪左手以杵碎其腦。繼又一將復以槍進，珪挾其槍，以鞭擊殺之。一軍大驚，遂引去。珪亦以馬中箭而還，仁宗特遣使撫諭之；然以其下死傷亦多，止賜名馬二匹，黄金三十兩，裹創絹百匹。

**又《李參傳》** 李參字清臣，鄆州須城人。以蔭知鹽山縣。歲饑，諭富室出粟，平其直予民，不能糴者，給以糟粃，所活數萬。【略】治平初，加集賢院學士、知瀛州，賜黄金百兩。

**又《陳瓘傳》** 時皇太后已歸政，瓘言外戚向宗良兄弟與侍從希寵之士交通，使物議籍籍，謂皇太后今猶預政。由是罷監揚州糧料院。瓘出都門，繳四章奏之，并明宣仁誣謗事。帝密遣使賜以黄金百兩。

**又《王倫傳》** 七年春，徽宗及寧德后訃至，復以倫爲徽猷閣待制，假直學士，充迎奉梓宮使，以朝請郎高公繪副之。入辭，帝使倫謂金左副元帥昌曰：「河南地，上國既不有，與其付劉豫，曷若見歸？」倫奉詔以行，因附進太后、欽宗黄金各二百兩。

**又《湯思退傳》** 時思退名位日進，檜病篤，招參知政事董德元及思退至卧内，屬以後事，各贈黄金千兩。德元慮其以我爲自外，不敢辭，思退慮其以我期其死，不敢受。高宗聞之，以思退不受金，非檜黨，信用之。

**又《朱弁傳》** 帝讀之感泣，官其親屬五人，賜吴興田五頃。帝謂丞相張浚曰：「歸日，當以禁林處之。」八年，金使烏陵思謀、石慶充至，稱弁忠節，詔附黄金二十兩以賜。

**又《李昭亮傳》** 保州兵叛，殺官吏，詔遣王果招降之，叛者乘埤呼曰：「得李步軍來，我降矣。」於是遣昭亮，昭亮從輕騎數十人，【略】明日，相率開城門降。改淮康軍節度觀察留後，復知定州，敕使存勞，賜黄金三百兩。

**又《李端懿傳》** 尋除寧遠軍節度使、知澶州。御史中丞韓絳奏端懿無功，不當得旄節，不拜。以留後赴澶州，數月卒。訃聞，帝方宴禁中，爲徹樂，贈其家黄金三百兩。

**又《李全傳》** 乃遣范用吉入城諭賊曰：「朝廷已許納降，但令安撫交過北軍。」衍德等遣潘于隨用吉報謝，許獻玉帶、犒軍黄金四千兩。

**又《西蜀孟氏世家》** 昶將至，命太宗勞於近郊。昶率子弟素服待罪闕下，太祖御崇元殿，備禮見之，賜昶襲衣、玉帶、黄金鞍勒馬、金器千兩、銀器萬兩、錦綺千段、絹萬匹；又賜昶母金器三百兩、銀器三千兩、錦綺千匹、絹千匹。

**又《吴越錢氏世家》** 惟濬與俶諸子共進錢金、綾羅、犀玉帶笏、犀角、象牙、丁香、金玉馬腦鞍勒、金玉珠翠首飾、樂器、博具、器皿什物、馬橐駝牛驢車凡數十萬計。俶妻俞氏又進金銀十餘萬、犀二十株、通犀頳犀玉帶二十二條、水晶佛像十二事。

**又** 孫承祐，杭州錢塘人。【略】開寶初，隨俶子惟濬入貢，詔授光禄大夫、檢校太保、鎮東鎮海等軍行軍司馬。俶又私署中吴軍節度。七年，俶復遣承祐入貢，賜襲衣、玉帶、鞍勒馬、黄金器五百兩、銀器三千兩、雜彩五千匹。

**又《夏國傳》** 帝嘉之，乃授特進、檢校太師兼侍中、持節都督夏州諸軍事、行夏州刺史、上柱國，充定難軍節度、夏銀綏宥静等州管内觀察處置押蕃落等使，西平王，食邑六千户，食實封一千户，仍賜推忠保順亮節翊戴功臣。遣内侍左右班都知張崇貴、太常博士趙湘等充旌節官告使，賜襲衣、金帶、銀鞍勒馬、銀萬兩，絹萬匹、錢三萬貫、茶二萬斤，給奉如内地。因責子弟入質，德明謂非先世故事，不遣。乃獻御馬二十五匹、散馬七百匹、橐駝三百頭謝恩。

**又** 四年，又獻馬五百匹、橐駝三百頭，謝給奉廪，賜襲衣、金帶、器幣。

**又** 十二月，遣尚書祠部員外郎張子奭充册禮使，東頭供奉官、閤門祗候張士元副之。仍賜對衣、黄金帶、銀鞍勒馬、銀二萬兩、絹二萬匹、茶三萬斤。册以漆書竹簡，籍以天下樂錦。金塗銀印，方二寸一分，文曰「夏國主印」，錦綬，塗金銀牌。緣册法物，皆銀裝金塗，覆以紫繡。

**《遼史・太宗紀》** 三月，特授回鶻使闊里於越，并賜旌旗、弓劍、衣馬，餘賜有差。癸酉，晉以許祀南郊，遣使來謝，進黄金十鎰。

**《金史・始祖以下諸子傳》** 時上日與近臣酣飲，或繼以夜，莫能諫之。勗上疏諫，乃爲止酒。進拜左丞相，兼侍中，監修如故。八年，奏上《太祖實録》二十卷，賜黄金八十兩，銀百兩，重彩五十端，絹百匹，通犀、玉鈎帶各一。

**又《阿疎傳》** 阿疎，星顯水紇石烈部人。父阿海勃堇事景祖、世祖。世祖破烏春還，阿海率官屬士民迎謁於雙宜大濼，獻黄金五斗。

**又《宗雄傳》** 西京既降復叛，時糧餉垂盡，議欲罷攻。宗雄曰：「西京，都會也，若委而去之，則降者離心，遼之餘黨與夏人得以窺伺矣。」乃立重賞以激士心。既而，夜中有火，大如斗，墜於城中。宗雄曰：「此城破之象也。」及克西京，賜宗雄黃金百兩，衣十襲及奴婢等。

**又《光英傳》** 正隆元年三月二十七日，光英生日，宴百官於神龍殿，賜京師大酺一日。四年八月，光英射鴉，獲之。海陵大喜，命薦原廟，賜光英馬一匹，黃金三斤。

**又《紇石烈志寧傳》** 使太子取御前玉大杓酌酒，上手飲志寧，即以玉杓及黃金五百兩賜之。

**又《王政傳》** 政獨明會計，嚴扃鐍，金帛山積而出納無錙銖之失。吳王闍母戲之曰：「汝爲官久矣，而貧不加富何也？」對曰：「政以楊震四知自守，安得不貧。」吳王笑曰：「前言戲之耳。」以黃金百兩、銀五百兩及所乘馬遺之。

**又《大興國傳》** 海陵既立，以興國爲廣寧尹，賜奴婢百口、犀玉帶各一、錢絹馬牛鐵券如其黨，進階金紫光禄大夫。再賜興國錢千萬、黃金四百兩、銀千兩、良馬四匹、駝車一乘、槖駝三頭、真珠巾、玉鈎帶、玉佩刀、及玉校鞍轡。

**又《徒單貞傳》** 頃之，遷震武節度使，遣使者往戒勑之，詔曰：「朕念卿懿戚，不待終考，更遷大鎮。非常之恩不可數得，卿勿蹈前過。」轉河中尹。進封其妻爲任國公主，賜黃金百兩，重彩二十端，賜貞擊毬馬二匹。

**《元史・成宗紀》** 丁巳，令樞密院選軍士習農業者十人教軍前屯田。賜也梯忽而的合金五十兩、銀千兩、鈔千錠、幣帛百匹。【略】

三月己丑朔，【略】江浙行省平章脱脱遣發朱清、張瑄家屬，其家以金、珠重賂之，脱脱以聞。帝諭之曰：「朕以江南任卿，果能爾，真男子事也。其益恪勤乃事。」賜以黃金五十兩。【略】

五月己丑，【略】以大德五年戰功，賞北師銀二十萬兩、鈔二十萬錠、幣帛各五萬九千匹。賜皇姪海山及安西王阿難答，諸王脱脱、八不沙，駙馬蠻子台等各金五十兩、銀珠錦幣等物有差。丙申，遣征緬回軍萬四千人還各戍。癸卯，詔和林軍糧，除歲支十二萬石，其餘非奉旨不得擅支。丁未，床兀兒來朝，以戰功賜金五十兩、銀四百兩，仍給其萬户所隸貧乏軍鈔六十九萬餘錠。

**又《察罕傳》** 憲宗即位，召見，累賜金五十兩、珠衣一、金綺二匹，【略】未幾，復召，賜金四百五十兩、金綺、弓矢等物。

**又** 木花里事憲宗，直宿衛，從攻釣魚山，以功授四斡耳朶怯憐口千户，賜金幣及黃金馬鞍勒。世祖即位，賜金五十兩、珠二串。至元四年，【略】特賜銀二百五十兩，佩金虎符。

**又** 亦力撒合，祖曲也怯祖。【略】嘗奉使河西還，奏諸王只必帖木兒用官太濫，帝嘉之。擢河東提刑按察使，逐平陽路達魯花赤泰不花。召還，賜黃金百兩、銀五百兩，以旌其直。

**又《阿术傳》** 阿术，兀良氏，都帥兀良合台子也。沉幾有智略，臨陣勇決，氣蓋萬人。【略】憲宗嘗勞之曰：「阿术未有名位，挺身奉國，特賜黃金三百兩，以勉將來。」

**又《哈喇哈孫傳》** 帝不聽。【略】詔曰：「和林爲北邊重鎮，今諸部降者又百餘萬，非重臣不足以鎮之，念無以易哈剌哈孫者。」賜黃金三百兩、白銀三千五百兩、鈔十五萬貫、帛四萬端、乳馬六十匹，以太傅、(右)[左]丞相行和林省事。太后亦賜帛二百端，鈔五萬貫。

**又《郝天挺傳》** 拜中書(右)[左]丞，與宰相論事，有不合，輒面斥之。一日，以奏事數陳明允，特賜黃金百兩，不受。

**明・王佐《新增格古要論》卷一二《雜考中》** 紫雲樓金帶考

蔡絛《鐵圍山叢談》曰：太宗得巧匠，因親督視於紫雲樓下造金帶，得三十條，匠者爲之神耗而死。以一賜曹彬，一以自御，後以隨葬，餘二十八條，貯之於庫，號鎮庫帶焉。後人徒傳其名，而宗戚有服金帶異花，精緻者往往指目此紫雲樓帶，其實非也。徽宗以賜童貫諸人，欽宗追復還庫。高宗□十三年，有客來自海外，忽出紫雲樓帶，上以四胯出示岳珂，蓋虜騎再入，適紛紜時，欽宗所追不及者。其金紫磨也，光豔溢目異常金，又其文作醉拂菻人，皆突起，長不及寸，眉目宛若生動，雖吳道子畫所弗及。若其華紋，則又六七級，層層爲之，鏤篆之精，其細微之像，殆入於鬼神而不可名。且往時諸帶方胯，不若此帶迺獨大至十二稻，是在往時爲窮極鉅寶，珂不覺爲之再拜。

**清・談遷《棗林雜俎中集・器用》** 窨金 薊州獨樂寺額，相傳李太白書。萬曆間重修，得窨金，上覆以錢，石刻唐安禄山物。並入官。

關將軍印 景泰中，安州二甲夫得古金印，曰「壽亭侯印」。知州楊集上於朝。《南宮集》。

**又《棗林雜俎和集・叢贅》** 金箔 宋杭人周承裕私鑄金爲箔，鄭仁澤市千枚，轉鬻他州，事敗，全家徒配。轉運使陳堯佐言，仁澤情同罰異，不可懲奸。乃定轉賣者、減造者一等，著爲令。田汝成。

按：秦漢以前，餽賜多黃金，江左後白金盛行。宋人謂黃金之耗在於佛像。夫佛像固足耗，而今日之耗，莫大於屏幛、榜署、箋箑、器飾之類，歲耗不可勝計。如金陵、蘇、杭製扇徧天下，其糜金箔何限？恐佛像不足當其十一也。推此一端，律以宋事，庶乎有警。

**清・龍文彬《明會要》卷五六《食貨四・庫藏》** 承運庫，貯緞匹、金銀寶玉、齒角羽毛，而金花銀最大。

**又** 其在外諸布政司、都司、直省、府、州、縣、衛所皆有庫，以貯金銀、錢鈔、絲帛、贓罰諸物。

**又** 正統元年八月，始徵金花銀入内承運庫。《三編》。初，歲賦不徵金銀，惟坑冶稅有金銀入内承運庫。其歲賦偶折金銀者，俱送南京供武臣禄，而各邊有緩急亦取足其中。至是改折漕糧，歲以百萬爲額，盡解内承運庫，不復送南京。自給武臣禄十餘萬兩外，皆爲御用。所謂金花銀也。

## 藝文

**《宋書・樂志》** 《雞鳴高樹顛・雞鳴》古詞

雞鳴高樹顛，狗吠深宮中。蕩子何所之，天下方太平。刑法非有貸，柔協正亂名。黄金爲君門，璧玉爲軒蘭堂。上有雙尊酒，作使邯鄲倡。劉玉碧青甓，後出郭門王。舍後有方池，池中雙鴛鴦。鴛鴦七十二，羅列自成行。鳴聲何啾啾，聞我殿東箱。兄弟四五人，皆爲侍中郎。五日一時來，觀者滿道傍。黄金絡馬頭，熲熲何煌煌。桃生露井上，李樹生桃傍，蟲來齧桃根，李樹代桃僵。樹木身相代，兄弟還相忘！

**唐・張祜《退宮人》《全唐詩》卷五一一** 開元皇帝掌中憐，流落人間二十年。長説承天門上宴，百官樓下拾金錢。

## 雜録

**《孟子・公孫丑下》** 陳臻問曰：「前日於齊，王餽兼金一百而不受；於宋，餽七十鎰而受；於薛，餽五十鎰而受。前日之不受是，則今日之受非也。今日之受是，則前日之不受非也。夫子必居一於此矣。」注：陳臻，孟子弟子。兼金，好金也。其價兼倍於常者，故謂之兼金。一百，百鎰也。古者以一鎰爲一金。鎰，二十兩也。疏：注「古者」至「兩也」 正義曰：《國策・秦策》云「黄金萬溢」，高誘注云：「萬溢，萬金也。」二十兩爲一溢，是一溢爲一金也。閩、監、毛三本誤作「二十四兩」。阮氏元《校勘記》云：「廖本、《考文》古本、孔本、韓本作『鎰二十兩也』。作二十兩乃與爲巨室章合。」

**《史記・孝武本紀》** 是時而李少君亦以祠竈、穀道、却老方見上，上尊之。少君者，故深澤侯入以主方。匿其年及所生長，常自謂七十，能使物，却老。其游以方徧諸侯。【略】少君言於上曰：「祠竈則致物，致物而丹沙可化爲黄金，黄金成以爲飲食器則益壽，益壽而海中蓬萊僊者可見，見之以封禪則不死，黄帝是也。臣嘗游海上，見安期生，食臣棗，大如瓜。安期生僊者，通蓬萊中，合則見人，不合則隱。」於是天子始親祠竈，而遣方士入海求蓬萊安期生之屬，而事化丹沙諸藥齊爲黄金矣。

**《南齊書・東昏侯本紀》** 後宮遭火之後，更起仙華、神仙、玉壽諸殿，刻畫雕彩，青荇金口帶，麝香塗壁，錦幔珠簾，窮極綺麗。

**《舊唐書・禮儀志》** 又議制玉牒曰：「金玉重寶，質性貞堅，宗祀郊禋，皆充器幣，豈嫌華美，實貴精確。況乎三神壯觀，萬代鴻名，禮極殷崇，事資藻縟。玉牒玉檢，式韞靈奇，傳之無窮，永存不朽。今請玉牒長一尺三寸，廣厚各五寸。玉檢厚二寸，長短闊狹一如玉牒。其印齒請隨璽大小，仍纏以金繩五周。」

又議玉策曰：「封禪之祭，嚴配作主，皆奠玉策，肅奉虔誠。今玉策四枚，各長一尺三寸，廣一寸五分，厚五分。每策五簡，俱以金編。其一奠上帝，一奠太祖座，一奠皇地祇，一奠高祖座。」

又議金匱曰：「登配之策，盛以金匱，歸格藝祖之廟室。今請長短令容玉策，高廣各六寸。形制如今之表函。纏以金繩，封以金泥，印以受命璽。」

又議方石再累曰：「舊藏玉牒，止用石函，亦猶盛書篋笥，所以或呼石篋。今請方石三枚，以爲再累。其十枚石檢，刻方石四邊而立之。纏以金繩，封以石泥，印以受命璽。」

**又 《第五琦傳》** 乾元二年，以本官加同中書門下平章事。初，琦以國用未足，幣重貨輕，乃請鑄乾元重寶錢，以一當十行用之。及作相，又請更鑄重輪乾元錢，一當五十，與乾元錢及開元通寶錢三品並行。既而穀價騰貴，餓殣死亡，枕藉道路，又盜鑄争起，中外皆以琦變法之幣，封奏日聞。乾元二年十月，貶忠州長史，既在道，有告琦受人黄金二百兩者，遣御史劉期光追按之。琦對曰：「二百兩金十三斤重，忝爲宰相，不可自持。若其付受有憑，即請準法科罪。」期光以爲此是琦伏罪也，遽奏之，請除名，配流夷州，馳驛發遣，仍差綱領送至彼。

**又《吐蕃傳》** 太宗伐遼東還，遣禄東贊來賀，奉表曰：「【略】夷狄纔聞陛下發駕，少進之間，已聞歸國。雁飛迅越，不及陛下速疾。奴忝預子壻，喜百常夷。夫鵝，猶雁也，故作金鵝奉獻。」其鵝黄金鑄成，其高七尺，中可實酒三斛。

**又《西戎傳》** 拂菻國，一名大秦，【略】其都城疊石爲之，尤絶高峻，凡有十萬餘户，南臨大海。城東面有大門，其高二十餘丈，自上及下，飾以黄金，光輝燦爛，連曜數里。自外至王室，凡有大門三重，列異寶雕飾。第二門之樓中，懸一大金秤，以金丸十二枚屬於衡端，以候日之十二時焉，爲一金人，其大如人，立於側，每至一時，其金丸輒落，鏗然發聲，引唱以紀日時，毫釐無失。其殿以瑟瑟爲柱，黄金爲地。

**宋·王欽若等《册府元龜》卷九二八《總録部·好丹術》** 丹術之興，始於西漢。風流寖遠，好尚滋多。或以黄金之可成，或以長生之可致。貴嚮方士，讀誦祕書，佩服靈符，鍊餌神藥，以至謝免爵位，高蹈巖穴。徇其所尚，代有人焉。採於簡編，咸用論次。

漢江喜，爲轑陽侯。坐使家丞上書，還印符，隨方士免。

劉向，本名更生。宣帝時爲諫大夫。帝復興神仙方術之事，而淮南有枕中《鴻寶苑》《祕書》，《鴻寶苑》《祕書》竝道術篇名，藏在枕中，常存録之，不漏泄也。書言神仙使鬼物爲黄金之術。及鄒衍重道延命方，世人莫見，而更生父德，武帝時治淮南獄，得其書。更生幼而讀誦，以爲奇。獻之，言黄金可成。帝令典尚方鑄作事尚方，主巧作金銀之所。今之中尚署。費甚多，方不驗。帝乃下更生吏按。吏劾更生鑄僞黄金，繫當死。更生兄陽城侯安民上書，入國户半贖更生罪。帝亦奇其材，得踰冬減死論。

蘇樂，善方術。王莽篡位二年，興神仙事，以樂善起八風臺於宫中。臺成萬金，費直萬金也。作樂其上，順風作液湯，《藝文志》有《液湯經》，其義未聞也。又種五粱禾於殿中，五色也。谷永，所謂耕耘五德也。各順其色，置其方面。先鬻鶴髓、毒冒犀玉二十餘物，漬種，鬻，古煮字也。髓，古髓字也。冒鬻取汁，以漬穀子也。毒音代，冒音莫内切。計粟斛成一金，言此黄帝穀仙之術也。以樂爲黄門郎，令主之。

唐師市奴，方術人。高祖武德中，合金銀竝成。帝異之，以示侍臣。封德彝進曰：「漢代方士及劉安等，皆學術，唯苦黄白不成，金銀爲食器，可得不死。」

張道鴻，平棘人。少遊名山，得服食之術。後居人間，每每餌金膏。太宗貞觀十九年，車駕次平棘，幸其廬，賜以衣服。時六百四十六歲。

孟詵，汝州粱人也。少好方術，嘗於鳳閣侍郎劉禕之家，見其勑賜金，謂禕之曰：「此藥金也。若燒火其上，當有五色氣。」試之，果然。後歸伊陽山，第以藥餌爲事。

孫太冲，隱於嵩山。玄宗天寶三載，河南尹裴敦復上言：「太冲於嵩山合鍊金丹，自成於竈中，精光特異，變化非常。請宣付史官，頒示天下，以彰靈瑞仙聖之應。」從之。

**宋·孔平仲《孔氏談苑》卷三《杜倢伃出家》** 真宗禁銷金。自東封歸，杜倢伃者，昭憲太后之姪女也，迎駕服之。上怒，送太和宫出家。由此人莫敢犯。

**宋·陸遊《老學庵筆記》卷一** 國初士大夫戲作語云：「眼前何日赤，腰下幾時黄？」謂朱衣吏及金帶也。宣和間，親王公主及他近屬戚里，入宫輒得金帶關子。得者旋填姓名賣之，價五百千。雖卒伍屠酤，自一命以上皆可得。方臘破錢唐時，朔日，太守客次有服金帶者數十人，皆朱勔家奴也。時諺曰：「金腰帶，銀腰帶，趙家世界朱家壞。」

**《宋史·輿服志》** 帶。古惟用革，自曹魏而下，始有金、銀、銅之飾。宋制尤詳，有玉、有金、有銀、有犀，其下銅、鐵、角、石、墨玉之類，各有等差。玉帶不許施於公服。犀非品官、通犀非特旨皆禁。銅、鐵、角、石、墨玉之類，民庶及郡縣吏、伎術等人，皆得服之。

其制有金毬路、荔支、師蠻、海捷、寶藏，方團二十五兩；荔支自二十五兩至七兩，有四等；師蠻二十五兩；海捷十五兩；寶藏三十兩。惟毬路方團胯，餘悉方胯。荔支或爲御仙花，束帶亦同。金塗天王、八仙、犀牛、寶瓶、荔支、師蠻、海捷、雙鹿、行虎、窪面。天王、八仙二十五兩；犀牛、寶瓶自二十五兩至十五兩，有二等；荔支自二十兩至十兩，有三等；師蠻自二十兩至十八兩，有二等；海捷自十五兩至十兩，有三等；雙鹿自二十兩至四兩，有九等；行虎七兩；窪面自十五兩至十二兩，有二等。束帶則有金荔支、師蠻、戲童、海捷、犀牛、胡荽、鳳子、寶相花，荔支自二十五兩至十五兩，有三等；師蠻、戲童二十五兩；海捷自二十兩至十兩，有二等；犀牛二十兩；鳳子、寶相花十五兩。金塗犀牛、雙鹿、野馬、胡荽。犀牛、野馬十五兩；雙鹿自二十兩，有三等；胡荽自十五兩至十兩，有三等。犀有上等、次等，以牯牸爲別。出黔南者，在南海之下。

《遼史・張孝傑傳》 孝傑久在相位，貪貨無厭，時與親戚會飲，嘗曰：「無百萬兩黄金，不足爲宰相家。」初，孝傑及第，詣佛寺，忽迅風吹孝傑幞頭，與浮圖齊，墜地而碎。有老僧曰：「此人必驟貴，然亦不得其死。」竟如其言。

**元・楊瑀《山居新語》卷一** 太府少監阿魯奏取金三兩爲御韡刺花之用。上曰：「不可，金豈可以爲韡用者！」因再奏請易以銀綫裹金。上曰：「亦不可，金銀乃首飾也。今諸人所用何綫？」阿魯曰：「用銅綫。」上曰：「可也。」

**明・王佐《新增格古要論》卷一《雜考上》** 唐昭宗賜吴越武肅王錢鏐鐵券考 其券如瓦，高尺餘，闊二尺許，券辭用黄金商嵌，一角有斧痕。

羅隱代錢鏐作謝恩表 恩主賜臣金書鐵券一道，恕臣九死，子孫三死者，出於睿眷，形此綸言，録臣以絲髮之勞，賜臣以山河之誓，鐫金作字，指日成文，震動神祇，驚起肝膽。伏念臣微從筮。

**又 卷一二《雜考中》** 神位金版考 岳珂《愧郯録》云：宋朝郊祀天地祖宗正配位，皆有金版書神位，以金飾木爲之，如匣之制，稍高博，且表以金字。

**明・李詡《戒庵老人漫筆》卷二** 殿上金佛 朝廷每受朝時，置一金物於寶座香案上，當其前。婺源汪玄錫爲給事中，見而不知，問於太監，答曰：「是金佛也。殿上頭又置一小真武像，皆欲以此收福。」江西德興舉人程棟與汪有親，面聞其語如此。

**清・顧祖禹《讀史方輿紀要》卷二五《南直七》** 金山，府西北七里大江中，風濤環繞，勢欲飛動。一名浮玉山。 名氏父山。又名獲苻山，相傳晉破苻堅，獻俘山下，因名。亦名伏牛山，《唐志》「貢伏牛山銅器」，謂此。亦名頭陀巖，志云：唐裴頭陀挂錫於此，於水際獲金數鎰，故又名金山。或曰：梁天監四年於金山修水陸會，則金山蓋古名也。

**又 卷五二《陝西一》** 望僊澤，縣東南三十里。周十里。又東南五里有仙遊潭，亦曰五龍潭，唐時歲降中使投金龍於此。

**又 卷五三《陝西二》** 甘泉山，縣西北百二十里。周迴六十里。一名石鼓原，一名磨石原，亦曰磨盤嶺，又名車盤嶺，甘泉出焉。【略】《漢書》音義：匈奴祭天處，在雲陽甘泉山下。秦奪其地，徙休屠王於右地，故雲陽有休屠金人。

**又 卷五五《陝西四》** 鄜城，在縣東北十五里渭水之北。《通典》曰：「秦文公所營邑也，漢鄜縣治此。」後漢初平中，董卓封鄜侯，因據城之北阜築塢，高厚皆七尺，積穀從金寶於其中。

**又 卷五六《陝西五》** 褒斜道，今之北棧。南口曰褒，在褒城縣北十里；北口曰斜，在鳳翔府郿縣西南三十里。總計川、陝相通之道，舊志：大散關南至梁州五百里而近，由梁州出褒斜至長安九百三十三里，驛路千二百二十三里。谷長四百七十里，昔秦惠王取蜀之道也。《十三州志》：「昔蜀王從車數千餘，獵於褒谷。秦惠王怪而問之，遺蜀王金一笸。蜀實笸以土以報秦王。秦王怒，因以滅蜀。」漢王就封南鄭，張良送至褒中。

金牛道，今之南棧。自沔縣而西南至四川劍州屬保寧府。之大劍關口，皆謂之金牛道，即秦惠王入蜀之路也。《華陽國志》：「秦惠王欲伐蜀，患山道險阨，乃作五石牛，言能糞金，以紿蜀。蜀王負力而貪，令五丁開道引之，秦因使張儀、司馬錯隨而滅之，因謂之金牛道，亦曰石牛道。」

**清・徐珂《清稗類鈔・豪侈類》**

金瓦蓋屋

國初，湖州南潯有一小兒摸蚌於溪，忽得一瓦，色黝黑，叩之有聲，意爲銅也，擕之歸。閲數日，以布拭之，微覺黄色，異而告其父。其父擕至質庫，求人識別之。質庫中人見之，驚曰：「此金瓦也。昔富人以之蓋屋者，何爲乎來哉？」鄉人告以故，乃欣然懷之去，權之得八十兩有奇。蓋南潯與七里毗連，明末若温、若金皆鉅族，瓦或爲此兩姓物，鼎革時遺失於此也。

鹽商起居服食之奢靡

其先以安麓村爲最盛，後起之家則更奇矣。有欲以萬金一時費去者，使門下客以金盡買金箔，載至鎮江金山寺塔上，向風颺之，頃刻而散，沿緣草樹間，不可復收。又有以三千金盡買蘇州不倒翁，傾於水中，水道爲之塞者。有喜美貌者，自司閽以至竈婢，皆選十數齡清秀之輩。或反之而盡用奇醜者，自鏡之以爲不稱，毁其面，以醬敷之，暴於日中。有好大者，以銅爲溺器，高五六尺，夜欲溺，起就之。一時爭奇鬥異，不可勝計。自嘉慶時鹽務改制，又經陶文毅之裁抑，乃日就衰落，不可問矣。

黄學乾爲要緊窮

青浦黄學乾爲富人子，納資得五品銜，出入儀從比於現任官吏。以薪炭之多煙而難熾也，憎之，或曰：「莫若改用木花。」顧不能即得，乃買巨木，使工人鉋之。一日，有友言蘇州閶門某待詔藝爲吴中第一，即賃舟至蘇，薙髮而回。又於重九挾金箔登山散之，深林高麓俱成金色，人遂呼之曰「要緊窮」。久之，家産蕩盡，晚年遂不能自給，鬻身於蘇州某氏。某出謁客，則潛戴晶頂從其後。某駭問，則曰：「吾固青浦黄某也。」某不敢留，贈金遣歸。比抵家，則其婦已就養母家。翌年元旦，黄詣婦家稱賀，其婦從外舅、外姑出見，乘間攫其婦之釵環以走。甫出門，遇丐，即贈之。

# 銀

## 綜述

**宋・方勺《泊宅編》卷一〇** 歲賜大遼銀三十萬兩，絹三十萬疋，正旦衣著四千疋，銀器二千兩，生辰衣著五千疋，銀器五千兩。

**宋・陳元靚《事林廣記・煅煉五金》**

煮黑銀

五靈脂半兩，白礬半兩，蕤仁半兩，膩粉三十文，信砒一分。

右件合研，入烏梅肉兩合，著水土鍋內，煮銀器等物如新。

又法

白雞糞一合，鵓鴿糞□合，蕤仁半兩。

右件入烏梅肉，好醋於土器內，煮銀器等物，須先燒過，方且煮之，以温水洗過。

假鍍金

硇砂一兩，雲臺菜汁半椀，煮涸乾。爐子固濟過，取出，合雄黄一兩，細研，以雞子殼一個盛，以物封裹了，掘地坑埋三日取出。亦盛水以筆描搽諸般銀器上，銀須灌研了方用於火畔微炙過，一如鍍了金色儘得，久不退。

煎犯銀

泔鍋一個，入所犯者銀，著鹽少許，并消石些，黑錫些，都合在內，上用紙一片蓋却，以老壁土用醋和令潤，填向泔鍋子內令滿，中心通一竅子一個，便入爐內。鞴歇些，再鞴之。放冷，打鍋子損取之，銀自作一處，雜物作一處。

粉銀法

銀不拘多少，鎔成汁，用荷葉灰摻攪，以鈐夾成粉也。

又法

簟灰，依前法摻攪，即成也。灰用四銖，粉得一兩銀也。

**元・陶宗儀《南村輟耕録》卷三〇** 銀工 浙西銀工之精於手藝表表有聲者，屈指不多數也。

朱碧山，嘉興魏塘。謝君餘，平江。謝君和，同上。唐俊卿。松江。

銀錠子號 銀錠上字號，揚州元寶，乃至元十三年，大兵平宋，回至揚州，丞相伯顔號令搜檢將士行李，所得撒花銀子，銷鑄作錠，每重五十兩，歸朝獻納。世祖大會皇子、王孫、駙馬、國戚，從而頒賜。或用貨賣，所以民間有此錠也。後朝廷亦自鑄。至元十四年者，重四十九兩。十五年者，重四十八兩。遼陽元寶，乃至元二十三年、二十四年征遼東所得銀子而鑄者。

**明・王佐《新增格古要論》卷六《珍寶論》**

銀後增。【略】

松紋假金花，以密陀僧爲之。

若面有黑斑而不光澤者，必有黑鉛在内，有八成色，謂之狗蚤斑。九成色者，火燒後死，白邊灰色，謂之吹松紋。雪白者有九六成色。

佐按，金花銀是足色。直砍到底，兩頭有絲者，曰粗絲，亦好。有八五成色，臉欠白，一頭有絲，明白而無鍋者，又次之。有八成色，四五條線絲者。但七八成者，砍得二三分即斷。又有印絲者，只五六成色，最低，擦得甘草黄。但寫錠子，只要有絲，面平而無鍋者好。好者出爐白，次者灰色，又次者出爐便黑。和鉛多者，一砍即碎，俗曰濕。有五六成色，擦則不紅。和銅多者，砍則難斷，一燒即紅。至低者燒紅，打得粉碎。古諺云：「燒得黑，尤使得，燒得紅，是塊銅。」

僞銀有鼎銀，一燒則煙起，去了水銀，却有六分好銀，其餘僞銀，宜仔細辨驗。好銀性軟，插銅則硬，擦之則紅。

凡假銀，只用磨擦一燒即見，又有做得好者，燒四出火。

**又** 銀子名色

金花銀第一，細花松紋第二，九七八。粗絲松紋第三，兩頭絲曰粗絲，第四，俱八五。細絲松紋臉白光第五。九七。

**明・方以智《通雅》卷三四《器用・雜用諸器》** 細要，今則子也。 王符《潛夫論》有「細腰」。青藤《路史》曰：「衽形，如今銀則子，俗所云錠樣也。故文曰『古者棺不用丁』。漢時呼爲小腰。」即今天平法馬也。衣相合處曰衽，棺與蓋合處亦曰袥，先鑿木袥，然後束之。

**又　卷四〇《算數》**　銀謂之鉼，亦謂之笏，猶今之錠也。《周禮·職金》注：「祭五帝則供鉼金。」鉼音餅，公紹解爲金釵，非也。《三國志》：「魏郭修刺費禕，賜其子銀千鉼。」《水經注》：「嶺南林水石室有銀，有奴竊其三鉼歸，即死。」《墨莊漫録》曰：「崇寧中，米芾爲太常博士，詔以黄庭小楷作千文以獻，賜白金十六笏。」江休復曰：「令狐挨托序，獻李彝庚，彝庚使送銀二笏。」智按今閩甌湖南皆傾銀作鉼，此即鉼之遺也，他處皆傾作錠。今之一錠，猶古之一金也，古一金以一斤，制幣雖未必實重一斤，然定有常形，如今之錠。唐人所云吉字挺，正如錠耳。後世分兩漸改，錠有大小，相沿遂以一兩爲一金矣。韓滉「擔夫，與白金一版」，版猶鉼也。

**又方以智《物理小識·金石類》**　銀印兼銅　銀鑄則印紋有不到處，必入銅鎔，則一鑄而滿紋皆就。

硝皆地出　東壁分水火二種，愚者曰，大溲蝕土物，久者可煉取硫。小溲蝕土物，久者可煉取硝，則硝乃鹹氣所成者也。凡五更掃潔地，皆可取硝，而偃牆邊爲易取耳，是同出而二用也。中通曰，黄嘉卿云，客買皮硝與硝石不同價。見可云，虔州以馬溺冬瓜皮煮火硝，作皮硝用。皮硝可升爲玄明粉，不可作火藥。乃河南山東所出，平地自生者也。火硝是煎牆厠上而成者也，以莱菔提硝，則爲馬牙白硝。

硼砂　生西南番西者，白如明礬。南者，黄如桃膠。皆鍊結成，同砒煆過，有變化能制汞，啞銅，結砂子。銀工所必用也。

**清·谷應泰《博物要覽》卷四《志銀》**

辨銀器真僞法

凡看銀器，須用試金石擦看顔色，便知高下。更有一種白銅藥銀，擦於石上，亮白如足紋者，便不可辨。須將銀器以釅醋調石灰於炭火燒之，真者即陷，以此爲辨可也。

看銀錠塊銀真僞法

銀錠除全銅假銀之外，又鑽鉛錠，面底邊際皆原錠足紋，惟中空灌鉛，一(定)[錠]缐三四錢餘晃白，僞者昏黑是也。

銀器作假，多在空心處内藏鐵砂、鉛屑、瓦磁、漆、石等項。欲識其僞者，將檀木或鐵梨木，造小銀剪樣備用。如銀器摇撼，皆鉛耳。作僞之法云，於面下用鋼鋸截開，利刀剜去腹銀，以鉛填滿，用銀銲藥將錠面銲好，毫無隙漏，名曰天蓋地。試之之法，於桌上將錠連旋，真者能轉，僞者停處不動。

碎銀有銅造成者，底面絲孔如其或半定成一角做就，毫無隙漏，蓋用紅銅洋就煎開，鑿成絲孔磨熟，用礬梅諸藥煮成銀箔，貼口及脚，再煮方成與真無異。辨之之法，用鋼剪剪開，色閃青黄如蜒蚰光者是也。

**清·徐珂《清稗類鈔·工藝類》**　製翠花碗　蒙人胸次所懷之木碗以樺木製成，貴者以札批野楠木根有翠色花紋。製之，曰翠花碗。製時，須以核桃油擦摩使潤，鑲以銀。碗中鑲銀約三錢許，佳者值銀二十餘兩，樺木者值數兩。

# 紀事

**《元史·食貨志》**

太祖叔答里真官人位：歲賜，銀三十錠。【略】

太祖弟搠只哈撒兒大王[子]淄川王位：歲賜，銀一百錠。【略】

太祖弟哈赤温大王子濟南王位：歲賜，銀一百錠。【略】

太祖弟斡真那顔位：歲賜，銀一百錠。【略】

太祖弟孛羅古䚟大王子廣寧王位：歲賜，銀一百錠。【略】

太祖次子茶合䚟大王位：歲賜，銀一百錠。【略】

太祖第三子太宗子定宗位：歲賜，銀一十六錠三十三兩。【略】

太祖第四子睿宗子阿里不哥大王位：歲賜，銀一百錠。【略】

太祖第六子闊列堅太子子河間王位：歲賜，銀一百錠。【略】

太宗子合丹大王位：歲賜，銀一十六錠三十三兩。【略】

太宗子滅里大王位：歲賜，銀一十六錠三十三兩。【略】

太宗子合失大王位：歲賜，銀一十六錠三十三兩。【略】

太宗子闊出太子位：歲賜，銀六十六錠三十三兩。【略】

太宗子闊端太子位：歲賜，銀一十六錠三十三兩。【略】

睿宗長子憲宗子阿速台大王位：歲賜，銀八十二錠。【略】

又泰定二年，晃兀帖木兒大王改封并王，增歲賜銀一十錠，班禿大王銀八錠。【略】

睿宗子世祖次子裕宗位：【略】

裕宗妃伯藍也怯赤：歲賜，銀五十錠。【略】

睿宗子旭烈大王位：歲賜，銀一百錠。【略】

睿宗子末哥大王位：歲賜，銀五十錠。【略】

睿宗子撥綽大王位：歲賜，銀五十錠。【略】

世祖次子愛牙赤大王位：歲賜，銀五十錠，折鈔一千錠。【略】

世祖次子鎮南王脱歡位：歲賜，銀五十錠。【略】

世祖次子雲南王忽哥赤位：歲賜，銀五十錠，折鈔一千錠。【略】

世祖次子忽都帖木兒太子位：歲賜，銀五十錠，折鈔一千錠。【略】

太祖四大斡耳朵：

大斡耳朵：歲賜，銀四十三錠。【略】

第二斡耳朵：歲賜，銀五十錠。【略】

第三斡耳朵：歲賜，銀五十錠。【略】

第四斡耳朵：歲賜，銀五十錠。【略】

世祖四斡耳朵：

大斡耳朵：歲賜，銀五十錠。【略】

第二斡耳朵：歲賜，銀五十錠。【略】

第三斡耳朵：歲賜，銀五十錠。【略】

第四斡耳朵：歲賜，銀五十錠。【略】

真哥皇后位：歲賜，銀五十錠。【略】

完者台皇后位：歲賜，銀五十錠。【略】

帶魯罕公主位：歲賜，銀四錠八兩。

**清・徐松《宋會要輯稿・食貨・坑冶下》** 各路産物買銀價

萬斤，内四十萬斤變轉見錢買銀。熙寧十年，買到銀八千三百二十八兩四錢五分。

江南東路：絹四十七萬三千三百八十疋，紬十九貫八百文，變轉輕貨。廣南東路：額錢一十萬貫買銀，和買銀一萬八千五百九十六兩八錢六分，金八兩。

**清・龍文彬《明會要》卷五六《食貨四・庫藏》** 户部太倉庫。亦謂之銀庫，正統七年設。七年九月，始置太倉庫，各直省派賸麥米，十庫中綿、絲、絹、布，及馬草、鹽課、關税，凡折銀者俱入太倉。籍没家財，變賣田産，追收店錢，援例上納者，俱入焉。專以貯銀，故又謂之銀庫。已上《食貨志》。

成化十七年十一月戊子，取太倉銀三分之一入内庫。自正統設太倉庫後，積至數百萬兩，續收者又分老庫、中庫之目。至是以内府供應繁多，仍取中庫三分之一以供内庫之用。《實録》。

弘治時，内府供應繁多，每收太倉銀入内庫，又置南京銀庫。《食貨志》。

給事中曾昂請以諸布政司公帑積貯、征徭羨銀，盡輸太倉。尚書周經力争之，以爲用不足者，以織造、賞賚、齋醮、土木之故。必欲盡括天下之財，非藏富於民也。至劉瑾用事，遂令各省庫藏盡輸京師。《食貨志》。按《周經》傳，曾昂作魯昂。證之《明史稿》，亦兩歧。

正德五年十二月，詔發太倉庫銀三十萬兩入寶藏庫應用。户部尚書楊一清言：「太倉銀專備三邊軍餉。弘治間，各邊皆有積餉。自劉瑾括天下之財斂之京師，半入公帑，半歸私橐，故太倉雖稍有蓄積，而四方庫藏爲之一空。即今大同邊警，各省災傷，乞省無益之費，爲天下惜財。」詔以十萬兩送庫。《實録》。

時内承運庫中官數言内府財用不充，請支太倉銀。户部執奏不能沮。

嘉靖二十二年，特令：金花子粒銀應解内庫者，並送太倉備邊用。然其後復入内庫。三十七年，令歲進内庫銀百萬兩外，加豫備欽取銀。後又取没官銀四十萬兩入内庫。

隆慶中，數取太倉銀入内庫。承運庫中官至以空劄下户部取之。廷臣疏諫，皆不聽。已上《食貨志》。

萬曆二十七年閏四月，以諸皇子婚，詔取太倉銀二千四百萬兩。户部告匱，命嚴覈天下積儲。《本紀》。

**清・陳康琪《郎潛紀聞三筆》卷六** 聖祖賜蔡升元葬親銀 大宗伯德清蔡公升元，康熙二十一年一甲一名進士，由修選遷中允後，即請終養。四十二年迎駕嘉興，奏對御舟，翼日得旨：「蔡升元在講筵甚久，家計甚貧，賜銀六百兩爲葬親費，事竣即來京。」時行在侍臣，有感泣者。

# 雜録

**清・徐珂《清稗類鈔・豪侈類》** 乾隆時富人之豪 京師米、賈、祝氏，自明代起家，富逾王侯，屋宇至千餘間，園亭瓌麗，遊十日未竟。宛平查氏、盛氏富亦相仿，然二族喜交結士大夫，爲干進之階，故屢爲言官彈劾。懷柔郝氏膏腴萬頃，喜施濟貧乏，人呼爲郝善人。高宗嘗駐蹕其家，進奉上方水陸珍錯至百餘品，王公近侍及輿儓奴隸皆供食饌，一日之餐，費至十餘萬。又有尉遲氏者，居陝西，爲唐尉遲敬德之後，積資無算。鑄銀如磚式，以四健兒舁之，不能動也，散置牆陰下，不加檢點。所居儼然城郭，有四門，不時啓閉，藉防寇盜。仰給於其家者人數萬，皆自稱奴隸。相傳敬德微時，爲冶工自給，其家間有仕於外者，一時有「鐵匠官」之誚。又有亢氏者，得明時闖賊遺產。闖賊恣掠奪，聚全國精華運藏一處，如董卓之郿塢。闖賊死，所有悉歸亢氏。某歲，有人於亢氏所居左右設典肆，一日，有以金羅漢典銀一千兩者，翌日又如之。約三月，資本將完，大懷，叩其故，則答曰：「吾家有金羅漢五百尊，此三月間方典至九十尊，尚有四百十尊未攜至也。」主人偵訪之，知爲亢氏，與之商，取贖後忽忽收肆去。

**又** 那倫日易滌器　侍衛那倫，納蘭太傅明珠後也。少時家巨富，以銀器滌面，日易其一。

**又** 英果敏拋擲銀塊　英果敏公翰撫皖時，蓄女僕甚多，皆年少美風姿者。暇時輒以寶銀碎爲一二錢重之塊，拋擲於地，使婢子與女僕爭攫之以爲己有，如撲蝶戲。英大樂，幾日以爲常。

**又《盜賊類》** 庫丁竊銀　户部銀庫有庫丁，凡四十人。開庫之日爲堂期，月九次，合加班之堂期計之，凡十餘次。每一丁，月有三四次可當值，出入累千萬，無不有所竊。三年滿役，除行賄滿尚書規費六七千金及保鏢費外，尚可餘三四萬金。堂期入庫，四時均赤身，由滿尚書公案魚貫而入，取官製衣褲著之。運銀疲乏，可出而小憩。其復入也，仍裸而至公案前，張兩臂，露兩脅，胯亦微彎，更開口作聲，以示全體無夾帶也。然所竊之銀，則在肛門中，人不及察也。聞業此者，先以鴿卵出入肛門，以次而易雞卵、鴨卵、鵝卵，均澤以麻油。久之，更塞以重十兩之鐵丸六七枚，則每次塞銀時，至少可五十兩矣。又有一法，則藏銀於夾底水桶。蓋京師街衢多塵，堂期必備清水灑路，庫丁乃於桶底加板一層，銀入其中，俟堂官散，即從容擔之而出。

**又《棍騙類》** 騙三千金　和珅用事時，有少年至金陵，住承恩寺，自稱爲和中堂子，與當道相往來，言於江寧守，乞借銀三千兩。守允之，與幕賓密議，恐其僞。幕賓有曾居京都者，譖知和之子善書大鵝字，曰：「盍招飲，而置筆硯，請其書鵝字，則真僞立辨矣。」守從之。飲次，從容祈請，少年大笑曰：「君何以知我善此？備善筆否？可令人磨墨，書畢再飲。」乃伸紙於案，注濃墨於硯。少年取筆醮墨，方欲落紙，忽投筆怒曰：「爾非乞我書，蓋疑我爲騙子，欲留筆據耳。吾父若知之，我何以自解？銀不敢借，酒亦不必飲。」乃拂袖徑出，忿忿升輿去。守惶懼，速送三千金，殷勤謝過而歸。次晨偵之，已不知何往矣。探知和子實未出京，前者乃騙子也。

# 附 白金

## 綜述

**《史記・孝武本紀》** 其後，天子苑有白鹿，以其皮爲幣，索隱：案：《食貨志》皮幣以白鹿皮方尺，緣以繢，以薦璧，得以黄金一斤代之。又漢律皮幣率鹿皮方尺，直黄金一斤。以發瑞應，造白金焉。索隱：案：《食貨志》白金三品，各有差也。正義：白金三品，武帝所鑄也。如淳曰：「雜鑄銀錫爲白金也。」《平準書》云：「造銀錫爲白金。以爲天用莫如龍，地用莫如馬，人用莫如龜，故曰白金三品。其一曰重八兩，圓之，其文龍，名曰白選，直三千；二曰重差小，方之，其文馬，直五百；三曰復小，隋之，其文龜，直三百。」《錢譜》云：「白金第一，其形圓如錢，肉好圓，文爲一龍。白銀第二，其形方小長，肉好亦小長，好上下文爲二馬。白銀第三，其形似龜，肉好小，是文爲龜甲也。」

## 紀事

**《宋史・高宗紀》** 五月甲辰，【略】以白金三萬兩賜韓世忠軍。

**又《趙愷傳》** 妻華國夫人韋氏，特封韓、魏兩國夫人，以示優禮。賜黄金三千兩、白金一萬兩。

**又《葉衡傳》** 時會子浸患折閲，手詔賜衡曰：「會子雖曰流通，終未盡慊人意，目即流使有二千二百餘萬。今用上下庫黄金、白金、銅錢九百萬，內藏庫五百萬，并蜀中錢物七百萬，盡易會子之數，專命卿措置，日近而辨，卿真宰相才也。」

又《**楊掞傳**》 掞以本領錢數萬費之，總領賈似道稽數責償，珙以白金六百令掞償之，掞又散之賓客，酣歌不顧。似道欲殺之，掞曰：「漢高祖以黃金四萬斤付陳平，不問出入，公乃顧此區區，不以結豪傑之心邪？」

《**元史・賈居貞傳**》 賈居貞字仲明，真定獲鹿人。年十五，汴京破，奉母居天平。甫冠，爲行臺從事。時法制未立，人以賄賂相交結。有餽黃金五十兩者，居貞卻之。太宗聞而嘉歎，敕有司月給白金百兩，以旌其廉。

又《**石抹明里傳**》 帝親討反者於北方，明里請備扞矛，師還第功，賜白金百兩。【略】武宗即位，詔曰：「明里夫婦，歷事帝后，保抱朕躬，朕甚德之。可特令明里榮禄大夫、司徒；其妻梅仙，封順國夫人。賜黃金二百五十兩、白金千五百兩、衣一襲。」

又《**寬徹普化傳**》 十六年，命寬徹普化與宣讓王帖木兒不花以兵鎮遏懷慶，各賜黃金一錠、白金五錠、幣帛九匹、鈔二十錠。

又《**帖木兒不花傳**》 文宗天曆初，賜帖木兒不花黃金五十兩、白金五十兩、幣三十匹。

又《**闊里吉思傳**》 闊里吉思身中三矢，斷其髮。凱還，詔賜黃金三斤、白金千五百斤。

又《**博爾忽傳**》 桑哥伏誅，帝曰：「月赤察兒口伐大姦，發其蒙蔽。」乃以没入桑哥黃金四百兩、白金三千五百兩，及水田、水磑、別墅賞其清彊。

又《**紐璘傳**》 中統元年，世祖即位，紐璘入朝，賜虎符及黃金五十兩、白金二千五百兩、馬二匹。

又《**徹里傳**》 進拜御史中丞，俄陞福建行省平章政事，賜黃金五十兩、白金五千兩。

又《**塔出傳**》 宋人蔣德勝來降，塔出表言宜加賞賚以勸來者，於是賜黃金五十兩，白金倍之。

又《**阿答赤傳**》 江南也，阿答赤皆在行中，著戰功，殁於陣，帝憐之，特賜鈔七十錠，白金五百兩，爲葬具。

又《**忽林失傳**》 忽林失，八魯剌斛氏。曾祖不魯罕罕劄，事太祖，從平諸國，充八魯剌思千户，以其軍與太赤温等戰，重傷墜馬，帝親勒兵救之，以功陞萬户，賜黃金九十兩、白金五百兩。

又《**阿沙不花傳**》 嘗命出太府金分賜諸王貴戚及近侍，方出朝，見一人倉皇若有所懼狀，曰：「此必盜金者。」召詰問之，果得黃金五十兩、白金百兩以聞，就以金賜之，命誅盜者。

又《**燕鐵木兒傳**》 癸酉，封燕鐵木兒爲太平王，【略】賜黃金五百兩、白金二千五百兩、鈔一萬錠、金素織段色繒二千匹、海東白鶻一、青鶻二、豹一、平江官地五百頃。

又《**伯顔傳**》 九月，懷王即皇帝位，是爲文宗，特加伯顔銀青榮禄大夫，仍領宿衛。尋加太尉，賜黃金二百五十兩、白金一千兩、楮幣二十五萬緡。

又《**史樞傳**》 甲午，宣權真定等路萬户，賜金符。丙午，入覲，賜黃金五十兩，白狐裘一，牝馬百。乙卯卒。【略】己未，從天澤擊敗宋將吕文德於嘉陵江，追至重慶而還，賜黃金五十兩、白金二百兩、錦一匹。

《**明史・太祖紀**》 是年，占城、爪哇、暹羅、日本、安南、高麗入貢。高麗貢黃金百斤、白金萬兩，以不如約，却之。

又《**蜀獻王朱椿傳**》 二十年建太廟，獻黃金六十斤，白金六百斤。

又《**張士誠傳**》 士誠兵來援，大敗，失張、湯二將，乃以書求和，請歲輸粟二十萬石，黃金五百兩，白金三百觔。

又《**方國珍傳**》 於是遣使奉書進黃金五十觔，白金百觔，文綺百匹。

又《**湯和傳**》 和帥妻子陛辭，賜黃金三百兩、白金二千兩、鈔三千錠、彩幣四十有副，夫人胡氏賜亦稱是。

又《**沐英傳**》 是年冬，入朝，賜宴奉天殿，賚黃金二百兩、白金五千兩、鈔五百錠、彩幣百疋，遣還。

又《**周德興傳**》 德興在楚久，【略】楚人德之。還鄉，賜黃金二百兩，白金二千兩，文綺百匹。

又《**楊俊傳**》 太監喜寧數誘敵入寇，中朝患之，購擒斬寧者賞黃金千兩，白金二萬兩，爵封侯。

又《**楊最傳**》 世宗好神仙。給事中顧存仁、高金、王納言皆以直諫得罪。會方士段朝用者，以所煉白金器百餘因郭勛以進，云以盛飲食物，供齋醮，即神仙可致也。

又《**張居正傳**》 誠等盡發其諸子兄弟藏，得黃金萬兩，白金十餘萬兩。

又《**王國傳**》 已，極論中官馮保罪。且言：「居正死，保令徐爵索其家名琴七、夜光珠九、珠簾五、黃金三萬、白金十萬。居正子簡修躬齎至保邸，而保揚言陛下取之,誣汙聖德。」

**又《江彬傳》** 時京師久旱,遂大雨。籍彬家,得黄金七十櫃,白金二千二百櫃,他珍珤不可數計。

**又《錢寧傳》** 宸濠反,帝心疑寧。【略】帝還京,裸縛寧,籍其家,得玉帶二千五百束,黄金十餘萬兩,白金三千箱,胡椒數千石。

**又《嚴嵩傳》** 御史林潤嘗劾懋卿,懼相報,【略】謀爲世蕃外投日本,先所發遣世蕃班頭牛信,亦自山海衛棄伍北走,誘致外兵,共相響應。即日令光昇等疾書奏之。世蕃聞,詫曰:「死矣。」遂斬於市。籍其家,黄金可三萬餘兩,白金二百萬餘兩,他珍寶服玩所直又數百萬。

## 雜録

**清・徐珂《清稗類鈔・工藝類》** 製蕨根杯 蕨根色黑而嵌空,形如蛙蚺之石,鏤其中,磨之使光,薦以白金,可爲器。長洲戴延年曾製二杯,較犀觥、玉碗,雖華樸不侔,而獨饒雅韻。

# 有色金屬分部

## 銅

### 綜述

**《左傳・僖公十八年》** 鄭伯始朝於楚,中國無霸故。楚子賜之金,既而悔之,與之盟曰:「無以鑄兵。」楚金利故。鑄,之樹反。疏:注「楚金利」。正義曰:《考工記》云吳、越之劒是也。故以鑄三鍾。古者以銅爲兵,傳言楚無霸者遠略。

**《周禮・冬官考工記》** 金有六齊: 目和金之品數。六分其金而錫居一,謂之鍾鼎之齊;五分其金而錫居一,謂之斧斤之齊;四分其金而錫居一,謂之戈戟之齊;參分其金而錫居一,謂之大刃之齊;五分其金而錫居二,謂之削殺矢之齊;金錫半,謂之鑒燧之齊。鑒燧,取水火於日月之器也。鑒亦鏡也。凡金多錫,則刃白且明也。則忍,音刃。

**又** 凡鑄金之狀,故書狀作壯,杜子春云:「當爲狀,謂鑄金之形狀。」金與錫,黑濁之氣竭,黄白次之;黄白之氣竭,青白次之;青白之氣竭,青氣次之,然後可鑄也。消湅金錫精麤之候。

**晉・葛洪《抱朴子内篇》卷一六《黄白》** 詐者謂以曾青塗鐵,鐵赤色如銅;以雞子白化銀,銀黄如金,而皆外變而内不化也。

**南朝梁・虞荔《鼎録》** 昔虞夏之盛,遠方皆至,使九牧貢九金,鑄九鼎於荆山之下於昆吾氏之墟,白若甘攙之地,圖其山川奇怪百物而爲之備,使人知神姦,不逢其害,以定其祥。鼎成,三足而方,不炊而自沸,不舉而自藏,不遷而自行。九鼎既成,定之國都。桀有亂德,鼎遷於殷,載祀六百。殷紂暴虐,鼎遷於周,成王定鼎於郟鄏,卜世三十,卜年七百,天所命也。及顯王姬德大衰,鼎淪入泗水,秦始皇之初見於彭城,大發徒出之,不能得焉。

金華山皇帝作一鼎,高一丈三尺,大如十石甕,像龍騰雲,百神螭獸滿其中。文曰,真金作鼎,百神率服,複篆書,三足。

漢孝景帝鑄一鼎,名曰食鼎,高二尺,銅金銀雜爲之,形若瓦甑,無足。中元六年造,其文曰,五熟是滋,君王膳之。小篆書。

武帝登泰山,鑄一鼎,高四尺,銅銀爲之,其形如甕,有三足。太始四年造,其文曰,登於泰山,萬壽無疆,四海寧謐,神鼎傳芳。大篆書。

元鼎元年,汾陰得寶鼎,即吾丘壽王所識之鼎,高一丈二尺,受十二石,雜金銀銅錫爲之。四面蛟龍,兩耳能鳴。三足馬蹄,刻山雲奇怪之象紀靈,圖未然之狀。其文曰,壽考天地,百祥臻侍,山伏其靈,海伏其異。此銘在底下。又別有銘,或浮或沈,皆古文複篆。此上古之鑄造也,總有九枚。

昭帝元平元年,於藍田覆車山鑄一鼎,高三尺,受五斗,刻其文曰,宜君王,和四方,調滋味,去腥傷。小篆書,三足。廢帝賀以天鳳六年登位,廢爲海昏侯,鑄一小鼎,貯酒,其形若甕,四足,受二斗。其文曰,長滿上。小篆書。

宣帝甘露元年,於華山仙掌鑄一鼎,高五尺,受四斗,擬承甘露。刻其文曰,萬國伏,貽長久,鑄神鼎,承天酒。三足,小篆書。又建章宫銅人生毛,以爲美祥，作一金鼎，埋之本宮。

元帝初元二年，鑄一鼎大如甕，無足。其文曰，黄帝膳鼎。小篆書。

成帝綏和元年，匈奴平，鑄一鼎。其文曰，寇盜平，黄河清。八分書，三足，高五尺六寸。

哀帝元壽元年，鑄一鼎貯酒，高四尺，三足。其文曰，羣臣元日用醴鼎。小篆書。

平帝元始五年，鑄一鼎，受二斗。其文曰，藥鼎。三足，八分書。

王莽建國元年，鑄一大鼎，高一丈，其文曰，建國鼎。莽自書，埋之漸臺。又作一鼎，其文曰君臣之鼎，並小篆書，三足。

後漢光武建元元年，鑄一鼎，其文曰，定天下，萬物伏。小篆書，三足，高九尺。

明帝永平十年，鑄一鼎於洛水，高六尺。其文曰，蛟龍伏。大篆書。三足。又鑄一鼎於穀水，高五尺，其文曰，穀洛。小篆書。四足。

章帝元和二年，於北嶽鑄一鼎，高四尺，無足。其文曰，鎮地鼎，小篆書。

安帝延光四年，鑄一鼎於少室山，其文曰，承露鼎。小篆書，四足。

順帝永建六年，鑄一鼎於伊水，名曰，魚鼎。高四尺，三足。

靈帝嘉平元年，鑄一大鼎，埋之鴻都門，其文曰，儒鼎。古書，三足。

漢官儀曰，開陽門，夜直樓上，帝因作一鼎，其文曰，柱鼎一。足如馬蹄。

蜀先主章武二年，於漢川鑄一鼎，名曰，克漢鼎。埋之丙穴中，八分書，三足。又鑄一鼎，沉於永安水中，紀行軍奇變。又於成都武擔山埋一鼎，名曰，受禪鼎。又埋一鼎於劒口山，名曰，劒山鼎。並小篆書，皆武侯迹。又時龍見武陽之水，九日因鑄一鼎，像龍形，沈水中。

蜀章武三年，先主作二鼎，一與魯王，文曰，富貴昌，宜侯王。一與梁王，文曰，大吉祥，宜公王。並古隸書，高二尺。

魏武帝鑄一鼎於白鹿山，高一丈，紀征伐戰陣之能。古文篆書，四足。更作鼎於太子，名曰，孝鼎。畫刻古來孝子姓名，小篆書。

文帝黄初元年，鑄受禪鼎，其文曰，受祚鼎。小篆書。

明帝太和六年，鑄一鼎，三足，名曰，萬壽鼎。小篆書。

吴孫權黄武元年，於彭蠡水沈一鼎，其文曰，百神助，陽侯伏。三足，大篆書。又獵於樊山，見一姥，問得何獸，答曰得一豹。曰，何不截尾。遂爲姥立廟，并作一鼎，文曰，豹尾鼎。

孫亮建興元年，於武昌鑄一鼎，其文曰，鎮山鼎。小篆書，三足。

孫皓鑄一鼎於蔣山，紀吴之曆數，八分書。

晉懷帝永嘉六年，鑄一鼎，沈於瓜步江中，無文字，鼎似黿形。

宋主劉裕晉永初三年，從秦中還，紀功鑄一鼎於九江，其文曰，沸秦洛，伏大漢。古篆書。

宋文帝得鰕魚，遂作一鼎，其文曰，鰕魚。四足。

順帝昇明元年，有人於宫亭湖得一鼎，上有古文「洵漠」二字。

齊高祖諱道成，於齋中池内見龍，聞簫鼓音，遂埋一鼎，其文曰，龍鼎。真書，三足。

梁武帝大通元年，於蔣山埋一鼎，文曰，大通。真書。又鑄一鼎，書老子五千言，沈之九江中。並蕭子雲書。又天監二年，安豐得一角靈黿，武帝遂作一鼎，投得黿處。

陳武帝即位，鑄一鼎，文曰，元勳鼎。沈於淛江。

陳宣帝於太極殿中鑄一鼎，文曰，忠烈。常侍丁初正書。太公於渭水得玉璜，鑄一鼎，刻其文曰，璜鼎。

秦丞相樗里子作一鼎，文曰，智囊。獨足，古文大篆書。

荀況在嵩溪作一鼎，大如五石甕，表裏皆紀兵法，大篆書，四足。

張儀伐蜀，鑄一鼎，高三尺，文曰，定蜀。大篆書。

李斯爲丞相，鑄一鼎，其文曰，上丞相鼎。埋於上蔡東門。

蕭何爲丞相，鑄一鼎，大如三石甕，自表己功，其文曰，紀功鼎，亦是何自作署書體，四足。

張陵在雲臺山得仙，作一鼎，寫丹經，埋於雲臺山下。

車千秋爲丞相，鑄一鼎，文曰，車丞相鼎。八分書。

司馬遷字子長，南遊探禹穴，作一鼎，而小記年月日，埋之秦望山。

黄霸爲潁川守，神雀集，遂刻鼎記之。

孔光拜丞相，鑄一鼎，文曰，丞相博山侯。大篆書。

王商爲單于所畏，遂令鑄一鼎，刻記其功，以勸功臣。

楊震爲太尉，作一鼎，其文曰，太尉鼎。古隸書。

胡廣鑄一鼎，其文曰，孝子鼎。八分書。

陳太丘鑄一鼎，藏於陘山。
王允字子師，郭林宗見而器之，允自鑄一鼎，曰，千里。八分書。
王仲子爲大司徒，鑄一鼎，其文曰，司徒鼎。大篆書。
王朗爲司空，鑄一鼎，其文曰，司空鼎。複篆書。
董卓爲太師，鑄一鼎，其文曰，太師鼎。古隸書。
蔡伯喈爲侍中，封高陽侯，作一鼎，記漢家曆數，邕自書，藏於泰山。
諸葛亮殺王雙，還定軍山，作一鼎，埋於漢川。其文曰，定軍鼎。又作八陣鼎，沈之永安水中。皆大篆書。又於玄武郡金山作二鼎，一大一小，並無文。時亮行軍，見此山勢似有王者，故鎮之。
鍾繇，魏文帝賜五熟鼎。
吳顧邕鑄一鼎，文曰，顧元凱之鼎。八分書，三足。
陸遜破劉備軍，鑄一鼎紀功，其文曰，破備鼎。
孔愉獲龜，放之，遂作一鼎，刻其文曰，孔敬康鼎。沈之於水。
張衡制地動圖，記之於鼎，沈於西鄂水中。
王羲之於九江作書鼎，高五尺，四面周匝書遍，刻之，沈於水中，真隸書。

**宋·高承《事物紀原》卷八《什物器用部》** 鼎 《史記》《黄帝内傳》《鍾繇疏》皆云黄帝採首山之銅，鑄鼎於荆山。此鼎之始也。後至夏禹復鑄以象物。《白氏六帖》：黄帝作鼎三，象天地人。禹收九牧之金，以鑄九鼎。

**宋·沈括《夢溪筆談》卷一九《器用》** 禮書所載黄彝，乃畫人目爲飾，謂之「黄目」。予遊關中，得古銅黄彝，殊不然，其刻畫甚繁，大體似繆篆，又如欄盾間所畫回波曲水之文，中間有二目，如大彈丸，突起煌煌然，所謂黄目也。視其文，髣髴有牙角口吻之象。或謂黄目乃自是一物。又予昔年在姑孰王敦城下土中得一銅鉦，刻其底曰「諸葛士全茖鳴鉦」。茖即古落字也，此部落之落。士全，部將名。其鉦中間鑄一物，有角，羊頭，其身亦如篆文，如今時術士所畫符，傍有兩字，乃大篆「飛廉」字，篆文亦古怪，則鉦間所圖，蓋飛廉也。飛廉，神獸之名。淮南轉運使韓持正亦有一鉦，所圖飛廉及篆字，與此亦同。以此驗之，則黄目疑亦是一物，飛廉之類，其形狀如字非字，如畫非畫，恐古人別有深理。大抵先王之器，皆不苟爲。昔夏后鑄鼎以知神姦，殆亦此類。恨未能深究其理，必有所謂。或曰：「《禮圖》罇彝，皆以木爲之，未聞用銅者。」此亦未可質，如今人得古銅罇者極多，安得言無？如《禮圖》「甕以瓦爲之」，《左傳》却有瑤甕；律以竹爲之，晉時舜祠下乃發得玉律。此亦無常法。如蒲穀璧，《禮圖》悉作草稼之象，今世人發古冢得蒲璧，乃刻文蓬蓬如蒲花敷時；穀璧如粟粒耳。則《禮圖》亦未可爲據。

禮書言罍畫雲(罍)[雷]之象，然莫知雷作何狀。今祭器中畫雷，有作鬼神伐鼓之象，此甚不經。予嘗得一古銅罍，環其腹皆有畫，正如人間屋梁所畫曲水，細觀之乃是雲、雷相間爲飾，如ᘓ者，古雲字也，象雲氣之形；如◎者，雷字也，古文◎爲雷，象回旋之聲。其銅罍之飾，皆一ᘓ一◎相間，乃所謂雲、雷之象也。今《漢書》罍字作(櫑)[畾]，蓋古人以此飾罍，後世(字)[自]失傳耳。

**又** 古人鑄鑑，鑑大則平，鑑小則凸。凡鑑窪則照人面大，凸則照人面小。小鑑不能全觀人面，故令微凸，收人面令小，則鑑雖小而能全納人面。仍(復)[覆]量鑑之小大，增損高下，常令人面與鑑大小相若。此工之巧智，後人不能造。比得古鑑，皆刮磨令平，此師曠所以傷知音也。

**又** 熙寧中，(常)[嘗]發地得大錢三十餘千文，皆「順天」「得(一)[壹]」。當時在庭皆疑古無「得(一)[壹]」年號，莫知何代物。予按《唐書》，史思明僭號，鑄「順天」「得(一)[壹]」錢。順天乃其僞年號，「得(一)[壹]」特以名鑄錢耳，非年號也。

世有透光鑑，鑑(皆)[背]有銘文，凡二十字，字極古，莫能讀。以鑑承日光，則背文及二十字，皆透在屋壁上，了了分明。人有原其理，以爲鑄時薄處先冷，唯背文上差厚後冷而銅縮多，文雖在背，而鑑面隱然有跡，所以於光中現。予觀之，理誠如是。然予家有三鑑，又見他家所藏，皆是一樣，文畫銘字無纖異者，形制甚古，唯此一樣光透，其他鑑雖至薄者皆莫能透，意古人別自有術。

**又** 予於關中得一銅匜，其背有刻文二十字曰：「律人衡蘭注水匜，容一升。始建國元年一月癸卯造。」皆小篆。律人當是官名，《王莽傳》中不載。

**宋·洪邁《容齋三筆》卷一三** 十八鼎

夏禹鑄九鼎，唯見於《左傳》王孫滿對楚子，及靈王欲求鼎之言，其後《史記》乃有鼎震及淪入於泗水之説。且以秦之强暴，視衰周如機上肉，何所畏而不取？周亦何辭以却？赧王之亡，盡以寶器入秦，而獨遺此，以神器如是之重，決無淪没之理。泗水不在周境内，使何人般舁而往，寧無一人知之以告秦邪？始皇使人没水求之不獲，蓋亦爲傳聞所誤。《三禮》經所載鐘彝名數詳矣，獨未嘗一及之。《詩》《易》所書，固亦可考，以予揣之，未必有是物也。唐武后始復置於通天宫，不知何時而毁。國朝崇寧三年，用方士魏漢津言鑄鼎，四年三月成，於中太一宫之南爲殿，名曰九成宫。中央曰帝鼒，北方曰寶鼎，東北曰牡鼎，東方曰蒼鼎，東南曰罔鼎，南方曰彤鼎，西南曰阜鼎，西方曰晶鼎，西北曰魁鼎。奉安之日，以蔡京爲定鼎禮儀使。大觀三年，又以鑄鼎之地作寶成宫。政和六年，復用方士王仔昔議，建閣於天章閣西，徙鼎奉安。改帝鼒爲隆鼒，餘八鼎皆改焉，名閣曰圓象徽調閣。七年，又鑄神霄九鼎，一曰太極飛雲洞劫之鼎，二曰蒼壺祀天貯醇之鼎，三曰山嶽五神之鼎，四曰精明洞淵之鼎，五曰天地陰陽之鼎，六曰混沌之鼎，七曰浮光洞天之鼎，八曰靈光晃曜鍊神之鼎，九曰蒼龜大蛇蟲魚金輪之鼎。明年鼎成，置於上清寶籙宫神霄殿，遂爲十八鼎。繼又詔罷九鼎新名，悉復其舊。今人但知有九鼎，而十八之數，唯朱忠靖公《秀水閒居録》略紀之，故詳載於此。

**宋·趙彦衛《雲麓漫鈔》卷三**　今之太常所用祭器、雅樂，悉紹興十六年禮器局新造，祭器用《博古圖》，樂器用大晟府制度。大晟樂用徽宗君指三節爲三寸，崇寧四年所鑄景鍾是也。紹興之制，則用皇祐二年製造大樂中黍尺，景鍾高九尺，垂則爲鍾，仰則爲鼎；鼎之大，中容九斛，中聲所極，退藏則八斛有一焉。時鑄匠鄭真以謂高九尺，約度金分厚薄，取應聲律，退藏可容二十斛，數即不應八斛有一；緣九尺之高，則金分太薄，難以取應聲律。故止令高九尺，厚薄様則隨宜鎔造。

**宋·張世南《游宦紀聞》卷五**　辯古器則有所謂款識，臘茶色、朱砂斑、真青緑、井口之類，方爲真古。其製作則有雲紋、雷紋、山紋、輕重雷紋、垂花雷紋、鱗紋、細紋、粟紋、蟬紋、黄目、飛廉、饕餮、蛟螭、虬龍、麟鳳、熊虎、龜蛇、鹿馬、象鸞、夔犧、蜼余季切。鳧、雙魚、蟠虺、如意、圜絡、盤雲、百乳、鸜耳、貫耳、偃耳、直耳、附耳、挾耳、獸耳、虎耳、獸足、夔足、百獸、三螭、縫草、瑞草、篆帶、若蚪結之勢。星帶、四旁飾以星象。輔乳、鍾名，用以節樂者。碎乳、鍾名，大乳三十六外，復有小乳周之。立夔、雙夔之類。凡古器制度，一有合此，則以名之，如雲雷鍾、鹿馬洗、鸜耳壺之類是也。如有款識，則以款識名，如周叔液鼎、齊侯鍾之類是也。

古器之名，則有鍾、大曰「特」，中曰「鎛」，小曰「編」。鼎、尊、罍、彝、舟、類洗而有耳。卣、音酉，又音由。中尊器也。有攀、蓋、足。類壺、瓶、爵、斗、有耳、有流、有足、流即觜也。卮、觶、之豉反。酒觴也。角、類彝而無柱。杯、敦、簠、其形方。簋類鼎而矮，蓋有四足。豆、甗、牛偃切。無底甑也。錠、徒經切，又都定切。斝、觚、鬲、形製同鼎。《漢志》謂空足曰「鬲」。鍑、方宥切。《玉篇》云：似釜而大，其實類小甕而有環。盉、户戈切，又胡卧切。成五味之器也，似鼎而有蓋，有觜，有執攀。壺、其類有四：曰「圓」、曰「扁」、曰「方」、曰「温」。盦、於含切。覆蓋也，似洗而腰大，有足，有提攀。瓿、蒲後切，類壺而矮。鋪、類豆，鋪陳薦獻之義。罌、類釜。鑑、《盛冰器》。上方如斗鏤，底作風窗，下設盤以盛之。匜、弋支切。沃盥器。盤、洗、盆、鋗、呼玄切。類洗。《玉篇》云：「小盆也。」杅、磬、錞、鐸、鉦、類鍾而矮。鐃、戚、鐓、飾物柄者。奩、鑑。即鏡。節鉞、戈矛、盾、弩機、表、坐旂、鈴、刀筆、杖頭、蹲龍、宫廟乘輿之飾。或云：欄、楯間物。鳩車、兒戲之具。提梁、龜蛇、硯滴、車輅、托轅之屬。此其大概，難於盡備，然知此者，亦思過半矣。

所謂款識，乃分二義，款謂陰字，是凹入者，刻畫成之。識謂陽字，是挺出者。正如臨之與摹，各自不同也。

臘茶色亦有差别。三代及秦、漢間之器，流傳士間，歲月寖久，其色微黄而潤澤。

今士大夫間論古器，以極薄爲真，此蓋一偏之見也。亦有極薄者，有極厚者，但觀製作色澤，自可見也。亦有數百年前，句容所鑄，其藝亦精，今鑄不及。必竟黑而燥。須自然古色，方爲其古也。

**宋·朱輔《溪蠻叢笑》**　銅鼓　蠻地多古銅，有銅柱，馬希範所立。麻陽有銅鼓，蓋江水中掘得，如大鐘，長筩三十六乳，重百餘斤。今入天慶觀。並有銅像二，相傳唐明皇像。餘散他處，鼓尤多。其文環以甲士，中空，無底，名銅鼓。

**宋·陳元靚《事林廣記·珍奇製作》**　作蠻鏡法　雌黄細研，入些粉霜、硇砂合研，用膠水調，任意纖細描畫，候乾，火燒片時，以藥磨鏡，(昼)[畫]皆在。

丸子磨鏡　鯉魚膽、犬膽各少許，蕪荑仁些個，合(和)研，自乾丸作丸子，點水向鏡上放藥丸子，其丸子自走磨。

生古劒丈　古劒元有紋消落者，新磨浄，先以膽礬一豆許，硇石半豆許，水浸，合壁一塊放乾。要用時著些指向劒上水澆，不要拭，瀝乾，候自有紋生，似金線如新。

**又《煆煉五金》**　白銅法　木律五文，砒霜五文，好者合研細，其鍋内鎔赤銅一兩成汁，以紙片子攪勻，寫向鐵模，内以濕紙蓋之，自白也。

白銅釵　諸葛草，亦名野江花，摘取陰乾爲末，取釵子，耳鐶，用膽水澆過，揩浄拭乾，以草末揩之，却以梅子水煮之，自白。

粉銅法　銅鎔成汁，以蒼术一塊攪旋，鈴夾甘鍋出，即成粉也。

## 元・陶宗儀《南村輟耕録》卷一七　古銅器

宋番陽張世南《遊宦紀聞》云，辨博書畫古器，前輩蓋嘗著書矣。其間有論議而未詳明者，如臨、摹、硬黄、響榻，是四者各有其説。今人皆謂臨摹爲一體，殊不知臨之與摹，迥然不同。臨，謂置紙在傍，觀其大小、濃淡、形勢而學之，若臨淵之臨；摹，謂以薄紙覆上，隨其曲折，婉轉用筆曰摹。硬黄，謂置紙熱熨斗上，以黄蠟塗勻，儼如枕角，毫釐必見。響榻，謂以紙覆其上，就明窗牖間，映光摹之。辨古器，則有所謂款識，臘茶色，朱砂斑，真青緑井口之類，方爲真古。其製作，有雲紋、雷紋、山紋、輕重雷紋、垂花雷紋、鱗紋、細紋、粟紋、蟬紋、黄目、飛廉、饕餮、蛟螭、虬龍、麟鳳、熊虎、龜蛇、鹿馬、象鸞、夔犧、蜼彘、雙魚、蟠虺、如意、圜絡、盤雲、百孔、鶚耳、貫耳、偃耳、直耳、附耳、挾耳、獸耳、虎耳、獸足、夔足、百獸、三螭、樾草、瑞草、篆帶、若蚪結之勢。星帶、四旁飾以星象。輔乳、鍾名，用以節樂者。碎乳，鍾名，大乳三十六外，復有小乳周之。立夔、雙夔之類。凡古器制度，一有合此，則以名之。如雲雷鍾、鹿馬洗、鶚耳壺之類是也。如有款識，則以款識名。如周叔液鼎、齊侯鍾之類是也。古器之名，則有鍾、大曰特，中曰鎛，小曰編。鼎、尊、罍、彝、舟、類洗而有耳。卣、音酉，又音由，中尊器也。有攀蓋，足類壺。瓶、爵、斗、有耳，有流，有足，流即嘴也。卮、觶、之豉切，酒觴也。角、類彝而無柱。栖、敦、簠、其形方。簋、類鼎而矮蓋，有四足。豆、甗、牛偃切，無底甑也。錠、徒徑切，又都定切。㽅、觚、鬲、形製同鼎，漢志謂空足曰鬲。鍑、方宥切。《玉篇》云，似釜而大，其實類小瓮而有環。盉、户戈切，又胡卧切。盛五味之器也。似鼎而有蓋，有嘴，有執攀。壺、其類有四：曰圓，曰匾，曰方，曰温。盦、於含切。覆蓋也。似洗樣而腰大，有足，有提攀。瓿、蒲後切，類壺而矮。鋪、類豆，鋪陳薦獻之義。罌、類釜。鑑、盛冰器，上方如斗，鏤底如風窗，下設盤以盛之。匜、弋支切。沃盥器。盤、洗、盆、鋗、呼玄切。類洗。《玉篇》云，小盆也。杅、磬、錞、鐸、鉦、類鍾而矮。鐃、戚、鐓、飾物柄者。奩、鑑、即鏡，節、鉞、戈、矛、盾、弩、機、表坐、旍鈴、刀筆、杖頭、蹲龍、宫廟乘輿之飾，或云闌楯間物。鳩車、兒戲之具。提梁、龜蛇、硯滴、車輅、托轅之屬。此其大槩，難於盡備。然知此者，亦思過半矣。所謂款識，乃分二義。款，謂陰字，是凹入者，刻畫成之。識，謂陽字，是挺出者。正如臨之與摹，各自不同也。臘茶色，亦有差别。三代及秦漢間器，流傳世間，歲月寖久，其色微黄而潤澤。今士大夫間論古器，以極薄爲真，此蓋一偏之見也。亦有極薄者，有極厚者，但觀製作色澤，自可見也。亦有數百年前句容所鑄，其藝亦精，今鑄不及。必竟黑而燥，須自然古色，方爲真古也。趙希鵠《洞天清禄集・古鍾鼎彝器辨》云，夏尚忠，商尚質，周尚文，其制器亦然。商器質素無文，周器雕篆細密，此固一定不易之論。而夏器獨不然。余嘗見夏琱戈，於銅上相嵌以金，其細如髮。夏器大抵皆然。歲久金脱，則成陰竅，以其刻畫者成凹也。銅器入土千年，純青如鋪翠，其色子後稍淡，午後乘陰氣，翠潤欲滴。間有土蝕處，或穿或剥，並如蝸篆自然。或有斧鑿痕，則是僞也。銅器墜水千年，則純緑色而瑩如玉。未及千年，緑而不瑩，其蝕處如前。今人皆以此二品體輕者爲古，不知器大而厚者，銅性未盡，其重止能減三分之一，或減半。器小而薄者，銅性爲水土蒸淘易盡，至有鉏擊破處，並不見銅色，惟翠緑徹骨，或其中有一線紅色如丹，然尚有銅聲。傳世古，則不曾入水土，惟流傳人間，色紫褐而有朱砂斑。甚者其斑凸起，如上等辰砂。入釜，以沸湯煮之，良久，斑愈見。僞者，以漆調朱爲之，易辨也。三代古銅，並無腥氣。惟上古新出土，尚帶土氣，久則否。若僞作者，熱摩手心以擦之，銅腥觸鼻可畏。識文、款紋亦不同。識，乃篆字，以紀功，所謂銘書鍾鼎，夏用鳥跡篆，商則蟲魚篆，周以蟲魚大篆，秦用大小篆，漢以小篆隸書，三國隸書，晉、宋以來皆用楷書，唐用楷隸。三代用陰識，謂之偃蹇字，其字凹入也。漢以來，或用陽識，其字凸，間有凹者，或用刀刻，如鐫碑。蓋陰識難鑄，陽識易爲，決非三代物也。款，乃花紋，以爲飾，古器款居外而凸，識居内而凹。夏周器有款有識，商器多無款有識。古人作事精緻，工人預四民之列，非若後世賤丈夫之事，故古器款必細如髮，而勻整分曉，無纖毫模糊。識文筆畫，宛如仰瓦，而不深峻，大小深淺如一，亦明浄分曉，絶無纖毫模糊。此蓋用銅之精者，並無砂顆，一也。良工精妙，二也。不吝工夫，非一朝夕所爲，三也。今設有古器，款識稍或模糊，必是僞作。質色臭味，亦自不同。句容器非古物，蓋自唐天寶間，至南唐後主時，於昇州句容縣置官場以鑄之，故其上多有監官花押，甚輕薄漆黑，款細，雖可愛，要非古器，歲久亦有微青色者。世所見天寶時大鳳環瓶，此極品也。僞古銅器，其法以水銀雜錫末，即今磨鏡藥是也。先上在新銅器上，令勻，然後以釅醋調細硇砂末，筆醮勻上，候如臘茶面色，急入新汲水滿浸，即成臘茶色。候如漆，急入新水浸，即成漆色。浸稍緩，即變色矣。若不入水，則成純翠色。三者並以新布擦，令光瑩，其銅腥爲水銀所匱，並不發露。然古銅聲微而清，新銅聲濃而鬨，不能逃識者之鑒。古人惟鍾鼎祭器，稱功頌德，則有識，盤盂寓戒，則有識。它器亦有無識者，不可遽以爲非。但辨其體質、款紋、顏色、臭味足矣。夫二書之論銅器，固已粲然具備，然清修好古之士，又不可不讀經傳紀録，以求其源委。如薛尚功款識法帖，及《重廣鍾鼎韻》七卷者，《宣和博古圖》、呂大臨《考古圖》、王俅《嘯堂集古録》、黄睿《東觀餘論》、董逌《廣川書跋》等書，皆當熟味偏參，而斷之以經，庶可言精鑒也。

**又陶宗儀《墨娥小録》卷二《博古緒餘》**

洗鍮石銅器

鍮石銅器用絲瓜蘸水并籠糠揩洗，顏色如新。

巢銅器

青緑　用井花水調泥礬，浸一周時，再烘熱銅器，上三度作脚色，候乾，却將硇砂以水浸化淨，筆蘸，刷上三兩度，候日餘，洗去，乾即洗之。其妙處全在調停顏色水洗工夫，須洗三五番方定。若入地窖藏之，即生硃砂斑。要顏色沉，用竹葉煙薰。

幽古　泥礬熱上三兩度後，方可洗，仍用竹葉煙薰。

茶褐　泥礬巢二度，半日許，水浴去，莫待水乾，頻頻浴。

**又**　點藥鏡　雌黄入些粉霜、硇砂，細研，用膠水調，任意於鏡上描畫鸞鳳花草，候乾，火燒片時，以磨鏡藥磨去，其畫自見。

鉸銅　白錫細削，投水銀中，良久，錫自軟爛化成泥。乃以津液染指擦塗銅器，以白爲度，勿過多，恐蝕器。色退，再抹。

**又　卷一一《丹房燒煉》**

體紫庚四條。

青氣礬、雌黄各半錢，雄一錢，硫二分，同乳。以枸杞子、黄栢、皂角燒煙熏鍋，令十分厚，入文火中。待鍋底一半紅，却將前藥用半片竹管漸漸挑入鍋內，上以濕紙搭鍋口，頻頻以水刷紙。乾文火煆一次，提出，再換熏煙鍋。煆三次，取出爲末。白礬水調硇砂末，丸如桐子大，另放。每真石碌一兩，爲細末，用猪油炒。次以砒一錢同乳，略炒，入鍋。上以食鹽二錢、硝半錢捺蓋，封固。自文至武火，大略煆半日，去封固，瓦陀見作汁爲度，放冷，破鍋取出，可得二錢或一錢半紫庚。再以猪油炒，依前法煆一二時，傾水內，再入鍋作汁。却以前藥丸二錢半重，逐丸投入汁內，放冷，取出用。既無腥臭，又年久色不退。若欲絶妙，每兩勾真庚一錢，雌、雄、硫各等分，膽礬少許，同乳，入水火鼎封固昇煆，取出另放。却以石青二兩，有金星者一名蒙山録。爲末，於磁石器內，不可犯錢。以鵝油熬化了，入石青末同炒，黑水或黄楊木棒攪，以炒乾帶紫色爲度，取出。然後用砒五錢，牙硝五錢，杉木炭些少同研均，以一半鍋底却安石青，又以砒、硝末一半蓋之，鍋面或再捺些少食鹽，亦可入爐，自文至武，大略作汁，提出，破鍋取換鍋，入少硼砂，同炡，候清，却以前所煆藥點入，以色紫爲度。

每石緑一觔，用砒、硝、硼各二兩同乳爲末，牛油炒透，入甘鍋明爐煆作汁，放冷，破鍋取出用，或傾油槽內亦可。此法遇有銀坑石緑，煆出之物雪白，可作仗。

紅銅打作薄片，厚半分許，方二三寸。每片兩面用新磚屑和鹽塗了，疊作一堆，置爐上，四面大火扇燄，令其通紅不致作汁爲度，退火，取出用絶妙。

**又**　燒製鍮石頑銅爲赤肉

以磚瓦用泥於地上壘一明爐，著地留風門可以動鞛，却將炭火燒紅，然後將銅物逐旋鉗入，令銷盡爲度，又添大火，扇令乾，拆去磚，其物作一塊在地上，取出洗淨，烘乾，燒熱，搥碎，逐旋入甘鍋作汁，投砒制之。傾酒、醋、鹽水中，即十分乾淨，可以三分銀物勾之，傾作錠子。先以鹽入烏梅中煮一出，再入火燒微紅，放冷，換乾淨梅別煮。一煮一洗，有青并紅處，以鋏線作箒洗刷，再煮，自然白淨可愛。澆錠之法，惟錠槽最難得。作蜂窠者，若是新錠槽，必須於竈內用糠火煨四五日，晝夜不可令冷。臨澆時又於風爐上燒熱，用之傾銀入槽內，急以手搖蕩一遍，則有牆壁搖盪之際，吹氣一口，則有波浪紋。然澆之法，入砒太多則不發蜂窠，太少則燥，最宜調停要緊。

**明・劉基《多能鄙事》卷五《器用類》**　攻治雜器物法

洗古銅器　先將銅器以水浸洗，拭乾。用搗羅過極細灰末遍擦，以硬靴刷刷之，然後用綿揩擦出色。

磨古劍　磨劒勿用水及麄石，當用香油，就細石上慢磨去銹。却用打鐵爐旁打下鐵花三兩，入水炭一兩，水銀一錢，同爲細末糝劒上。以布片醮油奈久磨令光。綿拭淨，以酥塗挂壁間。

磨古鏡　以猪、羊、犬、龜、熊五物膽，各陰乾，合和爲末。以水濕鏡，粉藥在上，覆向地上，不磨自明。

磨鏡　鹿頂骨，燒灰。白礬，枯。銀母砂各等分。

右爲細末和勻，先以磨鏡者磨浄。却以此磨令光，一次可過一年。

磨鏡藥　白礬六錢，水銀一錢，白鐵一(銀)[錢]，鹿角灰一錢。即□。

右將白鐵爲砂子，用水銀研如泥，淘洗白浄。入鹿角灰及礬，研極細用。如色青，再洗令白。

磨刀藥　用打鐵碎葉三兩，木炭二兩，水銀一兩。爲細末，搽磨光亮，酥油塗之。

煮銅器令白色

解鹽、白礬各二兩，硇硝、砒霜各一兩，銀末五銖，硇砂半兩，硼沙三銖。入玉鍋内着水煮之。

造硃砂班　先以古銅器於火上燒去油污，用好米醋塗之，再燒去油，却以白礬、朋砂等分爲末，醋和亂點上，用火燒之微紅，以楓木炭打磨，色如胭脂，甚好。

煮白銅法　銅器鑄打已成，用銀末三五錢，入鹽和勻，以瓦盛燒之，候藥瓦通紅了，以藥入糖瓮中，用白梅同器物入鍋煮，仍以光硃打之。

點銅器物　硇砂、寒水石各半兩，金絲礬二錢，膽礬二錢。

右爲細末，以青鹽水調，先將銅器用緑礬和鹽水塗一次，火上燒，凡塗三次了，却上藥，令乾，再上。掘地作一坑，用炭火燒令紅，用醋沃之，乃入銅器於内，以醋糟蓋其上，仍掩以土。半月出之，洗乾，用黄蠟揩，自有諸般顔色。

**明・王佐《新增格古要論》卷六《古銅論》**

古銅色

銅器入土千年，色純青如翠，入水千年，色純緑如瓜皮，皆瑩潤如玉。未及千年雖有青緑而不瑩潤，有土蝕穿，破一作剥。處如蝸篆自然，或有斧鑿痕則僞也。器厚者止能銹三分之一，或減半，其體還重，器薄者，銅將銹盡，有穿破處，不見銅色，惟見青緑徹骨，其中或紅色如丹，不曾入水土，惟流傳人間。其色紫褐而有硃砂斑凸起者，如上等辰砂，此三等結銹，最貴。有如蠟茶色者，有如黑漆色者，在水十中年近，雖銹不能入骨，亦不瑩潤，此者次之。嘗考漢銅錢，至今一千五百餘年，雖有青緑而少有瑩潤，亦無原砂斑凸起者，漢印亦然。

今所見古銅器，有青緑剥蝕徹骨，瑩潤如玉，及有原砂斑凸起者，非三代時物，蓋古無此也。

僞古銅

用醲醋調硇一作銅。砂末，白傳新銅器上，候成蠟茶色，或漆色，或緑色，入水浸後，用糯稻草燒煙薰之，以新布擦光，椶刷刷之，僞耕硃砂斑，以漆調硃爲之。然俱在外，不能入骨，最易辨也。

局器

唐天寶間至南唐後主時，於句容縣置官場以鑄之，故其上多有監官花押，其體薄，花紋細而可愛，非古器也。

亦有微青緑色及硃砂斑者，不能徹骨瑩徹。

新銅器

宋句容縣及台州鑄者，多是小雷紋花見。

元杭州姜娘子、平江路王吉，鑄銅器皆得名，花紋却粗。姜鑄勝於王吉，俱不甚值錢。

古鑄

古之鑄器，以蠟爲模，花紋細如髮而勻浄分曉，識文筆劃如仰瓦而不深峻，大小淺深如一，并無硃砂斑之類，此乃作事之精緻也。其款識稍有模糊不勻浄及模範不端正者，以野鑄也。

**明・李東陽等《明會典》卷一九四《工部一四・鑄器》**　洪武二十六年定，凡鑄造銅鍋、銅櫃等器，及打造銅鍋、銅竈、鐵窻、鐵猫等件，行下寶源局定奪模範，及計算合用銅鐵木炭等項，明白具數呈部，行下丁字庫抽分竹木局放支，督工依式鑄造。

永樂間設局崇文門内，地名溝頭，今稱南寶源局，專鑄内外衙門銅鐵器皿。

嘉靖三十一年，改造新局於東城明時坊，即今寶源局，專鑄制錢及銅鐵器皿。行令武功三衛各委官一員，摘餘丁各十名，與該局官吏匠作人等，輪流在局晝夜巡邏搜檢。　三十八年，令新舊二局鑄過器皿，如有銅鐵炸炭等項餘剩，造册，每月申報工部查考。

鑄造　生銅一斤，用炭一十二兩。黄熟銅一斤，用炭一斤。紅熟銅一斤，用炭一斤。生鐵一斤,用炭一斤。

打造　紅熟銅一斤,用炭八斤。黄熟銅一斤,用炭八斤。瓜鐵一斤,用炭一斤八兩。

凡鑄造親王印符金牌,并上直守衛官軍金牌,工部及禮部計料,委官帶領寶源鑄印二局官,會同尚寶監。土官信符金牌,會同印綬監,俱於内府金牌廠同造,造完送銀作局鍍金。各衙門印信,工部給銅,於禮部鑄印局造。

守衛金牌,額設仁義禮智信字五號,共該一千三百三十餘面。後損失數多,隆慶元年題准,照號補鑄五十面,增號添鑄二百面,將所損牌面送部鎔銷。

外國信符金牌,凡歷代改元,日本等國符牌,俱另鑄當代年號給用。合用物料人力,行順天府辦解。其裝盛袱匣等件,原無年號字樣,仍於原造見存内揀用。隆慶元年,印綬監題鑄陰陽文信符金牌七十面。每面各有硃紅戧金匣。

凡鑄造朝鐘,用響銅,於鑄鐘廠鑄造。

嘉靖三十六年題准,行内官監造合用物料,響銅於本監,熟建鐵於工部,各支用。生銅等料,召商買辦。及鎔鑄下鑪用八成色金、花銀,於内承運庫關領。鑄匠行兵馬司召募二百名,本部照例支給工食,同本監官匠,相兼做造,仍於工所摘撥官軍應用。

隆慶五年,題造朝鐘合用生銅數多,恐措辦不及,將本廠見貯試音不堪大鐘五口,及裂璺廢鐘三口,改毀添轃。

朝鐘一口,通高一丈四尺二寸五分,身高一丈一尺五寸五分,雙龍蒲牢高二尺七寸,口徑七尺九寸五分,備用鐘一口,製同前。

計鐘二口物料:八成色金一百兩。每口五十兩。花銀二百四十兩。每口一百二十兩。響銅九萬五千斤。熟建鐵二萬斤。生銅四千斤。紅熟銅二萬一千斤。錫八千三十斤。

鐘槌長五尺至四尺,徑二尺至一尺七寸。合用柚木,派行浙江、湖廣、四川、福建採解。

凡鑄造銅壺滴漏,嘉靖三十六年題准,行内官監造。

每副物料:四火黄銅三千三百五十斤。紅熟銅二百五十斤。木箭一十九枝。行内靈臺開寫節候時刻安設。

凡鑄造收放錢糧法馬,俱寶源局造。隆慶四年題准,舊法馬輕重參差,令户工二部公同較勘行該局鑄造。節慎庫、太倉、光禄寺、太僕寺,荆杭抽分兩廠,兩直隸十三省,及七邊郎、七鈔關、五運司,各法馬一樣四十副。仍行撫按轉行各府州縣,照依新降式樣鑄造。

凡内外各衙門合用器具遇缺,題辦原無定例。

**又《治課》**　禮部鑄印局,黄銅舊議行工部出辦,每年查發一百斤。嘉靖二十九年以後,發二百斤。

## 明・李時珍《本草綱目・金石部》

古鏡《拾遺》。

校正　併入《本經》錫銅鏡鼻。

釋名　鑑、照子。時珍曰:鏡者,景也,有光景也。鑑者,監也,監於前也。《軒轅内傳》言:帝會王母,鑄鏡十二,隨(日)[月]用之。此鏡之始也,或云始於堯臣尹壽。

發明　時珍曰:鏡乃金水之精,内明外暗。古鏡如古劍,若有神明,故能闢邪魅忤惡。凡人家宜懸大鏡,可辟邪魅。《劉根傳》云:人思形狀,可以長生。用九寸明鏡照面,熟視令自識己身形,久則身神不散,疾患不入。葛洪《抱朴子》云:萬物之老者,其精悉能託人形惑人,唯不能易鏡中真形,故道士入山,以明鏡徑九寸以上者背之,則邪魅不敢近,自見其形,必反却走。轉對之,視有踵者山神,無踵者老魅也。羣書所載古鏡靈異,往往可證。謾撮於左方:《龍江録》云:漢宣帝有寶鏡,如八銖錢,能見妖魅,帝嘗佩之。《異聞記》云:隋時王度有一鏡,歲疫,令持鏡詣里中,有疾者,照之即愈。《樵牧閒談》云:孟昶時張敞得一古鏡,徑尺餘,光照寢室如燭,舉家無疾,號無疾鏡。《西京雜記》云:漢高祖得始皇方鏡,廣四尺,高五尺,表裏有明,照之則影倒見,以手捧心,可見腸胃五臟;人疾病照之,則知病之所在;女子有邪心,則膽張心動。《酉陽雜俎》云:無勞縣舞溪石窟有方鏡,徑丈,照人五臟,云是始皇照骨鏡。《松窗録》云:葉法善有一鐵鏡,照物如水。人有疾病,照見臟腑。《宋史》云:秦寧縣耕夫得鏡,厚三寸,徑尺二,照見水底,與日争輝。病熱者照之,心骨生寒。《雲仙録》云:京師王氏有鏡六鼻,常有雲烟,照之則左右前三方事皆見。黄巢將至,照之,兵甲如在目前。《筆談》云:吴僧一鏡,照之知未來吉凶出處。又有火鏡取火,水鏡取水,皆鏡之異者也。

錫銅鏡鼻《本經》下品。

釋名　弘景曰:此物與胡粉異類而共條者,古無純銅作鏡,皆用錫雜之,即今破古銅鏡鼻爾。用之當燒赤納酒中。若醯中出入百遍,乃可搗也。志曰:凡鑄鏡皆用錫,不爾即不明白,故言錫銅鏡鼻,今廣陵者爲勝。時珍曰:錫銅相和,得水澆之極硬。故鑄鏡用之。

《考工記》云：金錫相半，謂之鑑燧之劑，是也。

古文錢《日華》。

釋名　泉、孔方兄、上清童子、《綱目》。青蚨。時珍曰：《管子》言：禹以歷山之金鑄幣，以救人困，此錢之始也。至周太公立九府泉法，泉體圓含方，輕重以銖，周流四方，有泉之象，故曰泉。後轉爲錢。魯褒《錢神論》云：爲世神寶，親愛如兄，字曰孔方。又昔有錢精，自稱上清童子。青蚨血塗子母錢，見蟲部。

集解　頌曰：凡鑄銅之物，多和以錫。《考工記》云：攻金之工，金有六劑，是也。藥用古文錢、銅弩牙之類，皆有錫，故其用近之。宗奭曰：古錢其銅焦赤有毒，能腐蝕壞肉，非特爲有錫也。此説非是。但取周景王時大泉五十及寶貨，秦半兩，漢莢錢，大小五銖，吴大錢五百、大錢當千，宋四銖、二銖，及梁四柱，北齊常平五銖之類，方可用。時珍曰：古文錢，但得五百年之外者即可用，而唐高祖所鑄開元通寶，得輕重大小之中，尤爲古今所重。綦母氏《錢神論》云：黄金爲父，白銀爲母，鈆爲長男，錫爲適婦，其性堅剛，須水終始，體圓應天，孔方効地，此乃鑄錢之法也。三伏鑄錢，其汁不清，俗名爐凍，蓋火尅金也。唐人端午於江心鑄鏡，蓋此意也。

發明：宗奭曰：古錢有毒，治目中障瘀，腐蝕壞肉，婦人横逆産，五淋，多用之。予少時常患赤目腫痛，數日不能開。客有教以生薑一塊，洗浄去皮，以古青銅錢刮汁點之。初甚苦，熱淚蔑面，然終無損。後有患者，教之，往往疑惑；信士點之，無不一點遂愈，更不須再。但作瘡者，不可用也。時珍曰：以胡桃同嚼食二三枚，能消便毒。便毒屬肝，金伐木也。

銅弩牙《别録》下品。

釋名：時珍曰：黄帝始作弩。劉熙《釋名》云：弩，怒也，有怒勢也。其柄曰臂，似人臂也。鉤絃者曰牙，似人牙也。牙外曰郭。下曰懸刀。合名之曰機。頌曰：藥用銅弩牙，以其有錫也。

發明：弘景曰：銅弩牙治諸病，燒赤納酒中飲汁，古者彌勝。劉元素曰：弩牙速産，以機發而不折，因其用而爲使也。

諸銅器《綱目》。

氣味：有毒。時珍曰：銅器盛飲食茶酒，經夜有毒。煎湯飲，損人聲。藏器曰：銅器上汗有毒，令人發惡瘡内疽。

**明・高濂《遵生八箋・燕閒清賞箋上・清賞諸論》**　論古銅色

高子曰：曹明仲《格古論》云：銅器入土千年者，色純青如翠，入水千年者，則色緑如瓜皮，皆瑩潤如玉；未及千年，雖有青緑，而不瑩潤。此舉大概，未盡然也。若三代之物，迄今何止千年，豈盡瑩潤而青緑各純者也？若云入土則青，入水則緑，其水銀色并褐色、黑漆古者，此又埋於何地者也？凡三代之器，入土年遠，近山崗者多青，山氣濕，蒸鬱而成青。近河源者多緑，水氣滷，浸潤而成緑。余見一物，乃三代款識，半身水浸年遠，水痕涸溢數層，此爲入水無疑，而色乃純青，其着水潭底方寸，少黄緑色。則水土之説，豈盡然哉？余思鑄時銅質清瑩不雜者，多發青；質之渾雜者，多發緑。譬之白金，成色足者作器純白，久乃發黑；不足色者，久則發紅、發緑。此論質，不論制，理可推矣。

他如古墓中近尸者，作水銀色，然水銀色亦分二種，有銀色，有鉛色，惟鏡居多。古者，尸以水銀爲殮，彼世死者以鏡相遺，殮者即以鏡殉，取照幽冥之義。故銅質清瑩者，先得水銀沾染，年久入骨，滿背成銀，千古亮白，謂之銀背。其有先受血水穢污，始受水銀侵入，其銅質原雜，則色如鉛，年遠色滯，謂之鉛背。其有半水銀，半青緑，硃砂堆者，先受血肉穢腐其半，日久釀成青緑，青半浄者，乃染水銀，故一鏡之背，二色間雜也。今之鏡以銀背爲上，鉛背次之，青緑又次之。又若鉛背埋土年遠，遂變純黑，爲之黑漆背。此價又高，而此色甚易爲假。至有古銅鼎鬲尊彝，亦有水銀色者，何也？此在墓中得水銀散漫之氣，沾染而成，故惟一角、一耳、一旁有之。或地近生水銀處，亦成此色。所以鼎彝無全身水銀色者，而鍾磬則萬無一二也。

上古銅器，以質厚爲佳，年既久遠，土銹侵骨，質已鬆脆，厚者尚有受用，薄者若少擊搏，不破即裂。又如無青緑而純紫褐色者，曹明仲以爲人間流傳之色，非也。三代之物，因入土沉埋，後人方得集以傳世。若云三代流傳到今，方有此色，何能在世數千年不爲兵燹銷爍，破損沉淪者耶？此等器皿，出自高阜古冢，磚宫石室，燥地秘藏，又無水土侵剥，又無尸氣染惹，列之石案間，惟地氣蒸潤，且原制精美光瑩，變爲褐色，純一不雜。故鼎彝居多，而小物并秦漢物，褐色絶少。近見褐色上有青緑點子，乃出土之後，人以鹹酸之味侵染乃爾，非透骨緑色。故褐色上有雲頭片、芝蔴點、朱砂斑，并緑翠雨雪點者，此爲傳世物也，非傳世上三五千年，始成褐色。故古銅以褐色爲上，水銀、黑漆鼎彝爲次，青緑者又次之也。若得淳青緑，一色不雜，瑩若水磨，光彩射目者，又在褐色之上。宣廟喜仿褐色，故宣銅此色爲多。凡銅器出自三代，不惟青緑瑩潤，其質、其制、其花紋款識，非後人可能仿佛，自不容僞。若明仲云必三代之物方有硃砂斑，此大誤矣。宋元之物，亦有大片硃斑，若魚子者更多。蓋受人血氣侵染，便成硃斑。亦有二三層堆叠者，刀刮摩擦，不可泯也。豈盡三代物哉？不可不考。

新舊銅器辨正

三代之器，鍾鼎居多，且大容升斗。雖有商質、周文之説，然質者未嘗不文，文者未嘗不質。其質者，制度尚象，款識規模，鑄法工巧，何文如之？其文者，雕篆雖細，文理不繁，填嵌雖工，而矩度混厚，質亦在也。夏嵌，用金銀細嵌，雲雷紋片，用玉與碧瑱剜嵌，美甚。曹云商無嵌法，非也，商亦有之，惟多金銀片，而少雲雷絲嵌細法。今之巧匠，僞造夏商瑱嵌者，以金銀之色，古今所同，可以僞爲，而玉與碧瑱礙法，土銹似不容假。近乃搜索古冢遺棄環、珮、充珥、瑱、珈、琫、珌等物，裁爲方圓規制，以嵌彝鼎，令人眼生。雖識者，必曰：此古琢玉石，豈非三代物哉？每得高值。孰知古嵌一物，周身無一處完整，非剥落即爲青緑銹結遮掩，或隱或露之妙，古雅出自天然。若今嵌，必鑿完全片段，或嵌或遺，狀土剥落，方以法蠟遮飾，何待目力，入手可辯。

唐天寶時，有局鑄花紋細密可愛，全尚華藻於三代之制，或改爲錦地，或改夔龍爲螭，或改雷紋爲方勝，或易篆款爲隸書、真書，於上古淳樸之意大左；更恨質薄，取便一時，無意千古。近有青緑硃砂堆積瓶壺器皿内，有水銹爛孔，或鋤擊蔑裂，後人收拾，以藥補綴，持誘市值。此皆唐時局鑄物也，原非僞造。古鑄工匠精細，撥蠟清楚，紋内地子光滑，即轉角方圓深竅，有如刀鍾雕刻，花地爽朗，周身如一，并無砂眼欠缺，分地不匀之病。

大款爲制度規式，識爲紀功銘篆，故三代鍾鼎，陰識字有百十之多，即薛尚功刻鍾鼎篆二十卷，其篆文可考。若漢唐以下，即陽識矣，而銘亦不古，間有陰識，亦非鍾鼎古文篆法。蓋陽識刻印，印蠟爲之甚易。陰識以蠟剔起字畫，翻砂成陰，爲之甚難，少有不到，字畫泯滅，其精神、摩弄，後迴不及。故秦漢之物不及三代，唐宋之物不及秦漢也。然秦漢不及三代、唐宋不及秦漢者，非人力不到，而質料不精。但秦漢之匠拙，而不善模三代之精工，唐宋之匠巧，而欲變三代之程式，所謂世代不及，傷拙傷巧故也。孰知愈巧愈拙，愈工愈失敦樸古雅。三代之不可及也，反謂己能勝之，改式改紋，務尚形似，所謂醜婦傚顰，愈逞醜態耳。近有真正民間之器，無功可紀，原無識文，今以刀刻鍾鼎相似篆文，磨熟刀痕，加以藥飾，反失真趣。賞鑒家入手即洞識矣，可弄愚者。【略】

論新鑄僞造

近日山東、陝西、河南、金陵等處，僞造鼎、彝、壺、觚、尊、瓶之類，式皆法古，分寸不遺，而花紋款識，悉從古器上翻砂，亦不甚差，但以古器相形，則迥然別矣。雖云摩弄取滑，而入手自粗；雖妝點美觀，而氣質自惡。其僞制法：鑄出，剔摩光净，或以刀刻紋理，缺處方用井花水調泥礬，浸一伏時，取起，烘熱，再浸，再烘，三度爲止，名「作脚色」。候乾，以硇砂、膽礬、寒水石、硼砂、金絲礬各爲末，以青鹽水化，净筆蘸刷三兩度，候一二日洗去，乾，又洗之。全在調停顔色、水洗功夫，須三五度方定。次掘一地坑，以炭火燒紅令遍，將嚴醋潑下坑中，放銅器入内，仍以醋糟罨之，加土覆實，窨藏三日取看，即生各色古斑，用蠟擦之。要色深者，用竹葉燒煙燻之。其點綴顔色，有寒煴二法，均用明乳香，令人口嚼翻味去盡，方配白蠟鎔和。其色青，以石青投入蠟内。緑用四支緑，紅用硃砂。煴用蠟多，寒則乳蠟相半。以此調成，作點綴凸起顔色，其堆叠用滷銹針砂。其水銀色，以水銀砂錫塗抹鼎彝邊角上，以法蠟顔色罩蓋，隱露些少，以愚隸家。用手揩摩，則香腥觸鼻，洗不可脱。或做成入滷鹹地内埋藏一二年者，似有古意。

又，若三代秦漢時物，或落一足，或墮一耳，或傷器體，一孔一缺者，此非僞造。近能作冷冲、熱冲、冷銲、軟銅冲法，古色不變。惟熱冲者，色較他處少黑，若用鉛補，并冷銲者，悉以法蠟填飾器内，以山黄泥調稠遮掩，作出土狀態。此實古器，惟少周全，較之僞物遠甚。又等屑湊舊器破敗者，件件皆古，惟做手乃新，謂之改鍬。余在京師，見有二物：一子父鼎，小而可用，花紋制度，人莫不愛。其僞法：以古壺蓋作肚，屑湊古墓碎器飛龍脚銲上，以舊鼎耳作耳，造成一爐，謂非真正物也。一方亞虎父鼎，内外水銀，無一痕紋片，初議價值百金，制在五寸，適用可玩，人争售之。余玩再三，識其因古水銀方鏡破碎，截爲方片，四面冷銲，屑湊古爐耳脚，制成工巧，可爲精絶。余一識破，衆以爲然，後竟不知何去。若此做手，技妙入神。【略】

近日淮安鑄法古鎏金器皿，有小鼎爐、香鴨等物，做舊頗通，人不易識。入手膩滑，摩弄之功，亦非時日計也。外此有大香猊、香鶴、銅人、燭臺、香毬、酒爐、投壺、百斤獸蓋香爐、花瓶、火盆等物。此可補古所無，亦爲我朝鑄造名地。

**明・朱國禎《湧幢小品》卷四《鍾鼎》** 三代制器，曰鍾、曰鉦、曰鼎、曰鬲、曰盉、曰鍑、曰甗、曰盦、曰洗、曰鋗、曰盆、曰鑑、曰杅、曰匜、曰壺、曰瓿、曰尊、曰罍、曰彝、曰卣、曰舟、曰瓶、曰罌、曰爵、曰斗、曰卮、曰角、曰梧、曰觚、曰斝、曰敦、曰簠、曰簋、曰豆、曰鋪、曰錠、曰錞、曰鐸、曰磬、曰鏡。鍾有特鍾、鎛鍾、編鍾，凡三等。鉦類鍾而庳短，盉類鼎而有味、有鋬，鬲類鼎而空足，鍑類釜而大，甗類甑而通中，盦類洗而大，腰有足鋬，鋗類洗而小，鑑類鋗而大，瓿類壺而庳，卣類壺而有足鋬，簠形方，簋形圓。彝六等，皆有舟。尊六等，皆有田。罍類壺，容酒一斛。舟類洗，而有耳。

鐘，西方之聲，其功大者其聲大。垂則鐘，仰則鼎，一也。【略】黄鐘生一，一生萬物。君子鑠金爲鐘，四時允乳。故鐘調則君道得，古軍中皆用。今易以銅鼓、鑼鐃之屬，取其便也。

**又** 鼎，絶大謂之鼐，圜掩上謂之鼒，豐者爲鬲。

**明・謝肇淛《五雜俎》卷一二《物部四》** 唐以前皆於揚州貢鏡，以五月五日，取揚子江心水鑄之。凡鏡無它，但水清冽則佳矣。今之鏡，北推易水，南數吴興，亦以其水也，然易鏡不逌湖鏡遠甚。

秦鏡背無花紋。漢有四釘、海馬、蒲桃。唐製鼻紐頗大，及六角菱花。宋以後不足貴矣。凡鏡逾古逾佳，非獨取其款識，斑色之美，亦可闢邪魅，禳火災，故君子貴之。

昔人云：「凡銅物，入土千年而青，入水千年而緑。在人間者，紫褐而朱斑其色，有蠟茶者，有漆黑者。」然古墓中鏡，朱砂青緑皆有，不必入水也。古人棺内多灌水銀，遂有「水銀古」者，然亦視其款製何如耳，未必古者盡佳也。

**明・宋應星《天工開物》卷中《冶鑄》**

鼎

凡鑄鼎，唐虞以前不可考。唯禹鑄九鼎，則因九州貢賦壤則已成，入貢方物歲例已定，疏浚河道已通，禹貢業已成書。恐後世人君增賦重斂，後代侯國冒貢奇淫，後日治水之人不由其道，故鑄之於鼎。不如書籍之易去，使有所遵守，不可移易，此九鼎所爲鑄也。年代久遠，末學寡聞，如蠙珠、暨魚、狐狸、織皮之類，皆其刻畫於鼎上者，或漫滅改形未可知，陋者遂以爲怪物。故《春秋傳》有使知神姦，不逢魑魅之説也。此鼎入秦始亡。而春秋時郜大鼎、莒二方鼎，皆其列國自造，即有刻畫必失禹貢初旨。此但存名爲古物，後世圖籍繁多，百倍上古，亦不復鑄鼎，特並志之。

**又** 鐘

凡鐘爲金樂之首，其聲一宣，大者聞十里，小者亦及里之餘。故君視朝、官出署必用以集衆，而鄉飲酒禮必用以和歌，梵宫仙殿必用以明攝謁者之誠，幽起鬼神之敬。

凡鑄鐘高者銅質，下者鐵質。今北極朝鐘則純用響銅，每口共費銅四萬七千斤、錫四千斤、金五十兩、銀一百二十兩於内。成器亦重二萬斤，身高一丈一尺五寸，雙龍蒲牢高二尺七寸，口徑八尺，則今朝鐘之制也。

凡造萬鈞鐘與鑄鼎法同，堀坑深丈幾尺，燥築其中如房舍，埏泥作模骨，用石灰、三和土築，不使有絲毫隙拆。乾燥之後以牛油、黄蠟附其上數寸。油蠟分兩：油居什八，蠟居什二，其上高蔽抵晴雨。夏月不可爲，油不凍結。油蠟墁定，然後雕鏤書文、物象，絲髮成就。然後舂篩絶細土與炭末爲泥，塗墁以漸而加厚至數寸，使其内外透體乾堅，外施火力炙化其中油蠟，從口上孔隙鎔流淨盡，則其中空處即鐘鼎托體之區也。

凡油蠟一斤虚位，填銅十斤。塑油時盡油十斤，則備銅百斤以俟之。中既空淨，則議鎔銅。凡火銅至萬鈞，非手足所能驅使。四面築爐，四面泥作槽道，其道上口承接爐中，下口斜低以就鐘鼎入銅孔，槽傍一齊紅炭熾圍。洪爐鎔化時，決開槽梗，先泥土爲梗塞住。一齊如水横流，從槽道中梘注而下，鐘鼎成矣。凡萬鈞鐵鐘與爐、釜，其法皆同，而塑法則由人省嗇也。若千斤以内者則不須如此勞費，但多捏十數鍋爐。爐形如箕，鐵條作骨，附泥做就。其下先以鐵片圈筒直透作兩孔，以受杠穿。其爐墊於土墩之上，各爐一齊鼓鞲鎔化。化後以兩杠穿爐下，輕者兩人，重者數人抬起，傾注模底孔中。甲爐既傾，乙爐疾繼之，丙爐又疾繼之，其中自然粘合。若相承迂緩，則先入之質欲凍，後者不粘，釁所由生也。凡鐵鐘模不重費油蠟者，先埏土作外模，剖破兩邊形或爲兩截，以子口串合，翻刻書文於其上。内模縮小分寸，空其中體，精美而就。外模刻文後以牛油滑之，使他日器無粘糯，然後蓋上，泥合其縫而受鑄焉。巨磬、雲板，法皆仿此。【略】

像

凡鑄仙佛銅像，塑法與朝鐘同。但鐘鼎不可接，而像則數接爲之，故寫時爲力甚易，但接模之法分寸最精云。

鏡

凡鑄鏡，模用灰沙，銅用錫和。不用倭鉛。《考工記》亦云，金錫相半，謂之鑒、燧之劑。開面成光，則水銀附體而成，非銅有光明如許也。唐開元宮中鏡盡以白銀與銅等分鑄成，每口值銀數兩者以此故。硃砂斑點乃金銀精華發現。古爐有入金於內者。我朝宣爐亦緣某庫偶災，金銀雜銅錫化作一團，命以鑄爐。真者錯現金色。唐鏡、宣爐皆朝廷盛世物云。

又《錘鍛》 治銅

凡紅銅升黄而後鎔化造器，用砒升者爲白銅器，工費倍難，侈者事之。凡黄銅，原從爐甘石升者不退火性受錘；從倭鉛升者出爐退火性，以受冷錘。凡響銅入錫參和法具《五金》卷。成樂器者，必圓成無釬。其餘方圓用器，走釬、炙火粘合。用錫末者爲小釬，用響銅末者爲大釬。碎銅爲末，用飯粘和打，入水洗去飯。銅末具存，不然則撒散。若釬銀器則用紅銅末。凡錘樂器，錘鉦俗名鑼。不事先鑄，鎔團即錘。錘鐲俗名銅鼓。與丁寧，則先鑄成圓片，然後受錘。凡錘鉦、鐲皆鋪團於地面。巨者衆共揮力，由小濶開，就身起弦聲，俱從冷錘點發。其銅鼓中間突起隆砲，而後冷錘開聲。聲分雌與雄，則在分厘起伏之妙。重數錘者，其聲爲雄。凡銅經錘之後，色成啞白，受鎈差復現黄光。經錘折耗，鐵損其十者，銅只去其一。氣腥而色美，故錘工亦貴重鐵工一等云。

又 卷下《五金》 銅

凡用銅造響器，用出山廣錫無鉛氣者入內。鉦、今名鑼。鐲今名銅鼓。之類，皆紅銅八斤，入廣錫二斤。鐃、鈸，銅與錫更加精煉。凡鑄器，低者紅銅、倭鉛均平分兩，甚至鉛六銅四。高者名三火黄銅、四火熟銅，則銅七而鉛三也。

凡造低僞銀者，唯本色紅銅可入。一受倭鉛、砒、礬等氣，則永不和合。然銅入銀內，使白質頓成紅色，洪爐再鼓，則清濁浮沉立分，至於净盡云。

明・方以智《通雅》卷三三《器用・古器》 古器謂之匫，辨之者固有其道也。《說文》：「匫，古器也，呼骨切。」箋曰：「今謂骨董，即匫董之訛也。」九成引張子賢曰：「辨古器，則有所謂款識、臘茶色、朱砂斑、真青緑、井口之類，方爲真古。其製作有雲紋、雷紋、山紋、輕重雷紋、垂花雷紋、鱗紋、細紋、粟紋、蟬紋、黄目、飛廉、饕餮、蛟螭、虬龍、麟、鳳、熊、虎、龜、蛇、鹿、馬、象、鷩、夔、犧、蜼、梟、雙魚、蟠虺、如意、圜絡、盤雲、百乳、鵰耳、貫耳、偃耳、直耳、附耳、挾耳、獸耳、虎耳、獸足、夔足、百獸、三螭、穟草、瑞草、篆帶、若虬結之勢。星帶、四旁飾以星象。輔乳、鐘名，用以節樂者。碎乳、鐘名、大乳三十六外，復有小乳周之。立夔、雙夔之類。凡古器制度，一有合此，則以名之。如雲雷鐘、鹿馬洗、鵰耳壺之類，是也。如有款識，則以款識名。如周叔液鼎、齊侯鐘之類，是也。古器之名，則有鐘、大曰特，中曰鎛，小曰編。鼎尊、罍、彝、舟、類洗而有耳。卣、音酉，又音由，中尊器也，有攀蓋、足，類壺。瓶、爵、斗、有耳，有流，有足，流即觜也。巵、觶、之豉切，酒觴也。角、類彝，而無柱。栝、敦、簠、其形方。簋、類鼎而矮，蓋有四足。豆、甗、牛偃切，無底甑也。錠、徒徑切，又都定切。斝、觚、鬲、形制同鼎，《漢志》謂空足曰鬲。鍑、才有切，《玉篇》云，似釜而大，其實類小瓮而有環。盉、户戈切，又胡卧切，盛五味之器也。似鼎而有蓋，有觜，有執攀。壺、其類有四：曰員，曰匾，曰方，曰壺。盦、於含切，覆蓋也。似洗緑而腰大，有足有提攀。瓿、蒲後切，類壺而矮。鋪、類豆，鋪陳薦獻之義。罍、類釜。鑑、盛水器。上方如斗，鏤底如風窗，下設盤以盛之。匜、代支切，沃盥器。盤、洗、盆、鋗、呼玄切，類洗，《玉篇》云：小盆也。杅、磬、錞、鐸、鉦、類鐘而矮。鐃、戚、鐓、飾物柄者。奩、鑑、即鏡。節、鉞、戈、矛、盾、弩機、表坐、旂鈴、刀筆、杖頭、蹲龍、宫廟乘輿之飾，或云闌楯閒物。鳩車、兒戲之具。提梁、龜蛇、硯滴、車輅、托轅之屬，此其大概。」趙希鵠《洞天清録・集古鐘鼎彝器辨》云：「夏尚忠，商尚質，周尚文。其制器亦然。商器質素無文，周器雕篆細密，此固一定不易之論，而夏器獨不然。余嘗見夏琱戈，於銅上相嵌以金，其細如髮。夏器大抵皆然，歲久金脱，則成陰竅，以其刻畫者成凹也。銅器入土千年，純青如鋪翠。其色子後稍淡，午後乘陰氣，翠潤欲滴。間有土蝕，處或穿或剝，並如蝸篆自然。或有斧痕，則是僞也。銅器墜水千年，則純緑而瑩如玉，未及千年緑而不瑩，其蝕處如前。今人皆以此二品體輕者爲古。不知器大而厚者，銅性未盡，其重止能減三分之一，或減半。器小而薄者，銅性爲水土蒸淘亦盡。至有鉏擊破處，並不見銅色，惟翠緑徹骨。或其中有一線紅色如丹，然尚有銅聲。傳世古則不曾入水土，惟流傳人間，色紫褐而有硃砂斑。甚者其斑凸起如上等辰砂，入釜以沸湯煮之良久，斑愈見。僞者以漆調朱爲之，易辨也。三等古銅，並無腥氣；惟上古新出土，尚帶土氣，久則否。若僞作者，熱摩手心以擦之，銅腥觸鼻。僞古銅器，其法以水銀雜錫末，即今磨鏡藥是也。先上在新銅器上，令勻，然後以釅醋調細硇砂末，筆蘸勻上。候如臘茶面色，急入新汲水滿浸，即成臘茶色；候如漆，急入新水浸成漆色；浸稍緩即變色矣。若不入水，則成純翠色，三者並以新布擦令光瑩，其銅腥爲水銀所匱，並不發露。然古銅聲微而清，新銅聲濁而鬨，不能逃識者之見。薛尚功《款識法帖》及《廣鐘鼎韻》《宣和博古圖》、吕大臨《考古圖》、王球《嘯堂集古録》、黄睿《東觀餘論》、董逌《廣川書跋》等書，皆當熟味偏衆，而斷之以經，庶可言精鑒也。今宣銅罏，永成宣嘉之窑器，果園廠漆器，宫川扇、蘇金扇、鏤版之書，北源廟芥之製，皆精於古。」

得董，得鞊，即得寶也，匼董之原也。　郭朝請曰：「唐《引船歌》曰：『得董紇那邪，紇那得董邪，河裏船車夬，即鬧字，見《玉篇》。揚州銅器多。』」得董之得，音丁紇反。又按唐玄宗幸望春樓，觀韋堅新潭，陝尉崔成甫，錦半臂，缺胯，緑衫褐之，紅袙首，居前船，唱《得寶歌》。胡身之注曰：「先是俚歌曰『得體紇那邪』。其後得寶符於桃林，成甫乃更《紇體歌》曰《得寶歌》。」又按計有功《唐詩紀事》作「紇囊得體邪」。體音都童反，則得體即得董。又按《太真外傳》叙此事曰：「製曲曰『得寶子』，又曰『得鞊』。」鞊，方孔反。考字書絶無鞊字，恐是鞊字，乃瑧之俗文，因思鞊董聲近，觀成甫因得董爲得寶可知。唐人方言，呼寶爲鞊，而得董紇那之音，即今骨董二字之原。靈訾討賀莫達干立黑姓骨咄，則此語從外國來。《唐宋小紀》又有骨篤犀，故轉爲骨董。而《説文》有匼字，古器也。其，唐人所附乎？《指南》引《名物考》言：惠州有骨董羹，則鶻突羹耳。《南齊書・扶南傳》：「遺那伽仙獻瑠璃蘇鉝二口。」或曰：鉝即鞊，然無據。或曰箜揆，轉爲搜拉之聲。《御覽》載《林邑記》「蘇鉝音正」，乃立之訛。

古以鼎爲重器，本象作鼎。　伯厚、似孫詳載諸名，升菴抄之，無所考辨。元美、元瑞俱未有定論。茲約存其概耳。別集諸公辯難，自爲一目，以備參考。《子華子》：「黄帝採銅首山，鑄神鼎。曹植有《黄帝三鼎贊》。《墨子》：「夏后鑄鼎，四足而方。」《説文》：「禹鑄鼎荆山之下。」《帝王世紀》在馮翊懷德之南。《史記》：「武王命南宫括、史佚展九鼎寶玉。」威烈王二十三年，九鼎震。《後漢・郡國志》：「雒陽東城門名鼎門，九鼎所從入。」《唐志》、許康《佐九鼎記》四卷、《書目》：陳太子中庶子虞荔撰《鼎録》一卷，録自古鼎形象款識，始於夏九鼎，終於王羲之書鼎。崔駰《達旨》注蔡邕《銘論》曰：「吕尚作周太師，封於齊，其功銘於昆吾之鼎。」《墨子・耕柱篇》：「夏后開使飛廉鑄於昆吾，使翁難雉乙卜於白若之龜。龜曰：『鼎成四足而方，不炊而自亨，不舉而自藏，不遷而自行。』乙又言兆之繇曰：『饗矣，逢逢白雲，一南一北，一東一西，九鼎既成，遷於三國。』」《鼎録》：「太公於渭水得玉璜，鑄一鼎，刻其文曰璜鼎。」《外紀》及《説苑》《吕覽》：「湯時大旱，翦髮斷爪，身嬰白茅，禱桑林，持三足鼎。」《楚詞天問》「緣鵠飾玉」，注：「伊尹修飾玉鼎以事湯。」智按，此因伊尹負鼎於湯，而附會此説，論詳別條。《淮南》：「周鼎鑄，倕使銜其指，明大巧之不可爲也。」《吕氏春秋》：「周鼎著饕餮，有首無身；周鼎著鼠，令馬履之，爲其不陽也。」《明堂位》：「崇鼎、貫鼎、大璜、封父龜，天子之器也。」《周膳夫》注：「牢鼎九，陪鼎二。」《左傳》：「昭七年，晋賜子産莒之二方鼎。」《金石録》有《方鼎銘》，藏岐山。張舜民云：夏時器也。服虔云：「鼎三足則員，四足則方。」《吕氏春秋》：「齊攻魯，求《岑鼎》，魯君載他鼎以往，齊侯弗信。」《史記》：「秦武王與孟説舉龍文赤鼎。」《韓非子》「齊伐魯，索讒鼎，魯人以其雁往」，謂贋也。智按：此即《吕覽岑鼎》一事。他如正考父鼎、郜鼎、齊甲父鼎、吴壽夢鼎、晋刑鼎、衛舒鼎，見《左傳》。衛孔悝鼎銘，見《祭統》。《鼎録》：「蕭何爲丞相，鑄一鼎，大如三石甕，自表己功。」《郊祀志》：「夏六月，汾陰巫錦，爲民祠魏脽后土營旁，見地如鉤狀，掊視得鼎，迎至甘泉。至中山晏温，有黄雲，有麃過，議尊寶鼎。」《東方朔傳》：「夏育爲鼎官。」宣帝時，美陽得鼎，獻之。神爵元年，爲周康寶鼎立祠未央宫中。明帝永平王雒山出寶鼎，廬江太守獻之。《東觀記》記「廬江獻鼎，詔召鄭衆，問齊桓公之鼎在柏寢臺，見何書？《春秋左氏》有鼎事幾？衆對狀，除郎中」。《郡國志》汝南鯛陽。注：《皇覽》曰：「永平中，葛帔城北，祝里社下，於土中得銅鼎，而銘曰『楚武王之冢。』」《竇憲傳》：「南單于遺獻古鼎，容五斗，旁銘曰『仲山甫鼎』。」橋玄三鼎：東鼎銘：「建寧二年八月丁丑，延公入於玉堂前廷爲司空。」中鼎銘曰：「四年，延公登於玉堂前爲司徒」，西鼎銘曰：「光和元年，延公入崇德前殿爲太尉。」晋成帝咸和元年，宣城春穀縣山岸摧，獲石鼎。成康八年，廬江春穀縣留珪夜見光，取得玉鼎。元嘉十三年，武昌縣章山出神鼎，江州刺史南譙王義宣以獻。二十一年，新陽獲古鼎，有篆書四十二字，雍州刺史蕭思話以獻。泰昭五年，南昌獲古銅鼎，容斛七斗王景文以獻。七年，義陽獲銅鼎。吴赤烏寶鼎出臨平湖，又出東部酃縣。南齊永明二年，丹水上下得古鼎一枚。唐貞觀二十二年，泫水獲古鼎。開元十三年，萬年人王慶築垣，獲寶鼎五，獻之。二十一年，眉州獻寶鼎，縣本汾陰。開元十年，獲寶鼎，更名。《册府元龜》云：「獲古銅鼎二，其大者容一斗。」咸平三年，乾州獻古銅鼎，句中正與杜鎬詳其文曰：「維六月初吉，史信父作饗甗，期萬年，子子孫孫永寶用。」宋祥符五年，南康軍獻古鼎。皇祐五年，鑄鼎十有二，員丘用五，宗廟七。又作鸞刀，命阮逸、胡瑗鑄。劉敞爲《新律鐘鼎鸞刃銘》。崇寧三年，以魏漢津言鑄鼎，中曰帝鼐，八方曰蒼彤、晶、寶、魁、阜、牡、風。上爲鼒銘。帝鼒曰隆鼒，八鼎曰，育、明、藏、正、健、順、龢、潔。宣和元年，安州得商六鼎，上之。大觀三年，以鑄鼎之地作寶成宫，寶籙宫、神霄殿，遂爲十八鼎。《博古圖》：「歷代之鼎，形制不一：有腹著饕餮，而間以雷紋者，父乙鼎、父癸鼎之類是也。有鍊色如金，著飾簡美者，辛鼎、癸鼎之類是也。有緣飾旋花，奇古可愛者，象形鼎、横戈父癸鼎之類是也。有密布花雲，或作雲雷迅疾之狀者，晉姜鼎、雲雷鼎之類是也。有隱起饕餮，間以雲雷，或作細乳者，亞虎父丁鼎、文王鼎、王伯鼎之類是也。或如孟鼎之侈口，中鼎之無文，伯碩史頭鼎之至大，金銀錯鼐之絶小。或自方如簠，或分底如鬲，或設蓋如敦。曰崇曰貫，則名其國也。曰讒，曰刑，則著其事也。曰牢，曰陪，則設之異也。曰神，曰寶，則重之極也。」智以讒與饞通，或作岑，可知其借矣。宣德銅爐最貴，濾十二次，鎔於鋼格，滴格下者鑄爐，餘作他器。初倣宋燒斑，已用蠟茶本色，或栗茄棠梨褐，而末以淡勝。其款皆備，以乳足戟魚耳爲雅，色若藏經紙，而橘皮發光。畜火愈妙，彩爛善變。不似青緑鼎彝之安銀膽也，真適用之神品哉！

**又　卷四八《金石》**　方諸，明水，陽燧，明火，皆鑑取之也。《吕覽》《淮南》嘗言之，皆以陽燧爲陽起石，方諸爲大蚌，或爲水晶。按《司烜氏》：「以夫燧取明火於日。鑑取明水於月。」《考工記》曰：「銅錫相半，謂之鑑燧之劑。」是火爲燧，水爲鑑也。高堂隆曰：「陽燧一名陽符，取火於日；陰燧一名陰符，取水於月。竝以銅作之，謂之水火之鏡。」干寶《搜神記》云：「金錫之性一也，五月丙午日午時鑄爲陽燧，十一月壬子日子時鑄爲陰燧。」銅錫爲水火之精，陰陽相徵，蓋其徵哉。《緯略》乃以《司烜》之鑒取明水於月爲方諸，大蛤，乃一端也。陽燧面窪出火。倒景之理，詳見質測。

**又方以智《物理小識·金石類》**　銅　銅有白、赤，加倭鉛與盧甘石者皆黄，以錫則響，以砒汞而點白者，又非原白也。黄香不詳所出。飛煉爲霜，能令銅白如銀。銅臾爲線，若甘草煑銅則硬。

洗舊銅法　銅器舊黑，用香餅末醋塗過夜，明日水草一洗則新。

啞銅　欲使銅無聲者，以葱、蒜、韭實煆伏。南番乳香成汁，合鵬砂以淬銅，則啞。

碎銅法　勃薺嚼錢，可使成泥。以胡桃嚼之，亦碎。河北人言地梨碎銅盆。

**又　《器用類》**　辨古銅器法　銅入土，千年青。入水緑，千年瑩如玉。午後翠欲滴，蝕處如蝸篆。或蝕薄，或鋤破，並不見銅色。翠緑徹骨，或有一綫丹，然尚有銅聲。傳世古，則紫褐而硃斑，沸湯煑之，斑愈明。僞者，漆調硃也，或塗汞錫，加醋調硇，蘸而浸水變色者。熱手久摩，銅腥觸鼻矣。井水調泥礬，浸一周時，再烘熱，銅器上三度作脚色，候乾，却將硇砂浸化，净筆蘸上，刷三四度，候日餘洗去，遇乾即洗，全在調停水洗候色。若入地窖藏之，即生硃砂斑。欲其色沉，以竹葉煙燻之。泥礬兩度，俟半日許溶，又頻浴之，即爲茶褐色。古銅聲微而清，新銅濁而鬨，或割口銲之，其聲變者。至鼎彝樽觚卮觶商金銀等款識，《博古圖》詳矣。博山下象海，水收香也。古緑匜洗可養目，秦鏡厚而皆光，照之神清闢邪，多水銀古。海燕蒲萄等，則漢鏡也。香爐畜火，莫如宣銅。宣廟命工煉十二次，溶下鋼格，謂内殿災，金銀銅像渾者，非也。乳爐最宜，魚戟蜓耳象鼻獸面皆佳，竹節鬣環索耳分襠下也，有鑄耳者，有鋈金者，有雞皮者，初倣宋燒斑或蠟茶，末年淡者乃訬，望之黯然，迫視如肉内色，藴火其中，彩爛善變，僞者銅氣自新，光不從内發也。嘉靖初有學道鑄，後有施家鑄，惟以銅重爲價，蘇有蔡鑄，南京有甘鑄，先肯煉銅，略變其色，日夜蓄火十年，則亦可觀矣。陳旻昭言周鳴仲王越石，孫淮橋以一見文王鼎，分而爲四，而主人亦不知其真贋也。不可不知。虚舟子曰，器不過適用而已，求之甚精而顔以好古之目，亦爲隱賑者化其俗耳。噫，天道好還，且令富貴之子，以此揮霍，何非闇體天道之一端耶！盧坦之對杜黄裳是也。《觚不觚録》曰，書當重宋，而三十年來忽重元。窑器忽重宣成，價增十倍，大抵吴人濫觴。今陸子剛之治玉，鮑天成之治犀，朱碧山之治銀，趙良壁之治錫，馬勳之治扇，吕愛山之治金，石小溪之治瑪瑙，蔣抱雲之治銅，皆比常價再倍。嗟乎！大臣無所嗜好，價自當平。焦澹園曰，道無形而器有象，如犧尊之重遲，蜼敦之智辨，黄目之清明，山罍之鎮静，壺尊著尊之質樸，使人指掌而意悟，目擊而道存，皆有不言之教焉。故曰，古之君子，不必親相與言也，以禮樂示之而已。至若杜爵懲濫，饕餮戒貪，山觚防湎，觸事著警，凡以成德而礪行，抑其次也。原父謂禮家之制度，小學之文字，譜牒之謚系，靡不有資，猶爲末務，乃上不能契道，下不以飭德，而持爲耳目之玩，則宣和君臣之失也，適足爲戒而已。

**清·谷應泰《博物要覽》卷一《志銅器》**

古銅青緑及褐色

曹明仲《格古要論》云，銅器入土千年者，色純青如翠。入水千年，則色緑如瓜，皆瑩潤如玉。未及千年，雖有青緑而不瑩潤。此語大概未盡然也。若三代之物，迄今何止千年，豈盡瑩潤而青緑各純色也？若云入水則緑，入土則青，其水銀色、褐色，并黑漆古者，此又埋於何地者也？凡三代之器，入土年遠，近山岡者多青，山氣蒸濕，鬱而成青。近河源者，水氣滷浸，潤而成緑。余見一物，乃三代款識，半身上浸年遠，水痕涸溢數層，此爲入水無疑，而色乃純青，其着水潭底方寸，則黄緑色，則水土之説，豈盡然哉。余思鑄銅之時，銅質清瑩不雜者多成青，質之渾雜者多成緑。譬之白金成色足者，作器純白，久乃成黑色。不足者，久則成紅成緑。此論質不論製，理可推矣。它如古墓中近尸者，作水銀色。然水銀色亦分二種，有銀色，有鉛色。惟鏡居多者，尸以水銀爲殮，彼世死者以鏡相遺，殮者以鏡殉，取照幽明之義。故銅質清瑩者，先得水銀沾染，年久入骨，滿背皆成銀色，千古亮白，謂之銀背。其有先受血水穢污，始得水銀浸入，銅質原雜，則色如鉛。年遠色滯，則色如鉛者，其半有水銀。半青緑硃砂斑堆者，先因受血肉穢腐，其半日久釀成青緑，其浄者仍染水鏡，故一鏡之背二色兼雜也。今之古鏡，以水銀爲上，鉛背次之，青緑又次之。又若鉛背埋土年遠，遂變純黑，名爲黑漆古，此價又高。而此色甚易爲假。至有古銅鼎彝亦有水銀色，何也？此在墓中，得水銀散漫之氣，沾染而成，故惟一角一耳有之。或地近生水銀處，亦成此色。所以鼎彝無全水銀色，而鐘磬則萬無一二矣。上古銅器，以質厚爲佳，年既久遠，土銹侵骨，質已鬆脆。厚者尚有受用，薄者若少擊搏，不破即裂。又如無青緑而有純紫褐色者，《格古要論》以爲人間流傳之色，此説非是。三代之物，因入土沉埋，後人方得集以傳世，若云三代流傳到今，方有此色，何能在世數千年，不爲兵燹銷爍破損沉淪者耶！此等器皿，皆因出自高阜古塚、磚宫石室燥地祕藏，又無水土浸潤，又無尸氣沾惹，列之石案間，惟地氣蒸潤，且原製精美光瑩，變爲褐色，純一不雜。故鼎彝居多，而小物并秦漢物褐色純少。近見褐色上有青緑點子，乃出土之後，人以醎酸之味，點染而成，非透骨緑色。故褐色上有雲頭斑、芝麻點、硃砂片并青緑雨雪點者，此爲傳世物也。非傳世上三五千年，始成褐色。故古銅以褐色爲上，水銀黑漆鼎彝爲次，青緑者又次也。若得純青純緑，一色不雜，瑩若水磨，光彩射目者，又在褐色之上。故宣廟銅器喜做褐色，凡宣銅褐色爲多。凡銅器出自三代，不惟青緑瑩潤，其質，其製，其花紋款識，非後人可能彷佛，且不能僞。若《格古要論》所云，必三代之物，方有硃砂斑，此大謬矣。宋、元之物亦有人片硃斑，若魚子者更多，蓋因受人血氣浸染，便成硃斑。亦有一二層堆疊者，刀刮摩擦，不可泯也。豈盡三代物哉！不可不考。

新鑄僞古器顔色

明時山東、陝西、河南、金陵等處，僞造彝、鼎、壺、觚、尊、缾之類，式皆法古，分寸不遺。而花紋款識，悉從古器上翻砂，亦不甚差。但以古器相形，則迥然别矣。其上僞色之法，以井花水調泥礬，浸一伏時，取起烘乾，再浸再烘，三度爲止，名作脚色。候乾，以硇砂、膽礬、寒水石、硼砂、金絲礬各爲末，以青鹽水化浄，筆醮刷三兩度，候一兩日洗去，乾又洗之，全在調停顔色水洗工夫，須三五度方定。次掘一地坑，以炭火燒紅令遍，將釅醋澆下坑中，放銅器入内，仍以醋糟罨之，加土覆實。窨藏三日後取看，即生各色斑點。用蠟擦之，要色深者，用竹葉燒煙薰之。其點綴顔色，有寒煜二法均用明乳香，令人口嚼，濇味去盡，方配法蠟鎔和。其色青，以石青投入蠟内。緑，用四支緑。紅，用硃砂。煜用蠟多，寒則乳蠟相半。以此點成凸起顔色，其堆疊用滷銹針砂，其水銀色以水銀、砂錫塗抹鼎彝邊角上，以法蠟顔色罩蓋，隱露些少，以愚隸家。用手擦摩，則香腥觸鼻，洗不可去。或做成入鹽滷地内埋藏二三年者，似有古意。

**清·胡煦《周易函書》卷一五《篝燈約旨》** 銅能入鐵。

**清·徐松《宋會要輯稿·運曆·銅儀》** 《天文志》：熙寧七年七月，沈括上《渾儀》《浮漏》《景表》三議。【略】

鐐匏，箭舟也。其虚五升，重一鎰有半。鍛而赤柔者金之美者也。然後漬而不墨，墨者其久必蝕。銀之有銅則墨，銅之有錫則屑，特銅久濳則腹敗而飲，皆工之所不材也。

**清·鄭光祖《一斑録·物理·金石》** 銅有白銅、青銅、紫銅，不一類。又有生、熟之分，多産滇省。每年八運入京，各省所用多資滇産。江蘇銅商亦有領文憑往日本採買者。

**清·鄭復光《費隱與知録》** 候風臺儀純用銅鋼

問：《淮南子》「若俔之見風也」，許慎注，綄，音桓。候風也，楚人謂之五兩。去聲。蓋即今之候風旗，其來久矣。其製未詳。今刳木爲鳥尾，插三角布旗，穿高杆上，則鳥隨風轉，鳥咮所向，知風所自。綄，《説文》不載。觀其從系，必絲帛爲之，名曰五兩，蓋言輕也。今用布，或價廉耳。製造之宜，可得聞乎？

北華曰，旗大於鳥，高四十五度，則招風。腹圓眼細，則利轉。可意會也。布易朽敗爲憾耳。嘗見靈臺用銅，半虛而半實，腹軸鋼，俱堅牢所不待言，恐露處鎔澁耳。詢之有司，答曰，鎔處不用，用處不鎔。爲豁然矣。曰：銅質頗重，風能動乎？與知子曰：是薄銅片，實處當風，安能不動！不見風帆乎？其重如何，微風尚能張之。此而不動，必是無風，焉用占。

**清·龍文彬《明會要》卷五七《食貨五·坑冶》** 銅鐵課：明初，唯江西德興、鉛山有銅場。

**又** 嘉靖、隆、萬間，因鼓鑄屢開雲南諸處銅場，久之，所獲漸少。

**清·徐珂《清稗類鈔·工藝類》**

製景泰藍

景泰藍者，始於明代宗景泰時，今都人能製之。其製法，銅器之表面塗以琺瑯質，燒成花鳥人物等種種花紋，花紋之周廓，或界以細銅絲，或否，日本謂之七寶燒，因其光色璀璨，若有各種寶玉雜於其中也。

劉貞甫製準提像

國初劉貞甫，碭山人。造銅器精巧絶倫，嘗爲彭城萬壽祺造準提像，高二尺許，三年而成。臂十八，手中各有所持，手擎七級浮圖，每級四面各有佛一尊，法象莊嚴，無毫髮遺憾。

蟹鉗製銅

有蟹鉗者，初不詳其姓氏，嘗往來於黄山、白嶽間。善製銅，右手僅存食將兩指，以指鉗物，伸屈自如，若蟹螯然，遂以是得名。

王某仿製古銅器

鐵匠王某居敗屋半椽，一爐一錘，鑼刀箝夾之屬，樊然雜列。貌黧黑，衣鶉衣，首如囚，終日孜孜工作不輟。經歲所入，豢妻子有餘輒蓄積之，人無不以巧匠呼之。有新奇詭怪淫巧之物敝，不能自理，則往修之，巧匠無不井井焉，如未敝者，雖極巧之物，曾未足以難巧匠也。間能僞作古銅器，篆刻花紋，尺度形式無一差者，且詭於衆曰：「此某地掘土所得物也。」不知者或受其愚，所作古戈几能亂真。

鐵匠以巧故聞名於西洋某教士，教士以西洋最新之槍一語之曰：「若能拆之而後合之，則酬以重金。」蓋此槍爲最新式者，雖工藝專家，或未能明其搆造也。鐵匠若無事然，盡拆之，不終日，復合之，並能言其搆造之理。某教士無以難，而心折其人，許以重金，邀置西洋某工廠。鐵匠聞之，訑訑然曰：「我華人也，安能爲外國用？雖萬金，不屑也。」某教士亦無如之何。

胥山人鑄銅印

維陽胥山人，工鑄銅印，用撥蠟法。而又精於《説文》六書之學，攷核篆法，一字不苟，印式古樸無倫。嘗走京師，謁盛伯羲祭酒，以印進，盛大賞之，爲游揚於公卿間。復爲書名帖，大署「胥倫字不滅」五字於尺幅，進謁王公，每持之，遂爲一時所傾倒矣。時孝欽后六秩萬壽，京外臣工謀進祝嘏品，苦無特異者。適胥鑄六十甲子印成。甲子印者，以干支相配，六十一週，皆鐘鼎文字，古意盎然。因購而鍍以金，寶光益焕發，因進呈焉，孝欽覽之欣獎。以年用其一，至一週，則年登期頤。詢出何人手，左右以奏聞，乃頒賜福壽字、畫、荷包等物。以布衣而得此，一時稱殊榮焉。而胥山人之名，乃滿京華矣。

**又《鑒賞類》** 宋芝山藏漢鏡土合

漢鏡土合爲尚方鏡之母，嘉慶壬戌，秦中人攜至都下，贈安邑宋芝山學博葆淳，張叔未嘗偕趙潤甫孝廉觀於其寓。其質爲白沙土，下闕處所以進銅。夫鎔造之物，皆有模範，今所傳古泉範，蓋用此以合土，再用土以治泉。名曰泉母，實爲泉祖。此土合則鏡所從出，真鏡之母也。摶土聚沙，能千百年歷劫不壞，與金石同壽，斯足珍矣。是年，叔未留京師，於趙謙士奉常處見衛字瓦母，亦白沙土質。是以土型土，又從來收羅古瓦家所未著録者也。

# 紀事

**《周禮·冬官考工記》**

鳧氏爲鍾，兩欒謂之銑，銑閒謂之于，于上謂之鼓，鼓上謂之鉦，鉦上謂之舞，舞上謂之甬，甬上謂之衡。

鍾縣謂之旋，旋蟲謂之幹。

鍾帶謂之篆，篆閒謂之枚，枚謂之景。

于上之攠謂之隧。

十分其銑，去二以爲鉦，以其鉦爲之銑閒，去二分以爲之鼓閒；以其鼓閒爲之舞脩，去二分以爲舞廣。

以其鉦之長，爲之甬長。

以其甬長爲之圍，參分其圍，去一以爲衡圍。

參分其甬長，二在上，一在下，以設其旋。

薄厚之所震動，清濁之所由出，侈弇之所由興，有説。

鍾已厚則石，已薄則播，侈則柞，弇則鬱，長甬則震。

是故大鍾十分其鼓閒，以其一爲之厚。小鍾十分其鉦閒，以其一爲之厚。

鍾大而短，則其聲疾而短聞；鍾小而長，則其聲舒而遠聞。

爲遂，六分其厚，以其一爲之深而圜之。厚，鍾厚。深謂窐之也。其窐圜。故書圜或作圍，杜子春云：「當爲圜。」

「爲遂」至「圜之」 此遂，謂所擊之處，初鑄作之時，即已深而圜，以擬擊也。

**《韓非子·十過》** 君曰：「吾箭已足矣，奈無金何？」張孟談曰：「臣聞董子之治晉陽也，先慎曰：乾道本脱「之」字，依上文當有，據《藝文類聚》、《御覽》引增。公宮公舍之堂先慎曰：乾道本「公舍」作「令舍」。案「令」當爲「公」之誤，《御覽》引正作「公」，今據改。皆以鍊銅爲柱質，君發而用之。」於是發而用之，有餘金矣。

**《漢書·王莽傳》** 是歲八月，莽親之南郊，鑄作威斗。威斗者，以五石銅爲之，李奇曰：「以五色藥石及銅爲之。」蘇林曰：「以五色銅鑛冶之。」師古曰：「李説是也。若今作鍮石之爲。」若北斗，長二尺五寸，欲以厭勝衆兵。既成，令司命負之，莽出在前，入在御旁。鑄斗日，大寒，百官人馬有凍死者。

**《舊唐書·禮儀志》** 其年，鑄銅爲九州鼎，既成，置於明堂之庭，各依方位列焉。神都鼎高一丈八尺，受一千八百石。冀州鼎名武興，雍州鼎名長安，兗州名日觀，青州名少陽，徐州名東原，揚州名江都，荆州名江陵，梁州名成都。其八州鼎高一丈四尺，各受一千二百石。司農卿宗晉卿爲九鼎使，都用銅五十六萬七百一十二斤。鼎上圖寫本州山川物産之像，仍令工書人著作郎賈膺福、殿中丞薛昌容、鳳閣主事李元振、司農録事鍾紹京等分題之，左尚方署令曹元廓圖畫之。鼎成，自玄武門外曳入，令宰相、諸王率南北衙宿衛兵十餘萬人，并仗内大牛、白象共曳之。則天自爲《曳鼎歌》，令相唱和。其時又造大儀鐘，斂天下三品金，竟不成。九鼎初成，欲以黄金千兩塗之。納言姚璹曰：「鼎者神器，貴於質樸，無假别爲浮飾。臣觀其狀，光有五彩輝焕錯雜其間，豈待金色爲之炫燿？」乃止。其年九月，又大享於通天宫。以契丹破滅，九鼎初成，大赦，改元爲神功。

**《新唐書·南蠻傳·兩爨蠻》** 西爨之南，有東謝蠻，居黔州西三百里，南距守宮獠，西連夷子，地方千里。宜五穀，爲畬田，歲一易之。衆處山，巢居，汲流以飲。無賦税，刻木爲契。見貴人執鞭而拜。賞有功者以牛馬、銅鼓。犯小罪則杖，大事殺之，盜物者倍償。昏姻以牛酒爲聘。女歸夫家，夫慚澀避之，旬日乃出。會聚，擊銅鼓，吹角。

**《舊五代史·食貨志》** 周廣順元年三月，勅：「銅法，今後官中更不禁斷，案：五代錢文，《薛史》惟於《晉本紀》載天福元寶錢文，餘俱從略。據《泉志》：有天成元寶錢，洪遵云：「徑九分，重三銖六參。」有漢通元寶錢，乾祐中所鑄也，洪遵云：「徑寸，重三銖六參。」有周通元寶錢，顯德中所鑄也，李孝美云：「徑寸，重五銖。」《舊五代史考異》一任興販，所在一色即不得瀉破爲銅器貨賣，如有犯者，有人糾告捉獲，所犯人不計多少斤兩，並處死。其地分所由節級，決脊杖十七放，鄰保人決臀杖十七放，其告事人給與賞錢一百貫文。」

**宋·宋敏求《唐大詔令集》卷一一二《政事·財利》** 禁鑄造銅器詔

古者作錢，以通有無之鄉，以平小大之價，以全服用之物，以濟單貧之資。錢之所由急也，然絲布財穀，四者爲本。若本賤末貴，則人棄本而務賤，故有盜鑄者冒嚴刑而不悔，藏鏹者非倍息而不出。今天下泉貨益少，布幣頗輕，欲使流通，焉可得也！且銅者，餒不可食，寒不可衣，既不堪於器用，又不同於寶物，唯以鑄錢，使其流布。宜令所在加鑄，委按察使申明格文，禁斷私賣銅錫，仍禁造銅器。所有採銅錫鉛，官爲市取，勿抑其價，務利於人。開元十七年九月。

**又 卷一一三《政事·道釋》** 斷書經及鑄佛像勅

佛教者，在於清浄，存乎利益。今兩京城内，寺宇相望，凡欲歸依，足申禮敬。下人淺近，不悟精微，覩葉希金，逐燄思水，浸以流蕩，頗成蠹弊。如聞坊巷之内，開鋪寫經，公然鑄佛，口食酒肉，手漫羶腥，尊敬之道既虧，慢狎之心遂起。百姓等或緣求福，因致飢寒，言念愚蒙，深用嗟悼！殊不知佛非在外，法本居心，近取諸身，道則不遠。溺於積習，實藉申明。自今已後，州縣坊市等，不得輒更鑄佛寫經爲業，須瞻仰尊容者，任就寺拜禮，須經典讀誦者，勒於寺贖取。如經本少，僧爲寫供，諸州觀並宜准此。開元二年七月。

**宋·蔡絛《鐵圍山叢談》卷一** 崇寧甲申議作九鼎，有司即南郊爲冶，用中夜時上爲致肅不寐，至是於寢望之，焚香而再拜焉，及既就寢，已仿四鼓矣。别本

「仿」竝作「傍」。忽有神光達禁中，政燭福寧殿，紅赤異常，吴本作「非常」。宫殿於是盡明如晝，別本竝無「於是」二字。殆曉始熄。鼎一鑄而成，迺取佑神觀旁地立九成宫，隨其方爲室，成九室以奠鼎，命魯公爲奉安禮儀使。又方其講事也，輒有羣鶴幾數千萬別本「幾數」竝作「數幾」。飛其上，蔽空不散。翌日上幸之，而羣鶴以千餘又來，雲爲變色，五彩光豔。上亦隨方入其室，焚香爲再拜，從臣皆陪祀於下。先是，方士魏漢津議，別本竝云「獻議」。其制各取九州之水土，常内鼎中。及上行禮至北方之寶鼎也，鼎忽漏水，流浸布地。且鼎金厚數寸，水又素貯鼎中，未始有罅隙，不當及上焚香時泄漏。漏乃旋止，故上深訝焉，魯公爲不樂。於是劉炳進曰：「鼎之水土，皆取於九州之地中，獨寶鼎者取其水土於雄州白溝之界上，非幽燕之正方也。豈此乎？」故當時尤以爲神，然厥後終以北方而致亂矣。又政和六年，用方士王仔昔建言，徙九鼎入於大内，作一閣而藏之。時魯公爲定鼎使。及帝鼐者行，張本「者」作「偕」。亦有飛鶴之祥，雲氣如畫卦之象。帝鼐後改曰「隆鼎」。既甚大，以萬衆曳之，然行覺不大用力。其去疾速，時人皆異之。

**又 卷四** 虞夏而降，制器尚象，著焉後世。繇漢武帝汾脽得寶鼎，因更其年元。而宣帝又於扶風亦得鼎，款識曰：「王命尸臣，官此栒邑。」別本竝作「物色」。及後和帝時，竇憲勒燕然還，有南單于者遺憲仲山甫古鼎，有銘，而憲遂上之。凡此數者，咸見諸《史記》所彰灼者。殆魏晉六朝隋唐，亦數數言獲古鼎器。梁劉之遴好古愛奇，在荆州聚古器數十百種，又獻古器四種於東宫，皆金錯字，然在上者初不大以爲事，獨國朝來寖乃珍重，始則有劉原父侍讀公爲之倡，而成於歐陽文忠公。又從而和之，則若伯父君謨、東坡數公云爾。初，原父號博雅，有盛名，曩時出守長安。長安號多古簋、敦、鏡、甗、尊、彝之屬，因自著一書，號《先秦古器記》。而文忠公喜集往古石刻，遂又著書名《集古録》，咸載原父所得古器銘款。繇是學士大夫雅多好之，此風遂一煽矣。元豐後，又有文士李公麟者出。雁里本「者出」作「著書」，似誤，今從別本。公麟字伯時，實善畫，性希古，吴本「希」作「喜」。則又取平生所得暨其聞睹者，作爲圖狀，説其所以，而名之曰《考古圖》，傳流至元符閒。太上皇帝即位，憲章古始，眇然追唐虞之思，因大宗尚。吴本「宗」作「崇」。及大觀初，乃傚公麟之《考古》，作《宣和殿博古圖》。凡所藏者，爲大小禮器，則已五百有幾。世既知其所以貴愛，故有得一器，其直爲錢數十萬，別本「爲」竝作「金」。後動至百萬不翅者。於是天下塚墓，破伐殆盡矣。獨政和閒爲最盛，尚方所貯至六千餘數，百器遂盡。見三代典禮文章，而讀先儒所講説，殆有可哂者。吴本「哂」作「删」。始端州上宋成公之鐘，而後得以作《大晟》。及是，又獲被諸制作。於是聖朝郊廟禮樂，一旦遂復古，跨越先代。吴本「先」作「前」。嘗有旨，以所藏列崇政殿暨兩廊，召百官而宣示焉。當是時，天子尚留心政治，儲神穆清，因從瑣闥密窺，聽臣僚訪諸左右，知其爲誰，樂其博識，味其議論，喜於人物，而百官弗覺也。時所重者三代之器而已，若秦、漢閒物，非殊特蓋亦不收。及宣和後，則咸蒙貯録，且累數至萬餘。若岐陽宣王之石鼓，西蜀文翁禮殿之繪像，凡所知名，罔間巨細遠近，悉索入九禁。而宣和殿後，又創立保和殿者，左右有稽古、博古、尚古等諸閣，咸以貯古玉印璽，諸鼎彝禮器，法書圖畫盡在。然世事則益爛熳，上志衰矣，非復前日之敦尚攷驗者。俄遇僭亂，側聞都邑方傾覆時，所謂先王之制作，古人之風烈，悉入金營。夫以孔父、子産之景行，召公、散季之文辭，牛鼎象樽之規模，龍瓿雁燈之典雅，皆以食戎馬，供熾烹，腥鱗湮滅，散落不存。文武之道，中國之恥，莫甚乎此，言之可爲於邑。至於圖録規模，則班班尚在，期流傳以不朽云爾。作《古器説》。

**宋・徐天麟《西漢會要》卷一四《禮八》** 文帝後元年，新垣平言曰：「周鼎亡在泗水中，今河決通於泗，臣望東北汾陰直有金寶氣，意周鼎其出乎？兆見不迎則不至。」於是上使使治廟汾陰南，臨河，欲祠出周鼎。人有上書告平所言皆詐也。下吏治，誅夷平。《郊祀志》。

武帝元鼎四年夏六月，汾陰巫錦爲民祠魏脽后土營房，見地如鉤狀，掊視得鼎。鼎大異於衆鼎，文鏤無款識，怪之，言吏。吏告河東太守勝，勝以聞。天子使驗問巫得鼎無姦詐，乃以禮祠，迎鼎至甘泉，從上行，薦之。至中山，晏温，有黄雲焉。有鹿過，上自射之，因之以祭云。至長安，公卿大夫皆議尊寶鼎。天子曰：「間者河溢，歲數不登，故巡祭后土，祈爲百姓育穀。今年豐穰未報，鼎曷爲出哉？」有司皆言：「聞昔泰帝興神鼎一，一者一統，天地萬物所繫象也。黄帝作寶鼎三，象天、地、人。禹收九牧之金，鑄九鼎，象九州。皆嘗鬺享上帝鬼神。其空足曰鬲，以象三德，饗承天祜。夏德衰，鼎遷於殷；殷德衰，鼎遷於周；周德衰，鼎遷於秦；秦德衰，宋之社亡，鼎乃淪伏而不見。《周頌》曰：『自堂徂基，自羊徂牛，鼐鼎及鼒，不吴不敖，胡考之休。』今鼎至甘泉，以光潤龍變，承休無疆。合茲中山，有黄白雲降，蓋若獸爲符，路弓乘矢，集獲壇下，報祠大享。惟受命而帝者心知其意而合德焉。鼎宜視宗禰廟，藏於帝庭，以合明應。」制曰：「可。」同上。

汾陰得寶鼎，武帝嘉之，薦見宗廟，藏於甘泉宫。羣臣皆上壽賀曰：「陛下得周鼎。」壽王獨曰：「非周鼎。」上聞之，召而問之，曰：「今朕得周鼎，羣臣皆以爲然，壽王獨以爲非，何也？有説則可，無説則死。」壽王對曰：「臣安敢無説？臣聞周德始乎后稷，長於公劉，大於太王，成於文武，顯於周公。德澤上昭，天下漏泉，無所不通。上天報應，鼎爲周出，故名曰周鼎。今漢自高祖繼周，亦昭德顯行，布恩施惠，六合和同。至於陛下，恢宏祖業，功德愈盛，天瑞並至，珍祥畢見。昔秦始皇親出鼎於彭城而不能得，天祚有德而寶鼎自出，此天之所以與漢，乃漢鼎，非周鼎也。」上曰：「善。」羣臣皆稱萬歲。是日，賜壽王黄金十斤。《吾丘壽王傳》。

宣帝時，美陽得鼎，獻之。下有司議，多以爲宜薦見宗廟，如元鼎時故事。張敞好古文字，按鼎銘勒而上議曰：「臣聞周祖始乎后稷，后稷封於斄，公劉發迹於豳，太王建國於郊梁，文武興於酆鎬。由此言之，則郊梁酆鎬之間，周舊居也，固宜有宗廟壇場祭祀之藏。今鼎出於郊東，中有刻書曰：『王命尸臣：「官此栒邑，賜爾旗鸞黼黻琱戈。」尸臣拜手稽首曰：「敢對揚天子丕顯休命。」』臣愚不足以迹古文，竊以傳記言之，此鼎殆周之所以褒賜大臣，大臣子孫刻銘其先功，藏之於宫廟也。昔寶鼎之出於汾脽也，河東太守以聞，詔曰：『朕巡祭后土，祈爲百姓蒙豐年，今穀嗛未報，鼎焉爲出哉？』博問耆老，意舊藏與？誠欲考得事實也。有司驗脽上非舊藏處，鼎大八尺一寸，高三尺六寸，殊異於衆鼎。今此鼎細小，又有款識，不宜薦見於宗廟。」制曰：「京兆尹議是。」《郊祀志》。

**《宋史·高宗本紀》** 秋七月甲了，詔求遺書。罷捕賊補官格。丙寅，處州兵士楊興等謀作亂，事覺伏誅。戊辰，置諸州銅作務。

**《金史·食貨志》** 至於銅錢、交鈔之弊，蓋有甚者。初用遼、宋舊錢，雖劉豫所鑄，豫廢，亦兼用之。正隆而降，始議鼓鑄，民間銅禁甚至，銅不給用，漸興窑冶。凡産銅地脈，遣使境内訪察無遺，且及外界，而民用銅器不可闕者，皆造於官而鬻之。既而官不勝煩，民不勝病，乃聽民冶銅造器，而官爲立價以售，此銅法之變也。

**《元史·百官志》** 銅局，提領一員，同提領一員，管勾一員。中統四年置。以上六局，秩從八品。

**清·談遷《棗林雜俎中集·器用》**

古鐘磬

太原交城縣西南汾水上，金大定中，汾東山岸崩，得古墓。有鼎十餘，鐘磬各數十。鼎大者幾三尺，凡十有二，其中實物猶存。鐘小者僅五寸許，大至三尺，凡十有二，蓋音律之次。後世之制以厚薄，而此以大小。其制皆周器，非秦漢以後所作。今器不存，而墓址猶在。

鐘

大名府譙樓鐘，云魏太武物。守潔則聲宏，否則咽滯。前守惡之，棄置通衢，且半裂。樂護莅任，適旱，祭而懸之，扣之不揚。護不懌，夢大衆諠於鐘所，乃再扣之，聲宏，裂處尋平。

正統中，河決滎陽、東昌，水中大鐘二，范縣令鄭鐸得其一，款識「永安四年」。

曹縣城門四，各有鐘。相傳鐘懸則大水，遂置之。崇禎戊辰四月，盧令柱礎不聽，盡懸之，果大水，乃徹。《曹縣志》。

歐陽修《歸田録》：「太常所用王朴編鐘，皆不圓而側垂。後胡瑗改鑄編鐘，遂圓其形而下垂，扣之掩鬱而不揚。」今見南京神樂觀編鐘，形不甚圓。

圜花錞

崇禎元年四月，湖廣通山縣三都水衝出古銅鐘，重十八斤，周製也。有「圜花錞」三字，聲極清遠。

銅法馬

萬曆間，泰和人掘地得法馬，形如月，鑿十字，重四斤，天啓三年造。背鐫「吉安路」。郭尚書子章考梁王琳立永嘉王蕭莊，稱帝改元時，不稱吉安，亦不稱路，路自元始。豈天啓間造法馬，至元始續刻「吉安路」耶？

銅獅

雲南都司公署前大銅獅二，極瑩净，無點斑。

**又《棗林雜俎和集·叢贅》** 括銅

天啓初，太僕寺少卿徐卿伯，括南都廢銅四十七萬餘斤輸北京，二十九萬八千餘斤留鑄錢，俱大内各宫銅竈銅溝等物。

**清·于敏中　英廉《日下舊聞考》卷七一《官署》** 元中統中，尼波羅國人阿爾尼格從帝師入見，帝問何所能。對曰：臣以心爲師，頗知畫塑鑄金之藝。帝命取明堂鍼灸銅像示之曰：此安撫王檝使宋時所進，歲久闕壞，無能修完之者，汝能新之乎？對曰：請試之。至元二年新像成，關鬲脈絡皆備，金工歎其天巧，莫不愧服。《元史本傳》。

《英宗銅人腧穴鍼灸圖序畧》：宋天聖中，創作銅人腧穴鍼灸圖經三卷，刻諸石，復范銅肖人，分佈腧穴於周身，畫焉竅焉，脈絡條貫，纖悉明備。考經按圖，甚便來學。於今四百餘年，石刻漫滅而不完，銅像昏暗而難辨。朕重民命之所資，念良製之當繼，乃命礱石范銅，倣前重作，加精緻焉。建諸醫官，式廣教詔，來者尚敬之哉！《明英宗實録》。

院署有古銅人，虚中注水，關竅畢達，古色蒼碧，瑩潤射目，相傳從海潮中湧出者。《長安客話》：原在城市門，今移改。

臣等謹按：銅人像在署内藥王廟神像前，始作於宋天聖時，元至元間修之，明英宗時又修之，長安客話謂從海湧出，殆傳訛爾。

**又** 銅器庫，康熙三十四年設，在中和殿西第二連房凡五楹。

**清·徐松《宋會要輯稿·食貨·坑冶下》** 禁銅

《宋會要》

太宗太平興國二年，有司言：「江南諸州銅先未有禁法，請頒行之。」詔從其請，除寺（勸）[觀]先有道佛像、鍾、磬、鐃、鈸、相輪、火珠輪、鐸及人家常用銅鑑外，民間所蓄銅器，悉送官，給錢償之。敢有匿而不聞者，論如律。

[至道]二年，詔：「應私鑄銅器，蠹壞錢貨，建康府、台、明、湖州猶甚，可專委守臣嚴切禁止，除鍾、鑼、磬、鐃、鈸、鈴、杵、鏡、鍱鑻並依已降指揮，内鍾、磬、鈴、杵許投税穫鑿出賣。」

咸平四年，江南轉運使馮亮言：「舊勅，犯銅禁者七斤而上，並處極法，奏裁多蒙減斷，待報踰時，頗成淹緩。請別定刑名，以爲永制。」詔自（令）[令]滿五十斤以上取勑裁，餘遞減之。

（淳熙）[慶元]三年閏六月十三日，宰執言：「恭覩内批，禁中發下銅器八千餘兩付尚書省。前此高宗、壽皇皆曾禁約，終不能止。今陛下此舉，四方傳聞，必且聳動，庶幾自此令行禁止。臣等欲出黄榜揭之通衢，使中外共知。」上曰：「可。」

十二月二十二日，詔：「郡縣每月責都監、巡尉狀，有無私鑄銅器及納不盡之數，如因事（骨）[買]罣，將巡尉、都監一併收坐，守倅併議責罰。仍令御史臺覺察。監司不覺察，與同罪。」從臣僚請也。

《宋會要》

嘉泰元年五月三日，臨安府言：「承降指揮禁戢銅器，數内該載官民户除日前見腰帶鍱鑻及鞍轡，作子、照子外，應有銅器不許使用。僧道合用鍾、磬、鐃、鈸、鈴、杵，民間及船户置到防護銅鑼，仰寺觀主首及民户各具件數結立罪賞，經州府陳狀，排立（守）[字]號，當官鐫鑿，給付憑由照用。官、民户鍾磬準此。照得寺院、民户許用鍾、磬、鐃、鈸、鈴、杵、銅鑼，又恐日復一日，或有損壞。乞令申所屬，許齎元物赴文[思]院照元斤兩量立工錢换造，仍鐫鑿文思院换年月。在外準此。」從之。以上《永樂大典》卷六六。

**清·龍文彬《明會要》卷五六《食貨四·庫藏》** 丁字庫，貯銅、鐵、獸皮、蘇木。

**清·孫楷《秦會要》卷九《禮二·九鼎》** 周太史儋見秦獻公，曰：「秦始與周合，合而離，五百歲當復合，合十七年而霸王出焉。其後百二十歲而秦滅周，周之九鼎入於秦。」或曰：「周顯王之四十二年，宋大丘社亡，而鼎没於泗水彭城下，其後百一十五年，而秦并天下。」《封禪書》《郊祀志》。

武王四年，於洛陽舉周鼎，烏獲兩目血出。《孟子正義》十二上引《帝王世紀》。

張儀曰：「秦攻新城，宜陽，以臨二周之郊，誅周王之罪，侵楚、魏之地。周自知不能救，九鼎寶器必出。據九鼎，按圖籍，挾天子以令於天下，天下莫敢不聽，此王業也。」《張儀列傳》。

秦興師臨周而求九鼎，周君患之，以告顔率。率請東借救於齊。齊發師五萬人，使陳臣思將以救周，而秦兵罷。《國策·東周》一。

昭襄王五十二年，周亡，其器九鼎入秦。《秦本紀》《正義》：「禹貢金九枚，鑄鼎於荆山下，各象九州之物。歷殷至周赧王十九年，昭王取九鼎，然一飛入泗水，餘八入於秦中。」

始皇二十八年，還過彭城，齋戒禱祠，欲出周鼎泗水，使千人没水求之，弗得。《始皇本紀》。

周顯王四十二年，九鼎淪没泗淵。秦始皇時，而鼎見於斯水。始皇自以德合三代，大喜，使數千人没水求之，不得，所謂鼎伏也。亦云系而行之，未出，龍齒齧斷其系，故語曰：「稱樂太早絶鼎系。」《水經·泗水注》。

洪頤煊《周九鼎入秦考》云：『《史記·周本紀》云：『西周君奔秦，秦取九鼎寶器，而遷西周公於㲃狐。』《秦本紀》云：『昭襄王五十二年，周民東亡，其器九鼎入秦。』《封禪書》曰：『秦滅周，周之九鼎入於秦。』或曰：『宋太丘社亡，而鼎没於泗水彭城下。』考《六國表》，宋太丘社亡，在周顯王之三十三年，當秦惠文王二年，下距秦滅周八十二年。若九鼎早没於泗水，何以後復入秦？《始皇本紀》云：『二十八年，始皇還過彭城，齋戒禱祀，欲出周鼎泗水。使千人没水求之，弗得。』其時上距滅周止三十七年。若九鼎在秦，何以復求於泗水？王充《論衡・儒增篇》言『或周亡之時，將軍摎入衆見鼎盗取，姦人鑄鑠以爲他器。始皇求不得，後因言有神名，則空生没於泗水之語』，其言亦近理。」見《筠軒文集》。又沈欽韓曰：「九鼎之亡，周自亡之，虞大國之數甘心也，爲宗社之殃；又當困乏時，銷毁爲貨，謬云鼎亡耳。」亦足備一説。

**《清史稿・食貨志》** 乾隆二年，以錢價久不平，飭大興、宛平置錢行官牙以平錢價。上念私銷害尤甚，益厲行銅器禁。官非三品以上不聽用，舊有銅器限三年内輸官，逾限以私藏禁物論，已禁仍造，罪比盗鑄爲從。遂通令禁造銅器。尋益嚴限制，惟一品始聽用，餘悉禁之，藏匿私用，皆以違禁論。

## 圖録

宋・吕大臨《考古圖》卷一

庚

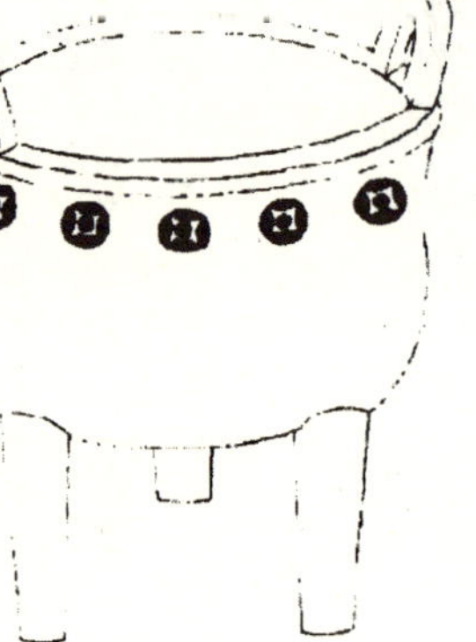

庚鼎盧江李氏。

辛

辛鼎同上。

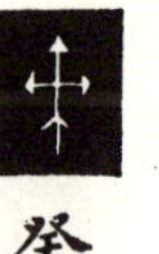

癸

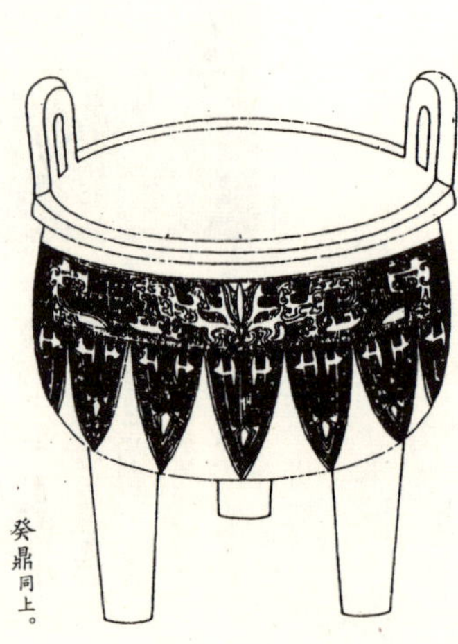

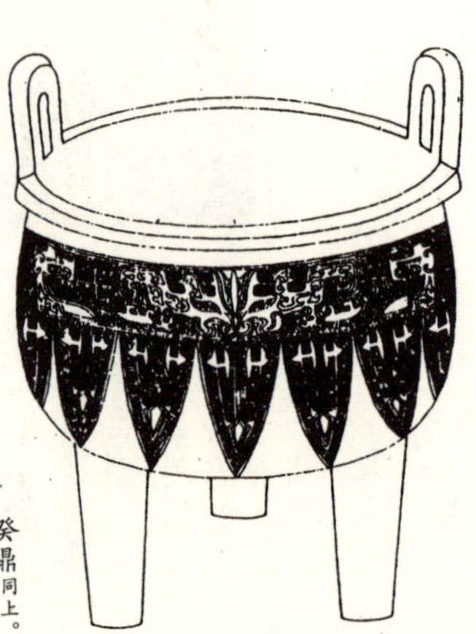

癸鼎同上。

右三鼎皆得於京師。

庚鼎，高六寸有半，深三寸有半，徑五寸三分，容二升有半。

辛鼎，高八寸，深四寸有半，徑七寸，容五升。

癸鼎，高九寸有半，深五寸，徑八寸，容一斗。

銘，皆有一字在其腹。權度量皆用今太府法，有云黍尺黍量者，各識其下。

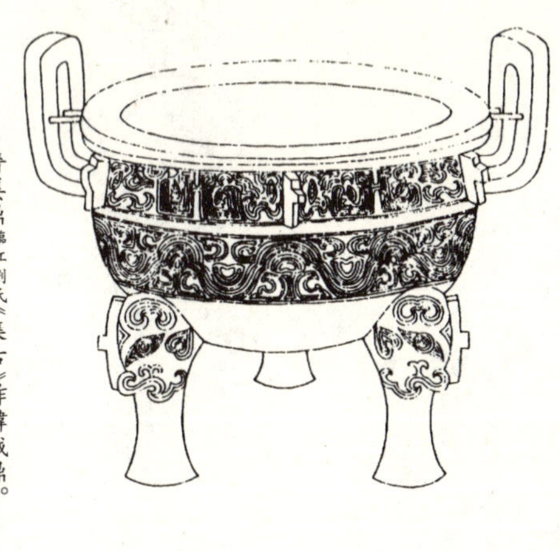
晉姜鼎 臨江劉氏《集古》作韓城鼎。

隹惟王九月乙亥晉晉姜曰余
惟司嗣朕先姑君晉邦余不
叚妄寧巠𩛥明德宣邲又我
猷用召招君辟辟妾騰揚乃先
剌虔不家墜讃譚甾覃京師辟我
萬民嘉遣我沪錫鹵賁千兩
勿廢文候顆令俾貫通弘
征緐綏湯原取乃吉金用作
寶尊鼎用康樂頫妥褱遠邇
君子晉姜用旂綽綰眉壽
作惠淶為亟萬年無疆用享
用德畯保其孫子三壽是利

（右）[晉姜鼎]得於韓城，徑尺有七寸四分，高尺有二寸半，深七寸六分，容四斗二升。銘百有二十一字。

本古集

劉原父釋

惟王九月乙亥晉姜曰余
惟司朕先姑君晉邦余不
安寧巠雝明德宣 我
猷用 所辟
剌虔不 呂寵我
萬民嘉遣我 𦨶賚千兩
令濾文侯
綏綏 堅 吉金用作
寶尊鼎用康 安懷遠邦
君子晉姜用旂 康壽
作惠 亟萬年無疆用享
用德畯保其孫子三壽是利

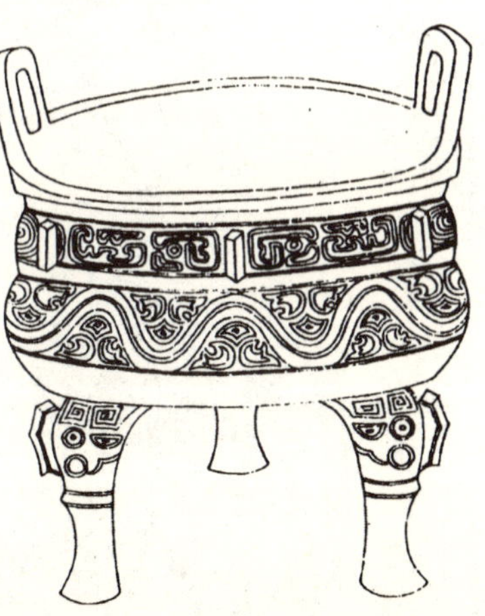
公誠鼎 臨江劉氏《集古》作商雉鼎。

隹惟十古文如本字又有三四月旣死字
霸魄禾在下保保疑作都雖合公
諴誠作尊鼎用追享
丁考作丁于皇且祖考用乞
眉壽萬年無疆
子子孫孫永寶用

（右）［公諴鼎］得於上雒，徑尺有七分，高八寸八分，深五寸八分，容斗有八升，銘四十有一字。

蠆

蠆鼎秘閣。

（右）［蠆鼎］銘一字，餘未考。古蠆字，全象蠆形，疑人名，若公孫蠆之類。周景王十三年，鄭獻公蠆立。

叀惠作𣪘敚白伯
𣪘與妘同氏鼎
永寶用

娟氏鼎河南。

（右）［娟氏鼎］銘十字，餘未考。按，娟姓，祝融之後，亦作妘。《説文》云，籀文作䢵。

東宮

東宮方鼎扶風乞伏氏。

（右）［東宮方鼎］得於扶風，量度未考。銘（三）［二］字，曰東宮。

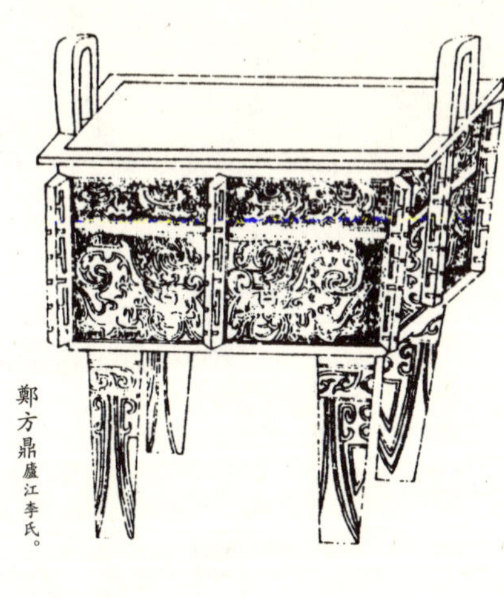

鄭方鼎盧江李氏。

（右）［鄭方鼎］元祐丙寅春新鄭野人耕而得之，高七寸有半，深三寸一分，縮六寸，衡四寸有半，容二升有半，無銘識。

按，此器與東宫方鼎相似。

李氏《録》云，《春秋左氏傳》：晉侯賜鄭子産莒之二方鼎。今得之新鄭，蓋鄭鼎也。

牛鼎内藏。

（右）［牛鼎］不知所從得。以黍尺黍量校之，深八寸六分，徑尺有八寸，容一斛，無銘識。

按，今禮圖所載，牛、羊、豕鼎各以其首飾其足，此鼎之足以牛首爲飾，蓋牛鼎也。

雲鼎

（右）［雲鼎］所從得及度量皆未考，無銘識。鼎口及足皆以雲氣爲飾。

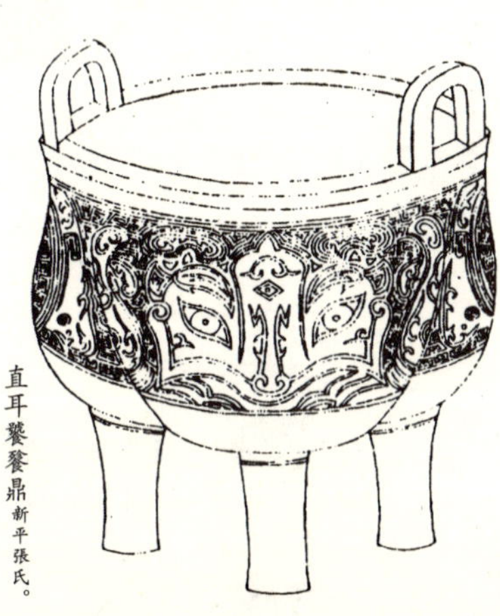

直耳饕餮鼎新平張氏。

（右）［直耳饕餮鼎］所從得及度量皆未考，無銘識，鼎腹有饕餮象文，皆隱出。

乙 作毛

乙鼎河南文氏。

（右）［乙鼎］得於鄴郡亶甲城，高五寸八分，深三寸七分，徑五寸二分，容二升，銘二字。

按，鼎銘乙下一字不可識，考其形制文字，及所從得，蓋商器也。

戊

饕餮鼎鄴郡賓氏。

（右）［饕餮鼎］得於鄴郡漳河之濱，高五寸有半，深三寸四分，徑四寸有半，容二升一合，銘一字。

按，鼎銘一字，奇古不可識，亦商器也。愚謂銘字疑作戊，蓋乙鼎、庚鼎之屬。

又 卷二

鬲 父己

父己鬲京兆呂氏。

（右）［父己鬲］得於郟城，高五寸七分，深二寸九分，徑二寸有半，容二升有半，銘三字。

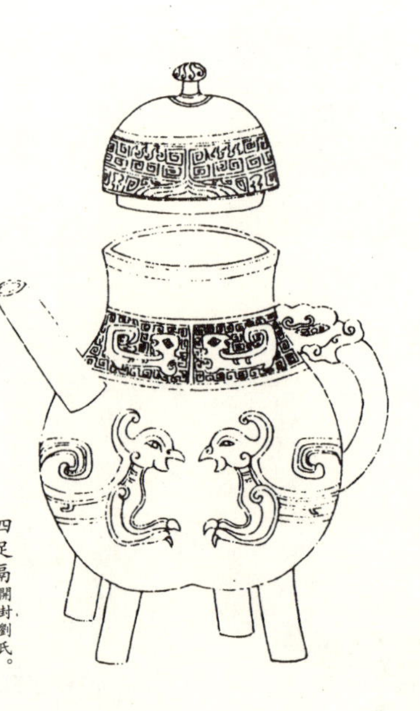

四足鬲開封劉氏。

（右）［四足鬲］不知所從得，高七寸七分，深五寸六分，徑三寸八分，容三升半，無銘識。

伯動父圜旅甗內藏。

(右)[伯動父圜旅甗]不知所從得,以黍尺黍量校之,徑有三寸八分。有唇而無劃記。自口至底隔,深六寸八分,耳高三寸,足皆中空,容二斗。甗容三斗六升,銘六字。

維六月初吉
史仲信父作旅
甗其萬年子子
孫孫永寶用

仲信父方旅甗同上。

(右)[仲信父方旅甗]得於好時,以黍尺黍缺。

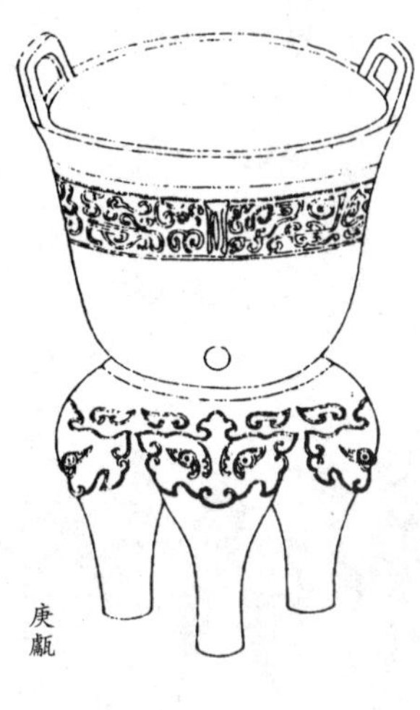

庚甗



庚午為午一作玄
應姊彝

薛尚功云,此器藏開封劉氏,銘文極古惟辨庚玄二字。

又 卷三

(右)[庚甗]得於京師,高六寸有半,深五寸,徑五寸,容二升一合,銘六字。

按,古甗皆下體連鬲,此器殊小,未知所用。銘文惟辨字餘不可訓釋。

隹惟二月戊寅
白伯庶父作
王姑月姑朔作䕬尊同
𣪘敦其永寶用

伯庶父敦臨江劉氏。

(右)[伯庶父敦]得於扶風,徑六寸,深四寸,容六升有半,銘十有九字。

同前

白伯百首集古作周父作周姜
寶敦用夙夕享
用蕲萬壽壽

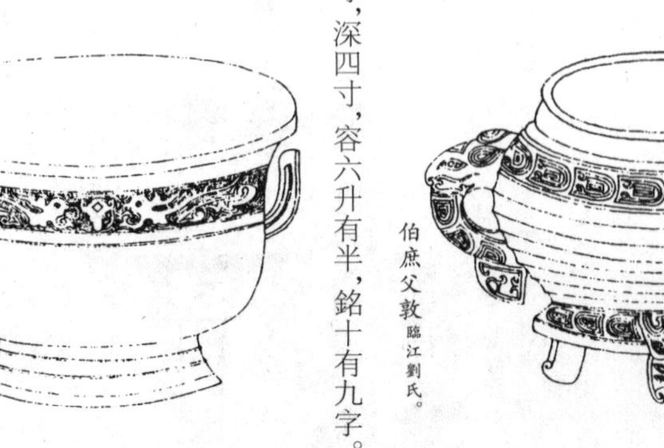

伯百父敦臨江劉氏。

（右）[伯百父敦]得於驪山白鹿原，皆徑六寸五分，深三寸，容二升半，銘十有六字。

按，此敦與諸敦形制全異，底一作囧，蓋一作目，皆當作百字。

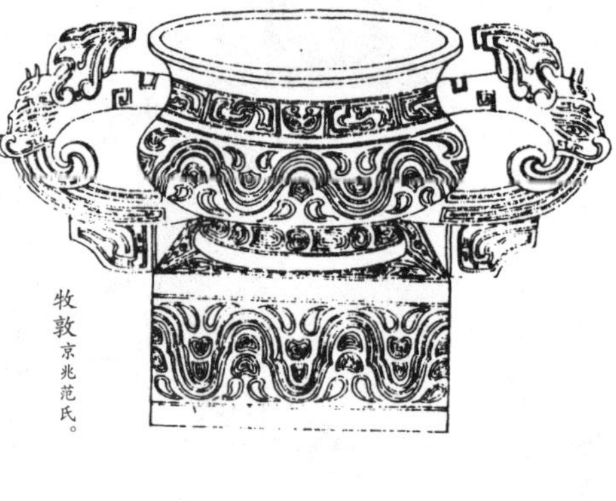

牧敦 京兆范氏。

（右）[牧敦]得於扶風，量度未考。銘二百二十有一字。

按，此敦形制與諸敦不類，其銘與郇敦、散敦相似，所錫有秬鬯一卣，及虎冕練裏之類，與寅簋相似。司服所掌五冕，無虎冕。先儒釋《毳冕》之章，宗彝爲首。宗彝有虎。蜼，故謂之毳。以是考之，虎冕即毳冕也。如荀卿云，天子山冕。山冕，即龍衮也，有山龍之文故。或曰山冕，或曰龍衮，皆舉一物以名其服。蜼音誄。

（右）[三牛敦]得於京師，惟蓋存。徑九寸，高五寸半，容三升，重四斤四兩。

按，鼎、敦、簠多以三物爲飾郤，而可置諸地，語在《金飾・小鼎篇》。此蓋伏三牛以爲足，蟠三蛟以戲於中。

三牛敦 廬江李氏。

太師小子師
朖作𩰫彝

同前

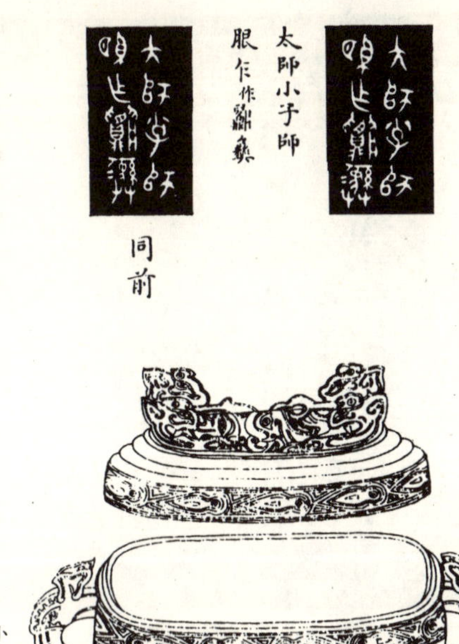

小子師簠丹陽蘇氏。

(右)[小子師簠]不知所從得，高六寸二分，深三寸，縮七寸三分，衡五寸一分，容三升八合，銘九字。

太公作盤壺
寶匜年子紓孫
永寶用享

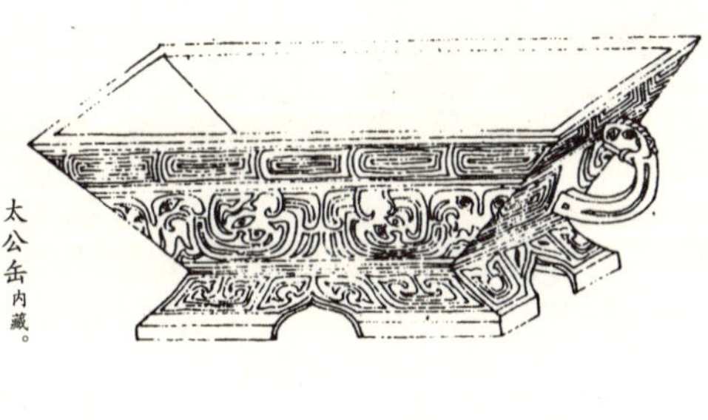

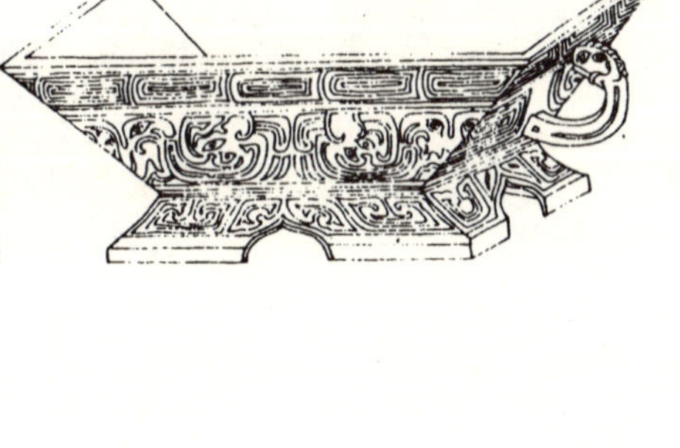

太公缶內藏。

(右)[太公缶]得於馮翊，以黍足黍量校之，縮尺有六寸，衡尺有四寸四分，深三寸，下狹，容二斗，銘十有二字。

按舊圖云，咸平年，同州民湯善德獲於河濱以獻。此器與後所圖弡中及史剎二器，形制全相類，銘皆從𠤳，與匚同音方。而文不同。此器從匡，弡中器從夫，史剎器從古，亦匡字。匡字即古簠字，匡與簠聲相近，又形制皆如簠而方，文雖不同，疑皆簠也。

㪿劉公作杜嬬
尊鋪永寶用

杜嬬鋪廬江李氏。

(右)[杜嬬鋪]得於京師，高五寸有半，深寸有半，徑八寸，柄高四寸，銘十字。

按，《公食大夫禮》：大羹湆不和實於鐙。鐙，文从金，即金豆也。此器字从金，从甫，其形制似豆而卑，以爲簠，則非其類，以爲豆，則不名鋪，古無是器，皆不可攷。

又 卷四

(右)[單彝從彝一]高二寸有半，深二寸二分，縮四寸，衡五寸，容一升三合，銘五字。

按，此器若簠屬。

(右)[單彝從彝二]高三寸八分，深三寸二分，徑五寸六分，容二升三勺，銘五字。

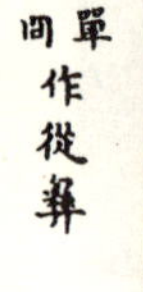

單冋作從彝

單斝從彝一 河南張氏。若方鼎而無足。

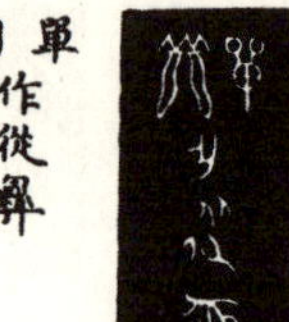
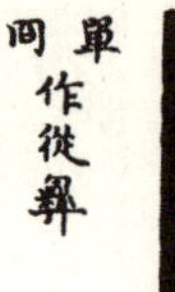

單冋作從彝

單斝從彝三

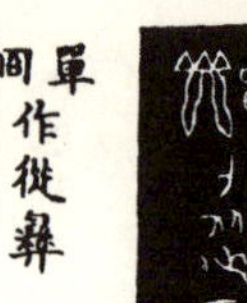

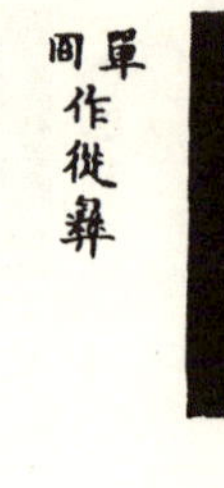

單冋作從彝

單斝從彝四 與伯敦盉同。盧江李氏。

（右）［單斝從彝四］高七寸七分，深三寸七分，徑五寸有半，容二升一合，銘五字。

按，此器與伯敦盉全相似。盉，調味器也。户戈、胡卧二切。

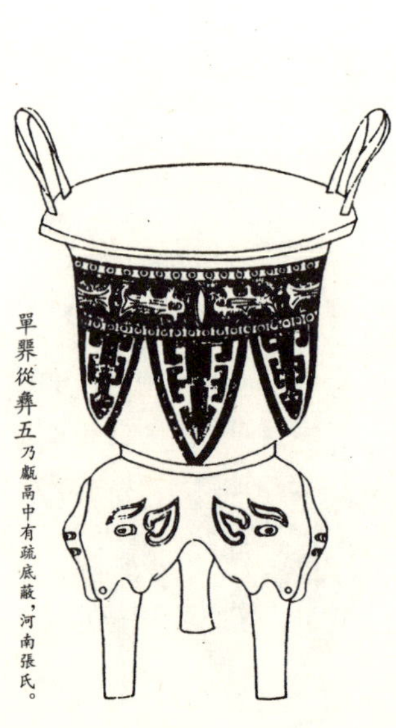

單斝從彝五 乃甗鬲中有疏底蔽，河南張氏。

單冋作從彝

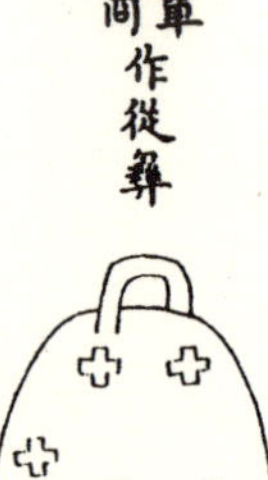
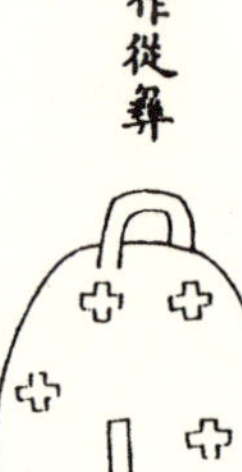
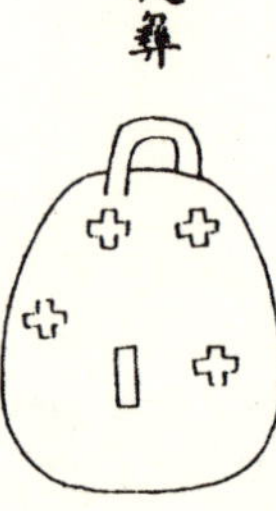

（右）［單斝從彝五］高九寸七分，深五寸，蔽下又深二寸三分，徑七寸九分，容五升二合，蔽下又容一升七合，足中空，銘五字。

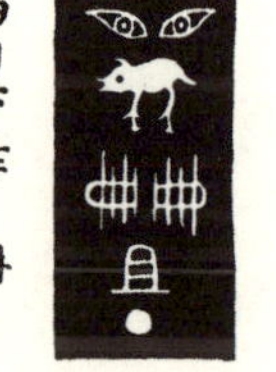
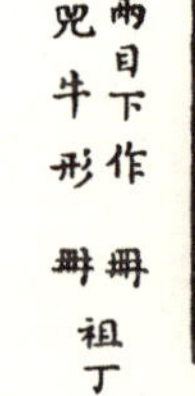

兩目下作兕牛形 冊冊 祖丁

祖丁彝 丹陽蔡氏，薛編作瞿祖丁卣。

（右）［祖丁彝］所從得及度量皆未考，銘六字。

按，此器與前圖二癸彝、父辛彝相類，必有提梁，今不存，當名曰彝。

父己
析子孫

同

(右)[父己人形彝]得於壽陽紫金山,其蓋得於維之硤石,下縮六寸,衡八寸,高尺有一寸,深六寸五分,容一升五合,銘五字。

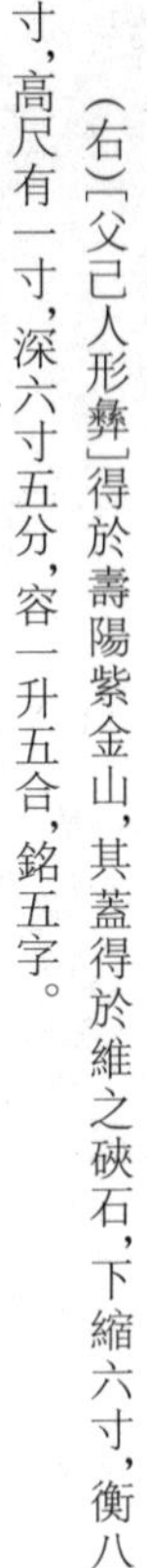

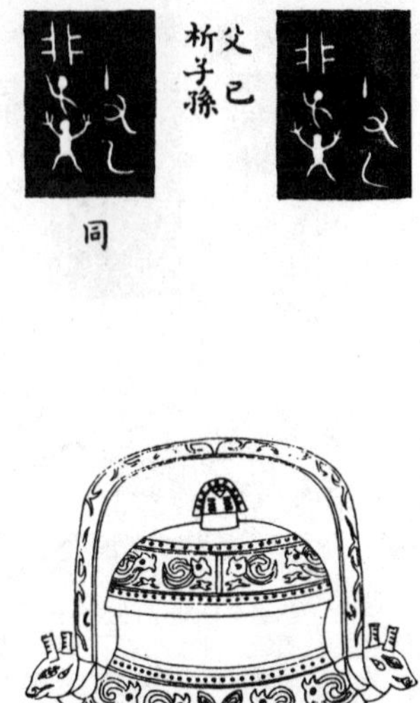
父己人形彝廬江李氏。

亞形中主足 父己

同

(右)[父己足迹彝]得於京兆,高尺有二寸,深九寸七分,徑三寸四分,容六升一合,銘四字。

父己足迹彝廬江李氏。

言作父癸尊彝

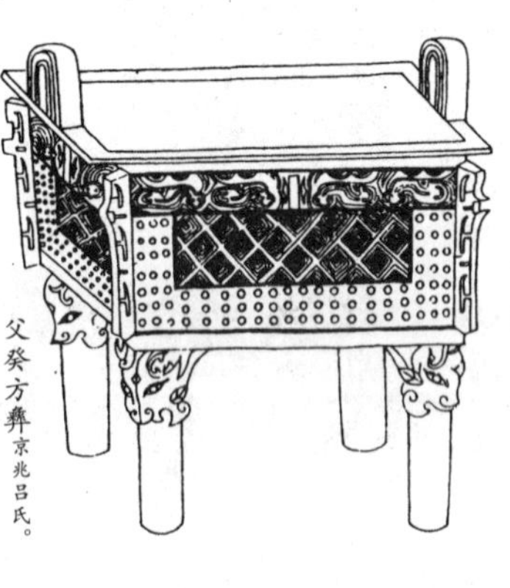
父癸方彝京兆吕氏。

(右)[父癸方彝]得於京兆,高七寸六分,深三寸,縮五寸三分,衡四寸六分,容二升二合,銘六字。

子立戈形 父己

立戈父己卣洛陽曾氏。

(右)[立戈父己卣]得於龍游,高七寸,徑三寸,衡四寸有半,容六升,銘三字。

按,此器文作立戈,狀未詳。

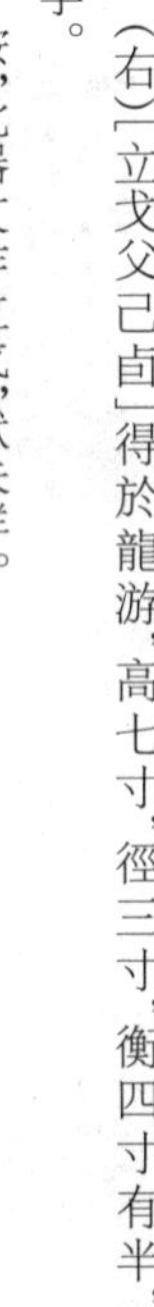

龍紋三耳卣鄱陽法相院。

(右)[龍紋三耳卣]得於彭澤馬山洞穴中,量度未考,無銘識。

按，此器亦三耳，與樂司徒卣相類，但文縟而煩，差細。今法相院僧傳摹其器以示人，有誤指爲陶淵明酒壺。

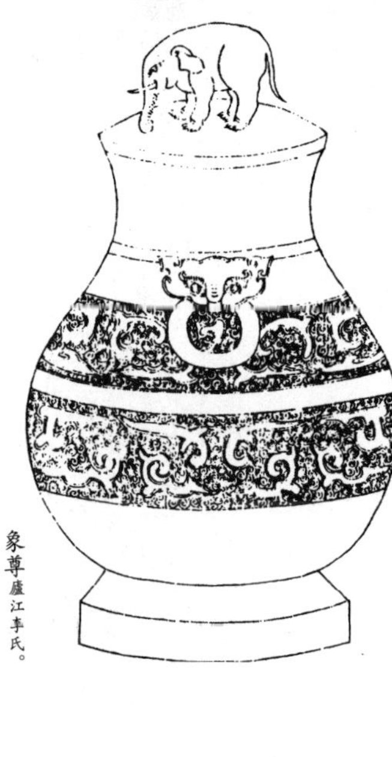

象尊廬江李氏。

（右）［象尊］不知所從得，高尺有一寸，徑三寸有半，深七寸有半，容九升四合，無銘識。

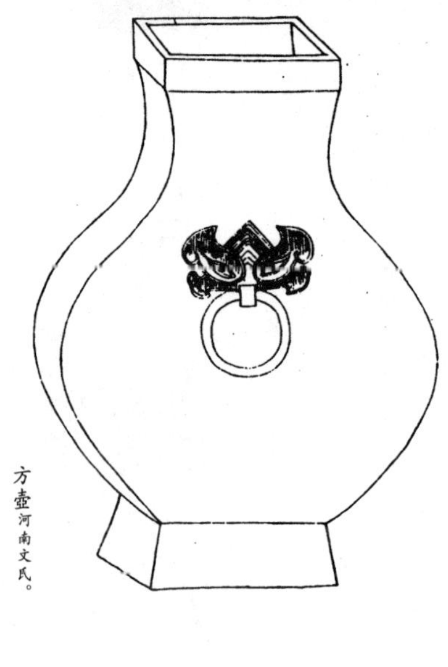
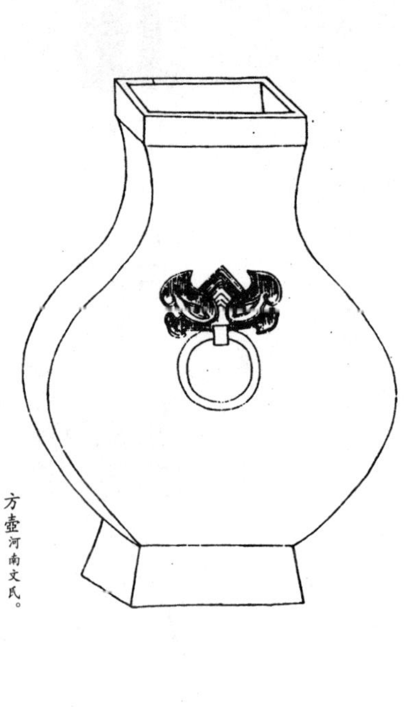

方壺河南文氏。

（右）［方壺］所從得及度量皆未考，無銘識。

按《周禮·司宫》，尊於東楹之西兩方壺此器無文飾，挾腹，兩鼻皆銜方環。

獸環細紋壺二京兆吕氏。

（右）［獸環細紋壺］得於乾之永壽，高尺，徑三寸二分，深八寸七分，容七升二合，無銘識。

三耳大壺同上。

（右）［三耳大壺］不知所從得，高二尺五寸，深二尺，徑八寸八分，容一斛。

又　卷五



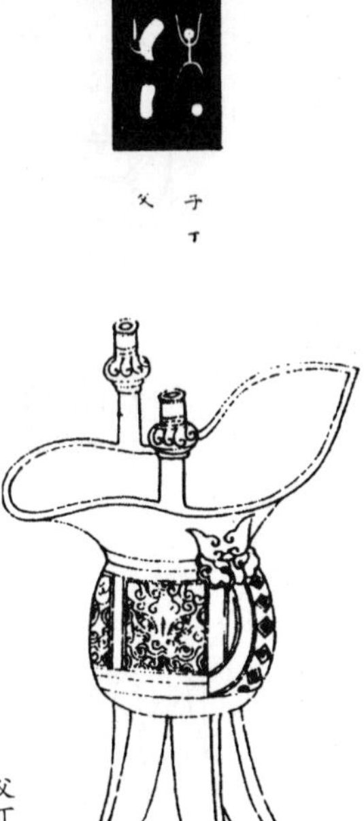

父丁爵廬江李氏。

(右)[父丁爵]得於新鄭，高七寸五分，縮五寸有半，衡二寸有半，深三寸，柱高二寸，足高三寸，容一合有半，銘一字，在左柱。二字在腹當耳，上一字人形者，與父己彝同，亦疑爲子字。



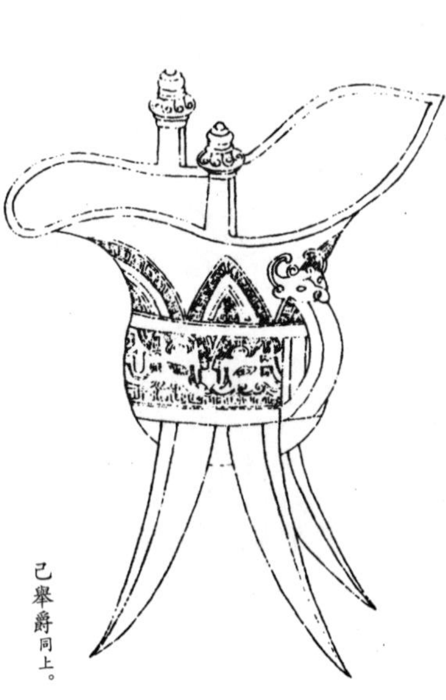

己舉爵同上。

(右)[己舉爵]得於壽陽紫金山，高七寸，縮六寸，衡二寸有半，足高三寸，容四合，銘二字，在腹當耳。已下有冂亦恐是舉字



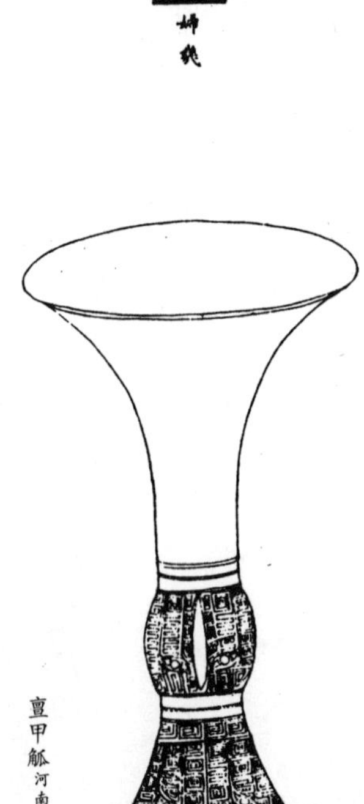

亶甲觚河南王氏。

(右)[亶甲觚]得於鄴郡亶甲城，高八寸四分，深五寸六分，徑四寸四分，容一升，無銘識。

姬寏母作太公郚公　公魯
中覽伯孝公靜公豆用斳
眉壽永命多福永寶用

齊豆河南張氏。

(右)[齊豆]熙寧中得於扶風，高五寸八分，深一寸半，徑四寸八分，容六合半，銘三十字，有蓋。

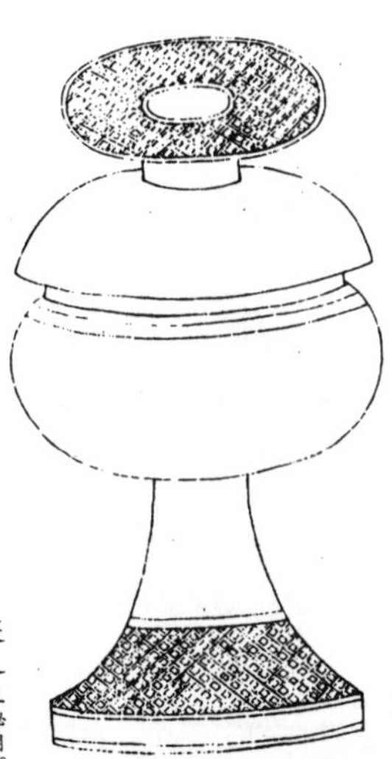

篆足豆秘閣。

（右）［纂足豆］不知所從得，并蓋高九寸，深三寸有半，徑五寸有半，容二升，無銘識。

按，此豆其蓋與齊豆異。

伯玉敦作寶盉其
萬年子孫永寶用

伯玉敦盉河南文氏。

（右）［伯玉敦盉］得於京兆，高五寸八分，深四寸，徑五寸二分，容三升四合，銘十有四字。按，盉不見於經。《説文》曰，盉，調味也。蓋整和五味，以共調也。洛陽匠獲一器，形制類此，名曰單彝作從彝，蓋爲彝陪設。是器已附見於彝屬。

獸環細紋瓿秘閣。



（右）［獸環細紋瓿］不知所從得，高九寸，深八寸，徑三寸七分，容斗有一升，無銘識。

又 卷六

張伯作旅匜
子〻孫〻永寶用

張伯旅匜臨江劉氏。

（右）［張伯旅匜］得於藍田，徑四寸有半，深二寸七分，容二升，銘十有二字。

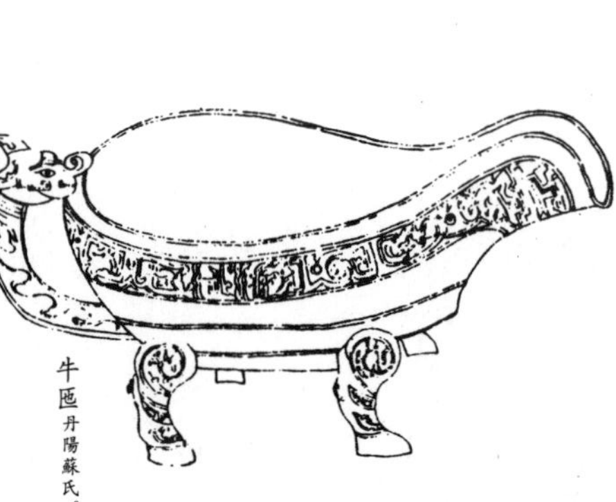

牛匜丹陽蘇氏。

(右)[牛匜]不知所從得,高四寸七分,深二寸七分,縮九寸三分,衡五寸一分,容三升二合,無銘識,爲牛首衡柄,下爲四牛足。

又 卷七

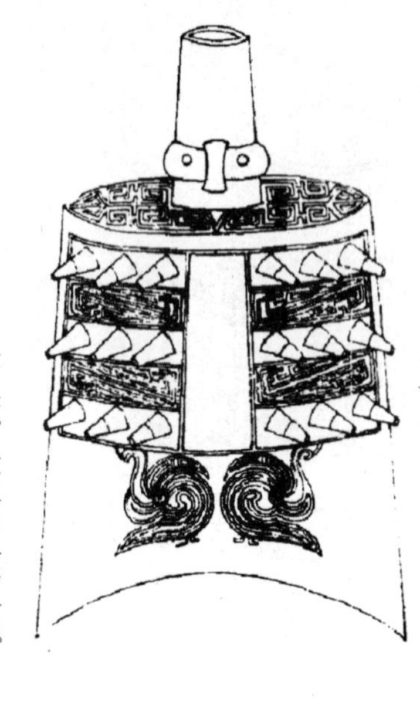

走鐘太常。五鐘聲則異銘文同。

走作朕皇祖文考寶和鐘
走其萬年子子孫孫永寶用享

右五鐘,不知所從得,其銘同文皆二十有二字。

一鐘中令黃鍾下二律,長尺有九寸八分,內甬衡長六寸九分,兩舞相距尺有三寸七分,橫七寸三分,兩彎相距縱尺有六寸五分,橫九寸三分。令律即景祐中李照等所定不同。

一鐘中令蕤賓下二律,長尺有八寸八分,內甬橫長六寸八分,兩舞相距縱尺有五分,橫七分,兩彎相距縱尺有五寸橫七寸。

一鐘中令太蔟下二律,長尺有九寸五分,內甬衡長六寸八分,兩舞相距縱尺有二寸一分,橫八寸六分,兩彎相距縱尺有七寸三分,橫九寸七分。

一鐘特懸中今林鍾律,長二尺二寸五分,內甬衡長八寸一分,兩舞相距縱尺有二寸一分,橫九寸,兩彎相距縱尺有八寸四分,橫九寸有半。

一鐘特懸中今太蔟律,長二尺八分,內甬衡長七寸三分,兩舞相距縱尺有一寸一分,兩彎相距縱尺有七寸半,橫尺有九寸半。

按,《集古》云,景祐中修大樂,冶工給銅更鑄編鐘,得古鐘,有銘於腹,因存而不毁,即寶龢鐘也。余知太常禮院時嘗於太常寺按樂,命工扣之,與王朴夷則清聲合。初,王朴作編鐘皆不圜。至李照等奉詔修樂,皆以朴鐘爲非。及得寶龢,其狀正與朴鐘同,乃知朴爲有法也。

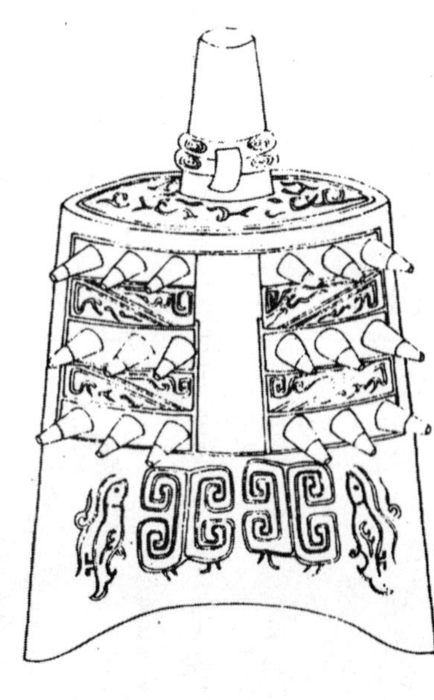

遲父鐘同上。

遲父作姬齊姜和林夾鐘
用昭乃穆丕顯龍光乃
用靳匄多福侯父眔齊
萬年眉壽子孫亡疆寶

(右)[遲父鐘]不知所從得,中今太蔟下二律,長二尺一寸有半,內甬亦長八寸八分,兩舞相距縱尺有二寸一分,橫八寸六分,兩彎相距縱尺有八寸四分,橫九寸有半,銘三十有七字。

鄦子鐘丹陽蘇氏。

惟正月初吉丁亥鄦子將以擇其吉金自作鈴鐘中縣且揚元鳴孔諧穆和鐘用宴以喜用樂嘉賓大夫及我朋友𪘴𪘴萬年無期眉壽毋已子子孫孫永保鼓之

(右)[鄦子鐘]得於潁川,高寸七分,縮五寸,衡三寸八分,重四斤十二兩,聲未考,銘六十有五字。

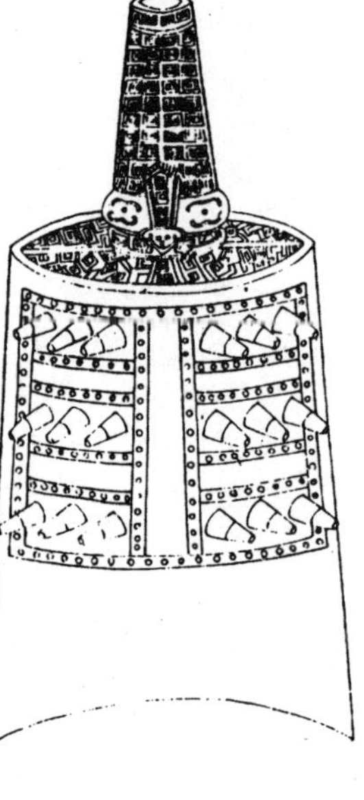

楚邛仲嬭南和鐘眉山蘇氏。

惟正月初吉丁亥楚王媵邛仲嬭南龢鐘其眉壽無彊子子孫孫永保用之

(右)[楚邛仲嬭南和鐘]得於錢塘,量度、聲未考,銘二十有九字。

按,《類編》云,媵,送也。嬭,姊也。蓋楚之送女之器。謂之南和鐘者,樂縣在南也。《儀禮・大射禮》云,阼階東,笙磬西(南)[面],其南笙(磬)[鍾]。西階之西,頌磬東(西)[面],其南鐘。

又 卷九

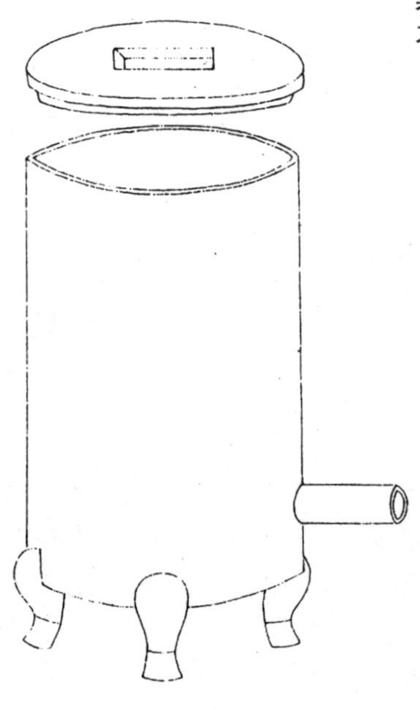

丞相府漏壺丹陽蘇氏。

廿一斤十二兩六年三月已亥年史神工譚正丞相府

(右)[丞相府漏壺]不知所從得,高九寸有半,深七寸有半,徑五寸六分,容五升,有蓋,銘廿有一字。

按,此器制度,其蓋有長方孔,而壺底之上有流筩,乃漏壺也。視其銘文,則漢器也。

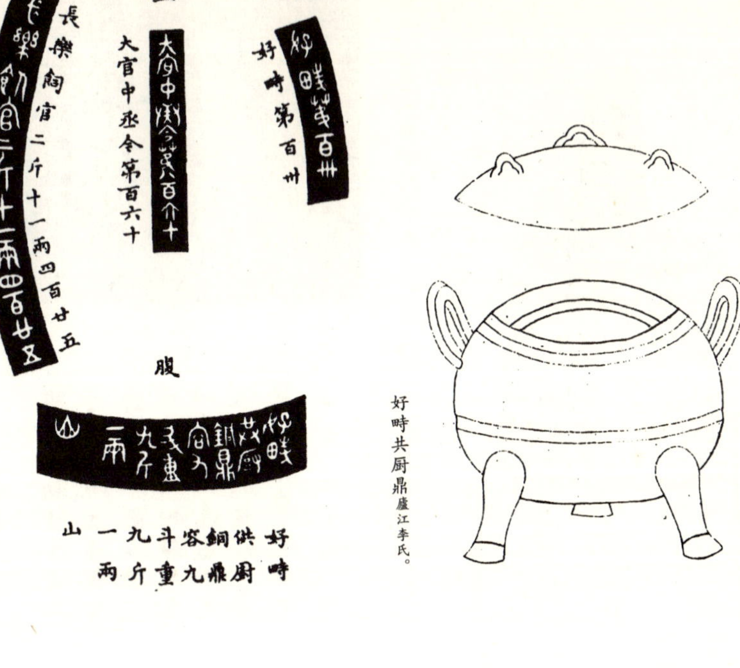


好時共厨鼎盧江李氏。

（右）［好時共厨鼎］不知所從得，高五寸，深三寸，徑五寸有半，容三升一合，重三斤六兩，有銘十五字，在腹，二十有一字，在蓋。據下解廿有六字。

按，此器文曰好時共厨鼎，又曰好時第百三十，又曰長樂宫第四百廿五，大回中第八百六十好時在雍東。秦以東郊祀上帝，長樂、未央、建章皆在長安。回中宫《三輔黄圖》云。太官從帝行幸，移用其器而次第不一，皆刻以記之，備淆錯也。此器刻云重九斤一兩，今重三斤六兩。今六兩當漢之一斤，與車宫槃之法同。

又 卷一〇

弇上象斗盧江李氏。

（右）［弇上象耳斗］得於天台，量度未考，無銘識。

携瓶盧江李氏。

（右）［携瓶］得於京師，高八寸有半，深七寸有半，徑寸有三分，容二升二合，無銘識。

李氏《録》云，吏部蘇尚書子容頃使敵中，於帳中嘗見之。

（右）［温壺］得於京師，高一尺三寸，深一尺二寸三分，徑寸，容七升，無銘識。

李氏《録》云，温器也。以貼湯而窒其口，自環以上手主之，環以下足主之。

温壺 同上。

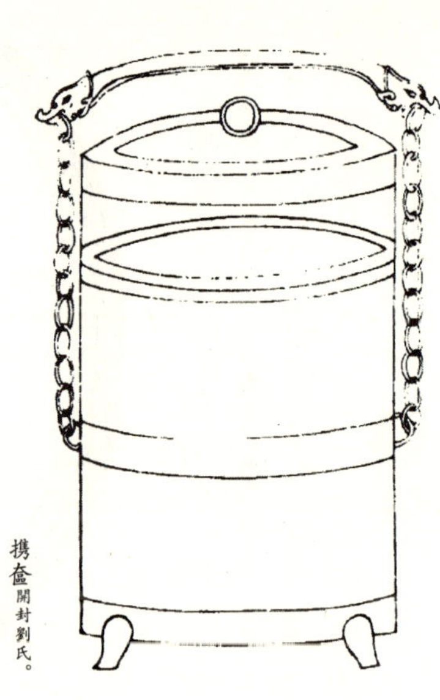

携奩 開封劉氏。

（右）［携奩］不知所從得，高五寸八分，深五寸二分，徑四寸，容三升，無銘識。

按，此器與鳳匳略相似，而有提梁，蓋携奩也。



宋・王黼《重修宣和博古圖》卷五

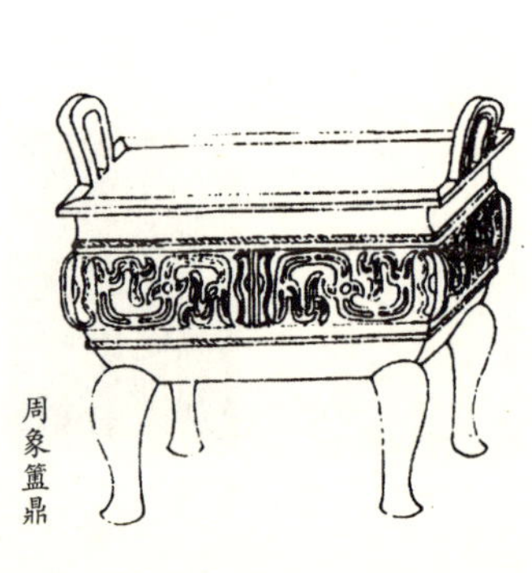

周象簋鼎

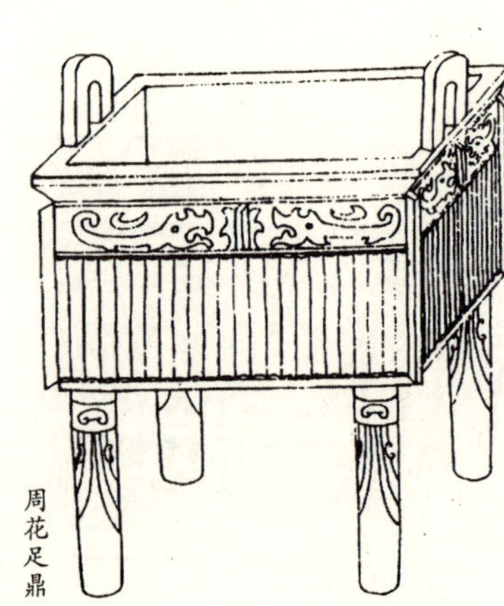

周花足鼎

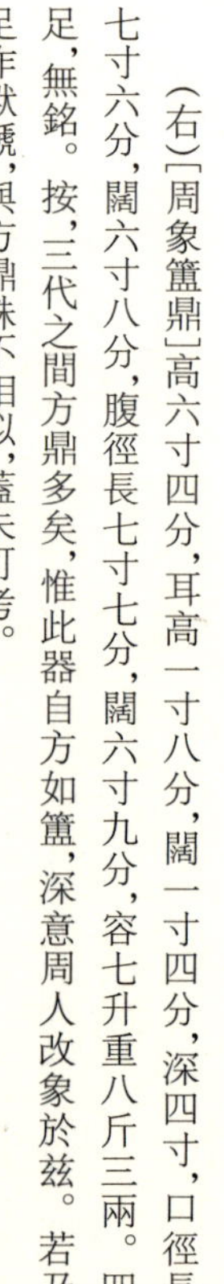

（右）［周象簋鼎］高六寸四分，耳高一寸八分，闊一寸四分，深四寸，口徑長七寸六分，闊六寸八分，腹徑長七寸七分，闊六寸九分，容七升重八斤三兩。四足，無銘。按，三代之間方鼎多矣，惟此器自方如簋，深意周人改象於兹。若乃足作獸蹏，與方鼎殊不相似，蓋未可考。

（右）［周花足鼎］高五寸七分，耳高一寸三分，闊八分，深三寸二分，口徑長四寸八分，闊三寸八分，腹徑長五寸，闊四寸，容二升二合，重四斤一兩。四足，無銘。足飾以花，腹作直紋，而緣爲夔龍，與周庚申鼎形制相近，惟著飾爲異耳。

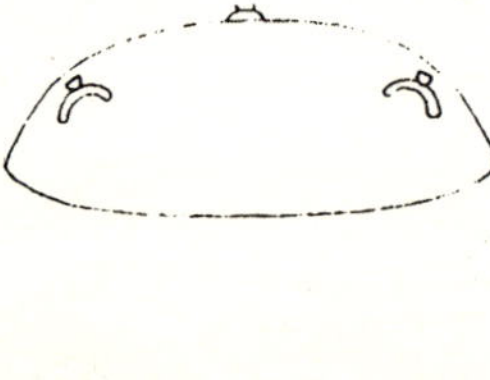

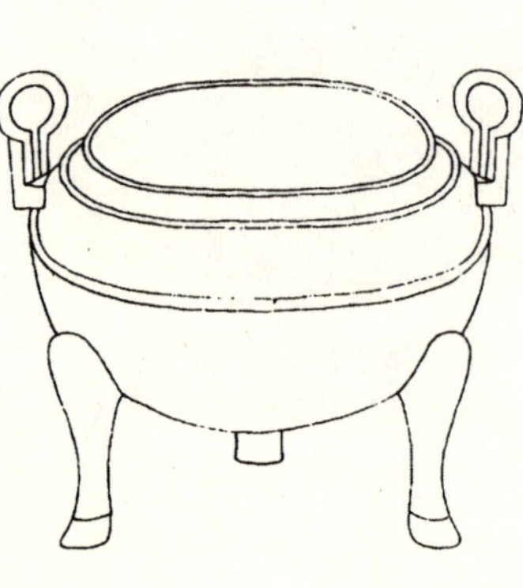

漢孝成鼎

（右）［漢孝成鼎］通蓋高八寸一分，耳高二寸八分，闊二寸一分，深五寸一分，口徑六寸二分，腹徑七寸八分，容七升九合，共重九斤。三足，蓋與器銘共五十六字。按，孝成帝乃孝元之子，西漢第九帝也。是鼎雖孝成廟器，乃造於孝哀即位之三年，其銘又有曰建平三年十月工王褒造，蓋孝哀即位改號建平，而孝哀又嗣服孝成也。

**又　卷七**

周饕餮壺尊

（右）［周饕餮壺尊］高九寸，深七寸四分，口徑五寸二分，腹徑八寸二分，容八升三合，重六斤十有二兩。無銘。尊作壺形，蓋上尊曰彝，中尊曰卣，下尊曰壺，是器必下尊也。其脰飾饕餮，腹著風雲，不獨示其有節止，而又明其施澤之及時也。

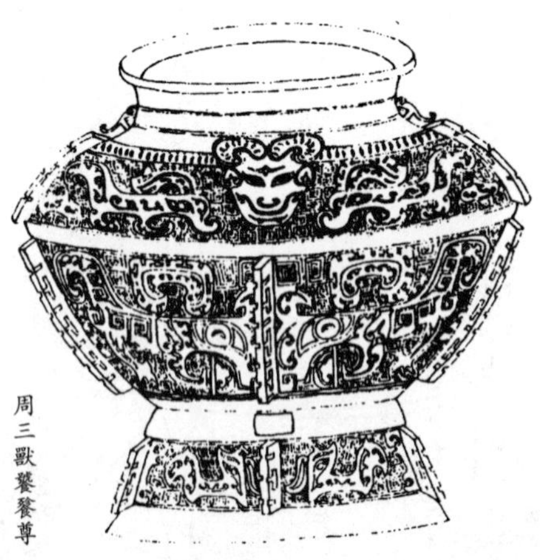

周三獸饕餮尊

（右）［周三獸饕餮尊］高九寸八分，深七寸七分，口徑六寸八分，腹徑一尺二寸一分，容二斗二升，重十有五斤。無銘。其形如瓿而小異，脰上有鼻作饕餮狀，周身悉被饕餮之飾，與雷紋相間錯，土花漬染銅色蒼翠，如瑟瑟紋鏤華好，觀其製作之妙，非周莫能至也。

**又　卷八**

己酉戌命尊宜于
招獻庚○九律
○商貝朋方○用室
圜宗彝在九月惟王
一祀世昌五惟○束

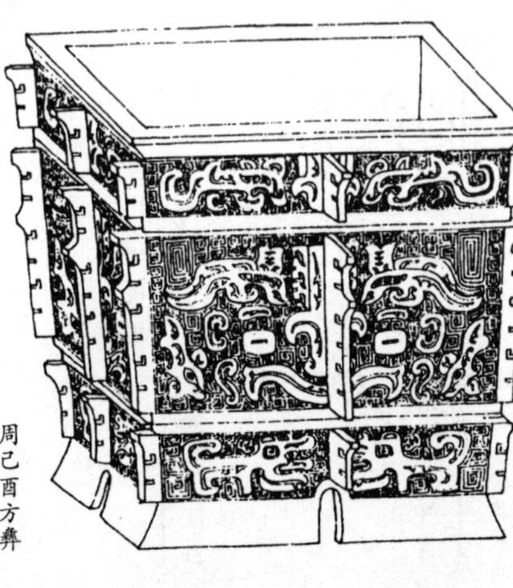

周己酉方彝

(右)[周己酉方彝]高七寸九分,深五寸五分,口徑長六寸一分,闊五寸一分,腹徑長六寸二分,闊五寸二分,容六升七合,重十有二斤六兩。銘三十七字。

周召父彝

(右)[周召父彝]通座高六寸一分,深三寸一分,口徑五寸八分,座長五寸四分,闊四寸八分,容二升六合,重五斤七兩。兩耳有珥,是器耳作螭狀,下爲方座,雲雷之紋與夔龍間錯,銘七字,一字磨滅不可考。

又 卷二六

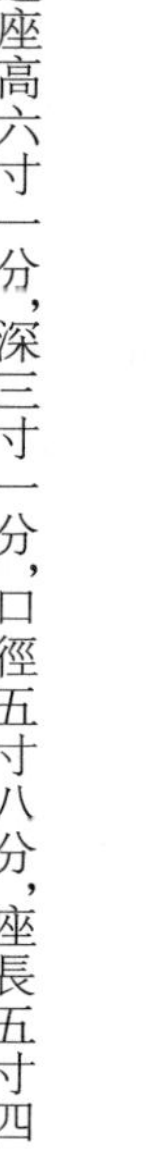
周縶馬錞

(右)[周縶馬錞]高一尺五寸五分,上徑長九寸六分,闊八寸。下口徑長七寸,闊六寸,鈕高三寸八分,闊一寸五分,重十有六斤。無銘。

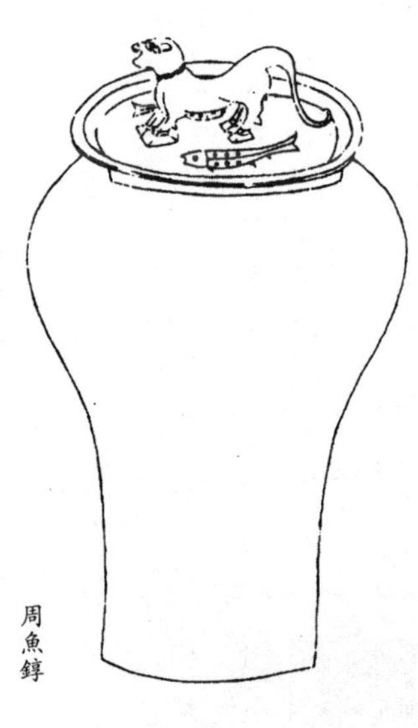
周魚錞

(右)[周魚錞]高一尺二寸八分,上徑長七寸一分,闊六寸二分。下口徑長五寸五分,闊四寸七分,鈕高八分,闊二寸一分,重九斤四兩。無銘。錞,佐鼓之器。鼓,陽也。錞,陰也。

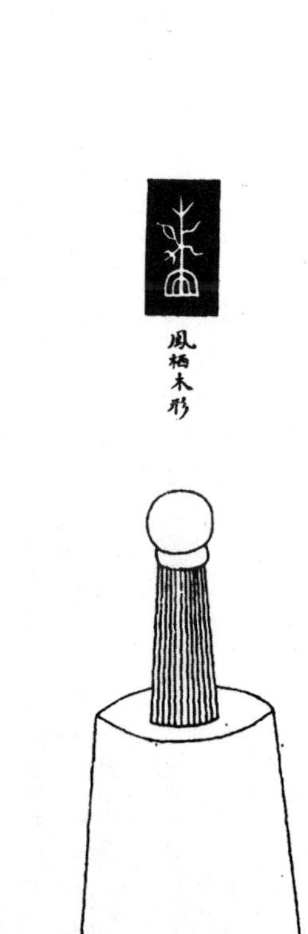

周栖鳳鐸

(右)[周栖鳳鐸]高六寸八分,柄長四寸七分,上徑長三寸九分,横三寸。下徑長四寸四分,横三寸六分,重七斤三兩。銘作鳳栖木形。是器鐸也。

周鐩草鉦

(右)[周鐩草鉦]高一尺一寸八分,柄長六寸,徑二寸二分,上徑長九寸七分,闊六寸四分。下徑長一尺一寸九分,闊八寸六分,重六十三斤。無銘。古之田役,令其目以旗幟,令其耳以鼓鉦,於是聞鼓則知進,以鼓陽也。聞鉦則知止,以鉦陰也。蓋鉦亦不止用於節鼓而已。是鉦所飾,篆畫突起,兩面狀獸首,而中象黄目,周以鐩草,其製作爲周物無疑也。

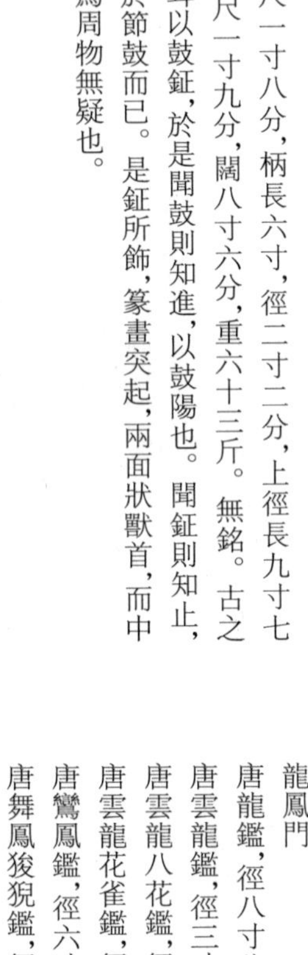

又 卷二八

漢四神鑑三

唐五嶽真形鑑

唐海獸蒲萄鑑

龍鳳門

唐龍鑑,徑八寸八分,重三斤十有五兩,無銘。

唐雲龍鑑,徑三寸八分,重十有一兩三分,無銘。

唐雲龍八花鑑,徑六寸三分,重十有二兩,無銘。

唐雲龍花雀鑑,徑六寸二分,重一斤九兩,無銘。

唐鸞鳳鑑,徑六寸一分,重二斤十有五兩,無銘。

唐舞鳳狻猊鑑,徑七寸五分,重三斤,無銘。

唐蓮鳳鑑,徑八寸二分,重三斤一十兩,無銘。

**宋・趙九成《續考古圖》卷一** [烏銅尊]

張才元所收圓乳方文,烏銅尊無文刻,凡九十乳,製作甚精,與新平張氏所收者畧同。口徑黍尺之一尺五分,腹深四寸五分,容漢一斗八升,足容四升。

王師文、康功家亦有一烏銅尊,正相似。口徑一尺一寸,通高七寸八分,腹深五寸八分,足高二寸,容漢二斗,亦方文圓乳,凡百二十乳,乳皆平。

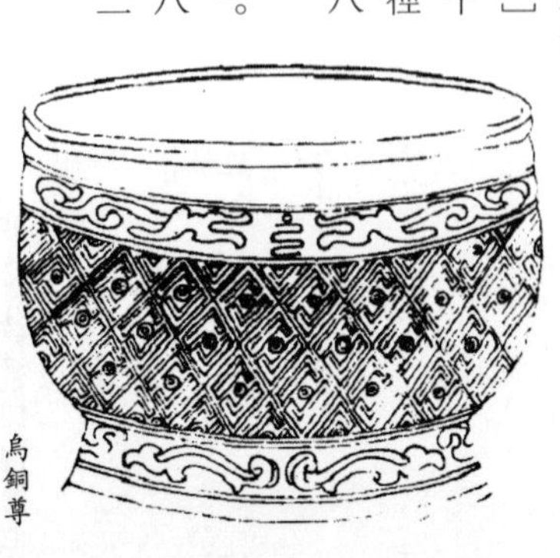
烏銅尊

## 又 卷二

［凹觥］王師文所收，刻文在底，内作人形父丁，得於太原盂縣。流徑黍尺二寸五分，腹徑四寸，長七寸，前高七寸，後高五寸，腹深三寸五分，容漢三升，并黍尺寸。

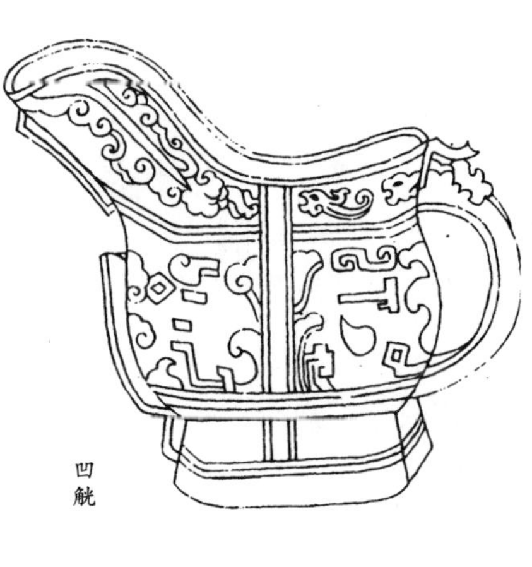

凹觥

## 又 卷三

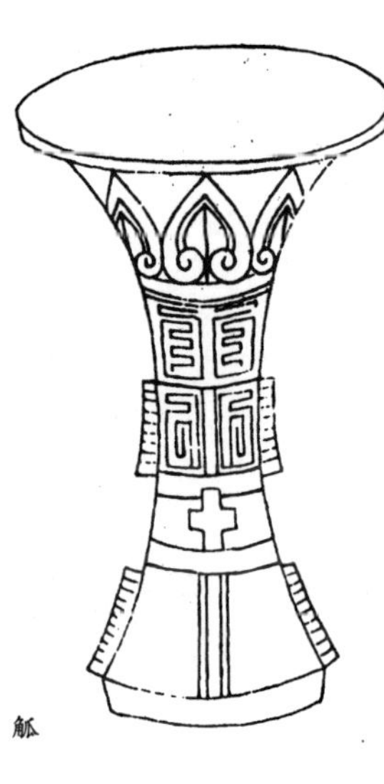

觶

［觶］容二升，身高尺二寸，口徑六寸半，身徑一寸半，形制與前所載同，刻字三。

按，《周禮》淩人掌冰政春始治鑑，注鑑如甀，大口以盛冰，置食物於中，以禦温氣内外饔之膳羞鑑焉。凡酒漿之酒醴亦如之，祭祀共冰鑑。

［冰鑑］榮詢之所收，無文刻，四方，兩層各四尺，上池貯冰，下池盛水也。上池口徑黍尺一尺二寸，高七寸，唇闊半寸，足高二寸。四壁鏤明，所以貯冰令水不積也。下池口徑一尺六寸，高四寸半，唇闊一寸，足高三寸半，深一寸六分，所以盛水也。

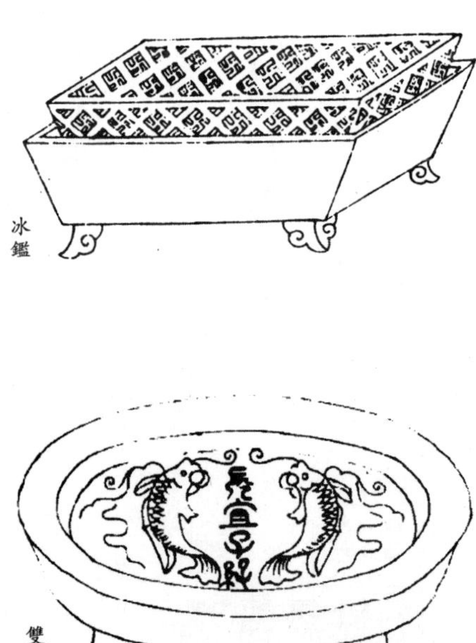

冰鑑

雙魚洗

［雙魚洗］榮詢之所收，底内作雙魚，刻字四於中，曰長宜子孫。口徑一尺九寸，黍尺，唇闊一寸，深五寸。

## 又 卷四

盉

趙周臣所收，無銘刻，制作甚精。有柄，有流，蓋盉也。三足中空，無蓋，以黍尺枝量之，身高八寸半，流長三寸半，縱廣六寸，橫徑五寸，容四升半。

**明・宋應星《天工開物》卷中《冶鑄》**

鑄鼎圖

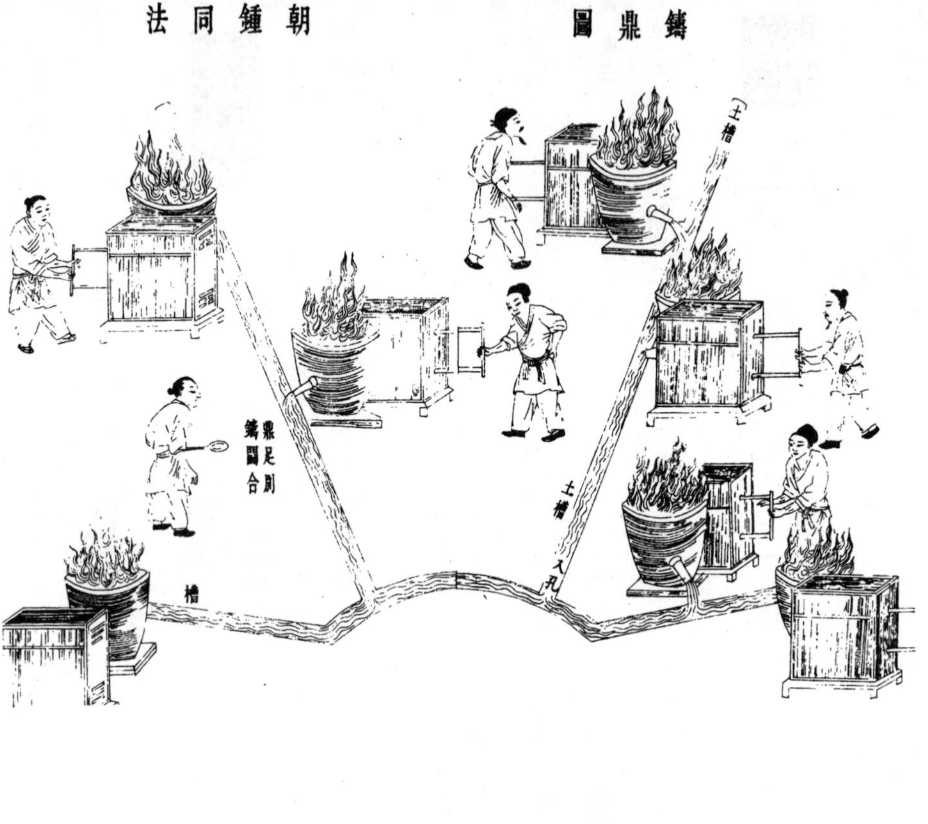


又

錘鉦與鐲圖

# 藝文

**唐·陸德明《經典釋文》第七《毛詩音義下·公劉》** 公劉王云：公，號，劉，名也。《尚書傳》云：公，爵，劉，名也。王基云：公劉，字也，后稷之曾孫。召康本亦作「邵」，上照反。後皆同。涖音利，又音類，徐力自反。夏之户雅反。下「夏人」同。幼少詩照反。相成息亮反。迺埸音亦。迺裹音果。餱音侯，食也。字或作「糇」。糧本亦作「粮」，音良，糇也。橐他洛反。囊乃郎反，小曰橐，大曰囊。《説文》云：無底曰囊，有底曰橐。思輯音集，又七立反。之難乃旦反。積委上子智反，下於僞反。爲夏于僞反，又如字。戚揚七歷反，斧也。鉞也音越。之從才用反，又如字。盾也字又作「楯」，順允反，又音允。句子音鉤。士卒尊忽反。下「餘卒」「士卒」皆同。曰爲于僞反。下「非爲」「爲公劉」「皆爲」同。永歎他安反。字或作「嘆」。宣徧音遍。相此息亮反。下「相此」皆同。甗本又作「巘」，魚輦反，又音言，又音魚偃反，又音彦，毛云，小山別於大山也，與《爾雅》異。復降音服，又扶又反。注「復下」同。及瑶音遥。鞞必頂反。琫必孔反。山別彼列反。反復之本亦作「覆」，同芳福反。溥原音普，大也。迺覯古豆反，見也。之處吕慮反。下「之處」同。廬旅力居反，寄也。論難魯困反，下乃旦反。館客一本作「館舍」。蹌蹌七羊反。乃依毛如字，鄭於豈反。《箋》云：或「扆」字。乃造七報反。用匏步交反。則殺所戒反。摶豕音博，沈又音付。食之音嗣。飲之於鴆反。相其息亮反。注同。寒煖況袁反，又乃管反。浸潤子鴆反。三單音丹。度其待洛反。注及下同。爲羡音賤，又音衍。下同。其廣古曠反。取厲本又作「礪」。取鍛本又作「碫」，丁亂反，鍛石也。《説文》云：碫，厲石。《字林》大唤反。材木一本作「材未」。夾其古洽反，又古協反。皇澗古晏反。遡其音素，鄉也。過澗古禾反。注同。遡鄉本又作「嚮」，許亮反。文與《卷阿》篇注同。校其音教。芮本又作「汭」，如鋭反。毛云：水涯也。鄭云：内也。鞫居六反。毛究也，鄭水外也。水涯五佳反。字亦作「厓」。曰澳於六反，又於報反。字或作「奧」。

**清·談遷《棗林雜俎中集·器用》** 琴 四明沈嘉則《豐對樓詩集》云：「吳仲足攜族子德望所藏銅琴示我，爲賦《銅琴篇》□九字，蓋予平生耳目所未覩也。」

青銅合體黄金相，軫以白玉排雁行。絲彈蜀繭帝鳳凰，誰其作者古帝王。按圖考識題大唐，璽文雙篆鳴玉方。玄宗協律精宫商，豈當在御樂且康。伊昔抱至置我牀，青天拂匣開錦囊。白日倏忽相低昂，翡翠照爍琉璃光。丹砂點漆流星芒，纖指觸絃響喤喤。蒼梧飛雲頹不揚，見者黯黯頎而長。延陵考國推太章，裔孫寶秘什襲藏。明珠大貝俱尋常，荒墟對磧經千霜。鬼神呵護不敢傷，天地不得閟厥良。復使人世窺虞唐，我欲薦之登明堂。九原誰再起師襄？夔孔同室國祚昌，皇帝萬歲永無疆。

# 雜録

**《韓非子·内儲説上·七術》** 叔孫爲丙鑄鐘，鐘成，丙不敢擊，使竪牛請之叔孫。

**《史記·孝武本紀》** 黄帝採首山銅，鑄鼎於荆山下。鼎既成，有龍垂胡髯下迎黄帝。黄帝上騎，羣臣後宫從上龍七十餘人，龍乃上去。餘小臣不得上，乃悉持龍髯，龍髯拔，墮黄帝之弓。百姓仰望黄帝既上天，乃抱其弓與龍胡髯號，故後世因名其處曰鼎湖，其弓曰烏號。於是天子曰：「嗟乎！吾誠得如黄帝，吾視去妻子如脱躧耳。」乃拜卿爲郎，東使候神於太室。

**《漢書·吾丘壽王傳》** 及汾陰得寶鼎，武帝嘉之，薦見宗廟，臧於甘泉宫。羣臣皆上壽賀曰：「陛下得周鼎。」壽王獨曰非周鼎。上聞之，召而問之，曰：「今朕得周鼎，羣臣皆以爲然，壽王獨以爲非，何也？有説則可，無説則死。」壽王對曰：「臣安敢無説！臣聞周德始乎后稷，長於公劉，大於大王，成於文武，顯於周公。德澤上昭，天下漏泉，無所不通。上天報應，鼎爲周出，故名曰周鼎。今漢自高祖繼周，亦昭德顯行，布恩施惠，六合和同。至於陛下，恢廓祖業，功德愈盛，天瑞並至，珍祥畢見。昔秦始皇親出鼎於彭城而不能得，天祚有德而寶鼎自出，此天之所以與漢，乃漢寶，非周寶[也]。」上曰：「善。」羣臣皆稱萬歲。是日，賜壽王黄金十斤。

**晉·葛洪《西京雜記》卷一** 身毒國寶鏡 宣帝被收繫郡邸獄，臂上猶帶史良娣合採婉轉絲繩，繫身毒國寶鏡一枚，大如八銖錢。舊傳此鏡見妖魅，得佩之者爲天神所福，故宣帝從危獲濟。及即大位，每持此鏡，感咽移辰。常以琥珀笥盛之，緘以戚里織成錦，一曰斜文錦。帝崩，不知所在。

**又 卷六** 袁盎冢 袁盎冢，以瓦爲棺槨，器物都無，唯有銅鏡一枚。

**晉・王嘉《拾遺記》卷九**　石虎於太極殿前起樓【略】嚴冰之時，作銅屈龍數千枚，各重數十斤，燒如火色，投於水中，則池水恒温，名曰「燋龍溫池」。引鳳文錦步障縈蔽浴所，共宫人寵孌者解媟服宴戲，彌於日夜，名曰「清嬉浴室」。浴罷，洩水於宫外。水流之所，名「温香渠」。渠外之人，争來汲取，得升合以歸，其家人莫不怡悦。至石氏破滅，燋龍猶在鄴。

**宋・王欽若等《册府元龜》卷九二八《總録部・好尚》**　劉之遴，爲南郡太守。好古愛奇。在荆州聚古器數百種。有一器似甌，可容一斛，上有金錯字。時人無能知者。又獻古器四種於東宫其第。一種鏤銅鴟夷盆二枚，兩耳有銀鏤，銘云「建平二年造」。二種金銀錯鏤，古鐏二枚，有篆銘云「秦容成侯適楚之歲造」。三種外國澡灌，一口有銘云「元封二年龜兹國獻」。四種古製澡盤，一枚銘云「初平二年造」。

**宋・張邦基《墨莊漫録》卷二**　壽春村農得青銅雀銅香爐　壽春村農，曉耕於野，每見青雀五枚，翔集桑上，毛羽紺翠。天明即見，心頗異之。一日，偶拈石擊之，正中其一，遂隕地。視之，乃青銅雀，已折矣。因於其下斸之，不數尺，得銅香爐，蓋上一雀四足，而缺其一矣。後爲方會給事家所得，工製簡樸，亦無他異。

**又　卷七**　鳳翔比干墓方山古墓中玉銅器　政和間，朝廷求訪三代鼎彝器。程唐爲陝西提點茶馬，李朝孺爲陝西轉運，遣人於鳳翔府，破商比干墓，得銅盤，徑二尺餘，中有款識一十六字，又得玉片四十三枚，其長三寸許，上圓而鋭，下闊而方，厚半指許，玉色明瑩。以盤獻之於朝，玉乃留秦州軍資庫。

**宋・周去非《嶺外代答》卷七《樂器門》**　銅鼓　廣西土中銅鼓，耕者屢得之。其製：正圓而平其面，曲其腰，狀如烘籃，又類宣座。面有五蟾，分據其上，蟾皆累蹲，一大一小相負也。周圍款識，其圓紋爲古錢，其方紋如織簟，或爲人形，或如琰璧，或尖如浮屠，如玉林，或斜如豕牙，如鹿耳，各以其環成章。合其衆紋，大類細畫圓陣之形，工巧微密，可以玩好。銅鼓大者闊七尺，小者三尺，所在神祠佛寺皆有之，州縣用以爲更點。交阯嘗私買以歸，復埋於山，未知其何義也。按《廣州記》云：「俚僚鑄銅爲鼓，唯以高大爲貴，面闊丈餘。」不知所鑄果在何時。按，馬援征交阯，得駱越銅鼓，鑄爲馬。或謂銅鼓鑄在西京以前。此雖非三代彝器，謂鑄當三代時可也。亦有極小銅鼓，方二尺許者，極可愛玩，類爲士夫搜求無遺矣。

**又　卷一〇《古蹟門》**　銅柱　漢馬伏波平交趾，立銅柱爲漢極南界，唐馬總爲安南都護，夷僚爲建二銅柱於伏波之處，以明總爲伏波之嗣，是銅柱在安南矣。又唐何履光定南詔，復立馬援銅柱。按南詔今大理國，則是銅柱復當在大理。又占不勞之地，南有大浦，有五銅柱，山形若倚蓋，西重巖，東崖海。按占不勞今占城也，然則銅柱又當在占城。聞欽境古森峒與安南抵界，有馬援銅柱，安南人每過其下，人以一石培之，遂成丘陵。其説曰，伏波有誓云：「銅柱出，交趾滅。」培之懼其出也。又云，交阯境内有數銅柱，未知孰是。

**宋・洪邁《容齋三筆》卷一三**

鐘鼎銘識

三代鐘鼎彝器存於今者，其間款識，唯「眉壽萬年」「子子孫孫永寶用」之語，差可辨認，餘皆茫昧不可讀，談者以爲古文質樸固如此，予竊有疑焉。商、周文章，見於《詩》《書》、三《盤》五《誥》，雖詰曲聱牙，尚可精求其義，他皆坦然明白，如與人言。自武王《丹書》諸銘外，其見於經傳者，如湯之盤銘曰：「苟日新，日日新，又日新。」讒鼎之銘曰：「昧旦丕顯，後世猶怠。」正考父鼎銘曰：「一命而僂，再命而傴，三命而俯，循牆而走，亦莫余敢侮。饘於是，鬻於是，以餬余口。」㮚氏量銘曰：「時文思索，允臻其極。嘉量既成，以觀四國。永啓厥後，茲器維則。」祭射侯辭曰：「惟若寧侯，毋或若女不寧侯，不屬於王所，故抗而射女。」衛禮至銘曰：「余掖殺國子，莫余敢止。」孔悝鼎銘曰：「六月丁亥，公假於太廟。」公曰叔舅，乃祖莊叔，左右成公，成公乃命莊叔，隨難於漢陽，即宫於宗周，奔走無射，啓右獻公，獻公乃命成叔，纂乃祖服。乃考文叔，興舊耆欲，作率慶士，躬恤衛國，其勤公家，夙夜不解，民咸曰休哉！公曰叔舅，予女銘，若纂乃考服。悝拜稽首曰：「對揚以辟之勤大命，施於烝彝鼎。」扶風美陽鼎銘曰：「王命尸臣，官此栒邑，賜爾旂鸞，黼黻琱戈。尸臣拜手稽首曰：敢對揚天子丕顯休命。」此諸銘未嘗不粲然，何爲傳於今者，艱澀無緒乃爾。漢去周未遠，武、宣以來，郡國每獲一鼎，至於薦告宗廟，羣臣上壽。竇憲出征，南單于遺以古鼎，容五斗，其銘曰：「仲山甫鼎，其萬年子子孫孫永保用。」憲乃上之，蓋以其難得故也。今世去漢千年，而器寶之出不可勝計，又爲不可曉已。武帝獲汾陰脽上鼎，無款識，而備禮迎享，宣帝獲美陽鼎，下羣臣議，張敞乃以有款識之故絀之，又何也？

犧尊象尊

《周禮》司尊彝：「祼用鷄彝、鳥彝，其朝獻用兩獻尊，其再獻用兩象尊。」漢儒注曰：「鷄彝、鳥彝，謂刻而畫之爲鷄、鳳凰之形。獻讀爲犧，犧尊飾以翡翠，象尊以象鳳凰。或曰：以象骨飾尊。」又云：獻音娑，有婆娑之義。」惟王肅云：「犧、象二尊，並全牛、象之形，而鑿背爲尊。」陸德明釋《周禮》獻尊之獻，音素何反。而於《左氏傳》「犧象不出門」，釋犧爲許宜反，又素何反。予按今世所存故物，《宣和博古圖》所寫，犧尊純爲牛形，象尊純爲象形，而尊在背，正合王肅之説。然則犧字只當讀如本音，鄭司農諸人所云，殊與古制不類。則知目所未覩而臆爲之説者，何止此哉！又今所用爵，除太常禮器之外，郡縣至以木刻一雀，別置杯於背以承酒，不復有兩柱、二足、隻耳、侈口之狀，向在福州見之，尤爲可笑也。

再書博古圖

予昔年因得漢匜，讀《博古圖》，嘗載其序述可笑者數事於《隨筆》，近復盡觀之，其謬妄不可殫舉。當政和、宣和間，蔡京爲政，禁士大夫不得讀史，而《春秋三傳》，真束高閣，故其所引用，絶爲乖盾。今一切記之於下，以示好事君子與我同志者。商之癸鼎，只一「癸」字，釋之曰：「湯之父主癸也。」父癸尊之説亦然。至父癸匜，則又以爲齊癸公之子。乙鼎銘有「乙毛」兩字，釋之曰：「商有天乙、祖乙、小乙、武乙，太丁之子乙，今銘『乙』，則太丁之子也。」父己鼎曰：「父己者，雍己也。繼雍己者乃其弟太戊，豈非繼其後者乃爲之子邪？」至父己尊，則直云「雍己之子太戊爲其父作」。予按以十干爲名，商人無貴賤皆同，而必以爲君，所謂「癸」即父癸，「己」即雍己，是六七百年中更無一人同之者矣。商公非鼎銘只一字曰「非」，釋之曰：「據《史記》有非子者，爲周孝王主馬，其去商遠甚。惟公劉五世孫曰公非，考其時當爲公非也。」夫以一「非」字，而必强推古人以證之，可謂無理。周益鼎曰：「《春秋》文公六年有梁氏益，昭公六年有文公益，未知孰是？」予按《左傳》文八年所紀，乃梁益耳，而杞文公名益姑。周絲駒父鼎曰：「《左傳》有駒伯，爲郤克軍佐，駒其姓也。此曰駒父，其同駒伯爲姓邪？」予按《左傳》，駒伯者郤錡也，錡乃克之子。是時郤氏三卿，錡曰駒伯，犨曰苦成叔，至曰温季，皆其食采邑名耳，豈得以爲姓哉？叔液鼎曰：「考諸前代，叔液之名不見於經傳，惟周八士有叔夜，豈其族歟？」夫伯仲叔季，爲兄弟之稱，古人皆然，而必指爲叔夜之族，是以「叔」爲氏也。周州卣曰：「『州』出於來國，後以『州』爲氏。在晉則大夫州綽，在衛則大夫州吁，具爲氏則一耳。」予按來國之名無所著見，而州吁乃衛公子，正不讀《春秋》，豈不知《衛詩》《國風》乎？遂以爲氏，尤可哂也。周高克尊曰：「高克者，不見於他傳，惟周末衛文公時，有高克將兵，疑克者乃斯人，蓋衛物也。」予按元銘文但云「伯克」，初無「高」字，高克《鄭清人》之詩，兒童能誦之，乃以爲衛文公時，又言周末，此書局學士，蓋不曾讀《毛詩》也。周毁敦曰：「銘云伯和父，和者衛武公也。武公平戎有功，故周平王命之爲公。」予按一時列國，雖子男之微，未有不稱公者，安得平王獨命衛武之事？周慧季鬲曰：「慧與惠通，《春秋》有惠伯、惠叔，號姜敦有惠仲，而此鬲名之爲惠季，豈非惠爲氏，而伯仲叔季者乃其序邪？」予按惠伯、惠叔，正與莊伯、戴伯、平仲、敬仲、武叔、穆叔、成季相類，皆上爲謚而下爲字，烏得以爲氏哉？齊侯鎛鐘銘云：「咸有九州，處禹之都。」釋之曰：「齊之封域，有臨淄、東萊、北海、高密、膠東、泰山、樂安、濟南、平原，蓋九州也。」予按銘語正謂禹九州耳，今所指言郡名，周世未有，豈得便以爲州乎？宋公諲鐘銘曰：「宋公成之諲鐘。」釋之曰：「宋自微子有國二十世，而有共公固成，又一世而有平公成，又七世而有剔公成，未知孰是？」予按宋共公名，《史記》以爲瑕，《春秋》以爲固，初無曰「固成」者。且父既名「成」，而其子復名之可乎？剔成君爲弟偃所逐，亦非名「成」也。周雲雷磬曰：「《春秋》魯饑，臧文仲以玉磬告糴於齊。」按經所書，但云「臧孫辰告糴於齊」，《左傳》亦無玉磬之説。漢定陶鼎曰：「漢初有天下，以定陶之地封彭越爲梁王，越既叛命，乃以封高祖之子恢，是爲定陶共王。」予按恢正封梁王，後徙趙。所謂定陶共王者，元帝之子、哀帝之父名康者也。

**宋·趙彦衛《雲麓漫鈔》卷二** 《詩》「齒如瓠犀」，又曰「八月斷壺」，《魯語》曰：「吾豈匏瓜也哉！」今人不知別，或呼爲壺盧，或呼爲瓢，或呼爲匾蒲。按《古今注》：「匏，瓠也。壺盧，瓢之無柄者；瓢有柄者曰懸瓠。可爲笙，曲沃者良。至秋乃可用，漆其裏。」上古土尊瓦甑。《詩》曰：「酌之用匏。」《禮》：「陶瓠祀天。」《周禮》：「朝踐用兩壺尊。」則知古以壺爲酒器。周用銅謂之壺尊，亞於尊彝，有方圓之別；周又有瓠壺，形長一尺二寸六分，闊五寸，口徑一寸，兩鼻有提梁，取便於用。挈壺氏掌契壺然致挈者，非有環梁不可；益知長者爲瓠，在夏中則可食，至秋堅實，乃爲器。《詩名物解》云：「瓢與瓠一物，甘者名瓢，苦者名瓠，瓠以器言也。瓢亦名壺。齊魯間，長者爲瓢，團者爲胡盧。」今人又有「匾蒲」之名，匾蒲即「壺」之反切也。形長嫩而可食爲瓠，經霜而堅則謂之瓢，圓或匾爲胡盧，其間蓋有苦者，初不以此別也。匏又八音之一云。

**又** 《周禮》：「以金錞和鼓，以金鐲節鼓，以金鐃止鼓，以金鐸通鼓。」大司馬之職：「王執路鼓，諸侯執賁鼓，軍將執晉鼓，師帥執提，旅帥執鼙，卒長執鐃，兩司馬執鐸，公司馬執鐲。」鼙所以令鼓也，鐸所以作衆，鐲所以行衆，鐃所以止衆，錞所以和鼓。今之羅，即古之鐃，而所謂鐸、鐲、錞，不復見，金聲紊矣。以意求之，官府夜提鈴，即鐸以作衆；舟車鳴羅，即鐲以行衆；釋氏擊小銅鉦，即錞和鼓之餘意。

**宋・陸游《老學庵筆記》卷二**　予初見《梁歐陽頠傳》，稱頠在嶺南，多致銅鼓，獻奉珍異；又云銅鼓累代所無。及予在宣撫司，見西南夷所謂銅鼓者，皆精銅，極薄而堅，文鏤亦頗精，叩之鼕鼕如鼓，不作銅聲。祕閣下古器庫亦有二枚。此鼓南蠻至今用之於戰陣、祭享。初非古物，實不足辱祕府之藏。然自梁時已珍貴之如此，不知何理也。

**又　卷四**　銅色本黄，古鐘鼎彝器大抵皆黄銅耳。今人得之地中者，歲久色變，理自應耳。今郊廟所製，乃以藥熏染令蒼黑，此何理也？

**又　續一卷**　市井中有補治故銅鐵器者，謂之「骨路」，莫曉何義。《春秋正義》曰：「《説文》云：『錮，塞也。』鐵器穿穴者，鑄鐵以塞之，使不漏。禁人使不得仕宦，其事亦似之，謂之禁錮。」余案：「骨路」正是「錮」字反語。

**宋・周密《癸辛雜識》續集下**　透光鏡　透光鏡其理有不可明者，前輩傳記僅有沈存中《筆談》及之，然其説亦穿鑿。余在昔未始識之，初見鮮于伯機一枚，後見霍清夫家二枚。最後見胡存齋者尤奇，凡對日映之，背上之花盡在影中，纖悉畢具，可謂神矣。麻知幾嘗賦此詩得名。余嘗以他鏡視之，或有見半身者，或不分明，難得全體見者。《太平廣記》第二百三十卷内載有侯生授王度神鏡，承日照之，則背上文畫入影内，纖悉無失，然則古亦罕見也。

爪哇銅器　徐子方嘗得爪哇國一銅器，類箕，徑約四寸。從約三寸。其中有梁如斗，梁上坐國主國后二像，一人侍側，極其醜惡，如優人之類。其側有二人首。殊不知爲何所用也？

**又　《别集上》**　燕子城銅印　伯機云：「長安中，有耕者得陶器於古墓中，形如卧繭，口與足出繭腹之上下，其色黝黑，匀細若石，光潤如玉，呼爲繭瓶。大者容數斗，小者僅容數合，養花成實。或云：『三代秦以前物，若漢物，則苟簡不足觀也。』又保定府之西有易州，即郭藥師起兵處，在易水北，州東南有故城，土人號曰『燕子城』。有人耕於城中，得小銅印數十枚，一好事者購得趙雲之印，一鈕不盈寸，篆十字，極精好。伯機得一印於焦達卿處，古文二字莫有識者。其最可怪者，或一鍤土凡得數枚，莫知其所以然也。」

**元・王惲《玉堂嘉話》卷六**　漢竹使符銅虎符　漢竹使符、銅虎符，各分其半，右留京師，左付郡守。

**元・楊瑀《山居新語》卷二**　銅虎符，好事之家多珍藏者，不過或左或右，止存一邊。獨余家所藏全體具在，背上各有篆書某處發兵符一行，腹下真書十干，唯戊癸二字合全，餘八字皆半於腹内作牝牡五竅門合之。古人關防之密如此。余因見河南盗殺省臣之事，屢欲以此言之，事乃不偶，且深藏以待舉行。當致諸有司，以取制作之度。

**明・王佐《新增格古要論》卷六《古銅論》**

三代器

夏尚忠，商尚質，周尚文，其制器亦然。商器質素無文，周器雕篆細密，而夏器獨不然。嘗有夏器，於銅上鑲嵌以金，其細如髮，夏器大抵皆然。鑲嵌今訛爲商嵌。《詩》云：「追琢其章，金玉其相。」

古銅款識

或云，款乃花紋，以陽飾器皿，居外而凸。識乃篆字以紀工，所謂銘書鐘鼎，居内而凹者。三代用陰識，其字凹，入漢用陽識，其字凸起，間有凹者，亦陰鑄，蓋陰識難鑄，陽識易成。

但有陽識者，决非三代之器也。凸音突，凹音坳，平聲。

古香爐後增。

尚古無香，焚蕭艾，尚氣臭而已，故無香爐。今所用者，皆古之祭器鼎彝之屬，非香爐也。惟博山爐乃漢太子宫中所用香爐也，香爐之製始於此，多有象古新鑄者，當以體質顔色辨之。

**明・田藝蘅《留青日札摘抄》卷二三**　金膏，《穆天子傳》示汝黄金之膏。束皙曰，金膏可以續骨。今有名接骨銅者，疑即此種。

**明・李詡《戒庵老人漫筆》卷二**　宋銅鐘　金壇慈雲寺銅鐘，宋元豐二年鑄，聲甚清遠。浸塘劉宰有二碑記。

罍畫雲雷象　禮書言罍畫雲雷之象，莫知雷作何狀。祭器中畫雷有作鬼神伐鼓之象，此甚不經。嘗得一古銅罍，環其腹皆有畫，正如人間屋梁所畫曲水，細觀之，乃是雲雷相間爲飾，如◎者，古雲字也，象雲氣之形，如◎者，雷字也，古文◎爲雷象迴旋之聲。其銅罍之飾，皆◎◎相間，乃所謂雲雷之象也。《漢書》疊字作疊，蓋古人以此飾罍，後世字失傳耳。此見沈括《筆談》第十九卷《器用》第二條。

**明・高濂《遵生八箋・燕閒清賞箋上・清賞諸論》** 論古銅器具取用

上古銅物存於今日，聊以適用數者論之。鼎者，古之食器也，故有五鼎三鼎之供。今用爲焚香具者，以今不用鼎供耳。然鼎之大小有兩用，大者陳於廳堂，小者寘之齋室。方者以飛龍脚文王鼎爲上賞，獸吞直脚亞虎父鼎，商召父鼎，周花足鼎，光素者如南宫鼎爲次賞；若周象簠鼎，腹壯而膀脚肖鷄腿，又如百乳鼎者，皆下品也。方之小者，有周王伯鼎，單從鼎，周豐鼎。又若方四五寸許青緑或鎏金小方鼎，式法文王王伯鼎制者，可宜書室熏燎，皆唐之局鑄，元姜娘子鑄也，紋片精美，制度可觀。

其圓鼎三獸面者，如商父乙鼎、父己鼎、父癸鼎、若癸鼎；圓腹者，若商子鼎、秉仲鼎、象形饕餮鼎、立戈、季娟鼎；光素者如商魚鼎、周益鼎、素腹鼎；口下微束者，若商乙毛鼎、蟬紋鼎、父甲鼎、公非鼎；敞口者，如飛龍脚子父鼎，皆可入上賞。圓之小者，如周大叔鼎、垂花鼎、周巒鼎、唐三螭鼎，俱堪入清供，但式少大雅耳。他如瓜腹、鷄腿、方耳、環耳、敞口鼎爐，俱不堪玩，爲下品也。

彝爐式如周甗彝、父辛彝、商虎首彝、百折彝，方者如已酉彝，奇者如百乳彝，皆堪爲堂上焚具。他如彝、敦、鬲、爐等件，雖古，不堪清供。如得商母乙鬲、周蔑敖鬲、饕餮鬲、周師望敦、兕敦、翠敦，亦可充堂中几筵之供。已上式載《博古圖》中，可用按圖索視。

卮者，古酒器也。義取上窮而危，知節則無危矣，寓戒之之意。其制如盂，雙耳外乘，又如腰腹翼耳，俗云人面杯者是也。杯，亦古酒器也，以牛首爲制，加以籠絡，亦戒貪逸之意。《詩》云：酌彼凹觥，以牛角爲之。制以此耳。今之杯制不一，而獨無此式。

匜者，矯口坦腹，一靶捏手，或三足，或圓足，如鴨形者是也，古人以爲盥洗注水之具。今俗以卮爲匜，以匜爲卮，名金銀酒器者，誤矣。盤、洗二器，盤深而洗淺，盤用以承棄水，内有銘篆者，有招耳上冲者，有盤内種種海獸者。或用三蹲螭爲足，或雷紋圓足者，又名彝盤，俗指爲歃血盤，非也。今可用作香櫞盤。其洗，用以盥水，故紋用雙魚，用菱花。有三乳足者，有圓足者，旁有獸面翻環者。今用以注水，爲几筵主賓酬酢滌器，似得古人遺意。又有似洗而雙靶作掇手者，名杆，亦可作洗用。

觚、尊、觶，皆酒器也，三器俱可插花。觚、尊口敞，插花散漫，不佳，須打錫套管入内，收口作一小孔，以管束花枝，不令斜倒。又可注滚水插牡丹、芙蓉等花，非此花不可久。古之壺、瓶，用以注酒。觀《詩》曰：清酒百壺。又曰：瓶之罄矣。若古素温壺，口如蒜榔式者，俗云蒜蒲瓶，乃古壺也；極便注滚水，插牡丹、芍藥之類，塞口最緊，惟質厚者爲佳。他如粟紋四環壺、方壺、匾壺、弓耳壺，俱宜書室插花。以花之多寡，合宜此五器分置。若周之蟠螭瓶、螭首瓶，俗云觀音瓶者，今之酒壺，全用此式。更變漢之麟瓶，形若瓠子稍彎，背有提靶。此瓶也，俗例爲瓠子壺類，誤矣。另有瓠壺，取《詩》云酌之以匏之義。今以此瓶注水，灌溉花草，雅稱書室育蒲養蘭之具。周有蟠虬瓿、魚瓿、罌瓶，與上蟠螭、螭首二瓶，俱可爲多花之用。

又若今之杖頭用鳩，老人多咽，鳩能治咽之義。故三代有鳩鳥杖頭，周身金銀瑱嵌。又見有飛鳩杖頭，周身鎏金。用以作棕竹杖飾，妙甚。若漢之蟠龍、蟠螭杖頭，形若瓜槌，此便不如三代之雅。若漢之編鍾，小而有韻者，頗宜書齋清響，但得宫商二音爲最。古之布錢，有金嵌字者，可作界畫軸用。小樣提卣，可作糊斗，如伯盞頮盤，季姜盂兩耳杯，制小，可作研旁筆洗。

鏡爲人所必用，若秦陀光背，質厚無紋，極有受用。次如銀背海獸、蒲桃荔枝、五岳圖形、十二生肖、寶花雲龍、十二符、四靈三瑞、三神八衛、六花浮水、七乳四乳、十六花蟠螭、龍鳳雉馬等背，俱妙。須用清瑩如水，分毫不雜，俗謂面無打攪，輪轉周圓，形影不改爲貴。又有如錢小鏡，光背花背，面無瘢痕。更有滿背嵌金嵌銀片子鏤花小鏡，極可人意，價亦高貴，似不易得。携具用之，山游寺宿，亦不可少。鑒賞以大徑尺外圓鏡，并三寸以上至如錢小鏡爲上格，其他五七寸者次之，菱花八角方鏡，悉不取也。軒轅球鏡，可作卧榻前懸挂，未必遠邪，聊取意耳。

古銅腰束絛鈎甚多，有盈尺長者，其制不一，有金銀碧瑱嵌者，有片金商者，有等用獸面爲肚者，皆三代物也。他如羊頭鈎、螳螂捕蟬鈎鎏金者，皆秦漢物也。無可用處，書室中以之懸壁挂畫、挂劍、挂麈拂等用，甚雅。若雁足燈、鳳龜燈、有柄行燈，用以秉燭；駝燈、羊燈、犀燈，用以燃油。此皆文具一器。又如盈尺淺盤，有三足者，制極精雅，乃古之承盞盤也。盞如圓盂，有耳環掇手，此漢物也。古彝皆有舟，舟即今之承盞盤也。往往有此，且紋色甚佳，今用爲香櫞稾具，别無取用。每有蝦蟆蹲螭，其制甚精，古人何用？今以鎮紙。又有大銅伏虎，長可七八寸，重有三二斤者，亦漢物也。此皆殉葬之器，今以壓書。余得一研爐，長可一尺二寸，闊七寸，左稍低，鑄方孔透火炙硯，中一寸許稍下，用以煖墨閣筆；右方置一茶壺，可茶可酒，以供長夜客談。其銘曰：蘊離火於坤德兮，回春陽於堅冰；釋淘泓凍淩兮，沐清泚於管城。是以三冬之業，不可一日無此於燈檠間也。凡此數者，豈皆吾人所不當急而爲玩物例哉？書齋清賞，藉此悦心，當與同調鑒家品藻。

論漢唐銅章

古之銅章，後先出土者，何止千萬，即顧氏《印藪》，猶云未備。余先三入燕市，收有千方，十年之值，高下迥異。向無官私之別，今則分王侯伯長爲官印，而價倍倍於往時；以姓氏爲私印，價則較常亦倍矣。官私之内，又多珍尚，有玉，有金，有銀，有瑪瑙、琥珀、寶石，有磁燒，官、哥、青東三窑爲多。凡此印章，面用斗鈕，間有以鹿爲鈕，以瓦爲鈕者。其銅章之鈕，以龜、以螭、以辟邪、以駝、以梟、以虎、以壇、以兔、以瓦、以魚、以錢、以覆斗、以環、以四連環、以亭、以鼻、以異獸，以鹿、以羊、以馬、以狻猊，以豸。鈕用鎏金、塗金、細錯金、銀商金。而制度之妙，有如一方，六面皆文，子母一套。母則鈕鑄母獸，子則子獸套成，如母抱子，内中或三方有文。余得一印，子母二套，三印俱文，此又官私之中值之最上者也，亦不多得。其鐫玉之法，用力精到，篆文筆意，不爽絲髮，此昆吾刀刻也。即漢人雙鈎碾玉之法，亦非後人可擬。故玉章寶章，更爲鑒家珍重。

古人印文，姓氏之外，字及小字，即乳諱也。別無閒散道號，家世名位，引用成語，惟臣某印。漢之君臣關防奏啓，扣以小印。又如「封」之一字，古亦無之，後人創始。古之自記，即封字意也。曾見一印文曰：某氏私記，宜身致前，迫事無閑；願君自發，封完印信。此唐宋印也，漢人無此等語。即單字，象形禽鳥、龍虎、雙螭、芝草，圓印有之。子孫永寶，宜爾子孫，子孫世昌等印，爲閒文矣。漢之官印，似有印箱佩帶。余得一銅箱，高寸八分，方寸五分，制若今之官印匣同，前後鑄有合扇、鎖鈕事件，旁有鼻耳，可貫繩索携佩。箱外青緑瑩然，内藏子母印章一套，此亦小銅器中一奇物也。

近日，關中洛下利徒，翻鑄假印，夥入真正，以愚收藏。若軍司馬王任日利，不一而足，且不易辨。今之刻擬漢章者，以漢篆刀筆自負。至有好奇，刻損邊旁，殘缺字畫，謂有古意，可發大噱。即《印藪》六秩内，無十數傷損印文，即有傷痕，乃入土久遠，水銹剥蝕，或貫泥沙，剔洗損傷，非古文有此。欲求古意，何不法古篆法刀法，而乃法其後人損傷形似，此又近日所當辨正。若諸名家，自無此等。

又如青田石中有燈光石，瑩潔如玉，照之真若燈輝，近更難得，價亦踴貴。内有點污者不佳。外此有白石，有紅黄青黑等石，又有黑白間色，紅黄間色，温潤堅細，可作圖書。舊人喜刻此石爲鈕。若鬼功球鈕，余曾見有自外及内，大小以漸滚動，總十二層，至中小球如緑豆止，不知何法刻成，真鬼功也。吾杭舊有刻鈕稱最者，惟岑東雲、沈菿湖二人，極工雕模。岑更善於連環，三五層叠，并奇異錦紋套挽等鈕，其刻文亦高於沈；而沈之刻文，不足取也。後有效者，甚乏古雅意趣。此亦印章中一善技也，故并録之。若閩中牙刻人馬爲鈕者，是爲印章疽毒，雖工何爲？

**明・朱國禎《湧幢小品》卷四**

鍾鼎

大名府有譙鐘，相傳魏太武時所鑄。守清正則鐘聲洪亮，否則不揚。前守惡之，棄於通衢，鐘因半裂。嘉靖中，欒頀爲守。適歲歉，民競言神物棄置爲咎，請復之。欒曰，有是哉？祭而縣之，扣之不揚，意甚不悦。忽夢大衆宣於鐘所，既再扣之，鐘果洪亮，其裂處尋亦平滿，更擁起一脊。民益異之。

蕭縣相襲不撞鐘，以爲撞之則水至。嘉靖間，縣尹朱同芳弗聽，水果大至，漂没田廬。同芳堅不聽，水亦尋涸。及孫重光尹蕭，父老懇請，重光遂止之。乃爲文以祭鐘曰，鼓焉以鐘，昏晨之軌。民有訛言，金能利水。爲民父母，從此而已。禦患無德，隨俗可恥。鐘兮有靈，尚鑒乎此。

成化間，大鐘二盪淮水中。聲竑竑，勢欲躍起。總兵平江伯陳公鋭祭之，一鐘遂止。令縣於朝宗門樓，聲聞百里。其一止泗上。

張華銅山鐘鳴之應，人能言之，又其時朝士畜銅澡盤，晨夕恒鳴，如人扣擊。華云，此盤與洛鐘宫商相應耳。錯之令輕，鳴遂止。

分宜縣，昔有漁者釣得一金鎖，長數百尺。又得一鐘，如鐸狀，舉之，聲如霹靂，山川震動。【略】

會稽靈嘉寺鐘，本于闐國寺鐘也。

廣西太平州有一鐘，自交趾思琅州飛來，夜常入水與龍鬥，天明復舊所。正德己卯，盜斷其鈕及唇，靈怪遂滅。

胡梅林取各寺觀銅鐘，製大將軍，擊倭，殆無孑遺。惟桐廬縣城東一寺鐘，有蟒蛇盤其上，軍士懼不敢動，再取再如之，乃止。土人云，其鐘聲聞五十里，去余居十二里，寺曰應天，僻遠，四周環以大水，罕有報者，獨得免。余每扣之，聲清越度，可聞數十里，惜懸深屋中悶悶耳。聞寧波一鐘，見夢太守得免。今半没泥中，取之不可動，人皆神之。

**又**　銅鼓

世傳諸葛銅鼓，然不始於諸葛。馬援傳得駱越銅鼓，鑄爲馬式。還，上之。注引《廣州記》。狸獠鑄銅爲鼓，懸於庭，置酒，招同類。來者以金銀爲大釵，執以扣，即留遺主人。詩曰，擊鼓其鏜。鏜從金，則固起於三代時。所謂金聲者，殆如此，必非鑼也。

諸葛銅鼓皆奇文異狀，雕螭刻虬，間綴蝦蟇，其數皆四，楊升庵編内稱淳于古禮器也。廣漢什邡人段祖，以獻益州刺史蕭鑑，高一尺六寸六分，圍三尺三寸，圓如桶，銅色如漆。今去地尺餘，以手振之，聲如雷，清響良久乃絶。古所以節樂，以諸葛鼓證之。疑即淳于銅鐵鍋，鍋口皆阿大王所製，更奇異。識者曰，非鍋，乃鼎類也，其名曰鬵。詩曰，溉之釜鬵，是也。

《音樂旨歸》云，鬵，大上小下，若甑、鐺。無足，和羹用之。或曰，鬴也，亦無足。乃其實足以函牛，兩耳峙如山形。蠻尤以爲至寶，其重不啻銅鼓。

蠻中諸葛銅鼓有剥蝕而聲響者，爲上上，易牛千頭，次者七八百頭。藏二三面者，即得僭號爲寨主矣。

凡破蠻必稱獲諸葛銅鼓，有多至數十面者。此必諸葛倡之，後人倣式而造，其精巧反有過之者。

**又**　古銅鏡

嘉州漁人王甲者，世世以捕魚爲業。【略】他日，見一物，蕩漾水底，其形如日，光彩赫然射人。漫布網下，取即得之，乃古銅鏡一枚。徑圓八寸許，亦有雕鏤琢刻，固不能識也，持歸家。

**明·謝肇淛《五雜俎》卷一二《物部四》**　今山東、河南、關中掘地得古塚，常獲鏡無數，它器物不及也，云古人新死，未斂，親識來吊，率以鏡護其體云，以防屍氣變動；及殯，則内之棺中。有一塚中鏡數百者，歲久爲屍血肉所蝕，又爲苔土所沁成紅、緑二色，如朱砂、鸜鵒、碧鈿諸寶相，斯爲貴矣。其傳世者，光黑如漆，不能成紅、緑也。然臨淄人僞爲之者最多。

洛陽人取古塚中鏡破碎不全者，截令方，四片合成，加以杵而成鑪焉，謂之鏡鑪；製則新也，而質實舊物，置之案頭，猶勝饞鼎。

**明·方以智《通雅》卷三〇《樂器》**　沙鑼羯鼓皆外國器，而中國用之，鉦與鑼近，故用相代也。　古嘗以解嚴叩鉦，今無其制。《説文》曰：「鉦，鐃也。」鐃如鈴。余嘗以鐸鉦鐃鐲形皆如小鐘，有舌，而鑼爲嘗用，乃無之。《唐韻》七歌有鑼，乃云：「鈔鑼，器也。」意古必有此形，或諸公失注耶？俗間用觱篥之樂，皆用銅鼓以間之。馬援致駱越銅鼓，鑄爲銅馬。唐時有銅鼓入貢。今雲貴兩粤到處有之，聲聞十里。其形平面而中漚起，擊漚起處，每二架有雌雄。今雅樂教坊樂隊舞皆不用此，不知唐、宋時用否？馬貴與曰：「鼓吹鉦即《説文》錚，形圓如銅鑼。」《宋志》曰：「鉦如大銅疊，南蠻之器也。」劉淵曰：「鈔鑼銅器。」《樂書》有銅鑼，自後魏宣武以後，好北音，胡笪羯鼓銅鈸打沙羅，其音原出西域。笪音，常式切。《雲麓漫抄》曰：「今人呼洗爲沙鑼，又曰廝鑼。近代賜契丹、西夏使人，皆用此語。究其説，軍行不暇持洗，以鑼代之。」智以此説附會，蓋中原人以擊鑼爲篩鑼，東南方亦有言之者，篩沙音相近，篩又爲廝，又小轉也。《書》傳曰：「養馬者爲廝。」所執之鑼爲洗，曰廝鑼。以鑼爲洗，正如秦、漢用刁斗，可以警夜，又可以炊飯，取其便耳。《宋志》駕前皆棒廝鑼，《元志》作水礶鍘鑼，《南宋市肆記》亦言「酒器沙鑼，水盆，以金銀爲之」。即如今之銅面盆也。

丁寧，鉦也，讀如丁令，因作叮嚀，通爲真泠。丁東一作丁當。　丁寧本口語丁寧，故作叮嚀，以是名鉦，取其聲也。猶鐵馬名曰丁當，玉珮亦曰丁當，或作叮噹。或曰語叮囑曰丁寧，本此。《莊子》「真泠禹曰」之真泠，即丁寧也。丁東聲也，珮聲弦聲皆稱之。又作丁當者，蓋東當二音古通用也。《詩》「小東大東」叶「可以履霜」，空亦如匡，可證。

銅鈸，今之鐃鈸也。　《廣韻》但言鈴鈸，不知其詳？銅鈸乃南齊穆士素所造，其圓數寸，大者出於扶南、高昌、疎勒之國。其圓數尺，隱起如浮漚，以韋貫之，相擊以和樂，釋書有之。唐燕樂曲有銅鈸相和之樂。銅鈸謂之銅盤。司馬承禎製《玄真道曲大羅天曲》，有鐃鈸，蓋其小者，今亦用以節樂，或謂之草子，或謂之鋪鈸。

箛即笳，唐之銅角，是其遺也。　仗有大鼓長鳴，長鳴今時之號通也。口圓而長，如竹箭，一尺五寸。又有小柄空管，從箭中抽出吹之。晉即有鳴葭，葭即笳。應劭《鹵簿圖》有騎執箛，箛即笳。或謂其始似葭管，後以銅作大觱篥。桓玄製龍角，所謂銅角也。今俗云嗽叭鎖哪。直口曰號通，轅門吹角十二疊是也。今制有畫角在前，又有大銅角小銅角。胡儼言曹子建製角曰：「爲君難，爲臣難，難又難。」不知何所本？

將于，淳于之類也。　北海郡有淳于縣，春秋淳于公國在此縣，因以爲氏。其實本樂器名，圓如碓頭，大上小下，樂作鳴之，與鼓相和。淳因作錞。《周禮》「鼓人以金錞和鼓」，即此。《南齊·始興王鑑傳》有十邡人段祖以淳于獻鑑，高三尺六寸六分，圍二尺四寸。後周自蜀得之，斛斯徵曰：此錞于也。

**又　卷三一《器用·書札》**　箓氏：「爲削，長尺博寸，合六而成規。」鄭曰：「今之書刀也。」《東觀記》「以書刀賜馬嚴」。朱博「投刀削所記」「用簡牒」。吏皆以刀筆自隨。蒙氏已製筆，漢兼用書刀，曰刀筆。《博古圖》有漢刀筆。文翁「吏詣京師，減省少府用度，買刀布蜀物遺博士」。如淳曰：「金馬書刀，今賜計吏者，作馬形，刀環金鏤之。」楊僕請官蜀刀，此刀也。

**又　卷三三《器用·古器》**　彝，手舉酋也。　《周禮疏》：「彝尊同是酒器，盛鬯者爲彝，盛酒者爲尊。」堯衢尊、虞泰尊、夏山罍、殷著尊、周犧尊，著無足之尊也。周有六尊六彝。夏琖、殷斝、周爵，夏雞、夷龍勺、殷疏勺、周黃目蒲勺，夏樽。周又有兕觥、大尊、山尊、大罍、瓢齎、修、概、散。瓢齎，甘瓠割去抵，以齊爲尊。修、概、散，皆漆尊也。《詩》稱金罍。束皙引周公流水汎酒，《逸詩》：「羽觴隨波。」魯有四代尊。《博古圖》，有父乙、祖乙、祖丙、父戊、祖己、己舉爵，商觚十六，商觶三，周乙舉尊，觶謂之舉也。犧象尊，全作犧牛形；而開背爲尊，鄭阮之謬，灼然矣。梟尊、瓢尊、夔龍尊、犧首罍、素犧罍、象首罍，周斝一十五。又有著尊、壺、尊、龍鳳方樽，蓋商器也。漢桂尊、秦尊。梁孝王有䨏即罍。尊。《高紀》奉玉巵，古巵作觗。師古曰：「觗，飲酒員器也。」《博古圖》有漢建光巵，銘曰：「建光中室有四。」又漢犧首杯，瓠斗，螭首巵，雲雷巵，蟬紋巵。又有漢虎斝，《高克尊銘》《師艅尊銘》。《穆卣銘》曰：「是寶尊彝。」子象之子洪作旅卣，「王錫賓朋，用作母乙彝」。梁劉之遴獻古器四種於東宫，其一，鏤銅鴟夷榼二，銘曰「建平二年造」。二，金銀錯鏤古樽二，篆銘曰：「秦容城侯適楚之歲造。」與元封龜茲澡灌，初平澡盤爲四。智按：龜茲豈知漢篆，此器之僞，明矣。齊劉悛於司州得古禮器，銅罍瓶、豳山銅罍樽，銅定鐘各二，獻之。漢有岐山銅器，章帝章和中出河内。悛，勔之子，非真長也。

倅樽，副尊也，猶之從彝也。　《韓詩外傳》：「晉平公使范昭觀齊，昭願得齊君之倅樽以爲壽。晏子曰：『撤去樽。』孔子曰：『不出俎豆之間，折衝千里。』」智按，《周禮》以倅爲副，此云倅樽，必副尊以盛酒也。文王方鼎單鼎作尊彝。又曰作從彝，何也。尊彝，宗彝也；從去聲，即陪鼎之意，乃副尊也。

罍爲大尊，獸尊大尊也。　凡上尊曰彝，中尊曰卣，下尊曰壺。彦遠曰：「《傳》曰：彝、卣，罍器也。」觀上中尊，則罍爲大尊可知，其制皆云回。後因以名甕。而壺亦稱尊；壺，昆吾圜器也。古廷設罍。泌水戴延之《西征記》：「太極殿有大銅樽，容三十斛。」石虎正會，有白龍樽，作金龍於東箱，樽受龍口，受五十斛。晉元會設白獸樽，杜舉遺式也。《唐回紇傳》：「貞觀二十一年，陳十部樂，設高坫，置朱提瓶其上，潛泉浮酒，自左門通坫注之瓶，轉受百斛鐐盎。回紇數千人，飲畢，尚不能半。」朱提音殊時。《諸葛書》曰：「漢嘉金，朱提銀。」唐之曲州，今敘州府城西有朱提山。唐有鶴尊，背上注酒，則一足倚。宋有百寶酒船。大抵唐宋皆倣三代鑄尊罍巵卣之類。入《博古圖》，皆三代也。白獸樽即白虎尊，唐諱虎作武，或作獸。

鼎爵卣觶可名舉者，杜舉之類也。　李公麟得古爵於壽陽紫金山，腹有二字，曰「己舉」。王玠獲古爵於洛下，有二字，曰「丁舉」。廣川跋周舉鼎曰：「己爵爲舉，丁卣爲舉。此鼎亦名舉，凡可舉以進，皆曰舉。杜蕢謂之杜舉，是也。」新平張氏得癸舉，人以爲觚，乃觚也。

絲餗鼎，糝鼎也。　《宋鼎》銘曰：「宋公絲作餗鼎。」又《宋夫人鼎》銘曰：「宋君夫人之餗釪鼎。」又有《叔絲鼎》。廣川曰：「《竹書》有宋景公絲，而《史》爲頭曼，孫炎以絲爲頭曼合聲。」今考班固《漢書》，猶有兜絲，亦著其聲如此。古有左鼎，陪鼎，特鼎。《傳》曰：「糝，謂之餗。」又曰「筍之爲菜，餗也。」則餗鼎，糝有菜之鼎也。《東觀餘論》以《師春》内有宋公名絲，可爲此鼎之證。而陸文裕又「疑絲女爲一字」，不必矣。

觴豆，實酒之器。　武王於觴豆爲銘。《大戴禮》《踐阼篇》言受師尚父丹書之戒，而銘几席諸類也。觴豆之銘曰：「食自杖，食自杖，戒之憍，憍則逃。」憍，居夭反。注，盧氏曰：「無求醉飽，自杖而已。」《考工記》以瓦爲豆，《醢人》四豆爲木。齊晏子言：「四升爲豆，以金爲之。」《公羊傳》：「田狩一曰乾豆。」注：「祭器，爲狀如鐙。乾言以豢羹實豆也。」晏子所言，則量器矣。古器之遺者，如《祖癸豆》《姬寏毋豆》，皆銅豆也。《旅人》「瓦豆實三而成觳」，則亦可量也。按觴豆固與祭祀之楬豆、玉豆有分，蓋嘗用以飲食者，非但盛乾物也。《唐六典》：光祿式言：「簠簋居前，各四；登鉶次之，各六，籩豆爲後。」簠簋大居前，籩豆小居後也。一升曰爵，五升曰散，簋實一觳。孔穎達曰：「籩如豆者，皆面徑尺，柄尺亦依漢制知之，亦實皆容四升。」《説文》：「觶受四升。」鄭曰：「受三升者是。」孔氏曰：「觗受五升，或七升。」《梓人》：「爲飲器，勺一升，爵一升，觚三升。獻以爵，而酬以觚。一獻而三酬，則一豆矣。食一豆肉，飲一豆酒，中人之食也。」康成曰：「觚當作觶。」彦遠引作觗。智按，古豆與斗通，卮、觗、觶一聲，後乃分用。

有跗曰鐙，無跗曰錠。 鐙，都藤切，錠，徒徑切。其形若杅而中施釭。有跗者曰鐙，無跗者曰錠，謂下施足也。《爾雅》：「瓦豆謂之登。」注：「即高鐙也。」歐陽《集古録》林華宫行鐙。《楚辭》：「蘭膏明燭華鐙錯。」注「鐙，錠也」。徐鉉曰：「錠中置燭，故謂之鐙，今作燈。登以肉加，又與**豋**異。」《説文》曰：「𤼲，禮器也，讀若鐙。」《公食大夫禮》：「大羹湆不和，實於鐙。宰右執鐙，左執蓋。」《記》曰：「夫人薦豆執校，執醴授之執鐙。」康成曰：「鐙，豆下跗也。授醴之人，授夫人以豆，則執鐙。」按鄭非是。夫人薦豆，當錯於筵前，執醴則當授尸。故豆則執校，醴則執鐙，豈一豆而執校，復執鐙乎？酌醴用觶，鐙或爲觶之跗名乎？蓋登爲豆之深者，故可以盛湆。注膏油其中，則可以燃照。加錠者，所以插燭也。今人又謂傾銀曰錠。陸、孫收入徑韻。《博古圖》有錠，銘曰：「王氏銅虹燭錠」，字畫與漢五鳳鑪相類。《楚詞》之所謂縣火，即宋以來之提鐙也。王保定《摭言》曰：「胡鉦與裴慶會，犯分者擊以鐵躋。」鐵躋，鐙臺也。韓愈《短檠歌》，則呼鐙臺爲檠。今以置燭爲錠，燭頭曰燭即。《管子》：「右手執即。」尹知章讀即爲精，謂燼也。《詩紀注》引作[illegible]。《杜陽雜編》以燭爲脂炬。德山吹滅紙燭，乃今紙撚也。

《爾雅》雖以木瓦分豆登，然有銅者；執校則豆之跗也，執鐙則醴觶之跗也。《廣川》曰：「房中之羞，主婦右之，則有羞豆，加豆有鐙有校。故《禮》曰：夫人薦豆執校，執醴授之執鐙，則執豆之跗也。」此彦遠據康成説也。智按，校、鐙不當重言，鐙乃醴觶之承者，解見上文矣。細推古書，鐙鐓皆謂其敦然在下者，轉音别字，讀鐓爲對耳。又推脚轉去聲爲校，則執校即脚也。京山引《南史·王亮傳》：「亮父諱猷，晉陵令沈瓚好犯亮諱。向亮作無骹尊旁犬，爲犬旁無骹尊。」骹，即脚也，謂猷字尊旁犬也。《説文》[illegible]以别[illegible]，鄭吴作[illegible]。馬以鐙，當从[illegible]去聲，則以燈别之。

**又** 歛**尌**，蓋歛盂也。 《廣川跋王子吴歛**尌**》云：「潞國文公所得，銘曰：『王子吴擇其吉金，自作歛**尌**。』書家考古無此字，而**尌**見《三蒼》，知爲鼎也。而又款爲享器。」智按諸書，並無**尌**字。《金石韻府》亦無歛**尌**，**尌**殆即盂字乎？董又云：「《寶和鐘銘》、與《季姜歛盂》及《石鼓》，皆以甘爲其。」既有《季姜歛盂》，則此歛**尌**，即歛盂，是一證也。篆書，各國之書，自取茂美，如則可从則，亦可从剌，亦可作劃也。

觚與觗同，觗即觶也。以圜與稜分，不必斤斤論大小也。 彦遠：「得亶甲城觚，以爲觶，又得李氏觚，無壇宇廉隅。鄭玄謂：『梓人之觚，字當爲觗。』觗與觶同制。《禮器制度》曰：『觚大二升，觶大三升。』《饋食禮》：『主人洗爵獻長兄弟於阼階上，長兄弟洗觚爲加爵。』則觚倍於爵，其當二升，古人之論盡如此，余是以知梓人之書誤也。」智按韓嬰謂：「一升曰爵，二升曰觚，三升曰觶，四升曰散。」《注疏》「或曰五升曰散」，亦揣摩分大概耳。古者權量，三不當今之一。彦遠未必即确，古器亦時有增減。列國自造，豈盡準考工；如今人造酒器、洗器、盛器，但分大小，其細微寧可拘乎？今有飛戟出口之瓶，亦謂花觚，雖非其物，乃其遺稱也。伯厚曰：「古卮亦作觗。」是古卮、觗、觶皆通，而後分之。淺者爲卮，深者爲觶耳。有稜者曰觚，無稜者曰觶。觶常有最青緑花紋者，不能容今之一升，則不能容古之三升，明矣。觚本以觚稜名，《急就》「奇觚」，謂其一稜之面可書。則以稜辨酒卮何疑。

瑚璉一作瑚槤、胡輦。 《論語》載「夏曰瑚，商曰璉。」而《明堂位》言「夏后四璉，殷六瑚」。《説文》：「瑚，槤也，里典切。」《箋》引漢《韓勅修孔廟禮器碑》有「胡輦器用」句，按此乃匡篚之類，或以木爲之。因其實故又从玉，徐鉉必以璉爲俗，非也。

梠有足曰嶡，梠有嶡曰案。 《周禮掌次》：「王大旅上帝，則張氊案，烏旰切。設皇邸。」祭祀朝覲會同師田，皆「設案」。康成曰：「以氊爲牀也。」《六書故》「亦曰榻類」，此豈牀榻乎？在今爲香案之案，以氊飾之。古無此，則是几耳。與純席之類比。若以几爲牀。後人自漢晉來，俱以所坐之椅爲牀，如元凱連榻，江斅移牀，何與於几耶。案又爲盌案之案，史游棨案并列，孟光舉案齊眉，正謂盌案。《周禮玉人》：「案十有二寸。」亦非几席也。《文選注楚漢春秋》：「淮陰侯曰：『漢王賜臣玉案之食。』」萬石君對案不食。案正與椷禁之類相同，若今臺上作小几數寸者，上以承爐盒諸物。舉案者，如舉酒卮者并舟而舉也。舟，今之酒衣，杯之盤也。朱博不好酒色，案上三梠。升菴直以案爲椀，恐尚微別。魯用梡嶡梡，虞俎也。珠盤玉敦，敦音對，棨類。漢禮有瓚盤，大五升，口徑八寸，下有槃，口徑一尺，其遺也。《鹽鐵》：「文梧畫案。」《方言》：「案，陳、楚、宋、魏謂之槅杯。秦晉曰盌。趙魏曰椷。或曰盞。大者謂之閜。吳越間曰㮕。齊若平原以東，或謂之櫪桮。小桮曰𩱧。音感。」元美有意駁升菴，至曰孟光能石臼，而況案乎？則更可笑矣。何燕泉曰：舉案，當讀如盌，升菴取之。元美何不並譏燕泉耶？

**又**

鏕鑪見於《廣雅》，其文見於《弡醫》。劉原父《弡仲醫銘》，有「鏖鑪盛旄糕米具饙」諸字。《廣雅》有「鏕鑪」。劉與歐陽公以弡爲張字。黄長睿曰：「弡音其勿反，饙與飽同，糕，音嚼。」按其勿之音，亦不必是，黄亦據字書音耳。考《唐韻》入聲無弡字，巨从工而似匚，匚即匡，猶與張近。古長亦作夬枭，或作變體，永叔、原父似爲近之。升菴作弡中匜。吳協《三代鼎器録》則竟作張仲匜。《董逌》曰：「上方張簠，獨無旅簠。大觀元年，荆仲馮以其匑藏古器上之，其曰弡仲醫，本當作匜。其文匚中作弆，則匜，與簠同。原父又言弡仲匜是匧，弡，之忍切。此又一説也。智按：匑即冢，宋人所改。弆乃𠫭，今刻《廣川書跋》訛作弆耳。」

銼䥈，今之𧇊也。䥈，魯戈切。銼，昨禾切。釜也，𧇊，土鍪候抱切。也。顏師古曰：「鍪，小釜，今所謂鍋，亦謂之鏃䥈。秦名曰鬲，即鍋字。」《方言》：「北燕洌水之間謂之鍈，音陝。陳楚之間曰錡，或曰鏤。吳楊之間曰鬲。」音歷。《漢傳》云：「多齎鋪鍑。」鋪古釜字。此不音釜，正謂銼䥈，矮鍋也。亦謂之烙鍋，烙餅之鍋也。《類篇》曰：「鍋，䥈器也。」至今烙餅平鍋，呼爲𧇊。音鏖。

有足曰錡，無足曰釜。鬵，今之鼎鍋也。　錡亦作䰙，魚綺切。釜亦作鬴，奉甫切。鑊類也。《詩》：「維錡及釜。」毛氏曰：「有足曰錡，無足曰釜。」「齊四升爲豆，四豆爲區，四區爲釜，釜之實凡六斗四升。」按鬴本享器，加耳與臂爲量。《爾雅》：「甑謂之鬵，才林切。鬵，鉹昌氏切。也。」《烹魚詩注》：「釜屬。」許氏曰：「大釜也，一曰：鼎大上小下若甑曰鬵，古文作鬻。」按此，今南楚黔粵之鼎鍋也。

欹器，侑卮也。　《文子·守弱篇》：「三皇五帝，有觀戒之器，命曰侑卮。」注：「欹於離切。器也。」《荀子·宥坐篇》：「孔子觀魯桓公廟有欹器，問守廟者，曰：此宥坐之器。」《揚子·重黎篇》：「或問持滿，曰挖欹。」注：「欹器也。」《唐文粹》李德裕作《欹器賦》，許敬宗、韋肇亦有賦。《隋志·小説部》：《魯史欹器圖》一卷，劉徽注。《器準圖》三卷，《後魏志》：信都芳撰，安豐王延明所集《樂説》并《諸器物準圖》二十餘事而注之。《文選注》，曹大家有《欹器頌》。《杜預傳》：「周廟欹器，至漢東京猶在御坐。漢末喪亂不存，形制遂絶。預創意造成，武帝嘉歎。」南齊永明中，竟陵王子良好古，祖冲之造欹器獻之。後漢安豐王延明使祖暅之作欹器漏刻銘。後周，文帝大統四年，宣光清徽殿初成，薛憕作頌。又造二欹器：一爲二仙人共持一鉢，同處一盤；一仙人持金缾傾水灌山而注乎器。形似觥而方，滿而平，溢則傾。憕各爲頌。《隋藝術傳》：「耿詢有巧思，進欹器。煬帝善之。」《曹王皐傳》：「常自創意爲欹器，以髹木上出五觚。」淳化中，學士蘇易簡内直，嘗以水試欹器，即召問之。曰：「此江南徐鉉所作。」

盉鑊聲轉，蓋小鑊也。　《説文》：「盉，户戈切。調味器。」《玉篇》以盉爲味。陸法言以盉爲調五味鑊。董逌曰：伯王斁子作《寶盉》。據《廣韻》：「調五味鑊。」今以鑊爲鑴，而以鑴爲甞，甞爲盆之大者。孫强以盉爲大鑊，而鑊，大鼎也。劉臻、吕忱以鑴爲大鐘。據《少牢饋食禮》曰：「羹定，雍人陳鼎五，三鼎在羊鑊之西，二鼎在豕鑊之西。」而《禮經》改盉爲鑊，則失其制久矣。按實鼎曰胥，實俎曰載。有前體後體，體薦體解，各異盉。盉别一鼎。盉中肉熟，各升於鼎，故取於盉以實鼎，取於鼎以實俎。然後以饗食，以薦熟，禮之成也。蓋盉與鑊，一聲之轉，後又有大鑊，則盉爲小鑊，明矣。

互咨，即亞倉。　董彦遠曰：「田仲方得銅亞鎗，識曰『互咨』。余知爲亞倉。漢制：東宫給銅龍頭鎗，是也。」智按《説文》有亶，古器也。而合爲奇字倉。《南史》子良貽何子晳、徐景山酒鎗。

鋗鉇，温器也。　鋗火玄反。鉇，即匜。黄氏曰：「鋗，銅銚音遥也。」《説文》：「鋗，小盆也。」《博古圖》有梁山鋗，元康元年造。鉇，有柄，可以注水。《廣韻》：「杯匜似桸，音移。以注水。」銚，燒器也。《説文》：「銚，温器也。」《世本》曰：「倕作銚。」今世俗之扱灰者，亦有火玄之音曰杴，亦以銅爲之。其燒器曰銚者，音近弔。

鈷鏻，即鈷鉧也。　鈷音古。鏻，音莽。温器也。按鏻即鉧字。鉧一作鉧，鈷鏻也。李時珍曰：「銅鈷鉧，一作鈷鏻，即熨斗也。」升菴引王莽威斗，則絶非熨斗。後亦出世，變爲古物。永州有鈷鉧潭，以形似之。

金鉔，香毬也。　《西京雜記》曰：「長安巧工丁緩，作被中香鑪，環轉而鑪體常平。」《字彙》以爲金鉔，丁緩所作，引相如《美人賦》「金鉔薰香」。黄伯思《跋錢鎮州回文》曰：「寶子，不知何物，乃迦葉之香鑪也。但圜若重規，其丁緩被中之製乎？」緩或訛綏。智按：《干禄書》，帀正迊俗，且無匝字。鄭玄注《周禮》「五就，五帀也」，始自《北史》「繞七匝」。《唐志》：「循牲一匝。」杜詩：「馬頭金匼匜。」方用之《金劉迊詩》：「繡韉金匼匝，貂袖紫蒙茸。」故知鉔爲後加。

華鈴，小釵也。 王粲《七釋》云：「雜華鈴音捻。之葳蕤。」孔煒《七引》云：「紫鈴承鬘而騁輝。」孫愐收入葉韻，《韻會》删之。

偏提，酌酒注子也。 唐元和間，改曰偏提。今辨古器，指卣卮之類。或有提梁，或有單耳者，亦稱偏提。或云，避鄭注諱，改曰偏提。

三疋，酒閜也。 升菴曰：「《東觀漢記》歲首請上雅壽。雅，酒閜許下切。也。」魏文帝《典論》：「荆州牧劉表子弟，以酒器名三爵，曰伯雅，受七勝；中雅受六勝；季雅受五勝。」即升。温革《隱窟雜志》：「宋時閬州有三雅池。古有修此池，得三銅器，狀如酒杯，各有篆文，曰伯雅、中雅、季雅。當時雖以名池，而不知爲劉表物也。」《廣韻》疋，即雅。注云，「酒器」。吴均詩：「聊傾三雅卮。」按《爾雅》或作《爾疋》，《詩》作《大疋》《小疋》。其雅省用牙，牙又作㸦，遂溷爲疋耶？此凡夫之說。智又按《說文》有疋字，音胥，古無家麻韻，則雅當爲予，予近胥耶？抑雅省牙用㸦，而訛疋耶？《緯略》載：「毛泰買一玉窪，八十八萬。」亦酒閜也。雅之名轉而爲窪，轉而爲閜。

**清・談遷《棗林雜俎中集・器用》** 唐鏡 唐鏡背有字云：「花發無冬夏，臨臺曉夜明。」見鄭以偉《山上山稿》。

**清・顧祖禹《讀史方輿紀要》卷四〇《山西二》** 仇猶城，在縣治東北一里。《韓非子》曰：「智伯欲伐仇猶，道不通行，因鑄大鐘遺之，仇猶大悦，除道而納之，國遂亡。」其遺址尚存。《寰宇記》：「漢盂縣城在陽曲東北八十里。隋改置原仇縣於故仇猶城西南，即今治也。」

**又 卷四一《山西三》** 鼓鐘鎮，縣北六十里。亦曰鼓鐘城。《水經注》：「教水出垣縣北教山，其水南歷鼓鐘上峽，飛流注壑，夾岸深高，南流歷鼓鐘川。川西南有冶宫，世謂之鼓鐘城。」後周建德五年攻晉州，分遣尹升守鼓鐘鎮，即是處矣。 鼓鐘川水至馬頭山東伏流，重出南入於河。

**又 卷四八《河南三》** 夸父山，在縣東南二十五里。《山海經》：「夸父之山，北有林焉，名曰桃林，廣迴三百里。」《十三州記》：「弘農桃丘聚，即桃林也。」晉灼曰：「在閿鄉南谷中，周武王放牛於桃林之野，謂此。」志云： 自靈寶西至潼關皆曰桃林塞。《寰宇記》：「夸父山一名秦山，諺曰『秦爲頭，虢爲尾』，與太華相連，中有大谷關。」 荆山，在縣南二十五里。志云： 山下有鑄鼎原，即軒轅採首陽之銅鑄鼎處云。 又有閿山，在縣西南五十里，縣以此名。

**又 卷五〇《河南五》** 鐵林山，縣東北三十里。上有鐵林寨，昔人嘗避兵於此。又縣城東北四十里有銅井山，上有古井，以銅作口，引流西南出爲考溪十八道河。

**又 卷五三《陝西二》** 霸陵城，府東三十里。春秋時秦繆公築霸宫於此，昭襄王時謂之芷陽宫。《秦紀》：「悼太子死魏，歸葬芷陽。又宣太后亦葬焉。」《三秦記》云：「秦襄王葬芷陽，謂之霸上。」其後漢文帝起陵邑於此，因更名霸陵，亦置縣治焉。文帝二年從霸陵上，欲西馳下峻阪，袁盎諫止處也。後漢仍爲霸陵縣。興平二年李傕等作亂，奉車駕夜至霸陵。曹魏景初元年，徙長安銅人於洛陽，重不可致，留之霸城。晉曰霸城縣，屬京兆郡。

荆山，縣西南十里懷德故城北。《禹貢》「荆、岐既旅」，又曰「導岍及岐，至於荆山」，所謂北條之荆山也。《帝王世紀》：「黄帝採首山銅，鑄鼎荆山下。」又云：「禹鑄鼎於荆山，下有荆渠。」《漢書注》「懷德縣南有荆山」，蓋主朝邑縣之懷德城而言。

鄠城，在縣北二里。古扈國也。《左氏傳》：「夏有觀、扈。」杜預曰：「鄠縣有扈鄉。」秦改爲鄠，漢縣治此。又縣西南五里有甘亭，以在甘水之東而名。夏啓伐有扈，誓師於甘，即此。 鐘官城，在縣東北二十五里，相傳秦始皇銷兵鑄簴於此。一云在長安上林苑中。漢鐘官也。唐時故城猶存。貞觀十八年駕幸鐘官城。

**又 卷七七《湖廣三》** 臨澧城，在州西南。漢充縣地，晉太康四年置臨澧縣，屬天門郡。宋、齊以後因之，隋廢。志云： 州南六十里有申鳴城，楚大夫申鳴邑也。又宋玉城，亦在州南六十里之長樂鄉。有銅昏堰，以銅冶爲之，畝收三十鍾。

**又 卷八一《湖廣七》** 猪犳犵獠不狼寨。在府西北大酉山口。【略】又有銅柱，在會溪鎮隔江。《五代史》：「晉天福四年，黔南巡内溪州刺史彭士愁寇辰、澧州，爲楚將劉勍等所敗，以溪、奬、錦三州降楚，楚王希範因徙溪州於便地，表彭士愁爲溪州刺史，鑄銅柱立之溪州。」胡氏曰：「會溪城西南一里有銅柱。」是也。

**又 卷八四《江西二》** 港南山，縣南十里。其山平夷，旁即驛路，南接雲橋，北通羅溪。又鍾山在縣南五里，臨水。昔嘗破裂爲二，得銅鍾十二於此。一名上下破山。

**又 卷一〇四《廣東五》** 鴈湖，府西北七十里。嘗有鴈集此，因名。或云在府治北二里，環繞芳洲，爲郡之勝。又銅船湖，在廢石康縣治東登高山下，俗傳馬援嘗鑄銅船於此。

安京山，州西北八十里。峰巒峭拔，岡脈綿遠，形似惠州羅浮山，或謂之西羅浮。《隋志》安京縣有羅浮山，即此。又十萬山，在州西北百二十里。重巒疊嶂，延袤起伏，高大甲於衆山。又銅魚山，在州西北六十里。相傳山下有深陂，鑄銅魚以爲水寶，因名。

分茅嶺，州西南三百六十里，與交阯分界。山嶺生茅，南北異向。相傳漢馬援平交阯，立銅柱其下，以表漢界。唐安南都護馬總亦建二銅柱，鑱著唐德，自明爲伏波之裔。明宣德二年没於交阯，嘉靖二十一年莫登庸降，仍歸版籍。舊志：馬援立銅柱在交州古森洞，即此嶺云。

**又 卷一一二《廣西七》** 銅柱山，在林邑境。《新唐書》林邑有浪沱州。其南大浦有五，浦旁有銅柱山，周十里，形如倚蓋，西跨重巖，東臨崖海，馬援植銅柱處也。《隋書》：「劉方擊林邑，過馬援銅柱南，八日至其國都，林邑王梵志尋棄城走入海。」是銅柱在林邑北也。杜佑曰：「林邑南水行二千餘里有西屠夷國，馬援所樹兩銅柱表界處也。」宋白曰：「建武二十九年馬援置兩銅柱於象林南界，與屠夷國分境。計交州至銅柱五千餘里，爲漢之南疆，是銅柱在林邑南矣。」意者銅柱在漢象林縣之南，今占城之北，西屠夷之地，地已爲林邑所并歟？《南越志》：「日南郡西有西屠夷國，援嘗經其地，植二銅柱表漢界。及北還，留十餘户於柱下，至隋乃有三百餘户，悉姓馬，謂之馬留人。」《太平御覽》「馬援立銅柱於林邑岸北，有居民十餘家，不反，居壽泠岸，南對銅柱，後生息漸繁。交州號『留寓』曰『馬留』。山川移易，銅柱已没海中，賴此民以識故處」云。

**又 卷一二三《貴州四》** 馬鞍山，衛城東南。又有筆山，亦在城東。志云：衛西北五里又有蜜蜂山。 銅鼓山，在衛西南二十里。相傳諸葛武侯南征，獲銅鼓於此。

## 清·屈大均《廣東新語》卷一六《器語》

銅鼓

南海廟有二銅鼓，大小各一。大者徑五尺，小者殺五之一。高各稱廣。大者因唐時高州太守林靄，得之於蠻酋大冢，以獻節度使鄭絪，絪以獻於廟中者。其製中空無底，釣垂四懸，腰束而臍隱起，旁有兩耳。通體作絡索連錢及水瀫紋，色微青如鋪翠，半斷起如辰砂。銅質盡化，金精獨存，有光瑩然可鑑，蓋千餘年物也。邊際舊有鼃六，今不存。其小者或謂出潯州銅鼓灘。先是灘水湍急，春石底作銅鼓聲，入夜輒有光怪。一日水涸銅鼓見，太守取之，懸於四穿樓。其四角有金蝦蟆五，爲番人所竊，聲遂稍石，乃歸於南海廟中。色純緑作鷓鴣斑，斜文纖麗，隱隱若八卦象。歲二月十三，祝融生日，粵人擊之以樂神。其聲闛鞈鏗鎗，若行雷隱隱，聞於扶胥江岸二十餘里。近則聲小，遠乃聲大，神器也。嘉靖間，海寇曾一本謀移去，鐵索忽斷不可舉。有老父云，此銅鼓昔浮海至，其鳴應潮。自爲大盜所移，靈鼃殘缺，遂不復自鳴。又云，銅鼓之大者，舊雌雄各一，今廟所存者雄也，其雌向遇風雷，飛入獅子海中。今雄鳴，則其雌輒相應云。粵故多銅鼓，或謂雷、廉至交阯瀕海饒溼，革鼓多痺緩不鳴。伏波始製銅爲之，狀亦類鼓，而稍坤，縮腹下殺，周以繁紋，面上八角，皆綴以坐鼃，名爲駱越之鼓。或曰，《晉書》云，諸獠並鑄銅鼓，以高大爲貴。初成，懸於庭中，置酒召客，豪富子女，則以金銀爲大釵，執以扣鼓，因遺主人，名納鼓釵。攻殺時則聲其鼓，至者如雲。其所鑄鼓，惟豪强稱最，號爲都老鼓。廟中銅鼓，蓋諸峒獠所遺也。或曰，《周禮·司徒》有鼓人掌六鼓四金之事。司馬大閱，則羣吏致其鼓鐸鐲鉦，以聽坐作。故範銅爲鼓，皆屬軍樂。意漢時其制尚存，故伏波鑄之，留西南夷中甚衆。其形皆如腰鼓，而面臍在上方。出廟中所藏，其内有鐫云，漢伏波將軍所鑄，乃是陽識。凡三代銅器用陰識，其字凹。秦漢用陽識，其字凸。陽識易成，陰識難鑄，此必漢物無疑。大抵粵處處有銅鼓，多從掘地而得，其狀各異，皆伏波所瘞以鎮蠻者。每遇風雨輒有聲，諸蠻於深溪邃峒之間，循其聲之所自，往往求得銅鼓。蓋物之神靈者，歲久輒思自見。故永樂中，萬州土官黄惠，於多輝溪中得一銅鼓，長三尺，面闊五尺，凸二寸許。沿邊皆科斗，各銜線縷抵臍，束腰爹尾，若今之杖鼓然者。擊之聲如鵝鸛，聞數十里。萬曆間，茂名高田，溪水暴漲，湧出銅鼓。徑三尺，高二尺有奇。面列鼃蛤六，遍體作細篆文，有朱砂積翠，蝸蝕之孔十餘，其聲鏜鏜。或以革掩底，或積水甕中蓋而擊之，聲聞十餘里外，叩鼃蛤則其聲益遠。而廉州有銅鼓塘，欽州有銅鼓村，靈山有銅鼓嶺，陰雨則嶺上作銅鼓聲。文昌萬州亦有銅鼓嶺，皆以掘得銅鼓而名。又博白縣北有銅鼓潭，向有二銅鼓没其中。弘治己未，得其一以獻兩廣制府。正德乙亥，又得其一以獻縣。羅定城隍廟有銅鼓，高二尺五寸，徑二尺。州人争訟不平，及被誣欲昭白者擊之，則禍有歸。無事而擊，則禍擊者。又雷州英靈岡雷廟，有銅鼓二，其式如鏞。圍徑五尺許，高亦如之。在左者面邊蟆六，右者蟆五，其旁皆有兩耳，每耳又分而二之。耳下有一獸者，反俯下足，尾入於郛。左者土花剥蝕，聲短而無光澤。右者質理瑩然如碧玉，其面稍廉三分，簷覆下六分，中心微拱而平。其暈有十三圈，暈各一聲。暈中夾平綈如波紋，兩圈作連錢紋，旁紋人字如莞簟。其綈作雷紋、斜方斗紋，色翠緑徹骨。有一綫丹，午後乘陰氣蒼潤欲滴，午前象褐色稍淡，蝕處如蝸篆。又有一銅鼓在廡下，狀亦如之。皆聲聞十餘里，雷人輒擊之以享雷神，亦號之爲雷鼓云。雷，天鼓也，霹靂以劈歷萬物者也。以鼓象其聲，以金發其氣，故以銅鼓爲雷鼓也。吾視其碑，蓋從天寧寺及英山掘而得者。昔伏波征交趾，歐陽頠守廣州，皆以銅鼓進御。而伏波善别名馬，得駱越銅鼓，皆鑄爲馬式表上之。之數銅鼓，或皆鑄馬式之所餘，未可知也。粤之俗，凡遇嘉禮，必用銅鼓以節樂。擊時先雄而後雌，宫呼商應，二響循環，音絶可聽。其小者曰鐺，大僅五六寸。凡擊銅鼓必先擊鐺，以鐺始亦以鐺終。鐺者，銅鼓之子，以子音引其母音也。然今銅鼓制皆小，最大者二尺餘，圓臍突起，隆面而淺唇，不作蝦蟆花繡紋，大小頗如鉦式，不及二廟所藏者遠甚，惟雌雄之别則同。凡爲銅鼓，以紅銅爲上，黄銅次之。其聲在臍，雌雄之臍亦無别。但先鍊者爲雄，後鍊則爲雌耳。然諸工不善取音，每銅鼓成，必置酒延銅鼓師。師至，微以藥物淬臍及鼓四旁，稍揮冷錘攻之，用力鬆輕，不過十餘錘，而雄聲宏而亮，雌聲清以長，一呼一應，和諧有情，餘音含風，若龍吟而嘯鳳也。廣州鍊銅鼓師不過十餘人，其法絶秘，傳於子而不傳女云。

瓊州有黎金，似銅鼓而扁小，上三耳，中微其臍。黎人擊之以爲號，此即鐺也。古時蠻部多以銅爲兵，以銅爲器。富者鳴銅鼓，貧者鳴鐺，以爲聚會之樂。故謂銅鼓爲大器，鐺爲小器。

**又**

銅鼓器

宋陸游云，予初見梁《歐陽頠傳》，稱頠在嶺南多致銅鼓，獻奉珍異。又云，銅鼓累代所無，予在宣撫司見西南夷所謂銅鼓者，皆精銅，極薄而堅，文鏤巧麗，叩之鼕鼕如鼓，不作銅聲。秘閣下古器庫亦有二枚。此銅鼓，南蠻至今用之於戰陣祭享，初非古物。實不足辱秘府之藏，然自梁時已珍貴之如此，不知何取也。

**清・朱彝尊《曝書亭集》卷四六**

漢尚方鑑銘跋

處士鍾嶔立，獲古鏡於新塍市之西，以百錢購之田父。土蝕其半，命工刮摩之，晶光澄澈。處士出以相示，挂諸壁，若弦月之燭霄漢也。驗其背，銘辭曰，尚方作鏡真大好，上有仙人不知老，渴飲玉泉飢食棗。鏡，省文作竟。蓋漢尚方鑑也。漢宫闕有尚方掖門官制，設尚方令丞待詔，職屬少府，主作禁器物，掌上手工作，以宦者爲之。蔡倫之造紙及祕劍是已。自武帝好神仙，宣帝亦信方士，所製隋侯劍、寶玉、寶璧、寶鼎，皆尚方爲之。既而劉更生獻《淮南枕中洪寶苑祕》之方，令尚方鑄作，事不驗。張敞上言，請斥遠方士，尚方待詔皆罷，然則鏡銘殆出方士作也。《宣和博古圖》載漢鑑一百有三，尚方鑑居其四，銘辭損益各殊。古人制器，不屑雷同若此。處士曰，有是哉，既摹其銘，遂裝於册。

書漢鏡銘

金有時而爍，惟鏡，巨室小家均有之。故自漢以來，制器間有存者。衎齋所藏是鏡，蓋漢時物也。其銘作韻語，曰，樂無事，日有喜，宜酒食。豈非知止不殆之君子爲之乎。

咸寧縣唐冶金五佛像銘贊跋

唐自太宗崇奉釋教，凡索戰之地，軫念國殤，破劉武周於汾州，立弘濟寺。破宋先生於吕州，立普濟寺。破宋金剛於晉州，立慈雲寺。破王世充於印山，立昭覺寺。破竇建德於氾水，立等慈寺。破劉黑闥於洺州，立昭福寺。征高麗還於幽州，立憫忠寺。猶曰悼兵士死戰，而爲之薦福，不失發政施仁之一端。迨武后竊位，横征苛索，增建佛寺匪一。當是時，勅春官尚書王攸寧充檢校大像使，於白司馬坂冶金爲像。都下嚮風，煉金銅成佛身者益多矣。今咸寧縣尚存五軀，皆長安中所鑄。軀必有銘有贊，作銘者三人：韋均、李承嗣、姚元景。作贊者二人：高延貴、蕭元昚。吾鄉曹侍郎潔躬，遣人椎拓，合裝界成一册，惜未經跋尾。像設本末，不得其詳。惟姚元景銘，乃爲光宅坊光宅寺造像而作。考《唐會要》，儀鳳二年，望氣者言此坊有異採，掘石得舍利萬粒，因立爲寺。元景，元之之弟也，仕至潭州刺史，見宰相世系表。

太醫院銅人腧穴圖拓本跋

京師太醫院三皇廟腧穴圖，傳是宋天聖年鑄。舊有石刻針灸經，仁宗御書其額。靖康之亂，自汴輦入金。或謂安撫使王檝使宋，以進於元者。世祖命阿尼哥新之，至元二年，銅人象成，周身腧穴脈絡悉具，注以水，關竅畢達。明裕陵命工重修，製序，載《實録》。萬曆初，先少保官太醫院使，復時加洗濯焉。言明堂鍼灸，自黄帝始。其後膏肓孔穴，側偃流注，三部五藏十二經，失之毫釐，悔且無及，學醫者試揭是圖，挂於壁，晨夕省視之，亦仁術之一端也。

**又　卷六一**　銅水盂銘

方寸之金，一勺之水。惟静恒存，恒廉知止。

**清・徐松《宋會要輯稿・運曆・銅儀》**　唐開元中，詔浮圖一行與率府兵曹梁令瓚及諸術士更造鑄銅渾[儀]，爲之員天之象，上具列宿及周天度數，注水激輪，令其自轉，一日一夜，天轉一周。又別置二輪，絡在天外，綴以日月，令得運行。每天西轉一匝，日正東行一度，月行十二度有畸。凡二十九轉而日月會，三百六十五轉而日行匝。仍置木櫃以爲地平，令儀半在地下。又立二木偶人於地平之前，置鐘鼓，使木人自然撞擊，以候辰刻，命之曰「水運渾天俯視圖」。既成，置武成殿前，以示百官。梁朝渾象以木爲之，其員如丸，徧體布二十八宿、三家星、黄赤道及天河等，別爲横規環以繞其外。上下半之，以象地。張思訓渾儀爲樓數層，高丈餘，中有輪軸關柱，激水以運輪。又有直神摇鈴、扣鐘、擊鼓，每一晝夜周而復始。又有十二神，各直一時，以定晝夜之長短。至冬水凝，則以水銀代之，故無差舛。

**又《食貨・諸郡進貢》**　端拱二年六月二十三日，潭州上言：「於湘陰縣長樂江九乳灘下得鍾，製作精妙，上有古篆八十三字，人不之識，畫圖以進。」

**清・鄭光祖《一斑録・物理》**　荸薺煮銅則軟，甘草煮銅則硬。

**又《雜述五》**　銅禁　五代擾攘錢法，久停鼓鑄，而民間多銅佛像。周世宗特鑄周元通寳錢，限民閒佛像及銅器五十日内輸官受值，過期匿五觔以上，罪死。司馬温公謂不以無益廢有益，此見周世宗之仁，明今古錢中偶有周元通寳錢，以周字直脚者爲真。如謂係佛像所改鑄，可治難産，則妄。

凡銅器只可煮粥飯，不宜烹葷物。若煮蟹，食之成痼疾。

本朝雍正十三年，先祖上京秋試，京師黄銅之禁正嚴。信回家中，將典内衆姓已絶未絶銅器一併交官。

**清・華玉淳《錢幣考》卷下《厭勝錢》**　厭勝之品，古以祓除不祥之義，而後世則以吉祥之語爲文，其意一也。今取其近古者録之，俚俗不經者槩從芟棄。

古厭勝錢。舊説，漢有厭勝錢，狀如干盾，長且方而不圓。

按，今所見有狀如懸牌者，身長三寸三分，廣一寸七分，厚一分，無銘。其中屈曲鏤空，兩面皆有乳，密佈如錐末約千枚，紐高二寸，上繫組處爲盤螭，中方廣寸許，刻一獸如鹿，並鏤空，重三兩二錢五分。此與所稱狀如干盾者雖不侔，然形質極古，疑爲漢物。張廷濟曰，此詳《宣和博古圖》。

闢邪錢。舊説，面文上下若今楷福德字，中一字似符籙，不識，幕一獸如鹿。

按《漢書・西域傳》，烏弋山離國有桃拔，孟康曰，似鹿長尾，一角者爲天鹿，兩角者爲闢邪。《急就篇》：射魃、闢邪，除羣凶。顔師古曰，射魃、闢邪皆神獸名。魃，小兒鬼，射魃，言能射去魃鬼。闢邪，言能辟禦妖邪也。是錢獸文□闢邪也。雙孔，揣宜組，圓宜紃，用繫小兒項臂，祓災厭魅。又《西京雜記》云，宣帝被收，猶帶史良娣合採宛轉絲繩，繫身毒國寳鏡，大如八銖錢，蓋亦闢邪之意也。

辟兵錢。舊説，徑八分，重三銖，背面皆周郭兩重，方穿之中復有小穿，斜正安之，若八角。其文，一面曰去殃除凶，一面曰辟兵莫當，皆篆書。其間有八柱，郭外有小柄圓孔。張廷濟曰，曾手拓是錢文曰除凶去殃、辟兵莫當，篆書，其文周環讀。

按，此錢去字在左，倒書。凶字在上，向右。除字在右，殃字在下，辟字在下，兵字在右，莫字在上。當字在左，倒書。以字形推之，疑當讀作去凶除殃，韻則凶亦與當叶也。

以上二錢其名最古，然未知其制果如此否，姑以前人所論釋之。

藕心錢。舊譜，此錢方而長，上下玲瓏通缺，若藕梃中破狀，無文，其上有鼻穿孔。凡四種。其一，長一寸一分，闊七分，重一兩三錢。其一，長一寸二分，闊九分，重一兩二錢。其一，長一寸三分，闊七分，重一兩二錢。其一，長一寸三分，闊三分，重二錢五分。

按，此錢大小形製不一，今所見，有長一寸八分，闊四分半，厚四分，重一兩四錢。有長一寸五分，闊三分半，厚二分半，重七錢三分。有長一寸三分，闊三分半，厚二分，重五錢五分。有長一寸一分，闊四分，厚二分半。有長一寸一分，闊四分半，厚二分，重俱五錢八分。以上俱有紐，高二三分許，圓孔，有長一寸闊七分，厚四分，重一兩。有長一寸，闊五分半，厚二分，重五錢一分。有長七分，闊二分半，厚一分半，重一錢六分，俱有孔無紐。有長四分，闊七分，中爲圓孔，其挺四面縱横。又有長止二分，闊止一分半者。張廷濟曰，此錢最多，其式各異。

蟻鼻錢。舊譜，此錢上狹下廣，背平面凸起，長七分，下闊三分，上鋭處可闊一分，重五錢。面有文，如刻鏤不類字。按，此錢今亦有數種，大小約略相同，而有厚薄之别。其重自一錢二分，至六分不等，文亦各殊。其末頗類平字，鋭處俱有小孔。

以上二錢，自昔不言其何用，疑有所鎮壓而爲之，蓋厭勝之流也，形質亦最古。張廷濟曰，安邑，宋之山。葆淳云，此錢河南出土最多。

鼎中錢。《晉書》載記後漢建德校尉王和掘得一鼎，容四升，中有大錢三十文曰百當千、千當萬。按洪《志》，此錢内分六出，字周環外向。

青溪宅錢。《南齊書·祥瑞志》：世祖小時於青溪宅得錢一枚，文有北斗七星雙節，又有人形帶劍。按南北朝及南唐之錢，多有刻斗劍之形於背者，大率皆爲厭勝而作。據此，則晉宋前已有之，疑始於新莽也。

太平百歲錢。《南齊書》：世祖治盆城，得一大錢，文曰太平百歲。

男錢。徐氏曰，徑一寸，重四銖，文曰布泉，懸針書。俗云，婦人佩之則生男。敦素曰，徑一寸一分，形制精巧，字體與貨泉略同。後周亦有布泉，字皆玉筯，與此殊不侔。李《譜》：徑九分，重五銖，背面肉好皆有周郭。董《譜》：此錢自梁以來有之。

按，此錢今所見者，徑八分，重不及四銖，亦謂之宜男錢。段成式詩：私帶男錢壓鬢低。蓋不獨佩之帶間，兼以耀首矣。張廷濟曰，此疑是莽錢。然漢《食貨志》於莽制綦詳，未及此，何也？

瑞錢。《三國典略》：北齊文宣帝天保元年，廣宗羣獻瑞錢，文曰歸元聖帝。

撒帳錢。舊譜，唐中宗景龍中，睿宗女荆山公主出降，鑄撒帳金錢，徑一寸，重六銖，肉好背面皆有周郭，其形五出，穿亦隨之，文曰長命守富貴，勅近臣及脩文館學士拾錢。其銀錢則散貯絹中，金錢每十文即繫一彩條，學士皆作却扇詩，其最近御座者所獲居多。董《譜》：唐撒帳錢有長命富貴、金玉滿堂、忠孝傳家、□五男二女、天下太平、封侯拜相之類。

按，此等錢世多有之，然公主撒帳錢必以金銀爲之。今惟天下太平有金錢，質大而重，亦恐非撒帳之用，餘未見有金銀者。

黄河錢。《舊唐書》：元和元年，靈武李欒奏黄河岸塌處得古錢三千三百，其錢形小，方孔，有三足。

應元保運錢。沈括《筆談》：廬山太平觀，乃九天采訪使者祠，唐開元中建。元豐二年，道(上)[士]發地得一瓶，封鐍甚固，破之得一銅錢，文曰應元寶運。後二年，忽有詔進神號爲應元保運真君，本觀乃以其錢表獻之。

按，以上八種錢，見正史及諸傳記，略以時代次之。

五銖卐千。顧《譜》：徑四寸，重八兩，面文曰中王之錢，背文曰五銖七千。郭素曰，七當爲卐，古萬字。此錢錢中最大，蓋謂一當五銖之千萬，固嘗讀其面文爲錢中之王。背文爲五銖千萬，於理爲勝。封《譜》：面爲隸書，背爲篆書。

按，此錢，洪《志》所圖錢字在上，之字在下，王字在右，中字在左，背爲重輪，卍字在上，千字在下，五銖如常。顧於面文四字先左後右、次下次上讀之，固不如敦素右旋讀之爲長，然萬千二字亦不應自下而上也。

日月錢。左爲日象，右爲初月象。

星月錢。左右皆爲初日月□各一星。

軒轅錢。徑一寸，重五銖，面文爲北斗軒轅之象，背文爲矛盾、龍鳳之形。

柄文錢。穿上下各三星。

八星錢。穿四旁各二星。

井文錢。穿四旁界畫如井田。

羅紋錢。平地細紋如絲縷。

翅紋錢。穿旁有紋如雙翼。按，以上九種錢，並見顧《譜》，蓋在六朝以前。

明月錢。徐氏曰，文曰明月。洪《志》：徑九分，重四銖二絫，形質簡古，外無(論)[輪]郭。

七夕錢。徑一寸四分，重十三銖，文爲牽牛織女，相對。穿上爲花，下爲草，製甚古質。

四神錢。兩面皆作青龍、白虎、朱雀、元武之狀，亦有一面者。大者徑寸八分，重三兩。

按，此錢小者有徑一寸，重三錢三分。

鯨文錢。張《譜》：面有雙魚宛轉之象。按，《洞冥記》所稱輕影錢，亦謂之鯨文，其説甚怪，今不取。

永安五男錢。徑二寸三分，厚一分，重十八銖。上下輪郭之間皆作粟文四出，篆書曰永安五男，背作四神之狀。又有日月相對者。按，此錢今徑一寸六分，重八錢五分。

君宜侯王錢。徑一寸，重五銖，有肉郭而無好郭，篆書六字，曰君宜侯王五銖。

按，此錢君宜二字横勒穿上向右，侯王二字横勒穿下向左。

千金錢。徑八分，重三銖，一面曰長毋相忘，一面曰月八千金，篆書，穿四角有八柱。

福慶錢。徑一寸二分半，重十銖，亦有徑一寸四分重十八銖者，文曰五男二女，三公九卿，好郭邊作連珠文，外郭分爲八分，若箕形。

豐樂錢。徑八分，重二銖五絫，文曰天清豐樂。

長年錢。徑七分，文曰長年太寶。按，以上十種錢並見洪《志》，所引舊譜在唐以前。

萬歲錢。李《譜》：徑一寸二分，重十三銖，面文繆篆曰皇帝萬歲，背文繆篆曰忠孝傳家。

按，此錢有徑一寸一分，背文曰千秋萬歲。

千秋錢。李《譜》：徑一寸九分，重一兩，面文曰千秋萬歲，背文爲龍鳳之象。董《譜》：又一種，徑三分，蓋遼國錢。

按，此錢有徑一寸三分，輪闊中分八稜，一面曰千□秋萬歲長命富貴，一面曰福德長壽國泰人安。

忠孝傳家錢。按，此錢徑一寸一分。

五男二女錢。李《譜》：徑七分，厚一分半，重十銖，背面有字，皆五男二女。

天下太平錢。李《譜》：此錢二種，大者徑一寸，重六銖，背爲人持挺，旁有躍龍之狀，平地作水紋，小者徑八分，重五銖。背爲五男二女之象，平地作毬路紋。洪《志》：此錢又有二種，一徑八分，重三銖六絫，背爲四人持兵之象，平地作水紋。一徑八分，重二銖四絫，背爲九子母之形，平地作毬路紋。

按今所見，又有數種。一爲金錢，徑一寸八分，厚一分，重一兩四錢，鍮石爲質，肉好輪郭平坦，皆以黄金，字亦與地平，金匡丹填，背繪五采花枝。一徑一寸九分，重一兩五錢。一徑一寸七分，重一兩三錢，四角起花，背刻十二生肖。一徑一寸四分，重□□□，内郭方而爲圓孔，亦與此同，大穿四角決文。以上二錢其類甚多，不可悉記。

長命富貴錢。按，此錢有徑二寸一分，穿四角決文。有徑一寸二分，背刻十二生肖，亦有作長壽富貴者。

四事錢。洪《志》：徑九分，重三銖六絫，面文二人相向，左坐右立，上有飛禽，下有走犬，背文夷漫。

龍鳳錢。李《譜》：徑一寸，重七銖，面有肉郭爲龍鳳形，背夷漫爲雙鶴鸂鶒盤舞之狀。洪《志》：一種如李所説，但面有雲彩，背起水波紋。一種徑九分，重三銖六絫，面文龍鳳，背爲四人執兵之狀，隱起毬路紋。一種徑九分，重三銖九絫，背夷平。

雙鳳錢。洪《志》：徑一寸二分，重六銖，輪郭重厚，爲雙鳳翔舞之狀。

兔犬錢。洪《志》：上兔下犬，形甚瑰麗。按，以上十種錢並見宋人譜。

福壽延長錢。此錢徑一寸八分，外郭有圓孔，背爲星月。

龜鶴齊壽錢。徑一寸九分，字壯勁，類大觀錢。

爲善最樂錢。徑二寸一分，四字右旋相對，背四字左旋曰萬載，其兩字不可識。

宜爾子孫錢。徑一寸六分，面有水波紋，背爲花枝。

驅邪辟惡錢。徑一寸六分，背爲斗劍龜蛇。

風雲際會錢。徑一寸一分，圓孔起花，面文龍虎，上有四小字，曰風雲際會，背刻十二生肖。

星官錢。此錢大小形製不一。有徑一寸七分，面文兩神持劍相向，上爲北斗。有二小字曰福神，下爲元武形，背爲四人，持旗節等物，下有二人對弈。有徑一寸八分，面文兩神相向，背之上爲福字，下爲一鹿。有徑一寸五分，面爲星官月兔，背爲雙劍龜蛇。有徑二寸一分，面爲星官龜鶴，背刻十二生肖。有徑一寸五分，有徑一寸，文俱同。有徑一寸四分，面文同，背爲符篆。

五嶽錢。此錢徑七分，無好，中央四方五字類符篆陷文，俗以爲五嶽真形者也。

八卦錢。此錢有徑一寸六分，中列卦名，外畫八卦，背刻十二生肖。有徑九分，面文如上，背有小字數行，漫滅，左右二字似符篆。有徑一寸一分，陽卦四，陰卦四，各爲一錢，篆書頗工。

九子母錢。此錢徑一寸八分，面爲九子母形，背刻十二生肖。

十二生肖錢。此錢大小不一，其類尤多。有徑二寸二分，爲圓輪三重，中列十二辰，次爲雲雷紋，外肖十二物。有徑二寸一分，亦圓輪三重，分爲十二方，内刻雲彩，次列支辰，外爲十二物，背刻小錢七枚，中一枚無文，六枚環列内向，其文爲長命富貴壽如松栢之類。二錢皆圓孔，有徑二寸一分，方穿之外，起圓郭二重，外郭亦重輪，其十二支右旋，背爲花草。有徑一寸九分，輪闊厚面，背各爲六物，無文。又有十二物各爲一錢，大小如常錢。

梵字錢。此錢徑二寸三分，其形六出如菱花，好圓，徑六分，其文□□□□□□，內向，乃佛氏六字大明真言也。背文同。

方錢。此錢形如屏風，正方，廣一寸六分，上兩角稍殺，下爲雲座，廣贏二分，其高一寸七分，上下皆有圓孔，上大下小，一面有字似符籙，一面爲雲日姮娥桂樹及龜鶴之狀。

長錢。此錢長二寸四分，廣六分，首圓末方，上有圓孔，徑三分，一面四字，蒙古書，一面十六字，作兩行，楷書，漫漶不可辨。

乘馬錢。此錢鏤空，爲一人乘馬揚鞭之狀，蓋取春風得意語也。或謂倣古策馬幣而作，不知古所謂乘馬，是以車駕馬，未有騎坐者，而古幣亦未嘗爲乘馬之形也。

龍虎錢。此錢徑一寸八分，內郭圓輪二重，外郭圓輪三重，文爲龍虎，相對鏤空。

象錢。大小如常錢，爲象形。

馬錢，大小如常錢，凡數種，皆爲馬形，文曰千里，曰汗血，曰驊騮，曰鹿耳，曰追風，曰德勝，曰渥洼，曰俞侖。其文或在上下，或在左右，或在背。按，此等錢不可知其原始，意者小兒佩之，取墮地千里之義耳。然非一時所作，其文曰班如者，蓋倣鞶而失之。易乘馬班如既爲屯邅之象，又有泣血之文，此豈復吉祥語乎！其錢差小，而圓孔亦與上數錢異，今不取，俞侖未詳。

三雀錢。面爲三雀，背爲花枝。

雙魚錢。面爲雙魚，背爲水草。以上二十種，舊譜所未有，皆近代作。

**清·徐珂《清稗類鈔·鑒賞類》**

閻甘園精鑒別

陝之西安，爲漢、唐建都之地，吉金樂石，出土者夥。藍田閻甘園明經善指畫山水，尤能鑒定金石。

胡雪巖好骨董

錢塘胡雪巖觀察墉好骨董，以故門庭若市，真僞雜陳，亦不暇鑒別，但擇價昂者留之而已。一日，有客以銅鼎求售，索八百金，且告之曰：「此實價，不賺錢也。」胡曰：「爾於我處不賺錢，更待何時耶？」遂如數給之，揮之使去，曰：「以後可不必來矣。」

許四山藏乳彝

順治朝，扶風縣田夫某偶見河岸土崩，掘之，得一銅器，狀如盂，高八寸，圍徑六寸，乳周其體，硃翠斑斕，中有古文，莫能辨，乃臺以入城。醫師席某出千錢易之，偏詢博古家，曰：「此殷之乳彝也。古文爲祖丁二字。」席乃珍之。合肥許四山視學西泰，席以彝獻，因録其子於邑黌。

宋牧仲觀焦山周鼎

鎮江焦山有古鼎一，周物也。高一尺三寸二分，腹徑一尺五寸八分，口圍視腹而殺其七之一，耳高三寸，足倍之。

鼎有銘在其腹，其辭曰：「惟九月既望甲戌，王還於周。□□於圖室。司徒南仲右□惠□立中庭。王呼史受册，命□惠□官司□王□側□作，錫女玄衣束帶，戈琱戟，縞韠彤矢，鋚□鸞旂。世惠敢對揚天子，丕顯敷休，用作尊鼎，用享於□烈考，用周簋，壽萬年，子孫永寶用。」凡蝕二字，疑不能明者八字，此長洲汪苕文之所釋也。歙縣張山來所見釋文則稍異，其辭曰：「維九月既望甲戌，王如於周。丙子，烝於圖室。司徒南仲佑、世惠，僉立中庭，王呼史端，令疑命之誤。世惠曰，宣治佐王，頗側，弗作，錫女玄衣束帶，戈琱戟，縞韠彤矢，鋚勒鑾旂。世惠敢對揚天子，丕顯敬休，用作尊鼎，享於□列考，用周簋，壽萬年，子孫永寶用。」新城王西樵所釋則又異，其辭曰：「維九月既望甲戌，王及還於周。宓子□於圖室。治征司徒南中佑□惠□立中庭。王呼史受册命□惠□官司治□王□側□作，錫女玄衣束帶，戈琱戟，縞韠彤矢，鋚勒鑾旂。世惠敢揚天子，丕顯敷休，用作尊鼎，用享於□烈考，用周，簠簋壽萬年，子孫永寶用。」

鼎故爲明代鎮江某巨室物，當嚴嵩枋國時，某官於朝，嚴欲得之，不即獻，因嫁禍焉，鼎遂入嚴氏。嚴敗，鼎復歸江南顯者某。某以禍由鼎作，謂鼎不祥，舍之焦山寺中。

豐潤學宮有古鼎

康熙時，方朴山大令槃如宰豐潤，著《浭陽雜興》詩，中有「贗鼎摩挲學舍昏」之句，自注云：「學宮古鼎，爲某家師以贗者易之。」程瑶田言：「余驗是鼎，青緑透入銅質中，非近人所能贗造。且宋時於古銅器，皆磨治之，塗以蠟，今之鑼古者名曰宋磨蠟也。是鼎翡翠硃砂瘢，與銅質均平若一，殆經宋時磨治者歟？其銘乃六朝人追仿古篆，不能如秦、漢之古，所固然也。朴山但據謠諺云云，未之深考耳。」豐潤縣牛鼎，重五十五斤，兩耳三足，承鼎腹處爲牛首，足末爲牛蹄，故銘曰牛鼎。縣志謂明掘土得之。銘辭四十一字，有「甲午八月丙寅」及「宋器」

字，適與劉宋孝武帝孝建元年爲甲午，八月二日爲丙寅相合。先是，汪翰林師韓推求史鑑，謂鼎當鑄於趙宋政和年，疑有誤。

成均有十器

國學禮器，多貽自前朝。乾隆乙酉，高宗復於大内尊彝中，親選十器，頒予成均。凡犧尊一，雷文壺一，子爵一，内史卣一，康侯鼎一，明簋一，雷紋觚一，召仲簠一，素洗一，犧首罍一，皆周以前法物，陳設於大成殿庭。乾隆己未，送闕里孔廟陳設祭器，爵鉶十六，簠一，簋一，籩四，豆四，乃新製者。

莊迂甫好宣德爐

陽湖莊迂甫，名通敏，方耕少宗伯仲子也，好宣德香爐。宦翰詹垂二十年。和珅漫用事，莊飲大醉，即呼其名而痛詆之，盡取所蓄爐，碎之滿庭。醒而惜之，則又購買，月或一二次。有賣爐者知其然，至移寓近之。

曾賓谷藏宣德銅盤

曾賓谷侍郎燠藏宣德銅盤，方徑三寸五分，中刻御製《錦堂春》詞云：「映日穠花旖旎，縈風細柳輕盈。遊絲十丈重門静，金鴨午煙清。戲㨗渾如有意，啼鶯還似多情。遊人來往知多少，歌吹散春聲。宣德七年正月十五日。」

初頤園藏商重屋父丁尊

重屋父丁尊文在器底之側，嘉慶辛酉冬，嘉興張叔未解元廷濟客京師，從琉璃廠肆假至虎坊橋趙某寓邸觀之，濡脱數本，後歸初頤園中丞。肆中人云：「乾隆年以百金購得，謂可利市三倍。己未以後，值不過十之二三。今京城内外，又值水災，此中聲希味淡，更無人過而問之矣。」

阮文達藏漢厲王鈴

阮文達藏漢厲王鈐，文曰「中殿言」，取《尚書》「工以納言」之義。金質堅鍊，制度渾樸，斑駮陸離，非唐、宋所能及。

張叔未藏古銅書笵

張叔未藏有古銅一片，色黝然，其上有楷書，反刻「《易》奇而法，《詩》正而葩，《春秋》謹嚴，《左氏》浮誇」十六字。凡四行，四字爲一行。張以之爲書笵，有自跋云：「此初刊書時鑿銅爲式，以頒示匠者之物也。韓文始鐫於孟蜀，歐陽子書後云，文字刻畫頗精於今，今世行本，則此爲孟蜀勑刊韓集時鋭銅爲式可知也。」

張叔未藏漢黄山第三鐙

嘉慶甲子三月三日，張叔未從海鹽張文魚購得漢黄山第三鐙，值銀八餅，鑿款在下殷之上面，曰：「黄山第三。」《漢書·地理志》：「右扶風槐里縣有黄山宫，孝惠二年起。」《三輔黄圖》卷三：「黄山宫在興平縣三十里，武帝微行，西至黄山宫。」此鐙爲離宫所設，黄字从「炗」從「白」，四字積畫爲之。西京妙蹟，古趣天成。叔未所藏漢器，無更出其前者。己巳春，翁覃谿題其《集古款識册》云：「叔未此册，余獨鑒賞此黄山鐙，是以專用爲題，作詩系於册後，蓋亦如歐陽子得林華宫行鐙銘也。」

張叔未藏漢宜子孫鐙

嘉慶乙亥二月廿八日，張叔未得漢宜子孫鐙於海鹽陳氏肆中，值銀五餅有半。秦以下，陽識則鑄，陰款則鑿，商、周金款撥蠟之法，嬴、劉已失其傳矣。「宜子孫」字，爲漢器所習見。此「子」字下半，左向疊旋，「孫」字右旁增二小直，體勢益覺縝密，可見漢京結字之妙。

張叔未藏漢館陶公主家鐙

嘉慶庚辰二月十三日，張叔未得漢館陶公主家鐙於蘇州，鑿款在側，曰「□□□□約四五字。寸八分，高三寸六分，重一斤八兩，館陶家。」館陶長公主嫖，孝文帝女，竇后所生。后遺詔，盡以東宫金錢財物賜之，此西漢初器也。文中青緑填積，尚未洗剔，「家」字末筆甚長。

張叔未藏金皇統造像

金皇統戊辰造百佛像，嘉慶庚午初夏，張叔未得之於平湖新埭，所謂造像一鋪也。黄小松司馬易曾藏一版，與之同，背無款記。方鐵珊大令廷瑚曾以一板貽海寧馬橋馬氏，背有貞元年款。蓋南北朝造石像，累數十百，此鑄銅爲像，以百計，尚沿六朝舊習也。

張叔未藏商琱字句兵

嘉慶庚辰二月廿四日，張叔未自常熟回舟，訪陸直之於吴江之蘆墟東沽陸朗夫中丞丙舍，直之出商琱字句兵見貽，叔未乃報以銀四餅。

張叔未藏商父戊觶

商觶，高建初尺七寸有奇，朱碧斑連，光采奪目。外雷回文，極淺細。文在腹，曰「子作父戊彝」。又龍形、山形、手執刀形，器極小而文極精，他未有過於是者。道光壬午五月廿四日，張叔未從海寧許喈音購之，其值錢十八千。

張叔未藏周虢叔大鑿鐘

周虢叔鐘，鉦間文四行四十字，鼓左文六行五十字，舊爲陽湖孫淵如觀察所得。嘉慶丁丑秋，張叔未得其自拓本。未幾，歸吳山尊。吳掌教揚州梅花書院，常陳設院中。斌笠耕觀察良思得之，不果。後歸兩淮鹺使阿克登布，得白金一千二百兩。阿既受替，復送歸吳以誌別。吳殁，償歸張廣德銀號，值如歸阿之數。張又歸潤州某。以上轉徙之跡，趙晉齋言之最詳。道光辛卯春初，蘇州鄭竹坡以銀二百餅從潤州買得之。二月九日，偕陳葦汀、徐蓉村來售於張叔未，值銀二百七十餅，别酬徐十四餅。是時，每餅易大錢九百三十文。

鐘朱碧入骨，極絢爛，極潤澤，當由鑒藏家摩挲積久所致。三月廿二日，鄭以其架至，高七尺，廣三尺，榦方三寸餘，紫檀木，深黝如漆，乃一二百年前物也。

張叔未藏周史頌盤

周史頌盤，海鹽汪氏售歸嘉興王氏。當積古齋收輯款識之時，此器祕不肯出，故未入録。朱右甫侍郎爲弼嘗題其齋曰寶盤。其後王刻蘇詩，即名曰寶盤齋石刻。嘉慶丁酉十一月，售歸於張叔未。「頌」字「般」字，舊爲青緑淹淤，拓不得出。漬醯兼旬，洗刷俾顯，叔未自以爲大快事也。

徐星伯得唐時銅佛銅匕

烏魯木齊所屬濟木薩保惠城，爲唐北庭都護也。城北五里，有舊城基址，土人名之曰破城。其地往往得唐錢皆開元錢。與銅器，而銅佛尤夥，大小不一。牟利者，置窩棚於其地，掘而貨之，然取之不竭。嘉慶時，多餘山侍郎慶歸，攜銅佛數尊，皆新出土者。徐星伯乞其一，高約二寸，厚約二分，爲韋陀狀。下有座，似蓮花形，座有四孔，皆穿，下有圓柱，似冠上頂柱，蓋用以安插者也。佛腦後有銅鼻一直孔穿，蓋用以備綰繫也。又有一銅匕，長約七寸，緑墳起如黏翠，厚將及分，葱然可愛，皆唐物也。

張仲甫索鼎於劉燕庭

張蘭渚中丞曾購得虢叔鼎一具，傳其子仲甫。時劉燕庭方伯喜海爲浙江藩司，酷嗜金石。將行，仲甫託人以鼎售之，得價千金。已而大悔，劉行已二日，乃使人持千金，以輕舸追之，得鼎以歸。胡書農學士嘗作長歌嘲之，其辭意謂家有寶鼎，譬諸名姝，非可售讓。若既與人，豈可索還。今之索鼎，有若以愛妾侍他人寢而又索回也。

蔣礪堂愛銅壺滴漏

廣州布政司南街，有地曰雙門底，其高如闕舍，高懸木牌，以占初正外，並有銅壺滴漏，置之樓。漏製於宋，歷時約千餘年，其效如舊。其製法，以七尺臺分三層，於巔置銅釜，盛水若干，水由臺中出達之，以半面銅管由上至下，徐徐而滴，至末入於桶。桶插十二時竹籤，分初正二候。水自桶底送籤而出，水滿籤盡，又返其水於釜。水若不足，以他水益之，但上必以釜滿爲度，下必以桶滿爲度。晝夜流動，不差累黍。蔣礪堂制府神其術，每至，必撫摩竟日，且曾仿造之。

劉壯肅藏周虢季子盤

周宣王乙酉正月三日所製之虢季子盤，以銅爲之，大如盆，長六尺弱，廣三尺强，中深一尺許，高亦如之，四足八環，凡古篆百十有一字，皆有韻之文也。盤故在陝西鳳翔府寶雞縣之虢川村。寶雞，即古西虢地也。道光朝，常州徐傳兼明府燮鈞知郿縣時，聞而購之，以專車載之至南。粵寇擾江蘇，合肥劉壯肅公銘傳帥師克常州，得盤，因築盤亭以庋之。

俞筱甫以詩乞銅鼻塞

光緒戊戌，吳縣俞筱甫通守廷瑛得一色青緑長寸許形似棗核之物。物銅質，中圓而兩端鋭，一端圓，一端三稜如觚，皆自腰而分，審爲古人殮時以塞鼻者。蓋於潛趙伯英廣文逢年嘗客松江，得於冷攤，俞見而愛甚，乃賦詩以乞得之。

端忠愍藏毛公鼎

毛公鼎出陝中，文甚多，有四百八十一字，又重文九字，空格二字，前半尚隱隱有闌，自來文字之多，無逾於是者，且其字半在最深凹處，斷非近人所能僞造。拓出，則紙凸起，非裁剪不能付裝。文屈曲如環，翦帖之，則神致已失。

咸豐壬子，蘇億年載之入都。時陳壽卿供職詞館，以重資購藏，秘不示人。同治壬申，潘文勤公始見之，歎賞弗置，乃屬胡石查鈞摹鐫版以傳。

鮑子年言寓秦久，與蘇兆年、張二銘輩時相見，凡作僞之器，亦不復諱，如葉東卿之遂啓諆鼎，補鐫獲所目睹。是二鼎文字，實出土時所有，而當日都下疑者紛紛，宜壽卿有一言以爲不知之慨歟？

壽卿之女夫某孝廉，將上公車，乏資，告貸於壽卿。問所需，答以四百金。壽卿乃出所藏銅器拓本數紙與之，曰：「持此詣京師，行李無虞困乏矣。」某失色，姑應而受之，復貸於他氏，有所不足，悻悻至都門。試未畢，而囊已罄，不得已，出壽卿所贈品，則毛公鼎拓本四五紙而已，稍稍以示人，俱售去。計所得金，適如告貸數，或過之矣。自以巨值歸端忠愍，拓本遂漸多。

周雨蕉藏盂鼎

盂鼎出秦中，本岐山宋氏物，爲周雨蕉明府賡盛所得，堅不示人。高二尺許，凡二百九十有五字。雨蕉逝，鼎復出，然仍在秦。

聖恩寺藏邾鐘

聖恩寺在蘇州玄墓山南麓，鄧尉山則在寺之西北。寺因山爲高，入門，拾級數十，登殿，堦下四古柏，參天拔地，莖皮已作鐵色，旋轉作螺紋，如柏因社所謂古者。登還元閣，有楹聯云：「太華夜碧，時聞清鐘；西山朝來，致有爽氣。」吳縣石蘊玉集句書也。常熟翁叔平相國亦書一聯曰：「點燈默坐還元閣，磨墨重題大歇闕。」寺藏邾鐘，春秋時邾公作，故名。圓形而高，自於鍾口。至旋，鐘懸。指約尺有咫，蓋鐘之小者，疑周鎛鐘也。迴紋密縷，斑翠陸離，微露銅質，作淡紅色。曹衡之究心於古鐘鼎者，非一日矣，曾語錢基博曰：「周、漢銅器，大率色紅不殷，所謂水紅銅者，此豈是耶？」其上周以繁乳，一已脱去，俗亦稱曰乳珠鐘。鐘乳以枚計，於古則謂之枚焉。宋李昭號爲知樂，其論枚乳則謂用節餘聲。蓋聲無以節，則鍠鍠成韻，而隆殺雜亂，其理然也。「銘」字筆畫宛曲如仰瓦，而又深淺如一，明淨分曉，無纖毫模糊。明朱載堉謂古人作事必精緻，考工有記，匪若後世賤丈夫之事。瞻玩彝器款識，字細如髮，無不匀整分曉。此蓋用銅之精者，並無砂類，一也。良工精妙，二也。不吝工夫，匪一朝夕所爲，三也。於此可以覘三代彝器法物之盛，宜世之珍爲寶器也。然有見乾清宫所藏邾鐘，如此等者大小無算，亦習見不罕矣。

鐘銘有拓本，潘文勤爲釋文跋之。其後署名跋記者甚夥，中多名蹟。惟吳縣吳清卿中丞大澂一跋，謂當日寺僧不肖，有覬覦寺住持者，輒獻鐘當地豪有力者之手，賴文勤力持完璧而歸之。而隱去豪有力者之姓氏不著，不知何許人也。

李子明藏古苗王銅鍋

古州城外河街，有陳順昌者，以錢二千向苗人購一古銅鍋，重十餘斤，貯冷水於中，摩其兩耳，即發聲如風琴，如蘆笙，如吹牛角，其聲嘹亮，可聞里餘，鍋中冷水即起細沫如沸水，濺跳甚高，水面四圍成八角形，中心不動。傳聞爲古代苗王遺物。鍋上大下小，偏體青緑，兩耳有魚形紋。後歸李子明。

阮文達藏真子飛霜鏡

錢獻之別駕十六長樂堂藏一鏡，名真子飛霜，背上花紋作一人林下鼓琴，上有「真子飛霜」四字，製造工緻。後歸阮文達。真子非人名，疑即用伯奇彈《履霜操》故事，蓋六朝人士好於鏡背模範古人也。

唐松泉藏鏡

唐松泉藏古鏡甚多，有漢雷回鏡一，徑二寸五分，重三兩六錢，幕作雷回文，藍色，質青。又漢盤螭鏡一，徑四寸，重五兩七錢，幕文作四柱四螭，銀背蟾蜍鼻。又漢陽顯鏡一，徑五寸，重十一兩八錢，有古篆銘五十字，文曰「明明光輝衆日月内清斯似口然難塞心宛禓顯乘精臾哲於侍君子之延收光照美挾佳郁焉閒悦」，餘十一字不可釋。內有「天」字五，「不」字四，間於銘詞之中。古鏡，常有贗字與文相間，幕文油然瑩澤，如水中荇藻，迴非頑碧所能髣髴。又漢陽顯鏡二，徑五寸三分，重十七兩六錢八分，銘文六十餘字，與前鏡相似，面光全。又漢飛鸞鏡一，徑二寸九分，重三兩五錢，銀背硃緑繡，幕文作雙飛鸞。又漢海獸蒲萄鏡一，徑四寸五分，重十五兩一錢，面幕丹緑俱滿，間有磁青色。又六朝古篆鏡一，徑三寸七分，重六兩七錢七分，銘二十一字，惟「不可朋行」四字可識，篆法非籀非斯。朱百泉云：「當是六朝時物。三代鐘鼎篆文，或鳧冶意造，不必皆同於衆胥之書。漢時鏡銘與鐘鼎書又別，恐一時工匠增損小篆爲之。」又六朝海馬鏡一，徑二寸八分，重四兩四錢，背有詩曰：「賞得秦皇鏡，判不惜千金。非關欲照膽，持是了明心。」觀詩語，當是陳、隋時物。《博古圖》唐自明鐵鑑載此銘，末句作「持是明心」。又唐黄羊鏡一，徑三寸一分，重四兩一錢，篆文八字，銘曰：「黄羊作鏡，好而光明。」中列四神四獸。婁彦發《漢隸字原》有青羊鏡銘。羊，古祥字。《五行傳》有青祥、黄祥，皆係吉語，疑時日家假借用之，如青道、黄道之別也。又唐明光鏡一，徑三寸七分，重九兩三錢，銘二十字，與前二鏡相似。

徐積餘藏漢西王母鏡

南陵徐積餘觀察乃昌小檀欒室，藏漢西王母鏡，徑漢尺七寸五分，背文六乳，分六格，一格畫女仙，題「西王母」三字；一格一女鼓琴；一格一女折旋而舞，腰肢纖長，手據地而足騰起；一格龍；一格獸，獨角而馬蹄；一格一女，羽衣若擊球。《漢武帝内傳》西王母命諸侍女董雙成吹雲和之笙，許飛瓊鼓震靈之簧，石公子擊昆庭之金，上言命諸侍女，且與董雙成、許飛瓊同列，則石公子當是女人男名。婉淩華拊五靈之石。此女所擊物圓形，鉦鐲之屬，後世樂器中有雲鑼，即小鑼也。疑即所謂昆庭之金矣。舞女騰起之足，娥削若菱。拓本絶朗晰，雙翹宛然，尖鋭灑脱，非廑作弓式而已。有鏡銘，爲「尚方作竟真太巧，上有山人不知老，渴飲玉泉兮」十九字。山，「仙」字之省筆也。

曹君直藏唐鏡

曹君直藏有唐鏡，爲錢牧齋絳雲樓舊物，柳如是所用者也。鏡背銘云：「照日菱花出，臨池滿月生。官看巾帽整，妾映點妝成。」即查他山《金陵雜詠》所謂「宗伯匳清世莫知，菱花初照月臨池。點妝巾帽俱新樣，不用喧傳鏡背詞」者是也。丁丙衡嘗以君直手拓本遺龐中子，孫龍尾爲題一長歌，附録於此：「絳雲樓毀鴛鴦飛，山莊紅豆老成圍。摩挲寶鏡發三歎，恍疑古月生光輝。尚書當日歸田里，芙蓉舫幐香枏几。珠斛初開聘麗人，玉臺更喜稱儒士。金作重樓貯阿嬌，百眉新樣不勝描。燕支失我妝半面，領袖憑君換兩朝。尚書老去多貧病，妝窗擁髻啼珠瑩。掃除服珥首飛蓬，雪膚霜鬢還相映。人自丁寧鏡不神，塵昏鸞影可憐春。郎不全忠妾全節，千金敢惜墮樓身。此鏡由來世希有，銘詞還出唐人手。散亂菱花滿月虧，悲歡人事君知否？過眼烟雲不可收，空留金鑑照千秋。請看一部瓠蘆史，也作南唐後主愁。世間好物不終保，抱器已辭周九廟。仁壽宫虚萬象非，匹夫懷寶何足道。楚弓得失亦尋常，拓本流傳字數行。圓來欲補河東傳，一詩寄問陳思王。」

張彦雲藏薛鏡

嘉興張彦雲大令祖廉嘗得薛鏡於吴市，背鏨思娟小印，榜其居曰娟鏡樓。薛鏡乃湖州薛惠功所鑄，惟思娟不可考。歸安朱温尹侍郎祖謀爲題一詞，謂寄《新雁過妝樓》云：「粉奩金匳，閒情事，緑窗影出娟娟。舞鸞斜倚，親見小字連環。越縷披香籠袖角，弁峯添黛暈眉彎。慣温存，夜來蒨色，銷與華年。春風盈盈滿篋，伴上簾紺玉，淺照低鬟。賦情多麗，空倀翠竹寒天。重籠半温繡户，問妝曆何時相向圓？尋芳約，料小菱春影，不隔蓬山。」

張芑堂藏古銅印

秀水蔣春雨，名元龍，得古銅印，文曰「海上乘槎客，山中學圃人」。張芑堂見之，曰：「此余家物也。」春雨問何故，芑堂曰：「海上乘槎客，寓張字；山中學圃人，寓瓜圃，非其證耶？」春雨笑頷之曰：「余當以此相贈。」芑堂述之於朱笠亭，笠亭乃題其小像曰：「海上乘槎客，山中學圃人。鍼鋒一粒粟，觀性得元真。」

錫厚庵藏金貞祐銅印

道光丙午，錫厚菴都護績在西安，得古銅印，方今尺寸六分，重十五兩，作小篆，文曰「省差差字之印」。背注「貞祐三年五月行宫禮部造」十一字，旁釋篆六小字，紐端有「上」字。印文古雅，背旁字皆徑直無趣，若刀削者。貞祐，金宣宗年號也。

奉天行宫藏銅瓷

鼎，百四十四件，商、周、漢、唐舊物均有。尊，六十六件，其中商尊、周父尊、伯尊、漢戊己尊、唐夔紋尊及各時代者均有。彝，四十一件，商、周、漢均有。罍，六件，爲周代物。舟，三件，乃商、周、漢物。卣，二十件。瓶八件，壺百三十六件，爵二，單五，觚三十六，觶十，角一，卮三，敦二十九，簠一，簋二，豆六，鋪三，甗二十一，錠一，鐙三，鬲十四，鍑四，盉十二，冰鑑五，匜九，盤十五，洗二十四，盂四，鍾一，瓿二十四，缶二，盦一，鐎斗三。

又《音樂類》

鎛鐘

範銅而中空，撞擊之以發聲曰鐘。鎛鐘，《周禮・春宫・鎛師》注：「鎛，如鐘而大。」《樂器圖》鎛鐘十二，各應律吕之音。凡合樂，以某律爲宫，則擊本律之鐘以宣之，《孟子》所謂「金聲」是也。乾隆己卯冬，於西江得鎛鐘十一，高宗命遵聖祖所定七寸二分九釐爲黄鐘之數，參考本律倍半之法，補鑄其一，足成十二。又另鑄鎛鐘十二，以備特懸，御製銘詞，鐫識其上。

編鐘

編鐘，十六枚爲一虡，陰陽各八，以厚薄爲次第。薄者聲濁，厚者聲清，故外形皆同一制而中空，容積之多寡，實體之厚薄，依次遞減之。

鉦

鉦，形如盆，外有木匡。鉦邊匡周，俱平分三分，各穿二孔，以黄絨緌繫之，挂於項。明制有金又有鉦，國朝因之。金即鑼，鉦則如鑼而有邊。

大銅角

大銅角，一名大號，上下二截，形如竹筒，本細末大。

小銅角

小銅角，一名二號，上截如筒，下截如角，金邊穿二孔，以黄絨緌繫於木柄，左手提而右手擊之。

金口角

金口角，木管，兩端以銅爲口，上弇下哆。管長約一尺，刻如竹節，前開七孔，後一孔，以蘆哨入管端吹之。小者謂之海笛，長六寸有奇，大者謂之畾兜姜，長一尺二寸有奇，形制俱同。

銅鼓

銅鼓，邊有二孔，以黄絨縧懸而擊之。陳暘《樂書》謂昔馬援征交趾，得駱越銅鼓，鑄爲馬式，此其迹也。宋范成大《桂海器志》謂如坐墩而空其中，兩人舁行，以手拊之，聲似轉鼓，則實始於嶺南也。

舒鐵雲在黔，得見銅鼓，則苗人所製者也，乃作詩以詠之曰：「望之鐵色質則銅，被以鼓名聲乃鐘。面如塵鏡冷不鎔，底如覆釜其音逄。中央一束黄腰蜂，土花戰血相淡濃。上有文字如雲龍，手三摩挲不可蹤。我隨車騎來南籠，此鼓獻自畊田傭。問渠鑄鼓何所宗，云是諸葛征蠻兒。渡瀘五月濟火從，功成畀錫羅甸封。歲時伏臘事吉凶，椎牛釃酒宴萬峰。乃以此鼓代鼖鏞，青山白雨雙杖笻。小叩小鳴初鼟鼟，大叩大鳴既逢逢。天空谷應聲隆隆，諸苗拜舞衣無縫。今者罷宴藏鼓無敢縱，千載風俗兹益恭。憶昨巨虚負蛩蛩，鼓鼙將帥思三冬。雖殊石鼓成鼓罷不椿，催花羯鼓聲玲瓏。請留此鼓鎮邊墉，筍業丹雘懸維樅。賦車功，頗倣土鼓追黄農。金人十二銷鏑鋒，并勒我詩當紀庸。而我再衰三則傭，雷門之布綦難容。」

軍號

軍號，戰争及操演時所用之號筒也。器爲銅鑄之管，下爲鐘形。

銅點

銅點，制如銅鼓而小，後世用以爲點，故以爲名。今之節奏，先擊點，乃擊鼓，鼓再擊，乃擊銅鼓。則是點與銅鼓爲應和，亦猶將擊鼓先擊鰊也。官署傳事則擊之，以告衆，曰傳點。寺觀亦有之。

鈸

鈸，中有孔，以黄絨縧貫之，兩面相擊以和樂。始於隋九部樂，唐乃用之燕樂。唐末，樂器散亡，遼得之，具於大樂，皇上行幸則用此，而優伶於劇場、僧道於佛事亦有之。

鈸，本名銅鈸，又曰鐃鈸，南齊穆士秦所造。其圓數寸，大者出扶南、高昌、疏勒等國，圓數尺，隱起如浮漚。

銅人捶琴

乾隆時，平湖沈文恪公初在閩，見一銅人，高數尺，如十三四丫頭，面粉，衣繒，前置琴。啓銅人之鑰，則兩手起，執椎擊琴，左右高下，其聲抑揚頓挫，悉合節奏。頭容目光，皆能運轉，助其姿致。鼓畢，則置椎於琴，兩手下垂矣。又置飛雀，呼噪逼真，蓋自西洋輸入者也。

## 又《物品類》

大内之太平缸銅路燈

和珅於嘉慶己未查抄議罪後，分其第，半爲和孝公主府，半爲慶親王府。嘉慶庚辰，親王薨，管府事者阿克當阿代郡王慜綿呈出昆盧門□四座、太平缸五十有四、銅路燈三十六對。缸較大内稍小，燈則較大内所有者尤精，因分設於景運、隆宗兩門外。又凡所設鐵缸，及白石座細銅絲罩之路燈，亦皆珅物。

手爐

手爐爲火爐之小者，其形或圓，或橢圓，或六角，蓋必鏤花，否則火熄，可籠之於袖，以銅製之，燃炭以取煖。又有不用火而置沸水其中者，婦女多用之。乾隆時，仁和周心孩茂才襄有《詠銅手爐》詩曰：「不數紅泥小火爐，青銅範出小形模。提來緩緩隨心便，趨到炎炎炙手無。籠袖粟膚春意透，揮毫畫指曉寒蘇。深閨從此催刀尺，冷月臨窗雁陣呼。」

脚爐

脚爐，以銅製之，其形或方，或圓，或橢圓，或六角，蓋亦鏤花，燃炭於中，藉以取暖，用之者大都爲婦女也。

熨斗

熨斗以銅鐵製之，中置熾炭，以木爲柄，所以按衣料使平之器，成衣匠多用之，俗謂之運斗。

湯婆子

湯婆子，銅、錫之扁瓶，盛沸水，置衾中以煖脚。宋已有之，蘇東坡致楊君素札云：「送煖脚銅缶一枚，每夜熱湯注滿，塞其口，仍以布單衾裹之。可以達旦不冷。」即指此也。

二銅鉢

直隸在理教民某，蓄二銅鉢，上小下大，而以一鉢疊置他鉢，則二鉢可互相容納，合爲一鉢，口與口齊，傾之取之，俱不能出。其疊置時，二鉢俱柔如皮製，絶無聲響，取出時亦然。而他人疊置之，則堅不能納矣。釋氏言，一切惟心造，其此類夫？

# 錫

## 綜述

《漢書・食貨志》 又造銀錫白金。以爲天用莫如龍，地用莫如馬，人用莫如龜，故白金三品：其一曰重八兩，圜之，其文龍，名「白撰」，直三千；二曰以重差小，方之，其文馬，直五百；三曰復小，橢之，其文龜，直三百。令縣官銷半兩錢，更鑄三銖錢，重如其文。盜鑄諸金錢罪皆死，而吏民之犯者不可勝數。

**宋・陳元靚《事林廣記・煅煉五金》**

冷金法

雌黄半兩，硇砂、砒各一分，先將雌黄研，次砒硇一味單研，如粉。取雞子一枚，用竅子一個，去黄留清。將砒硇一半鋪在雞子底，次入雌在中心，却以砒、硇一半蓋定。取雞子殼小半蓋口，以緑礬水調塗封閉雞子。取黄丹一斤，鐵鼎子一個，下黄丹一半鼎子内，安雞子中心，以黄丹蓋。盡微壓石灰填滿固濟，用炭半斤，灰池内取出，已成也。每一兩白錫，用小豆許先溶成汁，下藥點之，寫出，候冷即是金色也。

三物法

白錫三銖，油杓内溶成汁，入水銀二銖，合寫出，放水冷研爲末，入鍋裏，寫硝石些更細研，以赤銅二兩，先溶銅成汁，以前錫末點着，炭條子攪，寫鐵模内，濕紙蓋即透白。

**明・方以智《物理小識・金石類》** 洗錫上垢法 凡錫器黑垢，用焊雞鵝湯洗之，垢即去。

**又《器用類》** 鑄法 錫銅相和，得水澆之，極堅。世言秦鏡白銅，古詩有青銅鏡，中亦有錫。錫和水銀，急不相脱，以入銅則尤明。《考》上所云鑑燧之齊，今升所記是矣。今磨鏡之藥，乃錫汞也。定證錫汞煉銅之元。

鏡背紋 世有日中見鏡背盤龍，入室則隱者。有鏡背久久青斑似花者，人不解其故，以爲異寶。此假作者，先以精銅少劑鑄鏡，鑿龍或花其背，復鎔倍錫之銅劑填之，磨使平，又以鉛蓋其面，日中照之，則龍文盡出。博物如沈存中，猶訝透光之奇，吾衍始明之。智因推自生若花者，銅劑多久則緑，更久則翠，因汞氣乃生硃砂水銀，其錫劑多者，久則黯緑，更久則黑，或如漆。今漸生者，遇地氣或鹽醋氣，銅地日變，生色與錫地所變之色異也。

**清・屈大均《廣東新語》卷一六《器語》** 錫鐵器

錫器以廣州所造爲良。諺曰，蘇州樣，廣州匠。鐵冶亦然。廣州之佛山多冶業，冶者必候其工而求之，極其尊奉。有弗得則不敢自專，專亦弗當，故佛山之冶遍天下。石灣多陶業，陶者亦必候其工而求之，其尊奉之一如冶，故石灣之陶遍二廣，旁及海外之國。諺曰，石灣鋼瓦，勝於天下。

**清・徐珂《清稗類鈔・工藝類》** 黄元吉製茶具

黄元吉，國初錫工也，所造茶具，種種精巧，其色晶瑩，與銀無别。

## 圖録

**清・鄭復光《費隱與知録》** 虎子融錫茶瓶獨宜

問，茶瓶用錫，爲其不走香氣也。聞溺器之錫，宜之。溺穢茶潔，豈以腐朽爲神奇歟？曰，非也。溺，鹹腐物，錫經剥蝕，則劣去精存。故茶瓶爲宜。然用精錫自佳，何必定取諸此？但以溺器之錫爲穢，則又不然。語云，見水爲浄，況經火鎔汰乎？又云，眼不見爲浄，亦非欺人，自欺之謂。曆書言，微秒之差，非目力所及見，推算所及用，即如無差。溺之穢在氣味形色，錫經火化，寧有氣味形色者可論，則目不及見，亦無害爲浄矣。但供神祖則不可用，所以致其誠敬也。然錫雖精者，而制造茶瓶之法，亦宜講求，並附其法於後。

形式不拘，先須蜜椎錫板制成。凡銲縫處，宜試水詳審。口要黏紙一層，蓋要作夾層，方緊審無隙，香無從洩矣。安置口向下，濕氣皆空際蕩漾，從上入也。故別作一底盤，下三足，中鋪石灰，或罏灰，上隔紙一二層，瓶口蓋好，以口爲底座，底盤上溼無從入矣。觀圖自明也。錫爛，則所存錫乃精，此理必然。想五金皆同，曾見鐵工收得廢器，余謂此價當較賤矣，曰，舊鐵勝新，何能減價於此。可悟。

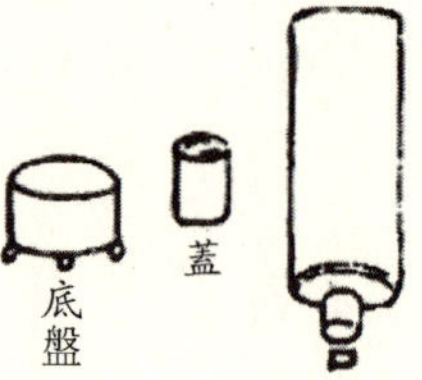

## 雜録

**清・朱彝尊《曝書亭集》卷六一**　錫書燈銘

人之有精，猶膏之在檠，養之既固，溢爲聰明，未聞膏竭而燈猶有光者也。戒之哉！

**清・鄭光祖《一斑録・物理》**　錫鑵貯好橄欖，重封至夏。錫器上黑垢，用燖雞鵞湯洗之。

**又《雜述六》**　錫器有毒

酒貯銅錫壺過夜有毒，燒酒尤甚，久貯飲之殺人。錫壺貯燒酒有毒，若久貯，或經日曬，飲之能殺人。若便壺用錫，本已有毒，更或悶曬而使毒氣藴結於中。須用冷水滌之至再，方可用。不然受其毒成瘡疥，不可不慎。

# 鉛

## 綜述

**漢・劉安《淮南子・人間訓》**　鉛之與丹，異類殊色，而可以爲丹者，得其數也。

**漢・魏伯陽《周易參同契》**　若胡粉投火中，色壞還爲鉛。鍊鉛爲粉，鍊粉爲鉛，歸其本也。

**晉・葛洪《抱朴子内篇》卷二《論仙》**　愚人乃不信黄丹及胡粉，是化鉛所作。

**又　卷一六《黄白》**　鉛性白也，而赤之以爲丹。丹性赤也，而白之而爲鉛。

**宋・范成大《桂海虞衡志・志金石》**　鉛粉。桂林所作最有名，謂之桂粉，以黑鉛著糟瓮罨化之。

**宋・黄震《黄氏日抄》卷六七《桂海虞衡志》**　鉛粉。以黑鉛着糟甕罨化之。乾道初，始官造粉，歲得錢二萬緡。

**宋・周去非《嶺外代答》卷七《金石門》**　鉛粉　西融州有鉛坑，鉛質極美，桂人用以製粉。澄之以桂水之清，故桂粉聲聞天下。桂粉舊皆僧房罨造，僧無不富，邪僻之行多矣。厥後經略司專其利，歲得息錢二萬緡，以資經費，羣僧乃往衡嶽造粉，而以下價售之，亦名桂粉，雖其色不若桂，然桂以故發賣少遲。

**宋・陳元靚《事林廣記・宫院事宜》**　法製胡粉方

胡粉不拘多少，以雞子一個，開竅子，去清黄令盡，以填胡粉，向内令滿。以紙泥口，於飯甑上蒸之。候黑氣透雞子殻外，即别换更蒸，候黑氣去盡，取用。搽經宿，未无清黑色，且是光澤。

**又《煅煉五金》**　鈆金法

黑錫一斤，以鵓鴿糞一斗，水内攪，濾去沙土，將鈆於銚子内溶成汁，投入鵓鴿糞汁内，取白爲度，打作片以雄黄一分、雌黄一分合研，以坩藥爐子一個，用猪鼻孔草汁油爐子内乾，着雄、雌末向内，又以草葉四五斤蓋，固濟口。候乾，於灰池内三兩火養三日，取出，細研。於合子内以錫片一重，入雌雄末一重，如此入滿，裹令窗，泥固合子縫。五斤火一煆取出，黑錫别溶成金色，任自打裹作家事，好看之甚。

**元・陶宗儀《墨娥小録》卷一一《丹房燒煉》**

丹陽换骨丹

黑鉛鎔開，入末香攪炒成砂，傾出，簸浄。秤四兩，入汞二兩，同鎔開，用文火慢炒成砂子，訖，却以商陸根汁及根一大塊，於砂石器内浸養上項砂子。然後以砒十二兩劈作小塊，每塊用信連紙裹，總用紗帛包於汁中，文火懸胎煮汁。稍乾，則旋添，常令透過砒包。候根熟爲度，取出，慢火焙乾，乳細，水火鼎依法封固，陰乾，以磚瓦疊砌逍遥爐一座，下用三釘抬起鼎頂，不令著地。先發底火，自微至著，昇打三箇時辰，以六七鼎水爲度，放冷取出。每赤肉一兩，先出血一遍，再入鍋鎔開，入生砒些少，却以丹頭二錢半，分作三次，如碎則用紙包，以竹一根，畧劈開，頂上嵌藥在内，插入甘鍋底，直至藥消盡，方去竹。仍用硼砂開眼，傾油槽中，急用濕紙奩之，以之四六配用，大有神効。

封固藥：　軟石膏煆過，乳細。明礬水調封鼎口，外用紙筋鹽泥，通鼎身都封固方煆。

神硝粉

信九兩，生薑自然汁浸三宿，陰乾，入溜一兩半，交媾令匀，不見星爲度，以黑鉛三錢，製砂入鼎底，却以訶子川練去核，瓦松、谷精各四兩，牛膝三兩半，乳香五錢，川椒三錢，吹咀分一半鋪鉛砂上，次安信溜粉，又以餘　半蓋之，如法封固，陰乾，昇打七八鼎水。放冷取出，斫塊點仗用信九兩。此其大率爾，多少隨意，用藥加減隨鼎大小。止可半鼎以下，不可滿。昇打之時，先須緩火，約量昇起後，候四五鼎水，却放火猛。如無水火鼎，刷煆亦可。

出血藥：牙硝、白善土二兩，研勻，先用扁栢熏煙甘鍋內，投二藥炒一飯時。

伏鉛法

蚶殼同鉛炒一日，可作匚用。

**明・陸容《菽園雜記》卷一四**　韶粉，元出韶州，故名。龍泉得其製造之法，以鉛鎔成水，用鐵盤一面，以鐵杓取鉛水入盤，成薄片子。用木作長櫃，櫃中仍置缸三隻，於櫃下掘土，作小火日夜用慢火薰蒸。缸内各盛醋，醋面上用木櫃，疊鉛餅，仍用竹笠蓋之。缸外四畔用稻糠封閉，恐春氣洩也。旬日一次開視，其鉛面成花，即取出敲落。未成花者，依舊入缸添醋，如前法。其敲落花，入水浸數日，用絹袋濾過其滓，取細者别入一桶，再用水浸。每桶入鹽泡水并焰硝泡湯，候粉墜歸桶底，即去清水。凡如此者三，然後用磚結成焙，焙上用木匣盛粉，焙下用慢火薰炙，約旬日後即乾。擘開，細膩光滑者爲上，其絹袋内所留粗滓，即以酸醋入焰硝白礬泥礬鹽等，炒成黄丹。

**明・田藝蘅《留青日札摘抄》卷二三**　鉛錫

《説文》：鉛，青金也，錫之類，能殺蟲毒。錫，銀色而鉛質也。古稱鉛爲黑錫，今曰黑鉛是也。《禮》金錫注，錫，鈏也，鑞也，今曰鑞錫是也。《本草》云，錫有黑有白，錫粉，胡粉也，當曰鉛粉。蓋鉛可燒粉，而錫不可燒。今之定粉、水粉是也。古稱鉛生蜀，錫生桂陽。今無錫縣有錫山，廣信府有鉛山。又曰有銀坑處有之。然錫爲五金之賊，或造化物埋之相制也。

**明・宋應星《天工開物》卷下《五金・鉛附胡粉》**　凡造胡粉，每鉛百斤，熔化，削成薄片，卷作筒，安木甑内。甑下甑中各安醋一瓶，外以鹽泥固濟，紙糊甑縫。安火四兩，養之七日。期足啓開，鉛片皆生霜粉，掃入水缸内。未生霜者，入甑依舊再養七日，再掃，以質盡爲度，其不盡者留作黄丹料。

每掃下霜一斤，入豆粉二兩、蛤粉四兩，缸内攪勻，澄去清水，用細灰按成溝，紙隔數層，置粉於上。將乾，截成瓦定形，或如磊塊，待乾收貨。此物古因辰、韶諸郡專造，故曰韶粉俗誤朝粉。今則各省直饒爲之矣。其質入丹青，則白不減。搽婦人頰，能使本色轉青。胡粉投入炭爐中，仍還熔化爲鉛，所謂色盡歸皂者。

**又**　附黄丹　凡炒鉛丹，用鉛一斤，土硫黄十兩，硝石一兩。熔鉛成汁，下醋點之。滚沸時下硫一塊，少頃入硝少許，沸定再點醋，依前漸下硝、黄。待爲末，則成丹矣。其胡粉殘剩者，用硝石、礬石炒成丹，不復用醋也。欲丹還鉛，用葱白汁拌黄丹慢炒，金汁出時，傾出即還鉛矣。

**明・方以智《物理小識・金石類》**　銀錫　鉛一斤，入石膏末一錢半，攪清亮。又入輕粉一錢半，傾平地上，便成白鑞。此滿書所謂銀錫也。

鉛成黄丹胡粉法：獨狐滔《丹房鏡源》炒丹法：鉛一斤，土硫黄十兩，消石一兩，鎔鉛粉下醋點之，沸時下硫黄，少頃下消，沸定再點醋。依前下少許消黄，待爲末，則成黄丹矣。依何子元所説，則作粉不盡者，以消石礬石炒成丹者也。還鉛粉法：用連鬚葱白汁，拌丹慢煎，傾出即還鉛。蘇恭、朱震亨謂炒錫作用粉，誤矣。取鉛之處，人多受其毒，或成黄腫。《本草》言鉛無毒，何耶？潛老夫曰，凡鉛、銅中皆有銀。從雲貴來赤鍋有光，乃未取煉者也，石直十六兩。赤銅從舶來廣者，石不過九兩，以取出也。赤鍋一石，可取白銀四兩。鉛每斤可取銀須五分，有此二物，其鉛乃可取霜。若爲人取去此物者，則取霜不出。負版銕鉛亦取不出。《辰州志》曰，安鉛於甑内，以醋瓶封化粉。《墨子》言禹作粉。張華曰，紂創物之智，在古爲難，後因而加捷耳。范成大曰，桂州粉，以黑鉛着糟甕中罨化之。何孟春曰，嵩陽以鉛塊縣酒缸内，七七日開之化粉。韶州粉瓮蒸之，不白，以蘿蔔瓮上蒸之，即白。

**清・孫廷銓《顔山雜記》卷四《物産》**　黄丹，炒鉛爲之，丹重則鉛爲丹，鉛急則丹復爲鉛。炒多鉛氣，中人，令人中垂而死。臨丹竈者，必塞其鼻，實其腹，令中氣常勝，鉛氣不能入也，然後可久。

## 雜録

**明・謝肇淛《五雜俎》卷一二《物部四》**　漢惠帝時，黄門侍中皆傅脂粉。順帝時，梁冀奏李固胡粉飾貌，搔頭弄姿，曹子建以粉自傅，何晏動静自喜，粉白不去手。蓋魏、晉以前，習俗如此。夫婦人之美者，猶不假粉黛，況男子乎！

**清・鄭光祖《一斑録・物理》**　燒鉛極熱，投酸酒中，則酸氣盡去。

**又《雜述四》**　搬運邪術　前歲戊午，常境西鄉有攜土稱是西洋來土，可以鉛錫鑄成銀洋錢者，設爐火素上，好洋錢一圓爲引，當面將洋錢與鉛錫並投入爐罐，實已藉術將洋錢運去，但存土與鉛錫在罐融化，傾入胎板，閲少時，開板成新洋錢三圓。實則新洋錢是伊等帶來，藉術運換胎中所鑄之物。衆不知是術，信之，多與金銀，則攝而逃。

# 鍮

## 綜述

**漢·劉歆《西京雜記》卷二** 武帝馬飾之盛 後得貳師天馬，帝以玫瑰石爲鞍，鏤以金、銀、鍮石，緑地五色錦爲蔽泥，後稍以熊羆皮爲之。

**晉·王嘉《拾遺記》卷九** 石虎於太極殿前起樓，【略】又爲四時浴室，用鍮石珷玞爲堤岸，或以琥珀爲瓶杓。

**南朝梁·宗懔《荆楚歲時記·七月七日》** 七夕，婦人以彩縷穿七孔針，或以金銀鍮石爲針。

**宋·何薳《春渚紀聞》卷一〇《記丹藥》** 丹陽化銅 薛駝，蘭陵人，嘗受異人煅砒粉法，是名丹陽者。余嘗從惟湛師訪之，因請其藥，取藥帖，抄二錢匕相語曰：「此我一月養道食料也，此可化銅二兩爲爛銀，若就市貨之，煅工皆知我銀，可再入銅二錢，比常直每兩必加二百付我也。」其藥正白，而加光璨，取棗肉爲圓，俟溶銅汁成，即投藥甘鍋中，須臾，銅中惡類如鐵屎者，膠著鍋面，以消石攪之，傾槽中，真是爛銀，雖經百火，柔軟不變也。此余所躬親試而不誣者，後亦許傳法，而賊亂不知所在矣。

**宋·陳元靚《事林廣記·煅煉五金》** 煮碖石

解鹽、白礬、朴消、信砒、銀朱、硇砂、大鵬砂。

右，都合入土鍋内，着水并碖石器物合高，令密着火煮之，白如銀色，一様无辨。

**明·劉基《多能鄙事》卷五《器用類·攻治雜器物法》** 洗鍮石 硫黄入石灰同研細乾揩之。

**明·方以智《通雅》卷四八《金石》** 黄銀非一種；鍮石，石中之銅卝似金也。「唐太宗賜房玄齡黄銀帶，欲及杜如晦，爲己設，帝曰：『世傳黄銀，鬼神畏之』，更取金帶。」《春秋運斗經》曰：「人君乘金德而生，則黄銀見。」《山海經》「皋塗山多銀黄」，其真黄銀乎？隋辛公義守并州，嘗大水，流出黄銀，以上於朝。程大昌曰：「世言鍮石，太原所産爲最，而太原即并州，則公義所上，其自然之鍮乎？」《元和志》曰「太原出赤銅」，大昌則竟以黄銀即鍮，而鬼畏鍮者，畏銅也。方勺曰：「黄銀出蜀中，與金無異，但上石則白色。」《唐志》章服有青鍮石帶。《遼元志》載用鍮石處甚多，鍮音偷。自《吕覽》《淮南》嘗言「鍮石似金」，而今《本草綱目》竟無「鍮石」條，惟言水銀在地，鍮石可引上。《寳藏論》假金有鍮石金。李時珍曰：「世人以黄銀爲鍮，非也；鍮即藥成黄銀也。」按高似孫引「丹砂伏火，化爲黄銀」。《日華子》載「雄黄銀、雌黄銀、丹砂、雄黄殺精魅」。太宗賜如晦曰「鬼畏」者，若非丹砂銀，其雌雄黄銀乎？王元美亦不知丹砂、雄黄銀。今《一統志》「答兒密古之丹眉流國，産鍮石紫鉗」，于文定不解爲石爲銅，宜其難識矣。蘇州開元寺大佛三尊，傳言海上浮來，乃鍮石所裝，夜嘗放光；後一商裝金，而光遂隱。《要論》：「鍮乃自然銅之精者也，而盧甘石所煮鍊者乃假鍮也。」遼元之賤用鍮石，皆指盧甘鍮耳。今闕頂用風磨銅，價貴於金，或曰黄銀乎。鍮又作鈕，《玉篇》竝作鈕鉐。秦淮海録劉壯愍公遺事，寇萊公表之，盜劫倒槖，得一碖石帶去。則又從石作碖。紫鉗乃真臘樹汁，蟲食ㄐ結於樹上，染家取作胭脂。今刻《雜俎》誤作紫銔。

**又方以智《物理小識·金石類》** 煉鍮石法 崔昉曰，銅一斤，爐甘石一斤，煉之即成鍮石。其真鍮生波斯，如黄金，燒之，赤而不黑。然鍮非一種。或曰黄銀即雄黄銀，《通雅》載之詳矣。《格古要論》言鍮石性，高麗者可磨下石汁，塗笙簧上，不匿氣水，庶得不鋪。此亦一種也。唐制有青鍮石帶，遼元皆用之。凡銅與鍮石貼金，欲取下者，以肥皂塗之，燒火中，則金圈在肥皂上。

冷錘 黄銅用爐甘石者，不退火性，受錘。用倭鈆者，出爐退火性，以受冷錘。樂器聲有雌雄，雄者重數錘，俱從冷錘點發。銅經錘後，色成啞白，受鎈復現黄光。凡折鐵十分，銅耗一分，加冷錘者，其質更堅。

## 紀事

**《宋史·食貨志·錢幣》** 景德四年，詔曰：「鼓鑄錢刀，素有程限，憫其勞苦，特示矜寬。自今五月一日至八月一日止收半功，本司每歲量支率分錢以備醫藥。」十二月，令鑄匠每旬停作一日。天禧三年，詔：犯銅、鍮石，悉免極刑。

八年，監察御史陳求魯言：「議者謂楮便於運轉，故錢廢於蟄藏；自稱提之屢更，故圜法爲無用。急於扶楮者，至嗾盜賊以窺人之閫奧，峻刑法以發人之窖藏，然不思患在於錢之荒，而不在於錢之積。夫錢貴則物宜賤，今物與錢俱重，此一世之所共憂也。蕃舶巨艘，形若山嶽，乘風駕浪，深入遐陬。販於中國者皆浮靡無用之異物，而泄於外夷者乃國家富貴之操柄。所得幾何，所失者不可勝計矣。京城之銷金，衢、信之鍮器，醴、泉之樂具，皆出於錢。【略】今京邑鍮銅器用之類，鬻賣公行於都市。畿甸之近，一繩以法，由内及外，觀聽聿新，則鉟銷之姦知畏矣。香、藥、象、犀之類異物之珍奇可悦者，本無適用之實，服御之間昭示儉德，自上化下，風俗丕變，則漏泄之弊少息矣。此端本澄原之道也。」有旨從之。

**清・徐松《宋會要輯稿・食貨・坑冶下》** 禁銅

景德三年，神騎卒趙榮伐登聞鼓，言能以藥點銅爲鍮石。帝曰：「民間無銅，皆鎔錢爲之，此術甚無謂也。」詔禁止之，其來自外蕃者，不在此限。

[元祐]元年，樞密院言：「乞禁私賣易銅、鍮石器，犯者依私有法。」從之。

**又** 十二月七日，詔：「訪聞日來州縣城郭鄉村依舊鑄造鍮石、銅器等貨賣，令諸路提刑司密切禁止，如有違戾，具當職官及巡尉職位名申尚書省，取旨重作施行。其買賣人并使用之家，並照累降指揮，一例斷遣追賞，並不以官蔭論。仍許諸色人陳告，如提刑司不覺察，御史臺按劾聞奏。」從都省請也。

# 汞

## 論説

**宋・何薳《春渚紀聞》卷一〇《記丹藥》** 序丹竈

丹竈之事，士大夫與山林學道之人，喜於談訪者十蓋七八也，然不知皆是仙藥丹頭也。自三茅君以丹陽歲歉，死者盈道，因取丹頭點銀爲金，化鐵爲銀，以救饑人，故後人以煆粉點銅者，名其法曰丹陽。以死砒點銅者，名其法曰點茆。亦有取丹頭初轉，伏朱以養黄茆，死礌以乾汞，如漢之王陽婁敬，唐之成弼，近世王捷，成鵶嘴金以助國用者，不可謂世無此法也。但得之者，真龜毛兔角，而爲之致禍者，十八九也。如東坡先生楊元素内相，皆密受真訣，知而不爲者。章申公、黄八座道夫皆訪求畢世，費資鉅萬，而了無一遇者。

## 綜述

**晉・葛洪《抱朴子内篇》卷四《金丹》** 凡草木燒之即燼，而丹砂燒之成水銀，積變又還成丹砂，其去凡草木亦遠矣。故能令人長生，神仙獨見此理矣，其去俗人，亦何緬邈之無限乎？世人少所識，多所怪，或不知水銀出於丹砂，告之終不肯信，云丹砂本赤物，從何得成此白物。又云丹砂是石耳，今燒諸石皆成灰，而丹砂何獨得爾。此近易之事，猶不可喻，其聞仙道，大而笑之，不亦宜乎？

**又 卷一六《黄白》** 仙經云，丹精生金。此是以丹作金之説也。故山中有丹砂，其下多有金。且夫作金成則爲真物，中表如一，百煉不減。故其方曰，可以爲釘。明其堅勁也。此則得夫自然之道也。

**晉・王嘉《拾遺記》卷九** 石虎於太極殿前起樓，【略】於樓下開馬埒，射場，周迴四百步，皆文石丹沙及彩畫於埒旁。

**佚名《抱朴子神仙金汋經》卷上** 其方列之如後：上黄金十二兩，水銀十二兩。取金鑪作屑，投水銀中令和合。

恐鑪屑難鍛，鐵質鍛金成薄如絹，鉸刀翦之，令如韮葉許，以投水銀中，此是世間以塗仗法。金得水銀，須臾皆化爲泥。其金白，不復黄也。

**宋・孔平仲《孔氏談苑》卷三** 後苑鍍金 後苑銀作鍍金，爲水銀所薰，頭首俱顫。賣餅家窺爐，目皆早昏。賈谷山采石人，石末傷肺，肺焦多死。鑄錢監卒無白首者，以辛苦故也。

**宋・何薳《春渚紀聞》卷一〇《記丹藥》** 風翔僧煆朱鎔金

東坡先生初官鳳翔日，遇一老僧謂之曰：「我有煆法，欲以相授，幸少憇我廬也。」坡語僧曰：「聞之太守陳公，嘗求而不與。我固無欲，乃以見授，何也？」僧曰：「我自度老死無日，而法當傳人。然爲之者，多因致禍，非公無可授者，但勿妄傳貪人耳。」後陳公知坡得之，懇求甚力，度不可不與。陳得而爲之，不久果敗官而歸。其法以一藥煅朱，取金之不足色者，隨其數，每一分入煅朱一錢，與金俱鎔，既出坯，則朱不耗折，而金色十分耳。潁濱遺老亦詳記之，《龍川録》云。

居四郎伏硃煅丹砂

密院編修居世英之父居四郎者，少遇異人，得煅朱法。其法取辰錦顆塊砂，不計多少，以一藥鋪蓋煅之，朱已伏火，即日用炭火二兩空養，不論歲月，要用即取水銀與足色金對母結成母砂子，取煅朱細研，以津調勻，塗砂毬上，熾炭十斤，籠砂煅之，俟火半紫焰起，去火出寶，淬梅水中則俱成紫磨金，不再坯溶，便可製器用也。而老居未嘗對人言，亦未輒用一錢也。臨終呼世英語之曰：「我之煅法，世唯語韓魏公矣。非魏公德業之厚，餘人不可授也。我亦不當授汝，汝分中合得，後自當有授汝者。然亦素知我有此法，必費妄求訪，以盡資用，因語數法，皆不能成寶，世謂爇法者授之。」并語目睹數人，緣此而致禍者，以戒之。

瓢内出汞成寶

承議郎賀致中爲余言，任德翁之猶子嘗隨德翁入都，艤舟相國寺橋，遇一道人邀坐茶肆，手出小藥瓢云：「吾視官人蓋留心丹竈有年，而未有所得者。今能施我百錢，當以此瓢爲贈。夜以水銀一兩投中，翌早收取二兩乾銀也。」任意謂必無此理，然亦不能違其請，傾篋得百錢與之，袖瓢而歸。夜取汞試納瓢中，置之枕閒，次夕醉中探手撼瓢，則其聲董董然，汞如故也。置之不復視。一日德翁須汞爲用，任欣然取器分取，既傾器中，則堅凝成寶矣。入火烹煉，了無耗折。自此夕注晨取，無不成寶者。蓋真仙丹藥所製，汞感丹氣，自然凝結。但不知出瓢始凝之理，向使在瓢即堅，則破瓢而取，止於一作而已。此亦真仙神化無方，非塵凡之可理度者。任無妻孥之累，資用素窘。既日獲一星之利，於是厚爲己奉。不踰年，一病而卒，瓢亦隨失之也。

煅消愈疾製汞

姑蘇查先生得煅消石法，章申公與之爲莫逆，而法不傳也。嘗遇一病僧而憫之，取消作盂，令日煎水飲之。服之月餘，病良已。僧有周旋，過而詢其由，以飲煎水爲言，是僧素知查術，曰：「此伏消所成也。」當取汞置盂中，就火試之，果致汞死。僧更以爲希世之遇，即往禮謝再三，且語其盂之異，復懇求其法。查曰：「法固未易傳，而前盂用力將竭，可攜來爲公加藥爲之也。」僧取盂授查，即碎盂別鎔，門臨大河，俟消成汁，即鉗投水中，曰：「我初但欲起師之疾，不意無厭至此也。」僧懊恨而歸。

點銅成庚

法空首座無相師，霅川人，與余爲姻家，待制公沈純成之季也。一舉不第，遂祝髮以求出世。法閒亦留心煅事，嘗於焦山與僧法全語及點化，而全云：「我術正是點茆耳。」空曰：「出家兒豈當更學此，若一有彰敗，則所喪多矣。」全曰：「我法異此，止以一藥點銅爲金，而所患制銅無法，於骨董袋中攜行，或爲人所窺爾。」因出一紙裹視空，質溪沙也，而加重。且抄數錢匕，令空烹之。通夕不能成汁，呼全訊之，全笑曰：「人得此，視之溪砂也，豈知實銅耶。」復取白藥少許投之，砂始融化，出火視之，真金也。空拜禮稱贊云：「目所未見也。」復日加延款，且請其術，全曰：「我不惜術，但我有前誓，且恐起貪人妄費之心，反致奇禍，實無益於人也。」請爲師言其自也。我年二十無家爲道人，同侶三人，共學丹竈，歷年無成。因紹聖元年七月十五日相語曰：「我輩所學，遊訪未遠，今當各散行以十年爲期，却以此月此日會於此地。道人無累，是日不至，即道死矣。」遂舉酒爲約，三人者散往川、陝、京、洛閒，我即留二浙。轉首之閒，忽復至期。出豐樂橋，三人者次第俱集，相待歡甚，劇飲數日，各出所得方訣參較之。內一茆法差似簡易，即試爲之，而銅色不盡。一人曰：「我於成都藥市遇一至人，得去暈藥，彼云奇甚，而我未試也。」因取同烹，而色益黄，意謂藥少未至，增藥再烹，及出坯中，則真金矣。更相驚喜，袖市肆中，云良金也。衆復相與謀曰：「常聞京師欒家金肆爲天下第一，若往彼市之無疑，則真仙祕術也。」複被而行。至都，以十兩就市，欒氏取其家金較之，則體柔而加紫焰，即得高直以歸。時共寓相國寺東客邸中，復相慶曰：「我輩窮訪半生，今幸遇此，可以安心養道矣。萬一未能免俗，則飲酒食肉，可畢此生。今當共作百兩，分以爲別。」即市半邊官醞，大嚼酣飲而烹銅。不虞銅汁濺發，火延於屋，風勢暴烈，不可救撲。火馬四至，三人者醉甚，而我獨微醒，徑破煙焰，從稠人中脱命而出。懼有捕者，素善泅，即投汴水順流而下，度過國門下鎖始敢登岸。方在水中，即悔過祈天，且誓爲僧及不復再作。或遇幹大緣事不能成就，當啓天爲之，不敢毫髮爲己用也，况敢傳人乎。若首座有未了緣事，可與衆集福者，我當分藥點治，雖百兩不靳也。」空既聆其説，亦不敢深逼之。一旦不告而去，後不知所在。其徒三人，二人醉甚不支焚死，一人就捕受杖，亦數日而卒。

草製汞鐵皆成庚

朝奉郎劉筠國言，侍其父吏部公罷官成都。行李中水銀一篋，偶過溪渡，篋塞遽脱，急求不獲，即攬取渡傍叢草，塞之而渡。至都久之，偶欲求用，傾之不復出，而斤重如故也。破篋視之，盡成黃金矣。本朝太宗征澤潞時，軍士於澤中鎌取馬草，晚歸鎌刀透成金色，或以草燃釜底，亦成黃金焉。又臨安僧法堅言，有歙客經於潛山中，見一蛇其腹脹甚，蜿蜒草中，徐遇一草，便嚙破以腹就磨，頃之脹消如故。蛇去，客念此草必消脹毒之藥，取至篋中。夜宿旅邸，鄰房有過人方呻吟牀第間。客就訊之，云正爲腹脹所苦。即取藥就釜，煎一盃湯飲之。頃之，不復聞聲，意謂良已。至曉，但聞鄰房滴水聲，呼其人不復應，即起燭燈視之，則其人血肉俱化爲水，獨遺骸卧牀，急挈裝而逃。至明，客邸主人視之，了不測其何爲至此，及潔釜炊飯，則釜通體成金，乃密瘞其骸。既久經赦，客至邸共語其事，方傳外人出。

糝製

嘉禾墨工沈珪，言其賣墨廬山，過僧了希，語及丹竈。夜宿其廬，希探篋取一藥示沈，正琥珀色，秤取二錢重，用水銀一兩，同入鐵銚中，以盞覆之，置火上。頃之，作嬰兒聲，即開視，以秤秤之，并藥成一兩二錢黃金矣。希言此是死硫也。又言臨安一山寺前，有翁媪市餅餌爲給。而寺有僧，日出坐其肆，凡二十年。察其翁媪日用無過費，而純質如一。一日密語之曰：「我有乾汞法，未嘗語人，念爾翁媪甘貧於餅肆，且老矣，可坐受安逸。」翁媪即謝而受其方，并面乾汞示之。數日翁媪復攜餅餌造僧房，見僧云：「誠謝老師見惠祕方，以休養二老。然老夫婦亦自有一薄術，自謂不作不食，不敢妄享，甘心餅肆，以畢餘生也。」乃出藥於僧前，取汞糝製，即成黃金矣。老僧慙悳，禮謝翁媪云：「吾二十年與神仙俱而不知，真凡骨也。」翁媪既歸，明日僧出訪之，則空室矣。

市藥即乾汞

朝奉郎軍器監丞徐建常，余姊丈也，建安人。其父宣義公，故農家子。後以市藥爲生，性好施惠，遇人有急難，如在己也。貧乏求濟，傾資與之不吝焉。暇日乘舟至郡，與一道士同載，如舊相識。道士從容謂公曰：「子有陰德，我所祕乾汞法，當以授子，可廣所施也。」即疏方示公，并令公市藥與汞，取汞置鐵銚中，以藥少許糝上，復以器覆之，置火上。須臾，聞銚中嬰兒聲，即揭器視之，汞已枯矣。公徐取汞，并以所示方裹之，以謝道士曰：「我之薄施，未足及物，要當竭力所致爲之，此不願爲也。天或下憫我木有子，倘遺吾得一起家之子，是吾願也。」即投汞與方潭水中。道士笑謝曰：「非我所及也。」是歲，建常生。至年十四始令從其姊丈陳庸器讀書，且囑之曰：「吾待汝十年遊學，若至期不第，即還代我掌藥肆也。」建常十八歲考中上舍高等，二十四果於李常寧榜中登科，如公約也。

藥瓦成金

李樞公慎，副車李瑋之曾孫，云其季公雄帥祕藏王先生手化金瓦，遇好事常出而示之。且言初長主召捷至，爲設酒，謂之曰：「聞先生能化金，可得一見否？」捷曰：「此亦戲劇耳。」時坐爐側，捷令取新瓦一片，手段之，取所酌酒盃，置湯鼎上，投瓦其中，抄少藥糝上，復注湯滿盃。酒散，湯已耗半，取瓦視之，則兩角浸湯處，皆成紫磨金，而一角元是新瓦也。又餘杭陳祖德云，嘗見呂吉甫家藏妻敬所化藥金，重三十兩，元是片瓦，而布紋仍在也。

變鐵器爲金

閤門宣事陳安止云，其姻家留朝請者，在鎮江常延顧一道人，臨行借取案閒鐵銚，云欲道中煖酒用，既與之。數日，其子相遇泗上，道人以紙數重封銚還留，囑曰：「慎勿遺墜。」至家呈其尊，因大笑曰：「銚不直百錢，何用見還，又封護如此其勤也。」即置之閒處。一日取銚作糊，既滌濯之，視銚柄有五指痕，及轉握處皆成紫金色。驚歎累日，傳玩親友，無不歎賞者，蓋是其真氣所化也。

## 宋·周去非《嶺外代答》卷七《金石門》

丹砂水銀

昔葛稚川爲丹砂求爲勾漏令，以爲仙藥在是故也。勾漏，今容州，則知廣西丹砂，非他地可比。《本草》金石部以湖北辰州所産爲佳，雖今世亦貴之。今辰砂乃出沅州，其色與廣西宜州所産相類，色鮮紅而微紫，與邕砂之深紫微黑者大異，功效亦相懸絕。蓋宜山即辰山之陽故也。雖然，宜、辰丹砂雖良，要非仙藥，葛稚川不求此也。嘗聞邕州右江溪峒歸德州大秀墟，有金纏砂，大如箭鏃，而上有金線縷文，乃真仙藥。得其道者，可用以變化形質，試取以煉水銀，乃見其異。蓋邕州燒水銀，當砂十二三斤，可燒成十斤。其良者，十斤真得十斤。惟金纏砂，八斤可得十斤，不知此砂一經火力，形質乃重何哉？是砂也，取毫末而齒之，色如鮮血，誠非辰、宜可及。邕州溪峒砂發之年，中夜望之，隱然火光滿山。嗟夫，稚川知之矣！

煉水銀

邕人煉丹砂爲水銀，以鐵爲上下釜，上釜盛砂，隔以細眼鐵板；下釜盛水，埋諸地。合二釜之口於地面而封固之，灼以熾火。丹砂得火，化爲霏霧，得水配合，轉而下墜，遂成水銀。然則水銀即丹砂也。丹砂禀生成之性，有陰陽之用，能以獨體，化爲二體，此其所以爲聖也。然《丹經》乃有真汞，何哉？余以爲丹砂燒成水銀，故已非真汞。邕州右江溪峒歸德州大秀墟，有一丹穴，真汞出焉。穴中有一石壁，人先鑿竅，方二三寸許，以一藥塗之，有頃，真汞自然滴出，每取不過半兩許。所塗之藥，今忘其名矣。是色紅粉，與水銀白青之色殊異，其倍亦重於水銀。嗟夫，學仙得此，其至寶歟！

銀朱

桂人燒水銀爲銀朱，以鐵爲上下釜，下釜如盤盂，中置水銀；上釜如蓋，頂施竅管，其管上屈曲垂於外。二釜函蓋相得，固濟既密，則别以水浸曲管之口。以火灼下釜之底，水銀得火則飛，遇水則止。火熯體乾，白變而丹矣。其上曰頭朱，次曰次朱，次者不免雜以黄丹也。

**宋・王林《燕翼詒謀録》卷二**　真宗皇帝朝，盛禮縟儀稠疊，費金最多，金價因此頓長，人以爲病。仁宗明道二年正月癸未，詔册寶法物凡用金者，並改用銀，而以金塗之。自此十省其九，至今惟寶用金，餘皆金塗也。

**宋・陳元靚《事林廣記・藝圃須知》**　磨劒　磨劒不得用冰及巃石。磨當以麻油，就光膩石慢慢磨去鏽，却用打鐵爐邊打落鐵片子三兩，入木炭一兩，水銀一□重，同爲末，摻劒上，以布片蘸油，奈久磨擦。其光如鏡，帛子拭净，以酥塗之，挂壁間永不鏽。

**又　《煅煉五金》**　水銀鏡法　以好虔州白蟮四兩，以木盆一口盛小便，溶白蟮攤二十遍，就便浸一宿。來日取些個溶入水銀，令相和，作一毬子。要用，以物攤向手心，照了却收永用。

**元・陶宗儀《墨娥小録》卷二《博古緒餘》**　鐵上鍍金　酸漿入一碗，大蒜三枚，擣碎。狗油一塊，約重五錢，將鐵器入水中煮，以呆白色爲度，取出，放乾。然後貼金三五重，火上烘，以青煙微起爲度，取出，用青珠兒光。

銅上鍍金　先以酸虀汁浸數日，却以鹽霜梅煮半日，炭末炒乾净，烘乾。水銀輕輕塗過，然後貼金，金皆變白色。火上烘熱，候金還元，光珠打實。

**又　卷一一《丹房燒煉》**

入匱法

每母砂四兩，硫四錢，同乳炒乾，却和匱砂四兩，同乳香一半鋪合底。次將已製子砂八錢，蜜調枯白礬、鉛白霜末爲衣，母薄二錢，毬合，置母匱上。却以所餘一半鋪蓋，剪峴崘紙三四層，如合大，掩隔上，以匱砂不和母者蜜調填滿合蓋爲度。如母和匱砂已滿合蓋，却不用。不和母者，封固，入灰缸養十四日，取出，其子真死矣。每子一兩，可炶寶四錢半。或欲養子十兩，則用母砂四十兩，一依上法加減，隨意爲之。如不欲炶寶，則依法踏做去。如養十四日取出，火以試之，通紅爲度，屹然不動，分兩不耗，此是已斷魂矣。如微有鬼燄，若白霧狀，又分兩耗折，即是未斷魂也。再爲末，蜜調作劑，依上法再入合養五六日，取出試之，或又未斷魂，却爲末，作劑，入鹹硫匱用二三兩火養三日，即絶死矣。

又法：朱砂或作劑，或爲丸，或劈塊，入草匱養三日，或急煆片時取出，母薄包裹，外用崑崙紙包，入四神匚養七日取出，剥去母薄，入母匚養十日，其朱截然死矣。此法徑而且妙，又易還母。蓋母匚止是朴朱，不須攪砂，又不和匚藥在內，所以易還也。

沓法

每死朱四兩舂細，伏硫一錢，同乳炒乾，再舂令細，分一半鋪合底。次將已製子砂八錢，母薄二錢，毬合，置朱上。却以所餘一半蓋之去用，不用青箬隔斷，上以匚砂蜜調填滿，封固，入灰缸養十四日，取出舂細。伏硫一錢二分半，同乳炒乾，再舂令細，依前沓法養子砂一兩二錢半。大抵死砂一兩，可養子砂二錢半。死砂一兩，可用伏硫二分半。依此分兩加減，并依前法，沓至一觔，住。却將一觔死砂，入水火鼎昇煆半日，取出。住鼎死砂舂細，又如前法炒沓，積至四觔，住。又如前法昇煆，如此則生生不窮也。或不欲若此積沓，則止沓一二次，依澆淋法做去。或復不欲澆淋，則依法炶(實)[寶]。

澆淋法

每死硃四兩，入鼎昇煆，取出，研塊，再入水火鼎。却澆製汞一兩，封固，入炭缸，種火養七日。放冷，開鼎，又澆一兩。依法澆至四兩，住。將此朱基汞芽不要澆淋，共虗養七日訖，又依前法澆去。如不欲若此加上，或炶寶，或充仗，隨意爲之。每丹基一兩，可充仗一兩作平物。

充仗法

每已出血仗一兩，入鍋作汁，却以朱基一兩，入砒二錢半，同爲末衝入，傾出可成平物也。至妙。

炶寶法

每死砂一兩，用關藥一兩同乳，入咼。上以死硼砂末二錢半捺蓋，大火一煆，分胎，關藥在上，真寶墜底。關藥收取再用，不可棄毁。或硼末和關藥一處同乳，不須捺蓋亦可。

製砂匸法

五加皮、地榆、草烏、川椒。

右各等分，煎濃汁，另放。却將六連砂重絹包裹，懸胎砂罐内，前藥汁滿浸，煮十四日。每日添汁，令微滚如蟹眼爲度。取出控乾，每一兩入生硫一錢，同乳細，炒乾。再乳細，蜜調作劑。金釵、石斛末亦以蜜調毬合，上項砂劑入合，封固，自二兩火至三兩火，養三日，取出，用。或不用草藥養，則依前法煮入硫乳，炒再乳，後入鍋。每四兩用煆硼砂末八兩捺蓋，瓦陀壓頭，銕線縛封固。自頂火一兩至半觔，□一二時，硼在上，朱在下，其朱死矣。此法至妙。若和母養子，待還母訖，分出，乳細，每一兩重入硫一錢同乳，炒乾，再乳用。

**又** 朱砂用前藥煮，控乾爲末，每一兩入生硫一錢，同乳，炒乾，再乳極細。不須多砂，止用伏砒，依上分兩，同乳，入砂合内封固，三四錢火養一日，取出，依上入鍋煆。大忌不宜火多，火多則砒真死，難分清也。

製硫匸

每硫一觔，用白牛糞燒灰一斗，白牛尿十觔，瓦松擣汁十觔，苦參煎汁十觔，菠稜菜擣汁十觔，水芹擣汁十觔，栢皮煎汁十觔，無油新銕鍋内煮乾爲度，取出爲末，用代赭石一觔同乳，入水火鼎固昇煆，塞爐，分出硫作爲匸用。入藥之時，止可小半鼎，不可太滿，滿則鼎必迸裂也。

製針硫匸

鍼砂不拘分兩，以硫黄同炒，令極久。縱使鬼焰自起，必以乾爲度。

製朱砂法

每朱四兩，爲末，入生硫三錢，雄一錢，同乳，炒乾。入水次鼎封固，昇煆七鼎，水乾爲度。取出研如骰子大，用桑柴灰汁、醋、鹽、礬、硝、硇各等分，懸胎煮一日。次將縮砂、五倍子末、馬齒莧同擣爲劑，却將上項朱塊嵌劑中，又以此劑捺蓋入合，封固。自二兩火起，一兩住，養三伏時，取出。再換縮砂等藥依法養三次，其體且束且堅，分兩不耗。以鉛白霜炒枯礬末，蜜調爲衣，每八錢以母薄二錢毬合，入匸養。

又法： 名搶口煆。每砂四兩，入生硫三錢，雄一錢，同乳，炒乾。乳細，蜜調作小劑，如指面大。竹連紙裹，用白芷、白芨、續砂、五倍子、馬齒莧各等分，爲末，水調毬合。入鍋揭頭，慢火一煆，以煙盡爲度。取出，乳細，蜜調。用熟絹一方鋪平處，上又用抄紙一方。然後將所調砂鋪紙上，先將紙四邊撮起，裹定。却將絹簇作圓範，如所盛合子大小，外用乳搥築捺堅實，去絹存紙，以刀切十字作四塊，鉛白霜、炒枯白礬爲衣，入匸養。

作母砂法

銀母入鍋，每一兩入鉛一錢，作汁。後旋挑末香入汁内，候鬼焰盡，再添，以香灰滿鍋爲度。然後將銕火筯一雙，濕布束縛，就鍋攪匀，傾入銕鍋内，急用乳搥研細，麻布篩，粗者再如前法作砂，用水淘去灰土，浄，炒乾。大抵鍋大而物少，則便於攪和，而作砂易也。或不用末香，而用爐灰、炭末亦可。

**又** 銀母入鍋作汁，傾水盆内，急以縛頭掃箒壓實，盆底擺攪，令作細珠。麻布篩粗者，依法再爲，以匀爲度。

**又** 用白礬熬水一碗，將紙一幅於内拖過，曬乾再拖，如此數十次，令礬凝厚，揉碎爲丸，另放。每銀一兩，鉛一錢，入鍋作汁，却將上項紙丸約一兩重，逐旋投入，傾出，自然粉碎。

還母法

大抵母砂養子，止可三次則力衰而氣耗矣。過此而不爲之扶救，則壞矣。故有還之之法。還之者，還其體與力也。取母砂用水調白芨末，和成團，盛砂罐或竹筒内，油紙封口，埋地中五七日取出。每一兩入伏硝三錢，同水一處煮乾，碾碎。每一兩入汞一兩，或銀母低歹，則加黄丹二錢，伏硝半錢，硼砂半錢，同和一處碾極細，入大夾鍋内，上用湯藥罐蓋口，或水火鼎固濟，銕線弔灰池内，四面用火二兩，養三日，勿令鼎水乾。取出，再固，令堅，昇煆七鼎，水乾爲度。放冷開鼎，□出汞。如汞尚未分清，却將母砂盡數傾銕鍋内，青碗蓋，濕紙糊縫，昇煆一二時，其汞盡在碗面也。然後取母砂入鍋作汁，匸砂在上，母在下，取匸砂再用，不得棄也。

製汞法

汞不計分兩，用五倍子、百藥煎白礬各等分，韶粉、酸醋，酒同煮一日，其體凝矣。

合封固泥法三條。

每好泥二觔，曬令乾。分一觔大火煆通紅，放冷，爲末。所餘一觔亦爲末，和匀，麻布篩過，然後將煆石膏、枯白礬、白芨末各等分，和，入再篩，令匀。臨時以鹽水調用，或加赤石脂、龍骨、韶粉尤妙。

明礬末與煆石膏末和勻，水調封口縫。外却又以六一泥護之，雖不待乾，便可入爐煆也。礬不可多，多則起泡，又加硝少許。

砂糖鬅泥爲細末，醋調塗鼎口，便可入火。若微有小縫，以筆點餘末塗之，便無見火。後其硬如石，要開鼎時，仍以醋塗元封處，一敲便脱。

封固法并入缸養法

合子蓋口，念縫用布條，銕線一根火内燒紅過，自合底横束至項上交，細以緊爲度。却將藥泥塗合口，高半寸，加抄紙一層，再用泥水塗令光。蓋用紙則泥不拆裂也。加封固水火鼎器，亦依此法。封固既畢，小缸一口，口合而腹大者，著底放銕架一箇，如無，則以圓磚一塊代之。磚上放合子，合上安土龜，却將篩浄紙灰鋪蓋約至半缸，每添火之際，撥開灰，見土龜，放火龜上訖，仍捺灰合。

土龜式

以紙筋泥爲之，比合蓋畧長些子。

火候

如養朱一兩者，則自一兩起火，徐徐添至一兩半，住。如朱四兩者，則自一兩半起火，至二兩半，住。大抵物雖多，不過二兩起火，至四兩住。故《鉗鎚論》云，火多則耗母，此之謂也。

一兩朱者，一日至四日火一兩，五日至七日二錢半，八日至十日一兩半。翻轉合子，十一日一兩，十二日一兩二錢半，十三日至十四日一兩半。

四兩朱者，一日至四日一兩半，五日至七日一兩七錢半，八日至十日一兩半。

母飽子肥法

每朱砂一十兩，依前老君冢法煆，劈片，用細辛、知母、草烏、良薑、卷栢各十兩爲末，入二尺鍋以水滿煎至半鍋，去查，另放。逐旋將上項藥汁懸胎煑朱片，以汁乾爲度。取出，却用母砂四十兩鋪頭蓋底，崑崙紙烏金紙。隔上，以瓦礫填實，封固，養七日，其朱死矣。取出，去母砂不用。却以已死朱片十兩，養靈砂片二兩五錢，依法養七日，取出，靈砂死矣。如此沓至十兩，却將靈砂自爲匸，轉養靈砂。朱砂方爲匸，亦養靈砂及别物也。靈砂轉養靈砂，亦四兩養一兩。假如四靈砂十兩，四次可與靈等。又三、四次則依前藥煑一日，温火虚養七日，然後却以養砂，又三四次，則又煑，又養，率以爲常。頭朱片至三次，後亦煑。如欲烌寶，用淋過灰作餅，剜一小潭，如死砂一兩，用鉛三錢，同置餅中。先於爐中疊炭一二層，四圍攢炭如屋，留一門可入餅。先燒炭屋通紅，却入餅後，又以炭閉其門，不住手揭，將針條銕線作一小鉤，從炭縫中入勾，撥，令餅中藥勻，候鎔煙盡爲度。然後去門口炭，以濕紙蓋餅取出，收其中藥，再入甘鍋，鎔，令十分瑩爲度。

用炭分兩：第一日，卯時熟火二兩，午時插黑炭二兩，酉時換熟火二兩，子時插黑炭二兩，皆用二塊，每塊重一兩者。第二日，二兩一錢，四次，依前法，後亦如之。第三日，二兩二錢。第四日，二兩三錢。第五日，二兩四錢。第六日，二兩五錢。第七日，二兩六錢。

造爐法：爐用煉泥爲之，高一尺五寸，底闊八寸，口闊一尺，肚畧胖。泥質，厚寸餘，作一小門，去灰，内安銕架閣，合其架高三寸半，約至爐之胖處。凡火離合二寸上，又覆灰厚三[寸]許。

梅核砂

結砂法：蛇牀子、山茱萸、川椒各三錢重，用河水一碗，先用慢火煑水銀一兩，煑二箇時辰。須用甘鍋煑。却將花銀三錢，於甘鍋内鎔成汁，傾入煑水銀鍋内，須臾取出，自然結成砂子。用紙包了，裂出遊汞，再如前法。

又一捷法：汞七錢，銀屑三錢，以川椒三五錢，不用蛇牀。茱萸亦不妨煎熱湯，於銕碾内，用有力人細碾。碾外仍用火，令碾内之水常熱，以銀汞相入爲度。取出，絞去游汞，埋土内一宿，候硬，取出乳細用。

製核法：鹽梅核三百箇，每核鑽一竅，如此。大者，去仁，曬十分乾。以白礬、川椒、狼毒、地榆、芫花、大戟各一兩重，用河水入磁器内，煑一伏時，取出曬乾，收之。旋用每箇入砂令滿，用降真香削釘塞口令緊，其釘須上下一般，不要上肥下尖。鹽泥通固，厚一分許，陰乾。以大香爐下一半安灰，上一半安末香，納核在内，燒香，候冷取出，成至寶矣。

打輕粉法

汞一兩，皂礬三兩，白礬亦可。白鹽礬一兩，先以鹽礬同乳極細，炒令半枯，存性，放冷爲末。分作四分，却將汞亦作四分，每一分入鹽礬一兩，同乳，不見星。其餘三分亦然。併而爲一，以銕銚盤一箇，火燒過，候冷，揩擦十分潔浄，用新烏盆一箇，比盤放小蓋在盤内，四圍留二指許者，如此扣定了，揭起烏盆，將前項藥末輕手平鋪盤内，約量在烏盆圈内，却仍蓋了，取竈灰水潩微濕，以填塞四圍令實，於平地上，三方用磚□起，高尺許，將盤閣在磚上，下用火，至文至武，燒二三時。放冷，去四圍灰，開看，如盤底尚有汞珠升起未盡，再蓋，再用灰填，再燒，放冷開。或盆底鑿一圓竅，以青鍾蓋竅上，紙糊縫令不通氣，尤好。蓋揭起鍾便見盤底藥物有無，庶使再開再封之勞。其昇打之時，緊要在乎測其火候耳。過則太老，不及則太嫩。若用貨賣，放教嫩些則好看，而又有料。若自用，放老些子不妨。盤底硝鹽留下，合瘡藥用，極妙。

三不同：每汞一兩，青氣礬四兩，白礬二兩，金絲礬半兩，青鹽二錢半，同乳極細，不見星爲度。入新銕銚內，好米醋，或白酒脚，大火煮一二時，傾出諸礬水，取砂洗，令十分乾浄，摶爲毬子。以五加地、榆末，和棗肉，毬裹入甘鍋。又以蘆甘石末捺蓋，瓦陀壓口，銕線固濟。頂火煅二三時，以五色煙起爲度，取出，放冷。敲開鍋子，取出，似銅非銅，似銀非銀，似庚非庚，所以謂之三不同也。關藥：物一真一，太火內煆作水，入黄丹或礬，謂之富貴關。

鑄硫黄盞斚

先用萆麻、巴荳肉揞建碗內，留碗口一遭一指面許深不揞。却以此碗鎔硫作汁，待晷滚起，用芥菜子末摻之，其焰即伏。如此三次，清泠如水，且無硫氣傾出，放冷，爲末。每四兩和鍾乳粉二錢半，汞五錢，滑石末一錢，朱砂些少，同乳極細，再入建碗內作汁鑄器。大抵鎔硫之際文火而已，火大則焰起不可遏。既已，作汁即使傾鑄，久停，在碗亦欲焰起。

粉霜

死粉霜匚可養粉霜作摻製，亦點丹陽。用生赤芍藥一觔，拌水搗取自然汁。五頂草自然汁，生薑一觔，白蜜半觔和匀，一處入罐內。將好粉霜作骰子塊，絹帛包懸胎煮三伏時，取出，焙乾，研碎。水火鼎煅，取出研細，再用藥查搗汁，更用天劒草、千針草同在前汁內再煮粉一伏時，取出曬乾。又以水火鼎打如前法，取出再用生薑汁、金線、重樓、紫河車，甘遂入前汁內，又煮一伏時。再用水火鼎打，似此三徧打，三徧煮，其藥全死。每一觔入朱砂四兩，同乳令匀細，作匚，養粉霜作慘製，及點丹陽用。

煮養法

粉霜四兩重，用白蜜四兩，車前子自然汁、蓼子自然汁四盞，入蜜在內，將粉霜乳細，白絹三重寬包，懸胎汁內，煮乾爲度，取出，焙乾研細。入明亮死硇砂二兩，明亮死硫黄一兩，三味再研極細，用木蜜搗成劑，分作三十丸，用銀薄三五重爲貼身，入前死粉匚中，若頂火三兩，早晚同養廿一日。四兩火早晚同養廿一日，加至六兩養七日，共四十九日，火候足，取出，就浴中三觔熟火一煆，塞爐，取出其霜，真死硬如銕。每一丸入死朋荳大一粒，用，研細，貼身一丸，可摻汞十兩成至寶，可點丹陽十兩，不用母。如點丹陽，先用前匚藥三錢，作三包，三次下攪之清浄，然後方用丹頭一丸，如前法，用硼砂細乳，和作三包，三度下汁內，用硼硝開面清亮，傾入模中，濕紙蓋面，冷，取出成寶。

成霜法

汞四兩，明礬三兩半，硝一兩半，白鹽四兩，赤石脂、無名異各一錢半，右一鹽、二礬、三硝、四汞，三下三上，炒青結砂子。青金頭黑色爲上，要沙鬆，入罐內，用固濟藥昇打，六一泥泥天盤，煆一日，火足取出。

**又** 方內諸法

死硇砂，虎耳草、醋建盞，煮乾爲度。死硫，水田公、山中野蕉根、甃盞醋煆。千鍼草，松花。五頂草，五鳳靈芝草也。天劒草，即南皂角。木蜜。穀樹汁。

砒汞交媾丹：砒一兩，汞一錢，粟米粉一兩，和匀，乳細，入水火鼎封固升打，取出，每一錢可充仗一兩。

**又** 伏信：信五兩，蒜荳內懸胎煮一日，提出，眼乾。却用皂礬、明礬、緑礬各一兩，入溜一兩同乳，不見星。銕銚內慢火枯乾，乳細，入水火鼎封固升打，取出，與所煮信同乳極細，再入鼎封固升打。取出，斫塊，用其煮信、荳汁，留作出血用。

**又** 鹽硝礬法

白礬三兩，枯白鹽三兩，飛硝七錢半，或死不死皆可。右一處入銕銚攪匀，入汞三兩，用匙來去攪匀，不見星爲度。待鬆了，入五十兩，水火鼎封固升打。七鼎水乾爲度，寒爐取出，以爲繳脚退白之用。

**又** 砒汞交媾丹：砒一兩，汞一錢，粟米粉一兩，和匀，乳細，入水火鼎封固升打，取出。每一錢可充仗一兩。

**又** 抽汞法

朱砂，不拘分兩爲末，安銕鍋內，上覆烏盆一箇，於肩邊取孔一箇，插入竹筒，固濟口縫，合牢固竹筒口，垂入水盆水內。鍋底用火，其汞亦有在烏盆上者，掃取之。亦有自竹筒流下者，每兩可取七錢。

**明·劉基《多能鄙事》卷五《器用類》** 書畫法 調硃點書法 銀硃入藤黄以水研匀，勝於用膠。

水白法　瓦爐一個，以好灰灰㮇起，安火其中，上以熱灰蓋之。取焰硝一撮撒上，次以朱砂撒面上，急用瓦盞覆之。四畔以濕紅封定，少時覺煙盡，取下盞，以竹片刮下，即是水白。

**又　卷六《百藥類》**　藥物相制服訣　碎鐵　鐵砧搥皂角，即壞砒。肥皂荔枝亦能爛鐵。

爛錫法　以水銀漬，其爛如泥。

死砒及硼砂法　硼砂各一兩，明礬半兩，鉛一兩六錢。

右先置鍋兒於鞴爐中，三次入砒及硼砂末爲汁，却作兩三次入鉛，候盡，作汁傾入槽，鉛在下，其砒、硼砂已伏火了。

收水銀法　以舊硃漆器及印紙，以青椀覆卓邊，燒煙薰之，候煙絶，以川椒擦即止。

爛銅法　以烏芘入水同煮，即可雕刻。

**明·劉文泰等《本草品匯精要·採用斤兩製度例》**　凡膏中有雄黄、朱砂輩，皆别擣細研如麵，須絞膏畢，乃投中以物疾攪至於凝强，勿使沉聚在下不調也。有水銀者，於凝膏中研，令消散。胡粉亦爾。

**明·王佐《新增格古要論》卷九《文房論》**　點書調硃法　銀硃不拘多少，入少許膽黄，用水研勻，以點抹揩擦不落爲度，多用膽則反黄矣，却勝於用膠并皂子膠調者遠矣，雖久亦不臭敗。一法用白芨水研硃亦佳，肥皂子浸水次之。銀硃用四川心紅，杭州散研，金陵片硃最妙。四川井口砂雖紅生砂，不佳。江西樟樹鎮硃，多雜以紅土，不好。

**明·宋應星《天工開物》卷下《五金·銀》**　附朱砂銀

凡虚僞方士以爐火惑人者，唯朱砂銀愚人易惑。其法以投鉛、朱砂與白銀等分，入罐封固，温養三七日後，砂盜銀氣，煎成至寶。揀出其銀，形有神喪，塊然枯物。入鉛煎時，逐火輕折，再經數火，毫忽無存。折去砂價、炭資，愚者貪惑猶不解，並志於此。

**明·方以智《通雅》卷三三《器用·古器》**　鋈金曰鋈，曰釦。　鋈一作鍍，《詩疏》言：「銷白金以灌沃靷環」，非謂鋈爲白金也。《韻會》曰：「猶今以銀爲質，金鍍其外也」，以金飾器曰釦。音扣。蜀有釦刀。《唐六典》有十四種飾金法。

**又　卷四〇《算數》**　汞以百兩爲一銚。　胡演曰：「邕州燒取水銀，一百兩爲一銚，銚之制似猪脬，外糊紙貯之，或撒失在地，以川椒末茶末收之，或以真金鍮石引之。」

**又　卷四八《金石》**　《説文》謂「鋈爲白金」者非，鋈乃鍍金之法也。

澒，即汞也。　《廣雅》曰：「水銀謂之澒。」《淮南》「青澒五百年爲白澒」，丹家作汞，硇殺之，膽礬硫結之，鉛凝之，灌尸如生。紫河車伏之，川椒嚼茶收之。《本草》言：「以金銀銅鐵置其上則浮。」王虚舟先生曰：「非也，銅鐵則浮，金銀則沉；金銀取出，必損幾分，以其蝕也。」今襲水銀手以持金器，赤金亦白矣，濯之以鹽，金仍如故。其性易走，然帽可盛。舊言佛菻取水銀，以金箔人馬引之落坑；今辰州邕州取水銀者不爾。但水銀氣傷人，有死者，須先服藥護之。張萱言《西粵志》泗城州埋人取澒之説；走馬吸水銀，猶走馬射阿魏，賈胡奇其説耳。

**又方以智《物理小識·金石類》**　鍍金法　以汞和金，塗銀器上，成白色，入火，則汞去而金存，數次即黄。其鐵鍍金者，先用赤熟銅於鐵上畫花，以飛箔梅鍋内煠白，然後以金箔貼之。

鐵成黄銀法　以汞與膽礬煉鐵，可成黄銀。

**清·胡煦《周易函書》卷一五《篝燈約旨》**　朱砂可以粉銀，中含汞氣也。又汞入五金，可使五金返粉，今之銲藥用之。汞與錫合，可以磨鏡而發其光。

**清·鄭復光《費隱與知録》**　以母召子理硝語奥

問，玻璃襯箔，易君蓉湖傳自廣人，且言曰，以母召子，何求弗獲！鉛爲五金之母，玻璃内本有鉛。其語甚奥，能淺言之否？曰，兩物膠黏，必藉乎溼。油漆自溼，礬蠟瀝清火化而濕，膠水化而濕。水浥書籍，其乾亦黏。汞，其具水性乎？丹家多言乾汞法，是汞生性溼，亦水類也。鉛錫皆能乾汞，箔與玻璃扞格不入，錫見汞化而相帖，汞見錫乾而相黏矣。襯玻璃法，先以汞徧抹箔，使光亮。次滿堆汞，次隔以紙，次置玻璃於紙上，左手按玻璃，右手抽紙則箔即粘玻璃矣。詳《鏡鏡詅癡》。蓋五金入汞，除黄金，無不浮者。汞堆箔時，雖未全透，已有喫入者矣。抽紙，則箔上餘汞隨紙流去，透下餘汞浮箔令上，玻璃下按，則兩相湊合，其勢洶有力矣。曩謂紙以去塵，尚知之不盡。

## 紀事

**《史記·秦始皇本紀》**　九月，葬始皇酈山。始皇初即位，穿治酈山，及并天下，天下徒送詣七十餘萬人，穿三泉，下銅而致椁，宮觀百官奇器珍怪徙臧滿之。令匠作機弩矢，有所穿近者輒射之。以水銀爲百川江河大海，機相灌輸，上具天文，下具地理。以人魚膏爲燭，度不滅者久之。

**《三國志·吴書·劉繇等傳》** 笮融者，丹楊人，初聚衆數百，往依徐州牧陶謙。謙使督廣陵、彭城運漕，遂放縱擅殺，坐斷三郡委輸以自入。乃大起浮圖祠，以銅爲人，黄金塗身，衣以錦采，垂銅槃九重。

**《晉書·武帝紀》** 秋七月辛巳，營太廟，致荆山之木，採華山之石；鑄銅柱十二，塗以黄金，鏤以百物，綴以明珠。戊戌，譙王遜薨。丙午晦，日有蝕之。

**《宋書·武帝本紀》** 二年春正月辛酉，車駕祠南郊，大赦天下。丙寅，斷金銀塗。

**《南齊書·武帝本紀》** 冬十月己丑，詔曰：「三季澆浮，舊章陵替，吉凶奢靡，動違矩則。或裂錦繡以競車服之飾，塗金鏤石以窮塋城之麗。至斑白不婚，露棺累葉，苟相姱衒，罔顧大典。可明爲條制，嚴勒所在，悉使畫一。如復違犯，依事糾奏。」

**又 卷七《東昏侯本紀》** 潘氏服御，極選珍寶，主衣庫舊物，不復周用，貴市民間金銀寶物，價皆數倍。虎魄釧一隻，直百七十萬。京邑酒租，皆折使輸金，以爲金塗。

**《新唐書·王縉傳》** 初，五臺山祠鑄銅爲瓦，金塗之，費億萬計。縉給中書符，遣浮屠數十輩行州縣，斂丐貲貨。縉爲上言：「國家慶祚靈長，福報所馮，雖時多難，無足道者。禄山、思明毒亂方熾，而皆有子禍，僕固懷恩臨亂而踣，西戎内寇，未及擊輒去，非人事也。」故帝信愈篤。

**宋·蔡絛《鐵圍山叢談》卷一** 國朝故事，諸王儀物視宰相，張青絹繖，畫繡鞍韉，以親事官呵哄而已。政和三年春二月，上出西郊，幸普安寺奠昭懷劉太后，百官陪位。上謚册罷，還惕於瓊林苑，御寶津樓。上垂簾，百官歸，或不知，皆騎從大道繇樓下過，燕越二王亦同塗，然百官往往不甚引避。上訝之，因申嚴其分，迺賜二王三接青羅繖、七紫羅大掌扇，二金鈒花鞍，若茶燎水罐，凡儀物皆用塗金，加異錦爲鞍馬，以壯維城之固。是後遂爲故事，蓋自政和三年始。

又故事，諸王祖宗故事，誕育皇子、公主，每侈其慶，吴本無此句。則有浴兒包子竝賚巨臣戚里。包子者，皆金銀大小錢、金粟、別本竝作「金果」。塗金果、吴本「塗金米」。犀玉錢、犀玉方勝之屬。如誕皇子，則賜包子罷，又逐後命中使人齎密賜來，張本「逐」作「隨」。約頒諸宰相，餘臣不可得也。密賜者必金合，多至二三百兩，中貯犀玉帶或珍珠瑰寶。及太上朝，皇子既洗，時何執中爲相，因力丐罷去密賜故事，上可之。

**《元史·百官志》** 銷金局，提領一員，管勾二員。掌諸殿宇裝鍌之工。中統四年置。

**又 《吴澄傳》** 英宗即位，超遷翰林學士，進階太中大夫。先是，有旨集善書者，粉黄金爲泥，寫浮屠《藏經》。帝在上都，使左丞速速，詔澄爲序。

**清·于敏中 英廉《日下舊聞考》卷一九《國朝宫室》** 雨華閣三層俱供佛。上層恭懸皇上御題閣額，中層額曰普明圓覺。聯曰：青蓮法界普清浄；白毫相光離色空。【略】又聯曰：花布妙香霏四種；金塗傑閣現諸天。

**又 卷五二《城市》** 至元十六年，建聖壽萬安寺於京城。二十五年四月，萬安寺成，佛像及窗壁皆金飾之，凡費金五百四十兩有奇，水銀二百四十斤。

**又 卷六四《官署》** 四庫全書館，原心、寶善二亭及西齋房皆爲校讐之所，遂移功臣館於狀元廳。宣德七年六月，賜御製翰林院箴，今揭於院之後堂，朱髹牓字，用金塗之。《殿閣詞林記》

**清·徐松《宋會要輯稿·輿服·臣庶服》** 七年，詔士庶、僧道無得以朱漆飾床榻。

九年，禁京城造朱紅器皿。

神宗熙寧九年，禁朝服紫色近黑者。民庶止令乘犢車，聽以黑色間五彩爲飾，不許呵引及前列儀物。

**又 《輿服·寶·尊號寶》** 光宗紹熙二年九月二十七日，詔：「高宗皇帝徽號寶文，以『高宗受命中興全功至德聖神武文昭仁憲孝皇帝之寶』二十二字爲文。」篆寶文參知政事胡晉臣。寶用玉，廣四寸二分，厚一寸三分，坐龍鈕。係以暈錦大綬，連象牙環，金鍍銀稜牌，裹以紅羅夾帊，納於小盝。以金鍍銀裝，内設朱漆牀、暈錦褥。又盝二重，皆以朱漆，覆以紅羅夾帊，並以腰舁。

**又 《職官·後苑燒朱所》** 後苑燒朱所，掌燒變朱紅以供丹漆作繪之用。太平興國三年置，令僧德愚、德隆於後苑中令鍊。咸平末權（亭）[停]，大中祥符初復置。天禧五年，僧惟秀省其法，以内侍一人監之。以上《永樂大典》卷一〇九四〇。

**又 《食貨·左藏庫》** 四年正月二十三日，詔：「邵武軍每歲用上供錢收買上色朱紅二十兩，限至四月終，差人管押赴行在左藏庫。」

## 圖録

**宋・趙九成《續考古圖》卷二**

王晉玉所收，惟存底，亡其蓋。鏤刻甚工巧，花文皆塗金，下作三熊負之，無文刻。口徑黍尺之八寸，腹深五寸，負熊高一寸五分，容漢一斗四升。

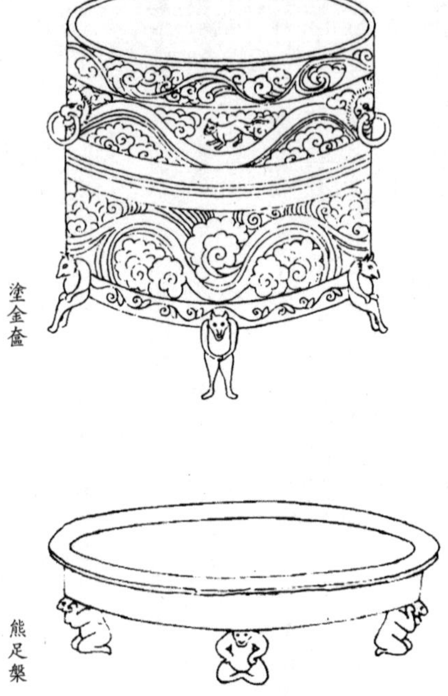

塗金奩

熊足槃

崇寧元年，秦州甘谷新邊民耕得之。獻於定西高廟爲擲挂槃。又刻鑿於槃中，以記獻送年月。銅槃甚雄壯，平底下作三熊負之，内外塗金皆金但已爲民間刻壞。甚可惜也。槃面徑黍尺之一尺八寸五分，脣徑十分半，足熊高二寸二分，深一寸二分容漢一斗二升。以金秤秤之重一十八斤。

## 藝文

**五代・王定保《唐摭言》卷一三《矛盾》**　章孝標及第後，《寄淮南李相》曰：「及第全勝十改官，金湯鍍了出長安。馬頭漸入揚州郭，爲報時人洗眼看。」紳亟以一絶箴之曰：「假金方用真金鍍，若是真金不鍍金。十載長安得一第，何須空腹用高心！」

## 雜録

**《漢書・外戚傳》**　皇后既立，後寵少衰，而弟絶幸，爲昭儀。居昭陽舍，其中庭彤朱，而殿上髤漆，切皆銅沓（冒）黄金塗，師古曰：「切，門限也，音千結反。沓，冒其頭也。塗，以金塗銅上也。沓音它合反。」白玉階，師古曰：「階，所由升殿陛也。」壁帶往往爲黄金釭，函藍田璧，明珠、翠羽飾之，服虔曰：「釭，壁中之横帶也。」晉灼曰：「以金環飾之也。」師古曰：「壁帶，壁之横木露出如帶者也。於壁帶之中，往往以金爲釭，若車釭之形也。其釭中著玉璧、明珠、翠羽耳。藍田，山名，出美玉。釭音工，流俗讀之音江，非也。」自後宫未嘗有焉。姊弟顓寵十餘年，卒皆無子。

**《晉書・輿服志》**　皇太后、皇后法駕，乘重翟羽蓋金根車，駕青輅，青帷裳，雲樌畫轅，黄金塗五採，蓋爪施金華，駕三，左右騑。其廟見小駕，則乘紫罽軿車，雲樌畫輈，黄金塗五采，駕三。非法駕則皇太后乘輦，皇后乘畫輪車。皇后先蠶，乘油畫雲母安車，駕六騩馬；騩，淺黑色。油畫兩轅安車，駕五騩馬，爲副。又，金薄石山軿、紫絳罽軿車，皆駕三騩馬，爲副。

**宋・王欽若等《册府元龜》卷九二八《總録部・好丹術》**　晉葛洪，丹陽句容人。尤好神仙導養之法。從祖玄，吴時學道得仙，號曰「葛僊公」，以鍊丹祕術授弟子鄭隱。洪就隱學，悉得其法焉。後師事南海太守上黨鮑玄。玄亦内學，逆占將來。見洪，深重之，以女妻洪。洪傳玄業，兼總練醫術。初，洪以年老，欲鍊丹以祈遐壽。聞交阯出丹，求爲勾漏令。帝以洪資高不許，洪曰：「非欲爲榮，以有丹耳。」帝從之。洪遂將子姪俱行，至廣州，刺史鄧嶽留，不聽，去。洪乃止羅浮山鍊丹，嶽表補東莞太守，又辭不就。嶽乃以洪兄子望爲記室參軍。在山積年，優遊閑養，著述不輟。

梁陶弘景，仕齊，爲奉朝請。武帝永明末，上表辭禄，許之。勑所在月給茯苓五斤，白蜜二升，以供服餌。既得神符祕訣，以爲神丹可成，而苦無藥物。武帝給黄金、朱砂、曾青、雄黄等，後合飛丹，色如霜雪，服之體輕。及武帝服飛丹，有驗，益敬重之。

鄧郁，荆州建平人。少而不仕，隱居衡山極峻之嶺。立小板屋兩間，足不下山，斷穀三十餘載，飲以澗水，服雲母。日夜誦《大洞經》。武帝敬信殊篤，爲帝合丹。帝不敢服，起五嶽樓貯之供養。家道吉日，躬往禮拜。白日神僊魏夫人忽來臨降，乘雲而至。從少嫗三十，竝着絳紫羅繡袿襹，年皆可十七八許，色艷桃李，質勝瓊瑶。語言良久，謂郁曰：「君有仙分，所以故來，尋當相候。」至天監十四年，忽見二青鳥，悉如鶴大。鼓翼翔舞，移晷方去。謂弟子等曰：「求之甚勞。得之甚逸近。青鳥既來，期會至矣。」少日，無病而終。山内唯聞香氣，世未嘗有。武帝後令周舍爲《鄧郁傳》，具序其事。

後魏徐謇，字成伯，善醫術。謇常有藥餌，及吞服道符，年垂八十而鬢髮不白，力未多衰。除右衛將軍。謇欲爲孝文合服金丹，致延年之法。乃入居崧高，採營其物，歷歲無所成，遂罷。

北齊張遊遠，善方術。文宣令與諸術士合九轉金丹。及成，文宣置之玉匣，云：「我貪世間作樂，不能即飛上天。待臨死時取服。按本傳，遊遠本無官。」

晉盧革，莊宗時爲平章事。登庸之後，不以進賢勸能爲務，唯事修煉，求長生之術。常服丹砂，嘔血數日，垂死而愈。

**宋·高承《事物紀原》卷八《什物器用部》** 水罐 《盧綝市四起事》曰：晉惠帝征成都，軍敗，帝渴，帳下齎五升銅罐取水就飲之，後人因有水罐之制。□敞《晉東宫舊事》曰：太子初拜，有塗金澡罐，并青絲三合繩即此也，在如意後。

**宋·孔平仲《孔氏談苑》卷五** 泥金書帖 新進士及第，以泥金書帖子報其家，謂之喜信。至文宗時遂寢此儀。

**宋·朱弁《曲洧舊聞》卷五** 東坡論内外丹偶得 東坡因與方士論内外丹，偶有所得，喜而曰：「白樂天作廬山草堂，蓋亦燒丹也。丹欲成而鑪鼎敗。明日，忠州除書到，乃知出世間事不兩立也。僕有此志久矣，而終無成，亦以世間事未敗故也。今日真敗矣。書曰：『民之所欲，天必從之。』信而有徵，君輩爲我誌之。」

**《宋史·輿服志》** 婦人假髻並宜禁斷，仍不得作高髻及高冠。其銷金、泥金、真珠裝綴衣服，除命婦許服外，餘人並禁。至道元年，復許庶人服紫。

真宗咸平四年，禁民間造銀鞍瓦、金線、盤蹙金線。大中祥符元年，三司言：「竊惟山澤之寶，所得至難，儻縱銷釋，實爲虛費。今約天下所用，歲不下十萬兩，俾上幣棄於下民。自今金銀箔線，貼金、銷金、泥金、蹙金線裝貼什器土木玩用之物，並請禁斷，非命婦不得以爲首飾。冶工所用器，悉送官。諸州寺觀有以金箔飾尊像者，據申三司，聽自齎金銀工價，就文思院换給。」從之。二年，詔申禁鎔金以飾器服。又太常博士知温州李邈言：「兩浙僧求丐金銀、珠玉，錯末和泥以爲塔像，有高袤丈者。毁碎珠寶，寖以成俗，望嚴行禁絶，違者重論。」從之。

七年，禁民間服銷金及鈸遮那纈。八年，詔：「内庭自中宫以下，並不得銷金、貼金、間金、戭金、圈金、解金、剔金、陷金、明金、泥金、楞金、背影金、盤金、織金、金線撚絲，裝著衣服，並不得以金爲飾。其外庭臣庶家，悉皆禁斷。臣民舊有者，限一月許回易。爲真像前供養物，應寺觀裝功德用金箔，須具殿位真像顯合增修創造數，經官司陳狀勘會，詣實聞奏，方給公憑，詣三司收買。其明金裝假果、花板、樂身之類，應金爲裝彩物，降詔前已有者，更不毁壞，自餘悉禁。違者，犯人及工匠皆坐。」是年，又禁民間服皂班纈衣。

景祐元年，詔禁錦背、繡背、遍地密花透背採段，其稀花團窠、斜窠雜花不相連者非。二年，詔：市肆造作縷金爲婦人首飾等物者禁。三年，「臣庶之家，毋得採捕鹿胎製造冠子。又屋宇非邸店、樓閣臨街市之處，毋得爲四鋪作鬧鬥八；非品官毋得起門屋；非宫室、寺觀毋得綵繪棟宇及朱黝漆梁柱窗牖、雕鏤柱礎。凡器用毋得表裏朱漆、金漆，下毋得襯朱。非三品以上官及宗室、戚里之家，毋得用金稜器，其用銀者毋得塗金。玳瑁酒食器，非宫禁毋得用。純金器若經賜者，聽用之。凡命婦許以金爲首飾，及爲小兒鈴鋜、釵篸、釧纏、珥環之屬。」

**又** 太宗太平興國七年正月，翰林學士承旨李昉等奏曰：「奉詔詳定車服制度，請從三品以上服玉帶，四品以上服金帶，以下升朝官、雖未升朝已賜紫緋、内職諸軍將校，並服紅鞓金塗銀排方。雖升朝着緑者，公服上不得繫銀帶，餘官服黑銀方團胯及犀角帶。貢士及胥吏、工商、庶人服鐵角帶，恩賜者不用此制。茘支帶本是内出以賜將相，在於庶僚，豈合僭服？望非恩賜者，官至三品乃得服之。」景德三年，詔通犀、金、玉帶，除官品合服及恩賜外，餘人不得服用。

**又** 仁宗慶曆八年，彰信軍節度使兼侍中李用和言：「伏見張耆授兼侍中日，特賜笏頭金帶以爲榮異，欲望正謝日，準例特賜。」詔如耆例。

**又** 徽宗崇寧二年，詔：六尚局奉御，今後許服金帶。

**又** 中興仍之，其等亦有玉、有金、有銀、有金塗銀、有犀、有通犀、有角。

**又**　雍熙四年，令節度使給皂地金線盤雲鳳鹿胎旋襴，侍衛步軍都虞候以上給皂地金線盤花鴛鴦。

親王、宰相、使相生日，並賜衣五事，錦綵百匹，金花銀器百兩，馬二匹，金塗銀鞍勒一。

**元・王惲《玉堂嘉話》卷一**　玉器血漬尸沁　古墓中玉器血漬者，蓋尸以水銀烹其血能漬。其尸沁者，蓋尸之膏油所沁也。其玉器以手拭光襯生白暈者，即尸沁也。

**又　卷二**　看畫　看畫當觀其氣，次觀神，而畫筆又次之。用漆點睛、朱砂紅、石緑者，皆唐畫也。予嘗觀閻立本《老子西昇》如此。

**又　卷三**　唐申王《六馬圖》　一曰奔虹赤，二曰飛霞赭，三曰騰霜白，四曰凝露驄，五曰決波騟，六曰發電烏。内奔虹赤與決波騟綰結其尾，絡首皆絛，銜皆有鑣，捧籠者服色皆以朱砂紅、石緑粧染。蘇門郭氏家藏。

**《元史・祭祀志・宗廟下》**　神御殿　神御殿，舊稱影堂。所奉祖宗御容，皆紋綺局織錦爲之。【略】

其祭器，則黄金缾斝盤盂之屬以十數，黄金塗銀香合椀楪之屬以百數，銀壺釜盃匜之屬稱是。玉器、水晶、瑪瑙之器爲數不同，有玻瓈瓶、琥珀勺。世祖影堂有真珠簾，又皆有珊瑚樹、碧甸子山之屬。

**明・王佐《新增格古要論》卷一一《雜考上》**　金書鐵券考　漢高帝平定天下，即剖符封功臣，上者王，次者侯。及赦淮陰侯，十二年，又大封功臣百四十有三人爲侯，大侯不過萬家，小侯五六百户。於是申以丹書之信，重以白馬之盟，始作鐵券，其内鏤字，以金塗之，故名曰「金書鐵契」。

**明・方以智《物理小識・金石類》**　紅沫　段柯古曰，紅沫煉丹砂爲黄金，碎以染筆，入石中削去愈明。智聞洪江王少夫引神書云，蓖麻油、火州礦，死汞。調龜溺磨墨，入石二三分，若以研朱，其入石亦爾。智所見池州西廟途中有石片，隱隱見紅字，殆紅沫之類乎？陸游曰，雲門山有宋高宗硃書傳忠廣孝之寺，每雨，硃流而紅不加減，不知何故。

**清・朱彝尊《曝書亭集》卷四六**　書錢武肅王造金塗塔事

寺塔之建，吴越武肅王倍於九國。按咸淳《臨安志》，九廂四壁，諸縣境中，一王所建，已盈八十八所，合一十四州悉數之，且不能舉其目矣。當日嘗於宮中冶烏金爲瓦，繪梵夾故事，塗之以金，合以成塔。鄱陽姜堯章得其一版，乃如來舍身相。陽穀周晉仙，賦長歌紀其事。有云，錢王本自英雄人，白蓮花見國主身，蛇鄉虎落狗脚朕，何如錦袍玉帶稱功臣。考羅平僭號，王遣董昌書曰，與其閉門作天子，九族塗炭，不若開門作節度使，終身富貴無憂。晉仙即演其辭，使聞者足戒，此詩人之善於取材者已。鄉人蔣爾齡，亦得一版，作放下屠刀立地成佛相，以施城東白蓮寺僧。吾友周青士所目擊，曾以語予。及予歸田，則爾齡、青士皆逝，詢之寺僧，堅不肯承，真跡不復可覩，遂書其事，附録晉仙之詩，冀此瓦未鑠，好古之君子或一遇焉。附録周文璞方泉集詩。白石招我入書齋，便我速禮金塗塔。我疑此塔非世有，白石云是錢王禁中物。上作如來舍身相，飢鷹餓虎紛相向，拈起靈山受記時，龍天帝釋應惆悵。形模遠自流沙至，鑄出今回更精緻。錢王納土歸京師，流落都在西湖寺。錢王本是英雄人，白蓮花見國主身。蛇鄉虎落狗脚朕，何如錦袍玉帶稱功臣。天封坼開即退聽，兩浙不聞笳鼓競。歸來佛子作護持，大師尚父尚書令。一枚傳到白石生，生個但有能詩聲。同袍方外銛師兄，哦詩禮塔作佛事。同喫地爐山芋羹，何曾薰陸綺牀供。但見相輪銅緑明，哦詩禮塔猶未畢，蘆葉低飛山雨濕。

**清・徐珂《清稗類鈔・鑒賞類》**　張叔未見吴越金塗塔　五代時，吴越錢忠懿王於宮中冶烏金爲瓦，繪梵夾故事，滲以金飾，造阿育王小塔八萬四千座，埋藏國中名山，以爲功德，世所稱吴越金塗塔者是也。宋姜白石得一版，捨晉仙爲作歌。明顧耿光掘得一版，憨山大師爲作記。至國朝，蔣爾齡亦得一版，舍諸白蓮寺，周青士曾見之。朱竹垞嘗以未得見而爲之歎息。張叔未所見之塔，又別是一版，在桐鄉金雲莊家，蓋即毛子文所藏者。

# 鐵鋼分部

## 論説

**漢・桓寬《鹽鐵論》卷一**

禁耕第五

大夫曰：「家人有寶器，尚函匣而藏之，況人主之山海乎？夫權利之處，必在深山窮澤之中，非豪民不能通其利。異時，鹽鐵未籠，布衣有朐邴，人君有吴王，皆鹽鐵初議也。吳王專山澤之饒，薄賦其民，賑贍窮乏，以成私威。私威積而逆節之心作。夫不蚤絶其源而憂其末，若決呂梁，沛然，其所傷必多矣。太公曰：『一家害百家，百家害諸侯，諸侯害天下，王法禁之。』今放民於權利，罷鹽鐵以資暴彊，遂其貪心，衆邪羣聚，私門成黨，則强禦日以不制，而并兼之徒姦形成也。」

文學曰：「民人藏於家，諸侯藏於國，天子藏於海内。故民人以垣牆爲藏閉，天子以四海爲匣匱。天子適諸侯，升自阼階，諸侯納管鍵，執策而聽命，示莫爲主也。是以王者不畜聚，下藏於民，遠浮利，務民之義；義禮立，則民化上。若是，雖湯、武生存於世，無所容其慮。工商之事，歐冶之任，何姦之能成？三桓專魯，六卿分晉，不以鹽鐵。故權利深者，不在山海，在朝廷；一家害百家，在蕭牆，而不在朐邴也。」

大夫曰：「山海有禁，而民不傾；貴賤有平，而民不疑。縣官設衡立準，人從所欲，雖使五尺童子適市，莫之能欺。今罷去之，則豪民擅其用而專其利。決市閭巷，高下在口吻，貴賤無常，端坐而民豪，是以養强抑弱而藏於跖也。彊養弱抑，則齊民消；若衆穢之盛而害五穀。一家害百家，不在朐邴，如何也？」

文學曰：「山海者，財用之寶路也。鐵器者，農夫之死士也。死士用，則仇讎滅，仇讎滅，則田野闢，田野闢而五穀熟。寶路開，則百姓贍而民用給，民用給則國富。國富而教之以禮，則行道有讓，而工商不相豫，人懷敦樸以相接，而莫相利。夫秦、楚、燕、齊，土力不同，剛柔異勢，巨小之用，居句之宜，黨殊俗易，各有所便。縣官籠而一之，則鐵器失其宜，而農民失其便。器用不便，則農夫罷於壄而草萊不辟。草萊不辟，則民困乏。故鹽冶之處，大傲皆依山川，近鐵炭，其勢咸遠而作劇。郡中卒踐更者，多不勘，責取庸代。縣邑或以户口賦鐵，而賤平其準。良家以道次發僦運鹽、鐵，煩費，百姓病苦之。愚竊見一官之傷千里，未覩其在朐邴也。」

復古第六

大夫曰：「故扇水都尉彭祖寧歸，言：『鹽、鐵令品，令品甚明。卒徒衣食縣官，作鑄鐵器，給用甚衆，無妨於民。而吏或不良，禁令不行，故民煩苦之。』令意總一鹽、鐵，非獨爲利入也，將以建本抑末，離朋黨，禁淫侈，絶并兼之路也。古者，名山大澤不以封，爲下之專利也。山海之利，廣澤之畜，天地之藏也，皆宜屬少府；陛下不私，以屬大司農，以佐助百姓。浮食奇民，好欲擅山海之貨，以致富業，役利細民，故沮事議者衆。鐵器兵刃，天下之大用也，非衆庶所宜事也。往者，豪强大家，得管山海之利，採鐵石鼓鑄，煮海爲鹽。一家聚衆，或至千餘人，大抵盡收放流人民也。遠去鄉里，棄墳墓，依倚大家，聚深山窮澤之中，成姦僞之業，遂朋黨之權，其輕爲非亦大矣！今者，廣進賢之途，練擇守尉，不待去鹽、鐵而安民也。」

**又**　**卷六**　水旱第三十六

大夫曰：「議者貴其辭約而指明，可於衆人之聽，不至繁文稠辭，多言害有司化俗之計，而家人語。陶朱爲生，本末異徑，一家數事，而治生之道乃備。今縣官鑄農器，使民務本，不營於末，則無饑寒之累。鹽、鐵何害而罷？」

賢良曰：「農，天下之大業也，鐵器，民之大用也。器用便利，則用力少而得作多，農夫樂事勸功。用不具，則田疇荒，穀不殖，用力鮮，功自半。器便與不便，其功相什而倍也。縣官鼓鑄鐵器，大抵多爲大器，務應員程，不給民用。民用鈍弊，割草不痛，是以農夫作劇，得獲者少，百姓苦之矣。」

大夫曰：「卒徒工匠，以縣官日作公事，財用饒，器用備。家人合會，褊於日而勤於用，鐵力不銷鍊，堅柔不和。故有司請總鹽、鐵，一其用，平其賈，以便百姓公私。雖虞、夏之爲治，不易於此。吏明其教，工致其事，則剛柔和，器用便。此則百姓何苦？而農夫何疾？」

賢良曰：「卒徒工匠！故民得占租鼓鑄、煮鹽之時，鹽與五穀同賈，器和利而中用。今縣官作鐵器，多苦惡，用費不省，卒徒煩而力作不盡。家人相一，父子戮力，各務爲善器，器不善者不集。農事急，輓運衍之阡陌之間。民相與市買，得以財貨五穀新幣易貨；或時貰民，不棄作業。置田器，各得所欲。更繇省約，縣官以徒復作繕治道橋諸發，民便之。今總其原，壹其賈，器多堅䃘，善惡無所擇。吏數不在，器難得。家人不能多儲，多儲則鎮生。棄膏腴之日，遠市田器，則後良時。鹽、鐵賈貴，百姓不便。貧民或木耕手耨，土耰淡食。鐵官賣器不售或頗賦與民。卒徒作不中呈，時命助之。發徵無限，更繇以均劇，故百姓疾苦之。古者，千室之邑，百乘之家，陶冶工商，四民之求，足以相更。故農民不離畦畝，而足乎田器，工人不斬伐而足乎材木，陶冶不耕田而足乎粟米，百姓各得其便，而上無事焉。是以王者務本不作末，去炫燿，除雕琢，湛民以禮，示民以樸，是以百姓務本而不營於末。」

**明・宋應星《天工開物》卷中《錘鍛》**　宋子曰：金木受攻而物象曲成。世無利器，即般倕安所施其巧哉？五兵之内，六樂之中，微鉗錘之奏功也，生殺之機涙然矣。同出洪爐裂火，大小殊形。重千鈞者繫巨艦於狂淵。輕一羽者透繡紋於章服。使冶鐘鑄鼎之巧，束手而讓神功焉。莫邪、干將，雙龍飛躍，毋其説亦有徵焉者乎？

**清・徐珂《清稗類鈔・工藝類》** 張弼士論仿製洋釘　李文忠公鴻章督粵時，張弼士方辦粵漢鐵路，以張善經商，進謁時，詢以粵可興利之事，張對以「興利事甚多，第空談無益耳」。必欲强之言，乃對以「粵省營造房屋，以及大小木器裝貨板箱，近皆不用自造鐵釘而用洋釘。香港已設廠製造，每日出釘若干，獲利甚厚。計省中銷數若干，倘亦設廠製造，國中産鐵甚富，省城工值較廉，購機建廠，應需幾何，事輕易舉，利可倍蓰」。言之滔滔，文忠喜之。於是文忠擬即撥款委辦，張乃力辭，詢其故，則以不能獲利對。文忠詰其何以前後矛盾，張謂：「今必舉辦，當未興工製造之前，設局之款需若干，購機之款需若干，度地建廠之款又需若干，總辦也，會辦也，提調也，收支也，司事也，所需薪費又若干，速則一二年，遲或三五年，未成一釘，而資本去其大半矣。加以折扣浮冒，種種積弊虧耗，尤不可以數計，如何能獲利耶？」文忠以其言之切直也，笑頷之。

# 綜述

**《左傳・昭公二十九年》** 冬，晉趙鞅、荀寅帥師城汝濱，趙鞅，趙武孫也。荀寅，中行荀吴之子。汝濱，晉所取陸渾地。　濱音賓。行，户郎反。遂賦晉國一鼓鐵，以鑄形鼎，令晉國各出功力，共鼓石爲鐵，計令一鼓而足，因軍役而爲之，故言遂。　鑄，之樹反。令，力呈反。疏：注「令晉」至「言遂」。　正義曰：服虔云：鼓，量名也。《曲禮》曰：「獻米者操量鼓。」取晉國一鼓鐵以鑄之，但禮之將命，置重而執輕，鼓可操之，以將命即豆區之類，非大器也。唯用一鼓則不足以成鼎，家賦一鼓，而鐵又大多。且金鐵之物，當稱之以權衡，數之以鈞石，寧用量米之器量之哉？故杜以爲賦晉國者，令民各出功力，均賦取其功也。冶石爲鐵，用橐扇火，動橐謂之鼓，今時俗語猶然。令衆人鼓石爲鐵，計令一鼓使足，故云「賦晉國一鼓鐵」也。遂者，因上生下之辭，因城汝濱，遂鑄刑鼎，故言遂也。【略】

**《管子・海王》** 今鐵官之數曰：　尹桐陽云：漢鹽官凡二十八郡，鐵官凡四十郡，蓋用管子法也。馬元材云：「鐵官」之名始於秦時。《漢書・食貨志》董仲舒云：「至秦，鹽鐵之利二十倍於古。」《史記・自叙》：「司馬靳孫昌，昌爲秦王鐵官，當始皇之時。」一女必有一鍼一刀，若其事立。若，猶然後。耕者必有一耒一耜一銚，若其事立。大鋤謂之銚，羊昭反。行服連輂名，所以載任器，人挽者。軺羊昭反。輂居玉反。者，大車駕馬。必有一斤一鋸一錐一鑿，若其事立。不爾而成事者，天下無有。今鍼之重加一也，三十鍼一人之籍。鍼之重，每十分加一分爲彊而取之，則一女之籍得三十鍼也矣。刀之重加六，五六三十，五刀一人之籍也。刀之重，每十分加六分以爲彊而取之。五六爲三十也，則一女之籍得五刀。耜鐵之重加七，王引之云：「七」當爲「十」。三耜鐵一人之籍也。耜鐵之重，每十分加七分以爲彊而取之，則一農之籍得三耜鐵也。

**又《輕重乙》** 桓公曰：「衡謂寡人曰：一農之事，必有一耜、一銚、一鎌、一鎒、一椎、一銍，張佩綸云：「椎」即「櫌」。《説文》：「櫌，摩田器。」《吕覽》《廣雅》均曰：「櫌，椎也。」然後成爲農。一車必有一斤、一鋸、一釭、孫詒讓云：《説文・金部》云：「釭，車轂中鐵也。」釭以沓轂之賢軹「賢」謂大孔，「軹」謂小孔」，一車兩輪，是有四釭，此云「一釭」，則不可通。且此方説重車所載之任器，非紀車上金木諸材也，亦不當及釭。「釭」當爲「鉏」之誤，《周禮・鄉師》注引司馬法云「輂一斧一斤一鑿一梩一鉏」，是其塙證也。一鑽、一鑿、一銶、奇休切。鑿屬。一軻，然後成爲車。一女必有一刀、一錐、一箴、孫星衍云：「箴」，當依《海王篇》作「鍼」，《太平御覽》八百三十引作「針」。一鉥，時橘切。長針也。然後爲女。請以令斷山木，鼓山鐵，安井衡云：「斷山木」，以爲炭也；「鼓山鐵」，鼓橐鑄鐵也。戴望云：「鼓」乃「敳」字之誤。《説文》：「敳，有所治也，讀若墾。」此因聲以得義，鐵在山中，利墾治之也。顔昌嶢云：戴説非是。《左傳》昭公二十九年「遂賦晉國一鼓鐵」，《疏》云：「冶石爲鐵，用橐扇火，動橐謂之鼓。今時語猶然。」又《淮南・本經訓》「鼓橐吹埵，以銷銅鐵」，即此「鼓山鐵」之義也。是可以毋籍而用足。」管子對曰：「不可。今發徒隸而作之，則逃亡而不守。發民，則下疾怨上。邊竟有兵，則懷宿怨而不戰。未見山鐵之利而内敗矣。故善者不如與民量其重，計其贏，民得其十，君得其三。有雜之以輕重，守之以高下，若此，則民疾作而爲上虜矣。」

**《史記・平準書》** 於是以東郭咸陽、孔僅爲大農丞，領鹽鐵事；桑弘羊以計算用事，侍中。咸陽，齊之大煑鹽，孔僅，南陽大冶，皆致生累千金，故鄭當時進言之。弘羊，雒陽賈人子，以心計，年十三侍中。故三人言利事析秋豪矣。【略】

大農上鹽鐵丞孔僅、咸陽言：「山海，天地之藏也，皆宜屬少府，陛下不私，以屬大農佐賦。願募民自給費，因官器作煑鹽，官與牢盆。浮食奇民欲擅管山海之貨，以致富羨，役利細民。其沮事之議，不可勝聽。敢私鑄鐵器煑鹽者，釱左趾，没入其器物。郡不出鐵者，置小鐵官，便屬在所縣。」使孔僅、東郭咸陽乘傳舉行天下鹽鐵，作官府，除故鹽鐵家富者爲吏。吏道益雜，不選，而多賈人矣。

**又**　式既在位，見郡國多不便縣官作鹽鐵，鐵器苦惡，賈貴，或彊令民賣買之。而船有算，商者少，物貴，乃因孔僅言船算事。上由是不悦卜式。【略】

其明年，元封元年，卜式貶秩爲太子太傅。而桑弘羊爲治粟都尉，領大農，盡代僅筦天下鹽鐵。弘羊以諸官各自市，相與争，物故騰躍，而天下賦輸或不償其僦費，乃請置大農部丞數十人，分部主郡國，各往往縣置均輸鹽鐵官。

**《魏書・食貨志》**　漢中舊有金户千餘家，【略】後臨淮王彧爲梁州刺史，奏罷之。其鑄鐵爲農器、兵刃，在所有之，然以相州牽口冶爲工，故常鍊鍛爲刀，送於武庫。

**《北齊書・由吾道榮傳》**　綦母懷文，不知何郡人。以道術事高祖。武定初，官軍與周文戰於邙山。是時官軍旗幟盡赤，西軍盡黑。懷文言於高祖曰：「赤火色，黑水色，水能滅火，不宜以赤對黑。土勝水，宜改爲黄。」高祖遂改爲赭黄，所謂河陽幡者。

又造宿鐵刀，其法燒生鐵精以重柔鋌，數宿則成剛。以柔鐵爲刀脊，浴以五牲之溺，淬以五牲之脂，斬甲過三十札。今襄國冶家所鑄宿柔鋌，乃其遺法，作刀猶甚快利，不能截三十札也。懷文云：「廣平郡南幹子城是干將鑄劍處，其土可以瑩刀。」懷文官至信州刺史。」

**宋・李昉等《太平廣記》卷三九八《石》**　古鐵鏵　天寶中，玄宗以三門河道險阨，漕轉艱阻，乃令旁北山鑿石爲月河，以避湍急。名曰天寶河，歲省運夫五十餘萬，又無覆溺淹滯之患，天下稱之。其河東西徑直，長五里餘，闊四五丈，深二丈三丈至五六丈，皆鑿堅石。匠人於堅石之下，得古鐵鏵，長三尺餘，上有平陸兩字，皆篆文也。玄宗異之，藏於内庫。遂命改河北縣爲平陸縣，旌其事也。

**宋・沈括《夢溪筆談》卷三《辯證一》**　世間鍛鐵所謂鋼鐵者，用柔鐵屈盤之，乃以生鐵陷其間，泥封煉之，鍛令相入，謂之「團鋼」，亦謂之「灌鋼」。此乃僞鋼耳，暫假生鐵以爲堅，二三煉則生鐵自熟，仍是柔鐵。然而天下莫以爲非者，蓋未識真鋼耳。予出使，至磁州鍛坊，觀煉鐵，方識真鋼。凡鐵之有鋼者，如麪中有筋，濯盡柔麪，則麪筋乃見；煉鋼亦然，但取精鐵，鍛之百餘火，每鍛稱之，一鍛一輕，至累鍛而斤兩不減，則純鋼也，雖百鍊不耗矣。此乃鐵之精純者，其色清明，磨瑩之則黯黯然青且黑，與常鐵迥異。亦有煉之至盡而全無鋼者，皆繫地之所産。

**宋・周去非《嶺外代答》卷六《器用門》**　融劍　梧州生鐵最良，藤州有黄崗鐵最易。融州人以梧鐵淋銅，以黄崗鐵夾盤煅之，遂成松文，刷絲，工飾，其製劍亦頗銛，然終不可以爲良。

**又**　梧州鐵器　梧州生鐵，在鎔則如流水然，以之鑄器，則薄幾類紙，無穿破。凡器既輕，且耐久。諸郡鐵工煅銅，得梧鐵雜淋之，則爲至剛，信天下之美材也。

**明・王佐《新增格古要論》卷六《珍寶論》**

鑌鐵

鑌鐵，出西蕃，面上有旋螺花者，有芝麻雪花者。凡刀劍器打磨光浄，用金絲礬礬之，其花則見，價值過銀。

古語云：「識鐵强如識金。」假造者是黑花，宜仔細辨。刀子有三絶，大金水總管刀一也，西蕃鸂鶒木靶二也，韃靼韃皮鞘三也。嘗有鑌鐵剪刀一把，製作極巧，外面起花鍍金，裏面嵌銀回回字者。

錠鐵

錠鐵，出甘肅北方，青黑色，性最堅燥，北方多用此鐵作利刀，其價值低於鑌鐵多矣。閩、廣、衡鐵，廣東鐵，高衡州鐵，無用易斷，閩鐵亦好。

**明・唐順之《武編》前集卷五《鐵》**　鐵有生鐵，有熟鐵；鋼有生鋼，有熟鋼。生鐵出廣東福建，火鎔則化，如金銀銅錫之流走。今人鼓鑄，以爲鍋鼎之類是也。出自廣者精，出自福者粗，故售廣鐵則加價，福鐵則減價。熟鐵出福建、温州等處，至雲南、山西、四川亦皆有之。聞出山西及四川瀘州者甚精，然南人實罕用之，不能知其悉熟。鐵多搏滓入火，則化如豆查不流走。冶工以竹夾夾出，以木捶捶使成塊，或以竹刀就爐中畫而開之。今人用以造刀銃器皿之類是也。其名有三：一方鐵，二把鐵，三條鐵。用有精粗，原出一種。鐵工作用，以泥漿淬之，入火極熟，糞出，即以鐵捶捶之，則渣滓瀉而浄鐵合。初煉色白而聲濁，久練則色青而聲清。然二地之鐵，百煉百拆，雖千斤亦不能存分兩也。生鋼出處州，其性脆，拙工鍊之爲難。蓋其出爐，冶者多雜糞炭灰土，且其塊粗大。惟巧工能看火候，不疾不徐，捶擊中節。若火候過，則與糞滓俱流；火候少，則本體未鎔而不相合。此鋼出自處，惟浙東用之，若其他遠土，則皆貨熟鋼也。熟鋼無出處，以生鐵合熟鐵煉成；或以熟鐵片夾廣鐵鍋，塗泥入火而團之；或以生鐵與熟鐵並鑄，待其極熟，生鐵欲流，則以生鐵於熟鐵上擦而入之。此鋼合二鐵，兩經鑄鍊之手，復合爲一。少沙土糞滓，故凡工鍊之爲易也。人謂久鍊則生鐵去而熟鐵存，其性柔，頗似不然。蓋生鐵雖百鑄，所拆甚少，熟鐵每一鑄，所拆甚多。其去其存，不知其孰多而孰少也。人有謂團鋼久鋼則脆，與性柔之説相反。此二鋼久鍊之，其形質細膩，其聲清甚。若鐵之久鍊者，聲雖清然不及鋼也。一先將毛鐵逐塊下爐入火，候微紅時鉗出，用稻草灰拌鐵身却入爐。大火扇透紅發值時，鐵花飛冒之際鉗出，鎚成板子，就以鋼鏨鏨縱横深紋於其上，其紋路俱隔分數。如此三遍，初次一煉，二次二合一，三次四合一。

其蘸灰鏨紋總。同前法。但盡此法製，其色白聖如銀，其聲清而有韻，此其證驗。

計用福建方毛鐵對客買，每百斤算買脚並搬運脚價共用銀九錢。

福建條鐵，令人用造釘裝家火，造大器械不用。廣東條鐵，令人用抽鐵絲，造大器不用。

**又** 鍊鐵，每十斤權鍊作三斤，計用匠五工，工食二錢五分，約用炭價銀一錢六分。通算鍊就鐵，計用銀一錢六分六釐六毫，得鐵一斤。此鍛鍊之大數，至於成造刀銃，工又益加，鐵又益拆。此須逐樣監試一件，纔能定價。

**又** 鍊鋼，每斤計銀二錢，可作甲葉；計銀三兩，可作好刀。

**又** 弊端。估造器械，官價率有餘，然内而監造人員與掌局工作以漸侵尅，是以高價而得低物也。鐵與鋼鍊之已精未精，非若金銀可以成色辨計。往昔只照常製造，尚自弊多，至於鍊鐵，則弊益易着手盜炭，指粗鐵以爲精鐵，以粗鐵而易精鐵，將無所不至矣。

**又** 鍊鐵之工須得素用堪用之人，方彼此相解。若造鳥銃，須得慣造得法之人爲之指撥。

刀花羊角煆灰粉心水提過酸酸草燒灰硝醬。

刀方羊角鐵石硇沙。

**又**《火器》 鳥銃匠頭義士馬十四呈，每銃一桿，用福鐵二十斤，價銀二錢。

炭一百七十斤，該價銀五錢一分。

煉坯打板六工，該工食銀一錢八分。

夀筒六工，共該工食銀一錢九分(内加鉗手銀一分)。

鑽銃心，每桿七工，該工食銀二錢一分。

銼磨四工，該工食銀一錢二分。

打照星火門促仗頭並剉完共二工，該工食銀六分。

鑲照星火門事件，該工食銀八分。

剉銃磨鏨幫鑲一工，該工食銀三分。

鑽火門事件細眼一工，該工食銀三分。

發剉匠一工，該工食銀三分。

打鑽修接通條二工，該工食銀六分。

木托工，料銀九分。

銅打鉸鍊，工食銀一錢二分。

促仗竹桿，該工料銀一分。

油硝醬竹甲鐵線，共銀二分。

鋼鐵一斤，銀四分。

通條爐楞鑽鐵二斤，銀二分。

外照依番式活底螺螄篆工，料銀三分。以上每銃一桿，用工料價銀二兩三錢一分。

今開王直估定過每鳥銃一桿，該用工料價銀三兩八錢三分。

每銃一桿，用鐵四十斤，該銀三錢六分，炭五百斤，該銀八錢五分。

煉鐵爐，每爐六人煉該四日，共二十四工。内鉗手每工四分，散匠三分，算該銀七錢六分。並鐵一爐六人用一日，内鉗手四分，散匠三分，算該銀一錢九分。

煮筒一爐，六人用一日，内鉗手四分，散匠三分，算該銀一錢九分。

鑽鐓十工，該銀三錢。

剉磨五工，該銀一錢五分。

螺螄篆，該銀三錢。

打銼火門照星一工，銀三分。

鑲筱火門照星，銀八分。

剉銃鑽細眼一工，銀三分。

通條雜用鐵，銀三分。

修通條鑽頭一工，銀三分。

作剉一工，銀三分。

鋼鐵，該銀二分。

鏇仗木托柸，價銀六分。

木匠二工，銀六分。

銅撥鬼活釘一副，重六兩，連炭該銀六分。

銅匠二工，銀六分。

稻草，該銀三分。

硝醬竹甲鐵線，該銀二分。

**明・李時珍《本草綱目・金石部》**

鋼鐵《別録》中品。

校正　併入《開寶》鐵粉、《拾遺》鍼砂。

釋名　跳鐵。音條。

集解　時珍曰：鋼鐵有三種：有生鐵夾熟鐵鍊成者，有精鐵百鍊出鋼者，有西南海山中生成狀如紫石英者。凡刀劍斧鑿諸刃，皆是鋼鐵。其鍼砂、鐵粉、鐵精，亦皆用鋼鐵者。按沈括《筆談》云：世用鋼鐵，以柔鐵包生鐵泥封，鍊令相入，謂之團鋼，亦曰灌鋼，此乃僞鋼也。真鋼是精鐵百鍊至，斤兩不耗者，純鋼也。此乃鐵之精純，其色明瑩，磨之黯然，青且黑，與常鐵異。亦有鍊盡無鋼者，地産不同也。又有地溲，淬柔鐵二、三次，即鋼可切玉，見石腦油下。凡鐵内有硬處不可打者，多鐵核，以香油塗燒之即散。

鐵粉。宋《開寶》恭曰：乃鋼鐵飛鍊而成者。人多取雜鐵作屑飛之，其體重，真鋼者不爾也。

鍼砂。《拾遺・藏器》曰：此是作鍼家磨鑢細末也。須真鋼砂乃堪用，人多以柔鐵砂雜和之，飛爲粉，人莫能辨也。亦堪染皂。上治功同鐵粉和没食子染鬚至黑。《藏器》。

鐵落《本經》中品。

釋名　鐵液、《別録》。鐵屑、《拾遺》。鐵蛾。弘景曰：鐵落，是染皂鐵漿也。恭曰：是鍛家燒鐵赤沸，砧上鍛之，皮甲落者。若以漿爲鐵落，則鋼浸之汁，復謂何等？落是鐵皮，滋液黑於餘鐵，故又名鐵液。時珍曰：生鐵打鑄，皆有花出，如蘭如蛾，故俗謂之鐵蛾，今烟火家用之。鐵末浸醋書字於紙，背後塗墨，如碑字也。

發明　時珍曰：按《素問・病態論》云：帝曰：有病怒狂者，此病安生？岐伯曰：生於陽也。陽氣者，暴折而不決，故善怒，病名陽厥。曰：何以知之？曰：陽明者常動，巨陽、少陽不動而動大疾，此其候也。治之當奪其食則已。夫食入於陰，長氣於陽，故奪其食則已。以生鐵落爲飲。夫生鐵落者，下氣疾也。此《素問》本文也，愚嘗釋之云：陽氣怫鬱而不得疏越，少陽膽木，挾三焦少陽相火、巨陽陰火上行，故使人易怒如狂，其巨陽、少陽之動脈，可肦之也。奪其食，不使胃火復助其邪也。飲以生鐵落，金以制木也。木平則火降，故曰下氣疾速，氣即火也。又李仲南《永類方》云：腫藥用鐵蛾及人砂入丸子者，一生須斷鹽。蓋鹽性濡潤，腫若再作，不可爲矣。制法用上等醋煮半日，去鐵人，取醋和蒸餅爲丸。每薑湯服三、四十丸，以効爲度，亦只借鐵氣爾，故《日華子》云煎汁服之。不留滯於臟腑，借鐵虎之氣以制肝木，使不能尅脾土，土不受邪，則水自消矣。鐵精、鐵粉、鐵華粉、鐵砂、鐵漿入藥，皆同此意。

鐵精《本經》中品。

釋名　鐵花。弘景曰：鐵精，鐵之精華也。出鍛竈中，如塵紫色，輕者爲佳，亦以摩瑩銅器用之。

鐵華粉宋《開寶》。

釋名　鐵胤粉、《日華》。鐵艷粉、鐵霜。

修治　志曰：作鐵華粉法：取鋼鍛作葉，如笏或團，平面磨錯，令光净，以鹽水灑之，於醋甕中，陰處埋之，一百日鐵上衣生，即成粉矣。刮取細擣篩，入乳鉢研如麪，和合諸藥爲丸散，此鐵之精華，功用强於鐵粉也。大明曰：懸於醬瓿上生霜者，名鐵胤粉。淘去粗滓鹹味，烘乾用。

鐵鏽《拾遺》。

釋名　鐵衣。藏器曰：此鐵上赤衣也，刮下用。

發明　時珍曰：按陶華云：鐵鏽水和藥服，性沉重最，能墜熱開結有神也。

鐵爇《拾遺》。

釋名　刀烟、《綱目》。刀油。時珍曰：以竹木爇火，於刀斧刃上燒之，津出如漆者，是也。江東人多用之。

鐵漿《拾遺》。

集解　藏器曰：陶氏謂鐵落爲鐵漿，非也。此乃取諸鐵於器中，以水浸之，經久色青沫出，即堪染皂者。承曰：鐵漿，是以生鐵漬水服餌者。旋入新水，日久鐵上生黄膏，則力愈勝。唐太妃所服者，乃此也。若以染皂者爲漿，其酸苦臭澀不可近，矧服食乎？

**明・宋應星《天工開物》卷中《冶鑄・釜》**　凡釜儲水受火，日用司命繫焉。鑄用生鐵或廢鑄鐵器爲質。大小無定式，常用者徑口二尺爲率，厚約二分。小者徑口半之，厚薄不減。其模内外爲兩層，先塑其内，俟久日乾燥，合釜形分寸於上，然後塑外層蓋模。此塑匠最精，差之毫釐則無用。

模既成就乾燥，然後泥捏冶爐，其中如釜，受生鐵於中。其爐背透管通風，爐面捏嘴出鐵。一爐所化約十釜、二十釜之料。鐵化如水，以泥固純鐵柄杓從嘴受注。一杓約一釜之料，傾注模底孔内，不俟冷定即揭開蓋模，看視罅綻未周之處。此時釜身尚通紅未黑，有不到處即澆少許於上補完，打濕草片按平，若無痕跡。

凡生鐵初鑄釜，補綻者甚多，唯廢破釜鐵鎔鑄，則無復隙漏。朝鮮國俗破釜必棄之山中，不以還爐。凡釜既成後，試法以輕杖敲之，響聲如木者佳，聲有差響則鐵質未熟之故，他日易爲損壞。海内叢林大處，鑄有千僧鍋者，煑糜受米二石，此真癡物云。

**又《錘鍛・治鐵》** 凡治鐵成器，取已炒熟鐵爲之。先鑄鐵成砧，以爲受錘之地。諺云「萬器以鉗爲祖」，非無稽之説也。凡出爐熟鐵名曰毛鐵。受鍛之時，十耗其三爲鐵華、鐵落。若已成廢器未鏽爛者名曰勞鐵，改造他器與本器，再經錘煆，十止耗去其一也。凡爐中熾鐵用炭，煤炭居十七，木炭居十三。凡山林無煤之處，鍛工先擇堅硬條木燒成火墨。（俗名火矢，揚燒不閉穴火。）其炎更烈於煤。即用煤炭，也別有鐵炭一種，取其火性内攻，焰不虚騰者，與炊炭同形而分類也。凡鐵性逐節粘合，塗上黄泥於接口之上，入火揮槌，泥滓成枵而去，取其神氣爲媒合。膠結之後，非灼紅斧斬，永不可斷也。凡熟鐵、鋼鐵已經爐錘，水火未濟，其質未堅。乘其出火之時，入清水淬之，名曰健鋼、健鐵。言乎未健之時，爲鋼爲鐵，弱性猶存也。凡釬鐵之法，西洋諸國別有奇藥。中華小釬用白銅末，大釬則竭力揮錘而强合之，曆歲之久終不可堅。故大砲西番有鍛成者，中國惟恃冶鑄也。

**又** 鋤鎛 凡治地生物，用鋤鎛之屬，熟鐵鍛成，鎔化生鐵淋口，入水淬健，即成剛勁。每鍬、鋤重一斤者，淋生鐵三錢爲率，少則不堅，多則過剛而折。

鎈 凡鐵鎈純鋼爲之，未健之時鋼性亦軟。以已健鋼鏨劃成縱斜文理，劃時斜向入，則文方成焰。劃後燒紅，退微冷，入水健。久用乖平，入水退去健性，再用鏨劃。凡鎈開鋸齒用茅葉鎈，後用快弦鎈。治銅錢用方長牽鎈，鎖鑰之類用方條鎈，治骨角用劍面鎈差。朱注所謂鑢錫。治木末則錐成圓眼，不用縱斜文者，名曰香鎈。劃鎈紋時，用羊角末和鹽醋先塗。

錐 凡錐熟鐵錘成，不入鋼和。治書編之類用圓鑽，攻皮革用扁鑽。梓人轉索通眼，引釘合木者，用蛇頭鑽。其制穎上二分許，一面圓，二面剜入，傍起兩稜，以便轉索。治銅葉用鷄心鑽，其通身三稜者名旋鑽，通身四方而末鋭者名打鑽。

鋸 凡鋸熟鐵斷成薄條，不鋼，亦不淬健。出火退燒後，頻加冷錘堅性，用鎈差開齒。兩頭銜木爲梁，糾篾張開，促緊使直。長者刮木，短者截木，齒最細者截竹。齒鈍之時，頻加鎈差鋭而後使之。



鉋 凡鉋磨礪嵌鋼寸鐵，露刃秒忽，斜出木口之面，所以平木，古名曰準准。巨者卧準露刃，持木抽削，名曰推鉋，圓桶家使之。尋常用者横木爲兩翅，手執前推。梓人爲細功者，有起線鉋，刃濶二分許。又刮木使極光者名蜈蚣鉋，一木之上，衡十餘小刀，如蜈蚣之足。

鑿 凡鑿熟鐵鍛成，嵌鋼於口，其本空圓，以受木柄。先打鐵骨爲模，名曰羊頭，杓柄同用。斧從柄催，入木透眼，其末粗者濶寸許，細者三分而止。需圓眼者則制成剜鑿爲之。

錨 凡舟行遇風難泊，則全身繫命於錨。戰舡、海舡有重千鈞者，錘法先成四爪，以次逐節接身。其三百斤以内者用徑尺濶砧，安頓爐傍，當其兩端皆紅，掀去爐炭，鐵包木棍夾持上砧。若千斤内外者則架木爲棚，多人立其上共持鐵練。兩接錨身，其末皆帶巨鐵圈練套，提起捩轉，咸力錘合。合藥不用黄泥，先取陳久壁土篩細，一人頻撒接口之中，渾合方無微罅。蓋爐錘之中，此物其最巨者。

針 凡針先錘鐵爲細條。用鐵尺一根，錐成線眼，抽過條鐵成線，逐寸剪斷爲針。先鎈其末成穎，用小槌敲扁其本，鋼錐穿鼻，復鎈其外。然後入釜，慢火炒熬。炒後以土末入松木火矢，豆豉三物罨蓋，下用火蒸。留針二三口插於其外，以試火候。其外針入手捻成粉碎，則其下針火候皆足。然後開封，入水健之。凡引線成衣與刺繡者，其質皆剛。惟馬尾刺工爲冠者，則用柳條軟針。分別之妙，在於水火健法云。

**明・方以智《通雅》卷四八《金石》** 鑐鐵，熟鑅也。陶弘景曰：「生鐵是不破鑐鎗釜之類，鋼鐵是雜鍊生鑐。音柔，如《開寶本草》香薷作葇。」蘇子容曰：「鎖拍可以作鏵者爲鑐鐵，亦曰熟鐵。」陳藏器曰「《經》用辛苦者曰勞鐵」，鋼鐵一名跳音條。鐵。《筆談》曰：「世間用柔鐵屈盤，以生鐵陷其間，泥封煉之，鍛令相入，謂之團鐵灌鋼，此乃僞鋼耳。余出使至磁州，鍛坊，其識真鋼。鋼如麵中筋，鍛百餘火，一鍛一輕，至累鍛而斤兩不減，則純鋼也。」何孟春曰：「鐵碪鍛金銀，百十年不壞，以椎皂角，則一夕破。」

賓鐵出波斯。 郭璞云：「白貘食銅鐵。」《埤雅》云：「貘糞可爲兵，切玉。」又《神異經》有「齧鐵獸」，《禽書》所言「豻」。《拾遺記》言「昆吾兔，皆能食銅鐵」。《唐書》「吐火羅獻大獸，食銅鐵，日行三百里，其矢可鑄刀」。其言「西城蒼鶻飼鐵，取糞作刀」，即駞鳥之類也。吳王武庫，兔腹中腎膽皆鐵，取鑄劍，切玉如泥。元有都局院，造作鑌鐵、銅鋼、鍮石、東南簡鐵、沙里陀等物。元成宗定遼陽等處，都提舉司掌辦金銀甜鐵等課。何孟春曰：「《晉書》，赫連勃勃以鐵伐爲氏。」按契丹號遼，實以鑌鐵爲號。又有定鐵，出甘肅。贊寧言：「鑌鐵出南賓縣。」

鐵落、鐵蛾，即鐵化也。　錯，精鐵有白光也。錯，好鐵也。《春秋傳》：「有文之錯。」平子賦：「銅鐵錫錯。」太冲賦：「銅錯之垠。」《説文》曰：「九江謂鐵曰錯。」一曰白鐵也。髹工釃漆，以觸藥入之；觸藥即鐵漿沫，以醋合者也。

**又方以智《物理小識·金石類》**　紅鐵法　劉客生病，欲燒鐵秤鎚令赤而淬之酢中。燒炭無數，但熱耳，黑如故也。愚爲投之水，取銃藥一兩，以紙封而點火，立地通紅。中履曰，劉客生湘客，陝人能詩，端州入詞林。《内經》：生鐵洛飲下氣疾，取其液也。

火漆鐵法　造胭脂餘滓，名紫膠，燒鐵熱，染於上。

藏鐵不銹法　藏刀甲庫，地埋水銀，則鐵不生銹。丙戌年，鬧取延平庫中盔甲，蓋二百餘年物，光芒如新。物理所曰鐵器塗香油，置燒過石灰中，不銹。若百煉之折鐵，自然不銹。中通曰，折鐵者，硾鋼條而入銀，曲折硾之，如此百次。中履曰，煤製鐵器以煤復爐，炭製炭復爐。

鐵剪夾銀法　夾剪在石上擊之，其銀不斷，須從木樁上擊之。亦剛柔相制之義。

健鐵健鋼　已經爐錘出火，入清水淬之曰健，未淬則鋼之弱性猶存也。鎈用純鋼，以羊角末，和鹽醋先塗，乃握已健之鋼鏩畫斜文，重燒紅，退冷，入水健之。針條穿鼻，入釜慢火炒之。炒後以土末，入松木火矢，與豆豉三者，罨蓋，下用火蒸。留二三針插外以試火候，外針入手成粉，則蒸針足矣，乃開封入水健之。

羊頭　斧鑿柄受木之孔，先以冷鐵作骨，後以熱鐵包之，冷者不黏，自成空管。

**清·顧祖禹《讀史方輿紀要》卷一二二《貴州三》**　鐵溪，在城東北鐵山下，南流入鎮陽江。其水剛利，可淬鐵。

**清·鄭光祖《一斑録·物理》**　鐵碪以煅金銀，多年不壞，以搥皁莢，則一夕即碎。

**清·鄭復光《費隱與知録》**　淬錯有方　鹽及硝醬

問，鋼不火，凡鋼打成器，燒紅，入冷水則硬，曰淬，俗名蘸火，冷熱相激也。則耎，鋒入火，則頹。故作錯者，未火，先開，取其耎而易鑿也。余天相云，淬錯法，用醬一斤，硝半斤，調勻，塗之淬水。小錯不須如此，只用鹽少許，塗而淬之，可也。與知子曰，醬與鹽，味鹹同類，淬刀用滴醋淬火，刀用鹽則堅。蓋酸鹹皆宜也。而醬更兼黏，所以殺火烈耳。火不極烈，鋼不遽化，則鋒不遂頹。又用硝者，鋼性最堅，熱不久不易化。硝性易然，催火之力，使速其熱，以便淬水不至羼久頹鋒耳。至於錯，小不過細微之用，鹽淬已足。蓋小則易熱，細微則無嫌稍鈍矣。

**清·郁永河《採硫日記》卷下**　【略】海屋必自構，衣需自織，耕田而後食，汲澗而後飲，績麻爲網，屈竹爲弓，以獵以漁，蓋畢世所需罔非自爲而後用之。腰間一刃，行卧與俱，凡所成造，皆出於此。惟陶冶不能自爲，得鐵則取澗中兩石夾搥之，久亦成器，未嘗不利於用。

**清·徐珂《清稗類鈔·工藝類》**　漢冶萍製鋼

胡寄塵曰：光緒初，恭王奕訢柄國，創自建蘆漢鐵路之議。時張文襄公之洞督粵。謂必先造鋼軌，又必先辦煉鋼廠，乃先後電駐英公使劉芝田中丞瑞芬、薛叔耘副憲福成，定購煉鋼廠機爐，委之英機器廠名梯賽特者，令其承辦。梯廠中人答之曰：「欲辦鋼廠，必先將所有之鐵石煤焦寄廠化驗，然後知煤鐵之質若何，可煉何種鋼，即可以配何樣爐，差之毫釐，謬以千里，未可冒昧從事也。」薛據以復張，張大言曰：「我國之大，何所不有，豈必先覓煤鐵而後購機爐？但依英人所用者，購辦一分可耳。」薛以告梯廠，廠主唯唯而已。蓋其時，張雖有創鋼廠之偉畫，而煤在何處，鐵在何處，固未遑計及也。張在粵督任時，創議設廠煉鋼，意欲位置於粵東，迨機爐已定，而調任兩湖。繼兩廣之任者爲李筱荃制軍瀚章，不以辦廠之議爲然，而所購機爐瞬將運華，乃議移廠於湖北。會盛杏蓀尚書宣懷以事謁張，言及近議煉鋼，尚無鐵礦，盛乃貢獻大冶鐵礦於張，而移廠湖北之議遂定。大冶鐵礦者，於光緒初發明於盛雇之英礦師某，盛以廉價得之，不知其可寶，故舉而贈之不惜也。

張既得冶礦，乃擇建廠之地，有議設爐於大冶者，張嫌其照料不便，久之乃得地於龜山之麓，襟江帶河，形勢雖便，而地址狹小，一帶水田，不得不以鉅資經營之。又各處尋覓煤礦，四出鑽掘，如大冶之王三石、道士洑、康中等，最後，乃得馬鞍山煤礦，所費又不貲。既得煤矣，不知煉焦，又懸賞徵求煉焦之法。掘地爲坎，終日營營，而不知馬鞍山等處之煤，灰礦並重，萬不合煉焦之用。不得已，乃購德國焦炭數千噸，與馬煤所煉土焦攙合。巨舶載來，寶若琳琅，自始至終，實未煉得合用生鐵一噸，而鋼軌更茫無畔岸矣。

當張請款設廠時，謂得銀二百萬兩即可周轉不竭，户部允之。至款盡而鐵未出，計臣責言，日以撥款爲難，左支右吾，百計羅掘。自光緒庚寅至丙申止，凡耗母財五百六十餘萬兩，其中馬鞍山及各處煤礦耗數十萬，廠基填土耗百餘萬。廠中共用洋員四十餘人，華員數倍之，無煤可用，無鐵可煉，終日酣嬉，所糜費者又不知凡幾。官力斷斷不支，於是有招商承辦之議。會盛以某案事，奉旨交張查辦，張爲之洗刷，而以承辦鐵廠屬之，盛諾，集股一百萬兩冒昧從事。初以外國焦價太昂，改用開平焦，然每噸尚須銀十四兩，成本太巨，知非得廉焦不能辦。又四出搜覓煤礦，據礦師報告，謂萍鄉之煤足合煉焦之用，驗之而信。遂又集股一百萬兩，開挖萍礦，既得煤矣，居然煉成鋼軌。而各處鐵路洋員化驗，謂漢廠鋼軌萬不能用，以其含燐多，易脆裂也，費千回百折之力，而所製之鋼不能合用。其時盛所招商股二百萬實已罄盡，所負之債倍於股本，焦急無策，乃禮聘李一琴郎中維格到廠，籌畫補救之法。李謂非出洋考察不得實際，盛允之。遂攜大冶礦石、萍鄉焦炭及鐵廠所製鋼軌零件偕洋員彭脱赴歐，由英倫鋼鐵會介紹會員中一鋼鐵化學名家，將冶礦萍礦化驗，謂二者均係無上佳品，可以煉成至佳之鋼。而漢廠所煉之軌，前含燐太多，實爲劣品，惟所帶零件，又係極佳之鋼，再四攷求，始知原定機爐，用酸法不能去燐，而冶鐵含燐太多，適相反，惟所有零件則鹽法所煉，可去燐，故又成佳品。蓋梯廠初定機爐時，以不知我國煤鐵之性質，故依英人所用酸法，配置大鑪，別以鹽法製一小鑪賸之，其意不過爲敷衍主顧而已。而我則已糜十餘年之光陰，耗千餘萬之成本，方若夜行得燭，回首思之，真笑談也。李回國建議，謂非購置新機，改造新鑪，不能挽救。盛諾之，而憂無款，乃設法定預支礦石價金三百萬圓之約，即以此款爲改良舊廠之用。著手甫竟，而全球馳名之馬丁鋼出現，西報宣佈，詫爲黄禍，預定之券紛至沓來，其時預支礦石三百萬圓早已用罄，後以重息借債，頻歲積累，又不能支，乃定改爲完全商辦公司，赴部註册，加招商股。於是漢冶萍三字合併爲一名詞，正如千里來龍，結爲一穴，其始願固不及此也。

綜計官辦時代，用銀五百六十餘萬，除廠地、機鑪可作成本二百萬餘兩外，餘皆係浮費，於公司毫無利益，而每噸一兩之抽捐，則永永無已也。

# 紀事

**《史記·平準書》** 大農上鹽鐵丞孔僅、咸陽言：「山海，天地之藏也，皆宜屬少府，陛下不私，以屬大農佐賦。願募民自給費，因官器作煮鹽，官與牢盆。浮食奇民欲擅管山海之貨，以致富羨，役利細民。其沮事之議，不可勝聽。敢私鑄鐵器煮鹽者，釱左趾，沒入其器物。郡不出鐵者，置小鐵官，便屬在所縣。」

**又** 式既在位，見郡國多不便縣官作鹽鐵，鐵器苦惡，賈貴，或彊令民賣買之。

**《漢書·食貨志》** 大農上鹽鐵丞孔僅、咸陽言：「山海，天地之臧，宜屬少府，陛下弗私，以屬大農佐賦。願募民自給費，因官器作鬻鹽，官與牢盆。浮食奇民欲擅斡山海之貨，以致富羨，役利細民。其沮事之議，不可勝聽。敢私鑄鐵器鬻鹽者，釱左趾，沒入其器物。郡不出鐵者，置小鐵官，便屬在所縣。」使僅、咸陽乘傳舉行天下鹽鐵，作官府，除故鹽鐵家富者爲吏。吏益多賈人矣。

**宋·蔡絛《鐵圍山叢談》卷四** 金明池，始太宗以存武備，且爲國朝一盛觀也。其龍舟甚大，上級一殿曰「時乘」。既歲久，紹聖末詔名匠楊談者新作焉。久之落成，華大於舊矣。獨鐵費十八萬斤，吴本作「八十萬斤」。他物略稱是。蓋樓閣殿既高巨，艦得重物乃始可運。先是，池北創大屋深溝以貯龍舟，俗號「龍奧」者。既納新舟，別本「既」竝作「改」。而舊舟第棄之西岸而已。都城忽累夕大風，異常不止，衆懼爲裁，雖哲廟頗亦慺。頃風息，方知新舊二舟即池中戰，且三日矣。新龍毀一目，舊龍所傷尤甚。後得上達，哲廟怒，降敕悉杖之，始得寧帖。別本竝無「得」字。

**《元史·百官志》** 鐵局，提領三員，管勾三員，提控一人。掌諸殿宇輕細鐵工。中統四年置。

減鐵局，管勾一員，提控二人。掌造御用及諸宮邸繫腰。中統四年置。

長信寺，秩正三品。領大斡耳朵怯憐口諸事。卿四員，正三品；少卿二員，從四品；寺丞二員，從五品；經歷、知事各一員，令史六人，譯史、知印各二人，通事一人，奏差四人。大德五年置。至大元年，改陞爲院。四年，仍爲寺，卿五員，增少卿一員，以宦者爲之。延祐七年，省寺卿、少卿各一員，定置如上。

怯憐口諸色人匠提舉司，秩從五品。領大都、上都二鐵局并怯憐[口]人匠，以材木鐵炭皮貨諸色，備斡耳朵各枝房帳之需。達魯花赤一員，提舉、同提舉、副提舉各一員，吏目一人，司吏四人。至元二十五年置。

大都鐵局，秩從五品。掌斡耳朵上下往來造作粧釘房車。大使一員，副使一員，直長一員。至元十二年置。

上都鐵局，大使一員，副使一員。至元十六年置。掌職如前。

器物局，秩從五品。掌造鐵器，内府營造釘線之事。大使一員，副使一員，直長二員。

**《明史·琉球傳》** 琉球居東南大海中，自古不通中國。元世祖遣官招諭之，不能達。洪武初，其國有三王，曰中山，曰山南，曰山北，皆以尚爲姓，而中山最强。五年正月命行人楊載以即位建元詔告其國，其中山王察度遣弟泰期等隨載入朝，貢方物。帝喜，賜《大統曆》及文綺、紗羅有差。七年冬，泰期復來貢，并上皇太子箋。命刑部侍郎李浩齎賜文綺、陶鐵器，且以陶器七萬、鐵器千就其國市馬。九年夏，泰期隨浩入貢，得馬四十匹。浩言其國不貴紈綺，惟貴磁器、鐵釜，自是賞賚多用諸物。

**清·徐松《宋會要輯稿·職官·提點坑冶鑄錢司》** 八月七日，詔利州路紹興監官一員、金牛檢踏官一員、紹興監監門官一員、金牛鐵務官一員窠闕，並令轉運司每季使闕集注差官。從利州路轉運判官、提舉鑄錢趙公説之請也。

十月十八日，發運使史正志言：「本司已興置江州等處錢監，尚闕工匠。照得諸州鐵作院兵匠(諸)[諳]會工作，易爲指教，即目多是空閒，欲許從本司逐急刷差，添貼鼓鑄，一年一替。」詔諸州見打鐵甲，於厢軍内刷差前去。

十月九日，江璆奏：「檢準乾道七年五月六日指揮，逐州通判係專(注)[主]管坑冶事務，内有不可倚仗及弛慢之人，令本司劾奏，差官對移。本司契勘，吉州通判趙壎自本司復置之後，牒令催趁鐵課、修葺綱船、起發鐵料等事，經及累月，並無一字報應，積壓鐵料七十餘萬斤。竊恐其他州軍遞相倣傚，難以責辦，欲望睿旨將趙壎重賜黜責，以爲慢吏之戒。」詔放罷。

**又《方域·橋樑》** 浮橋

《宋會要》

徽宗政和元年六月二十四日，樞密院奏：「臣僚上言：『伏見雅州碉門有溪曰禁江，並無鎖閉，可通舟筏，未有關防之法。欲乞嚴設禁止。』送成都府、利州路鈐轄相度，申樞密院。本司據雅州申，碉門寨下禁江一處係屬嚴道、榮經兩縣界，然舊有鎖水一處，從來只置竹棚欄截。今相度改造截河鐵索，兩岸繫縛安置，以備寅夜乘舟舡作過之人。尋行打量得，江面闊一十四丈八尺，每尺用熟鐵一斤打造連鎖，計用鐵一百四十八斤。於南岸山下就山鑿石竅鐵圈鎖纜，纜縛鐵索，及更用將軍柱一條副之。次岸置華車一座，安置鐵索，以備水勢高下，旋行收放。及用鏁一連，寨官逐時點檢封索，選差人兵看守。及碉門寨門下江水岸北舊用木作籬牆，今乞以大石砌疊作城，用乳頭牆，城上置敵棚，分那人兵守宿。本司相度，委是經久可行。」從之

## 圖録

**山東滕縣宏道院漢鐵藝畫像石刻圖** [左上]

**宋·曾公亮 丁度《武經總要》卷一二 行爐圖** 行爐鎔鐵汁舁行於城上以潑敵人。

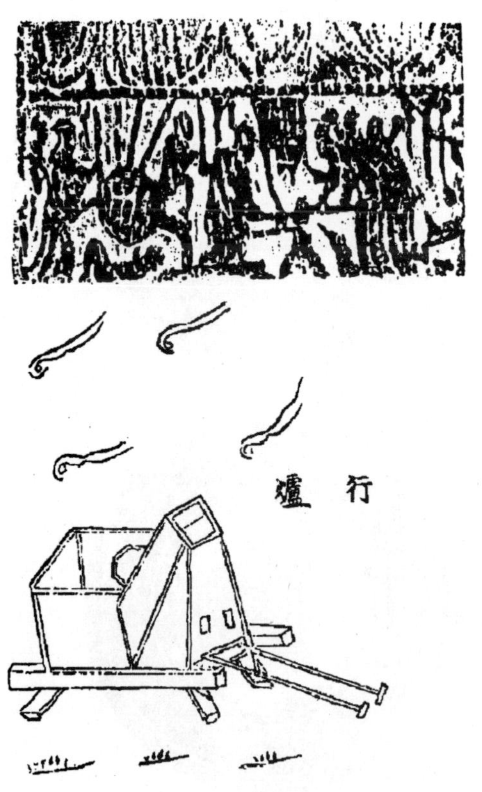

山東滕縣宏道院漢鐵藝畫像石刻圖

宋・王黼《重修宣和博古圖》卷三〇 鐵鑑圖

唐十二辰鐵鑑

唐日月鐵鑑

隋十六符鐵鑑

唐二十八宿鐵鑑

唐鳳龜八卦鐵鑑

唐八卦龜鳳鐵鑑

唐八卦鐵鑑一

唐八卦鐵鑑二

唐四靈八卦鐵鑑

唐八卦方鐵鑑

唐玉堂鐵鑑

唐自明鐵鑑

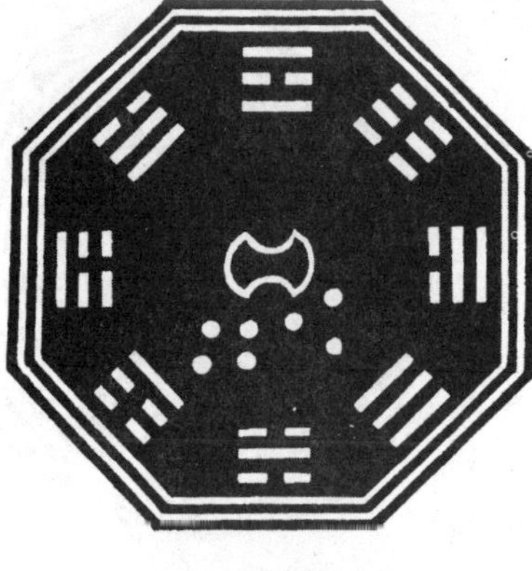

唐八角八卦鐵鑑

唐千秋萬歲鐵鑑

唐晉陽龍鐵鑑

唐戲水龍鐵鑑

唐鳳花鐵鑑

唐雙鳳鐵鑑

唐寶花鐵鑑二

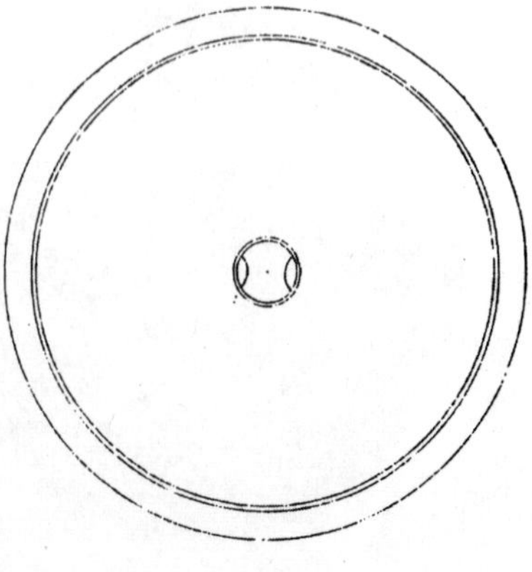

唐素圜鐵鑑

唐花雀鐵鑑

唐寶花鐵鑑一

鐵鑑门

隋十六符鐵鑑，徑七寸九分，重一斤十有一兩，銘三十四字。

唐二十八宿鐵鑑，徑七寸二分，重二斤五兩，銘六十一字。

唐八卦鐵鑑一，徑八寸，重三斤六兩，銘二十二字，未詳。

唐八卦鐵鑑二，徑七寸二分，重二斤十有一兩，銘二十八字。

唐十二辰鐵鑑，徑七寸九分，重三斤一十兩，銘二十四字，未詳。

唐日月鐵鑑，徑五寸八分，重十有一兩，銘四十字。

唐鳳龜八卦鐵鑑，徑一尺二分，重四斤有半，無銘。

唐八卦龜鳳鐵鑑，徑八寸三分，重三斤四兩，無銘。

唐四靈八卦鐵鑑，徑七寸二分，重三斤，無銘。

唐八卦方鐵鑑，徑四寸九分，重一斤十有二兩，無銘。

唐八角八卦鐵鑑，徑七寸八分，重二斤七兩，無銘。

唐千秋萬歲鐵鑑，徑七寸六分，重三斤十有五兩，銘八字。

唐玉堂鐵鑑，徑一尺一寸六分，重九斤有半，銘一十六字。

唐自明鐵鑑，徑七寸一分，重二斤十有四兩，銘二十字。

唐晉陽龍鐵鑑，徑八寸三分，重二斤一十四兩，銘四十六字。

唐戲水龍鐵鑑，徑七寸四分，重一斤十有二兩，無銘。闕。

**元・王禎《農書・農器圖譜・錢鎛門》** 耘爪，耘水田器也，即古所謂「鳥耘」者。其器用竹管，隨手指大小截之，長可逾寸，削去一邊，狀如爪甲，或好堅利者，以鐵爲之，穿於指上，乃用耘田，以代指甲，猶鳥之用爪也。陸龜蒙《鳥耘辯》，謂耘者去莠，舉手務疾而畏晚，鳥之啄食，務疾而畏奪，法其疾、畏，故曰「鳥耘」。然嘗觀農人在田，傴僂伸縮，以手耘其草泥無異鳥足之爬抉，豈非鳥耘者耶？今述耘爪，故因辯之，庶識者有所取也。

耘爪

詩云：惟農有鳥耘，爪田仍去莠。劚竹貫十指，耨禾牽兩肘。假借以爲功，疏剔乃能久。羨彼城府人，安居長袖手。

**又《銍艾門》** 鏟。查鍇切。秦云，切草也。又作「剗」。俗作「箭」非也。凡造鏟，先鍛鐵爲鏟背，厚可指許，內嵌鏟刃，如半月而長；下帶鐵袴，以插木柄。截木作碪，長可三尺有餘，廣可四五寸。碪首置木簨，高可三五寸，穿其中以受鏟首。

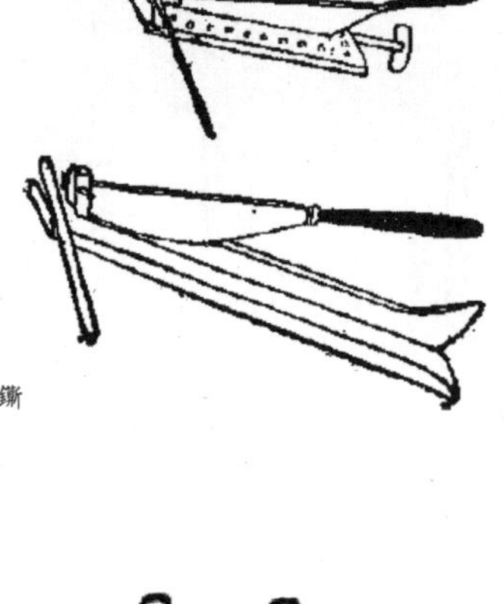
鏟

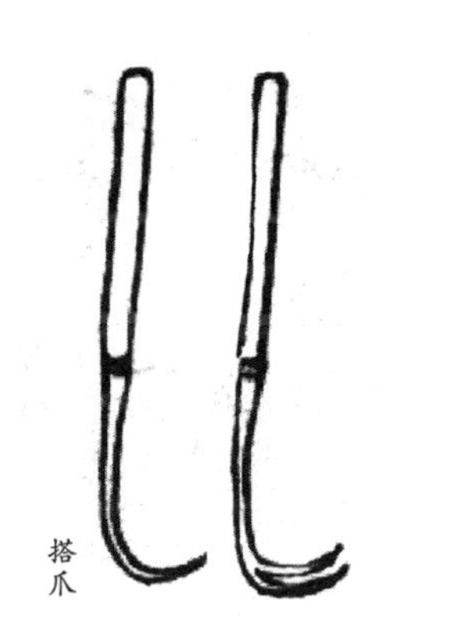
搭爪

搭爪，上用鐵鉤帶袴，中受木柄，通長尺許，狀如彎爪，用如爪之搭物，故曰「搭爪」。以擐草禾之束，或積或擲，日以萬數，速於手挈，可謂智勝力也。

詩云：非鉤非刃亦非鉗，挈物風生利爪尖，草束禾頭千萬計，不煩手指一親拈。

**又《利用門》** 濬鏵。濬、思潤切，與「浚」同。鏵、胡瓜切，鍫也。濬、深也。《書》云「濬畎澮距川」，今濬鏵即此「濬」也。《周禮》「匠人」爲溝洫，耜廣五寸，二耜爲耦，一耦之伐，廣尺深尺，以此考之，則知濬鏵即耦耜之法。其制大倍常鏵，鐴亦稱是。凡開田間溝渠及作陸塹，乃別制「箭犁」。可用此鏵劖犁底爲胎，煅鐵爲刃，犁轅貫以橫木，二人扶之，可使數牛輓行。插犁既深，一去復回，即成大溝；挑浚之力，日省萬數。《唐書》：天寶初，開砥柱之險以通流，石中得古鐵犁，鏵上有「平陸」二字，因改河北縣爲平陸縣。此蓋先開險時所遺器也。又泰山下舊有曠野，其地汙下，不任種蒔，土人呼曰「淳于泊」。近於耕斸之際得舊鏵，大可尺餘。故老云，聞昔有大鏵，用開田間去水溝塹，當是此器。因并記之，以爲興利者之助。

濬鏵

詩云：田家作犁如耦耜，惟犁用鏵能剸旨兖切。地，只知鏵也便農耕，不料開通有他制。形模展大殊倍常，犁鐴稱之同一事，劖木成胎堅則强，煅鐵爲鋒深可遂。九牛力輓即成渠，速若雲行兼雨施，去聲。水陸相隣久不通，一引泉源隨手至。平田積潦或生波，一過犇流除浸漬，好將挑浚借奇功，剷呼麥切。土翻垡供萬簣。爲語雲屯荷鍤人，勿謂夙傳無此器，故陳圖序贊歌詩，願播人間資水利。

**明・何汝賓《兵録》卷一二** 鐵汁神車圖

用堅木造車，下設四輪以便推轉。載以冶爐，鎔以鐵汁，剖竹爲槽，塗以漿泥，曬令極乾。如賊城下攻打，隨推神車，以鐵汁注於城下，如萬道火星，四散迸擊，雖厚水牛革，遇之無不穿透。用生鐵常炙火上令熱。主易化。

鐵汁神車式

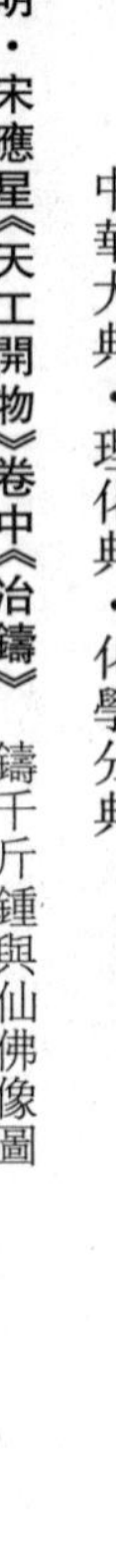

明・宋應星《天工開物》卷中《冶鑄》 鑄千斤鍾與仙佛像圖

又 塑鍾模圖

鑄釜圖

錘錨圖

抽線琢鍼圖

# 藝文

**《詩・大雅・公劉》** 篤公劉，於豳斯館。注：魯「館」作「觀」。涉渭爲亂，取厲取鍛。止基迺理，爰衆爰有。夾其皇澗，遡其過澗。止旅乃密，芮鞫之即。注：魯齊韓「鞫」作「阮」，又作「坈」「泦」。疏：《傳》：「館，舍也。正絶流曰亂。鍛，石也。皇，澗名也。遡，鄉也。過，澗名也。密，安也。芮，水厓也。鞫，究也。」《箋》：「鍛，石所以爲鍛質也。厚乎公劉，於豳地作此宫室，乃使人渡渭水，爲舟絶流而南，取鍛厲斧斤之石，可以利器，用伐取材木給築事也。爰，曰也。『止基』，作宫室之功止。而後疆理其田野，校其夫家人數，日益多矣，器物有足矣，皆布居澗水之旁。『芮』之言『内』。」

**明・李詡《戒庵老人漫筆》卷二** 鐵椎銘

《鐵椎銘》：「朱亥貢金，張良受之，合以忠義，鍛成此椎。銅山可破，椎不可缺，金埒可碎，椎不可折。噫！亂臣滔滔，四海嗷嗷，長蛇其毒，封豕其饕。上帝憤之，以椎畀著。著，王千户名。椎不自奮，假手於汝。數未莫先，時來敢後，曾不一揮，元兇碎首。匪椎之重，唯義之勇，雖椎之功，惟人之忠。長僅數尺，重纔數斤，物小用大，策此奇勛。椎在人亡，再用者誰？藏之武庫，永鎮奸回。」此宋翰林學士王文炳撰，見《山房隨筆》。

# 雜録

**《韓非子・南面》** 説在商君之内外而鐵殳重盾而豫戒也。

**又《内儲説上・七術》** 嗣公欲治不知，故使有敵。是以明主推積鐵之類，而察一市之患。

**唐・薛用弱《集異記》卷一《平等閣》** 隋開皇中，釋子澄空，年甫二十，誓願於晉陽汾西鑄鐵像，高七十尺焉。鳩集金炭，細求用度，周二十年，物力乃辦。於是告報遐邇，大集賢愚，然後選日而寫像焉。及煙焰息滅，啓鑪之後，其像無成。澄空即深自咎責，稽首懺悔，復堅前約，再謀鑄造。精勤艱苦，又二十年，事費復備。則又告報遐邇，大集賢愚，然後選日而寫像焉。及啓鑪，其像又復無成。澄空於是呼天求哀，叩佛請罪，大加貶挫，深自勤勵。又二十年，功力復集。乃告遐邇，大集賢愚，然後選日而寫像焉。及期，澄空乃登鑪巔，百尺懸絶，揚聲謂觀音曰：「吾少發誓願，鑄寫大佛，今年八十，兩已不成。此更違心，則吾無身以終志矣。況今衆善虚費積年，如或蹟前失，吾亦無面目見衆善也。吾今俟其啓鑪，欲於金液而捨命焉。一以謝愆於諸佛，二以表誠於衆善。儻大像圓滿，後五十年，吾當爲建重閣耳。」聚觀萬衆，號泣諫止，而澄空殊不聽覽。俄而金液注射，赫耀踴躍。澄空於是揮手辭謝，投身如飛鳥而入焉。及開鑪，鐵像莊嚴端妙，毫髮皆備。自是并州之人咸思起閣以覆之。而佛身洪大，功用極廣，自非殊力，無由而致。開元初，李暠充天平軍節度使，出遊，因仰大像歎曰：「如此相好，而爲風日所侵，痛哉！」即施錢七萬緡。周歲之内，而重閣成就。

**宋・蔡絛《鐵圍山叢談》卷六**　于闐國朝貢使每來朝，必攜其寶鐺以往返。自國初以來，迨今如是也。我主客備見之，實一鐵鐺爾。蓋其來入中國，道涉流沙，踰三日程無水火，獨挈其水而行。攜鐺者投之以水，別本「攜」竝作「役」。頃輒已百沸矣，用是得不乏，故寶之。

**宋・張邦基《墨莊漫録》卷四**　陝州鐵牛　陝州大河南岸，有物如鐵石狀，俗謂之鐵牛。舊有祠宇，唐末封號順正廟。大中祥符四年，真宗祀汾陰，幸其廟，作《鐵牛詩》。

**又　卷七**　甘露寺鐵鑊乃植蓮供養佛之器　京口北固山甘露寺，舊有二大鐵鑊，梁天監中鑄。東坡游寺詩云：「蕭翁古鐵鑊，相對空團團。坡陀受百斛，積雨生微瀾。」是也。

予往來數見之，然未嘗稽考本何物、爲何用也。近復游於寺，因熟觀之，蓋有文可讀云：天監十八年，太歲乙亥，十二月丙午朔，十日乙卯，皇帝親造鐵鑊於解脱仏殿前，滿□甘泉，種以荷葉，供養十方一切諸仏，以仏神力遍至十分，盡虚空界，窮未來際，令地獄苦鑊，變爲七珍寶池，地獄沸湯，化爲八功德水。一切四生，解脱衆苦，如蓮花在泥，清净無染，同得安樂，到涅槃城。斯鑊之用，本在烹鮮八珍，與染五味。生纏我皇，净照慈被。無邊法喜，禪悦何取。□檀緣造斯器，回成勝緣。如含碧水，□發紅蓮。道場供養，永永無遷。

其後又云：帥吴虎子近禁道真概懷於佐陳僧圓承宋□令宣令鄭休之。義不可曉，疑當時幹造之人耳。

又一行云「五十石鑊」。然形制不能容今之五十石，蓋古之斗斛小也。始知二鑊乃當時植蓮供養佛之器耳。

**宋・周去非《嶺外代答》卷六《器用門》**　茶具　雷州鐵工甚巧，製茶碾、湯甌、湯匱之屬，皆若鑄就。余以比之建寧所出，不能相上下也。夫建寧名茶所出，俗亦雅尚，無不善分茶者。雷州方啜莖茶，奚以茶器爲哉？

**又**　蠻刀　瑶人刀及黎刀，略相類，皆短刃而長靶，黎刀之刃尤短。以斑藤織花纏束其靶，以白角片尺許如鷄尾，飾靶之首。瑶刀雖無文飾，然亦銛甚。左、右江峒與界外諸蠻刀相類，刃長四尺，而靶二尺。一鞘而中藏二刃，蓋一大一小焉。靶之端，爲雙圓而相並。峒刀以黑皮爲鞘，黑漆飾靶，黑皮爲帶。蠻刀以褐皮爲鞘，金銀絲飾靶，朱皮爲帶。峒刀以湅州所作爲佳。蠻刀以大理所出爲佳。瑶刀、黎刀帶之於腰，峒刀、蠻刀佩之於肩。峒人、蠻人，寧以大刀贈人，其小刀必不與人，蓋其日用須臾不可闕。忽遇藥箭，急以刀剜去其肉，乃不死，以故不以與人。今世所謂吹毛透風，乃大理刀之類，蓋大理國有麗水，故能製良刀云。

**又　卷七《樂器門》**　腰鼓　静江腰鼓，最有聲腔，出於臨桂縣職由鄉，其土特宜鄉人作窑燒腔。鼓面鐵圈，出於古縣，其地産佳鐵，鐵工善煆，故圈勁而不褊。其皮以大羊之革，南多大羊，故多皮。或用蚺蛇皮輓之。合樂之際，聲響特遠，一二面鼓，已若十面矣。

**元・王惲《玉堂嘉話》卷三《鹿庵言契丹女真國號等》**　契丹以其國産鑌鐵，迺爲國號。故女真稱金以勝之。或謂以水生金，非也。高麗蓋州，蓋葛牟城也，明昌初，易名曰辰州。鹿庵云。

**元・楊瑀《山居新語》卷二**　鑌鐵胡不四，世所罕有，乃回回國中上用之樂，製作輕妙。余每詢之鐵工，皆不能爲也。今歸平江巨室曹氏。

**明・高濂《遵生八箋・燕閒清賞箋上・清賞諸論》**　刻玉章法　王心魯云：刻玉之法，别無藥物烘炙詭異，并引用陶隱居《蟾酥昆吾月説》。余之所受，惟用真菊花鋼，煆而爲刀，闊五分，厚三分，刀口平磨，取其平尖鋒頭爲用。將新舊玉章篆文，以木制架鈐定，用刀隨文鐫之，一刀勿入，再鍥一刀，多則三鍥，玉屑起矣。但勿可以力勝，勝則滑而難刻，運刀以腕。更置礪石於旁，時時磨刀，使鋒鋩堅利，無不勝也。余見心魯刻玉精妙，儼若漢章。且此君仿季直表，細書并篆文亦佳，故具載之。

**明・朱國禎《湧幢小品》卷二**　農蠶　中國耕田必用牛，以鐵齒杷土。乃東夷僧羅國之法，今江南皆用之。不知中國原有此法，抑唐以後倣而爲之也。

**又 卷四** 鐵爐 鐵一名犂耳，蓋最堅且厚者。《晉書》稱秦行。唐公洛曰，力制奔牛，射洞犂耳。

**又** 鐵器 狼山把總徐正得鐵矛於江中，形制古樸，不類近時物。其款識數字漫，不知爲何等語也。一日，置之舟前，颶風大作，海潮突起，鄰舟皆簸揚上下，不能駐足立，獨此舟晏然，如履平地。明日，置之他舟，亦然。又明日，置之他舟，無不然者。

李齊物，天寶中，爲陝州刺史，開砥柱，通漕路，發重石，得古鐵戟若鏵然，銘曰平陸。上之，詔即以名縣。諸葛亮箭袖鎧帽二十，五石弩射之不能入，與鑄刀三千同。

陝州鐵人 鐵人，在陝州門譙樓下，衣冠拱立，世代莫知所始。相傳爲禹治水置之，以鎮水患者，未知是否。或以爲秦金人二人之數。按《綱目集覽索隱》云，各重千石，坐高二丈，號曰翁仲，苻堅徙入長安。今陝州鐵人不及數尺，恐非舊物。

僧取沉牛 鐵牛，在朝邑縣東三十里大慶關，東岸四，西岸三，唐開元十二年鑄，此以繫浮梁。金元時，牛存而梁廢。未幾，悉沉於河。大定十年，真定府禪院僧懷炳有巧思，都水使者薦於朝。得旨，令取沉牛。乃輦石駕舟自沈於河，得牛所在。以長繩繫，增石轉機，已出其三。

鐵鑊釜 揚州鐵鑊，府城北門外鐵鑊六口，南門外四口，各高四尺，厚四寸五分，周圍一丈七尺，可容二三十石，不知何代何人所鑄。北門外兩鑊，皆半沒入土，露土外者光瑩不鏽澀，如琢磨然。相傳元鎮南王府故物，或又謂出隋宮，皆不可攷。鎮江甘露寺亦有大鐵鑊，俗傳梁武帝鑄以飯僧者。蘇文忠有蕭公古鐵鑊之句，又或以爲前代壓鎮之物，與揚州同。亦未知是否。

梁築浮山堰，成而復潰。或言蛟能乘風雨破堰，其性惡鐵，乃運鐵器釜、鑊之屬數千萬斤沉之。揚州鐵鑊豈即此類耶。

鐵釜，在北門外蘇州造船廠，今移在太倉海寧寺。相傳通番船煮篾綏用者，闊六尺三寸，高四尺三寸，圍二丈，厚二寸四分。

鐵棺 興化縣南，法華慶寺西，有鐵棺焉。長九尺二寸，前廣後狹。相傳宋建炎間，薛慶常遣其徒搬之，中有物相觸，作鏗然聲。以鐵鎚擊百不損，鼓鞴鎔之不液，乃止。

**又 卷二三** 鐵柈 於杭陳某嘗夢兩僧趺坐室旁，自後夜中時見火光熒熒，正值坐處。陳異之，掘視，得破鐵柈，長八尺，厚五六寸。入冶不化。時聞碧霞僧方募造羅漢，賫往施之，鑄成二像。

**明・方以智《通雅》卷四〇《算數》** 律度量衡，今大於古；能候律者得古準矣。 宋張子賢言：「京口甘露寺二鐵鑊，有文：『梁天監造仏殿前。』又一行云：『五十石鑊。』然形制不能容今之五十石；可知古斗斛小，六朝時已大於古，而今又大於六朝時也。」

**又方以智《物理小識・金石類》** 化鐵法 兒吞鐵針，以乳香、荔枝、樸硝爲末，以犬豕脂入鹽和之，吞下，自愈。若碎鐵，則用皂莢、硇砂。雷斅曰，鐵遇神砂，如泥似粉。神砂應即硇砂也。王少夫言，外域收貘舌、駝鷄涎，便能吞鐵。一方，以硇鹽漬針，而以負革脂、鳳仙子吞之。因笑羅什，無乃出此。何子元曰，鐵錤煆金銀多年，以槌皂角，則一夕破。鐵中堅塊曰核，入香油則核散。福鐵皆塊也，筆醮白水，周畫擊之，隨畫處斷。此理亦奇。 暄曰，鐵礦如指，敲去隨長。

**又《器用類》** 藏針 粉包之，或燒石灰。虛舟曰，胡桃燒灰可藏針。或曰，石灰收針不滑，宜以油抹，用頭髮收。

**清・談遷《棗林雜俎中集・器用》** 鐵塔鐵鑊 當陽縣玉泉寺鐵塔鐵鑊，俱隋物。青州城內□□寺三鑊，大者受四十石，次受三十石，有釜受八石，似甕而有耳。寺原孟嘗君宅。

鐵獅 滄州鐵獅，周世宗北征契丹駐此地。有罪人善冶，輸金鑄獅鎮城贖罪，高一丈七尺，長一丈六尺。夜被州人摇去尾，腹鐵至今缺之。

**清・顧祖禹《讀史方輿紀要》卷二〇《南直二》** 廣通鎮，縣東南六十里。與溧陽縣分界，即東壩也。又東十二里有下壩，舊謂之東西二壩，今總曰東壩，亦呼爲銀澍東壩，即楊吳五壩之地。唐景福二年楊行密將臺濛作五堰，以拽饋運輕舸是也。蘇軾曰：「五堰以障宣、歙、金陵九陽江之水，使入蕪湖。其後販賣簰木入東西二浙者，以五堰爲阻，遂廢去。而東、西壩列焉，於是宣、歙諸水多入荆溪，間有入蕪湖者，亦西北之源，而非東南之流也。」志云：五壩即分水、銀澍、雙河、東壩之地。銀澍者，以石窒堰，復鎔鐵淋石以固之也。蘇、常承中江之流，恒病漂没，五堰築則中江不復東，而宣、歙諸水皆自蕪湖達大江。

**又 卷二一《南直三》** 荆山堰城，府西六十里，即梁所築荆山堰。梁天監十三年，魏降人王足陳計，求堰淮水以灌壽陽。足引北方童謡曰：「荆山爲上格，浮山爲下格，潼沱爲激溝，并灌鉅野澤。」梁主從之。議者謂：「淮內沙土漂輕不堅實，功不可就。」不聽。遂發徐、揚民二十萬衆築之。令太子右衛率康絢董其役。於鍾離南起浮山，北抵巉石，依岸築土，合脊於中流。至十四年四月堰將合，淮水漂疾，輒復決潰。或謂江、淮多有蛟龍，能乘風雨決壞崖岸，其性惡鐵。因引東西二冶故鐵器，大則釜鬲，小則鑊鉏，數千萬斤沉於堰所，猶不能合。

濠塘山，府東南七十里。濠水東源發於此。一名鍾乳山，以山穴中出鍾乳也。又鎮鄒山，府南八十里。相傳昔人鑄劍處，濠水西源出於此。

下蔡城，州北三十里。古州來也。名汴城。齊廢郡。隋仍爲下蔡縣，屬潁州。唐武德四年置渦州治焉。八年州廢，仍屬潁州。五代周顯德二年圍唐壽州，徙正陽浮梁於下蔡，使張永德屯於此。唐將林仁肇以水陸軍援壽春，欲焚下蔡浮梁，不克，爲周兵所敗。時永德爲鐵絙千餘尺，距浮梁千餘步橫絶淮流，繫以巨木，繇是唐兵不能近。

**又　卷二五《南直七》**　金山，府西北七里大江中。風濤環繞，勢欲飛動，一名浮玉山。一名氐父山，又名獲苻山。【略】宋建炎中韓世忠邀兀术於鎮江，相持於黄天蕩。世忠以海艦進泊金山下，命工鍛鐵相連爲長綆，貫以大鉤，以授士之驍捷者，敵舟至則分爲兩道，出其背，每縋一綆，則曳一敵舟沉之，寇大窘。

**又　卷三一《山東二》**　長白山，縣東三十里，跨鄒平、長山、淄川三縣界。《抱朴子》：「長白乃泰山之副嶽，繡江源發於此。高二千九百丈，周六十里。山中雲氣長白，因名。亦名會仙山，孤秀盤鬱，獨壓衆山。」《後魏書·辛子馥傳》：「長白山連接三齊，多有盜賊，子馥受使檢覆，因辨山谷要害，宜立鎮戍之所。又諸州豪右在山鼓鑄，姦黨多依之，得密造兵仗，於是請破罷諸冶。從之。」

**又　卷三七《山東八》**　鐵場堡，衛西六十里，與山海關接界。又永安堡，在衛西北四十五里。背隱堡，在衛西北三十里。志云：嘉靖二十五年置。又三山營堡，在衛西北三十里。平川營堡，在衛北三十里。又東北爲瑞昌堡，又東北爲高臺堡。志云：自高臺入盤嶺二百五十里，又北入毛安鋪二百里，皆前屯舊界也。

**又　卷三九《山西一》**　蒲津關在平陽府蒲州西門外黄河西岸，【略】唐開元十九年，於蒲津兩岸開東西門，各造鐵牛四以維浮梁。志云：唐初横絙列艦以度河，絙斷艦破。開元中改作蒲津橋，鑄鐵牛八，牛有一人策之，其下鎔鐵爲山，又爲鐵柱灌之，分列兩岸以維持浮橋。今東岸有四，西岸有三，其一沈於河。張説銘曰：「隔秦稱塞，臨晉名關，關西之要衝，河東之幅輳。」是也。

**又　卷四四《山西六》**　滋水，在州西南三十里。其上流即廣靈縣之壺流河也，東流經此，地名南馬莊，有流水泉，金時民競争利，鑄鐵板一片，十竅，分流灌田，與滋水合，又東北注於葫蘆河。

**又　卷四八《河南三》**　天津橋，在府西南洛水上。舊爲洛水橋，【略】隋大業初遷都，以洛水貫都，有天漢之象，因建此橋。用大船連以鐵鎖，南北夾起四樓，名曰天津。

**又　卷四九《河南四》**　然則爲渠之法，必就高阜鑿岸爲渠，截流爲堰，然後行水數里，方至平田。若渠開二十四丈，則作堰之功可損其半，日役萬人，五十日而罷；若採砅山之石，見大名府濬縣。取磻陽之木，見林慮縣。給利成之鐵，相州有利成鐵冶。用鄭、白渠之法，鄭、白渠，見陝西西安府。扼中流以作堰，下流大渠分置斗門，餘水東入於御河，或水盛溢則下板閉渠以防奔注，復三百年之廢迹，溉數萬頃之良田，雖勞不可已也。

**又**　水冶渠，府西四十里。後魏引水鼓鑄於此，因名。其水東北流入洹水，溉田數百頃。

**又**　石濟，舊在縣東北。《水經注》：「河水逕東燕故城北，有濟水自北來注之，即石濟也。」宋元嘉二十七年王玄謨將兵取河南地，攻滑臺，遣垣護之爲先鋒，帥百舸屯石濟。石濟在滑臺西南百二十里。及玄謨敗退，不暇報護之，魏人連戰艦斷河，絶護之還路。河水迅急，護之中流而下，遇連艦，以長柯斧斷其鐵鎖，魏不能拒。

**又**　長橋，在縣東漳水上。唐建中二年馬燧等討田悦軍於漳濱，悦遣將築月城以守長橋，燧以鐵鎖連車數百實以土囊塞其下，水淺諸軍涉度，進軍倉口，與悦夾洹水而軍。

**又　卷五二《陝西一》**　三白渠溉田數萬頃，今纔及三千餘頃，宜以時修治。又鄭、白渠皆上源高處爲堰，沿渠立斗門，多者至四十餘所，以分水勢，其下别開小渠，分以溉田。其作堰之法，用石錮以鐵積之於中流，擁爲雙派，南流者仍爲涇水，東流者釃爲二渠，故雖駭浪不能壞其防。

**又　卷六六《四川一》**　陸游《入蜀記》：「瞿唐關即故夔州，與白帝城相連。關西門正對灩澦堆，堆碎石積成，出水數十丈。土人云歲旱時石露大半，有三足如鼎狀。關城下舊有鎖水二鐵柱。唐天祐初時忠義節度趙匡凝并荆南地，因遣水軍上峽襲王建夔州，敗去。萬州刺史張武因請於王建，於夔東作鐵絚，絶江中流，立柵於兩端，謂之『鎖峽』。從之。」又宋景定五年守將徐宗武於白帝城下巖穴設攔江鎖七條，長二百七十七丈五尺，五千一十五股。又爲二鐵柱，各六尺四寸。此其故址矣。

**又** 五代梁乾化四年高季昌攻夔州，縱火舡焚蜀浮橋，蜀將張武舉鐵絚拒之，船不得進，會風反，焚溺甚衆。鐵絚即武所作也。【略】明初伐蜀，命湯和等由瞿唐趨重慶。時夏人守瞿唐，以鐵索橫斷關口，又於鐵索外北倚羊角山，南倚南城寨，鑿兩岸壁引繩爲飛橋，嚴爲守備。

**又 卷六七《四川二》** 凡諸堤堰，歷代皆歲修之，以爲民利。其塘堰多民自修，獨離堆設立都江堰，在岷江中流，官費歲至巨萬。元人用鐵石立堰爲石門，以時啓閉，公私賴之。

明復爲之繕理，成化九年、弘治九年皆以次增修，嘉靖三十年復鑄鐵牛壅砌都江堰址。萬曆三年堰壞，復置鐵柱修復。是後以時濬治。盧翊曰：「元人肆力於堰，無復李冰深淘灘之意。假令砂石壅積，水不得東，雖鎔金連障無益也。矧所謂鐵龜鐵柱者，曾未幾何，輒震蕩堙没，茫無可賴哉。余謂宜事灘磧以導其流，堰則一仍民便而已。」其治之之法，無踰李冰所題「深淘灘，淺作堰」兩言而已。

金馬山，縣北二十里。相傳山似雲南之金馬，因名。又鐵砧山，在縣西六里。志云：武侯鑄鐵砧於此以造軍器。

**又 卷六九《四川四》** 三鉤鎮，《寰宇記》：「在城東三里，舊時鐵鎖斷江浮梁禦敵處也。鎮居數溪之會，故曰三鉤。唐武德二年廢。或云鎮在瞿唐峽口，即謂鐵鎖關也。」

**又 卷七〇《四川五》** 大江，在城東。一名都江。自嘉定州犍爲縣流入境，經宣化故城，又東流繞府城北，而東南出合於馬湖江。志云：府城北兩岸有大石屹立，昔人置鐵絚橫絶其處，控扼蠻寇，名曰「鎖江」。《漢紀》：「河平三年犍爲山崩，壅江水逆流。」疑即此處。今爲濟渡處，亦曰鎖江津。又東流入南溪縣界。詳見大川岷江及《川瀆異同》。

**又 卷七七《湖廣三》** 新郢城，在府西南漢江南岸，宋末築此爲戍守重地。故郢在漢北，以石爲城；新郢在漢南，橫鐵絚鎖戰艦夾岸爲守。

**又 卷七九《湖廣五》** 樊城，府城北漢江上。與襄陽城隔江對峙，志以爲即周仲山甫所封樊國也。【略】初，襄、樊兩城漢水出其間，吕文焕乃植大木江中，鏁以鐵絚，上造浮橋以通援兵，樊亦恃此爲固。至是爲蒙古所斷，以兵截江，出鋭師薄樊城，襄兵不能援，樊城破，襄陽遂降。今有關城市集，與襄陽相對。城西昔鑄鐵檽，列樹隄岸，以通水道，如窗檽然，名鐵窗口。

**又 卷八〇《湖廣六》** 古茶王城，《城冢記》：「在州東五十里，漢元朔中節侯所築。」蓋即茶陵節侯訢也。又故縣城，在今州北八里。宋祥符中縣令鄧宜築，紹定中縣令劉子邁改築分城，鑄鐵犀於江岸殺水勢而城之，即今州城也。

**又 卷八八《江西六》** 贛城，即今府城。漢置。志云：漢興立贛縣，築城以防尉佗，今府西南益漿溪城是也。晉太康三年縣移治州東北葛姥故城。東晉永和中縣爲郡治，太守高琰築城二水之間。劉宋昇明中縣又移置於贛水東三里，梁承聖初復還贛水南，唐貞觀中又徙今治。光啓中刺史盧光稠斥廣其城，東西南三隅鑿爲隍。宋皇祐中太守孔宗翰以東北隅易墊，甃石冶鐵錮之。熙寧中守劉夷於城下開水窗三，時啓閉以防水患，自是相繼修葺。元初城毁，至正十三年修復。

**又 卷九二《浙江四》** 小江湖，在府西南五十里它山下，即它山堰也。今曰南塘河。會稽、上虞以東高山深谷，絡繹環繞，層次引流，皆匯於此。唐長慶中舒亶《引水記》云：「它山者，四明衆山水所萃，一作雨，則澗壑交會爲漫流，即歲旱，溪流亦未嘗絶也。但歲久水堙，用引水法爲之，即可復舊。大和中王元暐爲令，相地勢，謂大江夾諸山直上接平水，而溪所從來者高，至它山始兩岐之，水稍散漫。江北惟此山四無附麗，故謂之它。它山麓皆石，趾插江底，可藉爲堰。乃治堰跨兩山麓，南北闊皆四十二丈，石級三十有六，冶鐵灌之。渠與江截爲二，堰高而甚中，澇則什七入江，什三入溪，旱則什七入溪，什三入江，邑西七鄉之田，俱恃以灌溉。」

**又 卷九三《浙江五》** 瀫水驛，在縣城南。宋置蘭皋驛，在縣治西；元爲蘭江水站，在河東岸；後皆没於水。明朝洪武初改爲蘭溪驛，移於城南門外，十四年改今名。又蘭溪遞運所亦置於此。又香溪税課局，在縣北三十里香溪鎮。

普濟橋，在縣西北女兒渡上。宋紹聖中維百艘以梁溪上，名普濟橋，後更名望雲。今橋廢，仍以舟濟。又縣西門外有悦濟浮橋，一跨衢江，一跨婺江，兩江相合有洲渚，橫亘如月牙，樹石其端，繫鐵絚以維舟。兩浮橋相距不過百餘武，爲水陸津要。志云：悦濟橋舊名中浮橋，宋紹興中始建，元末廢，洪武初復建。

其後修廢不一，至今爲民利。

**又　卷九七《福建三》**　東津浮橋，在城東景陽門外。永樂八年因舊址重建，用舟三十，聯維以鐵索。成化以後修廢不一。

劍浦驛，在城東，有劍浦遞運所，俱洪武初置。【略】志云：府城東有明翠浮橋，舊曰明秀，用鐵絙維舟三十有八，架木其上。

**又　卷一〇一《廣東二》**　賀江，縣西十里。一名封溪，亦曰封江。自廣西賀縣流入開建縣界，又南流入境，匯西北諸川至靈洲入於西江。五代唐天成三年，楚大舉水軍圍封州，南漢主劉龑遣將蘇章救之。章至賀江，沉鐵絙於水，兩岸作巨輪挽絙，築長堤隱之，而以輕舟逆戰，誘楚人入堤中，挽輪舉絙，楚艦不能進退，大敗，遂解封州之圍。

**又　卷一一三《雲南一》**　瀾滄江，樣備江附見。瀾滄江出吐蕃嵯和哥甸鹿石山。一名鹿滄江，亦曰浪滄江，亦作蘭倉水，流入麗江府蘭州境，南歷大理府雲龍州西，又南經永昌府東北八十五里羅岷山下，兩岸壁峙，截若垣墉，纜鐵飛橋，懸跨千尺，亦曰博南津。

**又　卷一一六《雲南四》**　蘭津橋，《滇紀》云：「舊在府西南，跨瀾滄江上。後漢永平初所建，明朝永樂初修。高廣千仞，兩岸峭壁林立，飛泉急峽，複磴危峰，森羅上下，鎔鐵爲柱，以鐵索繫南北爲橋，自古稱爲巨險。」

**又　卷一一七《雲南五》**　樣備江，在縣西百里。自劍川州流入縣境，有上、下江嘴，又南流入太和縣界。亦曰漾濞江，或謂之漾、濞二水，蓋同流而異名也。唐景龍初吐蕃及姚州蠻寇蜀，使唐九證爲姚嶲道討擊使擊之。虜以鐵絙梁漾、濞二水通西洱蠻，築城戍之。九證自嶲入永昌，累戰皆捷，盡刊其城壘，毀絙焚橋，勒石於劍川，建鐵柱於滇池，俘其魁帥而還。

**又**　鐵橋，在州北百三十餘里，跨金沙江上。或云隋史萬歲及蘇榮所建，或云南詔閣羅鳳與吐蕃結好時建，或云吐蕃嘗置鐵橋節度使，是其所建。《唐史》：「天寶初南詔謀叛唐，於麼、些九睒地置鐵橋，跨金沙江，以通吐蕃往來之道。貞元十年異牟尋歸唐，襲破吐蕃於神川，取其鐵橋十六城。十五年吐蕃復襲南詔，分軍屯鐵橋，南詔毒其水，人畜多死，乃徙屯納川。」志云：時吐蕃置鐵橋城於此，爲十六城之一。今有遺址。其橋所跨處，皆穴石鎔鐵爲之，冬月水清，猶見鐵環在水底。又舊志：鐵橋在施蠻東南。一云施蠻在鐵橋西北，居大施睒、斂睒、尋睒。又順蠻，在斂睒西北四百里。《新唐書》：「異牟尋大破吐蕃於神川，并破施、順二蠻，虜其王，置白崖城。」是也。又《元志》：「漢裳蠻，本漢人部種，依鐵橋而居。」

**又　卷一一八《雲南六》**　博南山，縣西南四十里。漢武通博南山，即此。【略】《滇南略》云：「博南山高二十里，上有鐵柱，爲西陲要道。」

瀾滄江，在城東北八十五里羅岷山下，廣二十六丈，其深莫測。《滇程記》：「自沙木和十亭而畸至永昌，途經瀾滄江。江流介二山之趾，兩崖壁峙，截若墉垣，因爲橋基，纜鐵梯木，縣跨千尺，束馬以渡。又西爲江坡，有逕路新闢，爰建一亭。」志云：跨瀾滄江者爲霽虹橋，舊以竹索渡，後廢。明初鎮撫華岳鑄鐵柱立兩岸以維舟。弘治中備兵使者王槐始貫以鐵繩，構屋其上，行者若履平地。

霽虹橋，府北八十里，跨瀾滄江。武侯南征，孟獲架橋濟師。後以索爲之，修廢不一。元至元中也先不花重修，名曰霽虹。明初鎮撫華岳置二鐵柱於兩岸以維舟，時遭覆溺。後架木爲橋，又爲火所焚。弘治十四年備兵使者王槐構屋於上，貫以鐵繩，南北往來，此爲孔道。亦曰瀾滄橋。

**又　卷一一八《雲南六》**　龍川江關，在州東七十里江之西岸。有龍川橋。江上舊編藤鋪板，名曰藤橋。明朝弘治中備兵使者趙炯始纜鐵爲橋，嘉靖中潘潤復修之，爲往來要道，置巡司及驛丞。

**又　卷一二〇《貴州一》**　七星關，在烏撒衛東南百七十里，畢節衛西九十里。其地有七星山，山有七峰，置關其上。楊慎云：「孔明禡牙之地也。」關下爲七星河，兩崖壁立，迤邐而東，鳥道崇岡，屹然天險。水經其中，奔騰澎湃，險不可犯。初立鐵柱繫鐵絙以渡，後爲浮梁，梁以七舟，名曰應星橋。

**清・屈大均《廣東新語》卷一六《器語》**　鐵鼓　韶州忠惠公祠有鐵鼓，一面微損，擊之有聲。先時江中有一蛟，舟行者多爲所害。公以鐵爲鼓及船，使役人乘之。一日夜來往五羊，得蛟斬之，至今蛟骨二段存祠中。蓋以鐵物治蛟，乃金尅木之道。龍性畏鐵，蛟亦然。是皆屬木，故以金制之。伏波鑄鐵船沉於合浦，其亦以鎮壓毒龍而已。

**清・朱彝尊《曝書亭集》卷四六**

廣州光孝寺鐵塔記跋

嗚呼！僭竊之主，未有愚於劉鋹者也。謂羣臣有家室，顧子孫，惟宦者可信，不知其植黨納賄更甚焉。鐵塔建自大寶十年，凡七層，合相輪蓮花座，崇二文有二尺。觀其列名，皆宦者也。當其時，鋹又範銅爲己像，并肖諸子，列於天慶觀，而今已亡之。蓋金石刻之傳於世，金之用博，故其鑠也易。以予所見，自唐以來，惟景雲觀、法性寺二鐘銘，及是塔記而已。若晉祠鐵人，鑄自宋建中靖國年，則其文在胸突出，難以摹搨。蓋款識不同，變前人之舊矣。

續書光孝寺鐵塔銘後

歲在壬申，重游嶺表，改歲正月，南海陳元孝，飯予光孝寺。南漢之興王寺也，寺僧導主客詣劉鋹所鑄鐵塔所在，見二塔並立一屋中，修短不齊。一作記，一題名，始悟曩時拓本合二爲一，記之不詳。元孝語予，南漢主劉龑，葬番禺縣治東二十里北亭，明崇禎丙子秋九月，穴中有雞鳴，土人發其墓，隧道崇五尺，深三尺，有金像十二，一冕而坐，一笄而坐，殆馬后也。夾侍十人，疑是諸子。又學士十八，以白金鎔鑄。其他珍異物甚夥，有碑一具，書翰林學士知制誥，正議大夫，尚書右丞，上紫金佾，臣盧應奉勅撰。文曰：維大有十五年，歲次壬寅，四月，甲寅朔，念四日丁丑。

高祖天皇大帝，崩於正寢。越光天元年，五月，癸未朔，十四日丙申，遷神於康陵。禮也，云云。予方注五代史，衰年健忘，遂牽連書於前册。亡友仁和吴志伊，撰《十國春秋》，盧應更作膺，謂事龔爲工部侍郎，大有中，加太尉。中宗時，拜中書侍郎同平章事。銜名不合，惜其已逝，未得此異聞也。

跋晉祠鐵人胸前字

太原縣唐叔虞祠西南隅，聖母廟階下鐵人四，長九尺，分兩行侍立。胸前有字，紀鎔鑄歲月，是政和年造。文既牽率，字亦麄醜，無足取者。倦圃鉏菜翁，以金石之文，石多金少，款多識少，遂摹搨而裝潢之。此無異燕人之市馬骨也。

**清·徐松《宋會要輯稿·食貨·榷貨物》** 七月，詔澤州大廣鐵冶，許商旅於澤、潞、威勝軍入納錢、銀、匹帛、糧草折博，及於在京榷貨務入中(傳)[博]買。

**清·鄭光祖《一斑録·物理》** 石灰可以藏鐵器。懸鐵與炭使平衡，夏至則鐵加輕，而炭加重。

**清·龍文彬《明會要》卷五七《食貨五·坑冶》** 洪武元年，令兵馬司并管市司，二日一次校勘街市斛、斗、秤、尺，井依時估定其物價。在外府州各城兵馬，一體兼理市司。王圻《考》。

二年，令：「凡内外軍民官司，並不得指以和雇、和買擾害於民。如果官司缺用之物，照依時直，兩平收買。」《通典》。又令：「凡斛、斗、秤、尺，司農司照依中書省原降鐵斗、鐵升較定式製造，頒行各司府州縣。」《會□》。

**清·陳康琪《郎潛紀聞三筆》卷一一** 湯鵬鐵畫 蕪湖鐵工湯鵬，字天池，煆鐵作草蟲花竹及山水屏幛，精妙不減名家圖畫。山水大幅，非積歲月不能成，其流傳者，多徑尺小景，以木範之，若琉璃屏狀，名曰鐵畫。或合四面，以成一燈，曰鐵燈。每幅數金，一時争購之。鑪錘之功，前代未有也。相傳鵬家煆竈與畫家隣，畫師自高其技，每相傲睨。鵬意頗不平，閉門搆思，鏗錚屈曲，遂成絶藝。鵬亡，竟無繼者。世咸稱鵬所作畫，當與張銅、黄錫，並爲藝術傳人。康祺獨謂以彼其人，運鏤肝怵腎之沈思，創鬼斧神錐之妙製，盍不移而鑽研理窟，藻繪學林，爲可惜也。然以視世之寬衣博裒，醉飽嬉娱，百歲如馳，一長莫述者，則又鵬所唾棄不屑道也。

**清·徐珂《清稗類鈔·農商類》** 京師鍼刀翦鋪市招 京師前門有鍼刀翦鋪，門豎高坊，上大書三代王麻子。而外省多有冒之者，所懸市招，猶大出矢言，言「近有假冒者，男盗女娼」云云，而不知其實自道也。

**又《鑒賞類》** 成哲親王詠明趙忠毅鐵如意 明趙忠毅公南星鐵如意，當時所製非一，銘詞、形制大略相同，而年款各異。施念曾宛雅所載一柄，爲神宗戊申春製，其最古者也。銘曰：「其鉤無鐵，廉而不劌。以歌以舞，以弗若是利，維君子之器也。」沈文慤、厲樊榭、韓其武所歌，皆未識年月。若壬申製者，則在初頤園處；天啓壬戌張鷟春製者，在吾簣一處；天啓癸亥製者，在陸丹叔處。成哲親王所得，則爲天啓甲子所製，王作詩詠之，有句云：「銘辭二十有八字，義類直與丹書同。」

# 鑄幣工藝化學部

## 題解

**宋・王欽若等《册府元龜》卷四九九《邦計部・錢幣》**　《傳》曰：「天生五財，民并用之，廢一不可。」故虞之允治，六府之政修；夏之有德，九牧之金至。即鼓鑄之興，其來尚矣！其後太公作圜、方之法，通輕、重之權，遂行於齊。貽謀後世，財力頗富，遂合諸侯。至周景王鑄大錢；秦并天下，以幣爲二等；施及漢室，貪淙迭變。善哉！貢禹之言曰：「漢家諸鐵官，皆置吏卒及徒，貢山取銅鐵，歲十萬人已上。以中農計之，是七十萬人常受饑也。鑿地銷陰氣之精，斬木無有時禁，水旱之災，未必不由此。又使民棄本逐末，窮則起爲盗賊，姦邪不可禁，其原皆起於錢也。」禹之論信美矣！然古者名山大澤不以封，蓋慮下之專利也。若吴、鄧之錢遍天下。邯鄲郭縱以冶鑄成業，與王者埒富。此豈春秋富利之旨哉！是故居上者，有四海之富，司生民之命，校盈虚而籠餘羨，謹法令而懲游惰。因時立制，爲之均節。然後如泉布之流，通積不涸，而藏不竭。大賈富家，不得豪奪吾民，而京師之錢貫，朽而不可校矣！賈生所謂除博禍而致七福，其知治體者歟？

**清・孫承澤《春明夢餘録》卷三八《户部四・寶泉局》**　户部尚書侯恂條陳鼓鑄事宜　議興鑄利。古寶龜而貨貝，後世易之以金幣。然自太昊、高陽以來，則已有錢矣。虞、夏之際，幣爲三品，曰黄、曰白、曰赤，兼龜貝行之，不純用錢。管子亦云：先王以珠玉爲上幣，黄金爲中幣，刀布爲下幣，所以守財物，御人事，而平天下也，故命之曰衡。謂之衡者，將以行輕重之術，使一高一下，乃可權制利門悉歸於上也。秦兼天下，幣二等，黄金爲上幣，銅錢爲下幣，而珠、玉、龜貝、銀、錫之屬爲器飾寶藏，不爲幣。漢自建元以後，即山鑄錢，而又用白鹿皮爲幣，造銀、錫爲白金，有三品。未幾皆廢。唐於銅錢外有飛錢。宋以鐵錢與銅錢兼行，又倣飛錢爲交子，爲關子，始以楮爲錢。南宋造會子，有大鈔、小鈔之别，凡十等，又謂之錢引，亦謂之關會，實一而已。元造交鈔，以鈔一貫權銅錢千文。無何，物價騰踴逾十倍，積鈔不售，國用大詘。明興，右鈔抑錢，旋令錢鈔兼行，禁民間不得以金、銀、貨物交易，違者治罪，告發者即以其物給賞。若有以金、銀易鈔者聽，一百文以下止用銅錢。永樂中，以鈔法圮而峻金銀錢物貿易之誅。然究之鈔易昏爛，收换艱難，制雖設而法不行。今天下自京師達四方，無慮皆用白銀，乃國家經賦，專以收花文銀爲主，而銀遂踞其極重之勢，一切中外公私咸取給焉。民用不贍，而國安得不貧？幸賴稍稍用錢耳，安得不亟行鼓鑄以救其乏乎？夫錢出於銅，銅不鑄錢，則銅而已。鑄之爲錢，而可以前民用，則是盡天下之銅皆已變而爲銀也，利孰大焉？以錢濟銀之窮，而又用錢殺銀之勢，使錢廣布民間，則可陰斂銀以歸之上。於是用銀爲母，錢爲子，而因以行其高下之術。昔先臣邱濬欲倣古三幣之法，寶鈔、銅錢通行上下，而一權之以銀。夫鈔恐難行矣，舍鈔言錢可也。

## 論説

**《管子・國蓄》**　玉起於禺音虞。氏，金起於汝漢，珠起於赤野，東西南北距周七千八百里，水絶壤斷，舟車不能通。先王爲其途之遠，其至之難，故託用於其重，以珠玉爲上幣，以黄金爲中幣，以刀布爲下幣。三幣握之則非有補於煖也，食之則非有補於飽也，先王以守財物，以御民事，而平天下也。

**又《地數》**　管子對曰：「夫玉起於牛氏、邊山，金起於汝、漢之右洿，珠起於赤野之末光。此皆距周七千八百里，其涂遠而至難，故先王各用於其重，珠玉爲上幣，黄金爲中幣，刀布爲下幣。令疾則黄金重，令徐則黄金輕。先王權度其號令之徐疾，高下其中幣，而制下上之用，則文、武是也。」

**又《輕重乙》**　癸度曰：「金出於汝、漢之右衢，珠出於赤野之末光，玉出於禺氏之旁山，此皆距周七千八百餘里。其涂遠，其至阨，故先王度用於其重，因以珠玉爲上幣，黄金爲中幣，刀布爲下幣。故先王善高下中幣，制下上之用，而天下足矣。」

**《史記・平準書》**　太史公曰：農工商交易之路通，而龜貝金錢刀布之幣興焉。【略】虞夏之幣，金爲三品，或黄，或白，或赤；或錢，或布，或刀，或龜貝。及至秦，中一國之幣爲[二]等，黄金以溢名，爲上幣；銅錢識曰半兩，重如其文，爲下幣。而珠玉、龜貝、銀錫之屬爲器飾寶藏，不爲幣。然各隨時而輕重無常。

於是外攘夷狄，內興功業，海內之士力耕不足糧饟，女子紡績不足衣服。古者嘗竭天下之資財以奉其上，猶自以爲不足也。無異故云，事勢之流，相激使然，曷足怪焉。

**漢·桓寬《鹽鐵論》卷一** 錯幣第四 大夫曰：「文帝之時，縱民得鑄錢、冶鐵、煮鹽。吴王擅鄣海澤，鄧通專西山。山東奸猾，咸聚吴國，秦、雍、漢、蜀因鄧氏。吴、鄧錢布天下，故有鑄錢之禁。禁禦之法立，而奸僞息，奸僞息，則民不期於妄得，而各務其職；不反本何爲？故統一，則民不二也；幣由上，則下不疑也。」

文學曰：「往古，幣衆財通而民樂。其後，稍去舊幣，更行白金龜龍，民多巧新幣。幣數易而民益疑。於是廢天下諸錢，而專命水衡三官作。吏匠侵利，或不中式，故有薄厚輕重。農人不習，物類比之，信故疑新，不知姦貞。商賈以美貿惡，以半易倍。買則失實，賣則失理，其疑或滋益甚。夫鑄僞金錢以有法，而錢之善惡無增損於故。擇錢則物稽滯，而用人尤被其苦。《春秋》曰：『算不及蠻、夷則不行。』故王者外不鄣海澤以便民用，內不禁刀幣以通民施。」

**《漢書·食貨志》** 凡貨，金錢布帛之用，夏殷以前其詳靡記云。太公爲周立九府圜法：黄金方寸，而重一斤；錢圜函方，輕重以銖；布帛廣二尺二寸爲幅，長四丈爲匹。故貨寶於金，利於刀，流於泉，布於布，束於帛。

賈誼諫曰：法使天下公得顧租鑄銅錫爲錢，敢雜以鉛鐵爲它巧者，其罪黥。然鑄錢之情，非殽雜爲巧，則不可得贏，而殽之甚微，爲利甚厚。夫事有召禍而法有起姦，今令細民人操造幣之勢，各隱屏而鑄作，因欲禁其厚利微姦，雖黥罪日報，其勢不止。乃者，民人抵罪，多者一縣百數，及吏之所疑，榜笞奔走者甚衆。夫縣法以誘民，使入陷阱，孰積於此！曩禁鑄錢，死罪積下；今公鑄錢，黥罪積下。爲法若此，上何賴焉？

又民用錢，郡縣不同：或用輕錢，百加若干；或用重錢，平稱不受。法錢不立，吏急而壹之虖，則大爲煩苛，而力不能勝；縱而弗呵虖，則市肆異用，錢文大亂。苟非其術，何鄉而可哉！

今農事棄捐而采銅者日蕃，釋其耒耨，冶鎔炊炭，姦錢日多，五穀不爲多。善人怵而爲姦邪，愿民陷而之刑戮，刑戮將甚不詳，奈何而忽！國知患此，吏議必曰禁之。禁之不得其術，其傷必大。令禁鑄錢，則錢必重；重則其利深，盜鑄如雲而起，棄市之罪又不足以禁矣。姦數不勝而法禁數潰，銅使之然也。故銅布於天下，其爲禍博矣。

今博禍可除，而七福可致也。何謂七福？上收銅勿令布，則民不鑄錢，黥罪不積，一矣。僞錢不蕃，民不相疑，二矣。采銅鑄作者反於耕田，三矣。銅畢歸於上，上挾銅積以御輕重，錢輕則以術斂之，重則以術散之，貨物必平，四矣。以作兵器，以假貴臣，多少有制，用別貴賤，五矣。以臨萬貨，以調盈虛，以收奇羨，則官富實而末民困，六矣。制吾棄財，以與匈奴逐爭其民，則敵必懷，七矣。故善爲天下者，因禍而爲福，轉敗而爲功。今久退七福而行博禍，臣誠傷之。

**又** 贊曰：《易》稱「裒多益寡，稱物平施」，《書》云「楙遷有無」，周有泉府之官，而《孟子》亦非「狗彘食人之食不知斂，野有餓莩而弗知發」。故管氏之輕重，李悝之平糴，弘羊均輸，壽昌常平，亦有從徠。顧古爲之有數，吏良而令行，故民賴其利，萬國作乂。及孝武時，國用饒給，而民不益賦，其次也。至于王莽，制度失中，姦軌弄權，官民俱竭，亡次矣。

**《晉書·食貨志》** 昔者先王量地以制邑，度地以居民，因三才以節其務，敬四序以成其業，觀其謠俗而正其紀綱。勖農桑之本，通魚鹽之利，登良山而採符玉，泛瀛海而罩珠璣。日中爲市，總天下之隸，先諸布帛，繼以貨泉，貿遷有無，各得其所。

**又** 桓帝時有上書言：「人以貨輕錢薄，故致貧困，宜改鑄大錢。」事下四府羣僚及太學能言之士，孝廉劉陶上議曰：臣伏讀鑄錢之詔，平輕重之議，訪覃幽微，不遺窮賤，是以藿食之人，謬延逮及。蓋以當今之憂，不在於貨，在乎人飢。是以先王觀象育物，敬授民時，使男不逋議者不達農殖之本，多言鑄冶之便，或欲因緣行詐，以賈國利。國利將盡，取者爭競，造鑄之端，於是乎生。蓋萬人鑄之，一人奪之，猶不能給，況今一人鑄之則萬人奪之乎！雖以陰陽爲炭，萬物爲銅，役不食之民，使不飢之士，猶不能足無厭之求也。夫欲民財殷阜，要在止役禁奪，則百姓不勞而足。陛下聖德，愍海內之憂戚，傷天下之艱難，欲鑄錢齊貨，以救其弊，此猶養魚沸鼎之中，棲鳥烈火之上。木水，本魚鳥之所生也，用之不時，必至焦爛。願陛下寬鍥薄之禁，後冶鑄之議也。

孝武太元三年，詔曰：「錢，國之重寶，小人貪利，銷壞無已，監司當以爲意。廣州夷人寶貴銅鼓，而州境素不出銅，聞官私賈人皆於此下貪比輪錢斤兩差重，以入廣州，貨與夷人，鑄敗作鼓。其重爲禁制，得者科罪。」

**《舊唐書·食貨志》** 開元二十二年，中書侍郎張九齡初知政事，奏請不禁鑄錢，玄宗令百官詳議。黄門侍郎裴耀卿李林甫、河南少尹蕭炅等皆曰：「錢者通貨，有國之權，是以歷代禁之，以絶姦濫。今若一啓此門，但恐小人棄農逐利，而濫惡更甚，於事不便。」左監門録事參軍劉秩上議曰：

伏奉今月二十一日敕，欲不禁鑄錢，令百僚詳議可否者。夫錢之興，其來尚矣，將以平輕重而權本末，齊桓得其術而國以霸，周景失其道而人用弊。考諸載籍，國之興衰，實繫於是。陛下思變古以濟今，欲反經以合道，而不即改作，詢之芻蕘，臣雖蠢愚，敢不薦其聞見。古者以珠玉爲上幣，黄金爲中幣，刀布爲下幣。管仲曰：「夫三幣，握之則非有補於煖也，舍之則非有損於飽也。先王以守財物，以御人事，而平天下也。」是以命之曰衡。衡者，使物一高一下，不得有常。故與之在君，奪之在君，貧之在君，富之在君。是以人戴君如日月，親君如父母，用此術也，是爲人主之權。

今之錢，即古之下幣也。陛下若捨之任人，則上無以御下，下無以事上，其不可一也。夫物賤則傷農，錢輕則傷賈。故善爲國者，觀物之貴賤，錢之輕重。夫物重則錢輕，錢輕由乎物多，多則作法收之使少；少則重，重則作法布之使輕。輕重之本，必由乎是，奈何而假於人？其不可二也。夫鑄錢不雜以鉛鐵則無利，雜以鉛鐵則惡，惡不重禁之，不足以懲息。且方今塞其私鑄之路，人猶冒死以犯之，況啓其源而欲人之從令乎！是設陷穽而誘之入，其不可三也。夫許人鑄錢，無利則人不鑄，有利則人去南畝者衆。去南畝者衆，則草不墾，草不墾，又鄰於寒餒，其不可四也。夫人富溢則不可以賞勸，貧餒則不可以威禁，法令不行，人之不理，皆由貧富之不齊也。若許其鑄錢，則貧者必不能爲。臣恐貧者彌貧而服役於富室，富室乘之而益恣。昔漢文之時，吴濞，諸侯也，富埒天子；鄧通，大夫也，財侔王者。此皆鑄錢之所致也。必欲許其私鑄，是與人利權而捨其柄，其不可五也。

陛下必以錢重而傷本，工費而利寡，則臣願言其失，以效愚計。夫錢重者，猶人日滋於前，而鑪不加於舊。又公錢重，與銅之價頗等，故盜鑄者破重錢以爲輕錢。錢輕，禁寬則行，禁嚴則止，止則棄矣，此錢之所以少也。夫鑄錢用不贍者，在乎銅貴，銅貴，在採用者衆。夫銅，以爲兵則不如鐵，以爲器則不如漆，禁之無害，陛下何不禁於人？禁於人，則銅無所用，銅益賤，則錢之用給矣。夫銅不布下，則盜鑄者無因而鑄，則公錢不破，人不犯死刑，錢又日增，末復利矣。是一舉而四美兼也，惟陛下熟察之。

**宋·王溥《唐會要》卷八九《泉貨》** 開元二十二年三月二十一日勅：「布帛不可以尺寸爲交易，菽粟不可以秒忽貿有無。古之爲錢，以通貨幣，豈無變通？往者漢文之時，已有放鑄之令，雖見非於賈誼，亦無費於賢君。古往今來，時移事異，亦欲不禁私鑄，其理如何？公卿百寮詳議可否。」秘書監崔沔議曰：「夫國之有錢，時所通用，若許私鑄，人必競爲。各循所求，小如有利，漸忘本業，大計斯貧。是以賈生之陳七福，規于更漢令；太公之創九府，將以殷貧人。況依法則不成，違法則有利：謹按《漢書》，文帝雖除盜鑄錢令，而不得雜以鉛鐵爲他巧者。然則雖許私鑄，不容奸錢；錢不容奸，則鑄者無利；鑄者無利，則私鑄自息。斯則除之與不除，爲法正等。能謹於法而節其用，則令行而詐不起，事變而奸不生，斯所以稱賢君也。今若聽其私鑄，嚴斷惡錢，官必得人，人皆知禁誡，則漢政可侔，猶恐未若皇唐之舊也。今若税銅折役，則官冶可成，計估度庸，則私錢無利。易而可久，簡而難誣，謹守舊章，無越制度。且錢之爲物，貴以通貨，利不在多，何待私鑄然後足用也。」左監門録事參軍劉秩議曰：「古者以珠玉爲上幣，黄金爲中幣，刀布爲下幣。管子曰：『夫三幣，握之則非有補于煖也，捨之則非有損于飽也。先王以守財物，以御人事，而平天下也。』是以命之曰衡。衡者，使物一高一下，不得有常。故與之在君，奪之在君。是以民戴君如日月，親君如父母，用此術也，是爲人主之權。今之錢，即古之下幣也。陛下若捨之任人，則上無以御下，下無以事上，其不可一也。夫物賤則傷農，錢輕則傷賈。故善爲國者，觀物之貴賤，錢之輕重。夫物重則錢輕，錢輕由乎物多，多則作法收之使少，少則錢重，重則作法布之使輕。輕重之本，必由乎是，奈何而假於人？其不可二也。夫鑄錢不雜以鉛鐵則無利，雜以鉛鐵則惡，不重禁不足以懲惡。方今塞其私鑄之路，人猶冒死以犯之，況啓其源而欲人之從令乎？是設陷穽而誘之入，其不可三也。夫許人鑄錢，無利則人不鑄，有利則人去南畝者衆；去南畝者衆，則草萊不墾；草萊不墾，又鄰於寒餒，其不可四也。夫人富溢則不可以賞勸，貧餒則不可以威禁，故法令不行，民之不治，皆由貧富之不齊也。若許其鑄錢，則貧者必不能爲。臣恐貧者彌貧而服役於富室，富室乘之則益恣。昔漢文之時，吴濞，諸侯也，富埒天子；鄧通，大夫也，財侔王者。此皆鑄錢所致也。必欲許其私鑄，是與人利權而捨其柄，其不可五也。陛下必以錢重而傷本，工費而利寡，則臣願言其失，以效愚計。夫錢重者，猶人鑄日滋於前，而爐不加於舊。又公錢重，與銅之價頗等，故盜鑄者破重錢爲輕錢。禁寬則行，禁嚴則止，止則棄矣，此錢之所以少也。夫鑄錢用不贍者，在乎銅貴，銅貴之由，在於採用者衆矣。夫銅以爲兵則不如鐵，以爲器則不如錫，禁之無害，陛下何不禁於人？禁於人，則銅無所用；銅無所用，則銅益賤；銅賤則錢之用給矣。夫銅不布下，則盗鑄者無因而鑄；無因而鑄，則公錢不破，公錢不破，則人不犯死刑，錢又日增，末復利矣。是一舉而四善兼也，伏維陛下熟察之。」

**《宋史·食貨志·錢幣》** 慶曆末，葉清臣爲三司使，與學士張方平等上陝西錢議，曰：「關中用大錢，本以縣官取利太多，致姦人盗鑄，其用日輕。比年以來，皆虚高物估，始增直於下，終取償於上，縣官雖有折當之虚名，乃受虧損之實害。救弊不先自損，則法未易行。請以江南、儀商等州大銅錢一當小錢三，小鐵錢三當銅錢一，河東小鐵錢如陝西，亦以三當一，且罷官所置爐。」自是姦人稍無利，猶未能絶濫錢。其後，詔商州罷鑄青黄銅錢，又令陝西大銅錢、大鐵錢皆以一當二，盗鑄乃止。然令數變，兵民耗于資用，類多咨怨，久之始定。方大錢之行，有劉羲叟者語人曰：「是於周景王所鑄無異，上其感心腹之疾乎。」已而果然，語在本傳。

徽宗嗣位，通判鳳州馬景夷言：「陝西自去年罷使銅錢，續遣官措置錢法，術聞有深究錢幣輕重灼見利害者。銅錢流注天下，雖千百年未嘗有輕重之患。獨鐵錢局於一路，所可通交易有無者，限以十州之地，欲無滯礙，安可得乎？又諸州錢監鼓鑄不已，歲月增多，以鼓鑄無窮之錢，而供流轉有限之用，更數十年，積滯一隅，暴如丘山，公私爲害，又倍於今日矣。謂宜弛其禁界，許鄰近陝西、河東等路特不入京城外，凡解鹽地州縣並許通行折二鐵錢。如此則流注無窮，久遠自無輕重之患。」繼而言者謂：「鐵錢重滯，難以齎遠，民間皆願復用銅錢。當公私匱乏之時，諸路州縣官私銅錢積貯萬數，反無所用。」乃詔銅鐵錢聽民間通行，而銅錢止用糴買。

**《金史·食貨志》** 若錢法之變，則鼓鑄未廣，斂散無方，已見壅滯。初恐官庫多積，錢不及民，立法廣布。繼恐民多匿錢，乃設存留之限，開告訐之路，犯者繩以重罰，卒莫能禁。州縣錢艱，民間自鑄，私錢苦惡特甚。乃以官錢五百易其一千，其策愈下。及改鑄大錢，所准加重，百計流通，卒莫獲效。濟以鐵錢，鐵不可用，權以交鈔，錢重鈔輕，相去懸絶，物價騰踊，鈔至不行。權以銀貨，銀弊又滋，救亦無策，遂罷銅錢，專用交鈔、銀貨。然而二者之弊乃甚於錢，在官利於用大鈔，而大鈔出多，民益見輕。在私利於得小鈔，而小鈔入多，國亦無補。於是，禁官不得用大鈔，已而恐民用銀而不用鈔，則又責民以鈔納官，以示必用。先造二十貫至百貫例，後造二百貫至千貫例，先後輕重不倫，民益眩惑。及不得已，則限以年數，限以地方，公私受納限以分數，由是民疑日深。其間，易交鈔爲寶券，寶券未久更作通寶，准銀并用。通寶未久復作寶泉，寶泉未久織綾印鈔，名曰珍貨。珍貨未久復作寶會，迄無定制，而金祚訖矣。

**清·孫承澤《春明夢餘録》卷三八《户部四·寶泉局》** 議遏銅流

自三品之貢興，而黄、白、赤金世爲天下幣。漢而後，佛、老象教盛行於域中，寺若觀糜黄金者億億計，而天下刻鏤、織作、錘治爲冠服、衣履、什物者又不可勝原，故黄金日銷而赤金乃大行，已亦漸貴，固其理也。夫有利之源，有利之權。利源之消長在天地，利權之操縱在人主。昔之善議鑄者無若漢二賈。山之言曰：民不應與主共柄；誼之言曰：銅畢歸於上，則博禍可除，而七福可致。今天下姦民私鑄，陰持主柄以厲公錢，果如誼言。上收銅勿令布下，民安所得銅而私鑄之？故收銅之説，持柄息奸之要術也。劉秩曰：鑄錢之用不贍者，在乎銅貴。銅貴之由，在乎採用者衆耳。夫銅以爲兵則不如鐵，以爲器則不如漆，禁之無害。使銅無所用，則銅益賤，則錢之用給矣。又銅不布下，則盗鑄者無因而鑄，則公錢不破。公錢不破，則人不犯死刑，錢又日增，末復利矣。斯言可謂曲盡。自漢先主取帳鈎銅鑄錢以充國用，唐大曆中，嚴天下用銅器之禁。貞元九年，張滂奏請國家錢少，損失多門，興販之徒潛將銅錢一千爲銅六斤，造做物器，則斤直六百餘，有利既厚，銷鑄遂多，江淮之間，錢實滋耗。伏請除鑄鏡外，一切禁斷。如有銷錢爲銅者，以盗鑄錢罪論。宋朝鑄錢比前代最多，銅禁最嚴，大抵國計仰給於此。自熙寧間王安石一變其法，而國用日耗。聖祖始定天下，令軍民惟鑄鑑及軍器，又禪門鐘、磬、鐃、鈸得用銅，此外并收之官，有私藏者禁。嘉靖六年，題准但有銷鎔舊錢及今制錢造作銅像、銅器等項，比盗鑄律科斷。隆慶元年，部議：軍民之家，但有廢銅願實者，聽赴所在有司易錢、易銀，照舊給價。宜申明前例，嚴藏銅之禁，行收銅之法。民間私藏銅器及造作銅像、銅器被告發者，比盗鑄律，罪無赦。市有鬻銅器者，罪亦如之。官收民銅，給銀若錢，視銅之直。如有爐座處所，於存留錢糧内動支，其銅即以充鑄；如無爐座處所，於起解錢糧内動支，准將銅估抵解京。夫民以無用之銅易有用之鏹，其何苦而不輸之於官？官可藉爲續鑄之資，而無費於公帑之金，又何憚而不收之民？況銅藏於民，銅衹銅耳，而私藏有罪。銅一入官，銅盡錢也，而國家日富。聖主所以獨持大柄而利天下者，無出於此。

又　錢法

夫金、銀者，產於地，人得而私之。鈔者，製於官，惟上得而增損。故鈔法日廢。而民間有換易之苦，水火之苦，故亦不甚便。有收課者，漸改鈔而爲銀。收者爲銀，則用者愈阻，遂爲一貫之鈔，法值銀一兩者，而僅折銀三二釐不等。商課日虧，官祿日薄，而祖宗之良法盡矣。夫金、銀者，產於地，人得而私之。鈔者，製於官，惟上得而增損之，以天下之主，筦天下之命，道至順也。然大寶不可以獨擅，重利不可以獨居，故以國初之法令，而終不能得之於天下，故可知也。然唐、宋之際，天下多事，甚於本朝，而猶不至甚貧者，以行錢法耳。銅之產，多於金、銀。而錢之法，上猶得筦其權。權在，則利存焉。今錢法非不行，而行錢之地，天下十不及二。私錢之廣，百倍於官。官非不知鼓鑄之利，而苦於銅之不繼。不知銅之匱，一匱於器飾，再匱於私鑄耳。今縣官雖議加鑄，而涓滴不足濟。愚以舉一政而可措天下於富者，錢法是也。今言加鑄者，莫利於南京。試以南京之法，准之每爐七人。盡七人一日之力，可得錢萬文。每千錢爲銅九觔，觔價八分，共爲價七兩二錢。人給工銀五分。爐給炭價二錢。共費七兩七錢五分，而可得錢萬文。如國初之制，每千文值銀一兩，則是一爐之鑄，日得利二兩二錢五分也。如國初之制，每布政司各開寶源局，大約兩都之局，可置千爐，藩司之局截補之，間不減五百，則是舉天下之大，而可共得一萬三千五百爐也。每爐歲鑄百日，即可得錢一千三百五十萬緡，度其餘利，值銀三百三萬八千五百兩。宋時二十六監，永通一監歲鑄八十萬緡，他可知矣。銅之值不等，以南之賤，補北之貴，召商責辦，所去不遠，苟非官商而擅易銅者，殺無赦。銅非一種，俱可兼鑄，故唐、宋之制，禁不得他用。至王安石鑄鐵錢，弛其禁，而錢法遂壞。今當修復此法，命見用器飾，自鏡金、樂器、古代鼎彝外，俱勒上之於官。每淨銅一觔，給錢一百二十文。有故匿者，沒其家，以半賞告者。所收之銅，加之鉛藥，所費尚不及八分。而民間除鏡金、樂器聽錢局帶造市易，餘以錫鐵代之，無所不便。品官之應用銅者，亦量爲改易。銅屋、銅像，更屬不經，先銷之以爲民望。有私鑄者，朝報夕誅，沒家賞告亦如匿銅。其錢之式，如邱文莊之議，改而爲篆，尤可一新耳目。其錢之名，當改爲大明通寶，使萬世行之，而無新舊之阻。天下舊錢，使上之於官。古錢計如銅之價，私錢銷淨而計之。本朝之錢，以十易五。萬曆之錢，以十易八。京師錢貴之地，稍爲通融，則改銷之間，亦不加費。收徵之法，盡棄銀不用，民不得不易錢以應上，則民間交易，不必盡禁金、銀，而錢自不得不行。錢行之後，漸如國初，鑄當三、當五、十者，以便賚發。一以銅之輕重，準當之多寡，而工價猶可稍省焉。此法一立，則有司不得加火耗，貪吏不得資滿載，猾胥巨寇俱難爲奸。成色不分，三尺難欺。一舉百利，莫此爲甚。惟轉運之間，稍須人力。然費小利大，古行而無害。昔宋末兵興，歲加民錢七千二百萬緡。苟求七千二百萬之銀，則今京庫十八年之供也，雖吮血敲髓，何以得之？唐宋所以不貧之故，可以得矣。故曰：舉一政而可以措天下於富者，此也。

前代生財之法，較之今日，尚缺一大政焉，錢法是已。錢者，泉也。如水之行地中，不可一日廢者。從成周、兩漢、唐、宋以來，見之史籍，一一可覩。未有用銀廢錢，如今日之甚者也。而用錢之多，鑄錢之盛也，尤莫如宋。故宋太祖欲積錢至五百萬，贖山後諸郡於遼。又宋之饒處江寧等處，皆其鼓鑄之地。今各處有發地得窖錢者。其餘書史所嘗言幾百萬，無慮鉅萬。累鉅萬之說，率多以錢計。今去宋不遠，故所用錢多宋之物。夫用錢，則民生日裕；鑄錢，則國計益饒，惟人主得爲之。故又曰：錢者，權也。此經國足用之大政，奈何廢而不舉？昔漢文帝之寵鄧通也，曰吾能富之，賜以蜀山之銅，而鄧氏之錢滿天下。吴王濞擅鑄山之利，而輒稱兵，漢廷與之抗。夫以竊一日之權，尚足以得民而抗漢，況以萬乘而自振，其權可曚用哉？今之爲計者，謂錢法之難有二：一曰，利不酬本。然計本利於出入民間之筭，非天府之筭也。夫天府之筭，以山海之產爲材，以億兆之力爲工，以修潔英達之士爲役，果何本而何利哉？誠將天下產銅之處，贖軍徒以下之罪，而定其則，以收銅。於西山產煤之窯，以法司有罪之人，而准其罪以納炭。其運銅，則通水路者，附以官民之舟，如臨清帶磚之例；通陸路者，資以驛遞之力，而給之官庫之錢。其運炭，則出官庫之錢，或官運，或召買。於人工，取之見役而足，則又不煩銀兩可辦也。其二曰，民不願行。强之恐厲民，然累朝行之，至稱爲錢神。嘉靖、萬曆以前，五六百文而值一兩也。蓋錢比鈔異，於小民無不利也。獨所不便者，姦豪爾：一曰盜不便，一曰官爲姦弊不便，一曰商賈持挾不便，一曰豪家蓋藏不便。此數不便者，於小民無與也。且朝廷施恩澤自無告始，行法令自貴近始。豈惟貴近，自朝廷始可也。凡追抵贖者，除折穀外，而責之以納錢；上事例者，除二分納銀外，一分以納錢。存留户口，則兼收錢、穀；商稅、課程，則純用收錢。此謂自朝廷始。又因而賜予之費，宗室之禄，百官之俸，則銀錢兼支。又因而驛遞應付僱夫、僱馬，則惟錢是用。

又因而軍旅之餉，則分其主客，量其遠近，或以代布花，或以充折色。此謂自貴近始矣。此數者，有出有入，而民間無底滯之患。輕斂輕散，而官府有餘積之藏。著之以必行之令，遲之以歲月之效。久之，而本末兼利，公私循環，天下之青銅俱化爲白鏹矣。昔永樂中，下令：有以金、銀、貨物交易者，輒没給告者。然不徒責之下也。又令：各處税糧，課程，贓罰，俱准折收。此固血脉流通之意，所謂泉也。而法以佐之，所調權也。

**又　卷四七《工部二・寶源局》**　萬曆中，給事中郝敬錢法議：錢者，古帝王經國之良法也。天生五金，并爲民利，而金、銀最少，鐵、錫太賤，惟銅爲適中，古今之通幣也。因其自然之利，濬其不竭之源，存乎人與法耳。今海内行錢，惟北地一隅；自大江以南，强半用銀。即北地，惟民間貿易，而官帑出納，仍用銀。則錢之所行無幾耳。舉天下之人，用其最少者，若之何不匱？况逐年九邊之費，往而不返，頃者天府之入，又閉而不出。銀非雨之自天，非湧之自地，非造之自人，奈何不竭？竭而强取則民病，取之不得則國病，必然之勢也。惟銅則不然，二百餘年來，錢法不修，天下廢銅在民間爲供俱什器者不知幾千萬億；其産於各處名山者，豪姓大賈負販以擅厚利，又不知幾千萬億。假使盡天下之銅化而爲錢，則盡天下之銅皆可貿銀而歸之太倉，以助司農之急。蓋銅因於山，自然不費；而錢成於人，鑄造無窮。上不動朝廷錙銖，而厚裨於國；下不朘閭閻膏血，而陰厚於民，生財之道，無踰於此。乃格於議論，束手坐視，莫肯决行，是管仲、計然之所揶揄而竊笑也。

**清・屈大均《廣東新語》卷一五《貨語・銀》**　夫用銀何始乎？顧炎武云，唐宋以前，上下通行之貨，一皆以錢而已，未嘗用銀。《漢志》言，秦幣二等，而珠、玉、龜、貝、銀、錫之屬，爲器飾寶藏，不爲幣。孝武始造白金三品，尋廢不行。《舊唐書》：憲宗元和三年六月，詔曰，天下有銀之山，必有銅鑛。銅者可資於鼓鑄，銀者無益於生人。其天下自五嶺以北，見採銀坑，並宜禁斷。《通典》：梁初唯京師及三吴、荆、郢、江、湘、梁、益用錢。其餘州郡，則雜以穀帛交易。交廣之域，則全以金銀爲貨。而韓愈奏狀亦言，五嶺買賣一以銀。元稹奏狀言，自嶺已南，以金銀爲貨幣。自嶺已外，以鹽帛爲交易。黔巫溪峽，用水銀、朱砂、繒、彩、巾、帽以相市。《宋史》：仁宗景祐二年，詔諸路歲輸緡錢。福建、二廣易以銀，江東以帛。《金史・食貨志》：舊例銀每錠五十兩，其直百貫。《舊唐書・哀帝紀》：内庫出方圓銀二千一百七十二兩，充見任文武常參官救接。是知前代銀皆是鑄成，民間或有截鑿之者，其價亦隨低昂，遂改鑄銀，名承安寶貨。一兩至十兩分五等，每兩折錢二貫，公私同見錢用。又云，更造興定寶泉，每貫當通寶五十。又以綾印製元光珍貨，同銀鈔及餘鈔行之。行之未久，銀價日貴，寶泉日賤，民但以銀論價。至元光二年，寶泉幾於不用。哀宗正大間，民間但以銀市易，而不用錢。至於今日，上下通行用銀，皆忘其所以然矣。考之《元史》，歲課之數，爲銀至少。然則國賦之用銀，蓋不過三四百年耳。故今之言賦者，猶必曰錢糧。夫錢，錢也。糧，糧也。亦惡有所謂銀哉！嗟夫！用銀之爲害始於金。今有國者，不以唐宋以前爲法，上下通行之貨悉以錢，而獨仍金人之弊。其欲財用之充足也，不其難乎哉？夫二廣歲輸制以銀，以其地不産銅耳。如天下皆不用銀，則二廣亦不能獨用。二廣不能獨用，而二廣之民於是乎而不窮矣。嗟夫！古之爲富者，菽粟而已。爲其交易也，不得已而以錢權之。三代之賦，粟也，非錢也。漢唐之賦，粟也，錢也，帛也，非銀也。用銀始於閩、粤，以其地坑冶多而海舶利耳。然今二者皆不如昔。使能與天下十五省直悉廢銀不用，皆以錢，以糧，以布帛及諸上物易之，上之人以節儉倡率，禁瑰貨，絶淫巧，賤賈而貴農，將使黄金與土同價。復見今日，斯言必非荒謬也。

**清・華玉淳《錢幣考・序》**　古者幣有三等，珠玉爲上，黄金爲中，刀布爲下。而刀布之用尤廣，後世易之以錢，其制蓋防於九府圜法，大小代殊，而肉好之式未之有改。夫珠玉黄金遠而難得，民之所有者，五穀布帛而已。穀帛之用，多則有齎運之艱，寡則有分割之耗，故先王製錢以爲貨，以濟粟帛之用而通有無。百物之貴賤，胥於是權焉。錢之繫於天下也大矣！然必輕重適其平，而後公私便。質重，則姦民盜銷爲器以牟利。惜銅愛工，則錢薄惡而僞鑄興。蓋利之所在，弊亦叢之。有國家者，操利人之柄，權得中之宜，制度本末，具有成憲，亦在以人用法，有以持其敝而已。乾隆庚申，余在江右，客或言錢少而貴，宜倣古鑄大錢以權之。或又言宜行鈔法，可歲省採銅之費。余謂常十當百等錢，在昔非迫于軍興，即由於罔利，久則仍歸當一。小民疑慮，物價亦從而昂，且利博而私鑄必衆。鈔有昏壞之弊，人不寶貴。又以虚代實，亦恐一旦廢棄，便成虧折。二者皆無益於民，而易以爲姦。及其不便，勢必更法，輕重無常，民必重困。因歷舉前史證之。凡係太平有道之世，錢俱不甚相遠。自新莽更造泉布，農桑失業，百姓憂怨。南北朝屢變而弊益滋，唐之乾封、乾元，宋之慶曆，俱以錢重物壅，盜鑄紛起，不久即罷。熙寧以後，錢法逾壞，然司馬當國，則元祐之世折二錢幾廢不行。蔡京秉政，則崇寧大觀之錢重逾常格。統前後觀之，治亂得失之故，曉然可覩矣。鈔法之行，在宋已不勝其弊，及明尤甚。至一貫不能直錢一文，公私折閱，不既多乎！然則錢制之善固莫如本朝，不必輕言變法也。聞者頗以余言爲然。余懼夫二説者之有病於錢法，因考歷代錢幣之制，著其銅齊精粗、形質大小、銖兩輕重，與其利弊，名臣所論列，合爲一編，而私錢異品亦間附之，聊以補古人泉志、泉譜之未備云。

**佚名《銅政便覽·局鑄上》**　《説文》曰：古者貨貝而寶龜，至周有泉，秦乃廢(員)[貝]行泉。滇自唐宋以前，皆用貝子，至元大德九年[一三〇五年]，始以鈔貝參用。明嘉靖三十四年[一五五五年]，詔滇省鑄錢三千三百餘萬串送部，雲南之鑄錢自此始。後或仍解京或充黔餉，大抵民間猶用海貝，初不以此爲重也。國朝順治十七年[一六六〇年]，雲南設局開鑄始，停於康熙九年[一六七〇年]，再開於二十一[一六八二年]、四[一六八五年]、七[一六八八年]等年，旋以錢法壅賤，復行停止，中間興廢不一。至雍正元年[一七二三年]而章程始備。夫滇産銅斤運京，所供採買，凡以爲鼓鑄。一則滇南本省之鼓鑄，實於銅政之成。雖産銅之區，官錢而外，冶鎔煉炭罔敢作姦。而增置損益，時有廢通。固操籌總算者，所當於開採鎔煉之外，更謀調劑者焉，志局鑄。

**清·龍文彬《明會要》卷五五《食貨三·錢法》**　山西巡撫靳學顏上書議鑄錢，曰：「臣覩天下之民，皇皇以匱乏爲慮者，非布帛五穀不足也，銀不足耳。夫銀寒不可衣，饑不可食，不過貿遷以通衣食之用，獨奈何用銀而廢錢？錢益廢，銀益獨行。獨行則藏益深，而銀益貴，貨益賤，而折色之辨益難。豪右乘其賤收之，時其貴出之。銀積於豪右者愈厚，行於天下者愈少。更踰數十年，臣不知所底止矣。錢者泉也，如水之在地中，不得一日廢。計者謂錢法之難有二：利不售本，民不願行：此皆非也。夫朝廷以山海之産爲材，以億兆之力爲工，以賢士大夫爲役，何本之費？誠令民以銅炭贖罪，而匠役取之營軍，一指麾間，錢徧天下矣。至不願行錢者，獨奸豪耳。請自今事例罰贖、徵税、賜賚、宗禄、官俸、軍餉之屬，悉銀錢兼支。上以是徵，下以是輸，何患其不行哉？」《靳學顏傳》。

大學士邱濬言：「自古論錢法者，惟南齊孔顗『不惜銅，不愛工』二語，爲萬世不易之良法。體質厚而肉好適均，製作工而輪廓周正，本多而工費，雖驅之使鑄，彼亦不爲矣，況冒禁而盜爲之者哉？然自太府圜法以來，以銅爲泉，或半兩，或榆莢，或八銖、四銖，惟漢之五銖爲得其中。五銖之後，或赤仄，或當千，或鵝眼、綖環，或荷葉，惟唐之開元爲得其中。二者之外，當三、當十、當百，皆行之不久而遽變。惟其質製如開元者，則至今通行焉。惜古鑄之存世者無幾，凡市肆流行而通使者，皆盜鑄之僞物耳！爲今之計，莫若拘盜鑄之徒以爲工，收新造之錢以爲銅；本孔顗此説，別爲一種，以新天下之耳目，革天下之宿弊。每錢以十分爲重，中間錢文必以古篆，或用年號別製佳名；輪廓之旁，周迴鑿以花紋；每文計用銅十五分。令天下輸舊錢於官，以易新錢。所得舊錢，週以細紋，如新錢製式，然後散之天下。仍詔非此二樣錢勿用。則錢法流通而公私俱便。」又曰：「本朝製銅錢、寶鈔，相兼行使。然錢之弊在於僞，鈔之弊在於多。請稽古三幣之法：以銀爲上幣，錢爲中幣，鈔爲下幣；以中下二幣爲公私通用之具，而準上幣以權之焉。蓋自國初以來，有銀禁，恐其或閡錢鈔也，而錢之用不出於閩廣。宣德、正統以後，錢始用於西北。自天順、成化以來，鈔之用益微矣。欲如初制，每一貫準錢一千、銀一兩，以復初制之舊，必不可也。今莫若銀與錢鈔相權而行：每銀一分易錢十文；新製之鈔，每貫易錢十文；四角完全未中折者，每貫易錢五文；中折者，三文；昏爛而有一貫字者，一文。通詔天下以爲定制，而嚴立擅自加減之罪；則銀與錢鈔交易之數，一定而永不易矣。」

# 綜述

**《史記·平準書》**　至孝文時，莢錢益多，輕，乃更鑄四銖錢，其文爲「半兩」，令民縱得自鑄錢。故吴，諸侯也，以即山鑄錢，富埒天子，其後卒以叛逆。鄧通，大夫也，以鑄錢財過王者。故吴、鄧氏錢布天下，而鑄錢之禁生焉。

而富商大賈或蹛財役貧，轉轂百數，廢居居邑，封君皆低首仰給，冶鑄煑鹽，財或累萬金，而不佐國家之急，黎民重困。於是天子與公卿議，更錢造幣以贍用，而摧浮淫并兼之徒。是時禁苑有白鹿而少府多銀錫。自孝文更造四銖錢，至是歲四十餘年，從建元以來，用少，縣官往往即多銅山而鑄錢，民亦閒盜鑄錢，不可勝數。錢益多而輕，物益少而貴。有司言曰：「古者皮幣，諸侯以聘享。金有三等，黄金爲上，白金爲中，赤金爲下。今半兩錢法重四銖，而姦或盜摩錢裏取鋊，錢益輕薄而物貴，則遠方用幣煩費不省。」乃以白鹿皮方尺，緣以藻績，爲皮幣，直四十萬。王侯宗室朝覲聘享，必以皮幣薦璧，然后得行。

又造銀錫爲白金。以爲天用莫如龍，地用莫如馬，人用莫如龜，故白金三品：其一曰重八兩，圜之，其文龍，名曰「白選」，直三千；二曰以重差小，方之，其文馬，直五百；三曰復小，撱之，其文龜，直三百。令縣官銷半兩錢，更鑄三銖錢，文如其重。盜鑄諸金錢罪皆死。而吏民之盜鑄白金者不可勝數。

有司言三銖錢輕，易姦詐，乃更請諸郡國鑄五銖錢，周郭其下，令不可磨取鋊焉。

《漢書・食貨志》其後百餘年，周景王時患錢輕，將更鑄大錢，單穆公曰：「不可。古者天降災戾，於是乎量資幣，權輕重，以救民。民患輕，則爲之作重幣以行之，於是有母權子而行，民皆得焉。若不堪重，則多作輕而行之，亦不廢重，於是乎有子權母而行，小大利之。今王廢輕而作重，民失其資，能無匱乎？民若匱，王用將有所乏，乏將厚取於民；民不給，將有遠志，是離民也。且絕民用以實王府，猶塞川原爲潢洿也，竭亡日矣。王其圖之。」弗聽，卒鑄大錢，文曰「寶貨」，肉好皆有周郭，以勸農澹不足，百姓蒙利焉。

秦兼天下，幣爲二等：黃金以溢爲名，上幣；銅錢質如周錢，文曰「半兩」，重如其文。而珠玉龜貝銀錫之屬爲器飾寶臧，不爲幣，然各隨時而輕重無常。

漢興，以爲秦錢重難用，更令民鑄莢錢。黃金一斤。而不軌逐利之民畜積餘贏以稽市物，痛騰躍，米至石萬錢，馬至匹百金。天下已平，高祖乃令賈人不得衣絲乘車，重稅租以困辱之。孝惠、高后時，爲天下初定，復弛商賈之律，然市井子孫亦不得(宦爲吏)[爲官吏]。孝文五年，爲錢益多而輕，乃更鑄四銖錢，其文爲「半兩」。除盜鑄錢令，使民放鑄。賈誼諫曰：上不聽。是時，吳以諸侯即山鑄錢，富埒天子，後卒叛逆。鄧通，大夫也，以鑄錢財過王者。故吳、鄧錢布天下。

自造白金五銖錢後五歲，而赦吏民之坐盜鑄金錢死者數十萬人。其不發覺相殺者，不可勝計。赦自出者百餘萬人。然不能半自出，天下大氐無慮皆鑄金錢矣。犯法者衆，吏郡國鑄錢，民多姦鑄，師古曰：「謂巧鑄之，雜鉛錫。」錢多輕，而公卿請令京師鑄官赤仄，一當五，賦官用非赤仄不得行。白金稍賤，民弗寶用，縣官以令禁之，無益，歲餘終廢不行。是歲，湯死而民不思。其後二歲，赤仄錢賤，民巧法用之不便，又廢。於是悉禁郡國毋鑄錢，專令上林三官鑄。錢既多，而令天下非三官錢不得行，諸郡國前所鑄錢皆廢銷之，輸入其銅三官。而民之鑄錢益少，計其費不能相當，唯真工大姦乃盜爲之。

自孝武元狩五年三官初鑄五銖錢，至平帝元始中，成錢二百八十億萬餘云。

王莽居攝，變漢制，以周錢有子母相權，於是更造大錢，徑寸二分，重十二銖，文曰「大錢五十」。又造契刀、錯刀。契刀，其環如大錢，身形如刀，長二寸，文曰「契刀五百」。錯刀，以黃金錯其文，曰「一刀直五千」。張晏曰：「案今所見契刀、錯刀，形質如大錢，而肉好輪厚異於此。大錢形如大刀環矣，契刀身形圓，不長二寸也。其文左曰『契』，右曰『刀』，無『五百』字也。錯刀則刻之作字也，以黃金填其文，上曰『一』，下曰『刀』。二刀泉甚不與志相應也，似扎單差錯，文字磨滅故耳。」師古曰：「張説非也。王莽錢刀今並尚在，形質及文與志相合，無差錯也。」與五銖錢凡四品，並行。

莽即真，以爲書「劉」字有金刀，乃罷錯刀、契刀及五銖錢，而更作金、銀、龜、貝、錢、布之品，名曰「寶貨」。

小錢徑六分，重一銖，文曰「小錢直一」。次七分，三銖，曰「幺錢一十」。次八分，五銖，曰「幼錢二十」。次九分，七銖，曰「中錢三十」。次一寸，九銖，曰「壯錢四十」。因前「大錢五十」，是爲錢貨六品，直各如其文。

黃金重一斤，直錢萬。朱提銀重八兩爲一流，直一千五百八十。師古曰：「朱提，縣名，屬犍爲，出善銀。朱音殊。提音上支反。」它銀一流直千。是爲銀貨二品。

元龜岠冉長尺二寸，直二千一百六十，爲大貝十朋。公龜九寸，直五百，爲壯貝十朋。侯龜七寸以上，直三百，爲幺貝十朋。子龜五寸以上，直百，爲小貝十朋。是爲龜寶四品。

大貝四寸八分以上，二枚爲一朋，直二百一十六。壯貝三寸六分以上，二枚爲一朋，直五十。幺貝二寸四分以上，二枚爲一朋，直三十。小貝寸二分以上，二枚爲一朋，直十。不盈寸二分，漏度不得爲朋，率枚直錢三。是爲貝貨五品。

大布、次布、弟布、壯布、中布、差布、厚布、幼布、幺布、小布。小布長寸五分，重十五銖，文曰「小布一百」。自小布以上，各相長一分，相重一銖，文各爲其布名，直各加一百。上至大布，長二寸四分，重一兩，而直千錢矣。是爲布貨十品。師古曰：「布亦錢耳。謂之布者，言其分布流行也。」

凡寶貨五物，六名，二十八品。

鑄作錢布皆用銅，殽以連錫，文質周郭放漢五銖錢云。其金銀與它物雜，色不純好，龜不盈五寸，貝不盈六分，皆不得爲寶貨。元龜爲蔡，非四民所得居，有者，入大卜受直。

後五歲，天鳳元年，復申下金銀龜貝之貨，頗增減其賈直。而罷大小錢，改作貨布，長二寸五分，廣一寸，首長八分有奇，廣八分，其圜好徑二分半，足枝長八分，間廣二分，其文右曰「貨」，左曰「布」，重二十五銖，直貨泉二十五。貨泉徑一寸，重五銖，文右曰「貨」，左曰「泉」，枚直一，與貨布二品並行。

**晉·葛洪《西京雜記》卷三**　鄧通錢與吳王錢　文帝時，鄧通得賜蜀銅山，聽得鑄錢，文字肉好皆與天子錢同，故富侔人主。時吳王亦有銅山鑄錢，故有吳錢，微重，文字肉好與漢錢不異。

**《魏書·食貨志》**　魏初至於太和，錢貨無所周流，高祖始詔天下用錢焉。十九年，冶鑄粗備，文曰「太和五銖」，詔京師及諸州鎮皆通行之。內外百官祿皆准絹給錢，絹匹爲錢二百。在所遣錢上備爐冶，民有欲鑄，聽就鑄之，銅必精練，無所和雜。世宗永平三年冬，又鑄五銖錢。肅宗初，京師及諸州鎮或鑄或否，或有止用古錢，不行新鑄，至商貨不通，貿遷頗隔。

建義初，重盜鑄之禁，開糾賞之格。至永安二年秋，詔更改鑄，文曰「永安五銖」，官自立爐，起自九月至三年正月而止。官欲貴錢，乃出藏絹，分遣使人於二市賣之，絹匹止錢二百，而私市者猶三百。利之所在，盜鑄彌衆，巧僞既多，輕重非一，四方州鎮，用各不同。

遷鄴之後，輕濫尤多。武定初，齊文襄王奏革其弊。於是詔遣使人詣諸州鎮，收銅及錢，悉更改鑄，其文仍舊。然姦僥之徒，越法趨利，未幾之間，漸復細薄。六年，文襄王以錢文五銖，名須稱實，宜稱錢一文重五銖者，聽入市用。計百錢重一斤四兩二十銖，自餘皆準此爲數。其京邑二市、天下州鎮郡縣之市，各置二稱，懸於市門，私民所用之稱，皆準市稱以定輕重。凡有私鑄，悉不禁斷，但重五銖，然後聽用。若入市之錢，重不五銖，或雖重五銖而多雜鉛鑞，並不聽用。若有輒以小薄雜錢入市，有人糾獲，其錢悉入告者。其小薄之錢，若即禁斷，恐人交乏絶。畿內五十日，外州百日爲限。羣官參議，咸以時穀頗貴，請待有年。上從之而止。

**《晉書·食貨志》**　及董卓尋戈，火焚宮室，乃劫鑾駕，西幸長安，悉壞五銖錢，更鑄小錢，盡收長安及洛陽銅人飛廉之屬，以充鼓鑄。又錢無輪郭，文章不便。時人以爲秦始皇見長人於臨洮，乃鑄銅人。

**《隋書·食貨志》**　後周之初，尚用魏錢。及武帝保定元年七月，乃更鑄布泉之錢，以一當五，與五銖並行。時梁、益之境，又雜用古錢交易。河西諸郡，或用西域金銀之錢，而官不禁。建德三年六月，更鑄五行大布錢，以一當十，大收商估之利，與布泉錢並行。四年七月，又以邊境之上，人多盜鑄，乃禁五行大布，不得出入四關，布泉之錢，聽入而不聽出。五年正月，以布泉漸賤而人不用，遂廢之。初令私鑄者絞，從者遠配爲户。齊平已後，山東之人，猶雜用齊氏舊錢。至宣帝大象元年十一月，又鑄永通萬國錢。以一當十，與五行大布及五銖，凡三品並用。

陳初，承梁喪亂之後，鐵錢不行。始梁末又有兩柱錢及鵝眼錢，于時人雜用，其價同，但兩柱重而鵝眼輕。私家多鎔錢，又間以錫鐵，兼以粟帛爲貨。至文帝天嘉五年，改鑄五銖。初出，一當鵝眼之十。宣帝太建十一年，又鑄大貨六銖，以一當五銖之十，與五銖並行。後還當一，人皆不便。乃相與訛言曰：「六銖錢有不利縣官之象。」未幾而帝崩，遂廢六銖而行五銖。竟至陳亡。其嶺南諸州，多以鹽米布交易，俱不用錢云。

齊神武霸政之初，承魏猶用永安五銖。遷鄴已後，百姓私鑄，體制漸别，遂各以爲名。有雍州青赤，梁州生厚、緊錢、吉錢，河陽生澀、天柱、赤牽之稱。冀州之北，錢皆不行，交貿者皆以絹布。神武帝乃收境內之銅及錢，仍依舊文更鑄，流之四境。未幾之間，漸復細薄，姦僞競起。文宣受禪，除永安之錢，改鑄常平五銖，重如其文。其錢甚貴，且製造甚精。至乾明、皇建之間，往往私鑄。鄴中用錢，有赤熟、青熟、細眉、赤生之異。河南所用，有青薄鉛錫之别。青、齊、徐、兗、梁、豫州，輩類各殊。武平已後，私鑄轉甚，或以生鐵和銅。至于齊亡，卒不能禁。

高祖既受周禪，以天下錢貨輕重不等，乃更鑄新錢。背面肉好，皆有周郭，文曰「五銖」，而重如其文。每錢一千，重四斤二兩。是時錢既新出，百姓或私有鎔鑄。三年四月，詔四面諸關，各付百錢爲樣。從關外來，勘樣相似，然後得過。樣不同者，即壞以爲銅，入官。詔行新錢已後，前代舊錢，有五行大布、永通萬國及齊常平，所在用以貿易不止。四年，詔仍依舊不禁者，縣令奪半年祿。然百姓習用既久，尚猶不絶。五年正月，詔又嚴其制。自是錢貨始一，所在流布，百姓便之。是時見用之錢，皆須和以錫鑞。錫鑞既賤，求利者多，私鑄之錢，不可禁約。其年，詔乃禁出錫鑞之處，並不得私有採取。十年，詔晉王廣，聽於揚州立五鑪鑄錢。其後姦狡稍漸磨鑢錢郭，取銅私鑄，又雜以錫錢，遞相放效，錢遂輕薄。乃下惡錢之禁。京師及諸州邸肆之上，皆令立榜，置樣爲准。不中樣者，不入於市。十八年，詔漢王諒，聽於并州立五鑪鑄錢。是時江南人間錢少，晉王廣又聽於鄂州白紵山有銅鉚處，錮銅鑄錢。於是詔聽置十鑪鑄錢。又詔蜀王秀，聽於益州立五鑪鑄錢。是時錢益濫惡，乃令有司，括天下邸肆見錢，非官鑄者，皆毁之，其銅入官。而京師以惡錢貿易，爲吏所執，有死者。數年之間，私鑄頗息。大業已後，王綱弛紊，巨姦大猾，遂多私鑄，錢轉薄惡。初每千猶重二斤，後漸輕至一斤。或翦鐵鍱，裁皮糊紙以爲錢，相雜用之。貨賤物貴，以至於亡。

**唐・李吉甫《元和郡縣圖誌》卷一四《河東道三・蔚州・飛狐縣》** 三河冶，舊置鑪鑄錢，至德以後廢。元和七年，中書侍郎平章事李吉甫奏：「臣訪聞飛狐縣三河冶銅山約數十里，銅鑛至多，去飛狐錢坊二十五里，兩處同用拒馬河水，以水斛銷銅，北方諸處，鑄錢人工絶省，所以平日三河冶置四十鑪鑄錢，舊跡並存，事堪覆賁。今但得錢本，令本道應接人夫，三年以來，其事即立，救河東困竭之弊，成易，定援接之形。制置一成，久長獲利。」詔從之。共年六月起工，至十月置五鑪鑄錢，每歲鑄成一萬八千貫。時朝廷新收易，定，河東道久用鐵錢，人不堪弊，至是俱受利焉。

**又 卷二八《江南道四・宣州・南陵縣》** 梅根監，在縣西一百三十五里。梅根監並宛陵監，每歲共鑄錢五萬貫。

**《舊唐書・食貨志上》** 則天長安中，又令懸樣於市，令百姓依樣用錢。俄又簡擇艱難，交易留滯，又降敕非鐵錫、銅蕩、穿穴者，並許行用。其有熟銅、排斗、沙澀、厚大者，皆不許簡。自是盜鑄蜂起，濫惡益衆。江淮之南，盜鑄者或就陂湖、鉅海、深山之中，波濤險峻，人跡罕到，州縣莫能禁約。以至神龍、先天之際，兩京用錢尤濫。其郴、衡私鑄小錢，纔有輪郭，及鐵錫五銖之屬，亦堪行用。乃有買錫鎔銷，以錢模夾之，斯須則盈千百，便賫用之。

開元五年，車駕往東都，宋璟知政事，奏請一切禁斷惡錢。六年正月，又切斷天下惡錢，行二銖四絫錢。不堪行用者，並銷破覆鑄。至二月又敕曰：「古者聚萬方之貨，設九府之法，以通天下，以便生人。若輕重得中，則利可知矣；若真僞相雜，則官失其守。頃者用錢，不論此道。深恐貧窶日困，姦豪歲滋。所以申明舊章，懸設諸樣，欲其人安俗阜，禁止令行。」時江淮錢尤濫惡，有官鑪、偏鑪、稜錢、時錢等數色。璟乃遣監察御史蕭隱之充江淮使。隱之乃令率户出錢，務加督責。百姓乃以上青錢充惡錢納之，其小惡者或沉之於江湖，以免罪戾。於是市井不通，物價騰起，流聞京師。隱之貶官，璟因之罷相，乃以張嘉貞知政事。嘉貞乃弛其禁，人乃安之。

**又** 十四年六月，敕：「應屬諸軍諸使，更有犯時用錢每貫除二十文、足陌内欠錢及有鉛錫錢者，宜令京兆府枷項收禁，牒報本軍本使府司，差人就軍及看決二十。如情狀難容，復有違拒者，仍令府司聞奏。」

十五年八月，中書門下奏：「伏准羣官所議鑄錢，或請收市人間銅物，令州郡鑄錢。當開元以前，未置鹽鐵使，亦令州郡勾當鑄造。今若兩税盡納匹段，或慮兼要通用見錢。欲令諸道公私銅器，各納所在節度、團練、防禦、經略使，便據元敕給與價直，并折兩税。仍令本處軍人鎔鑄。其鑄本，請以留州留使年支未用物充，所鑄錢便充軍府州縣公用。當處軍人，自有糧賜，亦較省本，所資衆力，并收衆銅，天下併功，速濟時用。待一年後鑄器物盡，則停。其州府有出銅鉛可以開鑪處，具申有司，便令同諸監冶例，每年與本充鑄。其收市銅器期限，并禁鑄造買賣銅物等，待議定便令有司條流聞奏。其上都鑄錢及收銅器，續處分。將欲頒行，尚資周慮，請令中書門下兩省，御史臺并諸司長官商量，重議聞奏。」從之。

長慶元年九月，敕：「泉貨之義，所貴通流。如聞比來用錢，所在除陌不一。與其禁人之必犯，未若從俗定所宜，交易往來，務令可守。其內外公私給用錢，從今以後，宜每貫一例除墊八十，以九百二十文成貫，不得更有加除及陌内欠少。」

大和三年六月，中書門下奏：「準元和四年閏三月敕，應有鉛錫錢，並合納官，如有人糾得一錢，賞百錢者。當時敕條，貴在峻切，今詳事實，必不可行。只如告一錢賞百錢，則有人告一百貫錫錢，須賞一萬貫銅錢，執此而行，事無畔際。今請以鉛錫錢交易者，一貫已下，以州府常行決脊杖二十；十貫已下，決六十，徒三年，過十貫已上，所在集衆決殺。其受鉛錫錢交易者，亦準此處分。其用鉛錫錢，仍納官。其能糾告者，每一貫賞五千文，不滿貫者，準此計賞，累至三百千，仍且取當處官錢給付。其所犯人罪不死者，徵納家資，充填賞錢。」可之。

**《新五代史・閩世家・王繼鵬》** 延羲，審知少子也。既立，更名曦，遣使者朝貢于晉，改元永隆。鑄大鐵錢，以一當十。

**宋・趙彦衛《雲麓漫鈔》卷二** 後魏孝莊時用錢稍薄，高道穆曰：「論今據古，宜改鑄大錢，文載年號，以紀其始。」古錢中文有「太平五銖」、「太平百錢」，孫亮時亦有太平號，錢文所載則魏號也。

**宋・王林《燕翼詒謀録》卷三** 江南李唐舊用鐵錢，蓋因韓熙載建議，以鐵錢六權銅錢四，然銅錢之價相去甚遠，不可强也。江南末年，鐵錢十僅直銅錢一，江南平，民間不肯行用，轉運使樊若水請廢之。太平興國二年二月，詔官收民間鐵錢鑄爲農器，以給江北流民之歸附者，於是江南鐵錢盡矣。然川蜀、陝西用之如故，川蜀每鐵錢一貫重二十五斤，銅錢一當十三，小民鎔爲器用，賣錢二千，於是官錢皆爲小民盜銷，不可禁止。大中祥符七年，知益州淩策請改鑄，每貫重十二斤，銅錢一當十，民間無鉟銷之利，不復爲矣。慶曆初，知商州皮仲容議采洛南紅崖、虢州青水銅，置阜民、朱陽二監鑄大錢，一可當小錢三。以之當十，民間趨利，盜鑄不已。至八年，張方平、宋祁議以爲當更，乃詔改銅錢當十。先是慶曆元年十一月，詔江、饒、池三州鑄鐵錢一百萬貫，助陝西經費，所積尤多，錢重民苦之，至是併罷鑄錢，其患方息。

《宋史·食貨志·錢幣》錢有銅、鐵二等，而折二、折三、當五、折十，則隨時立制。行之久者，唯小平錢。夾錫錢最後出，宋之錢法至是而壞。蓋自五代以來，相承用唐舊錢，其別鑄者殊鮮。太祖初鑄錢，文曰「宋通元寶」。凡諸州輕小惡錢及鐵鑞錢悉禁之，詔到限一月送官，限滿不送官者罪有差，其私鑄者皆棄市。銅錢闌出江南、塞外及南蕃諸國，差定其法，至二貫者徒一年，五貫以上棄市，募告者賞之。江南錢不得至江北。

舊饒州永平監歲鑄錢六萬貫，平江南，增爲七萬貫，而銅、鉛、錫常不給。轉運使張齊賢訪求得南唐承旨丁釗，能知饒、信等州山谷産銅、鉛、錫，乃便宜調民采取；且詢舊鑄法，惟永平用唐開元錢料最善，即詣闕面陳。八年，詔增市鉛、錫、炭價，於是得銅八十一萬斤、鉛三十六萬斤、錫十六萬斤，歲鑄錢三十萬貫。補釗殿前承旨，領三州銅山。然民間猶雜用舊大小錢。是時，以福建銅錢數少，令建州鑄大鐵錢並行，尋罷鑄，而官私所有鐵錢十萬貫，不出州境，每千錢與銅錢七百七十等，外邑鄰兩浙者亦不用。

時銅錢有四監：饒州曰永平，池州曰永豐，江州曰廣寧，建州曰豐國。京師、昇鄂杭州、南安軍舊皆有監，後廢之。凡鑄錢用銅三斤十兩，鉛一斤八兩，錫八兩，得錢千，重五斤。唯建州增銅五兩，減鉛如其數。至道中，歲鑄八十萬貫；景德中，增至一百八十三萬貫。大中祥符後，銅坑多不發，天禧末，鑄一百五萬貫。

鐵錢有三監：邛州曰惠民，嘉州曰豐遠，興州曰濟衆。益州、雅州舊亦有監，後並廢。大錢貫十二斤十兩，以準銅錢。嘉、邛二州所鑄錢，貫二十五斤八兩，銅錢一當小鐵錢十兼用。後以鐵重，多盜鎔爲器，每二十五斤鬻之直二千。大中祥符七年，知益州淩策言：「錢輕則易齎，鐵少則鎔者鮮利。」於是詔減景德之制，其見使舊錢仍用如故。歲鑄總二十一萬貫，諸路錢歲輸京師，四方由此錢重而貨輕。

許申爲三司度支判官，建議以藥化鐵與銅雜鑄，輕重如銅錢法，銅居三分，鐵六分，皆有奇贏，亦得錢千，費省而利厚。詔中用其法鑄於京師。大率鑄錢雜鉛、錫，則其液流速而易成，申雜以鐵，流澀而多不就，工人苦之。初命申鑄萬緡，逾月裁得萬錢。申性詭譎，少成事，自度言無効，乃求爲江東轉運使，欲用其法於江州。朝廷從之，因詔中即江州鑄百萬緡，毋漏其法。中外知其非是，而宰相主之，卒無成功。

初，太宗改元太平興國，更鑄「太平通寶」，淳化改鑄，又親書「淳化元寶」，作真、行、草三體。後改元更鑄，皆曰「元寶」，而冠以年號，至是改元寶元，文當曰「寶元元寶」，仁宗特命以「皇宋通寶」爲文，慶曆以後，復冠以年號如舊。

皇祐中，饒、池、江、建、韶五州鑄錢百四十六萬緡，嘉、邛、興三州鑄大鐵錢二十七萬緡。至治平中，饒、池、江、建、韶、儀六州鑄錢百七十萬緡，而嘉、邛以率買鐵炭爲擾，自嘉祐四年停鑄十年，以休民力，至是，獨興州鑄錢三萬緡。

建中靖國元年，陝西轉運副使孫傑以鐵錢多而銅錢少，請復鑄銅錢，候銅鐵錢輕重稍均，即聽兼鑄。崇寧元年，前陝西轉運判官都貺復請權罷陝西鑄鐵錢。户部尚書吴居厚言：「江、池、饒、建錢額不敷，議減銅增鉛、錫，歲可省銅五十餘萬斤，計增鑄錢十五萬九千餘緡。所鑄光明堅韌，與見行錢不異。」詔可。然課猶不登。二年，居厚乃請檢用前後上供鑄錢條約，視其登耗之數，別定勸沮之法。

四年，立錢綱驗樣法。崇寧監以所鑄御書當十錢來上，緡用銅九斤七兩有奇，鉛半之，錫居三之一。詔頒其式於諸路，令赤仄烏背，書畫分明。時趙挺之爲門下侍郎，繼拜右僕。

自當十錢行，抵冒者多。大觀四年，星變，赦天下。凡以私錢得罪，有司上名數，亡慮十餘萬人，蔡京罔上毒民，可謂烈矣。時御府之用日廣，東南錢額不敷，宣和以後尤甚。乃令饒、贛錢監鑄小平錢，每緡用鐵三兩，而倍損其銅，稍損其鉛。繼又令江、池、饒錢監，盡以小平錢改鑄當二錢，以紓用度，然有司猶數告乏。靖康元年，罷政和敕陝西路用銅錢斷徒二年配千里法。

初，蔡京主行夾錫錢，詔鑄於陝西，亦命轉運副使許天啓推行。其法以夾錫錢一折銅錢二，每緡用銅八斤，黑錫半之，白錫又半之。既而河東轉運使洪中孚請通行於天下，京欲用其言，會罷政。大觀元年，京復相，遂降錢式及錫母於鑄錢之路，鑄錢院專用鼓鑄，若産銅地始聽兼鑄小平錢。復命轉運司及提刑司參領其事，衡州熙寧、鄂州寶泉、舒州同安監暨廣南皆鑄焉。二年，江南東西、福建、兩浙許鑄使鐵錢。三年，京復罷政，詔以兩浙鑄夾錫錢擾民，凡東南所鑄皆罷。明年，并河北、河東、京東等路罷之，所在監、院皆廢。唯河東三路聽存舊監，以鑄銅、鐵錢；産銅郡縣聽存，用改鑄小平錢。

陝西用「政和通寶」舊大鐵錢，與夾錫錢雜。慮流轉諸路，四年，詔毋更行用，致令諸監改鑄夾錫錢，在民間者赴官換納。鄭居中、劉正夫爲相，以爲不便，令淮南夾錫錢期三日官私俱禁不用，仍罷鼓鑄，夾錫錢悉輦樁關中。尋詔河東、陝西外，餘路並罷；俄詔并河東罷鑄夾錫錢，止用舊法鼓鑄。重和元年，權罷京西鑄夾錫錢，繼以關中糴買，用之通流，復命鼓鑄，專給關中。夾錫行，小民往往以藥點染，與銅錢相亂，河北漕臣張留等嘗坐貶焉。

先是，江池饒州、建寧府四監，歲鑄錢百三十四萬緡，充上供；衡、舒、嚴、鄂、韶、梧州六監，歲鑄錢百五十六萬緡，充逐路支用。建炎經兵，鼓鑄皆廢。紹興初，併廣寧監於虔州，併永豐監於饒州，歲鑄纔及八萬緡。以銅、鐵、鉛、錫之入，不及於舊，而官吏稍廩工作之費，視前日自若也，每鑄錢一千，率用本錢二千四百文。時范汝爲作亂，權罷建州鼓鑄，尋復舊，泉司供給銅、錫六十五萬餘斤。

舊額，内帑歲收新錢一百五萬，江、池、饒、建四監。而每年退卻六十萬，三年一郊，又以一百萬輸三司，是内帑年纔得十一萬六千餘緡，而左藏得九十三萬三千餘緡。今歲額止十五萬，而隸封樁者半，内藏者半，左藏咸無焉。

淮南舊鑄銅錢，乾道初，詔兩淮、京西悉用鐵錢，荆門隸湖北，以地接襄、峴，亦用鐵錢。六年，先是，以和州舊有錢監，舒州山口鎮亦有古監，詔司農丞許子中往淮西措置。於是子中以舒、蘄、黄皆産鐵，請各置監，舒州同安監，蘄州蘄春監，黄州齊安監。且鑄折二錢。以發運司通領四監。江之廣寧監，興國之大冶監，臨江之豐餘監，撫之裕國監。子中所領三監，歲各認三十萬貫，其大小鐵錢，令兩淮通行。七年，舒、蘄守臣皆以鑄錢增羨遷官，然淮民爲之大擾。八年，以江州、興國軍鐵冶額虧，守貳及大冶知縣各降一官。

淳熙五年，詔舒州歲增鑄十萬貫，以三十萬貫爲額，蘄州增鑄五萬貫，以十五萬貫爲額，如更增鑄，優與推賞。御史黄洽言：「興天下之利者，不窮天下之力。舒、蘄歲鑄四十五萬，不易爲也。又有增鑄之賞，恐其難繼。」詔除之。八年，以舒州水遠，薪炭不便，減額五萬貫。明年，又減十萬貫，與蘄州並以十五萬貫爲額。十年，併舒州之宿城監入同安監。十二年，詔舒、蘄鑄鐵錢，並增五萬貫，以「淳熙通寶」爲文。

光宗紹熙二年，減蘄春、同安兩監歲鑄各十萬貫。嘉泰三年，罷舒、蘄鼓鑄；開禧三年，復之。十年，以會價低減，復申嚴下海之禁。十二年，申嚴鉟銷之禁及僞造之法。咸淳元年，復申嚴鉟銷、漏泄之禁。寶祐元年，新錢以「皇宋元寶」爲文。

**明·李東陽等《明會典》卷一九四《工部一四·鑄錢》**　凡鑄造制錢，洪武四年，鑄洪武通寶錢。二十年，令各布政司停止鑄錢。二十二年復鑄，更定錢樣分兩。永樂六年，鑄永樂通寶錢。

宣德八年，鑄宣德通寶錢。

弘治十六年，鑄弘治通寶錢。十八年題准，每文重一錢二分。

嘉靖七年，鑄嘉靖通寶錢。十九年，以鑄錢所得不償所費，暫行停止。二十二年，令照新式，鑄洪武至正德紀元九號錢，每號一百萬錠。每錠五千文。嘉靖(戔)[錢]一千萬錠，内工部六分，南京工部四分，各分鑄。

隆慶四年，鑄隆慶通寶錢。

萬曆四年，鑄萬曆通寶錢二萬錠，每文重一錢二分五釐，七分金背，三分火漆。兩部照舊四六分鑄。十三年，鑄萬曆通寶錢十五萬錠，内南京工部分鑄六萬錠。

凡在京鑄錢，洪武二十六年定，凡在京鼓鑄銅錢，行移寶源局，委官於内府置局，每季計筭人匠數目，其合用銅炭油麻等項物料，行下丁字庫等衙門放支。如遇鑄完收貯奏聞，差官類進内府司鑰庫交納，取批迴實收長單附卷。

嘉靖三十二年，令黄銅照例行户部買辦錫麻等料，行甲字等庫關支炸炭工食等項，工部料價支給，以本部侍郎提督本司員外郎監造。四十二年題准，每錢一千文，舊重七斤八兩，今重八斤。每銅五萬斤，錫五千斤，鑄錢六百萬文，共重四萬八千斤，除耗四千斤，仍扣剩銅錫三千斤。凡進錢務秤足數，方許運進司鑰庫交收。

萬曆四年題准，動支太倉銀五萬一百九十三兩有奇，寄節慎庫陸續發商買辦鑄造。

洪武間則例

當十錢一千箇，燻模用油一十一兩三錢，鑄錢連火耗用生銅六十六斤六兩五錢，炭五十三斤一十五兩二錢。

當五錢二千箇，燻模用油一斤四兩，鑄錢連火耗用生銅六十六斤六兩五錢，炭五十三斤一十五兩二錢。

當三錢三千三百三十三箇，燻模用油一斤一十四兩，鑄錢連火耗用生銅六十五斤九兩二錢五分，炭五十三斤八兩三錢五分。

折二錢五千箇，燻模用油二斤五兩五錢，鑄錢連火耗用生銅六十六斤六兩五錢，炭五十三斤一十五兩二錢。

［折］小錢一萬箇，燻模用油一斤四兩，鑄錢連火耗用生銅六十六斤六兩五錢，炭五十三斤一十五兩二錢。

穿錢麻

當十錢每串五百箇用一兩，當五錢每串五百箇用八錢，當三錢每串一千箇用一兩。折二錢每串一千箇用七錢。小錢每串一千箇用五錢。

銅一斤，鑄錢不等。外增火耗一兩，弘治十八年題准，每銅一斤，加好錫二兩。

當十錢一十六箇，折小錢一百六十文。當五錢三十二箇，折小錢一百六十文。當三錢五十四箇，折小錢一百六十文。折二錢八十箇，折小錢一百六十文。小錢一百六十文。

鑄匠每一名一日鑄：當十錢一百二十六箇，當五錢一百六十二箇，當三錢二百三十四箇，折二錢三百二十四箇，小錢六百三十箇。

銼匠每一名一日銼：當十錢二百五十二箇，當五錢三百二十四箇，當三錢四百六十八箇，折二錢六百四十八箇，小錢一千二百六十箇。

嘉靖中則例

通寶錢六百萬文合用：二火黄銅四萬七千二百七十二斤，水錫四千七百二十八兩，炸塊一十四萬五千斤，木炭三萬斤，木柴二千三百五十斤，白麻七百七十斤，明礬七十七斤，松香一千五百六十六斤，朱蹄甲十萬箇，砂礶三千五百二十箇，鑄匠工食每百文銀三分八釐。

萬曆中則例

金背錢一萬文合用：四火黄銅八十五斤八兩六錢一分三釐一毫，水錫五斤一十一兩二錢四分八毫八絲，炸塊二百三十九斤八兩一錢一分六釐七毫，木炭四十五斤六兩二錢四釐四毫，白麻一十一兩六分六釐六毫，松香二斤一十三兩六錢二分四毫四絲，砂礶六箇，鑄匠工食三兩六錢五分。

火漆錢一萬文合用：二火黄銅斤兩同前，牛蹄甲一百八十五箇一分八釐，水錫、炸炭、白麻、松香、砂礶、工食並同前。

凡南京鑄錢，舊例南京寶源局合用銅麻等料，於南京丁字等庫關支。人匠工價，查取本部該動銀兩支給，約爲四分，一分支取揚州、淮安、杭州、鈔關、船料銀兩，三分動支蘆課銀兩。

嘉靖中題准，分鑄紀元各號通寶，蘆課不敷之數，儘子船料内取用。

隆慶二年，以船料取用反過三分，題准停鑄。其支剩船料銀及每年三鈔關坐派鑄錢支費銀兩，照數併解户部濟邊。

凡在外各處鑄錢，洪武二十六年定，在外各布政司一體鼓鑄，本部類行各司，行下寶源局委官監督人匠照依在京則例，鑄完錢數，就於彼處官軍收貯聽候支用。

各處鑪座錢數：

北平二十一座，每歲鑄錢一千二百八十三萬四百文。

廣西一十五座半，每歲鑄錢九百三萬九千六百文。

陝西三十九座半，每歲鑄錢二千三百三萬六千四百文。

廣東一十九座半，每歲鑄錢一千一百三十七萬二千四百文。

四川一十座，每歲鑄錢五百八十三萬二千文。

山東二十二座半，每歲鑄錢一千二百一十二萬二千文。

山西四十座，每歲鑄錢二千三百三十二萬八千文。

河南二十二座半，每歲鑄錢一千三百一十二萬二千文。

浙江二十一座，每歲鑄錢一千一百六十六萬四千文。

江西一百一十五座，每歲鑄錢六千七百六萬八千文。

嘉靖三十四年題准，雲南鑄錢，每年扣留該省監課銀二萬兩，就近買料雇匠鼓鑄嘉靖通寶錢，年額三千三百一萬二千文，令參政一員專理。每年十月以裏鑄完，差官起解户部，貯太倉庫，專備九邊年例。京營料草折色、文武官折俸等項支用。

萬曆四年題准，通行十三布政司南北直隸開局鑄錢，每府發鏇邊樣錢一百文，直隸州五十文，令照式鑄造，鑄完呈樣。

**明・方以智《通雅》卷二七《事製・貨賄》** 赤仄，赤銅錢也。《平準書》：「鑄鍾官赤側」，赤仄也。鍾官，鑄錢官也。「一當五。」應劭曰：「所謂子紺錢也。」如淳曰：「以赤銅周其郭，不知作法云何。」智曰：即赤銅錢。嘗見青緑古錢，其質地皆赤。應劭所云子紺，子蓋紫之訛耳，今人亦呼爲紫銅。

肉好，好空也，其圜實爲肉。「周景王鑄大錢曰寶貨，肉好皆有周郭，以勸農贍不足，百姓蒙利焉」。《爾雅》：「肉倍好謂之璧，好倍肉謂之瑗，肉好若一謂之環。」《問奇集》，音肉爲柔，去聲。《爾雅注疏》不音肉，而好爲去聲，愚謂皆不必也。錢形似璧，故亦稱肉好。舊解肉爲邊，非。錢邊曰郭，肉在邊之中也。盜摩錢質而取鋊，故更鑄五銖錢，周郭其質，令不得摩取鋊。鋊音浴，銅屑也。南齊曹武制錢，皆厚輪大郭。除其肉郭而重五銖者，梁女錢也，謂陰孔好也。無輪郭不磨鑢而重二銖者，宋景和之菜子荇葉也。杜佑《通典》菜子作來子。自此而外，雖先天之鐵錫五銖，開元之偏鑪錢、稜錢，亦有輪郭。要其重曰當千者孫吴；曰永通萬國者，北周之當千；曰直百者，蜀與梁；曰得壹者，史思明，皆一當百也。曰大泉者，王莽；曰重輪乾元者，唐肅，皆一當五十。曰嘉禾者，吴之一當五百也。曰比輪者，東晉之初渡。曰大貨者，陳，一當五銖之十。曰四柱者，梁，一准二十，後准十。曰兩柱者，梁末也。曰八銖者，漢；曰大布者，後周；曰乾封者，唐高；曰乾元者，唐肅，皆一當十。曰赤仄者，漢；曰布泉者，後周，皆一當五也。要其輕曰榆莢者，漢；曰四分者，晉；曰風飄水浮者，元魏；曰沈郎者，沈充鑄；曰耒子，曰荇葉，宋之二銖；曰小鐵者，莽之一銖；曰鵝眼、綖環，梁末以至隋也。其輕重得中者，五銖。武之上林三官錢亦五銖也。光武復五銖，董卓更鑄小錢，曹公復用五銖，劉宋四銖，梁、後魏、隋之初皆五銖，其敞則輕矣。唐武德四年，鑄開元通寶，重二銖四參，十錢重一兩，其文以八分、隸、篆三體，此其古今之得中者乎？淳化御書錢，乃太宗親書，作真、草、行三體，此正倣開元式也。自後改元必更鑄，以年號爲文。近朝京師所用者正五銖，後亦四銖。天下所用者皆與開元近，後之二錢一緡者，乃崇禎末矣。古禁散用銀，故錢行；今在交賦時官收其錢，則錢行。然官不收錢者，以無羨餘也。此別有議。

九佰錢，以九十爲百也。梁武帝普通，更鑄鐵錢，人皆私鑄。嶺東八十爲百，名曰東錢，江、郢以上七十爲百，名曰西錢，京師以九十爲百，名曰長錢。大同詔：「聞外間用九陌錢，今可用足陌錢。」此即宋晉平王休祐用。短錢賦即唐皇甫鎛之墊錢也。五代漢隱帝時，王章以七十七爲陌，曰省佰錢。祥見《算數》條下。

**又 卷四〇《算數》** 絫黍、錙銖，言其微也。《律曆志》：「十黍爲絫，十絫爲銖。」或曰：「十絲爲絫。」東璧則曰：「十絲曰氂，四氂曰絫，八兩曰錙。」佰厚曰：「六銖曰錙。」按以六銖爲錙，正合陶貞白所云十分，去聲。若曰八兩，則已重矣，非古人言較錙銖之意也。沈存中曰：「《唐書》：『開元錢重二銖四參』，今蜀郡亦以十參爲一銖，參乃古絫字，加爲纍纍，相傳訛耳。」

千錢曰仟，百錢曰佰。《漢志》：「仟佰之得。」注：「仟謂千錢，佰謂百錢，今俗猶以百錢爲一佰，音陌。」《夢溪筆談》曰：「佰借，正如什與伍耳。唐自皇甫鎛爲墊錢法，至昭宗末乃定八十爲佰。後漢隱帝時，三司使王章每出官錢，又減三錢，以七十七爲百，至今輸官有八十佰者。」智考《五代史》，王章錢謂之省佰錢。自宋晉平王休祐，即以短錢賦。梁武帝普通中鑄鐵錢；嶺東八十爲佰曰東錢；江郢以七十爲百，曰長錢；大同詔：「聞用九陌錢，今可用足陌錢。」非始自唐皇甫鎛也。佰、陌字通。《匡衡傳》：「閩佰爲界」，佰即陌也。《梁紀》「用足陌錢」，陌即佰也。

**《明史・食貨志・錢鈔》** 錢幣之興，自九府圜法，歷代遵用。鈔始於唐之飛錢，宋之交會，金之交鈔。元世始終用鈔，錢幾廢矣。

太祖初置寶源局於應天，鑄「大中通寶」錢，與歷代錢兼行。以四百文爲一貫，四十文爲一兩，四文爲一錢。及平陳友諒，命江西行省置貨泉局，頒大中通寶錢，大小五等錢式。即位，頒「洪武通寶」錢，其制凡五等：曰「當十」、「當五」、「當三」、「當二」、「當一」。「當十」錢重一兩，餘遞降至重一錢止。各行省皆設寶泉局，與寶源局並鑄，而嚴私鑄之禁。洪武四年改鑄大中、洪武通寶大錢爲小錢。初，寶源局錢鑄「京」字於背，後多不鑄，民間無「京」字者不行，故改鑄小錢以便之。尋令私鑄錢作廢銅送官，償以錢。是時有司責民出銅，民毀器皿輸官，頗以爲苦。而商賈沿元之舊習用鈔，多不便用錢。

七年，帝乃設寶鈔提舉司。明年始詔中書省造大明寶鈔，命民間通行。以桑穰爲料，其制方，高一尺，廣六寸，質青色，外爲龍文花欄。横題其額曰「大明通行寶鈔」。其内上兩旁，復爲篆文八字，曰「大明寶鈔，天下通行」。中圖錢貫，十串爲一貫。其下云：「中書省奏准印造大明寶鈔與銅錢通行使用，僞造者斬，告捕者賞銀二十五兩，仍給犯人財産。」若五百文則畫錢文爲五串，餘如其制而遞減之。其等凡六：曰一貫，曰五百文、四百文、三百文、二百文、一百文。每鈔一貫，準錢千文，銀一兩；四貫準黄金一兩。禁民間不得以金銀物貨交易，違者罪之;以金銀易鈔者聽。遂罷寶源、寶泉局。越二年,復設寶泉局,鑄小錢與鈔兼行,百文以下止用錢。商税兼收錢鈔,錢三鈔七。十三年,以鈔用久昏爛,立倒鈔法,令所在置行用庫,許軍民商賈以昏鈔納庫易新鈔,量收工墨直。會中書省廢,乃以造鈔屬户部,鑄錢屬工部,而改寶鈔文「中書省」爲「户部」,與舊鈔兼行。十六年,置户部寶鈔廣源庫、廣惠庫;入則廣源掌之,出則廣惠掌之。在外衛所軍士,月鹽皆給鈔,各鹽場給工本鈔。十八年,天下有司官禄米皆給鈔,二貫五百文準米一石。

二十二年詔更定錢式:生銅一斤,鑄小錢百六十,折二錢半之,「當三」至「當十」,準是爲差。更造小鈔,自十文至五十文。二十四年諭榷税官吏,凡鈔有字貫可辨者,不問爛損,即收受解京,抑勒與僞充者罪之。二十五年設寶鈔行用庫於東市,凡三庫,各給鈔三萬錠爲鈔本,倒收舊鈔送内府。令大明寶鈔與歷代錢兼行,鈔一貫準錢千文,提舉司於三月内印造,十月内止,所造鈔送内府充賞賚。明年罷行用庫,又罷寶泉局。時兩浙、江西、閩、廣民重錢輕鈔,有以錢百六十文折鈔一貫者,由是物價翔貴,而鈔法益壞不行。三十年乃更申交易用金銀之禁。

弘治元年,京城税課司,順天、山東、河南户口食鹽,俱收鈔,各鈔關俱錢鈔兼收。其後乃皆改折用銀。而洪武、永樂、宣德錢積不用,詔發之,令與歷代錢兼用。户部請鼓鑄,乃復開局鑄錢。凡納贖收税,歷代錢、制錢各收其半;無制錢即收舊錢,二以當一。制錢者,國朝錢也。舊制,工部所鑄錢入太倉、司鑰二庫,諸關税錢亦入司鑰庫。共貯錢數千百萬,中官掌之,京衛軍秋糧取給焉,每七百萬銀一兩。武宗之初,部臣請察覈侵蝕;又以錢當俸糧者,僅及銀數三之一,請於承運庫給銀。時中官方用事,皆不聽。已而司鑰庫太監龐瑮言:「自弘治間榷關折銀入承運庫,錢鈔缺乏,支放不給,請遵成化舊制,錢鈔兼收。」從之。正德三年,以太倉積錢給官俸,十分爲率,錢一銀九。又從太監張永言,發天財庫及户部布政司庫錢,關給徵收,每七十文徵銀一錢,且申私鑄之禁。嘉靖四年,令宣課分司收税,鈔一貫折銀三釐,錢七文折銀一分。是時鈔久不行,錢亦大壅,益專用銀矣。

明初鑄洪武錢。成祖九年鑄永樂錢。宣德九年鑄宣德錢。弘治十六年以後,鑄弘治錢。至世宗嘉靖六年,大鑄嘉靖錢。每文重一錢三分,且補鑄累朝未鑄者。三十二年鑄洪武至正德九號錢,每號百萬錠,嘉靖錢千萬錠,一錠五千文。而税課抽分諸廠,專收嘉靖錢。民患錢少,乃發内庫新舊錢八千一百萬文折給俸糧。又令通行歷代錢,有銷新舊錢及以銅造像製器者,罪比盜鑄。先是,民間行濫惡錢,率以三四十錢當銀一分。後益雜鉛錫,薄劣無形製,至以六七十文當銀一分。翦楮夾其中,不可辨。用給事中李用敬言,以制錢與前代雜錢相兼行,上品者俱七文當銀一分,餘視錢高下爲三等,下者二十一文當銀一分;私造濫惡錢悉禁不行,犯者置之法。小錢行久,驟革之,民頗不便。又出内庫錢給文武官俸,不論新舊美惡,悉以七文折算。諸以俸錢市易者,亦悉以七文抑勒予民,民亦騷然。

時所鑄錢有金背,有火漆,有鏇邊。議者以鑄錢艱難,工匠勞費,革鏇車用鑪鍚。於是鑄工競雜鉛錫便剉治,而輪郭粗糲,色澤黯黲。姦僞倣傚,盜鑄日滋,金背錢反阻不行。死罪日報,終不能止。帝患之,問大學士徐階。階陳五害,請停寶源局鑄錢,應支給錢者悉予銀。帝乃鞫治工匠侵料減工罪,而停鼓鑄。自後税課徵銀而不徵錢。且民間止用制錢,不用古錢,而私鑄者多。

隆慶初,錢法不行,兵部侍郎譚綸言:「欲富民,必重布帛菽粟而賤銀;欲賤銀,必制錢法以濟銀之不足。今錢惟布於天下,而不以輸於上,故其權在市井。請令民得以錢輸官,則錢法自通。」於是課税銀三兩以下復收錢,民間交易一錢以下止許用錢。時錢八文折銀一分,禁民毋得任意低昂。直隸巡按楊家相請鑄大明通寶錢,不識年號。部議格不行。高拱再相,言:「錢法朝議夕更,迄無成説。小民恐今日得錢,而明日不用,是以愈更愈亂,愈禁愈疑。請一從民便,勿多爲制以亂人耳目。」帝深然之。錢法復稍稍通矣。寶鈔不用垂百餘年,課程亦鮮有收鈔者,惟俸錢獨支鈔如故。四年始以新鑄隆慶錢給京官俸云。

萬曆四年命户工二部,準嘉靖錢式鑄「萬曆通寶」金背及火漆錢,一文重一錢二分五釐,又鑄鏇邊錢,一文重一錢三分,頒行天下,俸糧皆銀錢兼給。雲南巡按郭庭梧言:「國初京師有寶源局,各省有寶泉局,自嘉靖間省局停廢,民用告匱。滇中産銅,不行鼓鑄,而反以重價購海肥,非利也。」遂開局鑄錢。尋命十三布政司皆開局。採工部言,以五銖錢爲準,用四火黄銅鑄金背,二火黄銅鑄火漆,粗惡者罪之。蓋以費多利少則私鑄自息也。久之,户部言:「錢之輕重不常,輕則斂,重則散,故無壅閼匱乏之患。初鑄時,金背十文直銀一分,今萬曆金背五文,嘉靖金背四文,各直銀一分,火漆鏇邊亦如之。僅踰十年,而輕重不啻相半,錢重而物價騰踴,宜發庫貯以平其直。」從之。時王府皆鑄造私錢,吏不敢訐。古錢阻滯不行,國用不足,乃命南北寶源局拓地增爐鼓鑄。而北錢視南錢昂直三之一，南鑄大抵輕薄。然各循其舊，並行不廢。

天啓元年鑄泰昌錢。兵部尚書王象乾，請鑄當十、當百、當千三等大錢，用龍文，略倣白金三品之制，於是兩京皆鑄大錢。後有言大錢之弊者，詔兩京停鑄大錢，收大錢發局改鑄。當是時，開局遍天下，重課錢息。

崇禎元年，南京鑄本七萬九千餘兩，獲息銀三萬九千有奇；户部鑄錢獲息銀二萬六千有奇。其所鑄錢，皆以五十五文當銀一錢，計息取盈，工匠之賠補，至是令永作鑄本。三年，御史饒京言：「鑄錢開局，本通行天下，今乃苦於無息，行使之折閲，不堪命矣。寶泉局銅本四十萬兩，舊例錢成還本太倉，次年再借，旋開旋罷，自南北兩局外，僅存湖廣、陝西、四川、雲南及宣、密二鎮。而所鑄之息，不盡歸朝廷，復苦無鑄本，蓋以買銅而非採銅也。乞遵洪武初及永樂九年、嘉靖六年例，遣官各省鑄錢，採銅於産銅之地，置官吏駐兵，倣銀礦法，十取其三。銅山之利，朝廷擅之，小民所採，仍予直以市。」帝從之。是時鑄廠並開，用銅益多，銅至益少。南京户部尚書鄭三俊請專官買銅。户部議原籍産銅之人駐鎮遠、荆、常銅鉛會集處，所謂採銅於産銅之地也。帝俱從之。既，又採絳、孟、垣曲、聞喜諸州縣銅鉛。荆州抽分主事朱大受言：「荆州上接黔、蜀，下聯江、廣，商販銅鉛畢集，一年可以四鑄。四鑄之息，兩倍於南，三倍於北。」因陳便宜四事，即命大受專督之。遂定錢式，每文重一錢，每千直銀一兩。南都錢輕薄，屢旨嚴飭，乃定每文重八分。初，嘉靖錢最工，隆、萬錢加重半銖，自啓、禎新鑄出，舊錢悉棄置。然日以惡薄，大半雜鉛砂，百不盈寸，捽擲輒破碎。末年敕鑄當五錢，不及鑄而明亡。

**清·談遷《棗林雜俎智集·逸典》** 錢爐 北平、山東、雲南各二十二爐。山西四十爐，浙江二十爐，江西一百一十五爐，廣西、四川各十爐，陝西三十九爐，廣東十九爐。

南京嘉靖間鑄錢，其背或以金塗之，民間曰「金背錢」。或火薰其背使黑，民間曰「火漆錢」。其雲南及寶源局先年純用銅錫，不雜以鉛，每文重一錢二分，又車鏇其邊，色黄質堅，民間曰「鏇邊」。後科臣建議革去車鏇，止用鑄剉二座。而工人復盜銅料，其邊粗澁，曰「一條棍」，不異私鑄，錢法遂壅。

**清·孫承澤《春明夢餘録》卷三八《户部四·寶泉局》** 户部尚書侯恂條陳鼓鑄事宜

議省鑄局 錢以銅、鉛參雜而成，而銅、鉛各有産處，搬運重難。是以歷代多即坑冶附近之所置監鑄錢。唐有八監，宋有三十六監，惟永平者最久，永通者爲最多。然至熙寧，歲輸六百萬貫，則幾不可繼矣。夫天子藏富於山川，冶鑄太煩，則民力耗竭。漢武帝時，專令上林三官鼓鑄，而天下非三官錢不得行，諸郡國前所鑄錢皆廢銷之，輸其銅三官。誠見利源所在，不得不謹節其流耳。國初置寶源局於應天府，已令天下藩司各制貨泉局，又更名爲寶泉局。其後罷置不一。嘉靖以來，止令兩京鑄造。萬曆四年，通行天下一體開鑄。至十年，奉詔停止。天啓元年，以遼餉匱乏，增置户部寶泉局。無何，又令各省直藩司開爐鼓鑄，每年坐定鑄息共八十二萬兩，徒存虚額，無一踐者。諸局爐亦相繼報罷，止存湖廣、陝西、四川、雲南、密雲、宣大、遼東數處而已。崇禎二年，奉旨：利權本自上操，舊制只兩京鑄錢，嗣因軍興煩費，遼東、宣大奏請權宜，近乃紛紛開鑄，致私錢殽雜，反自外來，紊制病國，大非法紀，著查出通行禁止。維時户部以秦、楚、蜀、滇四省係銅斤出産地方，就便鼓鑄稱便，未議概停。後江西復以開局請，至如南京兵部、操江及應天府亦各紛紛鑄錢，然皆自鑄自用，又大小輕重不一其制。於是滯鏹愈多，銅鉛愈窘，不獨户部不得其尺寸之用，而寶泉局亦已成眢井矣。每見議錢法者，皆係廣鑄局爲言；而乃惓惓欲議省者，誠見爐座繁興，銅産有限，惟局省則銅源裕，而錢制一則弊絶，較諸廣局之利，虚實得失孰多也？不然，昔之鑄局不爲不廣矣，而不效，何哉？

**又** 議垂定制 周太公立九府圜法，錢圜函方，至今仍之，而輕重無常，代有變革。秦錢如周，重十二銖。漢興，變爲莢錢，重三銖。已變爲八銖，又變爲四銖，其重赤仄以一當五，而得中者惟元狩之五銖。降而蜀之直百，而吴之當千，則愈變而愈重。晉之四文沈錢，宋之菜（莢）子、荇葉，甚而爲鵝眼、綖環，則變而愈輕，而得中者惟武德之開元通寶。從來美錢制者，皆以二錢之式並言，而其重實未始相類也。謹按古權法，十黍爲絫，十絫爲銖，八銖爲錙，二十四錙爲兩。今開元通寶其錢徑八分，重止二銖四絫，則此五銖錢爲輕二銖六絫矣。故五銖錢二文而重一兩，開元必積十文而重一兩。洪武初，敕户部及各行省鑄錢，大小凡五等，當十錢重一兩，當五、當三、當二重皆如其當之數，小錢重一錢，蓋即開元舊法。至嘉靖六年，始令兩京工部鑄造制錢，每文重一錢三分。崇禎元年，從錢法侍郎孫居相議，改爲一錢二分五厘，雖視開元錢稍重，而較之漢五銖尚輕。然體質堅厚，又磨鎔（鋊）莫施，輕重得宜，人情便之。至其鑄法，每錢一文必令用黄銅二錢，銼磨之餘，只存一錢二分五厘，如此，然後可以革減銅多鑄之弊。蓋局中每有減銅多鑄，而創爲補秤之説以塗耳目者，實明許商匠之私鑄，而陰收其利，今若著爲定數，按月按期必令報完，俾貪吏無所容其通同，而奸商、奸匠無所容其隱屏，亦即簡御煩之術也。其收錢，每五千文爲一錠，上用竹牌寫爐頭、匠頭及綑錢人姓名，各堆一處，聽督鑄官照爐抽驗。遇有漏風、缺邊、縮字等樣，綑錢人重責，錢輕色淡者責匠頭，沙眼多者責翻沙匠，邊粗糙者責滚銼匠，磨不亮者責磨洗匠，灰不浄者責刷灰匠，選退錢搥碎回火。如犯前弊多者責爐頭，仍發看錢人挑選。通同容隱，看錢人重責。如是則錢制既精，殽雜自難，若當五、當十等錢鎔造似易，工本較省，然私鑄者，競爲捷趨，識微者謂非久道，不鑄可也。

**又** 議計本息 泉局之錢，發太倉作官俸者十之三，發邊鎮充月餉者十之七。原奉聖諭，定六十五文估銀一錢，今已習而安之矣。請依此數，以權鼓鑄之本息可乎？謹按銅礦産於石山之中，鋼鑚打入。每得鑛一百斤，用木炭一百斤，將鑛燒煉，一火成銅鑛，二火成黑銅，三火成紅銅。每鑛百斤，上者燒銅十五斤，次者十二、十一不等。其用錘手並燒爐匠共二十名，每日給工食共銀八錢，用造飯、運水夫二名，每日給工食六分，用幫扯提礦小夫四名，每日給工食一錢二分；用鋼鑚三十根，每根鋼二斤，日費一斤，約銀一錢。以上共費銀一兩二錢，約得銅鑛二百斤。而又用木炭一百六七十斤，約價四錢。三火成紅銅三十斤，所則共前項費銀一兩五錢。是每斤費本只五六分耳。復用窩鉛點化之，則爲四火黃銅。計窩鉛每斤價銀不過三四分。據今見行配鑄則例，每紅銅五十七斤人窩鉛四十三斤，作黃銅一百斤。益以搬載之費，每斤量估一分，大約黃銅一斤，所費至七八分而止。若夫市銅鑄錢，原無甚利。據京局舊例，紅銅價不出一錢四分，黃銅不出一錢，窩鉛不出七分，後漸騰踴。部議以紅銅點化成黃，既失本質，易於攙和，遂革黃銅不用。但買紅銅與窩鉛，如今法配搭，定價紅銅每斤一錢四分三厘，窩鉛每斤七分七厘，計配成黃銅一百斤，該價銀十二兩。給爐頭鼓鑄，應交錢一萬一千一百一十一文。其行使以錢六百五十文估銀一兩，計共估銀一十七兩零九分四厘。除該給各項匠役煤礶、米、菜、工價二千二百九十五文，估銀二兩五錢三分二厘零，并除銅本外，實存息銀一兩五錢六分一厘零，計僅浮本銀十分之一耳。近據陝西撫臣練國事疏報：自天啓二年開鑄起，至崇禎四年止，計十年間只動過本銀一萬二千四百餘兩，陸續獲息銀十一萬七千八十兩零，則所得幾與本銀相準。又查南部錢廠所得加五有奇，蓋銅、鉛出産輳集地方，獲息源自不貲。今秦、楚、蜀、滇四局見在議開，姑未預盡成數，但令其自行認報，即最少亦當以加五爲率。滇、蜀、楚三省，則取其息以解京充作新餉，按季交納。秦中之息，專留該省充餉，以抵京運可也。乃議者多謂萬曆中曾以錢五十五文作銀一錢，亦自通行無滯，以爲母既處貴，子不應處賤，欲於六十五文之内稍縮其數行之，而獨慮取利頗奢，則盗鑄者將如雲而起。自古論錢法多矣，惟孔覬不惜銅不愛工二語爲不可易。政以本多費巨，縱復私嘗，初無厚潤，應自息心，無俟嚴刑廣設耳。先臣譚綸有言：鑄錢之費與銀相當，似於朝廷無利，然歲鑄錢一萬金，則國家增一萬金之錢，流布海内，鑄錢愈多，則增銀亦愈多，是藏富之術也。

**又** 崇禎八年，給事中王家彦疏。初設錢局，原爲藉錢息濟軍興。惟天啓二三年，督臣李宗延、陳于廷相繼受事，用過銅本二十萬九千五十四兩，獲息十二萬八千六百六兩八錢零；四年，舊督臣鄭三俊用過銅本銀一十四萬三千四百四十一兩四錢，獲息一十二萬八千九百三十二兩，計得利七分、八分不等，爲十餘年來蹵然足音矣。夫鼓鑄，化銅爲銀，非無利也。利歸之胥役、爐匠與官，而上不得受也。查長安内外與法錢雁行於市者，皆私鑄也。而私鑄之難詰，莫過局之爐頭官匠。此輩或隱屏兩部，或朋合諸夥，册上莫辨其名。或埋銅窖中，或遞錢出局，夜間莫識其氣。私鑄不已，繼必夾鑄。私鑄則乘官司之不覺，至夾鑄則每爐加銅數十觔，官實與匠瓜分。此弊盛於南廠，而北亦然。廉其人而用之，而後弊乃可得而釐也。然得人矣，不久任，以專責成，可乎？夫爐匠諸役，皆老於其局，長子孫於其中。以一年報滿，汲汲欲去之人，而御長子孫之役，欲責其省試；削人數，核出入，嚴干掫，以防夾帶，一日一領銅，五日一交錢，爐如流水，爬梳無遺，挽中滿之利，以盡歸於上，其數必不勝也。至於屏局舍，約爐座，以便以使之上無旁及，所謂需其人而後行者也。得人久任，其於鼓鑄之道思過半矣。

**又** **卷四七《工部二·寶源局》** 錢自周景王以前，皆漫無文，至南宋廢帝景和元年鑄二銖錢，文曰景和，錢有年號自兹始。然杜祐通典載：宋武帝鑄四銖錢，文曰孝建，則錢有年號又不始於景和矣。至後漢曰漢通元寶，周曰周通元寶，至宋之開寶中所鑄錢文曰宋通元寶，【至】寶〔元〕中所鑄錢文曰皇宋通寶，皆不用年號。錢始於周太公，然商紀紂厚賦斂，以實鹿臺之錢，則商時已有錢名矣。

周錢爲幣，本皆足陌。梁武帝時以鐵錢之故，商賈浸以姦詐自破，嶺以東八十爲百，名曰東錢。江郢以上七十爲百，名曰西錢；京師以九十爲百，名曰長錢。大同元年，詔通行足陌。詔下，而人不從，錢陌益少，至於末年，遂以三十五爲百。唐之盛際，純用足錢。天祐中，以兵亂窮乏，始令以八十五爲百。後唐天成，又減其五，漢乾祐中，王章爲三司使，復減三；皇朝因漢制，其輸官者亦用八十或八十五。然諸州私用，猶有隨俗至於四十八錢。太平興國二年，始詔民間緡錢定以七十七爲百。自是以來，天下承用，公私出納皆然，故名省錢。但數十年來，有所謂頭子錢，每貫五十六，除中都及軍兵俸料外，其餘州縣官民所當得其出者，每百纔得七十一錢四分，其入者每百爲八十二錢四分，元無所謂七十七矣。民間所用，多寡又益不均云。

明初置寶源局，鑄大中通寶錢，與歷代錢兼行，以四百爲一貫，四十爲一兩，四文爲一錢，置官治之。即位以後，鑄洪武通寶錢，當十、當五、當三、折二、若小錢，凡五等。當十錢重一兩，當五重五錢，當三、折二，重如其當之數，而小錢重一錢。六年，禁私鑄。八年，罷寶源局，造大明寶鈔。每鈔一貫，准錢千文，銀一兩。其餘以是爲差，曰一貫、五百文、四百文、三百文、二百文、一百文，凡六等。每鈔四貫，易赤金一兩。禁民間不得以金、銀物貨交易，違者治罪，告發者就以其物給賞。有以金、銀易鈔者聽。凡商税課諸色，錢、鈔兼收，錢十之三，鈔十之七，百文以下則用錢。十年，置各布政司寶泉局，鑄小錢，與鈔兼行。十三年，令在外、在京各置行用庫，令民間鈔貫，佰(百)昏爛者，人庫易换，量收工墨價值。二十三年，令造小錢一十文至五十文，以便民用。每生銅一觔，鑄小錢一百六十，折當二錢八十，當三錢五十四，當五錢三十二，當十錢一十六。二十三年，定錢制：每小錢一文，銅一分，其餘四等錢，依小錢制遞增。二十四年，令諸商税課程，但鈔貫有字可辨真僞者，不問破爛、油污、水跡、紙補，即與收受。二十六年，罷各布政司寶泉局。其明年，禁行錢，專用鈔。永樂元年，以鈔法不通，令民間有用金、銀交易者，以姦惡論，有能首捕者，以所交易金、銀充賞。五年，令各色税程課程俱准折鈔，以重鈔法。七年，設寶鈔提舉司於北京。八年，鑄永樂通寶錢於天下，而錢復兼鈔矣。宣德、正統中，並重鈔法。至景泰四年，聽民間鈔、錢相兼行使。成化十三年，嚴鑄私錢之禁。十六年，嚴揀錢之禁。但係囫圇錢，即便行使，勿拘年代遠近。弘治中，民間往往有盜鑄錢，遂有新錢及鉛錫、薄少、低錢、倒好、皮棍等頂(項)名色。於是鑄弘治通寶錢，官吏俸薪並給通寶錢，諸税課衙門一半收洪、永、宣三朝制錢，如無三朝制錢者，折收舊錢二文，以示懲罰。正德七年，令職官折色俸給，十分爲率，一分折錢，九分關銀。嘉靖三年，令民間用好錢，每銀一錢七十文；低錢，每銀一錢者倍之。四年，令收税課每鈔一貫折銀三釐，每錢七【八】文折銀一分。六年，鑄嘉靖通寶錢，每文重一錢三分，與洪武錢相兼行使。隆慶元年，令民間貨鬻值銀一錢以下，止許用錢。國朝制錢，凡歷代舊錢每八文折銀一分，不許任意低昂。四年，鑄隆慶通寶錢成，命户部量放京官折俸。萬曆造金背火漆錢，每六文作銀一分。崇禎末，户部司務蔣臣請行鈔法，錢法，侍郎王鰲永力主之，然卒不能行。

鑄錢則例

洪武間，當十錢一千箇，燻模用油一斤一兩三錢，鑄錢連火耗用生銅六十六斤六兩五錢，炭五十三斤一十五兩二錢；當五錢二千箇，燻模用油一斤四兩，鑄錢連火耗用生銅六十六斤六兩五錢，炭五十三斤一十五兩二錢；當三錢三千三百三十三箇，燻模用油一斤一十四兩，鑄錢連火耗用生銅六十五斤九兩二錢五分，炭五十三斤八兩三錢五分；折二錢五千箇，燻模用油二斤五兩五錢，鑄錢連火耗用生銅六十六斤六兩五錢，炭五十三斤一十五兩二錢；小錢一萬箇，燻模用油一斤四兩，鑄錢連火耗用生銅六十六斤六兩五錢，炭五十三斤一十五兩二錢。弘治十八年，題准：每銅一斤，加好錫二兩；銼匠每一名，一日銼當十錢二百五十二箇，當五錢三百二十四箇，當三錢四百六十八箇，折二錢六百四十八箇，小錢一千二百六十箇。嘉靖中則例：通寶六百萬文，合用二火黄銅四萬七千二百七十二斤，水錫四千七百二十八斤，炸塊一十四萬五千斤，木炭二萬斤，木柴二千三百五十斤，白麻七百七十斤，明礬七十七斤，松香一千五百六十六斤，牛蹄甲十萬箇，沙礶三千五百二十箇；鑄匠工食，每百文銀三分八釐。萬曆中則例：金背錢一萬文，合用四火黄銅八十五斤八兩六錢一分三釐一毫，水錫五斤一十一兩二錢四分八毫八絲，炸塊二百三十九斤八兩一錢一分六釐七毫，木炭四十五斤六兩二錢四釐四毫，白麻一十一兩六分六釐六毫，松香二斤一十三兩六錢二分四釐四絲，砂礶六箇；鑄匠工食銀三兩六錢五分。火漆錢一萬文，合用二火黄銅斤兩同，牛蹄甲一百八十五箇一分八釐，餘皆同前。凡在外各處鑄錢：北平二十一座，每歲鑄錢一千二百八十三萬四百文；廣西一十五座半，每歲鑄錢九百三萬九千六百文；陝西三十九座半，每歲鑄錢二千三百三萬六千四百文；廣東一十九座半，每歲鑄錢一千一百三十七萬二千四百文；四川一十座，每歲鑄錢五百八十三萬二千文；山東二十二座半，每歲鑄錢一千二百一十二萬二千文；山西四十座，每歲鑄錢二千三百三十二萬八千文；河南二十二座半，每歲鑄錢一千三百一十二萬二千文；浙江二十一座，每歲鑄錢一千一百六十六萬四千文；江西一百一十五座，每歲鑄錢六千七百六萬八千文。

工部條議：鑄錢必用水錫者，以銅性燥烈，非用錫引，則積角不整，字畫不明；倘有四火黄銅，則水錫乃必(不)需之物。近商銅日低，錫似宜裁。前任王員外呈議，以錫易銅歸錢内，蓋欲錢體厚重，期於久遠。惟是錢自有定式，如果合式，則錢自不輕。與其以錫换銅，而以四斤五兩四錢八分之數加重於一萬文之内，不若計銅增錢，而以四斤五兩四錢八分加多於一萬文之外。蓋水錫五斤一十一兩二錢，價銀四錢五分六釐，照價買淨銅四斤五兩四錢八分，可鑄錢四百八十三文，如鑄錢十萬，即多四千八百三十文錢矣。積而累之，其數無窮。如此則公家有水錫之費，而亦有水錫之利；爐役無乾没之弊，而亦無冒領之名。若後果有四火黄銅，相應仍用水錫，庶不失立法初意。至於嚴禁低銅，成色不足者，依法重處，尤正本清源第一義也。

**清·顧祖禹《讀史方輿紀要》卷一六《北直七》** 黎陽廢縣，縣西二里。又有故城，在今縣東北。【略】宋端拱初爲通利軍治。天聖中城圮於水，移治於浮丘山西二里。熙寧七年置黎陽監，鑄錢於此。

**又 卷二〇《南直二》** 鐵山，縣東南五十里。當産鐵，今有坑冶遺址。又東南八里有銅官山，昔産銅，今石中猶瑩然如麩狀。又縣西南七十里有鐵冶山，相傳前代鑄錢處。一名鐵峴山。

**又 卷二一《南直三》** 横山，在縣南五十里。山形四平，望之若横。宋建炎中劉綱嘗保聚於此。又冶山，亦在縣南五十里，漢吴王濞冶鑄處也。上有天井及白龍池、鐵牛洞。又南十里有道人山。

銅城鎮，在縣北四十五里。漢吴王濞即大銅山鑄錢處，後因以名鎮。又城門鄉，在縣東北四十五里。今有巡司戍此。

**又 卷二三《南直五》** 甘泉山，府西北三十五里。高二十餘丈，周圍二里。山有七峰聯絡如北斗，平地錯落。又有圓岡二十八，如列宿之拱北。上有泉甚甘，因名。得勝山，在府西北三十里。宋紹興初韓世忠敗金人於大儀，還軍至此，因名。又席帽山，在府西北十二里。與得勝山皆周二十五里，而高不過數丈。大銅山，在府西北七十二里。又有小銅山，在儀真縣西北二十五里。志云：皆漢吴王濞即山鑄錢處。

小銅山，縣西北二十五里。《寰宇記》謂之大銅山，又有小銅山在其東麓。宋時淮南鼓鑄莫盛於真州，城内舊有廣陵、丹陽二監，蓋以大、小銅山産銅也。又舊有冶官，置於小銅山西北五里。

**又 卷二七《南直九》** 梅根河，府東四十五里。其源一出九華山，瀉於五溪橋，過黄屯至府東四十里之鬬龍山，沿流至府東五十五里之五埠河口，出太婆山瀉馬銜橋，繞龍潭與九華之流合，交於雙河，又北達大江。亦曰梅根港，港東五里即梅根監，歷代鑄錢之所，有錢官司之，故梅根港亦曰錢溪。宋泰始二年晉安王子勛舉兵江州，遣其將袁顗等與沈攸之相拒於濃湖，張興世言於攸之曰：「錢溪江岸最狹，去大軍不遠，下臨回洑，船下必來泊岸，又有横浦可以藏舟，千人守險，萬兵不能過也。若以奇兵數千潛出其上，因險而壁，見利而動，使賊首尾周皇，進退疑阻，中流既梗，糧道自艱，制敵之奇，莫過於此。」攸之從之，興世遂率輕舸過鵲尾，夕宿景洪浦，潛遣别將黄道標帥七千舸徑趨錢溪，立營寨，引兵進據之。劉胡自鵲尾來攻，船入回洑，爲興世所敗。胡氏曰：「梅根港有鑄錢監，故亦曰錢溪。」回洑者，旋流爲回，伏流爲洑也。又爲梅根渚，齊武帝云「昔經樊、鄧役，阻潮梅根渚」，即此矣。

梅根監，府東五十里。亦曰梅根冶，自六朝以來皆鼓鑄於此。張興世嘗於錢溪，劉胡使陳慶引舸三百攻之，軍於梅根，即此。《唐志》南陵縣有梅根鎮，今爲梅根港，蓋其地舊屬南陵也。宋至道三年以池州錢監爲永豐監，或曰即故梅根監。

**又 卷二九《南直一一》** 利國監，州東北九十里盤馬山下。漢元封初從桑弘羊請於沛縣立鐵官，河平二年沛縣鐵官冶廢。宋爲利國監，樂史云：「監本狄丘冶務也。漢屬沛縣界。」今置利國監驛於此。又寶豐監，在州東。宋元豐六年置，鑄錢於此，八年廢。

**又 卷三二《山東三》** 彭河，縣東南五十里。一名中心溝。源出縣西四十五里白茅山下之玉華泉，東合衆流，又東會丞水注於洳河，土人謂之運鐵河。王應麟曰：「彭城北至丞有鐵官。其南有鑄錢山，蓋因以名。」

**又 卷四〇《山西二》** 神武軍城，在州北。《唐志》：「代州有守捉兵。其北有大同軍，本名大武軍，調露二年曰神武軍，天授二年曰平狄軍，大足元年復曰神武軍。其西又有天安軍，天寶十二載置。亦曰天寧軍。」景福元年李克用北巡至天寧軍，聞盧龍帥李匡威、振武帥赫連鐸寇雲州，乃遣將發兵於晉陽，而潛入新城是也。新城，見大同府。志云：州城中有通阜監，金大定中鑄錢監也。今太僕寺置於此。

**又 卷四一《山西三》** 武平關。州西二十里。北齊時屯兵於此以防周。《通典》：「州南七里有故家雀關，亦周、齊時戍守處也。」汾陽監，在州北。《唐食貨志》：「絳州有汾陽、銅源等錢監。天下鑪九十九，絳州居其三十云。」

**又 卷四九《河南四》** 王屋山，縣西八十里，與山西垣曲縣接境，《禹貢》「底柱、析城，至于王屋」是也。山有三重，其狀如屋，濟水出焉。魏熙平初，崔亮嘗請于王屋等山採銅鑄錢，從之，尋罷。

**又 卷五一《河南六》** 銅山，縣東四十里。相傳鄧通曾鼓鑄其上，因名。泌水所出也。又盤石山，在縣南四十里。今訛爲盤古山。縣東北八十里又有截軍山，與棋盤山並峙。

**又 卷五五《陝西四》** 馬頰社。在廢隴安縣之孝感鄉。社内有鑄錢監舊址。又香泉巡司，在州南百五十里，《通志》作「隴安巡司」。

**又 卷六七《四川二》** 銅官山，州東二十里，前代鑄錢處也。又東五里有連山。又五里曰東覺山，上有古井。

**又 卷七一《四川六》** 飛烏廢縣，在縣東南。舊志云：古郪工城也，在梓州西南百三十里。隋開皇中置飛烏縣於此，屬新州，尋屬梓州，以飛烏山爲名也。唐仍屬梓州。乾寧二年王建攻東川，其將王宗侃略地至飛烏，爲東川帥顧彦暉所擒。宋屬潼川府，元初廢入中江縣。銅山廢縣，在縣西南九十里。本飛烏縣地，唐貞觀二十二年置鑄錢監，調露初改置銅山縣，并析郪縣地益之，屬梓州。宋因之，元至元二年并入中江縣。

火井廢縣，州西南八十里。劉昫曰：「後周置火井鎮，隋改爲火井縣，屬臨邛郡，唐屬邛州。」宋因之。《宋志》：「開寶三年移縣治平樂鎮，至道三年復舊。」元省。《一統志》：「火井城在大邑縣東四十五里。」悮。又州志：在州東南八十里。按火井，今在州西南八十里，其東北有相臺山，以袁天綱爲火井令登山相視縣治而名，州志蓋悮以西南爲東南也。《新唐書》：「火井縣有鎮兵，有鹽。」《宋志》：「邛州有惠民監，鑄鐵錢，建炎二年廢。」

古城山，州西七里。亦謂之古石山。《華陽國志》：「臨邛有古石山。山出石壙，大如蒜子，火燒合之，成流支鐵，甚剛，因置鐵官。」有鐵祖廟。漢文帝以賜鄧通。通假民卓王孫，歲取千匠，故王孫貲累巨萬億，鄧通錢亦遍天下。《寰宇記》：「鐵山鑄錢，即此山也。」州志云：山在州南十里，山有五面，對拱州治。銅官山，舊志：在州東南八里。《史記》：「卓氏之先趙人，秦破趙，遷卓氏，夫妻推輦而出曰：『吾聞岷山之下沃野，下有蹲鴟。』乃求遠遷，致之臨邛，即山鑄錢。」即此山也。漢文帝嘗以此山賜鄧通。今州南五里有卓王孫宅基，方十里，耕者往往得古錢。州志云：山在州治東南二里。

**又 卷七二《四川七》** 平羌廢縣，州北四十里。後周置平羌縣，屬平羌郡。志云：本漢時平羌戍也，後周保定間因故址置縣。隋因之，屬嘉州，大業初屬眉山郡。唐仍屬嘉州。宋初因之，熙寧五年廢爲平羌鎮，屬龍遊縣。《一統志》：「平羌故城在州南十八里。」似悮。

廢豐遠監，在州界。《宋志》：嘉州有豐遠監，掌鑄鐵錢。元廢。

鄧通城，在縣東三十里。相傳漢文帝賜通嚴道銅山，鑄錢於此。旁有餓死坑，亦以通名。又古城，在縣西五里。相傳諸葛武侯征南時屯兵處也。唐李德裕增築之，置兵戍守。

銅山，縣東北三十里。山産銅，相傳即漢文帝賜鄧通鑄錢處。蕭齊永明八年議更錢法，益州行事劉悛上言：「蒙山下有嚴道銅山，舊鑄錢處，可以經略。」不果。宋初平蜀，其故將全師雄等復叛，討平之。餘黨據銅山，推謝行本爲主，復擊敗之，即此。

**又 卷七六《湖廣二》** 鐵錢監。在大別山下，地名静江營。宋紹熙二年置監，元廢。又牧馬廢監，在府西南十五里。宋乾道四年置于龍崗嘴，元廢。又城中舊有鳳棲驛，城北原有臨川驛，皆廢。

**又 卷八〇《湖廣六》** 橘洲，在善化縣西四里。銅官渚，在府北六十里，舊傳五代時楚鑄錢處。有山，亦曰銅官山。

桂陽州，府東南三百里。東至郴州二百里，南至廣東連州三百五十里，西至永州府四百里。

春秋時楚地，秦爲長沙郡地，漢爲桂陽郡地，後漢因之，晉、宋以後皆屬桂陽郡。隋屬郴州，大業初復屬桂陽郡。唐仍屬郴州，後又置桂陽監。掌鑄錢。

**又 卷八四《江西二》** 西山，在城西大江之外三十里。一名厭原山，又名南昌山。高二千丈，周三百里，跨南昌、新建、奉新、建昌四縣地。宋余靖云：「西山在新建縣西四十里，巖岫四出，千峰北來，嵐光染空，連屬三百餘里。」《郡圖經》：「初濟江十里爲石頭津，並江北行，有銅山，即吴王濞鑄錢之所。山有夜光，遠望如火，以爲銅精也。」

**又 卷九〇《浙江二》** 建德城，今府治。三國吴置縣，孫皓初封建德侯，即此。自隋以後廢置不一，唐萬歲通天中始爲州治。【略】 神泉廢監，在府西七十里。宋熙寧中置，鑄錢於此，尋罷。慶元初復置，旋廢。

**又 卷九七《福建三》** 七峰驛。在縣南郭内，又縣東四十里有同爵驛，俱宋置，元因之，明初廢。又錢監，在縣北三里，亦宋置鑄錢處。

**又 卷一〇二《廣東三》** 臨瀧廢縣，在府西。唐武德四年置，屬番州，尋屬韶州，貞觀八年廢。又西南有良化廢縣，亦武德四年置，貞觀八年廢。永通廢監，在府城内。宋皇祐中，詔韶州錢監爲永通監。先是慶曆八年以天興場歲采銅置監，至和二年以韶州岑水場銅發，令漕司益鑄錢。《宋志》：「曲江縣有永通錢監，靈源等三銀場，市子銀場是也。」

**清・屈大均《廣東新語》卷一五《貨語・銀》** 閩、粤銀多從番舶而來。番有吕宋者，在閩海南，産銀，其行銀如中國行錢。西洋諸番，銀多轉輸其中，以通商故。閩、粤人多賈吕宋銀至廣州，攬頭者就舶取之，分散於百工之肆，百工各爲服食器物償其值。承平時，商賈所得銀，皆以易貨。度梅嶺者，不以銀捆載而北也。故東粤之銀，出梅嶺十而三四。今也關税繁多，諸貨之至吴、楚、京都者，往往利微折資本，商賈多運銀而出。所留於東粤者，銀無幾也。故諺曰，物賤銀貴，無錢可替。大抵小民貿易喜用錢，上之人苟能以錢易銀，盡棄銀而勿用之，而銀於是乎同於瓦礫矣。

粤東銀，其在野者，多用大口鍋，形如盌圓而高邊，及雙吹。在城者，多用砒傾硬錠、漳州錠、方槽，日趨於僞。其紋者若潮州餅、井欄酥與二洋之大小銀錢，有九五六色，最高者交趾銀條、銀舌。若山銀，則丹房所謂銀筍，色至足矣。市井小人，爭以巧僞爲事，或盪錫於邊，或鑚鍛於腹。或灑鐵沙於面，或鈞銅於四角。或以白銅，藥煮之爲猗銀，最易惑人。故便民莫善於錢。

**清·朱彝尊《曝書亭集》卷四六**

跋新莽錢范文

易龜貝爲泉布，師尚父立其法，退而行之齊。《周官》則泉府掌之，景王分小大二品。權其子母，爲利溥矣，然仲尼之徒，無道其事者。利，固孔子所罕言也。新莽閏位，特重錢法。錢凡六品，刀凡二品，布凡十品，既而以剛卯金刀合劉氏文，乃禁佩剛卯，除刀錢，以大錢小錢二品並行。防民盜鑄，挾銅炭者入鐘官。其時鼓鑄多，故至今猶有存者。若夫錢范，竊疑排纂譜録圖志諸家，或未之見也。歲在丁亥夏，觀于衎齋上舍小葫蘆山書屋，范形正方，中央輪廓四，其二有文，曰大泉五十，徧體青緑，詩家所云活碧，庶幾近之。上舍得之石門吕編修葆中，案頭古銅器雖多，當以此居第一矣。

跋甘羅城小錢文

右錢薄而且小，文止一字，不可辨識。下穿一小孔，相傳淮口有土阜，土人目爲甘羅城。淮漢變遷，遺跡莫考。有掘得此錢者，名之曰甘羅錢，殆鵝眼、蜒環、榆莢、荇葉之類。此之謂幺錢，幼錢也。

**又 卷六一** 新莽錢范銘 赤帝劍，素王履，莽頭禿，均亡矣。錢有范，器獨存。二千歲，弗改煎。砂牀斑，土花緑，出巾箱，翫不足。

**清·法式善《陶廬雜録》卷五** 天寶中，諸州凡置九十九鑪鑄錢。絳州三十鑪，揚、潤、宣、鄂、蔚各十鑪，益、鄧、祁各五鑪，洋州三鑪，定州一鑪。約每鑪役丁匠三十人，每年除六月七月停作，餘十月作十番。每鑪約用銅二萬一千二百二十斤，白蠟三千七百九斤，黑錫五百四十斤。約每貫費錢七百五十文，丁匠在外。每鑪計鑄錢三千三百貫，約一歲計鑄錢三十二萬七千餘貫文。

**清·徐松《宋會要輯稿·食貨·錢法》**

《宋會要》

交子貿易，真宗朝置務，以朝臣主之。廢復更易。

明道中鑄錢，文曰「明道元寶」，真、篆書二品。

東南諸路鑄錢，國朝承南唐之舊爲之，未廣也。咸平三年，馬忠肅亮以虞部員外郎出使，始於江、池、饒、建四州歲鑄錢百三十五萬貫，銅鉛皆有餘羨。真宗即以忠肅爲江南轉運副使，兼都大提點江南福建路鑄錢四監，凡役兵三千八百餘人。大中祥符後，銅坑多不發。逮天禧末，所鑄纔一百五萬。及蔡京爲政，大觀中，歲收銅乃六百六十餘萬斤。比祖額虧四十餘萬斤。內舊場四百六十餘萬斤，膽銅一百餘萬斤，石銅七十萬斤，新場三十萬斤。江、湖、閩、廣十監每年共鑄錢二百八十九萬四百緡，計用銅一千十一萬五千斤。江州廣寧、二十四萬。池州永豐、三十四萬五千。饒州永平、四十六萬五千。建州豐國，三十四萬四百。已上四監一百三十四萬緡，上供。衡州咸寧、二十萬。舒州同安、十萬。嚴州神泉、十五萬。鄂州寶泉、十萬。韶州永通、八十三萬。梧州元豐，十八萬。已上六監一百五十六萬緡，逐路支用。以所入約所用，計少銅三百三萬五千斤。自渡江後，歲鑄錢纔八萬緡，近歲始倍。蓋銅鐵鉛錫之入，視舊纔二十之一，舊一千三百二十萬斤，今七十餘萬斤。所鑄錢視舊亦纔二十之一爾。以上《永樂大典》卷四六七〇。

**又 《鑄錢監》**

《宋會要》

江州廣寧監額：三十四萬貫，舊額二十萬貫。池州永豐監額：四十四萬五千貫，舊額四十萬貫。建州豐國監額：二十萬貫，舊額三十萬貫。韶州永通監額：四十萬貫，大錢，內兼鑄小錢八萬貫。惠州阜民監額：三十五萬[貫]。永興軍錢監額：一十萬貫。華州錢監額：一十萬貫，大錢。陝州錢監額：一十萬貫。絳州垣曲錢監額：一十三萬貫，大錢。衛州黎陽監額：一十五萬貫，小錢；五萬貫，大錢。西京阜財監額：二十萬貫。興國軍富民監額：二十萬貫。衡州熙寧監額：一十五萬貫。睦州神泉監額：一十五萬貫。鄂州寶泉監額：一十萬貫，大錢。舒州同安監額：一十五萬貫。虢州在城、朱陽兩監額：各一十二萬五千貫文，大錢。商州在城、洛南兩監額：各十二萬五千貫，大錢。興州濟農監額：四萬貫文，舊額三萬九千二百六十三貫二百五十文，每貫重一十二斤十二兩。嘉州豐遠監額：八萬六千六百一十七貫，舊額四萬貫。邛州惠民監額：一十萬九千八百五十一貫，舊額十一萬六百二十二貫。通遠軍威武鎮錢監額：一十二萬五千貫，大錢。岷州滔山鎮錢監額：一十一萬五千貫，大錢。已上並以文武京朝官、使臣殿直已上，每監二員，至或用三員。或舉用選人，或以州官兼領而已。

鑄錢，每鑄一貫省，用銅二斤八兩，鉛一斤一十五兩，錫三兩，炭五斤。

饒州永平監額：四十六萬五千貫。池州永豐監額：三十四萬五千貫。紹興元年撥併，寄役贛州鑄錢監，本監官認鑄額。建寧府豐國監額：二十五萬四百貫。韶州永通監額：四萬七千一十七貫。贛州鑄錢監、嚴州神泉監，以上並無定額。以上《永樂大典》卷四六七六。

**又 《錢法雜録》** 周世宗南征，李景徙饒州，召徐鉉爲太子右諭德。鉉字鼎臣，揚州廣陵人，見《東都事畧・徐鉉傳》。

太平興國二年，江南轉運使樊若水言：「江南舊用鐵錢，於民非便。望於昇州、饒州出銅處置官鑄錢，其鐵錢即令諸州鼓鑄爲農器，以給江北流民。」

八年三月，詔曰：「饒州歲市私鉛、錫六萬斤，爲錢十五，自今請增三錢；錫十五萬斤，爲錢二十九，增六錢。饒州市炭，秤爲錢十，增三錢。」從轉運使張齊賢之請也。先是，李煜因唐舊制，於饒州永平監歲鑄錢六萬貫。江南平，增數爲七萬貫，常患銅少不充用。齊賢任轉運使，求得江南僞承旨丁釗，盡知饒、信、虔等州山谷出銅、鉛、錫處，齊賢即調發諸縣丁男採之。是年增數十倍，明年得銅、鉛八十五萬斤，錫十六萬斤，因雜用鉛、錫，歲鑄錢三十萬貫。補丁釗爲承旨，領五郡銅。先是，永平監用開元通寶錢法，肉好周郭精妙。至是雜用鉛、錫，雖歲增數倍，而稍爲粗惡。《續通鑑長編》又云：初，齊賢陛辭日，上面命曰：「漢時吴王即山鑄錢，江南多出銅，爲朕密經營之。」齊賢訪前代鑄法，惟永平監用唐開元錢料，堅實可久，由是定取其法。凡用銅八十五萬斤，鉛三十六萬斤，錫十六萬斤。或言增鉛、錫多，齊賢固引唐朝舊法爲言。但丁制作丁釗。

淳化五年，詔：「饒州舊例集民爲甲，令就官場買茶。自(令)[今]聽從便收市。」

又，至道二年十月，賜池州新置鑄錢監名曰永豐。先是，州每年鑄錢四十萬貫，至是復於池州分置是監，共鑄錢六十四萬貫。《九朝通畧》云四十四萬貫。

大中祥符(元)[五]年閏十月，右諫議大夫凌策言：「饒州白來官買金，禁客旅興販。或爲人論告，即追禁平人，煩撓刑獄。自今請許納稅錢。」從之。

二年六月，詔：「饒、池州等鑄錢監，比者歲給緡錢，以贍工匠，宜例加給。饒州歲七十萬，池州三十萬。」

五年，詔增給諸州鑄錢監匠率分錢。

五年，除饒、信州買銅場壞稅錢。

饒州鄱陽、樂平、浮梁、德興四縣和買金額五百四十二兩八錢，三班一員監當。又饒州德興市銀場和買年額千七百四十九兩五錢，縣官一員監。又饒州興利場和買額二十一萬一千七百三十四斤二兩，三班一員監。又饒州永平監額四十五萬三千一百五十貫，朝官、三班各一員監。又饒州及德興、浮梁、餘干、安仁縣、石頭鎮六務，稅錢歲額二萬五千四百七十貫。又饒州及餘干、浮梁、樂平、德興、安仁興利場、石頭鎮、景德鎮九務，酒麴錢歲額四萬七千五百九十七貫。又饒州買茶額五十五萬一千八百三十九斤。又饒州茶品：片茶慶合每斤一百四十三文，運合一百二十二文，仙芝一百一十文，不及號七十七文，頭金每斤五百文，臘面四百一十五文，頭骨三百五十五文，茗茶、末茶並四十一文，鹿黄三十七文。又饒州公用錢二百貫。《九朝通畧》云：初，鑄錢但有饒州永平、池州永豐。咸平二年，宰臣張齊賢言：「今錢貨未多，望擇使臣按行出銅易得炭薪之處，增置監鑄錢。」乃命虞部員外郎馮亮等至建州置豐國監，江州置廣寧監。明年，凡鑄錢一百二十五萬，乃以亮爲江南轉運副使，提點江南福建鑄錢事。康定元年，因陝西移用不足，屯田員外郎皮仲容建議增監冶鑄，因勅江南鑄大錢，而江、池、虢、饒州又鑄小鐵錢，悉輦致關中。慶曆元年十一月，詔江、饒、池三州鑄鐵錢三百萬緡，備陝西軍費。崇寧二年正月，户部尚書吴居厚言：「江、池、饒、建四監歲鑄緡錢一百三十餘萬，近年寖少，欲別立勸沮之格。」詔從之。十月，江淮等路發運副使胡師文曰：「自熙寧以來，當二大銅錢不許轉京，故諸州官庫所積甚多。今(迄)[乞]改鑄當十錢，許四文可成三文，則十萬貫當爲三百萬貫。」癸卯，詔從之，令江、池、饒、建、舒、睦、衡、鄂八監依陝西樣鑄當十錢。於是當二錢悉罷鑄矣。後崇寧五年，不行用，其當二錢依舊存用，仍罷鑄當十錢，只令鑄小錢。以上《永樂大典》卷五三二九。

**又 《錢文》** 仁宗景祐元年鑄錢，文曰「景祐元寶」，真書、篆書二品。

乾文錢：太平興國九年，日本國僧奝然等浮海而至，云其國(周)[用]銅錢，文曰「乾文寶」。

交趾國黎字錢：秘書丞朱正臣言：「前通判廣州，竊見藩商多往交州貿市，齎黎字及砂鑞錢至州，頗紊中國之法。」以上《永樂大典》卷四六七三。

**又 《鑄錢監》** 宋畢仲衍《備對》

諸路鑄錢總二十六監，每年鑄銅、鐵錢。

銅錢逐監錢數：阜財監，西京。二十萬貫；垣曲監，絳州。二十六萬貫；黎陽監，二十萬貫；永興軍、華州、陝府錢監，各鑄二十萬貫；同安監，舒州。一十萬貫；富民監，興國軍。二十萬貫；神泉監，睦州。一十萬貫；熙寧監，衡州。二十萬貫；寶泉監，鄂州。一十萬貫。已上並應副本路，內熙寧[監]五萬貫應副(沉)[坑]冶買銅。廣寧監，江州。三十四萬貫；永豐監，池州。四十四萬五千貫；永平監，饒州。六十一萬五千貫；豐國監，建州。二十萬貫。已上四監，每年二十萬貫應副信州鉛山場買銀；三十五萬貫赴內藏庫充添鑄年額；一百五萬貫上供，內藏庫納一十五萬貫，左藏庫納外九十萬，每撥三十三萬餘貫內藏庫封樁，候三年及一百萬貫，至南郊前，撥與三司。永通監，韶州。八十萬貫；阜民監，惠州。七十萬貫。已上二州並應副買銅。內惠州買銅剩錢兑小錢二十萬貫，并更有剩錢，並起發上京，內藏庫納。

鐵錢逐監錢數：在城、朱陽兩監，虢州。各一十二萬五千貫；阜民、洛南兩監，商州。各一十二萬五千貫。已上係折二錢，並應副本路交子本錢。威遠鎮、通遠軍。滔山鎮岷州。兩監，共二十萬貫。嘉州二萬五千貫，邛州七萬三千二百三十四貫，興州四萬一千貫。已上三州鑄大錢，內嘉州二萬貫，邛州五萬貫，興州三萬貫，支與川茶司並應副本路。大錢以一當十。

銅鐵錢路分：一十三路行使銅錢，兩路［行］使銅、鐵錢，四路行使鐵錢。銅錢一十三路：折二錢，京畿裏不行使，府界并諸路並通行。開封府界、京東路、京西路、河北路、淮南路、兩浙路、福建路、江東路、江西路、湖南路、湖北路、廣東路、廣西路。銅、鐵錢兩路：陝西有折二錢，新鑄至和饒闕稜大銅、大鐵錢並當小銅錢二文，永爲定制。河東銅錢有折三、折二錢。陝府西路、河東路。鐵錢四路：大鐵錢一文當十文。成都府路、梓州路、利州路、夔州路。以上《永樂大典》卷四六七六。

**清·鄭光祖《一斑録·雜述五》** 禁用銅錢

前代下令行鈔，市禁銅錢，除零星給值不能盡禁外，其滿千以上，皆須以錢向當官兑鈔交易。故人肩錢入墅，巡者即隨之。後易代制更，鈔皆不用，民間持鈔下淚，不忍輕棄，彙而塑成佛像者比比。若以紋銀行市，實自明代始也。

**又《雜述六》**

銀錢貴賤

明洪武時，行大明寶鈔，鈔一貫十串，折銅錢一千。至英宗正統十三年夏五月，禁用銅錢，民間交易用錢者，以阻鈔論。

《說鈴》談往明京師紋銀一兩買錢六百，崇正年買至二千幾百，因嚴私錢，設石臼并之，民間以遵制報命，實則愈趨愈下也。

又《蚓庵瑣語》：崇禎時，京錢一文重一錢六七分，外省錢一文重一錢。末年，京錢百文值銀五分，外省錢百文值銀四分。

本朝順治四五年，崇禎錢百文只值銀一分。每錢重一觔，值銀二分五釐。余鄉業户有舊時租簿，順治四年麥收歉薄租價麥一石，折大錢新鑄順治青錢。一千六百文至二千。若小錢，即崇禎等錢。十六千文至二十千，相去竟至十倍，次年尚差至四倍，後其差漸減。

《常昭合志》銀錢貴賤均未攷實，所載不足爲據。自余所知，乾隆四十年以前，我邑錢與銀並用，銀通用圓絲紋銀論申五色。銀，一兩兑錢七百文，數十年無所變更，故我邑至今銀錢之價已大更，而俗語尚以七十文錢稱一錢銀子。七文錢稱一分。七百文錢稱一兩銀子，七千稱十兩，七十千稱百兩，循其舊也。乾隆四十年後，銀價少昂。五十年後，銀一兩兑錢九百。嘉慶二年，銀價忽昂，兑至一千三百。後仍有長落，近十年來，銀價大昂，紋銀一兩至一千六百，且至二千矣。

邊方錢弊

乾隆五十五年，滇南省城銀一兩兑錢一千五百文。至五十九年，兑至三千三百。錢式大小一律，惟有略薄或間有沙眼，此錢局之弊，非私鑄也。制府福公到省首嚴錢法，詳示通省，設局收繳違制錢文。有某店繳未淨盡，搜得僅數十文，藩臺親審其人，立斃杖下。一時錢價復舊。邊省皆旱路，商販來往攜銀爲便，省內大錢通用不過附近鄉里。各府有準設局鼓鑄者，錢式照省城，其通用亦不過府城附近。所屬寫遠多沿舊習，雖素有禁令，而未能絕也。嚴令之下以此。

東川府設鑄錢局，時銀一兩兑大錢三千二百文。府城距省六站，沿途純用小錢，銀一兩兑錢五千餘文，皆私鑄也。

昭通府過東川又五站，沿途亦皆小錢。府城所用大錢，從東川解來，銀一兩兑二千四百。時當地物價準此錢者，米一斗，較我邑二斗五升，錢二千三百，豬肉一觔一百三十，清油一觔一百六十，鹽用川引，觔錢一百二十。餘不悉記。永善縣過府城又三站，所用之錢竟同鵞眼，銀一兩兑至十千。副官村一巨鎮也，去永善又七站，分防縣丞所駐，錢式中等，銀一兩兑四千。五載所同。其餘如鎮雄州大關廳，同知所駐。鹽井度，亦一鎮也，屬大關巡司駐焉。錢法略同副官。

川地由副官村金沙江順流東下二站，敘州府，與錦江成都來。合流爲川江，下至瀘州，至重慶，至夔州，錢與副官不大異。水路便攜運也。銀一兩兑二千四五百，至三千一二三百不等。再下至湖北宜昌府，在平原，已出山三十里。荆州府時，其地純用順治康熙青銅錢，銀一兩兑八百餘文，雍正、乾隆錢絕少。

貴州一省，自鎮遠府起旱西行二十八站，至雲南省城，亦有私鑄小錢應用，而過往行旅雖分釐必用銀。若自鎮遠府水路，麻陽船順溪流東下，經辰州府、沅州府，以至常德府，亦在平原，出山三十里。順流五日，上水十八站。錢亦中等，稍有更變，均非官板，其時如此。

由武昌東，至鎮江南，至江西、浙江，北至清江浦，用錢俱是官板。

## 佚名《銅政便覽・局鑄上》

### 雲南省城錢局

雍正元年[一七二三年]十二月設爐二十一座，每爐每月鼓鑄三卯，以銅六鉛四配鑄。每爐每卯正鑄用銅六百斤，每百斤加耗銅十三斤，計加耗銅七十八斤，一共正耗銅六百七十八斤。白鉛四百斤，不加耗。計正鑄浄銅鉛一千斤。每百[斤]給銼磨折耗九斤，共折耗銅(鑄)[鉛]九十斤，實鑄浄銅鉛九百一十斤。每錢一文，鑄重一錢四分，共鑄錢一百零四串。內除支銷爐匠工食銀十二串，物料錢六串二百文，實存浄錢八十五串八百文。又帶鑄用銅六十斤，每百斤加耗十三斤，計加耗銅七斤十二兩八錢，一共正耗銅六十七斤十二兩八錢。白鉛四十斤，不加耗。計帶鑄浄銅鉛一百(月)[斤]。給銼磨折耗九斤，實鑄浄銅鉛九十一斤。每錢一文，鑄重一錢四分，共鑄錢十串四百文。不給工食，只給物料浄錢六百二十文，實存浄錢九串七百八十文。又外耗用銅五十四斤，每百斤加耗銅十三斤，計加耗銅七斤零三錢二分，一共正耗銅六千一斤三錢二分。白鉛三十六斤，不加耗，計外耗浄銅鉛九十斤。不給銼磨折耗。每錢一文，鑄重一錢四分，共鑄錢十串二百八十五文七毫。不給工食物料，只給局中官役廉食等項錢四串五十七文七毫，實存浄錢六串二百二十七文三毫。計正鑄、帶鑄、外耗三項共用銅鉛一千九十一斤，鑄錢一百二十四串六百八十五文七毫，除支銷工食物料等項錢二十二串八百七十七文七毫，實存浄錢一百一串八百八文。二十一爐年鑄七百五十六卯，共錢七萬六千九百餘串。搭放兵餉、廩糈、驛堡、夫馬、工料等項之用，每錢一串扣收銀一兩，共扣收銀七萬六千九百餘兩。又每年七百五十六卯，共用各廠正銅五十三萬九千七百八十四斤，耗銅七萬一百七十一斤十四兩七錢二分，除耗(錦)[銅]不另給價外，每正銅百斤價腳銀九兩二錢，共該銅價銀四萬九千六百六十兩一錢二分八釐。又用卑浙、塊澤二廠白鉛三十五萬九千八百五十六斤，每百斤給價銀二兩，腳銀一兩五錢，該價腳銀一萬二千五百九十四兩九錢六分，二共銅鉛價腳銀六萬二千二百五十五兩八分八釐，於前項扣獲錢本銀內計除外，每年共獲鑄息銀一萬四千六百四十餘兩。具每鑄浄銅一百斤給炒費銀三錢，係於銅息項下動支給發。雍正五年[一七二七年]二月添設(瀘)[爐]四座，連原設二十一座共二十五座。年鑄九百卯，仍以銅六鉛四配鑄。每錢一文鑄重一錢四分，年共鑄錢九萬一千六百餘串。除歸還銅鉛本腳外，計獲鑄息銀一萬七千餘兩。雍正十二年[一七三四年]十一月減發銅鉛，改爲每錢一文鑄重一錢二分。仍以銅六鉛四配鑄，每(外)[卯]正鑄、帶鑄、外耗共用銅六百一十一斤十五兩九錢九分八釐九毫二絲，白鉛四百七斤十五兩九錢九分八釐二毫八絲，年共鑄錢九萬一千六百二十餘串。除歸還銅鉛本腳外，計獲鑄息銀二萬八千餘百兩。乾隆元年[一七三六年]改爲每錢一串二百文扣收銀一兩，至今並無(夏)[更]易。又鉛斤運腳每百斤原給銀一兩五錢，改爲給銀七錢二分。又(瀘)[爐]役工食並外耗開銷照舊發給，惟正鑄物料原給錢六串二百文，改爲發給錢五串三百三十三文八毫。帶鑄物料原給錢六百二十文，改爲發給錢五百三十三文二毫，至今亦無更易。鑄錢九萬二千四百八十餘串。除歸還銅鉛水腳外，計獲(銷)[鑄]息銀(二)[一]萬六千四百餘兩。乾隆五年[一七四〇年]十二月添設爐十座，連原設爐二十五座，共計三十五座，照前鼓鑄，年鑄一千二百六十卯，共鑄錢一十二萬九千四百八十餘串，除歸還銅鉛本腳外，計獲鑄息銀二萬二千九百餘兩。乾隆六年[一七四一年]十二月，改爲四色配鑄，每百斤用銅五十斤，白鉛四十三斤八兩，黑鉛三斤八兩，錫三斤。黑鉛每百斤價銀一兩四錢八分，腳銀七錢二分，錫每百斤價銀二兩九錢二分七釐，腳銀七錢三分六毫七絲八忽，年共(計)[鑄]錢一十二萬九千四百八十[一]串。除歸還銅鉛本腳外，計獲息銀三萬一千餘兩。乾隆十五年[一七五〇年]減爐十座，配留二十五座，照前配鑄，年共鑄錢九萬二千四百八十餘串。除歸還銅鉛本腳外，計(幾)[獲]鑄息銀二萬二千二百餘兩。乾隆十七年[一七五二年]，將白鉛運腳每百斤原給銀七錢二分，改爲給銀四錢五分。黑鉛每百斤原給銀七錢二分，改爲給銀六錢二分。年鑄錢九萬二千四百八十餘串，除歸還銅本鉛腳外，計獲鑄息二萬三千三百餘兩。乾隆三十年[一七六五年]五月起，每爐每卯正鑄項下加添米炭價錢二串四百七十文。鑄錢九萬二百餘串，除歸還銅本鉛腳外，計獲鑄息銀二萬一千四百餘兩。乾隆四十五年[一七八〇年]減爐四座，配留(一十)[二十]一座照前配鑄。年共鑄錢七萬二千二百餘串，除歸還銅鉛(下)[本]腳外，計獲鑄息銀一萬七千一百餘兩。乾隆四十六年[一七八一年]正月，將大理局八爐移於省局添設，連原設二十座共二十八座，照前鼓鑄。應需銅斤改爲每百斤加耗銅十斤四兩，計一千零八卯，年共鑄錢十萬一千九十餘串。除歸還銅鉛本腳外，計獲鑄息銀二萬四千一兩。至五十九年[一七九四年]六月，將二(一)[十]八爐全行裁。嘉慶二年[一七九七年]二(另)[月]復設爐二十八座，以銅六鉛四配鑄。每錢一文，鑄重一錢二分，計一千零八卯，年共鑄錢十萬一千九十餘串。除歸還銅鉛本腳外，計獲鑄息銀一萬七千四百餘兩。嘉慶五年[一八〇〇年]四(另)[月]改爲三色配鑄，每百斤用銅五十二斤，白鉛四十一斤八兩，黑鉛六斤八兩。年共鑄錢十萬一千九十餘串。除歸還銅鉛(奎)[本]腳外，計獲鑄息二萬三千二百餘兩。六年[一八〇一年]四月改爲三色配鑄，每百斤用銅五十四斤，白鉛四十二斤十二兩，黑鉛三斤四兩。每爐每卯正鑄用銅四百六十二斤十三兩七錢一分四釐二毫零，每百斤加耗銅十斤四兩，計加耗銅四十七斤七兩八分五釐七毫零，一共正耗銅五百一十斤四兩七錢九分九釐九毫零。(百)[白]鉛三百六十六斤六兩八錢五分七毫零，黑鉛二十七斤十三兩七錢一分四釐二毫零，均不加耗。計正鑄浄銅鉛八百五十七斤二兩二錢八分五釐七毫。每百斤給銼磨折耗九斤，共折耗銅鉛七十七斤二兩二錢八分五釐七毫，實鑄浄銅鉛七百八十斤。每錢一文鑄重一錢二分，共鑄錢一百四串。內除支銷匠役工食錢一十二串，物料錢五串三百三十二文八毫零，加添米炭價錢二串四百七十文，實存淨錢八十四串一百九十七文一毫零。又帶鑄用銅四十六斤四兩五錢七分一釐三毫零，每百斤加耗銅十斤四兩，計加耗銅四斤十一兩九錢八釐五毫零，二共正耗銅五十一斤四錢七分九釐九毫零。白鉛三十六斤十兩二錢八分五釐六毫零，黑鉛二斤十二兩五錢七分一釐四毫零，均不加耗。計帶鑄淨銅鉛八十五斤十一兩四錢二分八釐五毫零。每百斤給銼磨折耗九斤，共折耗鉛銅七斤十一兩四錢二分八釐五毫，實鑄淨銅鉛七十八斤。每錢一文鑄重一錢二分，共鑄錢十串四百文，不給工食，只給物料錢五百三十三文二毫零，實存淨錢九串八百六十六文七毫零。又外耗用銅四十一斤十兩五錢一分三釐三毫零，每百斤加耗銅十斤四兩，計加耗銅四斤四兩三錢一分七釐六毫零，二共正耗銅四十五斤十四兩八錢三分九毫零。白鉛三十二斤十五兩六錢五分六釐四毫零，黑鉛二斤八兩一(銀)[錢]一分四釐二毫零，均不加耗。計外耗淨銅鉛七十七斤二兩二錢八分四釐，不給銼磨折耗。每錢一文，鑄重一錢二分，共鑄錢一十串二百八十五文七毫。不給工食物料，只給局中官役廉食等項錢四串五十七文七毫，實存淨錢六串二百二十八文。計正鑄、(盤)[帶]鑄、外耗(二)[三]項共用鉛銅一千一十九斤十五兩九錢九分八釐二毫，共鑄錢一百二十四(兩)[串]六百八十五文七毫。內除支銷物料等項錢二十四串三百九十三文(分)[八]毫零，實(有)[存]淨錢一百串二百(凡)[九]十二文。二十八爐年計一千零八卯，共錢一十萬一千九十四串一百九十三文，搭放廠本、運腳、養廉、鞭祭、舖颴、驛堡之用四十五兩一錢六分。又每年一十八卯共用各廠正銅五十五萬五千二百六斤五兩四錢二分，耗銅五萬六千九百八斤十兩四錢九分五釐五毫。除耗銅不另給價外，每正銅百斤價腳銀九兩三錢，共該銅價銀五萬一千七十八兩九錢八分三釐。又用卑浙、塊澤二廠白鉛二十一萬九千七百六十九斤三兩八錢一分二釐，每百斤給價銀一兩八錢二分，腳銀六錢三分，該價腳銀五千三百八十四兩三錢四分五釐。又用者(梅)[海]廠白鉛二十一萬九千七百六十九斤二兩八錢一分二釐，每百斤給價銀二兩，腳銀四錢五分，該價腳銀五千三百八十四兩三錢四分五釐，用卑浙、塊澤二廠黑鉛三萬三千四百一十五斤三兩一錢四分一釐，每百斤給價銀一兩四錢八分，腳銀六錢二分，該價腳銀七百一兩七錢一分九釐，共用鉛銅(領)[價]腳銀六萬二千五百四十九兩三錢九分二釐。於前項扣獲錢本銀兩計除(卯)[外]，每年共獲鑄息銀二萬一千六百九十餘兩。嘉慶九年(一八〇四年)將需用銅斤，改爲每百斤撥用各廠八成，照舊加耗，又於下關店存貯甯(每)[台]銅內撥用二成，(等)[每]百斤加局耗銅八斤，三共銅一百八斤。又每百斤加煎耗銅一十七斤八兩，計加煎耗銅一十八斤十四兩四錢，二共銅一百二十六斤十四兩四錢。又每百斤加民耗銅三斤二兩，計加民耗銅三斤十五兩四錢五分，總計每百斤加局耗、煎耗、民耗銅三十斤十三兩八錢五分。照各廠淨銅之例，每百斤價腳銀[九兩二錢]。

東川舊局

東川舊局，雍正十二年[一七三四年]九月設爐二十八座。每爐每月鼓鑄三卯，以銅六鉛四配鑄。每爐每卯正鑄用銅五百一十四斤四兩五錢七分一釐四毫零，每百斤加耗銅八斤，計加耗銅四十一斤二兩二錢八分五釐七毫零，二共正耗銅五百五十五斤六兩八錢五分七釐一毫零。白鉛三百四十二斤十三兩七錢一分四釐二毫零，不加耗。正鑄淨銅鉛八百五十七斤二兩二錢八分五釐七毫。每百斤給銼磨折耗九斤，共折耗銅鉛七十七斤二兩二錢八分五釐七毫，實鑄淨銅鉛七百八十斤。每錢一文，鑄重一錢二分，共鑄錢一百四串。內除支銷匠役工食錢一十二串，物料錢五串三百三十二文八毫零，實存淨錢八十六串六百六十七文一毫零。又帶鑄用銅五十一斤六兩八錢五分七釐一毫，每百斤加耗銅八斤，計加耗銅四斤一兩八錢二分八釐五毫零，二共正耗銅五十五斤八兩六錢八分五釐六毫零。白鉛三十四斤四兩五錢七分一釐四毫，不加耗。計帶鑄淨銅鉛八十五斤十一兩四錢二分八釐五毫。每百斤給銼磨折耗九斤，共折耗銅鉛七斤十一兩四錢二分八釐五毫，實鑄淨銅鉛七十八斤。每錢一文，鑄重一錢二分，共鑄錢十串四百文。不給工食，只給物料錢五百三十三文二毫零。實存淨錢九串八百六十六文七毫零。又外耗用銅四十六斤四兩五錢七分四釐，每百斤加耗銅八斤，計加銅三斤十一兩二錢四分五釐六毫零。二共正耗銅四十九斤十五兩八錢一分六釐零。白鉛三十斤十三兩七錢一分三釐六毫，不加耗。計外耗淨銅鉛七十七斤二兩二錢八分四釐，不給銼磨折耗。每錢一文鑄重一錢二分，共鑄錢一十串二百八十五文七毫。不給工食物料，只給局中官役廉食等項錢四串九百四十七文四毫零。實存淨錢五串三百三十八文二毫零。計正鑄帶鑄外耗三項，共用鉛銅一千一十九斤十五兩九錢九分八釐二毫，共銅錢一百二十四串六百八十五文七毫。除支銷工食物料等項錢二十二串八百一十三文六毫，實存淨錢一百一串八百七十二文一毫。二十八爐年鑄一千零八卯，共錢十萬二千六百一串。每錢一串合銀一兩，共合銀十萬二千六百餘兩。又每年一千零八卯，共用各廠正銅六十一萬六千八百九十五斤，耗銅四萬九千三百五十一斤。除耗銅不另給價外，每正銅百斤價腳銀九兩二錢，共該銅價銀五萬六千七百五十四兩三錢四分。又用卑浙、塊澤二廠白鉛四十一萬一千二百六十三斤，每百斤給價銀二兩，腳銀一兩五錢，該價腳銀一萬四千三百九十四兩二錢，二共銅鉛價腳銀七萬一千一百四十八兩五錢四分，於前項扣獲錢本銀內計除，每年共獲鑄息銀三萬一千四百餘兩，共每鑄淨銅一百斤給炒費銀三錢，係於銅息項下動支發給。

乾隆元年[一七三六年]三月，將二十八爐全行裁撤。乾隆六年[一七四一年]五月，復設爐二十座。年鑄七百二十卯，改爲四色配鑄。每百斤用銅五十斤，白鉛四十二斤八兩，黑鉛三斤八兩，錫三斤。黑鉛每百斤給價銀一兩四錢八分，腳銀七錢二分，錫每百斤給價銀二兩九錢二分七釐，腳銀一兩四錢六分四毫零，正鑄項下加添米價錢二串四百七十文。又外耗項下原給官役廉食錢四串九百四十七文四毫零，改爲給錢四串五十七文七毫，其餘照舊辦理。年共鑄錢七萬二千二百餘串，除歸還銅鉛本腳外，計獲鑄息銀一萬三千六百餘兩。十八年[一七五三年]，將白鉛運腳原給銀一兩五錢改爲給銀三錢。年獲鑄息銀一萬七千四百餘兩。十九年[一七五四年]二月添爐五座，連原設二十座共計二十五座，照前鼓鑄。年鑄九百卯，共錢九萬[三]百餘串，除歸還銅鉛本腳外，計獲鑄息銀二萬一千八百餘兩。四十四年[一七七九年]三月減爐九座，酌留十六座照前鼓鑄。年鑄五百七十六卯，年共錢五萬七千七百餘串。除歸還銅鉛本腳外，計獲鑄息銀一萬三千九百餘兩。四十六年[一七八一年]減爐六座，酌留十座照前鼓鑄。年鑄三百六十卯，共錢三萬六千一百一串。除歸還銅鉛本腳外，計獲鑄息銀八千七百餘兩。五十九年[一七九四年]六月底，將十爐全行裁散。嘉慶四年[一七九九年]正月，因改鑄收買小錢，咨明户部於東川府設爐六座，就近改鑄。東川、昭通二府屬小錢，至五年[一八〇〇年]鑄竣，將爐裁撤。十五年[一八一〇年]五月，題請仍復爐十座。三色配鑄，每百斤用銅五十四斤，白鉛四十二斤十二兩，黑鉛三斤四兩。每爐每卯正鑄用大風嶺、紫牛坡、獅子尾三廠淨銅二百三十一斤七兩七錢三釐七毫零，用湯丹、碌碌、大水溝、茂(釐)[麓]四廠通商淨銅二百三十一斤六兩　分五毫零，二共銅四百六十二斤十三兩七錢一分四釐二毫零。每百斤加耗銅八斤，計加耗銅三十七斤四錢五分七釐一毫。二共正耗銅四百九十九斤十四兩一錢七分一釐四毫零。白鉛三百六十六斤六兩八錢五分七釐一毫零，黑鉛二十七斤十三兩七錢一分四釐二毫零，均不加耗。計鑄淨銅鉛八百五十七斤二兩二錢八分五釐七毫。每百斤給銼磨折耗九斤，共折耗銅鉛七十七斤(上)[二]兩二錢八分五釐七毫，實鑄淨銅鉛七百八十斤。每錢一文鑄重一錢二分，共鑄錢一百零四串文。內除支銷匠役工食錢一十一串。又物料錢五串三百三十二文八毫，加添米炭錢二串四百七十文，實存(洋)[淨]錢八十四串一百九十七文一毫零。又帶鑄用大風、紫牛、獅子尾三廠淨銅二十三斤二兩三錢七分三毫零，用湯丹、碌碌、大水溝、茂麓四廠通商淨銅二十二斤二兩二錢一釐零。二共銅七十六斤四兩五錢七分一釐三毫零。每百斤加耗八斤，計加耗銅三斤一兩二錢四分五釐七毫零。二共正耗銅四十九斤十五兩八錢一分七釐一毫零。白鉛十六斤十兩二錢八分五釐六毫零，黑鉛二斤十二兩五錢七分一釐四毫零，均不加耗。計帶鑄淨銅八十五斤十一兩四錢二分八釐五毫。每百斤除銼磨折耗九斤，共折耗銅鉛七斤十一兩四錢一分八釐五毫，實鑄淨銅鉛七十八斤。每錢一文，鑄重一錢二分，共鑄錢十串四百文。不給工食，只給物料錢五百三十三文二毫零，實存淨錢九串八百六十六文七毫零。又外耗用大風、紫(半)[牛]、獅子尾三廠淨銅二十斤十三兩三錢三分三釐三毫零，用湯丹、碌碌、大水、茂麓四廠通商淨銅二十斤十三兩一錢八分零，二共銅四十一斤十兩五錢一分三釐三毫零。每百斤加耗八斤，計加耗三斤三兩三錢二分一釐零，二共正耗銅四十四斤十五兩八錢三分四釐四毫零。白鉛三十二斤十五兩六錢五分六釐四毫零，黑鉛二斤八兩一錢一分四釐二毫零。均不加耗。計(卯)[外]耗淨銅鉛七十七斤二兩二錢八分四釐，不給銼磨折耗。每錢一文，鑄重一錢二分，共鑄錢一十串二百八十五文七毫。不給工食，只給局中官役廉食等項錢四串五十七文七毫，實(有)[存]淨錢八串二百二十八文，(設)[計]正鑄、帶鑄、外耗三項共用銅鉛一千一十九斤十五兩九分八釐三毫，共鑄錢一百二十四串六百八十五文七毫。內除支銷工食物料等項錢三十四串三百九十三文八毫零，實(行)[存]淨錢一百串二百九十一文八毫零。十爐年鑄三十六卯，共錢三萬六千一百五串七十文，搭放廠本、運腳、養廉等項之用，每錢一串二百文，扣收銀一兩，共扣收銀三萬零八十七兩五錢五分八釐。又每年三十六卯，共用各廠正銅二十一萬四千一百五十一斤二錢六分二釐，內撥用大風嶺廠銅七萬二千斤，紫牛坡廠銅二萬九千七百斤，獅子尾廠銅五千四百斤，三共銅十萬七千一百斤。除耗銅七千九百三十三斤五兩三錢三分三釐七毫，不另給價外，實該淨銅九萬九千一百六十六斤十兩六錢六分六釐三毫。每百斤給腳銀九兩二錢，共該腳價銀九千一百二十三兩三錢三分三釐。又用湯(舟)[丹]，碌碌、大水、茂麓四廠通商銅十萬七(十)[千]五十一斤二錢六分二釐，每百斤給價銀七兩。又自湯丹廠發運到局，每百斤需腳銀二錢五分，碌碌廠發運到局。每百斤需腳銀四錢，大水溝廠發運到局，每百斤需銀四錢，茂麓廠由大水溝轉運局，每百斤需腳銀八錢五分六釐五毫。各程站遠近不一，腳銀多少不等，牽扯折中合算，每百斤合給運腳銀四錢七分六釐五毫，連銅價銀七兩，每百斤合價腳銀七兩四錢七分八釐五毫，該銀八千零三兩六錢六分九釐。又用(六)[者]海廠白鉛[一]十五萬六千九百七十七斤十五兩七錢二分三釐，每百斤給價銀二兩，腳銀三錢，該銀三千六百一十兩四錢九分四釐。用阿那多廠黑鉛一萬一千九百三十三斤十五兩九錢七分九釐，每百斤給價銀一兩六錢八分四釐，腳銀五錢一分六釐，該銀二百六十二兩五錢四分八釐，三共銅鉛價腳銀二萬一千兩零四分四釐三毫。於前項扣獲錢本銀內計除外，每年共獲鑄息銀九千八十餘兩，作爲湯丹等廠提拉水洩工費之用。

東川新局

東川新局於乾隆十八年[一七五三年]設爐五十座，每爐每月鼓鑄三卯，銅鉛對配。每卯正鑄用銅四百二十八斤九兩一錢四分二釐八毫零，每百斤加耗銅八斤，計加耗銅三十四斤四兩五錢七分一釐四毫零，二共正耗銅四百六十二斤十三兩七錢一分四釐二毫零。白鉛三百七十二斤十三兩七錢一分四釐二毫零，黑鉛二十九斤十五兩九錢九分九釐九毫零，均不加耗。淨錫二十五斤十一兩四錢二分八釐五毫零，每百斤加耗錫六斤，計加耗錫一斤八兩六錢八分五釐七毫零，二共正耗錫二十七斤四兩一錢一分四釐二毫零，計正鑄淨銅鉛八百五十七斤二兩二錢八分五釐七毫。每百斤給銼磨折耗九斤，共折耗銅鉛錫七十七斤二兩二錢八分五釐七毫，實鑄淨銅鉛錫七百八十斤。每錢一文鑄重一錢二分，共鑄錢一百零四串，內除支銷匠役工食錢十二串，物料錢五串三百三十二文八毫零，加添米炭價錢二串四百七十文，實存淨錢八十四串一百九十七文一毫零。又帶鑄用銅四十二斤十三兩七錢一分四釐二毫零，每百斤加耗銅八斤，計加耗銅三斤六兩八錢五分七釐一毫零，二共正耗銅四十六斤四兩五錢七分一釐三毫零。白鉛三十七斤四兩五錢七分一釐二毫零，黑鉛二斤十五兩九錢五分九釐九毫零，均不加耗。淨錫二斤九兩一錢四分二釐八毫零，每百斤加耗錫六斤，計加耗錫二兩四錢六分八釐五毫零，二共正耗錫二斤十一兩六錢一分一釐四毫零。計帶鑄淨銅鉛錫八十五斤十一兩四錢二分八釐五毫，每百斤給銼磨耗折九斤，共折耗銅鉛錫七斤十一兩四錢二分八釐五毫，實鑄淨銅鉛錫七十八斤，每錢一文鑄重一錢二分，共鑄十串四百文。不給工食，只給物料錢五百三十三文二毫零。實存淨錢九串八百六十六文七毫零。又外耗用銅三十八斤九兩一錢四分二釐，每百斤加耗銅八斤，計加耗銅三斤一兩三錢七分一釐三毫零，二共正耗銅四十一斤十兩五錢一分三釐三毫零。白鉛三十三斤八兩九錢一分三釐五毫零，黑鉛二斤十一兩一錢九分九釐九毫零，均不加耗。淨錫二斤五兩二分八釐五毫零，每百斤加耗錫六斤，計加耗錫二兩二錢二分一釐七毫零，二共正耗錫二斤七兩二錢五分二毫零，計外耗淨銅鉛錫七十七斤二兩二錢八分四釐，不給銼磨折耗。每錢一文鑄重一錢二分，共鑄錢一十串二百八十五文七毫。不給工食物料，只給局中官役廉食等項錢四(由)[串]零五十七文七毫，實存淨錢六串二百二十八文。計正鑄、帶鑄、外耗三項共用銅、鉛、黑鉛、錫一千零一十九斤十五兩九錢九分八釐二毫，共鑄錢一百二十四串六百八十五文七毫，除支銷工食物料等項錢二十四串三百九十三文七毫，實存淨錢一百串二百九十二文。計五十爐年鑄一千八百卯，年共鑄錢十八萬五百二十五串六百文。搭放廠本運項之用，每錢一串二百文扣收銀一兩，共扣收銀一十五萬四百二十八兩。又每年一千八百卯，共用銅九十一萬七千九百九十九斤，耗銅七萬三千四百三十九斤，餘耗銅不另給價外，每正銅百斤價腳銀九兩二錢，該銀八萬四(十)[千]五十五兩九錢八釐，又用者海廠白鉛七十九萬八千六百五十九斤，每百斤價銀二兩，腳銀三錢，該銀一萬八千三百六十九兩一錢五分，又用阿那多廠黑鉛六萬四千二百五十九斤，每百斤價銀一兩六錢八分四釐，腳銀五錢一分六釐，該銀一千四百一十三兩六錢九分八釐，用個舊廠淨錫五萬五千零七十九斤，每正耗錫百斤給價銀二兩九錢二分七釐，腳銀一兩四錢六分四釐零，該銀二千五百六十一兩五錢九分。四共銅鉛錫斤價腳銀十萬六千八百兩三錢四分六釐。於前項扣獲錢本銀內計除外，每年共獲鑄息銀四萬三千六百餘兩。其每鑄淨銅一百斤給炒費銀三錢，係於銅息項下發給。乾隆二十七年[一七六二年]七月，減爐二十五座，酌留二十五座，照前鼓鑄。年鑄九百卯，共錢九萬二百餘串，除歸還銅鉛本腳外，計獲鑄息銀二萬一千八百餘兩。至三十五年[一七七〇年]，將二十五爐全行裁撤。四十二年[一七七七年]五月復設爐十五(康)[座]照前鼓鑄，年鑄五百四十卯，共錢五萬四千一百餘串，除歸還銅鉛本腳外，計獲鑄息銀一萬三千餘兩。四十二年八月，減爐七座，酌留八座，照[前]鼓鑄。年鑄二百八十八卯，共錢二萬八千八百餘串，除歸還銅鉛本腳外，計獲鑄息銀六千九百餘兩。至四十四年[一七七九年]二月，將八爐全行裁撤。

廣西局

廣西府即今之廣西州。於乾隆元年[一七三六年]四月設爐九十四座，每爐每月鼓鑄三卯，以銅六鉛四配鑄。每爐每卯正鑄用銅五百一十四斤四兩五錢七分一釐四毫二絲，每百斤加耗銅八斤，計加耗銅四十斤二兩二錢八分五釐七毫零，(三)[二]共正耗銅五百五十五斤六兩八錢五分七釐一毫零。白鉛三百四十二斤十三兩七錢一分四釐二毫零，不加耗。計正鑄淨銅鉛八百五十七斤二兩二錢八分五釐七毫，每百斤給銼磨折耗九斤，共折耗銅鉛七十七斤二兩二錢八分五釐七毫，實鑄(添)[淨]銅鉛七百八十斤。每錢一文鑄重一錢二分，共鑄錢一百四串。內除支銷匠役工食錢一十二串，物料錢四串三百七十二文八毫零，實(在)[存]淨錢八十七串六百二十七文一毫零。又帶(錢)[鑄]用(剥)[銅]五十一斤六兩八錢五分七釐一毫，每百斤加耗銅八斤，計加耗銅四斤一兩八錢二分八釐五毫零，二共正耗銅五十五斤八兩六錢八分五釐六毫零。白鉛三十四斤四兩五錢七分一釐四毫，不加耗。計帶鑄淨銅鉛八十五斤十一兩四錢二分八釐五毫。每百斤除銼磨折耗九斤，共折耗銅鉛七斤十一兩四錢二分八釐五毫，實鑄淨銅鉛七十八斤。每錢一文鑄重一錢(三)[二]分，共鑄錢十串四百文。不給工食，只給物料錢四百三十七文二毫零，實存淨錢九串九百六十二文七毫零。又外耗用銅四十六斤四兩五錢七分四毫，每百斤加耗銅八斤，計加耗銅三斤十一兩二錢四分五釐六毫零，二共正耗銅四十九斤十五兩八錢一分六釐零。白鉛三十斤十三兩七錢一分三釐六毫，不加耗。計外耗淨銅鉛七十七斤二兩二錢八分四釐，不給(錢)[銼]磨折耗。每錢一文鑄重一錢二分，共鑄錢一十串二百八十五文七毫。不給工食，只給局中官役廉食等項錢五串二百五十五文九毫零，實存淨錢五串二十九文七毫零。計正鑄、帶鑄、外耗三項共用銅鉛一千零一十九斤十五兩九錢九分八釐二毫，共鑄錢一百二十四串六百八十五文七毫，除支銷工食，物料等項錢二十二串六十六文一毫零，實存淨錢一百二串六百一十九文五毫零。九十四爐年鑄三(十)[千]三百八十四卯，共錢三十四萬七千二百六十四串六百六文一毫零，内除核減物料錢二千六百三十三串六十九文六毫零添作運錢官役盤費之用，實存錢三十四萬四千六百三十二串三百三十七文五毫。委員由廣西之得冲哨及廣南之板蜂百色解運至漢口。又每年三千三百八十四卯，共用各廠正銅二百零七萬一千零七斤零，耗銅一十六萬五千六百八十(月)[斤]零，除耗銅不另給價外，每正銅百斤價腳銀九兩二錢，共該銅價銀一十九萬五百三十二兩七錢一分四釐零，又用卑浙、塊澤二廠白鉛一百三十八萬六百七十一斤零，每百斤給價銀二兩，腳銀五錢，計價腳銀三萬四千五百一十六兩七錢九分六釐，二共銅鉛價腳銀二十二萬五千零四十九兩五錢一分一釐。照協餉之例，按年酌撥解滇應用。共每鑄淨銅一百斤給炒費銀三錢，係於銅息項下動支發給。乾隆五年[一七四〇年]三月，將爐座全行裁撤，將銅斤解京交收。乾隆十六年[一七五一年]正月復設爐十五座，年鑄五百四十卯，改爲四色配鑄。每百斤用銅五十斤，白鉛四十三斤八兩，黑鉛三斤八兩，錫三斤。黑鉛每百斤價銀一兩四錢八分，腳銀五(銀)[錢]。錫每百斤價銀二兩九錢二分七釐，腳銀六錢二分六釐四毫零。又原給爐匠工錢錢一十二串，改爲給錢一十二串三百文。正鑄項下原給物料錢四串三百七十二文八毫，改爲給錢三串三百二十文八毫零。帶鑄項下原給物料錢四百二十七文二毫零，改爲給錢三百三十二文零。外耗項下原給官役廉食等項錢五串二百五十五文九毫零，改爲給錢四串零五十七文七毫。年共鑄錢五萬六千四百餘串，搭放兵餉每錢一串三百文扣收銀一兩，除歸還銅鉛本腳，年計獲鑄息銀一萬四千七百餘兩。二十六年[一七六一年]將白鉛工本銀二兩改爲給銀一兩八錢二分，共鑄錢五萬六千四百餘串，除歸還銅鉛本腳外，計獲鑄息銀一萬五千餘兩。三十一年[一七六六年]，將白鉛運腳原給銀五錢改爲給銀二錢五分，年共鑄錢五萬六千四百餘串，除歸還銅鉛本腳外，計獲鑄息銀一萬五千七百餘兩。三十五年[一七七〇年]將白鉛運腳給銀二錢五分仍改爲給銀三錢，年共鑄錢五萬六千四百餘串，除歸還銅鉛本腳外，計獲鑄息銀一萬五千餘百兩。是年八月底，十五爐全行裁撤。四十二年[一七七七年]八月復設爐八座，照前鼓鑄，年鑄二百八十八卯，共鑄錢三萬一百餘串，除歸還銅鉛本腳外，計獲鑄息銀八千餘兩。四十四年[一七七九年]三月減爐四座，酌留四座照前鼓鑄，年鑄一百四十四卯，共鑄錢一萬五千餘串，除歸還銅鉛本腳外，計獲鑄息銀四千餘兩。至四十五年[一七八〇年]底，將四爐全行裁撤。

## 又《局鑄下》

### 順甯局

順甯局於乾隆二十九年[一七六四年]正月設爐八座，每月每爐鼓鑄三卯，銅鉛對配。每卯正鑄用甯台廠淨銅四百二十八斤九兩一錢四分二釐八毫零，每百斤加耗銅八斤，二共銅一百零八斤。每百斤照湖北省採辦事例，加煎耗銅一十七斤八兩，計加耗銅一十八斤十四兩四錢，二共銅一百二十六斤十四兩四錢。又每百斤加民耗銅三斤二兩，計民耗銅三斤十五兩四錢五分，通共每百斤加局耗、煎耗、民耗銅三十斤十三兩八錢五分，共計加耗銅一百三十二斤四兩四錢九分九釐零，二共正耗銅五百六十一斤十三兩六錢四分二釐零。白鉛三百七十二斤十三兩七錢一分四釐二毫，黑鉛二十九斤十五兩九錢九分九釐九毫零，均不加耗。淨錫二十五斤十一兩四錢三分八釐五毫零，每百斤加耗錫六斤，計加耗錫一斤八兩六錢八分三釐七毫零，二共正錫二十七斤四兩一錢一分四釐二毫零。計鑄淨銅、鉛、錫八百五十七斤二兩二錢八分五釐七毫，每百斤給銼磨折耗九斤，共折耗銅、鉛、錫七十七斤二兩二錢八分五釐七毫，實鑄淨銅、鉛七百八十斤。每錢一文鑄重一錢二分，共錢一百四串，内除支銷匠役工食錢一十二串，物料錢五串三百三十二文八毫零，加添米炭價錢二串四百七十文，實存淨錢八十四串一百九十七文一毫零。又帶鑄用銅四十二斤十三兩七錢一分四釐二毫，每百[斤]照前加耗銅三十斤十三兩八錢五分，計加耗銅一十三斤三兩六錢四分九釐九毫零，二共正耗銅五十六斤一兩三錢六分四釐二毫零。白鉛三十七斤四兩五錢七分一釐三毫零，黑鉛二斤十五兩九錢九分九釐九毫零，均不加耗。淨錫二斤九兩一錢四分二釐八毫零，每百斤加耗錫六斤，計加耗錫二兩四錢六分八釐五毫零，二共正耗錫二斤十一兩六錢一分一釐四毫零。計帶鑄淨銅、鉛、錫八十五斤十一兩四錢二分八釐五毫，每百斤給銼磨折耗九斤，共折耗銅、鉛、錫七斤十一兩四錢一分八釐五毫，實鑄淨銅、鉛、錫七十八斤。每錢一文鑄重一錢二分，共鑄錢十串四百文。不給工食，只給物料錢五百二十三文二毫零，實存淨錢九串八百六十六文七毫零。又外耗用銅三十八斤九兩一錢四分二釐，照前每百斤加耗銅三斤十三兩八錢五分，計加耗銅一十一斤十兩四錢八分四釐七毫零，二共正耗銅五十斤七兩六錢二分六釐七毫零，白鉛三十三斤八兩九錢一分三釐五毫零，黑鉛二斤十一兩一錢九分九釐九毫零，均不加耗。淨錫二斤五兩二分八釐五毫零，每百斤加耗錫六斤，計加耗錫二兩二錢二分一釐七毫零，二共正耗錫二斤七兩二錢五分二釐零。計加外耗淨銅、鉛、錫七十七斤二兩二錢八分四釐，不給銼磨折耗。每錢一文鑄重一錢二分，共鑄錢一十串二百八十五文七毫。不給工食物料，只給局中官役廉食等項錢四串零五十七文七毫，實存淨錢六串二百二十八文。計正鑄、帶鑄、外耗(二)[三]項，共用銅、鉛、錫一千零一十九斤十五兩九錢九分八釐二毫。共鑄錢一百二十四串六百八十五文七毫，除支(鑄)[銷]工食物料等項錢二十四串三百九十三文七毫，實存淨錢一百串二百九十二文。八爐年鑄二百八十八卯，共錢二萬八千八百八十四串九十六文。搭放兵餉、鞭祭、舖飆等項之用，每錢一串二百文扣收銀一兩，共扣收銀二萬四千七十兩零。又每年二百八十八卯，共用銅一十四萬六千八百七十九斤，耗銅四萬五千三百三十五斤，除耗銅不另給價外，每正銅百斤價腳銀一兩二錢，該銀一萬三千五百一十二兩八錢六分八釐。又用卑浙、塊澤二廠白鉛一十二萬七千七百八十五斤，每百斤給價銀一兩八錢一分，腳銀二兩四錢四分一毫零，該銀五千四百四十三兩八錢一釐。又用各廠黑鉛一萬二百八十一斤，每百斤給價銀一兩四錢八分，腳銀七錢二分，該銀二百二十六兩一錢八分二釐。用個舊廠淨錫八千八百一十二斤，每正耗百斤給銀二兩九錢二分七釐，腳銀二兩四錢五分八釐零，該銀五百零二兩二錢七分一釐。四共銅、鉛、錫斤腳價銀一萬九千六百八十五兩一錢二分二釐，於價項扣獲錢本銀內計除外，每年共獲餘息銀四千三百餘兩。其每鑄淨銅一百斤給炒費銀三錢，係於銅息項下發給。三十五年[一七七〇年]二月十日，將八爐全行裁撤。

永昌局

永昌府保山局於乾隆四十一年[一七七六年]正月設爐八座，每爐每月鼓鑄三卯，銅鉛對配。每卯正鑄用銅四百二十八斤九兩一錢四分二釐八毫零，每百斤加耗銅二十四斤，計加耗銅一百零二斤十三兩七錢一分四釐二毫零，二共正耗銅五百三十一斤六兩八錢一分七釐一毫零。白鉛三百七十一斤十三兩七錢一分四釐二毫零，黑鉛二十九斤十五兩九錢九分九釐九毫零，均不加耗。淨錫二十五斤十一兩四錢二分八釐五毫零，每百斤加耗錫六斤，計加耗錫一斤八兩六錢八分五釐七毫零，二共正耗錫二十七斤四兩一錢一分四釐二毫零，計正鑄淨銅、鉛、錫八百五十七斤二兩二錢八分五釐七毫。每百斤給(錢)[銼]磨折耗九斤，共折耗銅、鉛、錫七十七斤二兩二錢八分五釐七毫，實鑄淨銅、鉛、錫七百八十斤。每錢一文鑄重一錢二分，共鑄錢一百四串，內除支銷匠役工食錢一十二串，物料錢五串三百三十二文八毫零，實存淨錢八十六串六百六十七文一毫零。又帶鑄用銅四十二斤十三兩七錢一分四釐二毫零，每百斤加耗銅二十四斤，計加耗銅十斤四兩三錢七分一釐四毫零。二共正耗銅五十三斤二兩二錢八分五釐六毫零。白鉛三十七斤四兩五錢七分二釐三毫零，黑鉛二斤十五兩九錢九分九釐九毫零，均不加耗。淨錫一斤九兩一錢四分二釐八毫零，每百斤加耗錫六斤，計加耗錫二兩四錢六分八釐五毫零，二共正耗錫二斤十一兩六錢一分一釐四毫零。計帶鑄淨銅、鉛、錫八十五斤十一兩四錢二分八釐五毫，每百斤給銼磨折耗九斤，共折耗銅、鉛、錫七斤十一兩四錢二分八釐五毫，實鑄淨銅、鉛、錫七十八斤。每錢一文鑄重一錢二分，共鑄錢十串四百文。不給工食，只給物料錢五百三十三文二毫零，實存淨錢九串八百六十六文七毫零。又外耗用銅三十八斤九兩一錢四分二釐，每百斤加耗銅二十四斤，計加耗銅九斤四兩一錢一分四釐，二共正耗銅四十七斤十三兩二錢五分六釐。白鉛三十三斤八兩九錢一分三釐五毫零，黑鉛二斤十一兩一錢九分九釐九毫零，均不加耗。淨錫二斤五兩二分八釐五毫零，每百斤加耗錫六斤，計加耗錫二兩二錢二分一釐七毫零，二共正耗錫二斤七兩二錢五分二釐零。計外耗淨銅、鉛、錫七十七斤二兩二錢八分四釐，不給銼磨折耗。每錢一文鑄重一錢二分，共鑄錢一十串二百八十五文七毫。不給工食物料，只給局中官役廉食等項錢四串零五十七文七毫，實存淨錢六串二百二十八(支)[文]，計正鑄、帶鑄、外耗三項共用銅、鉛、黑鉛、錫一千零一十九斤十五兩九錢九分八釐二毫，共鑄錢一百二十四串六百八十五文七毫。除支銷工食物料等項錢二十一串九百二十三文七毫，實存淨錢一百二串七百六十二文。計八爐年鑄二百八十八卯，共錢二萬九(十)[千]五百九十五串四百五十六文。搭放(共)[兵]餉、鞭祭、舖飆之用，每錢一串二百文扣收銀一兩，共扣收銀二萬四千六百餘兩。又每年二百八十八卯，共用銅一十四萬六千八百七十九斤，耗銅三萬五千二百五十斤，除耗銅不另給價外，每正銅百斤價腳銀九兩二錢，該銀一萬三千五百一十二兩八錢六分八釐。又用卑浙、塊澤二廠白鉛一十二萬七千七百八十五斤，每百斤給價銀一兩八錢一分，腳銀三兩一錢一分七釐七毫零，該銀六千三百零九兩七錢四釐。又用各廠黑鉛一萬零二百八十一斤，每百斤給價銀一兩四錢八分，腳銀七錢二分，該銀二百二十六兩一錢八分二釐。用(價)[個]舊廠淨錫八千八百一十二斤，每正耗百斤給價銀二兩九錢一分七釐，腳銀二兩一錢二分八釐四毫零，該價腳銀五百一十五兩六錢七分一釐。四共銅、鉛、錫斤價腳銀二萬零六百一十四兩四錢二分五釐，於前項扣獲錢本銀內計除外，共獲鑄息銀四(十)[千]餘兩。其每鑄浄銅一百斤，給炒費銀三錢，係於銅息項下發給。乾隆四十二年[一七七七年]正月添爐四座，連原設爐八座，共計一十二爐，(將)[照]前鼓鑄，年鑄四百三十二卯，共錢四萬四千三百餘串，除歸還銅鉛本腳外，計獲鑄息銀六千餘兩。四十二年[一七七七年]八月裁減二爐，酌留十爐照前鼓鑄，年鑄三百六十卯，共錢三萬六千九百餘串，除歸還銅鉛本腳外，計獲鑄息銀五千餘兩。至四十三年[一七七八年]底，將十爐全行裁撤。嘉慶四年(一七九九年)因改(錢)[鑄]收買小錢，咨明户部於永昌府設爐十座，就近改鑄。永昌府所屬小錢至五年[一八〇〇年]鑄竣，將爐座裁撤。

曲靖局

曲靖局乾隆四十二年[一七七七年]四月設爐十八座，每月每爐鼓鑄三卯，銅鉛對配。每卯正鑄，用甯台廠浄銅四百二十八斤九兩一錢四分二釐八毫零，每百斤加耗銅八斤，二共銅一百零八斤。又每百斤照湖北省採辦事例，加煎耗銅一十七斤八兩，該加煎耗銅一十八斤十四兩四錢，二共銅一百二十六斤十四兩四錢。又每百斤加民耗銅三斤二兩，該民耗銅三斤十五兩四錢五分，通共每百斤加局耗、煎耗、民耗銅三十斤十二兩八錢五分，共該加耗銅一百三十二斤四兩四錢九分九釐九毫零，二共正耗銅五百六十斤十三兩六錢四分二釐八毫零。白鉛三百七十二斤十三兩七錢一分四釐二毫零，黑鉛二十九斤十五兩九錢九分九釐九毫零，均不加耗。浄錫二十五斤十一兩四錢二分八釐五毫零，每百斤加耗錫六斤，計加耗錫一斤八兩六錢八分五釐七毫零，二共正耗錫二十七斤四兩一錢一分四釐二毫零。計正鑄浄銅、鉛八百五十七斤二兩二錢八分五釐七毫。每百斤給銼磨折耗一斤，共折耗銅、鉛、錫七十七斤二兩二錢八分五釐七毫，實鑄浄銅、鉛、錫七百八十斤。每錢一文鑄重一錢二分，共鑄錢一百四串，内除支銷匠役工食錢一十二串，物料錢五串三百三十二文八毫，實存浄錢八十六串六百六十七文一毫零。又帶鑄用銅四十二斤十三兩七錢一分四釐二毫零，每百斤照前加耗銅三十斤十三兩八錢五分，計加耗銅一十三斤三兩六錢四分九釐九毫零，二共正耗銅五十六斤一兩三錢六分四釐二毫零。白鉛三十七斤四兩五錢七分一釐三毫零，黑鉛二斤十五兩九錢九分九釐九毫零，均不加耗。浄錫二斤九兩一錢四分二釐八毫零，每百斤加耗錫六斤，計加耗錫二兩四錢六分八釐五毫零，二共正耗錫二斤十一兩六錢一分一釐四毫零。計帶鑄浄銅、鉛、錫八十五斤十一兩四錢二分八釐五毫，每百斤給銼磨折耗九斤，共折耗銅、鉛、錫七斤十一兩四錢二分八釐五毫，實鑄浄銅、鉛七十八斤。每錢一文鑄重一錢二分，共錢十串四百文。不給工食，只給物料錢五百五十三文二毫零，實存浄錢九串八百六十六文七毫零。又外耗用銅三十八斤九兩一錢四分二釐，照前每百斤加耗銅三十斤十三兩八錢五分，計加耗銅一十一斤十四兩四錢八分四釐七毫零，二共正耗銅五十斤七兩六錢二分六釐七毫零。白鉛三十三斤八兩九錢一分三釐五毫零，黑鉛二斤十一兩一錢九分九釐九毫零，均不加耗。浄錫二斤五兩二分八釐五毫零，每百斤加耗錫六斤，計加耗錫二兩二錢二分一釐七毫零，二共正耗錫一斤七兩二錢五分二毫零。計外耗浄銅、鉛、錫七十七斤一兩二錢八分四釐，不給銼磨折耗。每錢一文鑄重一錢二分，共鑄錢十串二百八十五文七毫。不給工食物料，只給局中官役廉食等項錢四串五十七文七毫，實存浄錢六串二百二十八文。計正鑄、帶鑄、外耗三項共用銅、鉛、黑鉛、錫一千一十九斤十五兩九錢九分八釐二毫，共鑄錢一百二十四串六百八十五文七毫。除支銷工食物料等項錢二十一串九百二十三文七毫，實存浄錢一百零二串七百六十二文。計一十八爐，年鑄六百四十八卯，共錢六萬六千五百餘串，搭放錢本運腳之用，每錢一串二百文扣收銀一兩，共扣收銀五萬五千四百餘兩。又每年六百四十八卯，共用銅三十三萬四百七十九斤，耗銅一十萬二十零四斤，除耗銅不另給價外，每正銅百斤價腳銀九兩二錢，共該銅價銀三萬四百四兩。又用卑浙、塊澤二廠白鉛二十八萬七千五百一十七斤，每百斤給價銀一兩八錢二分，腳銀三錢一分五釐，該價腳銀六千一百三十八兩。又用卑浙、塊澤二廠黑鉛二萬三千一百一十一斤，每百斤給價銀一兩四錢八分，腳銀五錢，該價腳銀四百五十八兩。又用個舊廠浄錫一萬九千八百二十八斤，每正耗錫百斤給價銀二兩九錢二分七釐，腳銀一兩零四分三釐四毫二絲七忽九微一纖七塵九渺二漠，該價腳銀八百三十四兩五錢四釐，四共銅、鉛、錫斤價腳銀三萬七千八百三十四兩五錢四釐，於前項扣獲錢水銀内計除外，共獲鑄息銀一萬七千六百餘兩。其每鑄浄銅一百斤給炒費銀二錢，係於銅息項下發給。乾隆四十三年[一七七八年]八月減爐十座，酌留八座照前鼓鑄，年鑄一百八十八卯，共錢二萬九千五百餘串，除歸還銅、鉛本腳外，計獲鑄息銀七千八百餘兩。至四十四年[一七七九年]十月底，將八爐全行裁撤。

臨安局

臨安局於雍正元年[一七二三年]十二月設爐六座，每爐每月鼓鑄三卯，以銅六鉛四配鑄。每卯正鑄用銅六百斤，每百斤加耗銅十三斤，計加耗銅七十八斤，二共正耗銅六百七十八斤。白鉛四百斤，不加耗，計正鑄淨銅鉛一千斤，每百斤給銼磨折耗九斤，共折耗銅鉛九十斤，實鑄淨銅鉛九百一十斤。每錢一文鑄重一錢四分，共鑄錢一百零四串，内除支銷爐匠工食錢一十二串，物料錢六串二百文，實存淨錢八十五串八百文。又帶鑄用銅六十斤，每百斤加耗銅一十三斤，計加耗銅七斤十二兩八錢，二共正耗銅六十七斤十二兩八錢。白鉛四十斤，不加耗，計帶鑄淨銅鉛一百斤，給銼磨折耗九斤，實鑄淨銅鉛九十一斤。每錢一文鑄重一錢四分，共鑄錢十串四百文，不給工食，只給物料錢六百二十文，實存淨錢九串七百八十文。又外耗用銅五十四斤，每百斤加耗銅一十三斤，計加耗銅七斤三錢一分，二共正耗銅六十一斤三錢二分，白鉛三十六斤，不加耗，計外耗淨銅鉛九十斤，不給銼磨折耗。每錢一文鑄重一錢四分，共鑄錢十串四百八十五文七毫，不給工食物料，只給局中官役廉食等項錢四串五十七文七毫，實存淨錢六串二百二十七文三毫。計正鑄、帶鑄、[外耗]三項，共用銅鉛一千九十一斤，共鑄錢一百二十四串六百八十五文七毫，除支銷工食物料等項錢二十二串八百七十七文七毫，實存淨錢一百一串八百八文。計六爐正鑄二百一十六卯，共錢二萬一千九百餘串，搭放兵餉之用。每錢一串扣收銀一兩，共扣收銀二萬一千九百餘兩。又每年二百一十六卯共用各廠正銅一十五萬四千二百二十四斤，耗銅二萬零四十九斤，餘耗銅不另給價外，每正銅百斤價腳銀九兩二錢，共該銅價銀一萬四千一百八十八兩六錢八釐。又用卑浙、塊澤二廠白鉛一十萬二千八百一十六斤，每百斤給價銀二兩，腳銀一兩五錢，該價腳銀三千五百九十八兩五錢六分，二共銅鉛價腳銀一萬七千七百八十七兩一錢六分八釐，於前項扣獲錢本銀内計除外，每年共獲鑄息銀四千二百餘兩。其每鑄淨銅一百斤給炒費銀三錢，係於銅息項下動支發給。雍正五年[一七二七年]二月添設爐五座，連原設六座共計十一爐，年鑄三百九十六卯，仍以銅六鉛四(酌)[配]鑄。每錢一文鑄重一錢四分，年共鑄錢四萬三百一十餘串，除歸還銅鉛本腳外，計獲鑄息銀七千七百餘兩。十二年[一七三四年]十一月減發銅鉛，改爲每錢一文鑄重一錢二分，仍以銅六鉛四配鑄，每卯正鑄、帶鑄、外耗共用銅六百一十一斤十五兩九錢九分八釐九毫二絲，白鉛四百七斤十五兩九錢九分九釐二毫八絲，年共鑄錢四萬三百[一]十餘串，除歸還銅鉛本腳外，計獲鑄息銀一萬二千三百餘兩。乾隆元年[一七三六年]改爲一串二百文扣收銀一兩，又鉛斤運腳每百斤原給銀一兩三錢，改爲給銀一兩，其爐匠工食並外耗支銷照舊發給，惟正鑄物料原給錢六串二百文，改爲給錢五串三百三十三文八毫，帶鑄物料原給錢六百二十文改爲給錢五百三十三文二毫。年共鑄錢四萬六千九十餘串，除歸還銅鉛本腳外，計獲鑄息銀六千七百六十餘兩。五年[一七四〇年]十二月添設爐五座，連原設十一座共爐一十六座，照前鼓鑄。年鑄五百七十六卯，年共鑄錢五萬九千一百餘串，除歸還銅鉛本腳外，計獲鑄息銀九千八百餘兩。六年[一七四一年]十二月改爲四色配鑄，每百斤用銅五十斤，白鉛四十三斤八兩，黑鉛三斤八兩，錫三斤。黑鉛每百斤價銀一兩四錢八分，腳銀七錢二分，錫每百斤價銀二兩九錢二分七釐，腳銀二錢九釐四毫零。年共鑄錢五萬九千二百九十餘串，除歸還銅鉛本腳外，計獲鑄息銀一萬三千五百九十餘兩。十五年[一七五〇年]正月減爐八座，酌留八座，照前鼓鑄。年鑄二百八十八卯，其白鉛改用普馬廠鉛斤，每百斤廠價銀二兩，腳銀二錢七分二釐七毫，年共鑄錢二萬九千五百九十餘串，除歸還銅鉛本腳外，計獲鑄息銀七千七百二十餘兩。十九年[一七五四年]將黑鉛運腳每百斤原給銀七錢二分，改爲給銀九分九毫，年共鑄錢二萬九千五百九十餘串，除歸還銅鉛本腳外，計獲鑄息銀七千七百九十餘兩。三十年[一七六五年]五月，每爐每卯正鑄項下，加添米炭價錢二串四百七十文。年共鑄錢二萬八千八百餘串，除歸還銅鉛本腳外，計獲鑄息銀七千一百餘兩。至三十五年[一七七〇年]八月，將八爐全行裁撤。四十一年[一七七六年]正月復設爐一十二座，照前鼓鑄。年鑄四百三十二卯，年共鑄錢四萬三千三百餘串，除歸還銅鉛本腳外，計獲鑄息銀一萬七百九十一兩。四十二年[一七七七年]八月減爐四座，酌留八座，照前鼓鑄。年共鑄錢二萬八千八百餘串，除歸還銅鉛本腳外，計獲鑄息銀七千一百餘兩。至四十四年[一七七九年]二月底將八爐全行裁撤。嘉慶四年[一七九九年]，(四)[因]改鑄收買小錢，咨明户部於臨安府[扌者]爐六座，就近改鑄。臨安、普洱二府屬小錢，於是年鑄竣，即將爐座裁撤。

霑益局

霑益局於雍正元年[一七二三年]十二月設爐十五座，每爐每月鼓鑄三卯，銅六鉛四配鑄。每爐每卯正鑄用銅六百斤，每百斤加耗銅十三斤，計加耗銅七十八斤，二共正耗銅六百七十八斤，白鉛四百斤，不加耗，計正鑄淨銅鉛一千斤。每百斤給銼磨折耗九斤，共折耗銅鉛九十斤，實鑄淨銅鉛九百一十斤。每錢一文鑄重一錢四分，共鑄錢一百四串，内除支銷爐匠工食錢十二串，物料錢六串二百文，實存淨錢八十五串八百文。又帶鑄用銅六十斤，每百斤加耗銅一十三斤，計加耗銅七斤十二兩八錢，二共正耗銅六十七斤十一兩八錢，白鉛四十斤，不加耗，計帶鑄淨銅鉛一百斤。給銼磨折耗九斤，實鑄淨銅鉛九十一斤。每錢一文鑄重一錢四分，共鑄錢十串四百文。不給工食，只給物料錢六百二十文，實存淨錢九串七百八十文。又外耗用銅五十四斤，每百斤加耗銅十三斤，計加耗銅七斤三錢三分，二共正耗銅六十一斤三錢二分。白鉛三十六斤，不加耗，計外耗淨銅鉛九十斤，不給銼磨折耗。每錢一文鑄重一錢四分，共鑄錢十串二百八十五文七毫。不給工食物料，只給局中官役廉食等項錢四串五十七文七毫，實存淨錢六串二百二十七文二毫。計正鑄、帶鑄、外耗三項共用銅鉛一千九十一斤，共鑄錢一百二十四串六百八十五文七毫，除支銷工食物料等項錢二十二串八百七十七文七毫，實存淨錢一百一串八百八文。十五爐正鑄五百四十卯，共錢五萬四千九百七十六串三百二十文，搭放兵餉之用。每錢一串扣收銀一兩，共扣收銀五萬四千九百七十六兩三錢二分。又每年五百四十卯，共用各廠正銅三十八萬五千五百六十斤，加耗銅五萬一百一十二斤十二兩八錢不另給價外，每正銅百斤價腳銀九兩二錢，共該銅價銀三萬五千四百七十一兩五錢二分。又用卑浙、塊澤二廠白鉛二十五萬七千四十斤，每百斤給價銀二兩，腳銀一兩五錢，共該價腳銀八千九百九十六兩四錢，二共銅鉛價腳銀四萬四千四百六十七兩九錢二分，於前項扣獲錢本銀内計除外，每年共獲鑄息銀一萬五百餘兩。其每鑄淨銅一百斤給炒費銀三錢，係於銅息項下動支發給。至雍正五年[一七二七年]正月底，將十五爐全行裁撤。

大理局

大理局於雍正元年[一七二三年]十二月設爐五座，每爐每月鼓鑄三卯，以銅六鉛四配鑄。每爐每卯正鑄用銅六百斤，每百斤加耗銅十三斤，計加耗銅七十八斤，二共正耗銅六百七十八斤，白鉛四百斤，不加耗，計正鑄淨銅鉛一千斤，每百斤給銼磨折耗九斤，共折耗銅鉛九十斤，實鑄淨銅鉛九百一十斤，每錢一文鑄重一錢四分，共鑄錢一百四串。內除支銷爐匠工食錢十二串，物料錢六串二百文，實有淨錢八十五串八百文。又帶鑄用銅六十斤，每百斤加耗銅十三斤，計加耗銅七斤十二兩八錢，二共正耗銅六十七斤十二兩八錢，白鉛四十斤，不加耗，計帶鑄淨銅鉛一百斤。給銼磨折耗九斤，實鑄淨銅鉛九十一斤。每錢一文鑄重一錢四分，共鑄錢十串四百文。不給工食，只給物料錢六百二十文，實存淨錢九串七百八十文。又外耗用銅五十四斤，每百斤加耗銅十三斤，計加耗銅七斤零三錢二分，二共正耗銅六十一斤三錢二分，白鉛三十六斤，不加耗，計外耗淨銅鉛九十斤，不給銼磨折耗。每錢一文鑄重一錢四分，共鑄錢十串二百八十五文七毫，不給工食物料，只給局中官役廉食等項錢四串零五十七文七毫，實存淨錢六串二百二十七文三毫。計正鑄、帶鑄、外耗三項共用銅鉛一千零九十一斤，共鑄錢一百二十四串六百八十五文七毫，除支銷工食物料等項錢二十二串八百七十七文七毫，實存淨錢一百一串八百八文。計五爐年鑄一百八十卯，共錢一萬八千三百二十五串四百四十文，搭放兵餉之用，每錢一串扣收銀一兩，共扣收銀一萬八千三百二十五兩四錢四分。又每年一百八十卯，共用各廠正銅一十二萬八千五百二十斤，耗銅一萬六千七百七斤九兩六錢，除耗銅不另給價外，每正銅百斤價腳銀九兩二錢，共該銅價銀一萬一千八百二十三兩八錢四分。又用卑浙、塊澤二廠白鉛八萬五千六百八十斤，每百斤給價銀二兩，給腳銀一兩五錢，該價腳銀二千九百九十八兩八錢，二共銅鉛價腳銀一萬四千八百二十二兩六錢四分，於前項扣獲錢本銀内計除外，每年共獲鑄息銀三千五百餘兩。其每鑄淨銅一百斤給炒費銀三錢，係於銅息項下動支給發。雍正五年[一七二七年]正月，將五爐全行裁撤。乾隆九年[一七四四年]十一月復設爐十五座，年鑄五百四十卯，改爲四色配鑄。每百斤用銅五十斤，白鉛四十三斤八兩，錫三斤。白鉛每百斤價銀二兩，舊發給腳銀原給銀一兩五錢改爲給銀二兩零七分五釐二毫五絲。黑鉛每百斤價銀一兩零五分六釐，腳銀一兩一錢四分四釐。錫每百斤價銀二兩九錢二分七釐，腳銀二兩零八分五釐九毫零。又正鑄項下原給物料錢六串二百文，改爲給錢五串三百三十二文八毫。加添米炭價錢二串四百七十文。帶鑄項下原給物料錢六百二十文，改爲給錢五百二十三文二毫零。年共鑄錢五萬四千一百餘串文，除歸還銅鉛本腳外，計獲鑄息銀八千七百餘兩。二十四年[一七五九年]將白鉛工本原給銀二兩，改爲給銀一兩八錢二分，年共鑄錢五萬四千一百餘串，除歸還銅鉛本腳外，計獲鑄息銀九千一百餘兩。至三十五年[一七七〇年]八月，將十五爐全行裁撤。四十一年[一七七六年]正月復設爐十五座，照前鼓鑄，年鑄五百四十卯，共錢五萬四千一百餘串，除歸還銅鉛本腳外，計獲鑄息銀九千一百餘兩。惟銅斤係用甯台銅斤，每百斤加煎耗、民耗、局耗銅三十斤十三兩八錢五分，每正銅百斤價銀九兩二錢。乾隆四十二年[一七七七年]正月添設爐三座，連原設爐十五座共計一十八爐，照前鼓鑄。年鑄六百四十八卯，共錢六萬四千九百餘串，除歸還銅鉛本腳外，計獲鑄息銀一萬零九百餘兩。四十二年[一七七七年]八月裁減十座，酌留八爐，照前鼓鑄。年鑄二百八十八卯，共錢二萬八千八百餘串，除歸還銅鉛本腳外，計獲鑄息銀四千八百八十餘兩。至四十五年[一七八〇年]，將八爐移於省局添設鼓鑄。嘉慶四年[一七九九年]正月，因改鑄收買小錢，咨明户部，於(次)[大]理府下關地方設爐二十二座，就近改鑄。大理、麗江、順甯、鎮沅、永北、蒙化、景東、威遠等府廳州縣所屬小錢，至七年[一八〇二年]鑄竣，即將爐座裁撤。

楚雄局

楚雄府向未設爐，嘉慶四年[一七九九年]因改鑄收買小錢，咨明户部於楚雄府設爐十座，就近改鑄楚雄府屬及黑白琅三井小錢，至五年[一八〇〇年]鑄竣，即將爐座裁撤。

廣南局

廣南府向未設局，嘉慶五年［一八〇〇年］因改鑄收買小錢，咨明户部於廣南府設爐六座，就近改鑄。開化、廣南二府屬小錢，於是年鑄竣，將爐座裁撤。

**清·吴其濬《滇南礦廠圖略》卷二**　採第十三

舊時滇南諸府皆鑄錢，陝西錢局則運錢至陝，廣西則例運六萬餘貫。自各省開局鼓鑄，而運錢始停。其波及鄰封者，皆滇之餘也。故記採。

江蘇三年採買一次，每次正高銅一十七萬斤。每百斤價銀一十一兩，每百斤餘銅一斤，不收價。金釵廠正低銅五十二萬斤，每百斤價銀九兩，加耗二十三斤，餘銅一斤不收價。

江西年半採買一次，每次運官一員，正高銅五萬三千六百八十斤，每百斤加耗四斤，餘銅一斤。金釵廠正低銅二十三萬四千三百二十斤，每百斤加耗二十三斤，餘銅一斤，分别收不收價，與江蘇同。

浙江每年採買一次，每次運官一員，正高銅二十六萬斤，每百斤加耗四斤六兩，餘銅一斤，分别收價不收價，與江蘇同。

福建三年採買一次，每次正副運官各一員，正運官正高銅四十二萬斤，每百斤加耗四斤六兩，餘銅一斤。副運官金釵廠正低銅十八萬斤，每百斤加耗二十三斤，餘銅一斤，分别收價不收價，與浙江同。

湖北每年採買一次每次正運官一員，正高銅二十二萬四千三十八斤，每百斤加耗三斤，餘銅一斤，分别收價不收價，與福建同。

湖南每年採買一次，每次運官一員，正高銅十三萬五千斤，每百斤加耗三斤，餘銅一斤。金釵廠正低銅六萬五千斤，每百斤加耗二十三斤，餘銅一斤，分别收價不收價，與湖北同。

陝西年半採買一次，每次運官一員，正高銅二十四萬五千斤，每百斤餘銅一斤。金釵廠正低銅十萬五千斤，每百斤加耗二十三斤，餘銅一斤，分别收價不收價，與湖南同。

廣東每年正高銅十萬一千二百二十七斤，每百斤加耗五斤，餘銅一斤。金釵廠正低銅五萬六百十三斤，每百斤加耗二十三斤，餘銅一斤。各廠員運至廣南府，設店收貯，廣東委員運鹽至隘，易銅回粤，分别收價不收價，與陝西同。

廣西每年採買一次，每次運官一員，正高銅二十一萬二千五百五十斤，每百斤加耗五斤，餘銅一斤，分别收價不收價，與廣東同。凡八省，由滇陸運至剥隘，轉運至百色，由百色水路分運各省。

貴州每年採買一次，每次運官一員，正高銅三十六萬三千八百六十七斤十五兩六錢二分，每百斤加耗十一斤，每正銅百斤，收價九兩二錢，耗銅不收價，由平彝陸運至黔。

凡各省委員買銅，銅多路近，及下游各廠令委員赴廠領運，爲義都青龍等廠。銅少路遠，各廠令委員運到雲南府，爲大美、大寶、寨子箐、香梅披等廠。大理府爲白羊等廠。接收轉發馬運者，日行一站。牛運者，日行半站。爲牛馬僵斃，雨水阻滯，銅數一萬以下，道路十站以内者，寬限二日。一萬以上，十站以外者，寬限四日。五萬斤以上，十站以外者，加限一倍再加限六日，逾者吏議。

凡上游自廠至省，脚價歸滇報銷。其下游赴廠領運脚價，仍由各省報銷。

凡委員領台廠銅在省改煎，建房、造爐、雇匠、買炭，每運限六十日，每改煎銅一萬斤，限十日，逾者吏議。

凡委員在滇辦文請領運脚咨牌，每運限三十日雇募牛馬。銅數十萬斤者，限三十日。二十萬斤者，限四十日。三十萬斤者，限五十日。四十萬斤至五十萬斤以上者，限六十日。不得逾九十日之逾。

凡滇省攜銅，以委員到滇總收價銀之日起，覈計所領高低銅數，使于一月限内籌撥，毋致稽候。

凡總銅四五千斤至一萬四五千斤者，限一日總竣。二三萬斤至十餘萬斤者，遞加。違者吏議。

凡加展限期，按照銅數多少、程途遠近，爲銅數在千斤，道途在十站以内者，寬限二日。一百斤以上，十站以外者，寬限四日。二三萬至五六萬斤以上，十站以外者，寬限六日。

凡委員先後到滇者，先給先到之員。同時到者，先給遠省之員。凡委員到滇之日，於銅廠派定後，將何廠發（撥）銅若千斤，相去遠近，應限若干日，統計何時全數兑交，造册報部，俟奏報開行時，將廠員給領有無逾違，專摺聲叙。

凡廠員兑銅，按照部完成色，不准攙扣低潮，如成色實有不足，准委員禀明，另换廠員聽究。因禀换而逾限，過在廠員。如并未禀换，經本省察驗成色不足，則委員賠補聽議。

凡委員運脚盤費，本省照數發足，不准在滇借支。并知會各地方官，會同委員雇募牛隻，樽節妥辦，毋使脚户居奇例外加增，致滋縻費。

凡滇省廠員運粤銅至剥隘，提高低三塊作爲樣銅，以二塊存備查，以一塊交廣南府比對，二塊咨粵照樣發局收秤。如有成色不足，察係何員接收，責令賠補。

凡粵銅自滇至剥隘，脚價由滇墊發撥銷。自剥隘至粵省，脚價及官役養廉雜費，由粵造銷應還滇省脚價。除抵兑鹽價水脚外，應找若干，照數報部，酌撥滇省墊發陸路運脚。除塩價水脚撥抵外，不敷之數准於屯丁銀内動撥報銷。

凡各省運脚，由省店、尋店領運至竹園村，每站百斤脚銀一錢。竹園村至剥隘，脚銀一錢二分九厘二毫。金釵廠銅自蒙自縣領運至剥隘，每站百斤脚銀一錢二分九厘二毫。貴州止給銀一錢二分五厘，廣西另給蒙自縣挑銅脚銀六厘。寧台廠自大理府領運至雲南省城，每站每百斤脚銀一錢四厘二毫。由省至竹園村，及至剥隘見上。自剥隘以下運回各本省運脚分别水陸，按站覈給。計江蘇省自剥隘至漢口，每百斤給銀五錢三分五厘有奇。又至蘇州省城，銀二錢二分五厘。

江西自剥隘至白色，每站百斤給銀四分。又至南雄府，每站百斤給銀一分五厘。又至南安府，每百斤給銀一錢一分。又至江西省城，每百里百斤脚銀一分。白色起剥，每百斤給銀三分。韶關起剥，每百斤給銀三分一厘。

浙江自剥隘至白色，每站百斤給銀四分。又至漢口，每百斤給銀四錢三分九厘一毫。至浙省城，每百斤給銀三錢五分。

福建省自剥隘至白色，每站百斤給四分。又至漢口，每百斤給銀四分五厘七毫有奇。至福建省城，每百斤給水脚起剥夫價等銀七錢五分二厘二毫。

湖北自剥隘至白色，每站每百斤給銀四分。又至南寧府，每百斤給銀五分八厘。又至蒼梧縣，每百斤給銀六分五厘。又至桂林府，每百斤給銀一錢二厘七毫。又至湘潭縣，每百斤給銀一錢一分。又至湖北省城，每百斤給四分。

陝西省自剥隘至白色，每站百斤給銀四分。又至漢口，每百斤給銀四錢四分。又至襄陽府，每百斤給銀七分。又至龍駒寨，每百斤給銀四錢五分。又至西安省城，每騾十頭駝銅一百五十斤，每百里給銀二錢。廣東省自剥隘至白色，每站每百斤給銀四分。又至廣東省，每站百斤給銀一分五厘。

廣西省自剥隘，抬銅上船，每百斤給銀五厘。又至白色，每站百斤給銀四分。又至廣西省城，每百斤給銀二錢三分九厘一毫有奇。抬銅至局，每百斤給銀三厘。

貴州省採買高銅，自廠至省，每站百斤給銀一錢二分五厘，筐繩銀一分二厘五毫零，運費銀六分，低銅每百斤給銀七分。

湖南省至剥隘、至白色，每站百斤給銀四分。又至南寧府，每百斤給銀五分八厘。又至蒼梧縣，每百斤給銀六分五厘。又至桂林府，每百斤給銀一錢二分七厘。至長沙省城，每百斤給銀一錢一分六厘三毫四絲六忽。凡各省委員買銅到雲南，飯食跟役自起程至事竣，江蘇省委員，每日飯食銀四錢，跟役五分，每百斤雜費銀三錢四分。

浙江省委員，每日飯食銀一錢，跟役銀六分，雜費每百斤二錢八分七厘有奇。

江西省委員，每日薪水銀一錢，跟役銀六分，每百斤雜費等二錢六分五毫。

福建省委員，每銅百斤，官役、騎駝、馬匹脚價銀一錢二分八厘五毫有奇，飯食一錢八分一厘有奇，雜費銀六錢一分二厘四毫有奇，房銀五分一厘。

湖南省委員，每日盤費飯食銀三錢，跟役銀四分，每百斤雜費銀二錢。

湖北省委員，正運官每日盤費銀五錢，副運三錢，跟役各銀四分，每百斤雜用銀三錢一分有奇。

廣東省委員，每日飯食二錢，跟役三分八厘七毫，解運銅價至剥隘、至滇省，每站百斤給銀一錢二分九厘三毫。每百斤用筐簍木牌一對，價銀二分。

廣西省委員，每日飯食銀一錢，跟役銀四分，每百斤雜費銀九分七厘。

貴州委員，每百斤雜費銀五分一厘，銅價每馬一匹駝銀二鞘，每站給銀二錢。其買運本省廠銅，每百斤給筐繩銀一分二厘。銅川河廠運費銀二分五厘，哈喇河廠運費銀四分。

陝西省委員，每日飯食銀一錢九分二厘，跟役銀三分八厘七毫，每百斤雜費銀二錢八分八厘。

凡各省委員所需運費脚兩，除貴州係接壤之區，并無不敷無庸接濟外，其餘各省運脚應用銀兩，本省業經全數發給，滇省撥銅亦無耽延，不准借給。其本省未經發足，滇省撥銅雖在限内，而運脚不敷，由滇省覈明銅數多寡、程途遥近，查照歷運准銷。成例，借給無著者，即令運省本省措賠。如本省運脚已經發足，滇省未能按限撥銅，躭延日久，因而運脚不敷，不得不借，或至無着，責令滇省措賠。如本省運脚既未發足，滇省撥銅又以遲延悞限，以致運脚不敷，在滇酌借無着者，滇省與委員之本省各半分賠，例應領借者，於委員回省報銷時，即將在滇所借銀兩如數抵扣。倘有未完限三個月全完延遲者，議無着者，經催不力之上司，攤完解滇歸款。

清・華玉淳《錢幣考》卷上《歷代錢》 《史記》言虞夏之幣，金爲三品，或黄，或白，或赤，或錢，或布，或刀，或龜貝。《管子》亦言禹以歷山之金鑄幣，湯以莊山之金鑄幣，而其制未聞。故敍歷代錢自周始，刀布別見。

周

太公立九府圜法，錢圜函方，輕重以銖。見《漢書・食貨志》。以下凡引正史，並不復見。

荀悦《漢紀》，錢之制，夏殷以前無文，周制則有文。

按《周禮》，外府掌邦布之出入。鄭註謂其藏曰泉，其行曰布。蓋古者錢、布、刀三者俱謂之泉，亦謂之布，並取流通之義。布之制，方而長，首狹肩廣，而足枝分，上爲圓孔。亦有無孔者，鄭漁仲謂形如篆泉文者也，一變爲刀，則形如小刀，柄端有孔如環。再變爲圜法，則肉圓好方，《國語》謂之錢，後世遵用不改。錢與刀布，制本相因，實有三種。史云輕重以銖，則當時必載銖兩於錢文，而今不可考矣。

景王二十一年鑄大錢，文曰寶貨，肉好皆有周郭。

顧寧人曰，《周語》單穆公諫景王鑄大錢，王弗聽，卒鑄之。此廢輕作重，不利于民之事。班氏《食貨志》乃續之曰，以勸農贍不足，百姓蒙利焉。失其指矣。

按寶貨之文見《漢志》，鄭衆云先師所不能紀，蓋疑班氏未得其實也。唐固註《國語》，則云徑一寸二分，重十二銖，文曰大泉五十。此乃王莽所鑄，猶未足憑。今從史。張廷濟曰，寶貨錢大小凡三品，文曰寶貨，二寶二貨，寶六貨。今收藏家時有之。唐固《國語》之注，其説固謬，而是攷未詳，亦欠審定。

周時列國皆得鑄錢。《管子》桓公令左司馬伯公將自徒鑄錢于莊山，此齊錢也。《呂氏春秋》趙宣孟見骪桑之下餓人，與錢百，此晉錢也。《史記・秦本紀》惠文王立二年，初行錢，此秦錢也。《循吏傳》孫叔敖爲楚相，莊王以爲幣輕，更以小爲大，百姓不便，皆去其業。相言之王，復如故。此楚錢也，其形製字文俱無可考。或亦兼用刀布，今世所傳古錢，有兩面皆無字者，意當爲三代時物，而不能定爲何國錢也。張廷濟曰，列國之錢，今時所見小幣，各鑄地名，即此。不得以兩面無字者，實之。

高后二年，行八銖錢。

顧《譜》：既患莢錢之輕，又苦秦錢之重，故更鑄八銖錢。張台《譜》：其重八銖，文曰半兩。

六年，行五分錢。

應劭曰，所謂莢錢者。

孝文帝五年時，莢錢益多輕，乃更鑄四銖錢，其文爲半兩，令民縱得自鑄錢，於是吴王濞、鄧通俱鑄錢布天下。賈誼言法使天下公得顧租鑄銅錫爲錢，敢雜以鉛鐵爲他巧者，其罪黥。然鑄錢之情，非殽雜爲巧不可得贏，而殽之甚微，爲利甚厚。今令細民人操造幣之勢，各隱屏而鑄作，因欲禁其厚利微姦，雖黥罪日報，其勢不止。又民用錢，郡縣不同，或用輕錢，百加若干。或用重錢，平稱不受。法錢不立，吏急而壹之，則大爲煩苛，力不能勝。縱而弗呵，則市肆異用，錢文大亂。上不從。

應劭曰，今民間半兩中最輕小者，是四銖錢也。

按，錢文半兩，重只四銖，名實不稱。民間用錢或百加若干，是因私鑄更輕，故不論枚數，欲較銖兩。或平稱不受，是因私錢反重，故官鑄輕錢，雖加令平稱，猶復不受，所謂法錢不立也。舊註謂重錢以一當一猶不受，恐無是理。

孝景帝即位，始禁民私鑄。

鑄法有錫無鉛，可見漢時錢質之高。

孝武帝建元元年，有司言今半兩錢法重四銖，而姦或盜摩錢裏取鉛，錢益輕薄而物貴，乃令銷半兩錢，更鑄三銖錢，文如其重。

顔師古曰，新壞四銖，造此錢。洪遵《泉志》：史言文如其重，則三銖之文明矣。

按，三銖錢，今重□分。

三年罷三銖錢，行半兩錢。

顔師古曰，新又鑄作也。

按，半兩錢，漢凡三鑄，比秦錢爲輕。八銖當爲今稱一錢一分一釐，四銖半之。又有吴澳、鄧通及民間所鑄錢。又《楚漢春秋》言項梁養死士，參木鑄大錢，其制不傳，其文疑皆爲半兩。諸家所鑄半兩之品甚衆，有傳形者，對文者，有肉郭者，隱起字者，穿上直文、穿下三直文者，其源流殆不可考。今所見半兩錢，有徑一寸四分重二錢八分，有徑一寸二分重二錢，有徑一寸一分重一錢三分，有徑八分半重六分半。傳形者重七分，肉郭者疑漢武時錢。

元狩五年，有司請諸郡國鑄五銖錢，周郭其質，令不可磨取鋊焉。

按，五銖始此，其重爲每兩六之一有餘，百錢重一斤四兩二十銖。以古稱三之一約之，一枚當重六分九釐弱。

元鼎二年，以郡國多姦鑄錢，錢多輕，令京師鑄鍾官赤側，亦曰赤仄。以赤銅爲郭，一當五。賦官用，非赤側不得行。其後二歲，赤側錢賤，民巧法用之不便，又廢。於是悉禁郡國無鑄錢，專令上林三官鑄。天下非三官錢不得行。諸郡國前所鑄錢皆廢銷之，輸其銅三官。而民之鑄私錢益少，計其費不能相當，惟真工大姦乃盜爲之。

應劭曰，赤側即所謂紫紺錢。如淳曰，今錢見有赤郭者，不知作法云何。

按，三官錢猶今言京局錢，其文仍是五銖，赤側錢亦是五銖，特以赤銅郭爲別。既云當五，或稍大耳。今蓋不得。

孝元帝時，貢禹請罷鑄錢之官，勿復以爲幣，租稅祿賜皆以布帛及穀，使百姓一意農桑。議者以爲交易待錢，布帛不可尺寸分裂，禹議亦寢。

按，禹之論至魏黄初一行之，其幣立見。夫租稅祿賜一以穀帛可也，民間貿易大小相懸，不可以倍蓰計，而不以錢權之，必至百物壅滯。此懲噎廢食之論，呂伯恭所謂，其意本欲重穀帛，而反以輕穀帛也。

光武帝建武十六年，先是王莽變易錢幣，百姓苦之。莽錢別見。亂後，雜用布帛金粟，虎賁中郎將馬援請如舊鑄五銖錢，詔從之，天下以爲便。又以長安鑄錢多姦，以第五倫爲督鑄錢掾領長安市。倫平銓衡，正斛斗，市無阿枉，百姓悦服。

孝恒帝時，議改鑄大錢，太學生劉陶言其不便，乃止。

孝靈帝中平三年，鑄四出文錢。

獻帝春秋，靈帝作角錢。錢猶五銖，有四道運於邊輪，識者以爲京師將破壞，此錢四出，散於四方之徵也。

洪《志》：徑一寸，重三銖一絫，字畫明徹，背文四出。

孝獻帝初平元年，董卓壞五銖錢，更鑄小錢，悉取洛陽長安銅人、鐘簴、飛廉、銅馬之屬以充鑄，大五分，無倫理文章，不便人用。貨賤物貴，穀石數萬。

昭烈帝取蜀，軍用不足。西曹掾劉巴請鑄直百錢，平諸物價。

顧《譜》：蜀鑄直百錢，傳形五銖，並徑七分，重四銖。又有徑一寸一分重八銖，文曰五銖，直百。封演《譜》：傳形五銖，輕重大小與漢五銖無異，但五字居左，銖字居右，謂之傳形。洪《志》：直百五銖凡四種，有徑九分重五銖，字文明坦，肉好背面皆有周郭。有徑七分重三銖八絫，形製窳薄。有一種面文相類，背肉粗惡，穿左有一爲字。又有鐵錢，重五銖四絫，輪郭重厚，字文湮晦。張廷濟曰，蜀鑄錢又有右直左百者，又有一面爲字，一面無文者。

按，以一當百而重只四銖，必無是理。今所見直百五銖，徑一寸一分，重二錢三分，自是當時所鑄。其薄惡輕小者，乃私鑄也。傳形五銖，其銖字亦金在右，朱在左，此必僞鑄。劉長卿謁武侯廟詩：業復五銖錢，此蓋以光武比昭烈，不必蜀有五銖。即有之，亦決非傳形者也。按漢末謡曰，黄牛白腹，五銖當復。業復五銖錢句，是劉禹錫謁蜀先主廟詩。此云劉長卿謁武侯廟，似誤。張廷濟曰，傳形五銖，銖字金在右，朱在左，即貨泉傳形之化字亦然，此謂爲僞鑄者非。

魏

文帝黄初二年，罷錢不用，以穀布爲市。至明帝時，錢廢既久，詐僞漸多，競濕穀以要利，制薄絹以充資，雖處以嚴刑，不能禁。大司農司馬芝等議，以爲用錢非徒豐國，亦以省刑。太和元年，復立五銖錢。

吴

文帝嘉禾五年，鑄錢曰大泉五百。赤烏元年，又鑄大泉當千。錢既太貴，民皆不便，乃令官勿復出，鑄爲器物。私家有者，並以輸藏，平畀其直。張廷濟曰，大泉當千錢，今時猶存大小二品。又曾見大泉二千錢，爲舊籍所不載。

洪《志》：大泉五百，徑一寸一分，重四銖六絫，當千錢。二種：大者徑一寸五分，重十二銖六絫。小者徑一寸三分，重七銖二絫。

按，大錢不久即廢，蓋通行亦是五銖。今所見大泉五百，重二錢八分，而當千錢，止重二錢，疑歲久漫滅耳。

晋

初用魏五銖錢，不更鑄。元帝渡江，用吴舊錢，輕重雜行。大者謂之比輪，中者謂之四文，吴興沈充又鑄小錢，謂之沈郎錢。錢既不多，由是稍貴。

按，王建詩：綠榆枝散沈郎錢。李賀詩：榆莢相催不知數，沈郎青錢夾城路。則其錢小如榆莢可知。其文亦當是五銖也。

安帝元興中，桓元輔政，議欲廢錢用穀帛。西閣祭酒孔琳之議曰，穀帛本充於衣食，今分以爲貨，則致損甚多，又勞毀於商販之手，耗棄于割截之用，此謂弊著於目前。百姓或倉庾盈溢，或糧靡斗儲，以相資通，實假於錢。一朝斷之，便爲棄物，有錢無粟之人皆坐而飢困，又立弊也。由是元議不行。

宋

文帝元嘉七年，鑄四銖錢，文曰四銖。人間頗盜鑄，多翦鑿古錢取銅。江夏王義恭建議，以一大錢當兩，以防翦鑿。右僕射何尚之曰，泉貝之興，以估貨爲本，事在交易，豈假多數！數少則幣輕，數多則物重，以一當兩，徒崇虛價。夫錢之興，大小多品，直云大錢，則未知其格，若止於四銖、五銖，則文皆古篆，既非庸下所識，加或漫滅，尤難分明，公私交亂，爭訟必起。不聽。二十四年，鑄大錢，一當兩，行之經時，公私非便，乃罷。

洪《志》：四銖錢徑七分，重三銖四絫，肉薄好闊，字文甚明。

按，四銖今重口分。

孝武帝孝建元年，更鑄錢，文曰孝建，一邊曰四銖。其後稍去四銖，專爲孝建，形式薄小，輪郭不成，盜鑄雲起，雜以鉛錫，並不牢固。張廷濟曰，又有文曰四銖無孝建字者。

顧《譜》：孝建薤葉，背文四銖，大篆。洪《志》：徑七分，重二銖。

按，以年號入錢文，自此始。今所見孝建四銖，重口分。

廢帝永光元年，鑄二銖錢，文曰二銖，形式轉細。是年改元景和，又鑄錢文曰景和，亦重二銖。丹陽尹顔竣言，議者將謂官藏空虛，天下銅少，宜減錢式。今鑄二銖，恣行新細，于官無解于乏，而姦巧大興，天下之貨將糜碎至盡，又人懲大錢之改，兼畏近日新禁，市井之間，必生紛擾。富商得志，貧人困窮，未見其利，不聽時官錢出，人間即模郊之，而大小厚薄皆不及。無輪郭，不磨鑢，如翦鑿者，謂之耒子。尤薄輕者，謂之荇葉。又有千錢長不盈三寸，謂之鵝眼。尤劣者，謂之綖環，入水不沉，隨手破碎。百物踊貴，斗米一萬，商賈不行。

金光襲《錢(實)[寶]録》：景和錢小篆。

按，人懲大錢之改，謂始以大錢當兩，後仍當一，頓失其利。新禁謂近禁斷薄小錢，而官錢轉細，人必疑畏也。景和錢今重口分，鵝眼爲當時私鑄，而諸家《譜》亦以爲廢帝所鑄，文曰小泉，直一，非也。小泉直一篆文者，王莽時錢。楷書者，後代僞作，唐以前，錢文未有楷書者也。

明帝泰始二年，斷新錢，專用古錢。

齊

高帝建元四年，奉朝請孔覬上書，言鑄錢之幣，在輕重屢更。人所盜鑄嚴法不禁者，由上惜銅愛工，務令輕而數多，省工而易成，不詳慮其患。自漢鑄五銖錢，至宋文帝四百餘年，制度有廢興，而不變五銖，其輕重得貨之宜。請開置錢府，大興鎔鑄。錢重五銖，一依漢法。若官錢已布于人，使嚴斷翦鑿小輕破無周郭者，悉不得行。官錢細小者，稱合銖兩，銷以爲大。利貧良之人，塞奸巧之路，錢貨既均，遠近則一，市道無爭，衣食滋殖矣。乃使諸州大市銅，已而不果鑄。

梁

武帝天監元年，鑄錢，肉好周郭，文曰五銖，重四銖三絫二黍，百錢重一斤二兩。又別鑄，除其肉郭，謂之女錢，徑一寸，文亦曰五銖，重如新鑄五銖。二品並行，時民間通用私錢，或以古錢交易。有名女錢，徑一寸，重五銖，文曰五銖，無輪郭，京師及諸郡縣皆通用，因謂官鑄者曰公式女錢。有名太平百錢，字有古今二體。有名定平一百，徑六分，重一銖半，文曰定平一百。有名稚錢，徑七分半，重四銖，文亦曰五銖，但狹小。又有一種，重減半銖，文曰五朱，差少。三種皆三吴屬縣行之。又有對文等錢，屢禁之，不能上。私錢以下節《文獻通考》

顧《譜》：太平百錢有大篆、小篆、隸書三種。又背有水波文者，亦三種，但制作微爲壞壯。又有背文隱起爲龜甲形者。張《譜》五銖錢皆無好郭，惟梁武所鑄有之。背有好郭者，公式女錢。背無好郭，止謂之女錢。朱字錢亦有兩種：字狹者有内郭，字闊者狀如半兩。洪《志》：太平百錢有一種，字合篆隸體，錢字漫滅，徑九分，重二銖七絫。五朱錢徑七分，重二銖一絫，制作簡古，銅質純青，背文坦平，外輪有緣。

按，顧《譜》：對文錢，翦五銖之所成，鑿取如輪郭，所餘甚輕小，似未然。詳對文之義，當是兩面皆有文，如洪《志》所稱左右五銖耳。其定平一百，定字篆文頗類安字。

普通四年，乃議盡罷銅錢，更鑄鐵錢。人以鐵錢易得，私鑄轉甚。

顧《譜》：鐵錢徑一寸一分，文曰五銖，背爲四出文。又有三種，文曰五銖大吉、五銖大通、五銖大富，其制並同。洪《志》：五銖鐵錢徑七分，重三銖六絫，輪郭重厚，字跡微漫。張廷濟曰，大吉五銖曾見過，較鐵五銖差大。

孝元帝承聖中，鑄當十錢。

按，史言梁末有兩柱錢，以下四柱推之，則兩柱即當十錢也。

敬帝太平二年，鑄四柱錢，一當二千。張廷濟曰，一當二千，千字當是十字之誤。

李孝美《譜》：五銖錢穿上下各二星曰四柱，穿上下各一星，兩柱錢也。

陳

文帝天嘉三年，改鑄五銖錢。

宣帝太建十一年，鑄錢曰大貨六銖，以一當十，與五銖並行。後還當一，人皆不便。

洪《志》：此錢制作精妙，肉好周郭，徑一寸。

按，大貨六銖，今重八分，其篆义大作太。

後魏

孝文帝初鑄太和泉貨，不行民間。太和十九年，鑄錢曰太和五銖，百官祿準絹給錢，匹爲錢二百。在所遣錢工備鑪冶，人有欲鑄，就聽鑄之。銅必精鍊，無所和雜。

洪《志》：此錢徑八分，銅質粗惡，文字湮漫。計當時令民自鑄，故其製有不精。

按，太和五銖，今重一錢二分，亦有背作四五字縱横者。

宣武帝永平三年，鑄五銖新錢，京師及諸州鎮或不用，致商貫不通，貿遷頗隔。

按，後魏有雞目五銖，即鵝眼之類，亦是私鑄。而或以爲宣武帝鑄，非也。

孝明帝熙平二年，任城王澄請令太和及新鑄並古錢内外全好者，不限大小，悉聽行之。尚書崔亮請有銅鑛處並許開鑄，自後所行之錢，人多私鑄，錢益薄小。

孝莊帝永安二年，御史中尉高恭之奏，頃來私錢薄濫，徒有五銖之文，而無二銖之實，薄甚榆莢，上貫便破，宜改鑄大錢，文載年號，私營者無利，不能自潤，應自息心。是秋，鑄錢曰永安五銖，每七十文重一斤。

李《譜》：此錢徑八分，周郭寬厚。洪《志》：幕文有一上字者，徑九分，重二銖四絫，銅色純赤，輪潤。張廷濟曰，所見有上字者，錢較大。

按，永安五銖，今重一錢一分。

西魏文帝大統六年，鑄五銖錢。

按，是時政出宇文，史言周初尚用魏錢，此乃錢而非永安五銖也。

東魏孝静帝時，百姓私鑄體制漸別，遂各以爲名。有雍州青赤、梁州生厚、緊錢、吉錢、河陽生澁、大柱赤牽之稱。冀州之北，錢皆不行。高歡爲相，乃收境内之銅及錢，仍依舊文更鑄。歡子澄以百鑪別鑄錢，鄴中號令公百鑪錢。百鑪錢見邱悦《三國典略》。

封《譜》：百鑪錢背文四出。李《譜》：銅色深赤，肉郭向外漸薄如碾輪。

按，史言依舊文更鑄，則其文仍是永安五銖。政雖出於高氏，而魏帝猶在，《史》竟繫之齊者，非也。百鑪錢其文亦同，篆法微別耳。張廷濟曰，永安五銖，背文四出，錢亦有大小二種。

北齊

文宣帝天保四年，鑄錢曰常平五銖，其錢甚貴，製造亦甚精。錢未行而私鑄已興，乃令市增長銅價，由此利薄，私鑄少止。至乾明皇建之間，往往私鑄鄴中周錢，有赤熟、青熟、細眉、赤生之異。河南所用有青薄鉛錫之別，餘州輩類各殊，或以生鐵和銅，卒不能禁。

李《譜》：此錢徑一寸。

按，常平五銖，今重一錢一分。史言製造甚精，而猶有私鑄，以錢貴故也。張廷濟曰，常平錢有大小二種。

後周

武帝保定元年，鑄錢曰布泉，以一當五，與五銖並行。

董逌《譜》：此錢徑一寸，玉筯篆。

按，布泉今重一錢。

建德三年，鑄錢曰五行大布，以一當十，與布泉並行。四年，以邊境多盜鑄，乃禁五行大布，不得出入四關，布泉之錢聽入而不聽出。五年，以布泉漸賤，而人不用，遂廢之。

封《譜》：徑一寸一分。張《譜》：小者至徑六分，錢文上五下行，又有上大下布者。

按，五行大布泉，所見三種，一徑一寸二分，重七錢七分，一徑一寸，重二錢五分，背皆作斗劍龜蛇之象，小者徑八分，重八分。又舊譜有徑一寸三分，重十銖，輪外作三雀銜花，背亦如之。此疑後人所作。張廷濟曰，五行大布泉有大至逕二寸者。至背文之異，約有數十種，則當時風尚如是，非後人僞作。

宣帝大象元年，鑄錢曰永通萬國，以一萬千，與五行大布、五銖凡三品並用。

封《譜》：徑一寸三分，重十二銖，背文肉好皆有周郭。又有徑一寸二分半，重八銖以下。張《譜》：小者至徑七分，亦是輪郭寬厚及對文者。李《譜》：有徑一寸五分，重十八銖，背文皆有此四字者。銅色青白，製作尤佳。

按，永通萬國錢，所見三種，一徑一寸一分，重三錢一分，背亦有斗劍龜蛇之象。一徑一寸，重囗錢囗分，背文同。據此錢，益信兩面皆有文之謂對文也。一徑一寸四分，重囗錢囗分。張廷濟曰，永通萬國錢有大小二種，背文有囗將軍等字。

## 隋

文帝開皇元年，悉禁古錢及私鑄。更鑄新錢，背文肉好皆有周郭，文曰五銖，每千錢重四斤二兩。四面諸關各付百錢爲樣，從關外來，勘樣相似，然後得過。樣不同者，壞以爲銅，入官。自是錢貨始一，百姓便之。其後姦猾漸磨鑢錢郭，取銅私鑄，雜以鉛錫，錢遂輕薄。乃下惡錢之禁令，有司檢天下邸肆，見錢非官鑄者，皆毀之，其銅入官。數年之間，私鑄頗息。

煬帝大業末，行五銖白錢，王綱弛紊，遂多私鑄。天下盜起，錢益薄惡，千錢重二斤，後漸輕至一斤。或翦鐵葉裁皮糊紙夾其中，不可辨。貨賤物貴，以至於亡。

洪《志》：白錢徑一寸，重一銖六絫，肉郭平闊，五字傍好，有一畫，餘三面無郭，用鑞和鑄，故色白。顧寧人曰，隋五銖錢千重四斤二兩，每一枚當重六分六厘。今之五銖正符此數，大抵皆隋物也。

按，六分六釐乃一銖五絫八黍，以古五銖三之一約之，相去亦不甚遠。自漢武元狩五年，至隋亡，千七百三十七年，俱行五銖。今錢存者大小十有餘種，其重自一錢以下，或九分、七分、五分、三分不等，篆文字體及内外郭有無各殊，非盡出於隋可知。又張《譜》：有穿上一星至五星，穿下一星漫面，穿旁一星至三星，五字内上下各一星，背上或有小字，或有五字，穿上横文，穿下横文，穿面四角決文。洪《志》：又有左右五銖，形製窳薄。面文五銖，肉漫好闊，僅有輪郭，背文亦曰五銖，肉郭夷坦，倒置其字，徑一寸，重二銖三絫。又一種面文五銖，背文亦五銖字，上下之徑七分，重二銖四絫。今所見又有穿上平字者，此則私鑄既多，或各以其意爲之，無容以年代別矣。

## 唐

高祖武德四年，鑄錢曰開元通寶，徑八分，重二銖四絫，積十錢重一兩。給事中歐陽詢製詞及書，時稱其工字，含八分、篆、隸三體，其詞先上後下，次左後右，讀之自上及左，回環讀之其義亦通。此左右謂錢體之左右。流俗謂之開通元寶，置錢監於洛、並幽、益、桂等州。盜鑄者論死，没其家屬。兼引《舊唐書》。

《通典》：開元通寶錢重二銖半以下，乃古稱之七銖以上，比古五銖加重二銖以上，計千錢重六斤四兩。

按，唐三百年所鑄皆曰開元通寶，沿及五代亦鑄之，故流傳至多。其字畫之別，有左挑、雙挑等名，漫處有文如初月者，制作精好。亦有兩甲痕者，銅色黑濁，不甚佳。二銖四絫乃今一錢之數，世所傳開元錢，自九分至一錢二分，輕重不等，亦以所鑄非一時一處故也。張廷濟曰，開元通寶又有右挑者。

吾衍《學古編》云，八分視秦隸則易識，視漢隸則微似篆，是隸與八分固有別，而于楷書亦不同。近人謂隸即今楷，遂疑開元錢隸體絶少，誤矣。或謂字含三體，乃一錢中兼有三種筆法，似爲得之。又鄭虔《會粹》云，詢初進蠟模，文德皇后掐一甲痕，因不復改。考武德初，后方爲秦王妃，時賜秦王、齊王各三鑪以鑄，意二王錢樣亦詢所書。然以藩邸之妃，而於朝臣所進錢樣戲印甲痕，亦無是理。《青瑣高議》指爲太真。考開元天寶之際，嘗大鑄錢，然虔逮事明皇，又不應昧于近事而遠托之先后也。古錢如大泉五十，一面亦有星點及初月形，後來唐國通寶及宋乾道淳熙錢皆然。殆工人以意爲之，未必出於宫闈，好事妄傳耳。

高宗乾封元年，更鑄錢曰乾封泉寶，徑一寸，重二銖六絫，以一當十。踰年而舊錢多廢，商賈不通，米泉踊貴。明年復行開元通寶錢，私錢日蕃，有以舟筏鑄江中者。儀鳳中，詔巡江官督捕，載銅、錫鑞過百斤者，没官。

劉昫曰，乾封泉寶，乾字在上，封字在左，乃同流俗開通之文，尋覺其誤，令所司鑄納。

武后長安中令懸錢樣於市，百姓依樣用錢，俄而揀擇艱難，交易留滯。乃令錢非穿穴，及鐵、錫、銅液皆得用之，熟銅排斗沙澁之錢皆售，自是盜鑄蜂起。《通典》。

元宗開元初，宰相宋璟請禁惡錢。時江淮有官鑪錢、偏鑪錢、稜錢、時錢等名。彬衡錢纔有輪郭，或鎔錫模錢，須臾千百，乃遣監察御史蕭隱之行江淮，括惡錢。隱之嚴急煩擾，怨嗟盈路，坐貶官。璟又請出米十萬斛收惡錢，少府毁之。十一年，詔所在加鑄，禁造銅器，錢非二銖四絫不得行，禁鈌頓盪染白彊黑彊之錢。二十二年，以官鑄所入無幾，而工費多，議縱民鑄。公卿皆言其不便，乃止。左監門衛録事參軍劉秩言，人日滋于前，而鑪不加於舊，公錢與銅價頗等，故盜鑄者破重錢以爲輕錢，禁寬則行，禁嚴則止，止則棄矣，此錢所以少也。夫鑄錢用不贍，在乎銅貴。銅貴由採用者衆，今禁人以銅爲器，則銅益賤，而錢之用給矣。其後揚、潤、宣、鄂、絳、蔚、郴、洋、定等州相繼增置錢監，天寶時，天下鑪九十九，歲鑄錢三十二萬七千緡。

肅宗乾元元年，户部侍郎第五琦以經費不給，請鑄乾元重寶，錢徑一寸，每緡重十斤，以一當十，與開元通寶參用。二年，琦爲相，又鑄重輪乾元錢，文亦曰乾元重寶，徑一寸二分，背之外郭爲重輪，每緡重十二斤，一當五十。法既屢易，物價騰踊，斗米至七千，餓死者滿道。京師人人私鑄，并小錢，壞鐘像，犯禁者愈衆。上元元年，減重輪錢一當三十，開元舊錢與乾元十當錢皆一當十。代宗即位，乾元錢一當二，重輪一當三。凡三日，而大小錢皆以一當一，民間乾元重輪二錢皆鑄爲器，不復出矣。

李《譜》：乾元十當錢大小不同，自十二分至七分，相較一分，凡有六種，字體形製略無小異。重輪錢二種，小者至薄，而文字昏暗，徑一寸，重五銖。大者極厚而製作精好，徑一寸五分，重十四銖。金《譜》：乾元小錢一當一，徑八分，重三銖三絫。

按，乾元錢每緡十斤，應重三銖八絫四黍。重輪錢每緡十二斤，應重四銖六絫。李所説與史不同。而當一小錢史不載，未知金何所據。然今尚有之，重一錢三分，擬當日私鑄各殊。

代宗時有大曆元寶。史不載。

洪《志》：徑九分，重三銖六絫，銅色昏濁，而字畫遒勁。

大曆初，錢幾盡，不足於用。鹽鐵轉運使劉晏以江嶺諸州仜土所出皆重贏賤弱之貨，輸京師不足以供道路之直。於是積之江淮，易銅鉛薪炭，廣鑄錢，歲得十餘萬緡，輸京師及荆揚二州。張廷濟曰，大曆錢銅色青白，所見皆同。

德宗時有建中通寶。史不載。

張《譜》：徑七分，重二銖以下，文字漫暗，銅色紙赤，肉好薄小。

建中初，江淮多鉛錫錢。以銅盪外，不盈斤兩，銷千錢爲銅六斤，鑄器則斤得錢六百，故銷鑄者多，而錢益耗。判度支趙贊採連州白銅鑄大錢，一當十，以權輕重。鹽鐵使張滂請除鑄鑑外，銅器一切禁斷。貞元十年，勑天下鑄造買賣銅器，並不須禁止其器物，約每斤價值不得過一百六十文。銷錢爲銅者，罪如盜鑄。張廷濟曰，建中錢曾一見之，色赤質薄。

洪《志》：今開元錢有徑一寸二分，重十二銖六絫，銅質渾厚，字文明坦。以意推之，或趙贊所鑄耶。

按，史自乾封乾元以後，不言錢文有更易。大曆建中二錢或偶一處鑄之，其通行者，仍是開元通寶。若贊所鑄係白銅，尤易辨。舊譜云，贊熟計自以爲非，乃寢不下，其錢應甚少也。今開元錢大者有徑一寸三分半，重五錢四分。有徑一寸六分，重一兩二錢五分。恐爲五代時所鑄。張廷濟曰，開元大錢亦約有四、五種，審其文字，亦有唐鑄，亦有五代時鑄。

憲宗元和初，以錢少，復禁用銅器。十二年勑文武官僚，不問品秩高下，並公主郡縣主中使，下至士庶商旅寺觀坊市，所有私貯見錢，並不得過五千貫。許限一月市別物收貯，違者論死。王公重貶，其贓貯，錢納官。五分取一，賞告者。時京師區肆所積皆方鎮錢，爭市第宅，而富賈倚左右神策軍官錢爲名，府縣竟不敢問。《文獻通考》。

【略】

文宗太和三年，詔佛像以鉛錫土木爲之，飾帶以金銀鍮石烏油藍鐵，唯鑑釘鐶鈕得用銅，餘皆禁之。凡交易百緡以上者，匹帛米粟居半，未幾皆罷。

按，交易至百緡以上而必用米粟匹帛，民間固有難行，若王公貴人豪富之家，反令其貫朽而不得流通矣。惟禁銅像，則既無耗銅之患，亦免毀像之事，百世無改可也。

武宗會昌五年，廢天下佛寺，凡銅像、鐘、磬、鑪、鐸，皆歸巡院。許諸道觀察使皆得置錢坊，宰相李德裕請以所廢寺品鑄錢。淮南節度使李紳，于新錢背加昌字，以表年號，進之。遂勑鑄錢之所各加本郡州名，于是京兆曰京，河南曰洛，藍田曰藍，鳳翔曰興，丹州曰丹，兗州曰兗，平州曰平，襄陽曰襄，江陵曰荆，興元曰梁，揚州曰揚，潤州曰潤，浙東曰越，福州曰福，宣州曰宣，江西曰洪，江夏曰鄂，長沙曰潭，桂陽曰桂，西川曰益，東川曰梓，嶺南曰廣。惟越字在穿下，藍、荆、梁、桂、廣並在穿右，宣、潭在穿左，餘俱在上。亦有襄字在右，梁字在上者。此左右謂人目之左右，與《漢志》右曰貨，左曰布同。此條兼采諸家之譜。宣宗即位，新錢以字可辨，復鑄爲像。

馬貴與曰，爲國者不能制民之産以均貧富，徒欲設法以限豪强兼並之徒，限民名田，猶可也；限民蓄錢，不亦甚乎？然買田者志於吞併，故必須立法以限其頃畝。蓄錢者志于流通，初不煩立法以教其懋遷也。徒開告訐之門，而重爲煩擾耳。

按，宋紹興末，限命官之家存留見錢二萬貫，民庶半之。金明昌中，亦令官民之家以品從物力限多不過二萬貫，皆在國用不給之時。若鼓鑄既廣，流通有法，自不必行此末策矣。

【略】

按，以州郡名入錢文自此始。據史，亦紳所請也。紳鎮淮南，治揚州，當是始鑄昌字，後改爲揚。李《譜》謂無揚字錢，偶未見耳。董《譜》：鳳翔曰興，汴州曰梁。洪《志》：興元曰興，梁州曰梁。考唐梁州漢中郡，貞元中陞爲興元府，不應重出。汴州在東魏時爲梁州，不應獨用古名鳳翔府治天興縣，殆猶東都之表以洛也。今改興爲鳳翔錢，梁爲興元錢。張廷濟曰，開元背文揚字蜀字錢，徧覽圖譜竟未之見。

懿宗咸通十一年，桂陽監進新錢曰咸通元寶，尋有敕停廢不行。見洪《志》所引舊譜。

按，此錢惟郴州鑄之，益信大曆建中二錢爲偶鑄矣。

五代十國附

梁用舊唐錢。

後唐用唐舊錢，明宗大成中，鑄錢曰天成元寶。史不載。

洪《志》：此錢徑九分，重三銖六絫。

晉高祖天福三年，鑄錢曰天福元寶，令三京諸道州府，無問公私，應有銅者，並許鑄錢。鹽鐵使鑄樣下諸道，每一錢重二銖四絫。明年以諸道鑄錢雜鉛錫缺小違條，今後祇官鑄造，私下禁止。見宋白《續通典》

洪《志》：此錢徑七分，銅質薄小，字文昏昧，蓋以私鑄不精也。

漢高祖乾祐元年，鑄錢曰漢通元寶，以晉室鑄錢僞濫非一，乃禁銅貨，悉歸公帑。見蘇耆《開譚録》。

洪《志》：此錢徑一寸，重三銖六絫，字文明坦，製作頗精，蓋懲天福之弊。

北漢鑄錢如唐制。見《文獻通考》。

周世宗顯德二年，毁天下佛寺銅像，鑄錢曰周通元寶。又遣尚書水部員外郎韓彦卿，以帛數千匹，市銅於高麗以鑄錢。

按，此與吴越所鑄並是開元通寶。

李《譜》：此錢徑一寸，重五銖，形製精妙，與唐開元錢同。按市銅高麗，則所鑄之錢非盡以佛像也。而俗稱此錢佛慈流露，能利産已瘧，陋矣。今所見，重一錢二分以下至八分，又有大徑二寸者，有小徑五分者，有背鑄雙龍者，疑未必盡出當時所鑄。元字或在下，或在左，亦謂之周元通寶錢。張廷濟曰，元字有左挑，又有兩面同文者。

諸國割據者多用唐舊錢，亦有自鑄錢者。今附於左，惟吴及南平高氏未聞。

南唐元宗鑄錢曰唐國通寶，徐鉉篆，以一當開元錢之二。劉恕《十國紀年》、陸游《南唐書》。又鑄大唐通寶，與唐國錢通用，數年漸弊，百姓盜鑄，極其輕小。既失江北，兵窘財乏，鍾謨請改鑄大錢，一當十，文曰永通泉貨，徑一寸七分，重十八銖八分書，謨(銖)[誅]，遂廢。馬令《南唐書》。中書侍郎韓熙載請鑄鐵錢，其大小亦如開元通寶，文亦如之，徐鉉篆，其文比於舊錢稍大，而輪郭深闊。陶岳《貨泉録》。後主即位始行之，每十錢以鐵錢六權銅錢四而行。既而民間專以鐵錢貿易，物價增踊，民復盜鑄，頗多芒刺。至末年，銅錢一直鐵錢十。禮部侍郎湯悦言泉布屢變，亂之招也，且豪民富商不保其資，則日益思亂。不報。馬《書》。

董《譜》：唐國通寶錢篆法氣質高古。洪《志》：唐國通寶凡五種。有徑一寸二分，重八銖。有徑九分，重三銖，形製相肖，皆篆文。有徑八分，重二銖六絫，字含八分及隸體，背有圓點差少。有徑七分重二銖二絫，字類大唐錢。有小鐵錢重一銖八絫。大唐通寶徑八分，重二銖四絫。又有徑七分者，字文相類。永通泉貨三種。八分書者徑一寸五分，重八銖七絫，背面肉好皆有周郭，亦作永通泉貨。篆文者徑一寸三分，重五銖七絫，輪郭重厚，銅色昏暗。又有面爲篆文，背爲龍鳳形者，徑一寸三分，重七銖二絫，背文重輪，肉形渾厚。

按，劉道原《十國紀年》，唐國錢二當開元錢一。而洪《志》載唐國錢大者其重三倍於開元錢，且元宗本以府藏空竭，泉貨益少，始鑄錢，而以二當一，恐無是理。應是以一當二，而刻本偶訛，今正之。陸《書》則云以一當二，凡見數本皆然，其爲字誤無疑。然此錢五種，大小懸絶不等。或當日行用亦各有不同，若小鐵錢，必是後來私鑄。又熙載所鑄鐵錢，以六權銅錢四爲十，明是只作一文，而《五代·南唐世家》言一當二，則史誤也。史云民間藏匿舊錢，舊錢益少，商賈多以鐵錢十當銅錢一出境，官不能禁。乃下令以一當十，則視馬《書》爲詳。此湯悦所以有錢幣屢易之諫歟！至陸《書》永通、唐國二錢，並在顯德六年奉周年號之後，而馬《書》保大中已有唐國、大唐二錢，應從馬《書》。鐵錢至宋乾德二年始行，二書略同。今所見唐國通寶錢，重一錢一分。大唐通寶錢，重口錢口分。

《説郛》中所刻董《譜》，係後人僞造，其謬不可勝舉。如云漢初莢錢一當百，陳文帝鑄布泉，周宣帝鑄永通錢貨，隋文帝鑄小五銖，南唐鑄永安五銖，宋太祖鑄聖宋元寶，皆無足深辨。惟有南唐鑄保大元寶，此或事理所有，而歷考諸書皆無之，今不從。

蜀王建鑄永平元寶。通正元寶、天漢元寶、光天元寶。王衍鑄乾德元寶、咸康元寶。見李《譜》。

洪《志》：永平錢未之見，通正、天漢、光天、乾德錢，皆重三銖。咸康錢重三絫，並徑七分。

後蜀孟昶鑄廣政通寶。見《畫譜》。末年以屯戍既廣，調度不足，鑄鐵錢。見《十國紀年》。

洪《志》廣政錢徑九分，重三銖，銅質渾厚，八分書。

按，宋末兩川鐵錢十當銅錢一，必昶時已然。

南漢劉龑鑄乾亨重寶，見李《譜》。又鑄鉛錢，以十當銅錢一。見《十國紀年》。

洪《志》：乾亨錢徑七分，重二銖六絫。鉛錢二種，輪郭鍥薄，大者徑一寸，重三銖九絫。重寶二字傳形小者，徑九分，重三銖六絫。

楚馬殷鑄鐵錢曰乾封泉寶，圜可八寸，以一當十。見《十國紀年》。其數上九，以九文爲貫。見《湖南故事》。又有天策府寶。見張、董二《譜》。

洪《志》：乾封泉寶徑一寸七分，重十七銖，以銅爲之。豈當時鑄銅鐵二種耶？天策府寶，徑一寸七分，重三十銖二絫，銅質厚重，字文明坦。張廷濟曰，乾封泉寶大錢實有銅鐵二種，背文有孔上天字，孔上策字者。

按，《五代史·楚世家》及馬令《南唐滅國傳》，皆言高郁諷殷鑄鉛鐵錢，以十當銅錢一。而乾封、天策二錢，其大倍於常錢，即無以十當一之理，豈十當一者乃鉛錢耶？又今乾封泉寶有徑一寸六分，重一兩，背文有曰福德長壽，未知即湖南所鑄否。

吳越至忠懿王俶時鑄錢，見《十國紀年》。如唐制。見《文獻通考》。

閩王審知鑄鉛錢，又鑄大鐵錢，以開元通寶爲文。王延羲鑄大鐵錢，曰永隆通寶，一當鉛錢百。王延政鑄大鐵錢，曰天德通寶，一當百。見《十國紀年》。又有天德重寶，背文穿上有殷字。見董《譜》。

陶岳《貨泉録》：審知大鐵錢闊寸餘，甚麤重，俗謂之銡边。銡音未詳，边音賀。洪《志》：永隆錢徑一寸四分，重十銖二絫，以銅爲之，是有銅鐵二種。天德錢通寶、重寶之異，亦當時鑄此二種耳。張廷濟曰，永隆通寶大鐵錢，背文孔上有閩字。

按《閩世家》及《南唐滅國傳》，皆言延羲鑄大鐵錢，一當十。豈銅者常百，而鐵者當十耶？

五代錢見於史者甚略故博采諸家以補闕遺。

宋

太祖建隆初，鑄錢曰宋通元寶，亦曰宋元通寶。凡諸州輕小惡錢及鐵鑞錢悉禁之，限一月送官，私鑄者罪死。銅錢闌出江南塞外，及南蕃諸國，差定其法，至五貫以上棄市。自平蜀，聽仍用鐵錢，禁銅錢不得入兩川。及平嶺南江南，聽權用舊錢，不得過本路之境。

按，宋通元寶，史左環讀之曰宋通，而《文獻通考》自上及下讀之，曰宋元，義亦互通。

太宗即位，令轉運使按行所部，凡出銅之地，悉禁民采，並以給官鑄。太平興國二年，吏鑄錢曰太平通寶。三年，樊若水言江南舊用鐵錢，於民非便。今諸州官庫銅錢尚六七十萬緡，虔、吉等州未有銅錢，各發六七萬緡，俾市金帛輕貨上供，及博糴穀麥。民間銅錢既多，其鐵錢悉鎔鑄爲農器什物，以給江北流民之歸附者，除銅錢渡江之禁，從之。時蜀銅錢已竭，而輸租榷稅並納銅錢，民甚苦之。商賈争入川界互市，銅錢一得鐵錢十四，物價滋長，乃令川峽勿復徵銅錢。時以福建銅錢數少，令建州鑄大鐵錢並行。尋罷鑄。淳化改元，又鑄錢曰淳化元寶，上親書之，作真、行、草三體。二年，宗正少卿趙安易言川峽所用鐵錢至輕，市羅一匹，爲錢二萬，請改鑄當十大錢。御書錢式，遣詣蜀冶鑄，民間小錢許送監計數，給以大錢。既而一歲纔成三千餘貫，衆皆以爲不便，遂罷鑄。至道初鑄至道元寶，亦親書之。自是終宋世，改元必更鑄，皆曰元寶，而冠以年號，亦曰通寶。

按，前世錢文未有御書者，亦未有用行草者。淳化、至道，太宗始以宸翰爲之。既成，以賜近臣。王禹偁詩：謫官無俸突無煙，惟擁琴書盡日眠。還有一般勝趙壹，囊中猶貯御書錢。其後惟有徽宗崇寧大觀錢御書。終宋世，錢文兼有篆、楷、行、草、八分諸體。

真宗咸平景德皆曰元寶，大中祥符以祥符爲文，有元寶及通寶。天禧曰通寶，乾興末時鑄銅錢，有饒池江建四監，而京師及昇鄂杭三州南安軍舊監皆廢，凡鑄錢用銅三斤十兩，鉛一斤八兩，錫八兩，得錢千重五斤。惟建州增銅五兩，減鉛如其數。先是至道中歲鑄錢八十萬貫，景德中增至一百八十三萬貫，後銅坑多不發，天禧末鑄一百五萬貫。鐵錢有鄧嘉興三監，而益雅二州監廢，每貫始用鐵二十五斤八兩。後以鐵重，多鎔爲器，減用十五斤，成重十二斤。以一準銅錢一、舊小鐵錢十，歲二十一萬貫。

仁宗天聖、明道、景祐皆曰元寶，寶元元年特命以皇宋通寶爲文。康定因之，慶曆復冠以年號，改爲重寶。

皇祐曰元寶，至和嘉祐皆有元寶、通寶。

景祐初，先是諸路錢歲輸京師，四方由此錢重而貨輕。乃詔三司，以江東、福建、廣南歲輸緡錢合三十餘萬，易爲金帛，錢流民間。時三司度支判官許申建議以鐵與銅雜鑄，銅居三分有奇，鐵居六分有奇，費省而利厚。詔試其法於京師，舊鑄錢雜鉛錫，其液流速而易成。申雜以鐵，流澁而多不就，工人苦之，卒無成功。

慶曆中，師討西夏，邊用不足。陝西都轉運使張奎知永興軍，范雍請鑄大銅錢與小錢兼行，大錢一當小錢十。又請因晉州積鐵鑄小錢。及奎徙河東，又鑄大鐵錢於晉澤二州，亦以一當十，以助關中軍費。時韶州銅大發，增置錢監，而儀商二州俱鑄大銅錢。朝廷因勅江南鑄大銅錢，江、池、饒、儀、虢等州又鑄小鐵錢，悉輦至關中，數州錢雜行，大約小銅錢三可鑄當十大銅錢一，以故民間盜鑄者衆，錢文大亂，物價翔踊，公私患之。河東鐵錢既行，盜鑄者獲利十六，錢輕貨重，其患如陝西。而契丹亦鑄鐵錢，易並邊銅錢以去。內外皆言其不便。學士張方平、三司使葉清臣上議曰，關中用大錢，本以縣官取利太多，致姦人盜鑄，其用日輕。比年以來，皆虛高物估，始增直於下，終取償於上。縣官雖有折當之虛名，乃罹虧損之實害。救弊不先自損，則法未易行。請以大銅錢一當小銅錢三，又言姦人所以不鑄小鐵錢者，以鑄大銅錢得利厚，而官不能必禁。若鑄大銅錢無利，又將鑄小鐵錢以亂法。請以小鐵錢三當銅錢一，且罷官多鑄鑪，自是姦人稍無利，猶未能絕濫錢。其後又令陝西大銅錢、大鐵錢皆以一當二，盜鑄乃止。然令數變，兵民耗於資用，類多咨怨，久之始定。

按，錢既重，則物價亦從而貴，此弊之著於目前者也。久必終歸當二當一，則官民所有皆十失八九，此弊之著於後日者也，而盜鑄之患不與焉。軍興時，偶一行之，已不勝其害。行之無事之日，則爲罔民而已。

英宗治平有元寶通寶。

神宗熙寧有元寶及重寶，元豐曰通寶。

熙寧四年，陝西轉運副使皮公弼奏，自行當二錢，銅費相當，盜鑄衰息。請以舊銅鉛盡鑄當二錢，從之。自是折二錢遂行於天下，惟不得運至京師。公弼又請鑄折二鐵錢，御史周尹言用一當二，費少利倍，民間盜鑄定不可止。欲望更不別鑄，今後只作一文行用，不從。其後詔西京及永興國軍衛絳陝華舒睦衡鄂惠等州各置鐵錢監，通舊監五爲十七，歲鑄銅錢五百六萬貫。商虢二州鐵錢監各二，岷州通遠軍各一，通舊監三爲九，歲鑄八十八萬九千二百三十四貫。銅錢一十三路行使，鐵錢益梓利夔四路行使，陝西、河東兼用銅、鐵錢。

自熙寧七年王安石爲政，削除錢禁，民日銷錢爲器，邊關海舶不復譏錢之出，國用日耗，而青苗助役皆徵錢。判應天府張方平上言，古今賦役之制，自三代以來未有輸錢之法也。今乃歲納役錢七萬五千三百餘貫，又散青苗錢八萬三千六百餘貫，計息錢一萬六千六百餘貫，又弛邊關之禁，開賣銅之法，聞沿邊州軍錢出外界，但每貫收稅錢而已。錢本中國寶貨，乃與四夷共用，民間鎔十錢得精銅一兩，造作器用，獲利五倍。鼓鑄有限，壞散無節，農民轉變穀帛，輸納見錢，錢既難得，穀帛益賤。時民間乏錢，百貨不通，人情窘迫，謂之錢荒，故方平極言之。

哲宗元祐曰通寶，紹聖有元寶通寶，元符曰通寶。

元祐初，申錢幣闌出之禁，詔更鑄小銅錢，令折二銅錢聽行陝西一路及河東京四鄰近諸州，餘路則禁，仍限二年毋更用。在民間者，聽以輸納。在官帑者，悉以上供。議者或言其非便，乃聽行使如舊。凡增置錢監督罷之。始熙寧元豐間，銅錢千易鐵錢千五百，及後銅錢日少，鐵錢滋多，紹聖初銅錢千易鐵錢二千五百。元符二年，禁陝西用銅錢，在民間者令盡送官。通判鳳州馬景夷言銅錢流注天下，未嘗有輕重之患，獨鐵錢局於一路，所可通交易者，限以十州之地。鼓鑄不已，歲久增多，積滯一隅，公私爲害，宜弛其禁界，許鄰近州縣通行折二鐵錢。言者謂鐵錢重，難以齊遠，民間皆願復用銅錢。乃詔銅、鐵錢聽民間通行，而銅錢止用糴買。

徽宗建中靖國，以聖宋元寶爲文。崇寧有通寶、重寶，又有聖宋通寶，大觀、政和、重和皆曰通寶，宣和有元寶、通寶。

崇寧二年，蔡京秉政，欲以利惑人主，力主行夾錫錢。每緡用銅八斤，黑錫半之，白錫又半之，以一當銅錢二。有許天啓者，京之黨也，時爲陝西轉運副使，令推行其法。天啓迎合京意，請鑄當十錢，於是令陝西及江池饒建諸監，以歲所鑄小平錢增料，改鑄當五大錢，以聖宋通寶爲文。繼而並令舒睦衡鄂等州，並改鑄折二錢爲折十錢。御書錢式曰崇寧通寶，篆文，曰重寶。三年復置監於京城及徐衛二州，舊折二錢期一歲勿用，其小平錢及折五錢皆罷鑄。每緡用銅九斤七兩二錢，鉛半之，錫居鉛三之一，成重一十四斤七兩，所鑄錢通行諸路，惟陝西河東四川係鐵錢地者禁之。繼令福建廣南亦無得行用，第鑄以上供。又命諸路轉運使于沿流順便地隨宜增置錢監，俾民以所有折二錢換納於官，運致所增監，改鑄折十錢。二廣産鐵，於潯州置監，鑄小鐵錢，止行於兩路。自折十錢行，民皆不便，私鑄寖廣，上亦知之。四年，乃命荆湖江南兩浙淮南並改折十錢爲折五，其折二錢仍舊。五年，京罷相，時小平錢益少，市易濡滯，遂命以折五折十上供，小平錢留本路。折十錢歲鑄二分，尋令罷鑄，盡鑄小平錢。荆湖、江南、兩浙、淮南，折十錢作當三，京畿、京東西、河東、河北、陝西、熙河作當五。旋復詔京畿諸路仍舊當十，兩浙作當三，江南、淮南、荆湖作當五。條序不一，私鑄益甚。御史沈畸言小錢便民久矣，古者軍興，錫賞不繼，或以一當百，或以一當十，此權時之宜，豈可行於太平無事之日。當十鼓鑄，有數倍之息，雖日斬之，其勢不可遏。未幾，詔當十錢止行於京師、陝西、河東、河北，餘路悉禁。期一季送官，償以小錢。私錢亦限一季自致，計銅直增二分，償以小錢。折十錢爲弊既重，一旦更令，則民驟失厚利。又諸路或用或否，往往不盡輸於官，冒法私販，於是有搜索舟車告捕之法。大觀元年，京復相，再主用折十錢。以京畿所括私錢首鑄御書大觀通寶，以轉運使宋喬年提舉京畿鑄錢司。喬年鑄烏背漉銅錢來上，詔以其式頒行諸路。增置真州錢監。京知盗鑄者必衆，欲以重法繩之。用知蘇州孫杰言，犯者藉其財以待賞，居停鄰保均坐。州縣稽於施行，監司失察，不以赦原。得罪者歲數萬人。先是河東轉運使洪中孚請以夾錫錢通行天下，會京罷政，至是遂并降錢式及錫母于鑄錢諸路。三年，京復罷，詔以夾錫錢擾民，凡東南所鑄皆罷。政和元年詔曰，錢重則物輕，錢輕則物重，其勢然也。今諸路所鑄小平錢，行之久而無弊，多而不壅，爲利博矣。往歲圖利之臣，鼓鑄當十錢，苟濟目前，不究悠久，公私爲害。用之幾十年，其法日弊而不勝。奸滑之民，規利冒法，銷毁當二小平錢，所在盗鑄，濫錢益多，百物增價。若不早革，即弊無已時。其官私見在當十錢，可並作當三，以爲定制。時關中猶行夾錫錢，物價日增，患甚於當十。童貫宣撫陝西，欲以威力脅制百姓，裁損物價。師臣徐處仁切責其非，經略鄜延張即抗疏論列，並坐貶謫，而夾錫錢亦尋罷。二年，京復得政，請諸路復鑄夾錫錢，乃嚴擅易撞減之令，凡貿易有弗受夾錫錢須要銅錢者，以法懲之。市井細民，朝夕鬻餅餌熟食以自給者，或不免於告罰。四年，始罷鑄。時御府之用日廣，東南錢額不敷，宣和以後尤甚。乃令小平錢每緡用鐵三兩而倍損其銅，稍損其鉛，繼又盡以小平錢改鑄當二錢以紓用度。然有司猶數告乏。

按錢制之弊，莫甚於此時。蔡絛《國史補》所述，以元祐爲廢弛，大觀爲十得息四，乃阿其所親之言，而《文獻通考》采之，謬矣。今詳著其罔上毒民之害，爲後之言利者鑒焉。

欽宗靖康有元寶、通寶。張廷濟曰，靖康亦有鐵錢。

高宗建炎有元寶、通寶、重寶，紹興有元寶、通寶。

先是江、池、饒州、建寧府四監歲鑄錢一百三十四萬緡，充上供衡、舒、嚴、鄂、韶、梧州六監歲鑄錢百五十六萬緡，充逐路支用。建炎經兵，鼓鑄皆廢。紹興中，惟有饒、建、贛、韶四監。江并于贛，池并於饒，歲鑄纔及八萬緡，視舊制銅少鉛多，錢愈鍥薄矣。其陝西諸路仍行鐵錢，利州增置監，與鄧州並鑄折三鐵錢。

孝宗隆興乾道淳熙皆曰元寶。

乾道中，江西湖廣間多毁錢，夾以沙泥，重鑄，號沙尾錢。詔嚴禁之。臣僚言南北貿易，錢之入於敵境者不可勝計，於是詔兩淮京西悉用鐵錢，荆門隸湖北，以地接襄峴，亦用鐵錢。凡銅錢之在江北者，悉以鐵錢收换。沿江州軍關津去處，委官檢察，禁其透漏。又申嚴入海之禁，凡市舶之方發也，官必點視，及遣巡捕官監送放洋。而商人先期以小舟載錢離岸，及點視監送，一爲虚文。于是許火内人告，以其物貨之半充賞。或已裝發，則舶回日，亦許告者盡以回貨充賞。離岸五里外，依出界法。淳熙六年，詔司農丞許子中往淮西措置鐵錢。子中言舒蘄黄三州産鐵，請置監鑄折二錢。其大小鐵錢(令)[令]兩淮通行。

光宗紹熙曰元寶。

寧宗慶元曰通寶，嘉泰、開禧、嘉定皆有元寶、通寶。

慶元三年，復嚴州監，以所括銅器鑄當三大錢。嘉定元年，令鄧利二州鑄當五大鐵錢。

理宗寶慶，以大宋元寶爲文，紹定端平、嘉熙、淳祐皆有元寶、通寶。嘉熙又有重寶，寶祐以皇宋元寶爲文。開慶曰通寶，景定曰元寶。張廷濟曰，寶慶元寶有鐵錢，背文元字想鑄之未久，尋以重寶字鑄大宋元寶錢。

淳祐十年，御史陳求魯言番舶巨艘，深入遐陬，販于中國者，皆浮靡無用之物，而錢之泄于外夷者，不可勝計。京城之銷金，衢信之鍮器，醴泉之樂具，皆出於錢。臨川隆興桂林之銅工，猶多於都郡。錢之不壞於器物者無幾，請自幾甸之近，一懲以法。由内及外，觀聽聿新，則鎔銷之奸知畏，服御之間，昭示儉德，自上化下，風俗丕變，則漏泄之弊少息。此端本澄原之道也。從之。

度宗咸淳曰元寶，恭宗德祐曰元寶。《西清古監》、《錢録》：度宗咸淳元寶大錢。按，景定六年，度宗即位，改元咸淳，背文七字。考咸淳七年元建國號，越三年爲帝㬎（㬎）德祐元年。又一年景炎，又一年祥興，而宋皆無復置監開鑄之事矣。張廷濟謹案，此云德祐，曰元寶，未確。

葉水心曰，國初鼓鑄，以開元錢爲準。如太平天禧錢，又過於開元。太平錢最好，熙寧以後不甚佳。國初惟要錢好，不計工費。後世惟欲其富，往往減工縮費，所以錢惡。若紹興乾道錢，又不及熙豐遠矣。

按宋通元寶，大小輕重與開元錢略相等。太平通寶今稱重一錢至一錢二分，又有大徑一寸三分，重口口者，疑後人僞作。真仁之際，史稱千錢重五斤，每錢應重八分。今自天禧至景祐，錢俱重一錢上下，當由鑄錢非一處，輕重本不一律。不然，是宋稱較大於今稱也。慶曆重寶一錢八分，或是改行折二後所鑄。若以一當十，不應重止倍於常錢十之七。張廷濟曰，慶曆重寶有折一錢。熙寧以後，凡小平錢俱重九分至一錢二分，折二錢俱徑九分以上，重一錢六分至二錢四分。崇寧當十錢，據《國史補》，其重三錢。而史云每緡重十四斤七兩，蓋以七百七十文爲貫。今稱之亦自二錢七分，至三錢二分不等，徑俱一寸以上。大觀當十錢徑一寸二分，重四錢，有背爲朵雲及方勝者。慶元以後當三錢，率重三錢以下，徑比折二差大。嘉定元寶有背文作折十者，徑一寸六分，重口錢。淳祐通寶有背文作當百者，徑一寸五分，重口錢。史並不載。張廷濟曰，淳祐當百錢有大小二種。大率宋錢。元寶、通寶，義本無殊。熙寧、建炎。則折二稱重寶，嘉熙則當三稱重寶。而此嘉定淳祐二錢與大觀錢，比常錢特大，俱不稱重寶，當以形製迥別，故不復異其文歟？南渡後錢有背識元、二、三、四等字者，乃紀年之數，此又汴宋所無也。

宋御書諸錢，字畫特爲秀勁，餘惟元祐錢最工，相傳司馬温公、蘇文忠公諸賢所書。蓋古人于錢幣之文，鄭重不苟如此。

宋季又有銅錢牌，長三寸有奇，闊一寸强、二寸弱，大小各不同，面鑄臨安府行用，背云準伍百文省，亦有叁伯、貳伯、壹伯不等額，有小竅貫以致遠。所謂省者，亦是七十七爲百，此則制沿古布而用等鈔法。未知始於何年，史亦不載。張廷濟曰，臨安府錢牌唯見有準伍百文省、準叁伯文省、準貳伯文省三種。貳字從式，當即是一百文。近海鹽家芭堂刻《金石契》，又加壹伯文一種，當未審式之文也。此亦載壹伯，亦未契勘。



遼

自其先代撒刺的以土産多銅，始造錢幣，太祖襲而用之，遂致富强，所鑄有天贊通寶。天贊元年即梁龍德二年。太宗置五冶大師，以總四方鼓鑄。穆宗時有應曆重寶，應曆元年，即周廣順元年。景宗以舊錢不足於用，立鑄錢院，歲額五百貫，鑄乾亨通寶。乾亨元年，即宋太平興國四年。聖宗鑄統和元寶。太平興國八年。興宗太平元寶。天禧五年。又鑿大安山取劉守光所藏錢，新舊互用，錢不勝多。興宗時有重熙通寶，明道二年。道宗之世有錢五等，曰清寧通寶，至和二年。咸雍通寶，治平二年。大康元寶及通寶，熙寧八年。大安元寶，元豐八年。壽隆元寶。紹聖二年。天祚帝鑄新錢二等，曰乾統元寶，建中靖國元年。天慶元寶。政和元年。

洪《志》：天贊錢徑九分，重三銖六絫，重熙及清寧錢俱徑九分，重三銖。大康錢二種，並徑九分，重二銖四絫。大安錢徑八分，重二銖八絫。壽昌錢與大康同。乾統錢徑一寸，重三銖二絫。天慶錢與大康錢同。案《遼史》所載，惟有乾亨、太平、咸雍、大康、大安、壽隆、乾統、天慶八種錢，餘並見董《譜》及洪《志》。董時，遼尚存。洪撰書在紹興十九年，去遼亡未遠，宜審知之。然洪以壽隆爲壽昌，若親見錢文，不應有誤。李季興《東北諸蕃樞要》亦作壽昌，徐無黨史註云，契丹年號諸家舛謬非一。今此錢未之見，亦不敢遽定爲史誤也。張廷濟曰，壽隆自是壽昌之誤，壽昌錢今尚有。

金

初用遼宋舊錢，後以銀鈔相兼行使，惟廢主亮正隆三年，中都置錢監二，京兆一，鑄錢曰正隆元寶，輕重如宋小平錢，而肉好字文峻整過之，與舊錢通用。世宗大定十八年，鑄大定元寶，其料微用銀，字文肉好，又勝正隆之制。十九年，以新錢未行，詔以宋大觀錢當五用。增代州、曲陽二監，尋以開採病民，罷之。章宗泰和四年，鑄大錢，一直十，篆文曰泰和重寶。正隆二年，即宋紹興二十八年。大定十八年，即宋淳熙五年。泰和四年，即宋嘉泰四年。

案，正隆大定錢俱重一錢以下。泰和重寶有徑一寸六分，重一兩零八分。有徑一寸三分，重口錢口分。大定通寶幕文有申字、酉字者。程荔江云，當以建國金口口源，故取金旺之義。斯言得之。因是疑後魏永安五銖之有土字者，亦以魏爲土德故歟？張廷濟曰，泰和重寶有大小二品，背文異，品亦致多。

元

自世祖用劉秉忠言，禁用銅錢，以後專行鈔法。惟武宗至大三年，于大都及山東、河東、遼陽、江淮、湖廣、四川立錢監，鑄錢曰至大通寶，每一文準鈔銀一釐。又有當五錢，以蒙古書。又鑄大元通寶，一當十文，與歷代錢通用。其當五、當三、折二，並以舊數用之。仁宗即位，以新舊資用，其弊滋甚，仍廢錢不行。順帝至正中，鑄大錢曰至正通寶，又鑄至正之寶，權鈔行之。

按，至大通寶，重一錢四分。蒙古書者，徑一寸二分，重五錢。至正通寶有徑一寸，重口錢口分。有徑一寸四分，重六錢四分。背皆有一字，亦蒙古書。至正之寶今存者有三種，一徑一寸五分，重口錢口分，背鑄權鈔一錢。一徑一寸九分，重口錢口分，權鈔一錢五分。一徑二寸五分，重一兩零五分，權鈔五錢。穿上皆有吉字。蓋其始以鈔代錢，而此又以錢權鈔，其大小當不止此三等。或謂仁宗有皇慶通寶，英宗有至治通寶，此殆未見仁宗廢錢之詔而妄託也。張廷濟曰，至正錢背文蒙古字，以十二辰爲紀別，以當二當三者。又孔下有壹兩重三字者，又至正之寶，自伍分起五錢止，應有十種。

明

太祖未即位，置寶源局于應天府，鑄大中通寶錢，與歷代錢兼行，大小凡五等。洪武元年，鑄洪武通寶錢，亦五等，曰當十、當五、當三、當二、小錢。當十錢重一兩，餘遞降，小錢重一錢。各行省皆設寶泉局，與寶源局並鑄，而嚴私鑄之禁。四年，改大中洪武通寶大錢爲小錢。初，寶源局錢鑄京字於背，後多不鑄。民間無京字者不行，故改鑄小錢以便之。八年，造大明寶鈔，與錢兼行，尋罷寶源局。二十年，工部右侍郎秦逵言鑄錢乏銅，請令郡縣收民間廢銅，以資鼓鑄。上曰，鑄錢本以便民，今欲取民間廢銅以鑄錢，恐天下廢銅有限，斯令一出，有司急於奉承，小民迫於誅責，必至毀器物以輸官，其爲民害甚矣。姑停之。二十六年，罷寶泉局。

按，太祖初定天下，建國號，意在大中，已而祈天得大明，故當時錢文有大中通寶，猶宋通元寶、大元通寶之意。今世所傳大明通寶錢，疑是改鑄小錢時所作。蓋國號已定，則以大中通寶改爲小錢，自必用大明字，史文略耳。其後隆慶中巡按直隸御史楊家相，萬曆中給事中郝敬，俱請鑄大明通寶。不識年號，雖部議格不行，亦必祖制有之，故以上請，未知是否。又今洪武錢背有豫、浙、福等字，則各行省必皆鑄之，不獨口寶源局有京字也。《春明夢餘録》：洪武初定當十錢一千，小錢一萬，俱用生銅六十六斤六兩五錢。史言二十二年更定錢式，生銅一斤鑄小錢百六十，折二以上準是爲差，除火耗，比國初較輕。《續文獻通考》言小錢一文用銅一錢二分，餘四等錢依此遞增，是比國初較重。今洪武小錢多重一錢以上，疑《通考》爲是。又有背鑄三錢二字者，重二錢二分，未詳其由。

恭愍帝建文通寶。

按，史不言建文時鑄錢，世宗補鑄累朝錢文，惟建文景泰兩朝不補鑄。今所見建文錢與洪武小錢略同，當由革餘之際記載疎漏，否則好事者爲之也。張廷濟曰，建文錢質薄，小的係舊鑄，然頗難得。

成祖永樂九年，遣官於浙江、江西、廣東、福建四布政司鑄永樂通寶。

宣宗宣德九年，令南京工部及浙江等布政司鑄宣德通寶。

孝宗宏治十六年，鑄宏治通寶，每文重一錢二分。始洪武時錢鈔兼行，百文以下用錢，禁不得以金銀交易。久而民間重錢輕鈔，物價翔貴，錢法益壞。永樂宣德間，用銀之禁益嚴，而不能止也。正統時朝野率皆用銀，其小者乃用錢，而鈔益壅滯不行。至是，乃復開局鑄錢。凡納贖稅課，歷代錢與制錢各收其半。如無制錢，即收歷代錢二當一以示懲。

按，制錢，即洪武以下錢。觀此，則民間舊錢多於制錢矣，由累朝專欲流通鈔法，而鼓鑄未廣也。夫古錢至易代猶可行，而鈔一旦廢棄，便爲無用之物，行鈔之不便于民，亦可見矣。

世宗嘉靖六年，鑄嘉靖通寶，每文重一錢三分，遣官於南京及河南閩廣鑄造，十九年停鑄。三十二年補鑄累朝錢文，洪武、永樂、洪熙、宣德、正統、天順、成化、宏治、正德凡九號，每號百萬錠。嘉靖錢千萬一錠，錠五千文。工部口口六分，南京工部四分，各分鑄。每千錢用銅八斤，錫十三兩，成重八斤。三十四年，令雲南鑄錢，未久即罷。先是，成化中，制錢與前代錢俱八文折銀一分。逮嘉靖初，好錢七文，低錢倍之。已而民間盛行惡錢，率以三四十文當銀一分。後益雜入鉛錫，薄劣無形製，至以六七十文當銀一分用。給事中李用敬言令視錢高下爲三等，上品者俱七文當銀一分，下者二十一文，私造濫惡錢禁不得用，犯者置之法。已而出內庫錢給各官俸，不論新舊美惡，悉以七文折算。諸以俸錢市易者，亦悉以七文抑勒予民，民間騷然。繼又定嘉靖錢七文，洪武諸錢十文，前代錢三十文當銀一分。由是百姓競私鑄嘉靖錢，與官錢並行焉。始嘉靖錢最工，有金背，有火漆，有鏇邊。議者以鑄錢艱難，工匠勞費，革鏇車用鑪錫，於是鑄工説雜鉛錫，圖便剉治，而輪郭𪓟糲，色澤黯黲。姦僞倣傚，盜鑄日滋。大學士徐階陳五害，請停鼓鑄，應支給錢者悉予銀，稅課亦徵銀而不徵錢。

按，洪武初，天下鑪三百二十餘座，歲鑄錢僅三萬萬。而嘉靖時，兩京工部鑄錢九百五十萬萬，恐非一歲所成。然自洪武至宏治四朝，原鑄錢外，洪熙等錢流傳絶少。又世所傳正德錢大小不等，背有刻龍鳳形，亦有絶大者，不應補鑄先朝九號錢，而于正德一朝形製獨異，疑後人僞作。

穆宗隆慶元年，鑄隆慶通寶，視嘉靖錢加重半分。時錢頗壅滯，兵部侍郎譚綸，言欲富民，必重布帛菽粟而賤錢，欲賤銀必制錢法，以濟銀之不足。今錢惟布於天下，而不輸于上，故其權在市井，請令民得以錢輸官，則錢法自通。於是稅課銀三兩以下後收銀，民間交易一錢以下止許用錢。錢八文折銀一分，禁民毋得任意低昂。大學士高拱，言錢法朝議夕更，小民恐今日得錢，明日不用，是以愈更愈亂，愈禁愈疑。請一從民便，勿多爲制以亂人耳目。上深然之，錢法復稍稍通矣。

神宗萬曆四年，命户工二部準嘉靖錢式鑄萬曆通寶，以四火黄銅鑄金背錢，二火黄銅鑄火漆錢，俱重一錢二分五釐，鏇邊錢重一錢三分。凡嘉靖、隆慶、萬曆金背錢八文，火漆、鏇邊錢各十文，洪武等錢及前代錢十二文，俱準銀一分。雲南巡按郭庭梧，言國初各省有寶泉局，自省局停廢，民用告匱，滇中産銅不行鼓鑄，而反以重價購海肥，非利也。遂開局鑄錢，尋命十三布政司皆開局。二十六年，户科給事中郝敬請鑄當十等大錢，以佐小錢之不給。不允。自金元至此，兼採《續文獻通考》。

按《春明夢餘録》，宏治中，題准每銅一斤加好錫二兩。萬曆中，則例錢一萬文用黄銅八十五斤八兩六錢一分，水錫五斤十一兩二錢四分。

熹宗天啓元年，鑄天啓通寶，又補鑄泰昌通寶。兵部尚書王象乾，請鑄當十、當百、當千三等大錢，用龍文略倣白金三品之制，於是兩京皆鑄大錢。後有言大錢之弊者，命收大錢發局改鑄。是時開局偏天下，重課錢息，所鑄錢背以五十五文當銀一錢，計息取盈，工匠之賠補，行使之折閲，不堪命矣。

按，天啓錢未見有龍文者，其最大者徑一寸四分，重一兩一錢五分，輪郭闊厚，背鑄一兩字必當千錢也。而穿上又有十字，未知何意。亦有止鑄十字于穿下者。其小錢之背有鑄奉旨字者。有新字及一錢一分字者，有兩面皆爲通寶字者，有兩天字相對、兩通字一正一倒者，有兩天及兩户、兩工字相對者。其出於官鑄私鑄皆未可知，亦足以徵亂亡之兆也已。張廷濟曰，天啓錢背文孔上十字，孔右一兩字，蓋當十而重一兩也。大錢背文又有鎮十字、密字、府字。

莊烈帝崇禎元年，鑄崇禎通寶。自萬曆以來，北錢視南錢昂直三之一，南鑄大抵輕薄，至是定錢式，每文重一錢，南京錢重八分。御史饒景，言鑄錢開局，本通行天下，今乃苦於無息，旋開旋罷。自南北兩局外，僅存湖廣、陝西、四川、雲南，及宣密二鎮，而所鑄之息不盡歸朝廷，復苦無鑄本，蓋以買銅而非采銅也。乞遣官各省鑄錢，采銅于産銅之地。從之。又用御史王燮言，收銷舊錢，但行新錢。于是古錢銷毁頓盡，然新鑄日以惡薄，大半雜鉛砂。末年勅鑄當五錢，不及鑄而明亡。其後福王僭立于南京，鑄宏光通寶。唐王僭立于福州，鑄隆武通寶。永明王僭立于肇慶，鑄永曆通寶。今附於此，以備考云。

按，崇禎錢有背鑄二字者，重一錢二分。疑當二行之。有鑄監字五字者，疑即當五錢，蓋鑄而未行耳。又有清忠二字，及新字、貴字者，未詳其由。末年所鑄，背有馬形。民間謡曰，一馬亂天下。論者以爲闖賊字從馬，而士英柄政，南都不守，是其讖云。宏光錢篆書者，背有鳳字。永曆錢八分書者，背有督字。其永曆錢有三種。一徑一寸，重二錢一分。一徑一寸四分，重六錢四分。背鑄一分二字在穿上下篆文者，重一錢六分。

明代錢間鑄户工等字于背。至天啓、崇禎錢，則背有文者爲多。或曰朝鮮有清忠道錢，背有清忠字者，應出于彼。然東國自有錢文，而崇禎時彼事孔棘，未必以中國年號鑄錢。闕疑可也。張廷濟曰，崇正宏光永曆三種錢，背文甚多，詳《清儀閣錢譜》。

**又　卷下《鈔》**　馬貴與曰，錢以銅鐵鉛錫而成，搬運重難。是以歷代多即坑冶附近之所，置監鑄錢以供用。

**清・龍文彬《明會要》卷五五《食貨三・錢法》**　太祖初，置寶源局於應天，鑄「大中通寶」錢，與歷代錢兼行。以四百文爲一貫，四十文爲一兩，四文爲一錢。即位，頒「洪武通寶」錢。其制凡五等。當十、當五、當三、當二、當一。當十錢重一兩，餘遞降，至重一錢止。各行省皆設寶泉局，與寶源局並鑄。

洪武四年，改鑄大中、洪武通寶大錢爲小錢。已上《食貨志》。

八年，罷寶源、寶泉局。十年，復設寶泉局，鑄小錢與鈔兼行。稅課，錢鈔兼收，錢三、鈔七。百文以下止用錢。《世法録》。

二十六年，復罷寶泉局。時，兩浙、江西、閩、廣民重錢輕鈔，有以錢百六十文折鈔一貫者，由是物價翔貴，而錢法益壞不行。《食貨志》。

永樂九年，鑄永樂通寶錢。

宣德九年，鑄宣德通寶錢。

天順四年，令：民間除假錢錫錢外，凡歷代并洪武、永樂、宣德銅錢，及折二當三，依數准行，不許挑揀。

成化元年七月丙辰，詔通錢法，商稅課程錢鈔中半兼收。每鈔一貫折錢四文，無拘新舊年代遠近悉驗收，以便民用。已上《世法録》。

弘治元年，因洪武、永樂、宣德錢積不用，詔發之，令與歷代錢兼用。户部請鼓鑄，乃復開局鑄錢。凡納贖收稅，歷代錢、制錢各收其半。無制錢即收舊錢二以當一。《食貨志》。

十六年，鑄弘治通寶。已上《通典》。

嘉靖六年，大鑄嘉靖錢，每文重一錢三分；且補鑄累朝未鑄者。

三十二年，鑄洪武至正德九號錢，每號百萬錠，每錠五千文；嘉靖錢千萬錠，錠五千文。又用給事中李用敬言，以制錢與前代雜錢相兼行：上品者，俱七文當銀一分，餘視錢高下爲三等，下者二十一文當銀一分。私造濫惡錢悉禁不行。

又鑄鏇邊錢，一文重一錢三分；頒行天下。後，宫費稍侈，令工部鑄錢給用。大學士張居正疏曰：「臣伏見先朝鑄造制錢，原以通幣便民。鑄成之後，進少許呈樣，非所以進供上用者也。萬曆二年，鑄造之初，亦止進樣錢一千萬文。其後以一半進用，已非通幣便民之本意。今若以賞用闕錢，鑄造通用，大失舊制。且京師民用嘉靖錢最多，自鑄萬曆錢後，愚民謡爲止行新錢，不行舊錢，甚以爲苦。今若廣鑄新錢，則嘉靖舊錢必至阻滯不行，於民甚爲不便。伏望暫停鑄造。」從之。《通典》。

天啓元年，鑄泰昌錢。兵部尚書王象乾請鑄當十、當百、當千三等大錢，略仿白金三品之制。後有言大錢之弊者。詔南京停鑄大錢。收大錢，發局改鑄。

崇禎三年，御史饒京言：「鑄錢開局，本通行天下。今苦於無息，旋開旋罷。各局所鑄之錢，不盡歸朝廷，復苦無鑄本，蓋以買銅而非採銅也。乞遵洪武初及永樂九年、嘉靖六年例，遣官各省鑄錢，採銅於所産之地，倣銀礦法，十取其三。銅山之利，朝廷擅之。小民所採，仍予直以市。」從之。已上《食貨志》。

二十二年，詔更定錢式，生銅一斤鑄小錢百六十，折二錢半之。當三至當五，準是爲差。《食貨志》。

二十三年，復定錢制，每小錢一文用銅一錢二分。其餘四等錢，依小錢制遞增。《世法録》。

四十四年，寶源局鑄嘉靖錢行於市。後因鏇邊勞費，以鑪錫代之，而鑄工競用鉛錫以便銼。奸徒盜鑄，并金背亦不售。後，部議止勿鑄，公費惟用白銀。

萬曆四年，命户、工二部，準嘉靖錢式，鑄「萬曆通寶」金背及火漆錢，一文重一錢二分五釐；又鑄鏇邊錢，一文重一錢三分；頒行天下。後，宫費稍侈，令工部鑄錢給用。大學士

雲南巡按郭庭梧言：「國初，京師有寶源局，各省有寶泉局，迨至嘉靖間，省局停廢，民用告匱。滇中産銅，不行鼓鑄，而反以重價購海肥，非利也。」遂開局鑄錢。尋命十三布政司皆開局；採工部言，以五銖錢爲準，用「四火黄銅」鑄金背，「二火黄銅」鑄火漆，麤惡者罪之。蓋以費多利少，則私鑄自息也。久之，户部言：「錢之輕重不常，輕則斂，重則散，故無壅閼匱乏之患。初鑄時，金背十文直銀一分。今萬曆金背五文、嘉靖金背四文各直銀一分。火漆、鏇邊亦如之。僅踰十年，而輕重不啻相半。錢重而物價騰踴。宜發庫貯，以平其直。」從之。

荆州抽分主事朱大受專督鑄錢。定錢式，每文重一錢，每千直銀一兩。南都錢輕薄，乃定每文重八分。初，嘉靖錢最重，隆、萬錢加重半銖。自啓、禎新鑄出，舊錢悉棄置，然日以惡薄。末年，敕鑄當五錢。《通典》。

初制：歷代錢與制錢通行。自神宗初，從僉都御史龐尚鵬議，古錢止許行民間。輸稅、贖罪，俱用制錢。啓、禎時，廣鑄錢，始括古錢以充廢銅。民間市易，亦擯不用矣。莊烈帝初即位，御平臺召對。給事中黄承昊疏，有「銷古錢」之語。大學士劉鴻訓言：「北方皆用古錢。若驟廢之，於民不便。」帝以爲然。既而以御史王燮言，收銷舊錢，但行新錢。於是古錢銷毀頓盡。蓋自隋世盡銷古錢，至是凡再見云。《食貨志》。

**清・徐珂《清稗類鈔・農商類》** 爐房　爐房亦稱銀爐，專鑄造馬蹄銀，京師、天津、上海、漢口均有之。亦兼營錢業，發行紙幣，流通市中，其效力與莊票同。自銀幣通行，爐房之業遂衰。

**又《鑒賞類》**

戴文節藏新莽大泉五十笵

戴文節官京師時，曾得大泉五十泉笵殘銅一塊，蓋爲工人碎以鑄他器而所餘者，文節名之曰焦尾，其字則陰文也。時張叔未在都，文節持以示之，叔未大詫曰：「余藏十餘笵，未有陰文者，此必笵母也。否則大泉五十，固自有陰文泉，若鎔銅入笵，則笵銷矣，假若不銷，古人又焉用陽文笵，笵土以笵銅哉！」

張叔未藏新莽大泉五十笵

嘉慶癸亥四月，張叔未在郡城，得新莽大泉五十笵不少，今記其三。一，背文爲曰萬泉，笵重今等十兩，泉背面各三肉好，周正大，泉字皆作方折。張召所載大泉五十有泉字諸畫並方者，此也。曰萬泉三字，篆法遒勁。叔未自謂所見笵背文宜泉吉利、富人大萬、日利大吉，皆語取吉祥，得此，又增鍾宫一佳品矣。二，背爲鳥形，乃金檜門總憲藏物，其後人某家於常州者，歸秀水殷雲樓廣文。戊寅四月，殷歸於叔未，值番銀十餅。大興翁宜泉秋部嘗以得貨泉笵背有鹿形者，馳書叔未以相誇示，謂爲難得。叔未則謂此背作鳥形，拯翔舞之致，在漢書象中亦至精者。嘉善閔笏山以大錢二百得一於河南禹州，道光癸未初冬，亦歸於叔未，值銀四餅。笏山云：「偶郊行，乞火於農家，以此盛火石應客，因得之。」

張叔未藏新莽五銖泉笵

古時鑄泉之法，先琢成土型，次鎔作銅模，即今時流傳之笵。然後凍土實，填銅模中，印取泉文牝牡之形。如是者二對，合之，便可冶鑄。如銅模，泉文具列面背者，顛倒互合，止須一模，故今時所見面背具列之笵，只一片已全。若泉文，純面純背，則模必兩片，方可對土印合。惟張叔未所得五銖泉笵，一純面，一純背，兩片皆存，可稱金璧。至如墨本中半兩泉笵，長圜者一，列泉七，圜者二，一列泉八，一列泉九，皆止有字一面，蓋遺失其無字者一面也。叔未因悟鑄半兩泉時，其笵止用純面純背，初鑄五銖時尚然，繼乃日就巧便，每笵面背並列，故五銖笵已有半面半背。而新莽各笵，絶無純面純背，此可歷驗面得。其家藏五銖全笵，定出漢初而非東漢。至隋，歷朝五銖之笵，益可知矣。

**《清史稿·食貨志》** 錢法

太祖初鑄「天命通寶」錢，别以滿、漢文爲二品，滿文一品錢質較漢文一品爲大。天聰因之。世祖定鼎燕京，大開鑄局，始定一品。於户部置寶泉局，工部置寶源局。「順治通寶」錢，定制以紅銅七成、白銅三成搭配鼓鑄。錢千爲萬，二千串爲一卯，年鑄三十卯。每錢重一錢。二年，增重二分，定錢七枚準銀一分，舊錢倍之。民間頗病錢貴，已更定十枚準一分。各省、鎮遵式開鑄。

**又** 是年廷議疏通錢法，以八年增重一錢二分五釐爲定式，幕左漢文「一釐」二字，右寶泉鑄一字曰「户」，寶源曰「工」，各省、鎮並鑄開局地名一字，如太原增「原」字、宣府增「宣」字之類，錢千準銀一兩，定爲畫一通行之制。禁私局，犯者以枉法贓論。時官錢壅滯，通以斂散法，酌定京、外局錢，配搭俸餉。錢糧舊制徵銀七錢三，皆著爲令。而直省局錢不精，私鑄乘之，卒壅不行，悉罷鑄，專任寶泉、寶源，精造一錢四分重錢，幕用滿文，俾私鑄艱於作僞。

**又** 十七年，復直省鑄，令準重錢式，幕兼用滿、漢文。康熙元年，鑄紀元錢，後凡嗣位改元，皆鑄如例。高宗内禪，鑄乾隆錢十二，嘉慶錢十八，非常例也。

**又** 官局用銅，自四十四年兼採滇産。雍正元年，巡撫楊名時請歲運滇銅入京。廷議即山鑄錢爲便，因開雲南大理、霑益四局，鑄運京錢，幕文曰「雲泉」。上以錢爲國寶，更名「寶雲」，並令直省局錢，幕首「寶」字，次省名，純滿文。其後運京錢時鑄時罷。

**又** 浙江布政使張若震言錢貴弊在私毁。如使配合銅鉛，參入點錫，鑄成青錢，則銷者無利。試之驗，因採其議，鑄與黄錢兼行。

**又** 二十二年，兩廣總督李侍堯請禁舊錢、僞錢。上以民間雜用吴三桂「利用」、「洪化」、「昭武」諸僞錢，第聽自檢出，官爲易之以充鑄，舊錢仍聽行使。二十四年，回部平，頒式於葉爾羌，鑄「乾隆通寶」，枚重二錢，幕鑄葉爾羌名，左滿文，右回文，用紅銅，並毁舊普爾錢充鑄。越二年，阿克蘇請鑄，如葉爾羌例。復允西藏開鑄銀錢，重一錢與五分二種，文曰「乾隆寶藏」，幕用唐古忒字，邊郭識年分。以上二類錢，第行之回、藏，内地不用。二十九年，令回部鑄錢，永用乾隆年號。

**又** 嘉慶元年，復直省鑄。至十年，直省未盡復卯，錢復貴，通飭各督撫按卯鼓鑄。然嗣是局私私鑄相踵起，京局錢至輪郭肉好模糊脆薄，「寶蘇」鑄中雜沙子，擲地即碎，而貴州、湖廣私鑄盛行，江蘇官局私局秘匿。至道光間，閩、廣雜行「光中」、「景中」、「景興」、「嘉隆」諸夷錢，奸民利之，輒從仿造。貴陽大定官局亦别鑄底大錢，錢法自是益壞。

先是道光中葉，銀外洩而貴，朝野皆欲行大錢以救之。【略】大錢當千至當十，凡五等，重自二兩遞減至四錢四分。當千、當五百，淨銅鑄造，色紫；當百、當五十、當十，銅鉛配鑄，色黄。百以上文曰「咸豐元寶」，以下曰「重寶」，幕滿文局名。四年，以乏銅，兼鑄當五鐵錢及制錢。已而更鑄鉛制錢。乾隆間，京局用銅，滇、洋兼資，後專行滇運。時以道梗銅滯，故權宜出此。

**又** 光緒十四年，張之洞督粵，始用機器如式試鑄，李鴻章繼任續成之，文曰「光緒元寶，庫平七錢二分，廣東省造」，幕絞龍。並鑄三錢六分、一錢四分四釐、七分二釐、三分六釐四種小銀圓。中國自行銀錢自此始。

**又** 銅元鑄始閩、廣，江蘇繼之。時京局停鑄，命各運數十萬入京，由户部發行備用。沿江、沿海省分，並飭籌欵附鑄。而直省陸續開鑄，造幣總廠反後成。總廠擬鑄之幣凡三品：曰金，曰銀，曰銅。最先鑄銅幣。自當制錢二十降至當二，自重四錢降而四分，凡四種，文視直省小異大同。直省曰「光緒元寶」，總廠初同直省，嗣定曰「大清銅幣」，皆識某所造，幕皆龍文，柴銅鑄，直省間亦用黃銅。凡私造銅幣、僞造紙幣，罪視制錢加等。初鑄銅元，爲補由部設幣制調查局，而審慎於鑄造推行，畫一成色分量之間。至宣統二年，仍前定名曰「圓」，銀幣一圓爲主幣，五角、二角五、一角三種，鎳幣五分一種，銅幣二分、一分、五釐、一釐四種，爲輔幣。銀幣重七錢二分，餘遞降。並撤直隸銀銅造幣廠，而留漢口、廣東、成都、雲南四廠。前所鑄大小銀元，暫照市價行使，將來由總廠銀行收換改鑄。

## 著録

**清・華玉淳《錢幣考》卷上** 自梁顧烜爲《錢譜》，其所引有劉氏《泉志》，蓋已在顧前。唐封演、張台之《譜》繼之。宋陶岳有《貨泉録》，杜鎬有《鑄錢故事》，金光襲有《錢寶録》，李孝美、董逌俱有《錢譜》，洪遵有《泉志》，而張、董二家往往引徐氏及敦素之説，疑亦唐人《譜》也。錢制源流略備，而於鼓鑄之得失未詳。近方氏嵩年有《錢譜》十卷，惜未之見。今一以史文爲正，參以諸家之《譜》，頗有所證，辨釐爲九篇，圖亦如之。

## 紀事

**《史記・平準書》** 漢興，接秦之獘，丈夫從軍旅，老弱轉糧饟，作業劇而財匱，自天子不能具鈞駟，而將相或乘牛車，齊民無藏蓋。於是爲秦錢重難用，更令民鑄錢，一黃金一斤，約法省禁。而不軌逐利之民，蓄積餘業以稽市物，物踊騰糶，米至石萬錢，馬一匹則百金。

自造白金五銖錢後五歲，赦吏民之坐盜鑄金錢死者數十萬人。其不發覺相殺者，不可勝計。赦自出者百餘萬人。然不能半自出，天下大抵無慮皆鑄金錢矣。犯者衆，吏不能天子既下緡錢令而尊卜式，百姓終莫分財佐縣官，於是(楊可)告緡錢縱矣。

郡國多姦鑄錢，錢多輕，而公卿請令京師鑄鍾官赤側，一當五，賦官用非赤側不得行。白金稍賤，民不寶用，縣官以令禁之，無益。歲餘，白金終廢不行。其後二歲，赤側錢賤，民巧法用之，不便，又廢。於是悉禁郡國無鑄錢，專令上林三官鑄。錢既多，而令天下非三官錢不得行，諸郡國所前鑄錢皆廢銷之，輸其銅三官。而民之鑄錢益少，計其費不能相當，唯真工大姦乃盜爲之。

**《漢書・景帝紀》** 六年冬十月，行幸雍，郊五時。

十二月，改諸官名。定鑄錢僞黃金棄市律。

應劭曰：「文帝五年，聽民放鑄，律尚未除。先時多作僞金，僞金終不可成，而徒損費，轉相誑燿，窮則起爲盜賊，故定其律也。」孟康曰：「民先時多作僞金，故其語曰『金可作，世可度』。費損甚多而終不成。民亦稍知其意，犯者希，因此定律也。」師古曰：「應説是。」

**又 《食貨志》** 於是天子與公卿議，更造錢幣以澹用，而摧浮淫并兼之徒。是時禁苑有白鹿而少府多銀錫。自孝文更造四銖錢，至是歲四十餘年，從建元以來，用少，縣官往往即多銅山而鑄錢，民亦盜鑄，不可勝數。錢益多而輕，物益少而貴。有司言曰：「古者皮幣，諸侯以聘享。金有三等，黃金爲上，白金爲中，赤金爲下。今半兩錢法重四銖，而姦或盜摩錢質而取鋊，錢益輕薄而物貴，則遠方用幣煩費不省。」乃以白鹿皮方尺，緣以繢，爲皮幣，直四十萬。王侯宗室朝覲聘享，必以皮幣薦璧，然後得行。

有司言三銖錢輕，輕錢易作姦詐，乃更請郡國鑄五銖錢，周郭其質，令不可得摩取(鉛)[鋊]。

商賈以幣之變，多積貨逐利。於是公卿言：「郡國頗被災害，貧民無産業者，募徙廣饒之地。陛下損膳省用，出禁錢以振元元，寬貸，而民不齊出南畝，商賈滋衆。貧者畜積無有，皆仰縣官。異時算軺車賈人之緡錢皆有差，請算如故。諸賈人末作貰貸賣買，居邑貯積諸物，及商以取利者，雖無市籍，各以其物自占，率緡錢二千而算一。諸作有租及鑄，率緡錢四千算一。非吏比者，三老、北邊騎士，軺車一算；商賈人軺車二算；船五丈以上一算。匿不自占，占不悉，戍邊一歲，没入緡錢。有能告者，以其半畀之。賈人有市籍，及家屬，皆無得名田，以便農。敢犯令，没入田貨。」

其明年，元封元年，卜式貶爲太子太傅。而桑弘羊爲治粟都尉，領大農，盡代僅斡天下鹽鐵。弘羊以諸官各自市相争，物以故騰躍，而天下賦輸或不償其僦費，乃請置大農部丞數十人，分部主郡國，各往往置均輸鹽鐵官，令遠方各以其物如異時商賈所轉(貶)[販]者爲賦，而相灌輸。置平準於京師，都受天下委輸。召工官治車諸器，皆仰給大農。大農諸官盡籠天下之貨物，貴則賣之，賤則買之。如此，富商大賈亡所牟大利，則反本，而萬物不得騰躍。故抑天下之物，名曰「平準」。天子以爲然而許之。於是天子北至朔方，東封泰山，巡海上，旁北邊以歸。所過賞賜，用帛百餘萬匹，錢金以鉅萬計，皆取足大農。

遂於長安及五都立五均官，更名長安東西市令及洛陽、邯鄲、臨甾、宛、成都市長皆爲五均司市(稱)師。東市稱京，西市稱畿，洛陽稱中，餘四都各用東西南北爲稱，皆置交易丞五人，錢府丞一人。工商能采金銀銅連錫登龜取貝者，皆自占司市錢府，順時氣而取之。

莽以私鑄錢死，及非沮寶貨投四裔，犯法者多，不可勝行，乃更輕其法：私鑄作泉布者，與妻子没入爲官奴婢；吏及比伍，知而不舉告，與同罪；非沮寶貨，民罰作一歲，吏免官。犯者俞衆，及五人相坐皆没入，郡國檻車鐵鎖，傳送長安鍾官，愁苦死者什六七。

自發豬突豨勇後四年，而漢兵誅莽。後二年，世祖受命，盪滌煩苛，復五銖錢，與天下更始。

**又《王莽傳》** 二年春，竇况等擊破西羌。

五月，更造貨：錯刀，一直五千；契刀，一直五百；大錢，一直五十，與五銖錢並行。民多盜鑄者。禁列侯以下不得挾黄金，輸御府受直，然卒不與直。

是時百姓便安漢五銖錢，以莽錢大小兩行難知，又數變改不信，皆私以五銖錢市買。譌言大錢當罷，莫肯挾。莽患之，復下書：「諸挾五銖錢，言大錢當罷者，比非井田制，投四裔。」於是農商失業，食貨俱廢，民人至涕泣於市道。及坐賣買田宅奴婢，鑄錢，自諸侯卿大夫至于庶民，抵罪者不可勝數。

又曰：「予前在大麓，至于攝假，深惟漢氏三七之阸，赤德氣盡，思索廣求，所以輔劉延期之(述)[術]，靡所不用。以故作金刀之利，幾以濟之。然自孔子作《春秋》以爲後王法，至于哀之十四而一代畢，協之於今，亦哀之十四也。赤世計盡，終不可强濟。皇天明威，黄德當興，隆顯大命，屬予以天下。今百姓咸言皇天革漢而立新，廢劉而興王。夫『劉』之爲字『卯、金、刀』也，正月剛卯，金刀之利，皆不得行。服虔曰：「剛卯，以正月卯日作佩之，長三(尺)[寸]，廣一寸，四方，或用(五)[玉]，或用金，或用桃，著革帶佩之。今有玉在者，銘其一面曰『正月剛卯』。金刀，莽所鑄之錢也。」晉灼曰：「剛卯長一寸，廣五分，四方。當中央從穿作孔，以采絲(茸)[葺]其底，如冠纓頭蕤。刻其上面，作兩行書，文曰『正月剛卯既央，靈殳四方，赤青白黄，四色是當。帝令祝融，以教夔、龍，庶疫剛癉，莫我敢當。』其一銘曰『疾日嚴卯，帝令夔化，順爾固伏，化兹靈殳。既正既直，既觚既方，庶疫剛癉，莫我敢當。』」師古曰：「今往往有土中得玉剛卯者，案大小及文，服説是也。莽以劉字上有卯，下有金，旁又有刀，故禁剛卯及金刀也。」博謀卿士，僉曰天人同應，昭然著明。其去剛卯莫以爲佩，除刀錢勿以爲利，承順天心，快百姓意。」乃更作小錢，徑六分，重一銖，文曰「小錢直一」，與前「大錢五十」者爲二品，並行。欲防民盜鑄，乃禁不得挾銅炭。

是歲，罷大小錢，更行貨布，長二寸五分，廣一寸，直貨錢二十五。貨錢徑一寸，重五銖，枚直一。兩品並行。敢盜鑄錢及偏行布貨，伍人知不發舉，皆没入爲官奴婢。

**《魏書·食貨志》** 魏初至於太和，錢貨無所周流，高祖始詔天下用錢焉。十九年，冶鑄粗備，文曰「太和五銖」，詔京師及諸州鎮皆通行之。內外百官禄皆準絹給錢，絹匹爲錢二百。在所遺錢工備爐冶，民有欲鑄，聽就鑄之，銅必精練，無所和雜。世宗永平三年冬，又鑄五銖錢。肅宗初，京師及諸州鎮或鑄或否，或有止用古錢，不行新鑄，致商貨不通，貿遷頗隔。

熙平初，尚書令、任城王澄上言：「臣聞《洪範》八政，貨居二焉。《易》稱：『天地之大德曰生，聖人之大寶曰位，何以守位曰仁，何以聚人曰財。』財者，帝王所以聚人守位，成養羣生，奉順天德，治國安民之本也。夏殷之政，九州貢金，以定五品。周仍其舊。太公立九府之法，於是圜貨始行，定銖兩之楷。齊桓循用，以霸諸侯。降及秦始、漢文，遂有輕重之異。吴濞、鄧通之錢，收利遍於天下，河南之地，猶甚多焉。逮于孝武，乃更造五銖，其中毁鑄，隨利改易，故使錢有小大之品。竊尋太和之錢，高祖留心創制，後與五銖並行，此乃不刊之式。但臣竊聞之，君子行禮，不求變俗，因其所宜，順而致用。『太和五銖』雖利於京邑之肆，而不入徐揚之市。土貨既殊，貿鬻亦異，便於荆郢之邦者，則礙於兖豫之域。致使貧民有重困之切，王道貽隔化之訟。去永平三年，都座奏斷天下用錢不依準式者，時被敕云：『不行之錢，雖有常禁，其先用之處，權可聽行，至年末悉令斷之。』延昌二年，徐州民儉，刺史啓奏求行土錢，旨聽權依舊用。謹尋不行之錢，律有明式，指謂雞眼、鐶鑿，更無餘禁。計河南諸州，今所行者，悉非制限。昔來繩禁，愚竊惑焉。又河北州鎮，既無新造五銖，設有舊者，而復禁斷，並不得行，專以單絲之縑，疏縷之布，狹幅促度，不中常式，裂匹爲尺，以濟有無。至今徒成杼軸之勞，不免飢寒之苦，良由分截布帛，壅塞錢貨。實非救恤凍餒，子育黎元。謹惟自古以來，錢品不一，前後累代，易變無常。且錢之爲名，欲泉流不已。愚意謂今之太和與新鑄五銖，及諸古錢方俗所便用者，雖有大小之異，並得通行。貴賤之差，自依鄉價。庶貨環海內，公私無壅。其不行之錢，及盜鑄毁大爲小，巧僞不如法者，據律罪之。」詔曰：「錢行已久，今東尚有事，且依舊用。」

澄又奏：「臣猥屬樞衡，庶罄心力，常願貨物均通，書軌一範。謹詳《周禮》，外府掌邦布之入出。布猶泉也，其藏曰泉，其流曰布。然則錢之興也始於一品，欲令世匠均同，圜流無極。爰暨周景，降逮亡新，易鑄相尋，參差百品，遂令接境乖商，連邦隔貿。臣比奏求宣下海內，依式行錢。登被旨敕『錢行已久，且可依舊』。謹重參量，以爲『太和五銖』乃大魏之通貨，不朽之恒模，寧可專貿於京邑，不行於天下！但今戎馬在郊，江疆未一，東南之州，依舊爲便。至於京西、京北域內州鎮未用錢處，行之則不足爲難，塞之則有乖通典。何者？布帛不可尺寸而裂，五穀則有負檐之難，錢之爲用，貫繦相屬，不假斗斛之器，不勞秤尺之平，濟世之宜，謂爲深允。請並下諸方州鎮，其太和及新鑄五銖并古錢內外全好者，不限大小，悉聽行之。雞眼、鐶鑿，依律而禁。河南州鎮先用錢者，既聽依舊，不在斷限。唯太和、五銖二錢得用公造新者，其餘雜種，一用古錢，生新之類，普同禁約。諸方之錢，通用京師，其聽依舊之處，與太和錢及新造五銖並行，若盜鑄者罪重常憲。既欲均齊物品，廛井斯和，若不繩以嚴法，無以肅茲違犯。符旨一宣，仍不遵用者，刺史守令依律治罪。」詔從之。而河北諸州，舊少錢貨，猶以他物交易，錢略不入市也。

**《晉書·食貨志》** 光武寬仁，龔行天討，王莽之後，赤眉新敗，雖復三暉乃眷，而九服蕭條，及得隴望蜀，黎民安堵，自此始行五銖之錢，田租三十稅一，民有産子者復以三年之算。顯宗即位，天下安寧，民無横徭，歲比登稔。永平五年作常滿倉，立粟市於城東，粟斛直錢二十。草樹殷阜，牛羊彌望，作貢尤輕，府廩還積，姦回不用，禮義專行。于時東方既明，百官詣闕，戚里侯家，自相馳騖，車如流水，馬若飛龍，照映軒廡，光華前載。傳曰『三統之元，有陰陽之九焉』，蓋天地之恒數也。安帝永初三年，天下水旱，人民相食。帝以鴻陂之地假與貧民。以用度不足，三公又奏請令吏民入錢穀得爲關內侯云。桓帝永興元年，郡國少半遭蝗，河泛數千里，流人十餘萬户，所在廩給。迨建寧永和之初，西羌反叛，二十餘年兵連師老，軍旅之費三百二十餘億，府帑空虚，延及內郡。沖質短祚，桓靈不軌。中平二年，南宫災，延及北闕。於是復收天下田畝十錢，用營宫宇。帝出自侯門，居貧即位，常曰：「桓帝不能作家，曾無私蓄。」故於西園造萬金堂，以爲私藏。復寄小黄門私錢，家至巨億。於是懸鴻都之牓，開賣官之路，公卿以降，悉有等差。廷尉崔烈入錢五百萬以買司徒，刺史二千石遷除，皆責助治宫室錢，大郡至二千萬錢，不畢者或至自殺。獻帝作五銖錢，而有四道連於邊緣。有識者尤之曰：「豈京師破壞，此錢四出也。」

及董卓尋戈，火焚宫室，乃劫鸞駕，西幸長安，悉壞五銖錢，更鑄小錢，盡收長安及洛陽銅人飛廉之屬，以充鼓鑄。又錢無輪郭，文章不便。時人以爲秦始皇見長人於臨洮，乃鑄銅人。卓，臨洮人也，興毁不同，凶訛相類。

**又** 漢錢舊用五銖，自王莽改革，百姓皆不便之。及公孫述僭號於蜀，童謡曰：「黄牛白腹，五銖當復。」好事者竊言，王莽稱黄，述欲繼之，故稱白帝。五銖漢貨，言漢當復併天下也。至光武中興，除莽貨泉。建武十六年，馬援又上書曰：「富國之本，在於食貨，宜如舊鑄五銖錢。」帝從之。於是復鑄五銖錢，天下以爲便。及章帝時，穀帛價貴，縣官經用不足，朝廷憂之。尚書張林言：「今非但穀貴也，百物皆貴，此錢賤故爾。宜令天下悉以布帛爲租，市買皆用之，封錢勿出，如此則錢少物皆賤矣。又，鹽者食之急也，縣官可自賣鹽，武帝時施行之，名曰均輸。」於是事下尚書通議，尚書朱暉議曰：「王制，天子不言有無，諸侯不言多少，食禄者不與百姓争利。均輸之法，與賈販無異。以布帛爲租，則吏多姦。官自賣鹽，與下争利，非明王所宜行。」帝本以林言爲是，得暉議，因發怒，遂用林言，少時復止。

桓帝時有上書言：「人以貨輕錢薄，故致貧困，宜改鑄大錢。」事下四府羣僚及太學能言之士，孝廉劉陶上議曰：

臣伏讀鑄錢之詔，平輕重之議，訪覃幽微，不遺窮賤，是以藿食之人，謬延逮及。

蓋以當今之憂,不在於貨,在乎人飢。是以先王觀象育物,敬授民時,使男不逋畝,女不下機,故君臣之道行,王路之教通。由是言之,食者乃有國之所寶,百姓之至貴也。竊以比年已來,良苗盡於蝗螟之口,杼柚空於公私之求。所急朝夕之食,所患靡盬之事,豈謂錢之厚薄,銖兩之輕重哉!就使當今沙礫化爲南金,瓦石變爲和玉,使百姓渴無所飲,飢無所食,雖皇羲之純德,唐虞之文明,猶不能以保蕭牆之内也。蓋百姓可百年無貨,不可以一朝有飢,故食爲至急也。

議者不達農殖之本,多言鑄冶之便,或欲因緣行詐,以賈國利。國利將盡,取者争競,造鑄之端,於是乎生。蓋萬人鑄之,一人奪之,猶不能給,況今一人鑄之則萬人奪之乎!雖以陰陽爲炭,萬物爲銅,役不食之民,使不飢之士,猶不能足無厭之求也。

夫欲民財殷阜,要在止役禁奪,則百姓不勞而足。陛下聖德,愍海内之憂戚,傷天下之艱難,欲鑄錢齊貨,以救其弊,此猶養魚沸鼎之中,棲鳥烈火之上。木水,本魚鳥之所生也,用之不時,必至焦爛。願陛下寬鍥薄之禁,後冶鑄之議也。帝竟不鑄錢。

及獻帝初平中,董卓乃更鑄小錢,由是貨輕而物貴,穀一斛至錢數百萬。至魏武爲相,於是罷之,還用五銖。是時不鑄錢既久,貨本不多,又更無增益,故穀賤無已。及黄初二年,魏文帝罷五銖錢,使百姓以穀帛爲市。至明帝世,錢廢穀用既久,人間巧僞漸多,競溼穀以要利,作薄絹以爲市,雖處以嚴刑而不能禁也。司馬芝等舉朝大議,以爲用錢非徒豐國,亦所以省刑。今若更鑄五銖錢,則國豐刑省,於事爲便。魏明帝乃更立五銖錢,至晉用之,不聞有所改創。孫權嘉禾五年,鑄大錢一當五百。赤烏元年,又鑄當千錢。故吕蒙定荆州,孫權賜錢一億。錢既太貴,但有空名,人間患之。權聞百姓不以爲便,省息之,鑄爲器物,官勿復出也。私家有者,並以輸藏,平卑其直,勿有所枉。

晉自中原喪亂,元帝過江,用孫氏舊錢,輕重雜行,大者謂之比輪,中者謂之四文。吴興沈充又鑄小錢,謂之沈郎錢。錢既不多,由是稍貴。孝武太元三年,詔曰:「錢,國之重寶,小人貪利,銷壞無已,監司當以爲意。廣州夷人寶貴銅鼓,而州境素不出銅,聞官私賈人皆於此下貪比輪錢斤兩差重,以入廣州,貨與夷人,鑄敗作鼓。其重爲禁制,得者科罪。」安帝元興中,桓玄輔政,立議欲廢錢用穀帛。孔琳之議曰:

《洪範》八政,貨爲食次,豈不以交易所資,爲用之至要者乎!若使百姓用力於爲錢,則是妨爲生之業,禁之可也。今農自務穀,工自務器,各隸其業,何嘗致勤於錢。故聖王制無用之貨,以通有用之財,既無毁敗之費,又省難運之苦,此錢所以嗣功龜貝,歷代不廢者也。穀帛爲寶,本充衣食,分以爲貨,則致損甚多。又勞毁於商販之手,耗棄於割截之用,此之爲弊,著自於曩。故鍾繇曰,巧僞之人,競溼穀以要利,制薄絹以充資。魏世制以嚴刑,弗能禁也。是以司馬芝以爲用錢非徒豐國,亦所以省刑。錢之不用,由於兵亂積久,自致於廢,有由而然,漢末是也。今既用而廢之,則百姓頓亡其利。今括囊天下之穀,以周天下之食,或倉廪充溢,或糧靡并儲,以相資通,則貧者仰富。致富之道,實假於錢,一朝斷之,便爲棄物。是有錢無糧之人,皆坐而飢困,以此斷之,又立弊也。

且據今用錢之處,不以爲貧,用穀之處,不以爲富。又人習來久,革之必惑。語曰,利不百,不易業,況又錢便于穀邪!魏明帝時錢廢,穀用既久,不以便於人,乃舉朝大議。精才達政之士莫不以宜復用錢,下無異情,朝無異論。彼尚舍穀帛而用錢,足以明穀帛之弊著於已誡也。

世或謂魏氏不用錢久,積累巨萬,故欲行之,利公富國,斯殆不然。晉文後舅犯之謀,而先成季之信,以爲雖有一時之勳,不如萬世之益。于時名賢在列,君子盈朝,大謀天下之利害,將定經國之要術。若穀實便錢,義不昧當時之近利,而廢永用之通業,斷可知矣。斯實由困而思革,改而更張耳。近孝武之末,天下無事,時和年豐,百姓樂業,穀帛殷阜,幾乎家給人足,驗之實事,錢又不妨人也。

頃兵革屢興,荒饉荐及,飢寒未振,實此之由。公既援而拯之,大革視聽,弘敦本之教,明廣農之科,敬授人時,各從其業,游蕩知反,務末自休,同以南畝競力,野無遺壤矣。於此以往,將升平必至,何衣食之足卹!愚謂救弊之術,無取於廢錢。朝議多同琳之,故玄議不行。

**《隋書·食貨志》** 梁初,唯京師及三吴、荆、郢、江、湘、梁、益用錢。其餘州郡,則雜以穀帛交易。交、廣之域,全以金銀爲貨。武帝乃鑄錢,肉好周郭,文曰「五銖」,重如其文。而又别鑄,除其肉郭,謂之女錢。二品並行。百姓或私以古錢交易,有直百五銖、五銖、女錢、太平百錢、定平一百、五銖雉錢、五銖對文等號。輕重不一。天子頻下詔書，非新鑄二種之錢，並不許用。而趣利之徒，私用轉甚。至普通中，乃議盡罷銅錢，更鑄鐵錢。人以鐵賤易得，並皆私鑄。及大同已後，所在鐵錢，遂如丘山，物價騰貴。交易者以車載錢，不復計數，而唯論貫。商旅姦詐，因之以求利。自破嶺以東，八十爲百，名曰東錢。江、郢已上，七十爲百，名曰西錢。京師以九十爲百，名曰長錢。中大同元年，天子乃詔通用足陌。詔下而人不從，錢陌益少。至于末年，遂以三十五爲百云。

**唐・李林甫等《唐六典》卷二二** 諸鑄錢監：監各一人。《周禮》：「泉府上士四人，掌市之征布。」又：「司市以商賈阜貨而行布，以泉府同貨而斂賒。國凶荒札喪，則市無征而作布。」鄭玄云：「市不税，爲民乏困也。金、銅無凶年，因物貴，大鑄泉以饒民。」布及泉，謂錢也。《漢書・食貨志》曰：「太公爲周立九府圜法。錢圜函方，輕重以銖，故貨寶於金，利於刀，流於泉，布於布，束於帛。周景王鑄大錢，文曰『寶貨』，肉好皆有周郭。秦兼天下，銅錢文曰『半兩』，重如其文。漢興，以秦錢重難用，令人鑄榆莢錢。文帝以錢益輕，更鑄四銖錢，文爲『半兩』，除《盜鑄錢令》，使民放鑄。及武帝初，鑄三銖錢，重如其文，禁人盜鑄。有司言三銖錢輕，更請郡國鑄五銖錢，文曰『五銖』，周郭其質。又以人多奸鑄，令京師鑄官赤仄，一當五。其後赤仄錢又廢。於是，悉禁郡國毋鑄錢，專令上林三官鑄錢。自武帝元狩五年三官初鑄五銖錢，至平帝元始中，成錢二百八十億萬餘。王莽變漢制，始造大錢，徑寸二分，重十二銖，文曰『大錢五十』，後又多所改作。」及公孫述於蜀鑄錢，人不便之，故謠曰：「黄牛白腹，五銖當復。」後漢光武除王莽所造，復五銖錢。靈帝鑄四出錢。魏初專以粟、帛爲貨，明帝復立五銖錢，至西晉不改。吴孫權鑄大錢，當五百文，又鑄一當千錢。蜀劉備鑄一直百錢。東晉沈充鑄小錢，謂之『沈郎錢』。宋文帝又鑄四銖錢，體完厚。孝武帝四銖，形小薄。廢帝鑄二銖，謂之來子錢；又有綖環錢，貫之以縷，入水不沈。南齊亦用四銖。梁武帝乃鑄二種錢：肉好周郭，文曰「五銖」，重如其文；又除肉郭，謂之女錢。百姓私用古錢，有直百五銖、女錢、太平百錢、定平一百、五銖稚錢、五銖對文等號，輕重不一。普通中，議罷銅錢，鑄鐵錢。陳初，有梁末兩柱及鵝眼錢，時雜用之；文帝改鑄五銖，宣帝又鑄大貨六銖。後魏太和十九年鑄錢，文曰「太和五銖」；永安二年改鑄，文曰「永安五銖」。東魏齊文襄以錢文「五銖」，名須稱實，一文重五銖，計百錢重一斤四兩二十銖。北齊文宣帝鑄常平五銖，重如文。周武帝鑄布泉錢，以一當五，與五銖並行；建德中，復鑄五行大布，一當十。宣帝又鑄永通萬國，以一當千。隋高祖以天下錢貨不等，更鑄新錢，背面肉好，皆有周郭，文曰「五銖」，重如其文，每一千重四斤二兩。自漢至隋，雖時或輕重，皆用五銖。皇朝武德中，悉除五銖，更鑄開通元寶錢。乾封初，又鑄乾封泉寶錢，尋廢。開元中，以錢濫惡，江、淮間尤甚，有敕禁斷，令御史往江、淮間收斂，納官鎔之。其求稍廣，州縣恐其錢數不充，隨以好錢繼之，自是，百姓財幣耗損，御史坐是左遷。舊法每一千重六斤四兩，近所鑄者多重七斤，錢文本歐陽詢所書。錢官，漢氏初屬少府，後屬水衡；後漢屬司農；魏、晉已下，或屬少府，或屬司農。皇朝少府置十鑪，諸州亦皆屬焉。及少府罷鑄錢，諸州遂別。今絳州三十鑪，楊、宣、鄂、蔚各十鑪，益、鄧、郴各五鑪，洋州三鑪，定州一鑪。諸鑄錢監以所在州府都督、刺史判之；副監一人，上佐判之；丞一人，判司判之；監事一人，參軍及縣尉知之；録事、府、史，土人爲之。

**《舊唐書・食貨志》** 大曆四年正月十八日，敕有司：「定天下百姓及王公已下每年税錢，分爲九等：上上户四千文，上中户三千五百文，上下户三千文；中上户二千五百文，中中户二千文，中下户一千五百文；下上户一千文，下中户七百文，下下户五百文。其見官，一品準上上户，九品準下下户，餘品並準依此户等税。若一户數處任官，亦每處依品納税。其内外官，仍據正員及占額内闕者税。其試及同正員文武官，不在税限。其百姓有邸店行鋪及鑪冶，應準式合加本户二等税者，依此税數勘責徵納。」

高祖即位，仍用隋之五銖錢。武德四年七月，廢五銖錢，行開元通寶錢，徑八分，重二銖四絫，積十文重一兩，一千文重六斤四兩。仍置錢監於洛、并、幽、益等州。秦王、齊王各賜三鑪鑄錢，右僕射裴寂賜一鑪。敢有盜鑄者身死，家口配没。

五年五月，又於桂州置監。議者以新錢輕重大小最爲折衷，遠近甚便之。後盜鑄漸起，而所在用錢濫惡。

顯慶五年九月，敕以惡錢轉多，令所在官私爲市取，以五惡錢酬一好錢。百姓以惡錢價賤，私自藏之，以候官禁之弛。高宗又令以好錢一文買惡錢兩文，弊仍不息。

至乾封元年封嶽之後，又改造新錢，文曰乾封泉寶，徑一寸，重二銖六分。仍與舊錢並行，新錢一文當舊錢之十。周年之後，舊錢並廢。

初，開元錢之文，給事中歐陽詢制詞及書，時稱其工。其字含八分及隸體，其詞先上後下，次左後右讀之。自上及左迴環讀之，其義亦通，流俗謂之開通元寶錢。及鑄新錢，乃同流俗，「乾」字直上，「封」字在左。尋寤錢文之誤，又緣改鑄，商賈不通，米帛增價，乃議却用舊錢。

二年正月，下詔曰：「泉布之興，其來自久。實古今之要重，爲公私之寶用。年月既深，僞濫斯起，所以採乾封之號，改鑄新錢。静而思之，將爲未可。高祖撥亂反正，爰創軌模。太宗立極承天，無所改作。今廢舊造新，恐乖先旨。其開元通寶，宜依舊施行，爲萬代之法。乾封新鑄之錢，令所司貯納，更不須鑄。仍令天下置鑪之處，並鑄開元通寶錢。」既而私鑄更多，錢復濫惡。

高宗嘗臨軒謂侍臣曰：「錢之爲用，行之已久，公私要便，莫甚於斯。比爲州縣不存檢校，私鑄過多。如聞荊、潭、宣、衡，犯法尤甚，遂有將船栰宿於江中，所部官人，不能覺察。自今嚴加禁斷，所在追納惡錢，一二年間使盡。」當時雖有約敕，而姦濫不息。

儀鳳四年四月，令東都出遠年糙米及粟，就市給糶，斗別納惡錢百文。其惡錢令少府司農相知，即令鑄破。其厚重徑合斤兩者，任將行用。時米粟漸貴，議者以爲鑄錢漸多，所以錢賤而物貴。於是權停少府監鑄錢，尋而復舊。

寶應元年四月，改行乾元錢，一以當二，乾元重稜小錢，亦以一當二；重稜大錢，一以當三。尋又改行乾元大小錢，並以一當一。其私鑄重稜大錢，不在行用之限。

大曆四年正月，關内道鑄錢等使、户部侍郎第五琦上言，請於絳州汾陽、銅原兩監，增置五鑪鑄錢，許之。

建中元年九月，户部侍郎韓洄上言：「江淮錢監，歲共鑄錢四萬五千貫，輸于京師，度工用轉送之費，每貫計錢二千，是本倍利也。今商州有紅崖冶出銅益多，又有洛源監，久廢不理。請增工鑿山以取銅，興洛源錢監，置十鑪鑄之，歲計出錢七萬二千貫，度工用轉送之費，貫計錢九百，則利浮本也。其江淮七監，請皆停罷。」從之。

貞元九年正月，張滂奏：「諸州府公私諸色鑄造銅器雜物等。伏以國家錢少，損失多門。興販之徒，潛將銷鑄，錢一千爲銅六斤，造寫器物，則斤直六百餘。有利既厚，銷鑄遂多，江淮之間，錢實減耗。伏請準從前敕文，除鑄鏡外，一切禁斷。」

元和三年五月，鹽鐵使李巽上言：「得湖南院申，郴州平陽、高亭兩縣界，有平陽冶及馬跡、曲木等古銅坑，約二百八十餘井，差官檢覆，實有銅錫。今請於郴州舊桂陽監置鑪兩所，採銅鑄錢，每日約二十貫，計一年鑄成七千貫，有益於人。」從之。

其年六月，詔曰：「泉貨之法，義在通流。若錢有所壅，貨當益賤。故藏錢者得乘人之急，居貨者必損己之資。今欲著錢令以出滯藏，加鼓鑄以資流布，使商旅知禁，農桑獲安，義切救時，情非欲利。若革之無漸，恐人或相驚。應天下商賈先蓄見錢者，委所在長吏，令收市貨物，官中不得輒有程限，逼迫商人，任其貨易，以求便利。計周歲之後，此法遍行，朕當別立新規，設蓄錢之禁。所以先有告示，許有方圓，意在他時行法不貸。又天下有銀之山，必有銅鑛。銅者，可資於鼓鑄，銀者，無益於生人，權其重輕，使務專一。其天下自五嶺以北，見採銀坑，並宜禁斷。恐所在坑户，不免失業，各委本州府長吏勸課，令其採銅，助官中鑄作。仍委鹽鐵使條流聞奏。」

四年閏三月，京城時用錢每貫頭除二十文、陌内欠錢及有鉛錫錢等，準貞元九年三月二十六日敕：「陌内欠錢，法當禁斷，慮因捉搦，或亦生姦，使人易從，切於不擾。自今已後，有因交關用欠陌錢者，宜但令本行頭及居停主人牙人等檢察送官。如有容隱，兼許賣物領錢人糾告，其行頭主人牙人，重加科罪。府縣所由祇承人等，並不須干擾。若非因買賣，自將錢於街衢行者，一切勿問。」

其年六月，敕：「五嶺已北，所有銀坑，依前任百姓開採，禁見錢出嶺。」

六年二月，制：「公私交易，十貫錢已上，即須兼用匹段。委度支鹽鐵使及京兆尹即具作分數，條流聞奏。茶商等公私便換見錢，並須禁斷。」

其年三月，河東節度使王鍔奏請於當管蔚州界加置鑪鑄銅錢，廢管内錫錢。許之，仍令加至五鑪。

四年十一月，敕：「應私貯見錢家，除合貯數外，一萬貫至十萬貫，限一周年内處置畢；十萬貫至二十萬貫以下者，限二周年處置畢。如有不守期限，安然蓄積，過本限，即任人糾告，及所由覺察。其所犯家錢，並準元和十二年敕納官，據數五分取一分充賞。糾告人賞錢，數止於五千貫。應犯錢法人色目決斷科貶，並準元和十二年敕處分。其所由覺察，亦量賞一半。」事竟不行。

五年二月，鹽鐵使奏：「湖南管内諸州百姓私鑄造到錢。伏緣衡、道數州連接嶺南，山洞深邃，百姓依模監司錢樣，競鑄造到脆惡姦錢，轉將賤價博易，與好錢相和行用。其江西、鄂岳、桂管鑄濫錢，並請委本道觀察使條流禁絶。」敕旨宜依。

會昌六年二月，敕：「緣諸道鼓鑄佛像鐘磬等新錢，已有次第，須令舊錢流布，絹帛價稍增。文武百僚俸料，宜起三月一日，並給見錢。其一半先給虛估匹段，對估價支給。」敕：「比緣錢重幣輕，生人坐困，今加鼓鑄，必在流行，通變救時，莫切於此。宜申先甲之令，以誡居貨之徒。京城及諸道，起今年十月以後，公私行用，並取新錢，其舊錢權停三數年。如有違犯，同用鉛錫惡錢例科斷，其舊錢並納官。」事竟不行。

**《舊五代史・食貨志》** 唐同光二年二月，詔曰：「錢者，古之泉布，蓋取其流行天下，布散人間，無積滯則交易通，多貯藏則士農困，故西漢興改幣之制，立告緡之條，所以權蓄賈而防大姦也。宜令所司散下州府，常須檢察，不得令富室分外收貯見錢，又工人銷鑄爲銅器，兼沿邊州鎮設法鈐轄，勿令商人般載出境。」

三月，知唐州唐州，原本作「康州」，今從《文獻通考》改正。［影庫本粘籤］晏駢安奏：「市肆間點檢錢帛，內有錫鑞小錢，揀得不少，皆是江南綱商挾帶而來。」詔曰：「帛布之幣，雜以鉛錫，惟是江湖之外，盜鑄尤多，市肆之間，公行無畏，因是綱商挾帶，舟檝往來，換易好錢，藏貯富室，實爲蠹弊，須有條流。宜令京城、諸道，於坊市行使錢內，點檢雜惡鉛錫錢，並宜禁斷。沿江州縣，每有舟船到岸，嚴加覺察，不許將雜鉛錫惡錢往來換易好錢，如有私載，並行收納。」

天成元年八月，中書門下奏：「訪聞近日諸道州府所賣銅器價貴，多是銷鎔見錢，以邀厚利。」乃下詔曰：「宜令遍行曉告，如元舊係銅器及碎銅，即許鑄造器物。仍生銅器物每斤價定二百文，熟銅器物每斤四百文，如違省價，買賣之人，依盜鑄錢律文科斷。」

清泰二年十二月，詔御史臺曉告中外，禁用鉛錢，如違犯，准條流處分。

晉天福二年，詔：「禁一切銅器，其銅鏡今後官鑄造，於東京置場置場，原本作「置常」，今據《五代會要》改正。（影庫本粘籤）貨賣，許人收買，於諸處興販去。」

江南因唐舊制，案馬令《南唐書》：元宗鑄唐國錢，其文曰「唐國通寶」。又鑄大唐通寶錢，與唐國錢通用。（《舊五代史考異》）饒州置永平監，歲鑄錢；池州永寧監、建州永豐監，並歲鑄錢；杭州置保興監鑄錢。

**宋・王溥《唐會要》卷八九《泉貨》** 武德四年七月十日，廢五銖錢，行「開元通寶」錢，徑八分，重二銖四絫，十文重一兩，一千文重六觔四兩。以輕重大小，最爲折衷，遠近甚便之。其錢文，給事中歐陽詢製詞及書，時稱其工。其字含八分及篆、隸三體。其詞先上後下，次左後右讀之。自上及左，迴環讀之，其義亦通，流俗謂之「開通元寶」錢。鄭虔《會粹》云：「詢初進蠟樣，自文德皇后掐一甲跡，故錢上有掐文。」十八日，置錢監於洛、并、幽、益等諸州，秦王、齊王賜三鑪鑄錢，裴寂賜一鑪。敢有盜鑄者，身死，家口籍没。至五年三月二十四日，桂州置錢監。

顯慶五年九月，以天下惡錢多，令官私以五惡錢酬一好錢贖取。至十月，以好錢一文博惡錢兩文。至儀鳳四年四月，以天下惡錢甚多，令東都出遠年糙米及粟，就市糴，斗別納惡錢百文。其惡錢令少府、司農相知，即令鑄破，其厚重徑合斤兩者，任將行用。至先天元年九月二十七日，京中用錢惡，貨物踴貴，諫議大夫楊虚受上疏曰：「伏見市井用錢，不勝濫惡，有加鐵錫，即非公鑄，虧損正道，惑亂平民。銅錫亂雜，僞錢豐多，正刑漸失於科條，明罰未加於守長。帝京三市，人雜五方，淫巧競馳，侈僞成俗。至於商賈積滯，富豪藏鏹，兼并之人，歲增儲蓄，貧素之士，日有空虚。公錢未益於時須，禁法不當於世要。其惡錢臣望官爲博取，納鑄錢州，京城並以好錢爲用。」書奏，付中書門下詳議，以爲擾政，不行。至開元六年正月十八日，勑禁斷惡錢，行三銖四絫已上舊錢，更收人間惡錢，鎔破復鑄，準樣式錢。勑禁出之後，百姓喧然，物價摇動，商人不甘交易。宰相宋璟、蘇頲奏請出太府錢五萬貫，分於南、北兩市平價買百姓間所賣之物堪貯掌官須者，庶得好錢散行人間，從之。又降勑：「近斷惡錢，恐人少錢行用，其兩京文武官夏季防閤、庶僕，宜即先給錢，待後季任取所配物貨賣，準數還官。」

七年二月詔：「天下惡錢，並令禁斷，錢令初下，或恐艱辛，宜量出米十萬石，令府縣及太府寺選交易穩便處所分置，依時價糴與百姓，收取惡錢，便送少府監揃碎。」

乾封元年五月二十三日，盜鑄轉多，遂改鑄新文，曰「乾封泉寶」。錢徑寸，重二銖六分，其「開元通寶」必舊錢並行用。其新錢一文，當舊錢之十。周年之後，舊錢並廢。其後悟錢文之誤，米、帛增價，乃議卻用舊錢。至二年正月二十九日，詔：「比以僞濫斯起，所以採乾封之號，改鑄新錢，静而思之，將爲未可。高祖撥亂反正，爰創軌模；太宗立極承天，無所改作。今廢舊造新，恐乖先旨。其「開元通寶」宜依舊施行，爲萬世法。乾封新鑄錢令所司貯納，更不須鑄。仍令天下置鑄之處，並鑄『開元通寶』錢。」至乾元元年七月十六日，詔：「錢貨之興，其來久矣。蓋代有沿革，時爲重輕。周興九府，實啓流泉之利；漢造五銖，亦弘改鑄之法。必令大小兼適，母子相權，事有益於公私，理宜循於通變。但以干戈未息，帑藏猶虚，卜式獻軍之誠，弘羊興國之算，静言立法，諒在便民。御史中丞第五琦奏請改錢，以一當十，別爲新鑄，不廢舊錢，冀實三官之資，用收十倍之利。所爲於民不擾，從古有經。宜聽於諸監別鑄一當十錢，其文曰『乾元重寶』。」而重其輪以別之，一當五十，以二十斤成貫，仍令鑄錢使即勾當起鑄。至三年十二月，詔：「頃屬權臣，變法非良，遂使貨物相沿，穀帛騰踴，求之輿議，弊實由斯。今欲仍從舊貫，漸罷新錢，又慮權行，轉資艱急。如或猶循所務，未塞其源，實恐物價虛騰，黎元失業。静言體要，用藉良圖。宜令文武百官九品以上，並於尚書省集議，委中書門下詳議聞奏。」至上元元年六月七日，詔：「其『重稜五十價』錢，宜減作三十文行用。其『開元』舊錢，宜一錢十文行用。『乾元當十』錢，宜依前行用。仍令京中及畿縣内依此處分，諸州待後進止。」至七月二十五日，敕：「先造『重稜五十價』錢，先令畿内減三十價行，其天下諸州，並宜準此。」至十二月二十九日，詔：「應典貼莊宅、店鋪、田地、碨磑等，先爲『實錢』典貼者，令還以『實錢』價。先以『虛錢』典貼者，令以『虛錢』贖。其餘交關，並依前用『當十』錢。」由是錢有虛、實之稱。至寶應元年五月十九日，赦文：「集『開元』、『乾元重稜』錢，並宜準一文用，不須計以虛數。」

其年十月六日敕：「貨物兼通，將以利用，而布帛爲本，錢刀是末，賤本貴末，爲弊則深，法教之間，宜有變革。自今已後，所有莊宅，以馬交易，並先用絹、布、綾、羅、絲、綿等，其餘市價至一千以上，亦令錢物兼用，違者科罪。」

二十六年，於宣、潤等州置錢監。

乾元元年七月，户部侍郎第五琦以國用未足，幣重貨輕，乃先鑄「乾元重寶」錢，以一當十用，行之。及作相，請更鑄「重輪乾元」錢，以一當五十，與「乾元」、「開元寶」錢三品並行。既而物價騰貴，餓迫死亡，枕籍道路。又盜鑄争起，中外皆以爲琦變法之弊，封奏日聞，遂貶忠州長史。

建中元年九月，户部侍郎韓洄上言：「江淮錢監，歲出錢四萬五千貫，輸於京師。度工用轉送之費，每貫計錢二千，是本倍利也。今商州紅崖冶出銅益多，又有洛源監，久廢不治。請增工鑿山以取銅，洛源故監置十鑪鑄之，歲計出錢七萬二千貫，度工用轉送之費，貫計錢九百，則利浮本矣。其江淮七監請皆停罷。」從之。

二年八月，諸道鹽鐵使包佶奏：「江淮百姓近日市肆交易錢，交下粗惡，揀擇納官者，三分纔有二分，餘並鉛錫銅盪，不敷斤兩，致使絹價騰貴，惡錢漸多。訪聞諸州山野地窖，皆有私錢，轉相貨易，奸濫漸深。今委本道觀察使明立賞罰，切加禁斷。」

四年六月，判度支、侍郎趙贊以常賦不足用，乃請採連州白銅鑄大錢，以一當十，權其輕重。

貞元九年正月，張滂奏：「諸州府公私諸色鑄造銅器雜物等，伏以國家錢少，損失多門。居貨者必損己之資。今欲著錢令以出滯藏，加鼓鑄以資流布，使商旅知禁，農桑獲安，義切救時，情非欲利。若革之無漸，恐人或相驚。應天下商賈先蓄見錢者，委所在長吏，令收市貨物，官中不得輒有程限，逼迫商人，任其貨易，以求便利。計周歲之後，此法遍行，朕當別立新規，設蓄錢之禁。所以先有告示，許其方圓，意在他時，行法不貸。又天下有銀之山，必有銅鑛。銅者可資於鼓鑄，銀者無益於生民，權其重輕，使務專一。天下自五嶺以北，見採銀坑，並宜禁斷。恐所在坑户，不免失業，各委本州府長吏勸課，令其採銅，助官中鑄作。仍委鹽鐵使作法條流聞奏。」

四年閏三月，京城時用錢，每貫頭除二十文，陌内欠錢及有鉛錫錢，准貞元九年三月二十六日敕：「陌内欠錢，法當禁斷，慮因捉搦，或亦生奸，使人易從，切於不擾。自今以後，有因交關用欠陌錢者，宜但令本行頭及居停主人牙人等檢察送官。如有容隱，兼許賣物領錢人糾告，其行頭主人、牙人，重加科罪。府縣所由祗承人等，並不須干擾。若非因買賣，自將錢於街衢行者，一切勿問。」

其年六月敕：「五嶺已北所有銀坑，依前任百姓開採，禁見錢出嶺。」

六年二月制：「公私交易十貫錢已上，即須兼用疋段。委度支、鹽鐵使及京兆尹即具作分興販之徒，潛將銷鑄。每銷錢一千，爲銅六斤，造寫雜物器物，則斤直六千餘。其利既厚，銷鑄遂多，江淮之間，錢實減耗。伏請準從前敕文，除鑄鏡外，一切禁斷。」

十年六月敕：「今後天下鑄造買賣銅器，並不須禁止。其器物約每斤價值，不得過一百六十文，委所在長吏及巡院同勾當訪察。如有銷錢爲銅，以盜鑄錢罪論。」

十四年十二月，鹽鐵使李若初奏請：「諸道州府，多以近日泉貨數少，繒帛價輕，禁止見錢，不令出界，致使課利有缺，商賈不通，請指揮見錢，任其往來，勿使禁止。」從之。

元和元年二月，以錢少，禁用銅器。

二年二月，詔曰：「錢貴物賤，傷農害工，權其輕重，須有通變。比者鉛錫無禁，鼓鑄有妨，其江淮諸州府收市鉛銅等，先已令諸道知院官勾當，緣令初出，未各頒行，宜委諸道觀察使等與知院官專切勾當，事畢日，仍委鹽鐵使據所得數類會聞奏。」四月，禁鉛錫錢。

三年五月，鹽鐵使李巽上言：「得湖南院申：郴州平陽、高亭兩縣界，有平陽冶及馬跡、曲木等古銅坑，約二百八十餘井，差官檢覆，實有銅錫。今請郴州舊桂陽監置鑪兩所，採銅鑄錢，每日約二十貫，計一年鑄成七千貫，有益於民。」從之。

其年六月，詔曰：「泉貨之法，義在通流。若錢有所壅，貨當益賤，故藏錢者得乘人之急，數，條流聞奏。茶商等公私使換見錢，並須禁斷。」

其年三月，河東節度使王鍔奏請於當管蔚州界加置爐鑄銅錢，廢管内錫錢。詔許之，仍令加至五爐。

七年五月，兵部尚書、判户部事王紹，户部侍郎、判度支盧坦，鹽鐵使王播等奏：「伏以京都時用，多重見錢，官中支計，近日殊少。蓋緣比來不許商人便換，因兹家有滯藏，所以物價轉輕，錢多不出。臣等今商量，伏請許令商人于户部、度支、鹽錢三司，任使換見錢，一切依舊禁約。伏以比來諸司諸使等，或有便商人錢，多留城中，逐時收貯，積藏私室，無復流通。伏請自今以後，嚴加禁約。」從之。

八年四月，勅以錢重貨輕，出内庫錢五十萬貫，令兩常平收市布帛，每疋段估加十之一。

十一年九月勅：「今後應内外支用錢，宜每貫除墊一陌外，量抽五十文，仍委本道、本司、本使據數逐季收計。其諸道錢便差綱部送度支收管，以備軍需。」時以淮西用兵，從有司之請也。

十二年正月勅：「泉貨之設，古有常規，將使重輕得宜，是資斂散有節，必通其變，以利於人。今繒帛轉賤，公私俱弊。宜出見錢五十萬貫，令京兆府揀擇要便處開場，依市價交易，選擇清强官吏，專切勾當。仍各委本司先作處置條件聞奏，必使事堪經久，法可通行。」又勅：「近日布帛轉輕，見錢漸少，皆緣所在擁塞，不得通流。宜令京城内自文武官寮，不問品秩高下，並公、郡、縣主，中使等已下，至士庶商旅等，寺觀坊市，所有私貯見錢，並不得過五十貫。如有過此，許從勅出後，限一月内任將别物收貯。如錢數校多，處置未了，其任便於限内於地界州縣陳狀，更請限。縱有此色，亦不得過兩月。若一家内别有宅舍店鋪等，所貯錢並須計同此數。其兄弟本來異居曾經分析者，不在此限。如限滿後有違犯者，白身人等，宜付所司，痛杖一頓處死；其文武官及公主等，並委有司聞奏，當重科貶；戚屬中使，亦具名銜聞奏。其賸貯錢不限多少，並勒納官。數内五分取一分充賞錢數，其賞錢止於五千貫。此外察獲，及有人論告，亦重科處，並量給告者。」時京師里閭區肆所積，多方鎮錢，如王鍔、韓弘、李惟簡，少者不下五十萬貫。於是競買第屋，以變其錢，多者竟里巷傭僦，以歸其直。而高貲大賈者，多依倚左右軍官錢爲名，府縣不得窮驗，法竟不行。

十四年六月勅：「應屬諸軍諸使，更有犯時用錢每貫除二十文，足陌内欠錢及有鉛錫錢者，宜令京兆府枷項收禁，牒報本軍本使府司，差人就軍及看決二十。如情狀難容，復有違拒者，仍令府司聞奏。」

十五年八月，中書門下奏：「伏準羣官所議鑄錢，或請收市民間銅物，令州郡鑄錢。當開元以前，鹽錢使未置，亦令州郡勾當鑄造。今若兩税納疋段，或慮兼要通用見錢。欲令諸道公私銅器，各納所在節度、團練、防禦、經略使，便據元勅給與價直，並折兩税。仍令本處軍民鎔鑄。其鑄本請以留州、留使年支未用物充，所鑄錢便充軍府州縣公用。當處軍人，自有糧賜，亦校省本，所資衆力，並收衆銅，天下併功，速濟時用。待一年後，鑄器物盡則停。其州府有出銅鉛可以開爐鑄處，具申有司，便令同諸監冶例，每年與本充鑄。其收市銅器期限、並禁鑄造買賣銅物等，待議定，便令有司條流聞奏。其上都鑄錢及收銅器，請各處分。將欲頒行，尚資周慮，請令中書門下兩省、尚書省、御史臺並諸司長官商量，重議聞奏。」從之。

寶曆元年八月勅令：「銷鑄見錢爲佛像者，同盜鑄錢論。」

長慶元年九月勅：「泉貨之義，所貴流通。如聞比來用錢，所在除陌不一。與其禁人之必犯，未若從俗之所宜，交易往來，務令可守。其内外公私給用錢，從今以後，宜每貫一例除墊八十，以九百二十文成貫，不得更有加除及陌内少欠。」

大和三年六月，中書門下奏：「準元和四年閏三月勅，應有鉛錫錢，並合納官，如有人糾得一錢，賞百錢者。當時勅條，貴在峻切；今詳事實，必不可行。祇如告一錢賞百錢，則有告一百貫錫錢，須賞一萬貫銅錢，執此而行，事無畔際。昨因任清等犯罪，施行不得，遂參酌事理，量情科賞。或恐已後民間更有犯者，宜立節文，令可遵守。臣等商量，自今已後，有用鉛錫錢交易者，一貫已下，以州府常行杖決脊杖二十；十貫以下，決六十，徒三年；過十貫以上，所在集衆決殺。其受鉛錫錢交易者，亦準此處分。其所用鉛錫錢，仍納官。其能糾告者，每貫賞錢五千文，不滿一貫，準此例，累賞至於三百千，仍且取當處官錢給付。其所犯人罪不至死者，徵納家資，充填賞錢。其元和四年閏三月勅，便望删去。」可之。

四年十一月勅：「應私貯見錢家，除合貯數外，一萬貫至十萬貫，限一周年内處置畢；十萬貫至二十萬貫以下者，限二周年内處置畢。如有不守期限，安然蓄積，過本限，即任人糾告，及所由覺察，其所犯家錢，並準元和十二年勅納官。據數五分取一分，充賞糾告人賞錢，數止於五千貫。應犯錢法人色目決斷科貶，並準元和十二年勅處分。其所由覺察，亦量賞一半。」事竟不行。

五年二月，鹽鐵使奏：「湖南管内諸州百姓，私鑄『造到』錢，伏緣衡、道數州，連接嶺南，山洞深邃，百姓依模監司錢樣，競鑄『造到』脆惡奸錢，轉將賤價博易，與好錢相和行用。其江西、鄂岳、桂管、嶺南等道，應有出銅錫之處，亦慮私鑄濫錢，並請委本道觀察使條流禁絶。」勅旨：「宜依。」

會昌六年二月勅：「緣諸道鼓鑄佛像鐘磬等，新錢已有次第，須令舊錢流布，絹價稍增。文武百僚俸料，宜起三月一日，並給見錢。其一半先給虚估疋段，對估價支給。」勅：「比緣錢重幣輕，生民坐困，今加鼓鑄，必在流行，通變救時，莫切於此。宜申先甲之令，以戒居貨之徒。京城及諸道起今年十月以後，公私行用，並取新錢，其舊錢權停三數年。如有違犯，同用鉛錫惡錢例科斷，其舊錢並納官。」事竟不行。

天祐二年四月勅：「準向來事例，每貫抽除外，以八百五十文爲貫，每陌八十五文。如聞坊市之中，多以八十爲陌，更有除折，今後委河南府指揮市肆交易，並須以八十五文爲陌，不得更有改移。」

**宋・方勺《泊宅編》卷二**　崇寧更錢法，以一當十，小民嗜利，亡命犯法者紛紛，或捕得數大缶，誣以樞密章楶之子綖之所鑄也。初遣監察御史張茂直就平江鞫之，案上，綖不伏。再遣侍御史沈畸，既至，繫者已數百人，盡釋之，閲實以聞。時宰大怒，别選鍛錬，綖竟坐刺配，籍没其家。沈既得罪，歸鄉以死，張再遷亦不顯。今三十年間，沈氏有子登科，張氏不復振矣。二子皆東吴賢者，不幸而當此，大抵張之失，在於但畏人而不畏天。吁！可以爲世之戒矣！

**宋・徐天麟《西漢會要》卷五三《食貨四》**

錢幣雜録附

秦兼天下，幣爲二等：黄金以溢爲名，上幣；銅錢質如周錢，文曰「半兩」，重如其文。而珠玉龜貝銀錫之屬爲器飾寶藏，不爲幣，然各隨時而輕重無常。漢興，以爲秦錢重難用，更令民鑄莢錢。黄金一斤。而不軌逐利之民蓄積贏餘以稽市物，痛騰躍，米至石萬錢，馬至匹百金。《食貨志》。

高后二年，行八銖錢。本《紀》。應劭曰：「本秦錢，質如周錢，文曰『半兩』，重如其文。漢更鑄莢錢，民患其太輕，至此復行八銖錢。」

六年，行五分錢。本《紀》。即謂莢錢。

文帝五年四月，除盗鑄錢令。應劭曰：「聽民放鑄也。」更四銖錢。本《紀》。文帝以五分錢太輕小，更作四銖錢，文亦曰「半兩」。

武帝建元元年，行三銖錢。本《紀》。讓四銖造此也，重如其文。

五年，罷三銖錢，行半兩錢。本《紀》。

自孝文更造四銖錢，至元狩四年四十餘年，從建元以來，用少，縣官往往即多銅山而鑄錢，民益盗鑄，不可勝數。錢益多而輕，物益少而貴。有司言曰：「今半兩錢法重四銖，而奸或盗摩錢質而取鋊，鋊，銅屑也。錢益輕薄而物貴，則遠方用幣煩費不省。」乃令縣官銷半兩錢，更鑄三銖錢，重如其文。其明年，有司言三銖錢輕，輕錢易作奸詐，乃更請郡國鑄五銖，周郭其質，令不得磨錢取鋊。《食貨志》。按本《紀》，元狩五年，罷半兩錢，行五銖錢。今以《食貨志》考之，乃罷三銖，非罷半兩。《通鑑考異》亦云《紀》誤。

元鼎二年，郡國鑄錢，民多奸鑄，錢多輕，而公卿請令京師鑄官赤仄，應劭曰「所謂子紺錢也。」如淳曰：「以赤銅爲其郭。」一當五，賦官用非赤仄不得行。其後二歲，赤仄錢賤，民巧法用之，不便，又廢。於是悉禁郡國毋鑄錢，專令上林三官鑄。錢既多，而令天下非三官錢不得行，諸郡國前所鑄錢皆廢銷之，輸入其銅三官。而民之鑄錢益少，計其費不能相當，准真工大奸乃盗爲之。《食貨志》。下同。

自孝武元狩五年三官初鑄五銖錢，至平帝元始中，成錢二百八十億萬餘。

宣、元、成、哀、平五世，亡所變改。

王莽居攝，變漢制，以周錢有子母相權，於是更造大錢，徑寸二分，重十二銖，文曰「大錢五十」。又造契刀、錯刀。契刀，其環如大錢，身形如刀，長二寸，文曰「契刀五百」。錯刀，以黄金錯其文，曰「一刀直五千」。與五銖錢凡四品，並行。此以後乃莽即真後事，不復録。

**又**　錢禁

孝文五年，除盗鑄錢令，使民放鑄。賈誼諫曰：「法使天下公得顧租鑄銅錫爲錢，敢雜以鉛鐵爲它巧者，其罪黥。然鑄錢之情，非殽雜爲巧，則不可得贏；而殽之甚微，爲利甚厚。夫事有召禍而法有起姦，今令細民人操造幣之勢，各隱屏而鑄作，因欲禁其厚利微姦，雖黥罪日報，其勢不止。乃者民人抵罪，多者一縣百數，及吏之所疑，榜笞奔走者甚衆。夫縣法以誘民，使入陷阱，孰積于此！曩禁鑄錢，死罪積下；今公鑄錢，黥罪積下。爲法若此，上何賴焉？又民用錢，郡縣不同：或用輕錢，百加若干；或用重錢，平稱不受。法錢不立，吏急而壹之乎，則大爲煩苛，而力不能勝；縱而弗呵乎，則市肆異用，錢文大亂。苟非其術，何鄉而可哉！今農事棄捐，而采銅者日蕃，釋其耒耨，冶鎔炊炭，姦錢日多，五穀不爲多。善人怵而爲姦邪，愿民陷而之刑戮，刑戮將甚不詳，奈何而忽！國知患此，吏議必曰禁之。禁之不得其術，其傷必大。令禁鑄錢，則錢必重；重則其利深，盜鑄如雲而起，棄市之罪又不足以禁矣。姦數不勝而法禁數潰，銅使之然也。故銅布于天下，其爲禍博矣。今博禍可除，而七福可致也。何謂七福？上收銅勿令布，則民不鑄錢，黥罪不積，一矣。僞錢不蕃，民不相疑，二矣。采銅鑄作者反于耕田，三矣。銅畢歸于上，上挾銅積以御輕重，錢輕則以術斂之，重則以術散之，貨物必平，四矣。以作兵器，以假貴臣，多少有制，用別貴賤，五矣。以臨萬貨，以調盈虛，以收奇羨，則官富貴而末民困，六矣。制吾棄財，以與匈奴逐爭其民，則敵必懷，七矣。故善爲天下者，因禍而爲福，轉敗而爲功。今久退七福而行博禍，臣誠傷之。」上不聽。是時，吴以諸侯即山鑄錢，富埒天子，後卒叛逆。鄧通，大夫也，以鑄錢財過王者。故吴、鄧錢布天下。《食貨志》。

文帝除盜鑄錢令，賈山上書諫，以爲變先帝法，非是。章下詰責，對以爲：「錢者，亡用器也，而可以易富貴。富貴者，人主之操柄也，令民爲之，是與人主共操柄，不可長也。」其後，復禁鑄錢。《賈山傳》。

景帝立，人有告鄧通盜出徼外鑄錢，下吏驗問，頗有，遂竟案，盡没入之。本《傳》。

中六年，定鑄錢僞黄金棄市律。本《紀》。

武帝元狩中，盜鑄諸金錢罪皆死，而民之犯者不可勝數。《食貨志》。

自造白金五銖錢後五歲，而赦吏民坐盜鑄金錢死者數十萬人。其不自發覺相殺者，不可勝計。赦自出者百餘萬人。然不能半自出，天下大氐無慮皆鑄金錢矣。同上。

**又徐天麟《東漢會要》卷二二《職官四》** 議食貨 桓帝時，有上書言宜改鑄大錢者。事下四府羣僚及太學能言之士。劉陶上言曰：「當今之憂，不在於貨，在於民飢。豈謂錢貨之厚薄，銖兩之輕重哉？」帝竟不鑄錢。《劉陶傳》。

**又 卷三一《食貨》** 錢幣 初，王莽亂後，貨幣雜用布、帛、金、粟。建武初，馬援在隴西上書言，宜如舊鑄五銖錢。事下三府，三府奏以爲未可許，事遂寢。及援還，從公府求得前奏，難十餘條，乃隨牒解釋，更具表言。帝從之。建武十六年，始行五銖錢，天下賴其便。《光武紀》及《馬援傳》。

建武時，長安鑄錢多姦，第五倫爲督鑄錢掾，領長安市。倫平衡銓，正斗斛，市無阿枉，百姓悦服。《傳》。

桓帝時，有上書言，人以貨輕錢薄，故致貧困，宜改鑄大錢。事下四府羣僚及太學能言之士。劉陶上議曰：「當今之憂，不在於貨，在乎民飢。竊見比年已來，良苗盡於蝗螟之口，杼柚空於公私之求，所急朝夕之餐，所患靡鹽之事，豈謂錢貨之厚薄，銖兩之輕重哉？蓋民可百年無貨，不可一朝有飢。議者不達農殖之本，多言鑄冶之便，或欲因緣行詐，以賈國利。國利將盡，取者争競，造鑄之端於是乎生。蓋萬人鑄之，一人奪之，猶不能給；況今一人鑄之，則萬人奪之乎？雖以陰陽爲炭，萬物爲銅，役不食之民，使不飢之士，猶不能足無厭之求也。夫欲民殷財阜，要在止役禁奪，則百姓不勞而足。陛下愍海内之憂戚，傷天下之艱難，欲鑄錢齊貨以救其弊，此猶養魚沸鼎之中，棲鳥烈火之上。水木本魚鳥之所生也，用之不時，必至燋爛。願陛下寬鍥薄之禁，後冶鑄之議，聽民庶之謡吟，問路叟之所憂，瞰三光之文耀，視山河之分流。天下之心，國家大事，粲然皆見，無有遺惑者矣。當今地廣而不得耕，民庶而無所食。羣小競起，進秉國之位，鷹揚天下，烏鈔求飽，吞肌及骨，並噬無厭。誠恐卒有役夫窮匠，投斤攘臂，登高遠呼，使愁怨之民，響應雲合，八方分崩，中夏魚潰。雖方尺之錢，何能有救其危！」帝竟不鑄錢。《劉陶傳》。

靈帝中平三年，鑄四出文錢，錢皆四道。識者竊言侈虐已甚，形象兆見，此錢成，必四道而去。及京師亂，錢果流布四海。《宦者傳》。

獻帝初平元年，董卓壞五銖錢，更鑄小錢，悉取洛陽及長安銅人、鐘虡、飛廉、銅馬之屬，以充鑄焉。故貨賤物貴，穀石數萬。又錢無輪郭文章，不便人用。《董卓傳》。

**宋・張世南《游宦紀聞》卷二** 蘄春鐵錢監，五月至七月，號爲「鐵凍」。例閣鑪鞴，本錢四可鑄十；鐵炭稍貴，六可鑄十，工僱費皆在焉。其用工之序有三：曰「沙模作」，次曰「磨錢作」，末曰「排整作」。以一監約之，日役三百人，十日可鑄一萬緡。一歲用工九月，可得二十七萬緡。

**宋・馬端臨《文獻通考》卷六二《職官》** 都大坑冶

唐開元二十五年，監察御史羅文信充諸道鑄錢使。天寶三載楊昚矜除御史中丞，充鑄錢使。六載，度支郎中楊釗充諸道鑄錢使。永泰元年，劉晏充東都淮南浙江東西湖南山南東道鑄錢使。第五琦充京畿關内河東劍南山南西道鑄錢使。諸鑄錢監監所在州府都督刺史爲之，副監一人，上佐判之。

宋朝自開寶平吳之後，因其舊置錢監於鄱陽，既而江淮荆浙閩廣之地皆有監，係發運使兼提點。咸平三年，以馮亮爲江南轉運副使，兼都大提點江南福建路鑄錢事，内供奉官白承睿同提點鑄錢事。至景祐二年，始置江、浙、川、廣、福建等路都大提點坑冶鑄錢一員，以魏兼爲之，與提點刑獄序官。按四朝傳，榮宗範知鉛山縣，有詔罷民采銅，皆散爲盜。宗範一切始如故，真宗嘉異，擢提點江浙諸路銀銅坑冶，與此不同，當考。元豐二年，三司言江浙等路提點坑冶鑄錢官一員，通領九路水陸巡按不周，欲增一員分路提點。從之。遂定爲兩司在饒者領江東淮浙七閩，在虔者領江西荆湖二廣焉。至元祐元年，以坑冶鑄錢通爲一司，從淮南提點李深之請也。政和七年，置提點鑄錢官兩員於饒、虔州。紹興二年，置虔州提點司，從提點王晚之請也。雖有上項指揮，後來多在饒州置司。贛州只係巡歷。六年，趙伯瑜乞依嘉祐著令銜内添都大二字與提刑序官。二十六年詔，都大提點坑冶鑄錢司官吏竝罷，令逐路轉運司交割。以尚書省言坑冶鑄錢司近年鑄錢全虧，一司官吏所費不貲，罷之。二十七年，置提領諸路鑄錢官於行在差侍從或卿監一員，不妨本職，兼領置屬官三員，以提領諸路鑄錢所爲名，以户部侍郎榮嶷兼。二十九年，從左司諫何溥言，乃復置，以江淮荆浙福建廣南路提點坑冶鑄錢公事，繫銜與運判序官，依舊於饒、贛二州置司，輪年守任，專以措置坑冶，督責鼓鑄爲職。租額一百六十餘萬貫。孝宗乾道六年，併歸發運司。八年復置。此據提點司題名。八年，詔鑄錢司依舊置提點官二員，於饒贛二州置司。

**《宋史・食貨志・錢幣》** 蜀平，聽仍用鐵錢。開寶中，詔雅州百丈縣置監冶鑄，禁銅錢入兩川。太平興國四年，始開其禁，而鐵錢不出境，令民輸租及榷利，鐵錢十納銅錢一。時銅錢已竭，民甚苦之。商賈争以銅錢入川界與民互市，銅錢一得鐵錢十四。

明年，轉運副使張謂言：「川峽鐵錢十直銅錢一，輸租即十取二。舊用鐵錢千易銅錢四百，自平蜀，沈倫等悉取銅錢上供，及增鑄鐵錢易民銅錢，益買金銀裝發，頗失裁制，物價滋長，鐵錢彌賤，請市夷人銅，斤給鐵錢千，可以大獲銅鑄錢。民租當輸錢者，許且輸銀絹，候銅錢多，即漸令輸之。」詔令市夷人銅，斤給鐵錢五百，餘皆從之。然銅卒難得，而轉運副使聶詠、轉運判官范祥皆言：民樂輸銅錢，請歲遞增一分，後十歲則全取銅錢。詔如所請。詠、祥等因以月俸所得銅錢市與民，厚取其直，於是增及三分，民益以爲苦，或發古冢、毁佛像器用，纔得銅錢四五，坐罪者甚衆。知益州辛仲甫具言其弊，詔使臣吴承勳弛傳審度。仲甫集諸縣令、佐問之，多潛持兩端，莫敢正言。仲甫以大誼責之，乃皆言其不便。承勳復命。七年，遂令川峽輸租榷利勿復徵銅錢。詠、祥等皆坐罪免。既而又從西川轉運使劉度之請，官以鐵錢四百易銅錢一百，後竟罷之。

平廣南、江南，亦聽權用舊錢，如川蜀法。初，南唐李氏鑄錢，一工爲錢千五百，得三十萬貫。太宗即位，詔昇州置監鑄錢，令轉運使按行所部，凡山川之出銅者悉禁民采，並以給官鑄焉。太平興國二年，樊若水言：「江南舊用鐵錢，於民非便。今諸州銅錢尚六七十萬緡，虔、吉等州未有銅錢，各發六七萬緡，俾市金帛輕貨上供及博糴穀麥。於昇、鄂、饒等州産銅之地，大鑄銅錢，銅錢既不渡江，益以新錢，則民間錢愈多，鐵錢自當不用，悉鎔鑄爲農器什物，以給江北流民之歸附者。除銅錢渡江之禁。」從之。

自唐天祐中，兵亂窘乏，以八十五錢爲百，後唐天成中，減五錢，漢乾祐初，復減三錢。宋初，凡輸官者亦用八十或八十五爲百，然諸州私用則各隨其俗，至有以四十八錢爲百者。至是，詔所在用七十七錢爲百。

西北邊内屬戎人，多齎貨帛於秦、階州易銅錢出塞，銷鑄爲器。乃詔吏民闌出銅錢百已上論罪，至五貫以上送闕下。

雍熙初，令江南諸州官庫所貯雜錢，每貫及四斤半者送闕下，不及者銷毁。民間惡錢尚多，復申乾德之禁，稍峻其法。京城居民蓄銅器者，限兩月悉送官。

端拱元年，内侍藺延皓使嶺南還，以民間私鑄三等錢來上，且言多與蠻人貿易，侵敗禁法。因詔察民私鑄及銷鎔好錢作薄惡錢者，並棄市；輒以新惡錢與蠻人博易者，抵罪。

江北諸州所用錢非甚薄惡者，新舊大小兼用。江南雖用舊大錢，淳化四年，乃詔每貫及前詔斤數，有官監字號者皆許用，不分新舊。

先是，淳化二年，宗正少卿趙安易言：嘗使蜀，見所用鐵錢至輕，市羅一四，爲錢二萬。堅請改鑄一當十大錢，御書錢式，遣詣川峽路諸州冶鑄，所在並爲御書錢監；諸州舊貯小鐵錢悉輦送官，民間小錢許送監，計數給以大錢，若改鑄未集，許民大小兼用。既而一歲纔成三千餘貫，衆皆以爲不便。會安易入奏事，因留不遣，遂罷冶鑄。五年，安易復請，不許，第令川峽仍以銅錢一當鐵錢十。

荆湖、嶺南民輸税須大錢，民以小錢二或三易大錢一，官屬以奉錢易於民以規利。詔自今吏受民輸，但常所通行錢勿却，官吏毋得以奉錢换易。至道二年，始禁道、賀州錫，官益其價市之，以給諸路鑄錢。

咸平初，又申新小錢之禁，令官置場盡市之。舊犯銅禁，七斤以上處死，奏裁多蒙減斷，然待報常淹緩。四年，詔滿五十斤以上取裁，餘從第減。

景祐初，詔三司以江東、福建、廣南歲輸緡錢合三十餘萬易爲金帛，錢流民間。

自天聖以來，毁錢鑄鍾及爲銅器，皆有禁。慶曆初，闌出銅錢，視舊法第加其罪，錢千，爲首者抵死。

軍興，陝西移用不足，始用知商州皮仲容議，采洛南縣紅崖山、虢州青水冶青銅，置阜民、朱陽二監鑄錢。既而陝西都轉運使張奎、知永興軍范雍請鑄大銅錢與小錢兼行，大錢一當小錢十；又請因晉州積鐵鑄小錢。及奎徙河東，又鑄大鐵錢於晉、澤二州，亦以一當十，助關中軍費。未幾，三司奏罷河東鑄大鐵錢，而陝西復采儀州竹尖嶺黄銅，置博濟監鑄大錢。因敕江南鑄大銅錢，而江、池、饒、儀、虢又鑄小鐵錢，悉輦致關中。數州錢雜行，大約小銅錢三可鑄當十大銅錢一，以故民間盗鑄者衆，錢文大亂，物價翔踴，公私患之。於是奎復奏晉、澤、石三州及威勝軍日鑄小鐵錢，獨留用河東。河東鐵錢既行，盗鑄獲利什六，錢輕貨重，患如陝西。知并州鄭戩請河東鐵錢以二當銅錢一，行之一年，又以三當一或以五當一，罷官爐日鑄，且行舊錢。而契丹亦鑄鐵錢，易並邊銅錢。

熙寧初，同、華二州積小鐵錢凡四十萬緡，詔賜河東，以鐵償之。四年，陝西轉運副使皮公弼奏：「自行當二錢，銅費相當，盗鑄衰息。請以舊銅鉛盡鑄。」詔聽之。自是折二錢遂行於天下。京西轉運使吴幾復建議：郢、唐、均、房、金五州多林木，而銅鉛積於淮南，若由襄、郢轉致郢、唐等州置監鑄錢，可以紓錢重之弊。神宗是之，而王安石沮之，其議遂寢。後乃詔京西、淮南、兩浙、江西、荆湖五路各置鑄錢監，江西、湖南十五萬緡，餘路十萬緡爲額，仍申熟錢斤重之限。又以興國軍、睦衡舒鄂惠州既置監六，通舊十六監，水陸回遠，增提點之官。

時諸路大率務於增額：詔惠州永通、阜民監舊額八十萬，至七年，增三十萬，及折二凡五十萬；後衛州黎陽監歲增折二凡五萬緡，西京阜財監歲增市易本錢凡十萬緡，興州濟衆監歲增七萬二千餘緡，陝西三銅錢監各歲增五萬緡。而睦州則置神泉，徐州則置寶豐，梧州以鉛錫易得，萬州以多鐵礦，皆置監。又詔秦鳳等路即鳳翔府斜谷置監，已而所鑄錢青銅夾錫，脆惡易毁，罷之。然私錢往往雜用，不能禁，至是法弊，乃詔禁私錢，在官惡錢不堪用者，别爲模以鑄。商、虢、洛南增三監，耀、鄜權置兩監，通永興、華、河中、陝舊監爲九，以給改鑄。永興、鄜、耀、河中、陝去鐵冶遠，聽改鑄一年罷；商、洛南、華、虢最近鐵冶，聽久置；鄜州等五監候罷改鑄，并其工作歸永興等四監，專鑄大錢，所鑄大鐵錢約補及所廢僞錢，及可以待交子所用而止。

八年，詔河東鑄錢七十萬緡外，增鑄小錢三十萬緡。於是知太原韓絳請倣陝西令本重模精，以息私鑄之弊。

初，薛向鑄鐵錢於陝西，後許彦先鑄於廣南。既而民不便用，神宗欲遂罷之，王安石固争，乃詔京師畿内並罷，其行於四方蓋如故。元豐以後，西師大舉，邊用匱闕，徐州置寶豐下監，歲鑄折二錢二十萬緡，轉移陝府。

于時，同、渭、秦、隴等州錢監，廢置移徙不一，銅鐵官多建言鑄錢，事不盡行，而又自弛錢禁，民之銷毁與夫闌出境外者爲多。張方平嘗極諫曰：「禁銅造幣，盗鑄者抵罪至死，示不與天下共其利也。故事，諸監所鑄錢悉入于王府，歲出其奇羡給之三司，方流布于天下。然自太祖平江南，江、池、饒、建置爐，歲鼓鑄至百萬緡。積百年所入，宜乎貫朽於中藏，充足於民間矣。比年公私上下並苦乏錢，百貨不通，人情窘迫，謂之錢荒。不知歲所鑄錢，今將安在。夫鑄錢禁銅之法舊矣，令敕具載，而自熙寧七年頒行新敕，删去舊條，削除錢禁，以此邊關重車而出，海舶飽載而回，聞沿邊州軍錢出外界，但每貫收税錢而已。錢本中國寶貨，今乃與四夷共用，又自廢罷銅禁，民間銷毁無復可辨。銷鎔十錢得精銅一兩，造作器用，獲利五倍。如此則逐州置鑪，每鑪增數，是猶畎澮之益，而供尾閭之泄也。」

元豐八年，哲宗嗣位，復申錢幣闌出之禁，如嘉祐編敕；罷徐州寶豐鼓鑄；詔户部條諸監之可減者，凡增置鑄錢監十四皆罷之。

陝西行鐵錢，至陝府以東即銅錢地，民以鐵錢換易，有輕重不等之患。元祐六年，乃議限東行，有税物者以十分率之，止許易二分，人毋得過五千。八年，命公私給納、貿易並專用鐵錢，而官帑銅錢以時計置，運致內郡，商旅願於陝西內郡入便銅錢，給據請於別路者聽。仍定加饒之數，每百緡，河東、京西加饒三千，在京、餘路四千。

先是，太祖時取唐飛錢故事，許民入錢京師，於諸州便換。其法：商人入錢左藏庫，先經三司投牒，乃輸於庫。開寶三年，置便錢務，令商人入錢詣務陳牒，即輦致左藏庫，給以券，仍敕諸州凡商人齎券至，當日給付，違者科罰。至道末，商人入便錢一百七十餘萬貫，天禧末，增一百一十三萬貫。至是，乃復增定加饒之數行焉。

折二銅錢又定鈞致之法。初欲復舊，止行於本路。議者謂：「關東諸路既已通行，奪彼予此，理亦非便。且陝右所用折二鐵錢，止當一小銅錢，即折二銅錢盡歸陝西，不直般運費廣，猝難鈞致，且與鐵錢一等，慮鐵錢轉更加輕。」乃令折二銅錢寬所行地，聽行於陝西一路，及河東晉、絳、石、慈、隰州，京西西京、河陽、許、汝、鄭、金、房、均、鄧等州，餘路則禁。仍限二年毋更用，在民間者聽以輸買納，在官帑者以輸上供，即非沿流地或素無上供者，所隸運司移發輸京師。尋詔更鑄小銅錢。河東安撫、提刑司言：「頃絳州垣曲縣置監鼓鑄銅錢，費且不給，今已廢監，又禁折二銅錢不通行，非便。」乃聽行使如舊。

供備庫使鄭價使契丹還，言其給輿箱者錢，皆中國所鑄。乃增嚴三路闌出之法。

熙、豐間銅鐵錢嘗並行，銅錢千易鐵錢千五百，未聞輕重之弊。及後銅錢日少，鐵錢滋多，紹聖初，銅錢千遂易鐵錢二千五百，鐵錢寖輕。元符二年，下陝西諸路安撫司博究利害。於是詔陝西悉禁銅錢，在民間者令盡送官，而官銅悉取就京西置監。永興帥臣陸師閔言：「既揀毀私錢，禁銅罷冶，則物價當減。願下陝西州縣，凡有市買，並準度銅錢之直，以平其價。」詔用其言，而豪賈蓄家多不便。

會蔡京當政，將以利惑人主，託假紹述，肆爲紛更。有許天啓者，京之黨也，時爲陝西轉運副使，迎合京意，請鑄當十錢。五月，始令陝西及江、池、饒、建州，以歲所鑄小平錢增料改鑄當五大銅錢，以「聖宋通寶」爲文，繼而并令舒、睦、衡、鄂錢監，用陝西式鑄折十錢，限今歲鑄三十萬緡，鐵錢二百萬緡。募私鑄人丁爲官匠，并其家設營以居之，號鑄錢院，謂得昔人招天下亡命即山鑄錢之意。所鑄銅錢通行諸路，而陝西、河東、四川係鐵錢地者禁之，第鑄於陝西鐵錢地而已。

自熙寧以來，折二錢雖行民間，法不許運致京師，故諸州所積甚多。至是，發運司因請以官帑所有折二錢改鑄折十錢。三年，遂罷鑄小平錢及折五錢。置監於京城所，復徐州寶豐、衛州黎陽監，並改鑄折二錢爲折十，舊折二錢期一歲勿用。大嚴私鑄之令，民間所用鍮石器物，並官造鬻之，輒鑄者依私有法加二等。命諸路轉運司於沿流順便地，隨宜增置錢監，俾民以所有折二錢換納於官，運致所增監改鑄折十錢。二廣産鐵，令鼓鑄小鐵錢，止行於兩路；其公私銅錢兑換運輸元豐庫，仍於潯州置鐵錢監，依陝西料例鑄當二錢。

時趙挺之爲門下侍郎，繼拜右僕射，與蔡京議多不合，因極言當十錢不便，私鑄寖廣。乃令提刑司歲較巡捕官一路所獲多寡，繼令福建、廣南毋行用，第鑄以上供及給他路。凡爲人附帶若封識影庇私鑄錢者，悉論以法，毋得廕贖。其置鑄錢院，蓋將以盡收所在亡命盜鑄之人，然犯法者不爲止。乃命荆湖南北、江南東西、兩浙並以折十錢爲折五，舊折二錢仍舊。慮冒法入東北也，令以江爲界，淮南重寶錢亦作當五用焉。

五年，兩浙盜鑄尤甚，小平錢益少，市易濡滯。遂命以折五、折十上供，小平錢留本路；江、池、饒、建、韶州錢監，歲課以八分鑄小平錢，二分鑄當十錢。俄詔廣南、江南、福建、兩浙、荆湖、淮南用折二錢改鑄折十錢皆罷，其創置鑄錢院及招置錢户並停。繼復罷鑄當十二分之令，盡鑄小平錢。荆湖、江南、兩浙、淮南重寶錢作當三，在京、京畿、京東西、河東、河北、陝西、熙河作當五。通寶錢所鑄未多，在官者悉封樁，在民間者以小平錢納換。旋復詔京畿、京東西、河北、河東、陝西、熙河當十錢仍舊，兩浙作當三，江南、淮南、荆湖作當五。

時錢幣苦重，條序不一，私鑄日甚。御史沈畸奏曰：「小錢便民久矣，古者軍興，錫賞不繼，或以一當百，或以一當千，此權時之宜，豈可行於太平無事之日哉？當十鼓鑄，有數倍之息，雖日斬之，其勢不可遏。」未幾，詔當十錢止行於京師、陝西、河東、河北，俄并畿內用之。餘路悉禁，期一季送官，賞以小錢，換納到者輸於元豐、崇寧庫，而私錢亦限一季自致，計銅直增二分，償以小錢，隱藏者論如法。尋詔鄭州、西京亦聽用折十錢，禁貿易爲二價者。東南諸監增鑄小平錢，以待償錢，而私錢亦改鑄焉。

折十錢爲幣既重，一旦更令，則民驟失厚利，又諸路或用或否，往往不盡輸於官，冒法私販。始令四輔、畿內、開封府許搜索舟車，賞視舊法增倍。水陸所由，官司失察者皆停替，而受納不揀選、容私錢其間者，以差定罪法。又以私錢猥多，不能悉禁，乃令外路每一私錢，計小平錢三，以小錢易於官，在京以四小平錢易之。京師出納及民間貿易，並大小錢參用，而私鑄小平錢輒行用。立搜索告捕罪賞，越江、淮入汴錢至京者，一依當十錢法。御史張茂直請嚴私販當十之令，綱舟載卸，皆選官監索，保無藏匿，舟車兜擔，即疑慮私販者，並聽搜索；而福建民或私鑄轉入淮、浙、京東等路者，所由州縣官司皆治漏逸之罪，不以赦免。法滋密矣。

大觀元年，張茂直復言：「州縣督捕加峻，私小黄錢投委江河，不敢復出。請令東南州縣置木匱封鍵於闤闠中，聽民以私錢自投，如自首法。當三、當五錢，舟船附帶者，亦多棄之江河，請下諸路撈漉。」

時蔡京復相，再主用折十錢。二月，首鑄御書當十錢，以京畿錢監所得私錢改鑄，尋興復京畿兩監，以轉運使宋喬年領之，用提舉京畿鑄錢司爲名。喬年鑄烏背漉銅錢來上，詔以漉銅式頒行諸路。

京之初爲折十錢，人不以爲便，帝亦知之。故崇寧四年以後，稍更其法，及京去位，遂詔諭中外。京再得政復行之，知盜鑄者必衆，將威以刑。會有告蘇州章綖盜鑄數千萬緡，遂興大獄。初遣李孝壽，又遣沈畸、蕭服，末以命知蘇州孫傑、發運副使吴擇仁。綖坐刺流海島，連坐者十餘人，時皆寃之。於是頒行大觀新修錢法於天下，申命開封府尹少、外路監司，各分州郡舉行，按舉能否，月檢會法令，使民知禁。用孫傑言，盜鑄依淮東重法地，囊橐强盜之家，籍其財以待賞，居停鄰保並均備告驗；私錢依私茶法，給隨行物；州常椿盜鑄賞錢五千緡，州縣稽於施行，監司失察，不以赦原。是歲，京畿既置錢監，乃專鑄當十大錢，而小平錢則鑄於諸路。既而當十錢少，復置真州鑄錢監，以本路所换錢不依式者及諸司當二見緡，用舊式改鑄當十錢。

明年，令江、池、饒、建州錢監，自來歲以鑄當十五分鑄小平錢。申嚴私鑄之法，即託權要事勢，度越關津，拒捍搜索者，雖輕以違制論，載御物者同之。初，崇寧五年，始禁陝西鐵錢行於興元府等界。至是，又以鐵錢猥多，禁陝西鐵錢入蜀。有董奎者，爲走馬承受，遂令以鐵錢三折銅錢一，事聞，責奎以妄肆胸臆，致幣輕物重，奎遂即罪。

三年，申當十錢行使之令，益以京東、京西，而河北並邊州縣鎮砦、四榷場及登、萊、密州緣海縣鎮等皆禁。時蔡京復罷政矣。四年，詔：「鼓鑄當十錢多，慮法隨以弊，其止鑄舊額小平錢。」張商英爲相，奏言：「當十錢爲害久矣。舊小平錢有出門之禁，故四方客旅之貨，交易得錢，必太半入中末鹽鈔，收買告牒，而餘錢又流布在市井，此上下内外交相養。自當十錢行，以一夫而負八十千，小車載四百千，錢既爲輕齎之物，則告牒爲滯貨，鹽鈔非得虚擡之息則不行。臣今欲借内庫并密院諸司封樁紬絹、金銀并鹽鈔，下令折十錢限民半年所在送官，十千給銀絹各一匹兩，限竟毋更用。俟錢入官，擇其惡者鑄小平錢，存其好者折三行用。如此則錢法、鈔法不相低昂，可以復舊。」

利州路提刑司言：「舊銅鐵錢輕重相尋，以大鐵錢一折小銅錢二，今大鐵錢五止當一銅錢，比舊輕十倍。又流入川界，錢輕物重，頗類陝西。欲將折二大鐵錢以一折一，雖稍減錢數，錢必稍重。」詔許陝西鐵錢入蜀仍舊，盡釋其禁，且命以今物價量宜裁之。

政和元年詔：「錢重則物輕，錢輕則物重，其勢然也。今諸路所鑄小平錢，行之久而無弊，多而不壅，爲利博矣。往歲圖利之臣鼓鑄當十錢，苟濟目前，不究悠久，公私爲害，用之幾十年，其法日弊而不勝。姦猾之民規利冒法，銷毁當二、小平錢，所在盜鑄，濫錢益多，百物增價。若不早革，即弊無已時。其官私見在當十錢，可並作當三，以爲定制。尚慮豪猾憚於折閲，胥動浮言，可内自京尹，外逮監司、郡縣，悉心開諭。」

政和元年，錢輕物重，細民艱食，詔：「應陝西舊行使鐵錢地，並依元豐年大鐵錢折二，公私通行，夾錫錢同之，毋得分别。見存鐵錢，毋改更鑄夾錫，河東官私折二、夾錫錢同之。」

童貫宣撫陝西，以詔亟平物價，帥臣徐處仁切責其非，坐貶。錢即經略鄜延，抗疏言：「詳考詔旨，謂鐵錢復行，與夾錫並用。慮姦民妄作輕重，欲維持推行，俾錢物相直，非欲以威力脅制百姓，頓減物價於一兩月之間。今宣撫司裁損米穀、布帛、金銀之價，殆非人情。徐處仁言雖未盡，所見爲長，望速詢其實。如臣言乖謬，願同處仁貶。」詔即妄有建明，毁辱使命，謫置偏州。尋亦罷行夾錫錢，且禁裁物價，民商貿易，各從其便。繼而童貫復請與舊法鐵錢並折二通行。知閺鄉縣論九齡俄坐以銅錢一估夾錫錢七八，并知州王寀、轉運副使張深俱被劾。時關中錢甚輕，夾錫欲以重之，其實與鐵錢等，物價日增，患甚於當十。

二年，蔡京復得政，條奏廣、惠、康、賀、衡、鄂、舒州昨鑄夾錫錢精善，請復鑄如故，廣西、湖北、淮東如之，且命諸路以銅錢監復改鑄夾錫，遂以政和錢頒式焉。夾錫錢既復推行，錢輕不與銅等，而法必欲其重，乃嚴擅易擡減之令。凡以金銀、絲帛等物貿易，有弗受夾錫、須要銅錢者，聽人告論，以法懲治。市井細民朝夕鬻餅餌熟食以自給者，或不免於告罰。未幾，以夾錫錢不以何路所鑄，並聽通行。

二十四年，罷鑄錢司歸之漕司。二十七年，出版曹錢八萬緡爲鑄本，歲權以十五萬緡爲額。復饒、贛、韶鑄錢監，以漕臣往來措置，通判主之。殿中侍御史王珪言泉司不可廢，復以户部侍郎榮薿提領，許置官屬二員。二十八年，出御府銅器千五百事付泉司，大索民間銅器，得銅二百餘萬斤，寺觀鐘、磬、鐃、鈸既籍定投税外，不得添鑄。二十九年，令命官之家留見錢二萬貫，民庶半之，餘限二年聽轉易金銀，算請茶、鹽、香、礬鈔引之類，越數寄隱，許人告。

孝宗隆興元年，詔鑄當二、小平錢，如紹興之初。乾、淳迄于嘉泰、開禧皆如之。乾道六年，併鑄錢司歸發運司，尋復置。八年，饒州、贛州復各置提點官。以新鑄錢殺雜，提點鑄錢及永平監官、左藏西庫監官、户部工部長貳官責降有差。九年，大江之西及湖、廣閒多毀錢，夾以沙泥重鑄，號「沙毛錢」，詔嚴禁之。淳熙二年，併贛司歸饒州。慶元三年，復禁銅器，期兩月鬻于官，每兩三十。湖州舊鬻監，至是官自鑄之。二年，禁銷錢爲銅器者，以違制論，爐户決配海外。復神泉監，以所括銅器鑄當三大錢，隸工部。

嘉定五年，臣僚言江北以銅錢一折鐵錢四，禁之。時銅錢之在江北者，自乾道以來，悉以鐵錢易之，或以會子一貫易銅錢一貫。其銅錢輸送行在及建康、鎮江府。凡沿江私渡及邊徑嚴禁漏泄，及於邊界三里内立堠，如出界法；其易京西銅錢，如兩淮例。京西、湖北之鐵錢，則取給於漢陽監及興國富民監，後併富民監於漢陽監，以二十萬爲額。

**又 《范坦傳》** 召爲户部侍郎，論當十及夾錫錢之弊。以便親請外，知河陽。入辭，徽宗曰：「夾錫錢之害，甚於當十，宜速正之，爲一道率。」坦至，即奏罷之。政和初，復爲户部，遂改當十錢爲當三；罷淮鹽入東北；鬻諸州公田，以實常平。又上疏言：「户部歲入有限，用則無窮。今節度使八十員，留後至刺史數千員，自非軍功得之，宜減其半奉；及他工技末作，一切裁損。」時以爲當。時張商英爲相，坦多與之合。及商英去，言者論坦助爲覆竭之説，以摇衆聽；又言坦建議鬻田，改常平法，廢元符令及罷夾錫錢之罪，貶黄州團練副使，安置韶州。以赦，復徽猷閣待制，卒，年六十二。

**《金史·食貨志·錢幣》** 金初用遼、宋舊錢，天會末，雖劉豫「阜昌元寶」「阜昌重寶」亦用之。海陵庶人貞元二年遷都之後，户部尚書蔡松年復鈔引法，遂製交鈔，與錢並用。正隆二年，歷四十餘歲，始議鼓鑄。冬十月，初禁銅越外界，懸罪賞格。括民間銅鍮器，陝西、南京者輸京兆，他路悉輸中都。三年二月，中都置錢監二，東曰寶源，西曰寶豐。京兆置監一，曰利用。三監鑄錢，文曰「正隆通寶」，輕重如宋小平錢，而肉好字文峻整過之，與舊錢通用。

八年，民有犯銅禁者，上曰：「銷錢作銅，舊有禁令，然民間猶有鑄鏡者，非銷錢而何。」遂併禁之。

**《元史·食貨志》** 若錢，自九府圜法行于成周，歷代未嘗或廢。元之交鈔、寶鈔雖皆以錢爲文，而錢則弗之鑄也。武宗至大三年，初行錢法，立資國院、泉貨監以領之。其錢曰至大通寶者，一文準至大銀鈔一釐；曰大元通寶者，一文準至大通寶錢一十文。歷代銅錢，悉依古例，與至大錢通用。其當五、當三、折二，並以舊數用之。明年，仁宗復下詔，以鼓鑄弗給，新舊資用，其弊滋甚，與銀鈔皆廢不行，所立院、監亦皆罷革，而專用至元、中統鈔云。

**明·朱國禎《湧幢小品》卷二** 内庫銀錢 國朝内庫以甲、乙、丙、丁、戊爲號，而不及己。戊，茂也。己，已也，止也，從此漸耗，故避不取。然勢亦有所必至矣。

北工部用銀千以上者題請，南自百以上即題，然亦未嘗數數也。

錢一緡計一千，值銀一兩。唐鹽利四十萬緡，劉晏爲轉運使，至大曆末，六百餘萬緡。以絹代錢者，每緡加錢二百，以備將士春服。其曰每貫者，八百五十文爲一貫。

**明·方以智《通雅》卷二七《事製·貨賄》** 委府，均輸籠貨物之府也。漢少府屬官有御府尚方，典作衣服，具白委府。郡置輸官曰均輸。開委府於京師，以籠貨物。《後志》：凡山澤陂池之税，名曰禁錢，屬少府。天子藏錢曰少府，諸侯曰私府。

**《明史·食貨志》** 屬連歲大侵，四方流民就食京師，死者相枕藉。論者謂錢法不通使然。於是御史何廷鈺條奏，請許民用小錢，以六十文當銀一分。户部執不從。廷鈺訐奏尚書方鈍及郎中劉爾牧。帝怒，斥爾牧，採廷鈺議，命從民便。且定嘉靖錢七文,洪武諸錢十文,前代錢三十文,當銀一分。然諸濫惡小錢,以初禁之嚴,雖奉旨間行,竟不復用,而民間競私鑄嘉靖通寶錢,與官錢並行焉。

給事中殷正茂言:「兩京銅價大高,鑄錢得不償費。宜採雲南銅,運至岳州鼓鑄,費工本銀三十九萬,可得錢六萬五千萬文,直銀九十三萬餘兩,足以少佐國家之急。」户部覆言:「雲南地僻事簡,即山鼓鑄爲便。」乃敕巡撫以鹽課銀二萬兩爲工本。未幾,巡撫王昺言費多入少,乞罷鑄。帝以小費不當惜,仍命行之。越數年,巡按王諍復言宜罷鑄。部議:「錢法壅滯者,由宣課司收税以七文當一分。姦民乘機阻撓,錢多則惡濫相欺,錢少則增直罔利,故禁愈繁而錢愈滯。自今準折聽民便,不必定文數,而課税及官俸且俱用銀。」乃罷雲南鑄錢,而從户部議。

初制,歷代錢與制錢通行。自神宗初,從僉都御史龐尚鵬議,古錢止許行民間,輸税贖罪俱用制錢。啓、禎時廣鑄錢,始括古錢以充廢銅,民間市易亦擯不用矣。莊烈帝初即位,御平臺召對,給事中黄承昊疏有銷古錢之語。大學士劉鴻訓言:「北方皆用古錢,若驟廢之,於民不便。」帝以爲然。既而以御史王燮言,收銷舊錢,但行新錢,於是古錢銷毀頓盡。蓋自隋世盡銷古錢,至是凡再見云。

**清・談遷《棗林雜俎和集・叢贅》** 錢弊

崇禎時錢法日壞,薄小如鵝眼苻葉。南京禮部右侍郎錢塞菴入相,携户部夾鑄錢若干欲上之,爲烏程所阻。

癸未冬,錢法侍郎□□請禁萬曆、泰昌、天啓錢,止行崇禎錢。而崇禎錢少,一時苦之。都市常曰:「拿崇禎來。」或應曰:「崇禎能有幾日!」識者知其非祥。

**清・孫承澤《春明夢餘録》卷三八《户部四・寶泉局》** 寶泉局,在皇城東北。國初錢法專屬工部寶源局。自天啓二年,始設户部錢局,以右侍郎督理之,名錢法堂,加爐製造,以濟軍興。

户部尚書侯恂條陳鼓鑄事宜

議禁私販　昔唐陸贄之論錢法也,以爲宜廣即山殖貨之功,峻用銅爲器之禁,二策並行,不可偏廢也。今或離銅場頗遠,則其勢不得不出於買,乃私販之禁,有不可不與銅器俱嚴者。夫一處之銅而止供一處之用,則價平矣;一處之銅而供數十處之用,則銅價踴矣。以今銅之流行,遍天下皆是。召買嗇於公家,斂藏溢於私室,人人吴、鄧,處處罏錘,銅産幾何,能不騰躍?而況於官買與私買争,其數不敵。何者?官價估有定例,其價必平;私買乘隙暗投,其價多侈。官買或有别費,而給發不無稍緩;私買並無破冒,而交兑畧不踰時,市井嗜利,誰肯捨此就彼?其流之弊必至銅盡歸於私鑄,而官買束手矣。考嘉靖三十四年,嚴禁商賈人等不許私販銅、錫,以致價值騰踴,謂宜著爲厲禁:凡往産銅、産鉛處所收買銅、鉛,必告投本處官司,給有批文,方許運發,經過關津,驗批免税。除兩京及滇、蜀、秦、楚四省聽商人從便往賣,報官收買。如驗無批文及闌出他省,致被覺獲,即比依盗掘銅、錫律,人論罪,貨没官。至若私鑄開頭,尤在於點造。蓋鑄錢之銅,必將紅銅配鉛,點造成黄,而後可鑄。請飭天下,凡有私設點爐者,罪即比於私鑄。知而不舉,即與連坐。庶幾私鑄可絶,而官買乃可繼也。

議重制錢　錢法之弊,由於盗鑄者多。盗鑄非薄劣則無所得贏,往往摩官錢取鎔(鉛),而殽之以鉛、錫,於是減輕其價,以與制錢雁行。於是市井愚民,惶惑莫知適從。奸商當鋪因而爲奸,每於通衢闠隘倡言某錢盛行,某錢不行,轉相煽弄,既貴賣其所積以圖目前之利,又賤收其所棄以圖他日之利。時而私錢得與官錢並價,此其所積者多而欲出也;時而私錢二三文折官錢一文,此其所收者少而欲入也。若輩操其利權,錢法受其壅滯,豈可無整齊之術,聽奸錢日生而莫之禁乎?今有捷法於此。大凡盗鑄者,每鑄新錢而不鑄舊錢,蓋舊則真僞難欺,而新則耳目易眩。請敕天下,除雜年號錢難以畫一,惟崇禎通寶體製色澤務取相同,每錢一文重一錢二分五厘,如有輕重不合式者,即係盗鑄。推究所由,真犯匠人,依天啓三年令擬斬無赦,其知情買使及販賣行使者,查照律從重問擬。令下限三月内,許民間將前所收買私鑄錢自行首出倒换,依嘉靖六年例照銅價給與價銀,免其私販之罪。敢隱藏不出首者,事發,比照私鑄銅錢爲從者律問罪。收過私錢,即與銷化爲銅,以俟改鑄。如是,則於官法獲全,而於民情不厲,其下令於流水無疑矣。若夫前代古錢及歷朝舊錢,流通已久,方俗所便,不必禁斷。官民出納,惟崇禎通寶不許留難,而其他雜錢,第聽民間轉輸自便,官不許收一文。天下曉然,見雜錢與制錢貴賤不敵,積漸以往,勢必棄雜錢不用。如願赴官倒换,亦準爲照銅價收買,而後一王無偶之利柄,於是可全收也。

議權出納　幣有出有入,流而不息,故曰泉府。若上自爲壅,而求下之疏,即日肆人於市,無爲也。漢律,人出一算,算百二十錢,則民賦以之矣。館陶主爲其子求郎不許，賞錢千萬，則恩賚以之矣。隆慮主以錢千萬爲其子贖死，則罰鍰以之矣。又募豪民入粟縣官，而內錢於都內，則開納以之矣。諸胡降者，贍以少府禁錢，及時出內庫錢賜軍士，則餉賞皆以之矣。今有司承行錢之令，出則無慮不普發於民，而納則不肯收一文，是自賤之也。自賤之，而欲人貴之，其勢焉得？民愚相煽，閉匿觀望，每至聚市而譁，而錢遂不可行矣。夫解京之入，濟邊之出，其有待於銀也似也。以其爲物輕微易藏，可以多致也。錢固重質，而若各項存留爲地方用者，即以錢出入焉，誰曰不可？誠令郡縣於存留銀內只徵其半入錢，即贖金亦兼輸之。自大吏監司而下，倣在京文武官常祿例，以錢充俸薪。其師生廩餼，驛、站兵糧，各役工食及公費供億之類，但不關起解者，悉取給於錢。而遺下不發之銀，即可盡行解京，則所得錢息，即在乎其中。行之十年，而天下之銀盡輦而歸之於京師矣。況乎錢下而不上，則其權在市井；上而下，下而上，則其權在朝廷，誠實其貴賤。用歛散之法，以在官者爲母，在民者爲子，當其賤，則存留錢糧盡行收錢，而賤者可貴；當其貴，則各項關給盡行散錢，而貴者可賤。蓋錢太賤則病官，太貴則病民，故用此法以均之。管子所謂使之一高一下，不得有調；賈誼所謂輕則以術斂之，重則以術散之，以調盈虛，以收奇羨，皆此意也。然有司之不肯爲此者，有兩端焉：或以貪，或以朦。凡銀之出納，有耗有羨，而錢則一文不過一文已耳。利無所漁，必故爲齟齬以破壞之。其自飽者，貪也；其中於胥役之口者，朦也。

**又**　崇禎十六年十月二十六日，內閣錢法揭帖。適蒙發下匣封，內一件。奉御批：疏通錢法，本爲便民，已有諭旨。前先生每曾議買收作銅，良是。近聞低錢甚多，著司鑰庫及五城親行收買，不許驚擾。如有胥役故違需索害民的，必殺無赦。該城動用房號銀兩，該庫動用新錢，隨收隨碎，類解該局鼓鑄。將收過數目，一月一回奏，仍以收錢多寡爲諸御史殿最。先生每商酌可否，擬旨來行，欽此。竊惟鼓鑄一事，既可足國，兼以便民，苟爲民所共趨，則於國自無不足。恭誦御劄，收買低錢，嚴禁擾害，德意周密，具得王政理財之本。大約低錢不許流行，則其勢必賤，而又以房號銀及新錢收之，則在民亦不甚虧。民既安，官復不擾，視古之嚴禁荇葉、鵝眼，至重刑不能止者，功相萬也。而私販無大利，則私鑄亦不禁而自止矣。惟是低錢多夾鉛沙，鎔化不免銷蝕，而新錢因此遂同泉布之流，爲利實大。且聞價亦甚廉，第准市價稱提，似亦不甚懸絕也。惟在鑄局弘開，使新錢接續不匱而已。

又十一月十七日揭。適奉御批：屢有旨疏通錢法，本欲足國便民。近聞賤濫愈甚，小民反成苦累，皆由經管官通未遵行，姑免察究。再行申飭，將一切低假薄小之錢概禁行使。五城御史仍遵旨收買，勒限十日內一奏。其京城所有錢桌、錢市，著廠衛五城衙門嚴行禁飭巡緝，仍將獲過起數一月一奏。先生每商酌，擬旨來行，欽此。竊惟低錢不盡，則制錢不行；而禁誡不嚴，則低錢亦未遽盡。恭讀聖諭，深得窮源制流之法。謹即祗遵恭謄，酌擬進呈。昨憲臣李邦華謂收之尚苦無本。臣等竊謂各官捐資助鑄，宜悉令收買低錢解庫，立行舂碎，則不煩嚴禁，而低錢可旦夕盡除。臣等即將助鑄原價先行收買外，并於諭稿拈出，以便遵行。伏候聖裁。原奉批摺，尊藏閣中。謹題。

**又**　錢法

國初，禁金、銀，不得交易。百文以上用鈔，百文以下用錢。法至善也。故鈔法日廢。而民間有換易之苦，水火之苦，故亦不甚便。有收課者，漸改鈔而爲銀。收者爲銀，則用者愈阻，遂爲一貫之鈔，法值銀一兩者，而僅折銀三二釐不等。商課日虧，官祿日薄，而祖宗之良法盡矣。

**又　卷四七《工部二·寶源局》**　寶源局，在城之東石大人衚衕，蓋石亨舊宅也。亨伏誅，宅没入官。嘉靖中，賜仇鸞。鸞敗，復没入官，因改爲鼓鑄公署。虞衡司員外郎監督其事，所屬有寶源局大使。國初鼓鑄之事惟屬工部，至天啓二年，始增寶泉局，其政屬於户部，而工部之所鑄者微矣。

謹循職掌，條議於後：一曰，責專官。凡錢法不行，以有司不肯收錢，徒責之小民也。所以使有司得操其收不收之權者，由朝無專責之官，以錢法委之有司。不知錢法行，有司之所不便也。欲行錢，宜責成司道官董其事，選委地方廉幹屬官分理，每年差御史一員巡視，以錢法之行滯，注各官之能否。事干錢政，一體糾劾。庶事有責成，不致推諉，底績不難矣。二曰，定規則。凡官吏所以喜收銀，以收銀有加耗、稱頭，支放有那移、侵減，若錢不可期，羨不可隱，銀輕易聚，錢重難携，故百計阻格。今宜先立規制，自某年始，有司徵稅，除起運照舊收銀，其餘存留、支放者，銀、錢中半兼收，小民不許一概納銀，有司不許一概收銀。令納户赴各府鑄局换錢回本處州、縣納庫，每紋銀一錢，限换與小民銅錢八十五文；小民納銀一錢者，止徵銅錢八十三文。官給錢與鋪户變賣，亦照八十三文；鋪户賣與小民，紋銀一錢限八十一文；小民自相交易，止八十文。如此，則民有微息，無不悦從矣。一切上下俸薪並工食，俱銀、錢中半支給。各府、州、縣扣定每歲除半銀若干外，該半錢若干，申詳合於上司，刊入由票，永爲遵守。各衙門贓罰、紙贖，亦銀、錢兼收。或全收銅錢，尤見美意。敢有勒要小民全銀，希圖加耗者，巡按御史參究。三曰，廣鑄局。官不收錢，民無用錢之處，故錢法不行；官既收錢，民無錢可用，法亦不行。或議每省設一鑄局，以一局供數十州縣，不足用也。錢初行須布散周流，多開鑄局，廣募工匠，大府地廣糧多者，一府一局，量州、縣之數，爲爐之多寡。小府錢糧少者，一道設一局可也。工部選寶源局萬、靖新錢，金背平圓光亮者，每省給樣錢二三千文，該布政司轉發各府，依樣鑄造。不必大重，每錢一文，定制官法馬一錢二分爲準。每銅加錫一斤，鑄錢一百三十文有奇。銅、錫驗勘，原解足色下火，不許工匠偷換摻和。字畫邊文，務鑿礲光平，俱以大明通寶四字爲文，以便永行。如式樣歪薄，文理糢糊，比式不合者，監造官初犯戒飭，再犯追賠。鑄造如法者，工匠加賞，仍令轉相教習。其局中一應利弊，聽監造官講求禁緝，因考其能否，三年之後，錢多足用，量議減局。四曰，採礦銅。買銅鑄錢，則所費多。今雲南、陝西、四川、廣東各省有銅礦，爲姦商專擅；或封閉未開，爲土人竊發。宜選廉幹官一員爲錢運使，專理銅課，重其權而久其任，臨洞開採，禁緝私販。各省巡錢御史，按季差委的當職官，給與勘合公文，前去運使衙門關領官銅回省，轉給各府鑄造。其各省支銅，量各礦近便者坐派每歲支銅若干，即以地方銀錢中半兼支之數起例，假如應支銅錢一萬三千三百文，坐派銅一百斤。以錢輕重，準銅之多寡。如礦銅一時採銷不敷，設法權買接濟。其鑄法，每銅一斤和錫數兩，則錢色光潤。宜於該省出錫地方，每歲酌量派徵本色錫若干，解赴錢運司收貯，照數轉給。每給銅一百斤，搭錫若干斤，傾驗足色，交付解官領回。巡錢御史衙門勘驗，轉給錢法道，給散該府。五曰，歲工本。起鑄須工本。工本無措，稱法不便者藉口矣。今必不費官帑，但查該府各州、縣額派存留銀兩，先一年十二月預借徵四分之一解府支用，假如一縣存留銀共二千兩，移五百兩解用，候鑄錢成，儘先給還。前銀每兩照例給還算錢八百三十文，通計原銀五百兩，該還銅錢四十一萬五千文，領回兼銀支放，或即以準小民初一年納錢之數亦可。大約鑄造之費，每銀一兩，可鑄錢一千二百文；銀五百兩，可鑄錢六十萬，而還抵之外，尚餘錢一十八萬五千文，給鋪户變賣，可值銀二百二十二兩九錢。此皆以尋常費工本鑄造者論也。若因銅於礦，不勞買辦，止於匠作工食，所費益無幾矣。奉行得人，前銀五百兩可無多費，而更增二百二十兩有奇之息，由五百兩以推至千萬，由一縣推之天下，即此那借子息，已不下百萬矣。自此以後，惟因自然之利，盡人官之力，有增無減，錢日多於下，利日歸於國，大倉之積，計日可充矣。六曰，鑄大錢。錢法始行，鑄造不行，則有權宜變通之法。古者以大錢爲母權子行，其費少而利多。今宜另開秘局一所鑄大錢，或一當三十，或一當五十，務極精工，不必大重，但以文爲別，曰大明通寶，旁註當三十字樣，與小錢三七或四六兼行。背鑄文曰：私鑄者斬，四隣籍没；告者賞銀一百兩，誣告反坐。蓋利厚，私鑄起禁不得不嚴。先令寶源局鑄樣頒給，各省依式監造，以佐小錢之不給。七曰，算歲息。查每年運司給過某省銅、錫若干，即依銅一斤鑄錢一百三十文起算，比對本省該年應鑄過銅錢若干；又依銅錢每八十五文賣銀一錢，比算本省額銀一半收錢之數，即知各局一年該换過銀若干。假如一省該存留支給銀十萬兩，即該一半换錢，計四千二百五十萬文；該領過運司銅、錫三十二萬四千四百九十斤有奇；該變賣過銀五萬兩濟邊，此其大約也。八曰，禁盗鑄。官錢精好，則通行無滯。錢精好，工費多，姦民無厚利，盗鑄自少。盗鑄之錢，自然粗惡，官錢一被混雜，民遂嚣然疑阻，錢法之壞多由此。所以從來禁私鑄，非但爲利權不可下移，亦以防阻滯也。今宜嚴爲之禁，但捕獲私鑄真贜者，一文以上皆斬；知而不舉者連坐；出首得實者，賞銀二十兩。九曰，嚴稽算。各局鑄錢，事干軍儲，凡逐年收過銅、錫，鑄過新錢，賣過銀兩，起解過數目，責成監守置籍稽查，勿使工匠朦朧冒破，吏胥那移、侵欺。此一廉幹御史理之有餘矣。十曰，重賞罰。令行禁止，存乎賞罰。信賞必罰，天下無不辦之事；苟且依違，則仍成故套。今國計艱窘，忠藎之士自然曲體，其偷安蒙蔽者，必惡臣言多端，遮飾了事，是今日之痼疾也。宜著爲令：凡各官能疏通錢法，每年鑄錢解銀如額者，超級陞用；貪惰違玩，阻格不行者，聽錢法御史參提重處。當超陞者決然超陞，當參問者決然參問。令出必行，禁出必止，有不沛然四達者乎？十一曰，曉愚民。夫錢本銅也，而以代銀，民用銀久，一旦更易，不能無疑。不肖官吏，乘隙煽惑，則陰壞其法。宜令該部轉行申諭各省，開示各府、州、縣軍民人等，詳曉以朝廷便民、抑貪、省斂之意，勿使姦吏猾胥倡爲浮議，庶閭閻遵信，則令行如水。十二曰，信命令。前此錢法，亦常議行，未幾報罷。今民欲蓄錢，恐一旦中改，則錢之積無用。宜詔諭天下，確然示以必行永久之意，使百姓安心，爲長久計。十三曰，聽販賣。地方商人屯錢販賣，官司往往禁之。蓋因錢少，販多則地方空虛，民不足用。今既廣開鑄局，則錢多，販賣者亦多，流通布散，小民得錢，易於出手，亟宜聽之。十四曰，因民便。

各省舊用錢地方多舊錢，或者議禁舊錢，以疏新錢，民未見利，先稱害矣。宜聽新舊兼用。若淮北用鵝眼，雲南用海蚆，隨便兼行。至於原用銀地方，則決然全用新錢。以上十四條，皆據臣職掌，謬陳一得。倘垂采納，未必非軍需之一助也。

**佚名《銅政便覽・採買》** 滇銅供京運局鑄之外，其亟於籌撥催儹者，凡以供採買而已。今天下十八省仰給於滇者，凡十運員，歷萬里之遠，水陸轉輸，動易年歲。嚴之以限期，核之以報銷，爲法至（寧）[密]，而爲例至周。充是役者，固常隨時隨地循例奉行，以期無忝厥職者也。因志採買，始例限，終報銷，而各省辦過之次數亦備載焉。

採買例限

凡各省委員赴滇採買銅斤者，以委員到滇兑收銅價之日起，限布政司撥給銅斤一月，委員辦理文件請領運脚一月，招僱牛馬十萬斤者一月，二十萬斤者一月十日，三十萬斤者一月二十日，四十萬斤至五十萬者二月。

凡各廠店兑銅一二千斤及八九千斤者限一日，三四萬及十萬餘斤者，照瀘店每日兑發京銅一萬四千七百餘斤之例核扣。

凡委員自省赴下關店領運，計十二站半，限十三日。由下關運回省一萬斤以上者十二日半，五萬斤以上至十萬斤者加十二日半，如中途雨水阻滯寬限六日。

凡委員赴易門縣領運義都、萬寶二廠銅斤，計六站，限六日。由廠運回省一萬斤以上者六日，五萬斤以上者加六日，中途雨水阻滯寬限四日。

凡委員在省改煎寧台廠銅斤，建蓋爐房、打造爐座限六十日，改煎銅一萬限十日。

凡九省江蘇、浙江、廣西、廣東、江西、陝西、福建、湖南、湖北。委員領運上游各廠銅片，由省城轉運剥隘計二十四站，自省至竹園村計八站，馬運。由竹園村至剥隘計十六站，牛運。十萬斤者，定限九十日。馬運八日，牛運三十日，往返轉運加二十日，雨水阻滯、牛馬倒斃，限六日。二十萬斤者一百二十日，三十萬斤者一百五十日，四十萬斤者一百八十（口）[日]。如撥路南各廠銅斤，則由竹園村赴鳳凰坡、紅石岩廠領運，計二站，限二日。由廠運至竹園村限二日。赴紅坡、大興二廠領運計三站，限三日。由廠運銅回竹園村限三日。赴發古廠領運計十五站，限十五日。（串）[由]廠運回竹園村限十五日。由剥隘赴文山縣領運竜邑、者囊二廠銅斤，自剥隘至開化府城計十三站，限十三日。自開化至者囊計四站，限四日。由廠運回開化，牛運，限八日。自開化至竜邑計二站，限二日。由竜邑運回開化，牛運，限四日。由開化轉運至剥隘，牛運，限二十六日。由剥隘赴蒙自縣店領運金釵廠銅斤，計十七站，限十七日。由蒙自縣店運回剥隘，牛運，十萬斤者，限七十五日，自蒙自至剥隘三十四日，往返轉運加限三十四日，（再）[雨]水阻滯、牛隻倒斃，寬限七日。二十萬斤者限一百日，三十萬斤者限一百二十五日，四十萬斤者限一百五十日。

凡貴州委員領運上游各廠銅斤，由省城轉運平彝計七站，牛運，十萬斤者限三十四日，自省至平彝十四日，往返轉運加限十四日，雨水阻滯、牛隻倒斃，寬限六日。二十萬斤者四十五日，三十萬斤者五十六日。如撥路南各廠銅斤，由平彝赴鳳凰坡領運計七站，限七日。由廠運回平彝，牛運，限十四日。赴紅石岩領運計八站，限八日。由廠運回平彝限十六日。赴紅坡、大興領運計六站，限六日。由廠運回平彝限十二日。赴發古領運計八站，限八日。由廠運回平彝限十六日。由平彝赴蒙自店（店）領運金釵廠銅斤計十五站半，限十五日半。由縣店運回平彝絲十萬斤者，限六十九日。自縣店至平彝銀三十一日，往返轉運加限三十一日，雨水阻滯、牛隻倒斃，寬限七日。二十萬斤者九十二日。

凡運員限期，均按廠分銅數遠近多寡核扣，如值五六月脚户歸耕、八九月收穫之時，不能趲運前進，例由地方官查明結報，展限兩月。如運員中途患病，亦由地方官查明取結，加給申報，將病痊日期於掃幫文内（串）[申]明扣除。

運員逾限處分

凡各省委員赴滇採辦銅斤，逾限不及一月者免議，一月以上者罰俸一年，兩月以上者降一級留任，三月以上者降一級調用，四月以上者降二級調用，五月以上者降三級調用，半年以上者革職。乾隆四十年[一七七五年]吏部奏准。

撥銅章程

凡撥各省採買銅斤，例於委員到滇之日，將應買銅斤指定廠所，一面開明斤數、成色，咨會各省；一面飭令廠買按照部定成色秤兑，仍取其委員實收及並無低潮夾雜鈐結。如委員濫收，至本省交銅時驗有不足成色者，即令委員賠補，照例查參。凡撥給銅斤，係按委員到滇之先後，挨次輪撥，有同時並到者，按各省程途之遠近，先撥遠省，後及近省。

僱募夫馬

凡各省委員採辦銅斤應需夫馬，責令地方官協同僱募，按起具詳巡撫衙門，發給協僱夫馬牌一張，交委員辦運。仍飭地方官會同僱募，如有勒掯刁難貽誤遄行者，將協僱不力之地方官，照運員無故躭延例附參。乾隆三十七年［一七七二年］案。

寄存運脚

凡各省委員採辦銅斤，備帶運脚雜費銀兩，解貯雲南布政司庫，俟撥給銅斤之後，核明需用銀數，陸續具領辦運。乾隆三十七年［一七七二年］案。

借支運脚

凡各省委員採辦銅斤，原帶運脚不敷，例得(共)［具］文借領。滇省按照銅數之多寡，程站之遠近，自一千兩以至二千兩爲度，此外不准多借。乾隆五十五年［一七九〇年］案。

凡各省辦銅委員在滇借支運脚，查明原咨，如已全發，在滇撥銅亦無躭延者，概不准其借給。如本省未經發足，滇省撥銅雖在限内，而不敷辦運必應借支者，務須核明程站遠近、銅數多寡，及各省歷運准銷成例，核計找領銀數，切實借給。各省即於委員辦竣報銷時，將所借銀兩照數扣抵。倘有未完，勒限三月，如有遲延，即行查參。所借銀兩，在各上司名下攤完。如本省運脚即未發足，滇省撥銅又遲逾例限，因而運脚不敷，不得不借或致無着者，滇省與本省各半分賠。嘉慶三年［一七九八年］案。

報銷運脚

凡滇省大美、大寶、香樹、馬龍、寨子箐等廠銅斤，零碎各廠員運省交雲南府收存，轉發各省委員領運。其白羊、寧台等廠銅斤運至下關收存，轉發各省委員領運。至附近省城之義都、萬寶、青龍及下游各廠銅斤，仍令各省委員，自行僱脚赴廠領運。乾隆四十年［一七七五年］案。

凡各省委員領運上游銅斤，自下關至省並義萬等廠，自廠至省所需運脚銀兩，由布政司庫發給。

委員僱運，歸入滇省銅廠奏銷案内報銷。其下游自省並自廠至剥隘所需運脚銀兩，聽委員於備帶運脚内支用，歸各本省報銷。

江蘇

乾隆五年［一七四〇年］，委員採買高銅三十萬斤，每百斤加餘銅一斤，每正銅百斤收價銀一十一兩。

七年［一七四二年］，委員採買金釵廠低銅三十萬斤，每百斤加耗銅二十三斤，餘銅一斤，每正銅百斤收價銀九兩。

十二年［一七四七年］，委員採買高銅十萬斤，低銅十萬斤。

二十七年［一七六二年］，委員採買高銅三十萬斤，低銅三十萬斤。

三十一年［一七六六年］，委員採買高銅三十萬斤，低銅三十萬斤。

四十二年［一七七七年］，委員採買金釵廠低銅四十萬斤。

四十五年［一七八〇年］，委員採買金釵廠低銅四十萬斤。

嘉慶五年［一八〇〇年］，委員採買高銅五十萬斤。照前每百斤加餘銅一斤，並不加給耗銅。《户部則例》每百斤加耗四斤，與滇省咨報兑發之數不符。

八年［一八〇三年］，委員採買金釵廠低銅五十萬斤。

十三年［一八〇八年］，委員採買金釵廠低銅六十五萬斤。照前加給耗餘銅斤，收價撥運。

江西

乾隆七年［一七四二年］，在九江地方截留滇省解運京銅五十四萬九千五百四斤，每百斤加餘銅一斤，運回江省供鑄，每正銅百斤，繳價銀一十一兩。

十年［一七四五年］，委員採買高銅二十八萬八千斤，每百斤加餘銅一斤。

十一年［一七四六年］及十八年［一七五三年］，委員採買二次，每次買高銅二十八萬八千斤，均照前收價。

十九年［一七五四年］，委員採買金釵廠低銅二十八萬八千斤，每百斤加耗銅二十三斤、餘銅一斤，每正銅百斤收價銀九兩。

二十年［一七五五年］及二十六年［一七六一年］，委員採買二次，每次買金釵廠低銅二十八萬八千斤。

二十七年［一七六二年］，委員採買高銅十萬斤，每百斤加耗銅四斤、餘銅一斤。又買金釵廠低銅二十八萬八千斤。

二十八年［一七六三年］，委員採買高銅四萬斤，低銅二十八萬八千斤。

二十九年［一七六四年］，委員採買高銅八萬斤，低銅二十三萬八千斤。

三十年［一七六五年］，委員採買高銅十六萬斤，低銅十二萬八千斤。

三十一年［一七六六年］，委員採買高銅十萬斤，低銅一十八萬八千斤。

三十二年［一七六七年］，委員採買高銅二十萬斤，低銅一十八萬八千斤。

三十三年［一七六八年］，委員採買高銅二十萬斤，低銅八萬八千斤。

四十二年［一七七七年］，委員採買高銅二十萬斤，低銅八萬八千斤。

四十七年[一七八二年]，委員採買高銅十萬三千六百八十斤，低銅十八萬四千三百二十斤。

四十八年[一七八三年]，委員採買高銅十萬三千六百八十斤，低銅十八萬四千三百二十斤。

嘉慶元年[一七九六年]，委員採買高銅十萬三千六百八十斤，低銅十八萬四千三百二十斤。

二年[一七九七年]，委員採買高銅五萬三千六百八十斤，低銅二十三萬四千三百二十斤。

三年[一七九八年]及十三年[一八〇八年]，委員採買二次，每次高銅五萬三千六百八十斤，低銅二十三萬四千三百二十斤。均照前加給耗餘銅斤，收價撥運。

浙江

乾隆五年[一七四〇年]，委員採買高銅六十萬斤，每百斤加[餘]銅一斤，每正銅百斤收價銀一十一兩。

十年[一七四五年]，委員採買高銅四十七萬八千三百七十[斤]，收價銀九兩二錢。

十四年[一七四九年]，委員採買高銅四十萬斤，收價銀一十一兩。

二十四年[一七五九年]，委員採買高銅二十萬斤，照前收價。又買金釵廠低銅二十萬斤，每百斤加耗銅二十三斤、餘銅一斤，每正銅百斤收價銀九兩。

二十六年[一七六一年]，委員採買低銅四十萬斤。

二十七年[一七六二年]，委員採買高銅三十萬斤，每百斤加耗銅四斤六兩，《户部則例》加耗銅四斤六兩三錢七分三釐，與滇省加給銅四斤六兩之數不符。餘銅一斤。

三十一年[一七六六年]，委員採買高銅十一萬斤，低銅十一萬斤。

三十三年[一七六八年]，委員採買高銅十一萬斤，低銅十萬斤。

三十四年[一七六九年]，委員採買高銅二十萬斤。

三十七年[一七七二年]至四十二年[一七七七年]，委員採買四次，每次買高銅十萬斤，低銅十萬斤。

四十五年[一七八〇年]至四十九年[一七八四年]，委員採買四次，每次買高銅十四萬斤，低銅十四萬斤。

五十一年[一七八六年]，委員採買高銅十九萬斤，低銅十四萬斤。

五十三年[一七八八年]，委員採買高銅十四萬斤，低銅十四萬斤。自五十三年[一七八八年]至嘉慶二年[一七九七年]，共買高銅十四萬斤，低銅十四萬斤。

嘉慶二年[一七九七年]，委員採買高銅十四萬斤，低銅十四萬斤。

三年[一七九八年]至五年[一八〇〇年]，委員採買三次，每次買高銅二十六萬斤，低銅十四萬斤。

六年[一八〇一年]，委員採買高銅十四萬斤，低銅二十六萬斤。此後按年委員赴滇採買一次，每次買高銅二十萬斤，低銅二十萬斤。均照前加給耗餘銅斤，收價撥運。

福建

乾隆五年[一七四〇年]，委正副運官(名)[各]一員赴滇，採買高銅二十萬斤，每百斤加餘銅一斤，每正銅百斤收價銀一十一兩。

七年[一七四二年]，委員採買金釵廠低銅二十五萬斤，每百斤加耗銅二十三斤、餘銅一斤，每正銅百斤收價銀九兩。

九年[一七四四年]，委員採買高銅五十萬斤。

十四年[一七四九年]，委員採買高銅五十萬斤，低銅十萬斤。

二十二年[一七五七年]，委員採買高銅三十萬斤，每百斤加耗銅四斤六兩，低銅三十萬斤。

二十五年[一七六〇年]，委員採買高銅三十萬斤，低銅三十萬斤。

二十八年[一七六三年]，委員採買高銅四十萬斤，低銅二十萬斤。此後每三年，委正副運官各一員，赴滇採買一次，正運每次買高銅四十萬斤，副運每次買低銅二十萬斤。均照前加給耗餘銅斤，收價撥運。

湖北

乾隆七年[一七四二年]，[委]員採買金釵廠低銅二十五萬八千九百八十四斤，每百斤加耗銅二十三斤，餘銅一斤，每正銅百斤收價銀九兩。

十三年[一七四八年]，委員採買高銅三十萬斤，每百斤加耗銅八斤、餘銅一斤，每正銅百斤收價銀一十一兩。

十五年[一七五〇年]，委員採買高銅二十萬斤，每百斤加耗銅三斤，餘銅一斤。

十七年[一七五二年]，委員採買高銅三十萬斤。

十八年[一七五三年]，委員採買高銅二十萬斤。

十九年[一七五四年],委員採買高銅五十萬斤。

二十年[一七五五年],委員採買高銅七萬五千斤,低銅七萬五千斤。

二十一年[一七五六年],委員採買高銅十七萬五千斤,低銅十七萬五千斤。

二十四年[一七五九年],委員採買高銅二十萬斤,低銅二十萬斤。

二十七年[一七六二年],委員採買高銅十五萬斤。

二十八年[一七六三年],委員採買高銅二十五萬斤。

二十九年[一七六四年],委員採買高銅二十六萬一千五十八斤。

三十年[一七六五年],委員採買高銅三十萬斤,低銅二十四萬斤。

三十二年[一七六七年],委員採買高銅三十萬斤,低銅二十萬斤。

三十三年[一七六八年],委員採買高銅三十萬斤。

三十五年[一七七〇年],委員採買高銅十萬斤。

三十六年[一七七一年],委員採買高銅十萬斤,低銅十萬斤。

三十九年[一七七四年],委員採買高銅三萬六千八百六十一斤八兩六錢,低銅十八萬斤。

四十年[一七七五年],委員採買高銅九萬六千六百九十七斤一兩八錢,低銅十八萬斤。

四十一年[一七七六年],委員採買高銅七萬二千三百八十斤十二兩三錢,低銅十八萬斤。

四十二年[一七七七年],委員採買高銅十二萬斤、低銅一十八萬斤。

四十六年[一七八一年],委員採買高銅二十二萬二千一百一十六斤。

四十九年[一七八四年],委員採買高銅二十萬斤。

五十年[一七八五年]至五十七年[一七九二年],委員採買七次,每次買高銅二十萬斤。

嘉慶四年[一七九九年],委員採買高銅二十七萬一百九十斤。

六年[一八〇一年],委員採買高銅二十八萬一百九十斤。

八年[一八〇三年]至十年[一八〇五年],委員採買高銅二十一萬四千三百三十八斤。

十三年[一八〇八年],委員採買高銅二十五萬四千三百三十八斤。

十五年[一八一〇年],委員採買高銅二十五萬四千三百三十八斤。照前加給耗餘銅斤,收價撥運。

湖南

乾隆七年[一七四二年],委員採買金釵廠低銅十五萬八千九百八十四斤,每百斤加耗銅二十三斤、餘銅一斤,每正銅百斤收價銀九兩。

十六年[一七五一年],委員採買高銅十萬斤,每百斤加餘銅一斤,每正銅百斤收價銀一十一兩。

嘉慶五年[一八〇〇年],委員採買高銅十萬斤,每百斤加耗銅三斤、餘銅一斤,又買金釵廠低銅五萬斤。

七年[一八〇二年],委員採買高銅三十一萬千斤,低銅十七萬六千斤。

十二年[一八〇七年],委員採買高銅二十八萬斤,低銅十六萬斤。

十三年[一八〇八年],委員採買高銅十三萬五千斤,低銅六萬五千斤。均照前加給耗餘銅斤,收價撥運。湖南省採買銅斤,《户部則例》未載。

陝西

乾隆十四年[一七四九年],委員採買高銅二十萬斤,每百斤加餘銅一斤,每正銅百斤收價銀一十一兩。

二十九年[一七六四年],委員採買高銅三十五萬斤。

三十年[一七六五年],委員採買高銅十五萬斤,照前收價撥運。又買金釵廠低銅十五萬斤,每百斤加耗銅二十三斤、餘銅一斤,每正銅百斤收價銀九兩。

三十一年[一七六六年],委員採買高銅二十萬斤、低銅二十萬斤。

三十五年[一七七〇年]至三十七年[一七七二年],委員採買三次,每次買高銅二十萬斤,低銅十五萬斤。

三十八年[一七七三年]至四十二年[一七七七年],委員採買三次,每次買高銅二十一萬斤,低銅十四萬斤。

四十三年[一七七八年]至五十五年[一七九〇年],委員採買六次,每次買高銅二十四萬五千斤,低銅十萬五千斤。

五十六年[一七九一年],委員採買高銅二十一萬七千一十七斤,低銅十三萬二千九百八十三斤。

五十九年[一七九四年],委員採買高銅二十四萬五千斤,低銅一十萬五千斤。

嘉慶四年[一七九九年],委員採買高銅二十四萬五千斤,低銅十萬五千斤。

此後按年委員赴滇採買一次,每次買高銅二十四萬五千斤,低銅十萬五千斤。

均照前加給耗餘銅斤，收價撥運。

廣東

乾隆十年［一七四五年］，委員採買高銅七萬八千六百九斤，每百斤加耗銅十斤四兩、餘銅一斤，每正銅百斤收價銀一十一兩。又買金釵廠低銅七萬五千斤，每百斤加耗銅二十三斤、餘銅一斤，每正銅百斤收價銀九兩。

十二年［一七四七年］，委員採買高銅二十四萬九十九斤，每百斤加耗銅五斤、餘銅一斤，照前收價撥運。又買低銅十五萬九千九百斤。

十六年［一七五一年］，委員採買高銅四十萬斤。

十九年［一七五四年］，滇粵兩省銅鹽互易，遞年輪委，粵省委員辦運則鹽來銅去，滇省委員辦運則銅去鹽來。自十九年［一七五四年］至二十五年［一七六○年］，粵省委員來滇辦運過三次，滇省委員辦運過二次，共五次，每次辦運高銅十萬斤。又自二十六年［一七六一年］至五十八年［一七九三年］，滇省委員辦運過十次，粵省辦運過十七次，共二十七次，每次合計辦運高銅十萬斤，低銅五萬斤。

嘉慶四年［一七九九年］至六年［一八○一年］，滇粵兩省各委員辦運過一次，辦運高銅十一萬六千八百斤，低銅五萬八千四百斤。此後滇粵兩省按年輪委辦運，每年辦運高銅十萬一千二百二十七斤，低銅五萬六百一十三斤。均照前加給耗餘銅斤，收價撥運。

廣西

乾隆十一年［一七四六年］至十三年［一七四八年］，委員採買三次，每次買高銅十五萬斤，每百斤加餘銅一斤，每正銅百斤收價銀一十一兩。

十四年［一七四九年］，委員採買高銅二十五萬三千四百二十五斤，每百斤加耗銅五斤、餘銅一斤，帶運前三次買過銅四十五萬斤，應補耗銅二萬二千五百斤。

十五年［一七五○年］，委員採買高銅一十五萬三千四百二十五斤。

十六年［一七五一年］，委員採買高銅三十五萬三千一百六十斤。

十七［一七五二年］、十八［一七五三年］兩年，委員採買二次，每次買高銅三十九萬二千四百斤。

十九年［一七五四年］，委員採買高銅三十五萬三千一百六十斤。

二十年［一七五五年］，委員採買高銅一十四萬二千四百斤，照前收價撥運。又買金釵廠低銅二十五萬斤，每百斤加耗銅二十三斤、餘銅一斤，每正銅百斤收價銀九兩。

二十一年［一七五六年］，委員採買高銅二十五萬斤，低銅十四萬二千四百斤。

二十二年［一七五七年］至二十七年［一七六二年］，委員採買六次，每次買高銅十九萬六千二百斤，低銅十九萬六千二百斤。

二十八年［一七六三年］，委員採買高銅十九萬六千二百斤，低銅二十二萬六千五百七十九斤零。

二十九年［一七六四年］至三十三年［一七六八年］，委員採買五次，每次買高銅十九萬六千二百斤，低銅二十萬九千八百七十斤零。

三十四年［一七六九年］，委員採買高銅三十九萬二千四百斤。

三十六年［一七七一年］，委員採買高銅十五萬五千三百二十五斤，低銅二十萬九千八百七十斤九兩。

三十九年［一七七四年］，委員採買高銅十二萬四千二百六十斤，低銅十九萬三千一百七十斤零。

四十年［一七七五年］，委員採買高銅九萬四千二十七斤零，低銅十九萬三千一百七十斤零。

四十二年［一七七七年］，委員採買高銅十二萬五千五百六十七斤零，低銅二十萬四千七百五十六斤。

四十四年［一七七九年］，委員採買高銅八萬九千六百五十斤零，低(銀)［銅］十三萬七千九百一十三斤零。

四十五年［一七八○年］，委員採買高銅八萬四千五百七十六斤，低銅十三萬七千九百一十三斤零。

四十六年［一七八一年］，委員採買高銅九萬二千四百二十四斤，低銅十五萬七百十斤零。

四十七［一七八二年］、八［一七八三年］兩年，委員採買二次，每次買高銅八萬四千三百七十六斤，低銅十三萬七千九百十三斤零。

四十九年［一七八四年］，委員採買高銅九萬二千四百二十四斤，低銅十五萬七百十斤零，又買五十年分高銅八萬四千五百七十六斤，低銅十三萬七千九百十三斤零。

五十一年[一七八六年]，委員採買高銅九萬二千四百二十四斤，低銅十五萬七百十斤零。

五十二[一七八七年]、五十三[一七八八年]兩年，委員採買二次，每次買高銅八萬四千五百七十六斤，低銅十三萬七千九百一十三斤零。

五十四年[一七八九年]，委員採買高銅九萬二千四百二十四斤，低銅十五萬七十一斤零。

五十五[一七九〇年]、六[一七九一年]兩年，委員採買二次，每次買高銅八萬四千五百七十六斤，低銅十三萬七千九百十三斤零。

五十七年[一七九二年]，委員採買高銅九萬二千四百二十四斤，低銅十五萬七十一斤零。

五十九年[一七九四年]，委員採買高銅八萬四千五百七十六斤，低銅十三萬七千九百一十三斤零。

嘉慶二年[一七九七年]，委員採買高銅十一萬三千一十斤零，低銅十八萬四千二百八十一斤零。

五年[一八〇〇年]，委員採買高銅四萬八百九斤零，低銅六萬六千五百四十五斤零。

七年[一八〇二年]，委員採買高銅二十一萬二千五百五十斤。

九年[一八〇四年]至十二年[一八〇七年]，委員採買二次，每次買高銅二十一萬四千四十八斤。

十三年[一八〇八年]至十五年[一八一〇年]，委員採買一次，每次買高銅二十一萬二千五百五十斤。均照前加給耗餘銅斤，撥賣領運。

貴州

雍正八年[一七三〇年]，委員採買高銅五萬八千餘斤，每百斤收價銀九兩八錢。

九[一七三一年]、十[一七三二年]兩年，委員採買二次，每次買高銅二十五萬一千三百十四斤，每百斤收價銀九兩八錢。

十一年[一七三三年]，委員採買高銅三十三萬五千八十五斤。

十二年[一七三四年]，委員採買高銅十六萬七千五百四十三斤，每百斤收價銀九兩二錢。自十二年[一七三四年]至乾隆元年[一七三六年]共買二次，每次皆高銅十六萬七千五百四十三斤。

乾隆二年[一七三七年]，委員採買高銅十六萬七千五百四十三斤。

三[一七三八年]、四[一七三九年]兩年，委員採買二次，高銅二十五萬一千三百一十四斤。

五年[一七四〇年]，委員採買高銅三十七萬三千八百一十四斤。

六[一七四一年]、七[一七四二年]兩年，委員採買二次，每次買高銅四十九萬六千斤。

八年[一七四三年]，委員採買高銅三十萬斤。

九年[一七四四年]，委員採買高銅三十七萬八千四百斤。

十年[一七四五年]，委員採買高銅四十萬斤。

十一年[一七四六年]，委員採買高銅五十四萬斤。

十二年[一七四七年]，委員採買高銅四十六萬六千五百五十一斤，每百斤加耗餘銅一十一斤，每正銅百斤收價銀九兩二錢。

十三年[一七四八年]，委員採買高銅五十萬二千五百斤。

十四年[一七四九年]、十五年[一七五〇年]，委員採買高銅四十六萬六千五百五十斤。

十六年[一七五一年]至二十年[一七五五年]，委員採買五次，每次買高銅四十五萬四百五十斤。

二十六年[一七六一年]，委員採買高銅二十二萬斤，照前收價撥運。又買金釵廠低銅二十二萬斤，每百斤加耗二十三斤、餘銅一斤，每正銅百斤收價銀九兩。

二十七年[一七六二年]，委員採買高銅四十四萬斤。

二十八年[一七六三年]，委員採買高銅二十二萬斤。

二十九年[一七六四年]至三十一年[一七六六年]，委員採買三次，每次買高銅四十四萬斤。

三十二年[一七六七年]，委員採買高銅四十八萬斤。

三十三年[一七六八年]，委員採買高銅四十萬斤。

三十四年[一七六九年]，委員採買高銅十七萬斤，低銅十七萬斤。

三十五年[一七七〇年]，委員採買高銅四十四萬斤。

三十六年[一七七一年]，委員採買高銅四十七萬六千斤，低銅二十萬四千斤。

三十七年[一七七二年]，委員採買高銅二十三萬八千斤。

四十一[一七七六年]、二[一七七七年]兩年，委員採買二次，每次買高銅三十一萬三千四百五斤零，低銅九萬一千四百五十九斤零。

四十三年[一七七八年]，委員採買高銅三十萬八千斤，低銅一十三萬二千斤。

四十四[一七七九年]、五[一七八〇年]兩年，委員採買二次，每次買高銅二十一萬三千四百五斤零，低銅九萬一千四百五十九斤。

四十六年[一七八一年]，委員採買高銅二十三萬一千一百八十九斤零，低銅九萬九千八十一斤零。

四十七年[一七八二年]、八[一七八三年]兩年，委員採買二次，每次買高銅二十一萬三千四百五斤零，低銅九萬一千四百五十九斤零。

四十九年[一七八四年]，委員採買高銅二十三萬一千一百八十九斤零，低銅九萬九千八十一斤零。

五十年[一七八五年]，委員採買高銅二十一萬三千四百五斤零，低銅九萬一千四百五十九斤零。

五十一年[一七八六年]，委員採買高銅二十三萬一千一百八十九斤零，低銅九萬九千八十一斤零。

五十二[一七八七年]、三[一七八八年]兩年，委員採買二次，每次買高銅二十一萬三千四百五斤零，低銅九萬一千四百五十九斤零。

五十四年[一七八九年]，委員採買高銅二十三萬一千一百八十九斤零，低銅九萬九千八十一斤零。

五十五[一七九〇年]、六[一七九一年]兩年，委員採買二次，每次買高銅二十一萬三千四百五斤零，低銅九萬一千四百五十九斤零。

五十七年[一七九二年]，委員採買高銅二十三萬一千一百八十九斤零，低銅九萬九千八十一斤零。

五十八年[一七九三年]，委員採買高銅二十一萬三千四百五斤零，低銅九萬一千四百五十九斤零。

嘉慶二年[一七九七年]，委員採買高銅二十七萬一千八十七斤零，低銅一十四萬三千二百七斤零。

三[一七九八年]、四[一七九九年]兩年，委員採買二次，每次買高銅二十九萬四百二十八斤零，低銅十三萬二千一百九十一斤零。

五年[一八〇〇年]，委員採買高銅三十一萬六千一百三十二斤零，低銅十四萬三千三百七斤零。

六年[一八〇一年]，委員採買高銅二十九萬四百二十八斤零，低銅十三萬二千一百九十一斤零。

七年[一八〇二年]，委員採買高銅二十五萬九千五百八十三斤零，低銅一十一萬八千九百七十二斤零。

八年[一八〇三年]，委員採買高銅二十八萬二千七百一十七斤零，低銅一十二萬八千八百八十六斤零。

九年[一八〇四年]，委員採買高銅二十五萬九千五百八十三斤零，低銅一十一萬八千九百七十二斤零。

十年[一八〇五年]，委員採買高銅二十八萬二千七百一十七斤零，低銅一十二萬八千八百八十六斤零。

十一年[一八〇六年]、十二年[一八〇七年]，委員採買二次，每次買高銅二十五萬九千五百八十三斤零，低銅一十一萬八千九百七十二斤零。

十三年[一八〇八年]，委員採買高銅二十八萬二千七百一十七斤，低銅十二萬八千八百八十六斤零。

十四[一八〇九年]、十五[一八一〇年]兩年，委員採買二次，每次買高銅二十五萬九千五百八十三斤零，低銅一十一萬八千九百七十二斤零。

十六年[一八一一年]，委員採買高銅二十八萬二千七百一十七斤零，低銅十二萬八千八百八十六斤零。均照前加給耗餘銅斤，收價撥運。

**清·華玉淳《錢幣考》卷上《皇朝錢法》**

番陽泉志搜羅頗廣，而宋室錢文闕焉，嘗以爲憾。今從《通典》例詳載本朝錢制，然不敢次於勝國之後，別爲一篇。

太祖高皇帝天命元年，鑄錢曰天命通寶。

太宗文皇帝天聰元年，鑄錢曰天聰通寶。十年改元崇德，鑄錢曰崇德通寶。

張廷濟曰，太宗文皇帝有大錢，清書有背文，大興翁宜泉樹培謹釋曰聰明天子之寶。

世祖章皇帝順治元年，京師設局鼓鑄，隸户部者曰寶泉局，隸工部者曰寶源局，錢文曰順治通寶。□年命江浙等省俱設局鑄錢，十年始鑄一厘字於錢背，右爲户工等字。各省所鑄，江南曰蘇，浙江曰浙、曰寧，江西曰湖，湖廣曰昌，山東曰臨，曰東，山西曰原，曰同，河南曰河，陝西曰陝，薊州曰薊，宣府曰宣，密雲曰雲。十四年錢背兼鑄清書，依各省字様，清文在左，漢文在右。惟京局錢兩清書即寶泉、寶源字也，寶字俱在左。

聖祖仁皇帝康熙元年，錢文曰康熙通寶。二十年增設□□□等局，福建曰福，曰漳，廣東曰廣，廣西曰桂。湖南曰南。三十□年立臺灣府，又有臺字錢。三十八年停各省鼓鑄。

世宗憲皇帝雍正元年，錢文曰雍正通寶。七年，各省復開局鑄錢，錢背俱用清書。自寶泉、寶源外，江南曰寶蘇，浙江曰寶浙，雲南曰寶雲，四川曰寶川，湖北曰寶武，湖南曰寶南。

今上皇帝乾隆元年，錢文曰乾隆通寶。

本朝錢視唐開元、宋太平肉好峻整過之，大徑九分，增減不出半分。順治元年，每文重一錢，二年改重一錢二分，是年又加重半分。十一年改重二錢一分五釐，十四年改重一錢四分，康熙二十三年改重一錢，四十一年仍定爲一錢四分，雍正十二年改重一錢二分。

順治康熙中俱用青錢，其法每百斤用十成紅銅五十斤，白鉛四十一斤八兩，黑鉛六斤八兩，高錫二斤。雍正中改爲黄錢，以紅銅、白鉛各半配鑄。

**又《總論》** 古錢如半兩、五銖之類，俱一面無字，無字處爲面，爲陽，有字處爲背，爲陰，如器物款識必書於底也。自宋孝建四銖紀年號於錘面，面、背始皆有字。唐宋以來，遂以通寶之文爲面，而無字處謂之背。今錢亦兩面有字，而一面所書乃省分，當從銖兩之例爲背。一面所書乃年號，當從孝建之例爲面。笵者以錢代著，用古錢則漫處爲陽可也。用後世錢，以年號爲陽可也。長錢短百，自晉以來有之。梁大同後，自破嶺以東，錢以八十爲百，名曰東錢。江郢以上七十爲百，名曰西錢。京師以九十爲百，名曰長錢。中大同元年，詔通用足陌，而人不從。至於末年，遂以三十五爲百。唐元和中，京師用錢，每貫頭除二十文。長慶元年，以所在用錢墊陌不一，勑内外公私給用錢宜每貫一例，除墊八十，以九百二十文爲貫。至昭宋末，京師以八百五十爲貫，每陌纔八十五。後唐天成中減五錢，漢乾祐初復減三錢，市井交易又剋其五，謂之依除。宋初凡輸官亦用八十或八十五爲百，諸州私用則各隨其俗，至有以四十八爲百者。太平興國中，詔所在以七十七爲百。金大定中，民間以八十爲陌，謂之短錢。官用足陌，謂之長錢。大名男子斡魯補上言官司所用皆當以八十爲陌，遂爲定制。洪武初以四百文爲一貫，四十爲一兩，四文爲一錢。中葉以後，用銀益多，成化十七年，令軍民交易八十文折銀一錢。嘉靖中則以七十，隆慶後仍以八十。本朝順治初，每千錢準銀一兩。康熙中，江南用錢皆以九百文爲貫，後減至八百文。雍正初遞減而少，有七八、七五等貫，後遂以七百文當銀一兩。又每緡扣錢四文，謂之串底。自江而北有以五百文、三百文爲貫者，而所準銀數則與江夏略同。

歷代皆以古今錢相兼行用，亦有專用古錢者。昔人鑄錢，止識銖兩，不載年號，蓋有深意。自隋文一銷古錢，而古錢之存者少。明天啓、崇禎間，廣置錢局，括古錢以充廢銅，於是民間市易皆擯不用，而古錢之存於今者益少。康熙中三吴所用皆制錢，絶無古錢。有即揀去，謂之光背。惟閩廣雜用，近則江浙皆通行之，人亦不復挑揀矣。

三代時，銅之用甚廣。禮器則尊、彝、鼎，古尊彝皆木刻及陶爲，然亦有銅者。《東觀漢紀》：章帝時美陽得銅酒尊，采色青黄，有古文。樂器則鍾、鎛、鉦、鐲、錞于，戎器則刀、劍、鉤、鐔，用器則度量、鑒燧之屬，皆通乎上下，而未嘗有乏銅之患。秦漢以後，宫殿之柱，人物之象□，如金人、銅龍、銅馬、銅駝之類。耗銅尤甚。而自來論錢法者，往往欲禁民間銅器，如賈誼、韓愈之論皆然。然行之不善，不免更爲擾民之事。蓋用器之日新月異者，富室宦家爲多，而搜括所及必首嚴於小民。又成器有大小，工費有繁簡，而就斤論價，則民有失業耗財之憂。夫昔之禁銅也，慮民之(弘)[私]鑄，而今銅價日昂，特慮民之盜銷。此在有司善於覺察而已。

古以十黍爲絫，十絫爲銖，二十四銖爲兩，自宋以來，始以錢與分命算。蓋以銅錢積十枚重一兩，爲得輕重之中，故借以名之。舊譜紀錢之輕重，皆以銖絫計而難曉。以今法通之，則一銖爲四分一釐六毫有差，二銖爲八分三釐三毫，三銖爲一錢二分四釐九毫，四銖爲一錢六分六釐六毫，五銖爲二錢零八釐三毫，六銖爲二錢四分九釐九毫，七銖爲二錢八分一釐六毫，八銖爲三錢三分三釐三毫，九銖爲三錢七分四釐九毫，十銖爲四錢一分六釐六毫，十一銖爲四錢五分八釐三毫，十二銖則五錢也。

**清·龍文彬《明會要》卷五五《食貨三·錢法》** 正德三年，以太倉積錢給官俸，十分爲率，錢一銀九。已上《通典》。

七年，令税課俱收舊錢，與制錢相兼行用。《世法録》。

隆慶初，錢法不行。兵部侍郎譚綸言：「欲富民，必重粟帛而賤銀。欲賤銀，必置錢法以濟銀之不足。今錢惟布於下而不以輸於上，故其權在市井。請令民得以錢輸官，則錢法自通。」於是課税銀三兩以下復收錢。高拱再相，言：「錢法朝議夕更，迄無成説。小民恐今日得錢明日不用，是以愈更愈亂。請勿多爲制，亂人耳目。」帝深然之。錢法稍通。已上《通典》。

錢禁

太祖初即位，嚴私鑄之禁。《通典》。

洪武六年，禁民間私鑄銅錢。《世法録》。

正統十三年五月，從御史蔡愈濟言，詔：交易用錢者，以阻鈔論，追一萬貫，全家戍邊。後至天順中，乃弛其禁。《三編》。

成化十七年，令京師内外止許行歷代及洪武、永樂、宣德舊錢，不得以私造新錢攙入，阻壞錢法。如違，依律治罪。《世法録》。

正德三年，申私鑄之禁。《食貨志》。

嘉靖六年，户部請申明禁約，若有藏蓄私鑄小錢，許赴所在官司出首，照鉛錫價給與官銀，仍免其罪。違者，照私鑄例究治。

二十八年，嚴私鑄假錢及商賈販解之禁。

三十二年，題准：錢法行使，悉依歷代年號，咸得通行。有銷新舊錢及以銅造像製器者，罪比盜鑄。

四十三年，以私鑄盛行，錢法阻滯，令内外各衙門嚴加訪治。寶源局匠役人等，侵料減工，致輕小濫惡不堪行使者，送法司從重問罪。已上《世法録》。

崇禎十六年十一月十七日，諭：「疏通錢法，本欲足國便民。近聞賤濫愈甚，小民反成苦累。皆由經管官通未遵行，姑免察究。再行申飭：將一切低假薄小之錢，概禁行用。五城御史仍遵旨收買，勒限十日内一奏。其京城所有錢桌，錢市，著廠衛五城衙門嚴行禁飭巡緝。」

**又　卷五七《食貨五·坑冶》**　崇禎時，遂括古錢以供爐冶焉。已上《食貨志》。

**清·陳康琪《郎潛紀聞三筆》卷一〇**　本朝錢法源流

我朝初年錢法，屢經更定，始以滿漢文分鑄天命通寶及天聰通寶錢，幕皆無字。迨鑄順治通寶，則專用漢文。嗣於錢幕之左，鑄漢文一釐二字，紀值銀之數也，與古半兩五銖等錢，紀銅之輕重者異。其右係户部者鑄户字，係工部者鑄工字。後又改定京局錢幕，分鑄寶泉、寶源二字，皆滿文。其各省鎮局，亦分鑄各地名，江南江寧府局鑄寧字，安徽局鑄安字，蘇州局鑄蘇字；江西南昌局鑄江字，後又鑄昌字；浙江杭州局鑄浙字；福建福州局鑄福字，漳州局鑄漳字，臺灣局鑄臺字；湖廣武昌局亦鑄昌字，後又鑄武字，長沙局鑄南字；河南開封局鑄河字；山東濟南局鑄東字，後又鑄濟字；山西太原局鑄原字，後又鑄晉字；陝西西安局鑄陝字；甘肅鞏州局鑄鞏字，後移蘭州仍用鞏字；密雲鎮局鑄密字，薊州鎮局鑄薊字；宣府鎮局鑄宣字，大同鎮局鑄同字，臨清鎮局鑄臨字；四川成都府局鑄川字；廣東廣州局鑄廣字；廣西桂林局鑄桂字；雲南雲南府及臨安府、大理府，禄豐縣、蒙自縣各局，俱鑄雲字；貴州貴陽府局鑄貴字，畢節縣局鑄黔字。皆滿漢文各一，滿文居左，漢文居右。至雍正初年，又定各省錢幕，俱照京局例，以寶字爲首，次鑄本地方一字，皆用滿文，至今遵守。蓋於錢面鑄年號，以昭王制；於錢幕鑄國書，以示同文。折衷盡善，洵萬世不刊之制也。比年民間行用如天命、天聰、户字、工字等錢，已偶一見之，若安字、武字、鞏字、密字、川字、黔字，則從未寓目，即康雍乾三朝舊錢，其鼓鑄精純，輪郭完好者，亦復日少一日。而私鑄私銷，十八行省中，終年無一舉發之案。禁令徒縣，圜法極壞，職司九府者，亦思挽彼狂流乎？

**清·徐珂《清稗類鈔·農商類》**

京師錢市之沿革

光緒庚子以前，京師錢市通行之物凡四種。一、生銀。銀錠、碎銀。二、大個兒錢。雖有當十字樣，實不過抵制錢二文。三、銀票。四、錢票。蓋當時銀錢雖通行於津、滬間，而京師則以國庫出入俱用銀兩計算，雖有外人旅居，絶少商人，故於金錢上之勢力，甚爲薄弱。銀錢二票，爲票號、錢店、香蠟鋪京師香蠟鋪亦兼兑錢，故得發行錢票。所發行，其數多寡無定，而勢之所趨，咸以多發紙票爲擴充營業之張本。幸而獲利者，其營業愈盛，而所發之票信用益著。一旦拙於調度，營業失敗，則受其害者，不知其幾千百萬矣，源豐、盛義、善源倒閉後之情形其最顯者也。錢店、香蠟鋪之資本大者，率在京松秤千兩左右，小者僅一二百兩，而發行錢票之金額往往以萬計。錢票寬二寸許，長約五寸，中記錢額，蓋方印，左角又蓋發行各鋪之圖記。票額至不等，都凡七種，有一吊者，二吊者，三吊者，四吊者，五吊者，六吊者，並有十吊者。吊者，等於南方之所謂百。一吊合大個兒錢五十枚。錢票充塞，奸商多藉此獲利，每届年終或端午、中秋前歇業潛逃者，往往而有。雖其影響不如各票號濫發紙幣倒閉之甚，然於貧民，實有切膚之痛。當時每銀一兩，無論票銀或現銀，可易大個兒錢或與大個兒錢相等之錢票十三四吊。若易次等之錢，如俗稱沙巴兒者，沙板錢也。則十六七吊，是當時錢票，除因歇業潛逃外，與現錢固無差别也。

自庚子後，外國銀行漸設分行於京師，南北交通亦便，而銀圓之勢力日漸膨脹。合銀行鈔票及新鑄之銅圓與銀圓附行之毛錢銀角也，即小洋也。並上述之四種銀錢紙票，而京師錢市，共有八種流通物。至宣統時，銀圓之勢力，幾駕現銀而上之。至於錢票，則因上述之弊端，且當政府濫鑄銅圓，日漸消滅。銅圓既充塞於市，大個兒錢、沙巴兒錢亦歸淘汰。致票號之銀票，雖有關兑匯，不能掃除，然既有銀行之鈔票，則其範圍亦自縮小矣。是時也，可稱銀圓與生銀、鈔票與票號銀票消滅之時代也。時每銀一兩，易錢十四五吊，銀圓一枚，易錢十一二吊，毛錢每毛一吊一百。百者等於南方之十文。

京師最初通行銀圓時，站人式之價值最高。次爲有鷹者，而龍圓價格最低，然相差亦儘三四十文耳。至通用龍圓，大率爲北洋龍圓，若湖北、江南所鑄者，市不通用，偶有收用者，價較北洋差二三十文。毛錢以奉天所鑄爲多，次之如廣東、吉林、湖北三省，他省所鑄殊不多見也。

營口銀市之變遷

營口之爐銀，即過帳銀也，以爐房爲過帳機關，故名。營口開埠之初，商界交易均用營平現寶。其後市面日盛，進出口貨交易日鉅，現寶求過於供，不敷周轉，特行此爐銀以代之。惟定每年三六九十二四個月朔爲結碼變現之期，即曰卯期。到卯，凡有爐銀，一律變成現銀收付，商民稱便。相沿既久，遂成一種習慣。及小銀幣通用，營市金融爲之一變，小銀幣日漸見多，現寶遂日漸見少。爐銀到卯變現，自不能不因時勢之所趨而隨與轉移。於是定有每爐銀一錠計重五十三兩五錢，到卯變爲現小銀幣八十一元之價格。光緒庚子拳匪之變，甲辰日俄之役，奉天商號倒閉頻仍，皆由爐房藉口商業受損，任意操縱，到卯不能變現應付，以致爐銀信用漸失。雖歷經當道整頓，終未克規復八十一元之定格也。然爐銀一錠，市價尚在小洋六七十元之間。

廣州銀角交易

廣州之貿易，初用碎銀，其成圓者，亦皆鑿有小孔，如火爐之蓋然。亦有剷薄者，其重量大率爲五錢八九分，六錢一二分。故用銀買物，分釐皆須計較。迨張文襄公之洞督粵，改鑄小銀角。售物品者，無論其物不及兩角、一角、半角之值，亦僅知索兩角、一角、半角之銀，市中幾無畸零之數矣。買物者又恐找换受虧，雖不必買兩角、一角者，亦買足兩角、一角矣。

**又《豪侈類》** 玉立人結客

於是王謀於當事，總辦各省銅運，除京運八起及粵省以鹽交易外，其餘各省以銅本交藩庫，即以運本交王。屆期，則於百色兑銅，既速且逸，運員以恬以娱。運本羡餘，歲本可得數萬金，而辦理十餘年，總計短二十四萬，乃告兩司曰：「公等得銅廠、錢局之潤，多者七八十萬，少者亦不下二三十萬，非臣力不及此。今與公等約，若助我十六萬，若助我八萬。宦囊太豐，非福也，以濟我急，且減君裝耳。見機而作，予亦從此逝矣。」召諸委員代草公稟，訖已，復爲兩司代草詳稿罪己。以邊省犯事，調戍四川，蒐合餘燼，尚存萬餘金，挾之走成都，曰：「予本寠人子，還我本來面目，亦大不惡。」不見一客，年八十餘卒於蜀。

**又《鑒賞類》**

乾嘉兩朝賞鑒家重古錢

非一時通用者之錢，皆曰古錢。著錢志者，摹其模範，詳其源流，遂爲古金之一種，與石刻並稱。乾、嘉諸儒，以其文字年號足與經史相證，故尤重之。鮑康著《觀古閣泉説》四種，極精審。劉燕庭方伯喜海、戴文節公熙亦癖嗜之，考覈甚精。

杭州有錢社

乾、嘉時，杭州多癖嗜古泉者，創錢社，社交爲吴逸庵、馬愛林、周養浩、董佛庵、陳秋堂、黄小松、金秬香、周爾昌、錢同人、倪米樓、瞿木夫、王檢叔、翁宜泉、張叔未諸人。數日一集，各出新得，互相投贈。平時則窮街僻衖，循梘無遺。

**《清史稿・食貨志》** 各省、鎮遵式開鑄，先後開山西、陝西、密雲、薊、宣、大同、延綏、臨清、盛京、江西、河南、浙江、福建、山東、湖廣及荆州、常德、江寧三府鑄局。五年，停盛京、延綏二局。六年，移大同局於陽和。七年，開襄陽、鄖陽二府鑄局。八年，停各府、鎮鑄。十年，復開密雲、薊、宣、陽和、臨清鑄局。初户部以新鑄錢足用，前代惟崇禎錢仍暫行，餘準廢銅輸官，償以直，並禁私鑄及小錢、僞錢，更申舊錢禁。嗣以輸官久不盡，通令天下，限三月期畢輸，逾限行使，罪之。

更定私鑄律，爲首及匠人罪斬決，財産没官，爲從及知情買使，總甲十家長知情不首，地方官知情，分别坐斬絞，告奸賞銀五十兩。

高宗内禪，鑄乾隆錢十二，嘉慶錢十八，非常例也。自改鑄一錢四分錢，奸民輒私銷，乃定律罪之比私鑄。遂禁造銅器，爲私銷也。十八年，申嚴其禁，軍器、樂器之屬，許造用五斤以下者。時重錢銷益少，直苦昂。二十三年，允錢法侍郎陳廷敬糾復一錢舊制。久之，錢貴如故，乃申定錢直禁，銀一兩易錢毋得不足一千，然錢直終不能平。季年銀一兩易錢八百八十至七百七十。乃發五城平糶錢易銀以平其價。

自舊錢申禁，而閩地僻遠，猶雜制錢行之。二十四年，巡撫金鋐以爲言，學士徐乾學疏稱：「自古皆古今錢相兼行使，聽從民便。」因歷數歷代舊事，謂「自漢五銖以來，未嘗廢古而專用今。隋銷古錢，明天啓後盡括古錢充鑄，錢之變也。且錢法敝，可資古錢以澄汰，故易代仍聽流通。矧閩處嶺外，宜聽民行使」。上韙其言，盡寬舊錢廢錢之禁。是年定旗籍私鑄私銷罪如律。四十一年，以循舊制改輕錢，私鑄復起，廷臣請罷小制錢，仍鑄一錢四分重錢，新舊錢暫兼行，新錢千準銀一兩，舊錢準七錢。詔從之。然私鑄竟不能止。

四十五年，山東請鑄大錢。會獲得常山私鑄，上以私鑄不盡大錢，必多私銷，宜先收後禁，乃令錢糧銀一兩折收二千文，錢盡，折收銅器。户部以新錢不敷，請展至五年後毁舊鑄。越二年，襄陽私鑄錢潛貯漕艘入京，大理卿塔進泰奉命會查，疏請嚴禁收毁，再犯私鑄私販罪如律，船户運弁罪同私鑄，地方官知情，斬決，没其家；失察，奪職。法益加嚴。

時華洋互市，以貨易銀，番船冒禁，歲漏出以千萬計，御史黄中模、章沅咸以爲言。而大髻、小髻、蓬頭、蝙蝠、雙柱、馬劍各種番銀，亦潛輸内地以規利，自閩、廣通行至黄河以錢當制錢二，出國門即不通行。咸豐之季，銅苦乏，申禁銅、收銅令。同治初，鑄錢所資，惟商銅、廢銅，當十錢減從三錢二分。光緒九年，復減爲二錢六分。

時孝欽顯皇后鋭意欲復制，下廷臣議，以滇銅運不如額，姑市洋銅，交機器局試鑄。户部奏稱機器局鑄錢並京局開鑪之不便，懿旨罪其委卸，卒命直隸總督李鴻章於天津行之，重準一錢，遂賞唐炯巡撫銜，專督雲南銅政。十四年，廣東試鑄機器錢，以重庫平七分識於幕。二十四年，命直省鑄八分錢。而京師以制錢少，行當十錢如故。三十二年，鑄銅幣當十錢，民不樂用，於是創鑄銀、銅圓，設置銀行，思劃一幣制，與東西洋各國相抗衡。

**又** 因命劉坤一、張之洞、陶模籌議三局造鑄事宜。已復由户部核定，七省所鑄規模成色苦參差，不利通行。會造幣總廠成，擬撤其三，而留江南、直隸、廣東爲分廠。初鑄準重墨圓，議者頗非之。之洞始於湖北試行一兩銀幣。户部亦以中國立算，夙準兩錢分釐，因定主幣爲庫平一兩，而以五錢、一錢小銀幣暨銅圓、制錢輔助之，令總分廠如式造行。

## 圖録

明・宋應星《天工開物》卷中《冶鑄》 鑄錢圖

鎈錢

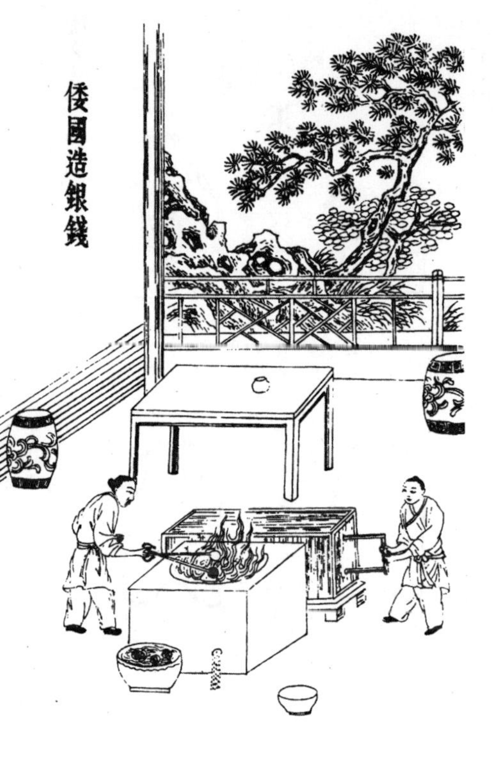


倭國造銀錢

清·梁詩正等《錢録》卷一

右四品文字同前一品，但倒置耳。洪《志》謂是安陽之吉貨五字。二品大者，一柄中有竪，一柄上有穿。二品小者，一有穿，一無穿，皆無背文。《路史》亦以爲黄帝貨也。

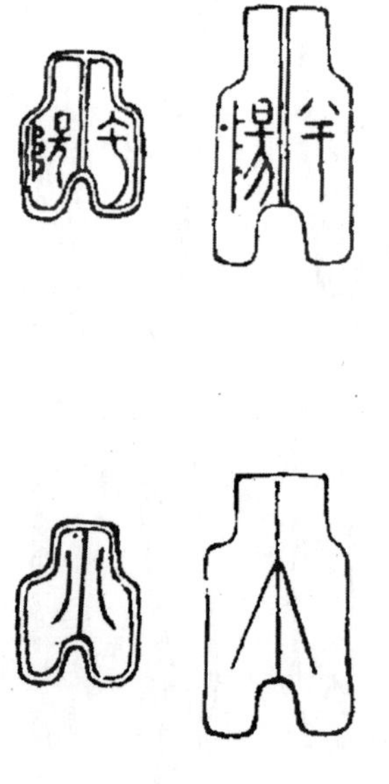

按：羅氏論幣所起一篇長平布中，有作[illegible]以舌一及作允[illegible]平[illegible][illegible][illegible][illegible][illegible]者，有肉郭，皆高陽金。右二品午字類平，今類允，而左文並同，幕作斜直，文象水蓋泉耳。

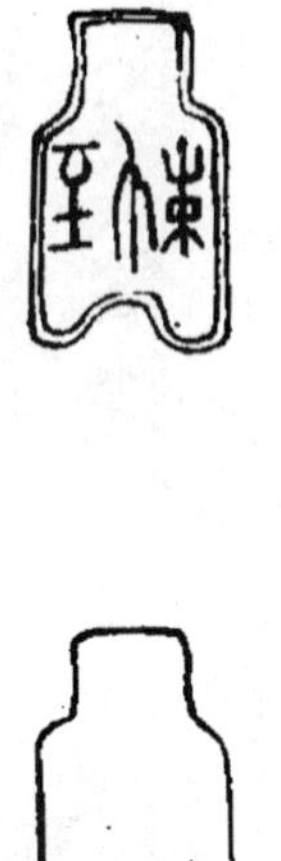

右一品，[illegible]疑泉字，又類張台所謂山下安中者，至即舌，倒書之金字也。

洪《志》據舊譜，謂此布面文五字不可識。今按，左文與前金字同。

**又** 卷二

(右)[下]一品文字漫漶，細玩與寶貨二字相近，而色澤奇古，非秦漢以下製也。

右一品[illegible]古文皆齊字，杏字不可識，[illegible]字，據鐘鼎文爲北，《説文》爲鑛，然於錢刀無取，舊釋爲貨，尤未安，意是化字，即貨字也。背文一字如工。

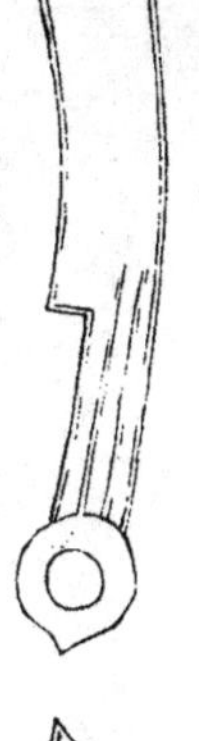

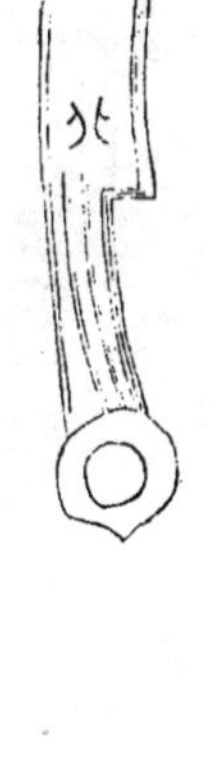

右二品化字與前類，只上二字缺。

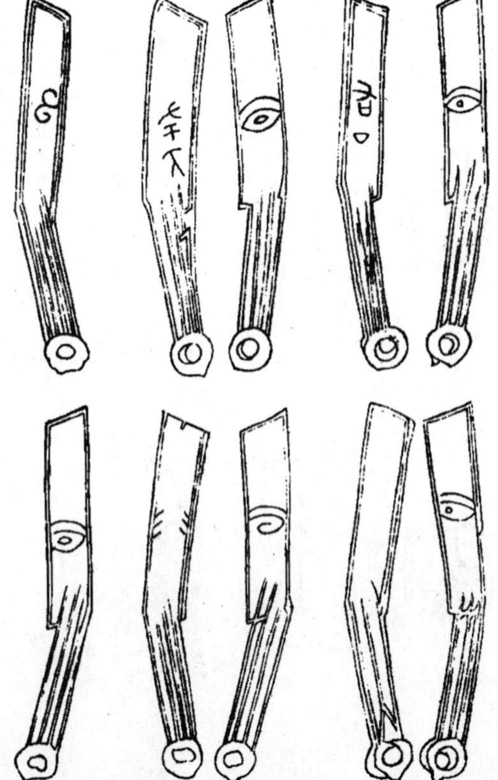

右五品差小，而面背作刻畫狀，無文字。按，莒小刀俱無銘，此蓋莒小刀耶。

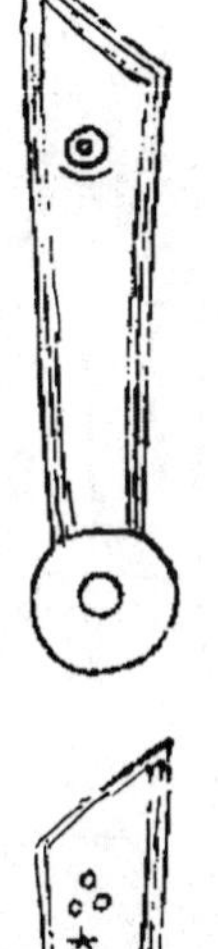

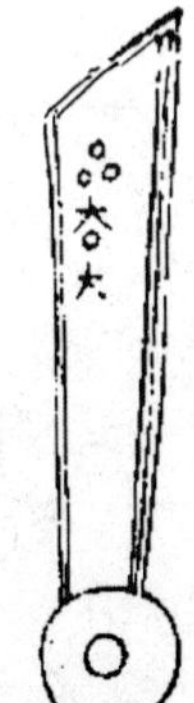

右一品銘三字，與洪《志》所載合，云天寶元年西河郡別駕李幼奇於長平溪澗中得之，因名爲長平古刀，然其時代不可考矣。附於莒小刀之後。

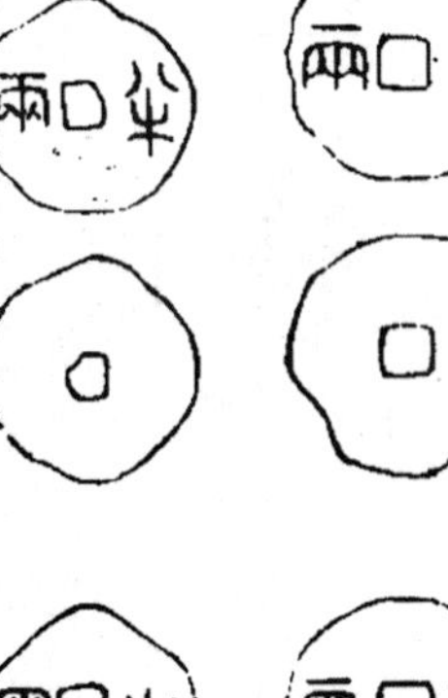

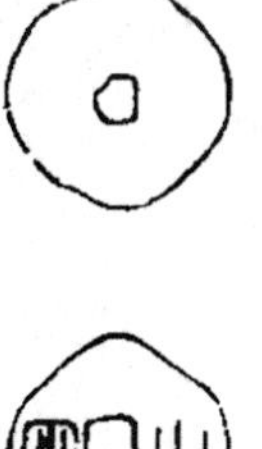

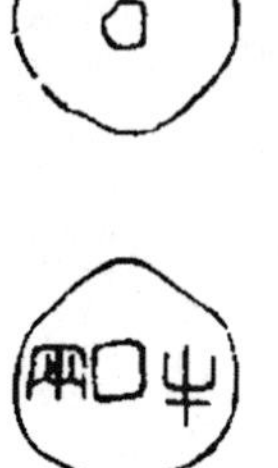

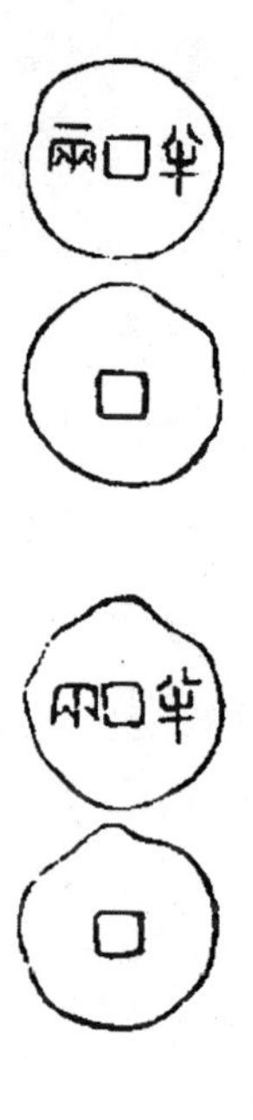

右六錢皆半兩也，以歲久青緑剥蝕，遂各成一狀，因並録之。按《漢書》，秦兼天下，銅錢質如周錢，文曰半兩，重如其文。據《通典》云古稱比唐時三之一，一開元錢爲古之七銖以上。今以開元錢較半兩錢，則凡今稱一錢五分左右之半兩，大抵皆秦半兩。今稱一錢者，漢八銖之半兩。今稱重五六分以上者，漢四銖之半兩也。又按《史記・平準書》，漢興，以爲秦錢重，難用。今内府所收半兩有數種，此六錢較重，固當是秦半兩耳。

又 卷三

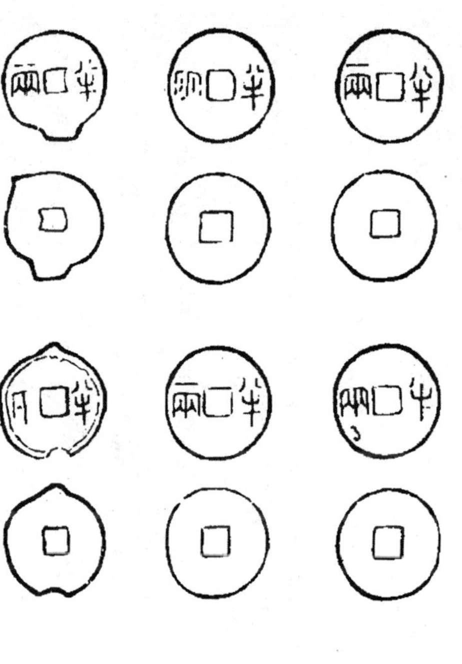

右漢初半兩錢，較秦錢稍輕，狀亦各不同，並録之。按《漢書》，高后二年秋七月行八銖錢。應劭注曰，本秦錢質如周錢，文曰半兩。攷二十四銖爲一兩，今曰行八銖錢，而文作半兩，然則襲其名耳，實非半兩也。馬端臨謂漢初患秦錢重，更鑄榆莢，人患太輕，故復行此。

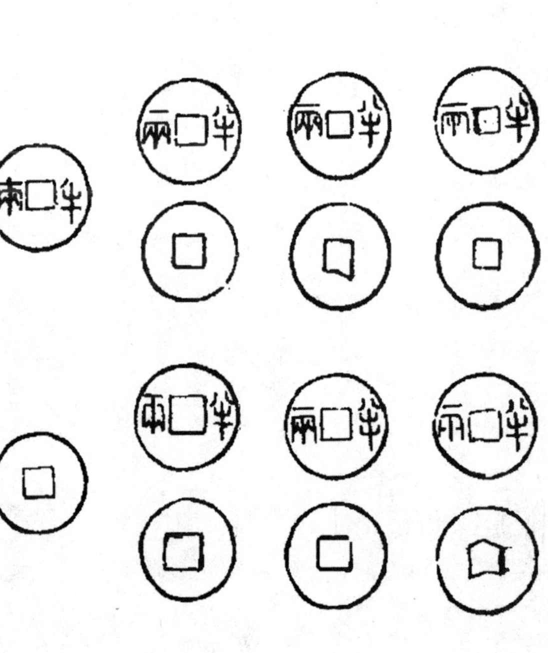

右文帝半兩錢，較漢初更輕小，形模字畫各異，亦並録之。按《漢書》，文帝五年更鑄四銖錢，其文爲半兩。然則文半兩而稱曰四銖，亦猶前八銖但仍半兩之名耳。又吴王濞、鄧通並盜鑄錢，《西京雜記》謂文字肉郭與漢錢同。洪《志》輒謂某爲濞錢，某爲通錢，實無據。因録此，併政之。

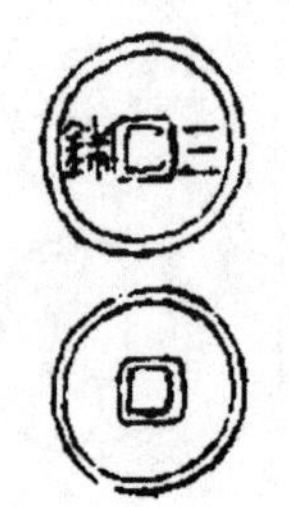

下武帝三銖錢，按《漢書》，武帝建元元年行三銖錢。顔師古注曰，新壞四銖錢造此錢也。重如其文。

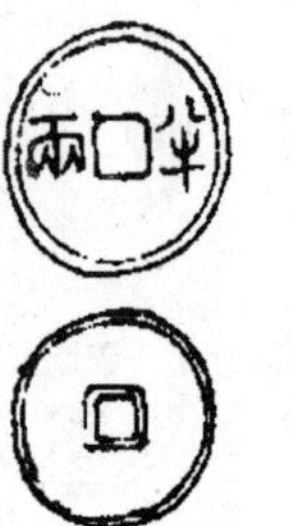

(右)[下]一品爲武帝有郭半兩錢。按《漢書》武帝建元五年罷三銖錢，行半兩錢。顔師古注曰，又新鑄作也。明非八銖、四銖之舊，然其異同莫辨，此品則以有郭爲異，故録之。李孝美曰，張台説有傳形者，有肉郭者，有對文者，有隱起字者。

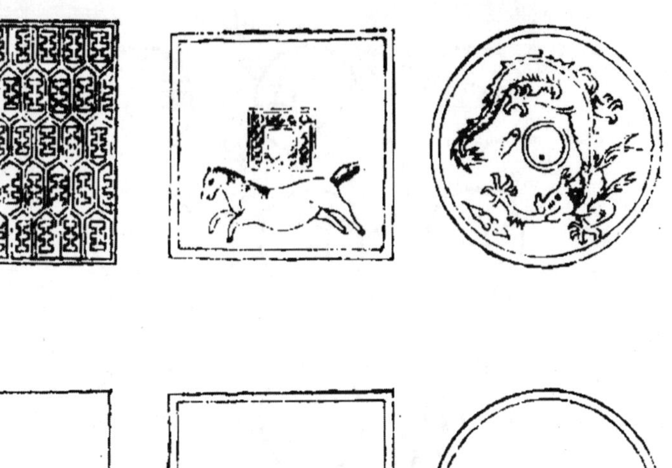

右武帝金錢三品。按《武帝紀》，元狩四年有司請收銀、錫，造白金、皮幣以足用。此即白金也。又《食貨志》：造銀錫白金，以爲天用莫如龍，地用莫如馬，人用莫如龜，故白金三品。其一重八兩，圜之，其文龍，名白撰，直三千。其二以重差小，方之，其文馬，直五百。其三復小，橢之，其文龜，直三百。

（右）[下]皆五銖錢。按《武帝紀》，元狩五年罷半兩錢，行五銖錢。世謂五銖輪郭周正，輕重得中，可以爲法。然行五銖後因民多姦鑄，乃鑄赤仄五銖。《食貨志》言後二年赤仄又廢，於是禁郡國毋鑄錢，專令上林三官鑄，故有三官五銖之名。蓋

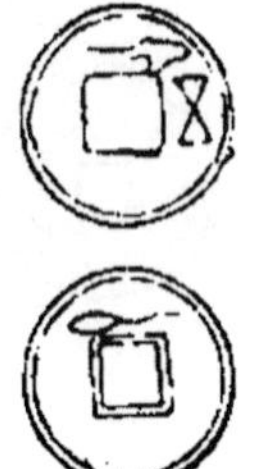

漢之錢法屢變，惟三官五銖爲無弊，顧今所收五銖甚夥，惟赤仄其輪郭色赤。後漢靈帝五銖有四出文照列帝有直百字，梁敬帝有四柱文，隋文帝五銖錢色白尚可辨。至於後漢世祖建武十六年復行五銖，曹魏明帝從司馬芝請行五銖，五代宋文帝錢名當兩，亦文曰五銖，梁武帝亦鑄五銖，又陳文帝天嘉三年、元魏世宗永平三年、西魏文帝大統六年，並鑄五銖，乃至董卓亦鑄五銖，見袁宏《漢紀》。涼張軌鑄五銖，見《晉書》載記。又疏勒、龜兹以地近西涼，並有五銖錢，其形制無攷，不能名某錢爲其代所鑄也。而洪志必强爲分屬，臚列於各朝之下，實爲臆斷。兹録其稍有等差者三種如右，繫之漢武，明創始耳。

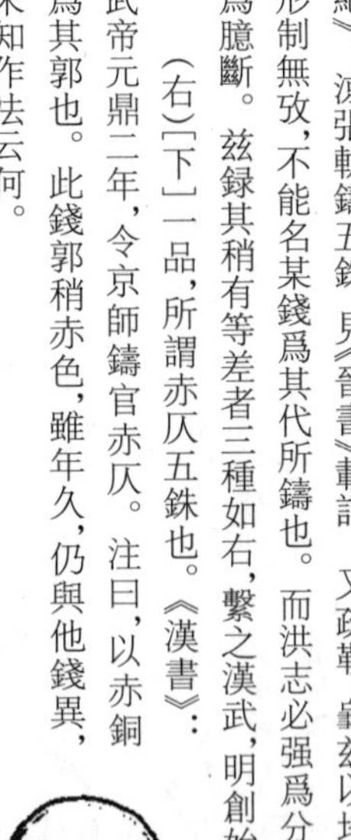

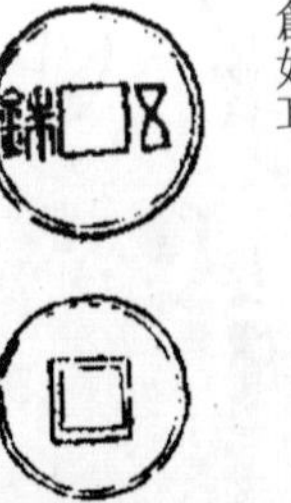

（右）[下]一品，所謂赤仄五銖也。《漢書》：武帝元鼎二年，令京師鑄官赤仄。注曰，以赤銅爲其郭也。此錢郭稍赤色，雖年久，仍與他錢異，未知作法云何。

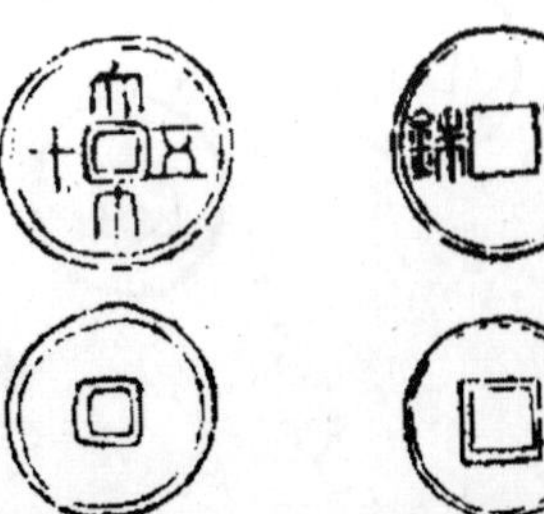

## 又 卷四

（右）[下]王莽大錢。按《漢書·食貨志》，莽以周錢有子母相權，於是更造大錢，徑寸二分，重十二銖，文曰大泉五十。按，今尺得徑九分有歉，大約是時尺度每寸爲七分餘，惟重只六銖，稍贏，蓋尺寸猶可尋，而輕重則閲歲久遠，銅質銷蝕，固難執一以定之矣。

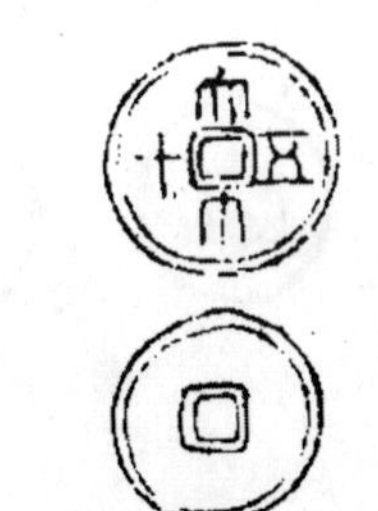

（右）[下]錢文與前大錢同，而形制遞小。按《莽傳》，莽造寶貨，後百姓不從，但行小大錢。即前品與此錢也。又云，盜鑄錢者不可禁，迺重其法，蓋官私雜出。故此二品又自有小大耳。莽錢最多，而大泉五十爲初鑄。攷漢自武帝鑄三官五銖後，閲宣元成哀平五世無所變更，至是莽始變漢法，興作紛然，爲改制之漸矣。

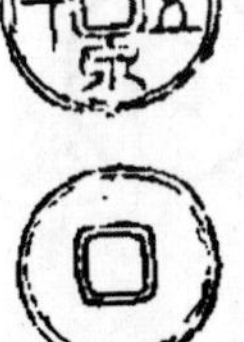

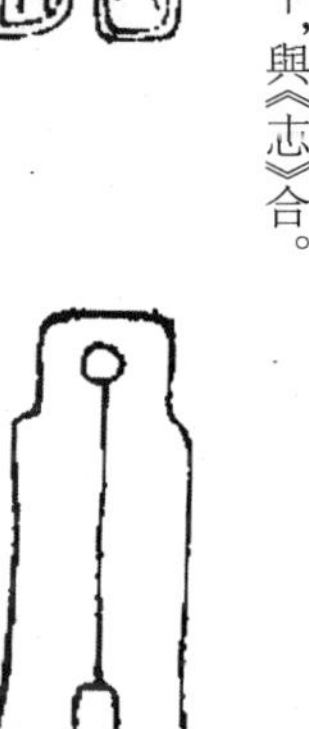
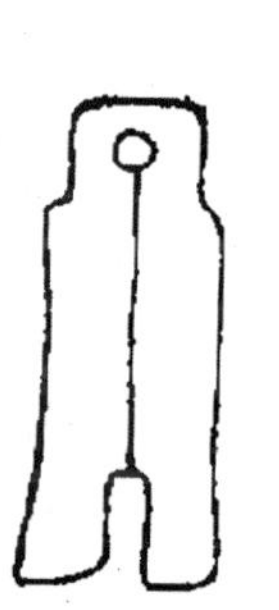

右莽契刀。《食貨志》：契刀其環如大錢，身形如刀，長二寸，文曰契刀五百。

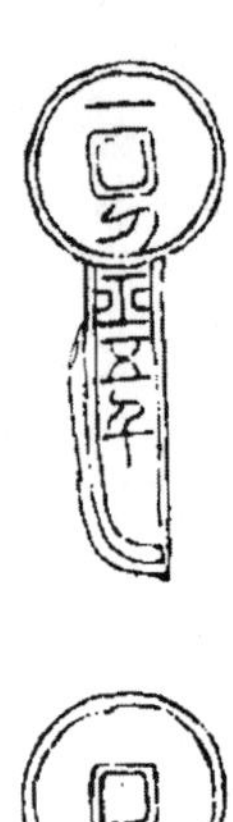

右莽錯刀，文曰一刀直五千，與《志》合。

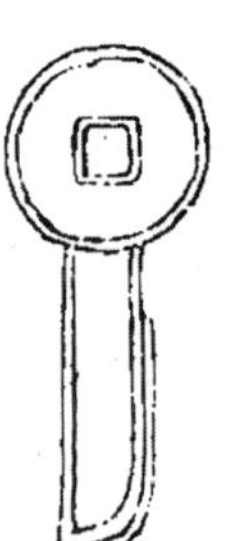

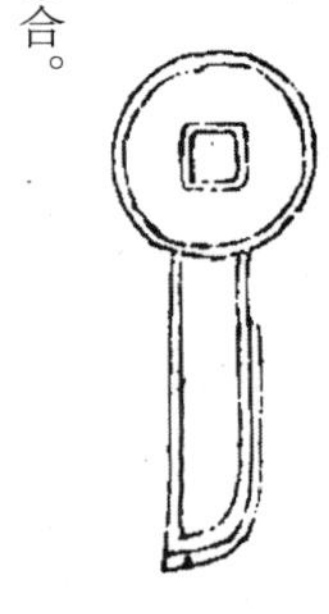

右一品，《泉志》引張台說，亦王莽所鑄。文曰大黄布刀。莽自言黄虞之後，大黄，莽之自稱也。意者莽初謂布刀爲一物，後乃分爲二耶。

右一品，亦《泉志》所有言宣和五年，郭偡爲亳州蒙城令，郫人得之田中，柄端有方寸七三字，仿佛隸書。背有方孔不透，身形如刀，文曰貨布五百，疑王莽鑄。今按，莽因劉氏爲金刀，遂改作布，不應復有刀形。而五百字與契刀適合，前大黄布刀亦統言布刀，是或其居攝時所爲。張台謂莽初以刀布爲一物者也。

右莽貨布。按莽僞天鳳元年，罷大小錢，改作貨布，其文右曰貨，左曰布。

右[上]莽貨泉。按貨布直貨泉二十五。貨泉徑一寸，重五銖，文右曰貨，左曰泉。枚直一，與貨布二品竝行。

右[中]貨泉。按，凡《志》云徑一寸者，寸爲今七分餘，則此品稍大，爲異於前。因文同併識於此。

右[下]一品，重十三銖有贏，右文貨字猶可辨，其左隱起亦泉字。色澤奇古，非漢以後物，疑貨泉別種也。

右莽錢笵，左列錢文二，曰大泉五十，以是知爲莽物也。前此圖志俱未收録，惟我朝秀水朱彝尊《曝書亭集》有之。攷其所記，與此器無纖豪之差。命之曰錢笵者，範金必先合土寘笵，於此摶土印笵上覆之，則錢函方圓皆爲凹文，然後煎銅液澆其上，則錢爲凸文，而錢文以成，故謂之笵。此器既不見於他書，彝尊之説復未詳其用，爰圖於莽諸錢之後，并識之如此。

又　卷五

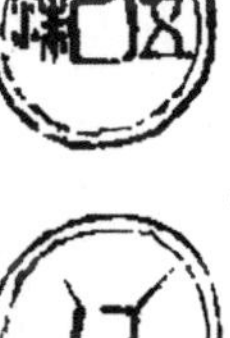

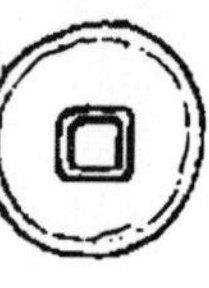
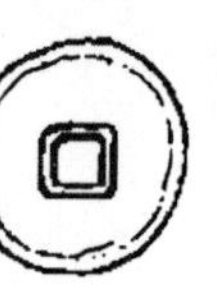

右漢靈帝四出五銖。按，終後漢數百年，俱行五銖錢。桓帝時議改鑄大錢，劉陶言其不便，乃止。至靈帝中平三年，鑄四出文錢，而獻帝春秋曰靈帝作角錢，錢猶五銖，而有四道連於邊輪。今所收或止背文二道，其四出者，短不及郭，是爲小異耳。

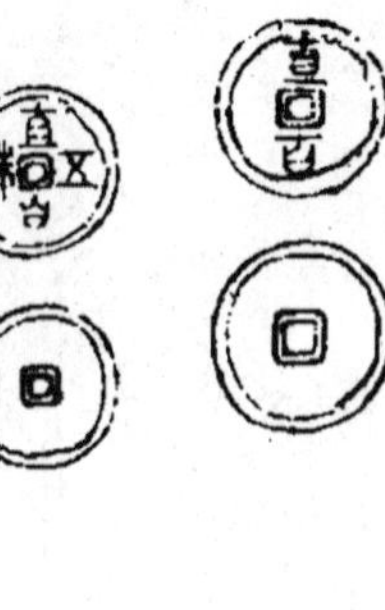
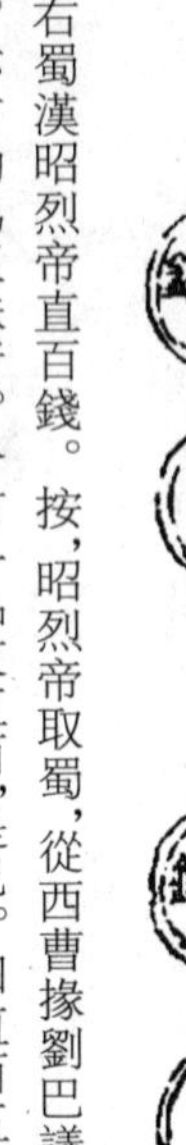

右蜀漢昭烈帝直百錢。按，昭烈帝取蜀，從西曹掾劉巴議，鑄直百錢，文曰直百。亦有勒爲五銖者。今首一品文直百，是已。曰直百五銖，則所云勒爲五銖者也。洪《志》引舊譜，徑七分，重四銖。今所收大小輕重不一，不盡如舊譜所言也。

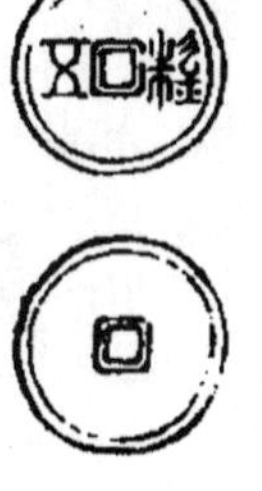
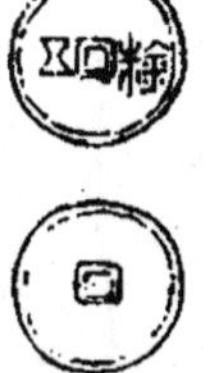
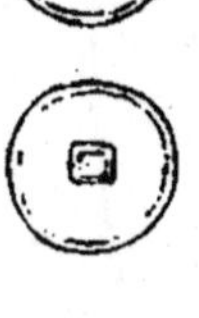

右傳形五銖錢，大小二種，銖字篆法微不同。按顧烜《譜》，謂照烈鑄傳形五銖。蓋五字居左，銖字居右，仿傳形半兩爲之。

下昭烈帝爲字錢。按洪《志》言，昭烈錢凡四種，有一種面文相類，背肉粗惡，穿左有一爲字。此品面無文，背有爲字。附録於此。

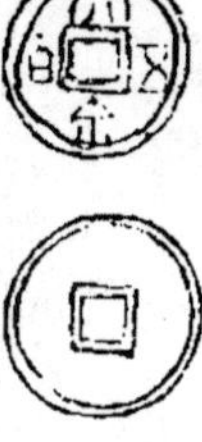

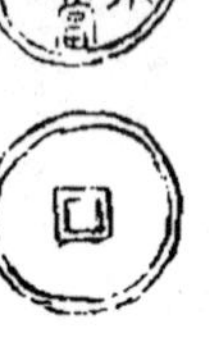

右三國吳大帝大錢。按《吳志》，嘉禾五年鑄大錢，一當五百。至赤烏元年，又鑄當千錢。而洪《志》謂當千錢有兩品。攷《晉書》大者謂之比輪，小者謂之四文，今大小二等，是已。

**又　卷六**

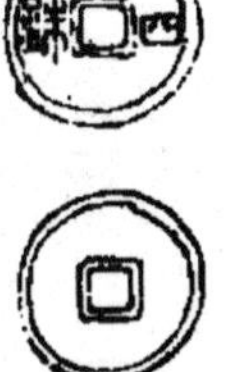
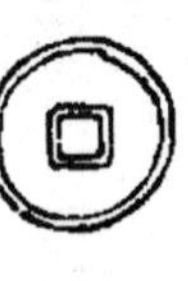

右[上]五代宋文帝四銖錢。按《文帝紀》，元嘉七年鑄，文曰四銖，重如其文。

右[下]武帝孝建四銖錢。按《武帝紀》，孝建元年鑄。顧烜《譜》云，一邊爲孝建，一邊爲四銖。洪《志》引舊譜，孝建二字薤葉文，四銖則大篆也。

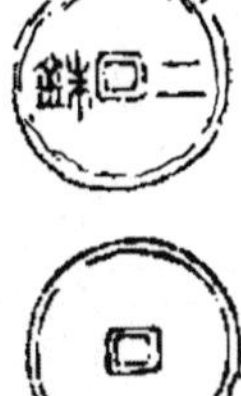

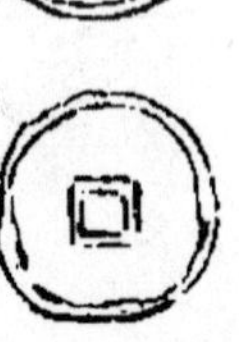

右[上]廢帝子業二銖錢。按《子業紀》，永光元年二月庚寅鑄二銖錢，三月甲辰罷。

右[下]廢帝永光錢。洪《志》引徐氏説，辨其文曰永光。

(右)[下]廢帝景和錢。按《通考》，廢帝景和二年鑄二銖錢，文曰景和。考大明八年閏五月，子業即位，其次年乙巳春正月乙未朔改元永光，秋八月改元景和，十一月被害。明帝自立，十二月改元泰始，則景和無二年甚明。《通考》所稱疑有誤。此錢蓋改元景和後所鑄，非二年也。輪郭肉好亦與二銖不同，與二銖固當爲兩種，而馬氏誤合之爲一耳。

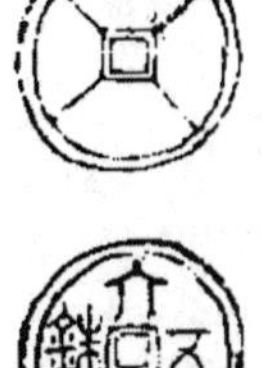

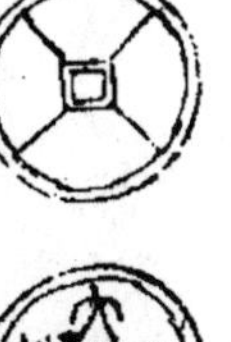

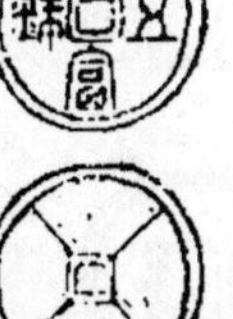
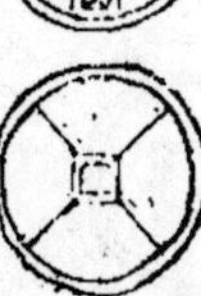

右梁武帝鐵錢。按本紀，普通四年十二月戊午，用給事中王子雲議，始鑄鐵錢。而隋《食貨志》亦言，普通中鑄鐵錢。顧烜言有五銖，及五銖大吉、大通、大富等文，此數品皆是。

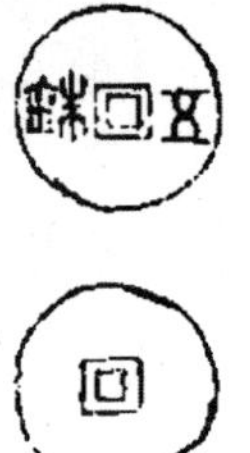

右[上]五銖女錢。按《食貨志》，梁五銖錢肉好周郭，又别鑄除其肉郭，謂之女錢，即公式女錢也。以其官鑄，故謂之公式。曰女錢者，因其時有豐貨名男錢也。張台曰，背有好郭者，公式女錢。無好郭者，女錢。是誤以公式女錢爲二，而不知其固是一種，今政之。

右[下]對文五銖錢，面背皆文曰五銖。按《隋書・食貨志》，梁武帝時百姓或私以古錢交易，有直百五銖、五銖女錢、太平百錢、定平一百五銖、稚錢五朱、對文等號，輕重不一。又《通考》：定平一百五銖，文曰定平。稚錢五銖，文曰五銖。又五銖，文曰五朱。又有對文錢。其原未聞豐貨錢代謂之男錢，云婦人佩之即生男也。今諸錢皆梁以前鑄，以其爲武帝時民間所用，爰録於此。惟稚錢五銖與五銖品同畢莫辨，故弗志。其直百一種，入於石趙，此不重出也。

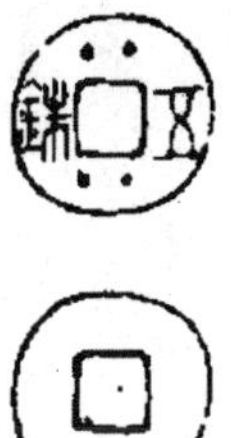
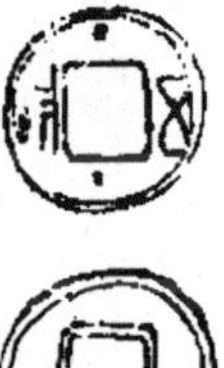
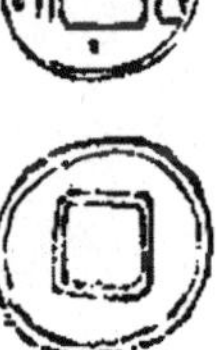

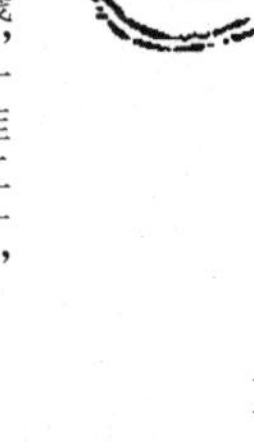

右[上]敬帝四柱五銖。按本紀，太平二年夏四月己卯鑄四柱錢，一准二十，壬辰改一准十。

右[下]兩柱五銖。按《隋書・食貨志》，梁末又有兩柱錢，與四柱同。

右[上]陳宣帝大貨六銖錢。《陳書》本紀，大建十一年秋七月辛卯初用大貨六銖錢。《隋書・食貨志》云，以一當五銖之十，與五銖並行，後還當一。

右[下]後魏高祖太和五銖錢。《北史・食貨志》：高祖始詔天下用錢。十九年，公鑄粗備，文曰太和五銖。

(右)[下]孝莊帝永安五銖錢。按《通考》，孝莊帝初私鑄者益更薄小，從秘書郎楊侃議，乃鑄五銖錢，文曰永安五銖，官自立鑪，亦聽人就鑄。又《隋書・食貨志》：齊神武霸政之初，承魏猶用永安五銖。蓋此錢行用頗久，故董逌又謂爲北齊永安五銖，而洪《志》乃别繫於東魏之末，其實非二種也。

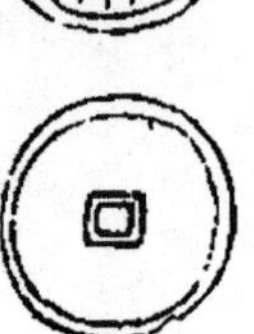

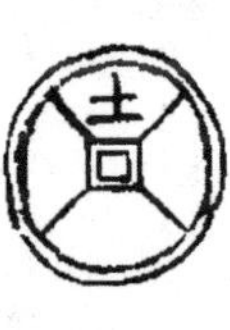

右[上]永安土字錢，有四出文。洪《志》面文永安五銖，幕文土字，計後魏所鑄。

右[下]北齊文宣帝常平五銖錢。按《北史》，天保四年春正月鑄新錢，文曰常平五銖。又《隋書・食貨志》：文宣受禪，除永安之錢，改鑄常平五銖，重如其文。其錢甚貴，且製造甚精。至乾明、皇建之間，往往私鑄。

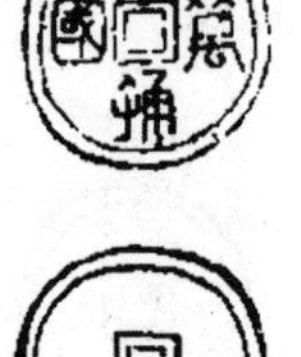

右[上]武帝五行大布錢。本紀及隋志並稱建德三年六月更鑄五行大布錢，以一當十。今按，大字據篆法乃泉字，殊不可曉。

右[下]宣帝永通萬國錢。本紀及隋志並稱大象元年鑄，以一當十。《通考》謂大成元年又鑄永通萬國錢，以一當千，與五行大布、五銖三品並用。今按，宣帝大成元年二月辛巳改大成元年爲大象元年，此錢爲十一月所鑄，自應稱大象，

《通考》稱太成，非是。又千字亦十字之誤。

又 卷七

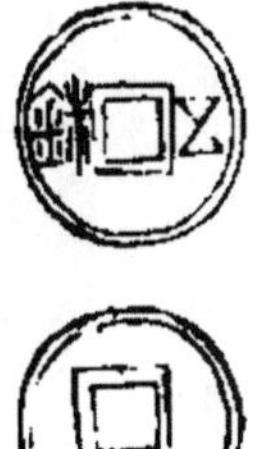
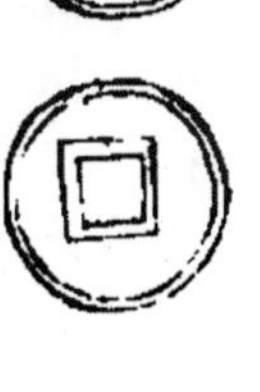

右[下]隋文帝五銖白錢。本紀，開皇五年行五銖錢。而《隋書·食貨志》言高祖既受周禪，以天下錢貨輕重不等，乃更鑄新錢，背面肉好皆有周郭，文曰五銖，重如其文，每錢一千重四斤二兩。三年四月，詔，四面諸關各付百錢爲樣。四年，嚴舊錢之禁，詔，不禁者，縣令奪半年禄。五年，詔，又嚴其制。自是，錢貨始一，所在流布。則此錢爲五年以前所鑄，本紀所稱蓋止就五年詔書言之，非始鑄也。又《通考》謂《後魏·食貨志》齊文襄令錢一文重五銖者，聽入市用，計一百錢重一斤四兩，二十銖則一千錢重十二斤以上。而隋代五銖錢一千重四斤二兩，當是大小稱之差。據此，則隋代乃以三斤爲一斤也。又隋志謂是時見用之錢，皆須和以錫鑞云云。故《唐書》謂隋行五銖白錢，緣錫鑞和鑄，故錢色白，人遂謂白錢耳。今雖歲久晦蝕，其白處猶可見。

(右)[下]大錢一品。洪《志》有之，引顧烜説，臺主衣庫有此錢，文曰五銖七千，曰中王之錢，而舊譜謂五銖卍千。今按，篆文乃十千耳。至敦素云，此錢最大，文爲錢中之王，亦較顧説爲勝。蓋鑄錢者偶爲之。今罏工凡新開鑄，必先造一、二枚大者，名母錢，意即此類。又按顧烜乃梁人，其時已有此錢，則當是六代前製也。

又 卷八

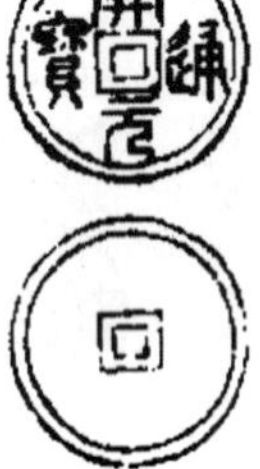

右唐高祖開元通寶錢。按《舊唐書》，高祖即位，仍用隋五銖錢。武德四年七月廢五銖錢，行開元通寶錢。給事中歐陽詢制詞，及書其字，含八分及隸體。其詞先上後下，次左後右。讀之自上及左，迴環讀之亦通。流俗謂之開通元寶錢。

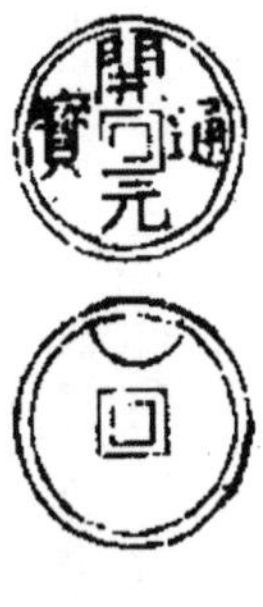
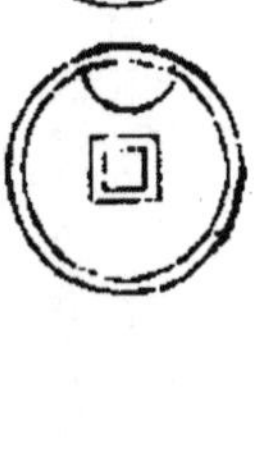

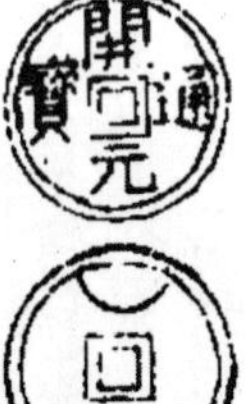

右上開元錢穿上仰月文。右下開元錢穿上仰月文。

右上開元錢穿上偃月文。右下開元錢穿下偃月文。

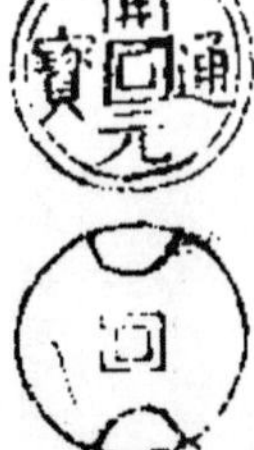

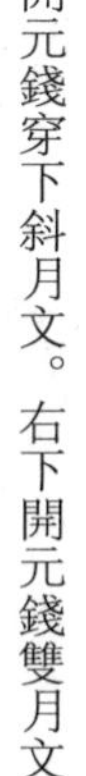
右上開元錢穿下斜月文。右下開元錢雙月文。

(右)[下]開元錢，穿右立文。以上凡七種，舊譜統謂之甲文錢。《談賓録》云，初進蠟樣日，文德皇后掐一甲跡，故錢上有掐文。李孝美曰，此錢元字次畫端或有挑向左者，世謂之左挑，俗甚愛重。背文亦有兩甲痕者。今按新、舊《唐書》並云置錢監於洛，并幽益等州，又賜秦王、齊王三罏，右僕射裴寂一罏以鑄。又五年五月，又於桂州置監，則此背文各種，意鑄錢者私爲標識以別之耳，不盡如前人所云也。即内府所收，各録其一，以資考古者觀覽焉。

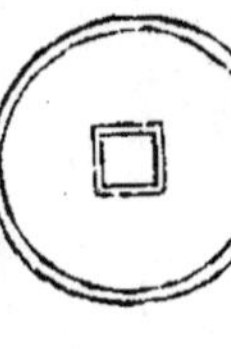

右德宗開元大錢二種，前一品闊緣者差小。按，開元錢終唐之世未嘗斷鑄，非若宋以後專用年號繫錢，改元則須别鑄也。據《舊唐書・食貨志》，建中初判度支趙贊採連州白銅鑄大錢，一當十，以權輕重，亦未言錢文若何。然開元不聞有别種大錢，則是時所鑄無疑耳。

又　卷九

(右)[下]後五代後唐明宗天成錢。按，同光四年丙戌明宗即位，改元天成，禁銷錢爲器。二年，令買賣使八十陌錢。四年，禁行使鐵鑞錢。庚寅，改元長興。則此錢當是長興前所鑄，而《五代史》《後唐紀》皆未載。

(右)[下]後周世宗周元錢。按，《五代史》，世宗即位之明年，廢天下佛寺三千三百三十六，是時中國乏錢，乃詔毁銅佛鑄錢。又洪《志》引蘇耆《開譚録》，謂世宗朝鑄周通元寶錢，於後殿設巨爐數十，親視鼓鑄。今按，此錢凡四種，一其幕無文，一爲横文在穿上，一爲星文在穿右，一爲仰月文在穿左角。

(右)[下]元宗開元鐵錢。按，鍾謨既得罪韓熙載，又請鑄鐵錢以一當二。陶岳《貨志録》：元宗時以鐵爲錢，大小一如開元通寶，文亦如之，徐鉉篆其文，比於舊錢，輪郭深闊。既而是錢大行，公私以爲便。

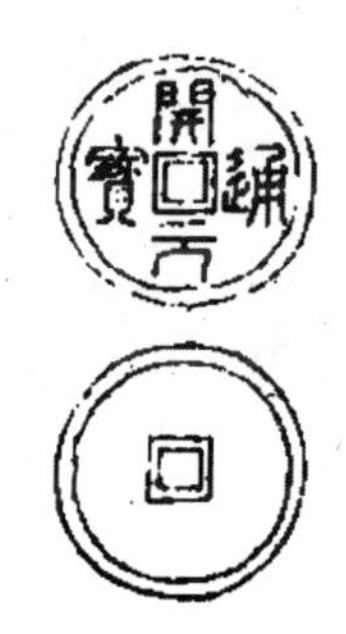
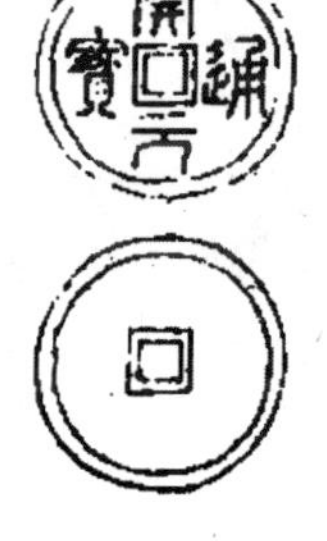

右乾亨鉛錢大小二種。《十國紀年》：劉龑以國用不足，鑄鉛錢，十當銅錢一。乾和後，多聚銅錢，惟外城得用之，城内專用鉛錢，禁其出入。俸禄非特恩，不給銅錢。今按，龑子晟應乾元年又改元乾和。

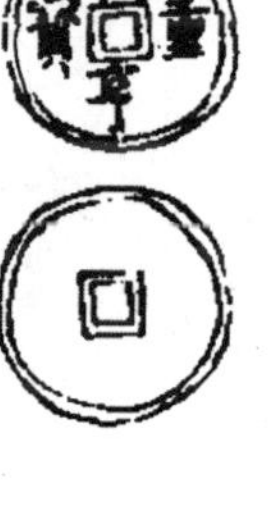

(右)[下]楚馬殷天策大錢。《五代史》：殷請於梁依唐太宗故事，開天策府，置官屬，太祖拜殷天策上將軍。董迺曰，馬殷據湖南八州地，建天策府，因鑄天策府寶。

又　卷一〇

右[上]宋太祖宋元通寶錢。《宋史・食貨志》：太祖初鑄錢，文曰宋通元寶。今按，唐鑄開元錢，《舊唐書》言歐陽詢制詩，曰開元，流俗讀爲開通元寶。然則此錢亦當自上及下讀之，而史緣淳化以下諸錢多右旋讀，故併此稱爲宋通元寶也。

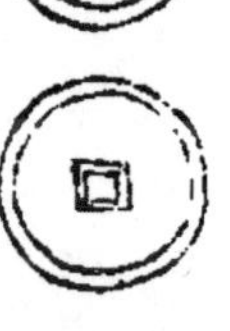

右[下]太宗淳化元寶錢，三體書。按，端拱二年改元淳化，及鑄錢，文，太宗親書淳化元寶，作真、行、草三體。又《律曆志》：淳化二年，詔，定秤法，以御書三體淳化錢校實二銖四絫爲一錢者，二千四百得十有五斤，爲一秤之則。又按真書元字亦左挑，如開元錢。

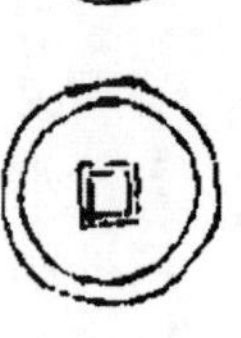

右太宗至道元寶錢，亦三體書。按，淳化六年改元至道。

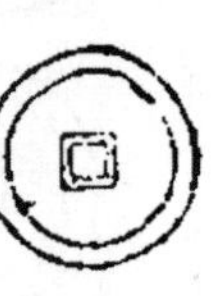

右真宗錢。咸平元寶有大小二種，祥符有通寶元寶一種，景德文曰元寶，天

禧曰通寶，凡六枚。按，真宗朝凡五改元，皆著於錢文。至天禧六年，改元乾興，未開鑄。

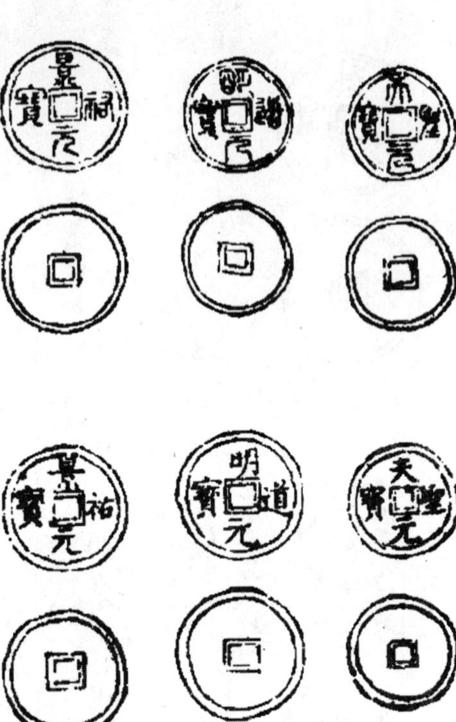


右仁宗錢三品，凡六枚，篆書、真書二體，文俱爲元寶。按，仁宗即位之次年，改元天聖。十年，改元明道。三年，改景祐。

右英宗治平元寶錢，篆書、真書二體。按，嘉祐八年，英宗即位，次年，改元治平。《食貨志》：治平中，饒、池、江、建、韶、儀六州鑄錢百七十萬緡。

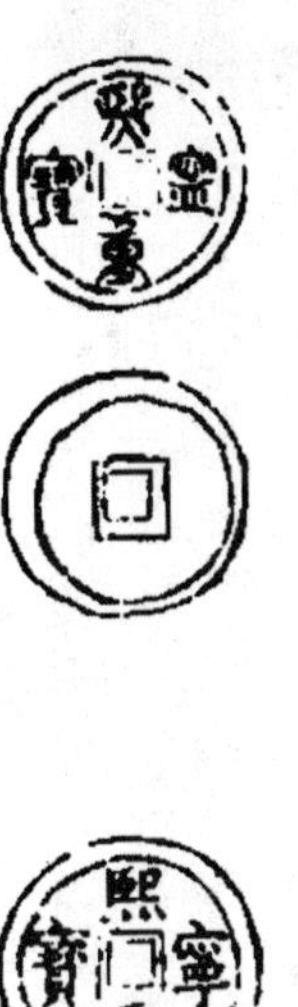

右熙寧重寶大錢，亦二體書。按，《通考》：神宗熙寧四年，陝西轉運使皮公弼言，頃歲西邊用兵，始鑄當十錢。後兵罷，多盜鑄者，乃以當三，又減作當二，行之至今，銅費相當，盜鑄衰息。請以舊銅鉛盡鑄當二錢。從之。折二錢遂行天下云云。則此大錢前爲當十，後減作當二者也。餘品悉謂之小平錢矣。

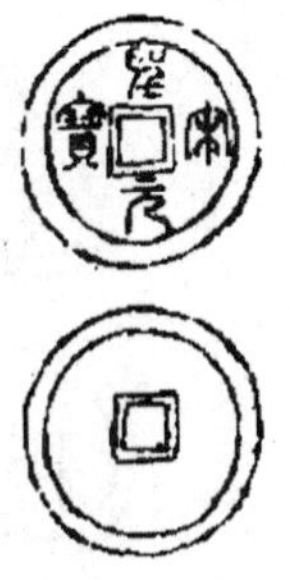


右徽宗聖宋元寶大錢，篆書、行書二體。按，徽宗本紀，崇寧元年十二月庚申，鑄當五錢。又《食貨志》：崇寧二年五月，令陝西及江、池、饒、建諸州以每歲所鑄小平錢，增料改鑄當五大銅錢，以聖宋通寶爲文。今所録二種，皆文曰元寶，意當時原有通寶、元寶兩品耶？

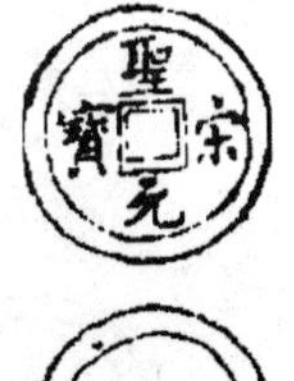


（右）［下］徽宗崇寧大錢，隸書、真書二體，文曰重寶、曰通寶，而讀各不同。按，本紀：崇寧三年正月戊子，鑄當十大錢。又《食貨志》：崇寧四年立錢綱驗樣法，崇寧監以所鑄御書當十錢來上緡，用銅九斤七兩有奇，鉛半之，錫居三之一。詔，頒其式於諸路，令，赤仄、烏背書畫分明。又《通考》：尚書省言崇寧監鑄御書當十錢，每貫重一十四斤七兩，用銅九斤七兩二錢，鉛四斤一十二兩六錢，錫一斤九兩二錢，去火耗一斤五兩，每錢重三錢。

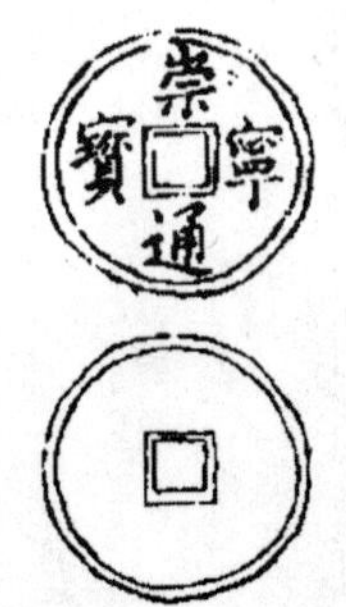

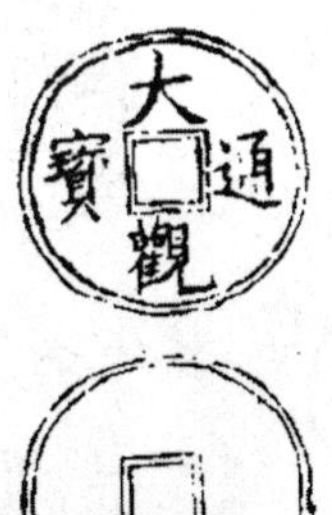


（右）［下］徽宗大觀通寶大錢，真書。

按，崇寧六年，改元大觀。先是崇寧所鑄當十錢不便於民，而私鑄日衆，重罰不能止。右僕射趙挺之、御史沈畸屢以爲言，遂減作當五、或當三，繼復罷鑄。至是，蔡京復相，再主用折十錢。《食貨志》稱大觀元年二月首鑄御書當十錢，以京畿錢監所得私錢改鑄，尋興復京畿兩監，以轉運使宋喬年領之。喬年鑄烏背漉銅錢來工，詔以漉銅錢頒行諸路。

又　卷一一

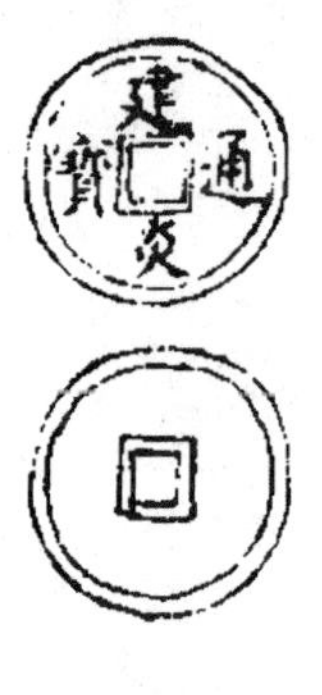

(右)[下]建炎通寶大錢，篆書、真書二體。此錢蓋與前品同鑄。本紀，建炎元年九月庚戌始通當三大錢於淮、浙、荆、湖諸路。按，高宗朝只當二及小平錢二種，不聞別鑄。此大錢意即當二。本紀蓋指先朝大觀等舊錢後改爲當三者，非新鑄也。

(右)[下]理宗端平通寶大錢。按，紹定七年，改元端平。此錢與嘉泰當三錢同，應是當三錢也。理宗朝專措置楮幣，而銅冶大衰。考本紀，端平元年六月癸巳禁毁銅錢。

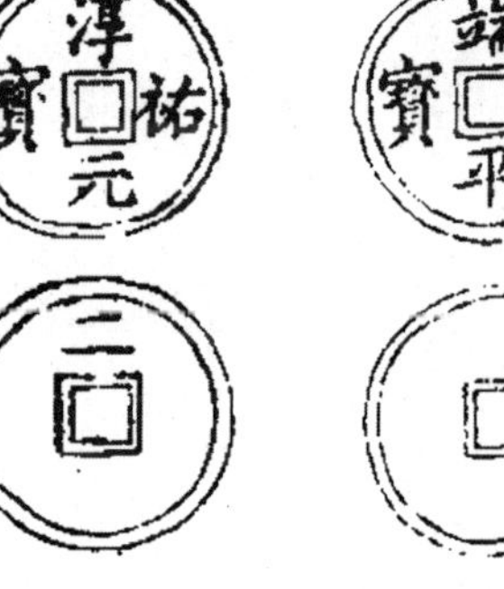

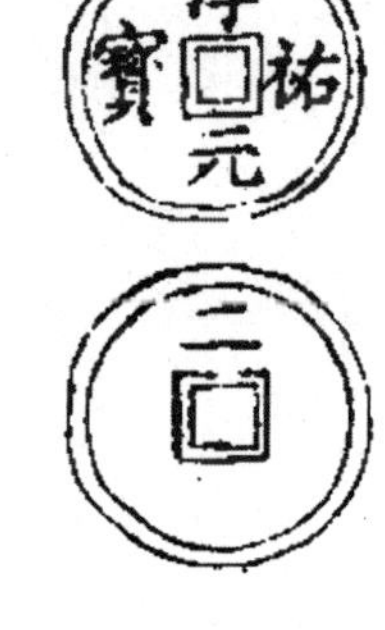

(右)[下]理宗淳祐元寶大錢。按，嘉熙五年，改元淳祐。淳祐二年三月，詔，在外諸軍請給楮幣，權以十八界三分增給。又三年，命淮東西總所餉軍券錢並給楮四分。則當時用楮仍與錢並行，特楮賤，不得不以錢權之，故分配支給，《食貨志》謂之品搭，是也。

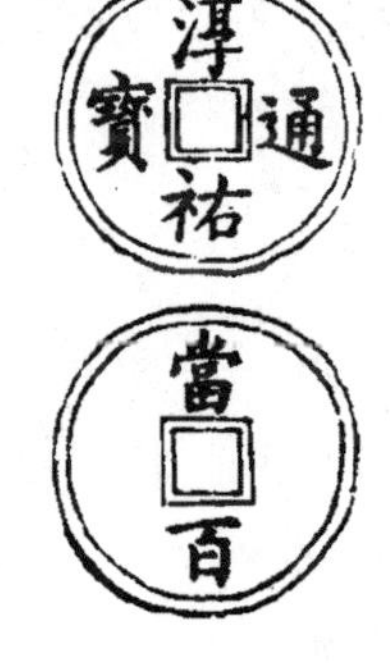

(右)[下]淳祐通寶大錢，背文有當百字，錢質厚重，過於諸大錢數倍，而史無明文。按本紀，淳祐九年三月乙酉，以桯元鳳爲江淮等路都大提點坑冶鑄錢公事，蓋是時所鑄。又按，淳祐十二年，從監察御史劉元龍言，遂令純用楮，及至公私交弊，明年，仍用錢會中半，則前此所云三分增給，與給楮四分者，又非定額矣。賈似道當國，主用會子，亦曰交子，後又變而爲關子，其意在於廢錢用楮，故元龍純用楮之議，顯爲迎合。然勢雖久行，卒不能盡廢圜法也。

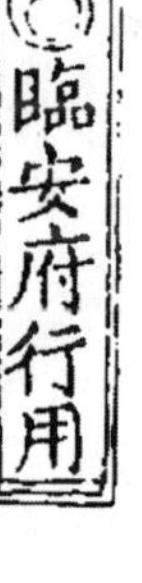

右錢牌，一面曰臨安府行用，一面曰準三百文省。考元人孔行素《至正雜記》，言南宋有錢牌，長三寸有奇，闊二寸。今此尺度雖不同，然爲錢牌無疑。曰省者，建炎三年四月正官名，合中書省、門下省、尚書省爲一，謂之知三省。此蓋三省所鑄也。南宋自建都杭州，升爲府，終南宋一百五十餘年，皆稱臨安府，此錢不審爲何時造。據此，則南宋當二、當三、當五、當百諸大錢而外，又有準三百文之錢牌。而志、傳俱未之録，想未久即罷廢不行耳。今附入於南宋諸品之末，可以補舊史之所未備。

又　卷一二

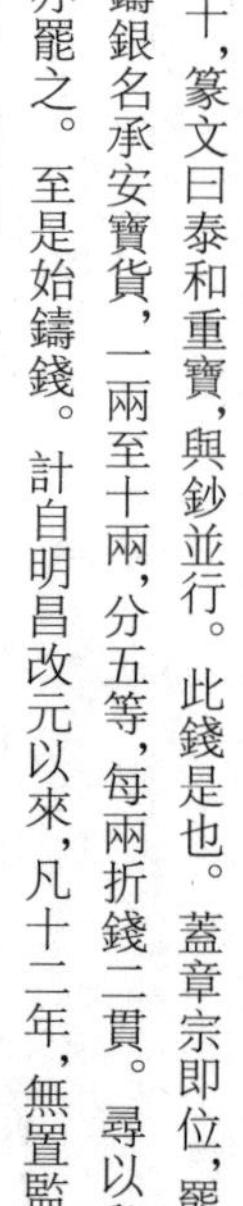

(右)[下]遼太祖天贊通寶錢。按，遼耶律阿保機於後梁末帝貞明二年，稱神册元年，至龍德二年，改元天贊。《遼史・食貨志》：鼓鑄之法，先代撒刺的爲夷離堇，以土産多銅，始造錢幣，太祖襲而用之，遂致富强，以開帝業。

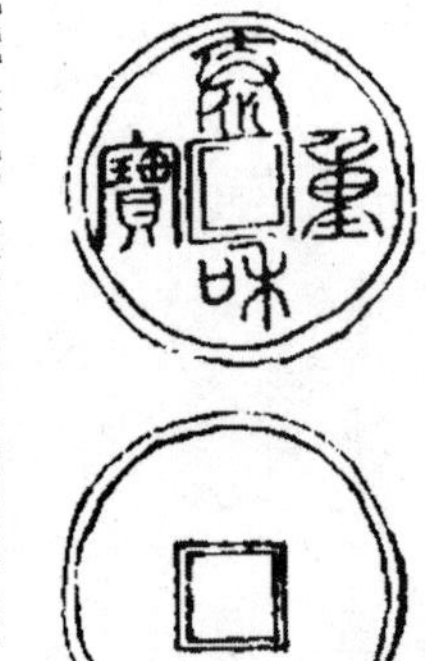

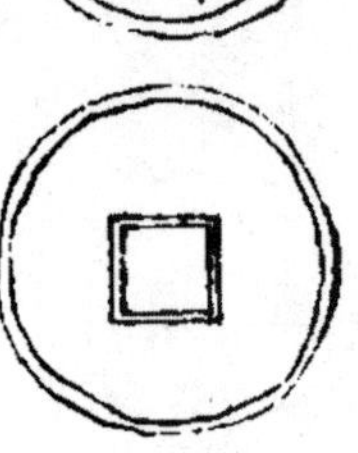

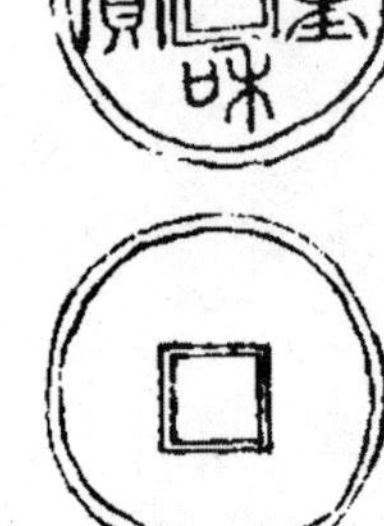

(右)[下]章宗泰和大錢。按，宋寧宗慶元七年，爲章宗泰和元年，《食貨志》稱泰和四年八月鑄大錢，一直十，篆文曰泰和重寶，與鈔並行。此錢是也。蓋章宗即位，罷鑄錢。承安二年，鑄銀名承安寶貨，一兩至十兩，分五等，每兩折錢二貫。尋以私鑄多，寖不能行，亦罷之。至是始鑄錢。計自明昌改元以來，凡十二年，無置監鑄錢之事。

又　卷一三

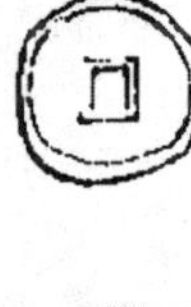

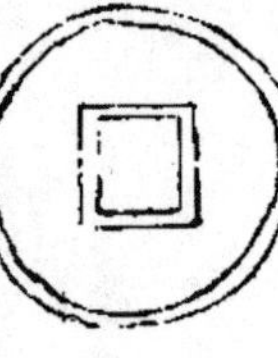

右元武宗錢二品，前一品曰至大通寶，楷書。後一品曰大元通寶，西番篆書。按，《食貨志》：武宗至大三年，初行錢法，立資國院，泉貨監以領之，其錢曰至大通寶者，一文準至大銀鈔一釐。曰大元通寶者，一文準至大通寶錢一十文。

（右）［下］順帝至正通寶錢，凡三種，以次遞小。前一種及最小一種，背文西番篆，讀作巴納，蓋梵語錢字也。其第二種，背文上一字亦西番篆，讀作額，下楷書曰二，蓋當二耳。按史元世交鈔、寶鈔皆印造錢文，無鼓鑄之事，惟武宗一置監鑄錢，然仁宗皇慶元年即下詔，廢不行，所立院監悉皆罷革，而專用至元中統鈔。順帝至正十年，丞相脱脱始復建議開鑄，置寶泉提舉司，鑄至正錢，與交鈔通用，謂子母相權。顧所鑄不能流通，至其後乃並鈔，亦不行，所在郡縣皆以物貨相貿易，公私所積之鈔，人視之若廢楮。蓋自錢法敝，而鈔法亦壞矣。

（右）［下］明太祖大中通寶大錢。按《明會典》，太祖初置寶源局於應天，鑄大中通寶錢，及平陳友諒，命江西行省置貨泉局，頒大中通寶錢大小五等錢式。此其大錢也。明太祖始建國號，意在大中，既而祈天，乃得大明，故當時錢文有此，蓋未紀元以前，自稱吴王時所鑄耳。

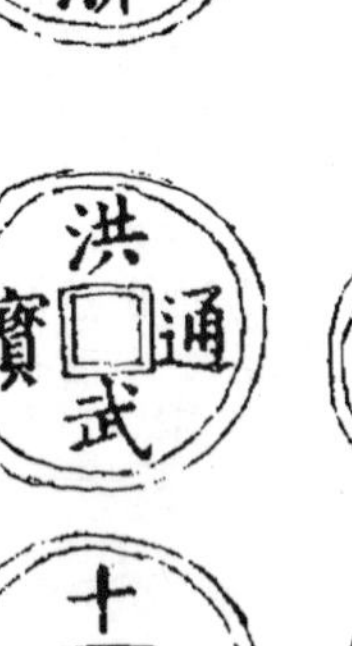

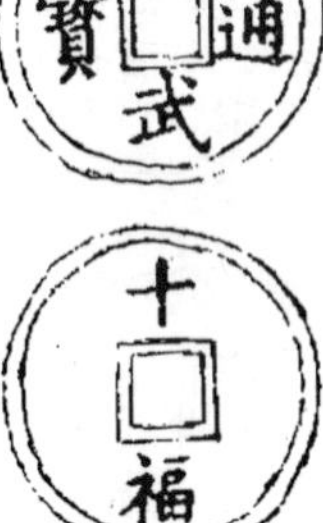

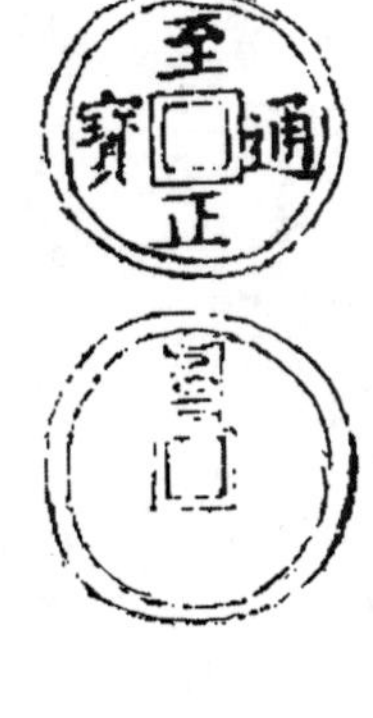
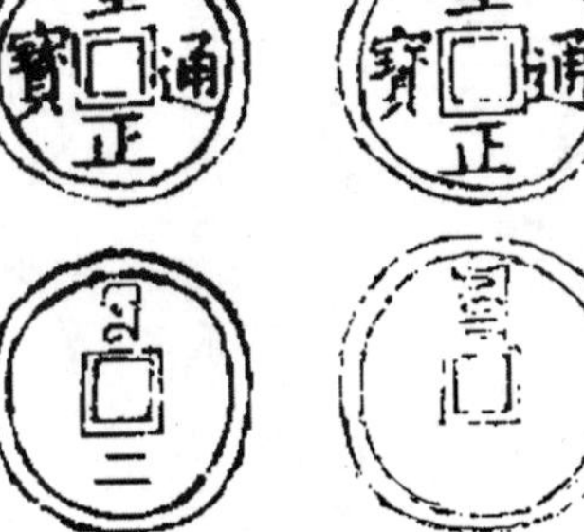
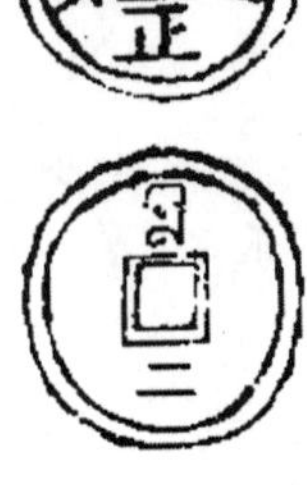
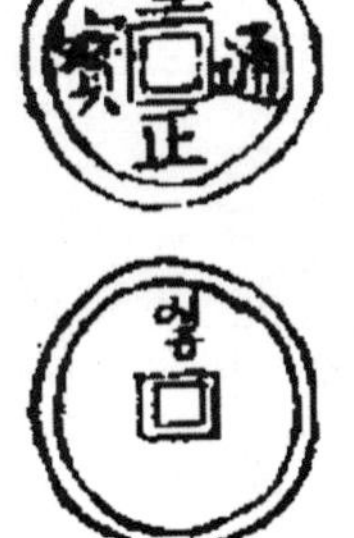

右太祖洪武通寶錢五品，凡六枚，背文曰十、曰五錢、曰三錢、二錢、一錢。按《會典》，太祖即位，令户部及各行省鑄洪武通寶錢，其制爲五等，當十錢重一兩，當五重五錢，當三、當二重如其當之數，小錢重一錢。首二枚背文，又浙字、福字，蓋各行省所記，如唐會昌錢制也。

（右）［下］世宗嘉靖通寶錢。按《會典》，嘉靖六年，題准鑄造嘉靖通寶錢事例。七年，鑄嘉靖通寶錢。又差官於河南、閩廣鑄造嘉靖通寶錢。三十四年，題准雲南鑄錢事例。四十四年，寶源局鑄嘉靖錢。其時所鑄錢，有金背、火漆、鏇邊三種。又按，嘉靖三十二年，令照新式鑄洪武以下紀元九號錢云云。今考仁宗、英宗、憲宗諸朝，其鼓鑄事蹟悉别無明文，然則以上洪熙、正統、天順、成化等錢，蓋皆嘉靖時所補鑄，而景泰以出廟，遂獨無錢文也。

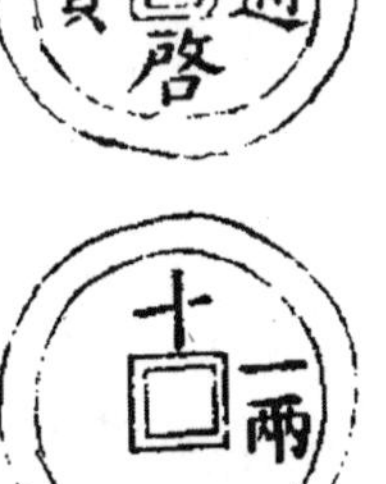

右［上］熹宗天啓通寶錢二品，小者制如泰昌錢，大者背文穿上有十字，旁曰一兩。按，是時兵部尚書王象乾請鑄當十、當百、當千三等大錢，仿白金三品之制。於是兩京皆鑄大錢。後有言大錢之弊者，詔南京停鑄大錢，收大錢發局改鑄。則此錢旋鑄旋罷，固未嘗行使也。

右［下］崇禎通寶大錢，背文有監字、五字。按，莊烈帝末年，勑鑄當五錢，此錢蓋當五。

又　卷一四

（右）［下］罽賓國錢。《前漢書》：罽賓國王治循鮮城，去長安萬二千二百里，以金銀爲錢。文爲騎馬，幕爲人面，自武帝時始通中國。

(右)[下]大月氏國錢。《前漢書》：大月氏國王治監氏城，去長安萬一千六百里，民俗錢貨與安息同。此錢爲人面，幕文如之，意所謂幕爲夫人面也。又《拾遺記》：三瞳國金幣，效國王之面，亦效王后之面。又云軒渠國貨幣同。

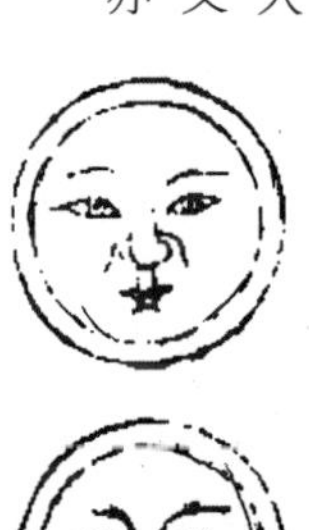

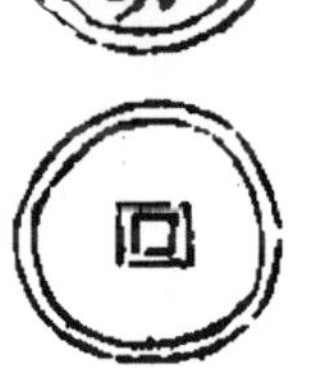

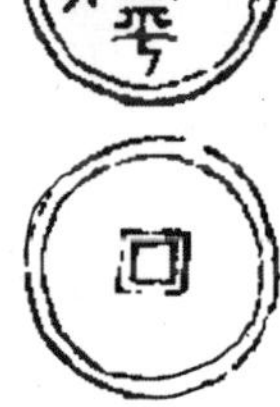

右日本國錢四種，曰和同開珍、曰神功開珍、曰萬年通寶、曰隆平永寶，皆隸書。洪《志》引舊譜，言並徑寸，重五銖。按，《新唐書》言倭惡其名，更號日本，咸亨元年遣使來賀，自云近日所出，以爲名。或云，日本乃小國，爲倭所并，冒其號。則日本即倭耳，故宋祁不別爲倭國傳。

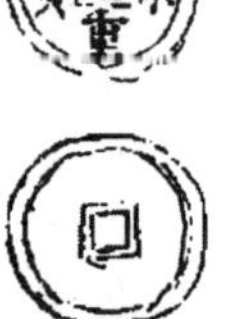

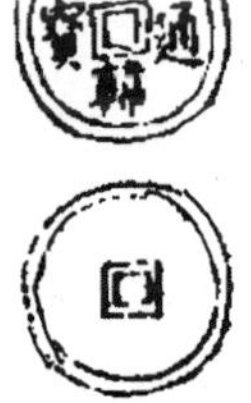

右高麗國錢三種。《宋史》：高麗一曰高句麗，地産銅，崇寧後始知鼓鑄，有海東通寶、重寶、三韓通寶三種錢。又按，《朝鮮史略》三韓：馬韓、辰韓、弁韓也。

(右)[下]交趾黎字錢。《宋會要》載，秘書丞朱正臣言，前通判廣州時，交州人貿易，多攜黎字錢，及砂蠟錢。按，《宋史》：太平興國八年，黎桓自稱權交州三使留後，雍熙三年，賜桓節鉞。蓋黎氏據交趾最久，此錢穿下黎字，記所鑄也。

**又　卷一五**

(右)[下]一品，一面曰日入千金，一面曰長毋相忘。按，《公羊傳注》：百金，猶百萬也。古者金重一斤，若今萬錢。又《史記・平準書注》：黄金一斤，直萬錢，非也。秦以一鎰爲一金，漢以一斤爲一金云云。今人但知以二十四銖爲一金，因録此錢並誌之。

右下一種，名蟻鼻錢，亦詳洪《志》。

**又　卷一六**

(右)[下]辟邪錢，中作符篆，上下書福德二字，一面作立獸如辟邪。又方圜各一孔，蓋以施組紃佩之，用袚除不祥。《西京雜記》：史良娣合采宛轉絲繩繫身毒國寶鏡，即此義也。

(右)[下]辟兵錢，一面曰去災除凶，一面曰辟兵莫當，旁作星文繞之。務成子所謂琭琭如玉，連連如珠者耶。

(右)[下]一品，爲八卦位列一如文王後天圖，外環以十二屬，一面爲星官，符印，亦道籙也。

## 雜録

**《晉書・食貨志》**　帝出自侯門，居貧即位，常曰：「桓帝不能作家，曾無私蓄。」故於西園造萬金堂，以爲私藏。復寄小黄門私錢，家至巨億。於是懸鴻都之牓，開賣官之路，公卿以降，悉有等差。廷尉崔烈入錢五百萬以買司徒，刺史二千石遷除，皆責助治宮室錢，大郡至二千萬錢，不畢者或至自殺。獻帝作五銖錢，而有四道連於邊緣。有識者尤之曰：「豈京師破壞，此錢四出也。」

**《舊唐書・食貨志》**　至天寶之初，兩京用錢稍好，米粟豐賤。數載之後，漸又濫惡，府縣不許好者加價迴博，好惡通用。富商姦人，漸收好錢，潛將往江淮之南，每錢貨得私鑄惡者五文，假託官錢，將入京私用。京城錢日加碎惡，鵝眼、鐵錫、古文、綖環之類，每貫重不過三四斤。

十一載二月，下敕曰：「錢貨之用，所以通有無；輕重之權，所以禁踰越。故周立九府之法，漢備三官之制。永言適便，必在從宜。如聞京師行用之錢，頗多濫惡，所資懲革，絶其訛謬。然安人在於存養，化俗期於變通，法若從寬，事堪持久。宜令所司即出錢三數十萬貫，分於兩市，百姓間應交易所用錢不堪久行用者，官爲换取，仍限一月日内使盡。庶單貧無患，商旅必通。其過限輒違犯者，一事已上，並作條件處分。」是時京城百姓，久用惡錢，制下之後，頗相驚擾。時又令於龍興觀南街開場，出左藏庫内排斗錢，許市人博换，貧弱者又争次不得。俄又宣敕，除鐵錫、銅沙、穿穴、古文，餘並許依舊行用，久之乃定。

乾元元年七月，詔曰：「錢貨之興，其來久矣，代有沿革，時爲重輕。周興九府，實啓流泉之利；漢造五銖，亦弘改鑄之法。必令小大兼適，母子相權，事有益於公私，理宜循於通變。但以干戈未息，帑藏猶虚，卜式獻助軍之誠，弘羊興富國之算，静言立法，諒在便人。御史中丞第五琦奏請改錢，以一當十，别爲新鑄，不廢舊錢，冀實三官之資，用收十倍之利，所謂於人不擾，從古有經。宜聽於諸監别鑄一當十錢，文曰乾元重寶。其開元通寶者依舊行用。所請採鑄捉搦處置，即條件聞奏。」

二年三月，琦入爲相，又請更鑄重輪乾元錢，一當五十，二十斤成貫。詔可之。於是新錢與乾元、開元通寶錢三品並行。尋而穀價騰貴，米斗至七千，餓死者相枕於道。乃擡舊開元錢以一當十，減乾元錢以一當三十，緣人厭錢價不定，人間擡加價錢爲虚錢。長安城中，競爲盗鑄，寺觀鐘及銅象，多壞爲錢。姦人豪族，犯禁者不絶。京兆尹鄭叔清擒捕之，少不容縱，數月間搒死者八百餘人，人益無聊矣。

上元元年六月，詔曰：「因時立制，頃議新錢，且是從權，知非經久。如聞官鑪之外，私鑄頗多，吞併小錢，踰濫成弊。抵罪雖衆，禁姦未絶。况物價益起，人心不安。事藉變通，期於折衷。其重稜五十價錢，宜減作三十文行用。其開元舊時錢，宜一當十文行用。其乾元十當錢，宜依前行用。仍令京中及畿縣内依此處分，諸州待進止。」七月敕：「重稜五十價錢，先令畿内減至三十價行，其天下諸州，並宜準此。」

七年五月，户部王紹、度支盧坦、鹽鐵王播等奏：「伏以京都時用多重見錢，官中支計，近日殊少。蓋緣比來不許商人便换，因兹家有滯藏，所以物價轉高，錢多不出。臣等今商量，伏請許令商人於三司任便换見錢，一切依舊禁約。伏以比來諸司諸使等，或有便商人，錢多留城中，逐時收貯，積藏私室，無復通流。伏請自今已後，嚴加禁約。」從之。

八年四月，敕：「以錢重貨輕，出内庫錢五十萬貫，令兩市收市布帛，每端匹估加十之一。」

十二年正月，敕：「泉貨之設，故有常規，將使重輕得宜，是資斂散有節，必通其變，以利於人。今繒帛轉賤，公私俱弊。宜出見錢五十萬貫，令京兆府揀擇要便處開場，依市價交易，選清强官吏，切加勾當。仍各委本司，先作處置條件聞奏。必使事堪經久，法可通行。」又敕：「近日布帛轉輕，見錢漸少，皆緣所在壅塞，不得通流。宜令京城内自文武官僚，不問品秩高下，并公郡縣主、中使等，下至士庶、商旅、寺觀、坊市，所有私貯見錢，並不得過五千貫。如有過此，許從敕出後，限一月内任將市别物收貯。如錢數較多，處置未了，任於限内於地界州縣陳狀，更請限。縱有此色，亦不得過兩箇月。若一家内别有宅舍店鋪等，所貯錢並須計用在此數。其兄弟本來異居曾經分析者，不在此限。如限滿後有違犯者，白身人等，宜付所司，決痛杖一頓處死。其文武官及公主等，並委有司聞奏，當重科貶。戚屬中使，亦具名銜聞奏。其賸貯錢，不限多少，並勒納官。數内五分取一分充賞錢，止於五千貫。此外察獲，及有人論告，亦重科處分，并量給告者。」時京師里閭區肆所積，多方鎮錢，王鍔、韓弘、李惟簡，少者不下五十萬貫。於是競買第屋以變其錢，多者竟里巷傭僦以歸其直。而高貲大賈者，多依倚左右軍官錢爲名，府縣不得窮驗，法竟不行。

## 宋・王溥《唐會要》卷五九《尚書省諸司下》

度支使

貞元初，度支杜佑讓錢穀之務，引李巽自代。先是，度支以制用惜費，漸權百司之職，廣置吏員，繁而難理。佑始奏營繕歸之將作，木炭歸之司農，染練歸之少府，綱條頗整，公議多之。

二年十二月，度支奏：「請於京城及畿縣行権酒法，每斗権一百五十文。其酒户並蠲免雜役。」從之。

鑄錢使

開元二十五年二月，監察御史羅文信充諸道鑄錢使。天寶三載九月，楊慎矜除御史中丞，充鑄錢使。四載十一月，度支郎中楊釗充諸道鑄錢使。上元元年五月，劉晏除户部侍郎，充句當鑄錢使。其年五月二十五日，殿中監李輔國加京畿鑄錢使。寶應元年六月二十八日，劉晏又除户部侍郎，充句當鑄錢使。廣德二年正月，第五琦除户部侍郎，充諸道鑄錢使。其年六月三日，禮部尚書、除兼御史大夫李峴，充江南西道句當鑄錢使。永泰元年正月十三日，劉晏充東都、淮南、浙東西、湖南、山南東道鑄錢使，第五琦充京畿、關内、河東、劍南、山南西道鑄錢使。大曆四年三月，劉晏除吏部尚書，充東都、河東、淮南、山南東道鑄錢使，五年三月二十六日停。

延資庫使

會昌五年九月，勑置備邊庫，收納度支、户部、鹽鐵三司錢物，至大中三年十月，勑改延資庫。初以度支郎中判，至四年八月，勑以宰相判。右僕射、平章事白敏中、崔鉉相繼判。其錢三司率送，初年，户部每年二十萬貫疋，度支、鹽鐵每年三十萬貫疋，次年以軍用足，三分減其一，諸道進奉助軍錢物則收納焉。

咸通五年七月，延資庫使夏侯孜奏：「鹽鐵、户部先積欠當使咸通四年已前延資錢絹三百六十九萬餘貫疋，内户部每年合送錢二十六萬四千二百八十五貫疋，從大中十二年至咸通四年九月已前，除納收外，欠一百五十萬五千七百一十四貫疋。當使緣户部積欠數多，先具申奏，請於諸道州府場監院，合納户部所收八十文除陌錢内割一十五文，屬當使自收管。勑命雖行，所送稽緩。今得户部牒，稱所收管除陌錢，除錢絹外，更有諸雜貨物。延資庫徵收不使，請起今年，合納延資庫錢物，一時便足。其已前積久，候物力稍充，積漸填塞。其所割十五文錢，即當使仍舊收管。又緣累歲已來，嶺南用兵，多支户部錢物，當使不欲堅論舊欠，請依户部商量，合納今年一年額色錢絹須足，明年即依舊制，三月、九月兩限送納畢。其已前積欠，仍令户部自立填納期限者。」勑旨依之。

八年九月，延資庫使曹確奏：「户部每年合送當使三月、九月兩限絹二十一萬四千一百疋，錢五萬貫，自大中八年已後至咸通四年，積欠一百五十萬五千七百餘貫疋。前使杜悰申奏，起請咸通二年正月以後，於諸道州府場監院合送户部八十文除陌錢内割十五文，當使收管，以填積欠。續據户部牒，稱州府除陌錢有折色零碎，請起咸通五年所合送延資庫錢絹，逐年兩限須足，其除陌十五文，當司仍舊收管。前使夏侯孜具事由申奏，且請依户部論請期限。其咸通五年錢絹，户部已送納，自六年至八年，其錢絹依前不全送，又積欠三十六萬五千五百七十貫文者。伏以所置延資庫，初以備邊爲名，至大中三年，始改今號。若財貨不充，則名額虚設。當置之時，所令三司逐分減送當使收管元勑，只有錢數，但令本司減割送庫，不定色目。以此因循，漸墮舊制，年月既久，積欠轉多。既無計以徵收，乃指色以取濟，稍稱備邊名號，得遵元勑指揮，乃割户部除陌八十文内十五文收管，及户部請逐年送庫，須且稟從。今既積欠又多，終慮不及期限，臣今酌量，請諸道州府場監院合送户部錢絹内分配，令勒留不合送延資庫數目，令本處别爲綱運，與户部綱同送上都，直納延資庫，則户部免有逋懸，不至累年積欠。」從之。

**又 卷八七《轉運鹽鐵總敘》** 廣德二年正月，復以第五琦專判度支、鑄錢、鹽鐵事，而晏以檢校户部尚書爲河南及江淮以來轉運使，及與河南副元帥計會開決汴河水。永泰二年，晏爲東道轉運、常平、鑄錢、鹽鐵使，琦爲關内、河東、劍南三川轉運、常平、鑄錢、鹽鐵使。大曆五年，詔停關内、河東、三川轉運、常平、鹽鐵使，自此，晏與户部侍郎韓滉分領關内、河東、山南、劍南租庸，青苗使。至十四年，天下財賦皆以晏掌之。建中元年，詔曰：「朕以征税多門，郡邑凋耗，聽於羣議，思有變更，將致時雍，宜遵古訓。其江淮米準旨轉運入京者，及諸軍糧儲，宜令庫部郎中崔河圖權領之。今年夏税以前，諸道財賦多輸京師者，及鹽鐵財貨，委江州刺史包佶權領之。天下錢穀，皆歸金部、倉部，委中書門下簡兩司郎官，準格式條理。」尋貶晏爲忠州刺史。晏既罷黜，天下錢穀歸尚書省。【略】故晏没後二十餘年，韓洄、元琇、裴腆、包佶、盧貞、李衡相繼分掌財賦，皆晏門下。晏部吏在千里外，奉教如目前。四方水旱及軍府纖芥，莫不先知焉。其年，詔曰：「天下山澤之利，當歸王者，宜總隸鹽鐵使。」三年，以包佶爲左庶子，汴東水陸運、鹽鐵、租庸使；崔縱爲右庶子，汴西水陸運、鹽鐵、租庸使。

**宋·葉廷珪《海録碎事》卷一五《商賈貨財部·貨財門》** 奥府焦貢《易林》曰：江河淮海，天之奥府，衆利所聚，可以饒有。 契刀錯刀王莽造契刀、錯刀。契刀，其鐶如大錢，身形如刀，長二寸，文曰「契刀直五百」。錯刀，以黄金錯其文，曰「錯刀直五千」。

**又《錢門》** 無名錢，詔都内别藏張氏無名錢以百萬數。注：安世以還官，官不簿也。 開通錢，《譚賓録》：錢有文如甲跡者，因文德皇后也。武德中廢五銖錢，行開元通寶錢，此四字及書皆歐陽詢所爲也。初進樣，后掐一甲跡，因是有之。 錢氣，地境曰錢銅之氣，望之如青雲。 當千錢，孫權赤烏元年，鑄當千大錢。 永安錢，自魏末用永安錢，皆輕濫。齊文宣鑄新錢，文曰「常平五銖」。常平五銖，見上。 永通萬國，宣帝鑄永通萬國錢，以一當千。錢愚，梁臨川王宏積錢三億萬，豫章王綜爲《錢愚論》，以譏宏貪吝。 緡繦，緡繦專用。上音旻，下舉兩反，錢繩也。《漢書》。 榆莢錢，漢患秦錢重，更鑄榆莢錢。 赤仄錢，赤仄錢，以赤銅爲稜。《西漢·食貨志》。子錢，山谷詩： 惱亂鄰翁謁子錢。 撲滿子，齊己有詩： 衹知滿我腹，寧知滿害身？到頭須撲破，却散與他人。 錢藏也。 種官，民坐挾銅炭，没入銅官。注云： 主鑄錢之官也。《漢書》。子母錢，相逢多是醉醺然，應有囊中子母錢。 褚載詩。足陌錢，大同元年詔： 自今可通用足陌錢。 四柱錢，梁敬帝太平二年鑄四柱錢，一當二十。後改一當十。 短錢，晉平王休祐爲荆州，以短錢一百賦人，田登求白米一斛。 蚨母，開貫瀉蚨母，買冰防夏蠅。 李賀詩。 王清本，元和初，洛陽百姓王清傭力得錢五百，買枯栗樹，將爲薪以求利。鄰人夜偷斲，忽見黑蛇舉首如臂，曰：「我王清本也。」其人失斤而走。明日，王清薪之，復掘其根，得一甕散錢，因致富。遂鬻錢形龍，號王清本也。 錢龍，馬僕射燧既立勳業，頗自矜伐，常有陶侃之意，故爲錢龍，至今義士非之。《雜俎》。 五分錢，五分錢，所謂莢錢者。 漢紀。 函方，錢圜函方。 謂外圓而內孔方也。《食貨志》。 臧繦，萬室之邑必有萬鍾之臧，臧繦千萬。千室之邑必有千鍾之臧，臧繦百萬。注： 六斛四斗爲鍾。繦，錢貫。《管子》： 凶歲糴，釜十繦。《食貨志》。 子紺錢，赤仄錢，一當五。 以赤銅爲其郭。所謂子紺錢也。上。 真工大姦，上林三官鑄錢，而民之鑄錢益少，計其費不能相當，唯真工大姦乃爲之上。 幼錢壯錢，莽作錢貨六品： 小錢徑六分，重一銖，文曰「小錢直一」。次七分，三銖，曰「六錢一十」。次八分，五銖，曰「幼錢二十」。次九分，七銖，曰「中錢三十」。次一寸，九銖，曰「壯錢四十」。并前「大錢五十」爲六品。 王老，《西京記》： 唐王元寶富厚，以錢文如其名，因謂錢爲王老。 沈郎錢，吴興沈充鑄小錢，謂之沈郎錢。 紫標黄榜，齊臨川王宏恣意聚斂，庫室垂有百間。性愛錢，百萬一聚，黄榜標之。千萬一庫，懸以紫標，如此三十餘間。 二銖錢，宋廢帝景和元年，鑄二銖錢。 錢精。 青蚨一名錢精，取母，殺，取血塗錢繩，入龍腦香少許置櫝中，焚香一爐禱之，其錢並歸繩上。

**宋·周煇《清波雜志》卷七** 錢譜 煇家舊藏《歷代錢譜》十卷，乃紹聖間李孝美所著，蓋唐人顧烜、張台先有纂說，孝美重修也。周秦後錢之品樣，具著於帙，是特見於形似爾。 親黨洪子予，收古泉幣數十百種，自虞夏以降，一無遺者。每出示坐客，道所以然，皆有依據。大抵古錢輪郭皆重厚，叩之有聲。雖王莽小錢，名徑六分、重一銖，然亦不致輕薄。豈上古鼓鑄但求精緻，初不計銅齊耶？洪死，嘗叩其子，云：「悉舉入棺矣。」或言其家慮爲勢力者攘取，故爲之辭。

**宋·趙彥衛《雲麓漫鈔》卷五** 今人目錢有文處爲字，背爲漫。按《漢書·大宛傳》： 錢文爲王面，幕爲夫人面。荀悦云：「幕音漫，無文也。」張晏云：「錢之文面作人乘馬，錢之幕作人面形。」韋昭云：「幕，錢背也。」包愷音慢，《史記》亦云。

**明·陸容《菽園雜記》卷六** 開元錢文，或讀作「開通元寶」，或作「開元通寶」，本唐高祖武德四年所鑄，非明皇開元年間鑄也。今錢背間有新月痕，人遂以爲始鑄錢時，工人呈蠟樣，楊貴妃玩視之，因有指甲痕。此蓋不知典故者，因明皇年號與錢文偶同，而附會其說耳。伸按：《錢志》謂爲文德皇后掐痕。

**又 卷一〇** 國初懲元之弊，用重典以新天下，故令行禁止，若風草然。然有面從於一時，而心違於身後者數事。如洪武錢、大明寶鈔、《大誥》《洪武韻》是已。洪武錢民間全不行，予幼時嘗見有之，今復不見一文，蓋銷毀爲器矣。

**明·田藝蘅《留青日札摘抄》卷二三** 直百五銖

余得古錢，其文曰直百五銖。又有曰大泉五十，曰半兩，曰貨泉。《說文》曰： 錢，貨也。《周禮注》： 泉也，其藏曰泉，其行曰布，取名流衍無不徧也。貨，財也。从貝化，可以交易曰貨。 鄭康成曰，金玉曰貨。漢高帝行八銖錢，文帝行四銖，武帝行五銖，蓋十黍爲絫，十絫爲銖，八銖爲錙，二十四銖爲兩，半兩亦武帝所造。王莽篡位，忌惡劉氏以錢文有金刀，故改爲貨泉。或以貨泉字文爲白水真人之讖，云其造大錢，徑寸二分，重十二銖，文曰大錢五十。又，天鳳元年復作貨布，其文右曰貨，左曰布，重二十五銖，直貨泉二十五。貨泉徑一寸，重五銖，文右曰貨，右曰泉，枚直一，與貨布並行。《志》曰，流於泉，布於布也。

**明·李詡《戒庵老人漫筆》卷一** 京城雨錢 嘉靖六年六月十九日夜，京城雨雹交作，次早東江米巷大街南李學等家房上拾有銅錢八十四文，每箇一一壁立在瓦隴中。御史張璠具奏災異，錢進入庫。

**又 卷二** 然後再用油自下而上透入。如舊久乾下油，同前法透上，不必再使砵。盛印色法雖一例，煎之不同。

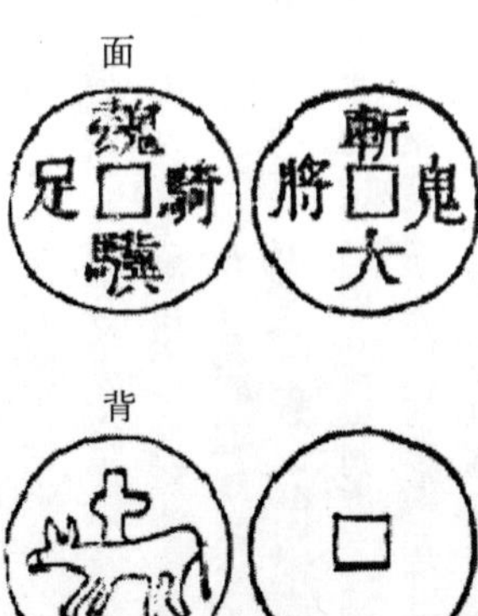


二古錢形 大將持刀形，此錢厭勝物也。吴思橘藏。

此古錢一，背面如上。徐進士文山亮所藏。都南濠得去。

**明·謝肇淛《五雜俎》卷一二《物部四》** 今天下交易所通行者，錢與銀耳。用錢便於貧民。然所聚之處，人多以賭廢業。京師水衡日鑄十餘萬錢，所行不過北至盧龍，南至德州，方二千餘里耳。而錢不加多，何也？山東銀錢雜用，其錢皆用宋年號者，每二可當新錢之一，而新錢廢不用。然宋錢無鑄者，多從土中掘出之，所得幾何？終歲用之，而錢亦不加少，又何也？南都雖鑄錢而不甚多，其錢差薄於京師者，而民間或有私鑄之盜。閩、廣絶不用錢，而用銀低假，市肆作姦，尤可恨也。

滇人以貝代錢，每十貝當一錢，貧民誠便。然白銀一兩，當得貝一萬枚，攜者不亦難乎？且易破碎，非如錢之可復鑄也。宋、元用鈔，尤極不便；雨浥鼠齧，即成烏有；懷中橐底，皆致磨滅；人惟日日作守鈔奴耳。夫銀錢之所以便者，水火不毁，蟲鼠不侵；流轉萬端，復歸本質。蓋百貨交易，低昂淆亂，必得一至無用者，衡於其間，而後流通不息。此聖人操世之大術也。

**明・方以智《通雅》卷二七《事製・貨賄》** 紀錢制者，《泉譜》《泉志》。晁氏《志》：梁顧烜、唐張台有譜，封演韋廣之，李孝美合之，成十卷。金光襲有録，董逌有譜。陶岳撰《貨泉録》一卷。紹興十九年，洪遵得古泉百餘品，攟摭爲《泉志》十五卷。鄭樵曰：「泉者形如泉，變而爲器，再變而圜，故代以錢文；而泉專爲流泉用，泉之篆下體不从水也。先儒不知本末，爲流於泉，布於布，寶於金，利於刀，皆沿鑿之義。」智以泉篆爲泉，工象有原之水，原以泉爲水源，則泉非象水而何？

**清・計六奇《明季北略》卷一九**

北都崩解情景

崇禎末年，在京者有「只圖今日，不過明朝」之意，貧富貴賤，各自爲心，每云：「韃子、流賊到門，我即開城請進。」不獨私有其意，而且公有其言，已成崩解之勢矣。午未間，清兵入，京都戒嚴，上發内帑錢數萬，命諸營千總每人領錢幾千，分授守城兵，每兵二十錢。兵領出，以指彈錢曰：「皇帝要性命，令我輩守城，此錢止可買五六燒餅而已。」既而内不發錢，使京中富家出錢養兵，如百金之家出銀五錢，即妓家亦出五錢，上云：「家豈無二三妓，其家可出五錢。」以故人心益離，而事日壞，謂「皇帝欲守天下，而徵及妓銀。」時事可知矣！後李自成破京，取銀十七庫而去。公遠親見述此。

當時政敝民玩如此，申酉之變，不察可燭。

蔣臣奏行鈔法

癸未六月，召見桐城諸生蔣臣於中左門，臣言鈔法曰：「經費之條，銀、錢、鈔三分用之。納銀賣鈔者，以九錢七分爲一金，民間不用，以違法論。不出五年，天下之金錢盡歸内帑矣。」給事中馬嘉植疏争之。

搗錢造鈔新史。

從來京師錢價，紋銀一兩，買錢六百，其貴賤只在零十與二十之間。自崇禎踐祚，與日俱遷。至十六年，賣至二千矣；夏秋間二千幾百矣。宣問賤之所由來，云：「私錢摻入過多。」乃於九門特點御史九員督理其事：街衢錢桌，有私錢一文，笞；二文，徒；三文，遣；四文外，斬矣。其價限定一兩六百，多一文亦斬。復設石臼鐵杵，一見私錢，不暇入爐鎔化，即刻搗碎，以絶其影。有挾入，搜獲必斬。小民貿易存剩，許送納御史臺，獎之。令至嚴也。臼設官坐以待，自朝至暮。半月來，小民無舍錢之俠腸，商販無觸網之奸棍，清對無聊，各西臺不得不出自己橐，買私錢以搗之。辰出午飯，必使班役持錢三四千、或五六千不等，日費兩許，將碎錢積於臼杵之間，爲人觀看。匝月餘，舉以報命，云：「私錢收完，錢價頒定。」塞責而已。而民間之錢價，下趨無抵也。凡賣錢諸處，對面現付，必如欽限，如一兩可買二千四百，其一千八百則於桌下私授，或少轉來取，以廠衛多人，曾有照常交市擒去梟首故也。於是決意行鈔，省中條議鈔有十便、十妙之説：一造之之費省，一行之之途廣，一齎之也輕，一藏之也簡，一無成色之好醜，一無稱兑之輕重，一革銀匠之奸偷，一杜盜賊之窺伺，一錢不用而有鈔，其銅可鑄軍器，一銀不用而用鈔，其銀可入内帑。上大喜，即刻造鈔，立發儀制司從來解入之硃卷，與宗師優劣科歲試卷，爲鈔質之資本，押工部收領；限日搭廠，撥官選匠計工。如有阻其事者，法同十罪。工部查二祖時典故，造鈔工料，紙六皮四。皮者，樺皮也。産於遼東。今有紙而無皮，無從下手。乃令工部召商，商人皆京師大俠棍，具疏願領銀百萬往遼買回。上又責之工部，工部又庫洗上告。時流賊渡河之信已確已之。崇禎十六年十一月中事也。又明熹宗時，一省中條議：「錢本爲銅，請禁天下婦人不許用鏡，可省銅幾萬。」蓋其做秀才時，家止有銅鏡一面也。此輩與之共理天下，有不煤山也哉！

**清・孫承澤《春明夢餘録》卷三八《户部四・寶鈔局》** 寶鈔局，始於洪武八年，永樂仍建局於北京，後廢。造鈔之法，用桑穰爲料。其制：方高一尺，闊六寸許，以青色爲質，外爲龍紋花欄，横題其額，曰：大明通行寶鈔。内上兩傍復爲篆文八字，曰：大明寶鈔，天下通行。中圖鈔貫狀，十串則爲一貫。其下曰：户部奏准印造大明寶鈔，與銅錢通行使用，僞造者斬；告捕者，賞銀二百五十兩，仍給犯人財産。若五百文則畫鈔文爲五串。餘如其制，而遞減之。每鈔一貫，折銅錢一千文，銀一兩。其餘以是爲差。其等凡六：曰一貫，五百文，四百文，三百文，二百文，一百文。每鈔四貫，易金一兩。禁民間不得以金銀物貨交易，違者治罪，告發者就以其物給賞。若有以金銀易鈔者聽。凡商税課，錢鈔兼收，錢十之三，鈔十之七，一百文以下則止用銅錢。按明初有銀禁，恐其或閡錢鈔也。而錢之用，不出於閩、廣。宣德、正統以後，錢始用於西北。自天順、成化以來，鈔之用益微。

漢武帝制皮幣。唐憲宗時，令商賈委錢諸路進奉院，以輕裝趨四方，合券乃取之，號飛錢。然猶錢與券爲二也。張詠鎮蜀，以鐵錢重，不便貿易，設質劑之法，一交一緡，以三年爲一界而換之，謂之交子。後官爲置造，謂之交子務。後用交子、會子，會價愈低。賈似道改名關子，而益不可行。金人循交子法，置交鈔，自一貫至十貫五等，謂之大錢；自一百至七百五等，謂之小錢。以七年爲限，納舊易新。元世祖造中統交鈔，以銀爲率，名曰銀鈔。一貫文省準錢一千文，值錢一兩。故五十貫爲一錠，蓋是銀五十兩也。後造至元鈔大行，以一當五，名曰金鈔子。至至正中，中統以廢，改造至正，印造中統交鈔，名曰新鈔，二貫準舊鈔十貫。以至料鈔十錠，易斗粟不得。洪武循元制，寶鈔立法甚嚴，令官民通用，欲其流行，甚於刀泉。後竟壅格不行，但以供頒賜，虛名耳，不但不可易斗粟也。

元主忽必烈以錢與鈔問劉秉忠。秉忠曰：楮用於陰，錢用於陽。沙漠爲陰，華夏爲陽。國家起沙漠，而臨中夏，宜用楮幣。不然，四海不靖。是以終元之世，止行鈔法，而不鑄錢。及至正間，脱脱爲相，立寶泉提舉司，鑄至正錢，而天下遂亂。即今民間古錢，並無勝國年號，目可見矣。明太祖雖嘗以科場落卷打造寶鈔，然二百年來惟錢行，而鈔不甚行。秉忠之言益驗矣。明之貧，貧於鈔不行而折價。蓋鈔所值，已天淵矣。如洪武二十四年令揚州府泰州竈户照台、温、處三府例支食，官鹽折納鈔貫，每引二百斤，米四石。每一石折鈔二貫五百文，此與原頒令每鈔一貫值銀一兩已不同矣。至嘉靖六年，詔各處赴運京庫户口鹽鈔，今後每鈔一貫，折銀一釐一毫四絲三忽。如此，則每米一石者，止值銀二釐七毫矣，國課焉得不大損耶？

崇禎十六年行鈔法紀：桐□□員蔣臣言鈔法可行。且云：歲造三千萬貫，一貫直一金，歲可得金三千萬兩。而户部侍郎王鰲永專管錢鈔，亦以鈔爲必可行。且言：初年造三千萬貫，可代加派二千餘萬，以蠲窮民；此後歲造五千萬貫，可得五千黃金。所入既多，將金與土同價，除免加派外，每省值發百萬貫，分給地方各官，以佐養廉之需。其言甚美，然實不可行也。上特設內寶鈔局，晝夜督造，募商發賣，而一貫擬鬻一金，無肯應者。鰲永請每貫鬻三分，止鬻九錢七分。京商騷然，紬緞各鋪皆卷篋而去。內閣言：民雖愚，誰肯以一金買一張紙。上曰：高皇帝時如何偏行得？內閣對：高皇帝似亦以神道設教，當時只賞賜及折俸用鈔，其餘兵餉，亦不曾用也。上曰：只要法嚴。閣臣對：徒法亦難行。因言民窮困已極，且宜安靜。其語頗多，然上已決意行之。及內寶鈔局言：造鈔宜用桑穰二百萬斤。舊例採取北直、山東、河南、浙江諸處，分遣各當催督。內浙江杭、嘉、湖三府桑穰價銀，户部請以北新關税銀二萬抵之。閣臣擬旨：採取擾累，且關税例當解京，不准留。又五城御史言：鈔臣除現在五百人外，尚欠二千五百人。各城勾攝，多未學習。議於畿內八府州縣多方勾解。閣臣亦擬：不許。上不懌，俱發改票。

崇禎十六年九月十五日，閣臣議鈔揭帖。竊惟古者以錢代金，宋末以鈔代錢。鈔法誠行，爲利甚大。而鈔虛錢實，頗有不同。蔣臣以宋之交子、會子謂之錢引，即今民間會票是也。然宋時自一貫至十貫凡五等，曰大鈔；一百至七百凡五等，曰小鈔。元時以十計者四等，以百計者三等，以貫計者二等，非不多方廣布，而亦不能久。惟聖祖製法甚精，立法甚嚴，當時軍國賞賜諸費皆取給焉。而後始漸輕也。伏讀御批：務要有益軍國，可行可久。又於部議，推行一欵，宜加嚴明。臣等竊見會典及例律所載鈔法，似已詳盡，總以嚴僞造，禁阻壞，立界法，信倒換爲主。至有司之貪羨抑勒，撫按三尺自在耳。惟今當久廢之後，驟欲督之行使，恐愚民不可慮始，徒法亦難自行。聖諭所謂如何通行，如何更換，業已洞悉其端委矣。蔣臣持論雖堅，臣等實未見其必然之效。倘萬不得已，或且試之京師。於凡百官俸廩，軍匠月糧，以鈔兼行，俾民間有鈔可用；而一切賦税、課程、贓罰，納鈔悉與收受，俾知有用鈔之利。俟上下通行，耳目相習，而後推之天下，或亦變通宜民之一道乎？容臣等約計臣并蔣臣到閣詳細商確，聽其自行回奏外，謹先擬票呈進，未知當否？伏候聖裁。

崇禎十七年正月二十七日，閣臣蔣德璟回奏：行鈔揭適蒙發下二本改票。一爲户部坐會關税事。內言浙江解造鈔桑穰夾紙，動支關税二萬金。一爲各城御史鈔匠城役無多事。內言五城解到鈔匠，並未學習，及人數不足，議於在外州縣多方勾解二千五百人各事情。臣敢不祇遵另擬。惟是造鈔一事，原係祖制。

當此三空四盡之時，而能化紙穰爲金錢，且歲得數千萬之入，其利甚大。果如所言，即一時勞費亦不足惜。而近來中外攢眉，動稱窒礙，細酌情勢，頗費經營。如造鈔必須工匠，而匠則多未學習。計正匠一千名，每月米一石，銀三兩；傭工一千五百名，每名月銀三兩三錢。計每月費米千石，銀七千九百五十兩，措處甚艱。又五城人數既少，若於在外地方廣購，一番勾攝，擾累必多。聞内寶鈔司原有鈔匠五百，似宜照舊造使，俟推行有緒，以漸議之。至桑穰一事，則猶有可商者。國初，令：農家凡有田五畝，栽桑、麻各半畝；又令：鳳滁等處每户種桑二百株；又令：天下多栽桑、棗，每里初年二百株，三年六百株，違者罰有差。故其時桑多而穰亦多。今自賊寇殘破之後，畿内及山東、河南幾無桑矣；杭、嘉、湖三府雖宜桑地，而水旱時告，賦歛繁興，農桑之家，愁苦尤甚。驟責以桑穰四十萬斤，恐盡括之亦不能彀，而其害將有不勝言者。至於作房工料之費及民情惶惑之狀，臣尚未敢盡陳。誠恐害多利少，異日得不償失，以爲宵旰憂，則臣之罪更大矣。臣初疑其難行，亦未詳計至此。或俟安民靖亂之後，人心大定，漸次講求，庶有濟乎？臣聞見既真，不敢隱飾不言。謹因發下改票，昧死附致芻蕘，原票未敢擅改，伏乞聖慈裁鑒施行。

御史白抱一疏：竊惟今天下處處用兵，處處需餉，則生財爲今日第一義。皇上慮地方殘苦，閭閻匱竭，特下製鈔之令，以濟時事之艱。其慮非不周，而意非不善，大小臣工自當遵行惟謹，何敢復生異議。然臣揆度時勢，實有難以驟舉，敢備爲我皇上陳之。從來鈔法與錢相副而行。今出銅地方，如兩廣、山、陝、河南等處，見遭寇患，則銅、鉛勢不能辦；雲、貴諸處，道路梗阻，即有銅亦無路可達。銅既不足，則鼓鑄萬萬不能充溢。鼓鑄窮，則錢且不能遍佈域中。而單單以易浥爛之楮幣，令通行無滯，誰其信之？此其不可行者一。且鈔完必須之州縣，令小民輸銀自領。然後或交易，或納税，始可上下流通。竊思小民納銀買鈔，又復輸鈔作銀，吏胥勒索，轉折之間，不無虧折。彼以銀輸官，何等直捷，小民不思爲便捷，肯樂此轉折乎？此其不可行者二。且奉行之際，有司賢者上體國法，下順民情，委曲調停，猶不爲害。如遇不肖，藉口功令，以威驅民，強其所難。小民既不甘受，必生忿怨，激而成變，爲害不小。此其不可行者三。且祖宗朝雖云製鈔，然行之未久。今二百餘年，百姓止知銀錢爲重，蓄貯、行使，皆是此物。一旦易鈔，而與銀錢並重，在皇上曰遵祖制，在愚民曰剏非常。非常之原，黎民懼焉。此其不可行者四。至於皇上製鈔，原欲遍行天下，始少獲微息。今南北俱大寇盤踞，則行鈔地方亦似無幾。鈔既不能遍及，利息似亦覺少。當此庫藏匱竭之際，先費二三千萬金錢造此不能通行之鈔，未收難必之利，先費見在之金，何若留此金錢，濟目前急需之爲得計乎？此其不可行者五。且生財之道，前人無處不經筭畫便，此鈔可垂諸永久，前人必有先得我心者，何至今日始議舉行也？臣豈不知計臣爲國苦心，皇上生財睿慮。臣揆度時勢，實實見其難以驟行如此。伏祈皇上勑部與司臣、蔣臣從長再議，暫停目前，俟敵寇平息，小民豐樂，然後舉行，未晚也。臣愚戇不識忌諱，祈聖明鑒宥施行。

**清・屈大均《廣東新語》卷一五《貨語》** 古錢 自河頭至高、雷二郡，用唐宋錢，廉州則用開元錢。開元錢以面有半月痕者爲貴。相傳開元鑄錢，貴妃指甲誤觸其模，冶吏不敢擅易，此半月痕即貴妃指甲云。又高、雷、廉用元豐錢，以平頭元爲上，尖頭元次之。平頭元者，元字上一畫平也。尖者作一點，行書也。前世錢文未有行書者。淳化中，太宗始以宸翰爲之。既成，以賜近臣，名御書錢。其用萬曆錢，則以跂曆者爲上。跂者，曆字左撇直下也。交趾亦用宋錢，以六十錢爲一勺。瓊用錢以六孔爲一錢，六十爲一兩，六百爲一貫。數皆以六。

**清・胡渭《禹貢錐指》卷七**

荊及衡陽惟荊州，【略】九江納錫大龜。

《傳》曰：尺二寸曰大龜，出於九江水中。《正義》曰：《史記・龜策傳》云：龜千歲滿尺二寸。《漢書・食貨志》云：元龜距髯，長尺二寸。故以尺二寸爲大龜。蘇氏曰：寶龜不可常得，有則納之。若以下錫上者，然不在常貢之例。薛氏曰：大龜，國之所守，其得不時，不可以爲常，又不可錫命使貢。唯使有之，則納錫於上。林氏曰：大龜至靈之物，不可以求而得。九江之地有倘而得之，若豫且者，則使之納錫於上。錫者與「師錫帝曰」「禹錫玄圭」之錫同意，重其事也。陳氏櫟曰：錫貢如敷錫之錫，上錫下也。納錫如師錫之錫，下錫上也。吳氏曰：謂納不謂貢，明其非貢物也。故於貢包篚之外，別出此條。邵氏曰：前知神物，大疑是稽，重其事必異其禮，書法云乎哉！

《孔傳》云：龜不常用，錫命而納之。林少穎云：如此則何以異於錫貢。薛説爲當然，東坡已先得之，不待薛也。《龜策傳》曰：神龜生於江水中，廬江郡常歲時生龜，長尺二寸者二十枚輸太卜官。是與常供無異。《食貨志》曰：元龜爲蔡，非四民所得居，有者，入大卜受直。則王莽制也。莽有所興造，必欲依古得經文，此令殆規摹納錫之意。

《易》曰：或益之十朋之龜，弗克違，元吉。《楚語》：王孫圉曰：龜足以憲臧不則寶之。《食貨志》：元龜岠冉長尺二寸，直二千一百六十，爲大貝十朋。孟康曰：冉，龜甲緣也。岠，至也。度背兩邊緣尺二寸也。蘇林曰：兩貝爲朋。朋直錢二百一十六，元龜卜朋，故二千一百六十也。蓋商、周之際，以龜貝爲幣。元龜一直大貝二十，是謂十朋之龜。虞、夏以龜神物而不爲幣，非財貨比，故重其事曰納錫也。

**清·法式善《陶廬雜録》卷五** 前涼張軌太府參軍索輔言於軌曰，古以金貝皮幣爲貨，息穀帛量度之耗。二漢制五銖錢，通易不滯。晉太始中，河西荒廢，遂不用錢，裂疋以爲段數，縑布既壞，市易又難，徒壞女工，不任衣用，幣之甚也。今中州雖亂，此方全安，宜復五銖，以濟通變之會。軌納之，立制准布用錢，錢遂大行，人賴其利。

**清·華玉淳《錢幣考》卷下《古幣》** 《管子》言，燧人以來，未有不以輕重爲天下也。蓋謂制貨以權輕重，此用幣之始，而其制未聞。前代皆謂伏羲始制文字，故叙古幣自伏羲氏始，以次當列於歷代錢之首。然經史既無明文，昔人遞相祖襲，以爲出於某代，別無古書可證，故別次之。凡周秦間刀布俱附見。張廷濟曰，太古造幣，書傳屢見，但今世所存，按其文字，斷非商以前物，知書之不可盡信也。

伏羲氏聚天下之銅，仰視俯觀以爲棘幣，好員法天，肉方法地，以叁輕重，以通有亡。以下並見羅泌《路史》。叁音懺。張廷濟曰，謂伏羲時幣已具好員肉方，更不可信。

羅苹註云，三五吉幣皆員內而方外，爲睥睨之形，垂則象天之示，置則象地之勢，北會而南分，而坦之則人也，蓋本三才之義。

又云，太昊幣謂之九棘。張台《譜》：寶鼎尉王鑄家有一種，長寸六分，肩廣八分，首廣五分，足間廣二分，重六銖。面文作卜旻，乃帝昊字。幕文作孔，乃羲字也。考之盄鐘，帝直爲二字，則此立之卝信爲帝字，封禪文昊作旻，可見。又董令昇家有一種，長寸八分，額廣六分，肩廣寸一分，足間五分，重十二銖，面文作父昊，幕文作奭，皆太昊字也。又異布中有作尜斤一全者，乃太昊之九棘，長寸七分，肩廣一寸，足間六分，有好，幕文作舌芒。

按，上古諸幣宜爲篆文，而自來皆以楷體傳之，浸失其本。如舌字乃全字之倒書者，即金字，不得從舌也。今亦姑存其槩，以俟博古者正之。異布中有一種，長寸五分，廣八分，無好，面文作父旻，與此註所稱正相近，豈即太昊幣耶！

神農氏范金排貨以濟國用。

註云，異布中有一種，長二寸六分，首廣寸六分，有肉好，無輪郭，足間正圓，面文六字，背一字。又一種，長二寸四分，上廣寸五分，下寸七分，首廣六分，足間八分，重八銖，有郭，面七字，縱横，神農幣也。又有大錢，圓徑寸五分，重七銖，好圓無輪郭，銅色純赤，左有帍字，鈎畫甚精，神字也。而董逌《譜》有幔由一金，杜佑所推知，貨自神農以來有之。

按，神農時安得已有錢？此必後代物。異布中有一種，而文作㠯亓，或以爲神農幣，似爲近之。

黄帝制金刀，立五幣，設九棘之利，而爲輕重之法。

註云，膳部李涿家有一種，長二寸一分，首廣七分，肩廣寸七分，足枝長六分，間廣四分半，質厚，重二十八銖，文作安㠯斤二金，幕文作容。又一種，大小輕重與此正等，文亦同，但倒書之，無背文，乃黄帝貨。此幣之最大者，又古幣文有作[illegible]斤者，亦黄帝貨也。

按，前二種，一見張台《譜》，一未之見，一見李孝美《譜》，今尚有之，長二寸一分，肩廣寸二分，首長五分，廣六分，肩廣九分，足枝長五分，間廣四分半，重十三銖八絫。今亦有之，長寸六分，重三錢四分，其文倒書，與上彷彿相類。以意度文，其前三字當爲軒轅貨也。

《史記》：黄帝名軒轅。而《路史》軒轅氏伐山取銅以爲刀貨，以衡域之輕重，而天下治，列太昊前。註云，軒轅金長寸七分，重十二銖，文作[illegible]一全，乃軒轅貨一金也。王存義云，古文軒轅字合爲一。又錢譜有作[illegible]者，亦軒轅氏幣也。夫黄帝之前，別有一軒轅氏不可知，而此幣文乃與黄帝貨略相類，疑即黄帝時幣。但此云一金，而前幣作二金，或輕重之別耳。又《路史》葛天氏幣，其文曰，葛尊盧氏幣，其文作𨸏，亦在太昊前。然註言黄帝嘗採金葛盧之山以制幣，則此二幣疑亦黄帝作也。

少昊氏作布貨，以制國用。

註云，李孝美《譜》：異布一種，長寸七分，肩廣一寸，足間六分，有好，面文[illegible]三字。又有作[illegible]化字、[illegible]字古金字，及水山[illegible]者，少昊貨也。又董逌《譜》：一種面文[illegible]，幕文作[illegible]。

按[illegible]之文與太昊幣同，何以別其爲少昊貨？又告文貨作㡿，其㡿字，疑亦㡯字之譌也。

高陽氏制十等之幣，以通有亡，曰權衡。

註云，天寶元年，西河别駕李幼奇於長平溪澗中得一種，文作隆䧁，乃高陽金也，長寸一分，下廣九分，首長廣各五分，足枝長四分，間廣三分，背文如八字。又長布、平布中有作㖃以[illegible]一，及作允陽命陽平陽余睦凡五種。有肉郭，皆高陽金也。又一種，作[illegible]一，幕文作全，高陽貨一金也。封演《譜》：高陽金面有科斗書。

按，以平陽爲高陽金，昔人嘗辨其非，忘其所出。隆䧁，舊譜作[illegible]。

高辛氏貨一金。

註云，長平布中有㬵斤一全，長寸八分，肩廣寸一分，足間廣五分，正圓，無好及郭，重十二銖，帝嚳貨也。

按，㬵斤，舊譜作[illegible]。

堯通刀布，爲金三等：珠玉上幣，金中幣，泉貨下幣。

註云，堯布文作上十全[illegible]，又作[illegible]大止。又一種小者[illegible]米。

按，稱布爲泉，疑始於此。其小者今尚有之，長寸七分，肩廣九分，下廣一寸，首長四分，廣六分，有好，足枝長四分半，間廣三分半，重二錢八分，其文作[illegible]。又一種差小，其文作[illegible]，與此註合。方嵩年《古泉詩註》云，堯泉作三十爲垚，一丁無尾，合周郭象古泉文。未詳其所據。

舜作策馬貨，當金貨一金、二金、二四金、二五金、策乘馬幣。

註云，五二金者，重貨也。一金者，輕貨也。當金者，當重金也。策乘馬長二寸，上廣寸二分，下寸三分，首長廣各七分，足間五分，正圓，文作尚全[illegible]，背面肉口好皆有周郭。

按，此幣今尚有之，但無好及郭，身長廣俱減一分，首長廣減二分，足枝長二分，其文作三行，中一行爲尚全，疑即當金字也。又一種，長寸九分，首長四分半，廣七分，肩廣寸一分，足枝長四分，間廣如之，重七錢三分。其文亦三行，右作[illegible]，中作釿[illegible]，左作[illegible]，疑即所云五二金也。洪《志》亦載此二幣，而篆文乖謬，今以所見正之。

以上三皇五帝之幣，即所稱三五吉幣也。其果出於何帝，不可知，要爲三代以前物。夏商之幣，其文雖不可考，形製必略相同。今所見古布，有一種，長三寸二分，首長廣各八分，好徑二分半，肩廣一寸，下廣寸二分，足枝長八分，間廣三分，重一兩。面文四字，右[illegible]，左[illegible]。背文二字，右十，左[illegible]。於諸幣爲特大，未詳何代物。又有十餘種，長一寸三分至五分，廣八分至一寸，首或直或漸闊，足枝或長、或圓、或鋭，無好。其文有曰平陽、安陽、武安，餘不可辨。背有三直紋，或作三横。其重，自一錢四分，至二錢五分不等。平陽，晉地，後屬韓。安陽，魏地。武安，趙地。則此諸幣疑爲春秋戰國時所作也。又，舊譜載咸通八年兗海觀察使鄭漢章奏，百姓於野内掘得古銅片四千九百五十五片，詔翰林驗，云上有齊歸化三字。此即古布之流，化即古貨字，蓋齊幣也。其文相傳爲[illegible]。張廷濟曰，安邑、安陽、梁邑，諸幣大小不等。即拙輯《清儀閣錢譜》計墨本已不下五六十種，要皆周時各地名。《路史》等書託之三五，是好爲荒遠之論，不足信。安陽諸幣屬太鴻，有先秦貨布記，其説近是。然諸種近時出土頗多，審其文亦斷非僞造。嬴顛甚促，何能若此繁富！廷濟與翁宜泉樹培、趙晉齊魏何夢華元錫相辨，復謂爲周物，不虚也。

《路史》言黄帝始制金刀，而註中所載數種皆布，而非刀也。周秦之書，惟《管子》屢言刀布，或言錢刀。今所見古刀，有文曰齊吉貨，或曰齊之吉貨，方氏讀吉爲公者，誤。疑皆齊桓時物。其長俱五寸七八分，中廣七八分，而厚薄不等，其或重一兩四錢，或重一兩三錢，柄有兩直紋，其端皆知環，圓好，背作三横紋，皆有丁字。即丁字。其下丁字或爲吉，或爲化，或爲日，或爲上，或爲屮。凡十餘種，各殊。又有刀曰即墨之吉貨，安陽之吉貨，六十餘種，長廣與上同。其重俱一兩五錢有餘，背文約略如上。即墨，齊地也。又有刀數種，差小，長四寸五分，廣五分許，重三錢以上至五錢。其文一面如日月，或作[illegible]，或作[illegible]，或作[illegible]。一面或作[illegible]，或作[illegible]，或隱隱有字如齊、如吉者，亦有兩面俱漫滅不甚可辨者。又舊譜所載，嘉祐中，王公和學士罷沂州，得銀刀一，其文上爲齊大，下爲公吉，四字不相屬。沂州，亦齊地也。宣和五年，亳州蒙城縣民於田中得古刀，文曰貨布五百，篆書。柄端爲斜方形，有方寸匕三字，彷彿隸書。背有方孔不透，或以爲王莽所鑄，未見其必然也。張廷濟曰，吉貨一釋寶貨，是。

**又《僭僞錢》** 新莽變易錢幣，史詳載之，蓋儼然備一代之制。餘若思明劉豫之錢，偶一著録。其他盜竊一隅者，史固有所不及詳也，然其僭號可考而知。今類次如左。

王莽居攝，變漢制，更造大錢，徑寸二分，重十二銖，文曰大泉五十。又造契刀、錯刀，其環如大錢，身形如刀，長二寸，文曰契刀五百，錯刀以黄金錯，其文曰一刀直五千，與五銖錢凡四品並行。

張《譜》：大泉五十有數種，有對文者，有穿上一星者，有泉字諸畫並方者。張廷濟曰，家藏有大泉五十泉，每內列泉六泉字，諸畫並方，背有日萬泉三篆字，甚精好。

按，今所見大泉五十，大小輕重不等。有徑九分，重二錢五分。有徑八分，重一錢四分。有徑八分，重一錢二分。有徑八分，重一錢，背爲日月北斗之象。有徑七分半，重一錢，背爲北斗龜蛇之象。有徑七分，重六分。有徑六分，重四分，背亦作斗劍等形。未知皆莽所鑄否，或亦有後人倣傚爲之。張廷濟曰，大泉五十有徑一寸外者，有四出文者。契刀長徑二寸四分，環徑九分，好徑三分，重五錢。環文右曰契，左曰刀，柄文曰五百，錯刀大小同契刀，而質加厚，重一兩二錢。環文上曰一，下曰刀，字陷以金填之。柄文曰平五千。張衡詩：美人贈我金錯刀，即此也。張晏謂貨刀形圓不長，無五百字，蓋失其刀而存其環。如李《譜》所云，錯刀亦有無刀者，是也。

始建國元年，罷錯刀、契刀及五銖錢，而更作金銀龜貝錢布之品。小錢徑六分，重一銖，文曰小泉，直一。次七分三銖，曰幺泉，一十。次八分，五銖，曰幼泉，二十。次九分，七銖，曰中泉，三十。次一寸，九銖，曰壯泉，四十。因前大泉五十，是爲錢貨六品。布曰大布、次布、弟布、壯布、中布、差布、厚布、幼布、幺布、小布。小布長一寸五分，重十五銖，文曰小布一百。自小布以上，各相長一分，相重一銖，文各爲其布名，直各加一百。上至大布，長二寸四分，重一兩而直千錢。是爲布貨十品，與黃金一品、銀貨二品、龜寶四品、貝貨五品，共爲寶貨二十八品。凡鑄作錢布皆用銅，殽以連錫，文質周郭，倣漢五銖錢，百姓憒亂，其貨不行。民私以五銖錢市買，莽患之，下詔，敢挾五銖錢者爲兩惑，投諸四裔。於是農商失業，食貨俱廢，民涕泣於市道，抵罪者不可勝數。莽知民怨，乃但行小泉，直一，與大泉五十二品並行，龜貝布屬且寢。張廷濟曰，厚布應作序布，蓋以篆文相似致誤也。又曰，十布中九、八、七、六字都如民間所行號碼，瞿中落論之甚詳。

封《譜》：幺錢別種，文曰直十。張《譜》：嘗見壯錢薄於開元錢。

按，諸泉布存者絕少，惟小泉直一曾見之，徑五分，重三分半。張廷濟曰，諸泉布今收藏家時有之，唯小泉大布更多耳。

天鳳元年，罷大小錢，改作貨布、貨泉。貨布長二寸四分，廣一寸，首長八分有奇，廣八分。其圜好徑二分半，足枝長八分，間廣二分。其文右曰貨，左曰布，重二十五銖，直貨泉二十五。貨泉徑一寸，重五銖，文右曰貨，右曰泉，枚直一，與貨布二品並行。又以大錢行久，罷之，恐民挾不止，乃令民且獨行大錢，與新貨泉俱枚直一並行。盡六年，毋得復挾大錢矣。每一易錢，民用破業而大陷刑。

顧寧人曰，近富平民掊地得貨布一罌，所謂長二寸五分者，今鈔尺之一寸六分有奇。廣一寸者，今之六分有半。八分者，今之五分。而二十五銖者，今稱得百分兩之四十二。欲云四錢二分。是則今代之大於古者，量爲最，權次之，度又次之矣。

按，漢尺之可考者，僅見於莽所鑄泉布。《宋史・樂志》：景祐三年、皇祐二年，較定樂律，悉準莽錢尺寸。方嵩年古泉詩：王莽變漢制，刀布縱橫馳，雖云病躁擾，所造必古依。能令後來樂，於此定黍絫。是也。張廷濟曰，建初尺今尚存曲阜，不得云僅見於莽鑄泉布也。

《禮記正義》：貨泉今世謂之窄錢。《宋書・符瑞志》：莽忌漢，而錢文有金，乃鑄貨泉以易之。既而光武起於舂陵之白水鄉，貨泉之文爲白水真人也。張《譜》：此錢今世所見有徑一寸四分，重二十四銖者，有徑六分重二銖者，有玉筯篆者，有傳形者，有肉郭重文者。穿四角決文，穿上一星，穿下一星，闊緣細緣，不少於五銖。李《譜》：此錢有徑一寸五分至四分者，凡十餘品，而好、郭或有或無，或作重文，種種不一。

按，貨泉今存者至多徑八分，雖有厚薄，率重一錢上下，未見有極大者。且枚止直一，而其重倍大於大泉五十，莽雖至愚，亦不爲此。張李所見，恐好事踵爲之耳。古者錢謂之泉，《管子》《國語》始有錢字，莽所鑄其文皆曰泉，而《漢志》作錢，蓋轉寫失之。

又曰，有大黃布貨。史不載，舊譜作大黃布刀。

張《譜》：此亦王莽所鑄。莽自言黃虞之後，又改孝平后□爲黃皇室主，即大黃莽之自稱也。意者，莽初謂刀布一物，後分爲二耶？

按，以爲莽鑄雖未見其必然，然形製字畫與貨布絕相類，姑附於此。莽每事倣古，布則布，刀則刀，不容一物而兼二名。且稱刀爲布則可，稱布爲刀則不可，今其文作布，當是貨字。張廷濟曰，此即大布也。黃通橫千非刀，此尚襲舊譜之謬。

公孫述稱帝於蜀，改元龍興，廢銅錢，置鐵官錢，百姓貨幣不行蜀中。童謠曰，黃牛白腹，五銖當復。好事者竊言王莽稱黃，述自號白，五銖漢貨，言天下當還并於漢。

按，述錢既非五銖，恐仍莽貨泉、大泉等文，故有黃牛白腹之謡。

晉涼州刺史張軌據河西，太府參軍索輔言於軌曰，古以金貝皮幣爲貨，息穀帛量度之耗。二漢制五銖錢，通易不滯。太始中，河西荒廢，遂不用錢，裂匹以爲段數。縑布既壞，市易又難，徒壞女工，不任衣用幣之甚也。宜復用五銖，以濟通變之會。軌納之，立制準布用錢，錢遂大行，人賴其利。

後趙石勒鑄豐貨錢。

洪《志》：此錢徑九分，重三銖，輪深好闊，曰豐貨，篆書。舊譜，世人謂之富錢，言收此錢令人豐富。

按《文獻通考》以豐貨錢爲男錢，疑文有脱誤。

唐乾元中，史思明據東都，鑄得壹元寶，徑一寸四分，以一當開元通寶之百。既而惡得壹非長祚之兆，改其文曰順天通寶。

張《譜》：得壹順天錢並銷洛陽銅佛所鑄，賊平之後，無所用焉，還將鑄佛。今所餘伊洛間甚多。李《譜》：二錢大小如一，但順天重而得壹輕耳。

洪《志》：得壹錢重十二銖六絫，順天錢重十三銖二絫。

五代劉仁恭令燕人用墐土爲錢，悉斂銅錢，鑿山而藏之。

陶岳《貨泉録》：劉仁恭令境内以泥爲錢，以膠泥固濟而鍛，大抵類甃，樣度麤鹵。

仁恭子守光鑄錢，曰應天元寶，背文曰方。見董《譜》。

宋趙元昊據西夏，傳五世，至仁孝。始置監鑄錢，曰天盛元寶，紹興二十八年、天盛十年。又鑄乾佑元寶。乾道七年。純祐立，鑄天慶元寶，紹興五年。安全鑄應天元寶，開禧二年。遵頊鑄光定元寶。嘉定四年。

按，西夏錢大者比宋折二錢差小，小者與宋小平錢同。

僞齊劉豫鑄阜昌元寶、阜昌重寶。紹興初。

治平聖寶。按，徐壽輝僭號天完，改元治平，相傳此錢是其所鑄。徑七分，重九分。

天佑通寶。按，張士誠僭號周，改元天祐，今錢文作天佑，佑與祐通，疑當時本號天佑耳。其錢徑一寸二分，重□錢□分。張廷濟曰，天佑錢曾見大小四種，背文分鑄一、貳、叁、五字，肆字未見。

龍鳳通寶。按韓林兒僭號宋，改元龍鳳，此錢徑一寸，重□錢□分。

大義通寶。按陳友諒僭號漢，改元大義，此錢徑九分，重□錢□分。

以上四錢，特以錢文與年號相符，別無他書可據，姑存以俟考。張廷濟曰，所見龍鳳大義錢，大小亦有數種。

明崇禎十七年，流賊李自成陷京師，僭改元永昌，鑄錢曰永昌通寶。

按，史言自成鑄錢不成，然今見有永昌錢，大者徑一寸一分，重□錢□分。小者徑七分，重九分。

流賊張獻忠僭改元大順，鑄大順通寶。按此錢徑八分，重一錢三分。

獻忠養子孫可望，鑄興朝通寶。

按，此錢大者徑一寸五分半，重六錢四分，背鑄壹分二字。小者徑八分半，重一錢五分。

本朝康熙十三年，逆藩吴三桂叛據雲南，僞鑄昭武通寶。三桂走死，其孫世璠至貴陽僭號，僞鑄洪化通寶。

按，昭武錢大者徑一寸一分，重□錢□分，篆書背鑄壹分二字。小者重八分。洪化錢重一錢三分。

**又《外國錢》** 朝鮮世奉正朔，安南昔隸職方，故叙四裔錢以二國冠之。若《西域記》所載諸錢，半屬無稽，今稍爲別擇存焉。

高麗國鑄錢規模與中國同，皆以海東通寶、海東重寶、三韓通寶爲記。見孫穆《雞林類事》。

洪《志》：高麗錢三種，皆有篆書、真書二體，製作頗精。並徑九分，重三銖六絫。

按《文獻通考》，高麗自宋崇寧後，始行鼓鑄。《高麗圖經》云，其鑄錢監在廣化門東南。今錢皆徑七分，重一錢以下，不如洪所説。

又有東國重寶。

洪《志》：此錢徑寸，重二銖四絫。郭輪渾重，字畫坦計，高麗所鑄。

朝鮮國錢曰朝鮮通寶。

按，朝鮮自王氏以前國號高麗，洪武初，李氏有國，始更朝鮮，則此錢明代所鑄也。徑七分半，重一錢二分，銅質，字畫頗精。

交趾國有黎字錢，其文曰天鎮福寶。

李《譜》：此錢徑八分，重四銖六黍。按，董《譜》作天福鎮寶，以爲石晉所鑄，非是。交趾在唐屬安南都護府，錢文自應與中國同。五代時，政令未必及於彼矣。宋祕書丞朱正臣言，前通判廣州，見蕃商多往交州貿市，齎黎字錢至州，頗紊中國之法。則汴宋時，彼中尚行黎字錢，但未知其面文爲中國年號否耳。今此錢存者徑七分,重止一錢,亦不如李所説。黎字或在上,或在下。

安南國,自宣德二年黎利改元順天,鑄順天元寶。子麟立,鑄紹平通寶。宣德八年。大寶通寶。宣德十二。子濬立,鑄大和通寶、正統二年。延寧通寶。正統十二年。弟灝立,鑄光順通寶、天順四年。洪德通寶。成化六年。子暉立,鑄景統通寶。宏治十一年。子誼立,鑄端慶通寶。宏治十八年。濁庶子啁立,鑄洪順通寶。正德五年。至嘉靖六年,莫登庸廢其主廮,自立,已而禪位於子方瀛,鑄大正通寶。嘉靖九年。

按,安南國錢,大小輕重與中國略同。

倭國錢曰延喜通寶。按,唐咸亨中倭更號日本,則此錢猶在唐以前也。

日本國錢,有曰乾文大寶,曰和同開珍,曰神功開珍,曰萬年通寶,曰隆平永寶。

按,此五錢當在宋世。洪《志》:並徑寸重五銖,其文隸書。《文獻通考》:雍熙元年,日本國僧奝然入貢,言其國用銅錢,文曰乾文大寶。而洪《志》作乾文寶,其右闕一字,當是所見偶有漫滅耳。張廷濟曰,家藏有和同開珍,字含八分及隸體,開字與開元通寶錢開字無異。又曰和同神功萬年永平,已見封演《錢譜》,則此云當在宋世,誤。

又有慶長通寶、寬永通寶。

按此二錢並在明世,慶長元年即萬曆二十三年,寬永元年即天啓二年。乾隆丁卯、戊辰間,市上寬永錢驟多,由海禁弛而糴買於內地者衆也。其錢徑七分半,重一錢一分,銅色純赤,字畫明澈。背或有文字,或有元字。

琉球國用日本寬永通寶,錢每百直銀一錢二分。封使至,則市中交易皆用小錢,一貫不及三四寸,重不踰兩許,每千值銀二分二釐,稱爲鳩字錢。使還,則復其舊。見徐葆光《中山傳信録》。

按,日本寬永錢,自天啓來始有之。萬曆中,蕭崇葉、夏子陽《使琉球録》,皆云其國用黑銅錢,極輕小,千不盈掬,凡五貫折銀一錢。則小錢自其國所素用,今值又稍加贏耳。徐云,如細鐵絲圈貫口,封一紙扣鈐記之,散即不可用,是與古綖環無異矣。蓋洪武、永樂間皆嘗賜以制錢,天順二年,其王請照例給賜,禮部寢之,故其後遂用日本錢。封使至,則易小錢者,當是諱用他國錢也。

安息國以銀爲錢,文爲王面,幕文爲夫人面,王死輒更鑄。以下四條見《漢書・西域傳》。

按,《史記》但言錢如其王面,不言幕文。

大月氏國錢貨與安息同。

罽賓國以金銀爲錢,文爲騎馬,幕爲人。

烏弋山離國錢貨與罽賓國同,文爲人頭,幕爲騎馬。

按二錢相類,何以别孰爲面、孰爲幕耶?疑皆以騎馬爲幕也。

大秦國以金銀爲錢,銀錢十當金錢一。見《後漢書・西域傳》。

巴中有倓錢、賨錢。見《後漢書・南蠻傳》。

高昌國賦税,計田輸銀錢。以下二條見《後周書・異域傳》。波斯國賦税,准地輸銀錢。

小月氏國以金銀錢爲貨。見《北史・西域傳》。

泥婆羅國以銅爲錢,面文爲人,皆文爲馬牛,不穿孔。見《舊唐書・西戎傳》。

驃國,古朱波也,以金銀爲錢,形如半月,號登伽佗,亦曰足彈陀。以下二條見《唐書・南蠻傳》。投和國以銀作錢,小如榆莢。

天竺國舊名身毒,市易用銅錢,有文漫圓,徑如中國之制,但實其中心,不穿貫耳,見《三朝國史》。亦有金錢、銀錢。見《西域記》。拂菻國,金銀錢,無孔,面鑿彌勒佛,背爲國王名。以上二條見《神宗國史》。層檀國錢,三分其齊,金銅相半,而銀加一分,禁私鑄。

龜兹國行五銖錢,以下八條見洪《志》所引徐氏説。疎勒國行五銖錢。

敦素曰,二國獨行五銖,昔涼張軌用之,此二國地接涼境,張氏之遺制也。

吐蕃國錢以銅爲之,徑寸,重五銖,肉好精巧,不減中國。字不可識,背如開元錢,有甲文。

按洪《志》,其文上[illegible],下[illegible],右[illegible],左[illegible]。

屋馱國錢,徑七分,厚薄肉好,不異中夏。字不可識。

按洪《志》,其文上爪,下[illegible],右[illegible],左[illegible]。

何國錢,以銀爲之,徑寸餘,不開孔,面爲人面,背爲草木狀。康國錢,以銀爲之,徑九分,不開孔,背面皆作人面。□面文側而背文王面文,繞以連珠之狀。

拔汗國錢,以金爲之,徑七分半,無文字。又一種,有三旋文,並不開孔。

碎葉鐵國錢,賓鐵作之,形如兩環相連,各圍寸九分。徐氏曰,聖曆中,御史封思業使西域,還得諸國錢,何國以下各種是也。

康居國有金錢。見韋節《西蕃記》。未禄國用銀錢。見杜(還)[環]《經行記》。條支國錢，文爲人，幕爲騎馬。以下四條見樂史《太平寰宇記》。杜薄國出金，以金爲錢。軒渠國作金幣，率象國王之面，亦效王后之面。若丈夫交易，則用國王之面，婦人用王后之面。王死則更鑄。二童國，金幣與軒渠同。

大食國出金最多，凡諸貿易並使金錢。見《廣州記》。

洪《志》：《國朝會要》云，大中祥符九年，大食國以金錢銀錢各千文入貢，其金錢，余至南海嘗見之。面文爲象形，形制甚小。

三佛齊國，用金銀銅錫合鑄爲錢，以下三條見《諸蕃風俗》。佛泥國，用銅鍮銀雜鑄爲錢。闍婆國，以銅銀錫鐵鍮雜鑄爲錢，其錢六十四枚爲一兩。

洪《志》：此錢甚小，而薄無穿孔，面文作攺，背形微斂。

阿耆國、屈支國、覩貨邏國、梵衍那國、迦畢試國，俱用金錢、銀錢及小銅錢。

泥波羅國，用赤銅錢。見《西域記》。餘不録。

龍涎嶼，每香一斤，易金錢一百九十二箇，值中國銅錢四萬九千文。見《續文獻通考》。

烏斯藏鑄銀爲錢，其重二銖。見謝濟世《西北域記》。

因墀國，晉太康中獻玉錢千緡，其形如環，重十兩，上有天壽永吉之文。見王子年《拾遺記》。

按，《拾遺記》(傳)[傳]會不可信，且係玉錢，故附於後。

史傳所載，西北諸國多用銀錢，而東南諸國則用銅錢，其形製文字與中國相類。余所見銀錢二十餘種，其大者徑一寸四分，小至六分，其重自八錢以下至五分，一面刻作人面，或爲全身，眉目冠服劍飾如生。一面爲宮室器皿禽獸花草之類，亦有兩面皆爲人形，亦有不刻人面者。緣邊皆有番字環之，其爲西域之錢無疑矣。然今商舶自東洋回者，亦往往攜有銀錢，製亦彷彿相似，意彼中固以銀錢與銅錢兼行也。亦有形如蟻鼻錢者，如棊子者，上鏤花紋，其重自三錢以下至五分，其銅錢梵字不可識者亦有數種。其文上糿下𨙸、右𠦪右郄者，已見洪《志》，則其來久矣。今不能定爲何國錢。

又《不知年代錢》 凡史傳所不載而見於諸家之譜，與譜所未收而今現有其錢者，類次如左。若半兩、五銖之稍異者，與太平百錢、定平一百之類，已附見前，不復列焉。

古文錢一。

敦素曰，徑一寸五分，重七銖，中穿正圓，內外並無輪郭，如半兩之狀。一面有字，點畫甚纖利。其文作㞷。張廷濟曰，㞷字即上神農氏范金條下所云大錢神字也。

李《譜》：此錢銅色純赤，流俗號爲鏁子錢，以錢文類鏁形，舊譜謂之一文錢。董《譜》：考古文，此字爲巨泉。

按，此錢文在穿下，又一種亦圓孔，式與此同，徑一寸四分，重六銖二絫，穿右有文作冂，其下稍偏作艸。

古文錢二。

李《譜》：徑一寸一分，重十銖，肉好周郭皆夷漫，其文右作覔，左作㐭。

洪《志》：徑一寸，重四銖五絫，背文夷漫，而肉坦平，微有輪郭。其文右作賫，左作㒫。張廷濟曰，此周寶貨，今世尚存。洪《志》誤。

按此二錢源流似一。今又有一種，徑與李《譜》同，重與洪《志》同，肉好皆無郭，其文右作㚔，左作㐺，與二家所見，蓋亦彷彿相似。又一種徑六分，重□□，右作㐬，左作北。

古文錢三。

洪《志》：徑一寸一分，重三銖三絫，面背肉好皆平無郭，製作簡古。其文右爲𠂔，左爲㞢，下爲二，凡三字。

按，以上數種，形質字畫俱極古，疑當在秦漢以前。

平當五銖。

洪《志》：徑九分，重三銖，肉好夷坦，或云漢代□所鑄。

按，今五銖有穿，下一丣字，疑即平字倒書者，上一字不可辨。舊譜不言倒書，未敢遽定。

大泉五銖。

按此錢見於顧《譜》，今尚有存者。徑一寸七分，重一兩，篆書，穿四決文，背有初月一星。

大泉二十。

按，此錢泉字在右。自隋以前，錢文四字左環讀者，惟此與大泉當千耳。

兩銖。

顧《譜》：劉氏《泉志》所載，原始未聞。

續銖。

洪《志》：形製頗類五銖，面文無好郭。

五金。

洪《志》：徑八分，重三銖六絫，字文明澈，製作甚精。

兩畓。

郭素曰，此錢徑一寸三分，重四銖，微有外輪，背面無好郭。篆書，右曰兩，左曰畓。形質似半兩，制作古異。洪《志》：今所見者，形質夷坦，字文著明，背面肉好皆無輪郭。徑一寸二分，重四銖三絫，畓字作[illegible]。張廷濟曰，兩錙錢詳翁氏《古泉彙攷》，舊作畓，誤。

雙五錢。

左右皆五字。

雙十錢。

左右皆十字。

四五錢。

穿四旁縱横皆五字。按，三錢並見顧《譜》，則其來久矣。今尚有之，形製類五銖。

千字錢。

李《譜》：徑一寸六分，重十銖，穿右有千字。

四曲文錢。

洪《志》：形製類半面，肉好無輪郭，面有四曲，□文外向有二字，右類文字，左不可識。

永光。

徐氏曰，文右曰永，左曰光，篆書。

太元貨泉。

李《譜》：徑七分半，重四銖，大元真書，貨泉小篆。

按，永光，漢及前宋年號。太元，吴、晉年號。然此二錢，自是後代所鑄。

通行泉寶。

洪《志》：徑八分半，重二銖七絫。銅質簡古，字含八分體，背文穿上有月形。

太平興寶。

按，此錢徑八分，重四銖，背有丁字，或在穿上，或在穿下。張《譜》：左環讀之曰太興平寶，以爲北燕馮宏所鑄。考北燕雖嘗改元太興，史不言鑄錢。且當元嘉時尚在孝建之前，若首以年號入錢，文史不應没而不書也。李《譜》作大興，董《譜》以爲五代錢，皆誤。今定爲太平興寶。

太平聖寶。

按，此錢徑七分半，重二銖。前代紀元用太平字者，凡九。然此與太平興寶及下通寶錢，要只取太平意耳，無庸以年號爲疑也。

太千通寶。

洪《志》：徑八分，重三銖六絫，通寶字倒置，千字疑當作平，歲久漫滅耳。背有丁字，在穿右。

按，破千爲平，極爲有見。丁字義未詳，然緣此益信太興爲太平矣。

大朝金合。

李《譜》：徑一寸五分，重十五銖。洪《志》：或云是外國鑄。

天感元寶。

洪《志》：此錢大小二種，字畫遒勁，疑外國所鑄。

天定元寶。

按，此錢大小二種，與宋世錢略同，字文明澈。考宋淳祐中，大理段興智改元天定，然段氏立國三百餘年，至天定二年亡，不應其前皆未鑄錢，至將亡始鑄。姑闕疑以俟考。

以下諸錢舊譜未載，蓋又在南宋以後。

天符元寶。

祥元通寶。大治通寶。大世通寶。聖通元寶。安法元寶。明定宋寶。永安大寶。

永安大藏。永壽通寶。永盛通寶。景興通寶。景興巨寶。治平豐寶。裕民通寶。利用通寶。

按，諸錢俱未詳所由，前代以永安紀元者凡五，吴、晉、北涼、北魏、西夏也。永壽則漢年也。然此三錢質類近代所作，景興背有工字，其爲近代無疑。裕民利用，似錢局之名，形質字畫與昭武洪化相類，皆有大小二種。裕民錢大者背鑄一分字，利用錢鑄二釐字，皆重一錢五分。或曰此二錢皆吴逆未僭號時所鑄也。

貳分錢。

按，此錢徑一寸，文曰貳分，背文八出，字體粗濁，疑亦僭竊所爲。

**清·龍文彬《明會要》卷五五《食貨四·庫藏》** 廣惠庫，貯錢鈔。

**又** 天財庫。亦名司鑰庫，貯各衙門管鑰，亦貯錢鈔。

清・陳康祺《郎潛紀聞二筆》卷一四　禁用寬永錢　寬永爲日本紀年，其錢文曰「寬永通寶」。乾隆間，以沿海地方行使寬永錢甚多，疑爲私鑄，諭令江蘇、浙、閩各督撫，窮治開爐造賣之人。經兩江督臣尹繼善、江蘇撫臣莊有恭疏奏：此種錢文，乃東洋倭人所鑄，由商船帶回，漏入中土，因定嚴禁商舶攜帶倭錢，及零星散佈者，官爲收買之例。當時原疏引朱竹垞集内載有《吾妻鏡》一書，有寬永三年序；又徐編修葆光《中山傳信録》内載，市中皆行寬永通寶爲據。事載《高宗實録》。按：汪大令輝祖《夢痕録》，稱朱、徐二書爲某館某縣時所考得，尹文端公大加褒賞，遂有「宰相須用讀書人，作官作幕尤不能不用讀書人」之語。康祺又按：尹、莊二公，博雅愛士，朱集及《中山傳信録》尚非僻書，不應專恃龍莊之考核。且讀書宰相一語，出《宋書・竇儀傳》，儀實未嘗讀書，無論王蜀去宋未遠，紀元非細事，鏡文之識，甚不足奇。考唐初輔公祏僭號，亦稱乾德，儀既讀書，何竟不能舉及耶。詳見余貽鼇《精廬筆記》。

清・徐珂《清稗類鈔・鑒賞類》　馬愛林得秦錢　馬愛林嘗得秦錢三品，一曰第一，重四兩；二曰第五，重四兩；三曰第九，重四兩。質體厚重，色亦古潤。

姜怡亭藏天啓通寶錢　嘉道間，馬愛林與姜怡亭遇於道，彼此問所得。姜出懷中一唐鏡示之，甚精。馬徐出一天啓通寶錢大如當三者，意若不甚惜。姜諸易以鏡，馬欣然從之。既而知爲徐貞一所鑄，乃大悔曰：「怡亭紿我。」後馬又得一品當二者。

姜怡亭酷愛古鐵錢　姜怡亭酷愛古鐵錢，百計求之，遂得百餘枚，鍵之祕篋。一臧獲以爲奇貨可居也，竟負之而趨。怡亭不可誰何，而意常怏怏，蓋所祕亦兩宋錢耳。

孫古雲藏中泉　小泉、么泉、幼泉、中泉、壯泉，與大泉爲新莽貨泉六品。嘉道間，杭州周爾昌曾藏中泉一枚，未幾而歸方鐵珊。周戀之，顔其齋曰古泉小築，以誌不忘。後爲吴門孫古雲所得，孫亦古泉巨室也。

劉燕庭藏南宋鐵錢　兩宋鐵錢，昔人未經著録，南宋則尤少。蜀中市肆有之，盈千累百，而迄無人過問。劉燕庭官蜀時，始物色得之。背文奇怪百出，而嘉定各寶，多至十餘種。

戴文節藏三銖錢　戴文節嘗藏漢武建元朝所鑄三銖錢，爲高小樓所贈以作畫扇潤資者。

戴文節藏四銖錢　周小運嘗以孝建四銖錢一品，售之於戴文節，且語之曰：「予入廛肆，見入持百錢市廛。中有此錢，肆人小之，索易，弗與，且相詬。予以百大錢代償直，而乞其小錢。兩人不解，面覷久之，謝解紛去。若輩癡我，我癡若輩，今君又數百倍錢以易我此錢，不更癡於我哉？」

五銖背文四出，漢靈帝時鑄，《獻帝春秋》稱爲角錢，當時有京師將破之讖。亦文節所得，謂可爲五銖馬式。漢以前之五銖，大抵與此形制相類。不相類者，必非漢。凡有四出之錢，皆出此錢之後。前人定五銖年代，説多無據，惟四出爲有據。由有據者而推之，知無據者盡臆説矣。

戴文節藏五銖錢　戴文節藏有郭五銖錢，有外郭大小二品，蓋梁武帝時所鑄。其時圜法最雜，有女錢、稚錢、對文錢，製作絶無確論，惟有郭無異議，頗有精者。

鐵錢最難辨，射利者知銅不可贋，轉而笵鐵，非以徐氏象梅《圖纂》爲藍本，不能辨之。若以真銀翻沙鐵，以精火，以烈笵，以深工，以良銅磨之，鹽鏽之，衣帶和之，可以迷惑法眼也。

戴文節藏漢興錢　漢興，成李壽鑄，分書。吴逸庵曾得一枚而窐，以大椎平之。其後吴所藏悉至京師，輾轉售賣。時劉燕庭將之官汀州，借錢數十萬購之，輦以俱南，邀戴文節往觀，因見漢興暨壯布、寶慶、康定等十許品，其他常錢，蓋有千餘。文節戲語劉曰：「兄求古泉，一購輒數千，當贈我一二枚。」劉曰：「他不知己者見索，數千不吝也。若閣下，則一泉不與。」蓋恐文節攫其漢興耳。然文節之封翁，竟於是歲得一品於南中，以寄文節。

戴文節藏北錢　太和五銖，魏文帝鑄。永安五銖，孝莊帝從楊侃議鑄，高澄亦鑄之。常平五銖，齊文宣帝鑄。玉筯篆、布泉、五行大布，周武帝鑄。永通萬國，周宣帝鑄。古今書法，未變，不足觀；已變，不足觀；將變，最可觀。漢、唐人碑版，不過漢、唐人面目，實惟六朝爲最可觀，蓋漢將變爲唐也，是以異境百出。錢文亦然。北朝錢上承秦相，下啓少温，正篆法之將變。戴文節嘗集北錢如上所述各種以摩挲之，意固自有在也。

戴文節藏大曆元寶　大曆、建中，唐錢之極少者。戴文節夙聞陳南叔癖嗜古泉，一日赴公宴，遇南叔，有座客曰：「市上競觀開元錢，云是新出土者。」南叔躍起曰：「有開元，必有大曆，必有建中，子少坐，我去矣。」頃之，挾數十枚來，出不精者以與友人，文節分得大曆元寶一品，而建中則不能得也。

戴文節藏開元通寶　戴文節藏開元通寶一品，徑二寸弱，文字若展歐書而成者，銅色純赤，非建中時趙贊採連州白銅所鑄徑寸二分之大錢也。

戴文節藏大齊通寶　藏錢以足補史傳之缺者爲貴，故異錢可考者，上也，無可考者，次也，厭勝，下也。戴文節藏大齊通寶一品，杭州錢社中人定爲黄巢所鑄，乃其封翁所得於里中者。蓋有酒人貽封翁以古泉百許，中有異錢二，一破火齊，一鐵寶慶。吴逸庵知之，亟往視，既而出漢印數事索易，文節因出寶慶與之，大齊不舍也。

戴文節藏騶虞峙錢　戴文節在蘭州日，趙霽園刺史宜暄贈以騶虞峙錢，上騶下虞，隸書，右峙左錢，篆書，形模之大小，輪郭之闊細，與常平五銖無殊。

戴文節藏永安一千錢　永安一千鐵錢，不見舊譜，惟劉燕庭有之。又有永安一百銅錢以示戴文節，曰：「若有考，當贈一枚。」文節憶陳氏《圖經》有引王舉《大定録》顯德五年江南李氏鑄永通泉貨、永安五銖一條，陳氏謂永安五銖不見他書，恐傳寫之誤，頗疑此錢爲李氏物，蓋一千一百，非五銖也。是時尚大錢，天策、乾封、鐵開元皆粗重如此錢，或亦銘劻伍也。燕庭以爲然，遂以貽文節。其後文節又購一枚，緣較闊。

戴文節藏天策府寶錢　天策府寶，楚馬殷鑄，道光丙申冬，戴文節得之。其封翁時方患癱，呻吟枕次，得是錢，手自玩弄，不覺加一飯也。

戴文節藏大觀通寶　大觀通寶，宋徽宗御書，書法亞於崇寧，戴文節藏之。嘗謂作書有三難，印篆難，牓書難，錢文難，非毫髮無遺憾，波瀾獨老成，不成書道。論章法，印以方，牓以横，錢以圓。三者之中，錢尤難矣。因難見巧，其徽宗乎？

戴文節藏宋靖康錢　戴文節嘗得宋靖康錢三品，一隸書通寶小鐵錢，一篆書元寶者二錢。隸錢得之南，篆錢得之北。文節謂得篆錢時，客方攜此錢來，適有以白金九十六銖潤余畫筆者，遂易之。

張叔未藏新莽錯刀、栔刀　錯刀，「一刀」二字陰識，以黄金錯之，「平五千」三字，陽識。平，即直也。《漢書・食貨志》徑作「直五千」，似班氏改之，於義雖無所戾，然竟非本事。「栔刀五百」字，並陽識。「栔刀」二字横列，與錯刀位置不同。栔，《食貨志》作「契」。按《説文》，栔，刻也，從木從㓞。契，大約也。從大從㓞。二字不同義，錢獻之辨之甚晰。嘉慶壬戌，紹興蕭友楚嘗以錯刀贈張叔未，而叔未又於癸亥得栔刀於杭州童佛庵，皆精美無比。

張叔未藏宋臨安府銙牌　嘉慶癸亥，張叔未購得南宋五百文銅銙牌，價錢二千。「行」字中有一點，爲當時俗體，今牙行牌子猶有沿之者。《金石契》重刻本自此鈎取，確爲南宋舊物。嘉、道間，仿鑄者紛出矣。此牌北地絶少，翁秋部藏古泉甲天下，迄未得也。

藏古泉之難久遠　李竹朋言藏古泉家能保守以垂久遠者頗鮮，翁宜泉所藏早已易主，劉青園後人振齋於海豐任所殉難，古物蕩然。顧湘舟之泉，吴門陷後，不知作何歸宿。吕堯仙之泉，毘陵陷後，聞已散佚。粤寇陷杭，戴文節之泉亦無下落。惟吴我鷗後人號小鷗者，尚好古，可喜也。吾鄉渭園所蓄，早歸他氏。劉燕庭舊藏，今亦散出。惟吴子苾後人仲飴庚生，雖於泉不尚專門，然能世其家學。王戟門、鍾麗泉兩家後人，皆能謹守弗失，則未易得者也。或晤吴荷屋、鮑子年族裔於滬，詢其舊藏，答曰：「吾輩謀今日之錢尚不暇，何能計及古泉耶！」

古錢劉　光緒初，京師琉璃廠有劉某父子，皆鬻古錢，其所考據泉之種類，有出於各家著録之外者，人因呼之曰古錢劉。

鮑子年論好古泉幣者之弊　鮑子年嘗有潘文勤《攀古樓款識》謂好古者有三弊，余謂好泉幣者亦然。詆諆前哲，非笑同人，故創一解，戛戛生新，其弊也矯。按圖索驥，闕一不可，累百盈千，悉應屬我，其弊也癡。好異矜奇，侈爲獨得，自欺欺人，强詞滋惑，其弊也誣。文勤爲之失笑。

楊叔嶠藏直一莽泉　楊叔嶠亦卿鋭有直一莽泉，無「小泉」二字，非改刻。湘潭葉奂彬主政德輝嘗謂無文錢，皆以舊錢去其字，無真鑄也。

楊叔嶠藏招納信寶錢　招納信寶錢者，宋劉光世所鑄，以完顔昌屯兵承楚，其衆欲思歸，欲攜貳之，乃鑄金銀銅各錢，文曰「招納之寶」，獲之不殺，令持錢歸。其徒有欲歸者，執錢爲信，歸者不絶。楊叔嶠曾藏其一，背文上一「使」字，下一花押。

陳笠唐藏孝建四銖　孝建四銖一品，大如常錢。陳笠唐户部昌曇所藏最多，而皆小品。有一面文「孝建」二字，背無文。一面文「孝建」二字，「孝」字居左，「建」字居右，背文曰四銖。一面背同文，曰「孝建」。一面文「孝建」二字，背文「四銖」二字。一面文「孝建」二字，背文倒書「四銖」二字。一面文「孝建」二字，背文「四銖」，上下四星。一面文「孝建」二字，背文一「四」字。

李荔村藏五行大布　李荔村户部夢瑩得五行大布一品，背文上有雲形，下一雞，左右「團圓」二字，孔圓。蓋因宇文氏錢式精美，故摹倣刻畫，別鑄爲玩品也。

葉奂彬藏鎏鐵五銖錢　五銖有鎏金者，有鉛土雜鑄者，而鎏鐵者甚少。葉奂彬嘗得一枚，穿内露銅質，而外皆以鐵鎏裹，鐵薄於竹衣，精品也。

葉奂彬藏莽泉　莽泉，大泉五十有小如小錢直一者，小錢直一有大如中泉三十者。此二品最稀見，葉奂彬皆有之。惟晚近之小泉直一，僞造者多出蜀中，其錢質厚而篆不精，望而知爲贋品。凡莽泉，泉字中竪兩斷，以此驗之，真贋立辨。

葉奂彬藏五銖錢　今所傳五銖錢，有一品，面背均有五銖字；又一品，面文曰「銖」五；又一品，「銖」作「朱」；又一品，有「一錢文直一」五字。葉奂彬皆有之。有較小五銖爲大者，乃陳笠唐所贈，曰吴興，銅色微赤，字體在楷隸之間。

葉奂彬藏六朝厭勝錢　光緒丙申夏，葉奂彬於都門隆福寺得小錢三品，一面文曰「子丑寅卯」，一面文曰「辰巳午未」，一面文曰「申酉戌亥」，背皆有屬蟲，其龍形如犬猴，四足伏地，不作立狀，與漢碑畫象合，六朝厭勝品也。又有一品，曰五毒驅邪，背文鑄五毒形，銅色紫紺，篆法整齊，亦厭勝品。

葉奂彬藏男錢　錢徑一寸，重四銖半，代謂之男錢，葉奂彬有之。男錢者，對於女布而言，言佩之則生男也。五銖肉郭既除而其質弱，則曰女布。

葉奂彬藏乾封泉寶　乾封泉寶，楚馬殷錢也，其文沿用唐高宗錢，此如王審知之鑄開元通寶，王延羲之鑄永隆通貴耳。葉奂彬藏有二品，一銅，背無字，一鐵，背有「策」字。

葉奂彬藏景祐錢　宋景祐初鑄錢，以藥化錢，與藥雜鑄，輕重如銅錢，銅居三分，鐵居六分，然亦有不以藥化者，葉奂彬曾藏一品。

葉奂彬藏崇禎通寶錢　明崇禎通寶錢。有「皇敕嘉忠制府共封」八字，一錢、八錢兩品。又有「新鳌」二字者，又有偃月及新文者，葉奂彬悉有之。

葉奂彬藏安南銀幣　安南有銀幣，文曰「精銀壹兩」，背文「嘉隆年造」，側文「值錢貳串捌伯」，當中國庫平壹兩三分，葉奂彬藏其二。

葉奂彬藏朝鮮琉球日本錢　朝鮮通寶，略如我國制錢。琉球通寶作橢圓形，徑寸半。光緒丙申，葉奂彬得之於津門。又在京師廠肆得日本天保通寶，與琉球錢制同，乃知琉球固有所依仿也。

趙伯英藏北宋崇寧錢　黑龍江之綏化土名北團林子。西北，在通肯河東南，沿河一帶，據其地墾荒者言，往往拾得北宋崇寧古錢。綏化北境上集、廠界、三道崗、二道崗等處，亦常拾得崇寧大錢。光緒初開墾時，有一日拾得數十錢者，大者徑寸許，即崇寧重寶。趙伯英嘗得三品。

趙伯英藏金太和錢　金天命己酉，太宗禁民漢服，令俱禿髮。而章宗太和錢式，則仿宋崇寧。又有背文雲形、雙犀角、方勝、珊瑚樹之類，仿宋大觀，殊不可解，然亦以章宗留意書畫故耳。趙伯英曾藏三品。

趙伯英藏金大定通寶　金大定通寶，背文有「崇寧通寶聖宋元寶」字。蓋金之錢制，多仿宋徽宗錢，惟以一錢而鑄兩國年號，可知金人自有平分宋室之意也。趙伯英藏其一。

趙伯平得歸化貨物布　有骨董客嘗掘物於歸化城，得王莽貨布等類。或得一劍，上有文四行，不可識。歸化自漢以後，始隸版圖，則此或三千年前之外國文字也。趙伯平嘗得之。

**又《物品類》**　撲滿　撲滿，即缿筩，範以瓦，爲受錢器，見《漢書》。道光時，北地尚有仿爲者，形如小瓶，高尺許，上有竅，僅容一錢，可入不可出，既滿則撲之。昔鄒長倩贈公孫宏撲滿一枚，蓋隱寓聚而不散之誡也。仁和胡次瑶典簿琨曾見之，詠以詩曰：「疇把慳囊破，庸夫例守錢。是中原渾沌，其閉勝關鍵。漫比卮無當，羣誇壑可填。挈缾同吏智，入甕請君先。飲飽盈升橐，全憑徑寸咽。狀摹讒鼎肖，名記缿筩傳。廓落腰圍大，逢迎口角圓。鴟夷盛處處，甗甓運連連。插脚皆津要，撐腸豈簡編。封樁聊作庫，投甌未須箋。通透周陶穴，微芒蜀漏天。重輪榆莢聚，靈竅藕絲牽。傀儡場登矣，葫蘆樣畫焉。金多終擲地，玉碎早成煙。厚斂《三都賦》，紛流九府泉。環摧齊殿上，斗撞楚軍前。權總歸於母，胎雖可脱仙。貫盈纏解數，巢毁卵完全。甎已抛門外，芻從轢道邊。蚨飛光歷亂，蜨化態翩翾。主父遭烹日，齊奴赴市年。散來真滿屋，得後竟忘筌。墮甑邀誰顧，遺籯枉自憐。寄言牟利者，休恃腹便便。」

# 宣德彝器部

## 論説

**明・高濂《遵生八箋・燕閒清賞箋上・清賞諸論》** 論古銅色　昔宣廟喜做褐色，故宣銅此色爲多。

**又** 新舊銅器辨正　我朝宣廟銅器甚有精者，製度亦雅，摩弄極工，然多小物。如百摺彝爐，乳爐，雨雪點金片貼鑄戟耳彝爐，石榴足者更佳。赤金霞片小元鼎爐，象頭鬲爐，五供養細腰橐盤，鋈金雙螭筋架，香合，匙瓶，蟠螭鎮紙，種種精甚。大如鼎爐，角端，獸爐，方耳壺，商從尊，精美可愛，模式古雅，惜不多見。其底識文用匾方印子，陽鑄大明宣德年製，真書，字畫完整，印地光滑，蝎色可愛。他如判官耳，雞腿脚匾爐，翻環六稜，(面)[回]鑄鋈金番字花瓶，四方直脚爐，翻環元瓶，若鑿錢文漏空桶爐，皆下品也。宣鑄多用蝎茶、鋈金二色。蝎茶以水銀浸擦入肉，薰洗爲之。鋈金以金鑠爲泥，數四塗抹，火炙成赤。所費不貲，豈民間可能彷彿。但宣銅花紋者甚少，余在京師僅見一二商鼎式者，腰花佳甚。後此景泰、成化年間，亦有此色彝爐，用兩獅頭爲耳，復用赤金厚片作雲烏形貼鑄。其底識無印文，惟用藥燒景泰年製等字，隱隱在内。初玩不辯，較之宣廟迥不及矣。

論宣銅倭銅爐瓶器皿　古無銅小香爐。即《博古圖》，爲帝王收藏，僅有一二遺式。後有小鼎爐，獸爐，博山爐，高二寸許者，不知漢唐人何用，想亦墓中物也。亦有中樣鼎爐，獸面脚桶爐，止可清供，不堪焚香手玩。近有潘銅打爐，名假倭爐。此匠幼爲浙人，被虜入倭，性最巧滑。習倭之技，在彼十年，其鑿嵌金銀倭花樣式，的傳倭製。後以倭敗還省，在余家數年打造，如倭尺，内藏十件文具。摺疊剪刀，古人未有。其銅合子、途利筒、彝爐、花瓶，無一不妙。此真倭物也。故其初出價高，煉銅鋈金鑿嵌金銀花巧精妙，與倭無二。若近日吴歙之製，較潘似勝。但製度花巧，與古人彝鼎之義殊無取法。又如以黄銅去腥，假名鈎金，打造方圓鼎爐、彝爐，花紋以《博古圖》爲式，外抹金葉，此等置之何地，惟可作神佛供也。初年潘銅似不可得，有則寶之。後世必有好尚之者。外如倭人鑿銅細眼罩蓋薰爐，亦美。更有鋈金香盤，口面四傍坐以四獸，上用鑿花透空罩蓋，用燒印香，雅有幽致。又若酒銚、水罐，吸水小銅中丞，抹金銅提奩，鎧，腰刀，鎗，劍，五供養蓮花架，紫銅湯壺，小鈸，小塔罐，單合，檳榔合，石灰罐，刮銹銅刡，海螺鼻銅鏡，銅鼓，供獻盤橐，碟子，鑿花金錢，鐵花銀錢，鑿銀細花捲段，鑿金大小戒指，上嵌奇石，種種精妙，不能悉數。無地不有機巧，信哉。近日吴中僞造細腰小觚，敞口大觚，方圓大尊，花素短觶，雨雪金點戟耳彝爐，細嵌金銀，碧瑱鼎爐，香奩，犧尊，團螭鎮紙，細嵌天鹿辟邪，象罐，水銀青緑古鏡，二寸高小漢壺，方瓶，鋈金觀音、彌勒，種種色樣，規式可觀，自多雅致。若出自徐守素者，精緻無讓，價與古值相半。其質料之精，摩弄之密，功夫所到，繼以歲月，亦非常品忽忽成者。置之高齋，可足清賞。不得於古具，此亦可以想見上古風神，孰云不足取也。此與惡品非同日語者，鑒家當共賞之。

**明・項子京《宣爐博論》** 宣廟官鑄鼎彝及今所存，真者十一，贋者十九。在當時原屬珍貴，與南金、和璧同價。而今之稱鑒賞家，又多耳食者，因未見真龍，徒寶燕石，不論鑄式之雅俗，銅質之美惡，第見畧似宣款，下有大明宣德年製六字印子，每以炭火迫赤，火體火足，充若蝸涎者，便以爲真，大爲有識者所哂。殊不知宣爐之真者，其款式之大雅，銅質之精粹，如良金之百煉，寶色内涵，珠光外現，淡淡穆穆，而玉毫金粟隱躍於膚理之間。若以冰消之，晨夜光暉，晶瑩映徹，過非他物可以比方也。而今人不知宣爐鑄銅之來歷，訛以傳訛，至以爲宣廟時内藏火，藏中金銀銅玉等物鎔而爲一，宣廟初命即以鑄爐。此説謬也。夫金銀銅玉，剛柔之質不同，其性也，則各不相入，豈能一鎔即合。譬如民間偶遭回禄，或金銀銅錢同鎔者，付分金爐可以各項銷出，何況内府之變乎。況查宣廟《實録》，自登極以至升遐十年之内，並無内藏被灾之事。蓋緣當時之人未見此譜原委，乃設妄言以惑世耳。昔聞一老中貴，言宣廟當鑄冶之時問工匠，曰煉銅何法，遂至精美。工奏云，凡銅經煉五六，則現珠光寶色，有若良金矣。宣廟遂敕工匠，煉必十二。每斤得其精者纔四兩耳。故其所鑄鼎彝特爲美妙云。

宣爐除本色之外，有做古青緑一種。非若河南，金陵，姑蘇等處，燒斑土窨之僞造也。聞之老鑄工云，宣爐做古青緑色者，取内庫損缺不完三代之古器，選其色之翠碧者，椎之成末，以水銀法藥等和，傾入洋銅汁内，與銅俱鎔。器成之後，復以青緑硃砂諸色，用安瀾砂化水銀爲汁，調諸色塗抹爐身令徧。入猛火，次第敷之。至於五次，則青緑之色沁入爐骨。復以白蠟鎔化，烘漬爐身，擦以棕帚，揩以布帛，則内外青緑硃斑垤起。即以利刃剔之，亦不遽去。妙者可與三代漢魏之器無殊。惜存留絶少，世不多見。倘有得者，當與三代漢魏之器同珍，不可褻視。

宣爐有流金一種，皆宣廟御用之貴品也。流口耳之間，名覆祥雲。流腰腹之間，名金帶圍。流底足之間，名湧祥雲。又有商金、滲金之類。其流金之爐，非十二煉之銅不流。鑄成後，先以水銀和法藥薰染入骨。復以赤金製鑠成泥塗之，熾火炙逼，沁入爐身。其赤金色自淺淡以至深濃，次第薰染十有餘次，然後金光灼目，寶色騰眸。所費不貲，豈民間單冶野鑄所能彷彿其萬一哉。凡宣爐，本色有三種，流金仙桃色，一也。秋葵花色，二也。栗殼色，三也。而仙桃色爲最，秋葵花色次之，栗殼色則又次之耳。

吴下宣爐其款制，首尚乳爐、魚耳、蚰耳。以此三種皆宣廟文房之所御用也。款式典雅，樸素無文，置之几案，何妙如之。況其敷色亦異，有藏經、蠟茶、棠梨、棗紅、栗殼諸色。而吴下獨重藏經、蠟茶二色。以其色之淡雅，薰煉既久，敷色漸磨，銅質顯露，如良金在冶，晶光發越，寶焰陸離，莫可云喻。雖三代漢魏之器相並，亦當退舍矣。但所惜者，真正宣爐絶稀，贋器恒衆。萬曆末年，金陵有甘文堂者，精於鼓鑄，惟乳爐一種稱佳。敷色喜效棗紅而稍淡，俗稱豬肝色者是也。吴中則有周文甫氏，亦以鑄冶名世。惟魚耳、蚰耳二種最佳。其欵制一倣真宣，抑且煉銅有法，敷色無訛，甘氏有所不及。文甫晚年所鑄者，可亞於真宣之下一等。今亦漸爲好事者購盡，見亦稀逢，價亦半侔宣鑄矣。倘有得者，宜寶護之。

今之鑒賞家，不讀此譜，不知宣廟聖學淵深，其所制鼎彝，名目雖於臣下擬進，必命疏其事實，與施於何所宜否，再四推敲，方命鼓鑄。今世偶有一二真宣之鑄，其欵式盡合圖譜。惟底無印欵，反疑其僞。殊不知凡進呈樣爐，例不填欵，俟選中特鑄，方許寫欵。今人不審，往往錯過不取。然亦有僞鑄無欵樣爐者，以之欺世愚人。其制度、銅質，鑒賞家一見分明，不須辨論。吾儕齋中日用鼎彝多者，下過十具。輪日更替，似覺目前一新，又可遞爲磨拭。若笥中所藏一二，几案之上日陳歲置，膠柱不移，目覩陳陳，易生厭足。固宜多蓄妙欵爲佳。

**明·劉侗《帝京景物略》卷四《城隍廟市》** 器，首宣廟之銅。宣銅，爐其首。爐之製有辨焉，色有辨焉，款有辨焉。製所取，宜書室，登几案，入賞鑒，則莫若彝乳爐之口徑三寸者。其製百摺彝爐、乳爐、戟耳、魚耳、蜒蚰耳、熏冠、象鼻、獸面、石榴足、橘囊、香奩、花素方圓鼎等，上也。角端象頭鬲、判官耳、雞腿脚、扁爐、翻環六稜、四方直脚爐、漏空桶爐、竹節、分襠、索耳等，下也。鑄耳者，宣爐多仿宋窑，中有身耳逼近，施錯無餘地者，乃別鑄耳，磨治釘入，分寸始合也。釘耳多僞，宣爐鑄耳不稱者，揀去更鑄，十不一存，故僞者但能釘耳也。色種種：仿宋燒斑者，初年色也。尚沿永樂爐製。蠟茶本色，中年色也。中年愈工，謂燒斑色掩其銅質之精，廼尚本色，用番硇浸擦熏洗爲之。本色愈淡者，末年色也。末年愈顯銅質，着色愈淡。後人評宣爐色五等：栗色、茄皮色、棠梨色、褐色，而藏經紙色爲最。鎏金色者次本色，爲掩銅質也。鎏腹以下，曰湧祥雲。鎏口以下，曰覆祥雲。雞皮色者，覆手色，火氣久而成也。跡如雞皮，拂之實無跡。本色之厄二：嘉隆前有燒斑厄，時尚燒斑，有取本色真爐，重加燒斑者。近有磨新厄。過求銅質之露，取本色爐磨治一新，至有歲一再磨者。款亦製辨、色辨之。陰印陽文，真書大明宣德年製，字完整，地明潤，與爐色等舊，非經雕鑿熏造者。後有僞造者，有舊爐僞款者，有真爐真款而釘嵌者。僞造者，有北鑄，嘉靖初之學道，近之施家。施不如學道遠甚，間用宣銅別器改鑄。然宣別器，銅原次於爐，且小冶單鑄，氣寒儉，無精華。有蘇鑄，有南鑄。蘇蔡家，南甘家。甘不如蔡遠甚，蔡惟魚耳一種可方學道。舊爐僞款者，有永樂之燒斑彝，耳多寬索，腹多分襠。景泰、成化間之獅頭彝等。厚赤金作雲烏片帖鑄之，原款用藥燒景泰年製等字，二者價遜宣爐，後人僞鑿宣款，以重其價。真爐真款而釘嵌者，宣呈樣爐，宣他器款也。當年監造者，每種成，不敢鑄款，呈上准用，方依款鑄，其製質特精。流傳至後，謂有款易售，取宣別器款色配者，鑿空嵌入，其縫合在款隅邊際，但從覆手審視，覺有微痕。宣爐惟色不可爲僞，其色黯然，奇光在裏，望之如一柔物，可接掐然。迫視如膚肉内色，蕴火爇之，彩爛善變。僞者外光奪目，内質理疏稿然矣。傳宣廟時，内佛殿災，金銀銅像渾而液，因用鑄器，非也。宣廟欲鑄爐，問工，銅何法煉而佳？工奏：煉至六，則現殊光寶色，異恒銅矣。上曰：煉十二。煉十二已，條之，置鐵鋼篩格，赤炭溶之，其清者先滴，則以鑄，存格上者，以作他器。故宣他器，先不極量於銅，後不致養於火，其入賞鑒亞之。

**明·宋應星《天工開物》卷中《冶鑄》** 鏡

唐開元宫中鏡盡以白銀與銅等分鑄成，每口值銀數兩者以此故。硃砂斑點乃金銀精華發現。古人有入金於内者。我朝宣爐亦緣某庫偶災，金銀雜銅錫化作一團命以鑄爐。真者錯現金色。唐鏡、宣爐皆朝廷盛世物也。

**明·方以智《物理小識》卷八《器用類》** 香爐畜火，莫如宣銅。宣廟命工煉十二次，鎔下銅格。謂内殿災，金銀銅像渾者，非也。乳爐最宜，魚戟、蜒耳，象鼻，獸面，皆佳。竹節，翻環，索耳，分襠，下也。有鑄耳者，有鋈金者，有雞皮者。初倣宋燒斑，或蠟茶。末年淡者乃妙，望之黯然，迫視如肉内色。蘊火其中，彩爛善變。僞者銅氣自新，光不從内發也。嘉靖初有學道鑄，後有施家鑄。惟以銅重爲價。蘇有蔡鑄，南京有甘鑄。先肯煉銅，畧變其色，日夜蓄火十年，則亦可觀矣。

**明・于謙《宣德彝器圖譜後序》** 蓋宣廟臨御之日，當成祖文皇帝攘平夷虜之餘烈，國富年登，宣威沙漠，外夷慕化而至者三十餘國。有暹邏國，厥産良銅，色過兼金，響逾韻磬。詢之臣下，堪鑄鼎彝。因命禮臣鑒式範冶，指日告成。應與商鼎周彝共垂不朽。當鑄冶之日，宣廟親垂天問，下詢臣工，鎔鍊何法。臣工奏對，以凡銅若經四鍊，則現珠光寶色。若斯洋銅者，形色非常，三鍊足矣。宣廟聖諭，以十二鍊爲率。故宣爐之價，與金玉同珍，非人間可得而有。蓋張公當鑄冶之日，奉敕實督董斯事，所以最得其詳云。

**明・祝允明《宣德彝器圖譜序》** 且鼎彝雖小，所費甚鉅，幾於金玉同價。金玉恒有，而宣銅彝器傳世頗稀。民間單冶薄鑄，何能辨此。倘有得者，當與商彝周鼎共寶。

**明・張應文《清秘藏》卷上《論古銅色》** 宣廟銅器制度極雅，然花紋者絶少。底款用匾方字印，陽鑄大明宣德年製六字。作小楷書，極遒勁完整。其色止蠟茶、鎏金二種。蠟茶以水銀浸擦入内，薰洗爲之。鎏金以金鑠爲泥，數四塗抹，火炙成赤。用工用料，俱異常品。非若青緑硃砂斑，黑漆水銀等色，可草草點綴而成。所費不貲，故佳者與秦漢等器争價，有非唐時天寶局鑄器花紋細密可愛，全尚華藻，第恨質薄。取便一時，無意千古。可擬。元朝姜娘子所鑄，又在下風。

**明・冒襄《宣爐歌注》張潮注** 宣爐最妙在色。假色外炫，真色内融，從黯淡中發奇光。古今人品、文章判斷畧盡。正如好女子肌膚，柔膩可掐。爇火久，燦爛善變。久不着火，即納之(汗)[汙]泥中，拭去如故。曹谿禪。假者雖火養數十年，脱則枯槁矣。

宣廟時傳内佛殿火，金銀銅像渾而液。又云，寶藏焚，金銀珠寶與銅俱結，命鑄爐。

宣廟詢鑄工，銅幾鍊始精。工對以六火則殊光寶色現。上命煉十二火。條之，復用赤火鎔條於鋼鐵篩格上。取其極清先滴下者爲爐，存格上者製他器。爐式不規規三代鼎鬲，多取宋瓷爐式倣之。可想十年垂拱。

宣爐以百摺彝乳足，花邊，魚鰍，蜒蚰諸耳，薰冠，象鼻，石榴足，橘囊，香奩，花素方圓鼎爲最。索耳，分襠，判官耳，角端，象鬲，雞脚，扁番環，六稜，四方，直脚漏空桶，竹節，法盞等樣爲下。

宣爐倣宋燒斑，初年沿永樂爐製。中年謂其掩爐本質，用番油浸擦薰洗，易爲茶蠟。末年愈顯本色，着色更淡。至文真詩。後人評宣爐五等色，栗殼，茄皮，棠梨，褐色，而藏經紙色爲第一。金鋈腹下爲湧祥雲，金鋈口下爲覆祥雲。雞皮色，覆手色，火氣久而成也。嘉靖後之學道，近之施家，皆北鑄。北鑄間用宣銅器改鑄，銅非清液，又小冶寒儉，無精采。且施不如學道多矣。南鑄以蔡家勝甘家，蔡之魚耳可方學道。

真宣爐本色之厄有二。嘉隆前尚燒斑，有取本色真者重燒，有過求本色之露如未年淡色，取本色真爐磨治一新。甚有歲一再磨。景泰、成化之獅頭彝爐等，後人僞易，鑿宣欵以重其價。宣爐又有呈樣無欵最真妙者，後人得之，以無欵恐俗眼生疑，取宣別器有欵者鑿嵌，畢竟痕跡難泯。皆真宣爐之厄也。凡事只爲周旋俗人，壞了。

懺閣，乃毘陵鄒臣虎先生供吴道子觀音真跡處。每與先生閣前鑒賞宣爐，自天雞、圓鼎外，凡六七種，余有别記。同余最妙一、二，統散失於甲申乙酉。杜茶村曰，昔澄江友人周伯高常著壺、茗二系，以明時壺、岕茗之所繇來，淵源、支派甚悉。余爲之序，以爲要緊必傳之書。獨恨宣爐無紀耳。今得巢民此《歌》及《註》，正與二系可以合行，爲吾鄗真切受用，中《本紀》《列傳》，其功不小。惜乎周著今不見有傳者，當徐徐物色之。然其行文出入《世説》，《水經》《三國志》二註筆意，故遠不隸冒。

**清・孫承澤《硯山齋雜記》卷四《宣爐注》** 如皋冒辟疆，博雅嗜古，嘗爲桐城方詹事拱乾《宣爐歌》，自爲之注，甚精核。云，宣爐最妙在色。假色外炫，真色内融，從黯淡中發奇光，爇火久，燦爛善變。久不著火，即納之汙泥中，拭去如故。假者雖火養數十年，脱則枯槁。宣廟時内佛殿火，金銀銅像渾而液。又云，寶藏焚，金銀珠寶與銅俱結。命鑄爐。宣廟詢鑄工，銅幾煉始精。工對以六火則殊光寶色現。上命煉十二火。條之，復用赤火鎔條於鋼鐵篩格上。取其極清先滴下者爲爐，存格上者製他器。爐式不規規三代鼎鬲，多取宋瓷爐式仿之。宣爐以百摺彝，乳足，花邊，魚鰍，蜒蚰諸耳，薰冠，象鼻，石榴足，橘囊，香奩，花素方員鼎爲最。索耳，分襠，判官耳，角端，象鬲，雞脚，扁番環，六稜，四方直脚漏空桶，竹節等爲下。

宣爐仿宋燒斑，初年沿永樂爐製。中年嫌其掩爐本質，用番鹵浸擦薰洗，易爲茶蠟。末年愈顯本色，著色更淡。後人評宣爐五等色，栗殼，茄皮，棠梨，褐色，而藏經紙色爲第一。金鋈腹下爲湧祥雲，金鋈口下爲覆祥雲。雞皮色，覆手色，火氣久而成也。

嘉靖後之學道，近之施家，皆北鑄。北鑄間用宣銅器改鑄。銅非清液，又小冶寒儉，無精采。且施不如學道多矣。南鑄以蔡家勝甘家，蔡之魚耳可方學道。

真宣爐本色之厄有二。嘉隆前尚燒斑，有取本色真者重燒，有過求本色之露如末年淡色，取本色真爐磨治一新。甚有歲一再磨。景泰成化之獅頭彝爐等，後人僞易，鑿宣欵以重其價。宣爐又有呈樣無欵最真妙者，後人得之，以無欵恐俗目生疑，取宣别器有欵者鑿嵌，畢竟痕跡難泯。皆宣之厄也。

明宣廟銅器，爐爲首。其製不一，有彝爐，乳爐，花邊天雞，橘囊，壓經，香奩，角端，象鬲，匾爐，番環，六稜，纓絡，梵書，太極桶爐，竹節，馬蹄，法盞，盔盂，馬槽，重冠等式。

口有燈草邊，花觚，直口，平口，鋔口，井。

耳有橋耳，魚耳，衝天魚耳，鰌耳，鵬耳，番象，衝天番象，海獅，龍鳳，天雞，夔龍，螭虎結耳，如意，風箱，索耳，寬緊鸚鵡耳，環耳，朝冠，戟耳，蜓蚰，香草，壽帶，鳥獸吞口。

肩有金蓮，寶相，雲肩，線肩。

所取者，橋耳，乳足，魚耳，石榴足，鰌耳，圈足，番象及鵬耳，天雞，海獅獸耳，亦圈足，或裙足，香草高乳高戟耳，石榴足，橋耳有三丁戈足，其品最上。

次取者，法盞，波斯足，鸚鵡，象首，湯鹽足，壓經，環耳，低乳足，香餅足，索耳，有寬緊足，有高低者，寬昂於緊。

最下，桶爐，雲板足，湯鹽足，薰冠，馬槽，盔盂。

鑄耳多仿宋瓷，欵識有身耳逼近無餘地者，乃另鑄耳，磨治釘入。釘耳多僞。蓋宣爐鑄耳不稱，率揀出更鑄，十不存一。

色種種，皆仿宋燒斑者，初年色也。永樂燒斑本此。

蠟茶本色者，中年色也。謂燒斑掩銅質之精華，乃尚本色，用番磠同醋浸擦爲之。

本色愈淡者，末年色也。純用本質燒成，色愈淡，而愈精采。

其色有赤金色三種。石榴皮，棠梨，秋白梨，栗殼，海棠紅，山查白，棗皮紅，淺深藏經紙，茄皮羯色。

其最淺，藏經，山查白，海棠紅，秋白梨。

其次鋈金色。鋈左肩爲覆祥雲，腹以下爲湧祥雲。

至於雞皮色，則火氣久而自成。跡似雞皮，摸之無跡。即今所謂橘皮紋也。

本色之厄有二。嘉隆前有燒斑色，時尚燒斑，故取本色爐重加燒斑。

近則磨新厄。過求色淺，磨治一新。至有歲再磨者。

欵識陰印陽文，真書大明宣德年製，字完整，地明潤，與爐色同。非經雕鑿熏造者。

後有僞造者，北鑄，嘉靖初之學道，前近之施家。施不如學道。前間用宣銅别器改鑄，然别器銅質原次於爐，且小冶單鑄，氣寒儉，乏精華。蘇鑄蔡家，南鑄甘家。甘不如蔡，惟魚耳一種可方學道。

有舊爐僞欵者。永樂之燒斑彝，耳多寬索，腹多分襠。景泰成化間之獅頭彝等，厚赤金化雲鳥片帖鑄，原欵用藥燒景泰年製等字。

有真爐真欵而嵌釘者。當年監造每種成，不敢鑄欵。呈上准用，方依欵鑄。後謂有欵易售，取宣别器欵色配者嵌入，其合縫在欵隅邊際。但從覆手審視，自得痕影。故首視官造，民造。官造，任其花素，無不工雅。華而不妖，樸而不陋。極草率處，偏耐看玩。官鑄分兩無零剩錢數。民鑄不然，純是琢磨車碾之精，雖窮極工巧，自乏大家規則。

宣爐惟色不能僞。黯然奇光在裏，望之如至柔之物，可以掐搯。迫視如膚有肉色，蘊火爇之，精采善變。僞者外光奪目，内質理槁然矣。傳宣廟時佛殿災，金銀銅像液因用鑄器。非也。宣廟欲鑄爐，問工，何法煉而佳。工奏，煉至六，用爐甘石點，則現寶光殊色，異恒用矣。上曰，煉十二。煉足，條之。置鋼鐵篩格上，用赤炭鎔之。清者先滴，備鑄。存格上者，作他器。

**又** 窑器 隆窑之秘戲不入鑒藏。【略】其發梭眼蟹爪紋者，堊中心小疵，反以諗火候之到。亦如宣爐熱銃，他鑄無及者。

**清·吴景旭《歷代詩話》卷七九《宣廟器》** 吴旦生曰，器，首宣廟之銅。宣銅，爐其首。爐之製有辨焉，色有辨焉，欵有辨焉。製所取，宜書室，登几案，入賞鑒，則莫若彝乳爐之口徑三寸者。其製百摺彝爐，乳爐，戟耳，魚耳，蜓蚰耳，薰冠，象鼻，獻面，石榴足，橘囊，香奩，花素方圓鼎等，上也。角端，象頭鬲，判官耳，雞腿脚，扁爐翻環六稜，四方直脚爐，漏空桶爐，竹節，分襠，索耳等，下也。釘耳，補欵者，僞也。色種種。面色二，蠟茶色，汞浸擦薰洗爲之。有栗色，有藏經紙，有褐色，有棠梨，有茄皮。鋈金

**又　卷五八《燕賞器物類二》**　香爐

《香箋》：香爐，官、哥、定窑、龍泉，宣銅、潘銅彝爐，乳爐，大如茶杯，而式雅者爲上。

**又**　宣銅香爐

《博物要覽》：宣德銅器以爐鼎爲首。爐之製有辨焉，色有辨焉，欵有辨焉。取其製式之美者，宜書室，登几案，入賞鑒者，如魚耳爐，䱔耳爐，一名蜒蚰耳。乳爐，百摺彝爐，戟耳爐，天雞彝爐，方員鼎，石榴足爐，橘囊爐，香奩爐，高足押經爐，已上諸欵，皆上品賞鑒也。角端爐，象鼻爐，獸面爐，象頭爐，扁爐，六稜四方直脚爐，漏空桶爐，竹節爐，分襠索耳爐，馬槽爐，臺几爐，三元爐，太極爐，井口爐，已上品格卑俗，難屬宣鑄，皆下等物也。宣爐如魚耳，蜒耳，押經等爐，多有鑄耳者。蓋宣爐之式多倣宋磁，爐式中有身耳逼近，施錯無餘地者，乃別鑄耳，磨治釘入，分寸始合也。釘耳多僞。宣爐鑄耳不稱者，毁去更鑄，十不一存。所如魚耳，蜒耳等爐，真宣銅者，尤爲難得。故僞造者但能作釘耳也。以上論製。宣爐之色不一。倣宋燒斑色者，初年色，尚沿永樂爐製。蠟茶本色，中年色。蓋宣德中年爐色愈工，謂燒斑色掩其銅質之精，迺尚本色。用番磠砂擦薰浸洗爲之也。藏經色，末年色。比本色愈淡，銅質愈顯。故後人評宣爐色五等，謂栗色，茄皮色，棠梨色，褐色，而以藏經紙色爲最。鎏金色者，次本色。爲其掩銅質也。鎏腹以下，曰湧祥雲。鎏口以下，曰覆祥雲。雞皮紋者，覆首色，火氣久而成也。迹如雞皮，拂之實無蹟。本色之厄有二。嘉隆之間有燒斑厄。時尚燒斑，有取本色真爐，重加燒斑。近有磨新厄。過求銅質之露，取本色爐磨治一新，至有一歲再磨者。以上論色。欵亦辨製、辨色焉。宣德爐欵陰印陽文，真書大明宣德製，字完整，地平潤，與爐色相等。非經雕刻薰造者爲佳。宣爐真而好者，有無欵識者，乃進呈樣爐也。宣德當年，監造者每種鑄成，不敢鑄欵，呈上準用，方依樣鑄欵。其製質特精。流傳至今，謂有欵易售，取宣銅別器欵色配者，鑿空嵌入，其縫合在欵隅邊際。但從覆手審視，覺有微痕。以上論欵。

《妮古録》：宣德時兩宫火，藏金流入銅中，鎔而爲爐。故後世僞造者不能及。

**又**　《博物要覽》：宣銅蠟茶、鎏金二色最佳。蠟茶色以水銀浸擦入肉，薰洗爲之。鎏金以金鑠爲泥，數四塗抹，火炙成赤。所費不貲，豈民間可能仿佛。宣爐惟色不可僞。爲其真者，色闇然，奇光在裏，望之如一柔物可挼搯，然迫視如膚肉内色。蘊火爇之，彩爛善變。僞者外光奪目，内質裏疏槁然矣。傳宣德色，金泥塗炙成之。有赤金霞片。覆手色二，雞皮紋色，火氣久而成者，跡如雞皮。拂之，實無跡也。青緑硃斑色，未經火氣，久而成也。欵亦製辨、色辨之。陰印陽文，真書大明宣德年製，字完整，地光澤，與爐色等。非經雕錯者。近有北鑄，以施家名。有蘇鑄，以甘家名。有南鑄，以甘家名。每以僞得真售。然製即可僞也，欵即可僞也，色終不可爲僞。宣爐色，黯然奇光在裏，審視如膚肉内色，蘊火爇之，彩爛善變。僞者外光奪目，内質理疏槁然矣。傳宣廟時内佛殿災，金銀銅像渾而液，因用鑄器。非也。宣廟欲鑄爐，問工，銅何法煉而佳。工奏，煉至六，則現殊光寶色，異恒銅矣。上曰，煉十二，乃鑄也。先是永樂間鑄燒斑彝，耳多寬索，腹多分襠。後是景泰，成化間，鑄獅頭彝。厚赤金作雲鳥片帖鑄之，欵用藥燒景泰年製等字。質、色、製、欵，無如宣爐者。其他宣器質色如爐也，而入賞鑒則亞之。

**清·張潮《宣爐歌注小引》**　物之佳者，或以人名，或以地名，或以代名。名雖不同，其爲物之佳，則一也。如時之壺，哥之窑，張之爐，顧之繡，皆以人名者也。如弁州之剪，蒙山之茶，歙州之硯，湖州之筆，皆以地名者也。至於商彝，周鼎，秦璽，漢碑，則以代名者也。夫以一物之微而致煩一代之名名之，及其久也，代已亡，而物尤不朽。豈物以代重耶，抑代以物傳耶。有明三百年間，物之佳者不可勝數。而宣爐一種，則誠前無所師，後莫能繼。豈非宇宙間一絶妙骨董乎。所恨贋鼎紛陳，不可勝數，非巨眼莫能辨之。良由愛之者多，則其值益貴。值益貴，則贋者日繁。甚且一爐剖而爲二，半真半僞，若兩截人物。噫，亦何巧也。予博稽載籍，如《博古圖》《古玉圖》《泉志》《硯譜》《墨譜》之屬，莫不各有其書，唯宣爐獨無譜。雖其妙處實不可以譜傳，然鐘鼎尊彝屬，其陸離葱翠，寧獨可以繪畫畢之乎哉。冒辟疆先生作《宣爐歌》以贈方坦菴先生，而特自爲注，予甚愛之。較之酈之於《水經》，裴之於《三國》，誠可鼎足而立也。夫心齋張潮譔。

**又　《宣爐歌注跋》**　宣德距崇禎纔二百餘年耳，其時宣爐真者已極貴重。若再二百餘年，不益更難得耶。夫爐之爲物，苟不毁於火，固宜流落人間，不當少於前也。第不知當年鎔鑄之數，亦可得而考歟。巢民先生鑒賞不謬，聞其家所珍藏者，亦俱散失。不亦深可慨哉。心齋居士題。

**清·陳元龍《格致鏡原》卷三六《珍寶類五》**　古銅色

《博物要覽》：曹明仲謂，【略】故古銅以褐色爲上，水銀黑漆鼎爲次，青緑者又次也。若得純青、純緑一色不雜，瑩若水磨光彩射目者，又在褐色之上。故宣廟銅器喜倣褐色，凡宣銅褐色爲多。

時内佛殿災，金銀銅像渾而液，因用鑄爐。非也。宣廟欲鑄爐，問鑄工，銅何法煉而佳。工奏，煉至六，則現殊光寶色，異恒銅矣。上曰煉十二。煉十二已，條之，置鐵鋼篩格。赤炭鎔之，其銅之精萃者先滴，則以鑄爐。存格上者，乃銅之渣滓，以作他器。

**清・杭世駿《道古堂文集・書宣德彝器譜後》** 此明宣德三年工部檔案也。【略】共三千三百六十五件，有滲金，蠟茶，藏經，流金四色。用赤金作屑，鍊鐐七次，水銀薰擦入骨作雨雪點子，號曰滲金。鑄鼎時物力富饒，取多用弘，故宣爐爲後世所寶貴。劉氏《帝京景物畧》謂爲内庫失火，取其煨燼鑄爐。家無《實録》，不能定失火之虚實。而檔册鑄鼎之年月，今猶可考也。劉氏不知何所本而妄言之。王氏《池北偶談》又襲用其説，尤爲耳食。

**清・姚之駰《元明事類鈔》卷三〇《器用門・爐》** 宣銅，首爐。《帝京景物畧》：廟市器首重宣廟之銅。宣銅，爐其首。宣爐惟色不可僞，爲其色黯然，奇光在裹，望之如一柔物可掐摇，然迫視如膚肉内色。蘊火熱之，彩爛善變。

**清・于敏中　英廉《日下舊聞考》卷一五〇《物産》** 宣銅爐欵莫若彝乳爐之口徑三寸者。其製百摺彝爐，乳爐，戟耳，魚耳，蜒蚰耳，薰冠，象鼻，獸面，石榴足，橘囊，香奩，花素方圓鼎，上也。角端，象頭鬲，判官耳，雞腿脚，扁爐，翻環六稜，四方直脚爐，漏空桶爐，竹節，分襠，索耳等，下也。耳有别鑄磨治釘入，分寸始合者。其色仿宋燒斑者，初年色也，尚沿永樂爐製。蠟茶本色，中年色也。本色愈淡者，末年色也。後人辨宣爐色五等，栗色，茄皮色，棠梨色，褐色，而藏經紙色爲最。鎏金色者次本色，爲掩銅質也。鎏腹以下，曰湧祥雲。鎏口以下，曰覆祥雲。雞皮色者，覆手色跡如雞皮，拂之實無跡。火氣久而成也。其欵陰印陽文，真書大明宣德年製。僞造者有施家北鑄，蔡家蘇鑄，甘家南鑄。舊爐僞欵者，有永樂之燒斑彝，景泰、成化之獅頭彝。後人僞鑿宣欵以重其價。真爐真欵而釘嵌者，當年監造官每種成不敢鑄欵，呈上准用，方依欵鑄，其製質特精。流傳至後，謂有欵易售，取宣銅别器欵色配者，鑿空嵌入，其縫合在欵隅邊際。但從覆手審視，覺有微痕爾。相傳宣廟時内佛殿災，金銀銅像流液，因用鑄器。非也。宣廟欲鑄爐，問工，銅以何法煉而佳。工奏，煉至六次，則現殊光寶色，異恒銅矣。上曰，煉十二次。煉已，條之。置鐵鋼篩格，赤炭鎔之。其清者先滴，則以鑄爐。存格上者，以作他器云。《帝京景物略》

**又** 古銅以褐色爲上，水銀黑漆鼎彝爲次，青緑者又次之。宣廟喜倣褐色，故宣銅此色爲多。宣銅小者，如百摺彝爐，乳爐，雨雪照金片貼鑄戟耳彝爐，石榴足者更佳。赤金霞片小元鼎爐，象頭鬲爐，五供養細腰橐盤，滲金雙螭箸架，香合，匙餅，蟠螭鎮紙，種種皆精。大如鼎爐，角端，獸爐，方耳壺，商從尊，精美可翫。其底識文用匾方印子，陽鑄天明宣德年製，真書，字畫完整，印地光滑，蠟色可愛。他如判官耳，雞腿脚，扁爐，翻環六稜，回鑄滲金番字花瓶，四方直脚爐，翻環元餅，蓋鑿錢文漏空桶爐，皆下品也。蓋宣鑄多用蠟茶、滲金二色。蠟茶以水銀浸擦入(内)[肉]，薰洗爲之。滲金以金鑠爲泥，數四塗抹，火炙成赤。所費不貲，非民間可能彷彿也。《遵生八箋》

**清・沈氏《宣爐小誌・叙爐略目》** 稽古無煉爐之説，今案頭置香爐，焚香外亦無他用。好事者以火煉之，朝夕拂拭，辨質，辨色，辨欵式，辨工夫，羣相矜尚。趣耶？癖耶？蓋古玩中如書畫，玉石，及銅窑各器，有甚美不易得者，必其爲物寶貴，世所罕覯。若爐，則易得而難美。易得，則用之者多，好之者少。難美，故好之者即多，好之而實愜所好者甚少。愜所好者少，則焚香適用足矣，胡以好爲？又胡以煉爲？而吾謂古翫中之足以愜所好者，惟此物爲最。何也？夫人爲其事，而無其驗，則心厭。爲其事，有其驗，而不足以賞心，則又厭。即以銅器論，尚青緑者，尊彝鼎鬲錞，壺匜卣盤鑑等物，千百年沉埋深山大澤，一旦入人手摩弄，斑駁陸離，青緑蟠結，間雜以水銀褐色硃砂斑，價值不貲，置之高齋，洵可貴也。然一見輒了，無甚深意。若爐以火候計，萬不敵青緑之歷年久遠，而日新月異，變幻百出。煉爐者，視爐之小大輕重，放火得法，其色或日漸以深，或日漸以淡。深有深妙，淡有淡妙，皆能如意而償，亦或奇光迴出意外。此所謂爲其事，有其驗者也。而賞鑒家相率把玩，亦得以不厭而愜心。大抵青緑藉水土之氣而成，此得於天也。爐火專恃人功，人功不到，雖如青緑沉埋之久，求其光彩澄徹，必不得也。故愜心者，人功也。則吾向所謂難美者，難其功也。夫固未當無真美者也。前人論宣爐，首重欵，次及色。惜言之不詳，而於火候絶無發明。則色之真僞新舊，殊難立辨。高子《清賞諸論》，盛稱宣廟銅器制度古雅，而火功及銅之質色不載。《帝京景物畧》載宣爐色五等，栗色，茄皮色，棠梨色，褐色，而以藏經紙色爲最。此不過大概言之。蓋銅有本質，以對鉛多寡爲別。俗云，上古無黄銅，以古所用，皆出山銅，未經對鉛者也。出山銅即今紅銅，對鉛則黄，鉛重則青。爐之發光，如水瑩徹者，鉛力也。紅銅鑄物，汁水不能外現。故爐不取紅銅。獨青緑器尚紅銅者，正謂古無黄銅也。有紅色爐亦汁水如溢者，非生紅銅也，對鉛視黃銅較少耳。爐色備青黃赤白黑，實則銅質止有青黃赤，而無黑白。其有純黑，俗名黑漆古者，此青紅二色久煉所結。白則本屬黃色，愈燒愈淡，望之深穆，非二三百年物，不能有此。諸色各極其妙，不可一格拘。世人或專喜深色，或專喜淡色，皆偏也。又或以深色爲大火，淡色爲小火，尤謬。蓋色繫乎銅之本質，下以火之小大而分。爐厚且重者，如施家北鑄，豈無一二淡白色。諒非盡微火可以成功。甘鑄多薄，宜於緩火，而紅黑各色俱備，故知其謬也。間有一種放火踰度，火力倍於爐身，烈而成黑，其色黯而無光，燥而欠潤。此欲速之誤，與真舊色之空空洞洞者迥別。何得執以概論也。夫物聚於所好，亦物爭於所羣。好，質有美惡，色有高下，欵式有雅俗，工夫有淺深。好尚相持，則考較互異，非貴耳而賤目，即是己而非人。其實好其所好，而於此道所以然，究未深知，而得其趣也。賈人顛倒真贋，原以射利。左論鄙説，不足爲怪。若收藏家以訛傳訛，終身不悟，甚至不堪之物，視爲奇貨，未免鑒家所笑。而原其始，則又未有不誤於賈人之顛倒者也。予癖愛有年矣，收蓄無幾，而所見不可勝紀。讀書之暇，輒以此自娱。間與同好評論，亦以余言爲然。但事非真好，兼閲歷之多且久，其原委難以言盡。用是不嫌猥瑣，序其大畧，以見小物之中有至理，人事之中有天趣，癖而非癖。至於質色，欵式，工夫，具詳後論。或廣前人所已言，或發前人所未發。世波流轉，不盡目見而耳聞。古物摩娑，或幸得心而應手。則兹編非謂有當，識者採擇，亦聊以存吾好云爾。

**又**　爐式　古無香爐。古尚氣臭，焚蕭艾，故無專爐焚香。凡食器用鼎，故制有三鼎，五鼎。今不用鼎供，而間以鼎焚香，其實非香爐也。惟博山爐，今傳漢太子宫中所用。香爐之制，大畧始此。明宣廟銅器甚精，製度亦雅。鑄爐不規規三代鼎鬲，多取宋瓷爐式倣之。其製，以百摺彝爐，乳足，戟耳，魚，鰍，蜒蚰諸耳，薰冠，象鼻，獸面，橘囊，香奩，花素方圓鼎爲上品。角端，象鬲，判官耳，雞脚，翻環，六稜，四方直脚，漏空桶，竹節，分襠，索耳爲下品，前人所評，想無訛誤。但時更勢異，未可概論。近尚小乳足，鰍耳等欵。取其無花紋凸凹，易於摩弄。他如獸面，橘囊，天雞，龍彝，獅象諸耳，概不寓目，尤屬偏見。蓋爐原取欵與色，諸欵中各有美惡。時下乳爐，鰍耳，劣者更多。緣鑄爐之家，溺於時尚，乳鰍等欵，既撥蠟簡便，兼之易售，鑄愈多，欵愈劣。至諸古欵，既費工本，售者又少，故南北鑄俱罕有。有者多係舊制，較乳鰍轉有佳者。此專泥一格之不足爲定論也。大抵爐之樣式不一，止取古雅，口耳底足圓正相稱，厚薄適中，此爲上選。如施家過厚，甘家過薄，兩耳過大過小，口面過垣過磬，束腰過直過陷，足與口位分不稱，均不取也。今擬乳足，戟耳，蜒蚰耳，橘囊，索耳，素天雞爲上。魚耳，鉢盂，壓經，獅頭，素圓鼎次之。龍彝，象鬲，桶爐，花邊天雞又次之。至若六稜四方，花腹法盞等欵，俱不堪翫。雖屬鄙見，亦當參閲舊聞，并與同人品較，或者未爲盡謬。

爐色　今人動言爐色，抑知色非徒自外人，乃實自内出者也。爐初出冶，不能不下藥水提洗。誠以生銅雖煉，不能發光，硇砂等藥，附銅得火，入而能出，不過引銅汁外現，並非如血竭硃砂各種厚色，掩爐本質也。但須久煉，方能去糟粕而存精液耳。宣爐初年倣宋，燒斑尚沿永樂爐製。中年謂掩銅質，用番鹵浸擦薰洗，易爲爛茶。爛茶，本色也。至末年，本色盡顯，愈淡愈妙。可知淡色之貴，不自今始矣。又考宣鑄有鎏金色，以真金鑠爲泥，數四塗抹，火炙成赤，所費不貲，非民間所能彷彿。此爐中之最富麗而不失爲大雅者也。後來重色迴不及此。他如金鎏腹下，爲湧祥雲。金鎏口下，爲覆祥雲。未免穿鑿。須得質美火透，金色剥落者爲佳。景泰成化年間之獅頭彝，亦尚鎏金。其底識無印文，惟用藥燒景泰年製等字，頗有古趣。然間有用赤金厚片作雲鳥形貼鑄者，亦屬魔道。大抵舊爐不同處，總以火氣融化，藥色盡退，精華在隱顯之間爲妙。而人之誤爐，正復不少。爐之厄有三。一在專務絢爛，取舊色沉浸者，上藥重燒，色愈厚，光愈閉。一則過求本色之露，不問年久深色之斑駁，淺色之瑩邃，磨治一新。甚有歲一再磨，縱有火功，不能生色矣。一則性急，放火踰度，致水色澄澈之舊爐，一變枯燥。前功盡棄，尤爲可惜。煉爐者，當以此爲戒。爐色惟紅黑多僞。青黃本質易見，無僞，而有新舊之别。白則不可多得。舊色佳者，黃如秋葵着露，白如玻璃澄水，紅如朝霞映日。青則魚膽，黑則點漆，雖極光耀奪目，而其中自饒一段沉净之意，迥異凡品。且年遠流傳，非出一家一手。兩耳覆手，及底足拂拭不到之處，豈無藏垢？豈無傷痕？究之藏垢亦發光華，痕迹亦歸渾化，無損完璧。此爐色之大較也。

銅質　爐之美惡，視銅質。而銅質之高下，視對鉛。質宜净，宜嫩。有沙眼及頑硬者，不取也。頑銅難以出水，沙眼多則鮮光澤。一爐入手，先辨銅質易燒與否，即辨爐色與質合否。質嫩者佳。色不對質，見火色變。質净者佳。色不對質，久煉色死。蓋質色相附而顯，有一定之質，即有一定之色。如質紅不能强之使青，質青不能强之使黃。僞者掩質，死活易辨。《景物畧》所載，栗殼乃黑黃色，茄皮色即紅色中之變幻此二種。三分鉛，青色，曰棠梨。五分鉛，黄中間紅，曰褐色。微黄而浄，爲藏經紙色。其有浄極光如水者，則今所謂水白是也。二者鉛在三四分之間。以上諸色，須煉銅極精，斯出色光潤。但鑄工法以黑鉛引路，方能滿注（摸）［模］印。而鉛氣多雜重，用致銅色昏暗。故爐之美惡，鑄時已定。而火煉功夫，則其後起者也。（雉）［如］皋冒巢民《宣爐歌註》云，如好女子肌膚，柔膩可掐。形容頗似此，皆色與質對。愈煉而色愈内融，質愈外現，故不致勞而無效。宣爐，相傳宣廟時内佛殿災，金銀銅像流液，因用鑄器。又云，寶藏焚，金銀珠寶與銅俱結，命鑄爐。夫五金相融，理或有之。至珠玉異種，見火則爲灰燼，豈能入銅液而與之渾化。此固不可執以論爐也。又考宣廟鑄爐，問工以何法煉銅始精，工對以六火則現珠光寶色。上命煉十二火，條之，復用赤炭鎔條於鋼鐵篩格上，取其極清先滴下者爲爐。存格上者，制他器。此宣德年製所以得名。然百無一存，存者亦多損缺。後人僞造，如蔡家蘇鑄，甘家南鑄，施家北鑄，極意彷宣，惡劣固所不免，間有質高火到而欵色俱佳者，亦自令人驚心動魄。吾鄉頗尚此事，而雅俗各别。少見者多怪，鶩名者濫收。非爲清賞，只恐取累。不能辨銅，安從識爐無惑乎。日言爐，而美惡倒置也。

**又**

論新舊　新鑄之爐，皆僞識宣欵，而舊爐亦不盡宣製。僞宣亦間有古雅可取者。此執宣論宣，固不足以定爐之高下也。蓋爐有真舊，有僞舊，有先天之舊，有後天之舊。有舊而不足供玩者，有舊足供玩，而俗手磨治熏染，無異新爐者。不可以不辨。新爐率趨簡易，㞐足口底多不匀稱，輪轉凸凹處欠圓渾。僞舊者，用藥燒斑，假爲舊跡。或有意敲作損痕，再加磨擦，然後上火烘炙，驟視亦烱烱可觀，然色非沉浄，汁水淺薄，何如久煉之物，其光淵然内藏，如清泉渟泓，望之沉沉莫測，其際間有斑痕，亦白然渾雅可愛。此真僞之别也。而先天後天，則又人之爲之也。舊爐自成器後，火煉得法，收藏得法，或傳之一家，世知寶愛，或轉售識者，益以火功，則愈年久，愈完美。此先天不敝，最上乘器也。夫夏鼎，商彝，秦璜，漢璧，晋帖，宋窑，及古琴硯異物，自昔珍重，而兵荒水火銷亡殆盡。區區一爐，詎能永寶無患。則垢翳者使復浄，暈晦者使復瑩，微瑕纖點，黑結紅斑，一經能手，精采焕發。雖屬後天補救，仍不失爲舊物。正不得藐視之也。然而舊爐之中，亦美惡互見。如欵合而質病，色佳而欵劣，與欵色俱佳而殘缺太甚，均不堪把玩。今人得一舊爐，不問好醜，即自謂真賞，何異古舊黑裂，筆跡莫辨，猶懸秘閣。古玉毀鑠，與石無殊，猶誇珮飾。娱目賞心之謂何？否則磨洗一空，用藥重燒，詎思復舊，尤戛戛其難矣。大抵爐質取舊，色亦忌新。舊爐佳者，不必定目爲宣鑄。如果欵色兼美，裏有結緑，或瑩浄，或斑駁，皆屬妙品，見火自有殊光。拘拘執一節以言爐，未免貽譏膠柱。且鑄造非經目睹，訛傳一任人言，彼又安知真者非僞，舊者非新？夫亦於美惡之間，辨之而已矣。

論大小　書齋清玩，與廟堂之器不同。廟堂壯觀瞻，故尚大器。如寶鼎鐘彝之類是也。書齋焚香，以口徑三寸乳爐，石榴足，戟耳，各種小彝爐爲合式。一則案頭附他器擺列，易於取攜。一則放火簡便，摩弄不至費力。余目中所見舊爐，專愛小者，亦非偏也。小爐煉銅，視大爐較精，且火力易透，故間有佳者。大爐則百無一佳，以銅質既劣，而火候難以驟效也。今以口徑三寸爲度，極小則二寸，亦不失爲清賞。如位置所宜，欲得一二稍大者，則口徑四寸足矣。至大不過六寸，亦須厚薄得中，様式古雅，方不等呆物可憎。近有新鑄大爐，其質夾沙，其色若醬，重二十餘斤，或十餘斤者，華堂塞白，炫耀俗目，豈容混入我輩清供。

火候　五行無尅不生。爐以火煉，火尅金也。火候到，則金水相生，而銅之精華畢露，此自然之理也。蓋製新爐與煉舊爐不同。新爐出冶，磨治滑熟，即上色藥，火功一氣而成。銅質佳者，不數日間，金光燦爛矣。然火色外炫，不足清賞。舊爐易代易人，年久傷殘，俗手垢翳，一遇識者，因其色之淺深純雜，放火得宜，漸燒漸透，漸透漸退，漸退漸瑩，其色沉而浄，無烈烈之光，非比新鑄之色，可一覽而辨也。故論爐莫重於火，而火不宜缺，亦不宜驟。夫一暴十寒，鮮克有功。火之鑠金，其理從天，其事在人。置良金於櫝中，經歲不啓，色不加新，知天不可恃也。故缺火者，無功者也。而太驟則功費，而亦終歸於無功。爐有厚薄大小，而火則乘之。欲速者，譬如以大爐之火，施之小爐。以十日之火，併之一日。意屬煉爐，而勢等鎔銅，鮮有不質枯而色閉者，抑知火有候焉。候之爲言時也，又言待也。舊爐已成功者，可附書畫玉石磁器諸玩好，列之几案，微火令常温，足矣。其有質地甚美，或因久不着火，陰霾外蝕，或流傳人手，顔色剥落，而終不失爲佳物者，亦須清水洗浄，活火緩緩煨煉漸透，銅質遲則三五年，近亦期歲，然後可以撥雲見日。若遽加大火相逼，死色亦見。舊物遭劫，豈不惜哉。是故時者，萬物之所以成，即人情之所由。静煉爐，猶養爐也。如修煉家微火養丹砂，着不得一毫性急。讀書亦然。窮年呫嗶，功候到，則豁然貫通。時，固不可以不待也。誠使爐火酌乎大小之分，至火氣融注時，即斷數日火，亦無傷損。有意無意，久久不輟，自見好處。總之，爐以焚香，清閒事也。煉爐一法，已屬好事者爲之，然果煉之得法，取效自然，間一摩弄，則雖好事，猶不失清閒本色。若美惡兼收，用火不如分，色藥不離手，案頭蕪穢，碌碌終朝，是亦爐之奴而已矣，何足以語清閒耶？火候二字，爐中之造化也。不審乎此，妄言色質相融，亦罔然也。余約斷之曰，爐色以淡爲最，爐火以漸爲佳。煉爐家以安静爲要。

**又** 各爐形制分論

乳爐　乳爐以三足下垂如乳狀，故名。時鑄甚夥，佳者絶少。宣鑄有百乳彝，週腹列乳，凸凹圓渾，撥蠟精細，惜不多見。今之乳足，大者多劣，惟以口徑三寸及寸半爲度。兩耳忌大，口忌薄，足忌高削，色白爲上。

戟耳　戟耳欵式不一。有口厚如反唇者，有高身腹過大者，有敞口者，有直身者，均不入選。近鑄方耳，酷肖方天戟，尤屬惡劣。式以圓口、石榴足爲上。

蜒蚰耳附鰍耳　耳象蜒蚰，故名。一名鰍耳，其式微有不同，實一種也。蘇鑄甚多，絶少古雅。以兩耳上合下垂者，不失彝爐舊意。

橘囊　橘囊冲耳，三足與乳足爐無異。但週腹如橘實去皮，瓣痕微凹，故名橘囊。此種存留絶少，偶見一二，皆係舊製，小者更妙。

索耳　行世甚夥，舊者亦不少。兩耳如索，其腹深淺不一，足長短不一，索鬆緊不一。式取上下相稱，輪角圓渾。小者口徑二寸三寸可玩，不亞乳爐。余見有口底結黑，腹白一道如練者。又見有耳微高，三足垂，尖儼如桃樣紫色沉净者。皆絶品也。《景物畧》以分襠索耳列之下品，倘亦有别解耶。

素天雞　天雞，即火雞也。能吞火，會意象形，故以鑄爐。敞口錦邊俱多，須得光素圓正，通身無花紋，口徑三寸以内，石榴足者爲上品。

魚耳　兩耳畧似魚形，敞口，石榴足。肆中多有。亦有頭尾鱗痕刻肖者。百無一佳，且耳多釘合，不可不辨。

鉢盂附寶珠　鉢盂爐，舊無此式。然静室几杖之旁置此，頗擬逃禪之意。以小而沉重，色斑駁者爲貴。若白色晶瑩，望若明珠，尤令人奪魄。俗以上下圓稱者，名爲寶珠。

壓經附琴爐　名不可考，式扁淺，兩耳有圈，三足列棋子狀。俗指爲焚香可置佛經上，故稱壓經，未知何據。間有素身無頸，凹足較高者，俗名琴爐。二種舊者，俱不多得。

獅頭　獅頭多係舊爐，而世人不取。或口過厚，而底邊不稱。或口磬腹膀，或兩耳形似刻畫不雅，或過扁過薄，未嘗見有佳者。故不之取也。不知銅質惟獅爐最高，如得欵色俱佳，質樸光滑，較之他欵，轉覺古趣可愛。式以腹邊交遞處聯渾不見凹痕爲上，或石榴足亦好。景泰成化所鑄獅彝，後人僞易宣欵，鑿嵌以增價。余見賈人持有嵌欵一爐，乃係紅銅未經對鉛者，全無水色。此舊爐中之不足觀者也。除此一種，其餘銅質美且舊者，亦須留心審視。若徒執一例萬，輕棄古物，未免偏固。

素圓鼎　鼎製不一。鼎尚青緑，由來久矣。方者如商召父鼎，周花足鼎，文王鼎，或飛龍脚，或獸吞，皆有花紋。圓鼎花紋如商父乙鼎，周大叔鼎，唐三螭鼎之類。其光素者，商魚鼎，周益鼎，素腹鼎，種種不可勝述。總以年久出土，青緑蟠結，褐色硃斑爲貴。無用火功爲也。今所謂鼎爐可放火練者，大率後人鑄爐彷古鼎式，惟以圓且素者，堪入上賞。或兩獸面爲耳，或三獸吞爲脚，皆不傷雅道。方者，花者，過大者，概不取焉。然目中竟未見佳者。

龍彝　龍彝有百拆，有百乳，有素腹，有雷文，有雙螭踞口。其色大都火炙成赤，大片硃砂斑，但質多夾沙。亦有純紅銅者，汁水不能瑩透。一二可觀，或出新鑄。

象鬲　象鬲多舊物，以上敞下束，類古鬲式，故名鬲爐。中備數須顔色極光怪者，方可入目。

桶爐附香奩　桶爐分上中下三節，兩天雞銜環爲耳，俗稱三元，或稱三思。又有純素，無耳，無節者，均鮮美欵。惟離口足一二分起節，下列雲脚三。此殆彷古香奩之製。但香奩有蓋，有提梁，爲稍異。如得此種，可儕上品。他若陽文九道，俗名九思者，遜此竹節，尤劣。

花邊天雞　鑄法極工，用充閨閣熏香之具。舊者紋路精緻，印地光滑，存其舊可也。

右十九種，蓋取爐製古雅者，臚厥優劣。此外欵式正多，有雖舊而式不雅道，及專務别致奇不入格者，概置不載。但人情厭故喜新，不經閲歷之久，好尚幾難自主。前所條列，非敢妄擬簿正之義，特以物非愜心，不獨見之不喜，亦且言之無味。故寧從闕畧，以待識者考定。

**佚名《宣爐小志跋》**　沈子與余往來最密，嘗見所取爐半皆塵垢蒙翳，偶遇舊欵，即微有損痕，必審視再三，然後釋手。詢其故，則曰，時欵雖美，弗尚。舊鑄雖多蕪雜，得一佳者，實可寶玩。今讀斯論，益信所言非虛。余齒長沈子三十餘歲，所蓄舊爐三四，如黑琴爐，覆祥雲，乳爐，天雞之類，頗自愜意，惜先後爲友人攫去。今老矣，欲借爐香，偕椀茗自娛，而如我意者，百不獲一。懷舊物以興思，覽斯文而致慨，沈子其許我爲知音乎。

## 綜述

**明·吕震《宣德彝器圖譜》卷一** 進呈黄册，計開：赤金八百兩，白銀三千六百兩，暹邏國生礦洋銅三萬九千六百斤，倭源白水鉛一萬七千斤，倭源黑水鉛八千斤，日本國紅銅一千斤，賀蘭國花洋錫八百斤，賀蘭國銅鐵一萬二千斤，天方國番磠砂三百六十斤，三佛齊國紫硑石三百斤，渤泥國紫礦三百斤，渤泥國臙脂石二百斤，琉球國安瀾砂二百斤，金絲礬二百斤，晉礬二百斤，鴨嘴膽礬二百四十斤，黄明礬一百二十斤，白明礬三百斤，寒水石二百斤，出山水銀一千八百斤，辰州府硃砂三十六斤，梅花片石青三十斤，石緑三十斤，銅緑三十斤，古墨二十斤，黄丹五十斤，文蛤五十斤，硼砂三十斤，方解石二十斤，自然銅一百二十斤，白蠟一百三十斤，黄蠟八百斤，瓜竭二十斤，無名異二十斤，赤石脂二十斤，雲南黑白棋子二萬箇，雲南料石一千五百斤，出山煤炭十萬八千斤，湖廣大櫟炭十萬八千斤，松木柴十二萬斤，蘆葦柴三萬斤，楊木桴炭六百斤，光砂一千二百斤，鑄冶爐十座，食竈四座，共該皇磚四萬口。石灰二十石，黄砂三十石，磨光寶砂二石，大毛桱竹三百莖，鐵梨木一十六根，大杉木一百二十根，大風箱二十具，大小陽城罐二萬箇，大小鐵烊銅罐一百二十箇。爐冶鼓鑄局提督本部主事二員，爐冶鼓鑄局大使二員，鼓鑄局匠人六十四人，鼓鑄局風箱夫二十四人，鼓鑄局火夫二十人，鼓鑄局水夫一十人，磨光匠十六人。

**又 卷二** 今將裁減物料清册具奏如左。

赤金，原册八百兩，今奉敕裁減一百六十兩，實該六百四十兩。此金作商嵌，泥金，流金，滲金鼎彝諸項用。

白銀，原册三千六百兩，今奉敕裁減七百二十兩，實該二千八百八十兩。此銀作商嵌，泥銀，流銀，滲銀鼎彝諸項用。

暹邏國生礦洋銅，原册三萬九千六百斤，今奉敕裁減七千九百二十斤，實該三萬一千六百八十斤。此銅作鑄鼎彝什物用。

倭源白水鉛，原册一萬七千斤，今奉敕裁減三千四百斤，實該一萬三千六百斤。此白鉛入烊銅用。

倭源黑水鉛原册八千斤，今奉敕裁減一千六百斤，實該六千四百斤。此黑鉛照造鉛磚，鋪鑄局地並雜用。

日本國紅銅，原册一千斤，今奉敕裁減二百斤，實該八百斤。此紅銅入烊銅用。

賀蘭國花洋錫，原册八百斤，今奉敕裁減一百六十斤，實該六百四十斤。此錫作烊銅用。

鋼鐵，原册一萬二千斤，今奉敕裁減二千四百斤，實該九千六百斤。此鋼鐵作烊銅鐵篩，及錘、砧、杵、銼、食鍋諸用。

天方國番磠砂，原册三百六十斤，今奉敕裁減七十二斤，實該二百八十八斤。此磠砂作鼎彝點硃砂斑色用。

三佛齊國紫硑石，原册三百斤，今奉敕裁減六十斤，實該二百四十斤。此硑石作鼎彝點染葡萄斑色用。

渤泥國紫礦，原册三百斤，今奉敕裁減六十斤，實該二百四十斤。此紫礦作鼎彝點染棗紅色用。

渤泥國臙脂石，原册二百斤，今奉敕裁減四十斤，實該一百六十斤。此臙脂石作鼎彝點染桑椹色用。

琉球國安瀾砂，原册二百斤，今奉敕裁減四十斤，實該一百六十斤。此安瀾砂磨鑄模坯光用。

金絲礬，原册二百斤，今奉敕裁減四十斤，實該一百六十斤。此金絲礬作鼎彝蠟茶色用。

晉礬，原册二百斤，今奉敕裁減四十斤，實該一百六十斤。此晉礬作鼎彝諸色脚地用。

鴨嘴膽礬，原册二百四十斤，今奉敕裁減四十八斤，實該一百九十二斤。此膽礬作鼎彝翡翠緑色脚地用。

黄明礬，原册一百二十斤，今奉敕裁減二十四斤，實該九十六斤。此黄明礬作鼎彝蠟茶色脚地用。

白明礬，原册三百斤，今奉敕裁減六十斤，實該二百四十斤。此白明礬作鼎彝諸色脚地用。

寒水石，原册二百斤，今奉敕裁減四十斤，實該一百六十斤。此寒水石作鼎彝諸色脚地用。

出山水銀，原册一千八百斤，今奉敕裁減三百六十斤，實該一千四百四十斤。此水銀作鼎彝流金、滲金、泥金、爍金用。

辰州府硃砂，原册三十六斤，今奉敕裁減六斤，實該三十斤。此硃砂作鼎彝點染硃砂斑色用。

梅花片石青，原册三十斤，今奉敕裁減六斤，實該二十四斤。此石青作鼎彝點染石青斑色用。

石緑，原册三十斤，今奉敕裁減六斤，實該二十四斤。此石緑作鼎彝點染石緑斑色用。

銅緑，原册三十斤，今奉敕裁減六斤，實該二十四斤。此銅緑作鼎彝點染銅緑脚地用。

古墨，原册二十斤，今奉敕裁減四斤，實該一十六斤。此古墨作鼎彝黑漆古斑色用。

黄丹，原册五十斤，今奉敕裁減十斤，實該四十斤。此黄丹作鼎彝鉛古色脚地用。

文蛤，原册五十斤，今奉敕裁減十斤，實該四十斤。此文蛤作鼎彝水銀古色用。

硼砂，原册三十斤，今奉敕裁減六斤，實該二十四斤。此硼砂作鼎彝水銀古色脚地用。

方解石，原册二十斤，今奉敕裁減四斤，實該一十六斤。此方解石作鼎彝諸色調水用。

自然銅，原册一百二十斤，今奉敕裁減二十四斤，實該九十六斤。此自然銅作鼎彝藏金紙色及發光諸色用。

白蠟，原册一百三十斤，今奉敕裁減二十六斤，實該一百零四斤。此白蠟作鼎彝發光並冷焊冷冲用。

黄蠟，原册八百斤，今奉敕裁減一百六十斤，實該六百四十斤。此黄蠟作鼎彝蠟模用。

瓜竭，原册二十斤，今奉敕裁減四斤，實該十六斤。此瓜竭作鼎彝棗紅色用。

無名異，原册二十斤，今奉敕裁減四斤，實該十六斤。此無名異作鼎彝土古色脚地用。

赤石脂，原册二十斤，今奉敕裁減四斤，實該十六斤。此赤石脂作鼎彝棗紅色脚地用。

雲南黑白棋子二萬箇，今奉敕裁減四千箇，實該一萬六千箇。此棋子作鼎彝磁泑色用。

雲南料石，原册一千五百斤，今奉敕裁減三百斤，實該一千二百斤。此料石作鼎彝磁泑色用。

出山煤炭，原册十萬八千斤，今奉敕裁減二萬一千六百斤，實該八萬六千四百斤。此煤炭作鑄鼎彝用。

湖廣大櫟炭，原册十萬八千斤，今奉敕裁減二萬一千六百斤，實該八萬六千四百斤。此櫟炭作鑄鼎彝用。

松木柴，原册十二萬斤，今奉敕裁減二萬四千斤，實該九萬六千斤。此松木柴作工匠飲食炊爨用。

蘆葦柴，原册三萬斤，今奉敕裁減六千斤，實該二萬四千斤。此蘆葦柴作工匠伙食炊爨用。

楊木桴炭，原册六百斤，此楊木桴炭作鼎彝磨光用，不須裁減。

光砂，原册一千二百斤，此光砂作鼎彝磨光用，不須裁減。

皇磚，原册四萬枚，今奉敕裁減八千枚，實該三萬二千枚。此皇磚造鑄爐、食竈等用。

石灰，原册二十石，此石灰作各項築造用，不須裁減。

黄砂，原册三十石，此黄砂作模坯及版築鋪地等用，不敷再量加。

磨光寶砂，原册二石，此寶砂作磨光鼎彝用，不須裁減。

大毛桱竹，原册三百莖，此竹作鼎彝蠟砂模坯箍釘等用，不須裁減。

鐵梨木，原册一十六根，此鐵梨木作裁尺平版等用，不須裁減。

大杉木，原册一百二十根，此杉木作工匠住屋梁柱等用，不須裁減。

大風箱，原册二十具，此風箱作鑄冶煽爐用，不須裁減。

大小陽城罐，原册二萬箇。鐵罐，原册一百二十箇。以上二項作烊銅用，不須裁減。

太倉老米一百二十石。此米與提督官員及工匠等食用。原册所無，今與部臣酌量填補入册。其餘如提舉官四員，及工匠水火風箱等夫，俱不可少，仍照原册。

**又　卷三**　今撥營繕司主事臣王益，賫摺本，恭詣内豐積庫，領赤金六百四十兩，白銀二千八百八十兩。

主事臣王益，又賫摺本，恭詣内節慎庫，領取暹邏國洋銅三萬一千六百八十斤，倭源白水鉛一萬三千六百斤，倭源黑水鉛六千四百斤，日本國紅銅八百斤，賀蘭國花洋錫六百四十斤，鋼鐵九千六百斤。

今撥都水司主事臣張貴誠，賫摺本，恭詣外豐積庫，領取天方國番硇砂二百八十八斤，三佛齊國紫硨石二百四十斤，渤泥國紫礦二百四十斤，渤泥國臙脂石一百六十斤，琉球國安瀾砂一百六十斤。

主事臣張貴誠，又賫摺本，恭詣外戊字顔料庫，領取辰州府硃砂三十斤，梅花片石青二十四斤，石緑二十四斤，銅緑二十四斤，古墨十六斤，黄丹四十斤，白蠟一百零四斤，黄蠟六百四十斤。

主事臣張貴誠，賫移會，赴太醫院，領取金絲礬一百六十斤，晉礬一百六十斤，鴨嘴膽礬一百九十二斤，黄明礬九十六斤，白明礬二百四十斤，寒水石一百六十斤，出山水銀一千四百四十斤，文蛤四十斤，硼砂二十四斤，方解石十六斤，自然銅九十六斤，瓜竭十六斤，無名異十六斤，赤石脂十六斤。

今撥鑄冶局大使臣張貴，賫移會，赴司禮監，領取雲南黑白棋子一萬六千箇，雲南料石一千二百斤。

鑄冶局大使臣張貴誠，又賫移會，赴司禮監惜薪司，領取出山煤炭八萬六千四百斤，湖廣大櫟炭八萬六千四百斤，松木柴九萬六千斤，蘆葦柴二萬四千斤。

今撥鑄冶司副使臣許百禄，賫移會，赴皇木廠，領取大毛栟竹三百莖，鐵梨木十六根，大杉木一百二十根。

鑄冶局副使臣許百禄，又賫移會，赴皇磚廠，領取皇磚三萬二千枚，石灰二十石，黄砂三十石，磨光砂二石，陽城罐二萬箇，烊銅鐵罐一百二十箇。

**又**　應鑄鼎彝圖譜清册，計開：

大金猊爐，乾清宫紫宸殿一座。

中金猊爐，乾清宫紫宸殿東西二暖閣各一座。

倣周夔龍雷雲鼎，乾清宫睿思殿一座，乾清宫睿思殿東西二暖閣各一座。

**又　卷四**　仿古周文王鼎，乾清宫瑤華殿一座，乾清宫瑤華殿東西兩暖閣各一座。

聖旨，加鑄三十座，内藏儲内豐積庫二十座，分賜東宫王府三座，周王府二座，秦王府二座，晉王府一座，漢王府一座，曲阜衍聖公府一座。

倣古周子父舉鼎，乾清宫隆安殿一座。

倣古周素蟠虬鼎，乾清宫隆安殿東香閣一座。

聖旨，加鑄二十座，藏貯内庫。

倣古周豐鼎，乾清宫隆安殿西香閣一座。

聖旨，加鑄三十座，藏貯内庫。

**又　卷五**　倣古周花足鼎，乾清宫玉清殿一座。

聖旨，加鑄四十座，藏貯内庫。

蚰龍耳彝爐并爐盤，玉清殿東西書房各一座。

聖旨，加鑄四百座，分覆祥雲，湧祥雲，藏金，蠋茶四色。將上等完好者二百座，藏貯内庫。餘存二百座，分賜各王府。

計開分賜各王府爐數：東宫王府四十座，覆祥，湧祥，藏金，蠋茶四色，各十座。周王府三十座，四色分配。晉王府同，秦王府同，魯王府同，岷王府同，衍聖公府十座。

臣謹按，蚰龍耳欵出定甆式，最大雅，而爐口微澆薄，名燈草艸邊。足近下稍飛出分許更佳。當爲諸爐之冠，云續奉聖旨，加鑄蚰龍耳彝爐爐盤四百座。

**又　卷六**　倣古周純素鼎，乾清宫貞一齋一座。

聖旨，加鑄三十座，藏貯内庫。

沖天耳三足大乳爐，乾清宫貞一齋東便殿二座，西便殿二座。

聖旨，加鑄三百座。

沖天耳三足中乳爐，乾清宫貞一齋東便殿二座，覆祥雲。西便殿二座。湧祥雲，本身棠梨本色。

聖旨，加鑄三百座。

沖天耳三足小乳爐，乾清宫貞一齋東便殿一座，西便殿一座。

聖旨，加鑄三百座。

聖旨，將大中小三號加鑄沖天耳乳爐上好完整者六百座，藏貯内庫。餘存三百座，分賜各王府。

計開分賜各王府沖天耳乳爐數目：東宫王府大中小三號沖天耳乳爐各四十座，周王府共二十座，秦王府共二十座，晉王府共二十座，蜀王府共二十座，寧王府共二十座，楚王府共二十座，魯王府共二十座，岷王府共二十座，靖江王府共二十座。

**又　卷七**　倣古周乙毛鼎，乾清宮敬一堂一座。

聖旨，加鑄四十座，藏貯内庫。

雙魚耳彝爐，乾清宮敬一堂東便殿二座，內分覆祥雲一座，藏金紙色一座。西便殿二座，內分湧祥雲一座，蠋茶色一座。

聖旨，加鑄四百座。將上等完好者一百座，藏貯内庫。餘存三百座，分賜各王府。

計開分賜各王府雙魚耳彝爐數目：東宮王府四十座，秦王府二十座，周王府二十座，晉王府二十座，肅王府二十座，寧王府二十座，楚王府二十座，魯王府二十座。峨王府二十座，益王府二十座，代王府二十座，潘王府二十座，岐王府二十座，靖江王府二十座，衍聖公府一十座。以上均四色分配。

奉聖旨，加鑄雙魚耳彝爐爐盤四百座，將上等完好者一百座，藏貯内庫。餘存三百座，分賜各王府。

奉聖旨，加鑄覆祥雲流金色雙魚耳彝爐四百座，藏金紙色一百座，蠋茶色湧祥雲一百座。

**又　卷八**　仿古壽山福海博山爐，乾清宮天漢樓一座，乾清宮天漢樓南榮北極二閣各一座。

聖旨，加鑄四十座，藏貯内庫。

仿古商象形鼎，乾清宮端拱堂一座。

聖旨，加鑄五十座，藏貯内庫。

仿古商父己鼎，乾清宮端拱堂東西二便殿各一座。

聖旨，加鑄四十座藏貯内庫。

仿古商己舉彝爐，乾清宮淵默堂一座。

聖旨，加鑄二百座，將一百座藏貯内庫，一百座分賜各王府。

計開分賜各王府己舉彝數目：東宮王府三十座，周王府一十座，晉王府一十座，秦王府一十座，楚王府一十座，魯王府一十座，代王府一十座，肅王府一十座。

仿古商戈父甲彝爐，乾清宮淵默堂東西二便殿各一座。

聖旨，加鑄四十座，藏貯内庫。

**又　卷九**　索綯耳三足分襠大鬲爐，乾清宮神御殿祖宗神主九間。二十四座，神御殿東西兩夾室從祀嬪妃位共二十四間。六十四座，乾清宮御容殿祖宗御容九間。二十四座，御容殿東西兩夾室從祀嬪妃影堂二十四間。六十四座。

郊壇昊天上帝位十二座，后土皇地祇位九座，朝日壇十座，夕月壇十二座，太學文廟大成殿十五座，武學武成殿十六座，先農壇，侍從神祇四十二位，九壇。功臣廟六十座。

索綯耳三足分襠中鬲爐，

郊壇昊天上帝位侍從神祇一百二十位，一百二十座。後土皇地祇位侍從神祇八十四位，八十四座。朝日壇侍從神祇一百位，一百座。夕月壇侍從神祇八十一位，八十一座。大學文廟大成殿兩廡配享先賢先儒二十四間。一百二十位，一百二十座。武學武成殿兩廡配享名將六十位，共十二間。六十座。

禮部分給山川壇共二十七壇一百二十位。一百二十座，社稷壇共十九壇，九十二位。九十二座。五嶽祠侍從神祇一百八位，一百零八座。四瀆祠侍從神祇六十二位，六十二座。太常寺分給祀典神祇廟共三十二所。一百三十六座。

兵部車駕司分給武庫土地甲仗土地神祠共八所。四十五座。

五軍都督府分給馬祖廟，

五軍都督府分給旗纛祠，三十六座。

女官署分給高禖祠侍從神祇三十位，三十座。先蠶祠侍從神祇四十二位，四十三座。織繡局浣衣局各土地神祠十六所。六十座。

順天府分給八蠟祠侍從神祇二十七位，二十八座。都城隍祠十三省城隍十三位，十四座。司禮監分給二十四司土地神祠二十四位。二十四座。

**又　卷一〇**　天雞錦邊大彝爐，坤寧宮懿德殿皇后御居。一座，坤寧宮懿德殿東西兩椒房各一座。

聖旨，加鑄六十座，藏貯内長秋庫。

減輕中號天雞錦邊彝爐，聖旨，加鑄二百座，將一百座藏貯内長秋庫，一百座分賜各妃嬪位。

妃嬪位爐數目：德妃張娘娘位下十二座，淑妃王娘娘位下十二座，賢妃周娘娘位下十二座，簡妃鄭娘娘位下十二座，東宮正妃錢娘娘位下十二座，貴嬪于娘娘位下十二座，魏娘娘位下十二座，張娘娘位下十二座，德安公主娘娘位下十二座。

六龍寶蓮宮奩爐，坤寧宮廣寒殿一座，坤寧宮廣寒殿東西兩香閣各一座。

聖旨，加鑄二百座，將一百座藏貯内長秋庫，一百座分賜各妃嬪位。

計開分賜各妃嬪位爐數目： 德妃張娘娘位下十座，淑妃王娘娘位下十座，賢妃周娘娘位下十座，簡妃鄭娘娘位下十座，東宫正妃錢娘娘位下十座，貴嬪于娘娘位下十座，魏娘娘位下十座，張娘娘位下十座，楊娘娘位下十座，德安公主娘娘位下十座。

**又 卷一一** 飛鳳耳蟠虬大彝爐，坤寧宫慈壽殿東西兩香閣各一座。皇太后御居。 聖旨，加鑄四十座，藏貯内長秋庫。

大角端金爐，坤寧宫九霄閣一座，坤寧宫九霄閣南榮北極二香閣各一座。

聖旨，加鑄四十座，藏貯内長秋庫。

唧香金鶴爐，坤寧宫寢殿一座。聖旨，加鑄二十座，藏貯内長秋庫。

定時香篆金几爐，坤寧宫寢殿一座。聖旨，加鑄二十座，藏貯内庫。

**又 卷一二** 司禮監一本，爲欽奉上諭事，臣張斌遵旨督造分賜文武各衙門鼎彝，俱已告成。臣與禮工二部堂上官參酌名目機宜，謹列應賜臣員，具册開列，上呈御覽，應否伏候聖裁。臣斌謹疏。

雲龍夔耳鼎，敕賜文淵閣大學士，三員三座。

聖旨，加鑄一百座藏貯内豐積庫。

侈口連珠螭耳鼎，敕賜户部尚書左右侍郎，各一座。

聖旨，加鑄一百座，藏貯内豐積庫。

蟠虬環耳鼎，敕賜吏部尚書左右侍郎，共三員三座。

聖旨，加鑄一百座，藏貯内豐積庫。

連虬卧蠶夔耳鼎，敕賜禮部尚書左右侍郎，各一座。

聖旨，加鑄一百座，藏貯内豐積庫。

獅首馬蹶彝爐，敕賜兵部尚書左右侍郎，各一座。

聖旨，加鑄一百座，藏貯内豐積庫。

**又 卷一三** 滲金戟耳彝爐，敕賜刑部尚書左右侍郎，共三員，各一座。

聖旨，加鑄一百座，藏貯内豐積庫。

減様戟耳彝爐，聖旨，加鑄一百座，藏貯内豐積庫。

象首大彝爐，敕賜工部尚書左右侍郎，共三員，各一座。

聖旨，加鑄六十座藏貯内豐積庫。

**又 卷一四** 豸首大彝爐。

敕賜都察院衙門都御史左右副都御史，共三員，三座。

聖旨，加鑄一百座，藏貯内豐積庫。

九元三極爐，敕賜宗人令一員，宗人正二員，共三員，三座。

聖旨，加鑄六十座，藏貯内豐積庫。

朝冠宫爐，敕賜詹事府正詹一員少詹一員，翰林院學士一員，侍讀學士一員，侍講學士二員，國子監祭酒一員，司業一員，以上共十員，爐十座。

聖旨，加鑄一百座，藏貯内豐積庫。

**又 卷一五** 臺几爐，敕賜九卿科道衙門共十所。 爐二十二座。内分賜爐各官列後。 通政司正卿一員，少卿一員。大理寺正卿一員，少卿一員。太常寺正卿一員，少卿一員。光禄寺正卿一員，少卿一員。太僕寺正卿一員，少卿一員。鴻臚寺正卿一員，少卿一員。尚寶司正卿一員，少卿一員。吏户禮兵刑工科掌印都給事中，共六員。

聖旨，加鑄一百座，藏貯内庫。

減様臺几爐，聖旨，加鑄一百座，藏貯内庫。

井鼎爐，敕賜順天應天二府尹，二員二座。

聖旨，加鑄一百座，藏貯内豐積庫。

**又 卷一六** 獅首大彝爐，敕賜五軍都督府大都督，五員，五座。 錦衣衛都指揮使，正副二員，二座。 中都留守司留守使，一員，一座。

聖旨，加鑄一百座，藏貯内豐積庫。

勛名蓋鼎並勛名鼎，敕賜功臣勛戚，自徐魏國公起，至宋襄城伯正，共六十六家。

聖旨，加鑄二百座，藏貯外豐積庫，以待有功給賜。

三元太極爐，敕賜司禮監太監一員，少監左右各一員，二十四司太監，二十四員，共二十七員，二十七座。

聖旨，加鑄一百座，藏貯外庫。

**又 卷一七** 宣德三年九月十三日，司禮監太監臣張斌奉聖旨，補鑄給賜釋道二教鼎爐事，謹將應鑄鼎爐圖様，給賜釋道數目，開列如左。計開： 大鉢盂爐三百座，中鉢盂爐二百座，大梵書爐三百座，中梵書爐二百座，高脚押經爐三百座，低脚押經爐三百座，雁翎法盞爐三百座，懸珠法盞爐二百座。

計開給賜釋道二教鼎爐數目： 大西天大寶法王座下，漢經廠宗泐禪師座下，番經廠巴喇法師座下，女官署習禪教净師，北京大報國寺，北京西山玉泉山，南京大報國寺，以上每處賜給大鉢盂爐二十座，中鉢盂爐二十座，大梵書爐二十座，中梵書爐二十座，高脚押經爐二十座，低脚押經爐二十座。

杭州府靈隱寺，大鉢盂爐二十座，中鉢盂爐二十座，大梵書爐二十座，中梵書爐二十座，高脚押經爐十座，低脚押經爐十座。

女官署習道教法師，南京神樂觀，江西廣信府龍虎山正一真人，湖南襄陽府均州武當山太和宮，江南應天府句容縣茅山乾符宮，江南揚州府紫極宮，江南蘇州府玄妙觀，江西南昌府鐵柱宮，江西九江府廬山九天採訪司廟，以上各處賜給高脚押經爐二十座，低脚押經爐二十座，雁翎法盞爐二十座，懸珠法盞爐二十座。

**又　卷一八**　計開補鑄各欵，開後：補鑄朝天耳三足大乳爐，補鑄蚰龍耳彝爐二百座，恭進内府。補鑄雙魚耳彝爐二百座，呈進内府。補鑄五供養四號朝天耳三足小乳爐二百座，進入内府。補鑄橋耳三足大乳爐一百座，藏貯外庫。補鑄連環丹鼎爐一百座，藏貯外庫。補鑄叠翠戈足鼎一百座，藏貯外庫。補鑄三夔叠翠彝爐一百座，藏貯外庫。

**又　卷一九**　補鑄象甗夔龍垂花鼎一百座，藏貯外庫。補鑄象簋鼎一百座，藏貯外庫。補鑄減樣戟耳彝爐一百座，藏貯外庫。補鑄五供養三螭小漢鼎一百座，藏貯内庫。補鑄鼓墩爐一百座，藏貯内庫。補鑄象簠夔龍雲雪方彝爐一百座，藏貯外庫。補鑄朝天耳深腹鼎一百座，藏貯外庫。補鑄蟠螭雲雷侈口鼎一百座，藏貯外庫。補鑄橘囊爐一百座，藏貯外庫。補鑄竹根爐一百座，藏貯外庫。

**又　卷二〇**　計開補鑄諸品名目如左：

太廟、郊壇諸器名品數目同。

大金猊爐九座，高三尺六寸，重一百二十斤。赤金流裹，白銀絲片商嵌。中金猊爐三十座，高二尺四寸，重六十四斤，金銀流裹，商嵌。小金猊爐一百二十座。高一尺二寸，重八斤，金銀流裹，商嵌。

九龍啣荷波斯檠跪大燭臺九座，高重同大金猊爐。又中燭臺三十六座，高重同中金猊爐。又小燭臺一百二十座。高重同小金猊爐。

大鳳環瓶九對，高三尺六寸，重六十斤，金銀絲片商嵌。中鳳環瓶三十六對，高二尺四寸，重十八斤，金銀絲片商嵌。小鳳環瓶一百二十對。高一尺二寸，重八斤，金銀絲片商嵌。

大螭環瓶二百對，妝飾同上。中螭環瓶一百對，同。小螭環瓶一百對。同。

大夔龍饕餮商尊九對，赤金流(裏)[裹]，白銀商嵌，珠寶妝飾。中夔龍饕餮商尊三十六對，同。小夔龍饕餮商尊一百二十對。同。

大雲雷圓簋三十座，赤金流(裏)[裹]，每座十六斤。中雲雷圓簋六十座，同。小雲雷圓簋二百座。同。

大雲雷虬龍方簋三十座，赤金流(裏)[裹]，重十六斤。中雲雷虬龍方簋六十座，同。小雲雷虬龍方簋二百座。同。

大連珠交虬高足豆三百座，赤金流(裏)[裹]，每座十六斤。中連珠交虬高足豆三百座，同。小連珠交虬高足豆三百座。同。

商金六龍大奠爵三十六對，又中奠爵三百對，又小奠爵三百對。

商金六龍大奠斝三十六對，又中奠斝三百對，又小奠斝三百對。

商金大號九龍衢花洗三十六面，又中號九龍衢花洗二百面，又小號九龍衢花洗二百面。

商金雲雷紋四足舟大冰鑑三百六十座，太廟、郊壇、内府二項。又中冰鑑二百座，内府用。又小冰鑑二百座。内府用。

天盤口三熊足大燎盆二百座，太廟、郊壇、内府三項。又中燎盆三百座，内府用。又小燎盆三百座。内府用。

篆帶大編鐘三百六十枚，太廟、郊壇用。又中編鐘四百九十枚，又小編鐘六百四十枚。

交螭連珠長柄鐸一百具，交螭連珠手鐸三百二十具，交螭連珠短柄鐸二百具。

大銅鼓三百面，中銅鼓三百面，小銅鼓三百面。

雲雷鯨魚大懸磬三十六座，又中懸磬二百四十座，又小懸磬二百六十座。

拍鈸大中小三號，每號各三百具。

大中小鳴金鑼共一千面。

大號子母雙獅拜毡鎮四十座，每座重一百二十斤，流金。中號子母雙獅拜毡鎮一百座，每座重六十斤，流金。小號子母雙獅拜毡鎮一百座。每座重二十四斤，流金。

小號獨獅簾墜一千二百件，内府用，流金。大中小三號伏獅地照六百座，内府用，流金。日表座鎮三具，太廟、郊壇、内府，每具重三百斤。鸞刀三十六具，血承盆三十六兩，班劍三十六口，流金，朱色犀皮鞘。門戟三十六對，流金，朱漆柄。黃鉞三十六對，流金，朱漆柄。金瓜三十六對，流金，朱漆柄。響節三十六對，流金，朱漆柄。警(蹕)[蹕]一對，流金，朱漆泥銀柄錦囊。鳴静鞭二十四對，流金。骨朵三十六對。流金，朱漆柄。

**又呂震《宣德鼎彝譜》卷一** 鑄冶須知黄册一本，鈐印進呈御覽。所應頒發各項物料須至册者，計開：

暹羅國洋銅三萬九千六百觔，赤金八百兩，白銀二千六百兩，倭源白水鉛一萬七千觔，倭源黑水鉛八千觔，日本國生紅銅一千觔，賀蘭國花洋斗錫八百觔，鋼鐵一萬二千觔，天方國番硇砂三百六十觔，三佛齊國紫硨石三百觔，渤泥國紫礦石三百觔，渤泥國臙脂石二百觔，琉球國安瀾砂二百觔，金絲礬二百觔，鴨嘴膽礬二百四十觔，晉礬二百四十觔，黄明礬一百二十觔，白明礬二百觔，寒水石二百觔，出山水銀一千八百觔，辰州府硃砂三十觔，梅花片石青三十觔，石緑三十觔，古墨二十觔，銅緑三十觔，黄丹五十觔，硼砂三十觔，方解石一百三十觔，白蠟一百三十觔，黄蠟八百觔，血竭二十觔，無名異二十觔，赤石脂二十觔，光砂一千觔，雲南黑白棋子二萬個，雲南料石一百二十觔，煤炭十萬八千觔，櫟木炭十萬八千觔，松木柴十二萬觔，蘆柴三萬觔，楊木焊炭六百觔，石灰四十石，皇磚四萬口，黄砂三石，玉田砂三石，大毛桱竹三百莖，鐵力木十六根，大杉木一百二十根，官瓦六萬觔，大小風箱二十具，人小陽城罐二萬個，大小洋銅鐵罐四百個，洋銅大鐵篩十具。勾管爐冶鼓鑄局官二員，提舉爐冶鼓鑄局官二員，鼓鑄局匠人六十四名，鼓鑄局風箱夫二十名，鼓鑄局水夫十名，鼓鑄局火夫十名。

**又 卷二** 今將裁減物料清册，具奏如左：

暹羅國風磨銅，原册三萬九千六百觔，今裁減七千九百二十觔，實該三萬一千六百八十觔。此銅作鑄造鼎彝諸器用。

赤金，原册八百兩，今裁減一百六十兩，實該六百四十兩。此金作商嵌泥金流金鼎彝用。

白銀，原册二千六百兩，今裁減五百二十兩，實該二千零八十兩。此銀作商嵌泥銀流銀等雜用。

倭源白水鉛，原册一萬七千觔，今裁減三千四百觔，實該一萬三千六百觔。此鉛作鉛磚鋪鑄冶鑄局地并雜用。

倭源黑水鉛，原册八千觔，今裁減一千六百觔，實該六千四百觔。此鉛作鉛磚鋪鑄冶鑄局地并雜用。

日本國生紅銅，原册一千觔，今裁減二百觔，實該八百觔。此銅作烊銅用。

賀蘭國花洋斗錫，原册八百觔，今裁減一百六十觔，實該六百四十觔。此錫作烊錫用。

鋼鐵，原册一萬二千觔，今裁減二千四百斤，實該九千六百觔。此鐵作煉銅大鐵篩十具，每具一百二十觔，共該一千二百觔。余存作食鍋、鐵罐、鉗、鐘、刀、碪等雜用。

天方國番硇砂，原册三百六十觔，今裁減七十二觔，實該二百八十八觔。此砂作鼎彝點染硃砂斑色用。

三佛齊國紫硨石，原册三百觔，今裁減六十觔，實該二百四十觔。此石作鼎彝點染紫葡萄斑色用。

渤泥國紫礦石，原册三百觔，今裁減六十觔，實該二百四十觔。此石作鼎彝點染棗斑色用。

渤泥國臙脂石，原册二百觔，今裁減四十觔，實該一百六十觔。此石作鼎彝點染桑椹班色用。

琉球國安瀾砂，原册二百觔，今裁減四十觔，實該一百六十觔。此砂作鼎彝點染磨光模坯用。

金絲礬，原册二百觔，今裁減四十觔，實該一百六十觔。此礬作鼎彝點染蠟茶色用。

鴨嘴膽礬，原册二百四十觔，今裁減四十八觔，實該一百九十二觔。此礬作鼎彝點染鸚羽絲脚地用。

晉礬，原册二百四十觔，今裁減四十八觔，實該一百九十二觔。此礬作鼎彝點染□□□□用。

黄明礬，原册一百二十觔，今裁減二十四觔，實該九十六觔，此礬作鼎彝點染蠟茶色脚地用。

白明礬，原册二百觔，今裁減四十觔，實該一百六十觔。此礬作鼎彝點染各色脚地用。

寒水石，原册二百觔，今裁減四十觔，實該一百六十觔。此石作鼎彝點染□□□□用。

出山水銀，原册一千八百觔，今裁減三百六十觔，實該一千四百四十觔。此水銀作鼎彝流金、商金、鑠金之用。

辰州府硃砂，原册三十觔，今裁減六觔，實該二十四觔。此硃砂作鼎彝硃砂斑色用。

梅花片石青，原册三十觔，今裁減六觔，實該二十四觔。此石青作鼎彝點染石青斑色用。

石緑，原册三十觔，今裁減六觔，實該二十四觔。此石緑作鼎彝點染石緑斑色用。

古墨，原册二十觔，今裁減四觔，實該一十六觔。此墨作鼎彝黑漆古、蟹殼青顔色用。

銅緑，原册三十觔，今裁減六觔，實該二十四觔。此銅緑作鼎彝點染緑色脚地用。

黄丹，原册五十觔，今裁減十觔，實該四十觔。此丹作鼎彝鉛古色脚地用。

硼砂，原册三十觔，今裁減六觔，實該二十四觔。此砂作鼎彝水銀古脚地用。

方解石，原册一百三十觔，今裁減二十六觔，實該一百零四觔。此石作鼎彝各色脚地用。

白蠟，原册一百三十觔，今裁減二十六觔，實該一百零四觔。此蠟作鼎彝發光顔色用。

黄蠟，原册八百觔，今裁減一百六十觔，實該六百四十觔。此蠟作鼎彝蠟模坯用。

血竭，原册二十觔，今裁減四觔，實該一十六觔。此血竭作鼎彝朱紅斑色用。

無名異，原册二十觔，今裁減四觔，實該十六觔。此無名異作鼎彝青磁色用。

赤石脂，原册二十觔，今裁減四觔，實該一十六觔。此石脂作鼎彝海棠紅脚地用。

光砂，原册一千觔，此砂磨光鼎彝用，不可減少。

雲南棋子，原册二萬箇，今裁減四千箇，實該一萬六千箇。此棋子作鼎彝磁泑色用。

雲南料石，原册一百二十觔，今裁減二十四觔，實該九十六觔。此石作鼎彝滋泑色用。

煤炭，原册十萬八千觔，今裁減二萬一千六百觔，實該八萬六千四百觔。此煤炭鑄冶烊銅用。

櫟木炭，原册十萬八千觔，今裁減二萬一千六百觔，實該八萬六千四百觔。此櫟炭作鼎彝鑄造烊銅用。

松木柴，原册十二萬觔，今裁減二萬四千觔，實該九萬六千觔。此松柴作匠工炊爨用。

蘆柴，原册三萬觔，此柴裁減不得，作匠工炊食用。

楊木烰炭，原册六百觔，此炭作鼎彝磨光用。原數不敷，再加六百觔。

石灰，原册四十石，此石灰作起造工匠屋舍、爐竈等用。不敷，再加十石。

皇磚，原册四萬口，今裁減八千口，實該三萬二千口。此磚作鑄爐食竈等用。

黄砂，原册三石，此砂和黄蠟等，作鼎彝模坯用，不敷，再加三石。

玉田砂，原册三石，此砂作磨光鼎彝用，不敷，再加三石。

大毛桱竹，原册三百莖，此竹作鼎彝模坯箍匝及雜用，不可少。

鐵力木，原册十六根，此木作戒尺、平板用，不可裁減。

大杉木，原册一百二十根，此木作工匠屋舍用，不敷，再加五十根。其外提舉官員及工匠入夫等，不須裁減。

官瓦，原册六萬片。今裁減一萬二千片，實該四萬八千片。此瓦作起造工匠屋舍用。

今此裁減清册，臣與工部臣等再四估計，毫無欺隱。謹將清册進呈御覽，乞賜俞允。臣等不勝惶恐之至。宣德三年四月日具疏。隨册恭進。

宣德三年五月初一日，奉聖旨，該部知道，照册頒發。欽此。

**又　卷三**　今撥營繕司主事臣王玉益，賫摺本恭詣内豐積庫，領取赤金六百四十兩，白銀二千零八十兩。

又賫摺本恭詣内節慎庫，領取風磨銅三萬一千六百八十斤，白水鉛一萬三千六百斤，黑水鉛六千四百斤，紅銅八百斤，洋錫六百四十斤，銅鐵九千六百斤。

今撥都水司主事臣米寶，賫摺本恭詣戊字内顔料庫，領取安瀾砂一百六十斤，硃砂二十四斤，石青二十四斤，石緑二十四斤，銅緑二十四斤，古墨十六斤，白蠟一百零四斤，黄蠟六百四十斤，黑白棋子一萬六千箇，料石九十六斤。

又撥都水司主事臣米寶，賫移會到太醫院，領取番硇砂二百八十八斤，金絲礬一百六十斤，紫硃石二百四十斤，紫礦石二百四十斤，晉礬一百九十二斤，臙脂石一百六十斤，黄明礬九十六斤，白明礬一百六十斤，水銀一千四百四十斤，方解石一百零四斤，血竭一十六斤，無名異一十六斤，赤石脂一十六斤。

今撥鑄冶局大使臣張護，賫移會到司禮監惜薪司，領取煤炭八萬六千四百斤，木炭八萬六千四百斤，松柴九萬六千斤，蘆柴三萬斤。

今撥鑄冶局大使臣許百禄，賫移會到皇木廠，領取鐵力木十六根，大杉木一百七十根，大毛茳竹三百莖。

又撥鑄冶局大使臣許百禄，賫移會到皇磚廠，領取石灰五十石，皇磚三萬二千口，官瓦四萬八千片，黄砂六石，玉田砂六石，陽城罐二萬箇，烊銅鐵罐一百六十箇。

本部營繕司特造大小風箱二十具。

以上各項物料已經撥官領取。爲此上達天聽，臣等不勝榮遇之至。

宣德三年六月十五日，奉聖旨：知道了。

**又** 禮工二部奏進鼎彝名目册，【略】各欵鼎彝名目須至册者謹開：

郊壇圜丘昊天上帝神位前，供奉乾宫卦象圓鼎一座。

太祖高皇帝配享神位前，供奉乾宫卦象圓鼎一座。俱赤金純裹，白銀商嵌。

地祇方澤后土皇地祇神位前，供奉坤宫卦象方鼎一座。高皇后配享神位前，供奉坤宫卦象方鼎一座。俱赤金純裹，白銀商嵌。

圜丘從祀大明之神即朝日壇。神位前，供奉三足金烏象形鼎一座。赤金純裹，白銀商嵌。

夜明之神即夕月壇。神位前，供奉玉兔朝元象形鼎一座。白銀純裹，赤金商嵌。

風伯之神神位前，供奉巽宫卦象圓鼎一座。赤金商嵌。

雲師之神神位前，供奉艮宫卦象圓鼎一座。赤金商嵌。

雷公之神神位前，供奉震宫卦象圓鼎一座。赤金商嵌。

雨師之神神位前，供奉坎宫卦象圓鼎一座。赤金商嵌。

周天列宿之神神位前，供奉紫微垣星象圓鼎一座。赤金、白銀商嵌。

方澤從祀五嶽之神神位前，供奉五嶽真形方鼎五座。金銀絲片商嵌。

四海之神神位前，供奉四海真形方鼎四座。赤金、白銀商嵌。

太社之神神位前，供奉太社址基圖方鼎一座。赤金、白銀商嵌。

太稷之神神位前，供奉太稷址基圖方鼎一座。赤金、白銀商嵌。

五嶽從祀五鎮之神神位前，供奉夔龍雲雷方鼎五座。白銀商嵌。

四海從祀四瀆之神神位前，供奉萬水朝宗方鼎四座。白銀商嵌

中祀諸壇先農之神神位前，供奉一元大武鼎一座。純金流裹，井田座白銀商嵌。

先蠶之神神位前，供奉鳳首卧蠶彝一座。赤金商嵌。

馬祖之神神位前，供奉獅首馬蹄爐一座。赤金流裹雙耳。

太歲，月將之神，共十六位，供奉三足索耳中鬲爐十六座。本色。

山川社稷都城隍社，今供二十四位，賜三足索耳鬲爐二十四座。本色。

太學土地等神十二位，賜三足索耳中鬲爐十二座。本色。

司禮監二十四司土地之神，賜三足索耳鬲爐二十四座。本色。

太常司奉勅撥賜兩京祀典神祇二百十二位三足索耳中鬲爐二百十二座。本色。

禮部祠祭司奉勅分賜名山各鎮神祇二百一十六位三足索耳中鬲爐二百十六座。本色。

五軍督府旂纛廟并甲仗庫内豐積庫等土地之神三十二位，勅賜三足索耳中鬲爐三十二座。本色。

女官署十三局先蠶祠并桑園等土地之神共二十七位，賜三足索耳中鬲爐二十七座。本色。

八蜡祠諸神共二十二位，賜三足索耳中鬲爐二十二座。本色。

歷代帝王廟：三皇五帝位前，供奉六合黼黻方彝八座。從祀漢高祖，漢光武，隋文帝，唐太宗，宋太祖，元世祖，供奉六合黼黻方彝六座。俱倣古青緑色，商嵌。

帝王廟從祀功臣：東廡第一壇風后，皋陶，伯益，傅説，召公奭，召穆公虎，張良，曹參，第二壇周勃，馮異，房元齡，李靖，李晟，潘義，岳飛，木華黎，共十六位。西廡第一壇力牧，夔，伯夷，伊尹，周公旦，太公望，方叔，蕭何，陳平，第二壇鄧禹，諸葛亮，杜如晦，郭子儀，曹彬，韓世忠，張俊，共一十六位。勅賜夔龍戈足鬲三十二座。本色。

太學大成殿：先師聖位前，供奉麒麟立鼎一座。赤金純裹，白銀商嵌。

四配：四聖位前，供奉三足大鬲爐四座。本色。

十哲：十賢位前，供奉三足大鬲爐十座。本色。

東廡從祀： 先賢三十三位，先儒一十四位，供奉三足大鬲爐四十七座。本色。

西廡從祀： 先賢二十九位，先儒一十五位，供奉三足大鬲爐四十四座。本色。

啓聖祠： 聖位前，供奉三足大鬲爐一座。本色。

武學： 武成王位前，錫夔龍戈足雷文鬲一座。本色。

從祀歷代名將： 廉頗，李牧，王翦，吳起，孫武子，韓信等，共四十四位，賜母乙鬲四十四座。本色。

又 卷四 太廟奉先殿： 高祖考德祖元皇帝、高祖妣元皇后，曾祖考懿祖恒皇帝、曾祖妣恒皇后，祖考熙祖裕皇帝、祖妣裕皇后，皇考仁祖淳皇帝、皇妣淳皇后，聖文神武欽明啓運峻德成功統天大孝高皇帝廟號太祖、孝慈昭憲至仁文德承天順聖馬氏高皇后，永樂二十二年上文廟尊謚體天弘道高明廣運聖武神文純仁至孝文皇帝廟號太宗、皇后徐氏仁孝慈懿誠明莊獻配天齊聖文皇后，洪熙元年上仁廟尊謚敬天體道純誠至德宏文欽武章聖達孝昭皇帝廟號仁宗、皇后張氏誠孝恭肅明德和仁順天啓聖昭皇后，以上奉先殿七廟帝后，共十四位，供奉子子孫孫萬年無疆方鼎一十四座。赤金純裏，白銀商嵌。

功臣廟： 中山武寧王徐達，開平忠武王常遇春，岐陽武靖王李文忠，寧河武順王鄧愈，東甌襄武王湯和，黔寧昭靖王沐英，以上六位正座供奉勛名鼎六座。赤金商嵌。

功臣從祀兩廡東序西向： 都指揮使馮國用，都督僉事耿再臣，都督僉事丁德興，都督同知張德勝，靖海侯吳禎，平章康茂才，副使茅成，

西序東向： 參政胡大海，都督同知趙德勝，廣德侯華高，都督同知俞通海，江陰侯吳良，宣寧侯曹良臣，安陸侯吳復，副使孫興祖，共一十五位，供奉勛名鼎一十五座。赤金商嵌。

內府五祀司户之神，每歲孟春祭。 供奉戟耳爐三座。

司竈之神，每歲孟夏祭。 供奉饕餮鬲二座。

中霤之神，每歲季夏祭。 供奉三元爐一座。

司門之神，每歲孟秋祭。 供奉九箍爐五座。

司井之神，每歲孟冬祭。 供奉井口鼎二座。俱本色。

旂纛廟： 旂頭大將軍位一，六纛大將軍位七，五方旂神主宰位五，征戰船神位五，金鼓角砲銃神位四，弓弩飛鎗飛石神位四，陣前陣後五猖等衆神祇位十七，共四十四位，供奉大鼓墩爐四十四座。本色。

聖濟殿： 三皇聖帝位前，供奉大朝冠鼎三座。本色。

從祀先醫： 東廡僦貸季，天師歧伯，伯高鬼臾區，俞跗，少俞，少師，桐君，太乙雷公，馬師皇，伊尹，張機，神應王扁鵲，倉公淳于意，

西廡華陀，王叔和，皇府謐，葛洪，巢元方，孫思邈，藥王韋慈藏，啓元子王冰，錢乙，朱肱，李杲，劉元素，張元素，朱彦修，共二十八位，賜環耳丹爐二十八座。本色。

內府： 紫宸殿御几陳設大金猊鼎，赤金流裹，白銀商嵌。 紫宸殿東煖閣御几陳設蟠夔垂花鼎，青綠商嵌。 紫宸殿西煖閣御几陳設蟠虬環耳鼎，青綠商金。 睿思殿御几陳設倣古文王鼎，青綠商金。 睿思殿東煖閣御几陳設太平有象彝，青綠商金。 睿思殿西煖閣御几陳設四方平定黼黻彝。青綠商金。

乾清宫： 瑶華殿御几陳設子父鼎，青綠商金。 瑶華殿東煖閣御几陳設王伯鼎，青綠商金。 瑶華殿西煖閣御几陳設象形鼎，青綠商金。 文華殿御几陳設夔龍蟬文鼎，本色商金。 文華殿東便殿御几陳設夔龍蟬文鼎，本色商金。 文華殿西便殿御几陳設夔龍蟬文鼎，本色商金。 凝神殿御几陳設夔龍鼎，本色。 凝神殿東便殿御几陳設夔龍鼎，本色。 凝神殿西便殿御几陳設夔龍鼎，本色。 隆安殿皇上寢殿御几陳設萬壽鼎，青綠商金。 隆安東便殿御几陳設蟠螭垂花鼎，青綠商金。 隆安西便殿御几陳設鬬角雷文鼎，青綠商金。 隆安東香閣御几陳設蟠虬鼎，青綠商金。 隆安西香閣御几陳設乙毛鼎，青綠色。 玉宸殿御几陳設螭龍鼎，青綠色。 玉宸東便殿御几陳設素腹鼎，青綠色。 玉宸西便殿御几陳設素腹鼎，青綠色。 景福殿皇上寢殿御几陳設蟠夔雷文鼎，本色。 景福東便殿御几陳設雷夔鼎，本色。 景福西便殿御几陳設蟠雷敦，本色。 景福東香閣御几陳設八節平安鼎，本色。 景福西香閣御几陳設如意彝，本色。 貞一齋皇上書堂御几陳設沖天耳三足大乳爐，本色，覆祥雲。 貞一齋御几陳設沖天耳三足中乳爐，本色，金帶圍。 貞一齋東書房御几陳設沖天耳三足大乳爐，本色，金帶圍。 貞一齋西書房御几陳設沖天耳三足大乳爐，本色，湧祥雲。 貞一齋東書房御几陳設沖天耳三足中乳爐，本色，覆祥雲。 貞一齋西書房御几陳設沖天耳三足中乳爐，本色，湧祥雲。 貞一齋東香閣御几陳設沖天耳三足中乳爐，本色。 貞一齋西香閣御几陳設沖天耳三足小乳爐，本色，覆祥雲。 端拱堂皇上燕居密室。 御几陳設雙魚耳彝，本色。

端拱堂東便室御几陳設雙魚耳彝，覆祥雲。端拱堂西便室御几陳設雙魚耳彝，金帶圍。端拱堂東煖閣御几陳設雙魚斗彝，上下祥雲。端拱堂西煖閣御几陳設雙魚耳彝，上下祥雲。淵默堂御几陳設蚰龍耳大彝爐，本色。淵默堂東書房御几陳設蚰龍耳大彝爐，本色，覆祥雲。淵默堂西書房御几陳設蚰龍耳大彝爐，本色，湧祥雲。

坤寧宮：皇后宮。懿德殿御几陳設錦邊天雞彝，本色。懿德殿東椒房御几陳設山雷螭首彝，本色。懿德殿西椒房御几陳設夔耳素腹彝，本色，商金。天漢樓皇上寢宮。御几陳設太平萬歲博山爐，青綠商金。天漢樓南榮閣御几陳設定時香案，本色商金。天漢樓北極閣御几陳設銜香金鶴，純金流裏。螽斯殿御几陳設辟(邢)[邪]鼎，青綠商金。螽斯殿東椒閣御几陳設疏蓋鳳足彝，青綠商金。螽斯殿西椒閣御几陳設百摺夔龍方鼎。青綠色。

**又　卷五**　勑賜兩京各衙門鼎彝名目：【略】

文淵閣大學士，三員。勑賜三元神獸鳳奩彝。青綠商金。

吏部衙門，尚書一員，侍郎二員。勑賜蟠虬彝。本色，商金。

户部衙門，尚書一員，侍郎二員。勑賜蟠夔侈口彝。本色，商金。

禮部衙門，尚書一員，侍郎二員。勑賜夔耳連虬彝。本色，商金。

兵部衙門，尚書一員，侍郎二員。勑賜獅首大彝爐。本色，商金。

刑部衙門，尚書一員，侍郎二員。勑賜環耳蟠虬鼎。本色，商金。

工部衙門，尚書一員，侍郎二員。勑賜象耳大彝爐。本色，商金。

宗人府衙門，宗令一員。勑賜金枝玉葉鼎。本色，商金。

詹事府衙門，正詹一員，少詹一員。勑賜臺几爐。本色，商金。

翰林院衙門，學士一員。勑賜鳳沁鼎。本色，商金。

都察院衙門，都御史一員，副都二員。勑賜豸首大彝爐。本色，商金。

國子監衙門，祭酒一員。勑賜橋耳爐。本色。

京府尹衙門，順天府一員，應天府一員。勑賜和羹鼎。本色。

通政司衙門，正卿一員，少卿一員。勑賜嘉石陳書鼎，本色。

太常寺衙門，正卿一員，少卿一員。勑賜八音天樂鼎。本色。

光禄寺衙門，正卿一員，少卿一員。勑賜天廚鼎。本色。

大理寺衙門，正卿一員，少卿一員。勑賜神羊鼎。本色。

鴻臚寺衙門，正卿一員，少卿一員。勑賜白澤鼎。本色。

太僕寺衙門，正卿一員，少卿一員。勑賜天馬鼎，本色。

尚寶司衙門，正卿一員。勑賜圖書鼎。本色。

太醫院衙門，正使一員。勑賜神獸鼎。本色。

六科衙門，都給事六員。勑賜法器鼎。本色。

欽天監衙門，監正一員。勑賜明時鼎。本色。

司禮監衙門，大監一員，少監一員。勑賜既濟鼎。本色。

奉旨補鑄内府雜用鼎彝名目：内府齋宮雯敦，本色。内府御書房三螭硯頭小鼎，青綠商金。内府水殿金蓮博山鼎，純金流裏。内府相宴橘囊爐，本色。内府御則深腹鼎。本色。

勑賜天下名山勝境釋道二教鼎彝名目：大號梵書爐，本色，商金。大號梵書爐，本色，商銀。中號梵書爐，本色，商金。中號梵書爐，本色，商(金)[銀]。大鉢盂爐，本色，滲金二種。高脚押金爐，本色。低脚押金爐，本色。雁翎法盞爐，本色。連珠法盞爐。本色。

**又　卷六**

郊壇圜丘

昊天上帝太祖高皇帝配享供奉乾宮卦象鼎二座。

倣宋祥符禮器圖式，鼎高二尺四寸，耳高一寸八分，腹深八寸六分，足高一尺四寸四分，兩耳、三足、體圓，重十六斤八兩。十二煉洋銅鑄成，周身赤金純裏，鼎腹細鈒乾宮卦象，及雷雲之文。下有陽識大明宣德年製六字，真書匾印。二鼎欵製一同。臣等謹案《大明會典》，曰，洪武初元建郊壇於南京鍾山之陽，冬至日致祭，以仁祖配享昊天，上帝南向，仁祖西向。永樂十八年北京郊壇成，於正月上辛日致祭，以高皇帝配享，而罷仁祖。上帝位前、高皇帝位前，俱有洪武十年所鑄金鼎現供在案。今鑄此鼎，以昭誠敬於二帝筵前。恭設沉香雕几二張，特安此鼎。純焚沉腦，以敬天神。夫乾者，天也。郊社之器，宜於典則。臣等酌議，以祥符禮器乾宮鼎允宜郊壇之用。況鼎體圓規以象圜天之形，宋儒議禮酌古證今，可謂合於禮經之制矣。凡圜丘從祀諸神，供鼎圓者俱所以則天也。

大明之神供奉三足金烏鼎。

倣唐朝天寶年局鑄，鼎高一尺九寸七分，長二尺一寸三分，座高五寸一分，重十八斤六兩。十二煉洋銅鑄成。周身赤金純裏，細鈒毛羽、翅、足，妙具翔集生動之致。臣等謹案《大明會典》，曰，洪武初年，以大明之神從祀圜丘。永樂十八年北京朝日壇成建於東朝陽門外，春分日致祭。神位前原有洪武間金鑄日字圓鼎，今鑄此鼎，以設沉香雕几安置，純焚沉腦，以昭誠敬。其鼎象形之義，唐之議禮諸臣蓋取《離騷經·天問》曰，羿焉彃日？烏焉解羽？日中有烏，或本於此。今以象鼎報功，各合其宜矣。

夜明之神供奉玉兔朝元鼎。

倣唐朝天寶年局鑄，鼎高一尺四寸，長一尺八寸六分，座高五寸三分，重十四斤九兩。十二煉洋銅鑄成。周身白銀純裹，細鈒頭、尾、耳、足，深得俯伏顧戀之態。臣等謹案《大明會典》曰，洪武初年，以夜明之神從祀圜丘。永樂十八年北京夕月壇成建於西阜城門外，秋分日致祭。神位前現供洪武年銀鑄月字圓鼎。今鑄此鼎，設紫檀雕几安置，純焚沉腦，以昭誠敬。其象鼎之義，蓋緣唐儒採取《離騷經·天問》曰，夜光何德，死而復育？厥利惟何，顧兔在腹？月中有兔，蓋本於此。今以之鑄鼎報功，合其宜矣。

風伯之神供奉巽宫卦象鼎。

倣《周易》後天八卦圖，鼎高一尺七寸五分，耳高一寸六分，腹深八寸，足高八寸，腹徑圍二尺二寸，兩耳、三足、體圓，重十五斤九兩。十煉洋銅鑄成。周身蠟茶色，赤金商嵌巽宫卦象，間以風文。臣等謹案《大明會典》，曰，洪武初年建圜丘於鍾山之陽，於冬至日有事南郊，以大明夜明及風雲雷雨周天星宿從祀。原有洪武鑄鼎，現供神前。今鑄此鼎，另几焚香，以昭誠敬。臣等謹按《易傳》曰，巽爲風。其位東南，性好飄揚，司於發育萬物。風伯之職與巽相符。今取卦象以儷鼎焉。

雲師之神供奉艮宫卦象鼎。

倣《周易》後天八卦圖，鼎高一尺九寸，耳高一寸七分，腹深八寸一分，足高九寸一分，腹徑圍二尺五寸，兩耳、三足、體圓，重十七斤三兩。十煉洋銅鑄成。周身蠟茶色，赤金商嵌艮宫卦象。臣等謹案《大明會典》，曰，洪武初年建圜丘於鍾山之陽，冬至日郊祭，以諸神從祀。原有洪武間所鑄雲字圓鼎，現供神几。今特鑄鼎，另几焚香，以昭誠敬。臣等謹案《易傳》曰，艮爲山。連山出雲，下崇朝而雨。雲師之職與艮合德，以之飾鼎，頗合其宜。

雷公之神供奉震宫卦象鼎。

倣《周易》後天八卦圖，鼎高一尺八寸七分，耳高一寸七分，腹深七寸，足高一尺一寸三分，腹徑圍二尺八寸，體圓，重十九斤四兩。十煉洋銅鑄成。周身蠟茶色，赤金商嵌震宫卦象。臣等謹案《大明會典》，曰，洪武間建圜丘於鍾山之陽，冬至日以風雲雷雨諸神從祀。原有洪武所鑄雷字圓鼎，現供神前。今特設鼎，另几焚香，以昭誠敬。臣等謹案《易傳》曰，震爲雷。其能驅除邪厲，出則興利，入則除害，與雷公之職相符。宜鑄之祭鼎，以報懋功。

雨師之神供奉坎宫卦象鼎。

倣《周易》後天八卦圖，鼎高一尺七寸九分，耳高一寸七分，腹深七寸九分，足高一尺五分，腹圍徑二尺三寸八分，體圓，重十七斤二兩。十煉洋銅鑄成。周身蠟茶色，赤金商嵌坎宫卦象。臣等謹案《大明會典》曰，洪武間建圜丘於南京鍾山之陽，冬至日致祭，以風雲雷雨諸神從祀。神位前原係洪武所鑄雨字圓鼎。今特設鼎，另几焚香，以昭誠敬。臣等謹案《易傳》曰，坎爲水。在天爲雨露霜雪，在地爲江淮河漢。水流而不盈，行險而不失其信。故堯舜之時五風十雨，歲稔年豐，昇登紀瑞。此坎德之不失其信也。今以之象雨師之鼎，甚爲合宜。

周天列宿之神供奉微垣星象鼎。

倣《璇璣圖》，鼎高一尺六寸八分，耳高一寸四分，腹深六寸八分，足高八寸三分，腹圍徑二尺七寸七分，體圓，重十五斤三兩。十煉洋銅鑄成。兩耳、三足，周身蠟茶色。赤金、白銀商嵌列宿星象。臣等謹案《大明會典》，曰，洪武初年建圜丘於南京鍾山之陽，合祀諸神，以列宿之神次於夜明。永樂十八年北京夕月壇成，以星神從祀。原有洪武年間所鑄星字圓鼎，現供神前。今特設鼎，另几焚香，以昭誠敬。臣等謹案《禮經》曰，祭星日散，首日五星，其次日二十八宿，並周天列宿。國有菑祲，必祭星禳之日禜。臣等酌議，以璇璣之圖列寫於鼎，以報神功。

郊壇方澤

后土皇地祇高皇后配享供奉坤宫卦象鼎二座。

倣《周易》後天八卦圖，鼎高二尺四寸，耳高二寸二分，腹深一尺九寸三分，足高九寸一分，腹方徑一尺五寸七分，長徑一尺八寸，兩耳、四足、體方，重二十七斤六兩。十二煉洋銅鑄成。周身赤金純裹，細鈒卦象、水紋。臣等謹案《大明會典》，云，洪武初年建方澤於鍾山之陰，於夏至日祀皇地祇。永樂十八年北京天地壇成，每年仍合祀。洪武所鑄皇祇字金鼎，現供在案。今鑄此鼎，以昭誠敬。另設沉香雕几供鼎，焚沉腦以敬神祇。臣等謹案《經》解，曰，坤爲地。厚載羣生，發育萬物。陽施陰翕，德合昊天。祀地鼎紋允宜坤象。況鼎體短方，亦以象地。方澤從祀諸神供鼎皆方者，所以從地也。鼎倣宋祥符禮器圖，鼎之外圍以水紋者，水浮天而載地，其説見《坤輿圖考》。

五嶽之神供奉五嶽真形鼎五座。

倣宋祥符禮器圖，鼎高二尺一寸二分，耳高二寸一分，腹深一尺二寸，足高七寸一分，腹方徑九寸六分，長徑二尺二寸，兩耳、四足，重十六斤十二兩。十煉洋銅鑄成。周身蠟茶色，赤金、白銀商嵌真形雲氣。臣等謹按《大明會典》曰，洪武十年夏至日祀皇地祇於方澤，以五嶽、五鎮、四海、四瀆從祀。永樂十八年北京天地壇成，合祀圜丘、方澤，從祀諸神列壇丹墀，東西相向。分祀東嶽泰山、南嶽衡山、西嶽華山、北嶽恒山、中嶽嵩山，五嶽位前原供洪武所鑄泰衡華恒嵩字銀鼎，今鑄此鼎，另几陳設，焚香以昭誠敬。臣等謹按《漢武内傳》曰，西王母駕降漢宫，與帝遊宴。帝見王母巾箱中有《五嶽真形圖》，云，得佩服者能祛邪魔，通神明。帝乞得之，流傳至今。祀岳鼎器合寫真形矣。

五鎮之神供奉夔龍鼎五座。

倣宋《宣和博古圖》，鼎高一尺六寸五分，耳高一寸四分，腹深七寸二分，足高七寸六分，腹圍徑一尺五寸五分，兩耳、四足，重八斤四兩。十煉洋銅鑄成。周身蠟茶色，赤金流嵌龍文。臣等謹按《大明會典》，曰，五鎮之神乃基運山神、翊聖山神、神烈山神、天壽山神、純德山神也，臣等謹按《翼雅》曰，夔龍，神物。能致霖雨，以澤蒼生。夫五嶽名山拱衛皇圖，輔翼山嶽，恪神昭格，灾厲不興，奠安黎庶，德澤深矣。夔龍飾鼎，祀之允宜。

四海之神供奉四海真形鼎四座。

倣唐天寶局鑄，鼎高一尺八寸七分，耳高一寸八分，腹深八寸三分，足高八寸九分，腹方徑二尺二寸，長徑二尺五寸，兩耳、四足，重十二斤五兩。十煉洋銅鑄成。周身蠟茶色，赤金、白銀商嵌真形水紋。臣等謹案《大明會典》，曰，方澤從祀四海之神，於天地壇丹墀分祀。今特鑄鼎，以昭誠敬。臣等謹按《魚龍圖》云，昔神禹治水，天帝遣元夷使者乘龍秉節，授禹以四海真形之圖，然後能疏通衆水分流入海。今祖海神，用以節鼎，合其宜矣。

四瀆之神供奉萬水朝宗鼎四座。

倣宋祥符禮器圖，鼎高一尺七寸三分，耳高一寸五分，腹深六寸五分，足高九寸三分，腹方徑二尺，長徑二尺四寸，兩耳、四足，重十三斤二兩。十煉洋銅鑄成。周身蠟茶色，赤金、白銀商嵌篆書水紋。臣等謹按《大明會典》云，方澤從祀四瀆之神，於天地壇之丹墀分祀。今鑄此鼎，以昭誠敬。臣等謹案《水經》曰，瀆者，獨也。不與衆流混合，其源獨超歸海，故衆水推尊。今飾器祀神，合其宜矣。

太社之神供奉太社址基鼎。

倣唐天寶局鑄，鼎高二尺一寸六分，腹深九寸六分，足高一尺一寸，耳高一寸二分，腹方徑一尺三寸，長徑二尺二寸，兩耳、四足，重十四斤九兩。十煉洋銅鑄成。赤金、白銀商嵌址基圖。臣等謹案《大明會典》云，洪武初以春秋仲月上戊日祭太社、太稷，建壇於門之右，異壇同壝。社主用石高五尺，濶二尺，上微尖，立於壇社，半埋土中，近南向北。稷主埋土亦同。今太社、太稷用址基飾鼎，蓋本於此云。臣等謹按《集禮彙要》曰，社稷之樹，夏后氏以松，殷人以柏，古人所稱。今太社鼎兩輔樹松，太稷鼎兩輔樹柏，取此意也。

太稷之神供奉太稷址基鼎。

倣唐天寶局鑄，鼎式一同太社制度，諸説詳見太社。

先農之神供奉一元大武鼎。

倣宋元豐禮器圖，鼎高二尺二寸，重六斤十一兩。有井田座，面方八寸四分，重一斤。八煉洋銅鑄成。俱赤金純裹。臣等謹按《大明會典》云，每歲仲春上戊致祭先農於山川壇，神前原有舊鑄方爐。今博採古器，得此一元鼎及井田座，深合禮儀。謹按《事物異名》云，牛畜別名大武，任重致遠，爲農家耕本。以此飾鼎，以井田飾座，報功先農，合其宜矣。

先蠶之神供奉鳳首卧蠶大彝。

倣宋定磁欵式，彝高一尺三寸四分，口徑六寸六分，足高三寸，鳳首長九分四黍。十煉洋銅鑄成，重二斤二兩。周身琥珀色，赤金商嵌鳳首、蠶紋。臣等謹按《大明會典》，云，每歲仲春擇吉致祭先蠶神於内苑，皇后親祭。其儀制詳《大明會典》。今鑄此彝，以祀蠶報功之典，於此允當。

馬祖之神供奉獅首馬蹄爐。

倣宋哥窑欵式，爐高五寸六分，口徑五寸三分，足高一分二黍，獅首高四分四黍。八煉洋銅鑄成，重七兩二錢。周身棠梨色，赤金商嵌獅首。臣等謹案《大明會典》，云，馬祖廟建南京後湖，每歲二月中旬擇日敕太僕寺官致祭。今鑄此爐，以供馬祖之祀爲宜。

大歲月將山川城隍各土地共五百八十位，賜索耳三足鬲爐大中二號，共五百八十座。

倣宋定磁欵式，大號高二寸六分，口徑二寸三分，耳高八分，足高三分，重六兩七錢。中號高二寸，口徑二寸一分，耳高七分，重五兩四錢。五煉洋銅鑄成。周身棠梨色，不施金彩。臣等謹按《大明會典》載，禮部祠祭司所掌祀典神祇合應分賜。今鑄此鬲爐二號，敕禮部分給各祠。

歷代帝王廟三皇五帝並兩漢隋唐宋元諸帝，共十四位，供奉六合黼黻方彝十四座。

倣晉六合黼黻彝欵式，彝高三寸二分，口徑四寸一分，耳長一寸八分，足高五分四黍。八煉洋銅鑄成，重六兩七錢。周身藏金紙色，赤金商嵌黼文及耳。臣等謹按《大明會典》洪武六年建歷代帝王廟於京師，以春秋致祭。今鑄此彝，以昭誠敬云。

從祀功臣三十二位，供奉夔龍戈足大彝鬲爐三十二座。

倣宋《宣和博古圖》爐高七寸八分，耳高一寸三分，口徑四寸二分，腹徑六寸，深三寸，足高三寸，兩耳、三足，體圓。六煉洋銅鑄成，重十兩七錢。周身蠟茶色，不施金采。臣等謹按《大明會典》云，每歲春秋祭歷代帝王廟，其從祀功臣三十二位，分東西四壇。今鑄此彝三十二座，飾以夔龍喻吁謨良輔黼黻皇猷，戈足者，喻止戈輯武、抑暴除强。以此飾彝，報功可也。

至聖先師供奉麒麟立鼎。

倣元朝姜鑄欵式，鼎高二尺四寸八分，重二十四斤二兩。十煉洋銅鑄成。周身赤金純裹，細鈒毛爪，形製如生。臣等謹案《大明會典》云，國初每歲春秋二仲傳制致祭先師於國學，其儀制詳見《會典》。聖位前原供洪武所鑄商金龍鼎。今設檀几特供此鼎，以昭誠敬。臣等謹按《春秋》，夫子絶筆於西狩獲麟。今以立麟象鼎，專祀先師，雅稱合節。

從祀先賢先儒一百零六位，供奉索耳三足大鬲爐一百零六座。

倣元朝姜鑄欵式，爐高四寸八分，耳高二寸一分，腹深三寸，足高七分，腹圓徑一尺八寸，兩耳、三足，重二斤三兩。八煉洋銅鑄成。棠梨本色，不施金采。臣等謹按《大明會典》云，每歲春秋二仲傳制致祭先師於國學，其從祀四配、十哲、兩廡先賢先儒，共一百零六位。今鑄大鬲爐一百零六座，照數敕賜。臣等謹按《宣和博古圖録》云，夫鬲者，格也。供祀神明，欲其昭格，故於文廟從祀諸賢，以此爲供。

武學武成王供奉夔龍戈足雷文鬲。

倣《宣和博古圖》式，高低大小如圖。重一斤十一兩，耳高八分，口圓徑七寸八分，腹深四寸三分，足高一寸二分。八煉洋銅鑄成。棠梨本色，不施金采。臣等謹按《大明會典》云，每歲仲秋上辛日祭武成王於武學，永樂八年敕改祭期，以仲秋上戊日用犢、羊、豕各一，登、鉶、簠、簋各二，籩、豆各十，制帛六，酒爵三。神位前原供洪武所鑄武字圓鼎，今賜此鬲，以昭誠敬。臣等謹按《豢龍經》云，夔龍爲諸龍之長，能食銅鐵，力移山海，出入有風雷相隨，雄姿威武，世莫等倫。今以此鬲供神，昭其武烈之偉，頗合其宜。

從祀名將四十四位，賜母乙鬲爐四十四座。

倣《宣和博古圖》式，大小如圖。重十五兩八錢，耳高六分三厘，口圓徑六寸四分，腹深三寸六分，足高一寸二分。八煉洋銅鑄成。周身蠟茶色，不施金采。臣等謹按《大明會典》云，每歲仲秋上戊敕祀武學武成王，及歷代名將四十四位。今賜母乙鬲四十四座，以昭誠敬。臣謹按《邵古人物考》，母乙，商朝名將。三伐鬼方，平定疆宇，載之史乘。此鬲必當時商王所賜，以旌武功者。今倣此鬲，以祀歷代名將，亦稱其宜。

**又 卷七** 太廟奉先殿七代帝後，共十四位，供奉子子孫孫萬年無疆鼎十四座。

倣《紹興鑒古圖》式，鼎式四方，高一尺二寸四分，耳高二寸一分，口方徑一尺四寸，腹深七寸，足高一寸六分，十二煉洋銅鑄成。周身熟棠梨色，腹間銘字，填以黃金。四鋪千乳，填以白銀。以供列聖几筵，伏願聖子神孫萬萬年蕃衍無疆云。

功臣廟正殿六位，兩廡十五位，共二十一位，賜勛名鼎二十一座。

倣《宣和博古圖》式，減小樣畫，連蓋高九寸八分，耳高二寸六分，口圓徑一尺二寸四分，腹深六寸四分，足高二寸，蓋高九分，重四斤十二兩。十煉洋銅鑄成。周身蠟茶色，腹間二帶及蓋上二鈕填以赤金。臣等謹按《大明會典》云，洪武二年建功臣廟，每歲四孟及歲暮，遣勛戚大臣祭之。凡勛臣之家敕建家廟者，給鼎一座，供奉位前，以爲銘功紀績之器云。

內府五祀司户之神供奉戟耳彝爐三座。

第一座，二座，俱倣《紹興鑒古圖》式，第三座倣宋磁戟耳彝式。第一座重十四兩九錢，耳高一寸八分，口圓徑八寸八分，腹深二寸九分，足高五分一厘。八煉洋銅鑄成。淡藏經紙色，不施金采。第二座重九兩六錢，耳高二寸一分，口圓徑六寸七分，腹深二寸七分，足高六分。八煉洋銅鑄成。淡藏經紙色，不施金采。第三座重七兩八錢，耳高一寸一分，口圓徑六寸二分，腹深二寸九分，足高五分。八煉洋銅鑄成。棠梨色，不施金采。臣等謹按《大明會典》云，每歲孟春遣内官祭司户之神於宫門外道左南向，用豕、羊各一，菓品五，酒爵三，制帛一。謹按《皇唐禮制》云，唐朝内府於户外皆施金戟，以備非常。本朝雖敕制不行，今以戟爐祀户外，亦循唐制之遺意云。

司竈之神供奉饕餮鬲爐一座。

倣《宣和博古圖》式，大小如圖。耳高八分，口圓徑六寸八分，腹深二寸九分，足高一寸四分，重一斤二兩。八煉洋銅鑄成。深藏經紙色，不施金采。臣等謹按《大明會典》云，每歲孟夏遣内官祭司竈之神於内府大庖廚前中道南向，用羊、豕各一，菓品五，制帛一。謹按《博古圖説》云，饕餮晝器者，戒貪饕之意也。本朝列聖御宇咸存儉約，今遵旨以鑄此鬲祀竈，足知我皇上喻意之宏遠矣。

中霤之神供奉獅首三元爐一座。

倣《紹興鑒古圖》式，大小如圖。重一斤二兩，八煉洋銅鑄成。深蠟茶色，不施金采。臣等謹按《大明會典》云，每歲季夏遣内官祭中霤之神於文樓前西向，用羊、豕各一，菓品五，制帛一。謹案《三元圖位》云，天地人爲三才，上覆爲天，下載爲地，而人處於天地之中，故稱三才。若内府宫殿除前後禁門爲象天地，而中霤一宫之中即猶人處天地之中也。合以三元爐供奉焉。

司門之神供奉九籥爐五座。

倣宋磁九籥爐欵式，大小如圖。重一斤五兩，八煉洋銅鑄成。深蠟茶色，不施金采。臣等謹按《大明會典》云，每歲孟秋遣守門内官祭司門之神於午門前西角樓東向，用羊、豕各一，菓品五，酒爵三，制帛一。謹按《三禮黄圖》云，天子之門九重，亦猶天之有九霄也。今以此爐祀神，取其約束之嚴云。

司井之神供奉井口鼎二座。

倣宋官窑井口鼎欵式，減小。口圓徑一尺一寸，腹深五寸三分，足高二寸九分，重一斤十二兩。八煉洋銅鑄成。棠梨色，不施金采。臣等謹按《大明會典》云，每歲孟冬遣内官祭司井之神於内府大庖廚前南向，用羊、豕各一，菓品五，酒爵三，制帛一。謹按《周易會通》云，井以泉源養人，資汲不窮，有功於生民。今以井鼎報功，亦其宜矣。

旗纛廟諸神共四十四位，賜鼓墩爐四十四座。

倣《古器圖》欵式，大小如圖。重十四兩三錢，八煉洋銅鑄成。深藏經紙色，不施金采。臣等謹按《大明會典》云，每歲仲秋遣官祭旗纛廟，霜降日又祭之於教場。如御駕親征，則必親祭。若大將出師，則遣官致祭。用犢、羊、豕各一，登、鉶各二，籩、豆各十，簠、簋各一，酒爵三，制帛七。謹按《司馬法》，三軍以鼓進，以金退。今鑄鼓鼎祀神，亦效鼓進金退之義也。

内府聖濟殿三皇聖帝供奉朝冠方鼎三座。

倣《古器圖》欵式，大小如圖。耳高三寸一分，口方徑一尺二寸八分，腹深四寸六分，足高二寸四分，重二斤十二兩。八煉洋銅鑄成。棠梨色，不施金采。臣等謹案《大明會典》云，每歲春冬仲月上甲日祀醫學三皇，及歷代名醫二十八位。正壇用羊、豕、登、鉶各一，籩、豆各十，酒爵三，制帛三。兩廡用羊、豕各一，菓、酒各五，制帛二十八。謹按《事物紀元》云，方以類聚，物以羣分。上古聖皇聚方物以療羣生，今用方鼎以昭誠敬云。

從祀名醫二十八位，賜環耳三足鼎二十八座。

倣元朝姜鑄環耳丹爐欵式，大小如圖。耳高七分，環大八分，口圓徑八寸四分，腹深四寸七分，足高一寸三分，重七兩六錢。八煉洋銅鑄成。藏金紙色，不施金采。臣等謹按《列仙傳》云，上古仙師以五金、八石、百藥煉煅成丹，濟治羣生。今以丹爐供奉先醫，似爲合宜。

内府紫宸殿陳設大金猊爐。

倣唐朝天寶局式，高三尺六寸，首高一尺一寸，身高二尺五寸，重三十八斤八兩。十二煉洋銅鑄成。蠟茶色，頭、尾、毛、爪俱以金銀商錯，下載沉香須彌座。臣等謹遵上諭，凡鑄冶鼎彝，務選欵式之典雅者寫圖進呈，俟選中發下如式鑄成進上，不許再引經傳以瀆聽聞。欽此。臣等欽遵，以下進呈各項鼎彝，俱蒙聖恩俞允選中者。照遵原式進上，不敢再引經傳以瀆天聽。

紫宸殿東煖閣陳設螭夔垂花鼎。

倣《宣和博古圖》式，大小如圖。耳高一寸一分，口圓徑九寸六分，腹深三寸二分，足高一寸九分二厘，重十二兩七錢。十二煉洋銅鑄成。倣古青緑色，不施金采。陳設紫宸東煖閣御几。

紫宸殿西煖閣陳設蟠虬環耳鼎。

倣《宣和博古圖》式，大小如圖。耳環大四分三厘，口圓徑七寸七分，深二寸八分，足高一寸一分，重七兩八錢。十二煉洋銅鑄成。倣古青緑色，不施金采。陳設紫宸西煖閣御几。

睿思殿陳設文王鼎。

倣《宣和博古圖》式，減小。鼎高一尺二寸四分，耳高一寸六分，口方徑一尺四寸五分，腹深六寸六分，足高四寸二分，重三斤十二兩。十二煉洋銅鑄成。倣古青緑色，周身文畫錯以金采。陳設睿思正殿御几。

睿思東便殿陳設太平有象彝。

倣《紹興鑒古圖》式，減小。彝高八寸三分，口圓徑七寸八分，腹深八寸八分，足高五分，耳長一寸四分，重二斤一兩。十二煉洋銅鑄成。倣古青緑色，卦象及耳填以赤金。陳設睿思東便殿御几。

睿思西便殿陳設四方平定黼黻彝。

倣《紹興鑒古圖》式，減小。彝高七寸九分，口方徑一尺六寸一分，耳長二寸五分，腹深七寸四分，足高六分，重一斤九兩。十二煉洋銅鑄成。倣古青緑色，腹、耳、黼黻填以赤金。陳設睿思西便殿御几。

瑶華殿陳設子父鼎。

倣《宣和博古圖》式，減小。鼎高一尺三寸，耳高二寸一分，口圓徑一尺四寸二分，腹深四寸三分，足高六寸六分，重二斤十四兩。十二煉洋銅鑄成。倣古青緑色，鼎身天雞文畫錯以赤金。陳設瑶華正殿御几。

瑶華東便殿陳設王伯鼎。

倣《宣和博古圖》式，減小。鼎高九寸三分，耳高一寸四分，口方徑一尺六寸，腹深五寸一分，足高二寸八分，重二斤十兩。十二煉洋銅鑄成。倣古青緑色，不施金采。陳設瑶華東便殿御几。

瑶華西便殿陳設象形鼎。

倣《宣和博古圖》式，減小。鼎高八寸七分，耳高一寸五分，口圓徑一尺三寸八分，腹深四寸一分，足高三寸一分，重二斤八兩。十二煉洋銅鑄成。倣古青緑色，腹間夔龍填以赤金。陳設瑶華西便殿御几。

文華殿陳設夔龍蟬文鼎。

倣《宣和博古圖》式，減小。鼎高一尺二寸六分，耳高一寸九分，口圓徑一尺六寸，腹深六寸二分，足高三寸五分，重三斤二兩。十二煉洋銅鑄成。蠟茶色，不施金采。陳設文華正殿御几。

文華東便殿陳設夔龍蟬文鼎。

倣《宣和博古圖》式，減小。鼎高九寸九分，耳高一寸一分，口圓徑一尺二寸五分，腹深六寸一分，足高二寸七分，重二斤十五兩。十二煉洋銅鑄成。蠟茶本色，不施金采。陳設文華東便殿御几。

文華西便殿陳設夔龍蟬文鼎。

倣《宣和博古圖》式，減小。鼎高一尺二寸七分，耳高一寸三分，口圓徑一尺二寸六分，腹深六寸二分，足高三寸二分，重三斤六兩。十二煉洋銅鑄成。蠟茶本色，不施金采。陳設文華西便殿御几。

凝神殿御几陳設夔龍鼎。

倣《宣和博古圖》式，減小。鼎高一尺二寸一分，口圓徑一尺五寸一分，腹深六寸二分，足高四寸，重三斤十三兩。十二煉洋銅鑄成。棠梨色，不施金采。陳設凝神正殿御几。

凝神東便殿陳設夔龍鼎。

倣《宣和博古圖》式，減小。鼎高九寸八分，耳高一寸八分，口圓徑一尺二寸三分，腹深四寸五分，足高三寸八分，重二斤十五兩。十二煉洋銅鑄成。棠梨色，不施金采。陳設凝神東便殿御几。

凝神西便殿陳設夔龍鼎。

倣《宣和博古圖》式，減小。鼎高一尺零三分，耳高一寸九分，口圓徑一尺三寸八分，腹深四寸八分，足高三寸六分。十二煉洋銅鑄成，重三斤四兩。棠梨色，不施金采。陳設凝神西便殿御几。

隆安殿陳設萬壽鼎。

倣唐朝天寶局欵式，減小。鼎高一尺二寸四分，耳高一寸一分，口圓徑一尺三寸八分，腹深五寸三分，足高四寸六分，重三斤九兩。十二煉洋銅鑄成。倣古青緑色，項腹文畫填以赤金。陳設龍安正殿御几。

隆安東便殿陳設蟠螭垂花鼎。

倣《宣和博古圖》式，減小。鼎高一尺一寸二分，耳高二寸，口圓徑一尺五寸三分，腹深五寸四分，足高三寸八分，重三斤十四兩。十二煉洋銅鑄成。倣古青緑色，不施金采。陳設隆安東便殿御几。

隆安西便殿陳設闕角雷文鼎。

倣《宣和博古圖》式，減小。鼎高一尺零八分，耳高一寸七分，口圓徑一尺四寸五分，腹深六寸一分，足高三寸，重三斤七兩。十二煉洋銅鑄成。倣古青緑色，不施金采。陳設隆安西便殿御几。

隆安東香閣陳設蟠虬鼎。

倣《宣和博古圖》式，減小。鼎高九寸八分，耳高一寸七分，口圓徑一尺三寸八分，腹深五寸一分，足高三寸，重三斤十一兩。十二煉洋銅鑄成。倣古青緑色，不施金采。陳設隆安東香閣御几。

隆安西香閣陳設乙毛鼎。

倣《宣和博古圖》式，減小。鼎高九寸，耳高一寸三分，口圓徑一尺二寸，腹深五寸，足高二寸七分，重三斤一兩。十二煉洋銅鑄成。倣古青緑色，不施金采。陳設隆安西香閣御几。

玉宸殿陳設螭龍鼎。

倣《宣和博古圖》式，減小。鼎高一尺二寸七分，耳高一寸九分，口圓徑一尺四寸一分，腹深六寸三分，足高四寸五分，重三斤十三兩。十二煉洋銅鑄成。倣古青緑色，腹間文畫填以赤金。陳設玉宸正殿御几。

玉宸東便殿陳設素腹鼎。

倣《宣和博古圖》式，減小。鼎高一尺二寸六分，耳高二寸一分，口圓徑一尺二寸九分，腹深六寸一分，足高四寸三分，重三斤十一兩。十二煉洋銅鑄成。倣古青緑色，不施金采。陳設玉宸東便殿御几。

玉宸西便殿陳設素腹鼎。

倣《宣和博古圖》式，減小。鼎高一尺一寸八分，耳高一寸七分，口圓徑一尺四寸一分，腹深六寸，足高四寸一分，重三斤十五兩。十二煉洋銅鑄成。倣古青緑色，不施金采。陳設玉宸西便殿御几。

景福殿陳設蟠夔雷文鼎。

倣《宣和博古圖》式，減小。鼎高九寸七分，耳高一寸六分，口圓徑一尺三寸九分，腹深四寸六分，足高三寸四分，重三斤三兩。十二煉洋銅鑄成。棠梨色，不施金采。陳設景福殿御几。

景福東便殿陳設雲夔敦。

倣《宣和博古圖》式，減小。連蓋高九寸八分，耳高三寸七分，口圓徑一尺三寸二分，腹深四寸五分，蓋高二寸三分，底高三寸四分，重三斤十兩。十二煉洋銅鑄成。棠梨色，不施金采。陳設景福東便殿御几。

景福西便殿陳設蟠雷敦。

倣《宣和博古圖》式，減小。敦高一尺一寸三分，耳高三寸三分，口圓徑一尺三寸二分，腹深六寸一分，蓋高一寸二分，座高三寸，重四斤一兩。十二煉洋銅鑄成。棠梨色，不施金采。陳設景福西便殿御几。

景福東香閣陳設八節平安鼎。

倣《宣和博古圖》式，減小。鼎高七寸八分，耳高一寸三分，口方徑九寸八分，腹深三寸三分，足高三寸二分，重二斤十四兩。十二煉洋銅鑄成。淡藏經紙色，腹間四帶填以赤金。陳設景福東香閣御几。

景福西香閣陳設如意彝。

倣《古器圖》式，大小如圖。高四寸三分，耳長一寸八分，口圓徑九寸七分，腹深四寸，足高四分，重十三兩。十二煉洋銅鑄成。深藏經紙色，兩耳如意填以赤金。陳設景福西香閣御几。

貞一齋陳設沖天耳三足大乳爐。

倣宋官窑款式，大小如圖。高三寸八分，耳高一寸二分，口圓徑一尺七寸，腹深二寸五分，足高四分，重一斤十兩。十二煉洋銅鑄成。藏經紙色，耳項填以赤金，名覆祥雲。陳設貞一齋御几。

貞一齋陳設沖天耳三足中乳爐。

倣宋官窑款式，大小如圖。高二寸三分，耳高七分，口圓徑一尺，腹深一寸四分，足高三分五厘，重六兩七錢。十二煉洋銅鑄成。淡藏經紙色，耳及口腹填以赤金，名金帶圍。陳設貞一齋御几。

貞一齋東書房陳設沖天耳三足大乳爐。

倣宋官窑款式，大小如圖。蠟茶色，耳及口腹填以赤金，名金帶圍。輕重同前。陳設貞一齋東書房御几。

貞一齋東書房陳設沖天耳三足中乳爐。

倣宋官窑款式，大小、輕重同前。蠟茶色，耳及口項俱填以赤金，名覆祥雲。陳設貞一齋東書房御几。

貞一齋西書房陳設沖天耳三足大乳爐。

倣宋官窑款式，大小、輕重同前。蠟茶本色，腹下及足填以赤金，名湧祥雲。陳設貞一齋西書房御几。

貞一齋西書房陳設沖天耳三足中乳爐。

倣宋官窑款式，大小、輕重同前。蠟茶本色，腹下及足填以赤金，名湧祥雲。陳設貞一齋西書房御几。

貞一齋東香閣陳設沖天耳三足中乳爐。

倣宋官窑款式，大小、輕重同前。淡藏金紙色，不施金采。陳設真一齋東香閣御几。

貞一齋西香閣陳設沖天耳三足小乳爐。

倣宋官窑欵式，大小如圖。重五兩三錢。耳及口項填以赤金，名覆祥雲。陳設貞一齋西香閣御几。

端拱堂陳設雙魚耳彝。

倣宋汝窑欵式，大小如圖。高三寸二分，足高三分一厘，耳高一寸三分，口直徑二寸七分。重十四兩，有七兩二錢、六兩八錢者，凡三等。内分本色、流金二品。諸爐品格當以魚耳彝爲冠，以其欵式典雅，鑄冶精工。此彝藏金本色不施金采者，恐掩銅質之精華也。陳設端拱堂御几。

端拱堂東便室陳設雙魚耳彝。

倣宋汝窑欵式，重七兩二錢。十二煉洋銅鑄成。淡藏經紙色，口、耳、項、腹填以金采錯鏤雲氣，又名金帶圍，最爲瑰麗。陳設端拱堂東便室御几。

端拱堂西便室陳設雙魚耳彝。

倣宋汝窑欵式，重六兩八錢。十二煉洋銅鑄成。淡藏經紙色，繞腹填以赤金錯鏤雲氣，名金帶圍。陳設端拱堂西便室御几。

端拱堂東煖閣陳設雙魚耳彝。

倣宋汝窑欵式，大小如圖。重七兩二錢。十二煉洋銅鑄成。蠟茶色，腹以下填以赤金，名湧祥雲。陳設端拱堂東煖閣御几。

端拱堂西煖閣陳設雙魚耳彝。

倣宋汝窑欵式，大小如圖。重六兩八錢，十二煉洋銅鑄成。藏經紙色，項、耳、腹、足咸飾赤金錯鏤雲氣，最爲瑰麗。陳設端拱堂西煖閣御几。

淵默堂御几陳設蚰龍耳大彝爐。

倣定窑欵式，大小如圖。重一斤十兩，十二煉洋銅鑄成。藏經紙色，腹以下填以赤金，名湧祥雲。欵製極佳。陳設淵默堂御几。

淵默堂東書房御几陳設蚰龍耳大彝爐。

倣定窑欵式，大小、輕重同前。耳及口項填以赤金，名覆祥雲。陳設淵默堂東書房御几。

淵默堂西書房御几陳設蚰龍耳大彝爐。

倣定窑欵式，大小、輕重同前。腹以下填以赤金，名湧祥雲。陳設淵默堂西書房御几。

坤寧宫懿德殿御几陳設錦邊天雞彝。

倣元朝姜鑄欵式，減小。高一尺一寸二分，耳高七分，環圓徑一寸四分，口直徑八寸四分，重三斤四兩。十二煉洋銅鑄成，蠟茶色，腹間錦邊及天雞環首填以赤金。陳設懿德殿御几。

懿德殿東椒房陳設山雷螭首彝。

倣《宣和博古圖》式，大小如圖。高二寸八分，耳長二寸一分，足高三分，口圓徑九寸二分，腹深二寸五分，重十兩八錢。十二煉洋銅鑄成。淡藏經紙色，不施金采。陳（德）懿德殿東椒房御几。

懿德殿西椒房陳設夔龍素腹彝。

倣《宣和博古圖》式，大小如圖。高三寸一分，耳長二寸三分，口圓徑九寸一分，腹深二寸三分，足高八分，重一斤一兩。十二煉洋銅鑄成。棠梨色，頭間獸面飾以赤金。陳設懿德殿西椒房御几。

天漢樓御几陳設太平萬歲博山爐。

倣唐朝天寶局欵式，大小如圖。爐高五寸二分，博山高二寸，盤深七分，重二斤十兩。十二煉洋銅鑄成。棠梨色，鈿以赤金錯爐文畫，最爲典重佳器。陳設天漢樓御几。

天漢樓南榮閣陳設定時香案。

倣元人郭守敬所鑄案，長二尺四寸，按二十四炁。面濶一尺二寸，按十二時。高三尺六寸，按一年三百六十日。重六十四斤，按六十四卦。十煉洋銅鑄成。棠梨本色，案面刻時、刻星辰，咸以金銀細錯，最爲工緻。陳設南榮閣。

天漢樓北極閣陳設銜香金鶴。

倣元朝姜鑄，鶴高三尺三寸，凡二隻。每隻重二十四斤，十煉洋銅爐成。赤金純裹，口銜宫香，每枝達旦。陳設北極閣。

螽斯殿陳設辟邪鼎。

倣《紹興鑒古圖》式，減小。鼎高一尺五寸三分，重五斤四兩。十二煉洋銅鑄成。倣古青緑色，辟邪神獸頭、尾、毛、爪皆鈿金采。下乘沉香須彌座。項間有鎖，可以開合。若以焚香，煙從口出。氤氳合殿，最爲佳製。陳設螽斯殿御几。

螽斯殿東椒閣陳設疏蓋鳳足彝。

倣《紹興鑒古圖》式，減小。高七寸六分，腹深三寸八分，足高一寸七分，重八兩二錢。十二煉洋銅鑄成。棠梨色，蓋、耳及足錯以赤金。此古人薰燎之器，所以用蓋。蓋又疏通，使香菸四達，以薰被服者也。陳設東椒閣。

螽斯殿西椒閣陳設百摺夔龍鼎。

倣《宣和博古圖》式，減小。鼎高　尺二寸，耳高二寸四分，口方徑一尺四寸七分，腹深六寸二分，足高三寸八分，重四斤一兩。十二煉洋銅鑄成。倣古青綠色，不施金采。陳設西椒閣。

**又　卷八**　兩京衙門：

文淵閣三員，賜三元神獸鳳奩彝三座。

倣《紹興鑒古圖》式，大小如圖，共高五寸八分，蓋高一寸七分，腹深三寸，足高一寸一分。十煉洋銅鑄成，重十三兩六錢。倣古青綠色，其間文藻咸錯赤金。臣等謹按《唐六典》曰，宰相之職，燮理陰陽，代天宣化，位尊鳳閣，禮絕百僚。宜以鳳奩彝賜之。

吏部衙門三員，賜蟠虬彝三座。

倣《宣和博古圖》式，大小如圖。共高六寸二分，耳長二寸四分，口圓徑九寸九分，腹深五寸二分，足高一寸，重二斤六兩。十煉洋銅鑄成。蠟茶色，脰間與足文藻錯以赤金。臣等謹按《龍經》云，虬龍爲羣龍之長，能進退羣龍，乘雲注雨，以濟蒼生。《周禮》天官冢宰統率百僚，黜陟所任，與虬合德，應以此彝賜之。

户部衙門三員，賜蟠夔侈口彝三座。

倣《宣和博古圖》式，大小如圖。共高七寸六分，耳長二寸一分，口圓徑一尺二寸六分，腹深五寸六分，足高二寸，重二斤七兩。十煉洋銅鑄成。棠梨色，脰間文藻鈿以赤金。臣等謹按《龍經》云，夔龍爲羣龍之主，飲食有節，不游濁土，不飲濁泉。所謂食於清，游於清者。《三禮·儀節》曰，地官司農出納金穀，貴於廉介，不以脂韋自染者，得其人矣。司農之器，合以此彝賜之。

禮部衙門三員，賜夔耳連虬彝三座。

倣《考古圖》式，大小如圖。共高六寸四分，耳長一寸六分，口圓徑九寸八分，腹深五寸五分，足高九分，重二斤一兩。十煉洋銅鑄成。蠟茶本色，耳及脰、足填以金采。臣等謹按《漢官儀》云，春官大宗伯掌國家典禮，爲宰相之佐，代天宣化。古稱秩宗，又稱儲相，爲六曹顯秩。夫虬之爲物，甲有文章。飾器賜之，合其宜矣。

兵部衙門三員，賜獅首大彝爐三座。

倣官窑欵式，大小如圖。共高四寸八分，獅首大一寸二分，口圓徑一尺七寸三分，腹深四寸四分，足高四分，重二斤十二兩。十煉洋銅鑄成。棠梨本色，惟獅首鈿以赤金。臣等謹按《獸經》云，獅爲百獸之王，每一振發，虎豹慴服。大司馬職專征伐，統帥六師，爲國家鷹揚之任，雄武莫當，與獅合德。飾器賜之，宜矣。

刑部衙門三員，賜環耳蟠虬鼎三座。

倣《考古圖》式，大小如圖。高六寸二分，耳高八分，口圓徑一尺零三分，腹深二寸二分，足高三寸二分，重一斤十五兩三錢。十煉洋銅鑄成。蠟茶本色，耳、脰、腹間文藻鈿以赤金。臣等謹按《豢龍經》云，虬之爲物，陸食虎豹，水噉蛟螭，去蠹除邪之獸也。而大司寇之職，掌邦國之王典，佐天子之刑措，討穢除凶，與虬合德。飾鼎賜之宜矣。

工部衙門三員，賜象耳大彝爐三座。

倣官窑欵式，大小如圖。高五寸八分，兩耳大一寸三分，足高四分，重二斤八兩。十煉洋銅鑄成。蠟茶本色，象耳填以赤金。臣等謹按《獸經》云，象爲南越大獸，首具六牙，任重致遠。司空之職，董百工，爲國家營度之司，任大責重，與象同德。象爐之賜，允合其宜。

都察院衙門三員，賜豸首大彝爐三座。

倣官窑欵式，大小如圖。共高六寸一分，豸首大二寸二分，高八分，口圓徑一尺七寸四分，腹深五寸七分，足高四分，重一斤十五兩。十煉洋銅鑄成。棠梨色，腹間二帶及豸首鈿以赤金。臣等謹按《瑞應圖》云，人君省罰明刑，則獬豸至，能觸邪衛善。御史之職，舉直刺奸，不避權貴，與豸合德。宜以此彝爲賜。

宗人府衙門一員，賜金枝玉葉鼎一座。

詹事府衙門二員，賜臺几爐二座。

翰林院衙門一員，賜鳳池鼎一座。

倣唐天寶局鑄，減小。鼎高六寸四分，耳長二寸四分，口圓徑八寸八分，腹深三寸，足高三寸四分，重一斤十兩。十煉洋銅鑄成。蠟茶本色，脰、腹飾以赤金。臣等謹按《開元官制》云，翰林學士專掌内命，號爲内相，稱天子私人，又名鳳皇池上客。國朝因之，非名儒文士莫得而居焉。宜以此鼎賜之。

國子監衙門一員，賜橋耳大彝爐一座。

倣《古器圖》欵式，大小如圖。高四寸五分，耳長九分二厘，口圓徑一尺一寸二分，腹深三寸二分，足高一寸二分，重一斤十三兩。十煉洋銅鑄成。蠟茶本色，不施金采。臣等謹按《國朝會典》云，國子祭酒掌國學舉人、貢士以及勛臣冑子教訓之事，奉監規而損益焉。務在明體達用，以孝弟、忠信、禮義、廉恥爲本。故其職任爲朝廷教育人材重秩焉。昔漢明帝幸國學，命博士祭酒講經史，士人環向橋門而聽者，以萬計。今以橋耳彝賜之，實爲允當。

京府尹衙二員，賜和羹鼎二座。

倣《紹興鑒古圖》欵式，大小如圖。通高五寸三分，耳高一寸一分，口圓徑九寸七分，腹深三寸九分，足高一寸三分，重一斤一兩。十煉洋銅鑄成。蠟茶本色，不施金采。臣等謹按《會典》云，兩京府尹秩視九卿，以其職任宣化和人，勸農問俗，有宰相之權者。商高宗語傅説曰，若作和羹，爾惟鹽梅。今鹽梅象鼎以賜，允合其宜。

通政司衙門二員，賜嘉石陳書鼎二座。

倣《禮器圖》玉絃鼎式，減小。高七寸六分，耳長一寸一分，口圓徑九寸六分，足高一寸，腹深四寸五分，重一斤五兩。棠梨色，不施金采。臣等謹按《會典》云，通政司古稱銀臺，使掌出納帝命，通達下情。《周禮》以嘉石平罷民，以肺石達窮民。內史掌叙事之法，受納訪以詔王聽治，實通政之職也。故鼎文作嘉石陳書之象焉。

大理寺衙門二員，賜神羊鼎二座。

倣《禮器圖》玉絃鼎式，大小、顔色同前。臣等謹按《國朝官制》云，大理古稱廷尉，掌折獄詳刑之事，與刑部、都察院爲三法司。務期平允，以詳刑憲。故鼎文鑄以神羊，以黨正觸邪之義也。

太常寺衙門二員，賜八音天樂鼎二座。

倣《禮器圖》欵式，大小、輕重、顔色同前。臣等謹按《會典》云，太常掌朝會、祭祀郊廟、社稷之禮樂，以及册封、冠婚之贊度，爲國家禮樂之宗也。宜以八音天樂鼎賜之。

光禄寺衙門二員，賜天廚鼎二座。

倣《禮器圖》式，大小、顔色同前。臣等謹按《周禮》曰，天官膳夫爲食官之長，即光禄之職也。而《國朝會典》則以掌祭祀朝會宴享酒醴羞膳之事，爲九卿之一。故以天廚象鼎賜之。

鴻臚寺衙門二員，賜白澤鼎二座。

倣《禮器圖》欵式，大小、顔色同前。臣等謹按《國朝會典》云，鴻臚卿掌朝會賓客、吉凶禮儀，以及歸義蠻夷撫譯之任。漢魏稱爲大鴻臚，國朝因之。以白澤著鼎者，因此獸能通萬國之語，亦猶鴻臚能解譯遠夷之義也。

太僕寺衙門二員，賜天馬鼎二座。

倣《禮器圖》欵式，大小、顔色同前。臣等謹按《宋元禮官制》云，太僕之職掌天子之五輅，及左右騏驥天駟等署畜牧之事。國朝因之，行於山、陝，遂爲添設苑馬寺監，以通外國貿馬和易之任。最爲右職，故以天馬著鼎賜之。

太醫院衙門一員，賜神獸鼎一座。

倣《禮器圖》欵式，大小、顔色同前。臣等謹按《宋元豐官制》云，翰林醫官，掌供奉醫藥以承詔視療衆疾。國朝因之，改爲太醫院。院使一人，院判二人，以隸事焉。昔神農氏掌百藥以治民疾，有白民之獸，能辨諸藥温涼攻補之性，自遠而至，神農師之。後世圖其象，以旌厥功。今即以此獸著鼎賜之。

六科衙門六員，賜法器鼎六座。

倣《禮器圖》欵式，大小、顔色同前。臣等謹按《國朝會典》云，六科都給事，及左右給事等官，皆得封駁。凡朝廷政令之得失，與百官之賢佞，皆許連名上達。古稱諫院是也。凡糾彈之日，必首簪白筆，手執白簡。故諫(坦)[垣]賜鼎應以法器象之。

欽天監衙門一員，賜明時鼎一座。

倣《禮器圖》欵式，大小、顔色同前。臣等謹按《三禮儀制》曰，少皞氏以鳳鳥爲歷，命重黎司天地。唐虞之羲和，周之馮相、保章，皆其職也。國朝名之曰欽天監，監正一人，監副二人，以司其事。成祖曾幸欽天監，登觀星臺，御書經天緯地治歷明時八字賜之。今即以此八字鑄鼎以賜爲宜。

尚寶司衙門一員，賜圖書鼎一座。

倣《禮器圖》，大小、顔色同前。臣等謹按《大明會典》云，尚寶司，掌天子之六璽，及徵發兵符印信等事。凡朝廷用璽，必敕司官以手本於宮中掌璽女官處請出，用訖隨即送入。歲終必上紀簿登紀一歲所用璽數，以稽查焉。關防嚴密，非比他曹，今蒙賜鼎。臣等謹按其宜爲之説曰，上古自河出圖，洛出書之後，而尚史皇頡遂後而制字，若篆、若隸，分沓而生。此實所掌諸璽，皆圖書之所生也。今以圖書飾鼎以賜爲宜。

司禮監衙門二員，賜既濟鼎二座。

倣《禮器圖》欵式，大小、顔色同前。臣等謹按《會典》云，司禮之職，在漢室稱大長秋，又稱侍中。國朝改爲司禮監，分十有一司，如尚衣等官是也。各有所掌，如宫闈禮儀諸事，皆其所任，故以司禮名之。謹按《三禮圖》云，五行以火爲禮，以水爲智。而司禮非有禮智者不可以當之。故賜鼎書以水火既濟之形焉。

賜内府佛堂，及天下名山寺院大號梵書彝爐。

倣宋東青磁欵式，高三寸二分，口直徑四寸九分，腹直徑五寸二分，足高三分六厘。八煉洋銅鑄成。棠梨本色，重一斤二兩，梵書佛字，鈿以赤金。共二百座。

賜内府佛堂，及天下各山寺院大號梵書彝爐。

倣宋東青磁欵式，大小、輕重同前。鈿以白銀。共二百座。

賜内府佛堂，及天下名山寺院中號梵書彝爐。

倣宋東青磁欵式，高三寸，口直徑五寸四分，足高三分八厘，梵書佛字，鈿以赤金。共二百座。

賜内府佛堂，及天下名山寺院中號梵書彝爐。

倣宋東青磁欵式，大小、顔色同前，鈿以白銀。共二百座。

賜内府佛堂，及天下名山寺院鉢盂彝爐。

倣宋填漆鉢盂欵式，高七寸一分，口直徑四寸五分。八煉洋銅鑄成。蠟茶本色，不施金采。共二百座。

賜内府佛堂，及天下名山寺院高脚押經爐。

倣宋定窑欵式，高二寸三分，耳長七分，環大五分，足高五分三厘，口直徑三寸二分，重六兩五錢。八煉洋銅鑄成。棗紅色。共二百座。

賜内府佛堂，及天下名山寺院低足押經爐。

倣宋哥窑欵式，高二寸七分，耳長八分四厘，環大六分二厘，足高一分三厘，重七兩一錢。八煉洋銅鑄成。棠梨色。共二百座。

賜内府道場，及天下名山宫觀雁翎法盞爐。

倣元朝樞府窑欵式，高四寸七分，耳長三寸八分，口直徑二寸九分，足高四分八厘，重六兩八錢。八煉洋銅鑄成。棠梨色。共二百座。

賜内府道場，及天下名山宫觀連珠法盞爐。

倣元朝樞府磁欵式，高三寸四分，耳長二寸八分，口直徑二寸六分，足高七分，重六兩八錢。八煉洋銅鑄成。蠟茶本色。共二百座。

内府齋宫倣古雯敦。

倣《宣和博古圖》欵式，大小如圖。高二寸八分，耳長一寸二分，口直徑二寸七分，足高五分七厘，十二煉洋銅鑄成。棠梨色，耳及獸面鈿以赤金。以供皇上齋宫之用。

内府書堂硯頭三螭小鼎。

倣《宣和博古圖》欵式，通高二寸，耳長四分一厘，蓋高七分二厘，口直徑一寸一分，足高三分八厘，重三兩七錢。十二煉洋銅鑄成。倣古青緑色，文藻悉鈿赤金。以供皇上硯頭梵香之用。

内府金蓮博山鼎。

倣姜鑄欵式，高六寸四分，重一斤六兩六錢。十二煉洋銅鑄成。藏經紙色，鈿以赤金。以供皇上水殿之用。

内府上用橘囊爐。

倣元朝姜鑄欵式，高二寸二分，耳高六分，口圓徑七寸九分，足高三分一厘，重六兩六錢。十二煉洋銅鑄成。棗紅本色。以供皇上進柑御筵之用。

内府御厠深腹鼎。

倣《考古圖》欵式，高三寸一分，耳高六分，口圓徑六寸三分，足高三分三厘，重六兩七錢。十二煉洋銅鑄成。藏經紙色，不施金采。以供皇上御厠雕礎中焚香之用。

**明・吕棠《宣德彝器譜》卷上**　鑄造爐鼎黄册一本，工部衙門鈐印册，計開：

暹羅國風磨生礦洋銅三萬九千六百斤，赤金八百兩，白銀三千六百兩，倭源白水鉛一萬七千斤，倭源黑水鉛八千斤，日本國紅銅一千斤，賀蘭國洋錫八百斤，鋼鐵一萬二千斤，天方國番硇砂三百六十斤，三佛齊國紫硃三百斤，渤泥國紫礦三百斤，渤泥國臙脂石二百斤，琉球國安瀾砂二百斤，金絲礬二百斤，晉赤礬二百斤，鴨嘴膽礬二百四十斤，白礬二百斤，黄明礬一百二十斤，寒水石二百斤，出山水銀一千二百斤，辰州府硃砂三十斤，石青三十斤，石緑三十斤，銅緑三十斤，古墨二十斤，黄丹五十斤，文蛤五十斤，硼砂五十斤，方解石二十斤，自然銅一百斤，白蠟一百二十斤，磨光後上色用。黄蠟八百斤，造模式用。血竭二十斤，無名異二十斤，赤石脂二十斤，雲南黑白碁子各二萬箇，雲南料石一千二百斤，出水煤炭十萬八千斤，湖廣櫟炭十萬斤，松木生柴一萬斤，蘆葦柴三萬斤，楊木桴炭六百斤，光砂一千斤，皇磚四萬口築砌爐竈用，石灰二十石，黄砂三石做爐鼎造坯磨光用，寶砂二石。

奉聖旨，所奏黄册知道了，付外照册施行。

**又** 計開進呈爐鼎名目：

乾清宫紫宸殿，大金猊鼎爐一座。東暖閣，西暖閣，中金猊鼎爐各一座。

大金猊鼎爐，高三尺六寸，重一百二十四斤。用純金流裹，實用赤金三十兩，白銀四十兩。中金猊鼎爐，高二尺四寸，重六十四斤。用純金流裹，實用赤金十六兩，白銀二十兩。

乾清宫睿思殿，商夔龍高足鼎爐一座。東書房，西書房，各一座。

高二尺四寸，重十二斤八兩。用赤金絲片，白銀絲片，嵌減夔龍雲雷紋。實用赤金四兩八錢，白銀五兩，碧填三十六顆，洋珠十六顆，西紅寶石四十顆，沉香木蓋座，蓋上用羊脂白玉九龍頂，一副。

乾清宫瑶華殿，周文王鼎爐一座。東香閣，西香閣，各一座。

高二尺四寸五分，重十二斤十二兩。用金銀絲片嵌減黄目饕餮雲雷文。實用赤金五兩五錢，白銀六兩，碧填四十二顆，瑟瑟珠二十顆，映水紅寶石三十二顆。沉香木底蓋，蓋上西洋碧玉龍頂，一副。

乾清宫隆安殿，周子父舉鼎爐一座。東凉閣，西凉閣，各一座。

高二尺二寸六分，重十斤十二兩。用金銀絲片嵌減夔龍饕餮文。實用赤金四兩二錢，白銀五兩，碧填二十顆，瑟瑟珠十二顆，映水紅寶石十顆，沉香木底、蓋，蓋上羊脂白玉雙龍戲珠頂，一副。

乾清宫玉清殿，商百乳彝爐一座。東廂房，西廂房，各一座。

高二尺六寸，長方二尺，重十六斤六兩。用赤金泥流乳，金銀絲片嵌減饕餮回文。實用赤金六兩八錢，白銀八兩，碧填六十四顆，馬價珠二十四顆，鵶鶻青寶石八顆，祖母緑寶石六顆，桃花片寶石十六顆。沉香木底蓋，蓋上羊脂白玉龍鳳呈祥頂，一副。

乾清宫貞一齋，三螭雲篆鼎一座。南書房，北書房，各一座。

高二尺二寸八分，重十四斤六兩。用純金流裹三螭，金銀絲片嵌減。實用赤金五兩三錢，白銀三兩二錢，瑟瑟珠十八顆，酒黄寶石三十二顆，玫瑰紫寶石二十四顆。沉香木底蓋，蓋上白玉雲螭頂，一座。

乾清宫天漢樓，龍九子鳳九雛寶蓮宫奩爐一座。東序西清閣，南榮北極閣，各一座。

高二尺八寸六分，重二十斤四兩。金銀絲片嵌減，碧填六十四顆，合浦真珠十六顆，細膩紅寶石一百二十顆，祖母緑寶石十二顆，鵶鶻青寶石三十六顆。沉香木八角須彌座一副。

乾清宫敬一堂，沖天耳三足乳爐一座。

高八寸一分，耳高一寸六分，足高九分三釐，口徑一尺二寸，重二斤十二兩。用十二鍊精銅鑄成，蠟茶色，赤金流腹以下及耳，號湧祥雲。底有匾長方印，真書大明宣德年製六字。用赤金水銀相鑠爲泥，烘鍊九次流足。實用赤金六兩，水銀三斤，沉香木八角須彌座一副。

中樣沖天耳三足乳爐三百座。

高一寸七分，耳高九分一厘，足高五分三厘，口徑四寸二分，重六兩七錢。用十二鍊精銅鑄成，蠟茶色一百五十座。赤金流耳腹以上，號覆祥雲。爐底有長方印欵，真書大明宣德年製六字。一百五十座赤金流腹足以下，號湧祥雲。將上等六十座貯寶藏庫，將二百四十座分賜各王府。

東宫王府四十座，覆祥雲湧祥雲各二十座。周王府二十座，覆祥雲湧祥雲各十座。秦王府二十座，覆祥雲湧祥雲各十座。晉王府二十座，覆祥雲湧祥雲各十座。蜀王府二十座，覆祥雲湧祥雲各十座。寧王府二十座，覆祥雲湧祥雲各十座。肅王府二十座，覆祥雲湧祥雲各十座。楚王府二十座，覆祥雲湧祥雲各十座。魯王府二十座，覆祥雲湧祥雲各十座。岷王府二十座，覆祥雲湧祥雲各十座。静江王府二十座，覆祥雲湧祥雲各十座。衍聖公孔府二十座，覆祥雲湧祥雲各十座。

**又 卷中** 乾清宫玄默堂，蚰龍耳大彝爐一座。東便室，西便室，各一座。

高六寸六分，耳高一寸一分，足高五分三厘，重一斤十二兩。用赤金流腹下及欵。欵用真書大明宣德年製六小字。蠟茶色，用十二鍊精銅鑄成。實用赤金一兩九錢三分。沉香木八角須彌座一副。

蚰龍耳中彝爐四百座。

高四寸五分，耳高一寸一分，足高四分三厘，口徑六寸二分，重一斤十二兩。爐底方印欵，真書大明宣德年製六小字。字書完好，爐口微薄而琢，方足近下稍飛出一分許。此乃宋磁大蚰龍耳彝爐真欵。將二百座分作藏經色，不流金。將二百座分作蠟茶色，流金作湧祥雲。將上等一百座藏寶藏庫，餘將三百座分賜各王府。

東宫王府四十座，流金色藏經色各二十座。周王府三十座，流金色藏經色各十五座。晉王府三十座，流金色藏經色各十五座。秦王府三十座，流金色藏經色各十五座。肅王府三十座，流金色藏經色各十五座。寧王府三十座，流金色藏經色各十五座。魯王府三十座，流金色藏經色各十五座。岷王府三十座，流金色藏經色各十五座。襲封衍聖公孔府三十座，流金色藏經色各十五座。

**又**　外奉聖旨，添鑄大中爐盤四百座，口徑九寸二分，高一寸五分二厘，重六兩九錢。不流金。蠟茶，藏經二色。用承蚰龍彝爐，分賜各王府。

**又**　乾清宮端拱堂，雙魚耳釜底彝爐一座。東廂房，西廂房，各一座。

高三寸九分，足高三分三厘，耳高一寸三分，口徑四寸九分，重十四兩。底小微圓凹，俗名鍋臍。底小方欵正楷真書大明宣德年製六字，(入)一線足。有鎏金，蠟茶，藏經，流金四色。用赤金作屑，鍊鐐七次，水銀薰擦入骨，作雨雪點子，號曰鎏金。用蠟茶本色鎏金者最佳。其次作湧祥雲流金者。更有流金腰，耳，口徑者。用番硇砂點作珠砂斑者，名金帶石榴爐。其外有流金單傳本色，如蠟茶、藏經本色，亦大雅。大率宣銅諸鼎爐之品當以魚耳彝爐爲最。蓋魚耳之欵乃宋定欵中上欵，出之內府。今照式鑄造，毫髮不爽。口用燈草口爲佳，其外有減小樣，重十二兩七錢、十三兩不等。俱用十二鍊精銅鑄成者。

雙魚耳釜底彝爐三百六十座。

高低尺寸，輕重斤兩同上。將二百座鎏金流金各半，每座實用赤金一兩五錢，十二鍊精銅鑄成者。餘一百六十座，作蠟茶、藏經二本色。將上等六十座藏寶藏庫，餘三百座分賜各王府。

東宮王府四十座，鎏金，流金，蠟茶，藏經各十座。以下俱二十座，每色各五座。周王府，秦王府，肅王府，寧王府，楚王府，魯王府，岷王府，代王府，益王府，岐王府，靜王府，衍聖公孔府。

乾清宮神御殿：　太廟分祀供祖宗御容，索綯耳三足分襠大鬲爐，中鬲爐，小鬲爐共四百座。

大鬲爐高一尺五寸，耳高一寸八分，足高一寸九分，口徑一尺一寸，重十二斤六兩。棠梨色，八鍊精銅鑄成。共二百座。

中鬲爐高七寸五分，耳高一寸一分，足高一寸，口徑六寸六分，重一斤二兩。熟梨色，八鍊精銅鑄成。一百座。

小鬲爐高二寸六分，耳高六分二厘，足高五分二厘，口徑三寸九分，重七兩一錢。猪肝色，十鍊精銅鑄成。共一百座。底有長方欵歐體字大明宣德年製。

今將三種鬲爐分賜各廟，開列於左：

神御殿三十座，御容殿五十座，功臣殿五十八座，朝日殿一十六座，夕月壇一十六座，先農壇一十四座，太學先師殿一十六座，武學武成殿八座。以上俱大鬲爐。

司禮監二十四司分賜各司土地祠二十四座，太常寺分賜祀典神祇廟三十六座，禮部祠祭司分賜各祀典神祇廟三十六座，五軍都督府分賜馬祖旗纛廟二十座，以上俱中鬲爐。

女官署分賜各祠五十座，先農署二十座，八蠟廟三十座，以上俱小鬲爐。

坤寧宮懿德殿皇后正宮，天雞錦邊彝爐一座。東暖閣，西暖閣，各一座。

高一尺二寸六分，天雞耳高七分，大一寸五分，足高一寸五分，爐底長方印欵大書大明宣德年製六字。用赤金流口及錦邊耳足。棠梨色，重八斤十三兩。沉香木蓋座，蓋上羊脂白玉雙鳳穿花頂，一副。

天雞錦邊中彝爐一百座。

高四寸一分，耳高三分八厘，口徑六寸一分，足高五分二厘，重七兩三錢。蠟茶色，不流金。用十二鍊精銅鑄成。揀上等完好者二十座，藏女官庫。餘八十座分賜各妃嬪：　德妃張娘娘位下十座，淑妃王娘娘位下十座，賢妃周娘娘位下十座，簡妃鄭娘娘位下十座，貴嬪許娘娘位下十座，貴嬪張娘娘位下十座，貴嬪胡娘娘位下十座，德安宮主娘娘位下十座。以上俱沉香木底、蓋，玉鴛鴦頂，全。

坤寧宮廣寒殿，九鳳穿花寶蓮宮奩一座。東香閣，西香閣，各一座。

高一尺二寸，蓋高三寸一分，足高二寸二分，口徑八寸六分，重六斤十兩。金銀絲片嵌滅。實用赤金四兩六錢，白銀四兩六錢，碧瑱三十六顆，洋珠十六顆，西紅大寶石九顆，鴉鶻青寶石六十六顆，沉香木八角須彌座。

坤寧宮慈壽殿，飛鳳貼耳大彝爐一座。東廂房，西廂房，各一座。

高八寸六分，耳長二寸二分，高起六分，足高一寸，重五斤。口徑一尺一寸，厚四分五厘。赤金流兩耳及爐身。熟梨色，下有長方欵大明宣德年製六字。實用赤金一兩六錢。沉香木底、蓋，蓋上碧玉雙鳳穿花頂，一副。

坤寧宮九霄閣，角端大金爐一座。東序閣，西清閣，南榮閣，北極閣，各一座。

高二尺四寸，共二百二十四斤八兩。赤金白銀流滅。實用赤金十六兩，白銀八兩。紫壇木八角須彌座。

坤寧宮寢殿，銜香金鶴一對。東香閣，西香閣，各一座。

高三尺六寸，座高一尺五寸，重五十斤。赤金全流，白銀絲片嵌減。實用赤金十六兩五錢，白銀十二兩五錢。

坤寧宮寢殿，定時金篆盤香几一張。

高一尺六寸，長二尺四寸，方一尺二寸，重十二斤六兩。用赤金流通體，白銀絲片嵌減。實用赤金六兩，白銀二兩九錢。

**又** **卷下** 司禮監太監張斌，奉旨監督鑄造，分賜各衙門爐器開列於左：

文淵閣大學士三員，夔龍高足彝三座。

高六寸四分，耳高二寸四分，足高八分，口徑五寸五分，重十六兩八錢。赤金流口耳及腹，名覆祥雲。腹以下露蠟茶本色。沉香木底、蓋，蓋上羊脂玉螭龍頂，三副全。

吏部尚書一員，左侍郎一員，右侍郎一員，環耳三足爐三座。

高二寸，耳高五分，足高四分，口徑四寸，重六兩七錢。棠梨色，骨內有麩金雨雪點。十二鍊精銅鑄成。沉香木底、蓋，蓋上羊脂白玉雲鶴頂，三副全。

户部尚書一員，左侍郎一員，右侍郎一員，獅首大彝爐三座。

高五寸三分，獅首高六分，大一寸一分，口徑八寸二分，重二十四兩。赤金流獅首及腹足，號湧祥雲。露口徑藏經本色。紫檀木座、蓋，蓋上俱西洋碧玉雙獅滚球，頂大明宣德年製六字欵。

禮部尚書一員，左侍郎一員，右侍郎一員，象首大彝爐三座。

高五寸八分，耳高一寸五分，口徑七寸六分，重一斤六兩。赤金流象首，週身作雨雪點，鎏金，硃砂斑本色。大明宣德年製六字欵。紫檀木底、蓋，蓋上白玉太平有象頂，三副全。

兵部尚書一員，左侍郎一員，右侍郎一員，大天雞馬蹄爐三座。

高六寸五分，天雞耳高四分，大七分，口徑五寸，重一斤一兩。赤金流天雞耳，爐本色棗紅。用赤金一兩二錢。欵大明宣德年製六字。紫檀木底、蓋，蓋上白玉九鷥荷花頂，三副全。

刑部尚書一員，左侍郎一員，右侍郎一員，鎏金戟耳爐三座。

高四寸五分，戟耳長二寸一分，足高五分，口徑三寸二分，重一斤十二兩。赤金作雨雪點遍滿。實用赤金三兩。熟梨色。大明宣德年製六大字欵。紫檀木底、蓋，蓋上有白玉辟邪獸頂，三副全。

工部尚書一員，左侍郎一員，右侍郎一員，橋耳三足大乳爐三座。

高四寸五分，橋耳長二寸一分，足高五分，口徑三寸八分，重一斤十四兩。不鎏金。蟹殼青，熟梨二色。大明宣德年製六大字欵。紫檀木底、蓋，蓋上有白玉九芝頂，三副全。

翰林院大學士六員，朝冠四足方爐六座。

高三寸三分，長四寸六分，濶二寸六分，耳高一寸六分，足高五分八厘，重七兩九錢。小字歐體大明宣德年製六字。欵淡栗殼色。不鎏金。紫檀木座、蓋，蓋上白玉辟邪獸頂，六副全。

都察院都御史一員，左都副御史一員，右都副御史一員，豸首大彝爐三座。

高一尺四分，豸首高起三分，大一寸六分，足高四分三厘，口徑四寸七分，重一斤六兩。白銀流豸首並口腹以下，名覆祥雲。腹足露本色硃砂紅色。大字欵。紫檀木座、蓋，蓋上鴉鶻青寶石三塊作頂。

司禮監太監一員，左少監一員，右少監一員，三元太極爐三座。

高六寸三分，雞腿脚高一寸五分，口徑四寸一分，重八兩五錢。雨雪點鎏金週身遍滿。實用赤金一兩二錢。小字欵。茜紅象牙座、蓋，蓋上西洋碧玉雲霞頂，三副全。

**又** 司禮監太監張斌，於宣德三年九月十三日奉旨，添鑄釋道二教爐器四百件，并雜欵未經鑄造者，即補鑄進上，欽此欽遵，補鑄釋道二教并雜欵補鑄者開列於後：

大西天大寶法王座下，大光鉢盂爐三十座，中光鉢盂爐四十座，高脚押經爐一百座，碁脚押經爐一百座。

大鉢盂高七寸一分，口徑四寸七分，足徑三寸二分，栗殼本色。

中鉢盂高五寸一分，口徑三寸二分，足高二寸八分，不鎏金，熟梨色，内有硃砂點。

高脚押經爐高二寸五分，兩耳長七分，足高五分二厘，呆環釘住。棠梨色。大字欵仿鍾繇體。十鍊精銅鑄成。無蓋、座。

碁脚押經爐高一寸七分，環柱高五分六厘，口徑四寸，重六兩五錢。花藏經色，十鍊精銅鑄成。

番經廠巴喇法師位下，大鉢盂爐三十座，中鉢盂爐四十座，高脚押經爐一百座，碁脚押經爐一百座。

漢經廠宗沏法師位下，大鉢盂爐二十座，中鉢盂爐三十座，高脚押經爐二十座，碁脚押經爐六十座。

女官署習禪教浄師位下，大鉢盂爐二十座，中鉢盂爐三十座，高脚押經爐六十座，碁脚押經爐六十座。

北京大報國寺，中鉢盂爐三十座，高脚押經爐五十座，碁脚押經爐五十座。

北京西山玉泉寺，中鉢盂爐三十座，高脚押經爐五十座，碁脚押經爐五十座。

南京大報恩寺，中鉢盂爐三十座，高脚押經爐五十座，碁脚押經爐五十座。

龍虎山真人府，大法盞爐五十座，中法盞爐五十座，高脚押經爐一百座，碁脚押經爐一百座。

大法盞高六寸五分，口徑三寸一分，底徑二寸三分，足高三分八厘，耳長二寸五分，重七兩二錢。流金，湧祥雲，露口腹蠟茶本色。底有小字欵。赤金一兩一錢。連後共一百座，實該用赤金一百一十兩。

中法盞高四寸四分，口徑三寸，底徑二寸，足高三分，耳長二寸一分。爐底小字欵。重五兩。蠟茶，棠梨二色。不流金。各十座。

南京神樂觀，大法盞二十座，中法盞二十座，高脚押經爐一百座，碁脚押經爐一百座。

句容縣三茅山大清宫，大法盞爐二十座，中法盞爐二十座，高脚押經爐一百座，碁脚押經爐一百座。

蘇州府玄妙觀，大法盞爐十座，中法盞爐十座，高脚押經爐六十座，碁脚押經爐六十座。

江西錢柱宫，高脚押經爐五十座，碁脚押經爐五十座。

揚州府紫極宫，高脚押經爐四十座，碁脚押經爐四十座。

以上高低押經爐，凡尺寸斤兩色澤仝前。

補鑄臺几爐大小二十座。

高三寸一分，長二寸五分，闊三寸六分，足高二寸二分，耳長一寸三分，重一斤六兩。蠟茶，藏經，棠梨三色。

底有小字欵，進入内藏庫備用。

補鑄井口鼎爐大小二十座。

高三寸八分，足高四寸五分，口徑五寸一分，獸頭高起三分，大一寸二分，啣環大一寸四分，重一斤十三兩。棠梨色，内有麩金點。進入内藏庫備用。

補鑄九箍桶子爐大小四十座。大桶九箍爐高一尺五寸，口徑一尺一寸，足高二寸三分，重十二斤七兩。熟梨色。大字欵。最精二十座。小桶九箍爐高五寸一分，口徑三寸二分，足高八分，重十七兩。赤金鋈作雨雪點及棠梨二色。小欵。最佳二十座。俱進入内藏庫備用。

補鑄獸面三足鼓爐大小三十座，高六寸三分，口徑四寸五分，足高一寸三分，獸面一寸二分，高超三分，重十四兩八錢。藏經，棠梨二色。小字欵，歐體。進入内藏庫備用。

補鑄如意爐大小三十座。高六寸三分，長七寸二分，雲板脚高六分，闊三寸一分，重一斤二兩。淡藏經色。小三字欵。進入内藏庫備用。

補鑄夔龍梵書爐大小四十座。高六寸四分，耳長一寸五分，足高八分，口徑五寸二分，重一斤二兩。蠟茶，熟梨二色。俱用赤金流耳及梵字。無欵字。進入内藏庫備用。

補鑄長方馬槽爐大小四十座。高三寸六分，長四寸二分，闊二寸八分，足高四分，重十二兩二錢。熟梨色，雞皮皺砂斑。小字欵。進入内藏庫備用。

補鑄虎面百摺彝爐大小四十座。高六寸六分，虎面大一寸二分，高起三分，足高八分，口徑五寸三分，重一斤一兩。熟梨[色]，鋈金雨雪點。無欵字。進入内藏庫備用。

補鑄沖耳三足橘囊爐四十座。高四寸二分，耳高九分，足高七分二厘，口徑三寸三分，重七兩。藏經色，雞皮皺。小字欵。進入内藏庫備用。補鑄朝冠馬蹄爐大小四十座。高五寸七分，耳高四寸一分，足高八分，口徑五寸五分，重十四兩七錢。熟梨色。大字欵。進入内藏庫備用。

**清·杭世駿《道古堂文集·書宣德彝器譜後》** 司禮監張斌奉旨與工部尚書吕棠眼同校勘虚實，計所用之物：暹羅國風磨生礦洋銅三萬九千六百斤，赤金八百兩，白銀三千六百兩，倭源白水鉛一萬七千斤，倭源黑水鉛八千斤，日本國紅銅一千斤，賀蘭國洋錫八百斤，鋼鐵一萬二千斤，天方國番磠砂三百六十斤，三佛齊國紫硃三百斤，渤泥國紫礦三百斤，渤泥國臙脂石二百斤，琉球國安瀾砂三百斤，金絲礬二百斤，晉赤礬二百斤，鴨嘴膽礬二百四十斤，白礬二百斤，黄明礬一百二十斤，寒水石二百斤，出山水銀一千二百斤，辰州府硃砂三十斤，石青三十斤，石緑三十斤，銅緑三十斤，古墨二十斤，黄丹五十斤，文蛤五十斤，硼砂五十斤，方解石二十斤，自然銅一百斤，白蠟一百二十斤，磨光後上色用。

黄蠟八百斤，造模式用。血竭二十斤，無名異二十斤，赤石脂二十斤，雲南黑白碁子各二萬箇，雲南料石一千二百斤，出水煤炭十萬八千斤，湖廣櫟炭十萬斤，松木生柴一萬斤，蘆葦柴三萬斤，楊木桴炭六十斤，光砂一千斤。

# 紀事

**明・吕震《宣德彝器圖譜》卷一**　工部一本，爲欽奉上諭事，宣德三年三月初一日，臣吕震接到司禮監太監臣張斌頒賜聖旨一道，命震等拜手開讀。

聖諭云，敕諭工部尚書吕震，朕自御極以來，荷賴皇天垂佑，海宇清寧，黔首奠安，四夷賓服。重譯獻琛而至者，三十餘國。朕惟涼德，實深内疚，因見郊壇，宗廟，以及内廷，所在陳設鼎彝，雖爲先朝遺器，式範非古，用是深繫朕懷。今有暹邏國剌迦滿靄者，所貢洋銅，厥號風磨，色同陽邁。朕思所用，堪鑄鼎彝，以供郊壇，宗廟，内廷之用。今着禮部會同司禮監并爾工部等，恭酌機宜，將應鑄鼎彝，可照《博古》《考古》諸書，并内庫所藏柴、汝、官、哥、均、定等窑器皿款式典雅者，照式鑄來。故敕爾工部，可火速開冶鼓鑄，應用工匠，金、銀、銅、鉛藥料，可明白着實開册具奏。毋得隱冒，察出治罪。欽此。宣德三年三月初一日敕。廣運之寶。

宣德三年三月初一日，臣震恭奉聖諭，命臣部開冶鼓鑄上用鼎彝諸器，共計三千三百六十五件。照《博古》《考古》諸書鼎彝，并内庫所藏柴、汝、官、哥、均、定各窑器皿款式典雅者，(遂)[逐]件照式依限鑄來。該用金、銀、銅、鉛藥料多寡，明白着實開載具奏。毋得冒濫虚費，容隱作奸。察出治罪。欽此。臣震等欽此欽遵，謹與各司官臣估計大小鼎彝諸器，共計三千三百六十五件，該用金、銀、銅、鉛藥料等件，俱細加勘實，不敢虚費隱冒，致干天譴。謹具黄册，開載明白。進呈御覽，伏冀聖裁。臣震等不勝惶悚之至。

**又**　臣震等誠惶誠恐，稽首頓首。臣等遵旨謹奏，所列應用金、銀、銅、鉛藥料什物，大小官匠，諸項俱已估計明白，真實無虚。謹於宣德三年三月初十日，恭詣乾清宫，具本隨册，上達天聽。倘蒙俞允，乞命司禮監臣到部眼同勘校虚實，以便具本，恭詣内外庫，及各管署，領取應用諸物。并乞頒降鼎彝款式，以便依限鑄成上進。伏祈賜垂睿覽，無任榮遇之至。宣德三年三月初十日，太子少師工部尚書臣吕震，左侍郎臣徐驥，右侍郎臣張熏，營繕司郎中臣王景宗，員外郎臣王驥，臣趙爆，臣朱文光，主事臣許儀昌，臣王益，臣卜昌，臣缺，虞衡司郎中臣章藻，臣諸升陛，臣缺，員外郎臣周依言，臣蔣安吉，臣孔書，主事臣周文，臣于景宣，都水司郎中臣潘學海，臣黨賢，臣差缺，臣差缺，臣缺，員外郎臣黄如金，臣田豐，主事臣米寶，臣張貴誠，臣缺，屯田司郎中臣伊帝錫，臣錢貢，員外郎臣差缺，主事臣馮又巽，臣沈琦，司務臣瞿燕吉，臣蘇定宇，鑄冶局大使臣張貴，副使臣許百禄。

**又　卷二**　宣德三年四月十五日，上御乾清宫瑶華殿，敕諭司禮監太監臣張斌，工部吕震等所上册本，朕已親覽。所費浩大，今着爾可往工部校勘虚實。其金、銀藥料諸物，作何用度，可酌量裁減的，實具本奏來。欽此。

宣德三年四月十五日，司禮監太監臣張斌爲欽奉上諭事，本月十五日臣斌奉聖旨，命臣前往工部，查勘所奏鑄造應用諸物。臣斌與部臣震等細加酌量鑄造大小鼎彝輕重，估計裁減十分之二。具册上聞，并將應鑄彝器大小斤兩畫圖注疏，具本呈進御覽。倘荷聖恩俞允，敕諭付外施行。【略】今將裁減清册俱與部臣再四估計，毫無欺罔，俱疏上達宸聰。乞賜俞允。臣等不勝惶悚之至。宣德三年五月初一日，奉聖旨，該部知道，照册施行。

**又　卷三**　工部一本，爲恭領鑄冶物料事，宣德三年五月初一日，蒙聖恩俞允，裁減鑄冶應用材料，理合具題，差官恭詣内庫并外庫及各管署，領取在册物料。謹具差官姓名，上達天聰，應否伏候聖裁。臣震等恭誠待命之至。計開差官官員：工部營繕司主事臣王益，都水司主事臣張貴誠，鑄冶局大使臣張貴，鑄冶局副使臣許百禄。【略】以上各項金銀藥料撥酌遣官領取。爲此謹具摺本奏聞，伏候聖裁。謹疏。

宣德三年五月十六日奉聖旨，云，知道了。

**又**　工部一本，爲恭進呈宣德彝器圖譜，仰祈天鑒事。宣德三年六月初三日，謹將應鑄鼎彝遵奉聖旨開列，郊壇，宗廟，内廷，所在安置名目款式，敷色畫圖，呈進御覽，應否伏候聖裁，謹將鼎彝應鑄清册隨本上聞，恩賜俞允，臣等不勝榮遇之至。謹疏。

**又　卷一二**　司禮監一本，爲欽奉上諭補鑄鼎彝事。宣德三年十月初二日，臣張斌奉聖諭，所鑄鼎彝除倣三代秦漢原器，大小輕重亦畧相似，不必補鑄。其外如三足乳爐，蚰耳、魚耳、彝鼎等，雖仿官、哥、均、定各窑製度，輕重大小不甚相符。爾可加減輕重，定式補鑄。餘種雜款，務合古雅者，可一併作速鑄成。

毋違。欽此。臣斌等欽此欽遵，謹與部臣裁酌機宜，務合古法，鑄成進呈御覽，伏賜恩允。臣等無任榮遇之至。

**又　卷二〇**　工部一本，爲彝器鑄冶告成，進呈聖覽，恭謝天恩事。臣震蒙皇上特達之知，猥承禁近，職寵司空，以樗櫟之庸才，膺喉舌之重任，縻捐頂踵，難報隆恩。我皇上法祖敬天，聿脩聖德，與唐堯並體，虞舜比肩。海晏河清，年登歲稔。宗社奠安，黔首康定。萬國咸賓，四夷臣伏。越裳馴雉，來集禁廷。弱水神鶼，歸翔靈沼。日月照臨，罔不遵化。爰有暹邏之國，祥占星象，仰企中華，歷涉鯨波，朝瞻鳳闕，鼓舞膜拜，喜覲天顔。知我皇上重德輕財，不寶珠玉，謹貢良銅百億，以供禹后鑄鼎之需。蒙敕臣工，簿稽典禮，築爐範冶，揻料與工。深賴皇帝陛下如天之福，山嶽效靈，風雲增色，鼎彝諸器，指日告成。謹詹陽月望日長至良辰，聖壽與日月增長，皇圖同乾坤永固，臣震會同禮部太常寺司禮監諸臣，向闕恭賀皇帝陛下萬壽無疆。蒙敕臣等呈進鑄成彝器，臣隨即協同禮部太常寺司禮監到臣衙門，恭誠按驗，逐件精詳，並皆完好無訛。謹將彝器具册，(工)[恭]詣乾清宫，拜表上達天聽，伏冀聖恩垂録，赦宥耑愚。臣等誠惶誠恐，稽首頓首謹疏。宣德三年十一月□日疏。

宣德三年十一月二十日，司禮監太監臣張斌賫出聖旨一道，臣等叩首叩首跪聽宣讀：奉天承運，皇帝詔曰，朕自御極以來，兢兢自脩，不崇外飾，惟以法祖敬天爲務，深荷天地宗廟之靈，海宇清安，山川寧謐。遠夷慕化，重譯而至者，三十餘國。爰有暹邏刺迦滿靄者，獻琛闕下，特貢良銅，厥號風磨，色同陽邁。詢之臣下，堪鑄鼎彝。朕念郊壇、宗廟、内廷所在陳設鼎彝，式範猥鄙，略無雅致。故勅爾工部，博求古製，定式鑄成。昨覽所進諸器，深合古法，大洽朕懷。卿等勤勞可嘉，合膺褒奬。特賜白金文綺，并升俸三級。其外各所應補鑄簠，簋，壺，尊，俎，豆諸器，可仿古式造進。告成之日，着司禮監等官，到部按驗。不必寫圖煩瀆。欽此。宣德三年十一月□日敕。

**又**　工部一本，爲欽奉上論事，臣吕震等於本月二十日接到司禮監太監張斌賫到聖諭一道，蒙恩頒賜白金文綺，并升俸三級，已經詣闕恭謝天恩訖。外承頒諭，補鑄簠，簋，壺，尊，俎，豆諸器，做古式範鑄造。不必寫圖，煩瀆天聽。告成之日，着司禮監臣到部按驗。欽此遵謹將應該補鑄諸器具列清册，理合具題，伏冀聖恩垂照，臣等無任榮遇之至。宣德三年十一月□日謹疏。

計開補鑄諸品名目如左：【略】以上大小鼎彝簠簋諸器，通計一萬五千餘種，除已經鑄過鼎彝之外，應補鑄者，悉照永樂十三年禮部題請鑄造祭器品目欵式列册，具題上聽，應否伏候聖裁。謹疏。

宣德三年十二月初一日奉聖旨，該部知道，照册施行。

**又吕震《宣德鼎彝譜》卷一**　宣德三年三月初三日，司禮監太監吴誠賫出聖諭一道，敕諭工部尚書吴中：朕自御極以來，荷賴皇天垂佑，海宇清寧，黔首奠安，四夷賓服，重譯獻琛而至者三十餘國。朕惟涼德，實深内疚。因見郊壇、太廟、内廷所在，陳設鼎彝式範鄙陋，殊乖古制，是以深繫朕懷。今有暹羅國王刺迦滿靄所貢良銅，厥號風磨，色同陽邁。朕擬思惟所用堪鑄鼎彝，以供郊壇、太廟、内廷之用。今著禮部會同太常寺司禮監諸官，參酌機宜，該鑄鼎彝自上用之外，以及頒賜各王府、兩京文武衙門數目多寡，款式巨細，悉倣《宣和博古圖録》及《考古》諸書，並内庫所藏柴、汝、官、哥、均、定各窑器皿款式典雅者寫圖，進呈揀選，照依原樣，勒限鑄成。今特勅爾工部，可速開冶鼓鑄。應用工匠，金銀銅鐵鉛錫藥料，可著實明白開册具奏，毋得隱冒侵欺，察出治罪。欽此。

**又**　禮部一本，爲欽奉上諭事。太子太保禮部尚書臣吕震，於宣德三年三月初三日，接到司禮監太監臣吴誠賫出聖諭一道，著臣會同太常寺卿臣周瑛，司禮監太監臣吴誠，彙查本部祠祭册籍，以及太常寺禋祀署司禮監内豐積庫册籍，所載郊壇太廟内廷供用鼎彝等件。已經會同諸臣參酌，遵旨於《博古圖録》、《考古》諸書中遴選欵式典雅者，紀得八十有八種。其柴、汝、官、哥、均、定中，亦選得二十有九種。二共一百一十七種，謹寫圖形進呈御覽。可否伏候上裁。臣等誠惶誠恐，稽首頓首，隨册謹疏。宣德三年三月疏。宣德三年四月初十日，司禮監太監臣吴誠賫出聖諭一道，勅諭禮部：朕覽鼎彝諸欵，深合古制，可著工部照式鼓鑄。該用物料，即著照册奏聞給付。欽此。宣德三年四月，勅工部一本，爲欽奉上諭事。太子太保工部尚書臣吴中接到禮部移會，遵旨開冶鼓鑄鼎彝，以供郊壇、太廟、内廷之用。共紀一百一十七欵，通紀三千三百六十五件。照依原降欵式，謹遵欽限鑄造，該用金、銀、銅、鐵、鉛、藥，遵旨明白開載，具册上聞，伏候聖裁頒發。謹疏。宣德三年四月疏。【略】臣吴中等誠惶誠恐，稽首頓首，遵旨謹奏所列應用金銀銅鐵藥料、什物、大小臣員、工匠，俱已估計明白，真實無虚。謹於宣德三年四月二十日率本部大小臣員恭詣乾清宫，具本隨册上達天聽。倘蒙俞允，乞命司禮監太監臣到臣部(限)[眼]同勘校虚實，以便具本恭詣内府，及各衙門，領取應用物料施行，庶可依限鑄成上進。伏祈賜垂睿鑒，臣等無任榮遇之至。宣德三年四月疏。太子太保工部尚書臣吴中，左侍郎臣王景崇，右侍郎臣徐驤，營繕司郎中臣張禧，員外郎臣趙璟，員外郎臣王驥，主事臣朱文光，主事臣王玉益，主事臣員缺，虞衡司郎中臣章藻鑑，郎中臣諸升陞，郎中臣員缺，員外郎臣周衣言，員外郎臣孔書，員外郎臣蔣安吉，主事臣周文，主事臣於景宣，都水司郎中臣員缺，署印郎中臣潘學海，郎中臣黨賢，郎中臣張美，郎中臣差缺，員外郎臣黄如金，員外郎臣田豐，主事臣米寶，主事臣張貴誠，主事臣員缺，屯田司掌印臣郎中伊帝錫，郎中臣員缺，員外郎臣錢貢，主事臣馮又異，主事臣李琦，司務臣瞿亨，司務臣蘇定宇，鑄冶局大使臣張護，鑄冶局大使臣許百禄。

**又** **卷二** 宣德三年四月二十四日，上御乾清宫瑶華殿，勅諭司禮監太監吴誠，工部尚書吴中等：所上册本朕已親覽。所費浩大，今著爾可往工部校勘虚實。其金銀藥料等物作何用度，可酌量裁減的實具本奏來。欽此。

**又** 司禮監一本，爲欽奉上諭事。司禮監太監臣吴誠，於宣德三年四月二十四日，奉聖旨命臣前往工部查勘所奏鑄造鼎彝應用金銀藥料物件。臣與部臣吴中等細加酌量鑄造鼎彝大小輕重，估計該用物件裁減十分之二。具册上聞，恭呈御覽。倘蒙聖恩俞允，勅諭付外施行。

**又** **卷三** 工部一本，爲遵旨欽頒鑄冶物料事。宣德三年五月初一日，叩蒙聖恩俞允，裁減鑄冶鼎彝應用材料，理合具題，遣官恭詣内庫，并各署管衙門領取。謹具差官員名及該領物件，上達天聽，應否伏候上裁。臣吴中等不勝惶懼之至。謹開：工部營繕司主事臣王玉益，工部都水司主事臣米寶，鑄冶局大使臣張護，鑄冶局大使臣許百禄。

宣德三年六月二十六日，工部尚書臣吴中，會同禮部尚書臣吕震，太常寺卿臣周瑛，司禮監太監臣吴誠，恭詣乾清宫，謹獻鼎彝名目，并造具清册，進呈天覽。其欵式高低輕重，應否伏候上裁。

**又** **卷五** 奉聖旨，著禮部會同司禮監等官商酌頒賜兩京各衙門鼎彝，必須品格典雅，與官職名目義合經史者，明白寫圖奏來。俟朕採擇中式者鑄冶頒賜。欽此。

禮部尚書吕震等遵旨議定頒賜各衙門鼎彝名目已經進呈，蒙聖恩採擇中式者，已經鑄冶奏成。理合具題，上達天聽，伏望差官勘驗，以便頒賜。臣等不勝瞻依之至。奉聖旨：各衙門頒賜鼎彝，昨勘官回奏，如法鑄冶，深合經史文義，大洽朕懷。卿等勤勞可嘉，各賜勑獎譽。欽此。

**又** 工部一本，爲鼎彝鑄冶告成進呈御覽恭謝天恩事。臣吴中蒙皇上特達之知，猥承禁近，職寵司空，謬以樗櫟之庸材，時膺喉舌之重任，縻捐頂踵，難報隆恩。我皇上敬天法祖，聿修聖德，與唐堯並體，虞舜駢肩，海宴河清，年登歲稔，黔首康定，宗社奠安，萬國咸賓，四夷臣服，越裳白雉，來集禁廷，弱水丹鶼，歸翔靈沼，日月照臨，罔不慕化。爰有暹羅之國，祥占星歷，仰企華風，重譯獻琛，不辭跋涉，險歷鯨波，朝瞻鳳闕，鼓舞膜拜，喜覲天顔，知我皇上重德輕財，不寶珠玉，謹貢良銅百億，以供神禹鑄鼎之需。爰勑臣工，越稽典禮，諏吉興工。賴皇上如天之福，山嶽效靈，風雲增色，鼎彝諸器指日告成。謹詹本月十五日長至之辰，帝歷與日月增長，皇圖共乾坤永固，臣謹同禮部太常卿司禮監諸臣，恭誠按驗，逐件精詳，並皆完好無訛。恭詣乾清宫，謹獻鑄成鼎彝諸器，並具清册，上呈睿覽。伏冀天恩賜録，赦宥顓愚。臣等誠惶誠恐，稽首頓首，無任恐懼之至。宣德三年十一月具疏。

宣德三年十一月二十一日，司禮監太監吴誠賫出聖旨：奉天承運，皇帝詔曰：朕自臨馭以來，兢兢自修，不崇外飾，惟以敬天法祖爲務，深荷天地祖宗之靈，海宇清寧，山川安謐，遠夷慕化，重譯而至者，三十餘國。内有暹國王剌迦滿靄，獻琛闕下，愛貢良銅，厥號風磨，色同陽邁。詢之臣下，堪鑄鼎彝。朕念郊壇、宗廟、内廷所在，陳設鼎彝式範猥鄙，不足以配典章，故勑爾工部鑄造。昨覽進呈諸種鼎彝，深合古制，大洽朕懷。卿等勤勞可嘉，勑賜白金、文綺，各陞三級俸。其外如應補鑄簠、簋、壺、尊、俎、豆諸器，可倣古範製造。告成之日，著禮部太常寺司禮監，協同爾工部按驗進呈，不必寫圖煩瀆。欽此。宣德三年十一月勑。

**又** 工部一本，爲欽奉上諭事。工部尚書臣吴中，與禮部尚書臣吕震，太常寺正卿臣周瑛，司禮監太監臣吴誠，於本月二十日接到聖旨，蒙恩頒賜白金、文綺，已經赴闕恭謝天恩訖。外蒙頒諭補鑄簠、簋、壺、尊、俎、豆諸器，倣古式範鑄造，不必寫圖煩瀆。欽此欽遵，應補鑄諸器數目理合清册，先呈睿覽。俟諸器告成之日，照册按驗，恭進上方。爲此具題上達天聽，伏冀聖慈垂照。臣等不勝榮遇之至。謹開以上應該補鑄一應大小鼎、彝、壺、尊、俎、豆、簠、簋、卤簿諸器，合計一萬五千六百八十四件。除鼎、彝鑄過外，餘器應補鑄者，照永樂十三年禮部題請鑄造祭器諸項品目欵式，列册上呈。應否伏候聖裁。臣等謹聽玉音。宣德三年十一月疏。

宣德三年十二月初一日奉聖旨：該部知道，照册施行。

**明・吕棠《宣德彝器譜》卷上**　工部一本，爲欽奉上諭事。工部尚書臣吕棠，於宣德三年三月初三日，接到司禮監臣張斌頒賜聖諭一通，命臣部開冶鼓鑄上用爐鼎彝器，共三千三百六十五件，可擬倣秦漢以來爐欵式，畫圖照樣，逐件陳該用金銀銅鉛藥料多寡，明白着實奏來，毋得侵欺隱冒，察出治罪。欽此欽遵，臣吕棠等誠惶誠恐，稽首頓首。臣等遵旨謹奏，所列應用金、銀、銅、鉛藥料諸物，俱已估計明白，真實無虚。謹於宣德三年三月初十日恭詣乾清宫具奏，上達天聽。倘蒙俞允，乞命司禮監臣到臣部，眼同校勘虚實，具劄恭詣内藏庫，領取應用諸物。並乞頒降爐鼎彝器各種欵式，以便上進。伏乞恩賜睿覽，臣等無任戰慄恐懼之至。謹具表上聞，宣德三年三月初十日，工部尚書臣吕棠，左侍郎臣王景榮，右侍郎臣徐逸羣，營繕司郎中臣張熹，員外郎中臣王驥，趙璟，朱文光，主事臣許儀昌，王益，缺，卜昌，虞衡司郎中臣章藻，諸升陞，缺，員外郎臣周依言，蔣安吉，孔書，主事臣周文，于景宜，都水司郎中臣王崙，潘學海，黨賢，差缺，員外郎臣黄如金，田豐，主事臣米寶，張貴誠，缺，屯田司郎中臣伊帝錫，差缺，員外郎臣錢貢，主事臣馮又異，沈琦，司務臣瞿燕吉，蘇定宇，鑄冶局大使臣張貴，副使臣許百禄。

宣德三年三月十七日，上御乾清宫瑶華殿，上諭司禮監太監張斌，工部所上鑄冶本章，朕已親覽。今差爾速往工部，校勘所奏虚實，諸種應用物料作何用度，酌量裁減的實具本奏來。欽此。

**又**　宣德三年三月十七日，司禮監太監張斌奉聖旨，命奴婢前往工部，查勘所奏應用諸物，已與部臣細細酌量所奏事件，將鑄造大小什物輕重估計裁減十分之二，今將該鑄爐鼎等畫圖呈覽，并列原經御定器式呈覽。伏乞聖慈俞允，外付施行。

**又　卷下**　進宣德彝器表：蓋聞鳥跡雲章，天垂制作。河圖洛篆，地起經綸。商尚質而周上文，歷聖規模乎乾造。禹鑄鼎而湯銘盤，羣后驚惕乎人鑑。功垂九有，勳懋千秋。恭維皇帝陛下，聰明睿智，度越唐虞。虚己進忠，光照舜典。開誠納諫，廣達堯聰。聖德欽於昊天，卿雲翱翔周闕。皇仁被於率土，醴泉沸湧姚墟。是以八紘重譯，九牧咸賓。瘴海螺舟，不憚鯨波萬里。流砂象乘，豈辭豹霧千程。於是呼韓稽顙，冒頓拜手，貢陽邁之良金，獻越裳之馴雉。均輸九府，備用三辰。皇帝陛下聖明恭儉，宵旰彌殷。作樂稽於咸池，制器陳於柏寢。爰命臣工，共稽典禮。商彝周鼎，畫被龍文。漢簠秦尊，紋垂鳳采。爲一朝之偉器，作萬世之尊彝。在宗廟，則與瑚璉並稱。在朝廷，爰共琳球同寶。臣等叨生聖世，獲覩奇珍，頓首對揚，欣慶無任。謹拜表上聞。

# 圖録

**明・吕震《宣德彝器圖譜》卷三**

金猊爐圖

金猊爐圖

大金猊爐，照元朝姜鑄流金欵式，高三尺六寸，重一百二十斤，用八鍊洋銅鑄成。周身蠟茶色，純金流裹。實用赤金十六兩，白銀八兩。爲絲片周身商嵌，下乘沉香木八角須彌座。中金猊爐，照元朝姜鑄流金中號金猊爐欵式，高二尺四寸，重六十四斤，用八鍊洋銅鑄成。周身蠟茶色，純金流裹。實用赤金八兩，白銀六兩，爲絲片商嵌。沉香木八角須彌座。爐底篆隸四字，曰宣德年製。周身駱色，其文皆用金勾，細文銀勾。

倣周夔龍雲雷鼎圖

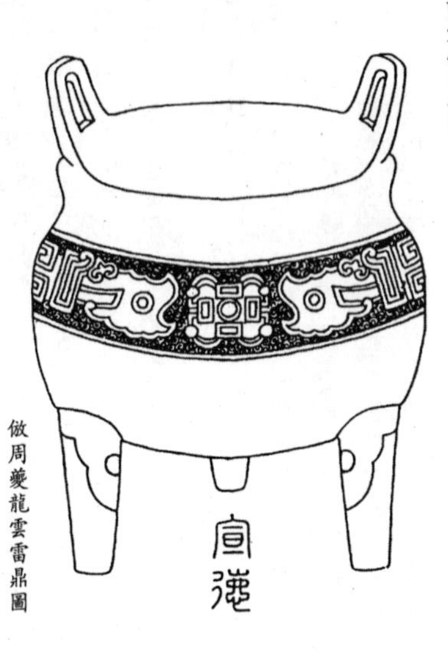
宣德

倣周夔龍雲雷鼎圖

倣周夔龍雲雷鼎，照博古圖原鼎樣欵式，高八寸八分，耳高二寸二分，濶一寸八分，深五寸三分，口徑七寸九分，腹徑八寸七分，重十三斤五兩。無銘。爐底篆文宣德二字。用十二錬精銅鑄成。倣古青緑硃斑色，金絲商嵌。白玉九龍頂，沉香蓋座。周身緑色硃斑，帶淡藍色斑，周身金勾，細文銀勾。此二閣中鼎也。

**又 卷四**

倣古周文王鼎圖

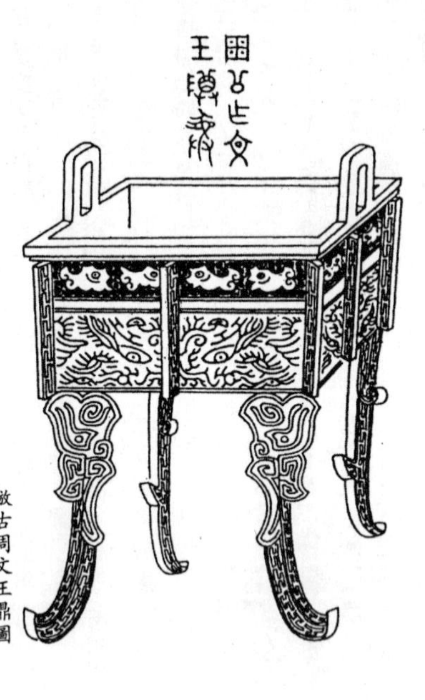

倣古周文王鼎圖

右倣古周文王鼎，照原鼎欵式，高六寸四分，耳高二寸四分，寬二寸二分，長九寸八分，濶五寸八分，足高六寸四分，重十一斤四兩。銘八字，曰魯公作周文王尊彝。用十二錬精銅鑄成。周身倣古青緑硃斑色，金銀絲片商嵌。羊脂白玉九龍頂，沉香蓋座。加鑄者周身緑色，金勾夾銀，四足墨勾金銀點，周身硃斑。賜各王府者，係白玉頂，沉香蓋座。

周子父舉鼎圖

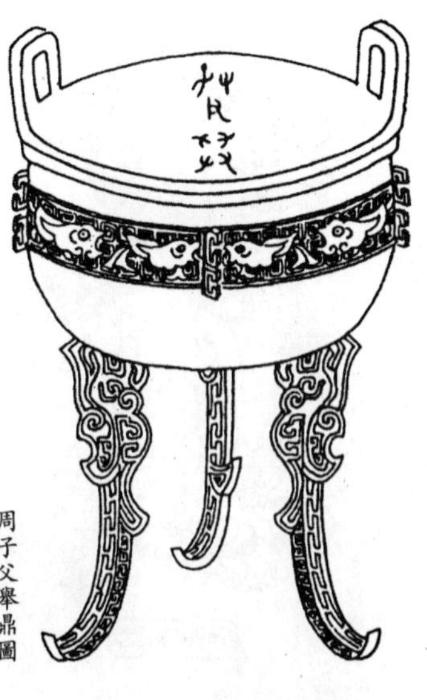

周子父舉鼎圖

右倣周子父舉鼎，照原鼎欵式，高九寸四分，耳高一寸八分，濶一寸二分，深四寸一分，口徑七寸二分，腹徑六寸五分，重六斤十三兩。銘三字，曰子父舉。用十二錬精銅鑄成。倣古青緑硃斑色，金銀絲片商嵌。羊脂白玉九龍頂，沉香蓋座。周身緑色，金勾夾銀，四足墨勾金銀點。

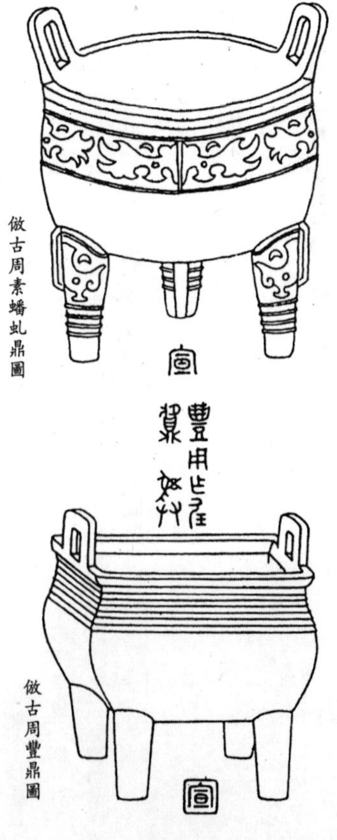
宣

倣古周素蟠虬鼎圖

倣古周豊鼎圖

倣古周素蟠虬鼎圖

右[上]倣古周素蟠虬鼎，照原鼎欵式，高一尺二寸九分，耳高八分，濶三寸五分，口徑一尺一寸四分，腹徑一尺一寸六分，重十六斤八兩。用十二鍊精銅鑄成。本身褐色，不施金彩。加鑄者本身深杏黄色，墨勾花文。

倣古周豐鼎圖

右[下]倣古周豐鼎，照原鼎欵式，高三寸二分，耳高八分，深一寸九分，口徑長三寸五分，濶二寸七分，腹徑三寸九分，濶三寸一分，重一斤二兩。四足銘六字，豐用作玖鬻彝。下銘一字，曰宣。本身蠟茶色，金流耳脛，用十二鍊精銅鑄成。加鑄者周身紅黄色，本文皆金勾，口内黑勾一道。

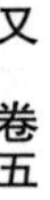

又 卷五

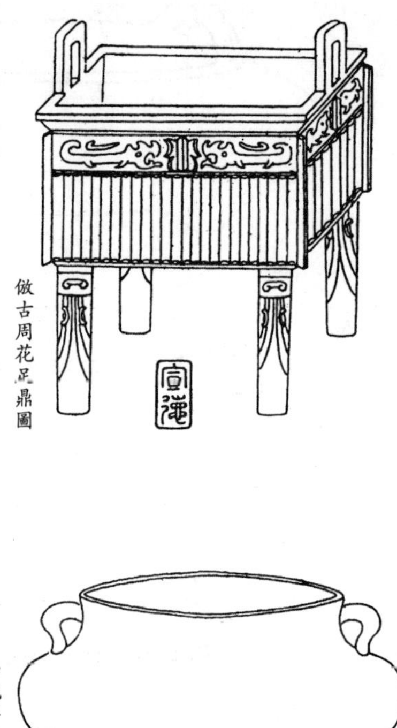

倣古周花足鼎圖

蚰龍耳彝爐圖

倣古周花足鼎圖

右[上]倣古周花足鼎，照原鼎欵式，高五寸七分，耳高一寸三分，濶八分，深三寸二分，口徑長四寸八分，腹徑長五寸，濶四寸，重二斤六兩。本身深藏金紙色，不施金彩。用十二鍊精銅鑄成。爐底篆書二字，曰宣德。加鑄者本身淺駱色帶紅，墨勾花紋。

蚰龍耳彝爐圖

[右]下蚰龍耳彝爐，倣宋白定甆蚰龍耳彝爐欵式，高二寸四分，耳高一寸一分，足高三分六釐，口徑五寸二分，重二斤四兩。更有減輕一種，重十五兩八錢者，赤金流耳及腹上者，名覆祥雲。亦金流耳及腹下者，名湧祥雲。本身藏金紙色，底有長方匾印楷書六字，曰大明宣德年製。用十二鍊精銅鑄成。加鑄者本身駱色，金口耳。

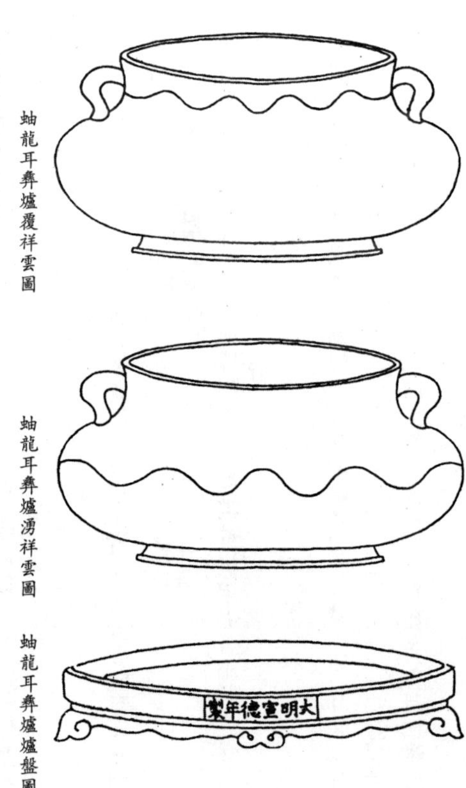



蚰龍耳彝爐覆祥雲圖

蚰龍耳彝爐湧祥雲圖

蚰龍耳彝爐爐盤圖

蚰龍耳彝爐覆祥雲圖

此爐欵式已載蚰龍耳彝爐圖左，此樣[右上]名爲覆祥雲。

蚰龍耳彝爐湧祥雲圖

此爐欵式已詳載蚰龍耳彝爐圖後，此樣[右中]名爲湧祥雲。

蚰龍耳彝爐爐盤圖

[右下]蚰龍耳彝爐爐盤，口徑八寸一分，高八分四釐，重八兩七錢。分覆祥，湧祥，藏金，[illegible]茶四色。本身駱色。

又 卷六

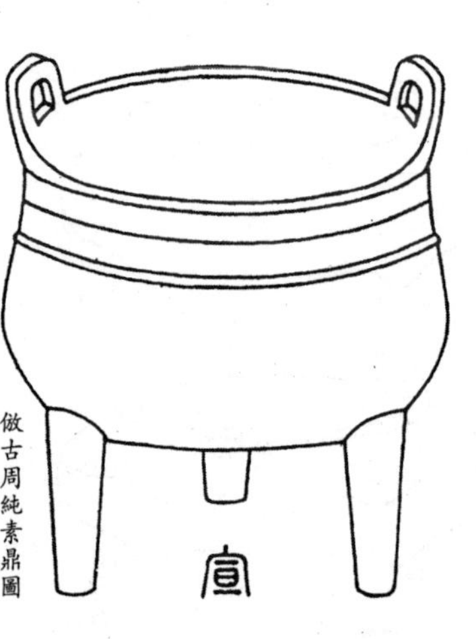

倣古周純素鼎圖

倣古周純素鼎圖

右倣古周純素鼎，照原鼎欵式，高一尺二寸，耳高一寸六分，深六寸二分，口徑六寸七分，重六斤十二兩。周身樸素無文，照原鼎紫褐色，不施金彩。爐底篆書一字，曰宣。用十二錬精銅鑄成。加鑄者本身深騐色帶墨。

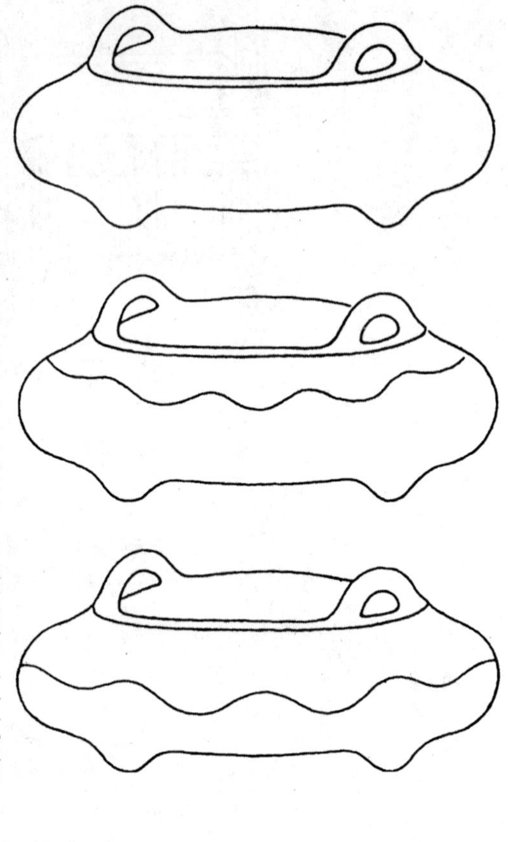

沖天耳三足大乳爐圖　沖天耳覆祥雲三足大乳爐圖　沖天耳湧祥雲三足大乳爐圖

沖天耳三足大乳爐圖

右沖天耳三足大乳爐，倣宋磁沖天耳三足乳爐欵式，高二寸六分，耳高一寸一分，足高八分一釐，口徑五寸七分，重二斤十四兩。用赤金流裏，作覆祥湧祥二色，及棠梨色三種。用十二錬精銅鑄成。爐底楷書六字，曰大明宣德年製。

沖天耳覆祥雲三足大乳爐圖

此爐欵式已詳沖天耳三足大乳爐圖後。覆祥雲者，係用赤金流耳頸及腹上，號爲覆祥雲。

沖天耳湧祥雲三足大乳爐圖

此爐欵式已詳沖天耳三足大乳爐圖後。湧祥雲者，用赤金流腹及足，號爲湧祥雲。



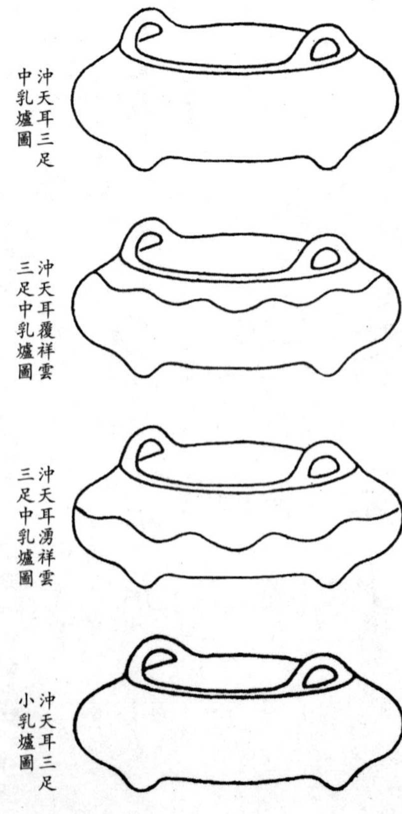

沖天耳三足中乳爐圖　沖天耳覆祥雲三足中乳爐圖　沖天耳湧祥雲三足中乳爐圖　沖天耳三足小乳爐圖

沖天耳三足中乳爐圖

右沖天耳三足中乳爐，倣宋甆沖天耳乳爐欵式，高一寸三分，足高四分，口徑二寸五分七釐，重棠梨色七兩七錢，流金六兩七錢。分覆祥湧祥，棠梨流金本色三種。用十二錬精銅鑄成。爐底有楷書六字，曰大明宣德年製。本身淡騐帶白熟棠梨色，係騐色帶深。

沖天耳覆祥雲三足中乳爐圖

此爐欵式已詳沖天耳三足中乳爐圖後。覆祥雲者，係用赤金流耳頸及腹上，號覆祥雲。

沖天耳湧祥雲三足中乳爐圖

此爐欵式已詳沖天耳三足中乳爐圖後。湧祥雲者，係用赤金流足及腹下，號爲湧祥雲。

沖天耳三足小乳爐圖

此沖天耳三足小乳爐，倣宋甆沖天耳乳爐欵式，高九分二釐，耳高六分三釐，足高四分二釐，口徑一寸九分，重五兩零七分。用十二錬精銅鑄成。本身滲金作雨雪點。爐底小楷六字，曰大明宣德年製。加鑄者本身白帶紅淡騐色。

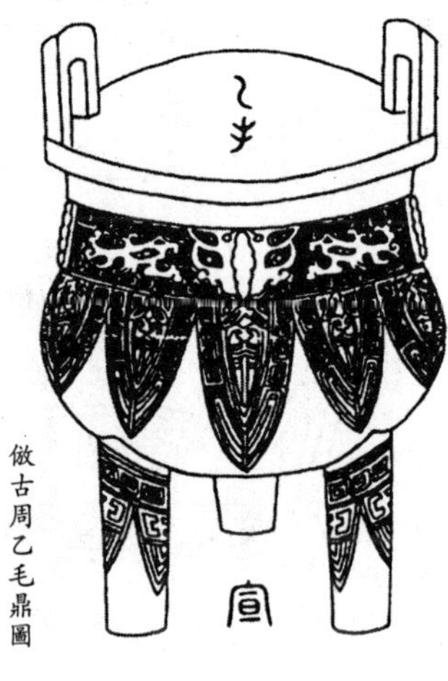

倣古周乙毛鼎圖

倣古周乙毛鼎圖

右倣古周乙毛鼎照原鼎欵式，高五寸五分，耳高一寸五分，濶一寸三分，深三寸六分，口徑五寸三分，腹徑五寸五分，重十三兩八錢。三足。銘二字，曰乙毛。下銘一字，曰宣。用十二錬精銅鑄成。本身藏金紙色，金銀硃砂雨雪點。加鑄者本身白紅帶黄色，硃斑，金銀雨雪點，墨勾花文。

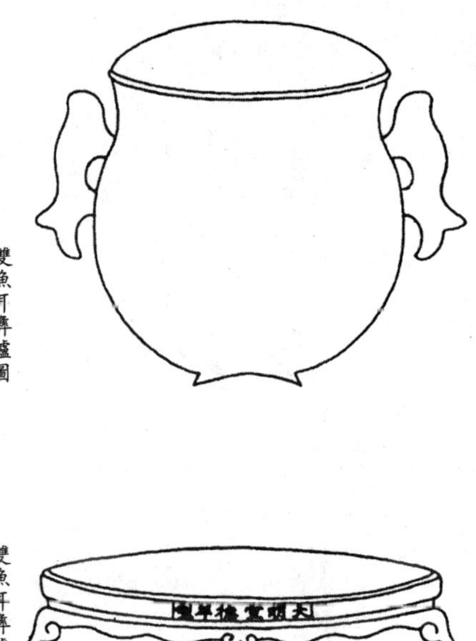

雙魚耳彝爐圖

雙魚耳彝爐爐盤圖

雙魚耳彝爐圖

［右］雙魚耳彝爐，照宋官窑雙魚斗彝爐欵式，高三寸二分，足高三分一釐，耳長一寸三分，口徑二寸五分，重八兩四錢。足底圓徑九分二釐，圓凹而入，俗名鍋臍。底真書小楷六字欵，曰大明宣德年製。一線足，分覆祥，湧祥，藏金，蝎茶四色。又一種，用硇砂點硃砂斑，流金作湧祥雲者，名金帶石榴爐。諸爐品式，當以魚彝爲最。蓋魚彝出自内府官窑佳器，欵式大雅，極爲適用。其外更有減輕七兩二錢，六兩八錢不等。俱用十二錬精銅鑄成。

雙魚耳彝爐爐盤圖

右雙魚耳彝爐爐盤，高四分三釐，口徑三寸六分，重六兩一錢七分。排欵六字，曰大明宣德年製。本身藏金流金二色。

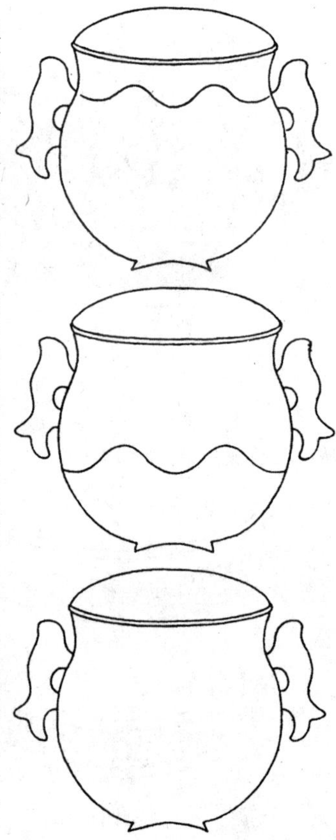
覆祥雲流金色雙魚耳彝爐圖

蝎茶色湧祥雲雙魚耳彝爐圖

藏金紙色雙魚耳彝爐圖

覆祥雲流金色雙魚耳彝爐圖

右覆祥雲流金色雙魚耳彝爐，欵式悉與雙魚耳彝爐同。惟用赤金流耳頸及腹上，號覆祥雲。加鑄者本身白帶淡黄，金流口及魚耳。

蝎茶色湧祥雲雙魚耳彝爐圖

右蝎茶色湧祥雲雙魚耳彝爐，欵式已詳雙魚耳彝爐。惟用赤金流耳腹及足上，號爲湧祥雲。加鑄者本色白色帶黄，金流底及耳。

藏金紙色雙魚耳彝爐圖

此藏金紙色雙魚耳彝爐，欵式已詳雙魚耳彝爐。惟本身藏金紙色而已。加鑄者本身白駱色帶黄。

倣古壽山福海博山爐圖

倣古壽山福海博山爐圖

右壽山福海博山爐，照唐天寶局鑄壽山福海博山爐欵式，高一尺三寸，爐口徑三寸九分八釐，深二寸五分，蓋高二寸一分，重四斤六兩，用十二鍊精銅鑄成。周身倣古青緑色，硃砂斑，金銀絲片商嵌。銘四字，曰壽山福海。加鑄者周身皆緑滿，金勾口下三箇圓花，内攙銀勾，並[illegible]内横道用銀，硃砂斑。

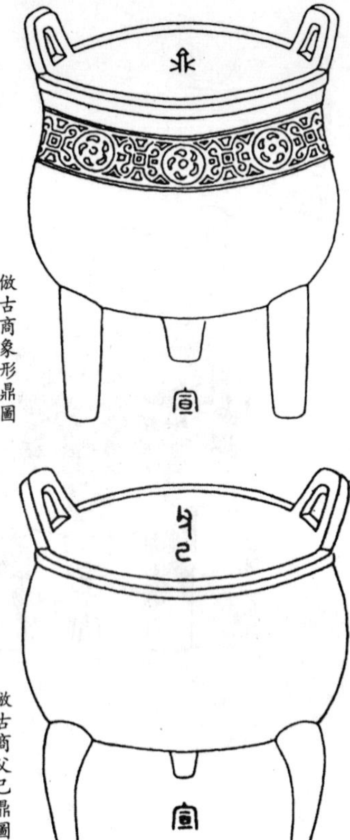
倣古商象形鼎圖
倣古商父己鼎圖

倣古商象形鼎圖

右倣古商象形鼎，照象形鼎原欵式，高六寸九分，耳高一寸六分，濶一寸五分，深四寸一分，口徑五寸八分，腹徑六寸二分，重二斤六兩。三足。銘一字，曰鼎。下銘一字，曰宣。本身棠梨色，用十二鍊精銅鑄成。不施金彩。加鑄者本身白黄黑色，墨勾花文。

倣古商父己鼎圖

右倣古商父己鼎，照父己鼎原欵式，高五寸六分，耳高一寸二分，濶一寸四分，深三寸三分，口徑五寸，腹徑五寸五分，重二斤五兩。三足。上銘二字，曰父己。下銘一字，曰宣。用十二鍊精銅鑄成。本身紫褐色，不施金彩。加鑄者白黑黄帶紅色。

倣古商己舉彝爐圖

右倣古己舉彝爐，照己舉彝爐欵式，高六寸，深四寸六分，口徑八寸二分，腹徑八寸，重二斤二兩。兩耳銘二字，曰己舉。用十二鍊精銅鑄成。本身藏金紙色，金銀雨雪點，硃砂斑。加鑄者本身白紅色，類駱色稍淡。硃砂斑，金銀雨雪點，墨勾花文。

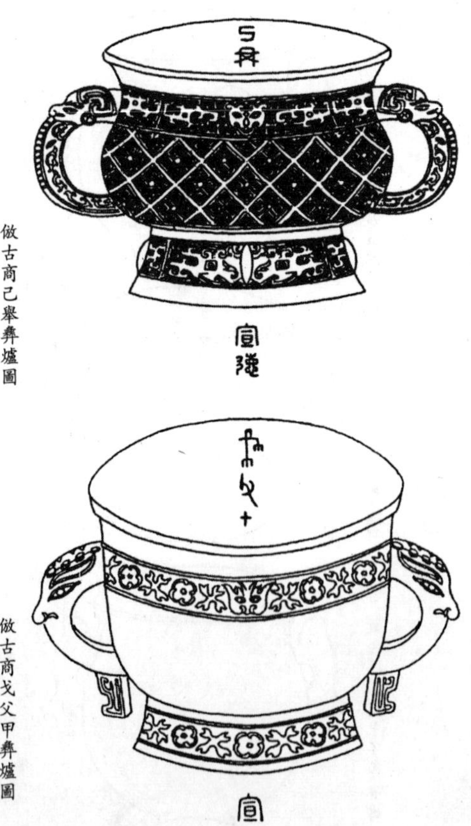
倣古商己舉彝爐圖
倣古商戈父甲彝爐圖

倣古商戈父甲彝爐圖

右倣古商戈父甲彝爐，照父甲彝原欵式，高五寸，深四寸，口徑六寸七分，腹徑五寸四分，足徑五寸二分，重三斤五兩。兩耳有銘三字，曰戈父甲。用十二鍊精銅鑄成。本身藏金紙色，不施金彩。加鑄者本身黄白帶微黑，墨勾花文。

又　卷九

索綯耳三足分襠大鬲爐圖

索綯耳三足分襠中鬲爐圖

索綯耳三足分襠小鬲爐圖

索綯耳三足分襠大鬲爐圖

右[上]索綯耳三足分襠大鬲爐，照姜鑄鬲甗爐欵式，高六寸八分，耳高一寸六分，足高一寸六分，口徑八寸一分，重三斤十三兩。三足，分襠。用八鍊洋銅鑄成。本身熟棠梨色，不施金彩。爐底有長方印欵，楷書六字，曰大明宣德年製。熟棠梨色係白黄帶黑色。

索綯耳三足分襠中鬲爐圖

[右中]索綯耳三足分襠中鬲爐，照姜鑄鬲甗爐欵式，高五寸二分，耳高一寸一分，足高一寸一分，口徑五寸二分，重一斤十四兩。用八鍊洋銅鑄成。本身熟棠梨色，不施金彩。爐底有長方印欵，楷書六字，曰大明宣德年製。熟棠梨色係白黄帶黑色。

索綯耳三足分襠小鬲爐圖

[右]下索綯耳三足分襠小鬲爐，照姜鑄鬲甗欵式，通高二寸二分，耳高八分，足高六分一釐，口徑二寸六分，重七兩二錢。用八煉洋銅鑄成。本身熟棠梨色，不施金彩。爐底有長方印欵，楷書六字，曰大明宣德年製。熟棠梨色係白黄帶黑色。

又　卷一〇

天雞錦邊大彝爐圖

減輕中號天雞錦邊彝爐圖

天雞錦邊大彝爐圖

[右上]天雞錦邊大彝爐，照宋定甆天雞錦邊彝爐欵式，高一尺二寸，天雞耳大一寸五分，高起七分，啣環大一寸九分，足高一寸五分，口徑一尺二寸，腹徑一尺三寸三分，重五斤十四兩，用十二鍊精銅鑄成。本身棠梨色，赤金流天雞耳，錦邊。白玉九龍穿花頂，沉香蓋座。加鑄者本身白黄黑色。口二道，足一道，並天雞獸面及環皆用金勾。

減輕中號天雞錦邊彝爐圖

右[下]減輕中號天雞錦邊彝爐，照天雞錦邊大彝爐欵式，減輕中號通高三寸三分，天雞耳大六分，高起四分二釐，足高四分六釐，口徑二寸五分，腹徑二寸九分，重十兩八錢，用十二鍊精銅鑄成。分流金，蝎茶二色。爐底有長方印欵，楷書六字，曰大明宣德年製。加鑄者本身黄紅色帶白色，墨勾花文。

六龍寶蓮宮奩爐圖

六龍寶蓮宮奩爐圖

右六龍寶蓮宮奩爐，照元朝内府姜鑄六龍寶蓮宮奩爐欵式。通高一尺二寸，蓋高三寸一分，足高二寸二分，口徑八寸一分，重三斤三兩，用十二鍊精銅鑄成。本身棗紅色，金銀絲片商嵌。篆文四字銘，曰壽山福海。爐底承盤深八分，口徑一尺零五分。盤以貯湯蒸香，象梅檀香海。爐蓋上博山，象蓬萊三島。古人取義甚佳。加鑄者本身淡駱色，雲内套駱色帶白。銀勾雲頭獸面環，並爐口。

又　卷一

此二樣花文，口　亦銀勾。此外金勾。

飛鳳耳蟠虬大彝爐圖

大角端金爐圖



飛鳳耳蟠虬大彝爐圖

[右上]飛鳳耳蟠虬大彝爐，照元朝内府鑄飛鳳耳蟠虬大彝爐欵式，通高六寸六分，耳長一寸一分，高起六分，口徑六寸一分，腹徑七寸二分，重二斤二兩，用十二鍊精銅鑄成。本身淡藏經紙色，赤金流鳳首蟠虬文。爐底有長方印欵，楷書六字，曰大明宣德年製。加鑄者本身淡黄兼白色，金流鳳首，白銀流鳳毛。

此文金流，　内　文用銀。

大角端金爐圖

[右下]大角端金爐，照唐天寶局鑄。通高二尺四寸，重二十四斤，用八鍊洋銅鑄成。本身蠍茶色，赤金流裹，白銀絲片商嵌。腹下篆書四字銘，曰宣德年製。紫檀八角須彌座。加鑄者本身淡駱色，粗文金勾，細文銀勾。

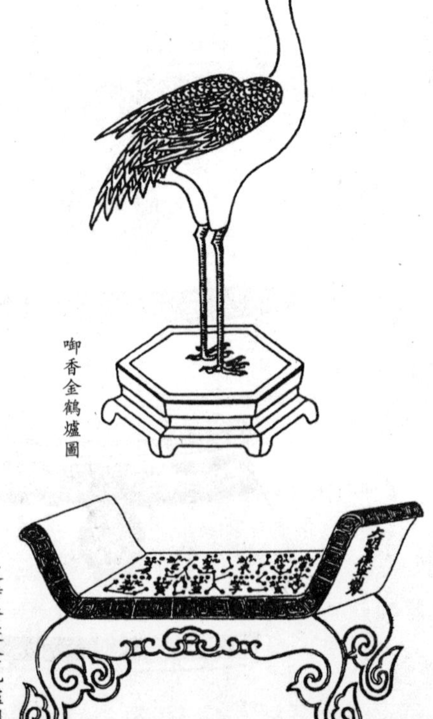
唧香金鶴爐圖

定時香篆金几爐圖

唧香金鶴爐圖

右[上]唧香金鶴爐，照元朝内府鑄，高三尺六寸，座高一尺五寸，重二十四斤，用八鍊洋銅鑄成。赤金流裹，白銀絲片商嵌。加鑄者本身杏黄色，文路，赤金流翅，　金，内一道用銀，墨勾。

定時香篆金几爐圖

[右]下定時香篆金几爐，照元朝内府鑄，長二尺四寸，高一尺六寸，濶一尺二寸，几爐池深三寸六分，重二十四斤，用八鍊洋銅鑄成。本身藏金紙色，赤金

商嵌時刻度數。每至某時刻，則香烟從某時刻出，最爲奇器。此元時都水少監郭守敬所造，百試百驗，奇寶也。几首銘曰大明宣德年製。加鑄者本身杏黃色，金流文道，勾墨線，金星，金字，星線用墨並回文。

**又 卷一二**

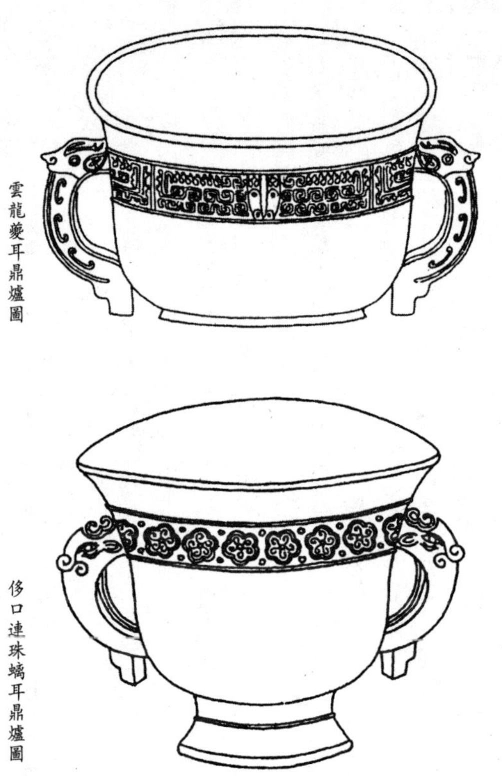
雲龍夔耳鼎爐圖　侈口連珠螭耳鼎爐圖

雲龍夔耳鼎爐圖

［右上］雲龍夔耳鼎爐，照《博古圖》伯映彝欵式，高五寸二分，足高六分二厘，耳長四寸一分，口徑三寸六分，腹徑三寸八分，重十五兩八錢，用十二鍊精銅鑄成。本身蠟茶色，赤金流脛耳。爐底有長方印欵，楷書六字，曰大明宣德年製。白玉螭龍頂，沉香蓋座。加鑄者本身淡棠梨色，金流兩耳，及中腰三道並受面。

侈口連珠螭耳鼎爐圖

右［下］侈口連珠螭耳鼎爐，照漢銅侈口連珠螭耳鼎欵式，高六寸四分，耳長二寸七分，有珥。足高八分，口徑六寸四分，重一斤三兩。本身藏金紙色，金銀兩雪點，硃砂斑，用十二鍊精銅鑄成。爐底有長方印欵，楷書六字，曰大明宣德年製。白玉螭龍頂，沉香蓋座。加鑄者本身白多紅淡微黃，墨勾花文。

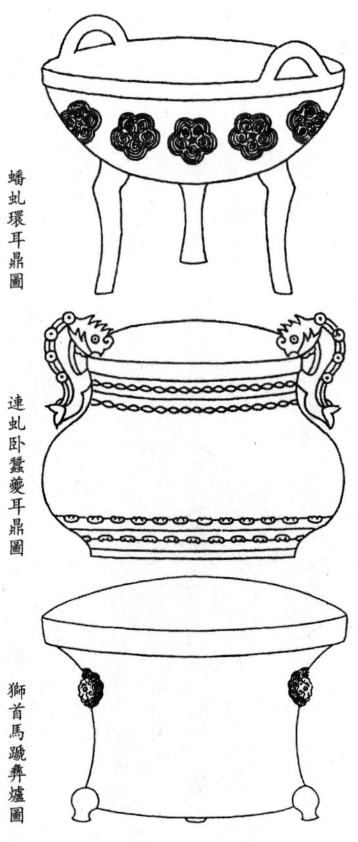
蟠虬環耳鼎圖　連虬卧蠶夔耳鼎圖　獅首馬蹏彝爐圖

蟠虬環耳鼎圖

［右上］蟠虬環耳鼎，照宋東青甆蟠虬環耳鼎欵式，高三寸三分，耳高八分四釐，足高二寸五分，口徑四寸二分，重八兩九錢，用十二鍊精銅鑄成。本身棠梨色，赤金流耳，脰蟠虬文。爐底有長方印欵，楷書六字，曰大明宣德年製。白玉雲鶴頂，沉香蓋座。加鑄者本身淺杏黃色，金流耳，及腰間五箇元花。

連虬卧蠶夔耳鼎圖

右［下］連虬卧蠶夔耳鼎，照唐天寶局鑄連虬卧蠶夔耳鼎欵式，高六寸二分，耳長一寸九分，口徑三寸五分，腹徑三寸九分六釐，足高六分二釐，重一斤二兩，用十二鍊精銅鑄成。本身蠟茶色，赤金流兩耳，及連虬卧蠶二處。爐底長方印欵，六字，曰大明宣德年製。白玉夔龍頂，沉香蓋座。加鑄者一百座，本身深杏黃色，金流口腹底四道，並[illegible]兩耳。

獅首馬蹏彝爐圖

［右上］獅首馬蹏彝爐，照宋定甆獅首馬蹏彝爐欵式，高六寸五分，獅首大六分九釐，高起四分二釐，口徑三寸二分，重八兩六錢。赤金流獅首，本身棗紅色，用十二鍊精銅鑄成。爐底有長方印欵，楷書六字，曰大明宣德年製。白玉螭龍頂，沉香蓋座。加鑄者本身深杏黃色，金流獅首。

又　卷三

滲金戟耳彝爐圖

右[上]滲金戟耳彝爐，照宋甆戟耳彝爐欵式，高三寸二分，耳長二寸四分，足高五分八釐，口徑二寸八分，重十四兩八錢，用十二錬精銅鑄成。本身藏金紙色，赤金作滲金，作雨雪點。爐底長方印欵，楷書六字，曰大明宣德年製。白玉螭龍頂，沉香蓋座。加鑄者本身杏黃，金作雨雪點。

減樣戟耳彝爐圖

[右中]減樣戟耳彝爐，照宋官窑減樣戟耳彝爐欵式，高二寸四分，耳長一寸七分，足高六分，口徑二寸四分，腹徑二寸七分，重六兩九錢，用十二鍊精銅鑄成。本身蠎茶色，赤金流兩耳，周身金銀雨雪點。爐底長方印欵，楷書六字，曰大明宣德年製。加鑄者本身深黃色，口足三道，兩耳，皆流金。雨雪點用金銀。

象首大彝爐圖

右[下]象首大彝爐，照唐天寶局鑄象首彝爐欵式，高四寸一分，耳長七分八釐，口徑五寸三分，腹徑五寸八分，重一斤四兩，用十二鍊精銅鑄成。赤金流象首，本身蠎茶色。爐底長方印欵，楷書六字，曰大明宣德年製。白玉太平有象頂，沉香蓋座。加鑄者本身杏黃色，金流口，象首墨勾。爐底印欵，曰工部尚書敕賜爐宣德製。

又　卷一四



豸首大彝爐圖

[右上]豸首大彝爐，照宋均窑豸首大彝爐欵式，高二寸四分，豸首連環大一寸四分，高起五分，口徑三寸六分，腹徑三寸九分，足高五分三釐，重一斤十五兩，用十鍊精銅鑄成。本身淡棗紅色，硃砂斑，金銀作金銀片，赤金流豸首。爐底長方印欵，楷書六字，曰大明宣德年製。加鑄者本身深杏黃帶紅色，赤金流爐身二道並豸首，金銀片如雲。

九元三極爐圖

右[中]九元三極爐，照唐天寶局鑄九元三極爐欵式，高一尺五寸，足高一寸五分，口徑九寸三分，重八斤十一兩，用十鍊精銅鑄成。本身棠梨色，朱砂斑，金銀大雨雪點。紫檀蓋座，白玉螭龍頂。爐底長方印欵，楷書六字，曰大明宣德年製。加鑄者本身深黃帶黑色。

朝冠宮爐圖

[右下]朝冠宮爐，照元朝姜鑄朝冠爐欵式，高二寸六分，耳長二寸一分，足高八分，口徑三寸八分，腹徑四寸二分，重一斤二兩，用十鍊洋銅鑄成。本身蠎茶色，不施金彩。爐底長方印欵，小楷書六字，曰大明宣德年製。加鑄者本身黃色帶黑。

又　卷一五

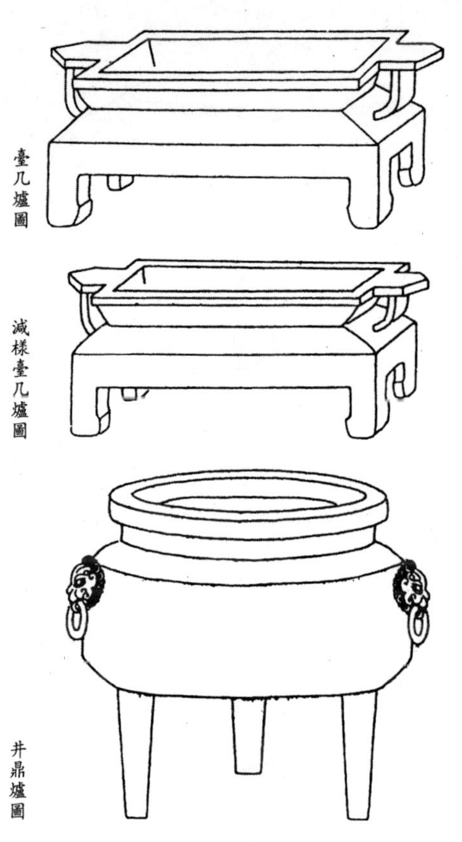

臺几爐圖

減樣臺几爐圖

井鼎爐圖

臺几爐圖

右[上]臺几爐，照唐天寶局鑄臺几宫爐欵式，高七寸一分，長方八寸，潤五寸三分，深三寸九分，耳長一寸六分，重二斤十四兩，用十鍊精銅鑄成。本身藏金紙色，不施金彩。爐底長方印欵，楷書六字，曰大明宣德年製。加鑄者本身黄帶白色。

減樣臺几爐圖

[右中]減樣臺几爐，照宋定窑臺几爐欵式，高二寸四分，長方五寸四分，潤二寸七分，深二寸三分，重八兩八錢。又有加重一種，重一斤二兩。用十鍊精銅鑄成。本身深藏金紙色，不施金彩。爐底長方印欵，楷書六字，曰大明宣德年製。加鑄者本身杏黄帶黑色。

井鼎爐圖

右[下]井鼎爐，照唐天寶局鑄井鼎欵式，通高八寸一分，獅耳大一寸四分，高起五分三釐，啣環大一寸四分，口徑六寸二分，深三寸一分，足高五寸，重二斤十四兩，用十鍊精銅鑄成。本身棠梨色，不施金彩。爐底長方印欵，楷書六字，曰大明宣德年製。加鑄者本身黄帶黑。

又　卷一六

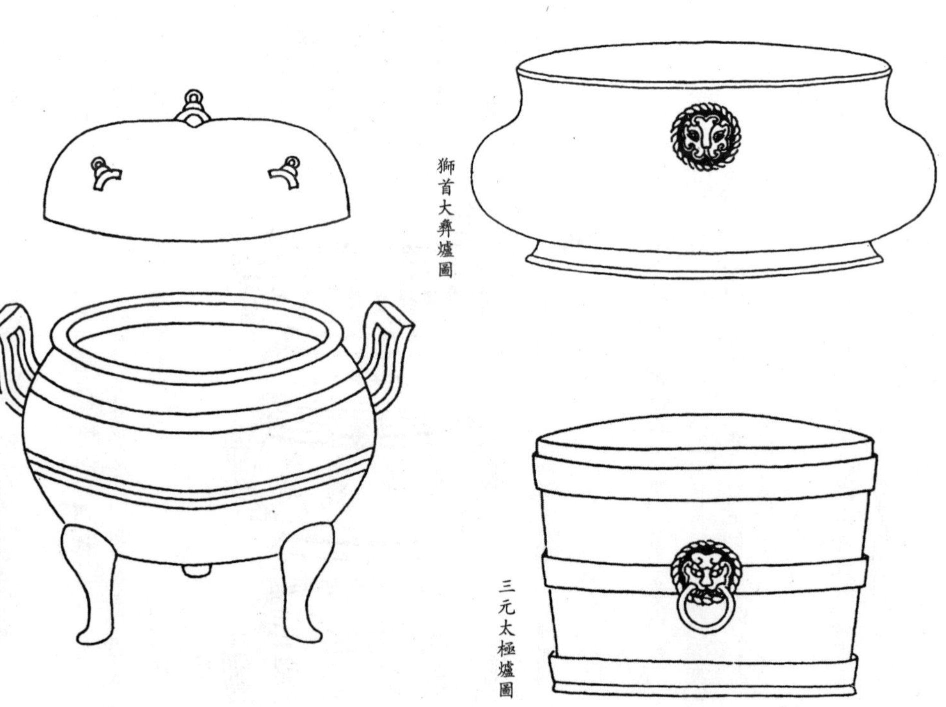

獅首大彝爐圖

三元太極爐圖

勛名蓋鼎勛名鼎圖

獅首大彝爐圖

右獅首大彝爐，照哥窑獅首大彝爐欵式，高四寸三分，獅首大八分，高起六分，口徑五寸二分，腹徑六寸一分，重二斤十四兩，用十鍊精銅鑄成。本身棠梨色，赤金流獅首。爐底長方印欵，楷書六字，曰大明宣德年製。加鑄者本身深黃帶黑，金獅首。

勛名蓋鼎勛名鼎圖

右勛名鼎，照魏賜鍾繇五熟鼎欵式，高一尺二寸四分，口徑八寸九分，足高二寸八分，蓋高二寸九分，重五斤十四兩，蓋重九兩七錢，鈕大八分。用十鍊洋銅鑄成。本身蠟茶色，赤金流鉉耳，及蓋上三紐。蓋内銘五十六字，曰煌煌聖祖，德邁陶唐，統天御極，奄有萬方，桓桓虎臣，翼戴惟良，勛承茅土，苗裔蕃昌，錫之銘鼎，以代旂常，輔我明室，億載無疆。爐底印欵，楷書十二字，曰宣德三年五月敕賜勛名之鼎。加鑄者本身黑黃色，金流耳。

三元太極爐圖

右三元太極爐，照姜鑄三元太極爐欵式，高五寸六分，獅首大七分八釐，高起五分，口徑三寸九分，重一斤零九錢，用十鍊精銅鑄成。本身棠梨色，赤金流獅首。三元爐底楷書六字，曰大明宣德年製。加鑄者本身黑黃色，赤金流獅首。

又 卷一七

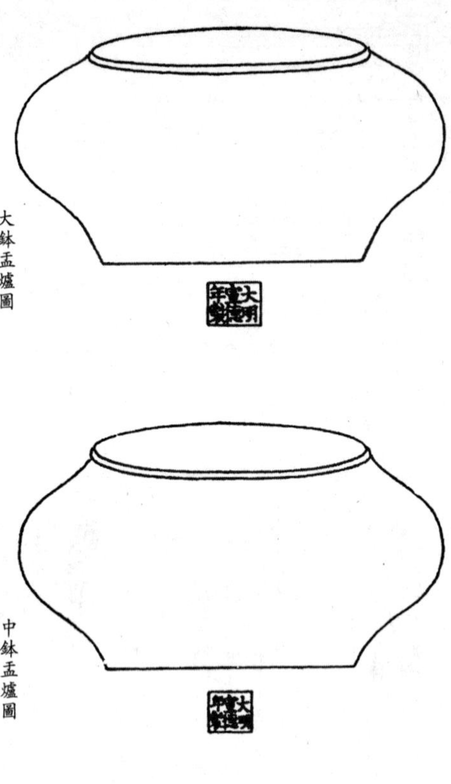

大鉢盂爐圖

中鉢盂爐圖

大鉢盂爐圖

左大鉢盂爐，照宋填漆大鉢盂欵式，高七寸一分，口徑五寸五分，腹徑六寸三分，重一斤十五兩，用八鍊洋銅鑄成。本身栗殼色，硃砂斑，金銀大雨雪點。爐底印欵，楷書六字，曰大明宣德年製。栗殼色即深杏黃色，金銀片如雪。

中鉢盂爐圖

右中鉢盂爐，照大鉢盂欵式，減中樣高四寸八分，口徑三寸二分，腹徑四寸二分，重十四兩八錢，用八鍊洋銅鑄成。本身藏金紙色，即淡黃兼白色。滲金硃砂雨雪點。爐底印欵，楷書六字，曰大明宣德年製。

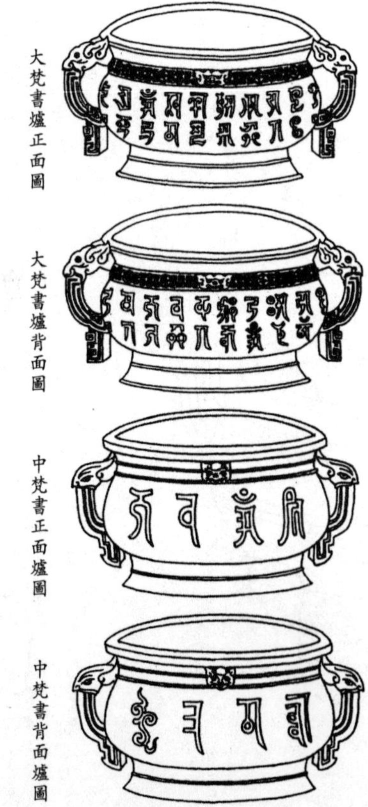

大梵書爐正面圖

大梵書爐背面圖

中梵書正面爐圖

中梵書背面爐圖

大梵書爐圖

[右上]大梵書爐，照宋東青瓷大梵書爐欵式，高三寸二分，口徑四寸九分，腹徑五寸二分，足徑三分六釐，重一斤七兩，周身梵書四十字，用八鍊洋銅鑄成。本身藏金紙色，赤金流兩耳，頸，脰，及腹上梵書。爐底印欵，六字，曰大明宣德年製。本身黃帶白色，金流兩耳，並口身足三道，及元花受面梵書字。

中梵書爐圖

右[下]中梵書爐，照宋東青甆中梵書爐欵式，高二寸五分，口徑三寸一分，腹徑三寸四分，重十三兩，周身大梵書八字，用八鍊洋銅鑄成。本身藏金紙色，金流梵書。爐底印欵，楷書六字，曰大明宣德年製。本身黃帶白色，金流兩耳，及口腹足三道，受面梵書字。

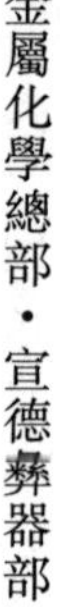

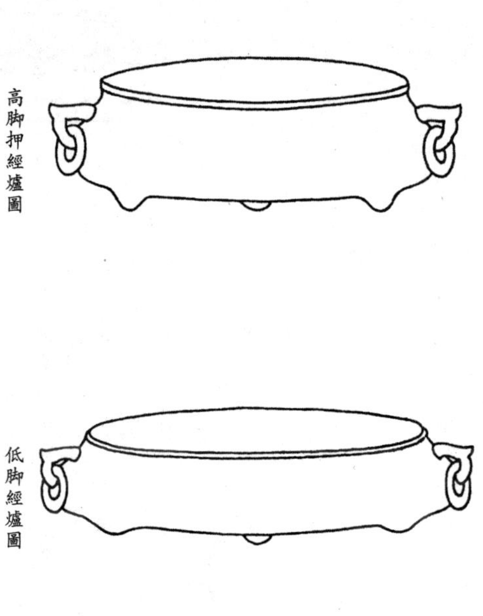

高脚押經爐圖

低脚經爐圖

高脚押經爐圖

左高脚押經爐，照宋定窑高脚押經爐欵式，高二寸三分，耳長七分，啣環大五分三釐，足高六分七釐，口徑二寸九分，腹徑三寸一分，重十三兩一錢，用八鍊洋銅鑄成。本身藏金紙色，即黄帶白色。不施金彩。爐底印欵，六字，曰大明宣德年製。

低脚押經爐圖

右低脚押經爐，照元朝樞府窑低脚押經爐欵式，高一寸七分，環柱長六分九釐，口徑三寸六分，腹徑三寸九分，重十四兩八錢。棋子脚高二分四釐，用八鍊洋銅鑄成。本身藏金紙色，即黄帶白色。不施金彩。爐底印欵，六字，曰大明宣德年製。

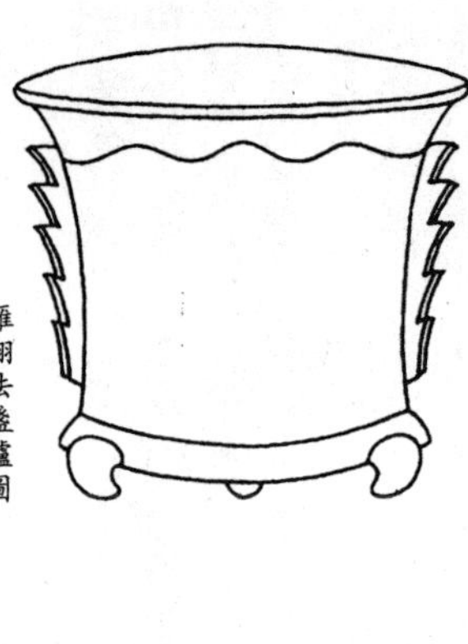

雁翎法盞爐圖

懸珠法盞爐圖

雁翎法盞爐圖

左雁翎法盞爐，照元朝樞府窑雁翎法盞欵式，高五寸二分，雁翎耳長四寸六分，口徑三寸一分，足高六分五釐，重十二兩三錢，用八鍊洋銅鑄成。本身蝎茶色，即深杏黄帶黑。金流口，如覆祥雲。及兩耳。爐底印欵，六字，曰大明宣德年製。

懸珠法盞爐圖

右懸珠法盞爐，照元朝法盞欵式，高四寸八分，懸珠耳長四寸，口徑三寸，足高五分，重十二兩。赤金流兩耳，用八鍊洋銅鑄成。本身蝎茶色，即淡黑黄色。周身金銀雨雪點。爐底印欵，六字，曰大明宣德年製。

又 卷一八

補鑄朝天耳三足大乳爐圖

補鑄蚰龍耳彝爐圖

補鑄雙魚耳彝爐圖

補鑄朝天耳三足大乳爐圖

[右上]補鑄朝天耳三足大乳爐，此爐原照宋瓷朝天耳一名沖天耳。三足大乳爐欵式，原高六寸四分，耳高一寸六分，足高八分五釐，口徑七寸三分，重二斤三兩。臣與部臣權衡銖兩，實爲厚重，未合古製，誠如聖諭。謹將乳爐，蚰耳，魚耳三種補鑄。除裁減大乳爐，今減高三寸五分，耳高一寸一分，足高八分一釐，口徑五寸四分，重一斤十兩，用十二鍊精銅鑄成。本身紅黄帶黑色，分覆祥，湧祥，藏金，蝎茶四色。爐底印欵同前。

補鑄蚰龍耳彝爐圖

[右中]補鑄蚰龍耳彝爐，原照宋白定瓷蚰龍耳彝爐欵式，原高三寸七分，耳高一寸六分，足高三分六釐，口徑七寸四分，重二斤四兩。臣與部臣權衡銖兩，亦頗厚重，不合古製，誠如聖諭。謹將蚰龍耳彝爐減高至二寸四分，耳高一寸一分，足仍高三分六釐，口徑五寸四分，重一斤十兩，輕重合宜。用十二鍊精銅鑄成。本身仍分覆祥，湧祥，藏金，蠍茶四色。

補鑄雙魚耳彝爐圖

[右下]補鑄雙魚耳彝爐，原照宋官窑雙魚耳彝爐欵式，原高四寸五分，耳長一寸三分，口徑三寸四分，足高三分二釐，重八兩四錢。臣與部臣權衡銖兩，似覺澆薄，輕微不合古製，誠如聖諭。謹將魚彝減高至三寸二分，耳增長三分，連前共一寸六分，足仍高三分二厘，口徑減小至二寸五分，爐身加厚，重至一十四兩，輕重合宜。用十二鍊精銅鑄成。本身仍分覆祥，湧祥，藏金，蠍茶四色。

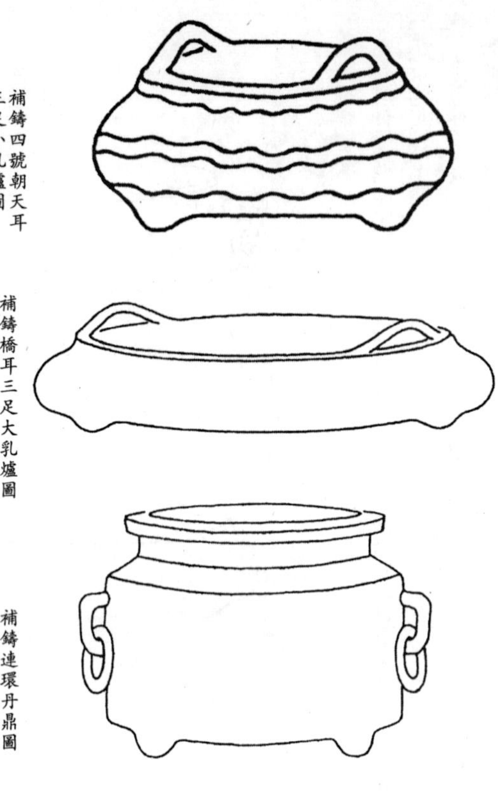

補鑄四號朝天耳三足小乳爐圖

補鑄橋耳三足大乳爐圖

補鑄連環丹鼎圖

補鑄四號朝天耳三足小乳爐圖

[右上]補鑄五供養四號朝天耳三足小乳爐，照小乳爐欵式，減高至七分九釐，耳高五分，口徑一寸，足高四分六釐，重三兩一錢，用十二鍊精銅鑄成。本身深杏黃色，赤金流耳，足，及周身三道。爐底小楷四字欵，曰宣德年製。

補鑄橋耳三足大乳爐圖

[右中]補鑄橋耳三足大乳爐，照姜鑄橋耳大乳爐欵式，高二寸四分，耳長二寸一分，足高五分六釐，口徑五寸四分，重三斤十二兩，用十鍊精銅鑄成。本身滲金，蠍茶色。爐底楷書大欵，曰大明宣德年製。

補鑄連環丹鼎圖

[右下]補鑄連環丹鼎，照古銅連環丹鼎欵式，高四寸六分，耳長七分，環大七分八釐，口徑三寸一分，腹徑三寸八分，足高七分，重八兩九錢，用八鍊洋銅鑄成。本身藏金紙色，不施金彩。

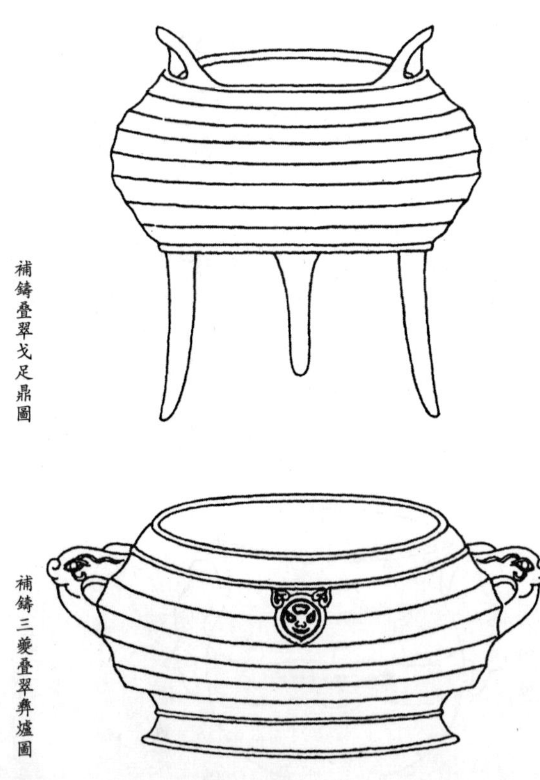

補鑄叠翠戈足鼎圖

補鑄三夔叠翠彝爐圖

補鑄叠翠戈足鼎圖

[右上]補鑄叠翠戈足鼎，照宋汝窑叠翠戈足鼎欵式，高六寸四分，耳高六分七釐，口徑三寸二分，深三寸三分，足高三寸一分，腹徑三寸六分，重十兩，用八鍊洋銅鑄成。本身蠍茶色，不施金彩。

補鑄三夔叠翠彝爐圖

右[下]補鑄三夔叠翠彝爐，照《考古圖》三夔叠翠彝爐欵式，高二寸六分，耳長一寸一分，口徑二寸九分，腹徑三寸一分，足高四分八釐，重十二兩三錢，用八鍊洋銅鑄成。本身棗紅色，不施金彩。

又 卷一九

補鑄象甗夔龍垂花鼎圖

補鑄象甗夔龍垂花鼎圖

右補鑄象甗夔龍垂花鼎，照周象甗鼎欵式，高七寸五分，耳高二寸一分，足高三寸三分，口徑三寸四分，重二斤十四兩，用八鍊洋銅鑄成。仿古青綠色，硃砂斑，金銀絲片商嵌。爐底篆文宣德二字。此爐本身綠色，硃斑，金勾耳，口上二道大如意頭，碎花文，銀勾虎目等，並如意頭內一道。下座花文用黑勾，斑上中下皆有。

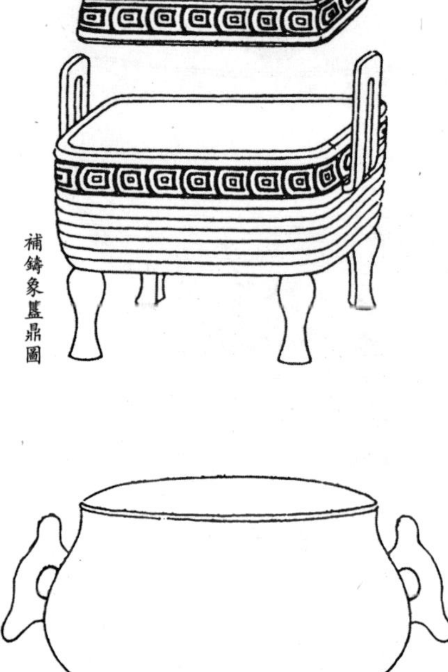
補鑄象簋鼎圖

補鑄減様戟耳彝爐圖



補鑄象簋鼎圖

右[上]補鑄象簋鼎，照周象簋鼎原欵式，高六寸七分，耳高二寸九分，長方六寸六分，闊三寸一分，蓋高二寸四分，四足，無銘，重一斤十三兩，用八鍊洋銅鑄成。本身紫褐色，黑白帶紅淡黃色，墨勾。不施金彩。爐底印欵，六字，曰大明宣德年製。

補鑄減様戟耳彝爐圖

[右]下減様戟耳彝爐，照宋甆減様戟耳彝爐欵式，高二寸四分，耳高八分三釐，口徑二寸七分，腹徑三寸一分，足高三分九釐，重十兩，用八鍊洋銅鑄成。本身藏金紙色，黃帶白色，墨勾。不施金彩。爐底長方印欵，楷書六字，曰大明宣德年製。

補鑄三螭小漢鼎圖

補鑄三螭小漢鼎圖

右五供養三螭小漢鼎，照《博古圖》三螭小漢鼎欵式，通高一寸六分，耳高五分，濶二分，深八分，口徑一寸二分，腹徑一寸六分，重三兩，三足，無銘，用十二鍊精銅鑄成。本身仿古青綠色，金銀絲片商嵌。爐底印欵，四字，曰宣德年製。本身綠色，硃斑，有文皆金，稍帶銀花。

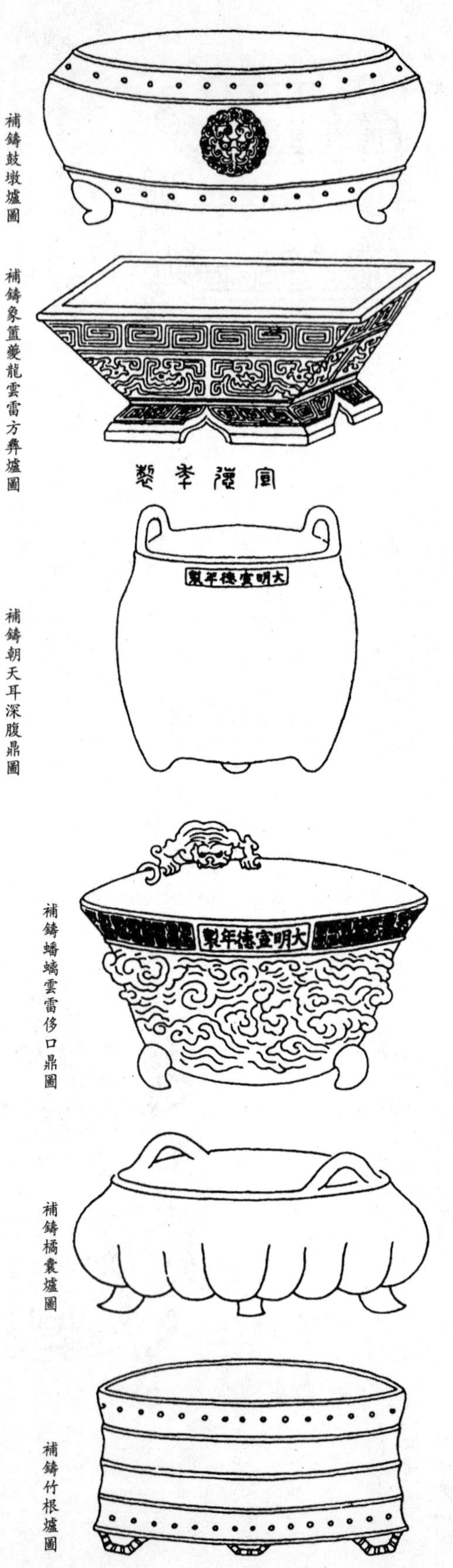


補鑄鼓墩爐圖

補鑄象簠夔龍雲雷方彝爐圖

補鑄朝天耳深腹鼎圖

補鑄蟠螭雲雷侈口鼎圖

補鑄橘囊爐圖

補鑄竹根爐圖

補鑄鼓墩爐圖

[右上]補鑄鼓墩爐照宋東青甆鼓墩爐欵式，高二寸一分，獸面大七分，高超四分，口徑四寸，腹徑五寸一分，足高六分，重八兩七錢，用八鍊精銅鑄成。本身蠟茶色，係黑黄帶白。不施金彩。爐底印欵，楷書六字，曰大明宣德年製。

補鑄象簠夔龍雲雷方彝爐圖

右[中]補鑄象簠夔龍雲雷方彝爐，照漢象簠方彝欵式，高三寸六分，長方五寸八分，濶三寸一分，重一斤一兩，用八鍊洋銅鑄成。本身倣古青緑色，墨勾花文，硃砂斑。爐底篆文，四字，曰宣德年製。

補鑄朝天耳深腹鼎圖

[右]下補鑄朝天耳深腹鼎，照宋定瓷朝天耳深腹鼎欵式，高三寸一分，耳高六分，口徑二寸六分，腹深二寸八分，足高四分六釐。腹間排欵，六字，曰大明宣德年製。用八鍊洋銅鑄成。本身藏金紙色，不施金彩。

補鑄蟠螭雲雷侈口鼎圖

[右上]補鑄蟠螭雲雷侈口鼎，照《紹興鑒古録》蟠螭雲雷侈口鼎欵式，高二寸四分，蟠螭昂首高起七分，口徑三寸五分，腹徑二寸九分，深一寸八分，足高七分，重六兩七錢，用十鍊洋銅鑄成。本身蠟茶色，硃砂斑，金銀雨雪點。腹間排欵，六字，曰大明宣德年製。

補鑄橘囊爐圖

右[中]補鑄橘囊爐，照姜鑄橘囊爐欵式，高二寸八分，耳高七分一釐，口徑二寸五分，腹徑二寸九分，足高六分，重十二兩，用八鍊洋銅鑄成。本身蠟茶色，即黄黑帶白。爐底印欵，楷書六字，曰大明宣德年製。

補鑄竹根爐圖

[右]下補鑄竹根爐，照宋定瓷竹根爐欵式，高三寸一分，口徑二寸七分，足高六分三釐，重九兩八錢，用八鍊洋銅鑄成。本身藏金紙色，即黄黑帶白。不施金彩。爐底印欵，曰大明宣德年製。

# 藝文

**明・文彭《五月新晴簡裔同僚》《文氏五家集》卷八**　五月官衙樂事多，緑陰清晝午風和。茶烹雪乳新羅岕，硯洗青花舊斧柯。翠竹露梢舒嫩葉，文魚依藻泳清波。一枰棋了人初散，小小宣爐熱水磨。

**明・劉侗《帝京景物略》卷四《城隍廟市》**　吴江沈孟《城隍廟市觀宣爐歌》：會讀漢唐《食貨志》，謂今國朝遜此事。初入帝京大觀光，皇城西頭張廟市。未到廟市一里餘，雜陳寶玉古圖書。公卿却輿臺省步，摩肩接踵皆華裾。阿監飛龍内廐馬，高出人頭俯屋瓦。錦衣裘帽出西華，二十四衙齊放假。亦有波斯儈喇嘛，西先生老鼻如瓜。擠擠挨挨稠人裏，華與鄰交市一家。初來窮儒再三嘆，也隨人口論清玩。周鼎商彝且莫論，中有宣爐璀以瑑。此爐曰自章皇時，金銅火合相淋漓。嗟乎，精銅入土子歸母，地中誰知相牝牡。傳世以火暖爲胎，道異古鼎人疑猜。宣銅款色今共寶，纍纍真贋非難考。如見真人有雲氣，疑義漫天去若掃。徘徊只自媿囊空，波斯眼碧予眼紅。窮儒文章不易出，那能傳世如金銅。

**又**　歙縣閔景賢《宣銅爐歌》：　鳳火十二金德極，赤龍碎折陽烏翼。須臾流出金之英，首山銅枯比不得。宣皇運意商周前，古色不敢争光鮮。一代工倕撥(臘)[蠟]巧，維彝維鼎隨方圓。篆煙隱約黄雲裏，二百年來聲價起。製式曾無摹博山，紀功何用沈汾水。宫鑄殊非北鑄方，金塗銀鑿無低昂。款耳分毫辨真贋，有人嗜古傾其裝。吁，嗟乎湛然此爐盛時色，更有宣漆宣窑宣紙墨，稽首臣民恭拂拭。

晉江黄居中《宣銅爐歌》：　博山香重成雲螭，款識乃出章皇時。古文斑駁光陸離，絶勝周鼎與商彝。青煙朱火鬱紛披，質重爲金象匣匳。長安丁諼巧運機，被中帳角用非宜。異禽怪獸亦何施，五方香床世所嗤。千古興亡合鑒之，太平天子正垂衣。韻事元不廢萬幾，雕鎸綴貼妙工倕。睡鴨蟠龍未足奇，二百年來神護持。諸君休作耳目怡，自熏知見聞月氏。真鼎還從柳下知，微參鼻觀何有疑。

莆田張士昌《觀宣爐歌》：　煙凝四座散名香，香然爐煖爐含光。借問此爐鑄何良？云此之製自宣皇。今也流傳人所尚，不知匠者何人創。商彝周鼎無多讓，江鑄宋燒敢相抗。吁，嗟乎此爐不可狀，南鑄北鑄徒多樣。曰除獸面象鼻與分襠，戟耳魚耳斯爲上。近來蘇鑄巧益精，終然北鑄稱良匠。爐所以者質不同，自宣鑄後更無雨。贋者寧非名手造，至妙難於向人道。彝鼎青緑陳設宜，宜火宜香宣爐好。

吴縣林雲鳳《宣銅爐歌》：　猗歟那歟宣銅爐，膩光肉色粉模糊。大明款識宛如刻，熟視知非後所摹。憶昔宣皇正南面，流烏一夜來宫殿。像器騰光五微妙，玉石俱焚金亦變。盡鎔金質入銅中，渾然莫分金與銅。百鍊因之範成器，遂令昭代稱神工。即今此爐世已少，光采晶瑩成至寶。夏鼎周鼎及商彝，雕文博山勿復道。

**明・冒襄《宣銅爐歌，爲方坦庵先生賦》《昭代叢書》甲集卷四三**　龍眠先生鬚鬢皤，兩朝鼎貴稱鳴珂。絲綸世掌遭播棄，邗江賣字書擘窠。生平嗜古入骨髓，玩好不惜三婆娑。有爐光怪真異絶，肌膩肉好神清和。窄邊蚰耳藏經色，黄雲隱躍窮雕磨。窪隆豐殺中規矩，紅榴甘黛紛雷([illegible])[蚪]。我時捧視驚未有，精光迸出呼奈何。恭聞此爐始宣廟，制器尚象勤搜羅。宫闈風雅厭奇巧，爐煹精妙無偏頗。或云流烏一夜鎔寶藏，首陽銅枯汁流酡。或云鍊銅十二取精液，式倣官瓷非鬲犧。彝乳花邊稱最上，魚蚰諸耳無相過。博山睡鴨真俗醜，宋燒江製咸差訛。工捶撥蠟昭千古，香籠火煖浮金波。宜香宜火宜几席，本色受用，淺人説不出。寧惟鑒賞堪吟哦。百金重購擬和璧，旃檀函貯文犀馱。後來北鑄并南鑄，道南施蔡皆么魔。亂真火色終枯槁，磨治雕鑿蛟龍呵。徹底眼力。平生真賞惟懺閣，同我最好沈江河。撫今追昔再三嘆，憐汝不異諸銅駝。一爐非小關一代，列聖德澤相漸摩。我今爲公作此歌，萬事一往何其多。包括深廣。歌成乞公書大字，明日且換山陰鵝。杜茶村曰，一部宣爐掌故以韻語行之，如少陵題馬諸歌，隻字不虚下也。詩格尤絶似昌黎《石鼓歌》。

**清・吴景旭《歷代詩話》卷七九《宣廟器》**　張士昌《觀宣爐歌》云，吁，嗟乎此爐不可狀，南鑄北鑄徒多樣。曰除獸面象鼻與分襠，戟耳魚耳斯爲上。

**清・方拱乾《再見宣德爐》《方拱乾詩集・甦庵集壬寅年》**　出塞時屬兒奕藏，兹攜來奉老夫玩。

一、莫問重逢日，還悲初別時。關山述去往，性命較安危。留比青氈重，歸同白璧奇。意中光怪在，拂拭更離離。

二、本來非棄置，入手倍情親。静對清光舊，應憐白髮新。古花增法物，時論信明神。緊脆經離亂，相看不懷身。

三、追隨還屈指，四十有三年。況復前朝鑄，久爲當代憐。名山誰不巧，香案亦空傳。好拭摩挲眼，松龕晝夜煙。

**又《爲宣爐謝辟疆》** 爐傳宫鑄舊，得子品題真。物亦感知己，情非諛老人。千秋爭璞玉，一顧幾麒麟。久笑囊如洗，今朝頓不貧。

**清·吴偉業《梅村集》卷一八《讀史偶述·其十五》** 宣爐廠盒内香燒，禁府圖書洞府簫。故國滿前君莫問，淒涼酒盞鬥成窑。

**清·王士禛《居易録》卷三三** 偶得宣銅宫盤一，中有凸起御製錦堂春詞一闋，云，映日穠花旖旎，縈風細柳輕盈。遊絲千尺重門静，金鴨午煙清。戲蝶渾如有意，啼鶯還似多情。遊人來往知多少，歌吹散春聲。宣德七年正月十五日。背刻交龍中有内用二字。

**清·宋犖《西陂類稿》卷六《歲暮絶句八首》** 蟹爪樹枝看郭畫，藏經紙色辨宣爐。漫言好事囊羞澀，明歲新捐宦户租。

**又 卷九《宣銅鹿書鎮》** 小物爐之餘，厥質十二鍊。攸伏貌來殊，寶色朱櫻絢。風牀罷攤書，應同辟邪薦。

**又《宣銅琴爐三十韻》** 焚香購雅製，厥品貴而狹。郜鼎貌太莊，博山韻殊乏。宣廟冶最良，文房用維甲。質當百鍊精，式與七絃合。形縮難動操，工巧煩撥蠟。欸識逼鍾王，雕鐫勞目睫。(叶)陋嗤朝冠聳，色允栗殻雜。诮擁祥雲贔，奚貝多葉壓。遠矚體匪佻，近撫瓜欲掐。中翠含瓜皮，外斑點僧衲。柔物帝京紀，贋器吴門法。磨洗此僅免，匭盂那容狎。摩挲鑑避光，細膩肉偏洽。潤媲端溪珍，秀奪美人頰。(叶)亡蓋爇愈便，疑杯酒將呷。特薦選倭盤，防觸慎火筴。滃水沈若嵐，貯榾柮如匣。寶惜元禁籞，拂拭經繡袷。雖下彼天球，詎儕乎睡鴨。傍鐙氣熊熊，竝硯位恰恰。刻論尚愧乳，别種自登閤。穎師細抱攜，荀令藏周匝。削足模有稜，側耳鑿以插。微薰愛氤氲，急響失鏜鞳。炷幸謝闉闍，供還遠禪榻。偶冷怕深宵，常温宜殘臘。聊取膝上横，莫更櫝中納。賺或蘭亭同，價終連城荅。吟興弄處增，鼻觀悟來嗒。句擬石鼎聯，盟共彌明歃。

附前題用韻

宣廟貴薰翫，鎚鍊戒纖雜。出冶擅奇珍，制器邁古法。入目璧逢卞，驚心兕離柙。桐君號許分，朝冠耳嗤插。足撑貌頗莊，口方手僅匝。百金價詎昂，七絃蓋惜乏。夙癖愛收藏，素看厭紛沓。柴汝艷差媲，鼒鼐蠢媿狎。色冷埋土璞，質膩醉姬頰。(叶)薄紅卵膚天，硬黄僧子衲。幽鬱常蘊腹，堅彩時徹睫。(叶)離陸靡定觀，珊瑚攬梔蠟。撥灰爇龍涎，調絲逐山峽。巾頻就以烘，經莫藉此壓。聲久騰帝京，寶喜歸余匣。製未滿一斤，中可容三合。有字欸屬鐫，無酒脣欲呷。倘遇蔡中郎，焦否指應掐。清詩傍文史，俗幸免闉闍。門雞缸名齊，沉泥硯品洽。鬃盤奉宜倭，錦囊裹用挾。鼓鑄匪爲遥，鑑别此云甲。淫雨勤自拭，活火促僮夾。避塵須施籠，位几恒防磕。左輔漢玉彘，右配果園合。諦眂訝爛光，欣賞餞殘臘。撫之不成音，鏗爾空希荅。張燈刻畫吟，拈韻次第押。風簾静垂垂，煙篆裊恰恰。小物薦明禋，升香足大祫。

**清·《石渠寶笈》卷三三** 明謝時臣山水一卷上等，海一。素箋本，墨畫。款識云，辛亥夏日謝時臣寫。下有樗仙子一印。引首有文彭隷書閒適二大字，款署文彭。拖尾彭又題云，五月官衙樂事多，緑陰庭院午風和。茶烹雪乳新羅岕，硯洗青花舊斧柯。翠竹露梢舒懶葉，文魚依藻泳清波。一枰棋了人初散，小小宣爐熱水磨。

**清·姚之駰《元明事類鈔》卷三《器用門·爐》** 《明張士昌宣爐歌》 吁，嗟乎此爐不可狀，南鑄北鑄徒多樣。曰除獸面象鼻與分襠，戟耳魚耳斯爲上。近來蘇鑄巧益精，終然北鑄稱良匠。爐所以者質不同，自宣鑄後更無兩。贋者寧非名手造，至妙難於向人道。彝鼎青緑陳設多，宜火宜香宣爐好。

**清·乾隆《雨中焚香泛卧遊書室》《皇清文穎》卷首二一** 霏霏細雨千絲懸，滄波萬頃含輕煙。沚蒲岸柳濯新緑，棠舟偶泛空濛川。浮波野鷗梳濕羽，亞堤山卉垂幽娟。卧遊奚必披圖畫，翛然清絶消萬緣。宣銅乳爐烏卿熾，深深隔火安古錢。不須都梁五木品，水沉細炷清芬便。細參鼻觀滌塵想，却憶書室曾忘筌。油雲忽來天宇暝，灑迥如聞飛瀑泉。無色聲香原即此，笑伊兀坐求逃禪。

**又《題隨安室壁》《皇清文穎》卷首二二** 淨心無礙所居安，丈室爭强拓地寬。數軸牙籤懸座側，一窻風月入毫端。壺中有水閒來點，琴上無絃静裏彈。入夜跏趺還結坐，宣爐火活炷沉檀。

**又乾隆《樂善堂全集定本》卷一五《丈室》** 丁東漏聲寒，更長甲乙夜。萬籟俱闃寂，宵鐘響亦罷。聊撥爐中灰，向火消閒暇。鼻觀趣自永，旋旋添蘭麝。香灺不能眠，静中觀造化。

丈室有餘清，寒宵正三五。紙窓近檐階，月色差可覩。地爐獸炭暖，夜永灰更聚。手擘小龍團，閒向松瓷煮。讀詩品古人，心許杜工部。篝燈一再披，恍似促膝語。

又《燒香曲》 鏤銀匙子紅芙蕖，雙金細筋頭珊瑚。宣銅流金乳耳爐，活灰冉冉雲翠鋪。獸焰光騰紅映座，分來細壅安隔火。霜天如水月華寒，玉檠三兩明珠墮。小炷沉香灰半殘，黄雲一穗裊帷幨。静參得意六根遣，呼童且莫捲重簾。

## 雜録

**明・高濂《遵生八箋・燕閒清賞箋上・清賞諸論》** 新鑄僞造 元時杭城姜娘子、平江王吉二家鑄法名擅當時。其撥蠟亦精，其煉銅亦浄。細巧錦地花紋，亦可人目。或作鋑金，或就本色，傳之迄今，色如蠟茶，亦爲黑色，人多喜之。因其製務法古，式樣可觀。但花紋細小，方勝龜紋居多。平江王家鑄法亦可，煉銅瑩浄，撥蠟精細，但製度不佳，遠不如姜。

**又 卷一五《燕閒清賞牋中・論文房器具》** 筆格 有玉爲山形者，爲卧仙者。【略】匪直新製，舊做亦多。有宣銅鋑金雙螭挽格，精甚。

水中丞 銅有古小尊罍，其制有敞口、圓腹、細足高三寸許。【略】有宣銅雨雪沙金製法古銅瓿者，樣式美甚。近有新燒均窑，俱法此式，奈不堪用。

**又《論香》** 焚香七要 香爐，官、哥、定窑豈可用之。平日爐以宣銅、潘銅、爐、乳爐，如茶盃式大者，終日可用。

**明・文震亨《長物志》卷七《器具》** 香爐 三代秦漢鼎彝，及官、哥、定窑、龍泉、宣窑，皆以備賞鑒，非日用所宜。惟宣銅彝爐，稍大者最爲適用。宋姜鑄亦可，惟下可用神爐太乙，及鎏金白銅雙魚象鬲之類。尤忌者，雲間潘銅、胡銅所鑄八吉祥、倭景、百釘諸俗式及新製建窑五色花窑等爐。

手爐 以古銅青緑大盆及簠簋之屬爲之。宣銅獸頭三脚鼓爐亦可用。惟不可用黄白銅及紫檀花梨等架脚爐。舊鑄有頫仰蓮坐細錢紋者，有形如匣者，最雅。被爐有香毬等式，俱俗，竟廢不用。

水中丞 銅性猛，貯水久則有毒，易脆筆。故必以陶者爲佳。古銅入土歲久，與窑器同。惟宣銅則斷不可用。

鎮紙 王者，有古玉兔，玉牛，玉馬，玉鹿，玉羊，玉蟾蜍，蹲虎，辟邪，子母螭，諸式最古雅。銅者，有青緑蝦蟆，蹲虎，蹲螭，眠犬，鎏金辟邪，卧馬龜龍亦可用。其瑪瑙、水晶，官、哥、定窑，俱非雅器。宣銅馬、牛、猫、犬、狻猊之屬，亦有絶佳者。

文具 置小宣銅彝爐一，宋剔合一，倭漆小撞白定或五色定小合各一，矮小花尊或小觶一。圖書匣一，中藏古玉印池古玉印鎏金印絶佳者數方。倭漆小梳匣一，中置玳瑁小梳，及古玉盤匜等器。古犀玉小盃二。他如古玩中有精雅者，皆可入之，以供玩賞。

**明・董斯張《吴興備志》卷二八《瑣徵第二十四之二》** 湖州以鏡名，宋世已然。今薛氏獨著聲，市間多贋售者。余欲畧放秦式買宣銅百錬造之，後百年品當踞漢工上。商之好事者，若曰，買如是鈍乎，何云之後世。

**明・沈德符《萬曆野獲編》卷二十四《畿輔》** 廟市日期 城隍廟開市在貫城以西，每月亦三日，陳設甚夥，人生日用所需，精粗畢備，羈旅之客，但持阿堵入市，頃刻富有完美。以至書畫骨董真僞錯陳，北人不能鑒别，往往爲吴儂以賤值收之。其他剔紅填漆舊物，自内廷闌出者，尤爲精好，往時所索甚微，今其價十倍矣。至於窑器最貴成化，次則宣德，杯盞之屬，初不過數金，余見時尚不知珍重，頃來京師，則成窑酒杯，每對至博銀百金，予爲吐舌不能下，宣銅香爐所酬亦略如之。蓋皆吴中儇薄倡爲雅談，戚裏與大估輩，浮慕傚尤，瀾倒至此。

**明・周嘉胄《香乘》卷一三《香緒餘》** 右顔史所載，當時尚自若。國朝宣爐，敞盒，匕、筋等器，精妙絶倫，惜不令雲龕居士賞之。

**明・方以智《通雅》卷三三《器用》** 今宣銅爐，永、成、宣、嘉之窑器，果園廠漆器，宫川扇，蘇金扇，鏤版之書，北源廥芥之製，皆精於古。

**明・張岱《陶庵夢憶》卷六** 甘文臺爐 香爐貴適用，尤貴耐火。三代青緑，見火即敗壞，哥、汝窑亦如之。便用便火，莫如宣爐。然近日宣銅一爐價四五十金，焉能辨之？北鑄如施銀匠亦佳，但粗夯可厭。蘇州甘回子文臺，其撥蠟範沙，深心有法，而燒銅色等分兩，與宣銅款致分毫無二，俱可亂真；然其與人不同者，尤在銅料。甘文臺以回教門不崇佛法，烏斯藏滲金佛，見即錘碎之，不介意，故其銅質不特與宣銅等，而有時實勝之。甘文臺自言佛像遭劫已七百尊有奇矣。余曰，使回回國别有地獄，則可。

朱氏收藏 朱氏家藏，如龍尾觥、合巹杯，雕鏤鍥刻，真屬鬼工，世不再見。

餘如秦銅漢玉、周鼎商彝、哥窑倭漆、廠盒宣爐、法書名畫、晉帖唐琴，所畜之多，與分宜埒富，時人譏之。余謂博洽好古，猶是文人韻事，風雅之列，不黜曹瞞，鑒賞之家，尚存秋壑。詩文書畫未嘗不抬舉古人，恒恐子孫傚尤，以袖攫石、攫金銀以賺田宅，豪奪巧取，未免有累盛德。聞昔年朱氏子孫，有欲賣盡坐朝問道四號田者，余外祖蘭風先生誚之曰：你只管坐朝問道，怎不管垂拱平章？一時傳爲佳話。

**明·冒襄《影梅庵憶語》卷三**　黄熟出諸番，而真臘爲上。皮堅者爲黄熟桶，氣佳。而通黑者爲夾棧黄熟。近南粤東莞茶園村土人種黄熟，如江南之藝茶，樹矮枝繁，其香在根。【略】寒夜小室，玉幃四垂，毾㲪重叠，燒二尺許絳蠟二三枝，設參差臺几，錯列大小數宣爐，宿火常熱，色如液金粟玉。細撥活灰一寸，灰上隔砂，選香蒸之。歷半夜，一香凝然，不焦不竭，鬱勃氤氲，純是糖結熱香。間有梅英半舒，荷鵝梨蜜脾之氣。静參鼻觀，憶年來共戀此味此境，恒打曉鐘尚未著枕。與姬細想，閨怨有斜倚薰籠，撥盡寒爐之苦，我兩人如在蘂珠衆香深處。今人與香氣俱散矣。安得返魂一粒，起於幽房一扃室中也。

**又　卷四**　姬之衣飾，盡失於患難。歸來澹足，不置一物。戊子七夕，看天上流霞，忽欲以黄跳脱摹之，命余書乞巧二字，無以屬對，姬云：曩於黄山巨室，見覆祥雲真宣爐，款式佳絶，請以覆祥對乞巧。鐫摹頗妙。越一歲，釧忽中斷，複爲之，恰七月也，余易書比翼、連理。

**清·周召《雙橋隨筆》卷八**　明宣廟時兩宫火，藏金流入銅中，鎔而爲爐。故後世僞造者迥下能及。余於漢中得宣爐一，或以爲真物也。余不能辨，當珍之，以俟賞鑒家耳。

**清·宋犖《西陂類稿》卷二六《記宣銅爐二則》**　宣銅琴爐一，無蓋，栗殼色，質柔而氣厚。明末出自大内都門王濟之，以一金得之窮市。旋爲濟之宗人有大購去。後抵百金，負於遼陽耿繼訓。繼訓亡，以原值歸予。有咏爐聯句，載予集中。

江南有真宣爐二，一爲魚耳石榴爐，其一爲魚耳八吉祥爐。即此是也。雕花，藏經色，内含神采。信一尤物。二爐爲明中貴王瑞樓所藏，後歸長洲韓敬堂。其嗣古洲贈金壇於季鷟，季鷟授子連水，連水之叔逸圃以二百緡購石榴爐，以二百緡購此。國初轉歸江都李書雲。康熙己卯冬，書雲輟此見贈。爰著其流傳之概，以示後云。

**清·王原祁　王奕清《萬壽盛典初集》卷五四**　淳郡王進【略】萬壽宣爐。

敦郡王進【略】九龍捧壽宣銅尊。

敦郡王次女進玉壽星宣窑蓮子瓶，宣銅瓶。

敦郡王三女進竹根壽仙，宣銅桃爐。

皇十三子進【略】宣銅寶月瓶。

十四貝子進【略】壽桃宣爐。

**又　卷五六**　監造臣張常住【略】三陽開泰宣爐一座。

**又　卷五七**　禮部尚書臣赫碩色，臣陳詵，侍郎臣二格，臣王思軾，臣馮忠，臣胡作梅恭進【略】宣銅宫聯爐，宣銅秋耳爐。

兵部尚書臣殷特布，臣孫徵灝，侍郎臣覺和托，臣李先復，臣巴顔柱，臣宋駿業恭進【略】宣爐一座。

**又　卷五八**　太僕寺卿臣阿錫鼐，臣周道新恭進【略】明宣德爐，玉連環壺。

鴻臚寺卿臣安保恭進【略】漢銅瓶，宣銅爐。

**又　卷五九**　原任經筵講官户部尚書臣王鴻緒恭進【略】宣銅案爐一座。

江南省蘇州府耆民張萬春等恭進【略】宣銅五供。

**清·陳元龍《格致鏡原》卷四〇《文具類四》**　《考槃餘事》：水中丞，玉者有陸子岡製，其碾獸面錦地，與古尊罍同，亦佳器也。【略】銅者，有宣銅雨雪沙金製法古銅瓿者，樣式甚美。

**清·全祖望《鲒埼亭集》卷一三**　先生酷嗜古玩。癸未游於金陵，一日買漢唐銅印數百，市肆爲之一空。亂後散失殆盡，猶餘端石紅雲研一、宣銅乳爐一。其後又得黄玉笛一，然終以貧不守，歎曰：奪我希世珍，天真扼我！然入其室，陶尊瓦缶皆有古色。已而窮益甚，守之益堅。

**清·姚之駰《元明事類鈔》卷三《器用門》**　爐　爐價必翔。薛岡《筆餘》：本朝永樂、宣、成、正、嘉窑器，與宣廟銅爐，數百年後價視宋時諸甆、商周彝鼎必翔然。宣爐在今日已不多得矣。

**清·李斗《揚州畫舫録》卷六**　宣立揚工醫，善泥塐古器，鼎瓶款識，悉如古制，時謂之宣銅。其徒戴矮子，置小泥器鬻於山堂。高不盈二寸，而龍文夔首，雲雷科斗，直三代物。

**又　卷一五**　僧離幻，姓張氏，蘇州人。幼好音樂，長爲串客。曾在含芳班與熊蠻作寫狀，得罪御史被笞，遂爲僧。但飲酒不茹葷。好蓄宣爐、砂壺，自種花卉盆景，一盆值百金。

**又 卷一七** 民間廳事置長几，上列二物，如銅磁器及玻璃鏡、大理石插牌，兩旁亦多置長几，謂之靠山擺。今各園長几，多置三物，如京式。屏間懸古人畫，【略】隔間多雜以銅磁漢玉古器。其白玉本于闐玉河所産，于闐有烏、白、緑三河。所産之玉，如河之色，最勝於獅子王，爲古玉闕以西地。《游宦紀聞》及《于闐行程記》載之甚詳。今入版圖，其玉遂爲方物。賈人用生牛皮束縛，人夫馬騾，運至内地，以斤兩輕重爲换頭。蘇州玉工用寶砂金剛鑽造辦仙佛、人物、禽獸、爐瓶、盤盂，備極《博古圖》諸式。其碎者則鑲嵌風屏、掛屏、插牌，謂之玉活計。最貴者大白件，次者爲禮貨，最下者謂之老兒貨。他如雉尾扇、自鳴鐘、螺蜔器、銀纍絲、銅鼀鶴、日圭、嘉量、屏風軿匜、天然木几座、大小方圓古鏡、異石奇峯、湖湘文竹、天然木拄杖、宣銅爐大者爲宫奩，皆炭色紅、胡桃紋、鷓鴣色，光彩陸離；上品香頂撞、玉如意，凡此皆陳設也。

**清·顧公燮《丹午筆記·柳如是》** 爲築絳雲樓於半野堂之西，房瓏窈窕，綺疏青瑣。旁龕古金石文字，宋刻書數萬卷。列三代秦漢尊彝環璧之屬，晉唐宋元以來法書，名畫，官、哥、定州、宣城之瓷，端溪、靈壁、大理之石，宣德之銅，果園廠之髹器，充牣其中。君於是乎儉梳静妝，湘簾棐几。煮沉水，鬥旗槍，寫青山，臨墨妙，考异訂訛，間以調謔，如李易安在趙德甫家故事。